国学经典文库 图文珍藏版

冰鉴

马博⊙主编

线装书局

图书在版编目（CIP）数据

冰鉴：全4册／马博主编 .-- 北京：线装书局，
2012.9
ISBN 978-7-5120-0612-6

Ⅰ. ①冰… Ⅱ . ①马… Ⅲ . ①人才学－中国－清代②
《冰鉴》－研究 Ⅳ. ① C96

中国版本图书馆 CIP 数据核字（2012）第 200712 号

冰　鉴

主　　编：马　博
责任编辑：高晓彬
封面设计：博雅圣轩藏书馆　Boyashengxuan Cangshuguan
出版发行：线装书局
地　　址：北京市西城区鼓楼西大街 41 号（100009）
　　　　　电话：010-64045283
　　　　　网址：www.xzhbc.com
印　　刷：北京彩虹伟业印刷有限公司
字　　数：1360 千字
开　　本：710×1040 毫米　1/16
印　　张：112
彩　　插：8
版　　次：2012 年 9 月第 1 版第 1 次印刷
印　　数：1-3000 套
书　　号：ISBN 978-7-5120-0612-6

ISBN 978-7-5120-0612-6

定　　价：598.00 元（全四卷）

善以面相　观人未来

——曾国藩

精悍之色　露于眉宇

——李鸿章

英俊相貌　出口成章

——左宗棠

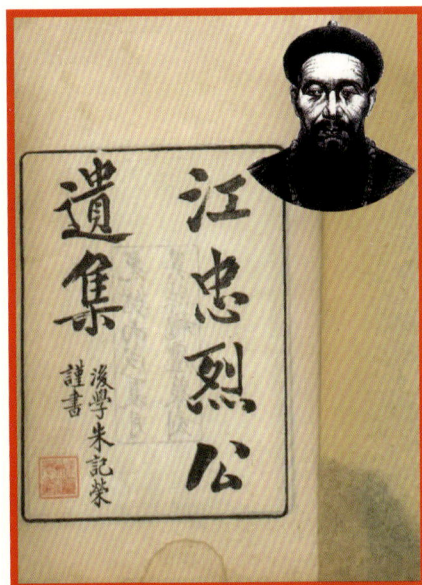

身材魁梧　军事奇才

——江忠源

身材高大　面身赤红

——塔齐布

相貌俊逸　权倾朝野

——和　珅

天表英俊　岳立声洪

——康　熙

善于识人　诈疯远祸

——唐伯虎

身着布衣　威猛刚烈

——刘　基

眉浓伏彩　目秀贯形

——范仲淹

高官厚禄　位极人臣

——郭子仪

面如冠玉　相貌英伟

——狄仁杰

龙凤之表　济世安民

——李世民

东晋名士　才貌双绝

——谢　安

相貌奇特　气度非凡

——石　勒

自幼聪慧　风姿秀彻

——王　戎

眉似利剑　声如洪钟

——项　羽

隆准长目　鸷膺豺声

——秦始皇

一代名医　观色断病

——扁　鹊

谦让有礼　温和慈祥

——孔　子

弘毅宽厚　慧眼识人

——刘　备

逆臣贼子　佞邪之徒

——王　莽

平和柔韧　相貌不凡

——卫　青

骨刚质刚　骨柔质弱

——刘　邦

前　言

欲读《冰鉴》,首先需要了解《冰鉴》的作者,晚清"第一名臣"曾国藩。

曾国藩,字伯涵,号涤生。1811 年 11 月 26 日（清嘉庆十六年十月十一日）,生于湖南省湘乡县白杨坪村（今属双峰县）。他是中国近代史上一位叱咤风云的人物,有着谜一般的人生。他以一介儒生,昂然崛起于湘楚之间,在中国近代史上写下了不容抹杀的一笔。他持一定之规,为人、为官、为民、为国,处处体现出强大的精神感召力,成为时人推崇的末世圣人,被誉为"立德立功立言三不朽,为师为将为相一完人"。

在浩浩荡荡的历史长河中,德、言、行均有非凡建树者固然不多,曾国藩却也并非个例。可是能够功成而不危,圆满以终老,且无损于子孙福祉者,却寥若晨星。但曾国藩做到了。在熙熙攘攘的碌碌众生中,事业有成者,姻缘未必如意;琴瑟和谐者,家境未必昌隆;事业家庭皆遂愿时,子女却未必称心。然而,曾国藩却无可挑剔。可见,曾国藩的确堪称巨大成功、全面成功、恒久成功的典范。曾国藩为什么能够做到如此成功呢? 只有两点:一是强调自我修身,二是善于识人、用人。善于用人的前提是精于观人、鉴人和识人。曾国藩的观人之术,鉴人之略,是他的治政、治军、治学、治家全套智略中的一个重要组成部分。他摒弃了传统相学中那种重形轻神、重奇轻常、重术轻理的那些江湖色彩,重神而兼顾形,重常而辨别奇,重理而指导术,特别强调人的精神和气质。他通过多年实践,总结自身识人、用人心得,完成了一部鉴人专著《冰鉴》。

《冰鉴》,取以冰为镜,能察秋毫之义,是曾国藩一生重要的杰作之一,其家人、鉴人的深邃思想和实用方法全存于该书中。虽然该书只有短短的两千多字,却包含了无穷的智慧,融会了中国几千年来察人、鉴人的精华。中国台湾著名学者南怀瑾先生在他的《论语别裁》一书中就曾谈道:"有人说,清代中兴名臣曾国藩有十三套学问,流传下来的只有一套《曾国藩家书》。其实流传下来的有两套,另一套是曾国藩'看相'的学问——《冰鉴》这一部书。"

《冰鉴》体虽小而思精,言虽少而意深。它从整体出发,就相论人,就神论人,从静态中把握人的本质,从动态中观察人的归宿。讲究均衡与对称、相称与相合、中和与适度、和谐与协调、主次与取合等等。

《冰鉴》是一个阅历丰富、见识广博的老人毕生心血的积淀,是经验的传授,是谆谆的教诲。在考辨人才上,《冰鉴》颇有实用价值。据说,蒋介石的相人之法,就得益于《冰鉴》。他在安排重要人事时。也常常观察其相貌颜色,以决定用否。据

《蒋氏王朝兴衰史》记载:"凡有重要人事安排,蒋介石必先招榜上有名者,观察其相貌气色,然后再做选用与否的决定。其相人之法得自曾国藩学说之处甚多。"

可以说,《冰鉴》有着一定的科学性,是人力资源中国化、本土化的适用教材,书中所介绍的那些识人、相人的技巧,在今天,仍然有很强的借鉴意义,对政府、军队、企业等各级领导者识别、储备、选拔、培养人才都大有帮助。

不过,对于《冰鉴》,今天的人们读起来颇为吃力,难以懂得书里讲述"神骨""情态""容貌"等深奥理论。为了满足当代领导的阅读和学习需求,我们组织有关专家编写了这套四卷本《冰鉴》一书,其目的在于通过对《冰鉴》原典的详细解读和深入剖析,以使广大读者轻松读懂《冰鉴》,领会曾国藩高超的观人、鉴人和识人的智慧。

让我们带着对曾国藩的敬佩之情,来细细品读这套包含曾国藩一生智慧的相人识人杰作《冰鉴》。

目 录

国学经典文库

冰鉴

目录

图文珍藏版

国学经典文库

冰鉴

目录

图文珍藏版

国学经典文库

冰

鉴

目

录

图文珍藏版

国学经典文库

冰鉴

目录

图文珍藏版

9

国学经典文库

冰鉴

目录

图文珍藏版

11

国学经典文库

冰鉴

目录

图文珍藏版

国学经典文库

冰鉴

目录

图文珍藏版

曾国藩小传

曾国藩(1811~1872年)初名子城,字伯涵,号涤生,谥文正,湖南长沙府湘乡县白杨坪(现属湖南省双峰县荷叶镇天子坪)人。中国晚清时期的军事家、理学家、政治家、文学家,"中兴名臣"之一,官至两江总督、直隶总督、武英殿大学士,封一等毅勇侯。曾国藩给后人留下了用之不竭的人生及社会经验。毛泽东曾说过:"愚于近人,独服曾文正。"蒋介石更是把曾国藩作为自己的人生楷模,处处效法。

关于曾国藩的出生还有一个传说。据说,曾国藩出生的那个晚上,曾国藩的年近七十岁的曾祖父竟希公梦到一条蟒蛇从空中靠近家门,然后降了下来,绕屋爬行了一圈,进入大门,浑身黝黑发亮,长长的信子从嘴里伸出来,两只晶亮透红的眼睛直瞪瞪地望着他。竟希公吓得出了一身冷汗,

曾国藩

猛地醒来。这时,老伴喜滋滋地走过来,说:"孙子媳妇生了一个胖儿子!"竟希公猛然醒悟:这孩子莫不是蟒蛇精投胎! 他立即把这个梦告诉了全家,并说:"当年郭子仪降生那天,他的祖父也梦见一条大蟒蛇进门,日后郭子仪果然成了大富大贵的将帅,今夜蟒蛇精进了我曾家的门,崽子又恰好此时生下。我们曾家或许会从此儿身上发达,你们一定要好生抚养他。"这样一传十,十传百,曾国藩就被人们认为是蟒蛇精投胎了。

成年后的曾国藩长得和蟒蛇特别像:他的眼睛呈三角形,总是像要睡觉的样子,但却充满光泽。不仅如此,曾国藩的性格也和蛇很相似,因为他小时候很阴险,即使很小的仇恨也会记在心中,等待以后报复。嘉庆二十四年(1819

年），曾国藩九岁了，父亲曾竹亭在桂花塘一个姓欧阳的人家中做塾师，曾国藩也跟随父亲一起读书。一天，他与主家的小孩发生了口角，主人疼爱自己的孩子，不问青红皂白地将曾国藩骂了一顿，曾竹亭也连连向主人家赔不是。曾国藩把这件事暗暗地记在心里，一次散学后，偷偷把主家的金鱼缸打破，水干鱼死，这才消了心头之恨。道光二年（1822年），曾国藩十二岁的时候，与小伙伴在神王庙玩耍，不小心把神王像打翻在地，曾竹亭为此痛斥了他，还给神王像重新装了金身。为了不让曾国藩像邻居家的小孩一样天天只知道嬉戏玩耍，曾竹亭决定带着曾国藩到六里外的九峰山定慧庵去读书，每天很早就出门，很晚才回来。从此，曾国藩路过神王庙的时候，都要把它当作马骑的竹棍系上绳子，放到神王的肩上，很生气地说："搭帮你，我到山里读书了，你一定要看好我的马，如果马走了，我一定饶不了你！"

曾国藩小时候也特别聪明，九岁的时候就把四书五经读完了，并开始学习时文帖括，先后临摹颜真卿和柳公权的字帖，同时也学习了黄庭坚的帖。十岁时，弟弟曾国潢出生了，父亲要曾国藩以《兄弟怡怡》为题写篇文章，曾国藩写完后，父亲大是欢喜，说："文中出现了至情至性之言，以后你必能守孝悌之道！"

道光四年（1824年），曾国藩跟随父亲第一次到长沙府参加童子试。一天，父亲的朋友衡阳廪生欧阳凝祉到曾家做客，曾竹亭要欧阳凝祉出个题目当面考考曾国藩。欧阳凝祉于是要曾国藩以"青云共登梯"为主题作一首诗，诗写成后，他称赞曾国藩将来必定是"金华殿中人"，并认曾国藩做了自己的女婿。

道光六年（1826年），曾国藩第二次到长沙府应试，取得了第七名的成绩。他非常自傲，认为是主考官阅卷不公，为讽刺考官两目无光，还特地买了一副老花镜作礼物送给了主考官。

道光十一年（1831年），曾国藩从衡阳唐氏家塾汪觉庵师处回到自己所在的县后，肄业于湘乡县的涟滨书院。

道光十四年（1834年），曾国藩参加甲午乡试中第三十六名举人。十一月起身赶往京城参加第二年的会试，结果却名落孙山，但刚好赶上皇太后六十大寿，第二年增加一次恩科会试。因从湘乡到北京，来回路上花销太大，曾国藩在征得父亲的同意后，决定留在京城一年，等待明年的恩科会试。曾国藩居住在"长沙会馆"里，花费也不多。在京居住的一年多时间，渐渐开阔了曾国藩的眼界,他除了继续研读经史外,又很快沉醉于唐宋的诗词和古文中。他觉得古文可以任意发挥见解,比起八股文来实在是更有生气,也更有意义。但第二年的恩科会试,曾国藩再次与登第无缘。

道光十八年(1838年),曾国藩再次参加会试,中得贡生第三十八名。四月,中正大光明殿复试一等,殿试三甲第四十二名,赐同进士出身。依据惯例,列三甲者是不能进入翰林院的,曾国藩感到十分惭愧,第二天就打算回去,不想去参加朝考,同去的郭嵩焘千方百计加以劝阻,他才留下来参加了朝考。朝考入选后,他于五月初二日被引见,之后改为翰林院庶吉士。至此,曾国藩走完了自己的科举之路。

道光二十年(1840年)四月,曾国藩参加翰林院的散馆考试,列二等第十九名,被任职为翰林院检讨。道光二十三年(1843年)三月,曾国藩参加翰詹廷试,名列二等第一,被任职为翰林院侍讲。道光二十四年(1844年)四月,曾国藩任翰林院教习庶吉士,九月,分校庶常馆,十二月被任命为翰林院侍读。道光二十五年(1845年)五月,曾国藩被任命为詹事府右春坊右庶子,六月,转补左庶子。九月被任命为翰林院侍讲学士。道光二十六年(1846年),湘籍京官上书皇帝言事,由曾国藩写奏折,他由此成为湘籍京官之首。道光二十七年(1847年)四月,曾国藩参加翰詹大考,得二等第四名的成绩,至此,他才最后通过了仕途上层层的八股考试。六月,曾国藩被任命为内阁学士,同时兼礼部侍郎头衔。对于自己几年来的平步青云,连曾国藩自己都感到惊诧不已,他在写给祖父的信中说:"孙由从四品骤升二品,超越四级,迁擢不次,惶悚实深。"虽然他是这样说的,但内心却是高兴得很,在同一天写给叔父母的信中,他说:"常恐祖宗之福,自我一人享尽。"第二天,又用非常自负的口吻给在家的三个弟弟写信说:"湖南三十七岁至二品者,三朝尚无一人;近来中进士十年得阁学者,惟壬辰季仙九师、乙未张小浦及予三人。"

道光二十九年(1849年)正月,曾国藩升任为礼部右侍郎,开始了其真正的官场生涯。曾国藩在没有实授礼部侍郎之前,虽然做了十年的京官,但是手中却没有真正的实权。实授礼部右侍郎才标志着他从政生涯的真正开始。此后四年中,曾国藩做遍了兵、工、刑、吏各部的侍郎。

咸丰二年(1852年)六月二十四日,曾国藩离开京城南下,想借助典试江西的机会回家省亲。七月二十五日,一行人抵达安徽太湖县境的小池驿,忽然接到家人来报,他母亲江氏撒手人寰,哀痛之至的曾国藩立即脱下官服,披麻戴孝,回家奔丧。

曾国藩到家仅三个月就接到了巡抚张亮基的来信,信中诚邀曾国藩到长沙去办团练。原来是太平军从全州出广西境,一路杀进湖南,在七月攻破醴陵后,西王萧朝贵、翼王石达开率领五千先锋一举全歼了驻扎在长沙城外的一千官军,次日又来到长沙城下准备攻城。曾国藩想自己一个朝中堂堂的二品侍郎,又热孝在身,若仅因一巡抚的邀请便出山办事,既有失自己的身份,又招致士林的讥嘲,于是便以在家守制为由拒绝了张亮基。不久,曾国藩又接到咸丰帝的上谕:"前任丁忧侍郎曾国藩籍隶湘乡,闻其在籍,其于湖南地方人情自必熟悉,着该抚传旨,令其帮同办理本省团练乡民、搜查土匪诸事务,伊必用力,不负委任。"曾国藩接到上谕后,左思右想,最后决定暂不受命,于是便给皇上写了一份"恳请在籍终制折",正要发出去时,忽然好友郭嵩焘来访。郭嵩焘力劝曾国藩出山为皇上尽忠,并请出其父曾竹亭做他的工作。曾竹亭是湘乡县的挂名团总,又听了郭嵩焘的话,便面谕曾国藩移孝作忠,为朝廷效力。恰好这时,张亮基又来一信,报告武昌失守的消息,再一次请曾国藩出山晋省。于是,曾国藩将家事妥善安排了后,在母亲灵柩前焚烧了尚未发出的"恳请在籍终制折",便墨经出山了。

曾国藩担任湖南团练大臣后在长沙设立了审案局,招募勇丁,揭开了镇压太平天国运动的序幕。曾国藩想:先招募少数人,加以严格训练,使之能以一当十,然后以这些人为骨干,再招募十倍二十倍的人,立即就可以成为一支劲旅,到时拉出省外,与太平军较量。于是,曾国藩便向朝廷上了一道奏折,咸丰很快便批复:"悉心办理,以资防剿。"曾国藩奉了这道圣旨,立即大张旗鼓地招起人来。曾国藩把严惩土匪作为他的团练方针。

咸丰三年(1853年)正月,曾国藩向湖南各州县发出号令,要求对土匪"格杀勿论"。二月,曾国藩派刘长佑、王鑫等将常宁白沙堡的农民暴动镇压了下去,派张荣祖把宜章、桂东的农民暴动镇压了下去;三月,曾国藩派更廷樾、张荣祖把永安、安仁等地的农民暴动镇压了下去。曾国藩疯狂的"剿匪"行动终于平定了湖南境内的起义活动,但因他奉行"乱世须用重典"的政策,杀人就像剃头一样简单,所以被别人称为"曾剃头"。

曾国藩出山后,湖南巡抚张亮基给予他很多的方便,但曾国藩到长沙不久,张亮基就调到武昌做湖广总督了,布政使潘铎暂时接替了他的职位,原云南布政使徐有壬调到湖南来做布政使,陶思培担任湖南按察使。他们与曾国藩的关系本来就不好,后来曾国藩"越权侵官",使得他们对曾国藩处处掣肘,甚至打击。这使得曾国藩处境非常孤单,于是便给朝廷上了《移师衡阳折》,于八月二十七日愤走衡阳。十月,曾国藩创办水师,任命彭玉麟为第一营哨官,杨载福为第二营哨官,褚汝航为第三营哨官。

咸丰四年(1854年)正月,太平军西征军攻破武昌,再次进入湖南,并连克岳州、宁乡、湘阴等地。为了控制太平军的发展,咸丰帝命曾国藩前往武昌,以缓解军事上的紧张局势。此时,曾国藩的水陆两师已有一万人。三月,曾国藩来到靖港,中计大败,投水自杀被部下救起。五月,再次出征,经过整顿的湘军连克常德、澧州、岳州。八月,攻下武汉。九月,攻破田家镇。连续的胜仗使曾国藩感到风光无限,大有一鼓作气拿下金陵的趋势。然好景不长,十二月,曾国藩就在九江战败,再次跳水自杀,被及时赶到的彭玉麟救起。曾国藩在九江战败后,便将九江的防务撤去,回护南昌。

咸丰七年(1857年)二月,曾国藩接到父亲去世的噩耗,便回家为父奔丧,这次他在家待了一年四个月,直到咸丰八年(1858年)六月,他才重新被朝廷起用。曾国藩怀着重振事业的远大理想重返战场,然而令他没有想到的是,等待他的却是全军覆没的灭顶之灾,即三河镇大败。三河镇大败后,士气遭到极大的挫伤,曾国藩的弟弟曾国荃召集六千湘勇前往支援曾国藩,连克几座坚城,使曾国藩的内心稍感安慰。

咸丰九年(1859年)十月,曾国藩兵分四路进攻金陵,与此同时,太平军攻破清军江南大营。江南大营的溃败,预示着团练成为对付太平军的主力。

咸丰十一年(1861年)七月,在曾国藩支持下,曾国荃率部攻克安庆,然后就把金陵作为他的下一个目标。

同治元年(1862年)清廷下旨,任命曾国藩担任两江总督,协办大学士。

同治二年(1863年)二月,安庆军械所造出我国第一条木壳小火轮,曾国藩登船试航后,喜而命名"黄鹄号"。九月,曾国藩与容闳见面,商量建造机器母厂,由母厂制造机器,再由机器制造枪炮、轮船。十二月,曾国藩派容闳到英、美等国购买用来制造机器的母机。

同治三年(1864年)六月,曾国藩一举攻下金陵,至此,转战十余年的湘军总算完成了自己最初的使命。朝廷赏加曾国藩太子少保衔,赐一等侯爵。曾国藩懂得,历朝历代功高震主的权臣,大多会受到朝廷的猜疑。他心里很明白,如何处理好同清政府的关系,已成为能否保持其权力和地位的关键,而摆脱自己目前这种政治处境的最好办法就是裁军。但曾国藩又考虑到还要为自己保存一些实力,于是,曾国藩从七月开始,陆续将军队裁到3万人便不再裁了。这样既不让朝廷再猜疑自己,又保存了自己的实力。

同治四年(1865年)五月,朝廷颁给曾国藩钦差大臣关防,督办直隶、山东、河南三省军务,上剿捻。曾国藩针对捻军灵活机动、来去迅速的特点,制定了河防政策,一方面在黄河设置水师,防止捻军从北面渡过黄河,一方面在运河西岸建筑堡垒、长墙,想要把捻军控制在黄河以南和运河以东一带。然而,曾国藩的河防没能防得住迅猛而来的捻军。于是,曾国藩于同治五年(1866年)八月向朝廷上折,陈述河防之败的情况。朝廷觉得曾国藩在剿捻过程中受挫,再让他继续担此重任,恐怕也难以成功,同治六年(1867年)二月于是让他重新担任两江总督职位,负责筹备军饷的事务,由李鸿章接替他的职位继续剿捻。

同治六年(1867年)七月,在曾国藩的督促下,中国近代史上第一艘大型兵舰造成,曾国藩把这艘船命名为“恬吉”号。其实早在咸丰十一年(1861年)攻下安庆的时候,曾国藩就在安庆设立了中国第一家军械所——安庆军械所,用于生产近代化的武器,后来迁到金陵,改名为金陵制造局,金陵制造局又迁到上海,与上海虹口旗记铁厂及原在上海、苏州的三个炮局合并成立了江南机器制造局。曾国藩除了把制造枪炮弹药和轮船的任务交给江南机器制造局外,还在局里成立了翻译馆,翻译西方著作,学习西方文明。据外籍人傅兰雅统计,翻译馆自建立十二年内,翻译成书的有四十五部,未译全者十三部。翻译内容非常广泛,几乎涵盖了科学技术的各个领域,基本上集结了西学的优秀成果,其中主要包括物理、数学、化学和工艺,历史和公法方面的书籍也占了少数的一部分。

同治七年(1868年)四月,曾国藩奉上谕补授体仁阁大学士、武英殿大学士,七月调往直隶总督。十二月至翌年二月,抵达京师,多次受慈禧太后和同治皇帝接见。

同治八年(1869年)正月十六日,这天是皇上宴请群臣的日子,也是曾国藩一生荣耀到达极点的日子。这天,他作为汉人大学士的领班出席了盛宴,这是清朝一代人臣所能享受到的最高荣宠。

同治九年1870年)六月,天津教案发生,曾国藩奉旨前去查办,为了不得罪法国人而引起战争,曾国藩违心地处理了天津教案:处决天津市民20人,发配充军25人,天津知府张光藻、知县刘杰革职充军,赔偿法国五十万两白银,并派崇厚向法国赔礼道歉。天津教案使得曾国藩几十年的声誉毁于一旦。八月四日曾国藩改调两江总督,调查上任两江总督马新贻被刺的案子,由李鸿章接任直隶总督。

　　同治十年(1871年)八月,曾国藩与李鸿章商议容闳提出的选拔幼童出国留学的建议,一起会衔上奏《拟选子第出洋学艺折》。后来曾国藩又提出在美国设立"中国留学生事务所",推荐陈兰彬、容闳为正副委员常驻美国管理。在上海设立幼童出洋肄业局,荐举刘翰清承担"总理沪局选送事宜"。

　　同治十一年(1872年)二月初四,曾国藩到西花园散步,突然感到脚底发麻,身子一侧,便倒在了儿子的身上。曾纪泽忙叫人把他背进大厅,曾国藩端坐三刻逝世。是月,清廷闻讣,辍朝三日。追赠太傅,谥文正。六月,曾国藩的灵柩运抵长沙,葬于长沙南门外之金盆岭。次年十二月,改葬于善化县(今望城县)湘西平塘伏龙山,与夫人欧阳氏合葬。

篇一　由神骨相人

一身精神，具乎两目；

一身骨相，具乎面部。

——《冰鉴》

人之外表是内心的体现，人之形象是精神的表露。所以，观人须观"神"，相面须相"骨"。由其"神"而识人奸忠本性，由其"骨"而辨人雅俗品格。尽管人可以饰其容，伪其形，装其表，假其象，但内在的神骨不会改变。由神骨相人，不仅不会被表象所迷惑，而且能够一眼洞察人心。

> 冰鑑
>
> 神骨章第一
>
> 語云脫穀為糠其髓斯存神之謂也山藪
>
> 不崩惟石為鎮骨之謂也一身精神具乎
>
> 兩目一身骨相具乎面部他家兼論形骸
>
> 文人先觀神骨開門見山此為第一
>
> 相家論神有清濁之辨清濁易辨邪正難
>
> 辨欲辨邪正先觀動靜靜若含珠動若水
>
> 發靜若無人動若赴敵此為澄清到底靜
>
> 若螢光動若流水尖巧喜淫靜若半睡動
>
> 若鹿駭別才而深思一為敗器一為隱流

均之詫跡二清不可不辨

凡精神抖擻時易見斷續處難見斷者出

履斷續者閉履續道家所謂收拾入門之

說不了履看其脫畧做了履看其針線小

心者從其做不了履看之陳節潤目若不

經意所謂脫畧也大膽者從其做了履看

之慎重周密無有苟且所謂針線也二者

實看向內履稍移外便落情態矣情態易

見

骨有九起天庭骨隆起枕骨強起頂骨平

起佐串骨角起太陽骨線起眉骨伏犀起

鼻骨芽起顴骨豐起項骨平伏起在頭以

天庭骨枕骨太陽骨為主在面以眉骨顴

骨為主五者備柱石器也一則不窮二則

不賤三動履小勝四貴矣

骨有色面以青為主少年公卿半青面是

也紫次之白斯下矣骨有質頭以聯者為

貴碎次之總之頭無惡骨面佳不如頭佳

然大而缺天庭終是賤品圓而無串骨半

為狐僧鼻骨犯眉堂上不壽顴骨與眼爭

子嗣不立此中貴賤有憂釐千里之辨

本篇导读

神骨篇是《冰鉴》的首篇，曾国藩说"一身骨相，具乎面部"，并认为"神"和"骨"犹如两扇大门，打开这两扇门，可以窥见人的许多特质。因而将其称之为观人的第一要诀或入门章法。就识人、用人的智慧而言，神骨篇还蕴含着更深的内涵，总结起来有八个字：以形观骨，以骨观德。即要认清一个人，可以从很多个角度去考察，但最终极的标准只有一个："德"。

曾国藩用极高的道德标准要求自己，也用品德操守的标准来选拔人才。他的《笔记》中有一篇题为《才德》的文章，曾经谈到了这一点。文章说："司马温公说：'才德俱全，叫作圣人；才德全无，叫作愚人。德超过才，叫作君子，才超过德，叫作小人。'我说德和才不可偏重，'才'好比是水，在'德'的润泽之下，'才'能做载货运物、灌溉田地之用。'才'好比是木，在德的作用下将曲取直，'才'能做舟船、栋梁之用。'德'若是水的源泉，'才'就能使水起波澜。'德'若是木的根，'才'就能使木枝叶繁茂。只有高尚品德而没有才干相配，那几乎是愚人；只有才干而没有高尚的品德来支配，那几乎是小人。世人多数都不愿意以愚人自居，所以都自认为自己是有才干的人；世人多数都不想与小人交朋友，所以看人常常好选有高尚品德的人。比较起来，二者如不能兼有，与其无德而近于小人，还不如宁愿无才而近于愚人。"

以形观骨，以骨观德，实际上是曾国藩识人方法和识人目的的统一体，是由外在到内在而识其"德"的结合和升华。可见，一个人的德是十分重要的。尤其对识人、用人而言，它直接关系到事业的成败。所以，有必要对德的内容多做一些解读。德的内涵是十分丰富的，如将古人的各种说法分类归纳，大体有以下几方面。

第一，忠君爱国。这是中国封建社会最高的德的标准。如孙武在《孙子·计篇》中提出的"五事"之首的"道"，实际就是德。其内容为"道者，令民与上同意。古可与之死，可与之生而不畏危也。"意思是要让民众与君主的意愿一致，可以叫他们为君主而死，为君主而生，而不存二心。他在《孙子·地形篇》中还提到"进不求名，退不避罪，唯民是保，而利合于主，国之宝也"。其意是进不居功图名，退不推诿责任，只知道维护人民的利益和忠于国君，这样的将帅，才是国家宝贵的财富。《吴子》兵法中也要求将帅"师出之日，有死之荣，无生之辱"，即为了国家的利益，义无反顾，宁光荣地死，不苟辱地生。孔子曾赞扬郑国子产，说他有君子的四种道德，"其行己也恭，其事上也敬，其养民也惠，其使民也义"。在孔子看来，子产所具有的四种道德正是"举直"的标准。这种正直的人，行为庄重、侍奉君主恭敬、给百姓小恩小惠、役使百姓合乎义理，所以最善于处理上下关系，是君主的忠臣，又能够笼络百姓。选拔这样的人参预国政，从事管理，就能够维护统治阶级的根本利益。

第二，一心一意为民众谋福利，不谋私利，具有自我牺牲的精神。如孟子所说的"乐以天下，忧以天下"。范仲淹的名言"先天下之忧而忧，后天下之乐而乐"，更加充分地表达了这种见解。顾炎武在《日知录》中也提出，领导者应当如舜、禹这些古圣王那样"能事人"，"其心不敢失于一物之细"，即对人民关心入微；要能"饭糗茹草""手足胼胝"地为人民艰苦操劳。

第三，忠于职守，公而忘私。春秋时，鲁国敬姜夫人曾用前代诸侯、卿大夫每天辛勤从政的业绩来教育儿子应该如何对待自己的工作，当好大夫："诸侯，朝修天子之业命，昼考其国职，夕省其典刑，夜儆百工，使无慆淫而后即安。卿大夫朝考其职，昼讲其庶政，夕序其业，夜肿其家事，而后即安。士朝受业，昼而讲贯，夕而习复，夜而计过无憾，而后即安。"以后韩愈在《争臣论》中曾用禹、孔子、墨子公而忘私的事迹来说明忠于职守，是从事工作的必备德行。他说："禹过家门不入，孔子席不暇暖，而墨突不得黔。"这是因为"君子居其位，则思死其官"。

公而忘私，忠于职守中最难做到的是敢于为国家的利益、为民众的利益向最高领导者直言进谏。这是贤才应有的品质。荀子在区分国贼和社稷之臣时，提出了这一标准。荀子说："故谏、争、辅、拂之人，社稷之臣也，国君之宝也，明君之所尊厚也，而暗主惑君以为己贼也。"能够规谏、争谏、辅佐、矫正的人，是社稷之臣，是国君之宝。

以上三方面，可说是"德"的最基本的内容。如果没有这些素质，很难想象是有德之士。此外，还有不少个人修身、养性、礼仪、操守方面的内容，也属于德的范畴。如姜尚曾提出，领导者必须具备下列条件：清廉自持；冷静沉着；平心静气；严谨庄重；接纳忠言；倾听别人的抱怨；具备容忍的雅量；广听意见；注重风俗民情；了解社会形势和客观状态；具备应变的能力；掌握绝对的领导权。"将能清，能静，能平，能整，能受谏，能听讼，能纳入，能采言，能知国俗，能图山川，能表险难，能制军权。"姜尚还提出："道、德、仁、义、礼，五者一体也，道者人之所蹈，德者人之所得，仁者人之所亲，义者人之所宜，礼者人之所体，不可无一焉。"这就是说，"道、德、仁、义、礼"这五种德行缺一则不可。姜尚又进一步指出："夫将拒谏，则英雄散；策不从，则谋士叛；善恶同，则功臣倦；专己，则下归咎；自伐，则下少功；信谗，则众离心；贪财，则奸不禁；内顾，则士卒淫。"这就是说，一个领导者不能拒纳忠言、计谋不行、好坏不分、良莠不辨，更不能独断专行、恣意骄横、误信谗言、贪财恋物、忙于家务。如果那样，势必人心叛离，影响事业的发展。

一、观人神骨,开门见山

观人先观神,相面先相骨。神,呈现在眼睛里;骨,集中在面部上。观人,由形透神、由面识骨是根本。

【原典】

语云:"脱谷为糠,其髓斯存",神①之谓也。"山骞②不崩,唯石为镇",骨③之谓也。一身精神,具乎两目;一身骨相,具乎面部。他家兼论形骸,文人先观神骨。开门见山,此为第一。

【注释】

①神:《冰鉴》里所说的"神"并不是我们日常所说的"精神"一词,它有比"精神"内涵广阔得多的内容,它是由人的意志、学识、个性、修养、气质、体能、才干、地位、社会阅历等多种因素构成的综合物。

②骞:亏损。这里的意思是指泥土脱落。

③骨:《冰鉴》里所说的"骨",不是现代人体解剖学意义上的骨骼,而是专指与"神"相配,能够传"神"的那些数量不多的几块骨。

去掉外壳的稻谷,其暴露出来的大米本质不会有丝毫改变,流失浮土的山岳,其岿然不动的内部岩体不会轻易崩塌,前者为神,后者为骨,两者共同构建起事物的最终形态,阅人时前者潜藏于人的眼睛中,后者隐迹于人的骨骼里。

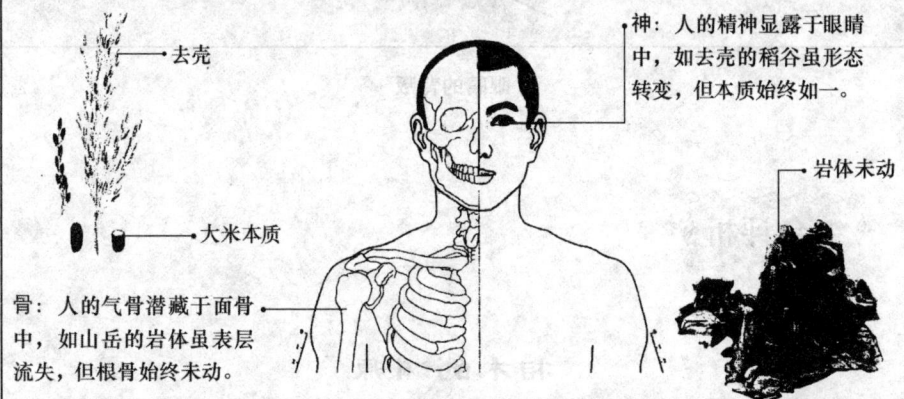

去壳

大米本质

神:人的精神显露于眼睛中,如去壳的稻谷虽形态转变,但本质始终如一。

岩体未动

骨:人的气骨潜藏于面骨中,如山岳的岩体虽表层流失,但根骨始终未动。

何为神骨

【译文】

古人说:"去掉稻谷的外壳,则稻谷的精髓就会显露无遗,它并不会因外壳的脱落而改变自己的本质。"稻谷的精髓体现在人身上,就是一个人精神状态的好坏。古人又说:"山岳表面的泥土虽然经常因雨水而流失,但并不会因此而崩塌破碎,因为坚硬的岩石才是支撑它的主体。"这里所说的"镇石",就好比是人身上最坚硬的那部分骨骼,支撑着人的整个身躯。一个人的精神状态,主要通过两只眼睛表现出来;一个人的骨骼丰俊,主要通过他的面孔表现出来。察看其他各类人员时,不但要看他们的内在精神状态,更要注重考察他们外在的体势情态。以文为主的有识之士主要看他们的精神与骨骼,这就如同运用开门见山的方法来察人知人,所以精神和骨骼是观人的第一要诀。

奸邪的人常隐藏起自身的本来面目含而不发,但只要细心辨别,混杂于人群中的他们还是有迹可循的。

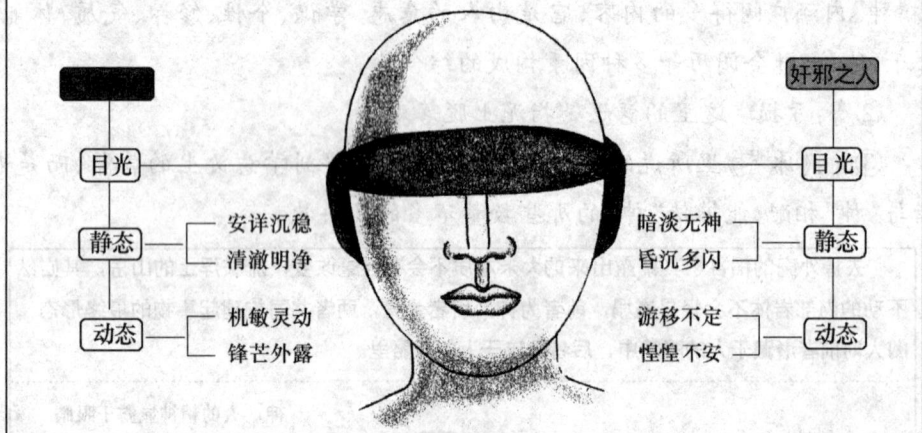

		奸邪之人
目光		目光
静态	安详沉稳 清澈明净	暗淡无神 昏沉多闪 静态
动态	机敏灵动 锋芒外露	游移不定 惶惶不安 动态

眼睛的背叛

综合评析

相术的渊源

纵观中国历史,治世与乱世前后相继,其兴也速,其亡也速,究其治乱的关键,在于用人二字,所用为忠直有才的人,则能拨乱反正,天下大治;所用为奸诈小人,无能庸人,则形势逆转,大治变为乱世。最典型的例子是唐玄宗时,前期任用贤相,则有开元盛世,后期任用奸相,则有天宝危机,国家陷于乱世,强大的大唐帝国开始走向衰落。

缩小到个人生活,跟对人、与对的人交朋友、用对人,也是非常重要的事,在工作中作为一名普通员工,能够明智地跟随一位富于才干、有前途的领导,就算你是一个庸人也会随着领导的水涨船高而有所收获;如果你是一个很有才干的人,那就会为你提供一个事业大发展的平台,为你的发展助一臂之力。有句俗话说得好,选对公司,不如跟对人。如果你是一位领导,任用一位有才干的人或者一位只知道阿谀奉承却没什么才干的人,对你事业的影响那是显而易见的,有才干的人能助你一臂之力,关键时刻靠得住;阿谀奉承的人会让你感觉很舒服,却不会对你的事业有什么好处,甚至还有坏处,就算这样的人有一些才干,关键时刻需要他的时候,恐怕跑得比谁都快。在生活中,与对的人交朋友,交一个知心朋友的重要性,几乎所有人都是有过体会的,在这里不需要重复了。由此也可以看出跟对人、用对人的重要性。

要跟对人、用对人,首先就要认识人,认识清楚一个人。如果不能正确地认识清楚一个人,跟对人、用对人也无从谈起。我们在看一个人时,很注重第一感觉,第一感觉认为这个人好,值得跟随、交往或者使用,或者认为这个人不值得跟随、交往或使用。这种第一感觉认为怎么怎么样,实际上就是人的各种感官对人的外表、气质、精神状态的一个综合评价。这种第一感觉对人的评价经过不断地总结与实践,也就形成了识人术——相学或者相术。

当然,最初的相术所针对的并不是普通人,而是圣人、贵人,是要从普通人中去发现圣人、贵人。这是因为,最初的相术来自人们日常生活经验的总结,只有圣人、贵人的特异之相才可能引起他们的兴起,使他们去总结。像史书中记载的,舜有重瞳也就是眼睛中有两个瞳孔,女娲与伏羲人首蛇身,这都是圣人们生具异相的例子。正因为圣人、贵人生具异相,后世的人为了证明自己是不平凡的人,而去按照古代圣人的样子把自己粉饰成圣人,汉高祖刘邦就是最典型的例子,他的"隆准而龙颜,美须髯,左股有七十二黑子"正是为了证明他是真命天子而作的粉饰。

相术从最初的相圣人逐渐过渡到了相普通人,在春秋时期出现了第一位有

冰鉴

由神骨相人

图文珍藏版

名有姓的相学家叔服。据《左传·文公元年》记载,他曾为鲁国公孙敖的两个儿子相过面。两汉时期,凡是发达显贵的人都有相面的故事流传下来,像周亚夫、卫青、李广等。周亚夫在担任河内太守时,汉初著名的相术大师许负曾给他

▶圣人奇形

1. 最初的相术产生于对圣人的观察,上古时期的圣人几乎都具有超乎常人的外貌特征。图为中国文字的创制者仓颉的画像,据文献记载仓颉"龙颜四目,生有睿德"。

▶后人的总结

2. 后人在总结前人观察圣人奇形的基础上产生了相学,并以此去相人的贤愚。

▶后人的附会

3. 后世的某些人为了证明自己是天命所主、是圣人,便根据相术对自己的出生、相貌等加以附会、利用。图为明太祖朱元璋的宫廷标准像以及藏于故宫博物院的宫廷画像,根据史书记载朱元璋相貌奇丑,似乎后一张更可能是其本来面目。

相术的产生

看相,认为他三年后为侯,封侯八年后为丞相,掌握国家大权,位尊任重,在众臣中将首屈一指,再过九年会饿死;卫青在还是平阳公主家奴时,也有相者为他看

相,认为他"贵人也,官至封侯",这些后来都得到应验。

到隋唐五代时,相学有了跨越性的发展,五代时期的麻衣道者著有《麻衣神相》一书,是当时相学集大成之作,成为后世学相学者必读之书。相传是他弟子的传奇人物陈抟又写成了《神相全篇》一书,是当时最完备的相学书籍,对后世影响很大。明代袁珙号柳庄居士,他的《柳庄神相》对后世也影响颇大。

到了清代则要推曾国藩,其识人看人的全部学问都在《冰鉴》一书里。要讲曾国藩的相学,首先要讲一下相学的两大分支,一是江湖派,一是文士派。这两派的渊源在于相术最初看人的方法,即通过人的外表、气质还是精神状态去看人,江湖派着重于通过外表去认识人,重视实践而轻理论,重视奇异的面相而轻视普通的面相。而文士派则重视通过精神状态也就内在的"神"的观察去看人,并注重在实践基础上的理论总结。用曾国藩的话说就是,江湖重"形骸",文人重"神骨"。前面提到的许负、麻衣道者、陈抟、袁珙都是江湖派的代表,文士派则有汉魏时期著有《人物志》的刘劭、曾国藩等。尽管相学分为文士、江湖两派,但《麻衣神相》仍然是相学界首推的书籍。

曾国藩的相学是文士派首屈一指的。他认为,人内在的精神状态——"神"是人之所以为人,之所以区别于他人的根本属性,就像稻谷去掉了谷壳变成米,虽然失去了谷壳,但其精华"米"仍然存在;就像大山上地表的土石已经支离破碎,但山仍然屹立在那儿没有崩溃,这是因为山的内部有石头在支撑。这就相当于你无论换了多少件衣服,你还是你;无论你的衣服多么破烂,你也还是你,你始终存在。

相学名家

姓名	朝代	代表作	备注
叔服	东周		"系相人之有术兮,肇东周之叔服"(明袁柳庄)
唐举	战国梁		"今之世,梁有唐举,相人之形状、颜色而知其吉凶、妖祥世俗称之。"(《荀子·非相》)

姓名	朝代	代表作	备注
许负	西汉	《德器歌》《五宫杂记》《听声相形》	
袁天罡	唐	《五行相书》《袁天罡称骨歌》	
李淳风	唐	《六壬阴阳经》	风水宗师,六壬祖师
麻衣道者	宋	《麻衣神相》	陈抟之师
陈抟	宋	《神相全编》	号扶摇子,赐号希夷先生
袁珙	明	《柳庄神相》	号柳庄居士,世称袁柳庄
陈钊	清	《相理衡真》	
笑尘氏	清	《大清相法》	
曾国藩	清	《冰鉴》	

在这里,内在精神状态是一个广义的概念,它包括人的意志力、行动力、生命力、注意力以及气质、风度、神态等。与内在精神状态——"神"对应的"形",也是一个广义的概念,它指人的一切形体、外貌,包括面貌、体态等一切外在表象。

江湖派与文人学士派的区别

派别	特点	对象	代表人物	备注
江湖派	考察人的外表,重实践轻理论,重奇轻常	男女兼相	麻衣道者陈抟、袁珙	《麻衣》相男,《柳庄》相女
文人学士派	考察人的精神状态,注重实践基础上的理论总结	相男	刘劭曾国藩	

在曾国藩看来，"神"孕育于人体内，不自觉的会流露于外，通过各种"形"表现出来，这才使得人们能观察"神"。因而曾国藩既不像江湖派重形轻神，也不像文士派重神轻形，而是形神并重以神为主，毕竟他还是文士派的一员。神的流露于外主要是透过人的眼睛来完成的，因而俗语有"眼睛是心灵的窗口"的说法。而人外部的"形"首先跃入人眼帘，引起人兴趣的是面部，因而在"形"上着重面部，相术有时又简称为"面相"。狭义的"形"指的就是面部。

曾国藩相术还有一大特点就是看重和谐、配合，即就算某些方面存在缺陷，只要整体的配合较好、和谐，也一样算好。打个比方，后文中会提到"五短身材"，五短指的是四肢和脖子短，实际上指的是身材短小，这样的人一般都会让人看不起，认为很怪异。但就算是五短身材，只要比例协调、和谐，那一样是贵相。

关于"神骨"下文将有详细的论述，此处不再多言；至于曾国藩相术的特点，综上所述主要是两点：一是形神兼重以神为主，二是强调和谐、配合。

形体与精神

上文粗略地讲了形骸与神骨，本篇将结合相学的入门典籍《麻衣神相》详细论述形骸与神骨。

首先说形骸，也就是通常所说的外形。在古人的创世说里有"阴阳合而万物生"的说法，也就是说是阴阳和合孕育世间万物，因而人也是阴阳和合的产物。人的外部世界是一个阴阳五行调和而又流转不息的大世界，人的自身相对于这个大世界又是一个具体而微的小世界，是大世界的缩影。因而人体的各个部位又与外部世界相对应、肖似。

具体来说，人的头相当于外部世界的天；脚相当于地；眼睛相当于日月，按照左为阳右为阴的说法，左眼为太阳，右眼为月亮；声音相当于打雷的雷声；血脉相当于江河湖泊；骨骼相当于石头；鼻子、额头相当于山岳；毛发相当于草木。人们根据世人对外部世界这八种事物的好恶判断，进而得出了人的这个八个部位的好恶判断，进而判断人的好恶。古人根据对这八个部位的看法总结出了观人八法：天欲高远，即头要深远辽阔，有远见；地欲方厚，即脚要厚实，站在那儿任它风吹雨打，我自岿然不动；日月欲光明，即眼睛要明亮，能一眼看清事物的本质；雷霆欲震响，即声音要响亮、干脆；江河欲润，即血脉要流动不息；金石欲

毛发相当于草木

头相当于天

眼睛相当于日月，左眼相当于太阳，
右眼相当于月亮

鼻子、额头相当于山脉

血脉相当于江河湖泊

骨骼相当于石头

声音相当于打雷的雷声

肌肉相当于土壤

脚相当于地

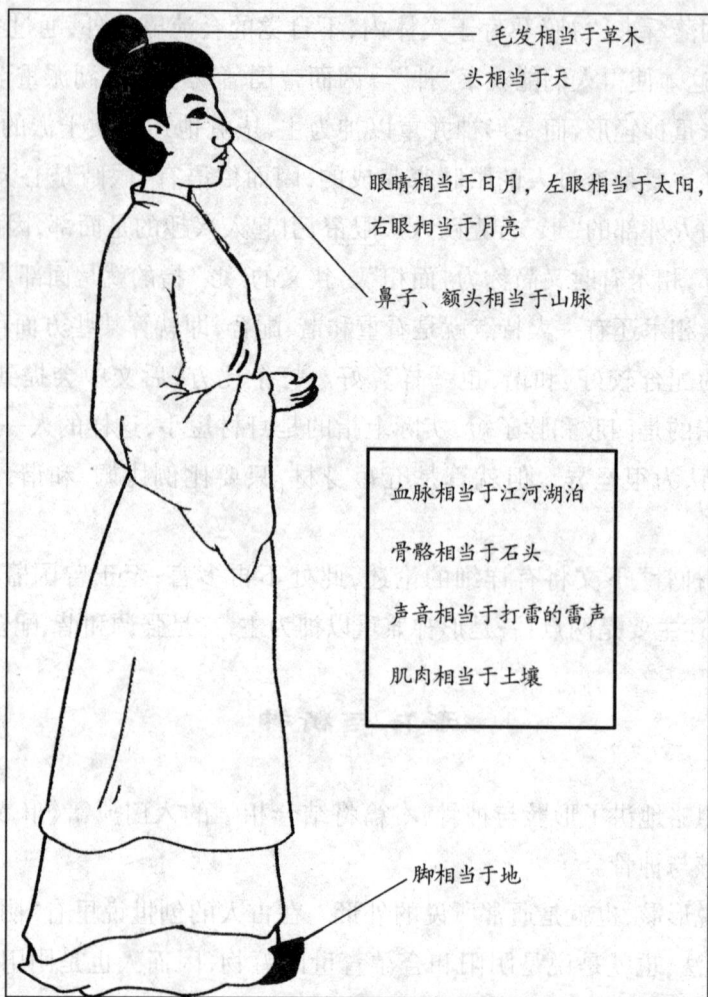

人体与自然的对应关系

坚,即骨骼要坚硬;山岳欲峻,即鼻子额头要高而挺拔;草木欲秀,即毛发要像草
木一样欣欣向荣。当然,这只是一个笼统的说法,具体的头要如何高远,脚要如
何方厚等,将在后面讲述,这里就到此为止。

上面说完了形骸,下面来讲神骨。上文中提到,神是人内在的精神状态,是
人内在的意志力、注意力等的集合体。在古人看来,这种内在状态的基础就是
气血,气血调和则内在的精神状态神清气爽,气壮血和则神安定巩固,气枯血散
则神萎靡不振。

作为内在精神状态基础的气血也是有次序的,血脉的旺盛与否可以决定气
的昂扬与萎靡,而气的昂扬与萎靡直接决定了神的状态是昂扬还是萎靡。而与

喜　　怒

哀　　乐

收拾入门

所谓"收拾入门"走道家术语,讲的是道家修身养气炼性的道理,

即摒弃世间一切喜怒哀乐等杂念,心中无物,以静待动,蓄势待发。

血脉关系最密切的又是形,即上文提到的形骸,它的状态能够决定血脉的状态。这样看来,实际上外在的形在很大程度上影响了内在的神的状态,也就是人的精神状态。由此可见,形是神的物质基础,是神的外在表现。这样观察人的形的时候必然要观察神,而观察神的时候也不能遗漏形。

神作为人的内在精神状态,是看不见摸不着的,但它会通过外在的形露出一些端倪,而眼睛作为"心灵的窗口"正是神通过形外露的主要途径。通过眼睛的清浊、邪正,可以察知神的状态。眼睛处于安静状态时,目光沉稳而安详,就像晶莹透亮的夜明珠一样,一旦动起来,则神光毕现,锐气逼人;或者安静时,眼神晶莹澄清,旁若无人,动起来则眼神犀利就像直冲靶心的箭一样。这两种情况就是神——内在的精神状态正直、清澈的表现。安静时眼睛像夏天里的萤火虫一样闪烁不定,动起来目光像阳光洒在波光粼粼的水面一样游移不定,这样的人一般都善于掩饰。安静时眼睛就像半睡半醒一样,动起来则像受惊的动物一样惶恐不安,这样的人一般心思深沉,有些才干。上面这两种人,神也是清澈的,但却不是正的而是邪的,他们都善于掩饰自己内在的神。

善于掩饰的人,在精神不足时,会强打精神以掩饰不足;在精神充足时,为了某些目的却又会掩饰自己的充足,假装不足。如何分辨内在精神的足与不足也是一个大问题。要分辨内在精神的足与不足首先得弄清楚神不足与神有余的表现,同时也涉及形的有余与不足的表现。

神有余。神有余的人,眼睛清澈晶莹;向两边张望时头随着眼睛转动,而不是头不动眼睛斜着向两边瞟;眉毛秀丽而长;精神振奋;面色清澈明亮;举止大气有风度,远看就像秋天的太阳照彻霜冻的大地一样和煦,近看就像和煦的春风吹过绽开的花朵;遇事刚强坚毅,就像猛虎在深山中散步一样;入世与人接触也能洁身自好,与不好的习气保持距离,就像丹凤翱翔于雪地之上一样;坐在那儿就像磐石一样岿然不动;卧在那儿就像昂然屹立的孤峰一样耸立。不随便发表意见,外界的喜怒哀乐不能改变他的看法,荣誉与耻辱也不能改变他的节操。无论世间万物如何变化,他都谨守自己的原则。上面提到的人就是神有余的人的特征,在古人看来,这样的人一般都是富贵的人,灾难人祸很难缠上他们,寿命也较长。

神不足。神不足的人,看起来似醉非醉,就像喝醉了酒或者生了病一样;明明没有什么忧愁看起来却像为了什么事愁肠寸断一样,常常忧愁、悲戚;看起来似睡非睡,真正睡下却又马上醒来;看起来似哭非哭,却又常常突然受惊而起;不嗔似嗔,不喜似喜,不惊似惊,不痴似痴,不畏似畏。举止昏乱,面色混浊就像用颜料染了一样。神色癫狂、痴呆、凄惨就像失去了很重要的东西一样;神色恍惚、张皇就像受到了很大的惊吓一样。言语晦涩、没有逻辑,就像努力隐藏什么被发现后,遭到凌辱一样,一开始面色鲜艳,继而变得晦暗;语速一开始很快,继而变得迟钝。以上都是神不足的人的表现,在古人看来,这样的人一般有牢狱

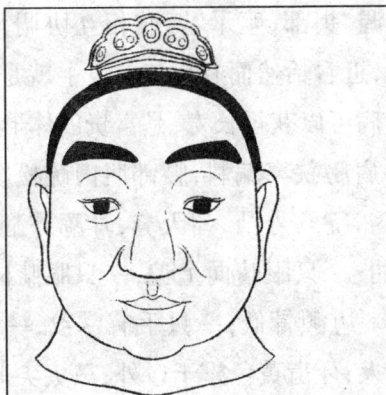

神有余的人，眼睛清澈晶莹，眉毛秀丽而长，精神振奋，面色清澈明亮，举止大气有风度。

神不足的人，看起来似醉非醉、似睡非睡、似哭非哭，不嗅似嗅，不喜似喜，不惊似惊。

形有余的人，头顶圆而厚重，腰部、背部丰满隆厚，额头宽阔方正，鼻子高而直挺。

形不足的人，头顶尖而薄，肩膀狭窄偏斜，腰部肌肉疏松，肋骨细而疏松。

神有余、神不足与形不足、形有余

之灾，官爵俸禄难以保全。

　　形有余。形有余的人，头顶圆而厚重，腰部、背部丰满隆厚，额头宽阔方正，唇红齿白、耳朵成圆形像车轮一样，鼻子高而直挺，眼睛黑白分明，眉毛长而秀丽、疏朗，胸部平坦、广阔，腹部圆而下垂。无论是行走还是坐，都端端正正。额头、左右颧骨、下颚拱卫鼻子,与其相协调,头部、躯干、四肢相互协调,皮肤细腻,骨骼细密,手长脚方。远看凝重厚实,近看怡然而有生气。以上就是形有余的表现,在古人看来,形有余的人很少生病可以获得长寿,是富贵的体形。

形不足。形不足的人,头顶尖而薄,肩膀狭窄偏斜,腰部肌肉疏松,肋骨细而疏松,肘节短促,手掌不厚实,手指粗劣,嘴唇外凸,朝天鼻,耳廓外翻,腰低,胸部塌陷。一边眉毛平直,一边眉毛弯曲;一只眼睛向上偏,一只眼睛向下偏;一只眼睛大,一只眼睛小;一边颧骨高,一边颧骨低;一只手有掌纹,一只手没有;睁着眼睛睡觉;男人说话的声音像女人;牙齿黄色露于口外;鼻尖尖薄;头顶没有头发;眼窝较深,眼睛深陷其中;无论是走路还是坐下都倚靠着一些东西;神色怯懦;头小身大;上身短小,下身较长。以上都是形不足的表现,在古人看来,形不足的人体弱多病,容易早亡,福缘稀薄,属于贫贱之相。

在神有余、神不足、形有余、形不足四者中,形神都足是最好的情况,按照形主富神主贵的说法,这样的人是既富且贵;形神皆不足的,则贫贱。神有余与形有余,首推神有余,另可神有余形不足,不可形有余神不足,形有余神不足的人难免会沦为小人,神有余的人则为君子。

神有余的人,精神抖擞并且能长时间保持这种状态;神不足的人,有时也会强打精神,看起来像神有余,但这种状态不能持久,很快就会重归不足;神有余的人,有时也会故作强打精神,但其状态能够持久。因而,要看出实际上神有余还是不足就需要掌握好观察的时机。要把握好时机首先要明白道家"收拾入门"的含义,所谓的收拾入门就是抛弃一切杂念,静心修行,这包含了两重意思:第一重是内心的静、一心修行;第二重是静待时机以有作为。

具体用在观察人的精神上就是,对于已经"收拾入门"即静下心来等待时机的人,要看他谋划是否周密、心态是否平和、静中是否包含浮躁;对于尚未"收拾入门"的人即仍为种种欲念包围的人,要看他是否洒脱、豪迈。小心谨慎的人,要从尚未"收拾入门"的时候去看,这样就可以发现,他们越是小心谨慎举动越是粗心大意,这是神不足的表现;率直豪放的人,要在已经"收拾入门"以后去看,他们越是率直豪放,看似漫不经心,实际上却是越发的慎重小心,谋划周密,做到胸有成竹,这是神有余的表现。

分句评析

品鉴人要以神为主

【原典】

语云:"脱谷为糠,其髓斯存",神之谓也。

【译文】

古语说:把稻谷的外壳脱去,而稻谷的精华——米粒却仍然存在,其本质并未改变。这个精华,犹如人的神,即人内在的精神品性。不论人的外表如何变化,其内在的精神气质是不会改变的。

神骨为《冰鉴》之开篇,总领全书,当为全书总纲。同时也表明曾国藩本人品鉴人物以神为主,形神并重。

首先,这里的"神"并非日常所言的"精神"一词,它有比"精神"内涵广阔得多的内容,它是由人的意志、学识、个性、修养、气质、体能、才干、地位、社会阅历等多种因素构成的综合物,是人的内在精神状态。俗话说,人逢喜事精神爽,而这里所论的"神",不会因人一时的喜怒哀乐而发生大的变化,貌有美丑,肤色有黑白,但这些都不会影响"神"的外观,"神"有一种穿透力,能越过人貌的干扰而表现出来。比如人们常说"某某有艺术家的气质",这种气质,不会因他的发型、衣着等外貌的改变而消失。气质,是"神"的构成之一。从这里也可看出,"神"与日常所言的"精神"并不一样。

"神"并不能脱离具体的物质而独立存在,它肯定有所依附,这就是说"神"为"形"之表,"形"为"神"之依,"神"是蕴含在"形"之中的。"形"是"神"存在的基础,与"神"的外在表现紧密相关,如果"神"是光,"形"就是太阳和月亮,日月之光放射出来普照万物,但光又是深藏在日月之中的东西,它放射出来就是光。这就说明:"神"藏于"形"之中,放射出来能为人所见,如光一样;"形"是"神"的藏身之处,"神"必须通过"形"来表现。日常观人时,既要由"神"观"形",又要由"形"观"神"。

稻谷的精华是米,米蕴藏在壳内,碾壳成糠,皮去掉了,精华犹在。米未随糠去,因而"神"也不会因"形"(相貌等)的改变消失。"神"与"形",犹如"米"与"糠"。所以说"脱谷为糠,其髓斯存"。

曾国藩开篇就引用了一个形象的比喻,其用意很明显,就是告诉大家识人不能只看表面,要形神结合、观表察里。因为只看人的表面,便对其人做出全部评价,难于得出正确的结论。如此轻易评价人,将会知错人、用错人。识人须观表察里,这里的"表"就是指人的外部表面形象;"里"就是指人的内心世界。

成大事须靠众人,尤须靠能人。靠能人须识能人,这就需要成大事者有一双识人的慧眼,能够看人所长,察人之能。

曾国藩识人的基本原则是一个"拙"字,即朴实、少心窍、不浮滑,具有踏实苦干的作风。它的内在标准要求德才兼备、以德为重,外在标准要求有"美相"、无"恶相"两层含义。在这个基础上,曾国藩不拘一格,选拔人才。

曾国藩识人的基本方法有:观相、询事、考言,通过三者并举来考察人,识出"千里马"。

曾国藩曾以源与波、根与叶比喻德与才之间的关系:"德与才不可偏重,譬之于水,德在润下,才即其载物溉田之用;譬之于木,德在曲直,才即其舟楫栋梁之用。德若水之源,才即其波澜;德若木之根,才即其枝叶。"德才兼备是其理想的人才。不过,当德才难以兼备时,曾国藩强调首先必须有"德",宁要有德无才,也不要有才无德的人。曾国藩心目中的"德"含义很广,忠诚、勤俭、朴实、耿介、不怕死等都是。具体而言,就是政治上忠于自己的信仰与事业,能心甘情愿地为之尽心尽力;作风上质朴实在,能吃苦耐劳;精神上坚韧不拔、顽强不屈,等等,他把具备这些品德的人称为"血性男子",推崇备至。

曾国藩是一位宣扬理学的卫道士,经常强调一个"诚"字。常以"忠""勤""不爱钱""不怕死""不恋官"等信条相标榜,死心塌地为清王朝卖命。他认为,真正的人才必须德才兼备,而才高德薄之人则绝对不可用。他又认为德的最高境界是"忠""诚",对于他的部下来说,具体标准就是对其忠贞不贰。他对于因遭训斥而改换门庭的人恨之入骨,而对虽遭训斥仍忠心不二的人,往往会加倍重用。

在曾国藩所信任、提拔的众多人才之中,李鸿章被视为第一高足,曾国藩对其特别重用提拔,爱护备至。其主要原因,就在于李在对他的忠诚上有那么一股韧劲。李鸿章曾因为李元度丢失徽州一事说情，惹恼了曾国藩，而负气离开祁门老营将近一年。这期间，显要人物袁甲三、胜保、德兴阿等人，都曾多次相邀，许以重保，但李鸿章不为所动，宁在江西赋闲。等待曾国藩心回意转，终于以其耿耿忠心和卓越才干重入曾幕。掌握四省军政大权的曾国藩，对李"特加青睐，于政治军务悉心训诺，曲尽其熏陶之能事"，使李鸿章最终竟能青出于蓝而胜于蓝。

塔齐布是与罗泽南齐名的湘军将领，姓托尔佳尔，满洲镶黄旗人。1853年曾国藩在长沙开始练湘军

李鸿章

时，塔齐布还只是个绿营守备，旋升用游击署参将，率兵与湘军一起操练。曾国藩每次见他早早到场，"执旗指挥，虽甚雨，矗立无惰容"。曾国藩用戚继光法训练士卒，每当检阅步卒，塔齐布都穿着短衣，腿插短刀侍立一旁。曾国藩注意到这位身材高大、面身赤红的满族军官，与之相谈，大为赞赏。及至他辖下的军中检查，见其训练精严，且能团结士卒。曾国藩退而叹息：绿营兵有这样的带兵之人已是凤毛麟角，因此更加敬佩塔齐布。但副将清德却嫉恨塔齐布的才勇，常在提督鲍起豹的面前讲塔齐布的坏话，提督也不分青红皂白，多次羞辱他。曾国藩于是上疏弹劾副将，举荐塔齐布忠勇可大用，并说：若塔齐布以后"有临阵退缩之事，即将微臣一并治罪"。塔齐布后来在湘潭之战、岳州之战、小池口之战和武昌之战等湘军前期几次大的恶战中，都表现了出众的勇敢，尤其在被称为"湘军初兴第一奇捷"的湘潭之战中立了大功而被升为提督。湘潭之战在很大程度上是关系到湘军能否崛起的一次关键战役。

塔齐布平时有愚憨、无能之态，及至战场，摩拳切齿、口流唾沫，一副好似要生吞对方的架势。尤好单骑逼近敌垒侦视虚实，几次进入危境，都转危为安。

曾国藩在识人方面值得称道的是他对新鲜事物的接受和理解。清末国外

势力在中国耀武扬威,当时的中国对此不是奴颜婢膝,就是盲目排斥,而曾国藩在这个问题上则显得十分清醒,他特别看重在通洋、经商方面颇有心计的容闳。

曾国藩历来被誉为颇具知人之明,而这种知人之明除了主要表现在他慧眼识才,还具体反映在他与左宗棠的关系上。

左宗棠在曾国藩死后,曾写了这么一副挽联,别出心裁,把自己写了进去:

知人之明,谋国之忠,自愧不如元辅;

同心若金,攻错若石,相期无负平生。

有了这么多的事例,再结合曾国藩关于人才的言论,我们认为他对人才的把握还是比较准确的。他认为要真正做到量才器使,首先在于如何去认识人。他指出:"窃疑古人论将,神明变幻,不可方物,几于百长并集,一短难容,恐亦史册追崇之辞,初非当日预定之品。"把有一定能力或有一定成就的人誉为"百长并集,一短难容",甚至神化,无疑是认识人才上的一种片面性。因此,"要以衡才不拘格,论事不求敬细,无因寸朽而弃达抱,无施数罟以失巨鳞"。"三年之艾,不以未病而不蓄;九畹之兰,不以无人而不芳"。金无足赤,人无完人,不可苛求全才,"不可因微瑕而弃有用之才"。他写信给弟弟说:"好人实难多得,弟为留心采访。凡有一长一技者,兄断不肯轻视。"有才不用,固是浪费;大才小用,也有损于事业;小才大用,则危害事业。

为了识才,必须对人才时加考察。曾国藩说:"所谓考察之法,何也?古者询事、考言,二者并重。"就是说,要对下属由内而外、神形兼顾地进行考察,而曾国藩尤其注重属下的建言。曾国藩说:"若使人人建言,参互质证,岂不更为核实乎?"通过建言,上司可以收集思广益之效,也可以借此观察下属的才识程度,确实是个一箭双雕的好办法。曾国藩于道光三十年所上的广开言路的奏折中,提出了对人才的甄别,他把它归之于培养之方中。其实,甄别,就是考察。甄别的目的是"去其稂莠"。不加考察或甄别,而对那些不投在上者之所好的人才,不加培养,不加使用,固然是对人才的浪费;而单凭在上者的爱好或印象保举和超擢,把那些口蜜腹剑、两面三刀的阴谋家和野心家当作人才来培养和使用,必会造成恶劣的政治后果。这种事例,在历史上是屡见不鲜的。正如曾国藩说:"榛棘不除,则兰蕙减色;害马不去,则骐骥短气。"

曾国藩本人很注意考察人才,对于僚属的贤否,事理的原委,无不博访周咨,默识于心。据《清史稿》记载,曾国藩"第对客,注视移时不语,见者悚然,退而记其优劣，无或爽者"。而且，他阅世越深，观察越微，从相貌、言语、举止到为事、待人等方面，都在他的视线之内。

曾国藩一生能够左右逢源、绝处逢生，与他知人、识人，能在身边网罗有真才实学的朋友有很大的关系。

以骨相术识人

【原典】

"山骞不崩，唯石为镇"，骨之谓也。

【译文】

古语说：高山上的泥土经常脱落流失，而山却不倒塌，是因为山有坚硬的岩石在支撑着它。这里支撑山的岩石就相当于支撑人形体的骨。

《冰鉴》中所言的"骨"，并不是现代人体解剖学意义上的骨骼，而是专指与"神"相配，能够传"神"的人体的整体形态。"骨"与"神"的关系也可以从"形"与"神"的关系上来理解，但"骨"与"神"之间，带有让人难以捉摸、难以领会的神秘色彩，往往难于把握，只有在实践中多加体会。

"骨"外面有皮有肉，如高山之上有土有沙。骨是人体框架的根本支柱。骨之与人体，犹如山石之与泥土。泥土脱落流失，但山石岿然屹立，仍足以见其雄壮；人体相貌即使有什么损伤缺陷，但骨之丰俊神韵不会变化，仍足以判断人的显达。所以说"山骞不崩，唯石为镇"。

《冰鉴》关于骨相的说法直接承自中国古代的骨相术、身相术等，这些相人的方术实际上都是从全息现象的角度，依据"天人感应"（或称之为"人体微观宇宙说"）这一基本理论，从局部看整体，对人的命运际会进行预断。从文化人类学方面来看，"微观宇宙说"或"天人感应"的理论有其文化上的意义，是我们了解古代中国人思维方式和心理世界的重要坐标，反映在各种相术上，其中也确实包括了不少古人认识自然、社会、人生的经验总结，具有某些合理的成分。

曾国藩深谙此道。他所编写的《相人口诀》说："邪正看眼鼻，真假看嘴唇，功名看气概，富贵看精神，主意看指爪，风波看脚筋，若要看条理，全在语言中。"

在这一方面，刘铭传被重用，就是一个典型的例证。刘是后起的淮军将领，

由神骨相人

图文珍藏版

曾随李鸿章赴上海镇压太平军。出发前与其他将领一道去拜谒当时任两江总督的曾国藩。曾午睡未醒，他们等了将近半个时辰。刘铭传按捺不住，当着众人发作起来："对部将如此怠慢，岂不令人心冷！烽火其间如此静候，岂不延误军机！"话音刚落，曾国藩步入大堂，旁人皆为之捏把汗，担心曾会降罪于他。岂料曾国藩见刘铭传"颜广面长，铁声铁面"，有"雄侠威棱"之气，断定他日后事业，非淮军其他将领可比。因而在众将拜谒之后，单独留下李鸿章对他交代说，此人将是你最得力的助手，须好好看待他。此后，由于李鸿章对刘铭传格外看顾，刘本人在戎马倥偬中也努力钻研兵法，曾力挫法国侵略军于基隆，并首任台湾省巡抚。

在现实的日常生活中，人们有时会自觉或不自觉地通过骨相识人。例如，初次和陌生人打交道，或者是结交一个朋友，在见了一面之后，心里多少会通过其人外在的体形相貌特征去衡量他内在的品质：一看这人就知道很忠实，很实在；这个人看起来很外向，很大方；或者是这人很能干，很开朗，等等。这些都是身相的一些萌芽形式

英国的行为学学者雷咨蒙度·摩利斯说："人并不比其他动物特别高级或特别低级。"人也属于动物的一种。动物有不同的体型，人也有不同的体型，如肥胖型、枯瘦型、筋肉型。这样的体型出现在人类的身上，受多种因素影响，但多少可以表示一个人的性格。不论你在商场或日常生活中，想要一切顺利的话，就需要保持良好的人际关系。要达到这个目的，首要条件就是探知对方的性格，进而才能透视对方心理。

根据德国学者雷琪玛的性格判别方法，大致可依据6种体型来分析人的性格。

（1）筋骨强壮而结实的形态——坚忍质

筋骨强壮而体格结实通常是坚忍质形态的人。这种人筋肉和骨骼发达、肩膀宽大、脖子粗，从事举重、摔跤和土木工程方面的工作，容易出人头地。然而，在公司、银行当经理的人，也会有这种形态的。这种人做事认真、忠实，当公司或银行里的经理是最恰到好处的，这是坚忍质人的第一特征。

你的同事中，经常把抽屉整理得很干净，或应当发出去的信绝对不会疏忽，字也写得端端正正，这就是人们常说的具有坚忍质的人。

坚忍质的另一特征是情趣少，反应慢，经常有犯傻的地方，不知所措。此特

征在言谈间会表露无遗,特别是谈到电影情节时,往往会发表一大堆谬论。

按照上面所说的各点,这种人虽很可靠,唯独缺乏情趣,呆板,其固执非常深,很多事情都很呆板地去想。

你交际的对象或同事中如果有这种人,与他们打交道时必须知其性质,那就是经常要与之杂谈或招待他们借以引导。

(2)肥胖型或脂肪型——躁郁质

脂肪型或肥胖型的体型之特征,往往胸部、腹部和臀部十分宽厚。因腹部附着脂肪,所以从整体看来,像是有很多肉。一般说来,中年是最容易发胖的年纪。

同这种体型的人接触,你往往可以享受到对方开放而浓郁的人情。这种人日常十分活跃,一旦被人奉承时,任何事情均愿代劳,虽然本人口头上说"很忙""很忙",事实上,终日享受着忙碌的乐趣。这种人偶尔也会忙里偷闲,是个有情趣的可爱的人。

这类人一般会兼有开朗、积极、善良、单纯等多重性格,且活泼、幽默;另一方面,这种人兼有稳重却焦躁的正反两面的性格,特别表现在欢乐和苦闷的时候。而这些,正是躁郁质特征的外在表现。

这类人通常适于从事政治、实验工作或临床医师,容易出类拔萃,且因其具有天赋敏锐的理解力,凡事有迎刃而解的能力,但他们对事情的思虑缺乏一贯性,言谈间极易因轻率而失言,并且自恃高大,喜欢干涉别人。

如果你和这类人或这种上司交往的话,他们会是开放的社交人士,因此,在你们初次会面的一刹那,即能一见如故、相谈甚欢。但这类人喜欢照顾别人,这份关怀天长日久容易演变成压迫似的形态。

(3)单纯而不成熟的形态——歇斯底里

在你的周围可能经常会见到脸孔状如小孩未成熟形态的人。这种形态的人,通常具有自我观念刚强的性格。这类人的周围经常是热闹非凡的气氛,话题的中心不是自己时就不开心,同时对别人所说的话可能听不进去,有些任性。

此种形态的特征是,各方面都有浅显的知识;有用这种知识对小说、音乐、戏剧加以评论的才能,同时具备其他各种知识,讲话时妙趣横生,经常使人捧腹大笑。

对于这种形态者,询问有关他自己的事情时,更会眉飞色舞地说个不休,并

由神骨相人

图文珍藏版

且在言谈之间常喜欢标榜自己如何,常使人感到过于放纵,产生不舒服的感觉。

从另一角度看,这类人可谓是天真、烂漫的人,却不知自己已经变成大人,真让人哭笑不得。自己被人奉承时还好,一旦受人冷淡摒弃时,嫉妒心会变得很强烈,形成一种歇斯底里的状态,对于这种人要特别注意。

在你所知道的女性中,若有这种歇斯底里型的人时,最好不要多讲话,只要听她发表言论即可。如果你交际的对象有此种类型的人,在有生意来往时,关于此点要特别注意,万一过分信赖这种人,自己受到损失的可能性会变大。

(4)细条的形态——神经质

一提到神经质型,人们都会自然地想到脸色发青、细长的身体线条,具有知识分子的风范。其实,不仅神经质的人有这种特征,从另一个角度看,具有男子气概、豪放磊落而胖墩墩的人,也有神经质的倾向。

这类人最大的特征是任何事情都归咎到自己身上。带有强迫性格,喜欢自寻烦恼,以至于自己想要诉说的苦衷难于表述,结果被人把责任强加到自己的头上。

这种类型人最大的特征是心情不安定,情绪容易失去平衡,且容易混乱,他自己本身也非常不开心。其实这种性格是一种难能可贵的性格,这种人是生活态度非常慎重的人。他们如果从事艺术性的工作,大多可以取得别人做不到的成就。

(5)略带纤瘦但体态结实的形态——偏执型

这类人略显纤瘦,但体态结实,自我意识特别强烈,且很固执,对任何事情都喜欢挑战。有强烈的信念,充满信心,不论遇到怎样的苦境,都秉持成功的目标去努力。

强烈的信心加上判断灵敏,做事果断,在商业方面实在是前途无量。相反,当这种人误入歧途时,就会变得强制、专制、高傲、猜忌、蛮横,且表露无遗。一旦一个念头缠在脑子里,想要让他更改非常困难。

具有如此体型的人,他们在事业和做人方面,都缺乏应有的性格魅力,但他是一个有能力且可能具有相当权力潜质的人,由于性格上的弱点,即使是别人跟随他、迎合他,他同样还是会和别人保持心理上的距离,他在家庭生活中也可能是个孤家寡人。

与这类人交往时,绝不可与他形成对立,这种人具有抗争性和攻击性,他的偏执,会让他一直把自己的观点强加给别人,直到被别人认可为止。

透过双眼看人的精神状态

【原典】

一身精神,具乎两目。

【译文】

一个人的精神状态,几乎都集中表现在两只眼睛上。

人们常用"双目炯炯有神"来描述一个人精力旺盛、机敏干练。"目"与"神"之间有千丝万缕的联系。按中医理论,眼睛与肝和肾是相通相连的。一个人肝有病变,从眼睛就可以看到一些征兆。如果一个人双目有神,精光暴露,熠熠生辉,表明肾气旺盛,身体状况良好,是健康的标志;反之,则表明精神状态不佳,缺乏活力,难以集中精神工作。

曾国藩认为,眼睛与人的感情、内心活动等都有联系。血气运行为精,透过眼睛可以准确把握人的精神世界。人的喜、怒、哀、乐、爱、恶、欲、痛等各种感受欲望,都会从眼睛中流露出来。甚至人的智愚忠奸,都能通过眼睛看出一点名堂来。

因此,眼睛是观察一个人各种能力、品质的窗口。"一身精神,具乎两目",就是《冰鉴》对上述思想的一种纲领性的总结。

关于人的眼睛,先哲孟子也曾说过一段话,大意是这样的:"观察一个人的善恶,再没有比观察他的眼睛更好的了。因为眼睛不能掩盖一个人的丑恶。心正,眼睛就明亮;不正则昏暗。听一个人说话时,注意观察他的眼睛。这个人的善恶能往哪里隐藏呢?"

还有人说:人在与外界事物接触的时候,他的神情集中表现在眼睛上。心正,注意力集中,眼睛就明亮;心不正,注意力分散,眼睛就昏暗。由此看来,一个人的心邪与心正是隐藏不住的。说话可以欺骗,但眼睛是不能够弄虚作假的。

观眼识人,就是通过观察人的眼神来识别人内心的秘密。诗人公木在《眼睛》中这样写道:"婴儿的眼睛是清澈的,青年人的眼是热烈的,中年人的眼睛是严峻的,老年人的眼睛是睿智的。""眼睛是心灵的窗口,不会隐瞒更不会说谎。愤怒飞溅火花,哀伤倾泻泪雨,它给笑声镀一层明亮的闪光。"目光是意志的体现,眼睛是心境的流露。在人际沟通中,敏锐的目光能捕捉对方的神态表情变化,洞察对方的内心世界。

一双含情脉脉的眼睛,似秋水、若明星,像一汪清泉中游动着的小蝌蚪,游来游去。在这双亮闪闪的眼睛里面透露着灵魂深处的情与怨。

如果你静下心来,用自己的眼睛去细心地观察另外一双眼睛,你一定不难发现:这双眼睛,正是对方内心的思想和情感。人们常常将眼睛比喻为心灵之窗,这种比喻不仅具有很高的艺术性,同时也具有很强的科学性。

两个人如果是第一次见面,不用说,双方都要先将对方打量一番。打量的目光,第一个捕捉的对象就是脸,而在脸上第一个捕捉的对象,就是双方的眼睛。眼睛中的神采如何,眼光是否坦直,端正,等等,都可以反映出对方的心地、人品、德行、情感。

在生活中,你会遇到各种各样的眼睛,而从眼睛中闪烁出来的光芒,也会带着不同的寓意,流入你的眼中。实际上每一双眼睛,都在无声地叙述着心声。

躲闪对方目光的人,缺乏足够的自信心,怀有自卑感,性情懦弱。

如果是一对恋人,那么躲闪的目光则有另一种含义,表明他(她)由于倾心于对方而感到紧张或羞怯。

著名作家巴金在他的《旅途随笔·一个车夫》中写道:"我借着灯光看小孩的脸,出乎我意料,那完全是一张平凡的脸,圆圆的,没有一点特征。但是当我的眼光无意地触到他的眼光时,我就禁不住大吃一惊了。这世界里存在着的一切在他的眼里都是不存在的。在那一对眼睛里我找不出一点承认任何权威的表示。我从没有见过这么骄傲,这么倔强,这么坚定的眼光。"巴金以作家特有的观察力,在无意中躲开了对方的目光,但是又在无意识中触到了对方的眼光,这个事例说明,躲闪的目光实际上是躲而不闪、躲中有闪,闪中有情,闪中更有新意。

注视的目光,依不同的文化、不同的年龄、不同的种族与民族,是不尽相同的。比如,在我国,不大熟悉的人之间交谈,目光下垂,回避接触,是一种礼貌地表示。而在西方,则恰恰相反,会被认为是一种轻视、傲慢、不尊重的表现。

目光斜视,有两种情况:一种是中国古人所云,眸子不正则心术歪也;另一种情况是指并不相识,或不大熟悉的人之间的一种情况。

在中国古典文学名著"三言""二拍"的《醒世恒言·两县令竞义婚孤女》一文中,有这样一句话:"眼孔浅时无大量,心田偏处有奸谋。"心田之偏,藏于脏腑,何以知之呢?在古人看来,两眼歪斜,心术不正。

在作家的笔下,对眼睛的描绘,就更为生动了。美国著名的作家杰克·伦敦在作品《一块牛排》中出色地描述过这样一个人:"他简直像个野兽,而最像野兽的部分就是他那双眼睛。这双眼睛看上去昏昏欲睡,跟狮子的一样——那是一双准备战斗的眼睛。"俄国作家屠格涅夫在《春潮》中也描述过一双强者的眼睛:"那双亮得几乎变白的大眼睛现出冷酷的迟钝和胜利的满足的神色。只有鹞鹰用爪撕裂一只落在它爪子中的鸟儿时,才会有这样的眼神。"

当代著名画家范曾在他的中国古代人物作品中,润绘出一双双高傲、狂放、深沉、凝重的眼睛,欣赏时,给人一种可敬可畏之感。这只大笔画出了中华民族精英的风采:威严、神圣、不可侵犯。欣赏之余,的确可以感受到一种激情,一种勃发冲击,怒吼狂奔的激情。范曾画笔下的眼睛,正是今天开放大潮中所召唤着的眼睛。

由面部的"骨相"看一个人

【原典】

一身骨相,具乎面部。

【译文】

一个人一身的骨相都能从他的面部看出来。

因为人的体态相貌是由骨、肉内外联结而成的,骨与肉的内外包合,统一构成了人的外在形貌。由于骨起着框架和支撑作用,因而"骨"相的优劣,成为人的体貌美丑的首要因素。大脑是人的中枢神经,是人的指挥系统,头部骨骼的优劣,又成为整体骨骼优劣的"首长"。传统医学认为,头为群阳会集之府,五行正宗之乡,头骨为整体骨骼的代表,面骨又是头骨的代表,因而面骨之优劣能鉴头骨之优劣,进而可鉴全身骨骼之优劣。正出于这个理论,《冰鉴》有此结论:"一身骨相,具乎面部。"

中国传统相学历来重视骨相，特别是面部的异骨，书云："头无异骨，难成贵相。"《冰鉴》也说："一身骨相，具乎面部。"

据《清史稿·曾国藩传》记载，每逢选吏择将，曾国藩必先面试目测。审视对方面部的"神骨"，同时又注意对方的谈吐行藏，二者结合，判断人物的吉凶祸福和人品才智。

《见闻琐录》中，"曾文正知人"则记载了这样一件事：

曾国藩善知人，预卜终身。任两江总督时，陈兰彬、刘锡鸿颇富文藻，下笔千言，善谈天下事，并负重名。有人推荐到幕府，接见后，曾国藩对人说："刘生满脸不平之气，恐不保令终。陈生沉实一些，官可至三四品，但不会有大作为。"

不久，刘锡鸿作为副使，随郭嵩焘出使西洋，两人意见不合，常常闹出笑话。刘写信给清政府，说郭嵩焘带妾出国，与外国人往来密切，"辱国实甚"。郭嵩焘也写信说刘偷了外国人的手表。当时主政的是李鸿章，自然倾向于同为曾门的郭嵩焘，将刘撤回，以后不再设副使。刘为此十分怨恨，上疏列举李鸿章有十可杀大罪。当时清廷倚重李鸿章办外交，上疏留中不发，刘气愤难平，常常出言不逊，同乡皆敬而远之。设席请客，无一人赴宴，不久忧郁而卒。

陈兰彬于同治八年（1869），进入曾国藩幕府，并出使各国。其为人不肯随俗浮沉，但志端而气不勇，终无大建树。

以上事例表明，曾国藩的相术还是很高明的。在现代社会也有类似的情况，人们常说"人要脸，树要皮"，这从很大程度上也反映出人们对脸的重视。脸是一个人的"门面"，通过观察一个人的脸部特征，在很大程度上的确能够反映出其很多方面的信息。

脸型：

（1）方形脸

方形脸的人给人以"运动员"的感觉，坚强、高傲、有决断力，是那种可以做决定，同时不必费多大心力就可以说服他人一起做事的人。他是一位好老师、忠心的朋友，他可能不是世界上最聪明的人，但他却是推动事物的主要动力。

（2）椭圆形脸

椭圆形脸被视为天生的美人胚子。假使是一个女人，不需要多少化妆品，便可以把脸孔修饰得完美无缺。椭圆形脸的男人，通常拥有艺术家的敏感和沉着冷静的个性。无论是男性还是女性，都拥有与生俱来的优雅气质。最吸引人的地方,是那光彩照人、充满魅力和令人舒服的微笑。

(3)圆脸

圆脸型的人脸庞平滑轻松,没有凸出的脸颊或颚骨。这种人为人谦恭有礼,懂得均衡的道理。有时候他可能拖拖拉拉,不愿意面对那些想利用其慈悲天性的人。

唇型:

(1)紧闭双唇

这样的人绝对能够保密。他对自己的言行举止都十分谨慎,甚至谨慎到显得过度敏感的地步。严肃固执的个性,使他比较喜欢和周围人保持一定的距离,然而,在他内心深处,却存在着无法解除的焦虑,使他长年处在稍显焦虑的状态下。

(2)双唇微开

这种人很容易诱惑别人,富有挑逗性,而且充满热情,他的举手投足都散发出诱人的魅力。

(3)双唇上扬

是一位永远的乐观主义者。他能够不屈不挠、面带微笑地面对一切。在他心中有某种神秘的力量,使他相信事情总会迎刃而解。

(4)双唇下弯

和前面所说的正好相反,他是个十足的悲观主义者。他用挖苦、嘲讽的幽默感,来表示对人间事物的愤慨和鄙视。他可能相当成功,但几乎没享受过成功,也许是因为他小时候曾受过很深的伤害,这种经历影响了他对人、事、物的看法。

唇的厚薄:

(1)厚嘴唇

他不爱开玩笑,可能人们第一眼看到他,也不觉得他很性感,但他的体力相当好。

(2)薄嘴唇

与其说是他的嘴唇令那些对他有意思的人退避三舍,倒不如说是他吝啬的个性令人裹足不前。他单薄而不丰满的嘴唇,透露出他是一个吝于付出,却乐于接受别人施舍的人。

额头：

（1）没有皱纹的额头

他的一生似乎没受过什么严重的创伤，对许多人而言，他一直过着一种迷人而轻松的生活。流逝的岁月似乎不曾在他身上烙下痕迹，因此他展现出一股悠闲而年轻的优雅气质。

（2）有皱纹的额头

额上深刻的皱纹，表示他曾饱尝人生的煎熬。他曾经历过痛苦和失落，而这一切清清楚楚地刻在他的额头上。他是一个现实主义者，知道如何以不平等的方式，面对这个不平等的世界。

下颚形状：

（1）圆下颚

他可能是一位画家、一位诗人，也可能是一位作家。他的见解并非只限定在某个范围内，而是弯曲多变，极富弹性。摩天大楼或郊区的购物商场会令他倒胃口，他想追求的是绿油油的山水风景。可是如果他离不开城市，那他一定幻想在一栋商业大楼里，打造一个属于自己的宁静角落。

（2）方下颚

这种下颚通常搭配高而有角的额骨。自信而负责的外表，使他魅力十足。因为他十分果断，所以比一般人更能够让事情照他的意愿发展。他经常受到他人的推崇、尊敬和礼遇。

（3）下颚凸出或强健

这样的人行事积极，意志坚强，不轻易受挫。别人向他求教，是因为他看起来像花岗石一样坚硬。他值得信赖，为人诚恳，不过有时候也很顽固。

（4）下颚后斜或短小

这样的人过度忸怩害羞，很可能总是低着头走路，眼睛盯着地而不是向前看，好像总是不断向他人道歉。好像每一件事都令他歉疚万分。他胆小的个性使他想象自己正面对未曾真正发生过的突然事件。结果，他的生命便慢慢演化成一种无止境的道歉状态。

看文人的神骨

【原典】

他家兼论形骸,文人先观神骨。开门见山,此为第一。

【译文】

要看清一个普通人,须先看其形骸,而观"文人之相"就必须先观察他的"神骨"。所以本书"开门见山",把"神骨|"问题作为第一篇。

曾国藩对读书人极度推崇,特意将"文人"与其他人员,如工、农、兵、商区别开来,明确提出"他家兼论形骸,文人先观神骨"。

文化人,这里指儒士,有丰富的内心世界,勤学习,爱思考,比他人智邃、细腻、敏锐,也更复杂、神秘、诡奇,这样就有寒酸、邋遢、文弱等多种变化不定的复杂表象,思想行为上也深受儒、道、佛等多种文化的深刻影响。对于他们,"神"就显得特别重要。

至于文化人的"骨"与常人有多大的区别,是一个可意会而不可言传的概念,因此,"骨"与"神"相比,就有莫测高深的神秘感。"骨"的神俊丰逸与"神"有分割不开的关系。古代文化人轻视体力劳动、远离体力劳动,锻炼的机会不多,与其他人相比,文人的"骨"可能多多少少有点儿区别。

曾国藩曾在其日记中说,人的气质,是先天生成的,本身难以改变,只有读书才可以改变一个人的气质。古时那些精通相术的人说,读书可以改变一个人的骨相。

读书是否可以改变一个人的骨相? 至今还没有人证明,但有一点是可以肯定的:读书可以改变一个人。

有人自卑,因读书而自信;有人浮躁,因读书而宁静;有人轻佻,因读书而深沉。刘向就说:"书犹药也,善读之,可医愚也。"说的就是有人愚鲁,因读书而明达。

曾国藩说过一句极为精辟的话:"书味深者,面自粹润。"意思是说,读书体味得深的人,面容自然纯粹、滋润。这句话不是一般的人能说出来的,必须观察很多人,理解很多事,尤其是对事与事之间的关系有透彻的领悟力,才说得出来。

读书体味得深的人,一定是心志高度集中的人。他的心地单纯、洁净,一切人世间的杂事、琐事和烦心事都被他抛在九霄云外。唯一吸引他的注意力的是书中所体现出来的那种境界,这境界构成了对外物的排拒力,于是他才能够守候着自己的内心世界,修炼、陶冶或者燃烧;由于他构筑了自己的"精神家园",因此出现在人们面前时,安静而且祥和。

由于心志高度集中,读书人的精神得到不断的积聚,精气没有一丝一毫的涣散,一天比一天充实、丰沛和完善,久而久之,在他心中便养成了一股浩然之气,这浩然之气又作用于他的身体,使他的生活有理、有序。所以,读书体味深的人,一定是身体健康的人。

读书体味得深的人,一定是淡于功名的人。要使一个读书人淡于功名,不是件容易的事情。有多少人是为了读书而读书呢?人们读书总有一个世俗的目的,甘于读书的人实在太少了。人一旦有了功名心,就难以超脱,总是有这样或那样的烦恼与忧愁。而这种情绪对身体的损害比人们想象的还要大,他又如何能"面自粹润"呢?当然这并不是说人不能没有一点功名心,问题是要"淡"于功名,要放得开,看得远,以不影响人的心为度。

"面自粹润",对读书人而言,是不能伪装的,必须火候已到,才能有这种体验,故意追求或操之过急只会适得其反。读书人若想达到"面自粹润"的境界,就必须有读书的硬功夫,要在读书中有真心得和大体会。

曾国藩还说:"我并不希望我家世世都得富贵,但希望代代都有秀才。所谓秀才,就是读书的种子、世家的招牌、礼义的旗帜。"由此,也可得知,对于读书人,曾国藩首先看重的是学问。有了学问的成功,才会有事业及道德修养的成功。

智慧应用

汉高祖:骨刚质刚,骨柔质弱

观察一个人的"骨",能识辨他的强弱。"骨"健,其人强壮;"骨"弱,其人柔弱。曾国藩在鉴识人才时,认为"神"和"骨"是识别一个人的门户和纲领,有开门见山的作用。他经常将"筋"和"骨"联在一起来考察一个人的力量勇怯。

《史记·高祖本纪第八》中记载：高祖这个人，高鼻子，长颈项，面有龙相，须髯特美，左大腿上有七十二颗黑痣。他仁厚爱人，喜欢施与，意志豁达，胸襟开阔，常表现出大度宽宏的气量，但不肯从事农作生产。到了壮年，他试作官吏，做泗水亭长。

高祖常常向王媪、武负二人赊酒喝。高祖每次来买酒，便在酒馆中畅饮，二人按酒价数倍记账。一次，高祖喝醉，卧不能起。武负、王媪看见高祖身体上面有龙出现，甚以为怪异。二人在见高祖醉卧而有龙出现的怪事以后，年底算账，这两家酒馆撕了账单，不再向高祖索债。

高祖常出差到秦都咸阳，当时恣意游观名胜，看到了秦皇帝的威仪盛势，他感慨长叹说："啊！大丈夫应当像这个样子！"

刘邦

单父县人吕公与沛县令相友善。吕公为了避仇人，迁到沛县来，随沛县令为客，因而在沛县落户。沛县豪杰吏人听说沛县令有贵客来，都前往道贺，当时萧何为主吏，他向贵宾们说："凡是致赠礼金，不满一千钱的，就请他坐在堂下。"

高祖当时做亭长，平日就轻视沛县衙中吏人。于是他假写了一张礼帖，上写：贺钱一万。实际他连一文钱都没有带去。这个礼帖送到吕公手上，吕公看了大惊，立即起身迎接高祖于门前。吕公好给人相面，看见高祖的状貌特殊，因而特别敬重，引高祖入座。萧何向吕公说："刘季这个人，常常大话说得多，能做成的事很少。"高祖因吕公对他敬重，便轻侮诸客，高坐上座，毫不谦让。

吕公因高祖状貌之奇，乃在席间以目示意，坚留高祖不要退席。于是高祖便留下来，在客人都散去之后，吕公对高祖说："我年少的时候，就好给人相面。我相过的人太多了，但是没有一位像刘季你的相貌这样高贵。刘季，我希望你能多多自爱！"吕公稍停说："我有一个女儿，愿意做你执箕帚的妻子。"

酒席宴罢,吕媪对吕公决定以女儿嫁高祖的事非常生气。吕媪怒向吕公说:"你平素总是说:'这个女儿是奇特不寻常的,应该嫁与贵人,沛县令和你相交极好,求我们女儿,你不肯。为什么自己胡乱地就把女儿许给刘季了?"吕公说:"这就不是孩童女子所能了解的事了!"吕公终于把女儿嫁与刘季。吕公的女儿就是后来的吕后,生孝惠皇帝和鲁元公主。

高祖做亭长的时候,常常休假回家,到田里看看。有一次,吕后带两个孩子在田中耕地,一个老人由田中经过,求些水喝。吕后见老人饿,又给老人一些吃的,老人就给吕后相面。老人说:"夫人的相貌,是天下的贵人。"吕后又要老人相两个孩子,老人看看孝惠皇帝,说:"夫人所以能够大贵,就因为这个男孩子的关系。"老人又相鲁元公主,也说是贵相。等老人走了之后,高祖正好从田舍来,吕后便将老人相面的事说给高祖听。高祖便问:"老人在哪里?"吕后说:"刚走,不会走远。"高祖便追去,果然追上了。高祖问老人相吕后和孩子的事,老人说:"方才我相过的夫人和小孩,相貌的高贵都像你,你的相貌,贵不可言。"高祖便道谢说:"如果真如先生所言,这相面夸赞鼓励之德绝不敢忘。"后来,高祖贵为天子,找寻这位老人,可是老人已不知去向。

曾国藩:文人先观神骨

江忠源是湖南新宁人。他本是读书人,后成为湘军中很有代表性的文人勇将。1848年,江忠源开始办团练,比洪秀全领导的太平天国金田起义还早三年,而曾国藩也是1853年才开始办团练的。江忠源办团练,是为镇压新宁县的青莲教起义。青莲教首领雷再浩率众起事,江忠源率乡里团练,一役即将雷再浩剿灭。由此江忠源被授予七品知县,往浙江任职。

江忠源本在湖南偏僻山中读书,因参加科举考试到了北京,以同乡晚辈的身份去拜见曾国藩。见面后,两人谈得很投机,曾国藩也赏识江忠源的才华。江忠源告辞时,曾国藩目不转睛地看着他离去,直到他走出门外。

曾国藩对左右人说:"这个人将来会立名天下,可惜会悲壮尽节而死。"

太平军在广西起义后,1852年,江忠源带兵进驻广西,奔赴广西副都统乌兰泰帐下,准备狙击节节胜利的太平军。曾国藩知道后,从北京给江忠源写信,坚决反对他投笔从戎,认为他投笔从戎"则非所宜"。他还动员朋友劝阻江忠源,认为"团练防守"即为文人本分,他率兵去广西,就是"大节已亏"。曾国藩为什么要坚决反对江忠源投笔从戎,旁人以为是他"爱人以德",不愿文员夺武,但是否与他认为江忠源"会悲壮尽节而死"有关呢?可惜曾国藩未在书信、日记中提及此事。

江忠源与太平军的第一次作战就大获成功。他率军在广西蓑衣渡设伏,重创太平军,太平军早期领袖南王冯云山即牺牲于此役。江忠源因此以善带兵而闻名朝廷。

随即,江忠源乘胜追击,连战连捷,声名显赫,终由七品知县迅速升迁至安徽巡抚。

1854 年,太平天国勇将、翼王石达开率兵迎战湘军。江忠源防守庐州,被太平军围困,城破,江忠源苦战力竭后,溺水而死。

曾国藩是根据什么来判断江忠源会"立名天下,当悲壮尽节而死",现在已无从考证。但可以肯定的是,注视良久肯定与察神有关,"文人先观神骨"意义非常。

任何一位领导人,在考察人才方面都有其独特的禀赋。不如此,不足以成就大事。一个人的力量毕竟有限,领导人必须会鉴别人才,然后才能组建强有力的核心首脑集团,带领团队沿着正确方向前进。

综观古今人物,身为团体领导人,唯有曾国藩留下了一套鉴别人才的非常系统的学问——《冰鉴》。唐代的袁天罡,宋代的陈抟,都是鉴别人物的高手,但他们都不是世俗中人,偏僧偏道,游于山水之间,过着神仙般的生活。而曾国藩秉承"兼善天下"的思想,从未打算要归隐山林。他祖父也是鼓励他要竭尽血诚效忠朝廷的。

曾国藩这套鉴别人才的学问,影响不小,与民间流传的相学也区别甚大。相学是静态考察,易流于机械主义,而且宣扬命运天授思想,看不到个人努力的作用,还从面相中定人一生富贵。人的富贵荣华,受家庭、历史条件、个人奋斗等多种因素影响,仅凭相貌来定,少掉了许多依据,也违反了科学规律。曾国藩鉴别人才,一个核心思想是从他的相貌、言语、行动特征来考察其思维和做事的方法,从而判断他才能的大小,以此确定他适合担任什么工作,结果如何等。

二、欲辨邪正，先观动静

人的精神有清纯和浑浊之分。察人是正直还是奸邪，应看他的眼睛处于动静两种状态下的表现。

【原典】

古者论神，有清浊①之辨。清浊易辨，邪正难辨。欲辨邪正，先观动静。静若含珠②，动若水发③；静若无人，动若赴的④；此为澄清到底。静若萤光，动若流水，尖巧⑤喜淫⑥；静若半睡，动若鹿骇⑦，别才⑧而深思⑨。一为败器10，一为隐流11，均之托迹二清，不可不辨。

小人

【注释】

①清浊：清指清亮，浊指浑浊，这里是说神的两种状态。

②含珠：宛如两颗晶莹的明珠，含而不露。

③水发：宛如春水流动，清波荡漾。

④赴的：如射击者瞄准靶子，一发中的。

⑤尖巧：指善于技巧而善于掩饰。

⑥喜淫：这里指喜欢奸邪的手段。

⑦鹿骇:像鹿被吓着一样,惊恐不定。

⑧别才:有智慧、有才能但不循正道。

⑨深思:心思暗藏又怕被人窥见。

⑩败器:有瑕疵的器物,这里比喻品德败坏的人。

⑪隐流:指内藏奸险的人。

【译文】

古人在研究、观察人的精神时,经常把"神"划分为清纯与混浊两类。精神的清纯与混浊是比较容易分辨的,但精神的奸邪与忠直却是难以分辨的。如果想分辨一个人的奸邪或忠直,应先看他处于动与静两种状态下的表现。处于静

辨人识人的最佳时机

态时,目光显得安详沉稳,就像闪亮的珍珠一般;处于动态之时,目光显得灵活敏锐,如同春木发芽般活泼。安静时,目光明清沉稳,旁若无人;动态时,目光锋芒外露,如蓄势待发的箭,这两种便属于精神澄明清澈的纯正的状态。处于静态时,目光如萤火之光般微弱,闪烁不定;处于动态时,目光如流水般游移不定,这两种眼神多是伪装假饰的神情,或是居心叵测的神态。处于静态时,目光半睡半醒;处于动态时,目光如惊鹿般惶惶不安,这两种目光多是具有个人所长却不走正道的神态,或是心有不光彩的心思怕被发现的神情。具有前两种神情的人一生行事多失败,而具有后两种神情者则多是含而不发的人,但他们的神情都属于邪。可是它们却混杂在清纯的神情之中,这是常人必须认真辨别的。

综合评析

这里所说的"神",并不是日常所说的"精神",它有比精神的内涵广泛得多的内容,它是由人的意志、学识、个性、修养、气质、体能、才干、地位、社会阅历等多种因素构成的综合物,是人的内在精神状态。"神"相对于貌而言,更难把握,属于看不见只能感觉到的东西。神不会因衣着的好坏、容貌的美丑、肤色的黑白而改变,它有一种穿透力,能够越过人的外在表现而显示出来。以"神"来识别人才更为准确,当然难度也更大。英雄在未成名或落魄时,靠什么来识别呢?那就是神。凤凰落到草堆之中,不会以神识人者都将凤凰当作鸡,会以神识人者不会因为凤凰被杂草遮住了而不认得。

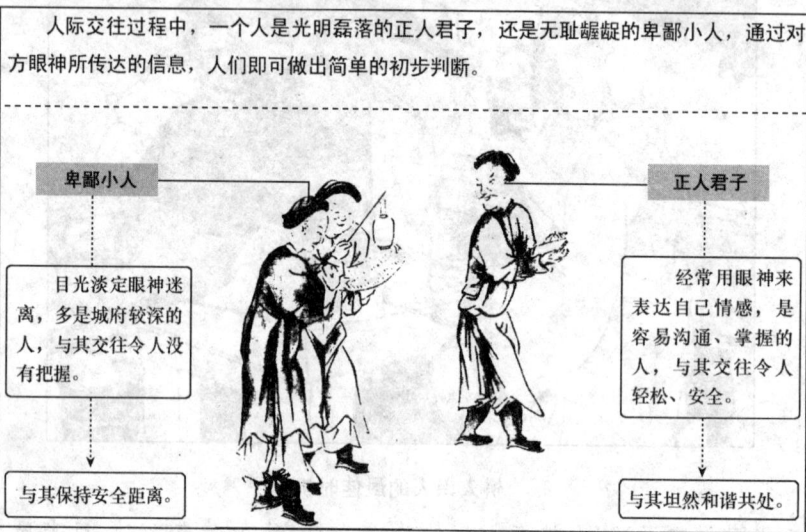

人际交往过程中,一个人是光明磊落的正人君子,还是无耻龌龊的卑鄙小人,通过对方眼神所传达的信息,人们即可做出简单的初步判断。

卑鄙小人

目光淡定眼神迷离,多是城府较深的人,与其交往令人没有把握。

与其保持安全距离。

正人君子

经常用眼神来表达自己情感,是容易沟通、掌握的人,与其交往令人轻松、安全。

与其坦然和谐共处。

眼神识人入门

神并不能脱离具体的物质东西而存在,它肯定有所依附,这依附就是人的外在表现,即"形",神为形之表,形为神之依。神是蕴藏于形之中的,如果放射出来能被人们看见,就像光一样。比如我们见到某人后会说其心术不正,这种判断从何而来,是看人的长相、衣着吗?当然不是。这种判断是来自于对某人的"神"的认识,尽管说不出这"神"从何处而来,相信读者都会有这样的体验。但形是神的藏身之处,二者之间有着千丝万缕、分割不开的关系。观神必须先观形,识别某人的神必须有某人的形,连形都没有,神当然也不会表现出来。

生命力的基础:神

　　精神贯穿在一个人生命的始终,是生命力的表征。生命力强旺,精、气、神、血就充足丰沛,脉相沉稳有力。如果血枯气散,精神恍惚,就是生命力衰竭或受损之象。"大伤元气"就是精、气、神、血受损伤。

　　但精、气、神三者却是看不见的。质藏于形内,又决定形的神韵风姿。中医理论认为:形有助于养血,血有助于养气,气有助于养神。如果形体完备无损,血液就能够流通(中医有"通则不痛,痛则不通"的说法);血液流通无阻,气就能顺畅;气一顺畅,神就明清爽朗。因此说,形能养气,气能安神;气不沉稳,思想就浮躁,心静不下来。这种状态下,去办事是收不到良好效果的。

盘古

　　精、气、神、血的稳定性是一个较长时期的过程,如果四者长时间浮躁不定,精力不能集中,做事效率低,才能得不到充分发挥,事业兴衰可想而知,长此以往,命运的通达蹇滞不言自明。反之,精、气、神、血四者旺足,生命状态奇佳,精力高度集中,处于亢奋状态,可以激发体内潜能,超水平发挥,平常有五分能力,突然间会暴涨至七分、八分,事业自然会顺利发达。成绩平平的学生会考出高分,精神亢奋的运动员会做出惊人神技,原因就在于此。精神足与不足,影响到才能的发挥,从而决定事业的成败和命运的好坏。

　　精神状态良好,能调节激发体内潜能,灵感与超水平发挥就有实现的可能。

这种说法当然不足以解释精神与一个人事业、命运好坏的关系,谨聊备一说,供参考。

气沉不下来,就做不好事情。"神"与"精神"还不是一码子事。神是一个人生命力、行动力、意志力和思考力的综合体现,是有质无形的东西,主要集中在人的面部,尤其是在两只眼睛里。人们看不到它的实体,却能够感觉到它的存在。经由各种磨炼,神会发生变化,智慧、阅历、才能和信心增长了,神也会更加清明精湛,丰厚纯熟。

神是一种气质性的东西,能在后天的环境中发生变化,可能来自磨炼,也可能来自阴阳的调和。老中医给某些年轻病人开的药方是提早结婚,有的人结婚后面貌神态判若两人,都是阴阳调和平衡的缘故。

后天的磨炼更为重要,它也是才能、信心、智慧增长的源泉。生命力是通过锻炼和加强营养来增强的,行动力是在处理事务中增长的,意志力是需要不断

曾国藩

磨炼而更加坚强的,思考力在学习和应用中会一点一点成熟完善。四者是统一协调发展、相互促进的。意志力能把生命力提高到极限,在生命力脆弱时顽强地拼搏,也能克服恐惧和无助感,提高行动力,帮助思考力找到正确的答案。思

考力则能改善、提高行动力的准确性,而经由行动力的不断实践又有助于提高思考力的正确性。

总之,生命力是基础,行动力是武器,意志力是动因,思考力是统帅。

在它们的协调发展中,神就更加圆润纯熟。由于修养深浅的变化,有的人神光内敛(大才),有的人锋芒毕露(中才),如果无神无光,则不足论了。

在考察人物的过程中,有一种普遍现象,人们比较容易识别与自己同类、同级或比自己低的人才,而不同类型、比自己才高的人则判断不准了,加上受个人好恶的干扰,情人眼里出西施,就造成众多的识人错误。

学到相当程度,他的气质与其他人就不同,仿佛有光,这是神的一种表现。历经风雨事变的考验,气质神态又有不同,这也是神的一种表现。神是藏于形之内的,形也就是容貌,尤其是眼睛,神与眼睛的关系就像光与太阳。神通过眼睛外现出来,犹如光从太阳里放射出来普照外物,但神是藏于目之中的,犹如光本身就存在于太阳内部一样。

读书读进去了,那是一种气功态。换句话说,读书人长期在练气功,气质与常人也就不同。但他们中也有心怀邪念的小人,也有落井下石、拐骗别人妻女财物的不义之士,在文儒雅士、谦谦君子的文明面纱掩盖下,该如何识别呢?

主要察神,这一点大家都知道:心有所动,眼神会发生变化。神光内敛,锋芒外显,神所传递的心性正邪、智慧、愚笨都是掩盖不了的,一如云层厚积中的阳光,区别仅在于会不会鉴别。

江忠源是湘军中很有代表性的文人勇将,他在北京参加科举考试时,以同乡晚辈的身份去拜见曾国藩。见面后,两人谈得很投机,曾国藩很赏识江忠源的才华。江忠源告辞时,曾目不转睛地看着他离去,直到他走到门外(当时曾已官至二品,而江忠源只是一个读书人)。后来曾国藩对左右人说:"这个人将来会立名天下,可惜会悲壮惨节而死。"

太平军在广西起义后,江忠源带领所办团练进驻广西,奔赴广西副都统乌兰泰帐下,准备狙击节节胜利的太平军。曾国藩知道后,从北京给江忠源写信,坚决反对他投笔从戎。旁人认为曾的举动是"爱人以德",不愿江忠源以文员夺武弁之制,但是否与他认为江忠源"会悲壮惨节而死"有关呢?可惜曾国藩在书信、日记中都未提及此事。

江忠源与太平军的第一次作战大功告成,他率军在广西蓑衣渡设伏,重创太平军,太平军的南王冯云山牺牲。江忠源因此以善带兵而名闻朝廷。后来江忠源累积军功,由七品知县迅速升任安徽巡抚。一八五四年,太平天国勇将石达开迎战湘军。江忠源防守庐州。被太平军围困,城破,江忠源苦战力竭后,溺水而亡。

曾国藩是根据什么做出了这样准确的判断呢?已无从考证。但可以肯定的是,曾对江注视良久,实际是在观察江的"神",并以此做出推断。

任何一位领导人,在考察人物方面都有其独特的禀赋。不如此,不足以成就事业。一个人的力量毕竟有限,领导人必须会鉴别人才,然后才能组建强有力的核心,带领团体沿着正确方向前进。

纵观古今人物,身为团体领导人,唯有曾国藩留下了一套鉴别人才的非常系统的学问——《冰鉴》。唐代的袁天罡、宋代的陈抟,都是鉴别人物的高手,但他们都不是世俗中人,偏僧偏道,游于山水之间,过着神仙似的生活。而曾国藩秉承"兼善天下"的思想,却从未打算要归隐山林。他祖父也是鼓励他要竭尽血诚效忠朝廷的。

曾国藩这套鉴别人才的学问,影响不小,与民间流传的相学也区别甚大。相学是静态考察,易流于机械主义,而且宣扬命运天授思想,忽略个人努力的作用,从面相中定人一生的富贵。人的富贵荣华,受家庭、历史条件、个人奋斗等多种因素影响,仅凭相貌来定是不足为论的。曾国藩鉴别人才,是从对方相貌、言语、行动特征来考察其思维和做事的方法,从而判断他才能的大小,以此确定他适合担任什么工作。

这样的思想才是考察人物、鉴别人才的正道。

观神是观人之术中难度很高的一项技术,从何处入手呢?"一身精神,具乎两目",可见观神是从观眼神入手的。

有一天,大画家毕加索家里来了一个小偷,被毕加索和他的女佣人同时发现了。女佣在绘画大师的熏陶下,也能画上几笔,她抓起纸笔就把小偷的形象画了下来。这时在阳台上休息的毕加索也顺手将小偷画了下来。报案时,他们都交了各自的"速写画"。结果,警察们先按照毕加索的画抓了不少人,但都不是那个小偷,而后来按女佣的画去抓人,一抓就准。这是为什么呢?难道毕加索的技艺不及女佣吗?非也!而是因为女佣画的是一个具体的小偷,留意的是小偷的高矮、衣着、长相等,即"貌"。而毕加索却抓住了小偷的"神"。前者只是画的一个人的样子,而后者却是经过概括的具有典型意义的小偷,可以说每个小偷都能在这幅画中找到自己的影子。在对小偷的观察中,女佣用的是肉眼,毕加索用的是慧眼。

同"形"一样,神也有神不足与神有余之分。要区分人的能力和前程,相貌外形是靠不住的。比如王安石是一个不修边幅的人,衣服一月不洗,身上还有虱子,眼睛是眼白

毕加索

多于眼黑,这样连一般人都讨厌的人却流芳百世。因此,以貌识人是基本功,以神识人才是真功夫。

神表现为洒然而清,或者为凝然而重,这都是好的,皆来自内心的清明厚重,形与质的关系就是由神知心的理论根据。内心清明厚重,思维正确,大脑清醒,判断正确。神清,是内心聪明智慧的表现,如果一清到底,光明澄澈,那么这样的人的命运、事业也就是好的。如果神浑浊不明,内心的聪明智慧也没有多少,或许可以制造一点无聊的笑料,却不足以当用,这样的人就不足为论了。

神有余的表现是:眼光清莹流转,容色澄澈如冰泉,清如一泓秋水。极目远眺时,如秋日长空里太阳照霜天;收目近观时,如春回大地和风拂过鲜花。处理事务时,果断刚毅,镇定沉稳,临危不乱,如猛虎踏步深山中;与众人相处时,和和融融,却又不为众人所淹没,像凤凰飞翔在雪原上,始终不失去娇美和光彩,成为众人瞩目的焦点。坐,稳如磐石;卧,静如栖凤;行,洋洋洒洒,缓缓如江水徐流;立,敦敦昂昂,气势如孤峰树于平原。沉默静养,气定神闲,言不妄发,性不妄躁,喜怒不动心,荣辱不变节。世事纠纷错于眼前,利色诱惑纷纭身畔,而守贞如玉,心静如水。这样的人动如脱兔,静若处子,不为外物所动,既能得众人的喜爱和钦佩,又有做大事的才力风范,自然前程远大。

神不足的表现是:似醉非醉,头脑浑浊不清;不愁似愁,经常忧心凄苦;似睡非睡,一睡便又惊醒;不哭似哭,经常哭丧着一张脸;不嗔似嗔,不喜似喜,不惊似惊,不疑似疑,不畏似畏。神色昏乱不定,容仪浊杂不清,惊惶恍惚的神情状

态就像出现重大失误,凄惨悲壮而又痛苦不堪,甚至带着恐怖感。言语瑟缩寒滞,隐藏不定,卑躬自怜,有如女子遭人凌辱。面色初时花艳,继而暗淡无光;语言初时迅捷,继而吞吐木讷。这样人做事往往虎头蛇尾有始无终,其事业前程自然可以预见。

熟知了神有余与神不足的区别,就很容易判断一个人的生命力、行动力、意志力和思考力的强弱。前面所列举的各种表现犹如病状,由病状来判断病情,再佐以验血、照光等手段,病情就十拿九稳。由神察人心性才能也大抵如此。

察神也不是一个静态的过程,除了观察眼光清莹浑浊外,还要结合他的举止、言语,才不会有偏失。精神是贯穿于人的生命始终、身体各部位的。有一种女子,身材不高,却浑身透着青春的活力,精力旺盛,思维敏捷,这是神有余的一种表现。有许多矮个子伟人,也多是身小声雄、神有余的。神有余,就有足够充沛的精力来从事比他人多得多的工作和学习,因此,能做出超过常人的成就来。

神之清浊

观神识人,可以辨别神的清浊,考察人的邪正。神清,主人聪明;神浊,主人鲁笨;神正,主人忠正;神邪,主人奸邪。

神的清浊比较容易区别。举例来讲,少年人的眼睛是明亮清澈的,老年人的目光则显得混浊昏暗。这并不表明少年人比老年人聪明,但少年人的机敏伶俐老年人是没有的。而且年长者比起自己年轻时,思维、记忆力、办事效率大不如以前。神的清浊变化一定跟大脑的思维相关。

神的邪正却不那么好辨别,因为大忠大奸之人的智慧都是好的,人也聪明,神的邪正都托迹于清当中,形的相似性会蒙蔽许多人的眼睛,因此鉴别起来就不那么容易了。

一、辨别神的清浊

神清气爽,体清人妙,这是好的。

神清而爽朗的,就像清澈澄明的水,这样的人是聪明的。神集中表现在眼睛里,童年时代都是明亮清纯的。经过社会历练之后,思想发生了变化。眼睛是大脑猎取信息的主要工具,它所获得的信息占大脑信息量的百分之八十,思维变化了,必然在眼光中有所反应,比如恐惧的目光,哀伤的目光……

神昏而浊,犹如混浊的水,其人也难说是聪明机智的。大脑在昏沌状态中,会连犯错误,连日常简单至极的事也做不来。这样的状态长期持续下去,人就显得鲁笨,不会办事了。

神清而朗,实际上是天分高的表现,神昏而浊,恰好相反。神浊的人,这里不做讨论。有一技之长的人,应归于神清之中去,他的聪明才智足以使他精通一技。

神清也有若干层次。有神清而足的,有神清而不足的。神清而足,是有大智慧的人。在表现上如深蓄碧水一般,无大风不会起大浪,平常表现得平平淡淡,不疾不徐。有大智慧的人是很谦虚的人,而且深藏不露,不为一失一得计较。他们的生命力也很旺盛,精力充沛,有足够的思想力和行动力去处理问题。属静如处子、动若脱兔的一类人。

神清而不足,是智慧中等的人。神清,人聪明;神不足,精力不充沛,行动力和意志力较弱,不能持之以恒,最终难成大气候。

有无恒心毅力,也就是后天的努力,会使神发生变化。神浊而鲁笨的人,在不断的学习中,会积累起智慧,由不聪明变得聪明,智慧由浅而深,神也由浊而清了,从此也有了敏锐的判断力和决断力。神清而不足的人,在后天的学习中,不断受到别人的影响和外界的刺激,不断增加信心,磨炼意志和恒心,坚韧不拔地努力,也会由不足到充沛。

反之,神清的人不坚持学习,大脑会生"锈",人也由聪明变得与普通人一样;神清而足的,也会由于自己的懒惰,渐渐失去进取心和动力,只能做出一般的成就来,而实现不了远大抱负。

二、先清后浊

神清,是天资聪颖的表现。小孩子们的神一般是清朗的,但由于后天教化和环境的影响,天分得不到锻炼和运用,得不到进一步的开发,会逐渐生"锈",神逐渐失去光泽而转为浊。就像一潭清明的秋水,如果没有交流和补充,成了一潭死水,一定会浑浊腐臭。流水不腐,就是这个道理。

大文学家王安石的《伤仲永》一文讲的那个小孩,本是很聪明的,天分极高,神应是清朗而爽的,可谓不学而才,咏诗作赋,随口成章。但他的父亲却是个浑浊之人,竟把儿子作为摇钱树,到处去招摇获利,不让儿子进一步学习,天分得不到锻炼和启发,人也不再聪明,神也不再清,到长大成人后,与普通农民

王安石

没有什么两样了。

三、先浊后清

　　猩猩经过训练,可以获得一些简单的智慧性技巧,但与动物杂技的习惯技巧是不一样的。比如,猩猩可以把立柜的抽屉一个一个拉出,成楼梯状,再把凳子拿到柜顶上,最后取到挂在屋顶上的香蕉。而其他动物是很难有这个技巧的。

　　人的天分也能在开发中得到提高。弱智儿童经过专门训练,大脑会开发到和正常人一样的状态。天分不高的人,经过刻苦训练,也能做出惊人的成就来。

　　笨鸟先飞,是因为它首先能识辨明白自己的"笨",因此以勤补拙,获得成功。谁能否认自己的"笨"不是一种聪明呢? 也许更是一种大智慧。相应的,在不断地训练中,大脑醒悟了,人也就聪明起来,神也由浊而清。

　　曾国藩就是一个由浊而清的人。他在年少时并不聪明,才思也欠敏捷。一天,他与妹妹随父外出,一路上作对联。父亲随口出上联"狗尾草",妹妹脱口而出"凤冠花",曾国藩却答不上来。过桥时,父亲又命上联"观风桥",兄妹俩都未对出。直到第三天,曾国藩跑去对父亲说:"对上了,'听月楼'。"父亲一时间竟没想过来,继而点头赞许他的倔强,曾国藩自己也说过:"故男儿自立,必须有倔强之气。"倔强就是执着,这也许是天分不高的人而能取得成功的不二法门。值得注意的是,天分高不高不可随意判断。有的人天分奇高而大智若愚。庸医可误人,庸师也会误人一辈子,识别人才是任何一位老师的必备修养。言不妄发,性不妄躁,既是做人的标准,也是鉴人的标准。

　　对于是先清后浊,还是先浊后清,有人是这样描述的:初一见,此人眼光流转,顾盼生辉,可是坐下来却慢悠悠的,此人到了中年,必定有贫穷之灾。乍然一见,精神似乎懒散不全,可是坐久了,却精神耸动,气色明亮;此人虽然是一个贫士,但是以后将荣耀无比。

神之邪正

　　神的清浊是比较容易区分的,但邪正却要难得多,因为邪正都托迹于清之中。

　　端庄厚重、品格高尚的人,神不仅清而正,而且是一清到底,略无杂质。如果不是清澄到底,在心性品格上多少有些不足,至少也会动摇不定。

　　正难识邪,因为奸邪的人可以用行动、言语来掩饰自己本来的面目和企图。不依神的邪正来鉴别人才,反而为言语、行动等表面现象所迷惑,这是因为人的判断力太弱,不会识别人。

　　孟子讲的那个"吾善养吾浩然之气",可不是随随便便就修得到的,首先要修德行,心怀奸诈、为人不忠,这种心态,无论如何也到不了浩然正气的境界。

　　神的邪正要从动态中来考察,因为事物的本质最容易在运动中表现出来,人的本质也如此。文中讲到"欲辨邪正,先观动静",就是这个道理。

　　"静若含珠",眼睛安静、没有观物的时候,就像镶嵌在眼帘中的明珠,灿烂光亮,晶莹生辉,美丽的光华深蕴在眼睛内,如一泓秋水,却含而不露,这是神安详沉稳时的端庄状态,心底无私。

"动若水发",眼睛在观物的时候,犹如春水荡动初波,精光闪射,秀气横溢,发出美轮美奂的光彩;又如一湾盈盈流动的秋波,水面光芒闪耀,清气勃发,美不胜收。这是神敏锐犀利而纯正的状态。

"静若无人",眼睛没有观物的时候,安详自然,文静如处子,心中没有纤尘杂念,又像独处一样自然平静,就像幽谷清泉,空谷幽兰,虽寂然无声,却有高洁的志向和恬然的乐趣。让人想起唐代韦应物的一句诗:"野渡无人舟自横。"本句更深一层的境界是:安静时如老僧入定,丝毫不为外物所动。

"动若赴的",眼睛中"静若无人",转为观看外物时,精光湛湛,敏锐犀利,其势厉裂迅捷,如劲箭脱弦,飞射靶心。但又锋芒暗收,不存霸气,但不怒而威,隐隐暗藏王者之气。

"此为清纯到底",以上两组动静状态是神澄清到底、纯正无私的表现。这样的人无论在人前人后、困境逆境,都表里如一,保持着堂堂正正的纯洁品格,高风亮节显于天下。

第一组动静状态比较平缓,如轻盈流水,与日常的行为表现相对应。第二组动静状态变化反差较大,是较激烈的状态,与紧要关头相对应。大敌当前,不能出奇地冷静,就难以清醒、正确地判断形势;决定做出,不能迅速地行动,就会失去机会,时不再来。

更深一层的理解,"静若含珠,动若水发"的境界高于"静若无人,动若赴的"境界。前者静柔温和,有盛德中庸之态,属于大哲大慧的圣贤境界,是王者之气;后者属智勇双全的豪杰境界,有旁若无人、盛气凌人的状态,是霸者之气。鉴别栋梁之材,似应从此去发现人才的细微差别。毛泽东在青年时代就认为:"帝王一代帝王,圣贤百代帝王。""圣人,既得大本者也;贤人,略得大本者也;愚人,不得大本者也。"

以上是神清到底、端庄厚重的状态。

邪也托迹于清之中,因而不易辨别。

"静若萤光",眼睛没有观物时,眸子中闪烁着夏夜中萤火虫一样的光。萤火虫的光微弱而明灭不定,萤火虫的活动环境又多是树木草丛等阴气之地,这种感觉带有隐隐的邪气。如果一个人眼中闪烁着这样的目光,往往心有别思。

"动若流水",眼睛在观物的时候,虽然神清,但又游移不定,像漂流无居的水一样。这种人聪明,但缺少恒定。孔子讲"仁者乐山,智者乐水",水的特性与智者是有联系的。但正与邪的差别是一个"动若水发",一个"动若流水"。正气凛然、胸怀坦荡的人,目光清亮而又渊源深厚,心怀邪念的人目光虽清却游移不定。

"静若半睡",安静的时候,两眼半开半闭,似睡非睡。这种状态有一举两得的功用,既可以窥视周遭的动静,又可以静心默守,既养神又做事。这种人有野心,什么好事都想抓在手中,不能专一,本质上是心怀奸诈,即"尖巧而喜淫"的人。

"动若骇鹿",眼睛运动时,像惊鹿那样惶惶不安,与"静若半睡"联起来思考就明白了:本来正在半睡半醒中养神,却深思图巧,怕被他人看破真心,也怕错过身边的好东西,因而一有风吹草动,就想睁眼看个究竟,其状就像一边想吃草,一边又警惕着猛兽,不时抬头四面张望的骇鹿一样。

"别才而深思",才智颇高,但不知不觉偏离了正道,而且心怀别念,不能始终如一,喜欢见异思迁,缺少忠诚秉性。

对比以上两组动静状态,大致可以区别为,"静若萤光,动若流水,尖巧而喜淫"属小智小奸之人,奸心内萌而伪饰,总还有漂移不定的踪迹可寻,不至于有大碍;"静若半睡,动若骇鹿,别才而深思",容易与端庄厚重混淆,"动若骇鹿"又可能与雷厉风行、办事干练同形,这与刻意掩饰就不一样了。这种大智大奸的人沉得住气,不到时机成熟不会发难。平常是端庄厚重、一身正气的样子(而且无需掩饰),有很大的欺骗性,比如历史上的王莽、秦桧。他们的才智能力是不用说的,如果在事功上扬名四海,未显露本性之前就中止了生命,也许他们真的要流芳百世了。

"一为败器,一为隐流",第一种属"败器",有才能而心术不正;称之为"器",就意味着有形可察;第二种属"隐流",是大智大奸的人,奸心深藏心底,丝毫不外扬,因而称其为"隐",表示无迹可寻。如此看来,器为下,因为有迹可循,隐为上,因为无迹可依,更难以识别。

"均之托迹二清,不可不辨"。两种邪奸之状都托身在清中。败器托身在"静若含珠,动若水发"之中,隐流托身在"静若无人,动若赴的"之中,不能不仔细区分。

大贤大忠的人,平常不显丝毫锋芒,精气内敛,普通如常人,一旦行动起来,却是动若脱兔,迅捷快速,一举而功成。大智大奸的人,奸心深藏,但锋芒也不显于外,获得声名,但总有怕人窥破内心的担忧,因此终有踪迹可寻。

比如王莽,大家都知道他在历史上的名声不太好,但就他的才能胆识而言,也是难得的人才。如果他不篡取王位,而是一如既往地勤勤恳恳,说不定能和鞠躬尽瘁的诸葛亮相提并论。即或他篡位之后仍不显露本性,依然勤奋俭朴,善待臣民,也会成为周公吐脯式的人物而流芳百世。

王莽

王莽的姑姑是皇后,几个叔伯也是将军王侯,但他父亲王曼死得太早,于是在族人中受到冷落,这给王莽造成了很大的心理压力,也许这就是日后他叛逆性格形成的直接原因。王莽懂事后,就开始勤奋学习,以一个谦让恭俭的好后生的形象展示在族人面前。对母亲和亲长极其孝顺(其时"孝"是最大的美德,许多人因此而当官),并与朝野的贤达交往,显得气度蒙迈,深得时人赞誉。

他当大将军的叔叔生了病,王莽朝夕服侍亲尝汤药。几个月下来,变得满脸憔悴。王凤感叹:有子不如王莽,并在临死前托已为皇后的姐姐和皇上提携王莽,加上大司空王商和当时的一些名人的赞赏,王莽被封为新都侯。

封侯以后,王莽依然保持谦让恭敬的作风,在人面前没有丝毫的得意和傲慢,虽然后来趁机搞掉了大司马淳于长并取而代之,那时他才三十八岁。在此之后,他更加注意自己的形象和声誉。一次王的母亲生了病,来探视的其他大臣的夫人看到一个身着粗衣、妆饰与仆妇一般的妇女宋接待她们。虽然都听说

国学经典文库

冰 鉴

由神骨相人

图文珍藏版

过王家生活简朴,但得知那个妇女是王莽的妻子时,众夫人还是惊得睁大了眼睛。

后人读史书,当然知道这是王莽的虚伪表象,但这虚伪的忠诚俭朴也迷惑了上至达官显贵,下至凡夫俗子,赞誉之辞盛如花海。只有一个叫彭宣的司空见到王莽之后,悄悄对大儿子说:"王莽神清而朗,气很足,但神中有邪狭,专权后会干坏事。"于是上书乞求隐退。王莽也感觉到彭宣看出了他的心机,但又抓不到把柄,只好不甘心地同意了,却又不肯赏赐养老金。也许彭宣就是通过"神"来鉴别的:"神清而朗",指人聪明能干,光明磊落;神带邪狭,说明其人心术不正,心藏奸诈。

尽管历史是不能假设的,但还是可以想一下,如果在王莽专权篡位之前,当权的人能像彭宣一样发现他的奸诈凶险,历史又该是怎样的呢?

还有一个更精明、更神奇的人,就是远在巴郡的任文公,他在王莽专权之后,知道天下将大乱,就让家人背负重物,每天绕房屋跑个不停。时人不解,只觉得滑稽可笑。后来各地发生战争,伤亡失踪者众多,任文公一家大小背负财物粮食,在祸乱中得以生存。看来任文公也非肉眼凡胎,远离都城,知道天下将乱,真高人也!知道天机不可泄,只好保全家人,也是一种策略。

另外有一个关于王莽的传说,本不可信,略做叙述,以作读者饭后的谈资。据说刘邦斩白蛇时,蛇说:"你将因杀我而扬名天下,贵为天子。但因你杀我,所以你砍我头我就砍你头,你砍我尾我就砍你尾。"刘邦想了想,将蛇拦腰砍断。结果,汉朝的江山一头一尾都平安,只因出了个王莽,而将汉朝硬分为西汉、东汉。当然,王莽就是传说中那条白蛇的化身。

正邪的对比在于:神清而定,神浊而浮。

静若含珠——静若萤光

动若水发——动若流水

静若无人——静若半睡

动若赴的——动若骇鹿

通过两组正邪情况的对比,在实际鉴别中,将不再是迷惑不解的事。

国学经典文库

冰鉴

由神骨相人

图文珍藏版

分句评析

由"神"来辨别人之邪正

【原典】

古人论神,有清浊之辨。清浊易辨,邪正难辨。

【译文】

古人在研究、观察人的"神"时,一般都把神分为清纯和愚浊两种类型。"神"的清纯与浑浊是比较容易区别的,但因为清纯又有奸邪与忠直之分,这奸邪与忠直则不容易分辨。

水有清浊之分,人有智愚贤不肖之别。古人就用"清"与"浊"来区分人的智愚贤不肖,《冰鉴》自然也会很重视"清浊"。中国古代哲学观有天人合一,人与自然同一的思想,相学的"清浊"就相当于从"人合于自然"的观点来评判人的行为举止,测知人的命运。

清,如水的清澈明澄,用在人身上,就是清纯、清朗、澄明、无杂质的状态,与人的端庄、豁达、开明风度相配,常与"秀"搭配,称为"清秀"。

浊,如水的浊重昏暗,用在人身上就是昏沉、糊涂、驳杂不纯的状态,与粗鲁、愚笨、庸俗、猥琐、鄙陋相配,常与"昏"连用,称为"昏浊"。

从这儿可以看出,清与浊是相对应的一组概念,说明人是聪明还是愚笨,智慧还是鲁钝,在评判人的命运时,清者贵,浊者贱。

邪,指奸邪;正,指忠直。一个时代有一个时代的道德标准,因而邪正观念有明显的时代特征。

另有介于正邪之间的一类人,对于这类人,应在具体的环境下去区分他(她)是奸邪还是正直,不能一概而论。

从上可知,由于"正"和"邪"都蕴藏在"清"之中,并都以"清"的面目出现,要准确地分辨它们,是一个比较困难而又富于技巧的问题。

曾国藩善于洞悉部下心理,精于驭人之术。不过,凡事都有例外,他在识才用人问题上，也有因一时眼拙，大栽跟头的时候。所以他才有了"邪正难辨"这样的感慨。

有一次，曾国藩与几个幕僚煮酒论英雄，他问道："我与李鸿章、彭玉麟相比，孰高孰低？"

幕僚中当然不乏"九段"拍马高手，其中一位抓住机遇，抢答道："自然是曾公才德最高！"

不料，此时曾国藩觉得还是谦虚点对自己进步有好处，摆摆手说道："过誉了，过誉了。李鸿章和彭玉麟都是当今的英才，我自知不及二位。我生平稍值得赞许的，就是不爱听拍马奉承，还有那么一点儿自知之明。"

幕僚们听罢，坚决不信，继续猛拍狂拍。又有一位开腔："曾公不必客气，依我看你们三位各有所长，各有千秋，彭公威猛，人不敢欺；李公精明，人不能欺；曾公……"

这位老兄是信口开河，不料说到此突然卡壳，想不出恰当的比喻了。

曾国藩正听到兴头上，追问道："我怎么样呢？"

其他的幕僚们见状，立即脑筋急拐弯，想来个一语惊人，大讨曾国藩的欢心。无奈，脑袋忽然"停电"，就是想不出。

坐在门边的一位年轻人突然插嘴道："曾公仁德，人不忍欺！"

幕僚们一听：好棒！猛拍巴掌。

曾国藩嘴上坚持谦虚："不敢当，不敢当！"心里却早已是一片灿烂。他打量了一番那个年轻人，咦，自己怎么不认识他？于是，悄悄问身边的幕僚，此人是谁？幕僚告诉他，这个年轻人是个秀才，刚刚招来担任文书的，办事还算勤快。

曾国藩一听，频频点头，觉得此人有才华，可重用。果然，没多久，他就破格提拔这个年轻人出任扬州盐运使。

这次，曾国藩可是大跌眼镜。这个年轻人得到如此肥缺，顿时经受不住考验，抵挡不住诱惑，花天酒地挥霍不说，还一口气娶了四个姨太太，大演"妻妾成群"。朝廷派员到各地检查廉政情况，他自知纸包不住火，干脆携公款潜逃。

显然，曾国藩负有不可推卸的责任。他听说这件事后，眉头紧锁，一脸想不开。有一位幕僚不忍心，好言劝慰："这种事情是经常发生的，不必往心里去。"

曾国藩长叹道："唉，我一向慧眼识才，没想到这回栽在一个毛头小子手上。

由神骨相人

图文珍藏版

他说人不忍欺我,他不就忍心欺我了吗?"

那幕僚倒也直爽:"您不是自夸不爱听拍马奉承吗? 那小子是拍您的马屁,您都没听出来呀!"

这可真应了那句老话"事之至难,莫如知人"。

事之至难,莫如知人。这是宋朝诗人陆九渊的一句名言,他揭示了识人的基本情况。说明了世上的事情,再没有比识别人更难的了。

事之至难,莫如知人。原因之一在于"凡事之所以难知者,以其窜端匿迹,立私于公,倚邪正,而以胜惑人之心者也"。这就是说,识人这样的事情不易了解的原因,是由于它隐藏迹象,把私心掩盖起来而显出为公的样子,把邪恶装饰成正直的样子。人的奸恶之所以难以辨识,是由于有正直、忠诚、善良的外表做掩护。

事之至难,莫如知人。原因之二在于"人心难测"。

人心险于山川,难于知天。这就是说人的内心比险峻的高山和深邃的江河还危险,比天还难以捉摸。

事之至难,莫如知人。原因之三在于"人之难知,不在于贤不肖,而在于枉直。"识别人的难处,不在于识别贤和不肖,而在识别虚伪和诚实。人有坏人与好人之分,英雄有真英雄与假英雄之分,君子有真君子与伪君子之分。人还可以分为虚伪与诚实。有表面诚实而心藏杀机,有"大智若愚",表面看上去是愚笨的样子,而内在里却是聪明之人;有"自作聪明"而实际是愚人;有当面是"人",背后是"鬼"的两面派。

事之至难,莫如知人。原因之四在于"才与不才之间,似是而非也"。即指贤才与非贤才之间,似是而非,难以分辨。可以说,任贤非难,知贤为难;使能非难,知能为难。任用贤德的人并不难,识别有贤德的人才真正困难;使用有才能的人并不难,发现有才能的人才真正困难。

知人难,推举贤才也难。因为有贤才的人,在他未成才时,不为人所知,或知之者甚少,知者如无名无权也推荐不了。如果已锋芒毕露,才华超人,可能会被嫉贤妒才者所忌,不仅不肯推荐,甚至加以诽谤,诚恐其超过自己,或代己之位。而有的虽知贤也不愿推荐,这种人认为多一事不如少一事,怕推荐的人出事累及自己。故世上虽有奇才,愿推荐者少。

因此,荐贤者不仅要有知人之明,还要有荐贤之量,不嫉贤妒才,有为国家荐贤的至公之心，所以说，能荐贤才的人，其本人就是贤才。历史事实说明：正因有推荐贤才的贤才，才能出现不少闻名于世的大才，这些大才也与推荐他们的贤才的大名共同垂誉于史册。

《宋史·程元凤传》记载：宋度宗时，程元凤任少保、观文殿大学士，他荐举人才，不徇私情。有世交之子来求升官，元凤谢绝，其人累次来请求，言及先世之情，元凤说："先公畴昔相荐者，以某粗知恬退故也。今子所求躐次，岂先大夫意哉？矧以国家官爵报私恩，某所不敢。"还有，某人曾被元凤弹劾，后见他改过，而其才可用，便推荐之，元凤说："前日之弹劾，成其才也；今日擢用，尽其力也。"

元凤选拔人才坚持原则，不应提升的，即使是有恩于己的人的儿子，也不提升，正如他所说不能"以国家官爵报私恩"。细品元凤言行，值得借鉴的有三：一、推荐和使用官吏，元凤都是出于为国的公心，不存在任何私人的成见。二、弹劾人是为保护人才，是不使其人走上邪道，使其回到正路，促其成才。三、辩证地看人。对官吏有错误则弹劾，不使其有害于国家；改正了错误，其才可用，则擢升，使其为国尽其才能。元凤如此为国保护、推荐人才，实在是大公无私的典范。

能否辨伪，与能否知人大有关系，崔群向唐宪宗提出要辨伪必须"纠之以法"，这是很有见地的主张。事见《旧唐书·宪宗本纪》：

唐宪宗对宰臣说："听受之间，大是难事。推诚选任，所谓委寄，必合尽心；乃至所行，临事不无偏党，朕临御已来，岁月斯久，虽不明不敏，然渐见物情，每于行为，务欲评审，比令学士，集前代昧政之事，为《辨谤略》，每欲披阅，以为鉴诫耳。"崔群说："无情曲直，辨之至易；稍有欺诈，审之实难。故孔子有众好众恶之论，侵润肤受之说，盖以暧昧难辨故也。若择贤而任之，待之以诚，纠之以法，则人自归公，孰敢行伪？陛下详观载籍，以广聪明，实天下幸甚！"

唐宪宗对下属的进言，认真评审其是非，但有时要辨别进言者说的善恶真伪，却感到是大难事。因此，他令学士总结前代关于这方面的经验教训，写成《辨谤略》，作为鉴诫。崔群说唐宪宗以史为鉴，是可增广聪明的，但事属暧昧，一时是难于辨别的，故孔子有众好众恶以分善恶之论。而崔群提出的意见，比之孔子所说更能解决问题，即"择贤而任之，待之以诚，纠之以法，则人自归公，孰敢行伪"。这就是以诚待贤，如果行伪作恶，则以法处理，这样做，官必奉公守法,不敢作伪为非了。

左仆射王起频主持贡举工作,每次贡院考试完毕,都将录取的名单呈给宰相最后定夺。由于录取的人不多,宰相廷英说:"主司试艺,不合取宰相与夺。比来贡举艰难,放人绝少,恐非弘访之道。"唐武宗说:"贡院不会我意。不放子弟,即太过,无论子弟、寒门但取'实艺'耳。"

由于职权和取才原则没有明确规定,所以主持取才工作的王起频心中无数,恐取士有失,故呈宰相最

唐宪宗

后决定。对此,宰相廷英提出两点意见:一是录取的士人不必呈给宰相决定;二是录取的人太少了,不利于广招人才。对此,唐武宗确定了取士的原则:取士要取有"实艺"的,即有真才实学的人,不论他是贵族子弟还是出身寒门。

唐武宗确定取才的原则,负责取才者就可有所遵循。但有了原则还不能保证所取的是有"实艺"的,还要有具体的办法,不然,原则难以贯彻执行,有可能落于空谈。

俗语说:"人心难测。"人心何以难测?心是指人的思想,思想是无形的,看不见,摸不着,它隐藏在人的脑海里;且思想又非固定,随着客观世界的变化而变化,所以,要摸透人的思想是不易的,故称人心难测。

照理说,思想指导人们的言行,人的思想必然在他的言行中表现出来,也就是说人的思想和他的言行应该是一致的。可是,各人表现不同,有一致的,有不一致的。其人所想与其言行一致的,这种人易知;如果其人所想的与他的言行不一致,或者他说的是一套,做的又另是一套,这种人就难知。

人们常说,"知人知面不知心",这恐怕也道出了"人心难测"的道理。有人说不要轻易相信他人的知心话,这不是没有道理的。有的人特别是在情浓之际和说话投机的时候,总是轻信他人的知心话。对方向我吐露了真言,我又为何向人家讲假话?所以把心里的话全掏出来讲给人家听。然而,你可知道,他"真

诚"地在你面前说别人的坏话,在别人面前也会"真诚"地说你的坏话。人总是在变化的,今天你是他的朋友,明天你可能又成了他的对手。是对手,他就可能利用你的知心话,特别是隐秘的话来攻击你。

所以,所谓的"心里话"往往是不可靠的。对此,最好不要轻易相信它。如果失去了这方面的警惕性,轻信了别人,就有可能上当受骗。

人们常说,知人难,知人心则更难。因为在现实生活中,有的人说的和心里想的不一样。嘴里说的不是心里想的;心里想的又不是嘴里所说的。

正如冰鉴所说人之"正邪难辨",难辨是难辨,但并非不可辨。尽管那些奸邪小人都善于伪装,但总有些破绽可以让我们看清其嘴脸。

《三国演义》里的魏延杀了长沙太守投奔刘备,诸葛亮不仅不觉得是一件好事,反而下令把他拉出去斩首。诸葛亮之所以如此不近情义,原因就在于他看透了魏延有反骨:现在反叛太守,有朝一日也必要反叛蜀汉。果不出所料,诸葛亮一死,魏延就出了问题。

知人看交结,识人看处事。识别一个人只要看他现在的为人处世,就知道他以后会对你怎样了。

总是在你面前说别人闲话,记别人小账的人,在背后必然会说你的闲话,记你的小账。整天算计别人,和别人过不去的人,与你关系再好,有朝一日你也很可能要被他算计。对那种别人帮了他的忙不仅不感恩,反而恩将仇报的人,无论如何对他不可发善心,否则倒霉的只能是你自己。

这些都是具有规律性的常识,我们不可不牢记在心里。

辨别贤佞是个大难题,不是三言两语就可以说清的,但从理论上讲,要辨别肯定是可以的,问题是决定于用人的人,如能以公心来对待其下属的言行,并用实践效果来检验其是否正确,贤佞自必分明。王充在他所著的《论衡·答佞篇》里,比较详细地探讨了这个问题。他以问答形式进行论证,有人问佞人和谗人有否异同之处?他答道:"两者都是卑鄙的人,但表现不同,谗人是以口害人,而直言不讳;佞人以阴谋诡计害人,而隐瞒其动机。因此,谗人害人易知,佞人害人则难知。"有人质问:"这么说,佞人则不能知了?"他答道:"佞可知,人君不能知,庸庸之君,不能知贤;不能知贤,不能知佞。唯圣贤之人,以九德检其行,以其效考其言,行不合于九德,言不验于事效,人非贤则佞矣。夫知佞以知贤,知贤以知佞;知佞则贤智自觉,知贤则奸佞自行得。贤佞异行,考之一验;情心

由神骨相人

图文珍藏版

不同，观之一实。"他认为能知贤则能知佞，知佞则能知贤，因贤佞是对立的，否定了此方则可肯定彼方。而辨别的标准是"九德"，看其言行是否符合，并用实践效果来检验其言行，贤佞则可辨别。对此，王充在《论衡·定贤》里做了进一步的阐述：

子贡问曰："乡人皆好之，何如？"孔子曰："未可也。""乡人皆恶之，何如？"曰："未可也。不若乡人之善者好之，其不善者恶之。"夫如是，称誉多而大小皆言善者，非贤也。善人称之，恶人毁之，毁誉者半，乃可有贤。以善人所称，恶人所毁，可以智贤乎？夫如是，孔子之言可以知贤，不知誉此人者贤也？毁此人者恶也？或时称者恶而毁者善也！人眩惑无别也。

王充是反对所谓"圣人之言皆无非"

子贡

的学者，他有很多"非礼"的言论。孔子答弟子子贡关于识别贤佞的问题时，认为全乡的人都夸奖或憎恶都不能肯定其人的好坏，只有乡里的好人称赞、坏人毁谤才能辨别。王充对此提出质疑：孔子又怎能知道称赞的人是好人，毁谤的人是坏人呢？也许是称赞的人是坏人，毁谤的人是好人。显然，如果是这样，按照孔子的逻辑，辨别贤愚则适得其反，把好人视为坏人，坏人视为好人了。所以，王充认为孔子所说的话仍使人迷惑，不能辨别好人、坏人。

那么，王充辨别贤佞的办法是什么？即他前面所说的以实践效果来检验其言行。

从总体而言，小人、奸人就是那些做人、做事不走正道，采取邪恶的手段来达到自己目的的人。因此，他们的言行有一定的特点。

造谣生事，他们的造谣生事都别有目的，并不是以此为乐。

挑拨离间，为达到自己的某种目的，他们可以用离间去挑拨同事之间的感情，制造他们之间的矛盾，好从中取利。

阿谀奉承，这种人虽不一定是小人，但这种人很容易得上司所宠，而在上司面前说别人的坏话则很有杀伤力。

阳奉阴违,这种行为代表他们这种人的办事风格,因此他对你也可能表里不一。

趋炎附势,谁得势就依附谁,谁失势就抛弃谁。

踩着别人的鲜血前进,利用你为其开路,而你的牺牲他们是不在乎的。

落井下石,你如果不小心掉进井里,他会往井里扔几块石头。

推卸责任,明明自己有错却死不承认,硬要找个人来背罪。

事实上,小人的特点并不止这些,总而言之,凡是不讲法、不讲情、不讲义、不讲道德的人都带有小人的性格。

和"小人"办事要讲究以下几个原则:

保持距离,千万不要和小人过度亲近,保持淡淡的同事关系就好了,但也不要太过于疏远,好像不把他们放在眼里似的,否则他们会这样想:"你有什么了不起的?"接着你就该倒霉了。

不得罪,一般而言,小人比"君子"更敏感,心理也比较自卑,因此,千万不要在言语上刺激他们,也不要在利益上得罪他们,那只会害了你自己!自古以来,君子往往斗不过小人,因此,小人为恶,让有力量的人去处理吧!

小心说话,说些"今天天气不错"的话就可以了,假如谈了别人的隐私,谈了他人的不是,或是发了某些牢骚不平,这些话绝对会变成他们兴风作浪和有必要整你时的资料。

吃些小亏,小人有时也会因无心之过而伤害到你,假如是小亏就算了,因为你找他们不但讨不到公道,反而会结下更大的仇。

不要有利益瓜葛,小人经常成群结党,霸占利益,形成势力,你千万不要靠他们来获得利益,因为你一旦得到利益,他们必会要求相当的回报,甚至黏住你就不放,想脱身都不可能。

并不是说做到了以上几点,你与同事中的小人就彼此相安无事了,但至少你可以把小人对自己的伤害降至最低。

通过动静的两种状态来考察人

【原典】

欲辨邪正,先观动静。

【译文】

要考察一个人是奸邪还是忠直，应先看他处于动静两种状态下的表现。

动与静是一组重要的哲学概念，在哲学中，动与静是互相对立的动态术语，是在事物的变化中去观察、分析、解决问题的带有辩证性的方法。

动与静的结合，是中国古代哲学方法论的一个显著特点，具有一定的辩证思想和科学性。这是传统神秘文化中其他学科所没有的一个特点。静态判断，必然会有失偏颇，走到形而上学的孤立静止立场，不利于全面、正确地观察事物。动静结合，则能提高评判的正确性。

曾国藩善于识人、用贤的一些根据性判断，往往是静态判断，如"六府高强，一生富足"；一些具体性判断，往往是动态判断，如"气浊神枯，必是贫穷之汉"；而如"两目无神，纵鼻梁高而命亦促"，则是二者的结合。

另外，人的行为举止、情态姿容，亦有动与静之别，上述两种判断，有时就是对比做出的。前面已经说过，"动"与"静"是事物运动变化的状态。事物的真相和本质，最容易在运动中流露出来，特别是在一些重要关头，最能见人真心。"静"虽然是稳定状态，但这种稳定是相对的，它处于其先其后的两"动"之中，在由"动"到"静"再由"静"到"动"的变化中，它仍呈动态。所以通过"动"能够看到事物的真相和本质，通过"静"也能够看到事物的真相和本质。

曾国藩一生阅人无数，他深知，绝不能片面地衡量人才的能力和水平，从不同的角度、不同的立场，"动""静"结合，辩证地去看，效果会更好。

在封建时代，人才的选拔、任用很讲究出身、资历。曾国藩就打破资格限制，把具有真才实学而品德好的人破格提拔，让其担当重任。湘军中一些重要战将就是由他破格提拔上来的。每到一地，曾国藩即广为寻访，延揽当地人才，在江西、皖南、直隶等地都曾这样做过。他的幕僚中如王必达、程鸿诏、陈艾等人都是通过这种方法求得的。与捻军作战期间，曾国藩在其所出"告示"中还特别列有"询访英贤"一条，以布告远近："惟徐一路自古多英杰之士，山左中州亦为伟人所萃。""本部堂久历行间，求贤若渴，如有救时之策，出众之技，均准来营自行中呈明，察酌录用。""如有荐举贤才者，除赏银外，酌予保奖。借一方之人才，平一方之寇乱，生民或有苏息之日。"在直隶总督任内，为广加延访，以改当地土风，曾国藩除专拟《劝学篇示直隶士子》一文广为散布外，还将人才

"略分三科,令州县举报送省,其佳者以时接见,殷勤奖诱"。曾国藩兴办洋务的得力干将薛福成,就是通过这种不拘一格的求贤方式进入曾氏幕府的。

曾国藩深知,所谓人才,都各有各的脾性特征,在衡量他们能力的时候,一定要不拘一格,全方位多角度地透视,片面地看人只能让优秀的人才和自己擦肩而过。这一点很值得后世用人者深思。

多角度透视,就是遇到某些常见的现象后,不要仅用一种思维而停留在常规的层面上,而是要多方位地去探究问题。当牛顿看到苹果从树上落下时,他想,为何苹果会向地上落,而不向天上去呢?他从相反的角度来思考这个问题,最终发现了地球的吸引力。

知人、识人者在认识别人的时候也是这个道理,既要从历史的角度看待别人,也要从现实的角度衡量别人;既要善于从正面的角度去思考问题,也要善于从相反的角度去思考问题;既要从品德、才干、行为的角度去考察别人,也要从气质、喜好的角度去衡量别人;既要考察别人的个体素质,也要考察别人在群体与组织中的种种行为表现。做到这些,才能判断和识别其真实的能力。

多态势透视,也就说把考察的对象放在相对静止的状态下,考察之后,还要放在动态中加以研究。比如,汽车是在静止状态下制造出来的,而后必须进行动态的检查,还要跑磨合路程,以便在"动"中发现问题。有些人考察别人常常只注意"静态",而忽视其发展的变化及周围环境对其的影响度,因而具有盲目性。换言之,多态势透视也就是要用发展的眼光去识别他人。

世界万物都处于无休止的运动、发展、变化中,人也不例外。随着主、客观条件的改变,人的思想、知识、品德、才能也跟着不断改变;所以,要知人,必须在发展中观察人,在变化中识人,尤其要看到人们的发展前途,善于从发展变化中看清别人。

古语说,士别三日,则当刮目相看。也就是说,人是在不断改变的,假如用静止、孤立的观点去识人,会把活人看成"死人"。只有在发展中识人,才能真正做到知人善任。

人才一般具有三种状态,即萌芽状态、含苞欲放状态与才华显露状态。知人者及时发现处于含苞欲放状态和才华显露状态的人才当然很好,但是,最难能可贵的是"伯乐相马",当马没有被人发现是千里马,甚至拴在槽头骨瘦如柴无人一顾的时候,能从马的筋骨等方面发现是千里马一样,能够发现处于萌芽状态,尚未被人认识甚至处于"低谷"中的人才。

坚持用发展的观点看人,就要注意不能用孤立的、静止的观点把人看扁、看死。要知道,一个人的优点、缺点,长处、短处,都是相比较而言的。在一定条件下,长处会转化为短处,优点可以变为缺点;相反也是如此。比如,工作大胆泼辣是优点,但是,不顾主客观条件的一味大胆,就会变成盲目蛮干;谨小慎微是缺点,但只要注意不在小事上纠缠,这样谨慎一点,就会变为优点。当然每个人的情况不同,发生转化的客观条件也不尽一样,对此,不仅要坚持具体问题具体分析,而且要有由量到质的基本估计。

在了解一个人的时候,不但要考察表面现象的浅层次,更要考察内在实质的深层次。这里有一个九方皋相马的故事。

春秋时,秦穆公请相马专家伯乐推荐他的继承人,伯乐推荐了九方皋,秦穆公很欣然地接受了。在九方皋访求良马三个月后,果然找到了一匹理想中的良马。秦穆公问他是怎样的一匹马,他说是一匹黄色的母马。等牵来马,秦穆公一看,却是一匹黑色的公马。秦穆公很不满意,把伯乐找来,说:"你介绍的那位相马专家,连马的毛色和公、母都不能分辨清,哪里还能相什么良马啊!"伯乐问明缘由之后,不禁大为赞叹:"九方皋能不照搬书上的条文,真比我高明千万倍啊! 他所注意的是根本的东西,能抓住内在的实质,忽略表面的外形;只看他需要的,而不看他不必看的,像九方皋这样观察事物的方法实在有着比相马更重大的意义!"伯乐把马牵来一看,果然是一匹天下难得的千里马。当然,九方皋连马的毛色和公母这一表面上的东西都认不清,这并不是什么好事,但是,他那看马注意看本质的观察方法是值得称道的。

在现象和本质这对范畴中,现象是浅层次的东西,本质是深层次的东西;现象是本质的具体表现,本质是现象的根据。只有通过现象这个浅层次,才能抓住深层次的本质。

在考察人的时候,既要看现象,又要看本质;既要看一个人的支流,又要看一个人的主流。要善于抓住本质和主流这样深层次的东西去衡量一个人,这样才能保证知人、识人的准确性。

从动静状态下眼中的神情识人

【原典】

静若含珠,动若木发;静若无人,动若赴的,此为澄清到底。

【译文】

眼睛处于静态之时,目光安详沉稳而又有光,真情深蕴,宛如两颗晶亮的明珠,含而不露;处于动态之时,眼中精光闪烁,敏锐犀利,犹如春木抽出的新芽。双眼处于静态之时,目光清明沉稳,旁若无人。处于动态之时,目光暗藏杀机,锋芒外露,宛如瞄准目标,待弦而发。以上两种神情,澄明清澈,属于纯正的神情。

前文已经说了,人的眼睛是不会撒谎的,眼中的神情就是人内心活动的外在表现。眼神的变化,曾国藩总结为动、静,其实具体内容还有很多。

眼睛流露善意,心底必定慈悲;眼睛横竖,性情刚烈;眼珠暴突,性情凶恶;眼睛斜视不语,表明心怀妒忌不满。

瞄上一眼后,闭上眼睛,即是一种"我相信你,不怀疑你"的身体语言。

闭上眼睛后,再睁眼望一望,如此不断反复,是尊敬与信赖的表现。

首次见面时,先移开视线者,其性格较为主动。

当你注意某个人只向一位异性看了一眼,就故意收回了视线,而不再看,这是一种自控行为。

斜眼瞟人是偷偷地看人一眼又不想被发觉,传达的是羞怯腼腆的信息。这种动作等于是在说:"我太害怕了,不敢正视你,但又忍不住想看你。"

眼光涣散常见于人很疲倦或做白日梦时,有些人常这样由室内望向窗外,以表示其内心中怀有某种梦想(如坠入情网)。

睁大眼睛,是一种表示惊异的基本反应。

眯紧眼睛基本上是遭遇强光或威胁时的自卫反应,但也可能代表高傲、轻蔑的意思。做此表情的人可能愤世嫉俗,对周围的世事感到厌烦。

眼睛表面的闪亮,是因情绪激动促使泪腺分泌,产生润泽之故,但感受又未强到足以落泪的地步。这种现象常可从情侣、影迷、球迷、骄傲欣慰的父母亲,以及获胜的运动员眼中看到；但也可能是表示哭泣以外的任何强烈的情绪激动，如厌烦、沮丧及生离死别等悲痛。

另外，通过一个人的眼睛观察人的性格，尤重眼神。需要别人帮忙或有事请教的时候，要注意观察对方的眼神，也许会避免一些不必要的麻烦。

眼神散乱，说明他毫无办法，向他请教也是没用。

眼神沉静，说明他对于你的问题成竹在胸。如果他不肯明确说出方法，这可能是因为事关机密或有其他隐情，不必多问，只静待他的发落便是。

眼神横射，仿佛有刺，便可明白他异常冷淡，如有请求，暂且不必向他陈说，应该从速借机退出，退而研究他对你冷淡的原因，再谋求恢复感情的途径。

眼神呆滞，唇皮泛白，对方对于当前的问题惶恐万状，尽管口中说不要紧，他虽未绝望，也的确还在想办法，但却一点也想不出所以然来。你不必再多问，应该退去考虑应付办法，如果你已有办法，应该向他提出，并表示有几成把握。

眼神阴沉，应该明白这是凶狠的信号，你与他交涉，须得小心一点。他那一只毒辣的手，正放在他的背后伺机而出。如果你不是早有准备想和他见个高低，那么最好鸣金收兵。

眼神流动异于平时，对方可能是心怀诡计，想给你苦头尝尝。这时应步步为营，不要轻举妄动，前后左右都可能是他安排的陷阱，一失足便跌翻在他的手里。不要过分相信他的甜言蜜语，这是钩上的饵，要格外小心。

眼神似在发火，他此刻是怒火中烧，意气极盛，如果不打算与他决裂，应该表示可以妥协，速谋转机。否则，再逼紧一步，势必引起正面的剧烈冲突。

眼神四射，神不守舍，便可明白他对于你的话已经感到厌倦，再说下去必无效果。你不如赶紧告一段落，或乘机告退，或者寻找新话题。

眼神恬静，面有笑意，你要明白他对于某事非常满意。你要讨他的欢喜，不妨多说几句恭维话，你要有所求，这也是个好机会，相信他一定比平时更容易满足你的希望。

眼神凝定，便可明白他认为你的话有倾听的必要，应该照你预定的计划婉转陈说，只要你的见解不差，你的办法可行，他必定是乐于接受的。

眼神上扬，便可明白他是不屑听你的话，无论你的理由如何充分，你的说法如何巧妙，还是不会有更好的结果，不如戛然而止，退而求接近之道。

眼神下垂，连头都向下倾了，便可明白他是心有重忧，万分苦恼。你不要向他说得意事,那反而会加重他的苦痛,也不要向他说苦痛事,因为同病相怜越发难忍,你要说些安慰的话,并且迅速告退,多说也是无趣的。

从人的眼神中识人

【原典】

静若萤光,动若流水,尖巧而喜淫;静若半睡,动若鹿骇,别人而深思。一为败器,一为隐流,均之托迹于清,不可不辨。

【译文】

安静时,目光像萤火虫一样闪烁不定;行动时,目光像流水一样游移不定。以上两种神情一则善于掩饰,一则奸诈在内心萌动。安静时,两眼似睡非睡,似醉非醉,是一种深谋远虑的神情;行动时,两眼像鹿一样惊恐不定。以上两种,一则是指有智有能而不循正道之人,一则是指深谋图巧又怕被人窥见的神情。具有前两种神情者是有瑕疵之辈,具有后两种神情者是含而不发之徒。都属于"邪",但都混杂在清明的神情内,是必须辨别清楚的。

《冰鉴》不止一次提到观人眼睛的技巧,足见曾国藩在识人过程中对人眼睛的重视。在这里,曾国藩重点介绍了从人的眼神中识人。

当然,在现实生活中,人的眼神有很多种,除了曾国藩所言的几种眼神,我们再做几点补充。

眼珠转动迟缓的人,身体五官感觉迟钝,感情起伏少,不受他人影响,对自己的生活方式没有协调。

目光闪烁不定的人缺少对事情深思的能力,是浮躁的冲动派,很少被信任,有撒谎的倾向。

目光着点不定的人,多处于精神不安定的状态,在内心深处有怨怒之气,心情不稳定且焦躁不安。

眼睛往上吊,心里藏着不可告人的秘密,性格消极,不敢正视对方。

眼睛往下垂,有轻蔑对方之意,要不然就是不关心对方的情形。

眼珠转动快速,说明第六感官敏锐,能快速看穿人心;反之,容易受人影响。这种人特立独行,属情绪化的性格。

正视,代表庄重;斜视,代表轻蔑;仰视,代表思索;俯视,代表羞涩;闭目,思考或不耐烦;目光游离,代表焦急或不感兴趣;瞳孔放大,表示兴奋、积极;瞳孔收缩,表示生气、消极。

智慧应用

查继佐：观骨识人，结交豪杰

观察一个人的"骨"，能识辨他的强弱。"骨"健，其人强壮；"骨"弱，其人柔弱。《人物志》中说："勇怯之势在于筋。强弱之植在于骨。""筋"和"骨"则经常联在一起来考察一个人的力量勇怯。

《明史》案喋血庄氏，是清初最大的一起文字狱，被凌迟、斩决的达70多人，震惊华夏。事源起于浙江湖州府南浔镇上的庄廷龙。其家有钱财，庄廷龙也很有抱负，不料一场大病导致双目失明。之后，意外地得到明朝相国朱国桢修撰的《明史》的最后几十卷手稿。庄廷龙立志学左丘明盲目著《国渤》的事迹，聘请江浙文人吴之铭等十多人，对该稿进行整理和润色，吏名为《明史辑略》，署上庄廷龙并江浙十八名士的名字刻印刊行，其中就有江南名士查继佐。

虽然修史诸人已将文中不利于清廷的文字一一删去，但字里行间仍读得出怀念前朝、扬明贬清的意味。更大的遗漏是，文中历年仍按明代年号编排，称先祖和清兵为"贼"，称清为"后金"等等。湖州人士吴之荣抓住这个漏洞，想借此升官发财，将"反书"告了上去，一直告到刑部。参加修订工作的十多人自然脱不了干系，总共牵连入狱的达2000多人，处死的有70多人。庄廷龙虽死，仍被开棺戮尸。列名参订的18人除查继佐外，无一幸免。

为何查继佐能幸免于难呢？原来是数年前的一段奇缘救了他的性命。

那年岁末，天降大雪。查继佐独自饮酒，颇觉无聊，到户外观赏雪景，见一乞丐在屋檐下避雪。那个乞丐虽只穿一件破旧单衣衫，在寒风雪冻中却丝毫不以为意。走近，查继佐见他生得身形魁梧，骨骼雄奇，心中非常奇怪，便对那位乞丐说："雪一时不会停，去喝杯酒如何？"乞丐爽快地答应了，无丝毫忸怩受宠之态。乞丐喝了20多碗酒仍无醉意，查继佐却已趴在桌子上了。

第二天醒来，查继佐忙去瞧那位乞丐，见他正在园里赏雪。寒风吹过，查继佐只觉冰气入骨，那乞丐却泰然自若。送客时，查继佐给了他十两银子，那乞丐接过银子，道声"好说"，也不言谢，扬长而去。

原来这位乞丐身负绝世武功，名叫吴六奇，一时落魄江湖，受阻于风雪中，后因军功累官至广东省提督，在《明史》一案牵连到查继佐时，出面救助了他。查继佐虽为一时之兴，未必真识出吴六奇的才干气运，但仍有"那乞丐非一般可比"的见识，因此在《明史》一案中保住性命。

王莽：神平则质平，神邪则质邪

观察一个人的"神"，可以辨别他的忠奸贤肖。"神"正其人正，"神"邪其人奸。而我们平常所说的"人逢喜事精神爽"，是不分人品好坏的。这里谈及的"神"与"精神"一词不完全一样，它发自于人的心性品质，集中体现在面部，尤其是两只眼睛里。

如果一个人的"神"平和端庄，"神"定，表明他道德高尚，对人忠心耿耿，不会肆意叛主，也不会因周围事物的变化而随意改变节操和信仰，敢于坚持正确的东西，意志很坚定。

如果一个人的"神"侵邪褊狭，"神"挫，其品格卑下，心怀邪念，容易见异思迁，随便放弃自己的道德情操而趋利。这种人平常善于掩饰自己，往往在准备充分、形势成熟后才显出本性，而不会轻易发难，不打无准备的仗，是大奸大贼一类的人。

值得一提的是，"神"固然与遗传有关，但更主要的是需要经过后天环境的磨炼。

王莽这个人在历史上的名声并不太好，但就他本人的才能胆识而言，在当时也算得上是一个极其难得的人才。如果他不篡取王位，不显露本性，仍像未夺得朝政大权之前那样勤奋忠心地工作、俭朴地生活，说不定会成为一个流芳百世的周公式的人物。

王莽的姑姑是皇后娘娘，几个叔伯也都贵为将军公侯，但他的父亲王曼死得太早，孤儿寡母的，虽然生活不成问题，但在族人中受到的冷落和排斥，给王莽造成了极大的心理压力，这也许是造成他日后篡夺王位的叛逆行为的最初原因。王莽稍稍懂事以后，就开始勤奋学习。王安石讲：贫者因书而富，富者因书而贵，贵者因书而守成。王莽渐渐以一个谦让恭俭、不贪享乐的进步青年形象出现在族人面前,穿戴得像一个克己修身的儒生,不仅对母亲和亲长极其孝顺,而且气度豪迈,与朝野的光明俊伟人士交往结纳,深受时人的赞誉。

他的叔叔、大将军王凤生了病,王莽朝夕不离床头,殷勤地服侍,汤药都由王莽尝过以后再给王凤喝,以防有人下毒。几个月下来,王凤的病好了,王莽却是蓬头垢面,满脸憔悴,感动得王凤唏嘘而叹:"有子不如有王莽。"王凤临死前,托姐姐(时已为太后)和皇上提携提携王莽,大司空王商和当世的一些名人也盛赞王莽的品德才行,王莽因此被封为新都侯。

封侯以后,王莽仍然保持着廉敬恭让的作风,在人前不敢有丝毫马虎和得意,但暗地里开始有享乐的意思了。他曾私下买了一个漂亮的奴婢,却被堂弟无意中撞见,王莽就对他说:"后将军朱子元没有儿子。看相的人说,这个女子宜产佳儿,因此就主动帮朱将军买了回来。"当时就把那个奴婢送到了朱子元府上。

他的族叔王根辅佐朝政数年后,因身体不好,向皇太后申请退隐。另一个大臣淳于长,先与许皇后的姐姐私通,后又娶为妾,与许皇后内外勾结,逐渐得到皇上汉成帝刘骜的宠信。王莽对王根说:"淳于长想取代您,正在跟手下人商量办法。"王根怒气陡生,叫王莽向皇太后举报淳于长的阴谋。由于太后本对许皇后不满,乘机把淳于长搞了下去。

因为这次告发大奸,王莽代替王根成为大司马,时年38岁。此后,他更加注意自己的形象和声誉。王莽的母亲生了病,其他大臣派夫人来探视。一个穿着粗布衣服,妆饰与一般仆妇无多大区别的妇人出来迎接她们。那些夫人们以前都听说过王莽家居生活比较简朴,还不以为然,当那个妇人自称是王莽的妻子时,众夫人都惊得眼睛如铜铃大。

后人读历史,都知道这是王莽隐瞒自己真实目的的举动,但当时的许多人都被王莽的忠诚耿洁迷惑住了,赞誉之辞盛若花海。

新升任司空的彭宣看到王莽之后,悄悄对大儿子说:"王莽神清而朗,气很足,但是神中带有邪狭的味道,专权后可能要坏事。我又不肯附庸他,这官不做也罢。"于是上书,称自己"昏乱遗忘,乞骸骨归乡里"。用鉴别人才的"神"来分析,"神清而朗",指人聪明秀出,不会是一般的人;神有邪狭之色,说明为人不正,心中藏着奸诈意图。王莽可能也感觉到了彭宣看出一些什么,但抓不到把柄,恨恨地同意了,却又不肯赏赐养老金。彭宣回乡后数年就死了。

神的褊邪与形的丑恶并不相同，比如生活中"贼眉鼠眼，一看就不是好东西"的一类人，事实上不尽是这样，长相丑恶的人往往也有善良、仁爱、忠诚的心。因此说"以形观人"错误多多。而神则来自心灵本性，实难做假，以它来断人的品性，确实可靠且简便易行。

三、内观精神，外察情念

精神是观人识人的先决因素，可由其外在的情态和举止，探查其内在的精神气质。

【原典】

凡精神，抖擞处易见，断续①处难见。断者出处断，续者闭处续。道家所谓"收拾入门"②之说，不了处③看其脱略，做了处④看其针线⑤。小心者，从其做不了处看之，疏节阔目⑥，若不经意，所谓脱略也。大胆者，从其做了处看之，慎重周密，无有苟且⑦，所谓针线也。二者实看向内处，稍移外便落情态矣，情态⑧易见。

【注释】

①断续：看起来故作抖擞，又可能是真的精神振作。

②收拾入门：道家修身养性炼气的非专用术语，意思是祛除杂念，心中无物，如在门外收拾好东西然后入室。

③不了处：指尚未"收拾入门"时，即心有杂念，无法静心修炼。

④做了处：指已经"收拾入门"时，即杂念祛除，安心修炼。

⑤针线：细致周密的意思。

⑥疏节阔目：不精细，欠周密的意思。

⑦苟且：草率。无有苟且即是说一丝不苟。

⑧情态：《冰鉴》里的情态是指神的外在表现，在内为精神，在外即为情态。

【译文】

一般来说，观察识别人的精神状态，那种只是在那里故作振作者，是比较容易识别的，而那种看起来似乎是在那里故作抖擞，又可能是真的精神振作，则就比较难以识别了。精神不足，即便它是故作振作并表现于外，但不足的特征是掩盖不了的。而精神有余，则是由于它是自然流露并蕴含于内。道家有所谓"收拾入门"之说，用于观"神"，要领是：尚未"收拾入门"，要着重看人的轻慢不拘，已经"收拾入门"，则要着重看人的精细周密。对于小心谨慎的人，要从尚未"收拾入门"的时候去看他，这样就可以发现，他愈是小心谨慎，他的举动就愈是不精细，欠周密，总好像漫不经心，这种精神状态，就是所谓的轻慢不拘；对于率直豪放的人，要从已经"收拾入门"的时候去看他，这样就可以发现，他愈是率直豪放，他的举动就愈是慎重周密，做什么都一丝不苟。这种精神状态，实际上都存在于内心世界，但是它们只要稍微向外一流露，立刻就会变为情态，而情态则是比较容易看到的。

《综合评析》

神之断续

考察人物的精神，那种故意振作抖擞的状态是比较容易识别的，而那种看起来似乎是故意振作抖擞，却真的是精力充沛就难以识别了。二者实际上是神不足与神有余之谓。神不足的，会在故意振作后中断，如水滴一般；神有余的，自然流蕴而不断绝，如长江大河。考察人的精神要注意：在动时，要看潇洒豪迈的气概的真假，是自然而然，还是装腔作势；在静时，要看静中有没有浮躁之气。自然流露与故意抖擞的分寸的确不好把握，这也就是为什么有的人看似才高，却不学无术，看似忠诚，却阴险奸诈。神有余与神不足也是大胆者与小心者的区别。

大胆者有勇气，敢冒险，缺点是冒进，容易造成损失。小心者会靠一分分地去积累，成就泰山之高、江海之广。但过于谨慎会浪费许多机会，机会对于人生是多么的难得呀！如果能做到胆大心细，这就是双重性格的最佳组合。既要敢于前进，又要注意细节，才是一步步平稳取胜的最上策。成功，要靠平静安全的正道取胜，奇兵只能用于非常时期。"以奇始，以正合"，奇的目的也是正。奇固有传奇色彩，但四平八稳的正才是根本之道。用人也是如此，乱世用奇，治世用正。刘邦为得天下，用了盗金欺嫂的陈平，因为陈平有才干。如果刘邦是顺利地继承王位，还会用陈平吗？成才之道也是这样，小聪明的人因初时太顺利，而自以为是，不脚踏实地，只一味取巧，一旦受到挫折，又没有心理承受能力，也许一蹶不振。而另一种人，看似迟钝迂腐，但功底深厚，厚积薄发，必成大器。

本章论述的是人的"神"，对"神"的要求有这么几点：一要含蓄而不晦涩，二要安稳而不呆板，三要神气飞扬而不轻佻，四要神清气淡而不干枯，五要和蔼

曹丕

可亲而不懦弱可狎，六要正气凛然而不凶横，七要性情坚毅而不刚愎。

下面有两个故事，读者看完之后，对"神"的认识也许就会清晰明白了。

《列子·说符》中记载了伯乐与秦穆公论相马的对话。秦穆公问伯乐："你的子孙中有没有可被派去访求良马的人呢？"伯乐回答："良马可以靠外表的形态、骨架去鉴别。但是要说到天下最出众的马，却只能靠一种若有若无、若隐若现的神态气色来鉴别。这种马跑起来蹄不沾尘，驾车快得不留车辙。我的子孙只能鉴别良马，而不能鉴别天下最出众的神马。有一个和我一起担柴担菜的朋友，名叫九方皋，他相马的功夫不在我之下。"秦穆公于是召见了九方皋，并派他去访求骏马。三个月之后，九方皋回来复命："找到一匹千里马，是一头黄色的母马。"一看，却是一匹黑色的公马，秦穆公很不高兴，埋怨伯乐，说他推荐的人连马的颜色、雌雄都分不清。伯乐听后感慨道："九方皋眼里看到的，纯粹是马的内在神韵。"后来试骑，果然是世上少有的名驹。

对于李白，大家都知道他的诗极有浪漫主义色彩，但他对鉴识人才也十分内行，这恐怕知晓的人就不多了。相传，李白在大臣哥舒翰家中做客，当时郭子仪也在座，不过他当时只是一个一般的军官。李白一看见他，便说："这位壮士

李白

的眉长长的，直入鬓边，目光闪烁，神采洋溢，两颊、下颏都极丰厚，声如洪钟，这些都是精、气、神有余的表现，将来一定能成大器。"

人的精神从其外显而言，可以分为两种：一为自然流露，一为勉强振作。所谓自然流露，是指由所见或所感而发，完全出自内心的自然本真，显示出的情态举止自然而然，情真意切，毫无故意造作之态、矫揉之象。所谓勉强振作，则与自然流露相反。

有丰富人生经验的人，能比较容易地看出他人是情真意切，还是故意造作。尽管人的情感和精神状态有不同的表现，可能会给辨别"神"的真假带来干扰，但综合人的各种言语行止表现，完全可以察看"神"之真假。

当初，项羽初次见到威猛雄武、一统中原的秦始皇时，大声叹曰："彼可取而代之。"从这儿可以发现项羽的真性情、真个性——朴直率露而又大胆或称"莽撞"。而刘邦见到秦始皇时，则说："大丈夫该当如此。"两人的话语神情不一样，但从中却能真实地表明他们的内心活动和个性，刘邦与项羽相比，就要含蓄婉转得多。

社交中观人、识人，实际上就是一个由外向内、顺藤摸瓜、循流探源的过程。

在观察人的精神状态时,也是这样,即由外在的情态举止,去查探其隐伏在内的精神气质,窥视到他的心灵深处真实的活动。这一过程似乎有一种无征无兆、无气无息、无色无味、无形无状的神秘性,但还是有理可循的,不是空穴来风,无基之楼。

人的精神外显,如上所述,有自然流露和勉强抖擞之别。凡属自然者,出于真诚,无意做态,因此气终不绝,流露持久,其"神"自然有余,所以称为"续"。而勉强者,故意造作,缺乏真诚,因此底气不足,抖擞短暂,其"神"自然不足,所以称为"断"。

"凡精神,抖擞处易见",这是说,精神一旦振作起来,不论是真情流露的,还是故意造作的,当它显现时,都能看到它的振作;但这并不是一个人"神"的真实情况,这一种状态是不全面的,必须结合另一种状况——"断处"才能发现"神"的真实状态,自然流露与勉强振作的区别,应在动态中,才能准确区分,即在"断续之处"去进一步鉴别真假。

接下来论及人之心思:"小心者,从其做不了处看之。疏节阔目,若不经意,所谓脱略也。大胆者,从其做了处看之。慎重周密,无有苟且,所谓针线也。"小心者就是说那种小心谨慎、心思周密的人,心气很高,常有认为天下人皆不如己的倾向,但有一个明显的缺点——容易气馁,难以经得起接二连三的失败打击,这与胆大心细是有区别的。因此,从他做不了的事当中去看他,就能得到比较真实的内心精神状态。"大胆者,从其做了处看之"。如果是粗枝大叶的人,即便他把事做成功了,也会漏掉许多重要的细节,这应是一种无形的失败;胆大心细的人,则会在勇往直前时,密切注意周遭事物的细微变化,于细微处发现有可能遗漏的东西,从而保证事情的各个环节都不出差错。

能够从大小两方面仔细考察一个人,发现他真实的才能见识,这样就不容易出偏差。

分句评析

由气节识人

【原典】

凡精神,抖擞处易见,断续处难见。断者出处断,续者闭处续。

【译文】

一般来说,观察识别人的精神状态,在关键时刻是比较容易识别的,而在风平浪静的时候,如果是有意掩饰,这样一来就比较难于识别了。在关键时刻精神不足,即便故作振作并表现于外,但其本质是掩盖不了的。而精神有余,由于它是自然流露并蕴含于内,自然是其本色。

曾国藩一生都在宦海中沉浮,太多的风风雨雨使他对人性的把握可以说到了炉火纯青的境界,他深知,一个人不管他在平时如何掩饰,一旦到了关键时候,他所有的一切都会"自然流露"出来。所谓"患难见真情""关键时刻见人心"说的就是这个道理。

正如古人所言"告之以危而观其节",这是识人良方之一。就是说,在识人时,告诉给所识的对象出现了危难的情况让其处置,从其处理危难的情况来观察他的节操。节操,即气节情操,就是一个人在关键时刻和重大原则问题上表现出来的政治立场和道德方面的坚定性。我们中华民族历来就有"宁为玉碎,不为瓦全""粉身碎骨全不怕,要留清白在人间"的传统美德。两千多年以前,中国古代思想家孟轲就说过:富贵不能淫,贫贱不能移,威武不能屈。这句至理名言,已成为千百年来无数仁人志士立身做人的准则。

每个国家都有自己的国格,每个人也都有自己的人格。国格是一个国家的荣誉、尊严和品格的总和;人格则是做人的资格和为人的品格总和。国格和人格是紧密联系在一起的。在对外交往中,能不能做到不卑不亢,也是衡量一个人有无中国人气节的重要尺度。

古人讲得好:"将受命之日则忘其家,临军约束则忘其亲,抱鼓之急则忘其身。"无数仁人志士,为了民族的利益,为了国家的利益,为了人民的利益,在国家处于危难之时,总是挺身而出,迎着困难上,经受住各种苦难的磨炼,顶狂风战恶浪,舍生取义去奋斗,去拼搏,生为人民而战,死为人民而献身,这就是中华儿女的民族气节,这就是中国人的情操。

表现在人生道德情操方面,就是思想情感的正义性——勇于坚持真理,凛然伸张正义,绝不献媚取宠,始终正大光明,保持高风亮节,珍重人格、国格。我国历史上许多仁人志士在自己言行中表现出可贵的节操。他们或者"不为五斗米折腰",或者"生当作人杰,死亦为鬼雄",或者"粉身碎骨全不怕,要留清白在人间"。许多英雄人物在反压迫、反侵略斗争中所表现出来的"中华民族不可侮""中国人民不可欺"的高尚节操,作为璀璨的民族精神代代相传,至今激励着人们。

范仲淹用人,多取气节而略细故,如孙盛敏、腾达道,都是他平日重用的人。他任陕西河东宣抚使兼陕西四路安抚使时,开设幕府,选用幕僚,多用因罪降职而还没有复职的人。有人怀疑他如此用人是否适当,范仲淹说:"人有才能而无过失,朝廷自用之。若其实有可用之才,不幸陷于吏议,不因事起之,遂废人矣。"因此,范仲淹所用的人,大多有真才实学。(李贽《初课集·铨选诸巨》)

范仲淹

气节中人必然赏识气节中人:

范仲淹曾以直言三贬,三起三落而不改其志,他为国为民,敢言敢谏,始终如一。他先忧后乐的精神、仁人志士的节操,对时人后人的影响都很大。正因范仲淹重气节,其用人必然是多取有气节的人。这些人大都是敢于直言而得罪当权者,因而"不幸陷于吏议",且这些正直之士,大多是有真才实学者,他们被降职不用,实是国家的损失。因此,范仲淹在他为边帅掌握实权时,力之所及,任用他们为国效力。也使贤才不致埋没成为废人。

事实证明，范仲淹善于知贤才，他任边帅期间因用得其人，边境无虞，西夏不敢入侵；而经他荐拔的大批学者，为宋代学术鼎盛奠定了基础。

总之，作为用人者，在关键时刻你总能发现一两个让你眼前一亮的人，气节如是，其他方面也是如此，所以有必要充分把握好时机，趁此全面地看清下属的真实面目和才能。

（1）失败时看人本领

马谡是诸葛亮手下的大将，司马懿举兵进攻街亭，马谡立功心切，立下军令状，但他的想法并未如愿。街亭失守，打乱了诸葛亮出祁山的计划，马谡没能立功，而同去的赵云、邓芝却表现甚好，没有损兵折将，还保证了军资什物的安全。孔明亲自率领诸将出迎，见到赵云说："是吾不识贤愚，以致如此！各处兵将败损，唯子龙不折一人一骑，何也？"邓芝回答说："某引兵先行，子龙独自断后，斩将立功，敌人惊怕，因此军资什物，不曾遗弃。"孔明夸奖道："真将军也！"还赏赐赵云50斤金子，取绢一万匹赏给赵云的部卒。赵云推辞不受，孔明更是倍加钦敬，叹道："先帝在日，常称子龙之德，今果如此！"一个伤了孔明的心，一个赢得了孔明的赏识和敬佩，所以，对于关键时刻的表现，有很多经验值得总结。

（2）关键时看人勇气

毛遂自荐随平原君到楚国谈判合作的军国大事，平原君与楚王谈了大半天也没结果，主要是楚王有些顾虑，决意不下。眼看谈判要以失败告终，随行的其他十九个人都一致动员毛遂上，考验他的时候来了。毛遂鼓足勇气，按剑历阶而上，问平原君："从之利害，两言而决耳。今日出而言从，日中不决，何也？"楚王得知毛遂是平原君的幕僚后大怒道："胡不下！吾乃与而君言，汝何为者也！"毛遂受辱但毫不胆怯，提剑逼近楚王，以三寸不烂之舌说服丁楚王，平原君出使楚国的大功告成。这一次出使楚国，使平原君认识了毛遂的价值，把毛遂作为上客看待。

（3）失意时看人忠诚

对于那些英明能干、胸有大志的领导，即使是他处于厄运之中，下属也应忠诚地追随他。

西汉末年，群雄争霸，刘秀亦是其一。刘秀创业伊始，势单力薄，往往是东躲西避以求生存，在南徙北移中损兵折将甚多。随从见他失利落魄，多斩断跟随多年之情谊，另谋高就，左右人员相继离去，在此困境中，唯有一位叫王霸的人深知刘秀为人贤明，日后必成大器，于是便与手下心腹之士不畏艰难挫折，忠贞地追随刘秀。刘秀深为感动，说："颍川从我者皆去，而子独留努力，疾风知劲草。"由此，刘秀以王霸忠而委以重任。王亦不辱使命，征杀疆场屡立奇功，刘秀平定天下后，王霸则被封为淮陵侯，位列开国"云台二十八将"之一，成为光武中兴的鼎力重臣。

（4）危急时看人决断

汉朝初期，汉高祖刘邦派樊哙以相国名义带兵去平定谋反的燕王卢绾。发兵之后，有人揭发樊哙在刘邦生病时，与吕后勾结，等刘邦一死，就要把戚夫人一家杀绝。刘邦很生气，就派陈平骑马去传达命令，让周勃代樊哙指挥军队，并立即在军中把樊哙斩首。

陈平接受任务后，私下里同周勃商量说："樊哙是功臣，又是吕后的妹夫。皇上只是一时恼怒，想杀掉他。但是皇上已经病重，未来是什么情况，并不明白。所以还是不把樊哙马上斩首，只是把他押回来让皇上自己下命令杀掉为好。"周勃也同意这样做。

后来，在押送樊哙回京的路上，陈平听到刘邦去世的消息。他急忙赶回向吕后报告逮捕樊哙的经过，吕后叫他把樊哙放了。因为他没有照刘邦的旨意杀死樊哙，所以吕后还是相信他，又让他做太子的老师。

刘秀

"收拾入门"观其神

【原典】

道家所谓"收拾入门"之说，不了处看其脱略，做了处看其针线。

【译文】

道家有所谓"收拾入门"之说，用于观"神"，要领是：在行动时要看他潇洒豪放的气概和胸怀有几分真、几分假、几分做作、几分自然、几分深浅;在静心安坐时要看他的细致周密、平心静气的状态。

一个人有多大的作为跟他的胸怀和抱负有直接的关系,修养深厚、抱负远大、德才兼备之人必有大成就,值得委以重任;小肚鸡肠、畏畏缩缩之人是不会有什么大出息的,最好敬而远之。

总结曾国藩识人用人的经验,我们可以发现,能人贤者尽管有多种定义,但不外乎三方面的标准:有远大的抱负和志向,有崇高的修养和德行,有过人的才华和能力。这三者相辅相成,是能人贤者们必备的"硬"指标,可以说是"一个都不能少"。

那么,首先,如何了解一个人的抱负和志向,可以从下列三个方面入手:

其一,识人贫贱知其志向。

陈胜出身农民,家境很穷,少年时代就以帮人耕作为生。但他人穷志大,很想有所作为。他常常感叹人世,有时惆怅,有时慷慨激昂。有一次,他在劳动休息时,坐在田埂上默默长思,突然自言自语地说:"倘若有朝一日我发了,成为富贵的人,我将不忘记穷兄弟们。"与他一起劳作的佃农们听后都不以为然,并笑话他说:"你一个帮人干活的农夫,何来富贵之谈?无非是说大话而已。"陈胜对于大家的取笑十分遗憾,深有所感地说道:"嗟乎!燕雀安知鸿鹄之志哉!"有志者终成大事,不久,陈胜便以自己的实际行动,向人们证实了他的豪言壮语,不是他说大话,而是他的宏愿和决心的表达。

其二,识人壮伟知其抱负。

古人说:察人之忠奸邪正,只可求之于风骨,不可求之于言辞;可求之于细行,不可求之于诗文。又说:三岁看老,小处看大。

汉高祖刘邦从青少年起就不爱劳动,好说"大言",而他逃避劳动的方式就是设法出人头地,成为一个出类拔萃的人,而当他一见到秦始皇出行这样威武壮观的场面,心中的理想图像便豁然开朗,他明确认识到,他的人生价值就是成为一个如秦始皇一样的"大丈夫"!可见在刘邦观看秦始皇出行的一瞬间,就明确了他人生的理想模式。

其三,识人危难知其韬略。

宋代宰相韩琦以品性端庄著称,遵循着"得饶人处且饶人"的生活准则,从来不曾因为有胆量而被人称许过,但情急之下,所表现出的内圣神通,却没有人能比拟。当宋英宗刚死的时候,朝臣急忙召太子进宫,太子还没到,英宗的手又动了一下,大家吓了一跳,急忙告诉韩琦,想阻止召太子进宫。但韩琦拒绝说:"先帝要是再活过来,就是一位太上皇。"他当机立断催促人们急召太子,从而避免了权力之争。

朝中大臣任守忠是个奸邪之人,他反复无常,秘密探听东西宫的情况,在皇帝和太后间进行离间。韩琦再次当机立断,用未经中书省直接下达的文书把任守忠传来,让他站在庭中,指责他说:"你的罪过应当判死刑,现在贬官为蕲州团练副使,由蕲州安置。"说着韩琦拿着空头敕书填写上,派使臣当天就把任守忠押走了。

这样,韩琦轻易除去了"蠹虫",而仍然不失忠厚。表现出一种人生的最高修养。

再说看人的才与德。

古人指出,看一个人的才能要分三个阶段,当其幼小时聪敏而又好学,当其壮年时勇猛而又不屈,当其衰老时德高而能谦逊待人,有了这三条,来安定天下,又有什么难处呢?

看一个人在社会上的作为,也应该有这样的标准,如果有才能而又以正直为其立身之本,必然会以其才能而为天下大治做出贡献;如果有才能却以奸伪为立身之本,将会由于其担任官职而造成社会混乱,可见有才还须有德,才能造福社会,否则就会祸及黎民,造成大乱。

判断一个正直的臣子的标准是不结党营私。看一个人的才能就要看事情是否办得成功。看人不能仅仅只看其主观意愿,还要看其才干和谋略如何。在战场上驰骋过的骏马,虽然拴在食槽上,但一听见催征的鼓角声仍然会嘶叫;久经沙场的老将虽然回还家门,但仍然能够料定战争的形势。

只要是有才能的人,在社会上他的才能便会很快表现出来,就像锥子放在口袋里,它的锋尖会立刻显露出来一样。有才能的人不会长期默默无闻。

贤德之人对有些事是不会做的,可以任用而不必怀疑。能干之人是什么事都会干的,可以任用却难以驾驭。由此可知,贤者与能者是有区别的。

自古以来,明智的用人者都知道,所谓"贤者",应以"德"为先,德才兼备。

诸葛亮以其"隆中策"预见天下三分,显示其大才;以其"鞠躬尽瘁"尽忠汉室,显示其大德。其人如此,其择官也以德才兼备为准则。

　　诸葛亮第一次北伐向刘禅上疏,即《前出师表》,说:"亲贤臣,远小人,此先汉所以兴隆也;亲小人,远贤臣,此后汉所以倾颓也。先帝在时,每与臣论此事,未尝不叹息痛恨于桓、灵也。"桓帝、灵帝是东汉末年的皇帝,先后兴起第一次、第二次"党锢之祸",杀戮敢于直言的李膺等贤臣;二人都信任宦官,使宦官得专政,朝政腐败。桓帝封单超等五宦官为侯,任其专横胡为。灵帝公开标价卖官,敛财私藏,上梁不正下梁歪,贪污风盛,民不聊生,致使社会动荡不安,终于激起黄巾造反。之后群雄攻战,从而形成三国鼎立的局面。诸葛亮上《前出师表》时,刘备已去世,由他执政辅佐刘禅,故在出征前总结了先汉与后汉兴亡的经验教训,谆谆告诫刘禅,不要学桓、灵二帝"亲小人,远贤臣",要学先汉"亲贤臣,远小人",才能使蜀国兴隆,以复兴汉室。

　　诸葛亮还在《便宜十六策》里指出:"治国之道,务在举贤。若夫国危不治,民不安居,此失贤之过也。夫失贤而不危,得贤而不安,未之有也。"因此,诸葛亮在治理蜀国时特别重视选拔德才兼备之士。

　　诸葛亮推荐董允为侍中,领虎贲中郎将,统宿卫重兵,负责宫中之事。刘禅常欲增加后宫嫔妃,董允认为古时天子后妃之数不超过十二人,今已足数,不应增加。刘禅宠爱宦官黄皓,黄皓为人奸佞,想干预政事,董允上则正色匡主,下则数责黄皓,董允在时,黄皓不敢胡为。

　　蒋琬、费祎、姜维都是诸葛亮精心选拔为他理政、治军的接班人。蒋琬入蜀初期任干都县长,刘备下去巡视,适见蒋琬饮醉,不理事,大怒,要杀他。诸葛亮深知其人,为之说情:"蒋琬,社稷之器,非百里之才也。其为政以安民为本,不以修饰为先,愿主公重加察之。"刘备敬重诸葛亮,听其言,才不加罪。后诸葛亮提拔蒋琬为丞相府长史,诸葛亮每次出征,蒋琬都足食足兵以相供给,诸葛亮常赞琬为人"忠雅",可与他辅佐蜀汉王业。诸葛亮死前,密表刘禅:"臣若不幸,后事宜以付琬。"诸葛亮死,蒋琬执政,其人大公无私,胸怀广阔,能团结人,明知时势,做到国治民安。蒋琬病,荐费祎代之,费祎为人明断事,善理事,知军事,他在任时边境地虞,魏人不敢正窥西蜀。姜维继诸葛亮复兴汉室之志,屡次北伐,虽无大胜,但魏兵也不能侵入。及司马昭派大军伐蜀,刘禅昏庸不听姜维派兵扼守阴平之议,邓艾得以偷渡而直捣成都,刘禅出降,并令姜维降,姜维想假降待机杀钟会以复兴蜀汉,其夙愿虽不实现,足见其忠烈。

刘备死后,有诸葛亮及其后继者蒋琬、费祎、姜维等辅佐,刘禅这昏庸之主才得安坐帝位达四十一年之久。而曹操死后,其子曹丕篡汉,魏立国虽有四十五年,但早在前十七年司马懿就发动政变夺取曹爽的军权,魏政权已归司马氏,魏已名存实亡,魏政权存在实际只有二十八年。孙权死后,孙亮被立为吴帝,内部不和,国势日弱遂被晋灭,孙权后人掌权只有二十七年。三国相比,蜀汉政权较稳固,无内部互相倾轧、争权夺利之事,这是因有德才兼备之臣辅佐之故。

所以说,无论什么时候,识人、用人都要坚持德才兼备这一标准。那么,在德与才之间,哪个更重要呢?按照大家熟知的说法,德与才

诸葛亮

是统帅与被统帅的关系,两者都很重要,但德尤为重要。司马光认为:"取士之道,当以德为先,其次经术,其次政中,其次艺能。"在他看来,选用人才的原则,应当把德行的考核放在首位,然后是经术,然后是政事,再就是艺能。这反映了司马光选用人才的思想,把德行放在第一位。

唐代杜佑也认为:"若以德行为先,才艺为末,必敦德励行,以伫甲科,岂舒俊才,没而不齿,陈蹇长者,拔而用之,则多上雷奔,四方风动。"这就是说,如果以品质节操为首要,以才能技巧为其次,选用人才,必定会使人们加强修养,勤奋学习,以伫立于科举最优之列,怎么会使俊杰之才迟迟不能发挥作用、受到埋没而不被录用呢?通过排列比较这些人才,选取拔尖的人加以任用,一定会使许多人才受到震动,而被吸引,从四面八方来响应。这里主要是强调以德行为科举取人之本,认为取人才艺为次之。

识人观人以德为先,次之才学。就是要防止重才而轻德的现象出现。有才

而缺德,这样的人只能是奸才、歪才、邪才、刁才。当然,只有德而没有才也不是我们所需要的人才,缺才有德的人,是忠厚人、老实人、辛苦人、正派人,但才气没有了,这样的人是好人,但不是我们所需要的人才。

按照人才学的基本原理,在处理和看待德与才的关系时,任何机械的、僵化的观点和行为都是十分有害的,必须运用科学的、辩证的观点和方法,对德与才的关系,做出实事求是的新的阐释。

人才的标准有三,一曰德,二曰量,三曰才。所谓德者,刚健无私,忠贞自守,非庸庸碌碌,无毁无誉而已。所谓量者,能受善言,能容贤才,非包藏隐忍,持禄保位而已。所谓才者,奋发有为,应变无穷,非小慧辩捷,圆熟案牍而已。备此三者,然合胜股肱之任。在通常的情况下,我们强调德应重于才,但在这前提下,又要注重量与才的问题,坚持德、量、才三者的统一,符合这三条标准才能担当重任。

要评估人,无非德才两者。德的内涵包括个人品质、伦理道德、政治品德;才指才智、才干、才华,等等。人才的形成是靠知识和经验的积累,德才兼备的人的成长需要不断地学习和实践。

要发现人才,主要是根据其德才的表现,但要认识人,则需要时间的考验。如人的政治品质,平时难以看出什么问题,在非常时期则好坏分明,古代的忠臣义士大都是在危难时刻涌现的,所以,有人将之总结成一句格言:疾风知劲草,板荡识忠臣。才能也需要考验,有些人能说会道,在实干时却很窝囊;有些人平时默默无闻,但在实践中却才能毕露。

用人以德才兼备最好,但在大量需要人才的时候,只能以掌握现有的人才资料,按其德才而任用。古代英明之主驾驭人才,是待之以诚,纠之以法,赏功罚罪,使之向上,不敢为非,这是爱护、培养、发展人才的根本法则,至今仍很值得借鉴。

识人须以德才兼备为标准,就是说,要知其人,必须考察其德才,而以德为其灵魂,重在其实践。

强调德才兼备。周朝吕尚在《六韬·龙韬·论将》中讲到:将有五才,"勇、智、仁、信、忠也。"更进一步解释为:"勇则不可犯,智则不可乱,仁则爱人,信则不欺,忠则无二心。"

春秋初期管仲在《立政》篇中说:"君之所审者三:一曰德不当其位,二曰功不当其禄,三曰能不当其官,此三本者,治乱之源也。"就是说,朝廷选拔人才,需要审慎地掌握三个条件:一是道德品质是否与他所处的地位相称;二是功劳是否与他所享受的薪金待遇相称;三是才能是否与他所担任的官职相称。"德、功、才"是三个根本性的问题,也是我国古代比较早、比较全面的人才标准。

孙武说:"将者,智、信、仁、勇、严也。"东汉王符在谈到军事将才时说:"将者,智也,仁也,敬也,信也,勇也,严也。是故智以折敌,仁以附众,敬以招贤,信以必赏,勇以益气,严以一令。"在古代人才思想史上影响比较大的是曹操提出的"德、识、才、学、体"五者皆备的思想。

三国时的刘劭著的《人物志》是中国古代思想史上保留下来的最完备的人才专著。在这部著作中,刘劭把人分为"兼德、兼材、偏材"三类,即德行高尚者、德才兼备者与才高德下者三类。他明确推崇德才兼备的人是最高尚的。

对德才关系做了较为全面、较为精辟论证的,是宋朝的司马光。他明确指出:"才者,德之资也;德者,才之帅也。"就是说,德与才是不能分开的,德靠才来发挥,才靠德来统帅。从德和才两个方面出发,司马光把人分为四种:德才兼备为圣人,德才兼亡为愚人,德胜才为君子,才胜德为小人。在用人时,如果没有圣人和君子,那么与其得小人,不如得愚人。因为"君子挟才以为善,小人挟才以为恶,而愚者虽欲为不善,但智不能周,力不能胜。"这就是说,有才而缺德的人是最危险的人物,比无才无德还要坏。司马光还说,人们往往只看到人的才,而忽视了德。自古以来,国之乱臣,家之败子,都是才有余而德不足。司马光是封建社会的思想家,自然有他的思想局限性,但是就德才关系本身的分析来看,论述比较深刻,有重要的历史学术价值。

周密细致的人可重用

【原典】

小心者,从其不了处看之,疏节阔目,若不经意,所谓脱略也。

【译文】

对于小心谨慎的人,要从做事之前就有意考察他。如果表面是小心谨慎之人,在做事的过程中却处处表现得粗枝大叶,仿佛是由于疏忽造成的损失。这些表面细致,实质上粗心欠周密的人,是不能重用的。

曾国藩认为，无论什么样的人才，只有具备了周密细致的性格，才能走得稳、走得远。想要有所建树的人，在做事的过程中，千万不要看不上那些简单的事情，不要忽略那些被他人认为很容易的细节和细致的工作。一个人能够把简单的事情做到位，这就是不简单。大家都认为很容易的事，假如你能认真严谨地做好，这就是不容易。

　　一个人的性格是在生活中逐渐形成的，正所谓"不积跬步，无以至千里"。每个人平时的一言一行都会形成习惯，好的素质不是一天养成的，需要不断地积累，细节体现着人的综合素质，更能体现一个人的性格。有时看似简单的一件事，却可以反映出不同的人、不同的态度及其性格。

　　一个性格严谨细致的人，总会考虑应该怎么做，要怎么做才能把事情做得令人满意。注重细节，做出来的事情也一定能抓住人心，虽然一时也许无法引起人的注意，但久而久之，这种态度形成习惯后，一定会给你带来巨大的收益。

　　中国向来不缺少雄才大略的战略家，缺少的是精益求精的执行者；不缺少各类管理制度，缺少的是对规章条款不折不扣的执行。不注意细节的决策和施行必将导致悲剧的上演。细节中潜藏的机遇既可以将你送入天堂，也可以将你引入地狱。有的人因注意细节而崛起，有的人因忽视细节而落败。

　　一家大型企业的人事部要招一名资源管理部主管，招聘当日，现场人满为患，地上散落的废纸被应聘人员的鞋底踩得凌乱不堪。接近尾声的时候，招聘方的人事经理看见不远处的一个人正由远而近地边走边捡地上的废纸。当他来到经理的面前，这位经理问他为什么要捡这些废纸，它们已经是被利用过的了。他回答道："这些纸虽然已经利用过了，但另一面仍然可以再利用，这样扔掉就太可惜了。"这位经理浮现出欣慰的笑容。原来，那么多的应聘者中，没有一个人注意到这个细节。而这个细节正是招聘者设置的一道无声的考题。因为资源管理部的主管就是负责管理资源，避免浪费的。在诸多的应聘者中，一开始那么多人，却没有一个人注意把废纸捡起来等待再利用，确实让这位人事经理很头痛。不用说，只有这个捡废纸的应聘者获得了这个职位。

　　一个企业的盛衰源于细节，一个人的起落源于细节，一个决策的正误同样源于细节。关注细节中潜藏着的那个魔鬼，并非所有人都能够做到。而既然是

"魔鬼",当然就有它该有的威力,天堂和地狱的归属,只凭它的一个指头就可以划定界限。

粗枝大叶者不堪重用

【原典】

大胆者,从其做了处看之,慎重周密,无有苟且,所谓针线也。二者实看向内处,稍移外便落情态矣,情态易见。

【译文】

对于率直豪放的人,要在做事的过程中仔细考察他,如果表面上粗枝大叶,做起事来却处处小心谨慎、注意细节,不轻率行事,不随意举动,最终使事情得以成功,这种人是可以被重用的。上述两种精神状态,实际上都存在于内心世界,但是它们只要稍微向外一流露,立刻就会变为情态,而情态则是比较容易看到的。

做事不慎重,不周密,粗枝大叶,只图眼前一时的快乐,不考虑自己的行为对日后的影响,曾国藩认为这样的人注定是不会有什么突出的成就的。

真正有抱负的人,都为自己制订了明确的目标,并围绕着目标,规划自己的工作。他们每做一件事,都会事先考虑这件事的后果对自己的目标有什么影响,如果能产生正面的影响,自然会认真去做,若产生负面影响,就要放弃,或者进行适当的调整。

很多人在处理事情时总爱盯着眼前,从不考虑日后的影响,比如在交际过程中,图一时之利,把交际的对象划为三六九等,从而戴上有色眼镜,对那些有权有势或对当前局势能产生影响的人尊重有加,而对那些小人物或当时看似无关紧要的人却不屑于理睬。比如,办公室里的那位脸上长满粉刺的文书小姐,你对她不屑一顾,可是不久她就被提拔为老板的秘书。再比如,你同事的车子坏了,在你开车路过他面前时,他向你招手,而你正赶着要去参加一个重要的会议而没有顾得上理他,两年后他成为你的主管,如果他还记着这事,难免不给你"穿小鞋"。

这并不是说你在生活或工作中,绝对不能冒犯别人。为了工作,你必须敢于表达自己,敢于陈述自己的观点,不顾某些人的脸色和面子。但是你要注意,争执和分歧必须是为了集体的利益而非个人的利益,再者就是要对事不对人,同对方做好沟通,免得对方记恨你。

在处理任何事情时,都有短期的价值和长期的价值。短期和长期的价值有时是一致的,有时是互相冲突的。你必须事先考虑其对未来的影响,千万不可只图眼前的利益而做出错误的决定。

衡量做事是否慎重,其实并不困难。做事的目标便是衡量的尺度,就是做任何事的指南,只有对目标的达成有促进作用的行动才应该进行,否则就应该放弃。

对某件事做出决定时,你要事先考虑对你的目标会有什么影响,如果有悖于目标,或者打乱了你的规划,那么,就不要去做。

当然,随着形势的变化,你的目标也会改变。当目标已经发生改变,即使是一点点儿,你也应该重新审视目前的行为。为了配合日后所期望的结果,你应该对自己的行为做出必要的调整。否则,不合时宜的行为必定会对将来产生坏的影响。

总之,凡事都应该考虑其对未来的影响,才能避免犯一些不该犯的错误。而一个少犯错误的人,往往会赢得同事的尊重和上司的青睐,在奋斗的道路上,走得既稳又快,成功的概率也会大大提高。

智慧应用

仲永:不知进取,神不再清

眼睛蕴含了人的诸多信息,从身体素质到心性能力,因此很多情况下,眼睛都是识别人才的必由途径。神清,是天资聪颖的表现。因此小孩子们的眼神一般是清澈的。但由于后天教化和环境的影响,天分得不到锻炼和运用,得不到进一步的开发,会逐渐生"锈",神逐渐失去光泽而转为浊。就像一潭清明的秋水,如果没有交流和补充,成了一潭死水,一定会浑浊腐臭。"流水不腐"就是这个道理。

大文学家王安石的《伤仲永》一文讲的那个小孩,本是很聪明的,天分极高，神应是清朗而爽的，可谓不学而才，咏诗作赋，随口成章。但他作农民的父亲却是个浑浊之人，竟把儿子作为摇钱树，到处去招摇获利，不让儿子进一步学习。仲永天分得不到锻炼和启发，人也不再聪明，神也不再清，到长大成人后与普通农民没有什么两样了。

对于是先清后浊，还是先浊后清，有人是这样描述的：初一见，此人眼光流转，顾盼生辉，可是坐下来却慢悠悠的，此人到了中年，必定有贫穷之灾，破了田园，败了家产；乍然一见，精神似乎懒散不全，可是坐久了，却精神耸动，气色明亮，此人早年虽然是一个贫士，但是老了却荣耀无比。不管这是否有科学依据，也可以丰富我们鉴别人才的理论，让我们再多一条途径去认清一个人。

姑布子卿：面部如命，骨相如运

春秋时期，姑布子卿也是当时鉴别人物的能手。一次，他应邀去赵简子（晋国公卿）家做客。

在快到赵简子家时，姑布子卿看到一个小男孩在路边搬石块砌小小的城墙，旁边有一张帛，帛上仿佛是一座小城堡的草图。姑布子卿惊讶了一阵子，就去赵简子家了。

赵简子带着孩子们出门迎接姑布子卿。姑布子卿随便问了孩子们几个问题。赵简子问："他们才能如何？"答曰："没有能当上将军的。""那赵家将要灭亡吗？"赵简子禁不住担心了。

姑布子卿想了一想，问："还有其他孩子吗？"

赵简子说："还有一个。"就叫人去找他。

姑布子卿说："可能就是我在路上见到的那个小孩子。他会是一位了不起的将军。"孩子进门来，正是姑布子卿路上所见的，这个孩子便是毋恤。"未来的继承人肯定是他了。"姑布子卿说。

赵简子说："可他母亲身份卑微，原是奴婢。"

子卿说："上天授予的，低贱也会尊贵。"

从此以后，赵简子就对他的儿子们一个个地进行考察，发现毋恤最为贤能聪明。

一次，为了测试儿子们，赵简子说："我在常山上藏了一件宝符，最先得到它的,将被立为继承人。"他的儿子们都骑马到山上寻找,结果什么也没有找到。只有毋恤回来说:"我已经找到宝符了。"赵简子让他讲出来。毋恤说:"从常山上俯瞰代国,代国一目了然,我们应该攻取它。"赵简子由此知道毋恤果然聪明,于是就立他为继承人,他就是后来赵国的开国之君赵襄子。

姑布子卿为什么能猜出路上那小孩是赵简子的儿子呢? 第一,他看赵简子家气数昌旺,必有杰才藏在府上;第二,那小孩非一般孩子,平常人家也不会有此小孩。二者相叠,多半是赵家公子了。至于出身,无关紧要,"英雄自古不问出处"。

如何分辨圣贤豪杰

刘劭的论述最精彩卓绝的是从一般人的观察角度,指出众人知道赞扬志向远大而不知道佩服心思细微者。大概心思细微的人,遇事小心谨慎,就像胆怯一样,容易被人忽略。对照《汉书·五行志注》,里面说牛心大而不能思考,由此可知人心粗略的也一定不能精思;不能精思的人,怎么能忧虑失败而争取成功呢? 朱熹曾经引用前辈的话说:"年轻人只是才性过人的,不足畏惧;只有读书后深入思考、仔细研究的才可畏!"他又说:"读书只怕深入思考,因为书中义理精细深刻,只有深入思考、专心致志才可以领会。鲁莽浮躁的人,绝没有成功的道理!"读书只是从事具体工作的准备,尚且一定要细心琢磨然后才能有所收获,何况要成就天下一切大事的人,怎么可能靠鲁莽草率而企望成功呢? 至于用心志的大小来分辨圣贤、豪杰、傲荡、拘懦四种人,也用历史人物证明,如下所举:

心思细微、志向远大可称为圣贤的例子,如周武王。《汲冢周书·小开武解》:"四种好的品质:第一叫作'镇定',第二叫作'刚正',第三叫作'平静',第四叫作'敬重'。"《大匡解》说:"啊! 在过去,先父文王总是小心谨慎,时时尊敬可敬的人,你要也夙兴夜寐、不懈努力,不要落在别人后面!"《武王践阼记》说:"敬重之心超过懈怠之心的人吉利,懈怠之心超过敬重之心的人不吉利。"《史记》记载:"武王到了周国后,即使是夜里也不酣睡。"这些都是心思细微的事例。《尚书·泰誓》中说:"上天爱护下民,设立了君主来管理百姓,设立了教师来教化百姓。我应当能够辅佐上天,保护安定天下。有罪的应该讨伐,无罪的应该赦免,我怎敢违背上天的意志呢?"《孟子》说:"周武王也是一怒之下而安定了天下的百姓。"这些都是志向远大的事例。

　　心思粗略、志向豪迈可称为豪杰的例子,如晋朝司空刘琨。《晋书》中记载:刘琨年少时即胸怀远大的志向,有纵横天下的才略,和范阳人祖逖是好朋友。他听说祖逖被朝廷启用后,给亲友写信说:"我枕戈待旦,立志要扫平叛逆之敌,常常担心祖逖先我行动!"他又写了一首五言诗赠给别驾卢谌,诗中寄寓了非凡的志向,抒发了幽愤的心情,遥想汉初的张良、陈平,感叹鸿门宴和白登之役的旧事,用以激励卢谌。卢谌一向没有雄才大略,用很平常的词句相酬和,与刘琨的心思大相径庭;刘琨又重新写诗赠给卢谌。于是卢谌对刘琨说:"你的前一篇诗作写的是一种帝王般的远大志向,这不是做臣子的应该说的话。"从这些事情上都可以看出,刘琨的志向非常宏大,但是刘琨善于安抚而不善于控制。当他兴兵拥立晋室时,一天之内归附他的有几千人,离去的也相继而起;再如,刘琨率众投奔幽州刺史鲜卑人段匹磾。他也知道夷狄人难以靠忠义收服,只希望对他真诚相待,也许能侥幸成功。从这些事中足可以看出刘琨心思粗略而不周密,不能先考虑到祸患便想取得成功。

　　史部郎山涛要挑选官吏,举荐嵇康代替自己的职务,嵇康愤然拒绝,写信与山涛绝交,绝交信中极力非议商汤王、周武王,鄙薄周公、孔子。再比如,嵇康曾经和向秀一起在大树下打铁,以自食其力。颍川人钟会,是一位贵公子,为人精明,很有辩才,他听说了嵇康的名气后,就去拜访他。嵇康见到钟会后,并不与他见礼,而是继续打铁。过了好一会儿,钟会要走了,嵇康对他说:"你听到了什么才来的? 见到了什么才走的?"钟会回答说:"听到了所听到的才来的! 见到了所见到的才走的!"钟会因为这件事而怀恨在心,在晋文帝面前进谗言,结果嵇康最终在东市被杀。这都是粗心而不考虑祸患的缘故。

　　心胸狭小而又志向屑小,可称为拘谨软弱的例子,如曹蜍、李志。《世说新语》中记载,庾道季说:"廉颇、蔺相如虽然是千年前死去的古人,但他们严正可畏的形象却常常具有勃勃生气;曹蜍、李志虽是现在还活着,却是死气沉沉,犹有如九泉下的人。如果人人都像曹蜍、李志这样,便可回到结绳而治的远古时代,不过只怕要被狐狸豺狼这些野兽吃光了。"曹蜍、李志虽然活着却犹如死了,这种人没有心胸和志向。由此可知,说他们心胸狭小,志向屑小,可能还算褒奖,但姑且列上他们算作懦夫的例子吧!

　　《列子》记载,秦穆公让九方皋选求良马,九方皋复命说,选到一匹黄色母马。秦穆公派人去取马,取来的却是纯黑色的公马。秦穆公因此不高兴,伯乐感慨万千地说道:"九方皋看到的是天机,得其精而忘其粗,得其内而舍其外。"至于观人之术也是这样,把握其人的大体感觉,而略去其人的细枝末节,求取其人的精华之处,而舍弃其人的糟粕末节,正是观人、观神的长处啊!

四、骨有九起,观骨察人

古人云,"相面不如相骨"。骨相如何,可以判断一个人的性格、才干和命运。

【原典】

骨有九起①:天庭骨隆起②,枕骨强起③,项骨平起④,佐串骨角起⑤,太阳骨线起⑥,眉骨伏犀起⑦,鼻骨芽起⑧,颧骨丰起⑨,项骨平伏起⑩。在头,以天庭骨、枕骨、太阳骨为主;在面,以眉骨、颧骨为主。五者备,柱石之器⑪也;一,则不穷;二,则不贱;三,则动履小胜⑫;四,贵矣。

【注释】

①起:形态长势。

②天庭骨隆起:天庭骨丰隆饱满。

③枕骨强起:枕骨充实显露。

④项骨平起:项骨平正而突兀。

⑤佐串骨角起:佐串骨像角一样斜斜而上,直入发际。

⑥太阳骨线起:太阳骨直线上升。

⑦眉骨伏犀起:眉骨显而不露,隐隐约约像犀角平伏在那里。

⑧鼻骨芽起:鼻骨状如芦笋竹芽,挺拔而起。

⑨颧骨丰起:颧骨有力有势,又不陷不露。

⑩项骨平伏起:项骨平伏厚实,又约显约露。

⑪柱石之器:比喻国家的栋梁之材。

⑫动履小胜:动履,行动,做事。小,渐渐。胜,发达。指只要有所行动,就会渐渐发达起来。

【译文】

人的贵骨有九种隆起的姿势:天庭骨丰盈饱满;枕骨充实显露;顶骨平正而突兀;佐串骨如犄角般向上倾斜着,延伸到发际;太阳骨呈直线上升;眉骨骨棱显而不露,隐约好似犀角平伏在那里;鼻骨形状如同芦笋竹芽,挺拔而起;颧骨力势两全,不陷不露;项骨平伏厚实,隐约可见。头部骨相,主要看天庭骨、枕

人的贵骨有天庭骨、枕骨、顶骨、佐串骨、太阳骨、眉骨、鼻骨、颧骨、项骨九种隆起的姿势，其中头部骨相的天庭骨、枕骨、太阳骨以及面部骨相的眉骨、颧骨如完美无缺，则必成国家栋梁之才。

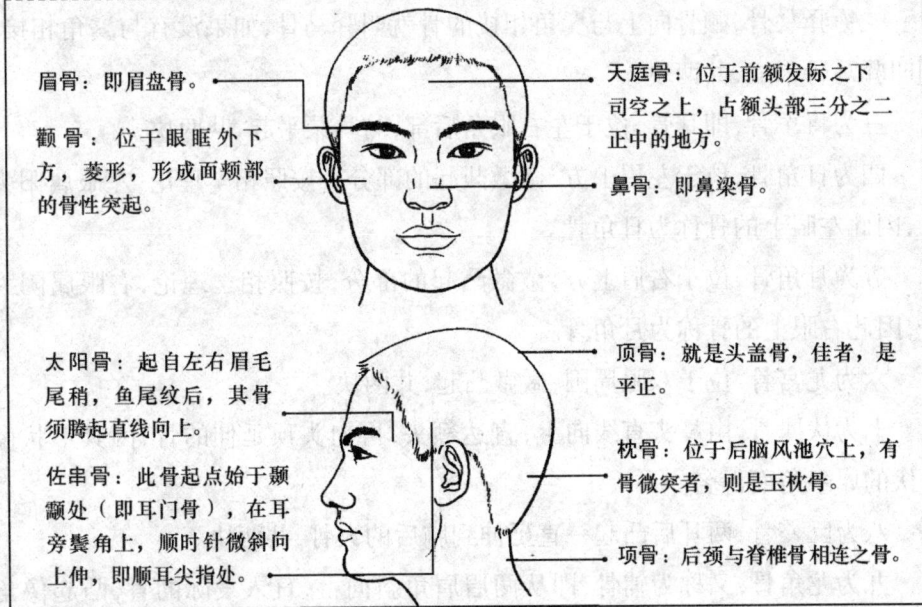

眉骨：即眉盘骨。

颧骨：位于眼眶外下方，菱形，形成面颊部的骨性突起。

天庭骨：位于前额发际之下司空之上，占额头部三分之二正中的地方。

鼻骨：即鼻梁骨。

太阳骨：起自左右眉毛尾稍，鱼尾纹后，其骨须腾起直线向上。

佐串骨：此骨起点始于颧颥处（即耳门骨），在耳旁鬓角上，顺时针微斜向上伸，即顺耳尖指处。

顶骨：就是头盖骨，佳者，是平正。

枕骨：位于后脑风池穴上，有骨微突者，则是玉枕骨。

项骨：后颈与脊椎骨相连之骨。

贵骨之说

骨、太阳骨三处；面部骨相，主要看眉骨、颧骨两处。如果以上五骨完美无缺，那这样的人必将是国家的栋梁之材；如果只具备其中一种，那这样的人一生就不会贫穷；如果能具备两种，那这样的人一生不会卑贱；如果能具备三种，那这样的人只要奋发而为，定能得到富贵；如果能具备其中四种，那这样的人就会拥有荣华富贵。

《综合评析》

九贵骨

在相学上，九骨又称为九贵骨、九龙骨，是人体头部与人命运关系极大的九种骨相。根据相书《月波洞中记》记载："所谓九骨者，一曰颧骨，二曰驿马骨，三曰将军骨，四曰日角骨，五曰月角骨，六曰龙宫骨，七曰伏犀骨，八曰巨鳌骨，九曰龙角骨。"

一为颧骨,位于面部的左右两边,眼眶外侧下方,呈菱形,形成面颊部的骨性突起,共两块。

二为驿马骨,颧骨向上与鬓角相接的骨就叫驿马骨,如果没有与鬓角相接,则叫驿马骨未成,共两块。

三为将军骨,即耳骨,位于左右眼角后部,与耳朵平起,共两块。

四为日角骨,位于左眉上方,微微凸起的部分。按照相学理论,左眼属阳为日,因此左眼上的骨称为日角骨。

五为月角骨,位于右眉上方,微微凸起的部分,按照相学理论,右眼属阴为月,因此右眼上的骨称为月角骨。

六为龙宫骨,位于双眼周围,微微凸起,共两块。

七为伏犀骨,由鼻头直线向上,直达额头,再向头顶延伸的骨,因其形状像卧伏的犀牛角而得名。

八为巨鳌骨,两耳后凸起一直延伸到脑后的大骨,共两块。

九为龙角骨,又称为辅骨,即从两眉眉角斜向上,直入发际的骨,凸起像角一样,所谓的头角峥嵘指的就是龙角骨。

在《月波洞中记》中还有一首《九骨歌》,不但用简明的话语记录了九骨的位置,还记录了九骨所主何事。兹录于后:

百劫修成九贵骨,丰隆光润气勃勃,
不在阃内秉节钺,便立朝班持玉笏。

东西二岳号两颧,左不颇兮右不偏,
有肉无骨终执鞭,有骨无肉难掌权。

根如山麓天仓连,双峰高成有上迁,
鼻为嵩岳峻极天,泰华朝拱发中年。

颊插天仓号驿马,此人决不居人下,
志在四方丈夫也,株守桑梓何为者?

颧骨插鬓与耳齐,将军奋武息征鼙,
擒获颉利如缚鸡,令严万马不骄嘶。

左眉之上为日角,隐隐而起无斑驳,
眉毛清秀眼不浊,三十以前定高擢。

月角生于右眉上,左与日角相对望,
不冲不破贵人相,而立之年受君贶。
绕眼骨起曰龙宫,兼喜有肉莫教空,
不陷不突骨气丰,眼神掣电称豪雄。
鼻骨直起上入脑,是名伏犀骨中宝,
两眉无势气枯槁,纵居富贵不到老。
巨鳌骨起两耳畔,前生想是金罗汉,
虎耳玉堂气一贯,尚书之职可豫断。
龙骨角起信不易,有此骨者是大器,
位居眉毛君须记,稍高似角入边池。
九骨之歌记分明,尚有数骨莫看轻;
额骨圆大曰天成,发际清晰主早荣;
颧势入耳骨法清,名曰寿骨老运亨;
耳后有骨好且平,玉楼寿根皆其名;
或曰玉阶主遐龄,或称玉堂少安宁;
项后起骨鸡子形,名曰天柱最通灵。
(颧骨、寿骨、玉楼骨、玉阶骨、天柱骨)
贵骨少年侍帝庭,无贵骨者终白丁。
细读月波洞中经,观人直如判渭泾。

从歌谣可以看出,颧骨主人的权势,驿马骨主人的地位,将军骨主人的武职,日角骨、月角骨主人的文职,龙宫骨主人的勋位,伏犀骨主人能否官至地方大员乃至公卿,巨鳌骨主人官至尚书,龙角骨主人官爵品级。在观察九骨时,都以丰满隆起为美。但相人也不能单从九骨的丰隆去判定,而要与人的"九行"结合着看。

九行指的是人的九种精神气质方面的特征,分别是人的精神、魂魄、形貌、气色、动止、行藏、瞻视、才智、德行等。九行与九骨相配合形成了"九成":一成为精彩分明,魂神慷慨为二成,形貌停稳为三成,气色明净为四成,动止安详为五成,行藏合义为六成,瞻视澄正为七成,才智应速为八成,德行合法为九成。成数的多少,代表着命禄等级的高低。古人有歌谣说:"九成八成臣中尊,五成六成臣中臣,三成四成五品人,一成二成有微勋,有之不成不白身,无成无骨永

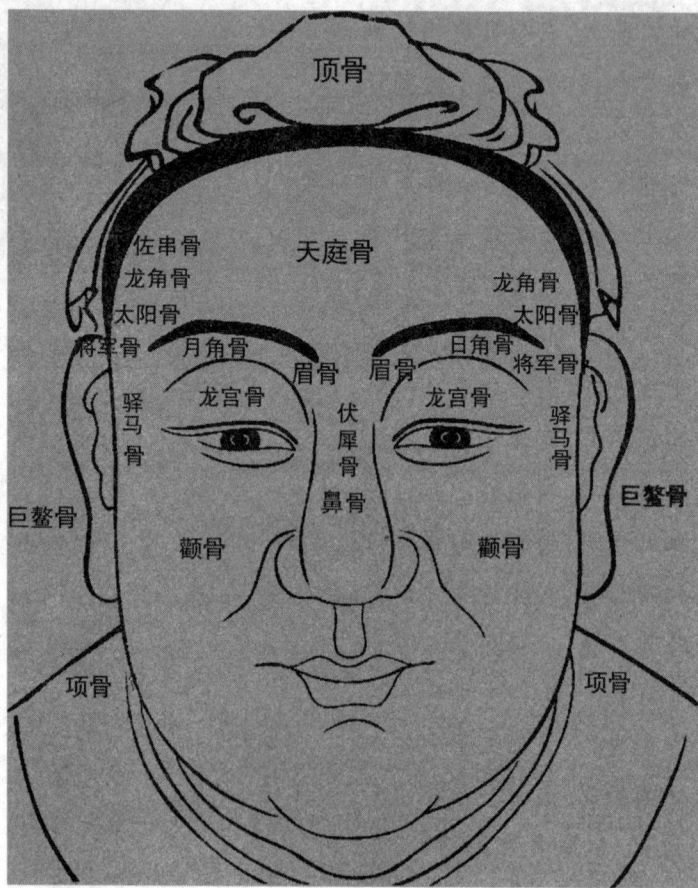

佐串骨
龙角骨
太阳骨
将军骨
月角骨
驿马骨
龙宫骨
巨鳌骨
颧骨
项骨

顶骨

天庭骨

龙角骨
太阳骨
日角骨
将军骨
眉骨
眉骨
龙宫骨
伏犀骨
鼻骨
驿马骨
巨鳌骨
颧骨
项骨

九贵骨

传统"九贵骨"分别是颧骨、驿马骨、将军骨、日角骨、月角骨、龙宫骨、伏犀骨、巨鳌骨、龙角骨,曾国藩的"九贵骨"分别是天庭骨、枕骨、佐串骨、太阳骨、眉骨、鼻骨、颧骨、项骨,其中巨鳌骨位于耳后、枕骨位于脑后、项骨位于项部,不便于标出只标出大致方位。传统"九贵骨"中的日角骨、月角骨相当于曾国藩"九贵骨"中的眉骨,伏犀骨相当于鼻骨,龙角骨相当于佐串骨,将军骨相当于太阳骨。

沉沦。"通过九成来判断人命禄的方法,古人称为"九成之术"。

不过曾国藩所谓的九骨与前面所讲的九骨不一样,他所谓的九骨分别是:天庭骨、枕骨、佐串骨、太阳骨、眉骨、鼻骨、颧骨、项骨。

天庭骨:位于发际、天庭下方,额头的上半部,天庭骨丰满隆起为贵相,但是太凸也不好。天庭骨隆起主人聪明,富有创造力、模拟能力、判断能力,处事谨慎专注,记忆力好,仁慈有爱心,健康长寿。天庭骨太过隆起而凸出,则主人性格不好,一生孤苦,充满波折。天庭骨凸出而不丰满,能看见骨头,则主人生性愚笨,刑克重,即容易与身边的人相克,轻则使关系不融洽,重则决裂、反目为仇甚至生离死别。

枕骨:位于脑后,位置跟面部的印堂在一个水平面上。枕骨隆起,骨势充盈,主大富大贵。枕骨微有隆起,主中老年后运势好,长寿。枕骨凸起而能看见骨头,骨势不佳,主好高骛远,刑克;露出上面的骨为反骨,露出下面的骨为殃骨。枕骨塌陷,主夭折短命,中老年后家业破败。

顶骨:就是头顶,以平正而不突兀为贵。顶骨平正,主生性贤良方正,思维活跃,理想远大,重视名誉,处事稳健,有分寸,讲原则,可以早年发达。头顶尖而能看见骨头,主生性奸猾,刑克父母,事业无成,老年必然孤独、贫穷。顶骨塌陷,主大脑发育不良,神经衰弱。

佐串骨:又称鬓角骨,从眉梢直上鬓角,相当于前文中的龙角骨,以成角状为贵。佐串骨像角一样,主生性从容、机智能够见机行事,口才佳,重视人事的和谐;在男人,主早年运程就很好;在女人,则主其人是女强人。佐串骨越大越好,就算是额头狭窄,只要佐串骨较大,也是富贵运。佐串骨塌陷,主性格急躁,刑克,灾祸、厄运。

九行与九成

九行	精神	魂魄	形貌	气色	动止	行藏	瞻视	才智	德行
九成	精彩	魂神	形貌	气色	动止	行藏	瞻视	才智	德行
	分明	慷慨	停稳	明净	安详	合义	澄正	应速	合法
歌诀	九成八成臣中尊,五成六成臣中臣,三成四成五品人,一成二成有微勋,有之不成不白身,无成无骨永沉沦。								

太阳骨:位于两眉尾端,太阳穴和额头间,以细而凸显直达发际为贵。太阳骨细而凸显直达发际,主性格积极向上,头脑敏锐,善于理财,讲求生活品质,并能处理复杂的事情,在外常有贵人相助。太阳骨凸起而能看见骨头,主性格孤僻,常有孤独感及出家的念头,并容易破相。太阳骨塌陷,主生性愚钝,刑克父母,终生运程不佳,亲戚朋友不能给他以助力。

眉骨:位于眉毛的下面,以微微凸起为贵。眉骨微微凸起,主有主见,精力旺盛,能彻夜工作;如果再配合好的眉型,则主有远见,喜欢理性的生活,有方位感,对色彩、音乐有很好的感觉。眉骨凸出而能看见骨头,主不知进退,骄傲而缺乏修养;女性则性格不好,缺乏孝心;如果这时候又耳后见腮,则此人个人意见特重。眉骨塌陷,主奸邪小人。

鼻骨:两眉之间为山根,山根即为鼻骨的根部,由鼻尖至山根,上连印堂为鼻骨。以挺拔、笔直而上为贵。鼻骨挺拔、笔直而上,主配偶贤良有成,身体健康少病,性格直爽、有正义感,有毅力。山根过高过大,主刑克父母、配偶,生活孤独,女人尤其忌讳这种情况。鼻骨塌陷,主胆小怕事,少年生活坎坷,体弱多病,招小人。山根处能看见骨头,主性格要强,一生劳碌命。

颧骨:也就是上面提到的颧骨,如果这两个骨头没有隆起,则很难担大任,容易孤独,在事业上没有朋友帮助。颧骨丰满隆起,主性格收放自如,不卑不亢,对事物高瞻远瞩,富有胆略;如果再配合好的鼻形,主中年好运;如果颧骨向上直插天仓,则主志行高洁。颧骨低,主志行不高,无权无勇,颧骨凸起却不丰满,能看见骨头,主性格较强,一生劳碌,中年家业败落。

项骨:在脖子后面,是头骨和脊椎联结的部分,这个地方以有肉,平伏而不突出为贵。项骨平伏厚实、不显不露,主老年运势好,享高寿,晚年婚姻美满,性格乐观。项骨与枕骨相连,圆而丰满不露出骨头,主有意外之财;不丰满能看见骨头,主性格反常,一生孤独。项骨塌陷,主多病短命,事业无成,老年贫寒。

九骨的主次与贵贱

	主次		贵贱	备注
	头部	面部		
天庭骨	主		贵	
太阳骨	主		贵	
枕骨	主		贵	天庭骨、太阳骨、枕骨、颧骨、眉骨等五骨是"九贵骨"中的贵骨,有歌诀云:"五者备,柱石之器也;一则不穷;二则不贱;三则动履稍胜;四则贵矣。"
顶骨	次			
佐串骨	次			
项骨	次			
颧骨		主	贵	
眉骨		主	贵	
鼻骨		次		

九骨相人,九骨是一个整体,但各骨的地位与作用是有差别的,有的地位重要,有的地位不重要,有的起主要作用,有的起辅助作用。因此,相人时要分清主次,有所取舍。《冰鉴》中也提到,相人头部时,主要看天庭骨、太阳骨、枕骨,顶骨、佐串骨、项骨则为次要的;相人面部时,主要看颧骨、眉骨,鼻骨则为次要的。天庭骨、太阳骨、枕骨、颧骨、眉骨成为九贵骨中的"贵骨",其中任意一个骨相较好就为贵相,能保终生生活富足,不受穷苦之灾;有两个较好,则终生不会卑贱;有三个较好,则只要轻微一努力就能取得很大的成绩,发达起来;有四个较好,则一定地位显贵;五个都较好,那就是国家的栋梁之材,位极人臣了。在看人时一定要注意骨的主次,尤其是注意以上提到的五"贵骨"。

分句评析

"贵骨"显贵

【原典】

骨有九起:天庭骨隆起,枕骨强起,顶骨平起,佐串骨角起,太阳骨线起,眉骨伏犀起,鼻骨芽起,颧骨若不得而起,项骨平伏起。在头,以天庭骨、枕骨、太阳骨为主;在面,以眉骨、颧骨为主。五者备,柱石之器也;一则不穷;二则不贱;三则动履稍胜;四则贵矣。

【译文】

九贵骨各有各的姿势:天庭骨丰隆饱满;枕骨充实显露;顶骨平正而突兀;佐串骨像角一样斜斜而上,直入发际;太阳骨直线上升;眉骨骨棱显而不露,隐隐约约像犀角平伏在那里;鼻骨状如芦笋竹芽,挺拔而起;颧骨有力有势,又不陷不露;项骨平伏厚实,又约显约露。看头部的骨相,主要看天庭、枕骨、太阳骨这三处关键部位;看面部的骨相,则主要看眉骨、颧骨这两处关键部位。如果以上五种骨相完美无缺,此人一定是国家的栋梁之材;如果只具备其中的一种,此人便终生不会贫穷;如果能具备其中的两种,此人便终生不会卑贱;如果能具备其中的三种,此人只要有所作为,就会发达起来;如果能具备其中的四种,此人一定会显贵。

曾国藩曾经分析人有九种"贵骨":

天庭骨:在"天庭"之下,其势丰隆而起,显得饱满充盈者必贵,俗话说"天庭饱满"就是这个意思。然而物极必反,丰隆也有限度,如果丰隆过度,呈"凸"字形,就不佳了。

枕骨:与"印堂"相平的后脑之骨为枕骨。枕骨共十八般,有一即贵;或仅微微突起,也主禄寿;无一则不达,更不会贵。骨势以充实为佳,而且愈显则愈贵。这与今人认为后脑勺以平为美大相径庭。

顶骨:以平正而突兀为佳。

佐串骨:即鬓骨。骨峰斜上入小儿总角(束羊角辫)处,其状似角,方为佳。俗话所谓"头角露峥嵘",就是这个意思。

太阳骨:起子两眉之尾,根在太阳穴,须直线上升,既细且显,并达到"边地"部位,方为佳。

眉骨:须骨棱不陷不露,其状如犀角之隐伏而起,方为佳;否则,陷者必奸邪,突者定狂傲。

鼻骨:由"年寿"至"山根",上连"印堂""中正"。其状如芦笋竹芽,挺拔而直起,方为佳。

颧骨:所谓"颧骨若不得而起",即欲起而不得起,不得起而有欲强起之势。其状有力有势,插"天苍"入鬓角,不尖不紧,不偏不反,不浮不露,方为佳。

项骨:相学家认为,项有余肉,其骨平伏而不突露,是所谓的虎项,主大贵。

这九种骨,各有其位,各具其势,各备其形,以合乎规范为贵,失于规范为下。《冰鉴》云:"在头,以天庭骨、枕骨、太阳骨为主;在面,以眉骨、颧骨为主。"这就是说,虽然这九种骨是人体骨骼中最为重要的骨,但它们也有一个主次轻重之分。

相学历来重视骨相,特别是头部的异骨,书云:"头无异骨,难成贵相。"

《史记·高祖本纪第八》中记载:高祖刘邦这个人,高鼻子,长颈项,面貌有龙相,须髯特美,左大腿上有七十二颗黑痣。为人仁厚,喜欢施与,意志豁达,胸襟开阔,常表现出宽宏大度,不肯从事家人生产农作各业。到了壮年,试作官吏，做泗水亭长。刘邦为亭长，对其公所中吏人，无不加以轻侮。刘邦好酒好女色，常常向王媪、武负二人的酒馆赊酒。有时，刘邦喝醉，卧不能起。王媪、武负常看见刘邦身体上面有龙出现，甚以为怪异。刘邦每次来买酒，便留在酒馆中畅饮，二人按酒价数倍计价。等二人见刘邦醉卧而有龙出现的怪事以后，到年底算账的时候，这两家酒馆经常撕了账单，不向刘邦索债。

刘邦常出差到秦都咸阳，当时恣意游观名胜，看到了始皇帝的威仪盛势，他感慨长叹说："啊！大丈夫应当像这个样子！"

单父县人吕公与沛县令相友善。吕公为了避仇人，迁到沛县来，随沛县令为客，因而在沛县落户。沛县中豪杰吏人，听说沛县令有贵客来，都前往道贺，当时萧何为主吏，他向贵宾们说："凡是致赠礼金，不满一千钱的，就请他坐在堂下。"

刘邦当时做亭长，平日轻视沛县衙中吏人。于是他假写了一张礼帖，上写：贺钱一万。实际他连一钱都没有带去。这个礼帖送到吕公手上，吕公看了大惊，自己起身，迎接刘邦于门前。吕公好给人相面，看见刘邦的状貌特殊，因而特别敬重，引刘邦入座。刘邦因吕公对他的敬重，便轻侮诸客，高坐上座，毫不谦让。

吕公因刘邦状貌之奇，乃在席间以目示意，坚留刘邦不要退席。于是刘邦便留下来，在客人都散去之后，吕公对刘邦说："我从年少的时候，就好给人相面。我相过的人太多了，但是没有一位像你的相貌这样高贵的。我希望你能多多自爱！"吕公稍停说："我有一个女儿，愿意做你执箕帚的妻子。"

酒席宴罢，妻子吕媪对吕公决定以女儿嫁刘邦的事，非常生气。吕媪怒向吕公说："你平素总是说：这个女儿是奇特不寻常的，应该嫁与贵人。沛县令和你相交极好，求我们女儿，你不肯。为什么自己胡乱地就把女儿许给刘邦了?"吕公说："这就不是孩童女子所能了解的事了！"吕公最终把女儿嫁与刘邦。吕公的女儿就是后来的吕后，生了孝惠皇帝和鲁元公主。

刘邦当亭长的时候，常常休假回家，到田里看看。有一次吕后带两个孩子在田中耕田，有一个老人由田中经过，求些水喝，吕后见老人饿，又给老人一些吃的，老人就给吕后相面。老人说："夫人的相貌，是天下的贵人。"吕后又要老人相两个孩子，老人看看男孩，说："夫人所以能够大贵，就因为这个男孩子的关系。"老人又相女孩，也说是贵相。等老人走了之后，刘邦正好到田舍来，吕后便

由神骨相人

图文珍藏版

将老人相面的事，说给刘邦听，说客人路过此地，相孩子和我都是大贵之相。刘邦便问，老人在哪里。吕后说："刚走，不会走远。"刘邦便追去，果然追上。他问老人相吕后和孩子的事，老人说："方才我相过的夫人和小孩，相貌的高贵都像你，你的状貌，贵不可言。"刘邦便道谢说："如果真如先生所言，这相面夸赞鼓励之德，绝不敢忘。"后来，刘邦贵为天子，找寻这位老人，可是老人已不知去向。

此篇由《史记》之记载，足见古代相人偏重骨相之一斑。

智慧应用

秦始皇：隆准长目，鸷膺豺声

骨相观念的产生，由来已久，东汉时期，已经深入人心了。《后汉书·李固传》：

固貌状有奇表，鼎角匿犀，足履龟文。《注》："鼎角者，顶有骨如鼎足也。匿犀，伏犀也。谓骨当额上入发际隐起也。足履龟文者二千石，见《相书》。"而最早对骨相问题进行系统的理论研究的是著名学者王充，《论衡·骨相篇》即专门研讨这一问题。他说：

"人曰命难知，命甚易知。知之何用？用之骨体。人命禀于天，则有表候于体。察表候以知命，犹察斗斛以知容矣。表候者，骨法之谓也。……是故知命之人，见富贵于贫贱，睹贫贱于富贵，案骨节之法，察皮肤之理，以审人之性命，无不应者。……故知命之工，察骨体之证，睹富贵贫贱，无不应者。……故知命之工，察骨体之证，睹富贵贫贱，犹人见盘盂之器，知所设用也。善器必用贵人，恶器必施贱者，尊鼎不在陪厕之侧，匏瓜不在堂殿之上，明矣。富贵之骨，不遇贫贱之苦；贫贱之相，不遭富贵之乐，亦犹此也。器之盛物，有斗石之量，犹人爵有高下之差也。器过其量，物溢弃遗，爵过其差，死亡不存。论命者如比之于器，以察骨体之法，则命在于身形，定矣。"

王充所说的"命"，就是命运的意思，包括富贵与贫贱两个方面。他认为人的命运是很容易预知的，因为人命禀受于天，自然就有相应的征候表露于身体之上。所谓"表候"，也就是"骨法"。"骨法"又叫"骨体之法"，是人的命运在

形骨和身体上的一种反映。命运不同,骨法也有区别。王充还说:

"非徒富贵贫贱有骨体也,而操行清浊亦有法理。贵贱贫富,命也;操行清浊,性也。非徒命有骨法,性亦有骨法。唯知命有明相,莫知性有骨法:此见命之表证,不见性之符验也。……由此言之,性命系于形体,明矣。"

他所说的"性命",是指人的道德属性。在他看来,人的品性好坏,在"骨法"上也有不同的表现。"富贵贫贱"是"命之表证","操行清浊"是"性之符验"。人的骨相既然能够反映人的一生命运与真实品性,当然要受到世人的重视。王充的这些观点奠定了中古士人骨相观念的基础。

范蠡

范蠡离越,给大夫文种留下一封书信:"飞鸟尽,良弓藏,狡兔死,走犬烹。越王为人长颈鸟喙,可与共患难,不可与共荣乐。子何不去?"大夫文种不能去,称疾不朝,赐剑而死。

　　大梁人尉缭,说秦始皇以并天下之计,始皇从其册,与之亢礼,衣服饮食与之齐同。缭曰:"秦王为人,隆准长目,鸷膺豺声,少恩,虎视狼心,居约易以下人;得志亦轻视人。我布衣也,然见我,常身自下我。诚使秦王须得志,天下皆为虏矣。不可与交游。"乃亡去。

　　可见。范蠡、尉缭见性行之证,而以定处来事之实,实有其效,如其法相。

五、骨色以青为贵，骨质以联为宝

古人云，"佳骨有佳色"，如树木一样，根深自然叶茂。头部骨骼是否关联，决定了一个人的富贵与贫贱。

【原典】

骨有色，面以青为主，"少年公卿半青面"是也。紫次之，白斯下矣。骨有质①，头以联②者为贵，碎③次之。总之，头无恶骨，面佳不如头佳，然大而缺天庭④，终是贱品，圆而无串骨⑤，半为孤僧⑥；鼻骨犯眉，堂上不寿⑦。颧骨与眼争，子嗣不立。此中贵贱，有毫厘千里之辨。

【注释】

①质：指骨的长势和结构。

②联：相互关联的意思。

③碎：支离散乱的意思。

④大而缺大庭：头大而天庭骨不够丰隆。

⑤圆而无串骨：头圆而佐串骨平伏不起。

⑥半为孤僧：多半成为孤僻贫苦的僧人。

⑦堂上不寿：双亲寿命不长。

【译文】

骨骼的颜色是不同的，面部颜色以青色最为高贵。古语所说的"少年公卿半青面"就是这个意思。黄中透红的紫色比青色要差一些，面似枯骨的粉白色是最不好的颜色了。骨有一定的气势，头部骨骼以相互关联、气势贯通最为高贵，互不贯通、支离散乱是略低一等的。总而言之，如果头上没有恶骨，即使再好的面骨也是比不上头骨的。但是，头大天庭骨却不丰隆，也终究是卑贱之人；如果头圆但佐串骨隐伏不见，很可能要成为僧人；如果鼻骨与两眉相抵触，父母就不会长寿；如果颧骨贴近眼尾而颧峰凌眼，就会后继无人。富贵与贫贱的差别，在此处如毫厘之短与千里之长，是非常明显的。

综合评析

面色、骨色

相学上在论述色时,有"青色如瓜,黄色如蜡,赤色如火,白色如脂,黑色如漆"的口诀,这"青、黄、赤、白、黑"就是相学上的五色、五正色,在讲述五色时,一般都与五脏、五行、四时结合起来,指出色荣于面而发于内,即五色虽然表现于面上,但其根源在于五脏,又与五行、四时相互配合。

五脏所生之气:

一为水,为物质之精,属于肾脏,发于面为黑色,冬季最旺盛,方向为北。

二为火,为物质之气,属于心脏,发于面为赤色,夏季最旺盛,方向为南。

三为土,为物质之意,属于脾脏,发于面为黄色,一年四季都旺盛,方向居天下之中。

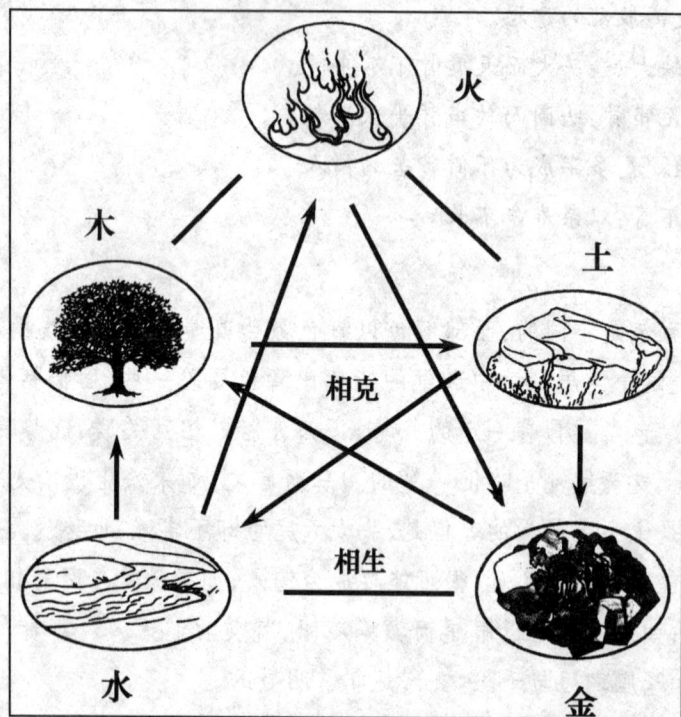

五行相生相克

四为金,为物质之魄,属于肺脏,发于面为白色,旺盛于秋季,方向为西。

五为木,为物质之魂,属于肝脏,发于面为青色,旺盛于春季,方向为东。

内脏的五行之气发于面,形成了面色,但五脏的颜色各不一样,那么又是什么决定了面部的颜色究竟是其中的哪一种呢?这就涉及人的五行属性了,也就是所谓的五形人。金形人,五行属金,面色为白色;木形人,五行属木,面色为青色;水形人,五行属水,面色为黑色;火形人,五行属火,面色为赤色;土形人,五行属土,面色为黄色。以上说的都是纯正的各形人,还有以一形为主兼带其他形的,这就更复杂了。关于五形人下章将有详细的介绍,这里不再赘述。

五脏所主的颜色不但可以通过面部的颜色表现出来,通过对面部五官等的观察也能反推五脏的情况。舌为心之苗,观察舌头可以了解心脏的情况;目为肝之窍,观察眼睛可以了解肝脏的情况;鼻为肺之窍,观察鼻子可以了解肺的情况;耳通肾为肾之窍,观察耳朵可以了解肾的情况;土之窍在嘴唇,观察嘴唇可以了解脾的情况。

在论面色时,讲与五脏、五行、四时相互配合,那么骨色呢?古人在论骨色时,必用"六气"和"六色",两者合称为"六气色"或者"六色",认为骨色源于"六色"。六气分别是:青龙、白虎、朱雀、玄武、勾陈、螣蛇;与之相对应,六色就是:青龙之色、白虎之色、朱雀之色、玄武之色、勾陈之色、螣蛇之色。

青龙,中国传统文化中的四象之一,根据五行学说,它是代表东方的灵兽,属木,代表春季;主文事。具有青龙之色的人,两眼黑白分明,神光红黄、精光照人;主升官、招财进宝和喜庆纳吉之事。

五行与四季、五脏、六腑的关系

五行	金	木	水	火	土
四季	秋	春	冬	夏	四季
五脏	肺脏	肝脏	肾脏	心脏	脾脏
六腑	大肠	胆	膀胱	小肠	胃
五官	鼻子	眼睛	耳朵	舌头	口
五色	白	青	黑	赤	黄
五体	皮肤喘息	筋膜爪甲	骨齿	血脉毛发	肉及肉色

情态	悲忧	怒	惊恐	喜	思
五德	义	仁	智	礼	信
所主	寿夭	贵贱	贤愚	刚柔	贫富
属性	刑诛危难	精华秀茂	聪明敏达	威勇刚烈	载育万物

白虎,中国传统文化中的四象之一,根据五行学说,它是代表西方的灵兽,属金,代表秋季;主武事。具有白虎之色的人,两眼白气闪烁,似泪非泪,莹莹若有光;主家有凶丧之事。

朱雀,中国传统文化中的四象之一,根据五行学说,它是代表南方的灵兽,属火,代表夏季;主封章弹谏文学。具有朱雀之色的人,面色赤红如丹,忧戚如烟;主无妄之灾和口舌之祸。

玄武,中国传统文化中的四象之一,根据五行学说,它是代表北方的灵兽,属水,代表冬季;主计谋筹划机巧。具有玄武之色的人,嘴唇青黑发颤,口旁有黑气飘游;主家中遇盗,被小人伤害。

勾陈,中国传统文化中的上古六神之一,根据五行学说,它是代表中央的灵兽,属土;主兵戈争斗杀伐病死。具有勾陈之色的人,眼色混浊,黑白不分,神光昏暗,眼下有青痕;主牵连拖累之事。

螣蛇,中国传统文化中的上古六神之一,根据五行学说,它同样属土,职责附属于勾陈,主惊恐怪异之事。具有螣蛇之色的人,面上灰蒙蒙如灰土色,精神昏暗;主居家不宁和惊怪不祥之事。

关于六气的特征,古人还总结出了歌谣:青龙之气,如祥云衬月;朱雀之气,如朝霞映水;勾陈之气,如黑风吹云;螣蛇之气,如草木将灰;白虎之气,如凝脂涂油;玄武之气,如腻油和雾。

从以上的六色所主可以看出,除了青龙之色所主为吉以外,其他所主要么是家有凶丧、无妄之灾、口舌之祸,要么就是为小人所害、家中遇盗、居家不宁,都是凶事。由此也可看出,骨色也是以青为贵的。

骨色以青为贵,原因在于六色之中唯有青龙之气主吉,面色以青为贵,又是为什么呢?这就要从五行来说了,青色是五行中木的颜色,木代表春天,大地回暖,万物复苏,一派生机勃勃的景象,因而青色代表生机勃勃、奋发向上。同时,木对应五脏中的肝,肝是人体的造血器官,源源不断地为人体补充血液,是人体的生命之源。综合上面的两点,青色是生命的象征,象征着勃勃生机,因此青色为吉色。

白虎　玄武　青龙　朱雀　勾陈　螣蛇

六气与六色

在青、赤、白、黑、黄五色中,青色为吉色,但就是在青色中也是有吉凶的分别的。从光学上来说,青介于绿色和蓝色之间,青色向绿色偏一点,则更像春天里的树木,因而为青色的吉色;向蓝色偏一点,则更像冬天的凋谢之态,因而为青色中的凶色。《冰鉴》中"面色以青为贵,紫次之,白斯下矣"中的青、紫,很明显就是青、紫中的吉色,而白则是白中的凶色。

在这里提到的青色,不是色彩学意义上的青色,而是白中透青的白润鲜亮的青春气息,生机勃勃充满了生命力。紫色也不是色彩学意义上的紫色,这是一种黄中隐红的气色,别有一番光彩。至于白色,也不是色彩学上的白色,而是一种苍白中隐有枯黄的气色,灰暗惨淡,一看就是气血亏虚的表现,当然是下等气色了。

六气	六气特征	六气所主	六色所主
青龙	如祥云衬月	主文事	主升官、招财进宝和喜庆纳吉之事
朱雀	如朝霞映水	主封章弹谏文学	主无妄之灾和口舌之祸

六气	六气特征	六气所主	六色所主
白虎	如黑风吹云	主武事	主家有凶丧之事
玄武	如草木将灰	主计谋筹划机巧	主家中遇盗,被小人伤害
勾陈	如凝脂涂油	主兵戈争斗杀伐病死	主牵连拖累之事
螣蛇	如腻油和雾	主惊恐怪异之事	主居家不宁和惊怪不详之事

　　骨作为相人的主要依据,不但有骨相的差别,还有"质"的差别。这里的质不是指骨的本质,而是指骨的"势",形势、走势。在考察骨相的基础上,还要考察骨的形势、走势。这种"质"以各种骨相之间相互配合、联系、均衡、和谐为贵,以骨相之间支离破碎为贱。这里的讲求相互配合、均衡、和谐也与曾国藩相学重视和谐、均衡的特点相一致。

　　在头部没有什么支离破碎的恶骨的情况下,面相再好也不如头相好。比方说,在相学家看来,头大是吉相,但如果天庭不丰满隆起,那就是下等头相了。这是因为,它首先违背了相学的均衡、和谐原则;其次,就现代生理学来说,这意味着大脑欠发达、智力不好。这样的头相,主早年命运坎坷、凶多吉少。

　　在相学家看来,头部圆而丰满是吉相,但如果佐串骨没有显现出来,这也是不好的相。这是因为这样的头相缺乏头角峥嵘的气势。这样的人大多都是孑然一身的僧人。不过,如果这样的人的太阳穴上部有骨隆起,对头相起到补充、辅弼的作用,这样的头相也是好的。

　　如果鼻骨从山根位置,也就是两眼中间的位置,向两边分开直冲眉心,这也不是好相。相学家认为,这样的相主刑克长辈,所以长辈难以长寿。但如果鼻骨仅只是与双眉相接,并不延伸到眉心,这也是好相,文人学士具有此相主富贵荣显。

　　如果颧骨紧紧地靠着双眼的尾部,并且高耸,这叫"颧峰凌眼"。颧骨既侵犯了阴阳主位,还挡住了日月——双眼之光。这样的相主"子嗣不立",即必无后代。

　　相术中的这些差别极其细微,稍有差池其结果就大相径庭了,要特别予以重视。

骨色反映出人的优劣

【原典】

骨有色,面以青为贵,"少年公卿半青面"是也。紫次之,白斯下矣。

【译文】

骨有不同的颜色,面部颜色,则以青色最为高贵。所谓"少年公卿半青面",就是这个意思。黄中透红的紫色比青色略次一等,面如枯骨着粉的白色则是最下等的颜色。

人的骨象又有骨色、骨质之说。古人在论述"色"的性状时,有如下说法:

青色如瓜。

黄色如蜡。

赤色如火。

白色如脂。

黑色如漆。

由于中国古代哲学、医学、文化之间有千丝万缕的联系,"色"又与五行、五性、五脏、四时相配合,具体如下:

一曰水,五性上是精,五脏属肾,颜色为黑,方向为北,旺在冬季。

二曰木,五性上是魂,五脏属肝,颜色为青,方向为东,旺在春季。

三曰火,五性上是气,五脏属心,颜色为赤,方向为南,旺在夏季。

四曰土,五性上是意,五脏属脾,颜色为黄,方向为中,旺在四季末。

五曰金,五性上是魄,五脏属肺,颜色为白,方向为西,旺在秋季。

还有一种说法,是专论骨"色"的,认为骨色来自"六气"。而所谓"六气",即青龙、朱雀、勾陈、腾蛇、白虎、玄武。(此六者,本为占卜术中的六兽之神,这里被养生家和相学家借来用以表"六气"。)相学家论"色",离不开"气",论

"气",又离不开"色",二者常常合称为"气色"。实际上,这里的"六气"就是"六气色"或"六色"。

这六种气中,以青色为美、为佳。这是因为,在中医理论中,青色的五行属木,人体五脏的肝也属木,因而肝与青色、与木、与春天是联系的。春天,万物生发,一片勃勃生机;肝被认为是造血的器官,是生命力旺盛的潜机,因而青色是生命的象征,所以,古人把青色作为最美、最佳的颜色。

"色"有优劣之分,青色最好。但青色中也有吉凶之分,青之吉者,色如翠羽,如春木;凶者,色如蓝靛,如锈斑。其他颜色,自不待言。

那么,骨与色之间有没有什么联系呢?古人认为,佳骨自有佳色。道理就像树大根深之木一样,自然不愁其枝繁叶茂了。"石蕴玉而山辉,水怀珠而川媚"。

《冰鉴》说"面以青为贵","少年公卿半青面"。医学理论认为:"色"现于外,"气"蕴于内,"色"只是"气"的外在表现,"气"才是"色"的根本,"气"不足,"色"自然就衰减了。因而可以这么认为:这里的"骨色",应该是"骨有气,在面为色"。"骨有气",也就是说骨的健康状况与人的生命活力有密切联系。这一点,还是有一定的科学性的。

《冰鉴》所说的"面以青为贵,紫次之,白斯下"也不难理解。春天是万物生长、活力显现的时候,"青色"也就是指像春天一样活泼有力、象征着生命茁壮成长的青春气色。因为春天有青草,有绿树的特征,因而谓之"青色"。这种气色,富有生机,却也不失庄重,是活泼而能持久恒定的物质,不会时断时续。既然活力永驻,人自然能集中精神去谋取功名利禄,自然会"贵显"。

"紫色",比青色有不足,因此也可言"贵",但难以"大贵"。"白色",则又次之。《冰鉴》说"白色如枯骨着粉",这当然不是健康、活力的颜色,就像苍白中隐着一种秋后的枯黄,灰暗惨淡如枯枝败叶,显然是气血亏损之兆。这种气色,如何能"贵"呢?就像一个瘦弱骨枯的人,怎么能挑重担呢?

从骨"质"看人之贵贱

【原典】

骨有质,头以联者为贵,碎次之。总之,头上无恶骨,面佳不如头佳。然大而缺天庭,终是贱品;圆而无串骨,半是孤僧;鼻骨犯眉,堂上不寿。颧骨与眼争,子嗣不立。此中贵贱,有毫厘千里之辨。

【译文】

骨有一定的气势,头部骨骼以相互关联、气势贯通最为高贵,互不贯通、支离散乱则略次一等。总之,只要头上没有恶骨,就是面再好也不如头好。然而,如果头大而天庭骨却不丰隆,终是卑贱的品位;如果头圆而佐串骨却隐伏不见,多半要成为僧人;如果鼻骨冲犯两眉,父母必不长寿;如果颧骨紧贴眼尾而颧峰凌眼,必无子孙后代。这里的富贵与贫贱差别,有如毫厘之短与千里之长,是非常大的。

曾国藩所说的"骨质",在这里指的是头骨的生长联结状态,因而说"头以联者为贵,碎次之"。"联",就是联结,引申出来就是相互联结贯通,没有明显的断裂状,看上去是完整而圆润的一体化骨结构。这样的头骨自然五官均衡,与之相配,可谓"仪表堂堂"、相貌标致英俊。如此而来的骨相就是贵相,与世俗的情理相切合。

"碎",与"联"相反,指联结不完好,有明显裂纹。就如一段木头,木质坚硬,没有裂缝疙瘩,自然是上好的家具材料,反之,则没有多大用途,自然"次之"。

"头上无恶骨,面佳不如头佳",这里又体现了古人重视骨相的思想。"面佳",一个人从相貌看,很英俊,五官端正,但不如"头佳",意即不如骨佳。

曹操在准备接见西域一使者时,担心自己相貌不美,让使者见了有失国威,故让一相貌英俊的臣子扮作自己,他本人却站在假曹操旁边。使者谒见完毕退出来后,知根底的大臣问他对曹操的印象如何,那个使者说,曹操很好,但他旁边那个人更有英雄之气。

这个故事说明,"面佳"固然不错,但不是根本,"面佳不如头佳"。

既然说"面佳不如头佳",是否头大就好呢?《冰鉴》跟着论述了这个问题。头"大而缺天庭",还是不行。"缺天庭",就违背了均衡原理,也就是骨相有缺陷,不符合"头以联者为贵"的原则。这种大头,往往会是大脑欠发达、智力不佳的表现,因而说"终是贱品"。

《冰鉴》中又说"圆而无串骨",如果头骨联结而有圆润,似乎很好,但如果没有峥嵘之势,缺乏一种气势,也不能算好,有"半是孤僧"的命运之相。这种状况,如果太阳穴上的"辅弱弓骨"能突出来,也能避开"孤僧"的命运。

头"大而缺天庭","圆而无串骨",二者充分说明古人对骨相的定义大致是:骨大骨圆,不错,但以饱满而有峥嵘之势者为贵,否则,仍不能言贵。

《冰鉴》中还谈论了"鼻骨"与"颧骨"。

"鼻骨犯眉",指鼻梁骨一直冲到了眉心,有越域侵犯的势态。这样自然不好,破坏了平衡原则。结论是,"堂上不寿",即克伤父母。但另有一种情况,是鼻骨"连眉",而不是鼻骨"犯眉",文人若如此相,即是贵。"连眉"与"犯眉"的区别在于它们的气势是冲克还是联结。这需要很高的辨认技巧。

《冰鉴》中也说"颧骨与眼争",即颧骨与眼尾联得太紧,突兀出来比眼高,这就是阴阳移位,卑尊侵凌之相,自然有害,"子嗣不立"。这种情况比上面说的"鼻骨犯眉"要好区分一些。古人把它称作"颧峰凌眼"。

智慧应用

管辂:观何晏之气知其败

观察一个人的"气",可以发现他的沉浮静躁,这是做得大事的必备素质。

沉得住气、临危不乱的人可担当大任;浮躁不安、毛手毛脚的人,难以集中全部力量去攻坚,做事往往知难而退、半途而废。

活泼好动与文静安详不是沉浮静躁的区别。底气足,干劲足,做事易集中精力,且能持久;底气虚,精神容易涣散,多半途而废。

文静的人也能动若脱兔,活泼的人也能静若处子,而神浮气躁的人,做什么事都精力涣散,半途而废,不能真正静下心来思考问题。

《三国志》中记载,魏明帝曹叡(曹操的孙子)临死前,欲将大事托付与他人。

当时曹爽(曹真之子)正在床边,对曹叡耳语道:"臣以死奉社稷。"曹叡嫌曹爽能力不够,不肯为手诏,曹爽即命手下人执曹叡的手强行做了一份诏书。曹叡无奈,又下诏让司马懿与曹爽共辅朝政。

当初,何晏、丁谧、邓扬、李胜皆有才名,但急于富贵,趋炎附势,魏明帝曹叡很讨厌他们,四人因而不得权位。曹爽平时与四人关系不错,辅政后就提拔四人为左右手。四人替曹爽策划,剥夺了司马懿的实权,并因此升为尚书、校尉等职。

黄门侍郎傅嘏对曹爽的弟弟曹羲说:"何晏外静而内躁,机巧好利,不务根本,我担心他误你兄弟大事,恐怕会仁者离心、朝政荒废啊!"何晏四人因此等小事罢了傅黄门的官。

四人欲令曹爽立威名于天下,劝曹爽派兵伐蜀,司马懿劝阻无效。

后被蜀兵堵截,曹爽大败而回,伤亡甚众。曹爽又专擅朝政,乱改制度,司马懿无奈,只好托疾不出。

何晏问前程于精通术数的管辂。管辂劝他说:"如今你位尊势重,却离德背心,不是求福之道。如能扶贫益寡,以德行政,才能位至三公,否则位高而颠,豪重而亡。"

管辂回家后又对其舅说了此事,舅责他说得太直白,管辂说:"与死人语,何所畏也!"

后曹爽被司马懿夺权杀死,何晏四人被夷三族。

管辂的舅舅问他:"先前你如何知道何、邓之败呢?"管辂说:"邓行步如鬼躁,何神态如魂不守舍,血不华色,精气烟浮,容若槁木,此为鬼幽。故知其败也。"

何晏平常颇自负,并以神的"不疾而速,不行而到"的仙姿美态自誉,实际上属于气浮华不沉的一类人。

陈寿另有记载,说何晏、夏侯玄、邓扬三人想与傅嘏结交,傅嘏却不买账。

别人问为什么,傅嘏说:"夏侯玄志大才疏,有虚名而无实才;那个何晏呢,喜欢谈古论今,但为人虚利而无诚意,是口舌是非乱国政的人;邓扬呢,有始无终,好图名求利,吹捧同类,排斥异己,妒忌心也重。我看这三个人都是乱德败性之人,躲避还来不及,哪会与他们亲近呢?"后来的发展果然如此。

诸葛亮:择官以德才兼备为准则

诸葛亮以其"隆中策"预见天下三分,显示其大才;以其"鞠躬尽瘁"尽忠汉室,显示其大德。其人如此,其择官也以德才兼备为准则。

诸葛亮上《前出师表》时,刘备已去世,由他执政辅佐刘禅,故在出征前总结了先汉与后汉兴亡的经验教训,谆谆告诫刘禅。"亲贤臣,远小人,此先汉所以兴隆也;亲小人,远贤臣,此后汉所以倾颓也。先帝(刘备)在时,每与臣论此事,未尝不叹息痛恨于桓、灵也。"桓帝、灵帝是东汉末年的皇帝,先后兴起第一次、第二次"党锢之祸",杀戮敢于直言的李膺等贤臣;二人都信任宦官,使宦官得专政,朝政腐败。

桓帝封单超等五宦官为侯,任其专横胡为。灵帝公开标价卖官,敛财私藏,上梁不正下梁歪,贪污风盛,民不聊生,致使社会动荡不安,终于激起黄巾起义。之后群雄攻战,从而形成三国鼎立的局面。

诸葛亮还在《便宜十六策》里指出:"治国之道,务在举贤。若夫国危不治,民不安居。此失贤之过也。夫失贤而不危,得贤而不安,未之有也。"诸葛亮在治理蜀国时特别重视选拔德才兼备之士。

诸葛亮推荐董允为侍中,领虎贲中郎将,统宿卫重兵,负责宫中之事。刘禅常欲增加后宫嫔妃,董允认为古时天子后妃之数不超过十二人,今已足数,不应增加。

刘禅宠爱宦官黄皓,皓为人奸佞,想干预政事,允上则正色匡主,下则数责黄皓。董允在时,黄皓不敢胡为。

蒋琬、费祎、姜维都是诸葛亮精心选拔为他理政、治军的接班人。蒋琬入蜀初期任干都县长,刘备下去巡视,适见蒋琬饮醉,不理事,大怒,要杀他。诸葛亮深知其人,为之说情:"蒋琬,社稷之器,非百里之才也。其为政以安民为本,不以修饰为先,愿主公重加察之。"刘备敬重亮,听其言,才不加罪。后诸葛亮提拔蒋琬为丞相府长史,诸葛亮每次出征,蒋琬都足食足兵以相供给。诸葛亮常赞蒋琬为人"忠雅",可与他辅佐蜀汉王业。诸葛亮死前,密表刘禅:"臣若不幸,后事宜以付琬。"诸葛亮死,蒋琬执政,其人大公无私,胸怀广阔,能团结人,明知时势,做到国治民安。蒋琬病,荐费祎代之,费祎为人明断事,善理事,知军事,他在任时边境安宁,魏人不敢正窥西蜀。姜维继诸葛亮复兴汉室之志,屡次北伐,虽无大胜,但魏兵也不能侵入。及司马昭派大军伐蜀,刘禅昏庸不听姜维派兵扼守阴平之议,邓艾得以偷渡而直捣成都,刘禅出降,并令姜维降,姜维想假降待机以复兴蜀汉,其夙愿虽不能实现,但足见其忠烈。

刘备死后,有诸葛亮及其后继者蒋琬、费祎、姜维等辅佐,刘禅这昏庸之主才得安坐帝位达四十一年之久。而曹操死后,其子曹丕篡权,魏立国虽有四十五年,但早在十七年前司马懿就发动政变夺取曹爽的军权,魏政权已归司马氏,魏名存实亡,其政权存在实际只有二十八年。孙权死后,孙亮立为吴帝,内部不和,国势日弱遂被晋灭,孙权后人掌权只有二十七年。三国相比,蜀汉政权较稳固,无内部互相倾轧、争权夺利之事,这是因有德才兼备者辅佐之故。

刘基:自知者知人

身为一个领导,在知人的同时,也要做到自知,只有这样,才能更好地识别、使用人才。关于这一点,明代的刘基给我们做出了榜样。

刘基(1311～1375年),字伯温,浙江青田人,是明朝开国功臣,也是朱元璋的主要谋士。明朝建立之初,任御史中丞兼太史令,明朝的许多重要事务,特别是起用人才等用人问题几乎都是由他和朱元璋一起处理的。

明初,明太祖朱元璋曾多次责备丞相李善长,并流露出罢用他的意向。刘基对朱元璋说:"李善长是有功勋的旧臣,他能够协调好诸位将军之间的关系。"朱元璋说:"这个人几次说你坏话,欲加害于你,你还维护他的地位吗? 我想要你做丞相呢!"刘基叩头,一边拒绝,一边解释:"更换丞相就如更换房柱,必须用大木,如果用一束束细木条捆绑一起替代,房子顷刻就会倒坍。"

刘基

不久,李善长罢相,朱元璋准备以杨宪为相,杨宪与刘基过从甚密,朱元璋以为会得到刘基的支持。不料,刘基力言不可,说"宪有相才无相器。夫宰相者,持心如水,以义理为权衡,利己无与者也",他是指杨宪这个人难以做到像水那样公平,以义理为评判是非的标准。朱元璋又问汪广洋如何,刘基说,这个人器量狭小浅薄,比杨宪有过之而无不及;又问胡唯庸怎样,刘基比喻说,犹如一

国学经典文库

冰鉴

由神骨相人

图文珍藏版

匹驾车的马,我担心他会把车驾翻了。

朱元璋想了想说:"我选相才,实在没有人能超过你的。"刘基说,我这个人嫉恶如仇,性情太刚,又缺乏处理繁杂事物的耐心,让我任丞相会有负皇帝的恩宠,"天下何患无才,唯明主悉心求之。目前诸只诚未见其可也"。

后来,杨宪、汪广洋、胡唯庸都得到不同程度的重用,胡唯庸还任丞相八年,但都相继败亡了,原因正如刘基早年预言的那样。

刘基是一个智者,十分善于辨识人才,对于几位丞相人选的才德洞察是十分深刻的。同时他又有自知之明,并不认为自己是丞相的合适人选,对人对己把握得准确而公正。

知人容易,自知困难。但是,只有做到自知,我们才会更好地知人、识人。因此,领导者要清醒地认识自己,明白自己的不足和优点,努力做到公正地对待人才。

拓展阅读

在我们与人初次见面时,第一印象多取决于对方的外貌——更多的也就是对方的面相和体型。俗话说:"相由心生。"面桐和体型能在一定程度上反映出一个人的内心与品性,如果我们能读懂对方的外貌,观其颜面,知其内心以及处世方式,性格、心态等内在的东西,那么,我们就可以选择合适而有效的沟通方式,使自己更容易达成目标。

透过眼睛这扇窗

常言道:眼睛是心灵之窗。眼睛在人的五官中是最无法掩饰真实情感与内心的焦点部位。在中国古代孟子就曾经说过这样的话:"存乎人者,莫良于眸子,眸子不能掩其恶。胸中正,则眸子了焉,胸中不正,则眸子眊焉,听其言也观其眸子,人焉廋哉。"

其意思就是指,观察人的眼睛,可以知道人的善恶。也就是说,一个人的心底是善还是恶,有着什么样的心理活动以及思想意图,人们都可以通过观察这

126

个人的眼睛来发现。

　　莫里斯在他的《人体秘语》一书中,对于人类的"眼睛"下了这样有趣的定义:眼睛的直径大约是 2.5 厘米,然而它却是始于石器时代的最复杂的摄影机。据生理学研究发现,在眼球后方感光灵敏的角膜上含有 1.37 亿个感光细胞,这些感光细胞将接收到的信息传送至人的大脑。而这些感光细胞在任何时间均可同时处理 150 万个信息。这也就说明,即使是我们一瞬即逝的眼神,也能发射出千万个信息,传递丰富的意向与情感,泄露了人心底深处的秘密。也因此,眼球的转动、眼皮的眨动、视线转移的速度与方向以及眼睛与头部动作的配合这些都无时无刻不在传递着信息。

　　医学研究还发现:人瞳孔的变化是人不能自主控制的,瞳孔的放大与收缩都能真实地反映出一个人复杂多变的心理活动。如果一个人感到兴奋、喜爱、愉悦,那么,他的瞳孔就会比平常扩大四倍;而相反地,如果一个人感到消极、厌恶、生气,那么,他的瞳孔也就会收缩得很小;而如果一个人在面对事情的时候,瞳孔不起变化,那么这也就表示其对所看到的物体漠不关心或者此事对他无关紧要。

　　这就说明了眼睛能够真实地传递心声。正如古罗马诗人奥维特所说:"沉默的眼光中,常有声音和话语。"在古时候,当两性相爱时,会通过"暗送秋波""心许目成"等来表达柔情蜜意。对此,今天我们也用"眉来眼去""一见钟情""含情脉脉""眉目传情"等来形容男女之间的互相爱慕之情。从这点上来讲,眼神虽不具备着语言的交流的功能,不过却胜过千言万语而随心传播,特别是在人的感情的表达上。也因此,所有热恋中的人都会眨动着秀美而深邃的目光,窥探并会意对方的内心世界。

　　可见眼睛在人与人之间的交流中起到了非常大的作用。因此,在现实生活中聪明的人不但善于用自己的眼睛察言观色,而且也会善于透过对方的眼睛解读对方的心理。那么,在日常的人际交往中,我们如何才能透过对方的眼睛来看透对方的心理呢? 其实,这就要求人们对于眼睛有一些基本的认识。

　　我国的李渔曾经在《闲情偶记》一书中从肌肤、眉眼、手足、态度、熏陶、点染、首饰、衣衫、鞋袜、文艺、丝竹、歌舞等方面对美女进行了评论,尤其是将各种眼睛的表象与女人的性格联系起来。李渔认为,眼睛粗大对应的是强悍的性格,而眼睛细长的女人性格一定是温柔的,眼睛灵动而且黑白分明的女人一定蕙质兰心,相反地,则一定比较愚蠢。不过,我们现在并不是要挑选美女,只是要强调眼睛与性格之间的联系。那么,我们在人际的交往中又应该怎样去通过一个人的眼睛来了解对方的性情以及内心情况呢?

上斜眼,这种眼睛的主要特征是内眼角低、外眼角高,这种眼睛类型的人通常不够大度,比较小心眼儿,喜欢斤斤计较,因此这类型的人在社会交往中往往不受别人的欢迎。

两眼对称,外形稳定,与面部其他器官的搭配较为和谐,通常来讲,眼睛为此类型的人做事情往往中规中矩,这一类人能够合理安排自己的时间与工作,因而他们在事业上比较容易取得成功。

眼睑过分深陷,眉弓特别突出,眼球四周看起来有较大的凹陷空间,这样也就使人感觉棱角过于分明,这种类型眼睛的人性情通常比较深沉,不过这一类人考虑事情详细周到。

眼球比较外凸,眼睛大而明亮,眼睛为此类型的人通常智商很高,个性十足,学习上他们往往是佼佼者,在工作上也通常是领头羊;这一类人目光显露出天真无邪的感觉,因而人缘较好,比较容易与人相处,很多人都喜欢与这样的人交朋友;这一类人处事果断,目光比较敏锐,他们属于能力很强的领导型人才。清末民初的枭雄袁世凯就是这样的特征,曾经有一名外国记者对他这样评论道:"他有一双睿智而又充满魅力的眼睛。"袁世凯能被李鸿章赞赏为"当今之世,无出其右者",其实,这也就不足为怪了。

眼睛偏小,眼睑外部下走,白眼球较多,这种眼睛类型的人心思往往比较细腻,这一类人也因此很容易被人认为变化多端,阴险狡诈,不易把握;这种人做事往往会出人意料、不循规蹈矩,这种类型的人在交朋友时会显得比较功利,他们不讲究感情。

内眼角高、外眼角低,此类型的眼睛称为下挂眼,从中国相学的角度上来看,让人感觉有凄苦之相。

有眼袋,眼角上翘的人,他们往往有着较好的异性缘,同时,常常能够博得长辈的欣赏与喜欢。在事业方面,这一类人成长较快,他们能够迅速适应环境的变化,与周围的朋友或同事打成一片,可以说这类型的人在生活上往往都比较得意。

眼睛大而且眼珠大的人一般热情豪迈、触觉敏锐、富有激情,不过需要指出的是,在情感上,无论男女都是易热易冷,来得快,去得也快,他们容易随周围条件的变化而转变,因此,你也别想在这一类人身上找到什么天长地久的永恒真爱。

丹凤眼,在中国传统审美标准中,此类被认为是最妩媚、最漂亮的眼睛形状。这类眼睛的主要特征是,眼睛形状细长,眼裂向上、向外倾斜,外眼角上挑,这种类型的眼睛多为单眼皮或内双。通常来讲,眼睛为丹凤眼类型的人往往容貌美丽,精明干练,机智过人。

"鸳鸯眼",也被称为"大小眼",无论男性还是女性,若左右两只眼的大小不同,从外观上一眼就能看出来,这在相学上被称之为"鸳鸯眼"或"大小眼"。通常来讲,眼睛为此类型的人,往往善于察言观色,他们天生具有机智灵敏的头脑,这一类人特别懂得如何待人接物,并且感情路上也是多姿多彩。

除此之外,还有一种类型的眼睛:童子眼。小孩子的眼珠是比较黑的,而成人的眼珠颜色大多是咖啡色的,如果一个成人的眼珠还是偏向黑色的,而且眼神充满童真,我们就称之为"童子眼"。这一类人待人很真挚,情感专注单一,为人比较单纯。

上面是几种眼睛类型及相应的性格的介绍,当然,上面所分析的眼睛与一个人的性情也绝非完全准确,还要综合其他因素来全面观察与分析。不过不可否认的是,在人的五官中,眼睛所提供给我们的暗示信息可谓是内容最为丰富,也是最直观的。正如古人所说的"欲知天上意,须向云中求;要明心里事,须辨眼中神",在我们的人际交往中,我们要想读懂他人的心理,那么一定要细心观察一个人的眼睛、眼神,善于通过眼睛这扇窗透视出他的真实性格与内心活动的情况。

顺着鼻子这条线索

我们都已认可了相由心生这个观点,认为从外貌可以观察出人的心理,人的外貌、健康程度以及特征,可以反映出人的内在品质。那么,除了眼睛这扇窗可以让我们透视到别人的心理外,其实,鼻子同样也有这个作用。

在人类的五官当中,鼻子处于我们面部的中央位置,与我们脸部的其他器官相比,鼻子能够体现出的表情相对来讲是比较少的,但是由于它所处的特殊位置,起到了"承上启下"的作用,在我国相术中,它掌管着人一生的财运,而在西方国家它又是性的象征。由此可见,这小小鼻子中的学问也大着呢。

通常来讲,鼻子较大,鼻梁骨高挺的人往往心态都比较好,因此在生活上、事业上都很幸运,关键时刻总会有贵人帮助,加上自身的努力打拼,很容易成就一番事业。这是为什么呢?

从神经内分泌角度来讲,肾上腺素和去甲肾上腺素往往使鼻孔张开。帕斯卡尔在描绘克利奥帕特拉那硕大向上翘起的鼻子时写道:"假如它(鼻子)短一些的话,那么世界的整个面貌都将会改变。"就力量和洞察力方面来讲,拿破仑说,"给我这样一个人,他的鼻子应该长得硕大丰满……每当我需要找别人完成任何有用的脑力工作时,如果没有其他合适的人选的话,我总是选一个鼻子长得长长的人。"人们通常把有硕大、有力的"高鼻梁"的鼻子看成是有势力的人物或者凛然不可冒犯的人物的象征——"他生着一副追求权势的鼻子"。"专横"一词来源于"神圣罗马帝国",也与鼻子有关。

此外,稍微有点大的鹰钩鼻其形状就像老鹰嘴一样,鹰是身着羽毛的动物的王国中身形最大、最凶猛、最有力的鸟类之一。有着鹰钩鼻的人一般被看作是很有影响力的人。

的确,鼻子可以提供给我们许多关于性格特质、心理活动的线索——尤其是有些人极力掩饰的那些特质与心理活动。我们经常能看到,当有些人对某种事物表示厌恶、轻蔑的时候会"嗤之以鼻",愤怒的时候会鼻孔张大、鼻翼翕动……可见,顺着鼻子这条线索,可以发现的信息还真不少。

其实,从医学的角度来看,鼻子是呼吸的通道之一,人内心的情绪起伏、心理活动的变化都会引起呼吸的变化,呼吸的变化又会影响到鼻子的外形和色泽等。

所以,在相互交流中,要想全面、真实地了解对方的心理,就需要抓住这些细微的线索,通过观察对方的鼻子洞悉其心理活动。下面我们就来仔细探究鼻子中究竟蕴涵了什么内容,顺着鼻子这条线索我们到底可以发现什么。

在谈话的过程中,当你发现对方的鼻子稍微胀大时,多半表示他有一种得意或者不满、愤怒、恐惧等情绪,也可能是正在压制某种情感,也就是说,此时人的神经处在兴奋或紧张的状态中,那么生理上就会发生变化,呼吸和心跳就会加快,所以也就产生了鼻孔扩大的现象。至于是由于春风得意而意气昂扬,还是由于抑制不满及愤怒、恐惧等情绪所致,就需要结合他在谈话中的其他反应来全面分析、判断了。

有的人天生容易鼻头冒汗,吃一顿饭也会汗津津的一片——不过如果对方没有这种毛病,却在交谈中鼻头冒出了汗珠,当然,排除温度影响外,那应该说是对方心理焦躁或紧张的表现。在商场上,如果对方是你的重要交易对手,那么这样的人必然是急于达成协议,心里盘算无论如何也一定要完成这个交易,因为他担心交易一旦失败,自己便会失去很多机会,或给自己带来不小的经济损失等等,所以心情比较焦急、紧张,进而陷入了一种自缚的状态。总而言之,因为焦急、紧张,鼻头才有发汗的现象,这在我们的日常生活还是比较常见的。

小金是一个即将参加高考的学生。高考前一天晚上,小金的母亲给他做了一顿非常丰盛的晚餐。吃饭的时候,小金的母亲一再叮嘱小金明天一定要好好答题,争取考出好成绩,以进入梦寐以求的重点大学。母亲不断地唠叨,小金的脸色开始变得越来越难看,鼻子上淌下了豆大的汗滴。看到这情形,母亲非常紧张地问:"儿子,你怎么了,是不是病了?"小金接过话茬儿,烦躁地说:"妈,我求求你,别再提高考的事了,好吗?你一说我就着急,就烦,饭都不想吃了!"

小金的表现说明,紧张和焦急确实会引起身体上的反应,其中包括鼻子上突然冒汗。当然,紧张过度时并非仅有鼻头会冒汗,有时腋下等处也会有出汗的现象。

一般情况下,鼻子的颜色是不会频繁地发生变化的,但是如果整个鼻子泛白,就意味着对方情绪消极,畏缩不前。如果对方是你交易的对手,或者是无利害关系的人,那么他此刻多半是处在踌躇、犹豫的状态。例如:交易时不知是否应该提出条件,或对是否要提出借款等问题而犹豫不决。另外,这类情况也会出现在向女子求爱告白却惨遭拒绝的男子身上。因为当人的自尊心受损、有罪恶感、心中困惑、尴尬不安时,都会使鼻子泛白,这是生理的一个自然反应。

如果鼻子皱起并且表情严肃,这表明他傲慢、不屑一顾的态度。有的人鼻子两边有明显的皱痕,那么通常这种人会有某种程度的厌世思想。

还有这样一种表情:鼻子朝天、神气活现而又不直接正视别人,这表现出一种傲慢的态度,这样的人要么是不想和你交往,要么就是希望控制你或者占你的上风。对于这样的人,交往的时候需要小心提防。

总之,鼻子的确可以为我们提供许多可以反映内心的信息,我们不仅要学会从对方的语言、眼神、脸色中透视对方的内心,也要善于顺着鼻子这条线索探究出对方的性格特点和心理活动,这对于我们的人际交往是非常有利的。

看透脸面,就看透了对方的心

裴章是唐朝时期河东人,他的父亲与昙照法师的关系非常好。而昙照法师精通相术,于是裴章的父亲请他为儿子看相。

昙照法师看了看裴章,然后对他的父亲说:"你的儿子天庭饱满,地阁方圆,将来一定会事业有成的。"正如昙照法师所说的,裴章20多岁的时候就考取了进士。第二年就被任命到太原做官。他在上任之前其实已经结了婚,妻子虽然长得不够漂亮,但是非常朴实、勤劳、贤惠,而且非常有智慧,将家里打理得井井有条,不仅对裴章的生活起居照顾得无微不至,而且在很多事情的处理、决断上给了裴章很好的建议。

裴章到太原上任之后,结识了一位年轻貌美的少女,然后开始和她同居。而他的原配妻子,自从他到太原做官后既没有接到他一封信,也没有获得他的资助,由于无法抑制内心的痛苦与愤怒,终于忧愤致病,黯然辞世。

在此之后,利欲熏心的裴章只顾吃喝玩乐,不思进取,而且先后又娶了五个女子,这几个女子和裴章都是同样的秉性,再也没有一位像他原配那样的"贤内助"来适时地提醒、引导他了。

很多年之后,当昙照法师又遇见裴章的时候,看了他的相,很惊讶地说:"当初,我看你是显贵之相,怎么现在变了呢? 过去你的天庭饱满、地阁方圆,如今怎么天庭有倾陷之相,地阁尖削了呢?"最后昙照法师叹了一口气说:"你本来前程美好,可惜不知珍重,你这样自毁前途,实在是可惜啊。"

昙照法师能从裴章的面相中观察出裴章目前的状况,不是由于昙照法师有佛相助,而是所谓的"相由心生"。的确,有什么样的心境,就有什么样的面相,一个人的个性、心思与作为,往往会通过面部特征表现出来。

人人都有一张脸,可是,每个人的脸都不一样。人的脸之所以各不相同,不仅是因为眼睛、鼻子、嘴巴等五官的形状、大小和位置不一样,还因为各人脸的形状各有不同,也就是脸形各有不同。有的人,一眼就可以看出属于哪种脸形,有的却包含了两三种脸形的特点,一下子难以说清。但是,无论什么样的脸形,都能在某种程度上反映出一个人的性格。

关于人的脸形与性格的关系也有类似于"鸡和蛋"的论断,谁决定谁难以辨清。不过,我们的心理学家通过对大量的统计资料研究发现,这两者的确有密切的联系。举一个最简单的例子,一个温文尔雅的读书人和一个粗犷的运动员在脸形等方面通常有很多的不同。

根据英国《新科学家》杂志报道,一个加拿大的科研小组发现,从男性面部的宽度——两颊间的最宽处,以及高度——上嘴唇到眉梢之间长度的比值,就能推测出他的性格,以及是否具有暴力倾向。所以,如果我们能够掌握一个人脸形与性格之间的联系,就必然可以获得打开对方心灵之门的钥匙。

心理学家把人们的脸形分为七种基本类型,每种脸形都代表着一种性格特征。脸形不同,性情也会有天壤之别。如果我们仔细观察我们交往对象的脸形,就能发现其中的某些奥妙,这对我们把握交往对象的心理是很有帮助的。

1. 圆形脸的人

这种脸形肌肉厚实而浑圆,这种脸形的人性格如脸形一样温和、圆润,他们很容易相处,待人亲切,社交能力也比较强。通常来讲,这种脸形的人往往比较乐观,他们对一切事物都感到安然惬意,也因此这一类型的人看起来永远是那么有趣、和气、可亲。但是,这一类人性格的不足之处在于个人主义过强,甚至有点任性,还有点"自扫门前雪"的个人主义。从相学上来讲,如果是男性有这样的脸形,那么他们在钱财方面往往有点不稳定。

与这种类型的人交朋友,其实最重要的一点的就是要成为对方的忠实听众,特别是当对方是女性时,如果你想给她留个好印象,那么在她说话的时候,你千万不要插嘴,否则你也别想受到她的好评。

这种类型的人往往有着较强的协调性,因此如果不是涉及很大的问题,这一类人通常不会拒绝他人的请求,如果这种人是公司上司,那么他们也往往是一个深受员工爱戴的好上司。

2. 椭圆形脸的人

椭圆形脸,也就是平常说的蛋形脸,这种脸形的主要特征是下颌给人圆弧感,额头清晰而广圆。如果拥有这样脸形的人是女性的话,那么一定是个美女胚子。此类脸形的人通常顺应性比较强,女性即使身为职业女性也能很好地兼顾家庭和工作,做到两不相误。同时,这种脸形的人非常理智,他们是典型的理性主义者,即便是在异常嘈杂混乱的场面,也不会像其他人一样惊慌失措、烦躁不安,他们能很镇定地告诉别人该怎么样去做。他们的情绪很少有波动,他们深得别人的信赖。不过,这种类型的人感觉比较细腻,他们往往会把一件小事放在心上很久。在钱财上,他们往往能做到公私分明。

这种人通常思想活跃,有着很好的创造力,在工作上非常努力,他们自尊心很强,不容易受他人的影响。不过,这一类人的缺点是耐力不足,不管做什么事情往往半途而废。如果这个人正好是你的上司,那么,你就得时刻维护他的自尊心,做不到这一点,你的职场生活就不那么顺利了。

3. 四角形脸的人

这种脸形的主要特征是方正,宽大的下巴和发达的脸颊骨,这也是运动员常见的脸形。这种人往往对任何事物都表现出非常积极的态度,意志坚强。他们即使遇到很大的困难也能很快振作起来。他们性格外向,正义感强烈,不喜欢迁就,富有行动力,也绝不委屈自己,这一类人往往缺乏一定的通融性;他们对于已经决定的事情一定会坚持到底,异常执着,但就是因为过分执着,容易与人发生冲突,因此人缘不是很好。不过这种人最重要的一点是非常善良,乐于助人,如果有人有求于他们的话,他们通常会鼎力相助。

4. 细长形脸的人

这种脸形人的主要特征是脸形比较长,下巴呈四角形,而鼻子和口就显得小。一般来讲,这种脸形的人往往心思比较细密,对非常细微的事情也能考虑得非常周到、全面,他们对研究有一定的热忱,同时研究工作也是最适合他们的。他们对人周到、谦恭、有礼貌。在人际的交往中,此类型的人乍看起来通情达理,其实很难表达清楚自己的心意,因此在与人交往时会造成一些麻烦。此类型的人在追求理想方面拥有极大的想象空间。不过他们最大的缺点便是好高骛远。

5. 本垒形脸的人

本垒是棒球运动中的一个术语,被运用在对人脸的描述上特指的就是颧骨到下巴的轮廓棱角分明,健壮而带有阳刚之气的脸形。一般来讲,这种脸形的人对研究有独特的热心与耐心,他们在人际交往上并没有特别的好恶,几乎和任何人都能相处得很好,能很快打成一片,好人缘是对这一类人最好的描述。

这种人对他人很体贴并富有同情心,因而给人一种好相处的感觉,进而也受到大多数人的喜欢。不过这种人却很少表露自己的感情,有时无法很好地向自己喜欢的异性表达心声,甚至不敢碰触异性的手。如果男人是这种脸形,那么作为他的女朋友或者妻子,也绝对不用担心他会拈花惹草,此类型的男人对爱情是非常专一、认真的。相反地,如果女性是这种脸形,那么作为男人的你就要注意了,因为通常这种脸形的女性对性的态度是极为大胆、开放的,她们乐于和男性交往,属于容易红杏出墙那种类型的女人。

6. 混合形脸的人

脸形整体有棱有角,但额头大、颧骨小或额头小、颧骨宽大是这种脸形的特征。顽固、不服输是此类人的主要特点,不过这一类人往往伴随有神经质、爱慕虚荣的特点,但是他们并非一无是处,他们对任何东西都很感兴趣,也因此往往令人搞不清楚他们的主攻方向。他们最适合的职业是影视明星、政治家或者文秘。如果这种人能碰到志趣相投的人,那么会与对方相处得非常融洽,不过他们只要与对方发生一点分歧就会全盘否定对方。

7. 倒三角形脸的人

这种脸形的特征是额头较宽,脸形从额头往下巴的方向慢慢变窄,形成倒三角形。有这种脸形的人多半是细瘦、娇小的体形。通常来讲,这一类人做事大多一丝不苟,非常认真。不过,他们通常都有洁癖。

此类型的人往往有着很强的虚荣心,喜欢受人瞩目的感觉,同时也很关心那些引人注目的事物;他们具有贵族化的嗜好,对优雅以及戏剧的东西充满喜爱和憧憬,但如果不能遂意,他们会有焦躁不安的举动;这一类人性情中有优柔寡断的一面,同时也会有细腻浪漫的一面,使人感觉难以相处、难以亲近。如果想要接近这一类人,那就必须以浪漫而富有幻想色彩的话题作为交际的润滑剂。

上面介绍的这七种脸形及其相对应的人们的性情特征,如果我们能认真观察,就可以通过对方的脸形大致判断对方的品行、个性以及特长等,这对我们把握他人的心理、成功进行人际交往有很大的帮助,知己知彼也是我们成功与别人交往的一个重要的前提。

下巴是透露内心的"显示器"

在日常生活中,人们总是习惯将下颌称为下巴。从下巴的形态看,男性的下巴普遍带有少许棱角,富有骨感。而相比之下,女性的下巴则比较圆润。从这一点上看,如果男性想要乔装为女性,那么最难遮掩的其实就是他们的下巴。

从这小小的下巴上，我们可以推断出一个人的性格。心理学家调查研究认为，根据下巴的形状能够推断出一个人的性格。例如，有的人下巴多肉，这暗示他们习惯养尊处优；而有的人下巴比较尖细，往往暗示他们比较神经质。

通常来讲，下巴比较突出的人往往具有丰厚的爱情欲望，相反地，下巴比较凹陷的人则对爱情十分冷淡，或者对爱情不专一。下巴发育良好或者看起来很漂亮的人，其精力往往比较充沛，这一类人也常常成为带有英雄色彩的人物。

下巴尖而狭窄的人，不论男女均会有些神经质，在爱情上不尽人意。他（她）虽然喜欢与异性共谱恋曲，不过其向往的往往是柏拉图式的爱情，这一类人在性生活方面表现冷漠。在人相学上来讲，尖而狭窄的下巴属早夭之相，拥有此类下巴的人，其人生历程可能很短，即使寿命较长，晚年也是十分凄凉的。生活中这样的例子也不少见，比如才能卓越的莫扎特、肖邦等人就属于这一类型，在很年轻的时候才华横溢，却也耗尽了自己的精力，英年早逝。

下巴既狭又圆的人通常是恋爱至上论的推崇者。这一类人会为爱而生，为爱而死。如果男性属于这一类型，那么这类型的男人在实践能力方面可能会欠缺，不适合竞争激烈的商业界。这类人的头脑较为清晰，因此他们如果去做文字类的工作，往往会取得更好的发展。

下巴比较圆的人，一般都拥有美满的爱情，如果是位女性，那么她一定是非常顾家的；如果是男性，那么他的性情一定很温和。这一类人不仅是恋爱的胜利者，同时由于对工作十分热心，经常身负重任，具有仁爱之心，子女也很孝顺，可以享受一个幸福的晚年。圆下巴的年轻女子，性器官以及骨盆等均极为发达，因此，生产也很方便。

通常来讲，宽下巴的人比圆下巴的人个性要强硬一些。这一类人对任何事物都充满了好奇感，并会逐一地去加以研究。他们虽然具有嫉妒心，但也兼有宽容的美德，往往不会由于过激而导致自我毁灭。

方下巴的人属于行动派，永远不会没有事做。通常来讲这一类人个性往往刚毅果断，当有了一个意念时，一定会一往无前，不论遇到什么困难，他们都会坚持到底。现实中这一类人进取心很强，不论作为学者、政治家、实业家、法律工作者、作家等，他们都可以获得极大成功。不过，这一类人一旦走错了一步，他们的性格往往会一反常态，甚至会做出一些妨碍社会的事情。方下巴的人一般是属于比较理想化的人，有时他们对于那些明显对自己不利或自己没有把握的事情仍然有勇气积极行动。有许多男性属于这种类型,在情感上他们一旦对某位女子产生爱意,就会大无畏地力排万难,坚持到底地努力追求,直到成功为止。也因此,方下巴的男性中,许多人会被女性全心全意地爱上,成为幸运女神眷顾的对象。

双下巴又称"大黑颌",有双下巴的人,通常性情笃实,他们心地宽大。这种人往往是财运亨通,而且这一类人并无强烈的意欲,行事也不会脱离常规,在社会生活中往往是比较有威望的。

通过下巴观察一个人的时候,除了下巴的形状之外,其实我们也不能忽视下巴动作的暗示作用。通常来讲,当一个人在重压之下会习惯性地做出伸长下巴的动作。例如,人们会经常看到扛着重物的工人、挑重担的农民,都会不由自主地做出这样的动作来。其实,这些就是下巴动作显示出的人的内心状况。

从体态语言的角度上来看,突出下巴的动作,属于攻击性的行为。然而,这种情况多见于西方人,相比之下东方人却是恰恰相反的,东方人在愤怒的时候总是习惯缩下巴。其实,这主要是因为东西方的环境与文化的差异,在东方人的哲学里,人们注重的往往是藏而不露,以便攻其不备。而有趣的是。西方社会却有这样的一句谚语:"缩起下巴的人最阴险。"可见,解读人的下巴"语言"也要看文化环境。

不管是站在东方文化还是西方文化的角度上,其实我们都应明白,当人们因为愤怒而缩起或抬起下巴的时候,他们此时的心理活动是非常复杂的。至于他们的内心到底如何,就需要人们结合整个情境仔细观察、具体分析了。

其实,在日常的生活中也许人们还会有这样的印象:当人得意扬扬时候,也会摸着自己的下巴;当一个人陷入沉思之际,往往会无意识地抚弄下巴;而当一个人表现出极大的兴趣和注意力时,他则会采用手托下巴的姿势等等。

在生活中,各种下巴的动作都显示着不一样的心理活动,这就需要我们在生活中进行入微的观察与全面地分析了。

"无声"的嘴巴告诉你真相

在五官中,嘴巴的作用不可小视,它不仅仅是我们吃饭的"工具",也是我们与外界沟通交流的主要器官。从医学角度来讲,由人嘴的大小、厚薄、颜色、弹性以及嘴唇的形态,可以看出一个人的健康状况、生命力、情感世界和性格特征。

例如，男性如果嘴巴特别大，必定性格外向，并且具有雄心和魄力；同样的道理，女性若嘴巴偏大，则喜爱参与社会活动，且富有男性气概。嘴的轮廓俏皮可爱，嘴角富有魅力的人，表示其个性爽朗，天生一副幸运相；嘴唇殷红是吉相，紫色表示淫相或者易患心脏病。

的确，在人际交往中，对方的嘴巴即使不开口说话，也可以"无声"地传递给我们许多有用的信息，比如是否产生了爱情，意志的强弱，尤其是健康、婚姻状况等等。不仅如此，嘴部的惯常动作，也往往能影响一个人的嘴型，我们也就能从嘴型窥探出一个人的性格，进而看透其内心。

那么，生活中我们常见的嘴巴类型到底有哪几种呢？各类型的人又具有怎样的性格呢？

1. 仰月形，也称新月嘴，唇角上扬。这种人情感丰富，性格开朗，性格温厚，富有幽默感。他们往往头脑灵活，思路清晰，意志坚定，工作能力很强。在职场生活上，这一类人也往往比较得意，他们总是能很快地找到合适自己的工作，这常常让别人感到羡慕。

2. 伏月形，此种嘴型唇角下垂，拥有此种嘴型的人性格谨慎，但脾气怪异，性情冷峻，不太容易和人相处，他们喜欢怨天尤人，因此，这种人的人缘往往不佳，他们有着独来独往的个性。其实，这种人是非常体贴的，遗憾的是这份体贴之心往往被他们的怪异的性格所掩盖而难以体现，才导致很多人远离这一类人。

3. 四字形，此种嘴型的主要特征是似长方形四字一般，上下唇都比较厚。通常来讲，拥有此种嘴型的人个性很强，又老实忠厚；性情温和，有正义感；头脑灵活，工作能力很强，这一类人在事业上比较容易取得成功。

4. 一字形，上唇与下唇紧闭呈一字形，这是一种有信念以及意志力强的体现，也是身体健康的标志，不过这种类型的人往往比较顽固。

5. 修长形，嘴型修长的人一般诚实守信、性格开朗，他们人品好，懂得人情世故，社交能力强，个性丰满，深受别人的欢迎与信任。

6. 承嘴型，承嘴是下唇突出，似乎是承住上唇一般。一般来讲，这种人喜欢讲歪理，任性自私，他们往往猜忌心比较重，因此也较难得到上司的赏识与提拔。不过，这种人的优点就是忍耐力强，他们能够忍常人所不能忍，这也是他们取得成功的一个基本条件。

7. 盖嘴型，这种类型人的主要特征是，盖嘴是上唇突出、盖住下唇的嘴型，正好和承嘴相反，而他们代表的性格也与承嘴所代表的性格相反。拥有这种嘴型的人是讲道理、个性强、有义气、正义感强的人，通常来讲，他们有着比较完美的人格形象。

8. 怪嘴型，从外形上看，这种嘴型的人好似用嘴吹火般一样的形状。一般来讲，这种人个性很强，有独立的性格，但有时候不免顽固、粗野，并因此影响人际关系。而且，此种嘴型的人好说闲话，这也导致他们与别人的纷争不会太少。

虽然嘴型不能很完全地表露一个人的内心世界，但嘴的的确确被人们称为是人体的"出纳官"。当我们在根据嘴型对人进行判断的时候，最好也能同时观察嘴巴的相关变化，这样会看得更准一些，才会更深地探究到其中的真相。

同时，从嘴唇的厚薄情况我们也能观察到一个人潜在的性情。通常来讲，厚嘴唇的人为人比较热情，而绷紧或薄的嘴唇则为人比较严厉，绷紧的或薄的嘴唇是绷紧口轮匝肌的特有的结果。而如果一片嘴唇绷紧另一片嘴唇松弛丰满，这可能意味着此人具有矛盾的双重性格。

一般来讲，嘴部周围肌肉的收缩有时可以看成是担心上当受骗，希望抵挡住外界干涉的一种信号。如果一个人"上唇总是绷得紧紧的"，那么他的目的是为了控制自己的感情或抵挡住他人对自己的影响。

因绷紧而卷曲的嘴唇常常对应着严厉、残忍、盛气凌人的性格。英国著名的文学家雪莱在《王中之王》中描绘奥齐曼迪亚斯这位古代帝王时，这样写道："被发掘出来的他的铸像上那卷起的嘴唇无声地告诉人们，这个人曾经有过的残暴无情的行径。"由此可知，嘴唇也是我们判断一个人的性情的一个重要标准。

通常来讲，一张"易怒的、生气的"嘴是嘴唇习惯性地向外突出，这种嘴常常也是一种忧郁或病态性格的信号。下垂的嘴唇与两边口角下挂往往是由于长期的悲观厌世、生气、不愉快所导致的。而相反地，那种活泼、乐观的性格的人是口角向上提起、向上扬的。

"毫无血色"的嘴唇表示一个人缺乏生机或斗志，或是表示一个人内心残忍。正如莎士比亚在《朱利叶斯·恺撒》中所描绘的那样"他那懦夫的嘴唇顿时毫无血色"。

由神骨相人

图文珍藏版

　　曾经就有医学专家们建议,如果去赴心上人的约会,那么在热吻的间歇可以仔细瞧瞧对方的嘴唇,从嘴唇可以看出对方的性格和健康状况。

　　其实,不管是在恋爱中还是在工作中,当与对方交流时,我们要时刻注意观察对方的嘴型以及其说话时嘴巴的变化,能够较准确地判断出对方的性格,揣摩透对方心理的变化。这样就能在交际中游刃有余,同时增大实现目标、办事成功的概率。

眉毛是内心的晴雨表

　　在人的面部器官中,眉毛在人的眼睛上面,可以说是眼睛的一道天然屏障,对眼睛有很好的保护作用。同时,眉毛也是人面部表情的一个重要组成部分。双眉的舒展、扬起、收拢、下垂可反映出人的喜、怒、哀、乐等复杂的内心活动。因此,在人际交往中,我们只要仔细观察人的眉毛的外形以及活动情况,就能及时地分析出人们的心理活动状况。

　　在中国的古代对于眉毛曾经这样写道:"眉者,媚也。为两目之翠盖,一面之仪表,是谓目之英华,主贤愚之辨也。故欲疏而细、平而阔、秀而长者,性聪敏也,若夫粗而浓、逆而乱、短而蹙者,性凶顽也。"由此可见,在中国的古代,人们就懂得通过一个人的眉毛来判断一个人的性情了。

　　清朝著名的政治家曾国藩就曾这样说过:"眉崇尚光彩。好的眉毛表现在四个方面,即'清秀油光'、'疏爽有气'、'弯长有势'、'昂扬有神'。"这也就是说,人的眉毛应该有有光、有气、有势、有神等四个特点。不过,在这四个特点中,"清秀油光"最为重要。一般来讲,年轻人的眉毛都比较光润明亮,相比之下老年人的眉毛往往比较干枯而缺乏光彩。这是由于年轻人生命力旺盛,而老年人生命力开始衰退导致的。

　　通常来讲,眉毛的光亮可以分为三层:第一层是眉头,第二层是眉中,第三层眉尾。层数越多,往往给人的印象越好,得到他人的提携也就越多,这样的人成功的概率也比较大。因此人们都认为眉毛有光亮的人是运气特别好的人。

　　《黄帝内经》有云:"美眉者,足太阳之脉,血气多;恶眉者,血气少也。"所谓恶眉,古人解释为"眉毛无华彩而枯瘁"。由此看来,眉毛浓密、长粗、润泽,体现了血气旺盛;而相反地,眉毛细淡、稀短、枯脱,则反映气血不足。眉毛浓密,说明其肾气充沛,身强力壮;不过眉毛稀少,则说明其体弱多病,肾气虚亏。

从中医学角度来看，人的眉毛代表着内分泌系统和肝、肾系统的状况。而肝脏及内分泌，恰好是影响一个人性情的重要生理因素，因此，我们从眉形可以看出一个人的性情好坏。

人际交往中，我们要做到"知人知面又知心"，要善于观察。我们在关注对方的眼睛的同时，也要注意观察对方的眉形特点以及变化情况，从更深层面上推测出对方的性情及内心的律动。那么，我们应该如何通过眉形去了解不同人的性格特征呢？

1. 眉毛较粗的人

通常来讲，粗眉的人较男性化，性情积极而好冲动；而细眉的人比较女性化，性情消极，优柔寡断。新月眉看起来漂亮，不过如果是男性长了这种眉毛，那么他的性格一定比较懦弱。

2. 眉梢往上及眉梢往下的人

通常来讲，眉梢往上的人，自尊心与个性均极强，一向拒绝妥协，缺少协调性。这一点既是这一类人的长处，也是这类人的短处，因为当需要豪气与果断时，他们能迅速地施展其手段而崭露锋芒。这种人往往会受到别人的敬仰。眉梢往下的眉毛被俗称为"八点二十"。长此类眉毛的人富有同情心，热心助人，是典型的好人。他们即使受到别人的捉弄也不想去报复。从相学上来讲，这种人大多数在四十多岁时会受点苦，不过他们做事会善始善终。

3. 眉梢长过外眼角的人

此类人往往具有雅量，会体谅别人，经济上比较宽裕。从情感上来讲，眉毛短的人夫妻之间的缘分非常浅薄。浓眉的人运气很好，不论这一类人处于哪种阶层，他们都能一直十分活跃。但如果眉毛过浓的话，便有高傲以及狡猾的趋向，往往是自我中心主义者。而相反地，眉毛稀少的人性情较稳健，他们知识较丰富，不过这种人缺少进取心与指导性。也有些人眉毛稀少，可能是由于秃发并发症造成的，此类人只要注重平时的调养，连续吃一至两个月的生蔬菜，便会逐渐长出浓密的眉毛。

4. 柳叶眉和一字眉的人

柳叶眉的人性格温柔而且有智慧，他们都能孝敬父母，与兄弟和睦相处。而一字眉的人性格坚强，行动力强。有较宽的一字眉的人一般具有较高的胆识，而有较窄的一字眉的人却较固执与缺乏耐力。此外，这一类人往往比较阴险,通常是高智商的罪犯。

5. 近眼眉和远眼眉的人

眉毛与眼睛相距较近的人,他们做事较沉不住气,这一类人往往比较阴险,此类人福运欠佳,家庭中往往风波不断。他们往往只见眼前利益,而不能考虑长远。通常来讲,眉毛距离眼睛较远的人,性情比较温和,而且显得气宇轩昂,是长寿之相。

6. 眉间宽与眉间窄的人

左右两眉的间隔较宽的人,较稳重而且长寿,因为这一类人肚量大、视野广,他们对任何事情都不会过分计较。而印堂狭窄的人却恰恰相反,他们中年时容易患上大病。

7. 眉毛排列整齐和紊乱的人

眉毛按同一方向排列而又有光泽的人非常幸运,这一类人为人也十分诚实。不过,如果眉毛排列非常紊乱,生长的方向又不一致,那么这种人往往言行不一,大都是伪善者。

除了从眉形来判断一个人的性格特征进而把握其心理之外,眉毛的变化更是对方心理活动的非常直观的晴雨表。美国的社会心理学家琳·克拉森被世人称为"读脸专家",琳·克拉森发现,当一个人眉毛上挑,则表示这个人需要尊重,需要更多时间适应现在的场合;而当一个人的眉毛向下靠近眼睛时,表示他对周围的人更热情,更愿意与人接近。如果你所接触的人将眉毛向上挑,那么,此时你不要靠他太近,可以先与他握手,让其主动靠近你,以免让他感觉不舒服。

眉毛的变化丰富多彩,而皱眉所代表的心情可能有好多种,例如希望、诧异、怀疑、傲慢、疑惑、不了解、惊奇、愤怒和恐惧等等。

当一个人因为对方的言辞而皱起眉头时,这往往意味着他此时有不耐烦、苦恼、焦虑等情绪。不过,皱起眉头的动作具体代表了哪种情绪,人们应当根据具体情境而定。例如,一个人错过了公交车而皱眉,那么,他皱眉就表示无奈与苦恼。

当你与别人谈话的时候,当你的交谈对象出现皱眉头的动作时,那么你要通过交谈情境来推断对方皱眉头的动作是缘何而起,如果是因为对方和你的意见与看法相冲突,这时你要尽陕转移话题,千万不要继续追问或者喋喋不休,否则可能会激起对方对你更加强烈的不满,进而加深你们的矛盾。

当你在一个安静的咖啡厅里的时候,可能会经常发现这样一些人,他们看着自己手中的书或者面前的电脑,皱着眉头。女士在皱了一会儿眉头之后,可能会托住自己的下巴,而男士在皱着眉头的时候,嘴里常常还叼着一支烟,其实很显然,这个时候,人们皱起眉头是因为正在专注地思考着问题。

从生理学上来讲,人们在专注地思考问题时,往往会皱起眉头,这表示他们此刻的注意力非常集中。如果在交谈过程中,你提到的一个问题使得对方皱起眉头,那么你经过分析发现对方并非因为焦虑、厌烦等消极情绪而皱起眉头,说明此刻对方可能正在思考你提到的问题,并且可能在思考之后给出他的意见。这时,你应该做的就是积极引导对方在思考的过程中与你继续交流,而不是让你们的谈话出现空白。其实,这时你可以这样询问对方:"你同意我的看法吗?""你是怎么想的呢?""你的观点是什么呢?"同时,你也应该积极引导对方说出他们目前尚不成熟的想法,比如,你可以采用这样的语句:"没关系的,你先说出来,我们可以讨论一下。"要知道,这些带有意见、建议的倾向但是尚不成熟的观点,比起那些成熟的观点要好应付得多。

自古以来中国就有"观眉毛,识破人"的说法。不过在现实生活中,我们要真正了解一个人或者一个人的内心世界和性情特点,我们还必须综合去考察以及分析,不能简单地"望眉兴叹",这一点就需要我们自己去把握了。

读懂对方耳朵所传达的秘密语言

在五官之中,耳朵历来为我们所重视。在中国古代就有所谓"鼻祖耳孙"之说,可以说耳朵是胎儿在母体里最后发育完成的器官。很多人认为如果父母双方的身心都很健康,那么生出来的孩子耳朵也必然会匀称美丽;反之,一个人的耳朵歪斜丑陋,这也显示孩子的双亲要么是身体欠佳,要么则是感情不和。

在中国的相学上,耳朵一直被人看作运势的重要判断对象。罗贯中的《三国演义》中就这样形容刘备的耳朵:"双耳垂肩,具帝王之相。"这也说明了人的耳朵与一个人身心及运势的关系,正如相学所说的"夫耳根于肾,为心之门户,为身之窗也"。

因此,一个人耳朵的位置、形状、大小等因素很有可能会泄露一些不为人知的秘密。这也是为什么一些人在观察人的时候总是喜欢看看对方的耳朵情况,特别是耳朵的位置。其实，与眼睛、鼻子等其他的面部器官有所不同，虽然耳朵的大体位置是确定的，但会因人而异。在现实生活中，我们可以依据对方耳朵的位置，解读出对方的某些性格特征来。

然而，对于耳朵与人的性情的关系，最能说明问题的是耳轮与耳垂。据心理学研究发现，一个人的耳垂与耳轮的生长情况将决定着一个人的性格特点等内在的因素。因此，我们在社会交往中，要学会善于观察对方的耳轮与耳垂，这样将使我们更好地了解一个人的一些内在特性。下面我们具体来解析耳朵所蕴藏着的秘密。

1. 耳轮的秘密

在观察人的耳朵时，我们先来看一下具有正面特征的耳轮。一般来讲，耳轮可以体现出一个人的思想、意志力、情感世界以及活力。通常来讲，一个结构完整、外形美观的耳轮可以表示人的意志力强。如果一个人的大耳朵上长有这种美观的耳轮，那么则有助于大耳朵本身所代表的特性朝着有序的方向发展。日常生活中，我们经常会在具有艺术天赋的人身上发现这种美观的耳轮，比如核分裂的发现人之一利塞·迈特纳以及德国小提琴演奏家安妮·索菲·穆特等。

而如果这种外形美观的耳轮长在中等大小的耳朵上，那么则代表其人逻辑性强以及思路清晰。这种耳朵在经济、政治以及科学领域的领导者身上比较常见，比如美国前总统里根、俄罗斯前总统叶利钦以及英国第一任女首相撒切尔夫人等政治名人。这种人具有注意力集中、思路清晰以及坚持不懈的特点，因此他们能展现出惊人的创造力以及组织能力。

小耳朵本身就是个性缺乏的象征，通常来讲，小耳朵的人往往缺乏热情和意志力。不过如果耳轮美观，那么则体现了某些正面特征，比如：良好的观察能力，身体也比较灵活，对音乐的敏感性，节奏感和协调性好。我们通常会在音乐家和运动员身上发现这种耳朵类型。

除了正面特征的耳轮外，我们还会发现三种负面特征的耳轮：粗大、不规则、且不平整的耳轮；过短、过细的耳轮，甚至基本上没有耳轮；过于肥大或打结的耳轮。

过细的耳轮：如果耳轮过细，甚至几乎没有耳轮，这就表示失控的思维方式。这种特性可以表现为反应冲动、空想以及对形势估计错误。通常来讲，长这种耳朵的人常常是非常顽固的。

对于大耳朵的人来讲，这种耳轮可能导致他们产生不切实际的幻想，甚至会产生疯狂的念头。然而，在艺术领域，善于幻想的特质则会产生正面的影响，造就非凡的才华，比如世界著名的钢琴家鲁道夫·塞尔金就是一个很好的例子。

一般来说，耳朵中等的人没有大耳朵的人冲动，他们个性理智，逻辑性好。对于小耳朵的人来说，其活力以及表达能力本来就比较弱，如果在此基础上，一个细的耳轮则代表其个性发展受到了极大的束缚。一般来讲，我们在一些患有抑郁症的女性身上，经常会发现这样的耳轮。

过于宽大的耳轮：一般来说，过于宽大的耳轮表示具有极强的意志力，不过，长有这样耳轮的人往往会发展为固执和以自我为中心。即使是在外形美观的耳朵上，这种耳轮也会表现出一些负面特征。

在外形丑陋的耳朵上，厚而肥大的耳轮则会加强了其负面特征。前民主德国间谍头目马库斯·沃尔夫是最典型的代表。他的耳朵厚而肥大，同时布满皱褶和弯曲，这往往表示危险的道德品质，以自我为中心，这一类人的品行往往有问题。

弯曲的耳轮：我们知道，耳朵上的单个或多个扭曲都代表感情受到干扰。如果一个人具有这种弯曲的耳轮，而且耳朵中等大小，结构较为细致，这也就体现出了这个人比较细腻、敏感。

2. 耳垂的秘密

耳垂可以体现一个人的活力、情绪以及对自由的渴望。通常说来，耳垂越大，感情越强烈。从正面看，这种强烈的感情可以表现为热忱与想象力；而从反面看，这种强烈的感情常常表现为冲动，有易怒与骄横跋扈的倾向。耳垂越小、越单薄，本能反应就越不明显，行为就越理智，自控能力也就越强。

通常来讲，耳垂基本上可以分为以下几种类型：

过大的耳垂：过大的耳垂通常表现出动物化的、错误的行为方式。如果耳朵结构同时也不好，则更加剧了它的负面特征。通常来讲，长这种耳朵的人大多非常自我，他们较少表现出积极的社会行为。在一些犯罪分子的耳朵上，我们有时就可以看到这种耳朵特征。

正方形的耳垂：如果耳垂过于肥大、厚、呈方形，我们可以推断出这个人动物性非常强,根本不受控制。如果耳垂向前弯曲,那么更是加剧了这种负面特征。

没有增生的耳垂:通常来讲,耳垂大、没有增生的人,比耳垂小却增生的人更富有感情。长这种耳垂的人非常热爱自由,他们无法忍受任何限制。这一类人往往不赞同人类的弱点,他们痛恨小心眼的行为。他们在生活的所有方面都反对各种规定,主张自由,不过有时过于感情用事。在那些具有创新意识的人身上,我们会经常发现这样的耳朵:耳垂与耳朵整体相协调,结构美观。存在主义的代表人物、法国著名作家让·保罗·萨特,他的耳朵大而优美,还有一个大耳垂(但是有增生),他有很强的想象力与行动力;再比如美国前总统罗纳德·里根,他的耳垂与耳朵整体极其协调,代表感情强烈,具有较大的潜力以及较强的生命力。

倾斜的耳垂:同上面描述的两种耳垂一样,这种大而倾斜、向下延伸的耳垂的结构也不好看,耳轮上有突起,耳甲腔小,不平整。即便没有其他的负面特征,长在倾斜的耳朵上的倾斜的耳垂也表现出令人担忧的情绪与思想。

从种种的分析上我们知道,小小的耳朵却包含了这么多的信息,隐藏了这么多涉及天赋、健康、品性等诸多方面的内在信息,这也实在令人惊叹。正因为如此,在交往中,如果想了解对方,不妨从对方的耳朵开始。

从牙齿传递出来的内心信息

依照传统的面相识人的观念,在判断一个人的时候,人们可能会根据面型以及五官的具体情况来判断隐藏在人们身后的性情与内在特征。然而,近年来,根据牙齿去解读一个人内在的观点也越来越受到人们的关注以及认可。从种种的研究发现,人的牙齿状况与人的性情有着非常密切的关系。

从生理学上来讲,牙齿应该说是骨骼的末梢,它与人的健康有着密切的关系。中国古代《南北相法》就曾经这样写道:"从牙齿可以断定肾脏的好坏,进而看出身体的强弱。"由此可见在中国的古代,人们就已经注意到牙齿与人身体健康的关系了。随着社会的发展,人们对于牙齿的了解也不再局限于身体健康层面,而是更从心理的角度来解读。据心理学家研究发现,牙齿也可以透露给你一个人的年龄、性格、爱情等丰富的信息。

例如,如果一个人的右边门牙微压左边门牙,则表明其性格保守稳健,做事深思熟虑;如果一个人的牙齿边缘平齐,则说明这一类人雄心勃勃,在意志力的驱使下,多半会有不小的成就;如果左边门牙微压右边门牙,则表明此人性格自由随性;有虎牙的人,尤其是女性,往往比较聪明,亲和力强,容易受到他人的喜爱;通常来讲,牙齿不齐、松散的人往往有很强的艺术天分,审美能力较强。可见,牙齿的学问也非常大,这需要我们仔细地去观察与解读。

那么,在现实的交际中,我们又怎样通过对方的牙齿去解读他们呢?下面我们具体来解析。

1. 小瓣牙齿的人

小瓣牙齿俗称为米粒牙。通常来讲,拥有这一类牙齿的人大多性格机敏,悟性比较高,处事灵巧,追求新鲜事物。这一类人的接受能力很强,学东西也很快。

2. 大瓣牙齿的人

一般来讲,具有大瓣牙齿的人大多品德好,性格耿直爽快,为人厚道,他们往往朋友很多,身体素质好,是能长寿的人。

3. 牙齿参差不齐的人

现实中,这一类人容易冲动、性情浮躁,而且固执己见,他们听不进去他人的劝告。不管实际能力如何,他们的内心都十分高傲。在婚姻上,这一类人会跟配偶常常吵架,不和睦。

4. 牙齿大小平均的人

在现实生活中,牙齿整齐平均的人,一般个性随和,有责任感,做事按部就班,会照顾好自己与他人。这一类人热情、精力旺盛。他们能守住财物,做投资不会有大的损失。

5. 编齿的人

上下合缝,紧密得像紧编在一起的牙齿。如果没有经过矫正,天生就是这样。这一类人大多是智力超群之人,思维缜密,做事滴水不漏,可以说是老板手下的良才。这一类人通常都有远大志向,后天机遇也很多。

6. 露齿的人

露齿就是两唇间有一定缝隙,并可看到部分牙齿。这一类人脾气比较差,爱惹是生非,唯恐天下不乱,爱凑热闹。同时,他们一般没什么主见,属于随大流一类。

7. 牙齿外凸的人

就是我们常说的"暴牙"。他们中的大多数人以自我为中心,行为举止夸张,喜欢吹牛,容易引起他人反感。生活中这一类人往往做事虎头蛇尾,没什么耐性。他们个性往往比较固执,与家人难以沟通,相处不大和睦。

8. 天包地的人

上面的牙齿盖住下面的牙齿。这一类人责任感强,知道照顾他人,因而很受家人的依赖。同时这一类人一般是懂得感恩的人。不过这一类人体质有些弱,需要加强锻炼。

9. 漏缝的人

牙齿不密,牙与牙之间有非常明显的缝隙。生活中,这一类人表面随和,不过实际上并不是很容易相处。他们保密性差,他们会时不时地把别人的秘密无意地说出去,所以与这一类人说话时需要谨慎。不过,这种人一般财运很好。

10. 地包天的人

下面的牙齿盖住上面的牙齿。这一类人在感情生活上不大顺利,不管男女都会受到不同程度的感情挫折。不过相比之下,他们在事业上则会顺利许多。

总之,看齿观人的学问很多。在人际交往中,特别是在对方说话、谈笑的间隙,多观察一下对方的牙齿,他的一些小秘密便会浮现在你眼前,这也就是小事观人的精华所在。

隐藏在表情下面的暗语

表情在我们了解一个人的过程中具有重要的指向作用。表情是人内心想法最直接的表达方式,我们可以通过观察一个人的表情来解读他的内心:

痛哭流涕可能是得到了不幸的消息,非常伤心,或者是对某件事很后悔;哈哈大笑表示开心;闷闷不乐表示遇到了烦心事……千姿百态的表情让生活多了许多色彩,给人与人之间的交往平添了几分乐趣。而这些丰富的表情就是我们解读一个人的重要依据。

不过,通过表情洞察人的内心想法,看似很简单,其实需要学习、注意的地方有很多。尤其是有些人经常以假面示人,这就更需要我们拥有一双慧眼,看穿他的表情,把握他隐藏在表情下的内心。

那么,我们应该怎样透过表情解读一个人的内心呢?下面我们通过几种生活中常见的表情,来解读其背后隐藏的语言。

1. 表情比较夸张

表情比较夸张的人中往往存在以下现象:在家里生了气、吵了架的夫妻,在众人面前表现得比平常高兴;多话的夫妻,平常总说对方的缺点,其实彼此特别的恩爱;有这样表情的是属于开心果的一类人,这一类人往往比较单纯,没有心机,虽然有时候看起来有些笨笨傻傻的。

所以在生活中,这些人有时候对任何东西看似漠不关心,实际上内心却高度关注。

2. 表情含糊不清

在人际交往中,当对方的表情看起来非常含糊,态度有些怪怪的,但他的脸上还是微笑的时候,不要以为这是友善的信号,此时他们可能已经对你起了戒心。不过是出于礼貌,没说出口而已。

3. 面无表情

这一类表情容易出现在被推销的客户或是被批评的下属脸上。此时要密切观察对方的表情变化,短时间内没有表情表示他在聆听、思考。若是无论你说什么,他都没有反应,则表示他非常厌烦与不满。

4. 脸色变化

脸上泛红晕一般是羞涩、紧张或激动的表现。在与爱情、性有关的场合,人们更容易脸红,这显示的是一种童真。另外,很多人在受到表扬的时候,脸上也会泛红。不过需要注意的是,这也有可能是皮肤比较薄、温差变化引起的脸色泛红,不可一概而论。而脸色发青、发白则是生气、身体不适或是受了惊吓而异常紧张的表现。

5. 皱眉、耸眉与扬眉

皱眉是表示对方非常烦恼、不满,甚至是盛怒,或者表示正在思考,也有人是习惯性地皱眉,这一类多是尖锐、爱挑毛病的人;耸眉的动作比摆动眉毛慢,眉毛先扬起再降下,是表示意外、惊讶或不大相信;扬眉则表示尊敬、兴奋、骄傲、有高兴的事儿等;眉毛上下摆动是在表示欢迎或强调。

6. 嘴部的表情变化

你千万不要忽视嘴部微小的变化,它所传达的感情有时甚至超过了眼睛。一般来讲,嘴唇轻闭,表示心态平和、对目前状况还算满意;嘴唇半开,表示惊讶、疑问;全开就表示惊愕;嘴角向上,表示礼貌、友好、喜悦;嘴角向下,则表示忧愁、无可奈何;嘴唇绷紧,表示愤怒、不服或者在下决心;嘴唇撅着,表示埋怨、不满。看电影是可以培养我们观察他人表情的能力的好方法,看电影或连续剧时我们不妨把声音关掉,只看图像,全神贯注于演员的表情变化。

7. 眼睛与瞳孔

眼神是观察表情的重点。一般来讲,一个人如果眼睛一直遥视远处,那通常是表示对你的话题不感兴趣,或不关心你的话题,正在想其他的事情,希望能快点离开。如果遇到这种情况,一定要试着换个话题,或是尽快结束谈话。

眼睛目不转睛地瞪着你,恰恰有可能是因为对你有所隐瞒,故意直视你的眼睛,这样就不会引起你的猜疑;有意避开你视线的人,有时候往往是很关心你,不想让你察觉,如果是异性的话,恰哈说明他(或她)对你有强烈的爱慕之情。

此外,在你观察对方的表情却对对方的内心拿捏不准时,就仔细看对方的瞳孔,科学研究表明,瞳孔变化最能反映内心世界的变化。一般来讲,人在出现极大兴趣或有了某种动机时,瞳孔会迅速扩大,所以当人品尝美食、游览奇异风景时瞳孔都会扩大。比如一些玩牌的人,看到牌友瞳孔放大,就知道他一定是抓了手好牌。另外,在紧张、恐怖、暴怒时瞳孔同样会出现扩大反应,而厌恶、烦恼、疲倦、乏味时瞳孔则会缩小。在人际交往中,我们要特别地注意自己与对方的眼神交流。闪烁光芒的、善意直视的眼神会使你在与人交流时得到更多的喜爱和信任。

丰富的表情里面一般蕴藏着一个人最真实的思想动机。在现实的人际交往中,我们不仅仅需要从整体上把握一个人的表情,更要善于从细微的局部表情去解读对方内心微妙的变化和思想动机。因此,要想了解一个人就必须练就解读其表情的技巧,做到察人于细微处。这样才能在人际交往中如鱼得水,左右逢源。

看人主要看精神

俗话说:"去掉稻谷的外壳,就是没有精髓的谷糠,但稻谷的精华——米,仍然存在着,不因外壳磨损而丢失。"这个精华,就是人内在的精神状态。神平则质平,神邪则质邪,神正其人正,神邪其人奸,是以观神识人。一个人的神,不是自然而然形成的,而是由其内存心质所决定的。

从上往下看,会把人看矮了;从下往上看,会把人看高了;从近往远看,会把人看小了;从门缝往外看,会把人看扁了。只要没看透人之"精",人之"神",就会犹如盲人摸象,从不同的角度得到不同的结论。为什么会"不识庐山真面目"? 恐怕是"只缘身在此山中"。没有认识到其"精",其"神",其内在本质。

观察一个人的"神",可以辨别他的忠奸贤直。"神"正其人正,"神"邪其人奸。平常所说的人逢喜事精神爽,是不分品质好坏而人所共有的精神状态。这里谈及的"神"与"精神"一词不完全一样,它发自人的心性品质,集中体现在人的面部,尤其是两只眼睛里,即曾国藩所说的"一身精神,具乎两目"。

如果一个人的"神"平和端庄,"神"定,表明他道德高尚,对上级忠心耿耿,不会肆意叛之,也不会因周遭事物的变化而随意改变节操和信仰,敢于坚持正确的东西,意志很坚定。

如果一个人的"神"侵邪褊狭,"神"挫,则表明其品格卑下,心怀邪念,容易见异思迁,随便放弃自己的道德情操而趋利。这种人平常善于掩饰自己,往往在准备充分、形势成熟后才显出本性,而不会轻易发难,这是大盗大贼一类的人。

需要说明的是,神固然与天生遗传有关,但更主要的是在后天环境中磨炼出来的。王莽这个人在历史上的名声并不太好,但就他本人的才能胆识而言,在当时也算得上是一个极其难得的人才。如果他不篡取王位,不显露本性,仍像未夺得朝政大权之前那样勤奋忠心地工作,俭朴地生活,说不定会成为一个流芳百世的周公式的人物。

山岳表面的泥土虽然经常脱落流失,但山岳却不会倒塌破碎,因为它的主体部分是硬如钢铁的岩石,不会被风吹雨打去。这里所说的"岩石",相当于支撑人的身体构架的坚硬部分——骨骼。

一个人的"神",主要集中在两只眼睛里,一个人的骨骼丰俊与否,主要体现在一张面孔上。像工、农、兵、商等类人士,既要考察他们的精神状态,也要考察他们的体势情态;读书人则主要是考察他们的"神"和"骨"。神和骨就像两扇大门,命运就像巍巍立于门外的大山。考察"神""骨",犹如打开两扇大门,山势的起伏昂藏自然尽收眼底。两扇大门——"神"和"骨"——是从外表考察人物的第一要诀。

从外表考察人物,就应当观察精神,精神主要集中在眼睛里。

精神贯穿在一个人生活的始终,是生命力的表征。生命力强旺,精、气、神、血就充足丰沛,脉相也沉稳有力。如果血枯气散,精神恍惚,就是生命力衰竭或受损之象。"大伤元气"就是精、气、神、血受损伤。

但精、气、神三者却是看不见的。质藏于形内,又决定形的神韵风姿。中医理论认为:形有助于养血,血有助于养气,气有助于养神。如果形体完备无损,血液就能够流通(中医有"通则不痛,痛则不通"的说法);血液流通无阻,气就能顺畅;气一顺畅,神就明清爽朗。因此说,形能养气,气能安神。气不沉稳,思想就浮躁,就不能静下心来,在这种状态下,人去办事是收不到良好效果的。

精、气、神、血的稳定性是一个较长时期的过程。如果四者长时间浮躁不定,精力不能集中,做事效率低,才能得不到充分发挥,事业兴衰可想而知。

反之,精、气、神、血四者旺足,生命状态奇佳,精力高度集中处于亢奋状态,可以激发体内潜能超水平发挥,平常有五分能力,突然间会暴涨至七分、八分,事业自然会顺利发达。成绩平平的学生在关键时刻会考出高分,精神亢奋的运动员会做出惊人神技,原因就在于此。精神足与不足影响到才能的发挥,从而决定事业和命运。

精神状态良好,能调节激发体内潜能,灵感与超水平发挥就有实现的可能。这种说法当然不足以解释精神与一个人事业、命运好坏的关系。

气沉不下来,就做不好事情。"神"与"精神"还不是一码事。神是一个人生命力、行动力、意志力和思考力的综合体现,是有质无形的东西,主要集中在人的面部,尤其是两只眼睛里。人们看不到它的实体,却能够感受到它的存在。经由各种磨炼,神会发生变化,智慧、阅历、才能和信心增长了,神也会更加明清精湛,丰厚纯熟。

神是一种气质性的东西,能在后天的环境中发生变化。可能来自磨炼,也可能来自阴阳的调和。老中医给某些年轻病人开的药方是提早结婚,而有的人结婚后果真面貌神态与婚前判若两人,这是阴阳调和平衡的缘故。

后天的磨炼更为重要,也是才能、信心、智慧增长的源泉。生命力可以通过锻炼和加强营养来增强,行动力是在处理事务中增长的,意志力是需要不断磨炼而更加坚强的,思考力是在学习和应用中一点点成熟完善的。四者是统一协调发展、相互促进的。意志力能把生命力提高到极限,在生命力脆弱时顽强地拼搏,也能克服恐惧和无助感,提高行动力,帮助思考力找到正确的答案。思考力则能改善、提高行动力的准确性,而经由行动力的不断实践,又有助于思考力的正确性。

知人要从四力入手

要详细了解一个人的实际内心世界,不能不注重一个人的自身能力。能力对于一个人综合素质的形成,具有不可替代的作用。一个人的能力来自四种力,知人者当然不可以等闲视之。这四种力包括:生命力、行动力、意志力、思考力等。

生命力是基础,行动力是武器,意志力是动因,思考力是统帅。

在它们的协调发展中,神就更加圆润纯熟。由于修养深浅的变化,有的人神光内敛(大才),有的人锋芒毕露(中才),如果无神无光,则不足论了。

在考察人物的过程中,有一种普遍现象,即人们比较容易识别与自己同类、同级或比自己才能低的人才,而对不同类型、比自己才能高的人则判断不准,加上受个人好恶的干扰,往往会造成众多的识人错误。

书读到相当程度,人的脸面上的气质会有所变化,仿佛有光,这是神的一种表现。在经历事务中成长,历经风雨事变的考验,气质神态又会有所不同,这也是神的一种表现。神是藏于形之内的,形也就是容貌,尤其是眼睛。神与眼睛的关系就像光与太阳。神通过眼睛外现出来,犹如光从太阳里放射出来普照外物,但神是藏于眼睛之中的,犹如光要存在于太阳内部一样。

在古代,读书人是为数不多的一部分,他们的思想很复杂:心计也颇多。比如说水泊梁山那一百单八个草莽英雄,真正的读书人只有军师吴用等几个,其他英雄都是大块吃肉、大碗喝酒的,怎么想就怎么说,怎么想就怎么做。但吴用就不一样。当卢俊义为晁盖报仇以后,宋江要推卢俊义坐头把交椅,吴用是反对的,但他不说,使个眼神,秋波一递,黑旋风李逵就跳出来了。吴用也许考虑到自己的身份,要带头反对,就是不给卢俊义面子;他不出面,至少不会得罪卢俊义。万一宋江死命坚持晁盖临死前的诺言——谁为他报仇,谁就坐头把交椅,那卢俊义还是要坐的,吴用自己不出面,两人都不会得罪,何乐而不为呢?李逵、武松等血性汉子就不会有这么多心计了。

读书读进去了,那是一种气功态。换句话说,读书人长期在练气功,气质与常人也有不同。但读书人中也有心怀邪念的小人，也有落井下石、拐骗别人妻女的不义之士，在文儒雅士、谦谦君子的文明面纱掩盖下，该如何识别呢？主要应是察神，这一点大家都知道。心有所动，眼睛会流露出变化，这其实就是在由眼睛察神。不论神光内敛，还是锋芒外显，神所传递的心性正邪、智慧愚笨都是掩盖不了的，一如云层厚积中的阳光，区别仅在于会不会鉴别。

精神状态有不足与有余之分。要区分人的能力和前程，相貌外形是靠不住的。比如王安石与文天祥。文天祥是一个很俊美的人，身材魁梧，厚背圆腰，秀目长眉，与今天带着脂粉气的男模特不一样，他身上至少多了一种英雄气概，而且蕴涵着书生气。王安石却是一个不修边幅的人，眼睛里白多黑少，至少算不上英俊。但他们的历史贡献同样流传于世。

因此，从外表上察人，主要察的是精神状态。

神的表现或洒然而清，或凝然而重，皆来自人内心的清明厚重，形与质的关系就是由神知心的理论根据。内心清明厚重，决定着他思维敏捷，大脑清醒，判断准确，以这样的条件去领导他人和处理问题，自然会凯旋而回。神清，是内心聪明智慧的表现，如果一清到底，光明而彻，这样人的命运、事业也就是好的。如果神混浊不明，内心的聪明智慧也没有多少，或许可以制造一点儿无聊的笑料，却不足以当用，这样的人就不足为论了。

神有余的表现是，眼光清莹流转，目不斜视，眉毛清秀尾长，容色澄澈如冰泉，清如一泓秋水。极目远眺时，如秋日长空里太阳照霜天；收目近观时，如春回大地和风拂过鲜花；处理事务时，果断刚毅，镇定沉稳，临危不乱，如猛虎踏步深山中；与众人相处时，和和融融，却又不为众人所淹没，像凤凰飞翔在雪原上，始终不失娇美和异彩，成为众人瞩目的焦点。这样的人动如猛虎、静若处子，不为外物所动，既能得众人的喜爱和钦佩，又有做大事的才力风范，自然前程远大。

神不足的表现是，似醉非醉，头脑浑浊不清；不愁似愁，经常忧心凄苦；似睡非睡，一睡便又惊醒；不哭似哭，经常哭丧着一张脸。不嗔似嗔，不喜似喜，不惊似惊，不疑似疑，不畏似畏。神色昏乱不定，容仪浊杂不清，惊神恍惚的神情状态就像出现重大失误，凄惨悲壮而又痛苦不堪，甚至带着恐怖感。言语瑟缩寒滞，闪烁隐藏不定，卑躬自怜，有如女子遭人凌辱。面色初时花艳，继而暗淡无光，语言初时迅捷，继而吞吐木讷。这样的人做事往往虎头蛇尾，有始无终，其前程自然可以预见。

熟知了神有余与神不足的区别,就很容易判断一个人的生命力、行动力、意志力和思考力的强弱。前面所列举的各种表现犹如病状,由病状来判断病情,再佐以验血、照光等手段,病情就十拿九稳。由神察人心性才能也大抵如此。

察神也不是一个静态的过程,除了观察眼光清莹浑浊外,还要结合他的举止、言语,才不会有偏失。精神是贯穿人生命始终、身体各部位的,包括在身体中。有一种小女子身材不高,却浑身透着青春的活力,精力旺盛,思维敏捷,这是神有余的一种表现。有许多矮个子伟人,也多是身小声雄神有余的。神有余,就有足够充沛的精力来从事比他人多得多的工作和学习,因此,能做出超过常人的成就来。

眼为心声

眉目传情,我们可以从眼睛观察出一个人的真实心性。

举例来说,20年前演戏的坏人就是一副典型的坏胚子模样,一出场马上惹人嫌;好人则一脸无辜,纯真无邪,根本用不着介绍。一些制作用心的电影加上演员的精湛演技,不用刻意化妆,一个人的好坏善恶从眼神中就表露无遗。

记得曾看过一篇文章说到,美国《天才老爹》这部影片之所以会大获成功,实在是老爹——比尔·寇斯比戏演得好,从眼神就可以看出他是一位慈父、好友、好医生、好丈夫。

恐怖片中人物心性邪恶,从眼神中也感觉得出来。所以,如果希望演员技高一筹,就必须透过眼神,表现出其扮演角色的意念与行为。同样,在日常生活中,若能经常对他人表示关怀,付出爱心,以善意对人或事,在长期的培养之下,自然就会流露出关爱的眼神。如果一天到晚存心算计他人,嫉妒怨恨,眼神必会常露凶光,令人害怕。

一个人最容易被他人看穿的也是流露出的眼神,在心理学中讲的心灵透视,就是从眼神里探究出一个人的心性、成就高低等。如果一个人的眼睛长得细长,黑白分明,看上去很深邃,有光彩,即所谓"黑光如漆,照晖明朗,瞳子端定,光彩射人",则反映出这个人比较聪明,有智慧,眼睛透出了一股灵气。反之,如果一个人两眼浅短,眼神浑浊呆滞,表明其人无才华,反应比较愚钝。眼球转动较快的人,反应较快,反之则相反。眼睛最忌"四露",即露光、露神、露威、露煞。眼神是透视人的品格和个性以及聪明才智的特别部分。例如从大商家或高层政治人物的眼神中,可以看到自信、肯定及权威,他们的眼神与普通人的眼神一定有所差异。这点笔墨难以形容,希望读者多把握机会,留意观察,从日常生活中多体验比较,就不难发现其中奥妙。

眼神其实是行为语言的最富个性特征的表现,因此,人们才把眼睛比喻为心灵的窗户。

孟子曾有过对眼睛的论述,他说:"胸中正则眸子明焉,胸中不正则眸子暗焉。眸子不能掩其恶也,善恶在目中偏。善者正视,眼清、睛定;恶则斜视,不定、神浊"。因此,古人把眼睛称为"监察官"。

古人认为,一个人的眼睛不能掩盖心里的邪恶念头;心胸纯正,眼神就清澈、明亮;心胸不正,眼睛就昏暗,有邪光。可见,从一个人的眼睛可以清清楚楚地分辨一个人的品质高低,心术正邪。

具体来说,观眼识人心包括下列内容:

1. 眼睛闪闪发光,表明对方精神焕发,是个有精力的人,对会谈很感兴趣。

2. 目光飘忽不定,表示这是个三心二意或拿不定主意抑或紧张不安的人。

3. 目光炯然,表明这是个有胆识的正直的人。

4. 目光呆滞黯然,说明这是个没有斗志而索然无味的人。

5. 目光忽明忽暗,说明他是个工以心计的人,已听得不耐烦了。

6. 主动与人进行交换视线的人,说明他的心胸坦率。

7. 不敢正视或回避别人的视线,表明此人是个内心紧张不安或言不由衷、有所隐藏的人。

从以下眼神,更可以察人心迹:

1. "名门正派君子"眼神。

目光平视(正视)眼光不浮不露者,不做作,举止行为不卑不亢。

2. "独孤求败"眼神。

目光上视、浮光逼人者,通常心高气傲,带有骄气。

3. "智慧有心计"眼神。

目光下视者,城府很深。对于这类人谈话的虚实,必须加以考量。

讲话时眼神不定的人,最好防备他会有一些惊人的突发之举。如果商家内部需要诚实、可靠、忠实度高的人,选择这种人时则须慎重为之。

4."东躲西藏"眼神。

讲话时经常逃避对方眼神者,说话的诚恳度、真实性,不妨打个折扣再说。

5."聪明人"眼神。

眼珠黑白分明,眼神富灵气而活泼者,各方面的反应一定相当敏锐,吸收及学习能力强,一副一目十行的样子,也就是所谓"聪明人"。

视线与眼眉隐藏的秘密

跟眼睛配生的就是视线与眼眉,视线可以探知人的内心欲望与情感,而眉毛则可以反映个人的不同心态。

一个人内心深处的欲望和感情,最主要是从视线里透露出来的。而一个人通过别人对自己的视线,可以体会出此人对自己的看法和态度。

讲话时对方是否看自己,显示他对你有无好感或兴趣。一般来说,当你与别人谈话时,对方不看你,或是环顾左右,或是目光淡漠,说明此人对你不感兴趣或无亲近感。

经常有被某个异性的视线烤灼的感觉,可是当你的视线与之相遇时,对方故意移开,说明对方关心你,甚至有暗恋情节。

视线的方向也是观察的要点。当你与对方谈话时,对方的眼睛看着远方,显示他对你的谈话内容不感兴趣,或是心不在焉,在想别的事情,你的话他没听进去。

如果你留意观看正在说话的人的眼睛或视线,也许你会发现这些人的一些性格特点。怀有好意或敌意,或者表现出漠不关心的时候,随着他心理状态的变化,眼睛视线都会随之发生变化。

视线朝下者即胆小怯懦的证据。当你看着对方的眼睛时,对方把视线悄悄地往下移,是因为他意识到,你在年龄和社会地位上都是他的长辈、上司,或者意识到,你是他的强大对手,与你谈话时,多半会带有一种紧张感。

温和而内向的人,视线若左右游移即表示拒绝。和前述很相似,但视线不是朝下,而是左右穿梭游移,表现出其拒绝对方之意,而且无意中表现出对对方不怀好意的信息。例如男性向女性搭讪时,她要是对那个男人没有好感,就会表现出左右游移的眼神来。

视线直视即敌对的表现。直视着对方,一动也不动的眼神,含有非常深切的意味。受到某种强大的打击，或者怀有强烈的敌对心理时，就会出现这种眼神。

视线飘移不定即表示内心不安。望着天空的呆滞的眼神，常见于情绪低落的时候，表示失去安定感，或者在思考某些事。对诸事漠不关心时也会出现这种表情。

视线向上是自信的表现。说话时视线稍稍向上的人，大多是对自己的地位能力有极大的自信，性格也较外向。在政治家中，这种视线是相当普遍的。公司中的重要人物有这种眼神的人也相当多。属于领导人物或管制他人的工作者，他们的视线总是容易往上扬。

从眼皮可以看出一个人心情是否开朗？考虑事情是否缜密？处理事情的态度是否积极？而下眼皮部分，一般人称为"泪堂"。下眼皮丰厚圆满，胆识较大，但皮面富有弹性。若像老人松垮垮的眼皮，其实是一种病态，千万别错意了，以为他是个多么了不起的人物。

双眼距离过宽的人和印堂过宽的人一样心机不深。观察这两类人，他们往往从善以对，宽厚处事，在商圈里较有人缘，诚意合作。在办公室里多几个这样少生是非之人，自然气氛融洽，共事谋职心情舒畅，有利于发展好的同事关系。将相和，才能事业兴，老板们纳贤取才，生意兴隆，何乐而不为呢？

同样，眉毛的变化丰富多彩。心理学家指出，眉毛可有 10 多种动态，分别表示不同心态。

与眉毛相关的动作主要有：

1. 双眉上扬，表示非常欣喜或极度惊讶。

2. 单眉上扬，表示不理解、有疑问。

3. 皱起眉头，要么是对方陷入困境，要么是拒绝不赞成。

4. 眉毛迅速上下活动，说明对方的心情愉快，内心赞同或对你表示亲切。

5. 眉毛倒竖、眉角不拉，说明对方极端愤怒或异常气恼。

6. 眉毛完全抬高，表示难以置信。

7. 眉毛半抬高表示大吃一惊。

8. 眉毛正常表示不做评论。

9. 眉毛半放低亦表示不做评论。

10. 眉毛全部降下表示怒不可遏。

11. 顾客眉头紧锁,表示这是个内心忧虑或犹豫不决的人。

12. 眉梢上扬,表示是个喜形于色的人。

13. 眉心舒展,表明其人心情坦然、愉快。

我们可以通过观察眼神来了解人的内心活动以及人的内在本质。神清,则主人聪明;神浊,主人鲁笨;神正,主人忠正;神邪,主人奸邪。眼神是心灵的直接体现和反映。

古人通过不断的研究和观察,把神区别为清与浊两种。清与浊是比较容易区别的,但邪与正却不容易区分,因为邪与正都是托身于清之中的。考察一个人的邪正,要从动静两种状态入手。

眼睛处于安静状态时,目光安详沉稳而有光,宛如晶莹玉亮的明珠,含而不露;处于运动观物状态时,眼中光华生辉,精气闪动,犹如春水之荡清波。

或者眼睛处于安静状态时,目光清明,静若无人;处于运动状态时,锋芒内蕴,目光闪射,犹如飞射而出的箭,直冲靶心。以上两种表现,澄澈明亮,一清到底,属神正的状态。

眼睛处于安静状态时,目光像萤火虫的光,有点儿柔弱,却又闪烁不定;处于运动状态时,目光又像流动的水,虽然清澈,但游移不定,没有归宿。以上两种目光,一种属于尖巧伪善的神情,一种属于奸心内萌的神情。眼睛处于安静状态时,目光似睡非睡,似醒非醒;处于运动状态时,目光像受到惊吓的鹿,总是惶恐不安的样子。以上两种神态,神游不定,属神邪的状态。

以上古人的分析对于现在我们认人识人仍然有着很强的借鉴意义。

观人之气概

观察一个人的"气",可以发现他的沉浮静躁,这是做大事必备的素质。

沉得住气,临危不乱,这样的人可担当大任;浮躁不安,毛手毛脚,难以集中全部力量去攻坚,做事往往知难而退、半途而废。活泼好动与文静安详不是沉浮静躁的区别。底气足,干劲足,做事易集中精力,能持久;底气虚,精神容易涣散,多半途而废。文静的人也能动若脱兔,活泼的人也能静若处子,而神浮气躁的人,做什么事都精力涣散,小事精明,大事糊涂,该粗心时粗心,该细心时也粗心,不能真正静下心来思考问题,而且遇事慌张,稍有风吹草动,就气浮神惊起来。

齐桓公上朝与管仲商讨伐卫的事,退朝后回后宫。卫姬一望见国君,立刻走下堂一再跪拜,替卫君请罪。桓公问她什么缘故,她说:"妾看见君王进来时,步伐高迈、神气豪强,有讨伐他国的心志。看见妾后,脸色改变,一定是要讨伐卫国。"

第二天桓公上朝,谦让地引见管仲。管仲说:"君王取消伐卫的计划了吗?"桓公说:"仲公怎么知道的?"管仲说:"君王上朝时,态度谦让,语气缓慢,看见微臣时面露惭愧,微臣因此知道。"

管仲

齐桓公与管仲商讨伐莒,计划尚未发布却已举国皆知。桓公觉得奇怪,就问管仲。管仲说:"国内必定有圣人。"

桓公叹息说:"哎!白天工作的役夫中,有位拿着木杵而向上看的,想必就是此人。"于是命令役夫再回来工作,而且不可找人顶替。

不久,东郭垂到来,管仲说:"一定是这个人了。"就命令傧者请他来晋见,分级站立。管仲说:"是你说我国要伐莒的吗?"他回答:"是的。"管仲说:"我不曾说要伐莒,你为什么说我国要伐莒呢?"他回答:"君子善于策谋,小人善于臆测,所以小民私自猜测。"管仲说:"我不曾说要伐莒,你从哪里猜测的?"

他回答:"小民听说君子有三种脸色:悠然喜乐,是享受音乐的脸色;忧愁清静,是有丧事的脸色;生气充沛,是将用兵的脸色。前些日子臣下望见君王站在台上,生气充沛,这就是将用兵的脸色。君王叹息而下呻吟,所说的都与莒有关。君王所指的是莒国的方位。小民猜测,尚未归顺的小诸侯唯有莒国,所以说这种话。"

从上面这则故事中,我们不难看出观"气"识人的重要性。

识别胆略

小心者,要从其做不了处看之;大胆者,则要从其做了处识之。

考察人物的精神,那种故意振作、抖擞的状态是比较容易识别的,而那种看起来似乎是故意振作抖擞,却又可能是真的精力充沛状态,就难于识别了。精神不足,会在精神故意振作之后中断,如滴水一般从滴水处中断;精神十足,却如长江大河,滔滔不绝,自然流蕴而不断竭。道家修身炼气所讲的"收拾入门"的说法,用在考察人物的精神上,就相当于在行动时,要看他潇洒豪放的气概有几分真,几分假,几分做作,几分自然;在静心安坐时,要考察他的细致周密和平心静气状态中是否有浮躁。

小心谨慎的人,要从他力所不及、无力完成的事中去考察。表面上是小心之人,却处处表现得思考不周密细致,仿佛是由于疏忽造成的损失,这就是表面细心、实质上粗心、心思欠周密的人。大胆豪放的人,要从他能完成的事情中去考察。表面上是粗枝大叶的人,在行动中却处处留心细节,任何蛛丝马迹都不放过,不轻率行事,不随意举动,事情得以成功,实质上是他粗中有细,不轻率冒进的缘故。粗细两种表现都是从外部表现来考察人物的内心本性。如果内心本性外露得比较明显,就属于情态,情态是比较容易识别的。

人的精神状态,大致有两种存在方式,一种是自然流露,一种是故意抖擞。这两种状态的区分是比较容易的,而难于区分的是介于假振作与真流露之间的状态。

这种状态看起来似乎有点儿故意振作的样子,但又的确像是真的精神抖擞。这中间的分寸实在不容易把握。这也就是为什么有的人看似才高,却似无能,看似奸诈,却又似忠心耿耿的一种表现。

下面是曾国藩对于此点的论述,也许会对识人者有所借鉴。

"凡精神,抖擞处易见,断续处难见。"抖擞处易见,就是前面讲的故意抖擞。断处,精神振作起来,但后继乏力,神不充足,因而不能持久,振作起来的精神一下子泄了气,但重新振作又不能立刻补充。

"不了处看其脱略。"不了处指事情尚在进行中,还没有完成。脱略,就是洒脱、漫不经心的样子。全句意思是,在事情还没有完成之前,应看他应对的态度,是潇洒自如,还是胸有成竹。如果在进行中就能信心十足地把握住未来的发展方向,那即使有困难,有压力,但心中分寸已经安定,会有挥洒自如的表现和乐观的信心,从这种心态来引导事业,其前景是可以期望的。反之,则使人提心吊胆、惴惴不安了。

"做了处看其针线。"针线,古代指女红,从妇女们的针线活做得粗糙还是精细,能判断善不善于持家,这里是指做事的方法是否有计划性。事情尚未完成时,考察他的心态;事情完成了,既要看结果,又要看其所运用的方法和手段。如果只以成败论英雄,必然会错失未显达时的管仲、张良(管仲在未佐齐桓公时,没有什么成功之举;张良未遇刘邦时,刺杀秦始皇也不成功)。事情的成功会受到许多偶然因素的干扰,运气好时,瞎猫也能撞上死耗子,运气不好则不然。如果仔细考察某人做事的方法和手段,即便这次并未成功,但也可以从中了解其特点,是胆大心细、计划周密,还是偶然性完成了这项任务。计划周密、胆大心细的人,即便这次不成功,下次也会成功。有的人才能很高,只因为时机不成熟,使自己的才能一直得不到发挥。如果只以成败论英雄,错过"时机未到"的人才可就太多了。

"小心者,从其做不了处看之。"人有大胆堂堂的,也有小心翼翼的。许多人看不起小心谨慎的人,但小心之人是否就一无是处呢?绝对不是。小心翼翼,固然让人生气,但至少不会造成损失。一分一分的积累,才有泰山之高,江海之广。大胆冒进者,虽有气概,也很勇敢,但稍一疏忽,可能辛辛苦苦多年或半辈子的成就一下子就垮掉了。但过分小心,也着实让人生气。因此,对小心者的考察,应从他做不了的事情上来看。

"疏节阔目,若不经意,所谓脱略也。"小心的人,本应该是细心周道的人,这也应是他的优点。但如果他没能做成功的事,失败原因恰好在于他考虑欠周全、计划不精密,那就属于才力不够、心思欠佳、缺乏闯劲的人了。这种小心者,难以担当重任,可做局部性辅助工作。

"大胆者,从其做了处看之。"大胆者,有勇气,有魄力,也敢冒险,也敢放手一搏,不怕损失,缺点是易于轻率冒进而造成大量不必要的损失。考察这类人才,就要从他们做得了的事情中去察看。

"慎重周密,无有苟且,所谓针线也。"从大胆者做成功的事,可以发现他是一味鲁莽而侥幸成功,还是靠胆大心细,计划周密。一个大胆冒进的男子,如果还能做得一手精细漂亮的针线活,也算得上一绝,这种男子就不但不是"冒进"

之人，而是胆大心细的优秀性格，这就是双重性格的最佳拍档、最佳组合。

以上考察小心者和大胆者，表面是在看他们的行动和做事方法，实际上是由外向内在考察他们是神有余还是神不足。神有余的小心者，有足够的精力来面对繁杂事务而充分发挥心思周密之长，如果神不足，则后继乏力，难以善始善终了。大胆者，如果神有余，除在一味勇猛之外，有足够的心思和精力注意若干重要的细节问题，细心考察他人忽略的小问题，这是一步一步平稳取胜的最上策。许多的成功要靠平静安全的正道取胜，奇兵突起只能用于非常情况下，而且概率不大，大多数人还是要用正道手法。孙子讲"以奇始，以正合"，也是这个道理。奇才固然难得，而且让人惊异其传奇色彩，但四平八稳、无惊无险而平易取胜的正才则是根本之道。大胆者如果神不足，表现出来就是鲁莽有余，心细不足，同样不能担当重任。这种人只会败事，或是添麻烦，添乱子，应立即清除隐患。因为小心者神不足，不足以创事功，但守成还是可以的。

以上两者，如果稍稍向外流露一点，就是情态的范畴，情态清清楚楚地写在脸上，一目了然，是比较容易辨别的。

曾国藩是一个倔犟的人，很有韧性。这是神有余的一种表现，他为自己倔犟的性格写过一副对联：

养活一团春意思

撑起两根穷骨头

他也不承认天生就会是天才，而主张后天的努力和磨炼。没有韧性，靠轻取轻进而成功的人，因初时太顺利而轻敌，经验积累不够，心理成熟也不够，又不愿再付出艰苦劳动，成就难以通天，一如江郎才尽。他认为一寸一分地积累功夫的人，比起那些投机取巧、轻取轻进的人来，虽显迟钝，甚至有点儿迂，但功底深厚，厚积薄发，必成大器。对于绝大多数非天才的人来讲，这是成才的正道。

功成名就者都是识人专家

大凡有所成就的人必是一个识人专家，而那些不能正确知人识人的人，一般不是被小人所害，就是被同行排挤，或是因为不能知己知彼而归于失败。历代思想家、政治家都认识到"为政之要，唯在得人"。"千军易得，一将难求"，不仅道出军事人才在决定战争胜败、国家兴亡中的重要地位和作用，同时也是对知人识人不易的感慨。

那些成大器的人，没有不会看人识人的，他们不是知人识人的专业研究员，就是深有资历的识人专家。杰出军事家和思想家吕尚在《六韬·龙韬》篇中强调，军事领导人才是关系到整个军队命运的。吴起在《吴子·图国第一》中认为，关键的将领对于作战的胜败是至为重要的，而且对"能者"实行"爱而贵之"的政策。他们作为中国古代著名的军事家，自身就是杰出的军事人才，他们的军事人才思想反映了他们本人的切身体验，因而是十分可贵的。

曹操既是一位著名的政治家、军事家，又被堪称"战国时代人才思想的集大成者"。他不仅在实践中广招贤才，形成谋士如云、战将如林的鼎盛局面，而且对人才问题进行了较系统的研究和总结，对我国古代的人才思想有所建树。"山不厌高，海不厌深，周公吐哺，天下归心"，表示对贤才的爱慕与思念之情。

孙中山，在40年革命生涯中，始终把人才问题视为关系社会兴衰与事业成败的重要问题。他在1894年致李鸿章书中提出："窃尝深维欧洲富强之本，不尽在船坚炮利，垒固兵强，而在于人能尽其才，地能尽其利，物能尽其用，货能畅其流——此四事者，富强之大经，治国之大本也。"

追溯历史，朗朗上口的"黄金台""招贤榜""求贤令""三顾茅庐"等人才佳话，都是大人物识人的见证。"若非先主垂三顾，谁识茅庐一卧龙"，若不是刘备三顾茅庐，谁能认识隐居茅庐的诸葛亮。

孙中山

台湾企业家王永庆效先人之行，对当今台塑集团的主席顾问丁瑞铁先生知人善任，因而才有今天的台塑集团。求才贵在知才。王永庆的成功莫不归因于他知人识人的超人能力，这也反映了一个明星企业家应有的经营艺术。

事之至大，莫如知人

知人识人是为人处世中一门很难的学问，历经磨砺的人们无不为之愁眉，然而，又不可否认这也是人们走向成功的共同财富。当然，有识之士是知人有所思、知人有所为的，他们知道处世的最难处，莫过于知人；而且为人处世中的识人，自古就是为难之事。人是不容易被人所了解与认识的，当人去了解和认识一个人时就更不是一件容易的事情。了解一个人，就必须了解他的表面与实质，而这些又不是轻而易举就可以解决的问题。从辨别一个人的言行真伪起，到一个人的思想境界是否高尚，中间无不渗透着人的精力与智慧，轻浮地对待不能真正做到认人识人。人际关系作为个人成功的要素之一，良好的人际关系要求人们之间需要沟通与理解，而在自己与别人之间，又不可避免地存在着心墙，要拆除心墙，就必须了解对方，否则，沟通与理解就是枉费心机。

世界上什么事情是最大的事情？有人说，集体的事是大事；有人说国家的事是大事；有人说，结婚是人的终身大事；有人说，解决人的吃饭问题是大事。这些说法都不无道理。但作为群居的人类，成就事业方面讲，"事之至大，莫如知人"。

对于帝王来说，"帝王之德，莫大于知人"，没有比识别人才更重要的了。对聪明的人来说，"知者莫大于知贤，政者莫大于官贤"，没有比发现和了解贤者更重要的了；对于主持政务的人来说，"尚贤者，政之本也"，尊重贤士是治政的根本。"求治之道，首于用贤"。治理国家的方法，首先在于使用贤人。"安危之本在于任人"，即国家安危的根本在于任人。"夫为国家者，任官以才，立政以礼，怀民以仁，交邻以信；是以官得其人，政得其节，百姓怀其德，四邻亲其义。夫如是，则国家安如磐石，炽如焱火，触之者碎，犯之者焦，虽有强暴之国，尚何足畏哉！"这就告诉人们：对于治理国家的人来说，任命有才能的人为官，按照礼制确立政策法规，以仁爱之心安抚百姓，凭借信义结交邻邦。如此，官员由有才干的人担任，政事得到礼教的节制，百姓人心归附只因为他的德行，四邻亲近友善只因为他的恪守信义。这样，国家则会安如磐石，炽如火焰，触犯它的一定被撞得粉碎，侵扰它的一定被烧得焦头烂额。如此，即便是有强悍的敌国存在，又有什么值得畏惧呢！但要做到这一点，只有知人才能善任。

正是在知人善任这一意义上，我们说，事之至大，莫如知人。因此说，事业上的真正成功者必是一个善于知人用人的高手。

事之至难，莫如知人

"事之至难，莫如知人。"这是宋朝诗人陆九渊的一句名言。这句话揭示了知人在现实生活中的实际难度，说明了普天之下千难万难的事情，没有什么事情比了解和认识别人更有难度。

中国还有一句古话"凡事之所以难知者，以其窜端匿迹，立私于公，倚邪于正，而以胜惑人之心者也"，这就导致"事之至难，莫如知人"。不难理解，知人这样的事情之所以不易掌握，是因为有人善于隐藏迹象，把私心掩盖起来而显出为公的样子，把邪恶装饰成正直的样子，去迷乱他人的眼睛，并使他人形成错误的印象。以正直、忠诚、善良的外表作奸恶的掩护，就是这些人的实质难以辨识的原因所在。

俗语说："人心难测。"为什么说人心难测呢？

首先，人心并不是表面的东西。人心是指人的思想，思想是无形的，看不见，摸不着，它隐藏在人的脑海里；而思想又是非固定的，是随着客观世界的变化而变化的。所以，要摸透人的思想是不易的，故说"人心难测"。人们常说，"知人知面不知心"，这恐怕也道出了"人心难测"的道理。

其次，人有自我隐蔽的本性。有人说不要轻易相信他人，这不是没有道理的。有的人特别是在感情至深处，总是轻信他人。别人真诚待我，我又为何对别人掩饰自己而向人家讲假话？所以经常会把心里的秘密全部掏出来给人家。然而，你可知道，他"真诚"地在你面前说别人的坏话，他在别人面前也会"真诚"地说你的坏话。因为人都有讨好他人的心理。而且，人总是在变化的。今天你是他的朋友，明天你可能又成为他的对手。是对手，他就可能利用你那些秘密，特别是隐秘的话来攻击你。所以，他人的假意往往是不可靠的。对此，最好不要轻易相信它。如果失去了这方面的警惕性，已经轻信了别人的假真诚，则容易上当受骗。尽管如此，人还是不能不与自己周围的人合作共事，还是必须面对你所赖以生存的群体中的每一个人。为此，你能做的就是谨慎对待，用人心叵测来警告自己。

事之至难，莫如知人。也有第三个原因，即"人之难知，不在于贤不肖，而在于枉直"。识别人的难处，不在于识别贤和不肖，而在识别虚伪和诚实。人有坏人与好人之分,英雄有真英雄与假英雄及奸雄之分,君子有真君子与伪君子之分。人还可以分为虚伪与诚实。有表面诚实而心藏杀机,有"大智若愚"表面看上去是愚笨的样子,而内在里却是聪明之人;有"自作聪明"而实际是愚蠢之人;有当面是人,背后是鬼的两面派。

事之至难,莫如知人。其原因之四在于"才与不才之间,似是而非也"。即指贤才与非贤才之间,似是而非,难以分解。可以说,任贤非难,知贤为难;使能非难,知能为难。正因为任用贤德的人并不太难,了解有贤德的人才真正困难;使用有才能的人并不难,发现有才能的人才真正困难。难怪人们常说,天下者,知人为难。今天的领导者懂得知人之难,就不会对人轻下结论,就不会擅自决定人事,就会更科学地鉴别和使用人才。

得人之道,在于知人

水可载舟,亦可覆舟,就看掌舵手如何与水相伴。人可能因为用好人而成就自己,而用不好人就可能毁掉自己,而用人的前提则是必须知人。非知人不能善其任,非善任不能谓之知。不了解人就不能很好地使用人,没有很好地使用人就是因为没有了解人。所以,得人之道,在于知人。

只有知人才能善任,因为对一个人了解越深刻,使用起来就越得当。历来人们都认为,帝王之德,莫大于知人。也就是说,帝王的作用,没有比识别人才更重要的了。如果一个国君,有贤不知,知而不用,用而不任,这是一个国家不祥之兆的表现。

团队带头人,最大的隐患就在于不能了解和识别人才。若不能识人,势必不能用人。了解人才却不及时推荐和提拔使用,则为失才的表现;同样,一旦了解和识别的人既缺德又缺才,如果不及时从其现任的位置上撤职或采取切实可行的措施进行罢免,仍将其使用,这必然使整个团队跟着受害,则后患无穷。

正因为古今中外的有识之士对识人之重要看得非常清楚,所以他们共同认为:要想国家繁荣富强,人民安居乐业,领导者就不能不知人。

上至国君,下至百姓,知人识人才能政通人和。如果对周边的人群一无所知,为政人员没有大局意识……长此以往,即使有群众也不一定能生存下去。因此有"水可载舟,亦可覆舟"之说。

人才无处不在,只是发现人才的伯乐太少,不是团队无能,而是团队的领头羊不了解自己群中的每只羊,不知道怎么去激发这些羊的能力,更不知道如何综合利用这些资源。

知人善任,说的知人是用人的前提,不知人就不能用人。"知人"与"善任"之间是辩证的关系,"知人"是"善任"的前提,"善任"是"知人"的延伸。识人、知人完全是为了善任,而使用过程中又能进一步了解别人。

对人的识别,是对人在政治觉悟、思想品质、知识、工作能力、性格、精力和体力状况等方面,进行全面的历史考察与评价。知人既是人才管理的重要内容,又是对人才合理评价和科学管理的前提条件。可以说,知人是坚持公道正派、任人唯贤的基本保证。没有识人的"慧眼","近己之好恶而不自知",就不能坚持公道正派、任人唯贤的原则。知人是对人才实施科学管理的重要环节,是做到人尽其才,才尽其用的必不可少的环节,同时也是激励人才奋发进取的有效措施。

刘邦的长处是善于知人用人,大胆从基层提拔人。陈平的重用就是其中一例,刘邦看中陈平的长处,因此,没有猜疑他是归降之臣而重用之。等到周朝大臣谗毁之时,刘邦却深明用人之道,不予理会,厚加赏赐,擢升其为护军中尉,监察全体官兵。从此,诸将不敢再谗毁陈平。

刘邦如此重用陈平,足见他确是善于知人用人的。而陈平也确是个奇才,后来刘邦能战胜项羽,处于危急而能转安,以及刘氏政权不被吕氏所夺,陈平献计起了重要的甚至是决定性的作用。

艾柯卡在任福特汽车公司总裁时,他的周围聚集了一大批优秀的管理人才。而当他离开福特公司到克莱斯勒公司任董事长时,这批人纷纷拥向克莱斯勒,他们放弃了福特的优厚待遇,谢绝了福特的一再挽留,而甘愿和艾柯卡一起冒风险、尝艰辛。由此可见,艾柯卡的知人善任和人际交往的特殊魅力。艾柯卡说:"我设法寻找那些有干劲的人,那样的人不需要多,有 25 个就足以管好美国政府。在

陈平

克莱斯勒,我大约有十几个这样的人。他们成功的秘诀,就是他们懂得如何使用人才,如何激励下属。"艾柯卡的领导才能甚至超出了一个最卓越的企业领导者的范围,以至于人们认为他是一个理想的美国总统候选人。

"何代无贤,但患遗而不知耳。"这是唐太宗的一句名言,非常值得今天的识才用才者深思、借鉴。

识人是非,在于知人

芸芸众生,良莠不齐。对于似是而非的东西,任何人都难以分辨。一些谬误可能为人所接受,一些真理可能为人所拒绝。刚直开朗貌似刻薄;柔媚罢软貌似忠厚;表面看上去十分廉洁而实际并非如此;口出狂言能言善辩,而实际上却是无能之辈;海阔天空,天南海北的"神侃",表面看似博学,实则空话连篇;反应迟钝没有实际学问却似知识渊博;攻击诽谤别人的人却看似正派正直;掩饰其恶的一面而将善的一面大肆宣扬的人看上去好似刚正不阿。人才的优劣,真才实学与滥竽充数,实在难以真正地区分、识别,要做到一清二楚也就更有难度。

在芸芸众生中"慧眼识英雄",就好比在拉车的骡马中间相出骏马,在深渊里捡出含珠大蚌,在石头堆里找出藏光的珍宝。这何等不易啊?

相似的事物最能迷惑人,石似玉,玉工难以辨其真伪;剑似吴干宝剑,铸剑师也难识其优劣;博闻善辩的人似通而实不通,足以惑人而误事,这是贤明君主所虑的。

历史上不少亡国之君自恃见识超人而独断独行,他的左膀右臂也都顺其心思投其所好,因而被视为心腹忠臣,正是因为君主看似智慧其实愚昧,臣子看似忠诚老实实则奸佞妄为,致使亡国亡身。明朝历史上的崇祯皇帝自恃英明,将旨意当真理,视群臣为庸才或为叛臣之子,一直至死都认为明亡咎不在己,而是在于群臣无能。正是这些似智、似忠的君臣断送了明王朝。

严嵩就是这样用心险而用术巧的奸佞人物。严嵩其人无才略,他最大的本事是巧于媚上,窃谋权利。世宗即以信道求仙著名的那位嘉靖帝,虽昏庸,却自以为高明,凡不能顺应其意的人,不是廷杖就是杀戮。而他对严嵩则另眼相看,原因是严嵩善写"青词",并作文为嘉靖歌功颂德。严嵩百事顺嘉靖意,照其意旨行事。故得入阁参与政事。严嵩虽年过六十,精神焕发,勤于政事,日夜在内阁值班,连家也不回,嘉靖大为赞赏,赐其银记,文曰:"忠勤敏达。"严嵩害人不露痕迹,被害的人也不知被谁所害。严嵩比对自己位高的人,表面显出恭敬,而暗里却伺机谋害,进而取其位而代之。嘉靖居深宫,大臣难得谒见,只有严嵩得以亲近,旨意由他代下,因此,他能一手遮天,权倾天下,结党营私,大受贿赂,是当时最大的贪官。嘉靖对他长期信任而不疑。严嵩之能遂其奸,采取的手法都一样,即"窥人君之喜怒而迎合之"而已,因而"爱隆于上","毒被天下而上莫知之"。

严嵩

奸佞难辨是因其心险而术巧,而贤者难识是因其忠而直,故不为庸主暴君所喜欢。奸佞之臣总是抓住忠臣的缺点,加以利用攻击。古代如此,现代亦不乏欺上瞒下,阳奉阴违,假公济私,报喜不报忧的貌忠实奸之徒。

可见,要辨人之是非,前提是必须知人。

完整看人是学问

与其他能力一样,知人识人的能力与人类的生存发展息息相关,意识存在,认识他人就客观存在。随着人类文明的进步,知人识人作为人事学的一个要素,作为个人的成功一种能力,越来越为大多数的人所关注。作为一种个人能力的体现,认识他人对于社会的每一个成员都具有重要意义,它告诉人们,要从整体看人;耳闻之不如目见之;目见之不如足践之;观其交游,则贤肖可察;听其言,观其行;观仪表知人;观举止知人;听声音知人;观眼神知人;知人须观表察里;诸多方面构成认识他人的学问体系。

现实生活中,由于种种社会偏见,许多人总是犯把人看偏了、看错了、看死了的错误。分析这些人之所以有这种错误的根本原因,就在于不能从整体看人。所谓从整体看人,就是要从纵向、横向两个方面,以发展、全面、历史、具体的眼光详尽地去认识一个人。

所谓发展地看人，就是要"士别三日，即当刮目相看"。人是会变的，不能用静止的观点看人，而要用发展的眼光去看人。如果用老眼光去看人，就会把人看错了。不断更新自己的眼光，是知人识人的关键环节。

所谓全面地看人，就是要对一个人的优点和缺点、成绩和错误、长处和短处做全面的考察，不能断章取义，做出盲人摸象的错误行为。

所谓历史地看人。就是我们不能不顾个人历史去认识人，一个人的过去、现在、将来，无不对个人产生影响。所以，只看一个人的现在，而不了解他的过去；或隔离他的发展前途，而妄下结论，都是极其错误的。

所谓具体地看人。就是既要看到一个人与其所在群体的共同之处，也要看到这个人特有的个性。对具体的人作具体的分析。

识人的过程中，人们往往容易犯以点概面的错误，从而影响对一个人总体形象的认识。"一俊遮百丑"，"情人眼里出西施"，这种以偏概全，并不能真实地反映一个人的全貌，只有从整体来认识人，才能对人有比较全面、深刻、真实的把握和认识。

在现实生活中，人们常常根据印象来识人，如果一个人在初次见面时给人留下了良好的印象，那么，某人是"好人"的印象就形成了，以后对某人的认识也就有了定型模式，致使出现找理由不客观地看待"好人"所做的坏事；同样，如果一个人在初次见面时给人留下了不好的印象，那么，某人是"坏人"的印象就形成，并对其以后的认识也形成定型模式，对"坏人"所做的好事就易出现不正视，找理由做出片面的看法。

要正确、科学地知人，就必须从整体知人。一是要在实践中看人，重点放在个人表现上。要听其言而观其行，不能听其言就信其行。疾风知劲草，路遥知马力，烈火识真金，要特别注意人在关键时刻的表现。二是要全面地看人，把人的各个方面的表现、情况联系起来，从整体上把握人的本质和主流。不可抓住一点，不顾其余，一叶障目，不见泰山。三是要历史地看人，不但看人的一时一事，更要看人的全部历史和全部工作。四是要发展地看人。人是在实践中不断发展变化的，不可能一成不变，绝不能把人"看死"。要注意人的各方面的动态变化和趋势，看到人的潜力及发展前途。

整体和综合两种思维模式

一个人要想正确、科学、整体地知人识人,就必须具备整体性与综合性两种思维模式。

调查结果表明,人(尤其是成年人)在认识别人的过程中大致有两种思维倾向,一种是以整体而非部分的方式,谓之为整体性思维方式;另一种是从片面到全面,谓之为综合性思维方式。东方人属于前者,西方人则相反。

东方人的这种整体性思维方式,被一些学者看成中国人的主要思维特点,在识别人才、发现人才时,人们不得不从整体上去知人识人,如盲人摸象就是不能整体认识事物的例证。而西方人的综合思维方式,就是将事物经分析之后的各个部分、方面、层次联系起来,形成一个统一的整体认识。例如我们从多角度来认识人,就会产生不同的结果,如果从上往下看,会把人看矮了;如果从下往上看,会把人看高了;如果从近往远处看,会把人看小了;如果从门缝里来看,会把人看扁了。如果我们把从不同角度看人的结果进行分析综合,就会得到一个符合实际的总体认识。

整体上知人识人,就是要按人才所构成的基本要素进行总体认知。人才要素概括为德、识、才、学、体五个方面。五者之间相互促进,相互制约,相辅相成,联成一个整体。德,指政治思想、伦理道德与心理品质,德是人才的灵魂。识,指见识。才,指才能。学,指各科知识。体,指身体素质。我们所要求的人应该是德、识、才、学、体五个方面全面发展。但在实际工作和现实生活中,没有十全十美的全才,我们只能扬长避短,做到物尽其用,人尽其才。这也是我们从整体知人的基本思想。

具备了这一基本思想,一个人才有可能对自己所接触的人,有科学而完整的了解,这对于处理和谐而成功的人际关系至关重要。而人际关系,又是一个人走向成功的重要因素,因此,学习知人识人就是一个人得到成功的财富。

人的表里关系,比一般事物的现象和本质的关系复杂得多,更难于认识,因为在世界上的事物中,最莫测高深的是人。现象是事物本质在各方面的外部表现,而现象和本质一般是统一的,人们可以透过现象来揭示其本质。可是,对于邪佞的人来说,想通过其外貌的表现来透视其内部世界就难得多了。因为邪佞的人巧于弄虚实,实者虚之,虚者实之,实实虚虚,虚虚实实,弄得人们满头雾水,很难识其庐山真面目;也因为这些人心险而术巧,足以混淆贤佞,颠倒是非,使人以佞为贤,以贤为佞,以非为是,以是为非,因而害人害民害国。

可见,知人识人是相当有难度的事。要把一个人看得完整,就必须对他进行全方位的考察,只有由表及里、察前料后、量情度义、间以是非、咨以计谋、期之以事、委之以政,才能较为全面地看人识人。

看人之长也识人之短

"金无足赤,人无完人",世界上没有完美无瑕的人。如果以苛求的思想去知人识人,哪知人就会有失科学性,因为苛求就可能看不到人的优缺点。为此,我们在知人识人时,就必须学会分析人的正反两面。

"天生我才必有用"。一般来说,每人都有其所长,有其所短,如能发掘人之长处,则能发现更多的人才;如不见人之所长,只寻人之所短,将认为人才缺少甚至无才。因此只视人之所短,则不知才;能发现人之所长,则人才就会络绎不绝。

能否发现人之所长,对所见之人形成客观公正的评价,使众多人才涌现,用人者抛弃主观情绪,排除个人的爱憎,眼睛不只是向上,主要是要向下,不回避长短来认识别人。能如此,则不会因"一叶障目"而忽略众多人才,众多人才也将因之脱颖而出。不拘一格选人才,这既是知人用人的准则之一,也是事业能够取得成功的一个重要因素。

诸葛亮是刘备的得力军师,可如果让他提刀杀敌就不成;李逵在水里打不过张顺,但上了岸张顺又不是李逵的对手。可见,人才虽有所长,也必有所短。而且常常是优点越突出,其缺点越明显。大才者常不拘小节,异才者常有怪癖,人才与人才之间常有各种矛盾。但更多表现的是人才的特点。既是人才,必有自己的真知灼见,必然对自己的见解充满自信心,因此绝不肯对管理者的每个意见随意附和,而往往坚持己见。既是人才,忙于求知干事必无时间和精力去搞人事关系,也往往天真不懂人情世故,因此可能不顾管理者的情面,不分场合秉公直言……所以,知人识人首先必须要有宽阔的胸怀,要有容纳他人特点和弱点的肚量,否则就难以把一个人看彻底。

《韩诗外传》中有这样一则故事:楚庄王有次开庆功会,叫最喜爱的许姬出来给大臣们敬酒。忽然,一阵狂风把大厅上的蜡烛全部吹灭了。这时,有人趁机拉住许姬的袖子去捏她的手。许姬顺势把那个人帽子上的缨子揪下来，吓得对方立即撒手。许姬摸到楚庄王跟前，要求查办此人。楚庄王立即大声说："蜡慢着点！都把帽缨子扯下来，开个绝缨会，尽情欢乐。"许姬不明其意，楚庄王解释道："酒后狂态，乃人之常情，若追查处理，会伤害国士之心，使群臣不欢而散。"过了两年，楚晋开战，有个叫唐狡的打得特别勇猛。楚庄王问他为什么这样奋不顾身。此人答道："臣，先殿上绝缨者也。"显然他是为了报答楚庄王当年不查办之恩。这件事被后人写诗称道："暗中牵袂醉中情，玉手如风已绝缨，尽说君王江海量，蓄鱼水忌十分情。"楚庄王后来称霸中原，究其中的一个重要原因，是与他的"江海量"有关。

与此相反，聪明睿智的诸葛亮在辅助后主刘禅时，则因过于"明察"而适得其反。魏延勇猛过人，屡建战功，只因"性矜高"，用而不信，徒失"股肱"之助；廖立的才智与庞统齐名，只因发了点儿牢骚，即被放逐。当然，这两个人都有缺点，但以"不信""放逐"相待，不免有些过分。这从容才角度上看，特别是与楚庄王相比，毕竟有些逊色。诸葛亮死后，蜀国第一个灭亡，似与他在用才上的某些失误有一定关系。对比上述两位历史人物，我们理应得到一定的有益启示。

我们不但要看到人的优点，还要包容他的缺点，这可以说是护才之魄。人才大多有不同寻常的真知灼见，某些人一时可能因勇于创新而被视为"异端邪说"，有时甚至会被周围人视作有些"胡作非为"。因此，在某些问题上，这些人才可能会与其他人存在某种程度的"对立"。

人才容易做出超群的成绩，也就难免遭人嫉妒。少数管理者没有求知欲，却有嫉妒心，把别人的成功视为自己的陷阱，对人才不是雪中送炭，而是釜底抽薪。有的人对原是平起平坐、今日却高己一头的人不服气，于是不由得在茶余饭后低声亮人家几则旧日的"新闻""老底"，想把风吹到上级耳中，弄得真真假假，是非难辨。此外，一个人本身并不是十全十美，特别是一个在某方面有特长的人，可能会在另一方面存在着缺点和不足。在这种情况下，一个优秀的管理者应当勇敢地站出来，力排众议，无畏地保护人才。而且无数事实也强有力地证明了，只有"有胆识骏马，无畏护良才"方能更加全面、细致地识人知人。

透视表象看内心

知人难，是因为人是复杂的动物。

《六韬·选将》举了这样的 15 种例子:有的外似贤而不肖,有的外似善良,而实是强盗,有的外貌恭敬,而内实傲慢,有的外似谦谨,而内不至诚,有的外似精明,而内无才能,有的外似忠厚,而不老实,有的外好计谋,而内乏果断,有的外似果敢,而内实是蠢材,有的外似实恳,而内不可信,有的外似懵懂,而为人忠诚,有的言行过激,而做事有功效,有的外似勇敢,而内实胆怯,有的外表严肃,而平易近人,有的外貌严厉,而内实温和,有的外似软弱,其貌不扬,而内实能干、没有完不成的事。人就是这样往往表里不一。因此观察一个人,不能只看其表面,要透过其表面现象透视其内心世界,这就是说要从表到里,看是否一致,才能知其人。

判断一个人是否表里如一,不是三言两语可以说清的,但从理论上讲,要辨别肯定是可以的,这主要取决于识人的人,如能以公心来对待人的言行,并用实践效果来检验其是否正确,贤佞自必分明。

王充在他所著的《论衡·答佞篇》比较详细地探讨了人的贤佞问题。他以问答形式进行论证:有人问佞人和谗人有否异同之处? 他答道:两者都是卑鄙的人,但表现不同,谗人是以口害人,而直言不讳;佞人以阴谋诡计害人,而隐瞒其动机。因此,谗人害人易知,佞人害人则难知。他认为知贤则能知佞,知佞则能知贤,因贤佞是对立的,肯定一方就可以否定另一方。而辨别的标准是"九德",看其言行是否符合,并用实践效果来检验其言行,贤佞则可辨别。

王充是反对所谓"圣人之言皆无非"的学者,他多"非孔"的言论。孔子答弟子子贡关于识别贤佞的问题时,认为全乡人夸奖或憎恶的态度并不能肯定此人的好坏,只有乡里的好人称赞、坏人毁谤才能辨别。王充对此提出质疑:孔子又怎能知道称赞的人是好人,毁谤的人是坏人呢? 也许是称赞的人是坏人,毁谤的人是好人。显然,如果是这样,按照孔子的逻辑,辨别贤愚则适得其反:把好人视为坏人,坏人视为好人了。所以,王充认为孔子所说的话仍使人迷惑,并不能辨别好人、坏人。

那么,王充辨别贤佞的办法又是什么呢? 即他前面所说的,以实践效果来检验其言行。汉高祖刘邦是西汉王朝的开国皇帝,他的妻子吕雉(即吕后、高后)辅佐他夺取天下,巩固政权,在秦汉之际的历史大变动中起了重要作用。刘邦和吕雉的婚姻,完全出于吕雉之父吕公的撮合。

在吕公的眼里,刘邦除了相貌和气度不凡外,他的豁达大度,不拘小节,表现了藐视礼法传统、官吏豪富的大家风范,认定刘邦将来一定大有作为。知人于未显之时,这才是识人的一种独特的眼力与远见。后来,刘邦果然率众反秦,夺取天下。而当年在刘邦之上的萧何等人则成了他的辅佐大臣。吕公慧眼识英才,确有知人之明。

一般来说,一个人的内心世界是比较难以读懂的,但通过长期的积累,有些普遍方法还是可以借鉴的,比如听言观行、察前料后、量情度义、间以是非、咨计谋、期之以事、委之以政等等。

一、听言现行

知人的基本方法,无非是听其言观其行,而以观其行为主。

思想指导人的行动,心里想什么,要想干什么,必然体现在他的言行之上。但有些人的言行并不一致,如果仅仅从他的话上判断他,就会被他所骗。所以听其言,必须观其行。人是极其复杂的,因为人的内心所想所要干的与他的言语,有的一致,有的却完全相反。一般而言,刚直的人,心里想什么嘴上就说什么,这种人言行一致易于了解,听其言观其行便知其人。但狡佞的人,所想的是一回事,所说的又是另一回事,即以其漂亮的言辞,合乎道义的行为,掩盖其罪恶的用心,以此获得人们的赞赏和支持,以达到其罪恶的目的。所以对这种人,只察其言观其行,一时还难识其人,需大智者花相当的时间加以考察。

但是,即使最狡佞的人,明智的人以其行观其人,加以仔细分析,终会发现其漏洞之处,如易牙、开方、竖刁等人,齐桓公认为他们的言行都合乎己意,是忠于自己的侍臣,视之为心腹;而管仲从他们"杀子""背亲""自阉"以讨好桓公,是不近人情之举,他们如此自我牺牲必有所图,故得出"难用"的结论,可桓公不听这一结论,最后自取其祸。这证明管仲有知人之明。由此可见,观察其人行动是否合乎道义,是衡量人的标准之一,也是一种知人的良法。

要知人必须掌握其人全部的言行情况,这是知人的基本条件,如果仅据其人一言一行而对其人做出结论,必然失之偏颇。

二、察前料后

古语云:"不知来,视诸往。"意即:不知未来,察看过去。

西汉时,何曾常侍奉汉武帝一家吃酒宴。回到家中他对自己的孩子们说:"先王艰苦创业治国,而我侍宴时,却听不到他们谈论经国济业的远大宏图,只见他们聊些家常小事,他们的后代有灭绝的危险啊!我这一生还能平安度过,只为你们儿孙辈担忧。你们这辈犹能寿终正寝……"又指着几个孙子说："到你们这辈必因战乱遭难。"后来，何曾的孙子何绥被东海王刘越杀害，另一个孙子何嵩哭着说："我的祖父明察三代，真是圣明的人啊！"

　　宋朝时，富翁郑公从亳地搬往汝地安家，路过南京，去拜望留守张安道。坐了很久，郑公慢慢地开口说："人真是很难了解呀！"张安道说："你莫非指的王安石吧？难道他还难了解吗？从前张方平主持进士考试，有人推荐说王安石有文才，应召作为考校官，张方平暂时同意了。王安石来后，集贤院里的事务，他都要一一更改，张方平讨厌其人，出公文辞退了他，并从此再未同王安石说过话。"后人在评论张安道的话时说：王安石的变法是从集贤院开始的。

　　任何事物的发展都是有迹可循的，一个人的现在是从他的过去发展而来的，要知道他的现在，必须了解他过去的历史。了解了他的过去和现在，也就能预料他的将来。特殊情况除外，一般是不会违背这个规律。

　　东周时，公叔痤知道公孙鞅很有才能，还没有来得及向魏惠王推荐，就病倒了。魏惠王前去看望他时问："您的病如果不能好的话，将来这国家怎么办好呀？"公叔痤说："我的家臣公孙鞅，年纪虽少，却有奇才，希望主公把国家交给他而听从他治理。"魏惠王沉默不语。公叔痤又说："主公不听我的建议重用公孙鞅，就一定要杀掉他，切不要让他到别国去。"魏惠王点头同意而去。公叔痤把公孙鞅召到跟前道歉说：

公孙鞅

"我是先君而后臣，所以先为君打算，后再告诉你。你快快逃走吧。"公孙鞅说："主公不能听信你的话任用我，又怎能听信你的话杀害我呢？"便不出走。魏惠王出了公叔痤家，对左右说："公叔痤病的重了，想事也糊涂起来。先是让我把国家交给公孙鞅治理，既而又劝我把他杀了，这不是相互很矛盾吗？"后来公孙鞅借机去秦国，劝说秦孝公实行变法，使秦国很快富起来。公孙鞅也因功大被封为商君，这就是历史上常说的商鞅。

可见,科学地分析一个人并不是无章可循,只有遵循察前料后的识人规律,才能正确全面地认识他人。

三、量情度义

有一句民谚:薄情者寡义,无情者无义。这就是说:缺少亲情的人缺少忠义,没有亲情的人没有忠义。

春秋时,乐羊子任魏国将军去讨伐中山国,这时,他的儿子乐舒正好在中山国做官。中山国的国君姬窟就让乐舒去劝乐羊子退军,乐羊子不答应。姬窟就将乐舒杀死,做成肉羹送给乐羊子。乐羊子为表示对魏文侯的忠诚,便当着中山使者的面,吃掉亲生儿子的肉。打下中山后,魏文侯虽对其功劳给予了奖赏,但却从此不再信任他,并罢了他的兵权。

明朝天顺年间,都指挥使马良很受明英宗的宠爱,他的妻子死了,皇上去安慰,正碰上他已数日不出门,皇上问其原因,左右的人说:"马良正在办喜事,新娶了妻子。"皇上不高兴地说:"这个家伙对妻子如此薄情,怎么会忠诚于我。"于是,把马良招来打了一顿,从此便疏远了他。明宣宗宣德年间,金吾卫指挥使傅广阉割自己,然后请求到宫中当太监,明宣宗听后奇怪地问:"他已经是三品大官了,还想做什么? 残害自己的身体想再升官吗?"于是命司法部门问了他的罪。

爱儿子、爱身体、爱父母这是人的天性,如果有人连自己的骨肉也忍心杀害,连自己的身体也不爱惜,连自己的父母也不尊敬,还能爱别人吗? 即使一时能爱别人,也是对别人有所图的,一旦目的达到或达不到,就会反目相害。从这些事情来看,魏文侯、明宣宗和明英宗都是能够识人而有远见的。

但在运用时,也要注意把舍身寡义与舍生取义、大义灭亲区别开来,衡量的尺度就是看是为利取宠还是完全出于情义。

日本企业巨子大山梅雄 1975 年就任津上株式会社社长。他曾说过:"企业经营层的年轻化是指使 40 岁左右的人担任企业重要职务。但这并不是讲只要是年轻就可以。那些对担任要职既不感动也不知情的人,即使让他担任更重要的工作,他也不会真诚地去做。"短短的几句话,充分揭示出大山梅雄的用人之道。

在日本,企业每年重要职务上的人事变动大都集中在 6 月份,对于一般职工,如果有机会被委派担任企业要职,那肯定是感激不尽。然而要问及现任的公司董事长、经理,他们当初是一般职工时,印象最深的是什么事时,回答通常是自己"被委任为企业要职"的时刻。当然,能够就任公司的董事长或经理,应该非常高兴,但是,作为公司的董事长或经理,更为重要的应是自己的责任感。这一点往往被人们所忽略,不少人在就任企业要职时,更多考虑的是高兴而不是自己该负有的责任。

对此,大山梅雄断言,对于让他担任企业最关键职位而一点也不感激的人,对他在工作成果上的期望也肯定要落空。他认为:"企业经营层的年轻化,如果仅仅是把眼睛盯在 40 岁左右这个年龄上,那年轻本身是毫无积极意义的。"

量情度义在一定程度上反映了人的本质如何,是知人识人不可小视的重要因素。

四、间以是非

《诸葛亮集·知人性》:"间之以是非而观其志。"是说故意把事理的对错搞混淆让他处置,以察看他的志向。

唐武宗时的宰相李德裕,少年时天资聪颖,见识出众。其父李吉甫常常向同行们夸奖他。宰相武元衡听说后,就把他招来,问他在家读些什么书?言外之意是要探一探他的心志。李德裕听了却闭口不答。武元衡把上述情况告诉给李吉甫,李吉甫回家就责备李德裕。李德裕说:"武公身为皇帝辅佐,不问我治理国家和顺应阴阳变化的政事,却问我读些什么书。管读书,是学校和礼部的职责。他的话问得不得当,因此,我不回答。"李吉甫将这些话转告给武元衡,武元衡十分惭愧。有人评论说:"从这件事上,便可知道李德裕是做三公和辅佐帝王的人才。"

南北朝时,北齐的奠基人高欢为试验他的几个儿子的志向与胆识,先是给他们每人一团丝,让他们各自整理好。别的人都想法整理,唯独他的二儿子高洋抽出腰刀一刀斩断,并说:"乱者当斩。"高欢很赞赏他的这种做法。接着,又配给几个儿子一些士兵让他们四面出走,随后派一个部将带兵去假装攻击他们。其他几个儿子都吓得不知怎么办,只有高洋指挥所带的士兵与这个将军相格斗。这个将军脱掉盔甲说明情况,但高洋还是把他捉住送给高欢。因此,高欢很是称赞高洋,对长史薛淑说:"这个儿子的见识和谋略都超过了我。"后来,高洋果然继承高欢的事业,成为北齐的第一位皇帝。

一个人身处被故意混淆对错的事情面前更容易迷乱,非有统揽全局的雄才大略是很难搞清的,这就是认识一个人过人之处的着眼点。

五、咨以计谋

《诸葛亮集·知人性》:"咨之以计谋而观其识。"是说询问他计谋而察看他的见识。晋末,赵州中丘人张宾,是一个博涉经史,豁达大度,很有才能的儒生,他常对兄弟们说:"我自信才智见识不亚于张良,但可惜遇不上汉高祖。"他曾先到中丘王帐下当都督,因不合心意而以病告退。到永嘉年间天下大乱,石勒作为刘元海的辅汉将军,带兵到河北、山东一带作战,张宾对亲友们说:"我经历和观察了好多将领,唯独这位胡人将军可与我共成大事。"便提剑到石勒军营门前,大声呼喊请求接见。石勒开始并不了解张宾的才能,也不相信他,但经过询问计谋,很是惊异,加上这些计谋"机不虚发,算无遗策",才知张宾确实有王佐之才。于是便引为谋主,并称为右侯。后来,张宾死时,石勒亲去哭丧,对左右说:"老天爷不要我成就大事啊,为何夺取我的右侯这么早呀!"

其他还如齐桓公之与管仲、秦孝公之与商鞅、汉高祖之与韩信、蜀先主之与孔明、秦苻坚之与王猛、唐太宗之与房玄龄等都是先互慕其名,及问计定策之后,才互知是明主、能臣的。所以,了解一个人的见识大小的最好办法,是与他商量、谋划几件事情。

东周时,秦穆公用五张羊皮将百里奚从楚国换回后,召见百里奚说:"你多大岁数了?"百里奚答:"70了。"秦穆公说:"可惜岁数太大了。"百里奚说:"让我去追飞鸟、捉猛兽,是老了。但让我策划国家大事,还年轻着呢!"秦穆公问:"我的国家与戎狄交界,偏僻荒凉,你有什么高明的办法,使我国不落后于东面的诸侯各国呀?"百里奚说:"大王不以我是个逃奴和70岁的老头,而虚心下问,我能不掏出心窝来说吗?雍岐这地方,原本是周文王、周武王起家兴旺的地方,山如犬牙,原如长蛇,但周却不能守住,而让给秦,这是老天让秦国发达呀。我们与戎狄交界,兵力强壮,不与东方各国联合作战,国力必然集中。现在西戎这地方,分为数十个小国,吞并其地可以耕,收养其民可以战,这是东方各国不能与大王相比的。大王可以用仁德去感化和用兵力去征服,把这些小国吞并掉,然后凭借山川的险要,面对中原各国,等待时机成熟就出兵进取,用恩用威都由你做主,这样,霸业不就成了吗?"秦穆公听后,不觉起敬说:"我有了百里奚,就好比齐国得了管仲一样。"一连与百里奚交谈了三天,谈得非常投机,便拜百里奚为上卿,委以国政。

六、期之以事

《诸葛亮·知人性》："期之以事而观其信。"是说和他约定事情而察看他是否诚实、守信。

春秋时，赵简子有两个儿子，大的叫伯鲁，小的叫无恤。他在确立继承人时，拿不准定谁为好。于是，便将写有训诫言辞的两个竹简分别交给兄弟俩说："要认真地学习牢记。"三年过去之后，他对兄弟俩进行了一次考问。结果，大儿子伯鲁一问三不知，连竹简也不知丢在什么地方了。而小儿子无恤却背诵得滚瓜烂熟，竹简保存得完好无缺。于是，赵简子认识到小儿子有才德，便将其立为继承人。这就是后来的赵襄子。

"仁、义、礼、智、信"虽然是旧礼教所规定的人们必须奉行的封建道德标准，但任何一个领导者都必须考察并掌握每个部属的诚实可信程度。"人而无信，不知其可。"一个谎话连篇、阳奉阴违、出尔反尔、反复无常的人无论如何是不可依靠重用的。无论是合作共事还是交友谋财，一个不能真心实意地忠于对方的人，任何人都是不应该信任他的，只有经过多次测试，确实言出必行的人，才是可以信赖的人。

秦时，张良亡命躲藏在下邳一带。有一天，他信步闲游，路过一座小桥，有个穿黑衣服的老者来到张良跟前，故意将自己的鞋子踢掉在桥下，对张良说："小孩子，下去替我把鞋拾上来！"张良很吃惊，本想将这老头儿殴打一顿，但又看到是个老人，便强忍下怒火，下去把鞋拾了回来。谁知这老者又说："把鞋替我穿上。"张良觉得自己既然已把鞋给他拾回来，穿就穿吧，便跪在地上将鞋给他穿上。老者毫不客气伸着脚让张良穿好后，笑着走了。张良很惊讶，瞪眼看着老者走去。老者走出一里远的地方，又返回对张良说："你这小孩子可以教育呀！五天之后天亮时，在此等我。"张良觉得很奇怪，跪着答应说："行。"五天后天亮时，张良去到那个地方，老者已经先到，很不高兴地对张良说："与老人约定时间相会，为什么要迟到？"说着起身便走，并告诉张良："再过五天早点儿来会面。"五天后的鸡鸣时，张良又去到那个地方，不想老者又先来了，他再次发火对张良说："五天之后再早点儿来。"等到第五天时，张良不到半夜时就去到那个地方，过了一会儿，老者也来了，高兴地说："应该如此。"并拿出一套书交给张良说："读好这套书，可以做帝王的老师。"说罢就走，再也没有出现。等到天亮，张良看了手中捧着的书，原来是《太公兵法》。后来，张良投奔刘邦。在楚汉相争中，"运筹帷幄之中，决胜千里之外"，为建立汉王朝立下了不朽功勋。

七、委之以政

《周书·苏绰传》："彼贤大士之未用也，混于凡品，竟何以异？要任之以事业，责之以成务，方与彼庸流较然不同。"是说究竟用什么办法才能把有才能的人与庸夫俗子区别开来呢？关键是让他们担任一定的工作，检查他们完成的情况，这样就把两者不同的地方看出来了。

三国时，庞统带着鲁肃和诸葛亮的推荐信去投刘备。但去后他并没有把信先拿出来。刘备不了解庞统的才能，就把他派到阳当县任县令，庞统到任后，不理政事，终日饮酒作乐。有人将情况告诉刘备后，刘备就派张飞去察看。张飞去后，看到的情况果如所言，就责备庞统说："你终日在醉乡，怎么会不耽误事呢？"庞统便让下面的人把所积公务都拿来，不到半日，便批断完毕，而且曲直分明，毫无差错。张飞大惊，回去向刘备具说庞统之才。这时，庞统才将推荐信交上。信中，鲁肃称赞庞统不是个只能管理小县的人才，建议刘备重用。诸葛亮这时回来也称庞统是"大贤处小任，以酒糊涂"。刘备这才认识到庞统确是个有杰出才能的人，便委以重任，作为诸葛亮的副手，共同参与军机大事。

庞统

委之以政，任之以事，既可通过实践检验一个人的才能，也可检验用人是否得当。如胜任其职务并且才智有余，就应予以充分信任和尽快提升。如不胜任，就要坚决撤职。对庸才照顾情面，使其尸位素餐，对能人论资排辈，使其龙困浅池，实在是误人、误己、误国。

日本东芝株式会社社长土光敏夫主张对人才实行"工作压担法"，发现和培养了一大批人才,为"东芝"的成功奠定了基础。他认为当一个人能挑100斤,而你只让其挑80斤或50斤时,不仅其能力难以发挥,而且会使其感到你不信任他,从而丧失积极性和主动性。而当承担的担子超过其负载能力时,一方面使其必须全力以赴,另一方面,也迫使其想方设法提高自己和克服困难,更主要的是,被压担子、委以重任者感到领导对其信任,精神振奋,可以激发"士为知己者死"的献身精神,从而推进工作,促进事业的发展。

汉武帝时,霍去病18岁挑起"侍中"重担,20岁担当领导数万军队的骠骑将军,结果大败匈奴。三国东吴的周瑜、吕蒙、陆逊都在年纪不大时被委以重任。被认为"太嫩"的"黄口孺子"陆逊在火烧连营七百里中,大败刘备,为东吴建立奇勋。

拿破仑率部获土伦大捷,被晋升为准将时,不过24岁。这些人在"重任"面前,不仅未被压垮,相反成为叱咤风云的人物。建立了丰功伟业。

篇二　由刚柔相人

既识神骨,当辨刚柔。

五行为外刚柔,内刚柔则喜怒、跳伏、深浅者是也。

——《冰鉴》

刚柔,来自人类生命力的先天遗传。刚柔之气在外,是谓"外刚柔",表现为人的外貌特征;刚柔之气在内,是谓"内刚柔",表现为人的情感世界。人无刚不立,人无柔不和。太刚易亢奋莽撞,欠缺考虑,做事必半途而废;太柔则拘谨畏惧,瞻前顾后,做事必缩手缩脚。刚柔相济,可成大业。由刚柔相人,可以准确判人之性格,知人之长短。

冰鑑

剛柔章第二

既識神骨當辨剛柔剛柔即五行生尅之

數名曰先天種子不旦用補有餘用洩消

息直與命通此其皎然易見五行有合法

木合火水合木此順而合順者多富即貴

亦在浮沈之間金與火仇有時合火推之

水土皆然此逆而合逆者其貴非常然所

謂逆合者金形帶火則然火形帶金則三

半雜必弃觀人兩忽十得八九矣

純奸能豁達者其人終成純粗無周密者

內奸者功名可期粗蠢各半者勝人以壽

跳亦不揚近蠢初念甚淺轉念甚深近奸

者是喜高怒重過目輒忘近粗伏亦不伉

五行為外剛柔內剛柔則喜怒伏跳深淺

身矣此外牽合俱是雜格不入文人正論

老矣木形帶金則然金形帶木則刀劍隨

十死矣水形帶土則然土形帶水則孤寒

本篇导读

　　曾国藩在刚柔篇中所阐述的识人、用人智慧可总结为十六个字:刚柔天成、偏才居多、量才适用、有容乃大。曾国藩所言"刚柔",多指人的性格。人之性格是天生的,是无法改变,或者说很难改变的。而实际上,大多数情况下,越是有性格的人越是有才,这就是所谓的"偏才居多"。有道是"辨刚柔,方可入道",就是说要善于辨清不同性格人的不同特点,进而更细致地了解他们的特长,才能更好地为识人、用人服务。

　　纵观历史,凡用人求全责备的皆不得成事,而用人"贵适用、勿苛求"的皆有奇勋。三国时,诸葛亮足智多谋,但唯独在用人方面存在着"端严精密"的偏见,他用人"至察",求全责备。正如后人评价他时所说:"明察则有短而必见,端方则有瑕而必不容。"他用人总是"察之密,待之严",要求人皆完人;而对一些确有特长,又有棱有角的雄才,往往因小弃大,见其瑕而不重其玉,结果使其"无以自全而或见弃",有的虽被"加意收录,而固不任之"。例如,魏延"长于计谋",而诸葛亮总抓住他"不肯下人"的缺点,将其雄才大略看作是"急躁冒进",

始终用而不信;刘封本是一员猛战将,诸葛亮却认为他"刚猛难制",劝刘备因其上庸之败而趁机除之;马谡原是一位既有所长也有所短的人才,诸葛亮在祁山作战中先是用之不当,丢失街亭后又将其斩首。正因为其对人"求全责备",处之极端,而使许多官员谨小慎微,以至临终前将少才寡,正应了"至察无徒"之断。与诸葛亮相反,春秋时齐桓公小白对与人争利、作战逃跑而又怀有箭杀之仇的管仲却不计前仇,不求全责备,坚持用其长处,委以重任,而使管仲竭心尽力,终使齐国"九合诸侯,一匡天下",称雄一时。

用人,既然不可求全责备,那么,顺理成章,也应正确对待、宽容那些犯过错误的人。首先,人非圣贤,不可能无错,即使是达到"七十而从心所欲,不逾矩"的地步,也仅是"七十"以后,而"七十"之前更是在所难免。因为,人有七情,不免来点狂喜、来点暴怒、来点悲伤、来点逸乐,这其中"狂则伤人,暴则辱人,悲则厌人,乐则伤志"等,过失也就有可能发生。人有个性,急性子风风火火,遇事常常先人而动、先人而言,难免有"急功好利"之嫌、"言多必失"之错;慢性子黏黏糊糊,遇事不紧不慢甚至"雷打不动",难免有"不求进取,固步自封"之评、"事业心不强"之论。人有健康之别,身体健康者因其精力充沛而大胆进取、艰苦努力,但常有失误之处;身体虚弱者"心有余而力不足",常常悲观失望,甚至多愁善感,对别人的进取心存疑忌,而且往往相比之下政绩平平,不为人所重。人有年龄之差,老年人稳健持重,但趋于保守,因而常常犯有"不求进取,反对改革"之错;年轻人才思敏捷,思维活跃,但活跃有余,稳健不足,常因急于求成而事倍功半,常因盲目冒进而误事成错。由此可见,人之为人,其错难免。其次,错误也各有区别。一是错误的性质有别。有的是因为经验不足或方法欠妥而在工作过程中发生这样或那样的缺点错误;有的是因为"才有余而德不足",以权谋私、贪污受贿而违法乱纪,而这两类错误在性质上却有原则区别;二是错误大小有别。春秋时的苟变有"将五百乘"之才,但他曾经在收税时白吃了老百姓两个鸡蛋,卫侯因此不予起用,这就叫作"察秋毫之末而不见舆薪"了。而清朝大官僚和坤,任户部侍郎兼军机大臣时,巧取豪夺,贪贿白银近九亿两,这与苟变"食鸡子"相差何其大也。错误的多少有别。有的屡教不改,一犯再犯,而有的仅为偶然之错。对错误的认识与态度有别。有的犯错以后,很快便意识到或深刻认识到其错误之害,而有的却坚持犯错或掩盖错误,甚至"嫁错于人"。

既然人的错误难免,那就不可过分求全;既然错误有别,那就应该区别对待。对其中一般性的错误,偶然的错误或对错误认识较好,改正错误很快的,则应不计前错,委以适职,甚至委以重任,应如《左传》所言:"人谁无过,过而能改,善莫大焉。"对于这一点,宋代包拯甚至提出:"使功不如使过。"就是说使用有功者不如使用有过者。这些人"自忿废绝,不能振起;一旦为明主弃瑕录用,则其自奋图进,倍万常人。"

对曾经有过错的人不仅可以任用,而且应鼓励其奋进,及时肯定其工作中的进步和进取。孔子曾说过:"与其进也,不与其退也,唯何甚?人洁已以进。与其洁也,不保其也。""与"即赞成之意,对人要赞成其进步,不要抓住人家的以往之错不放。《说苑·雅言》曾引孔子的学生曾子之言阐释孔子之意:"夫子见人之一善而忘其百非。"

有的人看人,善恶过于分明。他们或者见人一善,则各方面都善;见人一恶,则各方面皆恶;或者以印象看人,其为善者,恶也为善;其为恶者,善也为恶;或者把整个人群简单地划分为"善""恶"两类,要么就是善人,要么就是恶人,非善即恶,非恶即善,无有其他;或者心中只容得善人,见不得半点"恶"意,眼里揉不得半粒沙子。这样一来,眼中的善人就很少,因为毫无缺点的人是没有的;即使是东郭先生这样的"大善人"也不能称之为"善",因为他滥行仁慈,救助被人追逐的中山狼,几乎被狼吃掉;而且,伪君子也会乘虚而入,因为只要"伪善",则一切皆善,就算是入了"善"门,即使是以后有"恶"的时候,也无所谓。

其实,善恶过于分明是极不符合现实的。因为,任何人都有其优点和缺点,即使是再好的人,也自有其不足,再恶的人也仍有其可用之处,即使是谋财害命的罪犯还可能对其父母双亲十分孝敬。《水浒传》里的时迁虽然偷鸡摸狗,却杀富济贫,充满正义感;"八仙"之一的吕洞宾是个好美色的浪荡神,却是位为人间排忧解纷、救苦救难的好神公;《红楼梦》里的薛宝钗深知礼义,洁身自好,但却是个八面玲珑的巧伪人;宋朝贤相寇准、吕蒙正,才智过人,刚正不阿,但是生活上却最尚奢华。寇准好夜宴,连马厩、厕所也要用蜡烛照明,蜡泪凝地成堆。吕蒙正好吃鸡舌,鸡毛堆积成山;可见,"人无完人"是为至理,"善恶过于分明"确为妄谈。

所以,唐朝颇有名望的宰相魏征特别提出,要"爱而知其恶,憎而知其善",意即喜爱一个人,必须同时知其缺点和弱点,憎恨一个人,必须同时知其优点和长处,只有这样,才能更全面地了解一个人,更恰当地任用一个人。

可以说,刚柔篇关于识人、用人的智慧告诉我们,人不可无刚,无刚则不能自立,不能自立就不能自强;人也不可无柔,无柔则不亲和,不亲和就会陷入孤立。应刚柔相济,不可偏废。刚与柔也并非仅指一个人的个性,也是思想行为的表现。只要很好地掌握刚柔之术,以柔守之,以刚克之,定能无往而不胜。

一、既识神骨，当辨刚柔

刚柔是一个人的"先天种子"，是五行相生相克的结果。鉴人辨人，既应识"神骨"，又应辨"刚柔"。

【原典】

既识神骨，当辨刚柔①。刚柔，则五行生克之数②，名曰"先天种子③"，不足用补，有余用泄。消息④直与命相通，此其皎然易见。

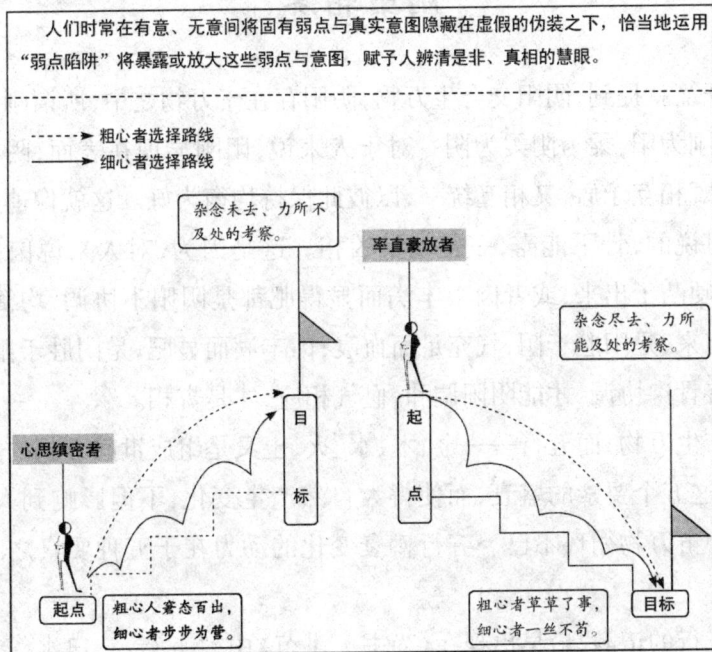

人们时常在有意、无意间将固有弱点与真实意图隐藏在虚假的伪装之下，恰当地运用"弱点陷阱"将暴露或放大这些弱点与意图，赋予人辨清是非、真相的慧眼。

- - - ► 粗心者选择路线
———► 细心者选择路线

杂念未去、力所不及处的考察。

率直豪放者

杂念尽去、力所能及处的考察。

心思缜密者

起点

目标

起点

目标

粗心人窘态百出，细心者步步为营。

粗心者草草了事，细心者一丝不苟。

放大弱点的识人之法

【注释】

①刚柔：源自《周易·系辞上》"刚柔相推，而生变化"。"刚柔"作为对立而统一的矛盾双方的代称。

②数：指运数、气数。

③先天种子：先天就有的生命力。

④消息：指刚柔消长。

【译文】

掌握了鉴别神骨的方法后,接下来就是辨别刚柔。"刚柔"遵循五行相生相克的原理,道家称之为"先天种子",刚柔不足之处进行增补,有余之处进行削减,使之刚柔协调,五行平衡。刚柔的此消彼长与人的命运是息息相关的,若能辨别它便可更好地观察人。

综合评析

刚柔相济

本书开篇就提到,阴阳交合生万物,阴阳存在于万物之中,所谓刚柔即为阴阳,刚为阳刚为阳,柔为阴柔为阴。对于人来说,阳刚显现在表面,阴柔隐藏于内心,两者既相互矛盾,又相互统一,以彼此保持均衡为好。这就像前文中论头部的骨相时说的,骨不能露,一露就是凶相。这是因为,对人来说肉为阴骨为阳,骨头坚硬凸了出来,或者肉很丰满而显得肥都是阴阳不协调、均衡的表现。骨头凸了出来,是阳胜于阴,气充足而血衰;肉丰满而显肥,是阴胜于阳,血旺而气浊。只有骨肉协调,才能阴阳调和,血气相应,才是吉相。

阴阳产生万物,而五行——金、木、水、火、土又是组成世间万物的五种基本要素,随着这五个要素的盛衰,而使得大自然产生变化,不但影响到人的命运,同时也使宇宙万物循环不已。五行盛衰变化的动力在于五种要素之间相生相克的关系。

关于五行的记载,最早出现在《尚书·洪范》中,"五行:一曰水,二曰火,三曰木,四曰金,五曰土。水曰润下,火曰炎上,木曰曲直,金曰从革,土曰稼穑。润下作咸,炎上作苦,曲直作酸,从革作辛,稼穑作甘。"五行相生相克的思想,最早出现于战国晚期。所谓相生,是五种要素之间的相互促进与推动,即一种要素对另一种要素起推动、促进作用。所谓相克,是五种要素之间的相互制约与冲突,即一种要素制约另一种要素或者与其相冲突。

五行相生:木生火,火生土,土生金,金生水,水生木。木生火,是因为木性温暖,火隐伏其中,钻木而生火,所以木生火。火生土,是因为火灼热,所以能够焚烧木,木被焚烧后就变成灰烬,灰即土,所以火生土。土生金,因为金需要隐藏在石里,依附着山,津润而生,聚土成山,有山必生石,所以土生金。金生水,因为少阴之气(金气)温润流泽,金靠水生,销锻金也可变为水,所以金生水。水生木,因为水温润而使树木生长出来,所以水生木。

五行相克:木克土,土克水,水克火,火克金,金克木。木克土,古时以木为农具,作用于土进行农业生产,因而木克土。土克水,水通常都是沿着河道流动,受堤坝制约,因而土克水。水克火,火性灼热,主焚毁,水性润下,主生,因而水克火。火克金,在火的作用下,可以销金为水,因而火克金。金克木,金为利器,可以削木为工具或者柴火,因而金克木。

五行不但有相生相克,还有相乘、相侮、制化、胜复。相乘与相侮,是五行关系在某种因素作用影响下所产生的反常现象。乘,即乘虚侵袭。侮,即恃强凌弱。相乘,即相克太过,超过了正常制约的力量,从而使五行系统结构关系失去正常的协调。此种反常现象的产生,一般有两种情况:一是被乘者本身不足,乘袭者乘其虚而凌其弱。二是乘袭者亢极,不受它行制约,恃其强而袭其应克之行。相乘与相克的区别在于,相克是正常情况下的制约关系,相乘是力量不对称情况下的反常现象。

五行与天干、地支、十二生肖的关系

天干	地支	十二生肖	五行	阴阳
壬	子	鼠	水	阳水
己	丑	牛	水、土	阴土
甲	寅	虎	木	阳木
乙	卯	兔	木	阴木
戊	辰	龙	木、土	阳土
丁	巳	蛇	火	阴火
丙	午	马	火	阳火
己	未	羊	火、土	阴土
庚	申	猴	金	阳金
辛	酉	鸡	金	阴金
戊	戌	狗	金、土	阳土
癸	亥	猪	水	阴水

相侮：即相克的反向，又叫反克。是五行系统结构关系失去正常协调的另一种表现。同样也有两种情况：一是被克者亢极，不受制约，反而欺侮克者。如金应克木，若木气亢极，不受金制，反而侮金，即为木（亢）侮金。二是克者衰弱，被克者因其衰而反侮之。如金本来克木，如果金气虚衰，则木因其衰而侮金，即为木侮金（衰）。

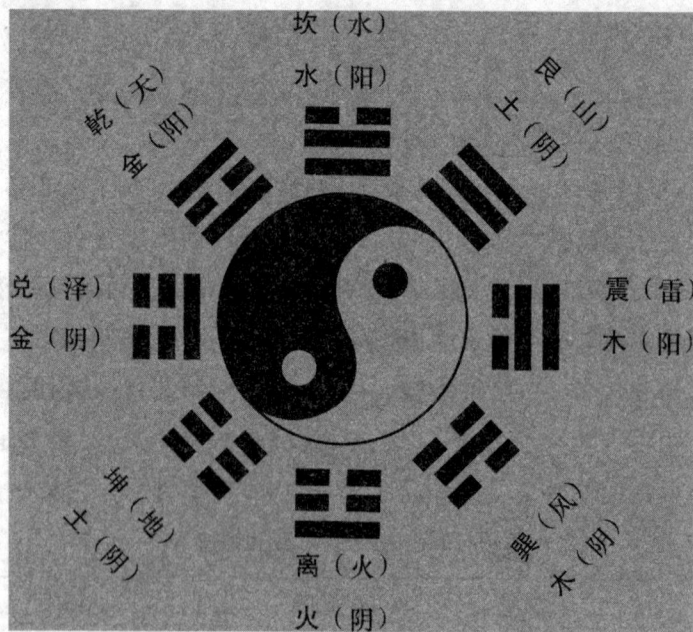

后天八卦与阴阳五行

制化：又称"五行制化"，是五行内部结构正常的情况下，通过相生相克的相互作用而产生的调节作用。在五行内部，每一要素都具有四种关系，即我生、生我、我克、克我，比方说金能生水，土又生金，金克木，火又克金。每一要素的四种关系运行正常，才能五行调和求得平衡，使大千世界循环不息。

胜复：主要是指五行系统结构在反常情况下，即在局部出现较大不平衡的情况下，通过相克关系而产生的一种大循环的调节作用。胜复调节可使一时性偏盛偏衰的五行系统结构，经过调节，由不平衡而再次恢复平衡。例如火气太过，作为胜气则过分克金，而使金气偏衰，金衰不能制木，则木气偏胜而加剧制土，土气受制则减弱制水之力，于是水便旺盛起来，而把太过的火气克下去，使其恢复正常。若火气不足，则将受到水的过分克制，但火衰不能制金，引发金气偏盛，金气盛则加强制木，使木衰而无以制土，则必将引起土气盛以制水，水衰则制火力减弱,从而使火气相应得到逐渐恢复,以维持其正常。

古人为了便于人们记住五行之间的相生相克关系,专门编制了《五行相生歌》与《五行相克歌》,兹录于下:

五行相生歌

耳为轮珠鼻为梁,金水相生主大昌。

眼明耳好多神气,若不为官富更强。

口方鼻直人虽贵,金土相生紫绶郎。

唇红眼黑木生火,为人去气足财粮。

舌长唇正火生土,此人有福中年聚。

眼长眉秀足风流,身挂金章朝省位。

五行相克歌

耳大唇薄土克水,衣食贫寒空有智。

唇大耳薄亦如前,此相之人终不贵。

鼻大眼小金克木,一世贫寒又孤独。

眼大耳小学难成,虽有资财寿命促。

舌小口大水克火,急性孤单足人我。

耳小鼻蠢亦不佳,悭贪心恶多灾祸。

舌大鼻小火克金,钱帛方盛祸来侵。

鼻大舌小招贫苦,寿长无子送郊林。

眼大唇小木克土,此相之人终不富。

唇大眼小贵难求,到老贫寒死无墓。

五行作为构成世间万物的五种基本要素,同时又与世间万物相对应,决定着它们的属性,各物之间、各物内部之间的五行相生相克、相乘相侮、制化胜复等关系的相互作用,使世间万物循环往复,向前发展。五行与世间万物的关系,主要有与天干、地支、生肖、方位、季节、五色、八卦、脏腑、五官、五体、情态、五德等等。

五行与天干、地支的关系。天干,是古代的一种计数符号,为十天干:甲、乙、丙、丁、戊、己、庚、辛、壬、癸。地支,同样也是古代的一种计数符号,为十二地支:子、丑、寅、卯、辰、巳、午、未、申、酉、戌、亥。在这里干就像树干,为阳,支就像树枝,为阴,天干与地支结合则为阴阳调和。同时天干地支的内部也有阴阳。天干中,甲乙五行属木,其中甲属阳为阳木,乙属阴为阴木;丙丁五行属火,其中丙为阳火,丁为阴火;戊己五行属土,其中戊为阳土,己为阴土;庚辛五行属金,庚为阳金,辛为阴金;壬癸五行属水,壬为阳水,癸为阴水。十二地支中,寅、

阴阳和合化育万物

卯、辰五行属木,巳、午、未五行属火,申、酉、戌五行属金,亥、子、丑五行属水,辰、未、戌、丑五行属土。地支的五行属性中,除了土以外,其他每一个都包含三个地支,这其中包含着事物的由衰而盛、由盛而衰、由阴到阳、由阳到阴的过程。就拿寅、卯、辰三者来说,寅为阳,卯为阴,由至阳变为至阴,再通过辰这个具有土的属性的木作为过渡,再变为至阳,这样周而复始罔替不绝,从而形成整个世界。因此,寅卯属木,寅为阳木,卯为阴木;巳午属火,午为阳火,巳为阴火;申酉属金,申为阳金,酉为阴金;子亥属水,子为阳水,亥为阴水;辰戌丑未属土,辰戌为阳土,丑未为阴土;未戌为干土,丑辰为湿土,干土者其中藏火,湿上者其中藏水。

五行与生肖的关系。在十二生肖中,猴、鸡属金,虎、兔属木,鼠、猪属水,蛇、马属火,牛、龙、羊、狗属土。在方位上,东方为青龙属木,南方为朱雀属火,西方为白虎属金,北方为玄武属水,中部属土。颜色上,木为青色,火为赤色,金为白色,水为黑色,土为黄色。与脏腑、五官的关系,肺脏、大肠五行属金,又因为鼻为肺之窍,因而鼻子五行也属金;肝脏、胆五行属木,又因为眼为肝之窍,因

而眼睛五行属木；肾脏、膀胱五行属水，又因为耳为肾之窍，因而耳朵五行属水；心脏、小肠五行属火，又因为舌为心之苗，因而舌头五行属火；脾脏、胃五行属土，又因为口为脾之窍，因而口五行属土。

五行与五体的关系。所谓五体指的是肢体的筋、脉、肉、皮、骨等。五脏与五体有联系，"肝合筋，心合脉，肺合皮，脾合肉，肾合骨也"。因而，筋五行属木，脉五行属火，肉五行属土，皮五行属金，骨五行属水。与情态上，木主怒，火主喜，土主思，金主悲忧，水主惊恐。与五德，所谓五德就是儒家的五德：仁、义、礼、智、信，木主仁，火主礼，土主信，金主义，水主信。

五行与四季的关系。春季五行属木，木旺；夏季五行属火，火旺；秋季五行属金，金旺；冬季五行属水，水旺；土旺于四季，因而土作为各季交替的过渡。夏季与秋季的过渡称为长夏，属土，为什么会有这个过渡？要弄明白这个问题，首先要明白五行的阴阳属性，木、火属阳，金、水属阴，其中火为太阳、木为少阳，金为少阴，水为太阴。太阳为至阳至刚之气，太阴为至阴至柔之气。对应四季则春为少阳、夏为太阳、秋为少阴，冬为太阴，按照阴阳相生的规律，夏季为阳的最高点，阳极而生阴，这个阴应该是阴的起始点太阴，但秋季为少阴，不是阴的最低点，因而由土来做个铺垫，火生土，土再生金，这样阴阳五行的运行也就顺畅了。

五行与八卦的关系。了解了东南西北各个方位的五行属性，要理解这个也是很简单的。所谓八卦，其所体现的也是阴阳五行的观念，其中心圆点为阴阳，表示道生一，一生二为阴阳，阴阳和合而有万物，二生四为四相，有东南西北四方。震在东方，因而五行属木；离在南方，因而五行属火；兑在西，因而五行属金；坎在北，因而五行属水。此外，艮位在东北，指的是山，坤位在西南，指的是大地，都与土有关，因而都属土；乾位在西北，意为天，为太阳，因而属金；巽位在东南，意为风，五行属木。

阴阳五行存在于天地之间，阴极而阳，阳极而阴，它们之间的相互作用与转化，推动并构成了整个世界的发展。从一个不平衡的状态，转化、发展到另一个平衡的状态，再到一个不平衡的状态，这样周而复始运转不休。这种运动也就是所谓的"先天种子"，是先天存在的。

根据这个原则，面相上也要讲求一个均衡、和谐，某些方面不足的，其他方面加以补充，以达到均衡；某些方面太过充足，其他方面就得不足，以泄它的足，以达到均衡。这就是和谐、均衡之道。比方说,某人鼻子的形或神不是太好,而他的眼睛却非常好,这就是用眼睛的好去补鼻子的不足;某人的颧骨过高,而鼻子也很丰满隆起,这就是用鼻子的丰满隆起,去泄颧骨的阳刚太过。

由上可知,看面相要整体地去观察,而不能局限于一个位置的吉凶,要树立整体的观念,达到整体的和谐,刚柔并济,阴阳调和。

分句评析

神骨之后辨刚柔

【原典】

既识神骨,当辨刚柔。

【译文】

已经鉴识神骨之后,应当进一步辨别刚柔。

曾国藩认为"神"和"骨"为相之本,有本才会有种子。"刚柔"是相的"先天种子"。换句话说,"神"和"骨"很重要,而"刚"与"柔"同样很重要,"辨刚柔",方可入道。以阴阳、刚柔及五行学说来品鉴人物,其说由来已久。

曾国藩认为人的"先天"品性与命运,可以通过"不足用补,有余用泄"的方法来补偿,也在一定程度上继承了道家学说的思想。特别是其"内刚柔"之说又对"外刚柔"的机械倾向做了补正,强调要通过人的言行举止、思想品行来观察人物、品鉴人物,并重点分析了"粗""蠢""奸"三种人物的品性。这就由"外刚柔"的"五行命相"论,转而偏向于较为合理的"神鉴"论,如所谓"喜高怒重,过目辄忘,近'粗'。伏亦不伉,跳亦不扬,近'蠢'。初念甚浅,转念甚深,近'奸'"。我们认为,本篇是《冰鉴》中比较有价值的一篇。

人不可无刚,无刚则不能自立,不能自立就不能自强,不能自强也就不能成就一番功业。刚就是使一个人站立起来的东西。刚是一种威仪,一种自信,一种力量,一种不可侵犯的气概。自古以来,哪一位开国帝王不是自立自强闯出来的呢?哪一个圣贤不是各有各的自立自强之道呢?孔子可算是仁厚的了,他讲中庸之道,讲温柔敦厚,可他也有刚的时候,他当宰相才七天,就杀了少正卯。

由于有了刚,那些先贤们才能独立不惧,坚韧不拔。刚就是一个人的骨头。

人也不可无柔,无柔则不亲和,不亲和就会陷入孤立,自我封闭,拒人于千里之外。柔能使人挺立长久,柔是一种魅力,一种收敛,一种方法,一种春风宜人的光彩。哪一个人不是生活在人间,哪一个人没有七情六欲,哪一个人离得了他人的信任与帮助?再伟大的人也需要追随者,再精彩的演说也需要听众。柔就是一个人的皮肉,是使一个人光彩照人的前提。

然而,太刚则折,太柔则靡。早年曾国藩在京城,就喜欢与那些名气大、地位高的人作对,当然不乏挺然特立、不畏强暴的意思,但也肯定因此吃过不少苦头。不然的话,曾国藩就不会认识到天地之道,应刚柔并用,实在不可有所偏废。

三国时,袁焕貌似和柔,但他临大事,处危难,虽育言之勇也不能超他。孔子提倡仁道,但在齐鲁之会时,奋然于两君之间,击退齐国挑衅,保持鲁君的威严,这是以刚济柔之勇举。蔺相如奉命使秦,完璧归赵,威武不能屈,然其让车于廉颇,顾全大局,道义相尚,这是以柔济刚之义举。所以刚以柔济,柔以刚济,刚柔相济,才能有理有节,成为政治上的铁腕人物。

在处理人际关系上,古代政治家多贵柔尚宽,柔能接物,宽能得众,这是封建政治家的处世哲学,他们迫于人主的强暴,奸臣的谗言,不得不如此做人。

封建政治家主张"事君惟敬"。张永说:"事君者廉不言贫,勤不言苦,忠不言己效,公不言己能,此可以事君。"昔萧何、吴汉立有大功,而萧何每见汉高祖,似不能言,吴汉奉光武,也非常勤劳谨慎。金日单两子都受汉武帝宠爱,因戏宫女,日单则杀之,恶其淫乱,恐遭族诛。顾雍父子深得孙权宠信,但雍老成持重,见孙子顾谭酒后狂舞,则呵斥道:"败坏我家者,必定是你。"

徐达言简虑精,诸将奉持凛凛,而在太祖面前恭谨如不能言,宋濂侍明太祖十九年,未尝有一言之伪,诮一人之短,始终无二,可谓忠厚长者。以上所列诸公,均忠谨奉上,宽厚待人,不矜不伐,不侮不凌,深得刚柔之术,所以得到善终。

刚强待物必败事,狎侮对人必受辱。曹操性忌,所有不堪忍受者,鲁国孔融、南攸、娄生,均以持旧不渝见诛。曹植任性而行,不自雕励,饮酒不节。曹丕御之有术,矫情自饰,宫人左右,并为之说情,遂定为嗣。关羽、张飞皆称万人莫敌,为世虎臣。关羽报效曹公,张飞义释严颜,并有国士之风。但关羽刚而自矜,张飞暴而无恩,以短取败,这是理所当然。诸葛恪气凌于上,意蔑于下,所以不是善终之道,终于遭杀。隋代贺若敦恃功负气,每出怨言,以此招祸,临死诫儿子贺若弼说:"我以舌死,你不可不思。"因引锥刺弼舌出血,告诫他要慎口谨言。贺若弼并没有接受父亲教训,居功自傲,好议人短,怨恨形于言色,终于遭诛。隋文帝谓弼有三猛:"嫉妒心太猛,自是非人心太猛,无上心太猛。"刘基为明太祖出谋划策,功居第一,然终不能为相,封拜亦轻,最后恩礼亦渐薄。原因就是他过于刚直,得罪大臣与皇帝。以上诸公的结局,足为后人所警诫。

徐达

颖川周昭著书道:"古代圣贤士大夫所以失名丧身倾家害国者,原因各不一样,但总结其教训,不外有四点:急论议一也,争名势二也,重朋党三也,务欲速四也。急论议则伤人,争名势则败友,重朋党则蔽主,多欲速则失德,此四者不除,未有能善终者。"

可见刚与柔非特指一个人的个性,也是思想行为的表现,要很好地掌握刚柔之术,当先端正思想路线,不急议,不争势,不重党,不欲速,以柔守之,以刚正之,刚柔相济,才能无往而不胜。

刚柔与阴阳五行

【原典】

刚柔,则五行生克之数,名曰"先天种子",不足用补,有余用泄。

【译文】

刚柔的道理源于五行的相生相克,这是由先天遗传下来的。刚柔不足的地方要去补充它,若是过了头则要消减它。这样保持平衡才能达到和谐状态。

阴阳五行学说是"刚""柔"的理论基础。"刚柔,五行生克之数"。如果人观五行中的某一"行"不足,其他部位都可以加以弥补,即《老子》中所言的"损有余而补不足",如果一"行"有余,其他部位却可以加以削弱。这就是比较中和平衡的"刚柔相济"。比如说,如果眼睛的形或神不足,而耳朵的神和形却有余,那么耳朵的佳相就可以弥补眼睛的不足,反之亦然。

"不足用补,有余用泄"。这个思想在阴阳五行中是辩证的重要体现。比如金旺,所谓物极必反,刚极易折,则用水来泄金之旺;如水太弱,不足以济事,则用金来生水,助其弱势。这种总体观念,可克服"只见树木,不见森林"的片面观点。在运用"不足用补,有余用泄"时,应遵循事物消长之理——即阴阳均衡,刚柔相济,五行和谐统一的规律。

《冰鉴》所言之"刚",并不是指暴虐,而是指强矫;"柔",亦并不是指卑弱,而是指谦逊退让。

所以若要问刚与柔哪个更重要,则有必要用辩证的眼光去看。

道家老子主张柔弱胜刚强。

商容临终给老子遗教,教他处事贵在以柔,并以"齿亡舌存"之理告诉老子,认为柔是克敌制胜的根本,遇事以柔相对待,则天下事情都能办成。

商容生病,老子前去慰问,说:"先生病得厉害,有什么遗教可以告诉弟子吗?"商容说:"你不问,我也将告诉你。我到故乡下了车,你知道为什么吗?"老子说:"过故乡而下车,不是说不忘故乡吗?"商容说:"是的。过乔木而低首趋走,你知道为什么吗?"老子说:"过乔木而低首趋走,不是说要敬老年人吗?"

商容说:"是的。"

商容又张大他的嘴指示老子说:"我的舌还存在吗?"老子说:"是的,舌头在。""我的牙齿还存在吗?"老子说:"牙齿不存在了。"商容说:"你知道其中道理吗?"老子说:"舌头的存在,这是因它有柔性;牙齿的落掉,这不是因为它刚硬?"商容说:"是的。天下的事理尽在这里。我还有什么话再告诉你呢。"

叔向也持同样观点,认为柔比刚要坚实,"两仇争利而弱者取胜。"韩平子问叔向:"刚与柔哪个坚硬?"叔向回答说:"臣年纪已经八十多岁,牙齿已经脱落而舌头还存在。"老子有言道:'天下最柔的东西驾驭天下最坚硬的东西。'又说:'人初生时柔弱。死时就僵硬。万物草木生时柔脆,死时就枯槁。'由此看来,柔弱者是乃生之途,刚强者是乃死之途。我是以得知柔刚。"韩平子说:"这话有理,但你平时行为是好刚还是好柔?"叔向说:"臣也主张柔,何必要刚呢?"韩平子说:"柔是否太脆弱呢?"叔向说:"柔者被扭曲但不折断,廉洁而不缺乏,何谓脆弱呢?上天的道理很奥妙,按自然规律进行运行,所以它才无往而不胜,两军相攻而柔者往往获胜,两仇相争而弱者往往取利。"

齐桓公列举自然、社会现象,说明遇事刚猛,容易坏事。他说:"金属刚硬容易折断,皮革刚硬容易破裂,人君刚猛国家灭亡,人臣刚猛朋友断绝,为人刚猛与人不和,四马不和则奔驰不长,父子不和家道破亡,兄弟不和不能长久,夫妻不和家室大凶。"

为什么柔弱胜于刚强?鬼谷子以量变到质变的道理说明之:"柔弱胜于刚强,所以积弱可以为强;大直若曲,所以积曲可以为直;少则得众,所以积不足可以为余。"

在自然界中,柔胜刚,举不胜举,水至柔,但能穿山灭火。老子认为,流水之所以能穿山、灭火,因水性最柔,一泻千里。在社会现象中,弱小之物能战胜强大之物,亦比比皆是。如小国战胜大国,弱国战胜强国,即为例子;越王勾践与吴国战争失败了,被困于会稽,忿心张胆,气如涌泉,选练甲卒,然后请身为臣,妻为妾。但能不忘会稽之耻,发奋图强,十年生计。终于一战而擒夫差。所以老子说:"柔能克刚,弱能胜强。"

而孔子则提倡的"中庸之道",执乎其中,不左不右,不刚不柔,刚柔相济。此种学说成为后代处事的原则。曹操的谋臣荀攸是一位刚中有柔,柔中有刚的人物:"荀攸深密有智防,自从太祖征伐,常策划密室,时人及子弟不知其所进言。"太祖每称赞说:"公达外愚内智,外怯内勇,外弱内强,不夸自己,不计劳苦,智慧可及,但愚不可及,虽颜子、宁武不能超过。"

辨识刚柔可以更好地察人

【原典】

消息与命相通,此其较然易见者。

【译文】

刚柔的状态和阴阳的消长与人的命运息息相关,若能辨识它就可以更好地观察人了。

曾国藩所说的这些理论看似玄妙、复杂,若要用通俗的说法来讲,其实很简单:刚柔表现在外就是人的性格,常言道:性格决定命运,也就是《冰鉴》所言"消息与命相通"。关于这一点,刘邵在《人物志》中对此有更为详细的论述,为方便大家更全面的理解,在这里简要介绍一下:

平淡之人,不仅平淡而且矜持庄重——能威,温文儒雅——能怀,言满天下而无口过——能辩,言行合一而敏于行——能讷,不偏不倚,变化应节,所以是人才之最高境界,非一般人能及。

刘邵除了描写中庸之德的平淡质性之外,还特别点出中庸与偏才之不同处。偏才是在某一方面,有特殊专长,它不是太刚就是太柔。全才则无所不通,其质性不亢不拘,中和平淡。

与中庸相比,激昂亢奋的性格就太过了,而拘谨慎重的性格又有些不及。这种激奋或拘束的性格违反了中和之道,必然因过于注意修饰外表,而丧失了内在的义理。所以性格坚毅刚直的人,长处在于能矫正邪恶,不足之处在于喜欢激烈地攻击对方。

性格柔和宽厚的人,长处在于能够宽容和忍耐他人,不足之处在于经常优柔寡断。性格强悍豪爽的人,称得上是忠肝义胆,却过于肆无忌惮。性格精明慎重的人,长处在于谦恭谨慎,却经常多疑。

性格强硬坚定的人,所起到的是稳固支撑的作用,却过于专横固执。善于论辩的人,能够解释疑难问题,但性格却过于飘浮不定。乐善好施的人,胸襟宽广,很有人缘,但交友太多,又难免鱼龙混杂。

清高耿介、廉洁无私的人,有着高尚坚定的节操,却过于拘谨约束。行动果断、光明磊落的人,勇于进取,却容易疏忽小事,不够精细。冷静沉着,机警缜密的人,善于探究小事,细致入微,却稍嫌迟滞缓慢。

性格外向,直率质朴的人,可贵之处在于为人诚恳、心地忠厚,不足之处在于太过显露,没有内涵。足智多谋,善于掩饰感情的人,长于权术计谋,他们狡诈机智,富有韬略,在下决断时却常常模棱两可,犹豫不决。这些具有偏才的人,如果他们的才能得到了发挥,在仕途上有所成就,而又不以中庸为标准来改掉自己或是激奋或是拘谨的缺点,反而指责别人的短处,那么他自己的缺点就会更加突出,就像是古时候的晋国人和楚国人互相嘲笑对方"佩剑的方向反了"一样可笑。

性格坚强刚毅的人,刚愎自用,凶狠而不柔和,他们不觉得自己强硬地冒犯别人是不对的,却把柔顺视为软弱,结果变得更加凶狠,变本加厉地抗争不止。这种人可以去设立法律制度让人遵守,却难以对别人体察入微。

性格温柔和顺的人,行事迟缓,缺乏决断,他们不把自己不知道治理事物作为缺点,却把刚毅激进当成对别人的伤害,安于无所作为。这种人可以遵守常规,却不能执掌政权,解释疑难。

勇武强悍的人,意气风发,勇敢果断,但他们从不认为强悍会造成毁坏与错误,却视和顺忍耐为怯弱,更加任性妄为。这种人可以与他们共赴危难,却不能要他们去遵守约定。

小心谨慎的人,做事过于多疑多忌,他们不但不改掉不敢伸张正义的缺点,反而认为勇敢是轻率的表现,于是他们的多疑与畏惧就有增无减。这种人可以保全自身,却不能成为保持气节的榜样。

气势凌厉、性格刚正的人,做事坚毅,为人耿直,他们不认为固执主观是缺点,却认为灵活善辩是虚伪的表现,从而更加主观专断。这种人可以坚持正义,却不能与群众打成一片。

能言善辩的人,能充分地说明事物的道理,他们不觉得自己的文辞泛滥,话语冗长,却把正直刚毅当作是对他们的束缚,从而助长他们散漫的作风。这种人可以同他们不分等级贵贱,平等相处,却难以设立法规制度来约束他们。

胸怀宽广博大的人,对待他人博爱仁慈,他们不认为交友混杂是缺点,反而把廉正耿介当作拘谨保守,于是交友就更加广泛混杂了。这种人可以安抚众人,却不能严肃风纪。

偏激固执的人,勇于激浊扬清,斥恶扬善,他们不觉得自己过于清高,心胸狭窄,反而把心胸宽广博大看作是污浊的东西,从而更加拘谨固执。这种人可以坚守节操,却不能随机应变。

好学上进的人,志向高远,他们不认为贪多务得、好大喜功是缺点,却把沉着冷静看作是停滞不前,从而更加锐意进取。这种人可以不断进取,却不甘心落后于人。

　　性格沉着冷静的人做起事来深思熟虑，他们不觉得自己太过于冷静以至于行动迟缓。这种人可以深谋远虑，却难以及时把握机会。

　　性情直率质朴的人，他们的心地痴顽直露，他们不觉得自己直率到了粗野的地步，却认为机灵是怪诞的表现，于是行事更加直率。这种人可以使人信赖他们，却难以去调停指挥，随机应变。

　　富有谋略、深藏不露的人，善于随机应变，取悦于人，他们不认为施展权术是背离正轨的行为，却把真诚当作愚昧，把虚伪看成可贵的东西。这种人可以辅佐善良忠厚的人，却不能改正邪恶的行为。

　　有些人经过学习之后，可以成才，并能够推己及人，可以了解人之常情。但偏才的性格难以改变。虽然传授给他知识和技能，但他学习成才之后，他偏才的秉性也发展成为缺点。虽然教育他要宽恕，要以己推人，但诚实的人推想别人也诚实，狡诈的人推想别人也狡诈，所以只靠学习不能掌握中庸之道，无法宽容一切事情，而偏才的缺点也因此更加突出。

　　人本来以阴阳之气来确立性情，阴气太重则失去刚，而阳气太重则失去柔。太柔则处事小心谨慎，不敢大刀阔斧；太刚是亢奋者，常超越了一定的度。人各有长短，或者说各有优缺点，因此"善有所章，而理有所失"。

智慧应用

王湛：可与深虑，难与捷速

　　沉静之人性格文静，办事不声不响，认真执着，有锲而不舍的钻研精神，因此往往会成为某一个领域里的专家和能手。这种人的缺点是过于沉静而显得行动不够敏捷，凡事三思而后行，抓不住生活中擦肩而过的机会。尽管平时不大爱讲话，但他们看问题又远又深，只因不愿讲出来，有可能被别人忽略。其实仔细听听他们的意见是有启发的。

　　王湛平时从不表现自己，别人有对不起他的地方，他也从不去计较，因此很多人都轻视他，连他的侄儿王济也瞧不起他。吃饭的时候，桌子上明明有许多好菜，王济也不让这位叔叔吃。王湛吃不到鱼肉，就叫王济给他点儿蔬菜吃，可王济又当着他的面把蔬菜也吃了，但王湛并不生气。

一天，王济偶然到叔叔的屋里去玩，见到王湛的床头有一本《周易》，这是一本很古老又难读懂的书。在王济看来，王湛这样的木头人怎么可能读懂这样一部书呢？于是他就问："叔叔把这本书放在床头干什么呢？"王湛回答说："身体不好的时候，坐在床头随便看看。"

王济怀疑叔叔读《周易》不过是做做样子而已，便有意请王湛说说书中的一些意思。王湛分析其中深奥的道理，深入浅出，非常中肯，讲得精炼而有趣味，这是王济从来没有听到过的。

于是，他留在叔叔的住处，接连好几天都不愿回去。经过接触和了解，他深深感到，自己的知识和学问比叔叔的简直差了一大截。他惭愧地叹息说："我家里有这样一位博学的人，可我30年都不知道，这是我的一个大过错呵！"几天后，他要回家了，王湛又很客气地把他送到大门口。

王济有一匹性子很烈的马，特别难骑，就问王湛："叔叔爱好骑马不？"王湛说："有点儿爱好。"接着王湛就骑上这匹烈马，姿态悠闲轻巧，速度快慢自如，连最善骑马的人也无法超过他。王济对他平时骑的马特别喜爱，王湛又说："你这匹马虽然跑得快，但受不得累，干不得重活。最近我看到督邮有一匹马，是一匹能吃苦的好马，只是现在还小。"王济就将那匹马买来，精心地喂养，等它与自己骑的马一样大了，就进行比试。王湛又说："这匹马只有背着重量才能知道它的能力，在平地上走显不出优势来。"于是，王济就让两匹马在有土堆的场地上比赛。跑着跑着，王济的马果然摔倒了，而督邮的马还像平常一样，稳稳当当。

通过这些事情，王济开始从内心深处佩服叔叔的学识和才能了。他回家以后，就对父亲说："我有这样一位好叔叔，比我强多了，可我以前一点儿也不知道，还经常轻视他，太不应该了。"

曹武帝乎时也认为王湛是个呆子。有一天，他见到王济，就像往常一样开他的玩笑，说："你屋里傻叔叔死了没有？"

要是在过去，王济会无话可答，可这一次，王济大声回答说："我叔叔根本不傻！"接着，他就把王湛的才能学识一五一十讲出来，武帝也相信了。后来，王湛还当了汝南内史。

像王湛这样，平时只管发展和提高自己，而不去追求表现和虚荣，是一种深层次的人生智慧。王湛善于忍耐，不追求虚名，才获得了他人真正的敬佩与赏识。

卫青：以仁治军，平和柔韧

性格分内向型与外向型两种,这两种人在实际生活中的比例大致相当。哪一种类型更有利于事业的成功呢? 以卫青和霍去病为例,两种类型应不相上下。

卫青的母亲卫媪,本是平阳侯的妾,先生有女儿卫子夫和卫少儿,又暗里与郑季私通生有卫青。少年时,卫青跟随父亲郑季,郑季叫他去放羊。因偶然机会,卫青去了一次甘泉宫,宫中一个钳工见了他,说他将来官能封侯。卫青笑着说:"能不天天挨打受气,我就很满足了,哪里敢去想封侯。"

卫青的大姐卫子夫因跟随平阳公主而得汉武帝宠爱,陈皇后怒,派人捉住卫青,想杀他以泄私愤。卫青的好友公孙敖与几位壮士救出卫青。汉武帝知道后,认为卫青有奇才,召为侍中。后随大军出征匈奴,同时代的李广等名将击匈奴有成有失,独卫青有功无过,大家由此佩服汉武帝的识人之能。

卫青的

卫青官至大将军,为人谦恭有礼,以仁治军,平和柔韧,不张声势,爱恤士卒,不擅权功,士卒都乐为其效命。右将军苏建兵败,只身逃回军中,部将均认为苏建弃军独回,当斩首以严军法。卫青说:"我与大家情同手足,虽苏建失军当斩,但我们都是臣子,等呈报天子,让天子裁决。"

霍去病是卫青的另一个姐姐卫少儿与平阳县吏霍仲儒私通而生,18岁随卫青出征匈奴。他与卫青的柔韧平和不一样,为人直言仗义。汉武帝叫他学习《孙子兵法》,霍去病说:"打仗主要看方略如何,不必多学古人兵法。"汉武帝又为他修建了一座院落,他说:"匈奴未灭,无以家为也。"这与当初卫青听人说他

将来会封侯时的话语截然不同。霍去病行军打仗不大体恤士卒，士卒缺粮，他仍然意气风发地追击匈奴。这与卫青以仁治军也不相同。

李广的儿子李敢因李广随卫青攻击匈奴误期自刎的事而怨限卫青，伏在路边打伤卫青。卫青隐匿了此事。骠骑将军霍去病知道后，借李敢随汉武帝到甘泉宫打猎的机会射杀李敢。汉武帝问起此事，霍去病说李敢是追猎时与鹿相撞而死的。

卫青与霍去病性格不一样，一个属内向型，一个属外向型。他们的做事风格也不一样，但都功名盖世，威震朝野。所不同的是，霍去病后生于卫青，而先于卫青去世。其中道理，读者自可去琢磨。

二、五行识人，顺合有相

【原典】

五行有合①法，木合火，水合木，此顺而合。顺者多富，即贵亦在浮沉之间。金与火仇②有时合火，推之水土者皆然，此逆而合者，其贵非常。然所谓逆合者，金形带火则然，火形带金，则三十死矣；水形带土则然，土形带水，则孤寡老矣；木形带金则然，金形带木，则刀剑随身矣。此外牵③合，俱是杂格，不入文人正论④。

【注释】

①合：指五行间的相互作用。

②仇：敌对的关系。

③牵：勉强。

④正论：指正统理论。

【译文】

五行之间有相生相克的法则，这便是"合"。如木生火、水生木、金生水、土生金、火生土，这便是遵循的"顺合"之理。顺合中多产会富贵，但这富贵并不是永恒的，而是沉浮不定的。比如，火克金，但有时两者又相辅相成，金无火炼不成器就是这个道理。以此类推，水与土之间的关系也是如此，这就是"逆合"，有逆合之相的人往往非常显贵。但在上述的逆合之相中，如果金形人带有火形之相，便高贵异常，如果火形人带有金形之相，则很可能不到三十岁就死去了；如果水形人带土形之相还可以，可要是土形人带有水形之相，这人就会一生孤立无援；如果木形人带金形之相，就会非常高贵，如果金形人带木形之相，就会有血光之灾，杀身之祸。至于其他牵强附会的言论，都显得杂乱无章，所以没有归入正宗的理论。

五行之人的身体局部特征各不相同，这五种人又相互组合，形成二十五类人，比如说金形带火、火形带金、水形带土、土形带水、木形带金、金形带木等。

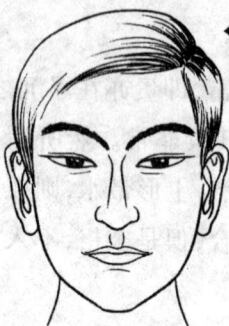

◀ 木形人：眉眼秀长，鼻长骨起，耳长大，小头大肩，背直身小，手足好。有才，劳心少力，多劳于事。

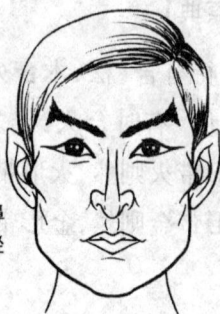

▶ 火形人：眉眼显尖，耳尖，鼻尖，小头，小手足，行摇肩。轻财少信，多虑，见事明，好颜，急心。

金形人（金不嫌方）

眉带直、眉骨略起

耳方骨坚

其他特征：面方显白，小头，小肩背，小腹，小手足，如骨发踵外，骨轻。

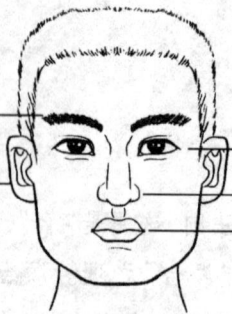

倾向/评价：多身清廉，急心静悍，善为吏。

眼形带方

鼻方骨壮

口方

◀ 土形人：眉浓粗厚，眼口鼻耳粗厚，圆面，大腹，多肉，上下相称。喜静，好利人，不喜权势，善附人。

▶ 水形人：眉弯眼圆，耳圆，鼻圆，嘴厚圆，面不平，大头，廉颐，小肩，大腹，动手足。任性，善欺绐人。

五行之人详解

五行相合，在相生相克的"常"、"变"中求得平衡，在合法上有相生的顺合、相克的逆合之分，前者多富，却难有大富大贵，而后者其贵非常。逆合之相，克者为从，被克者为主，主者借助从者为吉，主者受从者之害则为凶。

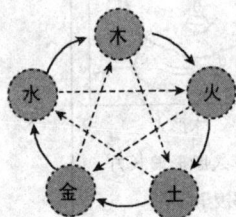

→ 相生   ----→ 相克

五行生克图

从者	主者	吉	凶
火	金	金得火助成器	弱金遇火则消
金	木	木得金助成材	弱未遇金遭伐
木	土	土得木助则通	弱土遇木遭陷
土	水	水得土助成池	弱水遇土则淤
水	火	火得水助相济	弱火遇水则灭

五行逆合之说

综合评析

外刚柔

前文中提到外部世界是一个大世界,在阴阳五行相生相克的矛盾运动中,循环往复向前发展。人作为一个个体是外部世界的缩小版,也是在阴阳五行的相生相克中发展前进,也具有阴阳五行的属性。这就是所谓的"五行形相",即通过对人外形、气质、性格等外在形象的观察、概括,将人归纳为金形、木形、水形、火形、土形等五形人。

五行形相既然是通过对外形、气质、性格等的观察概括而来,那么各形人在这些方面一定有其特点,下面我们将分别论述各形人的特点。

金形人

《麻衣神相》上对金形人的外形有一句口诀,即"金形轻小而尖,方而正,形短谓之不足,内坚谓之有余",金形人最佳的外形则是"部位要中正,三亭又带才,金形人入梧,自是有名扬"。

外形特征:外形方正,皮肤白皙,神气清秀,眉毛黑,纹理走向明朗,男多为剑眉,女多为柳叶眉;眼球很黑,眼白蛋青色,微微发青,多数双眼皮,龙睛凤目。脸形圆中见方,方中见圆,有小棱角,体面转折处呈微弧。多数为瓜子脸或鸭蛋

金形人

外形方正，多数为瓜
子脸或鸭蛋形脸。

木形人

木形人脸形偏长方。
面部棱角分明。

火形人

火形人整体高、红、
尖，锐面小头。

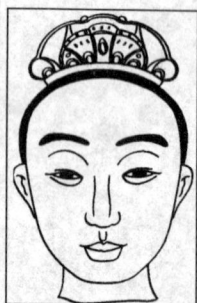

水形人

水形人整体肥。体态
胖而圆，较矮小。

土形人

土形人整体厚、肥、
黄。圆面，大头。

五行形相

形脸。耳小方正。唇红齿白，多为樱桃小口，鲜红。手掌小而方，色泽桃红鲜丽，掌纹细小。腰圆腹正，臀不明显。男胸平。女乳峰较小，馒头型乳，乳峰高挺。手比较凉。肌骨结实、健美。金形人体态以端正、方阔秀丽、神清、气爽为上乘；以形貌短促而不舒展，肌肉过于坚实为下乘。

金形人声音和润，性格刚毅果决，思维严谨，思想深邃，睿智机敏，一般感情内守，清高气傲，富有神秘感，不易接近。

金形人宜于秋冬，不宜于春夏。春夏容易生病，尤其是呼吸道疾病。

木形人

《麻衣神相》口诀："木形昂藏而瘦，挺而直长，露节，头隆而额耸。""棱棱形瘦骨，凛凛更修长，秀气水眉眼，须知晚光景。"

外形特征：木形人整体瘦、青（苍）、高。小头，长面，大肩背，小手足，瘦长挺直，皮薄骨露，头隆额耸，眉清须秀，双眸明亮犀利。水气灵灵，骨重身轻。唇略紫红，气色青黑或近棕。舌多瘦小，耳薄。脸形偏长方。面部棱角分明。以腰瘦圆满为上乘。腰背偏薄为不足，失之单薄，虽清瘦却精力不充沛。无肥胖气促高血压之虞，晚景佳。为人，喜思考，好劳心劳力，终生操劳忧患。气色忌白而清，贵气静、色玄、明润。手掌多锥形、竹节形。

木形人性格温和、宽厚，但意志不坚强。声音高畅而洪亮。

木形人宜于春夏，不宜于秋冬。秋冬季节容易生病，尤其是秋冬之交、冬春之交。耐热不耐寒，喜热恶寒。

水形人

《麻衣神相》口诀："水形起而肥，阔而厚，形附而朝下，其形真也。""眉粗并眼大，城廓要团圆，此相名真水，平生福自然。"

外形特征：水形人整体肥、黑圆。体态胖而圆，较矮小，肉嫩，多脂肪，肥润。耳、目、口、鼻、脸、手皆圆肥，棱角不分明，多为卵圆形。面不平，大头、广颐、大肩、身宽阔厚实，肉半骨藏，大腹便便，下尻长，敦实而有垂坠向下的感觉，眉粗眼大。忌讳肉多而臃肿，肉横生而不辅佐主干。

水形人情感丰富，容易出现感情纠葛，富有想象力，聪明活泼。声音缓急不定。

水形人宜于冬秋，不宜春夏，春夏容易生病。

火形人

《麻衣神相》口诀："火形上尖下阔，上锐下丰，其性躁急腾上，色赤，火形之真也。""欲说火形貌，下阔上头尖，举止全无定，颐边更少髯。"

兼形人吉凶表

	金	木	水	火	土
金形人	吉	吉	凶	吉（忌火重）	吉
木形人	吉（忌金重）	吉	吉	吉	吉

	金	木	水	火	土
水形人	吉 （忌金重）	吉 （忌木重）	吉	吉 （忌火重）	凶
火形人	凶	吉	凶	吉	
土形人	吉	吉	吉	吉 （微带火）	吉

外形特征：火形人整体外形以高、红、尖为特点。锐面小头，小手足，上尖下阔，上锐下丰，腮颐少髯，肩背肉满。其形有些像金字塔，像火焰上腾的样子。一般人高马大，肌骨结实，体格健壮。面色红赤，或如古铜色、棕红色。鼻大耳廓外露。气色以红活为上乘，体格骨架以瘦直高大为贵。忌耳、口、目、鼻、腹丰阔、圆肥。

火形人感情激烈，容易使小性子，不善于抽象思维。其性情像火一样急，办事雷厉风行，风风火火；做事投入、认真、好理论。声音燥烈。

火形人宜于春夏，不宜于秋冬，秋冬季节容易生病。由于火形人做事容易投入，因而其属于心、手、脑俱操劳型，容易心火耗损过多，而引起心脑系统疾病。

土形人

《麻衣神相》口诀："土形肥大，敦厚而重实，背高皮厚，气魄宏大，声响如雷，项短头圆，骨肉全实。""端厚仍深重，安详若泰山；心谋难测度，信义重人间。"

外形特征：土形人整体外形以厚、肥、黄为特征。圆面，大头，美肩背，大腹，小手足，多肉，体形宽厚，结实肥大，背丰厚腰，有所谓"虎背熊腰"，或"腰背如龟"的说法。身材多数适中，气重，色黄。忌讳骨太重肉太少。

土形人仪态安详，举止缓慢而稳重，心静沉着，但城府很深，难以测度。才智平平，情感淡漠，不过待人宽厚，极讲信用。声音浑厚悠长。

土形人一般脾胃功能好，适应能力强，一年四季都能适应，所以体质很好，自我修复力强，自我感觉良好。

以上所讲的都是纯正的五行形相，即典型的金形人、木形人、水形人、火形人、土形人，一个人只具有一种形相。按照相术来说，纯正的形相是大吉大利的相，一个人只要与五种纯正的相中的一个相符，那就是富贵福寿的命；如果哪一个也不符合,那就是贫贱祸夭的相。

当然,纯正的相是一种理想的状态,是一种存在但却稀有的存在,大多数的人都是兼相,即以一相为主兼有其他相的特征。古人也说,"纯形者少,兼形者多,兼形又兼形者更多"。

一般来说,兼形主要指外观形体和肤色的相兼,兼形有自身相兼、二重相兼和多重相兼等形式。如金形兼金,即为自身相兼;金形兼木,即为二重相兼;金形兼木又兼水,即为多重相兼。按相兼的范围则有完全相兼与部分相兼之分。完全相兼指形色俱兼,部分相兼单指形兼或色兼。因此考察兼形人,首先要整体上去观察其外形确定其是什么形兼什么形,然后再去观察肤色之类的细节,看看其是否又兼有其他形。比如说,金木两重相兼,这个人是木形之人,但是在肤色上,或是头面局部上,眼睛,或上肢下肢,兼见金形。木金水三重相兼,身体总的来说属木形,但头部兼有金形人的头相,肤色兼有水形人的肤色等。这些从特点上都可以区分出来。

评价兼形人的吉凶则是根据五行之间的关系,即上文提到的所谓相生、相克、相乘、相侮等等。一般来说,相生即曾国藩所谓的顺和,这样的能够致富,却不能尊贵,即使偶然获得尊贵,也很难长久保持,总是在浮沉、升降之间徘徊。相克即曾国藩所谓的逆合,这样的人则能够非常尊贵。但逆合也分为两种,一种是主强宾弱,为吉;一种是主弱宾强,为凶。即在火克金、土克水这样的逆合中,只有火和土为主体时才主大贵,反之则不是什么好相。

在相克中,还包含着相仇的关系,也就是前文提到的相侮。即火克金,而金又仇火。前文提到相克为逆合,主尊贵,这儿与其对应的相仇,则主凶。比方说,金形人带火,火克金,为佳相;反之,火形人带金,金仇火,则不吉。当然,这种带也是有限度的,如果超过了限度,所克太过,或者被克者太强势克者不能克制,也是不吉利的。

所谓的自身相兼主财运亨通,自身相兼,得各形的正格,自然是好相。比方说,土形人带土形,土形本来就是贵相,土上加土,必然贵上加贵。下面将仔细介绍一下各形人的兼相。

金形带火

因为火能克金为逆合,主吉利。但金形人忌讳火重。一旦火过于旺,所克太过,金必然熔化,主有灾祸发生。所谓火重就是这个人的脸和额头是方的,而五官多有尖露并且通红；如果只是脸上稍有一些红色，便不算火重，相书上称这种情况叫"微火炼金"，只是主初年不利，到了晚年必能发达。

金形带土

金形人兼带土形为大吉之相，这是因为土能生金。相书上也说"金逢薄土，足贵是珍，诸事营谋，遂意称心"。

木形微带金

主大富大贵，总能有所作为。这是因为，金是方白，木形带金就是微见方白，但切忌金重，因金能克木，金重则一生潦倒。因而相书上有云："木形多金，一生潦落，父母早刑，妻子不成。"

木形微带水

木形人略微带水，因为水能生木，所以此形为佳。相书上所谓"水木相资，富而且贵，文学英华，出尘之器"就是这个意思。但这个水只能微带，不能太多，太多则木会飘走，主人自小离乡背井，一生劳碌，甚至死无棺椁。在人的外表上水太多表现为，原本瘦的木形人，突然胖起来，而且颜色转黑。

木形微带火

这就是相书上所谓的"木生火而通明"，属于大吉之相。

水形微带金

因为金能生水，因此水形人若微带有金气就成了水得金生。水得金生，生机昂扬，气活文畅，自然是上上之相。这就是相学上所谓的"水得金生，名利双成"。水形略微带金的表现是：面色黑润中蕴有白洁之光，一举一动皆表现出方刚之意。如果金太重，也就是说水形人原是色黑而润，形圆肉重，结果是肉松而露骨，脸色白得像搽了粉一样，这样就适得其反，名利难成，子女往往也很少甚至没有。

水形带土

因为土能克水，为逆合，主吉；但土不宜太多，水形人最忌讳的就是土太重，所谓土重的外在表现就是气色枯黄，这就是相术上所谓的"水形遇土，既破家财，连年疾苦，终身迍邅"。不过，如果脸色润泽，并且只是略微带有黄色，则不是凶相了。

水形带火或木

水形带火、带木，只要不严重则无大害。

火形微带木形

因为火"炎上",一阵燃烧之后容易无以为继,熄灭。因而,火形人通常发迹早却又退得快,因此火形人如果能微带木形,则木能生火,火势便可长久。这样的人不但发达的早而快,而且能够持久。火形微带木形的外在表现是:体形瘦而直,肉不多不能完全包住骨头,有露出来的,说话声音清脆。这就是相术上所谓的"火局遇木,鸢肩腾上,三十为卿,功名盖世"。

火形人带水形

因为水能克火,火水不能兼容,因此火形人忌讳带水形。这就是相术上所谓的"水性火形,两不相并,克破妻儿,钱财不剩"。其外在表现是:不露筋骨,身体圆厚色黑。

火形人带金

因为火仇视金,主人英年早逝。

土形带木

因为木能克土,木太重则土崩瓦解,因而土形人忌讳带木。这就是相术上所谓的"土逢重木,做事无成,若非夭折,家遭伶仃"。其外在表现是:体形肥胖,筋骨露于外,颜色青暗。

土形微带火

因为火能生土,使土温度上升更有利于万物生长,因而是大吉之相。这就是相术上所谓的"土添离火,戊己丙丁,愈暖愈伤,其道生成"。其外在表现是:面色虽然黄,却红润。

〖分句评析〗

从五行的顺合与逆合识人

【原典】

五行有合法,木合火,水合木,此顺而合。顺者多富,即贵亦在浮沉之间。金与火仇,有时合火,推之水土者皆然,此逆而合者,其贵非常。然所谓逆合者,金形带火则然，火形带金，则三十死矣；水形带土则然，土形带水，则孤寡终老矣；木形带金则然，金形带木，则刀剑随身矣。此外牵合，俱是杂格，不入文人正论。

【译文】

五行相生相克的关系称为"合"。如：木生火，水生木，这叫作"顺合"。有顺合之相的人大多富裕，但不会显贵，就算显贵也只能是一时之事。又如：火克金，但有时金也需火，此状况推及至水、木、土都是如此，这叫作"逆合"，有逆合之相的人，往往显贵非常。但是逆合之相又自有区别。金形人带些火形相是好事，而反之火形人有金形之相就有可能只活到三十岁；水形人带些土形之相还好，若土形人有水形相，就会孤单到老；木形人带金形相没有关系，金形人带木形相，则恐怕会有刀剑之伤。另外的一些勉强拼凑的说法都是些杂芜之词，不能归入文人的正宗理论。

古人根据金、木、水、火、土五行的性质和象征意义，用类比取象的方法，把人的形体相貌以五种来概括，即是金形、木形、水形、火形、土形，这与美术上对人头部的分类有共通之处。美术上把头部分为八种：目字形、国字形、田字形、甲字形、申字形、风字形、由字形、圆字形。五行与美学分类全在于其认识问题的出发点不同，但本性一样。

古代哲学认为，宇宙万物都由金、木、水、火、土五种元素构成，人既然是宇宙中的精华，万物中的灵长，其构成元素也是金、木、水、火、土，当然也符合自然之性，因而说："禀五行以生，顺天地之和，食天地之禄，未尝不由于五行之所取，辨五行之形，须尽识五行之性。"

这个思想成为古代人才学的理论依据，因此在《五行象说》中讲道：

夫人受精于水，故禀气于火而为人，精合而神生，神生而后形全，是知全于外者，有金、木、水、火、土之相，有飞禽走兽之相。

这段表明，中国古人知道生物最初来源于水中，"人受精于水"这个思想可不简单。达尔文等西方生物学家论证的生命来自水中，比中国古人对此的论断迟了好几百年。

按照达尔文的生物进化论，人既然源自动物，则脱不得自然生物的属性，因此用飞禽走兽比拟人形，也无不可。三国时的名医华佗仿五禽而成的"五禽戏",是锻炼身体的好方法。但古代相术把飞禽走兽与人形和相关性说得神乎其神,奥妙无穷。

根据五行的分类,古人将各种形态类型分述如下。

(1)金形人

形貌:面额和手足方正轻小,如一块方金,骨坚肉实。

肤色:白色。

声音:圆润亢亮。

性格:刚毅果决,睿智机敏。有诗证曰:"部位要中正,三停又带才,金形人人格,自是有名扬。"

(2)木形人

形貌:瘦直挺拔,如笔直大树,仪态轩昂,画部上阔下尖,眉目清秀,腰腹圆满。

肤色:青色(白中透青)。

声音:高畅而洪亮。

性格:温和,宽仁。有诗证曰:"棱棱形瘦骨,凛凛更修长,秀气生眉眼,须知晚景光。"

(3)水形人

形貌:圆满肥胖,肉多骨少,腰圆背厚,眉粗眼大。

肤色:略黑。

声音:缓急不定。

性格:情感丰富,富有想象力,聪明机智,多变。有诗证曰:"眉粗并眼大,城廓要圆团,此相名真水,平生福自然。"

(4)火形人

形貌:头额窄下巴宽,鼻子高大而露孔,毛发较少。

肤色:赤色。

声音:燥烈。

性格:情感激烈,性格暴躁,直来直去。有诗证曰:"俗识火形貌,下阔上头尖,举止全无定,颐边更少髯。"

(5)土形人

形貌:敦厚壮实,背隆腰圆,肉轻骨重,五官阔大圆肥。

肤色:黄色。

声音:浑厚悠长。

性格:仪态安详,举止缓慢而稳重,冷静沉着,但城府很深,难于测度;待人宽厚,讲信用。有诗证曰:"端厚仍深重,安详若泰山,心谋难测度,信义重人间。"

这五种类型的人,是五行的推衍,古人觉得天下所有人的形貌不外乎来自于此。

这里应注意的是,以上五行的分类方法,是标准型的金形人、木形人、水形人、火形人、土形人,是非常典型的标准相,可以称为五形正局,是上等中的上等,充分合局而无丝毫驳杂。但在实际生活中,没有长相完全相同的人,而要合于五形正局的,也是千里挑一、万里挑一的。如果合于五形正局,便为上佳,但这大千世界中不计其数的众多兼杂,该如何判断呢?仍然是根据五行生克原理。若五形为彼此相生,为贵;五行相克无序,呈杂乱战克之势,为凶。《老子》讲"损有余而补不足",如有佳相去弥补不足之处,也可作贵相论。对于众多兼相,要真正判别,需要比较丰富、高超的经验和技巧。

《冰鉴》曰:"顺者多富。"金、木、水、火、土之间辗转相生,相互促进,相互推动,运势流畅,前景必然如顺势之流水,乘风破浪而无险阻,在做生意方面自然会得心应手,即平常人们所说的生意要顺着做,因此这种人发财很容易。但他们却可能难以升高贵,握重权。建立功勋的可能性更小,有富少贵,不能说富贵双全。古时可以用钱买官做,即使如此,他们的贵也在沉浮之间,一起一落,不会很长久,贵也只是小贵,得不到贵族的承认。

"逆合",古人指五行之间相互克制,如火克金,但金有时能合火,即是说金无火炼不成器具,如土克水,但水有时又有合土,即有土无水则不能滋养万物。因而水与金、土与火之间是相辅相成的,以均衡成势为宜,不能偏废,有了偏废,自然会生败相。五行之间势力均衡,五行和谐不冲战,各守其位,相辅相成,共成奇崛之势,这种自然就是贵相,且能"其贵非常"。有诗云:"无病不是奇,有病方为贵。"有病有救,可以成贵。有病无救,不为佳。

"金形带火,其贵非常;火形带金,三十死"。前一句上面已解释;后一句是说,火中有金,金既不能助火势,反而让火势不纯,形成驳杂凌乱之火,金又不能占主导地位,弄得金火交战,其势自然危险,本身也就难以存身了,古人因而谓之"三十死"。

"水形带土,其贵非常;土形带水,孤寒终老"。水势本来汪洋恣肆,如无土为堤为岸来约束,会成为水灾,不利于事。有土为堤为岸,则水能为人所用,成为有益的东西,因而会贵。但水多土掩,且水生木,木克土。如果土形兼有不纯之水形,由于水土相仇,古人认为就会"孤寒终老"。

"木形带金,其贵非常;金形带木,刀剑随身"。木没有斧头砍伐,没有刨刀等的雕琢,不能成为有用之木,而且,金生水,水生木,也有助木之势,因而木形带金,其贵非常。金形带木,由于木能生火,火来冲金,自然会坏金之质,败金之势,所以有刀剑之祸。

"此外牵合,俱是杂格,不入文人正论"。除以上几种相生相克有理有节的"逆合"外,其他"逆合"没什么可取的,古人认为都是"杂格",自然不会富贵,名利艰难。这种情况,用在文人身上无什么效验,因此"不入文人正论"。这种思想,是受"万般皆下品,唯有读书高"的思想的影响。

智慧应用

陶朱公:由性格知人

性格是指人对现实中客观事物持有的稳定态度,以及与之相应的习惯化了的行为方式。比如说,有的人小心谨慎,有的人敢拼敢闯,小心谨慎与敢拼敢闯就是两种截然不同的习惯化了的行为方式,人们根据他们外显出来的习惯化了的特征来判别这两种人的性格差别。

性格的形成固然会受到遗传因素的影响,但主要是在后天环境中磨炼出来的,而且定型之后,有很强的稳定性。一夜之间判若两人的情况多半属短期行为,是因为受到莫大刺激突变的结果;一段时间以后,固有性格又会重现,这就是因为习惯化了的行为方式的缘故。性格成型不容易改变,对人的行为会产生极大的支配作用。逆来顺受惯了的人,如果不经历大波折、大痛苦,很难迅速转变成一个坚决果断的人。即便由于这样或那样的机缘,这种人坐上了第一把交椅,时间一长,他多半还是会下来的。多年来的逆来顺受已使他对权力没有多大的欲望,而且他也习惯了受人支配(或自己动手)、不用支配别人的行为方式。像金庸笔下的张无忌,身上就带有这种特征。他的武功智慧都是一流的,却没有强烈的权力欲望,学成盖世神功纯属巧合,当上明教教主是因为形势所迫,最终他还是携佳人归隐山林去了。

但是性格定型后并不是一成不变的。阅历丰富后,鲁莽的人,可能学会了适当的谨慎;勇而无谋的人可能学会了相时而动,这都是习惯化了的行为方式发生若干变化的结果。

从性格上来识别人才,应充分把握其恒定不变的特征和后天环境造成的变化。准确把握人才的个性,是事情成败的重要前提。

陶朱公原名范蠡,他帮助越王勾践打败吴王夫差以后,功成身退,转而经商。后来辗转来到陶地,自称朱公,人们都称他为陶朱公。后来他的二儿子因杀人被囚禁在楚国。陶朱公想用金钱赎回二儿子的性命,于是决定派小儿子带着许多钱财去楚国办理这件事。长子听说后,坚决要求父亲派他去,他说:"我是长子,现在二弟有难,父亲不派我去反而派弟弟去,这不是说明我不孝顺吗?"并声称要自杀。陶朱公的老伴也说:"现在你派小儿子去,还不知道能不能救活老二,却先丧了长子,可如何是好?"陶朱公不得已就派长子去办这件事,还写了一封信让他带给以前的好友庄生,并交代说:"你到那儿之后,就立即把钱给庄生,一切听从他的安排,不要管他怎么处理此事。"

长子到楚国后,发现庄生家徒四壁,院内杂草丛生。按照父亲的嘱咐,他把钱和信交给了庄生。庄生说:"你就此离开吧,即使你弟弟出来了,也不要问其中的原委。"但长子告别后并未回家,而是想:这么多钱给他,如果二弟不能出来,那不是吃了大亏? 欲留下来听候消息。庄生虽然穷困,却非常廉直,楚国上下都很尊敬他。陶朱公的贿赂,他并不想接受,只准备在事成之后再还给他,所以那些钱财他分毫未动。陶朱公长子不知原委,以为庄生无足轻重。庄生向楚王进谏,说某某星宿相犯,这对楚国不利,只有广施恩德才能消灾。楚王听了庄生的建议,命人封存府库,实行大赦。陶朱公长子听说马上要大赦,弟弟一定会出狱,而给庄生的金银就浪费了,于是又去见庄生,向庄生要回了钱财,并暗自庆幸。庄生觉得被一个小孩子欺骗,很是恼怒,又进宫见楚王说:"我以前说过星宿相犯之事,大王准备修德回报。现在我听说富翁陶朱公的儿子在楚杀人被囚,他家里拿了很多钱财贿赂大王左右的人,所以大王并不是为体恤社稷而大赦,而是由于陶朱公儿子的缘故才大赦啊!"楚王于是下令先杀掉陶朱公的次子,然后再实行大赦。结果陶朱公的长子只好取了弟弟的尸骨回家。

　　长子回家后,陶朱公悲泣地说:"我早就知道他一定会杀死他弟弟的!他并非不爱弟弟,只是因为他年少时就与我一起谋生,手头不宽绰,所以吝惜钱财。而小儿子一出生就看见我十分富有,所以轻视钱财,挥金如土。以前我要派小儿子去办这件事,就是因为他舍得花钱啊!"

三、喜怒、跳伏、深浅者为内刚柔

人无刚不立,无柔不和。只有刚柔相济,才能成就一番事业。

【原典】

五行为外刚,内刚柔,则喜怒、跳伏[1]、深浅[2]者是也。喜高怒重,过目辄忘,近"粗"。伏亦不伉[3],跳亦不扬[4],近"蠢"。初念甚浅,转念甚深,近"奸"。内奸者,功名可期。粗蠢各半者,胜人以寿[5]。纯奸[6]能豁达,其人终成。纯粗无周密者,半途必弃。观人所忽,十得九八矣。

【注释】

①跳伏:情绪的激动和平静。

②深浅:心机的深浅。

③伉:张扬,表示情绪激动。

④扬:高昂。

⑤胜人以寿:寿命比别人长。

⑥纯奸:大奸大诈。

有的人喜欢以强者自居,咄咄逼人之后往往黯然收场;有的人行事刚强不足,阴柔有余,若非阴险之徒,亦多受他人之驱;只有刚柔并济者方能成就大事。

刚者,多刚愎自用,咄咄逼人之后遇强阻多遁玉碎瓦全之路。	柔者,多阴柔,若非故作姿态,遇强阻常随弯就势、任人驱使。	刚柔并济者,多屈伸随境,刚柔随心,从不置身于进退维谷之地,反而大事易成。

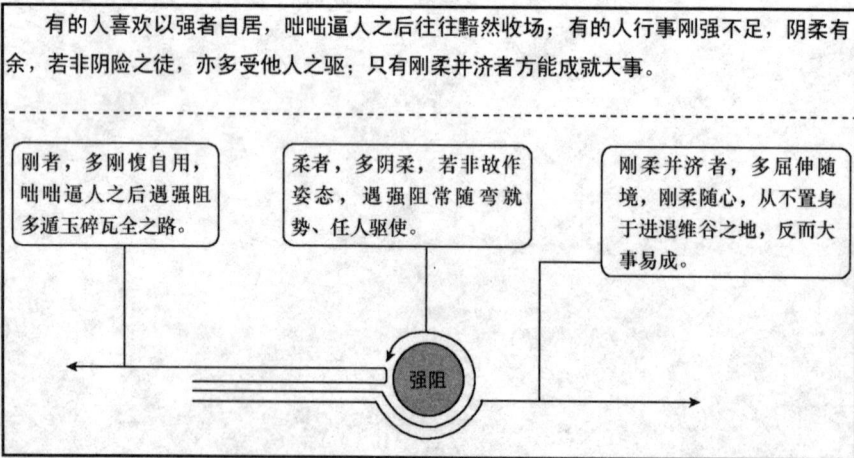

刚柔之异

【译文】

五行是阳柔之气的外在表现,所以称为"外刚柔"。除外刚柔外,还有内刚柔。内刚柔指的是人的喜怒哀乐的感情、激动或平静的情绪、时深时浅的心机或城府。高兴时不能控制自己的感情,恼怒时大发雷霆,不能节制,事过之后便忘得一干二净,这样的人属于阳刚之气过盛者,与"粗鲁"之人很相似。平静时无半点张扬之气,激动时振作不起精神,这样的人属于阴柔之气过盛者,与"愚蠢"的人很相似。遇事考虑问题显得很肤浅,但深思熟虑后又能深入细致地看待问题,这样的人属于刚柔并济者,与"奸诈"之人很相似。内藏奸诈的人多外柔内刚,遇事能进能退,能屈能伸,日后必有一番作为。粗鲁又愚蠢的人,因心神受刚柔之气支配,每天表现一个真实的自我,所以这样的人往往长寿。奸诈的小人用心来控制刚柔之气,遇事经常以退为进,以顺迎逆,来获得成功。外表举止粗鲁,内心气质粗鲁的人,因只刚不柔,做事易半途而废,观察周围的人,十有八九犯的都是这个错误。

综合评析

内刚柔

所谓内刚柔是一个相对于外刚柔的概念,它是指人内心的喜怒哀乐、城府,通俗地说就是人的性情。性情又分为先天而来的禀赋与后天养成的气质,两者的交融就成了我们的性格。性格是一种内在的、抽象的东西,属于神骨中的神

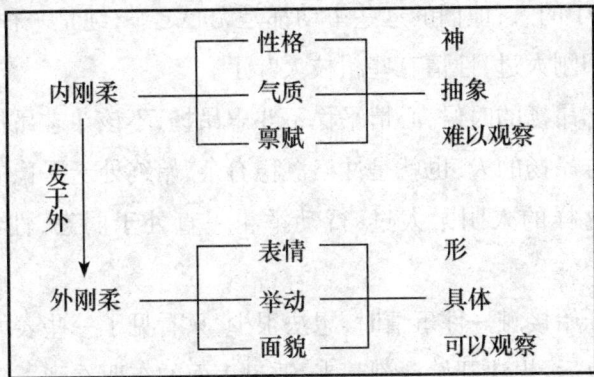

内刚柔与外刚柔

的范畴。要考察性格这种内在而抽象的东西,必然得借鉴考察神的方法,即通过考察人外在的行为,去考察它。这是因为神会通过人的各种举动流露出来,

属于神范畴的性格也会流露出来，流露出来的性格就是性情。

前文中提到，所谓的刚柔指的是阴阳，刚为阳柔为阴。对于人来说，外为阳内为阴，外刚柔为阳中之刚柔，即阳中的阴阳，人外形上的阴阳刚柔；内刚柔则是阴中的刚柔，是人内部的阴阳刚柔，是人性情、性格的阴阳刚柔。无论是外在可观的外刚柔，还是内在抽象不可观的内刚柔，都是以阴阳五行的相生相克为其运动变化的动力与规则的，也以阴阳五行的和谐均衡为其最佳状态，因此本章论述内刚柔时也要以阴阳五行的和谐均衡为准则去考察。

在曾国藩《冰鉴》原文中，其对内刚柔所下的定义是"喜怒、跳伏、深浅"。所谓喜怒，是指人的高兴与发怒；跳伏，是指人内心情绪的激动与平静；深浅，是指人城府的深浅。就这三者而言，喜怒与跳伏都是表现于外的，城府是深藏于心的，处于主导地位。城府深的人喜怒不见于色，跳伏不见于颜，他们的喜怒哀乐、心情的起伏与平静都是深藏于心的，从外表很难看出来。城府浅的人，内心的喜怒哀乐都很快地从脸上表现出来，很容易就能被人看出来。当然啦，城府深的人，既可以故意地不表现出自己的情绪，也可以故意夸大地表现出自己的情绪以达到特定的目的，这就需要具体地考察了。

城府浅的人，遇上高兴的事就乐不可支高兴异常，遇上令人愤怒的事就勃然大怒不可遏制，这都是超乎常情的情绪表现。按照阴阳五行的运行原理，万事万物都有一个度，超过了度就会发生质变。这种超乎常情的情绪表现就超过了度，过于阳刚与阴柔了。然而，对于如此超乎常情的情绪，高兴过了、发过火了，很快就忘记了的人，他们的这些举动都是无心之举，纯是一种本能的应激反应。这样的人阳刚太过，性情有些粗枝大叶了。

那些该斗志昂扬的时候，心情平稳不斗志昂扬，不该斗志昂扬的时候，心情还是平稳不斗志昂扬的人，也就是性格沉稳有余，始终处于平稳的状态，没有一丝昂扬之气。这样的人阴柔太过，行动举止一直处于弱态，性情则有些近于愚蠢。

一些人一开始接触一件事情时，想法很少，只看见了一些表面的东西，这为阴柔。一会儿以后，想法开始深刻起来，透过表面的东西看到了事情的本质，这为阳刚。究两者而言，后面的阳刚看到的是事物的本质，是主导事物的方面；前面看到的是事物的表面现象，是次要的方面，是内在本质的外在表现。这样的人能够通过外在表现认清事物的本质，是善于思考获得知识的人。他们的性格本为阳刚,但在最初照面的时候,却能只看到表面现象示人以弱、以柔,转念却又能通过表象看到事物本质。这样的人内刚外柔,刚中有柔,性情就有些奸诈了。当然,这里的奸诈其意义跟平常一样,指虚伪诡诈,但其感情色彩却是中性甚或是褒义的。这样的人又被称为"内奸",即内藏奸诈的人。他们外柔内刚,外表冲淡温恭以柔示人以弱,圆滑处世;而内心却是阳刚的,知道什么是自己想要的,目标明确,又富有实现目标的心机与谋略,并将这些隐藏起来。这样的人既能够使对手放松警觉,甚至还能使对手为他们作嫁衣,他们只要稍微努力一点,就能成功,实现自己的目标。

上文中提到,性情有些粗枝大叶的人过于阳刚,性情有些愚蠢的人过于阴柔,他们的性情分别受阳刚、阴柔支配。而对于那些时而粗枝大叶,时而愚蠢的人,则是可刚可柔,性情既可以受阳刚支配,也可以受阴柔支配。这样的人,无论何时何地都性情冲淡和恭,与人无争,与世无争,怡然自得。通常来说,这样的人寿命一般都比人长。

内外巨奸的人即所谓纯奸之人。内奸的人是外柔内刚,内外巨奸的则是既可以外柔内刚,也可以外刚内柔,一切都视外部环境而定,什么对他有利他就用什么。这样的人很会演戏,内心的喜怒哀乐很难从表情举止上看出来,表情举止上的喜怒哀乐也不一定就代表着其内心的喜怒哀乐。为人处世他们往往能够以退为进,以攻为守,以顺迎逆,以假乱真。无论是待人接物,还是处理别的事情都能够得心应手,马到功成,真可谓是游刃有余、收放自如。因而,他们做事纵横捭阖,为人洒脱风流,最后都能功成名就。他们所具有的这些城府与游刃有余都不是先天就具有的,而是通过后天的锻炼与培养而来的。

纯奸的人能够成就大事,粗蠢各半可刚可柔的人能够长寿,这都是有一点根据的。纵观历史,那些功成名就的人物,几乎都是纯奸之人,既富有权谋,又不缺乏将权谋付诸实施的手段。就拿历史上有名的"奸相"曹操来说吧,如果没有权谋挟天子以令诸侯,恐怕也很难成事;一本《三国演义》就是一本权谋的百科全书,据说清朝的开国君主努尔哈赤的权谋启蒙之书就是《三国演义》,一本《三国演义》建立了清朝近三百年基业的基础。后来李宗吾先生据三国历史总结出了一部《厚黑学》,被后人誉为成功必读书,其实质也在于脸厚心黑的权谋之术。至于粗蠢各半的人,他们与世无争,因而长寿,这也是与传统的养生之术相符合的。与世无争,冲淡平和,正是道家修身养性之术的基本原则。秉承此道的庄子、陶弘景等人都很高寿,在当时的条件下都活到了八十岁以上。

至于那些性情过于阳刚,外表举止粗鲁,内心粗枝大叶;做起事来既没有丝毫的权谋,也没什么见识与计划,就算有计划也是漏洞百出,只知道一味地刚强的人,他们做事通常都会因为"刚则易折"不能持久,最终半途而废。

总而言之,所谓内刚柔,实际上就是人内在精神世界的阴阳五行相生相克,指的是人的性情。这些都是内在的,抽象的,虚无缥缈的,难以捉摸的,必须通过对外在喜怒哀乐、心情的起伏、城府的深浅来考察。这些都是日常生活中大家很熟悉的东西,因而容易灯下黑为大家所忽视,从而难以了解内刚柔的本来面目,难以了解一个人。这一点在看人的时候要尤其注意。

分句评析

由内刚柔看人的心性本质

【原典】

五行为外刚柔,内刚柔,则喜怒、跳伏、深浅者是也。

【译文】

五行只是刚柔之气的外在显现,称为外刚柔,而内刚柔指的是喜怒情感,激动程度和心态城府。

曾国藩在《冰鉴》中有"喜怒、跳伏、深浅"论及人心内阴阳之气变化,既是指喜怒哀乐等情感,又是指沉静、急躁、胸有城府等各种性格。

具备某一方面特长的人,不是亢奋就是拘谨,不是偏刚就偏柔,很多人都不知道自己的缺点,即使有的知道自己的缺点,也不能以圣人的标准,吸收别人的优点来改进自己的缺点,反而一味地否认,甚至以攻击别人的缺点来掩饰自己的缺点。因此,他们自以为是,亢者愈亢,拘者愈拘,最终使自己无法改造。

申徒狄是商朝谏官,商纣王残暴无情,申徒狄屡谏不听,最后采取最激烈的谏诤——死谏,他抱石投河而死。屈原《楚辞·九章》云:"望大河诸洲之兮,悲申徒之抗迹。"其中哀悼的申徒即申徒狄。这是亢者愈亢。

介子推是春秋晋国人。他对晋文公忠心耿耿，当晋文公流亡时没东西吃，他割下自己的肉给晋文公吃。晋文公回国后，赏赐文武百官，却没有他的份，后来他与母亲隐居山上，晋文公为引他做官，放火烧山，烧死了他。此为拘者愈拘也。

老子说："知人者智，自知者明；胜人者力，自胜者强。"人在一生当中最大的敌人就是自己，人能认识自己，了解自己，已经非常困难，更何况自己的长短之处被认识之后，能够进一步挥长弃短、肯定自己、纠正缺点、改善自己，那就更困难了，所以老子才会说"自知者明""自胜者强"。

从偏才要进而为德行，再从德行进而为中庸、圣人。这固然有赖于学，使质性不致过亢而偏刚，亦不致过拘而偏柔，所以说"夫学，所以

介子推

成才也"，另一方面也有赖于恕，取强毅之刚毅而去其激讦，取柔顺之宽容而去其寡断，所以说"恕，所以推情也"。

在人性论中，刘邵是个顺气的支持者，人物禀气而成性，性就是天生的质性，人一出生就有性，是不可变的，可变的是人的情绪而不是人的质性，因此认识一个人必须识其质性。这么说来，靠"教之以学"与"训之以恕"，根本不可能改变天生的质性，所以说"偏才之性，不可移转矣"。由此指出了才性鉴定的心理障碍。

刘邵认为，按偏才的质性加以学习，学习只会增加他的偏，根本不能改变其偏而成为全才的人，所以说："虽教之以学，才成而随之以失。"可见，偏才固有的本性，非学习所能改变。"学"虽然可以使人成才，但成于此，失于彼，所以他认为偏才之人不可改也。

同样道理，刘邵认为"训之以恕"也只能顺应他原来的性情，后天批评，教育批评对其本性是起不了什么作用的，反而越教越偏，所以说："虽训之以恕，推

情各从其心。"

因为推己之情各从其心，自然会造成信者逆信与诈者逆诈的现象。"信者逆信"的意思是：因为自己讲信用，就认定人人都讲信用，于是诈骗者能得逞。"诈者逆诈"的意思是：因为自己诈骗，就认定人人都是骗子，于是讲信用的人就无辜被怀疑了。

偏才之人，固守本性，推己之情，各是己能，何道之能人，何物之能周，所以说："故学不人道，恕不周物。"

总之，刘邵认定，人因禀气之不同，必定造成质性上的差异，此天生的质性既不可改变，亦不可培养。若要改变它，非但无益反而有害。质性决定一个人一生的成就，人应依其质性，发挥其长。

既然偏才的质性，既不能"教之以学"，又不能"训之以恕"，那么领导者就不能要求手下人多才多艺，而要注意挖掘人的特长，因此必须掌握"用人之仁去其贪，用人之智去其诈"的原则，用人之长处，忽略其短处。这是对偏才的正确认识。

那么在实际识人、用人的过程中，如何正确识别对方是兼才还是偏才呢？

当一个人经常谈论各家各派的长处，并且一一加以品评推荐，这样的人可能就是兼才；如果一个人只陈述自己的长处，希望得到众人的夸奖，自己却不想了解别人的优点，这样的人可能只是偏才，偏才不能了解别人，对别人的话也持怀疑的态度。因此，和这种见识短浅的人谈论深奥的道理，谈得越深入，分歧也会越大；分歧越大，双方就会更加对立，以至于相互攻击和诘难。所以，偏才的人有时看见别人多方述说自己的处世正直，也许就会认为对方只不过是在自夸罢了；有时当他看见别人静静倾听他谈话却不发表意见，也许就认为对方知识贫乏，内心空虚；有时当他看见别人高谈阔论时，也许就认为对方不够谦逊；有时当他看见别人谦恭礼让时，也许就认为对方学识浅陋、地位卑下；有时当他看见别人说话时只显示某一方面的专长，也许就认为对方知识不够广博；有时当他看见别人谈话时旁征博引、语惊四座时，也许就认为对方有意要哗众取宠；有时当他发现自己的想法被别人说出来时，也许就认为对方抢走了自己的成果；有时当别人发现自己的错误并提出疑问时，也许他就认为对方不理解自己；有时当别人的看法与自己不同时，也许就认为对方有意在和自己较量；有时当别人谈话时内容有条有理，知识广博，也许他认为对方的话讲得不得要领。他有时只有在与相同类型的人谈话时，才会感到高兴。因为只有这样，他才会对对方产生亲近、偏爱的感情，去称赞、举荐对方，这就是偏才常犯的错误。

认识一个人，以自己作为衡量别人的标准，主观意识太强，经常会造成识人的错误与偏差。

先说《列子·说符篇》的一则故事。

从前一个人遗失了一把斧头，他怀疑被隔壁的小孩偷走了。于是，他就暗中观察小孩的行动，不论是言语与动作，或是神态与举止，怎么看都觉得像是偷斧头的人。因为没有证据，所以也就没有办法揭发。隔了几天，他在后山找到遗失的斧头，原来是自己弄丢的。从此之后，他再去观察隔壁的小孩，再怎么看也不像是会偷斧头的人。

这个人就是以自己来度量别人，主观意识太强，才会把老实的小孩看成是贼。他心中认定小孩是贼，因此越看小孩越觉得像贼；他心中认为小孩不是贼以后，再怎么看都不是贼。这种由于主观意识作祟而造成识人的错误，我们要小心提防。

三国时代精于识人的诸葛亮，就曾因主观意识太深而看错马谡。马谡历任县竹、成都县令以及越隽太守，能力过人，并好谈军国大事，诸葛亮很器重他。刘备在临死前，对诸葛亮说："马谡言过其实，不可大用，希望你能察觉此事。"但由于诸葛亮对马谡印象很好，因此非但听不进刘备的话，而且还任命马谡为参军。两人谈论军国大事，每每从清晨到深夜。公元228年，诸葛亮出师祁山，当时众大臣建议派魏延或吴壹为先锋，可是诸葛亮独排众议，任命马谡为先锋，统率大军与魏军交战于街亭，结果被魏军所击败。因为先锋大军败走，诸葛亮只好退守汉中。

以自己的主观意识识人，这是人性上的弱点，也是识人的大误，精明的诸葛亮都难免陷入其中，何况一般凡夫俗子！

当我们喜欢一个人时，就会忽略他的缺点而肯定他的一切；当我们讨厌一个人时，就会忘掉（或忽略）他的优点，单挑他的弱点而否定他的一切。

举一个实例来说明。

战国时期有一个叫弥子瑕的人，因为他长得俊美，所以很受卫主的宠爱，被任命为侍臣。根据卫国法律的规定，私下使用大王马车者，将处以割断双腿的刑事。弥子瑕因为母亲生病，就私驾大王的马车回家探病。卫王知道此事之后，不但没有处罚弥子瑕，反而称赞他说："子瑕真孝顺呀！为了母亲的病竟忘了刑事。"有一天，弥子瑕陪同卫王游览果园，弥子瑕摘下一个桃子，吃了一半，另一半献给卫王。卫王高兴地说："弥子瑕真爱我啊！把好吃的桃子献给我吃。"

若干年后，弥子瑕年老色衰，卫王就不喜欢他了。有一次，弥子瑕因小事得罪卫王，卫王就生气地说："弥子瑕曾经私驾我的车，还拿吃剩的桃子给我吃。"在数落过弥子瑕的罪状之后，就把他免职了。

从上述的实例可知，一般人对另外一个人的态度在很大程度上受个人印象好坏的影响。

再说一则妙闻。

汉武帝到郎署（汉朝官署名）巡视，遇见一个衣冠不整的白发老翁，就问他："你叫什么名字呢？什么时候在此为郎（宿卫之官名）呢？"

老翁答道："臣叫颜驷，在文帝时就在此为郎了"。

武帝问道："究竟怎么回事？"

颜驷答道："文帝好文而臣好武，景帝喜好年老的而臣尚年少，陛下喜好年少的而臣已年老，因此历经三世都没有晋升的机会，只好一直在此当差了。"

假如文帝好武，景帝喜好年少，武帝喜好年老的话，颜驷一生的机遇可能大不相同。针对颜驷生不逢时，我们一方面感叹造化弄人，一方面深刻体会到个人的好恶影响识人之深。

世无完美之人，金无十足之赤。人，总是优点、缺点并存。恃才傲物，常为人之通病；大才者，不拘小节；异才者，常有怪癖；才气越高，往往其缺点越显。高明的领导，对于人才应力求用其所长，避其所短，倘若求全责备，则世无人才可用。

既然，人无完人，那么，就不可苛求，否则将"世无可用之人"。所以，古人说："水至清则无鱼，人至察则无徒……明有所不见，聪有所不闻，举大德赦小过，无求备于一人之义也。"其中包含着极其深刻的用人哲理。

求全责备乃用人之大忌，求全责备，是指对人要求过严，希图"完美"，容不得别人半点缺陷，见人一"短"，即不及其余，横加指责，不予任用。求全责备容易压抑人的工作积极性，阻碍人的成长，阻碍人的智能的充分发挥；它使人谨小慎微，不思进取；也可能阻碍人的创造性思维与创造性想象力的发挥；它有时会使工作人员缺乏活力,"死水一潭",缺乏竞争能力和应变能力;它造成人才,尤其是优秀人才的极大浪费,因为,任何人总是有短处,甚至是有错误的,而求全者的种种非难,会使许多人难以得到起用。

我国历代智能之士深知用人下不可求全责备的道理。孔子在《论语》中就说过:"赦小过,举贤才。"《庄子·天》也说过:"君子不为苛察。"《后汉书·陈宠传》上强调:"有大略者不问其短,有厚德者不非小疵。"唐朝《贞观政要·政体》指出:"心暗则照有不通,至察则多疑于物。"《清诗别裁集》中更明确指出:"舍长以就短,智者难为谋;生材贵适用,慎勿多苛求。"可见,用人不可苛求已成历代历朝用人的重要原则。

如何判别喜怒无常的人

【原典】

喜高怒重,过目辄忘,近"粗"。

【译文】

喜怒情感表现得很强烈,但又转眼即逝的人。其气质近乎粗鲁。

毕生混迹于官场,曾国藩深知情绪带给人的负面影响是致命的。一个人若不能很好地控制自己的情绪,势必成不了什么大事。

生活中我们常见到有些人因不能克制自己,而引发争吵、咒骂、打架,甚至流血冲突的情况。有时仅仅是谁踩了谁的脚,一句话说得不当,或在地铁里抢座位,在公交车上挨了一下挤,都可能成为引爆一场口舌大战或拳脚演练的导火索。在社会治安案件中,相当多的案件都是由于当事人不能冷静地处理微不足道的小事而发生的。

人皆有七情六欲,遇到外界的不良刺激时,难免情绪激动、发火、愤怒。这是人本能的生理和心理反应。但这种激动的情绪不可放纵,因为它可能使你丧失冷静和理智,不计后果地行事。因此,当你遇到这类事情时,面对人际矛盾时,要学会克制,学会忍耐,不要像炮捻子一样,一点就着。

古代打仗时,如果守城的一方宣布闭门停战,攻城的一方便在城下百般秽骂,非要惹得那守城的一方怒火中烧,杀出城来——攻城的才可以乘机获胜。

兵法上称之为"激将法"。但如果守城的能克制忍耐,对方也就无计可施了。不但敌我作战之际需要有克制忍耐的大将风度,就是日常生活中待人处事,也需有克制忍耐的涵养。

在三国的大舞台上,与曹操、孙权相比,刘备算是最没有实力的一位。曹操是大官宦的后辈,虽然出身算不上高贵,但有势力;孙权世代坐镇江东,有名望,有武力;唯有刘备,一个编草鞋、织苇席的小工匠,属于当时社会的最下层,名望、地位、金钱,什么也没有。他唯一的资本,便是他那稀释得早已寡淡如水的一点刘汉皇家血统,而当时有这种血统的人,普天之下不知有多少,谁也不将这当回事。可刘备偏偏沾了这个光,那个孤立无援的汉献帝为了多一分支持,按照宗族谱系排列下来,竟将这个小工匠认作皇叔,留在了身边。这固然让刘备觉得脸上有光,可也成了招风的大树,为曹操所猜忌。

刘备虽然不满意于曹操的僭越,可他当时却没资格同曹操抗衡,只是暗中参加了一个反曹联盟,却又提心吊胆,时时防备着曹操对他下毒手。好在他在朝廷也无所事事,便干脆在住处的后园里种起菜来,大行起韬晦之计。然而曹操还是没有放过他,于是便发生了"青梅煮酒论英雄"的故事。这个故事被《三国演义》渲染得有声有色,早已是人所共知的了。

此时的曹操并没有将刘备放在眼里,但也不完全放心,他之所以邀刘备饮酒,之所以专门谈起谁是当今英雄的话题,之所以说"今天下英雄,惟使君与操耳",意在试探。刘备原本心中有鬼,以为被曹操看破,所以吓了一跳,才将手中的筷子失落在地,偏偏此时又打了个炸雷,刘备才得以"闻雷而畏"为借口,既表示自己不是当英雄的材料,又将自己惶恐的心情掩饰过去了。由于这一次的示弱,消除了曹操的疑心,才有了他后来的发展。

真正能控制自己情绪的人,无论祸福险夷之时,还是横逆生死之际;无论处在功名富贵之中,还是处在山林贫贱之际,他们的心中总有一个自己的主宰存在,不被外物与环境所移。

宋代有这样一个故事:向敏中,天禧(宋真宗年号)初,任吏部尚书,为应天院奉安太祖圣容礼仪使,又晋升为左仆射,兼任门下侍郎。有一天,与翰林学士李宗谔相对入朝。宋真宗说:"自从我即位以来,还没有任命过仆射的。现在任命向敏中为右仆射。"这是非常高的官位,很多人都向他表示祝贺。徐贺说:"今天听说您晋升为右仆射,士大夫们都欢慰相庆。"向敏中仅唯唯诺诺地应

国学经典文库

冰鉴

由刚柔相人

图文珍藏版

付。又有人说:"自从皇上即位,从来没有封过这么高的官,不是勋德隆重,功劳特殊,怎么能这样呢?"向敏中还是唯唯诺诺地应付。又有人历数前代为仆射的人,都是德高望重。向敏中依然是唯唯诺诺,也没有说一句话。

第二天上朝,皇上说:"向敏中是有大能耐的官职人员。"向敏中对待这样重大的任命无所动心,大小的得失,都接受。这就做到了喜怒不形于色,人们三次致意恭贺,他是三次谦虚应付,不发一言。可见他自持的重量,超人的镇静。正如《易经》中所说:"正固足以干事。"所以他居高官重任三十年,人们没有一句怨言。他能以这样从政处世的方法,对于进退荣辱,都能心情平静地虚心接受。所以他理政应事,待人接物,也就能顺从天理,顺从人情,顺从国法,没有一处不适当的。

识别真正的人才

【原典】

伏亦不伉,跳亦不扬,近"蠢"。

【译文】

平静的时候没有一点张扬之气,该兴奋时也激动不起来,这种人气质有些愚笨。

《冰鉴》所言之缺乏激情的愚笨之人,其实就是现实当中的庸才。庸才是没有能力给别人制造麻烦的人,但也不会创造什么效益。以下三个简单的问题,如果你对其中的任何一个问题都能给予肯定的回答,那此人多半是个庸才。

(1)他做的工作是否低于你所要求的标准? 这个人的工作成果在质量上和数量上低于你所能接受的标准,他的工作数量低于他每天应该完成的数量,他的质量不合格的产品是否比别人的多? 他每周的销售量比别的推销员的销售量少得多,这个人没有按照领导为他建立的规章制度工作而自己另行一套,如若是这样的话,那他就是在白花领导的钱,他对领导来说可能是一个成问题的人。

(2)他是否妨碍别人工作? 若你经常发现他在雇员之中制造混乱,干扰别人工作,影响其他部门的工作进展,甚至由于自己马马虎虎的工作作风,影响同事们的上进心,如果是这样,那这个人就确定无疑是一个对公司或集体来说成问题的人,他不仅会妨碍你的工作,更会妨碍别人的工作。

(3)他是否会对整个团体造成损害?任何一个团体的声誉都会因为一个个体不体面的行为受到损害,他可以通过自己的言行在这个团体的其他成员之中制造混乱或者把他们推到混乱的边缘。例如,一个爱惹麻烦的推销代表能给整个公司带来不好的名声。

凡有上述表现的人,多是庸才,是不足以重用的。要想识得真正的人才需从以下几个方面入手:

其一,识人禀性知其优劣。

禀性,即一个人先天而来的性格特点,或曰天性。每个人的禀性都会对他的成才产生深刻的影响,因为禀性是时刻存在于人的头脑意识中的一种不以意志为转移的东西,每当人们在从事任何一项工作时就会不自觉地影响人们的行为。所以对于不同禀性的人才要使其向着有利于他禀性的方面去发展,而不能反其道而行之,比如一个人本来还有一点儿辨识的能力,看问题还比较准,但禀性胆小怕事,优柔寡断,也成不了大事。

曾国藩在初募湘军时,每天坐在招募处,看到黑脚杆而又不善于说话的乡下人,便连声说"好、好",表示可以选上;如果看到近城市的人,或爱说话的人,则"唔、唔"两下,表示不可选上。因此湘军士兵,几乎无一不是黑脚杆的农民。这些朴实的农民,既能吃苦耐劳,又很忠勇,一上战场,则父死子代,兄仆弟继,义无反顾。曾国藩招募兵勇有自己的条件,年轻力壮,朴实而有农夫气者为上;其油头滑面而有市井气者,有衙门气者,概不收用。他认为这是因为禀性不同,如山僻之民多悍,水乡之民多浮滑,城市多游惰之习,乡村多朴拙之夫,善用兵者,常好用山乡之卒,而不好用城市近水之人。这种识禀性的方法确实十分特别。

其一,识人实践知其才能。

凡是谋大事创大业的人,大都很注意发掘和使用人才,如刘备之用诸葛亮、刘邦之用萧何、秦始皇之用商鞅等,用人的方法是:必须发掘对方的优点,容忍他的缺点,使人有被重视的感觉。以这种方法接近对方,逐渐喜欢他,然后活用他的长处。

其二,识人争辩知其才学。

宋朝时期大帅宗泽曾对初出茅庐的岳飞说："你的英勇与智谋，武艺与才气，就是古代的良将也不能超过，但是只擅长野战，还不是万全之计。"宗泽非常喜爱岳飞的才华，因此，有意对其栽培，使其了解、精通更多的作战方法，给岳飞一张作战的阵图。岳飞接过阵图仔细看了以后，便对宗泽说："古今时代不同，平地和山险不同，怎么能根据一定的阵图用兵？"宗泽反问道："像你这样讲，阵法岂不是没有作用了？"岳飞回答说："列阵而后战，乃兵家

宗泽

的常规，但其运用之妙，却存乎一心。"宗泽听了岳飞的议论，心中十分佩服，认为岳飞是一个很了不起的人才。事实也证明了宗泽的判断是正确的。

考虑事情由浅入深的人较为机智

【原典】

初念甚浅，转念甚深，近"奸"。

【译文】

考虑事情时开始想得粗浅，但转念则能深思熟虑，这种人较为机智。

曾国藩在这里所说的"奸"并非奸邪、阴险之意，而是为人处世、考虑问题灵活周全、不拘一格的意思。

开始考虑的时候可能比较简单，但转念一想，如果换一种方式或者方法会不会更好？这种转念一想、懂得及时变通，体现的就是人的机智。

官场险恶，要想立身于其中，首要在于"变通"二字。曾国藩自始至终都明白这一点。所谓"天有不测风云"，审时度势，看清形势，才能把握先机，从而智珠在握，成竹在胸，驾轻就熟而得心应手地驾驭瞬息万变的动态世界。所以，曾

由刚柔相人

国藩无论在惊心动魄的政治斗争中，还是在刀光剑影的军事搏杀中，都能在千钧一发之际，化险为夷，这的确是他为人处世的绝技。

以现代的眼光来看，应变能力是一个人的素质问题，同时也是现代社会办事能力高下的一个很重要的考察标准。

人的思维是跳跃的，不是一成不变的。因此办事时适时的变通是一种很明智的做法，放弃毫无意义的固执，这样的人才能更好地办成事情。虽然坚持是一种良好的品性，是值得称赞的事情，但在有些事情上，过度的坚持，就会变成一种盲目，那将会导致更大的浪费。

在很多时候，过分的执着的执着是一种负担。一个机智的人可以灵活运用一切他所知的事物，还可巧妙地运用他并不了解的事物。能在恰当的时间内把应做的事情处理好，这不仅是机智的体现，更是人性艺术的表现。

成败论英雄，有许多满怀雄心壮志的人毅力都很坚强，但是有时由于不会进行新的尝试，因而无法成功。人要坚持自己的目标，不要犹豫不前，但也不能太生硬，不知变通。如果一种方法不能带你解决问题的话，那就尝试另一种方式吧。

那些百折不挠，牢牢掌握住目标的人，都已经具备了成功的要素。如果把灵活的做事方法和你的毅力相结合，便更容易获得期望的结果。每当你做事遇阻的时候，告诉自己"总会有别的办法可以办到"。那么你的未来就会攻无不克，战无不胜。

当你认为困难无法解决，找不到出路的时候，一定要拒绝"无能为力"的想法。应先停下来，然后再重新开始。我们有的时候往往钻进牛角尖，因而看不出新的解决方法。成功的秘诀是随时检查自己的选择是否有偏差，合理地调整目标，放弃无谓的固执，轻松地走向成功。

秘而不宣之人有大前途

【原典】

内"奸"者，功名可期。

【译文】

内心机智的人往往能够功成名就。

有些人做事时，表面上看上去轰轰烈烈，然而这些人大部分是"雷声大，雨点小""说得比唱得好听"，就是见不到办事的效率。

还有一类人，在平日里很少"显山露水"，表面看上去很不显眼，然而他们却能在暗中默默地将事情完成，丝毫不张扬，这就是《冰鉴》之所谓内"奸"。

在这个社会上，做事太张扬、太露虽然能够显得自己高人一头，然而却也会引来众多人的妒忌，别人也更关注自己的一举一动（确切地说是更关注失误），这样就会给日后自己的工作带来众多的压力和不便。

清朝雍正皇帝也曾这样认为："但不必露出行迹。稍有不密，更不若明而行之。"讲的就是这个道理。雍正不但是嘴上这么说，在他的执政生涯中也是如此做的——

在雍正皇帝之前，历代王朝都以宰相统辖六部，宰相权力过重，使皇帝的权威受到了一定影响，如果一个君王有手腕驾驭全局，使宰相为我所用，这当然很好，但如果统领众大臣的宰相超权行事，时间一长便很容易与皇帝、大臣们产生隔膜和分歧，很容易给国家添乱子、造麻烦。这样的例子举不胜举。

在雍正即位之初，虽然掌管着国家的最高权力，但凡军国大政，都需经过集体讨论，最后由皇帝宣布执行，不能随心所欲自行其是；权力受到了制约，皇位受到了挑战。于是雍正设置军机处，正是把自己推向了权力的金字塔顶端。简单地说，就是皇帝统治军机处，军机处又统治百官。

军机处还有一种职能，即充当最高统治者的秘书的角色，类似于情报局，有很强的保密性。军机处的由来，是在雍正七年（1729年）六月清政府平息准噶尔叛乱时产生的。雍正密授四位大臣统领有关军

雍正帝

需事务,严守军报、军饷等军事机密,以致此后两年不被外界熟知,保持了作的高效运转和战斗的最终胜利。

雍正对军机处的管理特别严密。他对军政大臣的要求也极为严格,要求他们时刻同自己保持联系,并留在皇帝最近的地方,以便随时召入宫中应付突发事件。军机处也会像飘移的帐篷一样随皇帝的行动而不断改变。皇帝走到哪里,"军机处"就设在哪里,类似于我们现在的现场办公。军机处关注雍正对工作、对百官的一些看法,以便察言观色,去伪存真地选用人才。在当今,雍正的这些创造,已经渗透到我们的日常工作当中,并产生了不可低估的社会价值。

雍正的第二大特点是对军机处的印信管理得非常严密。印信是机构的符号和象征,是出门办事的护身符和通行证。军机处的印信由礼部负责铸造,并将其藏于军机处以外的地方,派专人负责管理。当需用印信时,必须报告皇上给予批准,然后才能有军机大臣凭牌开启印信,在众人的监视下使用,以便起到制约的作用。

设立"军机处"起到了意想不到的效果,以前每办一件事情,或者有关的奏折,要经过各个部门的周转,最后才能够送达皇上。其中如扯皮、推诿、拖沓的官场陋习使办事效率极为低下,保密性也差,皇上的意图无法贯穿始终。而自从设立军机处以来,启动军机大臣,摆脱了官僚机构的独断专行,使雍正的口谕可以畅通无阻地到达每一个职能机构,从而把国家大权牢牢地控制在自己手里。

设立"军机处"将"生杀之权,操之自朕"的雍正推向了封建专制权力的顶峰。"军机处"由于在皇上的直接监视下开展工作,所以处处谨小慎微,自知自律,奉公守法,营造了一种清廉的官场形象。"军机处"的设置,保证了中央集权的顺利实施,维持了社会的相对稳定和统一,避免了社会的动乱和民族的分裂,推动了社会的繁荣和发展,具有一定的社会积极意义。

无论在关于雍正的正史和野史的记载中,雍正帝都是一个喜欢秘密行事的皇帝,然而这也正是他高明、智慧的一面,故而在他死后的乾隆年间,才会出现盛世的局面。

无论是做人还是处事,若想取得最大限度的成功,首先不要过分暴露自己的意图和能力。唯有这样,事情办起来才不会出现众多人为的障碍和束缚,办起事来就会出现事半功倍的效果;反之,我们将会受到许多意想不到环节的人为阻挠,事情办起来就会很难成功了。

愚笨的人大多长寿

【原典】

粗蠢各半者,胜人以寿。

【译文】

粗蠢愚笨的人比常人高寿。

粗蠢之人为什么长寿? 因为做人不张扬,不自矜,该聪明的时候聪明,该糊涂的时候糊涂,这样的人无飞来之横祸,一生平平安安,不长寿才怪。

太聪明了,需要掩盖住才好,否则你就会成为众矢之的。所以,曾国藩在必要的时候总会提醒自己,表现得粗蠢愚笨一些。

有人说曾国藩能够功成名就的最大原因,就是深谙粗蠢愚笨之道。梁启超谓曾国藩"非有超群轶伦之天才,在并时诸贤杰中,称最钝拙"。曾国藩自己也说:"自以秉质愚柔,舍困勉二字,别无他处。"又说:"吾生平短于才,爱者或廖以德器相许,实则虽曾任艰巨,自问仅一愚人,幸不以私智诡谲凿其愚,尚可告后昆耳。"

难道他真是一个粗蠢愚笨短才之人吗? 实在说起来,这又不尽然了。一个人的成就有小有大,小者或可从困勉铢积寸累得来,若成就大业,只靠辛苦强学还是不行,必有超人的领悟天赋,才能相济为用。曾国藩说:"器有洪纤,因材而就,次者学成,大者天授。"可见一斑。

由前可见,曾国藩并不漠视才与德的相对作用。何以他反自称无才呢? 这不过是他的一种谦德。因为才是靠不住的,如果恃才傲物,就容易泛滥横流,近于小人了。这完全都是勉人为学的意思,他在家信中对子弟的贤否,也有六分天生,四分家教的话。何以又这样重视天命天才呢? 好像是他的一种矛盾思想,其实不然,这正是中庸相反相成的道理。所谓"天定胜人,人定胜天","时势造英雄,英雄造时势",不是一样的道理吗? 倘不明乎此,则读曾国藩的书籍,直如隔靴搔痒,处处都觉得矛盾了。譬如他自称愚柔,而致九弟书云:"古来豪杰,吾家祖父教人,以懦弱无刚四字为大耻,故男儿自立,必须有倔强之气。弟能夺数万人之刚气而久不销损,此是过人之处,更宜从此加功!"

这能说他没有大才吗？可是他的祖父告诉他说："尔的官是做不尽的,尔的才是好的,满招损,谦受益,尔若不傲,更好全了。"可见曾国藩只是在"不傲"上做工夫,颇有大智若愚之意。

曾国藩还说道："古今亿万年,无有穷期。人生其同,数十寒暑,仅须臾耳!大地数万里,不可纪极,人于其中,寝处游息,昼仅一室耳!夜仅一榻耳!古人书籍,近人著述,浩如烟海,人生目光之所能及者,不过九牛之一毛耳!事变万端,美名百途,人生才力之所能办者,不过太仓一粟耳!知天之长,而吾所历者短,则遇忧患横逆之来,当少忍以待其定;知地之大,而吾所居者小,则遇荣利争夺之境,当退让以守其雌;知书籍之多,而吾所见者寡,则不敢以一得自喜,而当思择善而约守之;知事变之多,而吾所办之者少,则不敢以功名自矜,而当思举贤而共图之。夫如是则自私自满之见,可渐渐蠲除矣。"

这是何等高明的见解！芸芸众生,"不知天多高,地多厚",只晓得一个"我",则一切相害相悖矣。倘能觉悟到此种境界,自然可以除去自私自满之见,往大道上迈进。否则坐井观天,画地自限,没有伟大的人生观,焉能有伟大的学术事业？所以觉悟是做人的始基,也是做人的归宿,由天才而来,也由学问而得。

机智而豁达的人会有非凡成就

【原典】

纯"奸"能豁达,其人终成。

【译文】

十分机智的人倘若豁然达观,就会有不凡的成就。

曾国藩认为,对待他人宽容大度大多都是有福之人,因为在便利别人的同时也为成就自己奠定了基础。常言道："宰相肚里能撑船。"说的就是这个道理。

历史上"大肚量"的宰相不乏其人,狄仁杰也是其一,并且堪称楷模。

狄仁杰治国治民能力非凡,难得的还是容忍别人,不计个人私怨,不遗余力地推荐有才之士,使国家社稷、黎民百姓受益匪浅。这是一种无比的豁达和高尚。位居"一人之下,万人之上"的宰相如此宽宏大量,卓有远见,凡夫俗子们是否也应做些思考呢?

公元 688 年,豫州叛乱,宰相张光辅领兵讨伐。官兵因军纪败坏,鱼肉百姓,影响极坏。这时,身为刺史的狄仁杰挺身而出,指责宰相张光辅治军无方。叛乱平息后,受牵连的有六七百家,许多无辜的人都要被杀害。狄仁杰负责行刑,他认为这是草菅人命,便冒着杀身之危,向武则天上书,终使这些人免遭杀害。

狄仁杰

武则天认识到狄仁杰确实是个人才,便连续提升了他。有一次,武则天单独召见狄仁杰说:"你为刺史时,政治清明,治理有方,百姓拥戴,可是,有人在朝廷上弹劾你,你想知道诬告你的人是谁吗?"

狄仁杰磊落地说:"臣如有过错,请陛下赐教!至于说臣坏话的人,臣不愿知其姓名,以便臣等能和睦相处!"

武则天听后,感到狄仁杰器量大能容人,可堪重用,更加器重他。狄仁杰好面折廷诤,常常违背武则天的旨意,武则天也曾动怒,使狄仁杰遭到贬官。日久见人心,经过几件事情之后,武则天既看出了他的才能,也看出了他的忠心。以后每当他们政见不一时,武则天总是屈意从之。

就在狄仁杰遭到左迁时,将军娄师德曾在武则天面前竭力保荐他。狄仁杰并不知道这件事,他认为娄师德不过是一介武夫而已。

回到京城以后,有一天武则天问狄仁杰:"你看娄师德是否有知人之明、荐人之德?"

狄仁杰说:"娄将军谨慎供职,还没听说过他荐举人才!"

武则天笑着对狄仁杰说:"朕起用你,全凭娄将军的力荐!"

这件事使狄仁杰很受感动。自己与娄师德非亲非故,他秉公荐贤,并不是为了使人感恩戴德,实在是高出自己很多。从此,狄仁杰特别留意物色人才,随时向朝廷推荐。

当时契丹国经常侵扰唐朝边境,其名将主要是李楷固与骆务整,他们屡次打败唐军,杀死很多唐军将士。后来,他俩归降,朝中许多大臣纷纷上书武则天,请求杀死二人。

狄仁杰的意见与此相左,他对武则天说:"这两位将军骁勇无比,他们以前有能力事其主,现在也必能尽心于我朝,请用圣德安抚,赦免他们的罪过!"

和这两个人作战被杀死的唐军将士其实与朝廷上许多大臣非亲即故,但这些大臣却极力主张要杀死这两个契丹将领。狄仁杰针锋相对地说:"处理政事应以国家为重,岂能由个人恩怨决定!"并坚持为这两个人请求官职。

武则天听从了狄仁杰的建议,封李楷固为左铃卫将军,封骆务整为右武威将军,令他们守卫边防,从此边境得到了安宁。

所谓"宰相肚里能撑船",也就是说能做大事的人,对鸡毛蒜皮的事不斤斤计较,都有其原谅、宽恕别人的度量。在为人处世、待人接物时,不对他人要求过于苛刻,时刻考虑别人的感受。严于律己,宽以待人。如果能做到这些,便很容易使人感到此人通达世事人情,有"宰相"之才,日后必成大业。

做事细心必成人事

【原典】

纯粗无周密,半途必弃。

【译文】

粗莽而做事不周密的人则必然半途而废。

不管从事什么职业,从艺还是经商,务农还是做工,都不可有粗浮心,不可有粗枝大叶、马马虎虎、浮躁不踏实的心态。

美国成功学家马尔登说过,马马虎虎、敷衍了事的浮躁心态,可以使一个百万富翁很快倾家荡产。相反,每一个成功人士都是认认真真、兢兢业业的。追求精确与完美,是成功者的个性品质。他讲了这样一个故事——旧金山一位商人给一个萨克拉门托的商人发电报报价:"1万蒲式耳大麦,单价1美元。价格高不高？买不买？"萨克拉门托的那个商人原意是要说"不。太高。"可是电报里却漏了一个句号，就成了"不太高。"结果这一下就使得他损失了10000美元。

一家皮货商订购一批羊皮，在合同中写道："每张大于4平方尺、有疤痕的不要。"注意，其中的顿号本应是句号。结果供货商钻了空子，发来的羊皮都是小于4平方尺的，使订货者哑巴吃黄连，有苦说不出，经济损失惨重。

"粗心""懒散""草率"，这样一些评价送给生活中成千上万的失败者都毫不为过。有多少人，包括职员、出纳、教师、编辑，甚至大学教授，都是因为粗心马虎而丢失了他们的工作。

相反，做事认真，则能帮助一个人获得成功。法国作家大仲马有一个朋友，他向出版社投稿经常被拒绝。这位朋友就来向大仲马求教。大仲马的建议很简单：请一个职业抄写人把他的稿子干干净净誊写一遍，再把题目做些修改。这位朋友听从了大仲马的建议，结果他的文章就被一个以前拒绝过他的出版商看中了。再好的文章，如果书写得太潦草，谁会有耐心去拜读呢？

美国著名演员菲尔兹曾说道："有些妇女补的衣服总是很容易破，钉的扣子稍一用力就会脱落；但也有一些妇女，用的是同样的针线，而补的衣服、钉的纽扣，你用吃奶的力气也弄不掉。"做事是否认真，体现着一个人的态度。只有那些有着严谨的生活态度和满腔热忱的、富有敬业精神的人，才会认真对待每一件事，不做则已，要做就一定要尽心尽力做好。这样的人也往往会得到别人的信任，为自己打开成功之门。

1965年，卡菲里在西雅图维尤里奇学校当图书馆管理员时，有一天，一个四年级老师找到他说，她有个学生总是最先完成功课，他需要干点别的对他有挑战性的工作。"他可以来图书馆帮帮忙吗？"她问道。

"带他来吧。"卡菲里说。

不一会儿，一个穿牛仔裤和圆领衫，留着棕色头发的清瘦男孩进来了。

卡菲里向他讲述了杜威十进制分类藏书法，他很快明白了。然后，卡菲里让他看了一堆卡片，上面的书目都是逾期很久未归还的。但现在卡菲里怀疑这些书其实已归还，只是夹错了卡片和放错了地方，需要查找核实一下。

"这是否有点像侦探工作？"男孩眨着眼睛兴奋地问。

卡菲里说："是的。"

他便劲头十足，像个真正的侦探似的干开了。

到他的老师进来宣布"休息时间已到"时，他已发现了3本夹错卡片的书。他还想继续把活干完为止。但老师说他得出去呼吸一下新鲜空气。她最终说服了他。

第二天早晨，他很早便来了。"我想今天把夹错卡片的书全找出来。"他说。到下午下班前，他问卡菲里，他是否已够格当个真正的图书馆管理员，卡菲里说这毫无疑问。

几星期后的一天，卡菲里在办公桌上发现了张请柬，是那个整理图书的学生请他去家里吃晚饭。

在那愉快的晚宴结束前，那位学生的妈妈宣布，他们全家将搬到附近一个地区。她还说，她儿子最舍不得的就是维尤里奇图书馆。

"今后谁来找遗失的书呢？"他问。

到他搬家时，卡菲里很不情愿地同他分了手。这男孩乍一看似乎很寻常，但他做事的那种专注和认真却使他显得与众不同。卡菲里万万没料到的是，那个男孩日后会成为信息时代的奇才，他就是因创办微软公司而改变全世界的比尔·盖茨。

认真的精神，其实质是对自己、对他人、对家庭和对社会的高度责任感。

世界上怕就怕"认真"二字。做事细心、严谨、有责任心、追求完美和精确，是认真；做人坚持正道，不随波逐流，不为蝇头小利所惑，"言必信，行必果"，也是认真；生活中重秩序、讲文明、遵纪守法，甚至起居有节、衣着整洁、举止得体，也是认真的体现。认真就是不放松对自己的要求，就是严格按照"真、善、美"的规则办事做人，就是在别人苟且随便时，自己仍然坚持操守，就是高度的责任感和敬业精神，就是一丝不苟的做人态度。认真的人受人尊敬和信任，认真的人办事效率高过那些不认真的所谓"快手"。就是从效益上讲，由于认真而减少了浪费、重复劳动、返工等，无疑是给社会和自己增加了一笔巨大的财富。

洛克菲勒是美国石油大亨，他的老搭档克拉克这样评价他道："他细心认真到极点。如果有一分钱该归我们，他要取来；如果少给客户一分钱，他也要客户拿走。"

洛克菲勒对数字有极强的敏感性，他常常算账，以免钱从指缝中悄悄溜走。他曾给西部一个炼油厂的经理写过一封信，严厉地质问道："为什么你们提炼一加仑火油要花1分8厘2毫，而另一个炼油厂却只需9厘1毫？"这样的信还有："上一个月你厂报告有 1119 个塞子,本月初送给你厂 10000 个。本月份你厂用去 9537 个,却报告现存 1012 个。其他 570 个下落如何?"类似这样的信据说洛克菲勒写过上千封。他就是这样从账面数字——精确到毫、厘,分析出公司的生产经营情况和弊端所在,从而有效地经营着他的石油帝国。

洛克菲勒这种严谨认真的工作作风是在年轻时养成的。他 16 岁时初涉商海,是在一家商行当簿记员。他说:"我从 16 岁开始参加工作就记收入支出账,记了一辈子。它是一个能知道自己是怎样用掉钱的唯一办法,也是一个人能事先计划怎样用钱的最有效的途径。如果不这样做,钱多半会从你的指缝中溜走。"

附带说一句,洛克菲勒在公司的财务上是斤斤计较的,但是在向社会捐助慈善资金方面,却十分慷慨。可见他的锱铢必较是一种经营管理上的认真作风,而非"守财奴"或"铁公鸡一毛不拔"。

认真地做事,认真地做人,这在今日这个浮躁的时代尤其需要我们身体力行。不要放纵自己的"粗心"和"不耐烦"的坏毛病。曾经有一位著名作家说道:"无论做什么事情,都应该尽心尽力,一丝不苟。这是因为,究竟什么才事关真正的大局,究竟什么才是最重要的,这一点其实我们也不是很清楚。也许在我们眼里微不足道的小事,实际上却可能生死攸关。"一个质量不过关的轮胎会毁了一架飞机,一个标示错的标点会带来极大的财产损失,一个设计上的小小错误会使一座大桥塌陷……这样的教训太多了,我们应该引以为戒。

外在的相貌和精神内质结合才能全面地认识一个人

【原典】

观人所忽,十有九八矣。

【译文】

(从内刚柔这个角度)观察人往往被忽视,而且人们十有八九都犯这个毛病。

《冰鉴》从容貌识人,但又不仅仅局限于容貌。曾国藩始终认为,唯有外在的相貌和精神内质结合,才能全面地认识一个人。

相貌是实在有形的,而精神是无形的;相貌是相对静止的,而精神是流动变化的;实在的、静止的事物易于了解,虚幻的、流动的东西难以知晓。因此,考察人,只注重外貌的非常多,看见外表清秀出众的就以为是才能出众的人,看见貌丑质朴的就以为是没有德行的人。荀子说:"古代的桀、纣,身材高大、外貌俊美,是天下相貌最超群出众的;而且他们敏捷有力,能与百人相敌。但是却身死国亡,成为天下的奇耻大辱,后代的人谈到恶人,必定拿他们作例证。"

《庄子·德充符篇》写道:"卫国有一个相貌丑陋的人叫哀骀它,与他相处的女人却都因爱慕他而不想离去。有一个妇人见到他之后,就向父母请求说:'与其做别人的妻子,还不如做哀骀它先生的妾。'这样的妇人已经十几个了而且还在增多。哀骀它不同于常人的地方就在于他没有君主的地位而能拯救他人于死地,没有聚集大量的财物而能使别人吃饱肚子。尽管他的面貌丑陋得使天下人吃惊,才智也超不出常人多少,但是无论男女都乐于接近他。"

可见,长得俊美的不一定有德能,长得丑陋的不一定没有德能,这是很明显的道理。

通过相貌和表情来了解人,仅仅是"识人"的一种辅助手段。但是,把它绝对化,把"识人"变成以貌取人,就会错过人才,乃至失去人才。

晋代学者葛洪在《抱朴子·外篇》中深有感触地说:看一个人的外表是无法识察其本质的,凭一个人的相貌是不可衡量其能力的。有的人其貌不扬,甚至丑陋,但却是千古奇才;有的人虽仪表堂堂,却是"金玉其外,败絮其中"的草包,倘以貌取人,就会造成取者非才或才者非取的后果。

曹操

一向慧眼识珠的曹操,也有以貌取人的错举。益州张松过目不忘,乃天下奇才,只是生得额镤头尖,鼻偃齿露,身短不满五尺。当张松暗携西川四十一州地图,千里迢迢来到许昌打算进献给曹操时,曹操见张松"人物猥琐",从而产生厌烦之感;加之张松言辞激烈,揭了自己的短处，便将张松赶出大门。刘备便乘机争取到了张松，从而取得了进取西川军事上的优势。如果曹操不是以貌取人，而是礼待张松，充分发挥其才识，那样恐怕会是另一种结果。

同样，现代企业的领导者，要真正识别人才，就需要对个人进行全方位的审察，看其是否具有相当的能力，是否有发展前途。如果不注重一个人的学识、智慧、能力等方面的培养与使用，不注重其专长的发挥，不是通过其对某些问题的看法来衡量他的判断能力、表达能力、驾驭语言的能力，而是仅凭一个人的相貌如何来判断其能力的大小，甚至由此来决定人才的取舍，那么，必将导致人才的埋没。

可见，相貌美丑与人的思想善恶和能力大小并没有必然的联系。有人虽貌丑却有德有才，则不失为君子；有人虽貌美而无德天才，却只能是小人。

智慧应用

龚定庵：有名有实的傲才

狂傲之人大多不满现状，以狂放不羁、恃才傲物为个性特征。他们愤世嫉俗，为人耿介朴厚，有高人之风，但宽容不足，机巧圆润不足，因此为人行事自成一格，既不为他人理解，也不肯屈尊去迁就他人。但他们能沉心于个人兴趣之中，终于有过人的成绩。历史上诸如郑板桥等人物，皆属此类。

由于过分狂傲，不肯屈就，往往会给自己添麻烦，甚至引来杀身之祸。三国时的杨修，恃才傲物、不事收敛，又不遵从军纪、随意乱说军秘，结果惹恼曹操，掉了脑袋。祢衡，年纪轻轻，不仅不服人，还公然擂鼓大骂曹操，曹操也是文武全才的一代雄主，一气之下，借刀杀了祢衡。杨修与祢衡的死，曹操当然要负责任，而二人的狂傲个性，则是惨剧的诱因。

狂傲，多半以充足的信心为基础，常以为天下人皆不如己，这未尝不是一件好事，也有利于将个人才智淋漓尽致地发挥；但失于分寸，忘记自律，不分场合，皆以己意行事，则会坏人坏己之大事，而难得善果。另有用狂傲态度来掩饰真心的情况，不可不细察。

不宜区别的是真假狂态。狂，一种是因为身怀绝技，有傲物之资；另一种狂,则是志大才疏、自命不凡、眼高手低。"骄傲"二字本是分开来用的,没有内容而自以为了不起是骄,有内容而看不起人是傲,后来连用为骄傲,其实骄与傲是狂的两种状态。

清代嘉庆年间有个怪人叫龚定庵,以狂闻名。康有为、梁启超所倡导的思想深受他的影响。这个人才气高,文章也非常好,而且那个时候他就开始注重国防建设。蒙古、满洲边疆,他都去过。他认为中国的隐患问题,都是边疆问题。边疆有漏洞,西北有俄罗斯,东有日本,将来一定会被侵扰。他也狂,做了一篇文章,讲"才难",说天下将要大乱,因为缺乏人才。文章骂得很厉害,说"朝无才臣,巷无才偷,泽无才盗",连有才的偷盗都没有了。因此他感叹这是一个人才的没落时代,过不了多少年,天下就要大乱。果然不出半个世纪,内忧外患接连而来。

唐伯虎:诈疯远祸

明朝文学家、书画家唐寅,字伯虎,与祝允明、徐祯卿、文徵明齐名,称"吴中四才子"。关于他一生的风流韵事多有传说,但这位江南才子,不仅能书善画,最难得的是他能够在险恶的政治斗争中,运用计谋保全自己。

明太祖分封诸王时,第十七子宁王封在大宁。当时太祖诸子之中,以燕王最为善谋,而以宁王最为善战。燕王靖难起兵之时,用计将宁王迁到北平,把大宁给了朵颜三卫;后来又迁宁王到江西。到了明孝宗弘治年间,朱宸濠嗣宁王位。武宗时,宁王见皇帝整日沉于游乐,不理朝政,就认为有机可乘,想要图谋不轨,他通过向宦官刘瑾行贿,恢复了原来已被夺去的护卫职务。但是刘瑾倒台以后,职务又被取消。于是他又勾结皇帝身边的亲信钱

唐伯虎

宁，终于又恢复了护卫职务。当时术士李自然、李日芳等人，胡说他有奇异的相貌，当为天子，又说南昌城东南有天子气。宁王本是个有野心的人，这就更使他的野心迅速膨胀起来。他特地在城东南建立了一座阳春书院，并且用重金到处招聘人才，打算发展自己的势力，为起兵夺取皇位做准备。这时，宁王久闻唐伯虎的才名，特地派人带了重金去苏州礼聘他。唐寅以为这位宁王是爱才之人，是礼谦下士的贤王，所以就欣然前往了。到了南昌以后，宁王以别馆居之，待为上宾。但是唐寅在南昌住了半年以后，渐渐感到气氛不对。宁王经常强夺民间田宅女子，豢养一群强盗，在江湖上打家劫舍，当地地方官员无人敢管，任他胡作非为。唐寅见他的所作所为，都是不法之事，所以料定他日后必会阴谋反叛。于是他感到宁王府是个火坑，必须想办法脱身。但怎么能够脱身呢？

唐伯虎采用了一个锦囊妙计——佯装癫狂。从此，他饮食起居一反常态。宁王朱宸濠派人给他送东西，他假装发狂，借着酒醉，当面脱去衣服，赤身裸体，使人无法接近。并无端哭闹，捡吃赃物。又装着发狂的样子，见到妇女就追。宁王得知后，说："谁说唐寅是个贤才子？他不过是个癫狂之人而已。"就把他撵出了王府。这样，唐寅平平安安地回他的老家苏州去了。

后来，明武宗正德十四年（公元1519年）六月，宁王果然发动叛乱。他以庆贺生日为名，设宴诱骗地方官员进府，随后将不服从他反叛的官员全都杀掉，并亲率舟师前去攻打安庆。当时明朝巡抚都御史王守仁与吉安知府伍文定急忙派兵会剿。王守仁先将他的老巢南昌攻下，不久捉住了朱宸濠，平定了叛乱。宁王事发后，那些他礼聘为上宾的所谓名士们，都被列为逆党，无一幸免。只有唐寅，因为早有察觉，及早地佯狂脱了身，所以没有受到株连。他在苏州桃花坞筑室而居，终老于故乡。

唐寅用计，平安脱身，保全了自己的性命名声，显示了他既有远见又有计谋，而愚蠢的宁王，还真以为他只不过是个癫狂的书生。唐寅运用此计将想要达到的目的完全实现了，这正是他运用此计的妙处。

唐寅是一位极为聪慧而有才能的人，他的一生，表面上狂放洒脱、放荡不羁、不受礼俗的羁绊，实际上政治上的不得志与怀才不遇的苦闷，一直郁积在他的心底。年轻的时候，他和同乡不拘小节的书生张灵纵酒放荡，不事科举。经祝允明劝说，考中了乡试第一，即解元。后因科场案牵连下狱，从此断送了一生的政治前程。在宁王重礼聘请下，他初以为自己怀才不遇、抱恨终生的日子可以结束,能够有机会施展自己的政治才华了。但他毕竟是个精明过人的人,在南昌目睹了宁王的所作所为以后,很快判断出宁王将有异志。而经历过科场案的他,决不愿再卷入一场叛乱之中。于是他只得以计脱身,保全自己。当他佯装疯狂之时,必定要做出常人所不能做出的举动来,这样才能使宁王府上下都相信他是真的疯癫,而不会对他起疑心。他知道如果当时他要辞职回乡的话,宁王决不会答应,而且弄不好反会使宁王对自己生起疑心,甚至会招来杀身之祸。所以他采用计谋,以计脱身,这在当时不仅完全达到了目的,而且在宁王叛乱被平息下去以后,也保全了自己不被株连。

拓展阅读

人们相互交流,有时无须使用语言,仅通过行为举止便可表达其内心所想。举止是由人体发出的身体语言,它的变化昭示着人的内心秘密。透过一个人的坐、立、行以及举手投足,我们往往可以看穿他的内心世界。科学研究表明,个人向外界传达的信息,其中多半是由人的肢体语言表述的。因此,学会细心观察人的举止行为,就能很快猜透其心思。

察看站姿,分析人的性格

人的姿势有坐、站、卧等多种,但要想从中捕捉人的特性,最容易的办法就是从站立的姿势着手。人们无法用普通的肉眼直接看到他人的心理活动和心理紧张的状态。但人们可以通过身体外部反映出来的姿势,来知悉人内心中具体的活动和状态。

人在站立时,有正面和侧面之分。比较而言,正面姿势所反映的特征,是人们通过学习和对自身经验的总结积累而形成的姿势特征;侧面姿势,一般被认为是仍保留着出生时的原始姿势倾向。所以,正面姿势是人们在适应后天的生活环境中形成的,他反映了人们现在和未来的状况,同时也表示出一个人克服困难的能力。侧面姿势则表示出原始的感情,幼年、少年时期的心理活动,以及与生活有关的心理活动。

由于人们都必须直接面对事物,通过与事物的正面接触等活动来处理自己与现实世界的关系。所以,人们在漫长的人生道路上,逐渐形成了自己认为的最佳姿态。从正面看人体,除了在非常特殊的场合下,一般很难见到左右全对称的姿势,大多数姿势都存在着某种程度上的差别。可以说,左右存在差别的姿势,才是最稳定最扎实的姿势。具有这种姿势的人,在对付外界时常常带有主动性和攻击性。

　　在日常的待人接物中,要特别留意那些身体正常,但身体偏倚或姿势歪斜的人。人们为了保持一定的姿势,全身肌肉必须处于一种特定形式的紧张状态,这种状态叫"姿势紧张"。那些姿势歪斜的人,在歪斜的部位一定存在着一种超过基本、正常状态的过分紧张,也正是因为有着这种不必要的紧张,那个部位才会变得歪斜。所以,见到这样的人,可以做出这样的判断:他正在进行某种心理活动,或者他的心理产生了不正常的紧张,打破了心理平衡。

　　侧面姿势反映了人体前后倾斜状况。如果看到一个垂头、屈膝、弓背、驼腰的侧面姿势,我们马上就可以从这种姿势中毫不犹豫地断定,这个人不是处于紧张状态,而是处于一种沮丧的松弛状态。哭泣着入睡的孩子,以及怀着伤心不安、卷曲着睡觉的成年人的侧面就是这个样子。

　　还有一种人,他的身体总的看来是形成了G形,但头部却向后倾斜,臂部抬高,腰部处于紧张的状态。这表示他正在用力对自己的姿势做一些修正,已经有一些积极的自我恢复力,反映出他对现实提心吊胆的心理。

　　与这一种姿势相反,挺胸直背、身体后仰、腿绷直着向前伸出的姿势,可以明显地看出积极努力地适应现实的倾向,是一种充满着力和紧张的状态。具有这种姿势的人不屈服于现实,为了达到目的,可以不惜一切代价去努力争取。但是,如果一个人站得过于挺直、硬邦邦的,使用了过多的力量来支持他的姿势,那么,这种人心中有着强烈的自卑感。为了要解除这种自卑感,他在心理上就会产生需要凌驾别人之上的感觉,于是形成可以起到补偿作用的优越情绪,想用这种姿势使自己表现得更为气度非凡。

　　有些人站着的时候,总是喜欢倚在一张桌子或椅子之类的物体上。这类人往往信心不强,不相信自己的能力而希望被支持。他们大都言语不多,经常保持沉默,行为处事比较保守。

揣摩走姿，透视人的内心隐秘

每个人的走路姿势都有所不同，熟悉的朋友在很远的地方或拥挤杂乱的场合中一眼就可以认出来。有一些特征是由于躯体本身的原因造成的，如频率、跨步的大小和姿势会随着情绪的变化而改变。如果一个人很高兴，他会脚步轻快；反之，他就会双肩下垂，走起路来好像鞋里灌铅一样。莎士比亚在《特尔勒斯和克尔期达》一书中有一段对一只大公鸡走路姿势的描述，文字极为生动："这个高视阔步的运动家，以自己的脚筋而自豪。"一般说来，走路快而双臂摆动自然的人，往往有坚定的目标，并且能锲而不舍地追求；习惯于将双手插在口袋中，即使天气暖和也不例外的人，爱挑剔，喜欢批评别人，而且颇具神秘感，常常显得玩世不恭。

一个人在沮丧时，往往两手插在口袋中，拖着脚步，很少抬头注意自己是往何处走。走路时双手叉腰、上身微向前倾的人，如同事业上的短跑运动员。他想以最短的途径、最快的速度来达到自己的目的地。当他似乎无所作为时，往往是在计划下一步的重要行动，并且积蓄了能在短时间内爆发的能量，那又起的前臂就像代表胜利的 V 字形一样，成为他的特征。

一个人心事重重时，走起路来常会摆出沉思的姿态。譬如头部低垂、双手紧紧交握在背后。他的步伐很慢，而且可能停下来踢一块石头，或在地上拣起一张纸片看看，然后丢掉。那样子好像在对自己说："不妨从各个角度来看看这件事。"

一个自满甚至傲慢的人，他的下巴抬起，手臂夸张地摆动，腿是僵直的，步伐慎重而迟缓。这样走路是为了加深别人的印象。

速度和跨度一致的步伐往往为首脑人物所采用。这样走路，容易让随从和部属跟在后面时保持步调一致，以显示追随者的忠实和服从。

坐姿透露人的心理

人们坐着时会有不同的姿势，有的人喜欢跷着二郎腿，有的人喜欢双腿并拢，而有的人喜欢两脚交叠……那么，这不同的坐姿又反映了什么样的心理呢？

自信型的坐姿

这种人通常将左腿交叠在右腿上，双手交叉放在腿跟两侧。他们有较强的自信心，非常坚信自己对某件事情的看法。如果他们与别人发生争论，那他们可能并没有在意与别人争论的观点的内容。

他们的天资很好，总是能想尽一切办法并尽最大努力去实现自己的理想。虽然也有"胜不骄、败不馁"的品性，但当他们完全沉醉于幸福之中时，也会得意忘形。

这种人很有才气，而且协调能力很强，在他们的生活圈子里，他们总是充当着领导的角色，而他们周围的人也都心甘情愿。

不过这种人有一个不好的习性，喜欢见异思迁，总是"这山望着那山高"。

坚毅型的坐姿

这类人喜欢将大腿分开，两脚跟并拢，两手习惯于放在肚脐部位。他们很有男子汉气概，有勇气，也有果断力。他们一旦考虑某件事情，就会立即付诸行动。在爱情方面，他们一旦对某人产生好感，就会去积极主动地表明自己的意向，不过他们的独占欲望相当强，动不动就会干涉自己恋人的生活，时常遭到恋人的讨厌。

他们属于好战类的人，敢于不断追求新生事物，也敢于承担社会责任。这类人当领导的权威来源于他们的气魄，其实很多人并不真心地尊重他们，只是被他们那种无形的力量威慑而已。从另一个角度来说，他们不会成为处理人际关系的"老手"。当他们遇到比较棘手的人际关系问题时，他们多半只有求助于自己的老婆。但是如果生活给他们带来什么压力的话，他们一定能够泰然处之。

悠闲型的坐姿

这种人半躺而坐，双手抱于脑后，一看就是一种怡然自得的样子。他们性格随和，与任何人都相处得来，也善于控制自己的情绪，因此能得到大家的信赖。

他们的适应能力很强，对生活也充满朝气，干任何职业好像都能得心应手，加之他们的毅力也都不弱，往往都能达到某种程度的成功。这种人喜欢学习但不是恳求甚解，可能他们要求的仅是"学习"而已。

其另一个特点是个性热情、挥金如土。如果让他们去买东西,很多时候他们是凭直觉的喜欢与否。对于钱财他们从来就把它看作身外之物,"生不带来,死不带去",以至于他们时常不得不承受因处理钱财的鲁莽和不谨慎带来的苦果,尽管他们挣的钱不少。

他们的爱情生活总的来说是较愉快的,虽然时不时会一些小小的烦恼所困扰。这种人的雄辩能力也很强,但他们并不是在任何场合都会表现自己,这完全取决于他们当时面对的对象。

温顺型的坐姿

这种人坐着时喜欢将两腿和两脚跟紧紧地并拢,两手放于两膝盖上,端端正正。他们一般性格内向,为人谦逊,对于自己的情感世界很封闭,哪怕与自己特别倾慕的爱人在一起,也听不到他们哪怕一句"火辣"的语言,更看不到一个亲热的举动。

这种坐姿的人常常喜欢替别人着想,他们的很多朋友对此总是感动不已。正因为如此,这种人虽然性格内向,但他们的朋友却不少,因为大家尊重他们的"为人",此所谓"你敬别人一尺,别人敬你一丈"。

在工作上,这种人虽然行动不多,但却踏实认真,他们能够埋头为实现自己的梦想而努力。犹如他们的坐姿一样,他们不会去花天酒地,他们很珍惜自己用辛勤劳动换来的成果,他们坚信"一分耕耘一分收获",因此他们极端厌恶那种只知道夸夸其谈的人。在他们周围,想吃"白食"是不行的。

羞怯型的坐姿

这种人坐着时喜欢把两膝盖并在一起,小腿随着脚跟分开成一个"八"字样,两手掌相对,放于两膝盖中间的这种人特别害羞,多说一两句话就会脸红,他们最害怕的就是让他们出入社交场合。这类人感情非常细腻,但并不温柔,因此这种类型的女性经常让男人觉得莫名其妙。

这种人可以做保守型的代表,他们的观点一般不会有太大的变化,他们对许多问题的看法或许在几十年前比较流行。在工作中他们习惯于用过去成功的经验做依据。这本身并不错,但在今天,因循守旧肯定是这个社会的被淘汰者。不过他们对朋友的感情是相当真诚的,每当别人有求于他们的时候,只需打个电话他们就肯定会效劳。

他们的爱情观也受着传统思想的束缚,经常被家庭和社会的压力压得喘不过气来,而自己仍要遵循那传统的"东方美德""三从四德"等旧观念。

古板型的坐姿

坐着时两腿及两脚跟并拢靠在一起,双手交叉放于大腿两侧的人为人古板,从不愿接受别人的意见,有时候明知别人说的是对的,但他们仍然不肯低下自己的头。

他们明显地缺乏耐心,哪怕是只有十分钟的短会,他们也时常显得极度厌烦,甚至反感。

这种人凡事都想做得尽善尽美,干的却又是一些可望而不可即的事情。他们爱夸夸其谈,而缺少求实的精神。所以,他们总是失败。虽然这种人为人执拗,不过他们大多富于想象。说不定他们只是经常走错门路,如果他们在艺术领域里发挥自己的潜能,或许他们会做得更好。

对于爱情和婚姻他们也都比较挑剔,人们会认为这种人考虑慎重,其实不然。应该说是他们的性格决定了这一切,他们找"对象"是用自己构想的"模型"如"郑人买履"般寻觅,这肯定是不现实的做法。一旦谈成恋爱,则大多数都倾向于"速战速决",因为他们的理念是中国传统型的"早结婚,早生贵子早享福"。

冷漠型的坐姿

这种人通常将右腿交叠在左腿上,两小腿靠拢,双手交叉放在腿上。他们看起来非常和蔼可亲,面如菩萨,很容易让人接近,但事实却恰恰相反。别人找他谈话或办事,一副爱理不理的举动让人不由得不反思"我是否花了眼"?他们不仅个性冷漠,而且性格中还有一种狐狸作风,对亲人、对朋友,他们总要向人炫耀他那自以为是的各种心计,以致周围的人不得不把他们归入心理不健全的一类人之列。

这种人做事总是三心二意,并且还经常向人宣传他们的"一心二用"理论。

放荡型的坐姿

这种人坐着时常常将两腿分开距离较宽,两手没有固定搁放处,这是一种开放的姿势。

这种人喜欢追求新奇,偶尔会成为引导都市消费潮流的"先驱"。他们对于普通人做的事不会满足,总是想做一些其他人不能做的事,不如说他们喜欢标新立异更为确切。

这种人平常总是笑容可掬,最喜欢和人接触,而他们的人缘也确实颇佳,因为他们不在乎别人对他们的批评,这是很难得的。从这方面来说,他们很适合于做一个社会活动家或类似的工作。

不过这类人的日常行为举止着实不敢让人恭维,或许很多这种类型的人还没有认识到他们的轻浮给家庭和个人带来的烦恼,这只能说,他们还没有到这一天。

坐着时动作的变化

人们坐在椅子上的行为,也因人而产生各式各样的坐法。有的人是把全身猛然扔出似的坐下;有的人则慢慢坐下;有的人小心翼翼地坐在椅子前部;有的人将身体深深沉下似的坐着。此等行为,无不坦白地说出各人的心理状态。那么,在身体语言学上,对以上行为做何解释呢?

不论是否初见面,当我们看见一个人猛然摔坐在椅子上,一定视为不拘小节,其实不然,完全出乎您所料的情形很多。换句话说,在其所表现似乎极端随意的态度里,其实是在隐藏内心极大的不安。这是由于人们具有不愿被对方识破自己真正心情的抑制心理,尤其面对初见面之人,这一心理更加强烈。像此种人坐下后,往往便表现出不安、心不在焉的态度,由此更可立即看出其心情。当然,知心朋友之间则不能一概而论,而应视为与其态度一致的心情表现。

那么,坐下之后怎么样呢? 舒适而深深坐入椅内的人,可视为向对方表现出心理优势的行为。因为本来所谓坐的姿势,是人类活动上的不自然状态,坐着的人必然在潜意识中想着立即可以站起来的姿势。心理学上称它为"觉醒水准"的高度状态,随着紧张的解除,该"觉醒水准"也会因而降低。因此腰部是逐渐向后拉动,变成身体靠在椅背、两脚伸出的姿势。此并非发生何事,立即可以起立的姿势。这是认为跟对方不必过分紧张之人所采取的姿势。

可是,与此相对的,始终浅坐在椅子上的人,是无意识地表现着其比对方居于心理劣势,且欠缺精神上的安定感。因此,对于持这种姿势而坐的客人,如果同他谈论要事,或托办什么事,还为时过早。因为他还没有定下心来。

从手势上看他人的内心

一位西方身体语言学专家,在对人的手在传递信息中的作用进行观察分析后说:"过去,都说'眼睛比嘴巴更会说话',其实,眼睛哪里能赶得上手呢? 应当改成'手比嘴巴更会说话'才对。"

宴会上,是手"说话"最多的场合之一。主宾之间见面首先要握手,甚至没握之前老远就先招手,客人们之间也是握手相见或拱手相让。

交谈中,人们夸谁好常伸出手上的大拇指,要贬谁则会摇摇小拇指头。

还有,抽烟要用手,端碗要用手,拿筷子要用手,敬酒也还是要用手。

总之,如果你有意去观察宴会厅里的那些手,要是你懂得身体语言学,那么,你会觉得妙趣横生;要是你不懂身体语言学,你就会被搞得眼花缭乱。

正因为手很重要,所以,有关"手"的词汇,在我们汉语中是很多的。例如,形容某人有某方面特长为"真有一手"。

我们先从手上的"班长"——大拇指说起。拇指代表一个人的性格强度和自我,拇指的非语言用法也是一样的。拇指用来展示优越,高人一等,甚至侵略性。拇指手势是一种次等的,用来补助一连串其他姿势的手势。它是一种积极性信号,通常是冷酷的经理在下属面前使用的典型姿势。求爱的男人也会在他的女伴面前用它。有特权的人也常用这种姿势。此外,穿新的、漂亮的衣服的人,也会比那些穿得较旧的、过时的衣服的人,更常使用这种手势。

当一个人在表达相反的言辞时,这种展示优越感的拇指手势会变得特别明显。例如,我们从西方影片中可以看到,一位律师用轻柔的声音向陪审团说"诸位陪审团的女士和先生,以我浅薄的意见看来……",但同时展示着支配性的拇指手势,而且仰着头、眼皮下垂。这会使陪审团觉得这位律师不够诚挚,甚至有些傲慢。

拇指最常在口袋口露出,有时比较隐秘地在后口袋口露出,以试图隐藏一个人优越的态度。女性也用这姿势。除此之外,常用拇指姿势的人也喜欢踮起脚来,以给人比较高的感觉。

环抱胳膊同时拇指朝上,也是常见的拇指手势。这是一种双重意义的姿势,一是防卫性或消极性的态度,一是优越感的态度。常用这种姿势的人喜欢用拇指表达意思,而且站着的时候也常垫脚。

拇指也可用来表示嘲讽或不尊敬,那就是当我们用拇指指着别人时。例如,一位老兄靠在朋友身旁,四指握拳而用拇指指向他的太太,对朋友说:"女人全都一样,你知道吧!"这是表示他在向他的太太挑逗。这时,拇指成了嘲弄这

由刚柔相人

图文珍藏版

位不幸女士的指示工具。用拇指指人会激怒绝大多数的女性,特别是男人做这种姿势较多。女性间则很少用这种手势,虽然偶尔她们也会用来指她们不喜欢的人。

食指在传达信息时,通常起到指引的作用。在多数时候,我们都不喜欢任何人拿指头直指着我们。尤其是在上课时,我们更是讨厌教师拿你当傻瓜似的伸手指着你问道:"明白我的意思吗?"在激烈的争辩中,人们用手指对方的情形却是屡见不鲜。有些人更惯于使用眼睛来加强他那伸手的手指手势,以表示申斥、警告或加强语气。由于处于困窘之境的人通常都比较难以和他人合作,因此,除非对方已明显表示出敌意或拒绝,否则最好不要以食指指人,以免陷对方于困窘之境。除非到万不得已的情况下用食指指人,否则最好不要采取这种姿势。不用这种姿势你仍然可以有效地达到自己的目的,而且可以避免让对方陷入困窘的境地。

下面再来看看手掌。平时我们看到的两只手掌摩擦表达的是什么意思呢?两只手掌摩擦一般传达着一种积极的期待的信息,掷骰子的人把骰子放在两手掌中摩擦表示他希望赢,会场主持人摩擦手掌并且对来宾说:"下一位是我们期待已久的……"兴奋的销售人员迈进他经理的办公室里,摩擦着手掌说:"老总,我刚得到一宗大订单!"这时他期待的是老板的赞许。但是,在曲终人散的时候,服务生走过来,摩擦着手掌对他说:"先生,你还需要点什么?"这时候,他是在期待着你的小费。

摩擦手掌的速度表示着所期望的事会有肯定的结果。譬如,你想买栋房子,去找了一位房地产经纪人,在你向他说明你所希望的条件后,他快速地摩擦着手掌对你说:"我们正好有一栋适合您!"这位经纪人是表示着他期望结果是对你有利的。但是,如果他以很慢的速度摩擦着手掌,并对你说他有一栋房子适合你,你会有什么感觉呢?这样他会显得心怀鬼胎似的,而让你觉得他在期待着对他有利的结果。销售员在向顾客推销产品或服务时,如果使用摩擦手掌的姿势,他们一定得用较快的速度,以免让顾客有戒心。一个想买东西的顾客摩擦着手掌,并对售货员说:"让我看看有些什么东西!"这表示这位顾客希望看些好东西,而很可能会做成买卖。

除了手掌与手掌的摩擦外,还有拇指与食指或其他指尖的摩擦,通常是期望金钱的表示。销售人员运用这种姿势,并且对顾客说:"我可以替您省下

40%。"或某人用这种姿势对他的朋友说："借我 10 块钱。"很显然地,生意人打交道时应尽量少用这种姿势。

把五个指头并拢后再折回在手掌上,这就是拳头。拳头的身体语言是表示坚定、坚决、刚强、果断、倔强等情感。如果小孩子跟大人说话时总喜欢捏起个小拳头,那么这孩子长大会勇敢、坚强,当然也可能办事固执、死板。

一个人只要握紧拳头来加强自己的语气,便能够影响对方的反应,有时甚至在他的周围引起连锁反应。所以,在游行示威的队伍里,总是有人喜欢举起拳头呼喊口号。在一些需要表示坚定性的活动中,照样是举起拳头表示决心。例如,小学生入队宣誓,中学生入团宣誓,或是其他社会成员入党宣誓,以及其他什么宣誓,人们都是把左手握成的拳举起略高于肩。在这种姿势下说话、表态,一定是言语激昂。

如果说拳头是表现刚强的话,那么,男女两手连在一起则表现出情柔。因为当两手相连时,在"连接"的部位,具有如同握、放手之类的意义,被连接的手代表喜悦、希望,被连接的手指代表思慕、苦恼的情感表现。所以,对于并肩走路的男女,一看其手的连接方式,便可推测二人之间已发展到何种程度。该关系的深浅,按照腕、手、指的顺序渐趋浓密,所以,互相钩住手指走路的男女,实比挽手或勾臂走路的情侣,具有更深厚的关系。如果二人正挽着手走路时,女友突然用手指钩住你的手指,乃是她渴望与你发展更深一层关系的表现,这时,你必须考虑以何种形态应付她的信息。如果你想接纳她,则必须用力回握她的手指,将肯定的信号回传给她。

握手方式所传递的信息

握手是人们交际的常用礼仪,通过握手,人们不仅可以相识相交,还可以观察到对方心中的秘密。

支配式握手

手心向下的握手给人一种命令强制的感觉。这种握手传递这样一种信息:他有高人一等的优越感,他居于支配地位。与别人以这样的手势握手,容易激起别人的抵制情绪。使用这种掌势握手能否达到目的,取决于对方的身份和地位。

如果对方地位较高,他不可能接受这样的举动,甚至会勃然大怒(尽管他未必意识到这种掌势的真正含义);如果对方地位与自己相当,他可能会接受,也可能会拒绝这一要求;对方如果地位比自己低,那他会执行这一命令,尽管他内心可能并不见得真正愿意这么做。这是由于掌势使用者的地位和身份使其具有这样的权力。所以在与人交往的过程中,如果不是具有绝对的权力和地位,切忌使用这种手势。

谦恭式握手

与前例相反,掌心向上与人握手,就会给人一种顺从、谦恭的感觉,使人感到易于支配,而不会有受到威胁的感受。

在某些场合,谦恭性握手是需要的。例如,即将毕业的大学生在求职时,使用这样的手势会增加对方的优越感,使他觉得该大学生不像孤傲难驯的人,在今后的工作中比较容易相处。这种握手姿势对求职者来说,是权势与自己握手,虽然他并不一定明了其中的含义。这种恭顺的手势一般在身份较低微的一方使用,或是表示自己友好、亲和的态度时使用。

平等式握手

一般使用于关系较亲近的朋友或是其他社会地位相似的人之间,这种互不支配或谦虚的握手方式,是双方都立起手掌相握、平等相待的一种表现。另一种情况是,握手的双方都想使自己处于支配的地位,想让对方顺从自己,于是握手就演变成一种暗中的较量,使得两者的手都处于垂直状态,看上去好似处于平等的关系。研究表明,同事、朋友、社会地位相同的人以及互相竞争的二者之间,都采取平等式的握手方式。

上下大力摇动型握手

有的人握手的时候喜欢紧抓住对方的手,上下用力地摇动多次。从他的这种方式上,可以看出这种人有无限的热情,精力充沛,做事情有干劲,可是缺乏对事情的细心,属于蛮干之类。

双手同握式

有的人握手的时候喜欢用双手同时握住对方的双手,可以看出这种人性格外向,热情奔放,好结交朋友。他们不会掩饰自己的感受,当他碰到志趣相投的人时,会尽量与他接触。他觉得警惕提防别人是件苦差事,所以宁愿吃点亏也不愿放弃对人的基本信任。

不握手

有的人习惯于避免与人有任何身体上的接触,这类人防范心理很强,不是对自己不自信就是自视甚高,有洁癖。这类人在人际交往中不顾及别人的处境的行为方式,应及早予以纠正。

有些人可能不大愿意与人握手。这时,就不必强人所难,可以与其点头示意,代替双手相握。

握手除了表示慰问之外,还表示感谢、祝贺、鼓励之意,矛盾和解之后,有时也用握手表示言和。

观察吃相知晓人的本性

交际场合中,常有宴请吃饭的事情发生。此时,我们可以通过观察吃相识人,因为吃东西时的行为习惯反映出他们的一些心理特征。

(1)将食物分割成若干小块逐一食用者

这种人小心而谨慎,做任何事情都很细致,有时难免保守和顽固。

(2)快速进食的人

这种人是精力充沛的工作狂,下决心时速度很快。

(3)慢速进食者

他们会花时间反反复复思考某一个问题,直到认为没有问题时才会做出决定。此外,他们也较挑食,性格上也比较毛躁。

(4)浅尝即止型

这种类型的人食量小,大部分个性保守,行为谨慎,墨守成规,稳重有余而闯劲不足,一般是守业者而不是创业者。

(5)风卷残云型

此种类型的人进食速度快,有点狼吞虎咽。他们大部分个性豪放,精力旺盛,具有过人的狂热,办事果断,待人真诚,并具有强烈的竞争心和进取精神。

(6)细嚼慢咽型

这类人进食速度极慢,细细咀嚼品尝。他们办事周密,严谨,无把握的事不干,爱挑剔,对人有时近于冷酷。

（7）暴饮暴食型

这类人进食不加节制，对爱吃的食品一饱方休。他们性格直爽，能团结人，喜怒溢于言表，从不掩饰。

（8）孤芳自食型

这类人总爱单独进食，不愿与人分享。他们大多性格冷僻，孤芳自赏，但坚毅沉稳，责任心强，言行一致，信守诺言，一般说来工作往往能令人满意。

（9）来者不拒型

这类人对食物从不选择。他们个性随和，不拘小节，生命力旺盛，多才多艺，可以同时应付多种工作而游刃有余。

（10）讲究整洁的人

他们不但注重食具的清洁，进食时有一粒面包屑掉在餐台上，亦要捡起来，并会将用过的碟或点心篮笼叠起来，以方便侍者收去。这种人通常赞赏别人所做的努力，若遇上爱好整洁的人，很容易成为好友。

（11）饮汤及咀嚼食物时发出声音的人

其饮食习惯不但令旁人产生厌恶的感觉，还显示他们有根深蒂固的孤僻倾向。所以，他们对坐在旁边的人视而不见，也不会考虑旁人的感受。

（12）盲目调味的人

食物一端上餐台，这类人在完全未试过味的情况下，便乱加调味品。这样做不但是对厨师的侮辱，还显出这种人爱冒险的性格，做事可能会比较草率。

（13）一面进食一面唠叨不停的人

他们急于跟人交谈，以致来不及将食物吞下肚。这类人在处事时往往比较性急且咄咄逼人。

（14）进餐时一声不响的人

他们可能是个美食家，注意力全部放在食物上，也可能是因为害羞或性格孤僻，并利用进餐时间避开和其他人应酬。

（15）匆匆进餐后立即离桌的人

通常以自我为中心，对别人为准备食物所花的时间和心思视若无睹。

从姿势看人的性格

每一个人在生活中都会做出各种各样的姿势，如果你忽略了这些姿势，很可能无法对一个人的性格做出最接近正确答案的判断。所以,我们需要对人体的一些重要姿势进行观察与分析,下面我们就来详细论述一下。

走路姿势与性格

一个人最为他人所常见到的姿势,就是走路的姿势。只要你离开家门,出现在了他人的视线之下,就会被他人所注意。即使你开着一辆车,也有需要走路的时候。因此,走路的姿势就成为我们观察一个人性格的重要途径。

走路的姿势可以说是从小养成的,是很难改变的。因此,我们可以通过步伐大小、速度快慢、走路姿态来判断一个人的性格。我们对此分别做一下讨论。

1.步伐大小

走路时迈开的步子比较大,每一步迈出得很有弹力并且手臂摆动,说明这个人的性格特点是自信、友善而且富于雄心。

走路时的步子比较小,说明这个人缺乏自信,也没有什么雄心壮志。

2. 速度快慢

走起路来比较沉稳,速度上不紧不慢,说明这是一个做人做事比较务实的人。这样的人在做事的时候一般深思熟虑,以"稳"字为第一原则。

走起路来比较快,而不管是不是有要紧的事情需去办或者办事地点的远近,这样的人精力要比一般人充沛,做事十分干练,不会拖泥带水,具有行动力比较强的特点。

走路缓慢的人,性格上具有小心翼翼地特点,在做事的过程中讲求稳重。

走路时快时慢的人,在性格上比较不自信。

3. 走路姿态

走路时上身向前微倾,这样的人性格比较内向,为人谦虚,很重视人与人之间的感情;走路时脚向后踢高,这样的人性格比较冲动;走路时拖着脚,这样的人郁郁寡欢,很少会感受到快乐,内心比较苦闷;走路时左右摇摆,这样的人在生活中爱出风头,喜欢成为他人关注的对象,这样的人在言语上往往不太注意,比较容易伤害他人,但优点是待人比较诚恳,做事也比较坦荡;走路的时候双手叉腰,说明这个人的性格比较急躁;走路抬头挺胸,步伐迈得比较大,说明这是一个比较以自我为中心的人,但是思维比较敏捷,做事时具有很好的条理性,缺点是缺乏毅力。

从站姿窥探人心

很多人听过这样一句话——站有站相。这句话说明一个人的性格和内心状态可以通过观察一个人的站姿而进行判断。对站姿的观察，不能仅仅停留在躯干上，四肢也是需要特别留意的。下面我们来详细论述。

一个人站得笔直，昂首挺胸，说明这个人十分自信，在做事的过程中很讲求效率，而且有魄力。这样的站姿也会给人一种身体健康、精力充沛的感觉。相反，如果是低头弯腰、视线低的站姿，就会给人一种生了病的感觉，而总保持这样站姿的人，我们可以判断其一定缺乏自信，做事的时候畏首畏尾，没有担当的勇气。

不得不提的是，一个人的自信程度可以通过有意识地改变自己的站姿来提升。比如你身边的朋友自信心不足，就可以让他多站军姿，让他将自信心培养起来。

观察一个人站立的习惯以及小动作，同样可以看出他的心理状态。站立的时候喜欢靠着某些东西，比如墙壁或者桌椅，说明这是一个性格坦诚的人，在做事的时候是比较讲求分寸的，不过这样的人在内心可能存在某种比较强烈的挫折感；站立的时候采用稍息的姿势，说明这个人喜欢将全局控制在自己的手中；站立的时候喜欢抖动小腿或者脚尖，说明这样的人头脑比较灵活，不过性格比较内向，而且占有欲极强，在与这样的人接触时，一定要注意自己的利益不要被对方侵占了；站立时将双手插入衣兜或者裤兜，说明这个人性格上比较保守，做事的时候力求稳妥；站立的时候一只手插进口袋，另一只手放在外面，说明这个人性格比较多变，想与其将关系处理得比较融洽是比较困难的；站立的时候，将双手置于臀部上，说明这个人具有比较强的支配欲，做事认真，既不草率也不固执；站立时双手交叠，放在胸前的人，个性比较坚强，不过这也意味着攻击性比较强，因为双手交叠于胸前是一个常用的防范姿势；站立时双手握置在背后，表明其比一般人更有耐心和责任心，与这样的人合作是比较保险的。

习惯性姿势

每一个人都有自己的习惯性姿势，相比站姿和走路的姿势，习惯性姿势更能表明一个人的性格是什么样的。习惯性的姿势往往是一个人在无意识的、自发和不经过自我分析的情况下做出来的。一个人在做自己的习惯性动作时，往往不知道自己为什么会做出这些动作。但是他的这些不知道为什么会做出来的动作,可以成为我们判断其性格与内心状态的依据。举例来说,一个人将两只手的手指交叉,必然会出现一个大拇指压在另一个大拇指上面的情况。而如果我现在问你是左手的大拇指在上还是右手的大拇指在上的时候,你可能一下子无法给出我一个正确的答案,即使思考片刻,你也可能无法明确哪只手的大拇指在上面。想要知道这个答案,你必须有意识地做出两手交叉的动作。这时候你会发现,如果你试图将习惯性放在上面的大拇指放在下面,会感到十分别扭。这就是习惯性姿势的力量。

事实上,我们做出的每一个身体动作几乎都有独特的固定模式,这些固定的模式是我们必须加以留心的。肢体动作的表现形式、出现时的背景以及所传达出的信息,这都是需要我们加以观察的。

了解上面介绍的这些姿势后,即使是一个陌生人,也会在不知不觉中将许多信息告诉你。

你的腿部最诚实

反应最早的身体部位

在每一个人的身上,有着这样一个部位:它可以将你心中的真实意图传递给外人,让你在他人的面前就像是穿着那件"皇帝的新衣"。这个部位是哪里呢? 相信很多人会去猜面部,因为面部表情常常会将一个人的喜怒哀乐表现出来。可是你猜错了,正确的答案是腿部和脚部。

相信你已经迫不及待想知道原因了。其实答案很简单,这是因为在几百万年之前,人类发展还处于萌芽的状态,虽然语言功能不发达,但是人类的腿部和脚部已经可以对周围的环境做出快速的反映了,而且这种反应出自本能,无需经过大脑的反应。事实上,一个人的边缘大脑可以确定自身的腿部和脚部在某种情况下作出停下来、逃走或是踢向对方等相应的反应。这是一种生存机制,是我们从祖先那里继承下来的,并且沿用至今。比如我们今天的舞蹈或者跳跃性的动作,其实就是远古时代人们打猎成功后的一种庆祝仪式的延伸。

虽然现在我们用裤子和鞋将腿部和脚部遮挡起来,不像远古时代那样露在外面,但这两个部位依然是在面对外界威胁或者心理压力,乃至自己的各种情绪时,最早做出反应的身体部位。

你必须知道的脚感

一个人不仅仅具有"五感",他还同样具有"脚感"。一个人的腿部和脚部,在自身不注意的情况下传递着感觉、思想和感情。无论是马赛武士们比谁跳得高的战舞,还是情侣们跳起的充满爱意的舞蹈,都是在用腿和脚传递着内心的喜悦感和幸福感。我们也常常会看到观众在运动比赛中,为自己喜爱的队伍通过跺脚来加油助威,这同样是在表达自己的亢奋情绪。上面所说的这些,都可以被我们称为"脚感"。

日常生活中,有许多例子可以证明"脚感"的存在,而我们也可以通过观察脚部动作来知道一个人此时的真实想法。假设一个孩子此时正坐着吃饭,你可以通过观察他的双脚摆动情况以及着地情况,判断这个孩子是否想要到户外去。父母可能会要求孩子在吃饭的时候保持原位不动,但是孩子会因为急于出去玩耍而不停地抖动着腿和脚。所以当你看到一个孩子在吃饭,可以先观察一下他的脚部动作,看看他到底是享受着饭菜的可口,还是急于出去玩耍。

快乐脚和转向脚

1.快乐脚

快乐脚指的是人处于高兴状态下,双脚和双腿一起摆动或颤动。快乐脚可能会在你不经意的情况下突然出现,特别是当听到或者看到意义重大的事情或事物的时候。快乐脚是观察一个人内心真实想法的可靠信号,它往往表现出一个人认为自己正在满足内心的需求。我们通过一个打扑克的例子来了解快乐脚。

一个人正在观看扑克锦标赛,这时候他发现一名选手的牌是同花。他观察到,拿着同花牌的这位选手,虽然面部表情表现得十分淡定,就好像拿着一副普普通通的牌,但是桌子下面的那双腿不停地摆动颤抖,明显是心情非常激动。其他选手并没有将视角从"同花牌"的脸上转移到腿上,所以最后的结果是他们输得很惨。

当然,一个人不可能在与他人交流的时候,专门屈身到桌子下面,观察他人的脚部动作。那么,我们是不是会因为隔着一张桌子,就无法揣摩到他人的真实想法呢?答案是否定的,事实上,快乐脚会表现在一个人的肩膀上。这是因为当脚在摆动或者颤动的时候,肩膀也会随之摆动或颤动。

不过对于快乐脚,我们需要注意两个问题:一是我们需要将快乐脚放在具体的环境中考量。也许一个人天生患有神经过敏足，脚总是会抖动，这样我们就不能将其划分到快乐脚的范围。二是不停地抖动腿脚，可能是因为内心非常烦躁，并没有任何快乐的情绪产生。举例来讲，一些学生会在快下课时抖动双脚，这就是因为内心盼着赶快下课，流露出的烦躁情绪所导致的腿部动作。

2. 转向脚

通常情况下，一个人会将身体转向自己喜欢的人或物。因此，我们就可以根据这种信息来判断一个人在与你交谈的时候，是愉快的还是不耐烦的。比如你现在身处一个社交场合，想加入两个谈得正尽兴的人之中，这时候你就需要通过观察他们的脚部动作来获悉其真实想法。如果他们移动自己的双脚来欢迎你，说明出于真实意图，但如果没有移动双脚，说明他们并不欢迎你。

此外，一个人将双脚移开，表现的是一种渴望解脱的想法。比如你正在与某个人交谈，忽然发现对方将双脚从你这一侧移开，这时候你需要赶快结束这次的谈话，以免让对方更不耐烦。

值得注意的腿部动作

1. 抱紧膝盖

如果一个人将双手按在膝盖上，并且将身体的重心放在了脚上，说明这个人想要起身离开了。如果你在与上司进行交流，而上司在你面前做出了这样的动作，你就需要聪明地将这次谈话结束掉了。

2. 背离重力的脚部行为

我们不难发现，一个人在高兴的时候，走起路来总是非常轻快，仿佛不受重力的吸引。所以，当你看到一个人的脚步是这样子时，应该就能知道他一定正在经历着某件令他高兴的事情。

3. 叉开的双腿

将双腿叉开，这是一种"捍卫领地"式的行为。当一个人陷入与他人对峙的状态时，双腿会不由自主地叉开。如果你发现一个人做出这样的动作，就与其保持适当的距离，因为他的怒火可能会烧到你的身上。

4. 双腿交叉

在社交过程中将双腿交叉，说明很享受这次的交流。如果你远远看到两个人在说话，但不知道他们是在吵架还是在愉快地交谈，不妨通过观察他们的双脚是否交叉到了一起来判断。另外，当一个人感到非常自在的时候，双腿也会交叉到一起。

当你判断不出他的表情是否在撒谎,不要忘记诚实的脚。

令人眼花缭乱的手部动作

每一个生理健全的人都有一双手,这双手使我们的行动大大方便起来,吃饭需要用手拿起餐具,开车时需要用手握紧方向盘,即使在建造较大的建筑时一双手无法搬运巨大的建筑材料,也需要一双灵巧的手来操纵这些机器。每一个人的生活离不开手,手臂、手腕、手掌、手指,这些成为我们身上最为灵活的部位。

通过握手洞察人心

你一定有过这样的感触,这就是你与每一个人在握手的时候,一定会产生不同的感受,不仅仅是手掌接触手掌时因皮肤的光滑程度不同而造成的生理差异,其中还有心理差异。你在与自己的下属握手时和与上司握手时,心态一定是不一样的。

在握手的一瞬间,如果你感受到的是这个人很主动、出手猛烈、力量比较大,甚至感到手痛,那么你可以判断这个人性格比较鲁莽,平常生活中比较喜欢争强好胜,容易使人产生敌意或者对抗的心理。如果对方在握手时不仅握力比较大,而且手臂不停地摇晃,说明这个人的意志比较坚定。如果对方先观察你一会儿再和你握手,或者在握手的时候主动将你的手掌压在他的手掌下,这时候你就需要注意对方是不是想在心理上取得优势。

上面所说的这些握手姿势是比较强势的,还有一些比较弱势的握手姿势。相对而言,弱势的握手姿势的类型更为丰富,意义也更多样化。如果对方与你握手的时候,表现得并不积极主动,手臂伸得也不长,肘部的弯曲度呈直角,这就说明对方对你的戒备心比较强。但有一种情况需要注意,这就是如果他没有对你表现出其他的反感,可能只是他性格谨慎保守使然,与其他人在握手的时候也会表现出这样的握手方式。如果对方在握手时只把手指指向你,说明他对你并不怎么在意,只是出于礼貌而不得不敷衍你。如果你感受到对方的手指头绵软无力,这表明他此时此刻的心情并不好。如果对方在犹豫要不要和你握手,说明他是一个性格比较犹豫的人,而且判断力不强。

我们在握手的时候,可以将一个人的心思完完全全看透。我们来分析一下:对方先握住你的手,并且马上和你讲话,这样的人心中一定是想说服你,使你认同他的意见。有些人热衷于在生活中握手,而且不在意对方和自己的关系是否亲密,这样的人自我表现欲比较强。

正因为握手在一个人的交际中存在着非常重要的意义,所以握手这个做起来十分简单的动作就需要我们特别注意。两个人初次见面,通过握手可以建立起第一印象。双方会根据握手的力度和方式,对对方的心理状态做出一个判断。感到对方在握手时显得比较强势,自己可能就会产生"他想超过我,我需要提防他"的想法;感到对方的握手比较弱势,自己就会产生"我比他强,我处于上风"的想法。

握手的注意事项

在社会交际中,握手是非常普遍的礼节。正确而有礼貌的握手需要合适的力度,并且与对方的手掌保持垂直于水平面的姿势。此外,紧握也是一种比较好的握手方法。

握手的另一个重要问题就是谁先伸手。出于社会的约定俗成,如果是异性握手,一定是女性先伸手,男士后伸手;如果是家庭成员之间的握手,是长辈先伸手,晚辈再相迎;如果是上下级之间握手,应该是上司先伸手,下属再相迎;主客之间握手,应该是主人先伸手,客人再相迎,在道别的时候,则反过来,客人先伸手表示留步。

藏起手意味着什么

当一个人在撒谎或者故意隐瞒某件事情的时候,如果你细心观察,会发现他们下意识地将手藏起来。因此,人们对总是喜欢将手藏起来的人容易产生畏首畏尾、鬼鬼祟祟的感觉。因此,如果想在初次见面中赢得对方对你的信任感,就需要将手完全放在身前。这很适用于商业谈判,你在与他人谈判的时候不妨试一试。将双手摊在身前,会使他人联想到"坦白告诉你"这样的话,会使他人感觉到你是带着一份诚意的。

一双手能够说明的内容是非常丰富的,了解他人的"手语",知道自己如何利用"手语",会帮助你在社会交际中赢得更多的主动。

肩部动作的积极和消极信号

肩部是手臂与躯干的连接部分,具有缩小和扩大势力范围的重要作用,同时因为肩部非常接近人的视平线,所以非常容易吸引眼睛的注意,这也是为什么所有的女性都喜欢宽肩的男性,这也是古代的武将与现代军人的肩章会出现在肩部的原因,因为它们是在为了展示自己的威严而有意强调,这也是为什么现代的西装会在肩部填入垫肩,使男性的肩膀更加的厚实。处于要害位置的肩部和其所代表的特征含义,使肩部对于人的整体形象有非常大的影响,甚至从肩膀的形状也能够看出一个人的性格以及生活方式。然而,如此重要的肩部却会被许多解读肢体语言的人给忽略掉,为什么呢?

肩部的活动范围是非常广的,肩部动作的语言也是非常丰富的,但是因为肩部所处的要害位置而导致肩部的一个动作会影响周围所有肢体的动作,轻轻地一个耸肩,也会导致脖颈和上肢等肢体运动,人的视线往往会集中在其他肢体上,这就是为什么肩部动作会被肢体解读者所忽略的重要原因。通常来说,西方人表达情感的方式比较奔放,东方人则更加含蓄一点,但是如果你善于观察,你就会发现,所有的人的肩部语言都非常的丰富,能够像其他肢体一样传递出胆怯、开心、沮丧、防御、攻击等许多的语言信号。

虽然有许多肢体解读者将肩部动作忽略,但是实际上,有些肩部动作是非常容易解读出来的。比如说当一个人勾着肩膀的时候,就表明这个人的内心是十分苦闷的,这个动作经常还伴随着叹气的声音;当一个人张开肩膀的时候,表明他的内心是非常得意的;当一个人肩部不自觉地向前突出的时候,表明他正在承受因为担负重大的任务而带来的沉重精神压力。商务人员经常做的动作是用力地张开肩膀牵连动作,它的意思是"我具有强烈的责任感!"对于肩部动作,我们最熟悉的应该是耸肩和缩肩。

耸肩蕴含的信息

耸肩是西方发达国家的人士经常使用的一个动作,通常的含义是"不知道""不理解"或者是"无可奈何"。对于中国人来说,最熟悉的应该是在耸肩的时候,嘴里说着"嗯哼",双手同时一摊开,这是受到了新闻媒体和影视作品的影响,当然,这并不影响我们去解读这个动作。想要解读耸肩,必须将这个动作和具体的场景联系起来，去仔细地分析、理解然后再加以判断，只有这样，才能够做到真正正确的解读。通常来说，东方人耸肩是因为遇到了一些自己无法改变的无可奈何的变化，自己没有能力去维持原状，无法阻止改变的出现，所以说东方人耸肩的意思是"只能这样了，没有办法了"！西方人则更习惯在自我夸耀的时候做出耸肩的动作，但是如果耸肩的同时，还伴随着摇头或者左右观望，这个时候的耸肩就表明这个人内心的极度不安，或者是在恐惧，也可能是遗憾。

耸肩的动作有时候还能够用来判断一个人究竟有没有说谎，如果一名犯罪嫌疑人在回答警方问题的时候，只是轻轻地耸了一下肩膀，那么这就表明他在说谎，因为一个诚实的人，在回答问题的时候是大幅度的同时耸动双肩，因为高耸的肩膀是一种极度自信的表现。

缩肩蕴含的信息

缩肩是人类缩小自己的势力范围的动作，通常是在不安或者恐惧的时候才会做出的动作，所以说缩肩是一个消极的动作。缩肩的动作经常可以在课堂上看到，当老师提出了一个问题之后，用期望的眼神看着下面的同学的时候，不愿意站出来回答问题的人通常只会低下头，避开老师的目光，而那些不知道答案的人就会低下头，做出缩肩的动作，仿佛想要将自己的脑袋藏进躯干。

当人将双肩提到和耳朵一样高的时候，看起来就好像没有了脖子一样，和将头缩起来的乌龟有些接近。乌龟缩头是为了避免危险，人类缩肩则是为了逃避错误，所以当人缺乏自信或者感觉尴尬、不自在的时候会经常做出这个动作。

肩膀不仅能够向上缩。还能够向后缩，当一个人做出向后缩肩膀的动作的时候，通常是因为他的心中积蓄着无数的愤慨与不满，他的这个动作，表明他对眼前的事物没有一丝一毫的兴趣，他想要避开对方的攻击。

不要忽视躯干动作

躯干指的是人的身体除了头部、颈部、四肢以外的躯体部分，通常可以分为臀部、腹部、胸部和肩部，躯干是人体包括心脏、肺、肝和消化道在内的绝大部分器官的载体。人是有自我保护的本能的，在危险发生的时候，大脑就会指挥其他器官来保护这些重要的器官。比如说当有不明物体飞向我们的时候，我们的躯干就会立刻做出躲避的动作；如果我们的旁边站着一个我们不喜欢的人，我们的躯干也会倾斜使我们远离他。如果你曾经坐过纽约的地铁，你也许会看到一些古怪的人，他们坐着的时候就会不停地晃动着自己的身体，抓住拉手的时候就会不停地胡乱碰触别人，实际上，他们做出这些奇怪行为的目的就是扩展自己的领地，让周围的人远离自己的躯干，和自己保持一定的距离。

腹侧前置与腹侧否决

人体躯干显示的信息是边缘大脑对于距离和避让的需求的反映，是人类最真实的感情的流露。在躯干动作之中，有一种被称为腹侧否决的行为，腹侧也就是我们身体的前侧，这里聚集了眼、嘴、胸、生殖器等器官，是人体之中最脆弱的部位。腹侧器官对于人体喜欢或者不喜欢的事物非常的敏感，如果关系发生了变化或者遇到不喜欢的话题的时候，腹侧否决行为就会出现，这也是在宴会之中，我们不喜欢的人走近的时候，我们的身体会微微转动的原因。腹侧展示也就是腹侧前置是和腹侧否决相对的一种行为，也就是在喜欢的人或者事物面前，我们会将走近身体的腹侧展示出来。这就是为什么当孩子跑过来的时候，父母会移开包括双臂在内的一切可能阻挡孩子的东西。腹侧前置是人类认为最热情、最舒适的姿势，在英语之中"tum our back"被用来表达对某个人或者某件事物的不理睬、不喜欢，这就是因为我们总是喜欢用背部面对自己不喜欢的人或者事物，用腹侧面对自己喜欢的人或者东西。

人为设置的壁垒

在现实生活中，在许多情况下，我们是没有办法远离自己不喜欢的人或者事物的，这个时候我们就会用手臂或者其他事物建立一道保护自己的壁垒。

1992 年，联邦调查局曾经审讯过一名年轻男子，他在三个小时的审讯过程中，一直将一个抱枕抱在身前。但是，如果谈及运动之类的中性话题的时候，他就会将抱枕放下，一旦谈及犯罪案件的时候，他就会紧紧地抱着抱枕，这次审讯没有取得任何的进展，而第二次当他没有抱枕的时候，案情出现了很大的突破。躯干保护行为出现在任何一个人的身上，比如总统候选人在竞选的时候，经常会脱掉外套、挽起袖子，没有一丝一毫领导模样地站在民众的面前，他是在通过自己的行为告诉民众："我在向你们敞开心扉。"女性躯干的保护行为远超男性，当她们感觉不安全或者紧张的时候，她们经常会将自己的双臂交叉放于胃部或者一只手臂斜跨胸前，然后用另一只手抓住另一只手臂的手肘。在校园之中，女生，尤其是刚刚进入校园的女生，经常会在胸前抱一个笔记本，当然她们也可能会使用包、公文包或钱包来遮挡自己。躯干保护行为在一个人的时候发生的最为频繁，男生有时候也会这样，只不过男性的行为更加的隐秘，英国的查尔斯王子就经常在公共场合做一些伸出手去拿东西、整理衣袖或把玩袖口之类的小动作，实际上这也是他内心有些许不安的表现。

解读弯腰

关于躯干的动作，最简单也是最统一的应该就是弯腰了，因为它在全世界的含义都一样，全部都表示讨好、尊敬或者接受表扬时候的一种谦逊。东方人，尤其是日本和中国人是最经常使用鞠躬动作的国家，虽然现在鞠躬幅度有所减小，但是这并不妨碍他们来表达自己的讨好与表明地位卑微。西方人通常只在遇到长辈或者值得尊敬的人的时候，才会略微地鞠躬。当然，虽然鞠躬只是个非常小的动作，但是有时候却能够带来不一样的效果。麦克·阿瑟将军在被调到菲律宾政府任职的时候，一位年轻人在收拾好办公室离开的时候，深深地鞠了一躬，然后才倒退着走出房间，这完全是他自愿的行为，这是对麦克·阿瑟将军权力的一种肯定，这位年轻人后来也成了欧洲最高联盟的指挥官、诺曼底登陆的策划者以及美国的第 34 任总统，他就是艾森豪威尔。

躯干的伸展

当一个人伸展躯干的时候，那就表明他很舒适，但是如果这个动作是在讨论非常严肃的问题的时候做出的，那么它就是霸道的一种表现，这种动作经常出现在那些遭受父母责罚的青少年身上，他们经常会用四肢伸展来表达自己的抗议，漠视父母的权威。对于孩子的这种行为，父母应该及时管教，因为如果他形成习惯，在工作之中做出这样行为是非常不利的，因为老板会将其视为是对自己权威的挑战。

解读躯干的其他动作

当一个人挺起胸膛的时候，通常是因为他想要掌控自己的领地，从吵架的两个人身上，我们能够很明显地发现这一点。职业拳击手在开战前也经常会做出这个动作，这一点，拳王阿里做得最为出色。当你和一个人发生争吵的时候，对方突然脱掉了帽子或者衬衫，那么你就要当心了，因为他很可能想要使用自己的拳头。当一个人胸膛起伏或扩展收缩比较快的时候，通常说明他正在承受非常大的压力，这个时候，身体会想要吸入更多的氧气，所以就会出现深呼吸或者大口喘息的动作,因为边缘大脑在告诉它:"要吸收更多的氧气,应对可能发生的情况!"

躯干是身体非常重要的一部分,虽然它的动作幅度会比较小,但县却不应该被忽视。

眼睛是透视性格的窗口

在人的各种感知器官中,眼睛是探索性格密码的最重要的渠道。不管一个人用何种技巧掩藏自己的性格缺陷,只要盯住他的眼睛,就能随时窥探出他的内心秘密。因为眼神是很难伪装的。因此,当我们想要了解一个人的性格时,不妨把观察重点放在他的眼睛上。

通过眼睛看一个人的性格,其实主要是透过对方的眼神和视线,窥探对方的性格特征。在人际交往中,一个人是怎样的性格,是内向还是外向、是主动还是被动,都能从眼神中表现出来。

眼神无法一直注视对方,说明对方是个性格内向的人。

在职场当中,当上司与下属讨论工作时,上司的视线通常是由上而下的,即从高处发出,然后很自然地投射到下属身上。反之,作为下属,即便没有做错什么事,其视线也往往是由下而上的,而且会显得软弱无力。这主要是职位高低的关系——作为上司,总希望在下属面前保持自己的威严;而作为下属,也希望通过眼神向上司表达自己的敬畏之情。

在人际交往中,一个人视线移动的情况不同,其心态也大不相同。但是也有例外,这与职位高低没有关系,而是性格使然。为了验证这一点,美国心理学家理查·科斯曾做过一项实验,他让一个患有强度"自闭症"的儿童与两个陌生的成年人对视,然后观察这个儿童面对这两个成年人的时间长度。他将其中一个成年人的眼睛用布蒙起来,另一个不蒙,然后比较儿童注视他们的时间长度,结果发现,儿童注视前者的时间长度居然是后者的三倍。这就是说,双方眼光一经接触,儿童就会立即将视线移开。这个实验说明:性格内向的人,大都无法一直注视对方。

初次见面先移开视线者,说明其性格比较主动。

在某地一条商业街上,有几家商店频频发生失窃案,于是这几家商店的店主请画师画了一幅皱着眉头的眼睛抽象画,镶于大透明板上,然后悬挂在各自的商店前,打算借此减少偷窃行为。果然,这些画挂上去之后,偷窃率大大减少。这说明,虽然画上的并不是真正的眼睛,但对那些做贼心虚的人来说,却构成了很大的威胁——他们为了避开该视线,以免有被盯梢的感觉,所以就不敢进入这几家商店内,即使进入了,也不敢有偷窃行为了。

由此可见,人的视线活动方式,确实在一定程度上反映着其性格和心态。通常情况下,目不转睛地注视着对方谈话的人比较诚实,而不敢与对方的视线接触,一旦和对方的视线相接触,立即将视线移开的人,说明其性格比较害羞或心虚。

当然,这也不是绝对的。一般认为,人与人初次见面时,先移开视线者,其性格比较主动。比如在两个人的谈话中,谁能先占上风,在最初的30秒就能看出来——当两个人视线相接触时,先移开视线的人往往是胜利者;相反,因为对方移开视线而耿耿于怀的人,就可能会胡思乱想,认为对方嫌弃自己,或者与自己谈不来,这种人往往在无形中就被对方牵制了。正因为如此,对于初次见面就故意移开视线或不集中视线跟我们谈话的挑战型对象,我们必须要小心应付,否则很容易被对方牵制。

声音是洞察对方性格的线索

古人认为,声音的产生不仅依靠自然之气,而且与一个人内在的"性情"有密切的联系。比如,喜欢高声说话的人往往支配欲比较强,喜欢以自我为重心,喜欢单方面贯彻自己的意志;而说话声音很低的人,往往性格比较内向,喜欢在说话时压抑自己的感情,时机不对或不到火候,他们一般不会把内心的想法和盘托出。总之,"闻声"是"辨人"的重要途径,下面我们就来看看说话声音和人的性格究竟有什么关系。

高声说话的人

这种人大都性格明朗、爽快,待人真诚,有什么说什么,正因为他们说话喜欢直来直去,所以常常在无意中得罪人。尽管他们自己也知道这样不好,但他们却很难改变自己的说话方式。此外,这种人大都人品正直,行事光明磊落,偷偷摸摸绝对不是他们做人的风格,所以很值得信赖。而且,他们的组织能力很强,富有责任心,所以特别适合做领导者和管理者。

低声说话的人

这种人往往城府极深,没有气度,经常因为一些微不足道的小事和别人争吵,甚至会和对方绝交。另外,这种人通常比较有心计,善于运用谋略做事,为了达成目的,有时候甚至可以不择手段。在待人方面,他们不会轻易在人前表露真心,而且喜欢用势利眼看人,正因为如此,他们常常会遭到别人的唾弃。当然,说话声音小也可能是由性格内向、缺乏自信造成的。

说话时高声尖叫的人

这种人是十足的理论家,当他们情绪慷慨激昂时,很容易出现歇斯底里的现象。这种人最大的性格特点就是喜欢炫耀,虚荣心极强,希望别人时刻都关注自己,因为他们希望自己留给别人的印象永远是最美好的。但是,这种人往往缺乏诚实感,做事情时通常都怀着不纯的动机,所以常常一无所获。

声音沙哑的人

如果是男性,往往具有很强的耐力和行动力,而且富于冒险精神,不畏困难和挫折,有一股坚持到底、不达目的誓不罢休的精神。这种人很善于利用自己的优势,而且大都具有领导的风范。其最大的缺点是自以为是,甚至有时候有些霸道。

如果是女性,往往外柔内刚,富有艺术天赋,对色彩比较敏感,对服饰的搭配尤为擅长。这种人通常都比较善于伪装,表面上对任何人都礼貌周到,而实际上只是在逢场作戏,从不轻易表现出自己的真心,常常给人一种捉摸不透的感觉。

男高音的个性

这种男人大都性格比较外向,说话速度比较快,并且能言善辩,凡是他们想到的事情,就会不假思索地说出来,甚至在与人交谈时还会突然打断对方的谈话,以便表达自己的主张和见解。在与这种人交谈时,只要谈话局面一打开,就能使他们的性格明显地显现出来。当谈得比较投机时,还会源源不断地涌现出很多新的话题,就像有取之不尽的"话源"似的。而且,就算交谈已经跑题了,他们还是会说个没完没了。因为对这种性格的人来说,"说话"本身就是一件非常有趣的事情。

男中音的个性

这种男人往往个性比较冷酷,属于比较慎重和理智型的人。在处事方面,他们总是能很冷静地对待。这种人一般自我保护意识比较强,防范心理也比较重,这就使得他们变得不够热情,不容易向他人敞开心扉。在做事情方面,这种人往往具有敏锐的洞察力,能够注意到一些细微的细节,而且不会意气用事。

男低音的个性

这种男人大都性格比较内向,虽然看上去不太具备男子汉气概,但却诚实可靠,不会当面一套、背后一套。这种人在与人交往时,喜欢在无意识的状态下与他人保持一定的距离,并且常常运用自闭式的姿势,因为他们不希望对方知道自己的心事,也不希望初次见面就让对方一眼看穿。尽管他们的防范心理很强,但其内心通常是十分温和的,为了不让自己的发言伤到别人,他们在说话之前往往会考虑再三。

这种人在与人交谈时,通常会保持异常冷静的态度,当对方提出不同的观点和意见时,他们一般不会立即以拒绝的方式回答对方,而是经过深思熟虑之后,用恰当的语言表达出来。所以说,他们是典型的善于言谈的内向型的人。

女高音的个性

这种女人往往感性重于理性,不仅拥有奔放、豪爽、勇往直前的长处,而且拥有不甘心过平凡生活的野心和激情。这种人大都想象力丰富,喜欢凭借自己的幻想,描绘一幅未来的图景,但她们绝不会一味地生活在梦幻里,做起正事来往往冷静果断,毫不含糊。这种人还拥有一颗博爱之心,无论男女老少,对她们来说都毫无分别。在爱情方面,她们大多是恋爱至上者。

女中音的个性

这种女人往往热情奔放,感情丰富,属于典型的罗曼蒂克型的人,就是那种收到男友送的玫瑰花会激动不已的人。这种人往往具有非常敏锐的洞察力,与人交往时善于察觉他人的情绪变化;这种人往往多愁善感,因为她们最容易感受到受伤的感觉,别人无意间的忽略、不经意中的怠慢,甚至是一句无心的话,都可能会伤害到她们;这种人最大的需求是了解自我,如果她们不能清楚地了解自己或迷失自己时,就会自乱阵脚,甚至用虚幻的想法来欺骗自己、麻痹自己,因此,这种人常常无法直面现实,或者逃避现实,经常生活在幻想的世界里。

站姿是性格的真实流露

在日常生活中,我们的嘴经常会有意无意地说谎,所以一个人的口中之言不可尽信。相比之下,我们的身体语言要比嘴诚实得多,因为身体语言会在无意间把一个人的真实状态流露出来。

晚清名臣曾国藩是个知人善任的高手,曾提拔了左宗棠、李鸿章等名臣。

一次,李鸿章带着三个人去请曾国藩任命差遣,当时曾国藩正在庭院里散步,所以那三个人只好站在一旁恭候。

散完步以后,李鸿章请曾国藩接见那三个人,曾国藩却说不必了,李鸿章很惊讶,赶忙询问其中缘由。

曾国藩说道:"方才散步时,那三个人我已然看过了,第一个低头不敢仰视,是一个小心忠厚的人,可以给他一份保守的工作;第二个喜欢弄虚作假,在人面前很恭敬,但是等我一转身,他便左顾右盼,将来必定阳奉阴违,不能任用;第三个不亢不卑,双目炯炯,神情淡定,始终屹立不动,他的功名将来肯定不在你我之下,可以委以重任。"

后来这三个人的发展果然不出曾国藩所料,而第三个人不是别人,正是首任台湾巡抚刘铭传。

站姿就是众多身体语言中的一种。在我们成长的过程中,父母总是不厌其烦地提醒我们要"坐有坐相,站有站相"。尽管如此,人们的站相依然是千姿百态的。而通过一个人在无意间的站姿,我们往往可以一窥他的性格奥秘。

站立时含胸、背部微驼。

很多人在青春发育期时对身体变化缺乏正确的认识,往往容易出现这种站相。常常采取这种站姿的人大都缺乏自信,如果是女孩,则属于很单纯的类型,很容易轻信别人,需要加强引导和保护。

站立时双手叉腰。

这种站姿往往表示很有自信心和心理优势。在这种姿势的基础上,如果再加上双脚分开比肩宽,整个身体显得膨胀,往往表示这个人具有潜在的进攻性。如果再加上脚尖轻轻拍打地面的动作,往往暗示着领导力和权威。

站立时单腿直立,另一腿或弯曲或交叉或斜置于一侧。

这种姿势在大多数情况下表达的是一种保留态度或轻微拒绝的意思,有时候也是感到拘束或缺乏自信心的表示。

站立时双手插入裤袋。

这种人往往城府比较深,性格偏于保守、内向,不会轻易向别人袒露内心的情绪。他们做事非常谨慎,而且警觉性极高,不肯轻易相信别人。如果在双手插入裤袋的同时弯腰弓背,说明这个人可能在工作或生活中出现了不顺心的事。

喜欢靠墙或靠人而立。

这种人在性格上有好的一面,也有坏的一面。好的一面是比较坦白,容易接纳别人。坏的一面是缺乏独立性,喜欢投机取巧,凡事都想走捷径。

站立时双脚并拢,双手交叉。

这种人往往谨小慎微、做事力求完美,而且韧性很强,属于那种表面柔弱平静、内心汹涌顽强的人。

站立时挺胸收腹、双目平视。

这是一种充满自信的站立姿势。经常采取这种站姿的人,一般都很注意自己的个人形象,希望在别人心中留下美好的印象。

站立时双手置于臀部。

这种人往往自主性比较强,处事谨慎认真,很少轻率行事,具有驾驭一切的魅力。但是他们有时候难免过于主观,而且顽固不化,很难听从他人的意见和劝告。

站立时双手叠放于胸前。

这种人往往性格坚毅、百折不挠,不会轻易向困难和压力低头。这种姿势有时候也表示胸有成竹、踌躇满志或信心十足,对自己的所作所为充满成就感。但是这种人由于太过看重自己的个人利益,与人交往时常常会摆出一副自我保护的防范姿态,拒人于千里之外,让人很难接近。

站立时双手握于背后。

这种人往往奉公守法,尊重权威,富有责任感,而且自信心极强,喜欢把握和控制局势，或者自恃是高高在上、居高临下的强者。这种人最大的优点是富有耐性，而且能够接受新思想、新观点和新事物。这种人最大的缺点是有时候情绪不稳定，反复无常，令人觉得难以捉摸。

站立时一只手插入裤袋，另一只手放在身旁。

这种人往往性格复杂多变，有时候很容易与人相处，推心置腹；有时候则防范心理极强，对别人处处提防，为自己筑起一道防护网。

站立时双脚合并，双手垂置身旁。

这种人最大的性格特点是诚实可靠、循规蹈矩，而且性格坚毅，不会轻易地向困难和挫折屈服。

站立时不断改变姿态。

这种人往往性格急躁、暴烈，身心常常处于紧张状态中。在工作或生活方面往往喜欢接受新的挑战，喜欢不断改变自己的思想观念，而且是一个典型的行动主义者。

隐藏在坐姿里的"性格地图"

坐姿是一个人生活习惯的体现，凡是生活习惯，总能在一定程度上反映出一个人的性格特征。经过心理学家的分析和研究，通过观察一个人的坐姿，可以了解他的性格和心理。下面我们就来看看坐姿是怎样体现一个人的性格的。

坐着时喜欢两脚并拢并微微向前，用整个脚掌着地。

这种人大多为人真挚诚恳，直爽坦白，胸怀坦荡；他们做起事来通常都有条不紊，但容易较真，力求周密而完美；他们天生喜欢整齐有序，有时甚至有洁癖倾向；他们往往外表冷漠，实际上却是那种古道热肠的人；通常情况下，他们只会做那些自己有把握的事，缺乏足够的冒险精神和创新精神。

坐着时将左腿搭在右腿上，并且双手交叉放于大腿左侧或右侧。

这种人往往比较自信，会坚守自己的见解和主张，一般不容易被他人说服；他们的头脑比较灵活，具有很好的天赋，并具有一定的领导才能；但是当他们坐上高位时，又难免会有些妄自尊大、得意忘形之举，并且没有常性，喜欢见异思迁，一心只想往高处爬。

坐着时两腿及两脚跟并拢靠在一起，双手交叉放在大腿两侧。

这种人往往思想比较保守，为人处世比较古板，不会轻易接受他人的意见，有时候即便知道别人说的是对的，仍会坚持己见；这种人属于完美主义者，做事力求尽善尽美，因此，往往会做一些可望而不可即的事；他们一般对别人十分挑剔，对自己却比较放纵；他们喜欢幻想，并且做事缺乏耐性，即使只有短短几分钟的时间，也会显得很不耐烦、很反感，所以他们往往做什么事都不会长久。

坐着时两个膝盖并在一起，小腿随脚跟分开成一个"八"字形，两手并拢放于膝盖上。

这种人往往性格内向，容易产生胆怯、害羞等心理，如果是在公共场合，他们往往一说话就会脸红，并且眼睛不敢正视别人；这种人大多感情比较丰富、细腻，但过于狭隘，而且缺乏温柔，常常给人一种莫名其妙的感觉；这种人是保守型的代表，很难接受新思想、新观念、新事物，对时尚的东西有一种莫名的排斥，并且带有一定的批判色彩；通常遇事缺乏冷静和理智，容易陷于慌乱，经常以偏激的方法处事，所以事情的结果往往很不理想；他们一般对朋友比较真诚，当别人有求于他们时，他们会竭尽全力、想尽一切办法帮忙。

坐着时将右腿搭在左腿上，两腿重叠靠拢，并且将双手交叉放在右腿上。

这种人表面上会给人一种平易近人、和蔼可亲的感觉，但事实却恰恰相反，这种人往往比较势利和世俗，他们要么爱摆架子、爱答不理、漠不关心，要么表面上说得天花乱坠，背后一点实事也不做；这种人往往缺乏耐心，做起事来总是三心二意，很难全力以赴、脚踏实地去认真完成某一件事。

坐着时喜欢敞开手脚而坐，两只手总是变换位置，没有固定的搁放处。

这是一种开放式的坐姿。这种人往往性格比较外向，具备指挥者的资质或支配性的性格；他们说话、办事往往大大咧咧，豪爽洒脱，不拘小节；他们喜欢标新立异，最能打破常规，成为引导潮流的"先驱"，并且对于普通人做的事不会满足，总是想尝试他人未尝试过的新事物；他们乐于交际，喜欢广交朋友，所以人际关系往往比较广。

坐着时喜欢把双脚伸向前，脚踝部交叉叠放。

研究表明，这是一种控制消极思想外流、控制紧张情绪和恐惧心理、表示警惕或防范的典型姿势。通常情况下，当男人采取这种坐姿时，还会将握起的双拳放在膝盖上,或者双手紧紧抓住椅子扶手;而女性采取这种坐姿时,还会将双手很自然地放在膝盖上或将一只手压在另一只手上。习惯采取这种坐姿的人往往性格比较内向,几乎封闭了自己的情感世界,即使和自己最亲密的人在一起,也很少有亲密的语言表白,更不会有亲热的举动;这种人往往喜欢发号施令,喜欢在各方面拔尖,喜欢控制和支配他人,并且具有很强的嫉妒心理;这种人通常很难与他人相处,在做事方面也会表现出犹豫不决的状态。

坐着时喜欢用脚使整个腿部抖动。

这种人最明显的特点就是自私,凡事喜欢从利己的角度出发,很少会考虑别人;他们对别人很吝啬,对自己却很纵容;他们往往比较喜欢思考,经常会向别人提出一些出其不意的问题。

坐着时喜欢双脚并拢,脚尖抬起,脚跟着地。

这种人往往谨慎持重、孤僻闭塞,对事情常常持观望态度,并且具有很强的防卫心理;他们天性敏感,而且心理非常脆弱,难以承受别人的批评和指责,为避免受到心灵的伤害,他们往往会远离他人,从而产生一种孤独感。

坐着时习惯于将身体蜷缩在一起,双手夹在大腿中间。

这种人往往自卑感很强,谦逊且缺乏自信,大多属于服从型性格。

走路姿势是性格的表象

走路几乎是每个人都会做的事情,但每个人走路的姿势不可能完全相同,而是各有各的特点,比如有的人走路永远都是急匆匆的,而有的人永远都是慢吞吞的。尽管这些都是我们日常生活中的一些小细节,但里面却蕴含着心理学的奥妙。一个人的走路姿势是他性格特征的无意识地流露,通过观察一个人的走路姿势,我们完全可以窥探出他的性格特征。

走路时采用标准步姿。

有的人走路时采用标准步姿:挺胸、收腹、腰板挺得直直的,手臂自然摆动,眼光平视前方,步子富有弹力,步幅一般为三步两米。这种人往往比较自信、乐观、友善,而且富有远见。

走路时一只手插在裤袋里,或两只手同时插在裤袋里。

走路时一只手插在裤袋里往往显得很潇洒,这种人通常都比较注重自己的仪容仪表,而且很重感情也很懂感情。走路时两只手同时插在裤袋里,看上去比较休闲,这种人往往比较随性,有时候还有点多愁善感。

走路时速度比较快。

这种人大多精力充沛、精明干练,言出必行,勇于面对生活中的各种挑战,适应能力非常强,做事认真负责,而且讲求效率,不喜欢拖泥带水,只要是认准的事情,就会不惜一切代价达到目标。

走路时两臂在身后摆动,有点横向的摇摆。

这种人往往自以为是,什么都不买账,对别人不屑一顾,而且看起来比较蛮横无理,所以很难与他进行真实思想的沟通。这种人大多富有领导才能,而且思维敏捷,做事有条不紊,富有组织能力,喜欢指挥别人而不喜欢被别人指挥。

走路时两臂在身前摆动,上身有点微驼。

这种人往往谨小慎微,而且性格怯懦,看起来比较柔弱。一旦遇到重大挫折或打击,就会立即崩溃。但是,还有一种人是故意装出这种走姿的,这种人往往富于心计,令人难以捉摸他的真实目的。

走路时速度特别慢,五指自然弯曲。

有的人走路速度特别慢,一般不会快于5秒钟4步。这种人往往自律甚严,做事有条不紊,对别人却很宽容;这种人在处事方面比较稳健、谨慎,不会轻信人言,而且重信义,言出必行;这种人有时候看似有点怯懦,但心里却绝对有主见、有思想。

以小快步行走,步幅不超过55厘米。

有的人走路时经常用小碎步急匆匆地行走,而且显得慌慌张张,这种人往往性情急躁,或者心情急迫。他们大多长期处于被领导、被管理的地位,而且事业和生活不甚如意的居多,所以经常把自己弄得心力交瘁、奔波不歇。

一边走路一边不断回头看。

有的人走路时经常不断地回头,好像后面有人跟踪,或发生了什么事似的。这种人往往猜忌心、好奇心或嫉妒心极重,很难相信别人,有时候还会疑神疑鬼、无事生非,把单纯的事弄得复杂无比。这种人在与人相处时,常常因为缺乏协调合作能力闹出一些人事纠纷,从而影响工作效率和人际关系。

走路时上身微向前倾。

这种人往往个性平和、内向,谦虚而含蓄,不会花言巧语;他们与人相处时,表面上看似沉默寡言,实际上却很重情义。

走路时昂首阔步。

这种人往往以自我为中心,自信心比较强,遇事十分好胜,而且顽固不化,凡事喜欢依靠自己,对人际交往比较淡漠,但思维敏捷,处事干练,做事有条不紊,富有组织能力,喜欢在人前始终保持自己的完美形象。

拖地走路,鞋跟与地面摩擦严重。

拖着脚走路,大多是身心疲劳、心情不快乐或内心苦闷的表现。经常采取这种走姿的人,大都缺乏积极性和创造性,喜欢墨守成规,不喜欢突破和变化,而且缺乏总体管理的才能,在命运方面很容易受阻或受挫。

步伐小,速度缓慢。

有的人走路时不仅步子小,而且速度缓慢,有时候眼睛还会看着地面,这种人往往谨小慎微,胆小怕事,处事不够大胆。

走路时脚步轻快。

有的人走路时脚步轻快,一副悠闲自得的样子,这种人往往处事公平、公正,恪守原则,绝不会以私害公。在人际交往方面,他们往往胸无城府,想什么就说什么,而且不会耍弄心机,所以颇受人们欢迎,人际关系极佳。

走路时挺肚、阔步。

这里所说的"挺肚",是指肚子微微挺高,而非大腹便便那种。肚子微微挺起,阔步而行,这种走姿往往给人一种"气宇轩昂、神采奕奕、精神焕发"的印象。这种人大多性格刚毅,任何困难和挫折都难不倒他,而且会屡败屡战、屡仆屡起,直至成功。

走路时犹如"蛇行"。

所谓"蛇行",意思是走起路来好像蛇蠕动而行一样,腰板无力,身体左摇右摆,这种人往往工于心计、口是心非,表面一套、背后一套,很难让人信赖。跟这种人打交道,务必要万分谨慎,否则很容易吃亏。

走路时脚不着地。

有的人走起路来脚不着地,显得有些轻浮无劲。这种人大都做事不扎实,喜欢敷衍了事,经常做出一些虎头蛇尾的事情,所以常常给人一种轻浮、不值得信赖的坏印象。

公共交通工具中暗含的性格秘密

乘坐公交车时,如果留心观察就会发现,很多刚上车的人都喜欢坐在比较靠后的位置上。这种看似很平常的选择似乎并没有什么稀奇,但你是否想过,从你上车选座位那一刻开始,你就被心理学家窥探到一些潜在的性格特征了。而接下来你在车厢里的一举一动,更是在无形中向别人展示了你的某些性格特征。

走上公交车以后,何小姐总是喜欢径直往车厢后部走,然后找个靠近车门的位置坐下来,接着就可以惬意地欣赏沿途的风景了。何小姐说,这个位置让她觉得安全、踏实。

意大利著名非语言交流学家马克·帕克利,对人们在公交车厢里的行为做了很多年的调查和研究,结果他发现,人们上了比较空荡的公交车以后,一般都不会选择第一排的座位——除非车厢里其他的座位都被人坐满了,人们才会选择这一排座位。

对此,心理学专家指出,人们之所以会做出这种选择,是由人类特有的安全感造成的。当一个人选择了第一排座位时,坐在他背后的人会让他有一种潜在的威胁感,因为他看不到他们在自己背后做什么;而如果他选择了车厢的中后部,则可以看到绝大多数人的后脑勺,这会让他有一种踏实感和安全感。由此可见,何小姐选择座位的习惯是符合大众行为规律的。

这种无时无刻不在寻找安全感的自我保护意识,在乘坐公交车时还有另一种体现:人们通常都喜欢找一个看上去"顺眼"的人同坐。对此,英国心理学家休斯敦和布尔曾经做过一项调查,结果发现,大凡身体有缺陷的人,他旁边的座位总是空的。两位心理学家解释说,这是因为人在陌生的环境中,自我防御意识会更强一些,这个时候,衣着整洁、长相端正的人就容易被人们接受。同时,心理学家们还发现一个非常有趣的现象:当人们坐在别人刚刚坐过、尚有余温的座位上时,心里会感觉很不自在,因为这种"余热"被视为一种污染,有的人甚至会站起来,等座位凉了再继续坐。

如果是双层的公交车,情况多少会有些不同。对此,英国索尔福德大学的心理学家汤姆·法塞特博士做过一项调查。他在波尔顿和曼彻斯特之间的一辆公交车上,对乘客进行了长达一小时的观察,结果发现,那些喜欢坐在上层前排的人,大都思想比较前卫;那些喜欢坐在上层后排的人,往往具有不同程度的反叛心理,他们不喜欢自己的个人空间受到侵犯;那些喜欢坐在上层中间的人,大都拥有独立的见解,他们通常是那些埋头阅读报纸和听音乐的年轻人或中年乘客;那些喜欢坐在下层前排和中间的人,大都善于社会交往,并且喜欢与人交流;那些主动选择下层后排座位的人,大多是风险的承担者,因为与车厢的其他位置相比,这个位置是一个比较危险的位置,他们之所以喜欢坐在这样的座位上,是因为这会让他们感觉自己很重要。此外,法塞特博士认为,那些在乘坐公共交通工具时不在意自己的座位,感觉坐任何座位都可以的人,大多属于"变色龙"级的人物。

在乘坐火车等长途公共交通工具时,人们也有着各种各样不同的表现。比如有的人呼呼大睡,有的人很快就与"左邻右舍"打成一片,也有的人借读书、看报、听音乐等方式消磨时光。那么,这些行为又能反映出什么呢?

心理学家认为,那些读书、看报、听音乐的人,大多自我防御意识比较强,不愿主动与别人搭讪,并且更多地关注自身。他们往往秉持"不要和陌生人说话"的信条,而读书、看报、听音乐的行为也是在向周围的人传达一种信息:"你们都别理我,让我安静点儿。"但是,他们在保持沉默的同时,也有可能是在揣摩周围的人。

而那些一上车就找"左邻右舍"聊天,没几分钟就把"私房话"全抖落出来的人,大都属于多血质气质类型的人。这种人的性格优点是有朝气、热情、活泼、开朗、善交际、喜欢广交朋友,而且在新环境里不会感到拘束,但同时又有变化无常、粗枝大叶、浮躁、易激动等性格缺陷。当然,与周围的人混熟了还有一个特殊的好处——可以让自己毫无顾虑地尽快入睡,因为从心理上来说,他们比别人有了更多的安全感。

在公共交通工具里,最不受人喜欢和欢迎的就是那些太过自我的人。这种人最常见的表现主要有:把腿伸得很长、对着手机大声嚷嚷或者把包放在旁边占座。公共交通工具的空间本来就非常有限,大部分人都会担心自己的行为会影响他人,而这些"我行我素""不招人待见"的人,在平时的生活中就习惯了沉浸在自我的世界里,很少顾及别人的感受,更不知道换位思考是什么。对此,心理专家提醒说,在公共交通工具这样一种既封闭又相对狭小的环境中,不管是哪一类人,都不应该只顾自己,而应该体谅一下周围的人,比如打电话时声音轻一些、腿不要伸得太长等。

公共交通工具不只是一种简单的交通工具,还是一种观察社会、观察人性的工具,通过对人们选择座位等行为的观察,我们可以在一定程度上了解他们的性格特征。

说话方式流露对方的性格特征

通过说话方式判断人的个性,是看人、识人必不可少的环节之一。在日常工作和生活中,每个人都不可避免地要与人交往、说话。有的人说话简洁明快、有的人说话喋喋不休,有的人说话直来直去、有的人说话拐弯抹角……说话方式是一个人个性特征的外在流露,在人际交往中,我们完全可以通过对方的说话方式来洞悉他的性格特征。

简洁明快型

有些人说话时往往心直口快,想到什么就说什么。这种人大都坦率诚恳、直截了当、胸无城府,说话不会拐弯抹角。这样的人大都值得信赖,易于交往,精神饱满,做事充满热情,对朋友豪爽、仗义。但是,由于这种人说话喜欢直来直去,不懂得顾及他人的感受,所以很容易出口伤人,甚至伤害别人的自尊。

委婉含蓄型

有些人说话往往委婉含蓄,说一句话前会不断思量和权衡,力求做到三思而后说。这种人往往感情细腻、敏感多疑,不愿意让别人了解自己内心的真实想法,并且时刻注意别人对自己的看法和感受,属于非常理性和谨慎型的人。但是,这种人常常给别人一种不真实、不坦率的感觉。由于这种人内心想法颇多,又不肯轻易对别人倾诉,所以很容易给自己造成巨大的心理压力。

幽默风趣型

诙谐、幽默的语言不仅能逗人开心,也是智慧和人格魅力的体现。说话幽默风趣的人,大都乐观开朗、聪明活跃、社交能力极强,他们通常是人群中的焦点人物,只要有他们在,就能避免冷场的尴尬,起到调节和活跃气氛的作用。但是,幽默也应该注意场合,因人而异、因时而异、因事而异。只有在恰当的场合,对恰当的人幽默，才是真正高水平的幽默。

一板一眼型

所谓一板一眼，即说话、做事循规蹈矩、按部就班。这种人大都性格比较内向，谨小慎微，沉稳保守，说话极有分寸，也不会随便乱开玩笑。但有时候过分循规蹈矩，反而会显得呆板、固执，给人一种不通情达理的感觉。

口若悬河型

有的人口齿伶俐，能说会道，而且一说起话来就滔滔不绝、喋喋不休，像打机关枪一样。这种人又可以分为两种：

第一种是外强中干型，这种人其实就是现实生活中的"南郭先生"，他们往往能将很多时髦理论、词汇挂在嘴上，但只能迷惑那些识辨力差、阅历浅的外行人士。与这种人接触时，刚开始对他们的印象会很好，认为他们不仅知识丰富，而且能言善辩。但是时间一久，就会觉得他们中看不中用——他们只是吹得天花乱坠，实际上对哪一件事都说不到点子上。

第二种是内涵丰富型，这种人内在知识丰富，知识面也很广。在遇到他们比较感兴趣的话题时，他们通常都会滔滔不绝地说个不停。因此，在人际交往中，我们应该仔细辨析一下他们到底属于哪一种人，以免被他们的表面所欺骗。

貌似博学型

这种人并非什么都懂，也并非什么都不懂，即我们平时所说的"半吊子"。他们多少有一些才华，但对各种知识只是泛泛而谈、博而不精。这种人往往自恃聪明，不管学什么都不求甚解，学到一知半解时就自以为是，到处夸耀，有时候他们还会装成博学者到处招摇撞骗。所以我们需要睁大眼睛，仔细辨认他们到底有没有真材实料。

人云亦云型

这种人往往有一定的生活经验，极力维护自己的利益，但很多时候总是人云亦云。这种人在与人交往时，常常采取明哲保身的中立态度，既不敢得罪张三，又不敢得罪李四，更不会主动与别人争辩。他们行事缺乏主见，很少能提出自己的见解和观点。

避实就虚型

这种人往往处世比较圆滑，在与人交谈的过程中，只要是涉及实质性的问题,他们总是含含糊糊、支支吾吾,顾左右而言他,唯恐将来出了什么问题牵扯到自己。做事情时,他们往往喜欢避重就轻、避难就易,比较容易的事情就自己做,有难度的事情就让别人代劳。这虽然是一种处世技巧,但做人还是脚踏实地、实实在在的比较好。

满口新词、新理论型

这种人比较容易接受新思想、新事物,而且他们往往会成为新事物的传播者。这种人大都性格比较直爽,心中装不下任何事情,想说什么就说什么,口无遮拦。他们最大的缺点是缺乏主见,而且遇事容易犹豫不决,反复不定,执行力比较差。

满口专业术语或生僻词汇型

满口专业术语或生僻词汇的人,通常表面上看似很有知识、很有素养,其实,这是他们自我掩饰的一种方式。这种人往往比较自卑,所以他们想用一些专业术语或生僻词汇来装点自己,好让别人看看自己多么有教养、有学问。其实,他们这样做是欲盖弥彰,越发显得自己愚昧可笑。通常情况下,他们对事物没有什么独特的见解,容易人云亦云。

标新立异型

这种人往往思维敏捷,好奇心和独立意识比较强,勇于向传统挑战,敢于向权威说"不",他们常常利用自己异想天开式的奇思妙想做出一些具有开创性的事情。这种人最大的缺点是不够冷静,容易感情用事,容易有失偏颇,不被大众所理解,从而成为孤胆英雄。

自我吹嘘型

在现实生活中,有很多喜欢自我吹嘘、自吹自擂的人,其实这并不是信心十足的表现,而是缺乏自信的表现。这种人大都很虚伪,不愿意让别人看到自己的缺点和短处,所以对自己的优点和长处总是到处宣扬,唯恐别人不知道。总喜欢提自己"辉煌的历史"的人,十有八九目前的状况不佳。这样做其实只是一种心理发泄,不仅没有任何实际意义,还会给人一种华而不实的印象。因此,无论在何种情况下,还是尽量谦虚一些为好。

打招呼细节彰显人的性格

一个人的性格特征是可以从点滴的生活细节中看出来的。打招呼是日常生活中最常见的事情,通过观察一个人打招呼的方式和打招呼的用语,我们就可以看透对方的心思,了解对方的性格特点。

在人际交往中,不同的打招呼方式往往透露着不同的性格特征。

打招呼时直视对方眼睛的人

有的人在打招呼时会直视对方的眼睛,这种人往往具有强烈的自我意识,习惯从自己的角度看待问题。在人际交往中,这种人大多具有很强的试探性和攻击性,试图通过打招呼的方式来试探出对方的虚实,并让对方意识到他是处于强势地位的。他那种咄咄逼人的眼光,往往会让一些没见过大场面的人心里发虚,还没开口就在气势上处于劣势。此外,这种动作也表示对别人存有戒心和防卫之心。

遇到这种人,我们不妨采取这样的策略:用柔和的目光和轻松的谈吐来中和对方的凌厉攻势,千万不要对他的目光发怵,那样他反而会看不起你。当然,也不要针锋相对地跟他对视,那样会让气氛变得更压抑、更紧张。同时还要做好自我保护工作,不要轻易暴露自己的劣势,然后再根据具体情况,展开社交活动。

打招呼时不看对方眼睛的人

有的人在打招呼时往往不看对方的眼睛,而是将目光移到别处。这种人通常比较胆小怕事,尤其是怕见到陌生人;但这并不代表他们傲慢无礼,而是他们的自卑感在作祟。他们为人处世往往缺乏自信,而且犹豫多疑。此外,当女孩对某位异性心存好感时,往往也会采取这种动作,即使是与自己心仪的异性面对面地相遇,她们也会采取把目光转向他处的做法。她们之所以这样做,其实只是放了一颗烟幕弹,目的是用相反的方式提醒对方她们已经打开了心房。

打招呼时故意退后几步的人

有的人在打招呼时,往往会故意退后几步,也许他们自认为这是一种礼貌或谦让的表现,但在别人看来,这是有意拒绝别人,故意拉开距离的表现。他们之所以在打招呼时往后退几步,可能是因为他们存在防卫和警戒心理,在他们心里大都有一个交际安全圈，如果在这个圈子之内进行交际，他的心里会感到很舒服；一旦突破了这个圈子，他们就会感到恐慌和担忧。

遇到这种人时，我们心里多少会感到有些不舒服。因为打招呼是亲近的表现，彼此之间本应该拉近距离，可对方却反其道而行之，这不是拒人于千里之外吗？和这样的人交往时，不妨保持一定的距离，这样或许会成功。如果我们不顾对方的意愿，硬要迈进对方的交际安全圈，那么很可能会导致对方的逃离。

打招呼时拍打肩膀的人

如果一个人和你打招呼时，毫无顾忌地拍打你的肩膀，往往表示他对你丝毫没有畏惧感，并想以此显示他的优势地位，让你别轻举妄动，否则他会对你展开强大的攻势，逼迫你的心理状态处于劣势。当然，这种动作也常常出现在亲密的朋友之间。

不爱打招呼的人

有的人从不跟别人打招呼，即使在路上遇到同学或同事，依然不打招呼，这种人往往具有孤僻症的倾向，而且有些自视清高。他们在工作和学习中常常孤军奋战，缺乏团队合作精神，虽然勤奋，但结果总是没有理想中的那样美好。另外，还有一种情况就是他们太过繁忙，即使走路时也保持思考状态，一旦遇到熟人，仓促间又很难想起对方的名字，所以只好假装没看见，把头一低继续赶路。

看到熟人绕道而行的人

有的人在路上看到熟人就绕道而行，出现这种情况主要有以下三种可能：一是因为心虚，他可能做过对不起对方的事情，比较常见的情况是欠债不还；二是看见的那个熟人令他厌恶，他实在不愿意和对方打招呼，哪怕是擦肩而过，也会假装没看见；三是有自卑倾向，羞于和对方打招呼。

不回应别人打招呼的人

如果一个人故意对别人的打招呼置之不理，那么无疑他是一个傲慢无礼的人。他或许认为别人跟他打招呼是在巴结他、奉承他，是有事要向他求助，为避免给自己添麻烦，所以他故意不回应对方的打招呼。这样的人通常不可深交。

不仅打招呼的方式可以揭示一个人的性格特征，打招呼的用语也在一定程度上反映了一个人的性格特征。美国路易斯维尔大学心理学家斯坦利·弗拉杰博士经过研究指出，从一个人打招呼的习惯用语中，我们可以看出他的个性特征,不同的习惯用语,体现了说话者的不同性格特征。

"你好!"

习惯用"你好"打招呼的人,往往比较理性,头脑较冷静,对待工作勤恳、一丝不苟,能够把握自己的感情,遇事不喜欢大惊小怪,深得朋友的信任和欢迎。

"喂!"

习惯用"喂"打招呼的人,大多性格开朗、活泼,精力充沛,直率坦白,思维敏捷,富有幽默感,并且善于听取不同的意见和看法。

"嗨!"

习惯用"嗨"打招呼的人,大多性格腼腆,胆小害羞,多愁善感,缺乏勇气和随机应变的能力,所以很容易陷入尴尬的窘境。但是他们通常很热情,讨人喜欢,受人欢迎,当跟家人或知心朋友在一起时尤其如此。他们往往喜欢享受属于自己的小天地,晚上宁愿同心爱的人待在家里,也不愿到外面消磨时光。

"过来呀!"

习惯用"过来呀"打招呼的人,大多行事果断,喜欢和他人共享自己的思想和情感,做事情喜欢冒险,并且能及时地从失败中吸取教训。

"看到你很高兴。"

习惯用"看到你很高兴"打招呼的人,大多性格开朗,待人热情,喜欢参与各种各样的事情,而不是袖手旁观。但是,他们经常喜欢幻想,容易被自己的感情左右。

"有啥新鲜事?"

习惯用"有啥新鲜事"打招呼的人,大多好奇心非常强,凡事都爱刨根问底,弄个明白。他们往往热衷于追求物质享受并且为此不遗余力。

"你怎么样?"

习惯用"你怎么样"打招呼的人,大多喜欢出风头,爱在别人面前炫耀自己,希望引起别人的注意。他们往往充满自信,但行事比较谨慎,在行动之前,往往会反复考虑,不会轻易采取行动,然而一旦决定了某事,就会全力以赴地投身于其中,并且不达目的誓不罢休。

习惯性动作是内心性格的真实体现

北宋时期,谢景温原本和苏轼关系不错。有一次,两人一同在郊外散步,突然一只受伤的小鸟从树上掉下来,谢景温看也不看,抬脚就把小鸟踢到了一边。他这个看似漫不经心的动作,立刻让苏轼心里凉了半截——此人一定是个轻贱生命、损人利己之徒,不可深交。后来,果然如苏轼所言,谢景温为讨好王安石,不惜加害苏轼,诬陷苏轼运售私盐,企图将苏轼治罪。

很多人在说话、做事时,都会有一些习惯性的小动作。心理学家指出,一个人在无意识状态下做出的习惯性动作,往往可以真实地体现这个人的本性。那么,这些习惯性动作都代表了怎样的性格呢? 下面我们就简单介绍一下。

喜欢用手捂嘴

有的人在说话时,说着说着就会不由自主地捂嘴。这种人在性格上比较多元化,大多属于双重性格,而且喜欢掩饰自己内心的真实想法和感受。还有一种则是有一定的自卑倾向,生怕自己的缺点暴露于人前。

喜欢抚摸鼻下

有些人在说话时,喜欢用手抚摸鼻下,有的人甚至会在不知不觉中把鼻下擦得通红。这种人大都脑筋聪明好使,且比较明朗。这种人还有一个特点就是善于掩饰内心的寂寞,对什么都毫不在乎。

喜欢吐舌头

有的人在说话时喜欢吐舌头,这是很多人从小养成的习惯。这种习惯动作反映的是一种极端神经质的性格,通常这种性格的人比较顽强,也比较容易操心,什么事都喜欢放在心上,所以难免有些情绪化。

喜欢比手画脚

有的人在说话时喜欢比手画脚,这种人大多性格爽朗、健谈,通常都有一副好人缘的面孔,但这种人往往比较冲动,他们的内在情绪从话语的宣泄中得不到满足,所以迫切需要通过肢体语言发泄出来。而且,这种人对探听他人的秘密很有兴趣,而且对于自己知道的事情,往往会迫不及待地传播出去。这种人在和别人说话时还可能有抢话的习惯。

喜欢摇头或点头

在人际交往中,经常有一些人用摇头或点头表示自己对事物的看法,这种人往往比较自信,甚至有些自负。他们在社交场合中通常都喜欢表现自己,对事业勇于追求、一往无前的精神也常常令人赞叹。

喜欢边说边笑

有的人在说话时喜欢边说边笑,与这种人交谈,你会觉得轻松愉快。这种人大都性格开朗、活泼,对生活的要求也比较简单,喜欢平淡的生活,很注意"知足常乐",而且这种人很富有人情味,对友情、亲情特别珍惜,所以人缘比较好。

喜欢用手挠头

有的人在说话或思考问题时,喜欢习惯性地用手挠头。这种人往往性格乖戾,容易拘泥于小事,遇事喜欢斤斤计较和感情用事,这种性格多表现为女性。男性则大都性格爽朗、豪放,但比较健忘,而且容易受情绪支配。

喜欢咬指甲

有的人在看书、看报、看电视,或一个人发呆时喜欢咬指甲。这种人大都性格内向,容易感到空虚、寂寞,常常会因为自己的愿望未能达成,或想要的东西未能得到而苦恼纠结、耿耿于怀。

喜欢掰手指节

有的人有事没事总喜欢把手指掰得嘎巴响。这种人往往比较健谈,而且精力旺盛,但做事情喜欢钻牛角尖,对事业、工作环境比较挑剔,如果是他喜欢做的事情,他会踏实、努力地去做,而且往往会不计任何代价。

喜欢拍打头部

这是一个表示懊悔和自我谴责的动作。有这种习惯动作的人往往待人苛刻,但对事业有一种开拓进取的精神。这种人大都为人真诚,富有同情心,乐于助人,但心直口快,守不住秘密。

喜欢摆弄饰物

有这种习惯动作的人多为女性,这种人大都比较内向,不会轻易向别人表露自己的情感。这种人的另一个特点是做事认真踏实,如果有什么座谈会、晚会或舞会之类的集体活动,最后收拾、打扫会场的多半是她们。

喜欢耸肩、摊手

有些人在说话时总是喜欢摊开双手,耸耸肩膀,一副无所谓的样子,这种人大都为人热情诚恳,富有想象力。他们不仅善于创造生活,更善于享受生活,他们追求的最大幸福是生活在和睦、舒畅的环境中。

喜欢抹嘴、捏鼻

有这种习惯动作的人,大都喜欢捉弄别人,却又敢做不敢当,而且喜欢哗众取宠。这种人是被动接受型性格,喜欢在别人的支配下做事。

握手方式泄露对方的性格密码

握手是人与人见面时表示友好的最常用的动作。它原本是欧美国家的一种礼仪习惯,但现在已经逐渐成为一种世界性的社交礼仪。美国心理学家经过研究指出,每个人握手的方式多少都会有些不同,一个人的握手方式与他的性格特征有着密切关系。

在人际交往中,握手方式不仅影响着交际双方下一步的关系发展如何,还能在无形中泄露一个人的性格密码。因此,在与人初次见面时,我们不妨通过观察对方的握手方式,来窥探他的性格特征。

控制式

控制式,即握手时采用掌心向下或向左下的姿势握住对方的手。这种人想通过握手表达自己的优势、主动或支配地位。他们通常具有说话干净利落、办事果断干练、高度自信等性格特点。他们一旦决定一件事,就很难再改变观点,也很难听从别人的意见,作风有点独断专行、缺乏民主性。

谦恭式

谦恭式,即握手时采用掌心向上或向左上的手势握住对方的手。这种人大都性格比较软弱,常常处于被动、劣势地位,待人比较谦和、平易近人,不固执己见,对别人比较尊重、敬畏,甚至常常带有几分恐惧感。

对等式

对等式,即握手时两人伸出的手都不约而同地向着左方握在一起。这种人往往待人和善友好,如果是竞争对手,通常也是很遵守游戏规则的平等的竞争对手。

双握式

双握式,即在右手相握的同时,再用左手加握对方的手背、前臂、上臂或肩部等部位。通常情况下,加握部位越高,其热情友好的程度也显得越高。这种人往往热情真挚、心地善良、诚实厚道,对待朋友往往会推心置腹,对人比较容易信赖。

拉臂式

拉臂式,即握手时把对方的手拉到自己的身边相握。这种人通常会谦恭过头,在他人面前总是表现得唯唯诺诺、轻视自我,缺乏主见与敢作敢为的精神。

死鱼式

死鱼式,即握手时伸出一只毫无力度和质感,并且不显示任何积极信息的手。这种人要么生性懦弱,要么待人冷漠无情,待人接物消极、傲慢。

落雨式

落雨式,即握手时满手心都是汗水,让人感觉湿淋淋的。这种人往往性格内向,缺乏自信,在与人交往时,很容易陷于紧张或害羞的心理状态中。

漫不经心式

漫不经心式,即握手时力度非常轻,只是轻柔地接触而握。这种人大都随和豁达、谦虚和善,喜欢洒脱地游戏人间,凡事不喜欢太较真。

用指抓握式

用指抓握式,即在握手时只用手指部位握住对方的手掌心,不和对方有过多的接触。这种人大都比较敏感,情绪很容易激动,但通常心地很善良,富于同情心。

捏手指式

捏手指式,即握手时只捏住对方的几根手指或手指尖部。通常情况下,女性与男性握手时,为了表示稳重和矜持,常常采用这种握手方式。但是,这种握手方式也存在一些问题:如果对方是个女权主义者,这样握手很可能会引起对方的反感;如果是同性之间这样握手,往往会显得有几分冷淡和生疏;如果换成是显贵的人物,其用意可能是显示自己的"尊贵"。

沉稳专注式

沉稳专注式,即在握手时力度适中,动作沉稳,而且两眼看着对方。这种人大都个性比较坦率,诚实可靠,富有责任感。在处事方面,他们往往心思缜密,而且精于推理,常常会提出一些富有建设性的意见和建议。

长握不舍式

长握不舍式,即在握手时握着对方的手久久不放。这种人大都感情比较丰富,喜欢结交朋友,一旦和别人建立起友谊,就会忠诚不渝。

摧筋裂骨式

摧筋裂骨式,即在握手时紧紧抓着对方的手掌,并且用力挤握,常常让对方有疼痛感。这种人往往精力充沛,自信心极强,而且喜欢独断专行,在领导和组织方面才能出众,比较适合做领导和管理工作。

上下摇摆式

上下摇摆式,即在握手时紧紧握住对方,并且不断地上下摇动。这种人大都个性比较乐观,对人生充满希望,由于他们的性格积极、热诚,所以经常成为焦点人物、中心人物,而且备受他人仰赖。

规避握手式

规避握手式,即与人见面时不愿意和他人握手。这种人大都性格内向、胆怯保守,但为人真挚诚恳,不会轻易付出感情,但一旦付出情谊,这份情就会比金石还坚,不论是对朋友还是对爱人。

从吃相上看出真实的他

在西方,很多心理学家、交际学家都把研究人的吃相当做一门必修的功课,而且经过研究证实,吃相在一定程度上可以透露一个人的性格特点。这就给我们了解他人又提供了一条新的途径。

具体而言,人的吃相可以分为以下几种:

浅尝辄止型

这种人吃起东西来哪样都不吃完,但每样都要吃到,他们的食量往往很小,从性格上看,他们大都趋于保守,做事很谨慎,很少做没有把握的事。他们如果到一个地方出差,多半会选择走习惯了的老路,因为那样可以保证顺利地到达目的地。如果他们面前有一条没有走过的新路,即便别人告诉他们这条路更近、更快捷,他们也不会接受劝告,因为在他们看来,创新就意味着有风险。这种过于求稳的性格固然可以保证不犯错误,但很难指望他们做出惊人的成绩,他们是一种适合守成,但不适合开拓创新的人才。

风卷残云型

这种人进食的速度很快,好像已经几天没吃饭了,其实事实并非如此。遇到这样的人,千万不要怪他们失礼,因为他们大多性格开朗豪放、不拘小节;他们似乎不知道什么叫累,总是精力充沛地出现在你面前;他们说话、做事讲究干脆利落,言必行、行必果,是值得信赖的朋友。但是,他们的脾气往往比较急躁,这种急脾气在给他们带来强烈进取心的同时,也给了他们争强好胜的性格,因此,在和他们相处时,我们需要扬长避短,必要时还要学会以柔克刚。

细嚼慢咽型

这种人进食速度非常慢,吃东西时常常会仔细地咀嚼品尝。他们吃东西就像是在欣赏一件精美的艺术品,每次下筷子都仿佛经过了深思熟虑。这种人大多性格严谨、富于心计、喜欢挑剔、争强好胜、计较个人利益、对人时冷时热,同性中几乎没有知心朋友,但做事谨慎,行动之前往往要经过周详的考虑,所以很少出纰漏。

暴饮暴食型

这种人进食不加节制,吃东西时来者不拒,狼吞虎咽,经常打着饱嗝下餐桌。这种人大都属于直肠子,想哭就哭,想笑就笑,具有很强的亲和力,能和大家打成一片。当然,这种人的缺点也非常明显,在餐桌上,他们一旦看到自己爱吃的菜,就会把主要精力放在那道菜上,而不会去考虑该给别人留多少。反映到生活当中,他们在自己喜欢的事物面前常常会忘了和朋友分享,常常不懂得顾及别人的感受,很容易被人误解。

爱吃独食型

这种人不喜欢很多人聚在一起,吆五喝六地一起吃饭,他们喜欢一个人单独进食,自己静静地品味着可口的食物,似乎在品尝年华的味道,显得很凝重、很庄严。这种人大多性格冷傲孤僻、孤芳自赏,但坚毅沉稳、责任心强、恪守承诺、言出必行,值得信赖和交往。

点菜也能看出性格

在我国,请客吃饭是再普通不过的事了。无论是有功利目的的请客吃饭,还是没有任何目的的请客吃饭,在餐桌上难免会遇到陌生的面孔。

俗话说:"一回生,二回熟,三杯酒下肚,马上成朋友。"虽然话是这么说,但在现实生活中,我们也常常会遇到"话不投机半句多"的情况,在酒桌上争吵起来甚至大打出手的事情并不少见。因此,在吃饭之前,有必要先对酒桌上的人有一个大致的了解,而点菜就给我们提供了这样一个好机会。

通常情况下,我们进入酒店、分宾主落座之后,首先要请最尊贵的客人点菜,然后再按照座次或年龄顺序逐个点菜。点菜时,由于大家都还没有喝酒,头脑很清醒,在这个时候,点菜的方式可以明显地体现出点菜者的性格特点。作为观察者的你,可以据此决定今后该如何与对方进行交往。

以自我为中心,爱吃什么就点什么。

有些人在点菜时喜欢以自我为中心,自己爱吃什么就点什么。哪怕是在最低消费上千元的高档酒席上,他们也会一张嘴就是醋熘土豆丝,因为他们从小就喜欢吃这道菜。所以,当点菜的权力落到他们手上时,他们会毫不犹豫地点这道菜,他们不会考虑就餐的环境、酒宴的档次,也不会考虑主人的意愿,而是完全按照自己的喜好出牌。

这种人大多都是乐天派,在日常生活中,他们往往不拘泥于小节、大大咧咧、行事干练、做事果断,这些都是他们的优点。他们的缺点虽然不多,但却是致命的——他们虽然果断,但做出的选择不一定都是正确的,一个行事果断却又经常犯错的人,肯定会有不少麻烦。

点自己爱吃的菜时,不同的人也是有区别的:在点菜过程中,先看菜品价格,再迅速做出决定的人是合理型的;只顾选爱吃的菜,而不顾菜品价格的人是享乐型的。

以他人为参照,选择和他人档次相似的菜。

有些人点菜时喜欢以他人为参照,根据别人的点菜结果,选择和别人档次相似的菜。他们在外出吃饭时几乎从不第一个点菜,因为第一个点菜会让他们

由刚柔相人

图文珍藏版

失去参照对象,这会让他们感到手足无措。而一旦有了别人作参照,他们就会在很短的时间内做出自己的选择:你点宫保鸡丁,我就点鱼香肉丝,反正就是随大流,点和别人差不多的菜。这种点菜方式注重的是和别人保持一致,自己的口味倒是次要的了。

这种人往往做事比较谨慎,一般情况下很少出现大的失误,但是这种人不免过于从众,从而忽视了自我的存在,对自己的想法和见解往往缺乏自信,当别人提出不同意见时,很难坚持自己的立场,比较容易受别人的影响。

先点好菜,然后根据具体情况再做变动。

有些人吃饭时喜欢先点好菜,然后再根据具体情况做相应的变动。这种人在点菜时并不犹豫、举棋不定,但在点完菜后,他们常常会把服务员再叫回来,把自己点的菜再改动一下。尽管这只是个小动作,但却可以看出他们是那种小心谨慎,在工作和交友上比较优柔寡断的人。点好的菜又进行更改,这样的人往往性格软弱,过于啰唆,没有准主意,容易受他人的影响,并且缺乏对大局的掌控能力。

先请服务员介绍菜品情况,然后再确定自己的选择。

有些人点菜时会先请服务员介绍菜品情况,然后再确定自己的选择。这种人在点菜时喜欢先考察一下服务员的业务水平,让服务员报报菜名,说说菜品的特色,然后再决定自己点什么菜。

这种人往往自尊心极强,并且很有自己的主见,讨厌被别人命令、指挥,对欺诈行为更是深恶痛绝,如果服务员端上来一盆黄瓜蘸酱,然后告诉他这是"青龙出洞",很可能会引起他强烈的反感。同时,这种人性格比较独立,一旦认定自己的选择是正确的,就会一往无前、坚持到底,拒绝做任何改变。而且他们做事力求完美,希望自己能够不同凡响、一鸣惊人,所以,他们会积极地对待自己分内的每一件事。在待人方面,他们往往能表现出一定的弹性,让双方都感到很有面子。

喝酒方式揭示人的真实性格

在现代人的交际中,喝酒是一种重要的社交手段。心理学家经过研究发现,通过喝酒可以看出一个人的性格。俗话说:"酒醉露本性,酒后吐真言。"从酒桌上看人的性格，往往比平时更准确、更清楚。

酒到杯干，来者不拒的人。

酒到杯干，来者不拒的人，往往充满活力，不论是工作还是玩乐，都会积极参与；他们性情比较豪放、率直，就连私人秘密也很难守口如瓶；他们交际面广，但缺乏耐心和细心，即使是个以家庭为重的人，也会要求伴侣跟随他的生活方式，所以这类人的两人世界经常风波不断。

别人频频相劝，就是滴酒不沾的人。

在酒桌上有这样一种人，即使别人频频相劝，他们就是滴酒不沾（体质不适合喝酒者除外）。他们之所以如此，是想让自己保持头脑清醒，担心自己酒后吐真言。这类人大都比较顽固，不愿意听从他人的意见，也不会随便表露自己的真心实意，跟这种人交往颇费精神，性子急的人往往会感到无所适从。

喝得不多，却爱装醉的人。

在酒桌上喝得不多，却爱装醉的人，往往自尊心很强，自我控制力极佳，不甘心平庸，心怀远大的理想和抱负，而且做事讲究手段，目的性很强。他们追求的是运用自己的知识和才能令生活更丰富、更有趣，对于平凡、单调的生活往往难以忍受。跟这种人谈恋爱可能会多姿多彩，但当你想平淡下来过平静的家庭生活时，就未必能够如愿，至少你需要有极大的忍耐力。

总想灌醉别人，自己却点滴不喝的人。

在酒桌上总想灌醉别人，自己却点滴不喝的人，大多属于干劲十足的类型，想做就做，绝不拖拉；他们是典型的现实主义者，凡事都着眼于眼前，热衷于追求金钱和权力，并且很执着；相对而言，他们是那种较不浪漫，但很实际和稳健的人。

不该醉时偏醉的人。

这种人往往与任何人都谈得来，具有很强的服务精神，喜欢迎合和取悦他人，重视人际交往，在聚会和宴会上善于制造气氛和融洽关系；在工作上往往会恪尽职守，并且颇具威望，也容易获得别人的好感。在感情方面，这种人有一个致命的缺点，那就是太容易动感情，一旦爱起来就会轰轰烈烈、天翻地覆，所以在感情世界里经常把自己弄得伤痕累累。

该醉时偏不醉的人。

这种人往往性格坚强,处事冷静,并且有点孤芳自赏;他们很重视与人交往,并且有较强的目的性;他们往往具有敏锐的洞察力,善于洞彻他人的内心;在爱情方面,他们是理想的大众情人类型,懂得以鲜花和巧克力去讨异性的欢心,是理想的谈恋爱人选,但爱情能否长久,就是一个未知数了。

只有失意时才喝酒的人。

这种人多属于善于玩乐的"都会派",很重视气氛;这种人比较怀旧、比较脆弱、容易伤感、喜欢自找麻烦,对很多事情既拿不起,也很难放得下;而且这种人容易被周遭的环境左右,是一种没有主见和缺乏照顾他人的能力的人。

得意时猛喝酒的人。

这种人是真正喜欢喝酒的人,同时总是以实用为本位,性格开朗,不喜欢装腔作势,与人交往时往往好恶分明;在感情方面,这种人往往外冷内热,犹如一座沉默的火山,不发则已,一发惊人。

喜欢挑酒喝的人。

有些人喝酒时比较挑剔,尤其爱挑选一些名字特别的酒喝,这种人往往性格比较挑剔,属于不满足于平凡事物的人。他们喜欢追求华丽、高贵的事物,对异性的要求也比较高,左挑右选,总是对对方不满意,可能到了一把年纪仍然是孤家寡人一个。跟这种人相处本身必须具备相当的条件,比如个人品位要卓尔不群、不落俗套,如此才能博得对方的欣赏。

接受表扬时的反应透露的性格信息

表扬是对某人表示肯定,代表这个人的行为或观点获得了人们的认可和接受。在现实生活中,表扬是每个人都期待的一种外界反应,受到表扬的人往往会得到心灵上的愉悦和精神上的满足。由此可见,表扬对人有着重大的意义和影响。

危险和困难能够检验一个人的勇气,功名利禄能够检验一个人的德性,生活琐事能够检验一个人的耐性,而一个人在接受表扬时所产生的种种反应,往往在一定程度上透露着他的性格信息。

受到表扬就害羞的人

有的人在受到表扬时会十分腼腆害羞，面红耳赤。这种人往往个性温顺、敏感，感情非常脆弱，他们大都经不起别人的批评、指责，更经受不住意外的打击；他们往往富有同情心，比较关注别人的感受，喜欢设身处地地为别人着想，不会用言语或行动主动攻击别人。

受到表扬不敢相信的人

有的人在受到表扬时，会用一副非常惊讶的表情来表达自己内心的喜悦。这种人往往憨厚、淳朴，不喜欢跟别人发生矛盾和冲突，有时候甚至会以牺牲自己的利益来换得安宁。这种人通常喜欢参加群体活动，他们慷慨大度的个性常常能让他们与别人建立起良好的人际关系。

受到表扬无动于衷的人

有的人在受到表扬时会表现得一脸漠然、无动于衷。这种人在工作中往往兢兢业业，不会为了赢得他人的关注而浪费时间和精力。他们对待周围的事物大都保持着一颗顺其自然的平常心，不喜欢强求，更不喜欢争强好胜。他们喜欢独处，宁愿独自待在角落里进行研究，也不愿加入吵闹的集体生活当中。

受到表扬立即回敬对方的人

有的人听到别人的表扬，立刻会用相应的表扬语言回敬对方，让对方得到回报的感觉。这种人往往讲求个性，不喜欢依赖他人，对自己和生活充满了信心和希望，他们在人际交往过程中比较讲究平等、互利，与他们交往可以毫无后顾之忧，不必担心自己会吃亏上当。

受到表扬极力否定的人

有的人在受到表扬时会立刻用幽默、诙谐的语言回敬对方的表扬，有时候还会极力否定对方对自己的表扬。这种人往往不喜欢参加集体活动，也不喜欢受到别人的干扰，而是喜欢将时间和精力用在维护自己的独立空间上。他们往往富有幽默感，而且显得有些放荡不羁，其实这是他们故意封闭自己的一种手段和方法，他们通常不会和别人建立起深厚的友谊。

受到表扬心平气和的人

有的人在受到表扬时会恰到好处地表达出自己由衷的感谢，给对方一种彬彬有礼的感觉。这种人往往沉着、稳健，注重实际，讲究实效，而且极富进取心，善于韬光养晦、厚积薄发，常常会给人意外的惊喜；他们往往有自己独特的行事原则，能够按照预定目标坚持不懈地努力，且不会受外界环境的影响。

对表扬来者不拒的人

有的人对别人的表扬往往来者不拒。这种人在为人处世时大都讲究公平，在接受别人表扬的同时会用适当的赞美之词回敬对方；他们往往心地单纯，喜欢助人为乐，能够设身处地地为别人着想，并且善于发现别人的优点和长处，别人也很愿意和他们相处；这种人慷慨大方，当朋友身处逆境时，他们能够给予及时、有效的帮助，与朋友共渡难关。

对表扬心不在焉的人

有的人对他人的表扬并不怎么关注，甚至不以为然，他们根本没有心情为表扬浪费时间和精力，所以他们会改变话题。这种人往往反应敏捷、机智聪明，而且才华横溢、眼光独到。自信和狂放不羁是他们最明显的性格特征，他们对名利不过分计较和追求，有实现宏伟计划的可能。

篇三　由容貌相人

容以七尺为期，貌合两仪而论。

口阔而方禄千钟，齿多而圆不家食。

——《冰鉴》

人之容貌，基于整个身体，有形无质。言行举止，表现的不只是人的情态，还有内在的心性与品质。人之容貌，显于面部五官，亦动亦静。耳目口鼻，反映的不只是人的长相，还有人的善恶与命运。善识人者，以容貌观人，而不以衣着评人品，更不以美丑论人。

<table>
<tr><td>科名星陰隲紋為主科名星十三歲至三</td><td>相貌家有清古奇秀之別摠之不必看</td><td>滿身胸有秀骨配以妙神不拜相即鼎甲</td><td>其身身遇於體配以佳骨定主封侯羅紋</td><td>貧重高官鼠行好利此為定格他如手長</td><td>下宜藏蛋所謂整也五短多貴兩大不揚</td><td>腹宜突坦手宜溫輭曲若彎弓足宜豐滿</td><td>立肥不能餐瘦不鵠寒所謂整也背宜圓</td><td>容貴整整非整齊之謂短之謂整也背宜圓</td><td>則福生如背如湊則林林總總不足論也</td><td>實接五方耳目口臭全通四氣相顧相稱</td><td>容以七尺為期貌合兩儀而論胸腹手足</td><td>容貌章第三</td><td>冰鑑</td></tr>
</table>

国学经典文库

冰鉴

由容貌相人

图文珍藏版

十九歲隨時而見陰隲紋十九歲至四十
六歲隨時而見二見全大物也得一亦貴
科名星見於印堂眉彩時隱時見或為剛
針或為小丸瑩有光氣酒後及發怒時易
見陰隲紋見於眼角陰兩便見一如三义樣
假蔴時竊易見得科名星蔘發得陰隲紋
遲發二者全無前程莫問陰隲紋見於喉
間又主子貴雜路不在此格
目者面之淵不深則不清鼻者面之山不
高則不靈口濶而方祿千鍾齒多而圓不
家食眼角入鬢必掌刑名項見於面終身
錢穀此貴徵也舌腕無官橫面不顯文人
不傷在眼鷹準動便食人此賤徵也

本篇导读

"容貌篇"是《冰鉴》的又一重要篇章。应该说,它不仅是相学的重要内容,对于实践中的识人用人也有着很深的意义。一个体态潇洒、仪表堂堂、言谈举止文明的人,会给人留下良好的印象,反之,则会给人以不良印象。这就是从仪表上看人,但仅停留在仪表上识人显然是不够的,在此基础上还应该细察其人,细知其质。俗话说,百闻不如一见,就是指耳闻之不如目见之。耳听为虚,眼见为实。所以,识人特别强调要讲究识人的艺术,识人不能光凭耳朵听,还要用眼睛看。因为人的容貌举止是人的美丑善恶中能非常明显地表现出来的外在的东西,通过观察自有一定的认识价值。但更须深入一步的注重全面和本质。其智慧要义就在于:由表及里。外在的总归是个表象,只有超越表象才能更好地识人。

"人不可貌相,海水不可斗量",这是中国千百年来流传已久的一句识人、辨人的格言。泰戈尔说得好:"你可以从外表的美来评论一朵花或一只蝴蝶,但不能这样来评论一个人。"

唐人李绅说:"假金只用真金镀,若是真金不镀金。"而到底是真金还是硫化铜,却是需要下番功夫进行调查研究和仔细辨析,才能得出正确的结论。但要做到这一点,就需要采取"耳闻之不如目见之"的识人艺术。

齐威王时期的即墨大夫,自从到即墨之后,勤于理政,公正廉洁,使那里五谷丰登,百姓安居乐业,没有什么官司之类的事情发生。就是这样的一位即墨大夫,齐威王左右的人却不断地在齐威王面前讲他的坏话。齐威王没有听信这些坏话,而是派人到即墨那里了解情况,发现他左右的人之所以讲即墨大夫的坏话,是因为即墨大夫没有给他左右的人送礼求情。于是,升了即墨大夫的官爵。

齐威王

另有一个大夫,到阿地之后,整日花天酒地,不理政事,使那里田地荒芜,民不聊生。赵攻鄄,他不去救;卫取薛陵,他竟不晓得此事。就是这样的一个阿大夫,齐威王左右的人却经常在齐威王面前讲他的好话。齐威王也没有听信这些好话,派人到阿地做了了解,知道了其中的奥秘。于是召见了阿大夫,对阿大夫说:"自从你到了阿地之后,天天有人讲你的好话,可事实情况并不是这样,可见你必然送了些好礼物给我手下的人,让他们尽在我耳边讲你的好话!"接着,就把阿大夫和夸过阿大夫的那几位手下人都拉出去砍了。这一来,齐威王手下的臣子个个既惊又怕,再也不敢谎报情况了。齐国的兴盛强大与此不无关系。

上述故事,在《资治通鉴》里有记载。它告诉人们这样一个道理:不论是讲人好话的还是讲人坏话的,都有其目的性,有其内在的原因,尤其是在上司面前讲的话。领导者身居高位,对下情不可能事事清楚,他需要别人提供情况。

领导者为官一任,最可怕的是被蒙蔽而听不到真切的声音。进耳之言,究竟可靠与否,还是需要调查研究的。

识人的经验告诉人们:目见之不如足践之,这是千真万确的。因为人的眼睛识人,因种种原因可能会产生某些错觉。所以,要从根本上知人,只能通过实践,实践出真知。

　　识人，要听其言，观其行。就是强调识人不仅要听其所说的如何，更重要的是要看其做得如何，做和行就是我们所讲的实践。

　　古人云：肤表不可以论中，望貌不可以核能。虽说眼睛是心灵的窗户，可以窥见其实在的内心，但人的表现状况是复杂的。要由表及里的准确认识他人，还必须下一番细致工夫，结合实践而全面的考察。

一、容以七尺，貌合两仪

人的容貌的静态与动态之表现，可以作为鉴其心、品其性的依据，但绝不可仅以容貌美丑论英雄。

【原典】

容①以七尺为期，貌②合③两仪④而论。胸腹手足，实接五方；耳目口鼻，全通四气⑤。相顾相称，则福生；如背如凑⑥，则林林总总，不足论也。

【注释】

①容：这里指人的整个躯体。

②貌：这里指人的面部。

③合：就。

④两仪：指两只眼睛。

⑤四气：指春、夏、秋、冬四时之气。

⑥如背如凑：指相互背离或互相拥挤。

【译文】

观察人的体形容貌，要以七尺躯体为限，以两只眼睛为标准。人的胸腹手足，实际上都与五行相联系着；人的耳目口鼻，都与春、夏、秋、冬四时之气相贯通着。人体的各个部位相互搭配得和谐融洽，这就是福相；如果相互背离或彼此拥挤，使相貌显得乱七八糟、支离破碎，则必定命运不济了。

综合评析

身相三停

人的身体是神骨、刚柔的容器，是人的物质存在形式。人给别人的第一印象很大程度上也是身体留下的，因而相人必然得相身体，这是不可或缺的。对身体整体的评判标准是和谐、均衡，就像前文中所说的，就算是五短身材，只要

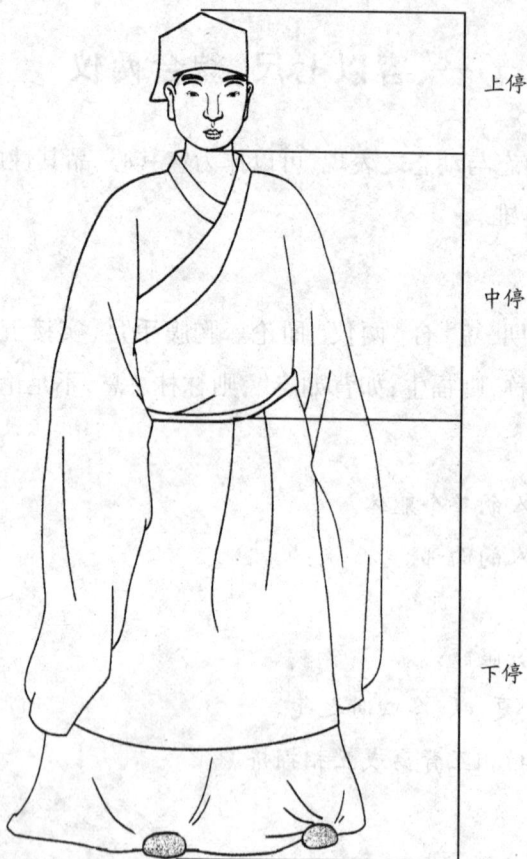

身相三停(三停大小与长短相互匹配、彼此协调,即为合相,合相者福寿双全,大富大贵。)

比例合适,看起来和谐、均衡,那也是福相。

在相术中,相学家将人的身体分为上中下三部分,即身相三停。头为上停,自肩至腰为中停,自腰至足为下停。相学家认为上中下三停匀称合度,即大小与长短相互匹配、彼此协调,符合这些要求即为合相,合相者福寿双全,大富大贵。上中下三停大小长短不齐的则不能长寿。身材矮小,头长而大的人,做事有始无终。身高很高,但头却很短小的人,一生贫贱。中停太短则短命,中停太长则长期贫穷;腰部很软,无论是走动还是坐下,腰部都随着上身的左右扭动而扭动,这样的人也难以长寿。下停要与上停均衡,过于长则一生多病。

面相三停以额头发际至眉毛为上停,眉毛至准头为中停,准头到下巴为下停,同样也以各部位间均衡对称为善,与此同时还要看各部位是否丰隆饱满。

上停方正广阔,即吉祥昌盛;若尖狭低陷,则多有刑厄之灾,为卑贱之相。中停丰隆端峻,寿命长久,事业有成;若短小偏塌,为人不义,且愚顽驽钝,必定破败。下停圆实丰厚,晚年安乐,福寿齐全;若尖薄无肉,则无田无室,劳碌终身。

身相三停是从宏观上对身体的划分与解说,从认识论的角度来说这是很必要的,不过宏观与微观必须结合起来,这才算是一个完整的认识过程,才是科学的。下面将从微观的角度,具体讲述身体的胸、腹、背腰、手、足等。

胸。相学家认为:"胸为百神之掖庭,万机之枕府,血气之宫室。宫庭平广则神安气和,府库倾陷则智浅量小。"也就是说,胸为人气血神的蕴藏之地,对人至关重要;胸部广阔而平坦,人才能气血充足神安气和;胸部倾斜塌陷,则器量狭小智慧不足。因此,胸部宽阔平坦,主智慧荣昌;起伏不定而又狭窄单薄,则主劳碌贫贱。

腹。相学家认为,腹部包藏六腑,为身躯的炉冶,故以形圆、皮厚、下垂者为贵,而以扁而短者为贱。皮厚者少疾而富,皮薄者多疾而贫;近上者贱而愚,悬下者富而寿;圆如玉壶者巨富,窄如雀肚者至贫;如抱儿者贵,如蛤蟆者贱;如牛肚者积财,如狗肚者穷寒;如猪肚者贱,如羊肚者贫。

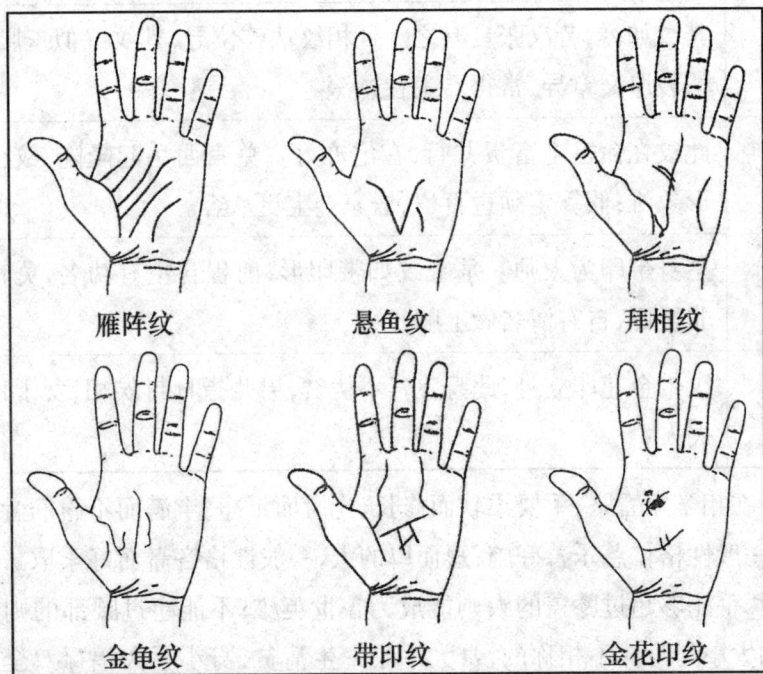

雁阵纹　　　　　悬鱼纹　　　　　拜相纹

金龟纹　　　　　带印纹　　　　　金花印纹

掌纹

腰。相学家认为,腰为腹部的依托,以端正、直阔、丰厚为佳,以偏陷、细窄、单薄为次。腰主中年运气,为贵之表征,所以相术中有"无腰不贵"之说。故端而直,阔而厚者,福禄之人也;偏而陷,狭而薄者,卑贱之徒也。是以短薄者多成多败,广大者禄保永终,直而厚者富贵,细而薄者贫贱,凹而陷者穷下,裹而曲者淫劣。就形状论,有蜥蜴腰,主性情宽和善良;有黄蜂腰,主性情卑劣邪恶。

背。相学家人为,背为一身之基址,供负重之用,所以贵厚实丰隆,看上去如龟背。从前面看昂扬向上,从后面看俯视向下,为福缘身厚长寿之相;背部偏向一边而又单薄凹陷,背部短狭像驼背一样,成佝偻之状,则为短寿贫贱之相。背部宜长不宜短,宜厚实不宜单薄,宜丰满、平坦而宽阔不宜塌陷。

纹路	命相
雁阵纹	纹如雁行者,又名朝衙纹。朝衙纹类雁排行,一旦功名姓氏扬;出入皇都为将相,归来身带御墟香。
悬鱼纹	文章立身登科。悬鱼纹亲学堂全,富贵当时正少年;一举首登龙虎榜,踏龙作马玉为鞭。
拜相纹	其纹如琴,昔汉张良有之。拜相纹从乾位寻,其纹好似玉腰琴;性情敦厚文章异,常得君王眷顾深。
金龟纹	此纹在命宫主富贵并行,在宅亦好。兑宫西岳起隆隆,纹似金龟形象雄;假算定须过百岁,居家金宝更从容。
带印纹	主身带印为太师。掌上纹如带印形,前程合主有功名,莫言富贵非吾愿,自有清名做上卿。
金花印纹	纹带金花印立身,此身宝贵不忧贫,男儿指日封侯相,女子也年封夫人。

手。在相学家看来,手要柔软而修长,光滑而干净,丰满而不露筋骨。手修长的人,一般性格仁慈乐善好施;短而厚的人,一般性格吝啬而好索取。双手自然下垂时,手能够超过膝盖的人则能成为盖世英雄;不能超过腰部的则一身贫贱。手的大小与身体不相称的,身大手小一生清贫,身小手大福禄双全。手丰满厚实者富有,瘦削单薄者贫穷。手粗糙、僵硬的下贱,柔软而细腻的清要显贵。手干净、温暖而带香气的高官显贵,手不干净而带臭味的贫贱。

　　手指与手掌是手的组成部分,基于现代的交际礼节,手指与手掌是人身上最初几个给人留下印象的部位之一,因而特地将其提出来详细讲述。手指纤细而修长,主人聪明;短而突出者,主愚蠢卑贱。柔软而又靠得很近的,主生活富足积蓄有余;僵硬而离得远的,主家业破败、鄙贱。手指像春天发出的竹笋一样的,主清贫;像播鼓的鼓槌的,主愚笨、顽固;像剥开的洋葱一样,主有官运;像竹节一样粗糙的,主贫贱。

　　手掌以修长而丰满厚实为贵,短促而单薄为贱。手掌僵硬而圆者,主愚蠢;柔软而方者,主有福。手掌的周围丰满厚实,中心凹下的,富不可言;周围扁平而单薄,中心平坦的,贫穷。手掌光滑润泽的,既富且贵;干枯的,既贫且贱。手掌红润如血的,主贵;色黄如土的,主贱;青黑色主贫苦;白色主贫寒低贱。

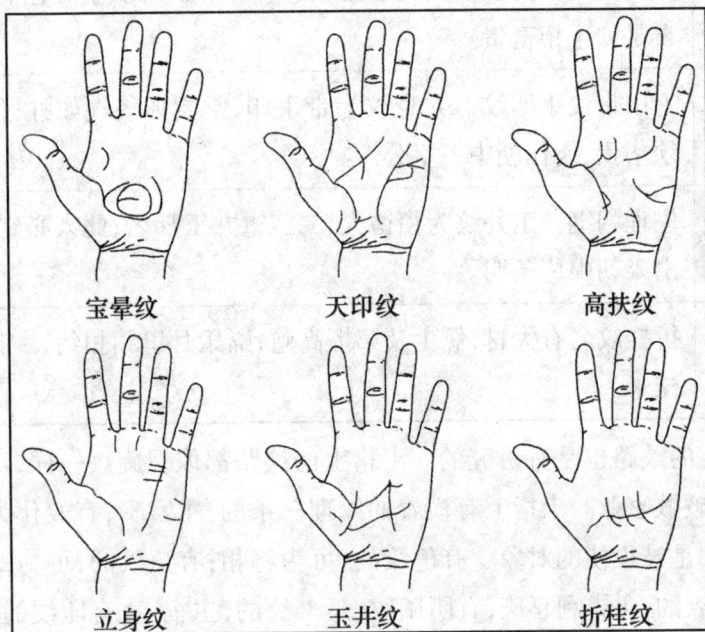

宝晕纹　　　　天印纹　　　　高扶纹

立身纹　　　　玉井纹　　　　折桂纹

掌纹

　　人的掌心与手背通常都有纹理,这就像树木的纹理一样,从中可以看出人的一些情况。就像有好的纹理的木材称为寿材一样,人的手上有好的纹理,则是贵相。因此,手上不可以没有纹理,有纹理为上佳之相,没有则为下等的相。纹理深而细者吉,粗而浅者贱。掌上有三道纹理的,最上面一道与天对应,象征君主、父亲,决定人的贵贱;中间的与人对应,象征贤愚,决定人的贫富;最下一道对应地,象征臣子、母亲,决定人的寿命。三道纹理洁白而没有其他纹理破坏其形势的,是福禄之相。有多条纵置纹理的,聪明而俸禄优厚;纹理粗糙像砾石一样的,愚蠢、粗鲁而贫贱。纹理杂乱的,一生贫寒。纹理像散糠一样的,一生快乐无忧。有穿线纹的,主追资材;有端笏纹、插笏纹的,可以担任文官进入朝堂。

纹路	命相
宝晕纹	封侯富贵。宝晕纹奇异样形,端如月晕掌中心;是环定是封侯相,钱样须多谷与金。
天印纹	左乾位震位,为从之相也。天印纹生乾位上,文章才调自荣华;为官平步天街上,凡庶堆金积满家。
高扶纹	红润高贵。高扶纹出无名指,胆气高强难并比;手红色润是多能,自是一生招富贵。
立身纹	上中带纹手印纹。立身纹上带手印,堂堂形貌气如虹;他年发达须华贵,终作朝中一宰公。
玉井纹	佐理朝纲。玉井纹为福德人,二三重井玉梯名;此人必定能清贵,出入朝中佐圣明。
折桂纹	折桂纹名有大材,儒生及第擢高魁;嫦娥月里频相约,一日登云折桂来。

十指上的纹路也是有讲究的。十指上的纹路都像螺旋纹一样,富贵旁溢;如箩筐的,破散家业。十指上有横着的纹理三条的,主富贵,有奴仆为他服务;有一道的则是被役使的对象。有龟纹的,可为将相;有鱼纹的,可为郎官;有偃月纹、车轮纹的,主吉利喜庆;有阴阳纹、延寿纹的,主福寿;有印纹的,主贵;有田纹的,主富;有井纹的,主有福;有十纹的,主有禄。有玉策纹贯穿手指的,名扬四海;有按印纹如掌印的,领军四海,有结关纹的,大凶而且会妨害周围的人;有夜叉纹的,下贱而贫穷。有时候纹理很好,但却被其他的妨碍,这都是有缺陷的纹理,终不是好事。

至于手背的纹理,五指并拢,最高的两节,称为龙纹。有龙纹的人,可为天子之师。最下的节纹,为公侯;中节为将相。无名指主卿监;小拇指主郎朝;大拇指主巨富,从手背看五指,指背都有横纹旋绕的人,则可为侯。如果有竖的纹理贯于五指上,则其可为将军。相手背,食指之本,也叫明堂,如果有异纹、黑

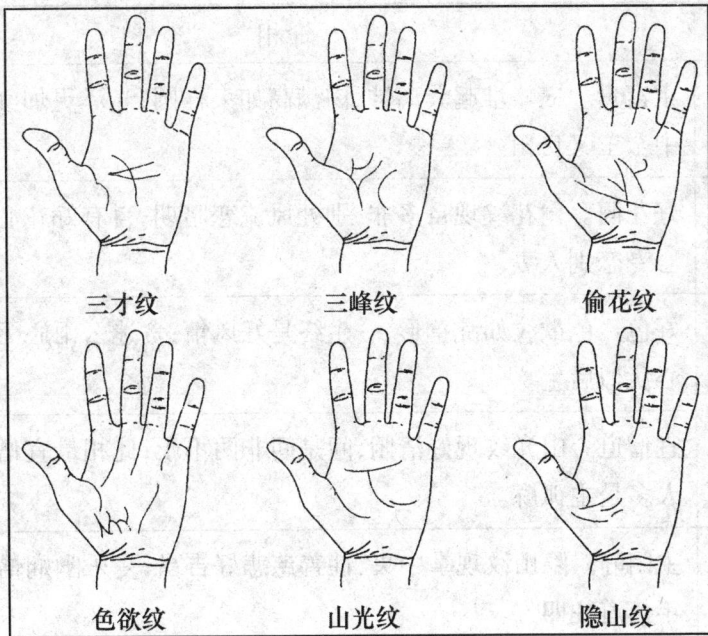

| 三才纹 | 三峰纹 | 偷花纹 |
| 色欲纹 | 山光纹 | 隐山纹 |

掌纹

痣,则此人有才有艺,是高贵的人。如果手背的纹理形成飞禽的样子,或形成字体,则有清显之贵。大拇指上本来有的横纹,称为空谷纹,因无所不纳而非常富裕,主大富。有绕腕纹周旋不断的人,受人尊重被爱戴。绕腕纹称为玉钏纹,如果只有一二条玉钏纹,其人有朝暮的荣华,不能长久。如果有三条玉钏纹,那他就能进入翰林院。对于玉钏纹,男女都一样。玉钏纹一定要绕于手腕,如果间断不连续,那么上述的推断就无效了。

　　足。在相学家看来,"足者,上载一身,下运百体",是地的象征,虽然在人体位置上居于最下,但它承载着整个身体,功劳却是非常大的。足最好的状态是平、厚、正、长,忌讳脚向一边倾斜而且单薄,或者脚过宽而且短。脚底足弓处凹入能容下一只鸡蛋的,非常富有;脚板丰满厚实,厚达四寸者,富贵双全。总而言之,脚小而厚者富贵,大而薄者贫贱。

纹路	命相
三才纹	一生荣昌。三才纹上得分明,时运平生可得平;主命兴财俱有气,一纹冲破便无情。

纹路	命相
三峰纹	主富贵。三峰堆起巽离坤,肉满高如束样圆;光泽更加红润色,家中金玉又良田。
偷花纹	好花酒。偷花纹现自多非,别处风流恋暗期;自有好花心不喜,一心专恋别人妻。
色欲纹	好色。色欲纹如乱草形,一生终是好风情;贪迷云雨心无歇,九十心犹似后生。
山光纹	宜僧道。山光纹现好清闲,间是间非两不干;此相最宜僧与道,闲人多是主孤鳏。
隐山纹	主闲静。隐山纹现掌中央,性善慈悲好吉昌;爱乐幽娴憎热闹,末年信道往四方。

　　脚上的纹理,以有纹为贵,无纹为贱。脚下有龟纹的,可以做到两千石的大员;有禽纹的,能够成为中层官员;脚下五指有策纹向上延伸的,可以成为宰相;脚下有十字形策纹的,可以官居六部侍郎;脚下有三道纹理像美丽的丝织品上

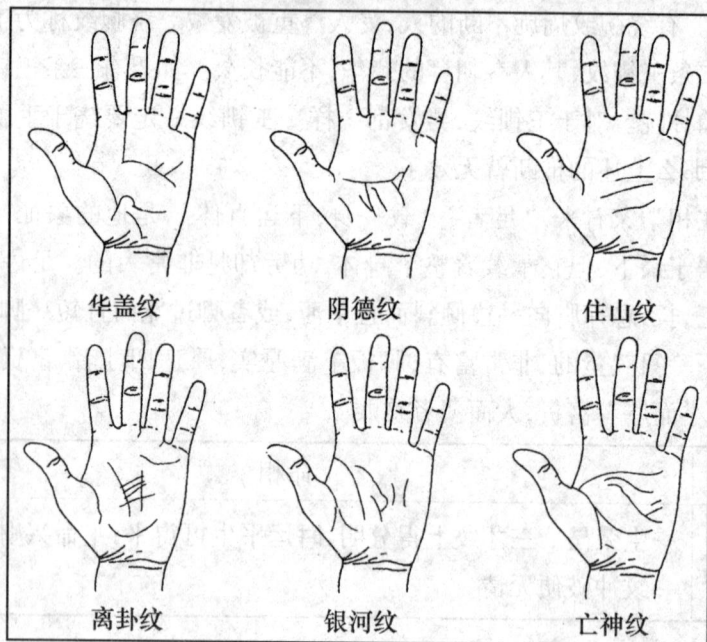

华盖纹　　　　　阴德纹　　　　　住山纹

离卦纹　　　　　银河纹　　　　　亡神纹

掌纹

的纹理一样,可以担任食禄千钟的官员;脚下有纹理像花和树的,可以积累起大量的财富;脚下有纹理像剪刀一样,可以获得万贯家财;脚下有纹理像人一样,富贵异常,可以为官;脚下有一道策纹的,是有福之人可以担任将军;有八道螺旋纹的,是富贵之相。两只小脚趾背面有螺纹,主性格粗疏,品质低劣。脚指头尖而长的,忠良之士;脚指头前端整齐的,豪强之家的贤人。

纹路	命相
华盖纹	主妻财、妻宫华盖益朝妻,招后妻财逐后来,皆是五行并掌相,他年更许有儿郎。
阴德纹	福寿。阴德纹从掌位生,常怀阴德合聪明;凶危不犯心无毒,好善慈悲好念经。
住山纹	主僧道。身立斜纹是住山,又贪幽静又贪权;老来处世心常动,尤恨鸳鸯债未还。
离卦纹	主荣贵。离纹冲破多劳碌,坎位如丰称晚年;八卦若形孤贱相,三山要厚主荣官。
银河纹	主立。银河碎在天纹上,必有妨妻再娶妇;震坎乱纹冲破克,不宜相业自与福。
亡神纹	无信义。手中横直号亡神,破了家财损六亲;到处与人家不足,更妨性命险离身。

手和足合称为四肢,相学上认为,四肢对应四季,是四季在人体的表现。四肢再加上头,则称为五体,与五行相对应。四时不调,五行不合,则万物难以生化、成长,而对于人体,如果四肢不匀称,五体不协调,则一生贫贱。

在相学上"容貌"两个字所代表的意义是不一样的,容是就人整个身体而言的,是人的整个身体给人的印象;貌则是面貌,就人的面部而言的。容与貌都包含两重意义,一层就是上面所说的物质形态的人的身体和面部,一层是通过这些物质形态所表现出来的情态,即情绪。在《冰鉴·容貌》的开篇曾国藩就为容和貌的范围做了规定,他认为"容以七尺为期,貌合两仪而论"。所谓七尺,也就是通常所说的七尺之躯,指人的整个躯体;而两仪指的是面部的天庭、地阁,即额头与下颌,这两者之间的面部为貌的范围。从这个划分可以看出,以上所讲的身相三停等都是容的内容,至于貌的情况则将在后面详细讲述。

最后,强调一点,无论是身相三停还是具体的胸、腹、手、足等,都要求相顾相称,即协调一致,和谐匀称。三停要平等而均衡,该大则大,该小则小;胸腹手足要相互匹配。这才符合相顾相称的自然之道,表现于人体则为健康有生气。

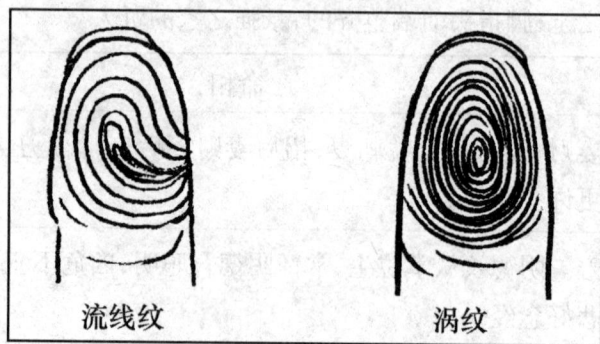

流线纹　　　　　涡纹

指纹

指纹分为流线纹和涡纹,相指纹男看左手女看右手。

纹路	命相
五指皆涡纹	信念坚深为人直,贫贱不移威不屈。 行正得尊邪入寇,躬身修行富贵职。
仅小指为流线纹	尊长顺上仕途顺,男带女腔女悍威。 勤于进取得多助,处世切莫太疑心。
仅无名指为流线纹	温厚笃实重信誉,人人称许有仁义。 出殿为帅亲角遂,更着功勋留后世。
仅中指为流线纹	为女窈窕娇人喜,为男两眼藏真情。 女者多艺男侠义,坚修正果功名立。
仅食指为流线纹	生于富贵王子仪,出之贫寒亦扬名。 思绪高远求明理,面壁精研最相宜。
仅大拇指为流线纹	心想行随不失机,不烂之舌战群儒。 闯荡半生晚思静,雅量戒爆处世宜。

纹路	命相
小指和无名指是流线纹	古朴之石藏真玉，离之荒野人不识。 终生劳碌多憾事，他日碎身惊人世。
中指和无名指是流线纹	精于策略谋算深，处心积虑有得失。 属下称道属上警，纷纷纠缠多焦心。
食指与中指是流线纹	勤于博览疏于行，愿掷万贯付之情。 莫叹坎坷中年路，意坚躬行终成名。
拇指和食指是流线纹	心高志远机谋深，帷幄运筹惊世人。 从来才贤招人算，义利权衡常记心。
拇指与小指为流线纹	求财易得求情难，只为性倔心地顽。 若得扬长避其短，自有安康福寿来。
中指和小指是流线纹	仁义肝肠慈悲心，纵情山水自怡情。 太过敏感欠决断，依性择业名有成。
食指和小指为流线纹	胸怀大度思虑深，慈悲心肠乐助人。 好走仕途风险路，抑恶扬善求功名。
食指和无名指为流线纹	纵然贫寒奈若何，映面桃花惹人注。 若戒骄奢修技艺，自得功名人前着。
拇指与无名指为流线纹	看似闲静实伺机，出山之虎何等威。 平阳坦道亦是险，密林修行自有成。
拇指与中指是流线纹	面挂笑容聪灵心，男儿女身招人钦。 不思衣食长富有，但求今日得欢心。
拇指和食指是涡纹	不信妄言究事理，尊长怜幼有声誉。 朗朗心性人称许，分明处处得宠人。
拇指和小指是涡纹	能言善辩不轻露，吞象之心胸中焐。 一旦功成自欢喜，若失所求酒色路。

纹路	命相
无名指和小指是涡纹	口齿饯俐心性灵,为人爽朗得称心。 在男得助多成事,在女切忌墙外情。
中指与无名指为涡纹	英俊男儿俏丽女,遇事容人晓事理。 不傲其貌多耕耘,步入蟾官攀桂枝。
食指和中指是涡纹	灵性聪慧本天赋,正门邪道任尔步。 若行阳关锦秀景,折入黑道叹自误。
食指和小指为涡纹	青云高远本不俗,真伪恍惚不为惑。 心迹不露人难识,蹉跎岁月志难遂。
中指和小指是涡纹	心高性强多自信,急进勇退太过急。 三十五六逢盛运,乘势奋力绘晚晴。
拇指和中指是涡纹	只雁巡空自遨游,孤奋漂泊一叶舟。 辞乡离土纵不定,体验一生博识翁。
拇指和无名指是涡纹	欲成其才先砺志,闯荡半生未虚掷。 时到晚来入佳境,大器晚成无须虑。
食指和无名指为涡纹	性情刚烈语多刺,惧强欺弱人不齿。 钟情一事精一道,择优耽劣再论理。
仅小指为涡纹	聪颖不露显机智,择事而行终有成。 寻友结伴须谨慎,成败半己半赖人。
仅无名指为涡纹	性直之人不虚伪,举网挈目得要领。 争强好胜非不取,只惜难吃半点亏。
仅中指为涡纹	本是天资聪灵人,思虑飘逸让人奇。 曲高和寡多自叹,伯牙何处觅子期。
仅食指为涡纹	莫迷年长人之妻,莫惑姑表兄之情。 本是究事深理者,志心修炼扬身名。

纹路	命相
大拇指是涡纹	天生执印栋梁才,一时磨炼砺志刚。 真龙岂是池中物,乘雷腾空任翱翔。
五指皆是流线纹	重情富义品格高,多行体验取中庸。 乾坤大道勤求索,功成名就富贵荣。

分句评析

观人先看整体形象

【原典】

容以七尺为期,貌合两仪而论。胸腹手足,实接五行;耳目口鼻,全通四气。相顾相称,则福生;如背如凑,则林林总总,不足论也。

【译文】

观姿容以七尺躯体为限度,看面貌则以两只眼睛为主。人的胸腹手足,都和五行——即金、木、水、火、土相互关系,都有它们的某种属性和特征;人的耳目口鼻,都和四气——即春、夏、秋、冬四时之气相互贯通,也具有它们的某种属性和特征。人体的各个部位,如果相互照应、匹配,彼此对称、协调,那么就会为人带来福分,而如果相互背离或彼此拥挤,使相貌显得乱七八糟、支离破碎,其命运就不值一提了。

古人把人的七尺之躯分成三个部分,称为三停,头为上停,头形圆实饱满而又显秀长者,是大吉富贵之人,但要与中停、下停和谐,身小头长或身长头小,则表示此人贫贱。从颈部到腰部为中停,中停也要与上停、下停相称,太短则寿命不长,太长则一生贫困,腰身软弱者既无力气也不太长命。腰以下到脚为下停。下停也要与上、中停相称,太长则多病。总之,古人认为,三停要比例相称,相称者既美观、身相又好。一般来说,上身长下身短,主人官运亨通,有福寿。反之,则一生贫贱又短命,若上中下三停俱短,只要无亏损缺陷,且五官端正也是一种相称之样,同样可以富贵双全。

形有"五短之形"和"五长之形"之分:

五短之形:就是头短、面短、身短、足短、手短。

五长之形:就是头长、面长、身长、手长、足长。

古人认为五短之形与五长之形本身没有优劣之分,关键要看它们与其他方面的配合而定。

五短之形的人如果骨细面滑,印堂明亮,五岳朝拱,定上佳。五长之形的人配以骨丰貌隆,清秀滋润,就是奇佳之人,主人富贵双全。

五短之形的人如果骨骼粗恶,五岳陷塌,则贫贱无疑。五长之形的人如是骨肉枯瘦,筋骨暴露,则为恶相,亦贫贱。

此外,古人还有一说,即手短足长则贫贱交加,而手长足短既富又贵。

形相类型的划分,各家各派有不同的方法与标准,但总的来讲,可大致分为两类:一种是形象法,另一种则是抽象法。形象法,就是根据人的"形"进行归类,通常的五行形相分类就属于此。用甲、申、由、同、王、曰、圆、用、凡、田这十个字的字型来比类取象的划分方法等。形象法的划分方法的优点是直观,可操作性强。抽象法,是根据人的外貌气质,心理状态,精神表现等方面的特点,结合对命运评断标准进行划分的方法,古代普通分类有"六分法"。六分法分为富、贵、寿、贫贱、孤苦、夭。

古人认为富相可分为大富、中富两种:

大富的特征是:耳朵大且贴肉而生,鼻大如悬胆,脸黑而身白,背部丰隆厚实,声如洪钟,背部宽阔,胸部平坦,腹部大又下垂,头皮宽大等。

中富的特征是:身体及面部上、中、下三停匀称齐等,面部五岳丰隆高拱。头、面、身、手、足五者俱长,或五露俱全——即眼突、鼻仰、耳反、唇掀、结喉,眼细长如凤眼等。

大富、中富还有其共同的基本特征:形象敦厚,神态安定,气质清高,声音响亮,眉毛阔,耳朵厚实,口唇红润,鼻梁正直,面孔呈方形,背丰厚,腰板正,皮肤滑腻,腹大下垂,牙口整齐如同牛齿,昂首慢步好比鹅行。

总之,富相是腰圆背厚,鼻梁高耸,双颧隆起,口角方正,地阁方圆,四角丰隆;富相是气色红润清朗,身体肌肤柔软光滑,面部丰满,骨相清奇;富相是手背肉厚,行立坐卧,姿态端正,神情潇洒,举止稳重。

古人认为贵相分为大贵、中贵、小贵三种:

大贵的特征:头颈粗壮,下颌宽阔,眉骨高隆,伏犀骨隆起贯顶,眼睛端定,两手过膝,口大到能容下一拳,举止投足如龙行虎步,双眼细长如凤目等。

中贵的特征是:胡须硬如铁,双耳白净长于脸,眼黑似漆,身长脚短,口形方形如"四"字,牙齿有三十六颗且齐全,手指比手掌长等。

小贵的特征是:天庭饱满,地阁方圆,牙齿又白又大,眉清目秀,口如角弓,嘴唇红润等。

贵相的共同特征是:脸黑身白,面粗身细,身体短小而声音洪亮,面部短而眼睛长,身体体味是清香。

以上这些对基本特征的叙述,全面地反映了古人对人体形象的看法,其中既带有典范性,又包括了东方文化特有的神秘性和玄虚性,仅供参考,不可绝对而论之。

智慧应用

容貌不恭敬可能获罪

以容貌观人,由来已久,《大戴礼记·少间篇》记载:"尧依据人的容貌设官授职。"《孝经》里有"容貌举止可以观瞻,进退有据,可为法度"的记载。《礼己·曲礼》说:"步履要稳重,手势要恭敬,目光要端庄,口气要和蔼,声音要恬静,头颈要端直,气色要肃穆,态度要端庄。"这样的说法由来已久了。《汉书·五行志》里记载的因容貌不恭敬而获罪取咎的事例达十几条,其中关于举止的有三条。《汉书·五行志》的叙述虽然很拘泥琐碎,但也是对后人为人处世,提供正、反两方面的鉴戒,富有很深的意义! 这里列叙如下:

《春秋左氏传》记载:桓公十三年,楚国的大将屈瑕讨伐罗国,斗伯比为屈瑕送行,回来时斗伯比告诉他的车夫说:"屈瑕这次一定要失败,举止高傲,心思不定啊!"于是马上晋见楚国国君,告诉对屈瑕的看法。楚国国君马上派人追回屈瑕,最终还是来不及了。屈瑕率军攻打罗国,路上不加防备。到了罗国,罗国人严阵以待,予以抵抗,屈瑕大败,自杀而亡。

僖公十一年,周朝派遣内史过向晋惠公颁赐诏命,晋惠公接受玉器时显得很懒散。完成使命后,内史过告诉周王说:"晋国国君大概要断子绝孙了! 国王您颁赐诏命于他,而他接受玉器时却显得很懒散,这已是自暴自弃了,怎么能有继承之君？礼仪是国家政治的重要事务，恭敬是安身立命的重要途径，如果为人不恭敬，就会礼仪行不通；礼仪行不通，就会君臣上下昏乱不堪，这样一来，国家如何能长盛不衰？"僖公二十一年，晋惠公死去，晋怀公继位为君，而晋国人杀死晋怀公，另立晋文公为君。

成公十三年，晋国国君派郤锜去鲁国请求军事支援，而郤锜在处理与鲁国的事务时很不恭敬，孟献子便说："郤家难道要亡了吗？礼仪是为人处事的要事，恭敬是安身立命的基础。郤锜为人处事不得要领，安事立命没有基础！而且郤锜是先朝国君留下的辅弼大臣，接受命令出使鲁国，请求军事援助，应该以国家大事为重。然而郤锜却置国家大事于不顾，怎么能不灭身亡家？"成公十七年，郤氏家族灭亡。

成公十三年，各诸侯国国君朝觐周王，跟随刘康公讨伐秦国。成肃公在社稷坛接赈肉，态度很不恭敬，刘说："我听说过这样的话：人居天地之间，受命而生，这是上天的意志，也是命运的安排。所以言语行动、举手投足要讲究礼仪、注意威严，这样才能顺适天命。贤能的人因此而获得上天的赐福，而不贤能的人因此而获罪罹祸，所以君子要经常熟悉礼仪，小人只有出力卖命；熟悉礼仪的关键要常存恭敬之心，出力劳作的关键，是要悖谨笃诚；恭敬的目的，在于供养神灵，而笃诚的目的，在于保守家业，国家的重要军国大事有两件：一是祭祀，二是征伐。祭祀时有执幡之事，征伐时有受赈之事，这都是供养神灵的大礼仪。但是，成肃公接受赈肉时大为不恭，这不是反其道而行吗？"当年五月，成肃公死去。

成公十四年，卫定公招待苦成叔，宁惠子任相职。宴席上，苦成叔态度倨傲不礼，宁惠子说："苦成叔家要败亡了！古时候，宴请别人是为展示威严礼仪，免灾去祸，所以《诗经》有这样的诗句：'犀牛角杯也陈列，美酒那样的温和，既不求取，也不倨傲，只是祈求万福来临。'现在苦成叔态度倨傲不礼，这是招致祸患的事啊！"过了三年，苦成叔家族便败亡了。

成公十六年，晋国国君在周朝都城大会诸侯，单襄公看到晋厉公高视阔步，目中无人，就告诉鲁国国君说："晋国恐怕将有大乱出现。"

襄公七年，卫国的孙文子出使鲁国，鲁国国君登上坛台，孙文子也跟着登上，叔孙穆子担任相职，看到这种情况就走上前去说道："在各国诸侯会的时候，我国国君从来都是走在卫国国君前面，今您却和我国国君并行而登，尽管我国国君没有意识到这件事；您难道能心安理得吗？"孙文子一句话也没有说，但也没有承认错误、请求原谅的意思。叔孙穆子便说:"孙文子一定会败亡! 身为臣子,却冒行君礼,知道犯错而毫无改过从善之意,这是家败人亡的事啊!"襄公十四年,孙文子因驱逐卫国国君而自己最终叛逃外国。

襄公二十八年,蔡景侯从晋国回国,途经郑国时,郑国国君宴请蔡景侯,蔡景侯态度不恭。子产说:"蔡国国君肯定逃脱不了祸患! 他犯的错误太大了。以前国君派子产前往东门犒劳军队,而子产态度倨傲不恭,我说过:'要更换这个人!'现在蔡国国君接受宴请而怠慢不敬! 蔡国是个小国,对待大国怠惰不敬,自以为是,必将难逃死祸! 如果蔡国国君出现祸患,肯定是由他的儿子引起,荒淫奢侈,不守父道,这样的人肯定子孙会出现祸患!"襄公三十年,蔡景侯便被他的太子般杀死。

襄公三十一年,卫国的北宫文子出使楚国,见到楚国令尹围的仪仗规模很大,逾越了规矩,回来后对卫国国君说:"楚国的令尹派头很大,好似国君一般!他恐怕会有别的想法,虽然能实现他的愿望,但最终不会有好的结果!"卫国国君说:"你怎么能知道呢?"北宫文子回答说:"《诗经》里有这样的诗,'恭敬谨慎,注意威仪,是百姓取法的准则',现在楚国令尹没有威仪,百姓也就没有取法的准则了,无法给百姓提供取法准则的人,在上位治理天下,是不会有善终的!"

襄公三十一年,鲁国国君死去,季武子等人准备立公子稠为国君,而穆叔反对说:"这个人啊,居丧时根本没有哀痛的表情;悲痛的时候,却面呈欢欣快乐,这就是没有规矩尺度,没有规矩尺度的人,很少有不招惹祸患的。如果立他为鲁国国君,季家肯定会有麻烦!"季武子不听穆叔的劝阻,最终立公子稠为国君。举行丧礼时,三次更换丧服,不守丧葬之礼,这就是鲁昭公;鲁昭公立后二十五年,听从臣下攻打季家,结果兵败出奔,死在外国。

昭公十一年的夏天,周单子在戚这个地方集会,周单子视线低下、言语迟缓,晋国的叔向据此认为"周单子一定会有死难临头!"

昭公二十一年三月,安葬蔡平公,蔡太子朱失去君位,地位很卑下;鲁国参加送葬的官员回来后告诉鲁国的昭子,昭子感叹说:"蔡国要亡了,蔡国要亡了!如果蔡国不灭亡,这样的国君,也不会有善终!《诗经》说:'君主对政事不懈怠,百姓才能得到休养生息!'现在蔡国国君刚刚继位,而原来的太子就贬处卑位,这将怎么办!"十月,蔡国国君出奔楚国。

定公十五年,邾国国君邾隐公来朝觐鲁国国君,邾隐公高高地捧着玉器礼物,仰望着鲁国国君,而鲁国国君接受玉器礼物时,漫不经心地俯视着邾隐公。

子贡看到了这个场面,说道:"按照礼仪规则来看,两国国君都不会有好的结果;所谓礼仪,是国家生死存亡的根本大事,在左右周旋、进退俯仰之中体现出礼仪的精神;朝觐、祭祀、丧葬和征伐是礼仪中的大事。现在两国国君在春天朝觐时都不守礼仪法度,守礼遵仪之心已经丧失了! 朝觐时嘉礼都这样不守规矩,如何能长久? 仰望鲁国国君是骄妄,俯视邾隐公也是非礼之举! 骄妄近乎叛乱,隆替近乎损身。君主是国家的首脑,国家要亡了!"

听言观行可以知人

古人云,"听言观行,知人之良法。"就是说,听其说话,看其行动,是识别人的好方法。正因为如此,所以我们在选择识人的方法时,切不可忘记应采用"观举止识人"的良方。

根据人的举止来识才、观人,前人已有不少的经验留给了我们。如《周易·系辞下》中指出:"将叛者其辞惭,中心疑者其辞枝;吉人之辞寡,躁人之辞多;诬善之人其辞游,失守者其辞屈。"这就是说,要叛变的人说话总带几分愧色,心中疑惑不定的人,说话总是模棱两可;善良的人话不多,浮躁的人喋喋不休;诬蔑好人的人闪烁其词,丧失操守的人说话吞吞吐吐。

心理学家们近来的研究指出:一个人的姿态往往反映一个人对他人所持的态度。实验表明:如果和一个你厌恶的人相处,人们或是过于随便,"如入无人之境";或是过于拘谨,显得手足无措。

姿态有时是群体内的一般倾向的指示器。试想当与会者为一个问题争得面红耳赤的时候,任何一个人都能通过自己的举止表示出自己是属于哪一方的。比如,赞同的人大多跷着二郎腿,一副自信的样子;而反对者双手抱胸,叉腿而言,大有不甘退让之势;骑墙者兼而有之,既有跷腿而坐,又有双手抱胸,此谓"袖手旁观"。这时;如果有谁突然改变了姿势,很有可能表明他改变了原来的立场。

在人们不能说或不想说,但需要交流信息时,往往用点头、摇头、耸肩和挥手来表示不同的想法。如点头表示同意,摇头表示反对,耸肩表示不知道,挥手表示欢迎或道别。在人们交际活动中,由于文化背景不同,人们的言谈举止是不一样的。如法国人的言谈举止是"法国式"的。英国人盘腿的方式和美国人大相径庭。在西方,双方甚至男女在公共场合拥抱不足为奇。但是在中国,男女在公共场合下拥抱则不多见。这反映了文化背景的差别。在人际交往活动中，人们的交际行动是千姿百态的，据有关学者研究表明，在与异性交往的行为中，一般可以简单地大致归为三种类型。这三种类型分别是：柏拉图型、猪八戒型、关云长型。

柏拉图类型的人，通常被人称为内秀型。这种类型的人敏感、聪明、腼腆、害羞，常常给人一种清高的感觉，有时显得很傲慢。这种人具有诗人气质，在同异性的交往中，总是把对方理想化，热衷于同对方的精神交流，认为自己与对方的关系，犹如圣洁的彼岸一样纯洁、高尚、甜美。他们善用文字来表达自己的感情，喜欢风花雪月式的约会，他们的感情细腻，如抒情的夜曲一样。但是，这种柏拉图式的精神境界，往往得不到对方的理解。因此这种类型的人又常常有孤独感，时常自暴自弃、丧失信心，感到自己在生活中软弱无力、不能挺起。因此，感情往往陶醉于诗一般的幻想之中。

猪八戒类型的人，往往和猪八戒一样性情急躁。对异性的态度往往是明朗、直爽。遇到意中之人，便主动发起进攻、直抒心曲，刻不容缓。他们的性格就是这样快人快口，一眼相中，大举进攻，决不闷在心中。但是这种人来得快，也去得快，热得快也冷得快。朝秦暮楚乃是他们天性中固有的成分。有时，给人的感觉是，这类人并不太专一，对人缺乏真正的持久的尊重，可靠

关云长

或温暖度的时间往往是短暂的。但这种人精力充沛，善于交际，办事较快。点火速度快，一股热情之后，另一股热情随即又烧起来。

关云长类型的人，并不总是十分聪明，脑子也不总是很灵活。但是，这种人最注重情感，一旦认定，终生决不反悔，感情专一，忠贞不贰。这种类型的人，不论对同性、对异性都不轻浮，决不以相取人，虽然他们也注重外在的一些形式，

由容貌相人

图文珍藏版

但注重形式的目的,是在于他们认为举止持重、端庄大方的外在形式与内在的心灵是相互统一的。因为他们自己就是这样的人。这种类型的人,不大善于主动进攻,往往含而不露,往往给人以热而不烫、冷而不凉的感觉。总之,他们在一言一行之中,都是有分寸的,决不会轻越雷池一步。这种类型的人尊重长辈,遵守诺言,有时也能遵守他们认为值得遵守的秩序。他们往往对外界的刺激不敏感,能够处之泰然。但在遇到大事之时,阵脚也会紊乱一番,不大善于明辨是非。因此,这种类型的人,可以冲锋陷阵,持封疆大吏之雄风,但不宜为一乡之长、一国之君。在与异性的关系上,他们也不会乱抛忠诚的。在女性方面,这类人也是一样,往往被认为是有高贵气质的女性,她们往往也不会轻许芳心的。

二、容貌整，匀称均衡为佳

人的姿态以"整"为贵，所以，人身体的各个组成部分只有均衡、匀称，才能构成完美的有机整体。

【原典】

容贵"整"，"整"非整齐之谓。短不豕蹲①，长不茅立，肥不熊餐，瘦不鹊寒，所谓"整"也。背宜圆厚，腹宜突坦，手宜温软，曲若弯弓，足宜丰满，下宜藏蛋②，所谓"整"也。五短多贵，两大不扬，负重高官，鼠行好利，此为定格。他如手长于身，身过于体，配以佳骨，定主封侯；罗纹满身，胸有秀骨，配以妙神③，不拜相即鼎甲④矣。

【注释】

①短不豕蹲：豕，指猪。这里是名词作状语，意思是像一头蹲着的猪。以下的"长不茅立，肥不熊餐，瘦不鹊寒"都是这种用法。

②下宜藏蛋：意思是足弓下宜藏蛋，古代相学忌讳足弓平板，认为足弓高能藏蛋为佳相，主大富大贵。

③妙神：指奇佳的神态。

④鼎甲：指头名状元。

【译文】

人的姿容可贵是通过"整"表现出来的，"整"的意思并非指整齐划一，而是说人整个身体的各部位要匀称协调，构成一个完美的整体，就身材而言，人的个子可以矮，但不能矮得像一头蹲着的猪；人的个子也可以高，但不能高得像一根茅草。从体形来看，体形可以胖，但不能胖得像贪吃的熊那般臃肿；体态可以瘦，但不能瘦得像一只寒鸦那般单薄，这都是"整"的要求。从身体各个部位看，背部要浑圆而厚实，腹部要突出而平坦，双手要柔软光滑，手掌要弯曲如弓，脚背要丰厚饱满，脚心要空，空到能藏下一个鸡蛋才好，这就是"整"的要求。五短身材虽然很平常，但这样的人多高贵，双腿长的人往往命运不太好。走起路来就好像身负重物，这样的人多有高官之运；走起路来如老鼠般细碎急促，两眼左顾右盼，闪烁不定，这样的人必是贪财好利之徒，像以上这些都已经形成了一定的规律。另外，如两手长于上身，上身比下身长，再加上上佳骨相的话，这

以七尺躯体为限，以两只眼睛为标准，人的胸腹手足与五行相联，耳目口鼻与四季之气贯通，人体的各个部位相互搭配得和谐融洽，这就是福相。

背部浑圆而厚实。

腹部突出而平坦。

脚背丰厚饱满。

双手柔软光滑。

皮肤细腻柔滑，胸部骨骼隐而不显。

行路如身负重物，多有高官之运；步履细碎急促，神色闪烁，多贪财好利之徒。

| 姿容贵于"整" | 静态 | 动态 |

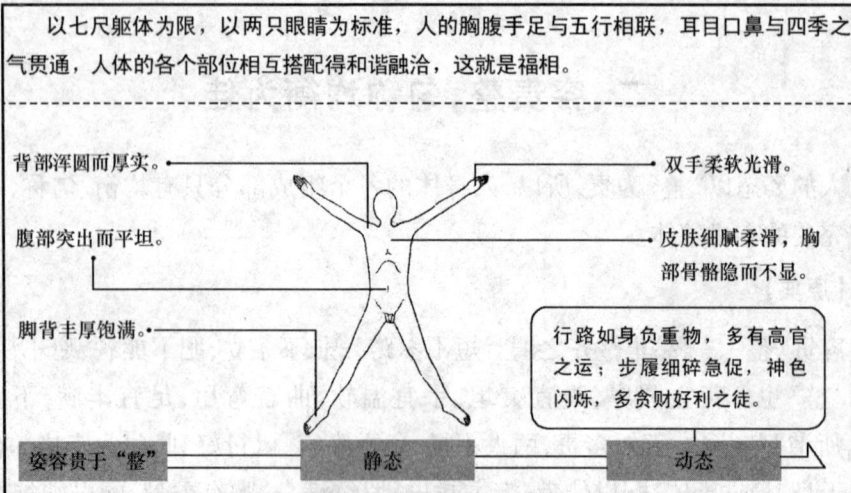

体貌特征的福祸之辨

样的人定能入公侯之列。如皮肤细腻柔滑，如绫罗覆盖周身。胸部的骨骼隐藏而不显现，文秀别致，如果再有一副好的神态，则将来必定位列将相之列。

综合评析

容貌以整齐为贵

对于人的姿容，相学上都以"整"为贵，这里所谓的"整"并非整齐的意思，而是上文所说的和谐、协调、相互匹配，从而构成一个有机的整体。因此，所谓五短之形，即头短、面短、身短、手短、足短的人，只要有骨细肉滑、印堂明润、五岳朝接相配合，也是好相，能够位至公卿；如果与之相匹配的是骨骼粗恶、五岳缺陷，则必定贫贱。五长之形，即头长、面长、身长、手长、足长的人，只要有骨肉丰隆、清秀滋润，也是好相；但如果与之相匹配的骨肉形如枯槁、筋骨迸露，那就恶相了。

相术上对形体类型的划分与评判的标准，各家有所不同。总体而言，在类型划分上主要有两种，一是形象法，一是抽象法。从字面上可以知道，所谓形象法是根据形体的实际特征划分，即形体像什么就分为什么类。这样的分类主要有，五行形相分类，也就是前文中所讲的五行形相、五形人；飞禽走兽分类法，即以人形比附飞禽走兽，主要是在相传为宋代陈抟所著的《神相全编》等书中使用;十字字形分类法,即以字形比附人体外形,主要是在清代陈淡野的《相理衡真》等书中使用。

而根据抽象的方法划分又可以分为两类,一类是根据人的形貌气质、精神状态等特点划分,这一类以《麻衣神相》为代表;一类根据对命运的评判标准划分,这一类通常以富、贵、寿、贫贱、孤苦、夭六分法为代表。

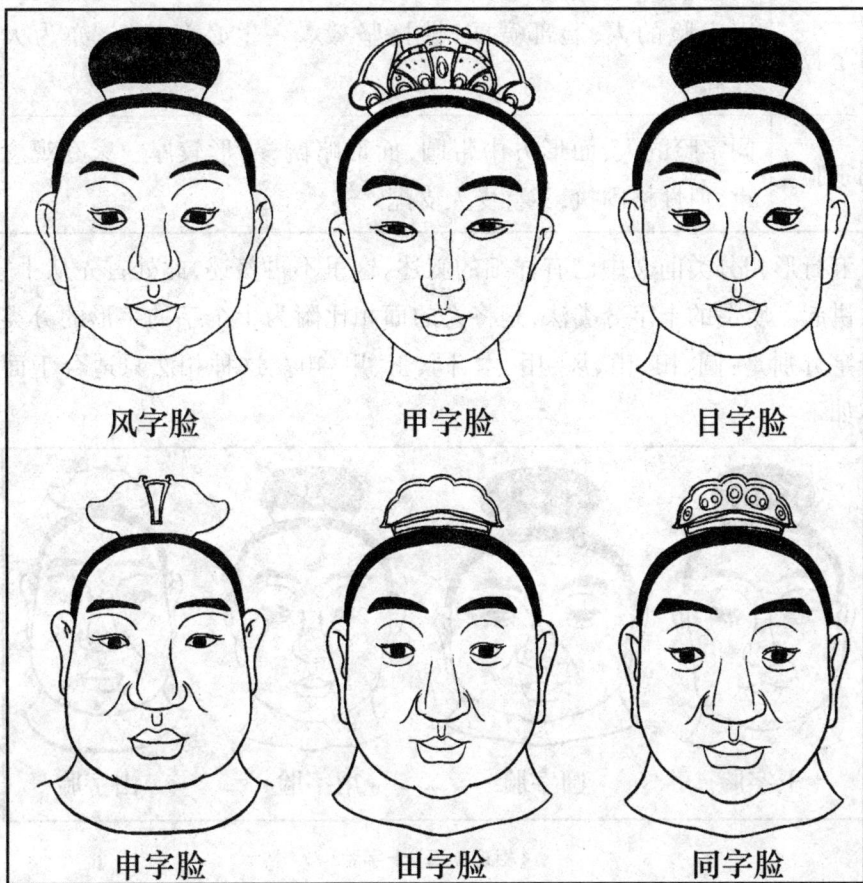

| | 风字脸 | 甲字脸 | 目字脸 |
| 申字脸 | 田字脸 | 同字脸 |

《相理衡真》十字脸

风字脸	风字脸的人,腮骨位置向外凸露,比整个面形更阔。个性执着,且报复心强,做事一意孤行。
甲字脸	甲字脸的人,额头宽阔,下巴尖,鼻直而长。其人思想活泼且感觉敏锐,适合从事绞尽脑汁的工作。
目字脸	目字脸的人,脸呈长方形。做事有干劲,不容易认输。

风字脸	风字脸的人，腮骨位置向外凸露，比整个面形更阔。个性执着，且报复心强，做事一意孤行。
申字脸	申字脸的人，面似鹅蛋形，上额跟下巴略尖而颧高鼻直。性格较为冲动，不易与人长久相处。
田字脸	田字脸的人，脸部宽阔，性格坚毅。一生必有建树，亦为大富之局。
同字脸	同字脸的人，面形方中带圆，面形略阔，头形较厚。家庭观念极重，但性格固执，不喜受人支配。

五行形相分类前文中已有详细的叙述，这里不再赘述，此处首先从十字分类法讲起。所谓的十字分类法，是将人的面相比附为十个字的字形的分类法。十个字分别是：圆、田、由、风、用、木、同、王、甲、申。这种相法只适合于面部。具体如下：

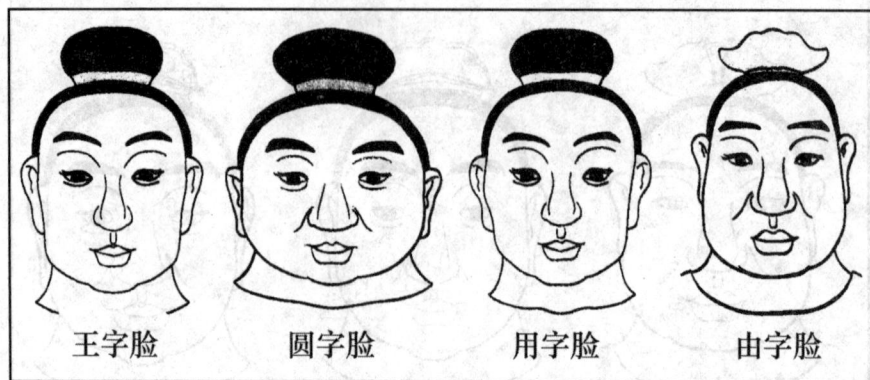

《相理衡真》十字脸

王字脸	王字脸的人，头骨广阔但太阳穴狭窄，腮骨显露但面形凹陷，形成王字。城府极深，喜机谋计算，适合替人出谋献策。
圆字脸	圆字脸的人，圆圆胖胖，性格明朗快活。适宜从事与人事有关的工作。
用字脸	用字脸的人，左右面颊不均衡，一边腮骨大而一边腮骨小，形成歪面。性格矛盾，对物质欲望的追求不平衡。

由字脸	山字脸的人，属于脸下部发达的鹅蛋形脸，做事实事球是，身体力行。

一、圆：圆字脸的人，圆圆胖胖，性格明朗快活，待人处事诚恳、和善，热心公益与社交。对于金钱的运用，以及处理人事关系其为出色，适宜从事与人事有关的工作，比方说公关工作，而不适宜做机械性的工作。运气方面，三十岁前及五十岁后较好，中年运气则平平。

二、田：田字脸的人，脸部宽阔，性格坚毅，有耐性，身体强壮，多能默默耕耘。运气则初中晚年皆平稳而吉，一生必有建树，亦为大富之局。

三、由：山字脸的人，属于脸下部发达的鹅蛋形脸，性格坚韧不拔，喜人投其所好，但做事实事求是，身体力行，对家庭子女亦好。运气方面，三十岁前孤贫。鼻颧较好则中年以后较好，晚年则大多有一定财富，否则亦晚年安乐。

四、风：风字脸的人，腮骨位置向外凸露，比整个面形更阔。本来腮骨显露的人，只是保密性强而已，但腮骨凸露则其人破坏性亦强，形成个性执着着，且报复心强，做事一意孤行，是一个极度自私的人。这种人很难与人共处，原因是由于他的秘密性、斗争性与破坏性过分强烈，不受理智压制所致。运气方面，少年较好，中年则平平，晚年则主要观察下巴肉厚抑或是露骨；肉厚即晚年有一定财富，露骨则晚年难免孤贫。

五、用：用字脸的人，左右面颊不均衡，一边腮骨大而一边腮骨小，形成歪面。其人性格矛盾，对物质欲望的追求不平衡，喜用与自己财富不相称的物件。财富则可参考其人上停、中停的发展。

六、目：目字脸的人，脸呈长方形，做事有干劲，不容易认输。

七、同：同字脸的人，面形方中带圆，略阔，头形较厚。这种人体格强壮，精力过人，做事实事求是，从不空想，家庭观念极重，但性格固执，不喜受人支配。运气方面，少年平淡中略见出色，中年以后突飞猛进，晚年更佳，且多为大富之局。

八、王：王字脸的人，面形与目字面形有相似之处，只是面骨更加凸露，头骨广阔但太阳穴狭窄，腮骨显露但面形凹陷，形成王字。其人城府极深，喜机谋计算，适合替人出谋献策。

九、甲：甲字脸的人，额头宽阔，下巴尖，鼻直而长。这种面形的人脑力强而体力弱，不能从事体力劳动。因思想活泼且感觉敏锐，从事绞脑汁的工作特别出色,是各种面形之冠。

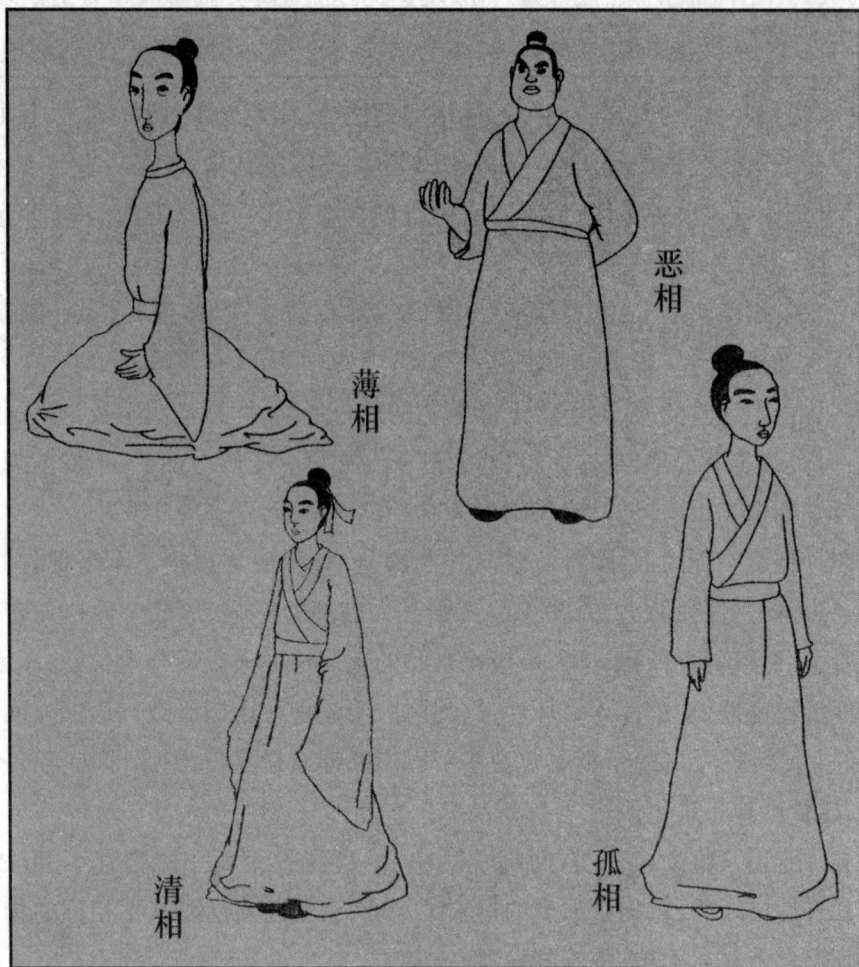

《麻衣神相》观人八相

薄相	即单薄柔弱之相,体格劣弱,身轻气怯。生有此相的人,性格内向,性情孤僻,智力缺乏,意志薄弱,毫无主见。
恶相	即凶神恶煞之相,体貌凶顽。生有此相的人,心地阴狠歹毒,性格暴躁。
孤相	即孤独贫弱之相,形骨孤寒。主命运孤寒不济。
清相	即清朗文秀之相,体貌清朗文秀,姿容细瘦坚实。生有此相的人,聪明机智,心灵手巧,富有创造性和进取心。

十、申：申字脸的人，面似鹅蛋形，上额跟下巴略尖而颧高鼻直。这种面形性格较为冲动，不易与人长久相处。运气方面，少年平稳，中年必有所成，下巴骨如向前则晚年运气亦好。

《麻衣神相》中的八分法，即其中的"观人八相"，将形相分为：威相、厚相、清相、古相、孤相、恶相、薄相、俗相。下面将具体论述。

一、威相：即威严刚猛之相。面目尊严可畏，主有权势。就像猛虎出山百兽自然畏惧躲避，苍鹰扑兔百鸟心惊一样。这样的人一般身高体大，相貌堂堂，神色庄重，仪态威严，性情刚猛，行动果敢，使人不自觉地心生畏惧。生有此相的人，具有很强的决断力和行动力。

二、厚相：即敦厚持重之相。这样的人气量如沧海能容纳百川，包容万物；气宇如巨舟，引之不来而摇之不动。从体貌上看，体貌端庄敦厚，骨重肉丰，神色庄重，仪态平正，举止缓慢，性情温和，行动稳重。主福禄。生有此相的人，有度量，心胸开阔，稳重可靠，一生平稳、多福、少风险。

三、清相：即清朗文秀之相。所谓"清"为精神秀丽纯净之清，就像桂林山水、昆仑之玉一样洒脱出尘、一尘不染。体貌清朗文秀，姿容细瘦坚实，神色清爽，举止麻利，仪态温文尔雅，性情开朗，思维敏捷。主大贵。生有此相的人，聪明机智，心灵手巧，富有创造性和进取心。不过如果只是清秀而缺少厚实，就近于刻薄了。

四、古相："骨气岩棱谓之古，古而不清谓之俗。"此相有两种说法，一为古朴之相，一为古怪之相。古朴者性格孤僻内向，性情耿直孤傲，有骨气，但缺少灵活变通。古怪者体形奇怪，甚至是粗俗丑陋，但有古相而不清秀者，便近乎俗相了。古相主命运吉凶。古而清命运亨通，大吉大利；古而浊，命运不济，人穷命蹇。

五、孤相：即孤独贫弱之相。所谓"孤者，形骨孤寒而项长肩缩，脚斜体偏，其坐如摇，其行如摆。又如水边仙鹤，雨中鹭鸶"。生有此相的人，体貌寒薄瘦弱，神色混浊委顿；性格内向，性情乖戾，能力不足，情趣了无，心胸狭窄。主命运孤寒不济。

六、恶相：即凶神恶煞之相。所谓"恶者，体貌凶顽，如蛇鼠之形，豺狼之行，或性暴躁，神惊，骨伤节破"。生有此相的人，心地阴狠歹毒，性格暴躁，毫无理智，感情用事，不守信用，不懂礼义，易犯罪横死。主最终命运不济。

七、薄相：即单薄柔弱之相。所谓"弱者，体格劣弱，身轻气怯，色昏而暗，神藏不露,如一叶之舟泛重波之上,见皆知其薄弱,主贫,下贱"。生有此相的人,体貌单薄柔弱,性格内向,性情孤僻,智力缺乏,意志薄弱,毫无主见。主命运不济。

《麻衣神相》观人八相

威相	即威严刚猛之相,面目尊严可畏。生有此相的人,具有很强的决断力和行动力。
古相	此相有两种说法,一为古朴之相,一为古怪之相。古朴者性格孤僻内向,古怪者体形奇怪。
厚相	即敦厚持重之相,体貌端庄敦厚,骨重肉丰。生有此相的人,有度量,心胸开阔,稳重可靠。
俗相	即粗鲁俗陋之相,体貌粗俗、卑贱。生有此相的人,性格无定,愚鲁蠢笨,狭隘贪婪,目光短浅。

八、俗相:即粗鲁俗陋之相。所谓"俗者,形貌混浊,如尘中之物,陋而浅俗,

纵有衣食而多迍也"。生有此相的人,体貌粗俗、卑贱,习俗鄙陋,性格无定,愚鲁蠢笨,狭隘贪婪,目光短浅,智力贫乏。主命运一般。

　　根据对命运的评判标准的划分方法,主要代表是六分法。即将人的姿容分为富相、贵相、寿相、贫贱相、孤苦相、夭相等六种。下面来具体讲述这六相。

　　一、富相:即财胜业大、衣食丰足之相。《神相全编·富相格》:"形厚、神安、气清、声扬、眉阔、耳厚、唇红、鼻直、面方、背厚、腰正、皮滑、腹垂、牛齿、鹅行,以上皆富贵相也,主少年奋发,家财丰厚也。"拥有此相的人,形厚神安,音清声畅,头大额隆,眼明眉阔,耳厚唇红,面方鼻正,背厚腰直,肤润腹垂,坐如坠石,行如浮云。此相的人,物质性运气很好,极有可能成为富人。

　　二、贵相:即高贵之相。古人认为福寿有命,富贵有相。《神相全编·贵相篇》:"精神澄澈骨隆清,刚毅汪洋谁可识?巍岩气宇旋旋生,行若浮云坐如石;身小声大隔江闻,日角龙眼额悬壁;目光烂若曙星悬,鼻梁耸惯天中出,背后接语身不转;不带芝兰身自香,上长下短手垂膝;重瞳二肘人难会,龙颏钟声面盈尺;粪如叠带尿如珠,肤似凝脂目如漆;身如具字面如田,虎踞龙奔自飘逸;颧骨隆平玉忱丰,舌自准头有长理;相对咫尺不见耳,正面巍然如隐指;口丹背负皮生鳞,天地相朝生骨起;清中藏浊浊中清,足下生毛兼黑痣;龙来舌虎指圆长,肉骨出顶耸双耳;九州相继驿马丰,边地隆高无蹇否?"这是古人对此相的特征的描述,古时候的帝王将相为了证明自己是天命所归,通常比附的也是此相。像刘邦的头部像蛟龙,大腿有黑子等。

　　具有此相的人,在身体上表现为,三停均衡,身材匀称,体态协调,风度俊逸,举止端庄、审慎,仪态万方。在面部表现为,眉清目秀,炯炯有神;鼻子挺拔而直,气象堂正;额头丰隆而宽阔,气宇轩昂;颧骨高耸,气势不凡;口唇方正,刚毅沉雄;印堂高明,英气勃勃;气色红润,神情润朗。

　　在精神状态和人格品位上表现为,品德高尚,修养良好,气质优雅,聪明睿智,才能卓越。

　　此相主贵。这样的人只要稍微努力就能获得很高的地位、高官显爵。

　　三、寿相:即长寿之相。《神相全编·寿相格》:"五岳丰隆,法令分明,眉有长毫,项有余皮,额有横骨,面皮宽厚,声音清响,背肉负厚,胸前平阔,齿齐坚密,行坐端庄,两目有神,耳长有毫,鼻梁高耸,以上皆寿相也。"这样的人,耳长贴脑,眉毛秀长,人中长直;气色平实,不胖不瘦;性格温顺,心态开阔,欲望持中,情态平和。此外,古代相学家还以睡时气息由耳孔出入者为福寿之相。主长寿。拥有此相的人，一般都能享有长寿，晚年幸福。

四、贫贱相：即既贫且贱之相。在相学上将贫与贱放在一起，从一个侧面表明了相学家的一个共识，那就是贫贱不分家，贫必贱，贱必贫，或者贫就等于贱，贱就等于贫。所谓贫指的是物质财富的缺乏，贱指的是精神人格的鄙贱。在古代，没什么钱的穷人社会地位当然低下鄙贱，而地位低下鄙贱的人也大多数穷人。当然商人是个例外，他们不穷，是富人，但当时主流的社会文化是看不起商人的，他们的地位同样是鄙贱的，与穷苦人没什么区别。

此相的人，头小额窄，耳薄皮粗，口小肉松，形俗神怯，气浊声破，腰折背薄，脚长肩促，鼠食蛇行，面色灰暗。喜怒无常，缺乏毅力，志大才疏，心浮气躁，得志猖狂，得过且过，毫无主见。

此相主贫穷鄙贱。这样的人，也有一些是俊男美女，但却没有衣食福禄的好运气；就算有衣食福禄的好运气，但因其命相不佳，也难以消受。

五、孤苦相：其基本特征是，额头宽广但多皱纹，面色苍白无力或者暗淡无光，行止无常，走路时头部低垂，上身前倾；性格内向，性情孤僻，心胸狭窄，感情脆弱，思路褊狭，容易钻牛角尖，常做出一些令人吃惊的事情。此相主孤苦，老来无所依靠。

六、夭相：即短命之相。《神相全编·夭相》："肉重无骨者夭。两目无神，两耳低小，筋骨柔弱，无神无气，身长面短，面皮绷急，背贫坑陷，桃花面色，步折腰斜。"具有此相的人，颜面单薄没有气势，太阳穴凹陷过度，两眼突出如鱼眼或乱丝纷扰，鼻梁低陷不起，双耳低反，颈部紧缩；在精神上，神昏气弱，有色无光泽，目光呆滞，情绪委顿。此相主夭折。生活中无论什么相，一旦神色俱退，暗如鱼目，死期就快了。

在这六相之外，还有女相与圣人奇形。前文中提到相术有文人相术与江湖相术之别，由于古时候女性地位低下，因而在文人相术里是没有相女性的，其相的对象都是男性，江湖相术里才有相女性的相术。而《冰鉴》中的相术是文人相术，因而在此补充上相女性的女相。女相有女贵相、女刑克相、女淫相三种，从种类的数量与名称也可以看出，之所以有女相其目的还是为男性择偶服务的，可见古时女性地位之低。

一、女贵相：即女子高贵之相。古代女子命运的贵贱多取决于丈夫和子女地位的高下，故古代相学所言女子贵相，主要指可成为贵夫人和可生贵子之相。通常而论，龙角纤纤细起，直入发际或天中、印堂有肉环者为后妃之相；肉环微者为夫人之相;牛角、虎角隐隐而起至额者,为将帅夫人相。

此外,五岳端重,龙目凤睛,眉分八字,耳厚颜白,鼻直如削,口细有棱,唇如朱砂,舌如莲花,齿如石榴,肉结体香,肩削项长,端视娇媚,燕语声和等,亦属贵夫人之相。

二、女刑克相:相学认为女子的命相不好,常常会给丈夫和子女带来灾难。但凡女子天中骨圆者弃前夫,额骨成峰,颧骨高者克夫,逆眉者三嫁。眉有三纹或纹乱者再嫁,眉角散者妨夫,眼下干枯者克夫,目下黑枯者克子妨夫,眼下青气者其夫必亡;眼角竖纹直上天中者必嫁二夫,发黑无眉或拳眉者再嫁:头发粗糙、眉粗睛大、眉粗而散者妨五夫。

另外,发粗生须,发黄交眉,目露四白,额有旋纹,额高面陷,唇起如龙嘴,唇寒齿露,牙齿朝外,人中有横纹,面长口大,面阔口小,面瘦生筋,面尖腰窄,耳滞如泥,面如白粉,命门骨高,年寿起节,地阁不正,项露角节,骨起腮高,身小头大,肩背偏斜,肉冷如冰,指如蛇头,夜间多呼等均为刑克之相。女子形相若沾上其中之一二者,必损害丈夫子女。

三、女淫相:即女子淫荡之相。古代相学认为,贞淫有相。女子淫相的表征是:头偏额窄,头大无发,额广鬓深,五官不定,獐头鼠目,眼闭眉蹙,两眼浮光,眼角低垂,鼻仰朝天,人中两曲,口角生纹,唇白不厚,唇青如靛,翘唇无腮,唇掀舌尖,唇掀舌法,耳反羊目。桃花之面,面多斑点,面带两削,面部两陷,面肉堆浮,面大鼻小,面长睛圆,面滑身涩。长身短项,背陷腹小,肩寒腰细,臀翘胸高,乳头自陷,腹偏指短,凸脐近下。肉软如绵,皮滑如油,皮白如粉,皮皱如纱。鹤腿弯腰,腿上生毛,眼光白露,斜视偷观,未语先笑,摇手摆头,回头频频,一步三摇,鹅行鸭步,见人掩面,身轻如柳,斜倚门前,托腮咬指,剔齿弄衣,声浅气浅,自言自语,一言三断,语言泛杂,摇身唱曲,探身伸腰,坐不安稳,举步痴迷,无事自惊,性情多变,睡梦长啼,停针皱眉,媚而无态,娇而无威。就相理而论,以上诸条,妇女若犯其中之一者,便为淫荡之人,迟早会有跳墙之事。

四、圣人奇形:相术产生之初,人们普遍认为圣贤之人必有奇特之貌。相传春秋时的姑布子卿曾给孔子看相,谓其具有尧、舜、禹、皋陶四位圣人之相的特点。史籍所载,尧眉八采,舜重瞳子,禹耳三漏,皋陶鸟口,此四圣皆为奇形之人。南北朝以后,圣人奇形的观念在相学中逐渐淡漠,但这种观念对社会意识的影响仍十分深刻。从一些文学作品对圣君贤臣的描写就可以看出来。

按照上面这些分类,有些相法则难以对号入座,像人相三十六法,因而此处单举一说。人相三十六法出自明代著名相士袁珙的《柳庄神相》,其分别考察人体的三十六个部位以确定运程、吉凶。因其考察的部位之多,又称为"满庭芳"相法。这三十六个部位分别是:一、头(额);二、发(鬓);三、眉;四、眼;五、耳;六、鼻;七、人中;八、唇;九、齿;十、舌;十一、须;十二、脑;十三、颈;十四、乳;十五、腹(腰);十六、背;十七、脐;十八、臀;十九、手;二十、腿;二十一、足;二十二、玉茎;二十三、阴囊;二十四、谷道;二十五、毛;二十六、毫;二十七、痣;二十八、斑;二十九、黯;三十、皮(纹);三十一、骨;三十二、血(气色);三十三、枕骨;三十四、小便;三十五、大便;三十六、声音。

最后来讲《神相全编》中的观人十法,这是因为这十法从不但观人的精神也观人的形体,还观人的声音与心田,并且遵循由神到形,由部分到整体的观察顺序,符合认知的过程,很值得学习。这十法分别是一取威仪、二看敦重及精神、三取清浊、四看头圆顶额高、五看五岳及三停、六取五官及六腑、七取腰圆背厚胸坦腹坠、九取声音与心田、十观形局与五行。

一取威仪。如猛虎下山,百兽自惊;如鹰升腾,狐兔自战。不怒而威,不但在眼,亦观颧骨神气取之。

二看敦重及精神。身如万斛之舟,驾于风浪之中,摇而不动,引之不来,坐卧起居,神气清灵;久坐不昧,愈加精彩。如日东升,刺人眼目。如秋月悬镜,光辉皎洁。面神眼神,俱如日月之明。辉辉皎皎,自然可爱;明明洁洁,久看不昏。如此相者,不大贵亦当小贵,富亦可许,不可妄定。

三取清浊。但人体厚者,自然富富;清者,纵瘦神长,必以贵推之。浊者有神谓之厚,厚者多富。浊而无神谓之软,软者必孤,不孤则夭。

四看头圆顶额高。盖人头为一身之主,四肢之元。头方者顶高,则为居尊天子。额方者顶起,则为辅佐良臣。头圆者富而有寿,额阔者贵亦堪夸,顶平者福寿绵远,头扁者早岁艰难,额塌者少年虚耗,额低者刑克愚顽。额门杀重者早年困苦,部位倾陷、发际参差者,照依刑克。以上特征要相互对照看,不能偏废,以免有误。

五看五岳及三停。左颧为东岳,俱要中正,不可粗露倾塌。额为南岳,亦喜方正,不宜撇竹低塌。右颧为西岳,亦与左颧相同。地阁为北岳,喜方圆隆满,不可尖削歪斜,卷窍兜上。土星为中岳,亦宜方正耸直印堂上。书云,五岳俱朝,贵压朝班,亦且钱财自旺。三停者,额门、准头、地角,此面部三停也,又为三才,又为三主,又名三表,俱要平等。上停长少年忙,中停长福禄昌,下停长老吉祥。三停平等，一生衣禄无亏。若三停尖削、歪斜、粗露，俱不利也。可照流年部位气色而推，不可一体而断。

六取五官六府。五官者，眉为保寿官，喜清高、疏秀、弯长；亦宜高目一寸，尾拂天仓，主聪明富贵，机巧福寿，此保寿官成也。若粗浓黄淡，散乱低压，乃刑伤破败，此一官不成也。

眼为监察官，黑白分明，或凤眼、象眼、牛眼、龙眼、虎眼、鹤眼、猴眼、孔雀眼、鸳鸯眼、狮眼、喜鹊眼，神藏不露，黑如漆，白如玉，波长射耳，自然清秀有威，此监察官成也。若蛇、蜂、羊、鼠、鸡、鱼、马、火轮四白等眼，赤白纱侵，睛圆黑白混杂，兼神光太露，昏昧不清，此监察官不成也。又且愚顽凶败。

耳为采听官，不论大小，只要轮廓分明，喜白过面，水耳、土耳、金耳、牛耳、圆棋耳、贴脑耳、对面不见耳，高眉一寸，轮厚廓坚，红润姿色，内有长毫，孔小不大，此采听官成也。或鼠耳、木耳、火耳、箭羽耳、猪耳，轮飞廓反，不好之耳。或低小软弱，此采听官不成也。不利少年损六亲。

鼻为审辨官，亦宜丰隆耸直有肉，伏犀、龙、虎鼻、狮、牛、胡羊鼻、截筒、盛囊、悬胆鼻，端正不歪不偏，不粗不小，此审辨官成也。若狗鼻、鲫鱼、鹰嘴、剑峰、反吟、复吟、三曲、三弯、露孔、仰灶、扁弱、露骨、太大、孤峰，况又凶恶，贫苦无成，刑恶奸贪，此审辨官不成也。

口为出纳官，唇红齿白，两唇齐丰，人中深长，仰月弯弓，四字口方，牛龙虎口，两唇不反不昂，不掀不尖，此出纳官成也。或猪狗羊口、覆船、鲫鱼、鼠食羊食、唇短齿露、唇黑唇皱、上唇薄下唇反、须黄焦枯粗浊，此出纳官不成也。

书云，但一官成者，掌十年之贵禄富丰；不成者，必主十年困苦。

六府者。天庭、日月二角为天府，宜方圆明净，不宜露骨，天府成也。或倚削低塌偏尖，天府不成也。主初年运蹇。两颧为人府，宜方正插鬓，不粗不露，齐揖方拱，此人府成也。若粗露高低，尖圆绷鼓，此人府不成也。主中年运否。地角边腮为末景地府，喜府地阁悬壁，不昏不惨，不尖不歪，不粗不大。地府成也。若高低粗露，削尖耳后见重腮，地府不成也。

书云，一府成掌十年之富盛，相反者主十年之凶败。

七取腰圆背厚胸坦腹坠。三甲三壬，体肤细腻可也。背厚阔，腰硬腰圆。体嫌背脊成坑，背薄肩垂，肩昂颈削。腰宜圆宜硬，宜大宜平，不可细小、软弱、崎弯无屁股，臀薄尖削露。臀宜平厚，不宜大窍。胸宜平满，骨莫粗露。项下无余，心窝不陷，腹宜有囊如葫芦。脐下肉横生，不宜尖削。或如鹊肚、鸡胸、狗肚,此不堪也。

八取手足。宜细嫩隆厚,掌有八卦,纹路鲜明。

九取声音与心田。书云:要知心里事,但看眼神清。眼乃心之户,观其眼之善恶,必知心事之好歹。印堂、福堂之位,纵相貌不如,其心田好,终有富贵。若相貌堂堂,心事奸险,纵然富贵,不日贫穷。声音宜响亮,出自丹田,声响如雷贯耳,或如铜钟玉韵,或如瓮中之声,或如铜锣铜鼓,或如金声,或声长尾大,如鼓之响,俱要深远清润,丹田所出,此富贵绵远之相也。

十观形局与五行。形局者,乃人一身之大关也。或如龙形、虎形、鹤形、狮形、孔雀形、鹳形、牛形、猴形、豹形、象形、凤形、鸳鸯、鹭鸶、骆驼、黄鹂、练雀等形,此富贵形相。或猪形、狗形、羊形、马形、鹿形、鸦形、鼠形、狐狸形,此凶暴、贫薄、夭折之相也。五行者,金木水火上也。书云:金得金,刚毅深;木得木,资财足;水得水,文章贵;火得火,见机果;土得土,厚丰库。金形白色,喜白;木形瘦,喜青;水喜肥黑;火不嫌尖,宜赤色;土喜厚兮色宜黄;此五行正局也。合此者富贵福寿,反此者贫贱夭折。学者凭五行兼骨骼推断,相法多端,理居总断。

相术虽然分为这样多的类,但其有一个根本的原则是一样的,那就要"整"。所有相术中的好相,无论局部怎么样的好,都要与整体协调、和谐,才能成为真正的好相。稍有参差就会大打折扣。这个整体不但包括外在的骨骼——身体,也包括内在的神骨——精神、气质、性格,这也与曾国藩一贯强调的"文人重神骨"的观念一致。

比方说,手长于身,身过于体按前面的相法看是吉祥,曾国藩却认为还要配以好的骨相,这样的人一定能封侯。罗纹满身,胸有秀骨也是好相,曾国藩认为还要配以好的神,这样的人就算不能拜相也能在科举考试中位列三甲。

❀分句评析❀

人的姿容以"整"为贵

【原典】

容贵"整","整"非整齐之谓。短不豕蹲,长不茅立,肥不熊餐,瘦不鹊寒,所谓"整"也。背宜圆厚,腹宜突坦,手宜温软,曲若弯弓,足宜丰满,下宜藏蛋,所谓"整"也。五短多贵,两大不扬,负重高官,鼠行好利,此为定格。他如手长于身,身过于体,配以佳骨,定主封侯;罗纹满身,胸有秀骨,配以妙神,不拜相即鼎甲矣。

【译文】

人的姿容以"整"为贵,这个"整"并非整齐划一的意思,而是要人整个身体的各个组成部分要均衡、匀称,使之构成一个有机的完美的整体,就身材而言,人的个子可以矮但不要矮得像一头蹲着的猪;个子也可以高,但绝不能像一棵孤单的茅草那样耸立着。从体形来看,体态可以胖,但又不能胖得像一头贪吃的熊一样的臃肿;体态瘦也不妨,但又不能瘦得如同一只寒鸦那样单薄。这些就是本节所说的"整"。再从身体各部位来看,背部要浑圆而厚实,腹部要突出而平坦,手心要温润柔软,手掌则要形如弩弓。脚背要丰厚饱满,脚心不能太平,以自然弯曲到能藏下鸡蛋为佳,这也是所谓的"整"。五短身材虽看似不甚了了,却大多地位高贵,两脚长得过分的长往往命运不佳,一个人走起路来如同背了重物,那么此人必定有高官之运,走路若像老鼠般步子细碎急促,两眼又左顾右盼且目光闪烁不定者,必是贪财好利之徒。这些都是常见格局,屡试不爽。其他的容貌格局:如两手长于上身,上身比下身长,再有着一副上佳之骨,那么一定会有公侯之封。再如皮肤细腻柔润,就好像绫罗布满全身。胸部骨骼又隐而不现,纹秀别致,再有一副奇佳的神态的话,日后不是拜相就是入鼎甲之列。

容貌是一面镜子,折射的是一个人的内在品质,面颊是情感的标志,五官表达了他脏腑的心语,腰背流露了他岁月的情愫。请记住,每个人都要为自己的脸面负责,容貌会把很多密码储存。

古人认为人的面相脸型与人的成就具有密切关系。清朝举人会试三科不中,而年龄渐长,苦于生计艰难,需要俸禄来赡家时,可申请"大挑脸",则纯然以貌取人。而以一字为评,长方为"同"字脸;圆脸为"田"字脸;方脸为"国"字脸,这都是能挑中的好脸;而冷落的则有上丰下锐的"甲"字脸;反之即为"由"字脸;上下皆锐则为"申"字脸,均不能重用。

就相貌来看人,最要紧的是"五官端正",也就是《冰鉴》所言"容贵整"。端正即是匀称之意,"五短身材"之所以在相法上被视为贵格,就在匀称。就五官的个别而言,在男子眉宁粗勿淡,眼宁大勿细,鼻宁高勿塌,口宁阔勿小,耳宁长勿短,当然要恰如其分,过与不及,皆非美事。

明建文二年(1400年)策试中,有个叫王良的对策最佳,但以其貌不扬,被抑为第二,原本第二的胡靖被擢为第一。后来惠帝亡国,倒是王良以死殉国,而胡靖却投靠了永乐皇帝,做了高官。明英宗对朝臣的相貌也特别看重,天顺时,大同巡抚韩雍升为兵部侍郎,英宗发诏让大学士李贤举荐一个与韩雍人品相同的人继任。李贤举荐了山东按察使王越。王越人长得身材高大,步履轻捷,又喜着宽身短袖的服饰,英宗见后很是满意,说:"王越是爽利武职打扮。"后来王在边陲果然颇有战功。

古人认为好的面色是:面相有威严,意志坚强,富有魄力,处事果断,无私正直,疾恶如仇;秃发谢顶,善于理财,有掌管钱物的能力;观颧高耸圆重,面目威严,有权有势,众人依顺;颧高鼻丰并与下巴相称,中年到老年享福不断;颧隆鼻高,脸颐丰腴,晚年更为富足;颧骨高耸,眼长而印堂丰满,脸相威严,贵享八方朝贡。

古人认为不好的脸色是:颧高脸颐消瘦,做事难成,晚年孤独清苦。颧高而鬓发稀疏,老来孤独;颧高鼻陷,做事多成亦多败。薄脸皮的人常常会被误认为高傲,或者低能。然而,脸皮薄的人并非一无是处。一般说来,脸皮薄的人,为人倒是比较坚定可靠的。他们是好部下,好朋友,在特定的狭小范围内,还可以充任好骨干。

智慧应用

符生:独眼性格狂暴

《晋书·符生载记》记载:符生幼年时就顽皮无赖,符洪十分讨厌他。符生只有一只眼睛,还是儿童时,符洪经常戏弄他,问侍卫道:"我听说瞎眼的人只有一只眼流泪,是真的吗?"侍卫回答说:"是这样!"符生听后大怒,拿过佩刀,刺伤自己的肢体,血流遍身,说道:"这也是一种眼泪!"符洪十分吃惊,举起马鞭抽打符生,符生说:"我生性就耐刀槊而不能忍受鞭捶,要打就用刀槊吧!"符洪说:"如果你继续这样,就把你贬为奴隶!"符生回敬道:"石勒不也做过奴隶吗?"符洪听后大惊失色,赤脚跑过来堵住他的嘴,对符健说:"这孩子是个狂妄悖乱之徒,最好早点处死他,不然的话,他长大后必定要祸害整个家族!"符健准备杀掉符生,符雄制止了符健,说:"孩子长大后自然会改过自新,何至于马上要处死他!"苻健听从苻雄的劝告,没有杀苻生。苻生长大后,力大无比,能举千钧之重,雄勇过人,手格猛兽,健步如飞,奔跑起来像马一样,其他的武艺如骑马射箭等也都冠绝一时。据有的人分析,苻生缺少一只眼睛,就是五行中缺少木性,因此天生五行不全,生性,好杀,便是不仁的征兆和反映。

苻生

北宋人的笔记记载说:"欧阳修的耳朵比脸面还要白,名闻天下。"欧阳修喜欢写文章,勤于谏诤国事,心力非同一般,为宋代大儒名臣,这难道不是欧阳修于五行之中秉持大德特多的缘故吗?

《淮南子》记载:"皋陶的嘴长得像马嘴一样,这是特别讲求信用的象征,因此皋陶能判断案件公平明白而又能体察民情。"长得像马嘴,这是很特别的口相,所以是特讲信用而符合五行中的土德。

《汉书·陈遵传》记载:陈遵长得"高大无比,容貌壮伟,身高八尺有余,脑袋鼻子都很大。"考察陈遵同时代的人,行侠仗义的人以陈遵为首。据说是因鼻子高大乃五行之中仁德独厚的原因吧,所以他能行侠仗义,无休无止。

《诸葛武侯集·诫外甥书》说:"为人应该有远大的志向,学习古代的贤能之士,断绝不合理的过度情欲,抛弃凝滞不通的想法,(中略)如果志气不能坚强不屈,意气不能慷慨激昂,而在乎庸凡俗之辈里碌碌无为,默默无闻,那就永远是一个庸俗平凡的人,永远不会成为英杰了!"

再把这一段论述和《襄阳记》里的记述结合起来读,《襄阳记》里记载道:"黄承彦是沔阳的名士,是一位豁达爽朗的人,他对诸葛亮说:'听说你要选婆媳妇,我家女儿长得很丑,头发黄、面皮黑,但是才气和你却很般配。'诸葛亮答应了黄承彦,很快就将其女儿迎娶过门。当时人们以此为笑料,乡里百姓编了谚语说:'不要像孔明选媳妇儿,只配黄承彦家的丑女儿!'由此可知,诸葛亮娶黄承彦的丑女儿是要断绝自己的男女情欲。那些号称聪慧的男子,大都淫迷女色而不能自拔,就像伶玄所撰《飞燕外传》中所说的那样:大概那些亡国败家丧身之辈,都是些有小聪明而没有大智慧的人!这是我根据五行的理论再次加以发挥的议论。

不可出于私心

心公则平,其心如秤,不偏轻重,则能公平衡德量才,实事求是地评估人,为用人提供正确的根据。如此则能用得其人,有利于事业。如心私则偏,就会颠倒贤佞,不可能正确评估人,将为用人提供错误的根据,结党营私者往往如此,故用不得其人,有害于事业。

李渊代隋创建唐王朝后,封李建成为太子,李世民为秦王,李元吉为齐王,各设王府,可任官,拥有将兵。"玄武门之变"后,李建成、李元吉被杀,李世民被封为太子,同年受父李渊禅位即帝位,是为唐太宗。这时,如何对待有功之臣和原来的敌对势力,尤其是前东宫及齐王府的文臣武将,这是唐太宗面临的重

李世民

要问题。当然,在李世民南征北战以及"玄武门之变"中,追随他的原秦府官兵功劳最大,如私于党,只提拔任用原秦府的人员,排挤一切敌对势力的人员,则必将树敌而不能更好地巩固新的政权,这当然不为英明之主唐太宗所采纳。而"至公",即"平恕无私"对待三府人员,如他所说:"用人但问堪否,岂以新故异情?"唐太宗除了重用秦府旧人如长孙无忌、房玄龄、杜如晦、尉迟敬德、宇文士

及程知节、秦叔宝、屈突通等人外,对于原东宫的魏征、王珪等人也不咎既往而用之。总之,对于原有人员,不论亲疏、恩仇,凡有才能的都量才任用。而原秦府没有升官或还未安排的人员,则纷纷有怨言,有的甚至主张原秦府的士兵也要一律升为武官。"以天下为家"的唐太宗,对这种"用人唯亲"而不视其才行的观点当然反对,他说:"唯有才行是任,岂以新旧为差?"

唐太宗跟古代一般皇帝不同的是,他有"至公"思想,即"以天下为家",这个家不是说天下是他一家的,而是说这个"家"包括天下的百姓,他和百官的衣食出于百姓,是靠百姓来供给的。所以,唐太宗知人善任的原则是"朕以天下为家,不能私于一物,唯有才行是任,岂以新旧为差?"

《国语·晋语五》记载:赵宣子向晋国国君灵公推荐韩厥为司马。河曲之役,赵孟使人用他乘的车子冲犯军阵的行列,韩厥逮捕驾车的车夫,按军法将之杀了。众人议论说:"韩厥必不没矣。其主朝升之,而暮戮其车,其谁安之!"赵孟召见韩厥,以礼相待,表示对他的敬意,说:"吾闻事君者比而不党。夫周以举义,比也;举以其私,党也。夫军事无犯,犯而不隐,义也。吾言女(汝)于君,惧女不能也。举而不能,党孰不焉!事君而党,吾何以从政?故吾以是观女。女勉之。苟从是行也,临长晋国者,非女其谁?"赵孟告知晋国各大夫说:"二三子可以贺我矣,吾举厥也而中,吾乃知免于罪矣。"

赵宣子,即赵盾,也称赵孟,任晋国正卿,晋灵公时执掌朝政。秦伐晋,两军在河曲列阵对峙。赵宣子推举韩厥任掌管军官的司马。赵宣子为考验赵厥能否公正地执行军法,便指使车夫驾他坐的车冲犯军阵的行列,韩厥虽明知是赵宣子的车,也按照军法将车夫杀了。这引起众人议论纷纷,认为早上韩厥被赵宣子推荐而韩厥晚间却杀其车夫,谁能放心用这样的人,韩厥一定不得好死。可是,赵宣子却与众人的看法不同,他认为军阵是不能冲犯的,他的车夫冲犯而韩厥不为他隐瞒,按照军法处理,这样做是很对的。所以他召见韩厥对他表示敬意,勉励他如以后都能这样行事,统帅晋国三军的长官非他莫属了。事实说明:赵宣子推荐韩厥是出于公心,韩厥也不是赵宣子的私党,即"比而不党"。赵宣子推荐韩厥后,老是怕推荐错人,那将是一种罪过,现在他放心了,庆幸自己推荐德人,要各大夫向他祝贺。后来,果如他所料,韩厥升任晋国的统帅。

识人莫私心,就是在识人问题上必须根除个人主义。

不过,个人主义尽管同每个人都可能有缘,但在不同的历史阶段,不同的社会环境和不同身份的人的身上其表现是不尽相同的。封建王朝的皇帝将"荼毒天下之肝脑,离散天下之子女,以博我一人之产业"视为当然,这是个人主义的表现。资产阶级敲骨吸髓地剥削,惨无人道地掠夺也是个人主义的表现。革命战争年代,个人主义者贪生怕死,悲观颓唐,而和平建设年代,个人主义者却突出表现为争名逐利,甚至以权谋私,搞权钱交易。身居高位的个人主义者一般是在冠冕堂皇的幌子下谋取一己私利,而位居下层的个人主义者往往直言不讳,绝不忸怩作态吞吞吐吐。

三、貌有清、古、奇、秀之别

相貌清秀与否、古朴与否、奇伟与否、秀致与否，只是分辨人精神气质的方法。人的吉凶祸福都是通过自己的努力来改变命运的。

【原典】

貌有清、古、奇、秀之别，总之须看科名星①与阴骘纹②为主。科名星，十三岁至三十九岁随时而见；阴骘纹，十九岁至四十六岁随时而见。二者全，大物③也；得一亦贵。科名星见于印堂眉彩，时隐时见，或为钢针，或为小丸，尝有光气，酒后及发怒时易见。阴骘纹见于眼角，阴雨便见，如三叉样，假寐时最易见。得科名星者早荣，得阴骘纹者迟发④。二者全无，前程莫问。阴骘纹见于喉间，又主生贵子；杂路不在此格。

【注释】

①科名星：是一种上腾于天庭而下接于帝座的黄光紫气，位于印堂和眉彩中间。

②阴骘纹：阴骘，亦称泪堂、龙堂、凤袋。指面相中位于两眼下卧蚕内的部位，在十二宫中为男女宫所在处，主管子嗣的有无。

③大物：即大人物，非同一般的人物。

④迟发：指大器晚成。

【译文】

人的容貌有清秀、古朴、奇伟、秀致之分。以上四种容貌主要是依据科名星和阴骘纹去辨别。科名星在十三岁到三十九岁这一年龄段内随时可见；阴骘纹则是在十九岁至四十六岁这段时间内随时可见。如果同时具备了科名星和阴骘纹，则此人将来必定成为大人物；如果两者具备其一，也定是富贵之相。科名星显现的位置位于印堂与眉彩之间，有时会出现，有时会隐藏，有时像钢针，有时似小球，经常发出红光瑞气，喝酒之后或是发怒之时容易看到。阴骘纹经常出现在眼角处，阴天或下雨时容易看到，形状如同三股叉，人在快要入睡时也容易看到。如果拥有科名星，这样的人年少时便会发达荣耀，如果拥有阴骘纹，这样的人富贵就会来得晚一些。如果两者都不具备，则前程就不必说了。如阴骘纹在咽喉部位出现，预示着主人将要喜得贵子，如果出现在其他部位，就不能这

人的容貌有清秀、古朴、奇伟、秀致之分，容貌的差异赋予了人最直观、最显著的外在特征，而其内在也在一定程度上决定着人的性格与命运。

眼如两潭活水，灵动含蓄，面部就清朗明爽。

鼻如山脉，挺拔则现机灵聪慧之气。

嘴宽阔而方正，有享受千种福禄之命。

齿细小而圆润，将在外地干一番事业。

双眼秀并延伸到鬓发，将来要掌管刑法大权。

前额秃发谢顶，则前途无最，能掌财政大权。

容貌揭秘

样下结论了，也就是说不一定会得贵子。

综合评析

阴骘纹与科名星

相，究其来源来说，有先天之相与后天之相两类；就与人的关系论，有内心之相与形之相两类；就与外部世界的关系而论，有自然之相与社会之相两类；就其运动变化而论，有常相与变相的分别，也就是后文中提到的恒态与时态。从这也可以看出，相既是自然的也是社会的，即是主观的也是客观的，还是不断运动变化的。随着社会的发展，环境的变迁，时间的推移，年龄的增长，必然会使人的形体发生变化；同时，随着个人文化修养的提高，人的精神品质也会发生变化。这就形成了变相，也就是后天之相、社会之相。就阴骘纹与科名星来说，阴骘纹属于后天之相、社会之相、变相；科名星则属于先天之相。

阴骘纹

阴骘原指默默地使安定的意思，后来专指阴德，阴骘纹就是阴德纹，但在相学中却是泛指人为善或作恶后，表现于面上的纹或神与色。

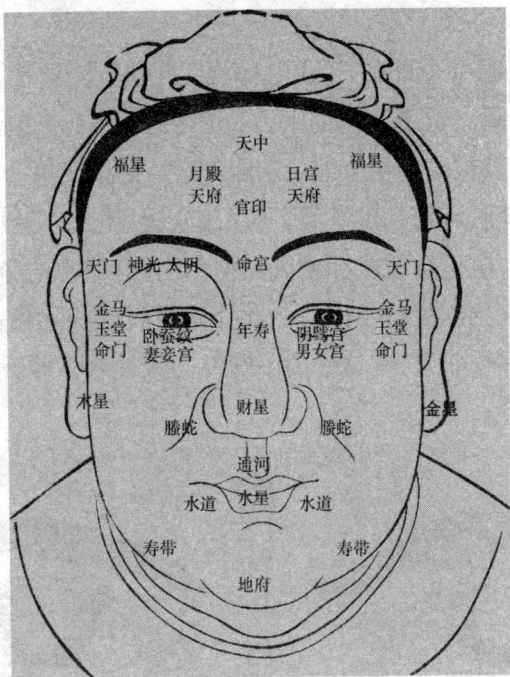

阴骘纹出现的三十六部位

"阴骘纹为心中之灵苗，能挽回人间之造化，而变吉变凶者也。"吕尚的《无形篇》上就说："未观相貌先观心田，有心无相，相随心生；有相无心，相随心灭。心欲救人，虽未言而眼现青莲而睛定光，所以人之善恶因心而发于表也。"从上面相学名著中的论述我们就不难看出，阴骘纹不只是积善所表现出来的纹了，还是你作了善恶后或善恶未做之前所表现出来的现于面相的纹或神色等。发于心而现于表，这里所说的表就是阴骘纹和一些神色。

如果是一个有慈悲之心，忍辱负重引人从善的人，面上所表现出来的就是一种祥云照面和谐可亲的神色；如果是一个有仁有义忠廉正直的人，面上所表现出来的就是一种威严清肃的神态；如果是一个奸贪而固执、心怀鬼胎的人，面上所表现出来的就是一种阴霾暗昧之色。从这些我们不难看出，阴骘纹是随"心"的变化而变化出来的"纹"和神色。阴骘纹变化莫测，时隐时现，难以觉察，当表现为纹时比较容易看到，未发生时表现为色为气。阴骘纹一出现就说明你所做的善果与恶果将很快地得到报应，因为心已经表露于形了。在古法中阴骘纹要求要在天未亮鸡刚鸣时察看，或者在你大怒时色与纹因气血加速运行而表露于面时，或者雷震之时，或者夜晚天空皎洁之时，在这四种情况下阴骘的神色与纹最易看到。如果在大白天都能看到阴骘纹,则说明你的祸福已经要到来了。

　　阴骘纹主要出现在人两眼下的卧蚕位置,此位置又被称为男女宫、子女宫、阴骘宫、阴德宫、泪堂。位于两眼的下方,也就是下眼睑,远远看去像一条半圆的水袋。这里之所以被称为男女宫,是因为此处直接反射小脑,为自律神经中枢分布的地区,与肾脏有密切的关系,所以跟生男、生女以及遗传有相当密切的关系。女人怀孕时,这里会鼓胀起像卧蚕似的肉,有非常洁净明亮的颜色,左眼见红色主生男,右眼见红带青主生女。此处光明润泽、不枯陷,有一种黄而明的气色和纹路环绕,似纹非纹,有这样的阴骘纹的人福缘深厚,没有子嗣的会很快有子嗣。

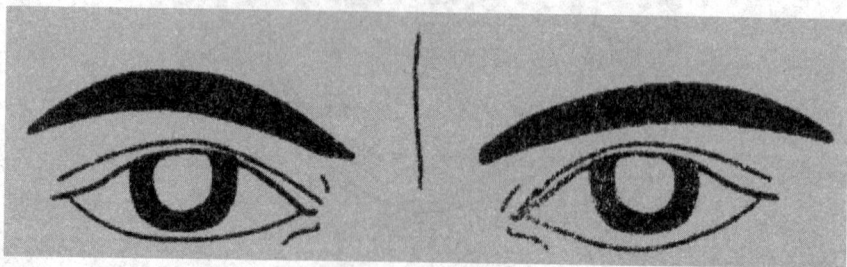

悬针纹

　　除眼下卧蚕部外,阴骘纹还可以在颜面其他部位显现。《水镜神相》将其归纳为三十六个部位:双眼、天中、天庭、天门、天府、金星、年寿、准头、木星、地阁、眉角、命门、水星、印堂等。这些部位出现吉纹或吉气、喜色,皆可补救面相中原有的缺陷,化凶为吉。反之,这些部位若出现恶纹或恶气、败色,则会由吉变凶。故相学中有"阴骘乃心田之灵苗,能挽回人之造化而变吉变凶"的说法。

　　从上面可以知道,所谓阴骘纹来源于心相,是为善为恶的相,因而与三十六阴骘纹对举,则心相有三十六善。"夫人尝言意气求官,自须如此,一也。为事有刚有柔,二也。慕善近君子,三也。有美食常分惠人,四也。不近小人,五也。常行阴德,每事方便,六也。从小能治家,七也。不厌人乞觅,八也。利人克己,九也。不遂恶贪杀,十也。闻事不惊张,十一也。与人期不失信,十二也。不易行改操,十三也。夜卧不便睡着,十四也。马上不回头顾,十五也。夜不令人生憎恶,十六也。不文过饰非,十七也。为人做事周匝,十八也。得人恩力不忘,十九也。自小便有大量,二十也。不毁善害恶,二十一也。怜孤寡急物,二十二也。不助强欺弱,二十三也。不忘故旧之分,二十四也。为事众人用之,二十五也。不多言妄语,二十六也。得人物每生惭愧,二十七也。声美音有序,二十八也。当人语次不先起,二十九也。常言人善事,三十也。不嫌恶衣恶食,三十一也。方圆曲直随时,三十二也。闻善行之不倦,三十三也。知人饥渴劳苦,常有以恤之,三十四也。不念旧恶,三十五也。故旧有难,竭力救之,三十六也。以上三十六善皆全者,当位极人臣,寿考令终。或有不全,则福祸相折,以次减杀。具二十者,刺史之位,具十以上,令佐之官,具五、六者,亦须大富。"

下面我来介绍三种常见的阴骘纹。

一、蚕肉气色明润。这是一种比较常见的阴骘纹,也就是人们常说的阴骘纹现于眼下男女宫,这种纹大多是所谓的作了阴德而出现的纹。一般来说这种纹表现为近期多有喜事,特别是在桃花运和人际关系上,表明能得到贤妻贵子之相。

二、悬针纹。这是一种常见的纹,特别是在中年人中较为常见。一般来说三十以前这种纹很少见,这种纹主要出现在印堂上。一般来说只在印堂上下部位出现,此纹极为灵活,但如果比较严重的会上穿中正下穿山根甚至年寿。这是一种杀伤力极强的阴骘纹。如果上穿中正则会对自己的事业前途造成很大的波折。如果下穿山根、年寿不仅会对自身事业和身体造成伤害,对妻子和子女也有刑克,大小轻重则需结合其人的面相而定,但一定多多少少会造成伤害。如果一心从善积德,则会减轻伤害,正因为这样悬针纹会"转脚",所谓"转脚"即悬针纹不向山根、年寿发展并穿过是转向鼻子两边则表明伤害已经发生或因为你的积德而减轻。

三、蠹肉虚肿或生痣。这也是一种较为常见的阴骘纹,这种纹与蚕肉难以分辨,蚕肉一般表现为形伏似蚕之形,并且颜色明润。但蠹肉则是肉块较大,色青而虚肿。蠹肉的出现一般来说是本人做了不善之事或有损阴德的事而表现出来的纹,一般来说主对子女不利、感情不顺或者老来孤独、晚景凄凉。痣生在左,主克子;生在右,主克女。

科名星

科名星,是荟萃于印堂和眉彩之间,上腾于天庭而莹然于帝座的一种黄光紫气。之所以以星为其命名,这是因为得天者贵——科名星出现于面部三停中的天停。在面部三停中,天停位于发际至眉毛之间,主青少年时期的运势、智力的高低、先天的遗传、长辈的提拔等,因而科名星同样也主青少年时期的运程,属于先天之相。《冰鉴》中也说"科名星,十三岁至三十九岁随时可见","得科名星者早荣"。

国学经典文库

冰鉴

由容貌相人

图文珍藏版

科名星与阴骘纹一样,在平常时不容易看见,只有在喝酒和发怒时,因为气血冲动才显现出来。其形状,有时像钢针,有时像小球,是一种红光紫气。

前面提到科名星是一种先天之相,因而主早年的运程,有科名星的人少年得志;而阴骘纹属于后天之相,是后天积德或作恶的产物,因而主中年以后的运程,在十九岁到四十六岁之间才能看见。既有科名星,阴骘纹也是善相,这样的人一生富贵;既没有科名星,也没有阴骘纹的,也就没必要问前程如何了,一生碌碌无为。

相学家们,将科名星与阴骘纹相结合去辨别人的相貌,将人的相貌分为清、奇、古、秀四类。要指出的是,这里的四类人都属于文人士大夫。

一、清相。对文人士大夫而言,清指的是精神澄澈,举止儒雅,远望就像鹤立鸡群,出类拔萃,仪态万千,超凡脱俗,格调高迈,气象卓绝。这是真清。反之,寒瘦贫薄、酸文假醋,就是假清。

二、奇相。这里的奇相与前文中的圣人奇形是不一样的,这是普通士大夫中间的奇。指的是神态魁梧,气宇轩昂,神情豪迈,进则为贤相,出则为良将,文能治国,武能安邦,这是真奇。反之,矫揉造作,装模作样,雌雄颠倒,不阴不阳,是假奇。

三、古相。指气质古拙,风度朴茂,目光高远,见识卓越,出为当世贤人,处则为海内名士;就像浑金璞玉,不事雕琢,质朴自然;苍松古柏,独耐风寒,风霜过后,仍然神定气安,这是真古。反之,张口三皇,闭口五帝,举止乖戾,阴阳怪气,是假古。

四、秀相。指人头角峥嵘,气象和蔼,眉泛异彩,目含真光,就像春天里,阳光明媚,和风习习,山光水色浑然一体,一看之下,令人陶醉忘返,觉得其可爱而不可狎,可近而不可玩,这是真秀。反之,玉面朱唇,修质细齿,双眼迷离,目光如醉,头骨、鼻骨缺乏气势,男生文手,雄发雌声,这是假秀,是真媚。

分句评析

相貌与性格密切相关

【原典】

貌有清、古、奇、秀之别,总之须看科名星与阴骘纹为主。科名星,十三岁至三十九岁随时而见;阴骘纹,十九岁至四十六岁随时而见。二者全,大物也;得一亦贵。

【译文】

人的面貌有清秀、古朴、奇伟、秀致四种区别,主要从科名星(印堂与眉毛之间)和阴骘纹(眼眶之下卧蚕官上之纹)来辨别。科名星从十三到三十九岁这段时间是随时可见的;阴骘纹从十九岁到四十六岁这段时间里随时可见。一个人如果能同时具有科名星和阴骘纹的话,那么此人一定会成为非同寻常的人。即使只有一样也会宝贵。

相貌虽是人天生的,但其与人的性格有着密切的关系。性格是指人对现实中客观事物经常的稳定的态度,以及与之相应的习惯化了的行为方式。一般情况下,性格的形成都会受到遗传因素的影响,但主要还是在后天的环境中磨炼出来的。并且,在定型之后,具有很强的稳定性,它对人的行为也会产生极大的支配作用。

体貌文秀清朗,姿容朴实端庄,神情自若,是聪明睿智灵活机巧的人,做事有创造性和进取心;质朴而不清秀的人则性格内向,性情孤傲,体貌高大,仪表堂堂,生此相者,掌重权,具有很强的决断力和行动力。

具有体形孱弱,神色浑浊萎靡,两肩缩、脖子长、脑袋偏、脚歪斜、凶神恶煞之相特征的人,多属于心地狭窄,性情卑劣的类型;体貌形状孤单瘦弱、削薄软弱的人,性情内向、怯懦、孤僻、意志薄弱,愚昧无知,为人处世没有主见,无所适从;粗俗鲁莽之相的人,性格可能反常不定,喜怒无常,不能自持。

长着孩子的脸形,却是年纪不小的成年人,虽然有未成熟的外表,却有着老成的表现,看起来使人觉得不协调。此种类型的人,可能喜欢以自我为中心,而且个性好强,所以也可称为显示性格。

"中年发福"的人,大多正值体力最旺盛的黄金时代。他们能够优越地顺应周围的人情事势,给人一种温馨感,他们多属于活动性的人。这种人虽然常施小计偷懒,但并不被人憎恨,他们中有一大部分人会被周围的人体谅,从而还颇受欢迎。活泼开朗、乐于助人、行动积极、善良而单纯是这类人的性格特征,他们经常保持幽默感,显得充满活力,同时也有稳重、温文的一面。

这种类型的人,有很多是成功的政治家、实业家和临床医师。因为他们善解人意,头脑敏捷,拥有同时处理许多事情的才智,这是他们的最大长处。但是，有时候考虑问题欠缺一贯性，会造成常常失言，过于轻率，自我评价过高，喜欢干涉他人的言行等，这是其缺点。

李白识良士

相传宋朝初年，有一位大臣名叫吕蒙正，很仰慕陈抟的相人本领。有一天，他想请陈抟为他的儿子、侄子相面，看看前程如何。吕蒙正和陈抟有一面之交，他想：我若是就这么把儿子、侄子领着去，陈抟肯定不好直言，同时，也见不出陈抟的本领。于是他就命儿子、侄子装扮成奴仆和他一同去求见陈抟。想不到陈抟一见两位公子，便说道："两位公子风骨奇特、神采辉煌，怎么做起了下人？"吕蒙正见状，只好以实相告。陈抟首先为吕蒙正的儿子看相，看完之后说："令郎的眉毛像画的一样，又长又有形，眼睛像早晨的星星，光彩有神，是个翰林院的人品，以后有文才。"接着又看了看吕蒙正的侄子，说："令侄气度不凡，眼睛有龙一样的威仪，将来定能成为国家栋梁。"吕蒙正以后三居宰相之位，当他申请退职时，宋仁宗因为很器重他，便问："爱卿的哪个儿子可以重用？"吕蒙正想起陈抟的话，便说道："我的几个儿子虽然都身居翰林，但都不配担当重任。只有我的侄子夷简，虽然眼

陈抟

下还是刑法官，但却气度不凡，具宰相之才。"后来皇帝便任命吕夷简为宰相。

唐代的大诗人李白是大家熟悉的，不过，一般人都只知道他的诗极有气魄，而不知道他对看相也很内行。相传，有一天，李白在大臣哥舒翰家做客，正好武将郭子仪也在座。当时郭子仪不过是个一般的军官，但李白一看到他，便说："这位壮士的眉长长的，直入鬓边，目光闪烁，神采飞扬，两颊、下都极丰厚，说起话来，声音响亮，很远都能听得清清楚楚。这些都是精气神有富余的表现，将来

一定能得高官厚禄,位极人臣。"后来郭子仪在平定安史之乱中屡建功勋,官至汾阳王、尚书令。

又有一次,李白和郭子仪一道出征,刚好在途中碰到了唐代有名的法师一行。

一行上知天文,下知地理。李白和郭子仪便向他询问终身大事,一行见李白谦虚好学,便有心教他两招,便告诉他说:"人虽然都有个身子,有眼耳鼻舌各种器官,但要究根穷底,本来是没有这些东西的,这些东西都是无中生有,从虚无中生出来的,因此,看相不可局限在这些部位中,高明的相士应看到人的气度、神采。这样才能入木三分,抓住本质的东西。"说着便为郭子仪看起相来,他说:"您气度不凡,很有气量,有相术中五合的局面,将来声名远播,就是一般的王侯也比不上。"

李白听后,忙问什么是五合。一行说:"五合是相术中比较高深的道理,相术中论面貌都忌讳平扁无势,歪歪斜斜,甚至迂回曲折。一般地说,鼻子忌讳山根断裂深陷,尤其是鼻梁塌小,那就更是无可救药。眼睛忌讳有红丝穿进去。眉毛忌讳中间突然断裂,尤其是不可倒着长。另外眉毛又粗又硬,像猪毛一样,也不是上相之眉。至于胡须也忌讳粗短蓬松,行为更不能诡诈多变,这些都是五种不合。有这五种不合,便会一生多灾多难,事与愿违,那就是平庸之辈了。相反的,如果面貌纯粹而有光华,颜色洁净无瑕,这便是天心相合;气度不凡,气宇轩昂,便是天德相合;德行谨严,胸怀仁爱,便是天伦相合。有这些特征,便可保身体康健,疾病难侵,威名远扬,士民爱戴。"后来郭子仪活了近百岁,死时须发飘飘像白银一般,功德传遍天下。

知人知面要知心

知人知面要知心,这是识人学上的一个基本定律。只有在不仅知人知面而且知心的情况下,才能决定是否启用或重用其人。归结古今中外识人用人的经验和教训,具有下列心态的有才者,应当得到重用。

(1)具备一个积极的心理状态。有一个小男孩,因为是三代单传,所以父亲对他非常娇惯。十来岁了,头的后边仍扎着小发辫。好奇的同辈总是取乐于这个"小发辫",摸摸拽拽,出其不意地向他袭击。与其说是取乐于他,还不如说是在羞辱他。甚至还有用小石块之类的东西投掷他,有时竟将其头部打起了

由容貌相人

图文珍藏版

血疱。小对手,开始是一两个,接着是三四个,后来竟发展到八九个,弄得"小发辫"很伤脑筋,但也毫无办法,只好逆来顺受。在一次放学回家的路上,"小发辫"又一次遭到了七个小对手的袭击。"小发辫"不像以前那样见到此景拔腿就跑,而是站立不动,待第一个挑衅者到达他跟前时,他鼓足勇气,上去就是一拳,将对手打翻在地,其余六个见势不妙,便一个个溜走了。从此,再没有人取乐、羞辱他了,他站起来了。"小发辫"由被动变为主动,是他的心理状态由消极转向积极的直接结果。由此可以看出,对于一个人来说,具备一个积极的心理状态是多么的重要!

人有一个积极的心理状态,遇到同事进步,会觉得自己又多一个学习的榜样;遇到同事失误,会产生同情、自责和帮助的心理;面对平凡的工作,也能产生极大的乐趣,觉得天地广阔,大有作为,如此等等。这种人脚下的路往往是宽敞的,办事的成功率是很高的,同时,这种人的人缘关系也是很好的,同其上司也最能保持一致。

(2)对工作尽心尽力。领导者工作上的高效率,是以部属工作上的尽心尽力为基础的,离开了这个基础,任何天才都不可能成功。当然,看其部属是否尽心尽力也是有尺度的。经验证明:凡为尽心尽力的部属,工作上首先都会有一个切实可行的计划和实施计划的具体方案;知道应该让上司在什么时候,在什么问题上出面支持自己,而不是事无巨细地陷上司于事务圈子;提交到上司面前的困难,不仅进行了中肯的分析,而且还有克服困难的可供选择的实施方案;敢于在上司即将出现失误的时候,据理力争,做事有股不达目的誓不罢休的韧劲;从不随大流,更不做那些花里胡哨的表面文章;当个人利益和集体利益发生冲突的时候,会无条件地去服从集体的利益……这种人是螺丝钉,拧在哪里就会在哪里发挥作用;是老黄牛,只知奉献,不讲索取;是大海岸上的岩石,能经受住巨浪的袭击;是高山岩石之松,能够经得起风寒,是成功不可缺少的一支重要力量。

(3)具有适度的自尊心。自尊心人皆有之,但在不同的个人身上所表现出来的"度"则各不相同。过弱则表现为自卑,老是觉得不如别人,这也办不到,那也不可能,消极悲观,事无所成。过强则表现为高傲,总觉得高人一等,缺乏自知之明,这种人的虚荣心、权力欲极强,固执己见、争强好胜是其重要特点。实际上,他们是大事办不来,小事不愿做,人际关系也不能得到很好的处理,到一处乱一处,是不受欢迎的人。自尊心过弱但心里内含着谦虚,是谦虚过了头,达到了自卑。同样,过强的自尊心也内含着自信,只是自信过了头,达到了高傲。适度的自尊心,表现出了谦虚和自信的有机结合,是对上述二者的扬弃。有才干的部属,加上适度的自尊心,他们干起事来必定是左右逢源,如虎添翼,成功是把握之中的事。

(4)不搞阴谋活动。阴谋活动之所以冠以"阴"字,就在于它明暗不一,表里不一,现象和本质不一。一般来说,搞阴谋活动的人对自己所要表现出来的行为都是考虑再三的,并且是经过伪装的。尽管搞阴谋的人狡猾,但也不是不可将其识别的。就因为他们有几个"不一",况且他们的活动还是在一定的人群中进行的,这就给人们提供了识别他们的条件。搞阴谋的人之所以要去搞阴谋,是因为他们对他们个人或小团体利益有着较强的追求欲望。可以说,自由主义、个人主义的发展与膨胀是阴谋活动的根源。搞自由主义、个人主义,一旦目的达不到,就有可能产生搞阴谋的动机。开始可能是搞些小阴谋,偶尔搞阴谋,继而是大阴谋,经常搞阴谋。阴谋败露,就可能会跳将出来,搞公开对抗。所以,他们是埋在团体中或领导者身边的定时炸弹,一旦发作,就要造成很大的危害。身处领导岗位的人,对此应保持高度的警惕才是,绝不能重用那些搞阴谋活动的人。

(5)有一个宽广的胸怀。一般来说,凡是心胸宽广的人,与家人相处,则家人和睦,老少欢乐;与同事相处,则能将心比心,友好如兄弟;与下属相处,则富有爱人之心,上下一致;与上司相处,则善于理解上司苦衷,能够忍辱负重。一句话,人际关系可以保持最佳状态。这种人不会被"好话"所迷,也不会被"坏话"所怒,能够保持一个清醒的头脑。这种人自身新陈代谢的节拍能与大自然的运行规律相吻合,很少会被疾病所困扰,可以保持一个健康的体魄。可以这样说,宽广的胸怀是万福之源。

辨别一个人的胸怀是否宽广,内容也很广泛,主要是看他们是否具有嫉妒心,是否斤斤计较个人得失,是否经常地误会别人。一个人如果和别人相处时,很能理解别人,常能为别人着想,也能抱吃亏态度,那就可断定这个人的胸怀是宽广的。否则,是狭隘的。

四、目者面之渊，鼻者面之山

眼睛是心灵的窗口，一双深沉、神气的眼睛使人的面部表情亲爽明朗；鼻子如同面部之高峰，一个高耸挺直的鼻子，使人的脸上显示灵俊之气。

古人将人的面相分为薄弱之相、恶劣之相、孤寒之相、古怪之相、厚重之相、清秀之相、俗浊之相、威猛之相八种，并结合其性情初断其一生的命运吉凶。

威猛之相：体貌威严，庄重冷静，主权势。

孤寒之相：内向自敛，性情乖戾，命犯孤寒。

古怪之相：孤傲古朴或体貌古怪，清秀者主吉，浑浊者不吉。

恶劣之相：体貌凶顽，性情暴戾，主凶暴。

薄弱之相：体貌薄弱，身轻气怯，主贫下。

俗浊之相：体貌俗陋，肤浅如尘，其命平平。

清秀之相：体貌清秀，温文尔雅，主大贵。

厚重之相：体貌中正，淳厚大度，主福禄。

观人八相

【原典】

目者面之渊,不深则不清。鼻者面之山,不高则不灵。口阔而方禄千种,齿多而圆不家食①。眼角入鬓,必掌刑名。顶见于面②,终身钱谷,此贵征也。舌脱③无官,橘皮④不显。文人有伤左目,鹰鼻动便食人,此贱征也。

出众的相貌有时会带给人一定的竞争优势,但是当时光荏苒,故步自封者与生自来的优势终将消失殆尽,突现的落差与优势的荡然无存往往更令人倍感煎熬。

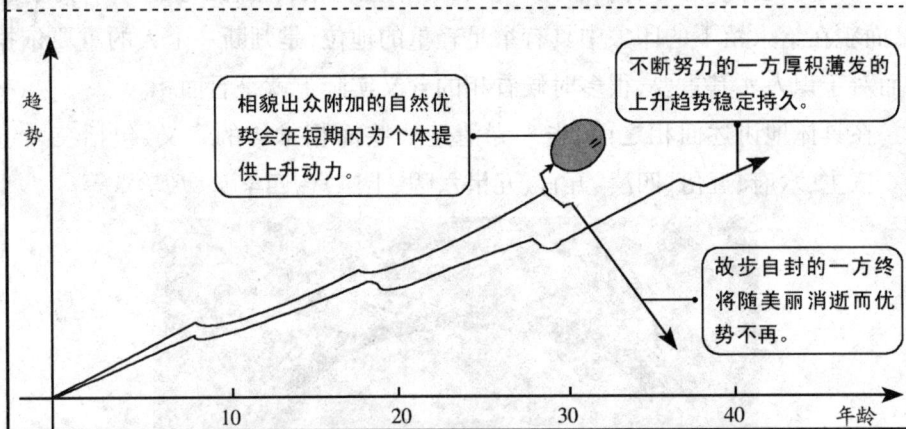

相貌出众附加的自然优势会在短期内为个体提供上升动力。

不断努力的一方厚积薄发的上升趋势稳定持久。

故步自封的一方终将随美丽消逝而优势不再。

趋势

10   20   30   40   年龄

美丽的陷阱

【注释】

①家食:指在家里吃饭。

②顶见于面:指秃发谢顶而使头与面额相连。

③舌脱:即口吃。

④橘皮:面部皮肤粗糙好像橘子皮。

【译文】

眼睛好像面部的两潭活水,神气不深沉含蓄,面部就不会清朗明爽。鼻子如同面部的山脉,不挺拔面部就不会现机灵聪慧之气。嘴巴宽阔又方正,表明有享受千种福禄之命,牙齿细小而圆润,表明将来要在外地干一番事业。双眼秀并延伸到鬓发,表明将来要掌管刑法大权,秃发谢顶而使头与面额相连,前途无量,能掌财政大权。口吃者是交不上官运的。肌肤粗糙如橘皮的人是不会显贵的。如果文人左眼受过伤害,就会因文星陷落而无所作为。鼻子如鹰嘴的人多内心阴险毒辣,容易伤人,这些都是贫贱之相。

综合评析

面相基础

所谓面貌，即面部的容貌，是人的神骨最重要的外在表现之一。待人接物中，面貌在给人留下的印象中具有举足轻重的地位，是判断一个人的重要依据。因而对于识人尤其重要，很多时候看相的含义实际上就是看面相。

在具体地讲述面相之前，先来弄清楚一些面相术语的含义，包括三才、三停。三主、六府、五岳、四渎、五官、五星六曜、十二宫、四学堂、八学堂等。

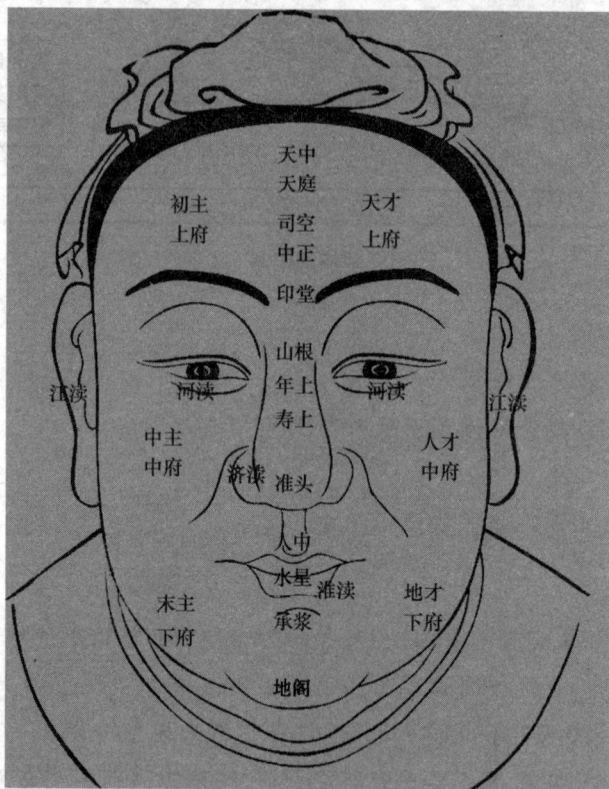

面部十三部位、三才、三主、六府、四渎

三才

所谓三才，即天、地、人。按照传统说法，无极生太极，太极生两仪，两仪即为阴阳，天为阳地为阴；阴阳交合而有人，这就是天地人三才，三才是宇宙的至宝,人生的至宝。炼气的人有一句口诀"天有三宝日月星,地有三宝水火风,人有三宝精气神",对于人三宝不但可以指精气神,也可以指身体的上中下三个部分和脸部的上中下三个部分。

额头为天才,鼻子为人才,下颌为地才。因为天欲张,所以额头以圆阔、丰满而隆起为贵,以狭窄塌陷为贱。因为人欲深,所以鼻子以挺拔而端直为贵,以塌陷歪斜为贱。因为地欲方,所以下颌以方正宽阔为贵,以狭窄为贱。

天才有成者,主贵;人才有成者,主寿;地才有成者,主富。

三停

所谓三停是将人头部发际至下颌分为三部分,分别为上停、中停、下停。实际上三停与三才在位置上是重合的,上停所指的发际至印堂,主体是额头;中停的山根至鼻准,主体是鼻子;下停所指的人中至地阁,主体是下颌。因而在对三停的要求上也与三才差不多,上停与天才一样,要求方而广阔、长而丰隆;中停与人才一样,要求峻峭而挺拔、丰满;下停与地才一样,要求丰满厚实、方而圆满。所谓的"天庭饱满,地阁方圆"就是这个意思。

上停主初年的运程,天庭饱满的少年即可发达,地位尊贵。中停主中年运程,中停挺拔端正的,中年事业有成,寿命长久。下停主晚年运程,地阁方圆的,晚年安康,富贵不可限量。上停尖狭缺陷者,多主刑厄之灾,妨克父母,是卑贱之相。中停短促扁塌,主少仁义,短知识,不得兄弟妻子之力,主中年破损。下停狭而尖薄者,主生活贫苦,晚年艰辛。上停较中、下停长得秀美,表示初年运佳,祖先积有阴德。中停、下停较上停长得好,多是少年奔波,中年后发。中停端正丰隆,下停欠佳,中年得志时须防老来受苦。下停较上、中停长得好,是属大器晚成。

关于三停所主《麻衣神相》上还有一句口诀"上停长少吉昌,中停长近君王,下停长老吉祥,三停平等富贵荣显,三停不均孤贱贫",也就是说,三停的丰隆、宽阔、挺拔与否与运程有关,其长短也与运程有关,三停长短是否均衡也与运程有关。

三主

所谓的三主,即是额头为面的初主,鼻子为面的中主,地阁为面的末主。对这三主的要求,也与前面的三才、三停一样,此处不再重复。从初、中、末三字及联系上面的三停所主,可知所谓三主即分别主初年、中年、晚年的命运。需要指出的是,三主的成败要与三停的长短一起决定人初年、中年、晚年三个阶段的命

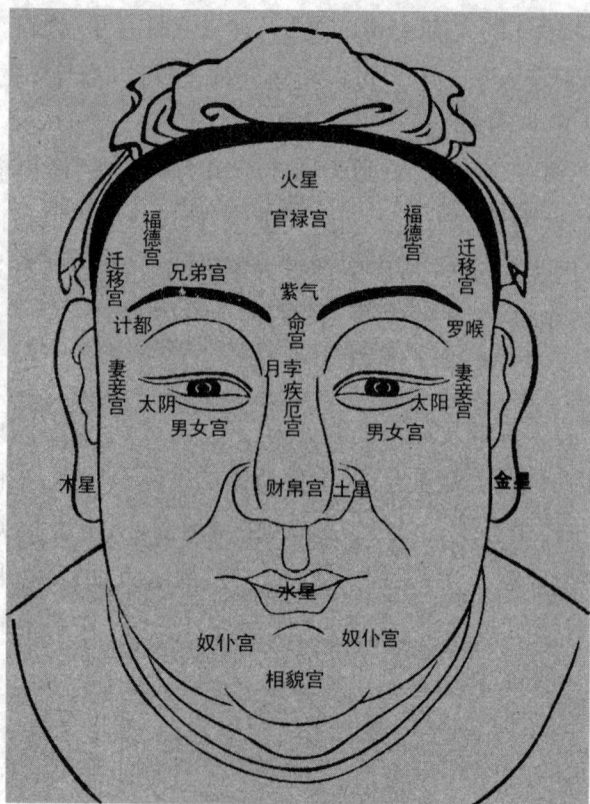

十二宫和五星六曜

置 三停平等、三主匀称是最佳的面相,终生命运良好。三停不等、三主不匀,则那一停长、那一主丰隆,则那一年龄段命运好,反之则命运不佳。同时三停与三主可以相互补逆,即三停平等可以补三主不丰隆,三主丰隆可以补三停不等;三停不等可以逆三主丰隆,三主不成可以逆三停平等。

六府

即上、中、下三府,与面部三才相对应也可称为天府、人府、地府,每一府各为两个,在面部以印堂、山根、准头、人中一线左右对称分布,一共六府。两天府的位置是两辅骨,同时包括周围的天仓,即额头靠近发际的区域——额角的位置;两人府的位置在两颧骨,同时包括从命门到虎耳之间的区域——腮的上半部分;两地府的位置在两颐骨,也包括周围的地库——腮的下半部分。相学中六府主要关涉一个人的财运,其充实丰满主人一生钱财丰盈,安享富贵,即使声位不显,亦不妨福富;反之,若缺陷孤露,枯暗多瑕,则一生拮据,难免饥寒之苦,即使身居显位,也不聚财。此外,六府的有成与不成,还须与其他主财运的部位

国学经典文库

冰鉴

由容貌相人

图文珍藏版

联系起来看，主要是三才。这是因为，三才主贵贱、寿命、钱财。

五岳

在地理上，所谓五岳是指东岳泰山、南岳衡山、西岳华山、北岳恒山、中岳嵩山，面部的五岳则是东岳左颧骨、南岳额头、西岳右颧骨、北岳下颌、中岳鼻子。相术要求，五岳之间要相互照应、拱卫，相互之间位置均衡、对称，形态饱满丰隆，气色润朗鲜明。

五岳主富贵、福寿，在相互配合的基础上，颧骨高圆向上，下颌方圆高起，额头宽广而丰隆，鼻子挺拔而峻峭，就是吉相，一生福禄双全、寿命长；否则便是凶相，一生命运坎坷。在五岳之中，中岳鼻子为五岳之主，如果鼻子无成，其他四岳便没有了主心骨，就算其他四岳再好，也很难大富大贵，寿命也不会很长。当然，四岳不佳，独有中岳上佳，这叫孤相，这样的人也难以大富大贵。中岳不挺拔又很长的，只有中等的寿命；尖薄的，晚年家业破败，生活艰难；歪斜的，则能将满脸的好相破坏殆尽。中岳及东西两岳相佳，主中年发达，反之则中年破败。南岳形如满月，主初年亨通，反之则初年坎坷。南岳倾斜，主一生不能发达。北岳形完气足，主晚年幸福，反之则晚年无成；北岳凹陷，一生难以有地位。东西两岳倾侧无势，则内心恶毒没有爱心。

四渎

在地理上，四渎是古人认知中的四条单独流入大海的河流，分别是江（长江）、河（黄河）、淮（淮河）、济（济水）。古人认为，四渎为水流汇聚、流动之所，人体的四渎则是人体气血汇聚、流动之所。因而人体的四渎则是，江渎双耳孔，在人体五行关系中，耳属水与同样属水的肾脏相对应，肾为人体藏精之所；河渎双目，眼睛属木与同样属木的肝相对应，肝为人体的造血器官，为血气之源；淮渎为口，口属土与同样属土的脾脏相对应，脾脏具有储藏血液的功能；济渎鼻子，鼻子属金与同样属金的肺相对应，肺为人体新陈代谢、排泄废气、呼吸新鲜空气的器官。

四渎中，目光深邃主长寿，浅露则主短命；眼线长的主高寿，小而长的主贵；眼睛精光四射的主聪明，眼睛圆的主多诡谋；眼睛有神的主贵，混浊的多仕途艰难。耳孔润泽而深，出口紧缩，有重城之副，主聪明。嘴要方大平阔，合拢则小并且严丝合缝，张开则大，上下嘴唇厚薄一致，这是吉相；上嘴唇薄不能覆盖下嘴唇的，家业破败，下嘴唇薄不能承载上嘴唇的，晚景凄凉。鼻子丰隆莹润，不偏不歪，不破不露，主家业必富；歪斜则破坏整个脸部的面相。

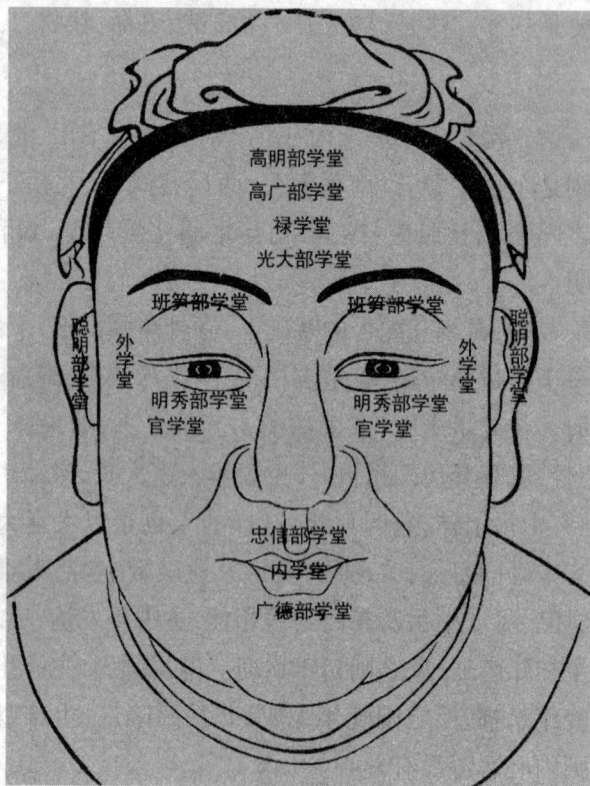

四学堂和八学堂

五官

即面部的耳、眉、眼、鼻、口。耳为采听官,眉为保寿官,眼为监察官,鼻为审判官,口为出纳官,五官的具体情况前文中已有详细记述,此处不再赘述。

五星六曜

五星即金星、木星、水星、火星、土星,相学中分别指代左耳、右耳、口、鼻、额。六曜即太阳、太阴、月孛、罗喉、计都、紫气,相学中分别指代左眼、右眼、山根、左眉、右眉、印堂。五星六曜原为宇宙间的主要天象,相学家以之与人的面部部位或器官相匹配,来预测人的命运。一般来说,两者的特点相吻合即为吉善之相。否则便为凶厄贫贱之相,各部位具体的命理要旨如下:

五星:金星、木星为耳,其轮廓分明、色白过面、大小均等为富贵聪明之人;翻反侧窄,大小不均为损田破财,蠢笨无知之人。

水星为口,口型方正,唇色红润,人中深阔端直为文章俊秀、少年及第之相;嘴角垂尖,薄而无棱者乞食求生。

火星为额，广阔者高贵富足，儿孙满堂；尖陋多纹者，一生潦倒，损妻破财。

土星为鼻，鼻准尖厚，鼻梁端正者为福寿俱全之人；鼻准尖薄，鼻梁歪斜者，一生孤独贫穷。

六曜：太阳、太阴为目，黑白分明，光彩夺人者身居显位，百事俱顺；目光枯黄无神者损长刑幼，多厄，短命。

月孛星为山根，贵在端直晶莹，此为忠臣贤士之相；狭而尖者为多灾败家之相。

罗喉、计都二星为眉，宽广清长者衣禄丰足，眉头纹破或两眉相连者坎坷多难、骨肉难全。

紫气星为印堂，平广分明、圆润如珠者大富大贵，狭小有纹者不学无术，衣食萧条。

十二宫

相学上将人一生经历的主要内容，即可能遭遇的大事、涉及命运的主要因素分为十二个部分，一部分即为一宫，合称十二宫，即命宫、财帛宫、兄弟宫、田宅宫、男女宫、奴仆宫、妻妾宫、疾厄宫、迁移宫、官禄宫、福德宫、相貌宫。

（一）命宫。

命宫的位置在双眉之间，山根之上，也就是印堂的位置，是命运总开关的所在，也是吉凶气色的聚合处，它关系一个人的性情、愿望、寿命、成败、精神、命运，并且终生都受其影响，而且还显示目前的顺与逆的运势状况。如果命宫陷落而不平坦，被眉头侵犯而显得狭窄，或因有皱眉头的习惯而形成皱纹，或因受伤而留下疤痕，这都会影响命运的起伏，而发生负面的遭遇。

印堂若光明如镜，晶莹饱满，主学问好，如配山根丰满，直耸而透上命宫，眼神充沛，黑白分明，主财帛丰盈，福寿俱全；如有川字纹，直透上天庭而边城驿马骨起，则主人权势地位高，为社会梁柱。

命宫凹陷，主脾气急躁，气度狭窄，好胜心与自卑感互相交织作祟，忧苦与猜妒相加而困扰，做事患得患失，缺乏观察力，所以不容易得志。印堂过窄、两眉头交错，或是杂毛过多，须要拔掉多余的毛，以保持印堂开朗，以免做事徒劳无功，更要注意防范小人。印堂若有杂纹、伤痕、痣破，则主克妻、六亲难帮、多破财、孤寒、小气及短寿。

命宫气色若呈现淡黄色与淡淡的粉红色，主平安、寿长、有吉兆，做事或事业都能达到理想与愿望；若呈现黑色，主身亡；若呈现红黑色，可能会有火灾；若呈现青色,主虚惊。若呈现白色,主有丧服、哭悲之事或四周的人有危机;若呈现赤色,主有刑伤。

(二)财帛宫。

财帛宫是鼻子的准头及左右两鼻翼,也称财库的部位,鼻以准头为财星,配合大仓、两颧骨、下巴、兰廷、金甲柜及左右地库,总称为财帛宫。鼻子的肉象征物质力,鼻子的骨骼象征精神力,所以观察一个人是享物质生活或精神生活,可从鼻子分析和了解。

财星要丰隆、挺直,准头圆而有肉,鼻翼饱满,鼻孔大而不露,两颧饱满,方能财源广进,富贵有余。财帛宫的天仓是看理财运,包括财产的获得、收支的多少;兰廷、金甲柜是财富的累积聚集;准头圆,兰廷相配不露孔,主得美貌之妻;鼻孔丰厚、收藏,主财帛有积。

鼻梁塌陷、偏斜,主自卑感重,多疑而胆怯;枯削无肉,主贫穷。鼻子、山根部位露骨起节的人,要好好对待夫妻之间的感情,互相都要做到关怀与宽容;鼻翼仰露的人,比较没有偏财运,也没有理财的概念,主难有积聚,家无隔宿之粮,贫穷之象;鼻孔宽而无挡,无积反施,鼻头缺陷,人事不和,多是非口舌。兰台缺,主财物散尽;廷尉缺,横事极多,皆主破财。鼻翼狭小的人,比较不能做投机性的工作与生意;如果鼻尖如鹰嘴,则是多贪欲之人,财运反复,晚景凄凉,贫穷;鼻孔细、兰廷齐,主好聚不舍。鼻上有纹、痕、痣、破,皆主有损财之患。

准头气色,润黄色或润白色,主有进财之喜;若有黑色,家中有人生病或事业失败,破财失禄;若准头有红色或红糟鼻,财运不好,与子女的运程也不顺;若准头出现红丝,金钱会运转不顺,而有心肌梗塞的病症;准头出现赤色,主有口舌是非。

(三)兄弟宫。

兄弟宫位于眉毛部位,也有包括龙虎角及额角,用于观察兄弟姐妹、交朋友及家世。眉可以分为两部分,眉头看兄弟姐妹、公司以及周围在一起的朋友,后段称眉尾,为夫妻、子女和财帛的缘分。眉要顺而束,不宜亏陷,眉秀而束,枝干端正,主兄弟、朋友和睦。

眉的形状粗而逆乱,表示个性不稳定,脾气不好,所以对家庭、兄弟姐妹无关怀之心,因而交不到好朋友。眉若亏陷、短促、疏散,主兄弟分离孤独,难有兄弟帮助。左眉高右眉低,主父在母先归,或异母,或双妻。右眉高左眉低,主父亡母再嫁,或双夫。

眉与目齐,兄弟一二,眉如扫把兄弟六七。眉短不及目,主无兄弟,有亦非同胞。眉有旋毛,主兄弟多,但不同心,互相憎妒。眉毛逆生,兄弟成仇,互相斗争或异地而居。眉毛中断,主兄弟分散或死亡。眉黄交连,主离乡背井,兄弟无靠。眉中有黑痣,主克兄弟,但为人聪明,易犯水险。

眉毛气色要有彩,即眉毛内的肉色或眉毛上下半公分的地方,要比面部的皮肤颜色淡一点,也就是润白色,代表有贵人提拔、兄弟姐妹、朋友和家庭都很美满。眉气色青,主兄弟斗争犯口舌。眉气黑白,主兄弟伤亡。眉气红黄之色,主兄弟荣贵喜庆。

(四)田宅宫。

位于眉毛与眼之间,上眼盖(眼皮)的部位,主名望和名声与房屋、地产、田产。论田宅宫要配合天仓、地阁,天庭要饱满,地阁要朝归,色明而润,眼盖光滑丰满,眉不压目,主田宅进益。如只眼盖丰润,则主童年时不快乐,或父母关心不够。

田宅宫丰广有肉,能获得祖先的保佑及长辈的提拔,人缘好,中年时期自己有固定的资产或住的地方,生活很安定。田宅宫深陷、狭窄、无肉,主购买房屋地产或自建房屋,总会出现不顺利的阻碍,或不理想的设计格局而吃大亏,或生活无法安定下来,常常搬家。眉毛和眼睛若是靠得太接近,性情比较急,容易不小心得罪人,影响人缘,有些事反而弄巧成拙。眼盖太宽,超过两根手指的人,生活中缺乏主意,交友及使用钱财时不会节制自己,所以过宽、过窄都不好。两眼及眼盖最忌赤脉灌睛,主早年家园破财,晚年无粮;两眼骨枯及火眼冰轮,皆主田园难保,家财倾尽;两眼大、露、凸或黄赤,主破害田宅,又克妻子。

田宅宫气色宜淡粉红色或淡黄色,主有进财和房屋地产的喜事,谋无不遂。田宅宫的气色暗黑,命宫也暗黑或赤红,则可能会有官司与是非发生,严重一点可能有牢狱之灾;黑色主杖责;白色主有丁忧。

(五)男女宫。

位于眼下泪堂的位置,又称为子女宫、阴鸷宫、阴德宫,未婚时主男女之间的事,已婚后主生儿育女及积阴德。在讲阴鸷纹时对此宫已有一些介绍,因而此处只是详细列举一些此处的表现及所主。

男女宫如果没有像卧蚕一样的肉,下眼睑深凹进去,这种情形表明生殖能力可能有问题,或与子女比较无缘。卧蚕像一只有很多皱褶纹的袋子,这样的人多半做人不厚道,外表满口仁义道德,而内心却奸诈,如不知悔改,晚年运必然悲惨凄凉。

泪堂深陷,人中平满,主难有儿孙送老。左眼肚枯主损男,右眼肚枯主损女。泪堂有痣,主难有子女,或早年离乡背井。泪堂有乱纹者,主得假子及招义女。

男女宫的气色,有淡的粉红色或淡黄色,未婚主喜事近,孕妇主生男;淡淡的青润色,主生女。黑色者,怀孕时注意流产,或生下孩子后比较难养。男女宫有黑白色,主男女悲哀。眼浊又见黑气包围眼圈,是淫乱之相。眼下常现黑色,主淫徒或恶人;眼睛周围有黑气,主子宫或肾有病。

最后要指出的是,男女宫位置的阴骘纹是能够后天养成的,需要个人积德行善。

(六)奴仆宫。

奴仆宫位于下巴及两旁的面颊骨至两边嘴角的部位,主与下属、晚辈及合作人的关系,以及现在所居之环境好坏。宜丰厚宽圆而大,口如四字,地阁饱满,两颧辅助,主有侍立成群,呼聚唱散之威,有领导的气魄与能力。

如果下巴短小、尖斜枯陷,则缺乏领导的气魄与能力,无法服众,难与下属及晚辈沟通,故与部属或家人的关系比较薄弱。下巴若有恶纹、恶痣布满的人,主时常为部下所累,有不忠诚或从中制造是非、贪污的部属,从而增加自己领导与管理的困扰,也会施恩深反成怨恨;同时,住家也不如意,常会发生莫名其妙的不安与不顺。两边腮骨尖而突出的人(耳后见腮者),无法做到用人不疑、疑人不用,即使有众多部属,也必搞得貌合神离,彼此不和睦、不团结,因而发生许多不该发生的管理上的损失,有些更是恩将仇报。下巴骨后缩,主个性不稳定,忍耐与实力不够,家运也不佳,晚年比较孤独。

地阁的气色要淡的黄色或淡淡的粉红色,主部下得力,合伙人愉快,再加地阁宽厚饱满,老年时因之前财富的累积而成为大企业家或富翁。若是有蒙蒙的黑色,看起来脏黑有污点,主部下有意外,不宜远行。赤色主部下有口舌或破财。青色主部下受损伤。

(七)妻妾宫。

位于左右眼角的外侧及两眼尾奸门(太阳穴位置)的部位,又称为婚姻宫,主夫妻的缘分及男女感情。妻妾宫在左右眼角的外侧,男以左方为夫座,右方为妻座;女以右方为夫座,左方为妻座。妻妾宫部位好,男可娶好妻子,女可嫁好丈夫,但必须配合印堂和鱼尾。

奸门深陷,主克妻,常做新郎,迎妻后更加厄运及多劳心,难免孤独。左看妻,右看妾。如年轻时鱼尾纹多,主夫妻的缘分不会很好,或是迟婚,或是不能生育而非常劳碌,自卑心较重。奸门肉削、凹陷,性欲不容易感到满足,太多或太少都是不正常的现象,会导致发生外遇的问题。眼角深陷有恶纹、恶痣,男性比较难娶到贤妻,女性比较难嫁到良夫,但这还要与命宫、夫妻宫一起论配。若左右眼角外侧的夫妻座,有黑褐色的细纹通过山根相连接,就表示有外遇发生。

鱼尾纹多,主妻房恶死,但情欲甚盛。鱼尾下垂,主妻缘淡薄。鱼尾有直纹如十字之线,主常有口舌之祸,夫妻缘薄,经常口角。奸门有痣,外表正派而心多淫欲,易招官司。男子右奸门有痣,主见色起心,容易引起家庭风波。

鱼尾纹与桃花线有分别,鱼尾纹在眼尾横伸展出,桃花纹则在泪堂上角、眼尾下向下伸出。桃花纹多而浅者,容易有异性追求;纹多而深者,主有心而无胆,如心坚正则可免麻烦。

妻妾宫的气色若清净明润,宜红黄,无青的颜色,主夫妻、家庭美满。赤色主口舌争斗,黑白色主夫妻、男女有悲剧,青色主妻妾忧愁。暗青色主婚事难成,夫妻感情不顺。

(八)迁移宫。

位于眉角,天仓向上至额头发际旁的部位,俗称驿马,又叫交游宫。主迁居及外出或职业变换运程。迁移宫骨起丰隆、肌肉厚而饱满的人,出外发展成功的机会很大,如出外旅游、经商与国外贸易、结婚、搬家或工作大变动,每于变动必向上发展,到老得人钦羡。

迁移宫的肉单薄而塌陷或气色昏暗的人,不利远行,否则流浪国外,有家归不得,或中途遭遇困难,花冤枉钱。驿马过高,则主职业难有安定的地方。如天仓、地库偏斜,主经常搬家。额角低陷与眉交连,主到老难有安定的住所。

迁移宫气色明润净洁,色红黄明润,主有升迁之喜,亦主远行、经商、结婚或工作的变动很顺利;若昏暗缺陷及痣破,则不宜出门,恐有意外。青色主远行失财受惊。白色主远行遭下属暗害。黑色主交通意外或身亡。

(九)疾厄宫。

在印堂之下两眼之间山根直达年寿的部位,主身体健康状况及免疫系统与灾难的应变能力。山根丰隆明亮的人,对疾病的抵抗力强,有自信心,对轻微的感冒不在乎,即使灾祸,也因他的机智,只要镇静应付,会立刻化凶为吉,巧妙地避过凶境,男士娶贤妻,女士嫁良夫。如山根、印堂丰隆,光润直达鼻头,主身心康泰、财运亨通、福寿康宁。

山根低陷、鼻柱凹凸、枯骨、平塌无势、有痣,主多病厄,为人容易消极悲观,自卑感重,各方面都会受到影响,难得心愿。年上(年上、寿上在鼻子上软骨和硬骨的交界处,上面为年上,下面为寿上)有直纹,也代表生殖器有毛病,较不能生育。寿上有骨节,要防三十九岁和四十一岁吃官司、桃花劫或离婚,缺乏信仰和伦理的观念。山根有横纹主有危险,一条一次,两条两次,纹越深危险越大,纹越浅危险越小越容易规避;疾厄宫有黑痣,主事情难以坚持到底,往往功亏一篑。

疾厄宫气色有薄薄的黑色之气延伸至年上,恐有是非、暗疮或痔疮,家内有长期需要服侍的病人;年上、寿上有薄黑之气,疾病灾难多。整个鼻柱润黄色,自己和家人身体健康平安,事业、金钱、交友都很顺利。

(十)官禄宫。

位于额头正中,由天中直至印堂,官禄宫又叫事业宫,主职位、地位与功名。官禄宫要发达,肌肉要坚实。由印堂有骨隐隐直透天中,名为伏犀贯顶,主自尊心特别强,不愿向人低头,做事总是特别努力,以争取优良成绩,所以事业容易成功,地位也步步晋升,一生不会有官司、是非;如配合眉清目秀,印堂明润,耳白于面,则主事业一帆风顺,誉满天下,福禄显贵。

官禄位低陷,主自卑感较重,要有成就或成名较难;如果又见纹痕冲破,则主事业会较不顾。官禄宫有痣、伤痕,主个性方面较傲气,容易犯上,不适宜做公职人员,易招官非、事业反复;如再添目贯赤觚,必死于徒刑。

官禄宫气色是由印堂发起,反映目前的运气好坏及愿望是否达成。光明莹润而现有红黄色,主有升迁喜事。赤色主口舌是非。白色主有孝服生。额上杂纹多而现青色,主有犹疑之事或妇人有失夫之悲。

(十一)福德宫。

位于前额眉中及眉尾上方的部位,主福气、财运、运气与祖荫、祖德。左、右福德宫相称,并与官禄宫以及面部中心的鼻子,有着朝拱衬托的气势,这样的人,肯努力追求事业的成功,名望、地位的提高,可以享受美好的成果,再配合地阁圆满丰隆,五星明润相朝,主身体健康、长寿,可得祖业,福禄德厚,能享受家庭圆满。

福德宫天仓凹陷、浅窄,主难有祖业及灾厄常见,或早年离家,为人非常劳碌辛苦,不容易享福,而且会有不安分、企图不劳而获的心理。福德宫尖削无肉,不但劳碌,而且经常遭遇失败的挫折,心理不平衡,容易孤独、寂寞,福气、财运都没有分。如果只是天仓丰满而地阁薄削,主虽有祖业而难守业,晚年辛苦;如地阁丰圆,主辛苦起家而晚景安乐。

福德宫气色宜红黄色,主有贵人相助,财运亨通、吉祥,可逢凶化吉。气色暗滞,事业不顺。赤色,主有酒肉之口舌是非。青色主犹疑。白色主有灾疾。

(十二)父母宫。

位于前额日角、月角的部位,左边日角代表父亲,右边月角代表母亲,看父母及长辈,分析其为人处事和健康,看那一边比较差,象征那位比较不利。父母宫宜高、明润、骨突起,被形容为头角峥嵘,主父母健康而有名望、地位,亦表示少年得志,父母遗传良好,将来事业成功。日、月角宜相称,主父母健康良好而长寿。日、月角丰隆明亮,象征父母能享受多方面的福气。

父母宫低陷,表示这个人从小就得不到父母的慈爱照顾。日、月角偏斜,表示童年家庭环境差,父母健康方面差或幼失双亲,父母缘薄。额削而眉乱,主早为父母抛弃。日角低,主妨父或有异姓父;月角低,主妨母或出于庶母;如配合鸳鸯眉则更准确。

日、月角的气色红黄明润,主双亲健在,有喜庆。如有暗滞,表示父母的健康发生问题,可能有慢性的疾病。日、月角的气色变为黑暗,表示父母的疾病严重,甚至可能有生命的危险。青色主父母有犹疑。赤色主有口舌是非。日、月角的气色黄润光泽,象征父母心中快乐,有值得庆贺的喜事。

四学堂

学堂主文学之位,若各部位丰满、明润、端正,必主聪明,文章出众。反之,若骨陷、色枯则不佳。四学堂即官学堂、禄学堂、内学堂、外学堂,分别对应眼、额头、门牙(当门两颗)、耳门及其前部。出自《月波洞中记》郭林宗观人四法。

官学堂,主官职,又名官星。黑白分明、长而秀,为有官、有寿。

禄学堂,主官寿,即任职的长短。方正、圆满,主忠信。

内学堂,主忠信敦敬。要求周正而密,白而光莹;疏松、缺少或小,多狂妄之人。

外学堂,主聪明文学。要求丰满光润;昏沉则愚鲁之人。

八学堂

即高明部学堂、高广部学堂、光大部学堂、明秀部学堂、聪明部学堂、忠信部学堂、广德部学堂、班笋部学堂,分别代表额顶、额角、印堂、目光、耳色、口唇及牙齿、舌、眉毛。出自《麻衣神相》。

（1）高明部学堂：位于额头边缘的位置。宜额头圆润亮泽，如果有异骨突出更佳，象征此人才智聪明，懂得变通发展的道理。

（2）高广部学堂：位于额头额角的位置。宜额头明净、润泽，如有异骨突出更佳，象征此人记忆力、分析力强于他人，能够从大量资料中寻找机遇。

（3）光大部学堂：位于两眉之间印堂的位置。宜两眉之间饱满光明，忌讳疤痕凹陷，象征此人为人处世积极乐观，而且精神十足，容易凭借自身的聪明优势取得成功。

（4）明秀部学堂：位于眼睛的位置。如果一个人目光凝聚有神，则象征此人才华横溢，具有敏锐的观察能力和理性的分析能力，因此不但聪明有才华，而且对于他所从事的事业来说也会取得骄人的成绩，成为行业内的佼佼者。

（5）聪明部学堂：位于双耳的位置。如果一个人双耳的耳形规整饱满，耳部的肤色亮泽洁净，呈现微微的红黄肤色，则象征此人的学习能力、分析能力、理解能力均强于普通人，属于高智商人士，因此在工作中能够凭借着自己的高智商而取得事业上的辉煌和成功。

（6）忠信部学堂：位于牙齿的位置。如果一个人牙齿整齐紧凑，并光亮洁白，则象征此人说话时很懂得语言技巧，因此善于和他人沟通。此外，这种人士心思缜密，才华横溢，因此容易凭借自身聪明和健谈这两大优势取得工做事业上的成绩。

（7）广德部学堂：位于舌头的位置。宜舌面红润，舌头偏长，具有这个特征的人往往讲话很注意分寸，因此善于交往，语言组织能力强，此外也属于会凭借自身的才华和口才取得成绩的人士。

（8）班笋部学堂：位于眉毛的位置。以弯曲秀丽为佳，有这种特征的人，往往时常处于乐观心态；此外聪明的才智再加上心细如发的性格会带领他们取得成功。

关于八学堂所主《麻衣神相》中也有一句口诀，"问禄在额（高明部学堂），问福在两角（高广部学堂），问贵在眼（明秀部学堂），问名在耳（聪明部学堂），问禄在口（忠信部学堂），问德在舌（广德部学堂），问寿在眉（班笋部学堂）"。

了解了上面这些基础的相学术语，下面来讲述面部眼、鼻、口、耳、人中等的相及其所主。前面讲到眼、鼻、口、耳的具体的相都是以与外界事物象形而比附的，比方说风眼、龙鼻、虎口、金耳等，然后根据这些相去看所主。这一部分将图文对照的形式表示出来，因而这里不再详细叙述。

相人中。相学上的人中与医学中的人中不一样，它指的是人中沟，医学上的人中就位于人中沟中。人中是人体气血的要塞，宽阔而深则血流畅通，浅狭则拥滞。因而此处又称为寿宫，主寿命。

人中长，寿命长，享高寿，有宏福。人中短，子孙罕。人中深长，有寿有郎，多子。人中浅窄，子孙少，命短，为人所嫌弃。上窄下宽者，幸运相，多子孙，晚年发达，惠及子孙；上宽下窄者，子息稀少，做事少恒心，终生劳苦贫穷。细如悬针，贫困，绝子孙。过宽，缺乏耐性，智能较低，与子孙缘浅。上下狭中间宽，子女将遭遇困难，多病疾，生活极苦。人中偏曲，为人奸诈，无信义，夭贱之人。人中偏左，克父亲、生儿子，人中偏右，不利母亲、生女；人中卷缩，谓之唇反，多见于危重之症。

相舌头。舌头是神的处所，也是表达神意思的重要工具，因此与人的声名财富关系很大。舌头的形态端正为好；舌头长而大，是上佳之相；如果狭窄而且细长的，奸诈又贱；舌头秃又短，常遭不顺利和麻烦；舌头大而且薄，多说胡话；舌头又尖又小，主人贪婪。舌头能够到鼻子的，能得到王侯之位；舌头长得像手掌的，俸禄能到上卿、宰相。舌头的颜色像漆的，贫贱。舌头的颜色红得像血的，福禄。舌头颜色为灰色的，贫穷；舌头上有直纹的，能得卿监的官位；舌头上有纵纹的，能任馆殿；舌头上有纹而且缠绕的，大贵；舌叶充满口腔，最富；舌头上有锦纹的，可出入朝堂；舌头上有黑子的，说话虚伪；伸出舌尖就像伸出整个舌头一样，有毒害。不说话而舌头先到的，喜好胡说吹牛；没说话舌头先露出唇的人，好淫。舌头大而嘴小，说话说不清楚；舌头小而嘴大，说话轻松快捷；舌头又短又小，注定贫穷；舌头又小又长，会做官富贵昌盛；舌液相交，富贵冲天；舌头无纹是普通人，大概舌头以红而不黑、红而不白为好；舌头的形状以方为好；舌头的形势以深为好。

分句评析

眼睛是面部的两方水潭

【原典】

目者面之渊，不深则不清。

【译文】

人的眼睛如同面部的两方水潭，不深沉含蓄，面部就不会清朗明爽。

曾国藩不止一次地在《冰鉴》中提到人的眼睛，足可见眼睛在识人过程中的重要性。在这里，曾国藩说好的眼睛是深沉含蓄的，但事实上，人有百态，眼睛也是各有不同，若仅仅推崇深沉含蓄而把其他类型一概否定，则就会犯下以偏概全的错误。

大眼睛。古人认为这样的人的眼睛清澈明亮，永远反射出一种好奇的模样。他喜欢尝试任何事情，即使某件从前做过许多次的事，让他做起来有时都仿佛从没做过一般。有一部分大眼睛的人觉得睡觉是少数几件令其憎恨的事，因为他讨厌闭上眼睛，即使只闭上一秒钟，他也老大不愿意，因为怕错过某样东西。

深眼窝。古人认为假如一个人眼睛深嵌在眼窝之内，四周有强而有力的眉毛和高高的额骨包围，一般表示这个人喜欢探究，仿佛周遭的一切都经常处在一面放大镜的下面。他擅长区分极细的细节，可以侦测出一个人个性中的小缺陷。因此，这种人非常的挑剔，除非相当特别的人，否则很难进入他的生活中。

两眼相近。古人认为这样的人有可能是那种在某一方面能够取得相当成就，但又因为在另一方面未得到他人认同，而沮丧万分的人。他一直认为自己总是在最好的时机上，做了错误的选择。不过，他却又马上指出，这绝大部分是因为别人给了自己不恰当的建议。在他心中，每一个人都值得怀疑，事实上，有时候他的疑心病严重到连对待自己都小心翼翼。

两眼分得很开。古人认为这种人非常善良，凡事替别人着想，对人生看得很开。虽然他朝着自己的目标前进，但并不因此而盲目，也不会因此局限了自己的视野。他乐于帮助他人，一点儿也不嫉妒别人。受其帮助的人，经常问他该如何回报。那些人并不知道，让这个人提供帮助，便是给他的最大回报。

眼皮沉重。古人认为这样的人就像宠物一样可爱，想睡觉的眼睛也是这个模样，因此，睡觉成为他离开人群最好的借口，不需多说，这人说话多是轻声细语，行事轻松自在，但却保守退缩。

眉眼相距远。古人认为这样的人很大胆，而且能够一眼看穿任何人。他们灼热的眼神很容易便能够穿透，甚至粉碎大多数人的保护网。这种人喜欢证明自己有权威，而且常常会这么做，他时常不说一句话，却以冰冷的、可以洞悉一切的眼神,凝视着自己的对手,这种人有一颗深思熟虑和逻辑性很强的心。

眼睛上扬。古人认为眼睛上扬是假装无辜的表情,这种动作好像是在作证自己确实无罪似的。目光炯炯望人时,上睫毛极力往上压,几乎与下垂的眉毛重合,造成一种令人难忘的表情,传达某种惊怒的心绪,斜眼瞟人则是偷偷地看人一眼而不愿被发觉的动作,传达的是羞怯腼腆的信息,这种动作等于是在说:"我太害怕,不敢正视你,但又忍不住地想看你。"

眨眼。眨眼的变型包括连眨、超眨、睫毛振动、挤眼睛等。连眨发生于快要哭时,代表一种极力抑制的心情。超眨的动作单纯而夸张,眨的速度较慢,幅度却较大,眨眼的人好像在说:"我不敢相信自己的眼睛,因此,大大地眨一下以擦亮双眼,确定我所看到的是事实。"睫毛振动时,眼睛和连眨一样迅速开闭,是种卖弄花哨的夸张动作,好像在说:"你可不能欺骗我啊!"

挤眼睛。挤眼睛是用一只眼睛使眼色表示两人间的某种默契,它所传达的信息是:"你和我此刻所拥有的秘密,任何其他人无从得知。"在交际场合中,两个朋友之间挤眼睛,是表示他们对某项主题有共通的看法或感受,比在场的其他人都更接近。假如两个陌生人之间挤眼睛,则无论怎样,都有强烈的挑逗意味。由于挤眼睛意含两人之间存有不足为外人道的默契,自然会使第三者产生被疏远的感觉。因此,不管是偷偷或公然的,这种举动都被一些重礼貌的人视为失态。

由鼻子的外形识人

【原典】

鼻者面之山,不高则不灵。

【译文】

鼻子如同支撑面部的山脉,鼻梁不挺拔,面部就不会现机灵聪慧之气。

从鼻子的外形来说,曾国藩认为高鼻梁的人机灵聪慧。

古人认为下列鼻形也都有其可取之处:鼻如悬胆、鼻准圆红,家财丰厚;鼻耸天庭穴(两眉间印堂穴上面),名声远播;鼻体丰隆,准头圆润,且略带前凸,叫鹿鼻,多情多义,贤人达贵;鼻高昂直,高官尊贵;鼻直而厚,位列诸侯;山根、年寿平直,兰廷丰盈,家财丰厚,中晚年得志显贵;兰台对称,年寿、山根不露脊,鼻带光泽,家业兴旺之相。

古人认为下列鼻形不好:鼻梁不正,中年遇困;鼻梁无骨,恐遭夭折;鼻体露骨,多疑且心狠;露脊准尖是鹰嘴鼻,十恶不赦之人;两孔外露叫露孔鼻,家坏祖业之人;年寿部粗大鼓凸,叫孤峰鼻,多灾多难,伤家人之相。

近代也有通过鼻子的类型观人的说法:

(1)罗马型:具有这种鼻子的男女,必是精力充沛,好动、活泼、进取、奋斗、好辩、好胜的典型。这种鼻子的特征是:高鼻梁、凸出而长、鼻孔极深,有这类鼻子的人,喜欢和人辩论,他的智力常常是惊人的,他的缺点就是绝不认输。应付这种人,你绝不能和他强辩,你可以先赞同他的意见,然后巧妙地说出你的意见,使他不知不觉同意你。

(2)希腊型:这种鼻子或者叫艺术家型。它的特征是:直、长、细而凸出,类似中国相书所谓"伏犀鼻"。具有这种鼻子的人,大部分是内向型,性情和平、温柔,不走极端,富有艺术天赋,爱美,富于理想。如果"鼻如悬胆",即鼻尖下垂一下"U"字形,这种人具有创造性精神,有组织才能,思想敏锐,人缘关系好。

(3)塌鼻型:类似中国相书所谓"狗鼻"。古书中认为有这种鼻子的人,他的能力低劣,也许是肺部的能力欠缺的原因,这种人大部分很懒惰。这种鼻子的特征是:凹进,好像没有鼻梁。

(4)掀鼻型:鼻梁露骨,鼻子上翻,假使只是鼻子向上翻,那他是一个乐天派,他的人生观就是"今朝有酒今朝醉"。这一种人还有一种习气,就是爱问东问西,假使你碰着这种人,你也许会感到这种人无聊。一般认为鼻子尖向上翻,鼻梁又露骨的话,他一定是倾家荡产的浪子。

(5)"鹰嘴鼻":鼻子尖向下压,犹似一个钩,一般认为有这种鼻子的人,个性悭吝贪婪,自私自利,奸险妒诈。鼻子的形状像鹰嘴,尖向下垂成钩状,多攻击性强。

人们对于鼻子高低、大小等形状或种类所象征的性格,虽然有各种的说法,但那些究竟只是指固定不动的鼻子而言,却忽略了鼻子也有捉摸不定的动作,诸位不妨注意鼻子的动静,试着读出对方的心。

(1)鼻孔胀起时。在谈话中对方的鼻孔稍微胀大时,多半表示对您所说有所不满,或情感有所抑制。通常人鼻孔胀大是表现愤怒或者恐惧,因为在兴奋或紧张的状态中,呼吸和心率跳动会加速,所以会产生鼻孔扩大的现象,因此,人在极度地高兴、愤怒之时往往表现得"呼吸很急促"。这说明其精神正处在一种亢奋状态。

至于对方鼻孔有扩大的变化，究竟是因为得意而意气昂扬？或是因为抑制不满及愤怒的情绪所致？这就要从谈话对象的其他各种反应来判断了。

(2)鼻头冒汗。有时这只是个人生理上的毛病。但平日没有这种毛病的人，一旦鼻头冒出汗珠时，应该就是对方心理焦躁或紧张的表现。如果对方是重要的交易对手时，必然是急于达成协议，无论如何一定要完成这个交易的情绪表现。因为他唯恐交易一旦失败，自己便陷入极大的不利局面，因此心情焦急紧张，而陷入一种高度紧张的状态，以致鼻头发汗。

而且，紧张时并非仅有鼻头会冒汗，有时腋下、手心等处也会有冒冷汗的现象。没有利害关系的对方，产生这种状态时，要不是他心有愧意，受良心苛责，就是因为隐瞒某个秘密产生了紧张。

(3)鼻子的颜色变化。鼻子的颜色并不常发生变化；但是如果鼻子整个泛白，一般就显示内心有所恐惧。如果对方与自己无利害关系，多半是他踌躇、犹豫的心情所致。例如：交易时不知是否应提出条件，或打算借款又由于有某种顾虑而犹豫不决。

有时，这类情况也会出现在向女子提出爱情的告白却惨遭拒绝、自尊心受到伤害、又无从发泄时。此外心中困惑、有罪恶感、尴尬不安时，鼻子有时也会泛白。

上述的鼻子动作或表情极为少见，而平常人更不会去注意这些变化，但若想读出对方心理，就必须详加注意他鼻子的动作、颜色和目光的动向等，因为它可以帮助你做出正确的判断。

(4)鼻子的小动作。皱鼻子一般表示厌恶；歪鼻子一般表示不信；鼻子抖动一般是紧张；鼻子抽搐一般是闻到怪味；鼻孔箕张一般代表发怒或恐惧；哼鼻子有排斥的意味；嗅鼻子是闻到任何气味都有的反应。

有时当人想骗人的时候，会不经意地用手抚摩鼻子；思考难题或极度疲乏的时候，会用手捏鼻梁；厌倦或挫折的时候，常则用手指挖鼻孔。这些触摸自己鼻子的动作，都可视为自我安慰的信号。

如果有人问我们一件难以答复的问题，我们为了掩饰内心的混乱，而勉强找出一个答案应付时，有时很自然的，手会挪到鼻子上，摸它、揉它、捏它，甚至压挤它，好似内心的冲突会给精巧的鼻子造成压力，而产生一种几乎不为人所知觉的瘙痒感，以至于我们的手不得不赶来救援，千方百计地抚慰它，想要使它

平静下来。这种情形见诸不惯于撒谎的人，在他不得不隐瞒真相时最为明显，有经验的人很快可从鼻子上看出别人的隐情。

考虑难题时有人会捏一捏鼻梁，这个动作可能也是基于相同的理由，鼻梁下的鼻窦部位由于紧张则产生轻微的痛感，用手指捏一捏鼻梁可以减轻疼痛。

大嘴有大福

【原典】

口阔而方禄千种，齿多而圆不家食。

【译文】

嘴巴宽阔又方正的人，享千钟之福禄，牙齿细小而圆润，适合在外地发展事业。

跟其他面部器官一样，看嘴识人首先看嘴形。古人认为下列嘴形为好：口大容拳、口形方阔，位列高官；口赤如丹，富享荣华；口不见唇，仪态威严；口角上弯，意志刚强；两唇上下平齐叫龙口，若仪态威严之人，终将位列朝班；两唇厚丰且舌长齿白叫牛白，衣食充隆；口弯大宽阔可容拳，叫虎口，尊贵之相；口小如抹胭脂，叫樱桃口，在女人则灵巧窈窕，在男人则不值称赏。

古人认为下列口形则不好：口角不张、口撮紧缩，贫寒破败之相；口角下垂，钱财拮据；口如吹火形、口唇纹乱，皆孤苦之人；两唇不合皱纹侵乱，叫皱纹口，心狠运差。

从外表来看，嘴唇是嘴的主体，古人认为通过嘴唇也可以看到一个人的性格。

唇宽厚的人，又表示其个人欲望高；唇薄的人，性格好辩，伶俐机警，外刚内怯，沉着冷静，而且是个薄情专人；长唇的人，竞争心甚强，重现实，能力强；短唇的人，富于理想，缺乏果断力，犹豫不决，易于动摇；唇两端下垂的人，乐观、积极、进取、富于希望，为人富于幽默感、和蔼可亲；下唇长，上唇短，女性爱好文艺，温柔多情。男性则庸碌之辈，甚至愚昧无能。

从唇的颜色来看：唇色红润的人，其人消化营养必定良好，故精力充沛，能力强，性格好动、活泼、必然易趋于外向型；唇色青白的人，他的身体可能有毛病，或者消化营养有问题，这种人常易趋于懒散、消极、悲观，做事毫无魄力，意志不强,为柔软胆怯之流。

　　樱桃口,性格爱美,温柔多情;方口,口的形状有点四方,口角两边也齐,这种人能力强,重实际,好享受;掀唇(口如吹火),这种人能力弱,缺乏果断力,一生孤苦无依;唇的两端低垂,这种人奸猾,贪心,性狠;唇的两端上翘,这种人乐观,不平凡,常能一鸣惊人。

　　另外,人的嘴部的动作也能够鲜明地表现人的态度来。一般来说,一个人口唇部分的变化,主要有以下几种情况:

　　把嘴抿成"一"字形,是个坚强的人,他一定能完成任务;张开嘴而合不上,是个意志不坚定的人;注意听对方说话时,嘴唇两端会呈现稍稍拉向后方的状态;人的嘴唇往前空撅的时候,是一种防卫心理的表示;下巴抬高,十分骄傲,优越感、自尊心强,望向你时,常带否定性的眼光或敌意;下巴缩起,此人疑心病很重,容易封闭自己,不易相信他人。

　　时常舔嘴唇的人,内心压抑着因兴奋或紧张所造成的波动;说谎时,常口干舌燥地喝水、或舔嘴唇;打呵欠是想暂时逃避当场意识的欲求表现;清嗓门的动作且声音变调之人,是对自己的话没有把握,具有杞人忧天的倾向;男性常见咬住烟头,用唾液加以润湿的动作,可能为不成熟的幼儿心理;人的嘴唇往前突撅,可能是一种防卫心理的表示。

容貌中的贵征与贱征

【原典】

　　眼角入鬓,必掌刑名。顶见于面,终司钱谷:出贵征也。舌脱无官,橘皮不显。文人有伤左目,鹰鼻动便食人:此贱征也。

【译文】

　　两眼秀长并插至鬓发处者,必掌司法人权,秃发谢顶而使头与面额相连,无限界,能掌财政人权。口吃者无官运,面部肌肤粗糙如橘子皮的人不会发达。文人若左眼有伤会使文星陷落而无所作为。鼻子如呈鹰钩状的人,一般说起来比较阴险狠毒,攻击力强而且动不动就伤人,这些都是贫贱之征。

　　在曾国藩看来,人之贵贱有先天的成分在其中,可不必深究,而从人之贵贱中透出的忠奸贤佞,就有必要仔细斟酌了,从用人、识人角度来讲,这是一个用人者所必须具备的基本功。

知人难,难在于分其良莠、贤佞,这是因为人是很复杂的。《六韬·选将》举了这样的十五种例子:有的外似贤而不肖,有的外似善良而实是强盗,有的外貌恭敬而内实傲慢,有的外似谦谨而内不至诚,有的外似精明而内无才能,有的外似忠厚而不老实,有的外好计谋而内缺乏果断,有的外似果敢而内实是蠢材,有的外似实恳而内不可信,有的外似懵懂而为人忠诚,有的言行过激而做事有功效,有的外似勇敢而内实胆怯,有的外表严肃而平易近人,有的外貌严厉而内实温和,有的外似软弱其貌不扬而能干。人往往就是这样表里不一。表里不一,又巧于伪装的人,以其外善蔽其内恶,以其外贤掩其内奸,那就更难辨别了,所以佞人常有欺人而得售其奸恶。

因此,观察一个人,不能只看其表面,要透过其表面现象透视其内心世界,这就是说要从表到里,看是否一致,才能知其人。要做到这一步,确实不易。而能否知人,这决定了如何看人,如看人重德、重其实践,佞奸者骗人之术则难于得逞。如果只听其言而不察其行,且喜人歌颂,恶人直言,就恰好为阿谀者所迷,把佞奸视为忠直,将忠直视为佞奸。对此,古人多有论述,指出佞奸者难辨的原因及如何从表到里辨别贤佞之法。

对于佞奸者来说,是因其能以假象蔽其真相,以外表忠义掩其内心的奸猾,且其谋深术巧,使人迷惑而难辨识。

《吕氏春秋·疑似》指出,物之相似最能迷惑人:"使人大迷惑者,必物之相似也。玉人之所患,患石之似玉者,相剑之所患,患剑之似吴干者。贤主之所患,患人之博闻辨言而似通者。亡国之主似智,亡国之臣似忠。相似之物,此愚者之大惑,而圣人之所加虑也。"这是说,相似的事物最能迷惑人,石似玉,玉工难以辨其真伪;剑似吴干宝剑,铸剑师也难识其优劣;博闻善辩的人似通而实不通,足以惑人而误事,这是贤明君主所虑的。历史上不少亡国之君自恃见识超人而独断独行,其左右也顺其意投其所好,因而被视为心腹忠臣,正是其君似智而实不智,其臣似忠而实佞奸,才导致亡国亡身。最典型的例子,就是明崇祯皇帝及围绕在他左右的那班佞臣。崇祯认为他是英明之主,臣下无人超过他,他的旨意就是真理,与他相左的视为庸才,或逆臣,一直至死都认为明亡咎不在己,而是在于群臣无能。他相信的都是对他听话、奉承的宦官和佞臣。然而正是这些似智、似忠的君臣断送了明王朝。但这位似智的崇祯皇帝,他跟前几代的只图享乐连朝也上不了的皇帝确有点不同,他日夜操劳,好像有作为的贤君,故有迷惑性，因而不少人为之惋惜，认为他非亡国之君，而是处于亡国之时。

《后汉书·虞延传》记载：新野功曹邓衍，因是外戚，有一次得以参加朝会。邓衍姿容出众，仪表不凡，初即帝位的汉明帝刘庄见了，自叹不如，对左右说：“朕之仪貌，岂若此人！”特赐给车马衣服。虞延以邓衍有容仪而无实行，未曾待之以礼。明帝既赏识邓衍，便下诏令他以功曹职位来京朝见，既到，任为郎中，不久又升为玄武司观，即负责管皇宫的北门，俸禄一千石。后因邓衍在职不服父丧事，明帝知道了，叹气说：“‘知人则哲，惟帝难之’。信哉斯言。”邓衍惭愧而退。人们因此以虞延有知人之明。

汉明帝与虞延对邓衍的看法截然相反：汉明帝这人一贯偏激，看人往往片面，一见邓衍仪表出众便无限赞誉，既赏物又连接升官，而不问他的能力和品行如何，确是以貌取人的典型。及知邓衍在职不服父丧，才承认看错了人，自叹知人难。因为邓衍为了当官，父死而不服丧，这在古代是大不孝，是个缺德的人，为人所不齿。事情被揭发了，邓衍也自感惭愧而退职回家去了。

虞延能知人，是因为他不是以貌取人，而是重在看他的实行。当时，虞延任南阳太守，他为人正直，用人执法，即使是皇帝国戚，也不讲私情。邓衍是他的属员，汉明帝虽赏识邓衍，重予赏赐，但虞延认为衍“华不副实，行不配容”，即仪容与德行不相称，邓衍自京回南阳有三年之久，虞延都不任用。因此，汉明帝才令邓衍到京任职。

可见，汉明帝以貌用人则误，而虞延看人不重仪貌而重其行，故能知人。

智慧应用

吕文德“精灵转世”

相传南宋将领吕文德长得奇形怪状，父母亲都很嫌弃他。

有一天，一位和尚看到他，感到极为震惊，便对人说：“这人眼睛里露出金光，光彩射人。声音响亮，震越山林。加之铜肩铁肋，真是一副好身板。这人是多年修行的精灵投到世上，他日必定大富大贵。”旁边有人听了，就问和尚什么是精灵转世。和尚回答说：“大凡人相中比较高贵的相都是生有根本，前生都有不凡的历史。一般来说，有五种相极为高贵，这五种人有的前生是神灵；有的是前生经过艰苦的修行；有的则是其他星宿中降生人间；更有的是神仙起了凡心，想来人世上看看；再就是有的山精野怪在山中修炼多年，有了高深的道行，转变成了人。相书上把这些叫作从修行中来，从神灵中来，从神仙上来，从星宿中来，从精怪中来。这些人大部长相不凡，很有特征，以后都要干一番大事业，所以有富贵功名。至于一般的平庸相貌，多是凡人迷惑不定，在人世中俗心未尽，轮回一年又一年，这样的人大半都是庸流，也不会有多大前程。"和尚说完这番话，便掉头而走。

临走之时，拍了拍吕文德的双肩，说道："您好自为之，珍重吧！"这样又过了一些时候，有一天吕文德到市上卖柴。不小心，他把一只鞋留在路旁，因为他的脚有一尺二寸长，所以大将赵葵见到鞋后，感到惊骇，便派人追访到他的家，正赶上吕文德背着一捆柴，提着一只老虎、一只鹿。

赵葵听说吕文德如此神勇，便把他留在军营之中。以后，吕文德屡建战功，终于高居官位，封公封侯，做到了卫国公。

在这一例证中，相士对吕文德大加称道，对他的命运还很倾慕。其实吕文德在宋亡之后，便投降了元，是一个地地道道的叛臣！又怎么会是"精灵转世"呢？相士们骗人的把戏，不揭自破。

耳闻不如目见

俗话说，耳闻不如一见。就是指耳闻之不如目见之。耳听为虚，眼见为实。所以，识人特别强调要讲究识人的艺术，识人不能光凭耳朵听，还要用眼睛看。

《吕氏春秋·察传》中讲过一个"打井得人"的故事。故事说：宋国有个姓丁的人，因为家里没有井，需要到外边打水吃，所以家里总有一个人常在外边。后来他家凿了一眼井，他便告诉别人说："我凿了一眼井，得了一个人。"有人听说这句话，便传播出去说："丁家凿井得了一个人。"一传十，十传百，很快传到宋国国君耳朵里，他便派人去问丁家，丁家说："我是说自己有了井，就不用花一个人工出外打水，等于得了一个人，并不是说从井里打出来一个人呀！"原来，人多嘴杂，把事情全都传拧了！

奇怪的是，分明是以讹传讹，却居然能够众口纷纭，广为传说，而且越传越玄乎！尤其可笑的是，听到的人竟还能够信以为真，甚至传到了国王的耳朵里，这就有点不可思议了。

其实，这种听风就是雨的现象，在生活中还是不少的。在我们的周围，这种轻信传言的人也大有人在，大至国家大事，小至个人私事，总有一些无根的谣传，也总有一些人轻信上当。1983年底，国家为了改善我国人民的衣着状况，提高人民生活水平，决定较大幅度地降低化纤品出售价格，同时，提高一些棉织品的价格，这对人民群众来说，无疑是一个福音。可是谣言还是出来了，说棉织品一提价，别的农产品跟着也要提价。

稍有常识的人都会看出来，这显然是毫无根据的谣言。可是，有的人信以为真，居然大力抢购起农产品。结果呢，那些农产品没有涨价。而他们抢购来的农产品倒成了积压在屋里的大包袱，一时用不完，又没有办法处理，简直是搬起石头砸了自己的脚。唐人李绅说："假金只用真金镀，若是真金不镀金。"而到底是真金还是硫化铜，却是需要下番功夫进行调查研究和仔细辨析，才能得出正确的结论。但要做到这一点，就需要采取"耳闻之不如目见之"的辨别艺术。

齐威王时期的即墨大夫，自从到即墨之后，勤于理政，公正廉洁，使那里五谷丰登，百姓安居乐业，没有什么官司之类的事情发生。就是这样的一位贤良大夫，齐威王左右的人却不断地在齐威王面前讲他的坏话。齐威王没有听信这些坏话，派人到即墨那里了解情况，发现他左右的人之所以讲即墨大夫的坏话，是因为即墨大夫没有给他左右的人送礼求情。于是，升了即墨大夫的官爵。

另有一个大夫，到阿地之后，整日花天酒地，不理政事，使得那里田地荒芜，民不聊生。赵攻鄄，他不去救；卫取薛陵，他竟不晓得此事。就是这样的一个昏庸大夫，齐威王左右的人却经常在齐威王面前讲他的好话。齐威王也没有听信这些好话，派人到阿地调查了解，知道了其中的奥秘。

于是召见了阿地大夫，对他说："自从你到了阿地之后，天天有人讲你的好话，可事实情况并不是这样，可见你必然送了好些礼物给我手下的人，让他们尽在我耳边讲你的好话！"接着，就把阿地大夫和夸过阿地大夫的那几位手下人都斩了。这一来，齐威王手下的臣子个个既惊又怕，再也不敢谎报情况了。齐国的兴盛强大与此不无关系。

上述故事，在《资治通鉴》里有记载。它告诉人们这样一个道理：不论是讲人好话的还是讲人坏话的，都有其目的性，有其内在的原因，尤其是在上司面前讲的话。

领导者身居高位，对下面情况不可能事事清楚，他需要别人提供信息。领导者为官一任，最可怕的是被蒙蔽而听不到真实的声音。进耳之言，究竟可靠与否,还是需要调查研究的。齐威王能从被毁者中看出好人,从被誉者中找出坏人,不被谎报"军情"的小人所欺骗,就是因为他搞了调查研究,弄清了产生坏话和好话的原因。当今领导者应当从中受点启示,把自己听到的关于部属声誉的坏话和好话认真地分析一番,以期得出公正的结论。

拓展阅读

常言道:人靠衣装马靠鞍。这是一个处处彰显个性的时代。所以,人的外貌装扮也越来越时尚和多元化,越来越能展规自己的个性。所谓"外表是人的第一张名片",我们只要留心观察,就会从人的外在形象中了解到一个人的审美特色、生活状态,推断出他的性格特征,知悉他的心理状况。

他的发型泄了他的"光"

常言道:看发型,知性情。也就是说,头发可以体现出一个人的性格和情感。这也许会让很多人感到不可思议,据心理学家研究发现,人的头发的确跟一个人的生理和性格有很大关系。

一般来讲,男士不管是长发、光头,或是留着其他发型,他们都有一个共同点,那就是想标新立异,想突出自己,提升自身的魅力。

而与男士相比,女士的发型若要分析起来,则显得较为复杂,因为女性的发型往往会受到流行元素等各方面的影响,当然,这也是女性爱美的天性使然。不过,只要你仔细观察,就会发现其中暗藏的玄机。

有些女性喜欢留着飘逸的披肩发,这说明她比较浪漫、清纯;而如果留的是齐眉的短发,则显得天真活泼,无忧无虑;若烫成满头卷发,代表这个人较有青春的活力,或多或少地有点野性,而且比较成熟。

如果女性把头发梳得很短,并让它保持自然状态,说明这个人比较安分守己,甚至是封闭保守的;而头发梳理得很整齐,但并不追求某种流行的款式的人则一般是比较含蓄的,不过,这一类人往往有较强烈的自主意识。

还有一类女性,她们特别喜欢变换发型,经常在自己的发型上投入很多的精力,力争达到精致无瑕的程度,这说明她是追求完美而且自尊心比较强的人。

假如说女性的发型更多地是受到时尚流行元素的影响,那么男性的发型一般来说则更为忠于他们的自我认知,和他们的脾气性格浑然一体。聪明的女性都知道:透过一个男人的发型,可以看穿他的心。下面我们针对不同的男性的发型,来对男人的性情与心理加以解读与分析。

1. 头发和胡须连在一起,且又浓又粗的男人

这种类型的男性,给人的第一感觉往往是比较粗犷、剽悍、强壮。不过,他们有时会比较鲁莽,但是非常具有侠义心肠,性格豪放不羁,好打抱不平,喜欢多管闲事,多不拘于小节。

2. 头发自然向内卷曲,如烫过发一样的男人

这一类型的人,脾气大多比较暴躁,而且疑心比较重,总是患得患失地在犹豫和矛盾中挣扎,除此之外,嫉妒心还很重。

3. 让自然来决定自己发型的男人

这一类型的人通常显得不够积极、有活力,遇事多怨天尤人,但却从来不从自己身上寻找原因,更不会付诸行动去寻求改变。他们很多时候容易向别人妥协,所以,很多行动并不是真正发自内心的。

4. 发根弯曲,发梢平直的男人

这一类型的人自我意识往往比较强,讨厌被人约束和限制,不会轻易地向他人妥协。

5. 头发长长的、直直的,看起来显得非常飘逸和流畅的男人

这一类型的男人的性格大多介于传统与现代之间,他们既含蓄世故,又大胆前卫,只是要视具体的情况而定。在现实生活中,这一类人通常有很强的自信心,对成功的渴望很迫切。

6. 头发很短,看起来很简洁,而且打理起来也极为方便的男人

这一类型的男人,大多都是野心勃勃,对成功的欲望非常大,他们的生活总是被各种各样的事情占据着。一般来讲,这一类人心里很想把这些事情做好,但在有些事情上却事与愿违。他们做事前的准备工作往往做得很细致,但是在遭遇困难、面对挫折的时候,却容易选择逃避。

7. 头发浓密柔软、自然下垂的男人

这一类型的男人大多性格比较内向,话语不多,善于思考。从某种程度上说,他们具有很强的耐性和韧性,所从事的事业多和艺术方面有关。

8. 头发蓬松,前端梳得很高的男人

这一类型的男人比较保守,而且还有点固执。在绝大多数的情况下,一旦喜欢上了一件东西,认准了某一件事,就不会轻易改变。

9. 热衷于波浪形烫发的男人

这一类型的男人一般对时尚比较敏感,他们大多很在乎自己的外在形象,并且知道怎样才能使自己的外形达到最佳的效果。这一类人比较现实,在绝大多数时候,能够根据客观实际来调整自己,他们能够把握自己的命运,无论任何时候,都会积极主导着自己的方向,获得自己想要的生活。

10. 喜欢留平头的男人

这一类型的男人更有男子汉气概,他们讨厌娘娘腔的人,而对很硬气、豪爽的人十分有好感。不过,虽然他们自己本身看似不够温柔,但实际上内心也有细腻、温柔的一面。相对来说,这一类人的思想还算是比较保守和传统的,他们也很在乎自己在他人面前的形象。

11. 故意把发型弄得很怪的人

这一类型的男人一般表现欲望很强烈。他们希望自己能够吸引更多的目光,经常不考虑他人的心情和感受,有什么就说什么。他们对任何一件事情都有自己独特的见解,持自己的立场。他们很有魄力,不畏权势,不屈不挠。虽然这一类人的行为有时让人有些难以接受,但却有不少人尊敬他们。

12. 喜欢剃光头的男人

这样的男人是努力在营造一种能够让人产生误解的气氛,因为这样很容易给人一种神秘感,让人猜不透他们心里在想些什么。

13. 头发淡疏,粗硬而卷曲的男人

这一类型的男人大多思维比较敏捷,善于思考,并且有很好的口才,一般来讲,他们能够很容易地说服别人。他们的性格弹性比较大,可以说是能屈能伸,适应性很好。但他们的屈和伸,又是在坚持一定原则的基础上进行的,所以无论外在的东西怎样变化,其内在有一些东西还是稳定不变的。

发型是一个人的重要标志，人们总是从发型上来描述一个人。其实，选择什么样的发型以及对发型的重视程度都能体现出一个人的个性及生活态度。因此，我们要善于通过观察一个人的发型特征而把握一个人大体的性格特点和生活喜好，使自己在人际的交往中做到知己知彼，游刃有余。

从领带解读男人的性格品味

在现代生活中，领带已成为一种重要的象征礼仪的配饰。我们可以通过一个人对领带的喜好来判断一个人的性格品味、内心世界。

1. 喜欢条纹领带的人

喜欢用条纹领带的人，属于脚踏实地的类型，对于生活的态度是比较保守的。这一类人很重视自己的外形，会努力维护自己的形象。这一类人既慎重又诚实，因此，在工作上值得信赖。喜好斜纹状领带的男性善于与任何人交往，是容易令人产生好感、易受到很多人喜欢的人。在工作上，他们是属于绝对不会失败的安全型实业家。

不过，此种人虽然在工作上非常值得信赖，但是由于他们比较传统保守，因此缺乏挑战精神，对崭新的工作没有勇于进取的雄心。

2. 喜欢较为夸张领带的人

喜欢佩戴大而华丽的领带的人，往往有着旺盛的好奇心，随时都在追求与挑战新事物。这一类人一般个性开朗，然而因为常遭误解，所以常处于欲求不满的状态中。由于耐心不够，动辄厌烦，这一类人在工作或金钱方面，容易蒙受损失，所以这一类人一般不适合做生意。周围的人对这一类人的评论更多的也是负面的。

3. 喜欢有圆点花形领带的人

喜欢佩戴有圆点花形领带的人一般是浪漫主义者，在感情上多半是较稳定的。他们给人以温和、灵敏的印象，属于内心有着充分自信的类型。他们有着极佳的判断力，不过，却难以下决断，结果有时会因此牺牲了自己。

喜欢水点花或华丽纹彩的领带的男性，多半是对周围人的反应很敏感，渴望受人瞩目的类型。此外，这一类人，做任何事都最重视外在的形式，会有夸大的言行举止。在工作上则充满活力，具有实力，也是值得信赖的人。

4. 喜欢红色领带的人

喜好红色领带的男性是标新立异者,他们往往强烈地渴望得到旁人的认可,虚荣心极强。这一类人的缺点是轻易许诺,有时会对你的要求满口答应,但事后却根本没有付诸实际。这种类型的男性进行商务洽谈时,如果不实施紧追紧盯的战术,常会失败。

5. 喜欢蓝色和紫色领带的人

喜好蓝色或紫色领带的男性是浪漫主义者、梦想家,在工作上只会动脑筋而缺乏实际的行动力,可信赖度比较低。

6. 喜欢名牌领带的人

喜欢用名牌领带的人,多半是希望能引起他人的注意,很在乎他人的眼光。而系着名牌领带,却不以为意的人,不论在工作上或生活中,都处于不安定的状态。不过,这一类人一般是野心勃勃的人,他们常会做出偏激的行动,情绪不稳定。因此,与这一类人做朋友应该要谨慎。

7. 喜欢蝴蝶结领带的人

除了宴会等正式场合外,平日也喜欢系蝴蝶结领带的人,一般都具有强烈的自我表现欲及极强的自尊心。此类人多半是靠自己的能力经营成功的人。他们不论是对于金钱还是名誉,都非常执着。总希望有与众不同的表现。

一般而言,系蝴蝶结领带的有两种人。一种是餐厅或酒店的服务生,另一种则是上等社会的贵族。而且,很多喜欢佩戴蝴蝶结领带的男性在年轻时有过辛酸的奋斗史,或在面对一流的人或事物时有自卑感,或为自己的身高而感到惭愧。因为,利用蝴蝶结领带在颈项间作装饰,可以使自己看上去就像上流社会中的人士,同时也能让自己的气质显得更高雅一些。这种类型的人在工作上对任何事都非常挑剔,可以说是属于拘泥于小节的人。在金钱方面也锱铢必较,是个典型的节省型的人物。现实中,这一类人虽然讲信用,却是难以相处的工作伙伴,因为他们常常孤芳自赏。

除了以上的观点外,用领带来判断人的性格时还有一个重要的细节——领带结。领带结打得端正而美观的人在精神上处于安定、淡然的状态,工作也顺利,可以井然有序地处理事务;相反地,领带结打得歪斜而邋遢的人,是意志消沉、精疲力竭或在工作上无法发挥出实力的人。另外,在谈生意的过程中总是在意自己的领带结是否端正也是心浮气躁、情绪不安、紧张的证据。这也是需要注意的一点。

从各色泳装看女人的性格

有一部影片叫《她换上泳装时》，其中这样讲到，当女性换上泳装之后个性会变得较为开放，同时，平时未表露出的真实情感也会在所穿的泳衣的花色和款式上表现出来。穿着朴素的女孩，一旦到了海滨浴场，可能会摇身一变成为活泼亮丽的泳装女郎，此时，女人的性情也被一览无遗。

所以，可以说女性穿上泳装之时，是窥视她们的金钱观以及对男性的关心度的最佳时机。这也为我们提供一个了解女人内心世界的窗口。

1. 喜欢穿着黑色泳装的女性

喜欢穿黑色泳装的女性一般个性都比较突出。她们自己也能够意识到这一点，她们就是喜欢刻意表现得与众不同。对待这样的女性，男人若想要以平常的方法追求她，只会吃闭门羹。

不过，喜欢穿这种颜色泳装的女性其实有两种极端的类型，一种是朴素而不显眼，而另一种正好相反，是标新立异的。然而，在金钱方面，两者都属于坚实派，消费非常理性，懂得克制浪费，在特定的范围内生活很节约。如果能碰到好的指导者，这类女性可以过上非常安定的生活。

2. 喜欢穿着白色泳衣的女性

这类女性一般对于自己的身材是颇为自信的，她们从学生时代开始就积累了丰富的与男性交往的经验。在生活中，这类型的女人一般极具个性魅力并略带一些纯纯的少女情怀，由于所渴望的事物及日常的生活偏重于奢侈豪华、梦幻浪漫，这也就使得她们在金钱方面不懂得管理。由于自尊心强，这一类的女性即使坠入情网也不会主动向对方表白自己的心意。她们在感情的道路上一般是比较被动的，因此，常常与自己的心仪的男人擦肩而过。

3. 喜欢穿着红色泳装的女性

这类女性个性开放，热情、积极、乐观，遇事不会往坏处想，社交能力很强。这类女性遇事常常抱着不自由宁死的态度，在与人的交往中往往会以自我为中心。她们对恋爱也很积极，讨厌听人差遣。在金钱方面当花则花，该赚钱时则发愤图强。这一类人虽然有些任性,却是值得信赖的女性。

4. 喜欢穿着紫色泳装的女性

喜欢穿着紫色泳装的女性往往都具有很强的个性,讨厌平凡。在金钱的使用方法上也和一般人稍有不同,不过却是非常的理性。该花钱的时候从不吝惜,而该节省时则一切从简。

5. 喜欢穿着蓝色泳装的女性

喜欢穿着蓝色泳装的女性自我显示欲不太强,在群体中并不突出。尤其是穿着连身型的泳装,其颜色是蓝色(这就有点像学校游泳课配发的泳装)时,多半对男性不太关心。至于金钱方面,这类女性表现得很清高,一般讨厌谈论钱财的问题。有时会将大量金钱用在他人身上或因为过于爱慕虚荣而遭受损失,可以说,这类女性相对于其他女性来说财商往往会比较低。所以,这类女性对于金钱的问题可以委托他人来处理。

6. 喜欢穿着黄色泳衣的女性

这一类女性对男性的关心度极高,处于高度的欲求不满状态。在金钱的使用上并不是很有计划,是属于会赚大钱的类型,一般有着远大的目标,有斗志,对赌博也极有兴趣,属于乐天派,和男性的交往非常积极。因此,在现实的人际交往中,总是很受别人的欢迎。

各色的泳衣一直是展现女人性情与内心的重要窗口,如果平时我们能很好地把握这一点,将会使我们在人际交往中更加得心应手。

看帽子类型解读人心

英国最具声望的女帽设计和制作大师斯蒂文·琼斯曾经这样说过:"帽子对我来说不只是装饰品,它不仅仅让你看起来更漂亮、更引人注目,而且是你性格的表白和情绪的延伸。"

斯蒂文·琼斯对于帽子的设计灵感往往来自生活的每个细节——可以是任何有趣的、引人注目的事物,也可以是最普通的事物——比如水、食物等等,生活中的一切人和事都可能成为斯蒂文·琼斯的视觉焦点以及最初期的设计灵感。从设计风格方面来看,其也会受到不同元素的影响,也有些是受中国文化、美国文化的影响,多是从历史题材中挖掘灵感的。我们很难想象竟然会有一个对帽子如此痴迷的女人——她为了检验自己设计的帽子是否合适,竟然剃光了头发。由此可见,一个人——特别是一个女人对于帽子的特殊情结。

的确,帽子的功能不仅仅是防暑和御寒,人们常常是为了树立个人的某种形象而戴帽子,这一点可以帮助我们发现周围人的个性和心理特征。

1. 喜欢戴旅游帽的人

如果一个人常常戴着旅游帽,那么,我们可以从中解读出这样的内容:这不是一个心地诚实的人,在事业上善于投机钻营,有时也会收到不错的效果,但是"日久见人心",最终也会被他的上司和同事看穿。

这种人的内心世界与外在表现有很大的出入,他们是那么自以为是,而且爱耍小伎俩。在别人面前,他们既唱红脸又唱白脸,以为自己做得天衣无缝。但是"西洋镜"终会被拆穿,人们会渐渐地发现他是个不可深交的人。因此这一类人真正的朋友不多,身边所围绕的"朋友"多半是与他们面和心不和的人。

这种人即使能看出自己的缺点,但由于本性所致,他终究还是不肯改变自己。

2. 喜欢戴礼帽的人

爱戴礼帽的人所穿的鞋子往往也会收拾得非常干净漂亮,他们往往比较清高,有些自命不凡,看不起他人。这一类人对个人前途有远大的抱负,但是过于保守,缺乏创新和冒险精神,这让他们很快发现:行动比想象要困难得多。

这一类人经常表现得非常热爱传统:喜欢听古典音乐和欣赏芭蕾舞、歌剧等,与流行歌曲无缘,有的时候,他们甚至站出来反对那些他们认为是糟粕、垃圾的东西。他们欣赏一个男人穿西服、打领带,一个女人穿套装、旗袍,从不正眼瞧那些袒胸露背穿超短裙的女人。他们的愿望是让人觉得自己稳重,温文儒雅,有内涵,有修养,有绅士风度。在人际关系上,他们可能会拥有一个自己的圈子,但很难找到能够交心的朋友。

3. 喜欢戴圆顶毡帽的人

喜欢戴圆顶毡帽的人大多属于外柔内刚型的,他们表面上唯唯诺诺,但实际上却常常对别人的言行心存抵触。这一类人一般有自己的想法,但是不愿意搬上台面。在为人处世的时候,习惯扮演老好人的角色。在很多时候,他们缺乏主见,一遇到事情就方寸大乱,不知所措。

喜欢戴圆顶毡帽的人属于忠实肯干的人,信奉"付出终有回报"的箴言。在他们平和的外表下,有一颗执着追求的心。他们相当痛恨不劳而获的人,相信"君子爱财,取之有道",对不义之财从不染指,是别人眼中的"老实人"。在工作中,这一类人往往会全力以赴,投入巨大的精力和热情。对于报酬,他们只拿属于自己的那一份。他们的美德常常能赢得别人的尊重。

而在选择朋友方面,他们表面随和,其实颇为挑剔,他们认同"道不同不相为谋"的古训,因此除非对方和他们有共同的追求和相近的观念,否则他们是不会考虑与之深交的。

4. 喜欢戴鸭舌帽的人

一般年纪大的人才比较喜欢戴鸭舌帽,显示出稳重、办事可靠的形象。如果男人戴这类帽子,那么说明他认为自己是个客观的人,从不虚华。

喜欢戴鸭舌帽的人在面对问题时,总能从大局着想,不会因为一些细枝末节而影响大局。这种人在与别人打交道时,就算对方胸无城府,他们还是喜欢与别人兜着圈子玩,即使把对方搞得晕头转向,也不直接说出他们的心思。

他们之所以这么做,是因为他们很会自我保护,不愿轻易让别人了解他的内心。这一类人不属于攻击型的,但确实是很会自我保护的防守型的,所以他们很少伤害别人,但也不容许别人伤害自己。

他们是很会聚财的人,相信艰苦创业才是人生的本色,多劳多得、天道酬勤是他们的人生信条,他们认为自己所拥有的财富来之不易,所以从不乱花一分钱。

5. 喜欢戴彩色帽的人

这一类人衣着入时,清楚在不同的场合、穿不同颜色的服装时应该搭配不同颜色的帽子。他们喜欢色彩鲜艳的东西,对时尚非常敏感。生活中,这一类人总是希望得到别人对他们的评价。他们的生活多姿多彩,懂得享受人生,并且总是走在时代前列。

不过值得一提的是,他们是一群害怕寂寞的人,因为他们精力旺盛,朝气蓬勃,他们经常邀请伙伴们一起玩耍,奉行"人生得意须尽欢"的信条。在曲终人散后,这一类人常常会品尝到更多的寂寞和痛苦。

在工作上,这种人一般比较随意。在职场上常常给人以这种感觉:心情好的时候,工作干劲十足;心情不好的时候,就消极怠工。

可见,帽子不仅仅是漂亮的配饰,更是展示一个人性情与内心的平台。因此,在生活中我们要善于观察对方所佩戴的帽子的样式,这样有利于我们更好地了解一个人的性情与内心。

衣服款式是一面镜子

随着社会的进步与发展,人们的穿着打扮也越来越复杂多样了。当下衣服的款式与色调越来越丰富,也越来越能彰显个性。心理学专家认为,不同性格的人会有不同的穿着打扮,我们只要留心观察,就会从他们的衣服中窥探出他们的生活习惯,进而了解他们的心理状况。

经常穿着大方、朴素衣服的人,他们性格比较沉着、稳重;为人真诚厚道,工作、学习很认真,办事原则性强,具有高度的责任心,踏实能干,比较含蓄,不爱张扬;遇事沉着冷静,理智处理。这一类人的缺点是太过于本分,没有创新能力,缺少冒险精神,缺少魄力。

经常穿过于高档华丽的衣服的人,这一类人有很强的虚荣心,并且自我显示欲、金钱欲很强,典型的物质崇拜者、金钱至上主义者。

经常穿五颜六色、款式独特的衣服的人虚荣心比较强,喜欢成为别人注目的焦点,表现欲强,喜欢张扬;但往往流于世俗,缺少优雅的成分。这一类人特别任性,不愿意听取他人的意见,有独断专行的特点。

经常穿流行时装的人,他们的衣服跟着时尚走,流行什么就穿什么,毫无自己的主见,也没有自己明确的审美取向。这一类人情绪波动大,多具有朝秦暮楚的个性,很不守本分。

经常根据自己的喜好选择服装与款式,不受外界干扰的人,这一类人独立性比较强,有超凡的判断力与决策力,并具有很强的自主性与意志力,一旦制订了自己的目标,就努力完成,不达目的誓不罢休。

经常穿同一款式衣服的人,性格大多比较直率、爽朗,有很强的自信心。这一类人态度端正、是非分明;做事认真负责,大胆果断,显得非常干脆利落。他们对人很讲义气,很遵守诺言,但有时候有清高自傲的特点。这一类人自我意识比较强,立场很难改变。

经常改换衣服的人，以女性居多。她们的衣服特别多，一天能换好几次。这一类人爱炫耀，爱张扬，特别挑剔；待人不够真诚，但是做事通常都力求完美。

喜欢穿无袖汗衫的人，这一类人的性格比较奔放，甚至可以说是放荡不羁；但对人十分随和、亲切。这一类人目标不大，往往只顾眼前的利益，有享乐主义色彩；做事率性而为，不墨守成规，我行我素，喜欢突破、创新；自主意识比较强，常常以个人的好恶来评判一切。如果你损害了他们的正当利益，他们会毫不手软地讨回公道，绝不姑息。

经常穿长袖的、比较正式的衣服的人，个性比较传统守旧，为人处世喜欢循规蹈矩；对新事物持排斥态度，没有创新精神。这一类人热衷于争名逐利，往往把自己的人生理想定得很高，他们也的确能吃苦耐劳，适应能力比较强，即使在很艰苦的条件下照样能干出一番事业，所以很受人尊重。这一类人爱摆出一副领导的姿态，喜欢被人夸奖，很注重自己在他人心目中的形象，言谈举止都很讲究。

经常穿宽松自然的衣服的人多是内向型的。他们的自我意识特别强，常常以自我为中心，比较孤僻，不愿与别人共处，爱独来独往。这一类人大多很孤独，有时也想和别人交往，但总是不能接受别人的缺点与不足，最终还是陷入孤独的状态；做事也缺乏信心与魄力，但比较聪明，常有比较独特的见解。

经常穿紧身衣服的人，这一类人虽然喜欢穿有约束的衣服，但性格是很开放不拘的；最不愿意受约束，常有叛逆心理，但力量微弱，容易被世俗的势力打倒，想超脱又做不到。这一类人做事比较干净利落，生活很检点；如果是女性，一般都很温柔，富有同情心。

穿着马虎、邋遢、不讲究的人，这一类人缺乏机密性与逻辑性，但很有实力。他们态度积极、乐观，对工作认真负责，待人热情，从事某项工作说到做到，有始有终；缺点是不喜欢别人指出自己的缺点，很要面子。所以，与这一类人打交道要特别谨慎，因为他们往往心胸比较狭窄，一旦伤了他们的面子，他们就会"记仇"。

我国著名的文学家郭沫若先生曾经说过："服装是文化的表征，衣裳是思想的形象。"服装的确展示出了一个人的性情与内心，在生活中我们要善于观察对方的服装款式，这样有利于我们更好地了解他。

从服装的颜色看习性

服装的颜色是一个人思想的另一种体现,只要你仔细观察就会发现,其实,每一个人的个性与其所穿服装的色彩都有一定的联系。因为,每一个人对服装颜色的选择和当时的心理活动有很大关系。

心理学家埃卡特里娜·雷皮纳曾经这样阐述服装颜色与人类心理的关系:"很多人还完全没有意识到颜色的神奇功能,事实上,通过不同颜色的服装,人们——尤其是女性可以更好地了解自己。"

德国心理学家鲁米艾尔首创以颜色喜好进行性格判断的方法,这种研究曾风行于世界,现在也流行着性格色彩论、色彩心理论等。根据研究发现,红、黄、橙为暖色,可使人精神振奋,心情愉快,具有增强新陈代谢的作用;绿、蓝为冷色,可以起到缓和、抑制感情冲动的作用。那么,我们就可以利用暖色来振奋精神,增强生命力,提高生活兴趣,促进机体的新陈代谢,而利用冷色来抑制与缓和感情的冲动,安定情绪,控制暴怒,并用来对人进行心理治疗。

美国心理学家彼得·罗福博士通过长期的观察研究发现,注重服装的色彩并喜欢复杂服装的人,往往比较讲究实际,有自信,但是控制欲强,爱支配人,感情易冲动;喜欢浅色和简单服装的人,一般性格比较内向、朴实、温和,但缺乏自信,依赖心理比较强,不善于独立行动。

的确,色彩在服装的外观表现上有着难以言喻的魅力,它不仅能体现服装的质感,更能体现出一个人的个性和风度,是一个人整体形象中最具情感特征的部分。所以我们可以根据对方喜爱的服装颜色更加进一步地了解到对方的性情与内心。

1. 喜欢黑色衣服的人

这一类人从表面上看可能会给人神秘、高贵以及专业的印象。但是,只要仔细观察,你就会发现,这一类人多是不善于社交的人,他们无非是用黑色来掩饰自己内心的紧张、不安、自卑或恐惧。他们喜欢用黑色来让自己显得更加的冷酷,以求在无形中给对方造成一定的心理压力。

2. 喜欢蓝色衣服的人

在我们的日常生活中,蓝色是一种相当常见的服装色彩。喜欢这类颜色服装的人,一般比较喜欢宁静、自然,他们无忧无虑,善于控制感情,很有责任心。同时又富有见识,判断力强。这一类人的个性也比较固执,往往不达目的绝不会罢休。不过因为这个原因,他们往往也会固执己见,听不进旁人的意见。他们也不擅长交际,所以只能和志同道合的人进行小团体交流。

3. 喜欢深蓝色衣服的人

深蓝色是由冷静又感性的蓝色加黑色混合而成的一种色彩,它既保留了黑色所具有的坚毅与神秘的特质,又增添了蓝色的冷静与毅力,造就了深蓝色既具有知性又具有管理性的特质。喜欢穿深蓝色衣服的人应该是一位优秀的决策者,这样的人凡事都会缜密思考,比较容易成就事业,以男性居多。这些男性多半喜欢自立门户,为自己打工,不太喜欢接受别人的指导、批评和建议。

4. 喜欢白色衣服的人

众所周知,白色是一种纯净、没有任何杂质的色彩,于是白色也就象征着纯洁、神圣。在现实生活中,喜欢白色服装的人,往往是一个比较追求完美的人,但又有实际的一面。这一类人内心比较寂寞,他们渴望引起别人的注意和关心,甚至爱慕。他们不太喜欢别人无端的客套,所以在不熟悉的人眼里,他们是让人既爱又怕的对象。

5. 喜欢黄色衣服的人

黄色是一个心灵能量的颜色,它可以加速理想的实现,并能启发新的创意,但因为一般人不懂得如何挑选适合自己的黄色,而易给人留下一种无知、愚蠢的印象。

喜欢黄色的人,通常是有着自己独特的想法和见解、富有高度的创作力及好奇心的人。他们总是那么心情欢畅,精力充沛,他们性格外向,做事充满自信、潇洒自如,说话也无所畏惧,不担心别人会怎么想。这一类人具有追求刺激、喜欢冒险和新鲜感的特征,无法忍受一成不变的生活。

6. 喜欢绿色衣服的人

绿色是生机盎然的色彩,它代表生命的诞生和延续。一般喜欢绿色衣服的人谦虚平实,善于克制自己,不爱与人争论,很少有焦虑不安或忧愁之相。可亲和善是这一类人最大的特点,而且他们对于自己不喜欢的人也不会刻意地排斥或疏远。这一类人道德感非常强烈,个性直爽,是聊天的理想对象。

7. 喜欢红色衣服的人

红色使人精神振奋,但过度的红又会使人脾气暴躁、精神紧张。喜欢这类颜色的人,大都是精力旺盛的行动派,他们不管付出多大的代价都要满足自己的好奇心,填满自己的欲望,他们会对自己感兴趣和专注的事情投入百分之百的热情。这一类人往往缺乏耐性,一遇到挫折便会迅速丧失原有的热情,情绪变化很大。生活中的他们心直口快,说话做事通常是不假思索,从不考虑别人的感受,也不在乎可能产生的后果,而且他们没有自我反省的勇气和承担过错的能力,习惯把责任归咎于他人或者客观因素。

8. 喜欢紫色衣服的人

紫色是一种既高贵又带一点傲气的颜色,是由红和蓝融合而成的色彩,它具有精神内涵,是控制情绪的最佳辅助品。喜欢穿紫色衣服的人,是一个观察力和领悟力都极高的人。这一类人性格比较内向,多愁善感,常常感到焦虑不安,但能够驾驭和控制内心的忧虑和苦恼。

这一类人一般具有不错的文化素养,往往以艺术工作者居多。但是常穿紫色衣服的人又有些自视清高,对非同一领域或非同一个档次的人或事情,往往会表现出不屑、高傲的态度,也容易让周围的人觉得他们有矫揉造作之嫌。

8. 喜欢棕色衣服的人

棕色给人稳重但稍显压抑的感觉。喜欢这种颜色的服饰的人,自我价值感很强,个性拘谨,很害怕因为外来因素的介入而迫使自己改变。但在外表及处理事情的态度上,却给人一种很强的信赖感。即使对于人际交往中的利害关系分得很清楚,也容易给别人一种冷漠的倾向,但其耿直的个性又颇值得人信赖。

9. 喜欢灰色衣服的人

"非黑即灰"在时尚界已经是一个千古不变的主色。在生活中,喜欢灰色衣服的人通常是不容易相信别人的人,他们凡事一定会处理得非常完善才认为是大功告成,否则宁可不做。通常他们不会把事情随便交给别人,要取得这一类人的信任是一件非常困难的事情。

11. 喜欢橙色衣服的人

橙色是一个高亮度的颜色,是繁荣与骄傲的象征,是自然的颜色,给人一种温暖、动人的感觉。我们在生活中会发现,选择橙色服装的人通常都非常热爱大自然,并且喜欢户外活动,他们往往有着充沛的活力,常常成为人群中的焦点,人缘奇佳,但往往也会因为不愿意得罪人使自己显得没有原则。他们喜欢热闹,害怕孤独,个性天真敏感。这一类人做事优柔寡断又善变,使身边的人感觉他们轻浮而不稳重。

12. 喜欢咖啡色衣服的人

咖啡色给人一种稳定和安全的感觉,虽然稍显老气,但却有一种表里如一的权威感。喜欢咖啡色衣服的人,内心热情、外表冷静。他们会脚踏实地地去做每一件事情,纵使遇到再大的挫折,也是有苦自己咽,绝不让别人看到自己脆弱的一面。这一类人在情感的表达上让人感觉有点木讷。

13. 喜欢茶色衣服的人

茶色是深沉而朴素的颜色,喜欢这种颜色的人对于服装的选择也偏爱那些不华丽却富有韵味的款式。生活中,他们很在乎事物的精神表现,通常他们的外表并不引人注目,但是内在却具有良好的潜质。他们诚实又富有责任感,很容易被别人接纳。不过,这一类人有时会因为太过循规蹈矩而显得有些不会变通。

14. 喜欢粉色衣服的人

粉色是红和白的结合,喜欢粉色衣服的人带有红和白的双重性格特点,可以说是感性与理性的结合,知识与天真并存。喜欢粉色衣服的人多是单纯天真的幻想家,他们有着纯洁如白纸般的心境,整天活在自己编织的梦想世界里。只要细心地观察,你就会发现这一类人处世温和,充满朝气,富有生命力,他们甚至希望自己在别人眼中呈现高贵的形象,散发出一股让人看到就很舒服的魅力。但是,这一类人有时候会有逃避现实的倾向。

衣饰的颜色是一种无声的"色彩语言",它向我们传递一个人的兴趣、意向、性格、身份以及心理状态等多方面的信息。如果能掌握这种无声的"语言",将会使我们更加准确地看透对方。

鞋子泄露了他的性格

随着时代的变迁,鞋子和服饰一样,其功能被赋予了更加广泛的意义。在我们的着装中,最能直接而真实地反映人的个性与心理的恐怕莫过于鞋子了。

这是因为，我们对鞋子的选择，相对而言更凭直觉、更本能、更接近于自我一些，受潮流的影响也更小一些。

随着时代的变迁，鞋子已经不是纯粹用来保护足部的工具了，而是在不知不觉间诉说着一个人的性格与心事。由于男性和女性对待鞋子的看法不同，所以鞋子对于他们的意义也不同。

大多数人认为，人们对于某类鞋子的偏爱仅仅是出于自己的好恶。心理学家告诉我们，穿鞋是可以表现出一个人的经济条件、身份、性格和内心。生活中，我们若是想不动声色地了解一个人，不妨观察对方的鞋子，这样能大致地看穿他们的内心以及性格特征。

比如，有的人喜欢穿鞋跟比较细的鞋子，这一类人比较在意周围人对他的看法，特别注意自身形象；喜欢穿平跟或坡跟鞋子的人，通常都比较安定、淡然，因为平跟、坡跟相对而言比较稳当，他们喜欢这种踏实、从容的感觉；如果是皮质良好而又经典的款式，则表示这个人渴望高层次的生活。可见，我们确实可以通过鞋子来看清一个人的性格和心理活动。

那么，下面我们具体来看一下，生活中人们的穿鞋习惯与性格、内心之间有什么联系？

1. 喜欢穿时髦鞋子的人

这种人的观念就是，只要是流行的、时尚的，就全都是好的。持这种观点的人很少考虑到自身的条件是否与流行元素相符合，这就难免会不切合实际地装扮自己。

这一类人做事时缺少周全的考虑，往往顾此失彼，到头来事情乱成了一团糟。他们对新鲜事物的接受能力比较强，表现欲望和虚荣心也很强，一般会成为社会上的时尚先锋人物。

2. 喜欢穿高跟鞋的人

喜欢穿高跟鞋的人一般是女人，她们的心理一般是充满自卑感，他们可能对自己的身高或外貌感到不满，想要以高跟鞋来让自己拥有高度上的优势，产生一种鹤立鸡群的优越感，满足自己的表现欲。

3. 始终穿自己最喜爱的鞋子

始终穿着自己最喜爱的一款鞋子，这一双穿坏了，再去买另外一双，这样的人思想多是相当独立的。这一类人知道自己喜欢什么，不喜欢什么，他们非常重视自己的感觉，不会过多地在意他人怎样看。

这一类人做事是比较谨慎的，一般来说，他们做任何事都是经过仔细的思考，他们认为要么不做，要么就全身心地投入，尽量做到最好。从他们对于鞋的一贯专注的态度，我们就知道他们很重视感情，对自己的朋友、亲人、爱人的感情都是相当忠诚的，不会轻易背叛。这种人比较适合做朋友。

4. 喜欢没有鞋带的鞋子

这一类人通常属于平庸无奇类型的，他们喜欢和大众打成一片，虽然穿戴整洁，但他们讨厌跟着所谓的时髦走，对流行焦点一点也提不起精神；对于拿定主意的事情，他们会重拳出击。他们最大的优点是彬彬有礼，很有绅士风度，因而在社交场合很受人们欢迎。

5. 喜欢穿有鞋带的鞋子

喜欢穿系鞋带的鞋子的人性格多是比较矛盾的，他们希望能有人来安排他们的生活，但对于既定的一切却又总想反抗。在实际生活中，为了化解这种矛盾，他们多是在尊重他人为自己所做的安排的同时，又寻找自由的空间以发展自己。

6. 喜欢穿运动鞋的人

喜欢穿结实耐穿的运动鞋——这一类人群以中小学生居多，他们朝气蓬勃，喜欢不时地崭露一下头角，喜欢穿着运动鞋，或是来个百米冲刺，或是动作敏捷地翻墙越栅栏；他们有着自己的审美观点，常常以开路先锋者的身份自居，认为自己必定会飞黄腾达，认为目前的某些困难、窘迫只不过是黎明前的黑暗，所以，他们不会在名牌面前露出自卑之色。

7. 喜欢穿靴子的人

这一类人也许是看到古装剧中的人物都穿着靴子，而且气度不凡，便有意想要模仿，结果不论春夏秋冬，都穿着一双将脚、小腿一起包裹住的靴子。其实这是他们没有安全感的表现，他们希望靴子为自己鼓劲，增强自己的信心，让自己看起来更完美，特别是女人，喜欢穿着鞋跟又高又尖的靴子——足可以和任何一个男子一比高低，使男子见到她们而投来敬畏的目光。

8. 热衷于远足靴的人

这一类人通常会在工作上投入充沛的精力和时间。他们有很强烈的危机感,能够居安思危,时刻准备迎接一些可能出现的意外。相对而言,他们有较强的挑战精神和创新意识,具有较强的自信心,敢于冒险向陌生的领域挺进,并相信自己能够成功。

9. 喜欢穿拖鞋的人

这一类人一般都很洒脱,也很自我,他们只关注自己的感受,而不在乎别人的看法。他们懂得享受生活,绝对不会为了别人的评价而苛求自己。

10. 喜欢穿凉鞋的人

凉鞋上的条条带带越少,说明这一类人越追求简单、自然。在骨子里讨厌用鞋子将脚丫包裹住,如果条件允许的话,他们宁愿脚下什么也不穿,以求一简到底,追回最原始的野性和淳朴。

喜欢穿凉鞋的人具有讲究实际的性格,对待友情认真负责,但前提是对方必须令他们满意或有所付出。

11. 喜欢穿露脚指头的鞋的人

这一类人对自己从头到脚都充满自信,而且是个彻头彻尾的自由主义者,他们不仅喜欢炫耀自己的脚指头,还有大腿、小腿、膝盖以及脚踝部位,并有让全世界都知道自己是个自由主义者的强烈愿望,在现实中,任何约束对他们来说都是一种虐待。这一类人喜欢结交朋友,只要对方不摆出一副拒人于千里之外的架势,他们都会非常愿意伸出友谊之手。

从上面对鞋子的偏好的分析中,我们可以看出一个人的某些性格特征与心理。不过,心理咨询专家也告诫人们:"穿鞋虽然可以表示一个人的身份、经济条件、性格和内心,但是具体到每个人,情况是不一样的。"因此,在现实生活中我们也决不能将鞋与人们的性格生硬地挂上钩,必须具体问题具体分析,这样才能更全面、更理性地认识一个人,解读他的内心。

皮包是一种无声的语言

皮包既是实用品又是装饰品,皮包的颜色、款型都能显示出主人的喜好、性情与品味。通过皮包能准确地判断出其主人的涵养、素质。所以,在生活中我们绝对不能忽视手提包传递给我们的信息。

　　王女士是某大型企业的一位高级主管。一次,她受邀去参加一个商业酒会。在去之前,她换上了一套西装套裙,然而粗心大意、不拘小节的她携带日常上班用的绒布提包就去了饭店。到了酒会上她才发现,别的女士拎的大都是羊皮手提包或缎面的小包,她的提包看上去与现场气氛极不和谐,令她感觉浑身不自在。

　　王女士的这种尴尬经历在很多女性身上都发生过。之所以会这样,除个别人是因为时间仓促来不及准备或粗心大意忘记准备外,更多的是因为人们忽视了手提包在服饰搭配中的作用。其实,一个人的包是他身份的象征。是否选用名牌,选择何种质地,选择何种造型、色彩和成色以及保养程度,都体现着这个人的个人品位、生活态度和他的性格。

　　英国心理学家研究发现,很多人之所以愿意根据服装来配备不同款式的皮包并随身携带,是因为皮包能给他们带来足够的自信。皮包已经成为人们必不可少的配件,其实,在对皮包的选择和使用中还隐藏着人们的某种心理需求。

　　首先,皮包能给人们带来一种安全感。皮包就像一个贴心伴侣,随身带着它,心里才有一份可依赖的踏实感。从心理学上来讲,人们对皮包的热爱符合马斯洛的需求层次理论——安全感是高于生理需要的人的另一种本能需要。当人们从封闭的小家走向广阔的社会,正是身上的皮包在一定程度上给了他们某种情感依托。在某些场合,皮包还可以帮助他们缓解内心的紧张和不安。

　　相比之下,女人比男人更加需要皮包的“救助”,皮包能使女人们变得更加优雅、完美。男人可以把手机、香烟、钥匙等物品随手放在贴身衣兜里,而女人则不行,所以她们更加需要皮包。有时候,我们通过女人的皮包不但可以看出她们的品位,体会到她们那迷醉的女人味,还能判断她们最近一段时间内的心情变化。

　　一般来说,选择皮包的式样比较大众的人,其性格也比较大众化,他们的性格中没有特别鲜明、个性的东西。这一类人喜欢随大流,人云亦云,没有主见。他们一生中多多少少有一点儿收获,但没有大的成就。

　　而那些选择皮包式样很有特色的人往往具有很强的个性,各方面都有自己独特的思维与见解。这一类人中的大多数都具有艺术细胞,他们喜欢无拘无束,喜欢标新立异、喜欢冒险、创新。这一类人往往具有过人的胆识和魄力,若不出现异常情况,再加上自身的努力,将会取得显著的成绩。此外,他们的自我表现欲望和虚荣心都特别强。

喜欢中型肩带式手提包的人个性独立,但是他们在言行举止等方面却很传统、保守。他们的朋友不怎么多,交际范围比较小。

喜欢小巧精致但不实用的皮包的人属于个人主义者,他们往往涉世不深,没有什么城府,单纯的女孩子交朋友最好交这样的人。但这只是这一类人的一个阶段,当他们步入成年后,其性格就会发生改变。这一类人往往对生活充满了激情,对未来充满了美好的期待。

喜欢式样小巧的皮包,把皮包当成装饰品的人大多是没有经历过磨难,性情比较脆弱,遇到挫折很容易让步的人。喜欢具有浓郁的地方特色和民族风味的小包的人也属个人主义者,个性很鲜明,他们的穿着和思维方式往往和常人大相径庭,有些时候会显得与别人格格不入,所以他们的人际关系不怎么好。

喜欢超大型皮包的人,喜欢自由自在、无拘无束,很容易和别人建立关系,但关系也容易破裂。他们总是怀着一种散漫的态度对待生活,没有责任感,他们对于某些事情自己感觉无所谓,但别人却不能接受。

喜欢口袋很多的皮包,并且将皮包里的东西都摆放得很整齐的人,通常生活作息、饮食等各方面都很有规律。而且思维灵活,头脑清醒,不会轻易做出糊涂的事情。这一类人是很有原则性的人,有很强的进取心、自信心,办事认真可靠,待人礼貌,组织能力很强,但是这一类人比较严肃、呆板,会拘泥于某些细节。

在包里把东西摆放得乱七八糟的人做事多比较含糊,目的不明确,但对人比较热情和亲切。和这种人相识、相交都比较容易,分开也不难。

喜欢男性化皮包的女人通常都比较剽悍、坚强、能干、利落,事业心往往比较强,并且性格上趋于外向化。

喜欢金属质地皮包的人一般很敏感,能与流行同步,接受新鲜事物的能力很强,但是他们在大多数时候不肯轻易地付出,这一类人总是希望别人多付出,而自己少付出。

喜欢中性色系皮包的人不想给自己带来压力,所以不喜欢在众人面前表现,不喜欢被人注意。他们做事总是得过且过,比较懒散。他们不希望得罪别人,喜欢保持中立。

喜欢休闲式皮包的人很懂得享受生活。他们本身对于生活的要求不是很苛刻,对生活的态度不怎么严肃,不会死板,他们非常积极、乐观,进取心强,把学习、工作、生活安排得井井有条,能劳逸结合。

喜欢公文包的人多是公司的管理者、领导或者是比较正规的公司的职工,这一类人做事比较小心谨慎,他们常常给人一种严厉的感觉,对自己的要求也比较高。

另外,也有一些不喜欢带包的人,这有两种情况:其一是懒惰,觉得带一个包太麻烦了;而另一种是自主意识比较强,希望独立。这两种人的责任心都不是特别强,他们不想负任何责任。

皮包就像是一个招牌,能把人的性格、喜好、品味都显示出来。所以要想了解一个人,观察他的皮包可以作为一个不错的方法。

手表是性格的标志

人们常用"一寸光阴一寸金"来形容时间的宝贵。因此,那些时间观念比较强的人往往喜欢佩戴手表,以便制订下一步的生活或工作计划,有条理、高效率地处理事务。

人们对于手表的佩戴方式以及对待时间的观念,往往能够在不经意间传达出人的性格特点和心理。据心理学家研究发现,一个人对手表的喜好程度,往往折射出这个人的兴趣、爱好和某些特殊的心理。这也就解释了为什么市场上会有各种不同款式的手表——针对不同兴趣、爱好、心理的人而设计。

1. 喜欢液晶显示型手表的人

这一类人大都比较节俭,知道什么时候该花钱,什么时候不该花钱。而且这种人的思维大都比较单纯,喜欢简约、方便的事物,不能理解太过抽象的概念。他们不是很随便的人,对什么事情都很负责,做事非常认真。

2. 喜欢佩戴隐形手表的人

市场上有一种隐形的手表——一眼看过去显示区域是一片漆黑的,什么都看不见,但是如果按一下显示时间的键,显示区域就会出现时间。

喜欢戴这种手表的人有着很强的独立意识,他们不喜欢受约束,喜欢自由自在的生活,做自己想做的事情。别人想去了解他们的内心,恐怕有点困难,因为他们善于把自己的情感与真实的想法掩藏起来。在很多人的眼里,他们是非常神秘的,而他们自己也希望保持这种神秘感,他们非常喜欢别人对自己进行各种猜测。

3. 喜欢怀表的人

他们一般能够很好地把握时间,虽然这一类人每天都很忙碌,但是能将所有的事情在时间分配上安排得很合理,而且他们懂得劳逸结合。这种人的适应能力比较强,遇到不好的情况,他们能够及时地调整自己的心态。另外,他们对过去的时光比较怀念,乐于收集一些旧的、能令人勾起回忆的东西。

4. 喜欢戴闹钟型手表的人

这一类人能够做到严格要求自己,他们时时刻刻都把神经绷得很紧。他们虽然不是很传统和保守,但他们办事时总是那么循规蹈矩。生活中,这种人是非常有责任心的,有时候他们也会刻意地培养自己的责任心。另外,他们有一定的组织和领导才能。

5. 喜欢戴古典金表的人

喜欢戴古典金表的人很有发展眼光,对什么事情都有长远的考虑和打算,他们不会为了眼前的一点儿小利益而不顾全局,是做生意的好手。他们心思缜密,头脑灵活,似乎对任何事情能预知一二。这种人成熟、稳重,凡事能看得明白。而且心胸宽广,忍耐力很好,又很重义气。

6. 喜欢手表盘上没有数字的表的人

这一类人有很强的抽象化思维,他们喜欢模糊不清的感觉,和他们讲什么事情都不要讲得十分透彻。他们很在意对一个人智力的锻炼和考验,他们会始终认为把一件事情看得太透彻就没有意义了。这种人很聪明,喜欢玩益智游戏。

7. 喜欢戴上发条的表的人

这一类人大多独立意识比较强,他们不怎么喜欢别人的给予,喜欢自给自足,很多事情都坚持一定要自己动手。这一类人做什么事情都喜欢得到立竿见影的效果,他们最看重的是自己所获得的那种成就感。当然,在获得这个成果的过程中,他们喜欢挑战。如果是轻轻松松就得到了,他们反而会觉得没有多大的意义和价值了。

8. 不喜欢戴手表的人

这一类人个性都比较独立自主,别人也不能轻易地支配他们,这种人喜欢做自己想做的事。不管在何时何地,他们随机应变的能力都比较强,遇到一些棘手的事情能够及时想出应对的策略,而且喜欢与人结交,善于学习。

可见,手表不仅仅是提示时间的机器,更是人们的性格和内心世界的"显示器"。在人际交往中,我们可以通过观察交往对象的手表,以更准确地了解对方。

从香水来判定一个女人

女人和香水的渊源就像男人和酒一样,香水对于女人天生就有着特殊的意义。无论是演艺界的性感女明星,还是文学界的泰斗,只要是女性,都逃脱不了香水的诱惑,同样,女人用香水的味道也诱惑了无数的男人。

有一个故事很形象地说明了香水对于女人的意义。倪匡第一次拜访琼瑶时,琼瑶问:"用什么好东西招待你?"倪匡风趣地说:"世界上最名贵的液体,以法国出产最著名。"琼瑶马上走进房间,把一瓶香水拿出来往空中一喷说:"用你的鼻子来嗅一嗅吧,这就是最贵的法国液体!"倪匡哭笑不得——世界上最贵的液体不是法国的白兰地吗?

香奈儿这样阐释她的香水"您该把香水抹在想让情人亲吻的地方",香水是奉献给"集千般宠爱于一身的女人";保罗·伯恩自杀时将他的情人好莱坞明星琼·哈洛最喜欢的娇兰香水浇在自己身上,诀别信中只写着"我爱你"。

可见,香水具有如此强大的魅力,使女人将自身的娇羞、骄傲、畏惧、向往、自信、坚强、野性全都锁在或清淡或浓艳或妩媚或优雅或妖冶的芬芳之中,匆匆经过和稍做停留的人都能感受到她想要表达或难以言喻的一切。

每一种香水都有其特殊的香味与适用的对象,女人们在选用香水的时候,一般都会选择适合自己的气质与性格的,以便在香水的衬托下散发出自己独特的魅力。因此,从香水的使用上,我们可以解读出女人的性情和修养。

1. 喜欢清淡的香水的女人

喜欢清淡的香水的女人干练而利落,工作效率非常高,可以快速有效地将工作处理完毕,而且她们也相信唯有付出才有回报,因而很讨厌静静等待机会降临的人。

2. 喜欢香草味香水的女人

喜欢香草味香水的女人坦率、纯真而善良,因此,即使她们被卷入纠纷中,往往也可以将危机化解得很好。

3. 喜欢高贵、名牌的香水的女人

这类女人时尚、敏感,讨厌平凡、一成不变的生活,她们常常很清高地认为周围的人品味都不如自己。

4. 不用香水的女人

这类女人虽然看起来很普通,似乎没有什么特别之处,但是这一类人很注意自己是否表现得温柔,她们总是用宽大的胸怀和真挚的感情去对待自己的亲人、周围的同事、朋友,讨厌人际关系上的纠纷。

5. 喜欢浓烈的香水的女人

喜欢浓烈的香水的女人,热情奔放,积极乐观,心理状态非常好,几乎个个都是交际广泛且很得人缘的交际明星,因而即使她们遇到困难和挫折也能顺利渡过难关。

6. 喜欢新鲜柑橘味香水的女人

喜欢新鲜柑橘味香水的女人往往活泼开朗,对新鲜事物充满好奇心,待人接物方面直截了当,非常单纯,做事讲求效率。

7. 喜欢东方型香水的女人

这一类的女人往往不善与人沟通,喜欢离群索居。虽然与外界保持一定的距离,但是能够为他人着想,比较温柔体贴。她们的人生信仰是追求独立和自由。

8. 喜欢用檀香、花香,以及水果香味的香水的女人

这一类人往往意志坚强而且偏外向。她们的心态调节能力很强,善于处理、解决问题,能够独当一面地面对各种任务与挑战。她们对朋友真诚坦白,是可以信赖的对象。

9. 喜欢树木香水的女人

这种类型的女性普遍追求情感上的平衡,既不平静又不活跃。在不闯入他

由容貌相人

图文珍藏版

人禁区的前提下努力寻求自己的社会地位。这一类人为人处世谨慎细微如履薄冰,而且她们喜欢一切高雅、细腻,趋于完美的事物。

常言道:"闻香识女人。"在人际交往中,我们不仅仅要通过自己的眼睛察言观色,发现外表下隐藏的人性问题,更要通过自己的鼻子闻出"人味"来,特别是与女性的交往中,香水可以作为判断女性内在性情的一个重要手段。

从钥匙佩戴方式看人的个性

钥匙是我们生活中常见的东西。我们经常看到很多人佩戴着一大把的钥匙——家里的钥匙、车钥匙、公司的钥匙,有的人习惯用钥匙扣将钥匙直接挂在腰上,有的人则喜欢用钥匙包,还有的人喜欢把整串钥匙塞在兜里面,更有的人喜欢把钥匙放在自己的手包里面等等。

常言道"一把钥匙开一把锁",钥匙虽然是个小物件,但通过钥匙也能见人心。不同的人有着不同的佩戴方式,这些方式恰恰反映出了不同人的不同性格特征和内心世界,这些佩戴方式就是解开人的内心秘密的钥匙。那么,我们怎么通过钥匙的佩戴方式来看一个人的个性,看透他内心的秘密呢?

喜欢用钥匙扣的人,他们比较开放、随意。在与人交往时,他们往往是抱着一种好合好散的心态,认为两个人只要相处愉快就能够做朋友,如果谈不到一起,还是分道扬镳的好。他们总是希望自己能以最少的代价换取最多的回报,假如要他们为朋友两肋插刀,他们会觉得划不来。因此,他们的知心朋友并不多。在内心深处,他们始终认为人生就像一个舞台,而他们的目标只是做个过得去、不至于"演砸"的演员而已。因此,这一类人的处世态度有点游戏人生。

有些人嫌用钥匙扣比较随意,于是选择使用钥匙包,这些人总是把钥匙分门别类、整整齐齐地挂在钥匙包内的挂钩上。他们往往是有组织、有计划、对待工作非常严谨、生活非常规律的人,这一类人不论做什么事情,都会首先计划一下,然后再按部就班地做下去。一般来讲,他们不会因为一些小事的变动就乱了阵脚。但另一方面,这种按部就班的习惯也使得他们渐渐失去应对突发事件的能力。现实中这一类人往往值得信赖,不过有时候由于过于循规蹈矩,处世常常缺乏弹性与变通。不过,他们倒是很懂得知足常乐,属于安分守己型的人。

有的人常常将自己每把钥匙都冠以不同颜色的塑胶套,看起来五颜六色,令人眼花缭乱。这样的人凡事追求完美,也喜欢吹毛求疵,不容许自己犯错,但是也不敢作新的尝试。他们不论是对自己还是对别人都有极高的要求,当达不到既定的目标时,会深深地自责,产生沉重的内疚感。他们往往不懂得怎样去关爱他人,只是不断鞭策自己和身边的人达到自己目标,苦了自己也难为了别人。

有的人喜欢用钥匙链,将钥匙串到一起,这一类人对自己的个人财产很执着,换句话说,就是非常吝啬,他们总是把一切珍贵的东西都谨慎地放在身边,生怕被别人偷去、抢走。他们的占有欲也非常强烈,被他们看中或者认为属于他们的东西,他们会千方百计地弄到手。在感情方面,也是如此。但是不断地占有并不会增加他们的安全感,相反,只会使他们更害怕失去现在所拥有的。

小小的钥匙的确能照见人心,我们在与人接触的时候要善于观察他们钥匙的佩戴方式,通过这个不太引人注意的细节,我们往往能深刻地了解到他们的生活状况和性情。

首饰亮出女人的内心世界

很多女性都有戴首饰的习惯,有些女性总是全身珠光宝气,耀眼夺目,而有些女性则只戴少许小饰物,还有些女性爱戴比较独特的首饰,特别引人注目。美国纽约的著名心理学家伊莉尼医生认为,通过女性佩戴的首饰不仅能看出她的爱好和眼光,还可以反映出她的性格与心理。

性格内向的人,要求首饰的款式相对比较朴素,不过分夸张、艳丽,一般不经常变换自己的首饰,保持一定的个性风格。性格外向的人,喜欢经常变换首饰的款式,追求时髦,佩戴首饰的色彩也较为鲜艳、明快。

性格比较孤僻的女性,佩戴的首饰色彩一般比较暗淡,款式也趋向于传统、古典,对流行的首饰兴趣不大。而善交际、活泼开朗型的女性,对首饰要求也活泼、随意,色彩要醒目、明亮,一般不拘泥于细节,而注重首饰的整体效果,对新潮首饰容易接受。

所以,如果在生活中你是一个有心人,便会发现你周围大多数的人会根据自己脸形、身材、性格、气质的不同而佩戴风格不一的饰品,正因如此,才使得饰品也变得个性化了。女人对首饰的选择是极为挑剔的,不过这样更有利于我们针对性地从中阅读出其心理、性格特征。

喜欢时尚、有创意的首饰,特别是对圆形的首饰情有独钟的女性。生活中,这一类女性处世态度积极,非常乐观,意志十分坚定,不容易受人左右,而且处事大胆,勇于追求时尚,眼神中充满自信,遭遇任何困难时,她们往往都能冷静应付。

喜欢款式简单、古典的首饰的女性:这类女性感情丰富,追求梦想中的浪漫的爱情,愿意为爱情牺牲。性格温顺甜美,对人十分信任,且包容力强。

喜欢简约风格的首饰的女性,这类女性具有双重性格,头脑灵活,多才多艺,活泼开朗,擅长交际是她们的优点。尽管外表保守但实际上想象力丰富,往往会做出令人意想不到的事情。但性情不稳定令其处理事情时容易彷徨不定。

喜欢品味持久的首饰的女性外表看似强硬冷漠,但实际上内心却非常柔弱,待人友善、热情,并且富有幽默感。这一类人有一点双重性格的特征,有时候对你体贴周到,有时候却又急躁不耐烦。

喜欢追求大胆、创新设计的首饰的女性,她们以宽大为怀、精力充沛,是天生的领导者。但强烈的虚荣心及争强好胜的性格,给人盛气凌人的感觉。她们属于自我中心型,绝对不钟情于传统观念。

喜欢佩戴新颖别致、独具一格的首饰的女性富有正义感,沉默寡言,爱恨分明,富有同情心,注重友情。她们冷漠的外表带给人一种神秘色彩,在众多女性中独具魅力,浑身透着性感。健康迷人、新潮及充满时代感是她们最吸引人的地方。她们最大的缺点是自负,喜欢批评别人。

钟情于自然、高雅的几何形状的首饰的女性,这一类型的女性性格乐观、温柔,而且生活非常节俭。她们所具有的优雅细腻的神情及亲切的笑容尤其能吸引异性。在男人眼中,她们更显雍容华贵、仪态万方。在处世方面,这种人最大的缺点是过于保守,且性格固执。

喜欢佩戴古典美与怀旧风情首饰的女性,往往头脑灵活,非常理智,凡事追求尽善尽美,是一个理想主义者。过分追求完美的性格常令其不安于现状和不满于现实,但其超人的智慧总能令其实现梦想。

喜欢佩戴高雅大方而又不失华丽的首饰的女性,往往有坚强的忍耐力,不畏艰辛,绝不半途而废或见异思迁。她们性情沉默寡言,外表严肃,给人一种深藏不露的感觉。

　　身上戴满了金戒指、金耳环、金手镯、金项链,满身是金的女性,往往是一个颇有自信心、性格外向并且对人十分友善的人。如果只戴少许金首饰,比如只有一对耳环、一条项链,或只是一块金表,说明其有较高的欣赏眼光,但性格偏于内向,会注意约束自己,不是一个态度随便的人。

　　喜欢佩戴简约风格、但处处散发个性的首饰的女性,往往比较乐观、开放、友善。性情直率,待人热诚,不拘小节,思想新潮,喜欢表现自我。她们能把欢笑带给身边的人,但偶尔会给人轻浮不专的感觉。

　　很多女性都喜欢佩戴银首饰,其实,只要你仔细观察就会发现,这类女性一般都是比较有秩序的人,做事喜欢按照事先制订好的计划,尤其是每天的例行工作,不喜欢突然有意外发生。

　　不同的女性喜欢佩戴不同的首饰,只要我们认真观察,就可以从中了解她们的性格特点,走进她们的内心世界。

化妆背后的玄机

　　常言道:爱美之心,人皆有之。很多人为了追求美,喜欢用一些化妆品和工具,采取合适的步骤和技巧,对自己的面部、五官及其他部位进行渲染、整理,从而掩饰缺陷,改善立体印象,表现神采,达到美容的目的。

　　化妆者为女性居多,化妆能表现出她们独有的丽质,焕发风韵,增添魅力。同时,还能唤起女性心理和生理上的潜在活力,增强自信心,使人精神焕发,并且有助于消除疲劳,延缓衰老。通常来讲,女性为自己化的妆,衬托了脸庞,明晰了五官,展示了精神面貌,是一种个性与态度的表达。因此,通过不同的妆容,我们可以了解到她们的性格差异。下面我们就来具体介绍:

　　喜欢化淡妆的女性,她们的妆容淡雅、自然,寥寥几笔而体现出高雅的个人气质。一般来讲,化这种妆的女性性格恬静温婉,做事认真,为人真诚,心思细密。这一类女性能很好地平衡家庭与事业,看起来文静柔弱,其实内心非常坚韧,这一类人一般人缘很好,很受人欢迎。

　　喜欢化浓妆的女性与喜欢化淡妆的女性在性格上截然相反,她们往往做事雷厉风行,为人爽朗,大方,讲义气,会尽全力帮助朋友,常常把全部精力放到某一件事上而孤注一掷。因此这样的人一般得到的多,失去的也多。化浓妆只是她们个性的外在体现,生活中这一类人一般有着较强的展示欲望,她们非常渴望得到他人的关注。

还有一些女性喜欢化带有朋克风格的烟熏装,这反映的是独立、叛逆的性格特征,酷酷的感觉让旁人很难接近,具有不同于一般女性的野性气质。在现实中这一类人内心却像未燃的干柴,一旦被点燃,则熊熊燃烧,非常炽烈。

有些女性喜欢花很长的时间来化妆,时间通常在一小时或以上,她们注意每一个细节,她们通常对自己的外表极为在乎。同样,她们对任何事情都要求尽善尽美,她们有着惊人的耐心与毅力。但由于过于在乎自我的外在形象,这一类人常常与同性相处不够愉快,需要多学一学与人相处之道。

现在,有许多女性崇尚起了裸装,即面部效果像没有化妆一样的妆容。一般来讲,这种女性大多具有小女孩的心态,希望自己永远保持青春,永远停留在18岁,不喜欢复杂,不渴望变得成熟。而在处理人际问题上,这一类人一般思想比较简单,容易受到伤害。这一类人可成为你生活中的好友,但往往不能做你事业上的好伙伴,因为她们对于事业没有太多的想法,她们更愿意过安稳的生活。

还有一些女性不喜欢化妆,不过从来不化妆的女性数量很少。不爱化妆的女性通常内心十分坚定,性格上有些男人气,绝不会人云亦云,也不在乎外界的说法。现实中,这一类人做事坚决果断,对任何事物都不限于表面认识,会追求其本质的意义。通常来讲,从不化妆的女性易走两个极端:要么是极为平庸,要么是极有思想、极具魅力。

化妆好像自古以来一直都是女性的专利。不过随着社会的发展,一些男性也开始注意自己的妆容,喜欢适时地化妆。他们的化妆可能仅仅表现在细致的护肤、防晒隔离等基础护理方面。不过,不要认为这是女性化的表现,相反,这类男人很值得你去交往,因为他们不管对自己还是对他人都很有责任心,有积极的生活态度,能够体谅、宽容他人。不过这种男人对朋友或爱人的要求自然也比较高。

可见,化妆已经成为我们判断一个人性情与内在的重要参照,如果我们能揭开人们化妆背后的玄机,会让我们在交际中更积极主动,游刃有余。

国学经典文库 图文珍藏版

线装书局

冰鉴

马博⊙主编

篇四　由情态相人

情态者,神之余,常佑神之不足。

久注观人精神,乍见观人情态。

——《冰鉴》

情态,是人的内心的外现。人的情态有雅俗之别,有诚伪之差,有喜恶之分,有清浊之辨。人的不同情态,会通过不同的面部表情和不同的行为举止表露出来。当一个人真情流露时,虽然转瞬即逝,也往往让人捕捉到其内心世界。观人识人,或许一个表情、一个动作就能发现人的内心秘密。

冰鑑

情態章第四

容貌者骨之餘常佐骨之不足情態者神

之餘常佐神之不足久注觀人精神乍見

觀人情態大家舉止羞澀亦佳小兒行藏

跳叫愈失大旨亦辨清濁細處蒹論取舍

人有弱態有狂態有疎懶態有周旋態

鳥依人情鼗婉轉此弱態也不衫不履旁

若無人此狂態也坐止自如問答隨意此

懶態也飾其中機不苟言笑察言觀色趨

吉避凶此周旋態也皆根其情不由矯枉

以交天下士　與談心三者不必定人終身反此以求可　遲回不甚關情亦為墮淚婦人之仁不足　毅卑庸可恥不足與論事湯無可否臨事　情言不必當極口稱是未交此人故意詆　衆方稱言此獨冷笑深險難近不足與論　前者恒態又有時態方與對談神忽他往　三矣　健舉皆能成器反此敗類也大概亦得二　弱而不媚狂而不譁踈懶而真誠周旋而

本篇导读

曾国藩所言"情态",是一个很宽泛的概念,囊括了一个人外在言行和内心思想的方方面面。在识人用人时,不管是面对君子,抑或小人,只要细察情态,则其心可知。

孔子认为:君子懂得的是义,小人懂得的是利;君子想的是道德和法度,小人想的是乡土和恩惠。他曾经给小人定下五大罪状,并据此诛杀了鲁国大夫少正卯。孔子任鲁国司寇时,上任七天,就诛杀了少正卯。他的学生子贡对他说:"少正卯是鲁国的名人,您刚上任就杀了他,有人认为是不是太过分了?"孔子说:"普天之下,有五种人罪大恶极,小偷、强盗还不在其中。第一种是心怀叛逆而又阴险狡诈的;第二种是行为邪恶而又顽固不化的;第三种是言语虚伪而又善于诡辩的;第四种是探听国家的阴暗面,而且记得很多,到处宣扬;第五种是附和错误的上司而获得恩宠的。这五种罪恶够上一条,就免不了被君子诛死。少正卯正是这种五毒俱全的人,他呆在那儿,就足以在那里拉帮结派;他的言论足以文过饰非，迷惑他人；他控制了权力就足以谋反叛乱，自立为王。这种人就是人中的奸雄啊，怎么可以不杀呢？"他还引《诗经》上的诗句慨叹："真令人忧心如焚啊，我恨透了这些小人；小人成群结党，这就值得忧虑了！"

春秋时齐国的晏婴在《晏子春秋》中对君子和小人的行为曾做过更为具体的评述。叔向向晏子问道："正直之人的道义，邪恶之徒的行为，到底是怎么样的呢？"晏子回答说："正直的人身居高位之后，不徇私情，不谋私利。对国家来说，这种人是值得培养的。而他们也是不会忘记国家恩情的。得志了，他们就辅佐国君，使国君体恤人民；窘困时，就教化人民，使人民顺从国君的领导。侍奉君主，按礼仪行事，忠心耿耿，不计较爵位俸禄。不任用他们，他们就坦然离开，毫无怨言。他们在交朋友的时候，注意对方的身份，行为合乎道义，决不做不正当的事情。看法不周，就交换意见，而不恶

晏婴

意攻击，更不会到君王面前诋毁别人。不用苛刻的手段对付人民来换取尊贵的地位。所以，这种人被君王重用就能够使人民安居乐业，在人民中间做事就能使君王受到人民的尊重和拥护。所以他们能得人心而君王对他们也深信不疑。为君王办事，决不搞歪门邪道。因此，得重用时，不玩物丧志；不被任用的，也不忘正心修身。这就是正直之士的行为。而那些邪恶奸诈的人就大不相同了。做了高官就残害人民，在下面做事，就违逆君主意志；侍奉国君，就献媚迎合而不尽忠心，交朋结友，无原则地凑合，不干好事。以阿谀乖巧的手段谋取私利，与奸诈之徒结党营私，养肥自己。夸耀自己的权势俸禄来凌驾于人民之上，用铺张礼仪，装饰门面的手段来哗众取宠，招摇过市。不被重用时，就轻率地议论

朝廷;与朋友相处不融洽时,就在背后诽谤。所以,在朝廷为官,老百姓就担忧,在下面做事,就危及君王。因此,让这种人辅佐君王,简直是罪过;这种人和谁交朋友,谁就要大祸临头。这种人得到重用,会带来耻辱,任其发展会破坏刑律。所以,这种人在朝为官就会滥杀无辜,在下行事就会谋害君王。因此,和这种人交往,就会受到侮辱,任其发展作乱,就会危及社稷安全。这就是邪恶奸佞之人的行为。"

刘向在《说苑·臣术》篇中,依据对人臣的行为和心术的轩轾,将人臣分为十二大类,即:圣臣、良臣、忠臣、智臣、贞臣、直臣、具臣、谀臣、奸臣、谗臣、贼臣和亡国之臣。刘向的人臣之术议论精辟独到,在古代典籍中实不多见。刘向认为:作为臣子应当遵从君王的旨意行事,还要将办事的结果向君王报告,不能自作主张,独断专行。坚持正义而不无原则地附和他人,不用不正当的手段谋取尊贵的地位,他们所作所为必然是有益于国家,必然有助于辅佐君王治理国家。所以,他们不但能使自己生前地位尊贵,而且还会泽及子孙,福荫后人,臣子的行为有"六正""六邪"之分。行为符合"六正"的就非常荣耀;行为属于"六邪"之列的就是耻辱。荣耀或耻辱就是得福或招祸的开端啊!那么,什么是"六正",什么是"六邪"呢?

"六正"的第一类是指能在事情开始之先或在未见端倪的时候,就能够预见到将产生的结果,尤其是在有关存与亡、得与失的重大问题上,能够防患于未然,在坏事发生之前及时止住,使君主超出众人之上,立于显赫荣耀的地位,天下人都称颂他,能这样做的人,就是"圣臣"了。第二类,虚心诚意向君王进言,献计献策,并疏通进谏渠道,用礼义奉劝君王,对君王讲述长远的国策,弘扬君王的美德,纠正他的缺点。事业成功之后,将成就归功于君王,决不自吹自擂,夸耀自己的功绩。这样的臣子就是"良臣"。第三类,不顾自身地位低微,身体有病,废寝忘食地为国家操劳。为了举贤荐能,不厌其烦地列举古代贤人禅让等美德,处理问题按君王意旨行事,这样做是为了有利于治国安邦。这样的臣子就是"忠臣"。第四类,对事情的成败利钝有着敏锐的洞察力,善于早做准备,防患于未然,堵塞漏洞,断绝祸根,变不利为有利,使事情向好的方面转化,让君王放心,根本用不着担忧发愁。这样的臣子就是"智臣"。第五类,遵命守法,忠于职守,谦恭礼让,决不无功受禄,还能将君王的赏赐转让他人,不接受馈赠礼品。衣冠简朴整洁,饮食节约俭朴。这样的臣子就是"贞臣"。第六类,当国家混乱,国君昏庸,而别人对国君的所作所为不敢劝阻之时,敢于冒犯君王天威,批评其错误行为,不顾自身安危,只要换得国家安定,哪怕是粉身碎骨,也毫不后悔。这样做的人就是"直臣"。以上谈的是"六正"的表现。

"六邪"指的是这样六种人:第一种人,心安理得地做官而无所用心,贪图富贵,一味经营自家产业谋取私利,而置国家大事于不顾,有知识不肯用,有良策不肯献,有能力不愿出。君王如饥似渴的需求治理国家的高见和良策,而他却不肯尽一个仁臣的职责。他追逐自在,庸庸碌碌,混迹于普通人之中,随波逐流,还不时窥测方向,见风使舵。这样的人就是"具臣"。第二种人,君王说的话,他都说好,君王做的事,他都说行,背地里摸清君王的爱好是什么,立即奉献上去,使君王赏心悦目,让君王收留,与之往来,寻欢作乐,根本不考虑这样做的恶果。这种人就是"谀臣"。第三种人,内心相当阴险,但貌似恭谦,处处谨小慎微,花言巧语,妒贤嫉能。对于自己想举荐的人,就夸耀他的优点,却把他的缺点隐匿起来;对于自己想排斥的人,就大肆宣扬其过错,却把他的优点掩盖起来,致使君王由于胡乱行事、用人失察、赏罚不当而号令不行。这样的人就是"奸臣"。第四种人,智谋足以用来文过饰非,辩才足以用来游说撞骗,说反话,换词语,精心修辞,写成文章。对内,离间骨肉亲情;对外,挑起妒忌,搅乱朝廷。这种人就是"谗臣"。第五种人,利用权势,独断专行,打着国家大事的招牌,重其所亲,轻其所疏,结党营私,掠夺财富,以此来显示声威,扩大势力。更有甚者,还擅自伪造君王的诏令来显耀自己尊贵。这样的人就是"贼臣"。第六种人,诬陷忠良,助长邪气,使君王陷于不仁不义的境地;纠结朋党,狼狈为奸,蒙蔽君王。在朝廷上巧言令色,尽说好话,朝廷之外又出尔反尔,当面一套,背后又是一套。使人黑白不分,是非颠倒,长此下去,致使君王的恶名传遍全国乃至邻国。这样的人,就是"亡国之臣"。以上讲的就是"六邪"。

贤良的臣子一言一行恪守的是"六正"的准则,绝不会有"六邪"的行为出现,所以才会使得朝廷之中安定团结、天下大治。

可以说,认识"六正"与"六邪",就是帮助我们清楚地辨识或划分正直与奸佞。

情态篇的智慧,就是告诉我们要善于从情和态两个方面认识人的本质,从人的外在表现和内心世界的流露方面探其真实性。

一、情态者,神之余,常佐神之不足

情态语言,魅力无穷。或优雅洒脱,或气度豪迈,或冷艳飘扬,或娇弱柔美。无须声音,只一个眼神、一个表情、一个动作,就可显露无遗。

【原典】

容貌者,骨之余,常佐①骨之不足。情态者,神之余,常佐神之不足。久注观人精神,乍见观人情态。大家举止,羞涩亦佳;小儿行藏,跳叫愈失。大旨②亦辨清浊,细处兼论取舍。

【注释】

①佐:弥补。

②大旨:主要之处。

【译文】

人的容貌是其骨骼状态的外在表现,常能弥补骨骼的缺陷。情态是精神的外在表现,常能弥补精神上的不足。观察他人,最主要的是要从他的精神状态着眼,但第一眼往往看到的是对方的情态。像王侯将相、高官显贵这些名门大家的举止动作,就算有羞涩之态,也可称之为佳相;而那些状若小儿的幼稚举动,如市井小民嬉笑怒骂、矫揉造作,只会让他们显得更加粗俗愚蠢。观人情态,要从大处着眼来分辨清浊,对于细处不但要分辨清浊,还要能分辨主次以做到取舍有方。

综合评析

精神的流韵

所谓情态,就是前面提到的外刚柔,只不过外刚柔的提法侧重点在于阴阳五行的调和,而情态的提法关注的则是人在实际生活中的各种举动及其所代表的人的内心活动。从书中前后两个章节都重点提到人的情态,可知曾国藩对情态的重视,情态在其相术实践中的重要地位。

就像容貌是骨相的外在表现一样,情态是神的外在表现,这个外在表现又分为两类,即恒态与时态。恒态,是一段时间内稳定而不变的状态,也可以说是人的性格;而时态则是不停变化的状态,是为了应对外部世界而做出的变化。因而曾国藩说:"久注观人精神,乍见观人情态。"也就是说,接触较多的人,要了解他们就要观察他们的"神";而对于生活中来去匆匆的人,因为接触很少,可能就是一瞬间,要了解他们就得观察他们的情态。

当然啦,汉语中的"惺惺作态、做作"这些词的出现也说明,所谓情态也并不一定就表现了"神",也可能是为了达到某个目的而做的表演。有鉴于此,古人提出了"七似",即七种似是而非的人,以免为他们的"表演"所欺骗。

一似:此人口齿伶俐,滔滔不绝,很能制造气氛,哗众取宠,表面看来似乎能言善辩。但实际上一肚子草包,根本就没有什么东西。目前社会上有很多这一类夸夸其谈的人,要特别警惕这样的人。

二似:此人肚里有些才华,也确实懂得一些东西,对政治、经济、外交、法律、军事等各问题都敢发表意见,自以为是,并且还讲得头头是道。表面上看起来他们似乎博学多才,但实际上是什么都知道一点,什么都没有深入了解。这样的人在实际生活中以学者居多,都只能为别人抬轿子、吹喇叭。

三似:此类人水平低,根本听不懂对方的言论,却故意用点头等动作迎合对方,装出听懂的样子,这样溜须拍马的人经常出现在一些有权有势的人身边。

四似:此类人学问太差,遇到问题都不先表明自己的态度,而是等大家都讲完之后,他再做一个总结性发言,或者附和别人的说法,或者复述别人的话,再想当然地瞎诌一番,看起来似乎很唬人。很多不学无术的假学者就属于这类人。

五似:此人没有能力回答这个问题,但在遇到别人问他时,又故意装得一副

情态

情态 ┬ 恒态(内刚柔) —— 性情、气质 —— 久注观人精神

└ 时态(外刚柔) —— 举动 —— 乍见观人情态

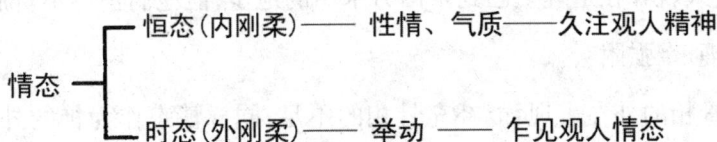

大家风度与小儿行藏

道德修养高深的人，举止安详静穆、娴雅冲淡，在与人交际时虽然有些羞涩、青涩，但其风度依然怡人。

某些人明明是成年人，却故意装得跟小孩一样天真烂漫，哭哭笑笑、跳跳闹闹的，但却失其真，这样蹩脚的演出，一眼就能被看穿。

高深莫测的样子，避而不答。其实他们心中很虚，却表现出一副不屑回答的表情，这种时候就表明他们无法回答这个问题。牛头不对马嘴、指东打西、指南打北是他们经常干的事情。

六似：此类人一听到别人的观点就表示非常佩服，其实他们自己是似懂非

懂,就是不懂。这样的人由于缺乏判断、鉴别能力,只能做一些随声附和的事。

七似:此类人就算在道理上已到了山穷水尽的地步,但他们仍然不肯服输,一味地强词夺理、牵强附会。

容貌作为骨相的外在表现,能补充骨相的不足;同样情态作为神的外在表现,也可以补神的不足。这就是所谓的补逆原则中的补,所谓的补逆原则就是补不足、逆有成。即个别部位不足,整体形势上佳,整体的上佳可以补局部的不足,是为补;个别部位有成,而整体欠佳,则个别部位不能补救整体的不足,是为逆。

具体的补逆关系又分为,自身补逆、相关补逆、相称补逆、形神补逆、大补小逆、小逆大补等,这都是按照补逆的对象来分的。自身补逆是本部位内部的相互补逆,即补救与相逆都在本部位内部完成。相关补逆是本部位先天不足或后天失调等,只能有外在力量的加入才能补逆。形神补逆是外在的形与内在的神之间补逆,也就是《冰鉴》中的"容貌佐骨之不足,情态佐神之不足"。相称补逆是整体各个部分之间的相互补逆,以达到相互之间的均衡相称、整体的和谐。大补小逆是某一部分不足,而整体的相上佳,整体的上佳能补局部的小逆,是为吉相;反之则是大逆小补,小补不能补整体的不足,是为不佳的相。

建立在补逆关系的基础上,相学家提出了所谓的上佳之相"十美十清",也就是所谓的十全十美之相。十美:一、手掌温软如绵,且眼秀有神,口大能容拳;二、一身之肉如玉如珠;三、身瘦头圆;四、耳后肉丰满,又不脑后见腮:五、阴囊溢香,皮肤光润,气色长期鲜明;六、身黑面白,手背黑而掌心白;七、眼睛清澈有神,嘴唇红润:八、身材短小而声音清晰洪亮;九、眼有夜光,黑暗中能视物;十、胡须清秀。

十清:一、声音洪亮,先小后大;二、毛发细软;三、牙齿细小整齐,洁白如玉;四、手掌红润,手指修长,掌纹如丝;五、耳白于面,且色泽光润;六、眉毛油黑,头发光亮整齐;七、眼睛清澈有神,口唇红润;八、人体瘦而不露骨,肤色红润;九、女人体瘦而乳房坚实饱满;十、肚脐既深又大。

以上的十美十清之相，都是十全十美的完美之相，这样的相是人间罕有的，平常人或多或少都有某些缺陷与不足，这样才有了补逆的关系，部分、整体的调和、支援也能成就佳相。

在前面讲九骨时，就提到九骨虽各有所主，但是有主次的，需要分清主次，抓住主流，观察人的神情也是有主次之别的。匆忙中相见的人，要了解他们就要观察他们的情态，观察情态首先在整体印象上要分辨其清浊、忠奸，然后再观察细微处的情态变化，这时就需要有所取舍，分清楚哪一个细节才是其神的真正流露，是真正的情态而不是做作。

就像那些道德修养高深的人，他们的举止安详静穆、娴雅冲淡，就算不娴熟于交际或者缺乏交际的动力与激情，造成他们与人交际时显得有些羞涩、青涩，但其羞涩与青涩也是大家风范的羞涩，风度依然怡人。在这里安详静穆、娴雅冲淡是主流，而那些青涩、羞涩是细枝末节；其情态是冲淡、安详的。某些人明明是成年人，却故意装得跟小孩一样天真烂漫，哭哭笑笑、跳跳闹闹的；他们自己看来自己的表演很不错，在别人看来却是多么的蹩脚，一眼就让人看穿了。这时表演只是细枝末节，真正的情态隐藏在这表演之后，正是他的表演所要掩饰的。而之所以能一眼看清楚他在表演，还在于在大势上看清楚了他的清浊，也就是神，无论怎样细枝末节的表演也无法粉饰或者改变这个清浊。

分句评析

从情态上看一个人

【原典】

容貌者，骨之余，常佐骨之不足。情态者，神之余，常佐神之不足。

【译文】

容貌是骨体进一步的外在表现，观之可以弥补我们在"骨相"上品鉴的不足。情态是精神的显露，能清楚表明人的精神状态。

曾国藩对"情态"十分重视。"情态"与平常所说的"神态"有没有区别呢？曾国藩认为，"神"与"情态"有非常紧密的关系，它们是里与表的关系。

"神"蓄含于内，"情态"则显于外；"神"以静态为主，"情态"以动为主；"神"是"情态"之源，"情态"是"神"之流。

"情态"是"神"的流露和外现，二者一为表，一为里，关系极为密切，所以说"情态者，神之余"。如上所述，如果其"神"或嫌不足，而情态优雅洒脱，情态就可以补救其"神"之缺陷，所以说"常佐神之不足"。

任何一个人，其性格作风、思想境界、专业能力、学识水平等，也就是曾国藩所言"情态"与"神态"，都是在不断发展变化的。有的人越变越好，小才变为大才，歪才变为良才；有的则由好变差，由风华正茂变为江郎才尽。所以要于万千人当中寻得人才，必须以发展的眼光看人。

早年的李鸿章桀骜不驯，目中无人，并且带有一种虚伪性，远非重朴质的曾国藩所能看得过。但曾国藩看出李鸿章确有才干可用，日后必成大器，遂予重用。在后来长期的磨炼中，李鸿章逐渐改变其浮巧和锋芒毕露的弱点，越发稳重和坚忍，最终青史留名。曾国藩以发展的眼光看人，的确高人一筹。

汉代叱咤风云的大将韩信，早年家贫，又不会做买卖，常寄食于别人，众人多嫌弃他。淮阴屠户当众欺负他，使他蒙受"胯下之辱"。他后来投奔项羽，不受重用。汉丞相萧何不计其过往劣迹，慧眼识真才，发现他具有卓越的军事潜能。萧何月下追韩信，向刘邦保举其为大将军，并鼓励他施展才华。在漫长的楚汉战争中，韩信充分发挥了他的军事才能，为刘邦建功立业出了大力。

如果刘邦总是用韩信受过胯下之辱的往事来估量韩信的才能，而没用发展的眼光看他，则韩信就只能成为别人眼中的武夫、无能之辈，一代人才就会被埋没。

从上面的事例中可以清楚地看出，用静止、孤立的观点看待人，会把活人看成"死人"。只有在发展中看人，才能真正做到知人、识人的客观公正。

反观今天的某些企业管理者，平时总是嘴上说自己观察人是多么仔细、多么准确，并且总是能够首先看到人家的发展方向。这些话让手下人不免为之心动。可在实际工作中，他们却往往总是一提到某人，就先从这个人以往的某几件事情上大肆议论，历数他过去的种种过失，然后，就轻易地下结论说，这个人似乎也就这样了，以后难有作为。这种

韩信

用静止的眼光识人的做法，实际上是非常愚昧、狭隘的。

大家都知道，日行千里的良马，如果没有遇到伯乐，就会被牵去与驴骡一同拉车；价值千金的玉璧，如果没有善于鉴别的玉工，就会被混同于荒山乱石之中。对于人才，如果不用长远、发展的眼光看其潜力，就会被埋没。

具有潜质的人有如待琢之玉，似蒙土的黄金，暂时没有引起世人的重视，没有得到公众的承认，若没有独具慧眼的"伯乐"，是难以发现的。

千里马若不遇伯乐，恐怕要终身困守在槽枥之中，永不得向世人展示其"日行千里"的风采。许多具有潜质的人都是被具有发展眼光的"伯乐"相中的，同时，又得到了一个发展成长、施展才华的机会，最终才获得成功。

在发现"千里马"之后，用人者应注意做到下面几点：

鼓励他在公开场合阐明自己的观点和建议，这样做为的是增加他对你的信任，以及对公司的归属感，表明他的建议受到你的重视。

视他为管理工作上的一项挑战，有些管理方法，对待水平较低的下属或许绰绰有余，而在优秀人才眼中，你只是代表一个职位、一个虚衔，并不表示你的

才干胜过所有的人,要他们全听你的,并不是一件很容易的事。

给他明确的目标和富有挑战性的工作,卓越人才行事都异于常人,但又有出乎意料之外的成功;你给他们明确的目标和富有挑战性的工作,他定会感到被看重而满怀工作激情。

对他突出的贡献给予特别的奖励,在你还没有给他更高的报酬时,一些特别的奖励是必要的。对于他对公司突出的贡献,如无特别待遇,动力就会减弱,但不表示他不再追求进步。

适时地赞美他的表现,不要担心他会被宠坏,在他有了杰出表现之后,适时地加以称赞和鼓励。假如你对他冷漠,会使敏感的他以为你是在嫉妒他。

推荐一些对他有帮助的书籍,"学如逆水行舟,不进则退"。如果你将卓越人才的工作安排得密密麻麻,这样他就没有时间学习新事物,不断的工作将使他精神疲累。卓越人才并不是万能的,他也有不懂的事物。

总之,人是在发展变化中走向成熟和卓越的,总是在不断总结经验教训中增长才干、发挥才能。善于用发展的眼光来识别人,才是唯物主义的科学态度。

其实,作为知人、识人者,真正以发展的眼光来识别人,实际上也正是他自身素质不断提高的过程。

日久见人心

【原典】

久注观人精神。

【译文】

长久地关注某人,要重在发现其精神内质。

俗话说"日久见人心",有些人,不管他们多么善于伪装和隐藏,随着时间的推移,其内在精神和气质特征都会暴露无遗。所以在识人的过程中,如果时间允许,就要注重发现其精神内质,这样就能看清他们的真实所在。

曾国藩在其日记和家书中不止一次地强调:人不易知,知人之内质更为不易,这不仅需要时间,更需要用心去观察。

庄子曾说,识人内质要"远使之而观其忠,近使之而观其敬,烦使之而观其能,卒能问焉而观其知,急与之期而观其信,委之以财而观其仁,告之以危而观其节,醉之以酒而观其态,杂之以处而观其色。"用我们今天的话来说,庄子提出的识人之良方,其主旨是:将所识之人派到远处工作,远则难监督,所以可考察他是否忠诚;派在身边工作,容易相熟而没有拘束,故便于考察他是否恭敬;在情况复杂的时候派他去工作,看他的能力如何;急促之间询问他,看他的智慧如何;在紧迫的情况下和他相约,看他是否守信;托付其管理财物,看他是否不贪;告知危急情况看他的气节如何;当他醉酒时,看能否守规矩;将其放在男女杂处的环境里,看他是否好色。庄子的识人内质之良方,既是对前人的总结,又给后人以深刻的影响。这些方法在其他章节也有所提及,为避免重复,我们在这里给大家有选择地加以介绍。

(1)远使之而观其忠

《北史·古弼传》记载:魏太武帝拓跋焘到西河地区打猎,下诏给尚书令古弼,命他选肥壮马匹给骑士,弼却送来弱马。拓跋焘大怒说:"尖头奴敢裁量朕也! 朕还台,先斩此奴!"弼头尖,拓跋焘常叫他"笔头",时人也称他"笔公"。古弼的属官知帝怒都害怕被杀,古弼泰然置之,安慰属官说:"吾谓事君使田猎不适盘游,其罪小也。不备不虞,使戎寇恣逸,其罪大也。今北狄孔炽,南虏未灭,狡焉之志,窥伺边境,是吾忧也。选备肥马务军实,为不虞之远虑。苟使国家有利,吾宁避死乎? 明主可以理干,引自吾罪。"意思是说,使君游逸不舒畅,是小罪;而当前北有柔然、南有刘宋正在伺机侵扰,好马要留下以抗敌,这是为国家计,宁死不避,主上英明是可以理论清楚的。拓跋焘听到了,知古弼忠心为国,对他怒意全消,赞叹说:"有臣如此,国之宝也。"赐衣一套,马二匹,鹿十头。后拓跋焘又到山北打猎,获麋鹿数十头,又诏要古弼派五十辆牛车来运载,诏书刚发出,他对侍臣说:"笔公必不与我,汝辈不如马运之速。"于是便用马运回。行了百余里,接到古弼上表说:"今秋谷悬费,麻菽布野,猪鹿窃食,鸟雁侵费,风波所耗,朝夕参倍,乞赐矜缓,使得收载。"拓跋焘对左右说:"笔公果如朕卜,可谓社稷之臣。"

古弼之所以被称为"笔公",不仅是因其头尖,主要因其人忠直如"笔",一贯以国事民生为重,敢斥邪恶。有人上书说魏太武帝拓跋焘的花园和养动物的园子所占的地方太广了,而广大贫农无地耕种,应该裁减园地大半,分给无地可耕的贫农。弼欲奏此事,适拓跋焘跟给事刘树下棋,无心听他的话,弼坐久了,心头火起,便上前揪刘树的头发,拖他下床,掴其耳光,以拳击其背,说:"朝廷不理,实尔之罪!"拓跋焘为之失色,忙放下棋,说:"不听奏事,过在朕,树何罪?置之!"弼便奏事,拓跋焘敬其公直,不仅不罪,准其所奏,将园地分给无地少地的贫农耕种。之后,古弼免冠赤脚向朝廷自劾其不敬君之罪。拓跋焘叫他穿戴好,说:"卿有何罪?自今以后,苟利社稷,益国便人者,虽复颠沛造次,卿则为之,无所顾也。"

有忠直之臣,是因有英明的君主。拓跋焘不仅不治古弼的不敬之罪,反而大为赞誉,鼓励他今后只要是利国便民之事,要大胆去做,不要有所顾虑。也因此,古弼为利国敢于抗旨,也被拓跋焘誉为"国宝""社稷之臣",如果遇上那些迷于私欲的昏君暴君,古弼的脑袋恐怕早就搬家了。正因拔跋焘是英明之主,才能赏识古弼,也才会有这样公直之臣。

《旧唐书·李绛传》记载:本司郎李绛为人忠直,以匡讳为己任。他在浴堂北廊奏对时,极论宦官纵恣、方镇进献等事,唐宪宗大怒,厉声说:"卿所论奏,何太过耶?"绛坚持己见,申辩说:"臣所谏论,于臣无利,是国家之利,陛下不以臣愚,使处腹心之地,岂可见事缺圣德,致损清时,而惜身不言,仰屋窃叹,是臣负陛下也。若不顾患祸,尽诚奏论,旁忤幸臣,上犯圣旨,以此获罪,是陛下负臣也。且臣与中官,素不相识,又无嫌隙,只是威福太盛,上损圣朝,臣所以不敢不论耳。论臣缄默,非社稷之福也。"宪宗见他忠直而情切,深为感动,慰喻他说:

"卿尽节于朕,人所难言者,卿悉言之,使朕闻所不闻,真忠正诚节之臣也。他日南面,亦须如此。"绛拜恩而退。唐宪宗随即任命绛为中书舍人,依前翰林学士。次日,面赐金紫,并亲为选良笏赠之。

唐宪宗是宦官所拥立,他与宦官关系密切,李绛上奏宦官纵恣不利于国,引起唐宪宗大怒。但唐宪宗是一个较开明的国君,一般还能纳谏,因此对李绛在其大怒之下,仍恳切陈辞,知其忠于己,才释怒慰喻,大为赏识,故升官赏赐。正因唐宪宗还能纳谏,任用忠臣,他统治期间,唐朝一度中兴。

(2)近使之而观其敬

所谓"近使之而观其敬",就是指将所要识别的对象派在自己身边工作,因为天天相见,容易相熟,久而久之就会没有拘束,但便于考察他的恭敬行为如何。也就是观察在与人相交往的过程中是如何对待自己与他人的关系的。

古人云:"行己莫如恭,自责莫如厚。"即为人处世一定要恭敬,要求自己一定要严格。"行谨则能坚其志,言谨则能察其德。"做事谨慎,就能使自己志向更坚守;说话谨慎,就能使自己德行更崇高。人应该言行谨慎,不乱说乱动。如果在自己身边工作的人因相处比较熟了,而放松对其自身的谨慎,这是会出问题的。如同在平坦道路上行走的人放纵自己而脚下不留意,这样,走快了就会摔跤;在艰险的道路上行走的人有所戒备而出脚很小心,故而走得很慢,跌不了跟头。

当然,"恭而无礼则劳,慎而无礼则葸,勇而无礼则乱,直而无礼则绞。"就是说,不知礼,虽然态度恭敬,却不免劳顿;行为谨慎,却不免胆怯;性情勇敢,却不免莽撞;性格直率,却不免急切。这是对待人处世的态度、行为、性情的要求。同时,也只有"恭则物服,悫则有诚",即谦逊谨慎,人们就会心悦诚服;诚恳老实,事情就会成功。说明为人必须谦逊诚实,这样才会赢得人们的尊敬,也才会把事情办好。

常言道,你敬人一尺,人敬你一丈。应该以自律、自重、自爱、自尊、自励,严格要求自己,树立好的形象,不做有损身份的事,这样,才能经受住"近使之而观其敬"的考验。

（3）烦使之而观其能

"烦使之而观其能"，即指在情况复杂时派他去工作，看他的能力如何。一个人的能力有大有小，有高有低，在一般情况下很难区分出来，只有在实际工作中，各种复杂多变的情况出现时，让其所识对象去独立处理，才能辨别其能力的高低、大小。

凡论人，通则观其所礼，贵则观其所进，富则观其所善，听则观其所行，止则观其所好，习则观其所言，穷则观其所不受，贱则观其所不为。喜之以验其守，乐之以验其僻，怒之以验其节，惧之以验其特，哀之以验其人，苦之以验其志。这就是说，凡要考察一个人，当他仕途顺利时就看他所尊敬的是什么人，当他显贵时就看他所任用的是什么人，当他富有时就看他所养的是什么人，听了他的言论就看他怎么做，当他空闲时就看他的爱好是什么，当和他熟悉了之后就看他的语言是否端正，当他失意时就看他是否有所不受，当他贫贱时就看他是否有所不为。要使他欢喜以考验他是否不失常态，使他快乐以考验他是否放纵，使他发怒以考验他是否能够自我约束，使他恐惧以考验他是否能够自持，使他悲哀以考验他是否能够自制，使他困苦以考验他是否不变其志。

凡是要选用将帅，必须先考察他的品德才能，然后再向他交代方略任务，让他自己估量能否胜任，进而让他谈自己的设想，包括要用哪一种盔甲兵器，需什么人做参谋、副手，要多少兵马，用多少钱粮，哪里置营，何时成功，自始至终的重要事项，都让他们自己筹划安排。"察能而授官者，成功之君也。"所以，先行考察能力，然后才授予官职，这便是成功的国君。这也是我们"烦使之而观其能"的目的所在。

（4）卒能问焉而观其知

"卒能问焉而观其知"，指仓促之间询问他，看他的智慧如何。这是一种识人的方法。在应急情况，料想不到的事情发生了，如何处理好这突如其来的事情，通常的人往往束手无策，而对于智商高，应变能力、反应能力灵敏的人来说，即便遇到料想不到的问题像连珠炮地向他扑来,他也会从容不迫,有条不紊地给以恰如其分的回答。

在毫无任何准备的情况下,面对突然提出的问题,要想做出令人满意的回答,或对答如流地对问题分别做出相应的回答,这是智慧一般的人所难以做到的。只有智慧十分丰富,天资十分聪明,反应能力比较灵敏的人才能做到。在当今世界,科技发展日新月异,时代发展如此迅速的信息社会中,事物发展的迅速性,更需要思维敏捷的人才,解决和回答现实中的一系列新事况、新问题。要识别这样的人才,应"卒能问焉而观其知",事实证明,这是明智之举。

(5)急与之期而观其信

"急与之期而观其信",意思是说,在紧迫的情况下和他相约,看他是否守信。"信"是为人之道。常言道,言必行,行必果。"信"就是要守信承诺,说到做到,这也是做人的基本要求。

孔子说过:"人而无信,不知其可。"换句话说,就是指一个人如果缺乏诚信,那么他就难以得到正面的评价。

在中国历史上,有许多守信的生动事例。如春秋时期的"五霸之一"晋文公,当他率兵攻打"原"时,事先与部众约好:三天之内,若攻不下"原",就撤兵回国。结果约定的三天到了,可是还没有攻克。这时,探子来报:敌人快要投降了。众部下也劝文公再等一等。而文公说:"信是国家之本,庇民之所。若是得到了"原",而失去了信,民无所庇,就会弃之而去。"于是,文公果断地下达了解除包围、撤兵回国的命令。

战国时,秦国商鞅在国王的支持下,准备变法革新,为了获得平民百姓的支持,商鞅在首都南门,竖一根三丈长的木杆,贴出告示:"将木杆移置北门者,给予三百两黄金"。老百姓不知其中缘由底细,没有人敢去搬,一天后,商鞅增加赏额至一千两黄金。这时,一个胆大的人决心去搬这根木头。他费了半天工夫,累得满头大汗,终于将木杆移到了北门。商鞅当即指示,给他一千两黄金。这消息很快传遍了秦国城乡,老百姓都认为,商鞅言而有信,言出必行。这样,使商鞅即将推行的改革有了良好的社会舆论基础。

在现实生活中,"信"往往是不容易做到的。有的人对下属、朋友、同事先许下诺言,可是,过了一阵子就忘了。"急与之期而观其信",作为识人的一种方法更难能可贵。

(6)委之以财而观其仁

在考察识别人才时,通过托付给被考察对象以钱财,可以观察他的廉洁情况。爱财如命、见钱眼开的人绝不会是廉洁奉公的人。相反,真正廉洁奉公的人,绝不会损公肥私去争不义之财。志士仁人,无求生以害人,有杀身以成仁。从钱财来识别一个人是不是仁者,就是看其对钱财采取什么样的态度。为私而贪财者为不仁,为公而见钱财不敢者为仁者。廉洁的人不追求不应有的财物。所以,古人云:"廉者,民之表也,贪者,民之贼也。"官吏廉洁奉公,就是老百姓的表率;官吏贪赃枉法,就是残害老百姓的强盗。

事实上,古今中外,大凡志士仁人、明达贤哲,无不戒贪拒贿、一尘不染。据《左传》记载,春秋战国时期,宋国有人得了一块美玉,把它献给子罕。子罕不受,献玉的人说:"我曾请有名的玉匠看过,认为这块玉是宝才敢献给你的。"子罕却说:"你以玉为宝,我以不贪为宝。要是把玉给了我,那你我都失去了'宝',不如你不送,我不收,使你我都保有自己的'宝'。"

明朝的郎瑛在《七修类稿》中记载了弘治年间一个吏部尚书写在门上的一副对联:"仕于朝者以馈遗及门为耻,仕于外者以苞苴入都为羞。"馈遗、苞苴,都指贿赂。就是说,在朝里做官的接收到别人的非法馈赠,在外地做官的向朝里进贡行贿,这都是可耻、可羞的。明代一度贿风盛行,而兵部尚书于谦在做巡抚时"每入京……未尝持一物交当路",他甚至赋诗抒怀:"手帕蘑菇及线香,本资民用反为殃;清风两袖朝天去,免得闾阎话短长。"表现了他"粉身碎骨浑不怕,要留清白在人间"的高风亮节。清人张伯行,在任督抚时曾针对送礼行贿的丑行,写过一篇《禁止馈送檄》,檄中说:"一丝一粒,我之名节;一厘一毫,民之膏脂。宽一分民受赐不止一分,取一文我为人不值一文。谁云交际之常,廉耻实伤，倘非不义之财，此物何来。"这义正词严的檄文，如"金绳铁矩"，使贿风大减。

贪夫徇财，其害无穷。包拯曾说："贪者，民之贼也。"明代有位官员，因贪赃受贿，事发后跳井自杀。朱元璋听到此事后，对群臣说："彼知利之利，而不知利之害，徒知爱利，而不知爱身，人之愚孰有甚于此？"他进一步发挥说："君子闻义则喜，见利则耻，小人见利则喜，闻义则不从，是故君子舍生取义，小人则舍生为利，所为相反。今其人死不足恤。"礼部尚书就此议论说："其事可为世之贪污者戒。"他们的说法不同，却都指出了贪污之害，甚于饮鸩，千万放纵不得。

有人说："贪为私动，贿随权集。"通常情况下，都是有贪就有贿。有贿则养贪，二者互相利用，互为因果。而大凡贪占的人，都是营私逞欲之徒；凡是行贿的人，又皆为投机势利小人。他们都是社会的蛀虫，到头来都不会有什么好下场。

应当指出，在整个社会风气逐步好转的今天，一些行贿的人，已不敢明目张胆地贿赂拉拢人，而往往采取"投石问路"、由小到大的方法，行贿小小的一包烟、一斤茶、半斤虾干之类，只要你丧失警惕，收将起来，他就算打开了缺口，由这个缺口，就"要扩大战果"，由少到多，由低级到高级，每送你一次东西，就等于给你脖子上套上一根绳索，送之越多，套之越多，以至于你不得不老老实实听从他的摆布，为他效命。

戒贪拒贿不仅要"谨小慎微"，还要有胆有识，敢于公开顶住甚至当面揭穿行贿者的图谋，这样，才能从根本上解决问题。清代有个叫武承漠的官员，到任伊始，便悬联宣告："罔违道，罔弗民，真正公平，心斯无怍；不容情，不受贿，招摇撞骗，法所必严。"楹联一挂出去，人们争相观看，"平日绅衿之出入县庭者（走后门行贿之徒）皆悚息危惧，有避至他省者"，可见其效果。据说，马寅初在杭州任职时，曾遇到有人向他送来一千多块银洋，向他打通关节，以期早日批放那人县长任命，马寅初一听，勃然动怒，拍桌大骂："呸！真不要脸！竟活动到我头上来了，这真是蚊子叮菩萨——找错人啦……我马上打电话去揭露这家伙的花招,建议取消他的县长资格。"那人的县长好梦破灭了。对马寅初这样的正气浩然的廉洁之士,谁还敢再来自找霉头!

有道是:"苍蝇不叮无缝蛋。"其身正,邪气自逃;心无贪欲,行贿者便无所施其技,他们的"套绞索""牵鼻子""买俘房"的战术就不仅不能奏效,还反将置他们自己于身败名裂之地!

（7）醉之以酒而观其态

"醉之以酒而观其态",就是指用酒灌醉后来了解其变化的形态,知其修善的程度。中华民族是一个热情好客的民族,不论是汉民族,还是少数民族,来了客人恐怕没有不是以酒相待的。

以酒待客乃天经地义,只要是会喝酒的客人,谁又好拒绝!喝酒必劝酒。劝酒的理由比比皆是,劝酒的方式也千百样。当喝下表明目的的几杯共同酒后,陪客的主人们就开始各施高招,天花乱坠地劝。什么"初识酒",什么"老乡酒",什么"同行酒",什么"部下酒",什么"委托酒",如此等等,实在劝不下去了,就用类比和激将。主人盛情,客人就难却了,结果不搞得双方弥天大醉,也要弄得每个人语无伦次。所以,中国酒文化的核心有一部分就在于一个"醉"字。

酒本来就是使人狂放不羁之物,请人喝酒,又要苛求人不要酒后失态,就太难了。所以,有不少人认为,醉之酒以观其德,此言甚好。

宋太宗时,孔守正官拜殿前都虞候。一天,他在北陪园侍奉太宗酒宴,孔守正喝得酩酊大醉,就和王荣在皇帝面前争论起守边的功劳来,二人越吵越气愤,以致失去了下臣的礼节。侍臣奏请太宗将二人抓起来送吏部去治罪,太宗不同意,让人送二人回家。第二天,二人酒醒了,一齐到金銮殿向皇上请罪,太宗说:"朕也喝醉了,记不得有这些事。"

太宗托辞说自己也醉了,既没有丢失朝廷的体面,而孔守正他们也因此而警惕自己,这岂不是两全其美吗?

曹参入了相府,一切都遵循萧何的约束,只是日夜痛饮醇酒,无所事事。凡是有宾客来见,说有话向他讲,都是一到相府,曹参就拿醇酒给他们喝。饮酒之间,一说有话要讲,他又马上说:"饮酒,饮酒。"一直到大醉方休。来人始终找不到机会向他说什么。汉惠帝怪罪曹参不理政事,嘱咐他儿子中大夫曹窋,私下里探问一下他父亲是怎么回事。一个休息沐浴日,曹窋回到家中,向曹参劝谏,曹参大怒,打了曹窋二百鞭。惠帝知道了,斥责曹参说:"这和曹窋有什么关系? 他是我派去劝你的。"曹参脱去官帽,向皇上认错,并说:"陛下,你和高祖相比,谁更圣明呢?"皇上说:"朕怎么敢和高祖相比呢?"曹参又说:"陛下,您看我和萧何谁更有能力呢?"惠帝说:"君似乎不及萧何。"

曹参

曹参说:"陛下说得对。高祖和萧何平定天下,一切法令都已经制定严明,而今陛下垂衣拱手,无为而治,我辈恪守职责,遵训高祖和萧何所定的规矩,只要没有过失之处,不就可以了吗?"惠帝说:"曹君,算你对吧!"

众所周知,酒是生活中最富有魅力的饮料。喜时喝酒,是助兴;悲时喝酒是浇愁。多数人不悲也不喜时喝酒,没别的原因,就是嗜好。酒能刺激中枢神经,使人兴奋,又能麻痹中枢神经,使人麻木。酒与诗、书、乐、画有着不解之缘,我国唐代诗人韩偓,在《醉着》这首绝句中写道:

万里清江万里天,

一村桑柘一村烟。

渔翁醉着无人唤,

过午醒来雪满船。

酒醉而眠的畅快,真是令人回味,叹赏不已。诗人李白的《将进酒》,更是道尽千古风流的酒中豪气与真情:

君不见,黄河之水天上来,奔流到海不复回。君不见,高堂明镜悲白发,朝如青丝暮成雪。人生得意须尽欢,莫使金樽空对月。天生我材必有用,千金散尽还复来。烹羊宰牛且为乐,会须一饮三百杯。岑夫子,丹邱生,将进酒,君莫停。与君歌一曲,请君为我倾耳听。钟鼓馔玉不足贵,但愿长醉不愿醒。古来圣贤皆寂寞,唯有饮者留其名。陈王昔时宴平乐,斗酒十千恣戏谑。主人何为言少钱,经须沽取对君酌。五花马,千金裘,呼儿将出换美酒,与尔同销万古愁。

同是杯中之情,有治国安邦之材,亦有酒囊饭袋之料。所以同是嗜酒之人,内容大不相同,有天才,也有蠢材,有官军,也有土匪,有清客,也有无赖,识人者不可不察。

(8)杂之以处而观其色

"杂之以处而观其色",就是将考察对象放在男女杂处的环境里,看他是否好色。色在这里专指漂亮的女子。爱美之心人皆有之,但陷入"温柔乡"而不能自拔,于国于家于己都不利。不少封建统治者沉湎于女色不理政事。白居易在《长恨歌》中曾咏叹"君王从此不早朝"的景象,唐玄宗宠幸杨贵妃,导致"六军不发无奈何"的局面。《尚书》说:"玩人丧德,玩物丧志。"当然,作为一般人,没有"三宫六院"之忧,但我们也应以此为戒。

声色犬马,皆人之欲,声则为首。从科学角度来看,悦耳的声音有益身心,这道理可以说老少皆知。但历史上的唐明皇、陈后主却"因声误国",最后落得个"商女不知亡国恨,隔江犹唱后庭花"的下场。究其然,是他们过分沉溺于靡靡之音中,不理国事的结果。关于欲念上的事,绝对不要跌入其中,否则一味贪图享乐,便坠入万劫不复的深渊而不能自拔。一个人应有自制能力,抗拒欲念的诱惑。

常言道:"英雄难过美女关。"人生中要经过几道关,金钱关、权力关、美色关就是其中的代表。能否过这些关,就看一个人的素质如何、品质如何。品质高尚、素质较高的人,一般来说都能过好金钱关、权力关和美色关等;但也有一些意志薄弱者,思想素质较差者,一般来说是难过这些关的。而那些思想道德好的人,能够处理好男女之间的正常关系,绝不会因好色而摔跤。所以,识人,采取"杂之以处而观其色"是为上策。

(9)观其好恶而知短长

许多人在自己的行为中,都有一种习惯。有人喜欢散步,有人喜欢做清洁,有人喜欢看书,有人喜欢下棋、打牌,总之大千世界,各有一好。

没有什么别的行为比嗜好更能反映一个人的内在本质了。嗜好,不必考虑别人的眼色,不受他人或法律的制约。它完全是出于自愿的,所以,它最能暴露出一个人的深层心理。因为嗜好的范围几乎完全是自我领域,它是不能强加于人的。

嗜好可以说是人的潜意识的最好流露。

玩物与嗜好所告诉你的,可以说是这个人的一切。它会给你讲出关于你感兴趣的那个人的优点、缺点,他的生命观、恋爱观、事业观,等等,你想知道的一切,它有时都会一五一十地告诉你,当然前提必然是你要善于观察。有些看起来不甚令人注意的行为习惯,也是一种嗜好,而且也许正是因为这个嗜好,将会告诉你一些本质性问题。

例如一个人,如果总是喜欢将一些心爱的东西,不按常人的方式放在某个固定的位置,而是藏在某个不应当放的位置,那么你至少判断这个人与人交往时,注重内在的、深层的交流方式,喜欢与朋友保持一种很深的、内在的、不为外人所察觉的关系,而不是那种善于表面应酬,而内心无所侧重的类型。再有,这样的人,是不好欺负的,如果一旦被得罪了,他也许会以非常的手段报复。

从千差万别、形形色色的嗜好中,可以发现和总结出其中的一些奥妙,一个出色的人类学家,每到一地,就可以立刻发现当地人的一些具有普遍性的行为取向与行为类型,由此,他就可以得出一些令人惊奇的结论。

那种认为嗜好不过是无足轻重的生活小节,从面掉以轻心的人,往往会铸成大错。他们不但会丧失了解他人的一种契机,而且,还会常常无意中伤害别人。

注意第一印象

【原典】

乍见观人情态。

【译文】

初见某人则应注意其表现在外的行为举止。

"神"与"情"常被合称为"神情",似乎二者是一个东西或一回事儿,其实二者相去颇远,大有区别。"神"含于内,"情"现于外;"神"往往呈静态,"情"常常呈动态;"神"一般能久长,"情"通常贵自然。总之,精神是本质,情态是现象。曾国藩认为,"乍见观人情态",这是一个识人的捷径,尽管可能会有遗漏之处,但总能看个大概,可为进一步的观察做好准备。

识人难,有识人者与被人识者两方面的原因。作为识人者,初次见面往往受情绪干扰、感情偏见等诸多因素的影响;而被人识者又往往有复杂而多变的心态组合,会给辨别贤才带来困难,所以在观人情态的过程中一定要注意以下几点。

1.不露声色地旁观

识人才者站在旁观者的立场上,可以平心静气,比较客观,能超脱地对人才进行多角度、全方位的观察;被观察者只有在缺少戒备心理,很少以取悦的心态进行"乔装打扮"时,呈现出来的才是比较纯朴的"真容"。

以旁观者的身份对一个人进行客观公正的观察时,才能收集到有关这个人的真实信息。其中要注意:

嫉妒心强的人不可用。嫉妒心人人都有,但若过于强烈,就是严重的性格缺陷了。这种人,一不能用公平的眼光看待别人;二不能实事求是地对待自己。

只知追求眼前之功,不管计策是否可行的人不可用。只追求眼前的蝇头小利,不顾长远的大利益,这是严重的短视行为。

把任何事情都看得过于简单的人不可用。这种人大多志大才疏。办事情的态度极不认真、严肃,往往把简单的事情弄得一团糟。

轻诺说大话的人不可用。这种人接受任务时大包大揽,真正做起来却一拖再拖,且能寻找种种借口,任何时候都有理由。

2.面对面地直接观察

旁观法识人主要是旁观,而面对面地直接观察却要做正面接触,"识人之道"有七条:对人才提出问题,让其分辨是非曲直,以考察他的立场、观点和志向;提出尖锐问题使其理穷辞少,以考察他分析问题的逻辑性、应变能力和敏感力;就某些重大问题,让其出谋划策,看他有无远见卓识和雄才大略;交与其最艰巨的任务,讲明困难与危害,看他的胆识和勇气;与其开怀畅饮,看他的自我撑制力及品性;让其干有利可图的事,看他是否保持清廉本色;委托其办事,看他能否如期完成,信守诺言。与此同时还要注意以下问题:

要注意保密性。要让被考察者在无拘无束、自由自在中淋漓尽致地表现自己,真正做到"我就是我"。

考察的目的要明确。识察人才要有明确的目的,不能随心所欲,想到什么就观察什么。只有针对性强,才能选出所需的人才。

3.观他周围的朋友

相人观友法之所以能够取得一定的效果,原因不外乎有三。

"物以类聚,人以群分"。由于性格上的一致,人们往往自然趋于贴近;由于利益上的一致,而自然共同努力;由于所处环境的相同,而自然相互同情和帮助;由于事业追求的一致,而自然共同奋斗。正所谓:"同恶相助,同好相留,同情相成,同欲相趋,同利相死。"

人对交友是有一定的选择的,在一般的情况下,人们总是选择那些年龄相近,性格比较一致的朋友;爱好相近,追求比较一致的朋友;文化教养相近,谈吐比较一致的朋友;处境相近,爱憎比较一致的朋友,等等。因此而造成群友的才德较为相近的情况。

朋友之间有着重要的"同化效应"。由于各种特殊原因而造成某些年龄、性格、文化、爱好不尽相同的朋友相结交,但是,这些朋友群体频繁接触,甚至朝夕相处,自然形成一种"人际小环境",其中品质、爱好相近的大多数人必然对"不大一致"的少数人产生重要的影响,以致逐步地同化着少数人,此即所谓"近朱者赤,近墨者黑"。

正是由于上述三个原因,而造成大多数朋友之间的相近性和一致性。正如荀子所说:"不知其子,视其友;不知其君,视其左右。"也应了管子所教:"观其交游,则其贤、不肖可察也。"这正为我们知人提供了一个重要的方法,即"相人观友法",这是初次直观识人的一个良方。

有大家风度,羞涩又何妨

【原典】

大家举止,羞涩亦佳。

【译文】

举止有大家风度的人,他的羞涩情态都显得优雅得体。

"大家",指学识修养深厚渊博、举止庄重大方、贴切得体之人。古有一语,最为传神:"大人之风,山高水长。"其风貌情态除此八字外,再找不到更为贴切之词了。大家的举止,以不疾不徐、大方得体为要,非一时的装作虚饰所可比拟。比如气度豪放,一时之态可以虚饰,但终生不改其豪放,则是难之有难,不出于本性,是做不到的。

羞涩、内向型人的心理表现,也属一种女儿态,但与猥琐、小女儿家似的扭捏作态不可等量齐观，而是见人脸红、不善交际，开口讷讷，虽如此，但情态仍安详静穆，娴雅冲淡，一动一静，一颦一笑皆不失大家风度，不落常人俗套。这种羞涩仍是一种佳相，即所谓"羞涩亦佳"。

害羞是人类独有的心理和情感表达方式，这种行为是人类文明进步的产物。害羞是人类最天然、最纯真的感情现象，它是一种感到难为情、不好意思的心理活动，它往往伴随着甜蜜的惊慌、异常的心跳，外在的表现就是态度不自然，脸上荡漾起红晕。相比于男人，女人更容易害羞。女人脸上的红晕，就是由害羞而绽放的花朵。女人害羞是一种美，是一种特有的魅力。

羞涩朦胧，魅力无穷。害羞是一种蕴藉的柔情，更是一种柔情的蕴藉；害羞是一种含蓄的美，更是一种美的含蓄。

如何辨识不成熟的人

【原典】

小儿行藏，跳叫愈失。

【译文】

不成熟的人愈是叫嚣得厉害，愈暴露无遗。

不成熟的人外在的表现有多种多样，其中最为突出的就是爱显摆，显摆自己博学多才，显摆自己无所不能。听不进好的意见或建议，一旦遇到别人反驳就寸步不让、针锋相对。在曾国藩看来，这些人越是这样就越显得他们不成熟，显得他们无知。

先哲孔子曾经说过："知之为知之，不知为不知，是知也。"他的话告诉我们这样一个哲理：在现实生活中，许多人不愿意说出"不知道"这三个字，认为那样做会让别人轻视自己，使自己很没面子，结果却适得其反。

一贯谦虚谨慎的曾国藩深知这一点，他说：细想古往今来，亿万年无有终期,人们生活在这中间,数十年只是须臾瞬息。大地数万里,不能穷极,人在其中休息游玩,白天犹如一间房子,晚上犹如一张卧榻。古人的书籍,近人的著述,浩如烟海,人们一生所能读的不过九牛一毛。事情复杂多样,可以获得美名的道路也有千万条,人们一生中力所能及之事,不过如太仓一粟。知道上天悠悠无穷期,自己的生命非常短,那么遇到忧患和不顺心之事,应当稍稍忍耐以待其自消;知道大地的宽广,而自己在大地中占据的位置非常小,那么遇到荣耀名利相争之时,应当退让三分,以柔顺处之。知道古今人们的著述非常丰富,而自己的见识非常浅陋,那么就不敢以一己之见而自喜,应当择善而从,并以谦虚的美德而保持它。知道事情复杂多样,而自己所办的事情非常少,那么就不敢以功名自矜,应当思考推举贤才而一起去完成伟大功业。如果这样,那么自私自满的观念就可渐渐消除了。

曾国藩认为,一个人不论是智慧绝顶者,还是大仁大智者,都是有缺欠的,不可能完美无缺。相反,愚笨至极的人也有可爱之处。本着这样的想法,尤其是他认为自己属于"中材",或接近于"笨"的一类,因而更注意吸取他人之长,以补一己之短。他的幕府就像一个智囊团,有什么疑难问题,都可以出高招,献良策。

在同幕僚长期合作共事的过程中,曾国藩经常以各种形式向幕僚们征求意见,在遇有大事决断不下时尤为如此。有时幕僚们也常常主动向曾国藩投递条陈,对一些问题提出自己的见解和解决办法,以供其选择。幕僚们的这些意见,无疑会对曾国藩产生重要影响,这样的事例可以说是俯拾即是。如采纳郭嵩焘的意见,设立水师,湘军从此名闻天下,也受到清廷的重视,可以说是曾国藩事业初期成败之关键。1854年,太平军围困长沙,官绅求救,全赖湘军。而羽翼尚未丰满的湘军能否打好这一仗,事关存亡之大。曾国藩亲自召集各营官多次讨论战守,又在官署设建议箱,请幕僚出谋划策。曾国藩最终采纳陈士杰、李元度的意见,遂有湘潭大捷。1860年秋,是湘军与太平军战事的关键时刻,英法联军进逼北京,咸丰帝出逃前发谕旨令鲍超北援。曾国藩陷入极难境地:北上勤王属君国最大之事，万难推辞；但有虎将之称的鲍超一旦北上，兵力骤减，与太平军难以对峙，多年经营恐毁于一旦。曾国藩令幕僚各抒己见，最后采纳李鸿章"按兵请旨，且无稍动"的策略，度过了一次危机。不久，下安庆、围天京，形成了对太平军作战的优势。而那些闻旨而动的"勤王军"，劳民伤财，却贻笑天下。其他如采纳容闳的意见，设"制品之器"，派留学生出国，使他成为洋务派的领袖。类似事例，不胜枚举。可以说，曾国藩是把众人的智慧为己所用的典型人物。他自己深得众人相助之益，也多次写信让他的弟弟曾国荃如法炮制。他还劝曾国荃"早早提拔"下属，再三叮嘱："办大事者，以多选替手为第一义。满意之选不可得，姑且取其次，以待徐徐教育可也。"其后曾国荃屡遭弹劾，曾国藩认为是他手下无好参谋所致。

与此相对，曾国藩拒绝幕僚的正确建议，而招致失败或物议鼎沸的事例也不少。如天津教案的处理，大多数幕僚通过口头或书面形式，直接对曾国藩提出尖锐批评，态度坚决，但曾国藩一意孤行，杀害无辜百姓以取悦洋人。其结果，"责问之书日数至"，全国一片声讨声，"汉奸""卖国贼"的称号代替了"钟鼎世勋"，京师湖南同乡，将会馆中所悬曾国藩的"官爵匾额"砸毁在地，几十年以来积累的声望一日消失殆尽。曾国藩晚年对未听幕僚劝阻颇为后悔，"深用自疚"，"引为惭愧"。他在给曾国荃和曾国潢的信中说："天津之案物议沸腾，以后大事小事，部中皆有意吹求，微言讽刺"，"心绪不免悒悒"。

总体而言，曾国藩能够虚心纳言，鼓励幕僚直言敢谏，这与他在事业上取得一些成功有很大关系。有人评论说：曾国藩"以儒臣督师，芟夷蕴崇，削平大难，蔚成中兴之业，因由公之英文钜武，蕴积使然，亦由幕府多才，集众思广众益也"。

古希腊著名哲学家苏格拉底也曾说过："就我来说，我所知道的一切，就是我什么也不知道。"苏格拉底以最通俗的语言表达了进一步开阔视野的强烈愿望。

如果一个人对自己不明白的问题加以隐瞒，不去向别人请教，在别人面前仍然不懂装懂，那他就是"太无知"、太虚伪了。人不懂并不可怕，可怕的是不懂装懂。在这个世界上，没有一生下来就上通天文、下知地理、晓古通今的人，人们都是在不断地学习探索中充实自己。只有虚心向别人学习、不耻下问，才能不断进步。其实，对自己不知道的事情，坦率地说不知道，反而更容易赢得别人的尊重。

心理学家邦雅曼·埃维特曾指出，平时动不动就说"我知道"的人，不善于同他人交往，也不受人喜欢，而敢于说"我不知道"的人，则显示的是一种富有想象力和创造性的精神。埃维特还说，如果我们承认对某个问题需要思索或老实地承认自己的无知，那么我们自己的生活方式就会大大改善。这就是他竭力倡导的态度，人们可以从中受到教益。

凡是聪明的人，都明白"没有人知道一切事情"的这个事实。他们面对不了解的事情能够坦然地说自己不知道，随后就去寻找他们所欠缺的知识。承认自己不知道无损于他们的自尊，对于他们来说，"不知道"是一种动力，促使他们积极采取行动，进一步了解情况，求得更多的知识。

正因为人的心理通常是隐恶扬善的，所以人们会想尽办法来掩饰自己不知道的事情，宣扬自己所知道的事情。有时候，为了隐藏自己的弱点和无知，人们喜欢摆出一副不懂装懂的姿态，殊不知这样反倒给人一种浅薄的感觉。

一般人都有不想让别人看出自己弱点的心理，因此很难开口说"不知道"。殊不知，有时对自己不知道的事情坦率地说不知道，反而可以增加人们对你的信任和亲近。因为直截了当地说不知道，会给人留下非常诚实的印象，并且敢于当众说不知道，其勇气足以让人佩服。这样，对你所说的其他观点，人们会认为一定是千真万确的，因此对你也就会更加信任。

每个人的知识面都是有限的，学问上的精通是相对的，认知上的缺陷是绝对的。世上没有无所不知、无所不能的"全才"，尽管人们都在朝着这个方向努力。"知而好问然后能才。"聪明而不自以为是，并且善于向别人请教的，才能成才。敢于承认"不知道"，正是求得"知道"的基础；"不知道"的强说"知道"，自作聪明、自欺欺人，最终只会贻笑大方。

做人还是谦虚一点为上，有点自知之明才会有更大的发展空间。尤其是对于识人者而言更应如此。古人说："知人始己，自知而后知人也。其相知也，若比目之鱼；见形也，若光之于影也。其察言不失也，若磁石之取针，舌之取燔骨。"这就是说，知人必先自知，不了解自己，也就无法了解对方。人和人之间的相知，如比目鱼须相并而行，如光生而影见，不可或缺其中任何一方面。圣人察言，绝无失误，正如磁石吸引针，舌头吸炙骨。

有一句古谚语说得好，"你的知识并不重要，你是怎样的人才重要。"这就需要人努力地剖析自我、认识自我、省察自我、修炼自我，再现自我的良好形象。

人贵有自知之明。作为识人者，自知是非常重要的。老子说过："知人者智，自知者明"。只知彼，不知己，虽称得上是智者，但还算不上是明白人。识人者不但要尽可能了解他人，更应该充分地了解自己，清醒地认识自己，只有知己，方能知人。

由日常的各种习惯行为看人

【原典】

大旨亦辨清浊，细处兼论取舍。

【译文】

观人要在大处分明清浊，小处观其行止，最后得出结论就可加以取舍。

心理学家莱恩德曾说过这样的话，他说："人们日常做出的各种习惯行为，实际反映了客观情况与他们的性格间的一种特殊的对应变化关系。"

在我们的日常生活中，会自然而然地产生并形成一些具有某种特定意义的小动作。因为这是在不知不觉中形成的，所以具有很强的稳定性，因此，很难改正过来。改正不过来，就随身携带，这就为我们通过这些小动作去观察、了解、认识一个人提供了必要的方便。

两脚自然直立或并拢，把双手背在背后，这是一种充分表现出自信心理的姿态。

两手习惯插在衣服口袋里，并不时地伸出手来然后又插进去，两脚自然站立，此类型人的性格一般来说大多是比较小心谨慎的，任何事情想得都要比做得多，但有时由于想得过多，瞻前顾后，行动起来常常畏首畏尾，反而不能大刀阔斧，因此，最后的结果反倒不会让自己太满意。在学习、生活和工作当中，这样的人大多缺少灵活性，为了避免风险，多用一些老套的方法去解决问题。这样的人害怕失败，是因为他们没有承受失败的良好心理素质，在挫折、打击和困难面前，他们往往怨天尤人、灰心丧气，而不从自己身上寻找原因。

在很多时候，除用语言之外，人们还习惯于用"点头"和"摇头"来表示自己对某一事物的看法——是肯定还是否定。常常习惯于做这样动作的人，虽然很会表现自己，却也很容易引起他人的反感，产生不愉快的情绪，因为这种表示有些时候会被人误以为是敷衍。一般而言，常常摇头或点头的人，他们的自我意识都是很强的。一旦打算做某一件事情，就会非常积极地投入其中，并尽自己最大的努力。

一时忘记了某件事情，冥思苦想老半天也没有丝毫的头绪，但在突然的一个瞬间，想起来了，许多人都会拍一下脑袋，叫一声"想起来了"。还有，对于某一个问题陷入困境当中，一时想不到好的解决办法，在突然之间有了灵感，也会做拍脑袋的动作。另外，就是做错了某一件事后，有所醒悟，对此表示十分后悔，也多会这样做。虽然同样是拍打脑袋，但部位却有不同，有的是拍打后脑勺，有的是拍打前额。拍打后脑勺多是处于思考状态，这种动作的最大目的就是为了放松自己，以想到更好的应对办法，而拍打前额，则多表示事情不管是好还是坏，至少已经有了一个结果。

有些人心里想的、嘴上说的、手上做的常常会很不一致，比如，对于某一件东西，其实他是非常想得到的，但当他人给予时，他却进行拒绝。此类型的人大多数比较圆滑和世故,且能十分老练而又聪明地处理各种各样的人际关系。他们不到迫不得已时,是不会轻易地得罪别人的,即使得罪了,也会想方设法地去弥补,使之有挽回的余地。

常常触摸自己头发的人,其个性大多数非常鲜明而又突出的,他们是非善恶总是分得相当清楚,且不肯有一点点的马虎和迁就。他们具有一定的胆识和魄力,喜欢标新立异,去做一些比较刺激、别人不敢做的冒险事情。有此习惯的人会不时地取笑和捉弄他人一番。应该承认,他们当中有一些人的文化素质和修养并不是特别高,但并不是绝对的。

习惯用腿或脚尖使整个腿部颤动,有时还用脚尖或者以脚掌拍打地面,这样的人多很懂得自我欣赏,有一些自恋情结。但他们比较封闭和保守,在与人交往中会有所保留,并且不太容易与他人建立良好的关系。

在与人交谈时,几乎总是伴随着一些手势或动作,以对所说的话起解释、强调和说明、补充的作用,如摊开两手、拍打手心,等等。一般来讲,有此习惯的人,自信心都很强,具有果断的决策力,凡事说做就做,有一股雷厉风行的洒脱劲儿,很有气势。他们大部分属于比较外向型的人,在什么时候都极力想把自己打造成为一个核心的人物。

在很多时候,习惯摊开双手的动作,意在表示很为难、很无奈,它似乎在告诉别人"我也无能为力,没有好的办法,你让我如何是好啊"的意思,同时可能还伴有耸肩的姿势,这从某一个侧面说明了这是一个比较真诚、坦率的人,当自己无能为力时,可以直言相告,而不是虚伪地去努力掩饰。

在与别人交谈交往的过程中,自然地解开外衣的纽扣,或者干脆把外衣脱掉,此动作表示这个人在很多时候是相当真诚和友善的,说明他对交谈、交往的对象并没有持太多虚伪的礼节,因为在一定的场合,这样的动作极有可能会被误以为是对对方不尊重、不礼貌的行为,而他没有过多地注重这些,显然是因为没有把对方当作是外人。至于那些一会儿把纽扣扣上,一会儿又解开的人,给人的感觉似乎就不太舒服。而这样的人又大多意志不坚定,做事犹犹豫豫,迟疑不决,缺少果断的作风。

双手叉腰大多数是在十分气愤时所表现出来的一种动作,这种人的性格中多含有比较执着的一面,凡事追求完整和清楚,而不会在没有完全解决或弄清楚的时候就半途放弃。有时也可以是自己作为一个旁观者,观察某一件事或某一个人,含有一定要看个究竟的心理。

当一个人用手摸后颈时,多是出现了悔恨、懊恼或是害羞的心理情绪,这种人性格多是比较内向的,遇到某些事情时,常会以一些动作来掩饰自己的情绪。

智慧应用

刘晔:善于窥视人的心意

情态可以分为多种,我们常说的坏人,有奸、邪、佞、贼等。这些人也可以说是有一定之才的人,否则他们就不会被重用。而且这些人还有一项特殊的本事,那就是他们非常善于隐蔽自己,保护自己。甚至可以说,他们有一项比仁人志士更为优长的才能,那就是善于权变。这种人没有任何原则,没有任何操守,没有任何良心来束缚自己,只要能达到自己的目的,什么事都能做出来。他们为恶、为邪时善于决断、善于寻找机会,其意志力、隐忍的能力,可以说比那些有良心、有贤能的人不知要多几倍。所以古代的一位圣人曾因此而号召那些志士仁人,要"行善如行恶"。奸、邪、佞、贼之人把自己的刀子磨得很利,所以杀起人来不留后患,锐不可当,因而也往往成功。比如,东汉时的贼臣梁冀,竟然把持东汉的朝政近30年。

正是由于这样的特殊才能和特殊的变之术,辨奸邪、识贼佞,似乎比识贤举能更为艰难。

魏明帝曹睿时侍中大夫刘晔是一个巧诈之人。因为他的才智过人,魏明帝很器重他。一次明帝想伐蜀国,朝臣内外都劝谏认为不可。明帝就把刘晔召入内室以议,刘晔就顾着明帝的意图说:"蜀国可伐。"从内室出来之后,朝臣们问刘晔,刘晔则顺着诸朝臣的意见说:"蜀国不可伐。"当时军中领军杨暨,也是魏明帝所亲重的大臣,他对刘晔也很敬重。他认为绝对不能伐蜀。他就去问刘晔,刘晔就对他说"蜀不可伐"。与杨暨的意见相同。后来魏明帝把杨暨召入内室议伐蜀之事,杨暨就力谏不能伐蜀。明帝就说:"看来你是个书生,不懂兵事。"杨暨说:"如果我的话陛下不信,侍中刘晔也是你的谋臣,却常常说蜀不可伐。"明帝就说:"他对我说蜀可伐。"杨暨就说:"可以把刘晔召来对质。"刘晔来之后,魏明帝就问刘晔。刘晔当着杨暨的面一句话也不说。魏明帝就支走了杨暨,单独与刘晔谈。刘晔则反过来责怪魏明帝:"讨伐别的国家,这是大谋,我从你这儿知道一些国家大谋,常恐睡觉说梦话泄漏出去,怎么能把伐蜀的真实情况告诉别人呢? 况且打仗的事情是诡诈之道,大兵未发,越机密越好。陛下向外显露,臣下恐敌国早已知道了。"魏明帝于是认为刘晔说得有道理,也不责怪他内外说话不一致为不忠。刘晔出来之后,见到杨暨则对他说:"你知道钓大鱼吗? 钓中大鱼,你不能径直就去拉它,而是要放开钓线,随着它跑,然后徐致而牵之,那样大鱼就不会挣脱而跑掉,皇帝之威要比大鱼更难对待! 你虽然是一个直面诤谏的忠臣,但你的计谋不足采纳,我希望你能深思其中的道理。"

后来就有人对魏明帝说:"刘晔是个不尽心的人,他最善于窥探陛下的倾向而顺从于你。陛下可以试着观察刘晔,你用反意来问刘晔,如果他的回答都是顺从你所说的趋向,那他善于窥测你心意的事情就可以显露了。"魏明帝就用这一招来试刘晔,发现果然如其所言。从此,魏明帝便开始疏远刘晔。最后,刘晔郁郁而终。

由这个故事看,刘晔是一个佞臣,他不仅可窥测皇帝的心态,而且善于辞令,工于心计,什么事情都可以被他处理得圆转而周到,可以说是滴水不漏。所以连宋代的司马光也认为,刘晔是明智权计之士,只是没有德性,没有操守。

佞谀之人和谗邪之人,靠的都是嘴上功夫,但两者又有区别。谗邪之人直接就能致他人于死地,所以毁人。佞谀之人从来都不直接以毁人为目的。佞谀之人求的是利,如果有利于己,他是不会去毁掉的;如果于己无利,毁掉也没有得益。佞谀之人的手段,是不断地顺从主子,使其忘掉危险,从而使其处于危亡之境。隐真情藏实意,是佞谀之人获取成功的巧妙本领。谗邪之人以直接毁人为目的,因为他毁人,所以被毁害之人也反过来毁害他,这样就会众叛亲离。比较而言,佞谀之人比谗邪之人危害更大。

辨识奸、邪、佞、贼这样的人,不仅要准确了解他的表现方式和形态,而且要把握他们善于隐藏自己的种种手段。辨奸邪、远佞人,还必须心里明白什么是贤能之士。贤能之士的概念明确了,奸、邪、佞、贼就能比照出来。

和珅:阿谀奉承,攀升有术

和珅从一个普通的生员而被逐渐提升为兵部尚书、大学士,直至一等公爵,成为集军、政、财大权于一身,统揽一切的权臣。到底何德何能? 一切都是来源于他的一个"媚"字。

乾隆三十四年,和珅正好 20 岁,刚刚完成咸安宫官学的所有学业。此时和珅风度翩翩,一表人才。身居朝中高位的英廉看中了和珅是个有发展前途的青年,竟将自己宠爱的孙女许配给他。有了刑部尚书兼户部侍郎英廉这位大靠山,和珅立刻开始春风得意。在英廉的帮助下,和珅被挑选为御前侍卫。

虽然御前侍卫差事的地位不高,但是却能接近皇帝。和珅是一个非常聪明的人,又有着远大的政治抱负,因此他处处留心,寻找展示自己的机会。

有一天,乾隆皇帝要外出,仓促间找不到皇帝专用的仪仗"黄盖"。乾隆很生气,就用了《论语》中的一句话问道:"是谁之过?"其他侍卫都瞠目结舌,不知所措。这时和珅领会到了皇帝的意思,立即大声说道:"典守者不得辞其责。"用的也是《论语》中同一篇的话。这时乾隆感到非常吃惊,对和珅问道:"你读过舱渤吧?"和珅答道:"是的。"

乾隆帝一下子怒气全消,见和珅仪表堂堂、口齿伶俐,就开始询问和珅的家世、年龄等情况。和珅都一一作答。

这一次的君臣会面,为和珅将来的迅速崛起埋下了伏笔。

从这以后,皇帝开始注意起和珅来,而和珅也早已将乾隆的脾气、心理、好恶摸得清清楚楚。因此和珅与皇帝的每一次会面和交往,都能使乾隆非常满意和开心。和珅的职位从此也以惊人的速度不断升迁。

在乾隆四十年时,和珅被皇帝授命处理云南总督李侍尧贪污一案。在查办李案中,和珅再一次显示了其精明能干。李侍尧是清初勋臣李永芳的后裔,他的父亲曾担任户部尚书,他本人也曾任户部侍郎、广州将军、两广总督,后任云贵总督、武英殿大学士。由于其位高权重,把其他许多大臣都不放在眼里,对和珅也是极为轻视。因此当乾隆派他去查办此案时,和珅是非常卖力的。

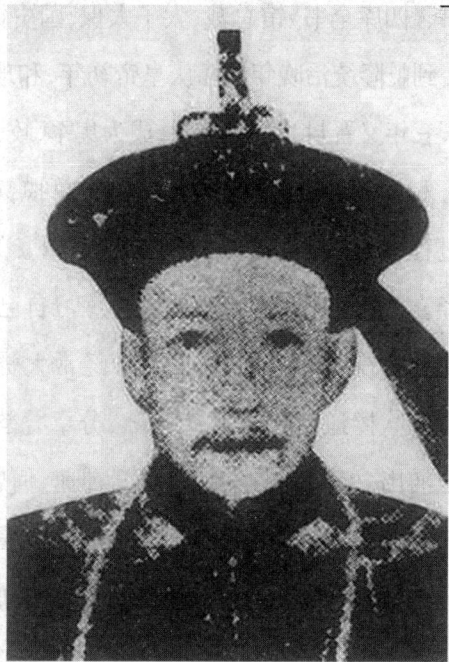

和珅一到云南,首先将李侍尧的总管拘捕,经过严刑拷打,终于获取了李侍尧贪污的重要材料证据,并没有将和珅放在眼中的李侍尧这才低头认罪,心中对这位"乳臭未干"的毛头小子也有了几分敬畏。

在查办李侍尧案件的过程中,和珅不知通过什么渠道了解到了云、贵两省的吏治腐败情况。他在给乾隆帝的奏折中,陈述了这两省吏治败坏、财政亏空的问题。乾隆帝阅读这一奏折后,内心十分满意,觉得自己派和珅去查办李侍尧案确实是选对了人。因此,乾隆帝在高兴之余,就给在返京途中的和珅加官,晋升为户部尚书兼议政大臣。

根据和珅以往的履历来看,他丝毫没有治理地方的经验。而他这次西南之行却能查出这么多的问题,一方面也许是他的过人才智和心机之功,另一方面也许是有人为他提供情报。但是不管怎么说,和珅这次西南之行成为他一生中的第二个转折点。

从此以后,乾隆帝对和珅的信任更是超乎寻常,各种荣誉相继赏赐给他:户部尚书、《四库全书》馆总裁、太子太保、国史馆正总裁、文华殿大学士、三等忠襄伯等爵。到乾隆统治晚年和嘉庆皇帝初年,和珅又任首席军机大臣兼管吏、户、刑三部;嘉庆三年又晋封为一等公爵,成为集军、政、财大权于一身,总揽一切的权臣。

和珅的发迹速度相当快,权力总揽甚多,这是少有的现象。纵观和珅发迹的过程,可以看出和珅的狡黠与乖巧。他极力想乾隆之所想,投乾隆之所好。乾隆喜欢吟诗作赋,和珅就极力练习自己的作诗能力,对乾隆的诗作经常赋和。因此乾隆视和珅为知音,而和珅经常大赞乾隆才思敏捷,出口成章,他曾经非常肉麻地吹捧道:"皇上几余吟咏,分章叠韵,精义纷纶,立成顷刻,真如万斛泉源,随地涌出。昔人击钵催诗,夸为神速,何曾有咏十余,韵至十叠者!"

这一番恭维,正迎合了乾隆的好大喜功心理,让这位皇帝好不开心。而皇帝开心就会对他进行赏赐和提拔。和珅正是利用了这一点才能不断地青云直上。

另外,乾隆帝喜好巡游,曾多次巡幸江南,东巡祭祖,朝拜孔庙,和珅每每形影不离,随侍左右。借此机会,和珅百般讨好乾隆。和珅还利用自己掌管钱财的权力,扩建圆明园和避暑山庄供乾隆享乐。

对于乾隆平日生活上的服侍,和珅更是体贴入微。乾隆年岁较高时,偶感风寒便咳嗽。每当上朝遇到乾隆咳嗽,身任宰相大臣的和珅便当着文武大臣的面,为这位老迈的皇帝捧着痰盂。可以说,乾隆帝对和珅的信任和宠爱甚至超过了自己的皇子。

就在和珅一步步地爬上权力顶峰的过程中,他的贪欲也在不断地膨胀。而权力的不断授予,最终使其成为一人之下、万人之上的大权臣,这就为他聚敛钱财打开了一扇大门。

二、情态有四种类型

情态是变化不定的，难以把握的时候，应从细微入手，明断其长短，使正大者成为有用之才。

【原典】

有弱态，有狂态，有疏懒态，有周旋态。飞鸟依人，情致婉转，此弱态也。不衫不履，旁若无人，此狂态也。坐止自如，问答随意，此疏懒态也。饰其中机[1]，不苟言笑，察言观色，趋吉避凶，则周旋态也。皆根其情[2]，不由矫枉。弱而不媚，狂而不哗，疏懒而真诚，周旋而健举[3]，皆能成器；反之，败类[4]也。大概亦得二三矣。

【注释】

[1]饰其中机：饰，掩饰。机，心机。指将心机隐藏起来。

[2]皆根其情：根，源于。情，内心的感情。指都源于内心的真实感情。

[3]周旋而健举：健举，同健拔。"周旋而健举"指柔中带刚的意思。

[4]败类：指无用的人。

【译文】

人的情态主要有以下几种：委婉含蓄的弱态，狂放不羁的狂态，懒散轻慢的懒态，圆滑变通的周旋态。小鸟依恋，情致婉转，显得亲切可爱，这就是弱态；衣冠不整，恃才放旷，目空一切，一副唯我独尊的样子，这就是狂态；做事随心所欲，不分场合对象，不论忌讳时机，这就是疏懒态；心机掩藏颇深，暗中不露声色，处处察言观色，事事趋吉避凶，与人交往圆滑机敏，这就是周旋态。以上这些情态，都必须是出自内心的真情反映，不能有半点的矫揉造作。委婉含蓄而不阿谀奉承，狂放不羁而不哗众取宠，懒散轻慢但坦诚相交，交际圆润能事半功倍，这样的人将来必能成为可造之材；相反，委婉含蓄又溜须拍马，狂放不羁又自以为是,懒散轻慢又虚情假意,交际圆滑又无所作为,这样的人只能算作是无能之辈。情态的变化虽然较难以把握,但要把握住大致情形,就能分辨出谁是有用之才,谁是无能之辈。只要细心观察,我们就能知其二三。

综合评析

恒态的类别

恒态与时态

恒态,直解为恒定时的形态,具体地指人的形体相貌、精神气质、言谈举止等在恒定时的表现,主要是指言谈举止,是鉴人察物时必须考察的方面。恒态有四种:弱态、狂态、疏懒态、周旋态,后面会具体论述。

时态,与恒态相对,直解为运动时的形态,是瞬间状态中的情态。以前后运动变化为归类标准。时态与人的社会属性、社会环境密切相关。人的活动,无不打上环境和时代的烙印,脱离时代与环境而独立生活的人是不存在的,连孤岛上的鲁滨逊也用着别人造的枪和火药。时态是关于人物内心世界的微观考察,能充分体现人的内心活动。时态与恒态的宏观考祭相互补充。

恒态的宏观考察与时态的微观考察的结合是鉴别人物妙不可言的二为一体。以此为归依人的心性品质怎能逃脱火眼金睛?人的心性品质各有所异,实难有整齐划一的考察方法,但本性还是如出一辙,尽管表象有时代差异。因此弱态、狂态、疏懒态与周旋态于今人无半点分别。要注意在鉴人时,不能注意了恒态而忽略了时态,或反之,而是要二者相结合。这种辩证的方法,能有效地避免机械主义,更正确地鉴别人。

弱态

弱态的特点就是"弱",性情柔和,和善慈爱。缺点是优柔寡断,信心不足,该出手时也不出手。如果有文人气质,又增加了一重多愁善感的女子之态。信心不足的弱点如果不能够根除，就只能是别人指哪儿便打哪儿，不能独当一面。"多才惹得多愁，多情便有多忧，不重不轻正候，甘心消受，谁叫你会风流"，正是此类人。

弱态的优点在于内心细腻，感觉敏锐深刻细微，观察力特强，善于发现生活中的美，精明干练，心思周密，处事周全，叫人放心。在细节问题上处理得非常巧妙，有创意。可惜豪气不足，不适合做独当一面的开创性工作，适合从事文学艺术和慈善事业。

孙膑与庞涓

中国传统的处世哲学，就是以退为进，匿强显弱，将自己的才华隐藏起来，不至于遭到小人的妒忌和暗算。这种弱态的处世智慧具有很高的境界，是糊涂学的十大原则之一，许多人就是利用这种办法保护了自己。三国时的司马懿在与曹爽的争权中，假装年老智昏，如患老年痴呆症，骗得曹爽放松了警戒，然后突然发难，攻其不备，一举成功。

中国文化的精髓就有"以柔克刚"一则，而中国的国粹——武术尤其能将其体现出来。武林高手总是等对方先出招，看似被动，实是主动，看似险象环生，实则有惊无险，不知不觉中，胜利的天平已经在向自己倾斜。如果双方势均力敌时，又会"卖一个破绽""拖刀便走"诱使敌人攻击，再给上当的对方以致命的一击，令其措手不及，便可反败为胜了。

这种"弱"又不同于弱态,它是经过精心策划,为着重大目的而准备的,实是大智大勇大智慧,与弱态有霄壤之别。

司马懿

要区分两种弱态的真假,在于考察其前后的一贯行为表现。刘备之子刘禅的弱,自他登位之前已为人知,而孙膑、司马懿之弱,包括周文王在商纣王的监禁中,都是暂时的权宜之计。冷静旁观,谁都能看到其中的奥妙,而庞涓不察,曹爽不察,商纣王不察,大概因为无冷静之人进言,而三人又刚愎自用的缘故。实际上,遍观历史,回顾我们自己有多少人能冷静旁观,如范蠡、张良、郭子仪一样明智呢?深明"功成身退"大义的又有几人?古人不能,今人不能,后人也不能,功名心一起,万事便难回头了。

另有一种弱态,多是女儿情致,作小鸟依人状,娇柔亲切,艳丽不可方物,使人生疼爱之心。西施是这样,林黛玉更甚之。如果说前一种弱态以工于心计为特征,这一种弱态则以姜为名。

狂态

狂态者,最显著的特征就是狂放不羁恃才傲物,他们愤世嫉俗,有超越世俗的理想追求。但宽容不足,机巧圆润不足,其所作所为也非平常人所能理解和认同。只能孤独地沉溺于个人兴趣之中，钻研发奋，持之以恒，终获过人的成绩。历史上诸如郑板桥、东方朔等，皆属此类。

由于狂傲，不会锋芒内敛，常给自己添麻烦，甚至引来杀身之祸，杨修就因恃才傲物，不遵军纪，乱说军秘而掉了脑袋。祢衡，年纪轻轻，不仅不服人，还公然擂鼓大骂曹操。二者的死，曹操当然要负责任，但二人狂傲的个性，则是惨剧发生的诱因。

刘邦

狂傲者自信心十足，常认为天下之人皆不如己，这虽然有利于发挥个人的才智，但不分场合，我行我素，则会坏人坏己，难得善果。比如 NBA 的罗德曼，虽为篮板王，但一会儿踢记者，一会儿骂裁判，弄得队友、老板焦头烂额。他却不以为然，还出了一本书叫《我行我素》。据说这还是客气的意译，要是直译的话,应该叫《想要怎么坏就有怎么坏》。

康有为(左)梁启超(右)

狂傲之人往往是孤独的,是搞艺术的绝佳人选,包括广告创意。

狂态有真假之分,真者是因为身怀绝技,有傲物之资;假者是志大才疏,自命不凡,眼高手低,笔者小学的恩师对此类人以农村常见的手扶拖拉机喻之:装得少(无真才实学),走得慢(智商低、悟性差),吼得凶(半罐水,响叮当)。

从小就知道不要骄傲,但骄傲实则是两个概念,没有内涵而自以为是为骄,有内涵而看不起人为傲。虽合称为骄傲,但"骄兵必败""傲骨"这些词语当中的骄、傲二字是不能变换的。这一合称使骄傲除了有"骄傲"之意外,还有自豪的意思,搞得学中文的老外们不知所云,这是因为没有恰当的替换词,骄与傲实际就是狂态的真与假。真者,如体坛中的坏孩子麦肯罗、野兽埃德蒙多。假者,如有些所谓球星,本事不大架子大,球技不涨脾气涨。

清朝嘉庆年间有个怪人龚定庵,以狂闻名(康有为、梁启超受其影响很大),当时就预见中国边境会出大问题。他写了一篇文章,说天下将乱,因为缺乏人才。文章写得淋漓尽致,入木三分,说"朝无才臣,军无才将,巷无才偷,泽无才盗"。他感叹那是一个人才的末代,过不了多少年,天下将大乱。果然不出半个世纪,内忧外患接踵而至。虽有"中兴名臣"曾国藩从中打点,奈何大厦将倾,非独木能支。龚定庵之子更怪、更狂。在读父亲的文章时,把父亲的神主牌放在旁边,拿一根棍子,读到他以为不对之时,就敲打一下神主牌,斥道:"你又错了!"其怪,其狂,也属非常。

就狂态而论,宁可是有名有实、有才可恃的傲,不可有名无实、无才可恃的骄。

疏懒态

大多有才可恃的人,因为眼光犀利,什么东西一眼看穿本质,反而缺乏了行事的兴趣和动力,显得疏懒。如果有某项事确实吸引了他,就很容易着迷的。因此这种人成就是看得见的。这种人思想敏锐,但不肯动手,最好给他配备合适助手,协助他去实现他的精思妙想。

需要区别的是,生活中的无才之人,也有很懒散的表现。这种人是凡人末流,心智才能平平,与疏懒态各是一回事,二者有着本质上的区别,不能因为表面的懒散就混为一谈,从言谈交流中即可发现他们的差别。

疏懒态的"懒"主要表现在他不感兴趣的事上,而对于有兴趣的事,他们会很投入并做得很好。因此应该针对其兴趣爱好,引导他做对他来讲有兴趣的工作,则事半功倍。晋代大诗人陶渊明,对做官无多大兴趣,当了四十几天的小官之后,挂冠弃印而去。他"戴星荷锄归",过种田写诗的日子。疏懒态的人往往对生活的节奏感到疲倦,觉得很累,总想抛开牵挂去游山玩水,吟诗作画。即使身不由己地为官,也愿选轻闲无实之职。

这类人文人倾向较重、官气较轻,担任的职务不宜过高,否则会敷衍了事,得过且过,所以宜经常调动其工种、职务,使之常有新鲜感,调动其积极性。这种人一般不宜担任领导职务,如果素质高者能任领导职务,则会十分出色。如马烽所写的《我的第一个上级》中的老田头平时就是一个糟老头子,在山洪爆发时,却能临危不惧,处变不惊,凭着对业务的精通,对工作的负责,指挥抗洪,干得真漂亮。

五、周旋态

这种情态的人是文人中的佼佼者,不仅有高智商、真才实学,而且灵巧机警,善于控制自己的感情,能随遇而安,适应不同的环境。待人接物应付自如,

蔺相如

游刃有余,不仅在书海中有邀游的才能,也能在交际、官场中挥洒灵便,甚至有如神助,能够亦黑亦白、亦仕亦商、亦文亦武,亦官亦民。其能力强,能够独当一面。与疏懒态不同的是,他们在任何领域都能适应生存,并多少会有些成绩,哪怕所做的事情是自己不愿意干的。周旋态之中应该有一股强悍雄健之气,并且要有一定的原则立场,那样就是难得的大人才,能够"会盟之际,一言兴邦,使于四方,不辱廷命"。蔺相如完璧归赵就是一个典例,如果没有原则,就易成阿谀奉承、溜须拍马的小人。

人身上的以上四种特征多少都具备一些,只不过以某一种为主要特征。以上四种情态。各有所长,皆能成才。弱态之人,不媚俗迎众;狂态之人,不哗众取宠;疏懒态的出于真性情,周旋态的圆满不失中正刚健,都会有所作为。反之,则是败器之人,不足为论。

时态的类别

　　前面说的是在人们生活中经常出现的情态,即恒态。除此之外,还有几种不经常而短暂出现的"时态"。

顾炎武

　　鉴人察性,绝无定法。民国时期鼎鼎有名的命理学家袁树珊,在其巨著《命谱》中说他看了那么多人的四柱,总有不通之处,后来终于明白人的命数不全由生辰八字来决定,而是冥冥之中有天意。命理学的是非暂且不论,但是在知人这个问题上,许多困惑之处实不得解。人的成功失败决定于时、空、心力等多种因素,要想未卜先知,实不是人力所能及。

　　通过时态,既能知道人心中所想,也可凭此推断他的品行德行。北宋蔡京,得权柄乱朝政之前,喜欢直视太阳而且很久不眨眼。有个叫陈瓘的人见到此情景,便告诉别人说:"蔡京直视太阳很久而不眨眼,精力充沛,意志坚强,将来必定能显达富贵。但他自恃天资过人,敢与太阳对视,心志太高,这种高不是一般的高,将来得志后一定会飞扬跋扈,目中无君,肆意妄为,扰乱朝政。"当陈瓘担任专门为皇帝进谏的官时,就检举蔡京的奸情罪恶,但因蔡京正在给皇上当秘书,奸情尚未显露,众人都认为陈瓘夸大其词,不以为然。后来蔡京得志,果如陈瓘所言。可惜,天下有这样知人能力的人太少。能知陈瓘知人之能的人更少。所以,蔡京之类天资聪慧、奸心内萌的人自然能得志乱天下了。

时态的种类不计其数,一个表情,一个眼神都是一种时态,还有后面要论述的肢体语言也可说是时态。下面先看看古人对此的分类吧。

深险难近者

"方有对谈,神忽他往"。正在交谈时,随便地把目光移往别处,或者突然改变话题。这表明他心存别念,或者是心不在焉,没有给对方足够的重视。一般来说,这种人缺乏诚意,不尊重对方。其原因有二:一是此人是内倾式思维者,内心感情敏感而丰富,思维转得快,但不管外界情况变化;二是心有别念。前者源于本性,不足为怪,后者就不足以论情了,也有情况特殊而不便言明的,如内急。

"众方称言,此独冷笑"。大家正谈时,唯独他一个人冷眼旁观,无动于衷,甚至热讽冷嘲。这种人也许是高人,对事物有独到的见解,看旁人乱侃胡聊,忍不住一吐为快,因此在情态上有所表现,如是这种情况倒不足为奇。另一种情况则是没来头的冷嘲热讽,居心叵测,不值得深交。有的是天性如此,也不必多怪。曾有几个青年人谈到各自的婚姻排场,第一个称自己是用名牌小车接的新娘,一旁人评曰:气派气派。第二人大口一张,说自己用的是直升机,评曰:壮观壮观。第三人说是自行车,评曰:浪漫浪漫。又一人说是走路去的,评曰:悠闲悠闲。最后一人,为了难住他,干脆说是爬去的,此君不动声色地说:稳当稳当。这种情况可能是在搞笑,不必当作识人的范例。

以上两种情况均与正常情态相悖,不合常理。如果不是有什么急事导致表

伯牙与钟子期

情失常,那么这种人多半胸怀城府,居心险恶,不能与之深交。但一定要断准他当时情态下的真实想法,否则会冤枉好人。以时态论人,要结合一贯的表现来分析,否则会有偏差,因为即便老实人也有神经短路的时候,做出一些反常的举动。这与欣赏西方古典音乐有异曲同工之处。大凡欣赏与评论古典音乐,如不熟悉,应先了解该乐曲的背景、作者当时的心境和一贯风格,再细细听赏音乐。至于有天分之人,听言知性,乐音方起,就听到了乐曲的本质,那是可遇而不可求的天才,又另当别论。

平庸可耻者

"言不必当,极口称是"。别人的言论并不正确,却在一旁附和,高声称赞,一味地点头说是;胸无定见,意志软弱,只知巴结逢迎,投机取巧。这种人胸无定见,不可信赖和重用。还有一种人有一定的实力,比自己强的,他极力巴结,比自己弱的,就看不起,态度傲慢,这也是一种小人,是不至于太坏的小人。

"未交此人,故意诋毁"。不曾与人交往,对某人全然不了解,完全靠道听途说对人飞短流长,评头论足。这种人无学识,缺乏修养,既俗不可耐,又不能自知。一味地说好话,有奉承巴结之嫌,不可取;一味地诽谤,污人清白,则是小人之心,也不可与之交往。两种情况都是无德小人的表现,品格卑下,虽偶然得势,也难长久。

另有一种情况要区别对待,怀才不遇的人为吸引别人注意,故意在大庭广众之下奇谈怪论。这种人勇气可嘉,而见识心智也非平庸之辈,如果其心性品德也不差,当然就是奇才。就像陈子昂长安卖琴一样,如果不是真伯乐,是难以发现奇才之美的。现代社会给个人成功提供了广阔的天地,对有才之士而言,是金子总会闪光。即使不被人所识所用,也可以退而自己打天下,用不着像古人"不才明主弃,多病故人疏"那样牢骚满腹,感叹身世多舛。

妇人之仁者

"漫无可否,临事迟回"。这类人优柔寡断,畏头畏尾,没有自信心,因此也成不了什么事功,只适合做因循守旧、无需动脑的机械性事务。最大的弱点还在于胸无大志,不负责任,拈轻怕重,空老终身。所谓的"一事精,百事精;一无成,百无成",即是这个道理。

"不甚关情,亦为坠泪"。这是多愁善感的人,他们非常敏感,见花动情,闻风伤感,如病中女子,见可怜之事就眼泪汪汪,不管与自己相不相关。虽然这是心地善良,但并不值得称颂。胸有大志者不拘小节,婆婆妈妈还干得了什么大

项羽

事?项羽之败,就在于其妇人之仁。怀妇人之仁者,不足与之交谈大事。

以上不足与论事、不足与论情、不足与谈心的人,虽说有许多缺点,但正如

文中所说,因有各种不同的原因,如不能细细区分,找不到准确答案的话,就不能以此定人终身,否则,也会落入"不足与论事"的小人圈套,戒之戒之。知此三点,反以之求人束己,则可以知天下人杰俊英。

鉴别人才,不宜武断。人有所长,就终有所用。管理者的职责就在于发现其长处,使用其长处,而回避其不足。这于人于己,都是一件有功德的事。而人的缘分有尽不尽之时,因此也不宜刻意去求每个人的长处。所谓"合则留,不合则去"。

明朝人周文襄任江南巡抚期间,正值宦官王振当权,周文襄怕王振借机刁

明英宗

难,因此当王振兴建宅第时,周文襄事先要人暗中测量厅堂的大小宽窄,然后命人到松江按尺寸定做地毯送给王振作为贺礼。

由于尺寸大小丝毫不差,王振非常高兴。以后,凡是周文襄所呈报的公文,都在王振的赞同下顺利通过,江南的百姓因此蒙受福泽。

秦桧修建格天阁时,有个任职江南的官员,想别出心裁巴结秦桧,使用了类

似的方法。由于绒毯的尺寸大小恰到好处,秦桧认为这名官员打探他府中隐私,非常生气,常借事斥责这名官员。

　　要想对一个人有正确的了解和认识,必须知表察里,这既是前人的经验之谈,又是识人的基本原则。人的表里关系,比一般事物的现象和本质的关系复杂得多,可以说世界上所有的事物中,最难以捉摸、深不可测的是人,因为人最具有欺骗性。现象是事物本质在各方面的外部表现,而现象和本质一般是统一

司马懿

的,人们可以透过现象来揭示其本质。可是,对于老奸巨猾者来说,想通过其外貌的表现来透视其本质就困难得多。因为他们不仅虚伪、善于装模作样,而且其手段十分高明,表情十分自然,没有十足阅历的人是难以看清其心的。既然老奸巨猾,就不是一般的人能看得出来的,如果人人都能一眼看穿的话,就称不上老奸巨猾了。这种人实实虚虚,虚虚实实,如同雾里看花、水中望月,弄得人们难知真假是非,使人主以佞为贤,以贤为佞,以非为是,以是为非。如果不能

看清其庐山真面目,错用了这些人,会给个人、团体、民族、国家的前途带来灾难性的后果。

当然,知人是困难的。"天下至难,莫如知人"。吕尚在《六韬·选将》中举了十五种例子,有的外似贤而实不肖,有的外似善良而实是强盗,有的外貌恭敬而内实傲慢,有的外似谦谨而内不至诚,有的外似精明而内无才能,有的外似忠厚而不老实,有的外好计谋而内乏果断,有的外似果敢而内是蠢材,有的外似诚实而内不可信,有的外似惛惛而为人忠诚,有的言行过激而做事有功效,有的外似勇敢而内似胆怯,有的外表严肃而平易近人,有的外貌严厉而内实温和,有的外似软弱、其貌不扬而能干,人就是这样往往表里不一。尤其是表里不一,又巧于伪装的人,以其外善蔽其内恶,以其外贤掩其内奸,那就更难辨别了,所以佞人常能欺人而得售其奸。因此观察一个人,不能只看其外表,要透过表面现象透视其内心世界,要从表到里,看是否一致,才能知其人。要做到这一步,确是不易。而能否知人,决定于如何看人,如看人重德重实践,佞奸者骗人之术便难于得逞。如果只听其言而不察其行,且喜人歌颂,恶人直言,就极易为阿谀者所迷,把佞奸视为正直,将忠直视为佞奸。

要正确鉴别人,就要求鉴人者善于从不同角度、不同层次对人观察了解。方法很多,或正面,或侧面,或直接,或间接,或明察,或暗访等,从人的言谈举止、音容笑貌、所作所为中去捕捉直观信息。在获得十分丰富又合乎实际的感性材料的基础上,根据人才的标准、特点,运用正确的方法,进行去粗取精,去伪存真,由此及彼,由表及里的分析、综合、研究、加工,从而得出一个能反映人才本质的客观认识。

值得指出的是:由于人才自身的复杂性、隐蔽性、善变性的特点,决定了对人才的考察与识别不能也不可能是一劳永逸、一成不变的。对人才的认识只有在实践中反复考验,才能获得比较客观、比较真实的认识。有的人在创业时期,忠心耿耿、兢兢业业,取得了一定的成功后,随着环境的变化、地位的升迁、经济情况的好转,思想也相应地发生了变化,甚至走向沉沦。工作不再积极认真了,认为是该享受的时候了,一天天消极懒散,不思进取,不再学习新东西、新方法,工作能力也一天天衰退。这时的"他"和当初的"他"虽然还是同一个人,但从人才学的角度来讲,已经判若两人了。李自成带领部属进北京时,手下的大将忙于交际应酬,讲排场,兵士忙于吃喝嫖赌,他自己则忙于称帝。待吴三桂从山海关打过来时,军队的战斗力已严重下降。所以,失败也在意料之中。再如太平军,起事之时,不过几千人,却攻无不克,战无不胜,到了后期,常以几万、十几万人作战,却常吃败仗。原因也是定都南京后,洪秀全躲在深宫装神弄鬼,大搞迷信活动,将领们争权夺利,钩心斗角,士兵们也自然不会众志成城了。所以后

洪秀全

来的人数虽多,却只不过是乌合之众而已。相反,有的人能力才智都仿佛不如自己,却能在出外闯荡多年之后而衣锦还乡,大多数人的心理是:哼!这小子当年比我差远了,他只是运气好!殊不知,在外面的磨炼闯荡本来就是一个能力提高的过程,比在安稳舒适的工作环境下能力见识增长得更快。还有的人表面

上看来一无是处，却能在特殊领域发挥作用。所以只有经过长期跟踪调查研究，才能不断发现人才的优缺点，只有久经考验的人才可以委以重任，把事业推向兴旺发达。让我们读一读白居易的《放言·其三》，便会对识人的艰巨性、长期性有更多的领悟：

> 赠君一法决狐疑，不用钻龟与祝蓍。
>
> 试玉要烧三日满，辨才须待七年期。
>
> 周公恐惧流言日，王莽谦恭未篡时。
>
> 向使当初身便死，一生真伪复谁知。

同样是呈献绒毯，结果却一怒一喜，这是什么原因呢？有人认为这是忠奸不同，所以各得其不同的报应。王振虽然骄横暴虐，但并不深沉，秦桧则阴险狡诈心机重；王振喜欢招抚君子获致名声，秦桧却是怕遭谋刺，所以以小人心严防众人，这才是结果不同的原因。

善于揣摩他人心思，如果不知进退，处理不当，则祸从中来。如此摇尾乞怜，乃是一种贱相。

狂态若带"哗"，则为喧嚷跳叫、无理取闹之流，暴戾粗野、卑俗下流之辈。

疏懒态若无真诚，则会一味狂妄自大，此实为招祸致灾之态，殊不足取，这是一种傲相。

周旋态若无健举，会变得城府极深，几近狡诈、阴险和歹毒，这是一种险相。

对四种情态识别的重点以及对其使用的方法是：对弱态者要察其是否奴颜媚骨，对其使用倒可放心，在不影响全局的前提下，可以有意识地让他负责一个部门，锻炼其能力。狂态者要察其是"骄"还是"傲"，对此类人才要多尊重，多宽容，多向其咨事以使其觉得自己的重要。对疏懒态者要看是真懒还是假懒，要让他干自己喜欢的工作，即使老板不加薪提成，他也会十分的投入。此类人愿动脑不愿动手，所以管理者要让其干幕僚性质的工作，而不要指望其冲锋陷阵。周旋态者城府深，这并没有错，但要考察心中有没有一个人生的罗盘。如没有，就会摇摆不定，随波逐流。对此类人才，不得让其参与知晓本单位最高层的决策,以防其跳槽,给己方带来不利。

宋宁宗

南宋宁宗时,宰相韩侂胄在都城临安吴山修建了一座别墅,取名"南园"。风和日丽的一天,臣僚属吏陪同宰相来到了南园。竹篱茅舍小桥流水,宛若农家气象。宰相畅游其间,流连忘返,欣喜之余,有几分不足,说:"这村庄极似田家,美中不足的是缺少点鸡鸣犬吠的声音。"然后就转到其他地方去游览。忽然,园内传来"汪汪汪"的狗叫声。宰相觉得很意外,派人去察看,结果是令人吃惊的:临安知府赵师在学狗叫!宰相得知后,哈哈大笑,此后"遂亲爱之"。这赵师表现的就是十足谄媚的弱态,或者干脆说是媚态。

分句评析

弱者非弱

【原典】

有弱态,有狂态,有疏懒态,有周旋态。飞鸟依人,情致婉转,此弱态也。

【译文】

常见的情态有以下四种:柔弱之态、狂放之态、疏懒之态和周旋之态等。小鸟依人、情致婉转、娇柔亲切,这就是弱态。

从成才角度看,以上四种,各有所长。弱态之人,不媚俗迎众;狂态之人,不哗众取宠;疏懒态的人出于真性情,周旋态的人举止圆滑中不失中正刚健,都可以有所作为,而被历史铭记。

情态以动为主,因此在鉴别人时,情态只是考察的内容之一,犹如局部与整体的关系,局部有缺陷,整体尚好,大体不坏;局部虽佳,整体已坏,则难当用。犹如一株大树,枝丫坏死,而整株树仍有生命力,仍不失根深叶茂之美;如果大部坏死,虽余有一枝半桠的绿意,终失其整体的完美,叫人叹惜。

弱态之人性情以柔为主,温平和善,慈爱近人。从缺点上讲,流于优柔寡断,信心不足,少果敢独立之气,不能坚持个人意见,缺乏主心骨,言听计从惯了。如果有文人气质,又增加了一重多愁善感的女子之态,"细数窗前雨滴",如果不彻底改变其信心不足的弱点,就只能跟在人后打下手,不能独当一面办事情。

他们的优点在于内心细腻、感受敏锐深刻细微,能注意到常人注意不到的细节,也善于从生活中发现美。这种人心思周密,做事周全,叫人放心,在许多细节问题上会处理得非常巧妙,非常有创意,可惜豪气不足,不适合做独当一面的开创性工作。适合从事文学艺术和慈善事业。

天生之弱态容易辨识，但生活中常见的弱态之人并非都是生来就弱，有些弱态是为了处世的需要，这种情况就需要细细推敲一番了。

有些人看上去平平常常，甚至还给人"窝囊"、不中用的弱者感觉，但这样的人并不可轻易小看他。有时候，越是这样的人，越是在胸中隐藏着高远的志向抱负，而他这种表面"无能"，正是他心高气不傲、富有忍耐力和讲策略的表现。这种人往往能高能低、能上能下，具有一般人所没有的远见卓识和深厚城府。

在中国古人的处世智慧里，要保全自己不受伤害和攻击，最好的办法是以退为进，隐于无形，即把自己放在一个弱小的位置上，不引人注意，自然不会遭小人妒忌陷害。这种弱态是古人处世智慧中一个很高的境界。曾国藩就很多次用这种办法来保护自己。

功高盖主，兔死狗烹。身为臣子的曾国藩深知身居高位的危险。曾国藩的一生中，屡获朝廷重任，对此，他除在一些家信中偶然表现出沾沾自喜外，更多的则是惕惧。如慈禧上台只十八天，便命曾国藩于钦差大臣、两江总督之外，统辖江苏、安徽、江西、浙江四省军务，所有四省巡抚、提督以下各官，均归节制，同时，曾国荃也以记名按察使"赏给头品顶戴"。

对于这种殊遇，曾国藩的感情是复杂而矛盾的。一方面，他感恩图报，正如他写给弟弟的信中所说："前此骆、胡、王、薛诸人，皆以巡抚赏头品顶戴，今弟才得以获此殊恩，宜如何感激图报？"另一方面他又深恐自己骤遭不测之灾，甚至杀身之祸。他写道："予自（十一月）十五至二十二日，连接廷寄谕旨十四件，倚畀太重，权位太尊，虚望太隆，可悚可畏！""日内思家运太隆，虚名太大，物极必衰，理有固然，为之悚惶无已。读陶诗《饮酒》诸篇，为之心折。"陶渊明在《饮酒》诗中说："衰荣无定在，彼此更共之。……寒暑有代谢，人道每如兹。""结庐在人境"、闲适冲淡的陶渊明，竟然在千年后引起了身处千军万马之中的曾国藩的共鸣。

然而曾国藩并没有如陶渊明一样，"遂尽介然分，拂衣归田里"，而仍然在调兵遣将，用尽心机，日夜盘算着围攻天京的"大业"。他一只眼盯着太平军，另一只眼又不得不盯着满清朝廷。于是，他于十一月二十五日上疏说："臣自受任两江以来，徽州失守，祁门被困"，并且"受命年余，尚无一兵一卒达于苏境，是臣于皖则无功可叙，于功侧负疚良深"，"至于安庆之克，悉赖鄂军之功，胡林翼筹画于前，多隆阿苦战于后，并非臣所能为力"。他把自己无功受禄数落了一番之后，又把攻克安庆之功，完全算在满人多隆阿身上，而绝不提曾国荃，这实在是用心良苦。接着他又说，左宗棠"其才可独当一面"，朝廷可令他督

曾国藩

办浙江全省军务，自己则"无庸兼统浙省"。他这一奏请，一方面固然是信赖左宗棠，而自己"遥制浙军，尚隔越千里之外"，确有困难，另一方面也是对朝廷中新当权者态度的一次试探。慈禧等人当然也看透了曾国藩的心计，在十二月十四日的上谕中，令他对节制浙江军务一事，"毋再固辞"，并且说他"谦卑逊顺，具见悃忱真挚，有古大臣之风"，着实把他赞扬了一通。

　　自然，这并不能使曾国藩放下伴君如伴虎的那颗拳拳之心。所以刚过了春节，他又于同治元年正月初十日上疏再辞节制四省军务之命。他在奏折中写道："所以不愿节制四省，再三渎陈者，实因大乱未平，用兵至十余省之多，诸道出师人将帅联翩，臣一人权位太重，恐开斯世争权竞势之风，兼防他日外重内轻之渐。"他摆出一副悲天悯世的架势，以防止外重内轻的议论来消除朝廷的疑虑。其实，自咸丰军兴以来，团练四起，权在督抚，清代早已形成外重内轻的局面，而湘军在当时尤有举足轻重之势。这点，朝廷清楚，曾国藩更加清楚，只是

薄薄的窗纸无须捅破,因为一方要利用另一方镇压太平天国,另一方则要利用对方的威势来保护"一荣俱荣,一损俱损"的整个地主阶级的利益,并为自己谋求进身求利之阶。正月二十三日的上谕说:"当此,江浙军务吃紧"之际,"若非曾国藩之悃忱真挚,亦岂能轻假事权?"甚至加封曾国藩为协办大学士。

但是,谨小慎微的曾国藩并没有因为朝廷的这么几句评语而放松对清廷态度的时时观察。天京城破以后,曾氏兄弟的威望更是如日中天,达于极盛。曾国藩不但头衔一大堆,且实际上指挥着三十多万人的湘军,还节制着李鸿章麾下的淮军和左宗棠麾下的楚军;除直接统治两江的辖地,即江苏、安徽、江西三省之外,同时节制浙江、湖南、湖北、福建,以至广东、广西、四川等省也都在湘军将领控制之下;湘军水师游弋于长江上下,掌握着整个长江水面。满清王朝的半壁江山已落入他的股掌之中。他还控制着赣、皖等省的厘金和几省的协饷。时湘军将领已有十人位至督抚,凡曾国藩所举荐者,或道府,或提镇,朝廷无不如奏除授。此时的曾国藩,真可谓位贵三公,权倾朝野,一举手一投足而山摇地动。

在这样的时刻,这样的境地,曾国藩今后的政治走向如何,各方面都在为他猜测、设想、谋划。已经有统治中原两百多年历史经验的清王朝,自然不容高床之下有虎豹鼾睡,只是一时尚忍容未发;不断有来自权贵的忌刻怨尤,飞短流长,也是意中之事;自然也有一批利禄之徒,极力怂恿曾国藩更创大举,另立新帝,以便自己分得一匙羹汁。何去何从的问题,当然也早在谙熟历史的曾国藩的思虑之中了。

他的办法,一是叫攻克金陵的"首功之臣",统有五万嫡系部队、被清廷斥为"骄胜而骄",且有"老饕之名"的老九曾国荃挂冠归里。他说:"弟回籍之折,余斟酌再三,非开缺不能回籍。平日则嫌其骄,功成身退,愈急愈好。"二是裁减湘军十二营,同时将赴援江西的江忠源、席宝田两部一万余人和鲍超、周宽世两部两万余人均拨给沈葆桢辖。这样,曾国荃所部仅只剩几千人了。三是奏请停解广东、江西、湖南等省的部分厘金至金陵大营,减少自己的利权。纵观三条,都是曾国藩的"韬晦"之计。他在金陵攻克前还"拟于新年(同治二年)疏辞钦差、江督两席,以散秩专治军务,如昔年侍郎督军之象,权位稍分,指摘较少"。

虽然后来曾国藩没有疏辞钦差大臣和两江总督,但上述三条措施,正中清朝廷的下怀,使清朝廷骤减尾大不掉之忧,因而立即一一批准。

曾国藩深知"木秀于林,风必摧之,堆出于岸,流必湍之"的道理,同时,经过自咸丰二年底开始的风风雨雨,他位已足够高,权已足够大,只希望从此过着安稳舒心的日子。因而他才想着把权位退让些,责任减轻些,尽量远离风云叵测的政治漩涡。

曾国藩这种表面的"弱态",是很高明的处世做事的手段。当拥有优势的地位时,这样做可以避免过于引人注目,而当处于劣势的时候,就更是一种对于自己的保护。

要求得发展,首先应该保全自己,自我保护是立足于世的第一步。然而从古至今,很多人都不懂得自我保护,尤其是一些位高权重、才华横溢、富可敌国之人,被自身耀眼的光芒所迷惑,没有意识到这正是祸害的起始。

纵观历史,看历代功臣,能够做到功盖天下而主不疑,位极人臣而众不妒,穷奢极欲而人不非,实在是少之又少。最重要的原因是他们不懂得示人以"弱",不明白放低姿态才是自我保护的最佳途径。反之,深谙此道的人,不管位有多高,权有多重,周围有多少妒贤嫉能的人,都能在危机四伏的世界中为自己保留一席之地。

郭子仪是晚唐时期的重臣,他屡立战功,被封为汾阳王之后,王府建在长安。自从王府落成之后,每天都是府门大开,任凭人们自由进出。

有一天,郭子仪帐下的一名将官要调到外地任职,特地来王府辞行。他知道郭子仪府中百无禁忌,就一直走进内宅。恰巧他看见郭子仪的夫人和他的爱女两人正在梳妆打扮,而郭子仪正在一旁侍奉她们,她们一会要王爷递手巾,一会要他去端水,使唤王爷就好像使唤仆人一样。这位将官当时不敢讥笑,回去后,不免要把这情景讲给他的家人听。于是一传十,十传百,没几天,整个京城的人们都把这件事当作茶余饭后的笑话来谈。

郭子仪的几个儿子听了，觉得大丢王爷的面子，他们相约，一起来找父亲，要他下令像别的王府一样，关起大门，不让闲杂人等出入。

一个儿子说："父王您功业显赫，普天下的人都尊敬您，可是您自己却不尊敬自己，不管什么人，您都让他们随意出入内宅。孩儿们认为，即使商朝的贤相伊尹、汉朝的大将霍光也无法做到您这样。"

郭子仪

郭子仪收敛笑容，叫儿子们起来，语重心长地说："我敞开府门，任人进出，不是为了追求浮名虚誉，而是为了自保，为了保全我们的身家性命。"

儿子们一个都十分惊讶，忙问这其中的道理。

郭子仪叹了口气，说道："你们光看到郭家显赫的地位和声势，却没有看到这声势丧失的危险。我爵封汾阳王，没有更大的富贵可求了。月盈而蚀，盛极而衰，这是必然的道理。所以，人们常说急流勇退。可是，眼下朝廷尚要用我，怎肯让我归隐？可以说，我现在是进不得也退不得，在这种情况下，如果我们紧闭大门，不与外面来往，只要有一个人与我郭家结下仇怨，诬陷我们对朝廷怀有二心，就必然会有专门落井下石、妒害贤能的小人从中添油加醋，制造冤案。那时，我们郭家的九族老小都要死无葬身之地了。"

上述几个事例足以得出这样的结论：这个社会很复杂，而聪明的人比比皆是，看到那些表面上很"弱"的人，我们不要以为他们都是没出息的"懦夫"，而心生怠慢厌烦之心。

狂者必狂

【原典】

不衫不履,旁若无人,此狂态也。

【译文】

衣冠不整,不修边幅,恃才傲物,目空一切,旁若无人,这就是狂态。

情态狂妄之人,大多不满现实,以狂放不羁、恃才傲物、旁若无人为个性特征,为人耿介朴厚,有高人之风,但宽容不足、机巧圆润不足,因此为人行事自成一格,既不为他人理解,也不肯屈尊去迁就他人。常显孤僻,因此能沉心于个人兴趣之中,钻研、发奋、持之以恒,终于有过人的成绩。历史上诸如郑板桥等一类人物,皆属此类。

曾国藩与左宗棠之间的恩恩怨怨历来被世人议论。曾国藩为人拙诚,语言迟讷,而左宗棠恃才傲物,属于典型的"狂态"。

左宗棠自称"今亮",语言尖锐,锋芒毕露。左宗棠屡试不中,科场失意,蛰居乡间,半耕半读。咸丰二年(1852),已四十一岁,才由一个乡村塾师佐于湖南巡抚张亮基。咸丰四年(1854)三月又入湖南巡抚骆秉章幕,共达六年之久。曾、左虽非同僚,却同在湖南,常有龃龉。

左宗棠颇有识略,又好直言不讳。咸丰四年(1854)四月,曾国藩初次出兵,败于靖港,投水自尽未遂;回到省城,垂头丧气,左宗棠"从城中出来,到船上探望曾国藩,见他气如游丝,责备他说国事并未到不可收拾地步,速死是不义之举。曾国藩怒目而视,不发一言"。咸丰七年(1857)二月,曾国藩在江西瑞州营中闻父丧,立即返乡。左宗棠认为他不待君命,舍军奔丧,是很不应该的,湖南官绅也哗然应和,这使曾国藩颇失众望。第二年,曾国藩奉命率师援浙,路过长沙时,特登门拜访,并集"敬胜怠,义胜欲;知其雄,守其雌"十二字为联,求左宗棠篆书,表示谦仰之意,使两人一度紧张的关系趋向缓和。

特别能显示出曾国藩的宽宏大度、不计前嫌心境的,是咸丰十年(1860)对左宗棠的举荐。在这以前,曾国藩也曾举荐过左宗棠。例如,咸丰六年(1856)正月,曾国藩奏左宗棠接济军饷有功,因而,命左宗棠以兵部郎中用。左宗棠性情刚直,得罪了不少人,在湖南"久专军事,忌者尤众",于是碰上了樊燮。樊燮乃永州镇总兵,此人私役兵弁,挪用公款。左宗棠为巡抚骆秉章代拟

左宗棠

奏折,劾请将樊燮撤职查办。谁知樊燮受人唆使,向湖广总督官文反告左宗棠。这位满人官文较为迂腐,竟将这案子报到朝廷,朝廷因命考官钱宝青审讯,传左宗棠到武昌对簿。咸丰帝甚至密令官文,"如左宗棠有不法情事,可即就地正法"。此事,京城内外闻之者莫不震惊。骆秉章与湖北巡抚胡林翼均上疏力辩其诬。胡林翼的奏折中且有"名满天下,谤亦随之"的话。京中官员如侍读学士潘祖荫,与左素不相识,也上疏痛陈"天下不可一日无湖南,湖南不可一日无左宗棠",官文似不可"引绳批根"。在这种情况下,咸丰帝才有"弃瑕录用"的旨意,肃顺也趁机以"人才难得"进言。官文接旨后,才不再催左宗棠对簿,草草了结此案。

很多事实都可以证明,如左宗棠般狂傲者多半都会受到挫折和打击,这种狂态不足为取。

通俗地讲,在现实生活中所谓的"狂态",就是指一个人骄傲专横、傲慢无

礼、自尊自大、好自夸、自以为是。这样的人在现实生活中还是经常能看到的。具有骄矜之气的人，大多自以为能力很强，做事比别人强，看不起他人。由于骄傲，则往往听不进去别人的意见；由于自大，则做事专横，轻视有才能的人，看不到别人的长处。

《劝忍百箴》中对于狂傲这个问题这样说：金玉满堂，没有人能够把守住。富贵而骄奢，便会自食其果。国君对人傲慢会失去政权，大夫对人傲慢会失去领地。魏文侯接受了田方子的教诲，不敢以富贵自高自大。骄傲自夸，是出现恶果的先兆，而过于骄奢注定要灭亡。人们如果不听先哲的话，后果将会怎样呢？贾思伯平易近人，礼贤下士，客人不理解其谦虚的原因。思伯回答了四个字：骄至便衰。这句话让人回味无穷。

确实是这样。现代人最大的问题之一，就是狂傲之气盛行。骄横自大的人，不肯屈就于人，不能忍让于他人。做领导的过于骄横，则不可能很好地指挥下属；做下属的过于骄傲，则会不服从领导；做儿子的过于骄矜，眼里就没有父母，自然不会孝顺。

狂傲的对立面是谦恭、礼让。要忍耐狂傲之态，必须是不居功自傲，自我约束。常常考虑到自己的问题和错误，虚心地向他人请教学习。

当然，虚心不是表面的恭敬、外貌的卑逊，而是发自内心地认识到狷狂之害，表现出发自内心的谦和。自我克制，明进退，常常能发现自己不如别人的地方，虚心接受别人的批评指正，虚以处己，以礼待人，不自是、不屈功，择善而从，自反自省，忍狂制傲。这样的人才值得称道和重用，日后也必有大器可成。

疏懒的人要吃亏

【原典】

坐止自如，问答随意，此疏懒态也。

【译文】

想做什么就做什么，想怎么说就怎么说，不分场合，不论忌宜，这就是疏懒态。

中国人自古以来都把面子看得很重,那些"坐止自如,问答随意"不顾别人面子的"疏懒态"之人,肯定会吃亏。

明太祖朱元璋出身贫寒,做了皇帝后,自然少不了有昔日的穷哥们儿到京城找他。这些人满以为朱元璋会念在昔日共同受罪的情分上,给他们封个一官半职,谁知朱元璋最忌讳别人揭他的老底,以为那样会有失面子,更损自己的威信,因此对来访者大都拒而不见。

有位朱元璋儿时一块儿光屁股长大的好友,千里迢迢从老家凤阳赶到南京,几经周折总算进了皇宫,一见面,这位老兄便当着文武百官大叫大嚷起来:"哎呀,朱重八,你当了皇帝可真威风呀!还认得我吗?当年咱俩可是一块儿光着屁股玩耍,你干了坏事总是让我替你挨打。记得有一次咱俩一块儿偷豆子吃,背着大人用破瓦罐煮,豆还没煮熟你就先抢起来,结果把瓦罐都打烂了。豆子撒了一地。你吃得太急,豆子卡在嗓子眼儿还是我帮你弄出来的。怎么,不记得啦?"

朱元璋

这位老兄还在那儿喋喋不休唠叨个没完,宝座上的朱元璋再也坐不住了,心想:此人太不知趣,居然当着文武百官的面揭我的短处,让我这个当皇帝的脸往哪儿搁。盛怒之下,朱元璋下令把这个穷哥们儿拉出斩了。

其实,这位老兄并没有做错任何事情,只是过于老实地说出了几句大实话,而没有注意要给当今的一国之君留点面子。皇上在恼羞成怒的情形之下，又哪顾得上什么兄弟情谊，所以在待人处世中，必须注意要给别人留足面子，这也就是很多待人处世高手不轻易在公开场合批评别人的原因，宁可高帽子一顶顶地送，也不能戳到别人的痛处，让对方丢掉了自己的面子。而且，如果你照顾到了对方的面子，对方也会给你面子，人与人之间的关系也会因此而更加和谐。

那么，对于那些被"疏懒态"所困的人，在待人处世中，怎样才能顾及别人的面子，处理好人与人之间的"面子问题"呢？

第一，要善于择善弃恶。在待人处世中要多夸别人的长处，尽量回避对方的缺点和错误，"好汉不提当年勇"，但又有谁人愿意提及自己不光彩的一页呢？特别是如果有人拿这些不光彩的问题来做文章，就等于在伤口上撒盐，无论谁都是不能忍受的。

第二，指出对方的缺点和不足时，要顾及场合，别伤对方的面子。有一个连队配合拍电影，因故少带了一样装备，致使拍摄无法进行。营长火了，当着全连战士的面批评连长说："你是怎么搞的，办事这么毛毛躁躁，就连上战场也装备不齐？"连长本来就挺难过的，可营长偏偏当着自己的部下狠狠批评自己，自然觉得大失面子，于是不由分辩道："我没带是有原因的，你也不能不经过调查就乱批评！"营长一下子懵了，弄不懂平时服服帖帖的连长怎么会这样顶撞他。事后，在与连长谈心交换意见时，连长说，"你当着那么多战士的面批评我，我今后还怎么做工作？"从这个事例中不难发现，假如营长是背后批评，连长不仅不会发火，还会虚心接受批评。营长错就错在说话没有注意时机和场合。

第三，巧给对方留面子。有时候，对方的缺点和错误无法回避，必须直接面对，这时就要采取委婉含蓄的说法，淡化矛盾，以免发生冲突。古时候，吴国有个才子，名叫孙山。他与乡里某人的儿子一同参加科举考试。考完后，孙山先回到了家，那个同乡的父亲就向孙山打听自己的儿子是否考上了。孙山笑着回答说："解名尽处是孙山，贤郎更在孙山外。"孙山的回答委婉而含蓄，既告诉了结果又没刺到对方的痛处：如果孙山竹筒倒豆子，直告对方落榜，那么对方的反应就可想而知了。可惜的是,在现实环境的待人处世中,我们周围许多人说话往往太直接,结果好心办了坏事。

此外,在与人交往的过程中,为了"面子上过得去",还必须对对方有一个充分的了解,做到既了解对方的长处,也了解对方的不足。因为每个人都会有自己的个性和习惯,有自己的需求和忌讳,如果你对交际对象的优缺点一无所知,那么交际起来,就会"盲人骑瞎马",难免踏进"雷区",引起别人的不快。

俗话说得好,"打人不打脸,骂人不揭短",如果说话办事做不到体谅他人,顾及别人的面子,那就永远不会有好人缘,更别说得到高看和重用了。

善于周旋的人必是佼佼者

【原典】

饰其中机,不苟言笑,察言观色,趋吉避凶,则周旋态也。

【译文】

把心机深深地掩藏起来,处处察言观色,事事趋吉避凶,与人接触圆滑周到,这就是周旋态。

周旋态与疏懒态恰恰相反,这些人大多是人群中的佼佼者,不仅智商高,城府深,而且灵巧机警,谦虚忍让,善于控制自己的感情,随遇而安的本事很好,待人接物谨慎细心,应付自如,游刃有余,不仅在书海中有遨游的天才,也能在交际、官场中挥洒灵便,甚至有如神助。在黑白、官商、文武中都可找到自己的位置。解决问题能力强,适于独当一面。如果周旋之中别有一股强悍雄健气,则是难得的大人才。

周旋态最突出的优点就是谦虚忍让、屈伸适时,这些特点在时局对己不利的情况下是及其适用的。

中国古代经典著作《周易》提出"潜龙勿用"的思想,即在一定条件下,等待时机,卷土重来。孔子在《易系辞》中,则以尺蠖爬行与龙蛇冬眠做比喻,进一步解释什么叫"潜龙勿用",他说:"尺蠖之屈,以求伸也;龙蛇之蛰,以存身也。"宋朝的朱熹则进一步发挥这一思想,认为"屈伸消长"是"万古不易之理"。他提出,在时机未到之际,要"退自循养,与时皆晦",要学会"遵养时晦",即隐居待时。

明代冯梦龙在其著作《智囊》中,认为人与动物一样,当其形势不利时,应当暂时退却,以屈求伸,否则,必将倾覆以至灭亡。他说,智是术的源泉;术是智的转化。如果一个人不智而言术,那他就会像傀儡一样,百变无常,只知道嬉笑,却无益于事,终究不能成就事业。反过来,如果一个人无术而言智,那他就像御人舟子,自我吹嘘运楫如风,无论什么港湾险道,他都能通行,但实际上真的遇有危滩骇浪,他便束手无策,呼天求地,如此行舟,不翻船丧命才怪呢! 蠖会缩身体,鸷会伏在地上,都是术的表现。动物都有这样的智慧,以此来保全自身,难道我们人类还不如动物吗? 当然不是。人更应该学会保护自己,以期发展自己。

不知其中道理的人说:"圣贤之智,也有其用尽的时候"。知其缘由的人却说:"圣贤之术,从来也没贫乏的时候。"温和但不顺从,叫作委蛇;隐藏而不显露,叫作缪数;心有诡计但不冒失,叫作权奇。不会温和,干事总会遇到阻碍,不可能顺当;不会隐蔽,便会将自己暴露无遗,四面受敌,什么事也干不成本;不会用诡计,就难免碰上厄运。所以说,术,使人神灵;智,则使人理智克制。

冯梦龙的屈伸之术,通俗易懂,古今结合,事理结合,具有一定的说服力。纵观历史,很多历史人物,要想成就自己的事业,实现自己的理想,在必要的时候,大多使用屈伸之术,以保存自己,等待时机,以求东山再起,或另立山头。历史也说明,善于使用屈伸之术,该屈则屈,该伸则伸,较好地掌握并运用屈伸辩证法,是许多历史人物成功的重要途径。

1.用语言或行动,掩饰自己,以应付突如其来的事变

这种人,善于伪装,随机应变,以逃避敌人的耳目。三国时,刘备因镇压黄

巾起义有功,被授予安喜尉。不久投靠了公孙瓒,代领豫、徐两州牧。用兵失败后,他投奔于曹操,想借曹操的势力来保存自己,以图自己的宏志。他虽归附曹操,但心思却是另外一番,他并不是真心实意归附曹操的,而是不得已的一种策略。但他又怕曹操识破自己的心思,便采取了示弱法,终日种菜,忙于田圃之间。不问国家大事,以此向曹操表示自己胸无大志,只是平庸之辈,从而想避开曹操的注意力,让自己能更好地存在与发展。

刘备虽然不止一次寄人篱下,但他绝不是等闲之辈,而是胸怀大志之人。也正是从这点出发,曹操才收留了刘备。即使刘备整日种菜,装着不闻不问政治与军事,曹操也没看轻他。请他一起进餐共饮,正是这种看法的表现。应该说,曹操的看法是对的。但刘备却在考问题的另一面:他胸有大志,但是实现自己远大抱负的时机还不成熟,如果过早地暴露或是被人察觉,政治抱负很可能就会化为泡影。因此,隐藏自己,不暴露自己的志向,是刘备的主要计策,他归附曹操,只是为了寻找一个暂时的立脚点,曹操请他一起进餐同饮,他便自然地想到怎样更好地保护自己,以求更好地立足和发展。

一天,曹操请刘备喝酒,曹操酒兴正浓,举杯痛饮,同刘备纵谈天下哪些人是英雄,刘备故意列举了一些平庸之辈,以掩饰自己,曹操指着刘备说:"天下英雄惟使君与操耳。"刘备一听说他是英雄,惊恐万分,连吃饭的筷子都掉到了地上。此时恰好雷声大作,众人都抬头看天。曹操见刘备的脸上变色,筷子落地,忙问何故。刘备灵机一动,说自己胆小。"闻雷迅速应变",巧妙地掩饰自己,瞒过曹操。《三国演义》中有诗以赞刘备:"勉从虎穴暂栖身,说破英雄惊煞人。巧借闻雷来掩饰,随机应变信如神。"

2.该忍耐的要暂时忍耐

历史上不少人物在其斗争失利时,为了保全自己,总是装死躺下,忍痛牺牲,克制自己,不露声色,以此麻痹敌人,乘机溜走,如刘秀对刘玄即是此种屈伸之典型。新莽末年,爆发了大规模的农民起义,南阳蔡阳(今湖北省枣阳西南)人刘縯、刘秀兄弟乘机起兵,以重建汉朝为口号,招兵买马。后来加入了绿林军。其同族人刘玄,初入平林兵,被推为更始将军,后来也与绿林军合并。公元23年刘玄称帝,年号更始。新莽王朝灭亡后,他迁都长安,很快便背叛起义。调转矛头杀戮农民军将领。刘秀之兄长刘縯,便被刘玄所杀。

按常理,刘秀肯定不会饶过刘玄,一定要找他算账,以报杀兄之仇。但是,刘秀有自己的考虑。他非但没有找刘玄算账,反而在表面上不动声色,若无其事。朝见刘玄,仍然是和颜悦色,低声相应,根本就不主动提兄长被杀一事。他孝服不穿,丧事不举,言谈饮食犹如平时。难道他对刘玄加害其兄真的无动于衷吗?其实不是那么一回事。兄长本是有功之臣,因争权被杀,他的内心当然是愤愤不平,他为兄长难过,虽然在白天表面上淡如平常,但夜晚枕席之上却常流着眼泪,他下决心一定要完成兄长未完成的事业。可是,眼下他毕竟是刘玄的下属。如果他不能克制,质问刘玄,很可能也被杀害,与其兄一样下场。那还有什么宏图大志可言呢?为兄报仇的目的又怎能实现呢?况且自己也是有功之臣,在昆阳大战中,他率13骑突围求援,建立奇功,刘玄很清楚这一点。此时如果述说一下光荣历史,或许会讨好刘玄,增强他对自己的相信度。但刘秀却只字不提,自有他的高招。

刘玄见刘秀如此宽宏大量,良知发现,深感惭愧,便命刘秀为破房大将军,封武信侯。公元23年,刘秀到河北一带活动,废除王莽苛政,释放囚徒,赢得民心。他以恢复汉家制度为号召,取得当地官僚、地主的支持,势力越来越壮大。刘秀觉得实现自己宏图大志的时机已到,便与刘玄决裂。镇压并收编铜马等农民起义军,力量不断壮大,经过长期斗争,终于打败刘玄,取得天下。公元25年称帝,定都洛阳,建立起东汉政权。至公元37年,统一全国。在位32年间,他先后9次发布释放奴婢和禁止残害奴婢的命令。并多次下诏书,免罪徒为庶民,减轻租税徭役,发放赈济,兴修水利。并减四百余县,精简官吏,节省开支,抑制豪强,巩固中央集权,对稳定和繁荣社会经济,起到了积极作用。

3.利用别人的怜心

所谓取怜,即取得敌人可怜之心,使其不加害于己。这当然是一种假投降的政策。其目的在于,抓住敌人"仁慈"之心。故意装出一副可怜的模样,低声下气奴隶相十足。委曲求全,以此来骗取敌人的信任,保全自己,以图大业。

　　春秋时,越王勾践(前496—前465年在位)即位后不久,在夫椒(今江苏苏州西南)一役中遭吴反击,兵锋大挫,退保会稽山(今浙江绍兴)终究被打败。从此,越国成了吴国的属国。越王勾践兵败被俘,在吴国当了人质。人在吴国,深入危地,当然是凶多吉少,弄不好就有杀身之祸。但考虑到整个越国的利益,为了报仇雪耻,他甘心在吴国做奴隶,忍辱求生,以期早日回归越国,重振民心,强国富民,消灭吴国。在吴国,他再也没有一点国王的威风,而是"身执干戈为吴王洗马"。他没有怨言,而是尽量将马洗

越王勾践

干净,以讨好吴王夫差。他本是一国之君,为他人洗马,何尝愿意?但一想到国耻,人格的尊严就不考虑了。吴王重病时,他服侍汤药,并亲口尝粪。史称他"曲意以欢其心,尝粪以取其怜"。勾践之所以要这样做,无非是要利用吴王夫差的伪善,取得其同情。勾践这一招很有效。时间一长,吴王夫差还真的同情了勾践,不再让他在吴国当人质,而是决定释放勾践回国。为了进一步欺骗吴王夫差,他在临别之际,表示对吴王夫差依依不舍,满面流泪,感谢吴王的仁慈。可是,他一踏上国土,便恢复了原来的面目,如虎归山,他发誓要报仇雪耻,恢复越国的独立地位。于是,他卧薪尝胆,磨炼自己的意志;十年生聚,强国富民;练兵演习,加强国防。后来,吴王发兵北上,在黄池(今河南封丘西南)大会诸侯,与晋争盟时,越王勾践认为时机已到,便乘虚袭吴,吴王夫差被迫回师,向越请和。但越王勾践志在灭吴,拒绝谈和。公元前473年,越军围攻姑苏(今江苏苏州),吴王夫差自刎而亡,强大一时的吴国灭亡了,越王勾践实现了为国报仇雪耻的愿望。越王屈伸之术,深得韩非好评,韩非说:"勾践入宦于吴,身执干戈为

吴王洗马,故能杀夫差于姑苏。"

4.以屈求伸

屈伸之术并不是宏图大志者的"专利",在历史上,每当革命盛势,反动没落阶级的代表人物,也总是乞灵于伪装,以屈求伸,进行垂死挣扎。清代袁世凯即为其人。

1901 年,洋务派首领李鸿章病危,临终时,他推荐袁世凯继位自己的直隶总督兼北洋大臣。1903 年,清政府成立练兵处,任命袁世凯为会办大臣,主持训练新军,将"北洋常备军"扩编为六镇,他便成了北洋军阀的最高首领。1907 年,他又调任为军机大臣、外务部尚书。这一切,引起清廷内部一些人的忌妒。1908 年,摄政王载沣罢了袁世凯的职,叫他回家养病,并派了武弁"随身保护"。袁世凯在政治上处于劣势,但他没有气馁,没有自暴自弃,而是乘机养精蓄锐,以图东山再起。

袁世凯很清楚,随身而来的武弁实际上是朝廷派来监视他的,绝不是什么"随身保护"。因此,他便特别款待武弁,平日里是大鱼大肉,遇有过年过节则另外多加赏赐,给了武弁不少好处。俗话说:"吃了人家的东西嘴软,拿了人家的东西手短。"武弁向上报告袁世凯的行踪表现时,便少不了几句美言,说他是如何安于隐居生活,如何感激朝廷的大恩大德,以使朝廷放松警惕。但袁世凯觉得这样还不够,为了进一步掩饰自己,他还饮酒作诗,持杆钓鱼,闲云野鹤,以示韬晦。并刻有《圭塘唱和集》,分赠给北京的亲友,在更大的范围内故意隐蔽自己,转移朝廷视线。但实际上他却一刻也没离开政治。他和庆亲王奕劻、北洋军的各级将领以及英国公使朱尔典等人,始终保持着联系。徐世昌、杨度等人,则经常给他通报消息。他的大儿子袁克定是农工商部的参议员,及时了解北京情况并禀告其父。他家有电报房,他利用电报房跟各省的督抚通电往来。他的身边还有一批幕僚清客。当时,朝廷政局不稳,天下也不太平,这为袁世凯再度出山提供了极好的时机。所以,袁世凯饮酒作诗,泛舟钓鱼,只是为了欺骗政敌,其政治用心则是以屈求伸。

1911 年,孙中山领导的辛亥革命在武昌爆发,袁世凯再也沉不住气了。在英美公使的压力下,清政府又重新任命袁世凯为内阁总理大臣,兼湖广总督。从此,他施展反革命两面手法,既诱使革命派妥协议和,又挟制清帝退位,遂窃取"中华民国大总统"职位,在北京建立代表大地主、大买办阶级利益的北洋军阀政府。1915 年 12 月,袁世凯正式宣布恢复帝制,改年号为洪宪元年,但因各省因此宣布独立,不得不于 1916 年 3 月 22 日宣布取消帝制。同年 6 月 6 日,袁世凯在全国人民的一片讨伐声中忧惧而死,他虽然以屈求伸,争得了政治地位,但因他站在反历史、反人民的立场上,终被历史所淘汰,被人民所唾弃。

用人先看其长,后看其短

【原典】

皆根其情,不由矫枉。弱而不媚,狂而不哗,疏懒而真诚,周旋而健举,皆能成器;反之,败类也。大概亦得二三矣。

【译文】

这些情态,都是人的内心本色的外在表现,不由人任意虚饰造作。弱态之人若不曲意谄媚,狂态之人若能不哗众取宠,疏懒态之人若能坦诚纯真,周旋态之人若能强干豪雄,日后都能成为有用之才;反之,则是败类俗流。只要分辨出情态的大概状态,就能有二三成的把握看清一个人的将来。

以上四种情态都是人之根性,但并不是全部,只要有其他优点得以补偿,照样可以成大器。

清代思想家魏源指出:"不知人之短,不知人之长,不知人长中之短,不知人短中之长,则不可以用人,不可以教人。"

事实上,人各有所长,亦各有所短,只要能扬长避短,天下便无不可用之人。从这个意义上讲,领导者的识人、用人之道,关键在于先看其长,后看其短。

唐代柳宗元曾讲过这样一件事:一个木匠出身的人,连自身的床坏了都不能修,足见他锛凿锯刨的技能是很差的。可他却自称能造房,柳宗元对此将信将疑。后来,柳宗元在一个大的造屋工地上看到了这位木匠。只见他发号施令,操持若定;众多工匠在他的指挥下各自奋力做事,有条不紊,秩序井然。柳宗元大为惊叹。对这人应当怎么看? 如果先看他不是一位好的工匠就弃之不用,那无疑是埋没了一位出色的工程组织者。这一先一后,看似无所谓,其实十分重要。从这个故事中是否可以悟出一个道理:若先看一个人的长处,就能使其充分施展才能,实现他的价值;若先看一个人的短处,长处和优势就容易被掩盖和忽视。因此,看人应首先看他能胜任什么工作,而不应千方百计挑其毛病。

　　《水浒》中的时迁,其短处非常突出——偷鸡摸狗成习。然而,他也有非常突出的长处——飞檐走壁的功夫。当他上了梁山,被梁山的环境所感化、改造,他的长处就被派上了用场。在一系列重大的军事行动上,军师吴用都对他委以重任,时迁成了有用的人。看人首先要看到他的长处,才能把他的才干充分利用起来。

　　善于从短处看长处,又是识人的一个诀窍。唐朝大臣韩滉一日接待了一位经别人举荐来求官的年轻人。韩滉置酒设宴招待他,席间,此人表现出脾气有些古怪,不善言辞,不谙世故。通常,这种人多不受喜欢,难被启用。然而,韩滉却从他不通人情世故之短,看到他有铁面无私、不屈不阿之长,于是,便命他为"监库门",即现在的仓库管理员。果然,自他上任之后,从无仓库亏损之事发生。

　　在用人所长的同时,要能容其所短。短处包括两个方面:一是人本身素质中的不擅长之处;二是人所犯的某些过失。一方面,越有才能的人,其缺陷也往往暴露得越明显。例如,有才干的人往往恃才自傲;有魄力的人容易不拘常规;谦和的人多有胆小怕事,等等。另一方面,错误和过失是人所难免的,因此,如果对贤才所犯的小错也不能宽恕,就会埋没贤才,世间就几乎没有贤才可用了。西汉文学家东方朔在向汉武帝的奏疏中说:"水至清则无鱼,人至察则无徒。"

水太清,鱼就养不活;对人过于苛求,则不可能用人。

但现实生活中,仍有些管理者在试图寻找完美无缺的员工,他们眼中完美员工的形象总是品质、学识、能力、身体、团队适应能力都是完美和一流的。他们求全责备,很难有人合乎他们的要求。他们招聘来的人,往往是"全能型"的,没有明显的弱点,但却不是专业型的。这些人在完成具体的工作时,不如那些虽有缺点,但在某个方面有优势的人发挥得更好。

而优秀的管理者,在选用人才时,总是优先考虑这个人能做什么、做得多好为标准。

优秀的管理者知道,完人的标准也是在变化的,工业时代标准的完人,可能成为信息时代标准的废人;对工业时代来说是"无用"的,对信息时代来说可能是"优异"的。

所以在用人时,不能总是盯住员工的缺点,想着要去"消除"它;要能够对无关紧要的缺点视而不见,专注于员工的特长,并且最大限度地发挥它。

世上没有完美的人。如果管理者只盯着下属的缺点,不能容忍有缺点的人,那么就只好无人可用了。缺点和长处往往是共生的,在此方面有优点,在别的方面就可能成为缺点。过分果断就可能是刚愎自用,过分谨慎而行可能就是优柔寡断。

知人善任作为一种领导艺术,就要本着"金无足赤,人无完人"的原则,不因为一个人有缺点和过失而使人才与自己失之交臂,不要让人觉得怀才不遇。古人都知道用人不求其备,论大功不录小过的道理。刘邦本人是个无赖,他所用的人大都是负有恶名,但都有一技之长,合起来就是一个整体,无往而不胜。刘邦用人只求独当一面而不要求文武齐备,这大概就是刘邦能得天下的原因吧。

一个管理者如果想让所使用的部下都是没有弱点的人,那么他所领导的组织,充其量也只是一个平凡的机构。所谓完美无缺的人,因为由于追求全面和均衡,他们往往在某个方面钻研不深而成为实际上的价值不大的人员。特别是在现代社会学科知识门类众多，知识飞速更新的年代，传统意义的"全才"已经不可能存在。"成功者都是'偏执狂'"，追求完美有时就意味着平庸，往往是某方面有缺陷的人才最后成了成功的人。

所以，管理者在使用人才时，要能容人之短，对于那些有缺点或有争议的人才也要大胆使用，使他们能充分发挥其才干，从而帮助自己取得事业的成功。

智慧应用

东郭垂观态识人

人一生要经历漫长的路程，大致说来有四个时期：幼年时期、青年时期、壮年时期、老年时期。在各个阶段，人的生理、心理发育和变化都有一定差异，有些方面甚至非常显著。表现在人的肤色上则有明暗不同的各种变化。这就如同一株树，初生之时，色薄气雅，以稚气为主；生长之时，色明气勃；到茂盛之时，色丰而艳；及其老时，色朴而实。人与草木俱为天地之物，而人更钟天地之灵气，少年之时，色纯而雅；青年之时，色光而洁；壮年之时，色丰而盛；老年之时，色朴而实，这就是人一生几个阶段气色变化的大致规律。人的一生不可能有恒定不变的气色，以此为准绳，就能辩证地看待人气色的不同变化，以"少淡、长明、壮艳、老素"为参照，可免于陷入机械论的错误中去。

一般来讲，仁善厚道之人，有温和柔顺之色；勇敢顽强之人，有激奋刚毅之色；睿智慧哲之人，有明朗豁达之色。

齐桓公上朝与管仲商讨伐卫的事，退朝后回后宫。卫姬一望见国君，立刻走下堂一再跪拜，替卫君请罪。桓公问她什么缘故，她说："妾看见君王进来时，步伐高迈，神气豪强，有讨伐他国的心志。看见妾后，脸色改变，一定是要讨伐卫国。"

第二天，桓公上朝，谦让地引进管仲。管仲说："君王取消伐卫的计划了吗?"桓公说:"仲公怎么知道的?"管仲说:"君王上朝时,态度谦让,语气缓慢,看见微臣时面露惭愧,微臣因此知道。"

齐桓公与管仲商讨伐莒,计划尚未发布却已举国皆知。桓公觉得奇怪,就问管仲。管仲说:"国内必定有圣人。"桓公叹息说:"白天来王宫的役夫中,有位拿着木杵而向上看的,想必就是此人。"于是命令役夫再回来做工,而且不可找人顶替。

不久,东郭垂到来。管仲说:"是你说我国要伐莒的吗?"他回答:"是的。"管仲说:"我不曾说要伐莒,你为什么说我国要伐莒呢?"他回答:"君子善于策谋。小人善于臆测,所以小民私自猜测。"管仲说:"我不曾说要伐莒,你从哪里猜测的?"

他回答:"小民听说君子有三种脸色:悠然喜乐,是享受音乐的脸色;忧愁清静,是有丧事的脸色;生气充沛,是将用兵的脸色。前些日子臣下望见君王站在台上,生气充沛,这就是将用兵的脸色。君王叹息时所说的都与莒有关。君王所指的也是莒国的方位。小民猜测,尚未归顺的小诸侯唯有莒国,所以说这种话。"

康熙:先观人心,再看才学

德才兼备是所有用人者倾心追求的人才,但能达到这一标准的人毕竟寥寥,只能两者相权取其重,康熙是"德重于才"论的代表。他强调"德胜于才,始为可贵。"立心制行,人之根本。作为一代封建帝王,康熙始终把德才兼备作为选人的唯一标准,并坚持如一。康熙七年(1668年),他对吏部说:"国家政务必委任贤能……今在京各部院满汉官员俱论资俸升转,虽系见行之例,但才能出众者常以较量资俸超擢无期,此后还有昆要员缺,着不论资俸将才能之员选择补用。"意思就是说,国家政事必须委托给德才兼备的人。现在京城各部院满汉官员的升迁都是论资排辈,虽然这些都是多年的惯例,但才能出众的人常常因为资历太浅升迁无望,此后如果有重要的职位空缺应该不论资历,选拔有才能的人来担任。

康熙二十六年（1687年）四月，康熙帝对吏部说："国家用人凡才优者固足任事，然秉资诚厚者亦于佐理有裨。比部院中亦有一两才优之人，所以未即升擢者，因其有才又能循分，故欠任之。朕听政有年，见人或自恃有才辄专恣行事者，思之可畏。朕意必才德兼优为佳，若止才忧于德终无补于治理耳。"这段话的意思就是说，国家用人只要是有才能的就可以任用，但忠厚老实的人对治理国家也有帮助。每个部院中都有一两个有才能的人，他们之所以未能得到升迁，是因为他们有才能而不能安分守己，因此很长时间担任某个职务。有才能的人总是恃才傲物，一意孤行，想起来很可怕。我认为德才兼备是最好的，如果才优于德，对于治事国家是没有什么帮助的。在这里，康熙帝还是强调选拔人才要把德放在首要位置，才与德比较，德则更加重要。因此，必须坚持德才兼备的任人标准选用人才。早在亲政的最初几年，康熙多次与担任讲官的大学士讨论用人之道。十一年八月，十九岁的他曾让自己的侍讲官、大学士熊赐履谈论对用人方面的看法。熊赐履是这样说的：凡取人以品行为本，至于才气，各有不同，难以概律。随人才器使，但用其长，不求其备。天地无弃物，圣贤无弃人。

熊赐履的话大意也即是说，德行的标准是统一的，而才气则各有各的要求，难以一概而论。对人的使用要根据各自的特长，择其优势而用，不可求全。全人是没有的，天和地之间一切物体都能包容，圣贤看人也是各有各的用处。

康熙十分同意大学士熊赐履的这一观点。事过不久，他又对人谈起这个问题，又让熊赐履讲讲什么叫作"有治人无法治"。熊赐履说道：从来就没有无毛病的万能之法。得其人，变化其心，自足以治；不得其人，虽典章官礼，但亦难尽善。皇上唯留意用人，人材得，则政事理，是不易之道。

大意是说，什么法都不是尽善尽美的。找到了合适的人，让其按法而办，就可以达到目的；人找错了，法规策划得再好，也难以完成。皇上只要留心，得到了合适的人，政治上的事是无须发愁的。事实就是如此。熊赐履又说：人之能否，俱未可以外貌品定。意即看人能力的大小不可仅从其外貌上去判断。

由情态相人

图文珍藏版

康熙也开诚布公地谈了自己的看法，说自己衡量人才的标准是：先观人心术，其次再看其才学。一个人如果心术不正，即便有才学又有何用。他认为虽然知人很难，用人也不易，但是致治之道，全在于此。如果不尽心，人才是不可得的。熊赐履见皇上的观点与他基本一致，抓住了用人之道的关键，十分高兴地夸赞说：才有大小，学有深浅。朝廷因才器使，难拘一格。至立心制行，人之根本。圣贤衡品，帝王论才，必首严其辨。圣谕及此，诚知人之要道。

康熙帝

三、人的恒态与时态

情态有恒态和时态之分,唯有采用恒态和时态的动静结合方法,才能有效地避免机械主义,更能帮助相家全面而正确地判断人的命运。

【原典】

前者恒态,又有时态。方有对谈,神忽他往,众方称言,此独冷笑,深险①难近,不足与论情。言不必当,极口称是,未交此人,故意诋毁,卑庸可耻,不足与论事。漫无可否②,临事迟回③;不甚关情,亦为堕泪,妇人之仁,不足与谈心。三者不必定人终身。反此以求,可以交天下士。

【注释】

①深险:深,指城府深沉;险,指居心险恶。

②漫无可否:无论什么事情都不置可否。

③迟回:犹豫不决。

【译文】

前面所说的是人常有的情态,故称之为“恒态”,除了这些恒态之外,还有一些不常出现的情态,叫作“时态”。与人交谈时,对方的目光游移不定,思路不能专注集中,这表明对方没有诚意;在众人谈笑风生之时,有人独自冷笑,表情漠然,这样的人多居心叵测,手段恶毒,使人难以与他们建立真情;他人发表的意见并不正确,可是有人却随声附和,证明此人爱随波逐流,没有主见;还没有与对方深交,就听到了他在背后恶语中伤别人的言行,证明此人信口开河,道德低下。这些人庸俗下流,卑鄙无耻,是不能与之共谋大事的。遇事置若罔闻,行动犹豫不决,不知何去何从,证明此人处事优柔寡断;遇有不值得大动感情的事,却伤心落泪,或是唉声叹气,证明此人有妇人之仁,不能和这样的人推心置腹地交心。以上三种情态虽不能决定一个人的终身命运,但如能识别以上三种人而真心求之,必能结交天下有名之士。

人的情态主要有委婉含蓄的弱态、狂放不羁的狂态、懒散轻慢的懒态、圆滑变通的周旋态几种,仔细辨别和把握这些发自人们内心的真情反映,即可预判其人是有用之才,还是无能之辈。

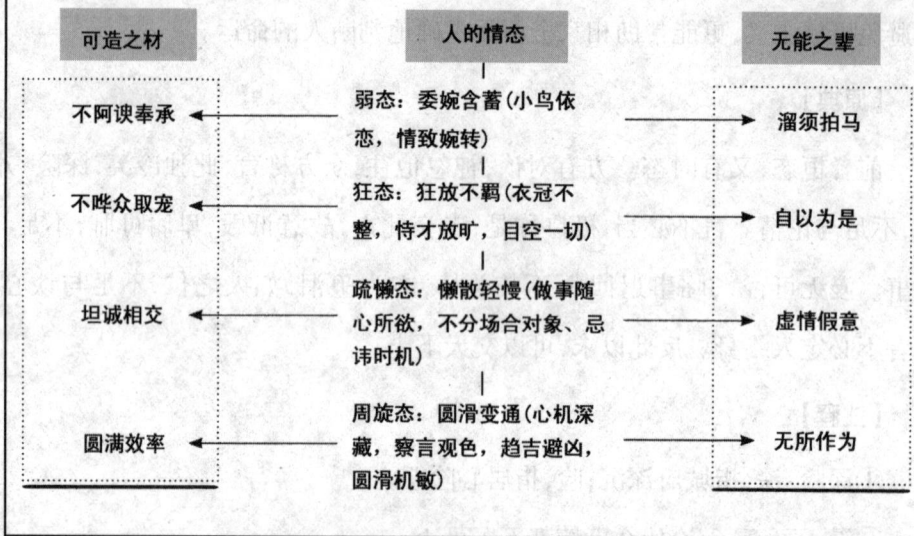

可造之材	人的情态	无能之辈
不阿谀奉承	弱态:委婉含蓄(小鸟依态,情致婉转)	溜须拍马
不哗众取宠	狂态:狂放不羁(衣冠不整,恃才放旷,目空一切)	自以为是
坦诚相交	疏懒态:懒散轻慢(做事随心所欲,不分场合对象、忌讳时机)	虚情假意
圆满效率	周旋态:圆滑变通(心机深藏,察言观色,趋吉避凶,圆滑机敏)	无所作为

人常有的情态,称为"恒态",不常出现的情态,叫做"时态"。人们通常根据日常交往中所观察到的时态变化与恒态之间对比细节,来考察人品质的本性与优劣,其中有三类人不足以论情、论事和谈心。

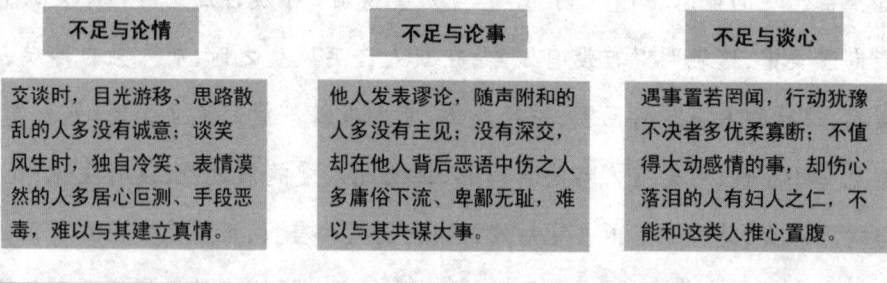

不足与论情	不足与论事	不足与谈心
交谈时,目光游移、思路散乱的人多没有诚意;谈笑风生时,独自冷笑、表情漠然的人多居心叵测、手段恶毒,难以与其建立真情。	他人发表谬论,随声附和的人多没有主见;没有深交,却在他人背后恶语中伤之人多庸俗下流、卑鄙无耻,难以与其共谋大事。	遇事置若罔闻,行动犹豫不决者多优柔寡断;不值得大动感情的事,却伤心落泪的人有妇人之仁,不能和这类人推心置腹。

情态中弱态、狂态、疏懒态、周旋态是个体固有的、恒定的为人处世方式，聪明的上司总能准确抓住这些恒态，"人尽其才，物尽其用"地挖掘不同员工的潜力。

弱态：多心思细腻，办事周全，适宜做规章严谨、琐碎细致的工作，但不堪重任。

疏懒态：多有才可恃，需加以督导和鼓励，凡事皆可释怀，适宜自我释放压力。

人的情态

周旋态：多才智出众，心机过人，善于人际沟通或处理应急事务。

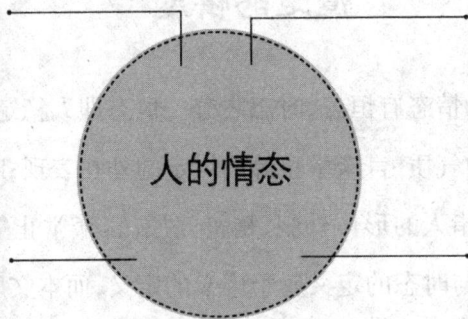

狂态：多恃才独断，桀骜不驯，适宜从事其擅长方面、富有挑战性的独立性工作。

信口开河之人

信口开河之人在不了解对方的情况下，自以为是地在背后说他人坏话，恶意中伤，完全可称作"道德低下"，属卑贱平庸之辈，不值得深交。

恒定的情态

前文提到,所谓的情态有恒态、时态之分。恒态即人稳定或者恒定的情态,指人的形体相貌、精神气质、言谈举止等的恒定的外在表现;时态则是人随时变化的、未定型的情态,指人的形体外貌、精神气质、言谈举止等的不断变化的外在表现。上面对恒态与时态的定义属于广义的定义,而本文所要论述的则是狭义的,即局限在言谈举止范围内的恒态与时态。恒态是言谈举止的恒定一贯表现,时态是言谈举止的偶然的、未定型的表现。

在《冰鉴》中曾国藩将恒态分为弱态、狂态、疏懒态、周旋态四种。弱态的人其特征全在一个弱字,一般性情温和友善,慈爱近人,却流于优柔寡断,信心不足,少果敢独立之气,不能坚持个人意见,缺乏主心骨,对别人言计听从。这类人如果不能下定决心改变自己,增强信心与决心,通常都只能给别人做助手,难以独当一面。当然,如果弱态的人从事文化艺术事业或者宗教事业,却又能做出成绩。

弱态

弱态的人心思细腻,感官敏锐,观察细致,通常能发现别人没有注意或者无法发现的东西,对于生活中美好的东西有一种天然的亲近感。他们通常精明干练,做事周全,特别是对一些细节处理得非常贴切,富有创造性。

所谓的弱态也分为真弱与假弱。真弱是真正处于弱态,这样的人最典型的例子就是李后主李煜,他为一国之主却不能保全国家,成了亡国之君,却在文艺上取得了卓越的成就,其词中感情之细腻、真挚令人扼腕啊。而假弱的人,假装弱态明哲保身以图未来。这样的人数不胜数,最典型的要数春秋时期的越王勾践,战败以后一边装疯卖傻,对吴王服服帖帖鞍前马后,一边积蓄力量,最后灭了吴国一雪前耻。

最后弱态还表现在，小鸟依人一般，情致婉转，让人我见犹怜，《红楼梦》中的黛玉是最典型的代表，其诗词也极具功底。

狂态

狂态之人的特征全在一个狂字，通俗一点就是张狂。这样的人一般都恃才傲物、狂放不羁、愤世嫉俗，不满现实，为人耿直，处世缺乏圆滑。他们做起事情来我行我素、自成一体，一般人很难理解，他们自己又不屑解释或者去迁就别人，因而他们一般都很孤独。但正是这样，使他们能够沉醉于自己的世界，专心于发明创造，并且持之以恒，往往能做出很大的成绩。因而他们适合去做一些需要创造性的工作，比方说发明家、研发人员等。

不过，过分的狂傲不是什么好事，轻的一生孤独，重的那就是丢掉身家性命。三国时的杨修就是典型的狂傲之人，最后为曹操所杀。弱态有真假之别，狂态也有，其关键在于是否是真的有才。真狂是恃才而傲，身怀绝技，狂傲有狂傲的本钱，上面提到的杨修就是属于真狂，其才学闻名于当世。假狂是志大才疏，自命不凡，眼高手低，自高自大，狂傲却没有真才实学；这样的代表战国时期赵国的赵括算一个，读兵法的本事他倒很有几分，接替廉颇指挥赵军后，那是信心满满，最后一败涂地，闹得唯一能与秦国匹敌的赵国一蹶不振，成为二流国家。

狂而有真才称为傲，恃才傲物；狂而无才称为娇，自大而娇。对于傲才与娇才，宁用傲才，不用娇才，不过恃才傲物也需要有限度。

疏懒态

疏懒态的人，大多是有真才实学的，只是对世俗社会公认的一些行为准则与伦理规范不以为然，满不在乎，从而表现出一种懒散懈怠、傲慢、玩世不恭的状态。这样的人，如果为人真诚，与人坦诚相待，就可以走到哪儿，哪儿都有朋友，可谓朋友满天下，并适合从事科研工作、艺术创作。

对于疏懒的人，疏懒只是他们性格的一方面，一旦某件事能够吸引他们，他们则会全身心地投入这件事中,勤勤恳恳,不达目的誓不罢休。因而,对于疏懒的人是需要引导的,只要能将其兴趣与当前的事业、工作结合起来,他们就会迸发出旺盛的热情,所谓疏懒就抛到九霄云外去了。他们会又好又快地完成这些工作。在引导的同时,不能强迫他们干他们不喜欢的工作,并且为了保持他们对工作的新鲜感,适当地几年甚至几个月就为他们换一个工作或职位,这样能发挥出他们最大的潜力。

疏懒态的人绝对不能做官,对于他们这样的人,上级不会选择这样一个懒散懈怠而又傲慢、玩世不恭的人做自己的下属:而他们

耳相

耳型	命相	图释
金耳	主老妻刑子。高眉一寸天轮小,耳白过面并垂珠; 富贵闻名于朝野,只嫌招子末年孤。	
木耳	主无隔宿粮。轮飞骨露六亲薄,犹恐资财不足家; 面部若好碌碌度,不然贫苦定须花。	
水耳	主名驰海宇。水耳厚圆高过眉,又兼贴脸有垂珠; 硬坚红润如卓立,富贵当朝大丈夫。	
火耳	主序列朝班。高耳轮尖廓且反,纵有垂珠不足夸; 山根卧蚕若相应,末年无灾寿更加。	
土耳	主老而安逸。土耳坚厚大且肥,润红安色正相宜; 绵长富贵六亲足,鹤发童颜辅佐时。	
虎耳	主威严莫犯。耳小轮廓又缺破,封面不见始为奇; 此耳之人多奸险,亦能有贵有威仪。	

耳型	命相	图释
棋子耳	主兴创家业。耳圆轮廓喜相扶,白手兴家资自圆;祖业平常自创立,中年富贵若陶朱。	
箭羽耳	主先盈后窘。土节高眉寸有余,下生箭羽没垂珠;祖业田园家万顷,终须破败走东西。	
低反耳	主耗散幽冥。耳低廓反又轮开,年幼形孤且损财;应有家资终消耗,他人恐死没人埋。	
垂肩耳	主天下第一人。无廓无轮耳虽厚,或前或后或垂珠;纵然富贵成何济,晚景多凶灾害乎。	
鼠耳	主贫寒破败。鼠耳交飞根反失,纵然过目不为贤;鼠盗狗偷终不改,末年破败丧牢坚。	
贴脑耳	主福禄并至。两耳贴脑轮廓坚,压眉压眼是高贤;六亲昆玉皆荣贵,百世流芳乐自然。	
扇风耳	主败尽客死。两耳向前且兜风,破尽家资及祖宗;少年享福中年败,末岁贫苦守孤穷。	
驴耳	主奔驰度外。有轮有廓耳虽厚,又兼软弱又垂珠;此耳之人必贫苦,末年凶败事蹉跎。	

自己也很难处理好与上级和同事的关系,会受到同事与上级的排挤;如果他们身为上级,也很难与下级相处,弄得下级离心离德。

最后,需要指出的是疏懒的人并不一定就是疏懒态的人。疏懒的人,只是具有疏懒的表现,他们才智平平,算不上疏懒态的人,只能算疏懒之人。而疏懒态的人,那是有真才实学的,只是对大多数事情提不起兴趣,懒得表现出来而已。

周旋态

周旋态的人一般智慧极高、灵巧机警,善于调节自己的情感,待人接物游刃有余、应付自如,是交际应酬的行家能手,天生的外交人才。无论是宦海沉浮、商道诡诈,还是学海无涯,他们都能够挥洒自如如有神助,取得好的成绩。战国时期的纵横家就是周旋态的典型代表,他们周旋于各国之间,时而六国合纵,时而与秦国连横,可谓一言兴邦、一言灭国。

嘴相

口型	命相	图释
弓口	发达名扬。口如弯弓半上弦,两唇丰厚若丹鲜;神清气爽终为用,富贵中年福自然。	
四字口	口形如四,主出类拔萃。口角光明唇两齐,两头略仰不低委;聪明更又多才学,富贵应须着紫衣。	
羊口	偏长偏尖,主流年虚度。羊口无条长且坚,两唇又薄得人嫌;口尖食物如狗样,贫且贪而凶又遭。	
牛口	主福寿悠远。牛口双唇厚且丰,平生衣禄更昌隆;涵中带清心计巧,富贵康宁寿比松。	
吹火口	双唇总是不自觉地半开半关,主桃花无实。口如吹火开不收,嘴尖衣食苦难求;生成此口多贫夭,屋下须教破且休。	
虎口	主德威并济。虎口阔天有收拾,须知此口必荣华;若然不贫且大富,拾玉堆金乐自然。	

口型	命相	图释
鲫鱼口	口很小，主狭然在世。鲫鱼口小主贫穷，一生衣食不丰隆；更兼气浊神枯涩，破败飘流运不通。	
覆船口	主颠沛流离。口角浑如覆破船，两唇牛肉色烟联；人逢此口多为丐，一生贫苦不须言。	
樱桃口	主聪明秀学。樱桃口尖唇腮脂，齿似榴子密且齐；笑若含情运和畅，聪明拔萃紫袍衣。	
猪口	主终于非命。猪口上唇长粗润，下唇尖小角流涎；诱人讪谤心艰险，落在途中半世边。	
方口	主食禄千钟。方口齐唇不现牙，唇红光润似朱砂；笑而不露齿亦白，定知富贵享荣华。	
猴口	主悭而不吝。猴口两唇细又长，人中破竹更为良；平生衣禄皆丰足，直到世年福寿康。	
龙口	主珠覆簪缨。龙口两唇长且坚，光明口角更清奇；呼聚喝散权通达，玉帝缠腰世所稀。	
仰月口	主禄在其中。口如仰月上朝弯，面白唇红如抹丹；满腹文章发现美，竟达富贵列朝班。	
鲇鱼口	主枉在浮生。鲇鱼口角间低尖，鸟薄双唇又欠圆；如此之人主贫贱，须臾一命丧黄泉。	

这样的人一般在为人处世时，都会掩饰自己的想法，并花很大的工夫去察言观色，发现别人的想法与需求，然后投其所好，以达到自己的目的。周旋态的人也可以分为两种，一种人是为掩饰而掩饰，一种是为达目的而掩饰。为了掩饰而掩饰的人，实际上没什么才学、手段，尽管他们尽力掩饰这一点，尽力掩饰自己的目的，但在别人看来他们的无能与目的就写在他们的脑门上。而有才学与手段的人，尽管他们是在掩饰、表演，但因为他们抓住了别人的心思，使别人按照他们的思路走下去，在别人眼里他们是很真诚的。周旋态的人适合做外交

官或者公关人员。

以上这四种情态的人，都属于文人学士阶层，对曾国藩来说，就算是假弱态、假狂态、假疏懒态、假周旋态也并不含有什么贬义；周旋态的察言观色、投其所好以达目的，在现在看来可能为人所不齿，但在曾国藩那儿也并不是贬义，现实中也正是这样的人才能成就大事，并且他们是文人学士，还谨守着儒家的传统道德，这种道德是四种态的基础，或者说潜台词。偏离了这个潜台词，那才是真正的不好，为曾国藩所鄙视。

比方说，弱而带媚，即弱态的人一味地向人献媚、摇尾乞怜，这就变成溜须拍马之辈；狂而带哗，即恃才而傲、恃宠而骄，经常无事生非、无理取闹，鄙俗下流，粗野无比，这就成了蛮横无理之人；疏懒而不真诚，即一味地狂妄自大，什么都不放在眼里，这样的人最终难逃祸害，甚者身死家灭；周旋而无建举，即与人周旋而又缺乏柔中带刚刚中带柔的气概，要么一味地坚持周旋不能继续，要么一味委曲求全而不能达到目的，最后所谓的周旋失去了意义。

总而言之，弱态不能谄媚，要坚持自我；狂态不能过分张狂生事，要狂而有度，并有狂的资本即才学不凡；疏懒态不能对人虚伪，而要对人真诚，这样才能做到虽然疏懒，却能与人处好关系；周旋态不能无建举，而要柔中带刚、外柔内刚，以柔的圆滑应付外部世界，而又内藏阳刚，以坚定自己的目标，使周旋成为达到目标的手段。

善变的情态

所谓时态，是人在具体的交往中所表现出的情态，它是善变的。面对同样的事情，今天可能这样对待、处理，明天可能就是用完全相反的方法去对待、处理了。它所表现的是人面对事情时的想法，具有时效性，但总的来说这种一时一地的想法还是在内心的本性的指挥下做出的，只是根据时间地点有些变化而已。

正因为所谓时态具有时效性，会随着个人心性的成熟、时间地点的变化，而有所不同,是人际交往中的具体层面的东西,严格地说都不属于相学范畴。因而曾国藩也说,时态与人的命运没有什么关系,也不能因为某一时态而给人贴上一个标签,终身不再往来。

时态在现实生活中最具有可操作性,是察言观色了解别人言外之意的好工具。比方说,正在跟别人面对面交谈,他却突然将目光转向别处,思想开了小差,这是一种对人不尊重的表现。这时此人对与他说话的人毫无尊重,对所谈之事毫无诚意、感到厌烦或者别有隐情。又比如,大家言谈甚欢的时候,他却在一边冷眼旁观、漠不关心,甚或还冷言冷语,这样的人冷峻寡情,居心叵测,自我孤立于众人。上述的两种表现都是有悖于常情、常理的,因而曾国藩认为只有城府极深、居心险恶的人才会这样做,这样的人很难接近,不值得交往。

别人发表的意见未必正确、妥当,他却在一边大力鼓掌附和、捧场,连声说"是、是、是,对、对、对"。这样的人一般都是没有什么主见的人,意志薄弱,是巴结奉迎、投机取巧的可怜虫。还没有跟别人交往过,根本就不了解别人,就仅凭传言与臆想在背后说人坏话,对人极尽诬蔑、诽谤之能事;这样的人通常都是些没有学识,毫无修养,习惯于见风使舵、信口开河,不负责任之辈。这两种人,一个是下流无耻,一个是庸俗卑鄙,不能与他们一起共事。

有的人对什么事情都拿不定主意,优柔寡断、前怕狼后怕虎,这样的人没什么气质,缺乏信心。长此以往他们就会变得因循守旧,不会办事,不会动脑子的蠢人。这样的人,其自信心不足、性格软弱的根源在于胸无大志。因此,他们做起事来没有主见,不敢承担责任,人云亦云,唯唯诺诺。只能浑浑噩噩地度过一生,毫无成就可言。有的人非常敏感,多愁善感,看见落花就不自觉地流泪,看见风起就不禁伤时悲情。这样的人具有慈悲之心,但在曾国藩看来,这并非什么好事;古人有"成大事不拘小节",不能有"妇人之仁"的说法,在这些成大事的人的眼里,上面的仁慈之心就是典型的"妇人之仁",难以成就大事。因而曾国藩认为,那些婆婆妈妈的人是干不了大事的,不能与他们一起商讨大事。

上面讲述了三种分别不能与之交往、共事、商讨大事的人,在实际生活中所

由情态相人

图文珍藏版

表现出来的时态。不过,关于这些时态的判定也不是绝对的,有一些例外的情况。比方说,第一种不能与之交往的,也可能他们对所谈论的事兴趣寡然,当然只能是沉默不语,甚至走神、眼睛看向别处了;还有可能他对此事有独到的见解,只是懒得说而已。第二种不能与其共事的人,也有可能是人怀才不遇,故意发表一些奇谈怪论,以引起别人的主意,以使自己得到进用的机会。第三种的妇人之仁不能与之商量大事的,须知仁并不是什么坏事,乱世当用霸道,治世必然得行仁道,以仁行事,有仁者之风,仁者无敌。

因而,在判断一个人时,决不能武断,要结合其行为的背景、学识、性格、兴趣等等,也就是要将恒态与时态相结合去考察。在考察时态时要结合恒态,结合了恒态就会知道,有些人是很会演戏的,很多时态可能都只是表演,从这些时态做出的不能与之交往、共事、商讨大事的判断是站不住脚的,得出的相反的结论也是站不住脚的。在考察恒态时结合时态,其原理跟通过考察情态去了解神一样,人的恒态会不自觉地通过不经意的举动流露出来,也就是通过时态流露出来,考察恒态结合时态有助于认识到真正的恒态。

最后,再次强调一下,对时态的考察与命运无关,时态的不稳定性决定了它的可变性,就算人的某些时态不好,只要能够认识到,并且加以纠正,同样可以与之论请、共事等。反推这些时态,以跟人交往真诚、做事果敢等去与人交往,则可以朋友满天下了。

察人要恒态、时态相结合

【原典】

前者恒态,又有时态。

【译文】

前面说的几种情态是恒态。但这还不足以全面地观察一个人,还要结合时态,这也是情态的一种。

恒态，直解为恒定时的形态，具体地说，就是人的形体相貌、精神气质、言谈举止等各种形貌在恒定状态时的表现，在这儿主要是指言谈举止的表现形态。

观察一个人的恒态，对帮助评判他的心性品质有重要作用。

时态，与恒态相对，直解为运动时的形态，时态与人的社会属性、社会环境密切相关。人的活动，无不打上环境和时代的烙印。脱离时代与环境而独立生活的人是不存在的。连烽火岛上的鲁滨逊也用着其他人造的枪和火药。通过时态，能充分体察出人的内心活动。

古人由于各种局限，未能明确地提出"恒态"与"时态"相结合的方法，较多地注意了"恒态"而忽略了"时态"，因而缺陷不小。曾国藩在这方面则脱出了前人的框子而有所创建，明确提出"恒态""时态"概念，由自发上升到自觉高度，在这方面比其他人大进了一步。这也是曾国藩作为晚清重臣的过人之处。

古人并没能提出"恒态""时态"的动静结合方法，而《冰鉴》却弥补了其中的不足。实际上，恒态与时态相结合的方法，有辩证法的成分，能有效地避免机械主义的错误。

恒态注重于眼观，时态注重的是实践。识人的经验告诉人们：眼观不能完全代替实践，这是千真万确的。因为人的眼睛识人，因种种原因可能会产生某些错觉。所以，要从根本上知人，只能通过实践，实践出真知。即要知人，要重在其实践，通过实践看其表现如何。日常生活中，一些人可以用花言巧语去骗人，但要用其实践去掩盖自己的虚诈面目是很难的，假动作也许可以骗人于一时，但不可能骗人一世。

识人，要听其言，观其行。就是强调识人不仅要听其所说得如何，更重要的是要看其做得如何，这就是我们所讲的实践。

听舆论对人的评价，对辨别贤佞虽有参考的作用，但难以确定，因为舆论如出于别有用心而颠倒是非的人之口，好人可以说成坏人，坏人也可以说成好人。所以知人要务实，即要实事求是地弄清其人的行为，在事实面前，贤佞自可辨明。因此,看人要看其实践,从其人实践中就可知其人如何,实践是知人的标准。

张飞

《三国志·蜀书·魏延传》记载:魏延,字文长,义阳(今河南桐柏东)人。以部曲随刘备入界,屡有战功,升牙门将军。刘备任汉中王,迁都成都,物色重将镇守汉中,众论以为必是张飞,飞亦认为非己莫属,因刘备最信任的是关羽、张飞,而这时关羽在镇守荆州。可是,刘备却破格提拔魏延为督汉中镇远将军,领汉中太守。汉中位处前线,是蜀重镇,镇守汉中是独当一面,不用为众所称的虎将张飞,而被破格提拔一牙门将军负此重任,这大出人们意料之外,因而引起全军大惊。刘备大会群臣,问延:"今委卿以重任,卿居之欲云何?"延答道:"若曹操举天下而来,请为大王拒之;偏将十万之众至,请为大王吞之。"刘备赞许,众壮其言。

刘备以知人见称。刘备之所以知人,主要看其人在实践中如何。他选将用人也据此而定。刘备破格提拔魏延镇守汉中,是根据魏延在战争实践中的表现决定的。魏延出身行伍,他是从实战中打出来的,他学到打仗的本领是来自实战,他是以其卓越的战功获刘备赏识的。

在实践中识人,从根本上说,就是行为观察:听其言,观其行,这是古今中外识人的方法之精华所在。

古人说，善观人者索其终，善修己者履其始。就是说，善于观察识别人的人必须考察其所观察对象行动的最后情况，善于自我修善的人必然始终如一。

总之，听言不如观事，观事不如观行。即听其说话不如看他做事，看他做事不如观察其德行。

不足以论情的两种人

【原典】

方有对谈，神忽他往；众方称言，此独冷笑，深险难近，不足与论情。

【译文】

与人交谈时神游他处的人缺乏诚意；大家都在言谈欢笑，而他却独在一处冷笑众人，这样的人深险难近，这样的两种人都不能与之建立情感。

"方有对谈，神忽他往"，正在与人交谈时，他却随便把目光转移到其他地方去，或者一个话题正在交谈中，他却突然把话题转到与此全不相干的另一件事上去，可见这种人既不尊重对方，又缺乏诚意，心中定有别情。

"众方称言，此独冷笑"，大家正谈得笑语嫣然，兴致勃勃之时，唯独他一个人在旁边冷眼观之，无动于衷，可见这人自外于众人，而且为人冷漠寡情，居心叵测。

以上两种情况均与正常情态相悖，不合常理。如果不是当时心中有什么其他急事，导致他失常的表情，那么这种人多半是属于胸怀城府、居心险恶之人。这种人与他人建立良好友谊不容易，别人对他也敬而远之。因此，曾国藩评论为"深险难近，不足与论情"。

在日常交往中，我们常遇到那些不露声色的人，他们城府极深，从不显露自己的本意。对于这种人，我们一定要保持高度警惕，例如，如果言论明显有利于某种人，那么就应知道谈话者试图蒙蔽别人；如果言论明显不利于某种人，那么就应该知道谈话者有意要陷害人；如果言论明显倾向于对某种人际关系不利，那么就应该知道谈话者有意在挑拨离间；如果言论明显避开某些人而不加评价，那么就应该知道谈话的人有意在压抑人才。

在社会中，小人常常采取不正当的手段和途径来取得上级的宠信，例如顺应上级个人的好恶谈论问题，以此谋求个人的超常利益。如果按他们的建议办事，很快获得了利益，但随之而来的是祸害。所以，高明的人从不用小人。

汉成帝刘骜登基后，皇太后王政君的众兄弟子侄，或是将军，或是侯爵，他们互相炫耀、声色犬马。她的三弟王曼，很早就去世了，没有封侯，王曼的寡妻带着儿子王莽住在宫中。王莽城府极深，深不可测。他态度谦恭，生活俭朴，好学；他侍奉母亲跟寡居的嫂嫂，抚养亡兄的儿子，都十分尽心；他结交有才干之士，彬彬有礼；侍奉叔伯，委曲迁就。大伯父王凤，是军中最高统帅，患病时，王莽日夜在床前侍候，亲自尝药，王凤深受感动，临死前，向王政君、刘骜推荐，使王莽擢升为射声校尉，成为北军八大指挥官之一。不久，王莽又被提升为骑都尉、光禄大夫、侍中随从。

当时，卫尉淳于长，十分受宠，王莽认为，他是自己前途中的障碍，因而在侍奉七叔王根时，攻击淳于长的隐私，后来报告皇太后与汉成帝。成帝认为，王莽首先揭发奸恶，忠心正直，突升他为大司马。

六年后，王莽大权在握，他用雷霆手段，打击政敌；另一方面对三朝元老、宰相孔光毕恭毕敬。最后，凡是向王莽靠拢的，全部升迁；而冒犯王莽的，一律诛杀。

莫与卑庸可耻之辈论事

【原典】

言不必当，极口称是；未交此人，故意诋毁，卑庸可耻，不足与论事。

【译文】

无论别人说什么都极口称是；对于还未交往的人就刻意诋毁，这两种人属于卑鄙庸俗可耻之辈,不能与之合作共事。

"言不必当,极口称是",别人发表的观点和见解未必完全正确,未必十分精当,他却在一旁连连附和,高声称唱,一味地点头"是,是,是"。这种人如不是故意的,定是一个小人,胸无定见,意志软弱,只知道巴结逢迎,投机取巧讨好别人。这类人自然当不得重任。

"未交此人,故意诋毁",不曾与人交往,对人家全然不了解,全是道听途说,加上自己的主观想象,就在人背后飞短流长,说人坏话,故意恶意诽谤他人,诬人清白。这种人多半是无德行的小人,无学无识,又缺乏修养,既俗不可耐,又不能自知。

曾国藩所言"卑庸可耻"之辈典型的特征就是口蜜腹剑,当面一套背后一套。口蜜腹剑是个典故,其始作俑者是唐朝的李林甫——典型的卑庸可耻之辈。

自唐玄宗登基以来,天下承平日久,玄宗逐渐不理政事。李林甫任宰相以后,将朝中贤能者一一挤出朝廷,天下人多有议论,唐玄宗却对李林甫一直极为信任。

天宝六年(公元747年),唐玄宗下诏:"天下之士,凡有一技之长者,可以参加廷事,合格者任以官职。"

李林甫闻诏,内心十分恐慌。自己的所作所为,天下人共知,唯独深居宫中的唐玄宗未有所闻。如果让天下之士面见皇帝,必然会暴露无遗,为防止万一,李林甫只得硬着头皮向玄宗进言:

"陛下乃万乘之驱,选贤举能是臣子的事,何劳陛下亲自过问呢?何况,天下士人犹如茅草,不识礼度,只会狂言乱语,此等事情委托给尚书省长官就行了。"

唐玄宗李隆基一时没弄清李林甫的本意,还以为李林甫在为自己分担国事,心内大喜,便答应道:"选贤之事由你去办,朕也就放心了。"

李林甫一听玄宗允诺，长长地舒了口气。退朝之后，李林甫召集自己的亲信，进行嘱咐："此次选贤之事，诸位尽力去办，但不可录用一人！"

这次考试，大诗人杜甫也满怀希望地参加了，但结果，杜甫和所有的应试者竟无一人考中，充满希望的杜甫彻底绝望了，气愤之余，将痛恨见之于笔端，写下了"纨绔不饿死，儒冠多误峰"的诗句。

李林甫却厚颜无耻地将此恶作剧作为捞取恩宠的资本，急不可待地上奏："启奏陛下，天下之士无一合格者，都是些卑贱昏庸之人。自陛下登基以来用人有方，使得野无遗贤，实在是可喜可贺之事。"

唐玄宗听罢哈哈大笑，对李林甫的奉承媚谀之词感到极为顺耳。

为了进一步巩固自己的权势，李林甫大耍各种手段。有敢于在朝廷言政事者，一律贬斥，有的甚至遭杀身之祸。这样一来，天子耳目不灵，对朝廷以外之事根本不晓。其他官员也成了持禄养闲之人，看李林甫的眼色行事。

一次，一个官员不畏李林甫的权势，上书评议朝中大事，结果被李林甫贬职。李林甫为了防止再出现此类事情，便威胁其他大臣："今明主在上，你们听命于上就可以了，还有什么可议论的呢？君等难道不见厩中之马乎，终日无声，则有丰美的食物；一鸣，则黜之矣。"自此以后，朝中大臣不敢再有谏之者。

压制朝中大臣的同时，李林甫还施计堵塞外放官员的升迁之路。开元时期，像薛讷、郭元振、张嘉贞、张说、萧嵩、杜暹、李适之等人，都因

李林甫

为在边地立下功劳，而后入宫相天子，均为难得的人才，这也是唐朝选相的一条

重要原则。李林甫对于守边的儒臣，特别是其中功劳卓著者，极为嫉恨，唯恐他们出将入相，对自己构成威胁，便向玄宗上奏："以陛下之雄才大略，治国有方，国富民强。然夷狄未灭，一直是朝廷大患，而今守边之将皆文臣，这些人贪生怕死，不懂战事，遇敌不能身先士卒，于守边无益，不如用蕃将。蕃将生而勇武有力，自小养于马上，长于战事，这是他们的天性。陛下若欲灭夷狄，威加四海，委蕃将以重任，他们必然感恩戴德，为陛下卖命，夷狄则不足虑也。"

唐玄宗听了李林甫的上奏，感到很对，就高兴地答应了。实际上，这是李林甫专权用事的又一个奸计。在唐代，蕃将是没有资格任宰相的，这样，李林甫便能安安稳稳地当他的宰相，再也不用害怕文臣立功于边陲了。

细心洞察最接近你的人，你会成功地避免许多你意想不到的损失。而错误地识人最终会带来不良的恶果。

我国古代的两大名相管仲和王安石就曾为我们做出过表率。管仲辅佐齐桓公时，齐桓公曾向他介绍身边最为忠诚的三个臣子：一个为了侍候帝王自阉为太监；一个尾随君主十五年不曾回家探亲；而第三个更为厉害，为了给皇上滋补身体竟把自己的儿子杀了做羹。管仲听说，就劝齐桓公把这三个小人赶出朝廷，理由是他们虽貌似忠诚，却违背了正常人的感情，可见居心不良。另一位名相王安石在变法期间屡受非议，有一个叫李师中的小人乘机写了篇长长的《巷议》，说街头巷尾都在说新法好，宰相好，为王安石变法提供雪中送炭般的舆论支持。但王安石一眼就看出了《巷议》中的伪诈成分，于是开始提防这个姓李的小人。

生活中往往有两面三刀者，就是采取各种欺骗方法，迷惑对方，使其落入陷阱，达到自己的企图。

在当代，也不乏当面一套背后一套的口蜜腹剑的阴谋家。有的就在我们的周围，有时，他们看到你直上青云，就会逢迎拍马专拣好听的话讲；有时，他们看到你事事顺心、进展神速而在背后造谣生事向上层人物进谗言，陷你于不利；有时欺骗、谎言、圈套从他们头脑中酝酿成"捆仙绳"套在你身上，使你翻身落马；

有时,他们看到你堕入困境则幸灾乐祸,趁火打劫。所有的这一切,我们岂能不防呢?

人们之所以受到接近自己的人的伤害,重要一点就是不善于识人,错把小人当君子,误把骗子当朋友。在现实生活中,尽管那些居心叵测的人善于伪装自己,但由于其本身之意在于存心害人,所以不论他伪装得多么巧妙,总会露出马脚。可以通过他的言谈举止及处理问题的具体方式诸方面来观察他的人品。当发现你身边的人十分虚伪、奸诈时,那么你必须采取适当的防范措施。在一般情况下,只要你经常注意通过多方面洞察与你接近的人,就会发现许多你在平时所不易觉察到的东西,也会很清楚地了解到你身边的人对你的真实态度,而不至于在危险来临时全然不知,甚至还把加害你的人作为亲密的朋友对待。

不与优柔寡断之人谈心

【原典】

漫无可否,临事迟回;不甚关情,亦为堕泪,妇人之仁,不足与谈心。

【译文】

做事拿不定主意的人优柔寡断,为不相干的事大动感情的人,这样的人不值得与他推心置腹。

"漫无可否,临事迟回"。生活中有一类人,他们优柔寡断、畏畏缩缩,做事只知因循守旧,而不知人有创新,陈规当除。因此,他们既缺少雄心壮志,又没有什么实际才干,动手动脑能力都差。遇事唯唯诺诺,毫无主见,喜欢推卸过错,不敢承担责任,不敢挑工作重担。因而,他们什么见解也没有,什么事也做不成,徘徊迟疑,犹豫不决,空老终身。

"不甚关情,亦为堕泪"。指生活中那类多愁善感的人,他们内心世界很丰富,也非常敏感,见花动情,闻风伤心,如病中的小女人,软弱憔悴。凡遇事情,不论与自己相不相关，都一副泪眼汪汪的样子，一副病中女儿态。

曾国藩对以上两种情况一言评之为妇人之仁。这个评断正确与否，贴切与否，精当与否，可以讨论。但文中所指的两种类型之人，确是存在于生活中的，要与这种人交谈共事，的确很让他人为难。须眉丈夫，整天如小女人一样扭捏垂泪，要让这种人去办什么事情？没有意志、没有头脑，全凭"夫君"做主，能有成就吗？因而作者说，不足与之论心。

生活中，很多看似平庸的人，由于具有坚定的信念，由于他们的果敢坚决，最终成了人群中的佼佼者。而很多有才华的人却空有满腹文章，空有一身本领，依然在原地踏步。他们时时给人以无限的期望，然而结果却总是让人失望，有时是因为他们如妇人般优柔寡断、畏畏缩缩。

一个人发现他处于紧急关头，必须立刻做出决定的时候，尽管他知道从自己所有的经验和知识来看，那一定不是一个成熟的决定。但他必须这样认为：他正在做一个当时情况下他所能做出的最佳决策和行动。人生中许多重大的决定都是这样做出的。

只有独立自主、相信自己，才能让那些见异思迁、犹豫不决的人形成立刻行动、雷厉风行的做事风格。一个人永远都不要让反复的思考使你摇摆不定，从这边到那边，又从那边回到这边，老是在左右之间徘徊，试图平衡所有的考虑，做很多的无用功。决定一旦做出，就是最终的、不可动摇的，然后全力以赴，将决定付诸于行动，即使有的时候会犯错误，也比那些永远在考虑、权衡、磨蹭的人要强。迅速做出决策的习惯养成之后，长此以往，人在决策时的信心将逐渐产生出一种新的独立的精神力量。

果断的人，能够迅速、敏捷、坚定地做出决策，他的追随者对他抱有信心，人们才会把他置于信任的位置。没有人愿意看到在责任重大的关键位置上有一个优柔寡断、拿不定主意的人。

下面我们看一个纽约州选举州长的故事。一位知识丰富、天资聪慧而又颇受欢迎的候选人，被主持任免工作的政党领袖们视为最佳人选。当晚在举行任命会议之前，他们在餐桌上见面了。这位候选人的口味特别挑剔，他在每道菜上都要犹豫半天。

"先生，需要野味吗？"点完菜后，服务员又问道。

"你们有哪些野味呢？啊，鹌鹑！给我来鹌鹑吧——哦，不！这里有野鸡啊。如果方便，还是要点野鸡。"

当服务员走了以后，他没有说什么，却表现得十分焦急不安。随后，野鸡上来了，他嘀嘀咕咕道："我想我还是都要了吧。来一只鹌鹑。对，两种都来点儿。"

但是，当两个盘子放在他的前面的时候，他极其不高兴地把它们推到一边，大声喊道："全部拿走！我一点野味也不想吃了。"

当晚餐结束后，他离开了餐厅。一种几乎没有异议的看法在餐桌上形成了。

"不行，先生们，"一位领导人说，"这个人是这样的犹豫不决，他连自己吃什么都不能立即做决定，缺少当纽约州州长必须具备的素质。"

"我们需要的是这样的人，他作为州长，以后可能是总统，他可以有别的什么缺点，但是千万不能在做决定时因为不必要的犹豫和耽搁而遭弹劾。"

反此以求，可以交天下士

【原典】

三者不必定人终身。反此以求，可以交天下士。

【译文】

前述三种情态虽不能定下一个人的终身命运，而若能避开以上三种人而求之，就可以遍结天下朋友了。

中国古代对人的性格、气质等都有所研究，但没有形成完整统一的体系，多散见于各种著述之中。俗语说："江山易改,本性难移。"是不是一成不变呢?
不是。曾国藩体情察意,明确认识到性情气质不是固定永恒的,都是会有所变
化的。更深一步说,他已经明确认识到一个人的性格性情、人格情操、言谈举
止,跟他的命运好坏没有直接的对应关系,不会决定人的终身命运。验之社会
现实生活,可以发现,一个奸邪的小人却能身居高官显位,而一个正人君子却功
名难求;贤相良将常常过早身首异处,巨奸大恶往往能够得享永年。"善有恶
报","恶有善报",屡见不鲜,不算什么怪事,因为社会生活太复杂了,没有固定
不变的公式。

　　"反此以求,可以交天下士。"古人讲求学以致用。三种"时态",分析已毕,
又该如何呢? 知道这个道理,那么在生活中可以去发现那些为人真诚,不饰虚
伪,勇敢果决,敢作敢为,主见沉浮,立场坚定之士,与他们交朋友、共谋大事,可
以成功。反之,则不可与其交往,以趋吉避凶。这实际上是衡量、检验选择人的
标准,以此来评判所遇之人,自然可以确定哪些能成为亲密战友,哪些能同甘共
苦,哪些人只能敬而远之,以此结交天下之士,可保无误。

　　曾国藩一生能够左右逢源,绝处逢生,与他知人、识人,能在身边网罗一批
有真才实学的朋友有很大的关系。

　　在与曾国藩长期交往的朋友中,有一个人特别值得注意,他就是刘蓉。

　　刘蓉系湘乡人,字孟容,号霞轩,少年自负,三十多岁了还未中秀才。县令
朱孙诏惊叹其才,私下让他的父亲督促他就试,赴县试,举为首名,始补生员。
道光十四年(1834),曾国藩初次相识刘蓉,相语大悦。随即与郭嵩焘、刘蓉三
人拜帖称兄道弟,以后曾国藩又多次拜访他,十分友善。

　　道光十九年(1839),刘蓉闲居在家,曾国藩从京会试归里时,曾专程到乐
善里去看望他,勉励他攻读史书,勤奋写作。几年后,曾国藩在京收到他的一封
信,见其学业大进,激动不已,他在道光二十三年六月初三日日记中写道:"临日
接霞轩书,恳恳千余言,识见博大而平实,其文气深稳,多养道之言。一别四年,
其所造遽已臻此,对之惭愧无地,再不努力,他日何面目见故人也!"道光三十

年,刘蓉养晦深山,将其室取名"养晦堂",曾力藩得书后,欣然为他作《养晦堂记》:"吾友刘君孟容,湛默而严恭,好道而寡欲。自其壮岁,则已泊然而外富贵矣。既而察物观变,又能外乎名誉。于是名其所居曰'养晦堂',而以书抵国藩为之记。"曾国藩对刘蓉性格的刻画,足见两人交谊笃厚。此外,曾国藩还作《怀刘蓉》诗,诗中云:"日日怀刘子(谓刘蓉),时时忆郭生(嵩焘)";"我思意何属,四海一刘蓉";"他日余能访,千山捉卧龙"。

咸丰元年(1851),刘蓉参加乡试,得榜首,曾国藩知道后很高兴,在家信中说:"霞轩得县首,亦见其犹能拔取真士。"咸丰二年(1852)五月二十八日,刘蓉之母谭氏弃世;八月,曾国藩亦以其母于六月二十日去世回籍奔丧。当两人相遇于湘乡县城时,悲感交集,相对而泣。

曾国藩到京城做官后,也没有忘记这位同乡,诗文往来不断,并誉之为"卧龙"。曾国藩在《寄怀刘孟容》一诗中表达了他对刘蓉深切的眷念之情:

清晨采黄菊,薄暮不盈春。

宁知弟昆好,忍此四年别。

四年亦云已,万事安可说?

昔者初结交,与世固殊辙。

垂头对灯火,一心相媚悦。

炯然急难情,荧荧光不灭。

涟滨一挥手,南北音尘绝。

君卧湘水湄,辟人苦局阙。

怀念之余,他们之间更多的是书信往返,相互讨论学问之道。道光二十三年,曾国藩在《致刘蓉》一书中,初步阐发了他对文以载道、文道并重的基本主张。他在这封信中说,我今天论述学术的见解,主要是受了你的启发。道光二十五年,曾国藩又在《答刘蓉》的书信中进一步阐发了程朱理学之义,批驳了王阳明的致良知说。在这封信中,曾国藩首先说明在两年之内收到刘蓉三封来信,一直未做回复的原因是由于性本悚怠,对学问研究不深,怕见笑于好友。进而他又指出："伏承信道力学，又能明辨王氏之非，甚盛甚盛。"其意是说，在你的启发之下，我才"了略陈大凡，吾子取证而裁焉"。毫无疑问，曾国藩学业的长进，离不开好友刘蓉的启发帮助，两人之间的关系在共同志趣下愈益深化。曾国藩对刘蓉的敬重之情在诗文中也常能反映出来："夜夜梦魂何处绕？大湖南北两刘生。"

当曾国藩奉命办团练坚辞不出之时，刘蓉还专门写了书信一封，劝曾国藩不能仅"托文采庇身"，应以"救世治乱"为己任。

刘蓉与曾国藩有同乡挚友之谊，故敢于抛开情面，肝胆共见。针对国家和平时期与多事之秋的形势不同，刘蓉批评曾国藩应从远略、大局着眼，不能只看自己声望日起，就沾沾自喜，或者以文自娱，不忧天下；更不能上章言事，不管采纳与否，而且塞其责。他先以韩愈、黄庭坚的文学成就做比，再举欧阳修、苏轼的多彩华章为例，指出这些虽可彰名千古，但时代不同，时势不同，有志者不仅如此，而应有陆贽、范仲淹那样的志量，才能成就千古传诵的事业。文中针对妇人之德与君相之德的重大区别，规诫曾国藩不能拘泥于妇人之仁，而当行"仁"于天下。文末举项羽功高而不赏，终失韩信等事例，劝他赏功以维系天下豪杰之心。所有这些都对曾国藩产生了直接而深远的影响。

常言道："物以类聚，人以群分"，同样志趣的人，因为他们价值观相近，所以才能走到一起来，即"同声相应，同气相求"。性情耿直的人就和投机取巧的人合不来，喜欢酒色财气的人也绝对不会跟自律甚严的人成为好友。因此人们常说观察一个人的交友情况，大概就可以知道这个人的品性和素养了。

林肯也曾说过一句话："从某种意义上说，你选择了什么样的朋友，便选择了什么样的人生。"

一般来说，有益处的交友有三种情况，有害处的交友也有三种情况。同正直的人交友，同诚信的人交友，同见识广博的人交友，这是有益的三友。同惯于走邪道的人交友，同善于阿谀奉承的人交友，同惯于花言巧语的人交友，这是有害的三友。

《礼记》上说："与君子交朋友，就像进入了芝兰花圃，时间长久了，就闻不到它的芳香，就是与它同化了，与小人交朋友，就像进入了鲍鱼铺子，时间长久了，就闻不到它的臭气，也是与它同化了。"所以交正人君子为朋友，就可以说是一生的幸福；交邪恶小人为朋友，就可以说是一生的祸害。因此，交朋友不得不慎重地审度与选择。

近朱者赤，近墨者黑。谯周说："交友的方法，最要紧的是清楚明白，沾染上了红色就变为赤色，沾染上了蓝色就变成了青色。"又说："交朋友得到了门道，就是千里同好，稳固得像胶漆一样；交朋友不入门道，就会同室操戈，形同水火。"

交朋友贵在以道相合，以义相聚，以信相守，以心相应；贵在互相敬重、互相信赖、互相体谅、互相爱护、互相帮助。而最要禁忌的是，以权势、利害相交。《史记》中所说："以权势、利害相交合的朋友，权势倾倒，利害已尽，必然疏远。"

以势力相交的朋友，势力倾倒就会绝交；以利益相交的朋友，利益没有了就会疏散；以富贵、功名相交的朋友，富贵、功名的利害相同就会结合，富贵、功名的利害相背就会离开。唯有以道义相交，性情相交，肝胆相交，真诚相交，才会深切长久，才不至于被富贵、贫贱、患难、利害所分离。

看来，进什么样的圈子，交什么样的朋友，确实是个大问题。

三国时蜀主刘备就是一个十分善于选择朋友的人。如果他当初没有在桃园与关羽、张飞结为兄弟，又在隆中三顾茅庐选择卧龙诸葛亮，就很难三分天下，建立蜀汉帝业。

一个人选择什么样的朋友，对自己的思想、品德、情操、学识都有很大的影响。俗话说："近朱者赤，近墨者黑……近贤则聪，近愚则聩。"古人很重视对朋友的选择。孔子曰："君子慎取友也。"品德高尚的人，历来受人推崇，也是人们愿意结交的对象。而品德低劣的人，却常常被人所鄙视，当然也不排除"臭味相投"的"酒肉朋友"。

实际上，每个人不管自觉或不自觉，他们交朋友总是有所选择，有自己的标准的。明代学者苏竣把朋友分为"畏友、密友、昵友、贼友"四类,如此划分便可明白;畏友、密友可以知心、交心,互相帮助并患难与共,是值得深交的:那些互相吹捧、酒肉不分的昵友,口是心非,当面一套,背后一套,有利则来,无利则去,还有可能乘人之危损人利己的贼友,那是无论如何也不能结交的。

英国科学家法拉第说:"如果你想了解你的朋友,可以通过一个与他交往的人去了解他。因为一个饮食有节制的人自然不会和一个酒鬼混在一起;一个举止优雅的人不会和一个粗鲁野蛮的人交往;一个洁身自好的人不会和一个荒淫放荡的人做朋友。和一个堕落的人交往,表示自身品位极低,有邪恶倾向,并且必然会把自身的品格导向堕落。"一句西班牙谚语说:"和豺狼生活在一起,你也能学会嗥叫。"

即使是和普通的、自私的个人交往,也可能是危害极大的,可能会让人感到生活单调、乏味,形成保守、自私的性格,不利于勇敢、刚毅、心胸开阔的品格形成。甚至很快就会变得心胸狭隘、目光短浅、原则性丧失,遇事优柔寡断,安于现状,不思进取。这种精神状况对于想有所作为或真正优秀的人来说是致命的。

与那些比自己聪明、优秀和经验丰富的人交往,我们或多或少会受到感染和鼓舞,增加生活阅历。

与优秀的人交往,就会从中吸取营养,使自己得到长足的发展;与品格高尚的人生活在一起,你会感到自己也得到了升华,自己的心灵也被他们照亮。

如果马克思没有选择恩格斯这位真诚的朋友,他恐怕就不会在社会科学领域里建立起他的理论学说,也许就不会写出伟大的著作《资本论》。

朋友之间的行为总是互相影响。善行总是产生无数的善行,就像一块石头投入水中,会产生波纹,而这些波纹又会产生更大的波纹,如此连绵不断,直至最后一道波纹抵达堤岸。

志同道合,情趣相投,是择友的一个标准。志向不同,情趣有别,友谊也不可能长久,早晚分道扬镳。"管宁割席"的典故就是个典型例子,管宁热衷读书做学问,而华歆则热衷于官场名利,两人缺乏做朋友的共同思想基础,割席而坐是必然的。

"朋友多了路好走",朋友多——好朋友越多,我们受益越多。学无止境,学问再大的人也有不懂的东西。与其出淤泥而不染,何不从一开始就择其善者而从之?孔子说:"三人行,必有我师焉。"圣人尚且如此,我们在结交朋友时,也要尽量选择有学识的人。

当然,水至清则无鱼,人至察则无徒。对朋友也不能求全责备,自己本来就是不完美的,朋友又是双向的。如果人人都要求结交比自己有学问的人为友,那么到头来只能是谁也没有朋友。正所谓"尺有所短,寸有所长",朋友相交贵在有所补益,有所予有所取才是"交往"。

古人的择友之道,我们可以借鉴,但不能照抄照搬,也不要为其所拘束,对友人过于苛刻。择友的标准各有不同,也应该从个人实际出发,慎重选择,急来的朋友,去得也快,所以朋友可多交,但不可滥交。

智慧应用

鉴别人才,不宜武断

鉴别人才,不宜武断。人终有所长,就终有所用。用人者的任务就在于发现其长处,使用其长处,而回避其不足。这于人于己,都是一件有功德的事。而人的缘分有尽不尽之时,因此也不宜刻意去求每个人的长处。所谓"合则留,不合则去",勿需再多言矣。

明朝人周文襄任江南巡抚期间,正值宦官王振当权,周文襄怕王振借机刁难,因此当王振兴建宅第时,周文襄事先要人暗中测量厅堂的大小宽窄,然后命人到松江按尺寸定做地毯送给王振作为贺礼。

由于尺寸大小丝毫不差,王振非常高兴,以后,凡是周文襄所呈报的公文,都在王振的赞同下顺利通过,江南的百姓因此蒙受福泽。

秦桧修建格天阁时,有个任职江南的官员,想别出心裁,好好巴结秦桧,使用了类似的方法。由于绒毯的尺寸大小恰到好处,秦桧认为这名官员打探他府中隐私,非常生气,常借事斥责这名官员。

同样是呈献绒毯,结果却一怒一喜,这是什么原因呢? 有人认为这是忠奸不同,所以各得其不同的报应。却不知,王振虽然骄横暴虐,但并不深沉,秦桧则阴险狡诈心机重;王振喜欢招抚君子获致名声,秦桧却是怕遭谋刺,所以以小人之心严防众人,这才是结果不同的原因!

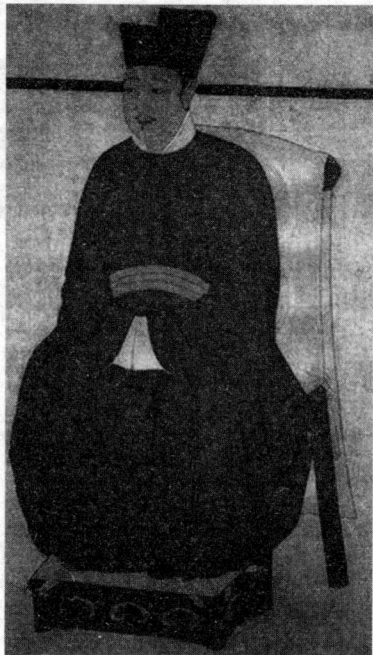
大奸臣秦桧

善于揣摩他人心思,如果不知进退,处理不当,则祸从中来矣。

战国时期,齐人隰斯弥去拜见田成子。田成子邀他一起登台远望,脸有沛然之色。看到三面视野辽阔,只有南面被隰斯弥家的树林子挡住了,田成子没有说话。

隰斯弥回到家后,立刻派人去砍树,但刚动斧头,又传命停止。他家长者奇怪他翻覆举止,他说:"俗话讲:'知渊中之鱼者不祥。'田成子将有所行动,如果事情重大,而我却表现出预知征兆,那就危险加身了。不砍树,还无罪;一砍,他就明白我知道他心中所想,那罪就大了,所以不砍树。"

睿宗:优柔寡断,妇人之仁

提到妇人之仁,可能有点轻视女性的意味,首先我们要讲讲什么是"仁"。

在《孟子》一书中,有个关于一头牛的故事,正好解答了这个问题。

中国古代,凡是谈到君主帝王,大多都以龙来做比拟。但孟子和齐宣王见面,却大谈其牛,这是历史上较为有趣的事。

然而这次谈话中,讨论的是齐宣王不忍杀一头牛而改杀羊的事情。

从这件事上,我们至少可以得到这样的结论:仁爱是领导人行仁政的基本方法,但我们所提倡的仁爱是大慈大悲,而不是妇人之仁。

当时齐宣王看到一头牛在被杀前瑟瑟发抖,于是不忍心宰杀他,这种心理就是人类仁慈心理的根本。这种仁慈心理,在平时看起来,似乎人人都具有,并没有什么了不起。

但是假如真正研究心理学,不论政治心理学,或者宗教心理学,齐宣王这个以羊易牛的故事,可以用一句大家都知道的俗语——"妇人之仁"来形容。因为女人容易掉眼泪,只要一点鸡毛蒜皮的小事情,就难过掉泪。

古人说"妇人之仁"这句话的意思,是要人们的慈悲,不要走小路线,要大发慈悲,具大仁大爱,所以才用妇人之仁——看见一滴血就尖声惊叫的"仁"来做反面的衬托。实际上妇人之仁,也正是真正慈悲的表露。

正如齐宣王看见一头牛发抖便不忍宰杀,扩而充之,就是大慈大悲,大仁大爱。只可惜他没有扩而充之,而是以羊易牛而已。

唐睿宗李旦和哥哥中宗李显一样,都是唐朝曾经两次登上帝位的皇帝。在公元684年,武则天将中宗李显废黜,让李旦坐上了皇帝的宝座。但这也是一个傀儡的角色。

武则天在李旦登基之后,下诏将年号改为"文明",又将李旦的长子李成器立为太子。表面的文章做完了之后,李旦便被母亲安排到了皇宫中享乐去了,政事则由她继续把持。

到了六年后的公元690年,武则天称帝,废掉了唐朝的国号,改成了"周"。李旦虽然被立为皇嗣,又赐姓武,但他的地位没有什么改变,还是个傀儡性的人物。

被姑姑武则天封成魏王的武承嗣很想代替李旦做皇嗣,准备以后继承姑姑的帝位。

　　为了达到目的,他千方百计地活动,但武则天却在大臣们的劝说下,最终认清了立皇嗣的重要性,打消了立武承嗣为皇嗣的想法,这使武承嗣非常恼怒,于是收买武则天的贴身侍婢,让她诬陷李旦原来的刘皇后和窦德妃,说她们夜里常一起诅咒武则天。

　　武则天一听大怒,也不辨真假就下令将她们二人凌迟处死。

　　接着,武承嗣又诬陷李旦要谋反,在大臣们的极力劝说下,武则天才打消了制裁李旦的想法。命虽然保住了,但李旦却受到了很大的刺激,对皇位的事没有丝毫兴趣,提出放弃以后的继承权。

　　最后,武则天在大臣的建议下,将李显秘密接回来,立为皇位继承人,李旦则降为相王。后来,武则天

武则天

病重时,大臣们发动政变,让武则天让出了皇位,李显即位。

　　到了公元 710 年,中宗李显被韦皇后和安乐公主合谋毒死,她们想立中宗的儿子李重茂做太子,由韦皇后主持朝政,像原来的武则天一样逐渐向女皇过渡。

　　但还没等她们的计划实施,李旦的儿子李隆基和太平公主就抢先发动了兵变,除掉了韦皇后和安乐公主等人,李旦在他们的拥立下,再次登上了不再感兴趣的皇帝宝座。

　　在立太子的问题上,李旦处理得比较好。他的长子是李成器,但李隆基的兵变之功显然比他的哥哥要大得多。

　　这让李旦为难了很长一段时间,最后,李成器提出把太子之位让给弟弟,同

时,大臣们也支持立李隆基。

李旦在立李隆基为太子后,又封长子李成器为雍州牧,并兼太子太师,地位也很高。

这样便将一个很棘手的问题较好地解决了。

即位初期,李旦在李隆基和李隆基推荐的宰相姚崇的鼎力辅佐下,政绩颇为突出,在选官制度、平反冤假错案等方面都有所成就。

在即位的第二年,睿宗李旦便没有了原来的魄力,变得昏庸起来。

在官员的选任上,不辨忠奸,将一些奸佞之臣提拔到了宰相的位置上,严重败坏了朝政。

太平公主的梦想是像母亲武则天一样有朝一日做女皇,在李旦登基的第二年,通过争夺,利用李旦对她的信任,逐渐占据了上风,使李隆基丧失了主持朝政的权力,李隆基的得力助手、宰相姚崇和宋璟也被罢职。

李旦因为以前母亲的所作所为,加上自己所受的苦难,对皇帝这个人人喜欢的权位没有什么兴趣,一直想早点把皇位让给儿子李隆基,自己去做逍遥自在、清闲无事的太上皇。

公元711年,即李旦重新登基的第二年的二月,李旦传下诏书,要太子李隆基行使监国之权。

两个月后,又召来三品以上的重臣商议传太子皇位的事。

由于这时大多数的人已经倒向公主一派,所以没有人敢表示同意。加上公主一派的极力反对,李旦便采取了一个过渡的方式:太子全权处理政事,其他军国大事、死刑的批准、五品以上官员的任免等,先与太子商议,拿出处理意见,再由他最后决断。

太平公主对此很不满意,一直想将李隆基除掉,扫除自己以后做女皇的一大障碍。

在公元712年的七月,彗星在天空出现,这在封建社会时被认为是一种凶兆,所以,太平公主赶忙采取了行动:唆使一个术士向李旦说李隆基要篡位做皇帝了。

没想到,这一招非但没有让李旦废黜李隆基,反而使李旦做出了马上传位给李隆基的决定。

无奈之下,太平公主只好顺水推舟,建议李旦禅让皇位,但同时她又提了一个条件:由他掌握朝政大权。

李旦不好让太平公主失望,勉强同意了。

公元712年的八月,李旦正式将皇位传给了太子李隆基,自己做了太上皇。在名称上做了严格规定:李旦自称还是皇帝用的"朕",下的诏书叫作"诰",每隔五天在太极殿听政一次,处理政务。至于李隆基则自称为"予",下的诏书则叫作"制"或"敕",以示区别,李隆基的办事地点在武德殿。另外,还对职权做了区分:四品以下的官员任免由李隆基来负责决定,三品以上的官员任免则由太上皇李旦亲自决断。

睿宗的政治生涯是行妇人之仁的典型,首先他被武则天摆布,做了一个傀儡皇帝,自己还心安理得,不思进取,一点也不像个大丈夫,后来甚至一度让中宗李显再度登上皇位,好不容易经过一系列斗争,自己的儿子又把失去的皇位夺了回来,可这个时候睿宗又是优柔寡断,在太平公主和李隆基之间摇摆不定。

仁慈一直以来被认为是一种美德,但对敌人的仁慈就是对自己的残忍。要打破这种观念的束缚,就要注意行事的时候不要抱着妇人之仁的态度。

据情态可以识别谎言

在单位里,领导者经常要听取下属的工作汇报,要经常与各方面的来访者交谈。他们明知在这些信息中有真有假,但又真假难辨,因此,难免上当受骗,对一些人或事做出错误判断。如求职者说他很能干,一旦接收使用又不行。

那么,你如何能知道别人是否在说谎呢?辨认出非语言的欺骗姿势是一项非常重要的观察技巧。这样,任何的欺骗讯号都骗不了人。

有一种最常用的欺骗象征是三只聪明的猴子,它们不听、不说、不看非礼的事。所以，它们也不用手去摸脸，这种手脸姿势就是人类欺骗姿势的基本架构。换句话说，当我们看到、听到、或说了谎言或不好的事，我们常会想用手遮住眼、耳或嘴巴。小孩子会很公开地使用明显的欺骗手势，小孩要是说谎，常会用手遮着嘴，好像是想防止谎话从嘴里出来。要是他不想听父母的责骂，他就会用手盖住耳朵。当他看到了某些他不想看的事或物，他也会用手或手臂盖住眼睛。等渐渐长大之后，这些手脸姿势会变得比较精炼，同时也没那么明显。然而，它们仍然会出现在某人听到、看到或说了谎言的场合。欺骗也含有怀疑、不确定、说谎或夸张的意思。

若是有人用了手脸姿势，并不一定表示他在说谎。然而，它却表示着这人有些不真实，只要进一步观察他的其他姿势就可以证实。

戴斯蒙·英里斯博士发现，当研究人员测验护士，要他们有意地对病人的病情说谎话时，这些护士要比平常说实话时用了更多的手脸姿势。

进行身体语言试验研究的人员发现，人在说谎时，一般出现以下四种不自觉的手脸动作。

护嘴的姿势是少数成人用的和小孩一样明显的姿势之一。手遮嘴，拇指压着面颊，好像潜意识中，大脑指示手做这种姿势以压制说谎。有时只是几只手指，或整个拳头遮住嘴巴，但意义都是一样。

护嘴的姿势不可与深思熟虑、评估事情的姿势混淆，在后面我们会讨论这一点。

许多人会用假咳嗽来掩饰这种护嘴姿势。在演坏蛋或罪犯时，常用这种姿势，尤其是当他与别的坏蛋在讨论犯罪细节，或当他被警方侦讯的时候；这种非语言讯息是表示不诚实的意思。如果说话者用这种姿势，则表示他在说谎。而若是你在说话时，对方用这种姿势，则表示他觉得你在说谎。演说者最感到心乱的一种场面就是在他讲演时，听众全部用这种姿势。若是听众人数很少或是一对一的情况，最好是暂停一下，问一问听众是否有人对你说的有什么意见。这样可以把听众的反对态度释放开来，使你有机会斟酌内容，并且回答一些问题。

尼伦伯格·卡莱罗对人用摸鼻来掩饰说谎或表示某种否定态度的问题,做过详细研究。他写道:

触摸或轻轻地擦鼻子,通常是用食指。有一次一位年轻人在路易士维尔大学与柏威斯德利教授讨论书本的事。当教授问到他对一本现代古典作品的意见时,年轻人擦揉着鼻子,说他非常欣赏这本书。教授说:"其实你根本不喜欢这本书。"年轻人被这句评语给惊住了,但是仍不明白自己是怎么露出马脚的,于是承认他只读了几页而已。并且"发现它们都是愚昧不堪的"。这得怪他不该在行家面前擦揉鼻子。

柏威斯德利其他人都认定,在美国人中擦揉鼻子是相当于"不!"的反对符号。我们却发现摸鼻子或擦鼻子乃是怀疑的符号,而在许多个案中显示,所谓的怀疑乃是和伯威斯德所发现的"不!"是一样的。问一位少年人一个问题,使他难以回答,并看看他多么迅速地以食指做出摩擦的动作。大多数的人都能认定这位青年的姿态乃是一种疑问的表情。然而,如果一位40岁的同伴或邻居发出同样的讯号,我们往往会看不出来。

在一个电视访问的节目中,一位著名的新闻评论员被问道:"历史学家对今天的青年和他们的理想有什么高见?"这位训练有素的评论员说话时一向不会把手挨到脸上,但是这时候他仍然把食指放到鼻子边说:"我相信历史学家会把今天的青年人看作这个国家的爱国者。"如何观察出评论员的疑问呢?其关键不外乎下列四点:①是否回答出问题。②他是否相信自己将要说的话。③不知如何以最好的方法传达他的信仰。④不知观众会不会接纳他所要说的话。在审视他所表现的其他姿态,再配合他前前后后的态度,我相信他的问题出在④,亦即听众对他所说的话会有什么反应。因为他先前的姿态是正襟危坐、态度开放、稍向前倾,而后来的姿态则显示极为开放而深具信心。这就排除了①和②这两项推测。只有这个问题使他摸鼻子,并且身子往后靠。在回答其他问题时并没有这种现象,这就排除了③的因素。

这个姿态很平常。一般的演说者在他们对研究一个主题的方式或听众的反应没有把握时,往往会摸鼻子。一位研究人员说,在他所参加的谈判会议中,他观察对方是否触摸鼻子以决定提出提议或反提议。他发现当对方都在隐瞒立场时,他的对手会在讲或听时,用手去触摸鼻子。谈判继续进展,他看到的摸鼻子动作减少了,最后,他做了一项反提议,对方竟然没有再摸鼻子,反而身体向前移到椅子边缘,紧跟着协议就达成了。有时候人们摸鼻子是因为发痒之故。但是,在因发痒而擦摸鼻子与用这种姿态表示否定或反对意思之间,仍然有清楚的差异。人们在瘙痒或擦揉鼻子时通常会很用力,然而在装腔作势时却轻轻的。后者的动作优雅,并且常常伴随着一个姿态,譬如蜷缩在椅子上,把身体扭曲成侧身姿态,或者身体动来动去。

摸鼻子姿势是护嘴姿势比较世故、隐匿的一种变化方式。它可能是轻轻地来回摩擦着鼻子,也可能是很快,几乎不易察觉的一触。女性在做这种动作时,会非常轻柔、谨慎,以防止化妆被弄糟。

关于摸鼻子的起源,有一种说法是这样:当不好的想法进入脑子后,下意识就会指示手遮着嘴,但到了最后关头,又怕表现得太明显,因此就只是很快地在鼻子摸了一下。另一种说法是说谎会引起鼻子的神经末梢刺痛,摩擦鼻子是为了疏解这种感觉。

人们常常会用有意地摩擦或搔抓来解决,而不是只轻轻地触摸一下。像护嘴姿势一样,摸鼻姿势在说话人使用时表示欺骗,在听者来说是表示对说话者的怀疑。

古语有云:"非礼勿视",这姿势表示大脑想遮住眼睛所看到的欺骗、怀疑的事物;或者是在说谎时,避免正视对方的脸。男人通常揉得比较用力,而如果是挺大的谎,通常就把眼睛看往别处,通常是地板。

女人则是在眼下方轻轻揉,一是为了避免粗鲁的动作,二来是怕弄坏了化妆,为了怕对方注视,她们常会眼睛看着天花板。

"谎言从齿缝溜出"是句常用的话语。这是指在一个混合姿势中,咬合的牙齿、假笑容,再加上摩擦眼睛和避免与人接触的目光。这姿势常被演员用来塑造不诚实的形象,在现实生活中,则很少人使用。

"非礼勿听",这姿势就是想防止不好的事被听进耳朵的意思。小孩子不想听父母责骂,就用双手掩住耳朵;成人的抓耳朵就是一种世故的形式。

其他的变化有摩擦耳背,用手指掏耳朵,拉耳垂,或是用整个耳背盖住耳孔。用整个耳背盖住耳孔的姿势,是表示他已经听够了或是想讲话的意思。

除了以上四个手与脸部的关系动作外,人在说谎时还有别的一些掩饰动作。

例如,搔脖子、拉衣领等。戴斯蒙·莫里斯发现,人在说谎的时候,会引起敏感的面部和颈部组织的刺痛感,而必须用揉或搔抓来舒解。这对为什么有人在说谎时,或怀疑被别人拆穿时拉衣领,可说是一个合理的解释。

而搔脖的动作通常是不相信别人而嘴上又不好说出来的时候做出的,比如他用惯用的那只手的食指搔抓耳部下方或脖子一侧。

观察这种姿势会发现很有趣的一点:每次大约是搔五下。

很少超过或少于五下的。这姿势表示怀疑或不肯定。使用者的特征是常会说:"我不能肯定我是否同意"之类的话。当某人的话与事实不符时,这姿势特别明显。例如在说"我能够了解你的感觉"之类的话的时候。

需要注意的,有人口臭,说话时也往往捂着嘴。

这说明,对于以上这些姿势的理解,一定要灵活运用,不能一看人家捂嘴摸耳朵就认为是在说谎。可能正好这时他的耳垂有点痒,所以才用手指搓一搓,这和说谎是没关系的。

任何原则都只能说明一般的情况,而不说明个别例子。

拓展阅读

眼神是人类感情表现最丰富、最直接、内容变化最复杂的心灵之窗。由于眼睛是五官中感觉最敏锐的器官,一旦人的内心出现变化或有何念头想法,就会通过眼神流露出来,只要用心观察,就能读懂其中的意图和含义。现实生活中,每种眼神都有其特定的含义,都反映着一个人特定的心理状态,所以,透过眼神变化而读心,往往可以一步到位,识破人心。

眼神中的秘密

眼睛是人的心灵之窗。对人的眼神的观察,可看出其内心世界。

如果一个人看另一个人的眼神既友好又坦诚,而且还时不时地眨眨眼睛,表明他很喜欢对方,没有防卫之心。即使对方出现一些失误,他也可以谅解。

当一个人目光炯炯有神,眼球稍微凸出,视线朝向正前方时,表示这个人正处于注意力高度集中的状态,一方面对对方非常关心,另一方面也有防备对方的心理。如果是女性,则通常带有瞧不起对方的态度。

当一个人眼睛自然张开、微微向上看、双手下垂的时候,表明这个人处于恍惚状态,没有明确的目标、非常苦恼、身处进退两难的困境。

当一个人出现如下表情:眼球凸出,眼皮紧绷,眼睛睁得又大又圆,眨眼次数明显减少,视线朝向正前方时,表示这个人此时处于极度紧张的状态,可能遇到一些意料之外的事情,其内心除了震惊外,还有一些恐惧感。有些时候还会不由自主地握紧拳头,这说明他非常失落,心绪极为混乱。

眼神像水一样清澈沉静的人,一般来说心胸豁达,为人开明,心无杂念,公正廉洁,有胆识,善谋略,锋芒外露。虽然眼神清澈但是游离不定的人,往往比较奸猾、狡诈。

眼神安详沉稳的人，大多做事稳重、谨慎，是一个非常有主见的人。

眼神非常敏锐的人，往往生机勃勃，精力充沛。

眼神混浊的人，一般来说比较粗鲁，举止猥琐、庸俗，处事糊里糊涂，生性愚笨。

眼神闪烁不定，意味着心绪不宁，性情浮躁。这类人往往不善于思考，做事比较莽撞，易冲动，可能还有撒谎的倾向，不容易让人产生信任感。

目光着点不定的人，往往情绪极不稳定，焦躁不安，内心深处很可能藏有怨怒之气。

眼神呆滞黯然的人，一般说来缺乏个性，没有斗志。

眼神看起来似睡似醒的人，大多善于隐藏自己，老谋深算。

眼神忽明忽暗的人，工于心计，不容易受言语的诱惑。

喜欢眨眼的人，感受性强于他人，有些神经质，常常处于焦虑之中，精神过度疲劳，因此体质比较差。这样的人头脑清晰，处事沉着冷静，很有才能，但是缺乏耐性。

当一个人出现异常深沉的眼神时，可能是因为对方说的话让他产生了疑问，或是无意中对他造成了伤害。如果是初次见面时出现这种眼神，则可能是早就听过对方不好的传闻，由于先入为主的观念，不信任对方，对对方持警戒的态度。

与人交谈时，眼神喜欢盯着对方脸的人，往往脸皮比较厚，工于心计，自我显示欲强，喜欢哗众取宠。这样的人为人热情，有同情心，喜欢帮助别人。

与人交谈时，眼神喜欢盯着对方眼睛的人，大多感觉敏锐，善于洞察对方的心理。这类人心胸比较开阔，有包容之心。这样的人做事沉稳，有胆量，但不鲁莽。

一个人眼神与异性视线相遇又故意避开，表示这个人很关注对方或对对方有爱慕之心。避开对方的视线，除了担心泄露自己的心事外，还比较害怕对方产生不悦,毕竟直视异性是不礼貌的行为。

眼神不看对方,没有好感

在人们交谈时,眼睛是否看着对方,也即有无视线接触,表明他是否对对方有好感或感兴趣。

如果谈话时,对方完全不看你,便可视为他对你不感兴趣或无亲近感。相反,我们走在路上,发现一个素昧平生的人一直盯着我们时,必定会感到不安,甚至觉得害怕。不相识的人,彼此视线偶尔相交,便会立刻撇开。这是由于被人看久了,会觉得被看穿内心或被侵犯隐私之故。人们在等公共汽车、在电影院门口买票时,会自觉地排在别人后面,这种现象主要是准备前进,也可避免与不相识的人视线相交。在队伍中面对面而立的,大都是朋友、夫妻、亲人等具有亲密关系的人,借排队的机会聊天或讨论某些问题,以此来打发时间。这种情况,在我们的生活中时有发生。

因此,我们可以得出结论,相识者彼此视线相交之际,即表示他们有意沟通心灵。但是,这种情况如果发生在女性之间,则可能有别的意思。心理学家的研究结果表明:当女性不愿意把自己所想传达给对方时,多半会发生凝视对方的行为。

心理学家 R.V.艾克斯莱恩等人曾做过一个实验。他们事先指示受测者"隐瞒真意"。结果表明,注视对方的比率,男性会降低,女性则反而提高。在未事先指示的情况下,男性在谈话时间内有 66.8%在注视对方;可是有了指示后,却只有 60.8%的时间在注视对方。女性在接受指示之后,居然有高达 69%的时间在注视对方。

在日常生活中,对方若久久凝视你而不移开视线的话,很可能有什么心事要向你诉说。

撇开对方视线，性格主动

在火车上或公共汽车上，如果上来一位年轻貌美的女性，所有人的眼光几乎都会集中在她身上。但是，青年男性往往会随即把脸扭向一旁。他们对这位女性虽颇感兴趣，但基于"探心术"中所谓的强烈"压抑"作用，而产生抑制自己的行为。

假使他们有兴趣，便会偷偷斜视对方。这是由于他们想认识对方，又不愿让对方知道自己心意的缘故。于是，为了不让对方发觉自己在注视她，便会颈部不动，仅以斜眼看人。行为学家亚宾·高曼博士认为："瞄上一眼之后，闭上眼睛，即是一种'我相信你，不怀疑你'的身体语言；并不把视线移开，而是闭上眼睛后，再睁眼望一望，如此不断反复，就是尊敬与信赖的表现。"

心理学家 A.肯顿曾经做过一个实验，研究人们在谈话中，何时把视线移向对方。其结果表明，在谈话刚开始和即将结束之际，其比例有着显著的增加。谈话之初，将视线移向对方，是想引起对方的关注，即将结束之际，则由于想了解对方究竟听进去多少。视线在谈话中何时移开，情况又会怎样？一般认为，首次见面时，先移开视线者，其性格较为主动。谈话中有意处于优势地位的人，也会先把眼光移开。一个人在谈话中是否能占上风，在最初的 30 秒内就能决定。当视线接触时，先移开目光的人，就是胜利者。相反，因对方移开视线而可能引起某种想法，是不是对方嫌弃自己，或者与自己谈不来。因此，对于初次见面即不集中视线跟你谈话的对象，应当特别小心地应付。

不过，同样是撇开视线的行为，如果是在受人注意时才移开视线，那又另当别论了。一般而言，当我们心中有愧疚时，就会产生这种现象。一位名叫詹姆斯·雪农的建筑家，曾经画了一幅皱着眉头的眼睛的抽象画，镶嵌在透明板上，然后悬挂在几家商店门前，希望借此减少偷窃行为。果然，在这幅画悬挂期间，偷窃率骤低。虽然不是真正的眼睛，可是对有些做贼心虚的人来讲，却构成了威胁，他们极力想避开该视线，以免产生被盯梢的感觉。因此，他们不敢进入商店内,即使走进商店里,也不敢行窃了。

眼看远处,对谈话心不在焉

在人们交谈时,视线的方向也是观察的要点。如果对方的眼睛看着远方表明对你的谈话不关心或在考虑别的事情。

当你很诚意地对女友说话,她常常将眼睛注视别的地方,表示她心中正在盘算别的事情,或许因为对结婚没有信心,也可能她另有对象,对你说不出口。出现这种情况,你最好不要往这方面去判断,急躁地让她说出实情。假使你太钻牛角尖,可能会将事情搞糟,遗憾终生。你不妨用试探的口气问她:"有什么麻烦吗? 告诉我,我们共同解决。"她会马上说:"其实很想对你说,很难开口……我以前有喜欢的人,这件事连我父母也没提过。"

如果对方是非常重要的交易谈判对象,他同样会在心里盘算,如何使交易变成有利的状况。

看远方的眼神中,也有凝视于一点或焦点不变的眼神。这种眼神表示对方心中在想其他事情。如果谈生意的对象有这种眼神,交易时要特别注意不要将大量货物出售给他。因为对方可能支付不了货款,或在想恶性倒闭,或者对方是卖者,他所卖的货物是次品,或者他经手的是别人的货款想独吞而潜逃。所以,对方有那种眼神时,应毫不客气地问"你有什么烦恼的事情",从而从对方口中探知烦恼的原因。如果对方慌张地说"不! 没有什么事……"时,应当斩钉截铁地与他中断洽谈,可以对他说:"以后再谈吧。"对这种情况有调查的必要。

如果在某个会上,你发现一位出席者对坐在他正面的某位看都不看一眼。他对面的那位发言过后,你不妨问他:"你认为他的意见如何呢?"他如果立即予以猛烈反驳的话,则表明他们之间曾经有过争论,或他对对方有什么成见。

不同的转动，内心动向不同

在谈话时，对方的眼睛会呈现出不同的转动方式，这其实表现出不同的内心动向。

对方眼睛左右、上下转动而不专注时，是因为怕你而在说谎。这样做，多半是为了使你不担心，而不将真相说出，或由于他自身的过失，无法向你赔偿损失或偿付贷款。在你一再追问的情况下，他口是心非，眼睛则左右、上下转个不停。

其貌不扬的人，来推销产品，他说："对不起！便宜货卖给你了。"边说着眼睛却在左右、上下转个不停。这个样子很让人讨厌，任何人都会对这种人留有戒心，掂量他是否在撒谎。然而你身边的人眼睛这样动时，应该去判断他是否表达着什么意思。

几个年轻女子在一起谈笑逗乐，经常会把眼睛向左右、上下转，表现出不沉着的样子。

当你与某人做成一笔交易并到对方单位收款时，对方的眼睛若是向左右、上下转地说"总经理出去了，明天再付给你……"对方这样说，就是撒谎的表现。如果对方经常做这种表情，再继续交易的话，难免会有风险。

对方眼睛滴溜溜地转动，表示他一有机会就会见异思迁。

男士和自己的女友或太太上街，他会情不自禁地注视来来往往的其他女性。从心理学角度来看，男性的这种移眼神的动作，是为了不失去客观性的本能所发出来的举动。相反，女性把一切希望都集中在男朋友身上，其本性只停留在主观感情上，所以女性走在路上，除男朋友外，对其他男性一眼都不会去正视，只是含情脉脉地注视着身旁的男朋友，对他的一举一动都非常关注。

你的女友若注视其他男性时，你的心情如何呢？不管怎样迟钝的男性也能明了女性的心理。最重要的是，你去观察她乌溜溜转动的眼神。

我们观看电视上的辩论比赛时，往往可以看到因为被抓住弱点而眼光向左右快速转动的人。这是他正在动脑筋,试图寻找反击的证据。由于费尽心思,便会呈现出以视线快速转动的现象。此外,人们在紧张或有所不安与戒心的时候,也会试图扩大视界,以期获取有关情报,好沉着应付同样会有类似的眼睛转动的动作。

眼球的转动还有一种情况。我们可以回顾一下自己工作的单位,当上司与下属讨论工作细节的时候,上司的视线必定会由高处发出,而且会很自然地直接投射下来。反之,为人下属,虽然自己并没有做出什么亏心事,但是,视线却经常由下而上,而且往往显得软弱无力。这是由于职位高的人,总是希望对下属保持其威严的心理作用。但是,也有例外。这与地位的高低无关,就是内向的人容易移开视线。美国的比较心理学家理查·科斯博士曾经做过一个实验,让很腼腆的小孩与陌生的大人见面,来观测他们注视大人的时间长短。将大人眼睛蒙上和不蒙的情况相比较,发现小孩注视的时间,前者居然为后者的 3 倍。这就是说,眼光一接触时,小孩的视线会立刻移开。由此可知,内向的人大都不一直注视对方,而经常要移开视线。

蔑视的眼神不一定有蔑视心理

人们聚集在一起或在工作场所会谈时,常常可以看到乜斜对方的眼光。这种眼光的特性,是表示拒绝、轻蔑、迷惑、藐视等心理。

企业或商场间的竞争对手或其他竞争者之间难免会正面交锋,互相之间常有用蔑视的眼神看对方。

乜斜而略带含笑的眼神,有时也表示对对方怀有兴趣。尤其在初次见面的异性间,经常能见到这种眼神,多出现在女性对男性上。男性看到这种眼光,可能会想:"这个人太骄傲了!"这种判断就全错了。这表示她对你感兴趣而害羞。遇到这种对象时,鼓足勇气和她攀谈,轻蔑的眼神会变成最有兴致的眼神。假使一位女性与一位男性初次见面,就射出过于热情的视线,男性无形中会在心里藐视她。

对方在谈话中做这种藐视的眼神,出于拒绝和轻蔑的心理,表明一定有某种原因使他这么做。如果你不闻不问,会在你们之间搞得很别扭。你应该谦恭地问明详情:"不要一直沉默着,把要说的话都说出来吧!"如果这时对方仍然没有反应,表明他拒绝了你的诚意。这种人大多自尊心强或有畏怯心理。他若与你别扭起来,一时还难以解除,因此应当注意。

戒备的眼神代表不信任或敌意

在日常交往中,如果对方眼神发亮略带阴险,表示对人不信任,处于戒备中。

男女之间用这种眼神争吵,表示双方敌意、憎恶。在初次见面会谈中,一瞬间也会接触到这种眼神;受到朋友或同事的误解,把事实曲解的时候,去解释说明,对方往往也会出现这种眼神。

初次见面时,对方有这种眼神,表示在谈话中你使对方产生某种不信任或警戒。如果觉得自己并无使对方产生这种心理的做法,那可能是对方从其他地方听到一些关于你的事情,或从介绍者那里得到某种先入为主的感情。

到朋友、同事那里去解释,他们可能会说:"来干什么? 现在还有脸到我这里……"此时,他们如果有疑惑、敌意、不信任的眼光,表明对方已完全误解了你,并存有戒心。为了消除你们之间的误会,你必须诚恳地向他们解释,讲真话,他们最终会接受你的解释。因此,一旦受到别人的误会,一定要诚恳解释,才能消除误解。

男性打扮太豪华的话,就容易被别人误会,可能感受到某种发亮略带阴险的目光在注视着你。其实你本人是非常正派的人,你应在言谈、礼貌方面加以注意,就不会招致别人的误会。

不满的眼神可能毫无表情

有人认为,人与人之间互相没有心怀不满或烦恼时,才会做出毫无表情的眼神。这种想法是错误的。其实,没有表情的眼神表示心中有所不平或不满。比方说,你若碰到婚前的女友,现在还当作普通朋友来往,你向对方说:"我正巧到附近,要不要一起去喝茶?"对方的眼睛会表现毫无表情的样子,她会说:"很久不见,还好吗?"她一时脸上充笑,马上又恢复无表情的眼神。此时的眼神表示内心不安,并且对现状不满。

情侣两人在喝饮料的谈笑之间,如果突然发生别扭,女方说:"我要回去。"她站起来要走,眼神毫无表情。此时,她心中可能隐藏着不满与不平。

性格懦弱的人,一旦被不喜欢的人邀去做客,如果一开始就能拒绝掉当然好。偏偏这种人难以启齿说出回绝的话,只好跟在后面走。此时,懦弱的人会出现无表情的眼神。遇到这种情形,一定要不假思索地问他:"你什么地方不舒服吗?"你就可以表现出关怀之意。无论你怎么说,他都感到不高兴,这是这类性格者的一个特点。

在冲突者之间也往往出现这种情况,对挑战的对方忍耐时,表明他处于一触即发的状态,千万不要介入他们之间的纷争。

人们沉思时的眼神各不相同,有的闭起眼睛,有的则呆滞地眺望远方,还有的则会做出毫无表情的眼神。一旦思维整理妥当或产生新的构思时,眼睛则显得很有神,或出现有规律的眨眼现象。这也是将要接着说话的信号。

综上所述,眼睛确实会"说话"。只要我们掌握各项观察眼睛的要领,在与人交往中,多加注意对方的视线,就会很清楚地了解到对方的思绪与心境。

每个人都戴着"面具"

面部表情与内心活动

人类的内心活动,一般会通过面部的表情流露出来。例如在伤心的时候,嘴角会下撇;在遇到委屈的时候,嘴巴会撅起来;内心在承受很大的痛苦时,一般会咬紧下唇。因此,面部的表情就是心理世界的放映机,而这些"画面"是出奇一致的。

面带笑容

人们给表情下了一个定义:面部各部位对于情感体验的反应动作。我们来推演一次这种情感体验的反应动作。例如,我们现在要体验"愉快"和"不愉快"。将一块糖放入口中,大脑发出感受到甜味的信号,会自然地进行一种吮吸运动,目的是使舌头与甜味物质尽可能地全面接触,这个时候人的情感体验就是愉悦的;相反,嘴里嚼着苦瓜时,大脑发出苦味的信号,舌头后部和颊部之间就会分得很开,目的是避免尝到某些味道不好的物质,这个时候人的情感体验就是不愉悦的。因此,我们可以很清楚地知道,舌头尝到甜味或者苦味产生的情感体验,会作用到脸部,这就是表情。

人的脸部存在43块肌肉,这些肌肉通过各种各样的变化,可以形成近万种表情。熟悉这些表情,就可以推断出表情下的心理活动是什么样子的。

愉快的表情:面部肌肉横拉开,面颊提高,眼睛眯小、瞳孔放大、额眉部放松、眉毛稍下降、嘴角向后收且上翘。

不愉快的表情:面部肌肉纵伸、面颊下降、面孔拉长。

表情的这些特征不仅仅表现在人类身上,同样反映在动物的身上。人类与动物之间存在着极高的相似性,例如动物在遇到天敌的时候,它们的表情看上去是非常狰狞的。人类也是一样,当一个人在遇到自己的敌人时,面部表情看上去是非常可怕的。但需要我们注意的一点是,人类的情感世界远比动物复杂得多。如果我们仅仅只是依靠观察表情来判断内心世界,那么很容易会被欺骗。这主要是因为表情和语言的配合程度非常高,所以当一个人在言语上撒谎的时候,表情会跟着撒谎。所以,我们接下来要讨论的就是:"表情面具"。

表情面具

"表情面具"的缔造者有两个:一个是人类自我保护的本能,另一个就是现代文明。

现代社会文明的法则,需要一些人在交际中戴上面具。这种状况在商业谈判中出现的频率比较高——甲方在谈判中始终面露笑容,乙方就会产生成功性很高的感觉。但这也许是错觉和假象,对方的笑容下也许埋藏着你意想不到的骗局。你最后会发现,对方用各种各样的理由拒绝你,他当初的笑脸在你眼里会变得面目可憎。笑容质变成了一种伪装,这种伪装则是生意谈判中的"真面目"。

动物是具有自我保护本能的,这一自然属性在人类身上也体现得很明显。一般而言,一个人是不愿意让自己内心的真实活动完全暴露在他人的视线之下的,或多或少都会将自己的心理活动打一些折扣呈现出来。而在某些特殊的场合,心理是需要建立一道防线的。因此,表情会更具有欺骗性,这一特点在政客身上表现得更为明显。

面部表情的动作基础是从祖先那里遗传而来的,但由于人类的表情具有后天学习的特征,例如新生儿在看到父母的表情时会进行模仿,所以人类的表情区别于动物表情的最大之处就在于人为控制。例如我们可以让自己的表情看起来更夸张,这一点我们在喜剧演员身上可以看到。

如何看出一个人在压抑感情

虽然人们总是将自己的真实情感包裹起来,但我们仍能从一些蛛丝马迹上看出破绽。一个人想装得若无其事,并不是一件轻松的事情。

我们来想象这样的情景——你的情绪非常高昂,精神的紧张度增加,在这样的情况下,如果内在的情绪没有外露,肌肉就会在你察觉不到的情况下紧绷起来。你会不自觉地眨眼、皱眉，面部会不自觉地抽动，鼻尖出现皱纹。而这些情况是可以被观察能力很强的人注意到的，你欺骗不了这些人的眼睛，他们很快就会发现你是在竭力掩饰自己的真实情感。

面具是现代社会交际的需要，我们不需要戴上有色眼镜来看待。

哪些脸部线条你尤其应注意

值得留意的脸部线条

每一个人的脸部线条都是有差异的，但是我们却可以从这些差异中找到读懂人心的途径。这是因为我们先天遗传的面部的基础动作，为我们看清一个人内心的真实想法和情感提供了可能性。

人类的某些脸部区域对辨认某种情绪特别重要，例如一个人在表达自己厌恶或者喜悦的情绪时，观察其嘴部的动作是非常重要的；对悲伤与恐惧，最主要的反应部位就是眉毛和额头。所以，将对方脸部的几个重要部位，尤其是眼部和嘴部周围的肌肉动作进行解读，你会发现对方内心的秘密。

那么，脸部的哪些线条是需要我们注意的呢？首先是嘴角的线条，我们应该注意一个人的嘴角是上扬还是下垂，嘴形是张开还是紧闭。嘴角上扬是喜悦，下垂是沮丧，嘴形张开是表示惊讶，紧闭则表明情绪比较紧张。

眉眼处的线条也是需要特别注意的，眉毛是上扬还是下垂，眼睛是睁大的还是微眯着的，这都是观察一个人心理状况的着手点。

额头也是需要特别注意的，眉毛上扬的情况下，额间会出现横纹，眉毛紧蹙的时候，额间会出现直纹。

脸型识人

一个人的心理与其自身的面相存在某种微妙的联系。因此，我们可以通过观察一个人的脸型，来了解其内心的状况。我们通常将脸型分为圆形、长形、椭圆形和三角形，下面我们就来一一进行解读。

圆形脸。这种脸型的人,脸庞十分光滑,脸颊和颧骨并不凸出。其面色通常比较红润,头发十分有光泽。他们的性格特点是热情、冲动,为人和蔼有礼。缺点是坚定性不够,很容易产生动摇,做事的时候会比较浮躁,会拖拖拉拉的。

长形脸。长形脸的人,其性格特点是坚忍,天生就具有较强的忍耐性。他们性格上的坚定,使其很容易让他人产生信赖感,因而被选为某个机构或者组织的最高长官,甚至是国家的元首。比如美国前总统里根和现任总统奥巴马,他们的脸型就是长形或者接近长形。

椭圆形脸。椭圆脸的脸部特征是前额比较高,且轮廓比较清晰,头发纤细而稀疏。椭圆脸的人非常重视面部的修饰,而这种脸型的人多以艺术家或者演员居多。

三角形脸。三角形脸的面部特征是线条比较均衡,三角形脸的人遇事往往能进行冷静的思考,但是可能会让人产生圆滑的感觉。

当然,上面所述只是建立在推测上的分析,观点并不完全准确,圆形脸的人性格也可以很坚毅,三角形脸的人则可能表现得比较天真。我们看到的艺术家或者演员,也不是每一个人都有一张圆形的脸。我们只是根据比较多的情况进行归纳,得出一个比较适合于多种情况的结论而已,这一点是需要大家注意的。

脸色与内心状态

一个人的脸色不仅可以反映出身体健康状况,也可以反映出心理状况。脸色的变化要比面部细微的表情变化更容易让人注意到,所以观察一个人的脸色,更容易了解一个人的内心状态。

红是我们经常出现的脸部颜色,而害羞、愤怒、高兴等心理会使一个人的脸部出现这样的状况。值得注意的是,不同情绪的脸红之间是存在细微差异的,必须结合实际情况来解读。当你在与不熟悉的人或者比较重要的人交流时,脸红可能说明你紧张或者激动;当你感到尴尬的时候,也会脸红。总体而言,紧张时的脸红常常伴有鼻尖和额头的细小汗珠;害羞时的脸红则是一种微红,看上去就像桃花拂面;愤怒时的脸红是通红,颜色比较深。

此外还有这些状况：一个人在感到不愉快时，脸是灰色的；受到惊吓时，脸是白色的；极度气愤时，则是红一阵、白一阵。

抿起嘴的人和嘟起嘴的人分别想什么

通过嘴巴看到心灵世界

上帝赋予了每一个人一张嘴，而这张嘴不仅仅是用来吃饭的。交流，这应该是嘴部更加重要的功能。

我们每一天都会说话，除非你天生就是个哑巴，即使自闭，也会自言自语。长时间的语言交流，会将一个人的嘴部肌肉锻炼得非常发达，这样会使嘴部动作成为窥视内心世界的突破口。嘴巴的一张一合、抿紧放松以及嘴巴前后上下的运动，其背后都掩藏着某种心理。所以，我们在观察脸部表情的时候，千万不能放过嘴巴。

在日常生活中，我们的嘴巴会做出一些幅度比较大的动作，这些动作是很容易被我们解读的。例如，嘴巴张开的幅度比较大，说明一个人正处在震惊或者惊讶之中；无意识地将嘴巴微微张开，表示一个人正全神贯注于某件事情。

除了这些显而易见的嘴部表情，还有一些很细小的动作不易被我们察觉。这些动作的特点是迅速、幅度小、隐蔽性高。稍不留意，就会将其错过。例如，一个人的嘴唇向前突的时候，表示这个人正处于心理防御的状态中。如果突起的幅度变大，嘴成嘟起状，表明一个人有倾诉的愿望，他想要讲话，心理状态由防御向攻击转变。嘴唇相互挤压，表明这个人遭遇到了某些问题。嘴巴抿成了一条线，表明这个人对某件事情下了很大的决心，一定要实现自己的目标。这两种嘴部表情很适用于老板观察自己的员工，当你看到员工在接受你交代的某个任务时，嘴唇相互挤压，表明他可能对这次的任务安排感到力不从心。而在员工将嘴唇抿成一条线的时候，则表明他已经立下了圆满完成任务的决心。

我们继续来解析嘴部的动作。在两个人的交流中，当某个人嘴唇的两端稍稍向后，表明他正在集中注意力倾听；当某个人咬着上嘴唇或者下嘴唇，则表明他正在分析别人所说的话；当一个人嘴唇抽动或者嘴唇很僵硬，则表明他正在生气，你还是与他拉开一定距离为好。

接下来，我们重点分析一下抿嘴和嘟嘴下的心理真相。

抿嘴和嘟嘴

嘴部会不经意地做出多种动作，抿嘴和嘟嘴是出现频率比较高的。不过，一般人在做出这样的动作后，很少有人会去考虑背后的含义。这是一种损失，如果你能对这两种嘴部动作进行仔细的观察，就会看到对方的心理真相。

先来看抿嘴。上下嘴唇施加压力，嘴部闭合得更紧，这就是抿嘴。这是一种阻碍任何东西进入身体的心理，反映出的是一种消极情感。当你看到一个人嘴部做出这样的动作，可以判断这个人一定是遇到了麻烦。当然，这个问题可能并不很大，只是生活中的小挫折而已。比如你在超市排了很长时间的队，结果轮到你结账的时候，却发现收银机坏了。这个时候，你大概只能抿抿嘴了。

当一个人的嘴角已经僵硬或者歪斜，那么说明这个人的内心正处于焦虑不安的状态中，我们可以做出他正陷于大麻烦或者困境里的推测。当一个人开车出了交通事故，那么在等待交警的时间段里，这个人的嘴部可能就会僵硬或者歪斜。当一个人的口型成倒 U 型，说明正处在悲伤中，这一点我们是有切身体会的。

接下来看嘟嘴。嘟嘴的动作一般出现在小孩子内心感到不满足的情况下。这一点家长是深有体会的，孩子看到喜欢的玩具却不能买，肯定会嘟起嘴甚至坐在地上大哭。除了小孩子，恋爱中的女孩儿也喜欢嘟嘴，这是向男朋友撒娇的表现。成年人一般是不会嘟起嘴的，因为这会被看成幼稚的表现。但即便如此，如果你的观察力很强，就会发现很多成年人都在快速且幅度不大地嘟着嘴。为什么这个动作出现的频率会这么高？这是因为我们试图说话的前兆表现，就是将嘴嘟起来。一个人嘟起嘴却又沉默了下去，说明他可能对接收到的外部信息予以不同意的态度。但是某种原因又使他没有将自己的想法说出来，这个原因可能是顾忌，也可能是不屑。如果嘟起的嘴还向下移，则说明他可能对接收

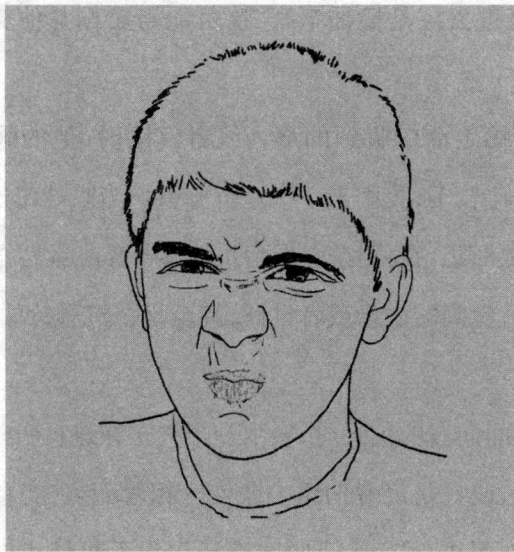

嘟嘴

到的信息持有怀疑的态度。

在人类的各种面部动作中，嘴部的动作还是比较容易进行观察的。读懂这些嘴部动作，你就会知道他心里到底在想什么。

眼球在不同部位的心理暗示

我们每个人都有一双眼睛，而通过这双眼睛，我们是可以观察到另一个人的内心世界的。"眼睛是心灵的窗户"，这句话就是这一观点的佐证。观察眼睛，我们可以先从观察眼球开始。

每个人的眼球都是活动的，而活动到的部位则显示出一个人的心理状态。下面，我们就沿着眼球的轨迹来寻找心理的轨迹吧。

当一个人在回忆之前的生活画面时，眼球会处在什么样的位置呢？在这种情况下，眼球会处在右上方，这是一种视觉回想。他可能在回忆以前所见到的画面，这些浮现在脑海中的场景可能是昨天的意大利面，也可能是几个月前的一场电影。不管是什么样的视觉回想，人的眼球一定处在右上方。值得注意的是，不仅是回忆之前的场景，在想象未来的场景时，眼球也会处于右上方。而确定一个人是在回忆过去还是憧憬未来,这可能需要你与他交流几句才能得到答案。

当一个人在回忆生活中听到的声音或者言语时,他的眼球会在什么部位呢?这里面的情况比较多,我们来一一进行分析。当眼球位于中间比较靠左的位置时,这表示听觉回想,在回忆过去所听到的声音或者言语。比如给他留下深刻印象的交响乐,受到的表扬或者批评,甚至是手机彩铃的声音,这些都属于听觉回想的范畴。

当眼球位于中间向右的位置时,表示一个人正在进行听觉想象。他在想象从未听到过的声音,或者是声音的组合改变。相较而言,想象声音的组合改变的情况比较多,例如用小狗"汪汪"叫的声音作为手机铃声效果会怎样?或者自己学娃娃音的效果是不是很好?

当眼球处在左下方的时候,表明一个人正在内心对话,此时听觉发挥的作用,就是倾听内心传来的种种声音。这声音可以是自己对自己的勉励,也可以哼唱一首自己很符合此时心境的歌曲。

眼球处在右下方的时候,表示在想象各种各样的内心感受、情感触动以及身体触觉。例如,恋爱时的感觉是什么样的(内心感受)、生气郁闷时会有什么样的感觉(情感触动)、被开水烫到了会有怎样的痛感(身体触觉)?也许,这个人没有谈过恋爱,很少生气,也从未被开水烫过,这些都只是想象而已。所以,当你观察到一个人的眼球总是位于这样的位置时,就可以推断这个人很向往某种人生经历或者阅历比较少。

一般而言,眼球向左运动是在回忆过去,而向右运动则表明正在想象未来会发生什么事情。这个原理适用于绝大多数人,例外的可能只有左撇子而已。所以,回忆过去和想象未来会造成眼球左右的不同方向的运动。

但有一种情况需要我们注意,这就是当眼球出现了左右迅速运动的情况时,我们不能理解为这个人一会儿在回忆过去,一会儿在想象未来,这是不合情理的,这样的情况可能在精神病患者的身上才会出现。当一个正常人出现这样的眼球运动时,他可能正在进行快速忙碌的思考。辩论赛上的辩手,他们的眼球就是这样运动的。此外,当一个人处于紧张、不安或者心怀警戒的时候,其眼球也会左右快速运动。这是因为他希望扩大自己的视野,将眼前的形势把握住,试图稳定自己的心情。

我们可能更推崇于眼神的交流,但是如果眼神之间没有交流,那么我们可以依靠的就是眼球了。我们可以根据一个人眼球的上下运动来类推出别人的心理活动——当一个人是在认认真真听你讲话的时候,他的眼球是绝不会向上翻起的;一个正在积极思考的人,他的眼球也绝不会定住不动。

总而言之,当眼球向上运动(左上或右上)时,属于视觉或者影像上的回忆或者憧憬;当眼球位于中间的时候,则是听觉或者声音方面的回忆或憧憬;当眼球向下运动的时候,则是感觉和身体上的想象。这样的归类,应该可以帮助你通过眼球运动来大致了解他人的心理活动。

视线的角度与心理的弧线

四种视线

我们在看人的时候,存在着视线角度的问题。"仰视""俯视""斜视"这样的词汇,都是对视线角度进行的描述。视线的角度可以为我们观察他人的心理活动提供许多非常有价值的信息,可以正确表明一个人的内心处于不同因素为主导的状态中。视线的角度大致可以分为由上向下、由下向上、平视、斜视这样几种情况,下面我们一一进行讨论。

情况一:由上向下。由上向下的视线一般出现在家庭地位不同或者社会地位有显著差异的情形中。父母看子女、长辈看后辈以及上级看下属的时候,视线就是由上向下的。需要注意的是,这种由上向下指的是心理而非生理,例如子女在身高上可能高过父母,下属可能高过上司,但是子女不可能用由上向下的视线来看父母,下属也不可能用由上向下的视线来看上司。由上向下的视线表现出的是爱护、宽容、威严的心理状态,而这样的心理状态正是在长辈或者上

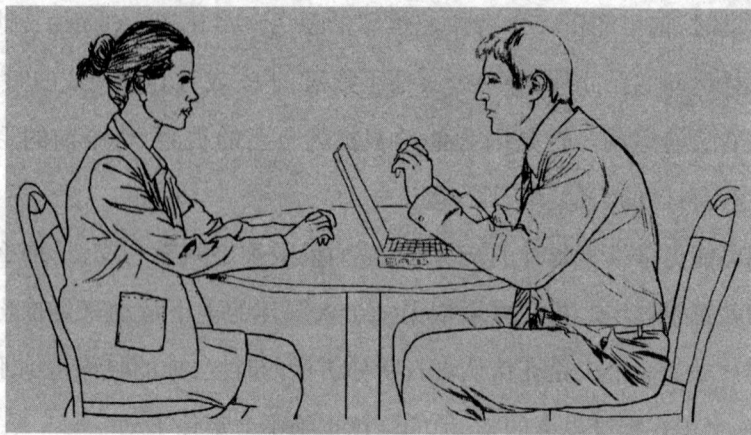

四目相对

司身上出现较多。

情况二:由下向上。这样的视线表现出的是尊敬、敬畏或者撒娇等心理状态。这种视线的心理成因,我们可以从父母与孩子之间的互动来进行解释。小孩子的身高一定比父母要低,因此小孩子投向父母的目光,一定是从低处向高处,而小孩子此时的心理状态一般会是尊敬或者撒娇。这样的心理机制扩散到整个社会结构,就形成了尊敬、敬畏、撒娇的社会内涵。例如下属看上司,这种视线表现出的就是敬畏和尊敬;热恋中,女孩儿由下向上看男孩儿,表现出的就是撒娇的心理状态。

情况三:平视。平视表现出的是理性与冷静思考或者评价的心理状态。当两个人的目光是平视的时候,表明两个人之间的人际关系是平等的。所以,这样的视线最常出现在兄弟姐妹、朋友或者同事之间,总之,他们之间的关系是平等的。

情况四:斜视。斜视的心理成因来自关心或者欲求加深,斜视的人一方面想了解对方,另一方面又想将自己的这种心态掩藏起来。其实,斜视是一种很好的关注对方的视角,这对初次见面的青年男女很适用,既不会感到因正视而带来的不自然感,又可以将对方的一举一动尽收眼底。

用视线捕捉心理

在人际沟通中,仅仅从言语中来捕捉准确的信息是不够的,因为对方可能在对你撒谎。所以,你需要通过观察视线来看到对方内心的真实想法究竟是什么。

对倾听的一方而言,在谈话中目不转睛地注视着说话的人,说明这个人较为诚实。但另一方面也暴露出这个人在语言沟通上的不足。目不转睛地注视毕竟会使人感到不自在,会让说话的人感到紧张与压力,因为他需要保证自己所讲内容的准确性与语言上的趣味性。这样的压力是让人感到难受的,因此在平常的谈话中,倾听者还是将目光时不时地移动一下为好,这样会让说话的人感到更舒服一些。

当听者将视线移到别的地方,而这时说话者的讲述还没有结束时,则表明听者对说话者的观点持有不赞同的态度,也暗示听者的内心可能存在着某些隐匿的成分。

当说话者在讲述过程中将视线移到别的地方,说明他还没有将自己的意见完全表达完,不希望中途有人插话。如果中止了讲话,并且不看着交谈的对方,则表明说话者的话还没有讲完,只不过是暂时停顿一下而已,等待对方的反应或者思考下面该怎样说。如果是凝视着交谈的对方,则表明说话的观点已经表达完了。如果说话者一味地看着别的地方,说明他对自己的言论并没有十分的把握。

视线与主动权

视线不可能始终固定在一个位置上,总会有移开的时候。视线的移开可以分为主动和被动,主动移开视线的人,表明其性格强势,而被动移开视线的人,性格中则存在着一定的软弱。此外,视线与交际中的主动权也有关系,下面我们来分析一下。

对初次见面的人而言,谁先将视线移开,谁就握有这次见面的主动权。这是因为在交际中,认为自己地位比较高的一方会将自己的视线率先移开,这就像家庭地位或者社会地位高的人会先坐下的道理是一样的。这样做会让对方感到很被动,因为他的视线已经失去了目标。当然你这样做,对方也许会非常介意,因为他会猜想你是不是对他有所不满甚至是讨厌他。这样的猜想会使其失去交谈中的主动权。

如果两个初次见面的人已经谈论了很长时间,其中一人并没有将视线移开,表明这个人很想将主动权握在手中。再比如两个有敌对倾向的人在争夺主动权的时候,也不会将目光率先移开,一定会紧紧地盯着对方。这种对主动权的争夺其实是妨碍人际交流的,因此人们约定俗成,在说话之前或说了四五句话,就将目光移开。

人们在对双方目光的交接中,存在一个约定俗成的规矩。这就是有人盯着你看而正好被你察觉到后,那么盯着你看的人就有义务首先将视线移开。如果他在被察觉后还是没有将视线移开,你就会产生难堪或者愤怒的情绪,认为这个人很可能在打什么坏主意。

我们再来谈谈被动移开视线。被动移开视线不是指被人强迫移开视线,我们应该理解为逃避视线。逃避视线就是不愿意接受别人的视线,不愿意和别人的目光接触。这样的人性格一定很内向,一些犯过错或者心有愧疚的人也会常常被迫移开视线。

最后需要大家记住的是,在交谈中千万不可以长时间凝视一个人。在谈话过程中,视线接触对方脸部的时间应该占全部谈话时间的四分之一,这是一种礼貌的表现。

鼻子的信号

鼻子的信号有哪些

在一个人的五官中,鼻子的动作是比较让人捉摸不定的,而且人们一般也不会对鼻子上的动作有太多的留意。其实,如果你能够对鼻子的动作多加注意,这是可以窥探他人的内心世界的。我们来分析一下鼻子下面的这些动静。

动静一:鼻孔张大。鼻孔张大表明一个人的情绪十分高涨,而愤怒、恐惧或者兴奋、紧张,这是根据实际情况来确定的。两个人在针锋相对的时候,他们的

鼻子的信号

鼻翼就会扩张,这是因为他们的情绪比较高涨,呼吸加快、心跳加速。此外,一个人在想要做一件具有挑战性的事情时,他的鼻孔也会张大。所以,当你看见一个人的鼻孔扩大时,可以推断这个人一定在为自己规划了一件了不起的事情。

动静二:鼻尖冒汗。鼻尖冒汗是一个容易被我们忽视的细节,内心的焦躁或者紧张会导致这一状况的出现。如果你正在和对方进行商业谈判,发现他鼻尖上有了细小的汗粒,那么你已经掌握这次谈判的主动权了。

动静三:鼻子上提。鼻子上提的动作是非常轻微的,极难为人所察觉。鼻子上提表明的是一种轻蔑的态度,是"我瞧不起你"或者"有什么了不起"的内心感受。

动静四:耸鼻子。使劲将鼻子耸起来,使鼻孔对着他人,这样一来视线必然是由上而下的。因此,这会给人一种受到鄙视的感觉。将鼻子耸高,脸部就会板起来,这就意味着自我势力范围的扩大,这也会被他人看作是傲慢的表现。

鼻子会说话

很多人认为鼻子不能发出信息,是不能"说话"的,事实果真如此吗?欧洲有这样一句名言："古埃及艳后的鼻子如果低一些的话,整个世界历史将会重写!"这句话所透露出的信息,是不是鼻梁的高低与一个人的性格以及情绪有关系呢?

日本有一位整形外科医生,这位医生根据自己多年的临床经验,得出这样一个结论:一个性格原本十分内向的人,在接受隆鼻手术后,性格会逐渐变得倔强起来。因此有人根据人种的不同而提出这样的疑问:东方人的含蓄和西方人的外向,是不是鼻梁的高低不同导致的? 关于这一点,目前还无法给出一个令人信服的结论,但肯定的是,鼻子可以将一个人的秘密完完全全地透露出来。

下面我们就来分析一下。

鼻梁高低适中的人,其对环境的适应能力比较好,也比较容易接受他人对自己的意见。这样的人十分善于沟通,在做事的时候和他人商量的余地非常大。

鼻梁过高的人,性格上比较固执,对自己的看法或者观点总是很坚持,想要说服这样的人是十分不易的。而鼻梁过低的人,一般比较缺乏主见,与这样的人在一起商量事情时,你的心里必须有一个准确的想法,因为你从他那里很难得到建设性的意见。

鼻子比较长的人,性格上具有认真的特点,做事喜欢按部就班,且深思熟虑。这样的人责任感比较强,但是比较顽固,缺乏通融。鼻子短的人性格非常开朗,与这样的人接触你会很容易感受到一份轻松,但是鼻子短的人缺少自信、对人的依赖感很强,而且轻率、易怒。

鼻子大的人生性好动,头脑也十分灵活,喜欢追求刺激的生活。鼻子小的人性格十分敏感细腻。

当然,上述的内容并非百分百准确,我们的目的只是告诉大家,鼻子是会"说话"的。

下巴有时也会说话

下巴与性格

生理学家和心理学家对人体研究得最透彻的部位，就是下巴。下巴的功能是发声和咀嚼，但是这并不是下巴的全部功能。我们从下巴中，可以看出许多问题。例如，从外形来看，男性从下颚骨到颧骨，棱角是比较分明的，而女性则更为浑圆一些。因此，当一个男人穿上女性的服装时，我们仍能比较容易判断出其性别，这是下巴的差别所导致的。

下巴与一个人的性格之间存在着某种微妙的联系，我们可以通过下巴的长度来判断一个人爱情方面的强烈程度，也可以通过下巴的宽度来判断一个人爱情的坚定性和稳定性。我们不妨对此来详细解说一下：尖下巴的人一般会将爱情理想化，而且审美观是比较高的；下巴呈锯齿状（也就是下巴前面的每个边都有突出），这样的人希望能够出现一个爱自己的人，渴望被爱的感觉；下巴窄方的人，个性比较随和，对爱情充满着强烈的渴望；下巴宽方的人，希望能够遇到一段激烈的爱情，这样的人在工作中通常表现得非常投入；下巴宽圆的人，通常很容易令他人产生好感，这样的人对待爱情的态度也是非常忠诚的。

我们还可以从侧面来观察一个人的下巴。当你从侧面的角度进行观察时，会发现有的人是上凸出下凹进；有的人则相反，是上凹进下凸出。总体而言，上凸出下凹进的人，思维比较敏捷，在行动上也非常谨慎，做事有魄力；而上凹进下凸出的人，行动很敏捷，思维上则显出谨慎的特点，手艺非常精巧。

下巴与情绪

能够为我们比较容易察觉到的下巴的动作，主要有两种，第一种是向前突出，第二种是往里收缩。

当一个人处在积极的状态中，下巴会向外伸出，鼻子也相应抬高。西方有句谚语：仰起下巴来。这句话也表明一个人将下巴仰起，是将自己的情绪提升到一个积极状态的表现。其实,仰起下巴并不仅仅意味着心理状态比较积极,同样意味着攻击性。因为下巴仰起后鼻子就会抬高,我们前面已经讲过,鼻子抬高是一种轻蔑地人的表现。

一个人在对自己的主张进行肯定的时候,下巴是会向前突出的。而且对自己的主张越肯定,下巴突出的程度就越大。经常采取这样动作的人,他们通常会认为自己高人一等,对他人十分轻视。一个人在发怒的时候,下巴也会向外伸出,对此我们可以理解为他是想要将愤怒的情绪扔给对方,将自己愤怒的情绪完完全全宣泄出去。

当下巴往里缩的时候,表明一个人自信程度不够或者在为某件事情感到担忧。一个人在做错事情的时候,也会将自己的下巴往回缩,给人一种灰溜溜的感觉。此外,一个人在顺从某个人的时候,也会将下巴往回缩。缩起下巴是将自己的势力范围缩小的举动,表明心甘情愿地被某个人所支配。

所以,在生活交际中你可以通过观察一个人下巴的动作来判断这个人的心理状况。这样即使对方在言语上对你撒了谎,也可以轻而易举地将其识破。

最难读懂的面无表情

表情是人的面部的各个部分对于情感体验的反应所做出的动作。动物在遇到敌人的时候,常常会龇牙咧嘴表现出一副凶悍的模样,警告敌人不准靠近。人类是一种高级动物,这是所有人都认同的观点,所以人在生气的时候就会咬牙切齿,仿佛自己痛恨的人是嘴里的食物。但是人毕竟是高级动物,所以不可能和毫不掩饰地动物一样,将所有的情绪都表现在自己的脸上。人的表情是心情最真实的写照,也是一种非常重要的非语言沟通交流的方式,表情总是和说话的内容相配合,所以从人类的表情中,我们就能够判断他是否在说谎。

表情是人类内心活动的一个晴雨表,也是能够超越地域和文化限制的交际手段,就像是肢体语言一样,世界上的任何一个国家、任何一种肤色、任何一种语言的人都能够用表情来传递共同的愿望,比如说笑脸都表示内心的高兴或者欢迎。但是表情也具有迷惑性,因为我们已经说过,人类是会隐藏自己的表情的,所以我们看到一个满脸笑容的人也无法确定他是否真的高兴或者欢迎,他也可能在笑容的背后隐藏着一个巨大的阴谋或者陷阱,但是只要我们仔细观察依然能够从中发现一丝虚假的痕迹,进而发现他的真实想法。

面部有表情的时候,人能够根据表情做出判断,但是如果一个人做任何事情都面无表情呢?我们根本就无法从中解读到任何的信息,所以,面无表情是最可怕的一种"表情"。面无表情的脸会给人一种窒息的感觉,极度的压抑,仿佛要喘不过气来。它将一切的情感都隐藏起来,让其他人找不到任何的线索去猜测、琢磨,我们唯一能够解读出来的信息就是拒绝,一种非常坚决地拒绝,一种远胜于暴躁的愤怒和极端的愤怒的拒绝,除此之外,我们无法解读出一丝一毫的信息。

当然,面无表情并不等于没有感情,人是具有丰富感情的动物,没有感情的人是不存在的。当一个人面无表情的时候,那只是他的伪装,就像说谎的时候伪装出来的表情一样。当他成功地将感情压制了的时候,就会出现面无表情的情况。因为和说谎时候的伪装类似,所以我们能够通过一些细微的变化来猜测一下他内心的变化,比如他会出现一些不自然的表情,例如眼睛会眨、鼻子会皱、脸部不自觉地抽动等,这些都是内心的不满和自卑感的表现,但是,面无表情的人的这些动作是非常不容易发现的,所以,观察一定要仔细。

当一个人对于某件事情极度的不关心和忽视的时候,他也会面无表情,这是所有人都可能会出现的情况,因为表情是内心的反映,如果内心就像湖水一样平静,那么表情自然就不会出现任何的变化。当一个人面无表情的背后隐藏着一种故意的回避,那么我们就能够推测,他是对某个人有一种莫名其妙的好感,也可以理解成是爱情萌芽的表现,这种情况大多出现在女孩子身上。因为女孩子大多都比较害羞,她们不想在自己喜欢的人的面前表现出一种太过明显的好感,同时也因为她们还没有做好足够的准备不想要让更多的人知道这件事情,所以这个时候的她们是非常犹豫的,就像是一个站在十字路口不知道该向

由情态相人

图文珍藏版

哪儿走的路人。如果自己喜欢的对象对自己表现出一种漠不关心、甚至是面无表情，而不是明显的厌恶或者戏谑，那么就表明他（她）的心里是有你的位置的，这个时候你完全可以将自己的爱意与想法大胆地告诉她（他）。

面无表情，只能够说明一个人善于掩饰，所以只要我们仔细观察他其他方面的表现，就完全可以将他的真实意思解读出来，当然这需要非常仔细地观察。

相由心生：表情是情绪的晴雨表

狄德罗在他的《绘画论》中说："一个人心灵的每一个活动，都会在他脸上刻画得很清晰、很明显。"人的面部可以呈现出很多种微妙的表情，这些面部表情能够真实、准确地反映一个人内心的情感。观察面部表情，是我们了解他人内心情绪的主要途径，在对方未开口之前，我们就能从对方的面部表情上得到一定的信息，对对方的情绪、态度等有所了解。

人的面部总共有 43 块肌肉，基于人们对"甜"与"苦"的生理反应，人的面部形成了"愉快"和"不愉快"两种最基本的表情。心情"愉快"时，面部的肌肉就会松弛，而心情"不愉快"时，人就会伤心落泪。这说明，人的面部表情比言语更能明显地表达心理的动态。因此，我们若想知悉他人的情绪，就要懂得察言观色，通过观察他人的面部表情来获悉对方的情绪。

战国时期，梁惠王雄心勃勃，选贤与能，广招天下贤才。有人多次向他举荐淳于髡，于是，梁惠王多次召见淳于髡，并且每次都屏退左右与他促膝而谈。但前两次淳于髡都沉默不语，弄得梁惠王很难堪。

事后，梁惠王向推荐淳于髡的人责问道："你说淳于髡有管仲、晏婴的才能，我怎么一点都没看出来，他只是沉默不语，我看你是言过其实吧！"推荐者听罢，于是去向淳于髡求证，淳于髡笑着回答："的确是这样，不过我沉默不语并不是故意的，而是另有原因。其实我也很想和梁惠王倾心交谈。但是第一次，梁惠王面露驱驰之色，心里想着驱驰奔跑一类的娱乐之事，所以我就没有说话。第二次，我看见他脸上有享乐之色，心里想着声色一类的娱乐之事，所以我依然没有说话。"推荐者听罢,将此话如实禀告了梁惠王,梁惠王回想起当时的情景,果然正如淳于髡所言。至此,他对淳于髡的识人之能佩服得五体投地,并开始重用淳于髡。

淳于髡成功的关键,就在于他利用梁惠王的面部表情洞察了其内心的想法,故而赢得了梁惠王的尊重和佩服。由此可见,表情是一个人内心的晴雨表。只要我们学会如何观察别人的面部表情,就可以读懂潜藏在他人内心深处的情绪秘密。

法国生理学家科瑞尔在他的著作《人,神秘莫测者》中说:"我们会见到许多陌生的面孔,这些面孔反映出了人们的心理状态,而且随着年龄的增长,反映得将越来越清楚。脸就像一台展示人的感情、欲望、希冀等一切内心活动的显示器。"以下这些"脸语"就真实地显示了人的内在情绪:

脸红是害羞、愤怒和高兴等心理情绪的体现。当一个人出现上述情绪时,就会使大脑皮质刺激肾上腺,由于肾上腺素的作用,就会导致更多局部血液流过脸颊,这样一来,脸就不由自主地红了。当然,这只是泛泛而论的脸红。不同情绪的脸红,还要根据不同的情况具体问题具体分析。当一个人因为与陌生人或比较重要的人交往而脸红时,说明这个人很紧张或者很激动。此外,人在感到尴尬时也会脸红。比如:法国著名影星苏菲·玛索在 2005 年的戛纳电影节上不小心走光了,她的脸上立刻出现了尴尬的红颜,此时的脸红是伴随着突如其来的羞涩感而产生的。

另外,当一个人心情不悦时,脸通常是灰色的;对人不满或快要暴发愤怒时,脸往往会变成青色;受惊吓过度时,脸大多是白色的;在极度气愤时,脸还会红一阵、青一阵,这是由于肾上腺素一阵阵地大量分泌,使血管收缩,交替充血、贫血或使血管较长时间处于贫血状态的缘故。

最后需要指出的是,人的大脑分为左、右两个半球,发自内心的情感通常由右脑控制,却具体反映在左脸上;而左脑主要控制人的理智性情感,然后反映在右脸上。因此,左脸的表情多为真实的,而右脸的表情则可能是伪装的。如果想知道对方的真实情感,我们就要把自己的观察重点尽量多放在对方的左脸上。

每个人的脸上都挂着一张反映其心理情绪的"海报",而这也是表现其内心风云的"气象报告"。只要我们留意观察,对这些"报告"进行快速而准确的解读,就能迅速洞悉对方的内在情绪。

人不会把任何情绪都写在脸上

虽然表情是内心情绪的晴雨表,但是一个人不可能把任何情绪都写在脸上。美国心理学家拜亚曾经做过一项实验:他让被试者表现出愤怒、恐惧、喜悦、悲伤、幸福、无动于衷 6 种表情,再将这些表情录制下来放映给人看,让他们猜测哪一种表情代表什么情绪,结果大大出乎人的意料:被猜对的平均不到两种。这个实验说明,虽然表情对揭示人的情绪有一定的可取性,但要在瞬间通过表情识别情绪并不是一件容易的事。

表情不仅是心情的写照,更是一种交流沟通的方式,它常常与说话内容相配合,所以当一个人说谎时,他的表情也会跟着说谎。也就是说,人的表情具有一定程度的迷惑性,稍不留神,我们就会被别人的表情蒙蔽,做出错误的判断。之所以会如此,主要是基于以下几点原因:

表情可以人为地控制

在所有面部表情动作中,大部分都来自我们祖先的遗传,但也有一部分来自后天的学习和模仿,比如新生儿能模仿父母的表情,演员能通过想象和模仿真实地体验所扮角色的内在情感等。所以说,表情是可以人为控制的,既可以夸张,也可以抑制,还可以掩饰和伪装。

文明礼仪需要一张"面具"

在人际交往日益频繁的今天,表情不再只是一个内心的符号,它在人际交往中起着越来越重要的作用。在商务谈判或生意洽谈过程中,时常会遇到这样的情况:对方始终面带笑容,似乎给人一种极为满意的回应,本以为成交毫无问题,最后对方却以各种理由加以婉拒。

在日常生活中,人们在不知不觉中学会了用各种手段来掩饰自己的内心,也懂得了在何种情况下该掩饰什么样的表情。比如在谈判桌上,必须学会掩饰急躁、不耐烦的表情,否则一旦被对方窥破,对方就会认为你根本没有诚意跟他合作,你的信誉度就会严重受损。由此可知,交际场合中的笑容大多是一种伪装,这时表情不再是内心情绪的写照,而是一种交际手段。

人有自我保护的本能

人类天生就有自我保护的本能,没有人愿意把自己的内心完全暴露出来,每个人或多或少都需要保留一些属于自己的"隐私"。在一些特定的场合,很多人都担心自己的心理状态被他人察觉,所以极力掩饰自己的内心活动,于是他们的表情和内心就形成了鲜明的对比,别人根本无法从他们的表情上看透他们内心的真实情感。比如,当一个女孩对一个男孩产生爱慕之情时,由于害羞,又不想让第三者知道,她往往会表现得十分隐晦,这就属于一种自我保护。

由此可见,我们不能单纯地从表情上来判断一个人的真实情感,而要学会以表情为基础,探究对方内在的真实情绪。在现实生活中,你是否留意过这样一种人,不管别人对他说了什么、做了什么,他都会呈现出一副毫无表情的面孔。其实,没表情并不等于没感情,越是没表情时,越可能是感情强烈的时候。例如,有的下属对上司的言行极为不满,但由于敢怒不敢言,只得装出一副面无表情的样子。而实际上,不管他怎么压抑和掩饰自己的表情,他内心的不满情绪依然会很强烈。如果你仔细观察,就会发现他的脸色异于平常,强烈的不满情绪会使他的眼睛瞪得很大,鼻孔会出现隐隐的皱纹,有时候脸上还会出现抽筋的现象。这些细微的变化说明他的心理正在陷入激烈的情绪冲突之中。

此外,在生活中还会出现一种内在情绪和外在表情完全错位的情况。比如,有的人虽然内心极度痛苦,但依然会强装出笑脸,以免让家人和朋友担心,所谓"脸上在笑,心中在哭",说的就是这个意思。

由此可见,人的面部表情与人的真实情绪会产生很大的误差,人为了阻止自己的情感"外泄",有时候会刻意隐瞒自己的喜怒哀乐。那么,我们怎样才能洞悉一个人的真实情感呢?

注意脸部的重要线条

心理学家指出,脸上的某一块区域对辨认某些情绪十分重要。比如眉毛和额头是辨认悲伤和恐惧的重要线条;嘴巴是辨认厌恶和喜悦的重要线条。只要我们抓住对方脸上的重要线条,特别是眼部和嘴周围的肌肉动作,就能洞悉对方的真实情感。

那么,人的脸上究竟有哪些重要线条值得注意呢?

首先,我们应该注意对方嘴角的线条,比如嘴角是上扬还是下垂,嘴巴是张开还是紧闭等;其次,我们应该注意眉眼处的线条,比如眉毛是上扬还是下垂,眼角是上扬还是下垂,眼睛是睁得大大的还是微微眯着的;最后,我们还要注意额头的线条,比如眉毛上扬额间会有横纹,眉头紧蹙眉间会有直纹等。忽略了这些细节,我们就很难洞悉对方稍纵即逝的微妙情感。

抓住无意识情态

人的面部表情常常在隐瞒或伪装自己的真实情感,因此,要探知一个人的真实情感是很困难的。但是,当一个人表面上装作若无其事,以掩饰自己的真实情感时,其心理线索依然有迹可循。

比如一个人想要抑制自己的怒气或忍耐不愉快的事情,在这种情况下,他的精神就会绷得很紧,表情也会随之僵化,甚至出现面部痉挛。这种心理状态就如同一个吹胀的气球,当用手捏住一个地方时,其他地方就会鼓起来。所以,当我们的情绪处于高昂状态时,精神的紧张度就会增加,这时候如果我们刻意控制自己的内在情绪,使之不外露于表情,那么我们的肌肉就会变得紧绷,进而通过某些表情细节表现出来。比如过分地皱眉、不停地眨眼、不正常的面部抽搐等,这些都是被压抑的情感在无意识地表露。通过这些细微的表情细节,我们就可以初步判断一个人正在隐瞒自己的真实情感。

抓住瞬间"微表情"

在日常生活中,谎言是很普遍的,因为谎言能掩饰人的真实想法,是人际交往的重要手段,能博得别人的好感。所以,很多人都在有意无意地说着一些谎言。

要想看破一个人是不是在说谎,关键要看对方脸部和手部的动作,尤其要注意眼部和嘴部周围肌肉的动作。比如,当一个人觉得自己说谎成功时,他的嘴角会微微上翘。再比如有的人会"睁着眼睛说瞎话",明明知道对方提出的问题,却说"我不知道",此时他一边的眉毛会往上扬。这种"微表情"持续的时间往往非常短,但是只要细心观察,还是可以注意到的。

通过眼神感受他人的情感律动

美国著名思想家爱默生说:"人的眼睛和舌头所说的话一样多,不需要字典,就能从眼睛的语言中了解整个世界。"眼睛是心灵的窗口,它和人的思想感情有莫大的关系。通过观察一个人的眼睛,我们就可以清楚地探测到对方的内心世界。无论一个人心里正在想什么、情绪如何,他的眼神都能忠实地反映出来。

科学家经过研究发现:眼睛是大脑在眼眶里的延伸,眼球底部有三级神经元,和大脑皮质细胞一样,它具有分析综合能力,而瞳孔的变化、眼球的活动等又是直接受脑神经支配的。所以,人的各种思想感情自然会通过眼睛的微妙变化真实地流露出来。

比如,一个路人独自走在一条僻静的小路上,突然一个手持匕首的歹徒截住了他。刚开始时,歹徒有恃无恐地横在路上,眼睛望着手中明晃晃的匕首,以引起路人对匕首的重视,并且大喝道:"把钱拿出来!"路人非常害怕,眼睛不敢直视歹徒,嘴上不停地说好话,试图唤起歹徒的同情心。同时,还不时地用眼角的余光瞥一眼歹徒,看他的态度是否有了变化。

歹徒被路人的话激怒了,开始用凶狠的眼光盯住路人,并威胁路人赶快把钱交出来。路人被吓坏了，不敢再看歹徒一眼，哆哆嗦嗦地把钱放在地上。此时此刻，路人的心情十分矛盾：是拼死搏一把，还是自认倒霉？随着这种剧烈的心理活动，他的眼睛不停地眨动着。歹徒以为路人被吓坏了，于是极尽侮辱、谩骂之能事，甚至要求路人脱下衣服。路人终于忍无可忍，猛然抬起头，用犀利的目光逼视着歹徒，并且猛地扑了上去，打掉了歹徒手中的匕首。歹徒被路人突如其来的举动弄懵了，他看看自己，又看看路人，不敢相信这是真的，等他确信这一切是真的时，开始恐惧地望着路人，以便保护自己。

在路人与歹徒对峙的整个过程中，路人的眼睛行为依次是：偷偷地瞥视，这是被动的防卫性行为；不敢再看歹徒，这是恐惧的回避；眼睛不停地眨动，这是内心激烈矛盾的反映；最后目光犀利地逼视歹徒，这是忍无可忍的反击行为。而歹徒的眼睛行为依次是：先不看路人，这表示有恃无恐和藐视路人；用凶狠的眼光盯住路人，这是被激怒之后的攻击性行为；被还击后的恐惧眼神，则是内心恐惧和本能防卫的流露。由此不难看出，眼神的变化的确能真实地反映人内心情绪剧变的过程。

当然，像这种爱憎分明、变化剧烈的眼神，在我们的日常生活中很少见到。因为在普通的人际交往中，人的情绪变化是很难达到如此激烈的程度的，更不会达到爱与恨的极点。但是在人际交往中，眼神的变化依然发挥着信息传递的重要作用。不同的眼神，反映着不同的情绪和心理状态。比如一旦被别人注视就立即将视线移开的人，大都性格内向，有自卑和相形见绌之感。听别人说话时，虽然频频点头，却无法将视线集中在谈话者身上，或者将视线移往别处，表示对对方的话题不感兴趣。交谈时，将视线集中在对方的眼部和面部，表示真诚地倾听，是尊重和理解对方的表现。

在人际交往中，尽管眼神能将人们的真实情感流露出来，但这些眼神常常被掩盖在一些有礼貌的微笑后面，要想仅从眼神里判断哪些笑容是真诚的，哪些笑容是伪装的，往往比较困难。但只要我们细心观察，还是可以从眼神里得到一些有用的信息的。比如你去参加一个联谊会，就可以从别人向你投来的目光判断他对你的感觉如何。如果一个人自始至终都没有看你一眼，这说明他忽视了你的存在，或者对你不感兴趣或无亲近感。如果你和一个人聊天，对方的目光总是游移不定，从不迎视你的目光，尽管他笑容满面，也说明他感到和你聊天很乏味，他正想着别的事或寻找其他人，这时候你应该适时地调整话题或者干脆让对方离开。如果一个人一直盯着你看，往往表示他在用目光召唤你，你上前去和他交谈一定会感到非常愉快。另外还有一些人，尽管他们对你也是笑容满面，但他们那双深藏不露、深不可测的眼睛却会使你感到很不舒服，这说明他们对你不屑一顾或有些意见。

眼神传递的情绪和心理，在两性关系上表现得尤为突出。比如，"暗送秋波""含情脉脉""眉目传情""一见钟情"等词，都是用来表达男女之间情花爱果的词。由此可见，眼神虽然只是一种无声的语言，但却恰似千言万语，默默无闻地传递着两性之间的柔情蜜意。

恋爱中的男女是最幸福的，研究他们彼此之间的眼神十分有趣。当两个人初相识时，如果彼此谈得很投契，对对方都很满意，他们就会进行短暂的目光交换，其他时间就不知道把目光放在什么地方了，或望望天，或瞧瞧地……其实，这正是他内心兴起波澜的反映，希望和对方继续交往下去，建立起恋爱关系，但又不知道对方的态度如何，害怕遭到对方的拒绝，所以羞于启齿。因此，初次与异性见面的人要注意，当对方敢于长时间地、直勾勾地盯着你看时，就一定要小心了，对方如果不是一个恋爱老手，就是他心中没有完全相中你。

当男女双方交往进一步加深，初步确定了恋爱关系之后，双方的眼神交流会逐渐增加。如果一方勇敢一些，用较长的时间凝视对方，这对对方来说无疑是一种鼓励，于是，双方之间的感情进一步深化，彼此之间的恐惧感、陌生感逐渐消失，你望着我、我望着你，两颗心就这样渐渐地融合在了一起。在这里，眼神无疑成了爱情的催化剂。

眼神能暴露一个人的内心世界是毋庸置疑的，但有些时候，它也会被用来作伪装。比如，一个人非常讨厌另一个人说话，但又不敢表示出来，还想讨好对

由情态相人

图文珍藏版

方。这时候,他就会用眼睛看着对方,仿佛对对方所讲的一切很有兴趣,其实,他内心里可能正在诅咒对方呢! 再比如,父母在吓唬淘气的孩子时,也会把眼睛瞪得大大的,故作怒态,其实内心里充满了深情爱意。所以说,眼神也有偶尔"背离"内心情绪的时候,要具体情况具体分析,不能一概而论。

人在日常工作和生活中,内心有什么样的情感和情绪,都会从眼神中表露出来。因此,我们必须学会透过别人的眼神了解他的心理状态,这对人们之间的交往和沟通具有十分重要的意义。

瞳孔是显示情绪变化的信号灯

一位就职于美国 FBI 的警察曾经给人们讲述了这样一段经历:一次,他们抓获了一名间谍。审讯时,他态度很好,很合作,对自己的间谍身份供认不讳,但就是不肯供出自己的同伙。很显然,他是做好了自我牺牲的打算。

这一度让 FBI 的警察们感到束手无策,因为这些间谍分子对美国的国家安全构成了极大的威胁。正在这时,一位情报分析师建议说,可以利用非语言行为收集所需要的信息。

于是,他们向这位间谍展示了十几张卡片,每张卡片上都写着一个与他一起工作过的人的名字——经过调查,他们认为这些人中间很可能有他的同伙。他们要求他在看每张卡片的同时,都要说一下他所知道的这个人的情况。当然,他们对他所讲的内容并不感兴趣,因为他肯定不会说实话,他们所关注的是他在看到卡片的一刹那以及在叙述过程中的微表情。

结果他们注意到,当这个间谍看到其中两个人的名字时,眼睛突然睁得很大,然后瞳孔迅速收缩,并轻轻眯了一下眼睛。很明显,在潜意识中,他是不希望看到这两个人的名字的。由此他们断定,这两个人肯定是他的同伙。最终,他们找到了这两个同伙,经过审讯,他们也对自己的间谍身份供认不讳。

由此可见,瞳孔的变化能够将一个人的情绪变化清晰地体现出来。在这则故事中,FBI 的警察们之所以能够通过间谍的眼睛及瞳孔变化捕捉到重要信息,就是利用了这一点。

那么,瞳孔究竟是怎样体现人的情绪变化的呢?下面我们来具体分析一下。

当一个人看到自己不喜欢的人或事物时,他的内心就会产生一种消极感受,这时,他的瞳孔会立即收缩。通过这种反应,他就能尽量减少光线进入自己的眼睛,从而有效地保护自己。这可以被称为"消极的瞳孔反应"。比如很多人在面对推销员时会把眼睛眯起来,以表示自己对其推销的产品不感兴趣或有所疑虑。

当然,在现实生活中,人类几乎没有完全独立的肢体动作,眯眼睛也是一样。当人们由于反感、不满等负面情绪眯起眼睛时,眉毛也会在一旁添油加醋地做"帮凶",向外界传达主人内心的不满和不快,比如耸起或压低眉毛等。

了解了上述消极的瞳孔反应后,我们至少应该做到以下三点:

第一,在交谈过程中,当对方向我们表现出这种反应时,我们应该识趣地闭上嘴巴,或者及时地转换话题,或者赶快离开,以免引起对方更大的不满。

第二,如果你想向别人传达你的厌恶之情,又不想用生硬的语言导致对方不快,以致撕破脸皮、引发矛盾和冲突,那么你不妨利用瞳孔和眉毛来帮你"说话"。

第三,如果你对别人并没有不满或厌恶的情绪,而眯眼的反应只是你的习惯性动作,那么你最好想办法改掉这种毛病,以免引起不必要的误会。

当一个人心情愉快,或突然遇到让人激动、兴奋的事情时,他的眼睛会立即睁大,瞳孔会迅速扩张。通过这种反应,他就能最大限度地吸收光亮,从而向大脑输送足够的视觉信息,使内心的快感更强烈、更持久一些。

当然,除了瞳孔扩张之外,表达积极情绪的眼部动作还有很多,比如"追视"就属于其中一种。很多刚出生的婴儿总喜欢把眼睛睁得大大的,一直看着妈妈的脸,如果妈妈转动,他们的脑袋和眼睛也会随着妈妈走动,以便继续看到妈妈。这种睁大眼睛、追视的动作,往往传递着一种积极的信号,透露着主人舒适、愉悦的心情。

与消极的眼部动作一样,积极的眼部动作也常常伴随着一些眉毛的微动作。比如当人们感到惊讶或喜悦时,伴随着"真的"或"哇"的一声,他们的眼睛会睁得大大的,同时眉毛也会上挑形成一个弓形,这往往让他们的快乐心情一览无余。

了解了上述积极的瞳孔反应后,我们至少应该做到以下两点:

第一,当别人睁大眼睛、目光闪闪地看着我们时,往往表示对方很喜欢我们,或对我们说的话、做的事表示肯定和赞赏。通常情况下,对方的眼睛睁得越大,表示他对我们的好感就越强。这是一个非常实用的心理学知识,在做生意、谈判、跟老板谈话、谈恋爱等场合,我们都可以以此来获悉对方的心理状态。

第二,在面对面的交谈过程中,如果谈话气氛稍显紧张,而我们又希望交谈能够继续进行,或者我们希望对方能够感知到我们内心的愉悦以及对他的好感,就可以使用这种动作来缓和气氛。

最后,需要强调的是,瞳孔扩张或收缩并不一定都是由情绪变化引起的,当光线发生变化或健康状况出现问题时,我们的瞳孔也会出现放大或缩小的变化。所以关于瞳孔的变化,我们必须具体情况具体分析,不可一概而论。

读懂眉毛的"七十二"般变化

了解一个人的心境,不一定非得通过交谈,通过观察对方眉毛的细微变化,也能看出他的情绪变化。当一个人的情绪发生变化时,他的眉毛也会随之改变。眉宇之间的一些信息往往能透露一个人真实的内心世界。

美国社会心理学家琳·克拉森被人们誉为"读脸专家",她通过研究指出,在人的所有面部表情中,眉毛最能表露一个人的心理情绪,当一个人的眉毛向下靠近眼睛时,表示他对周围的人更热情、更愿意与人接近;当一个人的眉毛上挑时,表示这个人需要尊重,需要更多的时间适应目前的场合。克拉森表示:"如果你遇到的人将眉毛向上挑,此时不要靠他太近,不妨先与他握手,让他主动靠近你,以免让他感觉不舒服。"

眉毛的一些细微动作和表情,能够很好地显示出对方的所思所想,因此在与人打交道时,千万别忘了注意对方的眉毛,这样就能很清楚地了解到对方的情绪和心境。

据统计,眉毛大约有 20 多种动态,观察眉毛的一举一动,往往能迅速而准确地把握对方的情绪和心境。下面简单介绍几种最常见的"眉毛表情"。

扬眉

眉毛上扬又分为双眉上扬和单眉上扬。当一个人双眉上扬时,表示他非常欣喜或极度惊讶,在这种时候,对方的心情起伏一定比较大。如果你想告诉对方什么事情,最好等他心情平复了之后再说。当一个人单眉上扬时,表示他对别人说的话、做的事不理解,有疑问。当一个人面临某种恐惧时,可以用皱眉来保护眼睛,也可以用扬眉来扩大视野。一般的反应是:面临威胁时,皱眉以保护眼睛;威胁减弱时,扬眉以看清楚周围的环境。根据对方眉毛的变化方式,我们就可以判断出他当下的感受。

皱眉

皱眉主要包括防护性皱眉和侵略性皱眉两种。防护性皱眉主要是为了保护眼睛免受外来的伤害。当一个人采取这种皱眉动作时,还需要将眼睛下面的面颊往上挤,但眼睛仍需睁开注意外界的动静。这种上下挤压的动作,是一个人面临外界攻击、突遇强光照射、有强烈的情绪反应时典型的退避反应。侵略性皱眉的基点是出于防御,主要是担心自己侵略性的情绪会激起对方的反击,与自卫有关。当然,皱眉的原因还有很多种,比如当一个人对对方提出的问题迷惑不解或持否定态度时,会情不自禁地皱起眉头。

斜挑

眉毛斜挑,是指两条眉毛中一条降低,一条扬起。这种表情常见于成年男子的脸上。眉毛斜挑所传达的信息介于扬眉和皱眉之间,半边脸显得激昂亢奋,半边脸显得恐惧害怕。扬起的那条眉毛就像一个大大的问号,反映了眉毛斜挑者怀疑的心理。

闪眉

闪眉，即眉毛闪动，是指眉毛先上扬，然后瞬间再下降，就像流星划过天际一样，敏捷而迅速。眉毛闪动是一种表示亲切和友善的表情动作，是全世界通用的表示欢迎的信号。当两位老朋友久别重逢时，往往会出现闪眉的动作，而且常常伴随着扬头和微笑。闪眉的动作除了表示欢迎外，如果出现在对话过程中，则表示加强语气。每当谈话者想要强调某句话或某个词语时，他的眉毛就会很自然地扬起并瞬间落下，这是在告诉听话者："你最好记住我说的每一个字。"

耸眉

所谓耸眉，是指眉毛先向上扬起，停留片刻，然后再下降。耸眉与眉毛闪动的主要区别就在那片刻的停留。通常情况下，耸眉还经常伴随着嘴角迅速而短暂地往下一撇，而脸的其他部位没有任何动作。耸眉牵动的嘴形是忧伤的，有时它代表的是一种不愉快的惊奇，有时它代表的是一种无计可施的无奈。此外，当人们正在热烈交谈时，常常会做一些小动作来强调自己说的话，当一个人讲到重要之处时，常常会不断地耸眉，这样做的目的是让你赞同他的观点。

眉毛抬高

眉毛抬高分为眉毛完全抬高和眉毛半抬高两种。眉毛完全抬高往往表示完全不可置信，当我们刚接触到一件不可思议的事情时，常常会出现这种眉毛表情；眉毛半抬高表示大吃一惊或不可思议，和眉毛完全抬高有相似之处，只是程度不同而已。

眉毛降低

眉毛降低分为眉毛完全放下和眉毛半降低两种。眉毛完全放下往往表示非常生气，已经达到怒发冲冠、怒不可遏的程度了，如果你在这个时候还去招惹他，那么结果就可想而知了。眉毛半降低往往表示很不理解，对对方的言行举

国学经典文库

冰鉴

由情态相人

图文珍藏版

动存在一定的疑惑。

倒竖眉

眉毛倒竖,往往表示对方正处于极端愤怒或异常气恼的情绪状态中,要么是有人背叛了他,要么是被人耍了,总之这时候千万不要去惹他。

眉毛上下活动迅速

眉毛上下活动迅速说明对方心情愉快、内心舒畅或对你表示亲切,在对你的观点表示欣赏和赞同时也会出现这种表情。

锁眉

锁眉即紧锁眉头,一副苦恼、郁闷的模样,是内心极度忧虑或犹豫不决的外在表现,这时候最需要别人的劝慰和鼓励。

舒眉

舒眉和锁眉正好相反,舒眉表示心情比较愉悦、坦然,此时正是外出游玩的好机会。

眉毛在面部表情中的作用是巨大的,它的一举一动会在无形中透露一个人的情绪和心境。我们完全可以利用这个小部位的举动,帮助自己成为一个洞悉别人心境的高手!

鼻子代表你的心

在人的五官中,鼻子所传达的表情信息远远不如眼睛和嘴巴丰富,但这并不表示鼻子在"传情达意"方面无足轻重,它同样能提供给我们很多情绪信息。比如一个人思考难题或极度疲劳时,常常会用手捏鼻梁;当一个人很无聊或遇到挫折时,常常会用手指挖鼻孔;当一个人感到不满或正在压抑某种情感时,他的鼻孔会稍稍扩大。

总之,在人际交往中,一个人的心理活动可以通过鼻子的变化显示出来。关于这一点,下面这则小故事是个很好的例证:

一个周末,某商场内客流如潮,人头攒动,一位商场经理正在四处巡视,一来维持商场秩序,二来检查员工的工作情况。

当他走到距离收银台不远的一个货架下,不经意间,注意到一个男子正站在收银台旁边。这位经理之所以在众多顾客中唯独注意到了他,一是因为这名男子不同于一般的顾客——他没有去注意琳琅满目的商品,也没有任何购物的倾向;二是因为他并不是毫无表情地站在原地,而是双眼紧盯着收银员的举动,在某一刻忽地鼻孔张大了,这说明他内心正处于高度紧张状态——正准备要采取某种危险行动。

他鼻孔的微反应立刻引起了商场经理的警觉,几乎是在这个男子行动的同时,商场经理冲着收银员大声地喊道:"小心!"伴随着这一声叫喊,紧接着发生了三件事:第一,收银员刚结完一次账,收银机的抽屉刚好打开;第二,那名男子快速地将手伸进了收银机的抽屉;第三,收到警告的收银员一把抓住了男子的胳膊,并大喊"抢劫",结果在其他顾客的协助下,那名男子被收银员和闻讯而来的保安制服了。

在这则案例中,抢劫犯之所以抢劫未遂,主要是败在了自己的鼻子上——内心的高度紧张导致了他鼻孔张大,所以被值班经理洞察了先机。由此可见,鼻子这个小部位的微表情可以暴露一个人的真实情绪,我们完全可以通过鼻子的微小变化,掌握对方不为人知的情绪信息。具体来说,我们应当注意以下几点:

鼻孔扩张

通常情况下,鼻孔扩张是因为兴奋、紧张、愤怒或恐惧,当一个人处于这几种情绪状态时,呼吸和心跳会随之加速,进而产生鼻孔扩张的现象。上述案例中的值班经理之所以能提前洞悉抢劫犯的阴谋,正是因为他准确解读了鼻孔扩张这个微小动作的情绪密码。如此看来,鼻孔不仅担负着替人体交换内外气体的重要责任,还担负着传达主人内心情绪的额外任务。

当然,鼻孔扩张并不绝对表示情绪的兴奋或紧张,有时候它还是用力时的一种自然反应,比如人在搬重物时,鼻孔就会随着力道的使出而扩张。但是如果不存在用力的情况,而且你身处在一个比较危险的环境中或紧张的氛围里,对方出现了鼻孔扩张的动作,那么你就要小心了。

在现实生活中,鼻孔还往往与"轻视""不屑"等词语扯上关系。成语"嗤之以鼻"就是一个典型的例子,意思是通过鼻子吭气来表示轻蔑和看不起。还有一个词语叫"鼻孔朝天",意思是仰起头来鼻孔朝天,这是一种表示高傲自大的动作——当我们看到某人将鼻子高高耸起,并且鼻孔张大时,我们的第一直觉就是他很傲慢无礼、妄自尊大。

在日常生活中,与鼻孔息息相关的还有一个小动作——挖鼻孔。如果不是鼻孔里有脏东西需要清理,那么该动作多半是在传达一种紧张不安的情绪。人们企图通过这种自我触摸来缓和内心的紧张和不安。

鼻头冒汗

如果一个人不是天生就容易鼻头冒汗,那么这种现象就是由他内心的紧张或焦躁造成的。如果他正在和一个重要的交易对手谈判,他一定在着急如何达成协议,盘算着无论如何一定要完成这个交易;如果他做错了事情,他一定在着急如何掩饰自己的错误,以免遭受批评和惩罚等。

鼻子泛白

一般情况下,人的鼻子不会发生颜色的变化,除非内心情绪波动比较强烈。比如情绪异常消极或高度恐惧时,人的整个鼻子都会泛白;向异性表白爱情遭到拒绝时,很多男性会鼻子泛白。此外,当自尊心受损、心存困惑、有罪恶感或处境相当尴尬时,很多人也会鼻子泛白。

鼻头发红

这种情况多半与健康状况有关,比如长期饮酒,过量食用辛辣食品、情绪过于激动紧张、内分泌失调等。除了这些之外,鼻头发红还可能暗示着心血管疾病或者肝功能异常;如果鼻子呈现蓝色或棕色,可能暗示着胰腺或脾脏有毛病;如果鼻头发黑且显得枯燥,则可能暗示纵欲过度了。

摸鼻子

从心理层面看,摸鼻子的动作通常可以传达以下4种意思:

第一,拒绝。当你有求于别人时,如果对方一边犹犹豫豫地答应,一边摸自己的鼻子,或者不说答应不答应,只是用手摸自己的鼻子,那么你就应该知趣地意识到,他接受你请求的可能性不大,或者说,他已经在潜意识中通过这个动作拒绝了你。

第二,不耐烦。在交谈的过程中,如果对方觉得和你谈话很无聊,想要尽快结束交谈,那么他往往会接二连三地摸鼻子,如果再伴随着不断变换身体姿势等动作,你就应该意识到,对方已经很不耐烦了。

第三,怀疑。你在交谈过程中说出了某些话,而对方却用手去摸自己的鼻子,并且身体做出前屈的动作,往往表明他对你说的话心存怀疑:"不会吧?你说的是真的吗?"

第四,压力。当有人问了我们一个难以回答的问题,我们为了掩饰内心的慌乱,勉强找出一个答案应付时,我们的手会很自然地挪到鼻子上,摸它、捏它、揉它,甚至用力地挤压它,似乎内心的压力也会给我们的鼻子造成压力,以至于我们不得不赶快用手来救援它,千方百计地抚慰它,以使它尽快平静下来。

肢体动作暴露对方的情绪指数

语言是我们沟通最常用的工具,但除了语言之外,还有一个更重要的交流工具,那就是肢体语言。肢体语言又称身体语言,是指经由身体的各种动作代替语言以达到表情达意的沟通目的。从广义上说,肢体语言也包括前述的面部表情;从狭义上说,肢体语言只包括身体和四肢动作所表达的意义。

在人际交往中,很多人会有意无意地做出一些习惯性的肢体动作,这些小动作是我们衡量对方情绪的重要标准:一颦一笑、一个眼神、一个动作,都体现了对方的某种情感、某种想法或某种态度。如果我们认识不到这些动作背后隐藏的情绪,就会错过对方发出来的情绪信号,从而很有可能弄巧成拙;反过来,如果我们不注意自己的肢体动作,当别人拿这个标准来衡量我们的情绪时,也很可能会误会我们本来的意思。

在日常生活中,每个人都会有一些与众不同的习惯性小动作,比如有的人喜欢摸头发,有的人喜欢抠鼻子,有的人喜欢拉衣角,有的人喜欢咬手指……这些小动作看似可有可无,没什么出奇的地方,但从中可以看出一个人的内在情绪。

美国前总统布什在接受媒体采访时,肢体动作非常多,这些肢体动作就真实地反映了他的内在情绪。

从动荡不安的伊拉克局势到"卡特里娜"飓风灾害,从提名哈丽雅特·迈尔斯为最高法院法官之争再到高级顾问卡尔·罗夫涉嫌特工身份泄密案,这些都是令布什总统烦躁不安的心事。每逢媒体问及这些事情时,布什都会烦躁不安、紧张焦虑。

在全国广播公司的《今日》节目中,布什接受了 14 分钟的户外独家采访。在这次采访中,布什很少有地站在那里,身前没有讲台遮挡。在采访过程中,布什频频做出眨眼、轻拍、晃动、挪步、舔嘴、抖腿等动作,这些动作将布什的紧张情绪暴露无遗。

当记者马特·劳尔提到民主党对汤姆·迪莱的指控时,布什的不安表现得非常突出:他撅起下嘴唇,舔着右嘴角,左腿开始猛烈地抖动。布什一向被认为是一个活跃的人,但与身旁的记者劳尔相比,他的肢体语言透露出他想要离开的迫切心情。

当劳尔问及卡尔·罗夫涉嫌泄密的案件时,布什眨了两下眼,用舌头舔了舔嘴唇,又眨了两下眼,他看似准备回答时,突然又戛然而止。"我不准备谈这个案子。"停顿了 3 秒钟之后,布什终于做出了这样的回答。

当被问及"卡特里娜"飓风灾害的问题时,布什眨眼 24 次;当被问及为什么墨西哥湾居民要偿还政府的救灾拨款而伊拉克人却不用偿还时,布什眨眼 23 次,并向上提起裤腿;在回答关于迈尔斯的问题时,布什眨眼 37 次,并且还一次舔嘴唇,三次身体重心转移和数次扭动双脚。

与人的口头语言不同,人类的肢体动作是很难伪装的,它是一个人思想和情绪的真实反映。人可以"口是心非",但却很难做到"身是心非",通过肢体动作表达自己是人类的本能。所以,我们完全可以通过观察一个人的肢体动作,了解他真实的情感体验。

萍在一家公司做文秘工作。一天,她拿着一份文件去找新来的经理签字。在打开文件时,萍不小心碰翻了放在桌子上的茶杯,茶水不仅浸湿了文件,而且洒到了经理的裤子上。萍顿时吓得不知所措,等待着经理的训斥。可是经理一句话也没说,只是不满地瞥了她一眼,然后示意她出去。

就在一个月前,萍曾经因为工作上的失误,被原来的经理狠狠地训斥了一番,但是她走出办公室后立刻就不觉得紧张和害怕了。而这一次,新来的经理虽然没有骂她,但那种不满的眼神却让她感觉浑身上下不舒服,于是她一会儿担心自己的奖金被扣,一会儿又担心自己被炒鱿鱼,这种惶惶不可终日的感觉一直持续了好几天。

在这则案例中,新任经理的眼神之所以有如此大的震慑力,让萍惶惶不可终日了好几天,是因为人的肢体动作通常是一个人下意识的举动,其中蕴含着人的真实情绪。新任经理用不满的眼神瞥了萍一眼,说明萍的举动真的触恼了他,所以萍担心他会找自己算账。

由此可见,通过他人的肢体动作,我们能够看到比语言更真实的情绪信息。因此,当我们与他人进行交往时,一定要学会观察对方的肢体语言,而不是对方说什么就认为是什么。这样才能准确地把握对方的心境和情绪。下面这些肢体动作细节就可以反映出一个人的真实情绪和态度。

(1)与人交谈时,如果对方不注视你的眼睛,往往表示他自高自大、傲慢无礼,或是企图想掩饰什么;当你紧紧盯着对方的眼睛看时,如果发现对方的目光从专注变得游移,这说明对方可能因为你的注视而感觉不太自在,这时候你不妨将自己的视线移到对方的鼻部或嘴部。

（2）说话时经常努嘴或撇嘴，往往代表内心充满着不屑。在交谈过程中，如果对方出现努嘴和撇嘴的动作，往往代表对方对你的观点和说法不以为然或不屑一顾。

（3）说话时用手掩口，多是为了掩饰自己内心深处的秘密，希望不被人察觉。有这种习惯动作的人多半有自卑倾向，通常是具有双重性格的人。

（4）说话时轻拍别人的肩膀，这是内心骄傲情绪的外在体现。有这种习惯动作的人往往感到自己比别人强或占优势，所以常常以轻拍别人的肩膀来传递自己对别人的同情或支持。

（5）有些人喜欢把手指关节弄得啪啪作响，这往往代表他们在内心深处对即将面对的事物充满恐惧感，所以需要借助手指发出的声音来为自己壮胆。有这种习惯动作的人一般喜欢故弄玄虚、虚张声势。

（6）有些人喜欢抓自己的头发，这种人很容易受情绪的支配，当情绪不稳定时，他们就会不自然地做出抓头发的动作，希望在惶恐时抓住一些凭借。

嘴部动作泄露情绪天机

在人的五官中，嘴巴是说话的器官，也是人宣泄内心情感的重要通道。在人际交往中，尤其是人与人通过口头语言交流时，嘴部的动作可谓千姿百态。其实这些嘴部动作都与说话者的心理活动有密切的联系，都能在不同程度上反映出说话者的内在情绪。

嘴部常见的动作很容易解读，比如嘴巴张得大大的，往往表示这个人正处于极度惊恐或诧异之中；如果是无意识地微微张开嘴巴，往往表示这个人正专注于某件事情上；打哈欠是无聊和困倦的表现；咬指甲是紧张、焦虑的表现等。

除了上述比较常见的嘴部动作外，还有一些比较微妙的嘴部动作速度很快、幅度很小，稍不留神，我们就会错过。下面就简单介绍一下这些微妙的嘴部动作暗示的情绪信息。

经常舔嘴唇

一个人在说话时如果经常舔嘴唇，说明他正在压抑着因兴奋或紧张所造成的内心波动。当然，在空气干燥的冬季，嘴唇难免干燥，很多人也会不自觉地出现舔嘴唇的动作，这和心情并没有直接关系，而只是为了增加嘴唇的湿度。

嘴唇往前撅

人的整个嘴唇往前撅时，可能是防卫心理的体现，也可能是撒娇的表现；如果只是下嘴唇往前撅，往往表示这个人对接受的外界信息持有怀疑态度，并且希望能得到肯定的回答。

嘴巴抿成"一"字形

有些人在关键时刻，比如在需要做重大决定，或事态比较紧急的情况下，常常会将嘴抿成"一"字形。这种人一般都比较坚强，具有坚持到底、不达目的誓不罢休的精神，面对困难和挫折，他们想到的是如何战胜它，而不是临阵退缩。同时，他们也不缺乏理性和冷静，每件事他们都会经过深思熟虑，然后才采取行动，而且他们会抱着不到黄河心不死、不撞南墙不回头的心态，所以获得成功的概率很大。

牙齿咬嘴唇

在交谈过程中，如果对方出现上牙齿咬下嘴唇、下牙齿咬上嘴唇或双唇紧闭的动作，这表明他正在认真聆听你说话，同时在仔细揣摩你的话中之意。这种人一般都具有很强的分析能力，遇事虽然不能迅速地做出判断，但是一旦做出决定，往往会义无反顾。

嘴角向后

在与人交谈的过程中，如果听话方的嘴角稍稍有些向后，表明他注意力很集中，正在专心倾听说话者讲话。

用手捂住嘴巴

说话时用手捂住嘴巴，说明这个人心里具有害羞的情绪，不会将自己轻易地或过多地呈现在他人面前,特别是在陌生人或关系一般的人面前,他们更是沉默寡言。在与人交往的过程中,他们往往会极力掩饰自己的真实感受,同时也不喜欢在众人面前显露自己。此外,用手掩嘴这个动作还有另外一个意思,即表示已经意识到自己刚才说错了话或做错了事,所以才进行自我掩饰,这与张嘴吐舌头表达的意思多少有些相似之处。

舌头经常在口腔里打转

在交谈过程中,如果对方的舌头经常在口腔里打转,通常表示他对你的看法和观点不满意或不赞同。有这种习惯动作的人,生活态度往往比较随性,常常以一种顺其自然的方式处理生活中的人际关系和事情。他们大多喜欢随遇而安,"今朝有酒今朝醉,明日愁来明日忧"是他们性格的集中体现。如果你是一个自尊心不是很强,而又时刻需要快乐一下的人,这种朋友无疑是你不错的选择。

压紧下嘴唇

如果有这种习惯性动作的是女性,说明这个人内心十分脆弱,总是有一种不安全感;如果是男性有这一习惯性动作,则往往是故作紧张,他可能是想掩饰什么,或者有其他目的。

用力上下咬牙

这种人往往易暴易怒,缺乏理智和冷静,只要是他们看不过去的事情就要管,听不顺耳的话就要反驳。与这种人交往最好先摸透其脾气秉性,不然很可能适得其反,交友不成反结怨。

别让你的下巴出卖了你

相信很多人都有过这样的经历:当你对小狗等小动物进行挑逗时,它们通常会出现两种反应:如果它们害怕你,就会全身收缩,下巴也随之收缩。如果它们准备攻击你,就会将背部弓起,下巴突出,以显示自己的愤怒和强大。

由此可见,下巴的动作可以准确地反映小动物们的情绪和意图。其实,人在运用下巴表情达意时,跟小动物们是一样的。也就是说,人的下巴会通过各种各样的动作,在无形中透露一个人的真实情绪。那么,下巴的各种动作都反映了人们怎样的心理呢?

当一个人下巴抬高时,他的胸部和腹部也会相应地突出,这时这个人会显现出一副自高自大、趾高气扬的样子。除此之外,下巴抬高还会给人一种优越感十足或自尊心极强的感觉。比如,希特勒就经常用这个动作来显示自己趾高气扬、不可一世的表情。

在两个人面对面的交流中,如果一方扬起下巴,同时眼光朝下看着另一方,通常表示他看不起另一方,或不认同另一方说的话,甚至是对另一方产生了敌意,所以用这种动作来传达一种挑衅的意味。

在人际交往中,有的人还会出现下巴缩起,同时背部微微驼起的动作,这种动作通常可以表达以下三种含义:

第一,表示当事人有祈求对方理解、原谅、宽容之意。很多小孩在犯了错误之后,在被父母责问时都会出现微微低头,同时缩起下巴的动作。

第二,表示怀疑,或对对方说的话或做的事不认可。如果一个人常常出现这种反应,则说明这个人疑心很重,对任何人和事都有一定的防备心理,这种人很容易闭塞自己,不会轻易在人前吐露心声。

第三,和抬高下巴一样,表示对对方产生了"敌意",略有不同的是,这种动作还传达出了一种恼怒、隐忍之意。

1941年1月27日,为鼓舞全世界人民反法西斯的斗志,英国首相丘吉尔到唐宁街10号的一个小隔间里拍摄几张表现坚毅、刚强的照片。当丘吉尔走进拍摄现场时,等候已久的摄影师让他为自己设计一个造型,丘吉尔很放松地站到椅子旁边,左手扶着椅背、右手插入裤袋,嘴里叼着雪茄——这个造型只能拍摄出丘吉尔温和自然的性格,根本达不到预期的效果。于是摄影师上前一把夺下丘吉尔嘴里的雪茄,丘吉尔顿时瞪大眼睛,下巴缩起,露出了一副被激怒的神情,摄影师当机抓拍了这一稍纵即逝的瞬间,拍摄了一幅名为《愤怒的丘吉尔》的经典照片。照片很快被各大报纸刊登出来,形象地反映了英国首相丘吉尔像一头怒吼的雄狮,要与希特勒等法西斯势力奋战到底的决心。

在日常生活中,人们经常对那些遭遇不幸或精神萎靡的人说:"扬起下巴来!"或"抬起头来!"这其实是对这种肢体语言的一种有效利

丘吉尔

用。很显然,大家在潜意识里都知道,下巴缩起传达的是一种消极、负向的情绪,而下巴上扬传达的是一种积极、正向的情绪。

此外,还有一个与下巴紧密相关、不可不提的肢体语言——触摸下巴,这常常被视为说话者正在说谎的标志。其实,除了可以作为说谎的标志外,这个动作还透露了说话者极度紧张的心理状态,因为自我触摸常常被视为自我安慰的肢体反应。美国前总统尼克松卷入"水门事件"之后,在接受记者采访时就出现了频繁地摸下巴、弄脸颊等一系列动作,而这些小动作是人们此前从未在他身上看到过的。很明显,这些小动作直接透露了尼克松总统与"水门事件"的关系以及他当时的紧张情绪。

手势很难"弄虚作假"

心理学家经过研究发现,与口头语言相比,手势等肢体语言可以传递更丰富、更精准的情绪体验。而且,手势等肢体语言很难"弄虚作假",即使一个人想极力掩饰他内心的情绪体验,手势等肢体语言仍会悄悄地泄露他的本心。因此,我们可以通过观察一个人的手势动作,了解他的情绪体验,洞悉他真实的内

心世界。

有一个"海归派"去一家跨国公司应聘,公司特地为他安排了一场面试。在面试过程中,这个"海归派"的双臂和双腿始终保持互相交叉的姿势,显示出一种审慎思考的态度,而且他几乎不用手掌做任何手势,目光也总是游离不定。由此面试官断定,他内心深处一定怀有某种隐忧。

然后,面试官向他提了一些问题,试图了解他以前在国外工作时的雇主。虽然他回答得头头是道,但他在回答的同时做出大量摩擦眼睛和触摸鼻子的全动作,而且表现出一副左顾右盼的神情。

最终这家跨国公司没有录用他,因为他的手势与他口中所表达的信息格格不入。事后,面试官出于好奇心,与这个"海归派"简历上所写的"海外雇主"取得了联系。结果证明,这位所谓的"海归派"在面试时捏造了虚假的工作经历。

由此可见,一个人的语言可以作假,但他的手势是很难弄虚作假的。在这则案例中,如果面试官忽视了手势所传递的信息,很可能就会错误地录用了那位"伪海归"。

那么,手势是怎样传递人的情绪信息的呢?下面简单介绍了几种最常见的手势肢体语言,供大家借鉴和参考。

表示自我谴责的手势

通常情况下,用手搓后脖颈是一种自我谴责的信号。比如上司布置了一项工作任务而下属忙忘了,下属在汇报工作时就可能出现搓后脖颈的动作。当然他也可能会立刻拍拍自己的前额或后脑,并诚恳地说一句表示歉意的话。因此,拍自己的脑袋也是一种表示自我谴责的动作,人们通常会用这种方式来谴责自己的忘性。

拍自己的脑袋除了表示自我谴责之外,拍的部位不同也可以表示当事者不同的心情。比如,当上司查问下属是否按时完成了某项工作任务时,如果下属只是用手拍拍前额,这表示他并没有因为忘记而感到害怕或惶恐不安,只不过是感到有些不好意思罢了。如果他拍拍自己的后脑,并用手搓搓颈背,这表明他有些害怕和恐慌了。

表示不耐烦的手势

双方在交谈的过程中,如果倾听一方频繁出现抓耳朵、拉伸耳垂、用手支撑着头等动作时,说话的一方就要小心了:你的发言很可能已经让你的听众不耐烦了,你最好马上结束发言,调整话题或者更改说话的方式。

用手抓耳朵表示听话者试图防止不好的事情被传入耳朵。小孩不想听父母的责骂,常常会用双手掩住耳朵,而成年人抓耳朵则是掩耳朵的一种替代动作。其他的替代动作还有摩擦耳背、用手掏耳朵、拉耳垂或用整个耳朵盖住耳垂等,这些小动作往往表示听话者已经听够了说话者的发言,并且想要阻止对方的发言。

当听话者做出用手支撑头的动作时,表示他心中已经产生了厌倦情绪,他们之所以用手支撑住头部,是为了避免自己在不知不觉中睡着。而且,听话者的厌倦程度是与手臂支撑头部的尺度相关的。一般来说,听话者最开始只是用一个大拇指撑着下巴,随着厌倦程度的提升,这个动作会逐渐变成用整个拳头支撑下巴。当极度不耐烦时,他就会用整个手掌完全地把脑袋托住,甚至用两只手掌一起撑住脑袋。

表示假装思考的手势

思考的手势通常是将握住的手放在下巴或脸颊部位,有时还会将食指竖起来。在交谈过程中,当听话者开始对说话者的话题失去兴趣,但出于礼貌又想装作感兴趣的样子时,这个手势就会悄然发生变化——随着厌倦情绪的不断增强,原本轻挨着脸部的手腕会逐渐变成对整个头部的支撑。在公司老总发表枯燥、冗长的工作报告时,很多中层管理人员常常用这种手势伪装出一副思考的样子。但不幸的是,只要他们将手腕作为整个头部的支撑,不管是采取何种姿势,这种动作都会泄露他们内心不耐烦的情绪。因为表示真正思考的手势应该是:头部保持直立的姿势,手轻轻地靠在脸颊上。

表示怀疑的手势

说话时用手遮一下嘴或摸一下鼻子,在很大程度上传递着所说的内容不大可信的信息。用手遮掩嘴巴或触摸鼻子,对说话者来说是想隐藏其内心活动,对听话者来说则是表示对说话者的怀疑。

此外,用手搔脖子的动作也可以表示怀疑或不肯定,这种动作最常见的做法是用食指搔抓耳部下方或脖子一侧。如果对这种动作进行仔细观察,就可以发现很有趣的一点:每次大约搔5下,很少有超过或少于5下的。在交谈过程中,如果听话者无法对你的发言做出评判,常常会做出这种手势,它的潜台词就是:"我不能肯定我是否同意你的话。"当你说的话与事实不符时,对方这种动作也会特别明显。

表示激动的手势

在现实生活中,很多人喜欢一边说话一边"手舞足蹈",之所以会如此,是因为手势可以有效地反映人的内在情绪。当说话者的情绪十分饱满,强烈地想要传达信息时,口头语言就已经不足以携带全部的信息了,这时候,手势语言能很好地帮他们传递这些能量。所以,慷慨激昂时他们会挥舞手臂,义愤填膺时他们会攥紧拳头。

观察他人的手势语言,是洞悉他人情绪的重要技巧之一,一旦掌握了这种技巧,就能迅速、准确地判断出对方的情绪,从而在交际中言行得体、进退自如!

双脚的动作比脸部表情更可靠

人除了口头语言之外,还会有一些不经意的肢体语言,而恰恰是这些不经意的肢体语言反映了人们真实的内心世界。从心理学角度来说,脚的动作也属于人类肢体语言的一种,但是,由于它在人体的最底部,而且距离大脑最远,所以它常常被人们忽视,正因为如此,它比其他肢体语言更真实、更准确、更可靠。

在现实生活中,脚的肢体语言可能会因为某些突发情况发生变化,但是每个人都有自己固定的"脚语"。对熟悉的人来说,无需看见本人,仅凭那或急、或稳、或轻、或重的"脚语",就能判断出对方是谁以及情绪如何了。

周末,小郑在家闲得无聊,于是打算去看看父母,顺便蹭顿饭吃。但是她又怕母亲为了给自己准备好吃的,太忙活,所以就没事先通知他们。小郑来到父母家的楼下,停好自行车,和往常一样快步走上楼梯。父母住在四楼,可是还没等她走到三楼,就听见楼梯尽头传来父亲的大嗓门:"开门吧,你闺女回来了。"母亲打开门,伸头出来看的刹那,小郑还没走到家门口呢。进门以后,小郑奇怪地问父亲:"爸,我还没进门,您怎么就知道我回来了啊?我今天又没有打电话。"父亲轻描淡写地说:"根据脚步声知道的呗,我能听懂你的'脚语'。"小郑很惊诧,要知道这个单元总共有6层,每层有6户,整个单元怎么也得住着百十号人,父亲怎么能如此准确地从众多脚步声中分辨出自己的脚步声呢?看到小郑一脸惊异的表情,父亲微笑着说:"哪个父母听不懂自己孩子的'脚语'啊!"

由此可见,"脚语"的确能向人们透露一些真实的信息。在我国丰富的语言词汇里,有很多描述"脚语"的词汇。这些词汇与其说是描写脚步的轻重缓急的,不如说是描述人的内心状态的。人因为心情不同,走路的姿势、走路时发出的脚步声也有所不同。"脚语"就如同为情绪打拍子的节奏一样,时轻时重、时缓时急。比如"暴跳跺脚"是低沉的快节奏和重节奏;"闲庭信步"是一种舒缓、怡然的慢节奏。当一个人在心情愉快时,脚步声往往轻松悦耳;反之当一个人烦恼苦闷时,步履就会沉重拖沓。试想:当一个人遇到十万火急的情况时,怎么还可能悠闲地迈着四方步呢?总之,紧张、恐惧、沮丧、忧虑、厌烦、快乐、伤感、害羞、生气等情绪,都能在"脚语"上有所体现。

下面简单介绍了几种"脚语"以及它们透露的情绪信息,供大家借鉴和参考。

快乐脚

所谓快乐脚,是指心情愉快时双腿和双脚一起摆动或颤动。当一个人出现快乐脚时,往往表示他认为他正在得到自己想要的东西,或者有足够的优势从另一个人或周围环境那里得到他想要的东西。快乐脚有时候还会突然出现,尤其是在看到或听到某些意义重大的事情或事物时。

周末,蔡先生闲来无事,打开电视机看起了扑克锦标赛。突然,他看见有一个人的牌是同花(好手气),这时候,那个人在桌子下面的脚已经"乐疯"了——它们不停地摆动,就像一个刚刚得到心爱玩具的孩子一样。但是,他的表情十分淡定,而且上半身也表现得很镇定。然而,其他两名选手并没有看到他桌子下面的快乐脚,他们依然下了赌注,结果输了。

由此可见,当一个人感到内心无比快乐时,即便他没有从表情上表现出来,他的快乐脚也会将他的内心出卖。

那么,怎样才能发现对方的快乐脚呢?你当然无需钻到桌子底下去寻找,那样会显得很不文明、很不礼貌,你只需看一看对方的衬衫或肩膀就可以了。因为如果他的脚在摆动或颤动,他的衬衫和肩膀也会跟着摆动或上下震动。尽管这些动作非常细微,但只要你仔细观察,还是可以看到的。

最后,需要强调的是,快乐脚和其他肢体语言一样,必须放到具体环境中去考量。比如有的人天生就有神经过敏足(多动脚症候群的一种),这时候我们就很难判断他的动作究竟是不是快乐脚行为。再比如有的学生在临近下课时,腿脚摆动或踢动的动作会增多,这时候的快乐脚就不再表示快乐了,而是不耐烦和希望事情加速的信号。

转向脚

通常情况下,我们会将自己的脚朝向我们喜欢的人或事。比如一个男人对某位漂亮的异性颇有好感,即便他的目光没有投向她,他的脚也会在不知不觉中朝向她。在人际交往中,我们也可以根据这种信息判断别人是否愿意见到我们。假设我们看到两个认识的人正在谈话,我们非常想加入他们的谈话,但又不确定对方是否愿意,这时候我们就可以注意观察他们的脚和躯干动作。如果他们移动自己的双脚和躯干来欢迎我们,那么就表示他们愿意让我们加入。如果他们的双脚连动都没动,而只是转身朝我们说了声"你好",那么就表示他们不愿意让我们加入。

同样,当我们看到自己不喜欢的人或事物时,我们的脚会不知不觉地背离他们。心理学家通过对法庭行为的研究发现,如果陪审员不喜欢某位证人,他们就会将双脚转向最近的出口处。从腰部以上的部位看,陪审员对这位证人表现得很有礼貌,但他们的双脚却本能地选择了"逃跑"。这个现象同样适用于我们的日常生活。当我们和别人谈话时,如果对方的双脚朝向别的方向,而不是正对着我们,那就代表他不喜欢我们,或者对这场谈话不感兴趣,想尽快结束这场谈话。

通常情况下,一个人如果将自己的双脚移开,说明他正在寻求解脱,希望远离自己目前的位置。因此,当你与别人交谈时,如果发现对方的脚渐渐地或突然地偏离了你这一侧,这时候你就应该适时地做些调整了,因为对方很可能不想再听下去或待下去了,或者是你说了什么冒犯对方的话,抑或是对方有其他事要做,急着要离开。总之,转向脚是一个人想要离开的信号。

叉开的双腿

在人际交往中,每个人都有自己的领地需求。当有人前来冒犯我们的领地时,我们往往会变得非常警觉——有的人会变得心跳加快,有的人会变得面红耳赤,比如有的人在使用自动取款机提款时,如果有其他人靠得很近,他就会有这样的感觉。

叉开双腿是最典型的"捍卫领地"的动作。很多人在感到压力或威胁时都会做出这种动作。这样做并不只是为了让自己站得更稳,而是为了获得更多的领地。而且,当一个人想要战胜对方时,他会下意识地尽量将双腿叉得比别人更宽一些,以此获得更多的领地。如果你发现一个人的腿从并在一起变为叉开,那么你基本上可以断定,这个人越来越不高兴了。这个动作清楚地告诉你:"一定有什么不对劲的地方,或者将有麻烦来临了。"在这种情况下,你就要提高警觉了。

通常情况下,矛盾和对抗的等级与双腿叉开的幅度是成正比的。所以,缓解矛盾和对抗局面的有效方法之一就是尽量避免出现双腿叉开的行为。如果我们能在激烈的"交火"中及时收住叉开双腿的动作，及时地将两腿收拢，就能够降低矛盾和对抗的等级，使情况得以缓和。

此外，在人际交往中，双腿交叉的动作能帮助人们提高社交时的舒适感。当我们看到两个交谈中的人都将双腿交叉时，就可以知道他们的内心都是很轻松的。因为双腿交叉是高度舒适感的体现。由此可见，双腿交叉是一种交流积极情感的重要方式。

双腿交叉有时候还是一种诚实的信号，因为它是很难作假的。有时候，当图谋不轨的歹徒碰到巡逻的警察时，他们会斜靠在墙上，然后将双腿交叉，假装在那里休息。但是，有经验的警察一眼就能看出他们的动作是假装的，而那些没有经验的警察则会误认为他们是普通的路人。

背离重力的双脚

当一个人感到高兴或兴奋时，他走起路来就会如步青云。恋人们约会时如此，孩子们去公园玩时也是如此。对正处于兴奋状态的人来说，重力好像不起作用似的。但是，在现实生活中，这种背离重力的行为也要视具体情况而定。

当一个人刻意做出背离重力的行为时，他的动作要么看起来太过做作，要么看起来太过消极，要么看起来缺少生气。比如，违心的打招呼是很难让人看到诚意的，因为手臂上扬的动作要么太做作，要么上扬的时间不够。同时，打招呼者的眉毛也是下弯的。由此可见，背离重力的行为主要是人积极情绪状态的晴雨表。

在人际交往中，还有一种表示离开的背离重力的行为，叫作"起跑姿势"。在做这个动作时，人的脚会从静止（如平放在地上）转换到一种预备起跑的姿势，即后脚跟抬起，重心转移到脚掌上。这个动作通常表示，对方想离你远一点，或者想要离开。

恋爱的双脚

恋爱是一种高度舒适的社交活动。在恋爱中，我们往往会通过微妙的脚部接触或爱抚来表达对对方的爱意。在恋爱过程中,尤其是在坐着的时候,当女方感到和对方在一起非常愉快时,常常会拿自己的鞋子作消遣,比如用脚趾将鞋子挑起来摇晃。如果女方突然感到不悦,这种动作就会立即停下来。如果你是一位求婚者,你女朋友的这种消遣鞋子的行为随着你的靠近而停了下来(或者是和你交谈了一段时间后停了下来),特别是她在做完这些动作后刻意远离了你,那么说明,你的求婚十有八九会以失败告终。

交叉的双腿

人在坐着时,交叉的双腿也能告诉我们很多信息。当两个人并肩坐在一起时,他们双腿交叉的方向是大有讲究的。如果他们关系很好,压在上面的一条腿往往会指向另一个人的方向。如果其中一个人不喜欢另外一个人,他就会将双腿换个方向。这样一来,大腿就成了一道壁垒和屏障。

初次见面时的双脚

在人际交往中,每个人都想知道自己给别人的第一印象如何,想知道对方是否从一开始就喜欢自己,其实这并不难,最好的方法就是"握手和等待"。当你第一次遇到某人时,对对方腿部和脚部动作的观察非常重要,这些动作能告诉你他对你的感觉如何。当你第一次见到他时,你通常会真心诚意地上前与他握手,并保持良好的目光接触,然后后退一步,等待他的反应。这时候通常会出现以下三种结果:他待在原地不动,这表示他对这样的距离感到满意;他退后一步或者稍稍移开一些,这表示他需要更大的空间,或者不想再待在这里;他上前一步,离你更近一些,这表示他喜欢与你相处,或者喜欢与你交谈。

从摇动到踢动的双脚

摇动和踢动是脚部很常见的两种动作。在这种情况下,我们应该重点观察这两种动作行为的起点和变化点。据心理学家研究指出,当一个人的脚部动作从左右轻摇转为上下踢动时,通常表明这个人看到或听到了某些消极或不高兴的事情。这种行为完全是一种下意识的行为,大多数人都意识不到。

突然"冻结"的双脚

如果一个人不停摆动或抖动的双脚突然停了下来,那么你就要注意了,这通常说明,这个人感到了某种程度的压力,或者正在承受压力和情绪的波动。那么,他摆动或抖动的双脚为什么突然"冻结"了呢? 很可能是因为别人提及的事情或问到的问题刺痛了他,而这些事情或问题中包含有他不愿让别人知道的秘密信息。此外,当一个人遇到紧急情况或危险时,也会出现脚部"冻结"的情况。

声音是情绪的传输器

试想一下,如果没有声音存在,我们的世界将会多么的了无生气,就如同看哑剧一样,枯燥乏味。为了更好地向外界表达我们的存在,我们在自己的声音中添加了喜怒哀乐等情绪,于是就出现了轻松愉快、慷慨激昂、悲愤异常、激动颤抖等形形色色的声音。在日常生活中,声音不仅是我们交流和沟通的载体,还是我们宣泄内心情绪的载体。

声音是一个人内心情绪的承担者。声音是以声波的形式在空气中传播的。科学家经过研究指出,当一个人怀着不同的情绪说出同样一句话时,声波的波形是存在明显差异的。由此可见,声音是我们掌握他人情绪的一个重要途径。

古人说,心动为性,性分为"神"和"气",而性发成声。意思是说,声音的产生不仅与空气有关,还与说话者的情绪和心理活动密切相关。一个人的情绪和心理状态,会通过声音的轻重、长短、缓急、清浊等变化体现出来,这是闻声辨人的基础。

春秋时期,子产时任郑国大夫,执掌郑国国政。一次,他外出视察,突然听到从不远处传来妇女啼哭的声音。随从们问子产,要不要去救助那位痛哭的妇女。不料,子产却下令拘捕那位痛哭的妇女。随从们大惑不解,但又不敢违抗命令,只好上前逮捕了那位妇女。那位妇女当时正在丈夫的坟前烧纸。那么,子产为何要将其拘捕呢? 其实以子产的英明,是绝对不会无缘无故对一个无辜的妇女动粗的,其中的缘由就是子产的闻声辨人之术。事后子产对随从们解释说,那位妇女的啼哭声中根本没有丝毫的悲痛之情,反而含有一股恐惧之意,所以他怀疑其中必有隐情。后来经过审问,果然证实了子产的判断,这位妇女与别人通奸,谋害了自己的亲夫。

声音天生就是我们内心情绪的载体。当我们说话时,语音、语调会自然而然地抑扬顿挫。也就是说,无论何时何地,我们都在用声音向别人传递着我们的情绪。即使是经过刻意掩饰和伪装的声音,也会在不经意间将我们的内心世界泄露给别人。所以说,声音是人内心情绪的晴雨表和传输器,一个人内心情绪如何,有什么感觉和想法,基本上都可以通过声音体现出来。当一个人不开心时,他的声音听起来会自然而然地显得无助或沮丧;反之,当一个人高兴时,他的声音听起来就显得轻松活泼,并且声调会很自然地上扬。

那么,不同的声音究竟反映了人怎样的情绪呢?

低沉、圆润、热情的声音

这种声音能把一个人的最佳状态带出来,就像磁铁一样吸引人。这种声音传达了主人"我很自信"的情绪,同时也让别人觉得很有信心。具有这种声音类型的人,大都比较坦诚、正直、可靠、值得信赖。他们是生活的主人,他们的声音既不会颤抖,也不会踌躇,给人一种成熟、意志坚定的感觉,让人觉得有安全感。

音调过高的声音

这种声音常常与犹豫不决、缺少安全感、脆弱以及愤怒等情绪联系在一起。当一个人的性别特征的意识被唤醒时,他的音调会自然地降下来。如果他的音调一直处于很高的状态,说明他在拒绝或封闭自己的性别特征。

通常情况下,当一个人紧张或不自信时,他的发音肌肉就会绷紧,因此就会表现出声调很高的音质。此外,当一个人生气时,他的声调也会抬高。如果一个人总是用很高的声调说话,说明他内心的愤怒还没有发泄完,或者一直处于持续的状态中。

音调很低的声音

声带比较厚或发声器官比较大的人,说话时音调往往会比较低。总体来说,无论是男是女,音调低的声音都能够给人一种美感。但是,如果把声音刻意压低成八度音阶,听上去就会显得很做作,这种人常常被认为是虚伪的人。

通常情况下,缺少安全感的男性经常会用压得过低的声音说话。他们或许认为,如果他们说话时声音很低,别人就会更认真地对待他们,更尊重他们,更愿意倾听他们谈话,并且认为他们很有能力。其实不然,这只是他们一厢情愿的想法。

一个女孩带着男友去看心理医生,目的是让心理医生对男友的言谈和交际技巧做一个评定,并把这个作为生日礼物送给他。起初,那个男生认为自己的声音很棒,根本不需要心理医生的帮助。可是由于他的女朋友已经付过费了,所以他只好跟着来了。他以为女朋友送给他这份礼物是为了满足他的自尊心和虚荣心——她很喜欢他的声音,所以想让一位专业人士听听他的声音到底有多棒!

到了心理医生那里之后,这个男生开始用一种特别低的音调说话,并且告诉心理医生说,他认为这种声音能让女士很兴奋,因为这种声音既低沉又性感。可是他并不清楚,女朋友带他来看心理医生的原因恰恰是他的声音令她十分厌倦,因为她觉得他的声音不仅做作,而且烦人。每当她和他一起出席一些公共场合时,她常常会看到别人用异样的眼光看他们,这让她感到很尴尬——这都是他的声音惹的祸!但是,她又实在不知道该怎么跟他说,所以只好带着他来看心理医生了。

在看了自己的一段录像之后,这个男生最后终于清醒了——原来,自己的声音是那么难听,而且令人讨厌。于是,在心理医生的建议和鼓励下,他开始尝试着用自然的音调说话,最后他终于改变了自己的音调。他和女朋友都为此感到十分高兴。

过于洪亮的声音

有些人之所以喜欢大声喧哗,甚至声嘶力竭地大吼大叫,目的是吸引别人的注意,获得别人的关注。在现实生活中,他们常常是那种内心怀有敌意、喜欢装模作样、傲慢、喜欢支配别人、喜欢跟人攀比、动不动就生气的人。因为他们内心极度缺少安全感,所以需要别人去倾听他们说话,否则就浑身上下不舒服。

心理学家经过研究指出,高声喧哗常常与人的某种愤怒情绪有关系,这可能是一种内心的愤怒,也可能是直接指向某人的表面的愤怒,而且愤怒的程度越强,说话的声音就越大。之所以会如此,一是因为当事人想通过声音把内心的愤怒情绪宣泄出来;二是因为他们缺少安全感,希望借助"大嗓门"引起别人的注意,成为引人瞩目的焦点。

句尾渐弱至无的声音

这种声音反映了说话者缺乏自信的情绪——他们觉得自己无论说什么都不重要。这种人没有强烈的控制和操纵他人的欲望。他们通常在刚开始的时候说得很不错,可是后来就越来越缺乏自信了,所以在语调上无法贯彻到底。这种说话特点在他们的生活方式上也会有所体现——他们可能已经开始了某件事,但却不去完成它。

黄先生正在筹备一个公开演讲,这是他升职后第一次在大型场合演讲,所以他有点不知所措。于是他去找一位心理咨询师帮忙。通过交谈,心理咨询师发现,黄先生说话的语调圆润、低沉,声音很好听,可是每当到一句话的句尾时,他的声音就会变得很小,几乎都听不见——他把自己说的话吞下去了。

心理咨询师问:"你是不是那种着手做一件事,可是却从不完成的人?"黄先生笑着说:"你说得不错,那正是我做事的特点。在工作当中,我常常需要很吃力才能完成一个工作方案。因为刚开始我总是干劲十足,可是越到后来,我就越没有干劲了。其实,我连你正在帮助我的这份演讲都说不完。"

心理咨询师说:"你的说话特点反映的正是这方面的问题。所以,你必须试着对此做些改变。"接着,心理咨询师让黄先生先吸一口气,再用他铿锵有力的声音把他所有的想法都流畅地表达出来,否则就不要开口说话。当黄先生表达完一个想法之后,心理咨询师让他先停顿一下,然后吸上一口气,接着再把他的下一个想法说出来,直到说完他所有想说的话为止。

最后,心理咨询师告诉黄先生,演讲时利用这种吸一口气再把它呼出去的方法,一定可以取得成功。结果,黄先生那次的公开演讲非常精彩!

声音作为人类沟通的工具,不仅可以保障人们在语言上的交流,还能使人们相互了解对方的内心情绪。声音就如同传输器一样,把人们内心的情绪源源不断地传输出来。一个人的情绪改变了,他的声音也会跟着改变,因此,声音的变化是我们掌握他人情绪变化的晴雨表。

弦外之音透露对方的情绪密码

人类的语言是一种复杂而神奇的东西,同样的一句话,当情景不同、说话者的语气不同时,它表达的意思也可能有差异。辨析出了对方话语中的意思,就等于掌握了对方一半的情绪和心理。

通常情况下,一个人在说话时的情绪会从说话内容上表现出来。但是,说话内容中的情绪单从字面上是很难了解到的,语言背后往往还有很多其他隐藏的含义,这就是俗话说的弦外之音。在人际交往中,只有善于倾听对方的弦外之音,才能准确地把握对方的情绪。

哲是个粗线条的男人,做事大大咧咧,不太注意一些细节问题。他认为与人交往应该坦诚,心里有什么话就应该直白地说出来,拐弯抹角令对方猜来猜去的太麻烦。哲是这么想的,也一直是这样做的。好在他周围的几个朋友都和他性情相似,而且都是知根知底的人,大家有一说一、有二说二,所以一直都相安无事。

但是,哲最近遇到了一点麻烦。他在一次朋友聚会上认识了一个叫澜的女孩,这个女孩美丽大方、温文尔雅、气质高贵,正是哲喜欢的那种类型,哲立刻被她深深地吸引了。女孩对哲的印象也不错,小伙子不仅帅气俊朗,而且看起来很有男子气概。聚会结束后，两个人开始了交往。

澜的父母都是很传统的人，他们从小就教育澜女孩子要矜持，说话做事不要太随便、太张扬。二十多年来，澜耳濡目染，渐渐养成了委婉含蓄的性格和说话习惯，很少在人前直白地表达自己的意思。她对自己的这种习惯早已习以为常，可偏偏遇上了哲这么一个大大咧咧、不懂得察言观色的人，这就注定了产生矛盾是迟早的事情。

有一天，澜加班到很晚，下班后觉得很累，此时她很想哲能够主动一点，好好安慰一下自己，然后送自己回家。可是，哲那天刚好有一帮朋友过来了，他们准备去酒吧里玩通宵。两人见面后就有了下面这段对话。

澜："今天真是不顺，老板总挑我的刺儿，真是烦死了！"

哲："是吗？ 做老板的有时候是比较挑剔的，但也可能是你有些地方确实做得不好。"

澜心里有些不悦，脸色也微微地变了："或许是吧。晚上回去真想好好休息一下，不过一个人回去也怪没意思的。"

哲："嗯，你是应该好好休息一下了。那你回去吧，不用陪我了。我一会儿还要参加朋友的聚会呢。"

澜："这样啊。你知道吗，我晚上回去的那条路又长又黑。而且我听说，前几天我们那儿附近发生了抢劫案，事主的东西全被抢走了。"

哲："是吗？ 有这样的事？ 登报了吗？ 哪张报纸上说的？ 现在的歹徒真是越来越疯狂了！"

澜真的有些无奈了："登报了。但具体哪张报纸我也忘了。对了，你今晚一定要去参加那个聚会吗？"

哲："好久不见的朋友了，难得聚一聚，而且我也挺想他们的。哦，对了，你赶快回去休息吧，都累了一天了。"

澜："哦，行。那你走吧，明天也不用来找我了。我需要好好休息一下。"

哲："这样啊，那好吧，你好好休息，我走了啊，路上小心点。"

澜终于忍不住了,用委屈而无奈的声音大声喊道:"分手!你给我走!"说完哭着转身跑开了,只剩下哲一个人呆呆地站在路灯下……

在这则故事中,男主人公之所以得到分手的悲惨下场,完全是因为他缺乏情绪观察力。首先,在他和澜交往的过程中,只要他用心体察,完全可以知道澜是什么性格的人;其次,在澜向他抱怨工作不顺心时,正是澜情绪低落的时候,这时候澜最需要的是安慰和陪伴,而不是喋喋不休的大道理;再次,澜旁敲侧击地说路上黑,而且不安全,这其实是给哲的暗示,而哲却没有注意到;最后,澜说自己需要好好休息,明天也不用来找她了,那是不满和愤怒的情绪已经燃烧到了极点,可哲还是没有明白。在这么多次的暗示之下,哲还是"不解风情",难怪澜要和他分手了。

在现实生活中,像哲这样不懂得从话语中观察对方情绪的人有很多,可能是性格使然,也可能是不知道该从何处下手。但是,要想获得交际的成功,就必须具备出色的倾听能力,尤其是从话语中洞察对方情绪的能力。中国人说话都讲究含蓄,很多人说话都是话中有话,如果不能从话语中听出别人的情绪,根本就谈不上有效的沟通和成功的人际交往。

留意语速变化,抓住对方的情绪变化

沟通专家经过研究指出,在面对面的沟通中,语言内容起的作用占7%,语调的作用占38%,肢体动作占55%。由此可见,要想把握对方话语中的情绪,除了注意对方的语言之外,还要注意对方的语调。而且从作用比例来看,语调在沟通中起着比语言本身更重要的作用。

语调是语言的灵魂,是语言中抑扬顿挫的旋律模式。具体来说,我们说话时声音的高低、轻重,语速的急缓、快慢,语流的连贯、停顿等,都是语调的具体体现。语调的作用主要在于情感的表达。它虽然不如语言那样明确,但传达的信息量却比语言本身要丰富得多。一个人在说话时,如果没有语调的变化,就会平淡如水,没有任何感情色彩;语调的抑扬顿挫、张弛缓急,会给语言增添"五颜六色"的情绪色彩。

在语调的众多要素中,最能体现人情绪变化的就是语速。简单地说,语速就是一个人说话的速度,它是说话者心理、感情和态度的流露,语速的快慢、缓急直接反映着说话者的情绪和心理状态。一个心理健康、感情丰富的人,在不同的情境下会表现出不同的语速。

枫是个幽默风趣的人,口才也十分出众,同事们都喜欢和他聊天,因为有他的地方就有笑声。尽管是众人眼中的"开心果",但枫也有自己的烦恼,那就是一旦自己暗恋的美女同事雪在场,他就会变得思维迟钝、结结巴巴。如果恰好雪正在看着他,他就会更加胆怯紧张、面红耳赤,不知道该说什么,甚至连最基本的语言逻辑和语速都不能保证。每次他想在雪面前一展自己的幽默天分,以期获得她的好感,结果总是适得其反。对于自己的屡屡"败北",枫真是郁闷透了!

在现实生活中,其实很多人都和枫一样,在面对自己暗恋的对象时,都会出现"大脑中一片空白,说话结结巴巴、语无伦次"的情况。这则案例说明:在面对面的交谈中,当我们心里有事,尤其是这件事与交谈对象有密切联系时,我们的情绪变化通常会从说话的语速上表现出来。也就是说,一个人情绪状态的变化,可以直接反映在语速的变化上。

既然一个人的语速会随着他的情绪状态发生变化,那么我们完全可以通过对方语速的变化洞悉他的心理变化,探知他的情绪状态。具体来说,我们可以从以下几个方面着手:

语速突然变快

如果一个人平时说话时总是慢条斯理、不慌不忙,而在某一时刻突然高声且快速地说话,甚至很急切地进行反驳,那么说明对方很可能说了一些对他不利甚至是无端诽谤的话,语速的加快表达了他内心的不满、愤怒、着急和委屈等负面情绪。

但是,如果是一个人正在读一篇充满激情的战斗檄文,或者发表慷慨激昂的演说,语速的加快则只是他内心强烈情绪的一种反映和体现。

语速突然变慢

如果一个人平时说话时语速很快、滔滔不绝、口若悬河,而在某一刻突然支支吾吾、磕磕巴巴、语无伦次,甚至前言不搭后语,则很可能是对方触及了他的一些弱点、短处、错误或见不得光的丑事,或者是他有事瞒着对方。语速变慢反映了他底气不足、紧张、心虚、自卑、胆怯等情绪状态。

但是,如果是一个人正在读一篇优美感人的抒情散文,或者回忆一件美好的往事时,语速的减缓则只是为了表达他对美的感受。

当然,在现实生活中,还有很多不属于上述两种情况的特例,下面简单介绍一下:

第一,平时语速很慢,突然间提高声音、加快语速,或者平时语速很快,突然间放慢语速,往往表示说话者想要强调正在说的内容,希望通过语速的变化引起听话者的注意,让听话者同意自己的观点,抑或是抒发某种感情。

第二,一个男孩正在暗恋一个女孩,尽管他在其他人面前能够谈笑自如、幽默风趣,保持平常惯有的语速,可是一旦当他面对自己的暗恋对象时,就会立刻变得支支吾吾、语无伦次,甚至不知道该说什么。前面讲述的案例就属于这种情况。

第三,在辩论赛上,每个辩手通常都会用极快的语速流利地表达自己的观点,因为他们心里明白,如果能在语速上胜对手一筹,不仅能增强自己必胜的信心,还能削弱对方的锐气。但是在表达自己观点的过程中,如果一个辩手的语速突然变慢,往往说明他想强调自己的观点,同时也是想让对方同意自己的观点。

第四,在面对别人伶牙俐齿、咄咄逼人的凌厉攻势时,一个人如果含糊其词,或三缄其口,一副唯唯诺诺的样子,则说明这个人很可能产生了卑怯心理,对自己缺乏信心,或者是对方的话一语中的,正好说到了点子上,一时令他难以反驳。

信手涂鸦将你的心事暴露无遗

德国波恩心理学研究所的专家们用了近一年的时间，观察人们在打电话和开会时的各种小动作，结果发现：一半以上的人在打电话和开会时都有在小纸片上信手涂鸦——画一些小图形的习惯。心理专家们还对其中一些人进行了测试，结果发现，他们在纸上胡乱涂画的东西与他们本人的心情有着十分密切的关系。

专家们指出，这些信手涂鸦出来的图画确实能反映一个人的内心想法，因为就其实质而言，它们都是一些潜意识的表征。当一个人用笔不假思索地在纸上乱涂乱画时，这些潜意识就不由自主地宣泄出来。一个满腹心事的人，很可能在语言和表情上没有丝毫表露，但那些下意识画出来的图画却会把他的心事暴露无遗。

涂鸦是孩子们的长项。对孩子来说，涂鸦更能反映他们的内在情绪。心理学家指出："游戏性的涂鸦是儿童自己的创意，表现的是儿童真实的内心世界；而凡是以成人意志为主导的简笔画、卡通画和临摹画等，都不能流露出儿童内心世界的秘密。此外，由于儿童的语言表达能力还不是很发达，相对来说，随手涂鸦能更准确地展示出孩子的内心世界。"

没耳朵的卡通小人、黑色的太阳、形象凶恶的妈妈……在一场解读"儿童涂鸦画心理"的活动现场，不少孩子跃跃欲试，这也让很多家长发现了孩子内心世界的"秘密"。

谢女士带着7岁的女儿晴晴早早地来到活动现场，"女儿在家不愿意和我多说话，即使我跟她说话，说好几遍她都没反应。她就喜欢自己在书桌上画画，但是我又看不懂。"谢女士无奈地说。在现场，晴晴画了一个背向太阳的卡通人物，线条、颜色都很正常，但她画的所有人物都是没耳朵的。谢女士还特地随身携带了一些晴晴平时画的涂鸦作品，上面的人物都是没有耳朵的。

"所有的人物都没耳朵，说明她心理上有些抗拒家长命令式的话语。而人物又是侧面像,在一定程度上还表明孩子不够自信。"心理咨询专家一眼就看出了问题所在。

在活动现场,还有一个6岁的小男孩画了一个黑色的太阳。另一个小男孩的涂鸦只有单调的黑色和红色两种,图画上所画的东西都是黑色的,唯独画中央的一个玩具是红色的。对此,心理咨询专家表示:一般太阳都是红色的,而这个孩子却把太阳画成了黑色,说明他心理上有一定的压抑情绪。同样,黑色画面中只有一个单独的红色玩具,表示画画者也有类似的心理情绪。

心理学家经过研究发现,尽管人们涂鸦出来的图形千姿百态,但归纳起来题材并不是很多,最常见的主要有以下8种类型,而且每种类型都有自己独特的含义,下面简单介绍一下。

螺旋线、圆圈、波纹线

通常情况下,画这些图形的人除了对自己眼前的事比较关心外,对其他问题都不怎么关心,甚至觉得那些问题对自己是一种干扰。他们如果迫于客观压力,不得不做一些其他事,也会想着尽快结束,因为他们的注意力始终在自己的身上。如果发现有人画了很多这种图形,表示他们很有可能正在经历一场小小的危机,或者内心比较忧郁和孤独。

花、太阳

爱画这些图形的人往往性格比较脆弱,但是却拥有丰富的想象力。然而他们的内心并不像画中表现出来得那么快乐,而且多半还恰恰相反。他们中大多数人都在向往友谊和爱情,于是这种向往就不由自主地表现在纸上了,那意思是说:"你们不要忘了我啊!"如果你出现这种情况,就需要赶快去找朋友聊一聊,最起码也需要到人们中间去待一会儿。

格子

画这种图形表示"画家"觉得自己陷入了一种有些不体面或尴尬的境地。这种人往往缺乏自信,通常倾向于把委屈和愤恨咽到肚子里,这样做其实并没有什么好处,反而潜伏着更大的危险:心中的失望会越聚越多,于是越来越觉得自己倒霉。

锐角和匀整的椭圆形无休止地交织在一起

这种图形说明"画家"觉得心里很无聊,对什么事都提不起兴趣,甚至觉得整个生活方式都索然无味。要想改变这种心态,可以从一件小事开始,比如做出一项古怪的举动——这种举动过去只是想过但没有做过,这样才能结束那种百无聊赖的生活。

十字

女人常用这种图形来做点缀物,男人却赋予它某种特殊的意义。很多人用它来表达一种多半是在打电话的过程中产生的过失感。而这种过失感常常让他们觉得很苦恼,或是自责。

非常简单的小人儿

画这种图形通常表示无助或逃避某种责任。通常情况下,人们在需要坚决地说"不",但又说不出来时会画这种图形。因此,这种图形可以看作是一种对自己的警告:"你可不能认输啊!该拒绝时就得拒绝,否则你会为自己的软弱后悔一辈子!"

国际象棋棋盘

通常情况下,画这种图形表示"画家"陷入了很不愉快或很为难的境地,期待着能有一条让他走出泥潭的光明而可靠的大路。人在这种时候应该学会找别人倾诉和帮忙,不能什么事都憋在心里。如果这种图形经常在某人笔下出现,那只能说明这个人的脑子有点儿问题。

国际象棋棋盘

方形、三角形和其他几何图形

画这种图形的人大都具有明确的目的和信念,他们几乎在任何时候都不会隐瞒自己的观点,而且很少在自己的敌人、竞争对手或上司面前发怵。他们画的几何图形越是有棱角,表示他们越想对别人颐指气使,但是从外表上不一定能看得出来。然而,这种霸气会严重束缚他们的想象力。建议这种人看问题不要太复杂,更不要在一些鸡毛蒜皮的琐事上太过较真,并且要想办法克制一下自己的野心。

教你读懂面试官的情绪变化

如今,求职竞争越来越激烈。作为千千万万求职者中的一名,你一定很想知道自己留给面试官的印象如何。其实这并不难,你完全可以从面试官的"语言"中看出个八九。正确理解面试官的各种"招聘语言",不仅能让你避免一厢情愿地空等,还可以帮你及时地把握机会,获取求职的成功。

"外交语言"

收下你的应聘材料,这是应聘的第一步。但是收下应聘材料之后,面试官会用不同的语言来表示对你感兴趣的程度:"材料先放在这里,有消息会通知你。"这实际上是在告诉你"兴趣不大"。如果面试官在认真翻阅了你的材料之后,对你说:"能不能谈谈你的要求和打算?"这八成是对你有兴趣,就看你如何表现自己的水平和才能了,千万不要"茶壶里煮饺子——有货倒不出",当然,也不能"老王卖瓜,自卖自夸"。

一般来说,招聘单位对应聘者的年龄、学历、工作经验等都会有一定的要求和限制,但大部分单位都会留有余地,比如在招聘要求里常常会出现"一般须有""特殊情况可适当放宽"之类的话。应聘时,即使你已经被划出线外,也不要丧失信心和勇气,你这时要做的就是使对方相信你是"特殊"的,而不是"一般"的，当然，这就需要你用不"一般"的才能和水平来证实。

在一些比较热门的招聘单位，招聘岗位和应聘人员往往较多。在面试中，你也许会听到面试官问你："如果把你分到其他岗位，你愿意吗？"这其实是向你发出了一个信号：你应聘的岗位已经"人满为患"或"名花有主"了，但招聘单位觉得你是块料，所以依然对你兴趣不减，想拉你"入伙"。面对这种提问，你应该当机立断，如果你认为对方是家不错的单位，并且觉得自己在里面很有发展前途，不妨先进门再等机会；如果对方是一家很普通的单位，而且你觉得对方给你提供的岗位太过"屈才"，你就干脆拒绝对方。

对于面试的成败，面试官多少也会流露出一些蛛丝马迹。如果面试官只是"例行公事"地回答你，你还是尽快另谋他路为好；如果对方展开来说，特别是对你的优势和专长问得很细，那么你就有很大的希望获得成功。此外，面试结束前的客套话也很关键，如果对方只是礼貌性地对你说："三天内我们会给你通知的。"那么你多半不会收到录用通知；如果对方满怀热情地跟你握手告别，同时加上一句"欢迎你应聘本公司"之类的话，说明对方基本上已经决定录用你了。

身体语言

要想取得面试的成功，除了要注意面试官的口头语言外，还要注意识别面试官身体语言的变化，这样才能获知他内心深处的真实情绪。当面试官表现出坐立不安，或出现眼睛看着桌面的小东西、手指轻轻敲打桌面等动作时，说明他已经厌烦了。这时候你不妨试着改变一下话题或主动提问，好让面试官重新回到面谈中来。当面试官的眼睛在你身上游移不定，或眼睛看着桌子上的东西时，说明他已经分神了，你说什么他可能根本没有听进去。当面试官出现双手交叉抱于胸前、身体向后靠、明显地改变坐姿等动作时，说明他的情绪不怎么愉快了，很可能是你说错了什么话冒犯了对方。当面试官坐姿向前倾，意图接近你，或眼睛注视着你时，说明他对你说的话很感兴趣。

眼睛语言

俗话说:"眼睛是心灵的窗口。"在面试过程中,不仅要注意面试官的口头语言和身体语言,还要注意观察他的眼睛。从面试官的眼神中,你可以很清晰地看到他对你的感觉如何。如果他对你很满意,他的眼神里一定会有所体现,就会随着你的谈话加强对你的关注,你还能看到他的眼眸里多了一些光彩,如果他对你的回答非常满意,他会情不自禁地点点头,凝神的眼光会突然闪亮。如果你能使面试官产生这样的眼神,你的面试十有八九就成功了。

在面试时,最令人担忧的就是遇到这样的面试官:他们的脸上似乎自始至终都洋溢着笑容,但眼神里却没有一丝笑意。这里所说的笑意,其实就是一种眼神中的光亮。有人把这种面试官的脸称为"扑克脸",意思是说他们脸上毫无真实的表情,笑容仿佛是印在脸上似的。但是,只要你能紧紧地盯住对方眼神的动态,还是可以看出其内心情绪的变化的。如果对方眼光黯淡,一双眼睛仿佛收缩到眼眶里去了,说明他对你产生了不信任;如果对方把视线抛到很远的地方,例如抬头看天花板,侧目注视窗外等,说明他对你的回答产生了厌烦情绪。

从小动作上阅读人心

我们经常会发现,一个人的种种心理反应都会通过人的肢体动作反映出来,比如我们心虚的时候,经常会摸鼻子;思考的时候经常会托着下巴,紧张的时候会挠耳朵……肢体好像一个人情绪的晴雨表。

在人际交往中,我们可以通过一个人的肢体小动作来判断他的内心世界。因为肢体上的这些小动作通常是一个人下意识的举动,很少具有欺骗性。所以我们一定要注意这些肢体上的小细节,以更快速、准确地了解交谈对象。

我们在和陌生人第一次见面时,要如何在谈话一开始的几分钟内了解这个人?这得依靠细致入微的观察力。当你和对方面对面接触时,得随时保持警觉,任何细节都不能放过。要观察对方的脸部表情、坐姿、双手放的位置、穿着打扮等等。更重要的是,要特别注意对方的行为是否出现异常。例如原本放在桌上的双手突然环抱在胸前或放在大腿上,可能代表情势变得对他不利。

身体动作除了显示对方当下的状态之外,很多时候也是个性的展现。日本管理顾问武田哲男归纳出几种常见的习惯动作,反映了特定的个性与行为模式:

喜欢眨眼的人——这种人心胸狭隘,不太能够被信任。如果和这种人进行交涉或有事相托时应给予高度重视。

习惯盯着别人看的人——代表警戒心很强,不容易表露内心情感,所以面对他们,避免出现过度热情或是开玩笑的言语。

喜欢提高音量说话的人——这些人多半是自我主义者,他们一般非常自信,如果你认为自己不适合奉承别人,最好和这种人划清界限。

穿着不拘小节的人——这样的穿着也代表个性随和,他们在面对人情压力时容易屈服,所以有事情找他们商量时,套交情远比公事公办要来得有效。

一坐下就喜欢跷脚的人——这种人充满企图心与自信心,而且具有行动力,下定决心后会立刻行动。

边说话边摸下巴的人——这一类人通常个性谨慎,警戒心非常强。

将两手环抱在胸前的人——他们一般做事非常谨慎,行动力强,坚持己见。

触摸或按摩颈部的人——人们常常是在情绪紧张的情况下做出这样的小动作。因为我们的颈部有许多神经末梢,只要稍加按摩,就可以有效降低血压与心跳速度,消除紧张。另外,按摩额头或是摸耳垂,也都是一般人紧张时会出现的动作。而如果男生拉着领带,或是女生玩弄颈上的项链,也代表同样的意思。

深呼吸或是话变多的人——深呼吸是立即平缓情绪的最简单方法,因此当你看到对方深呼吸,就知道他可能在压抑自己的情绪。或是对方本来不太爱说话,却在交谈过程中突然话多了起来,也代表他的情绪开始变得不稳定。

把手放在大腿上的人——紧张时我们也会不自觉地将双手放在大腿上来

回摩擦。试图平缓自己的情绪，因此这个动作也是另一个重要的线索。此外，有时候对方动作快速，决定很果断，通常这么做的目的是为了掩饰自己的没信心。真正有自信的人会深思熟虑，而不是不假思索就做出决定，急着展现自己的信心。

在现实的交际中，当你观察到以上的行为时，就可以依据情况决定自己是否要乘胜追击，迫使对方答应你的要求，或是说些话让对方放松，以利于接下来的交谈。

耳部小动作显露人的内心

我们常常会看到这样的场景，父母在屋外骂孩子，而孩子在自己的屋里用两只手堵住自己的耳朵，代表的意思是他不想听见父母骂他的声音。而成年人在不想听别人说话时，不会用手堵住耳朵，而会抓挠耳朵等等。对于耳朵，抓挠部位的不同，对应的意思也不尽相同，以下是对耳部不同行为的解读。

1. 不停地抓挠耳垂、耳背：表明这个人很焦虑

如果一个人不停地抓挠自己的耳垂、耳背等，表现出一副焦躁不安的样子，通常说明这个人此时有困难、有难题、有比较棘手的事情。

陈雅洁是个非常细心的人，她总能时刻观察到周围人的动作变化并解读出其中的意思。有一次，陈雅洁在工作之余抬头看了一眼周围，发现背对着她坐着的杨希文正盯着电脑，不停地抓挠耳背。这时，陈雅洁悄悄走到杨希文跟前询问其是否需要帮助。原来杨希文对图片处理还不熟练，遇到了一个技术难题，半天没有搞清楚。后来，陈雅洁三下五除二就帮他把这个问题搞定了，就这么一个顺手的小忙，陈雅洁赢得了杨希文的极大肯定，而其他同事都没有发现这一细节，没有人主动发现别人的问题并伸出援手。

陈雅洁只看了杨希文一眼，看到的只是他的后背，她是怎么判断出杨希文遇到了困难呢？相信各位都已经猜到了，就是杨希文那个不停抓挠耳朵的动作泄露了秘密。人们在心中焦虑时总会有不停抓挠、不停在座位上乱动等动作，

这持续的小动作正反映出对方焦躁不安的内心。这时,如果你能看出其中的端倪,主动询问对方,主动帮助对方,使对方顺利渡过焦虑困境,你们的距离就会大大拉近。

2. 把整个耳廓折向前盖住耳洞:说明"我已经听够了"

在谈话中,如果在你和别人交谈的过程中,对方把整个耳郭折向前盖住耳洞,那么你应该立刻停止目前的谈话,因为对方的这一动作已经向你暗示着:"我不想再听你说了,我已经听够了,不要再逼我了。"

用耳廓盖住耳洞,是直接阻止不愿意听的话进入耳朵的表现,这是所有抓挠耳朵部位中最直接传达不耐烦、反感、厌恶等信息的动作。在影视的屏幕上,我们经常会看见这样的情景,女主人公去相亲,可是相亲对象不是她喜欢的类型,而且还是个"话唠",女主人公常常一面看着对方假装微笑着,一面却把整个耳廓折向前盖住耳洞。这个时候,耳朵里有嗡嗡的响声,之后,对方的声音越来越远,女主人公只看着对方的嘴在不停地一开一合,而听不见任何声音。当然,这其中添加了电影语言,人的主观感觉被放大了,但是这也更形象生动地传达了人的感受和内心活动。

总之,一定要注意,如果在你和别人交谈的时候,你对面的人做出了用耳廓盖住耳洞的动作,千万记住:及时转移话题或者停止交谈,否则就会给人留下喋喋不休的印象。

3. 用指尖掏耳朵:表示不屑

你正在热情高涨地谈论一件事情,而对方却把指尖伸进耳道里掏耳朵。当你观察到对方的这个动作,你会非常不悦,因为这个动作表示对说话者的不敬和对所谈论话题的不屑一顾。

这个时候,你可以很礼貌地提醒对方,微笑着询问:"您在听吗? 您对这件事情有什么看法呢?"如果对面坐着的是领导或者长辈,你就应该考虑转换话题或者给对方发言的机会,因为继续说下去也只是无效沟通,对方的心思不在你的话题上,而是在他自己身上。

4. 摩擦耳廓背后：否决你的意见

假设这样一种情况：你是一个电脑销售人员，你对一个顾客说："这款电脑配置高，双核的，2G 的内存，500G 的硬盘，而且只要 3000 多块钱……"然而，这位顾客看了一眼电脑，下意识地用手指摩擦了一下耳廓背后，把头转向一侧，说："我再考虑一下。"

这时，如果你继续游说对方买这款电脑的话，很可能会招致对方的反感，因为对方摩擦耳廓，表示对你的介绍已经不感兴趣。他想通过摩擦耳廓来阻止这些话再进入自己的耳中。

同样的道理，在商务谈判中，假如你正在发表意见时，客户侧着头用手指摩擦着耳朵，这代表客户对你现在表达的观点持相反意见，他正在酝酿着发表自己的观点，提出自己的意见。因此，这个时候你应当给对方发表意见的机会，否则，交流就会没有任何效果。

耳部的小动作的确蕴藏着许多内在信息，所以，在交际中，我们要注意观察对方的耳部小动作，同时也要注意自己的"耳态"，这个时候即使是耳朵非常痒，也不该当着别人的面挠，否则这些抓挠耳朵的动作就会相应地给对方以负面的感觉，留下非常不好的印象。

从乘电梯的姿态看人的性格

繁华的都市中高楼林立，电梯在人们的日常生活中发挥着越来越重要的作用。人们每天乘着密闭式的电梯升降上下，这些形形色色的人在电梯里是平等的，但是他们的心理是各异的——乘电梯这件再平常不过的事情反映出了人们的性格特点与心理状态。

在日常的生活中，当几个不认识的人一起搭乘电梯的时候，我们完全可以根据他们的神色表情、行为举止判断出他们的心理状态。这是为什么呢？

当一群陌生人一起搭乘电梯时，彼此之间都会感到不知所措，这是普遍存在的社会心理现象。举个例子来说，当一个人走在大街上。与形形色色的人擦肩而过,或许他并不会产生异样的感觉,但是如果有一个陌生人与之肩并肩地走在一起,那么他可能就会本能地放慢脚步,甚至会下意识地判断着一些侵害行为发生的可能性。

类似的心理活动主要是由人们本能的安全戒备心理所决定,当我们明白这一点,我们就应该学会与他人保持一定的安全距离,这是一种礼貌行为。

然而,在电梯这一封闭狭小的空间里,人们之间的距离是被迫拉近的,彼此之间就会产生一种心理反应,如果电梯是透明的,那么心理上的刺激或许就会减少。这与我们拥挤在公共汽车或地铁里一样,在封闭的空间或处于较近的距离时,人们的安全感受到某种威胁;而安全、自由、道德等受到潜在的影响时,人就会发自本能地做出某种反应。

乘电梯时,习惯低着头看脚下的人往往不够自信,换言之,或许他们更保守、本分一些。而且相对于那些在电梯里用眼睛直勾勾地盯着别人的人来说,这样也显得更加礼貌。

现在,我们重点来说一下人们在等电梯时的种种心理反应。在等电梯的时候,不可能一直保持"立正"的姿势,不同的人在同样的情景下可能会不自觉地有一些身体上的外在反应,我们就是要从这些外在反应中读懂他们的内心世界。

1. 低头看着地面

这一类人大多数心理防卫意识比较强,不愿轻易向人展示自己的内心世界。但是这一类人也有许多优点,在生活中他们一般求知欲较强,博学多才。而在人际关系上,他们对于交朋友的态度更倾向于少而精,所以,他们的交际范围往往不广,但是却能与每一位朋友培养深厚的感情。

2. 重复多次按压电梯按钮

这一类人性子比较急躁,他们的时间观念比较强,工作起来雷厉风行,不论做什么工作都讲究效率。不过,他们在生活中一般都比较随和,在亲友眼中性格温和敦厚,人缘非常好。但是他们有时候会有些情绪化,还有可能以自我为中心,忽略了周围的人或事。

3. 认真注视电梯楼层的指示数字,只等电梯门开就立即走进去

通常来讲,这一类人可能平时看上去比较沉默,不太受别人的欢迎,也不太愿意公开表达自己的看法。而真实的他们,其实是心地真诚、善良、坦率。他们比较喜欢帮助他人,且不善于拒绝,总是尽可能地去帮忙,很受周围人的欢迎。这是他们的优点,但却也因此显得比较缺乏原则,成为他们的缺点所在。

4. 不由自主地来回踱步或在地上跺脚

这一类人比较敏感甚至有些略带神经质。他们洞察力非常强,内心世界丰富,并且比较相信自己的直觉和判断力。此外,这一类人往往也比较感性,如果具有一定的艺术才华,那么应该尽量展示出来,很可能会在这方面有所成就。

5. 东张西望,或抬头看看天花板

这一类人一般比较理性、稳重,办事小心谨慎。他们做事非常有条理,很受周围人特别是长辈的信任。此外,他们不太喜欢管闲事,不喜欢做冒险或没有把握的事,因而在别人的眼中可能显得有些过于保守或冷漠。

总之,电梯是生活在都市的人的一个舞台,只要我们善于观察,总能从中读取不同人的性格和心理,让自己在社交方面多一份从容和自信。

通过站姿看透对方的内心

每个人都有自己的生活习惯、起居饮食、厌恶爱好以及意识倾向,也正是这些方面决定了我们的特征,显示出了一个人的性情。美国夏威夷大学一位知名的心理学家指出,一个人的"站姿"往往可以显示他的性格与内心。因而站姿也可以成为我们观察一个人性情特点的依据。

1. 站立的时候,习惯性地把自己的双手插入裤袋的人

这一类人的性格偏于内向,并且十分传统保守。他们城府很深,不会轻易地表露出自己内心真实的情感与想法。他们在做事的时候习惯步步为营,能够做到十分严谨,他们的警惕性也非常高,不会轻易相信别人。

2. 站立的时候,习惯把自己的双手置于臀部的人

这样的人做事比较认真,并且从不会轻率地做决定、下结论。他们的自主心很强,具有看似能够驾驭一切的魅力。不过他们的性格比较固执,甚至有些顽固。而他们最大的缺点则是做事太过于主观,而忽略了一些客观存在的东西。

3. 站立的时候,习惯把自己的双手叠放在胸前的人

这种人有着不屈不挠的精神,无论是多么大的压力和困境,他们都不轻易低头,性格坚强而又倔犟。不过这一类人的缺点是过于看重个人利益,总是害怕与别人的接近会影响自己。往往摆出一副拒人千里之外的样子。

4. 站立的时候,习惯把自己的双手握着放在背后的人

这种人情绪不太稳定,给人的感觉往往是高深莫测。不过他们为人极富有责任感,并且奉公守法,尊重权威,非常正直。而他们最大的优点则是能够迅速接受新的观点和思想,并且很有耐性。

5. 站立的时候,习惯把一只手放进口袋里的人

这一类型的人有的时候很容易与人相处,能够推心置腹地交流彼此的心事,但是有的时候又十分冷漠,对身边的人处处提防,为自己建起了一道防护网,属于复杂多变的性格类型。

6. 站立的时候,习惯地把两手握放在胸前的人

习惯这个动作的人,对自己所完成的事情充满着成就感,他们在做事情的时候会表现得胸有成竹、信心十足。

7. 站立的时候,习惯双脚合并,双手垂置身旁的人

这样的人有着诚实可靠的性格,并且生性比较坚毅,做事循规蹈矩,不会向任何困难屈服低头。

8. 站立时不能静止,并不断改变站姿的人

这一类人往往不能安于平静,他们的性格比较冲动急躁,甚至有些暴烈,经常让身心处于一种紧张的状态之中。他们的思想观念会不断地改变,并且喜欢

由情态相人

图文珍藏版

接受一些新的挑战。他们喜欢执行,不喜欢静坐或者静立,是典型的行动派。

9. 站立的时候,习惯胸部挺起,脊背挺直双目平视的人

这种人通常充满自信。给人以活泼开朗、热情奔放的印象,是十分开放的人。

10. 站立的时候,习惯双腿交叉着站立的人

这是一种严重缺乏自信心的表现,并且感到拘束。这种站立姿势也在表示着一种轻微的拒绝或保留态度。

所以,我们在与人接触的时候,要善于观察不同人的不同站姿,从人站立的姿势中考察其内心世界,这样才能使我们更好地辨别身边的各种人物。

“脚语”是独特的心理泄露方式

英国心理学家莫里斯经过研究发现:“人体中越是远离大脑的部位,其可信度越大。”不难想象,距离大脑中枢最远的人体部位非脚莫属。因此,脚比脸、手诚实得多。据悉一个人脚部的活动情况可以反映出一个人的内心世界,这也就是心理学中所讲的脚语了。“脚语”不仅能够泄露人的心绪,还能折射出一个人的性格,特别是在和别人交往的时候,我们要善于观察对方的脚的一些细小动作,从对方脚的活动中解读出对方的内心世界和性格特点。

1.“脚语”泄露心绪

在现代汉语中,有许多描述脚步的形容词,如描写脚步的轻、急、稳、沉、乱等。其实,脚步的这些状态与人的内心变化有着密切关系。因为,一个人的心情不同,他走路的姿势也就会不同;人的性格不一样,走起路来也有不同的风采。在我们生活中,经常可以看到,有的人疾步如飞,而有的人走路蹒跚等等。也就是说,脚语是一种节奏,是为情绪打拍子的,如同舞场的旋律。“暴跳如雷”是自然界的快旋律和重节奏;“春风得意马蹄疾”是另一种节奏,一种快旋律的轻节奏。不同的脚步节奏反映出不同人的不同特点。

心理专家认为:“每个人在不同的情境下,会有一些不经意的肢体语言,但

恰恰是这些不经意之举反映了人们真实的内心世界，表现出人们或是紧张，或是忧郁的情绪。"从心理学角度来看，脚的动作也是人们的肢体语言之一，所以实际上，它比其他的肢体语言更真实、准确。然而它却往往被人们所忽略。

人的脚步可能因为某些突发的情况而变化，但是每个人都有自己固定的"脚语"。对于了解脚语的人来说，在与人接触的时候，不用看见他本人，仅凭那或急、或重、或轻、或稳的脚步声，就能判断出十之八九。例如，当人们双脚交叠时，就如同双臂交叠一样，属于一种保护性的动作。在现实的交谈中若对某人有好感，双腿就会自然朝向某人交叠。谈话的时候，脚尖翘起，身体前倾，表示殷切而愿意合作，如果反之，要是身体挺直，两脚交叉，这就意味着怀疑与防范。

在交往中，倘若有人一坐下来就跷起二郎腿，表明他怀有不服输的对抗意识。如果这种情况发生在女性身上的话，则表示她对自己的容貌有足够的信心，也表示她有要显示自己的欲望。

只要你仔细观察，人的心理指向往往也能从"脚语"中泄露出来。人在站立时，脚往往朝着主体心中惦念或追求的方向。这里我们先来看一个生活中很有趣的例子：如果三位男士在一起谈论公事，表面上他们都十分专注地表述着各自的观点，各抒己见。谁也没有理会坐在一旁美丽的女助理，但是他们的脚却泄露了他们的真实的意向。

他们的脚会同时指向那位女助理。也就是说，三位男士都在注意她。那三位男士的专心致志只是一种假象，真实心绪被隐藏起来了。只是"脚语"背叛了他们，将他们心底的秘密泄露得一览无遗。可见，解读一个人的"脚语"的确可以帮助我们更准确地把握其心理。

2. 脚语也能反映性格

著名的心理学家史诺嘉丝曾经对 193 个人做过三项不同的研究，发现"不但某种性格或某种心情的人会用不同的步姿走路，而且观察者通常都能由人的步姿探测出他的性格"。

由情态相人

图文珍藏版

比如，走路大步，步子有弹力及摆动手臂，显示一个人快乐、自信、友善，而且具有雄心壮志；走路时拖着步子，步伐小或速度时快时慢，表示这个人有些自卑、消极，做事优柔寡断。

实际上，就像其他肢体语言一样，脚的习惯动作也有着自己的语言，"脚语"也会反映人的性格。通常，走路脚步重、大步流星的人，性格一般都是比较开朗，直率的；走路稳重、步子有节奏的人，性格则较为成熟老练；而走路小心翼翼的人，他们的性格往往比较细心精明。

从英国心理学家莫里斯的研究里我们可以了解到，"脚是不会说谎的"，它往往能将行为和最真实的性格与内心呈现出来，这就是"脚语"能反映一个人的性格与内心的原因。我们知道，一个人的脚与其外表很难一致，这是因为眼神、面部表情以及其他肢体动作骗了你。比如，一个端庄秀美的女子走起路来却匆匆忙忙，脚步重且乱，从"脚语"判断她一定是个性格开朗、心直口快的痛快人，这就与其外表严重不符；反之，某人看上去五大三粗，但是走路却是小心翼翼，其肯定是外粗内细的精明人，这种人在豪放的外表下难掩其内心的谨慎、稳重。

因此，要想把握某人当时当地的内心变化或是看清某人的性格，我们可以观察他的脚，看他脚上的动作。尽管人的脚步因地因事而异，但是每个人都有自己固定的脚语。在现实生活中，对于熟悉者，你不用观其人，仅凭或急或轻或重或稳的脚步声，就能判断得八九不离十。

小冯在一家外商独资企业上班，平时都住在公司的宿舍，只有周末才能回家。最近，她越来越不愿意回家了，倒也不是父母对自己不好，只是因为每次回去，父母都要为自己忙前忙后，光是准备一日三餐就让二老累得够呛。因此，她干脆申请周末值班，这样就可以有一个堂而皇之地不回家的理由。

这样持续了几周，父母倒也相安无事。但有时周末在公司也确实无事可做，这时她就总惦记着家中的父母。于是，她又想出一招，干脆事先不告诉他们，来个"突然袭击"。决定后，她便赶紧骑车回家。到了父母家楼下，停好自好车,如往常一样快步走上楼梯。可是还没等她走到二楼,就听见楼梯尽头传来父亲的大嗓门:"开门吧,你闺女回来了。"母亲开门,伸头看她的一刹那,她还没走到家门口。进家后,小冯奇怪地问父亲:"爸,你怎么知道我回来了,我今天又没有打电话。"父亲轻描淡写地说了一句:"从脚步声中知道的,我能听懂你的'脚语'。"这着实让小冯感到诧异,要知道她家这个单元一层 6 户,8 层的楼可住着百十号人呢,父亲怎么能如此准确地从众多脚步声中分辨出她的呢?父亲微笑着说:"哪个父母听不懂自己孩子的'脚语'啊。"

看到这里,我们就不会对上面的观点再有所怀疑了。其实,在现实生活中,通过"脚语"了解生活在自己身边的人的性格特征,对形成融洽的气氛,建立良好的人际关系也是大有裨益的。

总之,一个善于察言观色的人,不仅仅会善于观察人物面部的变化,更会从脚这一个小细节中解读对方的内心活动和性格特点,这样也有利于自己下一步的交流或目标的实现。

从手势变化看内心变化

据科学调查研究,肢体语言通常是一个人下意识的举动,它很少具有欺骗性,所以在想了解他人的心理状况时,肢体动作是一个很好的参考工具。而这些肢体语言中,"手语"占了很大的一部分。

中国自古就有"十指连心"这样的说法。古人认为,手指的动作变化与人心的变化是相互照应的。手势也被认为是人们的第二语言。的确,一个人的手势在一定程度上可以弥补语言的不足,增加语言的分量。比如,一个人心里高兴的时候,往往会情不自禁地把两手举在空中挥动,这也就是我们常说的手舞足蹈;而当一个人心情不好时,则往往会忍不住抱头弯腰,使身体缩成一团;我们也经常看到当一个人愤怒时,会举拳猛击,发泄不满。

可见,手势是一个人内心世界的直观反映,同时也能够表达出自己和对他人的看法。然而,在现实的社会交往中,很多人都知道通过观察面部表情来了解对方的心理,很少注意到手势的作用,很多时候手的动作会在不经意间表露出一个人的心理。

当一些手势成为人们生活中离不开的一种习惯时,它同时也包含了丰富的感情在里面。因此几乎每一个手势都是内心情感的流露,那些比较情绪化的人的手势更是如此。下面我们就来具体地解读每一个手势的内在含意吧:

1. 解开外衣纽扣

在普通场合喜欢解开外衣纽扣的人的内心真诚友善,他们在陌生人面前表达思想时,最直接的动作就是解开外衣的纽扣,甚至脱掉外衣。而那些在商业谈判会议上一会儿解开纽扣,一会儿又系上纽扣的人,意志不坚定、比较优柔寡断、做事犹豫不决。

2. 跷起大拇指

跷起大拇指,更多的时候是表示称赞的意思。喜欢跷大拇指的人是典型的力量型的人,他们往往喜欢争强好胜,具有较强的支配能力。跷大拇指的手势语言有时还能体现出一个人的幽默风格。

3. 攥紧拳头

攥紧拳头表示力量和信心。一般情况下,在严肃、庄重的场合宣誓时,必须要右手握拳,并举至右侧齐眉高度。如果是在演讲或说话时,攥紧拳头则是向听众表示:"我是充满着力量的。"但是,如果是在与自己有矛盾的人面前攥紧拳头,则表示有进攻的意思。

4. 拍案而起

采用这种手势的人让人感到神圣不可侵犯,这种人有很强的自尊心。另外,这种人让人感到充满力量和智慧。拍案而起有两种目的:其一是维护自己的尊严;其二是强烈地谴责对方。

5. 手势上扬

手势上扬,是一种幅度比较大的手势动作,能让对方产生比较鲜明的视觉形象,能把人们带进富有形式美的社会内容的主观感受之中。手势上扬,表示满意、赞同、鼓舞或号召，也用于打招呼。比如，老朋友相见的时候，远远地把手扬起，就像在说："你好！"

一个人在演讲或说话时用这种手势，是最能体现个人风格。喜欢用这种手势的人大多很豪放、开朗、不拘于形式。采用这种手势，还能够在无形中给人一种向上和振奋的力量。手势上扬是一种富有激情的手部动作，这种手势是很受人欢迎的，它能够从侧面反映出这个人的大度、豪放和号召力。

6. 手势下劈

不管是在公司还是在一些行政的场所，我们会经常见到这样的情况，一些领导在讲话时，为了强调自己的观点，经常喜欢把手势往下劈，因为手势下劈，能够让人感到一种不容置疑之势，这也从侧面反映出这个人说话的分量。喜欢使用手势下劈动作的人，一般都有一种高傲自负、高高在上之势，这类人经常以自我为中心，他说的话，不容别人反驳。手势下劈一般蕴涵的意思是："这件事就这么办""这事情就这样决定了"等等。

7. 双手平摊

一般来讲，我们判断一个人是否坦率与真诚，最直观、最有效的方法就是观察其手掌姿势是否是双手摊开。因此，在交谈中，当对方出现这种手势时，我们就能预感到对方将要讲真话。双手摊开，表示真实、坦诚，同时也能鼓励对方坦诚相待。当一个人与你交谈时，不时地伸出双手摊开，这说明他是诚实可靠的。

8. 十指交叉

通常来讲，人们在愉快地谈话时，常常会情不自禁地将十指交叉。有的人举在面前，面带微笑地看着对方，而有的人则是平放在桌面上。在以往，很多人对此的解读就是：这一类人往往是比较自信的。不过，著名的心理学家尼伦伯格和卡莱罗却认为，十指交叉是一种表示心理不安的手势，表明其在掩饰消极态度。

可见，手势不仅仅代表一个简单的肢体动作，更是一个人性情和内心的外在流露。因此，聪明的人总是善于观察对方的手势变化，破译出对方的心理密码。

打电话的动作所展现的信息

近年来,随着通信业的发展,电话已经成为人们语言传输的一个重要工具,然而,恰恰是这个普遍的通信工具,成为一个人性情的显示器。由于经常性地使用通信工具,人们逐渐养成了属于自己的特定习惯,而这些习惯同样是人性格的反映。美国的心理学家阿尼斯特·狄查认为,可根据打电话的动作来了解一个人。所以,在现实生活中,我们要仔细地观察打电话人的动作,我们要善于从一些打电话的小习惯中归纳出人的心理特征。

1. 双手握话筒的人

这一类人对暗示很敏感,易受外界的影响。这样握听筒的女性,一谈起恋爱来,很容易受人的影响,性格也会随之起变化。这样握听筒的男性,大多会有一些女性气质,对于一些细微的事情,往往也会左思右想,优柔寡断,不知如何是好。在生活中,这一类人做任何事情经常畏首畏尾,举棋不定,这也为他们的生活带来了负面的影响。

2. 握住话筒中间的人

当接打电话时,他们会握住话筒的中间部分,让话筒与口、耳保持适当距离而交谈。不论男女,采用这种握法通常是处于较安定的心理状态,性格较温顺,不会无理强求。一般担任银行职员或秘书等工作者常见这种握法,电话中谈吐沉静,属于温和的性格。

3. 随意握电话的人

这一类人没有特殊的习惯,一切动作均出于自然,想怎么握就怎么握,怎么方便合适就怎么来。不过,你可千万别把他们归类为没有性格或性格不明显的那种人,他们往往有着较强的实践能力和极强的自信心,能够对自己的生活控制自如,而且能屈能伸,有实现伟大梦想的可能,而前提是他们要树立远大的目标。现实中这一类人生性友善,能够体谅他人,在别人困难的时候及时伸出援助之手,所以,这一类人是值得我们去交往的。

4. 用肩和头夹话筒的人

习惯把听筒夹在头和肩之间的人,倒不是因为工作繁忙而腾不出手来握住话筒,或是有其他的事情需要用手处理,而是他们的习惯。他们或许空着双手什么也没干,只把手交叉着放到自己的肚子上。这种态度给人一种自负的感觉,但这其实是他们谨慎的本性在起作用,他们对任何事情必先考虑周详,之后才做出决定,因此犯错误的概率十分低。

5. 紧抓话筒上端的人

这一类人以女性居多,这样的女性往往有一种歇斯底里的特征,只要有一点小事不合心意,就会大发脾气,情绪改变非常快,所以与周围人的关系常常很紧张。这种女性与异性相处时,经常过于任性,使对方束手无策,陷入困难的处境。不过,这样握听筒的男性,常常因为头脑灵活、善于应变,而有良好的人际关系,深得大家的喜欢。

6. 紧抓话筒下端的人

这种人往往外圆内方,表面看似怯懦温顺,其实个性坚毅,对事对人一旦下定决心,永不改变。这种抓话筒的方式在男性中较多,他们大都性格干脆,做事爽快。不过,这样握听筒的女性,往往对事物的好恶十分明显,且固执到底,遇事全凭自己的好恶,一点儿也没有通融的余地,因此她们一般不太讨男性的喜欢。

7. 轻握话筒显得有气无力

这一类人多半是具有独创性及唯美派的人,但是做事无法持久,是忽冷忽热的类型。这种人在打电话时不会东聊西扯浪费时间。不过,他们打电话常常只是为了宣泄而很少去倾听对方。生活中,这一类人一般缺乏倾听的精神,喜欢一味地诉说。

8. 电话线绕指型的人

我们会经常见到,一些人在打电话时不停地玩弄电话线。此类人生性豁达,玩世不恭,非常乐天知命。这种行为多见于女性,她们比较喜欢空想,一方面多愁善感,另一方面又有倔犟的脾性,这一类人在电话中一说起话来常常会没完没了。

9. 讲究舒适的人

在打电话时,这一类人一般认为,打电话只需要一只手、一张嘴和一只耳朵,其他的都属于自己支配。所以有人在用电话时舒舒服服地坐着或躺着,一派悠闲自得、沉稳镇定的样子,甚至袒胸露背,反正对方看不到。愉悦的心情和舒服的感觉有助于更好地进行交流,圆满地完成通话内容。其实,这是没有心理负担的一种表现,这一类人生性沉稳镇定,泰山压顶面不改色,所以,根本不用担心通话当中会有什么意外。

10. 用笔拨号的人

特别是在职场上,我们会经常见到一些人用铅笔或圆珠笔去拨号码。别以为这一类人是在显示自己,其实,这种人既不是故作姿态以显示与众不同,也不是有什么忌讳而远离号码键,而是他们经常处于紧张的生活状态,且不让自己有片刻的空闲。他们的性情通常比较急躁,做事风风火火。这一类人做事一般是直来直去,不喜欢拐弯抹角。

11. 听筒离开耳朵的女人

这一类的女性往往社交能力是相当强的,并且有很强的自信心,十分好胜,也很希望周围的人能够注意她。但是,这样的女性一旦遇到她所倾心的男性,则会一改以往任性的性格。不过,现实中这样握听筒的男性则比较少见。

12. 边走边谈的人

这一类人一般不喜欢任何刻板的工作,甚至在熊掌和鱼肉不可兼得之时,宁愿放弃高薪工作,只为寻求身心的自由和洒脱;也只有这样,他们才能干好工作,将自身的潜力发挥到最大限度。这一类人一般好奇心极重,喜欢新鲜事物,这也是他们无法面对单调工作的原因之一。

13. 握话筒时伸直食指

这种握法通常表明此人自尊心强、自我意识强、好恶明显。这种人往往讨厌受人命令，具有强烈的支配欲，随时渴望向崭新的事物挑战，他们一般都充满着激情。

打电话，一个看似简单的生活习惯和动作，里面却潜藏着性情、心理的秘密。在人际的交往中或者是在职场上，如果你想要了解对方的性情和生活习惯，不妨仔细地观察一下他们在打电话时表现出来的各种身体姿态和语言。

撒谎者常常触摸自己的鼻子

古时候的人曾流传下来这么一句话："鼻子直通大脑。"认为鼻子是一种传达信号的工具。据科学发现，撒谎的时候，人的神经末梢也随之被刺痛。因此，说谎的人往往非常喜欢触摸自己的鼻子，这样是为了缓解一下这种感觉。

另一种比较可信的说法认为：当不好的想法进入大脑之后，下意识就会指示手遮着嘴，但到了最后关头，又怕表现得太明显，因此，就只是很快地在鼻子上摸一下。

摸鼻子和遮嘴一样，摸鼻姿势在说话人使用时则表示欺骗，在听者来说则表示对说话者的怀疑。有一次一位年轻人在路易斯维尔大学与柏威斯德教授讨论书本的事，当教授问到他对一本现代古典作品的意见时，年轻人擦揉着鼻子，说他非常欣赏这本书。教授说："其实你根本不喜欢这本书。"他被这句评语给惊住了，但是仍不明白自己是怎么露出马脚的，于是承认他只读了几页而已，并且"发现它们都是愚昧不堪的"。这得怪他不该在行家面前擦揉鼻子。

《木偶奇遇记》里有这样一段对白：

"怎么知道我在说谎？"

"我亲爱的孩子，谎话一眼就能看出来，因为它们只有两种，一种是短腿的，一种是长鼻子的。你说的谎就是长鼻子的。"

在童话故事里，匹诺曹说谎时鼻子会变长，也就有了"撒谎会长鼻子"这一个有趣的说法，但在现实的生理反应中，撒谎确实会引发鼻子部位的血液流量增大,导致鼻子膨胀而产生刺痒的感觉。所以,人在撒谎时触摸鼻子也是常见的肢体动作。

美国芝加哥的嗅觉与味觉治疗研究基金会的科学家们发现,当人们撒谎时,人体中的一种名为儿茶酚胺的化学物质就会被释放出来,从而引起鼻腔内部的细胞肿胀。科学家还通过可以显示身体内部血液流量的特殊成像仪器,揭示出血压也会因为撒谎而上升。

这项研究显示了人们的鼻子在撒谎过程中会因为血液流量上升而增大,科学家们将这种奇特的生理反应命名为"皮诺基奥效应"。血压上升导致鼻子膨胀,从而引发鼻腔的神经末梢传递出刺痒的感觉,于是就会促使人们只能频繁地用手摩擦鼻子以舒缓发痒的症状。

当然了,触摸鼻子的手势一般是用手在鼻子的下沿很快地摩擦几下,有时甚至只是略微轻触,几乎令人难以察觉,特别是女人在做这个手势时比男人的动作幅度更小,或许是为了避免弄花脸上的妆容。

美国的神经学者阿兰·赫希和精神病学者查尔斯·沃尔夫深入研究了美国前总统比尔·克林顿就莫妮卡·莱温斯基丑闻事件向陪审团陈述的证词。他们发现克林顿在说真话时很少触摸自己的鼻子,但是,只要克林顿一撒谎,他的身体也就随着发生一些反应:他的眉头就会在谎言出口之前不经意地微微一皱,而且每四分钟触摸一次鼻子。据录像的显示发现,克林顿陈述证词期间触摸鼻子的总数达到 26 次之多。

这是一个妻子看完美剧《别对我撒谎》后的描述:"自从看了这部美剧以后,我就开始用里边教的各种方法来分析老公跟我说话时的语气、动作、表情,以此来判断他是不是在对我撒谎。上周五,他打电话对我说要加班,但是说话时吞吞吐吐的,我一猜就知道他在撒谎。说话时重复、迟疑,这时候的他没有办法很好地组织好自己的语言,说话变得语无伦次,种种的生理的反应证明了我的判断。然而,我故意装作不知道,我看看他有什么可隐瞒的。于是,我来到他的公司楼下等着他,他下班后,我就偷偷跟踪他。我发现原来他只是跟他的几个好朋友聚会,之所以瞒着我,大概是因为我曾经说他们是'狐朋狗友'。晚上他回到家,我也假装什么都不知道,拉过他的手问他:'今天是不是很辛苦?工作完成了吗?'他摸了摸自己的鼻子,说:'我努力工作都是为了让你过上更好的生活,不辛苦。'我知道,在现实中男人摸鼻子,通常是在说谎。对于老公的谎言,我一笑置之并没有戳破。"

确实在现实中,我们要注意观察对方在说话时鼻子的小动作,如果我们碰到的是无伤大雅的小谎言,最好不要介意,还能检讨一下他为何要对自己说谎,让自己也更加完善。不过,若是在原则性问题上撒谎,我们也就要考虑是否要采取进一步的措施了。

摸鼻子可以说是我们生活中最常见的一个小动作。然而,鉴定他人是否在说谎时,还需结合其他说谎迹象来进行解读,有时候对方做出这个动作只是因为花粉感冒、过敏,或者是被眼镜压迫而感到不舒服。同样,当一个人处在焦虑、不安或者愤怒的情绪之中时,他的鼻腔血管也会膨胀,也会出现触摸鼻子的情况。

所以,一个人鼻子的某些小动作是鉴定对方是否在说谎的辅助手段,不过这种情况也不是绝对。借助这个手段时,要记住这样一个规则:单纯的鼻子发痒往往只会引发人们反复摩擦鼻子这个单一的手势,而和人们整个对话的内容、节奏没有任何关联;但如果这之间存在某种联系,我们就必须对他的谈话内容加以警惕了。

通过睡姿一眼看透人的性格

睡眠是人们每天都必须做的一件事,睡眠是消除大脑疲劳的主要方式,但是,睡眠的时间和质量却因人而异。

英国瓦维克大学的西蒙·威廉斯博士在最近一期的《社会学》杂志撰文中,根据地点、时间、表现等因素,将人的睡眠习惯划分出不同的类型,并据此证明了人们的睡眠习惯会透露出他们不同的性格。那么,就让我们来看一看不同的睡眠习惯会反映出人们哪些不同的性格：

1. 仰卧、曲起双腿的睡姿的人

这种人是做事总是小心翼翼，而且非常谨慎，一旦决定要完成一件事，便会脚踏实地去完成。虽然从外表看来这类人是个循规蹈矩的，但单独与异性在一起时，他们却会非常大胆而热情，令人诧异他们的表里不一；基本上，这类人的内在性情还算是活泼开朗的，由于他们谨慎细密的心思，从事与商业营利有关的活动会比较成功。

2. 弯曲一条腿的侧卧睡姿的人

这类人的个性有点倾向于容易大惊小怪而且难以取悦。他们总喜欢发牢骚、抱怨。所以可想而知，这一类人的另外一个别名可能就叫作紧张。他们很容易就神经紧绷，或对小事做出过度的反应。

3. 躺在胳臂上的睡姿的人

这类人温文有礼、诚恳可爱。但是，没有什么事是完美无缺的。他们生活的重心必须从建立自己的自信心开始，学习去接受错误与不完美，去明了这其实是自我成长的代价，如此幸福才会跟着来。

4. 习惯倒向一边的睡姿的人

这种睡姿显示出这一类人是一个有自信的人。由于他们的努力不辍，不管他们做什么事都很容易获得成功。

5. 四肢贴着身体的睡姿的人

因为不堪以前美好回忆的冲击，这一类人会觉得寂寞、沮丧，沉沦在失败与挫折当中。也因为如此，他们就好像是一个犹豫、停滞不前、优柔寡断的人，给别人的印象就好像爱已经在他们生命中消失了似的。

6. 喜欢睡在床边的人

这种人时常缺乏安全感，但他们能够控制自己，尽量使这种情绪不流露出来，因为他们知道事实可能并不是这个样子，那只是自己一厢情愿的想法。他们具有一定的容忍力，如果没有达到某一极限，轻易不会反击、动怒。

7. 跷着二郎腿睡姿的人

有这种双腿交叉睡姿的人通常都有自恋狂，会习惯于生活当中固有的模式，所以很难去接受生活的变化。独处可能是他们下意识的最佳选择。

8. 弓字形睡姿的人

这是对芝麻大的小事也很认真、责任感重，且略带神经质的人。这种人有一个富于思考及创造的头脑，常能想出别人想不出的点子。可以从事一些与设计、艺术、创造有关的工作。

9. 蜷缩着身体的睡姿的人

这种睡姿明显地表现出这一类人的不安全感，所以他们会产生自私、妒忌和报复的心态。因为他们非常容易发脾气，所以围绕在这一类人身旁的人都要非常地小心，避免去触动他们的痛处而激怒他们。

10. 大字形睡姿的人

一般来讲，这种人通常属开朗的乐天派，不太会计较什么，常常有点迷糊，有点不在乎，所以，这一类人总是很开心、没什么烦心的事。相对的也缺乏一点耐性与毅力，只喜欢过轻松新奇的生活；若想有所成就的话，必须下定决心，专心做事才行。社会服务性质的工作可能比较适合他们。

11. 仰睡的睡姿的人

这种人多是十分开朗和大方的，他们为人比较热情和亲切，而且富有同情心，能够很好地洞察他人的心理，懂得他人的需要。他们是乐于施舍的人，在思想上他们是相当成熟的，对人对事往往都能分清轻重缓急，知道自己该怎样做才能达到最好的效果。他们的责任心一般都很强，遇事不会推脱责任选择逃避，而是勇敢地面对，甚至是主动承担。他们优秀的品质会赢得他人的尊敬，又由于对各种事物能够做出准确的判断，所以很容易得到他人的信赖，也会为自己营造出良好的人际关系。

总之，一个人以什么样的姿势睡觉，是一种直接由潜意识表现出来的身体语言。一个人无论是假装睡觉还是真正的熟睡，睡姿都会显示出他在清醒时表露在外和隐藏在内的某种思想感情。也就是说,睡姿在展示一个人的性格特征时,是最不会说谎的。观察和了解一个人的性格有很多种方法,而睡姿就是比较可靠、有效的一种。

笑也会在不经意间暴露人的性格

笑是一个人感情的真实流露,笑是一个人的生活感悟,笑是一个人的魅力所在,笑是一种无声的表白,它更是一种缓和矛盾、协调关系的"润滑剂"。对心理学家而言,笑也是一件严肃的事,因为笑能透露人的性格。美国心理学家伊莲·卡恩博士研究笑的学问多年,她把笑分成几种类型,并以此来识别人的心理。那么,我们又应该怎么去解读笑蕴涵着的一个人的内在信息呢?

首先,从笑的特点来分析一个人的性格:

1. 喜欢狂笑,嘴巴两端猛向上方翘的人 这一类人性情温和,精于社交,能让对方感到亲切,他们往往具有冒险精神和积极的作风,乐于助人。这一类人最适合做秘书工作,他们善于处理繁杂事务,越繁杂反而越觉得有趣。

2. 喜欢开口大笑,嘴巴两端成平的人

这一类人不拘小节,行为大方。不过,他们往往缺乏一定的耐心,一遇到困难,就知难而退,容易让人产生做事虎头蛇尾的误解。这种人可能会在经商方面有所建树。

3. 喜欢微笑,嘴巴两端稍下垂的人

一般来讲,这一类人不善言语,性格比较内向。他们与人交流存在一定的困难,但这一类人往往注意细节,喜欢对对方的言语进行分析,不过唯一不足的就是做事时常半途而废,因此难达愿望。但他们在手工艺、缝纫等技能方面很拿手,外语非常优秀。

4. 喜欢眯眼笑,笑时嘴巴两端向下的人

这一类人的性格倔犟固执,对周围人不够坦诚,有时明知其事但假装不知而不与人语,也往往因为这个而吃亏。性情还算和气,一旦不悦即大发脾气。

他们多才多艺,有抱负,不过他们却不愿与人合作行事,因此他们很难在事业上取得成功。

5. 喜欢抿嘴笑的人

抿嘴笑的人在恋爱的时候往往不够大方,这一类人天生就有点不够自信。尤其与别人争执的时候,他们喜欢对方,对方又比较强势甚至吼他,这一种人还是会选择顺从对方。

6. 笑时露牙龈的人

这一类人的优点就是艺术才华很不错,不过在感情方面一般都不专一,而且男女都一样,会容易遇到桃花劫。他们容易受到引诱,往往没有保护自己的能力。不过,笑时露牙龈的人,比较率直、爽朗,很容易把感情表示出来,所以可能会引起夫妻口角。

众生之中,值得我们注意的是那种在露出笑容之后,立刻又板起面孔的人。现实中这一类人一般都是相当难缠的人,因此,我们万万不可对这样的人掉以轻心。那种不管在何时何地何种情况下,脸上的表情变化像按动开关一样,说来就来、说去就去的人是极富有心机的,需要加强防范。

笑是人类最直观的面部表情,无论是哪一种笑,它的背后可能都隐藏有非常丰富的信息。聪明的人总是通过一个人的笑来识别他的性格,把握他的心理动态。

通过体型看人内在的气质

我们所说的体型,是指人的身材体态和高矮胖瘦,它是人最明显的外部生理特征之一。在现实中,体型与人的性格、心理相关的观点是很流行的,在中国的"相面术"中就常常把人的性格、心理同人的外部相貌、体型特征联系起来。20世纪西方学术界对此也多有探讨,然而,这些研究结果往往只对与研究样本有相同社会环境和生活经历的人群非常有效,并不适用于所有的人。

德国精神病医生克雷奇米尔在20世纪20年代首先将体型与性格心理联

系起来,进行了系统研究。他确定了四种基本体型:瘦长型、强壮型、矮胖型、异常型。他指出不同体型者有不同的性格和心理,而且发现不同体型的人易患的病症也不同,其结论大致如下:

矮胖型的人,其气质是狂躁性的,具有外向的性格,易患狂躁抑郁症、高血压、高血糖等疾病,这一类人的心理特点是暴躁、急性。

瘦长型的人,一般来讲,这一类人具有分裂气质,性格内向、胆小害羞、顺从、偏执,易患精神分裂症,心理趋向封闭、自我。

强壮型的人,他们具有黏着气质,有冲动性行为。癫痫病人中绝大多数属这一类型,心理无序、反常。

异常型的人,这一类人有抑郁气质,性格软弱,心理极端封闭,与世隔绝。

根据这种性格判别方法,大致可以依据四种体型来分析人的性格:

1. 脂肪质而肥胖型的人

脂肪质而肥胖型的体型之特征,是胸部、腹部和臀部十分宽厚。因腹部附着脂肪,所以从整体来看,像是有很多肉。一般说来,中年是最容易肥胖的年代。同这种体型的人接触,你可以感受到对方开放而浓郁的人情。这种人日常十分活跃,一旦被人奉承时,任何事情均愿代劳,虽然他口头上说"很忙",但事实上却终日享受着忙碌的乐趣。这种人偶尔也会忙里偷闲,是个风趣可爱的人。

这种人兼有开朗、积极、善良、单纯的多重性格,快活且幽默;另一方面,这种人具有正反两面的性格,特别表现在欢乐和苦闷的时候。如果你和这种人交往的话,因为他们会是开放的社交人士,所以在你们初次见面的那一瞬间,即能一见如故、相谈甚欢。

2. 略带纤瘦而肌体结实型的人

这种人体型略显纤瘦,但体态结实,自我意识特别强烈,且很固执,对任何事情都表现出挑战意味。有强烈的信念,满怀信心,不论遇到怎样的苦难,都秉持成功的目标去努力。这种人有强烈的信心,加上判断灵敏,做事果断,在商业方面实在是前途无量。相反,当这种信念误入歧途时,就会变成专制、猜忌、高傲、蛮横,且表露无遗。一旦一个念头萦绕在脑海中,想要更改却非常困难。这种人往往缺乏魅力,但却是个有能力且有相当权力的人。

与这种人交往时,绝不能与之对立。这种人具有竞争性、攻击性,直至自己被别人认为正确为止,否则会拼命主张自己的观点。

3. 纤瘦型的人

此类型者,是很难应付的人。若为女性,性格刚强,一旦发怒后果将不可收拾。这种类型人的特征是冷淡、冷静,然而性格复杂且无法适当表明立场。因为这种人往往有自相矛盾的分裂质。比如对于幻想兴致勃勃,保持快乐的一面,不喜欢被人探出隐私,且心事仿佛用冷酷的面罩罩着。对于这种人,有人会因不喜欢而视之为平凡的朋友交往,有人则会感觉到这种人具有不易接近的贵族性,具有罗曼蒂克的特殊气氛。

这种人对无关紧要的事固执己见、不变通、倔犟,甚至呆板。这一类人因为性格、作风比较纤细,尤其是对文学、美术、工艺等兴致盎然,且对关注的事物有敏锐的感觉。他们舍得拿出自己的财产,尽力为大众服务。在社交上,具有非常优雅的手腕。与这种人交往时,应了解对方性格、作风纤细而且善良的特点,他们属于采取慎重生活态度的人,如果表现得犹豫不决,你必须耐心等待。

4. 筋骨强壮而体格结实的人

这种人筋肉和骨骼发达、肩膀宽大、脖子粗,故善于举重、摔跤和土木建筑方面的活儿,可望出人头地。通常来讲,他们做事认真、踏实,当公司或银行里的经理是最恰到好处的,这是坚韧质的人的第一特质。你的同事中,如果有人经常把抽屉整理得很干净,或应当发出去的信绝对不会忘记,字也写得端端正正,那么他应该是典型的具有坚韧质的人。第二特征是情意浓厚、注意秩序,且过着踏实的生活。第三特征是动作慢"半拍",此特征在交谈中会表露无遗,连写信也是形容词用得很多。按照上面所说的各点,这种人虽很可靠,但唯独因缺乏情趣而显得有些呆板。被妻子要求离婚的人中,也是这种类型的居多。

这种人比较固执,对任何事情都很刻板地去想。因此与这种人打交道时必须知其性情,要经常与他们交谈,沟通思想并热情相待。

在现实生活中,如果根据一个人的相貌去评价和对待一个人,那么你就会是简单地以貌取人,这自然是不可取的。不过,现实中要会根据一个人的体型外貌去判断一个人的性格,这对于我们了解一个人是大有帮助的。

走路姿势显露人的个性

从古至今,判断一个人的性格有很多技巧和方法,如流行的九型人格、心理评测等等。不论是心理评测还是九型人格,均是通过人在特定环境和场景下的表现来加以分析和判断,其中最为明显的是人的言行举止。一个人的言行举止可以很直观地反映人的内心活动,不同性格的人,其言行举止会有较大的差异。

行为学家明确指出:"在一般情况下,要判断对方的思想弹性如何,只要让他在路上走走,就可以基本了解了。"一个人的心情不同,走路的姿势也就不同;每个人的秉性各异,走起路来也有不同的风采。

古人常说:一个人坐有坐相,站有站相,行有行相。不过何种"相"最好呢?自古以来仁者见仁,智者见智。因为"相"由"心"生,而心态又决定性格,更值得一提的是性格又左右人生,所以我们要从"行相"——走路姿态,来浅析人的性格,即步伐的大小,行进的缓急以及身体动作等所代表的人的性格。

走路时挺胸凸肚、高视阔步者,或双手反背者,说明他内心有着较强的优越感和傲慢感。走路快而双臂摆动自然的人,往往有坚定的目标,积极的追求。习惯将双手插在口袋中,即使天气暖和也不例外的人,往往有自以为是的毛病,喜欢对他人或事物品头评足。一个心情沮丧的人,走路时常下意识地将两手插在口袋里,拖着脚步,很少抬头注意自己往何处走。一个心事重重的人,走路时的步伐会变得缓慢,而且可能停下来漫不经心地去踢地上的碎砖杂物。

我们发现,走路时大踏步的人,其身体非常健康,此类人十分好胜而顽固。走路姿态非常柔弱的人,即使他的体格很健壮,精神一般也十分萎靡,一遇到精神上的打击就立刻崩溃。拖着鞋子走路的人,抑或说是鞋跟磨损较严重的人,缺乏积极性,不喜欢变化,此外亦无特殊才能,在命运方面容易受阻。以小快步伐行走的人性情急躁,或许是由于腿短的原因所致。不过,走得快的话,心情自然较为急迫。"先悲而后泣,后泣而先悲",悲与泣是有因果关系的。下面我们具体来解析各式各样走路姿势的人。

1. 走路沉稳的人

这一类人走路从来都是不慌不忙的,哪怕碰到了最重要最紧急的事,也不会有变化,还是那样慢慢悠悠的。这种人办事历来求稳,无论做什么事情都要"三思而后行"。一般来讲,这一类人比较讲究信义,比较务实,他们工作效率很高,往往说到做到。

2. 走路前倾的人

这一类人走路总是习惯上体前倾,而不是昂头挺胸。一般来讲这种人的性格比较内向,性情温和,他们为人比较谦虚,一般不会张扬。这一类人往往会严格要求自己,很有修养。他们的脚步有时很慢,不时还会停下来踢一下石头,或者捡起什么东西来看一下,然后又丢开。从一般的情况来看,有这样行为的人往往心事重重,或许他们正为身边的某一件事情而烦恼。

3. 走路低头的人

这一类人走路的时候总是拖着步子,把两只手插进衣袋里,头常常低着。他们就像勤劳的牛一样,只埋头拉车,不抬头看路,不知道自己最终要去哪里。这一类人往往是碰上了难以解决的问题,到了进退维谷的境地。很多快要走入绝境的人常常有这样的表现。

4. 走路高抬下巴的人

这一类人在走路的时候,下巴总是高高地抬起,手臂很夸张地来回摆动,腿就像高跷一样显得比较僵硬。他们的步子常常是那样的稳重而迟缓,好像刻意要在别人的心目中留下深刻的印象似的。值得一提的是,这一类人往往比较傲慢,因此他们的步伐被人们称为"墨索里尼式"步态。如果你不想与这样的人对抗,在他们的面前最好表现得谦虚一点。

5. 走路两手叉腰的人

这一类人走路时两手叉腰,上体前倾,就像一个短跑运动员。他们可能是一个急性子,总希望在最短的时间内跑完急需走完的路程。这种人有很强的爆发力,在要决定实施下一步计划的时候常常表现出这样的动作。在这段时间里,从表面上看,他们处于沉默的阶段,好像没有什么大的举动。其实,这叫"此时无声胜有声"。这一类人的这种动作,实际是一个大大的"V"形,就像他们在告诉别人,胜利正向自己走来。

6. 走路匆忙的女人

如果一个端庄秀美的女子走路的时候来也匆匆去也匆匆,脚步零乱,那么就可断定这位姑娘一定是个心直口快、性格开朗的痛快人。反之,如果一位女士看上去五大三粗,走起路来却小心翼翼的样子,那么这样的人一定是"外粗内细"的精明人。

如果把"路"比做是人的心,那么走路的姿态是人内心的真实写照。从不同的人的走路姿势,我们可以看出不一样的人性与心理。

通过坐姿看人的心绪

常言道:"人摇福薄,树摇叶落。"这里讲到的是一个人的坐姿与人性格的关系。中国古代的这种观点与现在行为心理学的见解不谋而合。据美国纽约曼哈顿心理研究中心的心理学家皮艾特教授研究:其实在人的行为方式中,不仅坐姿可以反映出人的性格,就是落座时候的动作行为和方式也可以透露一个人当时的心理状态,"暴露"出个人的心理秘密。

1. 喜欢正襟危坐的人

这一类人在坐的时候,往往双腿并拢垂直于地面,腰杆挺直。在陌生环境中,这种人往往是社交场合中身份较低者,他们很重视也很紧张对方的看法;不过他们即使在亲友面前也如此,则说明这人可能比较严肃、认真,办事力求周密而严谨,但往往缺乏灵活性。

2. 喜欢脚踝交叉的人

在陌生环境中,这种坐姿可能表示对环境安全性的不信任,女性这样做,还有防备、羞涩的表现。而如果是在权威或上级面前这样做,则表示不自信。

3. 喜欢身体蜷缩的人

这一类人往往弯腰低头,双手夹在大腿中,小腿缩到凳子下。这是在尽量缩小自己占用的空间,仿佛在说"不要注意我",这一类人要么是做错了事心中焦虑不安,要么自卑感重、属于服从型的性格。

4. 喜欢双腿叉开的人

由于这种坐姿占领了很多的空间,所以这一类人大多性格不拘小节、外向主动,可能有支配欲,但也有自以为是或虚张声势的嫌疑。

5. 喜欢双腿并拢倾斜的人

这是着裙装的职业女性常采取的一种坐姿,是有庄重、修养的表现。不过,若同时身体僵直、手紧紧抓住椅背,这表达的可能是对内心冲突的一种掩饰。

6. 喜欢伸直双腿的人

一般来讲,这种人多为"直肠子",是典型的心里想什么就说什么的人,但也可能是舒适、放松的表现,若配以身体后仰,则可能表示无所谓、不感兴趣。

7. 喜欢跷二郎腿的人

对身居高位的人士而言,这种坐姿是有优越感的表示。要是加上抖脚,可能是放松、开心的含义,但也可能是不拘小节或脾气急躁的表现。

8. 喜欢身体前倾、直视对方的人

直视对方说明对谈话感兴趣或愿意交流,不过如果是你在推销时客户出现这种姿势,则说明他已接受了你的推销。

9. 喜欢叉手后仰的人

双手交叉放在脑后,身体后仰,一腿搭在另一腿上状似阿拉伯数字的"4"。这是表示这一类人想拒绝或是不在乎对方,他们往往目空一切,总是以自我为中心。

10. 喜欢两脚并拢,脚尖抬起的人

其实这是一种防卫、观望的坐姿,这样的人一般天性敏感,不能承受指责,因此这种人经常被他人孤立和隔离。

11. 喜欢坐在椅子上摇摆不定的人

这说明此人内心的焦躁不安,有点不耐烦,有点紧张,或为了摆脱某种紧张感而故意用小动作来掩饰。在生活中,如果你发现与你并排而坐的人有意无意地挪动身体,说明他想要与你保持一定的距离,可又碍于面子不便挪动。

12. 喜欢舒适而深深地坐在椅子上的人

这种坐姿表示他有着心理优势。所谓坐的姿势,是人类心理活动上的不自然所表现出来的状态,在心理学上常称它为"觉醒水准"的高度状态,随着紧张的解除,该"觉醒水准"也会逐渐降低。因此腰部是逐渐向后拉动,变成身体靠在椅背、两脚伸出的姿势。此姿势并非一旦发生何事,立即可以起立的姿势。这是认为跟对方相处不必过分紧张所采取的姿势。

13. 喜欢始终浅坐在椅子上的人

这是一种处于心理劣势的反映,也是缺少安全感的表现。对这种坐姿的人,如果你要同他谈论要事,或者托其办什么事,还为时过早,因为他还没有完全接受你的意见或者你这个人。

不管怎么讲,在人与人的交往中,坐的时候居多,识人时对坐的观察绝不可忽视。对"坐"稍加留意,你就可以从坐的姿态、彼此间的距离等方面看出人的情绪、欲望、个性、心理活动等等。

篇五　由须眉相人

紫面须自贵,暴腮缺须亦荣。

须有多寡,取其与眉相称。

——《冰鉴》

须眉,几乎集中了一个人所有的人生密码,在相人中至关重要。健康与财富,可从须之长短和疏密中得到启示;天资与性格,可从眉之浓淡清杂中找到答案;幸福与成功,可从须与眉的比例相称、均衡照应上发现秘密。因而,察验人性善恶,勘破命运福祸,须眉当是一个重要参照物。

冰鑑

鬚眉章第五

鬚眉男子未有鬚眉不具可稱男子者少

年兩道眉臨老一林鬚此言眉主蠶成鬚

主晚運也然而黝面無鬚自貴暴腮缺鬚

亦榮郎令公半部不全霍嫖姚一副寮臉

此等間逢畢竟有鬚眉者十之九也眉尚

彩彩者抄麋反光也貴人有三層彩有一

二層彩者所謂文明氣象宜踈爽不宜凝

滯一望有乘風翔舞之勢上也如潑墨者

崀下倒監者上也下垂者崀下長有起伏

短有神氣濃忌浮光淡忌枯索如劍者掌

兵權如帚者赴法場簡中亦有徵范不可

不辦他如壓眼不利散亂多憂細而帶媚

粗而無文最是下乘

鬚有多寡取其與眉相稱多者宜清宜疎

宜縮宜參差不齊少者宜健宜光宜圓宜

有情照顧捲如螺蚊聰明豁達長如解索

風流榮顯勁如張戰位高權重亮若銀條

蚕登廊廟皆官途大器紫鬚劍眉聲音洪

壯蓬然虬亂嘗見其後配以神骨清奇不

千里封侯亦十年拜相他如輔鬚先長終

不利人中不見一世窮臭毛接鬚多晦滯

本篇导读

曾国藩在《冰鉴》须眉篇中认为，一个人的眉须之美在于眉与须的相称相合。眉是重点，须是辅衬。

总的来讲，古人对眉毛有四条要求：有势，即"弯长有势"；有神，即"昂扬有神"；有气，即"疏爽有气"；有光，即"秀润有光"。一个人的眉毛如果符合这几项要求，那当然是属好的眉相。这样的眉毛既反映了其人身体健康，看上去也很漂亮，在以上四个条件中以"光"最为重要。一个人的眉毛若能有光彩，就如同珠宝熠熠生辉，如果黯然失色，好比珠宝年久无辉。而所谓"光"就是本章所强调的彩，所以作者在本章开门见山地提出"眉尚彩"。

毛发有亮光，是一个人生命力的显现和标志，年轻人的毛发通常都很光润明亮，老年人的毛发，却多是干枯无光，原因就是前者的生命力比后者的生命力要旺盛得多。鸟兽的羽毛在末梢处都能显示其光亮，特别是珍禽异兽，比如虎豹、孔雀之类，更是光彩照人，鲜艳夺目。似乎动物皮毛的光亮，也能显示其在动物中的位置和层次。

"彩"有三层,就是根处一层,中处一层,梢处一层,层数是富贵的等级标志。"贵人有三层彩,有一二层者",这句话是在强调富贵也有等级之分。最高贵者其眉毛共有三层彩,有二层彩和只有一层彩的分别为中贵和小贵。

人体毛发的蜕变,即由多变少,由浊变清,这是人类由茹毛饮血的野蛮时代进化到文明阶段的标志。也是所谓文明气象最显著的特征之一。既为文明时代的人,就应该有颇具文明气象的双眉。其眉毛就应"宜疏爽不宜凝滞"。这里的"疏爽"就是"清秀"的表征,而"凝滞"则是"俗浊"的表征。人的相(无论是眉相,还是面相、体相)贵"清"而忌"浊"。所以,人的眉毛要有文明气象,首先,就要"疏爽"。

疏爽和凝滞有两种情况:一是眉自身或为疏爽或为凝滞;二是两眉之间的关系或为疏爽或为凝滞。前者如龙眉、轻清眉、柳叶眉、卧蚕眉、新月眉、清秀眉等,为疏爽,而扫帚眉、小扫帚眉、鬼眉等则为凝滞。后者如龙眉、剑眉、轻清眉、清秀眉等为两眉之间关系疏爽,而交加眉、八字眉等,则是两眉之间关系凝滞。

"一望有乘风翱翔之势",这种眉,乃是势、光、神、气四美兼具之眉,疏爽之至,清秀之极。即便不能富贵福寿俱全,至少也能占其一二。即使不能"立德,立功,立言"这三"不朽"全占完,也能据其一项,所以这种眉毛才是上佳的眉相。远远望去,如龙凤在乘风翱翔飞舞。所以,古人认为有此眉相的人大富大贵,禄厚寿长。如龙眉、剑眉、新月眉就属于此上等眉相。

泼墨,就是形同倒在地上的墨迹,其形当然是乱七八糟、丑陋不堪的。鬼眉、尖刀眉、扫帚眉的表象也是涣漫散乱的,就如同"泼墨"般难看,古人认为这些眉的本质是血旺贪淫,主人生性凶狠、愚昧、鲁莽,并有杀身之祸。当然,是为"最下"。

"倒竖"之眉,指眉相成倒八字,古人认为此眉主人性格坚毅,有理想有抱负,勇于进取,具备了成就大业的所有心理品质。当然容易成功,所以属"上也"。但万物都有其限度,过则不美。这种眉如过于飞扬无度,使眼显得低陷无气,则多为好高骛远,心比天高之徒。小事不愿做,大事又做不了,终无成就。

"下垂"之眉,就是眉相形同"八"字,古人认为这种人性格懦弱,为人卑劣,多是行为猥琐、贫贱低下之人。所以谓之"最下"。

"长有起伏",指眉粗清秀有起伏。古人认为此种眉型主人性格稳健,清贵高雅。有这种眉相的人,既能享受富贵,而且寿命也长;相反,如果眉毛过长却没有起伏,直得像箭一样,则为人脾气火爆、逞强斗狠,有这种眉相的人,最终不得好死。

"短有神气",这"短"是指眉毛相对于面部显得较短,前面的"长"也是指眉毛相对于面部显得较长,眉毛短又缺乏神气,就使眉相显得急促又露肉、丑陋又单薄,是一副孤寒贫穷之相,主人早早夭折。相反,如果"短而有神气",那么,眉毛短的缺陷就可以由神气来补救,这就是常说的以神补形。

这里做一点说明:古代汉语常将句子的成分省略许多。当时的人习以为常也就不以为然了,但在今天看来,有些成分不能省略,否则,整个语句就令人费解了。如"长有起伏,短有神气"这两句中,均省略了一个"宜"字。应该是"长宜有起伏,短宜有神气"。因为从上下文分析来看,"长有起伏"并非说只要长就必定有起伏,而是眉毛长了,要有起伏才好。"短有神气"与这一样。

两眉要清秀、平直、润泽才好,若两眉带浮光(而不是光彩,灵光之光),古人认为则是带杀之象,是阴气过盛的表现,主人凶灾不断,所以,相学家才说"浓忌浮光"之语。"淡忌枯索",眉毛如像干枯的绳索,主病苦缠身,一生穷困。

《石室神异赋》说:"铁面剑眉,兵权万里",《龟鉴》说:"双眉如帚,决死之囚",这些都是从气质上来论人的眉相,以决吉凶。"如剑者掌兵权",因为人有剑眉,看上去就很威严英武,有将帅之气。"如帚者赴法场",扫帚眉主兄弟相克,容易反目为仇,终究不是好的眉相。

双眉压眼者,散乱者,细而带媚者,粗而无文者,或是终生不得志,或是劳累烦者,或是操贱业,或是凶顽之徒。所以,这四者,当然属眉相中的"最下乘"者。

以上皆为古人之鉴,仅供参考。

一、眉主早成，须立晚运

人的健康、个性、秀美、威严都可以通过眉毛显示出来。眉相好，易给人留下美好印象。面上的须眉是次要的，重要的是胸怀中的"须眉精神"。

【原典】

"须眉男子"，未有须眉不具可称男子者。"少年两道眉，临老一付须。"此言眉主早成，须主晚运也。然而紫面无须自贵，暴腮缺须亦荣①；郭令公半部不全，霍骠骑一副寡脸②。此等间逢③，毕竟有须眉者，十之九也。

【注释】

①紫面无须自贵，暴腮缺须亦荣：古代相学认为，面呈紫色的人，属于金形带火，属逆合，主"其贵非常"，所以面呈紫色没有胡须也能富贵。暴腮即腮部暴突者，是封万户侯的贵相，所以腮部暴突者缺少胡须也荣显。

②郭令公半部不全，霍骠骁一副寡脸：郭令公即郭子仪，因曾任中书令，故世称郭令公，唐代名将，因平定"安史之乱"而多次受到朝廷封赏，因而名满天下，但传说他的须相不佳，所以有"郭令公半部不全"之说。霍骠骁即霍去病，因曾任骠骁将军，故世称霍骠骁，因立有驱逐匈奴的大功而名垂千古，但传说中他的须相也不好，所以有"霍骠骁一副寡脸"之说。

③此等间逢：此等，这一类。间，偶然。这一类只是偶然的情况。

【译文】

"须眉"是对男子称呼的代名词。事实也的确如此，因为没有胡须和眉毛的人是不能称为男子的。人们常说："少年两道眉，临老一副须"，也就是说一个人年少时的命运好坏要看眉毛，晚年运气的好坏则要看胡须。当然，这也并非千篇一律，有的人面有紫气，就算没有胡须也能发达显贵；两腮突出的人，胡须虽少也能声名远播；郭子仪胡须稀少，但却位列公侯，名扬天下；霍去病没有胡须,一副寡脸相,但骁勇善战,功高盖世。但这都属于偶然现象,毕竟有胡须眉毛的人占了八九成以上。

综合评析

巾帼不让须眉

古人有"巾帼不让须眉、须眉男子"的说法,巾帼指的女子,须眉指的自然是男子。以须眉作为男子的代称,可见须眉之于男子的意义,因而曾国藩认为没有须眉不能称之为男子。由此可见,须眉是男子气概的象征;因而,古时候那些皇宫中的太监常常为读书人所嘲笑,也就可以理解了。

按照传统学说,须与五脏中的肾相对应,肾在五行中属水,阴阳中属阴,因而性阴柔,所以胡须以长而下垂为美。胡须因为生长的部位不同,其名字也不一样,长在嘴唇上的称为"髭",长在嘴唇下的称为"须",长在颐颔部位的称为"髯",所谓的髯也就是络腮胡;须关系着人官职的高低,髭关系着人的俸禄、财运,髯则关系着人的寿命长短。

眉毛作为眼睛的华盖,整个面部的仪表,对于人尤其重要。眉毛与六腑中的胆相对应,按照五行学说胆属于五行中的木,阴阳属性为阳,性阳刚,因而以昂扬向上为贵;关系着人的贤愚。

前面提到人体实际上是外部世界具体而微的缩影,脸部有五岳四渎等等,当然胡须、眉毛也与外部世界的事物相对应。相学上认为,胡须就像山川上的松柏一样,象征着生命力;因而胡须不但要长而下垂,还要光彩亮丽,一尘不染,这是人生命力旺盛的表现:胡须干涩、晦暗,则是生命力弱的象征。关于这一点还是有一些科学根据的,前文提到胡须与肾相对应,而肾是人体的藏精之所,关系着人的生命力,肾水旺盛则生命力强,于外则表现为胡须丰美;肾水亏损则生命力不足,于外则表现为胡须干涩、晦暗。

眉毛就像日月的华彩、山峦之上的花草，是一个人的健康状况、个性气质、贤愚贵贱的表象。因而眉毛其势要昂扬向上，其形则要疏朗、细平、阔秀、修长，这才是最佳的眉相。眉毛形如悬犀、新月，丰盈鲜亮的，主人聪慧、长寿，将来可得富贵；而眉毛粗硬、浓密而散乱、短促而杂乱的，主人愚蠢、凶悍而顽固、认死理，不能善终，多横死。就现代科学来说，胆位于肝脏的下缘，附着在肝脏的胆

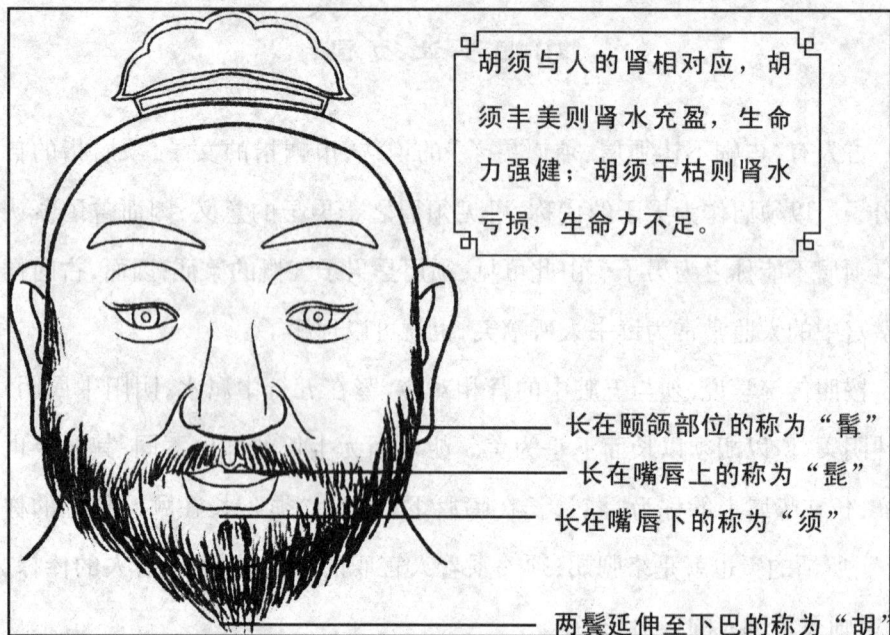

> 胡须与人的肾相对应，胡须丰美则肾水充盈，生命力强健；胡须干枯则肾水亏损，生命力不足。

长在颐颔部位的称为"髯"
长在嘴唇上的称为"髭"
长在嘴唇下的称为"须"
两鬓延伸至下巴的称为"胡"

胡须的种类

囊窝里，有经络与肝相连，肝胆互为表里。胆所储存的胆汁是由肝的精血所化，而胆汁的疏泄又有赖于肝的功能，因而有所谓的肝胆相照这个词来形容人们之间关系之好。胆汁与人体对食物的消化吸收有很大的关系，而人体对食物的消化吸收又直接关系到人体的健康。一个对食物消化吸收良好的人，必然身体健康，发育正常，也就自然聪慧而且可以长寿。至于所谓的富贵可期，则来源于相学上所谓的胆主决断、肝主谋略。一个有决断的人，做事果敢、有担当、百折不挠，富贵自然可期了；没有决断的人，做事拖拖拉拉贻误时机，自然难以富贵，最后还可能赔上了身家性命。

由上面的须代表人的俸禄、财运、官职、寿命，眉代表的人的气质、个性、贵

贱，相学上产生了一句口诀，即"少年两道眉，临老一林须"。其意义则是，相少年人时要特别注意他的眉毛，眉毛主早年运势；相老年人时，则要特别注意他的胡须，胡须主晚年运势。

所谓"眉主早成，须主晚运"，就生理上来说，人一生下来就有眉毛，而胡须只有男子进入青春期后才会出现，而真正要成势、成形，则几乎都要到成年以后。少年时期，正是长身体的时候，胆汁疏泄有度，对事物的消化吸收较好，身体、智力自然发育较好，容易从同辈人中脱颖而出，他们于外的表现则是眉毛修美、丰盈、鲜亮。面部是人仪表的重要组成部分，而眉毛又是面部的仪表，对于在初次见面中给人留下好的印象、深刻的印象至关重要。一个好的印象、深刻的印象才能使交往深入下去，也才能有可能成事。由此可见，眉相英俊挺秀、禀赋聪慧的人，在人际交往中更容易给人留下好的、深刻的印象，也更容易获得别人的帮助，从而增加获得实现抱负、展现自我的机会，机会多了才有可能少年得志、少年早成。

青春期以后出现，成年以后成形、成势的胡须与人体的肾相对应，是生命力的象征。胡须光彩亮丽、一尘不染的人，生命力旺盛，身体健康，精力充沛，事业心往往都很强，意志坚定，有一种不达目的誓不罢休的信念，这样日积月累地坚持下去，到了中晚年，事业可能会有成。从另一个角度来说，肾功能强大的人，身体健康、生命力旺盛，这样的人往往容易多子多孙，子孙众多、自身又长寿在传统社会看来是有福的人，晚年自然幸福。

相对而言，人的毛发犹如地表的花草树木，是一个有机的整体。所谓有机整体即意味着，内部各部分之间相顾相称，均衡和谐。因而，眉毛虽然主早发，但也需要胡须的丰美来配合，否则早发来得快去得也快，容易由于精力不足后继乏力，不能长久，难以始终。胡须虽然主晚运，但也需要眉毛的配合、照应，否则就像久旱之后的苗木，迟逢雨露，纵然有些收获，其果实的质量、品相也不会太好。须眉之间需要相互配合，同时须眉又作为面部的组成部分，它也要与其他部位相互和谐、均衡，其所主才能有好的结果。比方说，眉强须弱或者须强眉弱,这必然引起整个面部的不均衡、不和谐,自然整个面部的运势不会太好,早发、晚福也就无从谈起了。

所谓"眉主早发,须主晚运"只是针对大多数人而言的,某些人没有胡须也同样能够发达,取得卓越的成绩,在容貌里我们就讲过,这种情况叫"圣人奇形"。就算是圣人奇形,其某方面的亏缺,也必然有某方面的强盛、丰美以补充、辅弼,这才能达到均衡、和谐的相学最高原则,成为奇形,成就卓越的人生与事业。因而,在《冰鉴》中曾国藩提到的两种没有胡须或胡须不好而能够发达的情况时,无须都与紫面或者暴腮相连,如果没有这两个的配合,所谓发达只能是镜花水月。

这两种没有胡须的人之所以能够发达,也是有些讲究的。在相学上,面色为紫色的人大多属于兼相中的金形人带火相,金形为白色,火形为赤色,紫色则为微火炼金之色,为贵色。前面在兼相中也提到微火炼金,主早年有些不好,晚年必然发达。放到现实社会中,面色为紫色的人通常都气血充盈,性情刚烈,从事某项事业通常都能持之以恒、有始有终,最后都能得到富贵,晚年生活幸福。

所谓暴腮,古人也称为燕颔,相学大家许负就曾说过"燕颔虎头,飞而吃肉",这是一种万里封侯之相。在相学中,腮为口的外辅,口在五星六曜中属水星,腮自然也属水。暴腮之人,地阁也就是下巴不成方形就必然是圆形,水必然有余,因而就算胡须稀少甚至没有,也照样能荣显。

圣人奇形是有别于大多数人的特殊情况,并不具有普遍性,难以遇上,世间百分之九十以上的人还是须眉齐全的人。因而眉主早发,须主晚运,还是具有普遍意义的。

分句评析

透过须眉看男人

【原典】

"须眉男子"。未有须眉不具可称男子者。"少年两道眉,临老一付须。"此言眉主早成,须主晚运也。

【译文】

人们常说"须眉男子",就是将须眉作为男子的代名词。古人说:"少年两道眉,临老一付须。"这句话是说,一个人少年时的命运如何,是要看眉毛的相,而晚年境遇怎么样,则以看胡须为主。

"眉"如同日月之华彩,山峦之花木一样,是一个人的健康状况、性格气质、贵贱聪愚的表面特征。古人认为:眉以疏朗、细平、秀美、修长为佳。形状就像悬挂的犀牛角和一轮新月。眉毛细软、平直、宽长者是聪明、长寿、尊贵的象征。而眉毛粗硬、浓密、逆生、散乱、短促、攒缩者,是愚蠢、凶顽、横死之相,从美学的角度看,也是前者是美的,后者是丑的。

眉在审美中的意义很重要,更被古人作为人生命运的一个重要参照系,归纳为以下几点:主兄弟姐妹的多少、命运以及兄弟姊妹之间关系的好坏;主父母的关系和命运;表现一个人的天资、禀赋及性格特征等与生俱来的东西;主寿命的长短;主官禄的有无和贫富状况,总而言之,"眉"对于人的命相十分重要。一个人的健康、个性、秀美、威严都通过眉毛显示出来。"少年两道眉"就是说看一个人有没有成就,是愚昧还是聪明,进而判断他事业的成败,命运的好坏。凡是眉相好,使人显得英俊秀挺,聪明伶俐,最容易给人留下美好而又深刻的印象。从而增加施展抱负和实现自我的机会,使其可能少年得志,所以,曾国藩认为"眉主早成"。

中国医学认为:"须"属肾。性阴柔而近水,故下长而宜垂。为什么一个人晚运和胡须有关系呢?其原因大概是这样的:大凡胡须丰满美丽者,是因为肾水旺、肾功能强。而肾旺是一个人身体健康和精力旺盛的重要原因和必不可少的条件。身体健康,精力旺盛,意志力常常也很坚定,工作起来很得心应手。经过日积月累,到了中晚年,事业就有所成。再者,在传统社会中,以多子多孙为贵。肾是生殖系统的根本,肾水旺,肾功能强,自然容易多子,多子就容易多孙,而多子多孙意味着多福,至少当时的人这么认为。所以,曾国藩认为"须主晚运"。

人的眉毛、胡须都只是人体毛发这个整体中的一个部分。既然是整体中的各个部分,那就应该相顾相称,均衡和谐。古人认为眉虽"主早成",仍要须"苗大丰美",否则难以为继。不能善始善终,即便有所成,也怕是维持不了多久。再说,眉强须弱,毕竟有失均称,面相便不和谐。"其貌不扬"就这样形成了。胡须虽主一个人的老来运气,但还是需要得到眉毛的照应。不然,就如同久旱的秧苗,迟迟才有雨露浇灌滋润,其果实也不会圆满。总之,阴阳须和谐,须眉要相称,古人相诀中所谓"五三、六三、七三,水星罗计要相参",就是这个意思。

"紫面无须自贵,暴腮缺须亦荣"。古人认为,"紫面"之人是属于金形人带火相,因金的颜色是白的,火的颜色是红的,紫色则是火炼之金,这是宝色。因此,曾国藩才认为"紫面无须自贵"。再从现实生活以及生理学的角度来看,"紫面"者一般气血充沛,性情刚烈,从事某项事业往往有成,并因此而"贵"。腮为口的外辅,口为水星,腮自然也属水,暴腮之人,水必有余。从前面的论述可以知道:水多者,"贵"。所以,暴腮之人即使胡须稀少不全,也当富贵。

以须眉观人气概

古人以留长须为美事。苏东坡有一脸胡须,以至于宋神宗有时会称他"苏大胡子"。其他有"美髯公"之称的人也不少,关羽,水泊梁山上的朱仝都如此。今天的审美发生变化,留胡须的只占极少数。

胡须和眉毛是古人"丈夫气概"的标志,故无须眉不足以称男子。从古代医学来看,须属肾,肾属水,性阴柔而近水,故下长而宜垂;眉属胆,胆属火,性阳刚而近火,故上生而宜昂。古人认为,"须"是山上松柏,象征一个人的生命力,故可显示其强弱。胡须漂亮光洁,一尘不染,生命力强旺;枯黄稀落,昏暗晦滞,生命力就虚弱衰亡。生命力与承受力是相通的。

国学经典文库

冰鉴

由须眉相人

图文珍藏版

二、眉尚彩，彩者，秒处反光也

察人，可从眉毛的光彩上下功夫。眉毛有光亮者，运气佳，有三层彩者最高贵，眉毛透露出很多关于命运的细节。

【原典】

眉尚彩，彩者，梢处①反光也。贵人有三层彩，有一二层者。所谓"文明气象"②，宜疏爽不宜凝滞。一望有乘风翔舞之势，上也；如泼墨者，最下。倒竖者，上也；下垂者，最下。长有起伏，短有神气；浓忌浮光③，淡忌枯索④。如剑者掌兵权，如帚者赴法场。个中亦有征范⑤，不可不辨。但如压眼不利，散乱多忧，细而带媚，粗而无文，是最下乘。

【注释】

①梢处：指眉毛梢部。

②文明气象：意思是人类进化的标志。

③浓忌浮光：眉毛如果浓忌讳虚浮的光。

④淡忌枯索：眉毛如果淡忌讳形状像一条干枯的绳子。

⑤征范：迹象和征兆。

【译文】

鉴眉要看光彩，光彩指的就是眉毛梢部闪现的光彩。富贵之人的眉毛共有三层光彩，当然也有两层的，也有一层的，平常所说的"文明气象"指的就是眉毛要疏密有致、清秀润朗，不要厚重呆板，又浓又密。远处望去就像乘风翔翔的龙凤一样，这是上等的眉梢。如果像一团散浸的墨汁，就属于下等的眉相。双眉倒立，呈倒八字，是好的眉相。双眉下垂，呈正八字，是不好的眉相。眉毛很长，有起有伏，或是眉毛较短，但挺立有神；眉毛浓密，忌讳有虚浮之光，眉毛疏淡，忌讳形如枯绳。双眉像锋利的宝剑一样，这样的人必将成为三军统帅，双眉

鉴眉时对方眉梢处闪现的光彩需细致辨别，上等眉相与下等眉相的区别正在于此，富贵之人的眉毛多疏密有致、清秀润朗，贫贱之人的眉毛多厚重呆板、又浓又密。

上等眉相

龙眉：眉毛清秀浓黑，眉身高扬稍弯。

短促秀眉：眉毛清秀短促。

柳叶眉：眉两头尖尖，眉身稍宽，顺而整齐。

一字眉：眉毛清秀，首尾呈一字状。

剑眉：眉身长挑，色浓，眉梢上翘，呈剑形。

倒八字眉：眉头下沉，眉梢上翘，呈倒八字状。

下等眉相

松散眉：眉毛松散不齐。

扫帚眉：眉头细小清秀，眉梢疏散，呈扫帚状。

交加眉：眉尾分成两截，或上或下生有短叉。

黄薄眉：眉毛粗短，过于稀疏浅薄。

鬼眉：眉毛浓密粗杂，眉头稍弯，眉梢翘而散乱。

八字眉：眉头上翘，眉梢下沉，呈八字状。

像破旧的扫帚，这样的人必会招来杀身之祸。除此之外，眉相还有其他的一些征兆，不能不认真辨别。如果眉毛过长，压迫着眼睛，使视野受到阻碍，或是眉毛杂乱无章，显得疲惫不堪，或是眉形纤细娇媚，粗阔却无文秀之气，这些都属于最下等的眉相。

少年两道眉

眉者媚也,眉毛因媚而得名,其不但是双目的"华盖",也是颜面的"表仪",与人意义重大。在相学上也是人生命运的重要参照物之一,相学家认为眉毛"主兄弟姐妹多少、命运,以及兄弟姐妹之间的关系;主父母的关系与命运;显示一个人的天资、禀赋及性格特征;主寿命的长短;主有无官禄及贫富状况"。总而言之,眉毛对于人非常重要,健康在于眉,个性也在于眉,媚在于眉,威也在于眉。

眉毛显示一个人和他近亲父母、妻子、孩子的关系。清秀的眉毛,它表示的是一个人的社会关系比较和谐,他们不但喜欢交朋友,而且,他们和周围朋友亲人的友谊也比较稳固和稳定。眉毛细小,眉尾外弯者,它表示这个人具有勇气和善心。眉毛比较粗,而且眉尾又向上竖起者,它表示这个人具有勇敢、心胸宽阔的性格、品质和特点。在一般情况下,这些人都具有办工厂、当企业家的精神和气质,为与生俱来的成功者。但是,如果他们的眉毛结构粗糙,这说明此人性格残忍、无情。如果一个人眉毛的尾部下垂到眼睛下面去,这表明此人具有害羞和懦弱的性格表征。如果此人眉尾的结构和色泽都显示出没有任何生命力的时候,这表明他内在的生命活力已经枯竭,离死不远了。

眉 相

眉型	命相	图释
轻清眉	兄弟、家庭和睦,一生富贵	
尖刀眉	成就难以持久,不得善终	

眉型	命相	图释
短促秀眉	夫妻都能显贵,福寿兼具	
八字眉	一生财源茂盛,但却终生劳碌	
旋螺眉	大富大贵,寿命较长	
龙眉	父母长寿,家人幸福,出人头地	
疏散眉	一生劳碌,运气不佳	
罗汉眉	难得六亲帮助,属于贫寒之相	
扫帚眉	一生小福小寿不断,大的福寿无望	
小扫帚眉	兄弟之间关系冷漠,难以富贵	
剑眉	有成就,子女较多,能享长寿	
柳叶眉	容易得到贵人相助,从而中年发达	
交加眉	中老年运气极差,孤苦终老	
虎眉	敢作敢为,大多能取得很大的成就	

眉型	命相	图释
狮子眉	发迹较晚，能享高寿	
鬼眉	一生漂泊不定，际遇不佳	

眉 毛

卧蚕眉	少年发达，兄弟关系不睦	
新月眉	事业早成，家庭和睦	
一字眉	亲情观念较浓厚，兄弟多但关系不好	
清秀眉	文才卓越，一生富贵	
前清后疏眉	早年运气佳，中年能够显达	
太短促眉	一生漂泊，难以安定下来	
黄薄眉	早年财破家散，晚年客死他乡	
间断眉	钱财如过眼云烟，随来随去	

如果一个人的眉毛清新秀长，它表示此人早年就能扬名、发达，而且，也具有温和的性格。这样的人不喜欢做激进的事情，一般都可以续承家里的财富，

或者是完全可以自食其力。这样的人通常可能是一位很有名的艺术家或者是著名的学者。如果女性具有长而清秀的眉毛，则表示她的婚姻生活容易遭受失败。当然，对于这样的人就算她的婚姻生活失败了，她仍然能够坚强而独立地生活。

如果一个人的眉毛清秀，而且，它的长度已经超过了眼睛，这表明此人具有大智大勇。如果这个人的眉毛是长而浓密的，这表明此人对他的家属有依赖性，尤其是在患难、落魄的时候。如果女性具有这样的眉相，则表明她们的婚姻生活大多不和谐。

如果一个人的眉毛与眼睛相比较，它显得太短太细，表明此人终生孤独奋斗。如果这个人的眉毛长短粗细不均匀，这表明他的一生多变化；眉毛短而细则表明这个人生性多情、婚姻美满；但是，如果眉毛细到几乎看不见了，则不是什么好相，表明此人生性狡猾、淫荡。短而浓的眉毛，表明这个人重视家庭、有责任感，而且，还具有独立进取的精神，只是脾气比较坏，尽管对爱情的追求比较激烈，但花心、不专一。在这种情况下，短而浓的眉毛得与颧骨、眼皮、鼻子均衡对称，才能补它们的不足。

短浓、粗糙、稠密的眉毛，表明此人心地邪恶、不善。如果这个人的眉毛成刷子的形状，并且分成两个层次，表明此人生性淫荡，而且还具有其他性犯罪的表征。眉毛非常短，并且其形状还粗糙得像刷子一样，没有一丝一毫的生命力可言，这样的人性格极不稳定，可能是一个极度危险的人物。如果此人不但眉毛浓粗，而且眼睛周围的皮肤还呈现黑色，这表明此人肯定有犯罪的前科。

如果一个人的部分眉毛逆向生长，这说明此人脾气特别的犟，不容易与亲人、朋友和商业上的合作伙伴妥协。双眉相连，表明此人在三十岁到三十五岁之间的运程不好。眉毛过于直竖的人，不管遇到什么事情时，他们都具有迅速做出正确判断的才能。如果眉毛中间长有一颗黑痣的话，这表明此人一生可以获得大的成就，尤其是官爵方面的成就。

如果一个人的眉毛高于正常的位置，则表明此人可以在竞选中获得圆满的成功,甚至成为政府首脑。眉毛有一根或者是两根生长在外侧的人,有长寿之相。如果这个人的眉毛有破损的现象,它表明此人是一个性格比较叛逆、奸诈的人。

眉毛又粗又浓而且连接在一起,表明此人性格特别正直,不容易听进去别人的意见和建议,是一个彻头彻尾的独裁主义者;女性具有这样的眉相,则性格特别要强,不喜欢担任或者是担当传统家庭主妇的工作,家庭生活可能会不幸福,最后孤独终老。

具有人字眉的人,不管他们是男是女,自信心都比较强,在生活中都不容易接受别人的忠告。具有八字眉的人,通常都具有超出常人的丰富的想象力和高瞻远瞩;如果是女性的话,早年容易受累于自己的美貌,之后可以在事业上获得巨大的成功。不过,有一点要特别说明,不管是人字眉还是八字眉,双眉之间都不应该连接在一起,如果连接在一起,或者是两个眉毛之间有零散的毛发,那就是不幸的眉相了。

在《麻衣神相》上,相学家将眉相根据其与外界事物的象形分为二十四类,分别是:轻清眉、尖刀眉、短促秀眉、八字眉、旋螺眉、龙眉、疏散眉、罗汉眉、扫帚眉、小扫帚眉、剑眉、柳叶眉、交加眉、虎眉、狮子眉、鬼眉、卧蚕眉、新月眉、一字眉、清秀眉、前清后疏眉、太短促眉、黄薄眉、间断眉。

轻清眉。眉形清秀而长,浊中带清,微微向下弯,颜色较淡,眉尾略散不枯不乱。此眉主早年飞黄腾达、平步青云;具有此眉的人,大多重信义,对朋友、兄弟、亲人较好,人缘好,一般兄弟、家庭和睦,一生富贵。《麻衣神相》有歌诀云:"眉秀轻清而不枯,青云有路铺皇都;雁行三五成行序,且象声驰在官途。"

眼 相

眼型	命相	图释
龙眼	黑白分明精神强,波藏眼大气神藏,如此富贵非小可,竟能受禄辅明皇。	

眼型	命相	图释
狮眼	眼大威严性若狂,粗眉趁此人端庄,不贪不酷施仁政,富贵荣华福寿康。	
孔雀眼	眼有波明睛黑光,青多白少恶凶强,素廉清洁兼和缓,始末兴降姓氏扬。	
时风眼	平生瞻视不偏斜,笑带和容秀气华,天性容人而有量,须知富贵足堪夸。	
阴阳眼	两眼雌雄睛大小,精神光彩视人斜,心非口是无诚意,富贵奸谋诡不奢。	
凤眼	凤眼波长贵自成,影光秀气又精神,聪明智慧功名遂,拔萃超群庆承英。	
象眼	上下波纹秀气多,波长眼细亦仁和,及时富贵皆为妙,瑕算清平乐且歌。	
虎眼	眼大睛黄淡金色,瞳仁或短有时圆,性刚沉重而无患,富贵终年子有伤。	
鸳鸯眼	眼秀睛红润有纱,眼圆略霞带桃花,夫妻情顺又和美,若还不信恐淫些。	
睡凤眼	日月分明两角齐,二波长秀哭微微,流而不动神光色,翰苑声名达凤池。	

眼型	命相	图释
鹤形眼	上层被秀到奸门，黑白分明清秀睛，正视不偏人可爱，高明广大贵而荣。	

尖刀眉。眉毛上斜，形如剑眉，但眉毛虽浓长却粗乱，顺逆交错头尖尾散，不像剑而像尖刀。此眉主性格暴躁，心性奸险，愚顽执拗。具有此相的人，大多出身贫寒，与兄弟姐妹关系不好；不喜读书，自卑感重，脾气暴躁，容易动口动脚，惹来是非麻烦；喜好打抱不平，但大部分都属于多管闲事；外表忠厚，但内心不正、歹毒；虽可能会有一时的成就，却难以持久，最终必然破败而不得善终。《麻衣神相》有歌诀云："刀眉粗恶主家贫，性暴奸贪狗盗人；兄弟生来还隔膜，终归十恶丧其身。"

短促秀眉。眉毛短促而清秀，颜色漆黑而有光泽。具有此眉的人，生性仁慈，志向高远，讲究信义；忠于朋友、家庭，具有忠孝仁义的德行，夫妻都能显贵，福寿兼具。《麻衣神相》有歌诀云："秀短之眉福寿滔，双芳联桂是英豪；平生不背贫穷约，忠孝仁慈老亦高。"

八字眉。眉头高昂，眉尾下垂，头疏眉散，呈八字形。此眉主孤苦，刑克妻、子而少子息。具有此眉的人，一生财源茂盛，但却终生劳碌，能够享高寿。《麻衣神相》有歌诀云："八字眉头主克伤，奸门受压数妻亡；平生碌碌财恒足，恐抱螟蛉叫父娘。"

旋螺眉。眉毛浓而如旋螺，根根弯曲。此眉主威权，宜于投身军队。具有此眉的人，为人刚健勇猛，领导欲强，胆大，行事果断，有冒险精神；此眉不常见，有的人大都是英雄好汉，大富大贵，寿命较长，不过这样的人，生性多疑，亲缘关系淡薄。《麻衣神相》有歌诀云："旋螺保寿武官眉，平淡人逢主克儿；若得此眉征寿考，性情纤巧最多疑。"

龙眉。眉高而略弯，眉宽而整齐，比眼长而有势，眉角弧度明显，色泽黑亮。具有此眉相的人，大都心地善良，才智超群，精明能干，果敢有为，一生与富贵结缘;兄弟较多并且关系和睦,父母长寿,家人幸福;一般都会出人头地,成为栋梁之材。《麻衣神相》有歌诀云:"弯弯浓秀号龙眉,拔萃超群举世知;兄弟众多皆主贵,高堂福禄望期颐。"

眼　相

猴眼贵	黑睛昂上波纹蠹,转动机前亦有宜,此相若全真富贵,好食果品坐头低。	
鹊眼	上有余纹秀且长,平生信义亦忠良,少年发达犹平淡,终末之时更吉昌。	
牛眼	眼大睛圆视若风,见之远近不相同,兴财巨万无差缺,寿数绵长福禄终。	
凤眼	上层波起亦分明,视耳睁睁不露神,敢取中年而遇贵,荣宗耀祖改门庭。	
雁眼	睛如黑漆带金黄,上下波纹一样长,入柏为官恭且蕴,连枝同气姓名扬。	
鹅眼	数波纹秀射天仓,视物分明神更长,白少黑多心且善,绵绵福寿老安详。	
桃花眼	男女桃花眼不宜,逢人微笑目光媚,眼皮潺泪兼斜视,自是欢娱乐且喜。	
羊眼	黑淡微黄神不清,瞳仁纱样却昏睛,祖财纵有无缘享,晚岁终年一旦贫。	

猪眼	白昏睛露黑朦胧,波厚皮宽性暴凶,富贵也遭刑宪法,纵归首恶难法容。	
蛮眼	准头圆大眼微长,步急言辞媚且长,身贵近君终大用,何愁不似雪衣娘。	
鹭鸟眼	眼黄身洁不治尘,行动摇缩本天真,眉缩身长脚瘦细,纵然巨富也教贫。	

　　疏散眉。眉短而薄散,稀疏参差。此眉主一生劳碌,运气不佳。具有此眉的人,工于心计,手段狠毒;钱财来得容易,去得也容易,虽然一生不缺钱花,但也没什么余钱。《麻衣神相》有歌诀云:"疏散眉毛相总乖,平生计算性豺狼;兴衰家道难如意,劳碌营谋不称怀。"

　　罗汉眉。眉形短而局促宽疏,眉毛长而杂乱,眉尾下弯。此眉主一生运气不佳,晚娶妻迟立子,早年艰辛,中年以后须性格强悍的妻子管制,才能有所成就,立住家业。具有此眉的人,生性孤僻、暴躁,贪好美色;对人冷淡,难以交到知心朋友,也难得六亲的帮助,属于贫寒之相。《麻衣神相》有歌诀云:"眉如罗汉大非宜,妻晚受磨子亦迟;兄弟刑伤难得力,晚年一子杖头随。"

　　扫帚眉。眉形前紧后疏、前细后阔,眉尾散,眉毛粗,像扫帚一样。此眉主兄弟无情,甚至克兄弟之子。具有此眉的人,容易感情用事,冲动起来理智无法控制;兄弟很多,却没什么情义,后嗣不佳;一生虽不乏小福小寿,却无望大的福寿,晚年贫苦。《麻衣神相》有歌诀云:"帚眉前小后疏散,兄弟无情不可依;定有二三无后者,老年财帛似飞花。"

　　小扫帚眉。又名断心眉,此眉与扫帚眉相似,只是比扫帚眉粗而浓,宽而短,眉毛略细,眉尾向上。此眉主刑克骨肉,兄弟之间形同路人。具有此眉的人,性急而奸诈狡猾;兄弟之间冷漠,没什么感情;偶尔能取得一些成就,但难以富贵。《麻衣神相》有歌诀云:"若浓若淡两相扶,齐佛天仓尾不枯;兄弟背情南北路,功名也可上云衢。"

眼 相

熊眼	熊目睛圆又非猪,徒然力勇逞凶愚,坐伸不久喘息急,教氏还能灭也无。	
醉眼	红黄迷乱却流光,如醉如痴心昧昂,女犯贪淫男必天,僧人道士亦荒淫。	
鱼眼	睛露神昏若水光,定睛远近视汪洋,如逢此眼皆亡早,百日须叹教天殇。	
蛇眼	堪叹人心毒如蛇,睛红圆露带红纱,大奸大诈如狼虎,此眼之人子大爷。	
狼眼	狼目睛黄视若低,为人贪鄙自茫然,仓皇多错精神乱,空暴狂徒度百年。	
猿眼	猿目睛黄欠上开,仰看心巧有疑猜,名虚有子俱穷性,终作伶人是不才。	
虾目	虾目操心貌卓然,英风挺挺自当前,迹遭火岁水得志,晚末难荣寿不延。	
鹤眼	眼秀神精黑白清,藏神不露显功名,昂昂志气冲牛斗,富贵原当达上乘。	
马眼	宽皮三角睛睁露,终日多愁湿泪堂,面瘦皮绷真可叹,刑子克妻又奔忙。	

鸽眼	鸽眼睛黄小样圆,摇头摆膝坐还偏,不拘男女多淫乱,少实多虚心淇然。	
伏犀目	头圆眼大两眉浓,耳内毫厚体长丰,此目信居台眉位,定然富贵寿如松。	

剑眉。顾名思义,此眉形若宝剑般,长而直,宽而秀,密而不乱。此眉主刚正不阿、有胆有识。具有此眉的人,聪明而有胆识,威严可敬,进取心强,不畏艰险,可成大业;就算出身于贫寒之家,也能够凭借自己的努力成为有权势、有地位的人。一般子女较多,也能享有长寿。女子具有此眉,一般具有不拘小节的男子性格,为人乐观,但行事有些急躁,不够稳重。《麻衣神相》有歌诀云:"剑眉长秀竖山林,胆识权威铁石心;无位之人刚傲性,精神气足不寻常。"

柳叶眉。眉毛粗而尾弯,眉的尾部呈不规则的角状,眉形整体像柳叶,眉相似浊而实清。此眉主人为人忠信可靠。具有此眉的人,一般心地善良仁慈,为人聪敏,重感情轻理智,容易因为过于信赖别人而吃亏;交友忠信,与朋友亲密无间,却与亲人关系疏远;立子较晚,容易得到贵人相助,从而中年发达,名扬四海。《麻衣神相》有歌诀云:"眉粗似叶浊中清,骨肉情疏子晚成;信发忠臣多义士,终须发达播贤声。"

交加眉。眉粗而浊,左右两眉连接在一起。此眉主父母分离,兄弟不和。具有此眉的人,一生多牢狱之灾;中老年运气极差,可能家业破败殆尽,孤苦终老,为大凶之眉。《麻衣神相》有歌诀云:"眉毛最怕两交加,中末年来已破家;贫贱伶仃兄弟恶,一朝之忿实堪嗟。"

虎眉。眉粗而清长,眉毛向上,就像老虎一样威风凛凛,不可侵犯。此眉主富寿而昌。具有此眉的人,生性胆大,志向高远,敢作敢为,大多能取得很大的成就。《麻衣神相》有歌诀云:"粗大虎眉最有威,平生胆志任施为;遐龄远大刑兄弟,绝妙形神富贵推。"

狮子眉。眉粗浊而有威仪,眉形肥直,眉毛较粗。此眉主早年平平,晚年发达。具有此眉的人,看起来有些凶恶,但实际上心地善良,文武兼备,喜好攀附权势;虽然发迹较晚,但能享高寿,可以大富大贵。《麻衣神相》有歌诀云:"狮眉粗浊有威仪,笑尔功名看榜迟;岳渎形神无配合,空空如也更分离。"

鬼眉。眉毛浓粗压眼,眉形前窄后宽,杂乱无序。此眉主心术不正、行为不端。具有此眉的人,生性歹毒,假仁假义,占有欲特强;一生漂泊不定,际遇不佳,做事难有成就,寿命也不长久,一般来说三十一岁到四十三岁是危险期。《麻衣神相》有歌诀云:"粗杂鬼眉压眼波,假施仁义毒心多;百般生活无沾染,窃得人财着绮罗。"

卧蚕眉。眉形清秀弯长,头尾略细,中间略粗,颜色黝黑有光泽。此眉主早年发达,一举成名。具有此眉的人,生性机智灵活,刚直重义,机谋深远,文武全才,少年时即可出人头地;兄弟之间不易亲近和睦。《麻衣神相》有歌诀云:"卧蚕弯秀早成名,一片灵机甚可惊;矮屋文章称妙手,雁行多恐不如情。"

眼　相

鹿眼	鹿目睛黑两波长,行步如飞性且刚,义隐山林沉映处,自然福禄异寻常。	
蟹目	蟹目睛圆又顽愚,生平赋性喜江湖,有儿不得偿亲誉,休问斑衣有与无。	
燕目	口小唇红更摇头,眼深黑白朗明收,语多准促而有信,机巧徒劳衣食周。	
鸥鸬目	目赤黄兮面带红,摇头行步貌非隆,小身小体常看地,一生终不足珍丰。	
猫目	猫目睛黄面容圆,湿纯秉性好食鲜,有财有力堪任使,常得高人一世怜。	

新月眉。清秀而修长,高而不压眼,眉尾向上接近天仓,眉形似新月。此眉

主兄弟和睦、事业早成。具有此眉的人，性情温良，心思细腻，待人亲切，直觉敏锐，感情丰富，自尊心较强，但缺乏决断力；兄弟之间和睦，家庭内妻贤子孝，事业早成，能够共享富贵。《麻衣神相》有歌诀云："新月清高秀且长，弯弯势若拂天仓；喜他棠棣情和好，难兄难弟做栋梁。"

一字眉。眉形如汉字的一字，首尾均衡，清朗平直，长度较眼睛稍长，毛多而清。此眉主早得功名，富贵长寿，缺少兄弟，一生孤独。具有此眉的人，表面上虽然宽容温厚，但内心却刚毅果断，只要是自己认准的事，就都会坚持己见，因而难以与人相处，容易发生摩擦；亲情观念较浓厚，兄弟较多但关系不好，夫妻能够白头到老；早年发达，能够既富且贵。《麻衣神相》有歌诀云："一字眉清首尾平，由仁由义早成名；可怜刑克年非永，无恐孤单少兄弟。"

清秀眉。清秀弯长，眉尾微翘，眉毛细长。此眉主兄弟和睦、富贵终生。具有此眉的人，生性聪明伶俐，谦恭尔雅，德行高洁，文才卓越，一生富贵。《麻衣神相》有歌诀云；"秀弯长顺过天仓，绣虎雕龙智异常；冠世文章登甲第，弟恭兄友姓名扬。"

前清后疏眉。顾名思义，此眉修长，前部清秀，后部疏散呈三角形。具有此眉的人，早年运气佳，中年能够显达，一生富有，但美中不足的是，兄弟之间关系不好。《麻衣神相》有歌诀云："前清不逆后疏清，早岁功名白镪盈；中末运途虽远大，弟兄多是不投情。"

太短促眉。眉形短促而清秀，疏散而乱。具有此眉的人，生性多疑，诡计多端，一生如水中浮萍，动荡不安，难以安定下来。《麻衣神相》有歌诀云："短眉不秀若无眉，诡计奸谋只自疑；寿骨棱棱花甲数，两眼混杂定自危。"

黄薄眉。此眉疏散而薄，眉短而颜色发黄，并且眼睛较长。此眉主大凶。具有此眉的人，早年财破家散，晚年客死他乡。《麻衣神相》有歌诀云："眉短黄疏有若无，生来世上听人呼；半隆他部堪工艺，气浊神昏丧路途。"

间断眉。眉毛疏散，颜色淡黄，眉中有沟纹将眉毛割断。这是大凶相，主先损父后克母，兄弟姐妹之间关系淡薄，没什么亲情；钱财如过眼云烟，随来随去。

《麻衣神相》有歌诀云："勾纹黄薄断如伤,兄弟无缘各自忙;财帛兴衰多不足,六亲冰炭克爷娘。"

古人对于眉毛的要求有四条,一是有势,即所谓弯长有势;二是有神,即所谓昂扬有神;三是有气,即所疏爽有气;四是有光,即所谓秀润有光。这四样都具备的眉毛,既健康又秀美,是上佳的眉相。具有此眉的人,就算不能达到古人所谓立德、立功、立言的三不朽境界,也能做到一不朽或者二不朽。

在这四者中,以有光最为重要。眉毛有光泽就像珠宝有光泽一样,熠熠生辉;没有光泽则像明珠蒙尘,暗淡无光。这里所谓的光实际上就是眉毛末梢泛起的那一层油亮之光,在《冰鉴》中称之为"彩"。在现代科学看来,毛发末梢的亮光是有生命力的象征,年轻人的头发之所以多润泽鲜亮,老年人的多枯槁无光,也就在于年轻人生命力旺盛,而老年人生命力已经衰弱。曾国藩认为,眉毛上有彩主富贵,但彩也有多少的区别,拥有三层眉彩的最贵,即根处、中处、眉梢处各有一层眉彩;有两层的中等富贵;一层的小富小贵。

此外眉毛还有疏爽凝滞、清浊的分别,疏爽即清秀,凝滞即混浊。眉的疏爽与凝滞分为两种情况,一是眉自身的疏爽与凝滞,比方说前文提到的龙眉、轻清眉、柳叶眉、卧蚕眉、新月眉、清秀眉等都属于疏爽眉,而扫帚眉、小扫帚眉、鬼眉等则属于凝滞眉;二是双眉之间的关系疏爽或凝滞,像龙眉、剑眉、轻清眉等双眉之间关系疏爽为疏爽眉,交加眉、八字眉等双眉之间关系凝滞为凝滞眉。

古人根据眉的凝滞清秀将上述的二十四种眉相分为佳、次、凶三种,其中轻清眉、短促秀眉、旋螺眉、龙眉、剑眉、柳叶眉、虎眉、狮子眉、卧蚕眉、新月眉、一字眉、清秀眉、前清后疏眉等为佳眉,疏散眉、罗汉眉、扫帚眉、小扫帚眉、交加眉、太短促眉等为次眉,尖刀眉、八字眉、鬼眉、间断眉、黄薄眉等为凶眉。

最后,眉作为眼睛的滑盖,位于眉骨上,其吉凶也需要眼睛、眉骨与其相配合。眉骨低的人,如果有颧骨、眼睛、鼻子、颚骨相配合达到和谐,主大器晚成;

国学经典文库

冰鉴

由须眉相人

图文珍藏版

眉骨高的人,通常可以取得辉煌的成就;眉骨平的人,如果眉毛也很普通,则是平凡之人。

《分句评析》

眉毛中的秘密

【原典】

眉尚彩,彩者,秒处反光也。贵人有三层彩,有一二层者。

【译文】

眉崇尚光彩,而所谓的光彩,就是眉毛梢部所显露现出的亮光。富贵的人,他眉毛的根处、中处、梢处共有三层光彩,当然有的只有两层,有的只有一层。

眉毛位于两只眼睛之上,就像一对亲兄弟,因此,眉毛长得是否对称,容易让人联想到兄弟是否和睦,与人的关系是否融洽。一个人眉毛长得是否对称,与他性格和能力有一定的关系。古人经常根据眉毛的长短来判断人的寿命的长短,这是很难加以论证的,虽然我们不可拘泥于此,但这也从另一个侧面反映了通过观察眉毛,我们能得到一个人的更多的信息。

古人认为,看眉识人,一看浓淡,二看清杂,三看眉形。一般来说,眉毛清秀疏淡,是福禄尊贵;眉毛浓厚粗杂,是低贱贫苦。

古人认为,下列眉形为好:眉毛长垂,高寿;眉长过目,忠直福禄;眉如弯弓,性善富足;眉清高长,声名远扬;眉秀神和,得享清福;眉如新月,善和贞洁;眉角入鬓,才高聪俊。

概括地说,古人认为眉毛宜长、宜秀、宜清、形宜等。长则寿高,秀则福禄,清则聪颖,弯则善洁。识眉识人认为下列眉形为坏:眉短于目,性情孤僻;眉骨棱高,多有磨难;眉散浓低,一生孤贫;眉毛中断,兄弟离散;眉毛逆生,兄弟不和;眉不盖眼,孤单财败;眉交不分,年岁难久;短促不足,漂流孤独。

概括地说,古人认为眉忌短、忌散、忌杂。短则贫寒,散则孤苦,杂则粗俗。

所谓粗眉毛就是人们常说的浓眉毛。包括浓眉毛在内的各种各样的人,从性格上可以分成"积极型"和"消极型"两大类。浓眉毛的人属于"积极型",给人留下的印象的常常是"个性很强"。与此相对,淡眉毛的人给人留下的印象往往相反。

眉毛有光亮,显示这个人的生命力比较旺盛。通常的情况是这样:年轻人的眉毛都比较光润明亮,而老年人的眉毛往往比较干枯而缺乏光彩。这就是因为年轻人生命力旺盛,而老年人生命力开始衰退。

眉毛的光亮可以分为三层:眉头是第一层,眉中是第二层,眉尾是第三层。层数越多,等级越高,给人的印象越好,因此,古人认为眉毛有光亮的人运气特别好。

眉毛有气象、有起伏,给人一种文明高雅的感觉。眉毛短促而有神气,也给人一种气势。如果眉毛太长而缺乏起伏,就像一把直挺挺的剑,就会让人觉得过于直白。古人认为这种人的脾气比较火暴,喜欢争强好胜,一辈子都是自己把自己搅得不得安宁。如果眉毛太短,甚至露出了眉骨,又缺乏应有的生气,就会给人一种单薄的印象。

眉毛长而有势的人会成功,正如古人所说的"一望有乘风翱翔之势"。可以这样说,这种眉毛具备了光亮、疏朗、气势和昂扬的优点,给人留下一种很好的印象。古人认为,这种人把"立德、立功、立言"全占了。一个人即使只有其中一项,也会叫人刮目相看。在观察一个人的时候,观察他的眉毛是非常必要的,尤其是在眉毛运动的时候,下面让我们具体分析一下,这对把握一个人的心理是有帮助的。

皱眉所代表的心情可能有好多种,例如:惊奇、错愕、诧异、快乐、怀疑、否定、无知、傲慢、希望、疑惑、不了解、愤怒和恐惧。

一个深皱眉头忧虑的人,基本上是想逃离他目前的处境,却因某些原因不能如此做。一个大笑而皱眉的人,其实心中也有轻微的惊讶成分。

两条眉毛一条降低、一条上扬。它所传达的信息介于低眉和扬眉之间,半边脸显得激越、半边脸显得恐惧。眉毛斜挑的人,心情一般处于怀疑状态,扬起的那条眉毛就像是提出一个问号。

眉毛打结,指眉毛同时上扬及相互趋近,和眉毛斜挑一样。这种表情通常表示严重的烦恼和忧郁,有些慢性疼痛的患者也会如此。急性的剧痛产生的是低眉而面孔扭曲的反应,较和缓的慢性疼痛才产生眉毛打结的现象。

从某些情况而言,眉毛的内侧端会拉得比外侧端要高,而成吊梢眉似的夸张表情,一般人假如心中并不那么悲痛的话,是很难勉强做到的。眉毛先上扬,然后在几分之一秒的瞬间内再下降,这种上上闪动的短捷动作,是看到其他人出现时的友善表示。它通常会伴着仰头和微笑,但也可能自行发生。尾毛闪动也常常见于一般的对话中,作为加强语气之用。每当说话时要强调某一个字的时候,眉毛就会扬起并瞬即落下,好像不断在强调:"说的这些事都是很惊人的!"

智慧应用

魏舒晚年成大器

"司马昭之心,路人皆知。"指的是三国末期司马懿的儿子司马昭,有夺曹魏政权为己的野心。司马昭这个人很厉害,识人也有一手。他有一个得力内助,叫魏舒。魏舒年少时,迟钝质朴,不爱讲话,乡里人都不看好他。他叔叔魏衡,闻名当世,也不看好他,让他去守水磨房。魏舒口不能言,但不以为意,也不因此自弃或报复,心怀别念。到40岁,仍不得显扬才华,只为别人做点参谋工作。后因机缘,他以凑数的身份参加一个会议,魏舒容范娴雅,娓娓而论,举座皆惊。时人推荐他到司马昭处,一谈,司马昭"深器重之",拜为相国参军,里外小事,还不见其才华;凡有兴废大事,众人不能决的,魏舒却能理得清清楚楚,断得明明白白,见解多在众人之上。于是时人共服。据传,魏舒的胡须就不多,但是有"光、健"的特点。在他40岁开外时,还给人当参谋,如非大气在胸中,大器晚成,也许早已心灰意冷、聊度一生了。这与"二战"前的艾森豪威尔有共同之处,都是大器晚成的人。

司马昭

三、须有多寡，取其与眉相称

须和眉的和谐与否、协调与否，比须的多寡重要得多。二者若能相互顾盼，显得匀称而均衡，即为上相；反之，即为下相。

【原典】

须有多寡，取其与眉相称。多者，宜清、宜疏、宜缩[①]、宜参差不齐；少者，宜光、宜健、宜圆[②]、宜有情照顾[③]。卷如螺纹，聪明豁达；长如解索[④]，风流荣显；劲如张戟，位高权重；亮若银条，早登廊庙，皆官途大器。紫须剑眉，声音洪壮；蓬然虬乱，尝见耳后，配以神骨清奇，不千里封侯，亦十年拜相。他如"辅须先长终不利""人中不见一世穷""鼻毛接须多滞晦""短髭遮口饿终身"，此其显而可见者耳。

项羽

胡须呈现紫光，如虬般蓬松散乱延伸至耳后，眉似利剑，声如洪钟，此类须眉配以神骨清奇，不千里封侯，亦会十年拜相。图为西楚霸王项羽。

【注释】

①缩：指富有弹性。

②圆：圆润生动。

③有情照顾：指胡须与其他部位相互照应，彼此像有感情一样。

④解索：断裂或磨损后的绳头，这样的绳头多细弯小曲。

李逵

人们常形容《水浒》中黑旋风李逵，"双眼圆睁"、

"浓黑的剑眉倒竖"，以凸显其鲁莽、刚毅、富有正义感

的形象，而"剑眉倒竖"也多有冲动、发怒之意。

【译文】

有的人胡须多，有的人胡须少，关键还是要与眉毛相匹配。胡须多的，要清

秀流畅,疏爽明朗,不直不硬,并且长短分明。胡须少的,要润泽光亮,刚健挺直,气韵十足,并与其他部位相照应。如果胡须如螺丝般弯曲,此人必定头脑聪明,心胸豁达开朗。胡须细长,如同磨损的绳子,这样的人多风流倜傥,荣华显贵。胡须刚劲有力,如同张开的利戟,这样的人必位居高官,手握大权。胡须清新明朗,如同闪光的银条,这样的人就能早日金榜题名,位居朝中重臣,以上这

关羽

关羽身长九尺,髯长二尺;面如重枣,唇若涂脂;丹凤眼,卧蚕眉;相貌堂堂,威风凛凛,集忠、勇、义、美于一身,被奉为武圣,与文圣人孔子齐名。

几种须相都是在仕途上能成大器的人。胡须呈现紫光,眉毛好似利剑,声音嘹亮如洪钟。胡须如虬般蓬松散乱,而且延伸到了耳朵后边,这样的胡须如再配

有一副神奇的骨骼与清爽的精神，即使当不了千里之侯，也能做十年的宰相。另外也有一些须相，辅须先长出来，这种是没有好处的。人中没有胡须，要注定

美髯公朱仝

《水浒传》中的美髯公朱仝身长八尺四

五，有一部虎须髯，长一尺五寸，面如重枣，

目若朗星，一生义薄云天，仗义疏财，深受江

湖朋友的爱戴。

受苦一生。鼻毛连接胡须，命运多灾多难，前景坎坷。短髭拦住了嘴巴，就会忍饥挨饿。以上这些须相在平时也是常见的，在此就不多说了。

中医须发之论

中医认为，同属于毛发的须发为肾之华、血之余，两者乌黑光泽是人体肾好的明证，而这类人体质健康、精力充沛，更易于与人相处、成就事业，受到他人认可。

综合评析

临老一副须

胡须，俗称胡子，泛指生长于男性上唇、下巴、面颊、两腮或脖子上的毛发。如果严格说来，只有长在嘴边的毛发才能称为"胡"。不过在相学上，长在上嘴唇上的称为"髭"，所谓的八字胡、八字须、两撇胡就是髭；长在下嘴唇上的称为"须"，所谓的山羊胡就是须；长在腮部，从两鬓延伸至下巴的称为"胡"，所谓的络腮胡、虬髯就是胡。

前文中论述眉毛时，对于眉毛的贵相有明确的四个要求，要有势、有神、有光、有气,而对胡须则没有这样具体的原则去考察,其最大的原则就是要与眉毛相称。也就是说,眉毛多而浓的人,胡须以多而浓为佳相,以少而淡为破相;眉毛少而淡的人,胡须以少而淡为佳相,以多而浓为破相。因而对于胡须的考察分为胡须较多、胡须较少两种情况来说明。要声明一点,胡须的多、少,甚至没有,并不一定就是佳相、破相,一定得与眉毛相称,并且结合其本身形势的佳破。

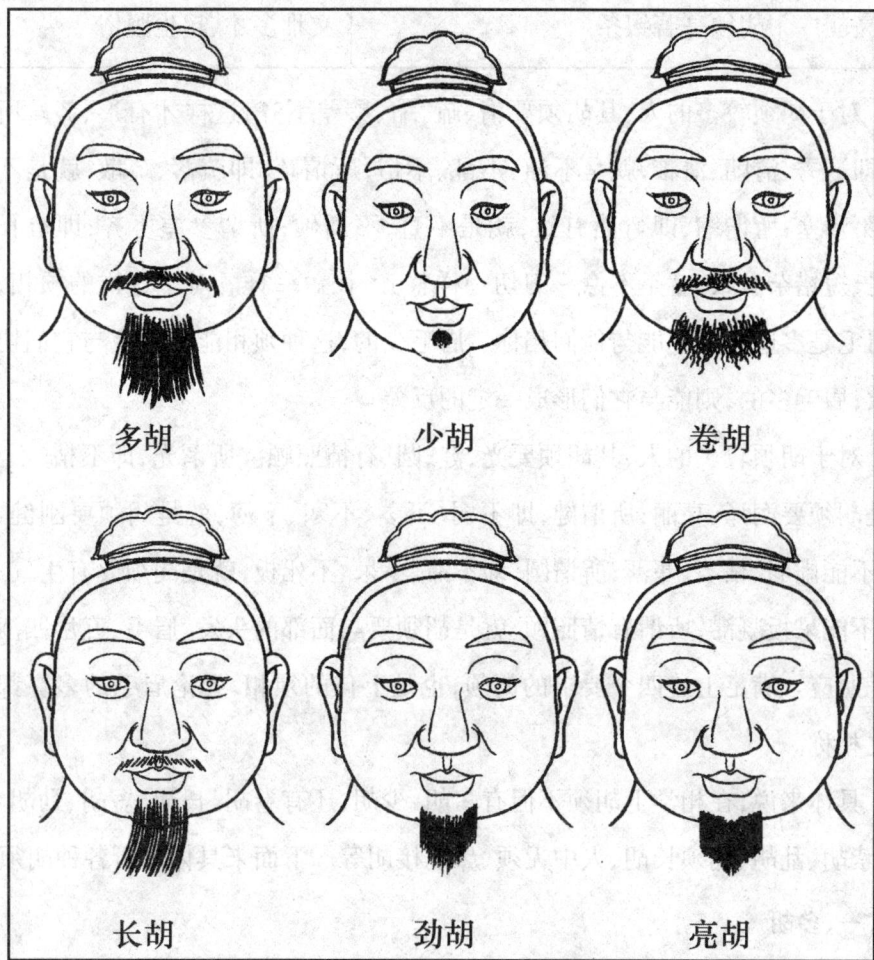

| 多胡 | 少胡 | 卷胡 |

| 长胡 | 劲胡 | 亮胡 |

相胡须

多胡	胡须较多,并且显得粗野	说话耿直,对朋友忠义
少胡	胡须少而清秀	遇事犹豫拿不定主意

由须眉相人

图文珍藏版

卷胡	胡须卷曲	头脑聪明、心胸开阔
长胡	胡须较长	风流倜傥
劲胡	胡须刚劲有力	有魄力、有胆识
亮胡	胡须亮若银条	文雅多才、超尘脱俗

对于胡须较多的人,其胡须要清、疏、缩、参差不齐,这样才有形、势。所谓清,即清秀、清朗、清雅,就是不浊、不乱、不俗;所谓疏,即疏落、疏散,就是不丛杂、不壅塞;所谓缩,即弯曲有致,就是不直、不僵硬;所谓参差不齐,即有长有短,长短错杂有致,就是不像一刀切一样整齐,长短一样。对于这样的须相,无论眉毛是多还是少都能与他们相称。眉毛少的,这种须相能在神上与它们协调一致;眉毛多的,则能与它们形成一定的反差。

对于胡须较少的人,其胡须要光、健、圆、有情照顾。所谓光,即不枯、不涩,就是胡须要润泽、亮丽;所谓健,即不弱、不萎、不寒、不薄,就是胡须要刚健、挺拔,不能虚弱、枯萎、寒薄;所谓圆,即不滞、不呆、不死板,就是胡须要有生气、飘逸,不能呆板凝滞;所谓有情照顾,就是胡须要与面部的头发、眉毛、五岳四渎等相互照应。满足上述四个要求的胡须,也是上佳的须相,无论眉毛的多寡都能与之相称。

具体来说,在相学上胡须不但有多胡、少胡,还有卷胡、长胡、短胡、劲胡、亮胡、紫胡、乱胡、辅须长胡、人中无须、鼻毛接胡等。下面来具体分析各种胡须。

一、多胡

即胡须较多,并且显得粗野。这样的人如果还伴有头发浓密的话,则主性情积极,个性热情,好动,喜欢招呼朋友;这样的人身上大都有一些粗野的味道,行事大大咧咧,说话耿直有一说一,对朋友忠诚有义,是难得的挚友。有这种朋友的人,一定要珍惜。

如果胡须较多、粗野,还伴有胡须长的话,这时胡须就需要清新明快,疏朗有致,不直不硬,并且还要与面部的眉毛、头发等长短相称、相得益彰,这才是佳相。

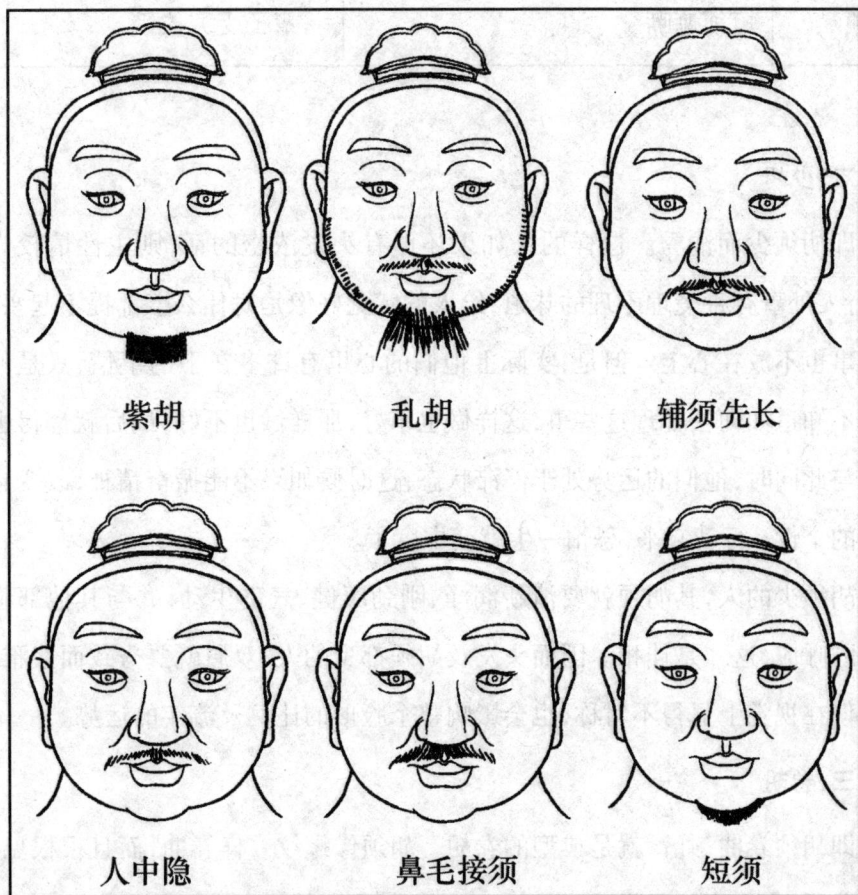

紫胡	乱胡	辅须先长
人中隐	鼻毛接须	短须

相胡须

紫胡	胡须为黑里透红呈现紫色的	大富大贵
乱胡	胡须虬乱	封侯拜相
辅须先长	胡、须、髯等先于髭长出来	没孝心,与亲人关系疏远
人中隐	人中无胡	容易招小人、是非

鼻毛接须	胡须接鼻毛	一生命运不顺,前途渺茫
短须	短须遮嘴	一辈子受穷挨饿

二、少胡

即胡须少而清秀。这样的人如果还伴有头发浓密的话,则主性情较为消极,待人处事有种爱理不理的味道,给人的感觉好像是对什么事都提不起兴趣,什么事也不放在心上。但是,实际上他们的心里有许多在乎的事情,只是他们经常不知道如何去处理这些事,这样做也不好,那样做也不好,最后就懒得去做了。与此同时,他们的运势处于停滞状态,这时候如果不能振奋精神,改变自己消极的个性,行动起来,恐怕一生就会虚度了。

胡须少的人,其胡须就要清新润泽、刚劲康健、气韵生动,并与其他部位相互照顾呼应,这才是佳相。因而头发及胡须都少的人,双眉就要秀致而淡雅,否则不但在视觉上显得不对称,也会影响整个脸形的比例及流年的运势。

三、卷胡

即胡须卷曲,虬髯就是典型的卷胡。胡须像螺纹一样卷曲,而且根根见底,浓疏分明,主人头脑聪明、心胸开阔。这样的人一般稀奇古怪的主意特别多,但也很有用,适合从事创意产业或成为活动组织者。在工作上,他们眼光远大,不会只看眼前而不管将来,或是只看个别,不看总体,可以成为一位很好的策划者或领导者。在生活中,他们心胸宽阔,是一位不可多得的好朋友、好情人、好丈夫。

四、长胡

胡须长主人风流倜傥。胡须细长就像磨损的绳子一样到处是细小的弯曲,这样的人生性风流倜傥却不淫乱;是一个多情种子,但在投入一段感情时,却是很专一的,对情人倍加温柔体贴,很有情趣。与这样的人在一起,可能会有一种腾云驾雾的感觉,因为天天都如同在天堂一样。不过,太过浓烈的东西都难以持久,这样的热情也一样,很快,他们就会有新的目标,新的情人。所以,与这样的人在一起,不能抱太大期望,最好还是尽早抽身而退。这样的人从小应该在良好的环境下长大,所以良好的修养以及优良的教育会令他将来地位高贵、声名显赫。

五、劲胡

胡须刚劲有力主得禄。胡须刚劲有力,就像一把张开的利戟,这样的人通常很有野心,做起来事来有目标、有计划,尽管有时给人的感觉有些粗鲁,但他们也有细心的一面,只是难以发现罢了。这样的人有魄力、有胆识,是天生的领导者,有大将之风,只要自身努力,将来一定身居高位,执掌重权。

六、亮胡

胡须亮若银条主少年早成。胡须气色鲜润、活力旺盛、清新亮泽,像闪闪发光的银条,这样的人文雅多才、超尘脱俗,年轻时就能取得很大的成就,成为政坛中的重要人物。

七、紫胡

胡须为黑色透红呈现紫色的,并且眉毛如利剑,声音洪亮粗壮,这是金形人兼带微火,金形得金局,主大富大贵。

八、乱胡

胡须虬乱主官重。胡须像虬龙的胡须一样蓬松劲挺而又散乱,并且有时还延伸到耳朵后面,如果再有清爽的精神和奇特的骨骼与之相配合,这样的人就算不能成为拥有方圆千里土地的诸侯,也能担任宰相执掌朝政数十年。按照现在的说法,就是成为纵横政坛的风云人物。

九、辅须先长

辅须先长主以下犯上。严格来说,狭义的胡须只指上嘴唇上的胡须,也就是上文中提到的髭,其他的胡、须、髯都只属于广义的胡须范畴。在广义的范畴中,髭为胡须的主体,胡、须、髯等都是辅佐它的称为辅须。所谓的辅须先长,就是胡、须、髯等先于髭长出来,这一种秩序颠倒、本末倒置的象征。这样的人通常都没有什么孝心,与亲人关系疏远,对上司及长辈经常冒犯顶嘴,事业难有成就。

十、人中隐

人中无胡主惹是非。人中没有长胡须,这样的人没什么威势,影响个人前程;特别是到了中年时期,会失去许多机会,容易招小人、是非,严重时甚至有牢狱之灾或财物损失。

十一、鼻毛接须

胡须接鼻毛主运渺茫。鼻毛与胡须连在了一起,在相学这属于土克水之相,这样的人一生命运不顺,前途渺茫。

十二、短须

短须遮嘴主受穷挨饿。胡须较短,却遮住了嘴,在相术这是所谓的"垂帘"之相,主无禄,这样的人一辈子都会受穷挨饿。

最后,要注意的是胡须主中晚年命运,其所主的早发与眉毛所主的早发是不一样的,其早发是中晚年早期的发达。

分句评析

胡须与眉毛的关系

【原典】

须有多寡,取其与眉相称。多者,宜清、宜疏、宜缩、宜参差不齐;少者,宜光、宜健、宜圆、宜有情照顾。

【译文】

胡须,有的人多,有的人少,无论是多还是少,都要与眉毛相和谐,相匹配。

胡须多,应该清秀不俗,疏朗不杂且长短错落有致。胡须少,就要润泽光亮,刚健挺直,气韵十足,并与眉毛、头发等相匹配。

胡须与眉毛的关系,从上总结起来有两方面的内容:相称与相合。

相称,指胡须与眉毛之间相互顾盼,相互协调,显得匀称、均衡,使整个人的面容呈完美之相。相称为有成之相,反之则为无成之相。

相合,指合五行形局,若合五行正局则为上相,反之则为下相。《五行形相》称:"金不嫌方,木不嫌瘦,水不嫌肥,土不嫌矮"等,均合五正局,为上相。《灵山秘叶》云:"口上曰髭,口下曰须,在颐曰胡,在颊曰髯。""多在不欲丛杂,少在不欲焦萎。"本段开头也说"须有多寡,取其与眉相称",由此,我们能感到相称原则的重要性以及地位。

古人认为,胡须的多少与须相的好坏没有因果关系,也没有正比例,或反比例的关系。而是着重指出:胡须不管多与少,都必和眉毛相称。也就是眉毛多的话,胡须也要多:眉毛少的话,胡须也要少。只有这样,才称得上是佳相。为什么胡须的多或少,"须相"的有成与无成,为什么和眉毛的关系这么大呢?因为眉毛和胡须对于人来讲,属于同类,都是人体的毛发,此其一也;胡须和眉毛同位于人的脸部,都是面部的重要组成部分(当然是专指男性),此其二也;第三则是取其水火既济或水火未济之义,也就是胡须和眉毛相称为既济,不相称为未济,既济是上相,未济是下相。

多者要"清","清"就是清秀、清朗、清雅、清爽,就是不浊、不乱、不俗、不丑。要"疏","疏"就是疏落、疏散、疏朗,就是不丛杂、不淤塞。要"缩","缩"就是弯曲得当,不直、不硬。要"参差不齐",就是有长有短,长短配合得当,错杂有致,不要整齐划一,截如板刷。这种多而清、疏、缩、参差不齐的须相,不管眉毛的多或少,都能和眉毛相称。若眉毛多,这种须相可与之形成一定的反差,若眉"少",这种须相则可从"神"上与之协调一致。因此,曾国藩说,"多者,宜清,宜疏,宜缩,宜参差不齐"。

古人认为"少者"要"光","光"就是不枯、不涩,就是润泽、光亮。要"健","健"就是不萎、不弱、不寒不薄,就是要刚劲、康健、坚挺。要"圆","圆"就是不呆,不滞、不死板,就是要圆润、生动、飘逸。要"有情照顾","有情照顾"就是与眉毛、头发相称,不孤独。

古人认为对"多者"和"少者"提出的"四宜"要求,其依据的标准就是相称原则。眉相的四个条件就是弯长有势,昂扬有神,疏爽有气,秀润有光,其中的弯长、昂扬、疏爽、秀润是因主体的不同而提出的具体要求和标准。也就是说:眉毛长要"弯长",眉毛短要"昂扬",眉毛浓要"疏爽",眉毛淡要"秀润",而"有势、有神、有气"。有光则是对于人类各类主体——也就是各种各样的眉毛的共同要求和通行标准。

"卷如螺纹",指人的须相如同大江大河奔腾之势,在转弯或汇合处时激起之漩涡,即像其势,有此须相的人高瞻远瞩,心胸宽大,胆识过人。所以说其人"聪明豁达"。

"长如解索",是指人的须相如同江河之水,源远流长、波涛起伏。又如破挽之绳索身多小曲,即像其形。有此须之人爱美好色、风流倜傥却不淫乱,所以说其人"风流荣显"。

"劲如张戟",是指须相如两军对阵时的剑拔戟张之气势,有这种须相的人,有魄力、有胆识、有作为,必能成大器,所以说这样的人"位高权重"。

"亮若银条",是指须相如生命初成,生命力旺盛,气色润朗,一片生机,即像其气。这样的须相,主人文秀多才,超凡脱俗,所以说其人"早登廊庙"。

当然,这四种须相不一定能决定某人"聪明豁达""风流荣显""位高权重""早登廊庙",但至少有一点可以肯定,这四种须相都是身体健康的表现,其原因是中国医学认为须相上佳,表明精力充沛。

"紫须剑眉,声音洪壮",这样的配合叫金形得金局。"蓬然虬乱,尝见耳后",是气宇轩昂,威德兼具之相。此二者本为佳相,如能配以清奇的神和骨,乱世可成霸才,顺世能为良相。

如何识人用人

识人要有识，就是指识人用人时要有胆有识。

一般来说，用人只用内行人管内行人，这样对做好管理工作才有把握。但有胆有识的人，敢于打破常规用外行人管内行人。即最初看来是外行，但有发展前途，会由外行变内行。松下幸之助就是这样善用外行管内行的人。

第二次世界大战后，松下接受委托，承担重建胜利者公司的任务，那时，需要决定谁来担任经理，松下在很多人中，选择了原海军上将野村吉三郎。野村对于做买卖一窍不通，对于唱片音乐也完全不懂。

很多人都摇头，为什么委任这样的人做经理？而松下却认为野村豁达大度，人格高尚，认为他可以成为再建日本胜利者公司的精神支柱，请他就任经理，一定能搞得很好。野村也认为自己对业务完全不懂，但是只要给他优秀人才，就可以接任经理这个工作。

松下电器公司派遣了有能力的人才，野村对于这些专业人才可以说只是督促他们干活而已。野村对于唱片是完全不懂的。一天，董事开会把《云雀》作为话题。于是野村经理就问："《云雀》是谁的作品呀？"作为唱片公司的经理不知道《云雀》是谁的作品未免有些可笑。

这话传到社会上，人们议论纷纷。

但是，松下说，这没有关系，野村作为经理有充分发挥人的作用的本领，现在用人用得好，即使不知道《云雀》，对于承担经理的职责有什么妨碍呢？事实上，日本胜利者公司在此后的经营上迅速好转，经营效益提高，充分证明松下选人没有选错。

担任不同的职务需要不同的才能，管理者就是要善于根据职务特点安置人

国学经典文库

冰鉴

由须眉相人

图文珍藏版

员,这才是最重要的。

张浚是南宋著名的抗金统帅之一。

他有知人之称,但当他以貌取人,即从相貌和言语赏识秦桧,犯了用这千古罪人的错误。

据《续资治通鉴》记载:张浚与宋高宗谈马时,张浚说:"物具形色,犹或易辨,唯知人为难。"高宗说:"人诚难知。"张浚说:"人材虽难知,但议论刚正,面目严冷,则其必不肯为非;阿谀便佞,固宠患失,则其人必不可用。"

张浚把辨别贤佞看得太简单了。

奸佞的人善于矫饰,他表面上可以"议论刚正",以掩其所要干的罪恶勾当;而其阿谀表现的方式巧妙,使人陷入其圈套而不知他是阿谀而认为他忠直。"议论刚正,面目严冷",也是属于人的外表范围,据此而认为"其必不肯为非",是以貌看人,以言判人,张浚正是从此出发,选定秦桧,说桧是"不畏死,可共天下事"的"人才"。

据《宋史·秦桧传》记载:张浚与赵鼎共论人才,张浚极口称赞秦桧,赵鼎不同意说:"此人得志,吾人无所措足矣!"张浚不以为然,仍荐秦桧。

张浚、赵鼎、秦桧三人参政,张浚与秦桧共事,才知其人奸佞。高宗要秦桧为相,征求张浚意见,张浚不同意,秦桧因此恨张浚,秦桧为挑拨赵鼎、张浚不和,便对赵鼎说:"不欲有公,而张相迟留。"

以此激怒赵鼎,使赵鼎排挤张浚。秦桧假意投靠赵鼎,对赵鼎唯命是从,赵鼎本来憎恶秦桧,自此反深信之。及秦桧得志,先后将张浚、赵鼎二人挤掉,独掌朝政大权,终于促使宋高宗屈膝与金和议。

张浚在宋徽宗时中进士。建炎三年(1129年)主管枢密院,力主抗金。

他与赵鼎执政时,选拔人才皆一时之望,于诸将中重用岳飞、韩世忠;所荐举虞允文、汪应辰、王十朋、刘琪等都成为名臣;提拔吴玠、吴璘于行伍,一见刘锜而重用之,他们后来也成名将。故时人称张浚知人。可是,秦桧善于掩饰他的"阿谀便佞"的真面目,却以"议论刚正,面目严冷"的脸孔出现,张浚竟为所惑而极力推荐,致使秦桧得以行奸计,张浚也被秦桧排除在外达二十年之久。张浚与赵鼎晚年相遇于闽(福建)时,曾谈及秦桧事,才知都为秦桧所出卖。

再看一个现代的例子。1977 年 1 月 8 日,星期六,松下电气工业公司的创始人松下幸之助先生召见了当时在 26 位董事中年资倒数第二的山下年彦,单刀直入地对他说:"董事长高桥荒太郎要辞职了,我女婿正春将接替他的职务。我要你当总经理。"

事前对此完全没有预料的山下年彦愣住了,他甚至怀疑松下先生是不是有些老糊涂了,要知道在他前面还有那么多资历深的人。于是他回答道:"我敬谢不敏。我担当不了这个职务。"

对这个回答,松下没有恼怒。他说:"我知道,这决定太突然,可能使你吃惊,我也不要求你马上答复我。"

第二天,山下年彦再次来到松下办公室,下定决心要拒绝接受这个职务。

"你考虑过了吗?"

"是的,先生,我不能接受这个职务。"

"好吧,我不勉强你。不过,我要你知道,我是百分之百认真的。把这个职务给你,不是我轻易决定的。这,你不要忘记。"

离开松下办公室,山下年彦以为事情就此结束了。

但事实上并没有,松下又派他的女婿正春劝山下年彦接受这个职位。

诚恳的劝说打动了山下年彦的心,他终于走马上任了。这次松下公司的人事变动,被当时日本的许多报纸称为是继 1964 年在东京奥运会中跳高运动员山下赢得金牌那闻名遐迩的一跳之后的另一次"山下的跳跃"。

"山下跳跃"的结局是怎样的呢?事实证明,松下的选择没有错,他充分认识到了山下年彦的才能,知道他适于总经理一职。

当山下年彦上任时,松下公司正陷于困境。问题不仅仅在于电器销售不畅,严重的是,公司已经变得呆滞,运转不灵,缺乏远见。更糟的是,他自我感觉良好,没有意识到自己存在问题的严重性。但事实上,那时在松下的 48 个生产部门中,只有生产熨斗和电池的两个部门还保持高额利润,其他所有部门的利润都在下降。

面对此情此景,山下年彦首先使全体职工都意识到了危机的存在。他借用温斯顿·丘吉尔的一句话说:"我不是为了眼看松下公司逐渐垮台而来当它的总经理的。"就任的第一年,他就做出了有关盒带式录像机的重要决策。

当时,市场有松下的 VHS 和索尼的 BETAMAX 两种体系,哪一种将主宰美国市场呢? 这是个关系到 10 亿美元销售额的大问题。

在美国销售的录像机,必须能记录长时间的比赛节日。索尼录像机的录像时间是 2 个小时。山下年彦咬紧牙关告诉美国的 RCA 公司,"松下可以向你们提供连续记录 4 小时的录像机。"

就此,松下和 RCA 签订了合同。

这是个相当大胆的决定,因为松下当时甚至连可以记录 2 小时的录像机都没有。

合同到手了,山下年彦带领生产部门、研究实验部门和子公司协同作战,终于奇迹般地在限期内履行了交货合同。

而通过这件事,松下公司逐渐恢复了精悍、灵敏的风格。

接着,山下年彦又推行了各部门人事的调动和调换,让职工巡回调动,目的是使职工得以施展他们没有显露出来的才华,更好地为公司服务。

1984 年,随着公司情况的好转,山下年彦发起了"86 行动",即更新经营机构;加大公司的能量;扩大海外业务。这些目标要在 1984 年至 1986 年三年内完成。

3 年过去了,"86 行动"达到了预定目标,而它最大的成就还不仅于此,这一行动让松下的职工们认识到公司必须变革的道理,年轻一代进入了领导层。

建立了功业的山下年彦并没有贪恋高位,他认为就像在接力赛中,赛跑运动员要在全速前进中交接棍棒一样,他也应该退休了,好使后来人从他工作前进的惯力中受益。

观察人是为了用人,以旁观者身份对一个人进行客观公正地观察时,其耳内不会被堵塞,眼睛不会被蒙蔽,就会了解有关这个人的真实情况。

日本名古屋商工会议所急需一名管理分部的主任。于是,名铁百货公司社长长尾芳朗将自己的一位很有才的朋友推荐给该所的主席土川元夫。

经过面谈后,土川立即告诉长尾说,你介绍来的这位朋友不是人才,难以留住。

长尾很吃惊,有点儿生气地说,你仅仅和他谈了20分钟的话,怎么就知道他不能被留任呢?这种判断太草率了,也太武断了。

于是土川开始解释:你的这位朋友刚和我一见面,自己就滔滔不绝地说个没完,根本不让我插嘴。我说话的时候,他似听非听满不在乎,这是他的一个缺点。

其次,他非常乐意宣传他的人事背景,说某某达官贵人是他要好的朋友,某一位名人是他的酒友,并向我沾沾自喜地炫耀,故意让我知道他也不是一般的人。

再次,我想知道的话他又说不出来。这种人怎么能共事呢?

长尾听完土川的话后,不禁频频点头,深为土川的分析所折服。

土川没有顾及老朋友的情面,拒绝了他介绍的人,终于找到了一位真正有能力的人才。

黑龙江省最大的私人企业——哈尔滨昌宁给水设备厂自1985年建厂以来,厂长石山磷先后开除了违犯厂规的弟弟和办错事还耍赖的大舅哥。

后来,索性向自己所有的亲属统统下了"逐客令",对此,有人不解。他说:"即使他们很称职,也会由于他们占去了有限的位置而影响全厂工人的进取心,那才是真的得不偿失!"

采用类似用人策略的还有一些中外合资助企业,例如与日本太阳管接头株式会社合资的抚顺樱管件有限公司。

日方总经理在企业招聘职工时便提出"近亲回避"的意见,即中方投资单位领导干部的子女和亲属,合资企业已有人员的子女及亲属均不得参加招聘。

有一名领导干部的孩子瞒着父亲参加考试合格后,被录取了,但很快就被发现,于是被辞退了。在严格的规定面前,令人瞩目的招聘圆满成功,不但没有出现"走后门",而且企业内部没有任何裙带关系,为日后的管理打下了坚实的基础。

拓展阅读

古人云:相由心生。一个普通人心中怎么想的,都会通过其面相上的神态和表情显现出来。神态代表着人的心念,表情反映着人的感受。无论生人还是熟客,其面相常常在第一时间递上自己的心意"名片"。是怀疑还是好奇,是拒绝还是欢迎,是诚心诚意还是别有所图,对方的脸都会抢先告诉我们其中的秘密和答案。

眼睛:敞开心灵的窗口

眼睛的大小反映人的不同性格

像人的个头有高有矮、胳膊有长有短一样,人的眼睛也有大有小,且形态各异。就医学和生理学而言,眼睛的大小与其功能的好坏强弱没有任何必然联系。但眼睛的大小可以反映一个人的性格。

判断眼睛大或小乃是以双眼之间的距离为基准。

(1)大眼睛

大眼睛的人好奇心旺盛,具有丰富的感受性与表现力。尤其是男性对女性态度极为积极而热情。

女性中眼睛大的人在观念、性格上和男性一样开放,会积极地与他人交际。

有些大眼睛的人具有锐利的眼光,使人折服。

具有这种眼睛的人度量大,精力旺盛、胸怀远大,做事时不畏任何障碍而贯彻到底。

(2)小眼睛

小眼睛的人没有大眼睛者的娇艳,也不会积极地表现自己。但是,他们属于耐力强、稳扎稳打类型的人,因此能够通过一步一步的努力,直到巅峰。

小眼睛的人很难开口向自己喜欢的人表白自己的心意,因此,喜欢上眼睛小的人必须主动,否则永远只是两条平行线而无法交汇。

眼睛过小的女性情绪起伏大,与之交往的男性必须具有超凡的忍耐力。

左右眼大小不同的,称为"雌雄眼"。这种人多半天生懂得掌握他人心理,擅长处事。但是,情绪变化多端,往往被人认为是神经质的人。

长眼和圆眼反映人的办事能力

长眼和圆眼是人眼的又一种特征。

(1)长眼睛者有远见

长眼睛的人办事常常能做到既稳又准。因为他们的责任心一般都很强,办事严肃认真。据有关研究表明,长眼睛的人有很强的决断能力,有远见,因此常常能成就大事。

有的人眼睛长得又长又大,给人一种慈善温和的印象。这种人很有人情味,并富有同情心,具有牺牲和奉献精神,他们事业的成功或许与这种奉献精神和同情心有关。这类人在年轻的时候会赢得别人的信任和帮助,年老的时候会成为众人尊敬的慈善家。如果你身边有长这样眼睛的人,千万不要置之不理,或许他会成为你值得信赖的朋友和辅助你事业的好伙伴。

(2)圆眼睛者悟性高

眼睛圆圆常常给人一种机灵的印象。这种人比较聪明,反应灵敏,适应性强。这种人做事积极,讲究实效性,但很容易受到外界的诱惑。

凸眼和凹眼表明人心的差异

(1)眼睛凸出者外强中干

有的人眼睛长得往外凸出,就像金鱼的眼睛。这种人办事常常欠考虑,大大咧咧,一副满不在乎的样子,他们心里往往想一些虚幻的东西,并且到处张扬,但实际上并没有做多少实际工作。这种人的想法和计划很多,却很少有几件可以付诸实践的,有时即使去干了,也常常是虎头蛇尾,半途而废,是标准的"纸上谈兵"者。

这类人往往还表现得自以为是,办事武断,自尊心不很强,企图用自己的夸夸其谈来掩饰自己的无能。外强中干是这种人的真实写照。

(2)眼睛下陷者洞察力强

有的人眼眶下陷,就像一个深邃的洞。这种人虽然做事比较慢,但很仔细,常常能够透过现象看出本质,有很强的洞察力。他们办事很冷静,无论做什么事情都是三思而后行。

而眼睛下陷的程度不同也会具有不同的个性。眼睛微微下陷的人,给人一种比较平凡的印象。他们一般都能够廉洁自律,内心世界很坦白,是人们常说的谦谦君子。

特别深陷的眼睛警戒心理强。这种人似乎想把自己的眼睛藏起来,不让别人看到,时常会以敌视的态度看人。就好像隐藏自己的眼睛一样,他们企图把自己的心灵掩盖起来,不希望被别人知道,不善与人交往,往往比较孤独。

单眼皮和双眼皮昭示人的情感

人们往往把双眼皮作为衡量眼睛美丽的标准之一,以至于近年来许多单眼皮的人去医院或美容院做双眼皮手术,因此,这里先提醒一句。根据眼皮来判断一个人的性格,指的是自然的眼皮,而不是做过手术的情况,望读者朋友注意。

(1)单眼皮

双眼都是单眼皮的人性格比较谨慎,这种人有时可能思虑慎重几乎到胆怯的程度,举止行动非常小心。

(2)双眼皮

两眼都是双眼皮的人对异性的态度积极,能博得人缘,喜欢被爱胜于爱人。同时,这种类型的男性擅长制造气氛,会用花言巧语博得女性的欢心。

(3)只有一边是双眼皮

只有左边是双眼皮的男性对待女性非常温柔,不过,被亲切对待的也许并非只有一人。

右边是双眼皮的人乍看下显得冷淡,其实其对所诚心以待的人会表现出奉献而温柔的态度,令女性满足。

眉毛:容貌的点睛之笔

眉毛的功用是保护眼睛,但它还能传递人心理行为的信息。人的心情变化了,眉毛的形状也会跟着改变。从眉毛也可识人。眉毛的动作大致有五种表现:

扬眉

当人的某种冤仇得到伸张时,人们常用"扬眉吐气"一词来形容此时的心情。当眉毛扬起时,会略向外分开,造成眉间皮肤的伸展,使短而垂直的皱纹拉平,同时整个前额的皮肤挤紧向上,造成水平方向的长条皱纹。扬眉这个动作,能扩大视野。但同时也要认识到,一个眉毛高挑的人,正是想逃离庸俗世事的人,通常会认为这是自炫高深的傲慢表现,而称为"高眉毛"。当一个人双眉上扬时,表示非常欣喜或极度惊讶;单眉上扬时,表示对别人所说的话、所做的事不理解、有疑问。当我们面临某种恐惧的事件时,可以用皱眉来保护眼睛,也可以用扬眉来扩大视野。两者都对我们有利,但我们只能选择其一。一般的反应是:面临威胁时,牺牲扩大视野的好处,皱眉以保护眼睛;危机减弱时,则会牺牲对眼睛的保护,扬眉以看清周围的环境。

皱眉

皱眉的情形包括防护性和侵略性两种。防护性的皱眉只是保护眼睛免受外来的伤害。但是光皱眉还不行,还需将眼睛下面的面颊往上挤,眼睛仍睁开注意外界动静。这种上下挤压的形式,是面临外界攻击、突遇强光照射、强烈情绪反应时典型的退避反应。至于侵略性的皱眉,其基点仍是出于防御,是担心自己侵略性的情绪会激起对方的反击,与自卫有关。真正侵略性的眼光应该是瞪眼直视、毫不皱眉的。最常见的皱眉,往往被理解为厌烦、反感、不同意等情形。

耸眉

耸眉指眉毛先扬起,停留片刻,然后再下降。耸眉与眉毛闪动的区别就在那片刻的停留。耸眉还经常伴随着嘴角迅速而短暂地往下一撇,脸的其他部位没有任何动作。耸眉所牵动的嘴形是忧伤的,有时它表示的是一种不愉快的惊奇,有时它表示的是一种无可奈何的样子,此外,人们在热烈地谈话时,会做一些小动作来强调他所说的话,当他讲到重要处时,也会不断地耸眉。

眉斜挑

眉斜挑是两条眉毛中的一条向下降低,一条向上扬起,这种无声语言较多在成年男子脸上看到。眉毛斜挑所传达的信息介于扬眉与皱眉之间,半边脸显得激越,半边脸显得恐惧。扬起的那条眉毛就像提出了一个问号,反映了眉毛斜挑者那种怀疑的心理。

眉毛闪动

眉毛闪动,是指眉毛先上扬,然后在瞬间再下降,像流星划过天际,动作敏捷。眉毛闪动的动作,是全世界人类通用的表示欢迎的信号,是一种友善的行为。当两位久别重逢的老朋友相见的一刹那,往往会出现这种动作,而且常会伴随着扬头和微笑。但是在握手、亲吻和拥抱等密切接触的时候很少出现。

眉毛闪动除了作为欢迎的信号外,如果出现在对话里,则表示加强语气。

每当说话者要强调某一个词语时,眉毛就会很自然地扬起并瞬即落下。

鼻梁:人的性情的象征

鼻子位于脸的中部,在容貌中占有相当重要的地位。一个人如果没了鼻子,那简直不可想象。从生理方面来说,鼻子是嗅觉器官,是呼吸通道,担负着向人体输送氧气的重要作用,而且通过鼻子还可以了解一个人的健康状况。

人人都有鼻子,且高低长短肥瘦等各有不同,但鼻子的每一部分对人都有特定的意义。这些不同的含义恰恰就是人们对他人不同性格的经验总结。我们可以就人类常见的鼻子形状和其所表达的语言,来判断一个人的性情。

认识鼻子的不同部位

人的一生中,鼻子几乎一刻不停地为生命输送着氧气,从某种意义上讲,它的功劳是不逊于其他任何重要器官的。所以说,上帝把它安排在人体面部的一个中心且突出的位置上,是有其道理的。

鼻子的根本部分叫山根(在两眉之间)。鼻子的中央部称"年上"。鼻子的前端部分称为"准头"。

人的鼻根,大有学问

鼻之山根(两眉之间)为人体内分泌之集合点,与人的身体健康状况有关,而身体健康状况与事业前程也休戚相关。一个人如果山根丰隆端正且无乱纹、杂纹,表示先天内分泌系统发育良好,也表示旺盛的精神面貌。

成年人鼻梁由山根隆起说明头脑明晰,精明干练,荣誉感强,在社会竞争中易于获胜。当然,这种男性在爱情方面也会是幸运儿,哪怕与人争夺,他也会获胜,当然前提是女方对他有意。

有的人山根极高,从额前隆到鼻头,这种鼻子的人大都会在人群中引人注目,多半都会娶到漂亮的妻子。

一般来说,山根低凹的人缺乏自尊心,缺乏竞争能力,一遇争斗就甘愿退缩,与世无争,超然物外,名利皆不关心。这种人极有可能是好人,一切事情都让人三分。中国古时最提倡忍耐精神,"忍得一时气,免得三分灾",这种人天生便是甘于忍耐的人。所以在事业上也可能不会有什么成就。这种人如果能在生活中忍耐艰苦,在工作事业上努力争取,会比较好。

有的人山根上会有一根或两根横纹,有些是先天性的,有的是后天的,不管是先天还是后天,都说明此人呼吸系统和内分泌系统多少会有些问题。

鼻子大小的标准

鼻子的大小没有一个统一的衡量标准,主要与本人的面貌五官配合而定。一般来说,标准的鼻子应该是这样的:长度是整个脸全长的1/3,脸的全长指从头顶到下颏尖;高度是长度的1/2左右。这样的鼻子被称为长鼻子或高鼻子,也就是标准鼻子,不合乎这个标准的是低鼻子。

从鼻子的动态和颜色看心理

人的五官中,鼻子和耳朵是最缺乏活动的部位。因此,很难从鼻子的动作中读出对方的心理。人们对于鼻子高、低、朝上、朝下等形状或种类所象征的性格,有各种说法,但这些毕竟是指固定不动的鼻子而言,无法掌握鼻子捉摸不定的动作,也就是说,这种由鼻子的"长相"看人的个性,与心理动向毫无关系。但诸位不妨以读心技术的立场,注意鼻子的动静,试着读出对方的心理。

(1)鼻孔胀大

在谈话中对方的鼻孔稍微胀大时,多半表示对他人有所得意或不满,或情感有所抑制。通常人的鼻孔胀大是表示愤怒或者恐惧,因为在兴奋或紧张的状态中,呼吸和心律跳动会加速,所以会产生鼻孔扩大的现象。因此,"呼吸很急促"一语所代表的是一种得意状态或兴奋现象。

至于对方鼻子有扩大的变化,究竟是因为得意而意气昂扬,还是因为抑制不满及愤怒的情绪所致,这就要从谈话对象的其他各种反应来判断了。

(2)鼻头冒汗

有时鼻头冒汗只是一个人的毛病,但平日没有这种毛病的人,一旦鼻头冒出汗珠时,应该说就是他心理焦躁或紧张的表征。如果他面对重要的交易对手而鼻头冒汗时,必然是急于达成协议,无论如何一定要完成这个交易的情绪表现。因为他担心交易一旦失败,自己便失去机会,或招致极大的不利,致使心情焦急紧张,而陷入一种自缚的状态。因为紧张,鼻头才有发汗的现象。

紧张时并非仅有鼻头会冒汗,有时腋下等处也会有冒汗的现象。没有利害关系的对方,产生这种状态时,要不是他心有愧意,受良心谴责,就是为隐瞒秘密而紧张所引起的。

(3)鼻子的颜色

鼻子的颜色并不经常发生变化,但是如果鼻子整个泛白,就显示对方的内心状态一定畏缩不前。如果是交易的对手或无利害关系的对手,多半因为他踌躇、犹豫的心情所致。例如,交易时不知是否应提出条件,或是否提出借款而犹豫不决。

有时,这类情况也会出现在男性向心仪的女子提出爱情的告白却惨遭拒绝时。自尊心受损、心中困惑、有点罪恶感、尴尬不安时,才会使鼻子泛白。

上述的鼻子动作或表情极为少见,而平常人更不会去注意这些变化。但如想读出对方心理,就必须详加注意人的鼻子动作、颜色和目光的动向等,并加以配合,以获得正确的判断。

嘴形:善变的嘴巴吐真情

交际中,一些不起眼的小动作,最能反映出一个人此时此刻的心态。比如嘴的动作,就可以给我们提示的信号。

嘴巴紧闭

嘴巴紧闭的人往往很沉着,喜怒哀乐从不挂在脸上,很会隐藏自己。他们的注意力十分集中,做事非常冷静、果断,从不拖泥带水。承担风险的能力强,面对输赢能够淡然处之,既不会大喜也不会大悲,有一种超越胜负的精神境界。他们的言行举止颇为小心谨慎,甚至有些杞人忧天。他们为人严谨,即使与朋友在一起，也喜欢保持一定的距离。但他们值得信赖，有秘密也可以向他们倾诉，他们保证能守口如瓶。

嘴巴小而又紧闭的人，往往给人留下胆子小、比较斯文的印象。实际上，他们只是平时言行举止比较谨慎而已，真正遇到大事，他们非凡的胆识和智谋会立即显现出来。这类人遇事沉着冷静，处乱不惊，有大将风度。

嘴巴合不拢

嘴巴合不拢的人往往比较虚荣，好面子，喜欢吹牛，但又缺乏真材实料，而且意志薄弱，往往成事不足、败事有余，不可信赖。

张嘴露出牙齿

如果这种动作成为习惯，那么此人很可能性格大大咧咧，有什么说什么，心里藏不住秘密，容易坏事。做事缺乏耐性，往往虎头蛇尾。

如果这种动作没有成为习惯，只是偶尔出现，那么表示他的情绪突然产生变化。当一个人对某一事物产生兴趣时，嘴会不由自主地微微张开，而且眼睛下面的肌肉也会放松。当一个人感到异常吃惊时，也会不由自主地张开嘴巴，下巴下垂。

舔嘴唇

当一个人内心极度兴奋或紧张的时候，常常会下意识地舔嘴唇。有的人说谎时常常会舔嘴唇，某些犯罪嫌疑人被审问时也会有这种动作。这是因为他们内心的波动非常强烈，而又不得不控制自己，所以生理上就会出现冒汗、下意识地吞口水、口干舌燥等现象。

嘴抿成"一"字形

这类人性格坚强，吃苦耐劳，具有坚忍不拔的顽强精神。他们做每件事情都要经过深思熟虑，一旦采取行动，不管遇到多大的困难都不会临阵退缩，所以做事成功的可能性比较大。

另外，嘴唇往前突，大多表示心理上处于防卫状态。

嘴唇僵硬或歪斜,表示此人内心焦躁不安,可能遇到麻烦,身处困境之中。

经常吐舌头的人,大多喜欢吹牛,言行善变,常常让人无所适从。这种人往往缺乏原则性,喜欢说谎,不讲信用,没有责任心。

脸形:人的个性的表征

行为心理学研究中,第一步就是看脸形,因为"相随心改"和"相由心生"这两句成语,已点出一个人的面貌代表着他的心念。因此,脸形很能反映人的内外和谐统一的征象,观察一个人的脸形,有助于了解和判断一个人的品行和特长。

脸形是人心的表征,大家都能体会,一个读书人和一个运动员的脸形与体形一定有所不同,前者看起来比较斯文,后者看起来比较粗犷。所以脸形特征是能看出来一个人的个性与心性的。因此,未学过行为心理学的人,也可以用下面的判断脸形特征方法来粗略看出对方的个性。

智慧型的三角形脸

三角形脸特征是额头发达宽阔,下巴尖削瘦弱。此种脸形的人通常身材都较瘦削修长,体力较差,属智慧型,头脑好,气质好,在心理学上又称心因质、神灵质。

若由神经系统分类,额头发达是因脑的前叶发达,属于感觉神经系统之人。其神经分布于皮质,表彰于颜面上部,就是额部,因此额头高广。

此种脸形的人可把未来目标置于运用智力的工作上,比较具有艺术气息,适合从事动脑的职业,如学者、作家、艺术家、教师等,不适合做体力劳动的工作。

有的人面形呈额头高广但下颏略小的倒三角形,这样的人没有富贵之相,如果平日再不修边幅,胡子连鬓,很容易给人以穷困潦倒之感。但是这样的人也给人以人格清贵的好印象,被视为是可交人交心的朋友。

三角形脸最忌讳的就是面部到处都尖小,特别是下颏尖薄,尖嘴猴腮。此种人诡计多端，不宜与之交友。

实力型的方形脸

方形脸的特征是方头、方额、方下巴，给人一种四角扩张的感觉。此形脸的人体力、脑力都不错，因此不管是读书或运动，只要努力一下，都能发挥实力，有好的表现。在心理学上既是劳动形又是筋骨质，又称人间质。

若由神经系统分类，因其脑之颅叶上部较发达，可归类为运动神经所属之人。其神经分布于肌肉，表彰于颜面的中部，因此脸形方长，骨肉发达。

此种脸形的人好胜心强，喜欢挑战性的工作，军人、运动员大都有此种脸形，缺点是顽固、性情急躁。

温厚型的圆形脸

圆形脸的特征是给人丰满圆润的感觉，具有活力，属于肥满型、营养型，属动物质。

若由神经系统分类，因其脑髓后颅叶、小脑的下部较发达，归类为交感神经系统之人。其神经分布于血管，表彰于颜面之下部，因此下巴呈丰满形。

此种脸形的人性格磊落大方且心地温厚，讨人喜欢，人缘佳。做事毫不迟疑，而且付诸行动便能成功。不过欠缺严谨处理事务的能力，所以需要一位取长补短的朋友。这种脸形的人不喜与人争执，是相当敬业乐群的人，适合服务大众的工作。

另外，还有一种兼具以上面形的混合形脸，此种脸形的人，其个性也兼具综合形特性。生活中，大多数的人都属略具综合形脸。

表情：洞悉人的心声

一位心理学家在研究人的情感表达方式后，提出一个公式：情感表达＝7%的言词＋38%的声音＋55%的面部表情。可见，抒怀何必三寸舌。眼波一漾，眉峰一耸，嘴角一咧，都是导隐衷、诉幽情的绝妙手段。人的面部表情千差万别，但即使国度不同，人们所显露出的表情，其意义基本上是一致的。

表达面部感情的器官有含秋波的双眼，有传情的眉毛，有倾诉衷肠的嘴，连面部的皮肤、肌肉也有表情达意的作用。据研究，单单是眉毛就能表达20多种感情，俄国伟大的现实主义作家托尔斯泰，曾经描写过85种不同的眼神和97种不同的笑容。面部可以说是人体中最富表现力的部位，它能表达复杂的、令人费解的多种信息——愉快、冷漠、惊奇、诱惑、恐惧、愤怒、悲伤、厌恶、轻蔑、迷惑不解、刚毅果断等。面部表情不仅能表现单一的感情状态，还可以传达各种情感。如嗤之以鼻表示轻蔑，咬牙切齿表示痛恨，惊奇时张大嘴巴，激动时扇动鼻翼，困惑不解时张口结舌，内心痛苦时咬住嘴唇，倒吸气表示吃惊，长出气表示放心。在人际传播中，面部表情可比其他媒介传送更多精确的情感信息。

心理学家戴尔·G·莱德斯认为表情有五种功能：

通过愉快或不愉快的表情传达估价判断。

表示对他人或环境有无兴趣及感兴趣的程度。

表现关切的程度，以此显示出我们进入情况的深度。

表示我们对自己表情控制能力的大小。

表明对某事的理解与否。

表情是如此一览无余，而且在瞬间便清楚地将内心活动表现出来，是一种高效率的信息传播方式。我们如能突破伪装，从一个人的表情中看清对方真实的意图，对我们做到善解人意，获得成功的人际关系是极有益的。

我们可以从"嘟着嘴巴"了解这个人正处于生气和困惑状态；从"眼睛闪闪发光"了解此人正有所期待，或有几分喜悦；从"眼皮跳动"了解此人心中非常紧张，心神不安。我们所见到的各种各样的表情变化，都是基于愉快和不愉快这两种对立的感情而派生出来的。

嘴角向后咧，脸蛋上移，眼眉不动，眼睛变细等，这便是愉快的表情。这种表情在日常生活中可以观察到，在快乐、高兴、微笑、欣喜等心情舒畅的时候均可见到。相反的，嘴角下垂，脸蛋下移变得细长，眉头皱成"八"字，这就是不愉快的表情,是诸如痛苦、绝望、悲哀、愤怒、恐惧时的表情特征。

但是,我们所表现在外面的一切,很少是我们的真面目。每个人都像是经过专门训练似的,他们的面部表情和身体动作往往掩盖着事实真相。现在,越来越多的人有意压制自己的感情,控制面部表情。时间长了,便出现面部呆板、痉挛现象,即死面症状。对上司怀有不满情绪的职员,总是缺乏表情,连偶尔一笑也变得别别扭扭。因为他总想把表现出来的不满情绪压抑下去,连笑脸都被抑制了,所以看上去是一张木然呆板的脸。

处于这种情形中,我们有时还可以见到脸部肌肉的颤动和痉挛,即抽搐现象。过分地皱眉、面部抽动、不停地眨眼、鼻尖出现皱纹等,这些症状都是因为被压抑的欲求得不到满足和思想变化在无意中的表现。当我们从对方脸上看到这些症状时,就可以判断这些症状背后隐藏着什么样的感情和动机。

神态:彰显人的内心

人的面部神态是非常丰富的,研究者认为人的脸能表现出大约上万种神态,如专注倾听的神态、厌恶的神态、兴高采烈的神态、神清气爽的神态、木然的神态、暧昧的神态等。脸面处于人体最暴露的位置,其表露出的神态无时无刻不在传递着各种信息。正是这些信息,对研究和了解人的性格和心理起着十分重要的作用。

此外,一个人的命运与他们的神情一般也是密不可分的,所以有人说,根据一个人的神情,便可以推测他的过去、现在和未来。

目光清莹、容光焕发的神态

精神状态好的人,由于内心清明而厚重,表现出一种潇洒或庄重的神情。内心清明或庄重,大脑就会清醒,思维就会准确,因而判断就会准确无误。这样的人办事往往马到成功,其前途和命运当然不言自明。

精神状态好的表现主要有:目光清莹,目不斜视,眉清目秀,容光焕发。他们极目远眺,就像秋天的阳光照耀着无际的霜天,让人感到心旷神怡;当他们观看近处的时候，犹如春回大地，生机勃发。这种人处理事情，给人一种镇定沉着，刚毅果断，处乱不惊，临危不惧的感觉，就像猛虎踏步深山；他们与别人相处，和别人融为一体，而又不淹没在众人之中。

精神状态好的人，坐有坐相，站有站相。古人说，坐如钟，行如风，卧如弓，立如松。意思是说，坐的要求是稳健而端庄，行的要求是迅速而有力，卧的要求是安静而自然，立的要求是挺拔而有气势。这种人在沉默静养的时候，气定神闲，喜怒哀乐不显于色，不乱说话，不烦躁，能够自然而然地对待周围的一切。

在错综复杂的环境之中，这种人能够不为酒色财气所动，能够守身如玉，心如止水，不变节，不屈膝，可谓富贵不淫，威武不屈。这种人动如猛虎，静如处子，不易受人影响，他们既能得到众人的喜欢和佩服，又有办大事、成大业的能力，所以前程当然远大。

表情沉静、深思熟虑的神态

沉静的人行动虽然不甚敏捷，但是好学深思，往往成就斐然。这样的人性格比较文静，做事总是一声不响，细致入微，有一股锲而不舍的钻研精神，因而一般会成为某一个领域的专家或能手。

这种人过于沉静，因此常常显得动作不够敏捷，凡事往往考虑得过多，因此常常错过快要到手的机遇，幸运往往擦肩而过。这种人兴趣比较少，一般只局限在自己的小圈子里，对周围的事情不大关注。

他们虽然不大发表自己的意见，并不等于没有好的见解。这种人看问题常常比较深入，只是不愿意讲出来而已。因此，他们常常被人所忽视。其实，他们的见解有时很深刻。

处事不惊、麻木不仁的神态

人的情绪会发生变化，这是正常现象。有的人在正常情况下可以保持平常的心态，而在不正常的情况之下也可以保持平常的心态。这样的人可能有两种情况：一种是长期的磨炼所致，他们会在紧急情况出现的时候还保持一种泰然处之的神态，一个比较成熟的领导干部常常是这样；一种是反应迟缓，对突发情况麻木不仁,这样的人实际上是人们常说的"蠢人"。

故意掩饰人之常情,不是不可能,而要看他的修炼够不够。只要认真修炼,一个人是完全可以处乱不惊的。那种对突发事件麻木不仁的人,不是因为修炼得好,而是本身缺乏一种昂扬之气,行为举止中充满了柔弱的神态,不敢与他人争高低。这样的人不是人们所说的"难得糊涂",而是实实在在的软弱无能,这样的人自然没有开拓精神。

镇定自如、胸有成竹的神态

一个人有没有心计,做事是否胸有成竹,这不是天生的,而主要是后天形成的。俗话说:"山中有直树,世上无直人。"其实,一个人城府的深浅,并非天生的。很多情况表明,人在年轻的时候,总认为天下没有办不到的事情,这是由于他们的社会阅历比较浅,性格直率,一心希望做坦坦荡荡的人。随着时间的推移,他们见的事情多了,碰的壁多了,渐渐的心理承受能力强了,做事自然会三思而后行。

这时,他们学会了遇事多加考虑,相机而动,不鲁莽、不粗心、不声张,常常都沉得住气,容得下人。这样的人往往城府很深,常常能够成就大事。他们的思维不是十分敏捷,但他们善于抓住一些重要的信息,并且对这些信息给予高度的重视,最终把握事物的本质和关键。

这样的人常常具有比较强的耐心,做起事来很自信,给人一种胸有成竹的感觉;并且处理问题时能够想出比别人更好的办法,因而做事容易取得成功。

笑容:不同的内涵

人们有时候的情感表现,并不那么率直。潜藏在人类内心深处的种种感情和欲望,在一个特定时期内,由于内外在因素的影响,脸部表情会变得十分复杂。这种情况在生活中很多,笑容就颇值得研究。

应酬的笑

在公共汽车或在医院候诊室里,有许多人坐在一起。他们互相之间并不交谈,你怎么能看出他们都是陌生人,或其中有两三个是熟人呢?从他们脸部的表情,就可以了解到这一点。

安心的笑

如果是关系较亲近的人坐在一起,即使互相不看对方,面朝前,也可以在他们脸上感觉到那种若有若无的浅浅笑意。更正确的说法,莫如说他们的脸部表情中浮现着一种难以形容的恬适感,共同表现出亲人或朋友就在身边的安心感。

真挚的笑

有一位研究识人术的学者,某日下午坐火车去某地,在车上他发现一位年轻女性流露出一副极为高兴的神情。当时,学者猜想,大概是她心中有什么特别高兴的事情吧,结果,当她准备下车时,却搀扶起一个相当高龄的老人。原来,她之所以那么高兴,是因为和爷爷在一起。

像这种毫不顾忌他人的眼光所表现出来的笑容,便是最真挚的情感。

自嘲的笑

当一个人肩上背着大挎包,手里拎着旅行袋,急匆匆地向地铁列车赶来时,车门却关紧了。他一边眼睁睁地看着地铁列车离去,一边跺着脚懊恼不已,脸上却浮现出一种笑容。

这种情形的笑容,当然不是愉快感情的流露。如何解释这种笑呢?原来,那个赶不上地铁列车的人,由于自己的狼狈和窘相毕露,便把自己作为嘲笑的对象,企图掩饰内心的焦灼感和失望感。这种自嘲现象,相信你在生活中,一定也碰到过。

还有一种咧嘴傻笑的现象,也属于上述范畴。这种傻笑,是为了向他人表示,自己并不介意陷入不利的或尴尬的状况中,而以笑的行为,企图得到精神上的安慰,使心理得到安宁。

拒绝的笑

有经验的服务员,面对蛮不讲理的顾客,往往既坚持原则,又报以微笑。这种微笑,并无攻击对方之意,却有助于传达婉转地拒绝或感到为难的信号。

如果你的这种微笑,还不能使对方就此罢手的话,那也没有关系,你还可以使出另一个"杀手锏"。那就是,突然中止你的微笑。

突然中止微笑的神态语言,在传达着这样两种意思:"你的话,我一概不同意"或"我跟你并无共同意识"。于是,喋喋不休的对方也会开始感到不安,并顿悟到你所发出的拒绝与警告的信号。他尽管在表面上仍然故作镇静地应酬几句,但很快就告退离去。

诡异的笑

那种在露出笑容之后,立刻又板起面孔者,都是相当难缠的人,万万不可对他掉以轻心,因为若是个很平常的人,由内心的欢愉发出微笑后,笑的余韵必然会残留在脸上,慢慢地褪去。那种不管在何时何地何种情况下,脸上的表情变化简直像按动开关一样,说来就来、说去就去的人,说明他极有心机,乃是需要加强防范的人物。

眼神是探索心理密码的探照灯

美国著名批判现实主义作家欧·亨利说:"人的眼睛都是探照灯。"一个人在想什么,有哪些需要和意图,往往是隐藏在内心深处的。但是,它们并不是无迹可寻的,眼睛是打开心灵密码的金钥匙,是感知内心世界的重要渠道。无论一个人有多深的城府,用多么高超的技巧来隐藏自己的企图和需要,只要盯住他的眼睛,就能窥探出他内心的秘密。因为一个人的语言、动作可以伪装,而眼神是无法伪装的。因此,当我们想要了解一个人的真实意图或需要时,就要把目光放在他的眼睛上。

在人际交往中,如果我们用心观察,就不难发现,当别人跟我们交谈时,对方的眼神和视线往往是千变万化的。如果我们不能很好地琢磨眼神和视线变化的意义,就很难在短时间内抓住对方的所思所想,这样一来,我们就很难在人际交往中把握主动权。因此,我们必须学会通过眼神和视线,了解对方内心深处的欲望和需求。

首先，我们要注意对方的眼神和视线是否专注。

当我们与别人交谈时，如果对方的眼神和视线根本就不曾注意到我们，那么说明他根本就不想理我们，或者是他对我们所说的根本不感兴趣。这种情况又可以分为两个方面：一方面是对方对我们提出的话题确实不感兴趣，或者是我们谈论的话题跟对方一点关系都没有，对方根本无需在意我们说的是什么。在这种情况下，我们就应该适可而止了，千万不要喋喋不休，惹对方反感和厌烦；另一方面是对方在用心听你说话，而且还听得很仔细、很认真，可是他却装出一副心不在焉、不屑一顾的样子，以表示他的不重视、不在乎。这种情况是一种掩饰和伪装，目的是转移我们的注意力。如果我们被对方的假象所迷惑，停止说话，对方就会认为我们是在故意耍他，从而影响彼此之间的人际关系。

当我们与别人交谈时，如果对方的眼神和视线比较专注，那么说明对方在很专心地听我们说话。这种情况也可以分为两个方面：一方面是我们说的话题确实是对方感兴趣的，所以对方很乐意听我们喋喋不休的絮叨；另一方面是我们所说的对方根本不感兴趣，或者对对方来说根本没有什么用处可言，对方只是出于礼貌和尊重，才没有打断我们的谈话而已。这时候，我们应该适时地结束谈话，或者转移话题。

如果我们想在人际交往中给别人留下好印象，那么就要在对方说话时，让我们的眼神和视线专注一点，以表示我们的礼貌和尊重。当然，也不要直勾勾地一直盯着对方的眼睛看，要适时的变化一下角度，否则就会弄巧成拙。

其次，从视线的移动频率来窥探对方的心理。

当我们与别人第一次见面时，如果对方的视线在我们身上上下地来回扫动，那么说明对方在打量我们，这并不是一种不礼貌的行为，而是一种本能的动作。这时候，我们大可以从容一些、大方一些，给对方留下一个好印象。

当我们的视线和对方的视线相撞时，如果对方立即把自己的视线从我们身上移开，说明对方是个比较内向、自卑的人，或者是对方做了某些对不起我们的事情,对我们有所隐瞒。

当我们在发表言论时,如果对方的视线飘忽不定,说明他对我们的发言根本不感兴趣,希望我们快点结束。如果对方带着淡淡的微笑,目光不时地和我们的视线相接触,则表明他对我们的发言很感兴趣,期待我们继续讲下去。

在男人和女人的交往中,我们经常会看到这样一幕:一个男人在看到自己心仪的女性之后,并没有睁大眼睛盯着对方不放,而是匆匆瞥了一眼之后,就把视线移到了别处,装出一副满不在乎的样子,其实这种男人有很强的心理欲望,只是自己的理智战胜了情感,由理智而产生了自制行为。另外,行为学家亚宾·高曼经过研究指出:对异性瞄上一眼之后,闭上眼睛,是一种"我相信你,不怕你"的体态语。因此,当一个人看异性时没有把视线移开,而是闭上眼睛后,再翻眼望一望,如此反复,就是尊敬和信赖的表现。尤其是当女性这样看男性的时候,就可以认为是有交往的可能。

再次,通过视线的角度来窥探对方的心态。

在人际交往中,如果对方仰视我们,那么表达的是一种尊重和敬佩;相反,如果对方俯视我们,那就是他在有意地保持自己的尊严。

如果对方自顾自地干手上的活儿,并没有把视线从活儿上移开,说明对方对我们并不感兴趣,表现的是一种怠慢、冷淡、心不在焉的情绪。

如果对方对我们斜视,那就表示对我们不屑一顾,是对我们的轻蔑和鄙视;如果对方对我们扫视一番,然后发出笑声,说明对方在讥讽和嘲笑我们。

如果对方的视线是严肃的、犀利的,那么说明对方是在警告我们,说不定我们已经冒犯了他。相反,如果对方面带微笑,视线中透露着一种和蔼、温和的眼神,那么说明对方很尊敬我们,也很关注我们的谈话。

总而言之,眼神是一个人内心世界的外在流露,只要我们用心观察,就不难发现对方心里的真实意图或需要。只要我们掌握了这个阅人技巧,就可以在为人处世方面做得更好一些,在生活中少走一些弯路。

眼睛动作透露人的心机

医学研究发现:眼睛是大脑在眼眶里的延伸,眼球底部有三级神经元,它和大脑皮质细胞一样,具有分析综合能力。因此,眼睛是人的五官里最灵敏的。又由于瞳孔的变化、眼球的转动等活动,是直接受脑神经支配的,再加上眼皮的张合、眼睛与头部动作的配合等一系列动作,人的情感和欲望就自然而然地从眼睛中流露出来了。

由此可见,通过观察一个人的眼部动作,可以准确地把握对方的欲望和企图。具体来说,常见的眼部动作主要有以下几种:

眼睛斜瞟

斜眼瞟人通常以女性居多,如果一个女人第一次和你见面就用斜眼瞟你,往往是在告诉你:"你很帅,我很喜欢你,只是我很害羞,不敢正眼看你,但我又很想好好看看你,所以没办法,我只能偷偷地看你了。"这时候,你应该感到高兴,而不是生气对方不拿正眼看你。

眼睛上扬

眼睛上扬是一种体现无辜的表情,如果你在说别人的坏话,对方做出这种表情,往往说明对方确实没有做过那种事,你是在造谣生事。当然,眼睛上扬通常会配合耸肩的动作,但是这种动作多发生在外国人身上。

挤眉弄眼

向对方挤眉弄眼是一种默契的表现,就好像是在告诉对方:"我们做的事情天不知、地不知,只有你知我知。"当然,也有人在扮鬼脸时会挤眉弄眼,目的是让自己的装扮更加逼真。如果有人对你做出这种动作,往往说明这个人对你印象不错,或者是喜欢你,特别是在小孩身上,这种情况更为普遍。

眨巴眼睛

根据眨眼的频率,眨巴眼睛又可以分为以下三种情况:如果是对方面对着你快速地眨眼睛,说明他在暗示你:"有的事可以说,有的事不可以说,那是我们之间的秘密";如果是对方一个人在快速地眨眼睛,特别是脸部朝下时,说明他快要哭了,而且情绪非常激动,这时候,你需要做的就是给予对方安慰;如果对方眨眼睛的幅度比较大,速度也比较慢,那就是说他不相信眼前发生的一切,他需要睁大眼睛来看清楚,看看自己刚才是不是看花眼了。

眼睛上吊

眼睛上吊的人往往心机极重,而且会为了自己的私欲夸大事实,但他们大都有一定的自卑感,不敢正视对方。

眼睛下垂

眼睛下垂往往代表着不友好,有轻蔑对方或对对方毫不关心之意。具有这种习惯动作的人,一般个性都比较冷静,很少有情绪冲动的时候,而且这种人比较任性,轻易不会受他人的影响而改变自己的观点。

眼珠不同方向地转动

眼珠转动的方向不同,代表的意思也不同:眼珠向左上方运动,表示对方在回忆过去;眼珠向右上方运动,表示对方在想象以前没见过的事物;眼珠向左下方运动,表示对方心里正在盘算;眼珠向右下方运动,表示对方正在感觉自己的身体;眼珠或左或右平视,表示对方正在专心听你说话,并且想尽量弄明白你所说的意思。

瞳孔变化

不仅眼珠的转动方向能透露一个人的心机,瞳孔的变化同样有这样的效果。如果你仔细观察就不难发现:当一个人感到愉快、满意或兴奋时,他的瞳孔就会比平常扩大4~5倍;相反,当一个人生气、不满或情绪萎靡不振时,他的瞳孔就会收缩得很小;如果一个人的瞳孔没有什么明显的变化,往往表示他对看到的物体漠不关心或者心里感到很无聊。

瞳孔变化透露对方的兴趣

如果一个人对某人或某件事感兴趣，即使他用语言或动作来掩饰自己的真实情感，他的兴趣依然会透过一些蛛丝马迹暴露出来。而暴露他兴趣的"突破口"就是他的眼睛，确切地说应该是他的瞳孔。

瞳孔是眼球中间的圆形小孔，是光线进入眼睛的门户。它能控制光线进入眼睛的量。瞳孔的变化能反映一个人的兴趣和情感变化，这是由美国心理学家赫斯发现的。

1960年的一天晚上，赫斯正躺在床上翻看一本动物画册。突然，赫斯的妻子发现丈夫的瞳孔一下子变得很大，而当时卧室里的光线并不是很暗，这是为什么呢？赫斯百思不得其解。临睡前，他猛地想起：瞳孔的变化或许与人的情绪变化密切相关。

第二天清晨，赫斯带着一张美女画像和几张美丽的风景画来到实验室。他让自己的助手看这些画，然后观察助手瞳孔的变化。当助手看到那张美女画像时，瞳孔明显扩大了。赫斯由此断定，瞳孔的变化的确与兴趣和情感有着不解之缘。

紧接着，赫斯又做了一系列实验。他让被试者观看放映在屏幕上的一组画面，然后用摄影机录下他们的瞳孔状况。结果显示，当一个活泼可爱的婴儿出现在屏幕上时，很多为人母亲的被试者大感兴趣，瞳孔明显扩大；当一群凶恶的鲨鱼出现在屏幕上时，被试者普遍感到厌恶，瞳孔一下子缩小了很多；当一堆战死沙场、血肉模糊的尸体出现在屏幕上时，被试者的瞳孔先是扩张得很大，接着马上缩小了，这反映了人们震惊、恐惧的情绪。赫斯由此得出结论：当人们看到令自己愉悦或感兴趣的东西时，瞳孔会放大；而当人们看到令自己害怕或讨厌的东西时，瞳孔会缩小。

这就给我们提供了一个有效地判断他人兴趣的重要途径。当一个人对某个人或某件事物有兴趣时，瞳孔就会放大，让更多的光线进入，以便于"看得更清楚"；当一个人对某个人或某件事物没有兴趣时，瞳孔就会缩小，好让自己"眼不见、心不烦"。

事实上，一些市场调查公司就经常利用这一点来观察顾客的兴趣点。他们会安装一些隐形摄像机，以此来检测顾客瞳孔的变化情况，以便确定顾客在看到不同商品和包装时的反应。很多商家也有这种本领，在顾客挑选商品时，他们一直盯着顾客的眼睛，然后依据顾客瞳孔的变化来判定顾客是否对某件商品产生了兴趣。当顾客看到心中想要或者喜欢的商品时，难免会情不自禁地激动起来，瞳孔就会随之放大，这就把他内心的兴趣和情感"和盘托出"了。

此外，当一个人对某件事物很感兴趣时，不仅他的瞳孔会扩大，他的目光还会长时间停留在那件感兴趣的事物上。一位收藏家把几件珍贵藏品展示给一个鉴定者看，他很快注意到：鉴定者的目光在其中一件藏品上停留的时间比在其他藏品上仪的时间长。此外，根据监视器录像的放大画面显示，鉴定者在看那件藏品时，眼睛睁得很大，瞳孔很明显地放大了。而鉴定者本人也承认，跟其他藏品比起来，他对那件藏品的兴趣最大。

瞳孔的放大或缩小往往是无意识的，也是难以掩饰的，因此，我们完全可以利用瞳孔变化的规律，测定一个人对某个人或某件事物的兴趣、爱好以及他内心的真实感受。

笑容背后的真实含义

人的笑容是由两套肌肉组织控制的：以颧肌为主的肌肉组织可以让人的嘴巴微咧，双唇后扯，牙齿露出，面颊提升，然后再把笑容扯到眼角上；而眼轮匝肌可以通过收缩眼部周围的肌肉，使眼睛眯起，眼角出现褶皱，即我们通常所说的"鱼尾纹"。

了解这些肌肉组织的功能，对我们正确理解他人的笑容具有非常重要的意义。因为以颧肌为主的肌肉组织是受我们的意识所控制的。换句话说，当我们想在别人面前显示自己的友好或谦恭时，即便没有快乐的事情发生，我们也能有意识地命令这部分肌肉收缩,制造一种敷衍或虚伪的笑容。但是,眼部周围的眼轮匝肌的收缩却是完全独立于我们意识之外的,所以,它呈现出来的往往是发自肺腑的真心笑容。

因此,如果你想知道对方的笑容是不是真心的,首先要观察他的眼睛,观察他的眼角是否有"鱼尾纹"。自然的笑容会让人的眼睛四周产生细纹,而在一张不真诚的笑脸上,细纹只会出现在嘴的四周。因为发自真心的笑容不仅会双唇后扯、嘴角上提,同时还会带动眼部周围肌肉的收缩,而虚与委蛇的笑容则只能引起双唇周围肌肉的收缩,眼部周围的肌肉不会有什么明显的变化。

科学研究证实,一个人的笑容越多,别人对他的态度就会越友好。笑容其实是在向对方传递一种表示谦恭、顺从的信号。在人际交往中,我们时常利用笑容告诉他人,自己不会给他们带来任何伤害,希望对方能够从私人角度接受自己。笑容最大的特征就是它富有很强的感染力。而这种感染力主要来源于我们大脑里的"反射神经元",它不仅可以让我们的大脑迅速地识别别人的面部表情和动作,而且能向我们的面部肌肉发出指令,做出与所见表情相似的面部动作。所以,当你向别人露出笑容时,无论是真心的还是假意的,对方都会自然地回馈给你一个充满笑容的脸。因此,在人际交往中,每个人都在尽可能多地展示着自己的笑容。

但是,所处的场景不同、心态不同,发出的笑容也有所不同。可见,笑容是可以人为控制的。比如,当你驾车行驶到十字路口时,一辆警车开过来,并且停在了你的车旁,这时候,即使你没有违反交通规则,警车的出现也会让你感到惴惴不安。于是,你会反射性地马上堆起满脸的笑容,向警车上的警察示好。而这也就有力地证明了,笑容是完全可以由意识控制的。因此,我们必须结合具体的背景来考察笑容背后的真实含义。

以下是日常生活中最常见的几种笑容形式以及它们代表的含义,供大家借鉴和参考:

抿唇笑

一个人在露出这种笑容时,双唇紧闭且向后拉伸,形成一条直线,完全看不见嘴巴里面的牙齿。这种笑容背后的秘密是：微笑者心里隐藏着某些不为人知的秘密，或者他不想与别人分享自己的想法或观点。

女性在遇到自己不喜欢的人而又不想让对方知道这一点时，通常会露出这样的笑容。在其他女性看来，这种笑容是一种非常明显的拒绝信号。但大多数男性却很少能明白这种笑容背后的深意。

杰克参加了一个交友俱乐部。在一次活动里，他的目光停留在了一位魅力十足的黑发女子身上。而此时，那位女子也正抿嘴微笑地看着他。于是，杰克毫不迟疑地走上前去，与那位女子攀谈起来。女子的话不多，但她依然微笑地注视着他，所以，杰克仍然喋喋不休地继续着他的谈话。这时候，杰克的一位女性朋友从他身旁经过，悄悄地对他说："算了吧，杰克……在她眼中，你根本就是个笨蛋！"一听这话，杰克顿时目瞪口呆。可是，那位女子此时仍然朝他抿嘴微笑着。其实，杰克不过是犯了大多数男人都会犯的错误——误解了女性在微笑时紧闭双唇的内在含义。

在一些杂志或报刊上，经常会刊登一些成功人士的照片。从这些照片中，我们同样能看到这种抿唇式的笑容，这种笑容仿佛是在告诉我们："我已经掌握了成功的秘诀，你们猜猜是什么呢？"而在这些成功人士访谈中，他们大都会谈及一些获得成功的基本原则和基本方法，可是，他们却很少将自己获得成功的具体方法和细节公之于众。

歪脸笑

歪脸笑通常表现为一张扭曲的笑脸，即两侧脸庞的表情恰恰相反。当一个人出现这种笑容时，其过程大致是：在右半脑的指令下，这个人左边的眉毛向上扬起，与此同时，由于左侧颧肌的收缩，他的左脸颊上便浮现出了一种看似微笑的表情。而在左半脑的指令下，他右边的眉毛却因为眼轮匝肌的收缩而向下沉，而嘴角和整个右脸颊也微微下移，从而露出了一种皱眉式的表情。

如果这个人在自己头部的正中间垂直放置一个双面镜，使两侧脸颊的表情通过镜子的反射呈现于镜子当中，他会明显地看到，镜子两侧根本就是两种完全不同的表情。右侧脸庞经过反射后形成的表情是咧嘴大笑；而左侧脸庞经过反射后却是一副愤怒、蹙眉的表情。这种歪脸式的笑容通常都是大脑意识作用的结果，它传达的信息其实只有一个——挖苦和讽刺。

开口大笑

一个人在开口大笑时，往往嘴巴张开、下巴低垂、嘴角上扬，这种笑容虽然看起来有点不太自然，但却能给人一种很开心的感觉。在美国电影《蝙蝠侠》中，与蝙蝠侠作对的那些丑角，还有美国前总统比尔·克林顿以及好莱坞著名影星休·格兰特等，都非常钟爱这种笑容，而且喜欢利用这种笑容在观众中营造一种快乐的氛围，以勾起他们想笑的欲望，或是为自己赢得更多的选票。

斜瞄式的微笑

所谓斜瞄式微笑，即微笑时双唇紧闭，同时还低下头，歪向一侧，并且斜着眼睛向上看，这种笑容会让人不由自主地想起少年时的俏皮。无论何时何地，女人都喜欢在心爱的男人面前露出这种略带腼腆和害羞的笑容，因为这种笑容很容易引发男人体内的保护欲，使男人萌生保护女人，呵护女人的念头。

已故的戴安娜王妃就是利用这样的笑容征服了全世界。戴安娜王妃那种俏皮的微笑似乎有一种神奇的魔力，凡是见过她微笑的人，无论是男是女，都会心悦诚服地拜倒在她的石榴裙下。对男人而言，这种既俏皮又有些腼腆的笑容不仅是一种极具挑逗性的信号，而且能激起男人体内的保护欲望。所以，很多女性在求爱时，常常利用这种笑容征服心爱的男人。现在，威廉王子的脸上也常常会出现这样的笑容，除了想要笼络人心之外，他或许还有另外一个心愿——希望人们由此联想到他的母亲戴安娜王妃。

"理亏气壮"背后的心理秘密

在一间咖啡厅里，顾客们正享受着美好的休闲时光。突然，一个男顾客高声喊道："服务员，你给我过来！你看看你们的牛奶，这明明是过期变质了，都结块儿了还卖,白白糟蹋了我的一杯红茶!"服务员赶忙走过来,一边微笑,一边赔不是:"对不起先生,我马上给您换一杯新的。"

很快,一杯新的红茶端上来了,跟先前那杯一样,配着新鲜的牛奶和柠檬。服务员再次微笑着对那个男顾客说:"先生,我能不能建议您,如果放了柠檬,就不要再加牛奶呢?因为柠檬酸会使牛奶结块儿,使牛奶看起来像坏掉了似的。"说完,服务员便轻轻地走开了。只见那个男顾客一脸通红,迅速地端起茶杯,强作镇静地喝了两口,然后就起身离开了。

角落里,刚才那位服务员的同事愤愤不平地说:"明明是他错了,居然还那么大声地嚷嚷,你为什么不直接说他,让他当众出丑呢?"那位服务员回答说:"正因为他大声嚷嚷,所以我才用委婉的方式跟他说,不然不就吵起来了吗?况且,道理一点即明,根本用不着大声说啊!"

这则小故事给我们的启示是:有理不在声高。事实的确如此,声调的高低与一个人有理与否并没有必然的关系。在现实生活中,很多"理不直"的人,常常用"气壮"来压人;而很多"理直"的人,却常常用"气和"来待人处世。

人们常说"理直气壮",意思是说只要一个人有理,说话的气势就可以很强盛。但是在现实生活中,我们却常常看到很多相反的情形:明明是他理亏,反而比理直的一方更有底气、更有气势,甚至到了嚣张跋扈的程度。这种人往往能凭借自己的"三寸不烂之舌",把没理说成有理,把黑白活生生地颠倒过来,最终导致理直的一方委屈至极,有苦无处诉、有冤无处申。由此可见,在现实生活中,有理的不一定声高,声高的不一定有理。

那么,既然没理,这类人为何还要如此高声呢?这主要是由他们的心理原因造成的,这类人通常有以下三种心理:

第一,为了掩饰内心的虚弱。其实,自己究竟有理没理,他们心里是最清楚的,没理还要争三分,多半是在胡搅蛮缠,以便保住自己的面子,给自己找个台阶下。

第二,他们之所以没理还要搅三分,实际上是在利用人们"趋弱避强"的心理,企图通过虚张声势的方式来压倒有理的对方,获得自己本不应该获得的利益。

第三,他们根本没有意识到自己的错误,而是把"罪过"全部推到对方头上。

那么,当我们遇到这类人时,应当如何应对呢?

如果是第一种情况,我们不妨报之以微笑。等他挣足了面子,或者自觉无趣时,自然会偃旗息鼓。如果遇到过分飞扬跋扈的人,我们不妨用低头来显示自己的修养和胸襟。公道自在人心,别人看到你有理还敢于低头,自然会对你心生敬意,为你鼓掌喝彩。换个角度想,与人方便、自己方便,给别人留足面子等于一种人情投资,从长远来看,这绝对是一桩有赚无赔的"买卖"。

如果是第二种情况,我们就要坚守自己的立场,坚决维护自己的正当利益,千万不要被对方虚假的表面吓唬住。这种人只不过是在虚张声势,试图通过张牙舞爪彰显"威力",其实他们就像纸老虎一样,一捅即破。所以,只要你敢于坚持自己的立场,他们很快就会败下阵来。

如果是第三种情况,我们完全可以像开篇故事中的服务员一样,微笑以对,用平和、委婉的方式将道理点明即可,让无理者自己去接受"冲动的惩罚"。

最后需要强调的是,在处理这类事情时,无论碰到上述哪一种人,最关键的一点就是,我们要保持冷静的头脑和平和的态度,切不可被对方的虚张声势吓唬住。只有这样,我们才有机会强化自己的优势,化不利为有利,赢得对自己最有利的结局。

好奇心解开对方的兴趣密码

如果我们想了解一个人对某人或某事物是否有兴趣,不妨利用对方的好奇心来解开他的兴趣密码。这种方法可以适用于很多领域和场合。通常情况下,一个人如果对某人或某事物感兴趣,他肯定会想得到更多的关于这个人或事物的信息。根据这一点,我们可以先吊他的胃口,如果他想得到更多的信息,说明他至少是有那么一点儿兴趣。如果他并不感到好奇,那就说明他不感兴趣。这种方法的关键就是看对方有没有好奇心,因为他为了满足自己对某人或某种事物的兴趣,总会有所举动,而且,他投入的时间和精力越多,说明他的兴趣越大。

刘小姐是某公司的财务部主任。最近,公司财务部缺人手,他很想知道员工小秦是否有兴趣转到财务部工作,因为小秦是学财会的,而且做事踏实细心。但是,她觉得自己不应该直接去问,而应该这样说:"小秦,你知道吗?财务部现在正在招新人呢。"当然,小秦如果是个好奇心比较强的人,可能会打听一下薪水、工作时间等情况。但如果她真的对财务部的工作感兴趣,她肯定会花一些时间和精力去获取更多的信息。因此,刘小姐继续说:"不过,我听老板说,这次他想找一个工作效率高,并且为了完成工作宁愿加班的人。"

将这些信息透露给小秦之后,接下来刘小姐只要注意观察小秦的反应和举动,就可以了解她的真实想法了:如果她像往常一样下班立即走人,说明她对转入财务部没有任何兴趣;如果她下班后会在公司里停留一段时间,说明她对转入财务部很有兴趣,并且正在为此而积极努力。

通常情况下,一个人的自信心水平和他的兴趣水平是成反比的。当我们对某人或某事特别感兴趣时,我们就会不惜消耗自己的精力去获得他/它。这时候,我们的注意力就会变得高度集中,这样一来,我们的视角就相应地变窄了。我们会依据自信心来测定兴趣水平,反之亦然。比如,一位美丽的女士对自己的外貌和身材非常有自信。但是当她对某位男士很有好感,想给这位男士留下美好印象时,她的自信心就会大打折扣,甚至变得缺乏自信,对自己没有把握。再比如,一个人有几个面试的机会,他可能就会很耐心、很客观地去了解和评估每一次机会。然而,如果一个人两三年都无所事事了,忽然间得到了一个面试的机会。这时候,他的思想就会完全不同了,他会反复地回想这次面试,仔细地分析每一个细节,唯恐会失去这个工作机会。所以说,当一个人对某人或某事特别感兴趣时,他就会自信心大减,甚至表现得心神不宁、焦躁不安。

在现实生活中,只要你有机会跟别人交谈,这种方法就可以让你对对方的兴趣程度有一个详细的了解。那么,这种方法该如何具体操作呢?下面简单介绍一下这种方法的步骤,希望对大家有所帮助。

第一步:初步观察

告诉对方他可以得到某些机会,如果他表现得非常自信,我们初步可以得出这样的结论:第一,他很高兴能得到这些机会,并期待有一个好的结果。第二,他对得到这些机会并不感兴趣。简单地说,他之所以表现得如此自信,是因为他根本不在乎能不能得到这些机会,而不是因为他确信自己能够获得这些机会。相反,如果在这一步骤中,对方看起来缺乏信心,我们就基本上可以断定,他对得到这些机会有浓厚的兴趣。

第二步:现实转换

通常情况下,一个人的视角越宽,他对现实就会看得越清楚、越透彻;但是,当人为地把他的视角变窄以后,他就没办法看得那么清楚、透彻了。因此,如果我们想知道对方是否对某人或某事感兴趣,不妨进行一次"现实转换",减少他获得的可能性。如果他的自信心水平明显降低,就说明他对那个人或那件事很感兴趣。如果他的自信心水平保持不变,那就说明他不太感兴趣。

那么,怎样才能判断对方的自信心水平是不是降低了呢?自信心降低通常有以下几种迹象:无法集中精神、紧张或者不自在地来回走动等。

第三步:观察反应

经过上一步的"现实转换"之后,我们只需观察对方的反应和行为,就可以知道他的兴趣程度了。如果他变得情绪低落、紧张或焦躁不安,说明他很感兴趣。如果他看上去依然很轻松,并没有感到紧张和焦虑,这时我们就可以判定,他并不是特别感兴趣。

第四步:战术转换

当一个人认为自己不可能有机会时,就算我们告诉他获得某种东西的机会减少了,他也不会表现出关心的迹象,更不会有紧张和焦虑等情绪表现。但这并不表示他对得到那种东西不感兴趣。为了避免我们的判断出现失误,我们可以采用另一种"战术"——告诉对方怎样做才能得到他想要的,然后观察他的反应,如果他表现得很激动,我们就可以判定,其实他还是很感兴趣的。

现在,让我们把这4个步骤组合起来,看看这种方法在现实场景中是如何应用的。

一位售楼员想知道客户的真实想法。客户看上去对自己提供的楼盘很感兴趣,但很多客户都会有这种表现,所以这位售楼员想进一步确认一下。首先,这位售楼员需要转换一下视角,然后观察客户的兴趣水平是上升了还是下降了。比如他可以这样问客户:"××先生,您应该知道,买房子比其他大多数消费有更多的限制性。"现在再来观察客户的反应,如果他看上去漠不关心,或者毫无反应,就说明他对买房子没有兴趣,而且对自己偿还贷款的能力没有信心。但是,如果他变得烦恼和焦虑,说明他可能有兴趣,而且在此之前对自己的偿还能力有足够的信心。此时,售楼员就要进行最后一次试探了。如果这时候还是没有观察到客户的举止表情有任何变化,那么,有可能是因为客户对于这次交易没有一点儿信心。但这并不表示客户对买房子没有兴趣。这时候,售楼员不妨采取另一种"战术"——告诉客户怎样才能得到他想要的,比如告诉客户可以尝试利用无首期贷款来买房。如果客户开始向售楼员询问各种问题,并表现得激动不已、欣喜若狂或更加活跃了,那么售楼员基本上可以断定,这个客户对买房其实很感兴趣,只不过他对自己的购房能力缺乏信心而已。

习惯话题反映对方的兴趣和需要

人们在相互交谈时,大都有一个不是习惯的习惯,即不论是初次相见还是相识已久的人,见面时谈论的话题往往是谈话者的兴趣或嗜好的直接体现,因为一个人心中热衷于什么事,必然会表现在话题上。比如与已婚女性交谈时,她们的话题多半会集中在自己身上,因为她们觉得自己才是她们最关心的对象。有时候她们也会谈论自己的丈夫或孩子,因为在她们心中,丈夫和孩子就是自己的化身,谈论他们就等于在谈论自己。与这样的女性交谈时,你最好以一个倾听者的形象出现,承认她们是贤惠的妻子、伟大的母亲。

再比如,与年轻的小伙子交谈时,他们最爱谈论的话题是汽车,尽管他们中的大多数人都还暂时买不起汽车。其实,他们之所以如此热衷于汽车的话题,无非是想显示自己将来一定有能力买车,或显示自己对这方面懂得很多。因此,与这种年轻人交谈时,你要全神贯注地听他们说,千万不要摆出一副不耐烦的面孔,因为你的耐心可以很好地满足他们的虚荣心。

由此可见,一个人的心理会从话题中不自觉地呈现出来。因此,我们要学会透过话题揣摩人的心理。要想做到这一点,我们大致要从两个方面去观察:一是从话题的内容去了解对方的内心;二是从话题展开的方式去探索对方的真意所在。下面我们就来看一下几种人们常爱谈论的话题,并简单分析一下这些人的心理状态。

爱谈论自己的人

有的人在与人交谈时,总喜欢谈论自己的情况,比如自己的个性、兴趣爱好、事业成就以及自己对某些事情的看法等。这种人往往性格比较外向,而且比较诚实忠厚。喜欢在人前谈论自己,这说明他们主观意识比较强,喜欢在人前显露自己的优点和长处,多少有点虚荣心,渴望别人关注自己、了解自己,希望自己能在众人的谈话中处于焦点位置。

不爱谈论自己的人

有的人在与人交谈时,很少谈论关于自己的情况,即使是一些可以公开的个人话题,他们也不愿意涉及。这种人大都比较内向和保守,对事物没有鲜明的观点和看法,感情色彩比较弱,主观意识也比较淡薄。在人际交往方面,他们往往具有很强的防范心理,尤其是对自己的信息有很强的防范倾向,而且多少有点儿自卑心理。当然,其中也不乏一些含蓄内敛、城府极深的人。

爱谈论他人的人

有些人在与人交谈时,总喜欢以第三者为话题,并且滔滔不绝、评论不休。他们会不停地谈论第三者的是非功过,并且以贬低和批判为主。通常情况下,被谈论的第三者与谈话双方都比较熟悉。这时作为倾听者的你就要留意他的意图了。在他批判第三者时,他很可能还要让你发表一下意见和看法。这时你要明白对方的用意,他是想借此了解你的一些情况,所以你千万不能随便附和他的观点,对第三者妄加指责,最好把话题岔开。总之与这种人交往时,你最好提高警惕。

喜欢谈论金钱的人

有的人在与人交谈时,话题总也离不开金钱。这种人大都没什么高尚的梦想和追求,只知道赚大钱是自己人生的唯一目标,所以,他们对别人有什么梦想和追求根本漠不关心。在生活中,只要他们身上没有足够的金钱,他们就会感到惶恐不安,而且会有一种被抛弃的感觉。他们内心往往会有这样的错觉:自己身边所有的人和事都是以金钱为目标的。由此可知,他们的内心其实很缺乏安全感,他们的生活是极其乏味的,即便积累了很多的财富,他们也不会满足,更不会拥有快乐、幸福的生活。

不愿涉及金钱话题的人

在交谈过程中,有的人会故意绕开金钱的话题,对金钱表现出一种很敏感的态度。这种人往往信心不足,缺少理想。他们之所以不在人前谈论金钱,是因为他们把金钱看得过重,有一种金钱至上的观念。这种人大都有很强的物质崇拜倾向,将赚钱作为人生最大的奋斗目标;但当他们真正有了钱之后,也不会有什么远大的理想,更不会把钱用于扶危济困上。当他们拥有巨额财富时,他们又会为自己的财产安全担心,以至于惶惶不可终日。这种人其实心里非常空虚,活得很不开心。

喜欢谈论他人私事的人

有些人在与人交谈时,很喜欢把别人的私事甚至隐私作为话题,比如谁家里出了意外,谁的子女不孝顺,谁的生活不检点等。这种人往往具有很强的支配欲,希望通过谈论他人的私事,尤其是通过揭露他人的隐私、丑事来获取心理上的优越感。一般来说,这种人不会有什么知心朋友,内心比较空虚。

喜欢散布小道消息的人

在日常生活中,有些人总喜欢三五成群,聚在一起嚼舌头,传播一些鲜为人知的小道信息。他们这样做的目的,多半是希望引起他人的注意,希望大家都来关注自己。这种人大都爱慕虚荣,唯恐天下不乱,可是一旦出了乱子,又害怕别人找到自己头上。这种人可以说是十足的小人。

把话题扯得很远的人

有的人在与人交谈时,总是把话题扯得很远,或喜欢扯一些与主题毫不相干的话题,这种人往往具有很强的支配欲和自我表现意识。如果出现这种情况的是一个领导,说明他在任何场合中都想占据主导地位,表现出自己的领导权威,同时还表明他可能有担心大权旁落的心理负担。

随便向人倾诉衷肠的人

在现实生活中,有的人即便和你相识不久,甚至刚刚相识,也会迫不及待地把自己的心事一股脑儿地倾诉给你听,并且看上去一副推心置腹的样子,这在表面上看起来确实很令人感动。但是,转过头去他又向别人做出了同样的举动,说出了同样的话,这说明他完全没有诚意,根本不是一个值得深交的人。这种人对任何事物都没有什么深刻的印象,所以我们千万不要附和他说的话,最好是不表示任何意见,只需微笑地敷衍一下就可以了。

爱发牢骚的人

有的人在与人交谈时,总喜欢从某一话题中引出牢骚来,或者对人、对事牢骚满腹、无休无止。这种人大都属于追求完美的人。他们往往拥有很强的自信心,对人、对事要求甚高,一旦自己做错了,就埋怨自己;别人做错了,他们更不会放过。这种人过于理想化,而且不懂得从现实中去总结经验、吸取教训。

喜欢赞美对方的人

在谈话过程中,有些人很喜欢赞美对方的容貌、个性、爱好、事业或家庭等。这种随意的赞美常常使人感觉是一种过度的恭维,没有任何实在感。这种人大都比较工于心计,他们赞美你的目的其实是想让你对他们产生好感,他们很可能是有事想求你帮忙,但又不好意思开口,所以先用赞美做个铺垫。要知道,世界上没有无缘无故的爱,也不存在毫无目的的恭维,所以,当有人对你大加赞美时,你就要当心了,他很可能别有用心。

突然转移话题的人

在谈话过程中,有的人会突然转移话题。比如,当你正津津有味地谈论某一话题时,对方突然插过来一个毫不相干的话题,这表明他对你的话题根本不感兴趣,所以通过转移话题来表达对你的不满。这种人说话比较冒进,而且对别人显得不够尊重,所以常常会令人反感;这种人大都具有很强的支配欲和自我显示欲,个性也比较蛮横、霸道。他们一旦说起话来就会喋喋不休,而且不喜欢别人插嘴打断。

喜欢用试探性语言的人

在交谈过程中,如果一方提出一个令对方很敏感的问题,使对方处于很为难的心理状态,这说明他想迫使对方做出果断的选择。通常情况下,对方必须经过慎重的思考才能回答这种问题。一般来说,男人和女人在恋爱时经常会用这种方式来考验对方。这样做的目的多半是想探测对方说的是不是真心话,或者想知道对方是不是真的在意自己。

话题是交谈最重要的内容,正所谓"言为心声",在谈话中,不同的话题可以反映出谈话者不同的心理。因此,我们完全可以通过对方谈论的话题判断出他是个怎样的人、对什么感兴趣、有什么意图,这样就能增加我们的谈话信息,提高我们的谈话质量。

炫耀背后的真实需求

在人际交往过程中,如果对方谈到自己引以为荣的得意之事,那就代表他渴望与你分享他的喜悦,同时这也是他准备接受你的赞美之词的信号。此时,你应该立即停下手里的事情，接过对方的话题顺势赞美一番，以满足对方的心愿。

例如，你和一位朋友交谈时，对方突然得意地说："我儿子今年考上北大了！"这时候，你应该立即停下所有的事情，接过她的话题说："考上北大了！真了不起！那可是全国最高等的学府啊！他爸爸的聪明，再加上你的教导有方，也难怪他取得这么好的成绩呢！记得当年我们上学时，全年级好几百号人，也不见得有一个考上北大的……"

再比如，一位母亲拿出儿子的照片给你看："你看看，这是我儿子！"这时候，你不但要接过照片仔细端详一番，还要及时地加以赞美："您儿子真帅！我现在才知道帅哥小时候长什么样。你瞧他，长得多好！白嫩的皮肤、大大的眼睛、高高的鼻梁、厚厚的耳垂儿……"假如你接过照片，随意地看了两眼就立即还给了对方，并且什么话也没说，那就代表你的潜台词是："这孩子实在没什么优点，没什么值得夸赞的地方……"看到你这种表现，对方肯定会备受打击。如此一来，就会对你们之间的关系造成一定的负面影响。

在现实生活中，很多人虽然有渴望赞美的心理需求，但并不会用言语直接表达出来，而是通过炫耀的形式表达出来。他们往往会把自己引以为豪的东西向别人炫耀一番，以博得别人的关注和赞赏。这时候，我们千万不要吝惜自己的赞美之词。

葛女士是一家公司的会计，她颇有感触地说："上司也需要赞美，不懂得赞美上司的人，人际关系就很难搞好。"

一天上午，公司经理穿了一套新西装，神清气爽地走进财务室，在众位女士们面前转了一圈儿。葛女士不失时机地称赞道："经理，您这身西装穿得真够派头！您个子高，肩膀宽，穿上这身西装显得更加英俊潇洒、气宇轩昂了！"其他在座的同事也一起附和道："是啊，简直帅呆了！"

中午，公司经理又来到财务室，见葛女士和同事们全都坐在座位上，便问道："你们午休时间怎么也不出去转转啊？"

大家异口同声地说:"时间太紧了,吃完午饭,上班时间也快到了。"

"是吗?原来是这样啊。这样吧,以后中午多给你们半个小时的休息时间,出去活动活动,做财会工作更需要头脑清醒嘛!"公司经理当场拍了板。就这样,葛女士和同事们每天多了半个小时的休息时间。

由此可见,在日常工作和生活中,当我们发现别人有意向我们炫耀某件事情或东西时,一定要不失时机地予以对方赞美,这样有利于赢得对方的好感,使双方的关系迅速升温。

从肢体语言中捕捉对方的真实意图

肢体语言又称为身体语言,是指经由身体的各种动作代替口头语言借以达到表情达意的沟通目的。广义的肢体语言包括人的面部表情,而狭义的肢体语言只包括身体和四肢的动作所表达的意义。

一个人要想向外界表达完整的信息,单纯的口头语言只占7%,声调占38%,另外的55%则都是由肢体语言来传达的。肢体语言通常是一个人下意识的举动,当一个人由肢体动作表达情绪时,他经常并不自知。所以,肢体语言很少具有欺骗性。正因为如此,肢体语言往往透露着人的真实心理。正如幽默戏剧大师萨米·莫尔修所说:"身体是灵魂的手套,肢体语言是心灵的话语。如果我们的感觉够敏锐、开放,眼睛够锐利,能捕捉身体语言表达的信息,那么,言谈和交往就容易多了。认识肢体语言,等于为彼此开了一条直接沟通、畅通无阻的大道。"

在人际交往的过程中,有些人往往不愿意通过口头表达透露自己的真实心理,但他们不经意间做出的一些小动作常常会"出卖"他们。如果我们能注意观察这些小动作,往往能从中捕捉到至关重要的信息。

一位摩托车销售人员正在做客户回访,他看到客户的同事正在网上浏览摩托车图片,他断定这是一位潜在客户。于是,他对客户的同事说:"您可以看看我们公司的摩托车,这是图片和相关资料。"但客户的同事立刻拒绝了,他说自己马上要出去办事。"只需要 5 分钟就看完了,而且我可以把图片和资料留在这里。"销售人员一边说,一边拿出几款比较时尚的车型图片,这时他看到对方的目光停留在其中一款车的图片上,而且刚刚拿起的皮包又放下了。销售人员立刻意识到,他已经对那款车产生了极大的兴趣,于是不失时机地展开了推销攻势……

销售的最高境界在于"攻占"客户的心,销售的过程就是与客户心理博弈的过程。无论是在日常的推销工作中,还是在与经营者的销售谈判中,对方每一个细微的动作都可能透露了他们的真实想法,因此,销售人员必须学会通过肢体语言揣度、洞悉客户的心理。

销售如此,任何人际交往都是如此,只有善于从他的小动作中把握对方的真实心理,才能在人际交往中赢得主动。那么,我们都需要读懂哪些肢体语言呢?

表示积极态度的肢体语言

下面是表示同意、友好、轻松或其他积极态度的肢体语言:微笑、点头或其他兴奋、积极的面部表情;双手自然地放在桌子上,或手势自然、友好;双脚突然不再交叉,或手臂不再交叉放于胸前;轻拍别人的手臂、肩膀或背部,往往表示友好、关心或同情;身体坐得更靠近一点,往往意味着彼此之间的关系将更加密切;讨论期间,解开外套的扣子或脱下外套,或直接卷起袖子,往往表示愿意接受他人的看法或建议;坐在座位的边缘,上身微微前倾,往往表示对谈话很感兴趣,渴望倾听每一句话甚至每一个字;两腿在桌椅下自然下垂,而且只用脚尖点地,通常意味着对方很愿意合作。

表示怀疑的肢体语言

以下肢体语言是表示猜测和怀疑的信号:用手揉搓鼻子、玩胡子、摸后脑勺;身体靠向椅背,双手交叉放于胸前;皱眉、假笑或左右大幅度地摇摆脑袋;嘴巴微微张开,手指放在下牙齿上,表现出一副困惑的样子;嘴巴张得大大的,表现出一副怀疑、吃惊或"一脸讽刺"的样子;挑起眉头,眼睛往旁边看;眼睛望着天花板,或拉下眼镜、低着头、眼睛向上看人,似乎是在说:"你在耍我,你认为我很好骗,是吗?"

表示不满、反感的肢体语言

下面是表示生气、沮丧或其他不愉快心理的肢体语言信号:身体突然挑衅性地摆动,还有其他一些突然性的动作,如上半身突然前倾,手指不停摇晃等;双手交叉放于胸前,而手指紧紧抓住上臂;双手紧紧抓住桌子或大腿,或紧紧抓住椅子的扶手;站立时,双手放在背后,两腿站得笔直,而且纹丝不动;不停地揉鼻子,抓后脑勺、脖子或脸颊,表现出一副很不耐烦的样子;整个下巴的肌肉都绷得紧紧的,双眉紧锁,眼睛还偶尔向别处张望。

表示考虑的肢体语言

下面是表示对方要考虑考虑的肢体语言:坐在座位上,身体微微向前倾,并且不停地自言自语:"嗯,嗯……"目光呆滞或两眼瞪视,通常是望着窗外、地板、墙壁或天花板,而且头一动不动;看似在娴熟地擦拭着眼镜,而实际上根本没有这样做;双手交叉放于背后,低着头,双眼紧紧盯着地板,一副若有所思的样子;不停摆弄着头发、胡须等,或者慢吞吞地、若有所思地、反复地摆弄着某件物品以拖延时间;一只手托着下巴,手指放在脸的两颊上,同时轻轻抚摸着脸颊。

表示冷漠、无动于衷的肢体语言

下面是表示冷漠、无动于衷的肢体语言:目光呆滞,看似一个木讷、呆板的人,或看上去像一个睁着眼睡觉的人;心不在焉地在笔记本上涂涂画画,时不时地看看手表,摆弄自己的手或清洁手指甲等;忙于自己的事情,好像我们说的话根本与他无关似的;手指不停地敲桌子或拍打身上的某个地方,双脚不停地敲地板,完全一副不耐烦的样子;双脚交叉,并且左右快速移动,或很有节奏地踢着;在座位上坐立不安,眼睛不停地东张西望,不愿意正视我们。

有意拖延时间的肢体语言

下面是表示对方有意拖延时间的肢体语言:不集中注意力听我们说话,阅读一些书籍、日程表或反复阅读同一份文件；脑袋和眼皮下垂，双手托着下巴，整个人瘫软在座位上，同时两腿向前伸得笔直；与我们讨论问题时不停地点头，口中发出断断续续的"嗯""哈"之类的声音，一直持续到谈话结束。

一个人总是在有意无意地通过肢体动作来表现某些信息。在人际交往中，一个人的真实心理90%都藏在这些肢体语言当中。我们如果能正确地解读和判断对方的肢体语言，就能取得良好的沟通效果。

点头不见得是"是"，摇头不见得是"不"

王先生是某公司的培训讲师。一次，他去该公司在印度的分公司做业务培训。到了预订的酒店后，他对分公司派来专门接送他的司机说："明天早上八点，请你准时来这里接我。"司机冲他摇了摇头。

"明天早上八点，请你准时来这里接我。"王先生有点纳闷地重复道，结果他看到司机又冲他摇了摇头。

王先生很郁闷："明天早上八点，请你准时来接我。你为什么说不？"司机脸上顿时露出害怕的表情，赶紧又冲他摇了摇头。

王先生实在忍无可忍了，大声斥责道："为什么你不？你是分公司派给我的司机，为什么不能来接我？"

司机显得很委屈，低声说："我一直在摇头说'好的'，为什么你还要骂我？"

原来在印度，摇头并不是代表"不"，而是"是"的意思，难怪王先生和司机闹出了这么大的误会！

在大部分文化中，人们都用摇头表示否定或反对，用点头表示肯定或赞成。用这两个动作来表达自己或肯定或否定的态度，似乎是人们与生俱来的本能。但如果你因此认为所有人的点头都代表"是"，所有人的摇头都代表"不"，那就大错特错了。在印度、伊朗、保加利亚和希腊的部分地区，人们会用摇头来表示肯定，用点头来表示否定。

不要觉得他们的文化和习俗令人费解，要知道，即便是在我们周围的日常生活中,点头也未必完全表达肯定之意,同样,摇头也未必完全表达否定之意。

那么,点头和摇头中究竟蕴藏着哪些秘密呢?

缓缓点头

在面对面的交谈中,如果听话者每隔一段时间就向说话者做出缓缓点头的动作,每次点头两到三下,往往表示他对说话者的谈话内容很感兴趣。

快速点头

通常情况下,快速点头的动作传达的是"你说得太对了""我非常同意你的观点"等表示肯定的意思。但是有时候,它也可能传达一种不耐烦的意思。在交谈过程中,如果你的交谈对象一边向你快速点头,一边对你说"好好好""我知道啦"等,那么他十有八九是在告诉你:"我听得很不耐烦了,你不要再说了!"也就是说,快速点头有催促之意,即听话者希望说话者快点结束发言,以便让自己来表达。

缓缓摇头

缓缓摇头,通常是用来表达否定之意的,比如"我不同意你的看法…""我没有听明白你的意思""我不会按照你说的去做"等。

快速摇头

快速摇头除了表达否定之意外,有时候还会被一些性格内向的人用来表达害羞和腼腆之意。但在表达这种意思时,摇头的幅度通常会比较小。如果一个人在小幅度快速摇头的同时还伴随有低头的动作,则必定是"害羞"的表现了。

由此可见,我们应该改变一下既定的思维习惯,根据交谈的具体场合,再结合对方的具体反应,去理解点头或摇头的真实内涵,而不是简单地认为点头就是"是",摇头就是"不"。

明白了点头和摇头的复杂内涵之后,我们就要注意了,当我们对说话者的谈话很感兴趣时,就应该向对方缓缓地点两三下头。如果总是不点头,就会让对方觉得"你这个人不好说话"。如果对方不善言谈,而你又希望和对方深谈,你更应该在他说话时稍稍提高点头的频率，因为这样可以激发他说话的兴致和欲望。而当我们希望对方尽快结束谈话，又不想用生硬的语言引发对方的不快时，则可以用快速点头的方式来传达我们不耐烦的意思。同样，我们也可以依照摇头的具体内涵来强化自己的相关动作，以便获得更理想的交谈效果。

篇六　由声音相人

人之声音，犹天地之气，轻清上浮，重浊下附。……

闻声相思，其人斯在，宁必一见决英雄哉！

——《冰鉴》

古人认为，气流之动成为声音。人之发声，是性格情绪的反映，是精神内涵之表现。声音有清浊之别，代表着或上扬或下沉的心情与性格。每个人都有与众不同的声音。辨"声"之法，必辨喜怒哀乐；辨"音"之法，须从细微识别。

由声相人，可辨别其心胸；由音相人，可预知其命运。

鐘則貴如鐘則賤聲雌者如雉鳴則賤如

如雪辨風前大槩以輕清為上聲雄者如

竹當風怒如陰雷起地哀如石擊薄冰樂

歇赀見辨聲之法必辨喜怒哀樂喜如折

聲與音不同聲主張尋發赀見音主歇尋

英雄哉

一合調開聲相思其人斯在宁必一見決

唇賓與五音相配取其自成一家不必一

墜始於丹田發於喉轉於舌辨於齒出於

人之聲音猶天地之氣輕清上浮重濁下

聲音章第六

冰鑑

蛙鳴則賤遠聽聲雄近聽悠揚起若乘風止若拍瑟土上大言不張唇細言若無齒上也出而不返荒郊牛鳴急而不達深夜飄嚼或字句相聯喋喋利口或齒喉隔斷喈喈混談市井之夫何足比數音者聲之餘也與聲相去不遠此則從細度曲中見真貧賤者有聲無音尖巧者有音無聲所謂禽無聲獸無音是也凡人說話是聲其散在左右前後是音開談若合情話終多餘響不惟雅人兼稱國士潤口無溢出尖舌無窮音不惟實厚兼獲名高

本篇导读

《冰鉴》声音篇的识人、用人要义也很明显：音乃心声，辨声取人。在此，我们仍然结合古人的相关论述做个总结。

《礼记·乐记》云："凡音之起，由人心生也。人心之动，物使之然也。感于物而动，故形于声。声相应，故生变。"对于一种事物由感而生，必然表现在声音上。人外在的声音随着内心世界变化而变化，所以说"心气之征，则声变是也"。

不但声音与气能结合，也和音乐相呼应。因为声音会随内心变化而变化，所以：

（1）内心平静声音也就心平气和；

（2）内心清顺畅达时，就会有清亮和畅的声音；

（3）内心渐趋兴盛之时，就有言语偏激之声。

这样不就可以从一个人的声音判断一个人的内心世界吗？有关这方面知

《逸周书·视听篇》讲得四点值得研究：

(1) 内心不诚实的人，说话声音支支吾吾，这是心虚的表现；

(2) 内心诚信的人，说话声音清脆而且节奏分明，这是坦然的表现；

(3) 内心卑鄙乖张的人，心怀鬼胎，因此声音阴阳怪气，非常刺耳；

(4) 内心宽宏柔和的人，说话声音温柔和缓，如细水长流，不紧不慢。

《大戴礼记·少间篇》记载："商汤通过声音选取人。"《文王官人篇》"六征观人法"中有"听声处气"的办法。刘劭《人物志·九征篇》亦曾经涉及过声音取人之法，这里按先后排列如下：

《文王官人篇》认为，天地最初的元气产生万物，万物产生后自然有各种声音，而声音有刚烈有柔和，有的混浊，有的清脆；有的美好，有的丑恶，而刚柔、清浊、美恶都产生于声音本身。心性华丽夸诞的人，发出的声音就流宕发散；心性柔顺贞信的人，发出的声音就柔顺而有节制；心性卑鄙乖戾的人，发出的声音就嘶哑而丑恶；心性宽缓柔顺的人，发出的声音温和而又美好；贞信之气中正简易，仁义之气舒缓和悦，智能之气简练悉备，勇武之气雄壮直率。因此要聆听其发出的声音，判断气质的类型。

《人物志·九征篇》认为：容貌颜色的变化动作，是由于心气的作用，而心气的外在表现则是声音的变化了。人的气息结合则形成声音，声音和旋律节奏相适应，有的声音听起来有中和平缓的气象，有的声音听起来清雅流畅，有的声音听起来回旋荡漾。

人的声音，如同人的心性气质一样，各不相同。通过人的声音而判断人的心性气质，这样一来，人的聪慧愚笨、贤能奸邪就可以判断出来了！成年人固然可以通过声音判断人的道德品行，即使婴儿小孩，精血虽未充实完备，但是其才气性情的美好丑恶，也很容易被有识之士看破。

《春秋左氏传》记载鲁昭公二十八年，伯石刚生下来时，子容的母亲去告诉婆母说："大伯母生了一个儿子！"婆母要去看望，走到厅堂时，听到伯石的声音便掉头而回，说："是豺狼一样的声音！狼子野心昭然若揭，这恐怕要亡掉羊舌氏家族了!"于是没有看望伯石,而后来杨食我(即伯石)果然帮助祁盈覆灭了羊舌氏宗族;又记载,楚国司马子良生下儿子越椒,子文说:"这孩子长得虎背熊腰,而发出的声音如同豺狼一般,如果不杀掉他,将来他一定毁掉若敖氏家族!"子文的预测后来也被证实。

《晋书·桓温传》记载,桓温生下来不满一周,太原人温峤看见桓温说:"这孩子骨相奇特,容貌非常,再让哭一声看看!"等听到桓温的哭声,温峤便说道:"这真是一个英雄人物!"后来桓温果然以雄武之才专擅东晋朝政,甚至想窃取东晋的江山,这都是明显的例证。

听声察音尽管不能准确全面地看清一个人,但是我们大家都熟知的事实是:男人生性气质刚强,所以声音就舒缓粗壮;女子生性气质柔和,所以声音就温润和蔼、美丽媚人;年龄大的人心力已衰耗殆尽,所以其声音就松弛缓和;而婴儿幼童心气刚刚充实饱满,所以其声音就迅疾爽脱,其他的以此类推,也可以大致了解了。

一、人之声音,犹天地之气

声音是人内在精神的外在表现,有轻浊之分,由声音可以判断一个人的心性品德。

【原典】

人之声音,犹天地之气,轻清上浮,重浊下坠。始于丹田,发于喉,转于舌,辨于齿,出于唇,实与五音①相配。取其自成一家,不必一一合调。闻声相思,其人斯在,宁②必一见决③英雄哉!

【注释】

①五音:指宫、商、角、徵、羽五音。

②宁:何必。

③决:判断。

【译文】

人的声音就如同天地间的阴阳五行之气一样,有清浊之分,清而轻时就上扬,浊而重时就下降。声音从丹田提起,在喉部发出,至舌尖转化,在牙齿那里发生时才能分辨出消浊,最后由嘴唇发出,与宫、商、角、徵、羽五音相互配合。看相识人时,要从对方声音的独特之处进行辨别,不一定要按五音之律来作为标准,如果听到声音就会想到某人,这样就能做到闻其声而知其人了,所以就是见不到对方的庐山真面目,但通过声音就能分辨出他是不是一个人才。

综合评析

声音识人

所谓声音,在现实世界里分为两类,第一类是物体振动比方说碰撞、摩擦等发出的声响,风声、雨声都属于这一类;第二类是发音器官发出的声音,一切生物发声器官所发出的声音都属于这一类。相学上所研究的声音就是第二类,其对象也仅限于人的发声器官所发出的声音,即说话。

就人所发出的声音而言,在生理学和物理学上讲,所谓的声音只是气流的运动,使声带振动而发出的声响,是一种纯粹的生理、物理现象,这样的声响也不是相学所要研究的对象,相学所研究的是带有神与气的声响,这样的声响才能称之为声音。

相学家认为,心动为性——神与气,性发则为声。这不但是相学家以声音观人的理论基础,也是观人的基本原则。声音的发出是自然之气流动的结果,但其声音的内容却来自神与气,声音是神与气或者说人的内刚柔、神情的外在流露。从中可以看出人的个人修养、健康状况、性格、贵贱、贤愚等等。

相学上的发声原理与生理学上的也是不一样的。在生理学上,发声器官主要由三大部分组成,一是肺、气管,二是喉头、声带,三是鼻腔、口腔。在这里,肺是发声的动力,它决定空气流量的大小;音量的大小主要由喉头和声带构成的振动系统决定,振动大音量大,振动小音量小;音色主要由鼻腔和口腔组成的共鸣系统决定。肺内的空气经由气管到达喉咙、声带,在气流的冲击下喉咙、声带振动发出声响;发出的声响沿着气管向外传播,最后在口腔、鼻腔产生共鸣,在舌头等的作用下声响变成了声音,表现出种种音色,轻重缓急,表达出各种意思。这样声音有了大小、美丑之分。

而相学上认为,声音始于丹田,发于喉,转于舌,辨于齿,出于唇。即气发于丹田,在喉咙发出声响,到舌头发生转化,在牙齿的作用下产生清浊的分别,最后经由嘴唇发出去。在传统文化中,人体有上中下三丹田,上丹田为督脉上的印堂,即面部的印堂,位于眉心位置;中丹田为胸部的膻中穴,位于胸部两乳头连线的中间;下丹田为任脉上的关元穴,位于肚脐正下方三寸的地方,它们是人体精气神的储藏之所,称为"性命之根本"。相学上声音之始的丹田,为下丹田关元穴,也是通常意义上的丹田。此处是人体任脉、督脉、冲脉三脉经气运行的

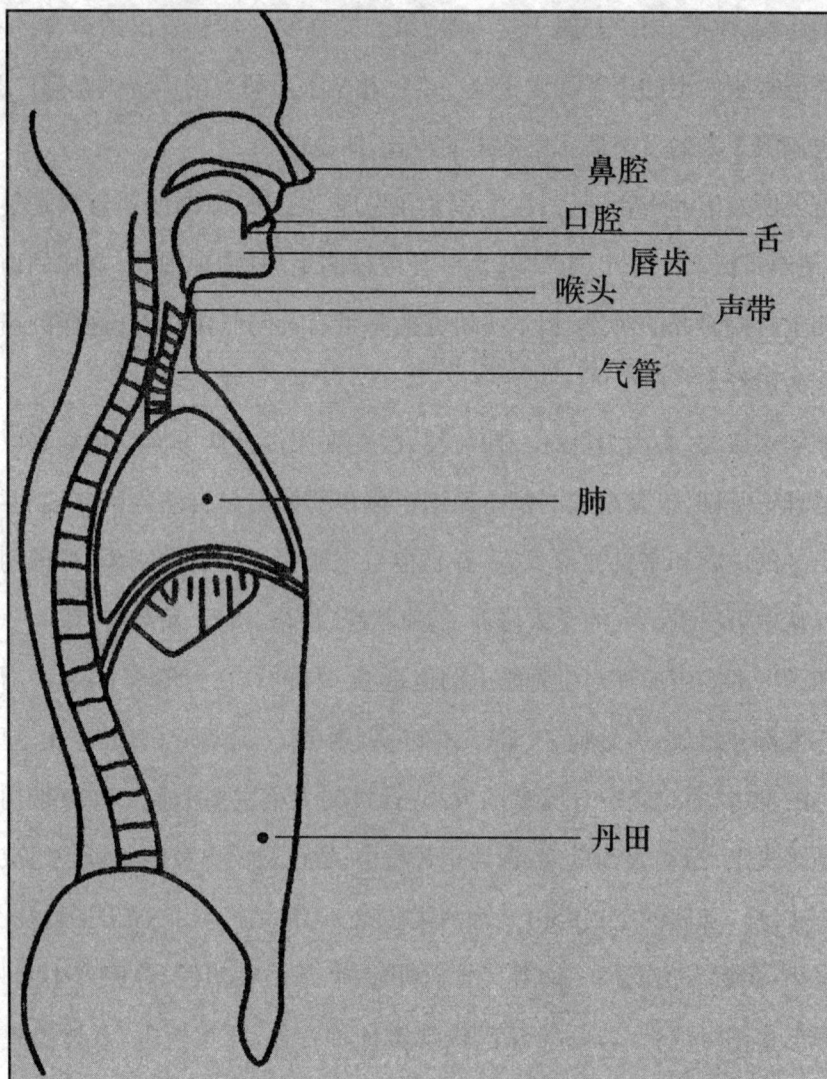

鼻腔
口腔
舌
唇齿
喉头
声带
气管
肺
丹田

生理学上的发声：肺→气管→喉头→声带→鼻腔→口腔

相学上的发声：丹田→喉→舌→齿→唇

发声图

起点，十二经脉也都直接或间接通过丹田运行，它是人体气血升降、开合的基地。丹田所生之气，实际上是人体精气神的气，其所代表的是人的精气神的状况，即内刚柔或者性情的状况，由此气推动所发出的声音，必然会表现出人性情的状况。

人的出身、生存环境、后天修养、健康状况等的不同，使人的内刚柔——性情产生了不同，由此而产生的声音也是不一样的。人在不同的时候，其性情表现为不同的时态，声音也是不一样的。因而，从声音可以看出一个人的文化品格的雅与俗、禀赋的智与愚、人格修养的贵与贱、生活的富与贫、身体的健康与不健康以及命运。

在通过声音考察人的命运的基础上，相学家提出了"贵人"的声音、"小人"的声音的说法及其具体表现。贵人的声音多发出于丹田，与性情相通，真实地表达了自己的性情。丹田作为声音的根源，口舌作为声音的外在表达渠道，根部渊源深厚，外部的表达才能厚重而诚恳；根源浅薄则外在表达虚浮。因此贵人的声音具有以下特征：清越而圆润，刚毅而响亮，语速低缓而语气有激情，语速快而语气和缓，声调长而有力，语气勇猛而有节制；声音大如洪钟，小如滴水激石，但都符合音律；声音富有感染力，听见他们的声音就会受其感染而有所行动，相谈久了就会与他们相应和。

五音与五行

五音	五行	特征	备注
宫	土	高厚、韵律厚重	响亮为贵、细小为贱
商	金	和润、音韵悠长	圆润为贵、破败为贱
角	木	高畅、音韵有条理而通达	厚重为贵、轻浮为贱
徵	火	焦烈、韵律清越而浩大	圆润而缓慢为贵、焦急而破败为贱

五音	五行	特征	备注
羽	水	时缓时急	细腻为贵、低而粗为贱

　　小人的声音不是发端于丹田，而是发端于舌端，这样的话语就像水中浮萍、天上飞絮一样，都是些无根之物；在表达意思时，语气虽然短促而急迫，却不能清楚地表达出自己的意图。小人的声音具有以下特征：语速快而语言暴躁，语速慢而语言晦涩，语气深沉而语言呆滞，语气浅显而语言干瘪；火气大的时候，说话语无伦次、散乱。声音轻重不均，有时虽然嘹亮但缺乏节制；极小的仇恨都要暴露出来，语言繁乱而浮华；声音像破败的钟发出的声音、战败以后敲的鼓声；像乌鸦哺育幼鸟、鹅鸭哽咽时发出的声音；像生病的猿猴追求伴侣、掉队的大雁呼喊群雁的声音；声音细时，像蚯蚓发出的声音，难以听闻；声音张狂时，像青龟夜嗓般远近皆闻；还有声音像狗叫羊鸣的，都是福缘浅薄的小人之相。

　　在古代的音律中有宫、商、角、徵、羽五音，人的声音也有这五音。同时，人又禀阴阳之化，合五行之行，声音也有五行之声，五行分别与五音一一对应。宫音属土，其声以高厚为特点，韵律厚重，听来源远流长、响亮；以声音响亮，远处都能听清楚为贵，以声音细小，近处很难听清楚为贱。商音属金，其声以和润为特点，音韵悠长，声音清越、响亮；以远处听来圆润而清楚为贵，以听起来声音破败为贱。角音属木，其声以高畅为特点，音韵有条理而通达，初全终散；以声音厚重为贵，轻浮为贱。徵音属火，其声以焦烈为特点，韵律清越而浩大，条理通畅而不拖沓；以声音圆润而缓慢为贵，以焦急而破败为贱。羽音属水，其声以时缓时急为特点，韵律清越、急促、响亮而悠长；以声音细腻为贵，低而粗为贱。五行正形、兼形的人，都以其声音合乎其五行属性的贵形为贵，也就是说，金形人的声音以音韵悠长、声音响亮，远处听起来圆润而清楚为贵。

贱声

声音	特征	所主
雌雄声	声音大小不均	主下贱
罗网声	声音干暴不齐	主贫贱
声音太轻		主断事无能
声音破败		主做事不成
声音混浊		主谋运不佳
声音太低		主驽钝无知
声音太柔		主性格懦弱
声音太刚		主早夭少寿
身材大而声音小		主凶而早夭
声音像破锣发出的	破锣嗓子	主家业难立,田产消尽
声音像火一样躁动		主一生奔波,无依无靠
男人女声	声音像女人一样阴柔	主性格轻浮,家贫破尽
女人男声	声音像男人一样阳刚	主性格缺乏女性的温柔,克妨丈夫

此外,声音还要与人的性别、身体、前后、神气等相合,相合则为贵相,不合则为贱相。就性别来说,男有男声女有女声,男发男声,女发女声为贵;男子作女声的人贫贱,女子发男声也有所妨害,属于贱相。对于身材的大小,身材高大

的人发出的声音却很小,这是凶相。声音大小不均的称为雌雄声,也不是什么好事。声音先是迟缓而后变得急促,或是先是急促而后迟缓,或是话还没说完气已经衰竭,或是心中还没有做什么打算而脸色已经变了,这都是贱相。对于神来说,神位于人体内,其安详则外表气色、声音和缓,这是佳相,这时才能与人交流、沟通;其焦急不安,则气色、声音都不好,脸色晦暗,语言夹杂不清,这是贱相。

综上所述,所谓的佳声有:声音清泠如涧中流水,主大贵;声音响亮如瓮中之响,主五福俱全;身材小而声音雄壮,主位至三公;声音小但音调高、音色亮,主人贤能而尊贵。

贱声:雌雄声,即声音大小不均,主下贱;罗网声,即声音干暴不齐,主贫贱;声音太轻,主断事无能;声音破败,主做事不成;声音混浊,主谋运不佳;声音太低,主驽钝无知;声音太柔,主性格懦弱;声音太刚,主早夭少寿;身材大而声音小,主凶而早夭;声音像破锣发出的,即所谓的破锣嗓子,主家业难立,田产消尽;声音像火一样躁动,主一生奔波,无依无靠;男人女声,主性格轻浮,家贫破尽;女人男声,主性格缺乏女性的温柔,克妨丈夫。

分句评析

声音辨人术

【原典】

人之声音,犹天地之气,轻清上浮,重浊下坠。

【译文】

人们说话的声音,犹如天地之间的阴阳五行之气,有着清浊之分,清亮的声音轻缓而上扬,而浑浊的声音则是沉重而下坠。

人生于天地之间,其声音各有不同,有的洪亮,有的沙哑,有的尖细,有的粗重,有的薄如金属之音,有的厚重如皮鼓之声,有的清脆如玉珠落盘字正腔圆,有的人身材矮小,声音却非常洪亮,即日常所说的"声如洪钟",有人生得高大魁梧,说起话来却细声细气,有气无力。古人对这些情况加以总结归纳,得出了一些规律。

实际上,现代生理学和物理学已经证明,声音的生理基础由肺、气管,喉头、声带,口腔、鼻腔三大部分构成,声音发生的动力是肺,肺决定气流量的大小,音量的大小主要由喉头和声带构成的颤动体系决定,音色主要取决于由口腔和鼻腔构成的共鸣器系统。声音是物体震动空气而形成的,声音是听觉器官耳的感觉。声音的音量有大小之分,音色的美异之别另有音高、音长之分。

说话者,假如气发于丹田(丹田是道家修炼气功的术语,在人脐下三寸处),经胸部直冲声带,再经由喉、舌、齿、唇,发出的声音与仅用胸腔之气冲击声带而来的声音,气度不一样,节奏不一样,效果也有悦耳与沙哑的差别。声带结构不好,发出的声音不会动听,但假如经由专门的发声练习,是可以较大程度地改变声音效果的。

丹田的气充沛,因此,声音沉雄厚重,韵致远响,这是肾水充沛的征象,由此可知其人身体健壮,能胜福贵。同时,丹田之气冲击声带而来的声音洪亮悦耳,柔致有情,甜润婉转,给人舒服浑厚的美感。

发于喉头、止于舌齿之间的根基浅薄的声音,给人虚弱衰颓之感,显得中气不足,这也是一个人精神不足、身体虚弱、自信心不足的表现。

声音辨人术是指通过声音来识别人才。浅层的理解,是指听到一个人的声音(不仅仅是说话的声音,也包括脚步声、笑声等),就能知道他是谁,前提必须是对此人的声音很熟悉,一般在朋友、亲人之间才能辨别,这只是辨别人的身份。高层次的理解,是由声音听出一个的心性品德、身高体重、学历身份、职业爱好等。这是一个很复杂的判断过程,既有经验的总结,又有灵感的涌动。声音可细分为声与音两个概念,既可由声来识人,又可由音来识人,但在实际运用

由声音相人

图文珍藏版

中,多是由声音即两者同时来识别人。

声音最能陶冶性情,战鼓军号能使人精神抖擞,小鸟的啭鸣能让人心旷神怡。"声色犬马",声音给我们带来的享受竟是排在首位的,就连人类的求偶活动也同鸟一样,是从婉转的声音开始的,所以人在青春期对各种甜言蜜语和流行歌曲的反应都很强烈。

人们的声音,由于健康状况的不同、生存环境的不同、先天禀赋的不同、后天修养的不同等而有所区别。因此,声音在一定程度上表现着一个人的文化品格——他的雅与俗、智与愚、贵与贱(这里指人格修养)、贫与富。

古人历来比较重视声音,认为声音是考察人物的一个组成部分,在深入观察和研究的基础上,按照阴阳五行的原理,把声音分为:

金声:特点是和润悦耳。

木声:特点是高畅响亮。

水声:特点是时缓时急。

火声:特点是焦灼暴烈。

土声:特点是厚实高重。

曾国藩承前人之说,认为人禀天地五行之气,其声音也有清浊之分,清者轻而上扬,浊者重而下沉,由是清者贵,浊者贱,道理说得很明白。

《礼记·乐记》云:"凡音之起,由人心生也。人心之动,物使之然也。感于物而动,故形于声。声相应,故生变。"对于一种事物由感而生,必然表现在声音上。人的声音随着内心世界的变化而变化,所以说:"心气之征,则声变是也。"

声音不但与气能结合,也和心情相呼应。因为声音会随内心变化而变化,所以:

内心平静,声音也就平和。

内心清顺畅达时,就会有清亮和畅的声音。

内心渐趋兴盛之时,就有言语偏激之声。

当今心理学也认为,不同的声音会给人不同的感受,有以下几种类型:

音低而粗。这类人较有作为、较现实，或许也可以说是比较成熟潇洒，较有适应力。

声音洪亮。此类人精力充沛，具有艺术家气质，有荣誉感，有情趣，热情。

讲话的速度快。此类人朝气蓬勃，活力十足，性格外向。

外带语尾音。这类型的人，精神高昂，有点女性化，具有艺术家的气质。

以上这四种类型的声音，不论在交易还是说服的工作上，都具有较为积极的作用。同样也有产生负面作用的声音。鼻音。大部分人都不喜欢这种声音。

语音平板。较男性化、较沉默、内向冷漠。使人产生紧张压迫的声音。这类人很自傲，喜欢以武力解决争端。

当然，以人的声音来判人的命运，是否正确，有待商榷。曾氏说道，"不必一一合调"，那自是又有不合规律一说了。重要的还在于"闻声相思"，一个"思"字，说明闻声识人不可呆板行事，得视具体情况而定。

智慧应用

孔子：听音辨别人心事

声音辨人术是指通过声音来识别人才。浅层的理解，是指听到一个人的声音（不仅仅是说话的声音，也包括脚步声、笑声等），就能知道他是谁，前提必须是对此人的声音很熟悉，一般在朋友、亲人之间才能辨别，这只是辨别人的身份。高层次的理解，是由声音可听出一个人的心性品德、身高体重、学历身份、职业爱好等。这是一个很复杂的判断过程，既有经验的总结，又有灵感的涌动。声音可细分为声与音两个概念，既可由声来识人，又可由音来识人，但在实际运用中，多是由声音即两者同时来识别人。

声音最能陶冶性情，战鼓军号能使人精神抖擞，小鸟的啭鸣能让人心旷神怡。"声色犬马"，声音给我们带来的享受竟是排在首位的，就连人类的求偶活动也同鸟一样,是从婉转的声音开始的,所以人在青春期对各种甜言蜜语和流行歌曲的反应都很强烈。

从生理学和物理学的角度看,声音是气流冲击声带,声带受到振动引起空气振动而产生的,这既是一种生理现象,又是一种物理现象。但人的社会属性,又使人的声音有着精神和气质两方面的特性。声音的产生依靠自然之气(空气),也与内在的"性"密不可分。声音又与说话者当下的心理活动密切相关,大小、轻重、缓急、长短、清浊都有变化,这与人的特性也是息息相关的,这就是闻声辨人的基础。

春秋时郑国大臣子产一次外出巡察,突然听到山那边传来妇女的悲恸哭声。随从面视子产,听候他的命令,准备救助,不料子产却命令他们立刻拘捕那名女子。随从不敢多言,遵令而行,逮捕了那位女子。当时她正在丈夫新坟前面哀哭亡夫。人生有三大悲:少年丧父、中年丧夫、老年丧子,可见该女子的可怜。以郑子产的英明,不会对此妇动粗,其中缘由,是因为郑子产的闻声辨人之术。郑子产解释说,那妇人的哭声,没有哀恸之情,反蓄恐惧之意,故疑其中有诈。审叫的结果,果然是妇女与人通奸,谋害亲人之故。

子产闻声辨人的技工已是很高明了。但孔子也深谙此道,且似乎比子产还高出一筹。虽然孔子讲过"以貌取人,失之子羽;以言取人,失之宰予",但他凭外貌声色取人的功夫,实在是有过人的天分。

孔子在返还齐国的途中,听到非常哀切的哭声,他对左右讲:"此哭哀则哀矣,然非哀者之哀也。"碰到那个哀哭的人之后,才知道他叫丘吾子,又问其痛哭的原因,丘吾子说:"我少年时喜欢学习,周游天下,竟不能为父母双亲送终,这是一大过失;我为齐国臣子多年,齐君骄横奢侈,失天下人心,我多次劝谏不能成功,这是第二大过失;我生平交友无数,深情厚谊,不料后来都绝交了,这是第三大过失;我为人子不孝,为人臣不忠,为人友不诚,还有何颜立在世上?"说完便投水而死。

由此可见,孔子能听音辨人心事,有着非同寻常的天赋。

不仅声音可以帮助我们观察人、了解人，就是那些被人调弄演奏的乐器也可以反映出演奏者的心理状态。声音从人的喉舌发出，而乐器的声音则由人的手弹拨打击乐器而产生，人的喉舌虽然与乐器有很大的不同，但是产生声音的原始的、内在的动力则是一样的。

耳大声洪：玄烨立万世之业

我国现在的版图是在清朝康乾盛世奠定的，我国的人口也是在康乾盛世突破一亿大关的。那时的中国不但是亚洲最强盛的国家，也是世界上数得上的泱泱大国。康乾盛世历时130多年，是中国封建社会第三个黄金时代。它自康熙始，经雍正，至乾隆后期，包括三朝，而康熙则是康乾盛世的开拓者和奠基人。康熙帝（1654—1722年）即清圣祖，名爱新觉罗·玄烨，是清朝入关后的第二代皇帝。这位治绩辉煌的大帝，在位61年，是中国封建帝王中亲政时间最长的一位。

公元1661年正月，年仅24岁的顺治皇帝逝世于清宫养心殿。顺治遗诏中指定皇三子玄烨继承皇位，新皇年号康熙。史称玄烨"天表奇表，神采焕发，双瞳日悬，隆准岳立，耳大声洪，徇齐天纵。"

康熙帝继位时年仅8岁，按照顺治帝遗诏，由四个满族大臣帮助他处理国事。四辅臣中，鳌拜功高震主，专横跋扈。他欺皇帝年幼，经常在康熙面前呵责朝臣，甚至大吼大叫地与幼帝争论不休，直到皇帝对他让步为止。他主张"率祖制，复旧章"，事事遵照太祖太宗时的办法处理，把顺治帝时的一些改革措施——废除，朝廷积习日深。

四辅臣中的索尼年迈早死；遏必隆依附追随鳌拜；唯有苏克萨哈敢于抵制鳌拜，但他一直处于受压制的地位。公元1667年，康熙已经14岁了，按照祖制，他可以亲政了。苏克萨哈在康熙亲政的第六天，上疏请求隐退。苏克萨哈上疏的目的，一则表明鳌拜专横，自己不得不退；二则试图以自己的隐退迫使鳌拜、遏必隆也相应辞职，交权归政。鳌拜自然明白苏克萨哈的用意，他和同党一起,编造苏克萨哈"背负先帝""蔑视幼主"等大罪24款,将其逮捕入狱,要处以极刑并诛灭全族。康熙得到奏报,坚持不允所请。鳌拜怎肯善罢甘休,他挥动拳头对皇帝无理,连续上奏好几天。康熙和他的祖母孝庄文皇后怕鳌拜因为这件事狗急跳墙,造成国家的动乱,最后只能妥协,仅将磔刑改为绞刑,其他的一切处置措施,都照准了。

冤杀苏克萨哈后,鳌拜的气焰更加嚣张。朝廷大臣虽更加不满,但慑于他的淫威,人人以求自保,没有人敢于碰硬。

康熙皇帝年少有志,岂肯看到大权旁落,江山毁在自己的手里。他在祖母的指导下,开始了计除鳌拜的各种准备。

康熙先是采用"欲擒故纵"的麻痹战术。故意给鳌拜父子戴高帽,分别加封他们父子"一等公""二等公"的爵位,"太师""少师"的封号,使他们位极人臣,树大招风,更加孤立,甚至连鳌拜图谋不轨,都没有惊动他。

有一次,鳌拜称病在家,玄烨便前去探视。御前侍卫和托发现鳌拜神色反常,便迅速走到鳌拜床前,揭开席子发现一把匕首。鳌拜惊慌失措,玄烨却"毫不在意地"说:"刀不离身是满人的故俗,不足为怪!"当场稳住了鳌拜。但康熙心中更加明白,除掉这个恶魔,绝不可掉以轻心。

当时皇宫的戍卫都被鳌拜控制了。于是,玄烨特选一批忠实可靠的少年入宫,以"练布库戏"(满语:摔跤)为名,另外组成一支可靠的卫队——善扑营。这些少年都是贵族子弟,每天和少年皇帝在一起练摔跤,武功越来越好,本领越来越大。鳌拜入宫,经常看到他们,以为是些小孩子把戏,久而久之,也就不以为然了。

有一次,康熙皇帝得知鳌拜要进宫奏事,便把善扑营的少年卫士集合起来,对他们说:"鳌拜作为先皇托付给我的辅臣,不以国事为重,处处安插亲信,排斥异己,滥杀大臣,甚至胆敢加害于我。你们都是清楚的,为了祖宗社稷,必除此大患。"他见小侍卫们群情激昂,又说:"你们虽然年纪轻轻,可都是我的左膀右臂,我要靠你们除掉这个老家伙。但他武将出身,你们是怕他呢,还是听我的?"

侍卫们一个个摩拳擦掌,齐声呼喊:"独畏皇上!"

康熙八年(1669年)五月十六日,鳌拜像往常一样大摇大摆跨进内宫的门槛,行至康熙近前,还没站稳脚,小侍卫们看到皇帝发出的暗号,一哄而上,拳打脚踢,连拉带拽,将他打翻在地。鳌拜什么阵势都见过,却没见过这种对付他的场面,起初还以为是这群小孩子跟他闹着玩呢。他见到小皇帝那冷峻的面孔,

鳌拜

和"给我拿下"的威严指命,才明白过来,然而,已经晚了,他终于被擒拿归案了。

康熙皇帝命康亲王主持审讯,议定鳌拜"欺君罔上"等罪行30款。他虽罪不容诛,死有余辜,但康熙念其效力年久,军功显著,遂免其一死,他的死党则一网打尽。一个少年皇帝,能以迅雷不及掩耳之势,不动一刀一枪,智除大权奸。朝野称赞,后人评论康熙的机智果断时说:"声色不动而除巨慝,信难能也。"

从此,他逐步地将中央和地方权力集中到自己的手中,得心应手地治理国家。

康熙皇帝除掉鳌拜后,又一个心结便是"三藩"问题。他把这件事写成字条,挂在宫里的柱子上,一次又一次地思考着……

所谓"三藩",就是指平西王吴三桂、靖南王耿精忠和平南王尚可喜这三个藩王。他们原来都是明朝的重要将领,投降清朝后,在统一战争中,为消灭明朝和镇压反清的农民起义,立功封爵。三藩之中,吴三桂的地位最高。

吴三桂这个钻营有术的人,28岁就当上了宁远总兵,是明朝镇守辽东的重要将领。他在一次回京述职时,以千金之资购得苏州名妓陈圆圆。李自成攻陷

北京后，陈圆圆为义军所得。这个"冲冠一怒为红颜"的变色龙，在高官厚禄的引诱下，扯起"为君父复仇"的遮羞布，致书降清。引清兵入山海关，使清军得以长驱直入北京城，由此建立起在全国的统治。接着，他为清廷从西北打到西南，效尽了犬马之劳，被封为"和硕"亲王、平西大将军，管辖着云南、贵州。

当时无论云贵、两广，还是东南沿海，局势还很不稳定，朝廷极需要他们弹压地方，因此不惜给予种种特权，希图以恩宠讨其欢心。可是

吴三桂

"藩"的势力越来越大，以至难以控制，成了朝廷的威胁了。

吴三桂是云贵两省的土皇帝，地方大小官吏一律由他任免。自行收税，不但不上交，朝廷每年还要从其他省税收中拨给他白银 2000 万两，比国家总收入的一半还多。老奸巨猾的吴三桂，经常在所辖的民族地区挑起矛盾和冲突，然后派出自己的武装去镇压，借以向朝廷表示西南地区多事，安边守土离他吴三桂不行。他的五华山藩府富丽可比皇宫，到处掠买美女，整日拥姬宴乐，作威作福，一天天地助长了他们与朝廷的离心力。

康熙皇帝感到"三藩"的气焰日益嚣张，要想实行中央集权，巩固自己的统治，非撤藩不可。康熙时刻都在寻找解决"三藩"问题的时机。康熙十二年（1673 年），平南王尚可喜以年老多病为由，主动申请撤藩，"归老辽东"。康熙抓住这个机会，立即批准。此举深深地震动了吴、耿两人。他们已看出朝廷急欲撤藩的意向，惶惶不安。为消除朝廷的疑虑，先后被迫上章请撤。而吴三桂根本无意撤藩，毫无思想准备，而且心存侥幸，以为朝廷必予"慰留"。不料，弄

假成真,康熙朝纲独断,力排众议,同意撤藩。

吴三桂始料不及,又急又恨,决定起兵对抗。他身穿明朝的孝服,把军队拉到永历帝(明桂王)的墓前,磕头如捣蒜,号啕大哭,以此收拢军心,他打出"复明讨清"的旗号,自称"天下都招讨兵马大元帅",率大军经黄河北上。一路所战连连告捷,仅3个月,便占领湖南全境,前锋自抵长江南岸,摆开了飞渡长江天堑、直捣京师的态势。这时,他又改称"周王",南方6省被他全部占据。

吴三桂振臂一呼,天下响应,耿精忠叛于闽,孙延龄叛于广西,四川巡抚罗森等叛于蜀,襄阳总兵杨来嘉叛于湖北,陕西提督王辅臣叛于宁羌,西北为之动摇。河北总兵蔡禄父子策划于怀庆,以谋泄而未遂;更有甚者,京师有杨起隆等数十人谋划攻占大内。京城内,数次起火,谣言四布,人心惶惶,争欲躲避……是时,"东南西北,如在鼎沸"。朝廷中有人主张以长江为界,分疆而治,向吴三桂求和。

康熙采取了毫不妥协的立场。从一开始,他就迅速地做出反应,断然决定:尚藩、耿藩停撤,削除吴三桂爵位,将其长子吴应熊逮捕,不久即下令处死,以寒吴三桂之心。同时,紧急调兵遣将,分据要津,积极防御,先守而后攻,以荆州为大本营,沿长江布防,阻挡吴军的正面进攻;以山东兖州为适中之地,接济南北;以重兵驻杭州、南昌等地,全力挡住耿军攻势,防止他与吴军合势。战争的进程表明,康熙的这一战略是正确的,恰好击中了叛军的要害。吴三桂的重大失误,就是屯兵南岸,不渡江,军队的锐气随着时间的后延而低落下来。他不愿远离云贵根本,希图与清廷谈和,划江为守,得半壁江山。在遭到康熙的坚决拒绝后,仍全力固守湖南不进,这就给事先毫无准备的清军以喘息的时间,并使康熙从容调兵,顺利实施其战略计划。他利用"君临天下"的政治地位,不仅动员全国奋起"讨逆",而且千方百计地分化、瓦解吴的部属,诱之以利,晓之以理,不断地削弱吴的实力。而当吴军渐呈劣势时,这种分化、瓦解起到了军事不能取代的作用。

康熙十五年(1676年)六月,王辅臣在平凉被围后,被迫接受了康熙的一再招降。西北战事遂告结束。康熙调其得胜之师疾速南下，增援荆州。十月，靖军攻入福建，逼近福州，耿精忠被迫出降，从而剪除了吴三桂东南一翼。次年，已暗通清军的尚之信公开表态反吴，迎接清军进入广州。这时，清军已完成了对吴三桂的战略大包围。吴三桂已感到江河日下，匆忙于康熙十七年（1678年）三月在衡州称帝，国号"大周"，改元"昭武"。局势继续恶化，他忧心忡忡，于八月病死。他的孙子吴世璠即位，改元"洪化"。吴三桂一死，部属军心涣散，斗志锐减，屡战屡败，退回云南。

康熙不失时机地布置战略大反攻。康熙二十年（1681年）九月，三路大军会师于昆明城下，长数十里。一个月后，在孤立无援的情况下，粮食不继，人心惶惶，南门守将暗降清军，里应外合，昆明陷落。吴世璠服毒自杀，其部属骨干人物或投降自杀，或被俘处斩。

康熙在平叛过程中，为收揽人心和瓦解叛军的政治需要，一再颁发诏旨，阐明朝廷宽大为怀的政策。但当获得完全胜利之时，则改而采取严厉的手段，欲斩草除根，永绝后患。同年十二月，以定"逆案"的名义，对那些已赦免的叛乱骨干分子重新处理。靖南王耿精忠被处以磔刑。平南王尚之信以"逆罪"赐死。王辅臣在康熙召他进京的途中自尽而死。耿的长子，尚的一个弟弟同时被斩首处死，他们的部属凡属骨干分子皆处以死刑。其副将以上将吏都被调进京，逐个审查，分别惩处。至于其下军官和士卒，皆发遣东北边疆，充当站丁、驿卒，罚作苦役，其子孙世代不得为官。

历时8年之久的三藩之乱，连同其他反清抗清的力量也一并被消灭了。这就拔除了隐藏在统治集团中的敌对派别，消除了各种隐患。因此，康熙对吴三桂叛乱的铁血镇压，不仅是军事的，也是一次政治与思想的大扫荡。清王朝因祸得福，它通过这场波及全国祸结六省的内战，变得空前强大，建立了稳固的统治。

石勒：啸声奇异，心怀奇志

通过声音不仅可以辨别一个人的心事，还能判断一个人的心胸、职业、志向等情况。心胸宽广、志向远大的人，声音有平和广远之志，而且声清气壮，有雄浑沉重之势。身短声雄的人，自然不可小视。从身材来看，身高的，由于丹田距声带、共鸣腔远，气息冲击的距离加长，力量弱化，因此声音显得细弱，振荡轻；身矮的，往往声气十足，因为距离短，气息冲击力大，声带与共鸣腔易于打开。

石勒是古时羯族的民族英雄。他在十四岁的时候，随同乡经商到洛阳，曾经依着上东门长啸，王衍恰恰经过遇见，觉得他很不一般，对手下人说："刚才这个胡雏，我听他的啸声，看他的相貌，是心怀奇志的人，将来恐怕会成为天下的祸患。"当即派人快马追捕，但这时石勒已经离去了。

从王衍的断言而看，声音和人的命运有一定关系。但是如果说声音能够决定人的命运，则未免虚妄不实。

石勒

说话者，如果气发于丹田，经胸部直冲声带，再经由喉、舌、齿、唇，发出的声音与仅用胸腔之气冲击声带而来的声音，气度不一样，节奏不一样，效果也有悦耳与沙哑的差别。声带结构不好，发出的声音不会动听。但如果经由专门的发声练习，是可以较大程度地改变声音效果的。

丹田的气充沛，因此声音沉雄厚重，韵致远响，这是肾水充沛的征象，由此可知其人身体健壮，能胜福贵。同时，丹田之气冲击声带而来的声音洪亮悦耳，柔致有情，甜润婉转，给人舒服浑厚的美感。

发于喉头、止于舌齿之间的根基浅薄的声音，给人虚弱衰颓之感，显得中气不足，这也是一个人精神不足、身体虚弱、自信心不足的表现。

以声音来判断人的心性才能，尚有许多未知的空白，而且可信度有多高，也尚未定论，但其中的奥妙，是值得研究的。

二、声主"张",音主"敛"

声与音是两种不同的物质,要从人的喜怒哀乐的情状辨别。有上佳之声,也有鄙陋之声,要细加分辨。

【原典】

声与音不同。声主"张",寻发处见;音主"敛",寻歇处见。辨声之法,必辨喜怒哀乐。喜如折竹,怒如阴雷起地,哀如石击薄冰,乐如雪舞风前,大概以"轻清"为上。声雄者,如钟则贵,如锣则贱;声雌者,如雉鸣则贵,如蛙鸣则贱。远听声雄,近听悠扬,起若乘风,止如拍琴,上上。"大言不张唇,细言不露齿",上也,出而不返,荒郊牛鸣。急而不达,深夜鼠嚼;或字句相联,喋喋利口①;或齿喉隔断,啁啁混谈②:市井之夫,何足比数?

声是发音器官初启时的振动之态,音是由发音器官闭合时所产生的声在空气中传播的震荡之态。辨别声的优劣与高下需着重从人情感的喜怒哀乐中去认真鉴别。

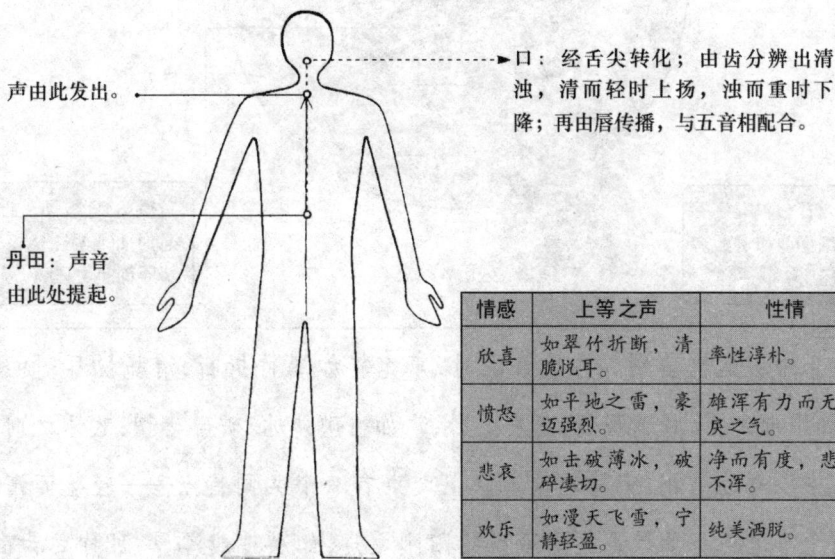

声由此发出。

丹田:声音由此处提起。

口:经舌尖转化;由齿分辨出清浊,清而轻时上扬,浊而重时下降;再由唇传播,与五音相配合。

情感	上等之声	性情
欣喜	如翠竹折断,清脆悦耳。	率性淳朴。
愤怒	如平地之雷,豪迈强烈。	雄浑有力而无暴戾之气。
悲哀	如击破薄冰,破碎凄切。	净而有度,悲而不浑。
欢乐	如漫天飞雪,宁静轻盈。	纯美洒脱。

【注释】

①喋喋利口：喋喋不休没有停顿。

②喈喈混谈：口齿不清，说话含糊不清。

【译文】

声和音是有区别的，声是由发音器官启动时产生的，所以只有在发音器官启动的时候才能听到；音是由发音器官闭合时产生的，所以只有在发音器官闭合时才能感觉到。辨别声的优劣与高下，方法很多，但一定要着重从人情感的

声是音的初始，音是声的余波或余韵，两者的差异、贵贱可从细微处听辨出来。声音中所蕴含气的沉实、充沛与否，是凸显人品格性情的重要标尺。

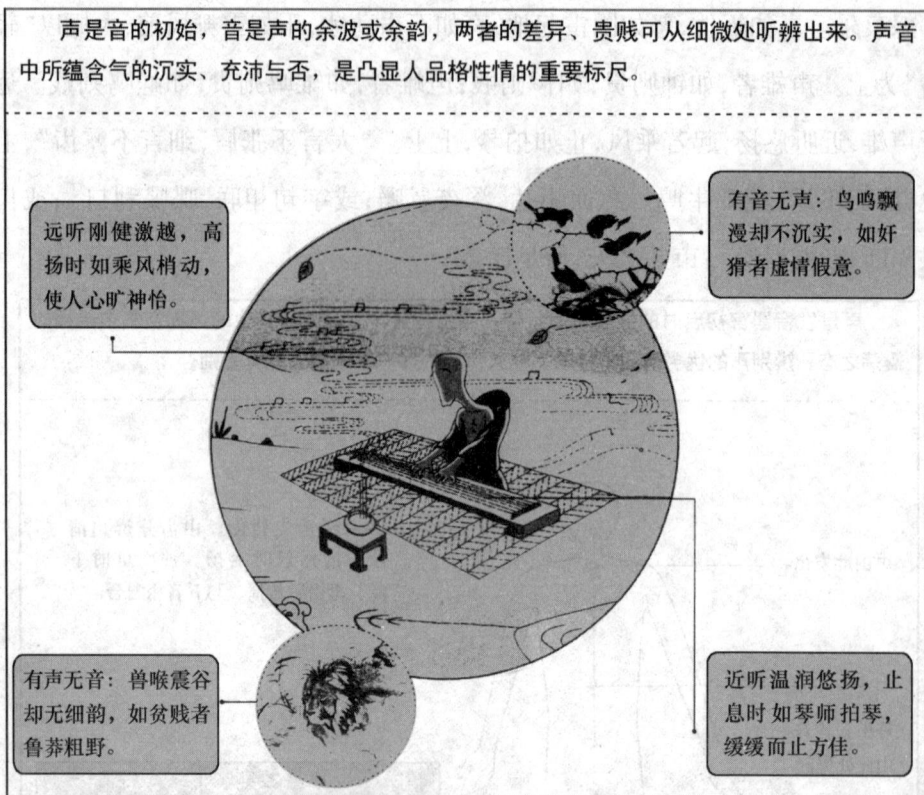

远听刚健激越，高扬时如乘风梢动，使人心旷神怡。

有音无声：鸟鸣飘漫却不沉实，如好猎者虚情假意。

有声无音：兽喉震谷却无细韵，如贫贱者鲁莽粗野。

近听温润悠扬，止息时如琴师拍琴，缓缓而止方佳。

喜怒哀乐中去认真鉴别。在欣喜之时，声宛转如翠竹折断，清脆悦耳；愤怒之时，声如平地之雷，豪迈强烈；悲哀之时，声如击破薄冰，破碎凄切；欢乐之时，声如疾风中飞舞的雪花，宁静轻盈。以上之声有一个共同特点——轻盈而清朗，都可谓上等之声。如果是刚健激昂的阳刚之声，如洪钟般浑厚，可称之为高贵之声；如锣声般轻薄浮泛，可称之为卑贱之声；如果是温润文秀的阴柔之声，如

鸡鸣般清朗悠扬,这就是高贵之声;如蛙鸣般喧嚣空洞,这就是卑贱之声。远听刚健激越,充满阳刚之气,近听温润悠扬,充满阴柔之气;高扬时如乘风梢动,使人心旷神怡,止息时如琴师拍琴,缓缓而止,这便是声中最佳。古语云:"畅所欲言却不大张其口,低声细语不露牙齿",这就是声中较佳者。发声后散漫虚浮,缺少韵味,如荒郊野外的孤牛之鸣;急切而无序,如同黑夜中的老鼠偷吃东西一般;说话时急切,语无伦次,喋喋不休;说话时口齿不清,含混难懂,以上这些都属于市井之人的粗鄙之声,与那些高贵之声是不能相比的。

综合评析

辨声

所谓的声音,如果细细考究,声与音是有区别的。人们开口之时,发出的是声,此时受到推动的空气密度大,发音器官最紧张。嘴闭合以后,留下的就是音,此时受到推动的空气的密度已经变小,原本紧张的发声器官已经松弛下来,仅留下声的余韵。所谓的"声主张,寻发处见;音主敛,寻歇处见"就是这个意思。

对声的考察,清代白峰禅师的《灵山秘叶》中有四句口诀,"察其声气,丽测其度;视其声华,而别其质;听其声势,而观其力;考其声情,而推其征"。所谓声气,相当于声音的音量,声华相当于声音的音质或音色。声势顾名思义则是从声音所表达的效果来说,是声音的气势,声音大一般气势就大,声音小则气势一般。声情是指声音所表达的情感,即人的喜怒哀乐。通过考察声音所蕴含的气是否充沛,气的轻重与平衡,可以知道人的心胸与气度。通过查看声音的音质或者音色是否协调,可以知道人的兴趣爱好与品质;音质或者音色并不以悦耳动听为唯一标准,而是更加看重其是否和谐、协调。通过考察声音气势的大小,可以知道人的意志是否坚强;声音气势雄壮的,意志坚强有力,不可动摇,声势虚弱的,意志薄弱,没有主见。考察声音中所包含的情感,可以知道人当前的精神状况。人的喜怒哀乐都会通过声气、声华、声势、声情表现出现,这是任何人都掩饰不了的。

比方说,人高兴的时候声音就像青竹折断一样清脆悦耳,充满了自然的柔美与协调,质朴,不虚饰,不造作,不俗不媚,神态雍容华贵;反之,如果人的声音与情态表现为这样时就知道他是真的高兴了,发自内心的喜悦。生气起来,就像平地惊雷,爆炸于空中,集中于地下,说话声音突然提高,气势很大但不暴戾,声音强劲但不急躁、呆滞,胸怀宽广具有容人之量。哀痛的时候,声音清脆明亮,不散不乱,虽然情态悲苦,但语气既不急促、峻峭,也不严厉、激烈,发乎情而止乎礼。快乐的时候,声音就像漫天的飞雪一样,随风飘舞,悠然自得,轻而不狂,美而不淫,飘而不荡,奔而不野。喜怒哀乐时声音如以上这样的人,在相学上都属于“贵人”,其共同的特征是“轻清”,即所谓的“乐而不淫,哀而不伤”。

雄声即雄壮的声音,充满了阳刚之气,表现为声音粗壮,气势宏伟。钟的声音洪亮而雄壮,余音不绝,传播很远,听起来令人赏心悦目,自然是“贵”声。由此也可见,凡是能够令人陶醉、赏心悦目的声音,几乎都可以定为“贵”声。而锣的声音单薄、嘶哑,散漫而荒芜,没什么余韵,尖巧刺耳,所以被定为“贱”。可见,凡是不好听的声音,大多可以定为“贱”声。

雌声即阴柔的声音,野鸡的鸣叫与青蛙的鸣叫都属于阴柔的声音,但野鸡的声音清越悠长,声随气动,抑扬顿挫,虽然阴柔但也同样悦耳,所以为贵声。而青蛙的鸣叫,聒噪喧嚣,嘈杂不堪,声气争出,外强中干,阴柔而刺耳,所以为贱声。

所谓的雌声、雄声即阳刚、阴柔之声,在古代男人为阳,女人为阴,其声就为雄声、雌声,这是自然之理。前文中也提到,男人作雄声,女人作雌声为吉利、贵;反之,男人作雌声,女人作雄声,则违背了自然之理,为凶、贱。在男人作雄声,女人作雌声的情况下,其雄声、雌声也有吉凶贵贱,这时不管雌声、雄声都以清越为贵,混浊为贱。单纯地以雄声为贵雌声为贱是不对的,要结合发声之人来判断,然后再去判断其声音是否清越。

除了上述声音的吉凶外,曾国藩确切地指出了两种贵声与四种贱声。一贵:远听时,声音沉雄刚健、气魄宏伟,性情豪放,远山相应;近听时,声音如笙管般宛转有致、温润悠扬;初起时,声音如乘风般飞动,悦耳动人;停止时,像琴师弹完琴后拍琴一样,雍容华贵、挥洒自如。这样的人,气魄宏伟,性格豪放,多才多艺,神采飞扬,必然功成名就,为上上之相。

二贵:高声说话时,却不大张其口;小声说话时,也不露出牙齿。这样的人,温文尔雅、成熟干练、谨慎稳重、学识渊博,也同样会有所成就,是上上之相。

一贱:就像荒郊野外一头孤独的牛在那儿鸣叫一样,声音散漫而虚浮,缺乏余韵,这样的人粗鲁愚顽,难有所成。

二贱:就像夜深人静时,老鼠偷吃东西时发出的声音,断断续续、急急切切,这样的人尖头小脸,一副小人样。

三贱:说起话来,语无伦次,字句相连,散乱无序,还喋喋不休地没完没了,而且嘴快声急,这样的人必然幼稚浅薄,无所作为。

四贱:说起话来口齿不清、吞吞吐吐、含混不清,这样的人生性懦弱无能,一事无成。

后面的四种贱相在曾国藩那里,都属于市井之人的相,在他看来他们本来就是粗俗鄙陋之人,自然其声音是好不了的,根本不能与上面读书人的两种贵声相提并论。当然是最下等的声,不能有所成就;而读书人的两种贵声自然是最上等的声,成就卓著。由此可见,曾国藩也无法跳出作为人上人的藩篱,其相学仅只是相读书人,确切地说是读书的男子,女人、市井小人、农民等等他都不予以考察。

《分句评析》

音能辨人征

【原典】

声与音不同。声主"张",寻发处见;音主"敛",寻歇处见。辨声之法,必辨喜怒哀乐;喜如折竹,怒如阴雷起地,哀如击薄冰,乐如雪舞风前,大概以"轻清"为上。

【译文】

声与音是有着很大区别的。声是由于发音器官的启动而产生的,可以在发音器官启动的时候听见;而音在发音器官的闭合之时产生,在发音器官闭合的时候能感觉到它。辨别声的方法首要的是要辨别发音之人的喜怒哀乐。人在欣喜之时发出的声,宛如翠竹折断,清脆悦耳;愤怒之时发出的声,就如平地一声惊雷,豪壮有度;哀鸣之声则如击碎一块薄冰,凄切悲伤;而欢乐时所发之声就如雪花在空中飞舞,宁静洒脱。总之,均以清脆、飘逸为最悦耳之声。

"声音",在现代来讲,是一个词,一般不把它分成"声"和"音"来讲。而《冰鉴》分两段来分别论述"声"与"音"的特点。

《冰鉴》认为,"声"与"音"的区别是:人开口之时发出来的空气振动产生"声",此时空气振动的密度大、质量高,发音器官最紧张;闭口之后,余下来仍在空气中振动而产生的是"音",此时空气振动密度已经减小,发音器官已松弛下来,是"声"传递的结果,为"声"之余韵,正如平常人们所说的"余音绕梁"。《冰鉴》用"声主'张',寻发处见;音主'敛',寻歇处见"这句话来表述这个意思。

人有喜怒哀乐在语音中必然有所表现,即"如泣如诉,如怨如慕"。因此,由音能辨人之"征",即心情状态。

《冰鉴》中说:"辨声之法,必辨喜怒哀乐。"前面谈到,人的喜怒哀乐,必在声音中表现出来,即使人为地极力掩饰和控制,但都会不由自主地有所流露。因此,通过这种方式来观察人的内心世界,是比较可行的一种方法。

那么"喜怒哀乐"又有什么具体的表现呢?

"喜如折竹",竹子由于它自身的韧脆质地特点,"折竹"就有哗然之势,既清脆悦耳,又自然大方,不俗不媚,有雍容之态。

"怒如阴雷起地",阴雷起地之势,豪壮气迈,强劲有力,不暴不躁,有容涵大度之态。

"哀如击薄冰",薄冰易碎,但破碎之音都不散不乱,也不惊扰人耳,有悲凄不堪一击之象,但不峻不急,有"发乎情,止乎礼"之态。

"乐如雪舞风前",风飘雪舞,如女子之临舞池而衣带飘飘,不胜美态,雪花飞舞之时,轻灵而不狂野,柔美丽不淫荡,具有飘逸的潇洒之态。

从声音中听出贵贱

【原典】

声雄者,如钟则贵,如锣则贱;声雌者,如雉鸣则贵,如蛙鸣则贱。远听声雄,近听悠扬,起若乘风,止如拍琴,上上。

【译文】

所发之声雄浑刚健,像钟声一样激越洪亮、充满阳刚之气则为最佳,如果发出的声像敲锣之声一样浮泛无力,则显得卑贱;如果发出的声温文尔雅,若像鸡鸣一样清秀悠扬则显高贵,若像蛙鸣一样喧嚣空洞则显卑贱。发出的声远远听来,刚健激越,而近处听来,却又温润悠扬,起声的时候如乘风般飘洒自如,悦耳动听,止声的时候又如高手抚琴,雍容自如,这才是所发之声中的最佳品。

曾国藩所言声音之贵贱尽管有其道理，但也不可一概而论，否则就有可能失之偏颇。不过，从人的话语中听出人的个性特征，倒是有可能的。

曾国藩奉命办团练，招揽人才之时，"湘乡奇伟非常之士，争自创磨立功名，肩相摩，指相望"。罗萱是最早应募到曾门的人之一。传说当时每天都有百十人到营中报名，曾国藩一一召见，问询长短，稍有才能的人都留了下来。一天，曾国藩已召见多人，倦极不见客。正在似睡非睡时，忽听外面有吵声，起身向窗外一望，但见一位身材不高，只穿一件单衣的青年人被守门人拦住。青年人声音朗朗，气质非凡，但任凭他怎样讲，守门人仍不放行。青年人也不气馁，大有不见曾国藩不罢休的气势。正在僵持之际，曾国藩推门而出，并喊住守门人，对罗萱说："听君的声音爽朗圆润，必是内沉中气，才质非凡之人。"遂将罗萱引入上宾之位，俩人叙谈起来。随后，曾国藩立即决定让罗萱掌管书记，日常文牍往还的工作也一并交给了他。

罗萱，字伯宜，湘潭人。父汝怀，道光十七年（1837）拔贡，曾任芷江学训导，候选内阁中书，以学行闻于时，著有《湖南褒忠》。罗萱生有夙慧，工诗文书法，能传其父学。为诸生，屡列优等。倡导经世之学，领湖南诗坛风骚数百年、著名的封疆大吏贺长龄，以"家风不可及"闻名遐迩的新化邓显鹤、沈道宽对他都很器重。

曾国藩率湘军东下时，罗萱以亲老欲辞，但曾国藩写信请他入府，并说："今专足走省，敬迓文旆，望即日戒涂，惠然遄臻，无为曲礼臆说所误。蟪蛄裹沙而不行，於菟腾风而万里。士各有志，不相及也。千万千万！祷切祷切！"咸丰五年（1855）曾国藩入南昌，重整水师；后进屯南康，设置楚师三局，制造弹药武器，又设船厂，建南湖水师。时年四月，罗萱随曾国藩经吴城入南康。

咸丰五六年（1855—1856）间，是曾国藩处境最困难的时期。戎马倥偬，而客居江西，兵饷皆不宽足，又受太平军石达开部不时攻袭，常常是停泊船上，不用说安生休息，性命也时有不保。为了取得朝廷的信任，还必须经常奏报军中缓急。而罗萱上马操剑，下马走笔，兼具文武，形影不离，是难得的人才。曾国藩每有上疏，罗萱皆操笔如流。有时"警报骤逼，势危甚"，罗萱也"甘心同命"。又时常调节诸将之间的矛盾，使各当其意以去。咸丰六年，翼王石达开入江西，攻陷瑞、临、袁、吉、抚、建诸郡，省城孤悬。罗萱领湘军三千人攻建昌，城即破，但太平军援军忽至，都司黄虎臣战死，城未攻下。于是曾国藩又令其攻抚州，将至，又得知曾国华、刘腾鸿等自鄂援江攻瑞州，曾国藩又令他自抚州赴瑞合攻。在瑞州，罗萱与刘腾鸿等与太平军展开了殊死战，八战皆捷，取得了瑞州战役的胜利。曾国藩坐视瑞州后，罗萱以久在军中，遂向曾国藩乞假归湘中。

罗萱是喜欢贡献才智又不愿仕进的人，回到家乡后，本想专心读书，以写作终其生。可是，地方大员及同乡亲朋不断召其入幕，他均婉言谢绝。同治七年（1869）十一月，既是同乡挚友又很钦佩罗萱的黄润昌奉命入黔，与记名布政使席宝田会同镇压起义。黄润昌再三请求，罗萱入军营掌文案，兼理营务处。每天白天出外领队作战，夜晚笔削奏牍。

黄润昌原受曾国荃的赏识，咸丰九年（1859）被召入安徽军营。次年，在攻复安庆中，黄润昌成功地策动了程学启反叛，后帮李鸿章立足上海，咸丰十一年，又招抚皖南太平军。同治三年，因随攻金陵，加布政使衔。

黄润昌得檄令已是腊月，黔省极为寒冷，罗萱到营后随即开赴清溪。清溪是原邓子垣的军所。安营扎寨后，罗萱和黄润昌，设水师，作战守，作大举进攻的准备。湘军进入黔境后，先后攻克铜仁、遵义等五郡，而南路进攻受阻。同治八年（1870）三月，黄润昌、罗萱遇伏战死。黄润昌年仅29岁，罗萱年43岁。

罗萱貌温雅，文翰流美，而性极恬退，从军十余年，不趋便营利，亦不图仕进，至死还是个知府。著有《仪郑堂文笺注》二卷，《粤游日记》一卷，《蓼花斋诗词》四卷。

罗萱一世英名，曾国藩凭声识人果然自有其道理。

人在说话时，是在进行思想的交流，同时也是心理、感情的流露，其中，语速的快慢、缓急直接体现出人类的感情状态和心理特征。

声音在不知不觉中变小者为内向型人，讲话的时候窃窃私语，或仿佛耳语一般,小声嗫嚅的人,一定是属于内向型的人。

内向型的人常常会在无意识之中跟他人保持一定的距离,而且还会采取内闭式的姿势,那就意味着"我不希望你能了解我的心事"以及"不想让初次见面的人一下看穿我的心意",当然,也就不会畅所欲言了。

内向型的人对他人的警戒心特别强烈,而且认为不必让他人知道与自己有关的事情。正因为如此,他连自己应该说的话也懒得说出口,一心想"隐藏"自我,声音当然也就变成嗫嚅了。

这样的情况不仅是在一对一的聊天时如此,在会议上的发言也是如此,由于他并不想积极说出自身的看法,以致欲言又止,变成了喃喃自语似的,声音很小,又很缓慢。说话的时候,常常不是明确而直截了当地讲出来,总是喜欢绕着圈子,使听的人感到焦躁不安。这样的人即使是对于询问,也不会做出明确的答复,态度有些优柔寡断。

内向型的人对他人的警戒心理固然相当强烈,但是内心几乎都很温和,为了使自己的发言不伤害到其他人,总是经过慎重考虑之后再说话,同时又担心自己发表的意见将造成自己跟他人的对立。

由于胆怯又很容易受到伤害,而且过度害怕错误以及失败,只好以较微弱的声音娓娓而谈,或许他认为这种说话方式最安全。

但是,对于能够推心置腹的亲友以及家属也就不一样了,对于这一类尤为亲近的人,内向型的人都会解除警戒心,彼此间的距离也会被拉近。

说话速度稍快,说起话来仿佛在放鞭炮似的,几乎都属于外向型的人。

外向型的人善于交流,能说会道,且言语流畅,声音的顿挫富于变化,一旦想到什么事情,就会毫不考虑地说出来,有时又会把自己的身体挪近他人,说到眉飞色舞的时候,口沫横飞,甚至会把他人的话拦腰一"斩",以便贯彻自己的主张。

即使还不到此种地步,这类人说话的方式仍然显得亲切,即使是对于初次见面的人,他也能够以亲切的口吻与之交谈,脸上浮着微笑,不时地点头。

当对方的意见、想法等跟他要说的意思一致的时候,他就会随声附和地说:"就是啊……就是啊……"并且眨动着眼睛,因为对外向型的人而言,跟他人同感,一唱一和之事,乃是至上的快乐。

外向型的人跟别人碰面的时候,只要彼此交谈,就能够使他的性格更为鲜明。所以,一旦话说到投机处,就无法控制,不断地涌出更多的话题,好似有取之不尽的"话源"似的,有时话题变得支离破碎,无法再度接合,他仍然会喋喋不休。因为对他而言,"开讲"本身就是一件极为快乐的事情。

外向型的人能够在毫不矫揉造作之下,以开玩笑的口吻介绍他自己。有时是自己的可笑的事,他都敢于说出来,博得对方一笑,因为他是一根肠子通到底的人,什么事情都不隐瞒,不在乎大家都知道他的事。

即使事后自己也认为"说得太过火",他也不会表示后悔。正因为他具有不拘泥于小节的性格,对于过去的事情很少去计较或者后悔,有时他甚至会忘记自己说过的事情,一旦对方提醒,方才搔着头说:"哦!我那样说过吗?"

正因为如此,他喜欢想到哪儿就说到哪儿。乍看之下,这种人似乎轻率而欠缺考虑,事实上,他们懂得配合对方的说话速度,一面看着对方,一面交谈,同时更能够缓急自如、随机应变地改变话题,为的是不想扫对方的兴,因此,我们可以说,这种类型的人很善于社交式的交谈。

总而言之,外向型的说话方式都很注意一个目标,那就是给周围的人快乐而轻松的气氛,这是因为他们喜欢跟周围的人一起欢关的缘故。

说话时嘴巴的动作反映出一个人内在的性格

【原典】

"大言不张唇,细言不露齿",上也。

【译文】

人们常说:"高声畅言却不需大张其口,低声细语也牙齿含而不露",这是发声中的较佳者。

"大言不张唇"(严格地说,这是不可能的,应该是"大言却不大张唇")是谨慎稳重、学识深厚、养之有素的表现;"细言不露齿",表明其必温文尔雅、精爽简当、成熟干练。曾国藩的意思很明确:说话时嘴巴的动作也可反映出一个人内在的性格。

"好马长在腿上,好人长在嘴上",这恰当地说明了嘴巴对人有着十分重要的作用。这句话有两层含义:一是说人的嘴长得好看,正如女子长有好看的嘴会被称为樱桃小口,强调的是嘴巴的视觉功能;二是嘴巴能花言巧语和雄辩,就像战国时期的苏秦,他就凭借自己的一张嘴巴,完成了游说六国的任务。

谈吐清晰、口齿伶俐的人。这种人,一般能说会道,给他人的第一印象就是嘴上功夫了得。这种人通常会有两种不同的极端,要不才华横溢,要不啰里啰唆。前者能够靠着自己丰厚的知识底蕴,说出的话有根有据,不容辩驳,口若悬河;后者则截然相反,他们说的话虽多,却是长篇累牍,词不达意,但他们也有敏捷的思维、机智,在交往过程中没有半点的迟钝和呆板,拥有极为广泛的社会关系。

嘴巴常抿成"一"字形的人。这种嘴形是在要做出重要的决策,或在事态紧急的情况下常有的嘴形。这类人一般都比较坚强,具有坚持到底的顽强精神,面对困难不会临阵退缩,而是一个劲地想战胜对方。他们较倔强,每件事都经过深思熟虑才采取行动,这时候谁也阻挡不了他们。他们有"不到黄河心不死,不到长城非好汉"的心理,所以较有可能获得成功。

说话时甩手掩嘴的人。这种人属于腼腆类的人,不会将自己轻易地或过多地呈现在众人面前。尤其是他们在陌生人或关系一般的人面前会一言不发。他们比较保守,在与人进行交往的过程当中,极力掩饰自己真实的感受。掩嘴的另外一个意思,还表明可能是自己做错了某一件事情,而进行自我掩饰,张嘴伸舌头也有这方面的意思。

口齿不清、说话迟钝的人。这种人一般性格比较孤僻，在语言表达方面缺乏训练，不喜欢人多的地方，经常独处，这样的人若想获得很大的成就，可谓不易。

不过，这种人也可能属于"不鸣则已，一鸣惊人"的类型。有一句名言说得好：沉默的人总是最危险的人。在别人夸夸其谈的时候，他们通常是沉默寡言，但在脑中却不停地进行着思考，他们说话不多，但大多是"一鸣惊人"。

牙齿咬嘴唇的人。这种人常有的交谈动作是，上牙齿咬下嘴唇、下牙齿咬上嘴唇或双唇紧闭。他们给人的感觉就是他们在聚精会神地交谈，而他们也正是在聆听对方的谈话，同时在心中仔细揣摩话中的含义。他们一般都有很强的分析能力，遇事虽然判断迟缓，但一旦形成决定，则会滴水不漏。

嘴角上挑的人。这种人性格外向，机智聪明，能言善辩，善于和陌生人主动打招呼，并快速地进入亲切交谈的角色。他们胸襟开阔，有包容心，对曾经伤害过自己的人并不记恨。有着非常良好的人际关系，在最困难的时候常常能够得到他人的支持与帮助，属于"吉人自有天相"的人。

什么样的品性对应什么样的声音

【原典】

出而不返，荒郊牛鸣。急而不达，深夜鼠嚼；或字句相联，喋喋利口；或齿喉隔断，啮啮混谈：市井之夫，何足比较？

【译文】

如果声音像荒郊旷野中牛之孤鸣，虚浮而无余韵；或者像夜深人静时老鼠偷吃东西时发出的"吱吱咯咯"声，急切而不畅达；或者说话时一句紧跟一句，急促却又语无伦次；或者说话时口齿不清，吞吞吐吐，如鸟鸣般啮嚅，含糊而不能辨其声。这几种都属于市井中人的粗鄙俗陋之声，又怎么能和以上几种声比较呢？

古人认为荒郊旷野，一牛孤鸣，沉闷散漫，有声无韵，粗鲁愚妄之人，其"声"大抵如此；夜深人静，群鼠偷食，声急口利，咯咯吱吱，尖头小脸之人，其"声"与此相似。至于"字句相联，喋喋利口"，足见其语无伦次，声无抑扬，其人必幼稚浅薄，无所作为；"齿喉隔断，嗒嗒混谈"，足见其吞吞吐吐，不知所云，其人必怯懦软弱，一事无成。以上"声"相，当然属于下等，所以曾国藩才不屑一顾地说："何足比较"！

在曾国藩看来，声音是一个人内在品性的外在体现，什么样的品性对应什么样的声音，这似乎是很难改变的。

历史上听声辨人的事例很多。郑子产一次外出巡察，突然听到山那边传来妇女的悲怆哭声。随从们面视子产，听候他的命令，准备救助，不料子产却命令他们立刻拘捕那名女子。随从不敢多言，遵令而行，逮捕了那位女子。当时这名女子正在丈夫新坟前面哀哭亡夫。人生有三大悲：少年丧父、中年丧夫、老年丧子，可见该女子的可怜。以郑子产的英明，不会无缘无故对此妇动粗，其中缘由，是因为郑子产的闻声辨人之术也。郑子产解释说，那妇人的哭声，没有哀怆之情，反蓄恐惧之意，故疑其中有诈。审问的结果，果然是妇女与人通奸，谋害亲夫。

孔子也深谙闻声辨人的技巧，似乎比郑子产还高出一筹。虽然孔子讲过"以貌取人，失之子羽；以言取人，失之宰予"，但他凭外貌声色取人的功夫，实在是有过人的天分。

孔子在返还齐国的途中，听到非常哀切的哭声，他对左右讲："此哭哀则哀矣，然非哀者之哀也。"碰到那个哀哭的人之后，才知道他叫丘吾子，又问其痛哭的原因，丘吾子说："我少年时喜欢学习，周游天下，竟不能为父母双亲送终，这是一大过失。我为齐国臣子多年，齐君骄横奢侈，失天下人心，我多次劝谏不能成功，这是第二大过失。我生平交友无数，深情厚谊，不料后来都绝交了，这是第三大过失。我为人子不孝，为人臣不忠，为人友不诚，还有何颜面立在世上？"说完便投水而死。丘吾子的三悔痛哭，是今天社会中再难重现的古士高风，而孔子能听音辨人心事，非常人之天赋，所以流传后世。

有时说话的声音也能决定人的沉浮。明成化年间，兵部左侍郎李震业已九年考满，久盼能升至兵部尚书，恰好这时兵部尚书白圭去职，机会难得。不料朝廷命令由李震的亲家，刑部尚书项忠接任。

满怀希望的李震深为不满，对他的亲家埋怨说："你在刑部已很好了，何必又钻到此？"过了些天，李震脑后生了个疮，仍勉力朝参，同僚们戏语说："脑后生疮因转项"（意指项忠从刑部转官而来），李震回答说："心中谋事不知疼"，仍然汲汲于功名，不死其心。其实李震久不得升迁，是因为声音的变化而影响了皇帝对他的印象。在皇帝看来，忠臣奏朝章往往能朗朗而谈，而奸臣则声音低沉而险恶，李震的声音历来沙哑而不定，给人一种不可靠的感觉。因为他素患喉疾，每逢奏事，声音低哑，为宪宗皇帝所恶。与李震一殿为臣的鸿胪寺卿施纯，声音洪亮，又工于辞令，在班行中甚是出众，宪宗对他很欣赏。因而升官的事自然与李震无缘。这虽是一个极端的例子，但也说明了语音对人们印象的重大影响。

有些时候言谈声调也可探察人的内心深层次的心理活动。

一般初次见面的时候，声音往往会给对方留下很深的印象。有些人的声音轻缓柔和，有些人的声音带有沉重威严感。人们一般会根据记忆中的声音去识别人。

声音，声音能够表现出人们的性格、人品等特性，从脸部表情、动作、言词无法掌握对方心态时，常常可从声调去体验他情绪的波动。

具有温和沉稳声音的人，一般情况下，这种类型的人办事慢条斯理，常常是这种情况：上午有气无力，下午却变得活泼起来。他们富于同情心，不会坐视受困者而不理。刚开始或许难以交往，但性格比较忠诚，因此朋友虽少却精。

若女性的音质柔和、声调低，那么她们大多性格内向，会随时顾及周围的情况而控制自己的感情，同时也渴望表达自己的观念，因此应该尽量顾及她们的感受。

另外，如果男性的声音比较温和沉着，那么他们乍看上去会显得老实，其实也有其顽固的一面，他们往往固执己见，绝不妥协，不会讨好别人，也不轻易相信别人。

具有高亢尖锐声音的人，一般情况下比较神经质，对环境反应强烈，可能会因为房间变更或换张床就睡不着觉。他们富于创意与幻想力，讨厌向人低头，说起话来滔滔不绝，常向他人灌输己见。面对这种人不要给予反驳，在一定程度上满足其虚荣心可以让他感觉很好。

在男性中，如果声音较为高亢尖锐，那么他们的个性比较狂热，容易兴奋也会很快感到疲倦。这种人对女性会一见钟情或贸然地表白自己的心意，往往会使对方大吃一惊。高亢声音的男性一般都从年轻时代便透露出其鲜明个性。

如果发出这种声音的是女性，那么她们的情绪一般会起伏不定，对人的好恶感也非常明显。这种人一旦执着于某一件事时，往往顾不得其他。这种人会轻易说出与过去完全矛盾的话，且并不以为意。

在人们的语言中，除了音感和音调之外，语言本身的韵律也能够透视人心的感情因素。

一般来说，成功的政治家、企业家等，在掌握言谈的韵律方面，都有自己的独创之处。就是这种细节性的处理方式，才能够使他赢得社会或下属的尊重和信任。

说话速度慢的人，一般都性格沉稳，他处事做人一般是那种十足的慢性子。

如果话题沉闷、冗长，要有相当时间才能告一段落的情况出现，说明谈论者心中必潜藏着唯恐被打断话题的不安。唯有这种人，才会以盛气凌人的方式谈个不休。至于希望尽快结束话题交谈的人，也有害怕受到反驳的心理，因此经常会让对方有意犹未尽的感觉。

另外，若一个人总是滔滔不绝谈个不止，那么他有可能是目中无人，也有可能是喜欢表现自己。这类人的性格十分外向，但有时不会很讨人喜欢。

听其言知其心

　　言既可听,那么怎样"听其言"呢? 第一,"兼听则明,偏信则暗"。即指不能偏听一人之言,而要多听众人之言;不能只听其一面,而应多方征求,兼而察之。第二,"听话听音,锣鼓听声"。这是一句俗话,但寓含哲理,即听话不可仅听其表面,也不可"前耳进,后耳出",一听而过,而应听其实质,听其含意。而要如此,必须加以具体分析。这样,无论是真话、假话、直话、绕话,旁敲侧击之话,还是含沙射影之话,都是可以听出一些味道而了解其真意的。第三,听其言而察其人。语言无论怎样表达,它都在一定程度上反映了一个人的性格和品质。经过验证,经常说真话的人必是为人忠诚,实事求是之人;经常说假话的人,必是巧伪奸诈之人;经常说真话的人,必是性格直爽,心直口快之人;说话词意不明的人,必是碌碌无为之人;说一些朴实无华但富含哲理之言的人,必是很有思想、很有见地之人。因此,说话,实质上是一个人品性、才智的外露,只要考察者出以公心,从一个人的说话,定能有所发现。例如,三国时,陈琳曾在一篇檄文中把曹操骂得狗血喷头,但曹操却从中发现陈琳是一位很有才华的人,后来予以重用。张辽被曹操捕获,对曹操破口大骂,曹操却从中发现张辽是位性格直爽的忠勇之士,而当场释放,委以重任。而吕布虽武艺超群,但一见曹即跪地求饶,其声甚切,但曹一听其言,复忆其行,即知其是反复无常、贪生怕死之人,当即处死。可见,"言为心声",只要慎听,是会听出一些名堂来的。

　　当然,"知其心,而听其言",与"轻言重行,综核名实"并不矛盾。这里强调的是察人,不排斥"察言","察言"是察人的一个方面。而"察言"又与"信其言"不同,"信其言"是有条件的,"事莫贵乎有验,言莫弃乎无证","知其心而听其言","有证之言""知其心"之言可信,而无证之言、不"知其心"之言,非但不可信,还应从反面去理解它。

在听言观行中,还要注意以下几点:

一是众人观察。孟轲有这样一段名言:"左右皆曰贤,未可也;诸大夫皆曰贤,未可也;国人皆曰贤,然后察之,见贤焉,然后用之。左右皆曰不可,勿听;诸大夫皆曰不可,勿听;国人皆曰不可,然后察之,见不可焉,然后去之。"(《孟子·梁惠王下》)他告诫人们对贤者下判断时,一定不能只凭个人一隅之见,而要听群众意见;之后,还要"察之",要看其是否果真如此,勿为不负责任的"闲言碎语"或"恶意中伤"所离间。李觏也认为,不能仅凭"一人之举",而需众人"共举"(《李觏集·安民策》)。

金世宗完颜雍曾说过:"朕之取人,众所与者用之,不以独见为是也。"(《金史·世宗本纪中》)即我选用人才时,大家都推荐的才使用,我并不认为个人的看法都是对的。

二是长期观察。李觏认为对德才的确定,不能只凭一时的表现,而需经较长时期的考察,要"日观其德,月课其艺。贤邪非一时之贤,久居而不变,乃其贤也。能邪非一时之能,历试而如一,乃其能也"(《李觏集·安民策》)。

三是全面观察。西汉邹阳认为,识别评价人才要"公听并观"(《西汉文邹阳狱中上梁王书》),从各方面进行观察,德才资全面衡量;观其主旨,不求微功细过。

四是责求实效。苏轼认为,根据实绩判断能力的强弱才是正确的知人之法。"得人之道,在于知人;知人之法,在于责实。"(《苏东坡全集·议学校贡举状》)

三、音者,声之余地

音,是声的余韵。由音可察知人的心性和能力。有声无音或有音无声都是不可取的。

【原典】

音者,声之余也,与声相去不远,此则从细处曲中见直。贫贱者有声无音,尖巧者①有音无声,所谓"禽无声,兽无音"②是也。凡人说话是声,其散在前后左右者是音。开谈若含情,话终多余响,不唯雅人,兼称国士;口阔无溢出③,舌尖无窕④音,不唯实厚⑤。兼获名高。

抛却市井之人"粗鄙"之声的片面判定,通过改变思维习惯和改善声音瑕疵,曾国藩所暗藏的"成功之声"调教之法在人们面前渐渐清晰起来。

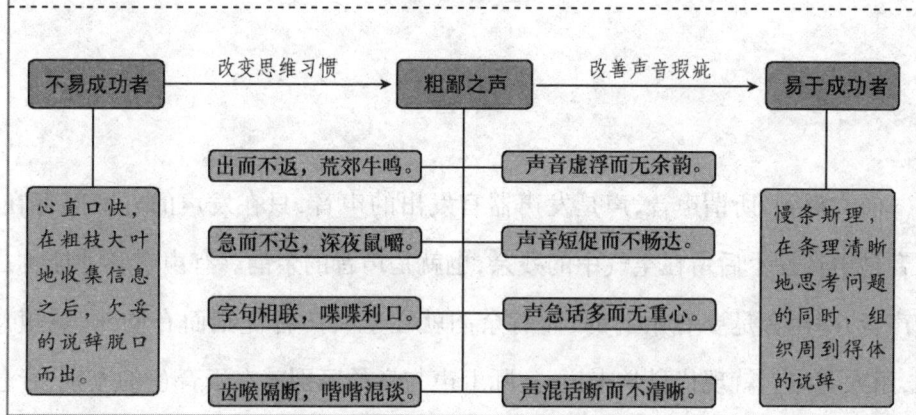

不易成功者	改变思维习惯	粗鄙之声	改善声音瑕疵	易于成功者

心直口快,在粗枝大叶地收集信息之后,欠妥的说辞脱口而出。	出面不返,荒郊牛鸣。	声音虚浮而无余韵。	慢条斯理,在条理清晰地思考问题的同时,组织周到得体的说辞。
	急而不达,深夜鼠嚼。	声音短促而不畅达。	
	字句相联,喋喋利口。	声急话多而无重心。	
	齿喉隔断,嗜嗜混谈。	声混话断而不清晰。	

"成功之声"的调教

【注释】

①尖巧者:指圆滑机巧的人。

②禽无声,兽无音:飞禽鸣叫,绵曼之气有余,豪迈雄壮之气不足,是谓禽无声;野兽吼叫,刚猛有余,曲折婉转之意不足,是谓兽无音。

③口阔无溢出:口宽大但声气却不溢出。

④舌尖无窕:口齿灵活但不轻佻。

⑤实厚:指修养深厚。

【译文】

音是声的余波或余韵,与声的距离不算太远,它们之间的差异从细微处还可以听出来。贫穷卑贱之人有声无音,显得鲁莽粗野,圆滑奸诈之人有音无声,显得虚情假意,通常所说的"鸟鸣无声,兽叫无音"就是这个道理。平常人说话是一种声响散布在空中而已,无音可言。如果说话时开口就感情流露,话说完时尚有余音缭绕,这样的人不仅温文尔雅,还可称得上社会名流。如果说话时口阔嘴大声发出但气未溢出,且舌尖无轻窕之音,表明其人素质修养深厚,将来必会拥有盛名隆誉。

综合评析

辨音

前文提到,所谓声音,声是发声器官发出的声音,只在发声的一瞬间存在,而音是声音发生后留在空气中的残余,也就是声音的余韵。有声有音才能称之为声音,即声音是要有余韵的,而有余韵就在于其声音优雅而有韵味、意蕴悠远,耐人寻味。就现代科学来说,实际上声与音的区别就在于音色的差别,音色美好的为音,音色不好的为声。

贫贱的人,声音粗野,缺乏文雅的韵味与情致,没什么音色可讲,因而有声无音。尖巧的人,处世圆滑,八面玲珑,善于虚饰,说起话来谨慎小心,讲话之前都得思前想后以免给人口实,自然说话慢声细气,给人有音而无声的感觉。而所谓的群鸟争鸣,莺语宛转,燕语呢喃,好一副生机勃勃的景象,不可谓不悦耳动人,然而细细品味则为靡靡之音,只有暧昧而无豪壮之气,自然有音而无声。荒山大泽中的猛兽,狼奔豕突,吼叫起来山林振动,气势不可谓不雄壮,却过于粗野,缺乏音韵,是有声而无音。

鼻　相

鼻型	命相	图释
龙鼻	主百世流芳。龙鼻丰隆准上齐,山根直耸若伏犀;鼻梁方正偏无曲,位至居尊九鼎时。	
虎鼻	主富硕驰名。虎鼻圆融不露孔,兰台廷尉亦须无;不偏不曲山根大,富贵名衰世罕夫。	
狮鼻	主全形达摧。山根年寿略低平,准上丰大称兰廷;若合狮形真富贵,不然财帛有虚盈。	
悬胆鼻	主福禄供辅。鼻如悬胆准头齐,山根不断无偏倚;兰台廷尉模糊小,富贵荣华应壮期。	
蒜头鼻	主结果增容。山根年寿俱平小,兰台廷尉准头丰;弟兄情久心无毒,晚景中年家必隆。	
盛囊鼻	主中年荣。鼻如盛囊兰台小,两旁厨灶亦圆齐;始末资财俱大盛,功名必定挂紫衣。	
猩鼻	主富贵快乐。猩猩之相鼻梁高,眉眼相挨粗发毛;面润唇掀身宽厚,宽怀德重生性豪。	
偏凹鼻	主不贱则夭。年寿低压山根小,鼻面相生差不多;准头兰尉此须见,不分不夭病相磨。	
獐鼻	主贪垢背义。鼻小准尖庭灶露,金甲二匮内绷缠;徒劳遗荫难居守,四覆三翻无信义。	

鼻型	命相	图释
狗鼻	主窃食怀义。狗鼻年寿起高峰,准头兰尉孔头空;此鼻之人主有义,惟嫌窃取济时穷。	
露窍鼻	主忌妒暗欺。鼻窍小而口颇大,猖狂轻躁不须教;性弱易怒多忧虑,花果常时手好拈。	

由此可知,所谓的声音,包括声与音两个部分,声以雄壮、洪亮、有气势为贵,而以声大而粗野、声细小为贱;音以优美而有致为贵。不过,尽管声音可以分为声与音,但它们统一于声音,是一个整体,沉雄有致的声音不但有声更有音,是贵声;声大粗野、声小自然没什么余韵可言,音色低贱,为贱声。

通常人说话时,声音发出后就散在空气中,没什么余韵可言。而那些温文尔雅的人,一开口说话,必然饱含真情,语态自然而真诚,话说完了,声音仍然在空中缭绕不绝,这样的人国士无双。那些口大的人,在未发声时不会漏出一丝气息,声音也不会粗声大气;就算说话轻巧流利,但其声音没有任何矫揉造作的意思,这样的人涵养深厚,将来必定扬名天下。

关于声音,心理学家也曾做过一个调查,将不同的声音给人的感受做了一个总结。声音低沉而粗的,这样的人太过做作,对人对事比较现实;一方面可以说这样的人心智成熟,适应能力比较强,到什么地方唱什么歌,一方面大多数人会认为这样的人太"假"、太"奸",类似于前面情态中提到的"纯奸"之人;但现实世界中,这样的人往往在社会上混得风生水起、如鱼得水,能够取得事业的成功。

声音洪亮的人,一般都精力充沛,为人豪爽、耿直,有热情、有荣誉感,也很有趣,具有艺术家的气质。这样的人,在现实生活中,可能不讨人喜欢,还可能成为那死认原则的挡路人,但他们的出发点都是没有恶意的,不针对某一个人,相处久了都会成为他们的朋友。他们只要认准了方向,就会坚持不懈地去努力,并能得到朋友的帮助,最后达到目标,取得成就。

说话速度快的人，一般性格外向，朝气蓬勃，活力十足，做事风风火火。这样的人办事讲求效率，对事情也有热情，不过这热情可能来得快也去得快。有热情时，做事非常努力，不达目的誓不罢休；热情消退时，一点兴趣都提不起来，如果在热情消退前没能做完这件事，这件事也就会慢慢地半途放弃了。

说话喜欢带尾音等后缀的人，一般都精神昂扬，带有些女性化的倾向，艺术家的气质。

上面提到的这些通过声音去识人，实际上都是对人的人生运势、性格的认识，这些都属于情态中的恒态的范畴；在实际生活中，对时态即人面对各种情况时的情态的认识更具有可操作性，更具有现实意义。比方说，当人紧张时，说话可能结巴、前言不搭后语；生气时，语速会加快，声调会提高等，从这些反推可以知道人当时的心情，察言观色。

说到察言观色，就得再次重申一个原则，那就是人无论是物质的肉体还是精神的兴趣、情态，都是一个整体，以和谐、调和为美、为贵，任何的时态都不只是一个器官、部位参与的，而是整个系统各个部位相互配合的，任何单一部位参与完成的情态，恐怕都不是真实的内心反映，而只是一种表演。也就说，在考察声音的情态时，也需要考察其他部位，单一的声音无法表达出任何真实的时态。

就拿高兴来说，当人高兴时，说话声音自然会欢快起来，与此同时面部会不自觉地笑起来，嘴角上翘，眼睛眯起来，动作也会轻快起来，这样的笑才是真诚的、发自内心的笑。如果只是语言轻快，而面部表情没什么变化，或者就算嘴角上翘了，但眼睛、眉毛什么的没有参与，这也不是真正的高兴，所谓的皮笑肉不笑就是这个意思。

最后，就时态而言，在与人对话时有一些要求与禁忌，一定要注意。第一，与人说话要声调不能太高太尖，这样会让人感到头疼、反感，这时你需要放松，别把注意力全放在嗓门上。第二，与人说话声音不能低沉到有气无力、半死不活，这样的声音让人忧愁。第三，声音可以雄壮但不能太大，太大让人感觉咄咄逼人，容易惹恼别人；声音可以小但不能小到听不见。第四，声音要抑扬顿挫、

鸟类鸣叫，声音细小，缺乏雄壮的气概，属于"无声"；兽类叫声虽然声音很大，却粗野而无文，属于"无音"。

兽无音、鸟无声

充满激情,平淡、乏味的语调就像老夫子摇头晃脑读经,只能起催眠的作用。第五,速度不能太快,太快容易让人听不明白,还容易显得不稳重;也不能太慢,太慢了容易让人失去耐心,并缺乏能引起与听众互动的生气。第六,说话中要适当地做一些停顿,以给人说话、发表意见的机会。第七,用语要准确、精练,要避免用鼻音回答别人,大多数人都不喜欢"嗯、啊"的回答,认为这是很典型的敷衍,不把人放在眼里。

分句评析

由说话的情形把握人的心理

【原典】

音者,声之余也,与声相去不远,此则从细曲中见耳。贫贱者有声无音,尖巧者有音无声,所谓"禽无声,兽无音"是也。

【译文】

音,是声的余韵。音跟声相去并不远,其间的差异从细微的地方还是可以听出来的。贫穷卑贱的人说话只有声而无音,显得粗野不文雅,圆滑尖巧的人说话则只有音而无声,显得虚饰做作,俗话所谓的"鸟鸣无声,兽叫无音",说的就是这种情形。普通人说话,只不过是一种声响散布在空中而已,并无音可言。

曾国藩说"声"和"音"是有区别的,而这种区别跟音质和音色似乎并无太大的关系,这种区别更多取决于当事人说话时表现在外的各种情形。

在现实生活、工作、社会交往当中,细心观察和聆听对方说话的情形,可以很准确地把握对方的心理活动。

善于倾听的人,大部分是富有自己缜密的思维、独特的思想,而又性情温和、谦虚有礼的人。他们或许不能引起别人的注意,但通过一段时间的交往,一定会得到别人的依赖与尊重,他们善于思考,虚心好学,是值得信任的朋友。

能说会道的人,大多数人的反应速度快,思维比较敏捷,随机应变的能力强。他们善于交谈,与他人讲大道理,以显示自己的聪明。该类型的人圆滑世故,处理各种各样的问题都非常老练,他们在绝大多数时候会很招别人的喜欢,由此人际关系会很不错。

在说话中常带奇言妙语者,他们大多比较聪明和智慧,具有一定的幽默感,比较风趣,而且随机应变能力强,常会给他人带去欢声笑语,很招他人的喜欢。

在谈话过程中转守为攻者,多心思缜密,遇事能够沉着冷静地面对,随机应变能力强,能够根据形式适时地调节自己。他们做事一向稳重,从不做没有把握的事情,总是首先保证自己不处于劣势,然后再追求进一步的成功。

在与人交流的过程中,能够运用妙语反诘的人,不但会说,而且还会听,当发现形势对自己不利的时候,能够及时抓住各种机会去反击,从而使自己处于主动的地位。

善于根据谈话的进行适时地改变自己言谈的人,大都头脑比较灵活,能够在极短的时间内,准确地分析自身的处境,然后寻找恰当的方法求得解脱。

言谈十分幽默的人,多感觉灵敏,胸襟豁达,心理健康,他们做事很少死板地去遵循一定的规则,甚至完全是不拘一格。他们十分灵通、圆滑,显得聪明、活泼,很多人都愿意与他们交往,他们会有很多的朋友。

在谈话过程,常常说一些滑稽搞笑的话以活跃气氛的人,待人比较亲切和热情,并且富有同情心,能够顾及他人的感受。

在与他人谈话期间,善于以充分的论证论据说服他人的人,大多是相当优秀的外交型人才。他们能够通过自己独特的洞察力,使自己占据一定的主动地位,使他人完全按自己的思路走,以赢得最后的胜利。

自嘲是谈话的最高境界,善于自我解嘲的人多有乐观、豁达、超脱、调侃的胸怀和心态。

在谈话中善于旁敲侧击的人多能听出一些弦外之音,又较圆滑和世故,常做到一语双关。

在谈话中软磨硬泡的人,多有较顽强的性格,有一股不达目的誓不罢休的精神,一直等到对方实在没有办法,不得不答应,才罢手。

在谈话中滥竽充数的人,多胆小怕事,遇事推卸责任,凡事只求安稳太平,没有什么野心。

避实就虚者常会制造一些假象去欺骗、糊弄他人,一旦被揭穿,又寻找一些小伎俩用以逃避、敷衍过去。

固执己见者从来听不进他人的意见和建议,哪怕他人是正确的而自己是错误的。

当然,要真正做到听其言识其本质,仅仅把握对方一时的心理活动是远远不够的。那么怎样才能真正做到"听其言,识其人"呢?

第一,"兼听则明,偏听则暗。"即指不能偏听一人之言,而就多听众人之言;不能只听其一面,而应多方征求,兼而察之。

第二,"听话听音,锣鼓听声。"这是一句俗话,但富含哲理,即听话不可仅听其表面,也不可"左耳进,右耳出",一听而过,而应听其实质,听其含意。而要如此,必须加以具体分析。这样,无论是真话、假话、直话、绕话,旁敲侧击之话,还是含沙射影之话,都可以听出一些味道而了解其真意。

第三,听其言而察其人。语言无论怎样表达,它都在一定程度上反映了一个人的性格和品质。一般而言,经常说真话的人应是为人忠诚,实事求是之人;经常说假话的人,应是巧伪奸诈之人;直来直去说话的人,应是性格直爽,心直口快之人;说话词意不明的人,应是唯唯诺诺之人;说一些朴实无华但富含哲理之言的人,应是很有思想、很有见地之人。因此,说话,实质上是一个人品性、才智的显露,只要考察者出于公心,从一个人的说话,定能有所发现。例如,三国时,陈琳曾在一篇檄文中把曹操骂得狗血喷头,但曹操却从中发现陈琳是一位很有才华的人,后来予以重用。张辽被曹操捕获,对曹操破口大骂,曹操却从中发现张辽是位性格直爽的忠勇之士,而当场释放,委以重任。而吕布虽武艺超群,但一见曹即跪地求饶,其声甚切,但曹一听其言,复忆其行,即知其是反复无常、贪生怕死之人,当即处死。可见,"言为心声",只要慎听,是能听出一些名堂来的。

当然,"知其心,而听其言",与"轻言重行,综核名实"并不矛盾。这里强调的是察人,不排斥"察言","察言"是察人的一个方面。而"察言"又与"信其言"不同,"信其言"是有条件的,"事莫贵乎有验,言莫弃乎无证","如其心而听其言","有证"之言、"知其心"之言可信,而无证之言,不"知其心"之言,非但不可信,还应从反面去理解它。

"齐桓公兼听用管仲"的做法就很值得我们借鉴。

据《史记·齐太公世家》记载,齐襄公当政时,因醉杀鲁桓公,他的弟弟公子纠和小白因怕受到牵连,所以分别同其师傅管仲、鲍叔牙到鲁国和莒国避难。

齐国国君被刺杀后,齐国诸位大夫商议立君之事。这时高傒等人暗中派人到莒国召回小白,商议让其继位。鲁国人听到死讯后,也发兵送公子纠回齐国继位,并命管仲率领军队阻拦小白回国。在进军的路上,管仲与小白的人马相遇,管仲向小白射了一箭,恰中小白的带钩,小白装死而骗过管仲,躺在车中立即奔回齐国,继承了君位,是为齐桓公。小白即位后,发兵攻打鲁国,在乾地将鲁兵打败,并送信给鲁国国君道:"子纠是我的哥哥,不忍亲手杀他,请鲁国把他杀了。召忽、管仲是我的仇人,请你们交给我把他们剁成肉酱,否则,我就围攻鲁国。"鲁国害怕,便在笙渎杀了公子纠,召忽自杀,管仲自请囚禁。

齐桓公发兵攻打鲁国,原想杀死管仲,以报一箭之仇。为此,鲍叔牙对齐桓公说:"我跟您已经很多年了,今天您被立为国君,这是非常荣幸的事情。国君的地位虽然很崇高,但是我没有本领再帮助您提高地位和荣誉了。如果仅仅治理齐国,有高奚和我两个人的辅佐就足够了,如果您要称霸诸侯,那非有管仲不可。论本领,他比我大很多,所以管仲在哪个国家,哪个国家的地位就会提高,你可千万不能错过这个机会啊!"齐桓公非常奇怪地反问道:"管仲亲自用箭射过我,差点使我丧命,我们怎么还可以用他呢?"鲍叔牙听后哈哈大笑,并对桓公说:"这就是他忠于自己主人的最好表现。如果您能宽恕他,重用他,他也一定会像侍奉公子纠一样地侍奉您。"于是齐桓公听从了鲍叔牙的劝告,便使用"佯召管仲欲报仇"的计谋,将管仲要回齐国。

管仲回到齐国以后,齐桓公不计一箭之仇,拜管仲为相国,而鲍叔牙则为副手。管仲执政后,与鲍叔、隰朋、高奚同心协力治理国家,改革内政,整顿军制,发展经济,救济贫穷,选拔贤才,使齐国很快强大起来。到公元前656年,齐国威望大大提高,济桓公终于取得了霸主地位。

齐桓公对管仲本有一箭之仇,欲将其剁成肉酱方解心头之恨。但经鲍叔牙的举荐,说明齐国要想称霸于诸侯非管仲辅佐不可的道理后,具有雄才大略的齐桓公不仅不杀管仲,而且委以重任,让其执掌国政,实在是胆识过人。如此这样,不懂得"兼听则明"的道理是断然办不到的。

要做到"兼听则明",在听言观行中,需注意以下几点:

一是众人观察。孟轲有这样一段名言:"左右皆曰贤,未可也;诸大夫皆曰贤,未可也;国人皆曰贤,然后察之,见贤焉,然后用之。左右皆曰不可,勿听;诸大夫皆曰不可,勿听;国人皆曰不可,然后察之,见不可焉,然后去之。"(《孟子·梁惠王下》)他告诫人们对贤者下判断时,一定不能只凭个人一隅之见,而要听群众意见;之后,还要"察之",要看其是否果真如此,勿为不负责任的"闲言碎语"或"恶意中伤"所离间。李觏也认为,不能仅凭"一人之举",而需众人"共举"(《李觏集·安民策》)。

金世宗完颜雍曾说过:"朕之取人,众所与者用之,不以独见为是也。"(《金史·世宗纪》)即我选用人才时,大家都推荐的才使用,我并不认为个人的看法都是对的。

金世宗完颜雍

二是长期观察。李觏认为对德才的确定,不能只凭一时的表现,而需经较长时期的考察,要"日观其德,月课其艺。贤邪非一时之贤,久居而不变,乃其贤也。能邪非一时之能,历试而如一,乃其能也"(《李觏集·安民策》)。

三是全面观察。西汉邹阳认为,识别评价人才要"公听并观"(《西汉文·邹阳狱中上梁王书》),从各方面进行观察,德才资全面衡量;观其主旨,不求微功细过。

四是责求实效。苏轼认为,根据实绩判断能力的强弱才是正确的知人之法。"得人之道,在于知人;知人之法,在于责实。"(《苏东坡全集·议学校贡举状》)

曾国藩：辨音识才，重用罗萱

罗萱，字伯宜，湘潭人。父汝怀，道光十七年（1837 年）拔贡，曾任过芷江学训导，候选内阁中书，以学行闻于时，著有《湖南褒忠录》。罗萱生有夙慧，工诗文书法，能传其父学。为诸生，屡列优等。倡导经世之学，领湖南诗坛风骚数百年、著名的封疆大吏贺长龄，以"家风不可及"闻名遐迩的邓显鹤、沈道宽对他都很器重。曾国藩奉命办团练，招揽人才之时，"湘乡奇伟非常之士，争自创磨立功名，肩相摩，指相望。"罗萱是最早应募到曾门的人，传说当时每天都有百十人到营中报名，曾国藩一一召见，问询长短，稍有才能的人都留了下来。一天，曾国藩已召见多人，倦极不见客。正在似睡非睡时，忽听外面有吵声，起身向窗外一望，但见一位身材不高，只穿一件单衣的青年人被守门人拦住。青年人声音朗朗，气质非凡，但任凭怎样讲，守门人仍不放行。青年人也不气馁，大有不见曾国藩不罢休的气势。正在僵持之际，曾国藩推门而出，并喊住守门人，对罗萱说："听君的声音爽朗圆润，必是内沉中气，才质非凡之人。"遂将罗萱引入上宾之位，俩人叙谈起来。随后，曾国藩立即决定让罗萱掌管书记，日常文牍往还，也一并交给了他。

曾国藩率湘军东下时，罗萱以亲老欲辞，但曾国藩写信请他入府，并说："今专足走省，敬迓文旆，望即日戒涂，惠然遄臻，无为曲礼臆说所误。蟾蜍裹沙而不行，于菟腾风而万里。士各有志，不相及也。千万千万！祷切祷切！"咸丰五年（1855 年）曾国藩入南昌，重整水师；后进屯南康，设置楚师三局，制造弹药武器，又设船厂，建内湖水师。四月，罗萱随曾国藩经吴城南康。六月，在青山营次与塔齐布会阁军务。七月，随曾国藩吊湘军著名将领塔齐布。塔齐布是与罗泽南齐名的湘军将领。姓托尔佳氏，满州镶黄旗人。受都统乌兰泰器重，由火器营护军升三等护卫。咸丰六年(1856年)发湖南,以都司用。次年秋,以守长沙功,署中军参将。当时曾国藩用戚继光法训练士卒,每当检阅步卒,塔齐布都穿着短衣,腿插短刀侍立一旁。曾国藩很奇怪这位身材高大,面身赤红的满族军官,与之相谈,大为赞赏。及至他辖下的军中检查,见其训练精严,曾国藩退而叹息:绿营兵有这样的已是凤毛麟角,因此更加敬佩塔齐布。但副将清德却嫉恨塔齐布的才勇,常在提督鲍起豹的面前讲塔齐布的坏话,提督也不分青红皂白,多次羞辱他。曾国藩于是上疏弹劾副将,举荐塔齐布忠勇可大用,并说:"塔齐布将来如出战不力,臣甘与同罪。"咸丰帝为此革清德职,加塔齐布副将衔。塔齐布因此很感激曾国藩。

塔齐布平时有愚憨、无能之态,及至战场,摩拳切齿,口流唾沫,一副好似要生吞对方的架势。尤好单骑逼近敌垒侦视虚实,几次进入危境,都转危为安。咸丰四年(1854年),塔齐布以收复湘潭功,超升湖南提督。鲍起豹被革职。塔齐布位至大帅后,遍赏提标兵,收人心,并在左臂刺"忠心报国"四字,得士卒死力。每当深夜,呼亲卒相语家事,说到悲痛事,相对涕泪以流。塔齐布以严于治军,并能与士卒同甘苦著称。一次,德化县令给这位大帅送了一张莞席,塔齐布说:"军士皆卧草土,我睡莞席,岂能安枕?"立令退回。该年底,曾国藩正驻军南昌,塔齐布驻扎九江,隔庐山相望,因太平军往来攻袭,两人多日不通音信,曾国藩为此十分焦虑。除夕前一天,塔齐布攻九江,后因寡不敌众,单骑败走乡间,马陷泥潭中,迷失道路。后被一位乡农带回家中。次日,各军以塔齐布未回,汹汹如所失,士卒哭作一团。曾国藩也悲痛不已。三更时,乡农将塔齐布送回,曾国藩、罗泽南立即而起,光着脚出去相迎,三人抱在一起,以泪诉劳苦。但塔齐布却谈笑自若地说:"饿极了,快拿饭给我吃。"各营官都惊喜异常。

咸丰五年(1855年)夏,曾国藩遣李元度率平江勇渡河攻湖口,约定次日塔齐布攻九江,使太平军腹背受敌。请晨,塔齐布忽患心悸而卒,年35岁。据说塔齐布每战前,先让百名亲兵蒙面,从中选一人为掌纛,海战必胜。死前的一个晚上,选掌纛时,有一纯施粉墨者,塔齐布见之,默然不悦,勉强说:"好!好!纛授你了。"第三天即卒。七月十九日，罗萱随曾国藩驰赴九江陆营,吊念塔齐布。咸丰五六年(1855—1856年)间,是曾国藩处境最困难的时期。戎马倥偬,而客居江西,兵饷皆不宽足,又受太平军石达开时不时攻袭,常常是停泊船上,不用说安生休息,性命也时有不保。为了取得朝廷的信任,还必须经常奏报军中缓急。而罗萱上马操剑,下马走笔,兼具文武,形影不离,是难得的人才。曾国藩每有上疏,罗萱皆操笔如流。有时"警报骤逼,势危甚",罗萱也"甘心同命"。又时常调节诸将之间的矛盾,使各当其意以去。六年,翼王石达开入江西,攻陷瑞、临、袁、吉、抚、建诸郡,省城孤悬。罗萱领湘军三千人攻建昌,城即破,但太平军援军忽至,都司黄虎臣战死,城未攻下。于是曾国藩又令其攻抚州,将至,又得知曾国华、刘腾鸿等自鄂援江攻瑞州,曾国藩又令他自抚州赴瑞合攻。在瑞州,罗萱与刘腾鸿等与太平军展开了殊死战,八战皆捷,取得了瑞州战役的胜利。曾国藩坐视瑞州后,罗萱以久在军中,遂向曾国藩乞假归湘中。

不久,巡抚骆秉章召罗萱治湘潭团练,刘培元招罗萱至衢州与谋军事。罗萱稍规大计,皆不肯久留,亦自以文士不欲竟弃科举,屡应省试,终不第。同治元年(1862年),拜曾国藩于安庆,又至其从兄记名提督罗逢元于当涂,也不欲久居。家居后更加专心学问。同治二年,郭嵩焘升任广东巡抚,屡召罗萱到广州,委托他创立水师,罗又谢归。又同刘德谦领威信军防郴,不久,霆军叛勇溃入粤,罗萱进屯乐昌。地方官命增募威震军,乱平而归。从此,罗萱不再关注兵事。罗萱是喜欢贡献才智又不愿仕进的人,回到家乡后本想专心读书,以写作终其生。可是,地方大员及同乡亲朋不断召其入幕,他均婉言谢绝。同治七年(1869年)十一月,同乡挚友而平生又很钦佩的黄润昌奉命入黔,与记名布政使席宝田会同镇压起义。经黄润昌再三请求,罗萱入军营掌文案,兼理营务处。每天白天出外领队作战,夜晚笔削奏牍。

黄润昌原受曾国荃的赏识,咸丰九年(1859年)召入安徽军营。当他千里迢迢抵至皖营时,正值曾国荃已南还家中,因无依靠,便借居太湖药局,不久生病,想粗装逃出。后被侍卫吴德水招入营就医。礼部主事李榕当时在曾国藩处充营务,与之相见,十分高兴,遂进入曾国藩的幕僚。次年,在攻打安庆战役,黄润昌成功地策动了程学启反叛,后帮李鸿章立足上海,咸丰十一年,又招抚皖南太平军。立坤字前、后营,又立蔡字、平字、猛字诸营。同治三年,因随攻金陵,加布政使衔。黄润昌得檄令已是腊月,黔省极为寒冷,罗萱到营后随即开赴清溪。清溪是原邓子垣的军所。安营扎寨后,罗萱和黄润昌设水师,作战守,作大举进攻的准备。湘军进入黔境后,先后攻克铜仁、遵义等五郡,而南路进攻受阻。罗萱与邓子垣一同到席宝田处请战。同治八年(1869年)三月,黄润昌、罗萱遇伏战死。黄润昌年仅29岁,罗萱年43岁。

罗萱貌温雅,文翰流美,而性极恬适,从军十余年,不趋便营利,亦不图仕进,至死还是个知府。著有《仪郑堂文笺注》二卷、《粤游日记》一卷、《蓼花斋诗词》四卷。

拓展阅读

一个人的谈吐与其风度、性格密切相关,每一种言谈方式和说话的内容都是一种内在情绪的外露,是人的内心世界的真实写照。

人在说话的时候,有太多的言语的细节可以暴露他的内心。比如:语速、声调、用词以及口头禅等都在传递着信息。人们有意无意地通过这些因素,表露出所谓的言外之意。因此,当你和别人交流时,只要你仔细倾听,便不难听出弦外之音、看出些许端倪。

言谈方式所传递的信息

言谈方式对信息的有效传达有一种催化的作用,能加强对信息接收者的感染。在现实的社会交往中,人们的言谈方式各有不同,每一种言谈方式都是一种内在情绪的外露。

语言在人们的日常生活中起着举足轻重的作用,几乎每一个人都离不开语言,我们用语言来构建自己生活中的各种关系。那么,为什么同样的一句话从不同的人嘴里说出来却会产生不同的效果呢?这主要是因为不同的人说话方式不同。也正因如此,细心的人总是善于从对方的说话方式中把握他的心理活动。

1.说话轻声细气的人

这一类人在为人处世各方面多比较小心谨慎,他们往往具有一定的文化修养,说话措辞非常文雅而又显得谦恭有礼。在一般的情况下,他们对他人相当尊重,所以他们也会得到别人的尊重。他们对人比较宽容,从不刻意地责怪、为难他人,而是采用各种方式缩短与他人之间的距离,密切、融洽彼此之间的关系,而且尽量避免一些不必要的麻烦,所以这样的人通常都很受别人的欢迎。

2. 提高声调大声说话的人

这一类人哪怕只有极少数人在场,他们也会不遗余力地高谈阔论,仿佛演讲和做报告似的。他们性格多是比较粗犷和豪爽的,他们脾气往往不是很好、易怒、生性暴躁、容易激动,不过他们为人耿直、热情、真诚,说话非常直接,有什么就说什么,从来不会拐弯抹角绕圈子。现实中,这一类型的人大多受不了哪怕一点点的委屈,他们会据理力争,直到弄个水落石出为止。他们有时也会充当先锋,起鼓动、召唤的作用,然而他们有时也会在不知不觉中被别人利用,自己却浑然不知。

3. 义正词严的人

通常来讲,这种人言辞之间表现出不屈不挠的精神,他们公正无私,原则性很强,是非、爱憎分明,立场坚定。缺点是处理问题不善变通,常为原则所驱而显得非常固执。他们能为别人主持公道,往往得人尊崇,又因不苟言笑而让人敬畏。

4. 抓住弱点攻击对方的人

这种人言辞犀利,抓住对方弱点就展开严厉的攻击,不给对方任何回旋的机会。他们头脑灵活,分析问题非常透彻,看问题往往一针见血,甚至有些尖刻。由于致力于寻找、攻击对方的弱点,他们有可能忽略了从宏观、总体上把握问题的实质与关键,甚至舍本逐末,陷入偏执的死胡同中而不能自拔。如果你是管理者,在管理、支配这个类型的下属时,应考虑他在"大事不糊涂"方面有几成火候,如果其大局观良好,那么就是难得的粗中有细的优秀人才。

5. 语速快、辞令丰富的人

这种人知识丰富,视野开阔,言辞激烈而尖锐,对人情世故理解得深刻而精到,但由于人情世故的复杂性,又可能形成模糊混沌的思想。这种人做力所能及的工作完全可以让人放心,一旦超出能力范围就显得慌乱、无所适从了。他们接受新生事物的能力非常强,头脑灵活,反应决。

6. 似乎什么都懂的人

这种人知识面很宽,随意漫谈也能旁征博引,对于各门各类都可指点一二,显得知识非常渊博,学问高深。缺点是脑子里装的东西太多,系统性差,思想性不够,一旦面对问题可能抓不住要领与关键。这种人做事常常能生出几十条主意,但却往往难以说到点子上去;如果能增强其分析问题的深刻性,做到博大而精深,直接把握实质,通常能成为优秀的、博而且精的全才。

7. 说话喜欢唉声叹气的人

这一类人多有比较强的自卑心理,心理承受能力比较差,在挫折和困难面前容易丧失信心,显得沮丧颓废甚至是一蹶不振。这一类型的人从来不善于在自己身上寻找失败的原因,而总是不断地找各种客观的理由和借口为自己开脱,然后安慰自己,以使一切都变得天经地义。他们时常哀叹自己的不幸,却以他人更大的不幸来平衡自己。

8. 夸夸其谈的人

这种人侃侃而谈,宏论高远,说的却全是粗枝大叶,不大理会细节问题,那些小的细节从不放在心上。优点是考虑问题宏博广远,善从宏观、整体上把握事物,大局观良好,往往在侃侃而谈中产生奇思妙想,发前人所未发,富于创见和启迪。缺点是理论缺乏系统性和条理性,论述问题不能细致深入,由于不拘小节而可能会错过重要的细节,给将来埋下灾祸的隐患。这种人也不太谦虚,知识、阅历、经验都广博,但不够深厚,属于博而不精的人。

9. 满口新名词、新理论的人

他们接受新生事物的能力非常强,一听到什么新鲜言辞就能马上运用到日常生活中,而且有跃跃欲试、不吐不快的冲动。这一类人的缺点是没有主见,不能独立地面对困难并解决之,易反复不定,左右徘徊,比较软弱,而且责任心不够强。如能沉下心来认真研究问题,磨炼意志,增强自己的责任感,无疑会成为业务高手。

10. 说话比较平缓的人

这种人性格宽厚仁慈,待人温和有礼。缺点是反应不够敏捷果断,观念不易转变,属于细心思考型人才,有恪守传统、思想保守的倾向。如能加强其果敢之气,对新生事物持公正而非一味地反对、排斥态度,会变得从容平和,睿智精明,有长者风范。

11. 说话比较温柔的人

这种人用意温润,性格柔弱,不喜欢争强好胜,与世无争,不轻易得罪人。缺点是意志软弱,胆小怕事,勇气不够,怕麻烦,对人对事采取消极、逃避的态度。如能磨炼意志,锻炼胆识,知难而进,勇敢果决而不犹豫退缩,会成为一个外在宽厚、内存刚强的刚柔相济的人物。

总之,一个人的说话方式能够反映出其内心深处的最真实的东西,所以,在日常的交际中,我们要善于通过说话方式来判断和认识他人。

从话题的变化中揣摩对方的心理

在社会交际中,我们可以通过人们喜欢谈论的话题去认识、了解一个人。因为一个人的心理状况往往能在其所热衷于谈论的话题中表露出来。也许对方并未直接说出自己的心境，但你只要仔细分析对方话题的内容，一定能获取对方心里的某些信息。的确，话题是心理的间接反映。

1. 爱谈论自己的人

有的人在与人交谈时，总是谈起自己的情况，包括自己的个性、自己的爱好、自己对一些事物的看法以及过去自己的一些"丰功伟绩"等。这样的人性格比较外向，也比较忠厚、正直。一般来讲，他们的感情色彩鲜明而且强烈，主观意识比较浓，爱公开表露自己的优点与长处，多少有点虚荣心。他们渴望与之交谈者能关注自己，了解自己，让自己能在众人的谈话中处于焦点位置。这一类人有个最大的优点就是因为他们的感情色彩鲜明而且强烈，所以也才会非常忠厚正直，在很多时候他们都愿意为别人主持公道，受到大家的尊重。

2. 不爱谈论自己的人

相反来说，如果一个人不爱谈论自己的有关情况，对他人很有防范或者敌视的倾向，哪怕一些可以公开的个人话题也不愿涉及。说明这一类人的性格比较内向，往往对事物的看法、观点不鲜明，感情色彩比较弱，自我意识也比较浅薄。这一类人比较保守，多少带有自卑心理，也许其中有些人很含蓄，但是城府很深。

3. 爱谈论他人的人

有一类人爱与对方谈论第三者，将另外一个人的方方面面作为谈论话题，并津津有味、滔滔不绝、评论不休，不住地向对方说起第三者的是非功过，当然还是贬低的方面较多，多以批判为主。需要指出的一点是，这一类人往往所谈论的第三者与谈话的双方都很熟悉。如果你是和这样的人在交谈，那么你就该留心了，他不停地向你说起第三者的意图是什么？很可能在他批判时他还要促使你发表一下看法，借机来了解你的一些情况或者是在你和第三者之间制造事端与矛盾。这时，你要明白对方的用意，千万不可妄加指责第三者，最好是能把话题岔开。生活中，其实这一类人不在少数，我们在面对这一类人的时候一定要提高警惕。

4. 在谈话中不愿涉及金钱话题的人

这一类人对金钱很敏感,在谈话中故意绕开金钱的话题不谈。由此我们可以得知,这一类人往往信心不足,缺少理想。他们之所以不谈金钱,是因为他们把金钱看得太重,有一种金钱至上的观念。他们太过于注重现实,很有物质崇拜的倾向,常将赚钱定为自己人生的奋斗目标,但到真正有了钱却没有什么理想,思想上很平庸。而且他们即使很有钱,也不会乐善好施。当拥有巨大的财富时,他们又为自己的财产安全问题感到焦虑不安。这一类人活得很不快乐,心灵非常空虚。

5. 爱发牢骚的人

有些人在谈话中喜欢从某一话题中引发出牢骚来,或对人或对事牢骚不止。这一类人多属于追求完美的人。他们拥有很强的自信心,做什么事情要求都比较高,因为他们心中时刻树立着崇高的理想。而一旦自己做错了就一个劲儿埋怨自己,别人做得不好他也不会放过。但世间永远没有最好,只有更好。这一类人比较理想化,在现实实践中做得不够,只知抱怨做得不好,而不知从实践中总结经验、吸取教训。

6. 爱赞美对方的人

有一类人在交谈中很爱赞美别人。赞美对方的个性,赞美对方的爱好,赞美对方的事业,赞美对方的家庭等等,这不停地赞美使人感觉到一种过度的恭维,没有实在感。这一类人一般很有心计。他恭维你是想让你对他产生好感,很可能带有一定的目的性,有事要求你帮忙,只是不好开口。没有原因的恭维是不存在的。

7. 喜欢把比较敏感的话题作为谈话内容的人

他们往往喜欢以敏感的话题作为谈话内容,并以此迫使对方处于为难或者孤立的状态,为的是让对方做出一定的选择。一般情况下,对方要经过慎重的思考才能回答。男女恋爱时经常会用这种方式来考验对方,这样做的目的多半是想试探出对方说的是不是真心话,或者想知道对方对自己是否真的在意。

我们在交际的过程中要学会很好地把握对方说话的内容,这样的话,一方面能提高你的谈话质量,另一方面会获得更多的信息,更深地认识、了解对方。

打招呼的方式彰显人的性格

见面打招呼是人们在交往中互相表示友好和肯定的一种方式,是人们见面时最简便、最直接的礼节,极具普遍性。事实上,打招呼也能透露出关于一个人性格与心理的消息。打招呼的方式因人而异,从打招呼和应答的方式中,或多或少地都能反映出人的性格与心理。

1. 打招呼时,空间距离可显示出某种心理

我们相互打招呼的时候,如果能仔细观察对方与自己之间保持的空间距离,就会洞察对方的某种心理。比如对方在打招呼的时候,故意后退两三步,也许他自己认为这是一种礼貌,表示谦虚,然而这种小动作往往让人误解为冷漠的表现,以致无法引起话题,也就难以开怀畅谈。像这种有意拉长距离的行为可视为警戒心、谦虚、顾忌等心理的外在表现。

如果下意识地保持距离,说明了对对方的疏远、警戒,以图形成对自己有利的气氛,使对方的心理状态处于劣势。

2. 边注视边点头打招呼往往是怀有戒心

一面注视对方的眼睛,一面点头打招呼的人往往是对对方怀有戒心,而且还具有处于优势地位的欲望。这些人在打招呼时,一直凝视着对方的眼睛,其心理就是想利用打招呼来推测对方的心理状态。

所以,要想和这种人接近,应特别注意对方的诚意。而且若在这种人面前暴露自己的缺点,会被对方瞧不起,所以不能操之过急。

3. 初次见面就很随便地打招呼,是想形成对自己有利的势态

初次见面就很随和地打招呼,这样的人往往使人感到很惊讶。有人认为这样的人很轻浮,其实这种人往往是因为比较寂寞,非常希望与别人接近。去酒吧或俱乐部时,虽然是初次见面,却很亲热地与坐在自己旁边的人交谈,事实上

是为了使现场状况变得有利于自己。所以,当遇到"见面熟"的人时,一定要特别小心,切勿使他们有机可乘。

4. 千篇一律打招呼,表示自我防卫心理较强、表里不一

有些人曾经在一起喝过无数次酒,而且经常一道工作,但还是千篇一律地打招呼。这种人具有非常强的自我防卫心理,很多时候都表里不一。

有的人接到你的礼物时会说:"真是谢谢,不要这么客气。"通常来讲,做此招呼是人之常情,最常见的。但有些人收到礼物后,见到你的时候还是淡然地说:"你早。"如此简单的话,舍不得多说几句。等旁边没有人时,他会说:"前些天,收到了你送的礼物,谢谢你。"像这种人多是表里不一的人,一定要警惕。

5. 喜欢说拉近彼此距离的话语的人

这种人处事果断,立竿见影,但往往由于过度自信而不假思索,常常出现鲁莽的举动,甚至过激的行为;热情大方,不拘小节,乐于与他人分享自己的感情和思想,同时也愿意分享他人的喜怒哀乐;特别爱好冒险,有勇往直前的魄力,并能从失败中吸取教训,所以,这种人很容易成为成功者。

6. 喜欢说令对方高兴的话语的人

这种人热情活泼,开朗大方,有着较强的适应能力,能够有条不紊地处理突发事件;待人热情谦逊,不卑不亢,具有很强的交际能力,如果是女士则往往在交际过程中显得卓尔不凡;喜欢亲身参与各类活动,以体验不同的感受,不愿袖手旁观,拒绝失败,是个十足的乐观主义者。缺点是经常耽于幻想,容易感情用事。

7. 喜欢打听稀奇事情的人

这种人野心勃勃,不甘心居于平凡,喜欢追求高目标,挑战极限,更喜欢拥有"振臂一挥,应者云集"的号召力;热衷于探幽索隐,不喜欢表面文章,凡事都要打破砂锅问到底,如果机会允许,可以成就不凡的事业;热衷于追求物质享受,可以为此不遗余力,所以也有成为野心家的可能。

8. "招呼用语"揭示人的性格

路易斯维尔大学心理学家斯坦利·弗拉杰博士声称,从一个人的打招呼用语,可以了解到这个人的某些性格与心理。能揭示出对方性格与心理的招呼语,是指刚刚结识某人或与熟人相遇时最经常使用的打招呼用语。斯坦利·弗拉杰博士举出了几种常见的招呼语,每一种均可揭示出说话者的性格特征与心理:

　　(1)喜欢说"你好"的人

　　这种人头脑冷静,遇到紧急或意外的事情能够镇定自若,但有保守的倾向,在处理事情的过程中往往墨守成规,过于保守。他们在工作的时候认真努力,精益求精,完全可以控制住自己的感情,全身心地投入到工作当中;他们不喜欢大惊小怪,也不善于故弄玄虚,为人诚恳,热情大方,深得朋友与同事的认可。

　　(2)喜欢说"喂"的人

　　这种人生性活泼,积极乐观,总是一副笑脸相迎的样子,让人看了觉得亲切可爱。他们精力充沛,渴望受人倾慕,所以总是不停地活动;他们坦白直率,有什么就说什么,从来不对好朋友隐瞒自己的真实想法和感受;他们思维敏捷,头脑灵活,应变能力强,富于创造性,常把生活装点得绚丽多彩;他们非常具有幽默感,可以给身边的人带来温馨与快乐;他们善于听取不同的见解,所以很受他人的喜爱。

　　(3)喜欢说"嗨"的人

　　用这种方式打招呼的人多半比较腼腆害羞,不喜欢抛头露面;多愁善感,往往不能控制自己的情绪,容易受外界环境的影响;经常因为担心出错而不敢作新的尝试,比较保守。他们偶尔也很热情,主动把自己的情绪展露出来,使得自己非常讨人喜爱,尤其是和家人或知心好友在一起时。

　　(4)喜欢说"过来呀"的人

　　这种人处事果断,乐于与他人分享自己的感情和思想,而且喜欢冒险,并能从失败中吸取教训。

　　(5)喜欢说"你怎么样"的人

这一类人喜欢抛头露面,利用各种机会出风头,惹人注意;他们对自己充满了自信,但又时时陷入迷惘与困惑之中。他们在行动之前,喜欢反复考虑,不轻易采取行动;一旦接受了一项任务,就会全力以赴地投身其中,不圆满完成,决不罢休。

一声再简单不过的招呼,却隐含着这么多的秘密,这是很多人生活中没有留意到的,如果细心留意别人跟你打招呼的方式,那么你一定能更加准确地认识和了解对方,把握其心理。

听话听声,别被声音忽悠了

人的声音,就像一个人的心性、气质一样,各不相同。针对一些诱拐、绑架等事件,刑警往往会根据歹徒讲电话时的声音,来推测歹徒的性别、年龄、性格、心理活动等。因此,声音也是一种可以阅读对方的重要媒介。

曹雪芹的《红楼梦》对于一个人的出场是这样描写的:"'我来迟了,不曾迎接远客!'黛玉纳罕道:'这些人个个皆敛声屏气,恭肃严整如此,这来者系谁,这样放诞无礼!'"其实大家都知道这人是谁,她就是贾母所言的"凤辣子""泼皮破落户儿"——王熙凤。王熙凤的出场真可谓是未见其人,而先闻其声,大有先声夺人之势。在贾府的大家族中,敢如此放肆的也只有王熙凤一人。王熙凤的声音明显表现了其泼辣、豪爽的性格。

声音的确可以表现一个人的性格、心理活动,甚至于我们不仅可以通过说话声音去观察、了解一个人,而且也可以通过听人所调弄演奏的乐器发出的声音来判断演奏者的心理状态。

石勒是古时羯族的豪杰。在他14岁的时候,随着同乡到洛阳经商,一次当他倚着上东门吹箫时,王衍恰恰经过,看见石勒,觉得他很不一般,就对手下人说:"刚才那个人,我听到他的箫声,观其相貌,是个心怀异志的人,将来恐怕会成为天下的祸患。"当即派人快马追捕,然而当时石勒早已离去了。

声音的纯浊、强弱、高低、快慢,都能显示出人的性格以及内心异常复杂的情感。那么,我们怎样来辨别呢?

1. 高亢尖锐型声音的人

发出这种声音的人情绪起伏不定,对人的好恶感也极为明显。这种人一旦执着于某一件事便往往顾不得其他。不过,通常也会因为一点小事而心中忧伤或勃然大怒。这种人会轻易说出与过去完全矛盾的话,而且不以为然。

声音高亢者一般较神经质,对环境有敏感的反应,如房间更换一张床就睡不着觉。这一类人富有创意与幻想力,美感极佳。他们从不服输,讨厌向人低头。他们说起话来滔滔不绝,常向他人灌输自己的一些观点。和这种人交往,不要对他的观点给予反驳,表现谦虚的态度会使其深感满足。

一般来说,声音高亢者多为女性,如果男性中发出高亢尖锐声音者,往往个性狂热,容易兴奋也容易疲倦。这种人会对某些类型的女性一见钟情或贸然地表白自己的心意,往往令对方大吃一惊。高亢声音的男性从年轻时代开始即擅长发挥个性而掌握成功之运。

2. 温和沉稳型声音的人

音质柔和、声调低的女性属于内向的性格,她们习惯于随时顾及周围的情况而压抑自己的感情与思维,但是她们是非常渴望表达自己观念的。所以,与这类女性交往时,应适时地让其抒发感情。这种人具有同情心,不会坐视受困者于不顾。她们属于慢条斯理型,做事有条不紊。她们上午往往有气无力,而下午变得活泼,精力旺盛,这也是其特征。

声音温和沉稳的男性往往都非常忠厚老实,不过他们有非常顽固的一面,往往固执己见决不妥协,他们不懂得讨好别人,也决不受他人的意见所影响。作为会谈的对象,这种人刚开始难以相处,但他们却是忠实可靠的人。

3. 沙哑型声音的人

女性发出沙哑声音者通常较具个性,即使外表显得柔弱也具有非常鲜明的个性。虽然她们对待任何人都亲切有礼,却不肯轻易袒露自己的真心,令人有难以捉摸之感。她们虽然可能很多时候与同性意见不合,甚至受到同性的排挤,却容易获得异性的欢迎。她们对服装的品位极佳,也往往具有音乐、绘画才能。面对这种类型的人,必须注意不要强行给她们灌输自己的观念。

男性具有沙哑声音者,往往是耐力十足又富有行动力的人,即使是面对令一般人望而却步的事,他也会铆足劲儿往前冲。缺点是容易自以为是,对一些看似不重要的事掉以轻心。具有这种音质的人,会凭个人的力量拓展势力,在公司团体里率先引导众人,越失败越会燃起斗志,全力以赴。这种音质者中能够屡见成功的政治家、文学家、评论家。

4. 粗而沉型声音的人

一般发出沉重的有如从腹腔发出的声音的人,不论男女都乐善好施,而且具有爱当领导者的心理。喜好四处活动而不愿静候家中,随着年龄的增长,这一类人的体型可能会变得肥胖。

这种人是最好相处的,这种类型的人不论男女均交友广泛,能和各式各样的人往来。另外,这种人还容易比较干脆地购买高价商品。有这种声音的女性,一般在同性中间人缘较好,容易受到众人信赖,成为大家讨教主意的对象。有这种声音的男性通常头脑灵活,善于交际,适合从政、经商。不过,他们感情脆弱又富强烈正义感,生活中的争吵或毅然决然的举止会令其日后懊悔不已。

5. 娇滴滴而黏腻型声音的人

这种人在独处时感到非常寂寞,碰到必须自己拿主意的事情时会感到迷惘而不知所措,在别人眼中他们显得很优柔寡断。

女性发出带点鼻音而黏腻的声音,通常是极端渴望受到众人喜爱的人。她们往往心浮气躁,有时由于过分期望博得众人的好感反而招人厌恶。

男性若发出这样的声音,多半是独生子或在百般呵护下长大的孩子。他们对待女性非常含蓄,绝不会主动发起攻势。若是一对一地和女性谈话时,他们会特别紧张。

在交际中,声音是大量信息的载体,通过辨识他人的声音特点,可以帮助我们发现其真实的性格。因此,我们要经常研究自己的发声习惯,或是听听四周人们的声音,既可印证是否声如其人,也能发现更多种类型的声音,从而识别出更复杂的人的性格与心理。

发掘言谈中的内心暗语

常言道:"言为心声。"从一个人的言谈中,我们往往都能够了解到一个人内心所隐藏的真实的声音,也就是内心暗语。的确,通过言谈来观察交往对象的内心世界是一个不错的方法。那么,我们怎样才能发掘言谈中的内心暗语呢?

1. 关注点

通常情况下,不同的人对同一个问题的关注点是不同的,我们可以通过观察不同人对同一问题的关注点——其所关心的是什么,从而来了解一个人的思想境界和价值观趋向。在交谈过程中,说话者会不知不觉地暴露自己的品位、爱好和价值观,尽管他们会在措辞上尽力掩饰自己的真正企图和用意,但是他们的关注点、所趋向的观念是无法掩饰的。

2. 措辞

措辞是一个人思想表达的载体,最能体现其综合修养的高低。一个人措辞水平的高低受到诸多因素的影响,比如家庭熏陶、学历层次、学校教育以及个人对措辞的重视程度等。因此,在人际交往中,我们可以通过观察一个人的措辞,从而来判断一个人内在的素养。

3. 说话方式和时机的把握

通过观察一个人对说话方式和时机的把握,可以看出其有无涵养。例如,性急的人说话的速度一般都非常快,我们经常见到这样的人,说起话来就像打机关枪;而性格沉稳、涵养好的人说话的语速一般比较慢,往往深思熟虑之后才开口。

4. 说话的条理性,对问题关键点的把握情况

通常情况下,如果一个人说话缺乏条理、东拉西扯、抓不住重点,大多是思

维混乱的体现。因此,从一个人讲话的条理性和对问题关键点的把握情况,我们就可以看出其是否有能力、有思想。

由此可见,通过观察一个人的言谈可以看透其内在,进而掌握其心里的最真实的想法。当然,一定意义上来说,言辞也最具欺骗性。即使人们对不诚实的人早有戒备,但往往还是避免不了被这种人的花言巧语所迷惑。

这就告诉我们,对于言行一致的人来说,上面的几个方法是奏效的,但对于那些心口不一的人,就显得有些苍白无力了。这样一来,是否就无法通过言谈来看穿心口不一的人的心思了呢?答案当然是否定的。这一类人尽管心口不一,但是如果我们仔细观察,就会发现这一类人的不自然、不妥当之处。另外,正是因为这种人总是以言语欺瞒施诈,因此也就更容易从他的言语中发掘出他的情感所在和心理意向。

我们知道,人或多或少会有抑制自己的话语、情感和心理的情形。而这些被掩饰住的暗语,往往会从言谈的细微变化中映射出来:

细微变化一:向来少言寡语,突然变得能言善辩。

大家都有这样的感触,当自己兴奋、开心或是情绪高涨时,往往话会比较多。也就是说,话多往往是因为说话者有令人兴奋、开心的事情发生。但是如果某人无缘无故突然变得能言善辩,那么这样的人多半是内心不安、紧张或有所波动,唯恐被对方看出而伪装出的逆向行为。换言之,当某人有不愿触及的话题时,就会想方设法地转换,滔滔不绝地讲一些无关的话题。

细微变化二:恭敬谨慎的措辞与讽刺挖苦

如果一个人一反常态地说话过于谦卑,或者以极尽讥讽的口吻说话,那就意味着其心中蕴涵着敌意与反感。一反常态地说话过于谦卑也是一种因反感、敌意而表现出的逆向行为。他们在把这些反感、敌意等情感、心理活动以这样的逆向行为表露出来的过程中,会在无意之间表现出拉开彼此距离的态度,或者是因掺杂挖苦、讥讽而表露出一定的攻击性。此过程中,其和善的目光逐渐消失而增加了些许锐利的眼神,并且笑声也失去自然的沉着与高傲,表情也会变得非常生硬。

细微变化三：猥亵的话题及下意识的逃避

这些人说话大胆，总会说一些普通人比较忌惮或忌讳的话题。其实，这并不是说他多么不受传统束缚，多么开放，而是他在试图发掘自己最恐惧不安的根源，以使不安和紧张的心理获得舒解。这种人说话往往是大胆地脱口而出，或者是出人意料地胡言乱语。

细微变化四：赞成或附和

这一类人一向对别人的观点横加指责，不予支持，但在突然间变得过于迎合、赞同，这种人绝非是大意或漫不经心的人，必定有其阴谋和目的。或者是目前的情势不适于反对你，这种人也就只好暂时随声附和、极力赞成。

细微变化五：争先发言、巧言辩解

双方正在交谈的时候，如果其中一人不顾对方的话是否说完，便抢先说明或者进行辩解。这就说明其较为胆小，不断为心中的秘密是否会被揭穿而感到不安与焦躁，唯恐对方怀疑，便抢着说话，以此来设立心理防线，从而尽快脱离不安感的折磨。

总而言之，一个人的内心暗语都能够通过其言谈而发掘出来，如果我们能熟练掌握其中的技巧，一定会在人际交往中更加得心应手。

解读语速、语调的秘密

我们在判断、了解一个人的时候，不仅要懂得观其貌，还要学会听其言。那么，在交谈的过程中，到底听什么来判断、了解一个人呢？要听他讲话的语速、语调等。

《礼记·乐记》中讲到："凡音之起，由人心生也。人心之动，物使之然也。感于物而动，故形于声。声相应，故生变。"这里讲的意思是说，人的声音是随着内心的变化而变化的，而人内心的变化又是受外物的影响而变化的。所以古人云："心气之征，则声变是也。"

确实，人们在说话时会由语音、语调不经意地表露出所谓的言外之意，泄露出一些小秘密。当你和别人交流时，需要设法捕捉这些言外之意，读懂这些小秘密。

1. 语速——了解对方心理的关键依据

可以说，语速是我们了解对方心理的关键依据。语速比较快的人，大都能言善辩；语速比较慢的人，大多都是比较木讷的，当然，这也并非固有的特征，依人的性格与气质而异。不过，我们要注意从对方的言谈方式中了解对方的心理活动。

例如，有些平日能言善辩、讲话较快的人，忽然结结巴巴地说不出话来；或者是有些平时木讷讲话不得要领的人，却突然会滔滔不绝地高谈阔论。遇到这些情况，我们就要考虑到是否出现了什么问题，我们应对此仔细观察，认真分析。

如果一个人言谈速度比平常缓慢，通常表示对对方不满或者是有敌意；相反地，言谈的速度比平常快，可能是因为自己有缺点或错误而心里愧疚，言谈内容有虚假。

在一次电视座谈会上，有位评论家曾经这样说："男人如果在外面做了亏心（风流）事，回到家里，必定滔滔不绝地与太太讲话，东拉西扯。"从心理学的角度看，这种情形是因为当一个人心中有不安、内疚或恐惧情绪时，会凭借快速讲述那些无关紧要的事情，试图排解隐藏于内心深处的不安、内疚与恐惧。但是，由于没有充分的时间来冷静思考，因此，所谈的话题往往内容空洞，东拉西扯，有点不着边际，对此，细心的人不难窥知其心理的不安、内疚与恐惧。

在工作中也经常会发生类似的情况。平时沉默寡言的同事，假使忽然变得很多话，则其内心可能隐藏着不可告人的秘密。

2. 从言谈的音调中了解对方的心理

音调是我们了解对方心理的重要依据。实际上，人的音调会随着年龄的增长而变化。通常情况下，人在幼年时期，音调普遍比较高，伴随年龄的增长，人的音调会逐渐降低,这是因为人与外部环境接触后,其心灵越来越多地承受来自外部的社会压力的缘故。

高的音调是幼儿时期的附属品,是幼儿天真、任性的表现形态之一。一般而言,年龄越高,音调会随之相应地降低。而且,随着一个人思维结构的逐渐成熟,便具备了抑制"任性"情绪的能力。但是,也难免会有一些例外的情况发生,有些成年人的音调也确实是相当高的,这种人的心理或多或少都有点类似于幼儿,无法抑制自己的任性表现,在此情况下,这样的人也绝对无法接受别人的意见。当然,这其中不包括那些天生具有独特的高音调而与其心理状态无关的人。

在谈话过程中,如果一个人的音调突然提高或降低,这就意味着说话者想要强调此时说话的内容;如果谈话者故意将音调压低、拖长、突然停止或停顿的时间稍长,这意味着说话人想让你仔细揣摩他的话,并理解其中的深意。

还有这样的情况,例如:一位丈夫在外做了一些错事被太太识破了,在其强辩时,他的音调必定会升高;在有女性参加的座谈会上,如果有人的批评影射到某位女士,被批评的那位女士便会猛然发出刺耳的叫声并立即开始反驳,使得与会者瞠目结舌,全场气氛变得尴尬。

从心理学角度讲,人的音调突然提高,表示此人的潜意识又退回到了幼年时期的状态,失去了理性的控制。音调高被看作是精神未成熟的象征。说话时抑扬顿挫的人往往是希望引起对方注意的人,这种人的性格中具有强烈的表现欲。

日本一位作曲家曾在杂志上写道:"当一个人想反驳对方的意见时,最简单的方法,就是拉高嗓门——提高音调。"的确如此,人总是希望借着提高音调来壮大自己的声势,并试图以此掩饰自己内心的恐慌、害怕、不安等。

如果在社交场合发现声音过早地表现出与其年龄不相称的低沉、忧郁,则表明此人属于早熟型,可能此人过早地担负起了生活的重担或家中遭有某种不幸。

如果成年女性在公共场合滔滔不绝地尖声、大声地讲述自我,这就表明此人性格中任性成分较多,喜欢张扬、自我表现等。

总之,一个人语速、语调的变化能体现一个人内心的动荡、心理的变化,只要我们结合谈话时的具体情况仔细揣摩,认真分辨,就一定会发现其中的秘密。

口头禅是内心的自然流露

口头禅本来是指有的禅宗和尚只空谈禅理而不实行,也指借用禅宗常用语作为谈话的点缀,现在多指经常挂在口头的词句。或许每个人都有口头禅,其实,口头禅是重大事件对人的影响和积累效应所产生的结果,是重大生活事件给人留下的"后遗症"。

人生旅途上遭遇过的重大转折和变故,会悄然植入心灵并在当下体验中折射出来。例如,如果一个人总是通过努力获得成功,对人生充满信心和掌控感,那么,其口头禅很可能就是正面的词汇。

口头禅是带有浓厚的个人色彩、重复率极高的语言反应模式,它往往暴露了人们心底的某些私密信息,是内心情感与意识的真实流露,反映了他为人处世的方式和价值观。而且,相对于一般语言,口头禅的"激活阈限"要低很多,重复率极高,在许多不同的情境中都能将其从"心理词典"中快速地提取、诱发出来,因此,我们很容易就可以捕捉到心灵的秘密,破译出他隐蔽的内心世界。

有一位知名的人类行为学家曾经说过:"人类有两种表情,一种是脸上所呈现的表情,另一种是说话时传达给对方的信息。"可见,语言是人类的第二表情。而语库中提用率和重复率较高的口头禅,就是心灵的密码,它具有某种心理投射功能,在一定程度上揭示了说话者的内心世界。所以,在现实生活中,我们不要小看那些不起眼儿的口头禅,它的背后往往隐含着大秘密,它们对你了解对方会有很大的帮助。

那么,就让我们从心理学的角度来解读一下我们身边的"口头禅"中所隐藏的秘密吧。

1. 说实在的(话)、老实跟你说(讲)、说白了、的确是、不骗你、其实吧——爱讲这类话的人通常做事都比较认真,生怕对方信不过自己,总爱强调自己的观点。这一类人比较老实、忠厚、可靠,比较讲信用,是值得信赖的人。

2. 应该、必须、一定(要)、肯定(是)、必然会——常用这样词语的人通常判断力比较强,自信心十足,遇事比较冷静,思考问题很理智,常常有独到的见解。做领导、管理者的人用这类词语比较多一些。

3. 据说、听说、听人说、他们都说、一般来讲——爱讲此类口头禅的人,是很精于人情世故的人。这一类人说话很会给自己留余地,故意遮掩,不显山露水。这一类人有非常圆滑的一面,处处为自己留后路。

4. 可能(是)、也许(会)、大概(是)、大致(是)、差不多——此类口头禅有以退为进的含义,说这种口头禅的人通常自我防范意识比较强,不会将自己的真实面目暴露出来;懂得含蓄自卫,处世老练圆滑,待人接物方面冷静而周到,所以工作和人际关系处理得都不错。

5. 不过、只是、但是——这一类人的分析能力比较强。他们在讲话的时候还要对自己与对方的话进行分析思考,力争出言不误。但这一类人多少有固执的一面,爱用"但是"来否定对方的观点来为自己辩解。"但是"一语又显示了其温和谦让的特点,往往显得委婉得体、容易接受。这就是他们为自己留好的人口,是为显示自己使用的。从事外交、公关的人员常有这类口头语,这类语言委婉中听,从而使双方沟通、交流的气氛更加融洽。

6. 这个、那个、嗯、啊、呀、哦、呃——爱用这类语气词的人思维比较慢,反应比较迟钝。他们讲话总是理不清自己的思路,不能清楚地表达自己的意思,言语不能顺畅地进行,说话时才会用停顿、缓和的语气词。

还有一部分人爱用此类词并不是没有主见,反而是胸有成竹、城府很深,只不过故意装出一副大智若愚、笨笨傻傻的样子。还有一种可能就是怕说错话,需有间歇来思考。

7. 再者、除此以外、另一方面、还有、另外——爱说这类话的人好奇心比较强,爱追问究竟,又喜欢插手各种各样的事情,一般来讲他们是出于好心,愿意为人解决困难,比较具有责任心。他们的判断力非常好,思维灵活,思考问题的方式总是与众不同,不落俗套;但缺点是缺乏耐心、恒心与持久力,往往会半途而止。不过他们的时代观念很强,不会被传统观念所束缚,富有创新与冒险精神。

8. 总的来说、总而言之、归根结底——这类口头禅带有很浓的自负性与强烈的说教色彩,多出自比较骄傲、自负的人的口中。这一类人在谈话中不断重复自己的结论,喜欢归纳总结,一方面是因为其比较固执、执着;另一方面就是对对方不信任,总是担心自己的观点、意见、建议等被否认或不被采纳,于是就用长者、尊者的口气来反复强调。如果是领导,他会经常责备人,喜欢发牢骚,对手下人不放心、不信任,力争做到事必躬亲,但往往会招来对方的反感。

9. 我给你说、因此说、听我说、所以说、我要说——这一类人说此类话时已经是极度的不耐烦了。这时,他不再想听你说一句,想让你马上闭口。这表明他已经对你的观点反感到极点了,这是他对你的坚决反驳。这种人往往支配欲很强,总是喜欢反驳别人的观点,自认为聪明无比。他往往不考虑别人的看法如何,喜欢将自己的观点强加于人。

10. 我知道、我明白、我理解、你说的我懂(明白)——这一类人非常聪明,往往能举一反三,思维灵活,反应灵敏,逻辑推理能力比较强。他从说话人的语言中能准确领悟到对方的意图,并迅速做出反应。

11. 好、好啊、是啊、对啊、有道理——这一类人很会顺从别人的意思,让别人对他毫无防范,故意打破与对方的距离感。而一旦对方信以为真,掏心掏肺地对他讲出真话时,他会抓住对方的个性与弱点,日后好对付对方或投其所好以达到自己的目的。这一类人表面一团和气,其实是最为阴险的。他的人际关系会很好,但其实非常自私自利,处处为自己的利益着想,一旦你损害了他的利益,他会立马改换嘴脸,与你反目成仇。

12. 不、就不——女性经常说不。很多时候,她们口头说不,心里却是愿意的意思。喜欢说"不"的女性其实往往是女人味十足的，她们常以此方式在心爱的人面前撒娇，这是女性温柔、可爱的表现。她们嘴上说着"真讨厌""你好坏""真不想理你"，其实内心是无比的温柔。婚后的妻子对丈夫更是这样，嘴巴上经常说"他想干啥就干啥，我才懒得管呢""爱回来不回来，讨厌的家伙"，其实心里是很在意伴侣、想让伴侣回来的。

13. 我就这样说、我就这样做、我这人就这样、管别人怎么说——常说这类话的人从表面上看不在乎别人的看法，对自己的言行坚决果断，甚至有些刚愎自用、一意孤行。其实，他们这样说不是讲给别人听的，而是在为自己打气，为自己鼓劲，在激励自己的自信心。他们的自尊心非常强，把他人的反对、嘲笑、讽刺甚至一些小小的建议等看得很重，想要用自己的行动推翻别人的观点。他们的心里具有很大的反抗意识与好胜信念，只不过隐藏得很深。

14. 喜欢用专业术语——这一类人表面看来很有知识，很有素养，其实，这是他们自我掩饰的一种方式，故意拿别人不熟悉、不了解的专业术语来彰显自己所谓的"才华""能力"等，填补自己的自信。要明白的是，生活中，那些真正在专业领域大有成就的人往往并不爱用专业术语。

在现实的人际交往中，我们判断一个人的性情的方法有很多，当然首先就是"观其人，识其心"，再"闻其言，辨其性"。在"闻言"的过程中，不但要注意观察对方说话的具体内容，也要注意对方的"口头禅"，善于从口头禅中解读出对方的心理动向。这样，了解了对方的心理特征，才能在交流沟通过程中更好地赢得主动权。

听出对方的弦外之音

人们心里的真实想法有时会不知不觉地在交谈中流露出来，因此，与别人交谈时，只要注意一些细节性的问题，就可以听出对方的弦外之音，从而探究对方的内心世界。

明洪武初年，浙江嘉定安亭有一个名叫万二的人，他是元朝的遗民，在安亭郡堪称首富。一次,有人自京城办事归来,万二请他讲讲在京城的见闻。这人说:"皇帝最近做了一首诗。诗是这样的:'百僚未起朕先起,百僚已睡朕未睡。不如江南富足翁,日高丈五犹披被。'"万二一听叹口气道:"唉,这迹象已经有了!"他马上将许多财产分发给穷人,然后买了一艘船,载着妻子,带着剩下的一小部分财产到一个偏远的小镇隐居生活去了。两年不到,江南大族富户都分别被收缴了财产,门庭破落,唯有万二逃之于外。

俗话说:"说话听声,锣鼓听音。"这个"声"指的就是言外之意。有时我们听一句话,不能只听字面上的意思,要仔细分析字面下隐藏的真实意思,也就是听出其弦外之音、言外之意。如果不能掌握和摸透这一点,就无法正确理解说话者的真实想法,有时甚至会因此遭受说话者的伤害。或产生不必要的麻烦。

林宁是一家保洁公司的文员,她工作勤勤恳恳,任劳任怨,深得领导的赏识。因此,领导经常私下对她说:"你是我最信赖的员工,应该把公司当成自己的家,这里的一切都托付给你了!"领导如此的赞誉和赏识让林宁感动不已。她暗暗鼓劲:希望自己能为领导做件大事。

一次,领导要到外地进行谈判,临行时,他嘱咐林宁说:"我走了,这里的一切就都托付给你了!"林宁终于获得了一次自我展现的机会。在领导离开公司的第二天,有一位客户来访,希望能和他们公司签订一个长期合同。但他们见负责人不在,便准备离开。林宁突然想起了领导经常对她说的那些话,然而领导并没有就此事做过详细的布置与安排,本应向领导汇报、请示的林宁,自作主张与客户签订了合同。当领导得知此事后,立即取消了商务谈判,匆忙赶回公司。当林宁再次见到领导,与以往不同的是,这次她收到的不是红包,而是解聘通知书。

上司对你所说的某些话,往往都有着更深的含义,有时候只不过是对你积极性的勉励,他希望自己不在的时候,员工同样会努力地工作,但是没有一个上司会希望员工在没被授权的情况下代替他做出任何一项重大决策,喧宾夺主、越俎代庖是任何上司都不能接受的,所以作为一名员工,在工作中,要是善于听懂上司的话，解读好上司的意思，才能使你的职场生活变得更加顺畅。

分辨人的言语，善于捕捉"弦外之音"，这是洞察人的心理奥秘的有效方法。只要我们肯用心仔细揣摩，一定能听出他们的弦外之音。而如果不懂得聆听别人的"弦外之音"，就很容易闯出祸端，得罪对方，也给自己造成不必要的麻烦。

从某种意义上说，言语是一种现象，人的欲望、需求、目的才是本质，本质总要通过现象表现出来。言语作为表现人的欲望、需求和目的的媒介，有的是直接明显的，有的是间接隐晦的，甚至是完全相反的。对于那些直接表达内心动向的语言每个人都能理解，正常的、普通的人际交往，就是以这种语言为媒介的，在此无须赘述。而那些含蓄隐晦甚至以完全相反的方式表现心理动向的言语，就不是每个人都能理解的，人与人的差别，大多也就体现在这里。

例如，你去请求朋友帮忙办事，而他始终不正面回答你，躲躲闪闪，顾左右而言他，那就说明他不准备帮助你，你就不要在他那里耽误时间了；你和朋友商谈一件重要的事，他不公开称赞你的想法，而是说："完全可以，但是……"这说明他不支持你的想法，甚至反对，只是碍于情面，不好意思直说。而你，必须要听得出其中的弦外之音。

其实，我们并不是教你狡诈阴险的处世之道，而是告诉你在生活中要善于识人，善于揣摩别人的言语，听出说话人的弦外之音，这对自我保护以及自己的人生发展是非常有利的。

幽默感彰显真实的性情

幽默是聪明和智慧的体现，一个具有幽默感的人，在人生的道路上比不具有幽默感的人更容易获得成功。其实，每个人都具有幽默感，只是表现的方式可能会各不相同。

有这样一个故事：一次，那不勒斯国王举行宴会，特邀但丁赴宴，但丁没来得及换衣服就匆匆去了。招待员见他一身旧装，实在寒酸，就给他安排了一个末座。落座后,但丁一声不响,吃完就走了。

国王知道此事后,狠狠地教训了那个招待员一番,并重新设宴款待但丁。不同于上一次,这次但丁全身穿戴得十分讲究,颇有贵族气派,成了座上嘉宾。不过,令人费解的是,但丁在宴席上放着洁白的餐巾不用,却不时抓起衣襟擦嘴,还泼了许多菜和酒到衣服上,就像衣服也知道喝酒吃菜似的。终于,国王好奇地问道:"尊贵的诗人,请问,你这样不是把衣服弄脏了吗?"

但丁干了满满一杯酒,然后笑道:"尊贵的陛下,穿得好成了上等贵宾,我当然要感谢新衣服,怎能把它们忘在一边只顾填充自己的胃呢?"但丁幽默的一句话,让全场大笑。

但丁一生放荡不羁,思想单纯,热情大方,不喜欢被人拘束。在这次宴会上,但丁对于招待员的怠慢无礼并不做任何争辩,而对国王的再次相邀,受辱的他也不拒绝,他在宴会上用奇特的方式和国王开了个玩笑。但丁的行为方式是非常符合他的性格的,他的幽默恰恰是他单纯、大方等性情的表现。

的确,当一个人表现出他的幽默感时,他的性格也就表现出来了。以下是几种不同表现形式的幽默,这些对我们观察和了解一个人的性情是很有帮助的,这也是通过语言来了解一个人的重要方式之一。

1. 用幽默来打破僵局的人

他们有较强的随机应变能力,思维灵活,反应快。他们中的大多数人有比较强烈的表现欲望,希望所做的事情能得到他人的注意和认可。他们出色的表现使得他们总能成为受人关注的对象,这也就迎合了他们喜欢自我表现的心理。

2. 善于使用自嘲式幽默的人

这一类人一般有比较宽广、豁达的心胸,对他人的意见和建议都非常乐于接受,而且能够经常性地进行自我反省和自我批评,寻找自身的错误并改正,他们有较好的人际关系。

3. 喜欢制造一些恶作剧式的幽默的人

这一类人大多数思想单纯,活泼开朗,热情大方,活得比较轻松,善于自己缓解和释放压力。他们不喜欢受到约束,比较顽皮,爱和别人开玩笑。他们自己在这个过程中获得愉悦的同时,也希望能够把这份快乐与他人分享。这一类人在现实的人际交往中比较受欢迎。

4. 喜欢用幽默的方式来挖苦别人的人

这一类人大多数心胸比较狭窄,嫉妒心比较强,有时甚至会做一些违背良心、落井下石的事情。此外,他们的自卑心理也较重,生活态度比较消极,常常否定自己所做的事情。可以这么说,嘲讽是他们的长项,他们整天想着如何算计别人,自己却从来没有真正开心过。这样的人在现实的人际交往中往往很不受别人的欢迎。

5. 以幽默的方式嘲笑、讽刺他人的人

这一类人看起来非常聪明、机智、风趣,观察任何事物都能细致入微,很多时候能够关心和体谅他人,但实际上这种人是相当自私的,他们在乎的可能只有自己。这种人遇事非常谨慎,做什么事都喜欢比别人快一步。他们恩怨分明、非常记仇,有谁伤害过他们,以后他们一定会想方设法让对方付出代价。他们的嫉妒心非常强,当他人取得了成就的时候,这种人会故意将其贬低,用这种方式让自己的心里舒服一些。

幽默是人际交往中的一个利器,更展示了一个人的性情与真实的内心。所以,在人际交往中,特别是在语言的交流中,我们需要仔细地品味对方的幽默感,这样才能更好地解读对方。

听懂辩论传递给我们的信息

辩论是日常生活中一种比较常见的语言行为。辩论就是用一定的理由来说明自己对事物或问题的见解,并揭露对方的矛盾,以便最后得到认识或共同的意见。

然而在辩论中,不同的人表现出来的语言表达能力与特点各不相同。一般来讲,善于辩论者,有的是靠犀利的言辞取胜,有的是采用摆事实、讲道理的方法,以此取胜,还有的则是以感情取胜。恰恰是这些不同的辩论方式,显示出辩论者不同的性格、内在的学识及生活态度等内在信息。

依靠言辞取胜的人,这一类人一般目光敏锐,反应奇快,能迅速抓住他人讲话的漏洞,乘机反驳,穷追猛打,使得对方手忙脚乱、破绽百出。他们机智敏捷,反应迅速,凭三寸不烂之舌能颠倒黑白、混淆是非,把公的说成母的,死的说成活的。尽管知道他是在无理取闹,胡搅蛮缠,却无可奈何。他们会在以说话为职业特点的领域中崭露头角,如公关、律师等。在辩论中,这一类人往往是神采飞扬,宏论迭出,妙语连珠,又能博得旁人的喝彩和佩服。而且往往说得对手哑口无言,甚至令对手恼羞成怒,拂袖而去。

鉴于此,值得一提的是,只顾驳斥对方而无暇正确而全面地阐述自己的观点,甚至以舌战为乐事的人,要改掉这种轻浮的毛病,不要耍小聪明,当心聪明反被聪明误。应该冷静思考,养浩然正气,踏实工作,效法古今完人,方可成大器。

而在辩论中,有的人则善于讲道理。一般来讲,这一类人能够做到一语中的、言简意赅,能一句话讲清事情的前因后果。他们讲的道理一般脉络分明,思想清晰。这一类人通常办起事来也干脆利索,迅速果断,从不拖泥带水。这一类人喜欢用浅显易懂的语言、明白的事例和形象的比喻来说明那些复杂、抽象的道理。在现实生活中这一类人一般居多,泰戈尔就是一个非常典型的例子。

曾经有人问泰戈尔:"英国统治印度,布政施仁,兴利革弊,是有利于印度民族的,为什么印度人还不满意而极力提倡民族独立运动呢?"对于这样一个大问题,要完整地回答出来是很费劲的,而且效果不一定好。泰戈尔就用了一个绝妙的比喻来回答:"印度人就好像古代的人一向不穿鞋子,而英国人却给印度人穿上一双皮鞋。印度人穿上固然好看,也可跻身于文明人之列,但鞋底里有一根铁钉插出,走一步刺一下,痛彻心脾,更为难受。"

在辩论中,我们也会经常看到一些不善于讲道理的人。这一类人讲话稀里糊涂又不着边际，往往是舍本逐末，在鸡毛蒜皮的细节上纠缠，而看不到主题和大方向。在辩论中，往往会出现这样的情况。这一类人说了半天也说不清楚。可谓是"下笔千言，离题万里"，始终说不到本质上去。在现实生活中，这种人要么是头脑混沌，思路不清晰，要么是爱耍小聪明，目光短浅，心胸狭窄。无论如何，这二者都无法担当大任。

辩论中，我们也常常见到一些人言简意赅。这一类人往往思维缜密、善于思考，对于生活常常会有独特的见解。宋代欧阳修有一天和翰林学士们出外散步，看见一匹马在狂奔，踩死路上一条狗。欧阳修请大家用简洁的话语描述眼前的事。有一个说："有犬卧于通衢，逸马蹄而杀之。"又有一个说："马逸于街衢，卧犬遭之而毙。"欧阳修都嫌太过于啰唆，他们就问欧阳修该如何写。欧阳修说："逸马杀犬于道。"欧阳修的回答赢得众人的赞赏。

在辩论中善于与人狡辩的人，当发现彼此观点相悖时，会立刻转换话题，用巧妙的方式不断试探或采用迂回战术，逐渐找到对方感兴趣的话题，慢慢地回到主题上去。这一类人的表现类似于情态中的周旋态，机智圆滑，容易得到大家的好感，而且意志坚定，善于思考和察言观色，千方百计去实现自己的计划，他们敢说敢做，又有毅力坚持到成功。另外，这一类人常是在用心智做事。

《三国演义》中有一回这样写道：曹操对张松说："吾视天下鼠辈犹草芥耳。大军到处，战无不胜，攻无不取，顺吾者生，逆吾者死，公知之乎？"张松回答说："丞相驱兵到处，战必胜，攻必取，松亦素知。昔日濮阳攻吕布之时，宛城战张绣之日，赤壁遇周郎，华容逢关羽，割须弃袍于潼关，夺船避箭于渭水。此皆无敌于天下也！"这些都是曹操失败的战例，气得曹操哑口无言。不过反过来也显示出张松才高八斗，不畏强权的文人气质。

善辩者与不善于言辞的人同在一场辩论会中，往往能一眼看得出来。除此之外，通过辩论者的言辞和辩论的方式，我们也能从侧面发现辩论者的才智和性格特点，特别是在激辩的场合。所以，我们要看到的不仅仅是辩论的内容，更要看到辩论双方的性情和能力。

闲谈中发现对方的真性情

语言往往是我们判断一个人品质、性格、心理等的重要依据。从语言的密码中破译对方的真性情，最自然、最有效的方式就是闲谈——尽量使闲谈的氛围显得轻松愉快，使对方的心理防线慢慢松懈，这个时候人的性情就会很自然地流露出来。

第二次世界大战中期，东条英机出任日本首相。当时东条英机任首相的事是秘密决定的，之前，各报记者都很想探得秘密，竭力追逐那些参加决定会议的大臣，对他们进行采访，却都一无所获。这时候，有位记者细心地研究了大臣们的心理定式：大臣们不会说出是谁出任首相，假如问题提得巧妙，对方会不自觉地露出某种迹象，有可能探得秘密。

于是，他向一位参加会议的大臣提了一个问题：此次出任首相的人是不是秃子？因为当时有三名候选人：一个是秃子，一个是满头白发，一个是半秃顶，这个半秃顶的就是东条英机。在这看似无意的闲谈中，这位大臣也就放松了警惕性，虽然他也没有直接回答出具体的答案，但聪明的记者，还是从大臣思考的瞬间就推断出最后的答案，因为大臣在听到问题之后，一直在思考半秃顶是否属于秃子的问题。记者从随意的闲聊中套出了他所需要的独家新闻。

东条英机

看来，闲谈也是一门大学问。在与对方的闲谈中巧妙地设问、引起话题，往往能得到自己最需要的信息。

另外，从闲谈的内容上来讲，我们只要注意观察，也能从中发现说话者的真实性情。有这样一类人，他们唯恐天下不乱，经常喜欢散布和传播一些所谓的内幕消息，让别人听了以后忐忑不安。其实这一类人的目的是为了引起别人的注意，满足一下他们不甘久居人下的虚荣心。他们并不是心地太坏的人，只要被压抑的虚荣心获得满足之后，天下也就太平了。

还有一类人，他们的谈话从不涉及自己的事，或与自己有关联的人。他们的话题常常是涉及别人的一些琐事，或对方的隐私秘闻，甚至对对方的一举一动或每条花边新闻都揪着不放手。这是完全、彻底地侵犯别人的隐私。这种人是绝对不适合做真心朋友的。

还有一些人，非常喜欢把话题的重点放在跟自己完全无关的人、歌舞影星的花边新闻轶事方面，这说明他的内心存在一种起支配作用的欲望。这种人是个沉迷于闲谈名人或明星风流事的人，也说明他很难拥有真正的知心朋友。这一类人或许是因为内心生活很孤独，没有生命的激情。一个人过于关心自己不太熟悉的人和事，并且十分热心去谈论他们，大多是因为他内心世界的孤独和空虚。

还有这样的一类人，他们无论在何种场合，与别人交谈时都爱把话题引到自己的身上，吹嘘自己当年如何奋斗的经历，生怕别人不知道他那些光荣历史。这一类人总是闲谈自己的"丰功伟绩"以期得到别人的关注与尊重，但最终别人的关注与尊重并不像他想象得那样好。其实，我们仔细分析，就可以发现这一类人一般是个对现实不满的人，虽然他没有用怨恨的语言倾诉他的想法，却用了相反的、表现过去的自己的方式表达出来。而事实上，这一类人还不知道这种自我吹嘘的言谈，很难适应时代的变化。或许他是个不折不扣的失败者，完全靠怀旧来过生活。不过可以看出这种人确实陷入了某种欲求不满的环境中，可能他的婚姻遭遇了危机，或许他的升职途径遭受阻碍，或者无法适应目前所处的环境。所以他希望忘却现实，喜欢追寻往事来弥补现在的境遇。这是一种倒退的现象，因为眼前的情况是如此的残酷，所以，他仍用梦幻般的表情来谈。从他的话题里,别人会发现他的内心深处正潜伏着一股无可救药的欲望和不满的情结。

分析一个人的内在表现时,他的潜在欲望不但隐藏在闲谈的话题里,也存在于闲谈的展开方式上。在聚会上,大家彼此正在闲谈时,突然有人竟然不顾别人正在进行谈话,而突然插进毫不相干的话题,这是相当令人讨厌的方式。有的人在和别人谈话时,经常把话题扯得很远,让人摸不着头绪,或者不断地变换话题,让别人觉得莫名其妙。这两种人都有着极强的支配欲和自我表现意识,在他的意识中,很少把别人放在眼里,而完全摆出我行我素的模样,让别人都去听从他的主张,以他的意见为主导。

一般说来,一个政府官员或一个企业的领导,都会有滔滔不绝谈话的习惯。其实,透过这种表面的现象,可以看出他担心大权旁落的心理状态。也可以说,他是一个喜欢占据优势地位的人。

只要我们能认真观察,仔细分析,就一定能在轻松愉快的闲谈中发现对方的真性情,把握其心理,这对我们成功交际是非常有利的。

从言谈的细节中辨出真假人性

常言道:人心隔肚皮。特别是在言谈中,最使我们担心的,就是对方言语的真实性。我们在闲聊时的话题常常是夸夸其谈,真到了关乎自我利益的重要谈话中,他人言语的真实性就显得尤为关键。"我要不要信任他?""他说的话是真是假?"一连串儿的问号在你脑海中挥之不散。

其实,面对这样的情况,我们可以从言谈细节中分析真假。观察他人言语的细节,会帮助你从侧面悄无声息地将他看透。

下面我们具体来解读这些言谈中的小细节,这将会使你更好地解读出对方的内心秘密。

1. 从来不会说错事情的经过

在别人问及前一天的事务安排时,我们会先大致说一点,然后再进行纠正或补充:"对,我还洗了衣服。""哦,不是,我先去了趟超市。"生活中的说假话者,多是把事情经过讲述得滴水不漏,没有一点修正。因为这种假定情景已经在他心中演示了多次,又怎么会说错呢。因此,我们应该要特别注意这样的人。

2. 言语中从不涉及自身或是具体姓名

心理学家韦斯曼说:"人们说谎时会本能地把自己从他们所说的谎言中剔除出去。"如果他人在与你谈话时从不谈及他自己,或是某些人的名字,那就需要你提高警惕了。美国总统克林顿在性丑闻的案件中,在一次全国讲话时拒绝使用"莫妮卡",而是说"我跟那个女人没有发生性关系"。

3. 注意声音突变

不管是音调上还是语气上的突然转变,都是说话者心思的转变。例如,你的爱人平时不回家吃饭从不打招呼,而这次却突然格外温柔地打电话说他今天不回家吃晚饭了,你不会不起疑心吧?

4. 在反复提问之后的言语态度

说假话者往往喜欢蒙混过关,因此对假话一带而过,因此,如果你对其反复地提问,或是问一些细节上的问题,他很可能就会因心理压力增大而变得格外不平静,当遇到这样的情况时,这一类人也许会生气地说道:"我不是告诉过你了吗!"或者会说:"算了,跟你直说吧。"

5. 解读周围环境

环境会很大程度地影响一个人的言谈。因此,我们要特别注意周围环境的变化。中国古代有一个叫裴矩的人,是隋朝著名的佞臣,但归顺唐朝后却成了刚直不阿的忠臣。对他这种前后不一的奇怪现象,很多人不明白,后来元朝名相拜佳做了解释:"盘圆水圆,盂方水方。"形象透彻地解释了其原因:隋炀帝是个圆盘子,裴矩当然就是个八面玲珑的谀臣;而唐王李世民是个方盘,裴矩当然也就成了个忠直敢谏、有棱有角的诤臣。借用这个故事是想说明在判断他人话语真假时,也要考虑到他身处的不同环境。

6. 以真假笑来判定真假话

真正的微笑是均匀的,对称的,来得快,但消失得慢,并会牵扯到面部皮肤,在某处产生皱纹;在说假话的时候示以微笑,或者以假意的笑容来无声地表达假意的内容,这种假笑是来得比较缓慢的,脸颊两侧有些轻微的不均衡,并且无法带动眼睛,组成不了一个整体的笑容,这也是言谈中我们所应该注意的。

人的一生,真假参半。每个人都不可避免地说过假话,听过假话,因为被假话所蒙蔽而气恼。不过需要指出的是,假话是一种生存的策略,正如常言道:不说假话办不成大事。当然,这里我们不是在赞扬说假话的行为,而是要建议朋友们学会如何识破对方的假话,看懂对方的心理,解读对方内心的秘密。

说话速度的心理秘密

语速的快慢是由本人的气质或性格而来的,这是说话者本身所具有的条件特质。从心理学的观点看,人的说话方式突然地异于寻常,往往使我们可以探测到对方的心理秘密。

例如某人平时能言善辩,现在突然结结巴巴地说不出话来,相反的,某人平时说话没有一点要领,东拉西扯,或者是属于木讷型的人,但是现在突然滔滔不绝地说出一大堆话,这时候,我们一定得注意这两种人到底怀有什么动机?因为前后的说话方式表现不同,一定事出有因,千万不可等闲视之。

一般说来,如果对于某人心怀不满,或者持有敌意态度的时候,许多人的说话速度变得很迟缓,而且稍有木讷的感觉。相反,如果有愧于心,或者有意要撒谎时,说话的速度自然会变快起来,这是人之常情。

如果男人带着浮躁的心理回到家里时,大都会在妻子面前滔滔不绝地说个不停。从心理学的观点说,这是很有道理的。因为在正常的情况下,一般人的深层心理中,如果怀有不安或恐惧的情绪,他说话的速度会变快。他总希望借着快速的谈吐,将自己内心潜伏的不安,或恐惧得到解除。因为没有充分的时间可以冷静地反省或考虑,所以,谈吐的内容十分空洞,倘若碰到慎重与精明的人,马上就可以看穿他内心的动摇状况。

如果有人平时沉默寡言,但在某种状况下,他居然不大自然地能言善辩起来,那么,他内心里一定隐藏着某种不能向外人道的秘密,这种猜测不会与事实相差太远。

有两位朋友在电话里谈话,本来,这其中一位当总编辑的人谈吐向来都是非常缓慢的,但是,这次谈话的声音却很大,而且滔滔不绝地说个没完。真是令人疑惑万分。待谈话告一段落之后,朋友忍不住问他:"你今天有点儿奇怪,谈话的态度完全异于往日,这到底怎么回事啊?"这位总编辑马上默默不语,隔了一会儿,他才吐了一口气说:"老实告诉你吧!由于工作调换的关系,我似乎做错了什么事。"说完之后,他又恢复了往常慢吞吞的谈话方式。

在电话里是看不见对方脸上的表情,但通过语言语速的反常变化。往往会让我们察觉到对方心里的微妙变化。

话题反映人的兴趣思想

一个人所谈论的话题,完全可以反映出他的兴趣思想,我们可以通过话题的选择来识察此人。

有些人的话题太偏重自己、家庭或职业的事情,是一种自我意识的倾向,也是自我中心主义者。

有些人非常想要探听对方的真相,这是有意明白对方的缺点,期待能进一步控制对方的意思。

有些人对于别人的消息传闻特别感兴趣,这种人很难获得真正的友谊,所以,他的内心非常孤独。

有些女性虽然远离少女期,但也常常喜爱谈论"恋情"或"爱情"的事情,这表示在她内心也隐藏着性欲不满的事实。

有些人会愤愤不平地埋怨待遇低微,其实,有很多人因为对工作不热心,才会将这种内心的动机转化到待遇低微的借口上。

有些人不断谴责上司的过错和无能,事实上是表示他自己想要出人头地的意思。

有些人借着开玩笑,而常常破口大骂,或者指桑骂槐,这是有意将内心积压的不满,设法发泄出来。

喜欢在年轻人或下属面前自吹自擂的人,乃是不能适应职务,或者赶不上时代潮流的表现。

有些人总是忽视别人的谈话,而喜欢扯出与主题毫不相干的话题,这种人怀有极强的支配欲与自我显示欲。

有些人一直谈论会场的话题,而不喜欢别人来插话,这表示他讨厌自己屈居在别人的控制之下。

有些人把话题扯得很离谱,或者不断改变话题,这是表示他的思考不够集中,以及不懂得逻辑性的思维方式。

有些人不愿抛出自己的话题,反而努力讨论对方的话题,这种人怀有宽容的精神,而且颇能为对方着想,不失为坦荡荡的真君子。

极端避免谈到性问题的女性,有时候对于性问题反而怀有浓厚的兴趣和关心。

从说话的语气语调识别人

在生活中,每个人由于先天嗓音特质的不同及后天生活环境的差异,形成各自说话时不同的语气语调,从中我们可以识别其人的性格。

说话声调平稳一定的人,具有正直的性格。

说话语调有气无力,同时语调不甚明了的人,较内向而胆小。

说话语气抑扬顿挫,像唱歌一样的人,是幻想家,而且讲究浪漫气氛。

说话语气很冲,同时声音很大的人,是任性的人。

语气低沉,说话时由牙缝深处出声的人,凡事都抱有怀疑感。

语气音色均不规则的人,性格轻率。

说话时叽叽喳喳地发出很高声音的人,其个性如一个小孩子一样,是不知醒悟的人。

说话时虽然含有气势与声响,但却常常与人耳语的人,具有享乐的性格。

声音沙哑的人,具有粗野的性格。

女高音的感情比理性重一些,大多数是属于浪漫的人,是恋爱至上主义者。

女低音讲求技术,是能够抓住对方心理活动的现实类型的人。

男高音为人和善,是怀有善意类型的人,此外,他们的个子往往不会太高。

男中音的个性比较冷酷,是属于慎重的务实型人。此外,女中音是讲求情调的热情人。男中音与女中音有相互排斥的倾向。

男低音可以说是人格圆满型的人。男低音的人大多头脑清晰,他们虽然不太具有男子气概,但却非常诚实,不会结帮成派。

无论男女,声音无力,语尾听不清楚的人,不论做什么事情,都不一定获得成功。

通常在讲话时显得非常悲观,这类人不论男女,都难成大器。

在说话中,语气不该中断而中断,讲话不连贯的人,是短命之相,同时也有潜在的疾病存在。

由舌尖发声的人,难以成为富豪。

在与人对话时,几乎不张开口,而且发音不明了的人,一生中会受到很多障碍,职业也多发生变动。

由脐下丹田所发出声音的人,较为诚实,不会阿谀逢迎,是位道地的实干家。

说话时高声尖叫的人,是位理论家,当他慷慨激昂时,容易有歇斯底里的现象发生,他的虚荣心很强,缺乏诚实感。

说话时声音响亮,语句明朗的人,不论选择何种职业,都容易成功。

讲话时声音好像被压抑住似的,此种人好挖苦他人,看任何事物,均不会由正面去观察。

讲话时声音较低,同时嘴唇两侧有唾沫,也就是口沫横飞的人,是精力过剩、浪费型的人。注重外表而爱好名声,同时也是喜欢矫揉造作的人。

从语言习惯透视他人的内心

语言习惯能表现一个人的个性,同时,通过语言习惯也可以透视其深层心理。

初次见面的人,刚开始大家都介意面子,所以说话时表现得很恭敬,等逐渐松弛下来,则不仅是姿态,连说话也会很随便,甚至连人的本性都不自觉地表现出来了。

H饭店的总经理C先生表示,他主持招聘考试时,总是故意对前来应试的人采取非常随便的态度,起初,年轻人都规规矩矩地应答着,但过了不久,他们的语言习惯就会表现出来,而C先生即从中了解应试人的品格及其内心。由此可见,语言习惯确实是了解他人的一个珍贵的情报源。

任何地方都有地区性的方言,甚至连闹市区也有闹市区的方言,海边也有海边人的常用语。因此,各人成长的环境不同,说话的言辞习惯也不同。著名的电影《窈窕淑女》,即描写了一个身份原本卑贱的少女,为进入上流社会而接受严格训练的故事。所以,语言可以标志一个人的成长环境,且会影响其人格的形成。只要听一个人说话,即可大致推测出其身份。这一点在任何时代都是不可改变、不可忽视的。

除了社会性、阶层性或地理性的语言差距外,还有因个人素养、气质不同而形成不同的心理性用语。所以,通过语言能表现自我的属性,当然也会在不知不觉中反映出各种曲折的深层心理。换句话说,不论你想把自己装扮成什么样子,固有的语言习惯很难和这种外在的表现配合,往往会意外地从你的语言中,显露出你的实像。因此,一个人无意识中表现出来的语言特征,往往比他说话的内容更能表现其人。

比较容易显示其人的语言习惯,主要有以下几种。

第一人称语

这一语言可以反映人的自我意识,以提供各种深层心理的信息。比如,我们经常可以听到某些领导在讲话时,老是重复:"我个人认为……我呢?我呀……我想这样做……我的意思是……"通常,只有年轻人会以狂傲的语气用"我"来称呼自己,年纪较长的人在公开场合就很少用这种称呼。

由此可见,上述领导的成长环境必定很顺心,所以才养成用这种称呼的习惯,即使他说"我"字时的语调并没有特殊之处,但他的态度会显得很不谦虚,甚至表现出故作姿态、唯我独尊的味道。

实际上,在一般人中,我们经常会遇到一些把"我"挂在口头上的人。例如,棒球教练Y先生,每次提及他培养的打击手时,就会说"我对他的指导""我对他说过"等。这样强调"我",是自我意识很强且过于自信的表现,由此可明显看出其自我显示欲很强的性格。

根据美国心理学家李彼得和怀特的研究,霸道型的老板——即领导人为专制型的团体成员,都很习惯说"我"。领导人为平均主义者的团体成员,则比较喜欢说"我们"。经常用单数第一人称的人,独立性及主体意识都比较强;一向使用复数人称者,则比较没有个性,其中以团体埋没或附庸型的人居多。被批判后一旦离开团体就什么事都做不了的某些现代年轻人,经常在说话时将"我"隐入"我们"之中,大概就属于后一种性格的人。

借用语透视他人

人们经常都是用自己的语言在说话,但无意识中,很多人都喜欢借用别人所说的话来表示自己的意见,这是一种自我扩大欲在起作用,表示还有更多的人和自己意见一致。特别表现在借用名人的名言、格言方面,就更能提高自己说话的权威性。有时,只要是名人、权威人士说的话,即使是很普通的一句话,也会显得意义重大,别具光彩。这种借名人的光,来提高个人说话权威性的作用,谓之"背光效果"。

请看看下面的一段对话吧!

"唔,寿司最重要的是吃起来要有嚼头,你看,这块的颜色有多好!"

"不!不!你这么说显得太肤浅了,纪贯之不是在他的《土佐日记》里说过吗?做寿司是保存鱼的一种方法,所以,如果说只称赞米的嚼劲,岂不是本末倒置了?"

"哦,是这样吗?"

"至于嚼劲,柳田国男先生也说过,米饭是我们最主要的主食,如果还要更好,顶多也只能让它更白一些,所以雪白的米饭是奢侈的象征。"

"这样啊!你说得真在行,每次我都服你。"

这段对话的确显出这个引经据典的人的学问,可是,却给人一种"狐假虎威"的感觉。显然,此人是权威主义者,在很小的事情上都要引经据典,搬弄权威,在频繁引用名人的只言片语中,深刻地流露了他对权威的憧憬。

除了名人外,人们从小都将父母视为权威。所以,常见的引用语,是借助父母所说的话来表达自己的意思。某女性如是说:"家母说你是个很好的人。"这就是借母亲的话来表达对对方的爱情,并提高对方的信心。不过,如果过于频繁借用母亲的话,则是有严重的"母云亦云"的稚气,可认为他精神上尚未断奶,依赖心很强。同样,过多地搬用名人之语,也显得自己缺乏独见。

此外,还有些人喜欢在说话的时候搬用癖词粤语,令听者感到困扰。这自然谈不上什么"背光效果",但其中有些人也是借此表现自己有学识;另有些人则刚好相反,是以人们难听懂的这些词语作为保护自己心理弱点的挡箭牌。正如在演讲的时候,如果你讲得简单明了,听众往往会通过自己的思考提出一些问题,要你当场解答;如果你讲的内容并不复杂,却刻意堆砌很多深奥的字眼,让听众听得莫名其妙,这就等于给听众设置了提问题的障碍,达到了掩饰自己回避提问的目的。其实,这刚好暴露出这类人的自卑,深感自己的智能未能达到信手拈来、运用自如的境界。

敬语透视他人

在人际关系中,最能表现心理的语言是敬语。要圆满地应对社会生活,维系良好的人际关系,敬语扮演着重要角色,它是心理上的一种润滑剂。在一般人的观念里,能使用敬语似乎是最妥当的,多半不会出什么问题。然而,确实有些人并非对敬语无知,而是刻意堆砌一些过度的敬语,此人心中必有某种企图。

若是相互都很随便的关系,当然就不需要使用敬语,但如果在相当亲密的伙伴中,突然出现了敬语,那就要注意了。例如,有位 Z 先生表示,每当他妻子开始说些非常客气的话时,就显示他妻子的心情陷入了低气压。这也是他从几次痛苦的经验中得到的一条规律。

不仅如此,有时过度的敬语还是严重嫉妒、敌意、轻视或戒心的反向表现。如说:"哎呀!李太太您真是太幸福了,女儿白白胖胖的真漂亮,丈夫是建筑业的知名人士,每天还能回家吃晚饭,李太太您真让人羡慕啊!您是如何调教丈夫的,能不能传授秘密呀?"

像这样让人听了会起鸡皮疙瘩的赞美词,其真意竟与表面的言辞大相径庭,它可能表示轻视,也可能出自嫉妒。常人说:"语言是衡量沟通双方心理距离的尺度。"尤其是令人感到见外的敬语,不仅会在无意中将彼此的距离拉大,更具有防范他人侵犯的功能。

人们常说,某地区的人说话很客气,但这只是其中的一面;另一面往往说明这个地区的人有强烈的排外意识。因此,外国游客觉得日本人很有礼貌,从反面来看,即表示日本人不易与外人融洽相处,所以给人冷淡多礼的表现。

又如,双方在比较深入的交谈中,如果对方自始至终用词都很客气,那么不是因他有自卑感,就是内心隐藏着戒心或敌意。反过来说,刻意以随便的口气说话的人,也可能想借谈话侵入对方的心中,也就是有占上风的欲望。花花公子找到猎取的对象时,会突然对对方非常亲切,说话随便,其目的就是要增加亲密感,使对方觉得彼此已无距离,借以达到一体化的地步。

思考语透视他人

思考语是表现人们思考动态的言辞,它们多属连接词,相当于英语的"and"的一类,如"然后""接下来""还有"等,表示思考对象的前后联系,说话中频繁出现这类词的人,表示其思绪松懈,没有脉络,条理层次不清。

相对的,还有相当英语中的"but"的一类连接词,如"但是""可是""然而"等,这种连接词像"and"一样,不仅表示承上启下的作用,更表示思路的转折,常用这类词的人思考力多比较强,在说明一个现象或观点的同时,即考虑到了相反的情况和论据,大脑中经常检点着各种思绪,从而整理程序,因此可谓是聪明和理论性较强的表现。

也许你注意过,有些大人物经常在开会或演讲时,出现"但是"或"呃……"这类口头禅,有些人甚至因此而受封了"但是"的绰号。的确,如果一个人说话中重复出现几次"但是",即表示他思路已经打了好几个转,一般听众很不容易跟上去整理自己的思绪,不知不觉中就会完全顺应他的语言模式思考,从而接受他的结论,因此可以说,他是容易控制听众的人。

此外,还有"果然""毕竟"等思考语,它们不是连接词,但表示思考中产生了什么新的概念,或重新确立了某种固有概念。当一位政治家经常以这类词作为口头禅时,通常表示其意志坚决,性格强硬,他会以毫不动摇的态度坚持自己的意见。

与这种强硬的态度相反,是慎重选用逻辑且尊重对方意见的思考方式,抱这种态度的人,经常使用的口头禅就是"呃……我认为……"或"我想……"等。这种人说话总是细声细气,断断续续。经常用"呃""啊""唔"等感叹词来寻找和应接下面的话,表现其人缺乏信心,不敢谈出主见。

附会语透视他人

在对话中,听者可能不时插上一些附会言者的话,表示对其所言赞同,此即所谓附会语。大致说来,附会语主要有两种:一是重述对方所言,二是为所言帮腔。其中往往还夹杂着某种赞同的表情,将言、情结合起来看,往往能细致入微地洞察附会者的真意所在。

重复对方所言,主要是让对方了解"我正在专心听你的话",表示对对方所言的重视,消除对方的心理障碍,进而深入对方的心中,探明对方真意。下面销售人员和家庭主妇的对话就是最好的例子：

"可是，我已经有化妆品了呀！"

"哦，你已有了化妆品了？"

"嗯，我用的是资生堂的化妆品，现在差不多都够用了。"

"你说已经够了？"

"是啊！我平时又不出门。"

"哦，原来你很少出门。"

"是啊！只不过像我这样的年纪，以后参加朋友婚礼或宴会的情况会很多。"

"唔，你被邀请的机会很多。"

"对呀，所以我希望自己能更漂亮一些。"

"你是该打扮得漂亮一些。"

这样慢慢谈下去，销售人员自然掌握家庭主妇的心理，把她说服，达到销售的目的。

可见，当人们知道对方在专心听自己所说的每一句话时，自然就会感到亲切，容易掏出自己的真心话来。只不过，要像这位销售人员这样神情专注地听，一再追随对方所言，的确需要很大的耐心和好奇心。

在重述对方所言时，往往也会附带着表情，如一面重述对方的话，一面点头赞同，这就是立即肯定和接受了对方所言。如其点头的幅度很大，就表示他的赞同不是随声附和，而是经过认真考虑的。

帮腔有两种情况：一种是出于诚意的帮腔，一种是随声附和，这往往也要结合表情才容易分辨出来。一般来说，表示赞同别人所言时，往往会点头示意，如点头的幅度小、频率高，即猛点头的方式，那就有问题了，那多半是装腔作势，假意附和，有时甚至根本就没听懂你的话。

某位大学教授曾经表示过，如果学生在他讲课时，每一段话都要点两次头，可以认定这样的学生是心不在焉，根本不了解他所讲的课程内容。当我们注视点头的频率时，我们往往会发现，女性点头的次数往往比男性多，当她们喊着"是啊""我知道""我了解"等帮腔语的时候，总是频频点头，这并不说明她们听话已经入了神，完全了解了对方讲话的内容，只不过是为对方说话的气氛所感染，在情绪上表示赞同罢了。

至于帮腔，还需特别指出的一种奇妙现象是：一面说话一面给自己帮腔，一人同时扮演说者和听者两个角色。有位社会学家经常这样做，例如他说："我们要重视儿童教育，这是女性的权利，也是责任和义务，呃，对对，是权利，也是义务……"自己说话自己帮腔，是一种自我完美意识的表现，喜欢唱这种独角戏的人，同时兼具说者、听者的两重身份，即出于一种不允许任何人反驳、只有自己说了算的顽固心态。

由口头禅看人的不同品性

人们交际中的谈话，常常受习惯影响，不自觉地带有口头禅，从中也可识别对方的品性。

以下不同的口头禅表现出人的不同品性。

说真的，老实说，的确，不骗你。

这种人有一种担心对方误解自己的心理，性格有些急躁，内心常有不平。

应该，必须，必定会，一定要。

这种人自信心极强，显得很理智，为人冷静，自认为能够将对方说服，令对方相信。另一方面，"应该"说得过多时，反映了有"动摇"心理，长期担任领导职务的人、易有此类口头语。

听说，据说，听人讲。

其所以用此类口头语，是给自己留有余地的心理形成的。这种人的见识虽广，决断力却不够。很多处事圆滑的人，易用此类语。

可能是吧，或许是吧，大概是吧。

有这种口头禅的人，自我防卫本能甚强，不会将内心的想法完全暴露出来。

在处事待人方面冷静，所以，工作和人事关系都不错。此类口语也有以退为进的含义。事情一旦明朗，他们会说，"我早估计到这一点"。从事政治的人多有这类口头语。这类口头语隐藏了自己的真心。

但是，不过。

这种人有些任性，因此，总是提出一个"但是"来为自己辩解。"但是"是为保护自己而使用的，也反映了温和的特点，它显得委婉、没有断然的意味。从事公共关系的人常有这类口头语，因为它的委婉意味，不会令人有冷淡感。

啊，呀，这个、这个，嗯、嗯

有这种口头禅的人是因词汇少，或是思维慢，在说话时用来作为间歇而形成的。因此，有这种口头禅的人，反应是较迟钝的。有些公务员用这种口头禅，他们因为怕说错话，需要有间歇来思考。

字里行间隐藏的信息

我们之前已经说过，人是一种会隐藏的高级动物，尤其是在现代社会中，几乎所有的人都表现出一种非常坚强的模样，大概人们只可能在心理医生或者家人的面前才会表现出自己的脆弱，才会表示："我非常难过，我想和你谈一谈这件事情！""我的老板实在让人受不了了，我想要一个小时的时间来倾诉。"虽然绝大部分人都不会公开表示自己的脆弱，可是，实际上，他们却像掩饰表情一样，将自己真实的意思用声音隐藏起来，所以我们必须参加这个情绪的捉迷藏游戏，捕捉到他字里行间的隐藏信息。

任何人在伤心的时候都会希望获得别人的同情，但是他们却会在你允许之后才会将这件事情提出来。他们经常会使用非常缓慢的忧伤的语气说话，简短地回答问题，然后用诸如双眼垂视、没有一丝一毫生气的姿势来表达，当你得到他伤心的信息而做出询问的时候，就表示你同意了他获得同情的要求。

之所以会有这种略显做作的行为的出现是因为社会礼俗告诉我们不能够公开乞求同情，不能够表达愤恨或嫉妒，不能够展现愤怒、受伤或各种各样不愉快的情绪。但是在某些时候，我们急切地想要表达自己的想法，于是我们就选择了音调，将我们的意思隐藏在音调之中。

音调之中真的隐藏着各种各样的讯息吗？我们可以自己在家里做一个实验，首先打开电视机，并且选择一个你听不懂语言的肥皂剧节目，背对着电视机，虽然你可能会无法跟上电视的情节，但是你一定能够从演员的情绪中发现一些有意思的信息。

在希米谷曾经发生了一起刑事案件，四名警官被指控殴打罗尼金。在选择陪审团的时候，有一名候选人是来自拉丁美洲的中年妇女，她说自己的儿子想要成为一名警察，并且非常诚恳地表示，自己认为这四名警察是没有罪的。包威尔和史坦希昆认为她的儿子有想要成为警察的意愿，同时她太过宽大为怀了，所以他们认为这名妇女很可能会同情被告，所以不同意将她列入陪审团之中。

但是同行的心理学家注意到了这名妇女在回答问题的时候所采用的方式。当被询问到是否曾经和别人讨论过这件案子的时候，这名妇女表示自己曾经和丈夫进行了一番争论，因为丈夫认为这四名警察有罪，他们应该受到法律的严厉制裁，她多次保证自己不会受到丈夫的选择的影响，并且在审判期间也不会与丈夫探讨这个问题，但是心理学家却提出了质疑。

心理学家发现这名妇女在谈论丈夫的时候会采用一种恭敬的音调，所以他认为这名妇女是一个非常传统的女性，她有着传统的婚姻，她要照顾家庭与孩子，当然，最重要的是，丈夫才是家庭之中掌握了话语权的人。当这名妇女谈论丈夫的想法与意见的时候，她的声音清晰响亮，并且非常的流利，没有一丝一毫的保留，这表明在她的心中，丈夫的话才是真正的真理。

但是，如果当她将丈夫的想法与意见放到一旁，谈论自己的想法的时候，她的声音却在逐渐地变小，这说明她越来越不确定，她对自己的话缺乏足够的自信，即使她的意见是非常合理、非常有创见性的，但是她的音调依然在降低。这位妇女音调降低的这个举动表明在现实生活中，她是一个以丈夫的意见为主要

导向的人，最后心理学家得出这样的结论：这位妇女必要克服极大的心理障碍才可能会去选择无罪，但是这样做却会导致丈夫的愤怒与轻视，所以这位传统的妇女是不会这样去做的，事实上也是这样，最后她投了包威尔警官有罪。

既然别人的话中隐藏着许多的信息，那么我们究竟怎样做才能够发现这些信息呢？这必须要经过严格的练习，才能够逐步掌握声音之中的潜藏意义，才能够读懂别人在字里行间隐藏的意思。练习掌控声音线索的方法可以分为六步。

第一步：在与他人交谈的时候，不要像平时一样，将自己的注意力集中在言辞之上，而应该集中在声音上。

第二步：明确声音所表达的意思是主动的还是被动的。

第三步：寻找模式，回想一下对方的声调，想一想对方是否在说实话，他的音调和日常生活有没有什么联系，看一看对方的话是否真实！

第四步：通过与肢体、用字造句配合声音进行比较分析。

第五步：考察可能影响到对方声音的外在环境。

第六步：通过已经掌握的线索，成功地解读声音之中潜藏的线索。

解读声音上的暗码

声音之中隐藏着许多的暗码，它们就像特定的电波密码一样，我们只有掌握了它们的规律，并且经过练习和仔细地观察，才能够将其成功地解读出来。音调是一种完全取决于环境和具体情况的每一刻都在变化的特质，也许就在我们分心的一瞬间，我们错过了非常重要的讯息。

想大声说话或者声音低沉等特质是非常容易解读出来的，但是它们只能够算是初级的暗码，音高、说话速度快、口吃等短暂的特质却是高级暗码，是很难解读出来的。

声音的特质有许多种，但是，即使是同一种音调也可能会在不同的情况下具有截然不同的意义，所以我们需要考虑音调与肢体语言、说话内容是否相吻

合。我们下面将分析一些比较常见的特质,诸如大声说话、语速缓慢、牢骚不断、说话做作。

大声说话

我们在生活中偶尔会遇到大声低沉的男中音或者大声尖锐的女高音,对于类似的这种声音,我们是无法忽视的。一个人会用很大的声音说话,通常具有一定的理由,所以我们就必须要识破对方为什么会提高音量,会选在什么时间做这件事情。

大部分选择大声说话的人都是为了控制环境,因为大声说话是一种独断、强制并且具有威胁性的行为,所以那些总是想要支配或者控制别人的人,通常会用很大的声音说话。虽然很多人认为说话大声是自信的表现,但是我们却无法否认有些人是因为担心声音太小而没有人听到自己的话才大声说话的。

在某些情况下,大声说话还被视为说服别人的绝佳利器。许多人发现,只要自己的声音大并且尖锐,超过所有人的声音,那么别人就会认为他信心十足,因而同意他的意见,甚至自己错了,也没有人会和自己争辩。当然还有人是为了掩饰自己的不足而故意大声说话的,在美国一个案件审理的过程中,有一位身材矮小、瘦弱的陪审员,他总是保持这样一动不动的严肃表情,但是他初次表达自己的意见就吓到了所有的人,因为他的声音太大了,以至于很多人的耳朵在他说完之后都嗡嗡地响。

对于老年人来说,说话大声通常是因为耳朵听觉减退,但是请不要忘记那些听力受损的年轻人。醉酒的人在大多数情况下都会用很大的声音说话,甚至是在吼。

从整体上来说,说话声音大,但是态度却非常客气的人一般非常有自信。那些将自己粗暴的声音当成恶魔手中的铁棒强行驱使他人的人,通常是非常缺乏安全感的类型。

语速缓慢

语速缓慢的人可以分为两种:听起来给人舒服与轻松的感觉,带有不安的

肢体语言和声音线索。在任何时候，说话都非常慢的人，很可能是身体或者心理存在一定的障碍。如果是心理存在障碍，那么通常会有无法表达意见的反应。如果是身体存在障碍，那么我们只需要和对方聊上一会儿就能够知道。

使用不熟悉的语言，语速会变慢；在乎自己的教育程度低的人也会这样；美国南部地区人的说话速度就远远慢于纽约人，这是因为区域的影响。牧师和教师则是因为需要让所有人都了解自己的观点而故意语速缓慢。

在日常生活中，有些人会故意放慢语速来表达一种谦卑的态度。当一个人想要表达对自己非常重要的结论、感觉到不安、困惑、说谎、沉思、疲惫不堪、因为酒精或者药物的影响等原因也可以会语速缓慢。这个时候，我们就需要通过地方的肢体语言和说话的内容来判断原因了。

牢骚不断

牢骚和大声说话不一样，它是不需要用强迫语言来达到操控别人目的的手段。有些人在自己不想要明白说出想要什么的时候，就会用牢骚不断的方式来暗示对方。比如有些人可能会抱怨自己的可乐中没有足够的冰块，但是他们自己却不会站起来去取，他们的目的是想要别人帮忙。

牢骚不断的人总是顺从别人的观点，在任何情况下都是这样，他们没有勇气或者自信去领导别人，他们更加喜欢让别人来照顾自己。如果想要了解一个人是否是牢骚不断，我们只需要通过和他的朋友交谈就可以了。如果是已经结婚的妇女，那么只要注意她与丈夫对话的语调就行了。牢骚不断的人总是能通过牢骚来达到自己的目的，并且这种情况是非常难以克服的。

说话做作

《吉里根的岛屿》是一部非常出名的电视剧，小孩子们经常会模仿"百万富翁和他的太太"那种夸张、虚伪、做作的说话方式。在现实生活中，我们经常会遇到这种情况，比如当我们表示自己对于某件热门事件不清楚的时候，对方可能会非常惊讶地说："哦！真的吗？"实际上他在暗示我接收信息的速度实在是太慢了。

说话做作的人通常自认为自己比别人更加的优秀、聪明,认为自己的话价值更高,所以我们很难说服这种人去尊敬比不上他们的人。这种情况出现在上流社会家庭的比较多,因为他们生活的社会背景促使他们要这样去做,我们是不可能改变他们那已经长成参天大树的习惯的。

注意声音特性的偏差

声音的特性包括三个方面——音调、响度和音色。每个人的声音特性,都存在着一定的差别,我们可以通过声音的特性来辨别一个人。当然,不同的人在遇到同一种情况的时候,做出完全相同的反应,周围人的反应也会做出截然不同的反应。当我们看到一个平时非常冷静、安静的人,突然暴跳如雷,他离开之后,房间里的人就会用严肃的语气说:"天哪,他一定是气疯了!"但是,如果一个平时脾气非常急躁的人,因为某件小事而暴跳如雷,他离开之后,大家顶多只会耸一耸肩,说:"他又来了!"然后若无其事地继续聊天。这是我们在掌握了一个人的声音模式之后才能够得出的结论,但是我们无法在第一次见到某个人的时候就掌握对方的声音模式,所以我们只能通过对方的音调、音色等特性来进行分析。

对于每一个夸张的特性,我们都应该给予足够的关注。天生说话音量大的人,和警告他人船只驶离港口的大声喊是完全不同的,轻微颤抖的声音通常不是因为紧张,而是比较严重的口吃。

如果一位陪审员候选人在等候的时候不耐烦,等到对他进行评定的时候,不仅做出气愤的动作,而且还要用特别的音调进行抱怨,那么他就不适合做一名应该具有公正性与耐心的陪审员。

虽然对于声音的一些极端特性,我们非常容易注意到,但是我们却很难去对它们进行解析,尤其是我们不了解对方的声音模式甚至是不认识对方的时候,对方的极端特性可能是强烈情绪的反应,是因为快乐还是欢喜,难过还是痛苦?我们无法立刻做出判断,但是只要我们能够在声音的特性上多花一些时间,那么我们就能够建立声音的模式,这个模式会在时间之中逐渐恒定,在这之后,我们就能够依靠这个模式对其进行分析、评定了。

极端的声音在许多情况下是人的情感的一种自然流露,自然反应,这也导致无数的线索会在谈话之中游走,而对话者却不会发现。比如说当一个人因为过于兴奋而哭泣的时候,即使对方不想要表现出这种情绪,可是这种极端的情绪却很难抑制,所以声音的线索就会悄悄地泄露出来。

分清声音的特性,能够让我们用适当的方式做出最为合适的回答与响应。如果我们是一家企业的老板,当企业的一名女性职员想要在我们面前表现出自己的自信,可是她的声音却会因为紧张或者其他的原因而颤抖不已,这个时候,身为老板的我们应该做的是让她放松下来,忘记那份尴尬。如果一个平时非常开朗的员工,在我们赋予了重任之后用一种单调、无力的音调说话,那么就说明他的心情不太好,甚至是沮丧,我们应该重新考虑一下对他的任命。

无论对方说话的内容是什么,只要我们捕捉到特殊的声音特性,那么我们就应该格外注意,因为对方虽然可以坚称自己没问题,但是他的音调却可能让我们发现对方的真实讯息。注意声音特性的差别,既能够帮助我们了解别人,达到我们自己的目的,而且也能够使我们提供更加准确的帮助,而不会引起对方的不快。

如果我们确定了一个人的声音模式之后,那么我们就应该注意对方说话时候与模式不同的那些表现。但是,我们必须牢记一件事情,那就是我们初次见一个人,他可能是一位非常有礼貌的绅士,但是第二次见面,他可能正在跳着脚大骂别人,所以,除非是在一定要做出结论的时候,否则最好要等到见过四次以上,确定了对方的模式之后,再以模式为基准进行衡量与分析。

只有这样,我们才能够确定对方的声音特性是暂时的心理状态,还是天生的性格。比如当法庭要挑选一位具有同情心和宽广胸怀的陪审员,在初次见到一个表面上富有同情心,说话却总是在讽刺别人的候选人,我们可能不会注意,但是如果我们发现,无论发生什么情况,他总是维持这种音调,那么我们就可以推断他只是喜欢提出评论,而没有同情心,他的表现只是伪装。

不要忽视环境因素

当一只绵羊被丢进狮子群中的时候,它还会像在草地上一样悠闲、安静地吃青草吗？很明显,这是一种不切实际的想法,绵羊正常的反应应该是恐惧,然后飞一般地逃跑。动物会因为环境的改变而改变自己的行为,作为高级动物的人类也会有一样的表现。当我们位于充满敌意的环境之中的时候,大多数人都会表现出焦躁不安、缺乏信心,并且做出许多违反社会习俗与法律的行为。我们要清楚这种情况的出现,只是因为受到环境的影响,我们并不是天生的神经质,也没有生性孤僻,没有任何安全感。

当一个人位于法庭这个最让人感觉不安的场所的时候,即使是最诚实的人也会表现出不诚实,因为他太紧张了,专家也一样会出现这种表现。他们的声音会发生颤抖,会低下头盯着地面,或者胡乱地看着整个法庭,时不时地用舌头舔一下双唇,手里玩弄着面前可以够得着的物品,还可能出现口吃,甚至刚刚发生的事情,他们也会忘得一干二净。

如果仅仅根据这些情况就断定一个人在说谎,那就会犯下非常严重的错误。当然还有一些人,他们已经在法庭出现过几十次甚至上百次,那么即使是站在法庭之上游走在谎言的边缘,他们也能够表现出非常坦然的态度,让你无法对他产生怀疑。在法庭之外的许多环境也是这样,当一个人参加有许多认识的人参加的晚宴的时候,那么他就会表现得非常活跃、自信、轻松,和每一个人都热情地交流,但是如果他参加的是一个人都不认识的陌生宴会,那么他通常会出现紧张、害羞、局促不安等行为,并且还想要早点离开。

在我们第一次和其他人试图互相了解的时候,一定不要将环境因素给忽略,你首先应该判断他是否位于自己熟悉的环境之中,如果是,而他表现出来的依然是紧张、局促,那么他通常只有两种情况——天性极度害羞与内心正承受极大的煎熬。如果是在一个陌生的或者敌意的环境下出现类似的反应,那么我们还需要找出其他的证据来证实或者推翻我们之前的判断。

　　用很大声音说话的人要么是对自己非常有信心，要么是缺乏足够的安全感。穿着不合身衣服的人可能是不擅长社交，但是也可能是时尚前沿的追逐者，所以环境还会影响一个人的外貌或者是行为。如果一个非裔美籍的中年女性陪审员在一件案件之中，每天都会戴着同一双黑色的手套出庭，你会如何看待她？她是在抗议种族的不平等吗？难道黑色手套是她用来批判政治的表示？或者这黑色手套具有别的、其他的含意？但是你却忘记了考虑环境，也就是当时法庭的情况，她很有可能是因为法庭过强的冷气才会选择一双黑手套的。

　　如果将环境去掉之后观察或者审视一个人，那就像将迪斯尼动画片的背景去掉之后，只是看那些简单的卡通人物一样，没有任何的意义，所以我们在观察或者审视的时候，一定不要忽略环境因素的影响。

　　环境能够影响一个人的着装和行为，对于声音同样能够产生影响，比如说一个初次到法庭作证的人会因为法庭这个特殊的环境而紧张不已，进而导致声音会颤抖。我们能够将大声说话作为人格和心理状态的重要线索，但是这种线索只有在持续或者不合适的时机的大声说话才能够成立。在特定的环境之中，声音的特质所表现出来的意义也会不同，甚至会完全消失，最明显的例子就是在安静的图书馆中大声说话和在喧嚣的宴会中大声说话的意义是完全不同的。当一个人警告他人的时候所使用的仓促语气和一个推销员所使用的仓促语气也是完全不同的。一个不停地说话的人，很可能是因为快乐、紧张、兴奋或者是害怕所导致的。

　　我们必须在考虑整体环境之后，综合其他因素，才能够做出最正确的判断，这就像看电影，我们只有在背景、声音、人物都存在的情况下才会看到最真实、完美的作品。当一个人感觉自由舒适的时候，他们的声音通常能够反映出自己的个性与情绪；如果一个人感觉到不舒适或者局促，他的声音就会显出躁动的情绪。

说话听声，锣鼓听音

俗话说："说话听声，锣鼓听音。"这句话旨在告诉我们，在与人交流时，一定要懂得倾听对方的话外之意、弦外之音。

在人际交往中，有一些话无需直接说出来，话里带出来就可以了；还有一些话不能直言表白，必须依靠暗示来表达。这就要求我们要善于听出对方的话外之意、弦外之音，这样才能在交流时更好地把握对方的意思。

战国时期，楚国发重兵攻打齐国。齐威王无力抵抗，于是打算派能言善辩的淳于髡去赵国求救。他赐给淳于髡马车10辆、黄金100两。

淳于髡看罢放声大笑，连系帽子的带子都笑断了。

齐威王不解地问道："先生是嫌这些东西少吗？"

淳于髡笑道："我怎么敢嫌少呢？"

齐威王又问："那你刚才为什么发笑啊？"

淳于髡说道："大王请息怒，今天我从东面来时，看到田地里有个农民在祈求田神赐给他一个丰收年，他拿着一只猪蹄和一坛子酒，向田神祈祷说：'田神啊田神，请您保佑我五谷丰登，米粮满仓吧！'他的祭品那么少，而想得到的却是那么多。我刚才想到他，所以禁不住发起笑来。"

齐威王听罢，立即领悟了淳于髡的隐语，于是赐给他黄金1000两、车马100辆、白璧10对。淳于髡这才出使赵国，搬来了10万精兵。

在这则故事中，淳于髡之所以故意发笑，很明显是因为齐威王给的礼物太轻，但这种话又不好直言表达出来，于是他采取了暗喻的方法。

而齐威王也非常聪明，立即领会了淳于髡的弦外之音。

在人际交谈中，为了能够敏感地听懂别人的弦外之音，我们有必要养成这样的习惯：当别人说话时，我们需要自问一下："他为什么要这么说？""他这么说的'弦外之音'是什么？"只有这样，我们才能弄清楚对方的真实想法，在人际交往中占据主动。否则，就有可能导致误会和人际纠纷。

沈先生是一家杂志社的主编，一次，他约自己的大学老师陈教授为刊物写一篇稿子。

不久后，沈先生主编的刊物搞座谈会，他打电话邀请了陈教授。陈教授刚走进会场，沈先生就冲了过去："太好了！太好了！您可来了，我一直在等您的稿子！"

"糟糕！"陈教授一拍脑袋，"抱歉！抱歉！我来时忘记带了。"然后又拍拍沈先生的肩膀说："这样吧，你明天上午派人来拿，好吗？"

"没关系！"沈先生一笑，"也不用等到明天，我一会儿开车送您回去，顺便拿回来就行了。"

陈教授一怔，继而笑着说："可惜我一会儿不直接回家，还是明天吧！"

座谈会结束后，沈先生开车回家。走到街角时，他看见陈教授和杂志社另一位编辑小蔡在等出租车。

沈先生摇下车窗问道："到哪儿去呀？"

小蔡回答道："陪陈教授回家。"

沈先生一听，就停下车将陈教授和小蔡一起拉上车。沈先生边开车边对陈教授说："我送您回家，顺便把稿子拿回来。"

"我家巷子小，而且停满了车，不容易进去。"陈教授说，"你还是把我放在巷口，我明天上午把稿子给你送过去吧。"

谁知沈先生说自己顺路，执意要去。沈先生把车开进小巷子，一点一点往里挤，不久便开到了陈教授的家门口。

"我忘记把稿子放在哪了，估计得找好一会儿！而且这巷子不好停车。你还是先回去，等明天我给你送过去。"陈教授说。

"没关系，不着急，我在楼下等您。"正说着，后面的车开始按喇叭催了。"小沈啊，你还是别等了！"陈教授拍着车窗说，"告诉你实话吧，我还没写完呢……"

在这则案例中，陈教授再三找借口推辞，沈先生却没有听出陈教授"我还没

由声音相人

图文珍藏版

写完呢"的弦外之音,结果弄得双方都很尴尬。由此可见,能否听出对方的话外之音,在很大程度上影响着双方的人际交往。

在人际交往中,听懂对方的弦外之音非常重要,不仅能准确地把握对方的"心音",还有利于赢得对方的好感。比如,对方在你面前炫耀他骄人的成绩或光荣的历史,这时候你就要注意了,因为此时他心里正在期待着你的夸奖呢!

因此,只要是值得或应该夸奖的,你就不要吝啬自己的夸奖之词。

当对方在你面前显示他的博学多才或机智、勇敢时也是一样,你也应该真诚地夸奖他一番,这样你一定能赢得他的好感。

与此同时,你也应该懂得如何听出讥讽、嘲笑、挖苦等弦外之音。对方之所以会对你说这样的话,一定是因为对你感到不满。遇到这种情况时,你千万不要立即反驳对方,以免与对方发生不必要的冲突。

而且,事后你最好自我检讨一下,对方为什么会讥讽或挖苦你?你是否在无意间得罪了他?还是你本身有什么缺点和不足?当你弄清楚其中的原因之后,如果能及时改正自己的缺点或行为,必然能得到对方的谅解。

语言是一个人地位、性格、品质以及内心情绪的外在流露,听懂弦外之音是"察言"的关键所在。

只有准确地把握对方的弦外之音,才能在人际交往中把握对方的真实想法,更好地与对方沟通。

由说话方式猜度对方的所思所想

通常情况下,一个人的真实想法和情感,都会在说话方式里表现得清清楚楚,只要仔细揣摩、用心体会,话外之音就能从对方的话语中逐渐显露出来。

通过对方的说话方式猜度他的所思所想,具体可以从以下几个方面着手:

语速的快慢是探知对方深层心理的关键

在人际交往中,如果一个人对你心怀不满,或者心存敌意,他的说话速度往往会比平常迟缓一些,而且稍有木讷的感觉。

如果一个人心虚或者心中有愧，他说话的速度往往会比平时快一些。

例如，有个男人每天下班后都会按时回家。星期五晚上，他下班后跟着同事们一起去 KTV 唱歌了。回到家以后，他立即跟妻子解释说他加班了。

在他向妻子解释时，说话的语速不仅快，而且语调慷慨激昂，好像今天的"加班"让他很反感似的——他想告诉妻子，他很不愿意"加班"。这样，他就可以解除内心潜在的不安。

男人有这种表现时，妻子就要当心了，千万不要忽略这些说话的小细节，它们的里面常常隐藏着大玄机。

从音调的抑扬顿挫中探知对方心理

在交谈过程中，当双方意见相左时，一方突然提高说话的音调，往往表示他想用气势压倒对方。如果是心怀企图的人，他说话时一般会刻意地抑扬顿挫，制造一种与众不同的感觉，以便吸引别人的注意力。

从听话方式中探知对方心理

交谈通常包括两种不同立场的存在者：说话者和听话者。我们不仅可以通过说话者的说话方式猜度他的深层心理，还可以根据听话者的听话方式，来探知他的深层心理。

在交谈过程中，如果一个人正襟危坐，而且目光一直盯着对方，说明他在认真倾听对方说话。反之，如果他视线散乱，眼神飘忽不定，身体倾斜或不停地乱动，则说明他对对方的谈话不感兴趣，甚至已经很不耐烦了。

通过反馈方式探知对方心理

在人际交往中，通过对方不同的反馈方式也可以探知他的真实心理。

比如，你去求朋友帮忙办事，他却始终不正面回答你，而是躲躲闪闪，或者"顾左右而言他"，那说明他根本不准备帮你，你就不要在他那里赖着不走，白白浪费时间了。再比如，你和朋友商谈一件很重要的事，他没有公开称赞你的意见，而是说："完全可以，不过……"这说明他在心里并不支持你的想法，甚至反对，只是碍于情面，不好意思直说而已。

通过所谈话题探知对方心理

在交谈过程中,通过对方所谈的话题,我们也可以探知他的心理。

比如,经常对别人品头论足、说长道短的人,他们往往人缘不好,内心孤独,渴望得到别人的友谊和关怀。如果他对诸如别人不跟他打招呼之类的小事耿耿于怀,说明他在自尊心上受到了挫伤,渴望得到他人的尊重。

在职场当中,有些人经常以上司的过失或无能为话题,这往往说明他们有出人头地、取而代之的愿望。

此外,在交谈过程中,有的人在说话时会极力避开某些话题,这往往说明他在这些方面有隐衷,或者在这些方面有强烈的欲望。比如,当一个人心中对金钱、权势或某个异性怀有强烈的欲望时,他往往会害怕被别人识破,于是在与人交谈时就故意避开这些话题,以掩饰自己的真实用意。

在与人交谈时,注意对方的说话方式,是了解他说话本意的一个有效方法。

在人际交往中,无论对方如何隐藏自己的真实情感和心思,总会在言谈中流露出一些"蛛丝马迹"。只要我们用心体察,注意对方的说话方式,就能探究出他的真实情感和思想,从而掌握交际的主动权。

口头禅流露内在秘密

方先生在办公室里人缘极佳,他为人开朗、活泼,左右逢源,大家都愿意和他聊天,因为他那句常挂在嘴边的口头禅——"还不错嘛",给紧张的办公室生活带来了一丝轻松。

那天,同事赵大姐满头大汗、气喘吁吁地冲进办公室,扔下包,拿起一个文件夹,一边扇风一边抱怨:"真没见过这么肉的司机,今天我比平时早10分钟出门,结果那个'面瓜'司机赶上了一路的红灯,害得我下车就像百米冲刺一样,8:58打的卡,再慢一点就迟到了,多悬啊!"

"还不错嘛!"方先生那句口头禅又不知不觉冒了出来,"没迟到,我想那个司机肯定为你算好了时间,这不是还富余2分钟吗!"此话一出,赵大姐立刻被逗乐了:"嗯,是挺不错的,权当跑步减肥了!"

方先生这句"还不错嘛"的口头禅每天都要说几遍,遇到开心的事,无疑是锦上添花,遇到烦心的事,这句话又成了雪中送炭。难怪很多同事都说,方先生是办公室里的"开心果"!

在这则案例中,方坤之所以有这么好的人缘,主要是因为他那句"还不错嘛"的口头禅。

在日常生活中,我们常常能听到各种各样的口头禅:"真没劲""烦死了""有没有搞错"……这些口头禅时不时地就会灌进我们的耳朵。

那么,口头禅到底反映了人们什么样的心理呢?

口头禅是人们心中对事物的一种看法,是外界信息经过人们的心理加工形成的一种比较固定的语言反应模式,所以每当出现类似的情形时,它就会脱口而出。

口头禅作为一种下意识的语言反应模式,可以间接地反映一个人的内在情绪和心理。

和其他很多事情一样,口头禅的形成也是有诸多原因的。但最常见的原因主要有以下两方面:

第一,重大事件对人的影响。

比如,一个对爱情满腔热忱的年轻人全身心地投入到恋爱中,爱情却欺骗了他,当他失恋以后,他会在很长一段时间里对爱情嗤之以鼻、不以为然,这时候,"爱情这东西,纯粹是胡扯"就可能成为他的口头禅。

第二,累积效应的结果。

当一个人多次遭遇同样的情况后,累积效应就会在他的口头禅中得到体现。

比如,一个人在生活中多次遇到坑蒙拐骗、见死不救的情形,那么他很可能会形成"现在的人啊,和以前没法比"之类的口头禅。

口头禅不仅源于生活,而且在很大程度上影响着生活。在韩剧《加油,金顺》里，"加油！加油！"这句话是剧中女主人公的口头禅，每当遇到困难和挫折时，她都会右手握拳屈臂，同时口中大喊"加油"！以此来鼓励自己战胜困难和挫折。

这类口头禅能够激励人的斗志，催人奋进，是我们应该积极提倡的。

在现实生活中，除了积极的口头禅之外，还有很多带有消极意味的口头禅。那么，是不是这些看似消极的口头禅都是不好的呢？答案是否定的。

比如，现代人经常把"郁闷"一词挂在嘴边，难道真的是事事郁闷、处处郁闷吗？其实不然，这只不过是因为现代人生活压力太大，所以通过这样的口头禅来倒倒心中的苦水，让心理有一个舒缓、宣泄的通道，这样反倒有益于人们的心理健康。

再比如，学生们在考试时总爱把"这下可死定了"挂在嘴边。其实，这只不过是一种心理防御机制罢了。

所谓心理防御机制，是指一个人在面临挫折或冲突的紧张情境时，以某种心理的方式或手段，在自己与现实关系之间做出某些积极的、适应性的改变，从而使自己较容易接受，不至于引起心理上过大的紧张和不安，以维护心理平衡与稳定的一种方式。学生们预先将情况估计得更糟一些，并且通过口头禅来强化，当现实情况并不那么糟糕时，他们就能及时得到心理安慰了。这种口头禅可以看作是一种自我心理疗伤手段。

由此可见，带有消极意味的口头禅不见得都是不好的。但是，心理专家指出，有三类消极的口头禅是对人的心理健康不利的，是必须摒弃的。

第一类，能够导致人们产生自卑感的口头禅必须摒弃，比如"我不行""我怕""我怯场"等。这类口头禅通过负面信息来不断强化对自我的否定评价，会导致人们产生自卑感，对心理健康极为不利。

第二类，能够使人产生刻板印象的口头禅必须摒弃，比如"十商九奸""不塞红包能行吗"等。

从心理学角度讲，刻板印象是指人们在社会生活中根据先前的经验来为人处世,而这些固有的看法一旦形成后就会被加强,形成一种定势,并成为判断和评价他人的依据。这类带有刻板印象的口头禅往往会给人们带来一种先入为主的偏见,既不利于人际交往的和谐,也不利于人们的身心健康。

第三类,能够传染给他人消极情绪的口头禅必须摒弃,比如"凑合着吧""没劲透了""活着真没意思"等。这类口头禅不仅会把消极情绪传染给其他人,还会让你在人际交往中成为一个不受欢迎的人。

除了上面介绍的几种口头禅之外,日常生活中还有很多口头禅,它们都在一定程度上反映着人们的情绪和心理。

下面简单介绍几种:

说真的、老实说、的确、不骗你。

经常说这类口头禅的人,总是有一种担心对方误解自己的心理,所以常常用这类口头禅来强调自己的话是真的。这种人往往性情急躁,内心常有不平感。

他们很在意对方对自己陈述事件的评价,所以一再强调事情的真实性。在人际交往中,他们很希望获得他人的认可,并得到很多朋友的信赖。

应该、必须、必定会、一定要。

经常说这类口头禅的人,往往自信心极强,处事理智、冷静,自认为能将对方说服,令对方信服自己。但是,一旦"应该"说得过多时,反而表现出说话者有"动摇"的心理。长期担任领导职务的人,容易有这类口头禅。

听说、据说、听人说。

这类口头禅反映了说话者给自己留有余地的心理。这种人往往见识广博,但缺乏决断力。很多处世圆滑的人喜欢用这类口头禅。在为人处世的过程中,他们会随时随地为自己准备台阶,以免自己没有回身的余地。

可能是吧、或许是吧、大概是吧。

经常说这类口头禅的人,自我防卫本能很强,不会轻易将内心的真实想法暴露出来。

在待人处事方面比较冷静,所以工作和人际关系一般都很不错。这类口头禅还有以退为进的功用,事情一旦明朗,他们往往会说"我早就估计到这一点了"。

从事政治工作的人常常有这类口头禅,因为这类口头禅能隐藏内心真实的想法。

总的来说、总之、总而言之、归根结底。

这类口头禅多出自骄傲、自负的人口中,带有很强烈的说教色彩。在说话过程中不断重复自己的结论,喜欢归纳总结,往往是对对方不信任,总担心自己的观点、意见被对方否决的表现,所以才会用长者、尊者的口气来反复强调。

如果说这种话的人是一个领导,他一定喜欢责备人、喜欢发牢骚,对下属不放心、不信任,力求做到事必躬亲,但往往会遭到对方的反感。

我跟你说、因此说、所以说、我要说。

在与人交谈时,如果你听到对方频频说这类话,往往表示他已经极度地不耐烦了,他不想再听你说一句,想让你立即闭嘴,他对你的观点已经反对到极点了,这些口头语就是他对你坚决反驳的一种信号。

这种人大都支配欲很强,自认为比别人聪明,不仅喜欢反驳别人的观点,而且喜欢将自己的观点强加于人。

好啊、是啊、对啊、有道理。

经常说这类口头禅的人,很会顺从别人的意思,他们故意用这类口头禅打破与对方的距离,让对方对他们彻底失去防范之。一旦对方信以为真,掏心掏肺地说出实话时,他们很可能就会抓住对方的个性和弱点,日后好对付他。这种人往往表面上一团和气,其实内心里极为阴险。他们大都很自私,处处为自己的利益着想,一旦你损害了他的利益,他会立刻跟你变脸,与你反目成仇。

不、真讨厌、你好坏、真不想理你了。

女人最爱用这种口头禅。她们嘴上说"不",心里却是愿意的意思。

喜欢以"不"为口头禅的女性往往女人味十足,她们常常用这种方式在心爱的男人面前撒娇,这是女性温柔的典型表现。她们嘴上说着"真讨厌""你好坏""真不想理你了",内心里其实柔情万种。婚后的妻子对丈夫更是如此,她们嘴上口口声声地说"随便他,我才懒得管呢",其实心里是很在意伴侣的。

我就这样说、我就这样做、管别人怎么说。

常说这类口头禅的人,表面上看起来对别人的看法很不在乎,对自己的言行信心十足、坚决果断,甚至一意孤行,其实不然。他们这样说并不是说给别人听的,而是在鼓励自己,为自己打气,是在激励自己的信心。

其实在他们心里把别人的反对、讽刺、嘲笑等看得很重,所以想要用自己的行动推翻别人对自己的否定。他们内心深处具有很强的反抗意识和好胜信念,只不过隐藏得比较深而已。

但是、不过。

经常说这类口头禅的人大都比较任性,所以总是用"但是"来为自己辩解,通常情况下,"但是"一词是为保护自己而使用的。而且,该词也显得委婉、温和,没有断然的意味。从事公共关系的人经常有这类口头禅,因为它委婉、温和,不致令人有冷淡感。

啊、呀、这个、那个、嗯。

经常说这类口头禅的人,往往思维比较缓慢,反应比较迟钝或者城府比较深。也有一些骄傲的公务员爱用这类口头禅,因为他们害怕说错话,所以需要用这种口头禅作为间歇来进行思考。这种人的内心往往是比较孤独的。

千万别小看了口头禅在洞察人心方面的作用,它是一种带有浓厚个人色彩,并且重复率极高的语言反应模式。

正因为如此,它常常能将说话者的内心情绪和意图在无意识的状态下流露出来。因此,口头禅是我们洞悉他人弦外之音的重要途径和方法。

听懂别人的场面话

语言是一个人内心世界的外在流露,通过一个人的言谈,我们可以知悉对方的心思和情绪。但是,如果对方口是心非,那就令人难以猜测了。

这种人往往将心里的欲望和情绪经过修饰、伪装后,以反向语言表现出来,令人摸不透实情。

比如,在路上邂逅一个不太投契的朋友,出于客套和面子,我们依然会抛出一套社交辞令:"哎呀,好久不见了,哪天有空到舍下坐坐呀!"其实心里却在说:"糟糕,怎么又遇上他了,这个世界真是太小了!"这种与本意相反的场面话,往往源自内心的恐惧和不安,为求自我安慰,于是一而再、再而三,因循成习。

在人际交往中,说场面话是一种必要的交际手段,也是一种生存的智慧。大凡时常在交际场合中打滚的人,都懂得说场面话。这不是虚伪的客套,更不是欺骗,而是一种生存的必要。

有个人在 A 单位干了十几年都没有升迁,于是他去拜访一位主管人事调动的负责人,希望能调到 B 单位,因为他知道 B 单位目前正有一个空缺,而且他的条件也很符合。

那位负责人热情地接待了他,并且当面应允,拍着胸脯说:"没问题!"

他千恩万谢,然后回到家里等消息,谁知几个月过去了,一点消息也没有。打电话过去,对方不是不在办公室,就是正在开会。后来经过打听他才知道,B 单位那个空缺的职位早已经有人捷足先登了。他被气得咬牙切齿,愤愤地说:"这人太不讲信用了,他当初可是拍着胸脯对我说没问题的!"

其实这件事不能全怪那位主管人事调动的负责人,因为那位负责人说的只是一句场面话,而他却天真地相信了人家的场面话!

在现实生活中,有些场面话是实情,有些则只是一种安慰人的客套话,与事实有相当的差距。

这些场面话虽然听起来、说起来不怎么实在,但只要不太离谱,听的人十之八九都会感到欣慰和高兴。

诸如"我会尽力帮忙""有什么问题尽管来找我""没问题,包在我身上"等,这些场面话有时候是不说不行的,因为对方运用人情压力,甚至不惜低声下气来求你,如果当面拒绝,场面会很尴尬、很难堪,而且还可能会得罪对方;倘若对方因为你的拒绝而死缠着不肯走,那将更加麻烦。所以不妨用场面话先打发一下,能帮忙就帮忙,帮不上忙或不愿意帮忙就再找理由。总之,场面话在人际交往中有缓兵之计的作用。

对于别人拍胸脯答应的场面话,你只能姑且听之,不可过分信之,以免希望越大,失望越大。

因为人情似纸、世事难料,你应该做好最坏的打算。其实要知道对方说的到底是不是场面话也不难,事后不妨求证一下,如果对方闪烁其词、虚与委蛇,或者避而不见,即便见了也避谈主题,那么基本上就可以断定对方说的是场面话。

在人际交往中,我们对别人的场面话只能姑且听之,对其真实性要有所保留。

对于同意、称赞或恭维的场面话,我们要保持冷静和客观,千万不要因为别人的一两句场面话就乐昏了头。只有这样,我们才能看清楚对方的心意究竟如何。

用心听出对方的隐晦之言

辛亥革命后,黎元洪出任湖北军政府都督。二天,他与部下们商议事情,一个名叫梁适武的常州人问道:"请问应该如何处理满清降将罗金成及其部下清兵数十人?"黎元洪稍加思索,随即写下了这样几句话:"何水无鱼?何山无石?何树无枝?何子无父?何女无夫?何城无市?"

部下中一些通晓佛典的人看后立即心领神会,并且拱手说:"都督真乃菩萨心肠也!"

黎元洪微笑不语。

当梁适武返回办公署,打算执行黎元洪的命令收编降兵时,在场的幕僚章公行阻止梁适武道:"梁公您误解黎都督的意思了!"待章公行解谜后,梁适武恍然大悟,遂将降将罗金成及其部下清兵数十人设计秘密处决。

后来,有人四处翻阅典籍,查询黎元洪那几句话的出处,结果在《释迦凡尘语录》里找到了答案:劝修经,南水无鱼? 无山无石? 阿人无父? 弥女无夫? 陀树无枝? 佛城无

黎元洪

市? 语咒"南无阿弥陀佛"。其含义正如通晓佛典者所理解的那样——放清兵降将一条生路。

然而,章公行所理解的却恰恰相反,他的理解是这样的:何水无鱼,隐喻"清"字;何山无石,隐喻"冰"(兵)字;何树无枝,隐喻"余"字,余有残余之义;何子无父,隐喻"孽"字;何女无夫,隐喻"处"字;何城无市,隐喻"死"字。这几个字连在一起即为"清冰(兵)余孽处死"。

按照章公行的理解:黎元洪不愿意在众部下面前斩杀满清降将,但他又知道降将罗金成为人善变无信,所以才通过猜字谜的方式,责令梁适武秘密处决满清降兵。

由此可见,同样一句话,往往有不同的解释与理解,在这则案例中,几十条生命瞬间逃出生天,瞬间又灰飞烟灭,完全是由理解上的差异造成的,而黎元洪的谜面正解到底是什么,可能已经成为一个千古之谜了——也正因为如此,才让我们感到阵阵寒意:黎元洪由此得到的是一个仁慈的美名,而梁适武得到的却是一个杀人的罪名。

在这场生与死的游戏中,黎元洪无疑是一个高手中的高手,他的指令可以有多种解释,一旦有朝一日追究起责任来,他自己完全可以置身事外,并且让梁

适武来充当"替罪羔羊"。

由上述案例不难看出，在人际沟通中，说话者为了达到自己特定的目的，往往会有意地采取暧昧、隐晦的表达方式，这就要求我们必须听出对方的隐晦之言，如此才能摸透对方的真实心思，从而确保有效的沟通。

比如你是某公司的经理。一天，一个员工走进你的办公室，然后对你抱怨道："我快要累死了！昨天、前天和大前天，我连续三天都加班到十点钟才回家，再这样下去，我真的要垮掉了！"你身为公司经理，听到员工说这样的话，必须要找出话中隐含的讯息，这是你的职责所在，也是你赢得员工信赖的必备本领。

这个员工想要传达的真实意思可能是："我一个人实在吃不消了，我迫切需要别人帮忙，我知道公司把这项工作分派给我，是希望我自己一个人做，可是我一个人实在有些应付不来。不过我又担心，如果我对你说我需要帮忙，你会认为我没有做好工作，所以我不敢直接说出来，我只能隐晦地告诉你，我现在的工作量太大了！"

这个员工想要传达的真实意思也可能是："上一次你对我的工作进行评估时，曾经提过我的工作态度有些问题，并且还说希望每个员工都能更加勤奋努力地工作，现在我想让你知道，我正在照着你的指示去做！我工作如此卖力，难道你不该对我进行表扬和鼓励吗？"

这个员工想要传达的真实意思还可能是："我知道公司现在正在裁人，我有点担心，怕保不住工作，被公司辞退，所以我希望你知道，我是一个多么勤奋刻苦、尽职尽责的好员工。难道这样的好员工你们也舍得辞退吗？"

总而言之，身为经理，你必须把"我快要累死了"这句话背后的"潜台词"找出来，这样你才算得上是一个称职的经理、高明的管理者。

那么，在人际交往中，我们怎样才能更好地摸透说话者的真实心思呢？

听声

同样一句话，用不同的声调表达出来，其含义就可能有很大的不同，有时候甚至完全相反。

听声即通过发现声调中的异常因素,进而做出辨析,抓住对方话语中隐含的真实心思。

比如"好啊！他行！他真行"这句话,如果说话者说这句话时,语气上扬,听者就会感觉出这是在赞扬某人。但如果说话者说这句话时刻意压低语调,并且故意拖长"行""真行"这两个词,那意思就恰恰相反了,说明说话者对某人严重不满,他这样说实际上是在反讽那个人。

在不同的情况下,同样一句话,可以用肯定句、否定句、感叹句、假设句、反意句等很多种形式表达,不同的形式往往表达着不同的意思,这就需要我们结合语境认真辨析。

辨义

在人际交往中,说话者总是从一定的角度来表达自己的思想。所谓辨义,就是抓住说话角度这个关键点,发现其中的异常因素,从而看清楚说话者的真实意图。

在现实生活中,人们对于不好明说的事情常常会换个角度委婉、含蓄地表达出来。

但是,这个角度的改变往往都不会脱离具体的场合,所以你千万不要以为对方跑题了,只要你结合具体场合来认真分析对方说的话,就很容易读懂对方的真实意图。

观行

有时候,人们碍于面子难免会说一些违心的话,但是在这种情况下,人们常常会表现出言行不一的举动,只要你注意观察对方的具体行为,就能轻而易举地摸透他内心的真实想法。

因为人的身体也是会说话的,而且身体说的话是无意识的,那才是最真实的表达。

比如,有的人对你不满,或者生你气时,他不会直接表达内心的不满,而会绷着一张脸,用力地对你说:"没什么！"或者用极不耐烦的语气对你说:"算了！

算了！不跟你一般见识！"一边说还一边用力摔打东西。虽然他没有直接用语言表达对你的不满，但是他的身体语言却在告诉你：他真的很生气！

当然，看透别人真实心思的方法还有很多，在此不再一一赘述。但是，不管是哪种方法，关键都是要善于结合语境，只要注意这一点，就不难听出对方的隐晦之言。

诱导对方暴露真实心理

很多学者或评论家，在记者的话筒前就某一微妙的问题发表意见时，虽然会滔滔不绝地评论一通，但在评论结束时他们总会加上一句："但是，也有另一种可能。"

很多高明的企业主管也懂得这种"两面性"的技巧，在开会时，他们往往会把这种技巧巧妙地运用到自己的发言里，以便给自己留个余地，让自己事后有个申辩的机会。

例如，有些主管开会时会说："这个问题可以说是燃眉之急，所以我必须慎重考虑一下。我打算尽快想出一个万全的对策。"这句话既可以解释为"很快就想出对策"，也可以解释为"花点时间好好研究一下"。

由此可见，在与人交谈的过程中，如果对方说的内容具有很强的"两面性"，那往往说明对方正在犹豫不定，有意避免造成统一性的印象。他们说的话有一些乍听起来似乎意志已定，实则不然。如果想揭穿他们的真实心理，这种"两面性"的理论同样可以成为有效的武器。

也就是说，当对方只强调事情的一面来下结论时，你就应该提出强调另一面的质词，以此来套出他的真意。

如果对方下的决定不是出自真心，只要向他强调事情的"两面性"，他的结论就会轻而易举地改变。相反，如果是出自他的真心，而且意志坚决，那么任凭你如何强调事情的"两面性"，他都会无动于衷，绝对不会改变他的结论。

要想诱导对方说出他的本意，还有另外一些方法，下面简单介绍几种：

故意拂逆对方的意见

在交谈过程中,故意拂逆对方的意见,接连对对方说"不",对方的态度往往会发生急速的转变。尤其是对方想要表达自己的心意时,往往会故意打断你,然后大声地抢话说,在这个时候对方通常会吐露真心。

故意反其道而行之

在与对方谈话时,如果我们想知道对方的心理状态,不妨采取"反其道而行之"的方法。比如,我们想知道对方有没有急事,就可以故意放慢步调,不急不缓地对对方说:"我们慢慢谈吧!"或者故意把话拉长说,比如:"我啊……其实……今天……"当然,还可以故意放慢动作,比如拿起对方端出的茶慢慢品尝,或者把茶杯拿在手上优哉地与对方闲聊。

如果对方有急事,他必然会显得坐立不安,或者直接不耐烦地对你说:"你到底有什么事?"如果对方没什么急事,他就会跟随你的步调,稳如泰山地陪你慢慢聊。

用闲聊放松气氛

要想从语言的密码中破译对方的真实心理,闲聊是一个最好的方法,因为闲聊可以使整个交谈气氛变得轻松愉快,进而使对方消除心理防线。

第二次世界大战期间,东条英机出任日本首相。这件事是由日本内阁秘密决定的,各大报刊的记者都很想探得这件事的内幕资料,所以争相采访参加决定会议的大臣们,结果却一无所获。

就在大家一筹莫展之际,有个记者仔细研究了大臣们的心理定式:如果按照常规提问,大臣们肯定不会说出是谁出任内阁首相,但如果把问题提得巧妙一些,他们很可能会不自觉地露出一些蛛丝马迹,说不定这样可以探得秘密。于是,这位记者向一位参加会议的大臣提了这样一个问题:"请问,这次出任首相的人是不是一个秃子?"

由于当时有三名首相候选人:一个是全秃顶,一个是半秃顶,一个是满头白发。而出任首相的东条英机正是其中的半秃顶。在这个看似闲聊的问题中,这位大臣虽然没有直接回答具体的答案,但那位聪明的记者从他思考的瞬间一下子就推断出了最后的答案,因为这位大臣在听到记者的问题之后,一直在思考半秃顶到底算不算秃子的问题。就这样,那位记者从"闲聊"中套出了他想要的独家新闻。

慎防"弦外之音"伤人

不管是谁,都不喜欢别人说自己的坏话。当一个人听到别人说自己坏话时,就会产生不高兴、反感、愤怒等负面情绪,甚至产生报复心理。

因此,我们最好不要说别人的坏话,尤其不能利用弦外之音讽刺和挖苦别人。否则,不仅容易造成对方的尴尬和难堪,还会引发对方的不满和愤怒,甚至让对方产生报复心理。

利用"弦外之音"说别人坏话的方法有很多,最常见的主要有以下三种:非善意的比较、先褒后贬的赞美、明褒实贬的讥讽。

非善意的比较

如果一个员工用一周的时间完成了一项工作任务,他的上司对他说:"××只用三天的时间,就可以把这项工作做好。"那么很明显,这句话里含有很强烈的责怪味道。像这种非善意的比较,常常会严重伤害听话者的自尊和信心,除非对方是一个麻木不仁或不求上进、破罐子破摔的人,不然,肯定会使他感到无比痛苦。因此,当我们对别人有什么不满时,千万别拿他和其他人胡乱进行比较,尤其不能侮辱对方的人格。

否则,你不但得不到预期的效果,还会严重伤害对方的自尊心,使局面更加糟糕。

先褒后贬的赞美

在一次演讲中,演讲者激情澎湃、声情并茂地演讲了 40 分钟之后,结束了他的演讲。

这时候,主持人款款走上讲台,先是向这位演讲者致谢,然后对着台下的观众们说:"×先生刚才的演讲实在是太精彩了。不过他刚才的演讲内容,我想我可以用下面几句话把它总结出来。"接着,这位主持人用了总共不到 30 个字,把整个演讲内容复述了一遍。这无疑是对演讲者的极大讽刺:用短短几句话就能说清楚的事情,你居然喋喋不休地说了40分钟。真够啰唆的!

像这种先褒后贬、语中带刺的赞美,只要脑子没问题的人,都听得出来它真正的含义。因此,这种弦外之音还是少用为妙,否则,不但会伤害别人的自尊心,对自己也没有什么好处。如果想要称赞别人,就真心诚意地称赞,不然就别乱称赞,以免引起别人的误会和不满。

明褒实贬的讥讽

对一位身着漂亮晚礼服的女士说:"好漂亮的睡衣啊!"对一个开着豪华新轿车的男士说:"你这辆汽车就像新的一样。"对一个刚刚唱完歌的孩子说:"你刚才朗诵的那首诗真不错,要是把它谱成曲子,唱出来一定非常好听!"

上述三个例子的弦外之音无疑是说:"你的晚礼服就像一件睡衣;你的汽车就像一部稍新的旧车;你唱得太离谱了,简直就是诗朗诵"。像这些明褒暗贬的讽刺之语,说的人心里可能觉得很得意,但听的人心里肯定会觉得不是滋味。所以,这类话也要少说为妙。

总之,说话的目的主要在于交流思想和沟通感情,千万不要故弄玄虚,用弦外之音去伤害别人。在人际交往中,有些人喜欢说话含蓄,喜欢"言在此而意在彼",如果对方听懂了还没关系,一旦没听懂或听错了,不但起不到交流和沟通的作用,反而会引起误会和矛盾。因此,我们一定要慎用弦外之音。

学会"听话"的智慧

在沟通过程中,倾听是互动交流的前提和条件,是连接双方思想和情感的纽带和桥梁。要想在沟通中领会对方的弦外之音,我们有必要提高自己倾听的素养和能力,掌握倾听的方法和技巧。具体来说,我们应该做到以下"五心":

倾听要用心

倾听是一种综合能力,不仅需要用耳、用眼,还要用脑、用心。这就要求我们在倾听时做到以下几点:注意力集中,眼睛注视讲话者,好像正渴求对方告诉自己什么重大新闻似的;当对方与我们交流目光时,我们要适当点头或发出

"哦""嗯"等反馈的声音,表明自己对说话内容感兴趣,以激发对方的谈话兴致,让对方继续讲下去。一个善于倾听的人,往往能从讲话者那里发现和捕捉到很多信息,并走进讲话者的心。

倾听要耐心

耐心是倾听和沟通得以顺利进行的基本保证。有人计算过,说话的速度一般是每分钟 120~180 个字,而思维的速度却是它的 4~5 倍。所以,当我们与别人交谈时,往往是对方还没说完,我们或许早就理解了。这时候,我们的注意力难免会涣散,以致出现"一心二用"的神情,这对讲话者来说是很不礼貌的。而且,一旦我们的思想开了小差,当对方突然问我们问题时,我们就会答非所问,对方就会感到不快,有一种不被尊重甚至被愚弄的感觉,交谈就很难继续下去。因此,在倾听别人谈话时,我们应该尽力排除各种干扰,洗耳恭听,不要有任何不耐烦的表现,如左顾右盼、频频看表、打哈欠等,否则对方会认为我们对他的话不关心、不重视,从而引起对方的不满和反感。

倾听要虚心

交谈的主要目的是沟通思想、联络感情、增进友谊,而不是进行辩论赛。所以,在倾听别人谈话时,应该抱着虚心的态度。然而在现实生活中,有的人总是觉得自己知道的比对方多,常常不等对方把话说完,就急着插嘴打断对方,自己高谈阔论一番,这样做是不尊重对方的表现。有时候,即使对方的谈话是有错误或纰漏的,我们也不必马上皱起眉头,或激烈地反驳对方,我们不妨用暗示的方法告知对方,以免对方感到尴尬。当然,善于倾听并不等于沉默不语,偶尔插上一两句话也是很有必要的,因为这是积极的反馈和呼应,说明我们对对方的讲话很关注,很感兴趣。在倾听过程中,有时会心的笑声也是一种赞许,是倾心聆听的表现,这会让对方觉得我们谦虚好学,从而不自觉地对我们产生好感。

倾听要诚心

俗话说:"心诚则灵。"倾听时如果心不诚,只是表面上装出一副倾听的样子,而实际上却心不在焉,那么,倾听就很难收到良好的效果,不仅听不到真言,还会因此交不到诤友。

那么,怎样才能做到诚心呢?

首先要真诚。正所谓"人心换人心,八两对半斤",我们要想听到对方真实的心声,就必须秉持真诚的态度,做到用心去听、用情去听,而绝不能虚情假意、敷衍了事。

其次要理解对方。别人之所以向我们倾诉衷肠,多半是因为心里有了解不开的疙瘩或遇到了难以解决的问题。因此,我们在倾听时必须要理解对方的心情和处境,要学会站在对方的立场和角度来感知对方的困难和心境,要想对方之所想、急对方之所急、忧对方之所忧。只有这样,对方才不会把我们当外人,我们才能赢得对方的好感和友谊。

最后要信任。正所谓"开心见诚,无所隐伏",对方只有感受到我们的信任和诚意,才能毫无顾忌地说真话、讲实情。同样的道理,我们在倾听时只有相信对方的人格和品德,相信对方的话语是真实可靠的,才能听到对方真实的心声。战国时期,魏文侯不听闲言碎语,任用乐羊为帅讨伐中山国,当征战中流言四起时,魏文侯不仅没有相信,反而多次派人劳军,结果乐羊率军取得大胜,凯旋。正如俗语所云:"信人者,人亦信之。"我们只有首先相信对方,才会赢得对方的信任,才能听到对方的真话。

倾听要细心

老子说:"天下大事,必作于细。"意思是说,做大事必须从细微的小事开始。倾听也是如此。倾听不是不动脑子地随便听听,而是要集中全部精神,认真地听、细心地听。在倾听的过程中,只有心细如发、见微知著,敏锐地感知对方的思想轨迹,才能迅速抓住问题的端倪。

那么,怎样才能做到细心呢?

首先要听准。正所谓"差之毫厘,谬以千里",这个道理同样适用于倾听。如果听不准他的话语,就摸不透他的真实想法,弄不清对方的真实需要,这样一来,就会使后面的交谈无的放矢,甚至出现偏差。而要想听准对方的话语,就必须心随耳动,切实地弄明白对方说的重点是什么、心里的想法是什么、希望达到的目的是什么,尤其是那些重要的、敏感的话语,一定要有意地再询问、订正一下,以确保倾听到的信息准确无误。

其次要听真。俗话说："说话听声，锣鼓听音。"倾听必须学会辨识，没有辨识就没办法听真。在倾听过程中，我们要想把准对方的思想脉搏，就要学会听话外之意、弦外之音。人与人的经历和所处的环境不同，个性、学识、修养和思维方式也就有所不同。有的人说话直截了当，每句话都能直接反映他内心的真实想法，有的人则常常用反话、暗话、怪话等曲折的方式来表现自己的意见倾向。所以，相同的话从不同的人嘴里说出来，含义就可能大不相同。此外，除了说话之外，一个眼色、一个表情、一个动作都能在特定的语境中表达明确的意思。因此，我们在倾听时一定要开动脑筋，对听到的话进行由表及里、去伪存真的分析和判断，从而摸清对方的真实想法。

教你听懂职场"暗语"

俗话说："明人不说暗话。"但在个人利益至上、明哲保身的职场里，说暗语似乎已经成了一种"潜规则"。上司夸赞你有敏锐的观察力，没准是在暗讽你经常打小报告；同事们看似"掏心掏肺"地给你提建议，没准他们只是在敷衍了事……混迹职场江湖，必须具备解读这些职场暗语的基本能力，否则很难在职场中立足。

暗语一：夸赞你其实是提醒你

萧芳大学毕业以后，通过层层面试进入一家外企做销售。在为期三个月的试用期里，她给自己定下了明确的目标，并且时时处处严格要求自己，后来公司考核时，她在同一批员工中业绩是最好的。每当她向上司汇报工作时，上司总是说同样一句话："你的个人表现很突出。"萧芳听到这样的评价，心里自然欣喜不已，于是工作更加卖力。有时为了显示自己的"超能力"，她还常常一人独揽一个组的工作。

半年以后，销售部主管被调到其他地方做区域经理，萧芳心想：自己的业务能力这么突出，主管的职位一定非自己莫属！可是没想到，上司却提拔了别人，根本没有考虑她。萧芳感到有些愤愤不平，于是去找上司理论。上司很坦诚地告诉她："主管这个职位需要的是善于与团队合作的人，而你过于在乎自己的个人表现！"萧芳这才意识到,上司过去"称赞"她个人表现突出,实际上是在含蓄地暗示她要注意团队合作。

"一个聪明的下属在上司第一次说这种话时,就应该意识到这是对自己的提醒！"萧芳痛定思痛之后,开始格外留意上司的一言一行,并且很快学会了揣摩上司的言外之意。一次,上司要去外地出差,临行前对她说:"小萧,一切都交给你了！"但是萧芳在谈业务时,并没有因为上司这句话而自作主张,而是通过长途电话秘上司请示,并最终签了一笔大单。不久,萧芳如愿被升为销售部主管。

由于人们的说话习惯不同,所以,同样的信息从不同的人嘴里表达出来往往会有很大的差异:有的人对喜怒哀乐从不掩饰,有的人则喜怒不形于色,喜欢掩藏自己的情绪,还有的人喜欢反过来表达自己的情绪。因此,要想识别对方说的话是正话还是反话、是明语还是暗语,最重要的一点就是了解对方一贯以来的表述方式和表述习惯,然后从中捕捉对方的话语里是否存在暗语。在上述案例中,萧芳的上司显然是婉转含蓄型的,要想弄懂上司的表达习惯,就要多长一只耳朵,学会倾听弦外之音。

暗语二:征询你其实是让你表态

冯先生在一家餐饮公司担任市场部副经理,公司的老总非常器重他。这位老总是个和蔼可亲、平易近人的人,平时很喜欢和员工们打成一片,他对冯先生的努力和成绩十分认可,而且曾多次在公司里公开表扬冯先生,这让冯先生充满了感恩图报之心。

一次,公司举办了一个全国性的渠道商会议。在会上,有一个渠道商向冯先生的老板提议说,希望公司追加市场推广费用,加大电视和网络广告宣传的力度,这样才能协助渠道商推进市场销售。老板听完这个提议静默了几秒钟,然后说:"你提的意见我非常赞同。加大广告宣传的力度是好事,但我们内部需要再探讨探讨。"接着,老板转头征询冯先生的意见。冯先生当时想也没想,立即顺着渠道商的意思,把加大广告宣传力度的好处介绍了一番。

等他介绍完之后,下面很多渠道商立即随声附和起来,大声嚷嚷说目前市场不好做,如果公司不加大广告宣传力度,他们根本没办法完成销售任务。在众多渠道商的强大压力下,公司老板只得做出了一个违心的决策——立即追加广告宣传费用 100 万元。

会议结束后,老板黑着脸将冯先生训斥了一顿,说冯先生没有听懂他的意思,反而拂逆他的心意,结果让公司损失了 100 万。这时冯先生才明白,刚才在渠道商会议上,老板刚才所谓的"赞同"只是一句客套的虚话,他的真实意思其实是反对。而老板所说的"内部探讨探讨",是希望他出面回绝渠道商这种不切实际的要求。

要想准确读懂对方的话中之意,除了看语言内容之外,还要注意对方所处的语境和角度。同样一句话,其实际意义可能由于说话者所处语境的不同而有天壤之别。因此,要想听懂老板的弦外之音,就要学会站在老板的立场和角度,设身处地地多动脑筋,这样才能少犯错误。

暗语三:给你意见其实是否定

职场暗语不仅会出现在上下级之间,同事之间在交流和沟通时也常常"打暗语"。

白小姐在某公司市场部做企划。经过一周的努力,她终于做出了一份自以为很有创意的企划方案。为了确保万无一失,在向领导汇报之前,她热情地和同事交流起来。"看起来很有意思,或许你可以询问一下别人的看法。"比她早两年入职的同事看了她的企划方案,说出了上面这句话,这让白小姐看到了希望,于是她又兴奋地去向别的同事询问,没想到,大部分同事说出的都是同一句话,白小姐从这句话里读出的意思是:同事们都对她的工作成绩予以了肯定。

谁知,当她去向领导汇报时,领导却给了她质疑的目光和敷衍的笑容。白小姐感到很困惑,于是找到其他部门一个比较交心的同事沟通,结果那位同事告诉她:"同事们说这句话是不想打击你的积极性,你还真去挨个问别人的看法啊?"最后,这位同事建议白小姐重新考虑做一份新的企划方案,而不是把同事们的话当真,挨个去征询每个人的看法,否则只会让自己出丑。

"你可以问一下别人的看法",这句暗语在职场中应用率非常高,很多人在征询别人的意见时都遭遇过。有时候同事之间交流,基于同事关系的考量或者碍于面子,同样也会使用一些让人摸不着头脑的暗语。这时候,你最好找一个

由声音相人

图文珍藏版

真正能和你交心的人交流一下,或者向和你没有利益冲突的前辈请教一下,并与同行业其他公司的优秀者多进行沟通,这样才能少犯错误、少走弯路。

下面汇集了一些比较常见的职场暗语,希望对大家有所帮助:

"也许我可以加班把事情做完。"其真实含义通常为:"你要我干到几点?还让不让人活了!"

"我不确定这样是不是能够实行。"其真实含义通常为:"这根本行不通。"

"真的吗?"其真实含义通常为:"胡说八道!"

"或许你可以去询问一下别人的看法。"其真实含义通常为:"你等着看谁会理你!"

"我当然也很关心。"其真实含义通常为:"谁有空儿管这事啊!"

"不好意思,我并没有参与这项计划。"其真实含义通常为:"别烦我,这件事跟我有什么关系?"

"嗯,这很有意思。"其真实含义通常为:"这是什么东西!"

"我会试着把这件事情插进工作进度中。"其真实含义通常为:"你怎么不早一点儿交代!"

"他可能不太熟悉这件事情。"其真实含义通常为:"他脑袋里面装的都是糨糊!"

"你不太满意这件作品?"其真实含义通常为:"该死的,你又想挑剔什么!"

"我手边的工作量可能有一点儿过重了。"其真实含义通常为:"我就领这么点儿薪水,你想累死我啊!"

"我喜欢接受挑战。"其真实含义通常为:"这是什么烂工作!"

"你可能还不太了解。"其真实含义通常为:"你脑子里是不是进水了?"

"我了解,我了解。"其真实含义通常为:"这家伙究竟说什么呢?"

"是,我们是应该讨论一下。"其真实含义通常为:"唉!又要开什么白痴会议!"

国学经典文库 图文珍藏版

冰鉴

线装书局

马博◎主编

篇七 由气色相人

人以气为主,于内为精神,于外为气色。

面部如命,气色如运。

——《冰鉴》

人的气色,最直观的表现在面部的形与色上,神采奕奕者往往精气足,神清气爽者必然心神正。透过气色的明晦可知人之贵贱;气色的虚实可知人之善恶;气色的盛衰可知人之寿夭;气色的沉浮可知人之智愚。所谓气色丰美者多子多福,气色虚暗者多病多灾,正是从气色相人中总结出来的识人智慧大成。

冰鑑

氣色章第七

面部如命氣色如運大命固宜整齊小運

亦當亨泰是故光焰不發珠玉與瓦礫同

觀藻繪未揚明光與布萬齊價大者主一

生禍福小者亦三月吉凶

人以氣為主於內為精神於外為氣色有

終身之氣色少淡長明壯艷老素是也有

一年之氣色春青夏綠秋黃冬白是也有

一月之氣色朔後森發望後隱躍是也有

一日之氣色早青晝滿晚傅暮靜是也

科名中人以黃色為主此正色也黃雲蓋

頂必擬大魁黃翅入鬢進身不遠印堂黃

色富貴逼人明堂素淨明年及第他如眼

角霞鮮決利小考印堂垂紫動獲小利紅

暈中分定產佳兒兩顴紅潤骨肉發迹由

此推之是見一斑矣

色忌青忌青當見於眼底白當發於眉

端然亦有不同心事憂勞青如凝墨禍生

不測青如浮煙酒色憊倦白如臥羊災晦

催人白如傅粉又或青而帶紫金形遇之

而飛揚白而有光土庚相當亦富貴又不

在此論也衆不佳者太白夾目月烏鳥集

天庭桃花散面頰頦尾守地閣有一於此

前程退落禍患再三矣

余家有冰鑑七篇不著撰人姓名宛似一子世無

刻本恐其湮没也觀人之法孔有焉庾之辭蓋

有眸子之論聖賢所重吾輩其可不知乎此篇

圖切於用非同泛書亦薰賞其文辭云爾南海

吳榮光荷屋氏并識

道光己丑歲仲春香山曾大經繪鬪氏書

　　"气色"的概念是传统相学的重要组成部分。曾国藩在《冰鉴》气色篇中也说道,人以气为主,气在内为精神,在外为气色。也就是说,一个人的心理活动、行为意念都可以通过气色表现出来。这就给识人、用人提供了一个很重要的依据。

　　《大戴礼记·少间篇》记载,"尧是通过人的相貌取人,而舜则是依据人的态色取人。"如果认为观人术是在不断进步的话,那么舜的观色取人要胜过尧的观状取人了。《说文解字》解释道:"颜,就是指眉目之间的地方","色,就是眉目之间的气色。"以前郄雍能辨别出盗贼,观察他的眉目之间就可以得到隐藏的情形,晋国国君让他观察成百上千的盗贼而没有一个差错。《韩诗外传》也有这样的记载,"如果有温顺善良之意在心中,可以通过眉目之间看得到,如果心中有邪恶污秽之意,而眉目也不能掩盖住。"这是颜色说的来源,然而颜色是整个面部的总称,眉目之间的地方只是其中特别重要显著的地方罢了!

　　察颜观色在历史典籍中有验证的,首推《帝王世纪》:

　　《帝王世纪》记载,商容和殷商百姓观看周朝军队进入商都朝歌时,看见毕公来到,殷商百姓便说:"这真是我们的新君主啊!"商容却不同意:"不可能是!看他的颜色面貌,十分威严但又面呈急躁,所以君子遇到大事都呈诚恐之色。"殷商百姓看到太公姜尚到来,都说:"这大概是我们的新君主了!"商容也不同意,"这也不是!看见他的颜色相貌,像虎一样威武雄壮,像鹰一样果敢勇武。这样的人率军对敌自然使军队勇气倍增,情况有利时勇往直前,奋不顾身,所以君子率军对阵要敢于进取,但这人不可能是我们的新君主。"当看到周公旦来到时,殷商百姓又说:"这应该是我们的新君主了!"商容还是不同意,说:"也不是,看他的容颜气色,脸上充满着欢欣喜悦之气,他的志向是除去贼人,这不是天子,大概是周朝的相国;所以圣人为民首领应该有智慧。"最后,周武王出现了,殷商百姓说:"这肯定是我们的新君主了!"商容说:"这一位正是我们的新君主,他作为圣德之人为海内百姓讨伐昏乱不道的恶君,但是见恶不露怒色,见善不现喜气,颜貌气色十分和谐,所以知道他是我们的新君主。"

其他的诸如《逸周书·官人》则由内而外做了比较详尽的阐述:"民有五气:喜、怒、欲、惧、忧。喜气内蓄,虽欲隐之,阳怒必见;欲气、惧气、忧悲之气皆隐之,阳气必见。五气诚于中,发形于外,民情不可隐也。"它说明,人的各种感情总会在外部有所流露,即使想隐瞒也不会完全隐瞒得住,因此还是可以通过外部表情了解一个人的思想的,除了少数心计很深的阴谋家和喜怒不形于色的人之外,对多数人都可采这种观察办法。比如作者指出:"诚智必有难尽之色,诚仁必有可尊之色,诚勇必有难慑之色,诚忠必有可亲之色,诚洁必有难污之色,诚静必有可信之色。"智、仁、勇、忠、洁、静等几种优秀品德在表情上都能看出来。"质浩然固以安,伪蔓然乱以烦。虽欲改之,中色弗听,此之谓观色。"有浩然正气者其表情总的说来都显得稳固安然,弄虚作假者其表情总的说来都显得杂乱烦躁,脸色发黄。有人虽然竭力想用假象隐瞒真实的感情,但又不是很容易做到的,因此观色识人还是有一定作用的。

一、面部如命，气色如运

"气色"象征着人的运气。即使面佳，但气色不佳，也会影响一个人的运气。

【原典】

面部如命，气色如运。大命固宜整齐，小运亦当亨泰①。是故光焰②不发，珠玉与瓦砾同观；藻绘③未扬，明光与布葛④齐价。大者主一生祸福，小者亦三月⑤吉凶。

【注释】

①亨泰：畅顺，指保持顺利。

②光焰：光辉，光芒。

③藻绘：这里指色彩。

④明光与布葛：明光指色彩光艳、质地柔软的布匹，布葛指质地粗糙的布匹。

⑤三月：这里并不是确数，指的是一个短时期。

【译文】

面部体现着人的大命，气色象征着人的小运。大命由先天生成，但仍应该与后天的遭遇保持均衡，与后天的小运保持一致。如果光辉不能焕发出来，那么珍珠宝玉同破砖烂瓦又有什么区别呢？如果色彩不能呈现出来，那绫罗绸缎同粗布糙衣又有什么区别呢？大命能决定人一生的祸福，小运也能决定一个人几个月的吉凶。

综合评析

面部如命，气色如运

所谓气，在传统哲学里是万物的本源，是一种不断运动变化的物质，不具有任何的形状、声音、状态等。更确切地说，它不是任何一种具体的物质，而是一个抽象的存在，从万事万物所具有的性质中抽象提炼出来的共性，具有万事万物的性质，万事万物都具有它的性质。

气又有阴阳之分，阴阳二气充塞于天地之间，相互和合，而化育万物。二气调和，万物兴盛；二气乖戾，万物衰微。人也是秉气而生，乘其而长，气是人生命的原动力、本源。人的形体是气的外壳，而气是人内在的神，没有气的人体，犹如行尸走肉；没有形体而只有气，也就不称其为人了。由此可见，气是人体的生命力之源，与人的健康和命运息息相关，通过对气的考察可以分辨出人性格的优劣、品格的高下以及流年的气运。

气是无形、无声，看不见摸不着的，并且还是人内在的，因而相学上通过考察人的气来评断、预测人的命运，实际上是通过观察人体内在的气的外在表现"色"来实现的。这样的方法被称为"相色"。

所谓色，在生理学上讲就是人体皮肤的颜色或色泽，其所反映的是人体的健康状况，传统中医望、闻、问、切四诊法中的"望"在很大程度上也是看人的面色。相学上的色实际上也是人面部的颜色或色泽，只是赋予了它新的含义，那就是面色是气的外在表现形式，观察面色的目的是为了观察气。人所禀的气发生变化，面色必然也随之变化，因而相学家将气与色并称，称为气色；而在理论与实践中，气色主要还是指的色，因为气色中气虽然为根本、本源，但气是抽象的、无法把握的，而色是具体的、可以把握的；因而后文中的气色如果没有特殊的说明，所指的都是色。

相学上的气色论主要涉及具体气色的所主，以及气色出现的部位、颜色等所对应的吉凶。这里首先来讲述气色的主客。实际上所谓的主客就是先天之色、后天之色,主色是先天之色,客色是后天之色。先天之色禀天地之气而生,随人体的五行属性而出现,一旦成形终生不变。所谓的五行形相即前文提到的金木水火土五形人,金为白色,木为青色,水为青色,火为赤色,土为黄色,对于这些颜色前面已经指出并不是纯正的白、清等色,而是建立在中国人作为黄种人微黄的肤色基础上的。这些颜色是各形人的基本肤色,只要与本形相符就是正形,就是正色、吉色。

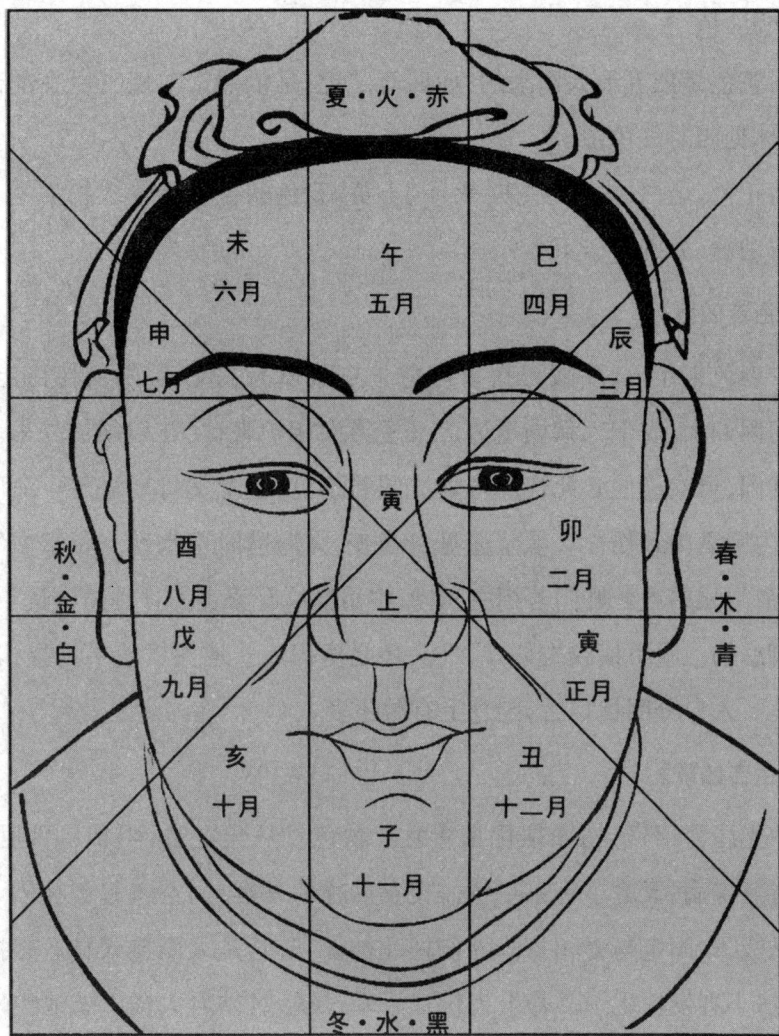

四时气色图

所谓客色,是后天之色,是随着时间、季节变化的颜色,就像《冰鉴》中提到的一生之色、四时之色、一月之色、一天之色。客色的变化是无常的,因而其吉凶自然也是无常的、变化的,通常相学所考察的气色就是这不断变化的、无常的客色。

接下来讲吉色与凶色。前面提到,所谓的色来源于人的五行形相,各形人具有不同的色,就主色而言要合五行正色,就客色而言还要符合四时正色,两者都符合方为吉色,即先天后天均为吉利。反之,不符合五行正色,也不符合四时之色,则为凶色。

五行正色是依五形人而来的;而四时之色,是依照十二地支所在的部位而定的,具体见四时气色图。

五行正色,金白、木青、水黑、火赤、土黄,五色的吉凶在传统相学里分别有五色的吉凶歌,分别录于下。

《白色吉凶歌》

天中春色来年上,斗战刀兵事可愁。左厢必定主忧恼,阳尺将行走外州。发在奸门因妇女,皮干入狱内遭囚。又主男女相妒害,交友妇须被外求。山根见者主忧囚,男女逢他必死忧。寿上徒囚君不见,堂上父母斯堪愁。命门甲匮凶来急,内厨酒肉致伤亡。承浆逢见身当丧,大海遭时主水殃。印堂白气灾爷娘,苦在命门兄弟当。奸门若招主私恸,中岳横纹有家丧。日月角中忧重服,法令陂池脚忌伤。眼下横纹夫妇斗,准头还是竞田庄。地阁横遮牛马损,若侵年寿死公婆。入口分明忧口舌,困仓上有贼还多。

《青色吉凶歌》

天中光泽得诏贵,枯燥须忧诏贵亡。秋色发从年上去,阴私口舌厄难当。阳尺忧行兼疾病,天庭主客系堪忧。交友妇须通外客,司空忽起被徒囚。巷路但成百里威,太阳定与妻相打。外伤枉死被谗言,若是太阳连入日。必招县宰恶答鞭,房小春发岁生子。寿上当忧口舌牵,坑堑对须看大怪。陂池蛇怪不堪言,山林花鸟妖呈异。栏枥马牛有怪惩,忽在井灶釜鸣响。不然井溢涌寒泉,命门甲匮忧凶厄。准头兄弟父母丧,散失主边防失职。人中愁有别离伤,承浆不是当遭病。大海虽防水溺亡，若临月角须忧贼。若有川文官禄迁，日角临蚕知傅粉。印堂退口病迟延，道上或逢忧阻滞。山林蛇虎厄难当，若来金匮并墙壁。财物三旬共可伤，奸门怕被外妻挠。眼下横来病苦缠，寿上若逢受病厄。更忧债负祸来煎，口畔人来忧饿死。更兼枉滥事相牵，三位凶伤子孙损。半月之间入墓眠，天门三十日财至。天井圆珠武官位，病人值此病难安，囚人见之尤迟滞。

《黑色吉凶歌》

天中必定失官勋，忽于颧上似官刑。若还至下来年上，病患相缠丧此身。天狱年上应狱死，高广逢时病主亡。阳尺过来凶可得，天庭客死在他乡。四煞贼来成凶贼，司空病疾苦缠身。右府生来忧此位，重眉不利远行征。额角黑广善为偷，印堂移徙看他州。山根必死于旬日，太阳疾病厄堪忧。牢狱至眼忧牢狱，法令入口形分八。更有眉头青色应，百日饮酒还醉杀。眼目兼更赤色间，二旬或讼见血光。外阳发被人欺劫，年上忧死困灾伤。男女忧他男女厄，寿上入耳卒中亡。命下甲匮遭烧死，准头忧病外来殃。黑发三阳黑气多，失官停职事波波。更上发来年寿上，天中有黑见阎罗。黑气入口死于夏，颧上兄弟妇奔逃。奸门切忌女相干，日角若临妻亦亡。井部黑气水溺死，印堂退光非谬假。横飞寿上防逢灾，六十日内须应也。黑气额上父母死，生来眼下子孙殃。若见下来年寿上，自然病时入冥逢。黑气三阳至盗门，奸私贼盗岂堪论。更见黑气鼻准上，知君财破避无门。黑生妻部及年上，妻厄身灾非是旺。更兼入井下陂池，切记水殃心莫忘。黑气蒙蒙散命门，四季切记小灾迍。若生口入气厨灶，必定遭他毒药人。黑色天中年寿上，更从地阁似烟笼。又如黑色初发散，此个须叟命必终。眉间横入左右耳，百日之中人定死。天明天井忌失财，驿马常防遭险坠。虎角频遭虎犬伤，人中井部水中亡。年寿山根同位断，地阁争田讼见殃。若侵法令遭公讼，大海见之奴婢逃。墙壁生来合中岳，定归泉下哭声高。

《赤色吉凶歌》

天中连印鼻头赤，中旬车马惊令死。下来年上争竞灾，左右远行须病住。阳尺惊恐厄斗生，武库夫妇折伤灾。天庭必有忧囚事，若见司空叫骂来。交友朋求离别去,在职当忧上位刑。无职定同父友斗,头角如值死于兵。印堂争斗被忧囚,若在山根惊怕处。太阳夫妻求离别,年上暴厄亦堪愁。又却断他生贵子,房中妻不产贤侯。三男三女病灾迍,寿上如豆与妻争。年上准头连发者,夫妻争斗太难明。命门甲匮须兵死,准头官府事牵系。墙壁之上财必失,外圆当紫得官荣。武官巡捕看燕尾,盗贼收擒被称情。牛角看来牛马厄,山林蛇虎又堪惊。忽眼下如蚕丝发,妻子因何争斗声。金匮奸门招挠事,承浆为酒起喧争。陂池井部相连接,因水逢财却称情。田上见之田地退,口边横入祸全生。酒樽酒肉宜相会,地阁田岸有讼成。若在山林须慎火,又兼家内捐财并。命门发到山根上,更过眉上左耳平。只定六旬遭法死,妇人右耳疾来频。

《黄色吉凶歌》

黄色天中列土分,圆光重大拜公卿。更过年上并灶部,有功常受赐高勋。或如月出照年上,定当宿卫入朝门。若经两阙即征拜,金匮诏赐帛与银。忽至阙庭官骤转,不然即是得财盈。或是龙形须受赏,如悬钟鼓位槐庭。若似蚕丝官必得,春来年上喜欣欣。武库光润将军福,亦主喜庆阳尺并。母墓喜并田宅事,更宜父母少灾迍。司空百日得财宝,右府里内敕来征。重眉交友如棋子,七个旬中左右丞。更过山林天中者,征为博士最为荣。印堂如月六旬内,拜作将军镇百城。便似连刀天庭至,下及准头亦分明。断他县令忽迁转,长吏分官值阙庭。大体发时多喜庆,亦言远信至逶巡。山根听向皆称遂,太阳必定得财庆。少阳喜庆重重过,鱼尾有吉引前行。若似龙形年上见,连色天中拜上卿。眉眼之下有子象,左黄生男右生女。妇人有以反前谕,金匮家内财帛人。寿上柳叶主财入,归来远信至中庭。出自准头庭冲位,骤贵封侯起有乘。兰台必得尚书绶,内厨酒食倍逢恩。大海惟宜涉江者,日月三公位显清。早匮生来财主库,内仓中至有蛇形。道尚三位财如拾,中须牛马喜方成。眉位有圆多好事,酒樽酒馔得丰醇。

《冰鉴》的第五篇《须眉》中讲面色时,也提到"紫面无须自贵",紫色的面色是金形人兼带火形,属于兼形,跟上面的正形不同。紫色的吉凶也有《紫色吉凶歌》:紫气天中八时分,兰台月角得财频。法令生来逢印信,终是刑名不及身。

寿上俄然一字横,家中新妇喜分明。天门川字将军禄,天井圆珠享大荣。玄壁福堂知积庆,若当地阁创家居。山根忽有终加职,驿马全生喜庆余。玄壁左边迁官职,山林精舍喜相须。陂池位上增余福,中岳横纹贵自如。

从上述歌诀可以看出,在相学上气色的吉凶只与出现的部位与气色有关,歌诀只提到部位、气色与吉凶的对应关系,至于对部位、气色的观察只字不提,观察不准一切吉凶也就不准了。正确的观察方式是,在天刚刚亮或者傍晚,人刚睡醒的时候,在帷幄中打着灯去辨认脸色,这时观察无不应验。不能对着眼光观察,观察之前不能盥洗、喝汤药。如果不在早晚的时候观察,也可以让人凝神静坐一段时间之后再观察,这样也能看出一些端倪。此外,在喝醉酒以后或者发怒的时候也能观察出一些端倪。

《麻衣神相》里有"骨骼管一生之荣枯,气色定行年之休咎",也就是说"骨骼"即前面所说的神骨决定人一生的命运,而气色则决定人流年的运势。从相学上来说,命的是静态的,某人具有某相就必然具有某相所对应的命运,一生不变;而运势是运动变化的,因而曾国藩有言"面部如命,气色运云",命主一生祸福,运主三月吉凶。

分句评析

面部气色,显其命运

【原典】

面部如命,气色如运。

【译文】

如果说面部象征并体现着人的命,那么气色则象征并体现着人的运。

人的面部气色忌青色,也忌白色,青色常常出现在眼的下方,白色常常出现在眉梢的附近。但是青色和白色出现在面部,又有不同的情况。古人认为如果是由于心事忧劳而面呈青色,这种青色一定既浓且厚,犹如凝墨;如果是遇到飞来的横祸而面呈青色,这种青色则一定轻重不均,状如浮烟。如果是由于嗜酒贪色而疲惫倦怠面呈白色,这种白色一定势如卧羊,不久即会散出,如果是由于遇到大灾大难而面呈白色,这白色一定状如枯骨,充满死气。还有,如果是青色中带有紫气,这种气色出现在金形人的面部,此人一定能够飞黄腾达;如果是白润光泽之色,这种气色出现在金形兼土形人的面部,此人也会获得富贵。这些都是特例,就不在此论述了,而最为不佳的气色为以下四种:白色围绕眼圈,此相主丧乱,黑色聚集额尖,此相主参革;赤斑布满两颊,此相主刑狱,浅赤凝结地阁,此相主凶之。"以上四相,古人认为如果仅具其一就会前程倒退败落,并且接连遭灾遇祸。

"惨择之情在于色",即通过对一个人"色"的观察,可以看出他情感的表现。因色是情绪的表征,色悦者则其情欢,色沮者则其情悲。

古人认为色,主要是指人的面色:"夫声畅于气,则实存貌色;故诚仁,必有温柔之色;诚勇,必有矜奋之色;诚智,必有明达之色。"气流的通畅发出了声音,一个人的性格则会在相貌和气色上有所流露。所以,仁厚的人必有温柔的貌色;勇敢的人必有激奋的气色;智慧的人必有明朗豁达的面色。

人一生要经历漫长的路程,大致说来有四个时期:幼年时期,青年时期,壮年时期,老年时期。在各个阶段,人的生理和心理发育和变化都有一定差异,有些方面甚至非常显著。

表现在人的肤色上则有明暗不同的各种变化。这就如同一株树,初生之时,色薄气雅,以稚气为主;生长之时,色明气勃;到茂盛之时,色丰而艳;及其老时,色朴而实。人与草木俱为天地之物,而人更钟天地之灵气,少年之时,色纯而雅;青年之时,色光而洁;壮年之时,色丰而盛;老年之时,色朴而实,这就是人一生几个阶段气色变化的大致规律。人的一生不可能有恒定不变的气色,以此为准绳,就能辩证看待人气色的不同变化,以"少淡、长明、壮艳、老素"为参照,可免于陷入机械论的错误中去。

一般来讲,仁善厚道之人,有温和柔顺之色;勇敢顽强之人,有激奋亢厉刚毅之色;睿智慧哲之人,有明朗豁达之色。

齐桓公上朝与管仲商讨伐卫的事,退朝后回后宫。卫姬一望见国君,立刻走下堂一再跪拜,替卫君请罪。桓公问她什么缘故,她说:"妾看见君王进来时,步伐高迈,神气豪强,有讨伐他国的心志。看见妾后,脸色改变,一定是要讨伐卫国。"

第二天,桓公上朝,谦让地引进管仲。管仲说:"君王取消伐卫的计划了吗?"桓公说:"仲公怎么知道的?"管仲说:"君王上朝时,态度谦让,语气缓慢,看见微臣时面露惭愧,微臣因此知道。"

齐桓公与管仲商讨伐莒,计划尚未发布却已举国皆知。桓公觉得奇怪,就问管仲。管仲说:"国内必定有圣人。"桓公叹息说:"白天来王宫的役夫中,有位拿着木杵而向上看的,想必就是此人。"于是命令役夫再回来做工,而且不可找人顶替。

不久,东郭垂到来。管仲说:"是你说我国要伐莒的吗?"他回答:"是的。"管仲说:"我不曾说要伐莒,你为什么说我国要伐莒呢?"他回答:"君子善于策谋,小人善于臆测,所以小民私自猜测。"管仲说,"我不曾说要伐莒,你从哪里猜测的?"

他回答:"小民听说君子有三种脸色:悠然喜乐,是享受音乐的脸色;忧愁清静,是有丧事的脸色;生气充沛,是将用兵的脸色。前些日子臣下望见君王站在台上,生气充沛,这就是将用兵的脸色。君王叹息而下呻吟,所说的都与莒有关。君王所指的也是莒国的方位。小民猜测,尚未归顺的小诸侯唯有莒国,所以说这种话。"

由一个人的"气"识人

【原典】

天命固宜整齐,小运亦当亨泰。是故光焰不发,珠玉与瓦砾同观;藻绘未扬,明光与布葛齐价。大者主一生祸福,小者亦三月吉凶。

【译文】

大命是由先天生成的，但仍应该与后天遭遇保持契合，小运也应该一直保持顺利。所以如果光辉不能焕发出来，即使是珍珠和宝玉，也和碎砖烂瓦没有什么两样；如果色彩不能呈现出来，即使是绫罗和锦绣，也和粗布糙布没有什么二致。大命能够决定一个人一生的祸福，小运也能够决定一个人几个月的吉凶。

观察一个人的"气"，可以发现他的沉浮静躁，这是能做成大事的必备素质。

沉得住气，临危不乱，这样的人可担当大任；浮躁不量力去攻坚，做事往往"知难而退"、半途而废。活泼好动与文静安详不是沉浮静躁的区别。底气足，干劲足，做事易集中精力，且能持久；底气虚，精神容易涣散，多半途而废。文静的人也能动若脱兔，活泼的人也能静若处子，而神浮气躁的人，做什么事都精力涣散，半途而废，小事精明，大事糊涂，该粗心时粗心，该细心时也粗心，不能真正静下心来思考问题，而遇事慌张，稍有风吹草动，就气浮神惊起来。

自然界中容易感染影响人、物的，莫过于气；而一个人有威仪、有风度，也可以成为别人的楷模。所以人的威仪风采可以感染影响他人的，就是气象。

《近思录》说："孔子是天地之间的元气；颜回则像春天一样和煦温暖；而孟子身上有一种肃秋杀气。孔子的气象无所不包，而颜回遵从孔子的教诲，像是愚笨似的，但却是一种自然和谐的气象，可以做到不说一句空话而感人无穷；孟子则是才情毕露，这也是时代使之然。孔子，如天地一样；颜回，像和风一样；而孟子则是气象如泰山一样威严。"《人谱类记》记载：程颐、程颢在伊川，气象极其严峻肃整，但是有点刻板迂腐而不可接近；只有明道先生程颢和蔼平易而又不失一身正气，颇得孔子的家法。一天，明道先生与弟弟程颐同到一所寺庙，明道先生由左门进去，弟弟经右门进去，跟随明道先生从左门进去的数以百计，跟随弟弟从右门进去的寥寥无几。程颐十分感慨地说："这正是我不如家兄的地方啊！"

古人认为，人禀气而生，"气"有清浊、昏明、贤鄙之分，人有寿夭、善恶、贫富、贵贱、尊卑的不同,这些由"气"能反映出来。"气"旺,则生命力强盛;"气"衰,则生命力衰弱。生命力旺盛与否,与他日常行事的成败有密切联系,生命力不强,难以顽强地与困难做斗争,自然难以成功。生命力旺盛,则能长期充满活力、精神焕发,是战胜困难,取得成功的必要条件。但是"气"的旺衰,与人之好动好静并不一样。好静好动与性格有关,与"气"则无直接联系。

"色",就人体而言,指肤色,或黑或白,且有无光泽,古人认为,"色"与"气"的关系是流与源的关系,"色"来源于"气",是"气"的外在表现形式,"气"是"色"之根本,"气"盛则"色"佳,"气"衰则"色"悴。如果"气"有什么变化,"色"也随之变化。古人合称为"气色"。大家知道,人生病,其"气色"不佳,就是"气色"之一说的一种表现。

古人有关"气色"的有两组重要概念:

一是主色与客色。

主色,就是先天之色,自然之色。古人认为,先天之色随五行形相而生而现,且终生不变,五行之色与五行形相对应起来,金为白色,木为青色,水为黑色,土为黄色,火为赤色。这五种颜色是基本的肤色,实际中也会有一些变化,只要与五行形相相配,就是正色,就是吉祥之色。

客色,就是后天之色,随时间变化,四季、晨昏均有不同表现。以客色来定吉凶,自然是随时间、方式、部位而定,没有什么恒定的规律。古人的"气色",更多的是指这种变化不定的客色。

二是吉色与凶色。

吉凶祸福是古代预测学要预知的重要内容,是阴阳学的价值指向。吉色与凶色又称正色与邪色,吉色代表吉祥顺利,凶色兆示凶险恶祸。合五行之色的为吉,不合为凶。主要依据五行肤色而定。客色则依十二地支所在部位而定。

"大命固宜整齐",意指人的智慧福泽应当比例均衡,不宜失调。如果失调,不平衡,则智者往往早夭,福者往往庸愚,这种状态自然谈不上好命。"小运亦当亨泰",亨泰在《周易》中有"元亨利贞"之说,泰有"天交地泰"之名,亨泰就是吉利顺畅之义,意思是说小运流年如应顺和通泰,方才是好。如果小运偏枯晦滞，也易早夭，或元气不足，难当福贵。犹如有钱却不会花之人，守着巨大财富，却享受不到人生富足的乐趣。

气色旺，自然有光泽闪烁。曾国藩用了两个比喻来说明这个问题。珠玉自比瓦砾珍贵百倍，因为它有闪烁悦目之光焰，如果失去了美丽的光泽，与瓦砾还有多少区别呢？丝绸绵织，如果失去它明艳光滑的色泽，与平常的葛布又有多少区别呢？人之气色旺，则有光泽。失去光泽，还能说气色旺吗？那么其人之命运自不可言"好"了。

古人认为，"气色"对人之命运有非常重要的影响，从大处说，可推测一生的祸福；从小处讲，也能主三五个月的吉凶。大处者，是与生俱来，不会轻易变化的；小处者，是临时而发，随时而变，或明或暗，变动不居的。因此，曾国藩说"大者主一生祸福，小者亦三月吉凶"。

"气"为"至精之宝"，与人的健康状况和命运的骞滞顺畅息息相关，由"气"能知人命运；"气"又有人心人性的指示作用，由人之"气"能看出人的性格优劣和品德高下，即"气乃形之本，察之见贤愚"。

┌─────────────┐
│ **智慧应用** │
└─────────────┘

观人气色，知其动向

《吕氏春秋·精喻篇》记载：晋襄公派人出使周朝，对周朝天子说："敝国君主现在病得很厉害，通过占卜知道是因为三涂山在作祟，所以敝国君主派遣下臣请求天子您假借道路为敝国君主祈福去灾。"周天子答应了晋国使臣的请求。朝见礼仪结束后，晋国使臣离开王宫，苌弘对刘康公说："在三涂山为国君祈福去灾而受到周天子的礼遇，这是吉庆的事情；但晋国的客人却面有勇武气色，可能要有别的事情发生，希望您能防备他！"刘康公于是整备军队予以防备。晋国军队果然趁着在三涂山祭祀的机会，命令杨子率军十二万人紧随其后，从棘津渡河偷袭聊、阮、梁三个小国，把这三个小国消灭了。

二、人以气为主，内为精神，外为气色

人禀气而生，气为人之主宰。因此既要观察内在"精神"，又要观察外在"气色"。

【原典】

人以气为主，于内为精神，于外为气色。有终身之气色，"少淡、长明、壮艳、老素"是也。有一年之气色，"春青、夏红、秋黄、冬白"是也。有一月之气色，"朔后森发，望后隐跃[1]"是也。有一日之气色，"早青、昼满、晚停、暮静"是也。

【注释】

①朔后森发，望后隐跃：朔，朔日，指农历每月初一。森发，指枝叶抽发生长。望，望日，指农历每月十五。隐跃，若隐若现的意思。

【译文】

人生存和发展主要以气为主，在人体内部表现为精神，在人体外部表现为气色。气色又分多种，把贯穿人一生的气色分为四个阶段，即通常所说："少年时期气色宜淡，即气稚色薄；青年时期气色宜明，即气色分明；壮年时期气色宜艳，即气丰色艳；老年时期气色宜素，即气淡色朴。"另外，还有贯穿一年四季的气色，这就是："春季气色主青，即木色为春色，夏季气色主红，即火色为夏色，秋季气色主黄，即土色为秋色，冬季气色主白，即金色为冬色。"同时还有贯穿一月的气色，这就是："每月初一之后枝叶盛发，十五日之后就会时隐时现"。贯穿一天的气色也是如此，这就是："早晨是复苏的时刻，白天是充盈的时刻，傍晚是隐伏的时刻，夜间是安静的时刻。"以上四种情况都属于气色。

综合评析

气色流年

气是人的生命之源,在人体内部表现为人的精气神,于外部则表现为人的气色。这个气色是不断发展变化的,有伴随着人的一生变化的,称为一生之气;有随着一年四季变化的,称为一年之气;有随着一月变化的,称为一月之气;还有随着一天变化的,称为一天之气。

人的一生虽然神骨不变,但气色却是伴随着人的成长而不断变化的。这就像花草树木,初生时、成熟时、暮年时气色是完全不一样的。人在幼年时期,懵懂无知,几乎还是一张白板,这时气色单薄而稚嫩,如没有雕琢的璞玉,眼神也是清澈的。到了青年时期,对社会、未来充满了期望,满怀抱负,英气勃发,气色光洁而明亮。壮年时期,事业、精神正处于巅峰,对任何事都自信满满,一副胜券在握的神色,这时气色丰美而繁盛。到了老年时期,人生经历过了辉煌与成就以后,所追求的不再是喧闹与辉煌,而是宁静与享受生活的幸福,这时的素淡而朴实,是一种铅华洗尽后的宁静。

一年之色,春夏秋冬。春季万物复苏,莺飞草长,百花盛开,万木抽芽,这时人的欲望是最强的。春季五行属木,木色为青,与人对应的是五脏中的肝、面部的眼睛,因而春季旺肝。表现在面色上是青色,生机勃发之色。此青为白中透青的苍翠之色。

夏季气温炎热,人血脉扩张,这时人的情绪最易激动。按照五行学说,夏季五行属火,与人的心脏、舌头相对应。火为赤色,于外则表现为红色。

秋季金风送爽,落叶纷下,这时人的情绪容易多愁善感、伤春悲秋。秋季五行属金,金为白色,与肺和鼻子相对应。白色虽然为金的正色,但白色为凶色,作为秋季的颜色不吉利。而土属黄,宜于四季,与脾脏相对应,土能生金,因而秋季属黄。

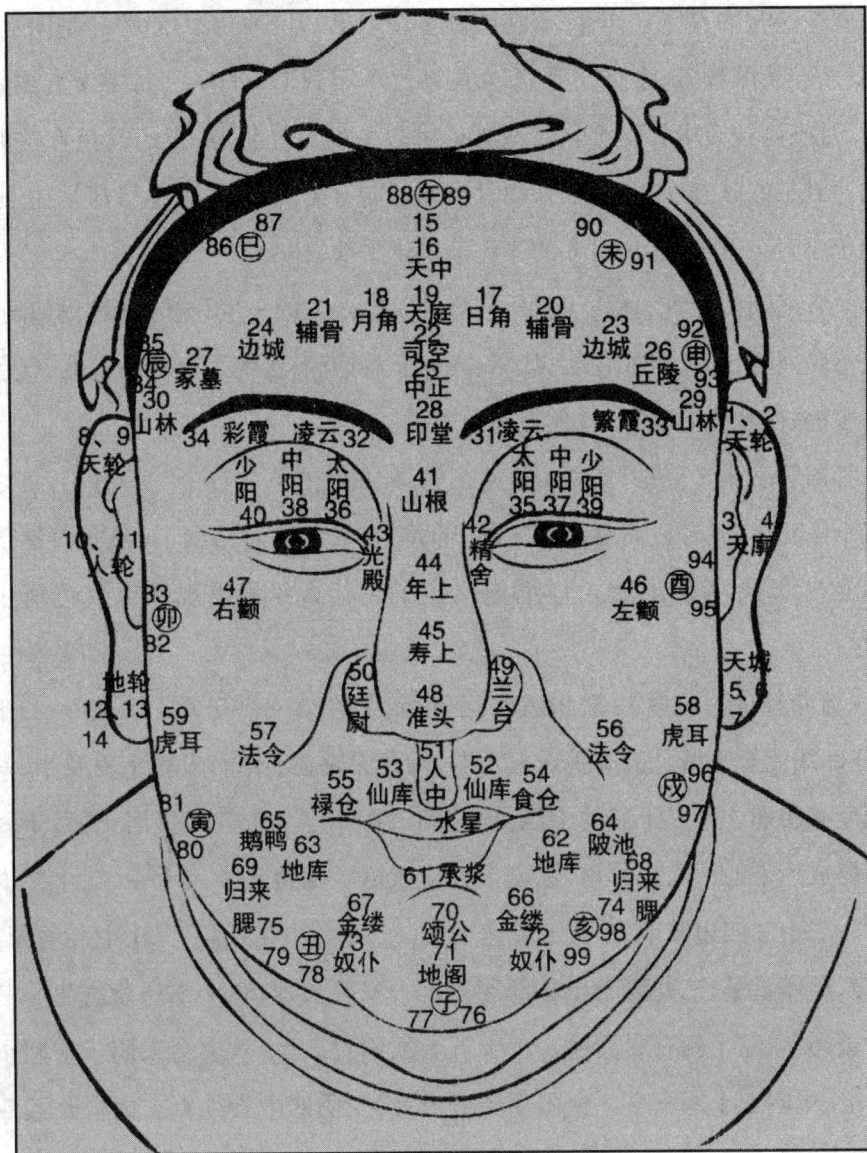

流年气运图

冬季万物凋谢,寒风凛冽,一片肃杀之气,这时人类的生活趋于安逸、享乐,就像人的暮年一样。冬季五行属水,水为黑色,与人的肾、耳相对应。黑色虽为冬季的正色,但黑色不吉利,以金生水,而又不失其正,所以冬季为白色,以固本培元,为来年奠定基础。

一月之色,即一月之内朔望之间的气色变化。一月之初也就是朔日,人的气色就像这时的月亮一样，隐藏在阴影里看不见，但其发展的趋势却是向上的，如树枝、花朵的抽条、发芽，一切都在酝酿之中。到了望日——月中十五或者十六时，月亮高挂天中，圆大而亮，达到一月之中的最佳状态，人的气色在这时同样也达到最好状态。望日之后，明月虽然还能看见，但其发展趋势却是往下的，日趋于小直至看不见，这时人的气色渐趋于平淡、朴实。

一日之间的早青、昼满、晚停、暮静其实也跟人的一生一样，早晨犹如幼年，气色清脆而薄；白天犹如青年、壮年，气色充盈饱满；傍晚是夜晚的前兆，气色渐趋于宁静；夜晚犹如晚年，气色宁静而安详。

骨骼管一生之荣枯，气色定流年之命运，气色在一生、一年、一月、一日之间都在不停变化，其考察需要结合时间、部位，古人据此总结出了《流年气运部位歌》《运气口诀》《识限歌》，详细地列出了在什么年岁出现什么气色所主的吉凶。

《流年气运部位歌》：欲识流年运气行，男左女右各分明。天轮一二初行运，三四周流至天城。天廓垂珠五六七，八九天轮之上停。人轮十岁及十一，轮飞廓反必相刑。十二十三并十四，地轮朝口寿康宁。十五天星居正额，十六天中骨骼成。十七十八日月角，远逢十九应天庭。辅角二十二一，二十二岁至司空。二十三四边城地，二十五岁逢中正。二十六上主丘陵，二十七年看冢墓。二十八遇印堂平，二九三十山林部。三十一岁凌云程，三十二遇紫气生。三十三行繁霞上，三十四有彩霞明。三十五上太阳位，三十六上会太阴。中阳正位三十七，中阴三十八王亨。少阳年当三十九，少阴四十看须真。山根路远四十一，四十二造精舍宫。四十三岁登光殿，四十有四年上增。寿上又逢四十五，四十六七两颧宫。准头喜居四十八，四十九入兰台中。廷尉相逢正五十，人中五十一人惊。五十二三居仙库，五十有四食仓盈。五五得请禄仓米，五十六七法令明。五十八九遇虎耳，耳顺之年遇水星。承浆正居六十一，地库六十二三逢。六十四居陂池内，六十五处鹅鸭鸣。六十六七穿金缕，归来六十八九程。逾矩之年逢颂堂，地阁频添七十一。七十二三多奴仆，腮骨七十四五同。七十六七寻子位，七十八九丑牛耕。太公之年添一岁，更临寅虎相偏风。八十二三卯兔宫,八十四五辰龙行。八旬六七巳蛇中,八十八九午马轻。九十九一未羊明,九十二三猴结果。九十四五听鸡鸣,九十六七犬吠月。九十八九亥猪吞。若问人生过百岁,顺数朝上保长生。周而复始轮于面,纹痣缺陷祸非轻。限运斗冲明暗便,更逢破败属幽冥。又兼气色相刑克,骨肉破败自伶仃。倘若运逢部位好,顺时气色见光晶。五岳四渎相朝揖,扶摇万里任飞腾。谁识神仙真妙诀,相逢谈笑世人惊。

《运气口诀》:水行一数金三岁,土厚唯将四岁推。火起五年求顺逆,木刑二岁复何疑。金水兼之从上下,若云木火反求之。土自准头初主限,周而复始定安危。

《识限歌》:一岁十八二十八,下至山根上至发。有无活计两头消,三十印堂莫带煞。三二四二五十二,山根上下准头止。禾仓禄马要相当,不识之人莫染指。五三六三七十三,人中排来地阁间。逐一推详看祸福,火星百岁印堂添。上下两截分贵贱,仓库分平定有无。此是神仙真妙诀,莫将胡乱教庸夫。

分句评析

气色与命运息息相关

【原典】

人以气为主,于内为精神,于外为气色。

【译文】

气是一个人自身生存和发展的主要之神,对内在的生命表现为人的精神,外在形式表现为人的气色。

人以气为自身的主宰,气在内体现为人的精神,在外表现为人的气色,人一生的气色变化是:"少年时期气色纯而薄即气稚色薄,青年时期气色光而洁即气勃色明,壮年时期气色丰而美即气盛色艳,老年时期气色朴而实即气实色朴。"

有贯穿一年的气色如"春季气色宜青,夏季气色宜红,秋季气色宜黄,冬季气色宜白。"就是这种气色。也有贯穿一个月的气色,如"朔日之后如枝叶盛发,望日之后则若隐若现。"就是这种气色。还有贯穿一日的气色,如"早晨气色开始复苏,白天气色充盈饱满,傍晚气色渐趋隐伏,夜间气色安宁平静。"就是这种气色。

气色这一概念在传统文化中是非常重要的。气与命相对,色与运相配。要注意的是,"命运"一词当是"命"与"运"的合称,"命"是先天生成的,不易改变,"运"是后天的,有可能改变。古人把人分为多种,有"命"好"运"佳者,此为上上者;有"命"好"运"不佳者,主一生有成,但非常不顺利;有"命"不好但"运"佳者,主一生顺利,但成就不会太大;有"命"不好"运"不佳者,则一生坎坷,终无所成。

"气",在中国古代文化中是根基,也是很重要的一个概念。气功中讲求"气",围棋中也有"气"之一说。围棋中如果棋子无"气",意味着该子已死亡,应从棋盘上拿走。

气功中讲求"气"的修炼和运行,气不存,自然无功可言。

古人认为,人禀气而生,"气"有清浊、昏明、贤鄙之分,人有寿夭、善恶、贫富、贵贱、尊卑的不同,这些由"气"能反映出来。气运生化,人就有各种不同的命运和造化。

"气"旺,则生命力强盛;"气"衰则生命力衰弱。生命力旺盛与否,与他日常行事的成败有密切联系,生命力不强,难以夜以继日顽强地与困难做斗争,自然难以成功。生命力旺盛,则能长期充满活力、精神焕发,是战胜困难,取得成功的必要条件。但是"气"的旺衰,与人之好动好静并不一样。好静好动与性格有关,与"气"则无直接联系。同时应注意,有的人"气"躁,其人好动,"气"沉,其人好静,那个"气"与这儿所讲的"气"不是一回事,应区分。

曾国藩在《冰鉴》里认为,人以气为主,气在内为精神,在外为气色,把气与色看作表里性的一组概念。更重要的是,从气色的重要性,存在形式和类型角度来说明气色变化不定,在观察气色时应持变化的观念,不能作机械式的判断。

"人以气为主",是说"气"对人非常重要。处在主宰、根本的地位;"于内为精神,于外为气色",是说"气"有一内一外两种存在形式,内在存在形式是"精神",外在存在形式为"气色";换句话说,观察"气",既要观察内在的"精神",又要观察外在的"气色",这两句话实际上指出了观察"气"的门径,也指明"精神"与"气色"的实质。

在古人的认知中,"气色"是分为"气"和"色"两个概念的。刘邵在《人物志》一书中就把"气"和"色"分开来识别人才。

他认为,"躁静之决在于气",即通过一个人"气"的观察,可以看出他是好动型的或是好静型的,因为气之盛虚是一个人性格的表现,气盛者则其人好动,气虚者则其人好静。

通过对一个人声音的识辨,也可以识人:"夫容之动作,发乎心气,心气之征,则声变是也。夫气合成声,声应律吕:有和平之声,有清畅之声,有回衍之声。"其意思说,外表的动作,是出于人的心气。心气的象征又合于声音的变化。气流之动成为声音,声音又合乎音律。有和平之音,有清畅之音,有回荡之音。

古代善于识人者,往往能够从成败之外看到人才的长处,这是最难能可贵的。而庸人却只能以成败论英雄,如此一来,必然会错失人才,如未显达时的管仲、张良。管仲在未佐齐桓公时,什么都不成功;张良未遇刘邦时,刺杀秦始皇也不成功。这是因为事情的成功会受到许多偶然因素的干扰,运气好时,瞎猫也能撞上死耗子。运气不好则天才也难成功。观察人才的办法,应仔细考察做事的方法和手段,即便他这次未成功,但可以知道他的特点,是胆大心细? 是计划周密? 还是凭偶然性完成了这项任务? 计划周密、胆大心细的人,即便这次不成功,下次也会成功。有的人才能很高,只因为时机不成熟,才能一直得不到发挥,如果只以成败论英雄,就很难真正发现有才能的人。

古代将帅用人,着重考察人物的心性才能,不要待他把事做定之后再下结论,只持初端就可做判断。许多成功者在事情还未完成之前,就已经潇洒自如,胸有成竹。在进行中就能信心十足地把握住未来的发展方向,那即使有困难,有压力,但心中分寸已经安定,会有挥洒自如的外在表现和乐观的信心,以这种心态来引导事业,其前景是可以期望的,而愚才做事之前,却没有雄心,使人提心吊胆、惴惴不安。这也是观时识人所必须掌握的。

人才自古不嫌多,其中大半都未识。从前太冥主宰不周山,河水冲进那的山洞里,山石将要裂开了,老童走过这里便为之担心,并告诉太冥说:"山将要崩裂了。"太冥听了大怒,认为这是妖言。老童过去又把这话告诉了太冥的侍臣,侍臣也大怒道:"山怎么能崩裂呢?只要有天地,就会有我们的山,只有天崩地裂,山才会崩裂!"便要杀害老童,老童惊愕而逃。不久共工用头触那山,山的主体都像冰一样崩裂开了,太冥逃走,后来客死于昆仑山的废墟,他的侍臣也都失去了他们的家园。太冥在危时不能识人于忠,终于得到了应有的下场。

当然,聪明的领导者一般都能够随时随地了解人的特性并识之、用之,如曾国藩在长沙学习期间,与郭嵩焘、刘蓉深交。任京官时,又广交友朋,以文会友。如吴竹如、窦兰泉、冯树堂、吴子序、邵意西等友人,这些人才后来都成了他的幕府中的重要人物。他在礼部复试时,因欣赏"花落春仍在"的诗句而识拔了俞樾,又在朝考阅卷时看广了陈士杰。后来,他们对曾国藩时"事业"都有过很大的帮助。因此,正如他所说"今日所当讲求者,唯在用人一端耳"站在治国兴邦的高度,人才是关键问题,而当时的官吏在用人过程中大多退缩、琐屑、敷衍,"但求苟安无过,不求振作有为,将来一有艰巨,国家必有乏才之患。"可惜天下英才处处埋没,不亦痛乎?

观色识人法

【原典】

有终身之气色,"少淡、长明、壮艳、老素"是也。有一年之气色,"春青、夏红、秋黄、冬白"是也。有一月之气色,"朔后森发,望后隐跃"是也。有一日之气色,"早青、昼满、晚停、暮静"是也。

【译文】

气色有多种形态。有贯穿人的一生的气色,就是"少年时期气色纯清稚嫩,青年时期气色勃兴光洁，壮年时期气色旺盛丰美。而老年时期则为朴实平和"。有贯穿一年的气色，就是"春季气色为青色——木色、春色，夏季气色为红色——火色、夏色，秋季气色为黄色——土色、秋色，冬季气色为白色——金色、冬色"。有贯穿一月的气色，就是"每月初一目之后如枝叶盛发，十五日之后则若隐若现"，有贯穿一天的气色，就是"早晨开始复苏，白天充盈饱满，傍晚渐趋隐伏，夜间安宁平静"。

人一生要经历漫长的路程，大致说来有四个时期：幼年时期、青年时期、壮年时期、老年时期。在各个阶段，人的生理和心理发育及变化都有一定差异，有些方面甚至非常显著。表现在人的肤色上则有明暗不同的各种变化。

人的生理状态和情绪，常常随季节和气候的变化而变化，而这种内在变化就会引起气色的变化，所以随着季节不同、气候变化，人的气色也不同。所谓"春青、夏红、秋黄、冬白"，是取其与四时气候相应所做的比拟。应该说，这种比拟颇为准确。

春季，草长莺飞，百花盛开，绿色遍野，春情萌发，人类的生存欲望，此时最为强烈。按照五行之说，春属木，木色青，于人则为肝，春季肝旺，所以形之于色者为青，青色，生气勃勃之色也。

夏季，赤阳高照，天地为炉，人类的情绪，此时最为激动。五行上夏属火，火色红，于人则为心，心动则气发，气发于皮肤呈红色。

秋季，风清气爽，天高云轻，万木黄凋，人类受此种肃杀之气的感染，情绪多凄惶悲凉。秋属金，金色白，"金"为兵器，"白"为凶色，虽然得正，却非所宜。宜黄者，以土生金，不失其正，而脾属土，养脾以移气，所以说"秋黄"。

冬季，朔风凛冽，侵入肌骨，秋收冬藏，人类生活，此时趋于安逸，冬属水，水色黑，于人则为肾，肾亏则色黑，不过其色虽得正，却非所宜。宜白者，以金生水，不失其正，而固肾以养元。

"一月之气色"，随月亮的隐现而发，初一之日后，气色如枝叶之生发，清盛可见，十五之后，气色就若隐若现，如月圆之后，渐渐侵蚀而消失。

　　"一日之气色",则因早、中、晚气候的变化而有小范围的变化,大致上是早晨气色复苏,如春天之草绿;中午气色饱满充盈,如树木之夏茂;傍晚气色渐隐渐伏,如大地之秋黄;夜间气色平静安宁,即秋收冬藏之意。

　　观色识人法的记载还见于刘劭所撰《人物志·八观篇》:"所以忧惧害怕的颜色大都是疲乏而放纵,热燥上火的颜色大都是迷乱而污秽;喜悦欢欣的颜色都是温润愉快,愤怒生气的颜色都是严厉而明显,嫉妒迷惑的颜色一般是冒昧而无常。所以一个人,当其说话特别高兴而颜色和语言不符时,肯定是心中有事;如果其口气严厉但颜色可以信赖时,肯定是这个人语言表达不是十分畅敏;如果一句话未发便怒容满面时,肯定是心中十分气愤;将要说话而怒气冲冲时,是控制不了的表现。所有上述这些现象,都是心理现象的外在表现,根本不可能掩饰得了,虽然企图掩饰遮盖,无奈人的颜色不听话啊!"

　　"色"还是一个人情绪的表现,"色"愉者其情欢,"色"沮者其情悲。也有不动声色之人,需从其他角度来鉴别他们的情绪状态。

　　"色"的含义比较广泛,它是一个人的气质、个性、品格、学识、修养、阅历、生活等因素的综合表现,与肤色黑白无直接联系。

　　另外古人还有一种通过察言观色辨别君子小人的办法,大家也可以简单地了解一下:

　　喜怒不形于色,宠辱不惊于身;处危难之际而仍然能够性情闲适畅朗,听到赞誉或诋毁时能够颜色不变,以天下之兴衰治乱为己任,先天下之忧而忧,后天下之乐而乐,这样的人是高居上位的君子;愤怒而不至于放肆,得意而不至于忘形,从不猜测将来人生、事业的得失取舍,更不因此而忽喜忽怒;不揣度未来己身的荣宠和耻辱,更不因之欢欣忧戚,这样的人是身居下位的君子;喜怒哀乐都由感情,恩人仇人界线分明,喜欢玩弄权术欺上瞒下,固执迂腐,骄傲放纵,喜欢同类、排斥异己,患得患失,色厉而内荏,羞于谈及自己微贱时的小事,害怕别人提及自己未发达时的经历,这样的人是在上位的小人;一有风吹草动就惊慌失措,遇事情就慌里慌张,风风火火,喜欢卖弄自己的长处,害怕提及自己的缺点,附和自己就十分欢喜,反对自己就愤怒非常,想到自己可能荣华富贵就神思飞扬,将要升至高位时便颜色大变,这样的人,是身居下位的小人。

　　人的各种感情总会在外部有所流露,即使想隐瞒也不会完全瞒得住,因此还是可以通过外部表情了解一个人的思想的,除了少数心计很深的阴谋家和喜怒不形于色的人之外,对多数人都可采这种观察办法。在我们的日常生活中,我们不妨学习一点察言观色的技巧,这对我们的生活来说,是相当有益的。

智慧应用

王戎:见虎咆哮,面无惧色

　　不同的人有不同的恐惧,不同的人对不同的事产生恐惧。王戎观虎不惧,是他看穿了老虎的本质,那些跑开的人只是缺乏忍受恐惧袭击的心理准备。

　　三国时曹魏后期,有七个趣味相投的朋友,经常宴饮于洛阳郊外的竹林之中,吟风弄月,诗酒唱酬,清谈娓娓,优哉游哉,时人称他们为"竹林七贤"。

　　七贤之一的王戎在历史上以精于理财著称于世。他从小爱动脑筋,反应特别快,既聪敏,又精明。有一次,魏明帝得到一只地方上进贡来的东北虎。这只老虎威风凛凛、凶猛异常。魏明帝自己观赏够了,就让人把装虎的木笼放到皇宫前的广场上,供大家参观,让京城的士民百姓开开眼界。果然,京城沸沸扬扬,人们都想亲眼看一看这只活生生的大老虎,纷纷来到广场,把广场挤得水泄不通。七岁的王戎也夹在人丛中看热闹,他人小个子矮,在人缝中钻来钻去,竟钻到了栅栏前。

　　人们平常谈虎色变,而此时却兴致勃勃地观看困在笼中的百兽之王,且不时用手指指点点的,丝毫没有畏惧之色。突然,大老虎兽性发作,前肢攀着栅栏,张开血盆大口咆哮起来。这突如其来的吼叫声,震动屋宇,响彻广场,围观者毫无思想准备,被吓得胆战心惊。身强力壮的,转身拔腿就跑;年老体弱来不及跑的,都扑倒在地;一些半大不小的孩子,一见这阵势,都惊叫着跟随大人跑开了。

　　这时,空旷的广场上,只有一个小孩仍若无其事地站在那里,盯着栅栏里的老虎看，没有一点恐惧的神色。他就是王戎。

魏明帝远远地从看得很真切，感到十分惊奇，便派随从官员去问这个小孩，他为什么有这么大的胆子。

"老虎这么凶猛，吼声这么吓人，连大人们都吓跑了，你怎么不怕呀？"这个官员来到王戎身边，很和气地问道。

王戎从容地答道："老虎是很凶猛，但它已被关在笼子里，有什么可怕的？"这个官员又说："为什么大人吓得跑开了？"

魏明帝

王戎回答说："老虎是兽中之王，人们听老虎吃人的故事听多了，因此，老虎一吼叫，也来不及多考虑，只顾落荒而逃了。"

王戎的分析在情在理。他小小年纪就这么冷静地对待自己所遇到的事情，而且头脑清晰，不畏惧表面强大的事物实在难能可贵。

三、气色与文人之关系

气色预示着文人的命运和际遇。人的面部气色与命运之间有着不可分割的联系。

【原典】

科名中人，以黄为主，此正色也。黄云盖顶，必掇①大魁；黄翅入鬓②，进身③不远；印堂黄色，富贵逼人；明堂素净，明年及第。他如眼角霞鲜④，决利小考；印堂垂紫，动获小利；红晕中分⑤，定产佳儿；两颧红润，骨肉发迹。由此推之，足见一斑矣。

人的生存与发展主要以气为主，其在内表现为精神，在外表现为气色。气色分为多种，通常人们把贯穿一生的气色分为少年、青年、壮年、老年四个阶段。

淡：少年时，气色宜淡薄清稚。

明：青年时，气色宜明净疏朗。

艳：壮年时，气色宜丰润俊厚。

素：老年时，气色宜素雅淳朴。

人体气色的四阶段

【注释】

①必掇：这里指考取。

②黄翅入鬓：指两颧部位各有一片黄色向外扩展，如两只翅膀直插双鬓。

③进身：登科升官或封爵受禄。

④眼角霞鲜：眼角部位红紫二色充盈，其状似绚丽的云霞。

⑤红晕中分：两眼下方各有一片红晕，而且被鼻梁居中分隔开来从而互不连接。

【译文】

对于追求科举功名之人来说，面部气色应以黄为主，因为黄色是正色。如果有黄色的云彩覆盖在头顶，则此人必定会金榜题名，高中状元；如果两颧各有黄色部位向外扩展，如两只翅膀延伸至双鬓，则此人必定离加官晋爵的日子不

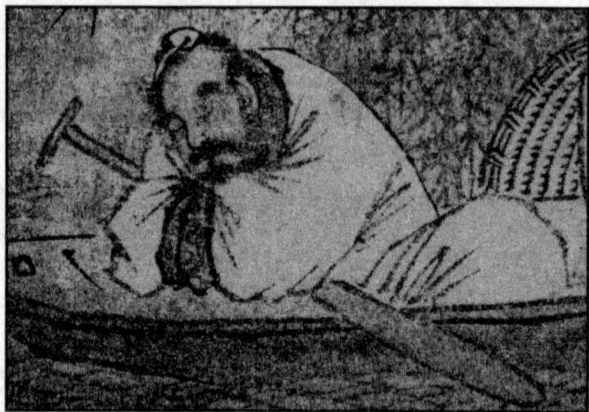

面青之色

面青之色通常会出现在人的眼睛下方，其他的层次感，轻重度各有不同，如因心事忧烦困苦面部气色易呈青色，其色既浓又厚，形状近似于凝墨。

远了；如果命宫印堂呈黄色，则此人必定会很快获得致富或做官的机会；如果明堂部位(即鼻子)白润洁净，则此人必能科考中第。其他如眼角部位形状如绚丽的云彩，则证明这位童子参加小考必能顺利得中；命宫印堂部位有紫色出现，则证明此人时常获得钱财之利；如两眼下方各有一片红晕，而且被鼻梁分开，则证明此人将会喜得贵子；如两颧骨部位红润发光，则证明此人的亲戚中必有显贵发达之人。以此类推，就能洞悉面部气色与人命运间的关系了。

综合评析

文人气色

本书的最开始就提到,相学在流派上有江湖派与文人学士派的分别,《冰鉴》作为曾国藩的作品自然是属于文人学士派的。文人学士派的相术其所观察的对象顾名思义就是文人学士,也就是说不是女人,也不是普通老百姓,而是读书人。作为读书人,其读书的目的是为了中科举成为公职人员,因而其所谓的相文人学士,主要还是相这些人能否或者什么时候能够金榜题名成为官员。放在今天来看,其所主也可以说是事业、学业的有成。

在相学上,观人论相通常分为七种颜色,即青、黄、赤、白、黑、红、紫,黄、红、紫主吉,黑、白、青、赤主凶。具体是:青色主是非、忧惧、惊慌;黑色主牢狱、疾病、灾难;白色主折伤、孝服、亡故;赤色主血光、口舌、诉讼;紫色主迁官、荣升、名望;红色主发财、功名、生子;黄色主各种吉庆之事。

在古代黄色为正色,黄色的服饰只有皇亲贵族才有资格使用,明黄服饰更是天子的专利,普通人擅自使用形同造反,那是杀头的罪。因而,黄色在相术上是最吉利的颜色,任何的黄色都是吉利的,黄色无凶兆。中国人作为黄色人种,其颜色天生就微带黄色,作为吉色的黄色实际上就是比正常的面色鲜润饱满一些。

气色的吉凶在《麻衣神相》上有专门的论述,其按照面部上、中、下三停的顺序分别讲述各处出现各样气色的吉凶,现录于后。

上停吉气

离位为官禄之宫,横连坤巽,宜高广而有角。额为南方,离位,左为巽,右为坤。上起天中,下止印堂,旁连日月角、龙虎角、尺阳、武库、华盖、福堂,两眉上通为官禄宫,主贵。

驿马乃迁移之地,通号太阳,要丰而不别。两太阳,乃边地、驿马、山林、郊

国学经典文库

冰鉴

由气色相人

图文珍藏版

891

外部分,故为迁移之宫,主远出。并宜润净红黄,主官禄财喜,出入吉。不喜昏尘赤黑。赤主口舌、争讼,白主丧服折伤,青主忧惊降黜,黑主牢狱死亡。

庆云现于官禄,三台八座之尊。黄气中有紫气,点点如花、如豆者,为庆云,见于额上,更得九州黄明,必主大拜公侯将相。浓厚者,应在三旬,迟则六旬或一年。若紫气如钱、如月者,五七日必应。若无紫气,只有红黄者,但转资而已。盖紫乃贵气,王钦命诏敕及面君。唯四品以上有,以下难得。天中部主王侯极品,天庭部主二品,司空部主三品,中正部主四品,印堂部主五品。

紫气临于印堂,五马诸侯之贵。黄气中有紫气如仰月,上应天部,眉上旁驿,下应准头者,六旬有敕命之喜。或见荐举及生贵子、进田产、得大财、罪人遇赦。若上见红黄色光润者,但转资,常人得财喜,新婚生子而已。

天中见圆光,七旬内加官晋级。天中有黄白圆光如钱,发从高广,兼三台有黄喜气,七旬必封拜,得紫气必面君。

额角留正色,三年中纳陛升阶。日月龙虎角常有黄色不散,三年内出将入相,更得紫气及诸部之相应者,必面君。

黄气余从高广,一季中必得官资。

祥云拥照内宫,日日中当应天宠。

凡黄气一二点,如钱如月,或寸许,或如丝路,自天庭高广,下接印堂眉上,旁连两太阳及准头悬壁相应者,官必迁转,士必登科,常人得财进产。浓厚者,应在一月。稍薄者,六旬。若气如桂花,如鱼鳞,其中有紫红隐隐如丝如豆者,此为祥云,兼印堂有此气者,官必超升,大则封侯拜相,小则钦取科道,致仕官起用,士子高中,白衣得官,僧道命服,战士得胜,常人获珍宝大财。浓厚者,应一七。稍薄者,二三七也。

印堂有紫,虽小忧,不为害。若印堂无此气,但循资迁转而已。

丝路显于上停,官职骎骎而进。额上有红黄丝路者,三十日内加官,凡人百事大吉。

红黄见于诸部,财源滚滚而来。

奏书瑞气光浓,吉祥可想。两眉头为奏书,一部黄光,与准头相应,百事吉

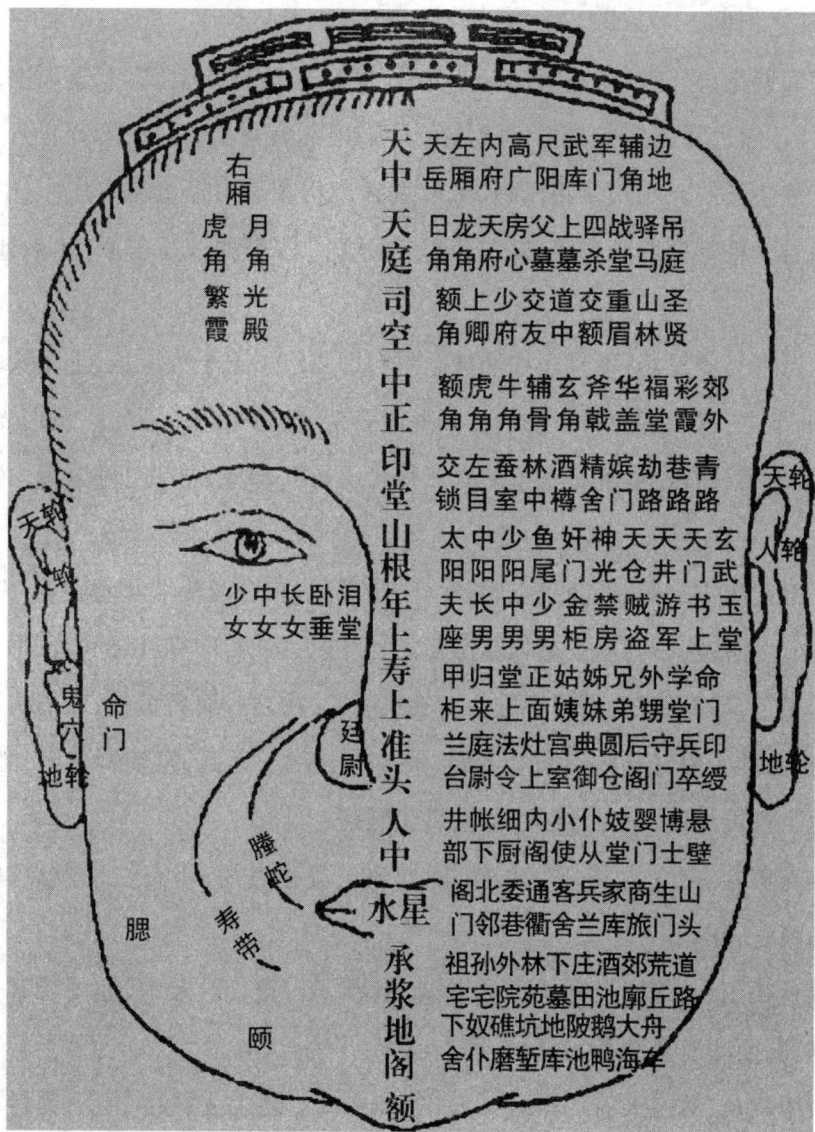

冰 鉴

由气色相人

图文珍藏版

面部位图

天中　天左内高尺武军辅边
　　　岳厢府广阳库门角地

天庭　日龙天房父上四战驿吊
　　　角角府心墓墓杀堂马庭
司空　额上少交道交重山圣
　　　角卿府友中额眉林贤

中正　额虎牛辅玄斧华福彩郊
　　　角角角骨角戟盖堂霞外

印堂　交左蚕林酒精嫔劫巷青
　　　锁目室中樽舍门路路路

山根　太中少鱼奸神天天天玄
　　　阳阳阳尾门光仓井门武
年上　夫长中少金禁贼游书玉
　　　座男男男柜房盗军上堂
寿上　甲归堂正姑姊兄外学命
　　　柜来上面姨妹弟甥堂门
准头　兰庭法灶宫典圆后守兵印
　　　台尉令上室御仓阁门卒绶

人中　井帐细内小仆妓婴博悬
　　　部下厨阁使从堂门士壁

水星　阁北委通客兵家商生山
　　　门邻巷衢舍兰库旅门头

承浆　祖孙外林下庄酒郊荒道
地阁　宅宅院苑墓田池廓丘路
额　　下奴礁坑地陂鹅大舟
　　　舍仆磨堑库池鸭海阜

右厢　虎角繁霞　月角光殿

少中长卧泪　女女女垂堂

天轮　人轮　地轮

鬼穴　命门　地轮

腮　　滕蛇　寿带　颐

廷尉

昌,赤色不宜。

　　罗计黄光发耀,财喜频增。眉为罗计,眉上黄莹,左主添人进财,右主娶妻进产,应在一月。赤妨讼,白妨父母,青忧病,黑牢狱死亡,刑克兄弟。

　　九州黄色,喜自天来。扬州额,翼州颏,豫州准,荆州左太阳,徐州右太阳,青州左颧,梁州右颧,兖州口左,雍州口右。满面黄莹,必迁官,登科、进财。若黄点如桂花、栗豆,祥云中有玉纹者,超升高第,常人获珠宝大财,白衣僧道皆得官,非常之相也。

满面紫花,禄随日至。紫气点点如豆如月,如丝络如玉纹,上逢天中,下贯准头,并正面边驿诸部者,主封拜财禄,士人登科,宜东南、西方,不宜北方。

紫气诀云:"天中川字将军禄,天井圆钱享贵荣。山根忽见应加职,中正如逢定面君。悬壁福德皆有要,奸门鱼尾定妻娠。法令如钱迁美职,忽来地阁产频增。"

三台喜气应三场,不喜光如油抹。三台即三停。士子入三场,上主头场,中主二场,下主三场。但有黄气成花,如九州黄莹者,必中选。若先见黄白光如油抹者,必下第。有粉红光泽,白淡发于科名、科甲、印堂、准头、两颧者,必贴出驳克。

一部黄明占一等,惟防火点胭脂。士子考试,三台黄莹带红丝红点,天中有圆光,必上等首选。若眉下黄如结茧横末,及准头黄明,印有红绿气者,中等也。但眉上黄色,印有红气,而目下准头有火气者,又次之。面无黄气,而眉头、额上有红点,而准头粉红有暗点墙壁者暗,兼勾陈、螣蛇、元武,发动青气者,必下等退黜也。官员见此,罢斥;庶人见此,官讼破财。

桂花黄九有,文占高魁。九有,即九州。黄花点片,印有红紫丝点,应速。龙虎角紫气,亦妙。

蜡色映三台,等居上列。士子考试,但眉、印、颧、准、天中、地阁皆有黄气,虽不满面,而印有喜红者,亦居上选。

科甲紫黄,策名天府。科名王润,独步文场。眉上为科甲,眉下为科名,入场二处黄紫连印堂横发,必主大利。

黄气少而带气重,功名来又不来。面上虽有黄气,而印堂、准头、边驿之气暗,为明中有滞也。凡人行事进退,饥寒切身者,为形滞。似醉似睡,似哭似愁者,为神滞。言语无力,举止似有病者,为气滞。似明不明,似暗不暗者,为色滞。形滞十年,神滞八年,气滞五年,色滞三年。滞气开则运气通矣。如不开,即一生偃蹇,兼形相看。

青气少而明莹多,喜气至而还矣。元武、勾陈虽有青气,而三合准印明莹,乃滞中有明，反化为吉也。

上停凶气

光岳清明，则太虚晃朗。烟雾蒙暗，则六合弥漫。

神清者，霁月秋波。气滞者，浓云薄雾。醉不醉而睡不睡，定非发达之形。暗不暗而明不明，岂是飞扬之色。

神宜藏而不宜露，露则促年。神宜光而不宜短，短则无寿。

上视者傲，而下视者愚，斜视者奸，而怒视者恶。

眼光如水，男女多淫。目炬如火，奸雄嗜杀。睛有赤沙赤缕，决不善终。眼或如鹊如蛇，皆含毒性。昏眸白露，恶死奸人。赤眼金睛，凶亡暴客。

目尾下垂，夫妻生别。眼弦三角，骨肉刑戕，又主心毒。

有浓发之健儿，无小头之贵客。

行摇头而坐低头，岂不贫穷。卧开眼而食露齿，岂不贱恶。

形如土偶，寿算难延。貌若烟尘，行藏必滞。面带悲容，定然寒苦。血不华色，多是贫酸。

怒面青蓝，心奸如鬼。喜容红艳，寿短如花。白如枯骨，不久人间。黑似湿灰，行归泉下。青如点染，晦气时侵。青色主忧惊疾厄，或如珠点，或成痕路，天中青而光润，必被诏命；若枯燥，则死于诏里。秋发乃应。额上青，六十日忧惊。眉下青，旬日内虚惊。印堂青点，灾厄损财。山根年寿青，疾病。准头青，乃木克土，百不称意。人中有青，破财。地阁青，水厄。勾陈腾蛇元武皆有青，见后。

黑或冥蒙，凶灾日见。黑主死亡、牢狱、破财。额上黑露，百日内非常之病，死亡罢斥。脸上黑雾，七日死。印堂黑暗，耳门黑气入口者，死。山根年寿黑，大病。准头黑，停官、疾病、枷锁牢狱至死，二三七应。人中黑，急病。人中口吻黑绕，七日死。承浆黑，醉溺死。地阁黑，水厄、牢狱、损奴畜，百事不利，冬月稍可。

粉色变容，丧必应。团团片片，各宫妨。面白如涂粉，无光润者，主丧服。若白片白点如梅花梨花，团团而见者，随宫分断之。额上忧父母，六旬应。印堂白气如丝，主父母丧。鼻口耳者，七十日，无父母则本身。山根主轻服，一百二十日见。目下主子女，目尾主妻妾，三七应。颧上主兄弟叔伯。耳下边地姊妹姑姨，又主伤折。年上主重丧及祖父母，应速。寿上主一年哭泣。准头主父母，甚则自身仍破财。人中防毒及产厄。地阁损奴畜。

火光照面，讼频遭。点点丝丝，诸部畏。凡人满面火色，主官讼。若有赤点、赤丝发露，决主官事、火殃、恶病、血光之厄。天中天庭赤点，火殃兵厄。司空中正，横事破财。印堂眉头，斗讼械击。山根年寿，血光火殃，损财畜。准头，刑厄争讼。赤带丝路如蛆者，血光破财。人中失物，围口上下，口舌。承浆，酒祸。地阁，田讼。小口，舌病。目上，牢狱。目下，疝气，疽产厄。

焰里点烟，外主官，家主火。满面火色，毛孔中有针点之青及赤丝路者，名为火里烟，主人命危厄至，至念。

播纱染皂，肥主疽毒，瘦主痨。额准颧颔有火气，带青点，名曰播纱染皂。而印堂眉下悬壁皆红者，肥人必发疽痘恶疮，瘦人痨病，与火里烟不同。

赤横眉上，九十日必至凶亡。火点额头，一月中须防人命。

满额绛霞，应有讼，二七日应。贯天青气，岂无忧？青气贯天庭，九十日有不测之忧。或云青气发自发际接印堂，不论疾病深浅，六十日死。至鼻梁，一月死；至人中，一七死；满面，即日死；满身，即时死。

天庭有青点，可虑瘟灾。华盖黑蒙胧，须防卒病。

年上乌云应天岳，狴犴难逃。天岳在天中旁，二处皆有黑气，甚则瘦死也。

鼻梁黑雾上天庭，阎罗必见。准头有光，可折一生。

太岁临门，额上昏昏，常蹇滞。边庭晦气，耳边点点，定逆运。两太阳边，驿下耳前悬壁一带，气色不甚光明者，百事不遂。若有黑气，则破财失脱牢狱也。

黑斑点额，死症难医。黑点如麻子。

赤气入边，游魂不返，主亡外。

四杀青可见祥，临危致命。眉上一寸名四杀，黄润则行兵得胜，有黑气，凶。

驿马白虹贯额，半路回程。驿马宜黄润，若黑青气贯之，车马有灾。赤主口舌，白气横贯天庭，则其半路丧也。

眉上白光如练，左损夫兮右损娘。

印堂粉气如丝,非丧亲兮即丧己。(并祥粉色又容下)

满面雀斑白焰光,孝服上身。天仓雪色连边,折伤亡命。

天仓白气连太阳、驿马,主有刑伤。

丧门光如锡,有哭泣之哀。泪堂白痕如锡光,名丧门。

白虎气环唇,主死亡之厄。耳前白气朝口,名白虎。

中停吉气

中停部位所辖甚多。印堂为命官,最宜平阔。年根系疾厄,亦要丰隆。土星为财禄之宫,直大为美。罗计列兄弟之位,长秀斯良。子女居于龙宫,眶宜平满。妻妾属乎鱼尾,肉忌陷枯,最宜光莹清明,总忌暗昏滞晦。

耳高朝海,福寿可知。颧广侵云,威权必重。

天仓地库丰肥,富齐猗顿。天仓在日角后,地库在地阁旁,并主田财。

印绶命门高莹,福比陶朱。命门即耳珠前,印绶在其下,主福寿。

月孛光隆,平生少疾。年宫润泽,一岁平安。

印堂黄点如珠,祯祥叠见。紫气祥光如豆,贵禄齐来。紫气即印堂,四时黄明,发财称意,病人不死,官讼得赦。百事大利。若黄气如珠、如钱者,官迁职,士利考,庶人得大财,应七十四日。若黄中隐隐见紫丝紫点者,官超升,士高第,生贵子,得大财,尤宜南方,或有小忧,不能为害。

阙中忽见仰月紫,章服应颁。鼻柱横拖柳叶黄,钱财横发。黄色向山根、年寿,横过眼之上下至发际;或自准头,过两颧至命门,形如柳叶横拖,并主大财。

奏书黄气斜侵驿马,必高迁。两眉头为奏书,黄气横至边驿者,必迁官得远则。

就铨选曹,细察二台黄色。凡印堂黄明,贯奏书,入边驿,及准头明莹者,宜就选得美职。若上中二台,眉上眉下,边驿、印堂、准头、两颧有黄色如碎米,中有紫点者,必除要位。若印上红黄,山根青点,准头赤色者,必地方不美。若命门悬壁暗黑者,地必不美,且防路途病险。

欲除正授,但看夹鼻印光。凡准头、法令、廷尉有黄气,夹鼻上彻印堂者,官必正授。不然,皆假授及闲散杂职。

三阳喜色黄浓,进财进职。博士祥光紫发,生子生孙。眉下为太阳、外阳,谓之博士。常要明净,若常黄色,必有财喜新婚。忽黄浓带红紫气,必生子进职,切忌暗黑,并印堂、准头、两颧俱暗者,必失职破财,家宅不安。

黄气山腰连日角,大振才名。紫气上贯天中,高升爵禄。山根、年寿常光润,主无灾疾。黄色安乐,病人即愈。若昏暗,多不遂。赤血、白光丧服,青忧患,黑灾厄。若黄色上贯眉下者,百日财喜官迁也。透额角中,有紫气者,必超升,白衣得官者也。

准上金光透印堂,得禄得妻亦可得贵子。准头至山根、印堂有黄色,上达天庭者,三七四七日有财喜、进产、娶贤妻、生贵子等事。更得三阳诸部相应,大贵大财,只有一部相应,亦有得财喜。

鼻尖紫气如偃月,进财进马进田庄(主贵人相访),五十日应。

禾仓生黄,秀才及第。禾仓在颧下,又主喜信至及移动。若带紫点,尤速。

兰台见紫,贵客临门,主贵人相访。

明堂一点不生,为云开见日。田匮两旁黄润,财旺称心。凡四方有滞未开,但得准头一点开发,即渐渐亨通也。鼻乃明堂,为一面之主,其上下左右可候五脏六腑之病,为最要。灵枢经云:"明堂者,鼻也。阙,眉间也。庭者,颜也。藩者,颊侧也。蔽者,耳门也。其间欲方,去之十步皆见者,必寿也。明堂骨宜高起平直,五脏次于中央,六腑挟其两侧。庭者,首也。阙上者,咽喉也。阙中者,肺也。主官(印堂)。心者,直下肝也。肝左,胆也。再下,脾也。准上,胃也。中央大肠也。挟大肠肾也。面主以下膀胱子脏也。五色各出其部,部骨陷者,必不免于病。但外邪乘袭者,病虽甚不死。黄赤为风,青黑为病,白为虚寒。察其浮沉以知浅深泽天,以观成败,以知远近上下,以知病处。从外部走内部者,病从外入;从内部走外部者,病从内出。其色沉,天上行者,病益甚。其色下行如云彻散者,病方已。其色上锐上向,下锐下向,左右亦然,男女易位。"

甲匮在鼻梁两旁,满润,旬日有财喜。

金匮光明,诸吉鼎至。金神黄紫,百福履祥。眼角、天仓、神光、天门、玄武之部,通谓之金神也。

鱼尾贼门红隐隐,捕盗有功。武官捕盗,官宜见之。此处有奸贼游军诸部故也。须印准三阳边驿皆明莹,应在二七,万不失一。若青黑色,元武动,印准暗,必因公失职。

天中妇女紫斑斑,诰封益福。妇女天中左右有紫点如花,必受诰封。紫色常见者,寿长。

鱼尾半钱红润,定配佳人。卧蚕半点金明,决生贵子。

龙穴黄润生贵嗣,凤池红绕产娇娥。左目为龙穴,右目为凤池,有黄红润、紫色围绕眼泡上下,印准亦红黄者,主生贵子。眼下青黄则生女。通主进财迁官。若印无色,主生子不育多。二宫青色,忧病。眼下黑色,克子女。

阴骘纹生,佳气盘旋阳德厚。子孙痕起,印堂排列子生成。目下红黄为阴骘纹,上微福堂为边驿三阳泥沙,左生贵子,右生贵女。语曰:"目下紫气,儿女主贵。"印堂有肉痕隐隐直下者,一条一子。

下停吉气

下停部位专主暮年。地阁为田宅之司,亦朝鼻准。颐额为仆马之地,喜应天仓。口如角弓而发如戟,衣禄无穷。沟若破竹,而唇抹丹,福寿自有。

双生紫气夹兰台,一月中定迎敕命。食仓,在法令内兰台外。忽有紫气如虫行者,一月内必有敕命,兼至印准额上看。

两道黄光来口角,百日内必转官衔。士子必登科,兼额印准头看。

帐下紫钱现,逾科成名。准头明镜光,神仙有分。帐下,在兰台下人中旁。有紫色如钱,二十日成名,有阴功,遇灾无咎,兼准头看。准头色如镜光,冬夏不绝,三五年必遇仙。

内厨黄如半月,必获珍馐,内厨,在法令下,主百人进美食。

法令紫若破钱,当添姬从,三月内应,又主得敕命。若黄色进人口,左进男,右进女。

地阁红黄,主进田园奴马。学堂明净,必逢荐剡贵人。四学堂,目为官学堂,额为禄学堂,齿为内学堂,耳为外学堂。又有八学堂,天中曰高明,司空曰高广,印堂曰光大,眉曰班笋,目曰明秀,耳曰聪慧,口曰忠信,颔曰广德。

悬壁色明,家宅宁而吉利。地阁红莹,晚景泰而安康。

中下二停凶气

印陷坎坷有乱纹,则刑复不免。三二三限至。

眉交破荡点黑子,则羁旅而亡。

眉逆弟兄不睦,棱高性情多刚。

山根断或偏,孤贫疾厄。鼻梁斜或曲,奸狡贪婪。

耳上乱纹,家破财。鼻腰生节,室分离。

鼻如鹰嘴,心藏毒。窍似针筒,心性必悭矣。

土星缺陷,孤克可知。灶孔露昂,钱财难聚。

鲇口播闻乞祭,鸟喙转后无情。

结喉露齿,客死他乡。引舌添唇,中藏淫毒。

发际似草是愚夫,声破似锣名大凶。主刑克。

赤符破印,火厄官非。朱雀临堂,凶灾囚禁。印堂有赤色如钱,名赤符朱雀,百日内有官讼、火厄、失血、失职之应。赤色如丝如麻者,三年官讼。赤色连年,受械系之厄。

年寿赤光,多生脓血。眉头红气,定有横非。

山根赤,过两眼,防血光火烛之灾。

命门红贯山根,有囚禁法场之厄。命门赤色发到眉下,贯于山根,主法死。应六旬。右耳,应一年。

准赤为肺病,亦主奔波。鼻掀乃酒徒,常招雀角。

赤蛆聚于准头,火刑为厄。赤纹如蛆如草根,主官事火灾。

红缕垂连法令,奴仆虚惊。上聚准头,火殃官事。

兰台侧畔有红丝,遗精白浊。兰台侧红绿,主病。

年上眼膛横绛气,疝气疼。

飞廉见于颧鼻,男痔疮,而女产厄。年寿横连两颧有红点如火,名为飞廉。

朱雀动于准颧,官降调而家斗争。准颧红于胭脂为朱雀发动,若兼勾陈发动,元武生连,但印堂三阳有黄气者,官必降调。元黄气者,必罢斥或讼,就选及考试见此,皆不称意,居家兄弟不睦。

桃花染颊,脑病行尸。瘃病颊红名桃花痓,必死。小儿疳痨病同。

红粉涂颧,腰俞肾痛。肾音惯,腰痛也。

太阳红黑面如桃,应遭毒痢。两目后红烟色,面上皆红者,必毒痢。

颧上赤青,唇带白,恐致中风。面上红气中有青点,而唇带白,瞳黄者,防中风死。

赤虫游目下,妇人产又防刑。妇人目下有赤虫,又防产厄防刑狱。

红艳映眼眶,女子淫而且妒。女子满面红艳为桃面杀,兼眼上下乌黑,必淫而且妒。

孕妇准颧发火,产厄难逃。妊娠沟洫滞青,双生可念。孕妇眼眶上下青黄,人中亦青黄,必双生。或云人中黑子,双生。

面色熏黄,经水不调之病。眼眶灰湿,崩漏中带之灾。

面堂青气如庄,喜私游子。鼻柱青筋直贯,谋杀亲夫。女人鼻柱有一青筋直上贯颧,必害杀夫。面青主淫。

鱼尾微黄,因奸得利。微青,则妻妾有灾。

奸门显赤,为色招非。显黑,则房帷失偶。应六十日。

太阳青黑,夫妇常争。脸下赤珠,阴阳反目。目下太阳有青色,及目下少男有红点者,常与妻间,或年寿赤色如豆者,亦然。

奸门青白连外阳,婢妾逃走。中央青痕接年上,水府厄急。

印上点青,官财休损。奏书现碧,文事淹滞。

勾陈独动,小小忧疑。两大背夹,山根青色,名勾陈杀,主忧疑,无大害。

元武生了,常常妻病。

玄武动而损牛马,不利出行。玄武有三,其青痕见于鱼尾,生连上奸门,主妻病。黑及白,则克妻。见于鱼尾,斜上驿马者,车马有惊。见于眉毛,直上牛角者,损牛马而已。

螣蛇发而多惊忧,或伤于色。目下青色为螣蛇杀,主疑惑忧惊事,犯欲后亦有此色。

二神动于两眦,鼻头赤,则官罚戒而庶破财。勾陈动于大眦,元武动小眦而准头赤者,官有戒饬罚俸之事,凡庶破财。

四杀发于一堂,额间暗,则犯械锁而系牢狱。大眦小眦眼下皆有青色,而朱雀赤点发于准头眉上,兼额间年寿有青气,必有枷锁牢狱。若朱雀不动,额间不青,但休官破财等事而已。

眼下常青,三五岁破财不了。

土中有木,十年间虚耗何堪。准乃土星,最怕木克,若见青色,名为天罗,久不退,主十年虚耗,百不称心。若更青黑暗甚者,必主身克子。

土星薄而山根重,滞气多灾。月孛昏而青暗频,沉绵短寿。山根为月孛,昏沉青黑常不散者,主多病,难过四九前后也。久病曰沉绵。

色青横于正面,号作行尸。气黑暗于耳前,名为夺命。吉气之多来自准头,黑气之来多自耳前。耳前为命门,属肾,色宜白莹,乃金生水。黑乃肾之色,气现则主病,若横过面鼻口者,必死。

命门黑纹蟋蟀脚,号作鬼书。左耳前有此纹,大小号鬼书,兼人中黑者,必死。

准头黑点蜘蛛身,名为破败,主破亡身家。

黑自耳旁入鱼尾,莫渡江河。凡此纹见,主水厄,有病者死。

黪从寿准下归来,须防禄病。归来在法令边有黑气,自年寿下至此,必有酒食色欲之厄;自兰台下者,失官失财也。

黑烟蔽印,性命所关,病轻亦死。

暗雾山根,财官俱失。山根如烟者,破财休官,又防盗劫,三十日应。

寿宫鬼印,死不待时。年寿有黑如指大者,名鬼印。若鼻出冷气即死。

年上黑油,生应无日。年上黑气初起,如猪油抹者,初不伤生,过半年不散,必死。

家宅不宁,盖是青龙黑暗。眉上为青龙,三阳为家,三阴为宅。黑色昏昏淡淡,如线者,家宅不宁,奴仆灾厄,兼印准颧上不明,罢官破财横事。

子宫有厄,但看眼下黪黑如煤如乌。眼下黪黑如煤,在左男,在右女。

眼眶黑煤如碳,痰饮生灾。眼胞属脾,若黑炭煤灰者,停痰冷饮之病,兼天中年准有黑者,死。

金匮黑气如弓,财货失利。在目尾下,应九十日。

力士黑青,遭配遣。颧上为力士,若黑青兼印有晦气,必发配,女主产厄。

黄幡旋漆黑,有灾殃。鼻柱两旁为黄幡,豹尾常要洁净,有黑气,主火灾。

眼角青筋,缠口螣蛇,死命在他乡。目尾有青红筋,下缠颐口,为螣蛇入口,必外死或饿死。

下停赤色交加,大耗损财,防劫盗。下停一部干燥有赤黑气纹,为大耗。兼印准有暗气,必主盗,损财及奴畜。

地阁黑气连腮,名为五鬼。应五十日。

耳下乌云入海,是为流魂。黑气自命门入口,防水厄。应一七日。

雾蔽墙壁,人奴不旺。墙壁有黑暗气入口,奴婢不旺。

仓库黑低,难存田宅。天仓地库为财帛,兼地阁准头看。

各色所主

	所主	吉凶
青	是非、忧惧、惊慌	凶
黄	各种吉庆之事	吉
赤	血光、口舌、诉讼	凶
白	折伤、孝服、亡故	凶
黑	牢狱、疾病、灾难	凶
红	发财、功名、生子	吉
紫	迁官、荣升、名望	吉

灶厨红焰,必损血财。灶厨在法令边,有红焰,必损血财。

鼻门黑燥,谋事难成。

赤口红遮,招非不免。口之上下有赤气,或赤点,主招是非。

口角白干,病临目下。

耳轮焦黑,死在眼前。耳属肾,肾绝则耳焦黑。兼命门年寿俱黑者,死。

久病朱唇不可医。

小儿弄色,须只险。小儿病,面色时青时白,时赤时黑,曰弄色。

法令入口,梁武饿亡。必病哽噎,或因事饿死。如梁武帝、周亚夫之类,虽贵不免。

乱索锁唇,邓攸绝嗣。乱纹入口,男女皆主无子。

鱼尾短纹,克妻可征其数。鱼尾有短纹,一条克一妻。若长纹,但主劳碌也。目尾下乱纹多,主生子忤逆。

奸门长纹入鬓,不死于家,必外死。

揣骨而知贵贱,似不资于眸子。

听声而知吉凶,又何待乎形容。

圆机之士,不泥于文,通变之才,自符于古。

分句评析

判别人的气质

【原典】

科名中人,以黄为主,此正色也。

【译文】

对于追求科名的士人来说,面部气色应该以黄色为主,因为黄色是正色、吉色。

《逸周书·官人》认为:"民有五气:喜、怒、欲、惧、忧。喜气内蓄,虽欲隐之,阳怒必见;欲气、惧气、忧悲之气皆隐之,阳气必见。五气诚于中,发形于外,民情不可隐也。"

它说阴,人的各种感情总会在外部有所流露,即使想隐瞒也不会完全隐瞒得住,因此还是可以通过外部表情了解一个人的思想的,除了少数心计很深的阴谋家和喜怒不形于色的人之外,对多数人都可采取这种观察办法。

曾国藩指出:"诚智必有难尽之色,诚仁必有可尊之色,诚勇必有难慑之色,诚忠必有可亲之色,诚洁必有难污之色,诚静必有可信之色。"智、仁、勇、忠、洁、静等几种优秀品德在表情上都看出来。"质浩然固以安,伪蔓然乱以烦。虽欲改之,中色弗听,此之谓观色。"有浩然正气者其表情总的说来都显得稳固安然,弄虚作假者其表情总的说来都显得杂乱烦躁,脸色发黄。有人虽然竭力想用假象隐瞒真实的感情,但又不是很容易做到的,因此观色还是有一定作用的。

孟子曾提出一种"观眸观察法",即通过观察一个人的眼睛了解一个人的真实思想。他说:"存乎人者,莫良于眸子。眸子不能掩其恶。胸中正,则眸子了焉;胸中不正,则眸子眊焉。听其言也,观其眸子,人焉瘦哉?"他认为一个人的眼睛最能反映一个人心里在想什么,意思是说眼睛是心灵的窗户。一个光明正大,心地无私,眼睛必然明亮,目光必然有神;一个人如果做了亏心事,一般都不敢正眼看人,眼神自然不正。在听一个人讲话时,注意观察他的眼神,就可以判断是非真假。

姜尚的八征法其中第八征即"醉之以酒,以观其态。"让其喝醉酒,看他酒后表现如何。酒后吐真言,酒后失固态,一般能反映一个人的真实思想。

《吕氏春秋·论人》篇提出了一种"六验"法,即设置了六种不同的条件观察一个的表情和表现:"喜之以验其守",让一个人兴奋,看他能否坚守一种信念,会不会出现得意忘形的情景。"乐之以验其癖",使其娱乐,考验他有什么怪癖的毛病,比如是否喜欢酒肉,喜欢金钱美女,游玩享乐等。"怒之以验其节",使一个人发怒,看他能否控制自己。"惧之以验其持",设置一种恐惧的场合,看他是否有胆量,是否临危不惧。"哀之以验其仁",让他处于悲哀的情况下,看他是否有真情实意。"苦之以验其志",使他处于艰难困苦的情况下,看他是否坚持自己的志向。这是一种反馈观察法,即放一个试探气球,看一个人在各种情况下的表现,可以看出一个人的真实思想品质。这是一种人为的考验,我们并不提倡,但在不同情况下观察一个人的表现还是可取的。

一个人的气质和他的行为有着密切的关系,气质常常决定一个人行为的方式,而行为又表现为与气质相吻合的特征。我们常说,一个人气质高雅,这就意味着这个人在绝大多数时候他的举止行为是无可挑剔的。

判断别人的气质,对于合理调配人的行为规范有重要影响。我们在用一个人时,总要问这个人气质如何?中国古代医学家虽未直接提出气质学说,但曾按人好动或喜静的程度分为六型,即好动的太阳型,少阳型;喜静的太阴型,少阴型,和动静适中的阴阳和平型,不稳定型等六型,这六类气质的人,可分别担任于一定性质的工作,例如:

(1)太阳分高型:傲慢、自负、主观、冲动、有野心,不顾是非、暴露易怒、不怕打击、勇敢激昂、有进取心、坚持自己的观点,敢顶撞。适合做冲锋队长。

(2)少阳分高型:好为外交而不内附、敏捷乐观、轻浮易变、机智、动作多、随和、漫不经心、喜欢谈笑、不愿静而愿动、朋友多、善交际、喜文娱乐活动、做事不易坚持。适合做公关工作。

(3)太阴分高型:外貌谦虚、内怀顾忌、考虑多、悲观失望、胆小、阴柔寡断、与人保持一定距离、内省孤独、不愿接触人、不喜欢兴奋的事、不务于时、保守动而后之。适合做会计保管员。

(4)少阴分高型:冷淡沉静,心有深思而不多露、善别是非、有节制、警惕性高、柔弱、做事有计划、不轻举妄动、很谨慎、稳健。适合做政客。

(5)阴阳和平高型:态度从从容容、尊严而又谦虚谨慎、有条不乱、喜怒不形于色、居处安静、不因物感而时有喜怒、无私无畏、不患得患失、不沾沾自喜忘乎所以、能顺应事物发展规律,是一种有高度适应能力的性格。适合做全面工作。

(6)不稳定分高型:性格不稳定、变化大;时而冲动、时而怕事;忽而野心勃勃,突然又悲观失望;持续时间与是否交替出现都不一定,不适合做任何事。

用人之道,不仅在于重视用人,而且在讲究信用。重视人才、知人善任与讲究信用都是成功事业的必不可少的客观条件。如果不能重视人才和知人善任,人才本身再有能量,也难以发挥。既要用,又对人家不放心,不信任,那么纵然有九牛二虎之力,有诸葛孔明之智,也无法使其才华施展。

聪明的领导对于长期在本公司工作的人,根据他们的能力,在一定时期内就会给他们晋升或加薪;对于那些从别的单位吸收进来的人员,亦根据他们的技能予以重用,没有歧视表现。如此才能使全体员工产生归属感,并为本公司效力。

楚汉相争时,楚人季布,行侠仗义,在楚很有名气。有个名叫曹邱的人,常用重权获取钱财,季布很看不起他。曹邱拜访季布,季布不理他。曹邱便说:"楚人常言'得黄金百,不如季布一诺'。你在梁、楚一带名声如此之大,这都是我替你到处宣扬的结果啊!而你为何却要拒绝我呢?"季布听了,非常高兴,便把他当作上宾来招待。临走时,季布还送了一份厚礼。后来曹邱继续替季布宣扬,季布的名声也就越来越大。

"一诺千金"就是由此而来的。作为一种赢得被统御者信任的艺术,它在统御谋略中有重要的位置。战国时,商鞅采用一诺千金的办法招揽人才,并在诸侯中树立了威信,使国家日益强大。这就是一诺千金,则众望所归的例子。

智慧应用

淳于髡:心之所思,每现于面

有这么一类人,他们在其他方面的才能也许平平,但在鉴人心性才能方面,却一看一个准,百不差一。他们善于品鉴人才,而且不是凭哪一点来鉴察,而是从心术、性情、气质、品德、言语、行为、思想、形象等多方面考察,能够考察得细致入微,叫人只有点头,只有佩服的份儿。实际上,历史上许多著名人物都是品鉴人才的高手。善于识别人才、选拔人才,是他们事业成功的秘诀。

春秋时期,梁国只是一个小国,但梁惠王雄心勃勃,想有一番大的作为,因此频频召见天下高人名士,像孟子等都是他的座上嘉宾。

有人多次向梁惠王推荐淳于髡,因此,梁惠王连召见他三次,每一次都屏退左右,以与他作倾心密谈。但前两次淳于髡都沉默不语,弄得梁惠王很难堪。

事后梁惠王责问推荐人："你说淳于髡有管仲、晏婴的才能，哪里是这样！要不就是我在他眼中是一个不足与言的人。"

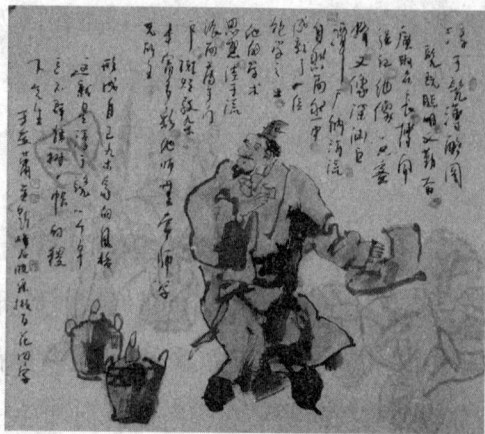
淳于髡

那人以此言问淳于髡，淳于髡笑笑，说："确实如此。我也本想与梁惠王倾心交谈。但在第一次，梁王脸有驱驰之色，想着驱驰奔跑一类的娱乐之事，所以我就没说话。第二次，梁王脸有享乐之色，想着声色一类的娱乐之事，所以我也没有说话。"

那人将此话告诉梁惠王，梁惠王大吃一惊，叹服淳于髡有圣人之明。据梁惠王自供，第一次与淳于髡相见，恰有人送上一匹骏马，梁惠王跃跃欲试。第二次，恰有人献上一组新曲和舞女，他急着想去听。

后来他们安排了第三次见面，连谈三晚，淳于髡最终没有接受梁惠王的相国之职。

扁鹊：观色断病，桓公不信

"气"和"色"是中国古代哲学独有的概念。"气"，既是指生命体内流转不息的综合性物质，又是指生命的原动力，或称生命力。它无形无质，无色无味，也是一种实实在在的客观存在，在体内如血液一样流动不息，气旺者可外现，能为人所见。而"色"则是"气"的外在表现形式之一。它是显现于人体表面的东西，就人体而言，就是肤色。人们日常说某某人面部发黑，有不顺之事，就是指色而言。中国医学都认为，"气"与"色"密不可分，"气"为"色"之根，"色"为"气"之苗，"色"表现着"气"，"气"决定着"色"。"气"又分为两种，一为先天所禀之"气"，一为后天所养之"气"。即孟子所说的"吾善养吾浩然之气"。"气"概如此，"色"自然也有先天所禀之"色"与后天所养之"色"的区别。古人把

"气"和"色"这两个哲学概念拿来判断人的优劣。"气色"既有后天所养者,它们一定是在不断运动变化的,所以又有"行年气色"之说。

扁鹊是战国时代著名的医生,技艺高超,有起死回生的本领。有一次他路经齐国,蔡桓公知道后,便派人以宾客之礼接待他。

一见到蔡桓公,扁鹊立即对他说:"据我的观察,您已经生病了,不过好在病症只起于皮肉交会之间,若能及早医治,就不会有危险。"

可是蔡桓公笑了笑说:"我没有疾病。"

等扁鹊离开后,他还对左右说:"没想到扁鹊这个名医,竟为了想谋利,而诬指一个健康的人有病。"

扁鹊

过了五天,扁鹊又来请见,向蔡桓公说:"您的疾病已蔓延到了血脉,如不医治,会十分严重。"

但蔡桓公不信,还是回说他没有病。

又过了五天,扁鹊再度向蔡桓公说:"您的病变已经侵入内脏了,若再不医治,恐怕将十分危险。"

这时蔡桓公有点儿不高兴了,认为扁鹊又来危言耸听,于是不理睬他。

再过五天之后,扁鹊前去求见蔡桓公,一见到他,扁鹊一句也不多说,急忙告退。蔡桓公觉得很纳闷,便派人去询问扁鹊退走的原因。

扁鹊说:"病情在皮肉之间时,用推拿就可以治好;病情在血脉之中时,用针砭就可以治好;若病情进入脏腑之内,用药方慢慢调理,也可以治好。但如今桓侯的病情已深入骨髓里,就是连掌管生命的神,也要束手无策,又何况是我呢?因此索性也不劝他再做医疗了。"

果然五天后,蔡桓公卧病在床,使人赶快去请扁鹊来救治时,扁鹊已经离开了齐国。最后蔡桓公一病不起,溘然长逝了。

真正有功力的中医,从一个人的气色、眼神等处就可以知道这个人的身体状况,譬如扁鹊。这里讲的色,非色狼之色,而是一个人的面色;气,非惹祸之气,而是生命力的一种表现和称谓。气是道家修炼的一个术语,气功的气。围棋中也讲"气",棋子如果无气,意味着死亡,人如果无气,也就归于黄泉了。

袁珙:观气定太子

据《明外史·袁珙传》记载,明代的袁珙是个神奇的人。相传他出生时就不同凡响,从小好学深思,又能写诗,而且天生有异骨,是个神人胚子。

袁珙年轻的时候,喜欢游览名山大川。有一天,他游到洛珈山,遇到一个神僧,自称别古崖。别古崖有一种观气相人之术,他一看到袁珙,便知是可造之才,便将自己的观气术传给了他。

这种观气术最重要的在于一双眼睛。只有将双眼训练成火眼金睛,对颜色特别敏感,才能将各种人、物中的禀气颜色分辨出来。别古崖先让袁珙仰头视日,久久地专注于日头,阳光照耀,直射双眼。不久,袁珙便觉得天旋地转,什么也看不清了,但和尚仍然让他坚持着。这样过了一些时候,和尚又将袁珙关在一个暗室之中,里面放一个小红豆,让袁珙指出小豆的确切位置,并把它取出来。起初,袁珙什么也看不见,一片黑乎乎的,后来经过慢慢练习,居然在黑暗中能看到那小红豆在发着幽幽的光呢!这以后,和尚先在窗外悬挂起一束五彩线,然后让袁珙在夜里分辨出它们的颜色。由于经过以前一段时期的训练,这次袁珙并不感到困难,轻而易举地便分辨出来了,绝无错误之处。这以后,和尚才正式教给袁珙相人之法。他先在手里点燃两个火炬,让袁珙分辨人体各部位发出的气色,再参考他们的出生年月,预断吉凶祸福的情况。十分奇怪的是袁珙以前根本没有注意人在夜间经过火炬的照射还能发出各种颜色。这以后,袁珙便掌握了这种神秘的观气术。

袁珙在相术生涯中被传得最神的一件事,便是为明代的第三个皇帝明成祖朱棣观气的事。大家都知道朱棣是个篡位的皇帝,他把亲侄儿建文帝赶下台,自己做了皇帝。

朱棣篡位之前,被封为燕王。有一天,经人介绍,朱棣请袁珙给他望气。那朱棣为人很是狡诈,担心袁珙会附会阿谀,便叫来九个和自己长得很相像的卫士在一家不起眼的酒馆里喝酒,自己也装扮了一番,混入其中。袁珙来到酒馆,一下便跪在朱棣脚下,说道:"殿下何故这样不看重自己,在这样的地方喝酒。"朱棣假装不明白,其他九人也都一齐嘲笑袁珙,袁珙丝毫不为所动,言词更加恳切。朱棣见状,连忙将他请到宫中。袁珙审视燕王,说道:"大王龙行虎步,面部日月角直插苍天,这是太平天子之相,大约到四十岁时,胡须长过了肚脐,便可登位。"随后他又相了相燕王的几个亲信将校,说他们都有公侯将帅之位。

燕王害怕这些话被泄露出去,便请袁珙回家,并再三嘱咐他保守秘密。后来朱棣篡位成功,便封袁珙为太常寺卿,并赐给他衣服鞍马、金钱府第。以后朱棣要立太子,犹豫不定,便又将袁珙请来,袁珙一见仁宗,便说:"这是真龙天子。"又相宣宗说道:"这是万岁天子。"这样太子就定下来了。

四、青色主忧惊,白色主哭丧

面部几种不好的气色,预示着日常行事的成败。要细加考察,小心避免。

【原典】

色忌青,忌白。青常见于眼底,白常见于眉端;然亦不同。心事忧劳,青如凝墨;祸生不测,青如浮烟;酒色恚倦,白如卧羊;灾晦催人,白如傅粉。又有青而带紫,金形遇之而飞扬,白而有光,土庚①相当亦富贵,又不在此论也。最不佳者:"太白夹日月,乌鸟集天庭,桃花散面颊,頳尾守地阁②。"有一于此,前程退落,祸患再三矣。

		中医学说	
季节	曾国藩气色说	五行之规	养生之法
春季	气色应发青,像春天树木那样蓬勃。	春天万物生发,春属木,与肝相应,而肝主青。	可多吃些养肝和脾的食物。
夏季	气色应泛红,像火红的太阳那样充满生机。	夏天万物生机勃勃,夏属火,与心相应,心主红。	可多吃些养心安神的食物。
秋季	气色应发黄,像含蕴待发的土地一样蕴藏着力量。	秋天硕果累累,秋属收,与肺相应,肺主白。	可多吃些滋阴养肺的食物。
冬季	气色应略白,像雪花一样与整个世间相应称。	冬天万物枯萎,冬属枯,与肾相应,而肾主黑。	可多吃些暖阳补肾的食物。

人体的气色与四季养生、生理阶段的关系,在中医学说上也能找到相关的理论,对比参照,人们不难发现曾国藩所提出的气色说近似于中医的养生之法。

气色与中医

【注释】

①土庚:庚为阴金,土庚指土形兼金形人。

②頳尾守地阁:頳尾原指赤色鱼尾,这里指浅赤色。地阁,旧时命相家指人的下颌部位。

面部气色忌讳青色和白色。青色常出现在眼睛下方,白色常出现在眉梢部位。不过,它们的具体情形也有所不同:因心事忧烦困苦面部气色易呈青色,这种青色既浓又厚,形状好像凝墨;因突如其来的横祸面部气色也易呈青色,这种青色轻重不均,如浮动之烟;因嗜酒好色导致疲惫不堪面部易呈白色,这种白色形如卧羊;因遭遇大的灾难面部易呈白色,其色好似枯骨。另外,还有青中带紫

曾国藩在谈到用人时曾经说,要广收、慎用,特别注重对人才的考察,在深度了解、确有把握后再结合实际情况委以重任,对可堪大用之人则考察更细、更久。

适当磨砺以产生更强的韧劲、忠诚度与进取心。

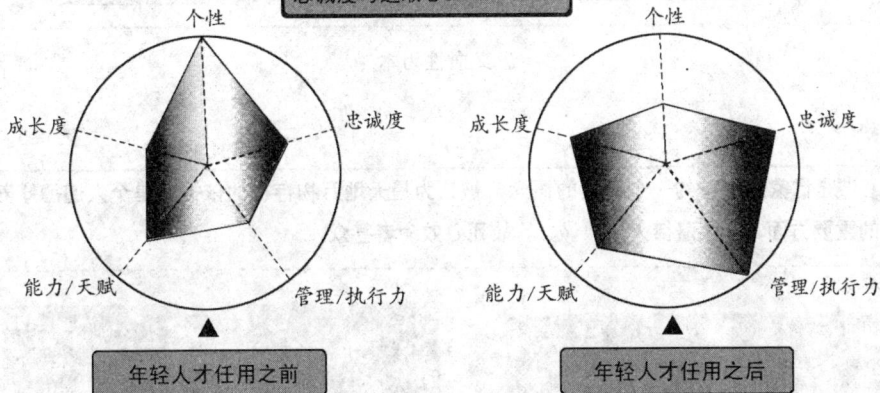

个性

忠诚度

成长度

管理/执行力

能力/天赋

年轻人才任用之前

个性

忠诚度

成长度

管理/执行力

能力/天赋

年轻人才任用之后

识人塑才之术

之色,金形人遇到这种气色就能飞黄腾达,如果是白润光泽,土形人和金形人遇到就会获得富贵,这些都属特殊情况,应另当别论。最不好的气色是以下四种:"白色围绕着眼圈,黑气凝聚额头,赤斑布满两颊,浅赤聚集地阁。"如果有了这四种气色之一,则前途就会黯淡无光,祸患无穷。

曾国藩对人才的忠义血性极为重视，在实际的用人中，不论是选拔军官，还是招聘幕僚，曾国藩都认为是否具有忠义血性是识别人才高低的基本前提。

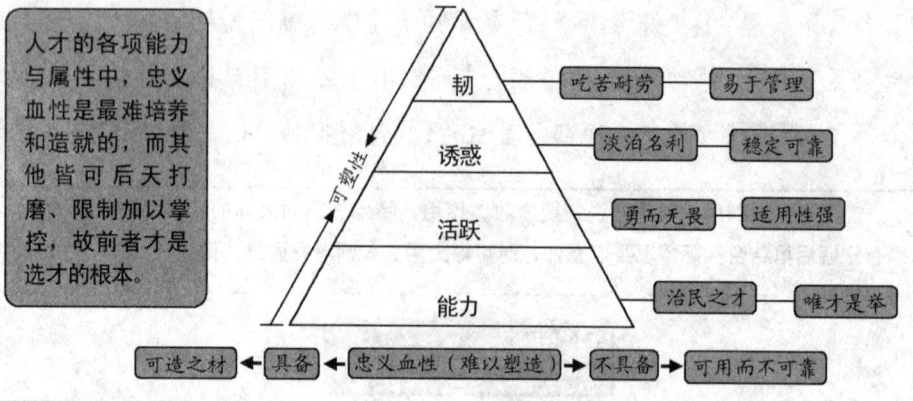

人才的各项能力与属性中，忠义血性是最难培养和造就的，而其他皆可后天打磨、限制加以掌控，故前者才是选才的根本。

可塑性

韧 —— 吃苦耐劳 易于管理

诱惑 —— 淡泊名利 稳定可靠

活跃 —— 勇而无畏 适用性强

能力 —— 治民之才 唯才是举

可造之材 ← 具备 ← 忠义血性（难以塑造）→ 不具备 → 可用而不可靠

忠义血性为本

诚是儒家思想中的一个重要的概念，被认为是天地万物存在的依据，是个人道德修养中的重要方面，曾国藩待人以"诚"，故死心效命者甚众。

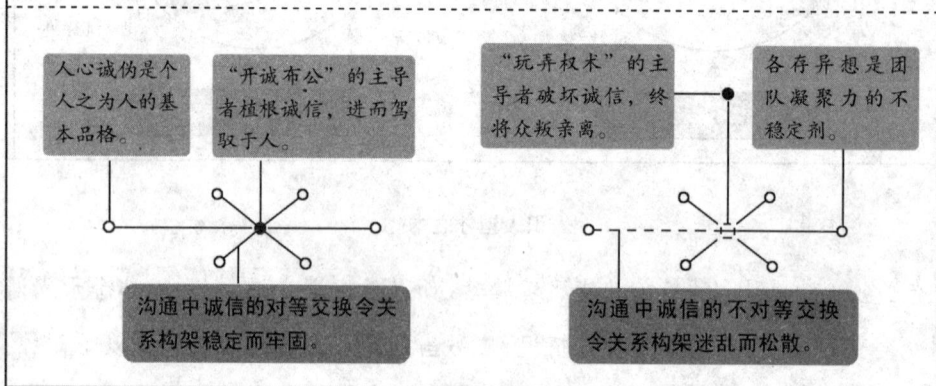

人心诚伪是个人之为人的基本品格。

"开诚布公"的主导者植根诚信，进而驾驭于人。

"玩弄权术"的主导者破坏诚信，终将众叛亲离。

各存异想是团队凝聚力的不稳定剂。

沟通中诚信的对等交换令关系构架稳定而牢固。

沟通中诚信的不对等交换令关系构架迷乱而松散。

诚的力量

曾国藩用"钱"与"权"结成了一张有史以来最庞大的关系网，"网结天下，雀无所逃"，并以这张网"进可以大规模按自己的意志施政，退可以用来自保其身"。

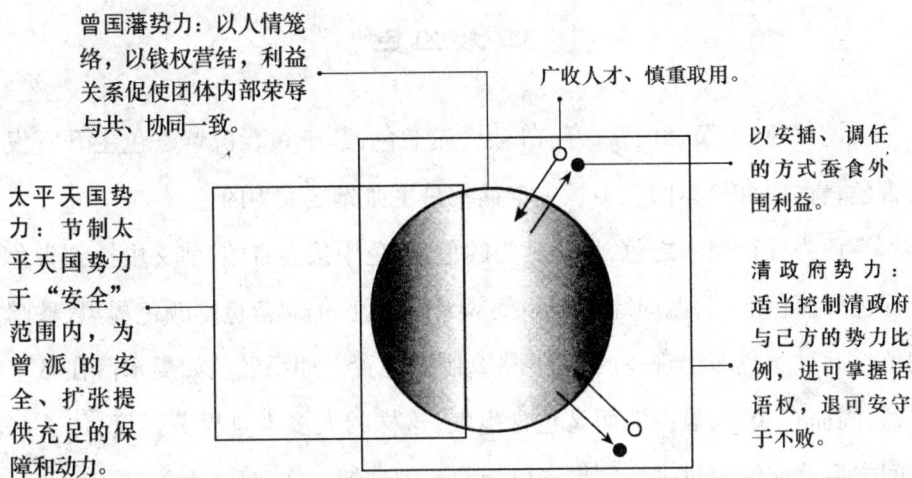

曾国藩势力：以人情笼络，以钱权营结，利益关系促使团体内部荣辱与共、协同一致。

广收人才、慎重取用。

以安插、调任的方式蚕食外围利益。

太平天国势力：节制太平天国势力于"安全"范围内，为曾派的安全、扩张提供充足的保障和动力。

清政府势力：适当控制清政府与己方的势力比例，进可掌握话语权，退可安守于不败。

曾国藩的"合纵连横"

任何解决问题的方法都不可避免地有着一定的副作用，对待下属过于宽厚则难于约束，过于严厉则拘谨失和，唯有宽严相济、张弛有度才是管事理人的中庸之道。

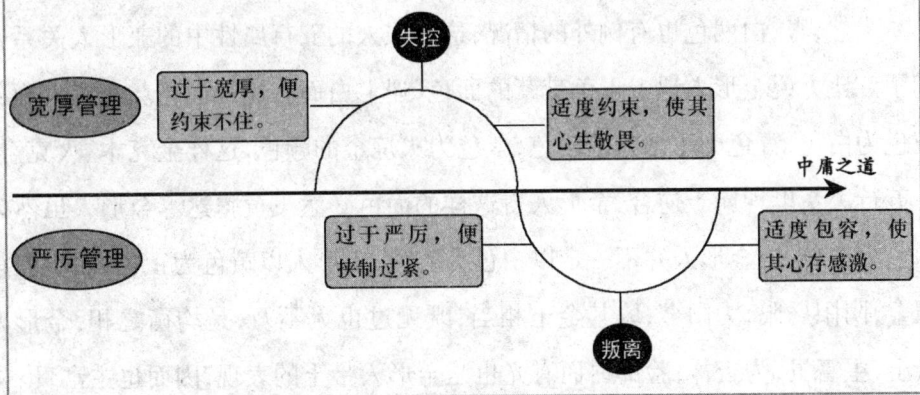

失控

宽厚管理

过于宽厚，便约束不住。

适度约束，使其心生敬畏。

中庸之道

严厉管理

过于严厉，便挟制过紧。

适度包容，使其心存感激。

叛离

管人理事的中庸之道

综合评析

四大凶色

所谓气色,有黄、红、紫、青、白、黑、赤七色,其中黄、红、紫三色主升官发财为吉色,青、白、黑、赤四色不是主牢狱就是主血光之灾为凶色。

青色为五行属木之色,虽然其为凶色,但色中仍有吉凶,前文中提到青色介于绿色和蓝色之间,偏向绿色则颜色翠绿为吉色,偏向蓝色则颜色墨黑、昏暗为凶色。此种颜色多出现在两眼的下边,卧蚕位置。如果颜色如墨水落在纸上一样,凝固而有光泽,虽停滞而又包含生气,这样的人多半是操劳过度,休养一段时间之后就能恢复过来。如果青色如漂浮的青烟一样,暗淡无关,漂浮不定,颜色不均,这里重那里轻的,就很麻烦了,这样的青色为死色,最近必有灾祸及身。

白色为五行属金之色,主哭啼、丧亡,多出现在两眉的眉梢位置。如果面如白色,就像搽了粉一样暗淡无光、死气沉沉,大灾大难就不远了。如果白色像一头卧着的山羊,这样的白色大多数情况下都是由于酒色过度,身体过于疲劳造成的,休息一段时间之后就会消失。

当然,青、白两色也有例外的情况,这就跟人的五行属性中的兼形人关系密切了。比方说金形人遇上青色带紫的面色,遇上白而有光的面色。金形人面部正色为白色,青色为木形人的正色,紫色为火炼金的颜色,这样金克木、火克金,在五行关系里均属于逆合,金形人得这样的面色必然飞黄腾达。金形人虽然以白色为正色,但金形人并不一定以白色为吉色;土形人以黄色为正色,而庚五行属金,阴阳属阳,为阳金,取其金土相当,既无过也无不及,是均衡之相,金形人带土,主富贵,为吉祥;脸部白而有光也是金形人带土的表现,因而也主富贵。

黑色五行属水,主牢狱、疾病、灾难,自然为凶。赤色为红色的一种,但不是纯正的红色,纯正的红色就是前面与黄、紫并称为三大吉色的红色。纯正的红色,颜色鲜艳而明亮,望之给人喜庆的感觉,因而喜事又有红事的称谓。赤色虽为红色的一种,颜色为红,但其颜色晦暗,忘之不祥,因而为凶色。

前述对七大颜色的划分还是按照其正色、一般情况来讲其吉凶的,也对某些具体的化凶为吉的情况举了几个例子,实际上在相学上,考察颜色的吉凶必须跟人、地、时空相结合来考察,这样的才能准确。

最后,来讲一下相术上最忌讳的四大凶色,这四色是纯粹的凶色,百害而无一利。

一是"太白夹日月",所谓日月即日角、月角,位于左右两眉眉骨隆起处至两边发际处,而太白即可以指白色也可以指太白星宿,白色为凶色,太白星宿为金星主杀伐,也是凶星。白色在日月角位置围绕着眼眶,为大凶之兆,主丧乱。

二是"乌鸟集天庭",所谓乌鸟在古时候指乌鸦,是不吉利的鸟,常常是死亡、恐惧、厄运的代名词,其啼叫有"鸟鸣地上无好音"的说法;在文中指的是黑色,也是凶色。黑色覆盖天庭也就是额头,一见面给人的印象就是黑云盖顶,霉运当头,此相主参革,于文人学士被参劾、革职,也就意味着仕途的一大打击,自然大凶。

三是"桃花散面颊",所谓桃花即赤色的斑点,赤色是晦暗的红色,为凶色。晦暗的红色斑点布满两颊,主刑狱,也就是有牢狱之灾。

四是"赪尾守地阁",所谓赪尾即浅赤色的鱼尾,地阁即下颌,这里指浅赤色的斑点分布在下颌部位,此相主凶亡。

上述四者是文人学士气色中最不吉利的四大凶色,具有任意的一个,也就不要奢谈什么的前程、富贵,只要不祸患相连,就是不幸中的大幸了。

分句评析

诠释气色的好坏

【原典】

色忌青,忌白。青常见于眼底,白常见于眉端。

【译文】

面部气色忌讳青色,也忌讳白色。青色一般出现在眼睛的下方,白色则经常出现在两眉的眉梢。

古人认为,人禀气而生,"气"有清浊、昏明、贤鄙之分,人有寿夭、善恶、贫富、贵贱、尊卑的不同,这些由"气"能反映出来。气运生化,人就有各种不同的命运和造化。

"气"旺,则生命力强盛;"气"衰则生命力衰弱。生命力旺盛与否,与日常行事的成败有密切联系,生命力不强,难以夜以继日顽强地与困难做斗争,自然难以成功。生命力旺盛,则能长期充满活力、精神焕发,是战胜困难,取得成功的必要条件。但是"气"的旺衰,与人之好动好静并不一样。好静好动与性格有关,与"气"则无直接联系。同时应注意,有的人"气"躁,其人好动,"气"沉,其人好静,那人"气"与这儿所讲的"气"不是一回事,应区分。

"色",就人体而言,指肤色,或黑或白,且有无光泽,古人认为,"色"与"气"的关系是流与源的关系,"色"来源于"气",是"气"的外在表现形式;"气"是"色"之根本,"气"盛则"色"佳,"气"衰则"色"悴。如果"气"有什么变化,"色"也随之变化。古人合称为"气色"。大家知道,人生病,其"气色"不佳,就是"气色"之一说的一种表现。

古人有关"气色"的有两组重要概念:

一是主色与客色。主色,就是先天之色,自然之色。古人认为,先天之色随五行形相而生而现。已终生不变,五行之色与五行形相对应起来,金为白色,木为青色,水为黑色,土为黄色,火为赤色。这五种颜色是基本的肤色,实际中也会有一些变化,只要与五行形相相配,就是正色,就是吉祥之色。

客色,就是后天之色,随时间变化,四季、晨昏均有不同表现。以客色来定吉凶,自然是随时间、方式、部位而定,无确切恒定的规律。古人的"气色",更多的是指这种变化不定的客色。

二是吉色与凶色。吉凶祸福是古代预测学要预知的重要内容,是阴阳学的价值指向。吉色与凶色又称正色与邪色,吉色代表吉祥顺利,凶色兆示凶险恶祸。合五行之色的为吉,不合为凶。主要依据五行肤色而定。客色则依十二地支所在部位而定。

"大命固宜整齐",意指人的智慧福泽应当比例均衡,不宜失调。如果失调,不平衡,则智者往往早夭,福者往往庸愚,这种状态自然谈不上好命。"小运亦当亨泰","亨"在《周易》中有元亨利贞之说,"泰"有"天交地泰"之名,亨泰就是吉利顺畅之义,意思是说小运流年如应顺和通泰,方才是好。如果小运偏枯晦滞,也易早夭,或元气不足,难当福贵。犹如有钱却不会花之人,守着巨大财富,却享受不到人生富足的乐趣。

智慧应用

曾国藩观气色选妾

曾国藩在镇压太平天国运动时,因戎马倥偬,身边缺乏照应之人,他的手下几次给他找来年轻貌美的女子服侍他,都被他拒绝了,可是,当彭玉麟给他带来一个叫陈春燕的女子时,他却欣然笑纳。这并非因为陈春燕长得美,而是因为曾国藩看中了她眉宇间的平和之气。唐浩明的《曾国藩》对此有极为细致的描述:

这天午后,曾国藩强打精神批阅文书,忽然觉得眼前一亮,彭玉麟带着一个年轻女子走进来。

"涤丈,你老看看这个妹子如何?"彭玉麟笑吟吟地指着低头站在一旁的女子问。这以前,彭玉麟已带来过三个女人,曾国藩都不满意,或嫌其粗俗,或嫌其丑陋。这个女子一进来,便给他一种好感,身材匀称,步履端庄,那副羞答答的样子,既显得安详,又有几分迷人。

"把头抬起来。"曾国藩轻轻地命令。那女子把头抬了一下,觉得对面的老头眼光很锐利,又赶紧低垂。曾国藩见她虽算不上美丽,却也五官端正,尤其是眉眼之间那股平和之气很令他满意。"叫什么名字?"

"小女子名叫陈春燕。"

嗓音清亮,曾国藩听了很舒服,又问:"今年多大了?"

"二十二岁。"

"听你的口音,像是湖北人?"

"小女子家住湖北咸宁。"陈春燕大大方方。口齿清楚,完全不像以前那几个,要么是吓得手足失措,要么是扭扭捏捏,半天答不出一句话。曾国藩心中欢喜。

"家中还有哪些人?"

"有母亲、哥嫂和一个小妹妹。"

"父亲呢?"曾国藩问。

"父亲前几年病死了。"陈春燕的语调中明显地带着悲伤。

"是个有孝心的女子。"曾国藩心里想,又问:"你父亲生前做什么事?"

"是个穷困的读书人,一生教书糊口。"

听说是读书人的女儿,曾国藩更高兴:"那你也认得字吗?"

"小女子也稍稍识得几个字。"

"雪琴,谢谢你了!"

"涤丈收下了!"彭玉麟如释重负,欢喜地说,"明天我带大家来向涤丈讨喜酒喝。""慢点,慢点!"曾国藩叫住彭玉麟说,"百日国制未满吧?"

"今天刚好百日,您老就放心让陈春燕侍候吧!"彭玉麟笑着边说边出了门。曾国藩伸出指头算了一下,便将春燕留下来了。

知人识人 自古难为

"事之至难,莫如知人。"这是宋朝诗人陆九渊的一句名言,他揭示了识人的基本情况。说明了世上千难万难的事情,再没有比了解识别人更难的事情了。

事之至难,莫如知人。原因之一在于"凡事之所以难知者,以其衅端匿迹,立私于公,倚邪正,而以胜惑人之心者也。"这就是说,识人这样的事情不易了解的原因,是由于它隐藏迹象,把私心掩盖起来而显出为公的样子,把邪恶装饰成正直的样子,而以必然的胜利去迷惑人的头脑。说明人的奸恶之所以难以辨识,是由于有正直、忠诚、善良的外表作掩护。

事之至难,莫如知人。原因之二在于"人心难测"。

人心险于山川,难于知天。这就是说内心比险峻的高山和深邃的江河还危险,比天还难以捉摸。

事之至难,莫如知人。原因之三在于"人之难知,不在于贤不肖,而在于枉直。"

识别人的难处,不在于识别贤和不肖,而在识别虚伪和诚实。人有坏人与好人之分,英雄有真英雄与假英雄及奸雄之分,君子有真君子与伪君子之分。人还可以分为虚伪与诚实。

有表面诚实而心藏杀机,有"大智若愚"表面看上去是愚笨的样子,而内在里却是聪明之人;有"自作聪明"而实际是愚人;有当面是人,背后是鬼的两面派。

事之至难,莫如知人。原因之四在于"材与不材之间,似是而非也"。

即指贤才与非贤才之间,似是而非,难以分辨。可以说,任贤非难,知贤为难;使能非难,知能为难。

正因为任用贤德的人并不太难,识别有贤德的人才真正困难;使用有才能的人并不难,发现有才能的人才真正困难。所以,正因为上述种种原因,难怪人们常说,天下者,知人为难。

知人难,推举贤才也难。因为有贤才的人,在他未成才时,不为人所知,或知之的人少,知者如无名无权也推荐不了。

如果已锋芒毕露,才华超人,会被嫉贤妒才者所忌,不仅不肯推荐,甚至加以诽谤,诚恐其超过自己,或代己之位,彼位尊贵,自己则卑贱。而有的虽知贤也不愿推荐,这种人认为多一事不如少一事,怕推荐的人如出事累及自己。故世上虽有奇才,愿推荐的人却很少。

因此，荐贤者不仅要有知人之明，还要有荐贤之量，不嫉贤妒才，有为国家荐贤的至公之心，所以说，能荐贤才的人其本人就是贤才。

历史事实说明：正因有推荐贤才的贤才，才能出现不少闻名于世的大才，这些人才也与推荐他们的贤才的大名共同垂誉于史册。

《宋史·程元凤传》记载：宋度宗时，程元凤任少保、观文殿大学士，他荐举人才，不徇私情。

有世交之子来求升官，元凤谢绝，其人累次来请求，言及先世之情，元凤说："先公畴昔相荐者，以某粗知恬退故也。今子所求躐次，岂先大夫意哉？矧以国家官爵报私恩，某所不敢。"可是，有人常被元凤弹劾，后见他改过，而其才可用，便推荐之，元凤说："前日之弹劾，成其才也；今日擢用，尽其力也。"

元凤选拔人才是坚持原则的，不应提升的，即使是有恩于己的人的儿子，也不提升，正如他所说不能"以国家官爵报私恩"。而对曾被他弹劾的人，因其改过而才可用，就推荐提升，正如他所说："前日之弹劾，成其才也；今日擢用，尽其力也。"

细品元凤言行，值得借鉴的有三：一、推荐和使用官吏，元凤都是出于为国的公心，不存在任何私人的成见。二、弹劾人是为保护人才，是不使其人走上邪道，使其回到正路，促其成才。三、辩证地看人。对官吏有错误则弹劾，不使其有害于国家；改正了错误，其才可用，则擢升，使为国尽其才能。元凤如此为国保护推荐人才，只有大公无私的人才能做到。

能否辨伪，与能否知人用人大有关系，崔群向唐宪宗提出要辨伪必须"纠之以法"，这是很有见地的主张。事见《旧唐书·宪宗本纪》：唐宪宗对宰臣说："听受之间，大是难事。推诚选任，所谓委寄，必合尽心；乃至所行，临事不无偏党，朕临御已来，岁月斯久，虽不明不敏，然渐见物情，每于行为，务欲评审，比令学士，集前代昧政之事，为《辨谤略》，每欲披阅，以为鉴诫耳。"

崔群说："无情曲直，辨之至易；稍有欺诈，审之实难。故孔子有众好众恶之论，侵润肤受之说。

"盖以暧昧难辨故也。若择贤而任之，待之以诚，纠之以法，则人自归公，孰敢行伪？陛下详观载籍，以广聪明，实天下幸甚！"

唐宪宗对下属的进言，认真评审其是非，但有时要辨别进言者说的善恶真伪，感到是大难事。

因此，他令学士总结前代关于这方面的经验教训。写成《辨谤略》，作为鉴诫。崔群说唐宪宗以史为鉴，是可增广聪明的，但事属暧昧，一时是难于辨别的，故孔子有众好众恶以分善恶之论。

而崔群提出的意见，比之孔子所说更能解决问题，即"择贤而任之，待之以诚，纠之以法，则人自归公，孰敢行伪"。这就是以诚待贤，如果行伪作恶，则以法处理，这样做，官必奉公守法，不敢为非作歹了。

崔群在宪宗时，官至中书侍郎，同中书门下平章事，参与朝政。穆宗继位，因他拥护穆宗储位，故甚得信任，任检校左仆射兼吏部尚书。他为人清正，时称贤相。

左仆射王起频主持贡举工作，每次贡院考试完毕，都将录取的名单呈给宰相最后定夺。由于录取的人不多，宰相廷英说："主司试艺，不合取宰相与夺。比来贡举艰难，放人绝少，恐非弘访之道。"唐武宗说："贡院不会我意。不放子弟，即太过，无论子弟、寒门但取'实艺'耳。"

由于职权和取才原则没有明确规定，所以主持取才工作的王起频心中无数，恐取士有失，故呈宰相最后决定。对此，宰相廷英提出两点意见：一是录取的士人不必呈给宰相决定；二是录取的人太少了，不利于广招人才。

对此，唐武宗确定了取士的原则：取士要取有"实艺"的，即有真才实学的人，不论他是贵族子弟还是出身于寒门。

唐武宗确定取才的原则，负责取才者就可有所遵循。但有了原则还不能保证所取的是有"实艺"的，还要有具体的办法，不然，原则是难以贯彻执行的，有可能落于空谈。

俗语说："人心难测。"人心何以难测？心是指人的思想，思想是无形的，看不见，摸不着，它隐藏在人的脑海里；且思想又非固定的，是随着客观世界的变化而变化。所以，要摸透人的思想是不易的，故说人心是难测的。

照理说,思想指导人们的言行,人的思想必然在他的言行中表现出来,也就是说人的思想和他的言行应该是一致的。

可是,各人表现不同,有一致的,有不一致的。其人所想与其言行一致的,这种人易知;如果其人所想的与他的言行不一致,或者他说的是一套,做的又另是一套,这种人就难知。

由于人心难测,人所想与其言行又有不一致的,其表现往往是表里不一,互相矛盾,因此,古往今来,都有知人难之叹。

人们常说,"知人知面不知心",这恐怕也道出了"人心难测"的道理。有人说不要轻易相信他人的知心话,这不是没有道理的。有的人特别是在情浓之际和说话投机的时候,总是轻信他人的知心话。

对方向我吐露了真言,我又为何向人家讲假话?所以把心里的话全掏出了讲给人家听。然而,你可知道,他"真诚"地在你面前说别人的坏话,他在别人面前又会"真诚"地说你的坏话。

因为人都有讨好他人的心理。而且,人总是在变化的,今天你是他的朋友,明天你可能又成了他的对手。是对手,他就可能利用你那些知心话,特别是隐秘的话来攻击你。

所以,心里话往往是不可靠的。对此,最好不要轻易相信它。如果失去了这方面的警惕性,轻信了别人的知心话,则容易上当受骗。

人们常说,知人难,知人心者更难。因为在现实生活中,有的人说的和心里想的不一样。

嘴里说的不是心里想的;心里想的又不是嘴里所说的。历史上这样的例子是很多的。

汉光武帝刘秀看错庞萌便是典型例子之一。庞萌在刘秀面前,表现得很恭敬、谨慎、谦虚、顺从,刘秀便认为庞萌是对己忠心耿耿的人,公开对人赞誉庞萌是"可以托六尺之孤,寄百里之命者"。

其实,庞萌是个很有野心的人,他明向刘秀表忠,暗里伺机而动,当军权一到手,便勾结敌人,将跟他一起奉命攻击敌军的盖延兵团消灭了。最赏识的人叛变了自己,这对于刘秀是当头一棒,使他气得发疯,后来他虽将庞萌消灭了,但他由于识错人而遭到的巨大损失是无法弥补的。刘秀之失,失在静中看人,他被庞萌的假表忠所迷惑了,竟认为他是"忠贞死节"的"社稷之臣"。而来自敌营的庞萌归附刘秀不久,尚未有何贡献足以证明他的忠心,刘秀竟对他如此信任,是毫无根据的。

刘秀是个深谋远虑的人,他以诚待人,知人善用,不少人因他赏识而成为东汉一代英才。但"智者千虑,必有一失",当他被表面现象所迷惑时,也就必然犯了静止看人的错误。

拓展阅读

"视其所好,可以知其人焉。"我国古代著名的文学家欧阳修早在一千多年前就知道通过人的喜好来判断人的性情。从心理学的角度上来讲,一个人的嗜好、偏爱往往来自内心的需要和无意识的追求。因此,我们只要细心观察身边人的嗜好,就会发现隐藏在这些人背后的种种性情的内幕。

透过娱乐节目看人的兴趣

随着经济、社会生活的丰富和科技的发展,人们的娱乐生活也变得越来越丰富,各种娱乐节目五花八门,令人目不暇接。不过,人们并非对所有娱乐节目都感兴趣。常言道:"萝卜青菜各有所爱。"不同的人对于不同的娱乐方式有着不同的选择和爱好。而实际上,这正是其自身受教育程度、性格、生活环境等诸多因素共同作用的结果。

这样,不同的人对娱乐节目的爱好不尽相同,我们也可以通过他们的选择来发现其性情和内心世界。所以,只要我们了解一个人的娱乐爱好,就能够迅速地获得这个人的信息。

1. 从电视娱乐节目看人心

美国的一位心理学家曾这样说过："通过对一个人喜爱的电视节目的类别可以判断出他的性格与心理。"可以这么说，电视的显示器也是一个人性情的显示器。据心理学家研究，我们可以做出以下的推测：

喜欢看戏剧节目的人自信心强而富有冒险精神。此类人英雄主义色彩极浓，好急人所急，但比较霸道，喜欢领导和左右别人，只是有时会因独裁专断而失去朋友。

喜欢有奖游戏或猜谜式节目的人一般智商较高，推理能力强，对任何问题都能冷静分析，寻根问底，而且此类人对于无知和愚蠢最不能忍受。

喜欢神秘恐怖节目或破案故事的人好奇心重，竞争心强。凡事能够贯彻始终，全力以赴。喜欢追求刺激且不甘于平凡。

喜欢家庭伦理连续剧者幻想力强，是非分明，极富正义感，为人处世极有分寸。

喜欢欣赏体育节目的人竞争心极强，喜爱接受挑战，压力越强，表现越佳。做事有勇有谋，计划周详而且尽力追求完美。

喜欢看大型综合性娱乐节目的人乐观开朗，心地善良而不愿记恨别人。此类人凡事只看光明面，最懂得体谅人。

喜欢欣赏喜剧性节目的人对生活要求不高，家庭观念重，同时个性比较含蓄。此类人大多会利用幽默感来隐藏内心真实的情感，表面上看起来漫不经心，但内心却炽热如火。

2. 从电影上看人心

在人们的日常生活中，电影也已经成为人们娱乐生活的一个重要组成部分。当然了，不同的人对于电影也有着不同的选择。不过专家也指出："看不同类型的电影可以反映出各异的心态，这主要是受个人成长背景、喜好、经历和性格的影响，由此而形成一种相应的心理状态。如果认识正确、调节得好，就是一种正常的、甚至积极的心态，否则就很容易出现不太正常的病态心理。"

（1）喜欢看动画片的人

很多时候,人们认为卡通电影只是孩子们的专利,其实不然,很多成年人对其也是情有独钟。成年人之所以喜欢看卡通影片,除了它温馨、有趣之外,还映照着他们真实的内心世界。其实,成年人也像孩子一样有弱点、想逃避,在动画的世界里,他们可以再次对照自己的童年,像孩子一样无邪,没有烦恼和压力。

事实上,现在很多卡通电影都不是纯娱乐了,成年人会从中获得很多生活的意义和做人的道理。

(2)喜欢看搞笑片的人

现代人的生活紧张,普遍处在"高压"的状态下。只有多笑才能很好地缓解心理压力。喜欢看搞笑片的人,心理上是比较积极和轻松的,他们会寻找自己喜欢的方式解压,通过笑来放松。有时候,爱看搞笑片的人并不是喜新厌旧,他们往往会反复看老片子,即使都能倒背如流了,也照样看得特别入神,能笑出眼泪来。其实很多时候,看着搞笑片发呆、脑子不跟着情节转也能让你不自觉地发笑,因为你的心理在这种状态下已经有意识地开始放松,不需要考虑现实的烦恼,也无须去分析剧情,用不着动脑子,只是在你觉得好笑的地方开怀大笑就好。笑不但可以让你忘却烦恼,还能刺激大脑产生愉悦和兴奋元素,在一定程度上调节心理健康。

(3)喜欢看恐怖片的人

这一类人内心其实是复杂而矛盾的,有可能他在现实生活中就是反向人格的人。一方面,他承受着巨大的心理压力,心里不舒服;另一方面,越是不舒服,就越寄希望于影片来发泄。

从心理层面来讲,看恐怖片的确可以消除心中的郁闷和压力,是一种不错的情绪解压方式,人们能把现实中的怒气、愤恨通过电影转移出去,随着影片的画面、气氛而紧张,甚至放声叫出来,都是释放压力、放松神经的好方法。但是,这同时也是对现实的一种逃避。

(4)喜欢看情感片的人

情感片尤其是爱情故事常常能引起人们(特别是年轻人)的共鸣。因为人们都需要感情上的抒发和释放,而现实中感情的不确定又带来心理上的不稳定。于是，人们都希冀那种得不到的理想完美的感情在影片中实现，所以看情感片是一种感情的寄托。

（5）喜欢动作片的人

很多人认为，喜欢动作片的应该都是男性，实际上很多女性也喜欢看动作片。喜欢看动作片的人更多的是想从影片中获得另一种生活。很多情况下，人们应付不了现实的复杂生活，渴望一种单纯的、美好的、正义的生活，而动作片中善恶分明、邪不压正的剧情迎合了人们心中的希望。观众对美好事物的向往、幻想在影片中才能得以实现。

除此之外，动作片满足了很多人心中潜藏的英雄情结。因为从小实现不了的英雄梦可以在影片中实现，并能和影片的英雄人物产生共鸣。

在人际交往中，如果你暂时还没有发现能够与对方沟通的话题，那么不妨试着说说当下流行的娱乐节目，总会有一个是对方感兴趣的。通过对方对娱乐节目的选择和喜爱程度，我们能够大体地了解对方的内心世界。

根据个人嗜好看人性

每个人都有自己的嗜好，只不过有些时候，由于工作、学习太忙了，没有一点时间来做自己喜欢的事，所以渐渐地把它忽略了。嗜好不同于一般的工作和学习，工作和学习在很多时候都是具有一定目的性的，为了某一目的而做，甚至是做也得做，不做也得做，这就显得非常被动。可是嗜好不一样，嗜好完全是自己喜欢、感兴趣的，做它完全是为了愉悦自己。有什么样的嗜好，这往往要由一个人的性格和生活环境决定，所以通过它来观察一个人实在是最好不过的了。

1. 喜欢钓鱼的人

这一类人在做事的时候对于过程的重视程度往往要多于结果。他们在做的过程中能够体会到很多的快乐以及自我价值的一种被认可和肯定，但是对于结果的成败，则显得有些无所谓了。他们信奉的人生信条就是：凡事付诸努力了，就无愧于心。他们在平日里显得比较散漫，看样子有些不在状态，可一旦有事情发生，他们往往能够以最陕的速度调整自己，积极地投入其中，这一类人都有很强的耐性。

2. 喜欢表演的人

首先，他们的情感是相当细腻的，希望能够尝试不同的角色，体验不同的生活。除此之外，他们的想象力还应该特别丰富，这样他们才能把不同的角色揣摩到位，表演逼真。情感敏锐、细腻，这都是喜欢表演的人的性格特征，但是这一类型的人，有些富于幻想而不切合实际。

3. 喜欢手工艺品的人

这一类人往往热情而富有爱心，他们有很强烈的责任感，能够对每一个人每一件事情负责。他们的生活态度是积极乐观的，但并不会放纵自己。他们永远都知道什么是自己应该做的，什么是自己不应该做的。现实中，这一类人的自信心很强，他们经常会为自己取得的成就暗自陶醉，从中获得一种满足感和成就感。

4. 喜欢搜集钱币的人

这一类人性格相对来说是比较保守和传统的，不太敢于冒风险，对于接受新鲜事物的能力比较差。他们多具有很强烈的责任心。尤其是对于自己的子女更是疼爱有加。这一类型的人做事善始善终，比较追求完美，从来不会半途而废，他们对结果的重视程度往往要大于过程。

5. 喜欢木工制品的人

这一类人的动手能力都是比较强的，凡事都希望能够自己解决，而不依赖别人。他们的自尊心比较强，总是依靠别人，这也使得他们的自尊心较易受到伤害。他们多怀有强烈的自信，坚信自己会成功。他们对于新事物的接收能力比较快，敢于进行冒险式尝试。

6. 喜欢园艺的人

这一类人凡事都追求一个循序渐进的过程。他们有很强的责任感。他们内心时常有一些欲望，为了使这种欲望变成现实，他们会很努力地工作，在得到回报以后，会好好地享受自己的劳动成果。

7. 喜欢做高危活动的人

由气色相人

图文珍藏版

比如滑翔、跳伞、登山等,从事这些活动,一个首要的要求就是身体素质好。这样的人虽然在外表上看起来很健壮。但他们的心思却是非常缜密的,他们做事情总是非常小心,一件事情总是把前前后后可能出现的问题全部仔细考虑清楚以后,才行动,他们对"三思而后行"这一句话有着更加深刻的理解。他们的性格是比较坚强和固执的,一件事情一旦决定做,就不会轻易地改变,其中无论遭遇到多大的困难,他们也都能扛得住。他们很有胆识和魄力,敢于向一些未知的领域发起挑战。

8. 喜欢美食的人

这一类人多是不甘于平庸和寂寞的,他们总是想方设法地使自己的生活中多些激情和色彩。他们有很好的创造力和想象力,并且总会给亲人和朋友制造一些意外的小惊喜。他们总是有着很高的目标和理想,并会为此而不断地追求、前进。

9. 喜欢旅行的人

这一类人多属于外向型,他们的好奇心往往很强烈,而且好动,他们需要一些富于变化、带有刺激性的东西来满足自己。这一类型的人,通常会有比较好的人际关系。

10. 喜欢下棋、玩纸牌的人

这一类人可能在身体上不那么强壮,但在智力上他们往往要胜人一筹。他们常把自己的聪明才智发挥得淋漓尽致,从而把对手逼得走投无路。在这个过程中,他们会获得很大的满足。喜欢下棋、玩纸牌的人,其逻辑思维和分析思考能力都是相当强的。他们常常能够将比其他人相对更集中的精力投入到某件事情当中,所以他们做事成功的概率会比较大。

11. 喜欢打猎的人

这一类人性格多是比较粗犷和豪爽的,很讲义气,凡事不会和人太计较。他们深知社会之现实——优胜劣汰,适者生存。所以会努力使自己成为一个强者,因为只有这样才能更好地生存下去。他们有一定的勇气和胆识,很多事情都是敢做敢当,称得上是一个顶天立地的人。

12. 喜欢乐器的人

多是感性成分比较多的人,他们的敏感度是非常高的,总是能够在不经意间捕捉到一些好的或不好的感觉,这为他们带来快乐的同时也带来了苦恼。他们的性格并不是特别的坚强,反而相对比较脆弱,有的甚至于不堪一击。他们希望得到别人的关心和爱护,但却并不一定能够去关心和爱护他人。

嗜好本身就是一个人性情和习惯的外在显示。其实,只要你仔细观察你身边人的嗜好,你就会发现隐藏在这些人背后的种种的性情内幕,从而更加全面地解读对方的心理世界。

从饮品偏好解读对方的心理

在生活中,当我们与陌生人初次见面时,一般的约会地点便是咖啡厅、茶馆等,这不仅因为这些地方环境优雅,有利于情感的交流,同时我们也可以通过对方所点饮品的类型,窥见其性格中的某些特征。不过,这一点往往会被很多人忽略掉。其实,要想了解一个人,你不仅仅可以通过对方的言谈和喜好,也可以通过对方对东西的选择上,特别是饮品的选择上来判断对方的为人和性情。

心理学家经过长期的调查研究发现,一个人对于饮料的选择与他的性格有重要的关系。

1. 选择果汁饮料的人

喜欢果汁饮料的人属于心地特别善良,特别柔弱的类型。他们注重外表而且忠守于习惯,就像他们不轻易改变生活一样,他们可以忠诚地守护自己的爱情。这样的人总是喜欢做一些有趣的事或说一些甜言蜜语,像哄小孩一样哄别人。

2. 选择威士忌加冰的人

这一类人是真正喜欢喝酒的人,同时他们是实用主义者,性格开朗,不会装腔作势,与人交往时好恶分明,即使对方是女性也不会因此而有所收敛。

3. 选择葡萄酒的人

这一类人如果是男士,那他一定是个"情圣",非常懂得如何运用鲜花、甜言蜜语和礼物去讨好女性,在恋爱场上游刃有余。

4. 选择啤酒的人

这意味着他与任何人都谈得来,具有服务精神,爱取悦他人,也易获得别人的好感。

5. 选择鸡尾酒的人

他们大多属于善于玩乐的新新人类,很重视气氛。但如果对于鸡尾酒不太重视口味而看重酒名字的男人,就属于比较怀旧、易伤感、性格比较脆弱的人。

6. 选择茶饮料的人

这一类人一般比较注重内在修养,喜欢沉思,思绪也总会随着四溢的茶香沉浸于无限的想象之中。跟品茶一样,这种人喜欢慢节奏的、悠闲的工作和生活方式。或许是跟中国儒家文化的渊源有关,这样的人清静沉稳,像图书馆里的藏书一样散发着古朴的气息。

7. 选择可乐饮料的人

提起可乐饮料,很多人第一印象就是大T恤、牛仔裤、棒球帽。喜欢可乐饮料的人往往个性张扬,属于时尚一族,无论多大年龄,他们都会保持20岁的心态。不管是工作还是生活,他们都喜欢自由,不喜欢朝九晚五、一成不变的节奏。跟他们在一起你会很开心,因为他们爱玩也很会玩。

8. 选择香槟酒的人

这表明他们性格比较挑剔,不满足于平庸的生活,喜欢追求华丽、高贵,对异性的要求也很高,即便是作为普通的朋友,跟他们相处也要具备相当好的条件。

9. 选择咖啡的人

爱喝咖啡的人往往比较有情调,是很会享受生活的人。他们也会很努力地工作,也会在闲暇时光尽情地享受生活;他们恪守自己的风格,时尚却不跟风,穿着不一定是名牌也不一定很贵,但绝对得体,有品位;他们内心深处深深地爱着家人,却从不挂在嘴上,总是默默地付出。这样的人无论是在朋友圈内还是在家里,总是以核心者的身份出现,大家都喜欢听他的,只要有他在就能感觉到一股温馨的气息。

在现实的人际交往中,特别是当我们与陌生人在茶馆等地方初次见面的时候,我们要仔细观察对方对于饮料的选择。一旦你看到对方的目光落在饮品单的某个位置上,你就应立即捕捉到某一信息,并将其与自己脑海中的、与之相对应的性格类型回忆一遍。这样你也才能做到知己知彼,在接下来的谈话中你就可以根据对方的性格情况来进行谈话,不用再为自己的唐突或者莽撞而担心,使你们的交流更加的默契。

手机类型彰显人的个性

毫无疑问,在世界联系日益密切的今天,手机已成为重要的通信工具之一。随着手机的普遍应用,各种品牌和款式的手机也日渐走进我们的生活,诸多围绕手机的衍生品比如手机挂链、手机铃声等也成为人们彰显个性的内容之一。

不过,据心理调查研究发现,消费者在选择手机品牌、款式以及其他因素时,最为在意什么,恰好反映出了他们的性格和职业需求。例如,如果你在一个陌生的场合看到一个陌生人,他手里拿着一款诺基亚 E72,其外观酷似一台小型计算机,可以分析得出:拥有这款手机的人一定是做商务的,因为他们大都需要及时获取各种信息。同时,他们在意的绝对不只是打电话、发信息,而是强大的学习功能,例如电子书等等。

在我们身边,有人喜欢诺基亚手机,一定不是因为其外形美观,而是因为大众认为它结实耐用,这一类人比较会过日子,属于精打细算的类型;而有的人喜欢使用直板手机,这样的人一定不拘小节;如果选择的是红颜色的,那么他一定是开朗大方的性格。

可以这么说,从心理学的角度来讲,手机绝不仅仅是一种通信工具,它更是我们了解周围人心理和性格的途径。无论从手机的颜色、款式、铃声,还是打电话、发信息的方式,我们都能快速获得想得到的对方的信息。

1. 喜欢用外形极酷的金属机型的人

这一类人适应能力强,一生中的机遇好,能把握人生中的良好机会,当良好的机会来临时,生命的奇迹就会出现,但如果意志不坚定,很容易半途而废。他们看起来和别人都合得来,只不过是他们懂得隐藏自己,实际上,这一类人个性独特,内心很孤僻,别人不容易了解他们。在情感上,他们可以轻易地交朋友,却不容易谈恋爱,他们的感情是孤独的,只有遇见一个真心喜欢的人,才能引起他们热情的追求,而只有对方刚好也很喜欢他们时,才有恋爱的机会,缺乏情感上的主动性也是这一类人的一个弱点。

2. 只是为了工作需要,不在乎什么机型的人

这一类人信奉工作至上,只有工作着,才能时刻感受到自己的魅力。他们一旦失去了工作,或者没有喜欢的工作,就会质疑自己的价值。敬业是他们最大的优点。而在恋爱方面,他们属于慢热型,如果没有足够的热量擦亮他们爱情的火花,也许他们一直以为自己是一个对爱情生活很不注重的人。

3. 喜欢功能简单、使用方便的普通机型的人

这一类人一般易于沟通,朋友很多,朋友也给他们创造了更多的人生机会。不过,他们的从众心强,不知道什么是自己真正的需要,经常迷失在朋友的意见里。在他们的头脑里没有明晰的原则,分不清自己的所爱,所以在现实的婚恋生活中,他们只有在朋友和家人的支持下,才能顺利恋爱,在情感上一直都很被动。

4. 喜欢用防水、防震的运动机型的人

这一类人性格开朗、热爱运动,阳光味十足,人缘好,身边经常围着许多朋友,但绝不属于交友过滥那种。不过,在感情上,他们看起来可能有点"花",但是内心喜欢的还是那种天长地久的恋情。在现实的婚恋生活中,如果遇到真正值得他们去争取和守候的感情,他们的那份执着真的会让人吃惊。

5. 喜欢用可换彩壳的流行机型的人

生活中这一类人喜欢轻松自在、真诚、为人善良、爽快,喜欢赞美别人,包容别人的短处,有很多朋友。不过值得一提的是,他们的心思过于浅显,别人不是很重视他们。在感情方面,他们从小到大都有不少恋爱的机会却没有一次能够长久,不能够深入发展,因为他们不懂得关心别人,也不知道别人需要什么。可

以这么说，这一类人一般在感情上是麻木的。

可见，小小的手机也传递着主人的心理特点，因此，交际中，如果你想要了解对方的心理特点，不妨观察一下对方手机的一些具体细节，就可以对他有一个基本的了解。

宠物泄露对方的心理

社会学家和心理学家们都有这样一个观点：一个人怎么评价别人，恰恰暴露了自己的为人。然而，在生活中也是一样，一个人对宠物的选择，也暴露了其内心深处的秘密。据心理学家分析，人类在面对比自己更低一等的动物时，往往会把自己最原始的人性展现出来，因此我们可以看到一个人最真实的一面。

特别是跟养宠物的人打交道的时候，要注意观察，通过宠物也去判断和了解一个人。下面就来看一下这些可爱的家伙与其主人之间的种种真相，也许你会大吃一惊，原来，了解宠物也能让你在交际中如鱼得水。

1. 喜欢养猫的人

这一类人往往崇尚独立自主，讨厌随便附和，喜欢直来直去，从来不委曲求全、言不由衷。他们内向，喜欢宁静和恬淡，往往抑制感情的外露，很少有人能进入他们的内心世界；严于律己，不喜欢随随便便，让人感觉不到热情和活力；但有时也难免矫揉造作，所以人缘通常很糟糕。

不过，说到喜欢养猫就不得不提一下海明威，因为他是一个疯狂的爱猫的作家。或许宠爱猫咪跟他那副粗犷的外表有点格格不入，不过海明威的确是有着爱猫咪的侠骨柔情，他最有名的小说《战地钟声》就是在猫咪的环绕陪伴下完成的。值得一提的是，海明威家里的猫咪曾一度多达三十四只。

2. 喜欢养狗的人

只要你留心就会发现，喜欢养狗的人，随和温顺，显得很亲切；但他们好随波逐流，总是顺着他人的想法去做事。他们外向，不喜欢独处，整天嘻嘻哈哈，与左邻右舍关系融洽；交际能力出众，爽快开朗，人情味浓，胸无城府，坦荡直接，真实想法会立即从脸上或行为举止中显现出来。

另外,喜欢狮子狗的人性情活泼好动,像个大孩子;喜欢牧羊犬的人虚荣心较重,有喜欢炫耀自己与众不同的倾向;喜欢贵族狗的人肯定家境殷实,且事业一帆风顺;喜欢收留流浪狗的人,富有同情心,而且有可能小时候有过被歧视、虐待的经历。

3. 喜欢养蜥蜴的人

在人们的印象中,蜥蜴属于冷血动物,特立独行。不过近年来,却成了新生的"另类"宠物,很受人们欢迎。虽然这种动物既不温柔也不可爱,更不会亲近人类,但仍不妨碍人们喜欢它。

那么,喜欢养蜥蜴的人在性格方面是否也具有一些与众不同之处呢?确实,喜欢喂养这类宠物的人,智商往往较高,但情商偏低。因为蜥蜴等爬行动物防御心较强,有很厚的外壳,就像人为了保护自己而穿上盔甲。把蜥蜴当成宠物的人往往敏感警觉,他们不善于与别人交往,对别人的议论也抱着毫不在乎的态度,所以他们没有太多的知心朋友,在人际的交往中,往往处于很被动的地位。

4. 喜欢养鱼的人

众所周知,鱼儿属于水下生物,它们与其他动物的生存环境不同,鱼缸有多大,鱼的世界就有多大,哪怕只有几颗小小的贝壳、几株水草,都能让它们悠游其间。所以,喜欢养鱼的人更向往自由自在的生活。情感方面,在他们的眼里爱情是纯粹的,有时候感觉就像童话一样。此外,喜欢养鱼的人更注重陶冶情操,他们往往喜欢生活在自己的世界中,并对此很享受和满足,更喜欢含蓄的交往。

5. 喜欢养猪的人

随着社会文化的多样化,养猪已经成为一种养宠的新时尚。据科学家了解到,猪在很多的动物中,智力是比较高的。宠物猪"天资聪颖",活泼好动,通人性,只要主人对它好,它就会以优秀的表现来回报主人。虽然,猪的"眼神"不佳,嗅觉和听觉却十分出色,它能像狗一样凭嗅觉找到主人。好奇心强,杂食性,不挑食,可以吃猫食狗食,也可以吃稀饭。根据科学家分析,人类和猪的基因中相似程度很高,所以有很多人都欣赏宠物猪的懒惰生活。

养宠物猪的人拥有别人难以想象的广阔胸怀,他们对生活有着特殊的要求,与他们相处,你会觉得生活真的充满享受的乐趣。其实,很多人之所以会选择某种动物作为自己的宠物,是因为他们能够从这些宠物身上看到一些与自己相似的东西。反之,通过观察某人所养宠物的类型,也能看到宠物主人们的一些性格和心理特质。

6. 喜欢养鸟的人

鸟儿从古至今都是人们比较喜欢的一种宠物,不仅因为它羽毛华丽,体姿优美或它悠扬动听的鸣叫声,而是人们很早就发现,不同的鸟类性格不同。例如,老鹰性格暴躁而细心,容易攻击其他鸟类;戴胜鸟性格外向、喜欢热闹,容易招引天敌追杀;相思鸟性格机警,喜欢匿于阔叶树或茂密的竹林中。不同的性格决定了不同的鸟类在生物链中的地位,有的成了捕食者,有的成了被捕食者;有的容易被天敌追杀,有的过着平稳安逸的生活。

所以,养鸟的人基本都有双重性格,这一类人一般比其他类型的人都更渴望自由。不过,另一方面则害怕失去现实的生活。这一类人往往较为孤僻,不善于交际,对于人际关系具有不耐烦的感受。因此,和这一类人打交道要特别注意,千万不要被他们的双重性格弄得一头雾水,对他们可要有十二分的耐心。

生活中的宠物已经成为判断其主人性情的一个重要参考物。从各种各样的宠物中,我们可以发现,它们的主人有着各种不同的爱好和为人。这也为我们了解其性情提供了一个很好的参照。

从音乐的喜好看一个人

音乐是全人类共通的语言之一,在人的生活中是离不开音乐的,离开了音乐的生活会显得枯燥和无味。

音乐在人一生的成长中起着举足轻重的作用,有成就的军事家、政治家、科学家大都有着较高的音乐素养。可以这么说,音乐是打开心灵之门的金钥匙。在现实生活中,任何工作都不像音乐那样具有创新性、开拓性。

或许每一个人都曾有过被某一首音乐作品感动的经历。音乐是一种纯感性的东西,听音乐的时候喜欢听哪一类型的,就说明此人在这一方面的感觉比较好,而这种感觉很多时候又是与一个人的性格息息相通的。现实中每个人的偏好不同,他所喜欢的音乐类型也就不同。

据英国最新一期的《心理》杂志报道,如果想尽快摸清一个陌生人的脾气秉性,那该去和他聊聊音乐,因为一个人在音乐方面的喜好会透露出他的很多性格特点。依据音乐品位来揣测一个人的个性,至少要比相面准确得多。

英国剑桥大学的心理研究人员曾经做过一个实验,该实验对多名大学生进行了调查,记录了他们的性格特点,然后让他们每人写出自己最爱听的 10 首乐曲。研究人员根据这些乐曲推断这批大学生的性格特点,调查发现,一个人对音乐的偏好与其性情有着密切的关系。

1. 喜欢交响乐的人

这一类人大多踌躇满志,信心十足,凡事只想积极的一面,所以能够迅速和别人打成一片,但对别人盲目相信往往导致自己蒙受损失。这一类人性格张扬,习惯于炫耀自己的一切优点,并证明自己的不平凡,想借此跻身于上流社会。不过,他们最大的缺点就是不务实,这个性格弱点也常常成为他们成功的绊脚石。

2. 喜欢进行曲的人

这一类人一般墨守成规,满足于现状,不求变迁,力求完美,对自己要求甚高,不允许所做的事出现半点差错,而现实中的不完美常常使他们失望甚至对生活失去信心。

3. 喜欢摇滚乐的人

这一类人往往害怕孤独,喜动不喜静,不能忍受寂寞,他们比较喜欢运动。他们常常愤世嫉俗,对社会有不满情绪。他们经常把持不住自己,有时候会出现不愉快的情况也并不在意;他们非常喜欢到处张扬,往往能引人注目,但不会给人留下深刻的印象。这一类人能够将爱好作为强有力的指导,比如借用摇滚巨星的光环使自己在世俗当中趋于平静,找到心灵上的慰藉。他们喜欢团体,将音乐作为满足各种欲望的工具。

4. 喜欢听凄美歌曲的人

这一类人的性格特质是多愁善感,心地善良,懂得体恤他人,甚至有些人会以"先天下之忧而忧,后天下之乐而乐"作为自己的行事准则。可以这么说,歌曲如他们生命历程中的灯塔,指引他们前进的方向,这一类人人生中的大起大落常常是由音乐起了推波助澜的作用。

5. 爱好爵士乐的人

这一类人常常会被感性冲昏头脑,很多事情单凭一时冲动就去做,因而容易脱离现实。生活中,他们不喜欢受到约束,我行我素,总是心存一些荒唐的幻想。他们追求新奇,拒绝一成不变,五光十色的夜生活常常令他们流连忘返。不过,因为现实与理想差距太大,这一类人常常会感到一种莫名的恐惧与难以化解的矛盾。

6. 喜欢流行音乐的人

这一类人大多属于平凡的随波逐流型,在恋爱和人际交往过程中,远离复杂的思虑,家人或爱人会为他们解决人生中诸多的问题,他们随时准备被感情俘虏。深层次的自省和强烈的感情是他们最不能忍受的,所以力图通过听音乐保持轻松自在。

7. 喜欢古典音乐的人

这一类人往往处事理性,善于自省,并能够用理智约束情感;他们从音乐中汲取相当多的人生感悟,结果常常形单影只,因为很少有人能与他们的思想和感情产生共鸣。

8. 喜欢打击乐的人

这一类人一般耿直爽快,对生活充满希望,并精心设计自己的未来;为人处世以和为贵,不挑剔,同时也喜欢谈笑风生,具有很强的社交能力,能够与不同的人结交,身边从来不缺知心的朋友。

9. 喜欢乡村音乐的人

这一类人往往细心而又敏感,喜欢关注社会问题,能够对遭受欺凌的弱者表示深切的同情。成熟老练,轻易不会做出令自己后悔或有损利益的事情。他们追求内心的宁静与安逸,不喜欢都市的纷繁与喧闹,喜欢过一种完全田园式的生活,并为此不遗余力。

10. 喜欢歌剧的人

这一类人思想传统保守,容易情绪化,易做出一些偏激行为,但是他们相当有自知之明,对于自己的弱点从不掩饰,并且总是想方设法控制自己,避免发生不愉快的事情。有很强的责任感,对自己的一举一动认真负责,力求以一个完美的形象出现在众人面前,处处要求做到完美。

不过,还有一点值得人们注意,就是人的音乐品位受年龄、性别和社会环境影响。研究表明,听什么音乐不仅是性情的流露,同时也决定了一个人能否被某个群体接纳。因此在现实中,要想揭示对音乐的偏好与人们性格之间的关联,还需要结合此人的音乐品位来进行综合考虑。

点菜背后的人生哲学

常言道,一方水土养一方人,同时,一方饮食也造就了一方人的性情,铸就了一方人的心理特征。这也就是说一个地方的人,一个地域的人文性格、心理特征的形成与饮食有着密切的联系。不过,随着人们生活水平的不断提高,交通越来越发达,地球似乎越来越小了,国家与国家之间的距离也越来越近了。在我们居住的城市里,随处可以品尝到各种美食,这当中也包括世界各国的风味特色。外国餐馆日渐增多,充满异国情调的美食应有尽有,从法国鸭肝到英国牛排,从日本料理到韩国小吃,只有你想不到没有你吃不到的。

各国菜系口味不同,吃菜也是人们真实性情的一种外在体现。所以,我们可以针对人们对不同菜系的选择,来分析他们不同的性格和心理。

1. 喜欢意大利菜的人

众所周知,意大利美食典雅高贵,且浓重朴实,讲究原汁原味,且种类丰富,花样众多。意大利比萨饼、意大利面等是广为人知的食品。意大利烹饪以世界精美菜肴著称,它与法国烹饪不同,具有自己的风格特色,如菜肴注重原汁原味,讲究火的运用等。

喜欢意大利菜的人热情开朗,他们大多喜欢与家人及好朋友在一起,享受那种浓浓的亲情以及美妙温馨的感觉。不过这种人缺乏办事的魄力,无论做什么事情,总是畏首畏尾。这些缺点也常常给他们的发展带来不利。

2. 喜欢英国菜的人

英国菜相对来说比较简单,如选料简单,偏爱羊肉、牛肉、禽类等;口味清淡、原汁原味、简单而有效地使用优质原料,并尽可能保持其原有的质地和风味。这些都是英国菜的重要特色,常用的烹调方法有煮、烤、煎、蒸等。

喜欢英国菜的人大多有毅力,只要他们认准了一件事,就会很认真执着地做下去,很难让他们改变主意,因而他们常常有一种不达目的誓不罢休的做事风格。但有时候,因为过于固执,在面对一些错误的时候往往不能很快改正,这也给他们的社交带来了不良的影响。

3. 喜欢日本菜的人

日本菜又被称为日本料理,它是当前世界上一个重烹调流派。它主要分为三类:本膳料理、怀石料理和会席料理。日本菜是一种注重美感的餐饮文化,他提倡的不仅仅是用嘴巴去品尝,更强调用别的感官去"品尝":眼——视觉的品尝;鼻——嗅觉的品尝;耳——听觉的品尝;触——触觉的品尝;自然还有舌——味觉的品尝。

喜欢日本菜的人大多有洁癖,无论食物的味道如何,他们都喜欢食物维持新鲜、不加工的天然状态。在生活上他们会十分注重环境或是人的外表,他们常常把对食物的挑剔用在对人上,因此他们有时会对身边的人要求过高,特别不能忍受那些身上有异味的人。这种挑剔也使他们很难交到知心的朋友。

4. 喜欢中国菜的人

中国菜的历史比较久远、流派众多、品类丰富、技术精湛、风格独特。中国菜在世界上享有盛誉,它色、香、意、味、形俱全,与其他国家相比,中国更具有精细美好、多姿多彩、和谐适中的特征。因此,喜欢中国菜的人往往愿意与人分享喜悦。

5. 喜欢美国菜的人

由于历史的原因,美国菜的做法往往非常杂,可谓东西交汇、南北合流。早期大部分的美国人是英国移民的后裔,因此美国菜也主要是在英国菜的基础上发展而来的,到后来这种做法又糅合了印第安人及法、意、德等国家的烹饪精华,兼收并蓄,形成了自己的独特风格,如用水果入菜相当普遍。美国菜一般口味趋向清淡、生鲜;烹调方法以煮、蒸为主。

所以,喜爱美国菜的人往往是因为他们喜欢食物保持原状、不剁碎、不淋上一些奇奇怪怪的果酱的人。这种人不相信不熟悉的人、事、物,固守自己"尝试过才能相信"的真理。他们个性率直,爱憎分明,敢爱敢恨,对自己看不惯的事敢于直言不讳,因此,他们往往容易得罪他人。不过,这样的朋友在现实中是很值得去交往的。

6. 喜欢法国菜的人

法国菜在西方菜系中占有非常重要的地位,其选料广泛,滋味鲜美,用料新鲜,讲究色、味、香、形的配合,花式品种繁多,重用牛肉、蔬菜、禽类、海鲜和水果,特别是蜗牛、芦笋、黑菌、洋百合和龙虾,法国菜肴烧得比较生,调味喜用酒,菜和酒的搭配有严格规定,如清汤用葡萄酒,火鸡用香槟。

因此,喜欢法国菜的人往往与众不同,他们享受高品位的优雅人生,十分清楚自己的人生追求是什么。他们追求细致的生活,懂得享受美好的时光。

从阅读习惯看透人的内心

书籍是知识的载体,是人类不可或缺的精神财富。它无时无刻不在更新着人类的思想,传递着人类的文明,世界日新月异的变化离不开书籍的功劳,读书已经成为人类谋生和提高修养的重要方式。生活中每个人都有不同的阅读习惯,也因为阅读从不具有任何的强制性,所以从中我们可以窥视出一个人的内心世界。

在心理学家眼中,读书不仅能增加一个人的知识和修养,而且还能从一个人的阅读习惯中看出一个人的性格与内心。

1. 喜欢读言情小说的人

他们多是感情比较丰富,而且又相当敏感、重感情的人。他们的直觉往往很灵敏,所以在很多时候做事都凭直觉。他们的思想比较单纯,向往一切美好的事物,多少有一点不切实际。这一类型的人富有同情心,常会为书中的一些故事情节所感动。虽然他们不够坚强,但还比较乐观,善于自我开导,能够从失望中很快地恢复过来。

2. 喜欢读武侠小说的人

这种人富于幻想,追求浪漫,心灵深处有某种压抑很深的英雄情结,总是希望自己能出人头地;感情丰富,有时过于细腻,反而不受女性喜爱;身上多有一些侠肝义胆的气概,他们善恶分明,疾恶如仇,好打抱不平,为人豪爽,肯为朋友做出牺牲等等。但是在现实生活中这样的人往往会遭遇到很多挫折,这是因为他们的性格中有很多与社会不合拍的成分。

3. 喜欢看传记的人

这种人性格多比较坚强,而且有野心,他们会为了实现自己的理想和目标而坚持不懈地努力,但绝不是一味地蛮干。他们的思维比较缜密,在行动之前,会将可能出现的各种情况都仔细地想清楚,并做出一些应对的措施,不会贸然行事。他们有很强的好奇心,敢于并且也乐于向未知的领域挑战。

4. 喜欢读历史书籍的人

他们多是比较沉着、稳重,有丰富内涵的人。他们有一定的想象力和创造力,他们不会把时间和精力花费在与他人闲聊上,而是会去做一些比较有意义的事情,他们是非常现实的。他们因具有很强的分辨能力而深受周围人的赞赏。

5. 喜欢看一些通俗读物的人

他们多富有同情心,是积极而又乐观开朗的人。他们在愉悦自己的同时,总会给他人带来许多快乐,所以他们很受周围的人欢迎,会有比较不错的人际关系。

6. 喜欢读报纸及新闻性杂志的人

他们的意志多是比较坚强的,在各种挫折和困难面前不会轻易被击倒,而且他们是绝对的现实主义者,从来不会为一些虚无缥缈的东西而浪费自己的时间和精力,他们只关注客观实际。他们因为有很丰富的社会阅历,听到看到的事情都太多了,所以面对任何事物他们接受起来都不会显得吃力。

7. 喜欢读漫画书的人

这种人一般玩心都比较重,喜欢过无拘无束、自由自在的生活。他们的性格是活泼而又开朗的,但责任心不够强,持比较随便的生活态度,很难使他们对什么都负起责任。正是因为没有责任心和压力感,所以他们活得很轻松。

8. 喜欢读侦察小说的人

他们的思想多是比较超前的,而且具有相当强的逻辑思辨能力,敢于向新事物进行挑战,乐于探索,以解决各种问题。往往是问题越难以解决,他们越乐于迎难而上。

9. 喜欢看恐怖小说的人

这种人大多生活得比较单调和乏味,而又一成不变,他们厌倦了这样的生活,但又无法摆脱,所以只好借看恐怖小说来寻找一些新鲜、刺激的感觉。

10. 喜欢看科幻小说的人

这种人多具有很丰富的想象力和创造力,乐于向未知的领域和新事物挑战。他们厌恶日复一日不断重复的学习和生活,希望生活当中每天都有一些新的发现。喜欢为将来拟定计划,但不讲究实际,缺乏持之以恒的精神;总是为他人喝彩,很少打造自己的辉煌,经常在幻想当中过日子。

11. 喜欢经常看有关财经方面书籍的人

他们的竞争意识是很强的,总是不断地加入各种竞争当中,企图让自己站到一个相当显眼的位置上,而把其他人都比下去。他们多有经济头脑,在商海大潮中能够占有一席之地。

12. 喜欢阅读妇女杂志的女性

这种人一般上进心比较强,希望自己在事业上能够有一番成就,让别人对自己另眼相看。她们希望把自己打造成一个强人的形象。

13. 喜欢阅读时装杂志的人

这种人是非常注重衣着打扮的,他们很在意自己在他人面前的形象,所以会在这一方面花费很多心思和财力,使自己尽力向让他人满意的方面靠拢。

人的兴趣种类繁多,不胜枚举,我们从兴趣探视人心时必须要注意这些细节:一般人在听到有关"兴趣"的话题时,无论自己有没有这类兴趣,都会参加进去做适当的附和,你需要判断出他是不是真的有这方面的兴趣。

假使某人对某种特定的兴趣表示出极端的厌恶,则表明他曾受到某种心灵的创伤。比如:你正在与某位女性交谈,话题谈到音乐方面。本来双方谈得很愉快,却见她突然闭口不谈,而且脸上抹上一层哀怨的表情,这时你不妨转变话题,旁敲侧击地询问原因。

某些人有极端排斥某种兴趣的反应,不要一味地认为是兴趣方面的问题,应当看到其背后隐藏着一种过去的生活体验与情怀。否则,我们不仅失去了了解对方心理的机会,而且还会在无意之中刺伤对方的心。

水果可以折射出人的喜好

水果是很多人喜欢的食品。水果味美香甜,而且营养丰富,一般含有大量的维生素以及微量元素,对预防各种疾病都有好处,因此很多人都坚持每天食用一些水果,以确保身体健康。不仅如此,受素食观念的影响,现在越来越多的人,特别是正处于减肥时期的女性朋友常常将水果作为自己的三餐。

不过,常言道:萝卜青菜,各有所爱。对于水果每个人也是有着不同的喜好。据心理学专家研究,这和一个人的性格有着密切的关系。

1.喜欢吃葡萄的人

这一类人一般具有独特的领导才能,而且做事周全,善于交际,组织能力也很强,不会因锋芒毕露而使人产生厌烦之感。他们懂得诚信,也从不多说话,因而善于保守自己和别人的秘密。他们朋友一般都很多。唯一的缺点就是有时比较懒惰。

2. 喜欢吃苹果的人

这一类人一般比较务实,且做事冷静、沉着,很有计划,无论多么复杂难办的事情,他们都会处理得有条有理。这种类型的人一般不怕艰苦,面对困难和挫折敢于坚持。因为自尊心强,他们容不得别人丝毫的异议,而且思想有些保守,这些往往成为他们社会人际交往中的障碍。

3. 喜欢吃柚子的人

这一类人一般身体强壮,健康而有活力,对各种各样的体育活动他们都抱有很大的热情,表现得积极踊跃。但他们自我意识太强,很少顾及别人的想法,而且性情急躁,易发脾气。

4. 喜欢吃樱桃的人

喜欢吃樱桃的人个性温柔,心地善良,并具有牺牲精神,且以女性居多。为了情感,她们可以放弃一切,但有时候,由于心胸过于狭窄,常常无法容忍别人对她们的冷淡,所以很容易感到寂寞。

5. 喜欢吃桃子的人

这一类人与周围人往往比较协调,总能和大家保持一致的步调,因而能很容易地融入新的群体中。交际上,他们个个都是高手。但有时在困难面前却会显得无能为力。

6. 喜欢吃梨的人

喜欢吃梨的人,性格文静,很有才华,不管做什么事,总是精力充沛。他们也善于坚持,对于自己认定的事情绝不会轻言放弃。而且他们富有幽默感,朋友也很多。另外,他们的虚心也使别人乐于与他们交往,因为他们能坦然面对来自别人的批评,并接受自己认为有益的劝告。

7. 喜欢吃香蕉的人

这一类人外表坚强,内心软弱,但他们又不愿意在别人面前展示他们软弱的一面,总是将内心的软弱隐藏起来,只有在他们独处的时候才会让泪水肆意纵横。这是一群多愁善感、容易触景伤怀的人,很在意别人对自己的评价及看法。

8. 喜欢吃橘子的人

喜欢吃橘子的人往往情感丰富，天生多情，很有亲和力，因而很好相处。他们无论面对什么人，都表现得毕恭毕敬，以礼相待，哪怕面对的是他们的情敌。缺点是他们有时过于情绪化，让人难以捉摸。

9. 喜欢吃李子的人

这一类人多是性情刚烈之人，因而不易与人和睦相处。他们最让人看不惯的是，一旦别人做错什么，他们便暴跳如雷，怒火中烧。对于别人的批评，他们很难忍受，对于别人的意见和建议他们也很少顾及。不过他们最大的优点是对情感非常忠诚。

10. 喜欢吃西瓜的人

这一类人一般脾气较好，不喜欢抱怨，也不与人争吵，即便别人做了对不起自己的事，他们也都保持着一种无所谓的态度。这种人关心别人胜过关心自己，只要朋友有一点事找到他们，他们宁愿牺牲自己的时间、金钱，也在所不辞。不过他们唯一的缺点就是过于随和，有时缺乏原则性。

11. 喜欢吃草莓的人

这一类人性格往往比较开朗，善于与人相处，并能珍惜美好的东西，也从不嫉妒别人。能够乐观地面对各种各样的挫折与困难。即使遭遇失败，他们也对自己充满信心。因为他们相信，只要自己继续努力，总会取得成功的。但美中不足的是，他们有时做事不够细心。

可见，生活中处处都充满着考察人的玄机，一个小小的水果却能显示出人心的种种迹象。因此我们要善于观察对方的一些日常行为习惯，特别是吃水果的嗜好，它恰恰折射出了人内心的各种倾向。

通过收藏读懂人的深层心理

在现实生活中有很多人喜欢收藏。不过，收藏的目的有所不同，有的人收藏为的是向别人炫耀，以显示其高雅脱俗、不同凡响；也有的人收藏是为了怀念过去……收藏品五花八门，收藏者的性格也就各具特色。

不过，根据专家的调查研究发现，从一个人的藏品我们可以了解到这个人的性情及内在的一些信息。

1. 喜爱收集(旧)衣服饰物的人

这一类人大都爱打扮,喜欢挥霍,想靠精致的外表而使自己成为众人瞩目的焦点。喜欢收集旧款式衣物的人坚信自己的收藏品会再度流行起来,这是他们不可动摇的理由。

保留了旧衣物,寄托在旧衣物上的那些如影随形的思想和情感也就无法根除干净了,而倔犟的他们时刻相信它们会再度流行,到时不但省钱省力,更能走到大众的前头,会被称为高瞻远瞩。因此这些人做事一般比较严密,眼光看的往往比别人远一点。

2. 喜欢收集照片、明信片的人

这一类人一般喜欢回忆过去欢乐的情景,相片为他们与记忆中的人或景拉近了距离,使旧感情不但不会淡化,反而更加浓郁。向别人展示相片,也是向对方介绍自己的一种方式,而他们只需指点几下就够了。把自己的人生当成一场戏,自编自演兼摄像,努力塑造完美,欣赏过程,更容易接受一切。

3. 喜欢收集旅游纪念品的人

由于受收藏品的特性所决定,也因这一类人会在生活中不断地追求新鲜、奇特和怪异,并具有探幽索隐的勇气;为了追求令自己满意的藏品,他们乐于冒险,敢于出入荒漠戈壁、高山野岭,天南地北都留下了他们的旅行足迹。

4. 喜欢收集玩具的人

这一类人一般容易满足,知道分寸,家是他们最快乐的场所,宁静安逸的生活是他们莫大的享受;他们往往喜欢留恋过去,对曾经拥有过的一切感到自豪,并极力保存于记忆当中,总是用一颗童心感受兴奋和幸福。

5. 喜欢收集艺术品、古董的人

艺术品和古董往往代表博学、高雅,更是财富的象征。表明收集者比较注重自己的社会地位和身份;由于收藏品的档次和价值是收藏者之间品位和眼光的较量,所以他们的好胜心都很强。

6. 喜欢收集书籍、杂志和报纸的人

这一类人一般都具有一定的学识和上进心，喜欢在家里享受看书的乐趣，一人独处，自得其乐。藏书虽多，资料丰富，但大多数都已经过时，没有了使用价值，但这一类人依然想凭借这些来显示自己的博学。他们在新事物的接纳方面一般都比较慢，所以在实际生活中总是比别人落后半拍。

7. 喜欢收集旧票据的人

现实中的这一类人，一般都有很强的组织和领导能力，他们心细，办事条理清楚，按部就班，但是他们的精力大部分浪费在无用的细节与没有意义的过程当中，有时候觉得是未雨绸缪，实则是杞人忧天，因为他们所担心的危险，出现的机会实在是太渺茫了。他们偶尔也有寻找刺激的念头，但考虑到众多的细节总是无法行动起来。所以他们的生活几乎是一成不变的，这也是这一类人的缺点。

收藏的喜好，体现的是人的性情和素养。看来收藏里面也隐含着收藏者的各种性格玄机，在交往中只要你了解对方的收藏喜好你就能准确地判断出对方的为人习惯及性情。

驾车方式暴露了人的性格

随着车辆在日常生活中的普及，汽车不仅仅作为一种交通工具，同时也是主人身份的象征，不同经济地位的人往往开着不一样的车。很多人看车的牌子就知道车主人的一些具体的情况。不过，据心理学研究发现，通过驾车方式也能看出一个人的性情和内心世界。

在很多人的印象中，开车似乎就是把握好方向盘，知道前进倒车，还有熟知交通规章制度，不违章，不出车祸。其实，开车并不像很多人想的那样简单，人们对汽车的控制和对自己的控制有非常多的相似之处，他们的开车的方式几乎是自己现实生活中性情和内心世界的真实的反应。

1. 常一边抽烟一边开车，或停车时把脚搭在方向盘上的人

这一类人个性独特，为人刚正不阿，一切按照自己的方式执行。大体而言，他们是理想主义者，做事的能力也较突出，所以一般不会巴结、奉承他人。不

过，在爱情中，这一类人比较有主见，把一切安排得妥帖而有新意。唯一的缺点是，他们太以自我为中心了，有时显得过于专制，而且过于耿直，不够精明，容易得罪人，为自己树敌。

2. 规规矩矩开车的人

这一类人思想传统保守，在人海当中守护着自己的孤岛，把别人不攻击伤害自己当成莫大的幸事。不管是工作上还是职场上，这一类人往往缺乏冒险精神，规规矩矩地从事着自己应该从事的工作，不会做出让人下不来台的事；最大的优点是踏实，做事兢兢业业，容易博得他人的赏识，建立起良好的人际关系。

3. 从不超速开车的人

对于这一类人而言，开车不过是带他们去要去的地方，而不是一种真正快乐或刺激的经验。他们可以说是绝对本分的公民。他们守法，尽自己应尽的义务，绝不少报所得税。他们通常以平稳、容易控制的速度开车。一般来讲，他们做任何事情都是中庸的态度，即使有很大的把握，也不会骤然冒险。他们为人可靠，做事从不马虎，很适合在政府机关上班。

4. 总以缓慢的速度行驶的人

这一类人总是避免把东西放在自己手里，只要有人授权给他们，他们立刻把权限缩至最小。他们嫉妒别人不断超越自己，而胆小怕事的个性会加深他们对自己的失望和对别人的嫉妒。在现实的人际交往中，这一类人一般是不受他人欢迎的，因此也会显得与社会格格不入。

5. 喜欢超速驾驶的人

这一类人不会受制于任何人，不管做什么事情都比较积极，而且憎恨权势。他们不允许别人为自己设限，如果有人企图这么做，他们会找出极端而且可能很危险的方法来维护自己的独立自主。他们的父母和老师很有可能都十分严格，而这是他们发泄心中怒气的唯一方法。

6. 使劲按喇叭的人

这一类人喜欢尖叫、发脾气，不管是在堵车的马路上还是在畅通的路面上，他们都使劲按喇叭。不过，他们面对挫折的应变能力极差，经常觉得受别人的威胁。他们通常以一连串儿的高声谩骂来表达心中的焦虑和不安,发怒的程度完全和刺激他们生气的原因不相符。一般来说,这一类人做事无效率、无能力。即使什么事情都没做成,他们也总是显得匆匆忙忙。

7. 顺着车流前进,力求稳当;稍有意外,立即早早刹车的人

这一类人为人耿直,又善于和人相处,办事利落,适应力强,在各种场合,都较受人尊重和注目。这一类人不管是在工作和恋爱上都有周密的计划,循序渐进,有板有眼,可以使任何人信任他们。尽管他们什么事都尽职尽责,可在内心里有时也不太自信。这也是这一类人性格的缺点。

8. 绿灯亮后,最后一个发动汽车的人

这一类人性情沉稳,他们往往懂得韬光养晦,认为只要不锋芒毕露,就不会遭人拒绝或被人伤害。他们的沉着让他们有更多的时间去思考,因而行为更趋理性。假如他能提高自己的交际水平的话,成功的机会很大。

9. 喜好超车,但不允许别人超车的人

喜好超车,但不允许别人超车的人显得不够成熟。也许他们在某些方面较为出色,但个性不够老练,爱慕虚荣,傲气十足。在男女恋爱关系上,这一类人知道如何设法让对方得到满足,但也容易朝秦暮楚。

10. 很少换挡的人

在开车时很少换挡的人不多,这一类人希望所有事情都安排得井井有条。他们是一位实践家,凭直觉行事,而且喜欢把事情揽在身上。这一类人比较喜欢寻找自己的生活方式,即使有时候这么做遭遇的困难比较多,他们也很少向他人请教。没有人告诉他们该往何处去,可能反而是他们常常告诉别人该怎么做。在职场上,这一类人绝对是自动自发的员工。

11. 绿灯一亮就急忙往前冲的人

这一类人凡事都比别人抢先一步,他们一般做任何事情都争强好胜,因为他们不愿意被打上失败者的标记。他们懂得有竞争力才能够成功。如果给人生一个起跑线,他们总是第一个站在线上的人。他们不是向前看,而是向后看别人离他们还有多远。

12. 永远没有驾照的人

这一类人喜欢还未做一件事就先把自己的想法说出来。但做出来的成果，却往往与他们所说的相去甚远。不过，只要有足够的刺激，他们最后还是会把事情做完的。他们总是把自己想象成赢家，但心中却暗自害怕会输。即使他们说得天花乱坠、斩钉截铁，但落实到行动上却消极得很。

13. 不喜欢开车的人

这一类人自主意识不强，依赖性很强，经常觉得受到威胁，常常处于孤立无援的境地；多自我否定，自卑感强烈，无法成为领导者，通常处于从属地位。他们不喜欢冒险，乐意跟随在他人身后走，所以很少有丰厚的收获。不过，相对于其他人，这一类人一般比较敏感，极在乎别人的评价，他们的言行举动几乎都是在他人的控制之下。

车如其人，一个人如何控制汽车，和他如何控制自己的人生有许多相似之处。如果把车视为一个人肢体的延伸，那么开车的方法，就是肢体语言在汽车上的表达。一个人在方向盘后的举动，反映出他每天的心情与态度。所以，对于汽车的驾驶者，我们要善于观察他们的驾车习惯，以便于更好地去了解他这个人。

通过零食走进女人的内心世界

古人云：食色性也。喜欢美食是人的天性，同时，喜欢零食也是女孩子的天性。丰子恺曾经在《吃瓜子》这篇文章里详尽地描写了女人们吃瓜子时的兰花指，姿势优美，妩媚动人，把女人在吃零食的瞬间的美好形象生动地描绘出来。

男人总喜欢把自己心爱的妻子或女友昵称为孩子，其中的甜蜜之意自然不言而喻。但把女人等同于孩子，还有一个直观的原因，就是女人和孩子一样喜好商场里那些琳琅满目的零食。

女人喜好零食，就如男人嗜好香烟和美酒，也是一种天性。但男人的烟不能多抽，酒不能多喝，如果超过了一定的量，难免被人蔑称为烟鬼和醉汉，而且对身体也没什么好处。女人吃零食则少了这种节制。试想，一个女人用兰花指将一粒色泽鲜艳的水晶梅子放入樱桃小口中,那个过程,不光只是女人自己对食物的享受,也是一种极富有诗意的画面。

女人嗜好零食是与其性格分不开的。比如,那些情绪化的女人,每当心情郁闷的时候,便会慵懒地躺在床上,一手捧着读物,一手拈起话梅,往往书还没有读完,话梅核早已吐得满地都是。一个女人所喜爱的零食往往是她们内心世界的外在流露。在现实生活中,只要你仔细地观察,你就会发现:当女人兴奋地描述某人或某事的时候,通常伴以往嘴里塞食物的动作,随着语速的加快,她们咀嚼的动作也会跟着加快,而当她们眉飞色舞地讲到关键时刻,口中也被食物塞得满满的。

对于零食,不同的女人具有不同的喜好。而恰恰就是对于零食的选择,暴露了女人的性格秘密。下面我们来看看那些喜欢吃不同种类的零食的女人,究竟在性格上有哪些不同。

1. 常喝绿豆汤的女人

这一类女人向往衣来伸手、饭来张口的生活,她们总是奢望自己能拥有更多的东西,过上高档次的生活。因为性格的特点,也使得她们在面对情感与金钱时,会很现实地追求物质财富。

2. 常喝珍珠奶茶的女人

这一类的女人向往平和的生活氛围,她们心胸宽广,能容忍别人的过失,因此她们从不和别人争吵。面对生活琐事,她们能够理智处理,而且很有主见,很少受情绪困扰。

3. 常吃爆米花的女人

这一类人喜欢幻想,但她们并不缺少做事时不畏艰难的冲劲。她们富有创造精神,做事果断,从不会拖泥带水。在职场上,这样的员工往往自动自发,不需要领导怎么操心,深得企业管理者的信任。

4. 常吃花生的女人

这一类女人一般都喜爱自由,她们不希望被别人束缚,同时,她们兴趣广泛,而且勇于尝试各种各样的生活,无论遇到什么样的困难她们都会勇往直前。

在人际的交往上,这一类人一般有比较好的人缘,深受大家的欢迎。

5. 常吃薯片的女人

喜欢薯片的女人个性随和,喜欢交际应酬,她们乐意广交朋友,并且让朋友一起分享自己的快乐。在情感上,一般比较细腻,对自己的爱情一般比较主动。

6. 常吃冰激凌的女人

喜欢吃冰激凌的女人多愁善感、感情丰富,她们心情很容易因为外界环境的改变而改变。她们喜欢健康的生活方式,喜欢新鲜而充满刺激的事情,但她们有时过于软弱。现实中,她们性格温和,很容易相处,无论谁有困难,她们都会伸出援助之手。

7. 常吃薄饼的女人

常吃薄饼的女人做事专注认真,面对困难能勇往直前,并且富于冒险精神。但她们有时做事总是为了达到某种目的,也总是希望别人对她们有所回报,这一点可以说是她们性格中唯一的缺点。

8. 常吃巧克力的女人

这一类人逻辑性强,有较强的组织能力和协调能力,对于新事物、新思想,她们以一种小心谨慎的态度面对,不轻易下结论,她们内心充满理性。

9. 常吃奶油类食品的女人

据最新的心理学研究发现,常吃奶油类食品的女人大多是富有罗曼蒂克情调的人,这一类人喜欢幻想,认为自己生命当中注定充满浪漫的事情。她们追求完美,感情较脆弱,当受到挫折时便会情绪激动,甚至灰心丧气、一蹶不振。

10. 常喝豆花的女人

这一类的女人对感情非常执着,她们对自己选定的对象会一心一意、心无旁骛地去爱。但她们也有刚直的一面,如果她们发现对方的性情不够沉稳或者内心不够坚定,那么她们会选择宁缺毋滥。

女人都喜爱零食,零食也是她生命中的一个极为重要的"情人",而且女人和零食的情缘可以维持一辈子。对于那些不解风情的男人来说,了解女人最好从了解女人喜欢的零食开始,只有这样才能更快地走进女人的内心世界。

旅游能反映人们内心的向往

现如今快节奏的工作和生活,使人们越来越感到生存的压力之大,因而希望在假日期间放松自己,于是很多人选择了旅游。简而言之,旅游是人们为寻求精神上的愉快感受而进行的非定居性旅行以及在游览过程中所发生的一切关系和现象的总和。

在此值得一提的是,一个人的旅游兴趣和旅游方式往往是和这个人的生活状态密不可分的。一个人所向往的旅游胜地其实就是人们内心的期待的真实写照,我们最想去的地方的面貌,就是我们心里最期待的生活的面貌。

所以,我们可以借此来透视一个人隐秘的内心世界。当朋友或是同事无意中向你提起他向往的地方时,你就能揣测到他此时的心理状态。

1. 喜欢高山湖泊的自然风光的人

险峻的森林湖泊、崇山峻岭……渴望在其中穿梭冒险的人,心情多半是有些沉重的,凡事想得很深入,不会是那种随遇而安型的乐天派。这一类人不管生活如意与否,都有强烈的发泄欲望,在崇山峻岭中获得释放,或者由此产生对人生的新感悟。

2. 喜欢繁华的世界都市的人

日本的东京,美国的纽约,法国的巴黎……提到这些城市的时候,有些人的眼睛里闪烁着渴望的光芒。这一类人一般比较喜欢快节奏、充实的生活。他们通常有积极的生活态度,对自我要求近乎苛刻。他们同时又是体面高雅的人,对物质生活很迷恋。

3. 喜欢风情怡人的热带海岸的人

巴厘岛、夏威夷、海南……喜欢这些热带风情的人是十足的乐天派,他们像热带阳光一样给他人欢乐与温暖,这一类人很受别人欢迎。同时,他们内心深处是渴望受到尊宠的,喜欢被宠爱、被重视的感觉。

4. 喜欢历史悠久的名胜古迹的人

未解的金字塔之谜、绵延千里的长城、神秘的莫高窟……这一类人习惯游览那些有时间雕饰的古迹古城,他们的求知欲、好奇心非常强。他们喜好追古溯源,会在脑海中描摹古人的生活图画,充满了想象力。因此,这一类人很少去抱怨生活,在他们眼里是一切皆是有可能的。这也是这一类人最值得欣赏的地方。

5. 喜欢宁静的田园风光的人

宁静而质朴的田园,安静的院落,草长莺飞的山林……这些是很多人向往的地方。可以想象,喜欢去这样的地方旅行的人,多半有些厌倦了现实生活中那些令人头疼的世俗交往。一般来讲,这一类人对工作一向脚踏实地、任劳任怨,压力也比别人要大一些,所以他们想去寻找一个安静的地方,一壶酒、一缕晚霞、一个知心朋友足矣。不过从中我们也可以看出这一类人优雅的一面。

6. 向往去极地探险的人

在很多人的印象中南极和北极是一个冰天雪地、天寒地冻的地方。甚至有人把南北两极称为人类的禁区,然而这并不能阻挡一些人探索的脚步,他们中的一些人甚至是一直渴望着去南极和北极旅游。这一类人喜欢特立独行。或者你会觉得他们很不靠谱,其实不然。他们通常理性思维极强,凡事喜欢探个究竟,追求真实所见的事物,绝不会满足于仅仅从电视中看到那神奇的极光与极昼,他们向往着要亲自走进它们,了解它们。

在生活压力日益增大的今天,旅游已不仅仅是一种休闲的生活方式,更是一个展现人性的大舞台。它的神奇之处在于不仅能带给我们神奇的感官体验,也准确地透露着旅行者的心理状态。

捕捉说谎者语言上的漏洞

通常情况下,说谎者最留意的就是说话时言辞或字眼的选择,因为他们不可能控制和伪装自己的全部行为细节,他们只能掩饰和伪装别人最注意的地方。因此,我们只要注意抓住对方语言上的漏洞,就可以识破对方的谎言。

那么,一个人在说谎时,究竟会有哪些语言上的漏洞呢?一般来说,会有以下几点:

口误

通常情况下，人们在交谈时注意的重点是对方的言辞，因此，说谎者在说谎时往往会十分谨慎地选择字眼，对不愿说出口的话进行严密的掩饰，以便掩人耳目。

此外，用言辞来隐瞒或捏造一件事情也是比较容易的，而且可以事先全部写下来进行练习。说谎者还可以通过说话不断获得对方的反馈信息，以便及时修改自己的"台词"。

正所谓"智者千虑，必有一失"，在现实生活中，很多说谎者会因为言辞方面的失误而导致谎言的露馅儿，即使是谨小慎微的说谎者也会有失言露馅儿的时候，即人们通常所说的"口误"。

人在说谎时，内心深处通常都潜藏着巨大的心理矛盾，以至于稍不留神就会说出本不想说的或相反的话，这样一来，就在口误的过程中暴露了其内心的不诚实。也就是说，说谎者本来想抑制自己不提到某件事或不说出自己不愿说的东西，但又由于某种原因而"说走了样"。所以说，口误是一种自我背叛。通过说谎者的口误，我们就可以侦破他的谎言。

与口误相似的还有笔误。在大多数情况下，笔误也是说谎者内心自我的一种走样的表达方式。据有关研究表明，人们在书写时比在说话时更容易发生错误。面对书写上的错误，尽管当事人通常会以"意外差错"或"技术性错误"等借口来加以掩饰，但其中往往潜伏着内心的冲突甚至是"别有用心"。

之所以产生笔误，多半是因为人们在书写时，思绪随着内心潜在的思潮而游离笔端，或者因为联想到其他事情，结果稍不留神，就导致这种思绪悄然侵入了笔端，从而造成了这样或那样的笔误。

语速

通过语速的变化也可以判断一个人是否在说谎。人们在说谎或试图隐藏不安情绪时，总是想转换个别的话题。由于说谎者心里充满了不安，甚至是七上八下的，所以他们说话的语速会发生一些微妙的变化。比如平时沉默寡言的人突然矫揉造作地高谈阔论起来，我们就可以判断这个人可能藏有不可告人的秘密；平时快言快语的人突然变得少言寡语，我们就可以判断这个人很可能是想回避正在谈论的话题，或者是对谈话对象怀有不满或敌意。再比如当一个人说谎是为了掩饰恐惧或愤怒之情时，他的声音通常会变得比较大、比较高，而且说话的速度也会比较快；当一个人说谎是为了掩饰忧伤的情绪时，声音就会变得比较小、比较低，说话的速度也会相对较慢一些；如果一个人一边说谎，一边担心自己会露馅儿，那么他的声调会带有一定程度的恐惧感，这种恐惧感所产生的声调效果往往与忧伤产生的效果极为相近。

停顿

一个人在说谎时，另一种常见的言辞方面的漏洞就是停顿，如停顿的时间过长或停顿过于频繁。根据有关研究显示，说谎者在说谎时会出现各种各样的停顿现象，比如过多地说一些拖延时间的词汇，如"啊""那"等；不时地说一些重复性的语言，如"这周的星期天吗""星期天要加班"等；出现口吃现象，如"啥""什么"等；省略说话内容，欲言又止；说一些不着边际、让人摸不着头脑的话等。

关于上述几种情况，如果在对方说话时有几处得到验证，那么十有八九表明他在说谎或者有难言之隐。

"自相矛盾"让谎言不攻自破

通常情况下，一个人说谎不外乎两种情况，要么掩盖或篡改事实真相，要么编造各种各样的虚假信息。不管是上述哪种情况，当说谎者一遍又一遍讲述这件事情时，难免会出现自相矛盾的地方，从而导致谎言露出破绽。

如果有个病人得了绝症，医生想要掩盖真相，就必须想一些虚假的理由解释病人的症状。这样一来，医生就不得不时刻牢记着这些虚构的解释，否则一旦病人再度问起来，就有可能回答得驴唇不对马嘴。这是因为人的大脑首先接受的是事情的真实情况，人的意识和认识会将其印入记忆，它们总会时不时地浮出脑海，把编造的虚假"事实"驱逐出去，而那些虚假"事实"的根基就不会如此牢固了。事情的真实情况一旦浮出脑海，就会排斥那些虚假的细节或篡改过的细节。

正是这个原因，很多人在说话时往往此一时彼一时，前后矛盾，错漏百出，一不留神说漏了嘴，也是很常见的事。因此，我们完全可以利用说谎者的记忆不清，抓住他们的自相矛盾之处，从而侦破他们的谎言。

唐朝高祖时期，大将军李靖受朝廷委派，担任岐州刺史。在任期间，有人向朝廷告他密谋造反，于是唐高祖李渊派了一个御史前往岐州调查此事。

御史对李靖非常了解，深信他不会谋反，所以他怀疑此事纯属诬告陷害，于是他邀请告密者一同前往岐州。告密者欣然前往。半路上，御史假称检举信弄丢了，并且密切观察告密者的神情和动作反应。

为了让告密者确信检举信真的丢失了，御史装出一副很害怕的样子，不停地对告密者说："这可如何是好啊？身负皇命，职责所在，却丢失了重要证据，我可真是难辞其咎啊！"说着说着，他便发起怒来，并且狠狠地鞭打随从的典吏官。这样一来，告密者果然上当了。

李靖

御史见告密者相信了，于是趁机装出一副无可奈何的样子，向告密者请求道："事已至此，就劳烦您再重写一份吧。否则，不但我会因为完不成皇上交托的任务而承担罪责，您也会因为检举得不到查证而得不到皇上的封赏，您说是吗？"

告密者一听，觉得很有道理，于是赶紧重写检举信。可是，他早已记不清第一封检举信是怎么写的了，但他转念一想，反正上封信已经丢失了，这封检举信就算胡乱写写，也不会有什么大碍。于是他根据自己的想象，又凭空捏造出一封检举信来。

御史接过信件一看，发现与第一封信大有出入：除了告李靖密谋造反的罪名一样之外，所列举的证据全都换了模样，细节问题更是与第一封信大相径庭，时间、人物都对不上号。一看就知道是一封胡编乱造的诬告信。

御史立即命人将告密者关押起来，然后马不停蹄地赶回京城，将事情的原委一五一十地禀告给了唐高祖李渊。唐高祖勃然大怒，立即下令杀了诬告者。

在这则故事中，御史是个很有心机的人，他巧妙地找到了说谎者的破绽，成功地揭穿了诬告谎言，既保全了李靖的清白，又惩治了诬告者，真可谓一举两得。

事实上，这种侦破谎言的方法非常有效，即便说谎者事先有很充裕的时间做准备，并且很谨慎、很精心地编造了"台词"，也无法对对方反问的全部问题预先想好所有的答案。即便说谎者很机敏，也无法应付所有的突发事件。面对突如其来的改变，说谎者往往会出现这样或那样的漏洞，从而最终暴露他的谎言。

面部微表情会随时出卖你的心

心理学家指出："人类对微表情的识别能力和判断谎言的准确率之间有非常明显的正相关，很多研究都为这个观点提供了支持。"在比较善于"测谎"的人员当中，特工人员测谎的准确率平均能达到64%，有些特工甚至能达到80%。此外，童年时期家庭环境不寻常的人、有语言障碍的人也比较擅长利用微表情来检测谎言。

所谓微表情，是一种持续时间仅为1/25秒到1/5秒的非常迅速而短暂的面部表情。这种表情往往在人试图压抑或隐藏自己的真正情感时出现，通常与说谎紧密相关。微表情和普通表情在外在表现形式上是没有任何差异的，二者的区别仅在于微表情持续的时间非常短。普通表情随时随地都可能出现在人的脸上，而微表情往往是在人说谎时才会出现，是一种自发性的、下意识的表情动作，很难掩饰，也很难弄虚作假。因此，微表情是我们识破谎言的重要工具。

那么，究竟有哪些微表情表明一个人正在说谎呢？如果你在交谈中发现对方有以下几种表现，就一定要小心了——他很可能在说谎。

1.面部表情不对称

所谓面部表情不对称，是指两边脸颊的动作相同，但其中一边的动作比另一边强。科学家经过研究发现，人的右脑专司情绪处理，而且右脑又是主要控制左脸肌肉的(左脑控制右脸肌肉)，所以科学家们认为，相比较右脸而言，情绪在左脸上肯定表现得更强烈一些。当一个人出现扭曲的表情时，即当一边脸的动作比另一边大时，表明这个人的情感可能并不是真实的，也就是说，不对称的面部表情可以被视为一种说谎的信号。

这个成果是由一个国外摄影师发现的，其大致过程是这样的：一个专门研究人类面部表情的专家小组去向这位摄影师借照片。由于这些照片是这位摄影师亲自拍摄的，所以有一些不为人知的内情。

专家组的研究者们把摄影师提供的面部照片全部竖着切成两半，合成一张双左和一张双右的照片。他们看过这些照片后，都认为双左照片的情绪比双右照片的强。但摄影师却发现一个例外，即照片上高兴表情的强弱度是不分伯仲的。专家组的研究者们对此并不在意，但摄影师却心里有数，因为他知道，表情高兴的那些照片才是真情的流露，那是当实验对象心情好的时候，摄影师在他们不知情的情况下瞬间抓拍的，而其他表情的照片全部是在摄影师的要求下，实验对象移动面部肌肉做出来的"虚假表情"。

事实上，如果是由衷的表情，两边的脸颊并不会有什么不同。只有那些故意装出来的，或者按照别人的要求摆出来的表情，才会出现面部两边不对称的现象，比如打心眼儿里高兴的一张脸，就很少出现不对称的情况。因此，面部表情不对称可以看作是识别假表情的线索。

2.面部表情持续时间长

面部表情持续时间的长短也可以为识谎提供一些线索。它具体包括以下三个方面：表情的停顿时间、起始时间(表情开始时所花的时间)和消逝时间(表情消失时所花的时间)。

通常情况下，长时段的面部表情——有的长达10秒或更长，差不多都是假装出来的，甚至停顿 5 秒钟的表情都可能是不真实的。真正发自内心的表情都不会太长，除非是那些极其强烈的情绪感受，比如狂喜狂悲、勃然大怒等。而且，即使在极端的情况下，面部表情也不可能持续太久，而是一阵阵地、短暂地出现。

在表情的起始时间和消逝时间上，并没有关于说谎线索的硬性规定。但是，惊讶的表情是个例外，真正的惊讶表情往往一闪而过、转瞬即逝，从开始到结束总共超不过 1 秒钟，如果一个人惊奇的表情超过了 1 秒钟甚至更长，通常不是戏谑（惊讶是在闹着玩的）、表情符号（惊讶是在表态），就是在假装，因为出乎意料的事情一旦弄清楚了，当事人就会很快回过神来。在现实生活中，很多人都能模仿惊讶的表情动作——眼眉上挑、嘴巴张大，但惊讶来得急、去得快的特质，真正知道的人并不多，而且几乎没有人能够模仿出这种效果来。

3.转瞬即逝的微表情

极细微的面部表情展现常常是我们识破对方谎言的关键。有时候在短短的一瞬间，一个人隐藏的真实情感会在他的面部突然地冒出来。

测谎专家们曾对"伊朗门事件"听证会的录像进行过严密分析，结果发现，约翰·波因德克斯说了谎。当有人问及约翰·波因德克斯同美国中央情报局头目威廉·凯西会见的情形时，他的面孔因为愤怒而红白相间，就像图画书一样，这一表情仅仅持续了 1/4 秒。专家们由此断定，沉着冷静的波因德克斯隐藏了有关会见的重要事实。而当时的审问者却忽略了这个细节，并没有追根溯源，把事实真相弄清楚。

4.相对顺序

所谓相对顺序，即面部表情相对于语言、声音变化及身体行为的准确定位。假设一个人在生气时说了一句"我真是被你气死了"，生气的表情在说完这句话后才出现，那么基本上可以断定对方生气的表情是装出来的。但如果是在说话的同时，甚至话还没有说之前，生气的表情就已经出现了，那么真假就不容易判断了。

面部表情和肢体动作之间的相对顺序，回旋的余地要更小一些。我们依然拿那个"被气得要死的人"为例,如果他先是重重地捶打桌子,而后才表现出生气的表情,那么基本上可以断定,他只是在装腔作势,是在演戏给别人看。事实上,任何与肢体动作不同步的面部表情,都可能是说谎的重要线索。

眼睛是心灵的"叛徒"

喜欢看电影的人都知道,做保镖的都喜欢戴一副黑黑的大墨镜。这是为什么呢? 心理学家表示,一个人戴上墨镜以后,就可以看似不动声色地观察周围的情形,同时不让别人发现自己在观察什么,从而起到很好的心理保护的作用。关注娱乐新闻的人大概都知道,很多明星在出席各种场合时也喜欢戴墨镜,娱乐记者称"戴了墨镜之后,就没有人知道他们说的是真话还是假话了"。

那么,是否真如娱乐记者所言,明星们戴墨镜是为了掩饰自己的谎言呢?对此,心理学家表示,戴墨镜的确可以帮人掩藏从眼睛里发出来的谎言信号。俗话说:"眼睛是心灵的窗口。"在人的各种感觉器官中,眼睛最能传神。因此,我们可以透过一个人的眼睛看到他内心的秘密,无论一个人的说谎技术有多高超,他的眼睛总会露出一些蛛丝马迹。很多人戴墨镜就是为了掩藏自己眼睛的微表情,防止内心的秘密从眼睛中泄露出来,而这种不经意的掩饰,恰恰说明了这些人的某些心理弱点。

那么,当一个人说谎时,他的眼睛究竟会露出哪些蛛丝马迹呢?

1.注视的时间

在现实生活中,很多人认为转移目光是说谎的信号。因为他们认为,说谎者由于感到内疚、心虚和害怕,所以很难用眼睛直视被欺骗者,而是将视线转移到别处。但事实却远非如此。因为凝视是很容易人为控制的,有些说谎者在说谎时会将他们的眼神移向别处,而有些说谎者在说谎时反而会增加注视别人的时间。

相信很多人都记得小时候妈妈的批评:"你肯定又撒谎了——我知道,因为你不敢看我的眼睛。""说谎者往往不敢看对方的眼睛",这是很多人都知道的一句忠告。在得知他人认为转移目光是说谎的信号之后,很多高明的说谎者往往会反其道而行之——故意更多地注视对方。他们之所以这样做,是想用眼神来告诉对方:"我是诚实的,我没有撒谎。"因此,如果你想知道别人是不是正在说谎,不要仅限于观察对方眼神的变化,当对方比平时更专注地看着你时,你就要注意了——对方很可能也在说谎。

2.视线的方向

视线的方向也能反映出一个人的心情和意向。眼睛斜视,往往被认为是说谎的常见标志。比如,一位丈夫有心事不想让妻子知道,妻子先是假装不闻不问,然后突然诈他说:"你到底做了什么亏心事,还想蒙混过关吗?"这时候,丈夫由于心虚,往往不敢正视妻子的眼睛,而是战战兢兢的目光斜视,并且转移话题。看到丈夫做贼心虚的表情,妻子就进一步确信了自己的猜测,然后乘胜追击、步步紧逼,最后丈夫不得不"坦白"了。

当一个人视线斜视时,常常被认为是心里有什么不可示人的秘密。视线斜视是"不想让别人识破本心"的心理在起作用。因为说谎者在说谎时充满了紧张和不安,所以试图通过目光斜视来收集周围的信息,以求转移不安或者找回安全感。

当一个人内心不稳定或不诚实时,他还会出现回避对方视线、视线闪烁不定或左顾右盼的情形。因为说谎本身会使说谎者处于一种高度紧张的状态之下,而与对方视线接触,看到对方那怀疑、探究的目光更会使说谎者的紧张情绪加剧,所以说谎者会本能地避免与对方进行视线接触,以降低自己的紧张程度。因此,当一个人刻意回避你的视线、眼神闪烁不定或左顾右盼时,就等于是在告诉你:"我不敢正视你,因为我心里有鬼。"

3.眼球转动的方向

除了注意对方视线的方向之外,还有一个方法就是直接盯着说谎者的眼睛,看他们眼球的运动方向。一个人之所以眼球转动,表明他的大脑在工作。通常情况下,当一个人编造谎言时,他的眼球会向右上方转动。当他真的在回忆某件确实发生过的事情时,他的眼球会向左上方转动。这种"眼球转动"是一种反射动作,除非经过严格的训练,否则是假装不出来的。

4.瞳孔的变化

近年来,不少科学家经过研究指出,真正的"心灵之窗"并不是眼睛,而是眼睛中的瞳孔。瞳孔是眼球中间的圆形小孔,是光线进入眼睛的窗户。前面我们已经提过,美国心理学家赫斯通过一系列实验,证明了瞳孔的变化能真实地反映一个人的情感变化。这也就是说,瞳孔是不会说谎的。当一个人说实话时,他的心里比较平静,瞳孔就会处于正常状态;而当一个人编造谎言时,他的心里会紧张不安,这时候瞳孔也会随之扩大。由此可见,在人际交往中,要想侦破对方的谎言,洞悉对方的真实思想和态度,就要学会观察对方瞳孔的变化。

5.眨眼的频度

另一个说谎的信号就是快速眨眼。当一个人变得兴奋或思维快速运转时,他眨眼的频率会相应地增加。通常情况下,一个人普通的眨眼频率大概是20次/分钟,但是当一个人感觉到压力时,眨眼频率就会提高四到五倍。一个人在说谎时往往会变得很兴奋,而且为了编造谎言,他的思维会高速运转,在这种情况下,他眨眼的频率就会比平常多得多。但是我们也不能一概而论,有时候一个人快速眨眼,并不是因为他在说谎,而是因为压力太大,所以我们要具体问题具体分析。

要想窥破一个人内心的秘密,弄清楚对方是不是在说谎,最简单、最有效的方法就是盯着他的眼睛,读懂他眼睛里流露出的真实想法。

捂嘴和摸鼻子是企图掩盖谎言的标志

一个人在说谎时,有一个典型的动作可以暴露他在说谎,这个动作就是捂嘴。捂嘴的动作有很多种,比如用手完全掩住嘴巴、用手支住下巴、用一根手指悄悄摸一下嘴角等。这些动作看似十分警惕地捂住了谎言的源泉——说谎者或许会认为,如果人们看不到他的嘴巴,就无法知道谎言来自何处。其实不然,把手放在嘴上或靠近嘴巴的动作,恰恰把说谎者的内心世界暴露给了别人。因此,很多人都知道,捂嘴是企图掩盖谎言的标志。

在现实生活中,有些自以为高明的说谎者为了迷惑对方,还会用假咳嗽来掩饰自己捂嘴的动作。美国著名演员亨弗莱·鲍嘉在演坏蛋或罪犯时常常用这种姿势,尤其是当他和其他坏蛋在一起讨论犯罪细节或被警厅传讯时,这种姿势更是频频出现。这种动作其实是表示不诚实的信号。

说谎者在说谎时还有一个代替捂嘴的动作——摸鼻子,它可以是轻轻地来回摩擦鼻子,也可以是很快地触碰一下。摸鼻子的动作是掩嘴动作比较世故、比较隐匿的一种变化方式。通过摸鼻子,说谎者不仅可以体会到掩嘴的瞬间安慰,而且不用冒险把人们的注意力引向自己的掩嘴行为。

古时候的人们认为:鼻子直通大脑,是一种传达信号的工具。当说谎的想法进入大脑之后,下意识就会指示手做出掩嘴的动作,但是到了最后关头,又怕表现得太过明显,所以就变成了迅速地在鼻子上摸一下。所以说,摸鼻子只是掩嘴的一种替代行为——说谎者看似在摸自己的鼻子,其真正的目的是掩住嘴。

还有一种观点认为,摸鼻子的确是欺骗的标志,代表想要掩饰某些内容,但这个动作和掩嘴没有什么关系。这个观点的重要支持者是美国的阿兰·赫希和查尔斯·沃尔夫。这两个人曾经对比尔·克林顿 1998 年 8 月给大陪审团的证词做过详细的分析。那时候,克林顿极力否认与莫妮卡·莱温斯基有染。但是,赫希和沃尔夫通过录像发现,当克林顿说真话的时候,他几乎不碰触自己的鼻子,但是当他解释与莫妮卡·莱温斯基的关系时,平均每 4 分钟摸一下鼻子。赫希称之为“匹诺曹综合征”,匹诺曹是 18 世纪意大利著名作家卡洛·科洛迪笔下的童话人物。他每次撒完谎,木头鼻子都会变长。这并非没有科学依据。赫希经过研究指出,人在说谎时,一种名为儿茶酚胺的化学物质就会被释放出来,从而使鼻腔里的细胞组织充血扩张,使鼻子较之平时膨胀几毫米。当然,这些细微的变化通过肉眼是无法观察到的,但是这些变化会使说谎者觉得鼻子不舒服,有瘙痒感。所以,说谎者往往会通过摸鼻子或擦鼻子,来缓解这种不舒服的感觉。

赵先生越来越佩服老婆了,因为他发现每次当自己撒谎时,老婆总能看出来。一个星期五的下午,一帮朋友邀请赵先生一起去酒吧聚会,赵先生有些犹豫,因为老婆很反感他去那种地方。由于朋友们再三劝说,赵先生只好向老婆撒谎了——他给老婆打电话说他晚上要加班,因为这项工作下周一之前必须完成。老婆很爽快地答应了,并且叮嘱他不要工作得太晚。赵先生顿时高兴得手舞足蹈,立刻把这个好消息告诉了自己的几个朋友。赵先生这天晚上过得既舒服又开心,因为没人唠叨,没人不让他抽烟,没人一个劲儿地拖着他看无聊的肥皂剧。为了不让老婆起疑心,赵先生咬咬牙硬是一口酒都没喝。

晚上 11 点多的时候,赵先生准备回家了。走的时候还专门检查了一下身上有没有留下什么蛛丝马迹,彻底检查完之后,他才放心地离开了。回到家后,老婆已经睡了,为避免露出破绽,他也赶忙脱衣服睡了。

第二天吃早饭的时候,老婆假装关切地问:"工作做得怎么样了,应该都完成了吧,看把你累的!"赵先生赶忙说道:"可不是,都快把我累趴下了,回来连澡都没洗就睡了!"老婆忽然笑了,说:"你呀,还在我面前演戏!老实交代吧,昨天到底干什么去了?""没有啊,我就是……加班来着。""还不承认,一会儿我打电话到你们公司问问。"赵先生只好向老婆坦白了:"对不起,老婆,我刚才说谎了,昨天我跟一帮朋友去酒吧玩了。"事情败露的赵先生闷闷不乐地吃着饭,他知道自己今天一天只能靠陪老婆逛街赎罪了,但是他心里就是不明白:女人的直觉怎么就这么准呢?

老婆看着赵先生那副疑惑的表情,偷偷地笑了,其实她根本不知道昨天赵先生骗了她,只不过是在今天早上随口问赵先生时,赵先生不经意地摸了几下鼻子,这才让她起了疑心。因为赵先生一紧张,就习惯摸自己的鼻子。

相信赵先生怎么也没想到,就是摸鼻子这个简单的小动作把他给出卖了。由此可见,我们要想知道一个人有没有撒谎,不妨在交谈时多注意一下对方有没有摸鼻子的动作。

当然,这也不是绝对的,并非所有摸鼻子的动作都是说谎的信号。有时候,摸鼻子只是紧张的征兆,而不是谎言的信号。另外,摸鼻子有时也是表示拒绝的一种无意识的形式。心理学家认为,一个人在另一个人面前摸鼻子,表示他并不喜欢对方。比如在美国，摸鼻子有时候就和单词"NO"一样，是表示拒绝的标志。所以说，摸鼻子并不是人人都适用的欺骗标志，必须具体问题具体分析，视实际情况而定。

掩藏在笑容里的谎言

美国著名心理学教授杰夫里·考恩说："说谎者虚伪的微笑在几秒钟就能戳穿他们的谎言。真正的微笑是均匀的，在面部的两边是对称的，它来得快，但消失得慢，并且它牵扯了从鼻子到嘴角的皱纹以及你眼睛周围的笑纹。而伪装的笑容来得比较慢，而且有些轻微的不均衡——当一侧不是太真实时，另一侧想做出积极的反应，眼部肌肉没有被充分调动——这就是为什么电影中的'恶人'冰冷、恶毒的笑容永远到不了他的眼部的原因。"总之，撒谎者的笑容看上去就好像是戴着一个笑眯眯的面具一样。

由此可见，微笑是识别谎言的一个重要途径。说谎者的微笑往往不是真实情感的体现，而是一种掩饰内心真实感受的需要。因此，说谎者的微笑大多是一种缺乏真实情感的假笑。由于缺乏真实的情感，说谎者在微笑时往往会显得有些做作和茫然，嘴角上扬，一副愉快的病态假象，似乎是在告诉我们：这并不是我的真实感受。

那么，怎样识别一个人的微笑是真笑还是假笑呢？主要是看面部表情。下面4种面部表情会在无形中将一个人的假笑暴露无遗。

第一，微笑时只运用大颧骨部位的肌肉，只是嘴动了动，而眼睛周围的轮匝肌和面颊拉长，这就是假笑。因此，假笑时面颊的肌肉往往比较松弛，眼睛不会眯起。但是，在现实生活中，一些狡猾的说谎者往往会将大颧骨部位的肌肉层层皱起来，这种动作会影响眼轮匝肌和松弛的面颊并能使眼睛眯起来，从而使假笑看起来更加真实可信。

第二，假笑保持的时间比较长。真实的微笑通常只能持续2/3秒到4秒钟的时间，其时间的长短主要取决于感情的强烈程度。但假笑不同，它就像聚会结束后迟迟不肯离去的客人一样，让人感到别扭和不舒服。之所以会这样，主要是因为假笑缺乏真实情感的内在激励,所以假笑的人就不知道何时将其结束。其实,无论是何种表情,如果持续的时间超过了5秒钟甚至10秒钟,那基本上可以判定它是假的。只有一些强烈情感的展现,如大怒、狂喜、极度抑郁等属于例外。

第三,一个人在假笑时,面孔两边的表情常常会显得有些许的不对称。如果是假笑,由于我们的左右两个半脑都希望能使笑容看起来显得更真实一些,所以在意识的控制下,我们的左侧脸庞与右侧脸庞的表情并不完全相同,其中一侧的表情会显得更夸张一些。又由于控制面部表情的神经元大都集中在右半脑的大脑皮层中,而这部分大脑只能向我们的左半身发送指令。所以当我们刻意想在脸上堆满笑容时,左侧脸部的笑容就会比右侧脸部的更加明显。但如果是发自肺腑的真心微笑,由于无需刻意的假装,所以我们的左右两个半脑向身体两侧发送的指令就是对称的,这样一来,两侧脸庞的笑容也就不会有任何区别了。

第四,笑容来得太早或太迟都可能表明对方在撒谎。比如,如果对方对你说:"见到你真高兴!"然后才露出笑容,那么这多半是在欺骗,他的笑容是矫揉造作出来的,是一种虚伪的客套。通常情况下,发自真心的表情应该与语言同时发生,而不是一个在前、一个在后。

由于绝大多数人都无法准确地区分真笑和假笑,而且笑容具有让人放松戒备、消除敌意的作用,所以很多人常常错误地把笑容当成说谎者的专利。其实不然,心理学家们经过调查和研究发现,当人们刻意用谎言掩盖事实真相时,大多数人的表情都会比平时更庄重、更严肃。这是因为说谎者大都意识到了这样一个事实:绝大多数人会把笑容和谎言联系在一起。所以他们会有意识地克制自己,使自己尽量不露出笑容。

1986年,澳大利亚海关曾经创建过一套识别谎言的系统,用以提高他们侦破走私商品及毒品案件的办案效率。直到那时为止,执法人员依然认为,人在说谎或面对压力时,往往会增加微笑的频率。然而,心理学家们通过对电影中说谎者的分析和研究得出了一个完全相反的结论:一个在说谎时,反而会比平时笑得更少,或者根本不笑。而那些诚实、清白的人在说真话时反倒会增加微笑的频率。

那么,为什么会出现这种反差呢?因为从本质上说,微笑根源于人们妥协和顺从的心理,所以,那些诚实、清白的人会试图以真诚的微笑来平复海关执法人员激动的心境;而出于抗拒和掩饰心理,那些走私犯则会尽量克制和减少微笑,以防暴露自己。

摊开的手掌最诚实

在众多肢体语言信号当中,手掌的动作是最容易被忽略的,但它的作用也是最大的。在日常生活中,人们常常会借助以下几种手掌动作来传达自己内心的欲望和需求:摊开手掌、手心朝上、手心朝下、握成拳状等。当一个人正在说心里话或者实话时,他往往会在不知不觉中把自己的手掌张开,并且把手心朝上或者把手心展示给对方看。

相信大家都看到过这种景象,当乞丐们空手乞讨时,他们所用的手势几乎都是手心朝上的。这种现象表明,伸出双手并且手心朝上,含有"弱势""服从""乞求"等意思。

如果是把手张开,并且将手心显示给对方看,这往往被视为一种表示善意和妥协的手势。比如在古代社会,人们常常用这种手势来告诉对方:"我没有携带武器,我没有恶意,你不需要害怕我或者防御我。"而在现代社会,被击败的一方常常用手心朝向对方并且摆手的姿势作为请求结束的动作。很多歹徒在被警察逮捕时,也经常做出手掌张开、手心朝向对方的投降姿势。

在交谈过程中,将手掌摊开的动作有时候表示"谈话权的转移"。比如两个人谈话,当其中一方发表完自己的观点之后,往往会做出这样一个动作:手掌张开、手心朝上、手指一端朝向对方,并且轻轻平推一下,这个动作表示的意思是"我说完了,轮到你了"。如果交谈内容涉及第三方,而这个第三方恰好也在场,那么说话者对着第三方做这个动作,往往表示"就是他"的意思,而且在表达这一意思的同时,这个手势还传达出了一种尊重之意。

另外，当一个人开始说心里话或正在说实话时，为了表示自己的清白或诚意，他常常会摊开手掌，把手心朝向对方，同时向对方说一些诸如"我真的没做过""我跟你说实话"之类的话。这虽然看似一个无足轻重的动作，却在无意间传递着说话者内心微妙而真实的信息。当一个人在交谈过程中做出这样的动作时，我们就基本上可以断定：这个人没有说谎。

由此我们很容易联想到生活中的一些现象，比如当一个孩子说了谎或心中隐藏着什么事情时，如果老师或父母问他，他通常会将自己的双手藏到身后或者攥成拳头状。如果你是一位老师或者已经为人父母，那么，你就可以据此来判断你的学生或孩子有没有说谎的嫌疑。

再比如，在销售培训课程中，很多培训师会告诉学员们：如果顾客拒绝接受你推销的商品，千万不要立即信以为真。你应该通过观察顾客双手的动作来判断他拒绝的理由是不是真实的。如果顾客拒绝的理由是真实的，他们通常会将自己摊开的手掌暴露在你的视线范围之内；如果顾客只是想找个借口敷衍、搪塞你，那么他们通常会将自己的双手隐藏起来，躲开你的视线。

看到这里，可能有人要问了：如果我在说谎时不把自己的手藏起来，而是像在说实话时那样把手掌摊开，并且展示给对方看，那么对方是不是就会相信我说的话呢？这个问题要分两种情况来讨论。如果你说的谎言天衣无缝、无懈可击，而且其他肢体动作也配合得相当到位，那么这个动作无疑能为你锦上添花，让对方相信你的谎言甚至对你深信不疑。相反，如果你说的谎言是个漏洞百出的弥天大谎，而且你的眼神和其他肢体动作等已经将你出卖了，这时候如果再做这个动作，无疑是欲盖弥彰，就算对方不懂这方面的知识，潜意识也会告诉他：你肯定在说谎。而且你越做这个动作，越会让对方感觉你不可信。

正因为如此，很多以"欺骗"为业的说谎者才会有意识地去训练自己，将原本无意识的肢体动作转变为有意识的肢体动作，使自己的肢体动作能够为自己的理性所控制，从而达到让对方深信不疑的目的。从利用肢体动作行骗这一点来说，这些职业说谎者掩饰和伪装的技巧越娴熟，他们行骗成功的几率就越大。

但正所谓"魔高一尺，道高一丈"，就算说谎者的说谎技巧再高超，我们也有破解的方法。在人际交往中,有一个非常简单的动作既可以让我们看起来更加坦诚,又能为我们赢得更高的信誉度,这个动作就是把自己的双手暴露于对方的视线之内。一旦这个动作被养成习惯经常使用,就可以在一定程度上促进和提高我们的坦诚度,从而使我们自身说谎的几率大大减少。因为一旦我们将自己的双手暴露于对方的视线之内时,说谎几乎就变成了一件不可能完成的事情,即使我们再怎么努力去让对方相信,我们心里也总会有一种"对方明知是黑,自己还要强说成白"的心虚感——这种心理压力会迫使很多人不得不说真话。

了解了这个道理之后,我们就可以甩它来破解对方的谎言。通常情况下,当我们出于防卫心理将双臂交叉于胸前时,就会让对方产生一种"我们在防卫他"的感觉。如果他真的想侵犯我们,在得知我们对他有所防范之后,就会心生顾虑;如果他本来没想侵犯我们,那么他就会表现得更加善意,以便打消我们的防卫心理。由此可知,当我们用摊开双手的动作向对方表示我们的坦诚时,这种动作同时也可以"诱使"对方变得更加坦诚。也就是说,当我们主动将自己的双手暴露于对方的视线之内时,就会让对方在无形中产生一种心理压力,从而不得不说真话。由此可见,暴露双手的动作不仅有助于提高我们自己的坦诚度和信誉度,还有利于阻止对方向我们传达虚假信息,敦促对方对我们说真话。

手部微动作戳穿对方的谎言

心理学家指出,一个人在说谎时,最不可靠的信息往往来自他最容易自我控制的部分——语言,因为语言是可以被反复操练的,很容易弄虚作假。相比之下,手势是一种比较可靠的识谎线索,因为手势是一种下意识的动作。这种下意识的动作往往是由说谎者情绪上的波动引发的。

人在说谎时通常会变得心虚和紧张不安,担心自己的谎言被戳穿,这种心理也会使手处于紧张状态中,而手一旦"紧张"起来,就会做出一些"适应动作",前面所说的掩嘴和摸鼻子就属于这些"适应动作"中的两种。除此之外,手的"适应动作"还包括摸头发、挠头皮、搓手掌、拉衣领等。因此,在与别人交谈的过程中,我们应该多留心对方手的动作,这对我们辨别对方语言的真伪具有重要的意义。

具体来说,以下几种手部动作可以暴露一个人正在说谎:

1.说话时用手摩擦眼睛

俗话说:"非礼勿视。"当小孩看到自己不想看到的东西时,往往会用手捂住自己的眼睛。当成年人看到令自己倒胃口的事情时,也会做出用手摩擦眼睛的手势。这种手势是在大脑的指令下做出的,目的是阻止眼睛看到欺骗、怀疑或令人不愉快的事情,或者是避免正视那个正在遭受欺骗的人。男人在做这种手势时,往往会用力揉搓自己的眼睛,如果他试图掩盖一个弥天大谎,还有可能把脸转向他处。相比之下,女人很少做出摩擦眼睛的手势,她们一般只是在眼睛下方轻轻地触碰一下。这一方面是因为她们想在别人面前保持"淑女风范",另一方面也是为了避免弄花妆容。但是,和男人一样,女人在说谎时也会把脸转向一边,以躲开对方注视的目光。

2.说话时用手拉拽衣领

心理学家经过研究发现,人在说话时往往会引起敏感的面部和颈部组织的刺痛感,而必须用揉或搔抓来缓解。当一个说谎的人感到对方在怀疑他时,上升的血压就会使他的脖子不断地冒出汗来。这时候,他们常常会拉一拉衣领,好让脖子透透凉气。如果你看到对方在说话时出现这种动作,只需要向他提出"请再说一遍,好吗"或"请你再说明白一点,好吗"之类的要求,就可以使这个企图说谎的人露出马脚。

3.其他手部动作

说话时单肩耸动,表示对自己说的话极不自信,是说谎的表现;摩挲双手是一种自我安慰的动作,当一个人对自己说的话感到心虚时,这个动作可以让自己安心;双手抱胸同时后退,是一种下意识地退缩,表明说话者感到心虚和紧张;手指向一边,眼睛却看向另一边也是说谎的动作信号,当一个人绞尽脑汁捏造事实时,才会出现这种肢体跟不上节拍的动作;人在心虚、紧张或害怕时会出现生理逃跑反应,血液从四肢回流到腿部(以便做好逃跑的准备),此时手的体

由气色相人

图文珍藏版

表温度会随之下降。

当然，并非所有在谈话时出现上述手部动作的人都是在撒谎，有时候人们摩擦眼睛或摩挲双手只是因为这个部位发痒。但是，只要用心观察就能发现，因发痒产生的手部动作和因说谎而产生的手部动作是有明显差别的：人们在瘙痒时一般都比较用力，而在装腔作势时却是轻轻地、动作优雅，并且常常伴随着与之协调的姿态，比如侧身蜷缩在座位上、身体摇来晃去等。

反过来说，并不是没有上述手部动作，就代表说话者一定没有撒谎。因为手的动作和语言一样，也能被置于意识的控制之下。在现实生活中，有很多高明的说谎者为避免暴露自己，会刻意控制自己日常的动作习惯。所以他们的手部动作可能并不是很活跃，而是会相对更少。因此，手势不能作为测试谎言的绝对可靠手段。尽管如此，但只要我们系统地掌握了一些彼此相关的手势，还是可以大大提升识破谎言的概率的。

撒谎时你的脚会泄密

心理学家经过研究，发现了一个非常有趣的现象："人体中越是离大脑远的部位，其传递出的信息的可信度越大；而离大脑越近的部位，传递出的信息越不诚实。"这是因为，离大脑中枢越近的部位，受大脑有意识的控制就越明显。比如脸是离大脑中枢最近的部位，它的可信度就最低。这主要是因为，当我们与他人相处时，总是有意无意地将自己的注意力集中在对方的脸上，而对方也会以相同的方式注意我们。所以，人们都在尽量有意识地控制和掩饰自己内心的真实想法和情绪，脸部表情自然也免不了"撒谎"了。然而，由于脚离大脑最远，绝大多数人都忽略了脚的变化，所以"脚语"传达出的信息更接近于人的下意识，也就是说，从"脚语"中泄露出的心理信息比其他部位更客观、更真实可信。

英国心理学家经过研究发现，脚其实和嘴一样，也是会"说话"的，它会在无形中泄露一个人的心情、兴趣、意图乃至心理秘密。曼彻斯特大学心理学系主任杰弗里·贝蒂教授一直都在从事"脚语"的研究。他说，我们通常会注意别人的表情和手势,却没有意识到对方的脚其实也"透露"了很多有效信息,通过观察对方移动脚的方式,我们可以一窥他的内心世界。比如,当对方双脚交叠时,就如同双臂交叠一样,属于一种防御和保护性的动作;在交谈过程中,如果对方的双腿自然地朝向我们交叠,往往说明他对我们有好感;谈话的时候,如果对方身体前倾,脚尖翘起,表示对方愿意与我们合作,反之,如果对方身体挺直,两脚交叉,则意味着对方对我们有怀疑和防范心理。

观察一个人的双脚,还能判断对方是否在说谎。正如贝蒂所说:"很多人都知道脸部表情和手势会表露心事,所以极力控制和掩饰脸部和手部的动作,却未发觉双脚动作正将心事一点点泄露出去了。"由此可见,与脸部表情和手势相比,脚部动作在识别谎言方面起着更可靠的作用。对此,心理学家莫里斯还举了一个有趣的例子——一个人在站立时,他的脚会不知不觉朝向心中惦念或追求的方向。譬如,有三个男人站在一起交谈,从表面上看,他们似乎是在专心致志地交谈,谁也没有理会站在一旁的漂亮女孩,但实际上并不是这么回事,因为他们每个人都有一只脚正在对着她。也就是说,他们三个人都对她有兴趣,都在注意她。他们的专心致志只是一种假面具,因为他们的"脚语"已经把他们各自的心理秘密泄露了。

正如贝蒂分析的那样:"大部分人都知道自己的面部表情是什么,可以戴上微笑面具,可以掩饰自己的眼神;有的人也可以注意到自己的手正在做什么。但除非我们刻意去想,否则我们完全不可能知道自己的脚在干什么。"这就是通过脚部动作识别谎言的奥妙所在。

总而言之,脚部的秘密语言能在无形中将一个人的情绪状态、意图乃至心里的秘密泄露出来。因此,我们完全可以将一个人的脚部动作视为识别对方谎言的可靠线索。

测心术,一分钟识破对方的谎言

当我们怀疑别人正在说谎时,有三种做法是最不明智的:当面质问、充耳不闻以及试图去抓住对方的小尾巴。

如果我们当面质问对方,对方很可能因此产生戒备心理,如果对方根本没有说谎或者这只是我们一厢情愿的猜测,那么我们和对方的关系很可能会因此恶化。如果我们对对方的谎言充耳不闻,对方很可能会因此得寸进尺、更加嚣张,而且还有可能损害我们自己的利益。如果我们试图去抓住对方的小尾巴,万一打草惊蛇,同样会引起对方的警戒心理,不利于识破对方的谎言。

那么,我们怎样才能知道对方有没有说谎呢？只要我们学会利用下面这种识谎方法,就一定能让对方在我们面前原形毕露。

这是一种被称为测心术的识谎方法,只要利用它,我们在几分钟之内就能知道对方是否在说谎。这种方法操作起来很简单:如果你怀疑某个人正在说谎,不要去质问对方,只需给予对方一些暗示,表明你已经对某件事产生了怀疑,然后观察他的反应,你就可以知道他有没有说谎了。

具体来说,你可以这样做,跟你怀疑的人提及你正在怀疑的事情,但是不要带有丝毫的指责成分,更不要带有怀疑和恐吓的语气。然后再观察他的反应,看他是否一直泰然自若,并且对你提及的话题感兴趣。我们不妨先来看看下面这则例子:

公司经理怀疑职员小李偷了公司的办公用品。如果他直截了当地问小李:"你是不是偷公司的东西了？"小李立即会产生戒备心理,到时候要想从他嘴里得知真相就难了。如果他根本没有偷,他当然不会承认。就算他真的偷了,为求自保,他也会选择说谎。显然,这种直接质问的方法是行不通的。这位经理只需要给小李一些暗示就可以了,比如他可以这样说:"小李,我发现咱们公司里有人把办公用品偷偷拿回家,你有什么好方法制止这种行为吗？"接下来,这位经理只要观察小李的反应就可以了。

如果小李对这件事表现出极大的兴趣,那就基本上可以断定他没有偷过。但是,如果他表现出不安并想转移话题,那就表明他心里有"鬼"。

具体来说,这位经理可以密切关注小李的表情和行为举止的变化,如果他是清白无辜的,他很有可能会提出一些相关的建议,并且会因为经理征求他的意见而感到高兴。如果真的是他偷的,他很可能会马上变得焦虑不安,并且有可能急于向经理表示自己的清白,说一些"我没有偷过""不是我偷的"之类的话——这不正是"不打自招""此地无银三百两"吗!

这种方法主要是利用人的心理来识破对方的谎言——通过询问被怀疑者的意见来判断他是否心虚:如果他心虚,通常会表现出紧张和焦虑不安;如果他不心虚,就会表现得泰然自若。这种测谎方法的关键点在于:不要斥责对方,也不要恐吓对方,只需要告诉他一条信息,他的反应就会将事实的真相告诉你了。

简单地讲,当受到怀疑和指责时,清白的人会觉得自己受了委屈,所以他们的心理常常会处于攻势状态,比如愤愤不平、生气、责问对方等;而心中有愧的人常常会采取守势,比如否认、急着推卸责任等。这种现象在日常生活中很常见。比如,你在一家电脑销售中心当客服。一天,一个顾客拿来一台坏的电脑,要求退换,说是前几天刚买的。为了证明自己没有说谎,他还主动提供了所有的重要票据,而且电脑被端端正正地放在原包装箱里。

但是通过检查,你发现电脑上有一个易拆卸的零件没了。这个零件非常贵,而且只要没有它,电脑就无法正常运转,这也正是这台电脑不能正常工作的原因。当你把原因告诉眼前的顾客时,对方可能会出现以下两种回答:

回答一:"我从来没有拆过你说的那个零件。我买回去的时候就是这个样子。"

回答二:"什么? 你们卖给我的电脑缺零件? 我为了启动它花费了整整 1 个小时!"

如果这位顾客给出了第二种回答,说明他被惹怒了,根本就没有想到自己有可能被怀疑。如果这位顾客给出了第一种回答,那么基本上可以断定:他没有为了让电脑正常工作而付出过努力,因为是他亲手把零件拆掉的,所以他没有任何理由生气。由于他害怕自己被怀疑,所以急着推卸责任——"我从来没有拆过你说的那个零件。"

测心术是一种十分有效的识谎方法。在日常工作和生活中,当你对某人有所怀疑时,不妨采取这种方法,它往往能让对方的谎言"不攻自破"!

揭秘面试官识别谎言的技巧

要想成为一名优秀的面试官,不仅需要丰富的人生阅历和广博的知识积淀,还需要超强的辨谎技能。因为对企业来说,甄选真正合适的人才越来越重要。但是在面试过程中,由于面试者常常提供一些虚假信息,这让很多企业深受其害——招了很多"中看不中用"或者"光会说不会练"的假人才。这就对面试官的能力提出了更高的要求,即面试官必须具备超强的识谎、辨谎能力。

那么,面试官究竟应该如何识别面试者的谎言呢? 在面试过程中,面试官可以通过面试者的口头语言和体态语言两大方面发现对方说谎的迹象和线索。

首先,我们来看一下面试官是如何通过面试者的口头语言识别谎言的。

由于潜意识的作用,面试者在说谎时会不自觉地留下一些语言方面的漏洞和破绽。通常情况下,大部分面试谎言都具有以下三个方面的特征。

1.表达信息过量

面试官:"由你的简历来看,你以前是做房地产销售的,请问你那时候的月收入一般为多少?"

面试者:"一般为 8000 元左右,这是真的,因为北京的消费水平比较高,而且我当时的销售业绩也做得相当好,公司在同行中也算得上佼佼者了。"

这位面试者所说的是谎言吗? 有可能。面试官从"这是真的",以及后面的解释中就可以推断出来,因为面试者给面试官提供了大量多余的信息,用以强调 8000 元月收入的真实性,这反而降低了其语言的可信度。

通常情况下,人们在用语言进行交际时,会根据对方的需要提供信息,很少提供不需要的多余信息。信息过量恰恰违反了这种常规,所以反而会引起对方的注意和怀疑。谎言中的信息过量往往不是说谎者的本意所为,而是一种表达失误,这种失误通常是由说谎者经验不足、矫揉造作、总想着把谎言编得更圆满造成的。

在上述案例中,面试者比较可信的说法应该是:"8000 元左右。"

2.对细节内容避而不谈

面试官："你能不能谈一下在以前的工作中,你和上司之间的关系处理得怎么样?"

面试者："我们的关系处理得很好,他是个非常不错的人,对我也有很大的帮助,工作方面也很有经验。"

这位面试者所说的是谎言吗? 有可能。通常情况下,面试者在编故事时会避免说一些细节性的内容。面对面试官的提问,如果面试者打算说谎话,他不仅需要虚构一个根本不存在的故事,还要编得让人信服,所以他会非常紧张、心虚或者内心充满矛盾,在这几种压力下,他很难一时把证明谎言具有"真实性"的细节内容说出来,所以对很多细节性的问题只能"一语带过"。

在上述案例中,面试者比较可信的说法应该是:"我们的关系处理得很好,那时我在公司是做人事工作的,他是我的主管,对我的帮助很大,记得有一次……现在想起来,我真的从他身上学到了不少东西呢!"

3.避免使用第一人称代词"我"

面试官："从你的简历中可以知道,你在大三下半学期曾经在××公司实习过两个月,你是如何获得这次实习机会的呢?"

面试者："其实主要是那时候觉得应该了解一下实际的工作到底是什么样的,后来从网上获得了这样一个信息,于是就给××公司发了一封电子邮件,经过面试就很幸运地被录取了。"

这位面试者所说的是谎言吗? 有可能。为了使自己和谎言保持一定的距离,很多面试者在讲述他们的虚假故事时,都会下意识地避免使用第一人称代词"我"。

在上述案例中,面试者比较可信的说法应该是:"我那时候觉得应该了解一下实际的工作情况,于是我就上网查询有没有这方面的招聘信息。结果查到××公司在招收实习生,于是我就给他们发了一封电子邮件,后来经过面试,我很幸运地被录取了。"

总之,面试者如果在面试过程中说谎,他往往会出现信息过量、对细节内容避而不谈、避免使用"我"等现象。除此之外,如果面试者频频出现语法错误或说话结结巴巴的情况,也可能是说谎的标志。

接下来,我们再来看看面试官是如何通过面试者的体态语言识别谎言的。

任何人在说谎时都会出现一些细微的、不自主的生理和心理反应,而这些反应往往会通过人的体态语言表现出来。因此,面试官不妨从面试者的体态语言中寻找对方说谎的蛛丝马迹。

心理学家经过研究表明,在人际交往中,体态语言传达出的信息的可信度和可靠度要远远大于口头语言。当一个人觉得对方的言辞和他的行为之间存在矛盾时,他会更倾向于信赖后者。因此,根据体态语言辨识对方的谎言,往往要比口头语言可靠得多。

具体来说,体态语言主要包括:表情、手势和姿势、触摸等。

1.表情

表情是一个人内在情绪的外在表现形式,通常情况下所说的表情是指面部表情,即发生在颈部以上的能反映内心情绪变化的动作或状态。面部是人体中最暴露的部分,也是人体中传递情绪和态度信息的最重要部分,因此,面部表情是面试官识别面试者谎言的关键一环。

通常情况下,当面试者在面试中说谎时,会出现以下面部反应:

第一,脸部皮肤发红通常是说谎的反应。因为面试者在说谎时心情往往会很紧张,从而导致脸部充血,使脸部皮肤变红。

第二,识别谎言的另一个关键线索就是假笑。假笑并伴随着较高的说话声调是揭穿面试者谎言的最有力证据。面试者如果在说谎,那么他的微笑就不是真实情感的体现,而是为了掩饰内心的情感世界。关于如何区分真笑与假笑,在前面的章节中已经详细说过,在此不再赘述。

第三,眼睛也是识别谎言的重要线索。通常情况下,眨眼的频率、眼珠的移动、视线的变化等,都能在一定程度上表现面试者的内心活动。

一般来说,一个人在集中注意力思考问题时很少眨眼。如果一个人的眨眼频率过高,说明他的思维正处于停滞状态;相反,如果他的眨眼开始放慢,则说明他正在进入思考状态。因此,面试官可以通过面试者眨眼的速度和频率,来判断他是否正在进行思考。

科学研究表明,人们只有在思考问题时,目光才会向左右两边移动。因此,面试官可以通过面试者目光的移动来判断对方有没有说谎。如果面试官问的是一个根本用不着思考的问题,而面试者还是不停地移动目光,那十有八九说明他不想轻易回答这个问题,或者说他正在编造谎言;如果面试官问的是一个需要仔细思考的问题,而面试者却没有移动目光,那么说明他根本没有进行思考,他可能预先猜到了面试官会问什么问题,所以事先已经准备好了答案。

此外,视线的变化也是泄露面试者内心秘密的元凶。面试者在说话时,如果敢于与面试官保持目光接触,敢于正视面试官,说明他内心很坦然,没有说谎,也没有想掩饰什么;如果面试者企图逃避面试官正视的目光,则表明他心里有鬼,害怕隐藏于内心深处的秘密被面试官看出来。因此,很多面试者在说谎时,常常用揉眼睛的动作来掩饰自己的视线。

2.手势和姿势

手势是指手或手臂做出的各种动作和姿势。姿势是指以躯干为主体的身体各部位做出的各种动作和姿势。在面试过程中,这两者都可以作为识别面试者谎言的线索。

在面试过程中,面试官如果发现面试者刚开始时手势较多,但随着交谈的深入,他的手势动作慢慢减少了,那么表明他可能已经在说谎了。为什么这么说呢?因为面试者在说谎时需要把自己的注意力集中在监督谎言的内容上,所以他的肢体动作就会相应地减少。同时在下意识里,面试者觉得过多的手势动作会把自己说谎的秘密泄露出去,所以在说谎时,他往往会不自觉地减少自己的手势动作,或者干脆把手藏起来,放到口袋里。

面试者说谎以后,必然会担心自己的谎言被拆穿,这时候他们就会表现得很紧张、焦躁不安。为了掩饰这种心神不定的心理状态,他们要么将手背到身后,要么两只手紧握在一起,要么一只手握住另一只手腕部以上的部位,而且,握的部位越接近另一只手臂的肘部,说明他们的紧张程度越高。当然,有的面试者在面试中由于过于紧张,即使不说谎也会出现双手紧握的情况,所以面试官在做判断时不能太武断,需要结合多种体态语言进行审视和分析。

在面试过程中,面试者说谎的最常见姿势是双臂交叉。通常情况下,双臂交叉的姿势表示的是紧张、防卫、拒绝、抗议等意思。当面试者说谎或者害怕自己的谎言被拆穿时,他们对面试官总会有一种防卫心理,但是他们又不便用语言表达出来,所以便采取双臂交叉的姿势,以示自己的拒绝和抗议。

3.触摸行为

在面试过程中,面试官还可以通过面试者的触摸行为发现面试者说谎的迹象。具体来说,当面试者说谎时,常常会出现以下两种触摸行为:

第一,触摸嘴。在面试过程中,有的面试者在说谎时,会用手捂住自己的嘴巴。用手捂住嘴巴的动作主要有两种:一是用指尖轻轻触碰一下嘴唇;二是将手握成拳头状,将整个嘴巴遮住。无论是上述哪种动作,面试者都是为了掩盖自己说谎的企图。他们捂嘴的原因主要有两种:一是控制自己,尽量使自己的情绪镇静下来;二是掩饰自己,不让别人知道自己在说谎。

第二,触摸脖子。在面试过程中,面试者用手摸脖子,或用手拉扯衣领的动作也是说谎的重要标志。这在前面的章节中已经介绍过,在此不再赘述。

对面试官来说,如果能在面试过程中明察秋毫地注意到面试者上述这些体态语言,并进行综合的审视和分析,就有理由断定面试者在说谎,从而为最终的录用决策提供参考依据。

"识谎"的其他方式

从心理学的角度来说,侦破谎言是人与人之间一个心理博弈的过程。除了前几节讲述的识谎途径之外,还有其他一些识谎方法值得借鉴,下面简单介绍几种。

1.不提及自己和对方的姓名

美国赫特福德郡大学的心理学家韦斯曼指出,人在说谎时心里往往会感到不舒服,所以他们会本能地把自己从所说的谎言中剔除出去。比如,一位朋友本来答应来参加你的生日派对,结果却没有来,当你问他为什么没来时,如果他抱怨说:"车子坏了",而不是"我的车子坏了",那么他很有可能在说谎。也就是说,当你向某人提问时,如果他总是反复地省略"我"字,那么他们说出的答案很可能是谎话。

此外,说谎者在说谎时很少提及他们在谎言中牵扯到的人物姓名。比如,美国前总统比尔·克林顿就"拉链门"事件在向公众讲话时,说的是"我跟那个女人没有发生性关系",而不是"我跟莫妮卡没有发生性关系"。他之所以用"那个女人"代替了"莫妮卡",是因为他心里有鬼。

2.对同一个问题的问答不一

问对方一个问题,然后等待他的回答。拿同样的问题问对方第二次,对方的回答往往会保持不变。然后在第二次和第三次之间留一段空隙。在这期间,对方的身体会逐渐平静下来,他们心里往往会想:"我已经蒙混过关了。"

当对方所有的生理反应消退之后,他的身体会放松为正常状态。当你趁对方不注意再次问这个问题时,他已经不在说谎的状态中了,这时候他们不是恼羞成怒,就是倾向于坦白说实话。比如,如果对方说:"我不是已经跟你说过这件事了吗?"然后才勃然大怒,这说明对方多半是在说谎。对方也可能会对你说:"事情其实是这样的,我还是对你直说了吧。"

3.滔滔不绝嫌疑大

如果你问朋友,他们两天前的晚上从离开办公室到上床睡觉,其间都做了什么,他们在叙述过程中多少会犯一些错误。这是因为人要想记住一个时间段内的所有细节是相当困难的,人很少能记住所有发生过的事,他们在回忆某个时间段内发生的各种细节时通常会反复纠正自己,以便把自己的思绪理顺。所以当你向他们提问时,他们通常会说:"我回家,然后坐在电视前——噢,不是,我先给母亲打了个电话,然后才坐在电视前面的。"但是,说谎者在叙述时是不会犯这样的错误的,因为他们已经事先在头脑中把假定的情景都想好了,所以他们绝对不会说:"等一下,我刚才说错了。"但是,这种在陈述时不愿承认自己有错的反应,恰恰暴露了他们在说谎。

4.回答问题时迟疑

当你向一个人索要答案时,如果他迟疑三秒钟以上,那么他最终给出的答案往往不是心里真实的答案,而是为了取悦你而刻意描绘过的答案。比如,女人问男人:"你是真心爱我吗?""你更爱我还是她?"如果男人略微迟疑一下,然后微笑地看着她反问道:"你说呢?"那么他说的往往不是真心话。

5.回答不符合逻辑

做了几十年联邦特工的纽伯瑞在询问一位女证人时,女证人说她听到枪声后立即藏了起来,没有看到任何人。"她的话很不符合逻辑,听到枪声怎么可能没留意开枪的人?"于是,纽伯瑞趁女证人没注意,突然重重地拍了一下桌子,这位女证人立即扭过头去看纽伯瑞。

纽伯瑞说:"你看看,一个人听到声音,会本能地朝发出声音的地方看过去。这也就是说,她是先看到开枪的人,然后才跑开的。她刚才的供词是假的。"由此可见,人的回答如果不符合逻辑,往往也可由此判定他在说谎。

6.对你的问题生硬地重复

如果对方在回答你的问题时明显地生硬重复,说明他心虚了。比如你问:"你去过他家吗?"他说:"我没去过他家。"这多半表示他在撒谎。事实上,如果他真没去过,他会非常简洁地回答:"没去过。"

7.不能倒着将事情回忆一遍

千万不要轻易说谎,保不齐别人就会用这种方法来检验你。比如对方问你:"你昨天都干什么了?""我去洗车,然后吃了午饭,去给一个朋友送东西。""倒过来说一遍?""啊……哦……嗯……"或者打乱顺序提问,对方支吾了,那就往往表示他说谎了。

8.说话琐细

如果你在问对方之前,他就告诉了你很多细节,那很可能意味着他精心考虑过如何摆脱这种情境——他在特地编造一个欲盖弥彰的复杂的谎言。

9.言行矛盾

如果一个人的声音或姿态与言语不符，往往说明他在撒谎。比如，有人说谎时会说："是的。"但是说话时他却下意识地摇了摇头。

10.右肩微耸

在热播美剧《别对我说谎》第一季第一集的最后，Lightman 博士走过一对男女身边，那个男人一边竭力向女人解释着"我一定会离婚"，一边下意识地耸了一下右肩，这个细微的动作表示，他绝对不会为了眼前这个女人离婚的。

6 种约会微表情，教你窥探男人心理

男人在约会时通常会有不同的微表情和动作，这些微表情和动作往往隐藏着不同的含义。女人要想找到属于自己的"真命天子"，就要学会从男人的约会微表情中窥探男人的心理。

1.彬彬有礼，始终微笑

这种男人貌似极具亲和力，一出场脸上就挂着绅士的微笑，很有风度和气度。这样的男人会让很多女人怦然心动，觉得他就是自己心目中的"真命天子"。

但是，千万别被他的微笑冲昏了头，误以为他对你有好感，他的微笑其实只是一种很有礼貌的行为，他只是不敢表现自己真实的想法，像蜗牛一样把自己严严实实地包裹起来。他表面上看似和你很亲近，实际上他的心离你很远。因为他害怕受到伤害，也害怕伤害到他人，所以，他会极力掩饰自己的真实想法和感受。

对于这样的男人，女士们千万不可掉以轻心，首先需要冷静下来，并表现出自己温柔、亲切的一面，让他慢慢放松心情，然后慢慢放下戒备、卸去层层伪装，从而向你袒露真实的心声。

2.笑容灿烂，魅力四射

这种男人就像太阳一般，笑容灿烂，热情如火，每一个举止动作都非常优

雅、大方。初次见面就表现得很洒脱,语言幽默风趣,说话有板有眼、滔滔不绝。很多女人会不知不觉地被他的情绪感染。

这种男人一见面就表现出如此的热情,无疑是对你产生了浓厚的兴趣,所以极力在你面前卖弄他的魅力,希望能引起你的注意,并赢得你的芳心。

这种男人往往很容易相处,而且颇懂情趣,轻易就能打动女人的芳心。但是,他的感情来得快去得也快,他会很容易投入一段感情,也很容易抽身离开。如果你被他深深吸引,请时刻保持警惕,想方设法让你们的爱情保鲜,这样才能抓住他的心。

3.紧张兮兮,坐立不安

这种男人很害羞,很容易脸红,往往低着头不敢正眼看你,身体微微颤抖,要么双手握紧,要么双手不停把玩手边的小东西,说话还会偶尔有些"结巴"。很多女人第一眼看到这种男人,会觉得他没有男子汉气概,提不起什么兴趣。

但是,千万别因此看不起他,或者贬低他。他之所以如此紧张和不安,多是因为他太重视、太在乎你,希望在你面前表现出最好的一面,以至于无法抑制内心的激动,神情、言语变得紧张、慌乱起来。

这种男人往往很感性、很被动,希望被呵护和关爱。你如果对他有意思,就应该以平等的眼光看待他,用真诚的心感化他,主动和他交心,这样他就会慢慢放松下来,进而成为你的亲密爱人。

4.彻底放松,不拘小节

这种男人往往一脸的轻松,就好像和老朋友见面一样,很随意地入座,身体后仰,或者两腿张开,一只手托着腮,怎么舒服怎么来。第一眼看到他,会让很多女人感到迷惑不解。

第一次见面就如此随便,说明他根本没把你当成异性来看,目前对你也没有爱情欲望。他虽然喜欢和你在一起,但他现在并没有想过要和你有进一步的感情发展,他只会把你当成朋友,希望和你随意、放松地交谈。

这样的男人很随性、很率真,如果你对他没兴趣就到此为止,结束爱情游戏;如果他是你理想的类型,你不妨秀出你的性感与魅力,以吸引他的眼球。当他把你当成异性看待时,你们之间的关系就有望升级为恋人。

5.冷静严肃,眉头微锁

这种男人往往沉稳冷静、镇定自若,而且会不自觉地变得严肃起来,不苟言笑,抿嘴皱眉,目光紧紧跟随着你,密切关注你的一举一动,仿佛要把你从外到内看个通透。这种行为往往令很多女人感到紧张不安。

其实他之所以如此关注你,甚至会不停地向你发问,这表示他对你心存怀疑,并且在对你不甚了解之前会与你保持距离,正在考虑是否要进一步与你谈感情。这种人不会轻易付出真情。

与这种男人约会首先要放松自己,也不要急于表白心声,只要做个安静的倾听者,适时地给予回应即可。这样往往能让你了解到他真正想要什么,以便更好地发起爱情攻略。

6.左顾右盼,眼神飘忽

这种男人往往眼神恍惚,有点坐不住,常常东张西望,双腿不停地抖动,时而看看手表,时而玩弄手机,和你说话不专注,给人一种心不在焉的感觉。

初次约会就如此心不在焉,只能说明他对此次约会根本没有兴趣,无心谈情说爱,心里只想着尽快结束约会,逃离现场,摆脱尴尬的境地。

对于这样一个随时想逃跑的男人,你还有谈情说爱的心情吗? 如果他如此的神态还能让你忍受,那就将约会进行到底。如果你无法忍受或者对他深表同情,那就赶快随了他的心愿,尽早结束这次约会吧!

破译约会“密语”,透视女人心理

小林很快就要步入剩男行列了,所以他最近终日奔波在约会场上。可是每次约会都不尽如人意,漂亮的 MM 们还没和他见几次面就玩起了“失踪”。小林百思不得其解,究竟是什么原因导致了这样的结果:“她们对我的印象都不错啊,说的每一句话都没有拒绝的意思。可是为什么见几次面之后就选择了消失呢?”

其实，小林之所以猜不透其中的奥妙，是因为他不了解女人的心思。约会时，MM们所说的每一句话都含有你意想不到的意思。只有抛开其字面意思，你才能读懂她们内心的真实想法。

1.每次见面，她的第一句话都是"这几天工作简直忙死了！"

当女人这样说时，很多男人都会产生错觉：既然她工作这么忙，那我何不找点好玩的话题让她开心一下？其实这只是一厢情愿、自作多情。如果一个女人对你印象不错，并且很希望你们将来能够发展下去，绝不会拿工作当借口。其实仔细分析一下她的话就不难发现，她只不过把和你约会当成了百忙之中抽空做的事，内心里正期待着速战速决呢！

如果你觉得她根本不是你喜欢的类型，那么就赶快顺了她的意，速战速决吧。如果你对她有好感，甚至很喜欢她，不妨聊一聊她的工作。女人通常都会喜欢那种爱听她唠叨但不插嘴的男人。

2.第一次约会时她说"你有些像我的一个同学。"

当女人这样说时，很多男人都会产生错觉：难道她是在嘲笑我的发型老土得像她10年前的同学？其实这是"以小人之心度君子之腹"，她根本就没有嘲笑你的意思。如果那个同学不是她的死对头或前男友，那么这句话在很大程度上代表了她对你的第一印象还不错。

但是，为了保险起见，你最好先问清楚她那个同学的来历，以确定那个同学不是她的死对头或前男友。套近乎从来都是约会的有力武器，而且你也不用担心约会时找不到话题了。

3.在餐厅约会时她说"我们随便吃点就行了。"

当女人这样说时，很多男人都会产生错觉：怎么能随便吃点？她是不是太不把这次约会当成一回事了。既然如此，那就随便吃点算了。

其实这样你就大错特错了。看过电视剧里的爱情故事吗？只有那些不把感情当回事的女人，才会在约会时找最贵的菜点，真正疼惜你的女人绝对不会把约会当成打牙祭（原指每逢月初、月中吃一顿有荤菜的饭，后来泛指偶尔吃一顿丰盛的饭菜）。

当然,就算你准确读懂了她的意思,也不要用一碗刀削面或炒饼来搞定这顿饭。你应该带她去一些环境优雅、生活气息比较浓郁的餐厅用餐。太过另类的餐厅不容易拉近双方之间的距离,而太糟糕的餐厅又会显得你没有档次、缺乏品位。

4.第一次约会即将结束时她说"我会给你电话的!"

当女人这样说时,很多男人都会产生错觉:真好,她真是个与众不同的女孩子,居然会主动给我打电话。如果你这样想,那就大错特错了,其实她说这句话的潜台词是:"你就等着吧。至于什么时候打给你,连我自己都不清楚。"

如果一个女孩真的对你有好感,甚至对你有点迷恋,自然会打电话给你,否则,早把你忘到九霄云外了。所以,遇到这种情况你最好别太当真,更不要傻傻地一直等待对方给你打电话,如果你对对方有好感,不如变被动为主动,先拨个电话给对方吧,毕竟干等是等不来爱情的。

5.交往一段时间后她说"我需要自己的空间。"

当女人这样说时,很多男人都会产生错觉:她可能觉得我们交往太过频繁了,以致她失去了自我意识,所以需要留点私人空间给她。其实不然,这句话有点像逐客令,也有点像最后通牒,她可能正在考虑要离开你,但又对自己的这种想法没有把握,或是不忍心伤害你,所以仍然在摇摆不定:"我真的要离开吗?"

心理学家认为,人往往需要通过孤独来达到自我发现、自我发展和自我完善。某些认识只有通过独立思考、自我对照和自我反省才能获得。因此,不妨给她一个独处的空间,并积极配合她,让她有机会对自己进行理性思考。如果你从中听出她有拒绝和离开的意思,就应该认真考虑一下你们相处时间的长短,如果你们之间的关系刚确立不久,她可能是觉得进展过速了,所以想适当放慢节奏。如果你们之间的关系已经成了爱情马拉松,这说明她心里正承受着一股巨大的压力——进退维谷,所以干脆孤注一掷。

解密男人恋爱过程中的"异常举动"

男人在恋爱过程中,常常会有一些异于平常的言行举止,在这些言行举止背后往往隐藏着男人难以言表的"心理潜台词"。女人要想抓住男人的心,就要学会解读男人的"心理潜台词"。

1.他总在你面前赞美其他女人,说明他想强调你们的交往已经很深入。

在人际交往中,礼貌往往是距离感的象征,而距离又产生了美感。在恋爱和婚姻中,维持适度的礼貌非常必要。

在男女相处的初期阶段,双方通常都会很矜持、很礼貌,然而当相处到一定阶段以后,双方的心理防线就会撤除了,问题也会随之而来。其中最典型的表现就是,男友常常会不识趣地在你面前提起其他女人的优点,比如谁的衣着既时髦又大方、谁的化妆技术真高明等。这对你来说,简直就是最刺耳的话题,他居然在你面前赞美其他女人,太不像话了! 可他却无视你的恼怒,依然我行我素、侃侃而谈。

其实,你根本不必过于计较男人这些话,更不可因此而伤了彼此之间的感情。当男人在你面前谈及其他女人时,他无非是将此作为你们谈话的资料而已,绝对没有拿你和她们进行比较的意图,也不是想让你成为她们那种类型的女人。他只是想让你了解并确认,你们之间的关系已经很深入,已经非比寻常,他或许认为,女人大都喜欢谈论女性话题,所以才会如此率直、坦诚地和你谈论此类话题。其实这正是他体贴你、为你着想的体现。与那些看穿女性心理、总说些令人作呕的情话,实际上却没有丝毫真情实意的花花公子相比,这种坦率真言的男人往往更值得你托付终身。

当然,如果是在你们交往的初期,他就故意在你面前经常赞美别的女人,那么很显然,他是在暗示你:你不如别的女人,我们该结束了。这时候,你尽可以掉头离开,无需自取其辱。

2.在约会时,他总想抚摸你,说明他想确认你对他的爱情。

在现实生活中,总有一些女性提出这样的问题:"他动不动就想抚摸我的身体,是不是流氓和变态?"其实这些想法未免有些偏激,如果仅凭这些就断定男人是流氓或变态,实在有些武断了。

恋爱专家说:"伴随着恋爱而来的巨大幸福,就是第一次握住自己所爱的女人的手。"伴随着恋爱关系的步步深入,男人想抚摸恋人的身体是一种很正常的想法和行为。确切地说,他是想借此来确认女方对他的爱情。当他紧紧握住你的手,而你也没有拒绝他,那么他对你的爱情就会有高度的信心和信念;相反,如果他刚刚握住你的手,你就挣脱或甩开了,他一定会视之为拒绝的表示。

当然,在现实生活中,确实有一些不太自重的男人,但是,如果对男友出自爱情的自然触摸行为都以道德家的眼光来批判,那么这份爱情恐怕不会有开花结果的一天了。因此,只要是双方两情相悦、心意相通,当男方发乎于情时,女方完全可以坦然地接受。

3.他动辄发表"女人懂什么",说明他对你充满了重视和关爱。

通常情况下,男人都想将"男性的优越感"强行展示给女人,尤其是那些缺乏自我信念的男人更是如此。所以,动不动就扬言"女人懂什么""女人都是头发长见识短"的男人,大多都是"PTT(怕太太)俱乐部"的会员。

恋爱中的男人也是如此,如果男友动不动就向你发表"女人懂什么"的言论,说明他内心里对你充满了重视和关爱之情,而不是轻视和看不起你。常常发表这种言论的男人,多半没有与女人深入交往的经验,所以对女人难免有些胆怯和手足失措,但在下意识中,他却期待着女人能够喜欢他、接近他。这种强烈的欲求常常使他进退维谷、缩手缩脚,这往往会导致他与女人交往一段时间后,仍不能取得令人满意的进展,为了发泄心中的愤懑和不平,所以经常用"女人懂什么"这类口是心非的论调平衡其失望的心理。

在心理学上,把男人的这种心理称为"合理化"的"防卫动机",是一种很正常的心理。如果女人不了解其中的奥妙,把他们的话当真,必然会引起不必要的误会。事实上,这种男人依赖性很强,一旦你走进了他的世界,他就会视你为生活的中心,更会将自己的情感全部倾注在你一个人身上。

4.他强调"纯洁"观念已经落伍,说明他热切地希望女友是个处女。

很多男人认为:女人在结婚前应该保持绝对的贞操,否则,便认为她"不检点""轻浮"。即使在性观念日益开放的今天,这种"女性贞操"观仍然在很多男人身上根深蒂固地存在着。

通常情况下，男人对女人私生活的看法极为保守。如果男友曾向你强调说"那类计较女人是否纯洁或是否是处女的观念早就落伍了"，你千万不要天真地认为这是他的真心话。大多数男人得知女友的"不良记录"后，往往表面上装作若无其事，内心里却极为反感和恼怒。所以，你必须提高警惕，如果你有一段"不清白"的过去，千万不可对他据实以告。这种事情的破坏力要远远超过女人的想象。即使是一些蛛丝马迹，男人也常常耿耿于怀。

从心理学角度讲，男人之所以对"女性贞操"如此看重，主要是他们的独占心理在作祟。他们对女人的占有往往具有强烈的排他性，这就导致了他们对女性先天的不安与不信任感——他们总是担心自己的爱人会耐不住寂寞而"红杏出墙"，或者怀疑她们经不住别人的引诱而失足。

"女性贞操"的观念由来已久并且根深蒂固，所以，女人千万不要轻易相信男人所谓时尚的"开放"观念，虽然他们口口声声说"不在乎""没关系"，但心里还是极为看重的。即使事后你愤愤不平地发现他心口不一，又能拿他如何？

5.他经常与你畅谈性关系，说明他尚未对你产生性的欲望。

男人大都喜欢谈论有关性的话题，他们对荤段子总是很感兴趣。当几个男人聚在一起聊天时，话题往往会不知不觉地转向这方面。从心理学的角度讲，男人喜欢谈论性话题多半是因为性欲得不到真正的满足，所以才以口头的发泄来弥补欲望的不足。性话题也是男人之间心灵交流的"润滑剂"。

然而，当一个男人和异性谈起有关性的话题时，意义就大不同了。男人跟女人大谈"性事"，通常意味着他对那个女人并不怀有"性"的野心，而只是将对方视为普通朋友而已。换言之，这个女人在他眼中，与其他同性朋友无异，如果他当真对她产生了爱慕之情或性的欲望，通常都会尽可能地压抑住，不使对方察觉，即使真有所求，也不会赤裸裸地提出，而会先用一层糖衣裹住，委婉地提出来。

由于性观念的日益开放，很多女性对有关性的话题也表现得日益大方起来，表面上虽然对男人的荤段子不以为然，但心里却感觉很有意思。很多男人则看透了女人这种心思，所以才会毫无顾忌地在女性面前畅所欲言，但这并不代表他们对眼前的女人有非分之想,想和她缔结"超友谊"的关系。

6.他热切地打听你的过去,说明他希望独占你的一切。

女人一旦爱上一个男人,就不会在意他的过去,眼前和将来才是最重要的。但男人不一样,男人一旦爱上一个女人,即使是对方的过去,他也要打探得一清二楚。这一点是由男人强烈的占有欲决定的。他钟情于那个女人,所以想完全独自占有她,甚至连她的过去也要盘根问底,否则就不满足。

如果男友突然间对你的过去大感兴趣并且穷追不舍地追问,通常有以下三种动机:一是希望独自享有你的一切秘密和隐私,这可视之为"求婚宣言";二是他已经确定了他对你的爱意,希望可以加深彼此之间的关系,这可视之为"求爱宣言";三是他对你产生了怀疑,你们之间已经出现隔阂,如果你的过去不足以解除他的满腹狐疑,这很可能成为与你分手的"告别宣言"。

至于你的男友究竟是哪一种动机,往往需要视具体情况而定。如果你们之间的感情一直很稳定、很弥笃,那么要恭喜你,他的动机属于第一种。

男人独占欲望之强烈,甚至可能波及婚后,除非他对你的过去已经了如指掌,否则他是不会罢休的。其实,他的本意只是想更深入地了解自己所爱的女人,以免除自己心中的疑虑和好奇。因此,你不妨放轻松一些,将自己可供"公开发表"的过去据实相告,以慰其心,这样才能让二人的天空明朗如初。

7.他频频打电话给你,说明他对性的欲望得不到满足。

随着通信技术的日益发达,电话已经成为恋人之间表情达意的重要工具之一。由于电话沟通是一种看不见、摸不着的沟通方式(可视电话除外),所以它赋予了沟通双方很大的自由度,比如说彼此看不见对方紧张、尴尬的表情。所以对内向型的男人来说,电话简直成了他们的救星。

如果一个男人过去极少通电话,现在突然变得很勤快了,总是不停地打电话给自己的女友,那么往往说明他产生了心理学中说的"紧急需要"。在两性关系中,发生在男人身上的"紧急需要"多半是指性方面的需要,换句话说,他对女友的性欲望在急速上升。但是,他又不希望费尽心思建立起来的男女关系就此毁于一旦,所以他通常会避免在女友面前表现出强烈的欲望,尤其是内向型的男士,更会小心翼翼。

如果你的他也陷入了这种高度的性欲求不满状态,而在电话里又找不到委婉的词汇表达,如此一来,他就不得不独自品尝焦虑的痛苦,他很希望能和你见面,以满足自己的欲望,但电话接通之后又说不出一个所以然来,所以只能徒留下频频打电话的事实,让你百思不得其解。

女人爱上你的 10 个细节暗示

女人爱上男人,通常不会直白地告诉男人,也不会表现得很露骨,甚至有的人还会掩饰自己的真实感情。但是,当女人爱上一个男人时,通常会有一些隐约的暗示信号,比如一些微表情和动作。聪明的男人,一定要注意捕捉这些信号!

1.拿小时候的照片给你看

通常情况下,女人都很介意给别人(尤其是异性)看自己小时候的照片,尤其是刚出生不久的照片或学生时代的大头照。因为很多人小时候的照片都显得很"拙",而女人的虚荣心通常都很强,她们不会轻易把自己的"拙"显露于人前,更别说是异性朋友了。如果有一天,一个女人私底下把她小时候的照片或丑丑的大头照拿给你看,这十有八九是她在暗示对你的好感,她已经对你撤除了心理防线,你们在心理上的距离已经相当接近,所以你一定要好好把握住机会!

2.走在路上看见你时,不由自主地把头低下来

其实要了解一个女人,看眼神是最准确的。在我国,由于受传统文化的影响,大部分女性,尤其是未婚女性都具备含蓄、害羞的特质,当她们与心仪的异性不期而遇时,会在四目交汇的一刹那不由自主地低下头,但会不时地用眼角瞄一下对方,如果对方一直看她,她就会继续低着头或假装看其他地方,等到对方不再留意时,她会再偷偷地看对方。因为大部分女性担心自己表现出对异性的好感,会给对方留下轻浮、随便的坏印象。

3.总找机会单独和你说"再见"

每天放学或下班时,如果有个女人总是有意无意地单独和你说"再见",并始终对你微笑着,就代表她可能对你有意思。如果你以为她这是无意的,那她很可能要骂你是"呆头鹅"了。如果她对你没什么意思,她才没有那么多闲心和你每天单独告别呢。她之所以这样做,是表示她已经对你产生了好感,而且可能是在暗示你,如果你对她也有意思,就应该对她提出约会的邀请了。

在"派对"即将结束时,如果有女孩单独对你说:"很高兴认识你,可我现在不得不走了。"如果你回答:"好的,我也很高兴认识你,再见。"这样她会非常失望的。因为她实际上要表达的意思是:"在这次聚会中我最中意你,但我的朋友要走了,我也得走了。现在你应该向我要电话号码了。"女孩往往羞于表达自己的感情,她们总是希望男人可以主动一点,比如主动询问她的电话,主动约她出去走走等。如果你担心她对你没有别的意思,可以先将自己的电话留给她,如果她对你有好感,以后自然会以各种借口找你。

4.挖空心思制造"偶然"

当一个女人爱上一个男人,而又不知道该如何表达时,她经常会挖空心思制造各种"偶然",以引起这个男人的注意,或者引导男人对她展开"攻势"。比如,一个女人喜欢自己的一个男同事,但又羞于表达,她就会采取各种方法实施她的"偶然"计划,制造两个人单独接触的机会。比如,当她看到这个男人去复印室复印材料,她会马上说:"哎呀,我也有文件要复印呢!"然后马上追出来,和他一块去复印;当这个男人加班时,她会在下班出来后突然对同事说:"我有一件东西忘在公司了,我回去取一下,你们不用等我了。"然后转身回去"拿东西",这样就又能与男人"偶然"相遇了。

如果你经常会在不经意间遇到某一个女人,你就应该考虑一下了,或许这不是巧合,也不是命运的安排,而是缘分让你们"不期而遇"的。因为她对你有好感,是她在故意制造"偶然",增加与你见面的机会。聪明的你一定不要错过机会!

5.经常向别人打听你的情况

男人的好奇心往往表现在很多方面,而女人的好奇心则主要表现在爱情方面。如果一个女人经常通过别人打听你的情况,那就不只是好奇心这么简单了,十有八九是因为她对你产生了好感。只是由于女人碍于情面,或者害怕遭到拒绝,所以不敢直接向你询问,从而采取一种委婉的表达方式而已。

还有一些女人,当她对你的情况不太了解时,除了向其他人打听外,自己也会采取一些含蓄的方式试探你。比如她会找借口问你,什么时候请她吃喜糖,以此来判断你是否已经有恋爱对象了。如果你说还不知道要等到什么时候呢,那么她的眉宇之间就会流露出一种如释重负的神态。这些细微的表情变化,多半预示着爱情的种子已经在她心里萌芽了。

如果一个女人对你没意思,她才没有闲工夫去了解关于你的事呢!她之所以想了解你的一些情况,无非是因为她对你暗生情愫。有时候,她甚至还会打听你家里的情况,你的兴趣爱好等,或者你无意间说想看什么书,第二天她就会不声不响地把这本书送到你面前。

6.突然莫名其妙地疏远你

女人表达情感与男人有很大的不同。当她对某个男人有好感,或者已经爱上某个男人时,她不会轻易流露出自己的情感。不仅如此,她还会故意隐瞒自己的感情,对意中人采取疏远的态度,甚至还会采取完全相反的态度。她之所以这样做,大多是因为自己内心的不确定,或者不想被别人看出自己的心事,以免给别人落下话柄。

所以,请男同胞们注意了,如果你认识的一位女性突然莫名其妙地疏远你,甚至对你摆出一副爱答不理的态度,或者故意找你的碴儿,拒绝与你直接接触,而你们之间又没有出现什么矛盾,那么你就应该意识到,这可能是因为她已经喜欢上你了。

7.要求你给她看手相

"给我看看手相吧。"有时候女人会对男人提出这样的"要求"。其实,她是"醉翁之意不在酒",看手相只是一个借口,目的无非是与你进行手与手的"亲密接触"。一个女人让你从她的手中读出诸如爱情线、命运线以及前世来生等，多半是爱上了你。试想一下，一个女人会让一个毫无好感的男人握住她的手把玩吗？

8.见到你和别的女人在一起，神情不太自然

女人天生爱吃醋，而且并非只吃老公或男朋友的醋。只要是她看上的男人，如果那个男人玩闹嬉戏时是和其他女人而不是和她一起，她心里就会感觉不舒服，虽然那个男人还不是她的男朋友或老公。

9.当你碰到难题时，总会第一时间给予你帮助，为你加油

对女人来说，如果不是自己看上的男人，不管男人碰到多大的难题，她们也不会关注，即使关注也不会十分积极。但是，如果是自己看上的男人遇到难题，她们就会比男人还着急，并且会第一时间给予男人帮助，或者为男人打气加油。

10.常常找你倾诉，好像永远也倾诉不完

女人喜欢倾诉，无论有多么沉重的心事，她只要倾诉了，心里就会舒服很多。然而，女人是不会随便找人倾诉的，除了找自己的闺中密友和所谓的聆听专家之外，她只会找自己看上的男人。因为这样可以让男人对她多了解一些，促进双方之间的交流和沟通。

读懂女人恋爱中的"口是心非"

孙子说："知己知彼，百战不殆。"这句话不仅适用于军事战场，同样适用于追逐美人的"恋爱战场"。男人追女人，除了真诚地付出之外，还要善于抓住女人的真实心理。这就要求男人学会"察言观色"，从女人的嘴里洞悉她的心理变化，从而制订下一步的进攻计划。

如果你只会鲁莽地说一些"我喜欢你"之类的甜言蜜语，说不定对方会认为你只是逢场作戏，从而对你避而远之。在恋爱中，女人往往会有一些口是心非的言行，所以，唯有读懂恋爱中女人"口是心非"的心理表现，才能保证你的爱情之路走得顺畅！

通常情况下,女人在恋爱中会有以下几种口是心非的表现:

第一,在追求女人时,如果她一脸严肃地对你说"你是个好人",就意味着你"没戏"了。女人的心通常都是善良的,赤裸裸的拒绝对她们来说是很残忍的事情,所以她们往往会采取委婉的拒绝方式。所以,"你是个好人"这个带有褒奖意义的句子就成了男人吃闭门羹的代名词。

第二,在追求女人时,如果女人一脸灿烂的笑容,悄悄地对你说"你是个大坏蛋",那么你就偷着乐吧,你很快就能"抱得美人归"了。"坏蛋"原本是个彻头彻尾的贬义词,如今经过女人诱人的小嘴说出来,不仅没有半点责备和贬低的意思,还大大提升了男人的魅力指数。

第三,在追求女人时,如果你情不自禁地吻了她,而她半推半就故作娇嗔地对你说"你真讨厌",说明她打心眼里喜欢你,希望你勇敢地"再来一次"。女人大多是害羞的、矜持的,所以当男人情不自禁地采取主动时,比如亲吻或拥抱女人,女人往往以害羞或矜持作为回应,这时候的女人委婉而美丽,让男人怦然心动。

第四,当你对女人说"你真漂亮",她涨红了脸说你"胡说八道"时,她心里其实是甜滋滋的,恨不得你再说上十遍、二十遍。爱美是女人的天性,天底下没有哪个女人不爱美,自己的容貌得到男人的认可,自然会心花怒放,只不过由于害羞,她往往会采取某种方式作为掩饰。当她说你"胡说八道"时,其实也是在给你一种暗示:你说她漂亮,那么理由是什么?

第五,在追求女人的过程中,如果有一天,她主动找到你,和你商量自己的事情该如何抉择,那就表示她已经很信任你了,最起码说明你走完了万里长征的第一步,接下来,你就可以大踏步前进了!也许表面上她不赞同你的看法和意见,但是她已经把你当成是"一家人"了!

当然,女人口是心非的表现还有很多种,在此不再赘述。恋爱中的女人之所以会口是心非,无非是想听到男人更多的甜言蜜语。所以,男人一定要懂得揭开她们的"神秘面纱",洞悉她们内心深处的"潜台词",为自己的爱情之路缩短行程!

男人真心爱你的8个细节表现

坠入爱河的女人总是喜欢胡思乱想,而且还会时不时地怀疑身边的他是否真心爱自己,其实爱情根本无需猜来猜去。下面粗略归纳了男人真心爱女人的8个细节表现,供各位女性借鉴和参考:

1.毫无理由地给你打电话

当你还在上班,或者在家里,或者其他任何时候,他打电话给你,并且嗫嚅地说他其实没有什么特别的事,就是想和你说说话。如果他这时候在办公室里,你可能还会听到他那头其他电话的铃声此起彼伏,而他却置若罔闻,继续把急于要和你说的话说完。

2.他忍不住把他的一切告诉你

在你面前,他仿佛很健谈,告诉你有关他的很多情况,诸如他的爱好、出生年月、家庭情况、父母有什么喜好等,目的就是让你们之间的距离更近。只要想起你,他就会有一种说不出来的神往,并且他还会忍不住得意地在他朋友面前提到你。女人喜欢在同伴面前展示自己的新衣服,男人则喜欢在朋友面前夸耀他心爱的女人。

3.对你的朋友极为友好

如果你托他为你的某个朋友帮忙,他会格外地卖力。原因很简单,他一来想让你高兴,二来想让你的朋友夸他。

4.约会时,他很准时

约会时,他会很准时,不会来得太早,更不会太晚。为了和你约会,他会精心做一番准备和修饰,因为他希望他在你眼里俊朗迷人,无可挑剔。迟到的事是绝对不会发生的,他会把一切都考虑得很周全。

5.他会尊重你的兴趣

如果他真心爱你,他会尊重你的各种兴趣和爱好,包括你逛街的爱好。平时你听到的所谓"男人最烦陪女人逛街"的说法,其实都是那些已婚男人的口头说辞。对一个真心爱你的男人来说，只要有机会和你在一起，无论做什么，他都会很满足。

6.他不提从前的罗曼史

如果一个男人真心爱你，他就不会在你面前提他以前的罗曼史，即使你强迫他交代，他也只会轻描淡写地说一些听上去很熨帖的话。比如，"我和那个人根本合不来，和她在一起总是死气沉沉的。""我和她在一起根本没什么感觉。"

7.他约定确切的再见面时间

如果一个男人真心爱你，他会在每次分手时和你约定确切的再见面时间，这是因为他迫不及待地想再次见到你。如果一个男人只是想敷衍眼前的女人，他通常不会和女人约定确切的再见面时间，他往往会说："下周末如果有时间，我们再见面，明天或星期二、星期三的时候，我们再电话联系。"最后，女人等到的很可能是他周末抽不开身的借口。

8.他会对你表白

如果一个男人真心爱你，他会直接或假装开玩笑地要求你做他的老婆。如果你和他已经约会了不止 10 次，他仍然毫无表示，那么，他很有可能不是真心爱你，你就不必待他当作老公的唯一人选了。

女人真心爱你的 10 个细节表现

"她是真心爱我吗？"在恋爱中，女人担心自己会上当受骗，男人也同样如此。那么，怎样看出一个女人是不是真心爱你呢？看看下面的 10 个细节表现就知道了。

1.把男人带回家介绍给自己的父母

如果一个女人遇到自己真心喜欢的男人，必然会把他带回家，介绍给自己的父母，让父母一起分享自己的这份喜悦，同时也希望能获得父母的认可和支持。如果她不愿意带男人回家，或者虽然带男人回家了，却向父母介绍说是自己的同学，通常有以下三种原因：一是她还有别的男人正在交往，一时难以取舍;二是她暂时还不能确定能否真的和这个男人一起走下去,原因可能是这个男人物质上不太富有,或者有些缺点让她暂时接受不了;三是怕父母不同意,到时候闹得比较尴尬,所以只好介绍说是同学,这样既可以让父母了解情况,又能避免尴尬的场面。

2.把男人介绍给自己的闺密

女人大都有攀比心理,如果自己的闺密已经找到了男朋友,并且比较优秀,那么她在还未确定对这个男人的爱时,是不会把他介绍给自己的闺密的。她一旦把这个男人介绍给了自己的闺密,就说明她已经确定了自己的这份爱,希望闺密与自己一起分享这份快乐,并借此炫耀自己找到了一个好男人。

3.渗透到男人的工作和生活中

当女人真心爱一个男人时,往往会将自己的大头贴塞进男人的钱包;会在男人的办公桌上放一张两人的合影;会在男人的衣柜里塞上几件自己的衣服;会在男人的床上摆上自己的睡衣……总之,她会将所有能代表她存在的东西统统渗透到男人的工作和生活中。她们之所这样做,目的很明确——这个男人是属于她的,她要让所有认识他的朋友一看就知道,这个男人身边已经有了女人,而这个女人就是她!

4.在两人世界里会时不时地发点小脾气

这一点多少会让一些男人接受不了,因为男人和女人的思维方式有很大的差异,男人认为努力工作,努力赚钱,让女人过上最好的物质生活,这就是对女人最好的爱。但女人不一样,女人要的最好的爱是心灵的呵护,其次才是物质生活。大多数男人工作一天回到家之后,就想看看电视或者坐在沙发上歇一会儿,很多女人往往会在这时候故意没事找事地发点小脾气,以证明她的存在。女人的这种做法常常会惹恼甚至触怒男人,其实完全没有必要,这只不过是女人示爱的一种表现,她之所以这样做,无非是想吸引男人的注意。

5.用尽所有心思去黏着男人

当女人真心爱一个男人时,她会用尽所有心思去黏着这个男人:男人上班,她会时不时地来个短信或电话骚扰一下；男人喝水,她也喝水；男人吃零食,她也吃零食；男人出差,她会每天打电话追问行踪；男人外出应酬,她会一会儿一个电话打个不停。很多男人往往受不了女人的这些表现,但这的确是女人真心爱你的表现,所以你应该高兴才对。

6.不介意在公共场合和男人有亲昵行为

一个女人如果真心爱一个男人,在公共场合最低限度也会挽着男人的胳膊,生怕一松手他就会跑掉。其实很多女人对爱情都没有安全感,所以她只有把这份爱牢牢地抓在手里时,才会觉得心里踏实一点。男人在公共场所大都比较注意形象,不太喜欢和女人太过亲昵,而女人一般不会顾虑这些,她会不断地做一些亲昵的动作,似乎要让所有的人都看一看,这个男人爱她,她也爱这个男人。

7.非常介意男人在公共场合盯着美女不放

当一个女人真心爱一个男人时,她会希望男人把所有的时间、精力和眼神都放在自己身上,不允许有片刻的游离。而喜欢看美女则是绝大多数男人的本能,他们的眼神会情不自禁地跟着美女走。每当这时候,身边的她肯定会有所反应——搞不好男人的胳膊上就会青一块、紫一块的,千万不要因此对她发脾气,因为这是她真心爱你的表现。

8.喜欢问世界上最傻的问题

当女人真心爱上一个男人时,多半会出现"脑残"的表现,她们往往会拿那个让无数男人都无法回答的傻问题来逗男人玩:"如果你妈和我同时掉进河里,你会先救哪一个?"这个问题想必大部分男人都听过。当女人经常问你这种"脑残"的问题时,说明她是真心爱你的。

9.揪着男人的过去不放

如果男人经不起女人的威逼利诱,不慎把过去"恋爱那点事儿"交代了,那么要恭喜你了,你这点"光辉历史"恐怕永远都忘不掉了,因为你的女人会永远替你记着,她会在你们闹矛盾时把这些事情拿出来"涮"你一下。很多男人都被女人这种不依不饶的行为折腾得够呛,大声呼叫"你饶了我吧"!但这不大可能!因为这是女人的秉性,只要她是真心爱着你,就别指望她有饶你的那一天!

10.不管出现什么问题她都永远在你身边

如果一个女人真心爱一个男人,她不会计较这个男人身上到底有多少钱,无论男人遇到什么样的困难和挫折,比如事业陷入低谷、健康出现问题等,她都会坚定不移地留在他身边,支持他、鼓励他、照顾他,两人一起共渡难关。人们常说"患难见真情",这种时候才能真正检验一个人的爱。

性爱细节透露男人的真心指数

"他对我是真心的吗?"恋爱中的女人时常发出这样的疑问。其实男人对女人是不是真心的,可以通过很多细节看出来。性生活细节就是洞悉男人真心指数的一个重要途径。

下面简单介绍了6个性爱细节,帮你测量他的真心指数。通过这6方面的性爱细节,你就可以知道他对你是不是真心的,真心级别到底有多高。

1.他对你的每一部分都感兴趣吗?

不管你是否有沉鱼落雁之貌、闭月羞花之容,不管你是高是矮、是胖是瘦,这些都只是表面的东西,一个男人如果真心爱你,就会在你身上的每一个部位都留下爱的痕迹。如果他只是一味地追求性爱的快感,你就要当心了,这样的男人追求的只是性欲的发泄,根本谈不上真心爱你。

2.他照顾你的感受吗?

当性欲来临时,他是不是不管时间,不管你是在做饭、洗衣服、看电视、睡觉,甚至正在生病或来例假期间,都会要求和你做爱?在做爱时,他是不是只以交合为目的,而完全不管所采取的姿势和方式,并且让你感到尴尬、不舒服,甚至痛苦?如果是这样,那么你只是他发泄性欲的工具,他对你根本没有真爱可言。

3.他对你永远像"第一次"吗？

他是不是已经把和你做爱当成例行公事,越来越提不起兴趣？越来越没有激情？一个真心爱你的男人,会在每一次做爱时,都把它当作是一次热情而新奇的体验。如果他开始对你们之间的性爱漫不经心、敷衍了事,甚至在状态很好的情况下没来由地拒绝你的热情,那么,他对你的真爱指数就有待考察了。

4.他有性虐倾向吗？

平时温文尔雅、文质彬彬的他,一到了床上,是否会判若两人,动作粗鲁,粗话连篇？在做爱过程中,他是否会通过不同程度的暴力举动来寻求快感,比如用力捏你的手臂、咬你的嘴唇、拍打你的臀部,弄得你叫声连连,只有"痛感"而没有"快感"？通常情况下,在床上流露出暴力倾向的男人很可能有极度自卑的心理,甚至隐藏着残忍、不健全的性格。如果他真心爱你,就不会只顾自己的享受,而对你肉体和心灵承受的痛楚不管不顾。好好想一想,你是否还有必要留在他身边？

5.他拒绝谈论自己吗？

做爱时,他是否只管做爱,除此之外,从不多言？完事后,他是否会马上洗身、睡觉,或者敷衍你？由于生理上的特点,男人在射精后都会产生不同程度的虚脱感,但一个真正爱你、体贴你的男人,在做爱结束后依然会和你聊天,说说心里话。因为他真心爱你,乐于和你分享一切,乐于和你畅谈人生、畅谈理想,甚至把他的秘密和盘托出。如果你身边的他很少这么做,那么他爱你的程度就有待商榷了。

6.他从不跟你有眼神接触吗？

做爱时,他是喜欢把屋里的灯熄灭或调暗,还是喜欢任由灯亮着,让彼此可以睁大眼睛,互相欣赏对方的每一个表情和每一个动作？也许很多人都觉得睁着眼睛做爱很奇怪,所以许多人都喜欢闭着眼睛,自我陶醉在做爱的美妙感觉里。其实很多时候,闭着眼睛可能透露了一种非常不妙的讯息。眼睛是不会撒谎的,观察他眼神的变化,往往能帮你读出他的真情抑或是假意。

小细节教你识别花心男人的"花招"

经人介绍,方婷认识了一个名叫阿龙的小伙子。阿龙为人热情、温柔,对方婷也很体贴,两个人一直相处得很好。

有一次,方婷跟阿龙一起外出,在大街上遇到阿龙的一个朋友,阿龙走过去打招呼。方婷看到阿龙的朋友用眼睛瞥了瞥自己,好像是在用眼神问阿龙和自己是什么关系。然后她听到阿龙轻描淡写地说了句:"朋友,我陪她出去办点事。"

尽管阿龙的声音很小,方婷还是听到了。朋友走后,她很想问问阿龙,为什么不承认彼此是恋人关系,后来又一想,阿龙的做法也是可以理解的,毕竟才交往三个月,而且阿龙的性格有点内向,可能还不好意思跟朋友们说,等彼此的关系再稳定一些,相信他会大方地在朋友们面前公开彼此的关系的。

还有一次,阿龙陪方婷出去逛街,两人手挽着手走在街上,方婷觉得很温馨。突然阿龙的手机响了,他拿出来看了一眼,马上又关上了。然后他把方婷带到一个有荫凉的地方,体贴地说:"天气太热了,婷婷,你先坐在这里等我,我去买两瓶饮料,好吗?"

方婷点了点头,阿龙便急匆匆地跑到小卖部里去了。方婷看见他在小卖部里拿出手机,一边看短信一边买饮料——分明是为了看短信而去买饮料的。

休息时,方婷说自己想玩手机游戏,让阿龙把手机给他,阿龙想也没想就把手机给了方婷。方婷假装玩游戏,趁阿龙不注意翻看了他的短信。最前面的一条短信是一个叫芳芳的女孩发过来的:"亲爱的,我很想你。晚上我们出去吃饭吧!"方婷顿时犹如五雷轰顶,她万万没想到,阿龙竟然一直在脚踩两只船。

她很想质问他,可是想到这些日子以来,阿龙的行为一直有些不对劲,而每次问他,他总有百般的解释。于是,方婷强迫自己按捺住心头的冲动,暂时没有声张。

傍晚,阿龙送方婷回家,方婷故意靠在他身上,偷偷把自己的口红印留在了他的衣领上……

接下来的几天里，阿龙的心情明显很糟，方婷问他为什么情绪如此低落，他没好气地说："和一个朋友闹翻了！"方婷心中暗暗高兴，然后不动声色地说："是一个叫芳芳的朋友吗？"

阿龙心头顿时一惊，尴尬地说："你……你怎么知道？"方婷冷笑道："我知道的事情多了。我还知道，今天你的另一个朋友还会跟你闹翻！""谁？""我！"说着，方婷把眼前这个"花心大萝卜"轰了出去……

花心男人十个有九个擅长讨好女人，他们赚得女人芳心的杀手锏就是甜言蜜语。他们可以一面对一个女人说着甜言蜜语，一面又打着另一个女人的主意，甚至可以将这些女人哄到招之则来、挥之即去的程度。他们能在捕获了女人的芳心并获得快乐之后拍拍屁股走人，并且在出门前还要甩甩衣袖，不带走一片云彩，女人们却为他们牵肠挂肚、柔肠百转、欲罢不能。

因此，女人一定要具备鉴别花心男人的眼光和能力，看看身边的男人是否对自己忠诚，是否值得托付终身。如果看清楚他是个花心男人，就要坚决离开他，不要留恋他的"温柔陷阱"，否则受伤的只能是自己。

那么，女人应该如何识别花心男人呢？其实一个男人花心与否，在很多细节上都可以看出来。

如果他是个花心男人，他一定不愿意带你去他家，即使你要求他这么做，他也会支支吾吾地想办法拒绝。如果你遇到这种情况，可以径自去到他家楼下，然后打电话给他，告诉他你出来逛街恰好路过这里，想顺便上门拜访一下他的父母。如果他惊慌失措，或者出言拒绝，那说明他一定心里有鬼，即使不是花心，也是不足以信赖的，除非他真的有难言之隐，否则和他交往还是小心为好。

通常情况下，花心男人只会在和你单独相处时百般亲热，甚至提出越位要求，而在公共场合里，他往往会刻意和你保持距离，装出一副谦谦君子的样子，更不会把你当成女朋友介绍给他的朋友。如果你和他在一起时恰好遇到他的朋友，你可以要求他为你介绍，然后注意他介绍你时使用的称谓以及他的表情，如果他不承认你是他女朋友或表情尴尬，说明他心里有鬼。你还可以找恰当的时机在他朋友面前和他做一些亲昵的动作，然后看他的反应，假如他的朋友知道他已经有女朋友,现在又看到他和"别的"女孩(也就是你)在一起,他一定会因此感到羞怯,甚至狼狈不堪。

花心男人为了有时间和其他女人约会,经常会谎称自己工作忙,需要加班,或者有工作上的应酬。这时候,你可以打电话到他的单位,看看他是不是真的在忙工作。如果结论是他说了谎,那你就需要重新认识这个男人了。需要指出的是,在运用这条经验时务必慎重,仅凭这一条是没法最终定案的。

花心男人往往需要"两边作战"甚至"多边作战",因此,他会尽量固定和你约会的时间,这样在时间上才不会发生冲突。如果你对他有所怀疑,可以选一个你们不经常约会的时间,然后出其不意地突然出现在他面前。如果他一脸惊喜,说明他对你是真心的,他随时都期盼着你的出现。如果他露出尴尬或惊慌的表情,说明他心里有鬼。

俗话说:"江山易改,本性难移。"一个人的本性是难以改变的,即便你有信心和花心的他步入婚姻的殿堂,也难保他在以后的日子里不会背着你出去拈花惹草。因此,如果你身边的男人是个"花心大萝卜",并且你已经识破了他的鬼把戏,就应该尽早离开他,千万不要留恋他给你的虚幻爱情!

男人变心的9个细节表现

恋爱中的女人总是很傻、很单纯的,女人一旦爱上一个男人,就会对男人100%的相信,包括男人的谎言。但是,当男人出现以下举动时,你就要当心了,因为他可能已经变心了。

1.漠然

一个男人变心之后,他的第一特征就是漠然。对你漠然,对你的朋友漠然,对你身边的一切漠然。即便是你加班到凌晨十二点,他也不会给你打一个电话、发一条短信,更别说到你公司楼下接你了。总之,当你希望他能够关心、爱护你的时候,他往往会消失不见。

2.装傻

其实,男人要做到漠然并不难,只要学会装傻就可以了。比如,他明明知道你下班后很累,却假装看不见;他明明知道今天是情人节,却假装忘记了;他明明知道你的疑惑,却装作一脸无辜。都说男人是永远长不大的孩子,尤其是在装傻这方面,他们绝对有着天生的优势。

3.忙碌

男人变心以后,往往会变得异常忙碌,不是今天要加班,就是明天要应酬,就连周末的休闲时光也会被开会和学习占据。总之,曾经属于你们二人世界的时间被他的忙碌从日历里抹掉了,他是不是真的很忙不重要,重要的是他再也不会"为你辛苦、为你忙"了。

4.嗜睡

你曾经非常心疼他,因为他的工作太忙太累,休息时间总是那么少。但是不知道从什么时候起,他一回到家里只是想躺在床上睡觉。当你还在忙碌家务时,他已经躺在了床上;当你想和他聊聊天、说说心里话时,他告诉你他很累、想睡觉了。对很多变心的男人来说,家只是一个睡觉的地方而已。

5.沉默

当一个男人的心不再属于你的时候,对他来说,你们之间的任何话语都会成为一种多余。尤其是你对他唠叨、嘀咕时,更会让他觉得心烦气躁,于是他开始沉默不语。不必再纳闷这是为什么了,当他对你的唠叨开始不耐烦时,当他开始对你沉默不语时,他的心已经不在你这里了。

6.忘记

当一个男人深爱着你时,他的记忆力往往会异常出色,他会牢牢记得你的生日以及你们之间的每一个纪念日。但是,当男人变心后,他的记忆力就会逐渐"衰退"。那些曾经铭刻在他心里的数字,从此开始慢慢消散。即便他心里依然还记得,他也会宁愿选择忘记。

7.愤怒

一个男人如果深爱着你,肯定是不会轻易动怒的,即使你犯了一个不小的错误,他也会包容你、原谅你,怜惜地摸着你的头,叫你一声"小顽皮、小淘气"。

但是,当一个男人变心后,你的任何一点小失误、小纰漏都会成为他勃然大怒的理由,哪怕是菜炒得有一点煳,米饭煮得有一点硬,他也会对你大发脾气。

8.陌生

当一个男人不爱你时,你们之间还会剩下什么? 除了陌生,还是陌生。不要指望你们之间还能做朋友,男人一旦变了心,就会完全忘却你曾经的好,忘却你们曾经的快乐和幸福。想退而求其次和他成为朋友,那是不可能的。对他来说,你们只能成为陌生人。

9.绝情

当男人变心变到无药可救时,绝情就会成为他们唯一的表情。一个男人一旦变得绝情,那种程度绝对不亚于金庸小说《神雕侠侣》中的李莫愁对世俗的仇恨。只不过,他绝情针对的对象不会是其他任何人,而只是你一个人而已。

女人变心的 10 个细节表现

人们常说:"女人善变的是脸,男人善变的是心。"其实不然,在恋爱中,不只是男人会变心,女人同样也会变心。和男人一样,女人变心也会有一些微表现,只要男人在日常交往中仔细观察,就可以清楚地感觉她有没有变心。

当女人出现以下细节变化时,你就要当心了,她很可能已经变心了。

1.冷漠取代妩媚

如果一个女人变心了,她的眼眸里就不会再有你的影子,即使你活生生地站在她面前,她也不会再有任何热情的表示,她昔日的妩媚早已被眉目间的冷漠取代了。媚态之于女人是由情而生的,女人对男人失去了媚态,也就等于对男人失去了感情。

2.拒绝亲昵

热恋中的男女都会有一些亲昵的语言。如果你用平时惯用的亲昵语气或称呼跟她说话,而她的态度不再像从前一样,甚至反应冷淡,那你就要注意了,你们之间的感情可能已经拉开了距离。

3.发型、装束突然改变

热恋中的她为了取悦和讨好你,穿着打扮常常迎合你的品位和喜好。如果她的发型、装束等突然发生了变化,甚至连装饰品也与以前不一样了,这时你就要注意了,她的"心"可能已经发生了变化。

4.对谈笑不耐烦

热恋的男女朋友之间,说说笑笑是很自然的事情。以往,任何怪异的话题,在任何时间、任何地点,都会引来她的笑声。但是,现在她的笑容变得不自然了,甚至会对你的笑话表现出"不耐烦"的表情,或者在你正说得津津有味时突然改变话题,一副一本正经的样子,这说明你的魅力在她心中遭到了质疑。

5.拒绝和你见面

以前,你打电话给她,说很想她,希望马上见到她,通常她都不会拒绝你。但是现在,她要么说"我马上要出门",要么说"有朋友在",要么干脆告诉你明天再打来,这往往预示着你们之间的恋爱有问题了。

6.刻意和你保持距离

热恋时,你们之间常常表现得亲密无间,而现在,她会刻意与你保持距离。比如,她会把你的衣服、鞋子分开放;走路时不再挽着你的胳膊,而是和你保持一米左右的距离;不再与你嬉戏打闹;拥抱和亲吻的动作更是没有了。心理距离是产生物理距离的根源,这说明她的情感已经与你有了隔阂。

7.在朋友面前刻意保持独身形象

她在朋友面前,经常有意无意地把身边的你称呼为大哥或者其他什么,反正,绝对不会是男朋友或者老公。她这样做就是为了在朋友面前保持一种独身的假象,好让她的朋友帮她宣扬一下,一旦有机会,她一定会甩了你,然后找一个更好的。

8.不再急着结婚

以前,她总是吵着嚷着要去登记结婚。现在,她不但不再逼着你去登记结婚了,有时候还会刻意回避你催促她结婚的话语。另外,哪怕她休息不用上班,或者单位早就下班了,她也会找各种各样的理由避免与你亲密接触。

9.不再在乎你的感受

以前,她总是像喜鹊一样,围绕在你左右问东问西。而现在,她的话越来越少了,甚至连和你吵嘴的兴趣都没有了。她也不会再穿着新买的衣服在你面前故意晃来晃去,只为博得你一句赞美或一个欣赏的拥抱。她更不会再缠着你询问:"你爱我吗?"管你还爱不爱她,反正她已经不爱你了。

10.不再为你牵挂

爱情是 24 小时长长的牵挂,爱有多深,牵挂就有多长。以前,她的手机总是一天 24 小时为你开机,等你的短信和电话。而现在,她的手机经常处于关机状态,这说明她已经不再牵挂你了,也不需要你的牵挂了。

男人出轨的 7 个细节表现

出轨往往是破坏婚姻的最大杀手。在日常生活中,一些生活的小细节就可以透露出男人是否有出轨的迹象,如果能够及早发现,往往能把刚萌芽的婚外情扼杀在摇篮里。赶紧来看一看,你身边的他有没有出现以下几种状况? 如果有,就说明他可能已经出轨了。

1.突然间特别爱挑剔你的生活习惯

在外面有了"小三",男人自然会有意无意地拿"小三"和自己的原配做比较,并且开始重新考量妻子是否让自己满意。所以,你不妨花点心思用心观察一下:你身边的他近期是否总喜欢挑你的毛病,或者存心找碴儿和你吵架? 他有没有嫌你这也不好那也不对,特别是会借题发挥,指桑骂槐,借以发泄心中的不满? 有的男人还会经常无端地挑起"家庭战争",两天一小吵,三天一大吵,折磨你的神经,摧残你的意志,让你无法和他共同生活。更有甚者还会对你大打出手,目的只有一个,就是让你主动提出离婚。

2.突然间变得特别注重仪表仪容

如果你身边的他平时不太注重自己的形象,而近期突然变得很在意自己的形象,衣着光鲜,头发梳理得一丝不苟,总是在经过一番精心打扮之后才出门。那么你就要注意了,他是在为谁打扮,是在想吸引谁的眼光?

3.平时很顾家,突然变得特别繁忙

如果你的他平时很顾家,近期却突然变得很繁忙,就算是休息日也经常有约,似乎是在忙于公事而无暇顾家,不再有时间打理家务,也不再把主要心思放在家里,更不再把家里重要的活动记挂在心上,而且常常会很晚才回家,甚至还时不时地找借口夜不归宿,找借口出差好几天都不回来,就算偶尔休息在家也仿佛身上长了刺一样坐立不安、心神不定,总想找借口外出。这时候你就要注意了,他很可能在外面有别的女人了。

4.突然间短信特别多

如果你的他突然间短信变得特别多,而且他都是偷偷地看,看完了就立刻删除,或者偷偷地回复短信,回复了也随手删除,让你有一种莫名其妙的神秘感,当你问是谁发来的短信时,他往往流露出一副若无其事的表情,轻描淡写地告诉你是单位的一个同事商谈工作上的事情,而你去翻看他的手机时,会发现里面什么都没有。那么你就要注意了,他很可能是心里有鬼,删除短信是为了让你无从查实。

5.时常接到神秘电话

电话响了,当你拿起电话时对方又不说话,或者电话那头传来一个陌生女人道歉的声音:"对不起,我打错了!"而且,你发现近期这种打错的电话特别多。然而,当你的他接电话时,却没有什么打错的电话,而且他们的通话很正常,只有当你出现或者询问对方是谁时,才会得到"打错了"的回答。当然,有时候你还会发现你的他经常背着你和别人打电话,而通话内容是你完全不知道的。这时候你就应该警惕了,那个"打错电话"的人很可能是你们婚姻的破坏者。

6.花钱似乎比平时多

如果你的他近期突然花钱特别多,又不见他买回什么相应价值的东西,当

你询问他钱的去向时,他要么不理睬你,要么随口编个理由搪塞你,让你觉得钱花得不明不白的。那么你就要提高警惕了,他很可能把钱拿去给外面的"小三"花了。

7.常出现隐隐约约的亢奋情绪

如果你的他在家时常常显得神情恍惚,就算你对他说话也没什么反应,可一旦离开家后就似乎特别高兴,心情很轻松,甚至有时候还会不自觉地哼起小曲,表现出独处的自由和快乐。那么你就要小心了,他很可能是出去"偷欢"了。

女人出轨的 13 个细节表现

在婚姻生活中,不只是男人会出轨,女人同样也会出轨。女人在出轨前往往会有很多细节征兆,只是男人粗心,很少能注意到。如果仔细观察,是完全可以看出来和预防的。

具体来说,女人出轨主要有以下细节征兆:

1.注重打扮

一般情况下,女人出轨后会很注意自己的形象。也就是说,出轨时的女人是最美的,她们会很注意自己的发型和装扮,并且把自己装扮得比平时更漂亮、更妩媚。她们还会比平时买更多的新衣服、化妆品等,因为这样才能增加她的自信和魅力,当然,这一切并不是给你看的,而是给她的"地下情人"看的。正所谓"女为悦己者容",如果你的妻子突然对自己的装扮注重起来,那么你就要注意了,她是在为谁而"容"?

2.时间观念

本来经常准时回家的妻子,突然变得经常很晚才回家或者很早就离开家,而且还经常打听你的作息时间,比如什么时候出差、加班、回家等,这乍看起来是在关心你,怕你会出意外,其实有时候这正是怕你发现自己的秘密而做好掩饰,也为自己的外出幽会做好准备。不仅如此,就连本来记忆非常深刻的结婚纪念日或你的生日她都会忘记,这往往预示着你们之间的感情可能要出乱子了。

3.情绪无常

当一个人正在做某种连自己都觉得不太光彩、有愧于别人的事情时,其心理往往是愧疚、胆怯和虚弱的,并且会想办法掩盖事情的真相,隐匿其踪迹,以免引起别人的警觉和怀疑。同样的道理,一个已经变心并且另觅新欢的妻子,无论如何伪装或制造假象来迷惑你的判断,只要仔细观察,都不难发现一些蛛丝马迹。因为这个时候,女人的情绪往往会比较反常,比如她会变得比以往更喜怒无常、更挑剔、更冷淡无情。

4.习惯改变

通常情况下,一个人的习惯如果突然发生改变,大多都是事出有因的。比如,一个本来对工作不怎么热心的人,突然说自己最近很忙,需要加班,还要去外地出差,这就有点不正常了。如果一个本来很热心于家务的妻子,突然变得疏于家务,经常赶时间外出,并且常常不回家吃饭,那么你就要注意了,她很可能有事瞒着你。

5.开销暴涨

女人有了外遇之后,开销往往会大幅度增加,她们会把大部分钱用在购买私密的化妆用品上,这样才能保证自己的青春和美丽,对男人富有吸引力。另外,女人偶尔还会向自己喜欢的男人表示一下真情,比如为他买一款高档西服,男人找"小三"会花钱,女人同样如此,所以她们会更加隐秘地积蓄私房钱,或者向丈夫隐瞒自己的额外收入,以满足她们的秘密需要。

6.目光呆滞

通常情况下,女人只有到了更年期才会丢三落四,今天忘了买某样东西,明天忘了把该洗的衣服放在洗衣机里。如果你的妻子年纪轻轻就出现了这种状况,并且时常会两眼无光地发呆,精神恍惚,看上去好像心事重重的样子。当你问她是不是不舒服时,她会蓦地转过头来,神情一变,然后对你微微~笑说:"亲爱的,我没事,你先睡吧。"这时候,你就应该好好想想了:她为什么会变成这样子? 是谁让她变成这样的?

7.行为诡秘异常

女人出轨以后,常常会做出一些神秘而异常的举动,比如以往她的 QQ 和电子邮箱可以对你公开,甚至你们两个人可以共用一个密码。但不知从什么时候开始,她的密码变了,因为她的 QQ 或邮箱里有不能让你知道的秘密。在网络世界里,她与那个他情意绵绵,有说不完的情话。为了避开你的追踪,她还有可能专门申请一个 QQ 或邮箱,只为他而存在。她甚至还会专门开通一个手机号码,专供与地下情人联系。

8.夫妻性爱质量直速下降

性生活是检验夫妻感情的重要标准之一。一个女人出轨以后,通常不会再主动和丈夫发生性关系。当然,如果丈夫主动提出性要求,大多数女人为了掩饰,一般是不会拒绝的,只不过她们不会再有平时那种炽热感和温情感了。因此,当你发现妻子在同房时不再有往日的热情和浪漫,或者装模作样时就要留心了,这也是察觉妻子是否出轨的重要方法之一。出轨的女人的夫妻性生活已经变得徒有其名,只是简单的例行公事,彻底失去了真实的情感内涵。当你问她怎么回事时,她往往会对你敷衍塞责,因为她心里正在想着另外一个男人。

9.如手雷般的手机,接电话时神情微妙

出轨的女人,手机是她们最重要的调情工具之一,在没做删除处理之前,你是绝对不能碰的,就如一个手雷,一碰就会炸。所以,你完全可以根据妻子打电话、发短信的频率和举动推断她是否红杏出墙。当然,这并不是让你去对妻子进行无端的猜疑,而是要你及时发现危机并尽力去挽救。如果妻子经常避着你接一些莫名其妙的电话,而且说话口气很谨慎,或者高频率地收发短信,而且离你远远的,或者平时接你的电话没什么热情,而对某个男人突然变得异常温柔,有时候通话时间特别长,当你问她是谁打来的电话时,她往往轻描淡写地告诉你是一个工作中有合作关系的男性朋友。这时候你就要小心了,她口中说的"男性朋友"可能并不简单。

10.矛盾增多,眼泪减少

一个女人出轨之后,她与丈夫之间的矛盾往往会日益增多。因为她开始对丈夫不满,会抱怨,会因为一些小问题和丈夫发生争执。少数出轨的女人也会因为小矛盾、小摩擦,向丈夫提出离婚的要求,因为她们已经有别的男人了,所以不再在乎丈夫心中怎么想了。

一个女人在没有出轨之前,如果丈夫和她发生矛盾和冲突,她通常会用眼泪当武器,以博取丈夫的疼爱或原谅。而女人出轨以后,即使和丈夫发生矛盾,她也不会轻易掉眼泪了,或者干脆不理睬丈夫,因为她已经另有新欢了,无需博取丈夫的原谅或疼爱了。

11.距离感拉大

女人出轨以后,就会和丈夫逐渐拉开距离,再也不会像恋爱时那么浪漫,有那么多甜言蜜语了。所以有些男人往往会对女人的变化感到莫名其妙,例如她最近怎么不在乎我了?怎么不爱理我了?怎么不爱和我聊天了?这些都是女人出轨后可能出现的变化。当一个女人深爱着自己的男人时,她往往会对他很婆妈,会时不时地唠叨他、嘀咕他。当一个女人不再对自己的男人婆婆妈妈、唠唠叨叨时,往往说明这个女人已经不再爱他了,或者已经出轨爱上别的男人,她的注意力已经转移到她的"地下情人"身上了。

12.兴趣和爱好发生变化

出轨后的女人往往犹如久旱逢甘霖,尤其是把出轨当作爱情的女人,连兴趣和爱好都会向那个新结识的男人身上靠拢。如果你的妻子开始在其他男人的帮助下,全身心地投入到一个她以前并不了解的领域,并且到了废寝忘食的地步,而那个男人也是毫不吝啬地全身心地帮助你的妻子,那么你就要注意了,世界上有这么巧合的事吗?那个男人要的不过是你妻子的"以身相许",而你的妻子或许也正在等待这一天!

13.不在乎是否有别的女人喜欢你

男人即使出轨了,也还是会担心自己的妻子会不会出轨,这是男人的占有心理在作祟。女人则不同,出轨女人的爱情重心已经偏向了"地下情人",所以她们不会再在乎是否会有其他女人喜欢你。一个女人如果真爱你,她会在乎你身边每个女人的每个眼神、每个动作、每句话背后的含义,然后紧张分分地让你"招供",而且她还会查你的手机和 QQ 聊天记录——如果这些起码的爱情特征都不存在了,那么最大的可能就是:她已经不爱你了。

附录一:曾国藩相人术补遗

　　曾国藩善用人,源于善相人。曾国藩在相人方面眼光锐利,经验丰富。《清史稿·曾国藩传》记载:"国藩为人威重,美须髯,目三角有陵,每对客,注视移时不语,见者悚然。退则记其优劣,无或爽者。"这段话是说,陌生人只要被曾国藩的三角眼静静地望一会儿,其才情品性就会被曾国藩看得一清二楚。

　　关于曾国藩的相人术,除了《冰鉴》之外,在他的日记中也有极为丰富的记载:

　　陈青云:先充为字号勇,在金鹅山打仗。眼圆而动,不甚可。

　　陈品南:老三营湘旗旗长。挺拔,有静气。

　　喻科癸:平江亲兵百长。年二十四岁。满面堆笑,可爱。矮而精明。

　　黎以成:宁乡人。四年,鲁家坝入营,神昏。

　　莫有升:长沙人,年二十九岁。南勇,刘培元营内哨官。眼圆人滑。

　　胡玉元:六年至瑞州,温甫(曾国华)保以蓝翎把总,漂亮,微滑。

　　龚隆贞:二都人。七年十一月与石达开战最很(狠)。身长视下,有壮气,好说话。

　　刘湘南:甲午生,八都人。眼黄有神光,鼻梁平沓,口圆有童心,腰挺拔,面英气可爱。

　　熊登武:目有精光,三道分明。鼻准勾而梁方,口有神而纹俗。

　　李祖祥:年卅二岁。沅(曾国荃)保千总守备。目定鼻定,坚实可恃。

　　傅裕昆:年卅九岁。六年正月入罗营,二月受伤,九月入沅营。鼻歪,不可恃,色亦不正。

　　黄东南:年廿二岁,目光三道,面麻,声不雄。

　　王春发:口方鼻正,眼有清光,色丰美,有些出息。初当散勇,在吴稳正处打大旗,五年冬当百长。

毛全陞:鼻梁正,中有断纹。目小,睛无神光。口小,不可恃。现充哨官。

陶日升:宁乡人,鼻小,腰挺,伶俐有情,亦虑其滑。

萧赏谦:武人而有儒雅气,身段稳称,鼻正眉疏,似有用之才。中哨哨长。

哈必发:塔军门之亲兵,鼻削,目有清光,似吃洋烟。滑。

李廷銮:目动面歪,心术不正,打仗或可。

刘烈:咸丰七年,来江西投效,现带潮勇廿八人。目深,天庭高,面有正色。

李祥和:常汉人,眼有光而浮,心尚明白,亦虑其滑。

这样的记载太多,不胜枚举。从中足见出曾国藩在相人方面所付出的耐心、细心。

除此之外,曾国藩还在日记中总结出一个十二字相法:"夜思相人之法,定十二字,六美六恶,美者曰长、黄、昂、紧、稳、称,恶者曰村、昏、屯、动、忿、遯。"上面这相人十二字,六美中,长,是指身材;黄,是指肤色;昂,是振奋的样子;紧,是指收束;稳,是指平稳、妥贴;称,是指轻重、协调。六恶中,村,是指粗俗;昏,是指愚昧,惑乱;屯,字意为困苦,此处应该是指自私;动,是静和稳的反意;忿,是指不平衡、易激动;遯,是遁的异体字,是逃、避的意思。可见,曾国藩看人的本事来自他平时的细心观察,与一般的相术有着根本的差异。他"相人"主要侧重于心术即德行,不似旧相术侧重于吉凶。正是"人心之各不同,各如其面焉"。

曾国藩不仅留心察人,还将其相人经验总结成口诀,其中总结"贵相"和"富相"的口诀是:

端庄厚重是贵相,谦卑涵容是贵相;

事有归着是富相,心存济物是富相。

总结"邪正""真假""功名""主意""条理"等的口诀是:

邪正看眼鼻,真假看嘴唇;

功名看气概,富贵看精神;

主意看指爪,风波看脚筋;

若要看条理,全在语言中。

曾国藩论才德

【原典】

司马温公曰:"才德全尽,谓之圣人;才德兼亡,谓之愚人;德胜才,谓之君子,才胜德,谓之小人。"余谓德与才不可偏重。譬之于水,德在润下,才即其载物溉田之用;譬之于木,德在曲直,才即其舟揖栋梁之用。德若水之源,才即其波澜;隐若木之根,才即其枝叶。德而无才以辅之则近于愚人,才而无德以主之则近于小人。世人多不甘以愚人自居,故自命每愿为有才者;世人多不欲与小人为缘,故观人每好取有德者,大较然也。二者既不可兼,与其无德而近于小人,毋宁无才而近于愚人。自修之方,观人之术,皆以此为衡可矣。吾生平短才,爱我者或谬以德器相许,实则虽曾任艰巨,自问仅一愚人,幸不以私智诡谲凿其愚,尚可告后昆耳。

【译文】

司马光说:"才德全尽,谓之圣人;才德兼亡,谓之愚人;德胜才,谓之君子,才胜德,谓之小人。"我认为才与德,两者不可有偏颇。用水来比喻,它的品德是润下,它的才就是浮载物品、灌溉田地;用木头来比喻,曲直是它的品德,作为舟楫和栋梁之用就是它的才。如果德是水的根源,那么才就是水的波澜;如果德是树木的根,枝叶就是树木的才。一个人有德而无才,就与愚笨之人相近;一个人有才而没有德,则与小人一样。世上的人大多不愿承认自己愚笨,所以常常自称愿意成为有才的人;世上的人大多不希望自己成为小人,所以常常以德取人。大致情况就是如此。既然两者不可兼得,那么与其没有品德而归于小人,还不如没有才能而归为愚人。自我修养的方法,识人的办法,都可从此入手。我生平短才,喜欢我的人开玩笑说是因为我的品德才和我交往,实际上虽然担任艰巨的任务,但自问只是一个愚蠢的人,幸亏没有要小聪明和玩阴谋诡计,所以感到欣慰。

用人贵在德才兼备

自古以来,中国传统的用人哲学都认为:德才兼备的人才是栋梁,有德无才的人也可使用,有才无德的人坚决不可使用,至于二者皆无之辈,当然就不值得讨论了。

关于德与才的关系,不只是曾国藩,历史上绝大多数政治家、思想家都主张德才兼备的原则。

在先秦诸子中,墨家创始人墨子极力倡导选用德才兼备的人才。他认为:"夫义道术学业仁。义者,皆大以治人,小以任官,远施周偏,近以修身,不义不处,非理不行,务兴天下之。利,曲直周旋,利则止,此君子之道也。"

三国时期的诸葛亮也强调用人重在德才兼备,他提出了"治国之道,务在举贤"的响亮口号。他的人才观主要内容是"德、才、学、识、能、忠、义、信"八个字。"夫治世为大德,不以小惠。"诸葛亮认为"德"包括五个方面:"一曰禁暴止兵","二曰赏贤罚罪","三曰安仁和众","四曰保大定功","五曰丰挠拒谗"。在这里,诸葛亮把"德"的概念具体化为对国家与阶级利益的行为准则,而不是上下级之间的恩怨和利害关系。所谓"大德之行,天下为公",考验"德"的真伪标准在于"公"。以公利为核心的德政,事业兴旺发达;以私利为核心,则无德政可言,终将导致事业的衰败消亡。

曾国藩在上文中引用北宋司马光的话:"才德全尽,谓之圣人;才德兼亡,谓之愚人;德胜才,谓之君子,才胜德,谓之小人。"

在这里,司马光从德和才两方面出发,把人分为四种:德才兼备为圣人,德才兼亡为愚人,德胜才为君子,才胜德为小人。他主张用人应以德为重,这样才能用君子而不用小人。司马光分析人们选拔人才时往往重才轻德的原因,是由于有德的人被人所敬畏,而有才的人一般被人所喜爱;对所喜爱的人容易亲近,对所敬畏的人则容易疏远。因而考察和选拔人才时往往只看到了才能方面,而忽略了品德方面。他提醒后人说,这样的历史教训太多了,"自古昔以来,国之乱臣,家之败子,才有余而德不足,以至于颠覆者多矣,岂特智伯哉!"

　　有才无德之人不能重用，有德无才之人予以培养，等其展示才华之后，再予以使用。德才兼备论首先倾向于德，只要品德高尚，才干尚可之人，就可以重用。持这种理论的代表人物自然还有曾国藩。曾国藩用人讲究品行，其次才考虑才干。同样，他采用这种用人方式，也干出了一番惊天动地的事业。曾国藩曾讲："有才无德，近于小人；有德无才，近于愚人；与其有才无德近于小人，不如有德无才近于愚人。"这段话也反映了曾国藩既强调德才兼备，又注重以德为先。

　　从古人的这些论述中，我们可以得出这样的启示：第一，论才必须以德为本，因为德是才之帅；第二，无才而不任，因为才是德之资，否则，德就是空的；第三，什么样的人才称得上"贤"呢？那就是德才兼备的人。任人唯贤，既不能唯德是举，也不能唯才是举，必须是德才兼备。

　　将古人的这些道理用在公司管理上，可以这样理解：德，是履行职业职责的伦理资格，它从工作态度表现出来；才，是实施和完成职责的能力，它从工作能力和心理素质表现出来。德为导向，才是基础；德靠才来发挥，才靠德来统帅。二者并重，互融互动，才能如鱼得水，如虎添翼，干出好业绩，创出高价值。

　　一个人才气很大、德行不好，对公司的破坏性就可能非常大。一个人智力有问题，是次品；一个人灵魂有问题，那就是危险品。所以，对于用人者来说，一方面要用有才能的人，另一方面还要注意他的德行，如果德行不过关，就最好不要用，即使用也要加倍小心。

　　一个优秀的人才，必须德才兼备。德才兼备是成才立业、奋发有为的前提。一个人如果志大才疏，固然成不了才，但如果没有优秀的思想品德，也难以成就事业。这里有两个基本观点，一个是：成小事，靠业务本领；成大事，靠思想品德和综合素质。另一个是：有德无才要误事，有才无德要坏事。德才兼备之人，其理想、信念、道德、责任才能得以升华。

曾国藩论才用

【原典】

虽有良药,苟不当于病,不逮下品;虽有贤才,苟不适于用,不逮庸流。梁雨可以冲城,而不可以窒穴;犁牛不可以捕鼠,骐骥不可以守阊。千金之剑以之析薪,则不如斧;三代之鼎以之垦田,则不如耜。当其时当其事,则凡材亦奏神奇之效,否则龃龉而终无所成。故世不患无才,患用才者不能器使而适宜也。魏无知论陈平曰:"今有尾生孝已之行,而无益胜负之数,陛下何暇用之乎?"当战争之世,苟无益胜负之数,虽盛德亦无所用之。余生平好用忠实者流,今老矣,始知药之多不当于病也。

【译文】

虽然有良药,但如果不对病症,效果就还不如一般的药物;虽然是贤才,但如果不能用其所长,那么还不如去找平凡人来用。质地坚韧的木梁可以撞开牢固的城门,却不能用来堵住老鼠洞。强壮的水牛不会捕捉老鼠,日行千里的骏马也不能守住家门。价值千金的宝剑用来砍柴,不如斧头好用。三代传世的宝鼎,用来开垦荒地,还不如普通的木犁。面对具体时刻具体的事物,只要用得适合,普通的东西也会产生神奇的效验。否则认不清锄头、宝剑的特性,干什么都会一无所成。所以世人不忧虑没有人才,忧虑的是使用人才的人不知量才适用。魏无知在评论陈平时说:"现在有个年轻人,很有孝德之行,却不懂战争胜负的谋略,您该如何用他呢?"当国家处于战争时期,如果一个人不懂战争胜负谋略,虽有高深德行也没地方应用。我生平喜欢用忠实可靠的人,如今老迈了,才知道药物虽很多,却也有治不了的病。

【评鉴】

广收慎用,曾国藩选用人才之道

曾国藩选用人才的一个重要原则是:"广收慎用"。

广收，就是广泛访求、网罗人才。曾国藩求贤若渴，他提出"凡有一长一技者，断不敢轻视"。每到一地，每与人通信、交谈，都恳求对方推荐人才。他常写人才闻见日记，将所见所闻，分为"闻可""闻否""见可"三类。他的《无慢室日记》中，专设"记人"一项，记录了一大批被推荐的人名，并附有自己考察之所得。曾氏提出，"衡才不拘一格"，"求才不遗余力"，反对以出身、资历衡量人。曾氏幕中经人推荐入幕的人甚多，曾氏平时极注意对僚属才能的观察了解，并从中发现了大量人才。

慎用，就是分辨良莠、知人善任。曾国藩说："办事不外用人，用人必先知人"，而且收之越广，用之越慎。曾氏用人十分谨慎，恪守"不轻进人""不妄亲人"。为此，他高度重视人才的考察，提倡选人"必取遇事体察，身到、心到、手到、口到、眼到者"，观人的方法主要是"以有操守无官气，多条理而少大言为主"。对于招揽到的人才，一方面用其所长，尽其所能，另一方面量才录用，使人才大多能各尽其职。正是因为曾氏能"冷眼看英雄"，他的幕府中人才之盛，一时无二。

用人上的"广"与"慎"，是互为条件，互相影响的。广则人才多，人才多则有比较和选择的余地，才有可能慎用；广而不慎，必会鱼龙混杂、滥竽充数。慎则使用得当，使用得当则有利于事业，也有利于发挥人的积极性，形成心情舒畅、生动活泼的局面；慎而不广，必会人才匮乏，或窒息人才，同样是事业的大患。

曾国藩主张在"广收"的基础上"慎用"。他声称："吾辈所慎之又慎者，只在'用人'二字上，此外竟无可着力之处。"为什么要慎用？因为"人不易知，知人不易"。慎用的核心是量材器使。"徐察其才之大小而位置之"，用其所长，避其所短。薛福成称曾国藩"凡于兵事、饷事、吏事、文事有一长者，无不忧加奖誉，量才录用"。曾国藩生前获得"有知人之明"的赞誉，就因为他慧眼识人，又因材使用。要真正做到量材器使，首在如何去认识人。他指出："窃疑古人论将，神明变幻，不可方物，几于百长并集，一短难容，恐亦史册追崇之辞，初非当日预定之品。"把有一定能力或有一定成就的人誉为"百长并集，一短难容"，甚至神化，无疑是认识人才上的一种片面性。因此，衡量人才要不拘一格，判断事情要不苛求，不因木材腐朽就弃置不用，不频繁撒网有失去捕抓大鱼的机会。重要的是善于去认识。金无足赤，人无完人，不可苛求全才，"不可因微瑕而弃有用之才"。他写信给弟弟说："好人实难多得，弟为留心采访。凡有一长一技者，兄断不肯轻视。"有材不用，固是浪费；大材小用，也有损于事业；小材大用，则危害事业。

慎用人才，不仅是对事业的负责态度，其实也是对人才的爱惜。有了人才，不懂得使用，等于没有。正像曾国藩所说："虽有良药，苟不当于病，不逮下品；虽有贤才，苟不适于用，不逮庸流。"

用人必须扬长避短，任何人才都不是全才。对于大多数人才，曾国藩始终坚持"勿以小瑕而弃大才"，用其所长，察其不逮，比如在湘军大将鲍超的使用上就是如此。

鲍超本来是个兵痞，他酒醉卖妻，醒后又翻脸不认账。提刑按察使司的差役押着他去服刑，不料，路上被曾国藩拦下，鲍超大叫"曾大人，你老不是在奉旨练团练吗？我愿投在你的账下，我好比当年落难的薛仁贵，日后我会辅助你老征南扫北"。曾国藩一听，立马叫停下，改押鲍超到审案局自己府中，立即审问验看他的武艺，发现他武艺出众，曾国藩脱口赞"好神力"，当即把鲍超留下任用，并帮他解决麻烦，他还写信给提刑按察使司的陶恩培，说鲍超是人才，自己要留用，不必再究。陶恩培对此非常生气，并上告曾国藩，而曾国藩不予理睬。对此，鲍超万分感谢，在以后的镇压太平天国农民起义军的战斗中，打仗勇猛，几次把曾国藩从困境中救出，为其立下了汗马功劳。

曾国藩《应诏陈言疏》

奏为应诏陈言事。

二月初八日,奉皇上谕令,九卿科道有言事之责者,于用人、行政一切事宜,皆得据实直陈,封章密奏。仰见圣德谦冲,孜孜求治。

臣窃维用人、行政二者,自古皆相提并论。独至我朝,则凡百庶政,皆已著有成宪,既备既详,未可轻议。今日所当讲求者,唯在用人一端耳。方今人才不乏,欲作育而激扬之,端赖我皇上之妙用。大抵有转移之道,有培养之方,有考察之法,三者不可废一,请为我皇上陈之。

所谓转移之道,何也?

我朝列圣为政,大抵因时俗之过而矫之使就于中。顺治之时,疮痍初复,民志未定,故圣祖继之以宽。康熙之末,久安而吏弛,刑措而民偷,故世宗救之以严。乾隆、嘉庆之际,人尚才华,士骛高远,故大行皇帝敛之以镇静,以变其浮夸之习。一时人才循循规矩准绳之中,无有敢才智自雄,锋芒自逞者。然有守者多,而有猷有为者,渐觉其少。大率以畏葸为慎,以柔靡为恭。

以臣观之,京官之办事,通病有二:曰退缩,曰琐屑。外官之办事,通病有二:曰敷衍,曰颟顸。退缩者,同官互推,不肯任怨,动则请旨,不肯任咎是也。琐屑者,利析锱铢,不顾大体,察及秋毫,不见舆薪是也。敷衍者,装头盖面,但计目前剜肉补疮,不问明日是也。颟顸者,外面完全,而中已溃烂,章奏粉饰,而语无归宿是也。有此四者,习俗相沿,但求苟安无过,不求振作有为,将来一有艰巨,国家必有乏才之患。

我大行皇帝深知此中之消息,故亟思得一有用之才,以力挽颓风。去年京察人员,数月之内,擢臬司者三人,擢藩司者一人,盖亦欲破格超迁,整顿积弱之习也。无如风会所趋,势难骤变。今若遽求振作之才,又恐躁竞者,因而幸进,转不足以收实效。

臣愚以为,欲使有用之才,不出范围之中,莫若使之从事于学术。

汉臣诸葛亮曰，"才须学，学须识"，盖至论也。然欲人才皆知好学，又必自我皇上以身作则，乃能操转移风化之本。臣考圣祖仁皇帝登极之后，勤学好问。儒臣逐日进讲，寒暑不辍。万寿圣节，不许间断，三藩用兵，亦不停止。召见廷臣，则与之往复讨论，故当时人才济济，好学者多。至康熙末年，博学伟才，大半皆圣祖教谕而成就之。今皇上春秋鼎盛，正与圣祖讲学之年相似。

臣之愚见，欲请俟二十七月后，举行逐日进讲之例，四海传播，人人响风。召见臣工，与之从容论难，见无才者，则勖之以学，以痛惩模棱疲软之习。见有才者，则愈勖之以学，以化其刚愎刻薄之偏。十年以后，人才必有大起色。一人典学于宫中，群英鼓舞于天下，其几在此，其效在彼。康熙年间之往事，昭昭可观也。以今日之萎靡因循，而期之以振作，又虑他日之更张偾事，而泽之以《诗》《书》，但期默运而潜移，不肯矫枉而过正，盖转移之道，其略如此。

所谓培养之方，何也？

凡人才未登仕版者，姑不具论，其已登仕版者，如内阁、六部、翰林院，最为荟萃之地。将来内而卿相，外而督抚，大约不出此八衙门。此八衙门者，人才数千，我皇上不能一一周知也。培养之权，不得不责成于堂官。

所谓培养者，约有数端：曰教诲，曰甄别，曰保举，曰超擢。堂官之于司员，一言嘉奖，则感而图功；片语责惩，则畏而改过，此教诲之不可缓也。榛棘不除，则兰蕙减色；害马不去，则骐骥短气，此甄别之不可缓也。嘉庆四年、十八年，两次令部院各保司员，此保举之成案也。雍正年间，甘汝来以主事而赏人参，放知府。嘉庆年间，黄钺以主事而充翰林，入南斋。此超擢之成案也。

盖尝论之，人才譬之禾稼，堂官之教诲，犹种植耘籽也。甄别则去其稂莠也。保举则犹灌溉也。皇上超擢，譬之甘雨时降，苗勃然兴也。堂官常常到署，譬之农夫日日田间，乃能熟悉稼事也。今各衙门堂官多内廷行走之员，或累月不克到署，与司员恒不相习。自掌印主稿数人而外，大半不能识面，譬之嘉禾稂莠，听其同生同落于畎亩之中，而农夫不问。教诲之法无闻，甄别之例亦废，近奉明诏保举，又但及外官，而不及京秩，培养之道不尚有未尽者哉！

自顷岁以来，六部人数日多，或二十年不得补缺，或终身不得主稿。内阁、翰林院员数亦三倍于前，往往十年不得一差，不迁一秩，固已英才摧挫矣。而堂官又多在内廷，终岁不获一见。如吏部六堂，内廷四人。礼部六堂，内廷四人。户部六堂，皆值内廷，翰林两掌院，皆值内廷。在诸臣随侍御园，本难分身入署，而又或兼摄两部，或管理数处，为司员者画稿，则匆匆一面，白事则寥寥数语，纵使才德俱优，曾不能邀堂官之一顾，又焉能达天子之知哉？以若干之人才，近在眼前，不能加意培养，甚可惜也。

臣之愚见，欲请皇上稍为酌量，每部须有三四堂不入值内廷者，令其日日到署，以与司员相砥砺。翰林掌院，亦须有不值内廷者，令其与编检相濡染，务使属官之性情心术，长官一一周知。皇上不时询问某也才，某也直，某也小知，某也大受。不特属官之优劣，粲然毕呈，即长官之浅深亦可互见。旁考参稽，而八衙门之人才，同往来于圣主之胸中。彼司员者，但令姓名达于九重，不必升官迁秩，而已感激无地矣。然后保举之法，甄别之例，次第举行乎旧章。皇上偶有超擢，则梗楠一升，而草木之精神皆振。盖培养之方其略如此。

所谓考察之法，何也？

古者询事、考言二者并重。近来各衙门办事，小者循例，大者请旨，本无才猷之可见，则莫若于言考之。而召对陈言，天威咫尺，又不宜喋喋便佞，则莫若于奏折考之矣。国家定例，内而九卿科道，外而督抚藩臬，皆有言事之责。各省道员，不许专折谢恩，而许专折言事。乃十余年间，九卿无一人陈时政之得失，司道无一折言地方之利病，相率缄默，一时之风气，有不解其所以然者。科道间有奏疏，而从无一言及主德之隆替，无一折弹大臣之过失，岂君为尧、舜之君，臣皆稷、契之臣乎？一时之风气，亦有不解其所以然者。

臣考本朝以来，匡言主德者，孙嘉淦以自是规高宗，袁铣以寡欲规大行皇帝，皆蒙优旨嘉纳，至今传为美谈。纠弹大臣者，如李之芳参劾魏裔介，彭鹏参劾李光地，厥后四人皆为名臣，亦至今传为美谈。自古直言不讳，未有盛于我朝者也。今皇上御极之初，又特诏求言，而褒答倭仁之谕，臣读之至于抃舞感泣，此诚太平之象。

然臣犹有过虑者，诚见我皇上求言甚切，恐诸臣纷纷入奏，或者条陈庶政颇

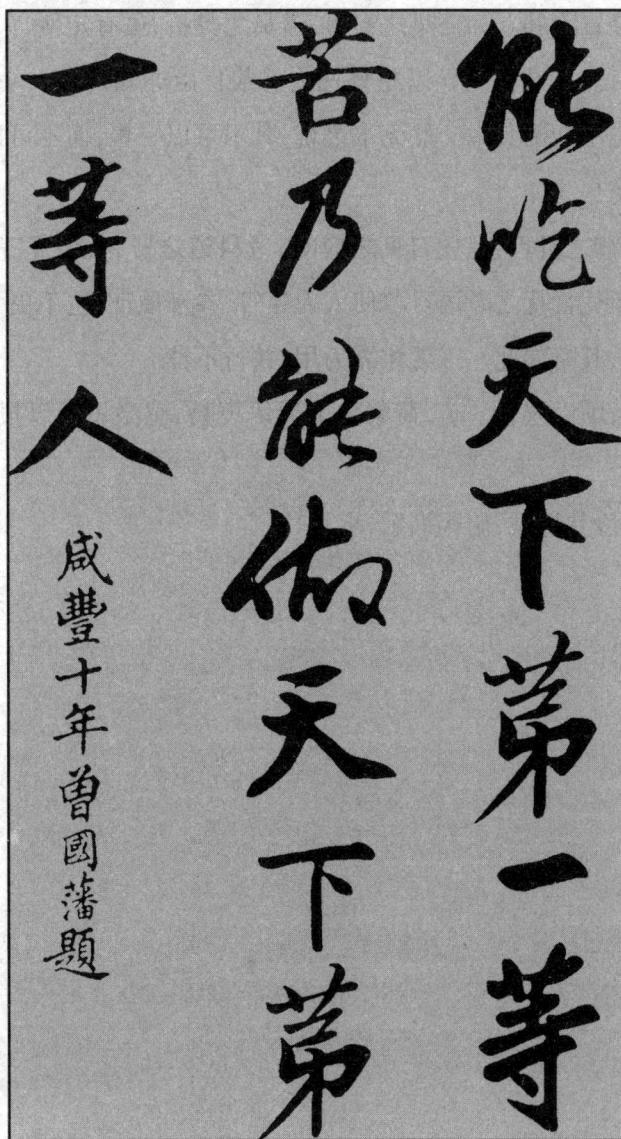

能吃天下第一等
苦乃能做天下第
一等人
咸豐十年曾國藩題

曾国藩书法

多,雷同之语,不免久而生厌。弹劾大臣,惧长攻讦之风,又不免久而生厌。臣之愚见,愿皇上坚持圣意,借奏折为考核人才之具,永不生厌玩之心。涉于雷同者,不必交议而已;过于攻讦者,不必发抄而已。此外则但见其有益,初不见其有损。

　　人情狃于故常,大抵多所顾忌,如主德之隆替,大臣之过失,非皇上再三诱之使言，谁肯轻冒不韪。如藩臬之奏事，道员之具折，虽有定例，久不遵行，非皇上再三迫之使言，又谁肯立异以犯督抚之怒哉！臣亦知内外大小群言并进，即浮伪之人，不能不杂出其中。然无本之言，其术可以一售，而不可以再试。朗鉴高悬，岂能终遁！

方今考九卿之贤否，但凭召见之应对；考科道之贤否，但凭三年之京察；考司道之贤否，但凭督抚之考语。若使人人建言，参互质证，岂不更为核实乎？臣所谓考察之法，其略如此。三者相需为用，并行不悖。

臣本愚陋，顷以议礼一疏，荷蒙皇上天语褒嘉，感激思所以报，但憾识见浅薄，无补万一。

伏求皇上怜其愚诚，俯赐训示，幸甚，谨奏。

附录二：曾国藩高超的用人智慧

窃谓行政之要，首在得人。

吏治之兴废，全系于州县之贤否。

天下无现成之人才，亦无生知之卓识。

大抵皆由勉强磨炼而出耳。

——曾国藩

曾国藩，这位晚清"中兴功臣"，可谓一位杰出的用人大师。他不仅精于相人，而且更善于用人。他将《冰鉴》中的相人理论用于实践，表现出了高超的用人智慧。

曾国藩兴幕府，纳英贤，广揽各类人才。诸如李鸿章、左宗棠、薛福成、华衡芳等皆出其门下，并使他们大有作为。

国欲图强非借人才之力不可。今日之中国欲自强于世，更需英才辈出。学习曾国藩的相人、用人智慧，对我们今天大有裨益。

一、万世其昌，国运系于人才

人才兴，国运兴。人才匮乏必然导致国运衰微。历朝历代皆是如此。曾国藩之所以成功晚清中兴之臣，全在于他"以得人为强"、视英才为制胜之本。

1. "国家之强，以得人为强"

曾国藩所处的时代，是行将没落的晚清时期，出于忧国忧民之念，曾国藩十分重视人才问题。他认为"国家之强，以得人为强"。只有广罗人才，整治吏治，大清朝才能中兴。曾国藩还指出：善于审视国运的人，"观贤者在位，则卜其将兴;见冗员浮杂,则知其将替"。人才兴,国运兴。正是在国家很多重要岗位上人才匮乏,"冗员浮杂",才导致了国运的衰微。曾国藩将人才问题提到了关系国家兴衰的高度,把选拔、培养人才作为挽救晚清王朝统治危机的重要措施。

曾国藩看到,导致晚清社会危机的原因主要在于清政府吏治的败坏,而吏治的败坏又是由于人才的缺乏。咸丰元年(1851年)太平天国起义在广西金田村爆发。曾国藩在给友人胡大任的信中说:"两千里中几无一尺净土。推寻根本原因,何尝不是有政府官员用其民,鱼肉百姓很长时间了,才激起社会的不稳定。这都因为官员高高在上,对一切事务废置不问。这个情况已非一朝一夕。"因有报国之心,曾国藩把治军与吏治并重,说:"细察今日局势,若不从吏治人心上痛下功夫,涤肠荡胃,断无挽回之理。"因此,曾国藩在战争期间每控制一个地区就治理一个地区,整顿吏治,恢复地方政权,力求把它建设成筹饷基地。咸丰十年(1860年),他在给左宗棠的信中说,希望左宗棠能够选择贤才,一同前来,他举例说,湖北省城三次克复后,地方凋敝,但因胡林翼罗致人才,多方培养,不过数年之间,便吏治渐振。

面对多事之秋,内忧外患,曾国藩断言:"非得忍辱负重之器数十人,恐难挽回时局也。"而这些人才从何处得来呢? 他认为,"大约上等贤哲当以天缘遇之,中等人才可以人力求之",所以,人才之有无,全靠当权者的发现、培养及使用得当。

因清政府已成强弩之末,回天乏力,太平天国革命一起便有如神助,势如暴风骤雨,摧枯拉朽,席卷东南。对此,曾国藩无比感慨地说:"无兵不足深虑,无饷不足痛哭,独举目今世,求一攘利不先、赴义恐后、忠愤耿耿者,不可立得;有时即使得到,又屈居卑下,往往抑郁不伸。或遭遇挫折、或离职而去、或抑郁而死。而贪婪庸劣的人,位高而权重,而富贵、而名誉、而老健不死,此其可为浩叹者也。"

面对严重的社会危机,曾国藩呼吁封建地主阶级重视人才问题。他一再对部下胡林翼说:"默观天下大局,万难挽回,我们所能做的,引用一班正人,培养几个好官,以为种子。""吾辈所慎之又慎者,只在'用人'二字上,此外竟无可着力处。""求人自辅,时时不可忘此意。人才至难。"有这样的认识,就足以证明曾国藩的眼光之高。

2. 英才乃制胜之本

曾国藩发迹的开端,是率湘军平定太平军的战乱。在两军对垒的 12 年中,湘军起先不过两三万人,后来由小到大,由弱转强,直至胜利;太平军兴起时,雄师百万,然后却逐渐由强转弱,直到失败。二者之胜败是不是由于武器相差悬殊?回答是否定的。双方武器的先进程度

胡林翼

基本上是相当的,运输工具,太平军首先还占优势。那是不是由于战略战术上的得失?统观全局,应该说,双方在战略战术上都有得意之笔,也有失误之处。历史学者曾对此做了很多研究并总结出不少曾国藩取胜的成功经验。然而,有一点根本原因却是人所皆知、至关重要的,那就是在强弱转化的过程中,双方在"人"这个因素上,出现了明显的变化和反差。太平军最先从广西出发时,天王洪秀全周围有东、南、西、北四王和翼王,猛将如云,士气高涨。但是,不久之后发生的一场洪、杨内讧,却让太平军众多英才将领死的死,走的走,元老丧失殆尽,不得不起用陈玉成、李秀成等第二代将领。加上主要领导人洪秀全本人深居宫闱,疑神疑鬼,"俱信天灵,诏言有天不有人",即使对他不能不依靠的李秀成等人,也"信任不专",时常掣肘,重用他的老兄洪仁发、洪仁达,以致"人心改变,政事不一,各有一心",奸佞之人发达炫耀,而英明贤达之士却四处散避。各方豪杰都不再投门下,因而有最终的失败。

与太平军相反,曾国藩起师于湖南时,不断受到湖南巡抚以下官员的嘲讽、

排挤与打击，刘蓉在办团练一事上与他若即若离，好友郭嵩焘兄弟并不应召，握有兵权的王錱时与他发生龃龉，后来在江西，当地的军政大吏也很有些人与他过不去，使曾国藩常常有形孤影单之感。但是，发展到咸丰末年、同治初年，湘军由于用人策略的英明，加上惜才爱才，很快在曾国藩的周围聚集了大批良将谋士，胡林翼、李续宾兄弟、彭玉麟、杨岳斌、左宗棠、李鸿章、曾国荃、鲍超等人，都手握符篆，威震一方。虽然他们与曾国藩都存在这样那样的矛盾，但在攻打太平军这一点上，大家基本上能号令如一，步调上基本是一致。

一个"失人才"，一个"得人才"，太平军与湘军在同治元年前后已形成鲜明的对比。曾国藩说："制胜之根本，实在于人而不在物。"这实在是入木三分、精准到位的至理。

曾国藩早年在长沙求学期间，就立下为国图强之宏志，同时就已注意广交朋友，以发现人才为己所用。他与当时名士郭嵩焘、刘蓉深交。任京官时，又广交朋友，以文会友，除了师理学事名家唐镜海、倭艮峰外，还有吴竹如、窦兰泉、冯树堂、吴子序、邵惠西等友人，后来都成为曾国藩幕府中的重要人物。此外，也有不少人慕名而来主动与曾结交。湘军的重要将领江忠源及文士吴敏树也是这时在京城结识曾的。曾在礼部复试时，因欣赏"花落春仍在"的诗句还识拔了俞樾，并在朝考阅卷时看中了陈士杰。后来，这些人对曾国藩的"事业"都有过很大的帮助，特别是陈士杰。

所以，他后来向朋友和兄弟们反复说明："国家因为获得人才而强盛。有人才才能政通人和。想要自强，必须以修明政事，谋求贤才为紧要任务。""治世之道，专以致贤、养民为本。""国家大计，首重留心人才。"

毋庸置疑，世上一切事情都是人干出来的，坏事如此，好事亦复如此。古人云："能当一人而天下取，失当一人而社稷危。"曾国藩是深知这个道理的。因而在人才问题上深具历史的卓识与战略的眼光。后来，薛福成评述道："曾国藩知人之鉴，超轶古今。……宏奖人杰，尤属不遗余力。"《清史稿》评论曾国藩道："至功成名立，汲汲以荐举人才为己任，封疆大臣军营统帅遍布全国。以人事君，皆能不负所知。"石达开也曾称赞曾国藩："虽不以善战名，而能识拔贤将,规画精严,无间可寻。"由此可以看出,曾国藩对人才的广泛搜罗和耐心陶铸,是能够成功他的"事业"的一个重要原因。

3. 为国得人,人兴则业旺

曾国藩"为国得人",集中体现在他的幕府规模恢宏,济济多士。

幕府一词,本指将帅在外以营帐为府署,后借代而指古代达官的参谋班子和办事机构。我国的幕府制度,源远流长。早在春秋战国时期,即有养士风尚,平原君等四公子养士数以千百人计,盛极一时。这些士人或称为"客",或称为"舍人",在当时的政治军事斗争中呼风唤雨,常常左右大局。曾经帮助秦始皇统一天下的李斯,就是从吕不韦的舍人逐渐发迹的。又如,唐代的不少将相,均出自汾阳王郭子仪的幕府。这一养士风尚代代沿袭,以至州郡以上官长自聘从事、参军、记室等,已成为定例。衍化至清代,毕沅、阮元、广开幕府,各集一代俊秀,而曾国藩的幕府尤称盛大,它既具有古代幕府的一般性质,又体现着19世纪中叶的浓郁的时代氛围与曾国藩个人的性格特征。

曾国藩的幕府有这样几个突出的特色:

(1)人数众多

曾国藩年轻时"遭值世变",一以贤才为夷难定倾之具。他在总结前人励精图治为国建功的成功经验之后,深深感到:唯有广聚人才才能壮大自己的势力,自身强了,才有实力报效国家。因此,曾国藩从咸丰二年(1852年)初出办团练后,即开始物色人才,罗致幕府"为国得人"。随后,随着战事的日益发展,湘军的日益扩大,幕府人物也渐积渐多。湘军组成安庆大营时:"各处军官,聚于曾文正之大营中者,不下二百人,大半皆怀其目的而来。"到了曾国藩任两江总督时,"总督幕府中,亦有百人左右。幕府外更有候补之官员,怀才之士子,……无不毕集。"

(2)范围广泛

曾国藩用人之道,如他在经学上不存汉宋门户之见一样,也注意团结五湖四海,各路精英。曾国藩用人的原则是官员、乡绅并重,不分江南江北。故在曾国藩的89位幕僚中,就籍贯而言,湖南籍21人,占23%;江苏籍17人,占第二位;安徽籍 16 人,占第三位;浙江籍 10 人,占第四位;其余四川、贵州、广东、湖北、江西诸省无不有人入其帷幕。其人员分布,共达九省。

就出身而言,上至进士、举人,下至诸生、布衣,等级不一,均可为其座上之客。

就人缘而言,既有曾国藩的同窗同年,乡亲故旧,也有曾国藩的门生弟子,还有一些则"识拔于风尘"。

就特长或职业而言,突破了古代幕府中的幕僚多为办理文书、刑名、钱粮的人员的"实务性"框子,更多的是出谋划策,从容讽议,招勇领军,指点州牧的"政务性"人员。

此外,"凡法律、算学、天文、机器等专门家,无不毕集"。而且,"于军旅、吏治外,别有二派:曰道学,曰名士。道学派为何慎修、程鸿诏、涂宗瀛、倪文蔚、甘沼盘、方某诸人;名士派为莫友芝、张裕钊、李鸿裔诸人"。

当时在曾国藩的幕府中,有很多贤达之人,他们多是学界泰斗。曾国藩被他们的名声所震动,因而把他们都罗致到自己帐下。由于曾国藩首倡洋务,一批洋务官吏最先孕育于曾氏幕府,如李鸿章、左宗棠以及后来接办福州船政局的沈葆桢、致力于近代海军的丁日昌等;一些外交人员,如先后出使英、法、比、意的大使薛福成,出使英国的公使郭嵩焘,出使西班牙、德国的参赞黎庶昌,都曾是曾氏府幕中的重要人物;一些科学技术人员,如李善兰、华蘅芳、徐寿、徐建寅,也被延入曾氏幕府。这些,鲜明地体现着曾国藩对幕府制度因时变革的时代意识。

曾国藩的幕府由于人数众多,范围广泛,加上曾国藩本人知人善任,所以,"几于举全国人才之精华,汇集于此"。

(3)授权设职

古代幕僚,也称"西宾"或"师爷",多为清客或谋士,有的也充当文案、刑名等佐助人员,极少数则编书、刻书,如吕不韦的幕客集体编成《吕氏春秋》之类。而曾国藩幕僚的职权却远不止于此,他们中绝大多数人都掌握着部分政权、兵权和财权,直接参与重大的政治活动与军事指挥,管理牙、厘、盐、茶和粮饷、漕务等项,从事军需后勤工作,设立编译馆,选派留学生员,办工厂,造兵器,指令交通运输,甚至撇开清朝廷的中央政权,直接进行外交和外贸活动等等。薛福成描绘道:"幕僚虽专司文事,然独克揽其全,譬之导水,幕府则众流之汇也;譬之力穑,幕府则播种之区也。"容闳叙述道:"当时七八省政权,皆在掌握,凡设官任职,国课军需,悉听调度,几若全国听命于一人。"

曾国藩占据江南财赋之地,人文荟萃之区,又集军事、政事、人事大权于幕府,其幕府实已似一汉人"小朝廷",权倾一时,势震天下。在清朝,督抚享有保举官员的权力,握有罢免惩罚下级官员的权柄,所以曾国藩的幕僚们无不以入幕为晋身之阶,由幕僚跃而为地方长官或军事元戎。在曾国藩的幕僚中,官至总督、巡抚、布政使、按察使及尚书、侍郎的,即达30人,成了左右政局的重臣。

由此可以看出,成就曾国藩一世功名的根本基础,正是他所拥有的人才。

4. 平定天下须集天下人才

曾国藩说:"凡事都要靠人才才能成功。才学高的人必定能任用贤才,并因而使自己的成就更加伟大。推而广之,能将天下的人才合于一处,才可以平定天下。"

曾国藩认为,无论是天下之兴亡、国家之强弱,还是兵事、饷事、吏事、文事之成败利钝,无一不以是否得人为转移。所以,他爱才如命,求才若渴,为吸引和聘请更多更好的幕僚尽了很大努力,做了大量工作。曾国藩于率军"东征"之始,即号召广大封建知识分子奋起捍卫孔孟之道,反对太平天国运动,盛情邀请"抱道君子"参加他的幕府。其后行军打仗,每至一地必广为访察,凡具一技之长者,必设法延至,收为己用。闻有德才并称的,更是不惜重金,驰书礼聘。若其流离失所,不明去向,则具折奏请,要求各省督抚代为查明,遣送来营。曾国藩与人通信、交谈,亦殷殷以人才相询,恳恳以荐才相托,闻人得一才羡慕不已,自己得一才喜不自胜,遂有爱才之名闻于全国。

由于清王朝政治腐败,等级森严,满汉藩篱未除;加以取士不公,仕途拥塞,遂使一大批中小地主出身的知识分子空有一片"血诚",满腹才华,而报国无门,升发无望,不得不千方百计地为自己另外寻求政治上的出路。有的知识分子非但升发无望，且身遭乱离之苦，徙无定居，衣食俱困，亟须庇护之所、衣食之源。还有一部分知识分子，既无升官发财之念，亦无饥寒交迫之感，甚或已是学问渊博，名满士林，但却仰慕曾国藩的大名，以与之相识为幸，以与之交游为荣，所以，全国各地人才，当他们闻知曾国藩能以诚心待士，破格用人时，便纷纷投其麾下，入其幕府。

"为国得人"，成就了一代名臣曾国藩。

二、广收延揽，罗致高学优仕

曾国藩从创业发家的第一天起，便把广揽人才视为唯此唯大的首要之事。他深知：十步之内有香草，身旁处处有英才。于是，求贤若渴，颇费心思，很快聚集了大批人才。

1. 处处留心，揽尽天下英才

为了辅佐大清江山，让积弱积贫的清王朝能够再现康乾盛况，曾国藩求贤若渴，颇下功夫。

曾国藩对前来拜访的士人总是十分尊重，让人畅所欲言，礼遇有加。因此，其友人王定安记述说："国藩专务以忠诚感召人心，每乡里士来谒，温语礼下之。有所陈，务毕其说。言可用，则斟酌施行；即不可用，亦不诘责；有异等者，虽卑贱，与之抗礼。"他礼贤下士，颇有周公吐哺之风。

曾国藩曾经向友人描述自己在咸丰三年（1853年）的心情说："我曾经说过要谋求智勇双全，文武兼备的人才，几个月以来，我在梦里祈求他们的到来，烧香祈求他们的到来，没有片刻敢有所忘怀。"咸丰十年（1860年），曾国藩被任命为两江总督，"事业"大有发展，人才尤为亟需。在这时候，他给友人写信说："正当我焦虑而身心疲惫的时候，忽然担当朝廷给予的重任，十分担心难以完成，使亲戚朋友蒙羞，现在只希望得到有名的将士以抗敌寇，获得大量好官吏以解民困如此，若能得到一个人的帮助，我便可免一分朝廷的咎责，若能得到十人百人的帮助，则地方百姓就会受到十人百人的福分。"

尤其可贵的是,曾国藩求才,可说是"一以贯之"的。为此,他"料理官车,摘电备查",或"圈点京报",获取信息。他常写人才闻见日记,将所见所闻,分为"闻可""闻否""见可"三类。他在《无慢室日记》中,专设"记人"一项,记录了大批被自己推荐的人名,并附有自己考察之所得。另外,曾国藩还注重人才的互相吸引,认为求才应如"蚨之有母,雉之有媒,以类相求,以气相引,庶几得一而及其余"。因此,他多次致书当时的好友李恒、李瀚章、方子白、胡林翼、左宗棠等人及诸弟,论述得人之道,要求他们随处留心,"博采广询","兼进并收"。他还嘱咐弟弟曾国荃等要"求人自辅,时时不忘此意",要求"以后两弟如有所见,随时推荐,将其长处短处一一告知阿兄"。

　　在广揽人才的同时,曾国藩还十分强调分辨人才的良莠。当时,亲戚朋友、邻里乡党来曾国荃营中求职者甚多,曾国藩唯恐弟弟怀"广厦万间"之志而滥收滥用,规劝他说:"善于预见国运的人,看到该国贤良俊杰在位,就知道它一定会兴盛起来,看到办事拖拉,冗员比比皆是,就明白它将要被取代。善于预见军队的人也是这样。"曾国藩指出,要区分人才的真伪,既要参考大家的意见,又要善于考察贤劣,他曾对友人方存之说:"搜求人才,采纳众议,鄙人亦颇留心。唯于广为延揽之中,略存崇实黜华之意。若不分真伪,博收杂进,则深识之士,不愿牛骥同皂,而贤者反掉头去矣。"一语道出了他辨识人才之真伪的真知灼见。

　　既要广求人才,又不博收杂进,分辨真伪,考察贤劣,这就取决于对选择人才的标准的认识。曾国藩虽然主张德才兼备,但更强调人的德行。他在笔记《才德》中写道:"我认为德与才不可偏重。……有德而无才,则近于愚人,有才而无德,则近于小人。"接着他强调说:"二者既不可兼,与其无德而近于小人,毋宁无才而近于愚人。自修之方,观人之术,皆以此为衡可矣。"正是基于对德与才的关系、德才孰重孰轻的这种认识,曾国藩要求"在淳朴之中选择人才",认为"观人之道,以朴实廉洁为本(质)"。曾国藩对那些"心窍多",以大言取宠,巧语媚上的"浮滑"之徒,深恶痛绝。他声言:"凡不思索考核,信口谈兵者,鄙人不乐与之尽言。"他还劝诫绅士:"好谈兵事者,其阅历必浅;好攻人短者,其自修必疏。"所以,曾国藩特别强调作为人才的一定要不说大话,而尽其所能地落实在行动上,追求德才兼备。

在确定选择人才的标准时,曾国藩把人才分为两类:一种为官气较多者,另一种为乡气较多者。他表示:"吾欲以'劳苦忍辱'四字教人,故且戒官气,而姑用乡气之人。"对于何谓"官气、乡气",他的解释是:"官气多者好讲资格,好问样子,办事无惊世骇俗之象。其缺点是,但凭书办家人之口说出,凭文书写出,不能身到、心到、口到、眼到,尤不能放下身段去亲自体察一番。乡气多者好逞才能,好出新样,行事则知己不如人,语言则顾前不顾后。其缺点在于一事未成,先据非议。"无疑,有官气或乡气的人都有明显的缺点。但是二者比较起来,曾国藩更厌恶那些爱摆官架子、应酬圆通,却缺乏生气、从不实干的官僚。他深刻指出:"若官气增一分,则血性必减一分。"因此,他提倡选人"必取遇事体察,身到、心到、手到、口到、眼到者",即"筋力健整、能吃辛苦之人","明白而朴实之人","有操守而无官气,多条理而少大言之人"。能真正做到"四到"的人,必须是"有操守而无官气,多条理而少大言"的人。

总之,曾国藩选人、用人的标准主要注重德行操守,而且要求把这种德行操守刊在脚印上,践履到实处。

当然,除了看重人的德行操地之外,曾国藩在选拔人才方面也十分注重才识。他指出:"凡将才有四大端:一曰知人善任;二曰善觇敌情;三曰临阵胆识;四曰营务整齐。"这四条,指的都是才识。关于对"才""识"的理解,曾国藩认为,"凡办大事,以识为主,以才为辅。"曾国藩不仅深知才识的重要性,平日夸奖部属,也多用以有才识之言。例如,对被他参劾了两次的李元度,他私下给曾国荃写信说:"李次青之才实在非常人可及,吾在外数年,独觉惭对此人,弟可与之常通书信,一则少表余之歉忱,二则凡事可以请益。"又如,对与自己常闹别扭的左宗棠的才能,他也非常折服,于咸丰十年四月上奏称,左宗棠"刚明耐苦,晓畅兵机",请朝廷简用。清政府果于同年五月着左宗棠"以四品京堂候补,随同曾国藩襄办军务"。第二年四月,曾国藩又上奏左宗棠"以数千新集之众,破十倍凶悍之贼,因地利以审敌情,蓄机势以作士气,实属深明将略,度越时贤",恳请"将左宗棠襄办军务改为帮办军务"。清政府又同意了他的所请。曾国藩在识才重才方面的气魄,由此可见一斑。

2. "收之欲其广,用之欲其慎"

由于身在官场,经历过多年的曲曲折折,曾国藩对用人之道深有感慨,得出在用人实为万事的根本之见解。

曾国藩曾经深有体会地说,发现和罗织人才,只是解决人才问题的一个开端,重要的是如何使用人才。对于使用人才,曾国藩的原则是,"收之欲其广,用之欲其慎"。在他看来,用人上的"广"与"慎",是互为条件,互相影响的。广则人才多,人才多则有比较和选择的余地,才有可能慎用;慎则使用得当,使用得当则有利于事业,也有利于发挥人的积极性,形成心情舒畅、生动活泼的局面;广而不慎,必会鱼龙混杂、滥竽充数;慎而不广,必会人才匮乏,或窒息人才,同样是事业的大患。

曾国藩在用人方面反对以出身、资历衡量人。"凡有一技一长者,……断不可轻视"。他为,晚清不是没有人才,而是人才在等待人们搜罗、发现。人才"无人礼之,则弃于草野饥寒贱隶之中,有人求之,则足为国家干城腹心之用"。为此,曾国藩指出不能因求全责备而埋没人才。他说:衡量人才只求有一可取之处便足矣,不可因其一点小缺点就对其不加重用。如果过于苛求,那么平庸的人反而能得重用。曾国藩本人对于人才的延揽正是这样不拘一格的。

最能体现曾国藩不拘一格、唯才是举的用人原则的是其对容闳的重用。

容闳是一位爱国志士,他极其痛恨清朝的腐朽、反动统治,强烈同情太平天国运动。容闳从美国留学毕业回国后,满怀"西学东渐"以振兴祖国的强烈愿望,于1860年11月来到天京,19日拜会了洪仁玕,提出请太平天国建立一支良好军队、一个良好政府以及设立银行、学校等七条建议。洪仁玕起初对此很感兴趣。但过了几天洪却婉拒了容闳的七条建议。容闳便于12月24日离开了天京。他为自己振兴中国的良策无处实行而痛心,离开天京后便投身商贸活动。正当他一心经商之际,突然收到了其安庆朋友的来信,邀他前往曾国藩在安庆的军营。接着又收到另几位朋友的信,也是同样的邀请。容闳怀着疑虑曾国藩会因他曾投奔天京而将加罪于他的心情前往安庆,到后方知:原来曾国藩听到幕僚们介绍容闳的情况后,几个月里无日不思一见。所以容闳一到,曾国藩便立即亲自加以接见,不仅对他敬礼有加,还主动征询和虚心采纳其兴国良策。曾国藩欣然接受了容闳提出的向国外采购机器设备、开办机器制造厂的建议,当即委托容闳主持其事。曾还大力支持容闳派少年儿童留学美国的建议。容闳从亲身经历中,对曾国藩产生由衷的崇敬之心,极言称颂曾"一生之政绩,实无一污点","其才大而谦,气宏而凝,可称完全之真君子,而为清代第一流人物",等等。

在猎取人才方面,曾国藩总是孜孜以求,不轻言放弃。他曾说:"求人之道,必须像战国人白圭经营买卖那样,像鹰猎取食物那样,不达目的决不罢休。"

更为可贵的是,曾国藩无论是在办团练之初,还是在人困兵危的"未发迹"之时,甚至在身兼封圻的显达之后,任何时候都不忘搜罗人才,始终把网罗人才作为成就大事的第一要义。

为此,每到一地,曾国藩即广为寻访,延揽当地人才,如在江西、皖南、直隶等地,他都曾这样做。他的幕僚中如王必达、程鸿诏、陈艾等人都是通过这种方法求得的。在他直隶总督任内,为广加延访,以改当地士风,他除专拟《劝学篇示直隶士子》一文广为散布外,还将人才"略分三科,令州县举报送省,其佳者以时接见,殷勤奖诱"。

曾国藩求贤若渴,在与人谈话、通信时,总是殷勤询问其地、其军、其部是否有人才,一旦发现,即千方百计调到自己身边。故曾国藩幕府经人推荐入幕的人甚多,方宗诚、陈艾都是吴廷栋推荐的;吴汝纶是方宗诚推荐入幕的;凌焕是刘星房推荐的;赵烈文是周腾虎推荐的;李兴锐是李竹浯推荐;李善兰是郭嵩焘推荐入幕的;李善兰又荐张文虎入幕;容闳则是李善兰、张斯桂、赵烈文三人推荐的;向师棣是严仙舫推荐的……

曾国藩周围聚集了一大批各类人才,幕僚之盛,自古罕见,求才之诚,罕有其匹。而事实亦证明,其招揽与聚集人才的方法是正确的和行之有效的。

3. 建立幕府,构筑人才宝库

曾国藩在用人方面以古代战国时期四君子——春申君、平原君、信陵君、孟尝君广纳宾客作为榜样,高筑人才府库,纳才积英,以备急用。

当太平军势炽之时,清廷与官军已无能为力,唯有依靠曾国藩、胡林翼这样的将领与其抗争。曾国藩以一丁忧在籍侍郎之身,却能陶铸"中兴"功业,除其个人人格因素外,幕府这一纳才宝库的运用,实为制胜的利器。

幕府之制,原非法律规定,无编制、员额、职掌等限制。其宾主遇合,充分自由。入幕之宾,既不拘资历,也无从属的关系,虽不通籍于朝,但因身在幕府得以练习吏事、发展抱负。反之,为主官者亦毋须待朝廷的调遣,径得自行罗致各色人才。儒士既可入戎幕,文臣亦能驱策将勇。这种各视实际情势灵活运用的幕府,成为自古为将帅征战的参谋集团,在清代则久已容纳于地方行政之中,而曾国藩更于平时及战时均能使其发挥重要作用。曾国藩的幕府不仅在晚清幕府中属于盛况空前,即使相较于民国成立后各大军阀的参谋阵营,也毫不逊色。

有人这样说,政治家的工作,在于汇总天下人的聪明才智,将办公之处凝结为一高度效能的机构,用以治事治国。诚然,曾国藩便是这样的杰出人士。

由于曾国藩对人才问题的高度重视,并且在人才的选拔、培养、使用上有一套行之有效的办法,因此他的幕府人才"门类"齐全,"盛极一时"。一时,将帅疆臣相继由幕府而出,卒能成同治"中兴"的事业。

曾国藩的幕府宝库中,"储藏"的人才有如下几类:

谋略人才:郭嵩焘、左宗棠、陈士杰、李鸿章、李鸿裔、钱应溥、薛福成等。

作战人才:水上有彭玉麟、杨数福等;陆上有李元度、唐训方、李榕、吴坤修、黄润昌等。

军需人才:李翰章、甘晋、郭嵩焘、李兴锐等。

文书人才:许振祎、罗萱、程鸿诏、柯樾、向师棣、孙衣言、黎庶昌等。

吏治人才:李宗羲、洪汝奎、赵烈文、何璟、倪文蔚、方宗诚、萧世本等。

文教人才:吴敏树、莫友芝、陈艾、俞樾、戴望、吴汝纶、张裕钊、唐仁寿、刘毓崧、刘寿曾等。

制造人才:李善兰、徐寿、华蘅芳、冯俊光、陈兰彬、容闳等。

这些幕府人物不少在当时就享有盛誉,有的则是在后来卓有成就。如李善兰、华衡芳、徐寿是当时著名的自然科学家。俞樾、戴望是著名的经学家。左宗棠是杰出的军事家,后来在捍卫领土完整、维护民族统一方面做出了重大贡献。郭嵩焘后来则成为中国首任驻外公使。薛福成曾出使英、法、意、比四国。郭氏与薛氏都是从洋务派分化出来的我国早期改良主义思潮的重要代表人物。

曾国藩和幕僚之间的关系,总的来说虽是主从关系,但具体而言则又可说成互慕、互助和相互影响的关系。因为曾国藩与幕僚人才双方都有相互结合的愿望,相互倾慕、相互追求,简直可以用平等一词来形容。

曾国藩幕府的人物,论出身,自布衣、秀才、举人、进士以至翰林,均为座上之客,无所区别;论幕中活动,自文牍而将兵,由道学而科学,无所不能,无所不包;论出幕后功名,自牧令以至大学士,各遂其志,各适其所。所以,曾国藩的幕府在治事上的影响,也是不可小视的。

曾国藩虽以湘军起家,其幕府中湖南人与江苏人之多,几乎相等,而安徽、浙江人亦复不少,其幕府是不拘于地,容纳人才的。

粗读一些史料,我们就可知道,曾国藩幕府的济济人才,他们其中的大多数都获得了一个"锦绣"前程。无疑,曾对幕府的构筑是成功的,达到了曾国藩欲使人尽其人才,尽其用,并才有所成的目的。

三、才以德为重,举贤不避亲仇

德为做人之本,德乃用人之重。曾国藩用人最高明之处,便是把德作为选拔人才的首要标准:德为重而不拘一格,德为重而不避亲仇。

1. 不限出身,德为用人之首

曾国藩用人的基本原则是一个"拙"字,即朴实、少心窍、不浮滑,具有踏实苦干的作风。它包括内在标准要求德才兼备、以德为重和外在标准要求有"美相",无"恶相"两层含义。在这个基础上,他力求不拘一格,选拔人才。

曾国藩曾以源与波、根与叶比喻德与才之间的关系,他说:"德若水之源,才即其波澜;德若木之根,才即其枝叶。"德才兼备是其理想的人才。不过,当德才难以兼备时,曾国藩强调的首先必须有"德",宁要有德无才,而不要有才无德的人。曾国藩心目中的"德"的含义很广,忠诚、勤俭、朴实、耿介、不怕死等都是。具体而言,就是政治上忠于自己的信仰与事业,能心甘情愿地为之尽心尽力;作风上质朴实在,能吃苦耐劳;精神上坚忍不拔、顽强不屈,等等,他把具备这些品德的人称为"血性男子",推崇备至。

曾国藩认为,德的最高境界是"忠""诚"。对他的部下来说,具体标准就是部下要对其忠贞不贰。他对于遭训斥而改换门庭的人,恨之入骨。而对虽遭训斥仍忠心不二的人,往往会加倍重用。

在曾国藩所信任、提拔的众多人才之中,李鸿章被视为第一高足,而特别被重用提拔,爱护有加。其主要原因,就在于李鸿章在对曾国藩的忠诚上有那么一股韧劲。

李鸿章曾因为李元度丢失徽州一事说情,惹恼了曾国藩,而负气离开祁门老营将近一年。这期间,显要人物袁甲三、胜保、德兴阿等人,都曾多次相邀,许以重保,但李鸿章不为所动,宁在江西赋闲,等待曾国藩心回意转。最终,李鸿章以其耿耿忠心和卓越才干,重入曾国藩幕府。掌握四省军政大权的曾国藩,对李"特加青睐,于政治军务悉心训诺,曲尽其熏陶之能事",使李鸿章最终竟能青出于蓝而胜于蓝。

曾国藩对将领的选用,首先注重其是否具有"忠义血性",其次才是"娴熟韬钤之秘",曾国藩认为:"忠不必有过人之才智,尽吾心而已,……能剖心肝以奉至尊,忠至而智亦生焉。"可见他对"德"的偏重。中国古代兵家论将才,皆以孙子的"智信仁勇严"作为衡量标准,把将领的才智放在首位。曾国藩一反古法,把对封建王朝的忠诚放在第一位。这使得湘军的封建性异常突出,对大清王朝忠心耿耿。

总之,曾国藩在用人方面,对德行的重视始终是排在第一位的。若在德、才不能兼备的人中选其一,他宁可选前者。

2. 以独特的标准选拔将官

为了镇压太平军起义,曾国藩向朝廷建议,建立一支能够代替绿营军、担负起镇压太平军起义任务的新式武装——湘军。这一建议获得了朝廷的批准。为了使这支军队有较强的战斗力。曾国藩认为,湘军的组建,关键在于将领的选拔能否得当。如果将领选任得人,不仅弱军会成强军,而且还能带动一批所谓的"正人",去自愿为大清卖命。反之,则不但不能与势头正猛的太平军对抗,更重要的是不能"塞绝横流之人欲,以挽回厌乱之天心",因此。曾国藩创建湘军伊始,即把选将工作放在极其重要的位置上。

关于湘军将领如何选将,曾国藩有过许多论述。他认为湘军将领应具备四个条件:"第一要才堪治民,第二要不怕死,第三要不急名利,第四要耐受辛苦。治民之才,不外公明勤三字。不公不明,则诸勇必不悦服;不勤则营务巨细,皆废弛不治。故第一要务在此。不怕死则临阵当先,士卒仍可效命,故次之。身体羸弱者,过劳则疾;精神乏短者,久用则散,故又次之。四者似过于求备,而苟阙其一,万不可以带勇。"

曾国藩还认为,"血性""廉""明"等素质对于一个将领来说也是不可缺少的。所谓"血性",是指"忠义"精神。而对于"廉""明"二字,他解释说:"弁勇之于本营将领,他事尚不深求,唯银钱之洁否,保举之当否,则众目眈眈,以此相伺,众口啧啧,以此相讥。唯自处于廉,公私出入款项,使阖营共见共闻,清洁之行,已早有以服弁勇之心,而小款小赏,又常常从宽,使在下者恒得沾润膏泽,则惠足使人矣。明之一字,第一在临阵之际,看明某弁系冲锋陷阵,某弁系随后助势,某弁回力合堵,某弁见危先避,——看明,而又证之以平日办事之勤惰虚实,逐细考核,久之,虽一勇一夫之长短贤否,皆有以识其大略,则渐几于明矣。得廉明二字以为之基,则智信仁勇诸美德,可以积累而渐臻。"

应该说,曾国藩选将强调守"廉"以及具有"明"的品质,这对调整湘军将弁之间的关系是有好处的,在一定程度上也有利于维系部队内部的团结。湘军战斗力之所以高于绿营军队,这是其中的原因之一。

曾国藩还认为,"朴实"二字对于一个将领来说也很重要。崇尚朴实,就必然反对浮滑。在给姚浦的信中,他指出:"将领之浮滑者,足以淆乱是非。"

另外,在曾国藩看来,对于一个将领来说,不要求"善说话",但要求说话要

"有条理"。曾国藩在一封家书中指出,对于一个将领来说,"说话宜有条理"。

所谓将领要"耐受艰苦",就是要求将领一定要"打仗坚忍"。曾国藩非行伍出身,他以儒生治兵,建军之始也没多少军事经验,但他知道,行军作战备尝艰苦。将领平时须带兵士严加训练,整肃营务;战时则要有临阵胆识,敢于冲锋陷阵。因此,他选将以"耐冷、耐苦、耐劳、耐闲"为警句,提倡"习苦为办事之本"具有苦熬苦撑,敢与起义农民顽抗到底的决心和勇气。毋庸讳言,"打仗坚忍"的选将要求,对提高湘军士气和军事素质是有一定成效的。

此外,曾国藩还认为,在选拔将领时,还应注意的一个问题是:决不能选用阘冗者。他指出:"其阘冗者,虽至亲密友,不宜久留,恐贤者不愿共事一方也。"

湘军的数百名将领,都是按上述标准选拔出来的。

曾国藩在其一整套的选将标准中,一反中国古代兵家论将、选将的方法,而将"忠义血性",意即对封建政权的忠心放在了第一位。为此,他不拘一格,不限出身,大量地提拔书生为将。著名史学家罗尔纲先生在《湘军兵志》中考证,在湘军将领中,书生出身的人占可考人数的58%。

在曾国藩看来,中小地主阶级知识分子,出身卑微,迫切希望改变所处的社会地位。按惯例是应通过读书做官前的方式来达到其目的。然而,清朝末年的状况却使他们无望改变社会地位。当社会统治秩序受到农民起义的冲击,他们将本能地站出来,以封建的卫道精神同农民军进行对抗,捍卫封建的统治,加之无官可做只好在投笔从戎中,一显身手。同时,加入湘军的中小地主阶级知识分子,深受理学的影响,既懂得一些军事战略战术和用军之道,又善于总结实际经验,在战争中磨炼出坚强的意志。于是他们走出一条以文人带兵打仗的途径。

曾国藩在选将制度上的改革,使清朝旧制中绿营军将领的腐败无能、贪生怕死、败不相救等现象得以改变,从而培养出一批较有实力、能征善战的湘军将领。

湘军在组建之后仅用了几年的时间,就逐步建立了从选将、培养到使用的一整套选将的制度,使湘军将领的素质和能力比绿营有明显提高。这其中,曾国藩的用人之策在此过程中所起作用可谓居功至伟。

3. 以德才为重,举贤不避亲仇

有些人能够举贤荐能,但却总担心人言可畏,不敢用亲;有些人则出于私利,举贤不敢用仇。曾国藩之所以为人处事与众不同,正在于他能举贤不避亲仇。

曾国藩的很多幕僚之所以能功成名就,飞黄腾达,都是因为他的这一优点。

曾国藩一生荐举人才甚多,其中很大一部分属于他的幕僚。其幕僚有400余人,凡为其幕僚者几乎人人都有顶戴,即使不是实缺官员,也有候补、候选、记名之类的名堂。而获得实任者,更是直接或间接地借助于曾国藩的荐举之力,幕僚中26名督抚、堂官,50名三品以上大员,以及难以数计的道、府、州、县官员,多受过曾的保举,有的甚至一保再保。他们所以得任现有最高官职,有的系他人奏保,有的是曾国藩死后循资升迁,有的则完全出自曾国藩的推荐。

大凡为人处世多有功利之心,曾国藩也不例外。他保举幕僚的目的,一是客观实际的需要;二是作为奖励部下,激励奋进的手段。例如,攻陷被太平天国长期占领的地区,如安徽省,人人视为畏途,避之犹恐不及。这样,曾国藩就不得不保奏一批人充任地方官员。同时,曾国藩每到一处,就弹劾不法官吏,又以整顿吏治为念,因此也有许多空缺留给了幕僚。在直隶,从江南奏调大批幕僚北上,待机补缺,一次即达11员之多,钱应溥、薛福成、吴汝纶、陈鼐、游智开、赵烈文、方宗诚等都是这次调去的。其后除随曾国藩返回江南的钱、薛、吴等人外,留于直隶者均先后补授实缺,既对直隶吏治有所补益,亦使这些追随多年的幕僚找到出路。

由兵法可知,战争期间非重奖厚利不足以使人拼死相报,倾尽全力,而奖励手段又不外乎升官、发财二事。曾国藩在剿伐太平军时,筹饷相当困难,前线弁勇除口粮稍优外不可能再另外给予重金奖励,而幕僚等后方人员则连薪资亦并不丰厚。办厘人员薪水来自厘金提成,粮台人员薪水来自湘平与库平银两的差色折算余数,弄得好也还收入不错。而文案人员则薪水出自军费,标准甚低,数有定额,仅能维持全家生活。然而,他们所以对曾国藩幕府趋之如鹜,主要是为了学点真才实学,混个一官半职。曾国藩了解了这些,便急忙利用幕府训练与培养出大批人才,并委以重任,保举高官,以至"荐贤满天下"。这样,保举也就成了曾国藩吸引人才、鼓励士气的主要手段。

曾国藩从军之初,对保举人才的为官处世之道体会并不深刻,不大量保举,舍不得花钱,因而人们都不愿依附他。如咸丰四年(1854年)曾国藩带兵攻下武汉,"仅保三百人",受奖人数仅占百分之三。咸丰六年保奏三案,合计仅数百人。而胡林翼攻占武汉一次即保奏"三千多人",受奖人数竟达到百分之二三十。消息传开,不少人认为欲求官职投曾不如投胡,往往曾国藩挽留不住的人员主动投奔胡林翼门下。开始,曾国藩还以为自己德不足以服众,后来渐渐发觉主要是保举太少,使人感到升发无望所至。回顾往事,亦甚感对不住李元度、甘晋等同自己患难与共的僚属,他们长期沉于下位,实于自己保举不力有关。对此,好友刘蓉多次向曾国藩进言,并举楚汉之争为例,曾国藩有所触动。后来,赵烈文又上书恳切进言,曾国藩随即改弦更张,大量保举人才。

从咸丰十一年(1861年)起开始,曾国藩更是效法胡林翼,大保幕僚,不再拘于旧例。

鉴于封疆大吏不干涉清廷用人权这一原因,曾国藩保奏实缺官员十分谨慎,按级别大小大体分为三个层次,分别采取不同办法。保奏巡抚一级官员,曾国藩只称其才堪任封疆,并不指缺奏保。保李鸿章、沈葆桢时说,二人"并堪膺封疆之寄"。保奏左宗棠帮办军务时则说:"以数千新集之众,破十倍凶悍之贼,因地利以审敌情,蓄机势以作士气,实属深明将略,度越时贤。可否吁恳天恩,将左宗棠襄办军务改为帮办军务,俾事权渐属,储为大用。"而对于司、道官员则指缺奏荐,不稍避讳。如保奏李榕时说:"此人在我处办理营务两年以来,英明豁达,不畏艰险,可否蒙皇上批准,让其出任江宁盐巡道,常驻安庆,帮助我建功立业。"对于州县官员更有不同,曾国藩不仅指缺奏荐,并且对因资历不符而遭吏部议驳者,仍要力争。

为了使广大候补府县均有补缺之望,曾国藩还特别制定委缺章程,使出类拔萃之才早得实缺,而一般人才亦有循序升迁之望。对于幕府的保奏,曾国藩实际上也是采用此法。追随曾国藩多年的幕僚,才高者如李榕、李鸿裔、厉云官等早已位至司道,而方宗诚等则直到同治十年(1871年)才得任实缺知县,大概是区分酌委与轮委的结果。曾国藩的用人因时保举,使幕府里哪怕中才以下的幕僚,只要勤勤恳恳,忠于职守,人人都有升迁之望。

曾国藩奏保人数之多,官职之高,都是空前的。在清政府看到曾的才能之后,对曾国藩的奏请几乎有求必应。咸丰十一年(1861年)至同治四年(1865年)的五年之中,曾为曾国藩幕僚的五位道员皆被破格重用,分别超擢为江西、江苏、广东、湖南等省巡抚。李鸿章、沈葆桢、左宗棠三人,论资格都不够,沈、李是由道员直升巡抚,是军兴以来超升中极为少有的例子。左宗棠论出身只是个举人。三人任封疆大吏前,多属幕僚之类。另外,恽世临半年两迁而至,郭嵩焘、李瀚章则二年之中连升三级,由道员位至巡抚。这其中多为曾国藩幕后保举之力。

曾国藩奏保幕僚,按奏保方式可分为直接奏保、委托奏保和交互奏保三种。直接奏保即由其本人具折出奏。这种办法最为便捷,在受保幕僚中所占比例最大,但有时却不大方便。例如刘蓉和郭嵩焘二人,追随曾国藩最久,功劳很大,才能也很强,曾国藩早想让他们升任高位。但是碍于儿女姻亲,不得不回避,只好托人代为奏保。第一次曾国藩打算将刘蓉送到湖北由胡林翼保奏,因故没有办成。其后骆秉章入川奏请携左宗棠同行,曾国藩留左而荐刘,终于达到目的,使刘蓉两年之中连升四级,由候补知府跃居陕西巡抚之位。郭嵩焘则先由李鸿章保为两淮盐运使,再托两广总督毛鸿宾奏保两广东巡抚。有时是因事暂离,奏保不便,也托人代办。如同治四年(1865年)曾国藩北上剿伐太平军时,曾国藩只带部分秘书人员随行,便将留在两江总督衙门中的幕僚一一托付给署理江督李鸿章,要他予以奏保。交互奏保也是遇有某些不便而采取的一种权宜之计。例如,曾国藩担任两江总督后,欲整顿皖北吏治,又怕受到直接管辖这一地区的安徽巡抚翁同书的阻挠,便致函对翁有恩的湖北巡抚胡林翼,要求安徽与湖北各举数员,交互奏保,庶几"交易而退",各得其所,翁碍着胡的面子,不便拒绝,遂使曾国藩通过交互奏保的办法如愿以偿。

不过,曾国藩奏保幕僚是有条件的,那就是要确实为他干事,不怕艰难,不讲条件,否则,他是不肯保举的。其中,刘瀚清的例子最能说明问题。

刘瀚清是江苏武进人,原是湖北巡抚胡林翼的幕僚,负责草拟奏稿,很受胡的器重。咸丰七年(1857年)四月,太平军席卷苏、常,胡林翼病情日危,刘瀚清身当幕主及形势危殆之时,辞归乡里,引起胡、曾的不满。胡林翼于同年六月奏保16人,刘瀚清不在其列。同治元年(1862年),刘瀚清进入曾国藩幕府,以后又随曾北上镇压太平军。但移督直隶时,刘瀚清又迟疑不肯随行。在曾国藩的眼里,刘瀚清是不能担当艰巨任务的人,因此虽敬其有才,但也不保举。

此外,还有三种人曾国藩不愿保奏,一是才高德薄名声不佳之人,二是才德平平迁升太快之人,三是个人不愿出仕之人。第一种人大才遭人忌,往往一入保案,即遭弹劾,心欲爱之,实却害之。比如周腾虎刚受到奏保,即遭弹劾,抑郁至死,使曾大为伤感。曾国藩以后接受教训,对屡遭弹劾、名声极坏的金安清在幕中为他出力效命之时,力排众议,坚持只用其策,不用其人。第二种人如恽世临、郭嵩焘等,皆经曾国藩直接或间接地奏保,于两年之内连升三级,由道员超擢巡抚,后来终因名声不佳,升迁太快而被劾降调。曾国藩亦从此接受教训,待同治四年(1865年)九月清政府欲令丁日昌署理江苏巡抚而征询曾国藩的意见时,曾国藩即直抒己见,认为丁日昌难以担当此任,并提出自己的理由,结果,清政府接受了曾国藩的意见,随即撤销此议。至于第三种人,本人不愿出仕或不愿受人恩德,受保之后本人不以为恩,反成仇隙,此类人也不在曾国藩保举之例。

4. 重视素质,招募兵勇亦有标准

曾国藩不仅高度重视选拔将官,对招募兵勇也同样非常重视。他曾亲手判定《招募之规》,规定招募兵勇的标准是:技艺娴熟;年轻力壮;朴实而有农夫之气。

首先,重视兵勇素质,严定募兵标准。曾国藩很欣赏明朝抗倭将领戚继光的募兵标准。戚继光招练兵勇时曾强调,第一切忌不可用城市游猾之人,而是

首先招募乡野老实之人。曾国藩积极加以仿效,主张"募格须择技艺娴熟,年轻力壮,朴实而有农夫土气者为上,其油头滑面有市井气者,有衙门气者,概不收用"。

曾国藩主张招募穷乡僻壤、朴实土气的农夫为兵勇,其目的主要有三:一是山野之民大都"朴实少心窍",容易受其诱导而甘为封建统治阶级充当炮灰;二是拙朴的农民易于整肃成军,供其驱使,防止临阵脱逃现象发生;三是山野之民大多体格壮健,平时又惯于习苦耐劳,可以有效地提高部队的战斗力。

其次,取具保结,以利名姓、箕斗,清册名结,附册以便清查。如果说,曾国藩选择"朴实而有农夫土气者为上",是从士卒素质上易于推行"愚兵"政策,以控制役使他们,那么,规定"取具保结"则从措施上加强对士卒行动的控制权。这种"取具保结"的办法实际上是把民间的"保甲之法",运用到军事的募兵制度上,就像一条无形的绳索紧紧地捆住兵勇的手脚,使他们不敢"犯上作乱"或临阵脱逃,如此,控制权自然得以加强。

最后,原籍招募,统兵亲选。曾国藩创建湘军既具有地方特色又具有私家性质,反映在募兵方法上就是原籍招募,统兵亲选。

鉴于旧绿营兵将不相习的弊病,曾国藩主张尽量在原籍募兵,并由统兵将领亲自挑选成军。最初,他"添募义勇,以湘乡、宝庆人为主,而他县人亦时用之"。初创湘军水师则"皆须湘乡人,不参用外县的,盖同县之人易于合心故也"。

在曾国藩看来,原籍招募,以邻里乡亲关系组建成军有很多好处。因为他知道,在晚清这样一个以农业为主的国度,乡族地主势力是一个不可忽视的重要力量。他们在平时可以通过各种乡规、族规、家规等无形的绳索去束缚朴实农民的身心,延长中央集权统治的触角,扩大其统治权力的范围。一旦遇有动乱,又可利用传统的地域观念,打出"守望相助""保卫桑梓"的旗号,胁迫朴实的农民为其卖命效力,以补充朝廷军力的不足。

曾国藩在主张原籍募兵,以乡土感情维持军队团结的同时,也强调士卒由统兵亲选,以私人情谊维系军心的稳定。曾国藩认为这种方法的作用在于,"一营之中,指臂相联。弁勇视营、哨,营、哨官视统领,统领视大帅,皆如子弟之事其父兄焉"。

这种统兵亲选的做法虽非曾国藩首创,系戚继光在其《练兵实纪》中已有述及的。但在晚清动荡不安的政局下,曾国藩运用此法组建湘军,无疑对后世产生了深远的影响。

四、量才器使,不拘一格选人才

人有短长,才有通专。最能彰显曾国藩用人智慧的,便是把不同的人放在适合的岗位上,根据人才的专长分配不同的权力和职责。如此使得人尽其能,才尽其用。

1. 知人之明在于量才器用

人才充盈虽好,但还需知人善任,量才器使。正是据此,曾国藩主张在"广收"的基础上"慎用"。他声称:"吾辈所慎之又慎者,只在'用人'二字上,此外竟无可着力之处。"为什么要慎用?因为"人不易知,知人不易",一旦错用人才,不仅让自己当初识才的心力前功尽弃,也毁掉了所识之才的一生前途。错用人才有百害而一利,所以对人才须慎用。

慎用人才的核心就是量才器使。曾国藩生前之所以获得"有知人之明"的赞誉,就因为他既能够慧眼识人,又能因材使用。"徐察其才之大小而位置之",用其所长,避其所短。

要真正做到量材器使,首在如何去认识人。曾国藩认为,衡量人才要不拘一格,判断事情要不苛求,不因木材腐朽就弃置不用,不能因频繁撒网就有失去捕抓大鱼的机会。而要如此量材而用,首先重要的是善于识才。金无足赤,人无完人,不可苛求全才,"不可因微瑕而弃有用之才"。他写信给曾国荃说:"好人实难多得,弟为留心采访。凡有一长一技者,兄断不肯轻视。"

有材不用,固是浪费;大材小用,也有损于事业;小材大用,则危害事业。曾国藩说:"虽有良药,假如不是对症下药,那么也形同废物;虽有贤才,如果没有发挥其作用,那么与庸俗之辈没什么两样。栋梁之材不可用来建小茅屋,牦牛不可用来抓老鼠,骏马不可用来守门,宝剑如用来劈柴则不如斧头。用得合时合事,即使是平凡的人才也能发挥巨大作用,否则终无所成。因而不担心没有人才,而担心不能正确使用人才。"

另外,为了"慎用",还必须对人才时加考察。曾国藩说:"所谓考察之法,何也?古者询事、考言,二者并重。"就是说,要对下属的办事情况和言论情况同时进行考察,曾国藩尤其注重臣下的建言,当时,"考九卿之贤否,但凭召见之应对;考科道之贤否,但凭三年之京察;考司道之贤否,但凭督抚之考语",曾国藩认为上述考察人才的方法太过局限,因此他说:"若使人人建言,参互质证,岂不更为核实乎?"通过建言,上司可以收集思广益之效,也可以借此观察下属的才识程度,确实是个一箭双雕的好办法。

曾国藩于道光三十年(1850年)所上的广开言路的奏折,固然是针对咸丰帝下令求言的应时之作,同时也隐约反映了汉族地主要在满清王朝中获得更多的"伸张"机会的萌动。在同一份奏折中,曾国藩提出了对人才的"甄别",他把它归之于"培养之方"中。其实,甄别就是考察。甄别的目的是"去其稂莠"。不加考察或甄别,而对那些不投上司之所好的人才,不加培养,不加使用,固然是对人才的浪费;不加考察或甄别,而单凭上司的爱好或印象保举和超擢,把那些口蜜腹剑、两面三刀的阴谋家和野心家当作"人才"来培养和使用,则会造成恶劣的政治后果。这种事例,在历史上是屡见不鲜的。因此,在人才的考察任用方面,曾国藩说:"不铲除荆棘,那么兰蕙也会没有芳香。不赶走害群之马,那么良驹也会短命。"

曾国藩本人很注意考察人才,对于僚属的贤劣与否,事理的原委,无不博访周咨,然后默识于心。据《清史稿》记载,曾国藩"第对客,注视移时不语。见者悚然,退而记其优劣,无或爽者"。而且,他阅世愈深,察人愈微,相貌、言语、举止到为事、待人等各个方面,都在他的视线之内。据说,曾国藩颇知麻衣相法,有一首流传的口诀,传闻就是由他所写的:"邪正看鼻眼,真假看嘴唇。功名看器宇,事业看精神。若要看条理,全在语言中。"又有四句:"端庄厚重是贵相,谦卑含容是贵相。事有归著是富相,心存济物是富相。"这些,虽然都带有浓厚的唯心色彩,不足为训,但口诀中提到的"端庄厚重"等,却是对人才"慎用"时所应提倡的美德。

2. 不拘一格地选用各类人才

曾国藩选用人才,不拘资格,不限出身。他提出,"人才"不宜复以资地限之。在湘军中出身低微而至高级将领的大有人在。曾国藩还打破了清朝文武殊途的用将模式,以文人为将领兵打仗,收到了特殊的效果。

湘军用人,不拘资格,不限出身,但主要以书生为将。罗尔纲先生在《湘军兵志》一书中已做过考证。在曾国藩看来,中小地主阶级知识分子,出身低下,亟欲改变自己的社会地位,在农民起义的威胁下,必能为清王朝卖命。同时,中小地主阶级知识分子深受理学熏陶,知书懂兵法,既肯冲锋陷阵,又善于总结实战经验。

曾国藩善于用人所长,对人不求全责备。湘军选将的方法是"广收",而"广收"的原则是用其所长,不求全责备。曾国藩认为:"衡人者但求一长可取,不可因微瑕而弃有用之材。"实际上,湘军中将才虽众。但并无"全才"。被誉为"儒将之雄"的李续宾,"智谋"不及其弟李续宜;悍将鲍超,虽"英鸷无匹",但"目不识丁"。曾国藩不拘一格地选才用人的又一个突出例子,是举荐满族军官塔齐布。

塔齐布是与罗泽南齐名的湘军将领,姓托尔佳氏,满洲镶黄旗人。1853 年曾国藩在长沙开始练湘军时,塔齐布还只是个绿营守备,旋升用游击署参将,率兵与湘军一起操练。曾国藩每次见他早早到场,"执旗指挥,虽甚雨,矗立无惰容",曾国藩用戚继光法训练士卒,每当检阅步卒,塔齐布都穿着短衣,腿插短刀侍立一旁。曾国藩很奇怪这位身材高大,面身赤红的满族军官。与塔齐布交谈之后,曾国藩对其更是大为赞赏。及至他辖下的军中检查,见其训练精严,且能团结士卒。曾国藩退而叹息:绿营兵有这样的带兵之人已是凤毛麟角,因此更加敬佩塔齐布。但副将清德却忌恨塔齐布的才勇。常在提督鲍起豹的面前讲塔齐布的坏话,提督也不分青红皂白,多次羞辱他。曾国藩于是上疏弹劾副将,举荐塔齐布忠勇可大用。塔齐布后来在湘潭之战、岳州之战、小池口之战和武昌之战等湘军前期几次最大的恶战中,都表现了出众的勇敢,尤其在被称为"湘军初兴第一奇捷"的湘潭之战中立了大功而被提升为提督。

塔齐布平时有愚憨、无能之态,及至战场,摩拳切齿,口流唾沫,一副好似要生吞对方的架势。尤好单骑逼近敌垒侦视虚实,几次进入危境,都转危为安。

塔齐布以严于治军,并能与士卒同甘苦著称。一次,德化县令给塔齐布送了一张莞席,塔齐布说:"军士皆卧草土,我睡莞席,岂能安枕?"立即下令让其退回。咸丰四年年底,曾国藩正驻军南昌,塔齐布驻扎九江,隔庐山相望,因太平军往来攻袭,两人多日不通音信,曾国藩为此十分焦虑。除夕前一天,塔齐布攻九江,后因寡不敌众,单骑败走乡间,马陷泥潭中,迷失道路。后被一位乡农带回家中。次日,各军以塔齐布未回,汹汹如所失,士卒哭作一团。曾国藩也悲痛不已。三更时,乡农将塔齐布送回,曾国藩、罗泽南立即而起,光着脚出去相迎,三人抱在一起,以泪互诉劳苦。

3.用尽其才,人人能尽其用

关于恰当用人,曾国藩说:"虽有良药,苟不当于病,不逮下品;虽有贤才,苟不适于用,不逮庸流。梁丽可以冲城而不可以窒穴。嫠牛不可以捕鼠;骐骥不可以守闾;千金之剑以之斫薪则不如斧;三代之鼎,以之垦田则不如耜。……故世不患无才,患用才者不能器使而适用也。"他以良药不适于病,质地好的木梁用于堵鼠洞、嫠牛捕鼠、良马守门等作比方,批评清廷用人不当的弊病,指出对于人才必须"器使而适宜",使其特长得到充分发挥。用其所长,这正是领导者的用人艺术。蔡锷对此评价较高,他说:"曾(国藩)谓人才以陶冶而成,胡(林翼)亦说人才由用人者之分量而出。可知用人不必拘定一格,而熏陶裁成之术,尤在用人者运之以精心,使人之各得显其所长、去其所短而已。"

据说,每有赴军营投效者,曾国藩都先发给少量薪资以安其心,然后亲自接见,一一观察:有胆气血性者令其领兵打仗,胆小谨慎者令其筹办粮饷,文学优长者办理文案。讲习性理者采访忠义,学问渊博者校勘书籍。在幕中经过较长时间的观察使用,感到了解较深,确有把握时,再根据具体情况,保以官职,委以重任。为了使贤才学用一致,他十分重视幕僚的工作安排。对长于治军者,便安置到营务处,使其历练军务以为他日将才之备;对精于综核者,便安置到粮台、转运局、筹饷局等机关,使其学习筹饷、理财、运输的工作;对善于创造者,便安置到制造局,做造舰制炮工作。总之,曾国藩对人才的任用,力求做到务必使人人能尽其用,从而用尽其才。

4. 庸才不举,非才不用

为了增强对人才的吸引力,以免因自己一时言行不慎或处事不当而失去有用之才,曾国藩力克用人唯亲之弊。

曾国藩的家族,人丁兴旺,叔姑舅姨之亲,子侄甚多。加之他本人是科举出身,中举人,中进士,以至点翰林,又外做过主考官,同年同窗不少,门生故旧数不胜数。从他创办湘军起家到出任两江总督,先后前来投奔他的人何止成百上千。然而,他始终注意求贤若渴,不得不休,唯才是举,非才不用。

据说,当年曾国藩进京赶考时,盘缠拮据,告贷无着,幸得南五舅变卖家产,方凑足盘缠,使他得遂心愿。这对曾国藩来说,无异雪中送炭。为此,曾国藩十分感激,一直铭记在心,没齿不忘。在朝中做官后,曾国藩年年都要寄些银两,接济这位贫困好心的南五舅,以报当年扶植之恩。咸丰十一年(1861)打下安庆后,曾国藩还特地把南五舅接到安庆小住。南五舅过世后,其独子江庆才前来投奔。已任两江总督的曾国藩自然乐于照顾。可是这位表弟既无才情又性格疏懒,交给他办的几件事无一成功,偏偏还爱以总督表弟自居。曾国藩认定这位表弟不堪造就,尽管南五舅生前有恩于他,他还是委婉而又坚决地劝说南五舅的儿子离营还乡。

曾国藩说:"深识之士,不愿牛骥同槽。阳鱼乔得意,而贤者反掉头去矣。"意思是说,有本领有才学的人,是不愿和牛马之流同在一室的;平庸的阳鱼乔要是都能得志,真正的贤才恐怕就要掉头离开了。因而对有真才实学者,要量才使用,庸碌无能之辈,决不能收留。所以,其幕僚府和军帐,汇集的都是一群文武干练的人才。

五、赏功酬励，用人酬之实惠

曾国藩始终把赏功酬励，作为吸引人才、鼓舞士气的领导手段。罚不论亲疏，奖不分贵贱，虚心纳谏，提携门生，由此而成就了一位"报臂一呼、应者云集"的朝廷重臣。

1. 请功行赏，以荐举鼓励各类人才

曾国藩认为，人才靠奖励而出，即便中等之才，如奖励得法，亦可望成大器；若一味贬斥，则往往停滞于庸碌不能自拔。

曾国藩利用幕府训练与培养出大批人才，并委以重任，保举高官，以至"荐贤满天下"。这样，保举也就成了曾国藩吸引人才、鼓励士气的主要手段。

曾国藩的保举，主要有汇保、特保、密保三种，它反映不同的情况、级别、待遇。湘军每攻占一城、夺回一地或打一胜仗，曾国藩就办一次汇保之案，于奖励作战有功人员的同时，也以劳绩奏保一部分办理粮台、文案、善后诸务的幕僚。

特保多以荐举人才的方式保举，如咸丰十一年（1861年）曾国藩以常州士绅办团坚守危城为由，一次就特保周腾虎、刘瀚清、赵烈文等六位幕僚。

汇保与特保皆属一般保案，人数较多，办理稍宽，只能保奏候补、候选、即用、简用之类，或仅保一官衔，且有时全准，有时议驳，或只批准一部分。因实缺有限而记名、候补之类无限，所以用汇报之案开空头支票就成为曾国藩乃至所有统兵将帅在战争期间鼓励士气的主要手段。这种办法初由曾国藩创立，后来风行全国，愈演愈烈，成为晚清一大弊政。

密保则专为立有大功或特别优异的人才个别办理，或专密折，或夹带密片。

按照惯例，各省督抚每年年终要对司、道、府、县官员进行秘密考核，出具切实考语，"以备朝廷酌量黜陟"，所以，清政府对此极为重视，官员的升迁降黜皆以此为据，战争期间清政府基本上仍沿用此法，虽候补官员奏保甚滥，而实缺官员的补授则非地方督抚出具的切实考语不可。因这些考语是秘密的，任何人不得外泄，所以，这种考核办法及其考语，称为密考。而依照此法保奏官员即称为

密保。也正因为这一点,汇保一般只能得到候补、候选、即用、即选之类,而只有密保才能得到实缺官员,所以,曾国藩欲保奏实缺官员,就只有密保。

咸丰十一年(1861年),曾奏保左宗棠、沈葆桢,李鸿章等人的八字考语极有力量,说李鸿章"才大心细,劲气内敛",左宗棠"取势甚远,审机甚微"。在左宗棠的评语中,又加"才可独当一面",对沈葆桢的评价是"器识才略,实堪大用,臣目中罕见其匹"。清廷很快准奏,左宗棠授浙江巡抚,沈葆桢授江西巡抚,李鸿章授江苏巡抚,由此可见密保作用之大。所以曾国藩奏称:"臣向办军营汇保之案稍失之宽,至于密保人员则慎之又慎,不敢妄加一语。上年奏片中称'祝垲在豫,士心归附,气韵沈雄,才具深稳,能济时艰',虽不敢信为定评,要可考验于数年数十年以后。"

2.奖罚分明,不论亲疏有过必罚

奖罚分明是曾国藩用人政策的一大特色。曾国藩对己、对下属都严格要求,尤其是立下的军令,更要求必须做到,他认为如果"视委员之尤不职者,撤参一二员,将司役之尤不良将,痛惩一二辈",那么"自然人知儆慎,可望振兴"。

李元度是曾国藩的"辛苦久从之将",曾国藩自称与李元度"情谊之厚始终不渝"。在靖港、九江、樟树镇屡战屡败的艰难岁月中,他一再得到过李元度的有力支持。即便这样,在李元度丢失徽州以后,仍被曾国藩弹劾而去职。

咸丰十年(1860年),太平军攻徽州。徽州是祁门老营的屏障,徽州得失关系重大,李元度领兵往救。因其擅长文学,不精于兵,曾国藩恐其有失,特与其约法五章曰:戒自私。一再告诫定要守住徽州,不得轻易接仗。然而,当太平军李世贤部来攻时,李元度却违反曾国藩"坚壁固守"的指令,出城接仗,结果一败涂地,丢失徽州。曾国藩悔恨交加,为严肃军纪,决定具疏劾之。一班文武参佐群起反对,有人甚至指责他背离恩义,有失恢宏,就连李鸿章也"率一幕人往争"。但曾国藩仍不为所动。

像李元度这样与曾国藩交情深厚,且有过大功的将领一旦违反军令,也丝毫不予姑息。这一轰动事件传出后,众将为之凛然,更加知道在曾国藩军中军法无情,不容苟且了。

3. 诚心待士，提携幕僚门生

曾国藩同幕僚之间也是一种相辅相成的关系，幕僚们助曾国藩功成名就，曾国藩使幕僚们升官发财，多年来，幕僚们为曾国藩出谋划策、筹办粮饷、办理文案、处理军务、办理善后、兴办军工科技等等，真是出尽了力，效尽了劳。可以说，曾国藩每走一步，每做二事，都离不开幕僚的支持和帮助。如镇压太平天国一事，他之所以获得成功，并非靠他一人之力，而是依靠一支有组织的力量，其中他的幕僚尤占有一定比重，起了相当大的作用。

曾国藩十分注重对幕僚和门生的提携。众幕僚入幕之初，官阶最高的是候补道员，且只是个别人，知府一级亦为数极少，绝大多数在六品以下。他们有的刚被革职，有的只是一般生员，还有的连秀才都不是，而数年、十数年间，红、蓝顶戴纷纷飞到他们头上，若非曾国藩为他们直接间接地一保再保，是根本不可能的。

当然，曾国藩同幕僚之间这种关系的维持是有条件的。那就是曾国藩要尊重幕僚，以礼相待；而幕僚也必须忠于曾国藩，绝不许中间"跳槽"，改投新主。说明这种情况的最为典型的事例，是冯卓怀的拂袖而去和李元度的被劾革职。

冯卓怀是曾国藩的老朋友，一向对曾国藩非常崇拜，为了能朝夕受教，曾放弃条件优越的工作去当曾国藩的家庭教师，曾国藩兵困祁门之时，冯卓怀又放弃四川万县县令职位，投其麾下，充任幕僚，后因一事不合，受到曾国藩的当众斥责。冯卓怀不堪忍受，自尊心受到伤害，决心离去，虽经曾国藩几次劝留皆不为所动，最后还是回家闲住，宁可丢掉官职。

在长期合作共事的过程中，曾国藩同幕僚之间都相互产生过一定影响。曾国藩经常以各种形式向幕僚们征求意见，在遇有大事决断不下时尤为如此。有时幕僚们也常常主动向曾国藩投递条陈，对一些问题提出自己的见解和解决办法，以供其采择。幕僚们的这些意见，无疑会对曾国藩产生重要影响，这方面的事例可以说是俯拾即是。如采纳郭嵩焘的意见，设立水师，湘军从此名闻天下，也受到清廷的重视，可以说是曾国藩初期成败之关键。类似事例，不胜枚举。可以说，曾国藩是把众人的智慧为己所用的典型人物。他自己深得众人相助之益,也多次写信让他的弟弟曾国荃如法炮制。他说与左宗棠共事,"则以其气概识略过人,故思与之偕,以辅吾之不逮"。他还劝曾国荃"早早提拔"下属,再三叮嘱:"办大事者,以多选替手为第一义。满意之选不可得,姑节取其次,以待徐徐教育可也。"其后曾国荃屡遭弹劾,物议也多,曾国藩认为是他手下无好参谋所致。

总体而言,曾国藩能够虚心纳言,鼓励幕僚直言敢谏,这与他在事业上取得一些成功有很大关系。

比较而言,曾国藩对幕僚的影响显然会更大、更深远一些。多年来,曾国藩一直对其幕僚精心培养,视若子弟,除为数不多的几个老朋友和名儒宿学之外,一般幕僚亦对曾国藩尊之为师,极为崇拜,一言一动无不视为楷模。从道德修养、为人处事到学术观点、文学理论,以至政治、军事、经济、外交等方面,无不程度不同地受到曾国藩的影响。尤其经常在曾国藩身边的人员,朝夕相处,耳濡目染,日积月累,潜移默化,于不知不觉之中,已受其熏陶,增长了见识和才干。

六、千锤百炼,精雕细琢育人

人才不仅要会使用,而且还要善培养。在曾国藩的精心培育下,很多常人成了堪以大用的人才,很多犯错之人成了屡建功勋的名将。

1. 胸熔造就,以独特之法培育人才

曾国藩不仅重视选拔人才,而且重视培养人才。他说:"权人之道有二,一曰知人善任,一曰胸熔造就。"他对部属进行教育、培养、熏陶的原则是"用恩莫如仁,用威莫如礼"。所谓"用仁",就是视部属如子弟,教育其努力上进,帮助其成才、发迹;所谓"用礼",则是指对部属恪守礼法。持之以敬,临之以庄,保持尊严和得体,避免言行举止的失态。形成了独特的一套人才造就之法。曾国藩究竟是如何实施他这种造就人才的方法呢?

曾国藩把各种人才招来以后,先要对人才有个或长或短的"访察"即考察过程,以辨其贤否、真伪,然后"权其材智长短器使之"。所以,除了一些直接破

格超擢授以重任者外,曾国藩一般是将所罗致的人才先安置到自己的幕府即大本营内。让他们办理文稿、充当参谋等,使他们得到实际工作的锻炼。让那些人先增长才干,取得办事经验,同时对他们进行经常性的品德教育与熏陶。这种熏陶、教育、培养,既有他以自己日常生活中一举一动的无言表率来潜移默化,也有他对部属们进行经常性的训话、交谈和约束加以陶铸,通过一段时间的教育、培养和锻炼,把他们造就成才,并伺机荐任合适之职。

曾国藩曾在《原才论》中,论述过育才之法,提出"以己之所向,转移习俗"。强调正人先正己,以身作则。他最恨官气,因此就摒弃官府排场,力禁部下迎送虚文;他最恨懒惰,自己就首先做到放醒炮即起,而对部下僚属,小到个人治心治身,大到治军治饷,无不以自己的信条、经验严格要求,耐心训导。在他给部下的批牍和书札里,训导劝勉之语甚多,曾国藩赋予他的幕府两种职能,一是治事,一是育人,使幕府不仅是治事之所,也是培养人才的学校。曾国藩本人既是军政官长,也是业师;幕僚则既是工作人员,又是生童。曾国藩在给朋友的信中描述他的幕府说:"此间尚无军中积习,略似塾师约束,期共纳于轨范耳。"他在给丁日昌的信中则谈得更为具体:"局中各员譬犹弟子,阁下及藩司譬犹塾师,勖之以学,教之以身,诫之以言,试之以文,考之以事,诱掖如父兄,董督如严师,数者缺一不可,乃不虚设此局。"这既是对江南制造局的要求,也是对整个幕府的要求。可以说是他设立幕府的一项宗旨。为了使更多的人了解此意,自觉去做,还把它写成对联,贴在总督衙门的府县官厅上:

虽贤哲难免过差,愿诸君谠论忠言,常攻吾短;

凡堂属略同师弟,使寮友行修名立,方尽我心。

曾国藩这样要求自己,也这样要求每个幕僚。曾国藩根据自己的实践经验,将当时切于实用的知识学问概括为四项内容,令每个幕僚自选一项进行习练,并将此列入条令,人人都必须遵守,他在《劝诫委员四条》之三《勤学问以广才》中说:"今世万事纷纭,要之不外四端,曰军事,曰吏事,曰饷事,曰文事而已。凡来此者,于此四端之中各宜精习一事。习军事则讲究战攻、防守、地势、贼情等件,习吏事则讲究抚字、催科、听讼、劝农等件,习饷事则讲究丁漕、厘捐、开源、节流等件。习文事则讲究奏疏、条教、公牍、书函等件。讲究之法则不外学问二字。学于古则多看书籍,学于今则多觅榜样,问于当局则知其甘苦,问于旁观则知其效验,勤习不已,才自广而不觉矣。"曾国藩认为人才需要培养和磨炼,他在《劝诫绅士四条》之四"扩才识以待用"中又说:"天下无现成之人才,亦无生知之卓识,大抵皆由勉强磨炼而出耳。"

曾国藩培养人才的办法大致有三条:课读、历练、言传身教。曾国藩要求所有部属、僚友按其专业方向读书学习,而对自己身边的幕僚则抓得尤紧,要求尤严,既有布置,也有检查。在环境较为安定,条件允许的情况下,如曾国藩大营进驻安庆之后,他就对身边幕僚进行定期考试,每月两次,亲出题目,亲阅试卷,评定等次。在曾国藩与赵烈文的日记中,都有关于曾国藩考试幕僚的记载。曾国藩通过这种办法,既可督促幕僚读书学习,也可了解他们各自的情况与水平。与此同时,曾国藩还利用茶余饭后的闲暇,结合自己的阅历与读书心得谈古论今,内容切合实际,形式生动活泼,使幕僚潜移默化,增长学问,扩开眼界。

对于不在身边的幕僚,曾国藩则主要采取个别谈话和通信、指示的形式。结合实际工作进行教育。曾国藩在回顾自己对部将的教育时则说:"臣昔于诸将来谒,无不立时接见,谆谆训诲,上劝忠勤以报国,下戒骚扰以保民,别后则寄书告诫,颇有师弟督课之象。其于银米子药搬运远近,亦必计算时日,妥为代谋,从不诳以虚语。各将土谅其苦衷,颇有家人父子之情。"这里说的是带兵将领,而其于幕僚亦与之相似。在曾国藩的"书札"与"批札"中至今保留不少文字,对其如何做事、如何做人总是谆谆嘱咐,既有鼓励、鞭策,也有告诫。对一些亲近幕僚的训诫更是不胜枚举,如李榕在太湖城外带兵期间,李鸿章在主持江西赣州厘金局期间,曾国藩都连连写信,有禀必批,有函必答,对于如何做事,如何做人,总是不厌其烦,循循诱导。

2. 因材施教,因人制宜育英才

曾国藩在培育人才方面有一个重要特点就是注意因材施教,根据各人的特点进行培养。有的人,如张裕钊、吴汝纶文学基础很好,曾国藩就令其在幕中读书,专攻古文,以求发展,而不让他们做具体工作,征得他们的同意,也不荐举做官。大将鲍超，英气勃发，勇猛惯战，但学养浅薄，缺乏心计。在作战中，曾国藩常让他冲锋临阵，却不准参与军机谋划。

曾国藩与李鸿章有着师生之谊，当李鸿章满怀希望地投奔曾国藩时，曾国藩却借口军务倥偬，没有相见。李鸿章以为只是一时忙碌，几天之内定可召见，谁知在旅舍中闲住了一个月，竟得不到任何消息。他心急火燎，如同热锅上的蚂蚁。李鸿章得知曾国藩幕府中的陈鼐，是道光丁未科进士，与他有"同年"之谊，也充过翰林院庶吉士，又算是同僚，就请陈去试探曾国藩的意图。谁知曾国藩环顾左右而言他，不肯表明态度。

李鸿章既是曾国藩的得意门生，曾国藩何以对他如此冷落？这实在令人费解。有人不明所以，便对曾国藩说："少荃（李鸿章的字）与老师有门墙之谊，往昔相处，老师对他甚为器重。现在，他愿意借助老师的力量，在老师门下得到磨炼，老师何以拒之千里？"

曾国藩冷冷地回答说："少荃是翰林，了不起啊！志大才高。我这里呢，局面还没打开，恐怕他这样的朦艟巨舰，不是我这里的潺潺溪流所能容纳的。他何不回京师谋个好差事呢？"此人为李鸿章辩解说："这些年，少荃经历了许多挫折和磨难，已不同于往年少年意气了。老师不妨收留他，让他试一试。"

曾国藩会意地点了点头，就这样，李鸿章于咸丰八年（1858年）进了曾国藩的幕府。

其实，曾国藩并不是不愿接纳李鸿章，而是看李鸿章心地高傲，想打杀一下他的锐气，磨圆他的棱角。这大概就是曾国藩这位道学先生培养学生的一番苦心吧，自此之后，曾国藩对李鸿章的棱角着意进行了打磨，以使他变得老成世故，打下立足官场的"基本功"。

曾国藩很讲究修身养性，规定了"日课"，其中包括吃饭有定时，虽在战争时期也不例外。而且，按曾国藩的规定，每顿饭都必须等幕僚到齐方才开始，差一个人也不能动筷子。曾国藩、李鸿章，一是湘人，一是皖人，习惯颇有不同。曾国藩每天天刚亮就要吃早餐，李鸿章则不然。以其不惯拘束的文人习气，而且又出身富豪之家，对这样严格的生活习惯很不适应，每天的一顿早餐实在是他沉重的负担。一天，他假称头疼，没有起床。曾国藩派弁兵去请他吃早饭，他还是不肯起来。之后，曾国藩又接二连三地派人去催他。李鸿章没有料到这点小事竟让曾国藩动了肝火，便慌忙披上衣服，匆匆赶到大营。他一入座，曾国藩就下令开饭。吃饭时，大家一言不发。饭后，曾国藩把筷子一扔，板起面孔对李鸿章一字一板地说："少荃，你既然到了我的幕下，我告诉你一句话：我这里所崇尚的就是一个'诚'字。"说完，拂袖而去。

李鸿章何曾领受过当众被训斥的滋味？心中直是打颤。从此，李鸿章在曾国藩面前更加小心谨慎了。

李鸿章素有文才，曾国藩就让他掌管文书事务，以后又让他帮着批阅下属公文，撰拟奏折、书牍。李鸿章将这些事务处理得井井有条，甚为得体，深得曾国藩赏识。几个月之后，曾国藩又换了一副面孔，当众夸奖他："少荃天资聪明，文才出众，办理公牍事务最适合，所有文稿都超过了别人，将来一定大有作为。'青出于蓝而胜于蓝'，也许要超过我的，好自为之吧。"

这一贬一褒，自然有曾国藩的意图。而作为学生的李鸿章，对这位比他大12岁的老师也真是佩服得五体投地。他对人说："过去，我跟过几位大帅，糊糊涂涂，不得要领；现在跟着曾帅，如同有了指南针。"

李鸿章在未入曾幕之前，曾先后随团练大臣吕贤基及安徽巡抚福济，此二人既非战乱之才，对于领兵作战更是缺乏经验，李鸿章在他们手下带兵及处幕，自然没有本领可学。曾国藩所以能在举世滔滔之中产生砥柱中流的作用，就是因为他能以子弟兵的方法训练湘军，使他们成为一支能征惯战的队伍；而他自己所拟订的通告全局，十道分进、对太平天国展开全面防堵围剿的战略方针又极为正确，因此方能使他在对太平天国的战争中掌握主动，招招进逼，终于使太平天国政权完全倾覆。假如曾国藩也像同时一班督抚大帅那样不能高瞻远瞩，那么，曾国藩不免也会像向荣、和春、胜保、福济等人一样碌碌无成，李鸿章也决不能从曾国藩那里学到卓越的打仗要领。曾国藩死后，李鸿章作联挽之，说：

师事近三十年，薪尽火传，筑室忝为门生长；

国学经典文库

冰鉴

曾国藩高超的用人智慧

图文珍藏版

威名震九万里，内安外攘，旷世难逢天下才。

此联的上半部分，充分道出了李鸿章师事曾国藩而尽得其军事政治才能的事实。然而李鸿章入居曾幕，实在是他成就一生事业的关键。

附录三：历代观人鉴人经典学说

一、六戚观人法

【原典】

初民浑沌，榛榛狂狂①，不知有群，亦罔为相害②。其后族姓滋殖，饮食生息，渐觉不如初民之易遂，于是斗力斗智，随之渐起。一群之中，有友焉，有敌焉；异群之中，复有友焉，有敌焉。为其友者，何从知而亲之；为其敌者，何从审而避之。吾意其时人群之彼此相处，必有一极粗拙之辨别或经验法，而与观人术为近。

人类由草昧生活进而为部落组织国家建设，其彼此相处之道，亦臻于辐凑③，就其顺循者言之，则如睦邻、交友等是；就其逆遭者言之④，则小如诉讼，大如战斗，莫不资观鉴人伦以慎将其事。至于知人善任，选官用贤，则尤平时所急务也。顾此观人之术，向无荟萃之说，古人既不以此术自名，而载籍亦莫得群纪。今就西元前二千四百年间中国可信之古史《尚书》一书⑤，略采其故事言论如左⑥，姑定斯时为观人术滥觞所自⑦。

【注释】

①榛榛：草木丛生的样子。狂狂：群兽走动的样子。唐柳宗元《封建论》中有"草木榛榛，鹿豕狂狂"句。

②罔：无，没有。

③臻：至，到达。辐凑：车辐集中于轴心。比喻人聚集一处。辐，车轮中连接轴心和轮圈的直木条。

④逆遭：反过来，反面。遭，遇到。

⑤《尚书》：又称《书》《书经》，儒家经典五经之一。"尚"即"上"。是现存最早的上古典章文献的汇编，相传曾由孔子编选。有《尧典》《舜典》《禹贡》《盘庚》等篇。又有"今文尚书"和"古文尚书"之别。

⑥左：古人书写从右至左，犹今之"如下"。

⑦斯：此，指《尚书》产生的年代。滥觞：本指江河发源处水极浅极小，仅能浮起酒杯。后比喻事物的开始。

【译文】

人类刚刚起源时，处于混沌状态，虽然像草木一样繁盛，像鸟兽一样成群，却没有群体观念，也不会互相残害。从那以后，同族同姓滋生繁衍，饮食起居，生活休息，渐渐感觉不如当初那么容易顺心如意，于是斗力斗勇、斗智斗谋的行为随之产生。统一群体之中，有朋友，有敌人；别的群体之中，也有自己的朋友

盘古

和敌人。作为朋友，如何发现从而去亲近他？作为敌人，如何审察从而避开他？我认为当初人类之所以能够彼此相处，一定有一个极为粗略笨拙的辨别方法或经验，和我们现在要讨论的观人术较为相近。

人类由原始蒙昧的生活进化发展到成立部落组织,建立国家制度,其彼此相处之道,也由简单直接的个体交往逐渐形成一些共通的东西,就像许多车辐集中于轴心一样。从正面来说,譬如与邻里和睦相处、结交朋友等;从反面来说,小到一起诉讼,大到一场战斗,无不可以借此观察鉴别人的优劣,以便在处理各种问题时谨慎小心。至于识别并善于使用人才,选拔官员重用贤能,则尤其是平时的紧急事务。考察这种观人之术,过去一向没有集中论述的著作,古人既不以这种技能提高自己的名声,各种典籍也没有详细的记载。现在就公元前2400年间中国可信的古史书《尚书》,大致采摘其中的一些故事和言论如下,姑且把《尚书》产生的年代确定为中国观人术的创始时期。

【原典】

《尧典》:

帝曰:"咨①!四岳②,朕在位七十载③,汝能庸命④,巽朕位⑤?"岳曰:"否德忝帝位⑥。"曰:"明明扬侧陋⑦。"师锡帝曰⑧:"有鳏在下⑨,曰虞舜。"帝曰:"俞⑩?予闻。如何?"岳曰:"瞽子⑪。父顽,母嚚⑫,象傲⑬。克谐以孝,烝烝⑭父⑮,不格奸。"帝曰:"我其试哉。"女于时⑯,观厥刑于二女⑰。厘降二女于妫汭⑱,嫔于虞⑲。

《舜典》:

慎徽五典⑳,五典克从㉑。纳于百揆㉒,百揆时叙㉓。宾于四门㉔,四门穆穆㉕。纳于大麓㉖,烈风雷雨弗迷㉗。帝曰:"格㉘!汝舜。询事考言㉙,乃言底可绩㉚。三载。汝陟帝位㉛!"舜让于德㉜,弗嗣。

又:

流共工于幽州㉝,放驩兜于崇山,窜三苗于三危㉞,殛鲧于羽山㉟,四罪而天下咸服!

又:

帝曰:"咨!汝二十有二人,钦哉。唯时亮天功㊱。"

又:

三载考绩,三考,黜陟幽明㊲,庶绩咸熙㊳。

【注释】

①咨：感叹词。

②四岳：四方诸侯。或指四方部落首领。下文"岳曰"中的"岳"也指四方诸侯。

③朕：我。

④庸：用。

⑤巽：履行。

⑥否：鄙陋。忝：辱没，常用来表示没有资格或不配怎么样。

⑦明明：指地位显赫的人。扬：推举。侧陋：指地位卑微的人。

⑧师：众。锡：同"赐"，意为赐言，即提议。古时下对上也可言"赐"。

⑨鳏：困苦。

⑩俞：副词，表示应对中的肯定意味。

⑪瞽：指舜的父亲乐官瞽瞍。瞽：盲人。

⑫嚚：言语虚。

⑬象：指舜之弟象。

⑭烝烝：厚美。

⑮父：治理。

⑯女：动词，嫁女的意思。时：同"是"，这。这里指代舜。

⑰厥：代词。他，他们。刑：这里是德行的意思。二女：相传尧有两个女儿，一名娥皇，一名女英。

⑱釐：这里的意思是命令。妫：水名。汭：河湾。

⑲嫔：嫁人为妇。

⑳徽：美，善。五典：指五常之教，即父义、母慈、兄友、弟恭、子孝。

㉑克：能。

㉒纳：赐予职权。百揆：百官事务。

㉓时叙：承顺。

㉔宾：迎接宾客。

㉕穆穆：和睦。

㉖大麓：官名，看守山林的官吏。

㉗迷：迷误。

㉘格：呼语。来。

㉙询：谋划。

㉚底：一定。

㉛陟：登上。

㉜德：此指有德之人。

㉝流：流放。共工：传说中的人物，尧的臣子，与驩兜、三苗、鲧并称为四凶。

㉞窜：逐，流放。三苗：古代部族名。三危：古地名。

㉟殛：流放。羽山：古地名。

㊱亮：辅助。天功：天下大事。

㊲黜：罢免。陟：提升。幽：昏庸。明：贤明。

㊳熙：兴盛。

【译文】

《尚书·尧典》：

尧帝说："啊！四方诸侯，我在位已经七十年了，你们有谁能够顺应天命，接替我的帝位。"四方诸侯说："我们德行鄙陋，不配登上帝位。"尧帝说："那你们这些地位显赫的人也可以从地位卑微的人中推举贤良嘛。"于是众人提议说："现在民间有这样一个人，其处境困苦，叫虞舜。"尧帝说："是啊！也听说过这个人。他究竟怎么样？"四方诸侯说："他是乐官瞽叟的儿子。其父亲心术不正，其母亲喜欢说谎，其弟弟叫象，非常傲慢。但舜却能和他们和睦相处，他用自己的孝行感化家人，使他们不至于沦于邪恶。"尧帝说："那就让我来试试吧。"尧帝决定把自己的两个女儿嫁给舜，以便通过她们考察舜的德行。于是尧帝命令两个女儿到妫水水湾，嫁给虞舜为妻。

《尚书·舜典》：

舜教导臣民要做到父义、母慈、兄友、弟恭、子孝这五个方面，臣民都能谨慎

尧帝

遵从。舜总揽百官事务,百官事务井然有序。舜到四门迎接远方宾客,远方宾客都能与他和睦相处。舜担任守护山林的官员,即使疾风暴雨,也不曾有过失误。尧帝说:"来吧! 舜,我和你共同谋划政事,借此考察你的言论,我认为按你的主意办事,一定能取得成功。这种考察已经有三年了。现在你就登上帝位吧!"

又载:

舜帝把共工流放到幽州,把驩兜流放到崇山,把三苗驱逐到三危,把鲧流放到羽山,四个罪人都受到了应有的惩罚,天下臣民无不心悦诚服!

又载:

舜帝说:"你们二十二个人,我很钦佩啊! 要妥善地处理天下大事啊!"

又载:

舜帝每三年考察一次百官的政绩,考察三次之后,罢免了一批昏庸的官员提拔了一批贤明的官员,这样,各项事业才兴盛起来了。

【原典】

《大禹谟》：

帝曰："来，禹！降水儆予①，成允②成功，唯汝贤。克勤于邦，克俭于家，不自满假③，唯汝贤。汝唯不矜，天下莫与汝争能。汝唯不伐④，天下莫与汝争功。予懋⑤乃德，嘉乃丕⑥绩，天之历数⑦在汝躬，汝终陟元后⑧。"

《皋陶谟》：

皋陶曰："都！亦行有九德⑨，亦言其人有德。乃言曰：'载采采⑩'！"禹曰："何？"皋陶曰："宽而栗⑪，柔而立⑫，愿⑬而恭，乱⑭而敬，扰⑮而毅，直而温⑯，简⑰而廉，刚而塞⑱，强而义⑲，彰厥有常⑳，吉哉！"

又：

皋陶曰："都！在知人！在安民。"禹曰："吁！咸若时㉑，唯帝其难之。知人则哲，能官人㉒安民则惠，黎民怀之。能哲而惠，何忧乎驩兜？何迁乎有苗？何畏乎巧言令色孔壬㉓？"

【注释】

①儆：警告，戒备。

②成允：说到做到。允，信实。

③自满假：即自满自假。假，浮夸。

④伐：夸耀。

⑤懋：勉力，努力；鼓励。

⑥丕：大。

⑦历数：即气数。躬：自身。

⑧元：大。后：君。元后指君王。

⑨亦：大凡。九德：九种美德，即下文的"宽而栗，柔而立，愿而恭，乱而敬，扰而毅，直而温，简而廉，刚而塞，强而义"。

⑩载：试，验证。采采：事事，即从事种种事情。采，事。

⑪栗：谨慎警惧。

⑫立：特立独行。

⑬愿:老实厚道。

⑭乱:治。

⑮扰:顺。

⑯温:和。

⑰简:大,宏大,远大。

⑱塞:实。

⑲义:良善。

⑳有常:此指有常德的人。

㉑咸:都。时:是,这样。

㉒人:此指官吏。

㉓巧言:花言巧语。令色:讨好谄媚的人。令,美。孔:大,很。壬:奸佞。

【译文】

《尚书·大禹谟》:

舜帝说:"你来吧,禹!上天降下洪水警告我们,你说到做到,完成了治水大业,只有你最为贤德。你为国家不辞辛劳,而持家却朴素节俭,并且能做到不自满,不浮夸,只有你最为贤德。正因为你从不夸耀自己的才干,天下人才没有谁与你比试才干。正因为你从不夸耀自己的功绩,天下人才没有谁与你争夺功劳。我称赞你的美德,褒奖你的功绩,帝王继统的运数应在你的身上,你最终要登上帝位!"

舜帝

《尚书·皋陶谟》:

皋陶说:"啊!大凡良善行为,可以表现为九种美德,因而从言论上说某个人有某种美德之外,还要对他说:'再去做些具体事情吧!'"禹问:"九种美德具体是什么呢?"皋陶说:"既宽容又谨慎,既温和又独立,既忠厚又恭敬,既卓有才识又敬业勤奋,既柔顺又刚毅,既耿直又和蔼,既简朴又清廉,既刚正又务实,既坚强又仁慈,要任用那些德行非常突出且能持之以恒的人,这才吉利啊!"

又载:

皋陶说:"啊!关键在于知人善任,在于安定百姓。"禹说:"呀!要完全做到这样,恐怕连舜帝也会感到困难。能做到知人,才称得上贤哲,才能够任人唯贤。能安定百姓,才称得上仁爱,百姓才能感念他。既然舜帝又贤哲又仁爱,为什么还担忧雅兜?为什么还要放逐三苗?为什么还畏惧那些巧言令色的大奸臣呢?"

【原典】

综观二《典》二《谟》所采,凡为中国之观人术者,莫不胚基于此矣!四岳之荐舜曰"父顽,母嚚,象傲。克谐以孝,烝烝乂,不格奸"者,是观之以其父母兄弟也;釐降二女,是观之以其妻子也。父母兄弟妻子谓之"六戚",《吕览·论人篇》所谓内则用六戚者是也①。至百揆时叙以观其才,雷雨勿迷以观其度,询事考言以揆其德,尧之于舜可谓深得之矣。尧能知舜,舜亦以知禹,禹之"成允成功""克勤""克俭""不矜""不伐",皆自舜方观察得之。而四凶之流放窜殛,大禹所谓知人则哲也;四岳、九官、十二牧等之各谐其职②,大禹所谓能官人、官民则惠也。《皋陶谟》标举九德,虞庭嘉言,赖以传后。然言其人有德,必举其行某事以为信验,故有"载采采"一言,亦非泛论轻事实者可比!确而论之,尧舜钦明峻哲,思通造化,知人官人,唯心所造,彼于观人术之运用,非有迹象可求也;皋陶陈谟,后出转工,九德既尽人伦之极诣,哲、惠尤总铨鉴之大效。然其说或虞庭君臣平日之论,行事已然之迹,亦非一人之创语也!呜呼!二《典》二《谟》,统在《虞书》,而《虞书》又总在知人而官之。其曰《虞书》,虞度之哉!

【注释】

①《吕览》:《吕氏春秋》的别称。以书中有《有始》《孝行》《慎大》等八览,故称之。据《史记》载,吕不韦令其门客各著所闻,集论成书。此书既有儒家学说,又有道家及名、法、墨、农、阴阳各家之言。全书二十六卷,分十二纪、八览、

六论。《论人》即是其中一篇。

②九官：即伯禹作司空，弃为后稷，契作司徒，皋陶作士，垂为共工，益作朕虞，伯夷作秩宗，夔为典乐，龙为纳言。见《尚书·舜典》。牧：官名，即州官。《尚书·舜典》："肇十有二州。"但未列州名。据《尚书·禹贡》载，禹治水后，分中国为九州：冀、兖、青、徐、荆、扬、豫、梁、雍。《周礼》《尔雅》中又有幽、并、营三州。后人便合称十二州。

【译文】

综观《尧典》《舜典》《大禹谟》《皋陶谟》所载，可以看出，凡是属于中国观人术的内容，无不脱胎于此。四方诸侯推荐舜时说的"其父亲心术不正，其母亲喜欢说谎，其弟弟叫象，非常傲慢。但舜却能和他们和睦相处，他用自己的孝行感化家人，使他们不至于沦于邪恶"，是从父母兄弟的角度来观察舜；下令两个女儿嫁给舜，是从妻子的角度观察舜。父、母、兄、弟、妻、子，称谓六戚，《吕氏春秋·论人篇》中所谓对内使用六戚法，就是指这六个方面。至于通过让舜总揽百官，百官事务井然有序来观察他的才干，让舜看守山林，即使疾风暴雨也不曾迷误来观察他

大禹

的气度，让舜参与谋划政事并考察其言论来把握他的德行，由此看出，尧对于舜来说，可以称得上是了解很深了。尧通过这种方法了解舜，舜也用这种方法了解禹，禹的"说到做到""勤奋""俭朴""不骄""不傲"，都是舜从禹的身上观察而得知的。而舜将四个恶人流放到边远之地，就是大禹所说的知人则是贤哲；舜总揽百官，四方诸侯、九官、十二牧等官员各自安于职守，就是大禹所说的任

人唯贤、安定百姓就是仁爱。《皋陶谟》中标行举九种美德，舜帝的那些美好的言行，得以传之后世。然而说一个人有美好的德行，一定要举出他做了某件事作为验证，所以《皋陶谟》中有"载采采"这句话，这不是泛泛而论或轻视事实的人可以比拟的。确切地说，尧舜聪明睿智，神思与天地相通，他们知人善任，只是从本心出发，所以他们对于观人术的运用，并没有刻意追求的迹象；皋陶陈述的谋略，越到后来所言越发精彩，九德之说就已经把为人处世的方法概括到了极致，贤哲和仁爱之说就更是汇总了选拔和鉴定人才的最有效的标准。然而书中的记载或许是舜帝君臣平时的言论，已经做过的事迹，并非是某个人凭空创造出来的。啊！《尧典》《舜典》《大禹谟》《皋陶谟》，统统都在《虞书》中，而《虞书》又总的是在论述如何了解一个人，然后委以相应的官职。书名叫《虞书》，就是虞舜用来观察度量人的方法啊！

二、六征观人法

【原典】

上章所征，远在西元前二千四百年间，人事未繁，庶业未兴①，观人术只有梗概可求。今更当引西元前六百年至于七百年间之事以明通行之迹，其说则采自《诗经》《大戴礼记》为多②。慈先掇《风》《雅》各篇韵语如左。

如《齐风·猗嗟篇》：

猗嗟昌兮③，颀而长兮④，抑若扬兮⑤，美目扬兮⑥，巧趋跄兮⑦，射则臧兮⑧。

猗嗟名兮⑨，美目清兮，仪既成兮⑩，终日射侯⑪，不出正兮⑫，展我甥兮⑬。

猗嗟娈兮⑭，清扬婉兮⑮，舞则选兮⑯，射则贯兮⑰，四矢反兮⑱，以御乱兮⑲。

《小雅·都人士篇》：

彼都人士⑳，狐裘黄黄㉑。其容不改㉒，出言有章㉓。行归于周㉔，万民所望。

则观人容仪举止及言语者也。

【注释】

①庶：众。

②儒家经典之一,又称《诗》,中国最早的诗歌总集。编成于春秋时代,共305篇,分"风""雅""颂"三大类,《风》有十五国风,《雅》有《大雅》《小雅》,《颂》有《周颂》《鲁颂》《商颂》。后引《齐风》《小雅》《大雅》等均为《诗经》篇名。《大戴礼记》:又称《大戴礼》《大戴记》,先秦各种礼仪著作的选集。相传西汉戴德编纂。汉初所得礼书,凡204篇,戴德删为80篇,谓之《大戴礼记》。戴圣又删定为49篇,谓之《小戴礼记》,即《礼记》。后经郑玄为《小戴礼记》作注,由《仪礼》附庸而蔚为大观,为士人传习,《大戴礼记》遂罕为人知。《大戴礼记》现存39篇。

③猗嗟:犹"吁嗟",感叹词。昌:盛壮的样子。

④顾:指身长。

⑤抑若:美好的样子。抑,借为"懿",美。扬:广扬。

⑥扬:目动。

⑦趋:快走。跄:行走有节奏。

⑧臧:善。

⑨名:借为"明",昌盛。

⑩仪:射仪,射箭的方法要领。成:完成。

⑪侯:射布,箭靶。

⑫正:箭靶中心的圆形白布,又称"的""鹄"。

⑬展:诚,确实。甥:外甥。历代解《诗》者均以为此指文姜之子鲁庄公,因为他是齐人的外甥。

⑭娈:壮美。

⑮清扬婉兮:眉清目秀。

⑯选:整齐。

⑰贯:穿透。

⑱反:复,多次射中一处。

⑲御乱:抵御战乱。

⑳都人:美人。"都人士"为诗人自称,与第二联中"君子女"相对成文,"君

子女"则是都人士追求的爱人。

㉑黄黄:借为煌煌,明亮的样子。

㉒容:态度。

㉓有章:有系统,有文采。

㉔行:将。周:忠信。

【译文】

上一章所征引的史料,远在公元前二千四百年前,当时人与人之间的关系还没有那么繁杂,各行各业也还没有那么兴旺,有关观人的技巧也只能寻找一个大致的梗概。现在更应该援引公元前六百年至七百年间发生的事,来说明观人术通行的轨迹,这些说法大多采摘自《诗经》《大戴礼记》。这里先选择《诗经》中《风》《雅》各篇里的诗句如下:

《齐风·猗嗟篇》:

好个青年真健壮,身材魁梧又修长,额头宽阔很漂亮,两眼有神放光芒,步履矫健有精神,射箭技艺高又强。

好个青年有名声,眼睛好像秋水清,射击本领已学成,每日射箭不放松,箭箭靶心都射中,真是我的好外甥。

好个青年真壮健,眉清目秀不一般,舞步整齐好潇洒,箭箭都把靶心穿,一连四箭射一处,浑身本领防战乱。

《小雅·都人士篇》:

那个先生好漂亮,狐皮袍子亮光光,仪容不改有风度,说话出口便成章,言行忠厚有诚信,万民对他都仰望。

以上说是通过仪容、举止和言语来观察人。

【原典】

如《小雅·小宛篇》:

人之齐圣①,饮酒温克②。

《小雅·伐木篇》:

民之失德③,干糇以愆④。

《小雅·湛露篇》：

湛湛露斯⑤，匪阳不晞⑥。厌厌夜饮⑦，不醉无归。

湛湛露斯，在彼丰草。厌厌夜饮，在宗载考⑧。

湛湛露斯，在彼杞棘⑨。显允君子⑩，莫不令德⑪。其桐其椅⑫，其实离离⑬。岂弟君子⑭，莫不令仪⑮。

则以酒食观人者也。

【注释】

①齐：正，正派。圣：智慧殊出。

②温：借为"蕴"，蕴藉。克：指自胜。此句意即喝醉了酒还能自我克制，保持蕴藉的风度。

③民：人。失德：指缺乏情谊。

④干糇：干粮。此指粗薄食品。愆：过失。此二句意即，如果人与人缺乏情谊，在饮食小事上会犯下过错。

⑤湛湛：露水很重的样子。斯：语气词。

⑥晞：干。

⑦厌厌：安闲的样子。

⑧宗：同族。考：成。此指举行宴会。

⑨杞棘：枸杞和枣树。

⑩显：高贵，显赫。允：诚信。

⑪令德：美德。

⑫桐：油桐树。椅：山桐子树。

⑬离离：繁盛众多的样子。

⑭岂弟：同"恺悌"，和易近人。

⑮令仪：美好的举止礼节。

【译文】

再如《小雅·小宛篇》：

那些正派聪明人，饮酒克制风度存。

《小雅·伐木篇》：

人若缺乏情和义，饮食小事出问题。

《小雅·湛露篇》：

露水浓浓湿涟涟，太阳不晒它不干。夜宴饮酒好悠闲，不醉就不往家返。露珠滴滴水晶莹，滋润草木多茂盛。夜宴饮酒好悠闲，族人欢聚乐融融。晨露串串闪闪亮，挂在枸杞枣树上。高贵诚信诸君子，个个都是美名扬。油桐山桐树叶繁，果实累累枝压弯。平易近人诸君子，人人都有好风范。以上说的是通过酒宴饮食来观察人。

【原典】

如《大雅·抑篇》：

人亦有言：靡哲不愚①。

其维哲人，告之话言②，顺德之行。

其维愚人，覆谓我僭③，民各有心。

《大雅·桑柔篇》：

维此圣人，瞻言百里④。维彼愚人，覆狂以喜⑤。匪言不能，胡斯畏忌。

维此良人，弗求弗迪⑥。维彼忍心⑦，是顾是复。民之贪乱，宁为荼毒⑧。

《小雅·巧言篇》：

奕奕寝庙⑨，君子作之⑩。秩秩大猷⑪，圣人莫之⑫。

他人有心⑬，予忖度之⑭。跃跃毚兔⑮，遇犬获之。

则较量哲愚圣狂以观人者也。

【注释】

①哲：智，指智多识广的人。

②话言：古之善言。

③覆：反。僭：错。

④言：语助词。

⑤覆：反而。

⑥弗迪：指不求做官。迪，进。

⑦忍心：指内心残忍的人。

⑧宁：乃。荼毒：残害。

⑨奕奕：高大的样子。

⑩君子：指周朝先王。

⑪秩秩：很宏伟的样子。大猷：大道，大谋略。

⑫莫：通"谟"，谋划。

⑬他人：指谗人。

⑭忖度：揣测，推测。

⑮跃跃：来往奔走的样子。毚：狡兔。比喻谗人。

【译文】

《大雅·抑篇》：

古人也有一名言：大智若愚最常见。

如果他是聪明人，我把名言来宣传，让他亲身去实践。

如果他是糊涂虫，反而说我发神经，人心各异难沟通。

《大雅·桑柔篇》：

这个圣人无人比，一眼能看一百里。蠢人目光短又浅，反而狂妄又欢喜。不是不能来劝告，难道惧怕有顾忌？

这个贤人心良善，不争名利不求官。那些歹人心残忍，顾望反复弄权奸。百姓被迫来作乱，哪怕被害也心甘。

《小雅·巧言篇》：

宗庙气势很恢宏，都是先王建造成。治国谋略和大计，圣人帮助来确定。谗人如果有诡计，我也能够揣摸清。犹如狡兔跑得快，遇上猎狗也没命。以上是通过比较聪明愚蠢、贤哲狂妄来观察人的。

【原典】

如《大雅·嵩高篇》：

申伯之德，柔惠且直①。

《大雅·烝民篇》：

仲山甫之德，柔嘉维则②。令仪令色，小心翼翼。古训是式③，威仪是力④。则专就一人而为鉴衡之言也。

【注释】

①惠：和顺。直：正直。

②则：法则。

③式：法，榜样。

④威仪：礼节。力：勤。

【译文】

《大雅·嵩高篇》：

申伯德行美，和顺又正直。

《大雅·烝民篇》：

仲山甫有美德，和顺正直讲原则。仪容严肃人和顺，做事谨慎又小心。先王古训能遵循，讲究礼仪最认真。

这就是如何对一个人的德行进行鉴定和衡量。

【原典】

《诗》三百〇五篇作者之时世，传自商太甲之世至周定王之世，《诗》之宙合约一千一百年①，其间姬周文物最称灿美②，勿所征引，皆周诗也。诗人之作，言在此而意在彼，观人之什，岂止此数篇，本书不过就其语言自明者论耳。他若"鼓钟于宫，声闻于外""彼其之子，邦之彦兮""慎尔言矣，谓尔不信""无易由言，无曰苟矣""明昭有周，式序在位""夙兴夜寐，洒扫庭内"③诸言，《韩诗外传》多征事以明之④，皆观人类也，兹不赘述。

姬周文物灿美，既如前说，而孕此灿美文化者，则文王也⑨。考文王嗣位西伯，在西元前一千一百八十五年，薨于西元前一千一百三十五年⑥，享国凡五十年。好贤善养老，口中不暇食以待士，太颠、闳夭、散宜生、鬻子、辛甲大夫之徒⑦，皆往归之；《诗》所谓"济济多士，文王以宁"者也。《传》曰："文王罔攸兼于庶言庶狱庶慎⑧。"故其智不遍物而急于人事，官官事事，尤在观人，其说《大戴礼记·文王官人篇》言之綦详⑨，而《周书》亦有《官人》解，唯托之周公为不同耳!

《文王官人篇》记文王告太师尚父以察度情伪、历试才艺之法⑩：其法在六征，六征者，一曰观诚，二曰考志，三曰视中，四曰观色，五曰观隐，六曰揆德⑪，兹具引原文（用孔广森《大戴礼记补注》本）于后，更先为数言以释其义。

【注释】

①宙：时间。古人云：上下四方谓之宇，古往今来谓之宙。

②姬周：周朝是姬姓，又称姬周。

③彦：有才学的人。苟：苟且，不严肃。式序：按次第叙录功劳。夙兴夜寐：早起晚睡。

④《韩诗外传》：西汉韩婴撰，共十卷，援引历史故事以解释《诗经》之义。

⑤文王：姓姬名昌。周武王的父亲。殷时诸侯，居于岐山之下，受到诸侯拥戴，曾被纣囚于羑里。后获释，为西方诸侯之长，称西伯。其子武王起兵伐纣，灭殷，建立了周王朝。

⑥薨：死。古时称天子死为崩，诸侯死为薨，大夫为卒，士为不禄，庶人为死。

⑦太颠、闳天、散宜生：均为西周初年大臣，同辅周文王。文王被纣囚禁，他们把有莘氏之女、骊戎的文马等献给纣，使文王获释。后助武王灭商。鬻子：即鬻熊，又作"粥熊"，楚之先祖，为周文王师。辛甲：商纣臣，屡谏纣王不听，去而至周，为周朝太史。

⑧罔：无，没有。攸：放在动词前面，组成名词性词组，相当于"所"。庶：众多。

⑨暴：极。

⑩太师尚父：即吕尚，周代齐国始祖。姜姓，吕氏，名望，字子牙，西周初年官太师，也称师尚父。辅佐武王灭商有功，封于齐。有太公之称，俗称姜太公。

⑪揆：度量，考察。

【译文】

《诗经》三百零五篇的作者所处的时代，传说是从商朝太甲之时至周朝定王年代,也就是说,《诗经》的时间跨度大约一千一百年,在此期间,周朝的礼乐文化和典章制度最为灿烂华美,比如上面所征引的,都是周代的诗篇。诗人的作品,言在此而意在彼,涉及观人的篇目,岂止这几篇,本书不过选择其中语言上浅显明白让人一目了然的几篇来论述而已。其他如"鼓钟在宫内敲响,声音却传到宫外""他这个人,是国家的俊杰""你说话要

《诗经》书影

谨慎,否则别人认为你的话不可信""不要随意说话,不要苟且随便""光明显耀的周朝,赏罚分明各在其位""早起晚睡,洒扫庭院"等语,《韩诗外传》大多都征引事例加以阐明,都属于观人一类,这里不再啰唆。

周朝的礼乐文化和典章制度灿烂华美,已经如前所述,而孕育这一灿烂文化的,就是周文王。文王担任商朝的西伯一职,是在公元前一千一百八十五年,死于公元前一千一百三十五年,掌握政权共五十年。他喜欢贤德之人,善待老人,以至于常常因为接待贤人,日到中午都顾不上吃饭,所以太颠、闳夭、散宜生、鬻子、辛甲这些士大夫,都前往归附他。这正是《诗经》所说的"众多的贤士,文王让他们安宁"。《韩诗外传》说:"文王不能兼顾到在各种言论、各种狱讼方面都谨慎小心。"所以文王的智慧不着重于外物而偏重于人事,管理百官,办理事务,尤其重在观人,这一道理在《大戴礼记·文王官人篇》中说得极为详细,而《周书》中也有对《官人》的解释,所不同的,只不过它是把观人假托到周公身上而已。

《文王官人篇》记述的是周文王告诉太师尚父用来观察揣测感情真伪、检验测试才学技艺的方法。这种方法为六征,所谓六征,一是观诚,二是考志,三是视中,四是观色,五是观隐,六是揆德。现在把原文(用孔广森《大戴礼记补注》本)都引在后面,并先写上几句话以解释原文的意思。

【原典】

一曰观诚。观诚者,观验其诚也。《孔子家语》云[1]:"诚于此者形于彼。"是诚之足观者。《中庸》云[2]:"获乎上有道,不信乎朋友,不获乎上矣;信乎朋友有道,不顺乎亲,不信乎朋友矣;顺乎亲有道,反诸身不诚,不顺乎亲矣。"是观诚之义。盖观诚莫善于观其亲属朋友也。观诚又与第五征观隐相表里,诚信有所未孚[3],则情伪必有所隐匿也。

观诚之为征者如次:

富贵者观其礼施也[4],贫穷者观其有德守也,嬖宠者观其不骄奢也[5],隐约者观其不慑惧也[6];其少[7],观其恭敬好学而能弟也;其壮,观其洁廉务行而胜其私也[8];其老,观其意宪慎强其所不足而不逾也[9]。父子之间,观其孝慈也;兄弟之间,观其和友也;君臣之间,观其忠惠也;乡党之间,观其信惮也。省其居处,观其义方[10];省其丧哀,观其贞良;省其出入,观其交友;省其交友,观其任廉。考之以观其信,絜之以观其知[11],示之难以观其勇,烦之以观其治,淹之以利以观其不贪[12],蓝之以乐以观其不宁[13],喜之以物以观其不轻[14],怒之以观其重[15],醉之以观其不失也,纵之以观其常,远使之以观其不贰,迩之以观其不倦[16],探取其志以观其情,考其阴阳以观其诚[17],覆其微言以观其信[18],曲省其行以观其备[19]。此之谓观诚也。

【注释】

①《孔子家语》:三国魏经学家王肃托名孔安国所做的伪书,共10卷。全书内容多采自《左传》《国语》《荀子》《孟子》《礼记》等。其中保存了大量古代佚文遗事。

②《中庸》:儒家经典之一,原为《礼记》中的一篇,相传战国时子思所作。宋代朱熹把它和《大学》《论语》《孟子》并列为"四书"。

③孚:信服。

④礼施:礼数施为。

⑤嬖:宠爱。

⑥隐约:穷困,不得志。

⑦少：年轻时。

⑧洁廉：即廉洁。务行：意即能力行本身的抱负。胜：克制。

⑨意宪慎：思虑要缜密。宪：思的意思。

⑩义方：待人处事的正当态度。

⑪絜：量度，引申为衡量。

⑫淹：浸渍。

⑬蓝：《周书》作"滥"，可从，表示过度，无节制。

⑭轻：轻佻。

⑮重：持重，即保持威仪不变。

⑯迩：近。

⑰阴阳：犹隐显，即外表与内心。

⑱覆：审查。

⑲曲省：暗暗访查。行：细行，与前句"微言"相对。

【译文】

一是观诚。所谓观诚，就是观察验证一个人是否真诚。《孔子家语》中语："在这个问题上诚实的人必定通过别的方面表现出来。"这说明一个人的诚实足可以观察出来。《中庸》说："获得上级的信任有办法，如果不能取得朋友的信任，就不能获得上级信任；取得朋友的信任有办法，如果不能孝顺父母，就不能获得朋友的信任；孝顺父母有办法，如果反省自己不是出于诚心，就不会孝顺父母。"这段话说明了如何观察一个人真诚与否的要义。大致说来，观察一个人是否真诚，没有比观察他对待亲属朋友的态度更好的了。观诚又与后面第五征观隐互为表里，诚信有的还没有为人所信服，就说明他的感情虚伪，一定有所隐藏。

《大戴礼记》中能证明观诚的内容如下：

富贵的人，要看他是否能够以礼待人；贫穷的人，要看他是否有德行操守；受宠爱的人，要看他是否不骄傲浮夸；不得志的人，要看他能否无所畏惧。年轻时，要看他是否尊敬长辈，勤奋好学，友爱兄弟；壮年时，要看他能否廉洁自律，力行自身的抱负，并克制私欲；年老时，要看他是否思虑缜密，唯恐不周，勉强去做，不越规矩。父子之间，要看他是否孝顺双亲，关心子女；兄弟之间，要看他是否能和乐友爱；君臣之间，要看他是否对君王忠贞、对臣下仁惠；乡亲之间，要看他对人是否信任或敬畏。考察他平日居家的生活，看他待人处事的态度；考察他身处哀丧时的表现，看他是否忠贞和善良；考察他在社会上的交际，看他所结交的朋友怎样；考察他交友时的情形，看他是否以信实和廉洁待人。考验他来看他的信用，衡量他来看他的智慧，向他展示困难来看他的勇气，给他制造麻烦来看他的治理才干，诱之以利来看他能否做到不贪，用淫靡的音乐使他陶醉来看他是否心猿意马，用物质来让他高兴来看他是否轻佻，故意激怒他来看他是否能持重如常，让他喝醉来看他有无失礼之处，放纵他的情欲来看他是否保持常态，疏远他来看他是否忠贞不贰，亲近他来看他是否狎昵放肆，探索他的心志以观察他的性情，考察他外在的表现和内心的想法以观察他的诚实程度，审察他的细微言语以看他是否守信，仔细观察他的行为以看他是否完美无缺，这就叫作观诚。

【原典】

二曰考志。考志者，考度其志也。《说文》云①："志，意也。"又云："意，志也，从心，察言而知意也。"志意既为同部转注，则志亦察言而知之类，故考志即可曰考言而知其意也。考志以观言为主，与第六征揆德以观事为职者不同②，亦对偶之也③。

方与之言以观其志：志殷而深④，其气宽以柔⑤，其色俭而不谄⑥，其礼先人，其言后人，见其所不足，曰日益者也④；好临人以色，高人以气，贤人以言，防其不足，伐其所能⑧，曰日损者也；其貌直而不侮，其言正而不私，不饰其美，不隐其恶，不防其过，曰有质者也；其貌固呕⑨，其言工巧，饰其见物⑩，务其小征⑪，以故自说⑫，曰无质者也；喜怒以物而色不作，烦乱之而志不营⑬，深道以利而心不移⑭，临慑以威而气不卑，曰平心而固守者也；喜怒以物而变易知，烦乱之而志不裕，示之以利而易移，临慑以威而易慑，曰鄙心而假气者也⑮；执之以物而速决⑯，惊之以卒而度料⑰，不学而性辩，曰有虑者也；执之投以物，难说以言，知一而不可以解也⑱,困而不知其止,无辨而自慎⑲,曰愚戆者也⑳;营之以物而不虞㉑,犯之以卒而不惧,置义而不可迁㉒,临之以货色而不可营,曰洁廉而果断者也;易移以言,存志不能守锢,已诺无断,曰弱志者也;顺与之弗为喜,非夺之弗为怒,沈静而寡言㉓,多稽而俭貌㉔,曰质静者也㉕;辨言而不固行㉖,有道而先困㉗,自慎而不让㉘,当而强之㉙,曰妒诬者也;微清而能发,度察而能尽,曰治志者也㉚;华而诬,巧言令色足恭㉛,一也,皆以无为有者也。此之谓考志也。

【注释】

①《说文》:即《说文解字》。东汉许慎编撰,我国第一部以"六书"理论系统分析字形、解释字义和考究字源的字书。

②职:主要。

③偁:对称。

④殷:盛,大。

⑤气:意气,是内在的心志。下句中的"色"即容色,流露在脸上的表情。

⑥俭:谦逊。

⑦益:增益。

⑧伐:夸耀。

⑨固呕:即后面的"令色"。下句"其言工巧"即"巧言"。

⑩饰其见物:掩饰肤浅的地方。

⑪小征:小信。

⑫以故自说:用理由为自己辩解。

⑬营:惑乱。

⑭道:作"引诱"解。

⑮假:意即没有真性。

⑯执:通"熟",恐怖的意思。

⑰卒:通"猝",仓促,突然。

⑱知一而不可以解也:这句话的意思是固执一种自己的看法,而不通事理。

⑲无辨:不能辨别是非和利害。自慎:自忧。

⑳愚戆：愚昧无知。

㉑虞：忧虑。

㉒置义而不可迁：站在正义上而不可更改。

㉓沈静：即沉静，沉默而安静。

㉔多稽：考虑很多。

㉕质静：个性内向。

㉖辨言：讲得头头是道。不固行：不坚决去做。

㉗有道而先困：国家政治清明，自己却还穷困。

㉘自慎而不让：自以为是，而不谦让。

㉙当："当欲"的意思，顺从欲望。强：逞强，不低头。

㉚治志：沉着细心。

㉛足恭：对人过分恭敬。

【译文】

二是考志。所谓考志，就是考察度量一个人的心志。《说文解字》说："志，即是意。"又说："意，即是志。从心，表示通过观察一个人的言论而知道他的心志。""志""意"既然属于同一部首又可以互相注释，那么"志"也就同样表示通过观察言论而得知其意，所以考志就可以说是通过考察言论而得知一个人的心意。考志以观察言论为主，与第六征揆德中说的以观察行事为主不同，也算是互相对称。

正和一个人谈话时，注意观察他的心志：心志盛大而深邃的人，其意气舒阔而柔和，面色谦逊而不谄媚，礼数行在别人的前面，言语说在别人的后面，能让人看到他的不足，这是天天都能有进步的人；喜欢给人脸色，傲视别人，言语上压制别人，掩饰自己的不足，夸大自己的才能，这是天天都会退步的人；其容貌端庄而不倨傲，说话公正无私，不刻意修饰自己的好处，也不故意隐藏自己的坏处，不掩盖自己的过失，这是本质好的人；其外表逢人就笑，言语华而不实，掩饰自己肤浅的地方，致力于一些小诚小信，找出各种理由为自己辩解，这是本质不好的人；如果用外物刺激使其高兴或愤怒，他却面色不变，用繁杂的事务来扰乱他,他的心志却不迷惑,用丰厚的财利引诱他,他却不为所动,用权势来威慑他,他却不卑不亢,这是平心静气而能固守心志有所作为的人;如果用外物刺激使其高兴或愤怒,他却倏然变色,以至于让人很容易就看出来,用繁杂的事务扰乱他,他的意志不再坚定,诱之以利,他便轻易改变心志,在权势威慑面前,低头屈服,这是心地鄙陋而没有真性情的人;以外界的事物来恐吓他,他就能很快决定下来,以仓促的事变来震惊他,他就能度量情况做出处理,不必事事去学习,凭着本性就能辨别是非好坏,这是有头脑的人;很难让他去做一件事,也很难和他说明白一句话,固执己见而不通事理,遇到困难还一味蛮干,不知分辨事物的利害得失而只会杞人忧天,这是愚昧无知的人;用事情去困扰他而不忧虑,遇到突然的侵犯而不畏惧,坚持正义而立场不变,在财色面前不被迷惑,这是廉洁而果敢的人;容易让别人的话改变自己,不能固守自己的意志,做出了承诺却又不敢决断,这是意志薄弱的人;顺利地给予他,并不高兴,无理地抢夺他,也不发怒,沉着冷静而寡言少语,遇事多虑而容貌谦卑,这是个性内向的人;说话头头是道却不坚决去做,国家政治清明自己却穷困潦倒,自以为是而不谦让,随心所欲而又逞强好胜,这是好嫉妒诬陷别人的人;能阐发微妙而不易见的道理,能详尽周到地考虑审察每一件事情,这是沉着心细的人;浮华而诬妄,花言巧语,见人便是一副伪善的面孔,过分地谦卑,这些都是一类人,都是能把没有说成有的人。这就是考志。

【原典】

三曰视中。视中者,占视其内世[①],内心所示,声气为先,听声处气,观察莫尚焉[②]。视中与第四征之观色亦为对待之僻。

诚在其中,此见于外。以其见[③],占其隐;以其细,占其大;以其声,处其气[④]。初气生物[⑤],物生有声。声有刚有柔,有浊有清,有好有恶,咸发于声也。心气华诞者[⑥],其声流散;心气顺信者[⑦],其声顺节[⑧];心气鄙戾者[⑨],其声嘶丑[⑩];心气宽柔者,其声温好;信气中易[⑪],义气时舒,智气简备[⑫],勇气壮直。听其声,处其气,考其所为,观其所由,察其所安。以其前,占其后;以其见,占其隐;以其小,占其大。此之谓视中也。

国学经典文库

冰鉴

历代观人鉴人经典学说

图文珍藏版

【注释】

①占:测度。

②尚:上。

③见:同"现"。

④处:作"定"解。

⑤初气:指宇宙形成以前的混沌之气。

⑥心气:心中的意念。诞:诞妄。

⑦顺:同"慎",谨密。信:实在。

⑧节:节奏。

⑨鄙戾:卑鄙乖戾。

⑩嘶丑:沙哑难听。

⑪中易:中正平易。

⑫简备:完备。

【译文】

三是视中。所谓视中,就是观察一个人的内心。内心所要表露的,首先体现在声音和气息上。听声音,探气息,没有比这种方法更能观察人的了。视中与第四征观色也是互相对称。

真诚存在心中,就会表现在外面。通过外在的显现,探测其内心的隐秘;通过细小的地方,测度出大的所在;通过其声音,判定其气息。宇宙形成前是一团混沌的气体,由这样的气体化生为万物;万物形成以后,便有了声音;声音有阳刚的,有阴柔的,有混浊的,有清纯的,有美好的,有丑恶的,都是从声音中表现出来的。心气浮夸诞妄的人,其声音流离散漫;心气谨密诚信的人,其声音和顺有节奏;心气鄙陋乖戾的人,其声音沙哑难听;心气舒阔柔和的人,其声音温柔美好。诚信的声气中和平易,正义的声气随时舒纵,智慧的声气完美无缺,勇猛的声气雄壮刚直。聆听其声音,判定其气息,考察其行为,观察其经历,审察其所安顿的。通过以前的事,测度以后的事;通过其外在的显现,探测其内心的隐秘;通过细小的地方,测度大的所在。这就叫作视中。

【原典】

四曰观色。观色者,观其外色也。内心所畜①,每现于面,虽欲掩之,中志不从。常民则有喜怒欲惧忧之色,而充备一德者,亦自有其符验也。

民有五性:喜、怒、欲、惧、忧也。喜气内畜,虽欲隐之,阳喜必见②;怒气内畜,虽欲隐之,阳怒必见;欲气内畜,虽欲隐之,阳欲必见;惧气内畜,虽欲隐之,阳惧必见;忧悲之气内畜,虽欲隐之,阳忧必见。五气诚于中,发形于外,民情不隐也。喜色油然以生,怒色怫然以侮③,欲色呕然以偷④,惧色薄然以下⑤,忧悲之色累然而静⑥。诚智必有难尽之色,诚仁必有可尊之色,诚勇必有难慑之色,诚忠必有可亲之色,诚絜必有难污之色,诚静必有可信之色。质色皓然固以安⑦,伪色缦然乱以烦⑧,虽欲故之中⑨,色不听也,虽变可知。此之谓观色也。

【注释】

①内心所畜:内心所蕴藏的东西。

②阳:指表现在外的神情。

③怫然:激动的意思。侮:伤害。

④呕然:喜悦的样子。偷:苟且。

⑤薄:同"迫"。

⑥累:疲惫。

⑦皓然:显明的样子。安:安泰。

⑧伪色:虚伪的神色。缦然:纷杂的样子。

⑨故:能"固",固闭、隐藏的意思。

【译文】

四是观色。所谓观色,就是观察一个人外在的面色。内心所积蓄的,常常表现在面色上,即使想掩盖,往往内心也不听从。普通人有喜悦、愤怒、欲望、恐惧、忧愁的面色,而充分具备某一方面道德者,亦自然有他相应的验证。

百姓有五种天性:喜悦、愤怒、欲望、恐惧、忧愁。喜悦之气充盈心中,虽然想隐藏,外表上也一定会显现出来;愤怒之气充盈心中,虽然想隐藏,外表上也一定会显现出来;欲望之气充盈心中,虽然想隐藏,外表上也一定会显现出来;

恐惧之气充盈心中，虽然想隐藏，外表上也一定会显现出来；忧愁悲伤之气充盈心中，虽然想隐藏，外表上也一定会显现出来。五种情感真实地存在于心里，表现在外在的神情上，那么百姓的真实情感就没办法隐藏了。喜悦时的神色不知不觉地表现出来，生气时的神色很激动，就像要伤害人似的，有欲望时满脸充满着讨人喜欢的和悦苟且之色，恐惧时的神色似乎是被逼迫得低声下气，忧愁悲伤时的神色好像很疲倦似的想安静一会。真正的智慧，就一定有着难以测度的神色；真正的仁爱，就一定有令人尊敬的神色；真正的勇敢，就一定有难以屈服的神色；真正的忠诚，就一定有让人可以亲近的神色；真正的廉洁，就一定有难以玷污的神色；真正的安静，就一定有令人信赖的神色。一个人的性情本色是洁白无瑕，固定而泰然，虚伪的神色则是纷杂零乱而烦躁的，虽然想把这种神色隐藏在内心深处，但神色上却不由自主，即使要改变它，也可以看出来。这就叫作观色。

【原典】

五曰观隐。观隐者，观其隐托也。人情多隐以便其私，好诈以饰于众；故为伪爱以为忠，矫厉以为勇诸类①，然非比絮而观察之②，亦无以知其隐伏之情也。

生民有阴阳，人多有隐其情，饰其伪以赖于物，以攻其名也③。有隐于仁质者，有隐于知理者，有隐于文艺者，有隐于廉勇者，有隐于忠孝者，有隐于交友者：如此者不可不察也。小施而好大得，小让而好大争，言愿以为质④，伪爱以为忠，面宽而貌慈，假节以示人⑤，故其行以攻其名：如此者隐于仁质也。推前恶⑥，思附知物焉⑦，首成功⑧，少其所不足⑨，虑诚不及，佯为不言，内诚不足，色示有余，故知以动人⑩，自顺而不让，错辞而不遂⑪，莫知其情：如是者隐于知理者也。素动人以言⑫，涉物而不终⑬，问则不对，详为不穷⑭，色示有余，有道而自顺用之，物穷则为深：如此者隐于文艺者也。廉言以为气，矫厉以为勇，内恐外悴，无所不至，亟称其说，以诈临人：如此者隐于廉勇者也。自事其亲，好以告人，乞言劳悴⑮，而面于敬爱，饰其见物，故得其名，名扬于外，不诚于内，伐名以事其亲戚⑯，以故取利，分白其名⑰，以私其身：如此者隐于忠孝者也。阴行以取名⑱，比周以相誉⑲，明知贤可以征⑳，与左右不同而交㉑，交必重己，心说之而身不近之㉒,身近之而实不至㉓,而欢忠不尽㉔,欢忠尽见于众而貌克㉕:如此者隐于交友者也。此之谓观隐也。

【注释】

①矫:假托,诈称。

②絜:度量,衡量。

③攻:求取。

④愿:谨慎。质:指本性质朴。

⑤假节:假借仁质的操守。

⑥前恶:他人以前的恶行丑事。

⑦知物:犹"知人"。

⑧首:作动词用,犹"羡慕"。

⑨少:作动词用,犹"揶揄",嘲笑。

⑩故知:征引故实以为知。

⑪错辞:即措辞。

⑫素:作"空"字解。言:文辞。

⑬涉物而不终:此句意思是读书不求甚解。涉:涉猎。终:推究其理。

⑭详:即"佯"。古"详""佯"通用。

⑮乞:当是"亟"字,常常。

⑯亲戚:指父母。

⑰分白:清俞樾认为是"白分","白"是"自"的古字。

⑱阴行以取名:以不正当的手段窃取名声。

⑲比周:交结朋党。相誉:互相标榜。

⑳征:作为模范。

㉑而交:俞樾认为是"而不交"。

㉒说:悦。

㉓实:情实。

㉔欢:交欢。忠:指推心置腹。

㉕克:胜过。

【译文】

五是观隐。所谓观隐,就是观察一个人的隐藏伪托之处。人之常情是喜欢掩盖自己的隐私,喜欢欺诈别人掩饰自己,因此有人假装慈爱显出忠诚的样子,有人假托严厉以为勇敢,等等。但不通过比较衡量来观察,就无法知道其隐藏埋伏的情况。

人天生就有内在和外表,有很多人都隐藏自己的真情,以虚伪作掩饰,依赖种种外物,来博取名声。有隐藏于仁义本质之中的,有隐藏于智慧事理之中的,有隐藏于语言艺术之中的,有隐藏于廉洁勇敢之中的,有隐藏于忠诚孝顺之中的,有隐藏于结交朋友之中的:像这些情况,不能不仔细审察。施舍一点点,却希望收到大的回报;小的地方和人谦让,却在大的地方与人争夺;说话谨慎小心,好像本性是质朴的;伪装成仁爱,好像是忠贞不贰;外表装得很宽厚,容貌也像是一脸慈祥;假借仁爱的本质,来向人招摇,故意做这种种行为,来博取声誉:这是隐藏在仁义本质之中的人。寻找他人以前的错事,想以此来了解一个人;他人有所成功便羡慕,一旦失败便嘲讽;实在没有料想到,便故意不讲话;肚子里实在知道得很少,外表上好像知道得很多;征引一些故事来说动人家,自以为是毫不谦让;说话故意不讲完,高深莫测:这是用智慧事理来隐藏的人。用空洞的话来感动人;涉猎一些事理,却不去推究它的道理;向他提问,却不回答;装着有无穷的学问,外表上好像知道得很多;借着许多道理,自以为是地来用;等到行不通了,就故意说得很艰深:这是用语言艺术来隐藏的人。说些言语,让人以为他清廉;假装严厉,使人以为他勇敢;内心实为恐惧,外表却装得很忧伤;无所不用,极力吹嘘自己,来欺骗人:这是用廉洁勇敢来隐藏的人。自己侍奉父母,喜欢说给别人听,总是说他如何如何辛苦,而表面上又装得多么多么敬爱,掩饰自己显露的地方,来博取名声;名声虽然传扬在外,但内心却一点也不真实;夸说自己是如何如何的孝养父母,以求得好处,自取名声,从而满足自己的私欲:这是用忠孝来隐藏的人。以不正当的手段窃取名声,交结朋党互相标榜,明知别人贤能可以作为模范,与平常交往的人不同,却不与之交往,即使与他交往,也是要对自己有某些好处的;心里喜欢他,却不愿亲近他;虽然亲近他,心理上还是要保持一定距离,并不能做到推心置腹;可是在大家面前,表面上又装着一副倾心尽欢的样子:这是用交友来隐藏的人。这叫作观隐。

【原典】

六曰揆德。揆德者,揆度于德也。德之内充,必符于外。然虞庭有载采之言,孔子因所试为誉,故揆德无异考之以行事也。韩非有云:"观容服,听辞言,仲尼不能以必士;试之官职,课其功伐,则庸人不疑于愚智。"其亦知此意者乎!

言行不类,终始相悖,阴阳克易①,外内不合,虽有隐节见行②,曰非诚质者也;其言甚忠,其行甚平③,其志无私,施不在多,静而寡类④,庄而安人,曰有仁心者也;事变而能治,物善而能说,浚穷而能达⑤,错身立方而能遂⑥,曰广志者也;少言而行,恭俭以让,有知而不伐,有施而不置,曰慎谦良者也;微忽之言⑦,久而可复,幽闲之行⑧,独而不克⑨,行其亡⑩,如其存⑩,曰顺信者也;贵富虽尊,恭俭而能施,众强严威⑪,有礼而不骄,曰有德者也;隐约而不慑,安乐而不奢,勤劳之不变,喜怒而有度⑫,曰有守者也;直方而不毁⑬,廉洁而不戾⑭,立强而无私⑮,曰经正者也;正静以待命⑯,不召不至,不问不言,言不过行,行不过道⑰,曰沈静者也;忠爱以事其亲,欢欣以敬之,尽力而不面敬以要人⑱,以名故不生焉,曰忠孝者也;合志而同方⑲,共其忧而任其难,行忠信而不相疑,迷隐达而不相舍⑳,曰至友者也;心色辞气,其入人甚愉,进退工㉑,故其与人甚巧㉒,其就人甚速,其叛人甚易,曰位志者也㉓;饮食以亲,货贿以交,接利以合,故得望誉征利而依隐于物㉔,曰贪鄙者也;质不断㉕,辞不至,少其所不足,谋而不已,曰伪诈者也;言行亟变,从容谬易㉖,好恶无常,行身不类㉗,曰无诚者也;小知而不大决,小能而不大成,顾小物而不知大论,亟变而多私,曰华诞者也;规谏而不类㉘,道行而不平㉙,曰窃名者也。

故事阻者不夷㉚,畸鬼者不仁㉛,面誉者不忠,饰貌者不情,隐节者不平,多私者不义,扬言者寡信。此之谓揆德。

【注释】

①克易:意即变动无常。

②隐节见行:掩饰自己的短处,表现自己的长处。

③平:平正。

④寡类:指不结党。

⑤浚穷而能达:意即能以深入浅出的话,表达深邃的思想。

⑥错:同"措",安置。

⑦忽:微小。

⑧幽闲:指隐居。

⑨独而不克:意即不好鄙薄别人,但能独善其身。

⑩行其亡,如其存:意即奉行去世的尊长的遗愿,就好像他在世时一样。

⑪众强:指地广民众。严威:指威武可畏。

⑫有度:有节度而不过分。

⑬直方:刚直方正。不毁:不随便阿附他人。

⑭戾:乖戾。

⑮立强:直道而行。

⑯正静:端正雅静。命:国君征召的命令。

⑰行不过道:行为不逾越规范。

⑱面敬:表面上恭敬。要人:赢得他人的赞誉。

⑲合志而同方:志同道合。

⑳隐:隐退。达:腾达。

㉑进退工:意即很会钻营,也很会摆脱。

㉒与人甚巧:意即很会应付人。

㉓位志:心志只在地位上。

㉔望誉征利:即以名望声誉,来攫取利益。依隐:依据。

㉕质不断:虽有质疑而不能断定。质,质疑。断,决断。

㉖从容:举动。谬:狂妄。易:轻率。

㉗类:类似。

㉘不类:不合事理。

㉙道:作"直"字解。

㉚夷:平常的意思。

㉛畸鬼:依靠祭祀来祈福。畸,同"倚"。

【译文】

六是揆德。所谓揆德,就是考察度量一个人的道德。内心充满道德,一定会合乎外表。然而虞舜有"再去做些具体事情"的话,孔子经过试验后才加以称誉,所以考察度量一个人的道德,和考察一个人的办事能力没什么两样。韩非子说过:"看一个人的容貌服饰,听一个人的言辞,即使孔子也不能认为这个人就一定能做官;尝试着让他担任官职,考核他的政绩,即使是平庸的人,也不会怀疑他的能力大小。"韩非子也是知道这个意思的人嘛!

言行不一致,始终相违背,阴阳变化无规律,外表和内在不符合,虽然他能掩饰自己的短处,表现自己的长处,但终究可以说不是真正质朴的人;讲话很诚恳,行为很平正,心中所想没有私念,施舍不在于多,沉静而不结党,庄严而能和人,这是有仁心的人;事情发生了变化能处理,发现了美好的事物能述说,艰深的道理能表达,安身立命而能有所成就,这是智慧广博的人;沉默寡言埋头做事,谦恭俭约而能逊让,有智慧而不向人夸耀,有施舍而不自以为德,这是谨慎谦让而温良的人;很轻的一句话,虽然说了很久,还能够履行诺言,隐居的行为是独善其身,而不去鄙薄他人,奉行去世的长辈的遗愿,就好像他在世时一样,这是恭顺诚信的人;虽然高贵富裕受人尊敬,但仍然谦恭俭约并能施舍他人,土地广大百姓众多且严肃威武令人敬畏,但却彬彬有礼而不骄不傲,这是有德行的人;穷困而不惧怕,安乐而不豪奢,不改变勤劳的习惯,喜怒有节而不过分,这是有操守的人;刚直方正而不随便阿附别人,廉洁而不乖戾,能直道而行,没有私心,这是正经规矩的人;端正雅静,以等待国君征召的命令,国君不征召,不去,国君不问话,不先开口,说话不超过行事,行事不超过道理,这是沉着冷静的人;以真诚的爱尽奉双亲,以愉悦的心情敬奉父母,尽力去做,而不只是表面恭敬,以赢得别人的赞誉,因此其名声并不一定为世人所知,这是真正孝顺的人;志同道合,共同分担忧患,行为忠诚信实而不互相猜疑,不论退隐山林还是飞黄腾达,都不相舍弃,这是至交好友;态度言语都令人愉快,善于钻营,也很会摆脱,所以很懂得应付他人,与人亲近很快,不过背叛人也很容易,这是心思完全放在其地位上的人;酒肉朋友,钱财之交,有利可图就凑在一起,所以能够利用名望和声誉来攫取利益,而把友情建立在物质上,这是贪婪卑鄙的人;有疑问又不能断定,有话又说不出来,意识到自身所缺乏的东西,却又不停地处心积虑地去获取,这是虚伪狡诈的人;言行多变,举止荒谬而轻率,好恶无常,做的事与身份不符,这是没有真诚的人;有小聪明而不能决断大事情,有小能耐而不能成就大事业,顾虑到小事情而不知道大道理,常常注意多变而私心较重,这是浮华诞妄的人;说些规劝的话而不舍事理,做些正直的事而不论是非,这是欺世盗名的人。所以遇到事情专门设置障碍的人,是不合常情的;依靠祭祀鬼神来祈福的人,是不仁爱的;只求表面上的声誉的人,是不忠诚的;仅在外表上修饰的人,是不真实的;隐藏自己行为的人,是不平正的;私心较重的人,是不讲义气的;专讲大话的人,是缺少信用的。这就叫作揆德。

【原典】

凡此六征,文王用以慎察人伦,甄别才艺①:于是取平仁而有虑者使治国家而长百姓②,取慈惠而有理者使长乡邑而治父子,取直愍而忠正者使莅百官而察善否③,取顺直而察听者使长民之狱讼出纳辞令,取临事而絜正者使守内藏而治出入,取慎察而絜廉者使分财临货主赏赐,取好谋而知务者使治壤地而长百工,取接给而广中者使治诸侯而待宾客④,取猛毅而度断者使治军事卫边境,是为九用。《官人篇》皆郑重发之,此观人术因官人而广著用涂者欤!

【注释】

①甄:鉴别。

②长:掌管,治理。

③愍:怜悯,哀怜。莅:统治,管理。否:恶。

④接给:同"捷给",敏捷。

【译文】

上述六征,周文王用来谨慎地观察人才的优劣,鉴别才能技艺的高低:在此基础上选取公正仁义而有思想的人，让他们治理国家管理百姓；选取慈爱而懂得道理的人，让他们掌管乡邑，调解家庭纠纷；选取刚直、富有同情心而忠心耿耿行为端正的人，让他们统率百官，观察善恶；选取和顺正直又善于听取各种意见的人，让他们分管百姓狱讼、财物出纳、外交辞令；选取遇事而能做到清廉端正的人，让他们看守国家仓库，管理支出和收入；选取谨慎行事而清廉的人，让他们负责分发财货，主管赏赐；选取喜欢谋划而识时务的

周文王

人，让他们治理土地，掌管各种工匠；选取反应敏捷而交友广泛的人，让他们管理诸侯，接待宾客；选取刚猛坚毅而做事果断的人，让他们掌管军队，保卫边境，这是六征的九种作用。《文王官人篇》都着重地进行了阐发，这说明观人术在考察任用官员方面具有广泛的用途啊！

三、周公、孔子观人法

【原典】

唐虞之际①，知人与官人并重，已见《皋陶谟》中。至周文王则直以六征之法官人，无异视观人术为官人术也，观人术在政府自此始。鱼不可脱于渊，国之利器不可以假人②。盖昔时爵人于朝③，为王者大权，睿智独运，唯在观人，平民虽挟此，亦无所用也。读《尚书·周官篇》一则曰："明王立政，不唯其官④，唯其人。"再则曰："举能其官⑤，唯尔之能；称匪其人⑥，唯尔不任⑦。"是时周成王在位，周公辅之，周官制度，尚未见周礼，而周之子孙嗣统者，已能纂承洪绪⑧，缵

述文王之谟如此⑨。及周公制作既定,官数三百六十,而取士之法,有升之司徒之选士,升之学之俊士⑩,升之司马之进士。司马衡论进士之贤者,乃告于王而定其官爵禄位。官人法既备,观人术亦不得不密矣。周之嗣王⑪,绵绵历世,至平王东迁而国始衰,然官人之意未失,周史贤者,类能观人,兹略疏其名字事实如次,以见周之末世虽无老成人,犹有典型也。

【注释】

①唐虞:即尧和舜。古史称陶唐氏(尧)与有虞氏(舜)均以揖让而有天下,故认为唐、虞时为太平盛世。

②假:借。

③爵:爵位。这里作动词用,封爵。

④不唯其官:不考虑官员人数的多少。

⑤举:举荐。能其官:能够称其职。

⑥称:举。匪:非,不。

⑦不任:不胜任。

⑧纂承:继承。洪:大。绪:功业。

⑨缵:继承。谟:计谋,谋略。此指功业。

⑩学:疑前或后缺一字,应为"学士""学政""学官"等。

⑪嗣:继承人。

【译文】

在唐尧、虞舜时代,了解人和任用人同等重要,这在《尚书·皋陶谟》中已有反映。到周文王时,就直接用六征之法任用人了,这无异于把观察人的方法等同于任用人的方法了,所以观人术在政府中的运用是从此开始的。鱼不能离开水,国家的权柄不能借助别人来掌管。古时,授人以爵位官职,是君王的大权,这需要超人的智慧,其中关键在于如何观察人,平民百姓即使掌握了这种方法,也没有机会使用。读《尚书·周官篇》,其中有一条说:"圣明的君王设官理政,不看重官员的多少,而看重任用的人是否胜任其职。"又一条说:"选拔官员并且能够使之各称其职,是你们卓有才能的表现;反之,选拔的官员不能称职,说明你们也不能胜任自己的职责。"当时周成王在位,周公旦辅佐他,周朝选拔任用官员的制度还没有在周礼中出现,但周王室子孙中的继位者已经能够继承前人的盖世功业,继承文王的伟大事业了。等到周公旦制定了官制,设置官职三百六十员,并制定了选举官员的方法:有司徒选举法,学士选举法和司马选举法等。司马权衡所选官员的贤能者,报告君王后确定该官员的官职爵位。任用官员的办法已经完备了,那么观察人的办法自然也不得不严密细致。周朝的君王,一代一代传下去,到周平王东迁洛阳时,国家开始走向衰落,但是任用官员的传统并没有丢失,周朝史官中的优秀者,大都善于观察人,这里简单记述他们的姓名和事迹如下,由此可见周朝末年虽然政治上没有老成持重之人,但在用人方法上却有一些典型。

【原典】

内史过①:锡晋惠公命②,惠公不敬,知其无后。

内史兴:锡晋文公命,知其必霸。

刘康公:聘鲁③,见季文子、孟献子俭,曰:"其长取鲁乎!"叔孙东门侨,曰:"其亡乎,侨不恤匮,忧必及之!"又观成肃公受脤不敬④,知其不反。

刘定公:劳晋赵孟,赵孟侪于隶人⑤,自谓朝不谋夕。刘子知其不复年。

单襄公:聘晋,假道于陈,陈道弗不治,知其必亡。谓郤犨倚语犯,郤犨语迁,郤至语伐,必不免;齐国子好尽言,亦将及难。

辛有:东迁之初,过伊川,见被发而祭者,曰:"不及百年,此其戎乎!"

内史叔服:谓公孙敖二子曰:"榖也食子,难也收子。榖丰下,必有后。"

上述诸人,除内史叔服语涉相术外,余皆具观人之至理,无谬巧之说也。周史多才,于斯称盛。鲁秉周礼,其贤者亦颇有周史风。

【注释】

①内史:官名,西周始置,协助天子管理爵禄、废置等政务。过:人名。

②锡:赐。

③聘:聘问。

④脤:古代祭礼社稷(土地神和谷神)用的生肉。

⑤侪:同辈,同类。

【译文】

内史过:代表周天子向晋惠公发布命令时,见惠公不够恭敬,因此知道惠公一定会绝后。

内史兴:代表周天子向晋文公发布命令,知道文公一定会称霸诸侯。

刘康公:到鲁国聘问时,见季文子、孟献子非常节俭,说:"他们会长期得到鲁国吧!"见叔孙东门十分奢侈,说:"他大概要灭亡吧,奢侈浪费,不考虑匮乏的时候,忧虑一定会降到他身上。"又看到成肃公接受祭肉时不够恭敬,就知道他有去无回了。

刘定公:犒劳晋国的赵孟,赵孟把自己等同于皂隶,并自称早晨考虑不了晚上。刘定公因此知道他活不到一年。

单襄公:到晋国聘问,途经陈国。陈国道路上杂草丛生,单襄公因此知道陈国一定要灭亡。又认为郤犨言语唐突,郤犨言谈迂腐,郤至说话喜欢自夸,一定难免灾祸;齐国的国子喜欢说过头话,也将有灾祸缠身。

辛有:周平王东迁时,经过伊川,见到一个人披头散发进行祭祀,便预言说:"不到一百年,这里就要被戎人所占领。"

内史叔服:评价楚国令尹公孙敖的两个儿子说:"榖这个孩子将来能祭祀供养你,难这个孩子将可以安葬你。榖的下巴丰满,其后代一定会昌盛起来。"

上面这些人,除了内史叔服的话涉及相术之外,其他人都具备了观察人的深刻道理,没有荒谬无稽之论。周朝的史官多才多艺,在这方面更是突出。鲁国秉承周朝礼仪,国中贤能的人也颇有周朝史官的风采。

【原典】

《左氏传》载鲁贤足与观人之列,亦有数辈。如:

孟公绰:知崔杼有大志,必速归。

子服昭伯:谓季乎子:"晋六卿强而骄侈,公室将卑。"

穆子、叔孙豹:谓齐庆封车美,必以恶终。

东门遂:谓齐侯偷。

展禽：讥臧文仲祀爰居及夏父弗忌跻僖公。

御孙：讥宗父用币。

皆其著者。展禽、御孙之讥议，虽若无关观人术者，然观人本臧否人伦之事[1]，不必求验其人行事之吉凶祸福始为得也。鲁既守周礼，终其世尊天子勿替[2]，则观人术谓犹在王朝，而未盛于民间可也。及孔子奋布衣，值其世礼乐崩沦，天下大乱，孔子亦以所闻所见者因鲁史作《春秋》一经，将以理人伦，序人类；而居常抑扬古人、进退弟子之言，复散见于《论语》各书，盖皆拟人于伦之辞也。

《春秋》微言大义不具论，独取《论语》《孔子家语》诸书，一究孔子之观人术，而定观人术之在民间自孔始。

【注释】

①臧否：评论人物的好坏。

②替：废弃，停止。

【译文】

《左传》记载的鲁国贤人中足以列入观人之辈的也有一些。如：

孟公绰：知道齐国的崔杼胸有大志，一定会迅速回来。

子服昭伯：对鲁国的季平子说："晋国的六卿势力强大并且骄傲奢侈，公室将要衰微。"

穆子、叔孙豹：认为齐国庆封的车子很豪华，一定不得善终。

东门遂：认为齐国国君得过且过。

展禽：讥讽臧文仲祭祀时不守礼仪和夏父弗忌对僖公无礼。

御孙：讥讽宗父滥用币。

这些都是明显的例子。展禽、御孙的讥讽，虽然好像与观人术无关，但观察人本来就是对人的好坏的评判，不一定非要去检验那个人行为的吉凶祸福真的如何。鲁国既然坚守周朝的礼仪，一直尊奉周王室，这样就可以说观人术仍然是在朝廷而没有在民间流行。等到孔子作为一个平民，又处于礼崩乐坏、天下混乱的时代，以自己的所见所闻，根据鲁国的历史，撰写了《春秋》这部经典著作,用来恢复、规范旧有的人伦道德;而平时评论古代人物、褒贬弟子的言论,又散见于《论语》等书,也大都是评论人物的言论。

这里且不说《春秋》中的微言大义,只选择《论语》《孔子家语》等书中的记载,探究孔子的观人术,从而确定观人术在民间流传是从孔子开始的。

【原典】

子曰:"巧言令色,鲜矣仁。"

子曰:"视其所以①,观共所由,察其所安。人焉廋哉②! 人焉廋哉!"

宰予昼寝。子曰:"朽木不可雕也,粪土之墙不可杇也③,于予与何诛!"子曰:"始吾于人也,听其言而信其行;今吾于人也,听其言而观其行。于予与改是。"

子曰:"吾未见刚者。"或对曰:"申枨。"子曰:"枨也欲,焉得刚?"

子曰:"狂而不直,侗而不愿④,悾悾而不信,吾不知之矣!"

柴也愚,参也鲁,师也辟,由也喭。

子曰:"回也其庶乎⑤,屡空⑥。赐不受命,而货殖焉,亿则屡中⑦。"

子谓公冶长:"可妻也。虽在缧绁之中⑧,非其罪也。"以其子妻之。

子谓南容:"邦有道,不废;邦无道,免于刑戮。"以其兄之妻之。

子谓子贱:"君子哉若人! 鲁无君子者,斯焉取斯?"

子贡问曰:"赐也何如!"子曰:"女,器也。"曰:"何器也?"曰:"瑚琏也⑨。"

或曰:"雍也仁而不佞。"子曰:"焉用佞⑩? 御人以口给⑪,屡憎于人。不知其仁,焉用佞?"

孟武伯问:"子路仁乎?"子曰:"不知也。"又问。子曰:"由也,千乘之国,可使治其赋也⑫,不知其仁也。""求也何如?"子曰:"求也,千室之邑,百乘之家,可使为之宰也。不知其仁也。""赤也何如?"子曰:"赤也,束带立于朝,可使与宾客言也。不知其仁也。"

子贡问曰:"孔文子何以谓之文也?"子曰:"敏而好学,不耻下问,是以谓之文也。"子谓子产:"有君子之道四焉:其行己也恭,其事上也敬,其养民也惠,其使民也义。"

子张问曰:"令尹子文三仕为令尹,无喜色;三已之,无愠色。旧令尹之政,必以告新令尹,何如?"子曰:"忠矣。"曰:"仁矣乎?"曰:"未知。焉得仁?""崔子弑齐君。陈文子有马十乘,弃而违之。至于他邦,则曰:'犹吾大夫崔子也。'违之。之邦,则又曰:'犹吾大夫崔子也。'违之,何如?"子曰:"清矣。"曰:"仁矣乎!"曰:"未知。焉得仁?"

子路问闾成人。子曰:"若臧武仲之知,公绰之不欲,卞庄子之勇,冉求之艺,文之以礼乐,亦可以为成人矣。"

闵子侍侧,誾誾如也;子路,行行如也;冉有、子贡,侃侃如也。子乐。"若由也,不得其死然。"

子曰:"吾之于人也,谁毁谁誉? 如有所誉者,其有所试矣。斯民也,三代之所以直道而行也。"

子曰:"色厉而内荏,譬诸小人,其犹穿窬之盗也与?"

【注释】

①以:当"与"讲。

②廋:隐藏,藏匿。

③杇:同"圬",涂抹粉刷。

④侗:童蒙无知。愿:朴实。

⑤庶:差不多。

⑥空:空乏。

⑦亿:猜测。

⑧缧绁:捆绑罪人的绳索,这里指代监狱。

⑨瑚琏:古代祭祀时盛粮食的器皿,非常尊贵。

④佞:能言善辩。

⑩御:防御。此指辩驳。口给:言词便捷,快嘴利舌。给,足。

⑩赋:兵赋。这里指军政工作。

【译文】

孔子说:"一个人花言巧语,又装出一副讨人喜欢的面孔,这种人的仁德是很少的。"

　　孔子说:"看一个人所结交的朋友,观察他为达到目的所采取的方式方法,了解他的心情安于什么,不安于什么。那么这个人还怎么能隐藏得住呢? 这个人还怎么能隐藏得住呢?"

　　宰予在白天睡觉。孔子得知后说:"腐朽的木头无法雕刻,粪土一样的墙壁不可再粉饰。对宰予这个人,我还有什么要去责备他的呢?"孔子又说:"当初我看待一个人,听了他说的话,就相信了他做的事。现在我看待一个人,不但要听他说话,还要观察他的行动。从宰予这件事上,我改变了这种态度。"

　　孔子说:"我没有见过刚毅不屈的人。"有人答道:"申枨就是这样的人。"孔子说:"申枨这个人欲望太多,怎么称得上刚毅?"

　　孔子说:"狂妄而不正直,幼稚而不朴实,无能而不守信用,我不知道这种人为什么会这样?"

　　高柴愚笨,曾参迟钝,子张偏激,子路鲁莽。

　　孔子说:"颜回的道德修养差不多了吧,可是他经常处于穷困之中。子贡不安本分,而去做生意,判断行情却往往很准确。"

　　孔子评论公冶长时说:"可以把女儿嫁给他。他虽然曾被关在监狱里面,但这不是他的罪过。"于是把自己的女儿嫁给了他。

　　孔子评论南容时说:"国家政治清明,他也有官做,不会被废弃;国家政治昏暗,他也不至于遭受祸害。"于是把自己哥哥的女儿嫁给了他。

　　孔子评论子贱时说:"这个人真是君子啊! 如果鲁国没有君子的话,他从哪里学到这些好品德呢?"

　　子贡问道:"我是一个怎样的人呢?"孔子说:"你好比是一个器物。"子贡问:"是什么器物呢?"孔子说:"宗庙里盛黍稷的瑚琏。"

　　有人说:"冉雍有仁德而无口才。"孔子说:"何必一定要有口才? 强嘴利舌与别人辩驳,常常被别人讨厌。我不知道冉雍有无仁德,但为什么要有口才呢?"

　　孟武伯问:"子路是个有仁德的人吗?"孔子说:"不知道。"孟武伯又问。孔子才说："仲由嘛,如果在一个拥有一千辆兵车的国家里,是可以让他负责军政工作的。不过,我不知道他是否能够称得上是有仁德的人。"孟武伯继续问:"那么冉求怎么样呢?"孔子说:"冉求嘛,如果在一个有上千户人家的城邑或有一百辆兵车的大夫封地,是可以让他当这里的总管的。但不知道他是否有仁德。""公西赤怎么样呢?"孔子说:"公西赤嘛,可以让他穿着礼服,站在朝廷上,接待外宾。但不知道他有没有仁德。"

子贡

子贡问道:"孔文子的谥号为什么叫作'文'呢?"孔子说:"他聪明好学,不怕被耻笑而向地位低下的人请教,所以用'文'做他的谥号。"

孔子评论子产说:"他具有君子的四种道德:他自己的行为庄重,他侍奉君主恭敬,他养育百姓并给以恩惠,他役使民众符合道义。"

子张问道:"楚国的令尹子文三次出任令尹,每次都没有高兴的神色;三次被罢免,也没有怨恨的神色。而且每次被罢免时,都一定要把自己做令尹时的政令告诉接任的令尹。这个人怎么样?"孔子说:"称得上为国尽忠了。"子张又问:"算得上仁吗?"孔子说:"这我不知道,怎么算得上仁呢?""齐国大夫崔杼杀了齐庄公后,齐国大夫陈文子家有十辆马车,但他宁可舍弃不要,而逃离了齐国,来到另一个国家,说道:'这里的执政者和我国大夫崔子一样坏。'又马上离开。到了另一个国家,又说:'这里的执政者和我国大夫崔子一样坏。'于是又逃走了。这个人怎么样?"孔子说:"他很清白。"子张问:"算不算仁呢?"孔子说:"这我不知道,怎么能算仁呢?"

子路问怎样才算是个完美的人。孔子说:"像臧武仲那样聪明,孟公绰那样廉洁,卞庄子那样勇敢,冉求那样多才多艺,再加上礼乐的熏陶,也就可以成为完美的人了。"

闵子骞站在孔子身旁,很正直恭敬的样子;子路,很刚强勇武的样子;冉有、子贡,温和快乐的样子。孔子很高兴。但接着又叹道:"像子路这样,只怕会不得善终吧。"

孔子说:"我对于别人,诋毁过谁? 称赞过谁? 如果有称赞过的人,那他一定是经过我考验的。夏、商、周三代的人都如此,所以三代能一直在正道上发展。"

孔子说:"脸色严厉,内心软弱,如果用坏人做比喻,恐怕像个打洞穿墙的小偷吧!"

【原典】

《孔子家语·子路初见篇》:

澹台子羽有君子之容,而不行胜其貌;宰予有文雅之辞,而智不充其辩。孔子曰:"里语云①:'相马以舆,相士以居,弗可废矣。'以容取人,则失之子羽;以辞取人,则失之宰予。"

《五仪解篇》:

哀公问于孔子曰:"请问取人之法。"孔子对曰:"事任于官②,无取捷捷③,无取钳钳④,无取啍啍⑤。捷捷,贪也⑥;钳钳,乱也;啍啍,诞也⑦。故弓调而后求劲焉,马服而后求良焉,士必悫而后求能智者焉⑧。不悫而多能,譬之豺狼不可迩⑨。"

《好生篇》:

鲁公索氏将祭,而亡其牲。孔子闻之,曰:"公索氏不及二年将亡。"后一年而亡。门人问曰:"昔公索氏亡其祭牲,而夫子曰:'不及二年必亡。'今过期而亡⑩,夫子何以知其然?"孔子曰:"夫祭者,孝子所以自尽于其亲。将祭而亡其牲,则其余所亡者多矣。若此而不亡者,未之有也。"

《六本篇》:

子夏问于孔子曰:"颜回之为人奚若?"子曰:"回之信,贤于丘。"曰:"子贡之为人奚若?"子曰:"赐之敏,贤于丘。"曰:"子路之为人奚若?"子曰:"由之勇,贤于丘。"曰:"子张之为人奚若?"子曰:"师之庄,贤于丘。"子夏避席而问曰:"然则四子何为事先生?"子曰:"居,吾语汝。夫回能信而不能反,赐能敏而不能讪⑪,由能勇而不能怯,师能庄而不能同。兼四子者之有以易吾,弗与也。此其所以事吾而弗贰也⑫。"

《致思篇》:

孔子将行,雨而无盖⑬。门人曰:"商也有之。"孔子曰:"商之为人,甚吝于财。吾闻之与人交,推其长者,违其短者⑭,故能久也。"

《曲礼子夏问篇》⑮:

子路与子羔仕于卫,卫有蒯聩之难。孔子在鲁闻之,曰:"柴也其来,由也死矣。"既而卫使至,曰:"子路死焉。"

【注释】

①里语:犹"里谚",民间谚语。

②事任于官:王肃注:"言各当以其所能之事任于官。"

③捷捷:花言巧语,取媚于人。

④钳钳:王肃注:"钳钳,妄对,不谨诚。"

⑤哼哼:通"谆"。王肃注:"哼哼,多言。"

⑥捷捷,贪也:王肃注:"捷捷而不已食,所以为贪也。"

⑦诞:欺诈。

⑧悫:诚实,谨慎。

⑨不悫而多能,譬之豹狼不可迩:王肃注:"言人无智者虽性悫信,不能为大恶。不悫信而有智,然后乃可畏也。"迩:近。

⑩期:一周年。

⑪讪:通"屈",屈服,屈抑。

⑫贰:疑,怀疑。

⑬盖:车子上的伞盖。

⑭违:避开。

⑮《曲礼子夏问篇》:原文误为《子贡问篇》,今改。

【译文】

《孔子家语·子路初见篇》:

澹台子羽有君子一般的容貌,但他的行为与他的容貌不够相称;宰予能讲十分文雅的言辞,但他的智慧与他的辩才不相符合。孔子说:"谚语说:'观察马匹要在它驾车的时候,观察士人要在他独处的时候,这个法则不能废弃。'凭着容貌来选取人才,失误就表现在子羽身上;凭着言辞来选取人才,失误就表现在宰予身上。"

《孔子家语·五仪解篇》:

鲁哀公请教孔子说:"请教一下选拔人才的原则。"孔子回答说:"各取所能而任命以相应的官职,不要选拔花言巧语的人,不要选拔狂言妄语的人,不要选拔多言多语的人。花言巧语的人贪婪无比,狂言妄语的人扰乱是非,多言多语的人喜欢欺诈。所以弓调顺了以后再求它的强劲,马驯服了以后再求它的精良,士人一定要诚实,然后才可以要求他具有才能。如果为人不诚实却有很多才能,那就像豺狼一样不可接近。"

《孔子家语·好生篇》:

鲁国大夫公索氏正准备祭祀,却丢失了供祭祀用的牲畜。孔子听到这件事后说:"用不了两年,公索氏必然灭亡。"后来过了一年,公索氏果然灭亡了。弟子问孔子说:"从前公索氏丢失了祭祀用的牲畜,先生您说:'用不了两年,他必定灭亡。'如今过了一年,公索氏果然灭亡了,先生根据什么知道会是这样呢?"孔子说:"祭祀,是孝子尽自己所有来供奉先祖亲人的。将要祭祀却丢失了祭品,那么其余丢失的东西就更多了。像这样而不灭亡的,是没有的。"

《孔子家语·六本篇》:

子夏问孔子说:"颜回的为人怎么样?"孔子说:"颜回在诚信这方面比我强。"子夏问:"子贡的为人怎么样?"孔予说:"端木赐在机敏这方面比我强。"子夏问:"子路的为人怎么样?"孔子说:"仲由在勇敢这方面比我强。"子夏问:"子张的为人怎么样?"孔子说:"颛孙师在庄重这方面比我强。"子夏离开座席,起身问道:"既然这样,他们四人为什么跟先生您学习呢?"孔子说:"坐下,我告诉你,颜回诚信却不会变通,端木赐机敏却不能屈抑,仲由勇敢却不知退避,颛孙师庄重却不能合群。即使同时兼有这四个人的长处以改变我的言行,我也不会同意。这就是他们跟我学习而且坚定不移的原因。"

《孔子家语·致思篇》:

孔子准备出门,下起雨来,而孔子的车上没有伞盖。弟子说:"卜商有伞盖。"孔子说:"卜商为人,对财物很吝啬。我听说与人结交,要赞扬他的长处,回避他的短处,这样关系才能长久。"

《孔子家语·曲礼子夏问篇》:

子路与子羔在卫国做官,卫国发生了蒯聩之乱。孔子在鲁国听到这个消息,便说:"高柴肯定能够回来,仲由肯定会死在那里。"不久,卫国的使者到了,说:"子路已经死了。"

【原典】

《庄子·列御寇篇》:

孔子曰:"凡人心险于山川,难于知天;天犹有春秋冬夏旦暮之期,人者厚貌深情。故有貌愿而益①,有长若不肖,有顺懁而达②。有坚而缦③,有缓而钎④,故其就义若渴者,其去义若热。故君子远使之而观其忠,近使之而观其敬,烦使之而观其能,卒然问焉而观其知,急与之期而观其信,委之以财而观其仁,告之以危而观其节,醉之以酒而观其则⑤,杂之以处而观其色。九征至,不肖人得矣。"

【注释】

①愿:老实。益:通"溢",骄溢。

②顺懁而达:外貌圆顺而内心直达。懁,通"环",圆。

③缦:通"慢"。

④钎:急。

⑤则:仪则,原则。

【译文】

《庄子·列御寇篇》：

孔子说："人心的险恶超过了山川，要想了解它，比了解天还难；天的春夏秋冬白天黑夜还有个准，人的外貌像厚厚的外壳，深深地掩盖着真情。所以有的外貌淳厚而内心轻浮，有的心如长者而貌如不肖，有的外貌圆顺内心直达，有的外貌严厉心里却非常和气，有的外貌和善心里却十分凶悍。所以那些追求仁义如饥似渴的，他们抛弃仁义也像逃避烈火。所以君子让他在远方做事以观察其是否忠诚，让他在近处做事来观察其是否勤恳，让他处理繁难的事情来观察其才能，突然向他发问来观察其知识，仓促和他约定来观察其信用，委托他钱财来观察其是否贪财，告诉他事情危险来观察其节操，让他喝醉来看他是否遵守规则，男女杂处观察他如何对待女色。九个方面综合起来，就可以分清好坏。"

【原典】

《韩诗外传》：

孔子见客。客去，颜渊曰："客仁也。"孔子曰："恨兮其心，颡^①兮其口，仁则吾不知也。"颜渊蹴然变色曰："良玉度尺，虽有十仞^②之土，不能掩其光；良珠度寸，虽有百仞之水，不能掩其莹。夫形，体也；色，心也。闵闵乎其薄也，苟有温良在中，则眉睫著之矣；疵瑕在中，则眉睫不能匿之。"《诗》曰："鼓钟于宫，声闻于外。"言有诸中必形诸外也。

【注释】

①颡：稽颡的省称，即叩首。

②仞：古代以七尺或八尺为一仞。

【译文】

《韩诗外传》：

孔子会见客人。客人离开后，颜渊感叹说："这位客人有仁德啊！"孔子说："这人心怀怨恨，伶牙俐齿，至于是否有仁德，我就不知道了。"颜渊皱起眉头，脸色突变，说："好的玉器长过一尺，即使被埋在十仞厚的土中，也不能掩埋它的光芒;好的珍珠直径超过一寸,即使处在深渊之中,也不能掩盖它的晶莹。人的外形,是身体的显现;人的神色,是心理的体现。人的面皮很薄,假如有一颗温和善良的心,就会通过眼神表现出来;假如他心中有鬼,其眼神也掩饰不了。"《诗经》说:"在宫内敲钟,声音就会传到宫外。"说的就是内心一旦有了某种想法就一定会在外表上显现出来。

【原典】

《汉书·艺文志》论九流十家之学莫不出于王官,盖以古者官与师合,学皆在官。及周衰,官制荡然,官失其守,学在民间,遂为处士之横议,师弟之私相授受矣。观人一术,与礼官为近。礼官,名家所自出也。孔子为政,主先正名。正假马之名,而鲁知君臣之礼;请讨陈恒,而乱臣贼子惧;诛少正卯,而闻人奸雄以判:盖正名者,衡鉴人伦必至之涂也。在孔子前者,正名之事,未必即为观人术,然隶属若一族焉,特孔子在野,得以圣智振尧舜文王之绪,而东周诸史与东鲁诸贤,则以秉礼之故,得官人之意而习闻其说耳!

【译文】

《汉书·艺文志》认为九流十家的学说无一不是出自官方,大概是因为古代官员和师长集于一身,所以学术都在官方。等到周朝末年,官僚制度荡然无存,官员们也都失去了职守,于是学术开始在民间流传开来,这样就出现了隐居之士横生议论,师长弟子私相传授的局面。观人之术,与礼官一职关系最近。而礼官一职,出自名家。孔子主张为政首先应正名分。正因为他确定了假马的名分,鲁国上下才知道了君臣父子的礼节;又因为他请求讨伐陈恒,各国的乱臣贼子才十分恐惧;因为,他诛杀了少正卯,才区分出了谁是名人谁是奸雄:这都说明,确定名分是衡量和鉴定人才是非的必然途径。在孔子之前,正名之事未必就是观人之术,但是其归属其性质则是一回事,只是因为孔子身处民间,才得以运用自己的超人智慧振兴尧舜文王的事业,而东周的史官们和鲁国的一些贤能之士,则是因为肩负着礼官一职,深知选拔任命官员的真谛,所以才经常听到这方面的说法。

四、观人术的功用

【原典】

人海浩穰①,贤不肖、智愚、诚伪相淆杂,使绝不解观人一术以处世,则如括埴冥行②,动见戾害③,大之则误国丧身,小之则失人失言,其弊不可胜纪。然大别之,公私二涂而已。故研究观人术者,即以济二涂之弊④。在公则如官人、辨奸,在私则如择官、取友、自鉴⑤。至于运用之妙,存乎寸心,千变万转,奚翅五事⑥,能不龟手一也⑦,或以封,或不免。观人术之功用,亦俟神明其意者而宏其缔造耳⑧。

【注释】

①穰:人口众多,兴盛。

②括埴:指盲人以杖点地而行。括:投掷。埴:土,指地。汉杨雄《法言·修身》:"括埴索涂,冥行而已矣。"

③戾:猛烈,凶暴。

④济:帮助。

⑤自鉴:自省。鉴:镜。

⑥奚:何。翅:通"啻",只有,仅。

⑦"能不龟手"三句:语出《庄子·逍遥游》。战国时有一宋国代氏世代以漂洗棉絮为业,家传一秘方可以漂后不皴手,有人以百金购得此方献给吴王,吴王与越人水战时因手不皴而大败越,人,吴王封地以赏此人。龟:皴手。

⑧俟:等待。

【译文】

人海茫茫,贤良与品行不端的,聪明与愚蠢的,诚实与虚伪的,互相混杂在一起,假如为人处世一点也不了解观察人的方法,就如同盲人以拐杖触地,像在黑夜里摸索着前行一样,动辄会遭到灾祸,重则会误国丧身,轻则看错人说错话,其损害不可胜述。但大致来说,不外乎公私两个方面而已。所以研究观人术的目的,就是为了补救在公私两方面所可能遭受的损害。就公的一方面来说,譬如任命官员、辨别奸伪,就私的一方面来说,譬如选择官职、结交朋友、自我反省。至于如何运用好,完全在于个人的领悟,其中的千变万化,何止上述五个方面?就如一样能使手不皲,有的得到封地享受富贵,有的仍然免不了漂洗丝絮。观人术的功用,也要等待对它心领神会的人出现,从而使其得到发扬光大啊!

【原典】

政在得人,人得则政举。尧舜之智,不遍物而急于人事,下逮文王、武、成①,皆以举能其官称得其人为尚②,两汉虽寝失古意③,然史家例有循吏、酷吏二传④,以见循抚于民则政为得人,酷虐于民则政为失人也。汉宣帝拜刺史、守、相,辄亲见问,观其所由,退而考察所行,以质其言⑤,有名实不相应者,必知其所以然,故云:“与我共致治者⑥,其唯良二千石乎⑦!”洵所谓一夫得情则千室鸣弦者耶⑧?刘劭《人物志·序》云⑨:“夫圣贤之所美,莫美乎聪明⑩;聪明之所贵,莫贵乎知人。知人诚智,则众材得其序,而庶绩之业兴矣⑪。”《人物志》为观人专书,全书主旨在贡官人之说,与《大戴礼记·文王官人篇》同意,以其文繁或已见如前,不复引述,兹引《韩诗外传》魏文侯卜相事如左,以明观人术其先在官人。

【注释】

①逮:及。

②尚:崇尚。

③寝:渐渐。

④循吏:循法、守法之吏,即良吏。

⑤质:评判。

⑥致治:治理得极好。

⑦二千石:古代官员俸禄以粮计,刺史以上为二千石官。

⑧洵:确定。

⑨《人物志》:三国魏刘劭(字孔才)著,是一部古代人才学著作,共三卷十二篇。

⑩聪明:明智聪察或闻见明辨。此指智慧。

⑪庶绩:各种事功,政绩。

【译文】

政治的成败完全在于能否得到人才,得到了人才,政治就会兴盛。尧帝、舜帝的智慧,不在于亲自去做每一件事情,而是以人为重点,此后到了周文王、周武王、周成王,也都以举用贤能使其称职为根本,东汉、西汉时期,虽然逐渐失去了古人的做法,但历史家的著作中,照例有循吏、酷吏二传,以表明能够安抚百姓就是政治上得到了人才,残酷地虐待百姓就是政治上失去了人才。汉宣帝每当任命刺史、太守和卿相等高级官员时,就亲自接见询问,观察他为达到目的所采取的方式方法,然后考察他的行为,用来判断他的言论,如果有名实不符者,就一定会知道其缘由,所以他说:"能与我一起共创盛世者,恐怕只有这些贤良的官员吧!"这确实是人们所说的只要是真正了解了一个人,千家万户都会鼓琴庆贺啊!刘劭《人物志·序》中说:"圣贤们最为人们所称赞的,莫过于他们的聪察明辨;聪察明辨中最为可贵的,莫过于了解人。能了解人确实是一种智慧,这样才能做到人尽其才,各种事业才能兴盛起来。"《人物志》是一部观人学专著,全书的主旨在于论述举贤任能的学说,与《大戴礼记·文王官人篇》的意思一样,因其篇幅很长,有的已见前文,不再引述,这里引述《韩诗外传》中魏文侯择相的故事如下,以说明观人之术,首先在于任用官员。

【原典】

《韩诗外传》:

魏文侯欲置相,召李克问曰①:"寡人欲置相,非翟黄则魏成子②,愿卜之于先生。"李克避席而辞曰:"臣闻之,卑不谋尊,疏不间亲。臣外居者也,不敢当命。"文侯曰:"先生临事勿让。"李克曰:"夫观士也,居则视其所亲,富则视其所与,达则视其所举,穷则视其所不为,贫则视其所不取:此五者足以观矣。"文侯曰:"请先生就舍,寡人之相定矣。"李克出,遇翟黄,翟黄曰:"今日闻君召先生而卜相,果谁为之乎?"李克曰:"魏成子为之。"

【注释】

①李克:战国时魏国人,时为中山守。

②翟黄:又称崔璜,魏文侯之友,李克系其所荐。魏成子:文侯弟。

【译文】

《韩诗外传》:

魏文侯想任命一位相,于是召见李克问道:"寡人想任命一位相,不是翟黄就是魏成子,愿意就这个问题请教先生。"李克离开座位推辞说:"臣听说,地位卑下的人不参与商量地位尊贵的事情,血缘关系远的人不离间血缘关系近的人。臣是地方官员,不敢遵这个命。"文侯说:"面对国家大事,先生不要推让。"李克说:"观察一个人,平时看他所亲近的人,富裕时看他所结交的人,地位显达时看他所举荐的人,地位低下时看他不做哪些事,贫穷时看他瞧不上哪些东西:这五个方面就足以考察一个人了。"魏文侯说:"先生请回去,寡人要选的相已经确定了。"李克出来后,遇到翟黄,翟黄问:"听说今天国君召见先生商议选谁为相的事,结果是谁呢?"李克说:"是魏成子。"

【原典】

如《韩诗外传》云,魏文侯以置相之大事而卜之于李克一人,而李克观士又只取五事,文侯不待李克之称而自得其相,李克不待文侯之告而遽谓魏成子将为相①,事皆绝奇。然唯古人深信观人一术足定国器,故立谈之间,而决之不疑也。彼韩非亦处战国之际,而著书论官人之事则不然,其论如"观容服,听辞言,仲尼不能以必士;试之官职,课其功伐②,则庸人不疑于愚智"等语,则是仲由片言折狱③,冉雍可使南面④,不其为孔子虚语乎?此后世官人者拘守成法条例之始,而进身者积资获迁之滥觞也⑤。至唐《选举志》载初唐以身、言、书、判为取士之法⑥,则观人术为裨于官人者⑦,益卑卑矣。

【注释】

①遽:匆忙,马上。

②课：考核。伐：功劳。

③片言折狱：语出《论语·颜渊》。片言，指原告或被告单方面的话。折狱：判案，断案。

④冉雍可使南面：语出《论语·雍也》。南面：面南而坐，借指帝王，此指有帝王之才。

⑤滥觞：开端。

⑥判：指撰写判决书。

⑦裨：补益。

【译文】

如《韩诗外传》所说，魏文侯把任命相的大事和李克一个人商量，而李克观察人又只从五个方面衡量，文侯不等李克具体举荐谁就自己说已经确定了相，李克不等文侯告诉自己就马上说魏成子将要担任相，这些事都十分奇特。但只有古人深信依靠观人之术完全可以选定具有治国才能的人，所以往往在短暂的谈话之后，就毫不犹豫地做出决定。那个韩非也处于战国时代，但著书论述选择官员的方法就不是这样，他的论述，譬如"观其容貌服饰，听其言辞谈话，即使是孔子也不能认为他就一定能够胜任某职；让他试做某一官职，考核他的功绩，这样做即使是普通人也能分辨出他是愚蠢还是聪明"等，这样说来，那么孔子所说的仲由根据原、被告一方的诉说就可以断案，冉雍具有帝王之才的话，岂不都是骗人的假话吗？韩非这些话，就成了后人在选择任用官员上墨守成规的开始，也是仕途上的人只有积累资历才能升迁的开端。到了唐代，《唐书·选举志》记载初唐以身材、言论、书法和判决书作为选拔官员的依据，那么观人之术对于选任官员方面的作用就更加微乎其微了。

【原典】

《书》云①："能哲而惠，何忧乎驩兜，何迁乎有苗，何畏乎巧言令色孔壬！"夫驩兜、有苗，巧言令色之徒，皆凶德人而妨政者也②。《虞书》唯言人事，其德在辨吉凶，举一吉人而天下之为善者劝，黜一凶人而天下之为恶者惩。感召之速，捷于影响。官人既为政之要，而辨奸尤当务之急也。且奸人败俗最烈，舜所不殛③,则有流放与窜;诗人之投畀豺虎④,投畀有北⑤;孟子之屏诸四夷⑥,不与同中国,皆此意也。故辨奸以虑风俗之坏,最为切要之举,而著其效者:舜诛四凶⑦,殷汤诛尹谐⑧,文王诛潘正,周公诛管、蔡⑨,太公诛华士⑩,管仲诛附乙,子产诛邓析⑪,史不绝书。而孔子为政七日,即知少正卯之奸而戮于两观之下⑫,其辨识之功,尤圣智独运者也。附见其事如次。

【注释】

①以下所引四句见第一章注。

②凶德:品德恶劣。

③殛:诛杀。

④畀:给予。"投畀豺虎"引自《诗经·小雅·巷伯》,诗人怨恨谗人,要抓住他扔给豺虎,流放到有北。

⑤有北:北方荒寒地区。

⑥屏诸四夷:把它排除到四夷之中。

⑦四凶:见第一章注。

⑧"殷汤诛尹谐"六句:本自《荀子·宥坐》,略有不同。殷汤,即商汤。尹谐、潘正、附乙三人事迹不可考。潘正,一作"潘止"。附乙,一作"付乙""付里乙"。

⑨管、蔡:周武王之弟管叔鲜、蔡叔度。武王死,成王即位时年幼,由周公摄政,二人不服,与商纣之子武庚叛乱,周公出兵征讨,管叔和武庚被杀,蔡叔被放逐而死,故此处言"诛"。

⑩华士:春秋时期齐国人,据王肃注:华士为人虚伪,聚众成党,太公诛之。

⑪子产:春秋时期郑国贵族,名侨,郑简公时执政,历仕三君。子产曾下令禁止"悬书"即匿名招贴,邓析抗命被杀。事见《吕氏春秋·离谓》。但与《左传·定公九年》所载"驷歂杀邓析"有异。邓析:春秋时期郑国人,曾改编郑国刑法,有《邓析子》一书传世(一说此书乃伪托)。邓析,一说"史何"。

⑫两观:宫门前两边的望楼。

【译文】

《尚书》说:"既然舜帝又贤哲又仁爱,为什么还担忧欢兜,为什么还要放逐三苗,为什么还畏惧那些巧言令色的大奸臣呢?"雒兜、三苗、巧言令色之徒,都是品行恶劣并且妨碍施政的人。《尚书·虞书》只谈论有关人事,其功德在于辨别吉凶,举荐一个好人,天下行善的人都受到了劝勉,贬黜一个恶人,天下作恶的人都受到了惩戒,这种感召的效果,往往比影子附形、回声响应还要迅速。选任官员既然是为政的首要之事,那么辨别奸伪就更是当务之急了。况且奸人败坏风俗最为严重,所以舜对这些奸人不杀则流放驱逐;诗人愤怒地要把奸人投放给豺狼虎豹,流放到寒冷的北方;孟子提出要把奸人排除到四夷中去,不让他们在中原地区居住,都是这个意思。所以辨别奸伪以免风俗败坏是最为要紧的事情,这样做而取得显著效果的例子有:舜诛杀了四大恶人,商汤诛杀了尹谐,周文王诛杀了潘正,周公诛杀了管叔、蔡叔,姜太公诛杀了华士,管仲诛杀了附乙,子产诛杀了邓析,等等,这样的事情历史上有不断的记载。而孔子执政七天,就知道了少正卯的奸恶并把他处死在宫殿门楼下,其辨奸识伪的能力,尤其表现了他作为圣人的智慧的无与伦比。下面附上孔子的有关事迹。

【原典】

《孔子家语·始诛篇》:

孔子为鲁司寇……于是朝政七日,而诛乱政大夫少正卯,戮之于两观之下,尸于朝三日[1]。

子贡进曰:"夫少正卯,鲁之闻人也[2]。今夫子为政而始诛之,或者为失乎?"孔子曰:"居[3],吾语女以其故[4]。天下有大恶者五,而窃盗不与焉:一曰心逆而险,二曰行僻而坚,三曰言伪而辩,四曰记丑而博[5],五曰顺非而泽[6]。此五者,有一于人,则不免君子之诛,而少正卯皆兼有之:其居处足以撮徒成党,其谈说足以饰褒荣众[7],其强御足以反是独立[8]。此乃人之奸雄者也,不可以不除。"

《孔子家语》所称少正卯之五恶,《礼记·王制篇》亦有相似之文,此盖古时辨奸之通法,先后见于古籍者也。

【注释】

①尸:陈列尸体以示众。

②闻人:有名望的人。

③居:坐。

④女:汝,你。

⑤丑:指怪异之事,又指旁门左道之事。

⑥泽:通"释",解释。

⑦荣:迷惑,惑乱。

⑧强御:强盛。

【译文】

《孔子家语·始诛篇》:

孔子担任了鲁国的司寇……当政七天,就诛杀了扰乱朝政的大夫少正卯,将他处死在宫门望楼之下。在朝廷陈尸示众三天。子贡进见孔子说:"少正卯是鲁国的一位知名人士。现在先生刚执政就把他杀掉,也许是个失误吧!"孔子说:"坐下,我来告诉你其中的缘故。天下有五种重大罪恶,即使是窃贼也不包括在内:一是心存叛逆,居心险恶,二是行为邪僻而固执不改,三是言语虚伪而善于诡辩,四是旁门左道的知识广博,五是顺从错误的主张又善于文过饰非。这五种罪恶,只要人占了一种,就免不了被君子杀掉,而少正卯五种都具备了:他所处的地位足以结党营私,他的谈论足以妖言惑众,他的势力足以造反独立。这是人群中的奸雄,不能不除掉。"

《孔子家语》所说的少正卯的五大罪恶,《礼记·王制篇》中也有类似的记载,这大概是古人辨别奸伪的普遍法则,所以先后在古籍中都有所记载。

【原典】

太公《六韬·上贤篇》亦有七害之说①。

《六韬·上贤篇》:

七害者,一曰无智略权谋,而重赏尊爵之故,强勇轻战,侥幸于外,王者谨勿使为将;二曰有名无实,出入异言,掩善扬恶,进退为巧,王者谨勿与谋;三曰朴其身躬,恶其衣服,语无为以求名,言无欲以求利,此伪人也,王者谨勿近;四曰奇其冠带,伟其衣服,博闻辩辞②,虚论高议以为容美,穷居静处而诽时俗,此奸人也,王者谨勿宠;五曰谗主苟得,以求官爵,果敢轻死,以贪禄秩,不图大事,贪利而动,以高谈虚论说于人主,王者谨勿使;六曰为雕文刻镂技巧华饰而伤农事者,王者必禁;七曰伪方异位,巫蛊左道,不祥之言,幻惑良民,王者必止之。

《六韬》所论,可与《孔子家语》《王制》相发明[3],信乎辨奸为当国者所急也。王应麟[4]亦云:"汉宣帝综核名实。非不明也,而不能知弘、石之奸[5];唐宣宗抉摘细微,非不察也,而不能知令狐绹之佞[6]:明于小而暗于大也。"其亦可与论此者乎!

【注释】

①《六韬》:古代兵书,共六卷,即文韬、武韬、龙韬、虎韬、豹韬、犬韬。相传为姜太公所作,研究者认为是战国时作品。

②问:学问。

③《王制》:即《礼记·王制篇》。

④王应麟:宋代学者,官至礼部尚书,著有《困学纪闻》等。

⑤弘:即眭弘,西汉人,少时好侠,后读书,学《春秋》,以明经为议郎,任符节令。昭帝时,泰山莱芜山南有怪石自立,昌邑有枯木复生,弘使人上书言汉帝宜禅位于贤人,以妖言惑众罪被杀。石:石显,西汉人,年轻时犯法被处以腐刑,为中黄门,后为尚书令,宣帝时为尚书仆射,元帝时为中书令,善窥伺帝意,阿顺奉承,权倾朝野,为人阴刻,凡忤恨不附者,辄加害之,先后专权数十年,成帝即位后被免。

⑥令狐绹:唐大和进士,武宗时任湖州刺史,宣宗时累官至宰相,辅政十年。

【译文】

姜太公的《六韬·上贤篇》也有七害之说。

《六韬·上贤篇》:

所谓七害,一是自己并无智慧谋略,为了得到重赏和高贵的地位,强作勇敢,轻率作战,希望借助外来的原因侥幸取胜,对这种人,君王一定要谨慎,不要让他担任将领;二是其有名无实,前后言行不一,掩人之善,扬人之恶,玩弄权术,以求进退,对这种人,君王一定要谨慎,不要与他商议大事;三是外表朴实淳厚,服饰简朴,声称什么都不做以博取名声,扬言什么都不想以谋求利益,这种人是伪善的，君王一定要谨慎，不要接近他们；四是奇装异服，衣着华丽，博学善辩，高谈阔论以为荣耀，困厄独处时则诽谤时俗，这种人是奸人，君王一定要谨慎，不要宠信他们；五是诬陷别人，巧言谄媚，唯利是图，以求官爵，果敢轻死，以求禄位，不图大事，贪利而动，用高谈阔论取悦人主，对这种人，君王一定要谨慎，不要任用他们；六是专事精雕细刻追求华丽外表，从而损害农事的行为，君王一定要禁止；七是奇技淫巧，旁门左道，以及不祥的言论，都会蛊惑人心，君王一定要禁止。

《六韬》所论述的内容，可与《孔子家语》《礼记·王制篇》的论述互相印证，从中可以看出，辨别奸伪确实是治理国家者的当务之急。王应麟也说过："汉宣帝知道从名实相符上综合考核一个人，说明他头脑很清醒，却没能发觉眭弘和石显的奸伪；唐宣宗明察秋毫，并非不能知人，却不能发现令狐绹的奸佞：其原因是两位皇帝都是小事明白大事糊涂。"看来王应麟是可以一起讨论观人之术的啊！

【原典】

人生则有四方之志，择官而仕，顺夫性情，以道辅世而无死亡，是子思子之所贵也(见《孔丛子》)[①]。下此则子房以沛公为天授，乃事之而不去；邓禹仗策谒光武于河北[②]，愿得垂功名于竹帛。虽曰攀龙附凤，亦人之情也。即以大圣之姿轗轲不遇，而犹为匏瓜之叹，择木之喻。过此而言无意于建树者，必有激而然也。择官于外，必有受之之人，其人之贤否如何，即一己将来成败之所系，可不熟思而慎察之乎？史称马援遨游二帝之间，卒归光武成就功名，其事可为择官而观人者鉴，因见之如左方焉。

【注释】

①子思子：即子思，孔子之孙。《孔丛子》：相传为秦末孔鲋所撰，后人疑为伪托，该书多记述孔子、子思等人言行。

②邓禹：东汉人，游学长安时与光武帝刘秀友善，刘秀起兵讨王莽，邓禹仗策前往，为刘秀运筹帷幄。仗策：手持马鞭子，即骑马。

【译文】

人生应该有在天下四方建功立业的志向,选择某个职位出来做官,要合乎自己的性情,以先王之道辅佐社会,不考虑个人的安危,这是子思所崇尚的(见《孔丛子》一书)。此后则有张良认为刘邦是天降大任于他,于是就事奉他而不离去;邓禹策马到黄河之北拜见光武帝刘秀,希望名垂青史。这些虽然可以说是攀龙附凤,也是人之常情。即使是孔子,以他圣人的天资,尚且坎坷一生没有机遇,以至于发出"匏瓜"之叹和良鸟择木而栖的比喻。如果一个人超越了这一境界而表示自己无意于建功立业,那他一定是有感而发。一个人在外面求官,一定要有能够接受他的人,那个人是否贤良,也关系到自己将来的成败,能不深思熟虑并谨慎地考察吗?史书上称马援开始周旋于公孙述和汉光武帝两个帝王之间,最终归附了光武帝,从而成就了个人功名,其行为可以作为为了择官而去观人者的一面镜子,现录其事于后。

【原典】

《后汉书·马援传》①:

援因留西州②,隗嚣甚敬重之③,以援为绥德将军,与决筹策。是时公孙述称帝于蜀④,嚣使援往观之。援素与述同里闬⑤,相善,以为即至,当握手欢如平生,而述盛陈陛卫,以延援入⑥。交拜礼毕,使出就馆,更为援制都布单衣、交让冠⑦,会百官于宗庙中,立旧交之位。述鸾旗旄骑,警跸就车⑧,磬折而入⑨,礼飨官属甚盛,欲授援以封侯大将军位。宾客皆乐留,援晓之曰:"天下雄雌未定,公孙不吐哺走迎国士⑩,与图成败,反修饰边幅,如偶人形⑪。此子何足久稽天下士乎⑫?"因辞归。谓嚣曰:"子阳井底蛙耳,而妄自尊大,不如专意东方。"

建武四年冬,嚣使援奉书洛阳。援至,引见于宣德殿。世祖迎笑谓援曰:"卿邀游二帝间,今见卿,使人大惭。"援顿首辞谢,因曰:"当今之世,非独君择臣也,臣亦择君矣。臣与公孙述同县,少相善。臣前至蜀,述陛戟而后进臣。臣今远来,陛下何知非刺客奸人,而简易若是?"帝复笑曰:"卿非刺客,顾说客耳⑬。"援曰:"天下反覆,盗名字者,不可胜数。今见陛下恢廓大度,同符高祖,乃知帝王自有真也。"帝甚壮之。援从南幸黎丘⑭,转至东海。及还,以为待诏,使太中大夫来歙持节送援西归陇右^⑮。

　　隗嚣与援共卧起,问以东方流言及京师得失。援说嚣曰:"前到朝廷,上引见数十,每接宴语,自夕至旦,才明勇略,非人敌也。且开心见诚,无所隐伏,阔达多大节,略与高帝同。经学博览政事文辩,前世无比。"嚣曰:"卿谓何如高帝?"援曰:"不如也。高帝无可无不可。今上好吏事,动如节度,又不喜饮酒。"嚣意不怿^⑯,曰:"如卿言,反复胜邪?"然雅信援^⑰,故遂遣长子恂入质。援亦将家属随恂归洛阳。居数月而无它职任。援以三辅^⑱,地旷土沃,而所将宾客猥多^⑲,乃上书求屯田上林苑中,帝许之。

　　会隗嚣用王元计^⑳,意更狐疑,援数以书记责譬于嚣。嚣怨援背己,得书增怒,其后遂发兵拒汉。

【注释】

　　①马援:字文渊,初在北地放牧以致富,王莽末年为新成大尹,后避地凉州,与隗嚣友善。劝嚣归附刘秀,并屡次出使洛阳。又为光武帝平定陇右出谋献策。以功拜中大夫,陇西太守,平定、安抚凉州诸羌。拜伏波将军,率军平定交阯征侧、征贰。二十四年,率军出击武陵五溪蛮夷,次年病卒军中,后追谥忠成侯。

　　②西州:隗嚣曾自称西州上将军。此借指隗嚣。

　　③隗嚣:字季孟,少仕州郡,曾被刘歆引为士。王莽末年隗崔、杨广起兵,推嚣为主,号上将军,割据陇右地区。初曾佐助刘秀出击赤眉军,后与公孙述同拒东汉军,述封以朔宁王。建武九年,以兵败忧愤而死。子隗纯继立,不久归降朝廷。

　　④公孙述:字子阳,西汉末据陇西起兵,抗王莽。自立为蜀帝,后被光武所灭。

　　⑤闬:门。

　　⑥延:引进,迎接。

　　⑦都:优美,漂亮。单衣:仅次于朝服的盛服,也作"禅衣"。交让冠:一种帽子。

⑧跸:帝王出行时开路清道,禁止他人通行。

⑨磬折:屈身如磬之曲折,表恭敬。

⑩吐哺:周公用餐时,常常吐出嘴中的食物去接待贤士。国士:有治国才能的贤士。

⑪偶人:木偶人。

⑫稽:稽留。

⑬顾:不过。说:游说。

⑭幸:特指帝王到某处去。

⑮节:表示帝王差遣的凭证。陇右:即陇西。古代以北为中心,坐北朝南,西为右。

⑯怿:喜悦。

⑰雅:平时。

⑱三辅:西汉把首都长安及其附近地区分成三个部分,由三个长官分管,三辅既指其地,又指其长官。刘秀都洛阳,依旧例称之。

⑲猥:众多。

⑳会:正好,恰巧。王元:隗嚣属官,劝隗封锁函谷关,据险自守。

【译文】

《后汉书·马援传》:

马援因此留在西州隗嚣处,隗嚣对他非常敬重,任命他为绥德将军,并让他参与筹划决策大计。此时公孙述在蜀中称帝,隗嚣派马援前去观察。马援与公孙述是同乡同里,一向关系较好,因此他认为一到蜀中,公孙述必当同自己握手欢庆,一如从前,没想到公孙述却在朝中阶下布满了侍卫来迎接自己。举行了交拜礼后,公孙述让马援住到宾馆中,又用上好的材料为他制作了仅次于朝服的盛服和交让冠,又在宗庙中大会百官,为马援设立旧交的席位。公孙述还让皇帝的仪仗队出动,沿途清道戒严,大臣们屈身恭敬而入,举行盛大的宴席招待马援及其随从,准备封马援为侯爵并任大将军之职。马援的随从都愿意留下,但马援提醒他们说:"目前天下胜负未定,公孙述不是急切地迎接治国之才与谋

大计，反而刻意修饰打扮，如同
木偶，这种人怎么能够长久挽留
住天下之才呢？"因此决定告辞。
回来告诉隗嚣说："公孙述，不过
是个井底之蛙罢了，却妄自尊
大，我们不如一心一意归附东方
的汉光武帝。"

    建武四年冬天，隗嚣派马援
带着书信去洛阳。马援到了以
后，被引到宣德殿拜见汉光武
帝。光武帝笑着迎接他，并对他
说："卿在两个皇帝之间遨游周
旋，今日见到卿，使我感到很惭
愧。"马援叩首谢罪说："当今社
会，不仅是君王要选择臣子，臣
子也要选择君王。臣与公孙述

马援

本是同乡，从小就很友好。臣前些日子到蜀中去，公孙述在朝廷上布满了侍卫
后才让臣进去，臣今日远道而来，陛下怎么知道臣不是刺客奸细，而这样不加防
范呢？"光武帝又笑着说："卿不是刺客，不过是说客而已。"马援说："当前天下
之势反复不定，欺世盗名者，数不胜数。今天见陛下宽宏大度，犹如高祖，这才
知道确实有真正的帝王。"光武帝非常赏识他。马援随着光武帝南巡到了黎丘，
又转到东海。回来后，任命他为待诏，又派太中大夫来歙带着符信送马援返回
陇西。

    隗嚣与马援住在一起，问起东方的传闻和京城朝政的得失。马援劝说隗嚣
道："前些日子到了朝廷，皇上数十次召见，每次宴请谈话，都是从傍晚直到天
亮，皇上有才、聪明且有勇气谋略，不是一般人所能相比的。并且与人谈话开诚
布公，毫无遮掩，宽宏豁达注重大节，与高祖大致相同。又博览经书，其有关政

事的文章论辩都是前世所无可比拟的。"隗嚣问:"你认为他和高祖相比,怎么样?"马援说:"不如高祖。高祖没有什么可以也没有什么不可以的。而当今皇上则重视做官为政,一举一动都有节度,又不喜欢饮酒。"隗嚣听了心中有点不快,说:"如你所说,他反而又胜过高祖了?"但由于平时很相信马援,所以就派遣长子隗恂到洛阳做了人质,以表示对光武帝的忠诚。马援也乘机带着家属随隗恂回到洛阳。住了几个月后,也没有担任别的什么职务。后来马援担任了三辅地区的长官,这里土地辽阔肥沃,但他的下属随从太多,入不敷出,于是上书光武帝要求在上林苑中屯田,光武帝答应了。

碰巧这个时候隗嚣听从了部下王元的计谋,对光武帝的态度有所犹豫,马援听说后几次写信开导指责他。隗嚣本来已埋怨马援背叛了自己,得到书信后更加愤怒,不久就发兵抗拒汉朝。

【原典】

《易》曰:"君子以朋友讲习。"

《论语》曰:"益者三友,损者三友。友直,友谅①,友多闻,益矣;友便辟②,友善柔③,友便佞④,损矣。"成人以上取友是急,由来尚矣。唯缔交不慎,比于棐德⑤,覆宗亡身,亦其患也。张、陈凶其终⑥,萧、朱隙其末⑦,俗所共喻。至郦其之卖友⑧,苏章之劾故⑨,虽因公灭私,而天下后世犹有惜之者。是以君子慎人所以交己,审己所以交人。非善不喜,非仁不亲。与其诛累于异日,无宁从容于陌路。略引二事,以为取友严而免患者鉴焉。

【注释】

①谅:诚信。

②便辟:阿谀奉承。

③善柔:当面恭维,背后诽谤。

④便佞:花言巧语。

⑤比:挨着,接近。棐:通"菲",微薄、缺少。

⑥张、陈:张耳和陈余。二人相友善,秦末陈胜起义,一同投奔,被任为校尉。后从项羽,项羽封张耳为王,陈余怨恨项羽,举兵击走张耳,二人从此反目。

后张耳从汉王。汉王欲与陈余一同攻楚，陈余说："汉杀张耳乃从。"后张耳与韩信打败陈余，将其斩杀。

⑦萧、朱：萧育和朱博。据《汉书·萧育传》：二人少年时即友善，当时长安有"萧、朱结绶"之说，"后有隙，不能终，故世以交为难"。

⑧郦其：郦食其的简称。郦食其参加刘邦起义后，帮其劝说齐国起义首领田广归附，而韩信乘机袭击田广，田广认为郦食其卖友，乃烹之。

⑨苏章：东汉人，冀州刺史，曾弹劾其旧日朋友清和太守。

【译文】

《周易》说："君子与朋友讲习而增长知识。"《论语》说："有益的朋友有三种，有害的朋友也有三种。结交正直的人，结交诚实的人，结交见闻广博的人，是有益的；结交逢迎谄媚的人，结交两面三刀的人，结交花言巧语的人，是有害的。"到了成人以后，结交朋友就成了当务之急，对此人们历来都很重视。只是交友不慎，接近品德有缺陷的人，导致家破人亡，这就是祸患了。张耳、陈余曾经一起参加起义，最后发展到互相残杀，萧育和朱博本是至交好友，最终却产生嫌隙反目成仇，这都是人所共知的事情。至于郦食其出卖朋友，苏章弹劾旧友，虽然都是因公灭私，但天下后代仍然有人为他们惋惜。所以君子要慎重对待别人和自己的交往，也要审慎对待自己与别人的结交。不是善良的人不要喜爱，没有仁德的人不要亲近。与其将来受到牵累，不如今天如同路人一样不去交往。下面略引几件事，作为选择朋友严格而免于祸患的借鉴。

【原典】

《三国志·傅嘏传注》①：

《傅子》曰："初，李丰与嘏同州，少有显名，早历大官，内外称之，嘏又不善也。谓同志曰：'丰饰伪而多疑，矜小失而昧于权利②，若处庸庸者可也，自任机事，遭明者必死。'丰后为中书令，与夏侯玄俱祸，卒如嘏言。"

《世说新语》③：

何晏、邓飏、夏侯玄并求傅嘏交，而嘏终不许。诸人乃因荀粲说合之，谓嘏曰："夏侯太初一时之杰士，虚心于子，而卿意怀不可交。合则好成，不合则致隙。二贤若穆④，则国之休⑤。此蔺相如所以下廉颇也。"傅曰："夏侯太初志大心劳，能合虚誉，诚所谓利口覆国之人。何晏、邓飏有为而躁，博而寡要⑥，外好利而内无关籥⑦，贵同恶异，多言而妒前。多言多衅⑧，妒前无亲。以吾观之，此三贤者，皆败德之人耳。远之犹恐罹祸，况可亲之邪？"后皆如其言。

《续世说》⑨：

齐徐勉、王融，一代才俊，特相悦慕，尝请交焉。勉谓所亲曰："王郎名高望促⑩，难可轻敝衣裙。"后果陷法，以此见推识鉴。

【注释】

①傅嘏：三国魏黄门侍郎，后附司马氏。以下所言，系党派之见。李丰与夏侯玄因谋杀司马懿未遂而被诛。夏侯玄，字太初，曹爽表兄弟，任魏国大鸿胪。

②昧：贪。

③《世说新语》：又名《世说》《世说新书》，南朝宋刘义庆撰，梁刘孝标注。内容按类分为德行、言语、政事、文学等三十六门，主要记述东汉末至东晋年间名士文人的言行风貌，对后代笔记小说有较大影响。

④穆：和睦。

⑤休：喜庆。

⑥要：约束。

⑦关籥：本为横持门户之本，引申为检点，约束。籥：通"钥"，锁钥。

⑧衅：灾祸。

⑨《续世说》：旧本题唐李匡撰，十卷。取李延寿《南史》《北史》所载琐事，依《世说新语》门目编辑，另增十一门。

⑩促：短促。

【译文】

《三国志·傅嘏传注》：

《傅子》中说："当初，李丰与我同乡，年轻的时候就有了名声，很早就做了大官，朝野人士都称赞他，只有我认为看不上他。我曾对好友们说：'李丰矫情伪饰而且猜忌多疑，看重点滴得失又贪图权利，如果他处于平庸的地位也就罢了，偏偏又担任重要的职务，一旦遇到英明的君主，必死无疑。'李丰后来升为中书令，与夏侯玄一起遭祸而死，结果正如我的预料。"

《世说新语》：

何晏、邓飏、夏侯玄都要求同傅嘏结交，而傅嘏终究没答应。三人又托荀粲从中说合，荀粲对傅嘏说："夏侯太初是当代杰出人士，他虚心要和您结交，而您却不愿意，如果结交了大家都高兴，否则恐怕会产生嫌隙。你们两位贤人如果和睦，就是国家的幸运。这也就是蔺相如一直对廉颇谦让的缘故。"傅嘏说："夏侯玄志向远大，工于心计，喜欢虚荣，确实是那样空谈误国的人。何晏、邓飏虽然有所作为但内心浮躁，学识渊博但缺乏约束，行动上贪图利益而内心毫无节制，喜欢别人附和自己而厌恶发表不同意见，话多又嫉妒地位超过自己的人。话多会招来更多的灾祸，嫉妒地位高的人就没有人会亲近自己。以我的观察，这三位贤人，都是品德有缺陷的人。远离他们尚且害怕遭殃，更何况同他们结交呢？"后来，果然像傅嘏说的那样。

《续世说》：

齐国的徐勉、王融，都是一代才子俊杰，彼此互相赏识倾慕，王融曾提出与徐勉结交，徐勉对他的亲友说："王郎的名望很高，但来得太快，恐怕难以保全自己。"后来王融果然陷入法网，徐勉的识人能力也因此被人们所推崇。

【原典】

凡人才性，长短迥殊，见贤思齐，见不肖而内自省，其急务也。史称黄宪识度渊深①，时人莫得而测；汝南戴良②，高迈之士③，从所推服，每见之未尝不怅然自失。良常以才能不减叔度，至是面料其人，瞻之在前，忽焉在后，则不觉事之如师。《世说》载羊祜还洛④，郭奕为野王令⑤。羊公至界，遣人要之⑥，郭便自往。既见，叹曰："羊叔子何必减郭大业！"复往羊许，小悉还，又叹曰："羊叔子去人远矣。"羊既去，郭送之弥日⑦，一举数百里，遂以出境免官。复叹曰："羊叔子何必减颜子！"夫戴叔鸾之面料黄宪，郭大业之三叹羊公，其为以人自鉴可知，盖如明镜在前，妍媸立判⑧；尹夫人望见邢夫人之来⑨，于是低头俯泣，自痛其不如也。战国间老师，荀卿主化性起伪⑩，其道莫要得师；而东汉郭太⑪，人亦尊之为人师。师者,人之鉴也,如不得师,则缮性之道尚焉。汉儒如匡衡、仲长统皆论治性之要⑫,使玩味而戒察之,亦庶几免患而补其所不足欤。

【注释】

①黄宪:字叔度,东汉末孝廉,隐居不仕,高深莫测,在仕林中声誉很高。

②戴良:字叔鸾,东汉末人,才识高达,议论奇绝,终身不仕。

③迈:远。

④羊祜:字叔子,三国魏中书侍郎,积极参与司马氏代魏的活动。后又数次领兵伐吴。

⑤郭奕:字大业,曾任野王县令。

⑥要:邀请。

⑦弥:整,满。

⑧妍媸:美丑。

⑨"尹夫人"句:汉武帝宠幸尹、邢二夫人,但不让他们相见,尹夫人坚持请求相见,武帝答应了,尹见邢来,黯然失色,低头垂泣。

⑩荀卿:即荀子。化性起伪:荀子主张性恶,认为教育能改变人的本性。伪是人为的,这里没有贬义。

⑪郭太:字林宗,汉末名师,太学生领袖,善品评人物,名震京师,终身不仕。

⑫匡衡:汉末大儒,官至丞相。仲长统:汉末尚书郎,敢直言,时人以为狂生,著有《昌言》一书。后文仲长子是其尊称。

【译文】

人的才能品性,差别很大,见到贤人就想着向他看齐,见到不正派的人就在内心自我反省,这是做人的当务之急。史书上说黄宪才识气度深厚渊博,当代人无法揣测他的高深;汝南戴良,也是高远豪迈之士,为众人所推崇,大家每见到他,都感到自愧弗如怅然若失。戴良经常认为自己的才能不比黄宪差,但亲自见到他后,感觉他好像在自己前面,又似乎在自己身后,高深莫测,不知不觉就把他当老师对待了。《世说新语》记载羊祜返回洛阳时,郭奕正担任野王县令。羊祜到了野王县界,派人邀请郭奕,郭便自己去了。见面后,郭奕叹道:

"羊叔子何必这样使我逊色呢!"后来又到羊祜的住处拜访了片刻,归来后又叹息道:"羊叔子超过别人太远了。"羊祜离开时,郭奕送了他一整天,一下子走出几百里,以至于离开了自己的管辖的地区,并因此而被免职。郭奕再次叹息道:"羊叔子何必不如颜子!"从戴良亲眼拜识黄宪、郭奕为羊祜三次感叹可以看出他们以别人来观照、反省自己的精神。大概就如站在明镜前面,美丑自然分明;又如汉武帝宠幸的尹夫人看到邢夫人走来,便立刻低头哭泣,痛感不如邢夫人美丽。战国时代对待老师的态度以荀子为代表,荀子认为要通过后天的教育改变人的恶劣本性,没有比老师更重要的了;东汉郭太,人们也把他尊为老师。老师,就是人的一面镜子,如果得不到老师的教育,自我修养之道就更显得重要了。汉代大儒匡衡、仲长统都强调修身养性的重要性,假如人们能对这些论述加以体会理解并自我警戒,或许就能免除灾祸而且能补救其先天的不足了。

【原典】

《汉书·匡衡传》:

治性之道,必审己之所有余,而强其所不足。盖聪明疏通者,戒于大察①;寡闻少见者,戒于壅蔽;勇猛刚强者,戒于大暴;仁爱温良者,戒于无断;湛静安舒者,戒于后时;广心浩大者,戒于遗忘。

仲长子《昌言》:

人之性有山峙渊渟者②,患在不通;严刚贬绝者③,患在伤士;广大阔荡者,患在无检;和顺恭慎者,患在少断;端悫清洁者④,患在拘狭;辩通有辞者,患在多言;安舒沈重者,患在后时;好古守经者,患在不变;勇毅果敢者,患在险害。

【注释】

①大察:过于明察。

②渟:水积聚不流。

③贬:给予较低的评价,与"褒"相对。绝:绝对。

④端悫:正直诚实。

【译文】

《汉书·匡衡传》:

　　修身养性的方法是，一定要审视自己的优势，从而补充自己的不足。聪明通达的人，要警惕过分的明察；孤陋寡闻的人，要警惕信息闭塞；勇猛刚强的人，要警惕过于粗暴；仁爱温良的人，要警惕优柔寡断；清静淡泊的人，要警惕错失良机；心胸宽阔的人，要警惕遗漏忘记。

　　仲长子《昌言》：

　　人的性情有如山岳的对峙和深渊的停滞不流，其缺点在于不够通畅；严肃刚正过于刻薄的人，其缺点在于容易伤害人的自尊；性格粗犷胸怀宽广的人，其缺点在于不够检点细心；和顺恭敬谨小慎微的人，其缺点在于缺少决断的能力；正直诚实清正廉洁的人，其缺点在于拘泥狭隘；能言善辩滔滔不绝的人，其缺点言多必失；安详稳重的人，其缺点在于往往错失良机；崇尚古人墨守经典的人，其缺点在于不知变通；勇猛果断敢作敢为的人，其缺点在于容易招致危险和祸害。

附录四:人物志

刘邵(著)

第一章　识人九征

第一节　见　面

物生有形

形有精神

能知精神

则可知人矣

【原典】

盖人物之本,出乎情性①。情性之理,微妙而玄。非圣人之察,其孰能究之哉?而阴阳刚柔之质,著乎形容,见乎声色,发乎情味,各如其象。是故五质②内充,五精③外章,包以澹泊,是以目采五晖④之光也。故曰:物生有形,形有精神,能知精神,则可穷理尽性矣。

【注释】

①情性:情感和本性。情,阴之化;性,阳之施;人禀阴阳而生,故内怀六情五性。

②五质:仁、礼、义、智、勇五种品质。

③五精:心、肺、肝、脾、肾五脏的精气,以五精合五质。

④五晖:青、黄、赤、白、黑五种颜色。

【译文】

人物的品质能力都出自情性。情性的道理微妙而玄奥,如果没有圣人那样的洞察力,谁能够详究其中的玄机呢?凡是由血肉精气构成的生命体,无不是以元一为本质,秉阴阳两气而立心性,吸万物精华,集金、木、水、火、土五行而成形体。阴阳刚柔的特征通过形貌容姿、言语声色表现出来,发自内心的真情实感,与外部表现相对应。既然外有形体内有本质,当然可以循着外形来探究其本性。因此说:物生有形体,必有其精神,了解其精神,自然能够穷尽他的本质。

※

鉴别人才很有些像挑选木材。伐木工人在选料时,先从外形上打量,看树木是否有笔直挺拔之势;再考察质地,是缜密结实呢,还是疏泡松脆;要么从品种上考察,要么敲敲打打听一听,用这样一些方法来判断树木是否能当得大用。品鉴人物也是这样,总要见一见面,有一个初步印象后,再进一步考察品德和才能。"见面"的过程,实际上就是从外貌形象上来考察、鉴别人才。这种方法不一定准确,也没得到科学的论证,但使用频率很高,是鉴别人才的最基本的方法。这"一面之间"往往决定了一个人的命运,甚至影响一个民族、一个国家。

人生于天地之间,萃集日月的精华,钟汇万物的灵气,其聪明才智足以使人类永无止境地去创造,去掠夺,并主宰整个生命世界,而其他生命体的智慧则仅够帮助它们找到食物。人融合天地万物的华宝,将精、气、神、血蓄蕴在体内,喜、怒、哀、乐发藏在心间,虽然外部形貌上有种种不同的表现,但内心的活动却是其他人看不见的,凭什么说可以从外貌形象上发现人内在的心性品质和能力呢?

人的差别主要体现在思想和性格上。鉴别人才,实质上就是区别一个人思想和性格的优劣。优秀的人才大体上可以这样分:一种是天生聪颖、悟性奇高的人,他们的成功显得迅捷轻松,挥洒自如;一种是刻苦勤奋、脚踏实地的人,他们往往要历经许多磨难、付出艰苦的努力才能成功,但也持久,稳固,坚实。

这两种人有一个共同的特点——善于思考。前一种人是敏于思考,聪明,因而目光神情上显得聪慧机敏,伶俐巧思,多谋善变;后一种人是勤于思考,智

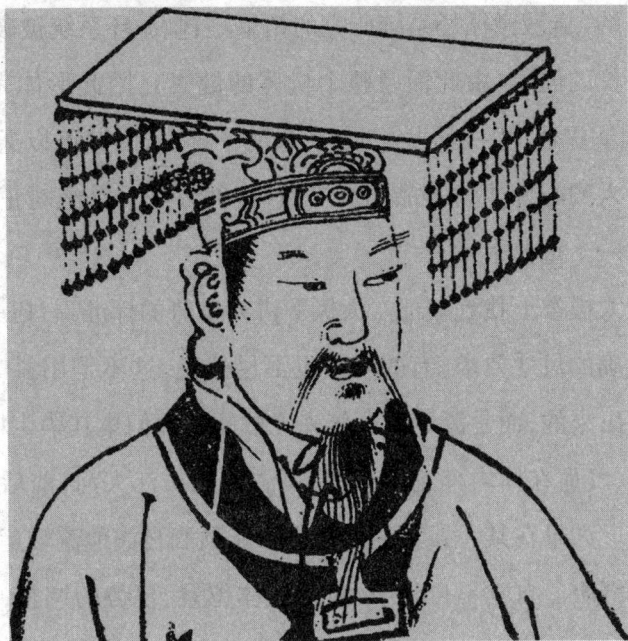

黄帝

慧,因而显得执着坚强,沉雄稳重,不折不挠,不轻易言败。这些良好品质是他们成功的重要保证。而这些神情特征是可以从外貌形象上观察到的。比如神态威猛的人勇敢,祥和平静的人豁达,忠正豪迈的人一身正气,心怀奸诈的人满脸邪气……

我们知道,运动之后气血贯通时的脸色(肤色)与先前不一样。这种差别长年累月持续下去,面部色泽必然有明显的变化。大脑思维也是一种剧烈的运动,它不通过空间距离的位移来体现,而是精、气、血在大脑里的融会贯通(心理学上的解释是:思维活动是神经节、神经元、神经窦之间的连接碰撞,就像导体传电一样,在这个传导过程中,有的神经窦能被打开,有的神经元之间能连接贯通,有的却不能。这种现象由量变积累到质变,就是人各自不同的天赋特长)。长期动脑的人,由于头部精、气、血的运动多于其他人,面部气色神态会不一样。这种区别就可能作为从外貌形象上来鉴别人物的一个依据。

古代养生学认为,形能养血,血能养气,气能养神,因此形全则血全,血全则

气全,气全则神全。这个"神",就是器宇目光中表现出来的,能体现一个人心性才情特质的气质性的东西。中医学认为,通则不痛,痛则不通,形体完备是有助于气血通畅的(血液微循环系统研究的结果是:微循环系统被破坏,直接影响到身体相应部位的健康,由此而及整个机体的健康),因此形体完备(或奇特)也能使"神"圆润贯通,生机勃发。形全,有助于神全,因此可以通过形来察神,从而测知一个人的心性才情等品质。当然,这种方法不是绝对正确,但可以作为鉴别人才的一个重要参考。

这可以在太极拳上找到印证。太极拳讲究姿势的标准,一招一式对手足位置都有比较明确的尺寸要求(有的拳师也不尽然)。这不是用科学实验方法反复演算论证得出来的,而是源于千百年来无数的拳师们集其毕生精力的练习和思考。练拳时,气血在体内奔流不息,绵绵滔滔如长江大河,前后相继,要求不能有丝毫间断。如果在某一式某一处气血不能圆润自如地流转运行,练习者会觉得该处极不舒服。自觉不自觉中,由于肢体位置、姿势的调整,气血贯通了,人也舒服了,练起拳来更得心应手,体内气息也更奔流自如。一代又一代拳师在这样的努力和思考中总结,流传下太极拳现今的架势。这也可以解释,为什么同是杨氏太极拳,而各支传人手下的拳架总不完全一样。

太极拳讲究姿式的标准,目的在于达到"以意行气,以气催形"的要求,从而增强功力,因为它首先是一门武术,而武术的首要目的是用来打击敌人、保卫自己的。"以意行气,以气催形"的结果是,长期坚持练拳的人的血色气质的确与其他人不一样。

人的思考也是一种运动,伴随着相关的气血运行和更为复杂的生理原理。长期思考、勤动脑筋的人自然也会有与他人不同的头面特征。古人也早就认为,潜心读书本来就是一种气功态,因而文化人与其他人的面部气质确实不一样。这犹如冰河洗石,天长日久,河流中的石头与其他石头有明显的外形差异;水流情况不一样,石头外形差异也不一样,平缓水区与激流险浪处的石头就有区别。石头的差异来自外力的作用,人头面上的特征则源于内部思维力量的冲刷和熏陶,外显出来就是气质、神态、精光等的区别。由此可以从外及内地来考察人物的心性才情。

但鉴别人物绝不像伐木工人的活动那么简单。人有一颗聪明的头脑,还有坚强的意志力,这给识别人物心性才能带来了许多人为的障碍。思考能力帮人类创造了一切,从粗陋的木棒到原子弹,从只能捕得几条小鱼的绳网到今天一网打尽天下的因特网,思想是指导人行动的第一工具。更为突出的是,人能控制自己的感情变化,能主动地掩饰自己的内心活动,这是奸邪之人得逞其阴谋、大智大勇的人临危脱险的一个重要原因(例见第十五章第二节杨坚事)。

当然,人才毕竟是可以鉴别的,其心性品质终会被人发现,即使是那些深藏不露、修身养德的高人也不例外。

从外表谈吐上着手,发现人物的才能比识别心性品质要容易些。能够在一面之间就准确判断出一个人的能力和品质,实在是品鉴人物的惯手。品质、能力俱佳的人物少,能识别其高下真伪的人也许更少。

从本质上来看,香兰和臭草不会是同一种气味,雄鹰和家鸡也不会有一样的翅膀。同理,忠臣就是忠臣,奸贼就是奸贼,不会因为都长着人貌,都穿着人衣,就混为一谈。尽管在言行举止上有交错混杂的现象,但由于本性不一样,差别终究会显现。披着羊皮的狼仍然是狼,生了病、不咬人的狮子终究还是狮子。比如王莽,在大权没有巩固之前,始终做温良恭顺态,深得叔伯、皇室人的赏识,许多善良大臣和老百姓也把他作忠臣看。如果他在未篡位之前就因故死去,该如何评鉴他的本性呢?是否他就成为周公吐哺,天下归心式的忠臣了呢?不是!当时一个叫彭宣的人,见到王莽后,察觉了他的奸邪之心,但又不敢说,又自知无力干涉,就辞官还乡避祸去了(详见本章第二节)。

从外表上考察人物虽然不全面,但很直观,"人不可以貌相"说得也对,但只讲到了人物的另一个方面。俗话说:"相由心生。"这又体现了人物的一个方面。对于这个问题,古希腊哲学家柏拉图这样说:"我们每个人都从个体上表现着我们的思想(We each embody ourown idea)。"亚里士多德这样说:"形象导致个性的差异(Individuality resides in a formal cause)。"亚里士多德的话与中国"相由心生"的思想已是非常接近了。生活经验丰富的人,的确是能够从形象神态上来推断人的心性才能的。远的不说,100多年前的曾国藩就是鉴别人物的高手。毛泽东在1917年8月23日(时年25岁)《致黎锦熙书》中说:"愚于近人,独服曾文正。"这个"曾文正",就是曾国藩,他创建的湘军是击败太平天国的主要军事力量。曾国藩为人威重,三角眼且有棱,在接见客人时,注视客人而不说话,往往看得人津脊汗背、悚然难持;由此断人才情,百不爽一。实可称为鉴别人物的高手高手高高手了。连太平天国领袖之一,翼王石达开都称赞曾国藩的识人之能。

由于人的复杂性,从外貌形象上来判断人物的心性才情,实在不是一件容易的事,稍有不慎,就会犯"以貌取人"的错误。除了丰富的人生经验和天生悟性之外,别无其他捷径。而且特别应注意的是,随着时间和境遇的变迁,人的外表形象会发生若干变化,这也给从外表上品鉴人物带来困难。因此,如果只凭外表形相来识别人物,往往会犯错误。前面讲的曾国藩也在这上面栽了大跟头(详见第十六章第二节)。因此,一般在考察人物时,除非有十足的把握,万万不可妄然以外表看人而不察实质。而且人物往往各有所长,如果能扬长避短,发挥优势,用人以四两拨千斤的手法,再施以恰当的教育和培训,用科学的组织策略来推动,团体的力量无疑会猛增。

这里顺带着论一下人才团结的力量问题。组织管理的力量和重要性可以用一个经典的军事理论来说明。甲、乙两国都有自己的骑兵。甲国的骑兵特点在于技艺精良,凶猛彪悍,个人战斗素质比乙国骑兵高,个人战斗能力比乙国骑兵强。乙国骑兵的特点在于部队训练有素,虽个人力量比甲国骑兵弱,但由于有组织有号令,团队战斗力反而比甲国强,10个有组织的乙国骑兵能打败15个甲国骑兵,1000个乙国骑兵组织起来能打败1500个甲国骑兵。由此可以知道,人才固然重要,但如果缺乏组织和管理,各自为战,人才本身的力量就会大打折扣。因此,用人单位在强调识别人才、使用人才时,一定不要忽略了团体协作配合的作用。一等人才一流的协作,会产生惊人的力量,二等人才一流的配合会超过一等人才的力量或与之相当。在现有的人员素质条件下,前者往往难以实现,后者能够实现,却往往被用人者忽略。用人者应根据具体情况,确定正确的人才策略。

第二节　九征

凡有血气者

莫不含元一以为质

体五行而著形

苟有形质(九征)

犹可即而求之

【原典】

性之所尽,九质之征①也。然则平陂②之质在于神,明暗之实在于精,勇怯之势在于筋,强弱之植在于骨,躁静之决在于气,惨怿③之情在于色,衰正之形在于仪,态度之动在于容,缓急之状在于言。

【注释】

①九质之征:九大品质的特征。

②平陂:平正偏邪。

③惨怿:惨,悲伤;怿,喜悦。

【译文】

人物心性才情的变化呈现出九种征象。忠直奸邪的在于神正直明朗与否,智明愚暗的在于精清爽明快与否,勇敢怯懦的在于筋劲健与否,坚强柔弱的在于骨强硬与否,沉浮静躁的在于气沉定与否,欢喜悲伤的在于色悦与否,端庄大方、邪顽卑下的在于仪整与否,心怀奸诈、端庄严肃的在于容严与否,性情平和、急进鲁莽的在于言急与否。

1. 观神识人

神平则质平，神邪则质邪

观察一个人的"神"，可以辨别他的忠奸贤肖。"神"正其人正，"神"邪其人奸。平常所说的"人逢喜事精神爽"，是不分品质好坏而人所共有的精神状态。这里谈及的"神"与"精神"一词不完全一样，神发自于人的心性品质，集中体现在面部，尤其是两只眼睛里，即曾国藩所说的"一身精神，具乎两目"。

如果一个人的"神"平和端庄，"神"定，表明他道德高尚，对人忠心耿耿，不会肆意叛主，也不会因周遭事物的变化而随意改变节操和信仰，敢于坚持正确的东西，意志很坚定。

如果一个人的"神"侵邪偏狭，"神"挫，其品格卑下，心怀邪念，容易见异思迁，随便放弃自己的道德情操而趋利。这种人平常善于掩饰自己，往往在准备充分、形势成熟后才显出本性，而不会轻易发难，不打无准备的仗，是大奸大贼一类的人（对这类人物的鉴别方法详见第二章第二、第三两节）。

需要说明的是，神固然与遗传有关，但更主要的是在后天环境中磨炼出来的。

王莽这个人在历史上的名声并不太好，但就他本人的才能胆识而言，在当时也算得上是一个极其难得的人才。如果他不篡取王位，不显露本性，仍像未夺得朝政大权之前那样勤奋忠心地工作、俭朴地生活，说不定会成为一个流芳百世的周公式人物。

王莽的姑姑是皇后娘娘，几个叔伯也都贵为将军公侯，但他的老爸王曼死得太早，孤儿寡母的，虽然生活不成问题，但在族人中受到的冷落和排斥，给王莽造成了极大的心理压力，这也许是他日后篡夺王位的叛逆性格的最初原因。王莽稍稍懂事以后，就开始勤奋学习。王安石讲，贫者因书而富，富者因书而贵，贵者因书而守成。王莽渐渐以一个谦让恭俭、不事享乐的进步青年形象出现在族人面前,穿戴得像一个克己修身的儒生,不仅对母亲和亲长极其孝顺(那个时候孝敬父母师长是最大的美德,许多人因此而做官),而且气度豪迈,与朝野的光明俊伟人士交往结纳,深得时人的赞誉。

他的叔叔、大将军王凤生了病,王莽朝夕不离床头,殷勤地服侍,汤药都由王莽尝过以后再给王凤喝,以防有人下毒。几个月下来,王凤的病好了,王莽却是蓬头垢面,满脸憔悴,感动得王凤唏嘘而叹:有子不如有王莽。王凤临死前,托姐姐(时已为太后)和皇上提拔提拔王莽,大司空王商和当世的一些名人也盛赞王莽的品德才行,王莽因此被封为新都侯。

封侯以后,王莽仍然保持着廉敬恭让的作风,在人前不敢有丝毫马虎和得意,但暗地里开始有享乐的意思了。他曾经私下买了一个漂亮的奴婢,却被堂弟无意中撞见,王莽就对他说:"后将军朱子元没有儿子。看相的人说这个女子宜产佳儿,因此就主动帮朱将军买了回来。"当时就把那个奴婢送到了朱子元府上。

他的族叔王根辅佐朝政数年后,因身体不好,向皇太后申请退休。另一个大臣淳于长,先与许皇后的姐姐私通,又娶为妾,与许皇后内外勾结,逐渐得到皇上汉成帝刘骜的宠信。王莽对王根说:"淳于长想取代您,正在跟手下人商量办法。"王根怒气陡生,叫王莽向皇太后举报淳于长的阴谋。由于太后本对许皇后不满,于是乘机把淳于长搞了下去。

因为这次告发大奸,王莽代替王根成为大司马,时年38岁。他更加注意自己的形象和声誉了。母亲生了病,其他大臣派夫人来探视。一个穿着粗布衣服,妆饰与一般仆妇无多大区别的妇人出来迎接她们。那些夫人们以前都听说过王莽家居生活比较简朴,还不以为意,当那个妇人自称是王莽的妻子时,众夫人惊得眼睛铜铃大。

后人读历史,都知道这是王莽隐瞒自己真实目的的举动,但当时的许多人都被王莽的忠诚耿介迷惑住了,赞誉之辞盛若花海。

新升任司空的彭宣看到王莽之后,悄悄对大儿子说:"王莽神清而朗,气很足,但是神中带有邪狭的味道,专权后可能要坏事。我又不肯附庸他,这官不做也罢。"于是上书，称自己"昏乱遗忘，乞骸骨归乡里"。用鉴别人才的"神"来分析，"神清而朗"，指人聪明秀出，不会是一般的人；神有邪狭之色，说明为人不正，心中藏着奸诈意图。王莽可能也感觉到了彭宣看出一些什么，但抓不到把柄，恨恨地同意了，却又不肯赏赐养老金。彭宣回乡后数年就死了。

王莽专权、篡位后，奸诈虚伪终于袒露于天下。如果王莽得势之前，有当权的人能发现他的心怀险诈，也许历史就会是另一个样子了。

王莽

当初，汉武帝以公孙弘为御史大夫，公孙弘生活俭朴，盖的是布被，也不多吃肉食。以耿介忠直著称的老臣汲黯（时为丞相）说："公孙弘位在三公，俸禄甚多，却盖布被，这是伪诈。"汉武帝以此言问公孙弘。公孙弘说："是实话。公卿王侯中与臣关系最好的莫过于汲黯。他今天当面责难我的过错，确实说到我的毛病上去了。位列三公而穿戴与小官吏一样，确实是虚伪，为沽名钓誉耳，确如汲黯所言。如果没有汲黯的忠直耿介，陛下如何能听到这样正直的话呢？"公孙弘既掩己过，又捧汲黯的公直，再捧汉武帝英明，汉武帝深以为是，对公孙弘的谦让越发敬重。后公孙弘升为丞相，恃权要奸，因牵连而被诛，开西汉诛杀丞相之始。

关于王莽，还有一个补缀。据说刘邦在斩白蛇时，蛇对刘邦说："你将因斩杀我而名扬天下，贵为天子。又因为你杀我，所以，你砍我头，我闹你头，你砍我尾，我闹你尾。"刘邦想了想，很有意思地将蛇拦腰斩断了。结果，汉朝的江山一头一尾都比较平安,虽有七国之乱,但都没成气候,唯独西、东汉中间出了个王莽,而传说王莽本是一条大蟒化身。(传说实不可信,聊备于此,以增文字的乐趣。)

王莽专权时,巴郡有个任文公,知道天下将乱,就督促家人背负百十斤重的物品,绕着房舍跑,每天锻炼不止,没有人知道为什么。后来各地发生战争,任文公一家大小背着粮食财物,在祸乱中生存下来,而其他人逃亡的甚多。看来,这个任文公也不是一般的人,远在巴郡,知道天下将乱,高人也。知天机不可泄,只保家人,也算一种明智。

汉武帝

神的偏邪与形有一定的联系,比如生活中"贼眉鼠眼,一看就不是好东西"的一类人,事实上不尽是这样,长相丑恶的人往往有善良、仁爱、忠诚的心。因此说"以形观人"错误多多。而神则来自心灵本性,实难做假,以它来断人品性,确实可靠,简便易行(详见本书第二章)。

2. 观精识人

精惠则智明,精浊则智暗

观察一个人的"精",可以识别他的智明愚暗。聪明敏慧的,其"精"条达明畅;愚钝鲁笨的,其"精"粗疏暗昧。这个"精",与"精明强干"的"精"字在意义上有些联系,但识别起来,并不容易。

古谓人有"精、气、神"三性,"精"指一个人才智能力在气质上的外部显露。花气袭人是芳香,人的才情心力也会像花香一样有质无形地、悠扬淡远地传播出来,以"精"的感觉形式存在。

由于人性情品质的复杂,加上个人修养和环境、营养等因素的影响,有些人的"精"和"神"表露不十分明显,特别是处于落魄颓丧时期,普通人难对此一目了然、一洞澄明。这需要识人者运用经验和感觉去进行综合判断。许多人都有这种体验,一看某人,就知道他聪不聪明,道理即在于此。

3. 观筋识人

筋劲则势勇,筋弱则势怯

观察一个人的"筋",能识别他的胆量。"筋"劲,其人勇猛有力,"筋"松,其人怯懦乏劲,像柔弱无缚鸡之力的酸腐书生。一个人手足如受到伤害,医生要专门察看一下手足能否自由地活动,如伸展自如,表明筋腱完好无损,医治起来不甚麻烦。

"筋"是一个人力量的基础。"筋"强劲,其人势勇,行事大胆洒脱,"筋"软弱,其人势怯,行事唯唯诺诺,无甚主见。这一个特征很难在鉴别人才时单独使用,往往与"骨"等特征合并运用。

4. 观骨识人

骨刚则质刚,骨柔则质弱

观察一个人的"骨",能识辨他的强弱。"骨"健,其人强壮,"骨"弱,其人柔弱。曾国藩在鉴识人才时认为"神"和"骨"是识别一个人的门户和纲领,有开门见山的作用,他在《冰鉴》中说:"一身骨相,具乎面部。""筋"和"骨"则经常放在一起来考察一个人的力量勇怯。

喋血庄氏(《明史》)案,是清初最大的一起文字狱,被凌迟、斩决的达70多人,震惊华夏。事源于浙江湖州府南浔镇上的庄廷钺。其家有钱财,庄廷钺也很有抱负,不料一场大病导致双目失明。之后,他意外地得到明朝相国朱国桢修撰的《明史》的最后几十卷手稿。庄廷钺立志学左丘明盲目著《国语》的事迹,聘请江浙文人吴之铭等十多人,对该稿进行整理和润色,更名为《明史辑略》,署上庄廷钺并江浙十八名士的名字刻印刊行,其中有江南名士查继佐(即查伊璜)。可惜庄廷钺未见到《明史辑略》正式出版就去世了。

虽然修史诸人已将文中不利于清廷的文字一一删去,但字里行间仍读得出怀念前朝、扬明贬清的意味。更大的遗漏是,文中历年仍按明代年号编排,称清先祖和清兵为"贼",称清为"后金"等等。湖州人士吴之荣抓住这个漏洞,想借此升官发财,将"反书"告了上去,一直告到刑部。参加修订工作的十多人自然脱不了干系,因牵连入狱的达 2000 多人,处死的有 70 多人。列名参订的 18 人除查继佐外,无一幸免(时庄廷钺已死,被开棺戮尸)。

原来是数年前的一段奇缘救了查继佐的性命。

那年岁末,天降大雪。查继佐独自饮酒,颇觉无聊,到户外走赏雪景,见一乞丐在屋檐避雪。那个乞丐虽只穿一件破旧单衣衫,在寒风雪冻中却丝毫不以为意。走近,查继佐见他生得身形魁梧,骨骼雄奇,心中非常奇怪,便对那个乞丐说:"雪一时不会停,去喝杯酒如何?"乞丐爽快地答应了,无丝毫忸怩受宠之态。乞丐喝了 20 多碗仍无醉意,查继佐却已趴在了桌子上。

第二天醒来,查继佐忙去瞧那个乞丐,见他正在园里负手赏雪。寒风吹过,查继佐只觉冰气入骨,那乞丐却泰然自若。送客时,查继佐给了他十两银子,那乞丐接过银子,道声"好说",也不言谢,扬长而去。

原来这个乞丐身负绝世武功,名叫吴六奇,一时落魄江湖,受阻于风雪中,后因军功累官至广东省提督,在《明史》一案牵连到查继佐时,出面救助了他。查继佐虽为一时之兴,未必真识出吴六奇的才干气运,但仍有"那乞丐非一般可比"的见识意气,因此在《明史》一案中逃脱性命。

5. 观气识人

气盛决于躁,气冲决于静

观察一个人的"气",可以发现他的沉浮静躁,这是做得大事的必备素质。

沉得住气,临危不乱,这样的人可担当大任;浮躁不安,毛手毛脚,难以集中全部力量去攻坚,做事往往"知难而退"、半途而废。活泼好动与文静安详不是沉浮静躁的区别。底气足,干劲足,做事易集中精力,且能持久;底气虚,精神容易涣散，多半途而废。文静的人也能动若脱兔，活泼的人也能静若处子，而神浮气躁的人，做什么事都精力涣散，半途而废，小事精明，大事糊涂，该粗心时粗心，该细心时也粗心，不能真正静下心来思考问题。遇事慌张，稍有风吹草动，就气浮神惊起来。

魏明帝曹叡（曹操的孙子）临死前，欲将大事托付与他人。当时曹爽（曹真之子）正在床边，对曹叡耳语道："臣以死奉社稷。"曹叡嫌曹爽能力不够，不肯为手诏，曹爽即命手下人执曹叡手强行做了一份诏书。曹叡无奈，又下诏让司马懿与曹爽共辅朝政。

当初，何晏、丁谧、邓扬、李胜皆有才名，但急于富贵，趋炎附势，魏明帝曹叡很讨厌他们，四人因而不得权位。曹爽平时与四人关系不错，辅政后，就提拔四人为心腹左右手。四人替曹爽策划，剥夺了司马懿的实权，并因此升为尚书、校尉等职。

何晏

黄门侍郎傅嘏对曹爽的弟弟曹羲说："何晏外静而内躁，机巧好利，不务根本，我担心他误你兄弟大事，恐怕会仁者离心、朝政荒废啊。"何晏四人因此寻小事罢了傅黄门的官。

四人欲令曹爽立威名于天下，劝曹爽派兵伐蜀，司马懿劝阻无效。后被蜀兵堵截，曹爽大败而回，伤亡甚众。又专擅朝政，乱改制度，司马懿无奈，只好托疾不出。

何晏问前程于精通术数的管辂。管辂劝他说："如今你位尊势重，却离德背心，不是求福之道。如能扶贫益寡，以德行政，才能位至三公，否则位高而颠，豪重而亡。"管辂回家后又对其舅说了此事，舅责他说得太直白，管辂说："与死人语，何所畏也！"

后曹爽被司马懿剥权杀死，何晏四人被夷三族。管辂的舅舅问他："先前你如何知道何、邓之败呢?"管辂说:"邓行步如鬼躁,何如魂不守舍,血不华色,精气烟浮,容若槁木,此为鬼幽。故知其败也。"何晏平常颇自负,认为《六经》是圣人孔子的糟粕,并以神的"不疾而速、不行而到"的仙姿美态自誉,实际上属于气浮华不沉一类人。

陈寿《三国志》记载,说何晏、夏侯玄、邓扬三人想与傅嘏结交,傅嘏却不买账。别人问为什么,傅嘏说:"夏侯玄志大才疏,有虚名而无实才;那个小何呢,喜欢谈古论今,但为人虚利而无诚意,是口舌是非乱国政的人;小邓呢,有始无终,好虚名虚利,吹捧同类,排斥异己,妒忌心也重。我看这三个人都是乱德败姓之人,躲避还来不及,哪会与他们亲近呢?"后果然如此。

6. 观色识人

诚仁,必有温柔之色

诚勇,必有激奋之色

诚智,必有明达之色

"色"是一个人情绪的表现,"色"愉者其情欢,"色"沮者其情悲,也有不动声色之人,需从其他角度来鉴别他们的情绪状态。

"色"的含义比较广泛,它是一个人的气质、个性、品格、学识、修养、阅历、生活等因素的综合表现,与肤色黑白无直接联系。

一般来讲,仁善厚道之人,有温和柔顺之色;勇敢顽强之人,有激奋亢厉刚毅之色;睿智慧哲之人,有明朗豁达之色。

齐桓公上朝与管仲商讨伐卫的事,退朝后回后宫。卫姬一望见国君,立刻走下堂一再跪拜,替卫君请罪。桓公问她什么缘故,她说:"妾看见君王进来时,步伐高迈,神气豪强,有讨伐他国的心志。看见妾后,脸色改变,一定是要讨伐卫国。"

第二天桓公上朝,谦让地引进管仲。管仲说:"君王取消伐卫的计划了吗?"桓公说:"仲公怎么知道的?"管仲说:"君王上朝时,态度谦让,语气缓慢,看见微臣时面露惭愧,微臣因此知道。"

齐桓公与管仲商讨伐莒,计划尚未发布却已举国皆知。桓公觉得奇怪,就问管仲。管仲说:"国内必定有圣人。"桓公叹息说:"哎!白天工作的役夫中,有位拿着木杵而向上看的,想必就是此人。"于是命令役夫再回来工作,而且不可找人顶替。

不久,东郭垂到来,管仲说:"一定是这个人了。"就命令候者请他来晋见,分级站立。管仲说:"是你说我国要伐莒的吗?"他回答:"是的。"管仲说:"我不曾说要伐莒,你为什么说我国要伐莒呢?"他回答:"君子善于策谋,小人善于臆测,所以小民私自猜测。"管仲说:"我不曾说要伐莒,你从哪里猜测的?"

他回答:"小民听说君子有三种脸色:悠然喜乐,是享受音乐的脸色;忧愁清静,是有丧事的脸色;生气充沛,是将用兵的脸色。前些日子臣下望见君王站在台上,生气充沛,这就是将用兵的脸色。君王叹息而下吟,所说的都与莒国有关,所指的也是莒国的方位。小民猜测,尚未归顺的小诸侯唯有莒国,所以说这种话。"

7. 观仪识人

心质亮直,其仪劲固

心质休决,其仪进猛

心质平理,其仪安闲

观察一个人的"仪",能发现他的素质好坏,修养高低。仪态端庄大方的,修养深厚、素质高;仪态邪顽、畏缩卑琐的,修养浅薄、素质差。曾国藩说:"端庄厚重是贵相。"这是"仪"的一种表现。

一般来说,耿介忠直的,仪态坚定端庄;果敢决断的,仪态威猛豪迈;坦荡无私的,仪态安详娴静。环境的熏陶对"仪"的形成有极重要的影响,所谓的"居移气,养移体"就是此理。高贵环境中的人自有一种逼人的气势和仪态。

这可作为识别人物的一个外部根据。

汉武帝既宠尹婕妤,又宠爱邢夫人。因"美女入室,恶女之仇",汉武帝诏令二夫人不得相见。尹夫人慕邢夫人"妷娥"之名,恳请武帝让她见邢夫人一面,武帝答应了。数十宫女拥着一位夫人款款行到,武帝向尹夫人微微一笑,点了点头。尹夫人看了之后即说:"她不是邢夫人。"武帝怪而问道:"为什么?"

"看她的身貌形状,不足以当夫人,配不上皇上的。"武帝又诏来一位穿旧衣的女人,且没有宫女拥护。尹夫人即说:"这才是邢夫人本人。"并低头哭起来,伤怜自己不如邢夫人美丽有质。原来,先前那位夫人是一名宫女装扮的。

8. 观容识人

直容之动,矫矫行行

休容之动,业业跄跄

德容之动,颙颙印印

观察一个人的"容",能发现他的正邪谨散。

这里的"容"应理解为"容止",以示与前面的"仪"相区分。一个人的内心活动必然会在容止上有所表现,即便当事人极力掩饰,也如"羚羊挂角",终有迹可循。容止不正,其人心怀他念,需要考察这种人的真实动机和想法。容止正派,其人内心纯粹,心无旁杂,不会轻易地"见利忘义"。

一般而言,容止庄猛的,勇武刚健;容止沉稳的,谨慎有节;容止圣端的,肃敬威严。

汉武帝喜欢打猎,有时是群臣俱往,盛况浩大,有时则是轻服便装,只带小队人马。有一次轻服便装打猎晚归,路经一村子借宿,开门的老头见来者不善,带着弓马刀箭,以为是盗匪,不敢怠慢。待汉武帝一行人歇下后,老头子找老太婆商量,想去招呼集结其他后生小伙子来攻打这群"强人"。老太婆急忙止住老头子:"我看那领头的人气度不凡,容貌之间有种顶天立地、不为事势屈折的气概。这不应该是普通贵人的容貌,一般盗贼更不用提了,还是谨慎一点好。"

汉武帝的侍卫自然将此话听在耳中,报告给汉武帝。第二天早起,告辞。一夜无事,老头子心中稍安。不过数日,朝廷下旨封老头子夫妇的官。原来汉武帝惊奇于老太婆的能耐,故有心照顾二老。

如此看来,老太婆虽不知道"知人之能",但生活经验却教给她一些容貌与人心性、品质、才能的关系,故有此趣闻留传后世。

9. 观言识人

心恕则言缓,心褊则言急

缓急之状在于言,言为心声,观察一个人说话,能看出他的性格。性情柔顺祥和的,说话平缓;性情急躁的,说话直快爽捷。

这里主要从讲话的状态来判断人的性格。

言语是思想的表现,也是判断一个人性情才能的重要方面,这个问题本书专辟一章论述。

最后谈一下由眼睛识别人物心性才情的问题。眼睛蓄含了人的诸多信息,从身体素质到心性能力。眼睛有"心灵的窗户"之称,因此很多情况下,眼睛都是识别人才的必由途径。"一身精神,具乎两目"。眸子明亮清澈的,往往为人正派,心胸高洁宽广;眸子昏暗晦涩的,多半是杂才、不正不纯之人。因此从眼神最易判断一个人的心性。凶恶的人目露凶光,仁爱的人目光诚恳而庄重,勇敢的人目光炯炯有神,心怀奸邪的人眼睛闪忽不定,动若萤光,心无杂念、堂堂正正的人目光镇定有情。

第三节　中和之才最贵

> 凡人之质量
> 中和最贵矣
> 观人察质
> 先察其平淡
> 后求其聪明

【原典】

凡人之质量,中和最贵矣。中和之质必平淡无味,故能调成五材,变化应节[1]。其为人也,质素平淡,中睿外朗,筋劲植固,声清色怿[2],仪正容直。是故观人察质,必先察其平淡,而后求其聪明。聪明者,阴阳之精,阴阳清和,则中睿外明。圣人淳耀[3],能兼二美。知微知章[4],自非圣人莫能两遂。

【注释】

①调成五材,变化应节:五材,指五行,也指勇、智、仁、信、忠五德;应节,顺

应客观规律。这八字的意思连起来讲，才能使五材协调，循着事物的客观规律来变化。

②怿：喜悦。

③淳耀：内怀淳朴，外现聪明。

④章：同"彰"，明显的意思。

【译文】

大凡人的素质，以中正平和最为可贵。中正平和就是平淡无味，这样才能使五材协调，循着事物的客观规律来变化。中正平和的人，质素平淡冲和，内智外明，筋劲骨强，声清色悦，仪正容直。因此考察人物的心性品质，必须先考察他平淡冲和的修养素质，再考察他的聪明才智。聪明是阴阳两气协调结合的精华之气，阴阳清纯中和，其人就内心睿智，外表明达。圣人内怀淳朴，外现聪明，兼有中和与聪明两种美德。既能细致入微，又能达观显扬，如果不是圣人，就难以两得其美。

※

喜怒哀乐存在心里不表现出来，叫作"中"；表现出来分寸适度，叫作"和"。"中和"的表现就是平淡无味。中和是万物的至理，天下的大道，在物为水，在味为平淡，在思为空空，在德为博大纯厚。白水平淡无味，因此能调和包含百味。头脑清醒若空空无物，因此能容纳新的观点，听取正确的意见。具有"中和"品质的人，心性平和冲淡，为人处世稳重沉雄，不声不响，又让人信赖，有王者风范而无霸气。具备这样品质的就是圣人帝王之才。

这种人具有纯厚正大的中和之性，胸怀宽广博大，心性平和冲淡，能够协调、团结各种人才为我所用。那种个性很强的人，尽管才能也许不小，但因有形有味，有棱有角，肚量胸襟不如"中和"之人，就少了容忍，易与其他有才有性的人冲突，这不利于团结各类人员去完成大业。

生活中，聪明有才的人很多，冲和平淡的人却很少。"中和"之人并非没有个性，而是因为能充分把握一个度——什么时候顺情理，什么时候顺事理，该理智时理智,该动情时动情,而且发自真情,不像伪饰因而显得随和淡远,能为众人所接受,也因此能得众人之助,众人也乐意为他效命。这种人也很厉害,平常不声不响,却能四平八稳地处理好四面八方的关系,如草原上跑马,如平波里行船,有王者之气,少霸厉之气。从风波恶浪里冲站出来的勇士固然叫人佩服,但那种避开风浪、无惊无险、平平淡淡地引导大家走向胜利的风格更能保证天下人的利益,这才是不战而屈人之兵的最高思想。

上等人,有本事没脾气;中等人,有本事有脾气;下等人,没本事脾气却不小。具中和之性的人,其实就是大智若愚、大巧若拙、大辩若讷。他们有本事、有涵养、有智慧,却不卖弄、不炫耀、不张扬,清静无为,空灵若虚,如水一样平淡,有说不尽的美德,但力量也很强大。他们乘天下浩然之气,有圣人帝王相,可以领袖天下群伦。

清静为天下正。圣人帝王有这样德行的人似乎没有几个。而一些文武大臣们倒或多或少有"中和淡远"的味道。

《论语》记载:孔子在本乡的同僚间,实实在在,特别的诚实,而且谦恭逊顺,就像一个不善言谈的人。在宗庙、朝廷上,却明白善辩;同下大夫说话时,刚毅而朴直;同上大夫说话时,和颜悦色,直言不讳。

第四节　聪明次之

明白之士,达动之机

而暗于玄虑

玄虑之人,识静之原

而困于速捷

【原典】

故明白之士,达动之机,而暗于玄虑。玄虑之人,识静之原[1],而困于速捷。犹火日外照,不能内见;金水内映,不能外光。二者之义,盖阴阳之别也。汉之李广、程不识是也。广与不识俱以边太守将兵,有名当时。广行无部伍、行阵,就善水草舍止,人人自便,不击刁斗以自卫,然未尝遇害。程不识正部曲、行伍、营陈,击刁斗,士吏治军薄至明,军不得休息,然亦未尝遇害。不识曰:"李广军极简易,然虏卒犯之,无以禁也。而其士卒亦佚乐,咸乐为之死。我军虽烦扰,然虏亦不得犯我。"然匈奴畏李广之略,士卒亦多乐从李广而苦程不识。

【注释】

①原:根本,道理。

【译文】

因此精明强干的人,长于随机应变,短在缺乏深思熟虑。深思熟虑的人,深谙静默安处的道理,短在行动迟缓,缺乏机变。就像太阳能生辉,光焰外射,却不能内照;金水能内映成像,却不能外照。这两种情况正是阴阳两性的区别,汉代李广和程不识就是这两种类型的人。李广和程不识都是以边郡太守领兵,在当时很有名气。李广行军没有部伍、行阵,就近水草扎营歇宿,人人自寻方便,不设置刁斗来进行自卫,然而从没有遇到袭击。程不识领兵严整部曲、行伍、营陈,设置刁斗,军兵吏卒治军到天亮,而不得休息,然而也没有遇到袭击。程不识说:"李广治军极其简易,但匈奴虏卒不敢进犯,士卒也安然逸乐,都乐意为他效死命,我治军虽然烦扰,然而匈奴也不得侵犯我。"

但是匈奴畏惧李广的谋略,士卒也多乐意跟从李广,而苦于跟从程不识作战。

※

聪明的人大致可分为两种:聪明外向和沉思内秀。

聪明外向的人说了就做,办事干脆利落,迅速果断,手段娴熟老辣,绝不拖泥带水。缺点是较少进行深入细致周密的思考,凭直觉、经验和性情办事的成分稍重,因本人有力量,也聪明,算得上是有勇有谋,但总的来说勇多于谋,深思熟虑较少。这样办事,难免有顾及不到处,也有可能忽略了某些轻微细节而埋下隐患。

沉思内秀的人长于思考,出谋划策兼顾方方面面,给人行事细密周全的感觉，做事不像聪明外向的人那样轰轰烈烈，但能按部就班地把事情推到胜利的台面上。缺点是机敏果断不足，缺乏雷厉风行的作风，身手不够敏捷。可能因过于求稳而丧失机会。事无巨细，都会留心，但又知道轻重缓急，虽比较小心，大事情上不糊涂，能把握方向。

两种人都有开疆拓土、勇于进取的能力，前者以勇敢闻名，

李广

后者以稳重著称，做事风格虽不尽相同，但都是独当一面、办事稳妥的将才。因气度终不如"中和"之人博大，因此是辅佐之才，而难成帝王圣人之功德。

识人者不能因为不喜欢他的直爽或谨慎，而随便否定他们的才能。这种现象在实际生活中带有一定的普遍性，领导者不可掉以轻心而流失掉聪明俊秀的人才。

李广与程不识都是西汉名将。李广的祖上李信是秦国大将，曾率数千人攻逐燕太子丹（荆轲刺秦王的故事就是他一手策划的），并生擒之，后因夸口用20万人可灭楚国，失败而归。李广生得一手猿臂，精于骑射。一次率百骑突击于大漠之中，追杀三个匈奴射手。大漠沙盛雪，朔风凛冽，旷野驰骋，李广一马当先，独弓射杀二人，生擒一人，返回途中与数千匈奴兵不期而遇。汉兵一时大惊，立时想逃奔。李广急忙拦住说："大漠旷野，如何逃脱得了性命？不如留在这里，他们反而会起疑，不敢贸然进攻。"

李广率百骑大模大样地进到离匈奴兵二里处，命兵士下马休息。匈奴兵素闻李广勇名，疑惧未定，不敢出击。有白马将走出匈奴阵列，李广飞身上马射杀之，归队后命兵士们歇马解鞍，卧地而息。

由日暮相持到半夜，燕山月似钩，旷野静默，匈奴兵终不敢击，又怕中埋伏，

竟悄悄撤退了，李广将士全身而还。

李广勇猛善战，又会用兵，而且体爱下属，所得赏赐全部分赠部下，将兵40余年，家无余资。行军打仗没有严格的命令约束，宿营时人人自便，不设哨岗，但从未遭到袭击。兵士部属们都愿意为他效死命。

与李广同时的程不识，也是边关名将，以治军严厉著称。行军打仗纪律严明，号令整齐，宿营时多设岗哨，兵士不得乱走，因而也不曾遭到袭击。程不识说："李广治军很简单，但如果敌兵突然发难，恐难以自保。但军士却能因其宽松仁爱而死命以效。我军虽然严肃紧张，少了活泼气，兵士也不自由，但能团结凝聚，从不懈怠，听令而动，因此敌人也不敢侵。"相比之下，匈奴兵更怕李广，兵士们也以随李广为乐，而苦从程不识。

司马光在《资治通鉴》里评论道：

"治军以严为首，如无制度约束，就太凶险。李广让士兵自由活动，以他的才能胆识，可以这样，但其他人则不可这样。效法程不识，虽然无功，但不会失败；效法李广，又无李广之才，则祸患暗生，不被敌人击败，就会因内讧而败。"

从他们的行动风格可以判断，李广称得上聪明外向的人才，程不识属于沉思内秀之人。他们都是当时名将，都能建功杀敌。但二人结局并不一样。士卒苦从程不识，但程不识因严谨自律，最后官至太中大夫。李广骁勇善战，立功无数，名震天下，因不服老，随大将军卫青出战匈奴，迷失道路，没能按预定计划与卫青合围匈奴，致使单于夜晚遁逃。按军法，失期当斩。回京途中，李广喟然长叹："广年60余岁矣，终不能复对刀笔吏。"于是拔刀自刎而死。士卒百姓皆为之涕泪。到李广的孙子李陵投降匈奴，李氏一族名败声没。

李广曾问时人王朔，为什么他才力功绩过人，却始终不能封侯。王朔问他有无遗恨怨怼之事。李广说："任陇西太守时，羌人作乱，诱使他们投降后，又把降者800余人杀了。"王朔说："祸莫大于杀投降缴械之人，这就是你不得封侯的原因。"这让人联想到坑卒40万的秦将白起的命运。

第五节 人才的五个层次

偏才,以才自名

兼才,德才皆备

兼德,圣人之目也

【原典】

九征皆至,则纯粹之德也。九征有违,则偏杂之材也。三度①不同,其德异称。故偏至之材②,以材自名;兼材之人③,以德为目;兼德之人④,更为美号。是故兼德而至,谓之中庸,中庸也者,圣人之目也。具体而微⑤,谓之德行,德行也者,大雅⑥之称也。一至⑦谓之偏材。偏材,小雅⑧之质也。

一征谓之依似⑨。依似,乱德之类也。一至一违,谓之间杂⑩。间杂,无恒之人也。无恒、依似,皆风人⑪末流。末流之质,不可胜论,是以略而不概也。

【注释】

①三度:指偏才、兼才、兼德三等,与人、地、天三度相对应。

②偏至之材:九征中一二方面突出的人才,即偏才。

③兼材之人:德才皆备之人,但德与才都没达到完美境界。

④兼德之人:五德俱全,九征完备的至圣至美的完人。

⑤具体而微:九征初具,但不完备。

⑥大雅:《诗经》中分风、雅、颂三部分,其中雅又分大雅、小雅,这里指德才高尚的人才。

⑦一至:九征中某一方面突出。

⑧小雅:这里指相对大雅之才而言的偏才。

⑨依似:似是而非。

⑩间杂:才德相违,又相互混杂。

⑪风人:疑为"凡人"之误,即指平凡普通的人。

【译文】

九大特征都具备,就属纯粹正德的人。如果偏失了一部分,就是偏杂之才。

偏才、兼才、兼德三等不同,其才能德行也是一样。偏才之人,以才为立身之本;兼才之人,以德行为立身之本;兼德之人,则是才名显于当世,能获得美好称誉。兼德又叫合于中庸之道,中庸是圣人的最高标准。九征初具但不明显完备,称作德行,德行是大雅之才的素质。九征有一项突出,是偏才,偏才是小雅之才的素质。有一征,但不明显的叫似是而非。这种人是乱德之辈。有一征相似,但又混杂,叫间杂。间杂是没有恒操的人。似是而非与无恒之人都是凡人末流,不足为论,因此略过不提了。

※

以德行、才能和性情为依据,可将人才分为五个层次:兼德,兼才,偏才,依似,间杂。

兼德,德性纯粹,器识宏深,是德才兼备的完人,集中了"九征"的全部优点,具备仁、义、礼、智、信五种品德,素质平静恬淡,合于"中和"之理,神俊,精睿,筋劲,骨植,声清,色怿,仪正,容直,言平,有光明俊伟圣人帝王之相。这种人德行才能两相辉映,德性的光芒普照天下,是圣人领袖之才。

兼才,像兼德那样完美的理想型人才是罕见的,绝大多数人难免有这样那样的缺点。具备"九征"中的部分优点,仁义礼智信五德有其二三,这样的人属兼才。兼才在德行才能上都不如兼德那么光明崇高,位次于圣人领袖,是国家器宇的栋梁之材。他们能够辅佐君主,可以安邦定国,经物济世。

与兼德相比,兼才更具备现实性,不是理想化的人物。历代圣人帝王更多具备兼才之性,孔子德行学识隆于天下,但经邦济国的才能稍嫌不足,理论颇丰,实务不足;秦始皇武功才气胸略有余,仁义不足;唐太宗谈不上仁,赵匡胤谈不上义。由此来看,兼德之人更多的意义上是为评判各等人才而定的一个高高在上的标准。

偏才,"九征"得其一二,但很纯粹,某一方面的能力很突出,以才闻名,不以德闻名,可称为小雅之才,胸襟气度都有限,适合做局部性的工作,虽不能治理一个国家,但可以独当一面,管理一个局域,一个部门。

依似，有一征相似，实际上是似是而非，似能非能，有打肿脸充胖子之嫌。好像具备一德一能，实是乱德之辈，难以有所成就。依似之人有很大的欺骗性，甚至有可能伪作"为官，以不能为能"的势态，造成上级用人不当的错误。赵括长平之战的惨败，诸葛亮挥泪斩马谡，都是惨痛教训。本书后面有专节记述"七似"之人。鉴别依似之人，应特别小心，稍不注意就可能引进了依似而错过了人才。

陈蕃是东汉名臣（唐代年青诗人王勃在著名的《滕王阁序》中称赞"徐孺下陈蕃之榻"）在任乐安太守时，有一个叫赵宣的人，父母去世已20多年，他不封墓道，住在墓里为父母守孝，成远近闻名的大孝子。有人把他推荐给陈蕃。二人见面，谈话间陈蕃问到他的个人情况，发现他在为父母守孝期间生有5个孩子，完全违背了子女在守丧服孝中不得同房的礼俗。陈蕃大怒："你住在墓里为父母守孝，却在里面生儿育女，欺骗舆论，迷惑百姓，污辱鬼神。"于是将这个假孝子治罪。赵宣就是那种"乱德"的依似之人。

间杂，心无定性、随风倒的人。这类人反复无常，左右摇摆，胸无定见，动如风中之草，没有恒常的情操，排不进人才的行列。

君子之德像风，小人随风而倒，无恒守之气。

后面只讨论三度之才，即兼德、兼才、偏才，而不论依似、间杂两类。

五种人才的分类：

兼德　中庸之质，圣人帝王

兼才　德才兼备，栋梁之材偏才　一至之能，局部之才

依似　一征形似，乱德之类

间杂　反复无常，无恒小人

第二章 分析性格

第一节 性格识人

偏才之性不可转矣

虽教之以学

才成而随之以失

虽训之以恕

推情各从其心

【原典】

夫学,所以成才也。恕[1],所以推情也。偏材之性不可移转矣。虽教之以学,材成而随之以失。虽训之以恕,推情各从其心。信者逆[2]信,诈者逆诈,故学不入道,恕不周物,此偏材之益失也。

【注释】

①恕:宽宥,原谅。

②逆:猜测。

【译文】

通过学习,可以使人成才;推己及人,可以了解人之常情。性格成型之后就难以转移,虽然传授给他知识和技能,但是随着学习成才,其偏才的秉性也发展成缺点;虽然教诲以宽恕的道理,推情于人还是根据各人的心性。诚实的人推想别人也诚实,诡诈的人猜测别人也诡诈。因此学习不能掌握通常的方法道理,推己及人的自我内省仍不能宽容一切事物,偏才的缺点也就更加显著。

※

性格是指人对现实中客观事物经常的稳定的态度,以及与之相应的习惯化了的行为方式。比如说,有的人小心谨慎,有的人敢拼敢闯,小心谨慎与敢拼敢闯就是两种截然不同的习惯化了的行为方式,人们可根据他们外现出来的习惯化了的特征来判别这两种人的性格差别。

性格的形成固然会受到遗传因素的影响,但主要是在后天环境中磨炼出来的,而且定型之后,有很强的稳定性。一夜之间判若两人的情况多半属短期行为,是因为受到莫大刺激突变的结果;一段时间以后,固有性格又会重现,这就是因为习惯化了的行为方式的缘故。性格成形稳定后,既不容易改变,对人的行为也会产生极大的支配作用。逆来顺受惯了的人,如果不经历大波折、大痛苦,是很难迅速转变成一个坚决果断、有气敢往的人的。即便由于这样那样的历史机缘,坐上了第一把交椅,时间一长,他多半还是会下来,多年来的逆来顺受已使他对权力没有多大的欲望,而且他也习惯了受人支配(或自己动手)、不用支配别人的行为方式。像金庸笔下的张无忌(《倚天屠龙记》男主人公),身上就带有一点这种特征。他的武功智慧是超一流的,却没有强烈的权力欲望,学成盖世神功纯属巧遇,当上明教教主是因为形势所迫,到后头,他终于是携了双美佳人归隐山林快活去了。

在需要做出大决大断的关头,最能体现一个人性格的优劣。决断之间,几乎已经裁定了成功与失败两条道路。性格优良的,在错综复杂的危急时刻,沉得住气,全神贯注于问题之中,心无旁骛,不为他事所扰,像钉子一样专攻一点,因此能够获得成功。排除巧合、运气因素外,这中间是习惯化了的行为方式发挥关键性作用。

赌博虽有许多社会负面影响,但牌桌上是一个鉴人察性的好地方,个性也在其中得到充分体现,实质是在利益争夺面前体现人的内心本质。

性格与个性在心理学上不是同一个词,但在判断一个人的优劣长短时,常常是合在一块儿使用的。准确判断一个人的性格特征,对于事情的成功失败有非常重要的作用。

但性格并不是一成不变的。经历过许多事后,鲁莽的人可能学会了适当的谨慎,勇而无谋的人可能学会了相时而动,这都是习惯化了的行为方式发生若干变化的结果。"已非昔日吴下阿蒙"这句俗话讲的是三国鼎立时期,东吴孙权麾下的大将吕蒙。吕蒙年轻时勇敢舍命,但做事不动脑筋,往往一味蛮干。后来孙权督促他读书,鲁莽习性逐渐收敛,智谋成分逐渐丰富,成长为东吴著名的军事将领,后来设计攻破荆州,逼使威震华夏的关羽演上一出"败走麦城"的历史悲剧。

从性格上来识别人才,应充分把握其恒定不变的特征和后天环境造成的变化。由于篇幅和中国传统文化整体合一体系的原因,本章不能对性格做出深刻、细致、系统而深入的理论分析,如果读者有兴趣,可详细参阅西方精神分析学派的一些相关著作,对性格决定行动,性格与成败的关系会有更深刻的理解,并可以上升到理念的高度。

准确把握人才的个性,是事情成败的重要前提。陶朱公原名范蠡,他帮助越王勾践打败吴王夫差以后,功成身退,转而经商。后来辗转来到陶地,自称朱公,人们都称他为陶朱公。他谋划治国治军的功夫厉害,经商赚钱的本事也不差,或许他是中国走私经营的鼻祖,最后成了大富翁。后来他的二儿子因杀人被囚禁在楚国。陶朱公想用金赎回二儿子的性命,于是决定派小儿子带着许多钱财去楚国办理这件事。长子听说后,坚决要求父亲派他去,他说:"我是长子,现在二弟有难,父亲不派我去反而派弟弟去,这不是说明我不孝顺吗?"并声称要自杀。陶朱公的老伴也说:

陶朱公范蠡

"现在你派小儿子去，还不知道能不能救活老二，却先丧了长子，可如何是好？"陶朱公不得已就派长子去办这件事，并写了一封信让他带给以前的好友庄生，交代说："你一到之后，就把钱给庄生，一切听从他的安排，不要管他怎么处理此事。"

长子到楚国后，发现庄生家徒四壁，院内杂草丛生，按照父亲的嘱咐，他把钱和信交给了庄生。庄生说："你就此离开吧，即使你弟弟出来了，也不要问其中的原委。"但长子告别后并未回家，而是想：这么多钱给他，如果二弟不能出来，那不是大亏？欲留下来听候消息。庄生虽然穷困，但却非常廉直，楚国上下都很尊敬他。陶朱公的贿赂，他并不想接受，只准备在事成之后再还给他，所以那些钱财他分毫未动。陶朱公长子不知原委，以为庄生无足轻重。

庄生向楚王进谏，说某某星宿相犯，这对楚国不利，只有广施恩德才能消灾。楚王听了庄生的建议，命人封存府库，实行大赦。陶朱公长子听说马上要大赦，弟弟一定会出狱，而给庄生的金银就浪费了，于是又去见庄生，向庄生要回了钱财，并暗自庆幸。庄生觉得被一个小孩子欺骗，很是恼怒，又进宫见楚王说："我以前说过星宿相犯之事，大王准备修德回报。现在我听说富翁陶朱公的儿子在楚杀人被囚，他家里拿了很多钱财贿赂大王左右的人，所以大王并不是为体恤社稷而大赦，而是由于陶朱公儿子的缘故才大赦啊。"楚王于是下令先杀掉陶朱公的次子，然后再实行大赦。结果陶朱公的长子只好领了弟弟的尸骨回家。

长子回家后，陶朱公大笑说："我早就知道他一定会杀死他弟弟的！他并非不爱弟弟，只是因为他年少时就与我一起谋生，手头不宽绰，所以吝惜钱财，而小儿子一出生就看见我十分富有，所以轻视钱财，挥金如土。以前我要派小儿子去办这件事，就是因为他舍得花钱啊。"

第二节　领导者理想性格分析

夫中庸之德，其质无名

阴阳清和，中睿外明

能威能怀,能辨能讷
变化无方,以达为节

【原典】

夫中庸之德,其质无名①。故咸而不碱,淡而不醴②,质而不缦,文而不绩③。能威能怀,能辨能讷④,变化无方,以达为节⑤。

【注释】

①无名:不可名。《庄子·逍遥游》:"至人无己,神人无功,圣人无名。"

②咸而不碱:即咸而没有碱味的苦涩。碱,含氢氧根的化合物的统称。此指碱味。醴:无味。

③缦:一种无花纹图案的丝织品。绩:同"绘",绘画。

④讷:言语迟钝。《论语·里仁》:"君子欲讷于言而敏于行。"

⑤达:通达。

【译文】

中庸的品德,它的实质不可名状,正像含盐的水虽咸却没有苦涩,虽淡却非索然无味;质地朴素的丝织品并非了无文饰,而是色彩斐然又不炫耀过度。具有中庸品德的人,望之俨然,即之而温,既能辩说无碍,也能缄默不语,变化无穷,唯以通达为标准。

※

具备中庸之德的理想人才,现实生活中是没有的,这里首标中庸之德,是为品鉴人才提供一个标准,使品人论性有章可循,不做目无边际的漫评。

"中庸",道德高尚,品行端正,不偏不倚。合于"中庸"之德的人,性情柔和而刚,如水为天下至柔之物,但又有滴水穿石之功,破坏力强大,无坚不摧;德行崇高而厚,如天地一样广远辽阔,又不脱于众人的目光。这样的人,配天地之德,怀人和之功,是天下纯德纯美的人,可做圣人明君。

人生为万物的灵长,秉天地阴阳之气,性情寓刚寓柔,阳刚为亢,阴柔为拘,演化成现代词汇，就是外向和内向——亢者属阳，为外向型；拘者属阴，为内向型。

中庸至德之人，阴阳调和，水火既济，柔中带刚，刚而不脆，脆中含韧，韧而有力，是天下最没脾气、又最为厉害的角色。平时的行为举止无声无息、无形无色；一旦动事，疾如江堤决口，迅若长空奔雷，无往不利，无坚不摧；一旦事成，又静若处子，举若虚空，精精华妙，几不着物。在生活中，能威严，能温和，能强辩，能沉默；能开疆拓土奋力进取，又能四平八稳坐守功业。

这种人礼、信、仁、智、勇五德齐备，可谓德能品质完美无缺。但遍观宇内明主圣人，能合于此德的，没有。尧帝杀死自己的儿子丹朱，不仁；舜帝得不到父亲的喜爱，不孝；秦始皇实在太残暴；汉武帝过于杀伐喜功；唐太宗玄武门杀害手足兄弟，晚年又贪慕武则天的美貌，害得皇权倾覆，李氏江山几易他手；宋

孔子

太祖陈桥兵变，有叛主之虞，杯酒释兵权，有对部属兄弟不义之嫌。武有抗击金兵的民族英雄岳飞，但又过于愚忠，置三千里江山、五百万中原遗民的民族仇恨于不顾，自行引颈到奸贼秦桧的铡刀之下，恨哉！恨哉！文有大成至圣文宣先师孔子，率着弟子周游列国，大官没做成，行困于陈蔡之间；至于宣扬君君、臣臣、父父、子子，更是不以事理曲直为标准，混淆天下是非。孔子的谬误大哉！

三国时期，有一个叫管宁的人，人们盛赞他有中庸之德，称他是九德纯粹，冰洁渊清，玄虚淡泊，遥逍乎道仙，娱心乎黄老。他主要活动在东汉乱末、三国鼎立之初。东汉末年，黄巾大起义，各地军阀相互混战，中原大地白骨茫茫，荒草劲劲，人烟难见，他却隐居辽东30多年，过自己的清闲日子，而有高名。曹操的儿子曹丕、孙子曹叡派人征召他入朝做官，他都坚辞不就。时人备赞他"德行

卓绝,海内无偶"。但与当时的英雄人物相比,则济怀苍生的大义不足。倒是赤裸上身、拍马舞刀斗马超的许褚,舍命护主、身被数箭大叫三声而亡的典韦,更叫人肃然起敬;长江之上、横槊赋诗的曹操,更能激起人们的国家责任感。

有性情、有脾气、有勇力、有智慧的人物才是活生生、有现实意义的人才。在识别人才时,应细细区分其性格中的优劣成分,方才能够鉴人真才情。

第三节　12 种偏才性格分析

抗者过之

拘者不逮

故善有所章

而理有所失

【原典】

是以抗者过之,而拘者不逮。夫拘抗违中①,故善有所章,而理有所失。是故强毅之人,狠刚不和。不戒其强之搪突②,而以顺为挠③,厉④其抗。是故可以立法,难与入微。柔顺之人,缓心宽断。不戒其事之不摄⑤,而以抗为刿⑥,安其舒⑦。是故可与循常,难以权疑。其余类推矣。

【注释】

①中:中和。

②搪突:冒犯,抵触。

③挠:屈服。

④厉:鼓励,激发。

⑤摄:治理。

⑥刿:伤害。

⑦舒:无为。

【译文】

因此高亢进趋的,刚气太过,拘谨保守的,刚气不足,抗厉与拘束有违中和之道，其擅长的一面会突现出来，张扬得很饱满，而义理中和的标准就会失去。强毅的人，刚狠不和，不收敛自己的强霸，反以为柔顺是软弱而更强刚狠。这种人可设立法制使人遵行，而不能细察人情。柔顺之人，心慈手软，迟缓宽容，不喜欢办事的刚毅果断，反以刚果为忧，安于无所进取。这种人可循章办事，而不能权变应难。其他性格以此类推。

※

外向型性格（抗者）

1. 强毅之人

强毅之人，刚狠不和

材在矫正，失在激讦

这种人性情硬朗，意志坚定，刚决果断，勇猛顽强，敢于冒险，善于在抗争性的工作中顽强拼搏，阻力越大，个人力量和智慧越能得到淋漓尽致的发挥，属于枭雄豪杰一类的人才。缺点是易失于冒进，骄傲于个人的能力，服人不服法，权欲重，有野心，喜欢争功而不能忍。他们有独当一面的才能，也能灵活机动地完成使命，是难得的将才。但要注意把握他们的思想和情绪变化，这可能是他们有所变化的信号。

三国时的魏延就属这类人才。

2. 雄悍之人

雄悍之人，气奋勇决

任在胆烈，失在多忌

这种人有勇力，又暴躁，两个拳头就是天下，恃强鲁莽，为人很讲义气，敢为朋友两肋插刀，属性情中人。他们的优点是为人单纯，没有多少回肠弯曲的心机，敢说敢做敢当，有临危不惧的勇气，对自己衷心佩服的人言听计从，忠心耿耿，赤胆忠诚，绝不出卖朋友。缺点是对人不对事，服人不服法，任凭性情做事，只要是自己的朋友，于己有恩，不管他犯了什么错误，都盲目地给予帮助。也因其鲁莽,往往会突如其来地坏事情。唐朝人皇甫嵩,是个名传后世的急躁人。他命儿子抄诗,儿子抄错了一个字,他边骂边喊边叫人取棍子来打儿子,棍子还未送到,他就急不可待地狠咬儿子的胳膊,以致咬出了血。

随着社会的进步和文明教化作用的增长,这类人的性情正在变化,理智的成分增强了,演变成敢拼敢撞的开拓型人才。又由于义气成分的减少,个人意识的增强,加上社会提供给个人创业条件的丰富,现在忠心耿耿、死心塌地的人正在减少。为朋友两肋插刀的表现也有许多变化,少了义薄云天、慷慨激昂的刀剑血影气。

春秋时期,齐国有田开疆、古冶子、公孙捷三勇士,很得国王齐景公宠爱。三人结义为兄弟,自诩“齐国三杰”。他们挟功恃宠,横行霸道,目中无人,甚至在齐王面前也“你我”相称。乱臣陈无宇、梁邱据等乘机收买他们,阴谋夺取政权。

相国晏婴眼见这种恶势力逐渐扩大,危害国政,暗暗担忧。他明白奸党的主力在于武力,三勇士就是王牌,屡次想把三人干掉,但他们正得宠,如果直接行动齐王不依从,反而弄巧成拙。

有一天,邻邦的国王鲁昭公带了司礼的臣子叔孙来访问,谒见齐景公。景公立即设宴款待,叫相国晏婴司礼;文武官员全体列席,以壮威仪;三勇士也奉陪左右,威武十足,摆出不可一世的骄态。

酒过三巡,晏婴上前奏请,说:“眼下御园里的金桃熟了,难得有此盛会,可否摘来宴客?”

景公即派掌园官去摘取,晏婴却说:“金桃是难得的仙果,必要我亲自去监摘,这才显得庄重。”

金桃摘回,装在盘子里,每个有碗口般大,香浓红艳,清芳可人。景公问:“只有这么几个吗?”

晏婴答:“树上还有三四个未成熟,只可摘6个!”

两位大王各拿一个吃,佳美可口,互相赞赏。景公乘兴对叔孙说:“这仙桃是难得之物,叔孙大夫贤名远播,有功于邦交,赏你一个吧!”

晏婴

叔孙跪下答:"我哪里及得上贵国晏相国呢,仙桃应该赐给他才对!"

景公便说:"既然你们相让,就各赏一个!"

盘里只剩下两个金桃,晏婴复请示景公,传谕两旁文武官员,让各人自报功绩,功高者得食此桃。

勇士公孙捷挺身而出,说:"从前我跟主公在桐山打猎,亲手打死一只吊睛白额虎,解主公的围,这功劳大不大呢?"

晏婴说:"擎天保驾之功,应该受赐!"

公孙捷很快把金桃咽下肚里去,傲眼左右横扫。古冶子不服,站起来说:"虎有什么了不起,我在黄河的惊涛骇浪中,浮沉九里,斩骄龟之头,救主上性命,你看这功劳怎样?"

景公说:"真是难能,若非将军,一船人都要溺死!"把金桃和酒赐给他。可是,另一位勇士田开疆却说:"本人曾奉命去攻打徐国,俘虏500多人,逼徐国纳款投降,威震邻邦,使他们上表朝贡,为国家奠定盟主地位。这算不算功劳?该不该受赐?"

晏婴立刻回奏景公说："田将军的功劳,确比公孙捷和古冶子两位将军大10倍,但可惜金桃已赐完了,可否先赐一杯酒,待金桃熟时再补?"

景公安慰田开疆说："田将军! 你的功劳最大,可惜你说得太迟。"

田开疆再也听不下去,按剑大嚷："斩龟打虎,有什么了不起? 我为国家跋涉千里,血战功成,反受冷落,在两国君臣前受辱,为人耻笑,还有什么颜面立于朝廷上?"拔剑自刎而死。

公孙捷大吃一惊,亦拔剑而出,说："我们功小而得到赏赐,田将军功大,反而吃不着金桃,于情于理,绝对说不过去!"手起剑落,也自杀了。古冶子跳出来,激动得几乎发狂地说："我们三人是结拜兄弟,誓同生死,今两人已亡,我又岂可独生?"

话刚说完,人头已经落地,景公想制止也来不及了。齐国三位武夫,无论打虎斩龟,还是攻城略地,确实称得上勇敢,但只是匹夫之勇。两个桃杀了三个武士。他们不能忍耐自己的骄悍之勇,才被晏婴利用。

这就是历史上有名的"二桃杀三士"的故事。

3. 固执之人

强楷坚劲,失在专固

可以持正,难以附众

这种人立场坚定,直言敢说,也有智谋,可以信赖,行得端,走得正,为人非常正统,不论在思想、道德、饮食、衣着上都落后于社会潮流,有保守的倾向,也比较谨慎,该冒险时不敢冒险,过于固执,死抱住自己认为正确的东西,不肯向对方低头,不擅长权变之术。

这种人是绝好的内当家,敢于死谏的忠直大臣。

当初,小霸王孙策把内部诸事都托付给长史张昭,临死之前(才26岁),对弟弟孙权说,外事可问周瑜,内事可问张昭。张昭是吴国名士,为人清廉耿介,直言敢说,颇得吴国人士敬重。

公孙渊被曹操打败后,派人向孙权俯首称臣。孙权大悦,封公孙渊为燕王,并派万名将士乘船循大海绕过中原(时为曹操控制中原和北方)去向公孙渊庆贺。群臣都反对,张昭说:公孙渊反复无常,本不可信;他现在归降只因为受曹操攻击而已;如果公孙渊变卦,反投曹操,我们的使臣兵马怎么生还?

孙权反复责难张昭,张昭执意不让,弄得孙权很没面子,拔刀击案说:"东吴人士入宫就拜我,出宫就拜你,我敬重你也够深了。但你经常当着众人的面反对斥责我,我就担心自己什么时候忍不住下令惩罚你了。"

张昭直眼盯着孙权说:"我虽知谏言不被采纳,但只愿竭尽忠诚,报太后临崩前,呼老臣到床边遗诏老臣顾命之恩。"孙权掷刀于地,与张昭对泣,但终没采用张昭的建议,派人到公孙渊处。

孙权

一气之下,张昭托病不出,孙权也因此恨他,叫人用土封了张昭家的大门。张昭又叫人从里边把门封上。

后来公孙渊果然杀了孙权使臣,降于曹操。孙权自知失策,多次派人向张昭谢罪,请张昭重持朝政,张昭坚辞不出。孙权又亲自到门前去请张昭,张昭仍称病不出。孙权用火烧张昭的大门,想逼张昭出来,张昭还是不出来。孙权又叫人灭火,守候在大门外良久,张昭的几个儿子才把张昭扶出来。孙权用车载张昭回宫,深自内责,张昭面子上却不过,重上朝会。

张昭治理政事细致周密,直言耿介,秉性忠诚,但在胆略勇气上,却不是一位好将领,好军师。

甘宁投奔孙权后,向孙权献策:汉室日渐衰微,曹操盗国家之权,当率兵向西进;刘表占据荆江一带,但昏庸无能,儿子又不争气,不如早图之,否则被曹操先下手;要取刘表,先须攻黄祖,黄祖一破,乘势而上,可以渐渐夺取巴蜀之地,这样就可成霸王之业。

孙权很赞成甘宁的建议，张昭反对说："现在东吴四处都还没安定，如果远征黄祖、刘表，恐怕国内会有叛乱。"甘宁对张昭说："国家把你当萧何一样的信任，你却安守着怕叛乱，何以仰慕古人呢？"

当曹操率83万大军攻赤壁之时，东吴将士都惊恐不已。张昭对孙权说："曹操虽是狼子野心，但挟天子以令诸侯，动不动就是朝廷的圣旨，天子的口谕，与他抗争本属不顺；东吴可以抗拒曹操大军的只是长江天险，但曹操现在已占据了荆州，收编了刘表的水军，顺江而下，水陆并进，长江天险已不存在，如何与他争斗呢？ 不如暂时归降曹操。"

后来孙权用鲁肃、周瑜，与刘备合力打败兵力强大的曹操，这就是历史上有名的以少胜多战例——赤壁之战。

张昭死时81岁。史书评张昭"容貌矜严，有威风，吴王以下，举邦惮之"。

4. 宏阔之人

意爱周洽，交往浊杂

可以抚众，难与厉俗

这种人交游广阔，待人热情，出手阔绰大方，处世圆滑周到，能赢得各方面朋友的好感和信任。他们善于揣摩人的心思而投其所好，长于与各方面的人打交道，混迹各种场合而左右逢源。适合于做业务工作和公关，能打通各方面的关节。但因所交之人龙蛇混杂，又有点讲义气，往往原则性不强，受朋友牵连而身不由己地做错事，很难站在公正的立场上论事情的是非曲直，不适宜矫正社会风气。

邓某是做食油生意的，资财丰厚，也喜欢结交各种朋友，有江湖豪迈气，与黑白两道人物关系都不错。当时的蜀州刺史叫安重霸，贪财受贿无数。一次，邓某被刺史叫去陪他下围棋。按规矩，邓某应该站着与刺史下棋。安重霸落子很慢，总是进行长思，一天不过下几十着棋。邓某累得不行，而且又饥又渴。好不容易挨到天黑，松一口气回家去了。

不想第二天一大早，刺史又叫他去，接着下。邓某简直吓怕了。出门时，突然醒悟刺史如此殷勤相邀的根本目的,立刻叫人暗藏金银献给刺史。刺史就不再叫邓某去下棋了。

邓某算是比较圆滑的。与官场打交道,没有几副机智肺肠,是玩不转的。

5. 休动之人

休动磊落,志慕超群

可以进锐,难与持后

这种人性格开朗外向,作风光明磊落,志向远大,卓立不群,富于开创精神,凡事都想争前头,不甘落在人后,往往从中产生出莫大的勇气和灵感,不轻言失败,成功欲望强烈,永远希望自己走在成功者的前列。缺点是好大喜功,急于求成,轻率冒进,如果在勇敢磊落的基础上能深思熟虑、冷静应对,则能做出重大成就。又因为妒忌心强,如果不注意自身修养,会为嫉妒而犯错误。如果将嫉妒心深藏不露,得不到宣泄,可能偏失到畸形的程度。

南北朝时,贺若敦为晋的大将,自以为功高才大,不甘心居于同僚之下,看到别人做了大将军,唯独自己没有被晋升,心中十分不服气,口中多有抱怨之词,决心好好干它一场。

不久,他奉调参加讨伐平湘洲的战役,打了个胜仗之后,心想这应该算是为国家又立了一大功吧,自以为此次必然要受到封赏。不料由于种种原因,反而被撤掉了原来的职务。为此他大为不满,对传令史大发怨言。

晋公宇文护知道以后,十分震怒,把他从中州刺史任上调回来,迫使他自杀。临死之前他对儿子贺若弼说:"我有志平定江南,为国效力,而今未能实现,你一定要继续我的遗志。我是因为这舌头把命都丢了,这个教训你不能不记住呀!"说完了,便拿起锥子,狠狠地刺破了儿子的舌头,想让他记住这个教训。

光阴似箭,斗转星移,转眼几十年过去了,贺若弼做了隋朝的右领大将军,他没有记住父亲的教训,常常为自己的官位比他人低而怨声不断,自认为当个宰相也是应该的。不久,还不如他的杨素作了尚书右仆射,而他仍为将军,未被提拔。他气不打一处来,不满的情绪和怨言便时常流露出来。

话传到了皇帝耳朵里,贺若弼被逮捕下狱。皇帝杨坚责备他说:"你这个人有三太猛:嫉妒心太猛;自以为是,自以为别人不是的心太猛;随口胡说,目无长官的心太猛。"因为有功,不久也就放了。他还不吸取教训,又对其他人夸耀他和皇太子之间的关系,说:"皇太子杨勇跟我之间,情谊亲切,连高度的机密,也都对我附耳相告,言无不尽。"

后来杨勇在隋文帝那里失势,杨广取而代之为皇太子,贺若弼的处境可想而知。

隋文帝得知他又在那里大放厥词,就把他召来说:"我用高颖、杨素为宰相,你多次在众人面前放肆地说'这两个人只会吃饭,什么也不会干'。这是什么意思?言外之意是我皇帝也是废物不成?"贺回答说:"高颖是我的老朋友,杨素是我舅舅的儿子,我了解他们,我也确实说过他们不适合担当宰相的话。"这时因他言语不慎,得罪了不少人,朝中一些公卿大臣怕受牵连,都揭发他过去说的那些对朝廷不满的话,并声称他罪当处死。

隋文帝

隋文帝对贺若弼说:"大臣们对你都十分的厌烦,要求严格执行法度,你自己寻思可有活命的道理?"贺若弼辩解说:"我曾凭陛下神威,率八千兵渡长江活捉了陈叔宝,希望能看在过去的功劳上,给我留条活命吧!"隋文帝说:"你将出征陈国时,对高颖说:'陈叔宝被削平,我们这些功臣会不会飞鸟尽,良弓藏?'高颖对你说:'我向你保证,皇上绝对不会这样。'是吧?等到消灭了陈叔宝,你就要求当内史,又要求当仆射。这一切功劳过去我已格外重赏了,何必再提呢?"贺若弼说:"我确实蒙受陛下重赏,今天还希望格外的赏我活命。"隋文帝考虑了一些日子,念他劳苦功高,只把他的官职撤销了。

6. 朴露之人

朴露径尽,质在中诚

可与立信,难与消息

这种人胸怀坦荡,性情质朴敦厚,没有心机,不善机巧,有质朴无私的优点。但为人过于坦白直诚,心中藏不住事,大口没遮拦,有什么说什么,太显山露水,城府不够,甚至可能被大家当傻瓜看,作为取笑的对象。与这种人合作,尽可以放心。但因缺乏心眼,办事草率,有时又一味蛮干,不听劝阻;该说的说,不该说的也说。虽说坦诚不二是为人处世的不二法门,但一如竹筒子倒豆,少了迂回起伏,也未必是好事。如果能多一份沉稳,多一点耐心,正确运用其诚恳与进退谋略,成就也不小。傻子的聪明之处正在于知道如何运用他的"傻"。

明代周元素是江苏太仓一带小有名气的画家,他有一个画僮叫阿留,跟随他已有四五年了。十三四岁的阿留,大大的眼睛,厚厚的嘴唇,一副憨厚的样子,看起来傻乎乎的。

一天早上,周元素外出前对阿留交代说:"你在家看好门,有谁来了,记住他的样子,等我回来再告诉我。"

晚上,周元素回来后问阿留:"今天有谁来找过我吗?"

"有,来了好几个哩。"阿留一边用手比画着,一边一口气讲下去,"有个矮矮胖胖的,有个瘦瘦高高的,有个漂漂亮亮的,还有个拄着根拐杖。"

周元素听明白了,笑笑又问:"还有没有其他人来过?"

阿留嘿嘿笑着回答:"我怕来的人多了记不住,老头子走后,我就拴上了大门,没再出去过,不知道有没有什么人再来过。"

周元素没再说什么。他是个很忠厚的长者,也了解阿留就是这么笨的一个人,至少在这方面他毫无长处可言。

不仅如此,以后阿留还闹出了不少生活中的笑话。例如有一次,周元素家的一张床折了一条腿,他让阿留去树林里找根合适的树杈,拿回来修挡。阿留拿了把斧头就出去,在树林里转来转去,足足找了大半天,结果还是空着两手回来了。这时,周元素和家人都在厅堂中,他问阿留:"怎么到现在才回来?我们都在等你呢。"只见阿留非常认真地说:"因为找不到一根合适的树杈,我在树林里转了又转,所以才费了这老半天的时间。"

周元素说:"那么多的树杈,怎么说找不到呢?随便找一根把它砍下来,不就行了吗?"

阿留伸开两根手指头,向上伸了伸,说:"您不知道,树杈都是朝上长的,没有像床腿那样向下长的。"

周元素一家人听了,笑得前仰后合。

但阿留也有长处,周元素写字、画画时,一定要阿留为他磨墨、调颜料。他把墨磨得很浓,用他磨的墨写出的字,在日光、灯光下可以反射出光泽。至于调颜料,阿留对色彩的辨别力似乎特别强,周元素吩咐要什么颜色,阿留总能调得恰到好处,从来不会出差错。

周元素写字、画画时,阿留站在一边专注地看着。周元素画花鸟,有时阿留对他说,这朵花的颜色再重些,那只鸟的尾部可增加点什么颜色,周元素采纳阿留建议后,效果往往好得多。

一天,周元素铺开纸张,动手作画,阿留在一旁看得很专心。周元素半开玩笑半认真地对阿留说:"你是不是也看出点什么名堂来了?你能画几笔吗?"

阿留竟然很认真地回答说:"这有什么难的!"

"噢?那你就画给我看看吧!"周元素说着把手中的画笔递给了阿留。

阿留卷了卷袖子,开始在纸上画起来。不一会儿,一幅出水芙蓉图画好了:满塘水荡漾,一片小小的荷叶在微风中摇动,一只蜻蜓正准备在荷叶上停留。整幅图,取意于杨万里的诗句:"小荷才露尖尖角,早有蜻蜓立上头。"

周元素拿起画来,仔细端详。这幅画意境开阔,构图匀称,浓淡相宜,确是一幅好画。周元素要不是亲眼看到了阿留作画的全部过程,无论如何都不会相信,这样一幅画会出自这个看起来有点傻乎乎的小画僮之手。

接着,周元素要阿留再画一幅。阿留沉思一会儿,很快又画了一幅,那画面上是微风吹拂着一株才舒展开眉眼的柔柳,燕子斜着身子从天空掠过,向着柔柳飞过来。虽然画面上只有一株柔柳、一只燕子,但使人感受到了暖暖春意,感受到了充满情趣的盎然生机,笔法老道,布局合理,完全像出自一位老练的画家之手。

周元素把家里人都喊了来看阿留作画。阿留又画了一幅青鸟翠竹图,大家都纷纷称赞:

"阿留真是心有灵犀一点通啊!"

"阿留真有灵气。"

阿留看着大家,只是憨憨地笑。此后,阿留在太仓一带,也成了一位小有名气的画家。

周元素善识人之性,用人之长,使一个在别人眼中傻笨得出奇的阿留,成为远近闻名的画家。若周元素只是呵斥阿留生活中的无能,只看到其短处,不见其长,怎么能充分发挥他的才能?

※

内向型性格(拘者)

1. 柔顺之人

美在宽恕,失在少决

故可与循常,难与权疑

这种人性情温和,慈忍善良,亲切和蔼,不摆架子,处事平和稳重,能够照顾到各个方面,待人仁厚忠恕,有宽容之德。如柔顺太过,则会逆来顺受,随波逐流,缺乏主见,犹豫观望,不能果决,也不能断大事,常因优柔寡断而痛失良机。因与人为善又可能丧失原则,包容袒护不该纵容的人,许多情况下连正确的意见也不能坚持,对上司有随意顺从的可能。如能果决刚断一些,正确的能极力坚持或争取,大事上把握住方向和原则,以仁为主又不失策略机变,则能团结天下人才共成大事。这就是曾国藩说到的"谦卑含容是贵相"。否则,只是幕僚参谋的人选。

东汉时刘宽，字文饶，华阴人，汉桓帝时，由一个小小的内史迁升为东海太守，后来又升为太尉。他性情柔和，能宽容他人。夫人想试试他的忍耐性。有一次正赶着要上朝，时间很紧，刘宽衣服已经穿好，夫人让丫鬟端着肉汤给他，故意把肉汤打翻，弄脏了刘宽的衣服。丫鬟赶紧收拾盘子，刘宽表情一点不变，还慢慢地问："烫伤了你的手没有？"他的性格气度就是这样。其实汤已经洒在了身上，时间也确实很紧，即使是把失手洒汤的人骂一顿，打一顿，时间也不会夺回来，急又有什么用处呢？倒不如像刘宽那样，以自己的容人雅量，从容对事，再换件朝服，更为现实和有用。

2. 拘谨之人

善在恭谨，失在多疑

故可与保全，难与立节

这种人办事精细，小心谨慎，很谦虚，但疑心重顾虑多，往往多谋少成，不敢承担责任，心胸不够宽广。他们善于驾轻就熟，在力所能及的范围内能很圆满地完成任务。一旦局面混乱复杂，就可能头昏脑涨而做不出果断、正确的抉择，难以在竞争严酷的环境中生存。他们生活比较有规律，习惯于井井有条而不愿随便打破安静平稳的节奏。适合于做办公室和后勤等按部就班、突变性少的工作。刚果侠气不足。

杜弼

北魏节闵帝时期，丞相贺欢执政。行台郎中杜弼认为文武百官贪污的多，建议贺欢严肃法律，以清国政。但贺欢不同意，因为正值乱世，朝廷用人之际，如果打击贪污，惩治腐败，许多人才会流失到对手尔朱荣那边去。他让杜弼耐心等待，一旦天下安定，就严肃律制。

但杜弼作为读书人，有耿直死谏的愿望，在贺欢一次出兵前，他再次申请先除内贼，清正朝纲。贺欢问内贼是谁，杜弼说，就是那些贪污的人。贺欢也不作答，叫军士拔刀出鞘，矢引在弦，夹道罗列，命杜弼穿行其间。杜弼两股战战，汗生脊背，面如土色。贺欢慢

慢对杜弼说："矢没有射，刀没有击，你却亡魂失胆。诸将冲锋陷阵，九死一生，虽有贪污，但有大小轻重缓急之别，岂可与常时而论！"

杜弼本是好心，但对时势轻重判断不清，不知缓急；不能强争，胆气不足也贪生怕死，故而属拘谨之人中的下者。

3. 辩博之人

论辩理绎，能在释难

故可与创新，难与规矩

这种人勤于独立思考，所知甚博，脑子转得快，主意多，是出谋划策的好手。但因博而不精，专一性不够，很难在某一方面做出惊人的成就。不愿循着前人的路子，因此多有标新立异的见解。口辩才能往往也很好，加上懂得多，交谈演讲时往往旁征博引，让一般人大开眼界。如能再深钻一些，有望成为百科全书式的人物，为人一般比较豁达，因此也能得到上下人士的尊敬。

4. 狷介之人

清介廉洁，激浊扬清

故可与守节，难以变通

这种人清廉端正，洁身自爱，从本性上讲不愿贪小民之财，富于同情心和正义感，因此看不惯各种腐败而不愿为官，即使为官也是两袖清风，不阿谀奉承，偏激的就此辞官不做，去过心清神静的神仙日子。由于他们原则性极强，一善一恶界线分明，有可能导致拘谨保守，又因耿直而遭奸人忌恨陷害，难以在政治上取得卓越成就。有狂傲不羁个性的反而在文学艺术上会有惊人的成就，在那个天地里可以尽情自由地实现他的理想和抱负。

5. 沉静之人

精在玄微,失在迟缓

故可与深虑,难与捷速

这种人性格文静,办事不声不响,作风细致入微,认真执着,有锲而不舍的钻研精神,因此往往成为某一个领域的专家和能手。缺点是过于沉静而显得行动不够敏捷,凡事三思而后行,抓不住生活中擦肩而过的机会。兴趣不够广泛(年轻时也可能广泛,随着性格的定型渐渐就疏远了),除兴趣所在之外,不大关心周遭的事物。尽管平常不大爱讲话,但看问题又远又深,只因不愿讲出来,有可能被别人忽略。其实仔细听听他们的意见是有启发的。

魏晋时,在别人眼里,王湛是个大傻瓜,他平时不言不语,从不表现自己,别人有对不起他的地方,他也从不去计较,因此,很多人都轻视他,连他的侄儿王济也瞧不起他。吃饭的时候,桌子上明明有许多好菜,王济也不让这位叔叔吃。王湛吃不到好鱼好肉,就叫王济给他点蔬菜吃,可王济又当着他的面把蔬菜也吃了,但王湛并不生气。

有一天,王济偶然到叔叔的房子里去玩,见到王湛的床头有一本《周易》,这是一本很古老又难读懂的书。在王济眼里,这位"傻"叔叔怎么可能读懂这样一部书呢?于是就问:"叔叔把这本书放在床头干什么呢?"王湛回答说:"身体不好的时候,坐在床头随便看看。"

王济怀疑叔叔读《周易》不过是做做样子而已,便有意请王湛说说书中的一些意思。王湛分析其中深奥的道理,深入浅出,非常中肯,讲得精炼而有趣味,这是王济从来没有听到过的。

于是,他留在叔叔的住处,接连好几天都不愿回去。经过接触和了解,他深深感到,自己的知识和学问比起叔叔简直差了一大截。他惭愧地叹息说:"我家里有这样一位博学的人,可我30年还不知道,这是我的一个大过错呵!"几天后,他要回家了,王湛又很客气地把他送到大门口。

王济有一匹性子很烈的马,特别难骑,就问王湛:"叔叔爱好骑马不?"王湛说:"还有点爱好。"接着就骑上这匹烈马,姿态容貌悠闲轻巧,速度快慢自如,连最善骑马的人也无法超过他。王济对他平时骑的马特别喜爱。王湛又说："你这匹马虽然跑得快,但受不得累,干不得重活。最近我看到督邮有一匹马,是一匹能吃苦的好马,只是现在还小。"王济就将那匹马买来,精心地喂养,等它与自己骑的马一样大了,就进行比试。王湛又说："这匹马只有背着重物才能知道它的能力,在平地上走显不出优势来。"于是,王济就让两匹马在有土堆的场地上比赛。跑着跑着,王济的马果然摔倒了,而督邮的马还像平常一样,稳稳当当。

通过这样一些事情,王济从内心深处佩服叔叔的学识和才能。他回家以后,就对父亲说："我有这样一位好叔叔,比我强多了,可我以前一点也不知道,还经常轻视他,太不应该了。"

曹武帝平时也认为王湛是个呆子。有一天,他见到王济,就又像往常一样开他的玩笑,说："你屋里的傻叔叔死了没有?"

要是在过去,王济会无话可答,可这一次,王济大声回答说："我叔叔根本不傻!"接着,他就把王湛的才能学识一五一十讲出来,武帝也相信了。后来,王湛还当了汝南内史。

像王湛这样,平时只管发展和提高自己,而不去追求表现和虚荣,是一种深层次的人生智慧,是金子总会发光的。王湛善于忍耐,不追求虚名,才获得了他人真正的敬佩与赏识。

6. 韬谲之人

多智韬情,权在谲略,失在依违可为佐助,而不可专权

这种人机智多谋又深藏不露,心中城府深如丘壑,善于权变,反应也快。如果立场不坚定,易成为大奸之人,往往见风使舵,察言观色确定自己的行动路线,诡智多变。如果忠正有余,有气敢往,则会成为张良一类的奇才。

办事能采取比较得体的方法,表面谦虚,实际上不会吃人哑巴亏,暗藏着报复心。

用人讲求乱世用奇,治世用正。这种人不论在乱世还是治世都能谋得自己的一席之地,是懂得变通的善于保全自己的一类人。因诡智多变,因而可能节

气不够,不宜选派这种人掌管财务、后勤供应等事。

据《史记》里讲,秦始皇应该是吕不韦的儿子,而不应是秦王的后代。这个偷梁换柱的前因后果充分体现了吕不韦韬谲诡智的特点。

吕不韦本是一个有钱的商人。

秦昭王立次子安国君为太子,安国君最宠爱的姬叫华阳夫人,但她没有生育能力。安国君有20几个儿子,老二叫子楚,因不得安国君喜欢,子楚被派到赵国做人质。赵国屡屡被秦国攻打,因而子楚在赵国的日子过得很艰苦。

吕不韦去赵国办事,见到处于困境中的子楚,认为他是奇货可居,就帮子楚策划,并提供活动经费。吕不韦说:"秦王已老,安国君当立为新秦王。但他宠爱的华阳夫人无子,安国君要立太子,华阳夫人有举足轻重的作用。如能讨得华阳夫人的欢心,你与其他兄弟争太子位时,不是有了绝好的帮助吗?我愿意为你提供千金作经费。"子楚叩首称谢。

吕不韦又去华阳夫人面前活动,对华阳夫人说:"子楚在赵国日夜泣思君王和夫人。"华阳夫人很高兴。吕不韦又买通华阳夫人的姐姐,叫她对华阳夫人说:"你以美色得安国君喜欢,一旦年老色衰,又无子,如何托付后半生?子楚虽为老二,但有贤名,又能附和你,不如让安国君立子楚为太子,这样你一生都不用担心了。"子楚的名声由此日渐厚重。

吕不韦与一个舞姬同居,舞姬有了身孕,只有吕不韦知道。恰在此时,子楚对她一见钟情,要吕不韦让给他。吕不韦本想发怒,转念一想,家业都已耗在子楚身上,不如放长线钓大鱼,钓出一个千古奇货来,就把舞姬送给了子楚,而不声张她怀有孩子之事。

数月之后,在公元前259年,舞姬产下一子。她的脑筋不大好用的丈夫,认为这个小孩是自己的儿子,名之为子政。

年老的秦王8年后崩逝,太子安国君即位,同年即因腹疾而亡。吕不韦一手安排的储君子楚顺利登上王位,是为襄王。3年内,这个运气不佳的家伙也死了,吕不韦的私生子——子政于是继承了王位。

吕不韦由此做了10年的摄政丞相,着手重塑秦国的形象。由于秦国地处西北边区,常受游牧民族威胁,因此变成战国时代军事武力最强之国,但其人民却被其他各国认定为粗鲁无文。为摆脱此一形象,吕不韦从各国邀来3000宾客,包括学者、艺术家、哲学家、诗人、演说家和有名望的人,用自己的钱供他们住在秦国首都。吕不韦供他们吃、住、娱乐,也请他们将个人所精通的天地万象古今之事,编成一本百科全书,结果是成就了当时内容最完备的一本书,名为《吕氏春秋》。吕不韦深以此书为傲,曾悬赏千金,征求是否有人增益此书。但无人应征。

尽管这些让吕不韦看起来有点不务正业,但实际上,他以其谋略任秦国宰相,已为一统六国,建立中央集权帝国打下良好基础。吕不韦是个粗俗、未受过良好教育、白手起家的人,这让他的故事益发不凡,因为大部分得到高位的平民都是受过良好教育的人。吕不韦另一杰出之处是,秦国是法家的坚强据点,而法家通常将商人鄙视为寄生虫。也有官员耻笑吕不韦出身于粗鄙商人,但也有人说,很多官员才干不如商人。有人直截了当地向一个对吕不韦财势眼红的贵族说:"你在权力斗争中斗不过吕不韦,才会去骂他不知礼节。"

吕不韦开始担心一天天长大的秦始皇会发现自己与太后(即秦始皇的母亲)的私情。他施展诡计,要让这个永远热情如火的太后走向自我毁灭的道路。据大史家司马迁描述,吕不韦找到一个性器奇伟的年轻人,名为嫪毐。为了吸引太后注意,吕不韦令此年轻的"种马"不穿衣服在后宫花园散步,在一直勃起状态的阴茎上还挂着桐轮(即使是伟大的史家偶尔也有夸大其词的时候)。兴奋不已的宫女奔走相告,消息立时传开。

太后马上就表现出兴趣。吕不韦顺水推舟,将嫪毐送给她。他建议太后将其情夫剃光头,拔掉眉毛,让他看起来像宦官。安排妥当之后,奸诈的吕不韦设法放出风声,让秦王嬴政知道太后养了个假的宦官,而且这对男女还要谋反。结果秦王诛嫪毐及其九族,将太后锁入冷宫终老。这时,秦王嬴政也对吕不韦起了疑心。他21岁亲政,在掌权之后,即免掉吕不韦的摄政及丞相之职,还将他贬为平民,再把他放逐到边远的四川。迁往四川途中,吕不韦在恐惧遭暗杀的阴影下,服毒自尽。吕不韦死后,秦国还采取了严厉的防范措施,防止商人再度掌握政权。

公元前 221 年,也就是吕不韦自杀后 16 年,秦王灭掉其他六国,自立为秦始皇。尽管他统治全中国的时间短暂,却剧烈地改变了中国。他完成统一大业时,所有旧时的封建制度所造成的壁垒也一并瓦解,社会阶层上下流动变得比较容易。他将西北和西戎之地都并入中国版图,并将军事势力扩张到东北的朝鲜和南方的越南。

哪一种性格更易成功

性格分内向型与外向型两种,在实际生活中的比例大致相当。哪一种类型更有利于事业的成功呢? 以卫青与霍去病为例,他们属同一个时代的私生子。

卫青的母亲卫媪,本是平阳侯的妾,先生有女儿卫子夫和卫少儿,又暗地与郑季私通生有卫青。少年时卫青跟随父亲郑季,郑季叫他去放羊。因偶然机会,卫青去了一次甘泉宫,宫中一个钳工见了他,说他将来官能封侯。卫青笑着说:"能不天天挨打受气,我就很满足了,哪里敢去想封侯。"

卫青的大姐姐卫子夫因跟随平阳公主而得汉武帝宠爱,陈皇后怒,派人捉住卫青,想杀他以泄私愤。卫青的好友公孙敖

卫青

(后来官至将军)与几位壮士救出卫青。汉武帝知道后,认为卫青有奇才,召为侍中。后随大军出征匈奴,同时代的李广等名将击匈奴有成有失,独卫青有功无过,大家由此佩服汉武帝的识人之能。

卫青官至大将军,为人谦恭有礼,以仁治军,平和柔韧,不张声势,爱恤士卒,不擅权功,士卒都乐为效命。右将军苏建兵败,独自一身逃回,部将认为苏建弃军独回,当斩首以严军法。卫青说:"我与大家情同手足,虽苏建失军当斩,

但我们都是臣子,等呈报天子,让天子裁决。"

霍去病是卫青的另一个姐姐卫少儿与平阳县吏霍仲儒私通而生,18岁随卫青出征匈奴。他与卫青的柔韧平和不一样,为人直言仗义,有气敢往。汉武帝叫他学习孙子兵法,霍去病说:"打仗主要看方略如何,不必多学古人兵法。"汉武帝又为他修建了一座院落,他说:"匈奴未灭,无以家为也。"这与当初卫青听人说他将来会封侯时的话语截然不同。霍去病行军打仗不大体恤士卒,士卒缺粮,他仍然意气风发地追击匈奴。这与卫青以仁治军也不相同。

李广的儿子李敢因李广随卫青击匈奴误期自刭的事而怨恨卫青,伏在路边打伤卫青。卫青隐匿了此事。骠骑将军霍去病知道后,借李敢随汉武帝到甘泉宫打猎的机会射杀李敢。汉武帝问起此事,霍去病说李敢是追猎时与鹿相撞而死。

卫青与霍去病性格不一样,一个属内向型,一个属外向型,他们的做事风格也不一样,一个柔和谦恭,一个有气敢往,但都功名盖世,威震朝野。所不同的是,霍去病后生于卫青,而先于卫青去世。其中道理,读者自可去琢磨。

性格不能决定一个人的成败,主要看人的品质才力的优劣,思考问题的方法正确与否。粗者能否细心,细者是否果敢,而不能因他小心谨慎而认作胆小怕事,也不能因其不拘小节就当作是豪迈英雄(鉴别粗者与细者的方法,详见本书其他章节)。

伟人双重性格论

性格决定成败，关键看他性格中优缺点的分配如何。一个人的性格往往不能单纯地归入一种，而是复合型的，区分时以谁主谁次为标准。内向型人是否具备关键时刻毫不犹豫，敢于行动的特征，外向型人是否把重要细节也忽略不问，粗者细处看，细者粗处看，就可以判断他的能力如何了。取得卓越成就的人往往具备双重性格，粗心时性命财物都不在心上，屠刀底下可以研算术，细心时能飞针走线，绣得女红，常人略过的蛛丝马迹他都记在心上。

伟人都具备双重性格。他们既有男人的粗心、豪爽，不拘小节，也有女人一样的细腻、柔情，善解人意。

这些特点使他们既豪迈果敢、英气勃发，又注意照顾身边的人，团结各界人士，争取最大的社会力量，而不做孤家寡人。

双重性格有两层含义，一是指他综合了内外两种性格的优点，二是指他综合了男女两种人性格的粗犷和细腻的长处。古人讲究水火既济、阴阳调和，在这里也能得到体现。

内向型与外向型两类性格各有优缺点，如能融合两类的优点，取长补短，那就会既有行动力，又有判断力，知道何时进何时退，为知进退提供成功的物质基础，这在创业之初特别重要。有智慧的人可以定出方案，让有行动力的人去完成，但在创业之初，什么事都得自己动手，没有条件假手他人，如果只有考虑而无行动力，计划只能停留在计划阶段，仍然无法取得成功，只有有勇气和力量去执行，才可以取得成功。如果懂得军事理论，并有指挥才能，但在揭竿而起时，却无力保护自己，那可能早已死在无名士卒之手。

这儿的力量更多地指行动的勇气，而非蛮力。

男人个性的优点与女人个性的优点的结合会使人粗中有细，细中见粗，不因为粗心而把重要细节丢掉。留心细节对于成功起推动作用。细节问题是保证事业顺利发展的条件。尽管说大方向对头了，怎么做都会有所成就，比如说通信行业，它现在一日千里地发展着，挤入这个行业的人，随便在哪一个点或环节上站住脚，都会有钱可赚。但如果不注意细节问题至少会让你少赚钱，或赚同样多的钱你会付出比别人多得多的时间和精力，这实际上是一种浪费，一切浪费归根结底是时间的浪费。

伟人的成功，从性格学上讲，是充分融合两种类型各自的长处而得的。即使他本人不具备这个特点，也会在其副手的身上体现。刘邦可以说完全是一个粗人，但张良却细心如妇人，而他本人长得也像妇人。他们的结合是刘邦胜利的必要条件之一。

历数诸多伟人的性格，都会发现这个特征对他们成功的作用，伟人身上这种两性结合往往会表现得非常极端。粗时生死度外，细时可织毛发，行动时敌未动、我未动，敌已动、我先动，安静时泰山崩于前而不变色。

即便许多优秀人士，他们身上都体现着这种两性结合的特点。

吕端，北宋初期幽州人。少时聪明好学，成年后风度翩翩，对于家庭琐碎小事毫不在意，心胸豁达，乐善好施。一次，吕端奉太祖赵匡胤之命，乘船出使高丽。突然海上狂风大起，巨浪滔天，飓风吹断了船上的桅杆，一

吕端

船人十分害怕，吕端毫无反应，仍然十分平静地在那里看书。

宋太宗赵光义时代，吕端被任命为协助丞相管理朝政的参知政事。当时老臣赵普推荐吕端时，曾对宋太宗说："吕端不管得到奖赏还是受到挫折，都能够十分冷静地处理政务，是辅佐朝政难得的人才。"

宋太宗听后，便有意提拔吕端做丞相。有的大臣认为吕端"平时没有什么机敏之处"，太宗却认为："吕端大事不糊涂！"

终于,吕端成为宋太宗的宰相。在处理军国大事时,吕端充分体现出机敏、果决的才能。每当朝廷大臣遇事难以决策时,吕端常常能较圆满地解决问题。

淳化五年,归顺宋朝的李继迁叛乱,宋军在与叛军的作战中,捉到了李继迁的母亲。宋太宗单独召见参知政事寇准,决定杀掉李母。吕端预料太宗会处死李母,等到寇准退朝后,便巧妙地询问寇准:"皇上告诫你不要把你们计议的事告诉我吧?"寇准显出为难的神色。吕端见寇准没有把话封死,接下去说道:"我是一朝宰相,如果是边关琐碎小事,我不必知道;如果是国家大事,你可不能隐瞒我啊。"

吕端、寇准都是明大义、知轻重的人,所以吕端才敢公开地向寇准询问他与皇帝议事的内容。寇准听懂了吕端的话中之意,便将太宗的意思如实告诉了吕端。吕端听后急忙上殿启奏太宗说:"陛下,楚霸王项羽俘虏了刘邦的父亲,威胁刘邦,扬言要杀死他的父亲。刘邦为了成大事,根本不理他,何况是李继迁这样卑鄙的叛贼呢? 如果杀掉李母,只会使叛军更加坚定他们叛乱的决心。"

寇准

太宗听了,觉得有理,便问吕端应该如何处置李母。吕端富有远见地回答:"不如把李母放置在延州城,好好地服侍她,即使不能很快招降叛贼,也可以引起他良心上的不安;而李母的性命仍然控制在我们手中,这不是更好吗?"吕端一席话,说得太宗点头称赞:"没有吕爱卿,险些坏了大事。"吕端巧妙运用攻心战术,避免事态扩大,李继迁最终又归顺了宋朝。

在处理李继迁的问题时,吕端深明大义,努力纠正皇帝的错误,避免了大的损失。在关系到江山社稷的大事上，一向不拘细节的吕端也是反其道而行。

宋太宗至道三年，皇上赵光义病危，内侍王继恩忌恨太子赵恒英明有为，暗中串通副丞相李昌龄等人图谋废除太子，另立楚王元佐。楚王元佐是太宗长子，原为太子，因残暴无道，太宗废弃了他。吕端知道后，秘密地让太子赵恒入宫。

太宗一死，皇后令王继恩召吕端来见。吕端观察到王继恩神色不对，知道其中一定有变，就骗王继恩进入书阁，把他锁在里面，派人严加看守，自己冒着生命危险，去见皇后。皇后受王继恩等人怂恿，已经产生了另立楚王元佐的意图，见吕端来，便问道："吕丞相，皇上已经去世了，让长子继承王位才合乎道理吧？"吕端回答说："先帝立太子赵恒，正是为了今天，怎么能违背他老人家的遗命呢？"皇后见吕端不同意废太子赵恒，默然不语。吕端见皇后犹豫不定，立即说道："王继恩企图谋反，已经被我抓住。赶快拥立太子才能保天下安定啊。"皇后无可奈何，只好让太子继承皇位。

太子赵恒在福宁殿即位的那一天，垂帘召见群臣，吕端担心其中有诈，请求卷帘听朝。他登上玉阶，仔细看了一番，确认是太子赵恒才退了下来。随后，他带领群臣三呼万岁，庆贺宋真宗赵恒登基。

卷帘认准了是自己拥立的皇帝才肯行礼，吕端确实是大事不糊涂。他善于忍耐平时的小事，但对于重大问题的细节却一点也不忽略，才能完满地处理问题。

第三章　分类考察

第一节　德行高妙的人（清节家）

德行高妙

容止可法

是谓清节之象

延陵、晏婴是也

【原典】

盖人业之流，各有利害。夫节清之业著于仪容，发于德行，未用而章[1]，其道顺而有化。故其未达也，为众人之所进，既达也，为上下之所敬。其功足以激浊扬清，师范僚友。其为业也无弊而常显[2]。故为世之所贵。

【注释】

[1]章：同"彰"，显现，显扬。

[2]显：显达，显赫。

【译文】

各种类别的人才，各有利弊。节清之人德行厚重，仪容端著，未被使用就已引人注目，他的道顺畅而有教化，因此在未显达之时，众人乐意举荐他。显达之后，上下之人都尊敬他。功足以激浊扬清，德足以师表风范。这种情况没有祸害又能长久显达，因此为世人所尊重。

※

这类人以道德高尚，品行端正著称。他们举止进退端庄肃敬，合于礼法，是国家礼节德行的象征，也是国人学习的榜样，传统美德的化身。他们一身正气，隐隐然有大国高人之风。其高风亮节足以感化缺德疏礼的人，能起到"其身正，不令而行"的教化社会、矫正世风的楷模作用。

他们的本事也不小，处理各种事务井井有条，政绩与德行齐飞，声名共形象一色，让其他人肃然起敬。由于成就不像其他人那么显著，因此人们更多颂扬的是他高妙的德行，而把成就放在其次，还因当人在高位时，旁人更希望他有高尚的品德。

春秋时期，吴国公子季札品德高尚，谦虚恭让，礼贤下士，举国上下都很敬佩他，在诸侯国中名声也很响亮。

有一次，季札代表吴国出使齐、鲁等国，顺道去拜访当地的名士徐君。徐君非常喜欢季札的佩剑，表现出特别的兴趣。季札本想把佩剑立即送给徐君，但因为出使别国佩剑是不可缺少的一种礼节，就暗暗决定回来时再送给他。

当他再回来，徐君已经去世。季札很悲痛，到徐君墓前叩拜，解下佩剑挂在墓前树上而去。随从问他："徐君已去，何故如此？"季札说："我既然已打算送给他，怎么能随便改变自己的诺言呢？如果只因为他已不在人世我就不履行诺言，与出尔反尔的小人有什么区别呢？"

除品德高尚、信守诺言外，季札的政治、外交才能也很高，连齐国晏婴、郑国子产等历史上有名的政治家都很欣赏他的才干。只因身在高位，保持优秀品德更难，人们更关注他们的德行，而将他们的才能放在其次。生活中，品德高尚的人也很多，只因为位不高，权不重，声名不显于当时，更无从流芳百世，而只能默默无闻终其一生。

晏婴，也就是出使楚国的那个晏子，虽然长得丑，个子也矮，但是能力很强，连任齐灵公、庄公、景公三朝宰相，而且德行端正、清廉节俭，备受时人尊敬。他官居宰相，饮食服饰都很朴素，家人也不穿绸带彩。在行政能力方面，国君的命令正确，他遵从，不正确，他就坚决反对，绝不妥协。在这些优点上，值得一提的是他的一个马车夫。

马车夫本是很普通的一个驾车人。一次，马车夫的妻子隐在门内偷看丈夫驾车随晏婴上街的情形，却看见丈夫在车上洋洋自得，心中非常难过。车夫一回来，她就请求车夫把她休了，允许她回娘家。车夫很奇怪，问为什么。她说：晏子身高不满六尺，身为相国，名闻诸侯，他在车上貌敛神恭，没有一点儿骄傲的神气；你身长八尺有余，只不过是一个车夫，却得意扬扬，忘乎所以。我请求回娘家，是害怕因为你受到牵连。车夫听了非常惭愧，主动向晏婴请求处罚，并奋发图强，最后成了齐国的大夫。

晏婴

晏婴的老婆是原配，但年纪大了，又长得丑。齐王一时高兴，准备赏赐几个靓妞给他。晏婴却拒绝了，他不愿意养二奶三奶。从古来男子三妻四妾伦常来讲，这未必是一种时尚，但他对原配的感情和忠贞则是可圈可点的。

孔子讲："其身正，不令而行。"如果一个国家，一个地区多有几个像晏婴那样才能品行卓绝的人，何愁不能富强呢？

第二节　强调制度的人（法家）

建法立制

强国富人

是谓法家

管仲、商鞅是也

【原典】

法家之业，本于制度，待乎成功而效。其道前苦而后治，严而为众①。故其未达也，为众人之所忌。已试也，为上下之所惮。其功足以立法成治，其弊也，为群枉②之所仇。其为业也，有敝而不常用，故功大而不终③。

【注释】

①严而为众:严厉,却是为了多数人的利益。

②群柱:奸邪之众。

③不终:不善终,结局悲惨。

【译文】

法家之才,以制度为根本,待成功之后才显出效果。这种方法先苦后甜,严厉是为了大多数人的利益。因此在未显达时,他被众人猜忌。施行之后,上下之人又畏惧他。功绩在于能建立法制,安邦定国,弊害在于易被奸邪小人仇视。作为治国之才,因有弊端而不经常使用,并且功劳大却不得善终。

※

他们主张制度先行,以法规制度治理天下,用法律来约束和规范人们的行为,并达到富国强兵的目的。他们不像儒家人士,强调以仁为本。法能杀人,不能使人孝悌;能刑盗者,不能使人知廉耻。有刑法而无仁义则人怨;有仁义而无刑法则人慢,慢则奸起也。

法令是治理国家的工具。由于人有向恶的一面和懒惰的特点,如果不建立法制来约束人们的行为,社会就会混乱不堪。但是,如果过于看重法令的作用,忽略掉历史原因和人的生物属性,把人当作循规蹈矩的机器,会搞得大家很紧张,也可能压抑人才或吓跑人才。因为人是趋利的,但不是惟利的,高工资并不是吸引人才的唯一手段。制度过于严酷,甚至可能会逼得人们反抗。

当然,法制的作用也是不可替代的,它有助于人们克服自身缺点,抑制犯罪念头,更是社会有序发展的保证。法令强调堵塞禁绝,道德教化重在疏引开导。法家之才如能情理、制度并重,把握好"情有可原,法不可恕"与"法不可恕,情有可原"的分寸,以富国强民为根本,同时兼顾风俗教化的引导作用,懂得水至清则无鱼的特点,严厉与宽容兼顾,则可以成为一名卓越的政治家。

如果一味强调法规的禁绝堵塞作用,视一般百姓如草芥,忽视客观因素,急功近利，不仅达不到富国强兵的目的，反而会把工作做得一团糟；又因为得罪人，遭人忌恨，一旦形势变化，灾祸随之而来，刀剑架在身上了。因为变革带来的陡然变化，打破了人们的惯性心理和生活，民且不便，必然会引起震动和反对。利益受到冲击的权贵们，则会耐心等待机会，利用手中权力到时反戈一击。如能循序渐进，一点一点积累变革的成功效果和经验，老百姓逐渐受益了，可得民心；民心所向，变革就会如顺水行船，大步幅前进。这么做，于公于私，都是利多于弊。邓小平的改革能有举世瞩目的成就，原因之一就是先试验，再推广，然后加大加深改革力度。

历史上倡导法制的人，都因为想急于做出成就，遭到保守派的反对或其他力量的阻挡，要么事功未成，要么结局悲惨。而管仲认为，治国有三种武器：一是号令，二是刑罚，三是俸禄和赏赐，因此齐恒公有他而成霸业，管仲也成为卓有成效的政治家。

晁错在汉景帝时任御史大夫，强调法令治国。由于刘邦当时分封的诸侯国权势太大，不利于中央集权，晁错建议修改法令三十章以减诸侯国的权势地域，诸侯国共皆哗然。

晁错的父亲知道后，从颍川到长安来劝诫他说："皇上刚刚即位，你却侵逼诸侯各王，拆散人家骨肉，搞得诸侯怨声载道。你究竟想干什么呢？"晁错说："不这样，皇上坐不安稳。"他父亲叹一口气说："皇上一家是平安了，但我们晁家却会有灭族之灾！"就喝药自杀了，临死时痛心地说："我不忍看到灾难降临到全族啊。"

十多天后，吴楚七国打着诛灭晁错的旗号造反，说要清理皇上身边的奸臣。

大臣袁盎本与晁错有旧怨，为汉景帝策划消灭叛乱之事。袁盎请求汉景帝屏退左右，连晁错也在内，晁错恨恨而去。袁盎说，七国本是汉高祖子弟的分地，现在因为晁错无故侵凌才叛乱。目前只要杀掉晁错，把封地还给吴楚七国，天下自然就安定了。汉景帝沉默了很久，说一声"我不能因爱惜一个人而得罪天下"，下令斩杀晁错，族人全部废为庶人。

汉景帝后来才想明白，吴楚七国叛乱并非是因为晁错侵削他们，其实早有反意,刘邦在世就说过吴王刘濞有反状,只不过是托"诛杀晁错"的名而已。校尉邓公说:"晁错削诸侯本是为皇上好,害怕七国势力太强了,到时尾大不掉,无法管制。这是安定基业、万世平稳的良策。误杀功臣,臣为陛下深感可惜。"汉景帝喟然长叹:"你说得对呀,我也恨恨不已。"

晁错因急功近利,操之过急而功未成,反遭祸。商鞅变法使秦国富强,功名垂后世,但也因为急功近利,得罪权贵,招致悲惨的结局。

商鞅完成学业以后,先到魏国,因不见用而去秦国。先劝秦孝公行帝道,不听;再劝行王道,又不听;为了自身前途,商鞅劝秦孝公行霸道强术,秦孝公大悦,听着听着,身体都向前倾斜到商鞅面前了,说:"帝道王道要数十百年,我等不及,我要的是迅速名扬天下。"

商鞅开始变法,在秦国做了10年丞相,秦国也日渐强大起来,但秦国的宗室权贵多怨恨商鞅。

商鞅

赵良趁机劝商鞅说:"您做到丞相这么大的官,是靠德行呢,还是强力和法制?《尚书》上讲:'恃德者昌,恃力者亡。'您靠的就是'力'啊。没有兵车甲士前呼后拥,您不敢出门。这是危若朝露之相,还想延年益寿吗?如能知时而退,并请秦王告知天下行仁道,尊老爱幼,崇尚德行,还仁政于百姓,您则隐居起来,这样才能安身太平。如仍贪慕富贵,一旦有变,天下有您立足之地吗?"商鞅不听。

当初刚定新法时,太子犯法,因不能责罚太子,商鞅就处罚了太傅与太师。秦孝公死后,太子即位,太傅与太师等告商鞅要造反,商鞅连夜逃命到关下。寻找住处时,房东告诉他,商鞅令,留宿客人必须验身,否则主人连同遭罪。商鞅长叹一声:"我定的法律原来有这么多弊病!"

商鞅后来被处以车裂之刑,全族被灭。

司马迁评论说:"商鞅本是天资刻薄之人,为求成功,劝秦孝公行霸道强术,这不是治理天下的根本,终于受到恶果。"

第三节　谋略之才(术家)

思想通化

策谋奇伟

是谓术家

范蠡、张良是也

【原典】

术家之业,出于聪思,待于谋得而章。其道先微而后著,精而且玄。其未达也,为众人之所不识。其用也,为明主之所珍。其功足以运筹通变。其退也,藏于隐微。其为业也,奇而希①用,故或沈②微而不章。

【注释】

①希:同稀。

②沈:同沉。

【译文】

术家之才,出于聪明多思,等到计谋成功才显现他的本领。一般在开始时深藏不露,然后逐渐显现才华,达到精深玄妙的地步。在未显扬本领之前,许多人发现不了他的才能。他的才能,会得到明主的珍视。功业足可以运筹帷幄,决胜千里,通古今之变。当他引退时,隐藏在不为人知的地方。作为一种事功,神奇而不经常被用,因而有时会沉没无闻而不显扬。

　　术家之才以智慧丰富、多谋善变、精于出谋划策为特点。他们大致可以分为两类，一类是才略奇伟、胸怀天下、气势昂扬的谋略家，一类是权谋多变，才力心胸稍有不及的智意之士，他们也活动在君王的左右，但功力声名均不如谋略家那么响亮宏阔(见本章第六节)。

　　范蠡、张良、陈平、刘伯温等都是杰出的谋略家。

　　他们帮助君王平定天下，谋略奇伟，胸中丘壑可抵百万雄兵，不仅能从战略高度出谋划策，也能辅佐君主治理天下。他们都是学富五车的人，懂得奇谋之术，也知进退安身之道，要么功成身退，游戏山水；要么深谙官场之术，平稳地在高位厚禄之上全老终身。范蠡及时抽身与文仲被诛，陈平荣贵一生而韩信被缚，就是杰出的谋略家与其他人才的区别。

　　谋略家也有行动的勇气和力量，非常有气魄。这一点是智意之士所不及的。张良是韩国大臣的后人，为替韩国报仇，他花尽全部家财寻找力士去刺杀秦始皇。秦始皇东游，张良与一位持 120 斤重大铁锥的力士在博浪沙狙击秦始皇，误中副车。秦始皇大怒，下令立刻搜索全国，抓贼甚急，就是因为张良的缘故。这是张良年轻时的事，此后就隐名埋姓到下邳，在那里遇到了改变他一生命运的圯上老人。

张良

　　陈平小时候家里很穷，但喜欢读书，虽吃着粗粮杂食，却生得容色俊美，邻里乡亲对此都很奇怪。长大该成家时，富人不想把女儿嫁给他，穷人家又嫌他不爱劳动，也不肯嫁女儿给他。后来一个叫张负的有钱人，见陈平生得奇伟，就去了一趟他家，但见陈平家以破席为门，而门前却有许多长者的车轮印，遂决定把孙女嫁给陈平。张负的儿子反对，张负说："你见过贫穷人家中有长得像陈平那样俊美的人吗？这是奇人之相啊。"陈平因此解决了婚姻之事。

过社节时，陈平为乡亲们分肉，分得非常均匀，乡亲们称赞他说："你是一个优秀的分肉人。"陈平说："如果叫我分宰天下，也会如分肉一样。"

陈平先投奔到魏王咎帐下，见魏王咎不识贤才，又转到项羽麾下，有功被拜为都尉。后来项羽因司马印叛变而迁怒于陈平等人，陈平只好单身独剑抄小路跑了。在过黄河时，船公等人见陈平仪表与常人不同，又单身独行，怀疑他是逃亡的权贵将领，身上一定有金银宝贝，邪念陡生。陈平见势不妙，立刻把全身脱得赤条条的，去帮他们划船。船公等人见他身无一物，才又安心做船公。

陈平

投奔刘邦后，他的言谈筹划深得刘邦心意，被拜为都尉，又拔为亚将，监督各部将领。

后来，陈平献离间计，刘邦给他4万斤黄金，任凭他支用而不过问。再后来，项羽手下的得力人物范增、钟离昧、周殷等都因离间而离开或背叛项羽，为楚汉相争的胜利打下了基础。

陈平先后六出奇计，为刘邦的军事胜利起到举足轻重的作用，功绩可与张良媲美。

天下平定后，张良急流勇退，陈平仍留在朝中做官。刘邦临死前生病，有人诽谤大将军樊哙，说他希望刘邦早死。刘邦大怒，令陈平去斩樊哙的头。樊哙是吕后的小舅子，陈平怕刘邦事后反悔，又得罪吕后，只囚禁了樊哙而没杀他。

陈平就在官场上这样机敏灵活地混着，并不动声色地得到了吕太后的信任。吕后想立诸吕为王，问右丞相王陵，王陵死不同意；问陈平，陈平说行；由是王陵罢没，陈平升为右丞相。

到吕后去世后，陈平又与周勃合谋诛杀诸吕，立孝文帝，开始历史上有名的"文景之治"。孝文帝要立陈平为右丞相，周勃其次。周勃功大，陈平担心他不服，会弄得自己很被动，就采取欲取之、先与之的策略，说周勃功劳最大，推周勃为右丞相，自己当左丞相。

后来，孝文帝问周勃："天下每年的狱案有多少？一年钱粮收支是多少？"周勃都不知道。又问陈平，陈平说："这些都该问主事的官员，狱案问廷尉，钱粮问治粟内史。""那你是干什么的呢？"孝文帝反问。陈平说："我主管他们，丞相的职责就是上辅天子，下任百官。"孝文帝很高兴。

事后，周勃问陈平："你为什么不早教我这样回答呢？"陈平说："你身为丞相，难道不知道自己的职责？"周勃遂明自己不如陈平会做官，就托病回家，让陈平做了右丞相。

陈平逢乱时能出奇谋，和平时期又会四平八稳地做官，懂得如何保护自己、排挤对手，是杰出的谋略人才，德虽不如张良之流那么高远，但历史影响与作用却不逊于他们。

优秀的军事人才韩信，既有勇力，也有韬略，但在如何做官和处世方面却显得很幼稚。当初韩信拥兵自重之时，力量强过项羽与刘邦；谋士蒯通几次劝韩信自立，韩信却因"汉王遇我甚厚"而不忍叛刘邦，又以为自己功高，刘邦不会将他怎么样，放弃了大好机会，最后折于刘邦之手，死在吕后之时。与陈平、张良相比，他们的高下优劣就很明显了。

第四节　国体栋梁之材（国体）

兼有三才

三才皆备

是谓国体

伊尹、吕望是也

【原典】

兼有三才①，三才皆备，其德足以厉风俗，其法足以正天下，其术足以谋庙胜②，是谓国体，伊尹、吕望是也。伊尹名阿衡，以滋味说汤，汤举任以国政，后太甲③乱德，摄行政当国。西伯渭之阳遇太公，与语大悦，载之俱归，立为师。周得天下，太公之谋计居多。

【注释】

①三才：德家、法家、术家三才。

②庙胜：《孙子兵法》中有"未战而庙算胜"句。庙，指宗庙，古代君王兴师命将时，必先在宗庙里举行仪式，并召开军事会议，讨论作战计划，然后出师，称为庙算。

③太甲：帝太甲，成汤的孙子，当位三年，暴虐残忍，败德乱法，伊尹放逐他到桐，并代摄国政。后悔过三年，自新为善，伊尹迎他回朝，把国政交还。

【译文】

兼有德、法、术三才，三才皆备，德行足以整肃社会风气，法制足以匡正天下，权术足以制定国策，这是国家栋梁一类的人才，伊尹、姜太公就是这类人才。伊尹本名叫阿衡，用烧菜的滋味劝说成汤治理天下的道理，汤由此知道他的治国之才，委以国政。后帝太甲乱国纪，败风俗，伊尹行摄国政。周文王西伯在渭河边遇到姜太公，与之交谈后狂喜，与他共乘一车回朝，立为国师。周取得天下，姜太公的功劳居多。

国体就是社稷大臣,国家的栋梁,才能德行足以代替君王全权管理国家。在今天的公司企业里,就相当于代替董事会管理全公司的总经理。

他们的道德高尚,有清节家一样的高名,足以做国家道德的表率,人民的榜样。他们也倡导依法治国,而且严肃律法,但不以严酷的法令为本,而把让老百姓富足放在治国的首位。他们也足智多谋,果敢善断,武能行兵打仗,统率三军平定天下,文能做皇上的老师,修撰国史,吟诗作赋。他们对国家极其忠诚,尽心竭力为国家事务操劳,具备了各类人才的优点,是历史上的"肱股大臣"。伊尹、吕尚是国体之才的代表。

伊尹是商汤的开国大臣,他帮助商汤打败暴君夏桀,为建立商朝立下汗马功劳。他原名阿衡,是有莘氏家的奴隶,虽然思谋精奇,才学宏深,却不为人知。

有莘氏把女儿嫁给商汤时,阿衡作为陪嫁的奴隶到了商汤府中做厨子。一次上菜时,商汤偶然问起他有关烹调的事。阿衡恭恭敬敬、不卑不亢地谈起烹调的道理技艺。商汤见一个厨子把烹调之事讲得绘声绘色、有条有理就没有打断他。阿衡循循以进,口锋一转,不知不觉把话题滑向治理国家的道理,商汤越听越奇。到阿衡讲到王道与霸道同文火与爆炒的异同时,商汤肃然而起,喟然长叹:"治理国家的人才,我却让他烧菜做饭!"毅然决定把国家政事交给阿衡(伊尹)管理。

商汤死后,伊尹又辅佐帝外丙、帝太壬、帝太甲。太甲是商汤的孙子,当了三年皇帝后,开始胡作非为,乱成汤德政,失民心于天下。伊尹就把太甲放逐到桐宫悔过,自己行摄王政,让成汤德政重布于天下。三年后,太甲悔过自新,向天下承认自己的错,伊尹又把政权还给太甲。

太甲死后,伊尹又立其子沃丁为帝。这样,伊尹就成为成汤的五朝老臣。他死后,葬在了毫这个地方。

伊尹如托孤老臣,忠心耿耿佐成汤治理天下。有这样的人才,国家何愁不富强,帝王何愁不成明君呢?摆在各单位的问题是,如何去发现这种人才?现在的厨房中是否也隐藏着杰出之士呢？

吕尚就是在渭河边上直钩垂钓的姜太公。他的祖先曾帮助大禹治水。史传吕尚在河边钓鱼，碰上周文王，一谈，周文王大悦，知道遇上了高人，请吕尚回到周，做了他的国师。

周文王死后，周武王立，吕尚辅佐他打败暴君商纣王，建立了周朝。吕尚因军功显赫，封地在齐，就是春秋战国时期的齐国。他到齐后，勤理国政，发展工商渔盐业，齐国迅速富强起来。武王死后，周成王立，年幼，由周公摄政，管、蔡两国不服，发动叛乱。吕尚又重操兵戈，率师讨伐叛军。平定叛乱后返回齐国时，齐的领地又因此扩大数倍，成为一个大国。

吕尚的军事权谋都写在《六韬》一书中，成为古代兵家必备之书，宋朝时编入《武经七书》，成为武举人士的教科书。

伊尹

第五节　大臣、地方官之才（器能）

> 国体之流
>
> 兼有三才
>
> 三才皆微
>
> 是谓器能
>
> 子产、西门豹是也

【原典】

兼有三才，三才皆微，其德足以率一国[①]，其法足以正乡邑，其术足以权事宜，是谓器能，子产、西门豹是也。子产[②]治郑，民不能欺。西门豹治邺，民不敢欺。

【注释】

①率：做一国的表率。国，指诸侯国，相当于今天的一省、一市。

②子产：郑子产，郑国的相国，治国有功。

【译文】

兼有德、法、术三才，但三才不纯备，德行可以做一地一市的表率，法足以治理一地一乡，权术足以权衡处理事宜，这是出任大臣地方官的器能之才，郑子产、西门豹就是这类人。郑子产治郑国，人民欺骗不了他；西门豹治邺，人民不敢欺骗他。

※

比国体次一等的人才叫器能之才，适合于当一般大臣和地方官。器能之才在德行、法令、智谋方面都有一定成就，但品德不如清节家崇高，法令不如法家那么严峻，智谋不如术家之才那么宏阔奇伟，心胸目光不如国体之才宽广远大。但才能智谋都奇快而变通，能够治理一省一乡或管理一个部门，是独当一面的优秀人选。

战国时代的西门豹是器能的典型例子。

西门豹本是一个性情非常急躁的人，射箭射不中靶心，就把靶心捣碎，下围棋败了就把棋子儿咬碎。因为才能不小，魏文侯派他做邺县县令。为戒备自己的暴躁脾气，他在腰间扎上一条柔软的皮带，以求稳求忍求安求静。

到邺县后，他发现邺县良田肥地遍野，但人口稀少，地大物博却贫穷。细细一查，知道是地方豪绅与女巫利用"河伯娶妇"在作怪，就"以其人之道，还治其人之身"，驱除了残害盘剥乡人的地方恶霸和"河伯娶妇"的陋习，并开渠引水，兴修水利，革新吏政，邺县渐渐富裕兴盛起来。

魏文侯那边却经常听到告发西门豹的意见，说邺县官仓无存粮，钱库无金银，部队也缺少军事装备，西门豹把邺县治理得一塌糊涂。魏文侯到邺县一视察,果真如此,官仓没有存粮,金库没有库银,武库缺少兵器。

魏文侯很生气,责问西门豹:"你怎么搞的?说不出理由,我治你罪。"

西门豹说:"王者使人民富裕,霸者使军队强盛,亡国之君使国库充足。邺县官仓无粮,因为粮食都积储在人民手中,金库无银,因为银钱都在人民衣兜里,武库无兵器,因为邺县人人皆兵,武器都在他们手上。大王如不信,请让我上楼敲鼓,看看邺县的钱财粮草兵器如何?"

于是西门豹上楼敲鼓。第

西门豹治水

一阵鼓声之后,邺县百姓披盔带甲,手执兵器迅速集合到楼下,第二阵鼓声之后,另一批百姓用车装载着粮草集合到楼下。

魏文侯立刻明白了西门豹的才能政绩,龙颜大悦,请西门豹停止演习。西门豹又不同意,说:"民可信而不可欺。好不容易与他们建立信约,今天既然已集合起来,如果随便解散,老百姓会有受骗之辱。大王还记得'千金一笑'的故事吧?燕王经常侵我疆土,掠我百姓,不如让我带兵去攻打燕国。"

魏文侯点头,于是发兵攻燕,收回了许多失地而归。

古代有"三不欺"的说法:"子产治郑,民不能欺;子贱治单父,民不忍欺;西门豹治邺,民不敢欺。"(语出《史记》,三个人,都是优秀的器能之才)

郑子产是春秋时期郑国的公子。郑国以区区小国而能立于晋、齐等大国之间数世不倒,子产起了重大作用。他制定刑律,规范赋税,重视教化,虽不能与国体之才的功绩相比,但郑国也日渐富强起来,虽不足以攻敌,但犹能自保。

古说"防民之口,甚于防川",子产却鼓励大家公开议论政事,百姓一致反对,就改正,一致赞同,就支持,因此深得民心。

由此可见,器能之人才能不只在某一方面,相当于一个小型的全才,虽不如国体那么形象高大、声名卓著,但却有很大的作用,如果有一批优秀的器能之才团结一心,何愁国家、单位、企业、公司不会飞速发展呢。

第六节 智意之士(术家支流)

术家之流,权智有余

公正不足,是谓智意

陈平、叔孙通是也

【原典】

智意之业,本于原度①,其道顺而不忤②。故其未达也,为众人之所容矣。已达也,为宠爱之所嘉。其功足以赞明计虑③,其敝也,知进而不退,或离正④以自全。其为业也,谞⑤而难持。故或先利而后害。

【注释】

①原度:推本测原。

②忤:违逆、抵触。

③赞明计虑:发现赞同高明正确的意见,仔细思考各种策计。

④离正:悖逆正直公平。

⑤谞:才智计谋。

【译文】

智慧明识的事业,源于推本测原。它的治理之道顺遂而不违逆。所以当其未发达时,被一般人所容纳,已成功时,为宠爱者所推许。它的功业足以佐助明主,深于思虑。它的弊处在于只知进趋,不知退隐,或者违背正道以保身自全。它作为一种事业,才智足备但难以维持雅正,因此有时先得利而后招致祸害。

※

他们属于次一等的谋略人才,才力心胸不如谋略家宏博,气势也不如他们,不能从全局高度来辅助君王治国平天下,但可以功成一方,谋划一事,对军事、行政、教化工作能起到比较重要的作用。在才智上也许不逊于谋略家,但在勇气和行动上不如谋略家强劲,往往是知而能争,争而不得,无力坚持正确的东西,要么屈从,要么逃避,因此声名功绩终不如谋略家显达。

叔孙通对人类文化和封建政治做出了比较大的贡献。他的智慧、胆气、计谋或许比张良、陈平差不了多少,但他经历的曲折艰难或屈辱,以及他的声名和历史地位都不如张良陈平响亮。

叔孙通是秦始皇征召的文学博士。秦始皇统一中国后,把各地文化名人收罗到咸阳,组成了相当于现代国家元首身边的智囊团。焚书坑儒时,这个智囊团的多数成员被杀害,叔孙通却逃过了劫难。史书没有讲到他劫后余生的原因,但从中可以知道,他与一般儒生不同;也许有侥幸的成分,却是一种不该亡的气数。

秦二世继位后,陈胜、吴广造反,秦二世胡亥召集剩下来的 30 个博士们问:"听说有人造反,对吗?"其他博士答"是",并献计献策。唯独叔孙通说:"不过是些小毛贼。郡守正在捉拿他们,不足为虑。"秦二世听了很高兴,下令追查"造谣"的博士,对叔孙通反而嘉奖。无端遭殃的博士们回到舍馆后责问叔孙通:"先生怎么可以这样昧着良心说话呢?"叔孙通说:"诸位不明白,我是虎口逃生啊!"

看见秦王朝没有希望了,叔孙通赶紧收拾行装溜之大吉。

后来叔孙通投奔到刘邦帐下。刘邦本是粗人,历来看不起文绉绉的读书人,拿儒生的帽子当便壶,见到读书人就大骂。叔孙通刚到的日子里,连饭都吃不饱,什么气都受。刘邦看见叔孙通一身儒服就生气,叔孙通马上换成楚人的短装,刘邦才高兴了。

跟随叔孙通投奔刘邦的,还有他的 100 多个弟子,他只拣那些出身强盗的健壮之徒加以推荐,弟子们偷偷抱怨:"跟从先生这么些年,却不推荐我们,一味举荐那些强盗,这是怎么回事儿呀?"叔孙通听到后说:"汉王在冒死打天下,你们手无缚鸡之力,能打吗?会打吗?现在还用不着咱们读书人。大家耐心些,会有办法的。"并悄悄安慰:"这也是对我说的。"

公元前201年,刘邦统一天下后,分封了20多个劳苦功高的武将,未得封赏的开始争论不休。刘邦在楼上望见大小将官坐在宫中沙地上指手画脚,情绪激昂,问张良:"他们在争论什

叔孙通

么?"张良说:"陛下还不知道?他们在商量造反。"刘邦很奇怪:"现在天下已经太平,为什么要造反呢?"张良说:"封赏的都是你的亲近之人,这些人没得到封赏,心中不服,又担心你计较他们平生的过失,害怕性命难保,所以就想聚众谋反。""那该怎么办呢?""选一个你平常憎恨而大家又都知道的,马上封赏他,大家就安心了。"刘邦就封了功劳大、又最不满意的雍齿,众武将才平静下来。

论功封赏的事解决了,但朝政秩序混乱,大臣们乱七八糟的,喝了酒就说胡话,甚至拔剑砍破柱子。刘邦深以为忧。

叔孙通见时机已到,去见刘邦,建议制定礼法规矩。刘邦立刻呵斥他:"我在马上得来天下,你们读书人算什么东西?"叔孙通没再像以前那样畏缩,反而顶撞说:"从马上得来的天下,可以在马上治理吗?"刘邦一听有理(也许他最大的优点就是善于听取正确意见),问叔孙通该怎么办。叔孙通提出了制定上朝礼仪的计划。刘邦说行,命他去操办。

叔孙通用了几个月的时间,把他规划的"朝班"礼制演习好,请刘邦出来坐朝。那一天,天还没有亮,朝拜仪式就开始了。准备上朝的文武百官按照官职

大小,在宫外排队等候。宫门外立着刀枪铠甲雪亮齐整的卫士,飘着各色彩旗。传令官发出号令,大臣们肃穆恭敬地按顺序快步上殿,跪拜山呼:"吾皇万岁万万岁!"刘邦见到这等声势,这等壮观,说:"我今天才知道做皇帝的乐趣和威风,我今天才知道做皇帝的尊贵!"从此改变对读书人的态度,任命叔孙通为太常,赏黄金500两。追随叔孙通的那些儒生也苦尽甘来,各有封赏。

叔孙通制定的"朝班"礼制延续了2000年,直到清末才结束,可以说他对封建礼制和文化产生了隐在的巨大影响。

叔孙通知进退之法,知伸屈之时,也能为治理朝政出谋划策,但功名事略都不像谋略家那样高著,因此归入智慧之士。

第七节　臧否之才(清节支流)

清节之流,不能弘恕

好尚讥诃,分别是非

是谓臧否,子夏之徒是也

【原典】

臧否之业,本乎是非。其道廉而且砭①。故其未达也,为众人之所识。已达也,为众人之所称。其功足以变察是非。其蔽也,为诋诃②之所怨。其为业也,峭而不裕③。故或先得而后离众。

【注释】

①砭:中国古代医术中,用石针刺叫砭,用火烧叫灸,后以针灸合称这两种方法;引申为规谏。

②诋诃:毁谤,斥责。

③峭而不裕:严厉而少宽容。

【译文】

褒贬善恶的事业,根本在于是非。它的治理之道清廉而且规谏。当其未成功时,能够被一般人所认识,已经显达,又为一般人所称道。它的功业足以辨别善恶,观察是非。它的弊害在于为毁谤者所怨恨。它作为一种事业,严厉而不宽容,因此有时先为人赞赏,而后被人疏远。

※

有这么一类人,他们在其他方面的才能也许平平,但在鉴人心性才能方面,却一看一个准,百不差一。他们善于品鉴人才,而且不是凭哪一点来鉴察,而是从心术、性情、气质、品德、言语、行为、思想、形象等多方面考察,能够考察得细致入微,叫人只有点头,只有佩服的份儿。

实际上,历史上许多著名人物都是品鉴人才的高手。善于识别人才、选拔人才,是他们事业成功的秘诀。鲍叔识别、推荐管仲就是典型例证。

春秋时期,梁国只是一个小国,但梁惠王雄心勃勃,想有一番大的作为,因此频频召见天下高人名士,像孟子等都是他的座上嘉宾。

有人多次向梁惠王推荐淳于髡,因此,梁惠王连召见他三次,每一次都屏退左右,与他作倾心密谈。但前两次淳于髡都沉默不语,弄得梁惠王很难堪。事后梁惠王责问推荐人:"你说淳于髡有管仲、晏婴的才能,哪里是这样!要不就是我在他眼中是一个不足与言的人。"

那人以此言问淳于髡,淳于髡笑笑,说:"确实如此。我也本想与梁惠王倾心交谈。但在第一次,梁王脸有驱驰之色,想着驱驰奔跑一类的娱乐之事,所以我就没说话。第二次,梁王脸有享乐之色,想着声色一类的娱乐之事,所以我也没有说话。"

那人将此话告诉梁惠王,梁惠王大吃一惊,叹服淳于髡有圣人之明。据梁惠王自供,第一次与淳于髡相见,恰有人送上一匹骏马,梁惠王跃跃欲试。第二次,恰有人献上一组新曲和舞女,他急着想去听。

后来他们安排了第三次见面,连谈三晚,淳于髡最终没有接受梁惠王的相国之职。

春秋时期,姑布子卿是当时鉴别人物的能手。一次,他应邀去赵简子(晋国公卿)家做客。

在快到赵简子家时,姑布子卿看到一个小男孩在路边搬石块砌小小的城墙,旁边有一张帛,帛上仿佛是一座小城堡的草图。姑布子卿惊讶了一阵子,就去赵简子家了。

赵简子带着孩子们出门迎接姑布子卿。姑布子卿随便问了孩子们几个问题。赵简子问:"他们才能如何?""没有能当上将军的。""那赵家将要灭亡吗?"赵简子禁不住担心了。

姑布子卿想了一想,问:"还有其他孩子吗?"

赵简子说:"还有一个。"就叫人去找他。

姑布子卿说:"可能就是我在路上见到的那个小孩子。他会是一位了不起的将军。"

孩子进门来,正是姑布子卿路上所见的。"未来的继承人肯定是他了。"

赵简子说:"可他母亲身份卑微,原是奴婢。"

子卿说:"上天授予的,低贱也会尊贵。"

从此以后,赵简子就对他的儿子们一个个地进行考察,发现毋恤最为贤能聪明。一次,为了测试儿子们,赵简子说:"我在常山上藏了一件宝符,最先得到它的,将被立为继承人。"他的儿子们都骑马到山上寻找,结果什么也没有找到。只有毋恤回来说:"我已经找到宝符了。"赵简子让他讲出来。毋恤说:"从常山上俯瞰代国,代国一目了然,我们应该攻取它。"赵简子由此知道毋恤果然聪明,于是就立他为继承人,他就是后来赵国的开国之君赵襄子。

姑布子卿为什么能猜出路上那小孩是赵简子的儿子呢? 第一,他看赵简子家气数昌旺,必有杰才藏在府上;第二,那小孩非一般孩子,平常人家也不会有此小孩;二者相叠,多半是赵家公子了。至于出身,无关紧要,"英雄自古不问出处"。

善于经营的人才

这种人天生会经营,善理财,主要精力和时间花在如何经营、打通各种关节和缺口上。在他们身上充分体现出了"人总是有办法的"这个特点。他们头脑灵活,念头一转,哗啦哗啦就冒出赚钱的主意来。数字观念强,又善钻营,因为以谋利为根本,政治上多采用中性立场。想出的各种赚钱奇招,也可看出他们的策划天赋。一事精,百事精,一无成,百无成。一个优秀的商人,如果改行,也能有优异的成就。

他们的缺点是,利欲心太重,有时往往不肯舍利而招致杀身之祸。

吕不韦是一个优秀的商人,用家财钓出一个天下,不仅善经营,也会玩政治。终因商人不洁身自爱的恶习而身败财散。但他经营、谋划、治政的才能却可见善于经营人才的能力。

郑板桥名气很大,脾气也怪,不肯向权贵富贵低头折腰,既不附和权贵,也不愿卖字画给他们,即便因这样那样的原因不得不给,就把题上款一项省掉。如果题上有款,称为某兄某弟,那就是郑板桥对那人青眼有加了。

扬州有一个盐商叫王德仁,字昌义,家财万贯,却苦于得不到郑板桥的一幅正版字画,就算辗转迂回地弄到几幅,也不会有上款。这事让他耿耿于怀。王德仁长期谋划,得到一个计策。

人都有弱点,郑板桥就爱吃狗肉。如有人做得一手香喷喷的狗肉送给他,他会做一小幅字画回报,而且不收钱。

郑板桥喜欢出游,常常流连山水,乐而忘返。一天他游到一处地方,时已过午,有点饿了。忽然听到悠扬的琴声从远处飘来,他循声寻去,发现前面有一片竹林,竹林中有两三间茅屋。刚走近茅屋,一股肉香又扑鼻而来,茅屋里面有一位老者,须眉皆白,道貌岸然,正襟危坐弹琴,旁边一个小童正在用红泥火炉炖狗肉。

郑板桥不由得垂涎三尺,对老者说:"老先生也喜欢吃狗肉?"老者说:"世间百味惟狗肉最佳,看来你也是一个知味者。"郑板桥深深一揖:"不敢,不敢,口之于味,有同嗜焉。"老人说:"那太好了,我正愁一人无伴,负此风光。"于是便叫小童盛肉斟酒,邀郑板桥对坐豪饮。

郑板桥高兴极了,肉饱酒酣之余,想用字画作为回报。见老者四壁洁白如纸,但却空无一物,便问:"老先生四壁空空,为何不挂些字画?"老者说:"书画雅事,方今粗俗者多,听说城内有个郑板桥,人品不俗,书画也好,不知名实相符否?"郑板桥说:"在下就是郑板桥,为先生写几幅如何?"老者大喜,赶忙拿出预先准备好的纸笔,于是郑板桥当面挥毫,立成数幅,最后老者说:"贱字'昌义',

请足下落个上款,也不枉你我今天一面之缘。"郑板桥听了不由一怔,说道:"'昌义'是盐商王德仁的字,老先生怎么与他同号了?"老者说:

"我取名字的时候他还没有生呢,是他与我同字,不是我与他同字,而且天下同名同姓的人太多了,清者清,浊者浊,这有什么关系呢!"

郑板桥见他说得在理,而且吐属不凡,于是为他落了上款,然后道谢告别而去。

第二天郑板桥一早起来,想起昨天吃狗肉的事,总觉得有点不对劲,于是叫一个仆人到盐商王德仁家去打听情况。仆人回来说,王德仁将郑板桥送的字画悬挂中堂,正在发束请客,准备举行盛大的庆祝宴会呢。

郑板桥

原来王德仁早就调查清楚了郑板桥的饮食起居,习性爱好,以及他经常去的地方,并以重金聘请了一位老秀才,花了几个月的时间等待,才抓到了这个机会,让郑板桥上了当。

第八节　伎俩之才(法家支流)

法家之流,错意施巧
不能创思图远,
而能受一官之任
是谓伎俩,张敞是也

【原典】

伎俩之业,本于事能①,其道辨而且速。其未达也,为众人之所异。已达也,为官司之所任。其功足以理烦纠邪。其敝也,民劳而下困。其为业也,细而不泰②,故为治之末也。

【注释】

①事能:事务技能。

②泰:安定,沉稳。

【译文】

讲求技能的事业,根本于事务功能。它的治理之道辨慧而且神速。当它未显达时,为一般人所惊异,已成功时,被政府委以职任。它的功业足以清理繁冗,纠正邪谬。它的弊端在于使普通人劳顿而地位低下者疲惫。它作为一种事业,细致却不安泰,因此是治理之道的末等。

※

这一类属法家支流,他们也讲求法律治人,但不能像法家那样高瞻远瞩,才能可使一方安定,而不足以富国强兵,反而有可能急于求成而骚扰百姓。他们是各部大臣和地方官的有力助手,但心胸气度才能都不如法家,是中层干部的合适人选。

西汉人张敞,字子高,河东平阳人,汉宣帝时任京兆尹,很善于处理盗贼及谋反之类的案件。杨恽被诛杀,大臣们上奏说张敞是杨恽的同党,不应再任京兆尹。皇上爱惜张敞的才能,没有准奏。张敞派捕快絮舜去检验一件案子,絮舜觉得张敞因被劾而终将免职,不肯为张敞办理此案,就私自跑回家。有人劝告絮舜,他说:"张敞只能再当5天京兆尹,怎么还能查办案件。"张敞听了这话,就收絮舜入狱,日夜审讯,最终把他折磨死了。这时正是立春时节,碰上朝廷派出查办冤案的使者,絮舜家里的人抬着絮舜的尸体上诉。使者上奏说张敞滥杀无辜,皇上就免去了张敞的官职,废为平民。

长龄,字懋亭,姓萨尔图克,蒙古正白旗人,贵族家庭出身。他历事乾隆、嘉庆、道光三朝,东征西剿,战功卓著,是清代有名的将领,最后官至大学士,道光十八年去世,年81岁。

长龄文武全才,为人正直,最痛恨贪官污吏。嘉庆时期,他任浙江巡抚,到任不久,听说仁和县的县令贪污勒索,怨声载道。一天晚饭后,他装扮成普通老百姓的模样,出衙私访。在路上,恰好碰上了仁和县县令出巡,前面两人鸣锣开道,后面一队仪仗,最后是知县大人的轿子。他故意从仪仗队伍中横冲过去,衙役们厉声呵责,将他一把抓住推到轿前,仁和令一看,原来是巡抚大人,这一惊非同小可,连忙下轿请罪。长龄问他:"你出来干什么?"仁和令回答说:"卑职因近来街坊不清,特出来巡夜。"长龄笑道:"现在还不过二更时分,夜巡未免太早了吧。而且你夜巡是要安定市面,捉拿奸小,现在你侍卫一大队,锣声震全市,作奸犯科的人早就逃之夭夭了,你巡什么呢?算了吧,你下来,换了官服,叫侍役们回去,你我到市面随便走走。"仁和令听长龄这么说,没法推卸,只好叫侍役们回去,自己也换上便衣跟着长龄在市面上闲走。两人边走边谈,来到一座酒店门前,长龄说:"走累了吧,吃一杯如何?"两人进店来,喊了几碟小菜,一壶酒,边吃边谈。酒店老板前来斟酒,长龄叫他一旁坐下,问道:"生意不错,赚头还可以吧?"老板见问,长长地叹了一口气:"什么可以,能够保住血本,就算不错了。"长龄问:"为什么呢?"老板说:"捐税太多。"长龄说:"你小本经营,哪来那么多捐税?"老板说:"客官,你有所不知,我们仁和县这位青天大老爷爱财如命,各种捐税,名目繁多,地税、房税、人头税、牌照税等等自不用说,还有供派要收夫役税,造常平仓要收建仓税,设育婴堂要收保婴税,设救济院要收养老税,冬天有消寒税,夏天有去暑税,孔夫子的生日,观音菩萨的生日,知县大老爷自己的生日,都要收税,而且收税的差役一来,要好酒好肉招待,像我这样经营小本生意的实在没有办法支持下去了。听说知县大老爷还花1000两银子买了一个妓女做妾呢!"店老板越说越气愤,他根本不知道坐在他面前的一个是新任巡抚,一个正是他的父母官呢!长龄连忙打断他的话,说道:"你说的不完全是事实吧,要是真如你所言,他上面还有知府、按察使、布政使、巡抚,难道一点都没有觉察吗?"店老板一声冷笑,说道:"官官相护,从古到今就是这样,有什么用。就是有个包龙图,受害的又不只我一个,我这个小店主又怎么会去越级上告呢?"说完店老板就起身去招呼别的客人。仁和令在一旁坐立不安,神色沮丧。长龄付了账,和他一同出来,到了外面,长龄对他说:"小人胡说乱道,我不会轻听轻信,你也不要介意。"两人又走了好一会,长龄说:"现在是巡夜的时候了,你回衙去带人来巡夜,我也要回去休息了。"于是两人就分道而行。

长龄等县令走远之后,马上又返回酒店,店主说:"客人又来了,是不是遗失了什么?"长龄说:"不是,你这里酒好菜好,我刚才吃得还没有尽兴,再来几杯。"于是又要了一壶酒,几碟菜,独自一人慢慢品尝起来。一直吃到别的客人都走了,店主要关门了,长龄拿出1两银子对店主说:"我今天吃得太多了,走不动了,就在你这里借住一晚算了。"店主说:"我这是酒店,不是客栈,没有客房。"长龄说:"不要紧,你就在这里替我开一个临时铺,这一两银子就算付给你的酒钱和宿费,多的也不用找了。"店主心里一想,自己至少可得5钱银子的便宜,而且也乐得行个方便,于是便答应了。铺开好了,长龄和衣倒头便睡,一会儿便鼾声如雷。天刚毛毛亮,砰!砰!砰!一阵急促而严厉的敲门声响起,长龄一跃而起,赶忙打开店门,两个公差,一个拿拘票,一个拿铁链,进门就问:"你是何人?"长龄说:"我是这里的店主。"公差一把锁上,拖了就走,店主穿好衣服赶出来,人早走远了,他以为昨晚借宿的是一个有案在逃的江洋大盗,被拘捕归案了,吓得不得了,庆幸自己还没有被拖累进去。长龄被差役捉拿到县衙,在大堂右侧一间耳房内关押了一个多时辰,等候审讯。他用毡帽蒙着头,不言不动。卯时到,鼓声响起,知县升堂,一声吆喝:"带犯人!"长龄被带到堂下,仁和令一拍惊堂木,喝一声:"你见了本县为何不跪?"长龄微微一笑,脱下毡帽:"老兄,别来无恙否?"仁和令一见大惊,连滚带爬,来到堂下,命衙役赶快松锁,摘下自己的顶戴,长跪请罪。长龄根本不理,径直向前,走在公案边,抓起县印,揣在怀里,笑着说:"免去了我一员摘印官。"说完扬长而去。

第九节　文儒之才（文儒）

文章之才,司马迁是也

儒学之才,孔子是也

口辩之才,曹丘生是也

【原典】

能属文著述，是谓文章，司马迁、班固是也。能传圣人之业，而不能干事施政，是谓儒学，毛公①、贯公②是也。辩不入道，而应对资给③，是谓口辩，乐毅、曹丘生是也。

【注释】

①毛公：传《诗经》的有大小毛公，大毛公指毛亨，小毛公指毛苌，这里指小毛公，汉初传授《诗经》的学者。后世的《诗经》本多从他来。

②贯公：西汉时赵国人，随西汉大文学家贾谊学《春秋左氏传训诂》，后作河间献王博士。

③资给：自圆其论。

④曹丘生：西汉时楚国人，有辩才，汉将季布待为上宾。

【译文】

擅长于著书立说、写文章，可以称为文章之才，汉代司马迁、班固就是这样的人才。司马迁著有《史记》，班固著有《汉书》。能传道授业解惑，使圣人的经典万世流传，但不能施政行措、经邦济国，称为儒学之才，毛公、贯公就是这样的人。论辩未必有道理，但应对自如、自圆其说、强词夺理，称为口辩之才，乐毅、曹丘生就是这样的人。

※

这里通指为艺术型人才。他们对生活充满热情，感情丰富，浪漫气质很重。尽管表面形式多种多样，比如有的古板，有的洒脱，有的浪荡形骸，有的偏激，有的正统，都想用自己对生活的体验和艺术感觉，通过不同的艺术形式来表达，或者记下生活的真实，或者展望生活应有的真实，或者用平日言谈来改变某些生活现状。人的才能往往不是单一的，一个优秀卓越的人，既突出一方面的才能，也兼有其他才能。

比如曹操，既是一个军事家、政治家，但他的诗又写得很好，"对酒当歌，人生几何？譬如朝露，去日苦多"，"老骥伏枥，志在千里"等名句千古传诵。而许多小文人尽其平生之力，也不能如此。

1. 文章写得很好的人

这种人有文学天才，文章写得非常漂亮。历史上的著名文学家、史学家都归入此类。这类人的品行参差不齐，有的高风亮节，行国士之风，有的则品格卑下，引为历史笑料。司马迁秉性忠直刚正，结果惨遭酷刑，皇帝佬儿叫人把他阉割了。但他仍然忍受屈辱，写下千古绝唱的《史记》，成为后世史著的楷范，自称"究天人之际，通古今之变，成一家之言"。文人中，品德高尚的、骨头硬的很多，但卑下的也不少。比如秦桧，文章做得不错，毛笔字也写得好，却做了卖国贼。

苏轼的传奇经历是文人品行高下的一个缩影。他最终确立文坛不可动摇地位，要归功于他的被流放。流放到长江边上，当时非常贫穷、落后、偏僻的地方——湖北黄州，他的天地灵气和大家风范在那里发挥得淋漓尽致，写下

苏东坡

千古绝篇《念奴娇·赤壁怀古》《前赤壁赋》《后赤壁赋》。

说来也好笑，他遭流放与岳飞一样，竟是一个"莫须有（也许有）"的罪名，史称"乌台诗案"，举报他的人告他在诗中流露反动思想。像以恩将仇报传于后世的舒亶，母丧之后不服孝的李定，自以为文章天下第一的老头子王珪。其中有一位，作为本很崇敬他的后人，实不愿意提他之名，但历史的真实又无可避讳，那就是中国古代著名的科学家沈括，他写下的《梦溪笔谈》是难得的科学杂著。连与苏东坡对立的王安石，也认为沈括是一个不可亲近的小人——王安石也重视过沈括。当然，人的品格并不能抹杀他的科学成就。

这些人攻击苏东坡，原因很多，归其一点，如苏东坡的弟弟苏辙所言："东坡何罪？独以名太高。"他的出色、响亮，把其他文人比得有些狼狈，他们都觉得不能忍受。

本来还算不坏的宋神宗,刚开始头脑还清醒,不大相信众人的举报。比如王珪,他告发苏东坡的证据,是苏东坡写桧树的诗,诗中有"蛰龙"二字。宋神宗不明白:"桧树跟反我有什么关系?"王珪一本正经:"怎么会无关呢?写到龙不是写皇帝吗?'蛰',就是伏在洞中不食不动的意思。"宋神宗不为所惑:"未必,诸葛亮不是被称为'卧龙'吗?"但在众人七嘴八舌的攻击下,宋神宗把持不定,下旨查办苏东坡,而查办之人正好是那个丧母不服孝的李定。这一下子,苏东坡就死定啦。

苏东坡被长途押解到京城,粗绳捆绑着一位世界级的文学大师,谁的心里都不好受,他脚下那片土地记录下这个伟大的耻辱。苏东坡在经过太湖和长江时竟想投水自杀。

宋神宗终还不算昏庸,以为苏大胡子"实天下奇才",放了他,贬到黄州去。这对当时的苏东坡,无故遭谤,何其不幸!对后来的苏东坡,又何其有幸!对中国文坛,又何其有幸!黄州一行,苏东坡或许老态龙钟了,但他的词赋,却因此响绝千古。

2. 教育人才(传圣人之业)

圣人之业,指孔子以诗、书、礼、乐教弟子,代指教育事业。原典中讲到的毛公,指传《诗经》的毛苌。其实,孔子就是一个伟大的教育家。美国学者在70年代末写成的《100名人排座次》一书中,将孔子排名第6位。

孔子名高后世,清朝称他大成至圣文宣先师孔子,后简化为至圣先师孔子,生平遭遇却困顿不达,最大的官职也不过大致相当于现在的师局级或稍高一点。

孔子大致也可以归入私生子行列。他的父亲是鲁国著名的战将,史传他率兵攻进城中,却中了埋伏,急忙撤退。城上放千斤闸,要封闭城门,他父亲奋起神力,托住闸门,待士兵退完后,跳开,安全回营。据考证,孔子身长1.92米,也属标准的山东大汉,时人称他"长人"。《史记》记载,他父亲"与颜氏女野合而生孔子",而且在户外出生,一座小土丘上,因名孔丘。

有一个优生优育问题可在这儿提一提。孔子父母野合之时,父亲约50岁,母亲颜氏不到20岁。野合之时,男女情绪激荡,利于优生;男50岁,人生经验已非常丰富,这是否会以基因形式传给下一代? 女20岁,血气正旺,身体正健,是否有利于婴儿智力体魄发育? 如果假设成立,无疑会给偷情者、婚外恋者一个巨大鼓舞。历史上的著名私生子也不少:秦始皇、卫青、霍去病,国外有小仲马等许多人。这是可以做一个专题研究的。

孔子2岁,他父亲去世,生活艰难。长大后,给人当粮仓管理员,畜牧员。30岁之前,孔子以学问纯厚闻名当世,并去京城(今河南安阳)见到了名满天下的长者——老子,他是当时国家图书馆馆长。二子相见,构成中国文化史上最伟大的握手,《老子》《论语》成为万世经典。

35岁时,鲁国乱,孔子避祸齐国。在那里,他学习《韵》音,到达废寝忘食的程度,留下"三月不知肉味"的典故。

齐景公向孔子询问理政之道。孔子说:"君君,臣臣,父父,子子。"齐景公深以为然,说:"如果君不君,臣不臣,父不父,子不子,秩序大乱,我连饭也没得吃。"

不料,前面讲到的那个矮个子晏婴,却挡住了孔子的升官之道。他是不是像小人害苏东坡那样,已无从考证,但那几句话,历史却确然无误地记下来了:"夫儒者滑稽而不可以轨法;倨傲自顺,不可以为下;崇丧遂哀,破产厚葬,不可以为俗;游说乞贷,不可以为国。"又说,周朝衰微,礼乐已经缺失,孔子礼节太多,如果以此来改变齐国风俗,这是扰民之道。

孔子见待在齐国没有希望了,只好带着大群学生返回鲁国,修习诗、书、礼、乐,并教授弟子,远近闻名。

50岁后,孔子出任于危难之间,鲁定公命他当中都宰,一年之后,中都四方平安稳定。升至司空,又升为大司寇(相当于今天省长的第一助手),再代行相国职位(相当于今天的副省长)。鲁国形势渐渐有所好转。齐国与鲁国是邻居,害怕鲁国强大后于己不利,于是派出间谍去诽谤、离间孔子。

不得已,孔子在56岁时逃离鲁国,四处流浪,困于陈蔡,累累若丧家之犬的事就发生在这时。在外流浪了14年,孔子重回鲁国。年事已高,他就专心教书育人,整理诗、书的工作。后世有《诗》《书》《礼》《易》《春秋》,得孔子之力多矣。孔子回想自己学问名满天下却挫折一生,问颜回:"为当什么会落到这般田地呢？是我的道理方法错了吗？"颜回很聪明，也可能是孔子最有天分的学生，说："夫子之道至大，故天下莫容。"意思是说，老师您的道太高了，因此天下容纳不下。这个颜回，很有骨气，也不为富贵所动，一箪食，一瓢饮，却自得其乐。后人研究，颜回可能是死于营养不良。

孔仲尼

即便是薄薄一册《论语》，后人也从中引申出无限多的含义。这里聊备一种。一姑娘在河边见到一书生正读到《论语》中几句："暮春者，春服既成，冠者五六人，童子六七人，浴乎沂，风乎舞雩，咏而归。"那书生读到高兴处，一诵三叹，也似在春风中载歌载舞，欢喜不已。姑娘有心要难他一难，就笑眯眯地问那书生："你这么喜欢孔子的话，但你知道孔子有多少个学生吗？"书生一笑，说："姑娘的问题，不能不答。孔子的学生有 3000，贤者 72 人。"姑娘也一笑，再问："72 人之中，有老有少，你可知道，结过婚的有多少人？没结婚的有多少人？"（这似乎有挑逗的成分了）书生一下子说不出话来："《论语》中没讲，这个……史书中也没提到哇。"姑娘格格一笑，说："我说你读死书吧。刚才你不是读到，冠者五六人，童子六七人吗？五六三十，结过婚的是 30 人；六七四十二，没

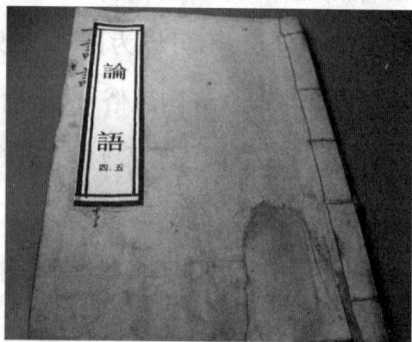

《论语》书影

结婚的是 42 人。两者相加，不是 72 人吗？"书生不禁哑然失笑，却又佩服姑娘的聪明，由是有了一段姻缘。

原典中讲到，这类人教书育人是好的，治理国家、干预朝政却是不行。从生活中看，中国的教育以理论为主，动手太少。大家都说中国学生动手能力太差，

根源在老师身上。第一，老师们的老师以理论教他们，受此影响，形成动手能力差的传统；第二，他们教给学生的，也以理论知识为主；第三，由于工作性质和生活环境的缘故，老师们在生活中的实际办事、处理问题的经验也不丰富。因此，这样的老师教出的学生，动手能力可想而知。再加上应试教育偏向和教育环境的影响，学生动手能力差是必然。

3. 口才很好的人

这种人当律师、演讲家都不错，做老师也行。一位好律师，好老师，善于用口才，并用情境话语来感染打动听众，晓之以理，动之以情，效果非常好。

裴略参加兵部主持的武官考试，考完后裴略自我感觉不错。谁知到了开榜之日，竟名落孙山。气恼之余，他想去找宰相温彦博申诉。正巧，兵部尚书杜如晦也在温家，裴略感到来得不是时候，上前施礼后，便临时改换了话题，说："我在宫中干了几年，长了不少见识，我觉得自己能明辨事理，记忆力极好，尤其对语言特别敏感，别人说一段话，我能一字不漏地复述下来，如果在朝廷做个通事舍人，我相信是非常称职的。"

温彦博一听，笑了起来，对裴略说："太宗皇帝爱才惜才，但要通过考试。前不久兵部主持的考试，就是为了选拔人才，你参加了没有？"裴略接口说："我不但参加了，而且考得很好，但也许是考官们喝多了酒，醉眼昏花，录取时把我的名字给弄丢了。"温彦博哈哈大笑，对杜如晦说："你看，有人到这儿来告你兵部的状了。"

杜如晦从容说道："我真希望有人能对我们兵部的工作提出意见。不过，评卷、复查，手续完备，至今尚未听说过有什么偏差。年轻人，你考得也许是不错，但别人考得更不错哩。这次没被录取，下次再考嘛。"裴略一听，心里凉了半截。杜如晦接着又说："看你这样能说会道的，你还有何才能？"

裴略一听，转忧为喜，马上大声说："我会写诗作赋。不信，您出题试试？"温彦博抬头看到院子甬道两旁的数枝翠竹，对裴略说："你就以竹为题，赋诗一首吧。"

裴略低头略一思索，一首诗脱口而出：

庭前数竿竹，风吹青萧萧。

凌寒叶不凋,经夏子不熟。

虚心未能待国士,皮上何须生节目。

这首诗抓住竹子外表有节、内里空虚,经冬不凋、经夏无子的特征,讥讽竹子徒有其表而不务实际。以竹喻人,一语双关。温彦博和杜如晦听罢点点头,露出赞许的目光。温彦博说:"你再以屏风为题,作诗一首,好吗?"裴略随即缓缓走到屏风前,口中吟道:

高下八九尺,东西六七步。

突兀当庭坐,几许遮贤路。

杜如晦

他略一停顿,突然亮开嗓门说:"圣明在上,大敞四门以待天下士人,君是何人,竟在此妨贤?"话音刚落,伸出双手"哗"的一声,将屏风推倒在地。裴略出语惊人,行动更是出人意料。这首诗,这番话,明里说的是屏风挡道,实际暗示当权者不识人才,堵塞贤路。裴略说话时,吐字清晰,语调铿锵,声音洪亮,落落大方。

温彦博笑着对杜如晦说:"你听出来没有? 年轻人的弦外之音,是讽刺我温彦博哩。"裴略随即接口,一面比画着自己的臂膀和肚皮,一面说:"不但刺膊(博),还刺肚(杜)呢。"温彦博和杜如晦不觉被他的机敏逗得哈哈大笑。

没过几天,补齐必要的手续后,裴略被朝廷授予陪戎校尉,这是武职中第30阶,一个从九品的小官。官职虽小,但裴略毕竟是正式进入了仕途。

第十节 骁雄之才(骁雄)

胆力卓绝

才略过人

是谓骁雄

白起、韩信是也

【原典】

胆力绝众①,才略过人,是谓骁雄,白起、韩信是也②。凡此十二材,皆人臣之任也,主德不预焉③。

【注释】

①绝:超过。南朝宋鲍照《代朗月行》:"鬓夺卫女迅,体绝飞燕光。"

②白起:战国时眉(今陕西眉县东)人,一称公孙起,著名军事家。秦昭王时任左庶长、左更、大良造。率军打破韩魏联军于伊阙,进攻魏国攻陷六十一城,进攻楚国东进至竟陵,南进至洞庭湖一带,以功封武安君。秦昭王四十七年(前260),在长平大败赵军,坑杀赵军降卒四十余万。后与相国范雎有矛盾,被免为士伍,在阴密被迫自杀。韩信:秦汉著名军事家。淮阴(今江苏淮阴南)人,早年家贫,秦末参加项梁、项羽的反秦武装,因不被重用,后离开项羽投奔刘邦。开始不被刘邦重用,由于萧何保举,拜大将军。楚汉战争中先后定魏,击代、赵,降燕,破齐,垓下决战,打败项羽,战功卓著。先被封为齐王,后被徙为楚王,又因为被人诬告谋反,贬为淮阴侯。陈豨反叛后,韩信与之暗通消息,其舍人又告发他准备发兵袭击吕后及太子,被吕后与萧何设计杀害。

③主德:指善于使用各种人才的君主。

【译文】

胆量勇力超过众人,才能谋略高于众人,这种人可称之为骁雄,白起、韩信就是这样的人物。上述十二种人才,都是在臣子的位置上,善于使用各种人才的君主不包括其内。

※

韩信,汉初三杰之一。微时在淮阴,被无赖少年所欺,曾受胯下之辱。初从项羽,未被重用,后投刘邦,刘邦起初也没有看出他的才能,只让他当个管理军粮的小官。韩信得不到重用,就随众人逃走。萧何发现此事,来不及向刘邦报告,急忙在月夜中去追。

有人向刘邦报告说："萧相国也逃跑了。"刘邦气得不行,如同失去左右手。隔了一两天,萧何回来叩见刘邦。刘邦既生气又高兴,骂萧何说:"你为什么逃走?"萧何说:"臣怎么敢逃走呢? 臣是去把逃走的韩信追回来。"

刘邦又骂道:"逃跑的军官,几十人了,你一个也不追,跑了一个韩信,你就去追,蒙谁呢?"萧何说:"那些军官,平平常常。至于韩信,就是全国,也没有人能比得上他。大王如果想在汉中一带称王,那韩信也许没有用处;如果您想夺取天下,那么,除了韩信,谁都不行。"汉王刘邦说:"我当然想夺取天下。"萧何说:"那就请重用韩信。如果不重用,最终还是会逃走的。"刘邦说:"好吧,看在你的面子上,我就任他做一名将领吧。"萧何说:"你就是任他为一般的将领,那韩信也一定不会留下。"刘邦说:"好吧,那就任他为大将。你去把他叫来,我即刻任命。"萧何说:"大王一向对人随便,不讲礼貌。现在拜人家做大将,怎能像叫一个小孩子似的,这就是韩信之所以离去的原因啊。大王如果要拜他为大将,就请选一个良辰吉日,沐浴斋戒,在广场上筑个台子,准备好拜将的仪式,这才可以!"

刘邦同意这样办。拜将的那天,那些将领们都非常高兴,都以为自己要被选中做大将了。可是等到拜将时,拜的却是韩信,大家都感到意外。

韩信善用奇计,用兵如神。

一次,攻打赵国,韩信背水为阵。赵军看到韩信军队摆成了一个只有前进而无退路的绝阵,大笑不已。韩信一面率领大军背水为战,一面派一支

汉高祖刘邦

奇兵偷袭赵军大营。韩信的军队因背水作战,没有退路,便人人奋勇争先,向前冲锋。赵军大败,回到自己的大营一看,营垒上遍插汉军的旗帜,大为惶恐,以为赵王被韩信俘虏了,又逃了回来,被汉军两面夹击,韩信大获全胜。

战事完毕,有人问韩信:"兵法上说:'右倍山陵,前左水泽。'要背山临水,可这一次将军却反其道而行之,背水为阵,并且说,等破了赵军再吃饭。我等当

时心中不服气,然而却打了胜仗,这是什么战术呢?"

韩信说:"这在兵法上是有的,只是诸君没有注意罢了。兵法上不是说'陷之死地而后生,置之亡地而后存'吗?况且我韩信并没有训练良好的兵士,这就是俗话所说的'驱市人而战之'。在如此情势之下,不把军队安置在绝地,使每个人都为了生存,奋力作战,是无法取胜的。如果把士兵们都安置在可以逃生的地形,他们就都逃走了,怎么还能用他们奋战制敌呢?"

可惜,骁雄之人不大懂政治,像郭子仪那样进退有节的雄才,少。韩信在政治上甚至很幼稚,刘邦佯装游云梦泽就把他捉住了,最后被吕后杀死。宋朝岳飞,大抵也如此。他只想到要收复中原,为民族雪恨,却想不到政治内幕。他打败金兵,把宋徽宗赵佶迎回朝,那宋高宗赵构怎么办?赵构是不欢迎宋徽宗回来的。但岳飞忽略了这一点,结果死于秦桧之手。后人也多以为是秦桧卖国,其实中间有赵构的指示,也是可能的,甚至也许是主要的。金国能给秦桧多少财宝权势?他已是大宋宰相,还缺什么呢?

第四章　观察言语

第一节　言语识人

天地气化,盈虚损益,道之理

法制正事,事之理也

礼教宜适,义之理也

人情枢机,情之理也

【原典】

夫建事立义,莫不须①理而定。及其论难②,鲜③能定之。夫何故哉?盖理多品④而人材异也。

若夫天地气化⑤,盈虚⑥损益,道之理也。法制正事,事之理也。礼教宜适,义之理也⑦。人情枢机⑧,情之理也。

四理不同,其于才也,须明而章,明待⑨质而行。是故质于理合,合而有明,明足见理,理一足成家。是故质性平淡,思心⑩玄微,能通自然,道理之家也。质性警彻⑪,权略机捷⑫,能理烦速⑬,事理之家也。质性和平,能论礼教,辩其得失,义礼之家也。质性机解⑭,推情原意,能适其变,情理之家也。

【注释】

①须:依,根据。

②论难:争论诘难。

③鲜:少。

④理多品:事理有许多种类。

⑤天地气化:古人认为阴阳二气生化成万物。

⑥盈虚:月圆叫盈,月亏叫虚。

⑦义之理:思想礼仪标准。

⑧枢机:比喻事物运行的关键。

⑨待:等待,依赖。

⑩思心:思想。

⑪质性警彻:心性警悟聪慧。

⑫权略机捷:智谋权变机警敏捷。

⑬能理烦速:能迅速处理突出其事的事件。

⑭机解:机巧明达。

【译文】

成就事业功名,无不是根据一定的道理来进行的,但在议论这件事时,又很难下一个确切的定义。为什么会这样呢?因为事理多端而人才多样。事理变化多,就难以完全沟通,人才不一样,性情就不相同。性情不相同,事理又多,往往就理不存而相违。世间万物之理有4种,明通四理的,有四家。性情有9种偏失,似是而非有7种,论辩有3种失误,责难会造成6种不良后果,聪明通达应具备8种才能。

天地万物生息变化,日月盈亏损益,是大道运行的理,叫道理。建立法制,规范社会事务照制度进行,叫事理。礼仪教化适度,让人的行为有规可行,叫义理。人的性情变化规律,叫情理。

四理不同,体现在人身上很明显,这依从人的本性而显现。因此人的心性与理吻合,就产生智慧,智慧足以表现理,理充分完备就可以成为名家。因此心性平淡、思虑玄妙深微,能通自然的规律,就是讲道理的人。谈话机敏,权谋智变迅捷,应变能力强,这就是讲事理的人。心性冲淡平和,注重礼仪教化,言谈举止合乎礼仪,属于讲义理的人士。心性机巧,推崇人情本意,能因应人情变化行事,属讲情理的人。

※

观察一个人说话,能发现他的思想、性格等多种特征。

赤壁之战前,面对曹操强大的军事力量,孙权集团内部产生了两种意见,投降? 抗战? 为什么会有这种差别呢? 盖因为人的思想和看问题的立场不一样,可归纳为5种情况:

(一)有的人从感情上讲,不愿意投降,比如孙权。

(二)有的人经分析后,认为打败曹操还是有可能的,也不投降,比如周瑜。

(三)有的人经分析后,知道打不过曹操,但由于投降也是死,不投降也是死,不如死马当活马医,打了再说,因而也不投降,比如孙权的父母妻儿。

(四)还有许多人,经分析后,认为打不过曹操,为保个人性命和一家老小的安全,就准备投降,比如张昭。

(五)也许还有一种人,既不说打(也可能说),也不说不打,抱的主意是打一打再看,打胜了会成为主战派中的一员,打不过时投降也不迟。

为什么周瑜分析对了,而张昭等人却分析错了呢? 这就是人在思想和认识上的差别造成的。由于生活环境、个人遭遇和学习内容的不同(尤其是在青少年时期),人们会形成不同的思想体系和思维定式,进而影响到人的信仰、爱好、认识、生活、性格等各个方面，从而造成各种差异：有的重情感，有的重理智，有的重理念，有的重实证，再加上智力不足、经验不足、外界干扰等因素，人就会得出不同的分析结果。

虞姬

思想决定行动，不同的认识会产生不同的行动。儒家以民为本，认为民似水，君似舟，水能载舟，也能覆舟，因此主张以"仁"治理天下。法家则以法为本，认为"民只可与享成而不可与虑始"（意为普通百姓只可坐享其成，而不能一道艰苦创业），因此主张以"法"治理天下。

人的思想来源于对事物的认识，再加上主观因素的影响，就产生了许许多多的理。在这里把"理"归结为4种：道理，事理，义理，情理。

道理,指天地万物自然生化之理,也就是自然界的规律。

事理,指社会事务运作的理,比如政治、军事、交通等方面的法则和规律。

义理,人伦道理、礼仪教化之理,相当于道德礼仪学说。

情理,人的性情之理。

孙权集团中的人,从这四理出发,做出了各自不同的选择。孙权从感情上讲不愿投降,是情理;能分析到有战胜曹操的可能,周瑜不投降,属事理;张昭等人从自身性命角度出发,先求生死,属于道理;为感激孙权,不愿做二姓之臣,属于义理。第5种人似乎没有投降,实际上是兼蓄道理、事理、义理、情理4种而又似是而非,模棱两可,这种人既不可信任,也不可重用,仿佛懂得变通进退,往往在关键时刻会坏事或背叛。

一般来讲,自然科学工作者重"道理",社会活动者(如政治、法律界人士)重"事理",教育工作者重"义理",艺术型人才重"情理"。四理之间虽彼此不同,但在人身上总是兼容的。任何有成就的人,即使在日常生活中是一个偏执狂,在所赖以成功的那件(些)事情上,绝对能把上述四理结合得比较完美。一个政治家,如果只重事理,不顾情理,人们不会敬仰他,也难成其伟大。优秀的艺术家,可能生活中是个古怪的人,但他的作品中必然是充分包含了天地万物的各种理而为世人称道,也才能最终被大家接受和理解。

在处理事情时,特别是意见对立时,如能充分考虑对方看问题的出发点属哪一种"理",这会有助于交流和沟通,避免时间和精力的浪费,减少许多麻烦。

质性平淡,思心玄微,能通自然,道理之家也。

重道理的人(科学家),看问题冷静、客观、精确,任何事情都要问个来龙去脉,井井有条(也有例外),层次分明,为人平淡中和,有锲而不舍的精神,思路清晰严谨,逻辑性强,重实证,做事踏实认真,一板一眼,不饰虚假。但生活自理能力不强,社会活动力不强。

质性警彻,权略机捷,能理烦速,事理之家也。

重事理的人(政治家),善于处理纷繁复杂的麻烦事,机谋权变,应变力强,敢于承担责任,野心勃勃,权力欲和控制欲强烈,希望通过个人努力来改变环境和历史,为谋求社会进步,不惜以破坏自然规律为代价。

质性和平,能论礼教,辨其得失,义理之家也。

重义理的人(教育家或德者),讲求社会伦理道德,注重自我修养和社会形象,爱护名誉胜过生命,讲信用,守承诺,是道德规范的楷模和表率,对伤风败俗的人事深恶痛绝,主张德政,但对新生事物反应慢,偏于保守和传统。

质性机解,推情原意,能适其变,情理之家也。

重情理的人(艺术家),为人行事往往从个人性情出发,较少顾忌社会规范和伦理道德,感情重于理智,情绪变化快而丰富,愤世嫉俗,情怀浪漫又无限热爱生活。与外界交往少,多生活在内心世界里,不大为他人理解,对一般人情世故所知甚少。可能会成为生活的失败者。

一、四两种人(典型代表是科学家与艺术家)不会是生活的高手,日常生活起居往往一团糟,但对人类往往能做出实质性的伟大贡献,对改变人们的物质生活和精神生活起到极其重要的作用。二、三两种人(典型代表是政治家与德者)也许会有很高的社会地位,受时人尊敬与羡慕,也易对社会和个人进步产生负面影响。

而这一切,往往可以从人的言语谈吐中表现出来。语言是思维的工具,因此语言是鉴别人的重要依据,但语言有间接性,因此往往带有掩饰性和欺骗性,又给识人造成障碍。因此,在鉴别人才时,既要看他怎么说,更要看他怎么做,而不宜只凭言语断人。

第二节　言谈鉴人优劣

理有四家之明

情有九偏之性

以性犯明

则各有得失

【原典】

四家之明既异,而有九偏之情。以性犯明,各有得失。刚略之人,不能理微。故其论大体,则弘博而高远,历纤理①,则宕往而疏越②。抗厉之人,不能回挠③。论法直④,则括处⑤而公正,说变通,则否戾而不入⑥。坚劲之人,好攻其事实。指机理,则颖灼⑦而彻尽,涉大道,则径露而单持⑧。辩给⑨之人,辞烦⑩而意锐。推人事,则精识而穷理,即大义,则恢愕⑪而不周。浮沉之人,不能沉思。序疏数⑫,则豁达而傲博,立事要,则熿炎⑬而不定。浅解之人,不能深难⑭。听辩说,则拟锷⑮而愉悦,审精理,则掉转而无根。宽恕之人,不能速捷。论仁义,则弘详而长雅,趋时务,则迟缓而不及。温柔之人,力不休强⑯。味道理,则顺适而和畅,拟疑难,则濡愞⑰而不尽。好奇之人,横逸而求异。造权谲,则倜傥而环壮⑱,案清道⑲,则诡常而恢迂。此所谓性有九偏,各从其心之所可以为理。

【注释】

①历纤理:分析细节问题。

②宕往而疏越:因性情粗放而忽略细节。

③回挠:屈从退让。

④法直:法令职守。"直"同"职"。

⑤括处:约束。

⑥否戾而不入:固执而不变通。

⑦颖灼:中肯而鲜明。

⑧径露而单持:直露而单薄。

⑨辩给:能言善辩。

⑩辞烦:言辞丰富。

⑪恢愕:恢宏直白。

⑫序疏数:排列亲疏远近。

⑬熿炎:火势炎炎,这里意为闪烁不定。

⑭深难:深究。

⑮拟锷:理解力有限。

⑯休强:强大。

⑰濡愞:柔顺懦弱。

⑱环壮:壮美。

⑲案清道:案同按,依照清静无为的道理。

【译文】

以上4种道理有差异,就又产生9种偏狭性情。它们以性情妨碍对道理的理解,各有得失。刚强粗犷的人,谈论问题不能细致周密,头头是道。他们在论述整体时,显得宏博高远,谈论细节时,往往粗枝大叶。亢厉刚直的人,不肯屈从退让。在法令职守方面,公直刚正不徇私情;但固执而不变通,乖张而保守。坚劲的人,喜欢重事实,揭示细节道理时,鲜明而透彻;谈论大理论时,显得直露而单薄。能说会道的人,言语丰富辞意尖锐,推理人情世故,精当深刻,谈论大义要旨,则浅阔而不周密。随波逐流的人,不能深思,排列亲疏关系,豁达而厚博,排列事物的主次,则闪烁不定。见解浅薄的人,不能深究事物的道理。听人谈论,因不用动脑筋而容易满足,审察精深道理时,就颠倒混乱而不清。宽容平缓的人,反应不敏捷,论仁义,则弘博详备而高雅,论时尚潮流,则迟缓而保守。温柔和顺的人,气势不强盛,品会道理,顺平而和畅,处理疑难问题,则软弱犹豫而不干脆。温柔和顺的人,洒脱而又追求新奇。论权谋机变,奇伟而壮丽,论清静无为之道,则诡奇而怪诞。这就是性情上的9种偏失,它们以各自不同的心性而自成道理。

※

1. 夸夸其谈的人

刚略之人,不能理微。故其论大体,则弘博而高远,历纤微,则宕往而疏越。

这种人侃侃而谈,宏阔高远却又粗枝大叶,不大理会细节问题,琐屑小事从不挂在心上。优点是考虑问题宏博广远,善从宏观、整体上把握事物,大观局良好,往往在侃侃而谈中产生奇思妙想,发前人之所未发,富于创见和启迪性。缺点是理论缺乏系统性和条理性,论述问题不能细致深入,由于不拘小节而可能会错过重要的细节，给后来的灾祸埋下隐患。这种人也不太谦虚，知识、阅历、经验都广博，但都不深厚，属博而不精一类的人。

2. **义正言直的人**

抗厉之人，不能回挠。

论法直，则括处而公正。

说变通，则否戾而不入。

这种人言辞之间表现出义正言直、不屈不挠的精神，公正无私，原则性强，是非分明，立场坚定。缺点是处理问题不善变通，为原则所驱而显得非常固执。但能主持公道，往往得人尊崇，不苟言笑而让人敬畏。

3. **抓住弱点攻击对方的人**

坚劲之人，好攻其事实。指机理，则颖灼而彻尽，涉大道，则径露而单持。

这种人言词锋锐，抓住对方弱点就严厉反击，不给对方回旋的机会。他们分析问题透彻，看问题往往一针见血，甚至有些尖刻。由于致力于寻找、攻击对方弱点，有可能忽略了从总体、宏观上把握问题的实质与关键，甚至舍本逐末，陷入偏执的死胡同中而不自拔。在用人时，应考虑他在"大事不糊涂"方面有几成火候，如大局观良好，就是难得的粗中有细的优秀人才种子。

4. **速度快、辞令丰富的人**

辩给之人，辞烦而意锐，推人事则精识而穷理，即大义，则恢愕而不周。

这种人知识丰富，言辞激烈而尖锐，对人情事理理解得深刻而精当，但由于人情事理的复杂性，又可能形成条理层次模糊混沌的思想。这种人做力所能及的工作，完全可以让人放心，一旦超出能力范围，就显得慌乱，无所适从。接受新生事物的能力强，反应也快。

5. **似乎什么都懂的人**

浮沉之人，不能沉思。

序疏数，则豁达而傲博，

立事要，则爁炎而不定。

这种人知识面宽,随意漫谈也能旁征博引,各门各类都可指点一二,显得知识渊博,学问高深。缺点是脑子里装的东西太多,系统性差,思想性不够,一旦面对问题可能抓不住要领。这种人做事,往往能生出几十条主意,但都打不到点子上去。如能增强分析问题的深刻性,做到驳杂而精深,直接把握实质,会成为优秀的、博而且精的全才。

6. 满口新名词、新理论的人

浅解之人,不能深难。听辩说,则拟锷而愉悦,审精理,则掉转而无根。

他们接受新生事物很快,捡到新鲜言辞就能在日常生活中运用,而且有跃跃欲试、不吐不快的冲动。缺点是没有主见,不能独立面对困难并解决之,易反复不定,左右徘徊,比较软弱。如能沉下心来认真研究问题,磨炼意志,无疑会成为业务高手。

7. 说话平缓宽恕的人

宽恕之人,不能速捷。论仁义,则弘详而长雅,趋时务,则迟缓而不及。

这种人性格宏度优雅,为人宽厚仁慈。缺点是反应不够敏捷果断,转念不快,属于细心思考、长思型人才,有恪守传统、思想保守的倾向。如能加强果敢之气,对新生事物持公正而非排斥态度,会变得从容平和,有长者风范。

8. 讲话温柔的人

温柔之人,力不休强。味道理,则顺适而和畅,拟疑难,则濡懦而不尽。

这种人用意温润,性格柔弱,不争强好胜,权力欲望平淡,与世无争,不轻易得罪人。缺点是意志软弱,胆小怕事,雄气不够,怕麻烦,对人事采取逃避态度。如能磨炼胆气,知难而进,勇敢果决而不犹豫退缩,会成为一个外有宽厚、内存刚强的刚柔相济人物。

9. 喜欢标新立异的人

好奇之人,横逸而求异。造权谲,则倜傥而环壮,案清道,则诡常而恢迂。

这种人独立思维好,好奇心强,敢于向权威说"不",敢于向传统挑战,开拓性强。缺点是冷静思考不够,易失于偏激,不被时人理解,成为孤独英雄。可利用他们的异想天开式的奇思妙想做一些有开创性的事。

第三节　七种似是而非的人

性不精畅

则流有七似

七似貌合神异

众人之所惑也

【原典】

若乃性不精畅,则流有七似[1]。有漫谈陈说,似有流行[2]者。有理少多端,似若博意[3]者。有回说合意[4],似若赞解[5]者。有处后持长,从众所安,似能听断[6]者。有避难不应,似若有馀,而实不知者。有慕通口解[7],似悦而不怿[8]者。有因胜情失,穷而称妙,跌则掎跖[9],实求两解,似理不可屈者。凡此七似,众人之所惑也。

【注释】

①七似:七种似是而非的情况。

②流行:流行、时髦的理论。

③博意:知识渊博。

④回说合意:曲解原意以自圆其说。

⑤赞解:自己独特的见解。

⑥听断:判断优劣好坏。

⑦慕通口解:仰慕大智者而学其口吻。

⑧似悦而不怿:似乎通晓,实际一无所知。

⑨跌则掎跖:跌到牵强附会、强词夺理的程度。

【译文】

如果性情不能专一,就会造成 7 种似是而非的表现。第 1 种是对陈词滥调夸夸其谈,好像这种论调正流行一样;第 2 种是道理少而言辞繁多,听起来似乎意义深远;第3种是曲意,迎合别人的意见,好像已经领悟;第4种是跟在人后,人云亦云,好像是听了别人的讲述后才作的判断;第5种是回避疑难问题不去回答,好像知道很多,实际上一无所知;第6种是仰慕通晓道理的人,但只学到别人的皮毛,看上去好像心领神会,其实并未理解;第7种是争强好胜而不顾常理,理屈词穷了还自以为尚有妙语,以至于牵强附会,强词夺理,看上去好像是自己有理而不愿屈服。以上7种似是而非的表现,一般人往往被其迷惑。

※

1. 华而不实者

漫谈陈说,似有流行者

这种人口齿伶俐,能说会道,口若悬河,滔滔不绝,乍一接触,很容易给人留下良好印象,并当做一个知识丰富、又善表达的人才看待。但是,须分辨他是不是华而不实。华而不实的,善于说谈,而且能将许多时髦理论挂在嘴上,迷惑许多识辨力差、知识不丰富的人。

三国鼎立之时,北方青州一个叫隐蕃的人,逃到东吴,对孙权讲了一大堆漂亮的话,对时局政事也做了分析,辞色严谨正然。孙权为他的才华有点动心,问陪坐的胡综:"如何?"胡综(也是一个了不起的人才)说:"他的话,大处有东方朔的滑稽,巧捷诡辩有点像祢衡,但才不如二人。"孙权又问:"当什么职务呢?""不能治民,派小官试试。"考虑到隐蕃大讲刑狱之道,孙权派他到刑部任职。左将军朱据等人都说隐蕃有王佐之才,为他的大材小用叫屈,并亲为接纳宣扬。因此,隐蕃门前车马如云,宾客云集。在关羽败走麦城时擒住关羽的大将潘濬,其子也与隐蕃往来密切,不料潘濬把儿子大骂一顿,说:"我家深受国恩,你却与降虏往来,打100鞭子。"当时人都奇怪这种有人说隐蕃好,有人说隐蕃坏的情况。到后来,隐蕃作乱于东吴,事发逃走,被搜回而诛。对似是而非人的辨识的确不易。与隐蕃交往密切的朱据等人大悔。

2. 貌似博学者

理少多端,似若博意者

这一类人多少有一些才华,也能旁及其他各门各类的知识,泛泛而谈,也还有些道理,似乎是博学多才的人。但是,如果是博而不精、博杂不纯,未免有欺人耳目之嫌。貌似博学者根源在于青少年时读了一些书,兴趣爱好都还广泛,但是因为小聪明,或者是未得名师指点,或者是学习条件与环境的限制,终未能更上一层楼,去学习更精专、更广博的东西。待学习的黄金年龄一过,虽有精专的愿望,但是已力不从心,最终学识停留在少年时代的高峰水平上,不能再进一步。即便有这样那样的深造环境,由于意志力的软弱,也只得到一些新知识的皮毛。这种人是命运的悲剧,尚可以谅解。如果是以貌似多学在招摇撞骗,则不足为论了。

3. 不懂装懂

回说合意,似有赞解者

不懂装懂的人,生活中着实不少,尤其以成年之后为甚。完全是因为爱面子、怕人嘲笑的缘故。有一种不懂装懂者是可怕的,他会因不懂装懂,带来许多损失,尤其是技术上的。还有一类不懂装懂者,是为了迎合讨好某人。这种情况,有的是违心而为,在那种特殊场合下不得不如此(当然,也有一派硬骨气、不摧眉折腰向权贵的);有的则是拍马屁,一味奉承。

4. 滥竽充数者

处后持长,从众所安,似能听断者

这一类人有一定的生活经验,知道如何明哲保身,维护个人形象。总是在别人后面发言,讲前面的人讲过的观点和意见,如果整合得巧妙,也是一种艺术,使人不能觉察他滥竽充数的本质,反而当作见解精辟看。这种人也有他的难处,如南郭先生一样,想混一口好饭吃。如果无其他奸心,倒也不碍大事。否则,趁早炒鱿鱼,或疏远之为妙。

5. 避实就虚者

避难不应,似若有余,而实不知者

这一类人多少有一点才干,但总嫌不足,用一些旁门左道的办法坐到了某个职位上去(行政官员与教授等,都有可能)。当面对实质性的挑战时,比如现场提问,现场办公,因无力应付,就很圆滑地采用避实就虚的技巧处理。按理说,这也是一门本事。这种人当副手也还无大碍,但以不贪心为前提,否则会悄悄地捅出一个无法弥补的大娄子来。

6. 鹦鹉学舌者

慕通口解,似悦而不怿者

自己没有什么独到见解和思想,但善于吸收别人的精华,转过身来就向其他人宣扬,也不讲明是听来的。不知情者,自然会把他当高人来看待。这种性质,说严重一点,是剽窃,因不负法律责任(如果以文字的形式出现,比如论文、书刊,性质比言论重得多),因而会大行其道。这种人是没什么实际才干的,但模仿能力强,未尝不是其长项,也可加以利用。

7. 固执己见者

穷而称妙,实求两解,似理不可屈者

这种人不屑服输,不论有理无理都一个样。这类理不直、但气很壮的人,生活中处处可见。对待他们一个较好的办法是敬而远之,不予争论。如果事关重大,必须说服他,才能使正确的政策方针得以实施,那就一定要多动动脑筋了。首先应分析他是哪一类人。本来贤明而一时糊涂的,以理说之,并据理力争,坚持到底;爱心太重而沉迷不醒的,则用迂回曲折之道,半探半究地讲到他心坎上去;实在是个糊涂虫,不可理喻,顽固不化,就动用武力强迫之。

第一种情况,历来的圣君明主都发生过。魏征与唐太宗,赵普与宋太祖这

样的直臣明主,流芳百世,就是因为一个善说而据理力争,一个贤明能听,知错能改。

第二种情况,则有一个长长的故事,那就是战国时期的"触龙说赵太后"。

第三种情况,比如西安事变对蒋介石进行兵谏。

第四节　在论辩中考察人

善喻者

以一言明数事

不善喻者

百言不明一意

【原典】

夫辩有理胜,有辞胜①。理胜者,正白黑以广论②,释微妙而通之。辞胜者,破正理以求异,求异则正失矣。夫九偏之材,有同,有反,有杂③。同则相解④,反则相非⑤,杂则相恢⑥。故善接论者,度所长⑦而论之。历之不动⑧,则不悦也。傍无听达⑨,则不难⑩也。不善接论者,说之以杂反。说之以杂反,则不入矣。善喻者,以一言明数事。不善喻者,百言不明一意。百言不明一意,则不听也。是说之三失也。

【注释】

①理胜,辞胜:用道理取胜,用言辞取胜。

②广论:扩大论述。

③杂:正反相互交错间杂。

④解:融合。

⑤非:排斥。

⑥恢:容纳,不置可否。

⑦度所长:揣度他所喜欢的。

⑧历之不动:打动不了对方,对方不感兴趣。

⑨傍无听达：身边没有精通此理的人。

⑩难：驳斥责难。

【译文】

辩论有用道理取胜的，有用言辞取胜的。用道理取胜的，先区分黑白是非的界限，再展开论述，把幽微深奥的部分讲清楚后，再讲明全部道理。用言辞取胜的，离开主题和本质，虽然从细枝末节驳倒了对方，却把主旨给弄丢了。偏才之人，才能见解有相同的，有相反的，也有相互间杂的。相同的就相互融合，相反的就相互排斥，相间杂的就相互包容。因此善于与人谈话的，根据对方所喜欢的话题来交谈，一旦发觉对方不感兴趣，就马上切换话题，如果不是很有把握，也不随意反诘对方。不善于谈话的，往往说些模棱两可、无关痛痒的话题。如此一来，双方很难进行深入和洽的交流，渐渐地彼此尴尬而中断话题。善于讲述道理的人，一句话就能讲清一件事或几件事。不善于讲述道理的，一百句话也可能没讲清一件事。如此啰唆不清，别人就不会再听他讲话。这是言语论说的三种偏失。

※

1. 说得别人心悦诚服与说得别人哑口无言的人

理胜者，正白黑以广论，释微妙而通之。

辞胜者，破正理以求异，求异则正失矣。

有的人在与人论辩时，总是摆事实，讲道理，道理讲得清清楚楚，明明白白，说得人心服口服，不能不服。这种人思路清晰，看问题能抓住本质，反应也快，而且态度从容，不紧不慢，不疾不速，有娓娓道来之势，为人做事有理有据有节，分寸把握得良好。这种人稳健大度，从从容容而能机巧变通，可担大任。

另有一种人，在争论中也能取胜，往往说得人家哑口无言，或者说得别人拂袖而去，不愿再跟他争论。这种人多是靠言辞的犀利尖锐而战胜对方的。他们目光犀利，能迅速抓住他人讲话的漏洞，乘机反驳，穷追猛打得对方手忙脚乱。

他们辞采飞扬,妙语如花,又能博得旁人的一些欢笑和点头。但因以对方的不足为立论点,不能正确全面地陈述自己的观点,因此对方虽败而不服。这种人机智敏捷,反应迅速,活泼伶俐,一张巧舌能把错说成对,黑说成白,尽管对方知他无理,却在一时之间驳不倒他。他们是业务、外交、法律界好手。但要注意轻浮不稳的毛病,当心聪明反被聪明误,应学会静下心来踏踏实实工作与思考,培养浩然正气,方可成大用。

2. 善于寻找话题与不善与人打交道的人

善接论者,度所长而论之。不善论者,说之以杂反。

与人交谈时,如果大家见解相同相近,就如山水流向大河,彼此融融而洽。如果意见相反,争得几句就负气而去,或者彼此模棱两可,谈得不冷不热,不亲不近,渐渐地尴尬而止。

善于与人交谈的人,当发现彼此观点相悖时,会立刻转换话题,用巧妙的方式不断试探,或采用迂回战术,逐渐找到对方感兴趣的话题,慢慢地回到主题上去。这种人富于机智,容易得到大家的好感,而且意志坚定,善于思考和察言观色,千方百计去实现自己的计划,敢说敢做,且有力量坚持到成功。他们用心智在做事,适合担任社会职务。

不善与人交谈的,说话往往处于被动位置,公式化的一问一答,或者说些模棱两可的应酬话。一旦说到他感兴趣的话题上,立刻变了一个人似的,滔滔不绝,侃侃而谈,语若滚珠,甚至会激动起来,仿佛于寂寞山中遇到知音。听者也能从中得到许多有用的东西。这类人对生活有激情,苦苦钻研自己的兴趣所在,会成为某一领域的专家。不喜欢热闹地方,而爱清静自处,生活欲望也比较清淡,适合于搞研究工作。

3. 善于讲清道理与不善于讲清道理的人

善喻者,以一言明数事。不善喻者,百言不明一意。

善于讲明道理的人,往往一语中的,言简意赅,一句话就能讲清事情的前因后果,思想清晰,脉络分明,即便他平常不大爱讲话,讲道理时也能达到这种效果。这种人办事干脆利索,手法干净,迅捷果断,从不啰唆,也不拖泥带水,往往说一不二,是精明强干的人选。

不善于讲清道理的人,讲话稀里糊涂又不着关键,说半天也没讲明事情的原因和经过,或者永远打擦边球,说不到本质上去。这种人思路不清晰,头脑混沌,难以担当重任,不宜委派重要事务给他们。

宋代欧阳修奉命修《唐史》的时候,有一天,他和那些助理的翰林学士们出外散步,看一匹马在狂奔,踩死路上一条狗。欧

欧阳修

阳修想试一试他们写史稿做文章的手法,于是请大家以眼前的事,写出一个提要——大标题。有一个说:"有犬卧于通衢,逸马蹄而杀之。"有一个说:"马逸于街衢,卧犬遭之而毙。"欧阳修说,照这样作文写一部历史,恐怕要写一万本书也写不完。他们就问欧阳修,那么你准备怎么写? 欧阳修说,"逸马杀犬于道"6个字就清楚了。

《夜航船》里讲到:"欧阳公耳白于面,名满天下;唇不着齿,无事得谤。"观其一生,果然大抵如此。

第五节　从言语中察人得失

善难者

务释事本

不善难者

舍本而逐末

【原典】

善难者,务释事本。不善难者,舍本而逐末。舍本而逐末,则辞构①矣。善

攻强者,下其盛锐,扶其本指②,以渐③攻之。不善攻强者,引其误辞以挫其锐意。挫其锐意,则气构④矣。善蹑⑤失者,指其所跌⑥。不善蹑失者,因屈而抵其性⑦。因屈而抵其性,则怨构⑧矣。或常所思求,久乃得之。仓促谕人,人不速知,则以为难谕。以为难谕,则忿构⑨矣。夫盛难⑩之时,其误难迫⑪。故善难者,征之使还。不善难者,凌而激之,虽欲顾藉,其势无由。其势无由,则妄构⑫矣。凡人心有所思,则耳不能听。是故并思俱说⑬,竞相制止⑭,欲人之听己,人亦以其方思之故,不了己意,则以为不解。人情莫不讳⑮不解。讳不解,则怒构⑯矣。凡此六构,变⑰之所由兴也。

【注释】

①辞构:形成言语上的争论。

②指:同旨。

③以渐:用循序渐进的方式,逐渐。

④气构:构成不服气。

⑤蹑:追随。

⑥所跌;失误之处。

⑦因屈而抵其性:抓住失误挫败对方。

⑧怨构:构成怨恨。

⑨忿构:造成忿事。

⑩盛难:激烈争论。

⑪其误难迫:难以强迫对方认错。

⑫妄构:构成妄自胡言。

⑬并思俱说:各想各的,各说各的。

⑭竞相制止:都想说服对方。

⑮讳:忌讳。

⑮怒构:构成愤怒。

⑰交:由谈论变成争执。

【译文】

善于诘难对方的,抓住对方的主要错误阐释事物的本质。不善于诘难对方的,往往舍本逐末,找细枝末节问题来争论反驳,就会形成言语上的争执。善于驳论强手的,避开对方的强盛锐气,理清对方的主要错误,然后逐条反驳。不善驳斥强手的,抓住对方的失误来挫败对方锐气,这就会针尖对麦芒,各不相让,弄得大家都不服气。善于梳理对方过失的,往往指出对方失误之处,就不再多说。不善于梳理对方错误的,抓住对方失误攻击对方,这就会形成怨恨。有的人经常思考一个问题,经长时间才想出结果,然后急忙去告诉他人,如果他人不能马上理解,就认为他是愚不可谕。认为他愚不可谕,就造成了忿争。

在争论非常激烈时,很难强迫对方承认自己的错误。因此善于驳斥对方的,指出对方错误并留出回旋余地,不善于驳斥对方的,顶撞并激怒对方,虽也想让对方承认错误,但已失去回旋机会。没有回旋的机会,就会形成放肆胡言的局面。人们心有所想时,就难以听到别人在讲什么。因此论辩双方都在想,也都在说,都想说服对方,让人听从自己的言论,对方也因为这个缘故不能理解原方的言论,原方就以为对方笨。人都不喜欢别人说自己笨,如此而来就构成怨恨。形成这 6 种构难,都是由于谈论演变成争执的缘故。

※

1. 言语纠缠不清

善论者务释事本,不善论者舍本逐末。

善于辩论的人,单单抓事物的本质驳斥对方并阐述本义。这种人办事机敏、头脑清晰,洞察力强,能正确分析形势,随情势而灵活变化。不善于辩论的人往往舍本逐末,在细枝末节上纠缠而看不到主题和大方向。这种人头脑比较灵活,但多属小聪明,目光与心胸都不足。看问题能发现一些东西,但抓不到要害。适合于做辅助性工作。

即便口吃之人,也有这两种差别。法家代表韩非子就是口吃,但思路精深阔绰,见解深刻独到,确立春秋百家争鸣的法家地位。

2. 意气之争

善攻强者,下其盛气而扶本旨,不善攻强者,引其误辞以挫其锐意。

善于争论的人往往巧妙避过对方的锐气,而抓住对方的主要弱点,逐条批论,让对方输得无言以对,心服口服。不善争论的人缺乏论辩技巧,不善迂回,抓住对方的失误就不放手,企图一举击倒对方。这种硬碰硬的方法,为兵家大忌,结果是双方互不服气,成为意气之争,未达到应有的目的,甚至把可处理好的问题也给弄糟了,造成双方对立之势。在处理对立情绪的两方人事时不宜派后一种人做代表,一旦在交涉中意气用事,克制不住自己,会把好事做成坏事。这种情况,有深浅之别,浅者不欢而散,深者造成彼此敌对情绪,小者恶语伤人,重者拔刀相向。

3. 强迫性说教

久思之理,仓卒谕人,人不速知,则认为难谕。

有的人经过长时间思考、探索才得出的结论,企图让别人马上就要接受领会。当对方不能立即领悟时,就认为对方笨,不可教化,强迫对方接受自己的理论。这种人不适合做教育工作,可以独善其身,一时之间难以辅助他人。针对小学生的教育尤其要注意这一点。许多刚走上小学教师岗位的同志,以己心度小学生之心,认为1+1=2还不容易吗?认为记忆汉语拼音字母表、乘法口诀还不容易吗?结果有的学生大吃苦头。这是因为我们的新老师太急躁的缘故。1+1=2是简单,但小孩子尚有一个接受消化的过程。以此类推,此种情况是不少见的。

4. 不察彼意就责备对方

凡人心有所思,则耳不能听;不了己意,则以为糊涂。

人们在讲话时,对方也许正在琢磨上一句话或其他什么事,而不能清楚讲话人当前的内容。如果讲话人不分青红皂白,就责难对方"不专心""不尊重人""糊涂",往往会激怒对方。这种人容易冲动,往往在没弄清事实真相前就妄下结论,做事凭感觉而少理解分析,往往会无风起浪。

听人讲话,而心中琢磨自己事的人,有奸心内萌的,有诚有所思的。对他们的鉴别,详见本书第九章第三节。

第六节　言谈中的八个优点

兼此八者

然后能通于天下之理

通于天下之理

则能通人矣

【原典】

然虽有变构,犹有所得。若说而不难,各陈所见,则莫知所由①矣。由此论之,谈而定理者,眇②矣。必也聪能听序③,思能造端④,明能见机,辞能辩意,捷能摄⑤失,守能待攻,攻能夺守,夺能易予⑥。兼此八者,然后乃能通于天下之理。通于天下之理,则能通人矣。不能兼有八美,适有一能,则所达者偏⑦,而所有异目⑧矣。

是故聪能听序,谓之名物⑨之材。思能造端,谓之构架⑩之材。明能见机,谓之达识之材。辞能辩意,谓之赡给⑪之材。捷能摄失,谓之权捷⑫之材。守能待攻,谓之持论⑬之材。攻能夺守,谓之推彻⑭之材。夺能易予,谓之贸说⑮之材。

通材之人,既兼此八材,行之以道。与通人言,则同解而心喻。与众人言,则察色而顺性。

【注释】

①所由:什么是正确的。

②眇:少。

③序:顺序,规律。

④造端:创造发明,创见。

⑤摄:摄取,抓住。

⑥易予:以子之矛,攻子之盾。

⑦偏:偏失,不全面。

⑧所有异目：以所长形成偏才。

⑨名物：辨别事物的名称。

⑩构造：创造。

⑪赡给：言语敏捷，词汇丰富。

⑫权捷：权变灵活。

⑬持论：坚持自己的理论。

⑭推彻：进取攻击。

⑮贸说：变换谈话的主从地位。

【译文】

但是，尽管会形成6种构难，仍会有所得。如果只是交谈，既不相互提出疑问或反对意见，又不能各抒己见，畅所欲言，则不能明确什么是正确的东西。以此而论，讲述而不进行争论就可以成为众所周知的定理的情况确实很少。必须是善于听取，把握事物的规律秩序，善于思考而有所创见，眼睛明亮能看出事物的变化之机，言辞丰富能表明自己的意思，反应敏捷能迅速抓住对方的错误，防守严密能抵御对方的攻击，进攻力强能摧毁对方的防线，驳斥对方能灵活使用各种方法。兼有这8种能力，就可以通晓天下的道理。通晓天下道理，就能成为全才，才可以完全说服别人。不能兼备这8种能力，只具备其中一项，就不能取得多方面的成就，而是以所能而成为偏异之才，并以此来各立名号。

因此，聪能听序的人，是善于鉴别事理的人才。思有创见的人，是善于发明创造的人才。明能见机的人，是通达而又机敏灵活的人才。辞辩丰富的人，是能说会道的人才。迅捷捕捉失误的人，是机变敏捷的人才。守能待攻的人，是善于坚持自己论点的人才。攻能夺守的人，是善于进攻的人才。进攻能灵活变换方法的人，是善于计谋权变的人才。

※

1. 善听

这种人听的多，说的少，往往智慧比较丰富，有大智若愚之态，话虽不多，但内心聪慧,说出来的话往往一字千金,很有分量,能直指问题的关键所在。是一株沉默寡言的、但有力量的大树。

2. 能发奇思妙语

这种人经常生出一些奇思妙想,又风趣诙谐,富于幽默感,能够发前人之所未发。需要鉴别的是,有的奇思妙想有实现的可能,可用;有的则不行,是乱人耳目的东西,或者乱民之俗。

3. 先见之能

能准确预见事物的未来,料事如神。分析形势能力强,能综合各种信息来正确预测未来。有的人则根据直觉判断和预测。

建安五年,曹操与袁绍战于官渡,相持不下。孙策便准备率军渡江北上,乘虚袭击曹操的老巢许昌。这给久战官渡不下的曹操带来了一道难题:

官渡之战

如果现在舍去袁绍,来日再兴师征讨,势必要耗费更大的精力,因此不能丢弃眼前这个歼灭袁绍的大好战机;但是,如果继续屯兵官渡,而孙策果真渡江北上,许昌守备空虚,很可能失守,许昌一失,则根本动摇。

郭嘉,字奉孝,曹操的著名谋士,素有济世安民之志,多谋善断。最初,投奔割据北方的袁绍,但很快看出袁绍徒有虚名,是一个优柔寡断、难以成大业的庸主;于是便毅然离开当时在军事上还占有很大优势的袁绍,转而投奔曹操。

汉献帝建安元年,郭嘉来到许昌,经荀彧引荐,见到了曹操。曹操慧眼识人,对郭嘉的才情志向极为推崇,赞叹说:"使我成就大业的人,必定是郭奉孝!"而郭嘉对这位乱世的雄杰也深表叹服,说:"曹操是我郭嘉千里寻觅的人主!"曹操当即任命郭嘉为司空军祭酒。自此之后,郭嘉尽心竭力地为曹操平定汉末群雄的大业出谋划策。

这时,郭嘉洞察了曹操的心思,说:"孙策削平了江东5郡,占了不小地方,也诛杀了不少江东豪杰;他之所以能做到这一点,是因为他暂时笼络住几个为他拼死效力的人。但是孙策为人张狂,处事轻率,甚少戒心,这是他致命的弱点;因此,目前他虽然拥有数十万之众,由于这种性格的支配,他仍然像一个奔走在旷野之上的独行者。他在江东攻城略地,兼并群雄,肯定结下了不少仇家,假如身边骤然兴起刺客,他不过是一人之敌罢了。因此,孙策不足忧虑,我料定他必将死于匹夫之手!"

郭嘉从分析孙策的性格入手,明确指出了孙策在为人处事中有猖狂之相。猖狂之态不忍,别人就会看不顺眼,言谈过于狂妄,别人就会记恨在心,而这一切,孙策都没有忍耐克制,所以郭嘉断定孙策将有不测之祸,坚决主张曹操继续屯兵官渡,削平袁绍,暂时不考虑孙策的北犯;他还分析袁绍有10条必败的弱点,断定曹军必胜。这些细微精到的分析和预见,解除了曹操对孙策的忧虑,鼓舞了曹操平定袁绍的意志。尔后,曹操果然取得了官渡之战的大捷,巩固北方的统治。而孙策的命运也正如郭嘉所料,在引兵北上的前夕,去郊外打猎时,不设防,被昔日吴郡太守许贡的门客刺死。

4. 善说

长于辞令,不仅言辞丰富优美,而且道理讲得很透彻,逻辑性很强,能准确完整地表达自己的思想。战国时的纵横家们,多善说,比如张仪。

有个成语"朝秦暮楚",讲的是战国时陈轸。张仪和陈轸都投靠到秦惠王门下,受到重用。不久张仪便产生了嫉妒心,因为陈轸很有才干,比他强。

张仪对秦惠王说:"大王经常让陈轸往来于秦国和楚国之间,听说陈轸还常常把秦国的机密泄漏给楚国。作为大王您的臣子,怎么能这样做呢?最近又听说他打算离开秦国到楚国去。"

秦王马上传令召见陈轸。一见面,秦王就对陈轸说:"听说你想离开我这儿,准备上哪儿去呢?告诉我吧,我好为你准备车马呀!"

陈轸一听,莫名其妙,很快便明白了,这里面话中有话,于是镇定地回答:"我准备到楚国去。"

果然如此。秦王对张仪的话更加相信了,于是慢条斯理地说:"那张仪的话是真的。"

原来是张仪在捣鬼!陈轸心里完全清楚了。他没有马上回答秦王的话,而是定了定神,然后不慌不忙地解释说:"这事不单是张仪知道,连过路的人都知道。从前,殷高宗时孝己非常孝敬自己的后母,因而天下人都希望孝己做自己的儿子;吴国的大夫伍子胥对吴王忠心耿耿,以致天下的君王都希望伍子胥做自己的臣子。所以,俗话说,出卖奴仆和小妾,如果左右邻居争着要,这就说明他们是好仆好妾,因为邻里人了解他们才买;一个女子出嫁,如果同乡的小伙子争着要娶她,这就说明她是个好女子,因为同乡的人了解她。我如果不忠于大王您,楚王又怎么会要我做他的臣子呢?我一片忠心,却被怀疑,我不去楚国又到哪里去呢?"

秦王听了,觉得有理,点头称是,但又想起张仪讲的泄密的事,便又问:"既然这样,那你为什么将我秦国的机密泄漏给楚国呢?"

陈轸坦然一笑,对秦王说:"大王,我这样做,正是为了顺从张仪的计谋,用来证明我不是楚国的同党呀!"

秦王一听,却糊涂了,望着陈轸发愣。陈轸还是不紧不慢地说:"据说楚国有个人有两个妾。有人勾引那个年纪大一些的妾,却被那个妾大骂了一顿。他又去勾引那个年轻一点的妾,年轻的妾对他很好。后来,楚国人死了。有人就问那个勾引他的妾的人:'如果你要娶她们做妻子的话,是娶那个年纪大的呢,还是娶那个年纪轻的?'他回答说:'娶那个年轻大些的。'这个人又问他:'年纪大的骂你,年轻的喜欢你,你为什么要娶那个年纪大的呢?'他说:'处在她那时的地位,我当然希望她答应我。她骂我,说明她对丈夫很忠诚。现在要做我的妻子了,我当然也希望她对我忠贞不贰,而对那些勾引她的人破口大骂。'大王您想想看,我身为秦国的臣子,如果我常把秦国的机密泄露给楚国,楚国会信任我、重用我吗?楚国会收留我吗?我是不是楚国的同党,大王您该明白了吧!"

5. 口出敏捷

这种人反应迅捷,能准确分析自己处境的优劣并迅速找到巧妙言辞为自己开脱。这种人如能再有忠厚之性,则是大将文臣之才。

三国时的郭淮,年轻时在曹操手下做官。魏文帝曹丕继位庆典时,郭淮迟到,这对前程会带来什么样的后果?郭淮挖空心思寻找着对策。曹丕是一位很会作诗的皇帝,知识懂得也多,就用历史掌故责问郭淮:"当年大禹在涂山召集诸侯,防风氏无故迟到,受到斩首的处罚。你今天迟到,该受什么处罚?"郭淮脑子一转,回答:"臣听说尧舜用教育引导的方法,因此后人尊他们为圣王。禹却不如尧舜那么有贤名,因为他用惩罚的方法。臣今天遇到是尧舜之君,所以不会受到防风氏那样的处罚。"曹丕听了很高兴,不但没处罚,反而升了他的官,提拔为雍州刺史。郭淮后来成为魏国的一员大将,单骑追击蜀将姜维时,死在姜维箭下。

6. 讲话严谨,不出漏洞

面对别人的激烈言辞时,能临危不乱,稳住阵脚,并一一驳击对方,丝毫不乱,守得严密,再待机捕捉对方漏洞反击。这种人办事严谨稳当,不轻易冒险,凡事先求不败,再求胜机。是一步一步能够往上走的成功人士。

7. 善于说服别人

这种人词锋尖锐,说服力很强,智而且绝,强而能说,逢战必胜,是业务外交型人才。这种人精力充沛,反应快速,头脑清晰而灵活,往往败敌于措手不及之间,而且能够求变,因势导利把谈话引向对自己有利的方向上去。

魏征与唐太宗的君臣关系,尽人皆知,但也有相互生气、发生摩擦的时候。

有一次,魏征在上朝的时候,与唐太宗争得面红耳赤。唐太宗为了顾及自己的形象,勉强忍住没有当朝发作。回到内殿后,见到长孙皇后,唐太宗气冲冲地说:"总有一天,我要把那个乡巴佬杀了!"

长孙皇后问他:"不知陛下想杀哪一个?"

唐太宗说:"就是魏征!他总是当着文武百官的面羞辱我,我实在忍不下去了!"

长孙皇后听了,转身就进了内室,丢下唐太宗一个人在那儿生闷气。一会儿,长孙皇后穿了一套朝见的正式礼服,一出来就对唐太宗下拜祝贺。

唐太宗十分诧异,问:"你这是干什么?"

长孙皇后说:"我听说只有在英明天子的统治下才有正直的大臣。魏征这样正直,岂不说明陛下十分英明,我怎能不为陛下祝贺呢!"

长孙皇后

长孙皇后的几句话立刻让唐太宗清醒了。唐太宗内外有贤臣,能不成明主?

8. 善于驳斥对方

这种人是言谈中的高手,既能很机敏地驳斥对方,又善于保护自己不被攻击。立论驳论都很稳当,往往采用以子之矛攻子之盾的手法,让对方无话可说。

孔融4岁能让梨,10岁时随父亲进京去拜见大臣李元礼,通报是通家之好。李元礼一看是一个小娃娃,并不认识,说:"我与你家从不沾亲带故,怎么说是通家之好呢?"孔融回答:"我家先祖孔子,与贵府先祖李聃(老子)有过交谊,怎能不是通家之好呢!"李元礼很佩服小孔融的机敏,向客人夸奖小伙子将来必成大器。府中一人陈韪说:"小时聪明,长大未必聪明。"孔融立即反驳道:"这位先生小时必定聪明。"

言语谈吐中应注意的问题

言语辩论中,除具备前面的八大优点外,应注意以下十点:

一、"虽明包众理,不以尚人;聪睿资给,不以先人。"

即是说,要谦虚。虽然自己天资聪明,在理论上通晓明达,但不卖弄,不以超人自居。

二、"善言出己,理足则止;鄙误在人,过而不迫。"即是说,正确的话从自己口中说出,理足则止,不要把好话说尽。对于对方的缺点,可以提出批评,但不强制人家认错。

三、"写人之所怀,扶人之所能。"

写,通泻,表达的意思。即是说,讲话中能表达出对方的意见和愿望,扶植对方的才能和长处,使其得到发扬。

四、"不以事类,犯人之所姻;不以言例,及己之所长。"姻,阴私,忌讳。即是说,讲话要慎重,避免用触犯对方隐私忌讳的字眼,也不要在讲话中用暗示的手法炫耀自己的成绩和优点。

五、"说直说变,无所畏恶。"

即是说,在指斥荒诞的言论、发表忠直公正的意见时,都要凛然正气,无所畏惧。

六、"采虫声之善音,赞愚人之偶得。"

要认真听取对方的意见,即使对方人轻言微,不以其地位低下而弃其善言;即使对方人愚才陋,不因其愚陋而废其良言。

七、"夺与有宜,去就不留。"

即是说,争夺、退让皆要适度。在弃取、去留问题上要果断。

八、"方其盛气,折谢不吝。"

当对方气盛时,要避其锐气,对他们那些指责、曲解的言论都暂不计较。

九、"方其胜难,胜而不矜。"

在辩论胜利时,不要因得胜而自以为是,忘乎所以。

十、"心平志谕,无适无莫。期于得道而已矣。"

讲话时心平气和,心态开朗。不以感情用事,期在探讨学术,获得真理。

具备以上十项要领,才能成为论辩上的通才。

第五章　考察才能

第一节　人才特点

宽弘之人

宜为郡国

急小之人

宜理百里

【原典】

或曰,人才有能大而不能小,犹函牛之鼎不可以烹鸡。愚以为此非名①也。夫能之为言,已定之称②。岂有能大而不能小乎?

凡所谓能大而不能小,其语出于性有宽急。性有宽急③,故宜有大小。宽弘之人,宜为郡国④,使下得施其功,而总成其事。急小之人,宜理百里⑤,使事办于己。然则郡之与县,异体之大小者也。以实理宽急论辩之,则当言大小异宜,不当言能大不能小也。若夫鸡之与牛,亦异体之小大也。故鼎亦宜有大小。若以烹犊⑥,则岂不能烹鸡乎?故能治大郡,则亦能治小郡矣。推此论人,人才各有所宜,非独大小之谓也。

【注释】

①非名:概念不清。名,事物的名称。《老子》中讲:"名可名,非常名。"

②已定之称:已固定的名称。

③宽急:宽弘大度与急躁狭窄。

④郡国:秦始皇统一中国后,把行政区划分为郡与县两级,国则是古代诸侯的封地,国的区域与郡大致相当,故郡国连用。

⑤百里:以百里为县的代称,比郡小一级。

⑥犊:牛犊、小牛。

【译文】

　　有人说：人才有能够做大事却不能做小事的，就如能容纳牛的大鼎不可以用来炖鸡一样。我认为这是概念不清，混淆是非。就才能而言，是一个固定的名称，哪里能够做大事却不能做小事呢？

　　凡是所说的能做大事不能做小事，这种说法出自人的性格有宽弘大度与急躁狭隘。性格有宽有急，因此所适应的工作有大有小。宽弘大度的人，适合担任郡国职务，使下级能充分发挥他们的作用，通过群策群力来实现他的政绩。急躁度小的人，适宜担任区县职务，身体力行，亲自动手办实事。然而郡与县只是范围大小不同而已，用实际工作中的宽缓急躁来讨论，只应当说是合适不合适，而不是能大不能小的问题。这像鸡与牛，由于有大有小，因此鼎锅也有大有小，如果鼎可以烹牛，就不能烹鸡了吗？因此能治大郡的人，也能够治理小郡。由此可知，人才鉴别有所宜，而不是能大不能小的问题。

※

　　有这么一种说法，能力大的办不了小事。从实际工作中看，的确存在这种情况，级别高的人做不好级别低的事。比如苏东坡，洗的衣服未必有洗衣女的干净；一个大型企业的头儿，未必能救活200人的小鞋厂。那是否就可以说"能力大的办不了小事"呢？

　　显然不能。

　　我们知道，容得下一头牛的锅，肯定可以炖熟一只鸡，只是太浪费柴火罢了。人才的道理也是这样。都是苏东坡了，人还笨吗？怎么会洗不净衣服呢？只是这种事情太浪费他的时间（如果他投入到洗衣中去，创造几首优美的"洗衣歌"：大江东去，浪淘尽，一身污垢……或者得到什么新的启示，如同苹果砸在牛顿的头上一样，又当别论）。叫一个大型企业的头儿去救活一个小鞋厂，应该可以办到；只是他首先要花几个月时间熟悉情况，再去拓展业务，如此一耽搁，可能小鞋厂活了，那个大型企业又瘫痪了。人的因素比锅、牛、鸡、柴火的关系复杂得多，能力也有一个变化过程，现在做不了，经过学习，进步以后就做得了；

现在做得了,如果不再学习,停滞不前,过一段时间又会做不了。因此,在识人用人时,首先应根据实情和他的潜力来判断他适不适合,也不宜只看他的能力大小。这样自然会有小才小用,大才大用的结果。大学教授当不好小学教员,是因为他的知识结构不适合去教孩童;给他们一定的时间和动力,他们肯定可以教好那些小学生(只要有足够的时间,每一个人都能成为绝顶优秀的全才)。

黑龙江省有一个县叫宁安县,清代称作"宁古塔"。对清史稍有研究的人,听到"宁古塔"三个字就会狰狞起来,因为那是古代文人被流放的绝狱之地。"宁古塔"也没有塔,最初可能房子都没有,三个字完全是音译,意为"六个"(满语中"宁古"为六,"塔"为个),据说很早时曾有兄弟六人在那里住过。

宋、金战争时期,南宋使臣洪皓和张邵被金人流放到宁古塔。二人很为南宋争气,虽然拣野菜充饥,拾马粪取暖,仍是凛然不屈。

一次,一位对流放南人较同情的女真贵族与洪皓聊天,谈着谈着就争执起来。女真贵族生气了:"到现在还嘴硬,你以为我不敢杀你吗?"洪皓说:"可以,但你就会背上一个斩杀使臣的罪名,这样不大好。离这儿30里有一个叫莲花泺的湖,不如我们去乘舟游玩,你顺便把我推下水,说我失足,岂不两全其美?"

他们俩是南宋使臣,气节、品质、能力、学识都是值得推崇的。如果待在南方,也算不小的官,从"能力大的办不了小事"来讲,他们在北方可能会冻死或饿死,但他们顽强地熬过来了,而且不是像动物生存一样地过,他们还传播知识和文化,做得也非常好。洪皓找来晒干的桦树皮,把自己从小背熟的四书五经默写出来,分给当地的孩童,使那荒瘠的地方有了琅琅读书声。张邵甚至开讲《大易》,把深奥的文字和思想种在文化沙漠中去。这样不折不挠的精神哪里像一名普通的小学教员。

因此说,大才不仅能做好小事,而且会做得很漂亮,因为他们在做一件小事时,也抱着高瞻远瞩的目光和宏阔胸襟,效果自然大不一样。如果不是环境的逼迫,二人永远不会到宁古塔去"教书",这也正好说明,大才能做好小事,只是去不去做,宜不宜的问题。如果不是被流放,以他们的节气品质,十几年里他们会做许多更有益于国家的事,比在宁古塔教点书意义大得多。

可惜的是,二人的铮铮骨气并未被南宋朝廷珍视,他们在东北为朝廷受难十余年,好不容易因宋金议和回了南方,却立即遭贬,被弹劾为"奉使无成"而远放,双双死在颠沛流离的长途中。不亦悲乎! 倒是金人还记得这两位使者,每次到宋廷都要打听他们的消息,并对他们的子女倍加怜惜。

闲话少说,言归正传。对于人才被浪费的现象,甚至像赵括式纸上谈兵的悲剧,首先被嘲笑的,不应该是人才或赵括,而应是用人者赵孝成王(按《史记》上讲,在长平之战前,赵孝成王做了一个梦,穿着偏裂之衣,乘飞龙上天,不至而坠,见金玉堆积如山。解梦的人说:"不至而坠,是有气无实之象;金玉堆积如山,忧。"跟着长平之战,赵国40万大军被秦将白起给坑杀了。)赵括如果去大学教书,肯定是一流的教授,口才好,懂的也

赵括

多,大致会桃李天下,偏偏被历史送上了战场。中间固然有白起的反间挑拨,但推究到底,是赵孝成王犯了一个人才错误,连赵括的母亲都反对,他还是不肯听。结果,国家力量急剧衰退,七雄纷争的局面也开始严重倾斜。旁观者为此着急,有的人还暗暗落泪,白起和秦王则乐得躲在被窝里笑。历史多笑话赵括纸上谈兵,其实赵孝成王才是更该被记住的人,是他直接造成了赵括和40万将士的悲剧。

让张飞摇一把羽毛扇,叫诸葛亮手持丈八长矛上前线,这样的错误谁都不会犯,但历史偏偏反复上演着赵括式的悲剧,这就该值得用人者仔细推敲了。因为人们都认为自己能够识别人才,其实许多事情都只是一种事后诸葛亮的痛快。许多人都不善于识别真人才,却自以为能识人,而错过真正的人才和发展机会,这是许多人不能成功的原因之一。因为他不善于识人,因而团结不了真正的人才,因此难成功。知人于用事之先才有实际意义,就像汉武帝用卫青

一样。

　　人才各有所宜,考察、使用人才时就应充分考虑这一点,有的人善于理乱,则可派往文明教化程度不高,经济欠发达地区——穷山恶水出刁民的缘故。有的人中庸平和,善于协调各方面关系,则可担任总体管理一类的职务——团结就是力量的缘故。不按这个原则去用人,往往会把好事办砸,不仅浪费了人力资源,还可能把一个单位、一个团体搞得一团糟,还会造成有其才而未得其任的人的怀才不遇、备受冷落的凄凉。

　　三国鼎立之前,时人把诸葛亮和庞统称为"卧龙"和"凤雏",说得一人者得天下。庞统投奔刘备后,刘备嫌他长得难看,派他去做了耒阳县令;又因为庞统不好好干,从下面反映上来的意见很多,刘备就罢了他的官。东吴鲁肃听说后,给刘备写了封信,说庞统是治国之才,而非县令之才。刘备就派张飞(而不是关羽,说明刘备也知道张飞的耿直和关羽的骄傲)去耒阳县检查庞统的工作。

庞统

　　军民官吏都欢迎张飞,唯独庞统没去。张飞问庞统哪里去了? 县吏回答说:"庞统到任百来天,从不过问县里的事,每天喝酒,沉醉在酒乡里,现在酒还没醒呢。"张飞大怒,就派人去捉庞统。同来的谋士孙乾说:"庞士元本是高明人士,未必如此糊涂,先看看具体情况再说;如果的确玩忽职守,再治罪也不迟。"张飞一行人进了县衙,庞统衣冠散乱、扶着下人摇摇摆摆出来。张飞责问:"你身为县令,怎么可以废了县里事情?"庞统也不答话,立刻叫公吏把百来天积压的公务全部取出，传唤相关人等到公堂外，一件一件珠落玉脆般地发落，简明果断，丝丝明晰，被罚人员叩头拜伏，没有一个叫屈叫冤的。不到半天，大小事务就清楚地处理完了。庞统把手一摆："百里小县，何须劳我大驾?"张飞回去跟刘备如此这般一讲，刘备立刻调庞统到身边，分配给他重要任务。

刘备有识人之明，因而庞统没有被埋没。实际中有多少人才因不被人所识而被埋没呢?

准确地识别人才，合理地使用人才，大才大用，小才小用，是各级各项工作层层推进的重要保证。不知人，谈不上善用人。知道了人才，却又不肯用，不敢用，或用了又驾驭不了，都不是成功之策。

要驾驭人才，用人者本身也必须是人才，至少要有识人、用人方面的才能，如刘邦、刘备一样，而且还应有听取正确意见的能力。否则，正确意见不被采纳，有人才也无济于事，人才也会择高枝而去。这就要求主管者本身应是雄才大略的人。如果不是，就应该像齐桓公那样，找到一个优秀的管仲来帮自己管理国家事务，至少要保证大事上不糊涂。

人们都以为刘邦之所以能在群雄逐鹿的纷乱形势下夺得天下，完全是因为麾下"三杰"：张良、萧何、韩信的鼎力相助。至于他本人，除了一身痞性和善弄权术外，别无所长。也许，起义之初的刘邦是这样。汉立国之后，刘邦为加强自己的统治地位，对一些被封为王的异姓功臣大肆屠戮。飞鸟尽，良弓藏；狡兔死，走狗烹；敌国破，谋臣亡。刘邦这种一点后手也不留的做法着实让人吃惊（以后一旦情况变化，找谁为你领兵征讨、收拾局面）。

刘邦在建国后平定陈豨、韩信叛乱时所说的一番话为他的上述行为作了最好的注脚（上既至邯郸，喜曰："豨不南据漳水，北守邯郸，吾知其无能为也。"）。此时的刘邦，谈笑自若中已显露出了一个日臻成熟的大政治家、大军事家的豪迈峥嵘之气。他自己在以往征战的历练中已学会了治国用兵的一系列韬略，从而具备了作为君临天下的人主所应该有的谋略素质。完全从奸猾的地痞流氓过渡成了指挥若定的大战略家。

刘邦对自己的能力已经发展到了什么程度是心中有数的。他自信足以应付一切,因此剁掉几个往昔欣赏过的英才也算不了什么。另外,陆贾劝南越王尉佗降汉,一番话里正邪兼备,颇可玩味。

南越王割据一方,拥兵自重,并不把汉的军事实力放在眼里。如果选择的话,他还不是早就归顺了?

陆贾的高明之处在于说了这样的几句话:"……汉诚闻之,掘王先人,夷灭王宗族……"如此做法,刘邦不怕,南越王却深以为忧。因而归降。

每个人都有割舍不掉的东西,这往往成为一个人的致命弱点。南越王怕父母家室遭难,故而投降。刘邦却不怕,心黑,敢舍。项羽捉住刘邦的父亲和老婆后,以此要挟刘邦,要他投降,否则杀了他老爸做肉羹。他老爸白须飘飘,在风中寒立。刘邦对项羽说到时也可分一杯肉羹给我,把他父亲气得眼睛铜铃大。

刘邦心黑,敢舍,又在斗争中逐渐成长起来,在心胸气肚手段才能见识上与当初无赖时的刘邦已完全不同了。那个写了《高祖还乡》,说看见当初的流氓——指刘邦——衣锦还乡时,险些气破肚皮的剧作家,可曾想到刘邦经历过生死劫难后自身素质的变化?

驾驭人才的基本原则

驾驭人才有几个基本原则,可参考如下:

好名的人,以名御之;

好利的人,以利御之;

重德的人,以德御之;

以清操自任的,可以清操御之;

以仁义自任的,可以仁义御之;

有所欲者,以其欲御之;

有所爱者,以所爱御之。

明朝崇祯十四年,清兵大败明师于锦州,俘获明军统帅洪承畴。

清太宗久存并吞中国野心,想利用洪承畴做开路先锋,便派了一名说客,劝他投降。洪承畴乃耿介名士,深明大义,一口拒绝,且绝食明志。

太宗见无计可施,无精打采地回宫休息。皇后问:"国主大败明师,中外震惊,为什么长叹?"

太宗说:"你们女流,怎知国家大事?"

"是不是中原还未征服呢?"

"你真是聪明。为征服中原,朕极力招降洪承畴,可是他是个硬骨头,死也不降。"

"怎么会不降?"皇后说,"威迫不行,那就利诱!"

太宗摇首说:"难!什么都用过了,包括美人计,他根本看不上我们的美女!"然而聪明的皇后却深知男人的弱点。密议一番之后,太宗让皇后自行其是。

皇后特别打扮一番,黄昏时候,携了一个壶子秘密出宫,独自去见洪承畴。洪承畴正闭目危坐,一副凛然的神态。皇后细声轻问:"此位是洪将军吗?"声如出谷黄莺。

面对声音婉转、吹气如兰的女人,洪承畴不知不觉张开眼,咦!有这样美人儿?"你是何人?又有何事?"

她深深行了一个礼,说:"洪将军!我知将军忠心耿耿,绝食明志,以死殉国,大丈夫所为,可敬可佩!"说时嫣然一笑。接着说:"你且不要问,我此来是一片好心,想拯救你脱离苦海!"既庄重,又妖媚。

"想劝我投降?请回吧!"洪承畴不再多说。

但她毫不介意,继续说:"将军!我虽是女子,颇识大义,对将军这种殉节精神,衷心钦佩,岂忍夺将军之志?"

"唉,将军!"她的话充满同情,而又惹人怜爱。"将军要绝食等死吗?但绝食要七八天才能了断。我煎好一煲毒药来敬将军。将军所求,不外一死,绝食和服毒,有什么不同?将军如怕死则已,若不怕死,请饮了这煲药,不就减少死前痛苦了吗?"说完捧壶送过去。

洪承畴经她这般一捧一跌、一怜一媚的摇荡,已身不由己,豪气陡生:"好!

好！死且不怕,何惧毒药！"立即接过壶来,张口狂饮,不料流急气促,咳了起来,弄得药沫飞溅,喷得美人衣襟尽湿。

洪承畴自惭孟浪,连忙道歉。她若无其事的,谈笑自若,拿出香帕来慢慢拂拭,媚眼向洪承畴一翻说:"看样子,将军的阳寿未尽哩！"

"我立志一死,不死不休！"

"将军可谓英勇之至,能视死如归,英雄英雄！钦佩！钦佩！不过,我还有一句话告诉将军。你现在既已为国殉节,但身丧异域,去家万里,丢下家人,哭望天涯,深闺少妇,浮云发呆,春风秋月,苦想为劳,枕边弹泪,情何以堪？多情如将军,能闭眼不顾,不念归情吗？"

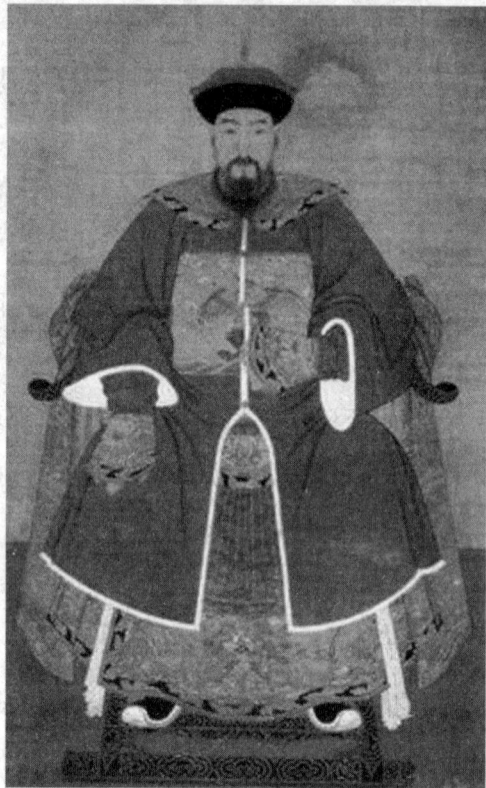

洪承畴

洪承畴被勾起心事,酸楚万分,但毒药已下肚,死期不远,不禁泪如泉涌,长叹一声说:"事到临头,还有什么可说,什么可顾？唉,可怜无定河边骨,犹是深闺梦里人！"

只这一叹,就暴露了洪承畴已有所动。经过那么多次的审讯、威逼、说服、利诱都没有动过决心的洪承畴,只和这么一个弱女子几番问答,就开始犹豫了。聪明的皇后看出他已动心,又用话挑逗他:"决志殉国,将军可谓忠贞不贰,无愧臣节啦。但在我看来,确是笨得可以。"

"将军！不是我说你,你身为国家栋梁,明朝对你的希望正殷,这样轻于一死,得了一个虚誉,究竟对国家有何补益呢？如果是我的话,会忍辱一时,渐图恢复,所谓忍辱负重,候机报国,方不负明帝重托,百姓仰望,断不会这般轻生,效一介勇夫所为! 不过,士各有志,勉强不得。"

洪承畴虽然等死,但血脉偾张,既醉其美貌,又服其见识,心中忐忑,莫知所之,牙齿开始发酸,欲火已冒上眉尖。

她又说:"将军死后,有什么话要转告家人否? 我两人既然相遇,亦是一段缘分,我无论如何有此传递的责任!"

洪承畴听说,眼泪又流出来了,她再掏出香帕来,迎身靠过去替他拭泪:"将军,不要伤心,看把衣服弄湿了。唉! 我也舍不得你这样离开的!"

一阵脂香粉气,美色娇态,袭击而来。洪承畴这时欲火正炽,把死置诸脑后,一把将她搂住,说:"只要毒药迟发一刻,就是死在牡丹花下,做鬼也风流!"

于是青苔石上,权为翡翠之床,罗衣绸带,暂作鸳鸯之帐,洛浦腾云巫山雨,此时无声胜有声!

一个贫贱不移、威武不屈的英雄豪杰,不裹尸于战场之上,殉节于刀锯之下,竟然拴缚于裙带之中。

到天明,这位曾经为万民景仰、飨过大明国祭的经略大臣、显赫将军洪承畴,宽袍缩身参见清太宗去了。

"有所欲者,以其欲御之。"清皇后可不是一般的皇后。把她与明末万历、崇祯的皇妃比,明的衰亡也是有迹可寻的。

※

如果手下群臣互相争功,互相诽谤,肯定有害大事。如果矛盾双方只是意见分歧,那还罢了,反而也是一种好事。如果彼此耍奸、相互残害,一定会出乱子。

当初曹操与袁绍对立之时,他们手下都各有几位著名的谋士。曹操能在意见纷纭时选择正确的,而袁绍手下四个谋士明争暗斗,恶语诽谤,袁绍既不能听取正确的,又不能阻止这种状况,失败就成为必然。

诸葛亮挥泪斩马谡,世人都叹惋诸葛亮的功亏一篑,赏罚严明。但这种做

马援

法究竟可不可取呢？当时蜀国的疆域狭窄荒僻，人才比不上魏国兴旺，再把马谡这样的俊杰杀了，无可奈何收罗起用才德都较差的人，很明显是把法律看得比人才更重要。这种不记取三次北伐失败之教训的做法，还想成就大业，不是让诸葛亮勉为其难吗？

第二节　八种人才的优势

凡偏才之人

或能言而不能行

或能行而不能言

故长于办一官

而短于为一国

【原典】

人材不同，故政有得失。是以王化之政宜于统大，以之治小，则迂。辩护之政宜于治烦，以之治易①，则不易。策术之政宜于治难，以之治平，则无奇。矫抗之政宜于治侈,以之治弊,则残②。谐和之政宜于治新,以之治旧,则虚③。公刻之政宜于纠奸,以之治边④,则失众。威猛之政宜于讨乱,以之治善则暴。伎俩之政宜于治富,以之治贫,则劳而下困。故量能授官,不可不审也。凡此之能,皆偏材之人也。故或能言而不能行,或能行而不能言。至于国体之人,能言能行,故为众材之隽⑤也。

汉代名臣朱买臣负薪读书图

【注释】

①易:变化。

②残:残酷。

③虚:不切实际。

④边:边境。

⑤隽:才智出众,优秀。

【译文】

所以,天子的王化政策适宜统管国家,用来治理小地方,则显得迂阔而不变通。周旋调停、损抑褒贬的政策适宜理烦,用来管理平易之事,就显得呆板无变化。策术政策宜于理乱,用来管理太平之世,就无奇特可言。矫枉反正的政策宜于整治奢侈之风,用来管理贫弊,就会变成酷政。和谐共处的政策宜于治理兴盛时期的政务,用来治理衰亡时期,则会没有实效。严正苛刻的政策宜于纠察奸科贪吏,用来治理边境,就会失去民心。勇猛刚力的政策宜于讨伐叛乱,用来管理顺民,就会变成暴政。伎俩之政宜于治理富饶地区,用来治理贫穷地区,反而会使人们劳苦困顿。因此量才授职,不可不细细审察,以上这种种能力,都属偏才之人。因而要么是能说不能做,要么能做而不能说。至于国体之人,能说能做,因此是众才中的佼佼者。

※

本节承第四章对人才的分类,针对其中的八类主要人才,进一步论述他们各自的优势和不足。

善于使用人才,对各主管者来讲都不成问题;成问题的是如何"知人",也就是怎样才能准确地把握人才的优缺点。只有准确地了解人才,才能正确地使用人才。不知人,如何谈得上善任呢?

1. 王化之政宜大不宜小

王化之政宜于统大,以之治小则迂。

王化之政,也就是以德行教化为主的政治,提倡以德为主的人,属于清节家一流的人才,他们适合做全面的统辖工作,而不适合到基层去做琐碎的具体事务性工作,否则就显得迂阔而不切实际。

人们笑读书人的"迂",大概因为他满脑子理论和知识,却不通事务。以丰富、浪漫的知识情结面对严酷、实在的社会,如果不能迅速调节这对矛盾,自然是要"迁"的了。

比如姜子牙,是国体栋梁之材,但初时颠沛流离,处处不顺,大概就因为以之治小则迁。做生意,赚不到钱,娶个老婆,又看不起他,以平常人而言,实在是够无能的男人了。在这个时候,有几人能知他的王化才干呢?《封神演义》中用细节描写来刻画姜太公未发迹之前的艰难,也含有"天将降大任于斯人也,必先苦其心志,劳其筋骨,饿其体肤"的传统育人思想。这种思想,在物质条件尚不发达的时期,积极正面的意义是可嘉的。时至今天,虽然中国物质条件不能与西方发达国家比,但已有很大的改善和提高,教育小孩子,就应重在意志和思想的教化与磨炼,而不必十分强调"苦修",倡导节约是好的,但不可当作虐待身体、忍冻挨饿看。

以小人的斤斤计较来面对国家大政,那也是一种"迁",闹下的不是笑话,而是巨大的损失,甚至社会动荡。历来的太监专权,都不曾给社会和人民带来多少福音,皆因为这样的"迁"。他们也懂得许多,也许众多的高级官员往来频繁,耳闻目睹、潜移默化的自然不少,但由于本身的局限,或许更多的是不健康人生形成的仇视社会的畸形心理,在他们当权时,是很难四平八稳把国家引向繁荣富强道路上的。

有的人当太监,本来就是心怀邪念,如果这种人当权,自然会乱国政(例见第十三章第六节)。

2. 器能之才易于理乱

器能之政宜于治烦,以之治易则无易。

精明强干,德、术、法都倡导,但主张与力度都不够强的人才,是独当一面的器能之才。他们有精力和智慧去开创局面,治烦理乱。比如民智尚未开化的地方,由于野蛮,缺少正常社会秩序,不用强力手段去征服,只用一味地文明说教,多半会越治越乱。器能之人可能会以暴抗暴,先把恶势力和强霸、野蛮势力铲除,用血和死震住那方野蛮气,再施以仁厚的道德教化,并带领大家一起兴修水利,为当地人谋利益。当地人受到实惠,自然慢慢臣服,又接受到文明教化,地方就日渐平安、富裕了。

周亚夫是治军、带兵打仗的一把好手。汉文帝的时候,他与几位将军率部队驻守边关防匈奴。汉文帝亲自犒劳军队,从几位将军的营地飞驰出入,全体将士都下马迎送。到周亚夫营前,但见军士披坚执锐,弓弩满弦。汉文帝的先驱驰到营门前,门军却不让进。

先驱说:"天子将至!"门军说:"将军令,军中只有军令,没有天子诏。"先驱无可奈何,汉文帝驾到时,门军仍不让进。汉文帝只好叫使臣持使节诏周亚夫,周亚夫才令门军开营门。门军又对天子从属人员说:"军令,军中不得驱驰。"汉文帝一行人等只好缓辔徐行。

到周亚夫帐前,周亚夫说:"身穿兵甲,不能以天子礼见,请允许我用军礼拜见。"汉文帝乃成礼而去,由是群臣惊动。

汉文帝回去后,想了想,罢免了其余将军,而提升周亚夫为中尉,统率全国之兵。人们盛传周亚夫带兵严谨,将在外、军命有所不受的豪举,殊不知,如果没有文帝的贤明,遇到一个昏君、暴君,周亚夫的命运事功也许会是另一个样子。因此,求贤才时,贤才须遇明主,才可两相辉映,功垂青史。

汉文帝临死前对太子(即后来的汉孝景帝,父子政绩被史称为"文景之治")说:"如果有万急之事,周亚夫可任将军。"

后来吴、楚造反,果然靠周亚夫之力平息了叛乱。

但周亚夫不善于做太平官。因平反有功,累功升至丞相后,周亚夫天天都与景帝打交道。时间一长,彼此间的摩擦多起来,而周亚夫又不能像许多文人丞相那样曲折委婉地规谏景帝,君臣关系裂痕渐增。后来景帝想重立太子,这是有关天下继承权和安危的大事。周亚夫以武士的刚勇,坚决反对,君臣关系更加疏远。到后来,周亚夫被牵连入狱,气愤难忍,竟绝食五天,呕血而死。

从武功来看,郭子仪与周亚夫都是安邦定国的将帅,但郭子仪能全老终身,声名隆传后世,周亚夫却凄惨而亡,莫不是性格的缘故?抑或是命运?古人讲,"贫者因书而富,富者因书而贵,贵者因书而守成"。如果周亚夫也能像郭子仪那样,读完兵书读史书,也许结果会有改变。

在周亚夫尚为河内太守的时候,许负对他讲:"三年后你会封侯,八年后你会任丞相，位极人臣，荣贵当世。但九年后却会饿死。"周亚夫听后一笑了之，不想事情大体如此。其中莫不有奥妙乎？命运，还是气数？

3. 术家之才治奇不治平

策术之政宜于治难，以之治平则无奇。

这种人多策善划，胸中有奇谋，最适合于乱世中生存发迹，如遇奇主，一拍两合，会策划出惊天动地的大手笔来。不论在战乱时期，还是在今天和平时代的经济纷争时期，他们都是一代奇士。

周亚夫

但在和平安定、无所纷争的环境下，他们却找不到发挥智慧的用武之地，而平淡一生。乱世用奇，治世用正，就是指的这一类奇才。

纵观历史，乱世出英雄的道理已无可争议，英雄的背后，往往隐藏大智大慧的奇策人士。

4. 法家之才易于纠正腐败

法家之政宜于治侈，以之治弊则残。

法家之才用法制推动一切，富国强兵，用强硬手段整治腐败、歪风邪气，会收到良好的社会效果。如果用同样严厉的方法来治理贫困地区，因手段残酷，反而会搞得人心惶惶，民不堪命。

刘邦打下江山后，与大臣们商量，该如何制定律法以稳定治安。群臣们一致认为，由于秦的暴政，民不聊生，因此才被迫起来造反，而且经过数年战争，社会动荡不安，人民也很贫穷，应采用宽政以安抚民心，并让他们能安下心来搞几年经济建设,解决温饱问题。

宽松政策一直传到汉文帝手上,人民富裕了,国家经济也开始充裕。到景帝时,整个经济发展到了前所未有的盛世状况。由于经济富裕,法制宽松,饱暖思淫欲,社会秩序开始混乱。汉景帝与大臣们商量,认为社会现状已与高祖之时不一样,必须用严格的律法来打击不法分子和腐败现象。因此法家之才又有了用武之地。

社会形势的变化,使得法家人才的命运截然不同。晁错倡导法制,本来不错,可惜得不到社会的强烈响应,因为当时经济正在复苏之中,尚没有太多的贪污、作奸犯科的现象,民心不以愤恨为主,而以发展为主。如果他晚生30年,振臂一呼,用铁腕去扼杀腐败,肯定能深得人心,而名传万世的。

5. 智意之政善于革新

智意之才宜于治新,以之治旧则虚。

智意之才宜于治理新局面。他们善于周旋调停,权智有余而公正不足,因此宜于开创新局面,在太平的形势下却做不出什么实绩来,有虚名而无实功。

刘邵把陈平归入智意之才,就是因为他权智有余,公正不足(例见第四章第三节)。

6. 臧否之才苛刻而能肃纪

公刻之政宜于纠奸,以之治边则失众。

这类人才公正无私,苛刻少恩,不讲情面,六亲不认,适于追奸查污,清理腐败和邪恶势力。如果去治理边疆或经济欠发达地区,则会因为苛刻而失民心,不是安民,而是扰民。

7. 豪杰之才讨平叛乱

威猛之政宜于讨乱,以之治善则暴。

叛乱混杂的地方,一般是民智不十分开化,经济也不发达的地方。这地方的人心眼直,也易被人欺骗和煽动,而且人心齐,不像富有的人各打各的算盘,这类人服力不服法,是勇士他们就尊敬、佩服,否则就一哄而上,无可理喻地乱搞一通。这种地方必须派威猛有力的人去管理,而不宜用软弱书生。安平守纪的善良百姓则不然,他们民俗淳朴,礼智通化,生活安定,如果也用武力去管理,则会破坏这种平静,而成暴政。

豪杰之才威猛刚强,处理问题大胆果断,敢于冒险,不怕困难和压力,适于征乱讨伐,如果来管理善良百姓,则太刚暴。治理百姓不同于治理军队,军人以服从命令为天职,而且必须令行禁止,不得违抗军令,这是特殊使命和职责的缘故。平民百姓则不一样。

商纣王是他父亲废长立幼才成为皇帝的。他人很聪明,见识敏捷,反应迅速,而且力大无穷,体格强健,能空手搏杀猛兽。在古今帝王当中,第一勇士该是他了。正因为他智慧过人,言辞敏锐,又武力高强,因此狂妄自大,藐视群众,以个人之力策使天下,这就为葬送殷商天下种下了祸根。(每个人所关心的、所熟悉的都代表了一部分人的兴趣和爱好,不可能代表所有人。因此,不论是确立国家政策,还是一个产品,都应群策群力,而不要贸然以个人意见行施。当许多人都不能坚持正确意见时,又该怎么办呢?就像当时马寅初提出控制人口的建议之时,社会却不能响应,这也许就是中国古人所讲的气数。刘少奇的土地政策不得施行,而邓小平能行施,大抵也是如此。社会环境的不成熟,使真理只掌握在少数人手中。因而,这类先知能得后人尊崇,自己却是孤独的。这是人的气数吗?)

加上商纣王贪恋酒色,荒废朝政,任用奸邪,枉杀忠良,又大兴土木,耗费财资,终于官逼民反,被周武王得了天下,商纣王自己也跳火而死。

以商纣王的智慧和勇力,代替太师闻仲去征讨南方叛乱,南方早已平定;而留闻仲来治理天下,那么殷商的王政至少不会败在商纣王手里。

因此说,威猛之政宜于讨乱,以之治善则暴。

8. 伎俩之才治富不治贫

伎俩之才宜于治富,以之治贫则劳而下困。

这类人才奇谲诡巧,急功近利,去治理富饶之地,由于智谋多变,能应付当地复杂多变的局面。富饶之地,由于民众有钱,生活不成问题了,就会把心思用到其他方面,社会就生出了许多问题。他们不仅自己生事,为给生事铺平道路,还想方设法去打通关节,贿赂官员。治理这样的地方,如果智谋不够,反应不快,没有一定的处世方法,以单纯的直来直去处理问题,不仅关系难处,而且会把自己弄得很被动,既不利于开展工作,更不利于治理政事。因此这类地方伎俩之才是很适合的。

贫穷之地,由于生存是首要问题,民众尚不怎么开化,饿得头重脚轻,穷得头昏脑涨,就没有多大心力去想歪门邪道的事情了。即便有,那点智慧也贫乏,一下子能被别人看穿,根本不足为虑。这种地方就应派实打实干的为民谋福利的人才去管理。

第三节　各类人才的职权

文者治百官,武者治军旅
有自任之能,有立法之能
有权奇之能,有威猛之能

【原典】

材能既殊①,任政亦异。是故自任之能,清节之材也,故冢宰②之任,矫直③之政。立法之能,治家之材也,故司寇④之任,公正之政。计策之能,术家之材也,故三孤⑤之任,变化之政。人事之能,智意之材也,故冢宰之佐,谐合之政。行事之能,谲让之材也,故司寇之任,督责之政。权奇之能,伎俩之材也,故司空⑥之任,艺事之政。司察之能,臧否之材也,故师氏之佐,刻削之政。威猛之能,豪杰之材也,故将帅之任,严厉之政。

【注释】

①殊:不同。

②冢宰:官名,为六卿之首。

③矫直:矫枉反正。

④司寇:掌管刑狱的长官。

⑤三孤:古代的少师、少傅、少保三官,是三公的副手。

⑥司空：掌管工程建筑的长官。

【译文】

能力出于才质，才不同则量不同。既然才能不一样，所任职务也有区别。因此，有自任之能的，属清节家一类的人才，在朝为官，可担任冢宰职务。他们治理国家能推行矫枉反正的政策。立法之能属法家之才，在朝为官，可担任司寇之职，他们治理国家能推行公直无私的政策。计策之能属术家之才，在朝为官，可担任三孤之职，他们治理国家能推行灵活多变、依时变化的政策。人事之能属智意之才，在朝为官，可担任冢宰的副手，他们治理国家能推行和谐仁本的政策。行事之能属谴让之才，在朝为官可担任司寇之职，他们治理国家能推行监督佐责的政策。权奇之能属伎俩之才，在朝为官，可担任司空之职，他们治理国家能推行手法巧妙的政策。司察之能属臧否之才，在朝为官，可担任师氏之职，他们治理国家能推行峻切严明的政策。威猛之能属豪杰之才，在朝为官，可担任将帅之职，他们治理国家能推行严厉的政策。

※

根据各类人才的优劣，把他们的能力特征分述如下：

一、自任之能。这种人能自我修养，其道德高尚。

二、立法之能。这种人能创立法制，让群众遵守。

三、计策之能。这种人经营有方，善于周旋调停，精明强干。

四、人事之能。这种人能以身作则，为人师表。

五、行事之能。这种人能够深入基层调查巡视，督责办事。

六、司察之能。这种人善于做监察工作，能够明察秋毫。

七、权奇之能。这种人善于随机应变，能够使用奇计。

八、威猛之能。这种人能以自我的威严和气势服众。

这八种具有不同才能的人，所宜担任的职务和工作也各不相同。

有自任之能的是清节之才。"故在朝也，则冢宰之任，为国则矫直之政。"为国，即为政，掌握国家大权的意思。这种人在朝廷里适于担任冢宰（即宰相）

的职务,其在行施统率百官的大权中,难免实行矫枉反正的政策。

有立法之能的为法家之才。"故在朝也,则司寇之任,为国则公正之政。"这种人在朝廷中适宜担任司寇的职务。在主管国家司法刑事的工作中,能够实行公正无私的政策。有计策之能的是术家之才。"故在朝也,则三孤之任,为国则变化之政。"在朝廷中这种人适合担任三孤之职,在辅佐首相的工作中,能够帮助制定灵活多样的政策。

有人事之能的是智意之才。"故在朝也,则冢宰之佐,为国则谐和之政。"这种人才适合在朝廷中担任辅佐冢宰领导百官的工作,可以帮助冢宰实行团结一致、内外和谐的政策。

有行事之能的是谴让之才。"故在朝也,则司寇之佐,为国则督责之政。"这种人在朝廷中适合担任司寇的副职,可以监督法制刑律的执行。

有权奇之能的是伎俩之才。"故在朝也,则司空之任,为国则艺事之政。"这种人适合在朝廷中操作司空的职务,在主管土木工程中能够发挥出其机巧技艺之才能。

宋神宗年间,有一次京城失火,把绵延数十里的皇宫烧掉了。宋神宗责令当时监管土木建筑的大臣三个月内重新建好一座新的皇宫。丁渭虽接旨,但心中却叫苦不迭,三个月时间,也许材料都备不齐,哪儿能修好皇宫?摆在丁渭面前的主要有三大难题:一、京城内缺少烧砖的泥土,从外地调用,费时费力;二、外地的石块、木材不能迅速直接送到建筑工地;三、修建完毕后的建筑垃圾如何及时处理?有一个问题解决不好,就不能按时完工。

丁渭苦苦思索了三天,竟然找到了一个天底下最巧妙的办法,这个办法直到今天让建筑师和数学家也赞叹不已。他的解决办法分三步。从皇宫前的大道挖土烧砖,就地解决取土烧砖的难题;把河水引入挖空的大道,造成人工运河,就可以把石块、木材等外地才有的材料直接运送到工地,解决运输问题,又快又省力;修建完毕后,把大量的建筑垃圾回填到大道里去,还原先前的大道。三个难题如此解决,丁渭也按时交完工程。

这个解决方案,省时省力,又不浪费,几方兼顾,是今天系统工程视为典范的方案。据传，美国登月球成功后，日本宇航科学家参观了阿波罗登月计划的工程后说，各项登月技术日本都已成熟，但他们制造的飞船就是上不了月球，因为他们没有美国那么先进的系统工程。丁渭的系统工程来自经验，可惜中国封建时期发达的科技文明从宋以后就停滞不前了。

有司察之能的是臧否之才。"故在朝也，则师氏之佐，为国则刻削之政。"这种人适宜在朝廷中操作师尹之佐的职务。师尹和冢宰同为百官之长。这里原文"师氏之佐"应是"师尹之佐"之误。臧否之才在担任师尹之副职中可以对百官执行考察制度，是非分明。

有威猛之能的叫作豪杰之才。"故在朝也，则将帅之任，为国则严厉之政。"这种人适宜担任将帅之职。其带兵能够纪律严明，雷厉风行。

第四节　主管之才与使用之才

臣以自任为能，君以用人为能

臣以能言为能，君以能听为能

臣以能行为能，君以能赏罚为能

【原典】

凡偏材之人，皆一味之美，故长于办一官，而短于为一国。何者？夫一官之任，以一味协五味，一国之政，以无味和五味。故臣以自任为能，君以用人为能；臣以能言为能，君以能听为能；臣以能行为能，君以能赏罚为能。所能不同，故能君众材也。

【译文】

凡偏才之人，都具备一种滋味的美，因此能胜任某一方面的工作，而不能治理一个国家。为什么呢？因为一官之任是以一味与五味调和，而一国之政则是以无味去包和五味。而且国内陋俗与文明并存，百姓有强悍与良顺之分，人才不同，则国家政治的得失也就因此而有差别。

君王的才能则与此不同。因此臣以自任为能事，君王以用人为能事；臣以能进献正确意见为能事,君以能采纳正确意见为能事;臣以能行动会办事为能,君以能赏善罚恶、赏功罚过为能。所擅长的能力不同,因此才能做众才的君王。

※

1. 臣以自任为能,君以任人为能

中国古代的政治主张有王道与霸道之分。古语说:"知人者,王道也。知事者,臣道也。"能深刻理解为政之道的君主,一般不去亲临大臣们的具体事务,而是文武大臣们的管理者和协调者。一旦君王插手具体事务,要么是负责该项工作的大臣没有做好,要么就会束缚大臣的手脚。主管之才应把更多的精力放在考察寻访贤明之才上。人才如此众多,完全有可能找到那种与所推行的主张相近,又能充分理解主管者意图并实施的人才。现在主管之才困惑的就是找不到能深刻理解自己思想,并能严格遵行实施的人,因此他不得不亲自主持许多具体事务,结果是累得不行。主管之才不妨多花些精力在研究人才方面,一旦有大批人才团结在周围,并能有效地使用,一定可以做出一番掀天揭地的事业来。

这个人才理论是对大公司、大企业而言。中小型公司的具体情况有限,首先要求主管者必须精通业务,在此基础上去使用有能力的人。因为公司小,可能待遇等方面有限,就不能希望永远留住人才,而应该持这种观点:人才在这儿一天,能为公司努力一天即可。中小公司留不住人才,一个原因是公司老板就是公司核心,除了他,任何员工走了,公司都还能运转。但是,如果员工素质、能力都太差,那也很糟,要么累死老板,要么公司走下坡。因此中小公司对人才的需求本质上与大公司无区别,只在形式上表现不同。

韩信在楚汉战争中发挥了杰出的军事才能。他明修栈道,暗度陈仓;杀死章邯,收复三秦;又作木罂渡军,平定魏地;背水一战,大破赵军;还用水淹的办法,杀了项羽的大将龙且夺取了齐地;最后在垓下之战,布下了十面埋伏,迫使项羽乌江自刎,为汉高祖刘邦夺取天下立下了卓越的功勋。

刘邦统一天下后,对韩信多有疑心,就伪装游云梦,在楚地将韩信捉住,送到洛阳,罢去了韩信的楚王封号,贬为淮阴侯。一次,汉高祖刘邦和韩信闲谈,

国学经典文库

冰鉴

人物志

图文珍藏版

谈论到将领们的本领,彼此各不相同,各有高低。刘邦问道:"像我这样的才能,能率领多少兵?"

韩信回答说:"陛下最多不超过 10 万人。"

刘邦问道:"你能带多少兵?"

韩信回答说:"臣带兵多多益善。"

刘邦说:"既然是多多益善,你为什么还是被我捉住了呢?"

韩信说:"陛下虽不善带兵,但却长于指挥控制大将,这就是我之所以被陛下捉住的原因。"

韩信

后韩信因功高震主,终被吕后所杀。

2. 臣以能言为能,君以能听为能

大臣以能出谋划策、说服帝王采纳正确意见为能;帝王则以能听取大臣们的意见、选择正确行动方针为能。君王是决策者,会听到来自各方面的意见,有的错综复杂,这个时刻就显示了君王独特的决断能力。选对了,功业无限;选错了,倾国倾城。

魏征固然是敢于死谏的忠直大臣,如果他遇到的是一个不能明辨是非的昏君,那魏征就可能脑袋掉地了。

一次,魏征问唐太宗:"陛下,听说您准备出巡,车马都已准备好,为什么又取消了呢?"唐太宗说:"想到你会批评我的奢侈、张扬,就不去了。"君臣二人哈哈一笑,相视而去。

魏征是巨鹿人,后来迁到相州。唐高祖武德末年,魏征本为太子李建成做事。见太宗与太子暗中倾轧,争做帝位继承人,常劝太子建成早做打算。等到杀了太子后,太宗召魏征来斥责他说:"你挑拨我们兄弟之间的关系,是何道理?"众人都为魏征的危险情况而担心害怕。魏征神情镇定,不慌不忙地回答说:"皇太子如果听从我的话,一定不会有今天的祸事。"太宗为他的话所打动,肃然起敬,格外礼重他,提任他为谏议大夫。太宗还多次召他进入寝宫,询问治国的得失。魏征颇具治国的才能,性格又刚正不阿,没有什么能使他退缩、屈服。太宗每次和他一起交谈,无不欣喜。魏征也高兴遇上知己的国君,便竭尽自己的

魏征

能力效劳。太宗又慰劳魏征说:"你所劝谏我的,前后共 200 多件事,都很合我的心意,不是你忠诚为国,哪能这样?"贞观三年,魏征多次升官到秘书监,参预朝政,他深谋远虑,对国家的治理多有大的补益。太宗曾对魏征说:"你的罪比射中齐桓公带钩的管仲还大,我对你的信任超过了齐桓公对管仲的信任,近代君臣之间融洽相处,难道有像我和你这样的吗?"贞观六年,太宗去九成宫,设宴款待亲近大臣,长孙无忌说:"王珪和魏征当年侍奉太子,我见到他们就像见到仇敌,不想今天又在一起参加这个宴会。"太宗说:"魏征过去的确是我憎恨的人,但他尽心于自己所侍奉的人,也有值得称道的地方。我能选拔而且重用他,哪些地方有愧于古代英明圣主? 然而魏征敢于冒犯我而直率地争谏,常常不允许我做错事,所以我器重他。"魏征拜了又拜说:"陛下引导我劝谏,所以我才敢直谏,倘若陛下不能接受我的意见,我又哪敢去冒犯龙鳞,触及忌讳呢?"太宗听了非常高兴,分别赏赐各大臣钱 15 万。贞观七年,魏征代王珪担任侍中,加封

为郑国公。不久,因病而请求解除侍中职务,要求当散官。太宗说:"我在仇敌中将你选拔出来,委任你担任掌管国家中枢要害部门的职务,你见我有过错,没有不劝谏的。你难道没有看见黄金在矿石之中,有什么可贵呢?经过高明的冶炼工匠锻造加工成为器皿,就被人们视为珍宝。我正好将自己比为未经冶炼加工的金矿,把你当作高明的冶炼工匠。你虽然有病,还未衰老,怎么能就

长孙无忌

这样中途告退呢?"魏征于是停止辞官的要求。以后他又坚决请求辞官,太宗听从他,免去其侍中之职,任为特进,仍主管门下省的事。贞观十二年,因生了皇孙,太宗下诏宴请公卿。席间,太宗极为高兴,对侍臣说:"贞观以前,跟从我平定天下,转战于艰难困苦之中的,要数房玄龄的功劳大,没有谁比得过。贞观之后,对我竭尽忠心,进献忠诚正直的意见,安定国家、有利百姓,使我成就今天的功业,被天下人所称道的,只有魏征罢了。古代的名臣,怎么能够超过他呢?"于是,亲自解下佩刀,赐给房玄龄和魏征二人。后来被废为庶人的太子承乾在春宫时,不修品德。而魏王泰受太宗的宠爱一天天加深,宫廷内外众官,都有议论。太宗听到后非常讨厌这些话,对侍臣说:"现在朝中大臣,忠诚正直没有谁比得上魏征,我派他辅导皇太子,用来断绝天下人的妄想。"贞观十七年,就任魏征为太子太师,主管门下省的事依旧不变。魏征自己上言说有病,太宗说:"太子是宗庙社稷的根本,必须有老师教导,所以选用正直无私的人来辅导帮助太子。我知道你患疹病,可以躺着教育他。"魏征才就太子太师之职,不久又生病。魏征的住宅原先没有正堂,太宗当时正在修建小殿,就停工将修小殿的材料给魏征建正堂,五天就竣工。接着又派遣宫中使者赐布被和白色垫褥给魏征,以

满足他崇尚朴素生活的愿望。此后几天,魏征就死了。太宗亲自到灵堂放声大哭,追赠他为司空,谥号叫"文贞"。太宗亲自撰碑文,又自己亲笔书写在石碑上。特别赐给魏征家食邑900户。太宗后来曾对侍臣说:"用铜做镜子,可以端正衣冠;用古代作镜子,可以知天下兴亡和朝代更替的原因;用人作镜子,可以明白自己的得失。我经常保有这三面镜子,用来防止自己的过失。现在魏征死去,就丢掉一面镜子了!"他因此哭了很久。于是下诏说:"过去只有魏征常常指出我的过失,自从他死后,我虽然有过失也没有人明白指出,我难道只在以往有错,而现在全都是对的吗?原因不过是众官苟且顺从,不敢触龙鳞罢了!所以我虚心征求意见,解开自己的疑惑,内心反省。如果大家进言而未被采纳,我也高兴,如果我想采纳而大家却不进言,这又是谁的责任呢?从今以后,各人要尽到自己的忠诚,如我有正确或错误之处,都应直言,不要隐瞒。"

3. 臣以能行为能,君以能赏罚为能

汉高祖当上皇帝后,一次在洛阳南宫中大摆庆功宴。在喜气洋洋的宴会上,高祖向群臣问道:

"各路诸侯,各位将军,你们要说实话,不必隐瞒。我之所以能得天下的原因是什么?项羽失天下的原因又是什么?"

大臣高起、王陵答道:"虽然陛下对人傲慢无礼,项羽对人却很仁爱、恭敬,但是陛下派人攻城略地,所夺得的城邑和土地,用来封赏功臣。项羽却怀疑贤良,胜利不给人记功,得地不给人奖赏,这就是他失天下的原因。"

高祖说道:"你们只知其一不知其二。运筹于帷幄之中,决胜于千里之外,我不如子房;安邦定国,抚慰百姓,源源不断地向前方供给粮食物资,我不如萧何;统率百万大军,冲锋陷阵,每战必胜,每攻必克,我不如韩信。这三个人可以说是当代的豪杰,但我却能重用他们,发挥他们的才能。这就是我能得天下的最根本的原因。项羽只有一个范增,却不能重用,这就是他被我消灭的原因。"

做主管的,最忌只用个人才华来运作一个单位,一个公司,应充分发挥其他人的才干,即使主管者也有极强的业务能力,也不应放弃主管的根本职责——协调各方面人才最大限度地发挥集体的智慧和力量,而不只凭匹夫之勇。如果

主管有做业务或技术的偏好,那也只要偶尔一显身手,当作调剂。否则,不如去做业务,把管理工作交给擅长之人。如果又不为,那就犯了"用人不疑,疑人不用"的常识错误。

第六章　从为人处世考察

第一节　从胸襟气度识人成就

我薄而彼轻之

则我曲而彼直

我贤而彼不知

则见轻非我咎也

胸襟如此,可成大事

【原典】

夫我薄而彼轻之,则由我曲而彼直。我贤而彼不知,则见轻①非我咎也。若彼贤而处我前,则我德之未至也。若德均而彼先我,则我德之近次也。夫何怨哉?且两贤未别,则能让者为隽②矣。争隽未别,则用力者为惫矣。是故蔺相如以回车决胜于廉颇,寇恂③以不斗取贤于贾复④。物势之反,乃君子所谓道也。

【注释】

①见轻:被轻视。

②隽:隽永,优秀。

③寇恂:东汉光武帝刘秀的大臣。贾复的手下杀人,寇恂判其死刑,因此与贾复结怨,贾复说,见到寇恂一定要斩了他。寇恂就决定像蔺相如回避廉颇一样,不与贾复碰面。

④贾复:东汉光武帝刘秀的大将。

【译文】

如果是自己不对而别人轻视,那么过在我而不在他。如果自己贤明而别人不知道,那么被轻视不是自己的过错。如果别人贤能在我前面,那是我的德能还不够。如果德行相当他也在我前面,那是我的德行稍次于他。这有什么可埋怨的呢?

而且两人的贤能未见高低时,以能谦让的为明。贤能未曾分别时,用力去争胜的为下。因此蔺相如以引车回避胜过了廉颇,寇恂以不与贾复争斗超过了贾复,事物形势的反复变化,就是君子所谓的"道"。

※

胸襟气度宏阔高远的人,一定会有惊人成就。胸怀天下,心存济物的人,也一定能取得骄人的业绩。概因为一个人能容纳多大,他的成就也就有多大。

有句谚语讲:

如果你只想种植几天,就种花;

如果你只想种植几年,就种树;

如果你想流芳万世,就种植观念。

这个"观念"移植到人才特征上来,就是宏远奇阔巨伟的胸襟。拥有宏博奇伟胸襟的人,必定会有明确而坚定的人生目标,并由此产生出天赋神授一般的精神力量和旺盛斗志,他既不会接受失败,也不会承认失败,反而会激出潜在于体内的巨大勇气和超人毅力,推动、鼓励着他去克服阻力战胜困难。这样的人也才有底气,有勇力,有智慧,并在奋斗中碰撞出灵感创造的火花来。

具备了如此品性的人,也就具备了对自己的信心、勇气和力量,因而也就有了成功的潜能。成功也就是他奋斗航程上看得见桅杆的船,有了坚定、明确的目标,也就有了人生的动力。哪一个年轻人会在激起他内心真挚爱情的人面前无动于衷呢?

陈胜最初在当佃农时,帮人家耕田耘地。但他与同事不一样的地方就在于,同是在埋头耕地,他仍然眼望着蓝天,他有不同于一般农民的远大理想和抱负。在早年时期,也许他并不知道自己的理想和抱负具体是什么,也肯定想不到自己会揭竿而起,振臂一呼,去造秦始皇儿子的反(那一年秦始皇刚刚离开他营建多年的帝国,不甘心地躺进气概非凡、规模宏阔、珍宝无数,让后人无限惊羡的地陵中),但他知道自己不能像一般佃农那样过一辈子,也相信自己不会那样过一生。因为这样的愿望,他在田垄上休息时,对同事们说了一句心里话:"如果富贵了,我

陈胜

不会忘记大家。"惹来一片嘲笑时,他长叹了一声:"燕雀安知鸿鹄之志哉!"

他有远大的抱负,因此最终没走一般佃农的路。他造了秦始皇的反,尽管是走投无路时的无奈选择,但这个使命落在他身上,还是有其必然性的。

在选择、识别人才时,为着公司和单位的未来,为着"如果每一个人都比我高大,这就会是一个巨人公司"的愿望,有必要在考察人才的学识、能力的前提下,再掂量掂量他的人生理想和目标。有坚定目标的人,其工作动力一定会高过其他人,也许目前他的才力学识有限,但在这个远大目标的驱使下,他会不断学习,不断进步,不断奉献,最终会超过现有人才的能力。由于有一个较长时期的进步过程,在选用这类人才时自然须考虑单位的实际需要。

但陈胜最终是失败了,除了他个人本身不能超越和克服的困难外,他性格上的局限也是值得思考的一个诱因。

他的坚定目标和远大理想是有的,但他的胸襟气度却还是不够。当他的"苟富贵,无相忘"引得同事的嘲笑时,他想到的是他们的庸庸碌碌、胸无大志,而忽略了生活中许多人的确如此。这就与要成大事,就必须团结广大的普通人、容忍他们的各种缺点、充分发挥他们的优点(哪怕只有一处)原则相矛盾了。但毛泽东却把这一点看得很透,做得也很精妙,很早就明确划分了"谁是我们的敌人,谁是我们的朋友"这个界线。

与陈胜一起举事,帮了他很大忙的吴广后来被部下杀死时,陈胜不仅不为此惋惜,反而重赏了那个部下,封他为上将(可见陈胜容不下人,而且是在事业未完成时)。

陈胜称王后,当年与他一起耕田的同事们去找他,想弄点富贵尝尝,先被门卫挡住了(有这样的门卫,陈胜的胸襟气度又嫌小)。同事们无奈,就守在路边,待陈胜车队经过时大呼其名,这才见到陈胜。

当部下对陈胜说他这批患难朋友整日里大呼小叫、提陈胜旧事有损王威时,陈胜就立刻派人斩杀了其中一个,其余人也就离开了,由此再没有人亲近陈胜。

由此一而再、再而三地表明,陈胜的胸襟气度的确狭小,远远不够做一番掀天揭地的事业。而与他同时代的刘邦却不是这样。刘邦在最初时未必有陈胜那样的优点,似乎更多的是无赖气(比如礼单上写送钱一万,实际上一文不送,反而镇定自若地在席间大吃大喝,大呼大叫。幸好他岳父是一个识货的人。否则,历史上又少了一段识别人才的佳话)。但在现实斗争中他逐渐学会了包容,胸襟气度无限地开阔广远,甚至到了厚黑无比的程度。那是因为他知道自己的目标是整个江山,而非一人一事,或一片土地。因此,当项羽说要杀了刘邦父亲做肉羹时,刘邦敢笑嘻嘻地说"分我一杯"。当韩信求封"假齐王"时,张良踩刘邦一脚,刘邦就立刻准允了(当不能完全拒绝时,就一口答应)。叔孙通的酸腐儒生气是令刘邦讨厌的,但"马上得天下,能以马上治之乎?"一句话如当头棒喝,震醒了刘邦,立即请叔孙通帮他修订天下礼仪。这种包容一切的优秀品质,使刘邦团结到一切可以团结的力量,聚集到一切可以使用的人才(也因为他的博大胸襟,许多人才闻风而去,比如陈平),因此才成就汉朝帝国400年基业。

胸襟气度是衡量一个人未来成就的标准。随着时代的变化,个人英雄主义在今天已越来越多地失去了他的阵地,当今时代需要的是更多的合作精神,不能与他人和环境共融互惠的个性将会越来越少地发挥其应有的力量。以前的艺术家,也许一个早晨醒来就发觉自己成了名,而在今天以追求物质利益为众望所归的艺术圈中,找不到好的经纪人和媒体,仅靠个人的艺术天分孤军奋战,实在难有成名的机会。在一切为了利润的时代（至少任何创造都可以带来利润），即便像屈原式的"世人皆醉、唯我独醒"的大知大觉也只能孤家寡人自己听自己的歌，而难以震醒世人。影响不了他人，他的劳动也就是空白。

由于西学东渐的结果，人们从中国古代注重内心修养的传统中抬起头来，开始一发不可收拾地关注起外在的生存状态来，整个世界成为一个开放体系，再加上科学技术的繁荣，个人的利益已由于物资手段的革命而不可避免地与团体和大环境的利益捆绑在一起。在这样的环境中，没有宏阔的胸襟去接受众多的个性，连生存都会成问题，哪里还谈得上创造和发展，是不是人才都先已失去意义了。

考察每一个有成就的人物，都会找到这样一个共同特征——宏阔的胸襟与远大的志向（有的未必是为了奉献，但由于他不甘心于郁郁不得志的现状，这种愿望也会同远大理想一样生出强大的动力，推动他去实现自己的目标。区别在于，动机不同，行动的方法和手段也不同。因此有的人一身正气，靠自己的努力和拼搏取得成功；有的人则踩着别人的头往上爬）。宏阔博大的胸襟与坚定不移的决心之间差不多是可以画等号的。要想成功，就必须学会容忍，再寻找机会，借他人的力量来补充自己，在合力的状态中去谋求个人成功，这比孤军奋战来得快得多。在行动的勇气和由此而生的智慧上，胸襟宏博的人比只求成功的人要包容更多，因此成就也就更大更持久。

曾有人问3个正在工地上劳动的青年小伙子："你们这是在干什么呢？"第一个小伙子说："挣钱。"第二个小伙子说："工作。"第三个小伙子说："我们正在建设这座城市。"20年后，第一个小伙子还是一名普通工人，第二个小伙子成了一名基层领导，第三个小伙子则成了全国小有名气的工程师。

胸襟气度不同，心中存藏的理想与目标不同，其动力和成就也不一样。但人的胸襟气度并不是天生一成不变的，而是在不断地学习、磨炼中扩张。一般有3种情况：

1. 道德的自我完善。品德修养是一个人终生的课题。活到老，学到老，不仅是一个长知识的过程，也是修心性、修品德的过程。在这一个过程中，人的胸襟气度自然地也随之宏阔广博起来。道德修养应该有大修与小修的区别。小修指个人道德的完善,其结果是与世无争,逃避现实麻烦,实际上是一种清高的逃避主义。大修则是胸怀天下,心存济物,为更多人的幸福而努力。孟子讲的"吾善养吾浩然之气",也有这个成分。

2. 学识、阅历的增长。经历了许多的人事之后,人成熟了,胸有大志的人气度自然会扩升。有的人由于现实的阻力,自愿地放弃了许多人生目标,另一种人则把自己的理想和目标融入客观繁复的现实中,踏踏实实地努力,不再做浪漫的幻想,他逐渐知晓了包容与成功之间的联系,因而就自觉地扩大着自己的胸襟气度,去团结人,去容忍他们的个性和缺点,以充分发挥其长处为己所用。

3. 责任的加重。一旦认识到自身的理想和目标能给更多人带来福音,其信心和力量倍增,由此产生了崇高的责任感和使命感。这促使他胸襟博大起来,去看更高更远的事,并为此目标奋斗终生。

有的人也许并没悟到这一点,而是被命运推上去的。比如组织赋予了他某种权力,在执行和使用这种权力时,他遇到了各种阻力和困难,现实迫使他思考,领悟着以前清静无为时没遇到也没想到的事。这个时候,他领悟了博大胸襟、能够容纳的重要意义,胸襟气度也随之博大宽广起来。

第二节　如何判断一个人荣福的长久与短暂

> 君子内勤己以自济,外谦让以敬惧,
>
> 是以怨难不在于身,而荣福通于长久
>
> 小人矜功伐能,故在前者人害之
>
> 有功者人毁之,毁败者人幸之
>
> 进退有节与得志猖狂故也

【原典】

卑让降下者,茂进之遂路[①]也。矜奋侵陵者,毁塞之险途也。是以君子举不敢越仪准,志不敢陵轨等[②]。内勤己以自济,外谦让以敬惧。是以怨难不在于身,而荣福通于长久也。彼小人则不然。矜功伐能,好以陵人,是以在前者人害之,有功者人毁之,毁败者人幸之。是故并騃争先,而不能相夺。两顿俱折,而为后者所趋。由是论之,争让之途,其别明矣。

【注释】

①遂路:通达大道。

②轨等:法规,法度。

【译文】

因而卑让谦恭甘于处下的,是美名佳行迅速增长的通道,自高自大侵夺欺凌的,是自毁声名自塞言路的隘途。因此君子行为举止不敢超越法规,思想志向不敢侵凌常度。内勤于修身养性以让自己受益,外谦虚礼让以示敬重戒畏。因此怨恨非难不会牵扯到身上,而荣显富祥却能够持久通达。那些小人们却不是这样。自傲自大又爱炫耀才能,并喜欢侵凌别人,因而当他们走在人前时,有小人害他。当他有功绩时有小人毁谤他。当他受毁败覆时小人们会幸灾乐祸。因此他们争强好胜彼此不分高下时,往往两败俱伤,而使后来者居上,乘机超过他们。由此论之,争执和谦让之间的差别就区分得很明白了。

※

进退有节的人容易得到别人的肯定和好感,取得的成就不仅大,而且能够持久。得志便猖狂的人属古书上讲的"小人",即便一时得志,由于轻狂自大,目无他人,招致小人的忌恨,暗中使坏,成就难以持久,荣福也往往短暂,昙花一现。

这两种人成败的深刻原因不仅仅在于他们为人处世的区别上,而是由他们待人接物方式中蕴藏着的各自不同的人生思想和做事方法所造成的,其他人的评价和看法只是外因,外因必须通过内因才能起作用。

进退有节的人比较谨慎,做人做事小心翼翼,不愿意随便粗心大意,造成不必要的损失。他们做事井井有条,不忙不乱,乱中有稳,忙中有序,这种工作方法与他进退有节的人生行为是一脉相承的。有这样良好的工作习惯,又能得到左右人的肯定和帮助,成功的气数自然增加不少。

得志便猖狂的人则不然。他们在未得志之前,也有理想和抱负,但过于看重个人的努力和天赋,一旦成功,总以为是个人聪明和努力奋斗的结果,而忽略了其他人的功劳。更为深刻的原因在于,这种心态促使他不细心观察周遭情势的变化,自高自大,对事物的变化失去了准确的判断,因此成就难以持续下去。再加上一猖狂,得罪了其他小人,又平添了无数阻力和困难,自然难以持久了。

郭子仪爵封汾阳王,王府建在首都长安的亲仁里。汾阳王府自落成后,每天都是府门大开,任凭人们自由进出,郭子仪不准府中人干涉。

有一天,郭子仪帐下的一名将官要调到外地任职,特来王府辞行。他知道郭子仪府中百无禁忌,就一直走进了内宅。恰巧他看见郭子仪的夫人和他的爱女两人正在梳洗打扮,而王爷郭子仪正在一旁侍奉她们,她们一会儿要王爷递手巾,一会儿要他去端水,使唤王爷就好像使唤奴仆一样。这位将官当时不敢讥笑,回去后,不免要把这情景讲给他的家人听。于是一传十,十传百,没几天,整个京城的人们都把这件事当作笑话在谈。

郭子仪听了倒没有什么,他的几个儿子听了都觉得大丢王爷的面子。他们相约,一齐来找父亲,要他下令,像别的王府一样,关起大门,不让闲杂人等出入。

郭子仪听了哈哈一笑,几个儿子哭着跪下来求他。一个儿子说:"父王您功业显赫,普天下的人都尊敬您,可是您自己却不尊敬自己,不管什么人,您都让他们随意进入内宅。孩儿们认为,即使商朝的贤相伊尹、汉朝的大将霍光也无法做到您这样。"

郭子仪收敛了笑容,叫儿子们起来,语重心长地说:"我敞开府门,任人进出,不是为了追求浮名虚誉,而是为了自保,为了保全我们的身家性命。"

儿子们一个个都十分惊讶,忙问这其中的道理。

郭子仪叹了口气,说:"你们光看到郭家显赫的声势,没有看到这声势丧失的危险。我爵封汾阳王,往前走,再没有更大的富贵可求了。月盈而蚀,盛极而衰,这是必然的道理,所以,人们常说要急流勇退。可是,眼下朝廷尚要用我,怎肯让我归隐;再说,即使归隐,也找不到一块能容纳我郭府1000余口人的隐居地呀。可以说,我现在是进不得也退不得。在这种情况下,如果我们紧闭大门,不与外面来往,只要有一个人与我郭家结下仇怨,诬陷我们对朝廷怀有二心,就必然会有专门落井下石、妒害贤能的小人从中加油添醋,制造冤案,那时,我们郭家的九族老小都要死无葬身之地了。"

这是明白祸是如何产生,应该如何去消除祸害的道理。郭子仪具有很高的政治眼光,他善于忍受灾祸,更善于忍受幸运和荣宠,深谙中正平和、不变不惊的明哲保身道理,所以才能四朝为臣。

大概从介绍郭子仪个人历史的几个重点,就可以看出他的立身处事,真正做到"用之则行,舍之则藏",不怨天,不尤人的风格。他带兵素来以宽厚著称,对人也很忠恕。在战场上,沉着而有谋略,而且很勇敢。朝廷需要他时,一接到命令,不顾一切,马上行动。等到上面怀疑他,要罢免他时,也是不顾一切,马上就回家吃老米饭。所以屡黜屡起,国家不能没有他。

郭威

另有两件关于他个人的行谊。一是关于他与监军太监鱼朝恩的恩怨,在当时的政治态势上,是相当严重的:鱼朝恩派人暗地挖了郭子仪父亲的坟墓。当时唐代宗大历四年的春天,朝野人士都恐怕要掀起一场大风暴,代宗也为了这件事,特别吊唁慰问。郭子仪却哭着说:我在外面带兵打仗,士兵们破坏别人的坟墓,也无法完全照顾得到,现在我父亲的坟墓被人挖了,这是报应,不必怪人。

鱼朝恩便来邀请他同游章敬寺,表示尊敬和友好。这个时候的宰相元载,也不是一位太高尚的人物。元载知道了这个消息,怕鱼朝恩拉拢郭子仪,问题就大了。这种政坛上的人事纠纷,古今中外,都是很头痛的事。因此,元载派人秘密通知郭子仪,说鱼朝恩的邀请,是对他有大不利的企图,要想谋杀他。郭子仪门下将士,听到这个消息,极力主张要带一批武装卫队去赴约。郭子仪却毅然决定不听这些谣传,只带了几个必要的家僮,很轻松地去赴会。他对部将们说:"我是国家的大臣,他没有皇帝的命令,怎么敢来害我。假使受皇帝的密令要对付我,你们怎么可以反抗呢?"就这样他到了章敬寺,鱼朝恩看见他带来的几个家僮们戒备性的神情,就非常奇怪地问他有什么事。于是郭子仪老老实实告诉他外面有这样的谣传,所以我只带了8个老家僮来,如果真有其事,免得你动手时,还要煞费苦心地布置一番。他这样的坦然说明,感动得鱼朝恩掉下了眼泪说:"非公长者,能无疑乎!"如果不是郭令公你这样长厚待人的大好人,这种谣言,实在叫人不能不起疑心的。

另有一则故事,是在郭子仪的晚年,他退休家居,忘情声色来排遣岁月。那个时候,后来在唐史《奸臣传》上出现的宰相卢杞,还未成名。有一天,卢杞来拜访他,他正被一班家里所养的歌伎们包围,正在得意地欣赏玩乐。一听到卢杞来了,马上命令所有女眷,包括歌伎,一律退到大会客室的屏风后面去,一个也不准出来见客。他单独和卢杞谈了很久,等到客人走了,家眷们问他:"你平日接见客人,都不避讳我们在场,谈谈笑笑,为什么今天接见一个书生却要这样的慎重。"郭子仪说:"你们不知道,卢杞这个人,很有才干,但他心胸狭窄,睚眦必报。长相又不好看,半边脸是青的,好像庙里的鬼怪。你们女人最爱笑,没有事也笑一笑。如果看见卢杞的半边蓝脸,一定要笑,他就会记恨在心,一旦得志,你们和我的儿孙,就没有一个活得成了!"不久卢杞果然做了宰相,凡是过去有人看不起他、得罪过他的,一律不能免掉杀身抄家的冤报。只有对郭子仪的全家,即使稍稍有些不合法的事情,他还是曲予保全,认为郭令公非常重视他,大有知遇感恩之意。

史载郭子仪年八十五而终。他所提拔的部下幕府中,有六十多人,后来皆为将相。八子七婿,皆贵显于当代。"天下以其身为安危者殆三十年,功盖天下而主不疑,位极人臣而众不嫉,穷奢极欲而人不非之。"历代功臣,能够做到功盖天下而主不疑,位极人臣而众不嫉,穷奢极欲而人不非,实在大难而特难。

第三节　谦卑含容与当仁不让

君子尚让

故涉万里而途清

小人好争

足未动而路塞

【原典】

谦卑含容是贵相。君子尚让，故涉万里而途清；小人好争，足未动而路塞。是故君子知屈之可以为伸，故含辱而不辞，知卑让之可以胜敌，故下之而不疑。及其终极，乃转祸而为福，屈仇而为友，使怨仇不延于后嗣，而美名宣于无穷。君子之道岂不裕^①乎？且君子能受纤微之小嫌，故无变斗之大讼。小人不能忍小忿之故，终有赫赫之败辱。

【注释】

①裕：宽厚。

【译文】

谦卑含容是尊贵之相。君子懂得谦让，因此行万里也会路途顺畅。小人好争斗，因此还未动步，路已被堵塞。君子知道屈可以为伸，因而受辱时不反击，知道谦让可以战胜对手，因而甘居人下而不犹豫。到最后时，就会转祸为福，让对手知错而成为朋友，使怨仇不传给后人，而美名扬，以至无穷。君子的道行不是很宽宏富足吗？况且君子能忍受纤微的嫌隙，因此没有打斗之类的争论。小人不能忍受小忿，结果酿成巨大的耻辱。

※

进退有节的人一般是比较谦虚谨慎的人。这种个性带有天生的成分，更多的还是见多识广的缘故。许多书生先前是心高气傲的，常以为天下人皆不如己，但在现实中处处碰壁之后，再翻开所读的书，找到了碰壁的理由，而且对这种理论体会得更加深刻。这种现实环境不是简单的对错能划分、定义得了的。为了与环境共融，狂妄的人渐渐收敛起自己的个性，变得谦卑含容起来。但要把谦卑含容与唯唯诺诺、个性软弱区别开来，谦卑含容是一种处世态度，并非心无主见，胆小怕事，而是以退为进的处世策略。

晋献公和荀息商议："我想攻打虞国，而虢国一定会出兵求援；攻打虢国，则虞国也会救援，这怎么办才好？"荀息说："虞公生性贪婪，请您用名马和宝玉为诱饵，向虞公借路攻打虢国。"献公说："宫之奇在，一定会劝谏虞公。"荀息说："宫之奇的为人，内心明达而性格较柔弱，又是虞公从小养大的。内心明达则说话只提纲领，不够详细；个性柔弱则不能强谏；而被虞公一手养大，虞公会轻视他。宝物珍玩摆在眼前，祸患则远在虢国灭亡之后，这样的危机只有才智中上的人才会想到，微臣猜想虞公是个才智中下的君王。"晋国使者一到虞国，宫之奇果然劝谏虞公说："俗语说：'唇亡则齿寒。'虞、虢互相保障，是关系两国的存亡问题。晋国今天灭了虢国，明天虞国也会跟着灭亡。"虞公不听，终于借路给晋，晋灭了虢国，回来攻打虞国，虞公只好投降。

荀息对宫之奇的个性弱点把握得十分精准，为晋献公的决策提供了十分有用的依据。所谓的知己知彼，百战不殆，也包括知人一项，马虎不得。

第四节　兢兢业业与嘻嘻哈哈

兢兢业业者，未必心怀诚厚

嘻嘻哈哈者，未必不成气候

敬业者，苦于前而功在后

有成者，嬉于形而慧于质

貌合神异，不可不细察也

【原典】

怨在微而下之，犹可以为谦德也。变在盟而争之，则祸成而不救矣。故君子之求胜也，以推让为利锐，以自修为棚橹[1]。静则闭嘿泯[2]之玄门，动则由恭顺之通路。是以战胜而争不形,乱服而怨不构。若然者悔忲③不存于声色,夫何显争之有哉。彼显争者,必自以为贤人,而人以为险诐④者。实无险德,则无可毁之义。

【注释】

①棚橹:指蔽身的场所。

②嘿泯:即闭口不言,缄默不语。

③悔忲:悔恨。

④险诐(bì):奸邪不正。

【译文】

怨恨很小时就消除掉,则可以成谦让的美德。变斗在萌芽时就争执不下,会酿成无可挽回的灾祸。因此陈余因为张耳的变故最终遭到杀身之祸。彭宏因为与朱浮有隙,终究遭遇覆亡之难。祸福变幻之机,不可不慎重啊!因此,君子求胜之道是以退让为前进,以修身为保护。静止时采取沉默寡言的玄妙之道,行动时选择谦让恭顺的原则。因此无声无形地取得了胜利且对手心悦诚服而不怨恨。如果像这样悔恨懊恼不存于声色之间,哪里会有大的争斗呢?对方大肆争论,必自以为是贤人,而别人则以为是奸邪不正。如果他确实不是奸邪小人,则没有毁谤他的道理。如果确是奸邪小人,又哪里值得与他争论呢?奸邪而与他争论,就像激怒犀牛,触犯猛虎,可行吗?暴怒伤人,必定会这样啊。《易经》里说:"险而违者,讼。讼,必有众起。"《老子》里讲:"夫惟不争,故天下莫能与之争。"因此君子认为争讼辩执是不值得的。

※

中国人由于传统的原因,不如其他民族那样富于幽默感,但大致还是可以分为两种:兢兢业业的与嘻嘻哈哈的。

兢兢业业的人工作踏实刻苦,不偷懒,像一棵沉默的树,做了也不说。这是一种典型的传统劳模,是"出水才看两腿泥"的农民精神。而平时嘻嘻哈哈、工作时也不正儿八经专心致志全心投入的人,可能给人的印象不如兢兢业业者那样踏实肯干,因此一部分用人者往往喜欢有能力而知道服从的人才,不愿用后一种。实际上这两种人应区别对待。嘻嘻哈哈的人工作作风轻松,有利于调节工作气氛,如果属于智慧型的幽默,有大为提倡的必要;如果是庸俗的笑料,则多半不是人才。兢兢业业者固然有他们的优点,但你捉摸不透他的心思,不知道他深藏在内心底处的动机,如果看不准心底就加以青睐,委以重任,可能引狼入室,带来巨大损失。

曾经有 7 个小工,吃住都在一起。其他事情都还合得来,就是在分粥这一点上,一直纷争不已(钱少,因此经常吃粥)。刚开始,他们随便推一个人来分粥,结果发现他那份粥总比别人多,而后取到粥的总比前面的少。公愤之下,大家罢免了他分粥的权力,推出大家公认为人正直、公允的一个来分粥。刚开始还可以,渐渐的,大家还是发觉分得不均匀,总有人吃得比别人少。又争吵开了。结果轮换了一周,分粥不均的问题还是没有解决。后来又决定,每人轮流分粥一天,恰好转一个星期。不料值日的那个人的粥总比另外 6 个人的多。最后,大家想出了一个主意:分粥的那个人最后取粥。这样一来,每一碗粥的分量都相差无几。分粥的问题彻底解决了。

这个故事充分证明了一件事,只有吃苦在前、享受在后的人,才可以真正做到公允地对待工作。用这个标准来考察那些先天下之忧而忧,后天下之乐而乐,这才是做大事成大器的胸襟。兢兢业业工作的人,就可以发现他们深藏内心的本质。但仍不可忘了"路遥知马力,日久见人心"的古训。

对于整天嘻嘻哈哈的人,如果都是些低级庸俗无聊的,那么顶多是一个能干好本职工作的一般员工,而难以独立担当某一方面的领导工作。这种人可用,但不值得提拔。更重要一点的是,这种人由于不像兢兢业业者那样小心翼翼,因此你把握不准他会在什么时候,在哪个环节上出毛病,一旦造成损失,往往不会小。

最优秀的人才当然是既有敬业精神,又能轻松幽默地与他人相处的人了。但要求愈高,数量自然也越少。因此对用人来讲,一般不要求全,目标可以定高些,但在实际选用时,突出能用的某一点,并能将其发挥到尽限就行。这如同女子化妆,聪明的做法常常是突出最好一点,比如眼睛或嘴唇,而淡化不理想的,给人的感觉就完全不一样了。

第五节 警惕"妇人之仁"

小善者,繁礼多仪,而失却自然

小善者,外宽内忌,用人而旋疑

小善者,怜饥寒而不恤所不见

皆妇人之仁,项羽、袁绍之败也

【原典】

盖善以不伐①为大,贤以自矜②为损。是故舜让于德,而显义登③闻。汤降不迟④,而圣敬日跻⑤。郤至上人⑥,而抑下滋甚。王叔⑦好争,而终于出奔。好争之人,以在前为速锐,以处后为留滞,以下众为卑屈,以陵上为高厉,而不能自反也。为惑缪岂不甚哉?

【注释】

①伐:夸耀。

②矜:自尊自大。

③登:立刻。

④汤降不迟:商汤礼贤下士毫不迟疑。

⑤圣敬日跻:圣名日渐高隆。

⑥郤至上人:郤至,晋景公的温大夫,又称温季,侈而多怨。上人,企图压倒别人。

⑦王叔:东周卿士,曾把持东周国政,后奔晋。

【译文】

善以不夸耀为高,贤以自荣自大而受损。因此舜让位于有德之人,他的明名大义立刻传扬天下。商汤礼贤下士毫不犹豫,圣名因此日渐高隆。郤至心想压倒别人,结局却很悲惨。王叔喜欢争斗,终于无法再待下去,只好外逃。争强好胜的人都这样。他们认为走在人前才是成功,走在人后就是失败,礼贤下士是卑辱,倾轧同人是奇杰,对敌手忍让是屈辱,凌犯上级尊长就是有骨气。因此亢奋激进而不能迷途知返。

孔子讲：仁者乐山，智者乐水。意思是说仁厚的人喜欢山，智慧的人喜欢水。就个人品性而言，仁厚是好事，每一个个体的仁慈才能构成整个人类的福音，但就一个大的范围而言，就有小善与大善、小善小恶与大是大非的差别。

每一个人身上都有善恶两个种子，一方面有善的愿望，一方面又有恶的行止。金庸在他的武侠小说《天龙八部》中塑造了"四大恶人"的形象，他们分别是：老大恶贯满盈、老二无恶不作、凶神恶煞老三、穷凶极恶老四。恶是他们品质的主体特征，但也不是没有做过善事，而且他们本性中也确有善的根性。生活中的人则更为复杂。佛教里讲，善即是恶，恶即是善，其中自有它的道理，还不能因自己理解不了而妄自否定。

《三国演义》中的曹操是个大恶人，"宁可我负天下人，不可天下人负我"，但史实上的曹操却完全不是这样，反而是一个雄才大略、文武双全、救济苍生的英雄。

魏太祖谓郭嘉曰："袁本初地广兵强，吾欲讨之，力不能敌，何如？"嘉对曰："刘、项之不敌，公所知也，汉祖惟智胜。项羽虽强，终为所擒。嘉窃料之，绍有十败，公有十胜，虽兵强，无能为也。绍繁礼多仪，公体任自然。此道胜一也。绍虽兵强，绍以逆动，公奉顺以率天下，此义胜二也。汉末政失于宽，绍以宽济，故不慑；公纠之以猛，而上下知制，此治胜三也。绍外宽内忌，用人而旋疑之，所任唯亲戚子弟耳；公外简易而内机明，用人无疑，唯才能所宜，不问远近，此度胜四也。绍多计少决，失在事后；公策得辄行，应变无穷，此谋胜五也。绍因累世之资，高议揖让，以收名誉，士之好言饰外者多归之；公至心待人，推诚而行之，不为虚美，以俭率下，有功者无所吝，士之忠正远见而有实者皆愿为用，此德胜六也。绍见人饥寒，恤念之情形于颜色，其所不见，虑或不及，所谓妇人之仁耳；公于目前小事，时有所忽，至于大事，与四海相接，恩之所加，皆过其望，虽所不见，虑之所周，无不济也，此仁胜七也。绍大臣争权，谗言惑乱；公御下以道，浸润而行，此明胜八也。绍是非不可知；公所是进之以礼，所不是正之以法，此文胜九也。绍好为虚势，不知兵要；公以少克众，用兵如神，军人恃之，敌人畏之，此武胜十也。"

曹公曰:"吾知之,绍为人志大而智小,色厉而胆薄,忌刻而少威,兵多而分画不明,将骄而政令不一,土地虽广,粮食虽丰,适所以为吾奉也。"杨阜曰:"袁公宽而不断,好谋而少决。不断则无威,少决则后事。今虽强,终为所擒。曹公有雄才远略,决机无疑,法一兵精,必能济大事也。"

这一段话中,郭嘉论曹操对袁绍有十胜,袁绍有十败,其中之一便是在"仁"上的胜败。郭嘉说袁绍"见人饥寒,恤念之情形于颜色,其所不见,虑或不及,所谓妇人之仁耳。"这种仁爱是只及眼睛所见,而不怜天下。他的仁爱并不是从普天下的所有人出发,没有博爱天下的气魄,所以成不了事。类似的话,韩信在评论项羽时也说起:"项王见人恭敬慈爱,言语呕呕,人有疾病,涕泣分食饮,至使人有功当封爵者,印玩赏,忍不能予,此所谓妇人之仁也。"意思是,项羽对人很有礼貌,很慈善,总是好言好语,遇到有人病了,还要哭哭啼啼,把自

袁绍

己吃喝的东西分给他。可是,当遇到有该封赏那些有功者时,他却把爵印抓在手中,都玩出了缺口,也不舍得封赏。看他"恭敬慈爱""泣涕分食饮"这点上,的确有仁爱之心,可看他"玩印不予"这点上,却是小家子气。所以他和袁绍是同样的毛病——"妇人之仁",结果都得失败。有道是"大仁不仁",一个有雄心壮志的人,就应当有博爱天下的胸怀,也应该有容纳天下苦困的气魄。目光总盯在一时、一地、一二人身上,是成不了气候的。

我们再看看项羽在历史上一个重要的决定:当项羽打到咸阳的时候,有人(据《楚汉春秋》的记载是蔡生,而《汉书》的记载是韩生)对他说:"关中险阻,山河四塞,地肥饶,可都以霸。"劝他定都咸阳,天下就可大定。

项羽对这个定都的建议不采纳。他有一句答话很有趣,也是他的名言:"富

贵不归故乡,如衣锦夜行,谁知之者?"就凭了这句话,他和汉高祖两人之间器度胸怀的差别,就完全表现出来了。项羽胸襟,只在富贵以后,给江东故乡的人们看看他的威风,否则等于穿了漂亮的衣服,在晚上走路,谁也看不见。他这样的思想,岂不完蛋! 所以项羽注定了要失败的。而同样的事发生在刘邦的身上又是怎样呢?

刘邦大定天下以后,他自己的意思要定都在洛阳。但齐人娄敬去看他,问他定都洛阳是不是想和周朝媲美。汉高祖说是呀! 娄敬说,洛阳是天下的中心,有德者,在这里定都易为王;无德则易被攻击。周朝自后稷到文王、武王,中间经过了十几世积德累善,所以可在这里定都。现在你的天下是用武力打出来的,战后余灾,疮痍满目,情形完全两样,怎么可与周朝相比? 不如定都关中。张良也如此。刘邦立即收回自己的意见,采纳娄敬的建议,并赏给 500 黄金,封他的官。

对领导者而言,最大的善首先应是对广大正在努力工作的民众负责,这才是积极救世的态度。因此说,心存济物,胸怀天下的人才有真正的大作为。通过这一点,也恰好能判断一个人的胸襟气度和将来的成败。

第六节　从"吃亏是福"考察一个人的真实意图

> 不伐者,伐之也
>
> 不争者,争之也
>
> 让敌者,胜之也
>
> 下众者,上之也

【原典】

是故孟之反[①]以不伐,获圣人之誉。管叔以辞赏,受嘉重之赐。夫岂诡遇难[②]以求之哉,乃纯德自然之所合也。彼君子知自损之为益,故功一而美二。小人不知自益之为损,故一伐而并失。由此论之,则不伐者,伐之也。不争者,争之也。让敌者,胜之也。下众者,上之也。君子诚能睹争途之名险,独乘高于玄路[③],则光晖焕而日新,德声伦于古人矣。

①孟之反：春秋时鲁国大夫，与孔子同时代人。与齐国作战时，鲁军败退，孟之反在最后抵御追兵，反而说是自己的马跑不快，不夸耀自己的功劳。

②诡遇：指不正当手段。

③玄路：玄深之路。

【译文】

因此孟之反因不夸耀而获圣人的美誉，管叔因不接受赏赐而受嘉美厚重的奖赏。哪里是用不正当的手段谋取名誉呢？而是纯粹自然的美德才这样的。君子知道自谦而受益的道理，因此功勋、美誉两者都得到了。小人不知道自我夸奖是损失，因此一夸耀就功勋、美誉两相受损。不争功的实际上是争到功劳，忍让敌手实际是在战胜他，甘居人下的实际上处在人上。君子若真能明白争执路上的险恶，独自行进到与世无争的玄深道路，就会光焕日新，德行声名与古之高人同列矣。

※

先讲一个主动吃亏的故事。

对一个健康的男子来讲，主动阉割自己，这个亏吃得可大了，如果不是心有所求，他必定不肯这么做。但明宣宗时真有一个人这么做了。他叫傅广，任金吾卫指挥，官位是三品，相当于今天的省长一级。他阉割自己的目的是想进宫效命。不料明宣宗很精明，说："此人官位已至三品，还想要什么呢？自贱以求官，动机不纯，交付判罪！"看来这个傅广吃的亏真是够大的了。

一个人主动吃亏，必定是有所求的，这背后深藏的动机大有探究的必要。抱着正直、善良目的的吃亏应该鼓励，但如果识别不慎，纵容了心怀叵测的吃亏，则会造成难以估量的损失。在古代，可能会引狼入室，乱国家朝政，给人民造成生离死别的痛苦，比如安禄山；在今天，则可能泄漏商业机密，痛失机会。

管仲生病，齐桓公去问他说："仲父生病了，关于治国之道有什么可以教导寡人的？"管仲回答说："希望君王疏远易牙、竖刁、常之巫、卫公子启方4人。"

桓公说:"易牙为了给寡人美食而烹煮自己的儿子,还有可疑吗?"管仲说:"人之常情没有不爱儿子的,能狠下心杀自己的儿子,对国君又有什么狠不下心的?"桓公又问:"竖刁阉割自己,以求亲近寡人,还有可疑吗?"管仲说:"人之常情没有不爱惜身体的,能狠下心残害自己的身体,对国君又有什么狠不下心的?"桓公又问:"常之巫能卜知生死,为寡人除病,还有可疑吗?"管仲说:"生死是天命,生病

管仲

是疏忽,大王不笃信天命,固守本分,而依靠常之巫,他将借此胡作非为,造言惑众。"桓公又问:"卫公子启方侍候寡人15年了,父亲去世都不服回去奔丧,还有可疑吗?"管仲说:"人之常情没有不敬爱自己的父亲的,能狠下心不服父丧,对国君又有什么狠不下心的?"桓公最后说:"好,我答应你。"

管仲去世后,桓公就把这4个人全部赶走了。但是,从此食不知味,宫室不整理,旧病又发作,上朝也毫无威严。经过3年,桓公说:"仲父的看法不是错了吗?"于是把这4个人又找回来。第二年,桓公生病,常之巫出宫宣布说:"桓公将于某日去世(所谓造谣惑众也)。"易牙、竖刁、常之巫相继起而作乱,关闭宫门,建筑高墙,不准任何人进出,桓公要求饮水食物都得不到。直到他死后3个月,尸体生蛆爬出门外,才被人发现。

齐桓公也算是一代奇主,却落得如此结果。对那些主动吃亏的人的真实意图,不能不慎重识别。

人们平常讲"吃亏是福",未必全是这样,取决于他的动机和人们的鉴别能力。

就个人而言,吃亏是福一般基于他善良正直的动机。人们也因此可以识别其心性和聪明。有一个四方流浪、靠乞讨为生的小孩,只捡人们扔给他的小币,

不要大钞。人们都把他当一个傻瓜看待，而不断地向他扔钱取乐。有人问那个小孩为什么不捡大钞，小孩说："如果我捡大钞，人们还会不断地向我扔钱吗？"也许傻瓜的聪明之处正在于他知道如何运用自己的傻。

更值得推崇的是那种为国为民的吃亏精神。

《易卦》上说过：有时君子要能容忍小人，甚至要曲意奉承，才能灾尽吉来，胸怀天下的志士，怎可为保一生的清誉，而置国家大计于不顾？

齐桓公

明朝正德年间，阉党刘瑾专权，贤臣刘健、谢迁等人都纷纷辞官归隐，只有李东阳不但仍尽心在朝辅政，并且言行更加谨慎，时时居间调解各朝臣间的冲突，许多乡绅豪族也都赖李东阳暗中庇护才保全性命。现在世人都责备李东阳不能为保节而辞官，却不曾想到当年孝宗崩逝前，刘健、谢迁、李东阳3人在孝宗病榻前，接受先皇亲口托付的幼主，假使李东阳也和刘、谢二人一样辞官归隐，那么国事将败坏到更不可收拾的地步，这岂不是辜负孝宗的重托？

由此看来，李东阳不辞官，实在有他万不得已的苦衷。李东阳晚年时，曾与友人谈及此事，常痛哭不止。看来许多忠臣的苦心都不被迂儒所见谅，又何止是李东阳一人？

心怀奸邪的人主动吃亏，如果达成目的，给大家造成的是祸患；一身正气、心怀忠义的人主动吃亏，如果达成目的，则会造福他人。因此，每一个用人者都应该仔细考察身边那些主动吃亏的人，弄清楚他吃亏的动机究竟是什么，再结合一贯品行，这才可以真正做到人尽其能，共同发展。

在主动吃亏这一点上,还有一种特别的现象——主动占便宜。这一种情况实在有点不易识别了。主动占便宜的人也有所求,而且往往是动机纯正,品德高尚的人才这样做。因为主动占便宜,招来的多是别人的轻视,如果目的纯正,实在是一种难得的牺牲精神,用名誉上的损失来换取正当目的的实现。

后汉阳羡人许武,被推举为孝廉后,官运一帆风顺,但他的两个弟弟许晏和许普,却仍默默无闻。

许武为了让两个弟弟早日成名,有一天,就对两个弟弟说:"礼也有分异之义,因此我想和你们分家,你们看如何?"

两个弟弟表示无异议,许武于是将家产分成3份,把肥田、大宅都分在自己名下,并且挑选体力强健的奴婢收为己用,而将体弱多病的奴仆分给弟弟,两个弟弟都没有说什么。

正因如此,当时乡里父老都称赞两个弟弟对兄长的礼让,而轻视许武的贪财。不久,许晏和许普果然盛名远播,并被乡人推举为孝廉,分派官职。

一段日子后,许武就召集宗亲族人,说:"我曾侥幸被推举为孝廉任官,但我两个弟弟却都无法踏入仕途,我为了让弟弟能有机会被选为孝廉,就要求分家并且自己多分家产,替弟弟们打响贤能的知名度。现在我的愿望都已达成,我希望能重新再分家产。"于是把自己以前多取的部分还给了两个弟弟。

让财容易,让名难。

这种情况往往只有得福的人才能体会到主动占便宜的人的真实用心。用人者如果不能深察这一点,常常会错失忠心耿耿的人才,到损失形成以后,才深深后悔。许武的主动占便宜,也只是小善,为自己的弟弟,倒还不十分可佩。像秦始皇那个大将王剪,更值得世人研究。攻打楚国,他率兵60万,是秦国的举国实力,如果秦始皇猜忌他,不仅伐楚无功,兵士遭殃,还会危及整个秦国。为解秦王猜忌,也为个人退路,王剪不断向秦王要美田良宅。秦王知其心意,也笑而许之。这样的君臣默契,是所谓二人同心,其利断金也。

国学经典文库　图文珍藏版

冰鉴

马博◎主编

线装书局

第七章　英才与雄才

第一节　英雄之分

聪明秀出谓之英

胆力过人谓之雄

英可以为相，雄可以为将

凡办大事，以识为主，以才为辅

【原典】

夫草之精秀者为英，兽之特群者为雄[①]。故人之文武茂异[②]，取名于此。是故聪明秀出谓之英，胆力过人谓之雄，此其大体之别名也。若校[③]其分数，则互相须，各以二分，取彼一分，然后乃成。体分不同，以多为目，故英雄异名。故英可以为相，雄可以为将。凡办大事，以识为主，以才为辅。

【注释】

①英，雄：《太平御览》："草之将精者为英，兽之将群者为雄。"

②茂异：出类拔萃。

③校：比较。

【译文】

草中精华秀灵的叫作英，兽中特殊群类的叫作雄。文武才能如出乎其类、拔乎其萃的人就用"英雄"来命名。因此聪明秀绝的称为"英"，胆力过人的称为"雄"，这是在称谓上的大致区别。若要考察英与雄各自的分量，就应相互配合。英与雄各有二分，相互交换一分，然后就能取得重大成就。英与雄的分数不同,以多的为主,因此,英雄两才不一样。总的来讲,以英的成分为主,以雄力为辅。

※

古代大型书典《太平御览》中讲道:"草之将精者为英,兽之将群者为雄。""英雄"一词实际上是"英"与"雄"的合称。草中的精灵叫作英,比如人参、灵芝,兽中力强声壮的叫作雄,比如老虎、雄狮、猎豹。引申过来,人才中的精灵人物,也有英与雄的区别。以学识智慧策谋著称的,叫"英才";以勇力胆识武略见长的,叫"雄才",这文武两班人才就是英与雄的大致分界。

古代的文臣武将分类是比较明确的,后来的科举考试也分文武两种,有文科状元和武科状元。英才以智慧特征为主,是思想者;雄才以勇力见长,是行动者。也有很多的人,兼有智慧勇力两种特征,但由于分数不同,成就也不一样。比如宋朝著名

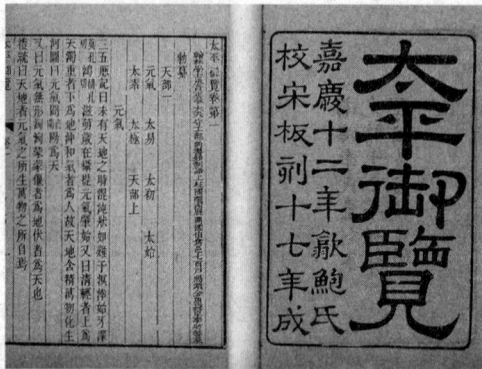

《太平御览》书影

词人辛弃疾,他的文才是不世出的,勇力胆识也过人,敢带几十人闯入叛军大营力挑叛将,但仍是以文采风流传于后人,而不以武力功业名传万世。张飞的胆力是过人的,一吼吓退曹操百万兵,也能用智慧义释老将严颜,计败曹魏名将张郃,但仍给人武夫的印象,这是英与雄分量各有所倾斜的缘故。

技术和商品时代仍然体现着这个人才规律。英者以其思想为武器,雄者以其胆力为根基。雄者,应不仅仅是勇力,而且更应指行事的魄力;英者,不仅仅指动脑者,而应有正确判断形势的智慧力。否则,只能是一般人众,算不得人才。对每一个人来讲,他首先应知道的就是自己的优势在哪里,并充分发挥所

长,才不至于流为愚人。聪明和性格两般武器是促使其成功的关键。不成功的人就在于不能善待自己的性格和智慧。孙子兵法上讲:"知可以战与不可以战者胜。"聪明的人,知道哪些可以改变,哪些不可以改变,能够改变的,就积极行动;不能改变的,就接受。重要的是要有智慧力去区分二者的不同。

英才长于思考,是行动的号角,事务活动的大脑。首先体现在行动的源起上。思想是创意成真的源动力,是整个后续行动的先驱。不做计划,工作会混乱而达不成理想的效果。这些都是英的特质。

雄才凭着胆识和勇力,排除各种困难去完成任务。他们身上不仅仅只有勇力的特征,也饱含着智慧力,因此才能领导群雄,把英才的智慧和谋划转化成现实。尽管可以说英才的谋划是他们行动的方针,但在实施过程中,勇力之外也缺不得创造性发挥雄才的智慧。

对用人者来说,分清英、雄二才是必要的,但应充分考虑时代的变化。在实际工作中成长起来的英才和雄才是真正有用的。不熟悉业务,不了解基层的工作,凭着一己的想法去定政策,搞研究,那多半是无的放矢,流于空想了。

比如教育理论研究,它是为教育工作和制定教育政策服务的。但搞理论研究的人多年脱离了中小学教育工作,只对大学教育工作较了解,以这样的人搞出的中小学教育理论,有多大的实际指导价值呢?

实际生活中,任何一个人才都融汇了雄才和英才两种特点,否则不能称为人才;只因英与雄所占分数不同,表现出来就以英才或雄才为主要特征。英才与雄才都是偏才,能完全融合二者优点可称为英雄。

第二节　三种英才

英以其聪谋始

以其明见机

待雄之胆行之

【原典】

若聪能谋始,而明不见机,乃可以坐论①,而不可以处事。聪能谋始,明能见机,而勇不能行,可以循常②,而不可以虑变。必聪能谋始,明能见机,胆能决之,然后可以为英,张良是也。

【注释】

①坐论:坐在那里空谈。

②循常:依常规按部就班办事。

【译文】

如果智慧足以谋划开始,却不能见机行事,那只是能坐着空谈,而不能够处理事务。智慧足以谋划开始,也能见机行事,但缺少决断的勇气,那就只可以遵循常规而不能灵活机敏地应对变化。必须是既能谋划开始,又能见机行事,胆气刚决果断,然后才可以成英才,张良就是这样。

※

这段话将英才分成了上、中、下三等。中间根本的差别在于由智慧指导下的勇力够不够。英才有智慧,如果缺乏行动的胆力,则是一名懦弱书生,只能做做文书谋划一类的工作,难以出去独当一面。非得有胆力的支持,否则英才就不中用了。

曾国藩大力启用书生带兵,强调一个重要因素:戒官气,用乡气。他解释说:"官气多者好讲资格,好摆样子,办事无惊世骇俗之象,语言无此妨彼碍之弊。其失也奄奄无气,凡遇一事,但凭书办家人之口说出,凭文书写出,不能身到、心到、口到、眼到,尤不能苦下身段去事上体察一番。乡气多者好逞才能,好出新样,行事则知己不如人,语言则顾前不顾后,其失也一事未成,物议先腾。"官气与乡气都有明显缺点,都属偏才,但是"官气增一分,则血性必减一分",因此曾国藩还是欣赏、启用"能吃辛苦的人","明白而朴实的人","有操守而无官气,多条理而少大言"的人。

1. 纸上谈兵的人

聪能谋始,明不见机,

可以坐论,不可以处事。

这种人似乎有谋划事功的大智慧,见识机敏,谈吐聪慧,评点前人功过如探囊取物,心中如怀有奇谋状,但对事物形势判断能力差,不会见机行事。也正因为不曾体验过着手处理具体事物的方方面面的困难,而轻易地否定别人的能力和功绩,一旦面临行动,就手足无措,看似英明果断实际是草率行动。他们缺乏在错综复杂的事态中正确理清思路、抓住关键的思考经验和

曾国藩

理事能力,往往根据头脑中记得的同类事件来发布行动命令,根据经验办事,不善随机应变,只会生搬硬套,成为教条主义,本本主义。这种人适合做优秀的参谋,而难以独担大事。文人论政治和兵事多属这种情况。许多文人有关心国事的热情,常在一起谈论。但缺点是,他们并不了解事端的全部真相,他们得到的消息是"道听途说",真正的政治军事内幕多放在国家要人的桌上,而不是报刊上,报刊上准确性已经不可靠,真实性又大打折扣。根据这样的资料来关心国事,岂不是大谬哉!古有刀笔小吏不足当大用的说法,概因为他们纸上谈兵的成分较多的缘故。

2. 勇力不足的英才

明能见机,勇不足行,

可以循常,而不可以虑变。

这种人有大智慧,能策划大谋略,但终嫌行动魄力不够,遇事守成有余,闯劲不足,不敢冒险。善于处理按部就班的事,而不适宜解决突发、开拓事情,是优秀的内务管家。

刘邦以世人所贬的无赖小人而击败"力拔山兮气盖世"的旷世英雄项羽得九州神鼎,当归功于张良、韩信、萧何3人。萧何虽不如张良、韩信那样光芒照人,但其作用,不知为深得其力的刘邦在背地里感激了多少次。

从刘邦起位于亭长之前,萧何就一直跟在刘邦身边。刘邦以无赖少年屡次犯事,萧何都以小吏的职权保护了他。到刘邦起为沛公时,萧何做了他的副手,督办内部管理和协调事务。攻破咸阳后,诸将争抢金帛财物,唯独萧何去了丞相府中收藏各类律令图典。后项羽一把火烧了3个月,烧去了辉煌宏阔的阿房宫,烧埋了两千年后重见天日的兵马俑,唯独刘邦能知道天下险塞、用兵地形、户口多少、民

萧何

所疾苦,都赖萧何有心人之力,事先把图典资料收集起来的缘故。

萧何月夜追韩信,虽令刘邦小发了一顿脾气,却为刘邦的成功挽留住了关键性的人才。这份赤诚和不受军令而行的勇气不是一般刀笔小吏所能比拟的。

刘邦与项羽相持到第三年时,开始多次派人慰劳远守关中督办军粮的萧何。手下对萧何说:"大王暴衣露盖,多次派人慰劳您,是担心您另有所变,在怀疑您了。不如送有武功的子孙兄弟到大王帐前效力,大王定会更加信任您。"萧何采纳了这个意见,刘邦大悦。萧何能在权柄显赫之时,冷静听取他人意见,这

份谦逊又不是一般得志小吏所有的。

到打败项羽、平定天下时，论功行封。大将曹参因作战勇猛敢死，负创70多处，众人推为第一，而萧何却被定为第一。楚汉相争5年，曹参等人攻城略地，功不可没，但终属一时之力。5年中，军士亡失众多，刘邦也多次失败，几成孤家寡人，全赖萧何源源不断地从关中补给士卒钱粮。这是万世之功。就算亡失了100个曹参，军中还有其他勇将，但萧何却只有一个！

今天执行这种赏罚思想的公司却不多了。许多公司崛起之后又迅速倒闭，在人才策略上就犯了一个错误：对公司构架起持续稳定作用的内务人才因不如业务人员功绩明显，因而在工资待遇方面不如业务人员；主管者只看到一时之功，而忘记了持续之力的后劲；一时之功的人来得快，走得也快；到默默无闻的、优秀的内务人才流失时，公司一片混乱。这种人才流失带给公司的负面影响不会马上显现，但影响却是持续深远的。

3. 智谋胆略皆备的英才

聪能谋始，明能见机，

胆能决之，然后可以为英。

这是胸怀天下一类的豪杰人物。他们不但胸怀奇谋，智谋超群，更可贵的是他们有敢于行动的勇气和策略，能够机敏灵活地应对各种突变，而不会惊慌失措。张良，著名谋划家，刘邦的左右臂，先人属于韩国的贵族。韩国被秦攻破以后，张良流失他乡，并变卖了全部家产，四处寻求大力士，准备刺杀秦始皇，为先人报仇。

他去东方拜见仓海君时，访求到一名勇士，能挥动120斤重的大铁锥攻人。得知秦始皇东游的消息后，张良与大力士埋伏在博浪沙中，准备狙击秦始皇，却错把副车当成了秦始皇的坐车，几椎就把副车砸得稀巴烂。秦始皇大怒，大肆搜索天下，捕贼甚紧，都是因为张良谋杀他的缘故。

逃脱性命后，张良隐名埋姓，藏身在下邳这个地方。巧逢奇缘，从圯上老人那里学到了奇门遁甲等先天机谋，因此才成他后来辅佐刘邦夺取天下之功。

学成后，张良本打算去见另一位权贵，却在路上遇到了当时正在当一名小吏的刘邦。刘邦很赏识他的才华，而其他人对张良的计谋却不以为然。张良喟然叹曰："沛公殆天授。"于是留在了刘邦身边，再没投奔他人。

司马迁叹服于张良的奇谋勇力，以为张良也应是一个奇伟男子，但见其画像时，才知道张良长得红唇白皮，像一个美丽的小妇人一样，禁不住惊叹不已。

张良

从这里看，张良该是一个白面书生，很漂亮的，但他刺杀秦始皇的勇气，古今又有几人可及呢？世人羡慕他的成就，却是否知道：这份成就是冒了生死之险后才取得的。

大学问家黄宗羲，少年时的勇敢也让世人传诵。他父亲是东林党人，被太监魏忠贤折杀在狱中。黄宗羲发誓要诛杀奸人，为父报仇，就暗藏匕首，以匹夫之能，在大庭上猛然蹿起，拔刀攻杀魏忠贤，连连追击，把魏忠贤都吓破了胆。虽未成功，但黄宗羲的声名已播于全国，上下解气，国人共赏。他能成一代宗师，这份勇敢就是一份素质。

班超年少的时候就胸怀大志，由于家贫，他曾受雇为官府抄写文书，以养家糊口。一次，在抄书的时候，他投笔长叹："大丈夫应当效法张骞，立功边疆，封侯万里之外，怎能久困于笔砚之间！"同事们都笑他痴心妄想，班超感慨地说："你们怎能理解我高远的志向啊！"

东汉永平十六年，班超如愿以偿，投笔从戎，随都尉窦固赴西北出击匈奴。不久，窦固赏识他的才干，派他与从事郭恂一起出使西域。

班超一行人来到西域鄯善国都城。鄯善国王开始时对他们十分恭敬,后来突然冷淡起来。班超琢磨可能是当时与汉朝为敌的匈奴从中破坏,便对他的部属说:"你们察觉到没有,鄯善王在有意怠慢我们。智者能在事情发生之前看出苗头,况且现在事情已经非常明显!一定是匈奴的使者来了,鄯善王正在犹豫不定,考虑与汉朝结好还是与匈奴结好的问题哩。我们必须立即采取行动,以防止鄯善王倒向匈奴那边。"

班超塑像

班超叫来鄯善国的人,问道:"匈奴使者到来数日,现在什么地方?"这些人对班超消息这么灵通非常惊奇,乖乖地说了实话。班超立刻召集随行的 36 名部下,一起饮酒。酒酣之际,他神情激动地对大家说:"各位与我一同不远万里来到西域,就是为了博取功名、富贵。匈奴使者来到不过数天,鄯善王就疏远了我们。他若倒向匈奴,不仅会影响我们两国的关系,就连我们的性命也难保,只能留下尸骨喂豺狼了。请你们考虑一下,现在该怎么办?"部下们都表示:愿意听从他的安排。班超坚决地说:"不入虎穴,焉得虎子!如今之计,只有出其不意,乘夜火攻匈奴使者,趁其慌乱之时,歼灭他们。处置了匈奴使者,我们必能镇住惊魂未定的鄯善人。这样,鄯善人只有同我们汉朝和好,我们也可以建功立业!"

有人担心出乱子,建议与从事郭恂商量一下。班超断然拒绝说:"是好是歹,就在今天决定。郭从事不过是个庸俗的文职人员,一听这事,必然恐惧惊慌,那反而会泄露了我们的计划。"

当天夜晚,天黑得出奇,班超率领部属摸到匈奴使者的营房,命令10人在屋后埋伏,并与他们约定,一见火起,就鸣鼓呐喊助威,其余的人,都手持弓箭,夹门埋伏。沙漠里夜风很大,班超亲自顺风放火,顷刻间,匈奴营地火势冲天,鼓声动地。匈奴人从梦中惊醒,一片混乱。班超身先士卒,冲杀进去,连斩3人,他的部下也奋勇杀敌,共斩杀30多人,其他百余名匈奴人,都葬身在火窟之中。

第二天,班超把事情告诉了从事郭恂。郭恂开始时惊慌失措,继而又怒形于色。班超知道他的心思,连忙对他说:"您虽然没有同我们同去,我们也不会独占这个功劳的。"郭恂听了立即转怒为喜,与班超一起去见鄯善国王。国王一见到班超拿出匈奴使者的首级,惊恐失色。经过班超好言劝说、安慰,国王决定与汉朝结好。

消息传到京城,明帝刘壮下诏,赞许班超的气节与胆略,任命他为正式军司马,继续留守西域。

第三节 三种雄才

雄以其力服众

以其勇排难

待英之智成之

【原典】

胆力者雄之分也,不得英之智,则事不立。若力能过人,而勇不能行,可以为力人,未可以为先登①。力能过人,勇能行之,而智不能断事,可以为先登,未足以为将帅。气力过人,勇能行之,智足断事,乃可以为雄,韩信是也。

【注释】

①先登:先于众人完成任务的人,先锋。

【译文】

如果武力过人,却不敢于行动,只可以为力士,不可以当先锋。武力过人,又敢于行动,但智略不足以断大事,可以做先锋,而不能当将帅。武力过人,又敢于行动,智谋足以决断大事,然后才可以成雄才,韩信就是这样。

※

1. 以力行事的人

力能过人,而勇不能行

可以为力人,未可为先登

勇力过人,但缺乏智慧,多逞匹夫之勇。只要不头脑发热、鲁莽行事,会是惹人喜爱、值得信任的勇士,虽不能独当一面,却是冲锋陷阵的猛将。只要任用得当,也是办成大事的不可或缺的人才。

曹操手下的爱将许褚,勇猛敢战,拼死陷阵,身被数箭救曹操,赤裸上身斗马超,虽然不如关羽那样名震华夏,但因为听话,又不随便鲁莽行事,因而显得比关羽更可爱。虽作用不如关羽大,但有功无过,也是难得的人才。

这样的血性汉子,在古典小说中比比皆是。这种人吃软不吃硬,服人不服法,遇到自己敬佩的人(往往是英才卓绝的人),毫无二话就死心塌地跟随。这比肚中几多回肠的小文人要可爱得多。"仗义多是屠狗辈,负心多是读书人",杀猪宰狗的人有勇力,更为

许褚

可贵的是有侠义精神,历史上的荆轲、高渐离等都属屠狗辈,没什么文化,但讲义气,也敢舍身去做。而一般文化小人,知识谋划是多少懂一点,但在"侠义"二字上,却差得很。湖南一因事受牵连、入狱三月的文人出来,为那番遭遇做了一首吊脚诗,并三个字的注解:

世态人情薄似纱——真不差;

自己跌倒自己爬——莫靠拉;

交了许多好朋友——烟酒茶;

一旦有事去找他——不在家。

能写诗,自然是文化人,而与之交往的,当然也多少识得几个字,多半不会是屠狗宰牛的人。文化人本来以"往来无白丁"为傲,吃了这个大亏,他自是感叹世态炎凉。生活果真如此,因此说他写得好。

2. 可做先锋人选的勇士

勇能行之,智不足断大事,

可以为先登,未足为将帅。

这种人不但勇猛有力,而且智慧也不差,粗中有细,有独当一面的能力,缺点是才质不足以策使天下,成就的分数也就因此有限,是中层干部的理想人选。"如果每一个人都比我伟大,这将是一个巨人公司,否则是侏儒公司。"话虽这么说,在现实中,能做到的却少之又少,为什么会如此呢? 关键是主管人的气度和所营造的环境。待遇固然是留住人才的重要因素,但不是唯一手段。营造一个友善、团结、朝气蓬勃、奋发向上的环境是主管者的重要任务之一。但各怀私心,不肯努力的人员在中间影响他人情绪,又该怎么办? 记住一点,有的人是永远没有必要留下来的。破坏了团结合作气氛,其负面影响的价值是难以估量的,它干扰着整个公司的气数。

唐朝,李密归顺李世民后,由于隋朝末年"十八子"儿童谚语的缘故,李密和唐王李渊之间总有隔阂。后李渊担心李密手握兵权,可能造反,就调李密回京。李密生出反志,与部下商量,闻甫与王伯当都认为不可,劝李密回长安表白

心志,至少可保一生无忧。但李密不肯听。闻甫本是一名文臣,泣涕力劝李密,李密反欲拔刀杀闻甫,闻甫只好逃奔。王伯当是原先瓦岗寨反隋的一员猛将,见劝阻李密无效,说:"义士之志,不以存亡变心。公必不听,伯当与公同死耳。"王伯当宁可与李密同死,也不负李密。就个人而言,这是节气;就天下来讲,却是小智。王伯当就是"勇能行之,智不足断大事"的先锋人选。可惜李密误人误己。

李密

3. 智勇双全的雄才

气力过人,智足断事,

勇能行之,可以为将帅。

这是任何一位主管者都渴望的人才。跟智谋勇略皆备的英才有许多地方相似,但总的来说,英才可以为相,雄才可以为将。这种雄才一般起于行伍之间,弓马娴熟,武力过人;也读书,但以行兵打仗的《武经七书》为主,而不是一般文人的《四书五经》为主。因此雄才在行兵打仗上功绩卓绝,但在揣摩他人心思方面却不及英才;又因为他们手握兵权,有让主管者坐卧不安的威胁力,因此功成之后,往往为人主所忌,落个"狐兔尽,走狗烹"的结局。比如韩信之与萧何,岳飞之与秦桧。像郭子仪那样能全老终身的著名将才与张良、范蠡一类的英才,数量是不多的。

智勇双全的雄才历史上很多,一般的著名将帅都称得上是雄才。这儿用一个特例来说明雄才智勇双全的特征。

跖之徒问于跖曰:"盗亦有道乎?"跖曰:"何适而无有道耶?夫妄意室中之

藏,圣也。入先,勇也。出后,义也。知可否,智也。分均,仁也。五者不备而成大盗者,天下未之有也。"

——《庄子·盗跖》

　　上面这段话出自《庄子》,篇名叫《盗跖》[①]。文章中讲道,春秋时期那个坐怀不乱的君子柳下惠,人生得很漂亮,道德也高尚,不为美色利诱所动。但他有一个弟弟是强盗头子,就是上述引文中的跖,是当时大名鼎鼎的巨盗。孔子带着救世的愿望,去数落了柳下惠一通,责备他为什么不以自己高尚的行为去感化这个弟弟。柳下惠对孔子说:"你老先生就别责怪我了,我拿他没办法,你也一样。"孔子不信,就去了跖那里。

　　不料这个强盗头子很厉害,没等孔子开口,就先把孔子叫过去:"孔子,过来!"一气不停地把他大骂了一通。说孔子不耕而食,不织而衣,摇唇鼓舌,惹是生非,"子之罪大极重"。最后,强盗头子对孔子说:"乘我现在心情好,还不想杀你,你走吧!"

　　孔子出来,色若死灰,茫然不见,不能出气,一声不响地走了。因为跖那番话讲得很有道理,有兴趣的读者不妨去翻着读一读。

　　这段故事未必真实,是庄子的一则寓言。但本书中引用的那段话确大有道理。跖这个人也不是一般的人,心如泉涌,意如飘风,强足以拒敌,辩足以饰非。盗跖到后来成为古书中强盗土匪的代名词,平常讲的"盗亦有道",就来自这里。

　　那段文字的大意是,强盗问他的头头,盗贼这个行当也有自己的道吗？头头说,怎么会没有呢？天下的事情,哪里会没有道的呢？强盗这一行不仅有道,而且其中的学问大着哩。首先要"妄意",也就是估计某一处的财物有多少,只有估得很正确,才算高明——圣也。其次是,在偷窃时,自己要先进去,冒第一个险,这算是大勇气——勇也。再次,偷窃完毕时,要撤退在最后,承担最后一分危险,这才算是义气——义也。再次,确定某处该不该去,什么时候去最有把握,这算是盗行中的智慧,知可以战与不可以战者胜,判断准确了,才不会出危险——智也。最后,窃得财物,应大伙儿平均分配,大碗喝酒,大块吃肉,这才算盗行中的仁诀——仁也。因此说,强盗这一行也是有标准的,只有合于仁义礼智信,才称得上盗道! 强盗如此,何况正道?!

英才以智慧谋划为主,雄才以胆识武功为主,杰出的英才中有不少雄才的胆气,雄才又少不得英才的智慧。但与文武皆备、雄才大略的英雄相比,他们都属偏才,而难以领袖群伦。这种人才即便不为人主,也都可以创业一方。

第四节　谁是英雄

英能得英

雄能得雄

一身兼有英雄

故可成大业也

【原典】

然则英雄多少,能自胜之数①也。徒英而不雄,则雄材不服也。徒雄而不英,则智者不归往也。故雄能得雄,不能得英。英能得英,不能得雄。故一人之身兼有英雄,乃能役②英与雄。能役英与雄,故能成大业也。

【注释】

①自胜之数:决定胜负的气数。

②役:役使,指挥,统治。

【译文】

既然如此,那么英才与雄才分量的多少就是决定胜负的因素。有英而无雄,雄才不会敬服;有雄而无英,英才不会归附,因而雄才能得到雄才,而难以留住英才;英才易得到英才,而难以留住雄才。因此一个人身上兼有英雄二才,才能指挥天下英雄。能指挥天下英雄,因此能成就伟大的功业。

具有英才的绝顶智慧,又有雄才的胆识气魄,这样的人才称得上英雄。他们心怀天下,雄才大略,智勇双全,有领袖群伦的无形魅力与魄力,不但英明善断,勇猛敢冲,而且能听能用人,胸襟奇阔,文武皆备,深明英、雄两班人才的心理与特性,因此也能使英、雄两才听命于帐前,共同去打天下,开创未来。

他们有天生的领袖气质,人乐于为他用,也有一种无形的威慑力和凝聚力。曹操可以说是一个代表,文开建安风骨,武可扫荡北方,也能在长江上横槊赋诗,让苏东坡好生羡慕。他心

康熙

黑,脸厚,手辣,善变,也懂得不拘一格广揽贤才,是一位不可多得的豪杰。

再来看看中国历史上在位最长的皇帝——康熙。他8岁登基,14岁亲政(这个年龄,其他孩童在干什么?包括你我)。16岁上,以童稚的心情和手法(笑见金庸先生著《鹿鼎记》),干脆利落地除掉了有"满州第一勇士"之称的、庞然大物样的辅政大臣鳌拜。这已非一般皇帝所能比拟的了,隐然显其一代雄主的锋芒。

20岁时,他向"冲冠一怒为红颜"的吴三桂开战,用8年时间把江山重新打理了一遍,完成了他创业历程的第一阶段。

不知从什么时候起，"长城情节"成了中国人心中代代相传的骄傲，唐诗宋词中已见这种情节的深厚。但从本质上讲，长城是明清保守政策的源起，近代中国的悲惨历程也该归因于长城，它的防守作用延续两千年，造成了中国的闭关、落后、贫穷。而康熙对这个问题从一开始就采取了否定态度。他的祖先是攻越长城而入鼎九州大地的，他也肯定思考过长城的意义和作用，在1691年的手谕中他讲道：

秦筑长城以来，汉、唐、宋亦常修理，其时岂无边患？明末我太祖统大兵长驱直入……今欲修之，兴工劳役，岂能无害百姓？

他既然自豪地写道"我太祖统大兵长驱直入"，也当然明了长城的防守作用有多大。他心中自有他的"万里长城"，那就是修德安民、无害百姓，"众志"可"成城"，这远甚于一堵石墙。可惜后世子孙有几人能及他一分智慧，否则，哪里有近代中国的满目疮痍、圆明园悲歌？

康熙与历朝开国皇帝的出生背景不一样，但同样能打，身强体壮，精力过人。每年立秋后举办"木兰围场"，他身着劲装，骑术精良，弓箭上的功夫足以威慑一般王公大臣。他身先士卒打过许多仗，而且白天上战场，晚上写文章，勤勤不辍于批奏文书，在"木兰围场"则是小菜一碟了。他是很自豪于个人的猎绩的，因为那是他个人生命力的验证。1719年"木兰围场"后，他兴致勃勃地告诉御前侍卫：

朕自幼至今已用鸟枪弓矢获虎一百五十三只，熊十二只，豹二十五只，猞二十只，麋鹿十四只，狼九十六只，野猪一百三十三口……朕于一日内射兔三百一十八只，若庸常人毕世亦不能及此一日之数也。

别说庸常人，一般专业猎户也未必有此成绩。当然，他的围猎是非常安全的，如果有虎豹突于面前，有侍卫挺身挡在康熙身前。

身体的强健为精神的强健准备了条件。中国历代几百位皇帝，这份精力几人有？更别提一般书生。正因为如此，康熙才能开拓、面对一个如此庞大的帝国（疆域面积仅次于成吉思汗时）。

如果政治才能和充沛体能不足以叫文人震动的话,那么他对知识的渴求,就该叫文人们坐卧不安了。

这位吃羊肉长大的皇帝,比历代任何一位皇帝都热爱汉文化,经、史、子、集,诗、书、音、律,他都下过一番工夫,也因此团结了一大批汉人文化大师,而他们在与康熙握手言和之前是无比痛恨清兵"扬州十日""嘉定三屠"的暴行的。

他对西学的兴趣,则叫许多时人望尘莫及了。即便在今天,他的求知欲也叫许多标榜西化的人自惭,他足以执掌任一大学的教授和校长席位。他亲自审校翻译西方数学著作,演算速度比西方传教士还快(那是他的朋友兼师长),并对西方天文、历法、物理、化学、医学等诸科知识孜孜不倦地钻研,称得上学贯中西、百科全书式的皇帝第一人。

这与明万历皇帝形成鲜明对比。万历在位也很长,48 年,竟有 25 年躲在后宫中不露面。历史学家只好推测他抽了二十几年鸦片!可惜,他的定陵 1959 年被发掘打开后,"文化大革命"中,红卫兵的一把火烧掉了他和两夫人的尸骨,使这成为一个永远的历史之谜。

高士奇

在文武之外,康熙用人的英明也值得夸口。高士奇,出身微贱,靠聪明机智得入朝做官。

康熙来到灵隐寺的大雄宝殿,当时宰相明珠也陪侍在侧,康熙笑着对明珠和高士奇说:"今儿个咱们像什么?"明珠冲口而出,说:"三官菩萨。"高士奇马上跪奏道:"高明配天。"康熙对高士奇的回答满意极了,对明珠说:"你还要多读书呢!""三官菩萨"指福、禄、寿三星。明珠的回答很不得体,把自己与皇帝等同起来了。高士奇的回答却是说他和明珠,共同在陪侍天子,所以叫"高明配天"。高士奇的回答很巧妙,很有学问,而且语带双关,反应敏捷,当然赢得了康熙的喜爱。

康熙是个英主，雄才大略，文武双全，处理政务之余，常常手不释卷。高士奇对太监们说："我是居注官，对皇上的一言一行，生活起居都要恭录在卷，你们如果向我提供情况，不管大事小事，我都重重感谢你们。"他身上经常佩带一个小小的香荷包，里面装满金粒，太监们向他传递一个消息，他就奖他们一颗金粒，因此他对康熙的政治举措、生活起居、日常情绪都了如指掌。他特别注意康熙御案上摆的书，他知道这是康熙喜爱读的，于是争分夺秒地把这些书在家中全部翻阅一遍。康熙偶尔与他谈及这些书中的有关内容和问题，他总是胸有成竹，对答如流，使康熙对他更加宠信。康熙曾对明珠说："朝廷中博学多才，可以谈学问道的人很多，但别的人都比不上高士奇。"

高士奇在康熙身边30多年，他所做的官都没有什么政治实权，只是跟皇帝很亲近，因此政治上他没有干什么大坏事，这一点说明康熙究竟还是一个英明的君主，他只是喜欢高士奇的学问和聪明，把他当成一个文学侍从之臣而已。

拥有三宫六院的皇帝，精力如此丰沛，学识如此广博，对历史的贡献也卓越不凡，这与曹操、刘邦、朱元璋等雄主又不可同列并排了。

第五节　英才雄才孰重孰轻

英之分以多于雄

而英不可少也

英分少，则智者去之

英分多，则群雄归服

【原典】

然英之分以多于雄，而英不可以少也。英分少，则智者去之。故项羽气力盖世，明能合变，而不能听采奇异，有一范增①不用，是以陈平之徒皆亡归②。高祖英分多，故群雄服之，英材归之，两得其用。故能吞秦破楚，宅③有天下。

【注释】

①范增:辅助项羽成立霸业,被尊为亚父。刘邦项羽相争时,范增劝项羽杀刘邦,不听,鸿门宴也不果。后陈平出离间计乱项羽与范增的君臣关系,范增因受疑愤然而去。

②亡归:逃亡归到刘邦帐下。

③宅:把……当自己的家,可引申为安定。

【译文】

但是英才的分量应多于雄才,英才决不可以缺少。英才的分量不足,智谋之士就会离去。因此项羽勇力盖世,机智应变,而不能听取采纳奇伟意见,有一个范增而不能用,而陈平等人都逃离归到刘邦帐下。刘邦英分多,因此群雄敬服他,英才归附他,英雄两才都能得其用途,因此能灭秦破楚,安定天下。

※

群雄并立之时,最能体现英分与雄分的轻重。三国鼎立之时,曹操、孙权的英雄成分旗鼓相当(孙权在历史地位上不如曹操显扬,但赤壁之战前力拒曹操的勇气谋略,却是叫人振奋心力、拳头握汗的。这份顶着巨大压力冷静思考的沉着和勇敢几人能及?难怪辛弃疾要凭栏拍柱:"生子当如孙仲谋。")。刘备的声望很高,(至少小说中是这样),实际上的英、雄成分都不及曹、孙二人,但有法正、诸葛亮等英才补其不足,因此能跻身三足鼎立之列,但蜀国力量终嫌弱小,也最先败亡。

而在楚汉之争时,项羽的力量本比刘邦强大,却迅速地败亡了。从人才学角度来分析,就是刘邦英的成分重于项羽的缘故。项羽是"力拔山兮气盖世"的勇士,也有"万人敌"的兵法,军事力量和政治形势也比偏在汉中的刘邦有利得多。可惜他犯了绝对的人才错误,似乎是关爱部将,视手下为兄弟,实际上是妇人之仁;胸襟气度可盖山河,却把"荣归故乡"当作理想之一,认为不衣锦还乡,犹如身穿华锦夜行,不为人所见,做了一个目光短浅的勇士,而非大智大慧、胸怀天下的英雄;至于火烧咸阳,抢运财宝,毁坏文物古迹,更不是在乱世要领袖群雄的雄才大略、争取民心的做法;刚愎自用,不能听采任奇,亚父范增的话不能听,陈平这样的奇才不敢用,手足兄弟又猜忌怀疑,形不成集体的凝聚力,这样的人才政策如何不导致自身力量的衰退呢?

项羽

刘邦却不这样,他明确用诗歌吟诵出自己的人才政策:

大风起兮云飞扬,

威加海内兮归故乡,

安得猛士兮守四方!

他告诉世人,我夺取天下,不靠个人之力,而是要团结天下英雄,群策群力,任人唯贤,以众击寡。他坛拜韩信为帅,信任萧何,用张良、陈平之策,叔孙通一句话就犹如当头棒喝,连自己老婆的话也听(与项羽"霸王别姬"的悲壮之爱成鲜明对比),众多优秀人才陆陆续续归于账下,全因为他英分多,能听能任用的缘故。

英才与英才惺惺相惜,雄才与雄才意气相投。如果英有余,雄不足,难以驯服雄才;雄有余,英不足,又团结不了英才。因此要英雄兼备,才能号召天下各类人才,才能役使天下人才,如此方能成天下之业。否则,凭一己之力,虽可创业一方、守成一时,一旦面临竞争,就显得人力不足、凶多吉少了。

一个单位或公司,如果人才结构单一,人才力量单薄,往往会形成狭隘的经营观念。众人拾柴火焰高,同时还要管理,否则旺盛之气只能一时,不能持久。

魏征与赵普的忠直死谏,如果不是有唐太宗、宋太祖这样的明君,也许脑袋早已掉地。因此人才重要,而主管者本身的胸襟气度、知人识人策略也是断断糊涂不得的。

第八章　八种基本方法

第一节　判断一个人是否表里如一

为仁者,必济恤,有慈而不仁者

为恤者,必赴危,有仁而不恤者

为刚者,必无欲,有厉而不刚者

【原典】

何谓观其夺救,以明间杂? 夫质有至,有违①;若至不胜违,则恶情夺正。若然而不然。故仁出于慈,有慈而不仁者。仁必有恤②,有仁而不恤者。厉必有刚,有厉而不刚者。若夫见可怜则流涕,将分与则吝啬,是慈而不仁者。睹危急则恻隐③,将赴救则畏患,是仁而不恤者。处虚义则色厉,顾利欲则内荏④,是厉而不刚者。然则慈而不仁者,则吝夺之也。仁而不恤者,则惧夺之也。厉而不刚者,则欲夺之也。故曰,慈不能胜吝,无必其能仁也。仁不能胜惧,无必其能恤也。厉不能胜欲,无必其能刚也。是故不仁之质胜,则伎力⑤为害器。贪悖之性胜,则强猛为祸梯。亦有善情救恶,不至为害,爱惠分笃⑥,虽傲狎不离⑦,助善著明,虽疾恶无害也。救济过厚,虽取人,不贪也。是故观其夺救,而明间杂之情,可得知也。

【注释】

①有至有违:至,可以做"好、善"解;违,作"坏、恶"解。

②恤:体恤,周济。《国语·周语上》:"勤恤民隐而除其害。"

③恻隐:哀痛,对别人的不幸表示同情。《孟子·公孙丑上》:"今人乍见孺

子将入于井,缘有怵惕恻隐之心。"朱熹集注:"恻,伤之切也;隐,痛之深也。"

④内荏:内心软弱。荏,软弱。《论语·阳货》:"色厉而内荏。"

⑤伎力:才能,本领。伎,本同技,指技艺、技巧。《书·秦誓》:"无他伎。"

⑥爱惠分笃:笃,忠实,情谊深厚。

⑦傲狎:傲慢,轻慢。

【译文】

怎样才能通过观察一个人本质中善恶两方面相互争斗与补充的情况,来了解他存在着哪些互相混杂的性情呢?通常的看法是,人的本质有正反两个方面,如果正面无法战胜反面,那么反面——即恶的一方面就会压倒正面——即善的一方面。听上去这种情况好像是正确的,实际上并非如此。一般人认为仁义这种品质来自慈爱的性情,但也有充满慈爱之心却不讲仁义的人;一般人认为讲仁义的人一定非常体恤别人,但也有讲仁义却不体恤别人的人;一般人认为办事严厉的人性情一定非常刚直,但也有办事严厉却并不刚直的人。如果看见可怜的人会流泪,而到了施舍财物的时候却吝啬起来,这就是只慈爱却不讲仁义的人;如果看见别人处境危急就会产生同情,而需要前往救援时却畏缩不前,这就是只讲仁义而不去帮助别人的人;如果讲大道理时神情严肃,而一旦受到利欲的引诱,内心却非常脆弱,这就是严厉却不刚直的人。因此,慈爱却不讲仁义,是因他吝啬的丑恶性情占了上风;讲仁义却不体恤别人,是因为他恐惧怕事的丑恶性情占了上风;办事严厉却不刚直,是因为他贪图利欲的丑恶性情占了上风。所以说,如果一个人的慈爱不能压过吝啬之心,他就不会讲仁义;如果仁义却不能克服恐惧怕事的心理,他就不会去体恤别人;如果外表严厉却不能战胜利欲的诱惑,他就不能做到刚直不阿。因此,如果不讲仁义的性情占了上风,那么即使他的能力再强,也只会使他作茧自缚;如果贪婪的性情占了上风,那么他就会用这种勇猛的性格去做坏事。有时也会发生性情善良的人救助坏人的事情,但这种善举还不至于会变成坏事;如果两个人彼此之间有深厚真挚的感情,那么即使偶尔互不尊重,也不会导致两个人彻底决裂;如果是为了帮助善良的人,为了把正义的事业发扬光大,那么就算以极端严厉的态度对待坏人,也不会有大的害处。因此,通过观察一个人内心中,善心与恶念相互消长的情况,分辨他善恶互相掺杂的性情,就可以对他进行认识与鉴别。

※

善恶一念间。人有两面性,向恶与向善的,真诚与虚伪的。如果恶的一面战胜了善的一面,就表现为"恶人";反之,则是善良之人。真诚与虚伪也大抵如此。因而仅从表面来判断一个人的善恶本质,并不正确。善良的人也有一些恶的行止,邪恶之人也有时会良心发现,做出一点善的缘果来。比如那个旷世奇才李广,深为自己无缘无故杀死 800 已缴械投降的敌兵而懊悔。善恶论可作为一个专题来讨论,本书略过不提。

辨别一个人的善恶仁厚,不能依平常时期的一般表现,因为人有真诚和虚伪的本领,只有在关键时刻,才见人真性情。

在判断这一个善恶、真伪的过程中,也就可以对一个人是否忠诚、表里如一、坚持恒操定评语了。

1. 善而不仁的人

见可怜则流涕,将分与则吝啬,是慈而不仁者。

平常一副菩萨心肠,尊敬长者,团结同仁,关心后进,听到什么可怜的人事就会流下同情的泪水。这是一个心怀慈念的人了。在鉴别人才时,不仅要看他怎么说,更要看他怎么做。如果需要他拿出一些财物来救济他人,他能毫不犹豫地去做,则心口如一;如果就此打住,不肯出物,就是慈而不仁的人。

这种人本有善良之心,但因过于吝啬,就宽仁不足,不肯相信别人,为人处世时,就会因这个弱点而坏大事。对用人者来讲,如对这一点把握不准,随便派人去干一些重要公务,那只有失败、自己承担损失了。

2. 仁而不恤者

睹危急则恻隐，

将赴救则畏患，

是仁而不恤者。

看到别人的苦难危险，恻隐之心油然而生，一旦需要他挺身赴难，救助他人时，就退缩不前。这种人就是仁而不恤的人。

人都有怕死的本性，在危险时刻都会自发地做出一些求生的本能举动。作为一个心存济物的仁恤之人，面对危险，救人和舍己只在一念之间，没有多的时间容许他去思考和选择。如果平素一向抱帮助他人真诚心态的，他救助的动作会快过思考的时间，义无反顾地选择赴难救危。"仗义多是屠狗辈，负心每是读书人。"皆因为读书人心思多的缘故。一向为己的人，过于看重自身生命和财物，必不能马上做出行动，会在头脑中思考、取舍一番。如果终于退缩了，这种人就是关键时刻不能担责任的人。因为"害怕"和"畏惧"主宰了他的心灵，自然也不会是真诚的救济世人的人选。

选择这样的人当领导，一定要慎重。

3. 色厉而内心不刚的人

处虚义则色厉，顾利欲则内荏，是厉而不刚者。

平常疾恶扬善，义正词严，讲到善恶公私不平之事神情奋勇，慷慨激昂，给人大义凛然、一身正气的刚直风范，请客送礼之类大都拒之门外。这是为国为民的好官。但另有一种人，平常大抵如此，在巨额利益诱惑面前就开始动摇、把持不住。从本质讲他们有贪欲，由于各种原因把欲望深藏在心底。一旦有人看破其弱点，用财物女色猛攻，抵抗力会在一夜之间溃散，也就不能刚直不阿一生了。甚至经受了血与火考验的人，也难持恒操。

以上3种人,都有善良的一面,只因挡不住贪婪之心,善良、刚直的品性终于迷失。这种人应心存善根,去除自私自利之心,尚可以弥补缺点。

在善恶取舍之间,另有四种情况应注意区别。

一、本性为善,却在无意之中救了恶人,比如农夫和蛇、东郭先生和狼的故事。蛇和狼的恶性世人皆知,而人的善恶却没写在脸上,因此不易识别。不能把那些无意中帮助了坏人的人也当恶人看(如果是明知而犯,则另当别论)。

传说,古代有一个渔人。一天去海上打鱼,蓝天白云,风平浪静,他连撒三网,一无所获。第四网却沉沉的,拉上来一看,是一个塞着盖的古怪坛子。渔人反正没事,就想法子启出了瓶塞,但里面却空空的。渔人正在发呆时,从瓶口飘出一缕青烟,袅袅娜娜地升到空中,一会儿聚成团,化作了一个魔鬼。

魔鬼向渔人讲了自己被神人打败、装入瓶中的经过,并说,原先他发誓,有谁救他出来,他将给这个人无数的财宝以示感谢。但苦因在瓶中1200年也没人来救他,恼羞成怒,发誓:谁要再救他,一定要把他吃了。

渔人没想到自己无意之中帮了一个大恶人的忙,不知会给这个平静的世界带来多少灾祸。正在懊恼伤心之际,渔人突然灵机一动,想到了一个办法。

渔人对魔鬼说:"你要吃我,为了信守你的誓言,可以。我怎么能相信你的话呢?否则我死不甘心啊。你这么大的身躯,这个小坛子怎么装得下呢?"

魔鬼哈哈一笑,说:"这正是你们人类无能的地方。好,为让你甘心,我再变一次给你看。"说完,魔鬼在半空中又化为一阵青烟,飞进坛子里去。

渔人急忙拾起瓶盖塞上,把坛子扔回大海中去了。

二、一生行侠仗义、疾恶如仇的人。这种人表面上似乎凶狠蛮横,但只对坏人穷追猛打,因为生得奇猛粗暴,而使某些人害怕,误作不良之辈。

三、感情深厚的朋友,因一时的事情产生纠纷,甚至恶语相伤,不能因此断定他们的彼此不真。

古语讲:"推床脱帻,谢不罪系。"讲的是晋代谢万,他是谢安的弟弟。他与蔡系本是好朋友。一次,他们争座,蔡系把谢万推下座位,帽子和头巾也搞掉了,使谢万狼狈不堪。谢万慢慢站起来,整理衣服重新入席,说:"你几乎弄伤我的脸。"蔡系说:"我本来就没想给你面子。"但事过之后,二人都没放在心上,当时人都称赞他们。

四、打家劫舍,盗取他人财物的,如果是救济穷人,也不能当作坏人看。

第二节　从表情考察内心世界

人厚貌深情

实不易知

将欲求之

必观其辞色

察其应对

【原典】

何谓观其感变,以审常度?夫人厚貌深情①,将欲求之,必观其辞旨②,察其应赞③。夫观其辞旨,犹听音之善丑,察其应赞,犹视智之能否也。故观辞察应,足以互相识别。故曰,凡事不度④,必有其故。喜色愉然以怿,愠色厉然以扬;妒惑之色,冒昧无常。及其动作,盖并言辞。是故其言甚怿,而精色不从者,中⑤有违也。其言有违,而精色可信者,辞不敏也。言未发而怒色先见者,意愤溢⑥也。言将发而怒气送之者,强所不然⑦也。凡此之类,征见于外,不可奄违。虽欲违之,精色不从。感愕以明,虽变可知。是故观其感变而常度之情可知也。

【注释】

①厚貌深情:真情实感深藏在心底,不外露。

②辞旨:言谈的根本宗旨。

③应赞:应对酬答。

④度:标准,准则。

⑤中:内心,心中。

⑥溢:水满而流出来,引申为流露。

⑦强所不然:强迫进行他认为不对的事。

【译文】

怎样通过观察一个人感情的变化、为人处世的态度和遇事时的反应,来了解他做人的基本准则呢?人们往往把自己的真实情感深深地隐藏起来,要想了解一个人,必须要注意了解他的话语中蕴含的意思,还要注意观察他同意或赞赏什么样的观点。注意了解他的话语中蕴含的意思,也就是要听懂他的话语中包含的究竟是善意还是恶意;注意他同意或赞赏什么样的观点,也就是要看他心中对各种观点持何种评价标准。因此,既要弄懂他的话语中包含的意思,又要观察他同意或赞赏何种观点,这样,把两个方面对照起来看,就可以对他有了另外的认识。在辩论中,一个人如果论点突出,态度端正,内容让人容易明白,这就叫作"白";如果一个人不能言善辩,又不善于对答如流,反倒让人觉得他高深莫测,这就叫作"玄";能够辨别"白"和"玄"的能力就叫作"通";有的人说话反复无常,没有中心内容,逻辑非常杂乱,这就叫作"杂";有的人能够预知未发生的事情,这种能力叫作"圣";有的人能够深入思考精微的道理,这种才能叫作"睿";有的人见识超过常人,这种能力叫作"明";有的人内心精明,外表上却并不显露出来,这就叫作"智";有的人能够观察与识别非常细微的东西,这种能力叫作"妙";有的人很清楚什么才是美好的,这就叫作"疏";有的人掌握的东西多,精通深奥的道理,这种才能叫作"实";有的人假意去迎合别人并且喜欢炫耀,这就叫作"伪";只看见自己的长处,叫作"不足";不自我夸奖自己的能力,叫作"有余"。因此,只要事情不符合正常的道理,就一定有其特别的缘故。一个人如果内心忧虑,那么他的外表就会显得疲劳;如果身体有疾病,他的外表就会显得黯淡肮脏。高兴的表情显示出人的欢欣喜悦;扭曲夸张的表情却表达出他的愤怒之情;喜怒无常的表情是嫉妒别人的表示。等到一个人的表情尽显无遗后,他的话语也会随后而至。如果一个人说话时,语气非常愉快,但是脸上却没有相应的神色出现,那么他的话就是违心之语;如果一个人说不清楚他想要表达的意思,但是却露出诚恳可信的神色,那么他说不清楚只是因为他不擅于口头表达;如果一个人话还没说出口,已经怒气冲冲了,那么他的心里一定是非常愤怒的,如果一个人说话时吞吞吐吐,但是他愤怒的神色却是显而易见的,那么他是在做无奈的忍耐。以上这些不同种类的情况,说话人的真实心理已经显示出来了,这是掩饰不住的,即使他想掩饰,但别人从他的神色上也能看出来。如果我们能够察明一个人的内心感情,那么不管他的外表如何变化,我们都能清楚地了解他的真实心理。因此,通过观察人的感情变化、态度和反应,我们就会了解在通常情况下他的内心状况。

※

人的言语情态与内心世界属表里的关系。虽然人可以控制、掩饰自己的言语行动,不被别人看出真实目的,但总有蛛丝马迹可寻。要做到万无一失,一时之间可以,但天长日久,岁月流逝,只要他有言谈举止,内心所想必会有所显露的。

隋文帝杨坚在南北朝的北周做官时,他的妹妹是皇后,性情柔婉,不善妒忌,其他嫔妃都敬仰她。周帝是个昏君,喜怒无度,没事找事,频加杨皇后之罪,杨皇后却举止详闲,分寸不乱。周宣帝怒,赐杨皇后死。杨皇后的母亲叩头流血向周帝求情,才免一死。周帝疑杨坚位高望重有反心而忌怕他,愤愤地对皇后说要诛灭杨家。又召杨坚进宫,对左右人说:"如果杨坚神色变化不定,说明他心怀异志,立刻杀了他。"杨坚进宫后,神色自若,周帝才没向杨坚下手。杨坚出来后,心中害怕,找到心腹好友郑译说出自己的心意。为安全计,他找个理由申请去外地驻防,以避灾祸。

杨坚是一代雄杰,虽一时之间掩饰了自己的神色,但心中害怕不能持久,于是请求外出为官,以避灾祸。对平常人而言,要如此镇定自若,可实在不容易啊。

从言谈神情中至少可以分辨出十四种情况:

一、"论显扬正,白也。"

即论点鲜明,态度轩昂,这是明白通达的人。

杨坚

二、"不善言应,玄也。"

即不善于用语言应对,这是深沉玄妙的人。

三、"经纬玄白,通也。"

经纬,丝织物的横线为经,竖线为纬。此处言纵横,条理清晰,即条理通达,黑白分明,这是理论精通的人。

四、"移易无正,杂也。"

即动摇不定,没有主心骨,这是驳杂不清的人。

五、"先识未然,圣也。"

即未卜先知,这是圣贤之人。

六、"追思玄事,睿也。"

即探求阐述深奥之理,这是明哲的人。

七、"见事过人,明也。"

即对事物有超人的判断力,这是英明的人。

八、"以明为晦,智也。"

即以明为暗,逆向思维,这是大智的人。

九、"微忽必识,妙也。"

即对事物体察入微,这是神妙的人。

十、"美妙不昧,疏也。"

即熟练而没有疑惑,这是学术精练的人。

十一、"测之益深,实也。"

即讲话掷地有声,经得起推敲,这是真才实学的人。

十二、"假合炫耀,虚也。"

即故弄玄虚,这是虚伪的人。

十三、"自见其美,不足也。"

即自以为是,这是知识不足的人。

十四、"不伐其能,有馀也。"

即不夸耀自己的才能,这是谦虚之人。

以上通过观察一个人的谈话应答来判断其常态。古语说:"凡事不度,必有其故。"也就是说凡遇事表情不正常,必有其内心的原因。这就是我们俗话所说的,表情是心灵的窗口。我们常见的表情有以下几种:

一、"忧患之色,乏而且荒。"

忧虑的神情,必定疲竭而惊慌,焦虑不安。

二、"疾疢之色,乱而垢杂。"

患病的神情,必定昏乱憔悴,萎靡不振。

三、"喜色愉然以怿。"

喜悦的神情,必定喜悦而得意,满脸欢笑。

四、"愠色厉然以扬。"

愤怒的神情,必定声色俱厉,愤然激昂。

五、"妒惑之色,冒昧无常。"

妒忌的神情,必定喜怒无常,莽撞无礼。

谈话时,也可以通过一个人的表情来判断其心理活动:

其言甚怿而精色不从者,中有违也;

言有违而精色可信者,辞不敏也;

言未发而怒色先见者,意愤溢也;

言将发而怒气送之者,强所不然也。

就是说,口头说着喜悦的话,但神情上却相反,这是言不由衷的违心之举;

说话不痛快,但神情却真诚可信,这是言辞不敏捷;

话未出口而先露怒色的,这是义愤填膺;

话中夹杂着怒气的,这是忍无可忍。

判断内心与表情差距的根本依据是神情,本书第九章专门讨论,请悉心参阅。最基本的一点是,神正人正,神邪人奸。

以上这些都是反映在外表而不可遮掩的,"虽欲违之,精色不从",就是说,想掩饰也掩饰不住。因此,可由其表情而察其内心。

第三节　从表面特征判断人的声望

寻其质气,览其清浊

观其志质,以知其名

虽有气质多少,断可知之

【原典】

何谓观其至质,以知其名?凡偏材之性,二至以上,则至质相发①,而令名②生矣。是故骨直气清,则休③名生焉。气清力劲,则烈④名生焉。劲智精理,则能⑤名生焉。智直强悫⑥,则任⑦名生焉。集于端质⑧,则令德⑨济焉。加之学,则文理⑩灼⑪焉。是故观其所至之多少,而异名之所生可知也。

【注释】

①至质相发:两种相近的品质相互补充。

②令名:令,善,美。《周书》:"幼有令誉。"

③休：美善，吉庆。《诗·商颂·长发》："何天之休。"郑玄注为："休，美也。"

④烈：正直，刚烈。

⑤能：贤能，贤明。

⑥悫：诚笃，忠厚。《史记·孝文本纪》："法正则民悫。"

⑦任：信诺。

⑧端质：端庄品质。

⑨令德：美好品德。

⑩文理：礼文仪节。

⑪灼：鲜明，明亮。

【译文】

怎样通过观察一个人的性格和品质，来了解他的名声与实际情况是否相符合呢？凡是具有偏才的人，性格中一般包含两种或更多的品质，这些品质之间可以相互促进，从而使他们因此获得美好的名声。因此，骨骼坚挺、气质清朗的人，就会获得美好善良的美名；气质清朗而又体力充沛的人，就会获得强健的美名；聪明直率、坚强诚实的人，就会有值得依赖的美名。如果在这些品质的基础上，再加上端正的品质，这个人就会形成高尚的品德；如果再加上勤奋好学，他就会知书达礼，富有教养。因此观察一个人具备多少种品质，就可以知道他会有多少种名声。

※

一个人的声名可以从气质上寻到一些消息。一般说来，"二至以上则至质相发，而令名生矣。"即偏才之人如果具备两种以上的材质，这两种材质的结合就会使其得到好的名声。

"骨直气清，则休名生焉。"

即骨骼峻拔,气质清妙的,就得到健美之名。

"气清力劲,则烈名生焉。"

即气质清妙,筋力强劲的,就得到强壮之名。

"劲智精理,则能名生焉。"

即智力发达,精通事理的,就得到贤能之名。

"智直强悫,则任名生焉。"

即直率笃实的,就得到信守承诺的美名。

以上这些人,如果再"集于端质,则令德济焉。"即加上端正的品质,就又有美德之名。

第四节　判断模棱两可人的方法

直者亦讦

讦者易讦

其讦虽同

其所以为讦则异

【原典】

何谓观其所由,以辨依似?夫纯讦性违①,不能公正。依讦似直,以讦讦善,纯宕似流②,不能通道。依宕似通,行傲过节。故曰,直者亦讦,讦者亦讦,其讦则同,其所以为讦则异。通者亦宕,宕者亦宕,其宕则同,其所以为宕则异。然则何以别之?直而能温者,德也③;直而好讦者,偏也④;讦而不直者,依也⑤;道而能节者⑥,通也。通而时过者,偏也;宕而不节者,依也。偏之与依,志同质违⑦,所谓似是而非也。是故轻诺,以烈而寡信。多易⑧,似能而无效。进锐,似精而去速⑨。诃者,似察而事烦。讦施,似惠而无成。面从,似忠而退违,此似是而非者也。亦有似非而是者。大权,似奸而有功⑩。大智,似愚而内明。博爱,似虚而实厚。正言,似讦而情忠。夫察似明非,御情之反⑪,有似理讼⑫,其实难别也。非天下之至精⑬，其孰能得其实。故听言信貌，或失其真。诡情御反⑭，或失其贤。贤否之察，实在所依。是故观其所依，而似类之质可知也。

【注释】

①讦：斥责别人的过失，揭发别人的隐私。违：违逆。

②纯宕似流：纯粹的放纵好像自由。宕，放纵、不受约束。流，自由。

③德：中庸之德。

④偏：偏激。

⑤依：即依似，似是而非。

⑥道：疏通，疏导。

⑦志同质违：表现一样但性质不同。

⑧易：变易。

⑨精：精诚，积极。

⑩权：权术，政治。

⑪御情：掌握真情。

⑫讼：通"公"，公然，明白。

⑬至精：最精明的人。

⑭诡情御反：怀疑真情，把握相反。

【译文】

怎样通过观察一个人的行为动机，来认识他的所作所为与心中所想是否表里一致呢？如果仅仅以揭发别人的隐私为目的来观察别人，是违背人之常情的，这样做不能算是公正待人。因此，当面揭露别人的隐私，看上去很正直的行为，实际上这是在攻击好人，斥责良善之辈。如果有意放纵自己，这种行为看上去很自由，但却不能使人步入正道。因此，这种有意放纵自己的举动看上去很洒脱，仿佛看清了一切人情世故，但实际上是行为傲慢，生活没有节制。所以说，正直的人爱斥责别人的过失，好揭发别人隐私的人也爱斥责别人的过失，他们的斥责看起来是相同的,但斥责别人的原因却是不一样的。洒脱通达的人放纵不羁,放荡的人也放纵自己,他们放纵的行为相同,但放纵的原因是不一样的。那么怎样才能区别他们之间的不同呢?性格正直而又温和的人具有中庸的美德;性格正直却好揭短的人就有错误的倾向;喜欢斥责别人而自己品性又不正直的人,就是表里不一、似是而非的人。能疏导自己的情绪,行事又有节制的人,就具有通达的性格;通达得过分了,就产生了错误的倾向;放纵而不节制自己的,就叫作表里不一的人。错误的倾向和表里不一,这两者的表现是一样的,但性质却是不同的,这二者都是似是而非的表现。因此,有的人轻易向别人许诺,看上去很讲义气,实际上很不守信;有的人办事时经常变换方法,看上去很有能力,实际上收不到一点儿效果;有的人专喜欢刻意进取,看上去似乎善于观察事物,实际上只会添乱;有的人表面上很顺从,看上去挺老实,背地里却固执己见。这些都属于似是而非的表现。也有似非而是的情况。有的人手中掌握很大的权力,看上去像是滥用权力的奸臣,实际上他为国家做出了很多贡献;有的人非常聪明但不外露,看上去似乎很愚笨,实际上他却很精明;有的人具有博爱的胸怀,看上去这种爱非常空泛,但实际上这种爱非常深沉淳厚;有的人爱讲真理,说实话,看上去总是在谴责别人,实际上他非常真诚,都是为了别人好。所以我们要认真观察,辨别清楚似是而非和似非而是的不同表现,掌握真实情感的正反两种情况。这些道理看起来很容易弄懂,但实际上则非常难以区别,不是天下最精明的人,又有谁能分辨假象下的真实情况呢?所以要是仅仅听对方说的话,轻易就相信对方的神色表情,有时就会失去对真相的了解。要是怀疑真相而去相信假象,有时就会失去真正的人才。所以观察辨别一个人是否贤明,必须看他外在的行为举止,表现了他什么样的动机。因此观察他的内心动机,就可以知道他具有什么样的品质。

※

当面斥责别人有两种情况:

纯讦的人,常会揭人的隐私,不能公正地处理事情,他看起来似乎很正直,其实是利用揭人之短达到个人的目的。正直的人揭发别人错误是没有考虑个人利益。两者同样都是揭发,不过前者就事论事,公正无私;后者对人不对事,通过对事来打击人,所以有很大的差别。

放荡不羁的也有两种情况:

纯荡的人,放荡不思拘束傲慢放肆,荒诞无礼,胡作非为。他看起来似乎通达,其实待人傲慢没有气度。通达的人,自身修养很高,随心所欲,安逸自然。两者虽然同样是放纵,其实有很大的不同,前者追求内在思想的放纵,后者追求外在行为的放纵。一个有节制也能节制;一个没节制,也很难节制。

正直与攻讦之间的三种划分:

一、就事论事,温和地纠正别人的缺点错误,即道理通顺,心平气和,是有德行的正直的人。

二、既对事也对人,不但举出别人的错误,同时也揭发别人的隐私,这是有偏差的人。

三、纯粹对人不对事,专门喜欢揭发别人的隐私,这是个地地道道的纯讦的人。

许多种情况都是这样,如果不细察来龙去脉,就会把直臣当作奸人,把小人当作君子。

唐朝李林甫,在玄宗朝位居宰相19年。他谄媚皇帝的手下人,逢迎皇上的心意,中书侍郎严挺之非常鄙视李林甫,更鄙薄他的为人行事,不愿意和他来往。李林甫看出了这一点,就在唐玄宗面前加以中伤,终于让皇帝把严挺之贬斥到洛州、降州一带去做刺史,心里才觉得解了气。谁知过了一段时间,唐玄宗忽然觉得很长时间没有见到严挺之了,就问起他来,而且打算重新重用他。这天玄宗对李林甫说:"我听说严挺之是个人才,他现在到哪里去了?"李林甫擅权变,不动声色,退朝之后回到家中想了一想,计上心来。

他把严挺之的弟弟严损之找来,假惺惺地说:"皇上对令兄情意深厚,今天上朝还对我提起他来,你看你是否让他上书给皇上,说他患了风湿症,要求回京城来治病?怎么样?"严损之听了,觉得是个好主意,就把这个意思告诉了哥哥。严挺之哪里想得到是李林甫在捣鬼,以为是弟弟损之的想法,就按着这个主意办了。李林甫上朝之后就借此机会对唐玄宗说:"万岁,严挺之年老体衰,又得了风湿病,怕担不起重任了。陛下要是想用他,最好给他安排一个闲职,让他养养病就很好了。"唐玄宗不知其中的事情,只

李林甫

好叹口气,打消了重新重用严挺之的念头。

左相李适之性情直率,不阿谀奉承,也受到李林甫的猜忌。有一次李林甫故意对李适之说:"听说华山附近有金矿,开采出来国家就可以富足了,陛下似乎还不知道此事呢。"李适之信以为真,过了几天他上朝时就把此事告诉了唐玄宗。唐玄宗从来没听说过这种事,当即问李林甫:"有没有这回事呀?朕怎么不知道?"李林甫马上回答:"是有此事,臣也早就知道了,但因为华山是陛下的根本,正气所在,不宜开采,所以微臣也就没有提。"这一来就显出了他比李适之高明许多。唐玄宗听了认为李林甫能够处处为皇上着想,心里十分高兴,随后又责备李适之:"以后凡有奏事先和李林甫商量一下,不要再这样轻率鲁莽了。"李适之真是哑巴吃黄连,半晌说不出话来。

公元 747 年,唐玄宗下诏让天下有一技之长的人都到京城长安来应选。李林甫表面上大力支持,实际上却害怕那些来自民间的文士在皇帝面前直言不讳

地攻击自己，就又玩弄权术，让尚书省对那些人进行考试，考完了之后，一个人也没有被录取。发榜以后，李林甫上表向唐玄宗祝贺："没有一个人中选，说明天下已无剩留的贤才，贤才都被陛下任用了。"就这样，由于一个当权的李林甫为一己之私利，葬送了多少天下饱学之士的前程。李林甫也遭到大家的唾弃。

唐玄宗

但这事是在唐明皇中年以后，所以晁无咎有诗："阊阖千门万户开，三郎沉醉打球回。九龄已老韩休死，无复明朝谏疏来。"这是替唐明皇讲出了无限的痛苦。在安禄山叛乱以前的这一段时期，他的政府中人才少了，肯说话的人没有了，张九龄、韩休都过去了，没有敢对他提反对意见的人。唐明皇遭安禄山之乱，逃难到了四川的边境，相当于后世清代慈禧逃难一样，很狼狈、很可怜，他骑在马上感叹人才的缺乏，便说："现在要想找像李林甫这样的人才都找不到了。"旁边另一谏议大夫附和说："的确人才难得。"唐明皇说："可惜的是李林甫器量太小，容不了好人，度量不宽，也不能提拔人才。"这位谏议大夫很惊讶地说："陛下，您都知道啊！"这时唐明皇说："我当然知道，而且早就知道了。"谏议大夫说："既然知道，可为什么还用他呢？"唐明皇说："我不用他又用谁？比他更能干的又有谁呢？"

※

模棱两可有"似是而非"与"似非而是"两种。

似是而非

一、"轻诺,似烈而寡信"。

即喜欢轻易地许诺,似乎很讲义气,实际上却不守信用。

二、"多易,似能而无效"。

即把任何事情都说得很容易,好像是多才多艺,但却一事无成。

三、"进锐,似精而去速"。

即急于求成的人,好像很积极,很精诚,但遇到困难,很快就消沉,甚至叛离。

四、"诃者,似察而事烦"。

即乱发议论之人,好像明察是非,实际上却给工作造成麻烦,惹是生非。

五、"讦施,似惠而无成"。

即当面许愿,好像大方,实际上难以兑现。

六、"面从,似忠而退违"。

即当面服从,好像忠实,实际上在下面大发牢骚。

似非而是

一、"大权,似奸而有功"。

即大政治家好像奸诈,但实际上却在建立功勋。如曹操,虽被视为奸雄,但却是对统一中国有贡献的历史功臣。

二、"大智,似愚而内明"。

有大学问,好像愚呆,实际上却心明眼亮,大智若愚。

三、"博爱,似虚而实厚"。

即博爱之人好像虚伪,实际上却心地宽厚。

四、"正言,似讦而情忠"。

即直言似讦,实际上却本自忠诚真挚。

判断似是而非,还是似非而是,主要还是观察其行为的来龙去脉,不能单纯以言取信,以貌取人。表面上看起来很容易,其实做起来很难。"非天下之至精,孰能得其实?"所以,如果只以其言取信,以貌取人,就可能"失其真";如果对其真情疑而不信,对反面的意见听不进,就可能"失其贤"。因此,对于一个人的贤与不贤的考察,主要是通过"似是而非"或"似非而是"两种情况来进行观察。要辩证地看人,从多角度多方面来考察,方能辨别准确。

第五节 观其敬爱,识其前程

敬之为道,严而相离,

其势难久;

爱之为道,情亲意厚,

深而感物。

【原典】

何谓观其爱敬,以知通塞? 盖人道之极,莫过爱敬。人情之质,有爱敬之诚,则与道德同体,动获人心,而道①无不通也。然爱不可少于敬。少于敬,则廉节者归之,而众人不与。爱多于敬,则虽廉节者不悦,而爱接者②死之。何则? 敬之为道也,严而相离,其势难久。爱之为道也,情民厚,深而感物。是故观其爱敬之诚,而通塞之理可德而知也。

【注释】

①道:处世之道。

②爱接者:受到恩惠的人。

【译文】

怎样通过观察一个人对别人的爱敬态度,来判断他为人处世之道是成功的还是失败的呢? 伦理道德的最高境界,就是爱别人、尊敬别人。因此,《孝经》中认为"爱"是最高的道德,把"敬"作为最高的道德准则;《周易》把自然气息之间的交融感应作为道德,把谦让作为准则;《老子》把"无"当作道德,把"虚"作为准则;《礼》把"敬"作为根本准则;而《乐》则把"爱"作为中心思想。要是人的本质中有爱和敬的成分,那么他就能达到道德的最高境界,就可能在感动天地的同时获得别人的信任,因此,他在为人处世方面就会有一帆风顺之感。在爱和敬两者之中,"爱"的方面不能比"敬"的方面比例小,要是爱比敬少的话,只有廉洁清高的人愿意归附这样的人,大多数人则不愿和他在一起,如果一个人的性格中爱比敬多的话,虽然廉洁清高的人对他不满意,但被他的爱打动感化的人会心甘情愿地为他献身。这是什么缘故呢? 这是因为"敬"作为一种道德规范,过于严格,从而使人们相互疏远,这种情况若长久下去,就难以打动人心。而"爱"作为一种道德规范,能够使人们之间的感情日趋亲密,这种情真意厚的爱才能深深地打动人心。因此,观察一个人敬爱别人的态度是否真诚而端正,就可以知道他的为人处世之道是成功的还是失败的。

※

人们都乐于与谦虚的人打交道,因为他们在尊重、爱护他人这一点上做得很到位。人伦之常,也以爱敬为主,君臣、父子、夫妇、师生、长幼、尊卑之间无不有爱敬之情。考察一个人身上的爱敬情况,大体上就能知道他为人处世方面做得如何,以至于可以预测他的前途。但这个标准只能适用于一般人,许多奇才异人在为人处世上很偏激,没把精力放在生活中,而投在思想里。这种人多是思想、艺术方面的大家。

有爱心、尊重人的人,很容易得到别人的友谊和帮助,这是有利于事业通畅的。但其中也有真、伪之分。只有真诚待人的,人们才会真心诚意地帮他。至于真诚待人,反被人家欺骗,这种反差在人生中毕竟是少数。对于真诚的人,防备一下小人即可,不必为此改变自己一生的节操。

古代许多君王都害怕大臣独立在外做广得民心的事情,因此许多聪明的大臣都把得民心的事寄在君王的名下,结果能得到身家性命的安全。

作为主管者来讲,对下属以爱多于敬为更妙。能得人之爱,多乐意为此效死命。中国有自己独特的传统道德教育,虽然其中许多东西已经过时,但几千年文明智慧积淀下来的,毕竟有许多优秀的成分,"滴水之恩,涌泉相报"就有了它积极的意义。身为主管,在自由主义、个性回复的今天,不妨在工作中对下属多倾注一些爱心,多尊重一下传统思想,是可以令员工精诚奉献的。人才流动已是不争的事实,如果只凭制度和钞票去管理下属,不带丝毫爱敬,也难做好工作。

吴起是用兵带兵的能手。有个战士患疮疽,持月不愈,吴起在察营时发现了,竟亲自动口帮他吸吮疮口,那个战士为之振奋,疮疽也很快好了。这本是件大好事,但战士的母亲听到这件事后,竟大哭起来。

别人很奇怪,问:"你儿子只是一名普通战士,将军却亲自为他吮疮,为什么不感谢,反而哭呢?"

吴起

母亲答道:"当年,吴将军为儿子他爸吮疮,儿子他爸感谢将军的恩情,因此在战斗中舍命相报,终于死在战场。现在,将军又如此对待我的儿子,我不知道我的儿子又会在什么时候为将军献身啊!因此我才痛哭。"

这就是爱多于敬的感染力量。但在爱的同时,又必须少不了敬,否则上下级关系亲密有余,严肃不足,名不正,则言不顺,会不利于推动工作。因为有的下属毕竟有许多缺点,有爱无敬,会纵容他们,而造成纪律松散,自然会干扰工作。

如果敬多爱少,过于严肃,过于紧张,除了与此主张同类的廉洁人士能归服、遵从外,其他带有若干懒散思想作风的人就可能因畏惧严格的管束而投靠他处。这也是用人者应该注意的地方。

爱能使上下齐心,彼此同力;敬能够严肃礼节,端庄行止。有爱无敬,不足以严肃纪律;有敬无爱,又不足以抚慰人心。爱敬双重,爱大于敬,则既得人心又不乱纲纪,团结一心,号令严明,众志成城。以此行于天下,谁能敌?

第六节　从情绪上察人心胸

抒其所欲,则喜

不获其志,则戚

以谦下之,则悦

人情陵上,则恶

【原典】

何谓观其情机,以辨恕惑?夫人之情有六机,杼其所欲,则喜。不杼其所能,则怨。以自伐历①之,则恶。以谦损下之,则悦。犯其所乏,则姻②,则妒。此人性之六机也。夫人情莫不欲遂其志。故烈士乐奋力之功,善士乐督政之训③,能士乐治乱之事,术士乐计策之谋,辨士乐陵讯之辞④贪者乐货财之积,幸者乐权势之尤⑤。苟赞其志,则莫不欣然。是所谓杼其所欲,则喜也。若不杼其所能,则不获其志。不获其志,则戚⑥。是故功力不建,则烈士奋。德行不训⑦,则正人哀。政乱不治,则能者叹。敌能未弭⑧,则术人思。货财不积,则贪者忧。权势不尤,则幸者悲。是所谓不杼其能,则怨也。人情莫不欲处前,故恶人之自价值工程。自伐,皆欲胜之类也。是故自伐其善,则莫不恶也。是所谓自伐历之,则恶也。人情皆欲求胜,故悦人之谦。谦所以下之⑨。下有推与之意⑩,是故人无贤愚,接之以谦⑪,则无不色怿。是所谓以谦下之,中也。人情皆欲掩其所短,见其所长。是故人驳其所短,似若物冒之。是所谓驳其所乏,则姻,则妒恶生矣。

【注释】

①自伐:自夸。历:超过。

②婳婳:戾。此指忌讳。

③训:法则。

④陵讯之辞:盛气凌人地质问,陵,同"凌",凌犯。讯,质问。

⑤幸:贵幸,宠幸。尤:突出。

⑥戚:忧伤,悲哀。

⑦训:教诲。

⑧敌能未殚:大意是敌手的能力尚未消除。殚,停止,顺服,安定。能,或通"态"。

⑨下之:甘居人下。

⑩推与:推让。

⑪接:接触。

【译文】

怎样通过观察一个人的情绪和欲望,来辨别他是心胸宽广的贤者还是器量狭小的小人呢? 人的情绪和欲望有6种基本的表现方式。如果一个人实现了自己的愿望,他就会感到喜悦;要是他的才能得不到发挥,他就会产生抱怨;要是他总向别人炫耀自己的成绩,就会被别人所厌恶;要是他处处谦虚退让,甘居人后,就会讨得别人的喜欢;要是他揭露了别人的短处,就会惹人生气;要是他既经常自我夸耀,又揭露了别人的短处,就会遭到别人的妒忌。这些是人的本性的6种不同表现。希望自己的理想实现是人之常情,所以性格刚强的人喜欢发愤图强,建功立业;正直善良的人喜欢督察行政事务,考订规章制度;有才能的人喜欢治理动乱的局面;有谋略的人喜欢出谋划策;能言善辩的人喜欢盛气凌人地责问别人;贪婪的人喜欢聚敛财富;得到上级宠幸的人喜欢显示他的权势。如果他们的愿望理想得到别人的称赞歌颂,他们就会非常高兴,这就是所谓的愿望得到了实现;如果他们的能力得不到发挥,那么他们的愿望就实现不了,要是他们的理想得不到实现,他们就会感到悲哀。因此,要是不能建功立业,性格刚强的人就会愤慨;要是行政事务都不讲规章制度,正直善良的人就会悲哀;要是政局动荡不安,有才能的人就会哀叹;要是敌人的力量还没有被消灭,有谋略的人就会陷入沉思;要是无法积聚财富,贪婪的人就会忧虑;要是自己的权势得不到显露,得宠的人就会悲伤。这就是所谓能力得不到发挥时,人们就会悲哀。每个人都想超过别人,都想比别人强,这也是人之常情。所以人们都非常厌恶别人自夸,自夸就是想超过别人。因此,要是有谁自夸长处,就会招来别人的嫌恶。这就是所谓的炫耀自己的长处,就会招人厌恶。每个人都想成功、取得胜利,这也是人之常情,所以人们都喜欢别人谦虚,谦虚表示自己不如别人,甘居人下,甘居人下就有谦让的意思。因此无论是聪明人还是笨人,得到别人的谦让都会非常高兴。这就是所谓谦虚退让,甘居人下就会讨人喜欢。掩盖自己的不足,显示自己的长处,这也是人之常情。因此要是有人触犯了另一个人的短处,那个人就会觉得像被罩子盖住了,感到愤懑与难受。这就是所谓揭别人的短就会惹人生气。嫉妒、攻击比自己地位高的人,也是人之常情。要是自夸不已,使别人讨厌自己,虽然会招来憎恨,但也不会招惹更大的祸患。而如果拿自己的长处去攻击对方的短处,这也就是所谓的既自我夸耀又触犯了别人的忌讳,就会招致别人的妒忌。以上这6种情况都源自自大的心理。所以贤明的君子在待人接物时,不会计较别人对自己的冒犯,不计较就会显得谦虚退让,这样就不会受到伤害了。但是见识浅薄的小人却不是这样,这种人既不能正确地审时度势,又要求别人听自己的;他们假装敬爱别人,以这种态度来使别人对自己另眼相看;要是别人不经常邀请他去做客,他便会认为对方轻视自己;如果别人侵犯了他的利益,他就会怀恨在心。因此通过观察一个人的情绪和欲望,可以辨别他的内心,可以知道他究竟是心胸宽广的贤者还是粗鄙丑陋的小人。

※

从人的感情变化,可以判断他近一段时间或当前状态下的内心活动和事业顺畅与否。

刘邵把人的感情分为6种来论述:

一、喜

既然人们达到了愿望就喜悦,那么人们无不希望能顺其心愿。所以"烈士乐奋力之功;善士乐督政之训;能士乐治乱之事;术士乐计策之谋;辩士乐陵讯之辞;贪者乐财货之积;幸者乐权势之尤。苟赞其志,则莫不欣然。"壮士喜欢奋发图强的功绩,善士喜欢指导政治的训教,能士喜欢治理乱世的工作,术士喜欢出谋划策的点子,辩士喜欢理直气壮的言辞,贪者喜欢积累财产,受宠之人喜欢权势。这些人如果一谈起自己的志向欲望,都无不眉飞色舞,可见能够"抒其所欲则喜"。

二、怨

"若不抒其所能,则不获其志,不获其志则戚。是故功力不建,则烈士奋;德行不训,则正人哀;政乱不治,则能者叹;敌未能弭,则术人思;货财不积,则贪者忧;权势不尤,则幸者悲。"即人们在不能发挥其能力时就感到不能完成其志向,因而感到伤感。所以奇功不建,壮烈之士就愤慨;道德教化不能风行,道德之士就感到伤心;朝政慌乱没有秩序,贤能之士就哀叹;敌人的骚扰没有平息,策术之士就忧虑不安;财产积累得不多,贪婪之人就感到烦恼;权势不能扩大,受宠之人就感到痛苦,这就是所谓"不抒其所能则怨"。

三、恶

"人情莫不欲处前,故恶人之自伐,自伐皆欲胜之类也,是故自伐其善则莫不恶也。"即人之情没有不想居人之先的。所以都讨厌别人自夸。自夸的目的无非是压倒别人,抬高自己。因此夸耀自己的优点,没有不受到众人的厌恶的。

这就是所谓"自伐历之则恶"。

四、悦

"人情皆欲求胜，故悦人之谦，谦所以下之，下有推与之意。是故人无贤愚，接之以谦，则无不色怿。"即人皆好强求胜，因此，皆喜欢别人谦卑。谦卑就是甘居人下，所以无论是贤惠之人或是愚昧之人，只要你有谦卑的态度与其交往，就没有不露出笑容的。这就是所谓"以谦下之则悦"。

五、媚

"人情皆欲掩其所短，见其所长。是故人驳其所短，似若物冒之。"即人之情无不是想掩其短处，现其所长。如果在谈话中提到其短处，就如同伤害了他。这就是说，若指到别人的缺点，就会引起其人的护短之情。这就是所谓"驳其所乏则媚"。

六、妒

"人情陵上者也，陵犯其所恶，虽见憎未害也。"自夸本来就使人厌恶，如果以己之长去较量他人之短，就会引起别人的妒恨之心。这就是刘劭所说的"以恶犯媚则妒恶生"。

以上6种情绪的表现，无不源于好强求胜之心，发于居人之上的欲望。而贤人君子质性平淡，甘居人下，虽被侵犯而不计较，不计较就得到人们的尊重，即所谓"君子接物，犯而不校"。

愚昧小人则是相反，他们"既不见机，而欲人之顺己"，即出于一己之情欲，不分场合地要他人服从自己。这样就会把伪装爱敬的人当作异才，把偶然的较量当作是轻视自己。如果对其利益稍有触犯，就要深深地结下私怨。可见，对一个人情绪表现的观察，即所谓"观其情机"，就足以判断他到底是一个君子，还是一个小人。

第七节　从缺点反观优点

偏才之人，皆有所短

有短者，未必能长也

有长者，必以短为征

观其所短，可知其长

【原典】

何谓观其所短，以知所长？夫偏材之人，皆有所短。故直之失也，讦。刚之失也，厉①。和之失也，愞。介之失也，拘②。夫直者不讦，无以成其直。既悦其直，不可非其讦。讦也者，直之征也。刚者不厉，无以济其刚。既悦其刚，不可非其厉。厉也者，刚之征也。和者不愞，无以保其和。既悦其和，不可非其愞。愞也者，和之征也。介者不拘，无以守其介。既悦其介，不可非其拘。拘也者，介之征也。然有短者，未必能长也。有长者，必以短为征。是故观其征之所短，而其材之所长可知也。

【注释】

①厉：严质。

②介：耿介。拘：拘泥。

【译文】

怎样通过观察一个人的短处，来知道他的长处呢？才能有偏颇的人，都有自己的缺点。由此推论，性格正直的人缺点在于好斥责别人而不留情面；性格刚强的人缺点在于过分严厉；性格温和的人缺点在于过分软弱；性格耿直的人缺点在于拘谨。然而，正直的人如果不抨击邪恶，明辨是非，他也就称不上正直了。既然喜欢他的正直，就不要全盘否定他好责人过，好责备人恰好是正直的标志。刚强的人如果不严厉，也就称不上刚强了。既然喜欢他的刚强，就不要责备他的严厉，严厉恰好是刚强的表现。温和的人如果不软弱，他也就保持不了温和的性格。既然喜欢他的温和,就不要责备他的软弱,软弱恰好是温和的标志。耿直的人如果不拘谨,他就保持不了耿直的性格。既然喜欢他的耿直,就不要指责他的拘谨。拘谨恰好是耿直的表现。但是,有缺点的人不一定就有优点,而有优点的人,必定要表现出一些缺点。因此通过观察一个人所表现出来的缺点,也就可以知道他有哪些优点了。

※

有所短的人,不一定有所长;有所长的人,往往有他不足的一面。从不足观察他的长处,是完全可以办到的。

本书更多是立足于对偏才的识别和判断。偏才就是有所不足的人才,在大街上普遍存在,随便抓一把石子就能打中两个。从他们的不足,来观察他们的长处,这种方法对用人者是很有启发性的,值得研究研究。

粗者细处看

细者粗处看

粗心大意的人,平常总是大大咧咧,不拘小节,如果仔细观察他做事情的一些细小环节,就可以判断他能否是可用之才。对无关紧要的事情粗心一点,那是表面现象,不是本意;如果把一些重要细节都一并漏掉了,那就算不上人才。反之,就是一个值得使用的人才。至于怎么使用,要视其所长而定,这是一个严肃的鉴别过程。

"粗者"也可能指"粗人",就是没什么文化修养的人。他们当中仍有许多人成长为栋梁之材。考察这类人物,也可从细处着手。说他没有文化,缺乏修养,但如果也能尊长扶幼,该小心处小心,该谦卑处谦卑,那也是一种可造化的人才,有细的慧根。如果一味的粗,无法无天,以粗行天下,要么自己栽跟头,要么给单位惹麻烦。这样的人自然是不值得选用的。比如行伍出身、不识字的军人,武功肯定是高的,如果有细的一面,做领袖的保护人选,可以;悉心教化,授以文课策谋,还能成为一名勇猛善战的军事将才。

细心的人都比较谨慎,也比较谦虚。有的人谦虚谨慎,那是因为他的确有大学问,这叫谦。有的人则是自知能力学识不够,因而也很谦虚,这叫虚。谦虚是好事,说明知道自己不足;知不足,就可以改进,一点一点进步,自然能成才,区别只在才大才小了。

要考察"细者",可以从"粗"的一面入手。谨慎中有大胆的一面,看准时刻敢挺身而出,关键时刻敢站出来不退缩,这就是细中有粗了。这样的"细者"有聪明的头脑和挺拔的脊梁,历来的有骨气的文人多属此类。细中有粗的人一般有不怕死的冲劲和坚忍品质。

细也可能有琐碎的含义。据说属相为猪的人就比较琐碎。这种情况更应该从"粗"去判断。细不能粗,则形同弱小女子,当然是不值得任用的了。如果有粗的一面,但胆气不壮,首先看他本身底气足不足。如果底气足,那好,可以培养他的血性之气,从而坚强地站起来担当大任;如果不足,那可能会是一个扶不起的阿斗,不值得去大力培养了。

1. 口没遮拦不一定是真直率

直者不讦,无以成其直。既悦其直,不可非其讦。

斥责他人的过失,揭别人的短,不留情面,会使他人产生愤恨情绪。攻讦揭短是性格直率的特征。在使用人时,如果取其直率朴露、心底无私的优点,那么就不要因他不留情面的口吐真言而否定他的作用。

如果能在适当的时候引导这种人掌握说真话的分寸和场合,充分运用"直谏死臣"的忠和迂回曲折的柔,就能像战国时候的触龙说服赵太后一样,既讲清了道理,又不伤上司面子,还办成了事,一举三得,功劳着实不小哇。如果一味地直言死谏,不讲策略,不注意周遭形势的变化,不仅办不好事,反而枉送性命,让国家、单位又损失一个人才,于事无补,未必就是最佳的选择。更可惜的是,如果他换一种打法,也许可以匡危扶正,纠正上司的错,却因"直颜死谏"把这种可能性堵死了。这样的损失更大。虽然"直颜死谏"是忠直耿臣最后的选择,但触龙的迂回之术是可以深以为鉴的。如果上司是一个昏庸无能、偏听偏信的昏君、暴君,死谏不仅无用,倒不如留条性命,找找补救的办法,能帮昏君减少一点祸害,就减少一点,于世人有益,这才是真正救世的实用态度。采用"死谏"的办法,而不像上述那样"苟且偷生",一者,死谏之士希望用自己的死来震醒上司;二者,从感情上不愿意"偷生";三者,怕天下人骂他。第一者,忠臣;二、三者,就算不上真正的忠臣。

实在无可救药,重组力量推翻他,创造一个新世界,也比昏君危害天下强。

需要区别的是真直率和假直率。

坦诚直率并不等于残忍,没有必要把内心的不满裹上"直率坦诚"的外衣和盘托出。这种人固然直率,但不是善于办事的人。许多耿介文人就是这样,因而可做学问,而不可办实事。而有小人借"直率"之名残忍地攻击别人之短,这就需要细心提防了。

直率之人也应懂得尊重别人,否则是不可造就之才。

2. 识别心狠手辣的人

刚者不厉,无以济其刚。既悦其刚,不可非其厉。

判断一个人是否心狠手辣,个性刚硬,只需看他的手段。刀子嘴、豆腐心的人永远下不了狠心,这也许是许多弱女子受侮辱的一个原因。她们也曾奋起反抗,拔刀杀人,这是被逼上绝路的反抗,而不是刚硬。

心肠刚硬是合乎利润原则的,没有铁石心肠干不了大事,没有谁能够以道德内修而独自承担天底下的一切损失。历来的政治成功皆由于此。

在法纪涣散、秩序混乱的时候,最需要手段严厉、心肠刚硬的人出来整顿风气。对于主管者来讲,既然需要这种人才,就不要顾虑他的严厉和刚硬。在严厉刚硬之余辅以柔情的安抚,一正一反,一和一唱,有利于事业发展。

杨素带兵,多权谋,以严著称。临阵对敌,动辄因人过失而斩之。对阵时,先令一二百人攻敌,如有不前者,立刻斩首。再派二三百人攻敌,一如前法。由是将士都怀必死之心,攻无不胜。杨素也名传天下。虽然心狠手酷,但却赏罚分明,一点小功也记录在案,因此士卒也乐意跟随他。

3. 从软弱判断一个人的温和性情

懦也者,和之征也。既悦其柔,不可非其懦。

软弱是性格中的一大缺点,会使人在竞争和谈判等事务活动中处于劣势。更大的危害是坚持不住原则或正确的东西,不能够据理力争,这样会给团体造成损失。从个人角度看,因软弱而受损,无大碍;从单位角度看,则是因个人弱点造成集体的利益受损。

反过来讲,软弱也可衬出一个人温和的优点。待人温和是谦虚、尊重人的品质。作为主管者,如果希望员工有温和的性情,就不要随便否定他软弱的一面。没有软弱,可能就少了温和。温和与懦弱有一定联系。如果有温和,却不软弱,这样的人定不是一般的人。

4. 从呆板识其耿介

介者不拘,无以成其介。

既悦其介,不可非其拘。

耿介的人如果不拘泥死板,就可能不是耿介了。因此从拘泥死板中可以看出其耿介忠直的一面。人的个性形成后,有很大的稳定性。拘泥死板与耿介忠直之间的联系就体现了这个稳定性。

但拘泥死板的人并非就是耿介忠直之人。这个逻辑关系可以表述为:耿介忠直的人必然带有拘泥死板的特点,但拘泥死板的人未必是耿介之人。也就是文中所总结的:有短者,未必能长也。有长者,必以短为征。

这里必须强调一下,"然有短者,未必能长也。有长者,必以短为征。"即一个人有其短处,未必一定就有相应的某种长处。而一个人有某种长处,就一定会有相应的短处为其特征。因此,观察一个人的短处,他那与此相应的长处也就可以知道了。

此论是对中国古代观人术的重大发展。在春秋时期,孔子就曾经说过"观过,斯知其人矣。"(《论语·里仁》)在孔子的时代,论人还主要是从一个"仁"的角度,来判断君子和小人。可以说孔子虽然能够观过知人,但还是只从道德的框架中去观察人、判断人,其眼界还是较狭窄片面的。而在三国时代,曹操为了识别和选拔实用的人才,就突破了孔子唯德是举的道德模式,不拘一格,唯才是举。这对刘劭的观人之术有很大的影响,他从德、才、智、力等方面鉴选人才,并且不但看到了人才的长处和短处,也看到了人才的短处和长处之间的互相依存的辩证关系,不因其有短处而不见其长处,而且能从其短处中看到长处,这可以说是一个认识的飞跃。无独有偶,美国总统林肯也曾窥此奥妙,他说:"我的生活经验使我相信,没有缺点的人,往往优点也很少。"这真是"东心西心,学理悠同"了。

第八节 从聪明看成就

好声而实不能,则泛

好辩而理不至,则烦

好法而思不深,则刻

好术而计不足,则伪

【原典】

何谓观其聪明,以知所达?夫仁者,德之基也。义者,德之节也。礼者,德之文也。信者,德之固也。智者,德之帅也。夫智出于明。明之于人,犹昼之待白日,夜之待烛火。其明益盛者,所见及远。及远之明,难。是故守业勤学,未必及材①。材艺精巧,未必及理②。理义辩给,未必及智③。智能经事,未必及道④。道思玄远,然后乃周⑤,是谓学不及材,材不及理,理不及智,智不及道。道也者,回复变通。是故别而论之,各自独行,则仁为胜。合而俱用,则明为将⑥。故以明将仁,则无不怀⑦。以明将义,则无不胜。以明将理,则无不通。然则苟无聪明,无以能遂⑧。故好声而实不克,则恢⑨。好辩而理不至,则烦。

好法而思不深,则刻。好术而计不足,则伪。是故钧材而好学⑩,明者为师。比力而争⑪。智者为雄。等德而齐⑫,达者称圣。圣之为称,明智之极明也。是以观其聪明,而所达之材可知也。

【注释】

①及材:成才。

②及理:掌握道理。

③及智:具有智慧。

④及道:把握。

⑤周:周全,无所不及。

⑥将:此指支配,统帅。

⑦无不怀:众望所归。怀,怀念、爱戴。

⑧遂:如愿。

⑨恢:恢诞,迂阔,空泛。

⑩钧材:才能均等。钧同"均"。

⑪比力:力量相同。

⑫等德而齐:品德一致。

【译文】

怎样通过观察一个人是否聪明,来分析他在哪些领域会获得成功呢?"仁",是道德的基础;"义",是对道德的自我约束;"礼",是道德的具体表现;"信",是道德的支柱;"智",是道德的主导。而"智"来自人的聪明。聪明对于人来说,好像是白天的太阳,夜晚的烛火那样重要。越聪明的人知识面就越广博,但是要想达到知识渊博是很困难的。这样看来,勤奋学习某方面的知识,不一定都能成才;即便成才之后,掌握了高超的技术才能,却不一定能理解深刻的理论;即使精通理论又能言善辩,却不一定具有"智"的品质;即使是有了智慧,能够处理各种事务,却不一定能掌握普遍性的真理——"道";只有对"道"进行深入的思考,才能通晓世上的一切事情。因此,勤奋好学比不上掌握技术才能;有技术才能比不上精通理论;精通理论比不上富有智慧;富有智慧比不上对"道"有所把握。"道"这种东西,在天地间循环变化、神秘莫测,我们很难说清它到底是什么。因此只能另外讨论在"道"之下的各种才能与品德。当几种才能品德各自发挥作用时,以"仁"最为出色。而当把它们结合在一起时,就应该以"聪明"为主导。因此,如果人们用聪明来指导"仁",人们就会前来投靠。用聪明来指导"义",就会战胜一切对手;用聪明来指导"理",就会通晓事物的道理。如果没有聪明作主导,人们就会一事无成。所以,没有聪明指导时,人们只能追求空泛的名声,显得名不副实。没有聪明指导时,人们在辩论演说中就举不出深刻的道理而显得烦琐杂乱;没有聪明指导时,设立法规制度就会设想不周全,因此显得过分苛刻;没有聪明指导,玩弄权术就会显得虚假诡诈。因此,如果能力相当的人共同学习,聪明的人就会成为老师;如果力气相近的人一起竞争,聪明的人就会成为英雄;如果道德品质相同的人共同行事,那么通晓一切知识的人会成为圣人。圣人之所以为圣人,就在于他是最聪明、最有智慧的人。所以通过观察一个人是否聪明,就会知道他能在哪些领域取得成功。

※

俗话讲:"从小看老。"这是对哪一类人才的评价呢?任何特异的现象都是遥居于规律之外而卓然不群的。从小就表现出与众不同的品质,这样的小孩应值得悉心栽培。或是语出惊人,或是聪明过人,或者大胆倔强,或者沉默寡言,只要不是病,任何异常都可能昭示着一个天才。有的小孩看似普通,甚至被认为是愚笨,但他的惊人毅力造就后来的伟大智慧,概因为老师家长不了解孩子的内在天分、不知人的缘故。比如爱因斯坦,不仅沉默孤僻,连做一个小板凳也要多次以后才勉强做好,但有几人从这平凡的背后看到了他的超凡智慧呢?

一般可从意志力、忍耐力、思考力、决断力、反应力五方面来考察一个孩子的特长和能力,从而推断他将来的成就。

清康熙年间,有一个活跃于政界和学术界的人物,叫李光地,他为清廷出谋划策,平定耿精忠叛乱,收复台湾,是一个出色的谋略家。

李光地早熟早慧,机敏过人,9岁那年,不幸落入绿林大盗之手。当时,李氏一门人丁兴旺,家族中在外为官者不少,人们都说李家"风水"好。山里一姓李的绿林首领,绰号"李大头",看中李家这块"风水宝地",想据为己有。

一天清晨,李大头率一批喽啰杀气腾腾地占领了李氏祠堂。族长召集族人商量对策,李光地随父亲也来到了这里。

李大头看到了眉清目秀的李光地,突然冒出一个奇特的想法:自己的儿子已经8岁了,总不能接自己的班做强盗吧,应该让他去读书,如果能让眼前这个孩子去与自己的儿子做伴读书,该有多好。于是他打开祠堂大门,指着李光地大声喊道:"喂,你过来!"

李氏人大气都不敢出,李光地镇定自若地走进祠堂。

李大头马上派人传出话:"一笔难写两个李字,你们如果同意把小孩送给我做儿子,从此,我们井水不犯河水。否则,……"

李父权衡再三,只好点头答应。

李大头对李光地说:"我们已是父子,就要以父子相称。"他见李光地没有答应,狠狠地瞪了李光地一眼说:"你听到了没有?"

李光地撇撇嘴说:"你不是我的父亲,我如何能喊你为父亲呢?"

李大头勃然大怒:"在认养仪式上,不是已经行过大礼了吗?"

李光地接口说:"那是我遵从父命,并非出自本意。"

"我看你还耍滑头、嘴硬!"说着,李大头劈头就是重重的一巴掌,又把李光地关了两天,李光地还是不肯屈从。

盛怒之下的李大头,想了个坏主意。他命人把李光地关进一间空屋,把门窗关死,用烟向里熏,声称如果李光地不讨饶,就将他熏死。倔强的李光地始终不讨饶,被烟熏了一天一夜。李大头估计李光地必死无疑,命人打开门看看。

谁知房门打开，浓烟散去之后，李光地揉了揉眼睛，却摇摇晃晃地站了起来！李大头惊得一时说不出话来。

原来，精明的李光地发现靠门边的地面要低一些，门下也有缝隙，就趴在地上，用嘴巴靠着门边隙缓缓地呼吸。烟轻向上跑，地面烟雾浓度低，缝隙外又能换气，因而，李光地能在满屋浓烟中幸存下来。

李大头心想：吉人自有天相，这小东西神态不凡，一定是有菩萨保佑，不知不觉中态度软化下来了。

李光地说话了："上天保佑，我命不该绝！你知道'黄雀捕蝉，螳螂在后'这句话吗？"

"此话怎讲？"李大头心里一悸。

"法网恢恢，疏而不漏，朝廷的军队肯定要给你们撒下天罗地网，我看你是'秋后的蚱蜢，蹦不了几天了'。你想想看，自古哪有不败的绿林人？"李光地看了看陷入沉思的李大头，接着说："官军要是抓住你，你一家人的性命就要保不住了，你的儿子也不能幸免。我死了，我还有几个弟弟，我们李家还会一代一代地延续下去。你的儿子一死，你家的后代就会断了，所以，我劝你要赶快另打主意！"

李光地的一番话，把李大头说得动了心。李大头与妻子一商议，只听妻子说："这小孩命硬，将来肯定会大富大贵。我们已是过了半辈子的人了，该为我们的儿子想想后路了。我们过了半辈子提心吊胆的日子，眼看儿子渐渐懂事了，难道还要让他继续过这种日子？我看不如把李光地送回去，把我们的儿子也托付给他家。保全了儿子，就延续了我们李家的香火，万一我们有个不测，也不必担心什么。"

妻子的话正合了李大头的心意。于是，他派人请来李光地的父亲，将两个小孩都交给他带回。

聪明须经历五个阶段才能成为大智大慧的觉者。五个阶段是学，才，理，智，道。聪明始于学习，但学又未必能才，有了才又未必明白事理，明了事理才可以说获取智慧,懂得智慧之后才能通晓天下大道。

孔子讲:"生而知之上也;学而知之者次也;困而学之,又其次也;困而不学,民斯为下矣。"这段话出自《论语·季氏》,意思是说天生就知晓天下大道的算是最为聪明的人,他们属生而知之的上等人才;其次是通过不断学习思考,通晓天下至理的人,他们属学而知之的次等人才;再次是遇到难关,被困住了,迫于无奈,只好去找解决办法。这种人比较笨,但是意志坚强,又勤奋好学,肯吃苦,因此也能逐渐通达天下道理,属困而学之的次等人才。如果在困难面前畏缩不前,就永远不能知晓天下道理,这种人就不值一提了。

才能应该是聪明的必然走向。如果不能从聪明中发展出才能和智慧,这种聪明反而是祸害。如果不主动去思考,只想从不断重复的技能中,靠经验的积累来被动地获取能力,这样的智商只能让一个人永远停留在现有水准上。这也是为什么许多人停在一个水平线上不能再前进的原因。

才能最终又应该以德为指标。德是高居于才能之上的强大而无形的号召力。请闭上眼睛想一想,当其中一位品德高尚的人率先取一把扫帚,默默无声地、孤独地清扫摆在大伙儿眼前的脏物,一声不响地坚持着,背对着大家,那将是一种多么巨大的感染力和榜样力。其他人该怎么做,这又会引出一串问题,就此打住。

德以才为首,才以德为先。懦懦无能的德吸引不了人们的敬仰之心,也就生不出榜样的影响力。张良比陈平更有声望,就是具备才之上的德。

就学而言,明者为师;就力而言,智者为雄;就英雄而言,英重于雄。因此,不能从聪明中发展出智慧、经验和才干,这样的聪明人最好不要留在身边。

曾国藩识别刘铭传

曾国藩是文人用兵的典范,史称曾国藩"学问纯粹,器识宏深"。余秋雨先生认为自古文人用兵,以两人为最,一是明代王阳明,二是清代曾国藩。应该说还有一位，那就是毛泽东。但是曾国藩自己带兵上战场是一打一败仗，镇压太平军起义除了他的战略指挥外，还得力于他长于鉴别人才，提拔了许多微寒之士和文人从军行伍，这批人在战斗中的确表现出敢于打仗、不怕死的劲头。

李鸿章曾带了3个人去拜见曾国藩(李是曾的学生)，请曾国藩给他们分派职务。不巧曾国藩散步去了，李鸿章示意那3个人在厅外等候，自己去到里面。不久，曾国藩散步回来。李鸿章说明来意，请曾国藩考察那3人。曾国藩说："不必了，面向厅门、站在左边的那位是个忠厚人，办事小心，让人放心，可派他做后勤供应一类的工作；中间那位是个阳奉阴违、两面三刀的人，不值得信任，只宜分派一些无足轻重的工作，担不得大任；右边那位是个将才，可独当一面，将作为不小，应予重用。"

李鸿章很吃惊奇，问："还没用他们，您如何看出来的呢?"曾国藩笑着说："刚才散步回来，见厅外有3个人。走过他们身边时，左边那个低头不敢仰视，可见是位老实、小心谨慎的人，因此适合做后勤供应一类只需踏实、无需多少开创精神和机便的事情。中间那位，表面上恭恭敬敬，可等我走过之后，就左顾右盼，可见是个阳奉阴违的人，因此不可重用。右边那位，始终挺拔而立，如一根栋梁，双目正视前方，不卑不亢，是一位大将之才。"

曾国藩所指的那位"大将之才"，便是淮军勇将，后来担任台湾巡抚、鼎鼎有名的刘铭传。

第九章　七种基本错误

第一节　耳闻目睹也有偏差

知人者，以目正耳

不知人者，以耳败目

且人察物,亦有自误

【原典】

夫采访之要^①,不在多少。然征质不明者^②,信耳而不敢信目。故人以为是,则心随而明之。人以为非,则意转而化之^③。虽无所嫌,意若不疑。且人察物,亦自有误。爱憎兼之,其情万原^④。不畅其本,胡可必信。是故知人者,以目正耳。不知人者,以耳败目。故州闾之士^⑤,皆誉皆毁,未可为正也。交游之人誉不三周^⑥,未必信是也。夫实厚之士,交游之间,必每年在肩称^⑦。上等援之,下等推之,苟不能周,必有咎毁^⑧。故偏上失下,则其终有毁。偏下失上,则其进不杰^⑨。故诚能三周,则为国所利。此正直之交也。故皆合而是,亦有违比^⑩。皆合而非,或在其中。若有奇异之材,则非众所见。而耳所听采,以多为信。是缪于察誉者也。

【注释】

①采访:选取访察。

②征质不明:对一个人的行为和本质分辨不清。

③化:变化,改变。

④万原:原因众多,情况复杂。

⑤州闾:州和闾,犹言乡里。古代行政区划,二十五家为闾,两千五百家为州。

⑥誉:称誉。三周:三方面。

⑦肩称:主动担负奖掖之责。

⑧咎毁:过失毁害。

⑨杰:突出。李善《西都赋》注引文子曰:"智过百人谓之杰。"《淮南子·泰族训》:"智过万人者谓之英,千人者谓之俊,百人者谓之豪,十人者谓之杰。"

⑩违比:比有党同伐异之意。比,结党。违,排斥、反对。

【译文】

观察与选择人才的关键,并不在于众人对人才的评论是多还是少。但是不会识别人才的人,却宁可相信自己的耳朵,而不敢相信自己的眼睛。所以当大家都认为是正确的时候,他也就随声附和,深信不疑。而当大家都认为是错误的时候,他也随之改变了看法。虽然这种人内心中没有分辨是非善恶的标准,但他在做决定的时候,看起来倒是毫不迟疑地。况且我们观察事物时,自己也会犯错误。同时,我们在品评人才时,还会掺杂进去我们自身的爱憎之情,这其中的情况就显得更为错综复杂。我们如果不顺藤摸瓜,究其根本,又怎么能相信道听途说呢?所以知人善任的人,会用眼睛所见来纠正耳朵所闻的讹误。而不善于了解人的人,却用耳朵所闻来代替眼睛所见的事实。因此乡里在评论人才时,要是一人说好,大家都说好,要是一人说不好,大家也都说不好,这样得出的结论未必真实可信。朋友熟人之间的互相赞誉,如果不能将上等、中等、下等三方面人才讲述周全,那么就不一定可靠。而那些忠诚厚道的人很可靠。在朋友们中间总是主动担当品评称誉他人的责任,他们既要对上等人才加以引导、提拔,也要对下等人才加以勉励和推荐。如果不能做到周到详尽的观察,就会产生过失,造成毁害。如果偏重于提升上等人才而忽略下等人才,那么下等人才最终会被埋没;如果偏重于推荐下等人才而忽略上等人才,那么推荐上来的就不是杰出的人才。因此,如果在品评朋友的时候,顾全了三个方面,就会对安邦治国有利。这样的朋友之间的交情是道义之交。如果大家对朋友都齐声称是,那就有党同伐异的味道了;如果大家齐声说朋友的不是,也许真正的人才就会从此埋没。如果有出类拔萃的人才,大众是无法进行鉴别的。一般人都靠采纳耳朵听见的情况来评判他人,以为多数人的意见就是正确的,这就是他们在考察人才的声誉时常犯的错误。

※

经常被忽略的是,听了朋友、同事的话,不自觉中相信他们对某个人的评价,也用同一观点去看待某人。

人是形形色色,无奇不有的。每个人都有他优秀的一面,因此不要随便否定哪个人。时髦开放的也罢,传统保守的也罢,甚至是极无聊的人,只要能谈到他所熟知或感兴趣的东西,都会散发出一种特别的吸引力,人也因此成为独特的个体。

"一个小有钱财的人,朋友们都认为他呆板无聊,满嘴废话,俗不可耐,我也因此感受到了这种认识。但有一次,话锋一转,谈到纽扣的演变史。他滔滔不绝地细说着这个小东西的发明、形状、材质,他那炽热的感情直逼伟大的抒情诗人。一刹那间,我感兴趣于这个人的特别,他已变成一个独特的人,也从此改变了我对人的认识。"

这是一位朋友的亲身经历。只有登上了长城,才能感受到长城的历史分量。也只有亲自考察了某人,才可下最后的结论(但是,长城的分量要有懂得欣赏长城的眼睛,人才的真假要有擅长鉴别的眼睛)。

齐威王把即墨(今山东平度市)大夫叫到朝中,对他说:"自从你治理即墨以来,不断有诋毁你的话传到我的耳边。但是,当我派人到即墨调查了解之后,却发现即墨的荒地得到开辟,人民富足,官府没有积压案件,地方安宁。你之所以受到诋毁,看来主要是没有贿赂我周围的人为你说好话。"为了表彰他的政绩,赐封他万户之地。

齐威王

齐威王又把阿(即东阿,今属山东)大夫叫到朝中,对他说:"自从你治理阿地,不断有称赞你的话传来。可是我派人视察阿地之后,发现那里田地荒芜,人民贫困。当初赵国进攻鄄(今山东鄄城)时,你不去解救。卫国侵略薛陵(今山东藤县南),你装作不知。你如此罪恶累累,却一直受到表扬,这是因为你用金钱收买了我的左右,让他们帮你说话。"齐威王当场宣布,将阿大夫及朝中曾吹捧阿大夫者一律烹死。于是朝野震惊,不正之风顿除。

为什么不能轻易相信他人的评价呢?且不说恶意诽谤。前面讲到,一等人才能识别一流人才,二等人才只能识别二流人才。身为主管者,听到的评价多来自比自己级别低的人之口,他们难以识别比自己才能高的人,如果主管者偏听偏信,那优秀绝伦的人才就很可能由此流失了。人们又有同类相倾,异类相却的特点,更会造成耳目闭塞。因此主管者必须花一定的时间和精力去考察人物,而且应亲自动口,动眼睛。

孔子说:"众好之,必察焉;众恶之,必察焉。"并且要听其言,观其行。

历观各代政事,有哪一次不是由于人才考察和任用得宜而兴,小人得志而废呢?如果单位的业务正日见不景气,考量一下人才原因是值得的。

第二节　个人好恶的影响

情通意亲

忽忘其恶

志反气违

忽忘其善

【原典】

夫爱善疾恶,人情所常。苟不明质①,或疏善,善非②。何以论之。夫善非者,虽非犹有所是。以其所是,顺己所长,则不自觉情通意亲,忽忘其恶。善人虽善,犹有所乏。以其所乏,不明己长。以其所长,轻己所短,则不自知志乖气违③,忽忘其善,是惑于爱恶者也。

【注释】

①明质:察明实际情况。

②疏善,善非:忽略善而称扬非。

③志乖气违:志趣不相投。

【译文】

喜好美好的事物而厌恶丑陋的事物,这是人之常情。如果在品评人才时不察明他的本质,就有可能忽略了好的方面,而把不好的当作好的。我为什么要这么说呢?因为那些把不好的当做好的人,认为即使对方有不好的地方,但仍有称道之处。把对方可称道之处拿来,恰好与自己的长处相投合,于是不知不觉就与对方情投意合,而不觉得对方丑恶了。而好人虽然有长处,却仍有不足之处。能看到对方的缺点,却难以发现自己的长处,能看到对方的长处,却难免因此更加轻视自己的不足。这样两人的志趣不合,就会忽略忘记对方的好处。这是受到个人的爱恶之情的干扰而产生的困惑。

※

宋徽宗时的高俅,原本是大文豪苏东坡的书僮(可见高俅并非一无是处),后来转到驸马王诜门下(可见有钻营巴结之才)。高俅的德行是不可举的,但因其钻营有方,又有一技之长——球踢得好(可见人也聪明),宋徽宗也爱踢球,驸马王诜叫高俅到宫中送东西,恰遇宋徽宗将球踢出场外。高俅耍了个漂亮的花样(兴许是倒钩什么的,反正技艺高超,合了皇帝佬儿的心意),把球踢回场中。徽宗大喜,如遇对手遇知音,命令高俅上场踢球。高俅因此累积到太尉的高官。他做官,没看到什么好的政绩,是个奸臣卖国贼,他的儿子高衙内也不才,霸占林冲老婆,逼他上梁山,还在《金瓶梅》中与西门庆在厕所里闹比谁的鸡鸡大的笑话。

高俅首先是个聪明人,否则,当不了苏东坡的书童(反过来看,从小他就与大师一级的人物接触,耳濡目染的,自然要长不少见识),也踢不出一脚漂亮的球来。只怪那个皇帝佬儿,喜欢一点,好遍一身,结果坏了大事。

爱,使人两眼放光,却对周遭的事物视而不见。因此一定要警惕这一点,不要因为喜欢某一点,而忽略了他的缺点。

那么,讨厌某个人时,由于心情不爽,看到那人不顺眼,也就会否定他的长处。头脑清醒时,看到这里,许多人会点头称是,用到实际中去时,许多人又忘掉了。对历史不大了解的人,总是凭着"生而知之"来判断识别着身边的事物,但有几人是"生而知之"呢?对更多人来讲,值得提倡和效法的是"学而知之"。这也是鉴别人才时所应注意的地方。

高俅

战国时卫国有一个臣子叫弥子瑕,因生得俊美而得卫王宠爱。一次,因母亲急病,弥子瑕私下驾着卫王的马车回家探视。根据卫国律法,私自动用大王的马车应处以刖刑(砍脚)。卫王不仅没有处罚他,反而称赞说:"弥子瑕真有孝心啊。为了母亲,竟然忘了刖刑!"

弥子瑕与卫王一同去游览果园。弥子瑕摘下一个桃子吃了一半,觉得味道很好,便将剩下的桃子献给卫王。卫王高兴地说:"弥子瑕真爱我啊。碰到味道好的桃子,就是只剩下一半,也想着献给我。"

弥子瑕年老色衰时,就失去了卫王的宠爱,因一件小事得罪了卫王。卫王生气地说:"弥子瑕曾私驾寡人的马车,违犯律法,又拿吃剩的桃子给我,侮慢寡人。"免了弥子瑕的官。

卫王应该是一个昏君,故如此反复无常。但在许多人身上,或多或少有类似的影子。鉴别人才时应极力避免个人色彩,如果恪守用人求其长、不求其全的原则,何愁找不到人才呢? 曾国藩在征讨太平天国,光复金陵之时,有人自称某部队的校官,前往谒见曾国藩。那人滔滔不绝,高谈阔论,有不可一世的气概,曾国藩很欣赏他。

于谈话之中,论及用人必须杜绝欺骗一事时,那人义正词严,道:"会被欺骗或不会被欺骗,完全看人而定。在下衡量当今的人物,说说自己的看法。像中堂(指曾国藩)的至诚与盛德,他人自然不忍心欺骗;像左宗棠的公正严明,他人也不敢欺骗他;至于其他的人,有的别人不欺骗他,他却怀疑别人欺骗他,有的已经被欺骗却还不知受骗。"

曾国藩听完,非常高兴,待之为上宾。

由于一时没有恰当的位置安插,曾国藩就暂时命他督造炮船。过不了多久,那人就盗领千金逃跑了。

丑事暴露后,部属向曾国藩请示发令捉人。曾国藩沉默很久之后说:"算了,不要追了。"部属告退之后,曾国藩不禁自嘲道:"他人不忍心欺骗? 他人不忍心欺骗?"

曾国藩因为那人一句"像中堂的至诚与盛德,他人自然不忍心欺骗"谄媚之词,大为重用他。结果精通识人的曾国藩,却因被灌迷汤而栽跟头,好恶之可怕就在此。

第三节　只凭志向来断人

心小志大,圣贤之才

心大志大,豪杰之才

心大志小,志大才疏

心小志小,拘懦庸才

【原典】

夫精欲深微,质欲懿重[①],志俗弘大,心欲嗛小[②]。精微,所以入神妙也。懿重,所以崇德宇也③。志大,所以戡物任也④。心小,所以慎咎悔也⑤。故诗咏文王,"小心翼翼","不大声以色"⑥,小心也。"王赫斯怒","以对于天下"⑦,志大也。由此论之,心小志大者,圣贤之伦也⑧。心大声大者,豪杰之隽也。心大志小者,傲荡之类也。心小志小者,拘愞之人也⑨。众人之察,或陋其心小⑩,或壮其志大,是误于小人者也。

【注释】

①懿重:美好厚重。

②嘄小:微小。

③德宇:气度,器量。

④戡,胜任。通"堪"。

⑤咎悔:过错,悔恨。《淮南子·求术训》:"凡人之论,心欲小而志欲大。……所以心欲小者,虑患未生,备祸未发,戒过慎微,不敢纵其欲也。志欲大者,兼包万国,一齐殊俗,并覆百姓,若合一族,是非辐辏而为之毂。……故心小者,禁于微也;志大者,无不怀也。"

⑥"小心翼翼":语出《诗经·大雅·大明》:"维此文王,小心翼翼。"文王:即周文王。"不大声以色",语出《诗经·大雅·皇矣》:"帝谓文王,予怀明德,不大声以色,不长夏以革"。指文王细心谨慎,不靠外表声色抬高自己。

⑦"王赫斯怒","以对于天下":语出《诗经·大雅·皇矣》:"王赫斯怒,爰整其旅,以按徂旅,以笃于周祜,以对于天下"。指文王志向远大,当怒则怒,以安定天下。

⑧伦:同类,同等。

⑨拘愞:拘谨软弱。

⑩陋:鄙薄。

【译文】

人的才质不同,事业成功便有早晚。有早智而少年得志的;有晚智而大器晚成的;有年少时本无智,最终也无所成就的;有年少时具备良好才能终究出类拔萃的。这四者的道理不能不加以考察。早年智力发达的人,才能智虑精微明达,这些在其幼年时期都已崭露头角。所以文章精妙的,起于幼时辞句纷繁;辩才无碍的,开始于幼时言语敏捷。仁的品德,见于幼时慈悲体恤;慷慨好施,发端于幼时舍得给予;谨慎为人的,来自幼时多所畏惧;清廉处世的,萌生于幼时不妄索取。智力早熟的人,易于领悟而反应敏捷;大器晚成的人,见识奇特而智虑舒缓。终生愚暗的人各方面都表现出才智不足;终成事业的人,诸事精通而成就可观。一般人的观察,不考虑事物的发展变化。这是考察人才早智或晚成所有的疑难。

先来看看四种人才:

小心翼翼而又胸怀大志的,称得上是圣贤之才;

志向远大,又气势豪迈、声粗气壮的,称得上是豪杰雄才;

心气很高,但才力不足的,是平常所说的志大才疏之辈;

心气不高,做事小心谨慎,也没有远大理想的,是一般庸人。

这个视角与南怀瑾先生谈到的"上等人,有本事没脾气;中等人,有本事有脾气;下等人,没本事有脾气"是同一类型。判断人的才能心胸时,应全面、历史地考察,不可片面地论一时一事。

比如刘邦,焚烧栈道是害怕的表现,目的是为了保护弱小的自己并打回去。曾国藩小心谨慎一生,却能功高震主而全身保家。

刘秀在年轻的时候志向平平,看不出有什么惊人之处。他喜欢务农,性情温和。25 岁上才去游历长安,听说阴家有个名叫丽华的女子长得漂亮,看到卫戍司令出行时声势显赫,就感慨地吟哦道:"仕宦当作执金吾,娶妻当得阴丽华。"其志向不过如此而已。

当了皇帝后,刘秀还是那样温和宽厚。即位不久,他衣锦还乡,同族的婶子大娘议论他什么都好,就是太温和了些。刘秀听了哈哈大笑,说:"吾治天下亦以柔道行之。"他确实是这样做的。他安抚战乱中流散的平民;废除擅杀奴仆不治罪的陈规;减刑轻税,精减政府机构和冗员;招纳、起用人才……在中国两千多年的封建社会中,刘秀确实是一个开明、仁慈的好皇帝。他在位30余年,从不恣意放纵,豪华奢侈。

刘秀

他不喜欢饮酒,不喜欢珍玩。在他临终的遗诏中还说:"我无益百姓。丧葬,一切都要像孝文皇帝那样,务从约省。刺史、俸禄二千石的官吏,都不要离开城郭,也不要派官员来吊唁。"

刘秀常常表现出一种恢宏大度、平易谦和的雅量。刘秀的老同学严子陵自小有高名,刘秀对他很有好感。刘秀当了皇帝后,他隐名埋姓不愿相见。后来好不容易找到了他,刘秀当天就亲自去看他,他躺在床上不起来,也不说话。刘秀就和他躺在一起,摸着他的肚皮说:"哎,哎,子陵,你不能帮帮我的忙?"严还是不答应,过了好久,才睁开眼睛说:"人各有志,何必强求?"刘秀跟他谈了好几天,请他出来做官,他执意不从,后来隐居富春山。

刘秀对臣僚要求非常严格,对贪赃枉法行为决不宽容。对皇亲国戚一般也能理智对待,严加约束。他的大姐湖阳公主的奴仆有一次大白天行凶杀人后,躲在公主家中,官吏无法捕捉。洛阳县令董宣听说公主要出门,驾车的正是那个奴仆,就在半道截住了公主的车子,当面将那个奴仆正法。公主立即回宫向刘秀告状,刘秀大怒,把董宣召来,当面就要打死他。董宣说:"请让我说一句话再死。"刘秀说:"你想说什么?"董宣说:"靠着陛下的圣明,汉朝才得到中兴。现在放纵奴仆杀人,将怎么治理天下? 你不用打,我自己死吧。"一边说,一边撞在柱子上,血流满面。刘秀赶紧叫小太监抱住他,但要董宣给公主叩个头消消气。董宣坚决不叩,刘秀就叫人按着脖子强叩。董宣两手撑着地,就是不叩。湖阳公主不满地说:"文叔(指刘秀)当老百姓的时候,经常藏匿逃犯,官吏都不敢上门追捕。如今当了天子,还不能在一个县令身上施加一些威严?"刘秀笑着说:"这就是天子与平民百姓的不同啊。"刘秀不但没有怪罪董宣,反而褒奖了他,给了他一个"强项令"(意为刚强不肯低头的县令)的美名。事后刘秀一直记着这个七品芝麻官,在董宣死于任上后,刘秀派专人去看望,见他家中一贫如洗,刘秀感慨地说:"董宣如此清廉,死了才知道啊!"

问题是像刘秀这样的好皇帝,可遇而不可求。中国几千年的历史,这样的皇帝屈指可数。所以现在政治学提出的要求是:用什么机制才能保证每一个即位的国家最高领导人都能成为老百姓理想的人主? 总不能让百姓用生命和血肉为代价,千年万代地去碰运气吧!

从这儿来看。要做掀天揭地的事业,必须考察以下四个品质:

智要精微,谋划预测时料事如神;

德须厚重,能使四方人才归奔;

志须宏大,能高瞻远瞩,归服众人;

谦虚谨慎,可得人尊助,避开小人。

第四节　重早慧轻晚成

有早智而速成者

有晚智而晚成者

有少足智而终无成者

有少寡言而终成器者

【原典】

夫人材不同，成有早晚，有早智而速成者，有晚智而晚成者，有少无智而终无所成者，有少有令材遂为隽器者。四者之理，不可不察。夫幼智之人，材智精达，然其在童髦皆有端绪①。故文本辞繁，辩始给口②。仁出慈恤，施发过于。慎生畏惧，廉起不取。早智者浅惠而见速③，晚成者奇识而舒迟，终暗者并困于不足，遂务者周达而有余。而众人之察，不虑其变，是疑于早晚者也。

【注释】

①童髦：指幼儿。髦，古代幼儿下垂至眉的短发。端绪：头绪，苗头。

②给口：言语辩捷。亦写为"口给"。《论语·公治长》："子曰：焉用佞！御人以口给，屡憎于人，不知其仁，焉用佞！"

③浅惠：小聪明之意。

【译文】

人的材质各不相同，成才的时间也有早晚之分。有早慧而少年得志的人，有发育迟缓而大器晚成的人，有年少时就缺少智慧，最终也一事无成的人，有年少时就才能出众，最终成功立业的人。这四种不同的人品所蕴含的道理，是不能不加以考察的。少年早慧的人，具有微妙通达的才能，他们在幼儿时期就已崭露头角，所以他们长大后，写文章用词华丽，是因为小时候作文就运用纷繁的文辞。他们长大后善于辩论，是因为小时候就具有伶俐的口齿。小时候善于体恤长辈，长大后必然具有"仁"的品德。小时候舍得给别人东西，长大后必然乐善好施。小时候胆小怕事，长大后做事就会小心谨慎。小时候不随意向别人索取东西，长大后就会清正廉洁。少年早慧的人反应敏捷，从小聪明多。大器晚成的人有奇特的见识，反应却缓慢一些。终身没有成就的人，他在各方面都表现出才智不足。事业成功的人，在处理事务时就会游刃有余，表现轻松。一般人在考察人才时，不考虑事物会发展变化。因为他们不了解人才有早熟与晚成的不同，因此造成了识别上的困难。

家长们对此很关心,胎儿尚在腹中,就准备着他成长的梦。但一个人成熟的早晚是不依家长的意志为唯一导向的。当心家长的急迫会伤害了一棵嫩芽。"小荷才露尖尖角,早有蜻蜓立上头",当然美丽,但蜻蜓太多,小荷会不会被压扁呢?

如何鉴别小孩才性并发展他们的特长?

一、词汇丰富、描摹能力强的孩子,他们有艺术天分,宜在文学艺术方面发展。

二、能说会道、反应敏捷的孩子,他们应变能力强,策谋多,有心计,精明干练,办事灵活,是社会政治人才。

三、有慈善同情心的孩子,将来能抚恤众人,且心怀天下,能救济苍生。

四、慷慨大方,能把东西分给其他孩子的是豪杰之士,仗义施财,人际关系好,事业易成功。

五、胆小怕事的孩子,将来是谨小慎微的人,办事叫人放心,能守成,但开创精神不足。

六、不贪小便宜的人,必廉洁公正无私。

考辨人才应注意的是:

早慧之人聪明机灵,反应敏捷。

晚成之人思虑迟缓,但能深思熟虑,有远见卓识,办事稳达。

无成之人处处表现出才智不足。

其中少年有小聪明而长大终无所成,与大器晚成的人最不容易辨别。这首先应从其意志力、坚忍精神来判断。生得聪明,但意志力薄弱,不能吃苦,又不肯磨炼自己,这种孩子如不遭意外之变,或不托祖荫,是很难有大作为的,会随年龄增长而逐渐普通化。少年时似乎反应迟钝,不精明,但不怕吃苦,有锲而不舍、顽强拼搏精神,他们有坚强的意志力。这种小孩如有人开导,踏踏实实学习,会一步一个脚印地踩出一片天空,而且后劲很足,一旦有成,不会立刻风逝。这中间教育会起关键的作用。

第五节　同类的人未必相互称颂

偏才之人

皆亲爱同体而誉之

憎恶对反而毁之

所以证彼非而著己是也

【原典】

夫人情莫不趣名利[1],避损害。名利之路,在于是得[2]。损害之源,在于非失。故人无贤愚,皆欲使是得在己。能明己是,莫过同体[3]。是以偏材之人,交游进趋之类,皆亲爱同体而誉之,憎恶对反而毁之[4]。序异杂而不尚也[5]。推而论之,无他故焉。夫誉同体,毁对反,所以证彼非而著己是也。至于异杂之人,于彼无益,于己无害,则序而不尚。是故同体之人,常患于过誉,及其名敌[6],则鲜能相下[7]。是故直者性奋,好人行直于人,而不能受人之讦。尽者情露[8],好人行尽于人,而不能纳人之径[9]。务名者乐人之进趋过人[10],而不能出陵己之后[11]。是故性同而材倾,则相援而相赖也。性同而势均,则相竞而相害也。此又同体之变也。故或助直而毁直。或与明而毁明。而众人之察不辨其律理[12],是嫌于体同也[13]。

【注释】

①趣:同趋,趋附。

②是得:优点得到正确的评价和肯定。

③同体:同类型的人。

④对反:相反类型的人。

⑤序:排列。异杂:与自己不同类型的人。尚:尊崇。

⑥名敌:名声势均力敌。

⑦鲜:少。相下:处于对方之下。

⑧尽者:性格外向的人。

⑨纳人之径:采纳别人的直言。

⑩务名者:追求功名的人。

⑪陵:超越,凌犯。

⑫律理:规律,道理。

⑬嫌:疑惑。

【译文】

追逐名利、逃避祸害,这也是人之常情。人们之所以能够成名得利,原因在于自己的优点和长处得到了肯定。人们在成才道路上之所以受到损害,是因为自己的不足之处没有得到正确的评价与对待。因此无论是贤明之士还是愚钝的人,都希望自己的长处能够得到正确的评价和肯定。最能了解自己的优点和长处的人,莫过于与自己类型相同的人了。所以偏才的人在交往游历或在仕途上进取的时候,都喜欢亲近与自己类型相同的人,并对其大加赞誉。同时,他们又憎恨厌恶与自己类型相反的人,并对其加以诋毁,对于那些既不与自己相同,也不与自己相反的人,他们只将其排列起来,不加以推崇。推而论之,出现以上的种种情况并没有别的原因可言。人们赞许和自己类型相同的人,诋毁与自己类型相反的人,只是为了证明对方是错误的,并表明自己才是正确的。至于那些既不与自己相同,又不与自己相反的人,对他人无益,对自己也无害,于是人们只是把他们按顺序排列起来,并不加以推崇。因此,类型相同的人当中,就常常存在过分赞誉对方的有害现象,等到双方在名声上势均力敌的时候,他们就相持不下,谁也不愿甘居人后。所以性格直率的人性情激昂,喜欢那些以正直待人的人,而不能忍受别人的攻击。性格外向的人情感外露,喜欢那些全心全意对待别人的人却不能接纳别人的直言。追求功名的人喜欢那些热衷于当官的人，却不甘心处在超过自己的人的后面。因此，人们如果本性相同而才能有别，就会互相依赖，互相帮助，如果本性相同而才干能力势均力敌，就会互相竞争，互相陷害，这些现象是类型相同的人当中出现的不同变化。所以人们有时候帮助正直的人，有时候却又陷害他。有时候赞赏明达的人，有时候却又诋毁他。一般人在考察人才的时候不能分辨其中的奥妙，这是由于在品评人物时对相同类型的人不易做到区别对待而产生的疑惑。

※

一般人才都是趋同排异的。在处理人际关系、推荐人才时，往往称誉同一类型、爱好兴趣才情相似的人，排斥相反的人，既不相近又不相反，间于二者之间的人则关心较少，采取不闻不问的态度。

春秋时期，诸子百家争鸣，极力宣扬自己的学说观点，而著书讲学反对与己相悖的学派。孔子很有学问，列子仍编出两小儿辩日的故事来诋毁他的无知。

列子编的故事很简单，说两个小孩正在争论太阳在早晨离我们人类近，还是中午。恰好孔子撞见了，下车问缘故。两个小孩子听说是学富五车、名扬天下的孔子，立即请孔子来当裁判。

第一个小孩认为太阳早晨离我们人类最近。理由是，用眼睛看，早晨的太阳比中午的太阳大。第二个小孩的理由是太阳中午比早上热，因此中午离人近。

至圣先师孔子一下子被这个问题给难住了。两个小孩就嘲笑孔子："谁说孔子的学问大呢？"

小孩的意见可能也正是孔子的意见。但是，那个问题在当时是没有条件解决的，就像今天我们证明不了哥德巴赫猜想一样。

在观念主张爱好兴趣才情相似的人才群中，仍然存在有种种矛盾和冲突。山中有直树，世上无直人，从这里可见一斑。同体之人相互之间也是毁誉相杂。

性同而才倾,则相援而相赖也。

性情相同的人,如果才能有高有低,高者会提携低者,热心帮助后进,低者会衷心佩服高者,并虚心学习。他们之间结成相互援引、相互依赖的关系。

性同而势均,则相竞而相害也。

才情相同,但彼此旗鼓相当,势均力敌,所谓一山不容二虎,此时他们就难于相容相引,和平共处,反而会彼此妒忌陷害。消灭对方,才能保存自己;保存了自己,才能消灭对手。这种人功名心重,喜欢别人有进取心,又容不得别人超过自己。一旦有人后来居上,超过自己,动摇自己的权威和利益,就会想方设法陷害。

因而,在鉴别人才时,不能因推荐人与被推荐人之间的相生相克的关系,而偏听偏信。

第六节　地位财势对人才的影响

上才之人,能行人所不能行

故达有劳谦之称,穷有著明之节

中才之人,则随世损益

【原典】

夫人所处异势,势有申压。富贵遂达①,势之甲也。贫贱穷匮②,势之压也。上材之人,能行人所不能行。是故富有劳谦之称③,穷有著明之节④。中材之人,则随世损益。是故籍富贵则货财充于内,施惠周於外。见赡者⑤,求可称而誉之。见援者,阐小美而大之⑥。虽无异材,犹行成而名立。处贫贱,则欲施而无财,欲援而无势。亲戚不能恤,朋友不见济。分义不复立,恩爱浸以离⑦。怨望者并至,归非者日多。虽无罪尤⑧,犹无故而废也。故世有侈俭⑨,名由进退。天下皆富,则清贫者虽苦,必无委顿之忧。且有辞施之高⑩,以获荣名之利。皆贫,则求假无所告⑪,而有贫乏之患,且生鄙吝之讼。是故钧材而进有与之者,则体益而茂遂⑫。私理卑抑有累之者⑬。则微降而稍退。而众人之观,不理其本,各指其所在,是疑于申压者也。

【注释】

①遂达:成遂通达,此是亨通之意。

②穷匮:穷困匮乏。

③劳谦:勤谨谦虚。《周易·谦》卦:"劳谦,君子有终,吉。"

④著明:标举光明。

⑤赡:赡养,供给生活所需。

⑥小美:小的德行。

⑦浸:渐渐。

⑧罪尤:罪过。尤,过失。

⑨侈俭:奢侈与贫俭。

⑩辞施:拒绝别人的施舍。辞,谦让、不受。

⑪假:通"借"。

⑫体益茂遂:行为有益,美名顺遂。即成功。

⑬私理卑抑:出于私心偏见加以压抑。

【译文】

人们在生活中所处的情势是不同的。得势可以使人受到提拔,也可以使人受到压制。人们一旦富贵亨通,就是得势。如果贫穷困乏,就是失志。具有上等才能的人,能做到常人做不到的事情。因此,他们在富贵时能够保持谦虚谨慎,在穷困时又能显示出高尚的气节。具有中等才能的人,他们生活的好坏,却会随着情势的变化而变化。所以,如果他们凭借富贵而得了势,就会储存许多珠宝财物,并施予恩惠于别人,凡事做到周全。而受到他救济的人,就会寻找他值得称赞的方面极力赞美他。受到他援助的人,就会将他的小小德行加以发挥夸大。这种人虽然没有杰出的才能,却仍然能够功成名就。而如果是身处贫贱之中的人，想施舍别人却没有资财，想帮助别人却又没有权势，不能体恤亲戚，又不能帮助朋友，没有办法去行道义之举，原先恩爱的人也渐渐离开他，而责备怨恨他的人却一块来到，归咎非难他的人也日渐增多。这种人虽然没有大的过错，却仍然被无情地埋没掉了。因此，世道有奢华与俭约的区别，人的名声也随之或进或退，或隐或显。如果天下的人都富足了，那么清贫的人即使生活再苦，却不会有穷困潦倒的忧虑，而且他还可以通过拒绝别人的馈赠来显示自己的高洁，以此来获得很好的声誉。如果天下的人都穷困，那么清贫的人就算想借贷，也求告无门，从而会产生穷困匮乏的忧患，并且会因为过于计较得失而与别人发生争执。所以两个才能相同的人，在仕途中如果一个受到了提拔，他的才能就可以得到充分发挥，最终获得成功。如果另一个被上级的私心偏见所压抑，就会黯然失色，因而事业无成。一般人在考察人才时，不去推究根本的原因，只是注意个人的不同现状。这就是由于情势的升降得失所造成的不同，使人产生的困惑。

※

人摆脱不了客观外界的干扰。人穷志短，人微力轻，身份低贱，穷困潦倒往往是压在人才身上的包袱，使之不能发挥聪明才智。

杰出的人才，心理素质良好，也有天赋，能掌握自己的命运，懂得自助与天助的道理，因而雄才大略，不为外界所动，身在贫贱，仍有高志，能意气风发地奋斗，做到一般人做不到的事。在他们身上体现了有志者事竟成的信条。在富贵显达中，也能保持清醒，为人谦虚谨慎，有富贵不能淫、贫贱不能移的气节。

汉时的朱买臣，字翁子，吴地人。他家里很穷，靠砍柴卖柴来维持生活。他曾经背着柴读书，一面走一面背书，妻子认为很羞愧，要求离开他，朱买臣更加自若地吟诵起来。后来严助向皇帝推荐朱买臣。他被召见，谈论《春秋》《楚辞》，汉武帝十分高兴，提拔他当了中大夫，同严助一起担任侍中。后来又提拔朱买臣为会稽太守。对于丈夫的贫贱地位，朱买臣的妻子无法忍受，闹着要离婚，对于一个封建时代的男子汉而言，实在是莫大的耻辱。但朱买臣却不以为然，能忍受地位的贫贱，奋发向上。

晋代的王猛，字景略，北海人。年少时家里贫困，以卖畚箕为职业。有一次他在洛阳卖畚箕，有一个人出高价买他的畚，对他讲："我家里离这儿不远，你跟我去取钱吧。"王猛因为他出的价钱很高就跟着他去了，走着也不觉得很远，不知怎么忽然到了深山里，看见一位老者白发白胡须，靠矮凳坐着，并给了他10倍的价钱，然后派人送他走了。他出山后，环顾四周，发现原来是嵩山。王猛相貌堂堂，不屑于理会小事，人们都轻视他，王猛仍悠然自得。王猛隐居华阴，听说桓温进了关，就穿着破衣服去拜见桓温，一边捉着身上的虱子一边谈当时的大事，好像旁边无人的样子。桓温认为他不同寻常，十分高兴，封他为祭酒，他却推辞不就。升平元年，前秦尚书吕婆楼向秦王苻坚引荐他。苻坚与他一见如故，与他谈论当时大事。苻坚十分高兴，说自己是刘备遇上孔明。于是王猛当了中书侍郎，后来又做了尚书左丞。人不可能总是处于穷困潦倒的地位，尤其是那些真正有才干的人。他们能够忍受一时的地位低下，日后才能获得高位。

但中等以下的人才却不具备那么良好的心理素质，特别是出身贫贱而又富进取心的人才会因穷而志短，在权贵富有的人面前有压抑感，往往表现得底气不足，因而影响到能力心志的发挥。

失败太多的人，接二连三受到失败的打击，自信心一点一点地被击溃，又长

王猛

期处于潦倒之中,会慢慢沉沦萧条下去,才能一点一点干枯,终无所成。人的才能和热情就像火,它需要不断地添加干柴,否则会渐渐熄灭。如果得不到人赏识和提拔,则穷困潦倒、怀才不遇以了终生。

历史上诸多怀才不遇的人,大都属于这种情况。

对于用人者而言,就应充分考虑这几种外界因素对人才造成的压力。中等之才,得到赏识和提拔,也许会知恩图报,超常工作,成为难得的上等之才。下等之才,可成长为中等之才。因为人的才能一方面有天资,另一方面又是不断磨炼的结果。

对于一般人才而言,也应明白受目前劣势压抑的道理,等待又追求。尽人事,方能成天意,人事不尽,何以成天意?

有志者事竟成只是一种理想状态。人要做的是努力排除外来困难而实现愿望,而有的困难在现时条件下注定是攻克不了的,就应随机而变,寻找新的突破口,不能在无法达成的愿望上消磨生命。

第七节　奇人异士的真伪

尤妙之人,含精于内,外无饰姿

尤虚之人,顾言瑰姿,内实乖反

人之求奇,或以貌少为不足,

或以瑰姿为巨伟

【原典】

夫清雅之美,著乎形质,察之寡失。失缪之由,恒在二尤①。二尤之生,与物异列。故尤妙之人,含精于内,外无饰姿。尤虚之人,硕言瑰姿②,内实乖反。而人之求奇,不可以精微测其玄机③,明异希④。或以貌少为不足⑤,或以瑰姿为巨伟。或以直露为虚华,或以巧饰为真实⑥。是以早拔多误,不如顺次。夫顺次,常度也。苟不察其实,亦焉往而不失。故遗贤而贤有济,则恨在不早拔。拔奇而奇有败,则患在不素别⑦。任意而独缪,则悔在不广问。广问而误己,则怨己不自信。是以骥子发足⑧,众士乃误。韩信立功,淮阴乃震。⑨夫岂恶奇而好疑哉。乃尤物不世见⑩,而奇逸美异也。是以张良体弱,而精疆为众智之隽也。荆叔色平⑪,而神勇为众勇之杰也。然则隽杰者,众人之尤也。圣人者,众尤之尤也。其尤弥出者,其道弥远。故一国之隽,于州为辈⑫,未得为第也⑬。一州之第,于天下为根⑭。天下之根,世有优劣。是故众人之所贵,各贵其出己之尤,而不贵尤之所尤。是故众人之明,能知辈士之数,而不能知第目之度⑮。辈士之明,能知第目之度,不能识出尤之良也。出尤之人,能知圣人之教,不能究之入室之奥也⑯。由是论之,人物之理,妙不可得而穷已。

【注释】

①二尤:尤妙、尤虚两种人。

②硕言瑰姿:浮夸之言辞,美丽之容貌。

③玄机:深奥神妙的义理。

④明异希:明确其奇妙特异之处。

⑤少:不足,欠缺。

⑥巧饬:虚伪,巧伪。

⑦素别:预先鉴别。素,平素、往常、预先。

⑧骥子:良马。比喻有才能的人。

⑨淮阴:韩信的故乡,在今江苏清江市淮阴等地。韩信立功受封,家乡人才感到吃惊。

⑩尤物:特殊的人物。

⑪荆叔:即荆轲(? ~前227),战国卫人,又称荆卿,名庆卿,为燕太子丹子客。受命至秦刺秦皇,未果被杀。

⑫辈:等第,类比。

⑬第:次序。此指品第,即评论并分列人才等次。又叫第目。

⑭根:门臼,即枢。

⑮第目之度:排列名次的标准。第目,品第、品目。

⑯入室之奥:指学问技艺的成就达到精深的程度。又指能得到学问或技艺的精奥。《论语·先进》:"子曰:'由也升堂矣,未入于室也'。"

【译文】

清高雅洁的美,显露于形貌气质,观察时少有失误。失误的来由,常常在于观察尤妙和尤虚两种人。二尤的出现,与众人表现不同。尤妙的人,含蓄精蕴于内,外表却无装饰的姿势。尤虚的人,言语浮夸,搔首弄姿,内在却与实际相反。人们寻求奇才,不能不以精深入微的眼光,探测其中深奥玄妙的道理,明识其奇特独到之处。但是有的人以外貌欠缺为不足,有的以姿容美丽为大伟,有的人以直率袒露为虚华,有的人以巧伪虚假为真实。所以过早地提拔,大多失误,不如顺其正常秩序。顺从次序是正常的情况。如果不考察其实质,怎么可能保证所推荐的人才没有缺失?所以选举中被遗漏的贤才最终得到任用时,就会悔恨何不早点提拔;选拔奇才而奇才终遭败迹,就会遗憾,何不预先有所识别;任意而行,咎由自取,就会后悔何不广征博问;广征博问却耽误时机,就会怨叹自己何不多点自信。所以才能出众的人奋力而起,普通人就会产生误解。韩信立功受封,淮阴的乡亲为此大为震惊。这岂是人们厌恶奇才而喜欢怀疑呢,而是特殊的人物世间罕见,而奇才逸行的人毕竟与众不同。所以张良体质文弱,但他精明强智却是众多智者中的模范;荆轲面色平静,但他精神勇气却是众多勇士中的表率。因而才能杰出的人,是一般人中特立不凡的人,圣人又是不凡人物中的不凡人物。其才能越突出,他所达到的境界就越深远。因此一个郡国中的才智出众者,只是州里的同辈之士,未能够上人才档次。州中的人才,只是国家级人才的下等。天下的众多人才,不同世道有优劣不同的际遇。因此一般人所能做到的,是各自看重胜过自己的人才,而不重视特殊人物自身之所以特殊的原因。因此一般人的聪明,只能知道同辈中的突出者,而不知道郡国品第人物的标准。同辈中聪明的优秀者,只能知道郡国排列人物名次的法则,却不能认识特殊人才之优异。特别杰出的人才,能知道圣人的教化主张,却不能究竟学问或思想境界的精奥。由此论之,关于人物品第的道理,微妙不可得,更不可穷尽。

※

清俊雅士、特征突出的人才很容易识别。发生错误的往往是那些其貌不扬的奇才异士,如五短身材的晏子。

朴实无华的人,精华深蕴在内而不外现,看似平平常常之人,实际上胸中滔韬谋略壮于山川沟壑,但不随便炫耀自己的才华,为人处处居于中庸地位。不是精晖之人,就发现不了这样的优秀人才。

还有一种人,外面仪表堂堂风度翩翩,很有英姿,实际上却空无一物,外强中干。因其相貌端正,往往为人们喜爱,却忽略了他真实的才能,待使用时,造成损失后才知他的底细。

那种其貌不扬而内有奇谋的人因不喜欢表现自己,往往不为天下人所识,甚至招来自眼,像俗语说的"满罐水无声响,半罐水响叮当"。这种奇才往往只为少数圣雄帝王能鉴别。而徒有虚名的假人才,也往往只有贤明之士才能鉴别其真伪。

"风萧萧兮易水寒,壮士一去兮不复还。"这句话所讲的荆轲刺秦王的故事大家都知道。其时,与荆轲同时的还有一个少年英雄,叫秦舞阳,也是燕国出名的勇士。他们肩负的使命不能说不重大,燕太子丹集全国之力聘请二人,按理说都该是名副其实的冷血杀手,天下一等一的刺客。在荆轲奋力刺杀秦王之时,秦舞阳却因为年轻,没见过大场面,首先被秦宫的森严、庄穆气氛给吓住了,脸色发白,双手发抖,全身战栗,竟不能帮荆轲一点忙!因此本是一个刺杀秦始皇的大好机会,却因秦舞阳之误,而功亏一篑。秦舞阳也不算大勇士了。

第十章　主要错误——以己观人

第一节　以己观人

夫人初甚难知,而士无众寡皆自以为知人

盖以己观人,故以为可知也

观人之察人,则以为不识也

【原典】

夫人初[1]甚难知,而士无众寡皆自以为知人。故以己观人,则以为可知也。观人之察人[2],则以为不识也。夫何哉?是故能识同体[3]之善,而或失异量[4]之美。

【注释】

①初:交往之初。

②观人之察人:观看他人考察人的情况。

③同体:同一类型。

④异量:不同类型。

【译文】

人在刚开始接触时是最难识别的,但人们不论才大才小,都以为自己会识人。原因是以自己的情况为标准来观察他人,就以为能够识人。考察他人观人的情况,就以为他人不会识人。为什么会这样呢?因为人能识别与自己同类型人的优点,而看不到与自己不同类型人的长处。

※

先读一段庄子的散文。

庄子与惠子游于濠梁之上。庄子曰："白鱼出游从容，是鱼之乐也。"惠子曰："子非鱼，安知鱼之乐？"庄子曰："子非我，安知我不知鱼之乐？"惠子曰："我非子，固不知子矣；子固非鱼，子之不知鱼之乐，全矣。"庄子曰："请循其本。子曰'汝安知鱼乐'云者，既已知吾知之而问我。我知之濠上也。"

——《庄子·秋水》

对话的大意是说，庄子和好朋友惠子在濠水的桥上欣赏江水风光，看到河中鱼儿的自由游戏，庄子感叹起来："白鱼们游得多么自由舒服，这就是鱼儿的快乐呀。"惠子故意要与庄子斗嘴，反驳道："你又不是鱼，怎么知道它们快乐呢？"庄子反问："你不是我，又凭什么知道我不知道鱼儿的快乐呢？"惠子说："我不是你，所以不知道你；

庄子

你不是鱼，所以你也就不知道鱼。这还用说吗？"庄子很聪明，不上惠子的当，说："还是顺着开头的问题来讨论吧。你问我'怎么知道鱼的快乐'，就表明你已知道我知道了鱼的快乐，因此才问我'怎么知道的'。而我就是在桥上知道的。"

观看鱼儿的快乐自由是这样，鉴察人物时也是这样。这样的错误就叫"以己观人"。这个错误是最为普遍的识人错误，可惜并不为许多人所察觉。

以己观人，就是以己心度他心，以个人的经历、学识、观点、内心思想为标准、为参照来判断他人的思想活动。

北魏节闵帝时期(公元351年)，尔朱荣把持朝政，另一个大臣贺欢带兵攻打尔朱氏，以清君侧为名，因此能得人心，聚集了正面力量，最后功成，杀了尔朱荣一家。

尔朱荣的弟弟尔朱世隆在外省为将，招兵买马准备报仇雪恨。他的一个部将叫房弼，当时任青州刺史，是一员著名的猛将，对尔朱氏一家向来忠心耿耿。他招集部下，欲割手臂上的血为盟，以齐心协力、尽心尽力去帮助尔朱世隆。

都督冯绍基是房弼的助手，深得房弼的信任，对房弼献计说："现在天下大乱，人心不稳，要表现真诚之心，如果冒着严寒，割心前之血为盟，岂不是更能得天下人之心？"房弼是个血性之人，直肠子，将心比心，认为这个主意很好，就招集所有部下和当地老百姓，当着众人的面，在冰天雪地里，赤裸着上身，气壮声雄地叫冯绍基动手。

看着冯绍基微微发抖的手，房弼禁不住笑了，骂道："他奶奶个熊，抖个啥子！快动手，老子冷着呢？"冯绍基一鼓劲，举刀割向房弼胸前时，出乎意料地轻轻一推，就把房弼杀死了，带着人马投奔节闵帝。

对手下的人判断不准，把奸贼当着忠臣看，吃的亏可大了。这对主管者来讲，不能不慎之又慎。

但在许多情况下，需要人，一时间又找不到合适的人，怎么办呢？总不能叫事业停下来等待人才吧？因此，主管者要学会去发现人才。往往正在身边工作的人员中有可成大器的人，只由于主管者对他们的熟悉，就以为完全知道他们的全部能力，完全了解他们的思想而不敢放到重要岗位上去，也因此不能培养出人才来。这种恶性循环会造成人才的青黄不接。如果在一开始，就注意人员结构的阶梯化，在人才结构还不完善的时候，就考虑到人才的流动，积极留心潜在的替补人选，有意无意地培养他们（这类人才往往就在单位中）；一旦人才流动，就可以让早已有准备的半成品接手该工作，这样他不仅有知遇之恩，会努力地干，而且会迅速上手。至于说那种并不存知遇之恩的人，在"观神识人"一节中已谈到如何鉴别他们。

现在的社会变化为人才流动提供了广阔的空间，已不可能指望许多人在某个岗位或某个单位工作一辈子，因此主管者必须面对现实，充分考虑这个因素，并为之做好准备，以免到时手忙脚乱，造成损失。

以己心度他心的优点也有，但世人心思变化无常，忠厚之人以为他人也忠厚，往往落个农夫和蛇、东郭先生和狼的结局。奸邪之人以为他人也奸邪，因此处处防范着他人，虽然也会失去一些东西，但至少可以保证自己不上当受骗。

因此,无论是主管者,还是被聘用者,害人之心不可有,但防人之心多少还是有一点的好。

以己观人的直接结果是能识同体之善,而难识别与自己不同类型的人。以小人之心度君子之腹就是一个脚注。许多人都以为自己会识别人才,原因就在于自觉不自觉地中了"以己观人"的圈套。

以己观人用在考察同类型的人才尚可,考察不同类型的人就显得智慧苦短、功力不够了。重视制度的人可能不相信道德教化的作用,智谋之人喜欢聪明权变的人,而可能轻视坚持原则、不善灵活的人。

兴趣爱好、经历学识相仿的人往往比较容易谈得来(也有例外),也容易看到对方的优点,甚至可能拔高他的优点。不同类型的人亲近程度有限,还可能产生排斥心理,贬低他的优点,夸大他的缺点。

从前有一个人遗失了一把斧头,怀疑被隔壁的小孩偷走了。于是,就暗中观察小孩的行动,不论是言语与动作,或是神态与举止,怎么看都觉得像是偷斧头的人。因为没有证据,所以也就没有办法揭发。隔了几天,他在后山找到遗失的斧头,原来是自己弄丢的。从此之后,他再去观察隔壁的小孩,再怎么看也不像是会偷斧头的人。

这个人就是以自己来度量别人,主观意识太强,把老实的小孩看成是贼。认定小孩是贼,因此越看越像贼。他心中认为小孩不是贼以后,再怎么看都不是贼。其实小孩本就不像贼,完全受主观心理所左右,这就是由于以己心度人而造成的识人错误。

诸葛亮则因为与马谡情性相投、兴味相当而夸大了马谡的优点,忽略了他的缺点而痛失街亭,北伐无功。

以个人好恶为判断标准

以己观人的另一个缺点是以个人好恶为判断标准。这样的后果往往造成巨大的损失,危害出现后才不得不壮士断腕。以个人好恶为标准,往往会拔高所喜欢人的优点,夸大所厌恶人的缺点,或是在喜欢时把他的缺点也当优点,一旦讨厌就贬得一无是处。这样识人自然会亲小人,远贤臣,搞得家不家,国不国,大好形势就在一念之间断送了。

汉武帝到郎署(汉朝官署名)巡视,遇见一个衣裳不整的白发老翁,问他:"你叫什么名字呢?什么时候在此为郎(宿卫之官名)的呢?"

老翁答道:"臣叫颜驷,在文帝时就在此为郎了。"

武帝又问:"为何这么老了,仍在此当差呢?"颜驷答道:"文帝好文而臣好武,景帝喜好年老的而臣尚年少,陛下喜好年少的而臣已年老,因此历经三世都没有晋升的机会,只好一直在此当差了。"

假如文帝好武,景帝喜好年少,武帝喜好年老的话,颜驷一生的机遇必定大不相同。针对颜驷生不逢时,我们一方面感叹造化弄人,一方面深刻体会到个人好恶影响识人之深。

北宋的著名文人刘几几次殿试都可以取为第一,但由于喜欢出一些奇言怪语,令主考官欧阳修非常讨厌,因而几次都落选了。欧阳修在阅一份考卷时,读到一句话:"天地轧,万物茁,圣人发。"说:"此必是刘几的试文。"批道:"秀才辣,试官刷。"朱笔一挥,刘几又一次名落孙山。数年后,又是殿试,题目为"尧舜性仁"。有一篇应试文写道:"静以延年,独高五帝之寿;动而有勇,形为四凶之诛。"欧阳修大加赞赏,取为第一。列名单时,才发现是刘几的文章。大文豪欧阳修愕然良久,哑口无言。

同类型人结成领导班子的局限

以己观人造成的"识同体之善而失异量之美"的缺点,可能会形成这样一种结果:同类型的人集在一起组成一个公司,一个团体。这种团体无疑充满许多优点,特别是在事业发展之初,由于条件艰苦,待遇不丰厚,前途也不十分明朗,大家能够齐心协力,不计得失,相互激励着前进。一旦事业发展起来,这种团体的局限就暴露出来了,特别是领导班子,其局限性可能会加剧,排斥异己力量,造成耳目闭塞,甚至会影响到事业的生存。耳目一闭塞,只能听到同气的声音,而失去了许多新的信息,或者失去许多与己不同的优秀人才,因此而丢掉的机会则不可计算。

决策者有必要考虑一下同类型人组成的团体在发展事业上的优缺点。由于是做事业,关系到众多人的命运和幸福,而不是搞活动,因此这一点不能被长期忽略。在王安石的变法过程中,乃至几十年后的章惇、蔡京一辈人身上,都是以重视法制的同类型人组成的领导集团,像苏东坡这样的保守派则被贬谪到偏远山区作诗去。对苏东坡个人和中国的文化历史而言,多出了一个文学大家;但对当时的改革来讲,则是喜忧参半。同类型的人才被提拔到各个岗位,异量之美被打击,结果不仅与王安石不同类的优秀人才部分地失去了,而同类中的邪恶小人因此得势而坏了改革大事,同时这种打击又四面树敌,给改革增加了许多阻力。

如果他们能以改革为龙头,重视法制的同时,又宽容为怀,大量吸取其他类型人才的优点,严厉与宽容并举,改革与循序渐进齐飞,不树敌太多,不急功近利,给人们以接受新事物的时间和心理准备,也许他们的改革会是另一个结果。这是从人才学角度看历史,对今天的社会不无借鉴意义。邓小平的改革能卓有成效,"循序渐进"四字是应该记一功的。

桓玄夫人识刘裕

千古江山,英雄无觅,孙仲谋处。舞榭歌台,风流总被雨打风吹去。斜阳草树,寻常巷陌,人道寄奴曾住。想当年,金戈铁马,气吞万里如虎。

辛弃疾的这篇洋溢着爱国激情的华章,歌颂了几位历史人物的英雄业绩,其中浓墨重彩刻写的就是这位"寄奴"——刘裕。

刘裕早年丧父,家境贫寒。青年时代曾挥汗躬耕于田野,上山砍柴,下泽捕鱼,备尝生活之艰辛,因此养成终生简朴的习惯。晚年当了皇帝,还在后宫独辟一室,珍藏着他曾用过的农具。

刘裕在东晋末年南北朝混战之际,崛起于行伍之间,终其一生,戎马倥偬。这位靠战争登上皇位的农家子弟,胸有韬略,勇武善战,确实充满了"金戈铁马,气吞万里如虎"的英雄气概。在刘裕还是桓玄手下的一个小头目的时候,当时桓玄已经篡位,他的夫人私下对桓玄说:"我看刘裕龙行虎步,风度不凡,恐终不能为人下,不如早点除掉他。"桓玄说:"我刚刚平荡中原,

刘裕

眼下正是用人之际,非刘裕无可用者。等关、河平定后,再作打算吧。"可是等到他"再作打算"时,一切都已经晚了。

当初与他起义的诸葛长民,刘裕邀他畅谈。当诸葛正为刘裕能如此推心置腹而感激涕零之时,伏在帐后的武士却将他刺杀于座中。

第二节　各类人才易犯的识人错误

取同体也

则接论而相得

取异体也

虽历久而不知

【原典】

是以互相非驳[1],莫肯相是[2]。取同体也,则接论而相得。取异体也,虽历

久而不知。凡此之类,皆谓一流之材也。若二至已上,亦随其所兼,以及异数③。故一流之人,能识一流之善。二流之人,能识二流之美。尽有诸流,则亦能兼达众材。故兼材之人与国体同。

【注释】

①驳:同驳。

②是:对,正确,指对方的优点。

③异数:不同的高度。

【译文】

所以相互否定驳斥,不肯承认对方的优点。遇到同类型的人,就言谈融洽并相互称赞。遇到不同类型的人,即便相处很久也彼此不了解。诸如此类的人,也都属有一种才质的人才。如果具备两种以上的才质,也就根据所兼有的多少而达到不同的高度。因此一才之人,能识一种才质人的优点。二才之人,能识两种才质的优点。诸多才质都具备,就能兼有众才。因此兼有众才的人与国体之才相同。

※

对一般人而言,对人才的识别,大体有这样一个关系,一流人才能识别同样优秀或比自己低的人才;二流人才能识别二流之才,但不能识别一流之才;三流之才同理。这就像在楼顶上能察看对方楼上楼下各层情况,在三楼则看不到四楼、五楼……的情况,但可以看到一楼、二楼、三楼的情况。站在楼顶上的人,什么都能看见,如同能识别各级人才一样,是国体栋梁之材。各种类型的偏才,由于性格、目光、学识的限制,大都只能看到同级同类人的优点,却忽略其他类型的优点。这也形成偏才的一个局限。

1. 清节之流难识权变之美

清节之人,以正直为度,而疑法术之诡。

清节一类人才,标崇正直、高尚的道德,因此把道德高尚、品行端正作为考察人物的首要原则。由于先入为主,对机谋多变、缺少恒操的诡谲之人就敬而远之,不能充分、全面地接受他们的优点。

这对包容含蕴、广揽贤才自然是一种阻力。

2. 法制之人难识情理之美

法制之人,以分数为度,而不贵变化之术。

倡导法制为天下守的人才,赏识那些制度观念强、执法刚正、不畏权势,敢于维护法制尊严的人,不喜欢不守制度、不讲情理、不讲制度和原则的人。

法制之人心肠刚硬,可以做到大义灭亲,六亲不认。对讲情论理的人不大感冒,认为那是心慈手软,不利于整个大局。缺乏柔情的一面。他们过重地看到了人的惰性的一面,因此主张要用制度来约束人,而忽略了动之以情,晓之以理的感情力量。

3. 术家之人难识耿直之美

术谋之人,能成策略之奇,而不识遵法之良。

机智聪明、深思远虑、能出奇策的人才,术谋之人都很喜欢,而且也能识别出其长处。相应的,对照章办事、循规蹈矩、不大善变的人,可能把他们看作死板,一段呆木头。

4. 器能之才不识

制度之美

器能之人,

能识方略之规,

而不知制度之原。

器能在才识方面仅次于国体之才,对德、法、术三类人才都有一定了解。他们看重有思想、办事能力强的人,但对喜欢从理论高度来研究、干预政事的人不感兴趣。

5. 智意难识骨气之美

智意之人，能识韬略之权，而不贵法教之常。

这种人才是术家的支流，能识别权术之变，但立场不坚定，随风倒，以明哲保身的态度处世。权智有余，公正不足。不欣赏清节之人的贞操，认为是食古不化，不善变通。实际上他们认为坚持骨气在许多情况下不值得。

6. 伎俩不识隐忍之美

伎俩之人，以邀功为度，而不通道德之化。

伎俩，法家的支流，追求短期功利，好大喜功。手段施用不当就会扰民，不欣赏道德高尚、克己奉公勤政的人才。

7. 臧否难识同已之美

臧否之人，能识诃砭之明，不畅同体之异。

这类人善于考察人物，却不善于识别与自己同类型的人。对于潇洒风流的人才则不喜欢，因此也不够宽容。

8. 口辩难识含蓄之美

口辩之人，能识迅捷之惠，而不知含章之美。

这类人才能识才思敏捷、锋芒外显的雄豪俊杰，难以发现深沉含蓄的美妙。中国古人的处世智慧，以沉默是金为良方，也不排除该出手时就出手的策略。口辩之人太急进，因此反而欲速不达。

※

前面分述的各类人才，除国体外，都属偏才。由于自身局限，他们能充分了解同类型人才的心理和特长，以己观人，识别得非常准确。但又由于从自身出发，以己观人，主观臆断，就看不准其他类型人才的优点和长处了。

这个道理是非常有见地的。从心理过程来看，人是以心为主的主体意识物，认识外界事物都须经由主体意识的过滤。比如一朵花，经由人的认识之后，花才是美的,花才能被感觉到是美的。鉴别人才时,他是否有能力,有多大的能力,要经由鉴别者的主体认识之后,才能确定。一经由主体意识,无外乎三种可能:与实际完全吻合,部分地吻合,不吻合。如此而来,就有三种结果:鉴别准确,部分准确,不准确。

各类人才从自身出发,以己观人,考察同类人才时,基本上属于全部准确,考察其他类型人才时,则主体意识过滤得就有偏差了,因而难识别其他类型人才。这种现象非常普遍。他认为是人才,我则认为不是,这就形成偏才识别人才的差异。文人难识武将的长处,办公室人员不知业务员的长处,都是这个缘故。

诸葛亮受命之初,关羽、张飞都不认可他的才能。陆逊以一介书生,拜东吴大将,程普、黄盖等也不认可他的才干。这都是识同体之善,难识异量之类的缘故。一个团体或领导集团,如果被这一点所主导,短期内虽无大弊,时日一长,毛病就会积累显现,不可不察。

曹操、孙权、刘备三足鼎立之后,曹操时时有踏平南方、统一中国的愿望。汉献帝十八年,他亲率 40 万大军,攻破孙权江西大营,孙权率兵 7 万,与曹操相抗。曹操见孙权兵虽 7 万,但军伍整肃,士气逼人,叹道:"生子当如孙仲谋,像刘表的儿子刘综,只是豚犬耳!"孙权写信给曹操,说:"春天到了,江水陡涨,北方人不习水战,您还是先退回吧!"又附一页纸说:"足下不死,我不得安。"曹操哂然一笑,对部将说:"孙权不欺孤!"于是撤兵。二人同为天

陆逊

下雄主,虽相互为敌,但仍是惺惺相惜,相互赏识。

第三节　如何排解"以己观人"的错误

多陈处直,则以为见美

静言不听,则以为空虚

抗为高谈,则以为不逊

逊让不尽,则以为浅陋

历发众奇,则以为多端

【原典】

然则何以知其兼偏,而与之言乎?其为人也,务以流数①杼②人之所长,而为之名目③,如是昔兼也。如陈以美④欲人称之,不欲知人之所有,如是者偏也。不欲知人,则言无不疑。是故以深说浅,益深益异⑤。异则相返,反则相非。

是故多陈处直,则以为见美。静听不言,则以为虚空。抗为高谈,则以为不逊。逊让不尽,则以为浅陋。言称一善,则以为不博。历发众奇,则以为多端。先意而言,则以为分美。因失难之⑥,则以为不喻。说以对反,则以为较己。博以异杂,则以为无要⑦。论以同体,然后乃悦。于是乎有亲爱之情,称举之誉,此偏材之常失。

【注释】

①流数:各家各派。

②杼:同抒,表达,引申为赞美。

③名目:给以品评。

④陈以美:陈述优点。

⑤益深益异:越深越有差异。

⑥因失难之:因不明白而提出疑问。

⑦不要:不得要领。

【译文】

然而如何识别他是兼才或偏才而与他交谈呢？他为人才，能以各种人才的性情来谈论他们的长处，并加以评品举荐，如果是这样就是兼才。如果陈述自己的长处而想要别人称赞，又不想了解别人的长处，像这样的就是偏才。不想了解别人，就对别人的话无不表示怀疑。因此和见识不深的人交谈，谈得越深差异就会越大。有差异就会对立，以至于相互非难。

因此，经常表现出正直之态，就以为发现了他的优点。静听人语不发话，就以为他空洞无实。激昂地高谈阔论，就以为是不谦虚。谦让太多，就以为是浅薄无能。言谈只显示了一种长处，就以为知识不广博。旁征博引就以为是学问深厚多端。自己的想法被别人道出，就以为是分享了自己的成果。因不明白而提出疑问，就以为是不可理喻。说出不同意见就以为是与自己较劲。广博而又杂异，就以为是不得要领，谈到共同的话题才能够欢悦起来，因此而有亲近爱护之情，称赞举荐之名，这就是偏才常有的偏失。

※

以己观人的表现多种多样，错误也各自不同。从表现状态来描述以己观人的心理特征，有助于提醒沉迷其中的人。

1."多陈处直，则以为见美。"

如果谈话内容较多，或者语言直率，就认为这是在显示炫耀。

2."静听不言，则以为虚空。"

如果静听他人讲话，不轻易表态，就认为这是思想空虚，没有真本领。

3."抗为高谈，则以为不逊。"

如果理直气壮地高声谈话，就认为这是傲慢无礼。

4."逊让不尽，则以为浅陋。"

如果谦逊礼让，讲话留有余地，就认为这是见解浅陋。

5. "言称一善,则以为不博。"

谈话中如果肯定一方面的可取之处,就认为这是狭隘不博。

6. "历发众奇,则以为多端。"

如果对方摆出各方面的见解,就认为这是善变多端。

7. "先意而言,则以为分美。"

自己的想法或观点,别人曾先谈及,就以为是别人抢了自己的成果。

8. "因失难之,则以为不喻。"

对方发现他的讲话有错误而提出疑问时,就认为对方糊涂,听不懂。

9. "说以对反,则以为较己。"

如果有人提出相反的意见,就认为这是找茬子,有意和他辩论。

10. "博以异杂,则以为无要。"

谈话中如果征引了广博的知识,他就会认为杂乱无章。

总的说来,这种人只有和自己同一类型的人才能谈得来,并且互相吹捧、宣扬,这是偏才之人在待人接物上的基本缺点。

要克服以己观人的缺点,应不断加强与多种类型人的接触,广交朋友,多观人之长,而不妄下断语。

第十一章　知人的两种困难

第一节　知人之难

人物精微,能神而明,其道甚难

是以众人之察不能尽备

故其得者少,所失者多

【原典】

盖知人之效①有二难。有难知之难,有知之而无由得效之难。何谓难知之难? 人物精微,能神而明,其道甚难,固难知之难也。是以众人之察不能尽备②。故各自立度,以相观采③。或相其形容,或候其动作,或揆其终始,或揆④其儇象,或推其细微,或恐其过误,或循其所言,或稽⑤其行事。八者游杂⑥,故其得者少,所失者多。

【注释】

①知人之效:了解人才不失误。

②尽备:完全详备。

③以相观采:各自观察取舍。

④揆:测度。

⑤稽:考核。

⑥游杂:混杂而无统一标准。

【译文】

鉴别人才而不出差错有两方面的困难。一是人才难以鉴别的困难,二是发现人才却又无法举荐的困难。什么叫难知之难? 人物精深微妙,能神幽而通明其中的规律很难把握,因此出现人才难以鉴别的困难。因此一般人的考察不能全面把握而各自制定标准来进行观察取舍。有的观察形相外貌,有的留意行为动作,有的测度他开头结尾的表现,有的衡量他的模仿能力,有的推敲他的细枝末节,有的估计他的过失错误,有的考察他的言语,有的考核他的办事能力。以上八方面相互混杂而无统一标准,使得鉴别人才时正确的少,错误的多。

※

遇到危险,本能地退缩,或者掩藏起来,这是生物的自然反应。人是有思想的,因此他们把内心的许多东西掩藏起来。这就给识别人心带来障碍。

人们又多凭经验办事。个人的经历不同,识别人才时,对人才的能力、学识的演绎就会出现偏差,构成片面的错误。以己观人,凭个人好恶、个人经验识人,片面的错误是必然的。西方的技术科学特征可以把人才用各种指标衡量,并打出一个准确而"科学"的分数来,但其错误率仍然很高。这可以作为人才不易知的一个佐证。

这对主管者提出了一个严肃的问题:有没有识人的眼光? 有没有用人的胆魄? 有没有容人的肚量? 没有眼光,就错过了内秀的人才;没有胆魄,就不敢大胆启用没有资历、初出茅庐、名望不高的旷世奇才;没有肚量,就容不下与自己意见相左,或高于自己的人才。因此,用人者在感叹缺乏人才之前,应先检讨以上3个问题,确证无失之后,再感叹缺乏人才才有道理(实际上没理由,人才肯定不少,否则这个世界就停止不转了,应思考毛病出在哪里,再下决心去解决)。

片面观人有8种情况。

1. 以貌取人

古语讲,相由心生。这是饱含人生经验的一句话。心志高的人,面有奋勇之色;心高气傲的人,是旁若无人的神色。但神色与形相美丑却没有直接联系。有的人就把相貌美丑作为了识人的标准。长得丑、奇形怪状的人,看了心里不舒服,就"咔嚓"一下把此人的才能否决了。有的人身形猥琐,不注意衣饰外貌,其实是饱学名士。张三丰在名声重于武林泰斗之前,人称他"邋遢道人",就因为他不讲卫生。为什么不讲卫生,这里不去讨论,邋遢的外衣下却罩着举世奇绝的胆识气概。

不重外表的人逐渐减少,但长相奇绝的人才仍不被赏识,这一点却一直没变。

曹操统一了北方,实际上本还可以轻松地取得西川,那样刘备就没有了根据地,历史兴许是另一个模样了。

刘备进西川前,蜀地归刘璋管辖,刘璋是个无能、懦弱的人,西川迟早要被人吞并,因此他手下的人才就各打各的算盘。张松就借去许昌向曹操求援的机会,暗藏一幅西川军事地图,如果曹操看得起他,就把西川拱手送给曹操。

曹操偏偏在这儿犯了一个错误。张松在西川是很有名的人物,但长得丑,尖头,暴额,牙齿也露出来,短短的,但声如洪钟。曹操一看这个丑样子,立刻就把脸拉下来了,因为丑,他实在不喜欢,也就对张松很傲慢。

张松一生气,地图不献了,把曹操手下人当众羞辱一顿,又迫使曹操撕毁自己的兵书,扬长而回四川,投靠刘备去了。

曹操是一代雄主,求才若渴,任人唯贤,却在阴沟里翻了船,丢失了大片土地,英雄的愿望也得不到实现。他也称得上雄才大略、英明当世,为挽留住关羽这个蚕眉重目的美髯英雄,费了那么多的心思。实际上回过头来看,即便他留住了关羽,也可能又多了一个徐庶,一言不发,不肯为他效力。就算效力了,以关羽的骄傲,也不会十分听话,更难说以他一人之力能帮曹操打下西川,而张松却是拱手奉送。这一正一反之间的差别,可以掂出以貌取人的错误分量。

可惜曹孟德一世英雄,文武全才,雄心壮志因以貌取人,一念之间铸成历史的错误。

读历史,头脑都很清醒,而在实际工作中,有几位能如此?

2. 只看行动

虽说不仅要看人才怎么说,更要看他怎么做,但某些亲眼看到的东西也并不正确,而应前前后后调查一番,才对。有的人心思险恶,语言不可信,只可相信行动。但行动中仍须讲究全面的原则。

特定环境下,人做出不该做的事,说了不该说的话,不能一棍子打死,否定他的全部成绩和品性,比如乱性下强奸的发生。

有一群人在外流浪,想找个托身之地,以施展他们的才华和抱负,但处处遭到拒绝,生活非常艰难,常常饿肚子。

走进一段荒芜地区,好不容易搞到一袋大米,大伙儿就叫一个忠厚诚实的人烧水做饭。这群人的长者闭目歇坐了一会儿,就站起来活动一下筋骨,远远看见那个在大树背后做饭的小伙子正拿着勺子自个儿抓米饭吃。长者有点难过,一向诚实的人,在危难中就失了本性。长者没向其他人提此事,但已改变了对那个诚实小伙子的看法。

后来,当这个小伙子在战场上牺牲了,长者重提此事,另一个随行的人告诉他,那个小伙子当时并没偷吃米饭,而是雀屎掉在锅里,他不忍浪费,悄悄拣了那团米饭吃了。

长者听了后,就呆呆地坐着,良久。这就是孔子困于陈、蔡时的故事。

尹伯奇侍奉后母非常孝顺,他没有衣服和鞋子,就光着脚在冬天为后母拉车子。他的后母曾经抓住一只毒蜂,去掉毒后系在自己的白衣上,伯奇看见,走近前想帮母亲拿掉。母亲大叫:"伯奇拉我的衣服。"吉甫于是开始怀疑伯奇想对其继母非礼。伯奇没有办法洗刷耻辱,只能自杀身亡。

因此,主管者在识人上一定要慎重,没有证据,不知来龙去脉,就不要随便否定。不能因他的童心大作,而认为他不成熟。

3. 只看当初,不顾变化

新的工作职位和新的工作内容,会给人一种压力,因陌生和紧张而生畏惧感。用人者不能因新人最初的工作没做好,就怀疑他的能力。谁都有一个熟悉过程,许多工作并不需要特别的智慧,而是熟悉。用人者应考察新人在接受工作后是怎么做。如果只是一味地勤奋,没有动脑筋去思考轻巧、简洁的方法,那应及时提醒他,不要一味苦干,要用头脑。如果只想取巧,缺乏苦干精神,那就需留心了,是聪明而懒惰的领导人潜质呢,还是投机取巧?

不论最初的考察结果如何,不要忘了,最根本是他以后的工作能力和品质。最初的诚实未必是真;而明言要求加薪水的直率也未必是真正的诚实。

一个人最终的成就只与努力的过程相关,而与最初的表现无必然联系。除只有伟人能成就的功业外,其他绝大多数工作职位对天分的要求不十分严格。用人者不宜因自己是天才,就要求每一个部下也是天才,更多地要求是勤奋、诚实和不断地进步。这三点也是选拔人才的要素。

当然,要能胜任工作,并创造性地圆满完成工作是选用人才的根本。职位不同,对人才要求的侧重点也不一样。有的首先是能力,有的首先要求忠诚,识情况而定。

勤奋、肯钻研的人,也许开始表现平平,慢慢的,成熟了,能力也增强了,成长为业务骨干。不肯钻研的,永远只能停在原有水平上。如果你已满意于目前的职位或成就,那就是不能继续向前的信号。

4. 只看表面现象

与人交往,第一印象非常重要。人们都习惯于用第一印象来评价别人,尽管这并不正确,但习惯成自然,既然人们这样俗成了,人才就应注意个人的外表形象,除个人利益外,还为其他人和公司的利益着想。如果你被撤换,顶替的是无能小人,那不是害了你的同事和部下?"穷则独善其身,达则兼善天下"的思想含有许多的保守意味,不是积极济世的态度,不值得推广到现代企业中去。

用人者如果也与普通人一样凭表面印象来判断、评价人才,那就糟了。这可能错过了人才,选择了绣花枕头。真正的人才在未被赏识、启用之前,以身居贫穷的居多。他们把时间、精力花在了学习、思考上,也没有钱去修饰自己的外表。凭表象识人,自然错误百出了。

许多的奸佞小人又善于讲奉承话,表面上忠心耿耿,实际上心怀邪念。这也是表面现象的一种。忠臣不善言表,这又是表面现象的一种。用人者如不能区分这两种情况,首先是失职,其次是无能,再次会引狼入室,亲信小人,造成巨大损失。

5. 只看细节

宋朝的范仲淹,是一个有远见卓识的人。他在用人的时候,主要是取人的节气和才能,而不计较人的细微不足。范仲淹做元帅的时候,招纳的幕僚,有些是犯了罪被朝廷贬官的,有些是被流放的。不少人不理解范仲淹的人才策略,产生了疑惑。范仲淹则认为:"有才能没有过错的人,朝廷自然要重用他们。但世界上没有完人,如果有人确实是人才,仅仅因为他的一点小毛病,或是因为做官议论朝政而遭祸,不看其主要方面,不靠一些特殊手段起用他们,他们就成了废人了。"

用人不宜求全。只要他能胜任工作,就不宜责备其不当的细节。至于因细节影响了工作,那这不是细节问题了。

在用人这一点上,水至清则无鱼,人至察则无徒,然不能鼓励人才贪私利,但要约束到每一个人都两袖清风,是违背人本性而不现实的。睁一只眼闭一只眼要分轻重缓急。正在用人之时,宜闭一只眼,但不能让人才贪私利到乱自己阵脚的程度;江山已打平,为严肃纲纪,就要多睁睁眼睛,不要再纵容贪欲。提高他们的待遇是必要的,至少有限制他们腐败的物质前提。

6. 犯有前科

有前科的人总让他人不放心,担心他旧病复发,或者是怀疑他本性不改。

首先可以肯定的是,这类人既然有胆量作奸犯科,定然有勇气和特别之处。如能引导这种力量到正面上来,会造福不小。可行的办法是,先考察这类人本性如何,神正不正。神正,其人正,他犯错误可能是一时的失足和糊涂。这种人自然是可用的,而且应大胆、带鼓励性地用。他们知恩心切,滴水之恩,当泉涌相报,能力会超常发挥,死命以效。

屡试不改的人,则应毫不犹豫地开掉,不要留隐患在身边,抱着侥幸的心理。有的人的确是不值得留在身边的。有一次,楚庄王举行宴会,招待他的一批得力臣下。他让自己一位心爱的美女为众人斟酒,以助酒兴。夜幕初降时,众人已喝得有几分醉意了,这时,一阵风吹熄了烛火。黑暗中,有人仗着酒兴乘机拉住斟酒美女的衣袖,大概想一亲芳泽,但被这位美女挣脱了。机灵的美女顺手拉断了那人的帽缨握在手中。

美女来到楚庄王座前一阵撒娇、咬耳朵,拿出那条帽缨,定要楚庄王查出那人,严加惩处,为自己出气。那位冒失鬼已吓得面色如土,冷汗淋漓,暗道完了,垂头待死,气氛十分紧张。庄王却不动声色,好像什么事都没发生一般。

楚庄王接着大声下令:"今天,有这么多的良臣猛将和我一起饮酒,我心里十分痛快。咱们继续喝,一醉方休。并且,谁不把帽缨扯断,谁就没有痛饮尽欢,那我就要处罚他!"

于是,所有参加宴会的臣子们都拉断了自己的帽缨,放胆狂饮,一直喝到东倒西歪才尽兴而去。

不久,在楚国围困郑国的那场重要战事中,有一位武士在楚庄王面前表现得特别勇敢,他带头冲入敌阵,交锋五回合,便杀了五个敌将。这位武士的神勇大大地鼓舞了楚军将士的斗志,他们齐声呐喊,旋风般朝敌军杀去。郑国军队被这位武士的神勇吓得亡魂直冒,楚军一冲上来,他们就乱了阵脚,丢盔弃甲,狼狈而逃。

结果,楚军大获全胜。

战后,楚庄王派人慰劳这位武士,一打听,原来他就是那次宴会上被斟酒的美女拉断了帽缨的人。

楚庄王的大度,鼓励的不仅是那位将士。

7. 只听言语,不看行动

这是老生常谈的问题了。早在 2000 年前,孔子就讲过了,说在早些时候,他轻信人言,结果吃亏不小,才学会不仅要听人怎么说,更要看他怎么做。只有听其言,观其行,然后可以知道他的能力品质。

吕布被手下捉住送到曹操那里。吕布勇冠天下,见到曹操,第一句话却是:"今日已往,天下定矣。"意思是说,从今以后,天下就定下来归谁所有了。

一下子搞得曹操没想过来,问:"此话怎讲?"

吕布说:"您所担心的,只不过是吕布,今已降服。如果让我率领将士,您在后督阵,天下自然就平定了。"又对在座的刘备说:"玄德,你是座上宾客,我今已降服,还被绳子捆绑,太没面子,你为什么不肯帮我说一句话呢?"

听到吕布一勇夫式的话,曹操禁不住笑了(只一勇而已,何足惧?),说:"缚虎不得不急。"下令松绑。刘备却说:"不可。孟德(曹操字孟德)不记得丁建阳、董卓了吗?"

吕布最初投靠丁建阳，董卓摄政乱天下后，吕布为求富贵，杀了丁建阳归服董卓。后因为历史上四大美女之一的貂蝉，又杀了董卓。刘备一句话提醒曹操：不要相信吕布的话，要看看他以前做了些什么，他以前怎么对丁建阳、董卓，那么今后也会如何对你。

吕布气得不行，怒目瞪着刘备："大耳贼，你他妈的如此可恶！"

吕布

曹操遂下令绞杀吕布——虽惜其天下第一的武功勇力，但不能留虎为患。

8. 只看实际效果

以成败论英雄，会伤害人心。虽说有志者事竟成，但事情的成败不完全以个人意志为转移。如果不问过程，只问结果，许多的人才咽不下这口气，伤心之余就会主动离开（没尽心力除外）。

既注重结果，又关心所付出的心血和努力，其实更有利于完成任务。

第二节　第一印象的错误

是故必有草创信形之误

故浅美扬露，则以为有异

深明沉漠，则以为空虚

口传甲乙，则以为义理

平道政事，则以为国体

【原典】

是故必有草创信形①之误，又有居止变化之谬。故其接遇观人也，随行信名，失其中情。故浅美②扬露，则以为有异。深明沉漠，则以为空虚。分别妙理，则以为离娄③。口传甲乙，则以为义理。好说是非，则以为臧否。讲目成名④，则以为人物。平道政事，则以为国体。犹听有声之类，名随其音⑤。夫名非实，用之不效。故曰，名犹口进⑥，而实从事退。中情⑦之人，名不副实，用之有效。故名由众退，而实从事章，此草创之常失也。

【注释】

①草创信形：初次接触相信外表。

②浅美：肤浅的才能。

③离娄：人名，见《孟子·离娄上》，据说他眼睛明亮，能百步外观物而察秋毫。这里当理解为研究深微理论目光坚锐的智者。

④讲目成名：评品人物排列他们的等级次序。

⑤名随其音：随其音定名，根据它发出的声音来确定它是什么。

⑥名犹口进：名声在口口相传中显扬。

⑦中情：内有奇才不显于外。

【译文】

因此有初次接受相信外表的错误，有稳定之中看不到变化的偏差。因而在接触观察人物时，只根据他的举止和名声，而忽略了他内蓄的才能。这样，看见显现在外的肤浅才能，就认为与众不同；深明沉默，寡言少语，就认为是空洞无实的人；分辨精深玄微的道理，就认为有犀利目光；嘴里讲着甲乙丙丁，就以为精通经义名理；喜欢评论是非，就以为能辨别善恶；品评人物好坏，就以为能鉴识人才；评论时事政治，就以为能体察关心国家大事。这些就像物能发出声音，根据声音来判断它是什么。如果名不副实，就不能发挥应有的作用。因此说，名声随口头流传而显扬，实际才能却在办事过程中消退，才能蓄于内而不外显的人，名不副实，使用起来却有惊人的作用，他的名声没在众人口中传播，他的实际才干却在办事过程中显扬。这就是初次接触经常出现的偏差。

※

识别人才，第一印象自然重要。但又发生了许多的错误，人才，给错过了；不是人才，因轻信，却留下来。损失就在这一面之间预先埋种。

许多用人者在这方面花费了无数心力，接触过不少的人才，总还是留下不少的人才遗憾，原因在于，在意气张扬、金戈铁马建功业时，对人才、策略、民心等问题仍应始终保持小心谨慎的态度。不大胆，不敢冒险，就不能进取；缺乏小心，不谦虚，又会挫伤人的积极性，或树敌太多，阻塞前进的道路。

为避免第一印象的错误，有 7 点值得注意。

1. 浅美扬露，则以为异

把锋芒外露、耍小聪明的人当作奇才。从中国传统修养来看，锋芒外露的人内涵甚浅，并不是真才实学的人。其优点是，初一接触，觉得这个人很有见识，力量也不小。如此轻信，错误不可避免。社会发展到今天，人才不主动宣扬自己的才能，如酒香不怕巷子深一样地等待明主，那是现代的迂。拿捏好宣传自己与蓄劲待发的分寸，是能力和经验。

2. 深明沉漠，则以为空虚

把大智若愚、思想深刻、沉默寡言的人视为空虚无能。生活的法则给青年人一个教训：能力不是用嘴说出来的，而是用手和头脑做出来的。非常遗憾的是，现在的学校教育从不能给学生一丝一毫的为人处世技巧方面的教育。读了十几年书，初到社会上来，处处碰壁，伤痕累累之后，才反思自己的过失，待成长后，又晃过了几年。这几年本该是很宝贵的时间！

3. 分别妙理，则以为离娄

离娄，雕镂玲珑的样子，这里指雕琢，即对他人精妙的理论分析，视为巧饰。

这与前面沉默寡言、大智若愚的人并不矛盾。沉默是不需要表露才华时的状态,冷静观察,深刻思考,以静待动。

一旦表现,则精妙思想就娓娓道出。

4. 口传甲乙,则以为义理

说着人云亦云的陈辞滥调,却误以为是妙精的理论。几千年文明沉淀下来的义理,随口道出,也当然精湛,需要区分的是已深刻领会,还是鹦鹉学舌。

5. 好说是非,则以为臧否

把喜欢搬弄是非、评头论足的人,当作能品评人物的人。来说是非者,必是是非人。他如此对待别人,也会如此待我。因此,对这类人不要一见面就下结论。如果他所评论的你已了解,那对这个人容易辨别。如果不了解,就不要轻易相信讲话人,应从其他方面进一步考察。

6. 讲目成名,则以为人物

喜欢比较各种名人的短长,排他们的座次,这类人才并不一定是学有所长的人。

一个真正的人才,多半没有那许多时间和精力花费在评品他人身上,关心自己的工作还来不及。就算他把关心名人当作自己的研究课题,如果不能从中总结出历史性、人类共同性的东西,与一般常人也无区别,这样的人才见识平凡,算不得本事。

7. 平道政事,则以为国体

把喜欢谈论政治的人当作国体之才。

国体之才自然关心国家大事,但与喜欢谈论是两码子事。喜欢谈论,却看不到问题的本质,预测不了事态的方向,找不出有力的措施,纯粹是关心,装了一脑袋时局知识,而无实用。既关心,也能看到本质,预测未来,想出办法的人,才会有国体之能。

一般人也有关心政治的愿望,但他们得到的消息是否全面准确,本是一个问题,那么之后的问题就更成问题了。他们也当然无法知道国家主席桌上放着的材料与报刊上的消息内容出入有多大。因此只凭谈论政事来识别人才,实在不可靠。

第三节　动静结合考察人

居,视其所安

达,视其所举

富,视其所与

穷,视其所为

贫,视其所取

【原典】

故必待居止,然后识之。故居,视其所安;达,视其所举;富,视其所与;穷,视其所为;贫,视其所取,然后乃能知贤否。此又已试,非始相[1]也。所以知质[2],未足以知其略[3]。且天下之人,不可得皆与游处。或志趣变易,随物而化,或未至而悬欲[4],或已至而易顾[5],或穷约而力行,或得志而从[5]欲,此又居止之所失也。由是论之,能两得其要,是难知之难。

【注释】

①始相:最初的印象。

②质:品质心性。

③略:才力谋略。

④悬欲:犹豫不决。

⑤易顾:改变方向,变化。

⑥从:通"纵"。

【译文】

因此必须留心他的日常起居行为,才能完全识别他。安定时,看他满足于什么;发达后,看他举荐什么样的人;富足了,看他给别人什么;卑微低贱时,看他的所作所为;穷困潦倒时,看他如何对待财物。这以后就可以知道他是否贤明智哲了。这样考察的结果,就不是最初的印象了。因此,知道他的心性品质,未必就知道他变化的规律。况且天下的人,不可能一一同处共游。人志趣不定,随外物变化。有的人尚未定型,还在犹豫,有的人志趣已定却又变化。有的人穷困贫贱却在勤奋努力,有的人得志后就开始放纵自己。这是稳定中又可能变化的东西。由此可知,能了解常情,又识变通,两得其要领,是难于知人的难处。

※

考察人物,敏捷之处在于要从现象看出其本真才性。表面形相和外部行动都是现象,从中看得出本质,就是识人的高明之处。

人才是变化的,先不能干,后能干了;先是纯洁的,后来贪污了;先是邪恶的,后来又变成了善良的;先是节俭自约的,后来是挥霍的;先是平和待人的,后来是傲慢,老气横秋的。这种种变化在一眼之间能断定,那就有曾国藩的鉴别之能了。因此考察品评人物也必须考虑到这些变化与发展。

人如此之多,又有谁能一个一个去考察呢?不了解其本质,就等于不知道这个人,又不能花时间去了解每一个人(那考察者早就累死了),因此说,考察人物实在难。

一、"居,视其所安",即观察其日常生活的衣食住行,看他安于怎样的生活方式。

二、"达,视其所举",即观察其在居官时,推荐和提拔的是哪些人才。

三、"富,视其所与",即观察其在富有时,援助的都是些什么样的人。

四、"穷,视其所为",即观察其在不得志时的所作所为。

五、"贫,视其所取",即观察其在贫困时,对待财物的态度。

通过以上"五视"的考察,并非是只凭最初的接触印象,才能辨别出真正的贤才。

刘劭的"五视"鉴人法,与《逸周书》中的"四观"和李克的"五视"观人术有些相似。

《逸周书》的"四观"是:

一、富贵者,观其有礼施;

二、贫贱者,观其有德守;

三、嬖宠者,观其不骄奢;

四、隐约者,观其不慑惧。

李克的"五视"是:

一、居,视其所亲;

二、富,视其所与;

三、达,视其所举;

四、穷,视其所不为;

五、贫,视其所不取。

关于李克的"五视",还有一则故事。

战国时魏国的国君魏文侯要选国相,他召见大臣李克问道:"先生你经常对我讲:'家贫则思良妻,国乱则思良相。'现在,我要选一个国相,不是魏成子就是翟璜,这两个人你看怎样?"

李克答道;"你只要观察一下他们过去的表现就可知了。居,视其所亲;富,视其所与;达,视其所举;穷,视其所不为;贫,视其所不取。通过此'五视'来观察,就足可以定下谁可做国相了。为什么还要我来发表意见呢?"

魏文侯听了后说:"先生请回去休息吧,听了你的话,我的国相可确定了。"

李克辞别了魏文侯,来到翟璜家。翟璜问道:"听说国君请先生去选国相,最后选定了谁?"李克回答说:"魏成子当上国相了。"

翟璜怒道:"凭大家的所见所闻,我翟璜有什么地方不如魏成子?西河太

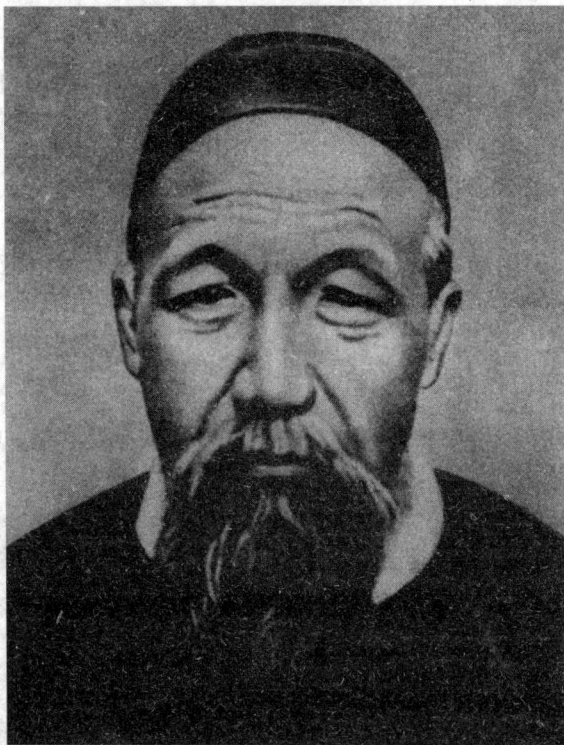

曾国藩

守,是我推荐的。君王因邺城之事发愁,我又推荐了西门豹。君王计划要打中山,我就推荐了乐羊为将。攻下了中山,无人守卫,我又推荐了先生。世子无师,我又推荐了屈侯鲋。我有哪一点不如魏成子?"

　　李克说:"你推荐我到国君那儿,难道是为了结党营私来求做大官吗?国君要选国相,问我说:'非成则璜,二者何如?'我回答说:'请国君了解一下他们平时的表现就可知了。日常生活中视其所亲近的都是哪些人,富贵时视其所交往的都是哪些朋友,得志时视其所举荐的是哪些人才,身处逆境时视其不干哪些事,贫穷时视其不要哪些东西,通过此'五视'来观察,就足可以定下谁可做国相了。为什么还要我来发表意见呢?'因此我就知道魏成子可选做国相了。况且你怎能与魏成子相比呢?魏成子的俸禄上千钟,9/10用来为国招贤,1/10才用于自己的生活。因此他从东方召来了卜子夏、田子方、段干木。这3个人,天下奇才,君王尊他们为师,向他们学习治国之道。你所推荐的5个人,君王都把他们作为臣子使用了。你哪里能与魏成子相比呢?"

翟璜迟疑了一阵子之后,恭敬地向李克行了两个跪拜礼之后说:"我是一个无知无识的人,刚才我的话说错了,愿意永远做你的学生,向你学习。"

此外,在变化中观察人才要注意以下三点:

一、"或志趣变易,随物而化",即有的人志趣游摆不定,总在随着外界的形势不断地变化。

二、"或未至而悬欲(决心未下,犹疑不决),或已至而易顾(改变方向)",即有的人在未达到理想时,坚持不懈地追求,理想实现后又一改初衷。

三、"或穷约而力行,或得志而从欲",即有的人穷困时奋发努力,当其得志时又为所欲为。这说明我们既要从稳定状态中考察人物,又不能用固定的眼光看人,既要看到其"居止"常态,又要看到其"变化"的变态。

更多的人在地位变化以后,先前的约束自励、勤俭习惯变化了,作风也变化,这对人对己都是最大的敌人,稍不注意,辛苦所得会化作泡影。

唐朝的张九龄和严挺之、萧诚很要好。严挺之讨厌萧诚阿

张九龄

谀奉承别人,就劝张九龄谢绝和萧诚的来往。一次张九龄忽然气愤地自言自语:"严挺之太刚直,只有萧诚和柔可人。"当时李泌在旁边,对他说:"您从布衣出身,凭借自己的正直才当上宰相,难道你还喜欢和柔的人吗?"张九龄听了,吃了一惊,马上郑重其事地对李泌表示感谢。

第四节　人才得到任用的困难

或身卑力微,言不见亮

或不在其位,无由得拔

或在其位,以有所屈迫

所谓无由得效之难也

【原典】

何谓无由得效之难?上材①已莫知,或所识者在幼贱之中,未达而夭。或所识者未拔而先没。或曲高和寡,唱不见赞②。或身卑力微,言不见亮③。或器非时好,不见信贵。或不在其位,无由得拔。或在其位,以有所屈迫。

是以良材识真,万不一遇也。须识真在位,识百不一有也。以位势值④可荐致之,宜⑤十不一合也。或明足识真,有所妨夺,不欲贡荐⑥。或好贡荐,而不能识真。是故知与不知,相与分乱于总猥⑦之中。实知者,患于不得达效。不知者,亦自以为未识。所谓无由得效之难也。故曰知人之效,有二难。

【注释】

①上材:上等人才。

②唱不见赞:唱,同倡,倡导;赞,赞扬。

③亮:明亮,引申为赏识、重视。

④值:相当。

⑤宜:大概、大约。

⑥贡荐:贡呈荐举。

⑦总猥:杂处于众人之中。

【译文】

什么叫无从举荐之难?上等人才已很难识别。有些被考察的人才,还在年幼或贫贱之中,没有发达就夭丧了。有的被考察的人才未曾提拔就已去世。有的曲高和寡,知音太少,虽有人倡扬却不被普遍赞颂。有的身微力轻,才智不为人赏识。有的不合于时尚,不被信任重用。有的不在其位,知道人才又无从举荐提拔,有的身在其位,却迫于势力不张,不能提拔所知人才。

因此良才遇到能识别真才的人,万不遇一。身处其位又能识别人才的,百不遇一。权位势力相当又能举荐人才的,大概十不遇一。有的人智力明敏足以识别人才,因有所妒忌而不愿举荐人才。有的人喜欢举荐人才,却又不能鉴别人才。因而能知人才的与不能知的,都相互杂乱地处在众人之中。能知人的,担心达不到举荐的目的。不能知人的,又以为没有遇到人才。这就是无人举荐人才的难处。因此说,识别人才而又有效,两方面都困难。

※

识别人才已经不易,发现人才,要使他被任用,也是很困难的事。

缺乏人才有两个环节,一是不能发现人才,二是要使人才得到任用也难。第二个环节往往被人们忽略。举个例来讲,袁绍本来称雄北方,人强马壮,祖上也是德高望重,有这么多优势,却被起于乱草中的曹操打败,不是因为他手下缺乏人才,实际上是人才得不到使用。郭嘉是三国时期一位著名的谋臣,本在袁绍手下做事。但袁绍不肯重用他,叹惜之余,郭嘉投奔了曹操(与陈平离开项羽投奔刘邦何其相似)。不知袁绍后来是否后悔过,他被曹操打败,郭嘉是出了大力的。

毛泽东对郭嘉的评价是很高的:"《三国志》里《郭嘉传》值得一读。郭嘉这个人是足智多谋,初在袁绍麾下不得施展。他说袁绍'多端寡要,好谋无决,欲与共济天下难',就跑到曹操那里。曹操说他'每有大议,临敌制变。臣策未决,嘉辄成之。平定天下,谋功为高'。可惜中年夭折。"郭嘉死时才38岁。

人才得不到任用有种种原因,这儿归纳出八种。

一、"所识尚在幼贱中,未达而丧",即神童夭折,英才在少年困贱中被发现,未得显贵而夭折。

二、"或所识者未拔而先没",即有的人虽为上才,未得提拔而早逝。

三、"或曲高和寡,唱不见赞",即有的人曲高和寡,因才高智大,虽被推荐也得不到赏识。

四、"或身卑力微,言不见亮",即推荐者人轻言微,意见不被重视,他推荐的人才未被重用。

五、"或器非时好,不见信贵",即其人主张虽好,但不合时宜,故得不到赏识。

六、"或不在其位,无由得拔",即推荐者不在其位,想推荐却没有机会,因此人才没有提拔的机会。

七、"或在其位,以有所屈迫",即推荐者虽在其位,但推荐良才时又受到重重阻挠与压制。

八、"或明足识真,有所妨夺,不欲贡荐",即有的人能够发现真才,但怕他威胁自己地位,就压制或排挤不用。

韩非是韩国公子,天生口吃,因此与别人说话总是结结巴巴。但是他擅长写文章,对人性心理的观察很敏锐,是荀卿最优秀的门生。

韩国当时日渐衰败,韩非屡次提出建议,因韩王不喜欢韩非,根本无视他的建议,也不想改革。韩非感叹自己的不得志,写了《孤愤》《五蠹》《内外储说》《说林》《说难》等10余万字的书,即所谓的《韩非子》。

秦王政读《孤愤》《五蠹》二书后感叹说:"多出色的书,如果能与韩非见一面,死而无憾。""韩非是与我同门的韩国人。"客卿李斯惶恐地对秦王说。李斯是楚国人,与韩非同是荀子的门下,但成绩却不及韩非,后投效秦国,是吕不韦的食客之一,因此能够接近秦王而成为幕僚。秦王立刻派遣使者到韩国,要求见韩非一面。韩非到了秦国,向秦王政上书,建议打破六国合纵的盟约,阐述统一天下策略,秦王非常高兴。

李斯害怕韩非会取代自己的地位,就向秦王说:"韩非乃韩国公子,秦王想并吞诸侯之地，韩非必定会为韩国打算，而不会为秦国设想，这是人之常情。现在他长期留在我国，一旦遣送回国必将为害我国。最好的方法就是施以酷刑，杀了他。"秦王听了他的话，下令逮捕韩非入狱。韩非虽想为自己辩白，却无法把自己的意思传达给秦王。李斯派人送来毒药，并附带一封信："秦国重臣对客卿甚为不满，决定将他们全部放

李斯

逐，当然也不会让他们就这么回去，自己服毒自杀吧！"韩非终于明白，于是以李斯送来的毒药解脱了一切。秦王政很后悔逮捕韩非入狱，于是匆忙下令赦免，但韩非已自杀身亡。

由此可以推导出，人才固然十分重要，但能发现、推荐人才的人更重要。但现实生活中，能发现、推荐人才的人没有被给予相当的重视。也许连一点奖赏也没有！也许正由于这个疏忽，加重了缺乏人才的弊病。子贡问孔子各国的最优秀人才。当时齐国有管仲，郑国有子产，他们使齐、郑二国繁荣富强。不想孔子却说齐国鲍叔最优秀，郑国是子皮。子贡怪而问之。孔子说："我听说鲍叔推荐了管仲，子皮推荐了子产，却没听到管仲、子产推荐了什么优秀人才。"

了解贤才，是智慧；推荐贤才，是仁爱；引进贤才是道义和职责。有了这三般品质，还有什么能超过他呢？希望此文能引起用人者注意。

人才要想让自己的才华被人赏识，得到施展，可考虑如下几个方面：

1. 才能足以傲视群英，并有勇气和自信。

2. 才能应符合当时的需要（这一点相当有现实性）。

3. 有人赏识。

4. 赏识的人身在其位。

5. 任用你的人能济大事。

具备以上几点，才华可以得到充分发挥。依靠别人不行时，就必须自己去想办法。

附录五：识人智慧现代应用方法和技巧

一、如何通过容貌识人

面部是人心的表征

行为心理学中最基本的第一步是看脸形，因为"相随心改"和"相由心生"这两句成语已点出一个人的面貌代表着该人的心念，心如何相就如何；因此脸形是很能反映人的内外和谐统一的征象，研究行为心理学有助于了解和判断一个人的品行和特长。

面部是人心的表征，大家都能体会，一个读书人和一个运动员的脸形、体形、手形等都一定有所不同，前者看起来斯文，后者看起来粗犷。所以脸形特征是能看出来一个人的个性与心性的。因此，一位未学过行为心理学的人，也可以用下面的脸形特征方法来粗略看出对方的个性。

1. 三角形脸

三角形脸特征是额发达宽阔，下巴尖瘦削。此种脸形通常身材都较瘦削修长，体力较差，属智慧型，头脑好，气质好，又称心因质、神灵质。

若由神经系统分类，额头发达是因脑的前叶发达，属于感觉神经系统之人。其神经分布于皮质，表彰颜面上部，就是额部，因此额头高广。

此种脸形的人可把未来目标置于运用智力的工作上，比较具有艺术气息，适合动脑的职业，如学者、作家、艺术家、教师等，不适合做体力劳动的工作。

有的人脸形，呈额头高广但下颏略小的倒三角形，这样的人没有富贵之相，如果平日再不修边幅，胡子连鬓，很容易给人以穷困潦倒之感。但是这样的人也给人以人格清贵的好印象，被视为是可交人交心的朋友。

三角形脸最忌讳的搭配，就是面部到处都尖小，特别是下颏尖薄，尖嘴猴腮。如此搭配无疑很不受看。

2. 方形脸

方形脸的特征是方头方额方下巴，给人一种四角扩张的感觉。此形脸的人，体力脑力都不错，因此不管是读书或运动，只要努力一下，就能发挥实力，有好的表现。既是劳动形又是筋骨质，又称人间质。

若由神经系统分类，因其脑之颅叶之上部较发达，可归类为运动神经所属之人。其神经分布于肌肉，表彰于颜面之中部，因此脸形方长，骨肉发达。

此种脸形的人好胜心强，喜欢挑战性的工作，军人、运动员大都有此种脸形，缺点是顽固及性情急躁。

3. 圆形脸

圆形脸的特征是给人丰满圆润的感觉，具活力，肥满型、营养形，属动物质。

若由神经系统分类，因其脑髓后颅叶、小脑之下部较发达，归类为交感神经系统之人。其神经分布于血管，表彰于颜面之下部，因此下巴呈丰满形。

此种脸形的人性格磊落大方,且心地温厚,讨人喜欢,人缘佳。做事可以毫不迟疑地去进行,而且付诸行动便能成功。不过欠缺严谨处理事务的能力,所以需要一位取长补短的朋友。不喜与人争执,是相当敬业乐群的人,适合服务大众的工作。

4. 综合形脸

具以上二、三种面形的混合形,因此个性也兼具该形特性。大多数的人都略具综合形脸。

从表情看心情

1. 表情反映心态

表情会因很多因素的不同而有差异,比如,性别、年龄、文化等等。但是,一般来说,单一的表情还是容易判断的,最难于判断的是有几种表情同时出现在一张脸上。另外,一些外部因素也会给判断情绪带来困难。

使判断复杂化的因素包括:先前是否见过要判断的脸,综合背景环境线索,判断者的情绪状态,被判断者的面部特征,观察面部的具体方法。

表情是情绪的晴雨表,通过表情,我们可以观察到与我们交谈的人的言语之外的反应。眉飞色舞、笑逐颜开,标志着谈话气氛非常融洽;怒目而视、左顾右盼,则说明谈话没有找到路子。

当然,一些细微的表情变化,也可以提示我们对方是否对话题感兴趣,是否愿意继续下去。比如,眼神的朝向可以提示对方是在倾听、思考还是漠不关心,嘴唇紧闭提示对方要下决心,青筋暴露说明对方马上就要发怒,该采取应急的措施了。

2. 从表情可以推断人物性格

不同性格的人,在同一情绪下的表情可能不同:遇到高兴的事情时,开朗的人可能开怀大笑,一个腼腆的人则可能仅仅抿嘴笑笑,而一个抑郁的人可能只露出一丝苦笑。常常面带笑容、面部肌肉自然放松的人，他的心态一般比较稳定、平静、开朗；而常常愁眉苦脸、面部肌肉紧张的人，他的心态往往不太稳定，可能心胸狭窄、脾气暴躁。

由于面部表情由面部肌肉的活动形成，肌肉活动会在脸上形成各种表征，比如皱纹等。久而久之，这些表征就会刻记下来，成为永久的表情，这些永久的表情会向外界透露出本人性格方面的某些东西。

3. 表情可以帮助人们在交谈时去伪存真

由于各种各样的原因，人们在进行言语交谈时并不一定完全说出自己的真实想法，这样一来，交际的质量就会大打折扣。这时候，表情可以帮助交际的双方正确理解各自的真实意图。因为多数表情是生理性的，可以不受意志支配，当一个人想隐瞒真相时，就会使有声语言偏离真实的意图。但是，这时候表情就可能背叛他，把被有声语言掩盖的事实揭露出来。比如，当雇员对老板不满时，虽然嘴里说着得体的话，脸上却会露出不满的表情，或者至少是不被掩盖的。

除了有声语言会掩盖真情之外，人们还会使用表情来掩盖真实的感受或意图。比如，有的人在谈论自称是让他快乐的事情时，脸上露着欣慰的笑，但是，如果他的感受是假的，很可能会有一种别的什么表情飞快地略过脸上，或者仅仅在眼睛里。这种短暂的表情称为瞬间表情，它是被蓄意隐藏了的，但是，随时会跳出来揭穿它的伪装。

笑脸内涵丰富

观察人类内心自然表现的坦率表情，是人人都驾轻就熟的。然而，人类在有时候的情感表现，并不那么率直。潜藏在人类内心深处的种种感情和欲望，在一个特定时期内，由于内外在因素的影响，使脸部表情在表现上会变得十分复杂。这种情况在生活中很多。笑脸就颇值得研究。

比如,在公共汽车或在医院候诊室里,有许多人坐在一起。他们互相之间并不交谈,你怎么能看出他们都是陌生人,或其中有两三个是熟人呢?从他们脸部的表情,就可以了解到这一点。

如果是关系较亲近的人坐在一起,即使互相不看对方,面朝前,也可以在他们脸上感觉到那种若有若无的浅浅笑意。更正确的说法,莫如说他们的脸部表情中浮现着一种难以形容的恬适感,共同表现出亲人或朋友就在身边的安心感。

有一位研究识人术的学者,某日下午坐火车去某地,在车上发现一位年轻女性流露出一副极为高兴的神情。当时,学者猜想,大概是她心中有什么特别高兴的事情吧,结果,当她准备下车时,却搀扶起一个相当高龄的老人。原来,她所以那么高兴是因为和爷爷在一起。

像这种毫不顾忌他人的眼光所表现出来的笑容,便是最真挚的情感。

当一个人肩上背着大挎包,手里拎着旅行袋,急匆匆地向地铁列车赶来时,车门却关紧了。他一边眼睁睁地看着地铁列车离去,一边跺着脚懊恼不已,脸上却浮现出一种笑容。

这种情形的笑容,当然不是愉快感情的流露。如何解释这种笑呢?原来,那个赶不上地铁列车的人,由于自己的狼狈和窘相毕露,便把自己作为嘲笑的对象,企图掩饰内心的焦灼感和失望感。这种自嘲现象,相信你在生活中一定也碰到过。

还有一种咧嘴傻笑的现象,也属于上述范畴。这种傻笑,是为了向他人表示,自己并不介意陷入了不利的或尴尬的状况中,而以笑的行为企图得到精神上的自慰使心理安宁。

如上所述,假如我们不深入地去推敲对方的真实心理状态,往往无从了解他人笑的真意。同样,我们也可以利用不同的笑作为手段,以达到驱逐不速之客,或对付难以应付的对象的目的。

比如,有经验的服务员,面对蛮不讲理的顾客,往往既坚持原则,又报以微笑。这种微笑,并无攻击对方之意,却有助于传达婉转地拒绝或感到为难的信号。

如果你的这种微笑,还不能使对方就此罢手的话,那也没有关系,你还可以使出另一招"杀手锏"。那就是,突然中止你的微笑。

突然中止微笑的神态语言,在传达着这样两种意思:"你的话,我一概不同意"或"我跟你并无共同意识"。于是,喋喋不休的对方也会开始感到不安,并顿悟到你所发出的拒绝与警告的信号。他尽管会表面上仍然故作镇静地应酬几句,但而后很快就告退离去。

当然,那种在露出笑容之后,立刻又板起面孔者,都是相当难缠的人,万万不可对他掉以轻心,因为若是个很平常的人,由内心的欢愉发出微笑后,笑的余韵必然会残留在脸上,慢慢地褪去。而那种不管在何时何地何种情况下,脸上的表情变化简直像按动开关一样,说来就来,说去就去的人,说明他极有心机,乃是需要加强防范的人物。

眉毛传递心理信息

眉毛的功用是保护眼睛,但它还能传递人心理行为的信息。人们的心情变化了,眉毛的形状也会跟着改变。从眉毛也可识人。眉毛的动作大致有五种表现:

1. 扬眉

当人的某种冤仇得到伸张时,人们常用"扬眉吐气"一词来形容这时的心情。当眉毛扬起时,会略向外分开,造成眉间皮肤的伸展,使短而垂直的皱纹拉平,同时整个前额的皮肤挤紧向上,造成水平方向的长条皱纹。扬眉这个动作,能扩大视野。但同时也要认识到,一个眉毛高挑的人,正是想逃离庸俗世事的人,通常会认为这是自炫高深的傲慢表现,而称为"高眉毛"。当一个人双眉上扬时,表示非常欣喜或极度惊讶,单眉上扬时,表示对别人所说的话、做的事不理解、有疑问。当我们面临某种恐惧的事件时,可以用皱眉来保护眼睛,也可以用扬眉来扩大视野,两者都对我们有利,但我们只能选择其一。一般的反应是:面临威胁时,牺牲扩大视野的好处,皱眉以保护眼睛;危机减弱时,则会牺牲对眼睛的保护,扬眉以看清周围的环境。

2. 皱眉

皱眉的情形包括防护性和侵略性两种。防护性的皱眉只是保护眼睛免受外来的伤害。但是光皱眉还不行,还需将眼睛下面的面颊往上挤,眼睛仍睁开注意外界动静。这种上下挤压的形式,是面临外界攻击、突遇强光照射、强烈情绪反应时典型的退避反应。至于侵略性的皱眉,其基点仍是出于防御,是担心自己侵略性的情绪会激起对方的反击,与自卫有关。真正侵略性眼光应该是瞪眼直视、毫不皱眉的。最常见的皱眉,往往被理解为厌烦、反感、不同意等情形。

3. 耸眉

耸眉指眉毛先扬起,停留片刻,然后再下降。耸眉与眉毛闪动的区别就在那片刻的停留。耸眉还经常伴随着嘴角迅速而短暂地往下一撇,脸的其他部位没有任何动作。耸眉所牵动的嘴形是忧伤的,有时它表示的是一种不愉快的惊奇,有时它表示的是一种无可奈何的样子,此外,人们在热烈地谈话时,会做一些小动作来强调他所说的话,当他讲到重要处时,也会不断地耸眉。

4. 斜挑

斜挑是两条眉毛中的一条向下降低,一条向上扬起,这种无声语言,较多在成年男子脸上看到。眉毛斜挑所传达的信息介于扬眉与皱眉之间,半边脸显得激越,半边脸显得恐惧。扬起的那条眉毛就像提出了一个问号,反映了眉毛斜挑者那种怀疑的心理。

5. 闪动

眉毛闪动,是指眉毛先上扬,然后在瞬间再下降,像流星划过天际,动作敏捷。眉毛闪动的动作,是全世界人类通用的表示欢迎的信号,是一种友善的行为。当两位久别重逢的老朋友相见的一刹那，往往会出现这种动作，而且常会伴随着扬头和微笑。但是在握手、亲吻和拥抱等密切接触的时候很少出现。

眉毛闪动除了作为欢迎的信号外，如果出现在对话里，则表示加强语气。每当说话者要强调某一个词语时，眉毛就会很自然地扬起并瞬即落下。

打开眼睛这扇窗户

人们常说，眼睛是心灵的窗口，透过一个人的眼睛，可以看出此刻他在想什么。常见有人怀疑对方说谎话时，就对他说："看着我的眼睛！"此时若对方没说假话，就会迎着挑衅者的目光看过去，反之就会目光躲闪，或干脆眼观别处，不予回答。因为一个人的眼睛不能掩盖心里的邪恶念头，心胸纯正，眼神就清澈、明亮；心胸不正，眼睛就昏暗，有邪光。可见，从一个人的眼睛，可以清清楚楚地分辨一个人的品质高下，心术正邪。

孟子曾经指出，观察一个人的善恶，再没有比观察他的眼睛更好的了。因为眼睛不能掩盖一个人的丑恶。心正，眼睛则明亮；不正，则昏暗。听一个人说话时，注意观察他的眼睛，这个人的善恶能往哪里隐藏呢？

具体来说，观眼识人主要包括下列内容：

（1）眼睛闪闪发光，表明对方精神焕发，是个有精力的人，对会谈很感兴趣。

（2）目光呆滞黯然，说明这是个没有斗志而索然无味的人。

（3）目光飘忽不定，表示这是个三心二意或拿不定主意抑或紧张不安的人。

（4）目光忽明忽暗，说明他是个工于心计的人，如果此时他正在与人谈话则表明他已经听得不耐烦了。

（5）目光炯然，表明这是个有胆识的正直的人。

（6）主动与人交换视线的人，说明他的心地坦率。

（7）不敢正视或总是回避别人的视线,表明此人内心紧张不定或言不由衷,有所隐藏。

（8）在人们发怒或激动的时候,眨眼的频率就会加快。有时频繁而又急速的反应总是和内疚或恐惧的情感有关,眨眼也常被作为一种掩饰的手段。

（9）两眼安详沉稳,是内心沉稳有主见;两目敏锐犀利,生机勃勃是有朝气;目光清明沉静,但杀机内藏,锋芒外露,是有胆识之人,如射击者瞄准目标,一发中的。

（10）目光有如流动的水,虽然澄清却游移不一则常见于好人。

（11）眼神清亮如水的清澈明澄,表示此人清纯、清朗、端庄、豁达、开明。

（12）眼神浊,如污水的浊重昏暗、昏沉、糊涂、驳杂不纯的状态,表示粗鲁、愚笨、庸俗、猥琐、鄙陋。

（13）两眼似睡非睡,似醒非醒,这是一种老谋深算的神情,目光总是像惊鹿一样惶惶不安,是深谋图巧又怕别人窥见他的内心的世界。

（14）如果谈话时对方完全不看你,便可视为他对你不感兴趣或无亲近感。

视线的变化

仔细观察谈话者的视线,会有许多有趣发现。如果留意初次见面者观看自己的眼睛,可从中分出不同类型。不同的心理状态,会使眼睛产生变化。

1. 视线朝下是怯弱的证明

一般而言,视线略为朝下或一接触对方的眼睛就悄然地移开视线,是认为在年龄上或社会地位上,对方位于高位或认定其为强悍之人时,因而在谈话时多半会带有一种紧张感。

在这种场合,手、脚的动作或坐的方式,无形中会显得别扭,这种人多半是属于温和而内向的性格。

2. 视线往左右岔开是拒绝的表示

眼神往左或右岔开,有时表示排斥的心理或下意识中对对方不怀好感的象征。譬如,某男子向女子搭讪,而女子对该男子没有好感甚至莫名地感到厌恶时,会自然地将视线往左或右岔开。

3. 笔直的视线是敌对的表示

牢牢地盯住某一点而凝视不动的眼神,具有非常深刻的意义。当受到严重的打击或带着强烈的敌对心理时,往往会出现这样的眼神。

4. 焦点不定是情绪不安定的表现

精神错乱或失去安定感抑或心不在焉时,会出现茫然呆滞的眼神。而对他人的谈话毫不关心时也会出现这种眼神。

5. 朝上的视线是自信的表现

谈话时视线略为上扬的人,通常对自己的地位或能力充满自信,性格也属于外向而强悍的类型。政治家通常会表现出这种视线。视线略为上扬的人多见于官员或公司高级主管。

瞳孔的变化

通过对一个人眼睛瞳孔变化的观察,我们可以了解其心理反应。看到很喜欢的人或事物,瞳孔会异常增大;看到不喜欢的人或事物,瞳孔则会缩小,甚至会缩到针眼那么细小。一个正常的男人在看到裸体女人的图像时,他的眼睛会瞪得比平时大一倍。某些打牌的人当他发现对手的瞳孔放大时,他就会知道对手得了一手好牌。因为瞳孔不会撒谎,聪明的赌徒总是先用小金额下赌注,随后密切注视庄家的眼神反应。庄家屡次输钱却还不知秘密是怎么泄露的。这类情况表明人们很早就注意到心理活动和眼神、瞳孔的关系。古今文学家都爱用眼神来描述人的感情,如含笑的瞳仁、贪婪的眼光等都体现了眼睛与心灵的关系特别密切。

人在胚胎时,眼睛是大脑的延伸,后来随着发育分化,眼睛才移到颅腔之外。但实际上眼睛仍是大脑的一面镜子,心灵的窗口。医生常通过瞳孔这扇小窗窥视眼底的变化来诊断脑疾病。眼底的动脉硬化意味着脑动脉硬化,眼底视神经肿胀表明脑细胞水肿并间接提示脑子里可能长了肿瘤。

瞳孔又是生命机能的灵敏指示器。我们知道光线耀眼的时候,瞳孔会自动缩小,暗时又会扩大。瞳孔对光的反应是由脑干控制的。脑干还同时管理着呼吸、循环、血压等最重要的生命机能的活动。如果瞳孔对光的反应变得迟钝或者丧失了,就表明脑干功能受到严重损害,同时也意味着生命机能即将停止运行。所以,医生诊视危重病人时,总要翻开眼皮看看瞳孔以判断生命机能是否受到了威胁。

科学研究表明:瞳孔变化最能反映内心世界的变化。凡在出现强烈兴趣或追求动机时,瞳孔会迅速扩大。据说,古代波斯的珠宝商人出售首饰时,总是根据顾客瞳孔的大小来要价的。如果一只钻戒的熠熠光泽能使顾客的瞳孔扩张,商人就将价钱要得高一些。

呈现在眼前的美味食品也会使人的瞳孔扩张,饥肠辘辘的人的瞳孔扩张得更大些,如果加上吞咽的动作,就构成了人们常说的那种"馋相"了。除了视觉刺激,其他感官接受的刺激也可以引起瞳孔的变化,如当人聆听心爱的音乐时,或用舌头品尝美味食品时,另外恐怖、紧张、愤怒、喜爱、疼痛时瞳孔同样会出现扩大反应。厌恶、疲倦、烦恼时瞳孔则会缩小。可见瞳孔与心理关系十分密切。

总之,我们利用瞳孔变化的规律,就可测定一个人对某种事物的兴趣、爱好、动机及其对异性的爱慕与否等心理变化。瞳孔的放大或缩小完全是无意识的,也是难以掩饰的,所以眼神会透露内心的秘密。相爱的恋人彼此看到一泓黝黑而闪射光亮的深潭,就会直觉地感到爱情有了回报,抑或对方有求爱之意;倘若看到瞳孔缩小如针尖一般,就会感到彼此的关系出了问题。

鼻子的"表情"

鼻子动作轻微，但也能反映人的心理变化，就是说，鼻子也有"表情"。

在谈话中对方的鼻子稍微胀大时，多半表示得意或不满，或情感有所抑制。鼻头冒出汗珠时，表示对方心理焦躁或紧张；如果对方是重要的交易对手时，必然是急于达成协议。鼻子的形状像鹰嘴，尖向下垂成钩状，阴险凶暴，鹰鼻而眼深者生性贪婪不知足。鼻子的颜色整个泛白，显示对方的心情一定畏缩不前。鼻孔朝着对方，表示藐视对方，轻视别人。鼻子坚挺的人性格坚强，决定的事情一定要做到。摸着鼻子沉思，说明对方正在思考办法，希望有个权宜之计解决眼前的问题。

有位研究身体语言的学者，为了弄清这个"鼻子"的"表情"问题，专门作了一次观察"鼻语"的旅行。他在车站观察，在码头观察，到机场观察。他旅行了一个星期，观察了一个星期。由此得出两点结论：

第一，旅途是身体语言最丰富的表现区域。因为各种地区、各种年龄、各种性别、各种性格的人汇集在一起，而且都是陌生人，语言交流很少，但心理活动又很多，所以，大量的心态都流露于身体语言。他说："旅途是身体语言的试验室。"

第二，人的鼻子是会动的。因此，鼻子是有无声语言的器官。他说，根据他的观察，在有异味和香味刺激时，鼻孔有明显的伸缩动作，严重时，整个鼻体会微微地颤动，接下来往往就出现"打喷嚏"现象。他认为，这些"动作"，都是在发射信息。此外，据他观察，凡高鼻梁的人，多少都有某种优越感，表现出"挺着鼻梁"的傲慢态度。关于这一点，有些影视界的女明星表现得最为明显。他说，在旅途中，与这类"挺着鼻梁"的人打交道，比跟低鼻梁的人打交道要难一些。

他的这次旅行观察，对于身体语言学，是个不小的贡献。

根据一位日本籍整容医生的临床经验："某人一旦接受了隆鼻手术，以往本来属于内向性格者,常会摇身一变而为倔强之人。"

在一本小说中,有一段关于鼻子动作的描写。书中的男主角看到一位漂亮的小姐,为了显示他的与众不同的吸烟法,他向空中吐着烟圈,然后烟圈飘向那位小姐。小姐没说什么,只是伸手捂了一下鼻子。男主角便问道:"你讨厌烟味吗?"那位小姐没有应答他,只是继续捂着鼻子。

其实,用手捂鼻子的身体语言已经表达出了她的讨厌情绪,遗憾的是,那吸烟者竟没看出来,反而去问一个不该问的问题。这样做自然要碰钉子。

另外,有的研究资料主张把用手捏鼻子的动作归为鼻子的身体语言,而不是手的身体语言。再就是,若某人仰着脸,用鼻孔而不是用眼睛"看"人,这跟用手捂捏着鼻子一样,是要表达反感的情绪。

在旅途中,碰到有这些姿势的人,尽量少打交道。譬如:请他人帮助做某件事情之时,倘对方做出用手摸鼻子的样子,或是用鼻孔对着你"看",这应该视为他接受请求的可能性不大,或者说是拒绝的表示。

因此,跟讨厌的人迫不得已而交谈时,如果想尽快结束无谓的话题,不妨用手接二连三地摸鼻子。再加上不停地交换架势,或用手拍打物体之类的动作,也是其方法之一。另外,用手摸鼻子的行为,如果加上身体前屈的动作,则由该处表现出来的感觉也会有所不同。

头发的差异

1. 头发似钢丝,既粗硬,又浓密如刺

此人凡事必躬身而为,有气魄和有领导才能。但是,这种人却往往不懂得什么叫作"爱情"。

2. 头发粗而色淡,硬而且疏

这种人刚愎自用,喜驾驭别人,度量狭小,但有点小聪明。

3. 头发黑如墨,密如云,软如丝

这种人性好逸乐,度量宽宏,不耐劳苦,喜欢处处依附别人。

4. 头发虽柔软,却极稀疏

这种人喜欢出风头,爱与人辩论,好妄自尊大,做事情缺乏判断力,日常生活疏忽、健忘。

5. 头发浓密粗硬,却能自然下垂

这种人大多身体较胖,不大喜欢活动,细心多情,爱情专一。

6. 头发和胡须相连,又粗又浓

这种人多鲁莽,豪迈不羁,有侠义心,喜欢多管闲事,不拘小节。

7. 头发淡疏粗硬而不平

这种人思考力敏锐,天生是个演说天才,能屈能伸,但爱占便宜。

8. 头发浓密柔软,自然下垂

这种人性情内向,喜沉思,有耐性,艺术家、科学家多出于此种发型的人。

9. 头发自然向内卷曲,如烫过一样

这种人性情暴烈,事事患得患失,事事猜疑,是"紧张大师"。

10. 发根曲缩,发尾平直

这种人多自以为是,有我无他,喜欢独断专行,没有通融心。

11. 脑后头发黑白交杂

这种人多愁善感,忽喜忽忧,喜欢自作多情,易患神经衰弱。

国学经典文库

冰鉴

识人智慧现代应用方法和技巧 图文珍藏版

二、如何通过衣着识人

人的第二层皮肤

"服装是人的第二层皮肤",穿着打扮不仅反映一个人的修养、职业,同时也反映其个性与心理。

国外心理学家从服装的颜色、式样等选择上,分析了人的不同个性与心理如下:

1. 喜欢华丽服装

大多自我表现欲很强。假如华丽程度过分,就成了所谓的奇装异服。一般而言,穿着奇装异服者,除了自我表现欲极强外,大都有歇斯底里的性格,而且对金钱也有很强烈的欲望。

2. 喜爱朴素服装

多是顺应体制型的。这类人一般都有些固执,缺乏主体性。全身服装朴素,但却着重某一华丽装饰的人,虽属于顺应体制型,也拥有个性化的自我主张。他们常常想利用某些醒目之处来掩饰其他弱点,例如:对自己面容缺乏自信心的女子,会试图以穿迷你裙来转移别人的注意力,秃顶的男士则试图穿进口的高级皮鞋,来减少别人对其秃头的注意。

3. 对流行时装敏感

也是属于顺应体制型。这类人缺乏主见,对自己缺乏信心,别人穿什么,自己则随着别人而穿,急于混在清一色的流行时装潮流中,掩饰自己的缺点。

有些人完全无视自己的爱好,仅是由于流行,便一味地追求赶时髦。这种人大都具有孤独感,情绪亦不稳定。

4. 对流行毫不在乎

属于个性强的典型。但也有些人由于种种原因,把自己关在象牙塔,唯恐被人"同化",而失去自我。这种人不易与人相处或共事。

5. 穿着的服装无定型

其式样、颜色、质料变化无常,让人无法了解他的真正喜好的人,大多情绪不稳定,缺乏协调性,是一种潜意识中,非常逃避现实的人。

6. 改变服装格调

本来一向穿着特定格调的服装,可是,突然之间却穿起了与以前格调完全不同的服装来。这种人大多在物质或精神方面受到了新的刺激,情绪有所变化,或内心有了新的决定。

衣着与性格的关系

纽约大学的心理学教授彼得·罗福博士说:一个人的衣饰,不仅仅表露他的情感,并且可以显示出他的智慧来。同时,从他的衣着习惯,更可以透露出他的人生哲学和人生观。

罗福博士和他的助手,曾进行了多次测验。他们把学生分成两组:一组是衣饰华丽、极讲究打扮的;另一组是不修边幅、不注意衣饰的。罗福博士从对这两组学生的观察研究中,得出了一个结论:两组学生在性格上,有极大的差异。

衣饰华丽的一组,他们情感正常,富有自信心,对参加社会活动很有兴趣,非常喜欢交朋友,而且对异性能保持良好的友谊。而不注意衣饰的那一组,则不喜欢参加社会活动,不善于与人交往,性格内向,有自卑感。

哥伦比亚大学的心理学教授们也曾作过同样的研究。教授们指出:衣饰整洁者,无论如何总比不整洁者活泼爽朗得多。然而,物极必反,过分地追求打扮的人,他们的性格会有些不正常,他们在社会交往中会产生越轨行为。

美国著名的心理学家兼社会学家乔治·纳甫博士,就衣着和性格的关系,划分出了六种类型。

1. 智慧型

这种人头脑冷静,思考缜密周详。他要购买一件新衣服的话,一定会先考虑到它是否合体,衣服是否有特色,裁剪缝纫得是否精细结实和令人满意,因为他把衣服看成是他的财产的一部分。

2. 经济型

当他购买新衣服时,第一件事就是要先计算一下是否合算。为了贪便宜,他会去买处理品和清仓削价的衣服,还会去光顾旧货店,挑选自己所满意的衣服。

3. 唯美型

这种人常被唯美观念所支配,他在选购衣服时不求经济耐用,但求美观,只要能穿上一件时髦的衣服,他就心满意足了。

4. 人道主义型

他买衣服没有目的,常会买下自己所并不需要的衣服。似乎他买衣服的目的是为了让服装店多做些生意。日积月累之后,他的衣柜和箱子里衣饰堆积如山,但适用者不多。

5. 政治家型

他所穿的衣服,特别注意款式图案,希望能给别人留下很好的印象。

6. 宗教家型

他喜欢款式简单的衣服,色彩朴实无华,保守而趋向拘泥,尽力避免虚饰。

彼得·罗福博士认为:讲究色彩和喜欢复杂的衣饰的人,个性比较讲实际,有自信心,但骄傲自满,爱支配他人,易于冲动,往往陷入虚荣的歧途。喜欢素色和简单衣饰的人,个性内向,生活朴实,温和淑静,但缺乏自信心,少有上进心,依赖他人的心理较强,遇事犹豫不决,难以做出什么成绩来。

透过衣装识人心

或许有许多人未曾料到,为了要穿上自己喜爱的衣服,包括颜色、质料,会把自己毫无掩饰的坦露出来。因为每个人所选购的衣服把自己的心理状态表现得袒露无遗。

1. 缺乏自信，喜欢争吵者

这种人穿着朴素，不爱穿华美的衣服，大多缺乏主动性格，对自己缺乏信心。希望对别人施予威严，借以弥补自己自卑的感觉。遇到这种人，最好不要和他们论理，因为越是自卑的人，越想掩饰自己的自卑，越会与人喋喋不休地争吵，以期保存剩下的一点点面子和尊严。这时候，我们可以大大方方地承认他的观点，使他感到我们的宽容大度，从而取得意想不到的效果。

2. 自我显示欲强，爱出风头者

在大庭广众之中，你可以发现某些人总是穿着引人注目的华美服饰，这种人大体上有强烈的自我显示欲。同时这种人对于金钱的欲望特别强烈。所以，当我们看到这类身着华服的人，或同事中有这样的人时，就能洞察到他们的这种心理，多夸奖他们的服装服饰，满足其膨胀的显示欲是一个好办法，这种人就不会轻易刁难我们。

3. 有孤独感，情绪不稳定者

这种人平时爱穿着时髦服装，他完全不理会自己的嗜好，甚至说不清楚自己真正喜欢什么，他们只以流行为嗜好，向流行看齐，随着潮流走，没有主见。这种人在心底里常有一种孤独感，情绪也经常波动。

4. 想改变生活方式，也有逃避现实成分者

公司职员阿水，到目前为止一直穿着固定式样与格调的西装。但有一天，他却改成了潇洒的夹克、鲜艳的长裤，带着完全不同颜色的领带来公司上班。从表象或精神方面说，阿水的内心必然受到了某种刺激，使他在想法上发生若干变化，所以，在他的深层心态里，通常怀有某种新的意思。同事们则好奇地问："你今天有什么事吗？""你遇到了什么问题？"对于这种突然改变自己服装嗜好的人，我们若想与他保持良好的关系，应当显得不当一回事儿，或者赞美他穿什么都很不错这类的话，相信他的心灵大门一定会向我们敞开，我们承认的

态度比别人的质疑的态度要强,过不了多久他会靠近我们,与我们交流、谈心,说出他改变服装的原因。

5. 以自我为中心,标新立异者

这种人对于流行的状况毫不关心,他的个性可以说是十分强硬,但这些人中的部分人是不敢面对外面的花花世界,而一味地把自己关在小黑屋里。这种人认为,如果跟别人同调,岂不是失去了自我?他们常常以自我为中心,经常弄得大家不欢而散。

6. 冷静对待流行,渐渐改变穿衣方式者

这种人情绪稳定,处事中庸,一般不会做什么越轨的事。他们理性多于狂热,不过于顺从欲望,也不盲从大众时尚。这种人比较可靠,值得结交,在公司里也会是一位优秀的员工。

服饰具有暗示作用

服饰可以含蓄地、间接地向他人提供信息,对他人的心理和行为产生影响。人们交流思想感情的主要工具是语言,但是当语言表达受到限制时,也可以通过服饰来传递信息,利用服饰向他人做出暗示。接受者根据当时的情境能做出正确的理解。例如《围城》中的一段描写:

那天是旧历四月十五,暮春早夏的月亮原是情人的月亮,不比秋冬是诗人的月色,何况月亮团圆,鸿渐恨不能去看唐小姐。苏小姐的母亲和嫂子上电影院去了,佣人们都出去逛了,只剩她跟看门的在家。她见了鸿渐,说本来自己也打算看电影去的,叫鸿渐坐一会,她上去加件衣服,两人同到园里去看月。她一下来,鸿渐先闻着刚才没闻到的香味,发现她不但换了衣服,并且脸上唇上都加了修饰。苏小姐领他到六角小亭子里,两人靠栏杆坐了。他忽然省悟这情势太危险,今天不该自投罗网,后悔无及。

苏文纨追求方鸿渐,却不知道方鸿渐已经爱上了自己的表妹唐晓芙。在月圆的晚上,她有意邀请方鸿渐到她家,还特别梳妆打扮了一番,向方鸿渐暗示爱慕之情。方鸿渐察觉之后,又不好抽身离去,让苏文纨下不了台,所以"后悔无及"——不应该来！

法国前总统戴高乐在正式场合经常穿三件一套的西服，但是在 1961 年的一次电视讲话中他却换上了军装。原来是有人企图发动政变。关于政变的内幕，有些是不宜在公开场合披露的，这时总统受到了语言工具的限制，于是他利用军装暗示出形势的重要，广大观众不用听讲话内容就能理解他的用意，他用肩章和饰带向人民显示了自己的力量和决心。同话语本身相比，这身军装的含义更丰富，方式更巧妙，效果更强烈，作用更明显。

国家元首有时穿西装，有时穿军服，有时又着便装，这并不是偶然的事，他们是在利用服装传达意图。如摩洛哥国王哈桑二世有时穿长袍，有时穿西服。国民都能从中领会到他的意图，穿长袍时暗示他是宗教信徒们的领袖，穿西服时暗示他是一位当代的国家元首。

服饰具有直观性，它所包含的信息能够直接刺激接受者的视觉器官。不像讲话，说者要一句一句地说，听者要一句一句地听。因此，从传播的速度来看，服饰语比口头语言要快得多，暗示作用的产生比口语也来得快。

总之，服饰的暗示作用是十分重要的，我们应学会运用它。作为表达者要善于利用它，作为接受者要能及时正确地判断它，从而通过服饰来识人。

服装传递的信息

一个人穿什么服装能够传递其性格、爱好和心理状态等许多信息。"文化大革命"期间，人们大都穿灰蓝色、军绿，甚至打补丁的服装；而如今是西装领带、短裙、牛仔裤等样式各异的打扮。这个变化就能说明许多问题。就某个人来说，穿整套西装，系领带，显得庄重大方，很守规矩；着宽松上衣、牛仔裤，给人一种随便洒脱、不拘一格之感；衣装整洁、熨得挺括，说明此人细心谨慎；穿着脏乱、敞怀、卷裤腿，显得性情粗犷，大大咧咧；一身黑衣服，给人以冷静、肃穆之感；而样式新颖、色彩鲜艳的衣裙则洋溢着活泼多情的青春气息……这些信息传递还是极为粗略的。实际上,服装所传递的信息极为丰富,也极为具体细致,有时还事关重大。1945年"8·15"以后,美军登陆日本。其统帅麦克阿瑟在会见上门拜访的日本天皇时,居然没系领带。仅此"语",就充分显示了麦克阿瑟对天皇的态度是如何怠慢。对此,日本朝野一时大哗,反应强烈。

装束与性格、环境和心理状态有密切关系。《青春之歌》影片中女主角林道静有两种打扮,一种是她平时常穿的——淡青或藏蓝的旗袍、黑布鞋,配上齐整乌黑的短发与她淳朴、善良、娴静的性格十分协调,越发衬托出朴素而文雅的风度美;另一种是她以参加交际活动为掩护去散发传单时穿的——色彩鲜艳、高领紧腰的旗袍,一身珠光宝气,叫人一看就觉得与她的性格很不协调,感到别扭。马克思和恩格斯虽然志同道合、友谊深挚,但两人性格不同,装束也有很大差异。马克思的开阔、自由的性格反映在装束上比较随便;而恩格斯风度严谨、一丝不苟,他无论何时都是衣冠楚楚。

装束与环境也是如此。芭蕾舞演员身体半裸、穿着透明的薄纱裙在舞台上表演,给观众带来一种高雅之美;倘若穿上这种纱裙上街买东西,那就不雅观、不协调了。体操运动员穿着紧身的体操服,在墨绿的地毯上燕子一般飞翔,显示出一种矫健的美;倘若穿着紧身服去出席宴会,那就不成体统了。

服装传递人的心理最为具体而微妙了。西方研究者们发现,女人穿的裙子的长短同所在的国家与时代的经济状况密切相关。经济萧条时期,裙子较长;而到经济上升阶段,裙子变短。这种现象似乎使人难以理解,但从服装揭示人的心理状态这种物体语言的功能上看,其奥妙就在于萧条时期人们总想显得阔气一些,暗示她们并不"穷困潦倒";而到了繁荣时期,不必穿长裙显"阔"了。女人们为了灵活美观和适应快速的生活节奏便喜欢穿款式多样而新颖的短裙或超短裙。

对服装的关心程度

英国有句俗语:"衣冠楚楚是最好的介绍信。"可见由一个人的服装不仅可以看出职业,通常还可看出其身份与人格。

不论自己喜欢与否,人都需依附于团体才能生存,而且也必须表现合于组织的言行,所以服装当然也要配合自己的组织。

若我们只观察人在组织中的服装,有时并不容易看出一个人的个性,因为这些人已习惯于组织,渐渐失去了自我,当然无法由服装看出其独特的个性。

但我们如果仔细观察穿着类似的人,就可以发现,即使大家服装一致,还是有人注意小地方,例如,领带、衬衫、袖扣、皮带、手表等配件,他们都会特别花一番工夫打点,例如,穿以灰色或蓝色为基本色调的西装,他们就会不着痕迹地挑相同色调的领带来搭配。他们在工作场所必须穿制服,但却因特别有心,所以在不脱离团体的范围内配戴饰物,以便借此表现出自己的个性。

特别注重服装的人通常分几种类型。一种强调不特别引人注目,但佩戴具有个性的装饰;另一种则故意脱离组织的模式,特别对服装下功夫,令上司同事为之侧目。这种类型的人虽属于一个组织或团体,但归属意识较薄弱。

此外,有些人对服装特别用心,穿着打扮都不与工作场合相配合,强调流行,甚至连发型都讲究与服装配合。

但有另一种人,与讲究服装的人完全相反,毫不关心自己的服装,这种人当然有另一方面的问题。不太关心自己服装的类型,大都以中老年人居多,我们看他们的穿着,就可以知道,他们已不再存有升级的希望,只想在公司中过着安定、保守的生活,换句话说,他们已放弃积极为公司努力的心。

色彩与心理

经色彩学家的研究,给色彩赋予了不同的象征意义:概括起来说,红、橙、黄为暖色,可使人精神振奋,心情愉快,增强新陈代谢的作用;蓝、绿为冷色,起抑制、缓和感情冲动的作用。人们可以利用暖色来振奋人们的精神,增强生命力,提高生活兴趣,促进机体的新陈代谢,而利用冷色抑制与缓和感情的冲动,安定情绪,控制暴露,并用来对人进行心理治疗。心理专家认为色彩是"世界上最便宜的精神治疗师",可见其作用不可忽视。相应的,从人们服装的颜色就可以透视其心理了。

专家们还认为每天必须看到以下七种颜色,才能使人生活得更快乐,以获得心理平衡。例如:

1. 红色

热烈、喜悦、果敢、奋扬。是活动的象征,能为你带来生命的活力,在生活中用块红色的毛巾、红色的电话机等等,都能使人活跃。食品中也应有一些红色来增加食欲,如红色的番茄、红辣椒、红苹果等。偏爱红色者,活泼、热情、大胆、新潮,对流行资讯感应敏锐,最容易感情用事;有强烈的感情需求,希望获得伴侣慰藉。缺点是浮夸、吹嘘,注重外表修饰,有追求物质欲望的倾向。

2. 橙色

能减少疲劳感,令人振奋。如果使用橙色的唇膏、橙色的围巾,可使你看来精神奕奕。在厨房和餐桌上使用橙色,使人有健康、明朗的感觉。

3. 黄色

光辉、庄重、高贵、忠诚。能够刺激创作灵感。使用在一些家具布或家庭摆设上,使人看来活泼明朗。如果穿着黄色衣服上班,能给人以醒目的感觉。偏爱黄色者,多个性积极、喜爱冒险、乐观、爽朗、喜欢结交朋友,是达观、乐天的社会型人物。

4. 绿色

健康、活泼、生气、发展。绿色是自然界中最常见的颜色,能使你精神获得安抚。如果用绿色来布置客厅,给人一种舒畅轻松的感觉。近乎黄色的青绿色,给人以活力感,接近蓝色的深绿色,则给人安静平和的感觉。偏爱绿色者,多为严谨、安分、做事稳重,是值得信任的坚实派人物,感性方面较缺乏,经常不苟言笑,有耐心及实践能力、坚韧、认真、凡事按部就班,金钱使用也颇有计划性,能在稳定中发展事业。

5. 浅蓝色

幽静、深远、冷漠、阴郁。是一种和谐友善的颜色,当你情绪低落时,浅蓝色能给你受保护的感觉。偏爱蓝色者,多态度明朗、诚实。处事方式偏向中庸;做事颇有弹性,留有回旋余地。

6. 深蓝色

给人以平静安详感,所以用深蓝色做工作服,能使工作环境表现出冷静气氛。

7. 紫色

这是一种浪漫色调,能制造罗曼蒂克气氛。如果女孩子想使自己更富于吸引力,那么,不妨选择紫色的衣服穿穿看。偏爱紫色者,多谨言慎行,喜怒不形于色,许多内心的想法都深藏着,不愿表露出来。姿态优雅、富神秘气质、不擅长交际,给人冷漠、高傲的感觉;喜欢思索,很会压抑、控制自己的情感。

另外,黑色象征着沉默、神秘、恐怖、死亡;偏爱黑色者,与紫色略为相似,性格内向,心态阴郁,喜欢独行独往,希望保持独特的个人活动空间。

白色象征单调、朴素、坦率、纯洁;偏爱白色者,多个性开朗、单纯,泾渭分明,喜欢表露;生活中爱清洁,家居布置宽敞明亮,讲究个性特点。

灰色象征和谐、深厚、静止、悲哀;彩色象征杂驳、缭乱、绚丽、幻想。偏爱灰色者,缺乏毅力,性格怯懦、胆小,凡事依赖他人,没有自己的主见,容易受别人影响改变已经决定或承诺的事情。

三、如何通过言谈识人

特性气质在言谈中的体现

人有不同特性气质,性情不一样,表现在言谈中也就差异很大。

1. 夸夸其谈之人

这种人侃侃而谈,宏阔高远却又粗枝大叶,不大理会细节问题,琐屑小事从不挂在心上。优点是考虑问题宏博广远,善于宏观、整体上把握事物,大局观良好,往往在侃侃而谈中产生奇思妙想,发前人之所未发,富于创见和启迪性。缺点是理论缺乏系统性和条理性,论述问题不能细致深入,由于不拘小节而可能会错过重要的细节,给后来的灾祸埋下隐患。这种人也不太谦虚,知识、阅历、经验都广博,但都不深厚,属博而不精的一类人。

2. 似乎什么都懂的人

这种人知识面宽,随意漫谈也能旁征博引,各门各类都可指点一二,显得知识渊博,学问高深。缺点是脑子里装的东西太多,系统性差,思想性不够,一旦面对问题可能抓不住要领。这种人做事,往往能生出几十条主意,但都打不到点子上去。如能增强分析问题的深刻性,做到驳杂而精深,直接把握实质,会成为优秀的、博而且精的全才。

3. 讲话温柔的人

这种人用意温润,性格柔弱,不争强好胜,权力欲望平淡,与世无争,不轻易得罪人。缺点是意志软弱,胆小怕事,底气不够,怕麻烦,对人对事采取逃避态度。如能磨炼胆气,知难而进,勇敢果决而不退缩,会成为一个外有宽厚、内存刚强的刚柔相济人物。

4. 说话平缓宽恕的人

这种人性格宏度优雅,为人宽厚仁慈。缺点是反应不够敏捷果断,转念不快,属于细心思考的人,有恪守传统、思想保守的倾向。如能加强果敢之气,对新生事物持公正而非排斥态度,会变得从容平和,有长者风范。

5. 速度快、辞令丰富的人

这种人知识丰富,言辞激烈而尖锐,对人情事理理解得深刻而精当,但由于人情事理的复杂性,又可能形成条理层次模糊混沌的思想。这种人做力所能及的工作,完全可以让人放心,一旦超出能力范围就显得慌乱,无所适从。接受新生事物的能力强,反应也快。

6. 义正言直的人

这种人言辞之间表现出义正言直、不屈不挠的精神,公正无私,原则性强,是非分明,立场坚定。缺点是处理问题不善变通,为原则所驱而显得非常固执。但能主持公道,往往得人尊崇,不苟言笑而让人敬畏。

7. 喜欢标新立异的人

这种人独立思维好,好奇心强,敢于向权威说不,敢于向传统挑战,开拓性强。缺点是冷静思考不够,易失于偏激,不被时人理解,成为孤独英雄。可利用他们的异想天开式的奇思妙想做一些有开创性的事。

8. 满口新词、新理论的人

他们接受新生事物很快,捡到新鲜言辞就能在日常生活中运用,而且有跃跃欲试、不吐不快的冲动。缺点是没有主见,不能独立面对困难并解决之,易反复不定,左右徘徊,比较软弱。如能沉下心来认真研究问题,磨炼意志,无疑会成为业务高手。

9. 抓住弱点攻击对方言论的人

这种人言词锋锐,抓住对方弱点就严厉反击,不给对方回旋的机会。他们分析问题透彻,看问题往往一针见血,甚至有些尖刻。由于致力于寻找、攻击对方的弱点,有可能忽略了从总体、宏观上把握问题的实质与关键,甚至舍本逐末,陷入偏执与死胡同中而不自拔。

说话快慢的心里秘密

虽然,说话的快慢系由本人的气质或性格而来,这可以说是说话者本身所具有的条件特质。但从突破心理学的观点看来,真正成为问题关键所在的,是某人的说话方式突然地异于寻常,那么,在这种情况之下,我们应该如何探测对方的心理秘密?

例如某人平时能言善辩,现在突然结结巴巴地说不出话来。相反的,某人平时说话没有一点要领,东拉西扯,或者是属于木讷型的人,但是,现在突然滔滔不绝地说出一大堆话,这时候,我们一定得注意这两种人到底怀有什么动机?因为前后的说话方式表现不同,一定事出有因,千万不可等闲视之。

一般来说,如果对于某人心怀不满,或者持有敌对态度的时候,许多人的说话速度会变得很迟缓,而且稍有木讷的感觉。相反的,如果有愧于心,或者有意要撒谎时,说话的速度自然会变快起来,这是人之常情。

有一次,笔者参加一家电视公司的座谈会,当时有一位评论家说:"如果男人带着浮躁的心理回到家里时,大体上都会在妻子面前滔滔不绝地说个不停。"笔者乍听之下,心里立刻有深得吾心的感觉:"你说的一点儿也不错,从心理学的观点说,这是很有道理的。"

因为在正常的情况下,一般人的深层心理中,如果怀有不安或恐怖的情绪时,说话的速度会变快。他总希望借助于快速的谈吐,将自己内心潜伏的不安,或恐惧得到解除。可惜,这时候,因为没有充实的时间可以冷静地反省或考虑,所以,谈吐的内容十分空洞,倘若碰到慎重与精明的人,马上就可以看穿他内心的动摇状况。诸如此类的例子,真是不胜枚举。

如果有人平时沉默寡言,但在某种状况下,他居然不大自然地能言善辩起来,那么,他内心里一定隐藏着某种不能向外人道的秘密,这种猜测不会与事实相差太远。

有一次笔者跟一家报社的总编辑在电话里谈话,本来,这位总编辑的谈吐向来都是非常缓慢的,但是,这次谈话的声音却很大,而且滔滔不绝地说个没完。真是令人疑惑万分。待谈话告一段落之后,笔者忍不住问他:"你今天有点儿奇怪,谈话的态度完全异于往日,这到底怎么回事啊?"对方马上默默不语,隔了一会儿,这位总编辑才吐了一口气说:"老实告诉你吧!由于工作调换的关系,我似乎做错了什么事。"对方说完之后,又开始恢复了往常慢吞吞的谈话方式,可惜,我在电话里看不见他脸上的表情,否则,他说话的表情必然会给我留下深刻的印象。

话题反映兴趣思想

从一个人所谈论的话题可以反映出他的兴趣思想,我们可以此识人。

1. 有些人的话题太偏重自己、家庭或职业的事情,是一种自我意识的倾向,也是自我中心主义者。

2. 有些人非常想要探听对方的真相,这是有意明白对方的缺点,期待能进一步控制对方的意思。

3. 有些人对于别人的消息传闻特别感兴趣,这种人很难获得真正友谊,所以,他内心非常孤独。

4. 有些女性虽然远离少女期,但也常常喜爱谈论"恋情"或"爱情"的事情,这表示在她内心也隐藏着性欲不满的事实。

5. 有些人会愤愤不平地埋怨待遇低微,其实,有很多人因为对工作不热心,才会将这种内心的动机转化在待遇低微的借口上。

6. 有些人不断谴责上司的过错和无能,事实上是表示他自己想要出人头地的意思。

7. 有人借着开玩笑,而常常破口大骂,或者指桑骂槐,这是有意将积压内心的欲求不满,设法爆发出来的心声。

8. 喜欢在年轻人或部属面前自吹自擂的人,乃是不能适应职务,或者赶不上时代潮流。

9. 有人根本忽视别人的谈话,而喜欢扯出与主题毫不相干的话题,这种人怀有极强的支配欲与自我显示欲。

10. 有人一直谈论会场的话题,而不喜欢别人来插话,这表示他讨厌自己屈居在别人的控制之下。

11. 有人把话题扯得很离谱,或者不断改变话题,这是表示他的思考不够集中,以及不懂得逻辑性的思维方式。

12. 有人不愿抛出自己的话题,反而努力讨论对方的话题,这种人怀有宽容的精神,而且颇能为对方着想,不失为坦荡荡真君子。

13. 极端避免谈到性问题的女性,有时候对于性问题反而怀有浓厚的兴趣和关心。

言语变化与心理变化

对于心口不一的人,如果仔细注意观察,一定可以发现他有某些不自然之处。因为一方面人容易以言语欺瞒施诈,另一方面却也较容易从言语表现出他的情感或心理意向。所以识人术就是借观察言语的种种微妙变化,以捉摸其情感与心理。

1. 平日寡言,变得能言善辩时

这是常见的现象,任何人在欣喜、快乐时都会比平日话来得多。然而,没有明显的原因,却突然变得能言善辩,多半是内心不安或有所波动,唯恐对方看出而伪装出的逆向行为,也就是说将自己不愿触及的话题,尽量转换成无关的话题。而且,有时会因心中的不安及波动,说些不必要的逞强话,自设防线来掩饰自己的情绪并借以宽解。这种寡言变得善辩的情形,其内心的不安,必然容易转变成其他行为如生理、表情的变化。

2. 恭敬谨慎的措辞与讽刺挖苦

如果一反常态地说话过于谦卑,或以讥讽的口吻说话,那便是心中蕴含敌意与反感的缘故,这也是一种因敌意、反感而表现出的逆向行为。如果无法明白地把这些情感表露出来时,无意中就会表现出足以拉开彼此距离的态度,或者掺杂讥讽、挖苦而表露出攻击性。

此时,还应观察其他变化,例如眼睛:和善的目光消失,而增加了些许锐利的眼神;笑声失去自然性,表情也变得生硬。

3. 争先说话、辩解

有种人时常不顾对方未将话说完，便抢话说明或辩解，这种人大多较为胆小，不断为心中的愧疚或秘密是否会被揭穿而感到不安与焦躁。唯恐对方发生怀疑，便抢着说话，设立防线来辩解，这是想尽快脱离不安感的心理表现。因此，在怀疑对方有如此心态时，须不露痕迹，不要显露出你的注意，应随声附和对方的论调，这样一定能使对方渐渐安心、恢复平静。而特别胆小的人，还可能在其他方面有所变化，如眼神因害怕而闪烁不定，言行举止也会变得慌张失措。

4. 亵猥的话题及下意识的逃避

当犯罪人站在犯罪现场时，总会装作若无其事地看着刑警进行搜索。还有的肇事逃逸者会大胆地回到现场混进人群之中。和这种心理相同，有人在某些场合故意说些猥亵的话，直截了当地说出他人避而不谈的话题。因为他意图自行发掘自己最恐惧的不安根源，借以使紧张和不安的心理获得舒解。这种人往往是大胆地脱口而出，或出人意外地胡言乱语，总之就是语不惊人死不休，而其言语有真有假，若要以识人术谨慎探讨其内容，必可发现问题的关键。

另一方面，也有人为了尽量避免心情不安，而避开某些话题或场合，若触及此人下意识所敬而远之的话题，并固执地不肯罢休，则此人的反应就会因而更显得焦躁不安，例如：挪开视线、或垂下双眼、交叉双腿、不断吸烟。

5. 赞成或附和

平常并不太附和你说话的人偶尔也会过于迎合、赞同，这种人绝非是大意或漫不经心的人，必定有其目的，只因为目前形势不宜反对你，就暂时随声附和、极力赞成。然而，在他内心可能有着不容拒绝的条件及暗藏的诡计。总之，识破这种附和或迎合，是非常需要的。

从言谈中看人的机智

与人交谈时，如果大家见解相同或相近，就如山水流向大河，彼此非常融洽。如果意见相反，争了几句就负气而去，或者彼此模棱两可，谈得不冷不热，不亲不近，渐渐地尴尬而散。

善于与人交谈的人，当发现彼此观点相悖时，会立刻转换话题，用巧妙的方式不断试探，或采用迂回战术，逐渐找到对方感兴趣的话题，慢慢地回到主题上去。这种人富于机智，容易得到大家的好感，而且意志坚定，善于思考和察言观色，千方百计去实现自己的计划，敢说敢做，且有力量坚持到成功。他们用心智在做事，适合担任社会职务。

不善于与人交谈的，说话往往处于被动位置，公式化的一问一答，或者说些模棱两可的应酬话。一旦说到他感兴趣的话题，立刻变了一个人似的，滔滔不绝，侃侃而谈，语若滚珠，甚至会激动起来，仿佛于寂寞山中遇到知音。听者也能从中得到许多有用的东西。这类人对生活有激情，苦苦钻研自己的兴趣所在，会成为某一领域的专家。不喜欢热闹地方，而爱清静自处，生活欲望也比较清淡，适合于搞研究工作。

一家美国工程顾问公司领导高先生，长得一表人才，学有专精，并且是留学德国的博士。论策划，他的创意受人赏识，论专业修养更是不可多得的人才，只是在领导统率方面，常让部下有阳奉阴违的情况产生。

以容貌来看，高先生轮廓长得很好。但精神面貌欠佳，经常睡眼惺忪的样子，且有轻度的口吃，声音单薄没有尾音，语音飘忽不定，说话口气不够肯定，跟本身魁梧的身材根本不成比例。

而另一位上级其貌不扬，身材短小，虽然没什么学历，据说早年是干"黑手"起家的。可是他双目炯炯有神，声如洪钟，在公司里"一呼百应，盛气逼人"，反而成为公司董事会内一致看好的对象，前途相当光明。

正如古书中说的"求全在声"，即一个人如果外形五官好，精神、魄力以及声音都要跟得上，甚至一个人的五官外形较差，在精神、魄力、声音各方面具有好的素质的话，反而可以弥补容貌上的缺失。反过来说，如果容貌外形很好，但声音较差、较弱，其福缘往往大打折扣。所谓"牡丹配绿叶，相得益彰"，如此才算是一个理想的好相貌，这就是求全在声的道理。

三国诸葛亮辨识姜维，同样是通过姜维的言谈来认识的，通过与之交谈，察其胆识。姜维投奔诸葛亮后，诸葛亮与之谈话，从各方面考察其德才，甚赏识其人，此时姜维才二十七岁，就封他为阳亭侯，认为他忠勤时事，思虑精密。诸葛亮对姜维评价说："考其所有，永南、季成诸人不如也。其人，凉州上士也。姜伯约，既有胆义，深解兵意。此人心存汉室，而才兼于人，毕教军事，当遣诣宫，勤见主上。"姜维后果如诸葛所料，"心存汉室，而才兼于人"。诸葛亮观言识人的本领可谓上乘。

姜维

从言谈中看人的优劣

1. 华而不实者

这种人口齿伶俐，能说会道，口若悬河，滔滔不绝。乍一接触，给人的印象相当好，以为是一个知识丰富，又善表达的人才。但是，必须要分辨他是不是华而不实。华而不实的，往往善于言谈，而且能将许多时髦理论、名词挂在嘴上，迷惑许多识辨力差、阅历浅的人。其实，这种人看起来吹得天花乱坠，实际对任何一件事都说不到点子上。

颜惠庆是北洋军阀政府的外交部长，为人手段圆滑、辩才甚佳，颇有外交家的风度。有一外国记者曾对颜惠庆独家采访了一个小时,颜说话的时间足足有四十五分钟,口若悬河,侃侃而谈,记者对此非常满意,以为肯定可以做一长篇通讯。等到他回家伏案起稿时,却想不出颜究竟说的是什么,因为颜说话东一段、西一段、七拉八扯、庄谐并杂,虽然讲了四十五分钟,然而却是言之无物。

2. 貌似博学者

这一类人多少有一些才华,对各门各类知识也不能说完全不懂,只不过是泛泛而谈。博而不精,看似博学多才,实则不能胜任某样具体的工作。貌似博学者,根源在于也学过一些知识,兴趣爱好都还广泛,但因为自恃聪明,或因一知半解,或学习条件与环境的限制,终未能更上一层楼,去学习更精专、更广博的东西。等到学习的黄金年龄一过,虽有学习提高的愿望,但已力不从心,最终学识水平也没有进步。或者即使有这样那样的深造环境,由于意志力的软弱,也只能得到一些新知识的皮毛。如果这种人是自身命运的悲剧,还不至为害,尚可谅解。如果以貌似多学而招摇撞骗,就值得识人者警惕。

大军阀韩复榘是个大老粗,他不善讲话,却又喜欢讲话,讲出来的话常常令人忍俊不禁,啼笑皆非。有一次他到济南一所学校给学生做报告,他上台说:"同志们,老头子们,老太太们,大学生们,二学生们,三学生们,

韩复榘

大姑娘们,你们好,俺也好,我们大家都好。今天天气很好,俺十二万分高兴。俺今天特地从山东赶到济南来。俺是没有啥文化的,是从枪杆子里爬出来的,

与你们相比,犹如鹤立鸡群。今天人来得真多,大概到了四分之五,没有来的请举手。今天俺讲的报告有四个问题。第一个问题,俺不讲你们也懂,第二个问题,俺讲了你们也不懂,第三个问题你们和俺都不懂,所以只讲第四个问题,什么是三民主义。所谓三民主义就是'三民'加个'主义'。因为一民主义太少,二民主义不够,四民主义太多,三民主义正好。再讲一下蒋委员长提倡的新生活运动,说什么走路靠左边走,俺第一个不赞成,都靠在左边走,马路右边空着干什么? 你们说,这不是浪费吗?"

3. 不懂装懂者

不懂装懂的人,生活中着实不少,成年人更是如此。这完全是因为爱面子,怕人嘲笑。如果在技术上不懂装懂,就会带来巨大的损失。有的人不懂装懂是为了讨好某人,有的人不懂装懂是因为形势所逼或虚荣心作祟,如果因前者而为之,不过是权且之计,如果是因后者而为之,那么,露出马脚之后就更没有脸面可言了。

传说李鸿章在赴英国女皇为他举行的晚宴时,席间咳嗽,就随手取一只盛香槟酒的小玻璃杯,将痰吐于其中,在座的人无不惊讶。在喝咖啡时,因为咖啡太热,就倒在小碟内,一口一口从容呷之,在座的贵客无不对他嗤之以鼻。还是作为主人的女皇聪明,唯恐这位中国客人面子上过不去,就也学李鸿章的样子,把咖啡倒在小碟内,陪着李鸿章喝。

4. 滥竽充数者

这一类人有一定的生活经验,知道如何明哲保身,总是在别人后面发言,讲大家已讲过的观点和意见。如果善于将之整理成自己的东西,也是一种艺术,不仅没有抄袭之嫌,反而会成为精辟的见解。这类人如果只求混碗饭吃,倒无大碍,支使起来也容易,让他朝东他就不敢向西,属于那种既没本事也没脾气的人,其能力低下、性格懦弱倒值得同情。这种人在平时与人交谈中也是如此,既不敢得罪张三,又不敢驳斥李四,更不可能主动与人争辩。没有主见,即便有,也没有勇气公布于众。但用人者要小心图谋不轨的人伪装成这种人,因疏忽大意而酿成祸害。

5. 避实就虚者

这类人有一丁点才干，但总嫌不足，用一些旁门左道的办法使自己处在了某个位置，平时完成什么任务都是让手下代劳，自己坐享其成。当面对实质性的挑战时，比如现场办公，因无法蒙混过关，就很圆滑地采用避实就虚的技巧处理。其实，这也算是一门技术，不过，为人还是脚踏实地稳当些好。这种人在交谈当中，一涉及实质性的问题，总是支支吾吾，含含糊糊，环顾左右而言他，或话在喉咙管里打转，不敢拍板表态，唯恐出什么乱子而牵扯到自己。这种人当副手还差强人意，可利用其喜好装聋作哑、装疯卖傻的特点来融洽、缓和同事之间和上下级之间的人际关系。如果作为一把手就会让许多机会溜走，给事业带来损失。

6. 鹦鹉学舌者

鹦鹉既无人的思维，又无鸟的歌喉，只能学人的话语。鹦鹉学舌者自己本身没有什么思想见解，听到别人的理论后，就转过来另向他人宣扬，也不注明出处，俨然是自己深刻思考的结果。不知情者往往会为之佩服、倾倒。这种行为是口头上的剽窃，因无凭无据，法律对此也无能为力，所以就大行其道。但这种人的模仿能力很强，用人者可利用这一点为己所用。而聪明者善于从模仿中发现、总结自己的东西，既而走向独创。任何作家小时候的第一篇作文都是从模仿开始的。模仿本身并不可耻，要记住，模仿只是手段，而非目的。

关于模仿，有两个小笑话：

某外国人，说话口吃。有一天被邀请到一大学演讲，随身带了一翻译，上台后第一句话是："To……To……To—day""今……今……今天。"翻译竟将口吃的特点都翻译出来了。在座的学生听了，莫不捧腹大笑。

一南方人初到北方，一天到一小面铺吃面，听到旁人都这样喊："老板，来碗面条儿！"他怕别人瞧不起，也学着旁人的声调，喊道："来碗面条啊，儿！"

听懂言外之意

在交际场合里，别人说的话，可能有很多种意义，没有什么有意的，也许是不知不觉地透露。遇到这样的情况，你就要有很强的听力，才能够察觉隐含的讯息，然后你就要找出那讯息的含义来。

有人走进你的办公室，然后对你说道："我快要累死了！昨天、前天、和大前天晚上，我都加班到十点钟才回家，我真的是累坏了！"你身为经理，听了那个人说的话，决定要找出隐含的讯息，也许很可能有其他讯息，是你应该知道的。

那个人想要传达的弦外之音可能是这样的："我实在需要别人帮忙，我知道公司雇用我做这个工作，是希望我自己一个人做，我担心的是，如果我对你说我需要帮忙，你会认为我没有替你做好工作，所以，我不想直接说出来，我只是告诉你，我现在的工作分量太重了。"

另一个隐含的讯息可能是这样的："上一次你评估我工作成效的时候，提起工作态度的问题来，并且还说希望每个人都更加努力工作，现在我只是想让你知道，我正在照着你的指示去做。"

还有一个隐含的讯息可能是："我有点担心，怕保不住工作，遭到公司辞退，所以我希望你知道，我是个多么克尽职责的职员。"

还有一个隐含的讯息是："我希望你拍拍我的肩膀，希望你这位上级主管对我说：'我知道你工作很努力，我非常欣赏你的工作态度。'"

你应该能找出来"我实在是快累死了"这句话背后，到底隐含着什么样的讯息。

倘若想要传达的隐含讯息没有人注意听，很容易就会被忽略掉，下一次再有隐含的讯息，就会以无可奈何的态度表达出来。职员向老板或人事室申诉的原因，可能就不再是真正的因素。有个职员要辞职离开公司，说是对薪资待遇不满意，也许这个职员所说的理由并不完全是假的，但可能也并不是真正的原因。真正的原因要从隐含的讯息中去发掘，可能是觉得在那公司工作，没有什么前途，或者是升迁渠道不畅通。那个职员也许没能得到肯定的回馈，但是又不好说出来，所以只好找个比较好说的原因来说，但那却不是他真正想要说的。

通常员工谈起待遇的问题时，真正代表的意思是，工作环境太差，或者是很讨厌那个老板。从调查报告中可以看得出来，抱怨薪资不够高的员工离职后，后来另谋他职所找到的工作，领得的薪水其实更少，但是，新公司似乎能给予较多晋升的机会。或者是，在新的工作环境里，会比较快乐。

传递隐含讯息的方向，并不只限于由下往上，也可能是由上往下，有些员工就擅长于听取并分析上级传递下来的隐含讯息。

雷斯特是一家大型制造厂的经理，有一次雷斯特告诉我们，开会的时候，雷斯特的老板往往不会说出真正希望做的是什么。不过，雷斯特学会了从老板说的话中，探听出隐含的讯息来，老板的意思也许是辞掉某个员工，或者是希望非正式地开始执行某一项方针。

基本上，这和政府行政工作与政治界的活动中，所发生的事情没有两样。譬如说，总统的幕僚认为，观察到总统的意向，就照着去做，这也是同样的情形。

这些人有时候做对了，有时候做错了。有时候，老板是故意这样做，如果后来进行的结果的确很成功，功劳就是老板的。万一后来事情出了差错，老板可以说完全不知情，由其他人来当替罪羔羊。下面的职员误解了老板的言外之意，就会被人认为"拟定错误的决策"，或是"判断力太差"。相反，在这方面做得很好的职员，就会受到上级重视，不论是在商界或政界，都能晋升得很快。

我们并不是想建议你，分析每个人所说的话，看看有没有言外之意。我们想建议的是，善于识人，就会听取弦外之音，这是听人说话的技巧之一，如果你能了解并且善于利用的话，不仅对你有利，也对你每天所必须接触的人有利。

听话知性情

俗话说"缄口以自重"，从人的口可以看出人的胸怀和性情。在人际交往中,各式各样的人都会遇到,有的人口若悬河,夸夸其谈,有的人喜欢探人隐私,搬弄是非。最受欢迎的往往是那些踏踏实实工作,实实在在做人的人。无怪乎姜育恒的一曲《沉默是金》引起众多歌迷的共鸣呢!

南北朝时,贺若敦为晋的大将,自以为功高才大,不甘心居于同僚之下,看到别人做了大将军,唯独自己没有晋升,心中十分不服气,口中多有抱怨之词,决心好好干一场。

不久,他奉调参加讨伐平湘洲战役,打了个胜仗之后,由于种种原因,反而被撤掉了原来的职务。为此他大为不满,对传令史大发怨言。晋公宇文护听了以后,十分震怒,把他从中州刺史任上调回来,迫使他自杀。临死之前他对儿子贺若弼说:"我有志平定江南,为国效力,而今未能实现,你一定要继承我的遗志。我是因为这舌头把命都丢了,这个教训你不能不记住呀!"说完了,便拿起锥子,狠狠刺破了儿子的舌头,让他记住这个教训。

有人说舌头上没有一根骨头,却是世界上最硬的东西。莫说说话的内容,就是说话时使用的语调、声音,往往也会给人带来意想不到的结果。

明成化时,兵部左侍郎李震业已三年孝满,久盼能升至兵部尚书。恰好这时兵部尚书白圭去职,机会难得。不料朝廷命令由李震的亲家,刑部尚书项忠接任。满怀希望的李震大为不满,对他的亲家埋怨说:"你在刑部已很好了,何必又钻到此?"过了些天,李震脑后生了个疮,仍勉力朝参,同僚们戏语说:"脑后生疮因转项。"仍然汲汲于功名,不死其心。其实李震久不得升迁,原因是因为他素患喉疾,每逢奏事,声音低哑,为宪宗皇帝所恶。与李震一殿为臣的鸿胪寺卿施纯,声音洪亮,又工于辞令,在班行中甚是出众,宪宗对他很欣赏。

诚然,仅凭声音便肯定或否定一个人,实在不是高明之举。但通过与人对话,观其声,辨其人,还是有一定的科学性和实用性的。

我们将通过下面几点告诉您从言识人的方法:

(1)在正式场合中发言或演讲的人,开始时就清喉咙者,多数人是由于紧张或不安。

（2）说话时不断清喉咙，或变声调的人，可能还有某种焦虑。

（3）有的人清嗓子，则是因为他对问题仍迟疑不决，需要继续考虑。一般有这种行为的人男人比女人多，成人比儿童多。儿童紧张时一般是结结巴巴，或吞吞吐吐地说"嗯""啊"，也有的喜欢习惯性地反复说："你知道……"

（4）故意清喉咙则是对别人的警告，表达一种不满的情绪，意思是说如果你再不听话，我可要不客气了。

（5）口哨声有时是一种潇洒或处之泰然的表示，但有的人会以此来虚张声势，掩饰内心的惴惴不安。

（6）内心不诚实的人，说话支支吾吾，这是心虚的表现。

（7）内心卑鄙乖张的人，心怀鬼胎，因此声音会阴阳怪气，非常刺耳。

（8）内心平静声音也就心平气和。

（9）内心平顺畅快时，就会有清亮和畅的声音。

（10）内心渐趋兴奋之时，就有言语偏激之声。

（11）心中疑惑不定的人说话总是模棱两可。

（12）善人话不多；浮躁的人喋喋不休；诬蔑好人的人闪烁其词，丧失操守的人说话吞吞吐吐；要叛变的人说话总是带几分愧色。

掌握透声识人的方法，有助于我们对想要了解的人做出一个全面的判断和评价。更重要的是，掌握了这些要领对我们的人际交往很有帮助。

听声识个性

"声音"给对方留下强烈的第一印象。有些人的声音轻缓柔和；有些人的声音带有沉重威严感。人们往往根据声音所获得的印象去识人。

声音的确会表现性格、人品，有时也是预测个人前途的线索。从脸部表情、动作、言词用语而无法掌握心态时，往往可从声调去揣摩其喜怒哀乐的情绪变化。

1. 高亢尖锐的声音

发出这种声音的女性情绪起伏不定，对人的好恶感也极为明显。这种人一旦执着于某一件事上时往往顾不得其他。不过，通常也会因一点小事而伤感情或勃然大怒。这种人会轻易说出与过去完全矛盾的话，且并不引以为然。

声音高亢者一般较神经质，对环境有敏感的反应，如房间变更或换张床则睡不着觉。富有创意与幻想力，美感极佳而不服输。讨厌向人低头。说起话来滔滔不绝常向他人灌输己见。面对这种人不要给予反驳，表现谦虚的态度即可使其深感满足。男性中发出高亢尖锐声音者，个性狂热，容易兴奋也容易疲倦。这种人对女性会一见钟情或贸然地表白自己心意，往往会令对方大吃一惊。高亢声音的男性从年轻时代开始即擅长发挥个性而掌握成功之运，这也是其特征之一。

2. 温和沉稳的声音

音质柔和声调低的女性属于内向性格，她们随时顾及周遭的情况而压抑自己的感情。同时也渴望表达自己的观念，因而应尽量让其抒发感情。

这种人具有同情心，不会坐视受困者于不顾，属于慢条斯理型。上午往往有气无力，下午变得活泼也是其特征。

男性带有温和沉着声音者乍看上去显得老实，其实有其顽固的一面，他们往往固执己见绝不妥协，不会讨好别人，也绝不受他人意见所影响。

作为会谈的对象，这种人刚开始难以相处，但他们却是忠实牢靠的人。

3. 沙哑声

女性发出沙哑声通常较具个性，即使外表显得柔弱也具有强烈的性格。虽然她们对待任何人都亲切有礼，却难以暴露自己的真心，令人有难以捉摸之感。她们虽然可能与同性间意见不合，甚至受人排挤，却容易获得异性的欢迎。她们对服装的品位极佳，也往往具有音乐、绘画的才能。面对这种类型的人，必须注意不要强迫灌输自己的观念。

男性带有沙哑声者，往往是耐力十足又富有行动力的人，即使一般人裹足不前的事,他也会铆足劲往前冲。缺点是容易自以为是,而对一些看似不重要的事掉以轻心。

具有这种声质者,会凭个人的力量拓展势力,在公司团体里率先领头引导众人。越失败越会燃起斗志,全力以赴。这种声质者中屡见成功的有政治家、文学家、评论家。

4. 粗而沉的声音

发出沉重的有如自腹腔而发出声音的人,不论男女都具有乐善好施喜爱当领导者的性格。喜好四处活动而不愿静候家中,随年纪的增长,体型可能会变得肥胖。

女性有这种声音者在同性中间人缘较好,容易受到众人信赖,成为大家讨教主意的对象。这种人是最好相处的。

有这种声音的男性通常会开拓政治家或实业家的生涯,不过,其感情脆弱又富强烈正义感,争吵或毅然决然的举止会使日后懊悔不已。这种人还容易比较干脆地购买高价商品。

这种类型的人不论男女均交友广泛,能和各式各样的人往来。

5,娇滴滴而黏腻的声音

女性发出带点鼻音而黏腻的声音,通常是极端渴望受到众人喜爱的人。这种人往往心浮气躁。有时由于过多希望博得他人好感反而招人厌恶。

如果是单亲家庭的孩子,则表明内心期待着年长者温柔的对待。

男性若发出这样的声音,多半是独生子或在百般呵护下长大的孩子。这种人独处时感到非常寂寞,碰到必须自己判定事物时会感到迷惘而不知所措。他们对待女性非常含蓄,绝不会主动发起攻势。若是一对一地和女性谈话时,会特别紧张。因此这种人在他人眼中显得优柔寡断。

四、如何通过动作识人

头部动作

在我们观察别人的动作进行识人时,首先入目的是人的头部动作。这不仅是因为头长在整个身体的最上面,最显眼,更重要的是头部动作所传递的信息最多。

1. 头部姿势

在不同的场合,由于人们的情绪和态度不同,头部姿势也有明显的不同,并且随着情绪和态度的变化而变化。因此,从头的姿势可看一个人对别人和社会的态度。头部姿势可以概括为四种:直竖着的头,斜偏着的头,向下低的头和用双手在脑后反托着的头。

直竖着的头的姿势的含义是"不偏不倚"。在中国古代哲学中,有"不偏不倚谓之中"的说法。这种头部姿势是表示中立的态度;斜偏着头的姿势是表示对某事有了兴趣,包括女士对男性的兴致盎然。当别人在对你说话时,你只需斜着头并不时点头,就会使对方有温馨的感觉;向下低头的姿势意味着否定或批评,通常还伴随着严厉的面部姿势;用双手在脑后反托头的姿势常被认为是成功人士的专利,在西方社会,像会计师、律师、业务经理等自信又有优越感的人常用此姿势。

2. 头部自我触摸的动作

在多数人的身体接触中,头是接触频率最高的身体部位。多数情况下,都是自我接触,如用手去摸头等。头部只占人身体表面积的九分之一,但有半数以上的自我触摸动作就在头部,而且这种自我接触动作,大约有650种。这些动作可以分为四大类。

（1）隐藏动作的触摸。这包括对噪音感到不耐烦时用手掩耳，或阳光等，光线过强时用手遮眼等以遮断向感觉器官输入的现象。此外，用手掩盖哭泣等难过表情，企图加以掩饰的动作也包含在这一范畴之内。

（2）整理身体动作的接触，即是将手举向头部做出"抓""擦""摸"等动作。这本来是以维护头部整洁为目的，然而，当一个人陷入情绪混乱或紧张状态时，往往会做出类似整理身体的神经质行为。譬如：男性方面最普遍的"抓头"动作，大致上均可视为不满、困惑、害羞、痛恨自我等直接表现。因此在这一时候，往往带有赧色或喘气的现象。东方人以害羞的成分较大，一边抓头，一边哑然失笑的情形很多。另外，脑中加速思考活动、接受面试等面临燃眉之急的重大事情之时，所产生"摸头发""抓头"动作也包含在相同的整理身体动作的范畴内。

（3）特殊象征的接触。以象征性的行为接触头部的动作就是典型之一。为了强调正在用脑筋思考，咚咚地敲头或手贴在头部不动等动作，就属于本类的范畴。另外，还有"抱头"的表现，将双手抱在后脑，一如字义的抱头动作，也同样地表示陷入深思的状态。

东方人不能理解一件事物而进行深思时，不断做出歪头动作，欧美人一般则是将手掌贴在太阳穴附近表示正在思考。另外，用无名指轻点太阳穴的人也不少。这些动作本身均是一种表示心理上感到"疑难"的信号。同时，下意识地按住人体要害之一的太阳穴，也可视为是企图对思维予以刺激的行为。欧美人陷入自我侮辱的心理状态时，也有伸出食指朝着太阳穴，做出手枪射击自己脑部的自我接触之举动。

此外，属于此种象征的接触，还包含有突然想起某件事情时，一边说"啊，对了"一边使劲拍打前额的动作。

（4）自我紧密性的接触。作为对人亲密性的类似、模仿动作，用手接触头部的情形，即属于该范畴。这也是为了获得精神上的安定，下意识所形成的心理作用。在手与头部的接触动作范畴中占五分之四的比例。人类接触头部的最大动机,是对他人的一种潜在的身体接触欲求。在此种自我接触之中,人们最常做出的动作,就是靠在桌面或柜台上,用手支撑头部。肉体上的疲劳并非这一动作的主要原因。当作头部支柱的手,在这一场合,进行超越本来机能的活动,亦即当作一种形象,取代了拥抱自己。给予安慰的朋友,用自己的手,再度体会安慰与亲密性的快感之意。而且,由于这一动作可公然在他人面前做出,所以,一旦希求精神上的安定时,很自然地就会产生此种动作。

除此种"靠肘"动作之外,人们经常做出的动作中,还有一种并拢食指、中指、无名指,手背朝外,轻轻拍打额头的行为,此大致上可视为腼腆、困惑的表现。其要点在于贴紧额头的动作,尝试去克服精神上之不平衡。欧美人做出该动作时,是并拢食指、中指、无名指、小指,而大拇指分开,用中指与拇指的指尖按住太阳穴附近的位置,这是表现困惑、疑惑的动作。许多人的"困惑"表现,在无意识之中就会流露出来。

上述自我接触隐藏着对他人的潜在性肉体接触欲求,如果这一行为转变成对他人的实际接触情形,则将产生何种演变呢? 通常,表现为头与头的接触,手与头的接触等两种现象,是二者均属极度亲密关系才会发生的动作,这也是年轻情侣、夫妇之间一种爱情表现的信号。只要稍微表现出这种接触,任何人均可立即解读出这二人的情感交融状态。男人之间所发生的头部接触,有这样三个理由:(1)向对方伸出援手之时,(2)给以祝福之时,(3)施予攻击之时。

3. 点头动作

当某人在听别人讲话时,用不着用言语来表明你在认真听对方讲话,只需要看着他,不断地向他点点头,笑一笑,就能给讲话者留下很好的印象。有些善于与人交谈者,对于这种点点头加笑一笑的听话技巧是运用得很熟练的。讲话者看到听众们不停地点头,精神就更加振奋,有时谈话双方中一方会觉得无聊或有什么急事,但又不好意思中断谈话,也会心不在焉地点一点头,笑一笑。怎么能看出这种情况呢? 我们可以从对方点头的频率和动作的特点来判断:

(1)当对方针对谈话内容或音律,向你做点头的动作,是他在对你表示某种认同或好感。

（2）在谈话过程中，点头频率过高，是表示对讲话者或讲的内容持否定态度或不耐烦。

（3）如果点头的动作与谈话情节不符，表示对方不专心，或有事情瞒着你。

眼 部 动 作

今日普通人的眼睛里所发出来的，是各种眼色表情，告诉旁观者他内心情绪的变化。

眼睛低垂有时传递谦逊的信号，它是基于部属不敢正视长官的正常反应而来。低垂的方向多往地上，不会左右乱瞟。这种动作经常伴随着鞠躬或俯首听命。

眼睛流露善意，心底必定慈悲；眼睛横竖，性情刚烈；眼珠暴突，性情凶恶；眼睛斜视不语，心怀妒忌不满；近距离细看则神情内藏不露。

瞄上一眼后，闭上眼睛，即是一种"我相信你，不怀疑你"的身体语言。

闭上眼睛后，再睁眼望一望，如此不断反复，就不是尊敬与信赖的表现。

首次见面时，先移开视线者，其性格较为主动。

当你注意某个人只向一位异性看了一眼，就故意收回了视线，而不再看，这是一种自控行为。

当视线接触时，先移开目光的人，就是胜利者，相反，因对方移开视线而可能引起某种想法，是不是对方嫌弃自己，或者与自己谈不来。

眼睛上扬，是假装无辜的表情，这种动作是作证自己确实无罪似的。目光炯炯望人时，上睫毛极力往上压，几乎与下垂的眉毛重合，造成一种令人难忘的表情，传达出某种惊怒的心绪。

斜眼瞟人是偷偷地看人一眼又不想被发觉，传达的是羞怯腼腆的信息。这种动作等于是在说："我太害怕了，不敢正视你，但又忍不住想看你。"

眼光涣散常见于人很疲倦或做白日梦时,有些人常这样由室内望向窗外,以表示其内心中怀有某种梦想。

睁大眼睛,使眼白高于或低于虹彩的动作,是一种表示惊异的基本反应。

眯紧眼睛基本上是遭遇强光或威胁时的自卫反应,但也可能代表高傲、轻蔑的意思。做此表情的人可能愤世嫉俗,对周围的世事感到厌烦。眼睛上方生的褶层,乍看起来就像眯起眼睛似的,给人倨傲不驯的印象。

眼睛表面的闪亮,是因情绪激动促使泪腺分泌,产生润泽之故,但感受又未强到足以落泪的地步。这种现象常可从情侣、影迷、球迷、骄傲欣慰的父母亲以及获胜的运动员脸上看到;但也可能是表示哭泣以外的任何强烈的情绪激动,如厌烦、沮丧及生离死别等悲痛。

眨眼的变型包括连眨、超眨、睫毛振动、挤眼睛等。连眨发生于快要哭的时候,代表一种极力抑制的心情。超眨的动作单纯而夸张,眨的速度较慢,幅度却较大,眨的人好像在说:"我不敢相信我的眼睛,所以大大地眨一下以擦亮它们,确定我所看到的是事实。"睫毛振动时,眼睛和连眨一样迅速开闭,是种卖弄花哨的夸张动作,好像在说:"你可不能欺骗小小的我哦!"挤眼睛是用一只眼睛使眼色表示两人间某种默契,它所传达的信息是:"你和我此刻所拥有的秘密,任何其他人无从得知。"社交场合中,两个朋友间挤眼睛,是表示他们对某项主题有共通的感受或看法,比场中其他人都接近。两个陌生人间若挤眼睛,则无论性别为何,都有强烈的挑逗的意味。由于挤眼睛意含两人间存有不足为外人道的默契,自然会使第三者产生被疏远的感觉。因此,不管是偷偷或公然的,这种举动都被一些重礼貌的人视为失态。

嘴部动作

人的嘴部确实能够鲜明地表现出人的态度来。一般来说,一个人嘴唇部分的变化,主要有以下几种情况:

（1）把嘴抿成"一"字形，他是个坚强的人，一定能完成你给他的任务。

（2）张开嘴而合不上，是个意志不坚定的人。

（3）人的嘴唇往后空撅的时候，可能是一种防卫心理的表示，如果是女孩子，这可能是她撒娇的表现。

（4）喜欢将下巴抬高的人，十分骄傲，优越感、自尊心强，这种人望向你时，常带否定性的眼光或敌意。

（5）下巴缩起，此人仔细，疑心病很重，容易封闭自己，不易相信他人。

（6）口齿伶俐，吐词清楚必然是辩才。

（7）口齿不清，说话迟钝，但语气坚定，见识不凡亦可能是天下大才。

（8）嘴角下撇，这种人性格固执刻板，不爱说话，很难被说服。

（9）嘴角上翘，这种人豁达、随和，比较好说话，易于说服。

（10）唇角后缩，表明对方正在倾听你的说话，而且感兴趣。

（11）说话或听话时紧咬嘴唇，表示对方在自我谴责，自我解嘲，甚至自我反省。

（12）说话时习惯以手掩口说明对对方存有戒心，或者在自我掩饰。

知道了这些"口唇语言"以后，我们就可以用它们来识人了。同时我们也要注意自己的口唇运动习惯，千万别让它们泄露了天机哟！

肩部动作

肩部是责任和尊严的象征。"铁肩担道义，妙手著文章。"这一古语很能说明问题。肩部是人体活动比较自由的部位，可以上下活动，从而缩小或扩大身体的势力范围，肩部的语言是十分丰富的。

人与人肩并肩往往被当作是一种友好合作的象征。所谓"并肩作战"，说的就是两个战友或国家团结在一起，共同抗击敌对势力。互相拍拍肩部或抚摸肩部，也是一种友好与信任的表示。正常情况下，人的双肩与地面保持平行状态,左右同高,外侧的连线应当在同一条水平直线上,否则就成了人们常说的"阴阳肩"。

耸肩的动作,表示对某人或事物的无可奈何的态度,一般情况下,是以掌心朝上摊开的双手来配合这一耸肩动作。耸肩时,是双肩一起耸动,如果单独耸动或两肩的耸动在时间上有先后,就会产生十分不雅的效果。耸肩动作欧美人士使用较多,它的基本含义是"不知道""不理解""没办法"或"无可奈何"。在使用这一动作时,还要有其他的动作加以配合:嘴里说着"嗯哼"或"OK",双手一摊,双肩一耸。这是我们比较熟悉的欧美人的典型动作。近年来,中国许多时髦青年也使用这样的动作,大概是受各种新闻媒体以及影视作品的影响。

缩肩是缩小势力范围的动作,表示不安或恐惧。展肩则是扩大势力范围的动作,基本含义是展示自我的存在,威慑对方。日常生活中,常可见到模范、英雄等人物肩披绶带,这是一种对他们的突出显示。这种做法据说是源自日本,因为日本的议员、贵族或候选人往往在肩上斜披一绶带或红布条等,以尽量扩大自身的范畴。现代军人的肩章、某些职业服装以及西装的垫肩,都是为了突出人的肩部而特意设计的,以表现其威严或权势。

人在寒冷的时候也会耸起或抱起肩部。耸肩还可能是人在抽泣时使用的动作。

胸部动作

由于人类的直立行走,使胸部最需要保护的心脏部位全部向外暴露,所以对人类来说,从胸部传达出的身体语言,深深地遗留着自我防卫的本能。在中国古代武士的盔甲上,总要装上厚厚实实的护心镜,便是一明显的例证。

不可思议的是,人们经常故意采用暴露心脏弱点部位的姿势,来传达某种信号。比如,高高地挺起胸脯的姿势,在无声地表示着他的自信和得意。胸脯挺得过分的高,则又变成了十分傲慢的意思。对这种过高地挺起胸脯的姿态,会使别人受不了,而发出"那家伙摆什么臭架子"的怨言。

挺胸而全面暴露自己弱点部位的姿态,说明他完全不把对方放在眼里,毫不在乎对方可能会发起的攻击;在精神上他处于绝对的优势地位;同时,挺胸的举动也是他竭力扩大自己势力范围的一种表示。

还有一种矮个子的男人,不甘于"低人一等",会故意地挺起胸脯来弥补他们的弱点。他们走路时,总尽量地向上挺起胸脯,无意识中流露出因自己低矮而产生的自卑感,而想用挺胸的姿态来树立精神上的优势。法国的拿破仑,便是典型的例子。

总之,挺胸者绝对属于在力量上、精神上占上风的人。

与挺胸的动作相反的,是双臂交叉着横抱在胸前的姿势。这是一种保护自己身体的弱点部位、隐藏个人情绪以及对抗他人侵侮的姿态。这是防卫的信号,甚至是带有敌意的暗示。

这种双臂交叉于胸前的姿势,是日常生活中常见的姿态。根据达尔文的研究,这种姿势几乎在世界各地都表达着同一种意义——防卫。

同事之间在一起讨论时,常会出现这种姿势;小孩子们用这种姿势来抗议父母的唠叨;老年人用这种姿势来维护自己的尊严;打擂台的双方用这种姿势来应战……这种姿势似乎可以使人觉得自己稳如泰山,能对抗任何攻击。

这种姿势,通常也表示着否定和拒绝。有些人自顾高谈阔论,没有留意到自己摆出了抱臂于胸的姿势,这样,他的滔滔言论非但不能说服对方,反而起到了再三刺激对方的作用,使原本愿意和他亲近的人逐渐疏远。每当我们发现对方采取这种姿势时,就是表示他想结束这场谈话,你就应该知趣地收起自己的滔滔长谈了。

背部动作

背部是与胸、腹部相对的部位。胸、腹在身体的前面,比较容易传达人类的情感、情绪与意识；而背部在身体的后面，它的掩盖和隐藏的功能大大超过了传达的功能，但背部又不可能把人的情感、情绪全部掩盖起来；背部只能掩盖人的表情的明显部分，而泄漏出来的部分反而更加深刻地反映出被掩盖部分的本质。

1. 脊背代表一个人的性格和气节。挺直脊背的人往往性格正直，严于律己，又充满自信，但在另一方面，思想可能比较刻板，欠缺弹性。

2. 与此相对，采取驼背姿势或低头哈腰的姿势，表明此人具有闭锁性和防卫倾向。这种人虽然有不求自我表现、慎重和自省的一面，但主要是表露自己精神上的劣势：即愤世嫉俗、孤僻、畏惧、惶恐、自卑等心态。

3. 挺拔地站在舞台上或讲台上的演员或教师，从他的姿势可以想见他所受的严格训练和自我约束。

4. 端坐的姿势也是一种自我约束的表现。

在对座中，挺直脊背，一直保持端坐姿势者，等于在他与对方之间筑起一道无形的墙。

日本人经常采取端坐的姿态，这种姿态若不是出于礼节，那就是拒人千里之外，表示不可亲近、不愿迁就的意思。

5. 背向着对方或转过背去一般可理解为表示拒绝、不理睬或回避。某些女性，转过背去的动作有暗示等待男性来说服的意思。

6. 打电话时转过背去（有时还用一只手遮着话筒），多半是在谈论带有秘密性的事（私事）。因为背向他人即用背部挡住他人的介入，以消除自己心理上的不安。

7. 同性亲友之间互相拍背，往往表示有同感，有共鸣，或为了鼓励、催促和怂恿。

在同性的不大亲密的朋友之间也常见用于接触背部的动作，在这种情况下，可认为是关心对方或有进一步加强人际关系欲求的动作。

8. 在异性之间（特别是在假定的性对象之间），男性触摸女性的背部，表达了一种既渴望做进一步的接近,又唯恐对方拒绝的心情。有时也表达试探性地说服对方的企图。

腰 部 动 作

腰部在身体中起"承上启下"的支持作用,腰部位置的"低"或"高"与一个人的心理状态和精神状态有关联。

1. 弯腰动作,比如鞠躬、点头哈腰属于低姿势,把腰的位置放低,精神状态也随之"低"下来。

向人鞠躬,是表示某种"谦逊"态度,或表示尊敬;如在心理自觉不如对方,甚至惧怕对方时,就会不自觉地采取弯腰的姿势。

从"谦逊"再进一步,即演变成服从、屈从,心理上的服从与屈从反映在身体上就是一系列在居于优势的个体面前把腰部放低的动作,如蹲、揖、跑、伏、叩拜等。弯腰、鞠躬、作揖、跪拜等动作除了礼貌、礼仪的意义之外,都是服从或屈从对方,压抑自己的情绪的表现。

2. 挺腰动作。这个动作反映出情绪高昂,充满自信。用力挺直身体,使身体增高(同时也可提高一些腰部的位置),这是进行威吓,表示无畏,力图使自己处于优势的动作。经常挺直腰板站立、行走或坐下的人往往有较强的自信心,且有自制和自律的能力,但可能缺乏精神上的弹性。

3. 手叉腰间,表示胸有成竹,对自己面临的事已做好精神上的准备,或采取行动的准备。手叉腰间,两只拇指露在外面,更流露出某种优越感或支配欲。

4. 两手的拇指呈倒八字插入裤腰部位的男性(以西方男性居多),除表现出优越感外,还表现一种男性的威严、"帅劲"(当然,这个姿势或动作中隐藏着性意识)。

5. 深坐者身体(特别是腰部)位置放低,表示认为眼前的事物并不会引起紧张,没有必要立即站起来,精神上处于放松状态。深坐也是向对方表现自己的心理上的优势。

6. 始终浅坐在椅子上的人流露出自己心理上的劣势，和缺乏精神上的安定感。所谓"正襟危坐"就是指这类浅坐动作。

一个小人物在大人物面前坐也不是，站也不是；叫他坐下，也只是屁股沾着一点儿椅子边；而大人物呢，往往是舒适地深深坐入椅内，一副居高临下的神态。

7. 在他人面前猛然坐下的动作，表面上是一种随随便便、不大礼貌或不拘小节的样子，其实此人内心隐藏着不安，或有心事不愿告人，因此不自觉地用这个动作来掩饰自己的抑制心理。如果同这个人谈话，他往往会表现出心不在焉或神思不属的态度。

8. 最低位的腰部动作是蹲姿。蹲是一种历史遗传动作，多见于疲劳的老年人，表面上的意义完全是防卫和服从。文明人和文化水平较高的人很少采取蹲姿，因为蹲姿形象上不雅观，意义上消极，心理上处于劣势。农民蹲着抽烟、休息或聊天，其含义就比较单纯，只是为休息，使自己的身体恢复到原始人的状态。蹲着的姿势也隐含着"眼前服从，今后不一定服从"的攻击性心理。特别是两手悬置膝上、眼睛由下向上看的蹲姿（多见于市场上的摊贩），可理解为隐藏着攻击欲求的防卫性姿势。

腹部动作

腹部在腰部以下，与臀部相对，位于人体的中央部位，在体态语言上，不太被人注意。其实腹部也有极丰富的表情与含义。

凸出腹部——将如此重要而又相当脆弱易受到攻击的部位挺露出来，是表现自己的心理优势、自信与满足感。在此种情况下，腹部是意志与胆量的象征。古今中外的英雄、豪杰、领导者、气宇轩昂之人无不是挺胸凸肚的。凸出腹部的动作意在扩大自己的势力圈，是威慑对方，使自己处于优势的支配地位的表现。

反之,抱腹蜷缩的动作表现出不安、消沉、沮丧等情绪支配下的防卫心理。

解开上衣纽扣而露出腹部表示开放自己的势力范围,是对于对方不存戒备之心的表现;有时也有威慑对方,表现胆量的意思。

腹肌紧张(或收腹的姿势)的男性,是积极采取(性)行动的表示。从外观上,收腹姿势会使全身肌肉呈现紧张状态,特别是脸颊和眼部的肌肉紧张起来,给人一种表情活泼、生动的印象,散发出青春气息。反之,腹部肌肉松弛,是衰老的标志。挺着一个松松垮垮的肚子,从外观上就会给人以一种精力衰退、神情呆滞、动作迟缓的印象。

遇到兴奋或愤怒的时刻,呼吸会变得急促,腹部会起伏不停。反之亦然。腹部极度起伏,意味着对即将爆发的兴奋或激动状态的抑制而导致呼吸的困难。

轻拍自己的腹部,表示自己有风度、有雅量,也包含着经过一番较量之后的得意心情。

腿部动作

了解腿的动作,是破译内心秘密的一种强有力的武器。

当心中不安,或想拒绝对方时,一般人常将手或腿交叉。这是在无意识中,企图保护自身的心理表现和不让他人侵犯自己势力范围的防御姿势。

当你向上级提出某个建议时,如果他听了一会儿,便把腿架了起来,你应该注意,他可能对你的建议不感兴趣。果真如此的话,你应该尽快结束话题,告退离开。如果还要不知趣地唠唠叨叨的话,上级必然会频繁地变换架腿的动作,最后会变得越来越不耐烦。等到他忍不住打断你的话时,你就会感到窘迫了。

另一方面,人们如果要表示出他的攻击性,或者说,他有意于接受对方的话,则会采取张开腿的姿势。张开的腿比紧紧并拢的双腿更能扩大他的势力范围。

那些有着强烈的支配欲和所有欲的人,他们往往会把脚搁在桌子上和拉开的书桌抽屉上。这一行为,可以看作是用自己的脚连接桌子,来扩大自己的势力范围,表现着自我。反之,如果他的下属在他的面前表现出这一姿态的话,他会感到自己的势力范围已被侵犯,而产生极不愉快的感觉。一旦他在初次见面或并不很熟悉的人面前,也把脚搁上桌面或抽屉上的话,难免会被人认为"那家伙真是傲慢无礼之极"。

在腿所表达出的身态语言中,有一点必须留意的,那就是架腿的方式。男女的架腿方式有所差别,即使用同一种方式架腿,它所表示的意义也并不一样。

根据调查发现,将一只脚的足踝架在另一只脚的膝盖或大腿上的,99%属于男性;而把两条大腿紧压着上下交叉地架腿的,99%属于女性。因为,从解剖学的观点来看,腿的部位越是往上,越是接近性器官。所以,国外的一些学者认为,大腿是属于带有性意识的敏感部位。

总之,就身态语言来说,腿部的动作往往极具有性方面的暗示。所以女性是极少采用架腿方式的,尤其是穿着短裙的女性,如果她不是故意要挑逗异性,是绝不会这样表示的。显然,使用双腿用力紧压式的架腿方式,具有防御他人的侵犯,保护性的贞洁的意味。

也有的人,坐在椅子上,一只脚翘起来横跨在椅子扶手上。这种姿态看上去似乎很轻松,要是你以为这表明他是开放而又乐于与人合作的话,那你就大错特错了。摆出这种姿势的人,对他人漠不关心,甚至还有点敌意。空中小姐深有感受,凡是采用这种坐姿的男性旅客,经常是最难服侍的人。商业上,在买方和卖方之间,买主也会在自己的办公室中摆出这种姿态,以表现他优越的主宰地位,上级也会在下级面前以这种坐姿来体现他的权威。

另有一种,分开双腿面向着椅子背倒坐,这种姿势和把脚搁在办公桌上一样,通常发生在上级和下属之间,以表示他的统御权。采用这种坐姿的人,不管他的表面上看来是多么令人愉悦和友善,事实上可能并非如此。因为这种姿态表明他富于统治性和侵略性。

双方之间处于激烈竞争的时候,一方或双方会不由自主地架起二郎腿。有位棋手,每当他在比赛中举棋不定时,总会不知不觉地架起腿来。对一个棋手来说,这种姿势是极不方便的,因为每次轮到他走棋时,必须放下脚,然后倾身向前下棋。然后,当他走完一步棋,又会依然故我地架起腿。放下再架起,架起再放下,一直要反复到他感到自己稳操胜券时,才安安分分地把双脚放到地板上。

下棋时是这样,谈判时也是这样。当问题被提出来讨论时,或者当激烈的争论发生时,谈判者的一方或双方总会把腿架起来。若双方放下了架起的腿,身子向前倾移的话,则意味着谈判将顺利达成协议了。一旦对方交叉着架起腿,就是向你发出了要向你竞争、挑战的信号,这时,你必须提高你的警惕性,集中你的注意力,以免大意失荆州。

脚部动作

脚,是人们交往过程中,比较容易忽略的环节,但心理学家认为,脚的动作,也是身体语言的一种,而且这种语言比其他形体语言更丰富,更真实。下面我们就来分析一下人们常见的"脚言"。

1. 某人两只脚踝相互交叠,你就应注意此人是不是正在克制自己。因为人们在克制强烈情绪时,会情不自禁地脚踝紧紧交叠,交易场上或其他社交场合中,当一个人处在紧张、惶恐的情况下,往往会做出这种姿态。有些害羞的女孩子见到陌生人时,这种姿势比较常见。

2. 在谈判时,当对方身体坐在椅子前端,脚尖踮起,呈现一种殷切的姿态,这就是愿意合作,产生了积极情绪的表示。这时善加利用,双方就可能达成互惠的协议。当你与一个人谈判时,如果发现对方有了这种动作时,不妨稍做让步,那样你们的谈判肯定会令双方都满意。

3. 说话时,身体挺直,两腿交叉踮起,这一姿势表示怀疑与防范。所以,在谈判推销商品或个人交往中,要注意那些"翘二郎腿"的人。而对那些坐在椅子上面跷起一只脚来跨在椅臂上的人要引起警惕,因为这种人往往缺乏合作的诚意,对别人的需求漠不关心,甚至还会对你带有一定的敌意。

4. 对于家庭里一对夫妇双足交叉的动作要特别注意,因为通过这个动作往往可以看出哪一方是权力主宰。夫妻间的某方先行交叉自己的双足,就表示其在家庭中占有优势。

5. 一个两手插在口袋中、拖着脚步、很少抬头注意自己在往何处走的人往往是心情沮丧的人。

6. 双脚自然站立,左脚在前,左手习惯于放在裤兜里。有这种习惯的人人际关系较为协调,他们从来不为别人出什么难题,为人敦厚笃实。这种男人平常喜欢安静的环境,给人的第一印象总是斯斯文文的,不过一旦碰上比较气愤的事,他们也会暴跳如雷。

7. 双脚自然站立,双手插在裤兜里,时不时取出来又插进去,他们比较谨小慎微,凡事喜欢三思而后行。在工作中他们最缺乏灵活性,往往生硬地解决很多问题。他们大都经受不起失败的打击,在逆境中更多的是垂头丧气。

8. 两脚交叉并拢,一手托着下巴,另一手托着这只手臂的肘关节。这种人对自己的事业颇有自信,工作起来非常专心。

9. 两脚并拢或自然站立,双手背在身后。他们大多在感情上比较急躁,这种类型的人与人相处一般都比较融洽,可能很大的原因是他们很少对别人说"不"。

10. 双手交叉抱于胸前,两脚平行站立,具有强烈的挑战和攻击意识。对于年轻女孩来讲,这种姿势不太雅观。

11. 将脚自然站立,偶尔抖动一下双腿,双手十指相扣在腹前,大拇指相互来回搓动。这种人表现欲望特别强,喜欢在公共场合大出风头。如果什么地方要举行游行示威,走在最前面的,扛着大旗的就是这种人。

12. 喜欢用腿或脚尖使整个腿部颤动,有时候还用脚尖磕打脚尖或者以脚掌拍打地面,这种人最明显的表现是自私,他很少考虑别人,凡事从利己主义出发,他们经常给周围朋友提出一些意想不到的问题。

臂部动作

双臂交叉是人们经常使用的一种臂腕势。我们常常见到在交谈或听报告时,有人喜欢将双臂交叉在一起,通常情况是用左右手分别抱住相反方向部位的手臂肘部,乍看上去,好似一种悠闲自得的神态。

那么,这种交叉双臂的姿势有什么样的心理意义呢? 相信许多人都注意过这样的情形:裁判做出一个判定,某方球队教练有异议时,他就会跑到球场上,或直接冲到裁判的面前指手画脚地抗议,两手时而乱挥,时而愤愤不平地将双手插入口袋,甚至紧握拳头,以此威胁裁判。这时,即使电视转播的画面不将两人争吵的有声语言播放出来,我们也完全可以通过两人的面部表情和手势语言来领会各自的真实意图。在这种情况下,裁判只需两眼瞪着这位教练,双手交叉在胸前,做出一种防卫性的姿态——实际上,他们大多会采取这种做法。这一动作表明,从那教练一开口,裁判就已经很明确地表现出他要坚持自己的判决,不管教练怎样抗议,都不会起到什么效果。有时,他还会一言不发,转过身去背对教练,意思是"你的废话已经够多了"。

由以上的实例可以看出,这种双臂交叉的姿势表示的是一种防卫的、拒绝的、抗议的意义。研究人员发现,这种双臂交叉的动作在世界各地都可以见到,而且表示的意义也具有全球的普遍性。实际上,研究表明,交叉的体势——无论双手的交叉(不是十指交叉),双腿交叉相搭,还是双臂交叉,都构成一种"十"字状或"X"状的形式,都显示出矛盾、多种情况交互影响或紧张等心理因素的存在。就双臂交叉的姿势来说,暗示当事者思想上的"疙瘩",就如同处于十字路口上的人,不能确定何去何从,或者表示此人对对方所说的内容不那么信任,甚至有些排斥或拒绝。因此,这一体态语言并不总是像大多数人所认为的那样,是舒适、自得的表现,相反,它往往是消极的、非开放的象征。事实上,它表现出姿势使用者内心正处在选择的十字路口,犹豫不定,或者他已经在内心拒绝了对方的意见或建议。这时,为了能够改变对方的态度,从而使其接受或认同自己的思想观点,作为信息输出的一方,应设法使他放弃这种身体姿势。至于怎样判断这一姿势是属于防卫性的呢,还是属于放松性的,除了根据场合判断,还可以注意看他的手:手指是放松的还是握成拳头,两手是轻松摊开的还是紧抓双臂以致青筋突起。

有研究指出,在人们所考察的各种非语言表达中,双臂交叉的姿势似乎最容易被人了解,也最富有感染力。在某次聚会上,如果你叉着双臂听别人发表意见或叉着双臂发表自己的意见,然后,你会发现很快就有人学习你的姿势,起先是一两个,随后,好些人都先后受到了影响。虽然不是所有人都叉起了双臂,但你会发现,大家将变得意见分歧,而且各执己见,难以互相谅解。通过录像资料不难发现,无论在哪一时刻、以哪种方式提出的建议、命令或要求,一旦引起了对方的抵触情绪,就可能看到这种双臂交叉的动作。而后,合作就很难建立。如果不注意这种手臂姿势的变化,也就不容易把握各种时机,不容易将事情向有利于自己的方向转变。

手部动作

在日常生活中,无论是社交还是玩耍中,人们有许多有意或无意识地伸出手来的机会,而专家们研究,从伸手的动作和手掌、手指摊开的情形,可以看出一个人的性格与心理来。

1. 伸手时,把手摊得大大的人

为人爽直,一般想到哪里就做到哪里,精力充沛,胸襟豁达,不计较小事,不怕失败,即使跌倒了,爬起来也很快。

2. 伸出手来时五指并拢的人

多为做事一丝不苟、注意礼貌、凡事循规蹈矩的人,但是往往会因谨慎过度而耽误大事;在交友方面也一样,由于不肯推心置腹地与人交往,所以往往交不到好朋友。

3. 伸出手时五指微张的人

个性诚实稳重,有强烈的责任感。但是,从另一个角度看,却有胆小、跟不上时代的缺点。

4. 伸出手时四指并拢、大拇指单独离开的人

多属出色的社交家,他们往往富有机敏性、能够把握住良机,并且善于运用钱财。

5. 伸出手时食指和拇指留有间隙、其余手指并拢的人

自尊心强,喜欢强调自己的主张,讨厌受到别人的批评,这种人往往居于领导地位。

6. 伸出手时中指与无名指之间有间隔的人

做任何事情都保持着愉快的心情,遇到困难也能设法克服。

7. 伸出手时无名指与小指之间有间隔的人

不喜欢受到他人的束缚,有独立自主的意识,并且做任何事情都会未雨绸缪。

8. 伸出手时手指稍微向内收缩的人

经济观念非常发达,比较吝啬,属于吝啬型的人物。

9. 伸出手时五指全部往外弯成弓状的人

感受性很强,学习能力亦佳,而且点子很多。

10. 伸出手时手指不弯曲、全部伸直的人

比较感情用事,具有丰富的情感,做任何事都有始有终,绝不会半途而废、虎头蛇尾。

11. 手指非常坚硬又比较短小的人

比较谨慎,想法也比较偏颇,并欠缺通融性。

12. 各指都偏向中指的人

一生都很忧郁，是个悲观主义者。

腕部动作

腕部是连接人的手掌与胳膊下端的部位，现代人多在此佩戴手表或其他饰品，例如手镯、手链等，也有少数的人在此部位纹饰上各种图案。

前几年曾有极少数男青年，用点燃的烟头将腕部外侧烙上几个瘢痕，并在人前显露出来，以此作为潇洒和有男子汉气概的表现。

手表以戴在左手腕为常见，这符合大多数人的习惯，他们用右手做事，左手起辅助作用，在左手戴手表不妨碍做事。

极少数人喜欢戴在右手上，他们或是一时来了兴致，想尝试一下这样的戴法，或是为求标新而故意戴到右手上。总之，手表以戴在左手上为常，以戴在右手上为异。

作为男性来说，手表的表面以朝向外侧即手背方向为常，这也表现了男性的开放、外向和不拘谨的特点。女性可以将表面朝向内侧，即手心的一侧，这给人一种文雅、矜持和稳重的感觉。

一般情况下，女性也可将表面向外来戴，而男性绝少将表面向内来戴。否则，这样的男性会被认为是有某种女性化的倾向。

女性还可以显露腕部来示爱。

根据研究，显露腕部柔软细腻的皮肤，是大多数女性用以讨人喜欢的一种方法。很久以来，西方人就有一种观点，认为腕部是人体最容易引起异性喜欢的部位之一。

在面对面的交谈时，女人们喜欢让自己所爱慕的异性看到她们的手掌和腕部。

会吸烟的女性在吸烟时也经常故意显露出她们的腕部，但那更多的是为了显示一种优雅的姿势。

扼腕是以一手握另一只手的腕部,多表示叹息、惋惜,中国古代经常使用"扼腕叹息""扼腕不止"等说法,表示的就是这样的意思。

这种手势也同人的自我控制意识有关。

人的情绪十分激动时,手经常会有所动作。当人在内心感到叹惋时,为了控制手的动作,不至于做出出格的举动来,手就不自觉地对手腕进行控制。这种"扼腕"的手势就可以看作是该控制行为的外在表现。

五、如何通过习惯识人

握手习惯

握手是人际交往中最常见的礼节,善于识人的人,通过与对方的握手,也可以得到一些来自对方的信息。

1. 握手时,紧抓对方手掌,大力紧握,令对方痛楚难忍。此类人精力充沛,自信心强,为人则偏于独断专行,但组织能力及领导才能都很突出。

2. 握手时力度适可,动作稳重,双目注视对方。此类人个性坚毅坦率,有责任感而且可靠,思维缜密,擅于推理,经常能为人提供建设性的意见。每当困难出现时,总是能迅速地提出可行的应付方法,很得他人的信赖。

3. 握手时只轻柔地触握。此类人随和豁达,绝不偏执,颇有游戏人间的洒脱、谦和从容。

4. 握手时习惯双手握住对方的手,此类人热诚温厚,心地良善,对朋友最能推心置腹,喜怒形于色而爱憎分明。

5. 握手时握持对方久久不放。此类人情感丰富,喜欢结交朋友,一旦建立友谊,则忠实不渝。

6. 握手时只用手指抓握对方而掌心不与对方接触,此类人个性敏感,情绪易激动。不过这样的人心地善良而富有同情心。

7. 握手时紧抓对方,不断上下摇动,此类人极度乐观,对人生充满希望。他们因积极热诚而成为大家爱戴倾慕的对象。

8. 有些人从不愿意与人握手,他们个性内向羞怯,保守但却真挚。

语言习惯

语言习惯的形成除了社会性、阶级性和区域性的语言差异外,还因为个人素养、气质的不同而不同。所以语言习惯能表现自我个性,固有的语言习惯往往比说话的内容更能表现其深层心理。

容易显示人的语言习惯,主要有以下几种:

1. 第一人称语

第一人称语就是有意识地强调自我,开口便是"我以为……""我说是"等话语。这是自我意识很强且高于自信的表现,美国心理学家李彼得和怀特研究的结果表明:领导人为专制型的团体成员与领导人为平均主义者的团体成员在语言上的区别是后者一向使用复数人称,将"我"隐入"我们"之中。

2. 借用语

借用语就是用自己的语言说话时,特别喜欢借用警句名言,事例数据来表达意见。这种借名人的光来提高个人说话权威性的情况叫"背光效果",这种人通常被认为缺乏自信心,或表达了对权威的憧憬。有些人爱用生僻词语则是炫耀自己知识面宽的表现。

3. 敬语

在人际关系中,最能表现心理的语言是敬语,它是心理的润滑剂。刻意堆砌敬语,此人心中必有某种企图。有时敬语是嫉妒、敌视、轻视或戒心的反向表现。本来是关系亲密的人,忽然使用敬语,则表示关系的冷漠与疏远。如果谈话当中一直使用敬语,则表明自卑或隐藏着戒心和敌意。

4. 思考语

思考语是表明人们思考动态的言辞,多属连接词。相当于英语中的"and",即"然后""接下来"等。常说思考语的人表示其思绪松懈、条理层次不清。还有使用"但是""然而"等表示连接的思考语,这种人常在说话时整理思绪,思考力强,是聪明的表现。使用"毕竟""果然"等思考语,说明其意志坚决,性格强硬,政治家常以此作为口头禅。还有常使用"呃""啊""唔"等词语来寻找和应接下面的话,表示其人缺乏信心,不敢说出己见。

5. 附和语

在对话中,听者可能不时插上一些附和言者的话,表示对其所言的赞同,这就是附和语。附和语有两种:一是重视对方所言,让对方了解自己在认真倾听,并附带着表情(如点头),表示肯定和接受对方的所言。由此消除对方心理障碍,以便探明真意。二是帮腔,帮腔者往往连对方说什么都不清楚,就假意附和。常用附和语者或没有主见,或心有所图,或拍马屁。

6. 流行语

使用流行语的往往是年轻人,喜欢赶时髦,缺乏自我主见,惯于不加分析地附和,追求统一步调,同时对权威表现出怯弱的服从性。

刷牙习惯

大多数人每天至少刷牙一次,以保持口腔清洁。从许多人这个习惯的背后,可以透视当事人的内心及其性格特征。

1. 向上刷、向下刷者

向上刷、向下刷的方式是所谓最正确的刷牙方式。这种人懂得自爱,是个有进取心的人。

他们从小就知道怎样安排自己的生活,为自己争取应得的利益。虽然他们未必有那种"不到黄河心不死"的精神,但绝对不会不去尝试就放弃。

这种人循规蹈矩,尊重游戏规则,讨厌别人用不公平的方法跟他们竞争。

在人际关系方面,他们注重施与受的比例,绝对不会让人家占他们的便宜,而人家若无缘无故给其好处,他们也不会接受。也许有人觉得他们处世的态度太过古板,但他们绝对不会因此而改变做人的原则。

2. 左右胡乱刷者

尽管曾经有很多次有人告诉他们这种刷牙的方式不但不能彻底清洁牙齿,而且还会伤及牙肉,但至今他们仍然我行我素。

有些时候他们明明知道自己犯了错,但还会继续让自己错下去。他们是一条道走到黑也不回头的人。或者他们觉得突然之间纠正错处,会更加令旁人觉得他们犯了错。

因此,这种人有许多掩饰性的行为。譬如说,他们不肯面对人际关系方面的问题。只是装作与每个人都相处得很愉快。又譬如说,他们一点也不喜欢自己的工作,但他们不敢转换工作,还摆出一副敬业乐业的模样。

所以,他们待人处事的方法并不代表他们做人有原则,实际上只是显示他们没有勇气去改变而已。

3. 电动刷牙者

采用电动方式刷牙的人经常在研究如何以最少的努力去赚取最大的收获。

读书的时候,如果付出少许酬劳就能够请同学替他们做功课的话,他们会毫不迟疑地这样做。

到社会参加工作,这种人也是整天在动脑筋,想找一份薪酬高工作量少的美差。

这种人最喜欢的朋友是那种肯主动照顾他们,但又不期望对他们有任何付出的人。

这种人的心态不太成熟。其实,除了目前的生活享受之外,生命里值得追求的东西是数不胜数的,但是,这种人并没有抓住合适的时机。

4. 牙线

这种人向来以谨慎的态度处世。他们相信"牙齿当金使",所以不轻易向任何人做出承诺,但当他们一旦答应别人一件事的时候,他们肯定会全力以赴。一旦老板请了这样的伙计是老板的福气,因为这种人觉得既然拿老板支给他们的薪水,他们是应该替他尽力办事的。

这种人也用很认真的态度去处理人际关系;他们不会贸然开口,在说话之间得罪别人。有时候由于过度谨慎,他们会给人家一种欲言又止的感觉。

这种人有追求完美的倾向,而这点很多时候给予他们一些无形压力。做得好而获取人家的赞赏当然是值得高兴的了,但他们也应该衡量一下是否付出过高的代价。

5. 定期刷牙者

定期刷牙的人很注重外表,希望在别人心目中,留下良好的印象。

这种人会花费不菲的金额去布置他们的家居,尤其客厅部分,在衣着方面,他们追求天衣无缝的搭配,也对名牌有特殊的执着及喜爱。

他们有点自以为是,惯性地从自己的立场去审判别人的言行。如果有人叫他们自我反省一下,他们根本不知从何着手,或者讲得更贴切些,他们并不认为有此需要。

这种人对人生的要求并不苛刻,只要表面风光就可以了。但是他们夜半梦醒的时候,往往有一丝空虚的感觉。

6. 上床前刷牙者

喜欢每天在睡觉前刷牙一次的人,往往是脚踏实地、实事求是的人。

这种人从不会浪费自己的精力及资源去做一些分明无聊的事情。

在工作方面,他们会根据他们所获得的酬劳,去估计应该对工作有多少投入。

与人沟通时,这种人会清晰地表达他们的立场,但不会作过多的解释,更不理会别人对他们的看法。

7. 每天刷牙三次或以上者

每天刷牙三次甚至三次以上的人有点神经质,许多事情他们都要重复做或者做完之后反复检查才能安心。

他们要求亲密的伴侣不断地以不同的方式向其示爱,起初他们的伴侣觉得他们是个追求浪漫的人,但不久他们的伴侣便会醒觉原来他们是个缺乏安全感的人。这种人不妨尝试一下不矫枉过正地做人,这样有助于提高他们的生活质量。

8. 早上刷牙

每天只是在早上刷牙一次的人是个非常留意(介意)别人的看法的人。

每早离开家里时,这种人都确定自己以最佳的状态面对这个世界。如果他们穿了短裤拖鞋去买早餐时碰到熟人,他们会尴尬得想找个地洞钻进去。

从小这种人就惯于以别人对他们的期望作为本身奋斗的目标。对这种人而言,信心是建立在人家对他们的赞赏上面的。

抽烟习惯

1. 毫不在意过长的烟灰

开会中或工作中不少人会忘了弹掉烟灰,这时通常是正在思考。如果平常都是这样的抽法,多半是对自己失去信心、身体状况不佳、感到自卑的人。

2. 啃咬烟嘴

自虐型,当单位发生问题后,很容易把一切责任归罪在自己身上。虽然有一定办事能力却操之过急,阻碍了个人的发展。

3. 抽口湿润

香烟的抽口容易湿润是情绪起伏不定、易热易冷的性格。往往会因异性问题发生纠纷,造成工作上最大的障碍。

4. 嘴上叼着烟工作

这是对自己的工作带有自信或繁忙的象征,这种动作常见于记者或律师。如果自己的能力没有受到旁人的认可,他们会强烈反抗或意志消沉。工作的失败与成功呈两极化。

5. 抽烟抽到接近吸口

处心积虑、猜疑心强,极少暴露真心的孤独型。处理金钱虽不至吝啬却会遭受误解。由于从思考到实践有一段颇长的距离因而常错失良机。

6. 急速地吸烟

性急、易怒,对人的好恶明显。尝试各式各样的工作,比只做同一件工作更能获得成功,对两个以上的工作感兴趣。

7. 略扬起头以嘴角抽烟

对自己的工作具有信心,可能成为某个专业的专家。不过,处事过于勉强又自视过高,通常与同事格格不入,即使发生纠纷或失败,也具有突破难关的冲劲,将来有发展。

8. 抽烟时伸直拇指顶住下巴

具有强烈的阳刚气,不服输。对于工作上的竞争更有热情。对困难的工作具有挑战心。前途有望,属于高级管理人员。

9. 抿着下唇抽烟

性格稳定具有适应性,不会引人注目。处事虽非轰轰烈烈却鲜少失败。能按部就班地努力前进而获得成功。进公司一两年内,很少有发挥自我才能的机会,三四年后才渐渐受到上司的信赖。不过,这种人欠缺工作主动性。

10. 从鼻孔或嘴角两端吐烟

对工作的热情起伏不定而身体状况也不稳定。喜好能一决胜负的事物,但做任何事都无法顺遂己意,常因欲求不满而烦恼。

涂鸦习惯

在课堂上,在等人时,在听训时或者在百无聊赖时,很多人都有涂鸦的习惯,即往往会在桌上、墙上、地上或纸上乱写乱涂,而自己却全不知晓。这种无意识的信手涂鸦其实往往反映了涂鸦者的性格、能力。因为人的任何字迹都不是偶然的显露,而是人的习惯行为和固有姿态的反映。

据研究,涂鸦与人的心理特征具有以下类型:

1. 喜欢绘写三角形的人

他是一个思路明晰、理解力极高的人。此种人擅长逻辑思维,富有判断力。

2. 喜欢绘写圆形的人

他是具有创造力和善于策划的人。这种人对事物有一定的规划设计,对自己的前途有一定的计划与展望,凡事按部就班,依计而动,是最好的策划者和设计者。

3. 喜欢绘写多层折线的人

这种人具有高度的分析能力,反应敏捷。

4. 喜欢画单式折线的人

他的心理经常处于紧张状态,情绪飘忽不定,折线是内心不安的表现。

5. 经常绘连续性环形图案的人

这种人适应力极强,善于体谅他人,对人生充满信心,对生活有满足感安全感,心旷神怡。

6. 喜欢在小格子中画交错混乱线条的人

他的生命力极强,凡事一往无前,不达目的,誓不罢休。

7. 喜欢画波浪形曲线的人

他是随和而富于弹性的人,适应力极强,可能是一个有人缘的人。这种人遇事专向好处想,极富朝气。

8. 在一个方格内胡乱涂画不规则线条的人

这种人心理上压力重重、情绪低沉,但对人生抱有希望,尽力寻求解决和克服困难的方法。

9. 爱画不规则弧线的人

这种人豁达大度,玩世不恭,心境开放平和,不论逆境顺境,都能应付自如。

10. 绘不定型且所绘图形棱角峥嵘的人

这种人极具竞争性,事事希望胜人一筹,千方百计寻求成功之路。

以上观察是在完全自然发生的条件下进行的。这种识人方法在日常生活、人际往来中随时可以应用,不受任何限制。而且往往是在受试者没有觉察的情况下进行的,具有较大的自然性和实用性。另外,这种方法是根据一定的经验或一定的标准用"眼"估量,不需要专门仪器,也不需要繁文缛节,简单方便,易于理解和掌握。

但是,人的行为动作哪些是习惯性的,哪些是偶发性的,需要长期观察才能鉴别出来,而且这些习惯往往与生活环境、民族习惯有关,受到一定的制约和影响。

握杯习惯

喝酒时,从人们的握杯习惯也可看出该人的性格特征来。

1. 手持酒杯上方的人乐天大方

持玻璃杯上方喝酒的人,是不拘小节、乐天而大方的人。他们一般嗓门很大,喜欢边喝酒边谈天。现在的他可谓正处于舒畅的状态之中。

2. 手持酒杯中央的人待人亲切

这种人顺应力颇佳,属安全型人物。他们待人亲切,轻易不会拒绝他人的请求,是个好好先生。有时心里虽不乐意,但表面上仍会保持微笑。

3. 手持酒杯下方的人情绪善变

手持玻璃杯下方喝酒的人很在意小节。由于颇介意他人的想法,因而显得有点内向。这种人(特别是小指伸向外侧的人)大多相当神经质。一般来说,情绪非常善变,一有丁点不高兴的事,马上就会表现在脸上和动作上。他们对自己很有自信,但是,常会给周围的人带来不快。

不过这种人有着极佳的艺术感,很多人还属于点子大王。

4. 两手持杯的人寂寞孤独

用两手持杯喝酒的人,多为寂寞孤独的人。他们虽然也想与人快乐地交谈,打闹成一片,但却总是难以办到。

不过,这种人多数是"亲和欲求"很强的人,所以他们有着强烈的与人接触的愿望,对异性的关心度也很强。

5. 喝酒时摇杯子的人见异思迁

一面喝着酒,一面摇着杯子,还让杯里的冰块发出声响的人,不管走到何处,总是不安静,喜欢动个不停。这种人虽然有多方面的兴趣和爱好,但却容易见异思迁,所以他很不喜欢在一家店或一张椅子上从头喝到结束。

6. 一面拿杯子一面抽烟的人独来独往

一只手拿杯子,一只手夹着香烟……采取这种姿势的人,对工作和自己的才能是很有自信的。他们在富有个性化的工作上,可以轻松潇洒地展示自己的实力。

可是,这种人在人际关系上却是很不顺利的,因为他们大多是独来独往。

用钱习惯

美国心理学家杰克认为可以从用钱的习惯,看出一个人的个性和心理。

1. 广告型人物

这种人口袋里时常放着一叠厚厚的钞票,目的是要告诉别人"老子就是有钱,怎么样?"

他们相信金钱是最好的广告。这种人往往把大面值的钞票放在外面,里面夹着小票(小面值钞票)。为了让人知道他有钱,他还会把整叠的钞票拿出来张扬。

2. 让硬币叮当响者

这种人不断让硬币在口袋里叮当作响,目的是要使自己安心,提醒自己并非贫穷(但事实上这种人通常都不是有钱人)。

3. 携带上等皮包者

携带这种皮包的女人,做事谨慎小心,有条有理。她们认为节俭胜于一切,不浪费东西,往往会把家里整理得井井有条。

4. 钱随处乱丢型

这种人对钱粗心大意。在其住所里,在地板或沙发上时常能捡到零钱或钞票。他们把钱胡乱塞在衣袋、皮夹或手提包内。这种人往往认为,人生还有更多东西比金钱重要,他们对创作和智慧很有兴趣,欣赏艺术和大自然,把宇宙视为乐趣及奇异的源泉。

5. 对钞票爱不释手型

这种人在付款时,不停地抚摸、摆弄钞票,表现出舍不得付钱。这种人喜欢各种奢华的生活,但不愿付出代价,只想不劳而获,因此才会对钞票"毛手毛脚"或依依不舍。

6. 握紧钞票型

这种人用钱很谨慎。他们生长在贫困家庭,然后通过努力工作才摆脱贫困。他们往往能专心致志地勤奋工作,但与他们相处却很不容易,因为他们把钱看得太重。

7. 喜欢数钞票型

这种人对任何金钱交易都十分小心,不管是钞票或硬币找钱时必仔细数清楚。他们多属猜疑型人物,在他们看来,世界充满欺诈,不能轻易相信别人。

笑的习惯

1. 经常捧腹大笑的人

富有幽默感和爱心,他绝对不会嫉妒别人,不是"憎人富贵厌人贫"的那种人。

2. 喜欢静悄悄地微笑的人

都是头脑冷静、心事不易向外人披露的人。

3. 经常纵声狂笑、笑到无法收声的人

平时可能是寡言者,不过笑起来就一发不可收拾了。这种人通常可靠,在公众场合颇受欢迎。

4. 笑得前仰后合的人

一切都会直言不讳,喜爱施予,极受家人及友人的欢迎。

5. 窃窃而笑的人

大都生性保守,对别人的要求高,不过,他们是可共患难的朋友。

6. 别人笑时,他经常会附和着笑起来的人

热爱生活,而且生活乐观。

7. 笑时用手遮着口部的人

是不愿倾诉心中情的人,他的秘密连亲朋好友也不会知道。

8. 开怀大笑型的人

生性坦率热情,办事决断迅速,绝不拖泥带水,但感情相当脆弱。

9. 笑声干涩型的人

其笑声若断若续,略带冷漠。这种人比较现实,而且能洞察别人的肺腑。

10. 笑中带泪型的人

经常会恣意狂笑,以至眼泪夺眶而出。他们极富有同情心,热爱生活,积极进取,尤能牺牲自己,向别人伸出援助之手。

11. 笑声尖锐型的人

富有冒险精神,精力充沛,而且感情丰富。乐观而忠诚可靠。

12. 笑而低缓无声型的人

生性多愁善感,情绪极易受别人左右和影响,富浪漫色彩。但易与人相处。

13. 笑而柔和平淡型的人

性格厚重,深明事理,事事为人着想,而且善于处理人事纠纷。

14. 痴痴而笑型的人

严以律己,富有创造性,想象力丰富,而且具有高度的幽默感。

15. 笑声多变不定型的人

在不同的场合会发出不同的笑声,他们具有适应任何环境的能力。

阅读习惯

许多人都有阅读习惯。阅读是汲取知识的一大途径,从一个人看什么书刊以及怎样阅读,可以了解一个人的深层心理。

1. 略读的习惯

喜欢略读的人只有兴趣去获得一些概念,而不注重细节,所以,这类人一般较粗心。因此在工作方面,大致上他们的表现没有问题,但有时会犯些莫名其妙的错误。

他们很少有推心置腹的朋友,基本上他们缺乏耐性去聆听别人的倾诉。他们也不喜欢婆婆妈妈地向人诉说生活的琐事。

其实这类人的性格比较适宜做行政工作,因为他们善于掌握事情整体的来龙去脉。不过,这类人需要雇用一名能够处理细节的助手。

2. 细读的习惯

喜欢细读的人为人相当仔细及坚毅,而且对生活有一定程度的投入感。

工作的时候,他们对每一个环节都同等注重,但得到成果对他们来讲是重要的。做到一半没法完成的事情会令他们感到困惑。

这类人不会因为追求浪漫而去约会异性,他们只会抱着择偶的心情去与异性接触的。

他们不会相识满天下,他们最喜欢的社会活动是与三两知己促膝谈心。他们认为生活的每一个细节都值得仔细品尝,要这类人粗枝大叶地做人就等于虐待他们。

3. 有读无类的习惯

随手拿起任何书刊都可以读得津津有味的人,肯定是个思想开通的人。与人接触时,他们会发掘对方的长处,因为在这类人眼中,世界是美好的。

他们做的工作必须容许他们与别人有较深层次的接触,如果叫这类人做一名机械操作员等于判他们死刑,那么他们就宁愿留在家中做待业青年。

可以引起这类人兴趣的事情实在太多,所以有时他们会觉得自己爱好广泛,但他们又绝对不愿意为了一棵树而放弃整个森林,因此这类人会继续有读无类。

4. 阅读小说及报纸副刊的习惯

那些有阅读小说及报纸副刊习惯的人喜欢幻想,有时候他们从小说中抽取一些情节放在现实生活里,借此冲淡生活带来的不快。他们认为如此逃避现实是无伤大雅的。

这类人有感情用事的倾向,不太肯用理智去分辨是非,因此容易卷入感情的漩涡,蒙受不必要的痛苦。

海市蜃楼和乌托邦对这类人来说是真正存在的,而并非空中楼阁。当有人批评他们做人不能脚踏实地时,他们的回答是他们不想做个庸俗的人。

5. 阅读新闻及财经版的习惯

有阅读新闻及财经版习惯的人认为,一个人必须以严肃认真的态度面对人生。

这类人喜欢替自己订下时间表,因为一定要作息时间表,他们才能确定他们没有浪费时间。

与人交往时,他们也有一套规律,他们不想失礼于人,同时对那些不尊重一般礼仪的人,他们是摆明态度毫不欣赏的。

这类人留意世界大事,但对其身边的人和事,却未能流露足够的关怀。他们的亲密伴侣对此种现象或许已多次表示不满了。

其实,人生有它的难题,也有它可爱的地方,但这种人面对人生时一直是麻木不仁的。

6. 看图片不看内容的习惯

看书时有只看图片而不看内容习惯的人是个缺乏耐性的人。对任何事情,他们都只要求知道大概的情况,即不肯深入地研究。

在工作方面,这种人希望上司对其有良好的印象,因此他们做足门面工作。但假如上司是个精明的人,他很快会看穿其实他们不过是徒有其表而已。

在人际关系方面,这种人认为只要大家相处得开心就不妨做朋友,可是他们不会花心思去深入了解对方的心态或需求。

走马观花式的生活不是不好,但如果偶尔停下来仔细品尝体验会令这类人得到的更多。

7. 独沽一味看漫画书的习惯

因为现实生活为某些人带来太多的挫败感,因此这些人利用漫画书来带他们进入一个超现实的世界,让他们有机会任意地一展拳脚。

看漫画书的时候,这种人非常投入,因此久而久之,他们无形中抄袭了漫画书主角的说话方式、神态、心态及人生哲学。

一个超现实世界的人物究竟如何在现实生活中立足呢? 答案只有这种人自己最清楚,不过相信他们依然有挫败的感觉,因为他们始终未拿出勇气去面对生命的挑战。

8. 没有阅读习惯

假如一个人不是文盲,但完全没有阅读的习惯,这表示这个人极度藐视文字,或者对追求知识提不起丁点儿兴趣。

这种人浸淫在生命的日常运作中,看电视新闻代替了阅报,看影碟取代了看小说,工作及人际的沟通已用去了他所有的时间及精力。

对这种人来说,书中的黄金屋及颜如玉都是遥不可及的神话。

打电话习惯

观察打电话的人,会发现许多有趣的事实。比较手拿话筒的习惯姿势,可分成各种不同的类型。

话筒可分成上中下三部分,你所观察的人的手是握在哪个部分呢?

1. 握住话筒的中间

一般人会握住话筒的中间部分,让话筒与口、耳保持适当距离而交谈。

不论男女,采用这种握法通常是处于较安定的心理状态,性格较温顺,不会无理强求。担任银行职员或秘书等工作者常见这种握法。电话中谈吐沉静,属于温和的性格。

2. 握住话筒的下方

握住话筒下方亦即送话口位置的人,通常个性坚韧不拔,富有行动力。从事经常在嘈杂场所打电话的职业,如新闻记者、证券交易员等常见这种类型。这也是一般具有行动力和富于冒险性格者的特点。手掌大而有劲。

女性用这种方式握话筒者一般较自负。

3. 握住话筒的上方

这种握法以女性居多。带有神经质,喜欢独自阅读、倾听音乐,不爱哗众取宠。男性若有这种握法多半是有洁癖,体格上属于瘦削形。

4. 握话筒时伸直食指

有些人握话筒时会伸直食指。这种握法通常表明此人自尊心强、自我意识强、好恶明显。这种人往往讨厌受人命令,具有强烈的支配欲,随时渴望向崭新的事物挑战。

5. 打电话时玩弄电话线

有不少女性会一手握话筒一手玩电话线,尤其是年轻女子常见这种动作。这属于浪漫主义的幻想家。她们往往不注意周围的环境,只藏匿在自己幻想的

国学经典文库

冰鉴

识人智慧现代应用方法和技巧 图文珍藏版

世界里。打电话时一讲就是几个钟头,有时可能是渴望依赖某人。

6. 轻握话筒显得有气无力

多半是具有独创性及唯美派的人。但是做事无法持久,是忽冷忽热的类型。这种人在打电话时不会东聊西扯浪费时间。不过,他们打电话常常只是为了宣泄而很少倾听对方的谈话。

手机放置习惯

1. 置于手中

手,是全身上下活动最多的地方之一(另一个是腿,但现在还没有谁将手机放在腿上呢)。习惯将手机一直拿在手上的人,通常精力充沛,也就是所谓的工作狂,不到非休息不可的最后一刻,他是绝不会上床休息的,你甚至可以在浴缸里或客厅的沙发上找到他疲惫的身体。

2. 置于上身

他用完电话总是习惯性地将手机插在上衣上方的口袋中。这样的人做事有条不紊,并且会尽一切的努力让生活朝着他所定的目标前进。因为他善于心计,就算现在的他还年轻,尚未达至最高层的职位,数年之后也是蛮有机会的。

3. 置于腰间

习惯将手机夹在腰前方的人,都有一套自己独特的想法和做法,生活的态度是坦率而真诚的;习惯将手机夹在腰后方的他,对生活也很有创意,可能凡事喜欢留一手,不将事情完全说清楚,这是他的习惯也是他的乐趣。

4. 置于裤袋

总是将手机置于牛仔裤或西装裤后口袋的人,表达方式温和、友善,却带着浓浓的戒备心。他总有一些不希望别人知道的隐藏在内心深处的小秘密,他对愈疏远的朋友愈显得亲密友好,而愈接近他的身边的朋友,他却会表现得非常冷淡,甚至刻意疏远。他的情绪起伏很大,多是心里不为人知的那些小秘密所致。

5. 置于包中

将手机放到背包或公事包里，这就是白领们公认的所谓手机最安全的地带。习惯这么做的人，做任何事都会深思熟虑，小心翼翼。他对自我的要求很高，自尊心尤强，平时注意风度，姿态优雅，对人亲切却很少采取主动。他常常有着无限的潜力与能量，只要有一次机遇，就有可能平步青云。

习惯性动作

个人的习惯性动作构成了他身体语言的极大组成部分。每个人的举手投足都反映了他的心态和性格，他的一举一动，随时在提供大量的静止讯息。

1. 时常摇头晃脑

日常生活中，我们经常看到用"摇头"或"点头"，以示自己对某件事情看法的肯定或否定，但如果你看到一个人经常摇头晃脑的，那么你或许会猜测他不是得了"摇头病"就是神经病了。

我们撇开这种看法而从另一个角度来看的话，这种人特别自信，以至于经常唯我独尊。他们也会请你帮他办事情，但很多时候，你做得再好，他都不怎么满意。因为他有自己的一套，他只是想从你做事的过程中获取某种启发而已。

他们在社交场合很会表现自己却时常遭到别人的厌恶，对事业一往无前的精神倒是被很多人欣赏。

2. 拍打头部

拍打头部这个动作，多数时候的意义是在向你表示懊悔和自我谴责，他肯定没把你上次交代的事情放在心上，如果你正在问他"我的事情你办了没有，"见他有这个动作的话，你不用再问，也不用他再回答了。

倘若你的朋友中有人有这样的动作，而他拍打的部位又是脑后部，那么他这种人不太注重感情，而且对人苛刻，他选择你作为他的朋友，很大程度上是因为你的某个方面他可以利用。当然,他也有很多方面值得你去交往和认识,诸如对事业的执着和开拓等,尤其是他对新生事物的学习精神,你不由得从心底真心佩服他。

时常拍打前额的人,一般都是心直口快的人,他们为人坦率、真诚,富有同情心。在"耍心眼"方面你教都教不会他,因此如果你想从某人那儿了解什么秘密的话,这种人是最佳人选。不过这并不是说明他是一个不值得信赖的朋友,相反,他很愿意为别人帮忙,替别人着想。这种人如果对你有什么得罪的话,请记住,他们不是有意的。

3. 边说边笑

这种人与你交谈,你会觉得非常轻松和愉快,他们不管自己或别人的讲话是否值得笑,有时候连话都还没讲完,他就笑起来了。他们也并非是不在意与别人的交谈,我们只能说这种人"笑神经"特别发达。

他们大都性格开朗,对生活要求不太苛刻,很注意"知足常乐",而且特别富有人情味,无论走在什么地方,他们总是有极好的人缘,这对他们开拓自己的事业,本来是极好的条件,可惜这类人大多喜爱平静的生活,缺乏一种积极向上的精神,否则这个世界很多东西都该属于他们的。

他们的另一特点是感情专一,对爱情和婚姻特别珍惜,如果你是他最心爱的人,他可以为你牺牲一切,但如果你让他伤心透顶,他们则可能把你从高楼上推下去或者在你熟睡后把你宰了,因为他们大都是感情用事。

4. 边说话边打手势

这种人与人谈话时,只要他一动嘴,一定会有一个手部动作,摊双手、摆动手、相互拍打掌心等等,好像是对他说话内容的强调,他们做事果断、自信心强,习惯于把自己在任何场合都塑造成一个领导型人物,很有一种男子汉的气派,性格大都属于外向型。

这类人去演讲一定会极尽煽动人心之能事,他们良好的口才时常让你不信也得信。他们与异性在一起时表现尤其兴奋,如果这种人是男性,则总是急于向人表现出他"护花使者"的身份。

这类人对朋友相当真诚，但他们不轻易把别人当作自己的知己。踏实肯干的性格，使他们的事业大都小有成就。

5. 交谈时抹头发

如果与你面对面坐着或站着，这种人总是时不时地抹一抹头发，好像在引起你对他们发型的兴趣，今天肯定特意梳整了一番。其实不然，因为这种人就是一个人独自在家看电视，他也会每隔三五分钟"检查"一下头发上是否沾上了什么不好的东西。

他们大都性格鲜明，个性突出，爱憎分明，尤其疾恶如仇。倘若公共汽车上有小偷，而乘客都是这种人的话，那个小偷一定会被当场打个半死。他们一般很善于思考，做事细致，但大多数缺乏一种对家庭的责任感。

他们对生活的喜悦来源于追求事业的过程。这句话听起来有点玄乎，不过仔细想来你就会明白，喜欢拼搏和冒险的人，他们是不在乎事情的结局的。他们在某件事情失败后总是说："我问心无愧，因为我去干了。"

6. 摆弄身上的饰物

这种情况可能会让人联想起第一次约会的情景，两个人站着或坐着，女孩子总是时不时地摆弄一下她手里的东西，或者衣物上的扣子、装饰品，她太认真了，以致不敢轻易接近男方。这种情况毕竟是在特定场合，在这里要分析的是有这种习惯的人。

的确，有这种习惯的人多数是女性，而且她们一般都比较内向，尤其感情不外露，谈恋爱时哪怕心中烧得像一团火，她仍然淡有淡无地看着你。这种人情绪容易波动，只是很少让人察觉。

他们的另一个特点是做事认真，大凡有座谈会、晚会或舞会，人们全都散了、走了，最后把桌凳归还原位的一定有他们。作为妻子，肯定是位贤妻良母。

虽然他们时常被人看作胆小鬼，但他们一旦被人激怒，去刺杀总统也是有可能的。

7. 挤眉弄眼

这种人不管是在两人世界也好,在大庭广众之下也好,他们都肆无忌惮地挤眉弄眼,有时候他们也并非是在调情或相互勾引。这种人确实太轻浮或缺乏内涵修养,在恋爱和婚姻上也总是喜新厌旧。虽然他不一定会跟"原配"离婚,甚至还可能对结发妻子"相当好",但那不过是他的自尊心在作祟而已。

这类人特别会处理人际关系,尽管他们十有八九都略显高傲,但因为他们的处事大方为其掩盖了很多不是。在事业上他们善于捕捉机会,深得领导的赏识。

如果你现在在你单位上"混得不怎么好",那么我向你推荐这种人,他们可以称得上"拍马屁"的"祖师爷",他们出道以来,从没听说有谁"拍在马腿"上的,不信你可以四处打听一下。

8. 掰手指节

这种人习惯于把自己的手指掰得咯嗒咯嗒地响,不管有人无人,有事还是无事。如果心烦意乱时听到这一种响声一定极不舒服,真想揍他一顿不可。

这类人通常精力旺盛,哪怕他得了重感冒,如果叫他去干一件他平常最喜爱的活动,他同样会从床上爬起来。他们还很健谈,喜欢钻"牛角尖",依据自己思维逻辑性而经常把你的谈话、文章说得你哭笑不得。

这是一类典型的多愁善感型,而且是出名的"情种",只要是异性,他们可能只相处一两次就会爱上。

这类人对事业、工作环境很挑剔,如果是他喜欢干的,他会不计较任何代价而踏实努力地帮助你,相反,他不当众出你的丑,也一定会暗地里甩你的"冷板凳"。

9. 腿脚抖动

开会也好,与人交谈也好,独自坐在那儿工作,或是看电影,这类人总喜欢用腿或者脚尖使整个腿部颤动,有时候还用脚尖磕打脚尖,或者以脚掌拍打地面,这种行为当然不能登大雅之堂,但习惯者总是习以为常。

这种人最明显的表现是自私，他很少考虑别人，凡事从利己主义出发，尤其是对妻子(丈夫)的占有欲望特别强，经常会无缘无故地制造一些"醋海风波"，在这个问题上说他们有"神经质"一点也不过分。他们对别人很吝啬，对自己却很知足，据说"守财奴"葛朗台有这个"良好"的习惯。不过这类人很善于思索，他们经常给周围朋友提出一些意想不到的问题。

六、如何通过喜好识人

兴趣爱好反映人的情操

兴趣爱好，既能是闲情雅致，又能让人玩物丧志；既能陶冶人的情操，增强人的修养，也能使人迷恋其中而不能自拔，弄得倾家荡产，妻离子散。从前有个财主爱好古董，先是用全部积蓄买了一个据说是孔子用过的破碗，又用全部田产买了一张据说是文王睡过的破旧凉席，最后又用房子换了一个据说是尧拄过的拐棍。这样，他的全部家当只换来了这三件破烂。不过，这三样东西还有点实用性，这个地主从此之后就拄着拐棍，用碗来乞讨食物，夜晚就用凉席露宿街头。这当然是个笑话，不必认真。

在现实生活中，在我们熟知的亲人朋友中，人人或多或少，程度深浅不一地都有些爱好。有的喜欢下棋，有的喜欢钓鱼，至于那黑白相间的足球，更是让成千上万的人为之神魂颠倒。一场关键比赛的关键一球，竟可以使一些人因激动过度而丧命。兴趣爱好，可以说是人的潜意识最好的流露。它不必考虑别人的眼色，不受他人或法律的制约，完全发自于内心，所以，它最能暴露出一个人的深层心理结构，因为嗜好的范围几乎完全是自我的孤独领域，它是不能强加于人的。兴趣爱好，可以将某个人的情况全部都告诉你，他的优点、缺点、性格、脾气，他的生命观、恋爱观、事业观，他的品位和修养，当然前提是识人者必须善于观察。有的人热衷于自己的兴趣爱好,这是一种逃避现实的行为。因为他们对工作或家庭有着不满的情绪,所以一心追求兴趣爱好,如此一来,情趣就变成了唯一满足自己欲望的工具,也就成了逃避现实的借口。如果有人喜欢将他心爱的东西,不按常人的方式放在某个固定的位置,而是藏在某个不应当放的地方,说明了此人与他人交往时,注重内在的、深层的交流方式,而并不善于表面应酬,但感情相当深沉。

从人的千差万别、形形色色的兴趣爱好中,可以发现和总结出其中的一些奥妙。一个出色的人类学家,每到一地,就可以立刻发现当地的一些具有普遍性的行为取向与行为类型,由此,他可以得出一些令人拍案惊奇的结论。实际上,为人所称道的福尔摩斯,也可以说是一位训练有素的人类学家。兴趣爱好与人的文化行为有着密切的关系,人类学家往往就是这样一叶知秋的。杰出的政治学家,可以从一个家庭中,分析出整个国家的全部政治内容与政治前途。如果识人者也能从看似无足轻重的兴趣爱好中去观察、判断人,将会提高准确性。如箕子根据纣王开始喜好象牙筷子,推知出纣王的堕落和商王朝的覆灭。

对水果的喜好

一般而言,喜欢水果的人是憧憬母性爱的善良性格的人,不过,从"硬要从水果中选择最喜欢的水果"这一点,却可判定该人的个性或性格。

1. 葡萄

属于郁郁寡欢,容易躲在自己象牙塔内的类型。具有美的意识或强烈的诗情幻想力,极富个性。虽然第一印象给人冷淡的感觉,但是在交往之后会渐渐地发现其内心的善良。

2. 菠萝

热情家、专注执着、具远大梦想。喜好刺激或变化,凡事一头栽入其中埋头苦干的人。最讨厌固定模式的生活。

3. 香蕉

有时会有任性的举动而令旁人伤透脑筋,不过,富有灵活简捷的行动力,具备和任何人都能成为好友的社交性、开放性。若为女性,则属于稍带阳刚气的类型。

4. 葡萄柚

对健康或美貌的关心极强,是理想型的浪漫主义者。讨厌"平凡",对任何事都极其关心的求知欲强烈的人。

5. 哈密瓜

外表典雅与内敛,然而胸怀大志,是属于积极前进的类型。讨厌对他人言听计从,会明显地表现贯彻自我理想和信念。

哈密瓜

6. 苹果

将事物处理得有条不紊地认真型,谦恭有礼、不忮不求的"恰到好处"的类型。

7. 梨子

这也是能控制自我欲求的认真型。处事慎重,以诚信坚定为生活目标,具有控制自己、凸显他人的一面。从负面解释可以说是过于消极的类型。

8. 橘子

个性温和,与任何人都能步调一致的令人安心的人。非常重视家庭生活,喜欢与众人谈话,与志趣相同的人共餐。

9. 樱桃

审美意识敏锐,对于流行时尚会发挥个人品位的类型。不过,理想虽高却内向而缺乏行动力,不擅长在众人前提升自己的形象。

10. 柿子

略带保守、生活朴素的类型。在金钱方面绝不浪费的坚实型,因此也具有成为巨富的素质。

11. 木瓜

极为个性的类型。充满着对某种新鲜的刺激或奇特行为的期待感,讨厌受束缚。极具幽默感,擅长与人相处,不过,冷热变化极快,稍欠执着的耐力。

对食物的喜好

爱吃雪糕者,大多是富于罗曼蒂克情趣的人,他们喜欢生活上有刺激性的事物,但当他们的计划受挫时,情绪会出现大波动。

爱吃果蔬、柳橙等水果的人,大多能自我控制,他们了解在生活中需要什么,有创造性,并有大发明家的潜能。

爱吃烤馅饼者,喜欢体力活动,特别喜欢以球队形式比赛的运动。他们喜欢周围有人观看,常是社交生活中的佼佼者。

爱吃卷形咸饼者,能干而有上进心,喜欢把事情迅速做完,在追求自己的目标上能克服任何障碍。

爱吃甜饼干和蛋糕者,多是有社交能力的人,他们爱听别人讲话,善于与他人沟通。乐于给人家东西,也接受人家的东西。

爱吃巧克力的人在处理问题时,富于逻辑性、组织性和系统性,他们对新事物、新思想的出现常常持谨慎的态度。

喜欢吃蒸制食品的人,性格比较内向,不轻易激动,心里常常犹豫、动摇,但很少流露出来。

喜欢吃冷食的人,个性比较坚强,且不愿表现自己,不太好接近,对大自然有浓郁的兴趣。

喜欢吃清淡食物的人,不大注重社交和人际关系,不大善于接近别人,愿单人行事,性格和处事往往是沉静低调的。

喜欢吃甜食的人，热情开朗，平易近人，但往往有些软弱、胆小。

喜欢吃辣食的人，善于思考，遇事有主见，吃软不吃硬，爱挑别人的毛病。

喜欢吃煮炖食品的人，性情温柔，和谁都谈得来，常富于幻想，但对于幻想的事物是否能实现，则一点也不计较。

喜欢吃烤制食品的人，上进心较强，比较专心致志，性情急躁，爱出主意，但又缺乏当机立断的勇气。

喜欢吃酱菜的人，比较稳重，善于埋头苦干，一般做事有计划，相对说来，不太看重人与人之间的感情。喜欢吃酱菜的人，多富于亲近人的感情，没有架子，容易接近，有钻研精神，能吃苦，不易因受挫折而消沉。

喜欢吃油炸食品的人，富于冒险心理，容易触景生情，经常心中有想闯一番事业的愿望，但稍受挫折就灰心丧气，有时好发脾气。

喜欢吃大量肉食的人，多数有支配性的性格，富有领袖欲，而且活动性很高和有进取精神。一般说，特别嗜吃肉食的人，也是社交比较活跃的人，与别人很合得来。

对酒的喜好

在社交场合，以酒为应酬的方式最为常见。通常由饮酒可以了解对方的性格，或作为掌握理解对方心态的参考。多半也是解决问题的较好时机。

根据美国心理学家的研究，喜好狂饮者，通常具有渴望改变自我的愿望。这些人之所以豪饮，乃为了使自己的性格改变为自己理想中的模式。换言之，不停地喝酒直到觉得变成自己满意的性格为止。因此，不是因好酒而饮酒，乃是渴望改变的心理在作祟。

具有这种饮酒心理的人，如果发现能够使自己心理获得最大满足的酒，则会偏爱该种酒。其实并非酒在口感上的差别，多半是受心理的影响。特别喜好某种酒的人，性格上常异于一般人，具有特殊的愿望或欲求。

虽然酒的品种和性格的关系尚无充分的调查或研究,却可以做以下的概要分析。

1. 威士忌

顺应性强能充分采纳旁人的意见。出世愿望非常强,只要有机会即渴望从中赚大钱或期待上司的认可。爱喝这种酒的男性,对待女性,非常重视礼仪并表现亲切,会明确地表达自己的心意。

2. 中国白酒

有些人偏爱烈性白酒,如果餐桌上没有白酒则索然无味,喜爱白酒者一般富社交性而乐善好施。也有好好先生的一面,极在意对方的感受,则受吹捧,受人所托无法拒绝。对女性尤其亲切,即使失败也不在意。在公司或职场中由于关照部属深受部属们的爱戴,却很难获得上司的认可。在混乱的局面中,会发挥卓越的能力。这种男性多半为了被自己认同而愿为对自己的能力有极大期待的人奉献心力。虽然失败多,却也有大成就。

3. 洋酒

最近年轻男子间洋酒派日益增多。商店到处都有洋酒的陈列。用餐必定有洋酒,或约会中必喝洋酒的男性极具个性。

这类男性多数追求豪华的生活,喜爱从事辉煌的工作,在服饰等方面,也较挑剔。他们中有许多人有国外生活经验,也有些人则是崇尚新潮。

4. 鸡尾酒

喜好带点甜味的鸡尾酒者很少有豪饮型。与其说是喝鸡尾酒毋宁说是享受那种气氛,或渴望与女性对谈。如果喜好辣味而非调味的鸡尾酒(如马丁尼酒),是具有男性气概的表现,在工作上能充分发挥自己个性与才能,值得信赖。同时具有责任感,举止行动有分寸。

喝甘甜的鸡尾酒是不太喜爱酒精的男性,或渴望邀约女性享受饮酒的气氛,或期待借酒精缓和对方的情绪。

如果向女性劝喝酒精度高或较为特殊的鸡尾酒,乃是暗自期待利用酒精使女性无法做冷静的判断。跳舞前劝女方饮鸡尾酒的男性,通常希望和该女性有更深一层的交往。

5. 啤酒

根据美国社会调查研究所的调查,喝啤酒是表现轻松愉快的心情,渴望从苦闷的环境中获得解放。

约会时喝啤酒的男性,通常想要表现最原始、最自然的自己。如果向同行的女性劝喝啤酒,是渴望对方和自己有同样的心情,或内心期待愉快的交谈。既不矫揉造作也不爱慕虚荣,可称为安全型。

如果喝特别指定品牌的啤酒,这种男性可要警戒。有些人会选择和其公司系统相关的啤酒,而有些人也会在啤酒的品牌上表现个人的特性。事实上各品牌的啤酒味道相差无几,特别指定品牌只是心理的作用。

选购外国啤酒的人性格上和洋酒派类似。特别喜好德国啤酒的男性,只是想向女性标榜自己异于一般男性。喜好黑啤酒的男性,通常对强壮的体魄向往不已。

对名片的喜好

交换名片是认知对方的最初机会。

名片式样千奇百怪,形状、纸质、色彩、味道各不相同。差不多每一个出入社会的人,都会有一张自己的名片。使用名片的含义,就是为了在生意和交谈中彼此方便,给对方和自己留下姓名和通信地址,以便日后双方都能更进一步洽谈生意。

如果一个人不是某部门或公司的职员(这类人公司规定了他印制名片的格式),那他所构思的名片,必定会反映他在别人面前所展示的形象。因此,名片的另一面,会反映出一个人的想法和个性,从名片上探讨个人性格,是很有可能的事。

国学经典文库

冰鉴

识人智慧现代应用方法和技巧 图文珍藏版

1. 黑白名片

使用这种名片的人，给人以踏实、勤恳的形象，对新奇的东西没有感觉，做事时是个照本宣科的人。这种人接受了正统教育，很少受世俗观念的影响，在家长眼里曾是个听话的好孩子，在老师眼里曾是个品学兼优的好学生。在社会上，是勤奋办事而不过问与自己无关的事情的人，因而任何部门都喜欢任用。

这种人也希望树立循规蹈矩、奉公守法的形象，害怕惹麻烦，为人处事小心翼翼。曾经拥有的幻想已被消磨殆尽，只为生活奔忙。

在人际关系上，属于慢性的人，在短时间内很难与一个人混熟，也不愿跟别人发展层次较深的关系。

2. 压模名片

这种名片由于价格较高，要求印制的人是个爱讲究的人，有着华丽的外表和虚荣的内心，常常显示自己大方的一面，无论是在哪里，都想突出自己的存在，常常是以比较含蓄得体的言行来吸引别人注意，让人看不出是在故弄玄虚。这种人有一定的真才实学。工作中聪明好学、勤奋努力。这种人的上司，如果是个保守屈才者，那么他就会被上司觉得是在过分卖弄自己。在朋友眼里，这种人也是才华横溢和喜欢表现自己的人。

这种人较易吸引异性的注意，爱情上较顺心且洁身自好，很少去乱玩爱情游戏。

3. 镶金边名片

这种人毫不掩饰自己的拜金心态，也不介意别人知道他见钱眼开、唯利是图。他是个从不放过赚钱机会的人，可能很小的时候就是个生意人，有生意人素质。与人打交道时，也许比较势利，但可能做得不太过分，不易轻易让人察觉到这点。

这种人相信金钱至上，拼命赚钱，希望用钱包装自己，以赢得别人尊重，也知道钱终归是身外之物，如此获得的尊重，是极不可靠和缺乏实质内容的。

4. 只有姓名电话的名片

拥有这种名片的人一般是两种人,一是此人已有一定知名度,不必借此再做自我宣传,二是故作神秘以吸引人们注意或不愿透露自己的实际情况,显得有点不可理喻。

　　这类人本性是不喜欢开放自己,觉得没有安全感,怕别人知道得太多而来打击、伤害他。

　　这类人胆子不大,心细,在与别人打交道时,不露声色观察别人的谈话和动作,悄然套取对方资料,极力回避谈论自己的情况,难于与人建立深厚关系和友谊,也不易获得上司和同事的信任,难于得到提拔,适合选择自由职业这一行或自己开公司当老板。这种人具有善变个性,独创力强,不善于管理指导他人,与这种人合伙做生意,要持相当慎重态度。

　　5. 头衔多的名片

　　这类名片上花花绿绿、密密麻麻地写满有生以来拥有的各种职位和头衔,包括各种虚职和名誉。

　　这类人是虚荣心极强的人,生怕别人小看他,所以抬出诸多头衔去说服别人:他不是一般老百姓,而是个举足轻重的有地位的人物。但给人的印象是个爱面子和无聊的人。但这类人并不是个吝啬鬼。在处理事情上,如是小事,就会提出一堆意见,煞有介事的样子,如是要他单独处理大事,他就会变得手足无措。这种人是个不能独立办事的人,任何时候都需要帮助,内心相当优柔寡断。

　　6.姓名字体很大的名片

　　有些人即使不是什么大人物,但名片上姓名斗大的字常叫人好奇。喜欢用大字体印姓名的人,其职业大都与企业家、医生、自由职业等有关。爱好粗大字体的人,是个性强的人,因为要强调自我意识,自然选用粗大字体。这种人功名心相当强,外表相当绅士,给人以温和亲切的感觉,但个性相当任性,其中大部分人给人以说不出的厌恶感。深交后才发现他们有浓厚人情味的一面。

　　这种人善于交际,口才好,举止亲切,但碰到有利之事,不会拱手让人,属于以自我为主的人。

7. 名字旁有别号或改名的名片

这类名片在名字左下角或旁边加上了括号(××),或写上"改名××"等等。

这类人因为名字不雅而改名,性格多属于神经质、叛逆性等,富有独创性、思想偏激,但家运衰弱。他们谨慎小心,对自己相当在意,又缺乏刚毅性、坚忍性,在遇到困难灾祸时,不敢面对现实,将逃避当成胜利。

对于以上性格上的缺点,如能加以弥补奋发向上,定能改头换面。只有思想浅薄、误认改名就可改变运气的人,才是真正没有自信的人。

8. 材料、色彩、形状怪异的名片

从名片的色彩、形状、质料,可以反映其主人的职业、特征。

从事贩卖自我的人(如技艺工作者等)大多用特殊名片。这种名片给人"大"的印象。爱用这种名片的人,多属于特立独行的人,对人偏激、依赖、好恶之心强烈,对所喜欢的人,仁至义尽,无微不至,但缺乏协调性,易受他人出卖,为人所欺骗。

用铜版纸质料的名片的人多为温厚型,有高贵、温馨气质。女性比男性用的多,其谈吐优雅高贵,对美敏感,富于罗曼蒂克,多为办公室工作或研究性工作,较受欢迎,以自我为中心,欠缺刚毅坚忍性。不愿与人冲突,想面面俱到,四方兼顾,八面讨好,也因此给人可乘之机,招致他人不满或被他人欺骗。

喜欢用乙烯合成树脂加工成表面光滑的名片的人,多有神经质,为人虚荣,独占欲强,外表活泼开朗,待人处事诚恳,无法使人讨厌;喜欢豪言壮语,又故弄玄虚,疑心重,嫉妒心也重,常有使人不可捉摸的一面。职业多为中小企业经营者,但理财观念淡薄。

彩色名片多是为加深与外界有缘者的印象,代表广阔意义的行业者,如航空公司代理、旅行社等。

9. 附印"自宅"的名片

不少国外的人,名片上常常没有自宅电话及地址。因为,在外国,对一般商人来说,在名片上附印自宅电话及住址,可能会遭白眼。只有等到相当亲密后,才给予自宅的通讯录。

对于一天 24 小时为工作所逼迫的人来说,他们是负责任、能干的人,打卡下班并不表示工作做完了。负责任的人在名片上印"自宅"电话,可以据此判断这个人在能力、社交等各方面都相当优秀。当然仅凭这一点,也不足以证明他是个能干者,但对自身无责任感、对工作没责任感的人,是不会附记自宅通讯录的。当然,把自宅当成事务所和工作场所的自由职业者例外。

如果你和一个重要的交易对手洽谈,发现他的名片上没有自宅通讯录,向他要仍然支吾其词时,就应当保持相当的戒心。

在名片上附印"自宅"有利有弊。一方面,有对自己、对社会负责任的效果。在遇突发事件时,可紧急联络、迅速解决问题。另一方面,这样做也可能被他人利用。当然,把名片给他人时,应当小心,不可乱投。而关系不太密切的对方告诉你他自宅的电话、住址时,你也要小心提防。

对领带的喜好

由一个人对领带的喜好,就可判断其性格。

从对领带的喜好中,也可以了解一个人在工作上的信赖度。

当我们想要判断初次见面的人是属于何种性格的人时,在无意识中会把注意力投注在对方的服装上。

你不妨试着观察上司或长辈的领带,就会发现其中的乐趣。

1. 大型的领带

喜欢大型而华丽的领带的人,有着旺盛的好奇心,随时都在追求新事物。某个性开朗,然而因为常遭误解,所以常处于欲求不满的状态中。

由于耐心不够,动辄厌烦,所以,在工作或金钱方面,容易蒙受损失。周围的人对他的评论多是负面的,不适合做个生意人。

2. 条纹领带

国学经典文库

冰鉴

识人智慧现代应用方法和技巧 图文珍藏版

　　爱用条纹领带的人,属于脚踏实地的类型。生活形态也较保守,很重视自己的外形,会努力维护自己的形象。

　　由于既慎重又诚实,因此,在生意上颇值得信赖。

　　此外,性格顽固这一点,可说是优点也可说是缺点。喜好斜纹状领带的男性可以适应任何人,是令人产生好感的男性。在工作上他们是属于绝对不会失败的安全型实业家。

　　此种人虽然工作上值得信赖,不过,却没有冒险或向崭新工作挑战的雄心。避重就轻的顺应型较多。

　　3. 有圆点花样的领带

　　喜欢有圆点花样领带的人,是浪漫主义者,感情上多半是较稳定的人。这类人给人以灵敏、温和的印象,属于在内心里对自己有充分自信的类型,并且有着极佳的判断力。不过,却很难下决断,结果,有时因而牺牲了自己。

　　喜好水点花或华丽纹彩的领带的男性,多半是经常留意周围人的反应,属于渴望受人瞩目的类型。因此,做任何事最重视外观与形式,会有夸大的言行与举止。在工作上则充满活力,具有实力也是值得信赖的人。

　　4. 名牌领带

　　爱用名牌领带的人,多半是希望能引起他人注意的人,很在乎他人的眼光。

　　如果系着名牌领带,却不以为意的人,不论在工作上或私下方面,都是处于安定的状态中。

　　另一方面,领带与西装不搭调的人,则是野心勃勃的人,常会做出偏激的行动,精神上是处于不安定的状态中。

　　5. 蝴蝶结领带

　　除在婚礼、宴会等正式场合外,平日也喜欢系蝴蝶结领带的人,有着强烈的自我显示欲及极高的自尊心。

　　此类人多半是靠自己能力而经营成功,不论是对金钱或名誉,都有很强的执着心,总希望有与他人不同的表现。

一般而言,系蝴蝶结领带的有两种人:其一是餐厅或饭店的服务生,另一是上等社会的贵族。

喜好蝴蝶结领带的男性中,多半在年轻时有过一段心酸的奋斗史,或对一流的人或事物带有自卑感,或对身高感到惭愧。因而,利用蝴蝶结领带在颈项间做装饰,可以使自己仿佛是上流社会中的一流人士,同时也能让自己的气质显得较高雅一些。

这种类型者在工作上对任何事都非常挑剔,是属于神经质、拘泥小节的人;在金钱方面也锱铢必较,是个节省的人。他们虽然具有信用却是难以相处的工作伙伴。

6. 喜欢红色领带的男性

喜好红色领带的男性是标新立异者,强烈地渴望能得到旁人认可,虚荣心极强,却有轻易承诺的缺点。

所以,这种人有时会对你的要求满口答应,但事后却根本没有付诸实践。尤其是喝了酒后常说大话,在工作上是信赖度极低的人物。

和这种类型的男性进行商谈时,如果不实施紧迫盯人的战术,常会失败。

另外,喜好蓝色或紫色的男性是浪漫主义者、梦想家,在工作上只会动脑筋而缺乏实行力,信赖度低。

以领带来判断人物时,还有一个重要的参考依据是领带结。领带结打得端正而美观的人,在精神上处于安定状态,工作也顺利,可以井然有序地处理事务。

相反地,领带结打得歪斜而邋遢的人,是精疲力竭、意志消沉或在工作上无法发挥实力的人。

另外,在谈生意的过程中总是在意自己的领带结是否端正,也是情绪不安、心浮气躁、紧张的表现。你对自己的领带应该多加注意了!

对电话本的喜好

在通讯事业日益发达的今天,凡是能够使用电话的人,差不多都会有一本属于自己的电话记录本。

这种记录本是专门用来记载友人或有业务往来的电话地址及平日约会时间的。不同性格的人,会采取不同的方法去使用记录本。

当我们把所看到的使用不同记录本的人进行对比,就会发现:他们有着截然不同的个性和心态。

1. 只记录地址及电话的记录本

有人使用一个记录本时,只增加新的东西,不会删除旧的,即使这人已搬走或已不复存在了,但他依然把它留在原来的位置。所以,这种人的电话记录本密密麻麻记录着多年来认识的或早已遗忘了的人。很多人会觉得这种人感情专一、不忘旧情、注意过去,是个重友情的人。这也说明这种人的处世性格:即宁愿别人负我,我不负别人的心态。他用这种心态处世,并不在乎得到的多,抑或是失去的多。他只是按自己的方式去生活和工作,从不考虑别人的想法。在工作中,这种人一般学有所长,而且老实本分,深受上司和同事们的赞赏,同时对别人也不构成任何威胁,他只是专心致志地干好自己的本职工作,一般不听别人的闲言碎语。

在生活上,他是个家庭观念特重的人。一般而言,他有一个比较牢固的家,他也希望自己的家庭牢不可破。因为他是个传统型的人,失去家庭,对他来说是不可想象的。

2. 公司免费送的电话记录本

经常使用公司免费送的电话记录本的人,是个很随便的人,在社会上走动,就像进入旅店一样方便、自由,从来没有不自在的感觉。也就是说,这种人的流动性很大,可能时常搬家,经常更换职业,在很短的时间内结识新朋友而遗忘旧朋友。这种人跟前一种人截然相反。

这种人是个凡事不求深度的人,面对问题时,只要不使自己处于被动,随便把它解决就行了。换言之,这种人宁愿追求多种经验,而不肯在一件事情上下苦功夫钻研。

相对而言,生活的安排最重要的是简单、直接、方便,就好像那本免费赠送的电话本,有也可以,随便丢掉了也无所谓。

在现实生活中,这种人非常适应时代的发展,能够顺乎自然地处理好自己的各种关系,他对生活和职业的希望不是很大,所以也就谈不上感到失望的滋味。

从某方面讲,这种人是一个及时行乐的人。他有能力为自己争取到所需要的东西,但他也并不过高地索取。总的来说,这种人是个在这个时代里生存得如鱼得水的人。

3. 随身携带的电话本

一般来讲,随身携带电话本的人是个小心谨慎的人,做事、做人都要求有个章程的人。这种人甚至不相信自己的记忆能力,担心在找人时会把电话号码搞错,而使自己感到难堪。同时这种人也需要知道,当他有困难时能马上找到朋友来帮助他。

这种人与朋友间的关系,可能受多于施,因为他是一个依赖性较强的人。他认为这个社会充满险境,难于寻找自己道路。一旦遇到点困难,就希望别人能伸出援助之手。所以,不要奇怪有些朋友会主动疏远这种人,一个独立的人很难与一个有强烈依赖性的人长久相处的,他们或许厌倦了照顾他但又得不到他的回应。

很多时候,当这种人独处一隅时,他就会感到孤立无助,就会感叹世道艰辛而怨天尤人。他有时也会察觉自己软弱的性格,但他不是个有毅力的人,无法改变自己的处境。

4. 名贵电话本

喜欢使用名贵电话本的人,是个注重外表和修养、崇尚物质欲和社会地位、喜欢抛头露面的人。当这种人把友人的电话及地址记录下来后,一般他会认为这个人是个可以信赖的人,并愿意与之发展有深度的友情。

这种人是个重视生活中每一个细节的人。他以谨慎的态度处世,他对自己要求甚严,也希望别人实事求是。有时也会有人误解他,觉得他是装腔作势,表里不一的人,这也属正常,因为他喜欢把自己的标准强加到别人的身上。

在工作中,这种人是个非常注重效率的人,比如,当他需要与某人联系时,他希望能够及时地找到别人的电话和地址。当然,这种人对朋友非常热情,有时也主动打电话邀请他们一起进餐或外出度周末。

5. 经常更换电话本

经常更换电话本的人是个注重实际,生活得比较现实的人。这种人的情感带有跳跃性,处理任何事情都要加以选择。

这种人的这些特征表明,差不多每到一定的时候,他都要更换电话本。当他将友人的地址、电话重新抄写时,他会删除一些,同时也会增加一些新东西。也就是说,这种人在不断地检讨自己的行为,审视自己一段时期以来的人际关系,而他所采取的立场是现实的,也是符合实际需要的:对他有重要性的人或者他自以为需要帮助的人,他会把他留在电话本上;而其他他认为不需要或无足轻重的人,对他来说都将成为昨日黄花。

其实这样做也无可厚非,因为这是个各取所需的时代;这种人的这种做法不会引起太多的非议,因为他毕竟没有戴上假面具去应酬他认为无聊的事情。

6. 电子记录本

使用电子记录本的人的意识是超前的,并相信科学合理的东西,认为未雨绸缪是办好一切事情的基础。

这种人总是不停地追寻更加完善的方式去组合自己的生活,在许多人尚未懂得电子记录本的时候,他就早已淘汰了别人正在使用的款式,而正在用最新款式、储存量最大的那种型号了。

无论任何时候,他都会把生活和工作安排得井井有条,把属于自己的事情安排得井然有序,而且讨厌杂乱无章的人。这种人很守时,当和别人洽谈事务时,最讨厌迟到,他不喜欢把时间白白浪费掉。

他的这些程序化性格也许让别人觉得他沉闷,当别人向他提出这些问题时,他很可能会不屑一顾,因为他根本就不打算改变自己的生活方式,认为这会扰乱他的工作和生活。他的朋友都比较信赖他,认为他为人可靠,一点也不虚浮,但也会觉得他沉闷、难以亲近。

7. 没有电话本

如果一个人不使用电话本,或者他本来就讨厌这类玩意,而只是将朋友或重复的电话地址以及约会时间写在零散的纸张上(诸如办公纸、信封的背面、火柴盒等),那么,这个人会是个怎样的人呢?

大体上讲,这种人洒脱、浪漫,即使天塌下来也会觉得无所谓。他喜欢及时行乐,今朝有酒今朝醉。从另一方面讲,他为人处事杂乱无章,毫无细致的安排,为了寻找一份文件或一个电话号码,他可能会把整个房间翻它个底朝天。

如果走进这种人的办公室,写字桌上肯定堆满乱七八糟的东西,最重要的又很可能被埋在最下面,或者被扔进了纸篓里面。从这点来讲,这种人很难被委以重任。

可以想象,这种人家居的情形也不会好到哪里。不过,这种人是个自得其乐的人。

对宝石的喜好

对宝石的喜爱,可以表现出一个人的个性。另外,宝石也可说是美、力、财富的象征。因此,从对宝石的喜爱,也可知道此人的愿望及希望自己在他人眼中是个什么样的人。

1. 钻石

喜欢象征权力与财富的钻石的人,是现实的,有着强烈的金钱欲望。除金钱外,凡是一流的事物都是其追求的目标。

这种人凡事多能积极去做,随时燃烧着接受新事物的意欲,一切的行动都有着明确的目标。

2. 珍珠

若是天然的珍珠,非常珍贵。喜欢珍珠的人,必是纯真且优雅的人。

这种人总是以对方的心情和立场来考虑,不会强迫他人接受自己的意见。不过,这种人不是很擅于表现自己。因此,当喜欢某人时,常无法明确地表示自己的心意,所以,也有焦躁不安的一面。

3. 紫水晶

喜欢在水晶之中价格最贵的紫水晶之人,必是优雅的女性。行为虽谨慎,但能自然地表现出自己的个性。其脑筋好,想象力、幻想力也很突出。

多半是喜欢美丽事物,喜爱艺术的人。

4. 祖母绿

祖母绿是绿色宝石的代表,绿色越深的价格越高。

喜欢祖母绿的人,一般来说,是开朗乐天的人。即使遇到有不悦的事,也会马上忘却。其个性干脆利落,行动时,不会受过去所左右,眼光总是放在未来。

在团体中,总是能成为众所瞩目之人,可是,这些却不在其意识之中。

5. 黄玉

喜欢这种美丽黄色宝石的人,讨厌被拘束,喜欢表现自己的个性,有着强烈的自我主张,不喜欢受人指使。可以说,是喜欢领导他人的人。

对于知识,有着强烈的好奇心,也有研究之心。对于他人做不到的事,总是积极地加以挑战。

6. 海蓝宝石

喜欢这种淡蓝色宝石的人,是个浪漫主义者。总是怀抱着大的梦想和理想,并以此作为自己生活的指引。不过,稍有慎重过度的倾向,因此,实行时就显得行动力不足了。

待人和善,总为对方设想,温柔体贴,也是这种人的特征。

7. 红宝石

红宝石是代表关系亲密的宝石。喜欢这种美丽红宝石的人,热情洋溢,有着凡事都想试试看的意欲,很有行动力。

这类人最重视自己的感觉和所相信的事。不过,由于反抗心强烈,常和周围人形成对立。

8. 土耳其石

喜欢美丽的土耳其石的人,全身散发着谜一样的神秘气息,具有独特的创意,是一开口就让周围人惊异的人。

9. 蓝宝石

喜欢蓝宝石的人,是非常认真、忍耐力很强的人。对于自己的感情和欲求,有着极佳的控制力,是表里如一的人,很受周围人的信赖。

不过,有时候他们也会不满足于自己过于被局限在某一类型中,而萌生"不要再过这种生活"的想法,但却没有勇气去付诸行动。

10. 珊瑚

据说佩戴珊瑚有避邪的作用。然而,很多人是迷上其湿润的色泽。

喜欢珊瑚的人,多半喜欢神秘的事物,如:占卜、宗教。这种人很重视直觉,常会有想象不到的快感。乍见之,此种人蛮柔弱的,其实内心是很刚强的。

对电视节目的喜好

美国一位心理学家指出,通过对一个人喜爱电视节目的类别的分析,可以判断出他的性格与心理。

1. 喜欢欣赏喜剧性节目的人

对生活要求不高,家庭观念浓厚,同时个性比较含蓄。此类人大多会利用幽默感来隐藏内心真实的情感,表面上插科打诨、漫不经心,但内心却炽热如火。

2. 喜欢看戏剧节目的人

自信心强而富有冒险精神,英雄主义色彩极浓,霸道,喜欢领导和左右别人,甚至有时会变得独裁专断。

3. 对神秘恐怖节目或犯案故事最感兴趣的人

好奇心重,竞争心强。凡事能够贯彻始终,全力以赴。喜欢追求刺激而不甘于平凡。

4. 喜欢有奖游戏或猜谜节目的人

智慧高,推理能力强。对任何问题都能冷静分析,寻根究底。此类人最不能忍受别人的无知和愚蠢。

5. 对家庭伦理连续剧最感兴趣者

幻想力强,是非分明,极富正义感,为人处事均非常有分寸。

6. 喜欢清谈式或说话性节目的人

心思缜密,爱好争论而略为偏执。为人很有主见,但又非常客观,在做出任何决定时,必先详细考虑分析,绝不莽撞行事。

7. 爱看大型综合性娱乐节目的人

乐天开朗,心地善良而不愿记恨。此类人凡事只看光明面,最能体谅别人。

8. 爱欣赏体育节目的人

竞争心极强,喜爱接受挑战;压力越大,表现越佳。做事谋定而动,计划周详而且尽力追求。

对喝茶场所的喜好

人们对喝茶有着不同的习惯,对茶的品位也不尽相同,可以说是花样百出。比如有的人喜欢在街头茶馆喝茶,有人喜欢上茶楼。如果我们对喝茶者的喝茶场所进行细致入微地观察，就能发现他们不同的心理特征。

1. 喜欢上茶楼喝茶的人

能够经常上茶楼喝茶的人，不是生意人，就是打肿脸充胖子的那一类。因为茶楼如今的收费，会让很多人瞪大眼睛。

这种高级场所，已经是有钱人、生意人休闲的天地了。有的人会客、谈生意都会在这类茶楼里进行，就好像是自己的办公室一样。而且他们也多半满意这种生活方式。

这种人大多较专断，自我主张强烈，往往自尊自大，自以为是。他们总觉得自己的主张是绝对正确、唯一可行的，而别人的意见都有问题。这种人又好争强好胜，从不愿承认别人比他高明，一味自大，待人接物态度强硬。他们虽然不可一世，但内心又很狭窄小气、脾气执拗，所以容不下别人的意见。这种人是比较专横的。

2. 喜欢到街头茶馆去的人

喜欢了解世俗风情的人，一般只去街边茶馆闲坐。当然也不排除囊中羞涩者。这种茶馆往往以价廉物美和小道消息多而吸引顾客，而经常进出这种地方的人，一般性情多比较随和，很少做无谓的争吵之类的事。

这种人的包容性很强，承受力也强，他们特别能吃苦，是不怕苦不怕累的一类人。面对各式各样的辛劳、艰苦和困难，他们都能接受，都勇于承担。这种人在工作中是勤奋的，他们从不怕劳累，更不会偷懒，再艰难的事情，他们都能够去做。在生活中这种人有耐心，不抱怨，不发牢骚，有能力，坚强，无畏，能承受生活的重负。不过，这种人的灵活性较差，有时缺乏灵巧。

3. 喜欢在家喝茶的人

从某方面讲，喜欢在家喝茶的人守家意识特别强烈，他们对大千世界的兴趣往往不太浓厚，也不愿意到外面去混，更喜欢泡一壶清茶与家人待在一起。他们只关心家里，而对外与世无争，或者根本就没有竞争力。

这种人大都没什么作为。他们平日就是一副得过且过、悠哉游哉的样子，对任何事都是满不在乎的。别人看不起他,他不往心里去;别人咒骂他、羞辱他,他也不会去反抗。这种人内心很软弱,终日懵懵懂懂过日子,没有事业心,没有进取意识,更没有要干出一番大事业让人家瞧瞧的雄心。这种人甘于平庸,甘于无为,一辈子都没有什么大出息。

4. 不喜欢喝茶的人

这种人既不喜欢去茶馆,也不愿自己在家沏茶喝。他们可能不是有产阶级,但也并不是穷得连杯茶钱都付不起,但他们确实对此毫无兴趣,而且对茶友的劝告不以为然。这种人大都是内向型性格。

由于过于专注自己,过于防卫自己,有时候就显得执拗。他们一般不会轻易地接受他人的邀请,也不会随便附和众人的意见,尤其是对于新事物,他们更有着强烈的对抗意识。他们很执拗,你要想说服他,恐怕只会惹得一身不快,败兴而归。通常在一个限度内,和他们还有协调的可能性,如果超过了那个限度,恐怕就难以成功了。与这种人交往,要避免过于莽撞的行为,否则马上会遇到拒绝来往的回报。

对饮酒场所的喜好

喝酒的行为中潜藏着想要消除不满或压力的欲求。因此,若调查喜好在何种场所饮酒,即能明白该人的深层心理或性格,这一点颇饶兴味。

尤其是酒在人际交往上扮演着极为重要的角色,因此,可以从中发现饮酒者的社交性。以下就来分析喜好各个不同场所的人的性格:

1. 喜好路边摊的人

这种人天性嗜酒,是属于纯情、质朴的人。喜好路边摊等不必装模作样的场所的人,多半个性善良、亲切。赚钱或出人头地不如与人交往来的重要,也可以说,是具有社交性的类型。

2. 喜好酒吧、俱乐部的人

与其说是喜好饮酒,毋宁说是讲究气氛或挑选饮酒对象的人。虽然渴望受人欢迎,却只重视与特定人的交往。同时,饮酒也只限于工作的需要,是工作人常见的类型。

3. 喜好酒馆、交谊厅的人

喜好饮店的交谊厅或欧美风格的酒馆等时髦气氛的人,爱憎分明。对文学或美术有兴趣,属于个性派。是只和特定的人交往,并非和任何人都能相处的类型。

4. 喜欢快餐店的人

喜欢快餐店或卡拉 OK 厅的人,交友广泛,富有社交性。因工作的关系招待客人而选择快餐店的人,多半是能干型,而且绝不会承受压力。

5. 喜欢在家饮酒的人

喜欢在家悠哉饮酒的,是对暴露自己的缺点感到不安的人。虽然郁郁寡欢却又讨厌与人交往或警戒心过强,而无法拥有推心置腹的朋友,是属于吃亏的类型。

七、如何通过为人识人

物以类聚,人以群分

西方有句谚语:"要了解一个人,只需看看他所交的朋友。"英国丘尔契曾说过:"世界上没有比交友不慎危害更深的东西了,因为它种下的是疯狂,收获的是死亡。"中国古人则云:"审其好恶,则长短可知也;观其交友,则其贤不肖可察也。"孔子也说过,与那些正直的人、能体谅人的人、见闻广博的人交朋友,是会得益匪浅的。而那些诌媚奉承、心术不正、华而不实的人,千万不可与之为伍。通过对一个人交什么样的朋友,以及对朋友的态度如何的观察,也就能够

识人智慧现代应用方法和技巧 图文珍藏版

判断其人的好坏了。物以类聚，人以群分，古人的这种识人方法，对我们今天也是有借鉴意义的。

人与人之间总是因情绪、兴趣、爱好、性格的相互融洽而成为朋友的。有的是志同道合，有的则是臭味相投。有的以友情为重结为朋友。有的以事业为重结为朋友。有的是为了一个共同的革命目标，从五湖四海走到了一起来；也有人为了达到不可告人的目的而内外勾结，狼狈为奸。近朱者赤，近墨者黑，我们可以根据人交结的是什么样的朋友，来考察这个人是怎样的人。看一看与他经常往来的朋友的品性怎样，也就清楚了他的人品如何了。

据《新序·杂事》记载：战国时楚国有个非常善于相面的人，他相人从来都没有失误过。而且他与别人相面不同，别人是根据"骨相""手纹"来进行推测，而他"能观人之交"。楚庄王听说有这么一个人，便召他前来，问他相人为何如何准确。他回答说："臣非能相人，能观人之交也。布衣也，其交者孝悌，笃谨畏令，如此者，其家必日益，身必日安，此所谓吉人也。官，事君者也，其交皆诚信，有好善，如此者，事君日益，官职日进，此所谓吉士也。主明臣贤，左右多忠，主有失，皆敢分事正谏，如此者，国日安，主日尊，天下日富，此之谓吉主也。"楚庄王听了此番话，高兴地说："善！"于是招聘四方贤士，亲近贤者荐者。因而得到孙叔敖、子重等贤臣辅佐，终于成就了霸业。

物以类聚，所以鱼交鱼，虾结虾，蛤蟆找的是蛙亲家；人以群分，所以跟好人学好人，跟端公跳大神。1972 年 8 月，第十次党代会召开，许世友和张春桥分别坐在江青的两侧。新闻记者拍了许多照片后，送到江青处审查。江青把她和许世友在一起的照片全撕了，只发表了她和张春桥坐在一起的照片。许世友知道后，在心里骂道："这才叫'物以类聚，人以群分'，老子还不愿和你坐在一起呢！"

关键时刻见真心

宋代宰相韩琦以品性端庄著称，遵循着得饶人处且饶人的生活准则，从来不曾因为有胆量而被人称许过。但情急之下,所表现出的内圣神通,却没有人所能比拟。当宋英宗刚死的时候,朝臣急忙召太子进宫,太子还没到,英宗的手又动了一下。宰相曾公亮吓了一跳,急忙告诉韩琦,想不再去召太子进宫。但韩琦拒绝说:"先帝要是再活过来,就是一位太上皇。"他越发催促人们急召太子,从而避免了权力之争。宋时任守忠,是个奸邪之人,他反复无常,秘密探听东西宫的情况,在皇帝和太后间进行离间。韩琦当机立断,用示经中书省直接下达的文书把任守忠传来,让他站在庭中,指责他说:"你的罪过应当判死

宋英宗

刑,现在贬官为蕲州团练副使,由蕲州安置。"说着,韩琦拿着空头敕书填写上,便派使臣当天就把任守忠押走了。这样,韩琦轻易除去了蠹虫,而仍然不失忠厚,表现出一种人生的最高修养。

在关键之时可以识辨人的智谋,这是读懂人心的好方法。为什么非要在困苦之时才能识辨真才呢?原因可以从以下几个方面加以解释:

1. 识人的难处不在于识别贤和不肖,而在于识别虚伪和诚实。

2. 人不容易了解识别。

3. 人们的内心,和他们面貌一样,存在着千差万别。

4. 人的内心比险要的高山和深邃的江河还危险。

5. 最方正的东西是没有棱角的,最贵重的器物往往要花很长时间做成,最大的声音往往听起来微弱,最大的形象却是无形的。有大才大德的人,往往不露形迹,不自我表现,因而不易被人认识。

实际上归纳为一点就是因为人高深莫测，不到关键时刻不能揣摩。人的所谓"深"，有两种情形：一是深沉，其表现为少言语而守本分，能容人忍事，内处分明，待人处事深厚而不逞强，不炫耀才华。二是奸深，其表现为缄口不言而心藏杀机，阴险深藏，行为诡秘，双目斜视，说话阴阳怪气。前者是最有道德的贤才，后者是极为险恶的奸人。切不可将二者混淆，等同齐观。正因为人们的深藏不露，人难从其表象而识其本质，所以需要在关键危困时好好考察。

信用是个无价宝

许多人都有过这样的经历：与好友约定相见，经常迟到；但和客户谈生意时，却一定比对方提前。这样的人总认为彼此既然是好友，守不守时没有关系，殊不知，这种想法和做法是大错特错的。我国自古以来就是一个守"信"的国家，"一言既出，驷马难追"的训导古已有之。而且，古人早把能够守信的人叫丈夫，而不能守信的人自然就被视为小人。

为了判断对方是否是一个表里如一的人，我们应仔细考察他平常的言行举止。例如，秘书录入文件时出了差错，上司提醒她认真一点，但很快地她又犯了相同的错误。此时，上司很可能会把秘书看成一个言行不一致的人，因为她只在口头上道歉，实际行为却不加改善。

不按自己所说的话去行事，往往会被视为一个连交往中最起码规则都不遵守的人。对于那些平时负责任的人，他们认为对方也该如此，所以会拒绝言行不一致的毛病。

马来西亚文人朵拉写过一篇文章，题目叫《答应不是做到》。作者在总结人们的应酬交际活动时，指出了人们在交往中的一种不诚实、不信守诺言的现象。文章写道：

很多时候，我们要求别人办事，他们的反应是："好的，好的。"年轻的时候，我听到朋友这样回答，就非常放心，并且感动得很，因为有些朋友实在是才结交不久的。然而过不了多久，便发现自己的心放得太早了。当人们点着头说"好的，好的"时，他只是口头上说得好，至于真的去实行，如果十个里有一个，就是你的幸运了。

文章中说，这类交际者"承诺时，态度看起来非常诚恳。日子走过，把说过的话当成风中的黄叶，刹时便无影无踪"。

作者在宽慰和谅解朋友的同时，自己也陷入这样的误区：自以为纯纯的我，究其实，是蠢蠢的我。在这个大家都忙忙碌碌的年代，居然妄想朋友听见你的要求，就抛下自己手上的事务不去处理而特别为不在他眼前的你去奔波？

时常用自己的心去度朋友之腹，结果得到的是朋友的误解。也用不着去埋怨被谁给欺骗，欺骗自己的其实正是自己。

据《庄子·齐物论》记载，有个养猴人对他的猴子说："我早上给你们三个栗子，晚上给四个。"猴子听了都觉得势头不对，嗷嗷直叫，龇牙咧嘴。养猴人马上又对猴子们说："那么，我早上给你们四个栗子，晚上给三个，怎么样？"猴子就高兴起来了。这些猴子的高兴，大概只是暂时受蒙蔽所致。天长日久，聪明的猴子自然会悟出主人的狡诈和卑鄙，从此不再相信他，而且仇恨他。那时候，养猴人可就要自认倒霉了。朝三暮四式的狡诈，最终必然失信于人。

失信于人，不仅显示其品行不端，人格卑贱，而且是一种只顾眼前不顾将来，只顾短暂不顾长远的近视行为，终将一事无成，搬石头砸自己的脚。失信于人，大丈夫不为，智者不为。一个说话不算数的人，处处说话都不算数。他在日常生活中，无论对大人对小孩，对妻子对父母，对同事对朋友，对上司对下属，对名人对凡人，对老师对同学，对什么人都会说话不算数。

做人之道，大概没有什么比诚笃守信、取信于人更为重要的了。我们看一个人与人交往时，只要他能做到诚实守信，其他方面的缺陷尚且会被宽容忍让。反之，若失去了这个根本，我们便不会相信他，不愿与他共事，不愿与他打交道。

患难中奋进者有前途

人处患难之时，往往情绪低落、不思进取，而平时身上的那些劣根性的东西也都自然地表现出来。有时看人，其富贵时一个样，衰落时又一个样。而在患难之中能保持自己的优秀品质，做到有所不为、有所不取、顽强拼搏、积极奋进，这样的人确实难得。

1. 贫时不为者大

一些人往往在平时道貌岸然，做出一副君子的姿态，而一旦贫困衰落、山穷水尽，则一反常态。平时的美德没有了，代之以无耻的索求。这种人是万万不能用的。而有一种人，即使是在危难之时，也洁身自好，处处为人着想，这才是真正的人才。当年曹操南下进攻刘备，大敌当前，连诸葛亮都主张弃樊城去襄阳。刘备不忍心舍弃樊城民众，让他们愿跟随的跟随，结果当地民众都愿意一起走。这样混七杂八，行军速度极慢。曹军追来，刘备让民众先走，自己率兵抵御。虽然刘备暂时失败了，但他深得民心，一大批人死心塌地地跟随他，为蜀汉大业奠定了基础。从这件事可以看出刘备太重感情了，这也反映出他在任何时候都以民为本，爱民之心不改。这正是其成功的关键。

2. 患难之中见真情

古人云："贫贱亲戚离，富贵他人合。"人处患难之中就是自己最亲近的人都离开了，更何况其他人呢？而难能可贵的就是贫贱不离。平时人家不管对你有多好，这都不能说明问题。只有在患难之时，才能看出人家对你是否真心。

人们常说"患难识真情"，在患难中人们可以找到真正的朋友，也能找到忠于自己的下属。患难是一座熔炉，它能炼成真金，而一切腐朽都化为灰土。谁不想平平安安地过日子，但生活中有一点小插曲又如何呢？它带给人的不只是痛苦，还有看清这个社会、读懂一个人的幸福。可想而知，了解一个人是多么的重要，因为生活中从此又多了一个可深信的对象。

有人在顺利时,乘风破浪,意气风发,而一旦患难则萎靡不振,消极处世。有人无论是顺境还是逆境都保持一颗平常心,顺不骄,败不馁,总是积极地面对人生。人们当然喜欢后者,因为后者的心境最难得。在顺境中开拓进取,许多人都还能做到,但要在一次次的失败面前抬头走下一步的人却并不多,这足见逆境中奋发进取者的可贵。常言道"自古英雄多磨难",英雄不是从娘胎中一出来就是,而是一次次的患难造就了英雄。

心胸率直者可信

率直的心胸,不是一味地迎合或盲从,而是指没有私心,天真而不受主观、物欲所支配,照实探索事物真相的态度。有了率直的心胸,才能看清事物的真貌,并找出应付世事的方法。

有了率直的心胸,就可以明辨是非,看清正义与邪恶的分界,找到自己应走的道路,使生活充满光明。一旦人人都有率直的心胸,社会将变得更有活力、更有秩序而又稳定。

率直的心胸,可以将人类的聪明智慧导向正轨,以光明磊落的态度处理事物,认清事物的真貌,并以坚定的信心采取正确的行动。李宁今年18岁,护校毕业后不到半年就被分配到部队一家大医院。外科张主任看中了李宁,想留下她。

李宁聪敏能干,外科张主任十分欣赏她。可李宁有个"弱点",只要认清了理,她就死咬着不放,直到让对方服了才善罢甘休。因此,科室的人对她褒贬不一,有的说她固执得可爱,有的说她骄得可恶。但张主任偏偏喜欢她这种该说"不"时说"不"的良好品格,并常常说她是个好苗子。

这位张主任是一个难伺候的主任。他平时冷漠少言,护士动作稍慢了点即会挨批评。有一次,张主任亲自主刀抢救一位腹腔多脏器受伤的重伤员,器械护士正好是李宁。复杂艰苦的手术从中午进行到黄昏,手术顺利而成功。当张主任宣布关腹时,李宁突然出人意料地说:"且慢关腹,少一块纱布。"

张主任问:"多少块纱布?"李宁说:"16块。""现在多少?"张主任问。"15块。"李宁回答。

"你记错了,"张主任肯定地说,"我已经都取出来了,手术已经大半天了,立刻关腹。""不,不行!"李宁突然提高嗓门,"我记得清清楚楚,手术中我们用了16块纱布。"张主任这位资深的著名外科专家似乎生气了,果断地说:"听我的,关腹,有事我负责!"

李宁又认死理了:"您是主治医师,您不能这样做! 主任,我们是救死扶伤的医生,再说这位战士是为了挽救国家财产而英勇负伤的,他是英雄啊!"她坚决阻止关腹,要求重新探查。直到此时,张主任的脸上终于浮起欣慰的笑容。

张主任点点头,接着他欣然松开一只手,向所有的人宣布:"这块纱布在我手里。李宁,你是一位合格的手术护士,能当我的助手。"

辨识自信之人

自信心是一笔重要的财富呀! 人们不可能打开你的大脑,看看其中究竟有多少自信因素。但你却可以通过很微妙的方式表现出来。如走路的神态,一般来说,胆小鬼走起路来都显得前怕狼后怕虎,步履犹豫。而内心充满自信的人,走起路来透着一股子果敢,挺胸抬头,两眼炯炯有神,阔步朝着自己的目标迈进。再如握手的风度,要知道关于你的情况,别人从你与他人的握手中得到的信息,远比从你其他的言行中得到的多。软弱无力的手,表明这人信心不足。

1979年诺贝尔物理学奖获得者温伯格曾有一段答记者问。记者问:"你觉得哪些是科学家必须具备的素质?"温伯格答:"这个问题因人而异,不同的人可以按不同的途径达到很高的成就。每个理论物理学家必须具备一定的数学才能。这并不是说数学最好的人就会是最好的物理学家。很重要的一个素质是'进攻性',不是人与人关系中的'进攻性',而是对自然的'进攻性'。不是安

于接受书本上的答案,而是尝试发现有什么与书本不同的东西。"从温伯格的这段谈话中,我们对成功的人才可以有一个大致归纳:

对未知领域(自然、社会、人的思维)具有一种顽强的自信心和锐意进取的探求精神;敢于冒尖,并能够从客观实际和自我能力实际出发,这种人就是未来的成功人。因此,作为一位领导要敢于识别、启用富有自信心而勇于冒尖的人才。敢于冒尖,鼓励他人冒尖,在你追我赶中完善自己,加深友谊,这绝对使你倍受敬慕。唯有如此,才可能创造一个生机勃勃的先进集体。

对于那些有信心的人,即使他穿着朴素,你也要把他当作一个富翁,让别人感觉到你认为他很富有是一件快乐的事。确有一些古怪的人,他们不爱显富。他们吃得简单,房间的布置也一般,如果你走进这样的人家而以为对方不过是一般人家,那你就错了。

富有的人因为富有而自信,而贫穷的人才需要显露出来让人相信他的富有。你必须明白,这是信心不足的人常用的方法。你可以得出这样的结论:此人在虚张声势。有的人在握手时故作凶狠,这表明此人善于补偿自信心的不足。显然,他是想借握手之机,向你暗示他的自信。坚定但不凶狠的手,意味着"我过得不错,且胸有成竹"。此外,语调也能表达你的情绪和感情。比如,你说话是充满信心还是死气沉沉,明确地反映出了你的情绪的好坏和内心情感的强弱程度。

辨识志向远大之人

杨昌济先生,是革命烈士杨开慧同志的父亲。他早年目睹清朝的反动腐朽,决心救国救民。1903 年起,他先后到日本和欧洲留学 9 年。1911 年武昌起义推翻满清的喜讯传到海外,他欣喜若狂,立即回国,准备干一番事业。但是,辛亥革命最终失败了,军阀混战代替了革命胜利后的短暂光明。杨先生满怀失望愤懑的心情回到了湖南老家。当时盘踞在湖南的军阀谭延闿闻得杨先生的学识和名气,特请他出任教育司长。而杨先生发誓不与军阀同流合污,拒聘之后到湖南第一师范当了位普通教员。为明其志,杨先生写了副对联,"自避桃源称太古,欲栽大树柱长天",一心辨选和培养国家的栋梁之材。

当时毛泽东同志正在该校就读。有一次,杨先生发现毛泽东笔记中的一段话:一个人要坚强,要进步,定要学树木与风雪做斗争,生根结实;不要学花草向风雪屈服,摇摆易凋。杨先生异常欣喜,专门找来毛泽东谈

杨昌济

话,之后又在自己的日记中写道:"毛泽东言:其所居之地为湘潭、湘乡交界之地……人多务农;其外家为湘乡人,亦农家也。而姿质俊秀若此,殊为难得!"于是,分外喜欢毛泽东,经常把他邀到家中做客,与之谈心,并从多方面关心他、帮助他、培养他。后来杨先生到北京大学担任教授,又把毛泽东推荐到北大图书馆工作,并特意安排他同大名鼎鼎的李大钊会见,还经常对人说:"我在第一师范学校看到了两个学生,一个是毛泽东,一个是蔡和森。特别是毛泽东,他将来定能成为国家的栋梁!"

1920 年杨先生在京病逝前,还专门写信给他的友人说:"毛泽东、蔡和森乃海内奇才,前程远大。君不言救国则已,救国必先重二子!"

杨先生果然言中了!毛泽东终于领导中国人民取得了新民主主义革命的胜利,成为全世界人民敬重和爱戴的伟大人物。蔡和森也为早期革命斗争做出了不朽的贡献,可惜英才早逝。

揭人隐私的心理动机

也许没有人不喜欢听他人的隐私，所以报刊杂志，才会乐于报道政治家、企业家、文体明星的新闻。

据说女性很喜爱这类报道，但男性也不逊色，往往他们喝酒时，也会谈起工作单位中他人的消息，一来这可使其解除在工作单位中的紧张，二来也可以得到工作单位中得不到的情报。

同一工作单位中的四五个同事聚在一起，话题总喜欢围绕工作单位中的马路消息打转。此时，有的人扮演的是提供话题的角色，在大家面前揭露隐私；有的人则扮演听众的角色：于是，说闲话的条件便成立了。

深究这种揭人隐私、提供话题的人与听众，其心理动机到底何在呢？

第一种是想排解欲望得不到满足的郁闷心理。这种类型的人大半是与上司的价值观有差异，而自己的意见未被采纳，心中感觉不痛快，才会提供这些话题。

当然，他自己并不把这种情形当作是自己本身的问题，而认为是全工作单位的人都对上司感到不满，所以他有义务揭露上司的隐私，让大家的憎恨与攻击欲望得到满足。因此，这种人往往会在言谈之中，说一些刻薄的话，并希望听众能与自己站在统一立场上。

第二种是基于嫉妒的心理。这一类话题的对象，不是上司、部下，而是同事，而且这种对象，不是得上司赏识，就是受异性的欢迎。

提供的话题，内容往往是对象的私生活，以企图破坏其形象。如果再加上听众对这个对象不怀好意，提供话题者的目的就更易达成。

第三种是听众可以通过种种隐私，掌握平常在工作单位里上司不为人知的一面。

由此，听众得到与以往截然不同的印象，也许以前认为话题的对象是个不知变通的人,想不到听了他的有关传言,才知道他原来很有人情味。或者平常看他说得天花乱坠,事实上不过是个庸俗的人物。

第四种是大伙儿聚在一起时,窥探别人私生活。提供消息的人,无非是心中对对象怀有敌意、羡慕、自卑等情结,而听众的心态多半亦如此,所以才会注意听。但一旦听众认为,提供话题的人所说的内容与事实不符时,就会把这个人当作造谣生事的人,而对传闻置之不理。

好为人师的心理动机

孟子说:"人的毛病在于喜欢做别人老师。"那些喜欢做别人的老师的人,大都以为自己有学问,或者总以为自己正确,人前人后一派长者风范,以为自己就是他人之师表,大家之楷模。

最让"好为人师者"感到快乐的便是身边堆着无数的听众,他们个个睁大着渴望、敬仰、佩服的眼睛,不时地为"好为人师者"的妙言妙语、睿智的谈吐而从嘴角溜出"啧啧"的赞叹声。

处在这些赞叹声中,"好为人师者"满怀欣喜,浑身舒坦,什么精疲力竭之累、口干舌燥之劳都毫不在意。

相反,越是劳累,两眼越放射出兴奋的光亮,飘飘欲仙,觉得自己要飞起来了,好舒服,好痛快。

如果说,人们自觉地将"为人师"的活动局限在一定范围内是一种美德的话,那么把这种"为人师"的心愿推到极端,成为"好为人师"者,他就会变成一个喋喋不休的人,一个傲慢无礼的人。

宋朝时,齐鲁大地有个汉子。一日,他扛着一根竹竿进城,在城门口,因为竹竿太长,城门太窄,怎么也进不去。汉子抓耳挠腮了好一阵子,可不能不进城呀,他先把竹竿竖着拿,两头顶着了城墙,进不去;他又横着拿,两边亦碰着城门,还是进不去。

折腾了半天，这个汉子直弄得自己气喘吁吁，可就是不知如何才能拿着竹竿进城门。

正在此时，一位拄着拐杖的老者慢慢地踱来，见状主动上前对那汉子说："我虽不是什么圣人，但经历过的事件不少。我教你怎么办，你何不取一锯子把竹竿拦腰锯断再拿进城里呢？"汉子一听，果然是好办法。

他恍然大悟，于是麻利地取出利锯三下两下把竹竿从中间锯开。结束时，对老者再三致谢，然后欢天喜地地拿着两截竹竿进城去了。

齐鲁大汉固然愚蠢至极，只知横着竖着拿竿，不知还可直着拿竿进城门；而"好为人师"的老者则更为可笑，虽谦称自己"不是什么圣人"，但又自言其经历过的事件不少，显示其经历丰富，见多识广，故而完全可以为人师。

可他教人的方法却是更加愚蠢："取一锯子把竹竿拦腰锯断再拿进城里。"

世人若确有真才实学，确实肚中有"货"者不妨为人师，但即便如此，亦最好不要去"好为人师"。

世间事无穷之多，社会上人无限复杂，一个人所知再多也是有限的。

你在这方面、这件事上可为人师，在那方面、那件事上就只能做学生。

所以，"好为人师者"首先需放下"好"之心，既能当先生，亦可虚心地成学生。

此外，即便正常的"为人师"，也要视对象愿意受教导与否而行之。如果对方连起码的"困而学之"的精神都没有，根本不愿受人教诲，那又何必说个没完呢？达此境界的关键还在于自我要抛弃好卖弄、好听人赞美之词的心理。

正如爱洁成癖的人，总以为别人脏，自以为是的人，即使自己已经满身泥垢，也会觉得自己比别人干净。总以为自己高明，自己正确，便会忘了自己也可能愚蠢，忘了自己也会犯错出错。

聪明的人很少摆出一副"凡事都懂"的姿态，他永远保持着清醒的头脑和谨慎谦虚的品德。

喜欢请客的心理动机

每个人都希望自己拥有请客的经济能力,因为只要自己有钱请客,就可以不必担心自己不如人。不过人不可能永远都做东,总有被人请的时候,有时让别人请客,并不是因为自己忘了带钱或没钱,而可能因为顾虑对方的地位或立场,或不忍辜负对方的一番好意,所以只好让对方请客,让对方达到目的而得到满足。

所谓满足,可能是对方的一种优越感,可能是为了表示谢意,可能是有事相求,也可能纯粹是为了增进彼此的感情。对方借着种种理由请客,使自己获得满足感。甚至有时根本没有请客的理由,明明可以大家分摊,但有人就是喜欢付钱时拼命制止别人,而自掏腰包。这时若你坚持拒绝,对方还会露出不高兴的神情,并责备说:"你真是太见外了,我们都是自己人啊!"从对方的表情看来,他们真的不是装模作样,简直是沉醉于请客所带给他的满足感。

反观被请的一方。别人请客,自己不必付钱,固然也有好处,但是让对方出钱,很容易形成自卑感,反而不能痛快地享受。

还有另一种被请人的心理,认为别人请客让自己快活是理所当然的。这种人大多都是不愿自掏腰包的吝啬鬼,不过除此之外,他们还有另一种用意。

人最早接触的人际关系,是从与母亲间的关系开始的。每个人都有向母亲撒娇的经验和权力,而这种依赖、撒娇的态度一旦固定成型,长大成人后在现实生活中也容易出现,有时就体现在让别人请客的满足感中。

至于喜欢请客的人,虽然他们的立场是把东西送给对方,但其心态和接受自己好意的对方是一样的。这与过度保护孩子的母亲的心理非常类似。

有的母亲常会像奴隶一样地替孩子做事,这样的过度保护,表面看虽然辛苦,但其实母亲是利用这种行为来保护自己。因为母亲们自己以前也有同样受人呵护的经验,现在仍然在追求那种心理状态。因此,当了母亲后,就把孩子当作自己欲望冲动的对象。事实上,母亲只是以过度保护孩子的方式来满足自己的欲望。根据这点,我们可以了解,这样的母亲看似疼爱孩子,其实更爱自己,因为唯有如此才能使她神采奕奕。

同样地,喜欢请客的人,表面看来虽然古道热肠,但其实只是以这种形式来满足自己。所以,喜欢请客的人,和喜欢被人请客的人凑在一起,彼此就各得其所,分别得到满足了。

所以,当我们看到那些即使没有多少钱,却总想办法请客的人,应了解他们的心态,只要他们不是另有所求,大可接受他们的好意。

八、认清小人的真面目

小人是靠不住的

任何时候都不要把宝押在小人身上。因为小人的本质,决定了他们是靠不住的。对他们来说,有奶便是娘,谁给的好处多,就给谁当孙子。认不清小人的这一本性,恐怕被小人卖了还在帮着他数钱。

古今中外,由于看错人而酿成失败的事,可以说不胜枚举。光绪皇帝的一生悔恨,就是因为把宝押在两面派袁世凯这个小人身上,原指望他能来"护驾"把西太后赶下台,不曾想,袁世凯却向西太后告了密。一眼看歪,光绪皇帝全盘皆输,他只能坐以待毙去往瀛台了!

经过多次酝酿,1898 年 6 月 11 日,光绪皇帝颁布《明定国是上谕》,表示变法决心;召见变法首领康有为,详谈变法步骤,康有为开始参与政权。同时以西太后为首的顽固派,也开始筹备政变。

颁布《明定国是上谕》后的第四天,西太后即令光绪下圣谕将维新派另一首领开缺回籍,明确规定朝中二品以上大臣凡授新职,都必须到皇太后处谢恩;

又任命自己的亲信荣禄为直隶总督,统率甘军的董福祥、武毅军的聂士成和袁世凯的新军。

这是新旧两派决战的准备,新派得到起草上谕权,旧派则有军政实权,握着屠刀伺机而动。

从 1898 年 6 月 11 日到同年 9 月 21 日,共 103 天(史称"百日维新"),维新派实行"除旧布新"的初步理想,发出数十条改革命令。

这张新命令虽是一纸空文,却触犯了守旧派的既得利益,引起各种旧势力强烈的反对,光绪皇帝愈益孤立,西太后则拥者众多。

就在维新派"纸上谈兵"的时候,顽固派已经在磨刀霍霍

西太后

了,他们不允许维新派赢得时间,而一定要把维新派扼杀在摇篮之中。

6 月间,几乎就在"戊戌变法"的同时,西太后开始调兵遣将,命令荣禄统率董、聂、袁三军待命准备。

袁世凯此人狡诈阴险,是个十足的小人。在甲午战争前,他是张謇的得意门徒,却暗中投靠张謇的对头李鸿章。因而被李鸿章认为是唯一可用的人才,才得以发迹。

9 月初,西太后亲信李鸿章来到天津,与荣禄密谋,预计 10 月底从天津调兵,发动政变。形势危急,康有为派亲信探问袁世凯的意见,袁明确表示坚决拥护光绪。康有为、谭嗣同信以为真,向光绪全力保荐,让袁担任参谋部长,保护新政。几天后,形势更急,光绪密谕康有为等说:"朕位且不保,尔等有何良策,

妥速筹商。"康有为、谭嗣同商量召袁世凯入京。9月16日,光绪召见袁世凯,擢升兵部侍郎,令其专事练兵事宜。次日又召见。18日,谭嗣同密访袁世凯,请他调兵入京救光绪出险,诛戮后党,恢复帝权。袁世凯慷慨答应,"正色厉声"大声说:"诛荣禄如杀一狗耳。"于是,维新派吃下"定心丸",翘首以待西太后"自投罗网",没想到却被对方一网打尽。

9月20日,袁世凯请假回天津,径向荣禄告密。荣禄立即密报西太后,西太后立即开始行动,囚禁光绪皇帝,宣称皇帝再三"恳请训政"。9月21日,西太后坐殿理政,"百日维新"宣告结束。光绪皇帝的一生,也毁在了袁世凯这个小人身上。

所以,一定要看清小人的真面目,牢记小人是靠不住的这一教训。

小人的行为特点

中国有这样的成语"以君子之腹度小人之心","最毒莫过小人心",另一方面有成语说"谨防小人","天下唯女人与小人难养也"。可见,小人的声誉很差,很不得人心,按理应该人人鄙夷才对。但费解的还有一句,"无毒不丈夫"。因为小人的反义词是大丈夫,所以小人和丈夫的行为应该完全不同才对,但这里小人和丈夫的行为特征都是"毒",可见两者的行为很难区分。

小人虽然难辨,但毕竟小人有许多特点,我们可以从以下特征来辨析:

1. 小人口蜜腹剑

明朝的太监王振执掌大权,王佐想靠拍马屁、逢迎巴结得到提拔。王佐容貌俊美而没有胡须。有一天,王振问道:"王侍郎为何没有胡须?"王佐拍马屁道:"老爷子没有,做儿子的哪里敢有?"但王振却满心高兴。

武则天执政时,宰相叫杨再思,他专门以谄媚阿谀来讨好别人。武则天的宠臣张昌宗以身姿貌美而著称,杨再思说:"大家都说六郎(张昌宗)长得像莲花,我说不对,应该说莲花长得像您六郎!"

2. 小人重己轻人

东汉末年,刘备和许汜闲谈,谈到徐州的陈登时,许汜说:"陈登文化教养太低,不可结交。""你有根据吗?"刘备感到惊异。"当然有,"许汜说,"前几年,我去拜访他,谁想他一点诚意也没有,不但不理人,而且天天让我睡在房角的小床上。"

刘备笑着说:"他这样做是对的。你在外边的名气大,人们对你的要求也就高了。当今之世,兵荒马乱,百姓受尽了苦。你不关心这些,只打听谁家卖肥田,谁家卖好屋,尽想捞便宜。陈登最看不起这样的小人,他怎么会同你讲心里话?他让你睡小床,还算优待哩。若是我就让你睡在湿地上,连床板也不给的。"

3. 小人谣言惑众

孝武帝时,王国宝和王雅都得宠信。孝武帝嗜酒如命,常常酩酊大醉,以致清醒时少。某天晚上,孝武帝与王国宝和王雅一起饮酒,王雅推荐名士王旬。孝武帝叫人去召王旬,王旬已到了门外,听到了门卒的禀报声。国宝自知才在旬下,恐怕孝武帝对自己的宠爱被王旬所夺,因见孝武帝脸上已有酒红,便说:"王旬古今名流,不可以酒色见,自可别召见他。"孝武帝同意他的意见,认为这是国宝忠于自己,于是,就传令不见王旬了。

4. 小人大话欺人

五代十国时,南唐元宗有克复中原、再复大唐基业的大志。由于过分狂妄自大,他在攻下福建后得意忘形,认为消除天下纷乱、诸国割据的局面不费吹灰之力。但其实南唐与诸国相比,势单力薄,这是不可能的事。大臣魏岑趁侍奉唐元宗酒宴时说道:"微臣少年时曾游魏州元城,喜欢当地的美丽风物,待陛下平定中原时,微臣只求到魏州做官。"元宗听后大喜,就答应了,魏岑连忙跪下拜谢。事后,大家觉得魏岑说大话讨好皇上是个奸佞小人,都对他敬而远之。

5. 小人"八喜"

(1)喜欢造谣生事:他们的造谣生事都另有目的,并不是以造谣生事为乐。

（2）喜欢挑拨离间：为了某种目的，他们可以用离间法，挑拨同事间的感情，制造他们的不和，好从中取利。

（3）喜欢拍马奉承：这种人虽不一定是小人，但很容易因为受上司所宠，而在上司面前说别人坏话。

（4）喜欢阳奉阴违：这种行为代表他们这种人的行事风格，因此待你也可能表里不一，这也是小人行径的一种。

（5）喜欢"西瓜倚大边"：谁得势就依附谁，谁失势就抛弃谁。

（6）喜欢踩着别人的鲜血前进：也就是利用你为其开路，而你的牺牲他们是不在乎的。

（7）喜欢落井下石：只要有人跌倒，他们会追上来再补一脚。

（8）喜欢找替死鬼：明明自己有错却死不承认，硬要找个人来背罪。

透视小人内心世界

小人内心世界阴暗，不健全的人格加上强烈的私欲，使他能够抛却一切道义上的负担去谋取利益；而当受到阻碍时，他就可以毫无顾忌地打击别人、伤害别人，通过对别人肉体或精神上的虐待，来发泄自己压抑的仇恨。

1. 小人的根底：极端的挫折或娇宠

每个人都有自己的成长经历，这样特殊的经历，决定了他的性格和气质，对他的一生都有着巨大的影响。

小人作为人类的一个变种，其小人特质的形成，与其特殊的成长经历有着密切的关系。而这种成长经历，往往集中分布在两个极端之中：一个极端是充满挫折与不幸的环境，另一个极端则是充满娇宠与溺爱的环境。

挫折与不幸，往往会激发一个人的成就欲和功名之心。为了出人头地，他们学会了在夹缝之中笑脸求生，更形成其不择手段、不达目的不罢休的生存性格。

而娇宠与溺爱,则会形成一个人以自我为中心的自私性格和恃宠无忌、胆大妄为的行事风格。

所以,处于这两个极端之中的成长经历,特别是其童年生活,对小人成年之后的行为有着重大的影响。

朱温出生于贫苦家庭,有兄弟三人,他排行老三。在其兄弟幼年时,父亲已丧。因无以为生,母亲便带领三个孩子改嫁肖县人刘崇。刘崇生性懒惰,对继子动辄打骂。

生计的艰难、寄人篱下的滋味、缺乏亲情之爱的生活以及教育上的放任,使朱温从小养成残暴、荒淫、不知廉耻的性格。

后来,在朱温的征战及称帝过程中,这种性格就得到了完全的暴露。他使用酷法驭兵,所属将领稍有违背,即被杀死;对待百姓,更是杀之如畜。

更令人发指的是,他行如禽兽,不仅奸掠百姓妻女,侮辱大臣妻女,就连自己的儿媳也不放过。因此,当其子朱友圭刺杀他时,大骂曰:"老贼万段!"

而朱温的儿子们受这种环境的影响,也个个暴戾,相互残杀不已。

2. 小人的性格:过度的自卑或自傲

境地不如他人,才干不如他人,自然要生出自卑之心。依仗权势为所欲为而不受惩处,自然要生骄狂自傲之心。

为了得到心理补偿,自卑者往往会变得急功近利,不择手段地去夺取功名利禄,利用外在的强横来掩盖自己内心的虚弱。所以,不经过正确的心理调整,自卑之心极重者很容易堕入小人的行列,做出违反常理常情之举。

自傲的人,看不起别人,更容不得别人比自己强;对于自己想要达到的目标,常认为理所当然。所以,这种人在行事上常会落入"顺我者昌,逆我者亡"的可怕境地。对于妨碍自己成事的人,无论是对是错,极端自傲者皆会毫不留情地予以清除。

3. 小人的特征:膨胀的私欲及野心

小人的功名利禄之心要比常人强烈得多。在他们看来,只有依附一定的权势,获得一定的权柄,才有可能实现自己心中的欲望,并通过滥施淫威来获得心理上的满足。

然而,小人的才能,往往不足以控制大局,更无法承担实现其勃勃野心的重担。野心与实力之间的严重失衡与不对称性,使得一些人为实现野心而不择手段。当仅凭自己的实力根本无法实现其欲望时,寄生便成为重要的手段。

说到底,小人飞黄腾达,靠的不是真才实干,而是靠对人心的揣摩和对当权者的谄媚。在一个人的生活道路上,如果确实存在着目标与自身条件的巨大差异,而这个人对实现目标的渴望又极为强烈,那么,在一定条件下,他就很容易堕落成为一个小人。

六类常见的小人

1. 深不可测型

这种小人摆出一副高深莫测的样子,对人爱理不理、若即若离,使人难以揣摩到他保持沉默的真实意图。按照西方心理学理论,这其实是一种权力的展示;而玩这个游戏的人,是在显示他能够操纵别人的情绪。

对付这种小人,不要被他的沉默吓怕,不要让自己处于被动的地位,要采取主动出击的办法。要敢于凝视对方的眼睛,很少有人能被别人凝视着而不会感到不安并能继续保持沉默的。在凝视时,不要随便说话,因为一开口就会将这种凝聚的拉力破坏,会减轻对方的不安情绪。

2. 暗箭伤人型

这种小人喜欢躲在笑容后面攻击人,从不肯正面向人挑战,要么是在背后诽谤人,要么半开玩笑似的攻击人,要么就是指桑骂槐。你若做公开的反击显得小气,不与之计较又让人认为你胆怯。

对付这种人首先要将他的暗箭明朗化。如果他说一句阴阳怪气、明褒暗贬的话,你就可严肃地责问他"这是什么意思",而且要争取旁观者的支持,让这种小人没有容身之地。

3. 歇斯底里型

这种小人极具侵略性,不管自己有理无理,总是喜欢攻击人,而且情绪易极端化,包括情绪混乱、极度愤怒、号啕大哭、摔东西等。怒不可遏时,还会说一些不堪入耳的粗话。对付这种小人要用太极推手的方法,首先要镇定自若,不要被气势汹汹的来势唬住,将其攻击来的力量化解之后,再趁机反击。也就是等对方歇斯底里发作之后,再理直气壮地指出其错误。如果与对方硬碰硬,会使双方都下不了台。

4. 装疯卖傻型

这种人看上去是老好人,非常友善,唯唯诺诺,害怕别人对他有恶意,对任何人的立场和言论都表示赞同。但到了真正的利益冲突时,这种人会毫不犹豫地背着你推翻从前对你的一切赞同和支持,让你处于十分被动的地步。

对付这种小人的办法是,要让其与你坦诚相处,同时要多了解他的背景资料,如家庭、爱好、价值观等,让他为你的真诚而感动,担心失去与你的友谊而不敢背叛你。

5. 恃才傲物型

这种人对工作狂热,也很有能力,但在工作中不肯听从任何人的意见,认为天下英才非我莫属。有了成绩则居功自傲,犯了错误却推得一干二净,赖到别人头上。这种人我行我素,藐视他人的存在,很难有人愿意与之合作,在团体中容易影响士气。

对付这种人要有备而战,要让他觉得天外有天,人外有人;要让他觉得你的智商、学识、能力都比他强,让其心服口服,无话可说。但对于他的长处和正确的见解,要充分认可和支持,不要损伤其自尊心。

6. 煽风点火型

这种小人并非用明显的手法来破坏工作或挑拨离间,而是用个人的处事态度来影响别人;或者煽阴风、点鬼火,利用其阴谋诡计来破坏其他人之间的关系,使整个团体都人心惶惶、意志消沉、士气低落。他不仅自己不求上进,还想方设法不让其他人进步。

这种小人,说来倒是很聪明的:对错误的言论总能找出许多借口来支持;从各个角度向人泼冷水,让人不自觉地就气馁了。对付这种人最好的办法,就是将其消除出去,不能让一颗老鼠屎坏了一锅汤。

投机取巧的小人

日常交往中,我们经常自己去求人办事。只有一种情况例外,那就是当你有权时,有人会不请自来,而且会奉上一大筐的好话,这种人就是投机取巧的小人。

投机取巧的小人,常在有利益的地方、有利益的时机、有利益可求的人面前出现,他的目的也十分明确,就是获得好处。

平日里,投机取巧的小人,对别人穷于应付,没有真实感情。你得势了他就奉迎,你失势了他就冷清。因为他对谁都是应付,不求交往过深也不愿得罪人,缺乏主见缺乏自信。投机取巧的小人,并不是真的面面俱到,他周旋的主要原则还是看谁有用,看谁有权。

这种人投机表现得非常实用,他站在这条船上望着那条船,还没等这条船沉没,他早已选好了另一条出路。

他整日东奔西跑,看这个,拜那个,其实是在选择随时可以投靠的船。这种人对任何人都没有真实感情,有的只是实用,不得罪任何一方。

投机取巧的小人缺乏自信。因为他对自己的才学、对自己的能力、对自己的社会地位、对自己的经济基础等诸方面都缺乏自信,他总是企图用多方周旋来弥补诸方面的不足。例如,跑权贵以弥补地位的不稳,跑实业者以求混点小钱弥补财力的不足等。

所以,这就必然形成他所谓的力求人际关系的周到,实际上是对有用的人

他们确实不到处树敌,人际关系显得广泛,但他也没有真正的朋友。因为他与谁相处都不是真心,都是出于利用对方的目的。他与谁都不会深交,因为他随时准备一旦对方塌台,就另投他人。但投机取巧的人,也有其精明之处。一般来说,他也不会对塌台的人物落井下石,因为那也不是他的行为准则。无论是谁,只要平反昭雪或官复原职,他都可以再重新登门拜访,一点也没什么不自然。他确实也没干什么过分对不起谁的事。从这个角度讲,投机取巧的人又比落井下石的小人仁道得多,他不是坏人,圆滑一些也不讨人恨。对于这种投机取巧的小人,我们大可不必过分斥责,看破他的用心,不给他利用的机会就行了。

奉承拍马的小人

北宋王安石实行变法革新的时候,任用了一些新人做官,邵雍给他写信说:"你现在当政,对于你的改革,一些人有看法。特别是那些有道德的人,他们虽然说话难听,常常使你厌烦憎恶,但以后你会得到他们的帮助。相反,那些善于奉承拍马的小人,目前他们的话你听起来很顺耳,心里感到高兴,可是一旦你失势,他们之中一定有人会出卖你。你应该警惕这种谄谀之辈。"后来,果如邵雍所言,深受王安石欣赏的吕惠卿就背叛了他。

怎样识别奉承拍马的小人? 其中有三种途径:动作、语言、神色——也就是他们办事的方式,说话使用的言辞,浑身上下显露出来的神情。唯唯诺诺的小人,走路的架势和姿势都要学老板的样子,说话时的用词和口气也开始与老板相似,甚至连腔调也会和老板一样。

就像铁屑被磁铁吸引,唯唯诺诺者、马屁精、阿谀奉承者,都以上司为靠山。如果将磁场关闭,这类喜欢奉承拍马的小人,就会像一堆没有生命的木偶一样散落在地,显得愚蠢可笑,完全散了架子。

对于这样的人和事,正人君子是不屑一顾的。古人对此有这样的说法:与地位高的人交往不阿谀奉承,可谓悟到了交友的关键。那些花言巧语、察言观色的人,则被认为是不讲仁义的小人。公孙弘将学习的目的歪曲为阿谀取媚;汲黯能当面指责汉武帝的过失;萧诚和柔而善美言,张九龄因此断绝了与他的往来;郭霸品尝魏元忠的小便;宋之问为张易之等人端尿壶;赵履温甘为安乐公主拉车的牛马;丁渭在宴会上为寇准擦胡须上的汤渍。这些人载于史册,遗耻千古。

虽然人们对奉承拍马的人鄙视冷淡,然而,他们总难绝迹。为什么呢?因为那些自身难保的上司需要他们,那些功成名就的老板的虚荣心,需要这些人用奉承话来满足。

奉承拍马者奉承的最终目的,就是为了迫不及待地想爬上高位。有朝一日大权在握,他们又会培植出更多的谄媚小人,这些人又会引来更多的马屁精,最后发展成整个部门沆瀣一气,办事说话都是一个腔调,甚至气味也一模一样。后果怎样?整个企业标价出售,或者破产关门。

其实,在一些精明强干的领导者眼里,那些奉承拍马者还是很悲哀的。这些人已经无法摆脱奉承拍马的习惯,也就是事事总先想到老板在想些什么,在此之后又吃不准自己到底在想什么,甚至不知道自己有没有想法。在会议上,他总望着老板,弄清楚老板要说什么,他就说什么,他总是会把老板的话用自己的嘴说出来。结果,老板得到了报答、光彩和利益,而奉承拍马者却招来同事的鄙弃。

奉承拍马在程度上有轻重之别,并不都像敬佩和崇拜那样单纯。许多人是在不自觉的情况下充当了对上司唯命是从的角色,而有些人则是非常自觉的。有以下一些比较普遍的原因:

保住工作饭碗:背靠大树好乘凉,有人当靠山总比较保险。

掩盖真实意图:暗中打算跳槽,不让别人察觉。

缓和紧张气氛:何苦兴风作浪?人人和气为好。

着眼个人前途:赢得上司好感,有利个人发展。

奉承拍马的行家手里,有着一整套经过仔细盘算而培养起来的见风使舵的本领,有着处心积虑策划出来的一系列随机应变的手段。自然,一个人决不会讨得每个人的欢心。尽管如此,奉承拍马者仍能在一个企业里受到器重,得到提升,保住他们既得的地位。

大奸似忠的小人

大奸似忠的小人不屑于蝇营狗苟,不贪利不图小便宜,平时貌似憨厚忠良,其实伪善作假,欺人惑心,关键时刻才露峥嵘。所以,表面上老老实实的,很可能是婊子送客——假仁假义;逢人便自夸有七分骨气的,可能是不动声色的超级"马屁精"。现代人展示出的脸,更是忠奸难分,好坏亦不露形迹。

在印度古国,有一个名叫弹提罗的商人,与国王的关系很好,可以自由出入王宫。但他因为一件小事得罪了国王的侍从,便招来一场报复。

国王的这个侍从是专司扫地的。一天早晨,侍从睡意蒙眬地到国王的床前打扫卫生,他说:"哎呀,弹提罗胆子真够大的,他竟敢拥抱皇后。"

听到这话,国王一下子翻身起来,喝问:"你说的是真话吗?"

侍从说道:"万岁爷呀,我一夜没睡,掷骰子太累了。尽管我不停地打扫,还是止不住打瞌睡,我不知道刚才说了些什么。"

国王却吃起醋来,他想,这家伙和弹提罗都可以自由出入我的房子,说不定他真看见那家伙拥抱皇后,才说了这样的话。

从此,国王禁止弹提罗自由出入王宫,把他冷落到一旁。

过了一段时日,弹提罗得知是侍从搞的鬼,便向他一再讨好,以释前嫌。侍从得了好处就原谅了他,并帮他又一次施展了计谋。

一天,侍从又去王宫扫地,他说:"哎呀,我们的国王真聪明,每次大便后吃点儿黄瓜。"

听了这话,国王大吃一惊,对他说:"喂,你胡说什么?你什么时候看我做过这样的事?"

侍从的回答仍然是不置可否:"万岁爷呀,我掷了一夜的骰子,实在太累了。尽管我拼命打扫,还是忍不住打盹,我刚才说了些什么,自己也不知道。"

国王心想:我从未干过那样的事,这家伙明摆着是胡言乱语。那么,关于弹提罗的事也可能是这样。像弹提罗这样的人会做出那种事,是不可想象的。看来是我错怪了他。

于是,他把弹提罗叫来,恢复了他的原职。

弹提罗的宠贬竟然系于扫地侍从的胡言乱语,看来侍从的力量够大的了。其实,侍从所起的作用仅仅是引发而已,即利用某种想象的副作用加上一副"忠愍"的外表,来激活国王的猜疑心理。至于信息本身是否可靠是无关紧要的。

日常生活中大奸似忠的小人进行挑拨离间时就经常使用此招,他不必承担说谎的指责,诡就诡在引而不发,激得你胡思乱想。只要人们有猜疑心理,就很容易被利用。

忘恩负义的小人

有些卑鄙小人或是为了满足自己的嫉妒心理,或是为了实现自己的权力欲望,从而忘恩负义,在暗中设下一圈套,引诱自己以前的恩人在丝毫没有防备的情况下,走进自己的圈套,获罪于君主或上司,而遭受致命性的打击。这些阴谋的受害者往往是心地单纯或刚直的人物,他们没有意识到对面的人是何等的卑劣下流。有的人要光明磊落地坚持自己的政治主张,不会像对方一样玩弄阴谋诡计;有的人还正在把对方当成知己,认敌为友。他们都来不及提防对方的暗箭,便遭到了突如其来的伤害,落了个悲惨结局。桩桩悲剧留给后人多少深思与警醒。

王安石变法时,最信任的是吕惠卿,将他视为知心朋友和得力助手。朝中之事无论巨细，都要与吕惠卿商量而后行；所有变法内容都由吕惠卿拟写成文，然后颁布推行。

对于王安石的重用，吕惠卿表面感恩，背地里却另有打算。他依附王安石，不过是投变法之机捞取个人好处罢了。即使是反对王安石变法的司马光也看出了吕惠卿的狼子野心，他写信对王安石说："吕惠卿这种奸邪小人，现在依附于你，目的是捞取向上爬的资本。一旦你失势他必然会出卖你，作为自己新的进身之阶。"

可惜这些忠告王安石根本听不进去。当他迫于压力将要辞去宰相职务时，觉得几年来吕惠卿对自己如同儿子对父亲一样忠顺，如果能够将变法坚持下去，便极力举荐吕惠卿为副宰相。

吕惠卿果然是一个忘恩负义的势利小人，王安石一走，他就背叛了变法事业。不仅如此，他还罗织罪名，将王安石的两个弟弟贬至偏远的外郡，然后把罪恶之手伸向了王安石。

吕惠卿整王安石的手段十分毒辣。当年王安石视他为左膀右臂，对他无话不谈。一次，王安石对一件政事拿不定主意，便写信嘱咐吕惠卿："此事先不要让皇帝知道。"工于心计的吕惠卿，偷偷地将信留了下来。现在，王安石离开了朝廷，他便把这封信交给了皇帝，告王安石一个欺君之罪。吕惠卿就这样彻底断送了王安石的政治前程。

历代官场不乏吕惠卿这种人，当你得势时，他恭维你，追随你，仿佛能为你赴汤蹈火，牺牲性命。同时，他也在暗地里观察你，算计你，积累你的失言和过失，作为日后陷害你的武器。一旦时机成熟，他就会突然跳出来对你大肆攻击，无所不用其极。这种忘恩负义的小人实在让人防不胜防。

口蜜腹剑的小人

人们之所以受到接近自己的人的伤害，重要一点就是不善于识人知人，错把小人当君子,误把骗子当朋友。在现实生活中,尽管那些居心叵测的人善于伪装自己,但由于其本身之意在于存心害人,所以不论他伪装得多么巧妙,总会露出马脚。你可以通过他的言谈举止及处理问题的具体方式诸方面来观察他的人品。当你发现身边的人十分虚伪、奸诈,那么你必须采取适当的防范措施。在一般情况下,只要你经常注意通过多方面洞察与你接近的人,就会发现许多你在平时所不易觉察到的东西,会很清楚地了解到你身边的人对你的真实态度,而不至于在危险即将来临时全然不知,甚至还把加害你的人作为亲密的朋友对待。

细心洞察最接近你的人,你会成功地避免许多意想不到的损失。而错误的识人终究会带来恶果。

我国古代有两大名相管仲和王安石就曾为我们做出过表率。管仲辅佐齐桓公时,齐桓公曾向他介绍身边最为忠诚的三个臣子:一个为了侍候帝王自阉为太监;一个尾随君主十五年不曾回家探亲;而第三个更为厉害,为了给皇上滋补身体竟把自己的儿子杀了做羹。管仲听说后,就劝齐桓公把这三个小人赶出朝廷,理由是他们虽貌似忠诚,却违背了正常人的感情,可见居心不良。另一位名相王安石在变法期间屡受非议,有一个叫李师中的小人,乘机写了篇长长的《巷议》,说街头巷尾都在说新法好、宰相好,为王安石变法提供雪中送炭般的舆论支持。但王安石一眼就看出了《巷议》中的伪诈成分,于是开始提防这个姓李的小人。

生活中往往有两面三刀者,就是采取各种欺骗方法迷惑对方,使其落入陷阱,达到自己的企图。唐玄宗时的宰相李林甫,他陷害人时并不是一脸凶相,咄咄逼人,而是吹捧。所以说,李林甫"口有蜜,腹有剑"。在当代,也不乏口蜜腹剑的阴谋家。他们就在我们的周围,有时,他们看到你直上青云就会逢迎拍马专拣好听的话讲;有时,他们看到你事事顺心、进展神速而在背后造谣生事,向上层人物进谗言,陷你于不利;有时,欺骗、谎言、圈套从他们头脑中酝酿成"捆精绳"套在你身上,使你翻身落马;有时,他们看到你陷入困境则幸灾乐祸趁机打劫。所有的这一切，我们岂能不防？

口是心非的小人

今天，人们有一种普遍的心理：不信任。造成这种心理的原因之一大概是生活中"口是心非"的人太多了。口是心非，毫无疑问，就是表面上说得天花乱坠，而内心则全非如此；表面上对你百依百顺，而实际上则是我行我素；嘴里说着对你的赞誉之词，而内心则是诅咒你不得好死……试想一下，如果长期生活在这些人当中，吃过几次亏之后，不论是谁都会增强戒备之心，对他的话加上几个问号。

口是心非的小人最善于勾心斗角。因为他就是每天都在考虑如何表面应付别人，行动上又如何去算计别人。与这种人为伍是非常危险的，因为你不知道他心里到底是怎么个想法。在文学史上，《伪君子》中的达尔杜夫是口是心非的最典型的代表，他已成为"伪善、故作虔诚的奸徒"的代名词。他表面上是上帝的使者，虔诚的教徒，而实际上则是个色鬼，是个贪财者；他表面上对奥尔贡一家恭维，而实际上则用最卑鄙的手段去谋害这一家人。可以说，他是个表面上好话说尽，实际上则是坏事做绝的最无耻、最卑鄙的小人。但是他最终的结局呢？他的这一套无耻的手段终于被人识破了，西洋镜最终被人揭穿，达尔杜夫成了万人唾弃的小人。他整天苦心于算计别人，最终倒把自己推进了万丈深渊。

口是心非与虚伪可以说是等同语。因为口是心非的人为了掩饰自己内心的想法，必然要用谎言去应付别人。谎言说多了，被别人识破了，他也就成了一个虚伪的人。我想，只要有点自尊心的人是不愿被别人称为"伪"人的。一旦在别人的心目中是个虚伪的人，那你的生活将是很痛苦的，到处是不信任的眼光，到处是不信任的口吻，转过身来人们对你应付一下，转过身去你将成为众矢之的，那滋味真是难受极了。

作伪或说谎，即使它可能在某些场合发挥作用，但总之，其罪恶是远远超过其益处的。因为经常作伪者绝不是高尚的人，而是邪恶的人。当然，一个人不可能一下子就变坏。一个人起初也许只是为了掩饰事情的某一点而做一点伪事，但后来他就不得不做更多的伪事，说更多的谎话，以便于掩饰与那一点相关联的一切。总结起来，做伪事说谎话，口是心非大概出于以下几种目的：其一是为了迷惑对手，使对方对自己不加防备，以便达到自己的目的；其二是为了给自己留一条退路，这也是为了保全自己，以便再战；其三嘛，则是以谎言为诱饵，探悉对手的意图，这种人是最危险的。西班牙人有一句俗语：说一个假的意向，以便了解一个真情。也许，这些目的有的可能不能算作太恶。但作为口，心非者，其说谎或作伪的害处却是很大的。首先，说谎者永远是虚弱的，因为他不得不随时提防被揭露，就像一只伪装成人的猴子一样，他要时刻防备被人抓住尾巴；其次，口是心非者最容易失去合作者，因为他对别人不信任、不真诚，别人也就以其人之道还治其人之身；再次，也就是最重要的一点，口是心非者终将失去人格——毁掉他人对他的信任。我想，世界上恐怕没有比失去人格更可悲、可痛的事了。

制造流言的小人

从古到今，制造流言蜚语的小人大有人在。综观人类历史，流言蜚语的骚扰和肆虐，给国家、社会、民族乃至我们的家庭和个人都带来了深重的灾难和巨大的破坏。"君子不畏虎，独畏谗夫之口""众口铄金，积毁销骨""谗言三至，慈母不亲"等等，这些名言从不同角度说出流言蜚语的危害性。

有些人善于"捕风捉影"，尽可能地去捕捉一切哪怕是似而非的信息，然后加以夸张、歪曲，便成了诬陷别人的凭证。

北魏孝文帝在位时，十分宠爱妙莲姐妹，皇帝送给妹妹冯妙莲八个字："媚而不佻，静而不滞"，送给冯妙莲的姐姐冯媛八个字："风韵自娆，妖媚艳丽。"刚进宫时,她们姐妹俩一同侍奉皇帝,过着很幸福的生活。可是,皇帝宠爱妹妹妙莲,冯媛就被冷落一边。她感到十分伤心,旧病复发,被遣送回家养病。

但是,冯媛离宫后,心里一直想着荣华富贵。后来,看准机会,重新回到皇帝身边,被封为左昭仪。这时,她的妹妹冯妙莲已被封为皇后,昭仪的地位,仅次于皇后。照礼节,封拜后,要晋见皇后,皇后和昭仪又是一家人,但昭仪心里特别不高兴。她们在家之时,冯妙莲是正室所生,母亲是金枝玉叶的公主;而冯媛是侧出,而且她母亲出身低贱,冯妙莲因此也瞧不起她。现在,冯媛被封为昭仪,她觉得自己年长,而且比皇后先进宫,如果不是当时病了,皇后的位置就是自己的了。每想到此,她心里就充满了恨意。

对冯昭仪来说,皇后是自己的劲敌。要打倒她,不用点心机是不行的。

冯昭仪长得美似芙蓉,加上她曾学过一种媚术,将麝香细粒纳入肚脐中,隐而不见,通体奇香。孝文帝为其所惑,从此专宠昭仪,对其他嫔妃逐渐冷落。冯昭仪想取代妹妹的位置,她便经常在枕边讲些闲言碎语,说皇后的坏话,从大事到小事,无所不及。

孝文帝十分重视汉化政策,冯后却相当保守,她不习惯放弃已经说惯了的北方口音,也不习惯改穿南服。在平时的言谈中,她经常表示不习惯这种新生活。冯昭仪就以此为口实,大肆打"小报告",把这些都说成是皇后反对皇帝的种种行为。

有一天,昭仪和皇帝聊起皇后,她笑着说:"从皇后的种种表现来看,她不了解皇帝您的用心,听说还背后批评您忘本。"

皇帝附和着说:"她是有些固执。"

昭仪见皇帝开了口,便更进一步地说:"她背着皇帝经常说北方方言,不贯彻皇帝的命令,实在说不过去。"

孝文帝一听,十分惊讶地问:"真有这回事?"

昭仪火上加油地说:"这且不算,她还说您给弟弟娶了汉家女子,却放着本族的高门女子不要,做得也未免太过分了。"

孝文帝听了这些话,心里很不舒服,免不了对皇后进行一番斥责。冯后知道是昭仪私下打"小报告"所导致的自己的挨骂,心中大为恼火。一次,她乘皇帝不在京城,命人把昭仪招来,大加斥责。从此,做姐姐的对皇后妹妹更是恨之入骨,不时鼓其如簧之舌,大有不把皇后整倒不足以泄愤的味道。

孝文帝

两姐妹的争斗,终于在一次宫廷内宴中爆发。有一次,冯昭仪和其他嫔妃侍孝文帝宴饮,孝文帝派人去请皇后。冯后知道昭仪在场,不愿来。孝文帝几次派人催冯后,冯后只得前往。孝文帝看到冯后气呼呼地前来,便笑着请她入座。

冯后含怒说:"我不要同骚狐狸同座。"

昭仪知道是骂自己,便明知故问道:"你骂谁?"

冯后用眼一瞪:"谁心里有鬼,就是骂谁。"

孝文帝见姐妹俩一见面便你争我斗,忙劝道:"皇后,少说两句不行吗?"

冯后见孝文帝一味护着昭仪,不管三七二十一,大声说道:"皇帝,你纵容她以下犯上。你是被她迷昏头了,全然不讲公道,你和她真是一丘之貉。"说完,扭头离去。

皇帝见此,十分尴尬,脸色突变。昭仪看在眼里,乘机火上加油地说:"皇上,怒骂我不要紧,却敢当那么多人的面骂您,真是不知好歹!"

孝文帝一时火起,大骂:"好啊,她竟敢骂我,我让她走着瞧。"

昭仪赶走侍人,一边哄着孝文帝,一边继续捏造种种不实之词,指责皇后的不轨言行。孝文帝气愤中什么也不顾了,第二天就下诏把冯后贬为庶人。

后来昭仪又故技重演击败了其他"对手",自己终于登上了皇后的宝座。

但是,好景不长,孝文帝死前,曾下诏赐令皇后自尽,冯昭仪终于被迫饮酒自尽。

性格好斗的小人

我们有时会碰到这样一种人,他们总是喜欢不遗余力地攻击和指责别人,或散布一些流言蜚语,或造谣中伤,或出言不逊地辱骂,等等。在这种情况下,要不要针锋相对地予以回击呢?对此,在考虑和选择自己的行为方式时,应该注意以下问题:

首先,应弄明白你所遇到的是不是真正的攻击。下面几种情况很容易被误认为是攻击。

1. 由于对某种事物持不同的看法,对方提出了比较强硬的质疑或反对意见。此时,如果你能够给予必要的解释和说明,矛盾很可能就会得到很好的解决。

2. 由于自己对某事处理不当,而对方在利益受损的情况下表示不满,提出抗议。如果的确是自己处理不当,或虽则并非失误,但确有不完善之处,而对方又言之有理。那么,尽管对方在态度和方式上有出格的地方,也不能看成是攻击。

3. 由于某种误解,致使他人发脾气,或出言不逊。在这种情况下,只要耐心地、心平气和地把问题加以澄清,事情自然也会过去。如果忽视了去判别与区分真假攻击的不同,往往会铸成大错。

其次,即便你完全能够确定他人是在对你进行恶意攻击,也不必统统地给予回击。在与其交往中,对付恶意攻击最好的方式莫过于不理睬它。如果你不理睬它,它仍不放松,那也不必对着干。因为这样恰恰是"正中下怀"。不难发现那些喜欢攻击他人的人,大多善于以缺德少才之功,消耗大德大智之势。你对着干,他不仅喜欢奉陪,还颇会恋战,非把你拖垮不可。所以在这种时候,你应果断地甩袖而去。

中国古代哲学名著《老子》中,有这样一句话:"天下莫柔弱于水,而坚强者莫之能先。"攻击者并不属于真正的强者。所以,对那些冒牌的强者,采用对攻,是很不值得的。与性格好斗的小人打交道,不管他是否怀有敌意,头一条是要敢于面对他的进攻。此外,还应注意以下要点:

1. 给对方一点时间,让对方把火发出来。

2. 对方说到一定程度时,打断对方的话,随便用哪种方式都行,不必客气。

3. 如果可能,设法让其坐下来,使他不那么好斗。

4. 以明确的语言阐述自己的看法。

5. 避免与对方抬杠或贬低对方。

6. 如果需要并且可能,休息一下再和他私下解决问题。

7. 在强硬后做出一点友好的表示。

九、领导如何鉴别人才

正确看待人才

"千里马常有,而伯乐不常有",这是中国唐代大学者韩愈针对埋没人才的现象发出的感慨。许多领导总是片面地感叹人才缺乏,却很少认真地总结一下自己的识人选才经验,反思一下自己在选才中存在的问题。只有真正掌握识人术的要旨,对"人才"也有准确的理解和把握,才有可能找到好的人才。

1. 人才不等于完人

其实,人人都有缺点,人才也是如此。对人才决不可脱离实际地提高要求,他们的缺点,只要不妨碍他们所担负的工作,就要加以谅解。对于他们身上的"弱点",要进一步看,要变换角度看,结果很可能是"斜视"中的"弱点",正视后发现却是长处。即使是弱点,只要无碍于工作,无妨大局,也要大胆使用。据说拿破仑在担任临时执政者期间,一次在讨论约瑟夫·富歇是否能继续担任警务大臣问题时发生争议,有人认为他为人冷酷,心怀叵测不可用;拿破仑心里也清楚他爱搞阴谋,但更赏识他在警务方面的才能,于是就坚持让他担任警务大臣。

2. 人才不等于文凭

人才不等于文凭,嘴上都在这样讲,但实际上文凭就等于人才的情况比比皆是。文凭与才能确实有一定关系,特别是那些有着严格训练的正规学校的文凭。但是,文凭与才能又有差别,即使文凭与其实际知识相符的人,由于用非所学,或用学不能完全一致,仍然不可简单地把文凭当成人才。更何况近几年来,学籍管理混乱,滥发文凭之风盛行,用人情换文凭、用钱买文凭、用权要文凭的现象屡见不鲜,统一学历的文凭失去了统一标准。

烟台市有一位企业经理,5年间竟弄了6张大专文凭。其文凭之多,专业之齐全,弄来之容易,使人瞠目结舌。试想,这样的文凭有何用,这样的文凭与才能有何关系?

3. 人才不等于奇才

人才结构呈金字塔形,假若说位于塔尖的是奇才,那么塔腰的是中才,塔底是凡才。奇才是极少数,中才是大量的,凡才是大多数。金字塔的稳定就在于其基础的坚实与宽广,奇才人物作用的发挥离不开各个层次上的中才、凡才。包拯的"昼断阳,夜断阴",离不开王朝、马汉、张龙、赵虎的辅佐;诸葛亮的用兵如神,离不开关、张、赵、马、黄等一批英勇善战的大将的辅助。只有眼睛盯着绝大多数的凡才和大量的中才,才能感到人才济济,左右逢源。同样一个企业,有的领导者管理得虎虎有生气,有的则管理得奄奄一息,其中一个重要原因,就是能否善于发掘人才、选拔人才、使用人才。

4. 三百六十行,行行出状元

领导者把一个企业管理得井井有条是人才,一个工人开动机床加工出精密的机器部件也是人才,研究电脑的专家是人才,商店业务员的"一口清"、会计人员的"铁算盘"也是人才。人才,就是有一技之长,一专之能。

5. 人才不等于"嘴巴"

每个人都有自己的性格和气质,领导在选才时,千万不可只注意那些善于交际、开朗活泼、敢打敢冲的性格外向的人,如那些善于口头表达发挥、一分才能说成三分、指头尖点的成绩声张得比脸盆还大的"铁嘴巴",而轻视那些沉静稳重、不吹不捧、深思熟虑、多干少说的内向型人才。

就说和干两方面来说,最好是又能说又能干,俗话说的"嘴一分,手一分",就是指这种说、干兼备的人。但是,这种人在现实生活中是少数的,绝大多数人是有所偏重的,或是说有余干不足,或是干擅长而说欠佳。能说的人往往是引人注目,捷足先登,早被发现,早被选中,早被启用,而那些只知埋头苦干,不善言辞,对自己的才能、工作成绩羞于启齿的人,往往很难被上司发现。这种人在一个公司树立自己形象的过程本来就长,再加之上司的偏见和官僚主义作风,所以被选中的机会是很少的。

对于性格内向的人要做具体分析,有的确实是不善辞令,大概陈景润、李广就是此类;有的是不爱多说闲话、狂话、大话和恭维话,而说起真话、实话、有用的话来颇有见解,只是没有机会说或者不爱抢着说罢了。不管哪种,领导绝不可以嘴巴活动频率和送出的声音是否悦耳为标准判断人才。嘴尖皮厚腹中空者是大有人在的,而工于心计、善于思索、城府很深、着重实干者也是不乏其人。

识人的八观六验

凡是识人,一定要从各方面来观察,八观六验指的是:通达就观他的礼节,尊贵就观他上进的程度,富裕就观他的修养,听就观他的行动,止就观他的喜好,达就观他的言辞,穷就观他哪些不接受,贱就观他哪些不去做。高兴时检验他的操守,快乐时检验他的懈怠,发怒时检验他的气节,害怕时检验他的坚持,悲哀时检验他的情怀,受苦时检验他的志向。这八观六验,是占人识人的根本。

东汉时刘宽,字文饶,华阴人。汉桓帝时,由一个小小的内史迁升为东海太守,后来又升为太尉。他性情柔和,能宽容他人。夫人想试试他的忍耐性,有一次正赶着要上朝,时间很紧,刘宽衣服已经穿好,夫人让丫鬟端着肉汤给他,故意把肉汤打翻,弄脏了刘宽的衣服。丫鬟赶紧收拾盘子,刘宽表情一点不变,还慢慢地问:"烫伤了你的手没有?"他的性格气度就是这样。其实,汤已经洒在了身上,时间也确实很紧,即使是把失手洒汤的人骂一顿,打一顿,时间也不会夺回来,急又有什么用处呢?倒不如像刘宽那样,以自己的容人雅量,从容对事,再换件朝服,更为现实。刘宽这种从容不迫的举止正是他能够升迁做得高官的素质所在。

20世纪40年代,画家刘金涛出身贫寒,刻苦学艺十多年才身怀绝技,租了半间房子自己开业裱画,但生意很不好。画家徐悲鸿从他的作品中了解到他的才华,又知道他的人品后极为同情,特意举行了一次家宴,邀请了齐白石、叶浅予、于非闇、蒋兆和、李可染、李苦禅等著名画家,把刘金涛介绍给这些国画大师。席间,徐对大家说:"可惜一个技术如此过硬的人才得不到社会重视,生活过得很苦。今天我发起,请在座诸位热心相助,每人为金涛作画三幅,十天内交我,准备展览出售。"大师们一致赞同。不到一个星期,大家都交来了作品。齐白石、李苦禅都交了七幅。这些画作一经展览,盛况空前,迅即被抢购一空。刘金涛就用画家所助的这笔款,扩大了自己的裱画铺。徐悲鸿亲自为他题写了门匾:"金涛裱画处"。

在这里,一次家宴、一批国画、一块题匾,就成了感情交流的载体。有了这些适当的载体,感情的流动就更顺畅,而不显得矫揉造作,让人难以接受;同时,也使真诚和友善的感情表达得更充分、更浓烈。徐悲鸿一方面妙眼识真才,另一方面又慷慨献画,为其解决生活问题,可以说是现代识人的伯乐。

挖掘被埋没的人才

被埋没的人才如待琢之玉,似尘土中的黄金,没有得到公众的承认,没有显露出自己的价值。若不是独具慧眼的识人者是难以被发现的。因此,沙里淘金需心细,否则金子很容易从你的指间漏出。

1. 析其作辨其才华

潜人才虽处于成长发展阶段,有的甚至处在成才的初始时期,但既是人才,就必然具有人才的先天素质,或有初生牛犊不怕虎的胆略,或有出淤泥而不染的可贵品格,或有"三年不鸣,一鸣惊人"之举,或有"雏凤清于老凤声"的过人之处。总之,既是人才,就必然有不同于常人之处,否则就称不上人才。一位善识人才的"伯乐",正是要在"千里马"无处施展腿脚之时识别出它与一般马匹的不同。若是"千里马"已在驰骋腾越之中显出英姿,何用"伯乐"识别。

2. 观小行察"真迹"

一个人的行为,体现着一个人的追求。一个讲究吃喝打扮的人,所追求的是口舌之福和衣着之丽;一个善于请客送礼的人,所追求的是吃小亏占大便宜;一个干工作吊儿郎当,伺候领导却十分周到殷勤的人,所追求的是个人私利,等等。任何一个人,一旦进入了自己希望进入的角色,就会为了保住角色而多多少少地带点"装扮相"。只有那些处在一般人中的人才,他们既无失去角色的担心,又不刻意寻觅表现自己的机会,所以,他们一切言行都比较质朴自然。领导若能在一个人才毫无装扮的情况下透视出他的"真迹",而且这种"真迹"又包含和表现出某种可贵之处,那么大胆启用这种人才,十有八九是可靠的。

3. 听其言识心志

尚未被挖掘出的人才往往尚未得志,他们在公开场合说官话、假话的机会极少,他们的话绝大多数是在自由场合下直抒胸臆的肺腑之言,是不带"颜色"的本质之言,因而,就能更真实地反映和表达他们真实的思想感情。

刘邦和项羽在未成名之前,见到秦始皇威风凛凛地巡行,各说了一句话。刘邦说:"嗟乎! 大丈夫当如此也!"项羽则说:"彼可取而代之也!"两个都有称王称霸的雄心,却表现出两种性格:刘邦贪婪多欲,项羽强悍爽直。短短一句话,刘、项二人的志向表露得清清楚楚。

4. 闻其誉察品行

善识人才者,应时刻保持清醒头脑,有自己的独立见解,不受他人言语所左右。

对于已成名的人才,不跟在吹捧赞扬声的后面唱赞歌,而应多听一听反对意见;对于未成名的潜人才所受到的赞誉,则应留心在意。这是因为,人们大多有"马太效应"心理,人云亦云者居多,大家说好,说好的人越发多起来,大家说孬,说孬的人也会随波逐流。当人才处在潜伏阶段,"马太效应"与他毫不相干。再者,人们对他吹捧没有好处可得。所以,人们对潜人才的称赞是发自内心的,是心口一致的。用人者如果听到大家对一位普通人进行赞扬时,一定要引起注意。古往今来许多人才都是用人者听到别人的赞美而得知的。刘备就是听到人们对诸葛亮的赞誉而"三顾茅庐"请得贤才,周文王也是在百姓的赞誉声中得到渭水边的贤才姜太公的。潜人才多出身卑微,而出身卑微的人一旦得到人们的赞誉,就是其价值得到了"民间"的承认,用人者就要大胆启用。

从平庸者中发现人才

古人云:"玉人之所患,患石之似玉者;相剑者之所患,患剑之似吴干者。"这是《吕氏春秋·疑似》篇中一句名言,其意思是:琢玉的匠人最担忧的是像玉一样的石头,相剑的人最担忧的是有像吴干那样的劣剑。这两句话常被用来比喻忠奸相混,贤愚相杂,不易识别。所谓"大奸若忠",就是疑似。玉人即琢玉的匠人。然而,"玉石相类者,唯良工能识之。"意思是说,玉和石的样子相像,只有技艺精良的人,才能识别出来。如果从识人角度来说,是讲只有远见卓识的人,才能从平庸的人中发现人才。

事实也正是如此,尤其是在人才未识之前,如"良玉未剖,与瓦石相类;名骥未驰,与驽马相杂。"即好玉没剖出来时与瓦石混在一起,如同一类;千里马没有奔跑时,与跑不快的马杂混在一起,分不出好坏时,更需要良工巧匠那样的贤才,才能识别出贤才与不肖之才、有用之才与无用之才来。

假如"买玉不论美恶,必无良宝矣;士不论贤良,则无士矣"。这就更说明买玉不识别好坏,必然没有珍宝;选拔人才不进行识别,不论是否贤良,就没有贤才。既然识别人才是如此重要,我们就需要有识贤的贤才。如果没有识贤的贤才,那种"山中荆璞谁知玉,海底骊龙不见珠"的局面和现象是不会自动消失的。一旦有了贤才,"瞻山识璞,临川知珠"的奇迹就会出现。也就是说,贤者即有慧眼者能远看山崖,就可以看出山上有璞;面对河川,就可知水中有珠。换言之,这里是指出善识人者能于众人之中发现贤能,有慧眼者能识奇才于未露头角之时。

达尔文读的是剑桥神学院,神学成绩不佳。很多人认为达尔文只知道飞鸡斗狗,智力远在普通人以下,是个平庸者,但是植物学教授汉罗却看出达尔文有特殊的才能。是他特别器重达尔文的观察力和喜欢独立思考的治学品质,并力保他随贝格尔舰进行环球科学考察,从而使一个"平庸"者,成为举世瞩目的科学家。

黑格尔在读书时,也被人视为"平庸少年"。有人画漫画奚落他,把他画成拄着两个拐棍的小老头儿,认为他是没有什么出息的。但是,有人却很赏识他。他的老师曾在他的毕业证书上写道:"健康状况不佳,中等身体,不善辞令,沉默寡言,天赋高。判断力健全,记忆力强,文字通顺,作风正派。有时不太用功,神学有成绩,虽然尝试讲道不无热情,但看来不是一名优秀的传教士,语言知识丰富,哲学上十分努力。"应该说,黑格尔的这位老师是善于识才的。

1884年,汤姆逊任卡文迪汗实验室主任时开始招收研究生。这是世界研究生制度的开端。在汤姆逊的第一批研究生中,有一个农民模样的新西兰青年,名叫卢瑟福。汤姆逊很快就发现了卢瑟福的杰出才华,曾经荐举他出任加拿大麦克吉尔大学物理教授。1908年,卢瑟福获得诺贝尔奖奖金。1919年,汤姆逊热情邀请卢瑟福前来卡文迪汗实验室担任主任,自己则慨然让贤。汤姆逊为人才开路的高贵品质,在科学界有口皆碑。

在中国历史上,别具慧眼的人也大有人在。晋代的皇甫谧亲自为无名青年左思所写的《三都赋》作序,使之名噪洛阳;唐代诗人顾况提携白居易于未名时;鲁迅举荐了肖红、肖军、柔石、叶紫;章靳以、巴金发现了曹禺的过人才华;赵树理对陈登科一篇错别字连篇的稿子格外器重,从中发现了作者未经雕琢的杰出文学才能。

以上事例说明,"终是君子材,还须君子识。"贤明的人才,终究要贤明的人去发现。平凡的人,难以发现杰出的人才。因为历史经验也反复证明:"高世之器,非浅俗所能识也。"正因为杰出的人物,鄙俗的人是不能发现的,所以能够担任起识别人才的重任的人,自身必是非同凡响的人。

勤于考察才能了解人

知人者勤于考察,还要善于见微知著。比如当加州大学对来应聘的校长候选人挑选到还剩四人时,特发出邀请,把四位候选人连同他们的夫人一起接到学校住了几天,再通过实际生活加以观察。原来他们认为:假如校长的夫人品格不高,校长的工作实际上将会受很大影响。结果果真又淘汰了一名。日本住友银行在招考干部时,其总裁曾出过这样一个试题:"当本行与国家利益发生了冲突,你认为应如何处理?"许多人答:"应为住友的利益着想",总裁认为"不能录用";另一些人答:"应以国家利益为重",总裁认为"仅仅及格,不足录用";有一个人这样回答说:"对于国家利益和住友利益不能双方兼顾的事,住友绝不染指",总裁的评语是:"卓有见识,加以录用。"这件事对我们应如何知人有很大的启发作用。

早在 1800 年前,我国的诸葛亮就十分强调领导者善于知人。他认为:人"美恶悬殊,情貌不一。有温良而伪诈者,有外恭而内欺者,有外勇而内怯者,有尽力而不忠者……。"就是说,人的真善美与假恶丑,并不都是表现在情绪和脸谱上的,也不是从一般的表现上都能看得出来。有的看来温良而实际狡诈;有的外表谦恭而内心虚假;有的给人的印象勇不可挡实则临事而惧,怯懦得很;有的人在处境顺利时可以尽力,到处于逆境、环境变化时就不能忠于事业和信仰了。因此,他提出领导者应该亲自考察自己直属的下级,以知其意志、应变、知识、勇敢、性格、廉德、信用,而决不可仅凭感情和印象用人。诸葛亮的"知人"方法对于领导者在用人上是有很大帮助的。其方法为:

"问之以是非,而观其志",就是要亲自与下级讨论对各类事物是非对错的看法,来观察他的立场、观点、信仰、志向是否明确坚定。

"穷之以辞辩,而观其变",就是要求领导者就工作中某些现实问题的处理意见同下级不断地进行辩论,提出质疑,以此来考察他的智慧与应变能力。

"咨之以计谋,而观其识",就是不断地向下级提出咨询,请他们对一些重大问题提出谋略和决策方案,以考察他是否有能力和见识。

"告之以祸难,而观其勇",即告诉下级可能面临的灾祸和困难,来识别他是否能临难而出,勇往争先,义无反顾,救国救民。

"醉之以酒,而观其性",就是领导在与下级同宴时可以劝他饮酒,以观察他是否贪杯、酒后能否自制以及表露出来的本来性格如何、是否表里如一,等等。

"临之以利,而观其廉",就是把下级放在有利可图或者可以得到非分利益的工作岗位上,看他是否廉洁奉公,以人民利益为重,还是贪图私利或者只顾小集团的利益,见利忘义。

"期之以事,而观其信",就是委托下级独立自主地去完成某种工作,看他是否恪尽职守、克服困难,想办法去把事情办好,还是欺上瞒下、应付了事,来考察下级是否忠于职守、恪守信用。

今天,我们已经逐渐建立起一整套有效地对领导干部进行日常考核、定期测评和群众评议的制度和方法。即使如此,前人和外人的有益经验仍然是我们应该汲取的宝贵营养。这些勤于考察而又能见微知著的做法,更是值得我们借鉴的。

从日常谈话中鉴别人才

常言道,言为心声。了解下属的直接方法就是和他交谈。平时,领导要多接触下属,多与下属交谈,有意识地询问下属一些你关心和正在思考的问题,从下属的谈吐中初步判断他们的观念、才学与品性。

1. 目光远大的人可以共谋大事

在询问下属"公司应该向何处发展?""你有什么打算?"等问题时,领导如果发现下属不满足于现状,有远大理想,有不同寻常的发展眼光,且有想法也不空泛,那么,这是一个值得重用的人,可以提拔重用,成为共谋大事的搭档。

2. 善于倾听的人能担大任

善于倾听别人谈话,能够抓住对方本意,领会其要旨,回答得言简意赅的人能担当大任。因为他们善解人意。善听是一种修养,它只有经过长期的锻炼才能形成;同时,这些人想必是有谦逊的品德,有随和的个性,具有领导和管理的天赋。一般来说,三言两语就能切中问题要害的人,往往是思维缜密、周详而又迅速果断的人。他们对事物体察入微,而且客观全面,做出的决定也实际可靠,他们是能担当重任之人。此所谓"真人不露相,露相非真人"。启用他们,公司业务扩展获得的成果定会是实实在在的。

3. "胆小"心细的人比轻易许诺的人更可靠

在布置任务时,有的下属常说"我担心……""万一……"之类的话。乍看起来,这种人给人一种胆小怕事的感觉。其实不然,因为他们往往思维比较严密,能够居安思危,经常考虑到可能发生的各种情况和结果,同时也善于自我反省,明白自己的所作所为及其可能的结果,很有责任感。由于他们对工作中所遇到的困难和出现的问题有足够的重视,做起工作来,就会有条不紊,越做越好。领导应当给他们加压,委以重任。

一个常轻松地说"肯定是……""就这么回事!""一定成。""没问题!"等如此之类的话的人,往往给领导留下一个爽快能干的印象。事实上,这种轻下断言、而轻易许诺的人是靠不住的。轻易断定没有任何困难,这至少表明他工作草率、不具备发现问题的能力;而轻易许诺是缺乏承诺的诚意与能力的一种表现。

4. 好夸耀的人不能重用

这些人争强好胜,喜欢在别人面前夸耀自己,有点小功劳就沾沾自喜,不时地向领导表功。这种喜欢居功自傲的人常常是功不抵过。

有人通学过各门各类的知识,泛泛而谈,也还有些道理,似乎是博学多才的人。但是,如果是博而不精、驳杂不纯,未免有欺人耳目之嫌。对于凭着某种证书的应聘者,领导者应该考察其是通学还是博学多才的人。通学者,善于吸收别人的精华,自己没有什么独到见解和思想,对于知识的掌握还局限在理解阶段。博学多才的人,博学精通,见多识广,但往往不露声色,甘于在平淡中显神奇;虽然聪明绝顶、博学多才,却不过于炫耀自己,更善于把握来自对方的信息,思考目前的各种情况,立即领会对方的意图;眼光犀利,善于洞察先机,迅速把握有利时机,随机应变;用词准确,词能达意,沟通能力良好,善于搞好各种人际关系;思维灵活,不拘泥于一格,善于创造新的事物,构思新的框架。一言以蔽之,真正博学多才人,并不想急于表现自己,而是洞察对方,相机行事的人。

与人交谈时,有人常把“我”字放在前面,不顾对方的心情与感受,大谈自己的看法,炫耀自己的学识,显示自己的才干,似有怀才不遇的感慨。对这种自命不凡的人,尽管他有些特长,但也不能放心大胆地使用。这种人自以为是,自以为什么都懂,恰恰反映出他们是彻底的无知。有了这种夸夸其谈的心态,他们做起事情来会经常不顾领导的意图,偏偏要按照自己的意思去做,以为这才是个人价值的体现。如果公司领导被他的夸夸其谈所蒙蔽而重用了他,就会误了公司的大事,成为公司发展的阻碍。

5. 华而不实、言之无物的人不能使用

说话模棱两可,公式化的一问一答,善于应酬而胸中无策的人不可重用。

华而不实者,口齿伶俐,能说会道,口若悬河,滔滔不绝。乍一接触,很容易给人留下良好印象,并当做一个知识丰富、表达力强、善交往、能拓展业务的人才看待。但是,领导者不要被外表所迷惑,需要分辨他是不是华而不实的人。华而不实的人,善于说谈,谈古论今头头是道,而且能将许多时髦理论挂在嘴上,迷惑许多辨别力差、知识不丰富的人。考察这种人,谈话要多一些具体的问题,给予具体的任务,让他找出对策,试办具体的业务。如果此人谈话、做事避实就虚,圆滑应对,说明此人是华而不实者。用这种人当副手尚可,决不能独当一面。

6. 不承认他人长处的人不可信

在向某一下属了解另一下属的情况时,或者当着某一下属的面表扬另一不在场的下属时,如果这位下属不承认他人长处,拐弯抹角地揭别人的短处,对领导表扬别人心里不服气,那么,此人是不可信的。这种情况表明,不是他看不到他人的长处,就是妒忌心太强,担心别人在某些方面超过自己。无论是哪种原因,此人都是不可信的。

从整体上看人

从整体上看人,就是要从德、识、才、学、体这五个基本方面,也就是按构成人才的基本要素来评定。五者是相辅相成的一个整体,它们之间互相影响,互相制约,不能只见一点而忽略了其他几点。这就需要用整体性的综合思维方式,把事物经分析之后的各个方面、各个层次联系起来,形成一个整体去认识,从而得出正确的结论。"横看成岭侧成峰,远近高低各不同",这句诗告诉人们,识人知人时,采取不同的认识角度会产生不同的结果。如果从上往下看,会把人看矮了;如果从下往上看,会把人看高了;如果从近往远看,会把人看小了;至于门缝里看人,会将人看扁了的。具体来说,整体识人要注意这么几点:

1. 要全面地看人

把人在各个方面的表现、情况联系起来,从整体上把握人的本质和主流,不能一叶障目,也不能以偏概全,更不能坐井观天。要看一个人在工作中的表现如何,对待事业、家庭和自身的态度如何,对待社会公益事业的态度如何,在喜怒哀乐时的情绪表现如何,在得志和失意时的表现又如何,又是如何对待金钱、名誉、地位这些东西等等,只有在尽可能多了解和了解透彻的前提下,才能形成对一个人的正确认识。

被誉为近代哲学开山巨匠的培根,在哲学和自然科学领域都取得了杰出的成就。但作为哲学家的他,人格却似乎与他的才学成反比。他在年轻的时候,通过阿谀奉承,倍受女王宠臣埃塞克斯的青睐,后来又用作伪证的卑鄙手段,把埃塞克斯送上了断头台。其后,他极尽钻营投机之能事,反复向英女王表示"粉身碎骨为陛下效劳",从而受封为大法官。但他最终因为受贿罪下狱,背着沉重的精神债务去见上帝了。尽管他在哲学上有伟大的成就,但历史绝不会宽恕丑恶。在提到他的名字时,谁都不会忘记,他是一个声名狼藉的学者,是过分的贪欲败坏了他的好名声,并使他身败名裂。对于类似培根这样的人,既不能因其在学术上的成就而遮掩其人格上的卑劣,也不能因为其卑劣而否定他的成就。

2. 要发展地看人

"士别三日,当刮目相看"。人是会变的,不能用机械、静止的观点去看人,而是要用发展的观点去看人。人是在实践中不断发展变化的,要注意到人在各方面的动态变化和趋势,要看到人的潜力和发展前途。对于像李白那样"五岁诵六甲,十岁观百家"的神童,人们自然会对其前程做出乐观的预测,但也有小时表现平庸,甚至很愚笨的人,在日后却能取得很大的成就。比如说发明大王爱迪生,上小学时被老师骂为"不折不扣的糊涂虫";20世纪物理学泰斗爱因斯坦,直到五岁还不会说话;俄国科学界的始祖罗蒙诺索夫,在20岁的时候,还被贵族子弟讥笑为"大傻瓜",但他们后来都成为人类的知识巨擘。他们成功的原因更多的在于有面对困难的勇气、百折不挠的精神和对知识的高度渴求。比如罗蒙诺索夫在小时候,为了看一本算术书,竟答应了主人家捉弄人的要求,在据说常闹鬼的坟地里睡了一觉。对于这类人在这方面的特点,识人者应该特别注意。

3. 要在实践中看人

要看到一个人与其所在群体的共同之处,更要看到这个人特有的个性。看人要视其表现,要听其言观其行。要特别注意一个人在关键时刻的表现,疾风知劲草,路遥知马力,烈火识真金。前面所论述的诸葛亮识人法和庄子识人法,可以说就是在实践中识别人的具体方法。

英雄不怕出身低

"上品无寒门,下品无士族",讲究出身、门第,这在封建社会里可以说是一种正常现象。但这恰恰是选择人才中的严重弊端,因此,有识之士多持反对态度。

苏绰在参与治理国家的实践中,坚决主张选用贤良,彻底打破传统的门户之见。他透彻而形象地指出:"自昔以来,州郡大吏,但取门资,多不择贤良;末曹小吏,唯试刀笔,并不问志行。夫门资者,乃先世之爵禄,无妨子孙之愚瞽;刀笔者,乃身外之末材,不废性行之浇伪。若门资之中而得贤良,是则策骐骥而取千里也;若门资之中而得愚瞽,是则土牛木马,开似而用非,不可以涉道也。若刀笔之中而得志行,则是金相玉质,内外俱美,实为人宝也;若刀笔之中而得浇伪,是则饰画朽木,悦目一时,不可以充榱橼之用也。今之选举者,当不限资荫,唯在得人。苟得其人,自可起厮养而为卿相,伊尹、傅说是也,而况州郡之职乎。苟非有人,则丹朱、商均虽帝王之胤,不能守百里之封,而况于公卿之胄乎。由此而言,观人之道可见矣。"因此,在选用官吏方面,必须切实做到:"将求才艺,必先择志行。其志行善者,则举之;其志行不善者,则去之。"苏绰选用人才的标准是很明确的,这就是有德有才,德才兼备,而全然不顾及其出身的高低贵贱。

《刘子》的作者认为,选拔人才不能以世胄贫富相士,因贫贱而失士。他列举大量的事实："伊尹，夏之庖；傅说，殷之胥靡；百里奚，虞之亡虏；段干木，魏大之驵"，"樊哙屠贩之竖，萧曹斗筲之吏，英布刑黑之隶，周勃俳优之任，其行皆中律，其质则将才也。"说明出身卑微者未必无才。

苏洵也主张不拘一格选人才。他说，"古之用人，无择于势"，不论是布衣寒士、公卿子弟、武夫健卒、巫医方技、胥吏贱吏，凡"贤则用之"。他特别强调要从"胥吏贱吏"中选拔人才。他认为吏胥之人具有丰富的实践经验，如能从中"择之以才，待之以礼，恕其小过，而弃绝其大恶之不可赏忍者，而后察其贤有功而爵之，禄之，贵之"，必定会出现"奇才绝智"之人。他说这种人"出之可以为将，而内之可以为相"。

苏洵

苏轼为了从根本上提高官吏的素质，主张选用人才时实行"取之至宽而用之至狭"的方法。"取之至宽"，就是要扩大人才选拔的范围，破除以往官吏升迁挑选的狭隘途径，让更多有真才实学的人为国家效力，做到"贤者不隔"。"用之至狭"，就是在尽可能广泛的人选中，采用优化原则，委任最合适的人才，精而无滥，使"不肖者无所容"。从这种指导思想出发，苏轼要求不拘一格地起用人才，哪怕出身贫贱，也要一视同仁。

在他们之后，还有不少人采用了不同的文字形式，表达了相同的观点。如元朝的周昂明确提出："莫将家世论人才。"白居易说："高者未必贤，下者未必愚。"明朝的刘基指出:"其取材也,唯其良不问其所产。"他以木用料为例,启发人们不要以出身择人。

选拔人才时反对看出身、门第的观点,早在春秋战国时期的论著中已有所反映。如墨翟主张,只要有德才,贱者应使贵,"虽在农与工肆之人,有能则举之"。韩非子主张从基层选拔人才,"宰相必起于州部,猛将必发于卒伍";他还进一步提出:"官职可以重求,爵禄可以货得者,可亡也。",以此警告世人:若官职能够因权势而得到,爵禄可以用钱财而谋求,国家就一定要灭亡。甚至孟轲也认为,杰出的人才,不一定出自达官贵人之家;用人不应当论出身,更不应当计较个人的恩怨。他列举说,舜是种田人出身;商纣王的一位贤才是个贩卖鱼盐的商贩;辅佐齐桓公称霸的管仲,是企图杀害齐桓公的囚犯。如果论出身他们能被重用吗?

识别真假人才

上海一个下岗纺织女工,由大饭店的服务员被提升为该饭店的总经理。

这个女工的丈夫在外办公司,家里并不需要她出外赚钱,但她已经习惯了劳动,不愿意在家吃闲饭。下岗后,她找到一份工作,是在外国老板开办的饭店里当服务员,主要是负责盥洗间的卫生。做这份工作,她没有多想什么,只是认认真真地做好工作。她勤苦而用心,把盥洗间擦洗得非常干净,一尘不染。首先是顾客感觉到"盥洗间非常干净",后来外国的老板也听到对盥洗间"非常干净"的称赞。老板非常看中她的认真劲儿,于是,就提拔她当总经理。果然,她不负老板的期望,把饭店治理得井井有条,老板对她的工作非常满意。这个事例说明,领导者用人,千万不要被外部条件所迷惑,可能有些人徒有其"表"。许多公司就有学历、年龄、专业等条件都具备的职工,可是,他们主观不努力,工作态度又差,做工作也挑挑拣拣,马马虎虎,不负责任,最后成了一个难事做不了,易事不想做的庸人。

识别真假人才，是选人用人过程中一个非常重要的环节，在实际工作中，尤其要注意以下两种人：

1. 假专家

不懂装懂的人，生活中着实不少。有人为爱面子，或为了迎合讨好某人，或为了职位，就不懂装懂。可怕的是，在企业占据重要职位的人不懂装懂，就会给企业带来许多损失，尤其是技术上，问题解决不了还会误了大事。有些领导，求贤若渴，把学者、名人当作专家聘来，后来也大失所望。有些学者由于研究对象不同，尽管发表了许多文章，出版了不少专著，学术成果显著，但未必就是专家。领导者要聘某些学者为专家时，一定要注意考察他所研究的问题和你们的主业是否相符，是否能够做到理论联系实际，解决实际问题。有些名人，"盛名之下，其实难副"。作为领导，要考察受聘者名气的来历，凡是一点一滴累积起来的名气，则比较可靠；而对于突然冒出来的名人，则需要进一步辨明，以避免聘来被媒体炒作出来的所谓名人。

2. 貌似创新者

有一些人，尤其是刚刚走出校门的毕业生，抱着满脑子的幻想，以一种不循规蹈矩、敢想敢干的精神步入社会。这些人多少有一点才干，虽然有闯劲，但过于自负，常常会捅个大窟窿，令人头疼。对于常常提出新设想的人，领导者一定要考察此人是不是具有过于自负、好大喜功、急于求成的缺点。如果有这些特点，就是貌似创新者。这样的人自以为天下老子最能干，只有自己是正确的，别人不是错误的，就是有毛病的。他们异想天开，一意孤行，如果支持他们的主张，给公司带来的损失将是无法估量的。领导者千万要警惕！

真正掌握识人术的领导，必是能慧眼识出优劣的高手。

附录六：曾国藩为官哲学

第一章　识为主，才为辅

当今职场上，才华横溢者比比皆是，但能够走向最终的成功者寥若晨星。所缺者为何？曾国藩曾言：『凡事当有远谋，有深识。』见识的深浅，对职场、官场认识得透彻与否，才是决定人一生能否有所成的关键。以个人的远见卓识为主，再辅以与之相匹配的才华，则成功可期。

成功源自血与泪，立志方能事竟成

人苟能自立志，则圣贤豪杰何事不可为？何必借助于人！若自己不立志，则虽日与尧舜禹汤同住，亦彼自彼，我自我矣，何与于我哉！

——曾国藩

天将降大任于斯人也，必先苦其心志，劳其筋骨。要想成就大业，就要相信所有的遭遇不过是必须经历的磨炼。心存大志，才能够有勇气、有毅力承担这样的考验。

曾国藩在给自己好友刘蓉的信中就写道："故凡仆之所志，其大者盖欲行仁义于天下，使凡物各得其分；其小者则欲寡于身，行道于妻子，立不悖之言以垂教于宗族乡党。"意思是，仔细分析人们的志向，志向远大之人希望能够在天下推行仁义，让万物各得其所；志向小的人只是考虑到自己，只能够考虑到自己的妻儿及宗族乡党。

理想决定了一个人的高度。燕雀安知鸿鹄之志？鸿鹄是要像大鹏那样展翅翱翔于九天之高，尽收天下于眼中的；而燕雀便是那蜩与学鸠，笑它不知道去千万里之远有何用，自然对能够触及榆树和枋树就已经心满意足了。曾国藩就是那只翱翔于九天之大鹏，他志在"行仁义于天下"，并曾赋诗道："树德追孔孟，拯时俪诸葛。"

　　为帮助自己立德，就算在与太平军决一死战的时候，曾国藩也没有因为战事有所轻慢。他以中国几千年来三十三位著名的思想家、哲学家、文学家作为素材，写出了《圣哲画像记》提醒自己，并且特地让儿子曾纪泽画出这三十三位圣哲的画像，挂在自己的房间里，每天端详，视这些先人为终生效法的标准人物，同时对照自己的行为反思自省。他用古代先贤来检查自己的志向是不是正确的，是不是坚定的。

　　在立志上，曾国藩不独自己如此，在给家中诸弟的信中也多次循循教导立志的重要性。他说："人苟能立志，则圣贤豪杰何事不可为？何必借助于人！"

　　只要有了高远的志向，那么无论想成就什么事业都有了可能，所以为人"立志"是极为重要的。他还说，士人读书，第一要有志，第二要有识，第三要有恒。他把立志放在最为重要的位置，因为有了志气，另外的两者才有了努力的方向。

　　努力需要动力，汗水也会有属于自己的方向。而人生志向，恰恰能够照亮人生的航程。没有远大志向的人，就像一艘没有舵的航船，永远飘移不定、平庸、懒惰、永远也到达不了成功的彼岸。

　　曾国藩同样如此，谁能生而得盛名？他在当时风云变幻的时代环境中，也看到了要施展抱负之困难，但是他没有放弃。

　　在《感春六首》之一中，曾国藩曾写道："莫言儒生终龌龊，万一雄卵变蛟龙。"既然是龙，就应该升则飞腾于宇宙之间，隐则潜伏于波涛之内，怎能埋没于草莽之中？有如此之高远的志向，才有日后被称为是"修身齐家治国中华千古第一完人"的曾文正。

　　正是因为胸怀吞吐天地之大志，曾国藩才能在生活中锐意进取，登上人生一座又一座的高峰。不独他如此,古往今来,每个有所成就的人物在为事业而努力奋斗时都必然树立远大的目标,提醒自己要去哪里,该实现什么。

博弈靠实力别靠运气

俯畏人言,仰畏天命,皆从磨炼中得来。

——曾国藩

大凡强者、帝王身上都有种莫名的威慑力,让人不自觉臣服。真正让他们超凡脱俗的原因没有其他,就是他们的实力。强者从不屑于在别人背后舞刀弄剑,真正的君子依靠他们的实力证明他们的强大。

何为实力? 它不单单指一个人做事情的能力、知识构成,也包括一个人坚强的心志、毅力、恒心。只要肯武装自己,你也能成为强者。

曾国藩是个强者。在他成功的道路之上,他总是在不停地武装自己。为了金榜题名,他饱读四书五经;为了行军打仗,他学习兵法。受到别人嘲笑,自省然后找出自己的缺点加以改正。吃一堑,长一智。他在挫折中成长为一个众人仰慕追随的人。他不屈服于命运,但也敬畏天命。他并不是天生的强者,可他从没放弃让自己变为强者的机会。在这样的成长中,他培养出了强者的气质,是实力的累加铺就了他成功的道路,扫清了沿途的荆棘。

作为农家子弟,曾国藩的天资并不佳。幼年读书时,私塾先生常常因为他背书不畅而骂之为"蠢货"。成年之后参加科举考试,又在会试中名落孙山。但曾国藩十分有毅力,落榜之后,仍苦读不辍,智慧渐增,随着知识的积累,慢慢开悟。道光十六年(1836),曾国藩会试落第,在从京回乡的途中,一部精刻版《二十三史》进入他的眼帘。曾国藩对此书爱不释手,但囊中羞涩,卖书人所出的一百两白银是他倾尽所有也买不起的。万般无奈之下,曾国藩一狠心,把自己身穿的皮袍棉衣送进了典当行,才凑够买下这套书的银两。到家之后,他父亲不仅没有因此而斥责他,反而给他以很大的鼓励:"你借钱买书,我是支持的,也可以给你提供资助。只要你能从中学到东西,那也就等于没有辜负我的苦心了。"曾国藩表示:"我以后每天都要读十页,读少了就是不孝!"从此,曾国藩形成了每天读十页史书的习惯,终其一生也不曾间断。正是通过对史书的反复阅读,曾国藩方把人世兴衰看得深入透彻,为其在政坛迅速崛起奠定了坚实的根基。

一个人能否成就一番事业,从来不看这个人现在有什么,而是在于他能否不断完善自己,发挥自己的潜能,坚定地朝着一个目标进发。即便你的实力不足以称之为强者,但是依然显现出夺人的魅力,让周围的人忍不住佩服你、尊敬你。

换句话说,如果没有实力,只凭借奢望天上掉馅饼的运气而一步登天的话,那其中的概率不能说没有,但肯定也是小得可怜。在古代也有几位靠溜须拍马而青云直上者,但在今天这个唯能力而适用的时代,所依靠的,只能是实力。

今天的你,是否想到未来的你要成为怎样的人?是不是也开始武装自己了呢?

凡事三思而后行,不存侥幸心理

至军事之成败利钝,此关乎国家之福,吾惟力尽人事,不敢存丝毫侥幸之心,诸弟禀告堂上大人,不必悬念。

——曾国藩

侥幸心理谁都会有,人总是不相信自己就是倒霉的那个。遇到事情,想尽办法逃脱开解。希望能够付出最少,获得最多。战场之上,许多人都觉得取胜要靠机缘。但曾国藩坚信,军事上的胜败,关乎国家黎民百姓的安危,只有不存丝毫的懈怠,不抱着侥幸心理,尽力去做才能够成功。对于做人,更要凡事三思后行,才能成事。

曾国藩刚刚兼任刑部左侍郎,就遇到了一件麻烦事。一天,有一位同乡来他的府上拜访。这位同乡在某地任知府，平日里很少往来，此时突然来访，而且还带着一箱金子，曾国藩马上感觉到有什么事情要发生。

果然，话没有说几句，那位知府就讲出了他此行的目的。原来，知府的侄子自恃生在官宦世家，平日里被宠坏了，总是做一些打架斗殴的勾当，如今他与别人为了争夺一个头牌歌妓，不小心失手杀了人。那死者的家属得知此事，将知府的侄子告到了官府，被知府压了下来。但是知府能够控制了一时，却瞒不了一世，为了在此事上有更大一步的胜算。想来想去，也只有曾国藩能够帮他这个忙，保住他侄子的性命了。

曾国藩听闻此事，就安慰知府说："你先回去。既然是误杀，官府一定会给你侄子一个说法的，不会有事的。"知府见状，忙给曾国藩递上金子，说："只要曾大人一句话，那我侄子的性命就能够保住了。"曾国藩无论如何也不肯收他的银子，可是知府哪里肯将送来的金子再拿回去？留下了箱子，自己迅速离开了。

曾国藩看知府这番举动，心里顿时犯了嘀咕：按说，如果是误杀，知府不应该这么紧张，况且也用不着送上这箱金子啊。这其中一定还有什么不可告人的秘密。想到此处，曾国藩赶紧派人去调查。

果真不出曾国藩所料。这个知府的侄子仗着有叔父撑腰，平日里横行乡里，鱼肉百姓，欺男霸女，无恶不作。老百姓都恨透了他。曾国藩知道后非常气愤，下令一定要严惩那个恶贼，还要弹劾知府。

从这件事情中，曾国藩想到了自己在家乡的兄弟侄子。官宦人家的孩子总是存在一种侥幸心理，觉得有人给自己撑腰，就可以恣意妄为，想做什么就做什么。可是，这样想的结果常常是害了自己。于是，他写信叮嘱自己的亲属，做事情一定要脚踏实地，不能因为存在侥幸心理，就放任自己的行为。

在军事上，他也十分注重实力的修炼。为此，他一直强调说："至军事之成败利钝，此关乎国家之福，吾惟力尽人事，不敢存丝毫侥幸之心，诸弟禀告堂上大人，不必悬念。"曾国藩以文人的心态自修，以武将的心态去战斗，远离侥幸心理才能百战百胜。

提到侥幸，很多人想起了《孙子兵法》，以为孙武的智慧就是从别人身上找破绽，而非强大自己，其实这是对《孙子兵法》的一种误解。孙武的"慎战"思想中，最重要的部分就是强调如何强大自己，也就是"内修"。究竟如何加强自身的实力呢？首先，我们就是要消除侥幸心理。生活中却处处都是侥幸心理的影子，考试之前猜题、押题，考试时作弊；在口头表达上，经常使用"可能、也许、万一、大概"之类的词汇；总是期待着"意外收获"；不肯脚踏实地地努力，反而将成功的希望寄托在"好运"上。

远离侥幸，就只有脚踏实地才能一步一步地走向成功。很多人把事情的成功与否寄托在运气上，如果没有达成自己的心愿，就责怪自己时运不佳，这其实是没有道理的。俗话说，一分耕耘一分收获。只有全力的付出，全身心地投入到对自己的实力修炼当中，才能逐渐完善自己，最终战胜种种困难，到达成功的彼岸。相反的，侥幸一时，有可能耽误自己一世的发展。因为获得的过于容易，就不知道努力，也不懂得珍惜了。

敢做梦才能梦想成真

古之成大事者，规模远大与综观密微，二者缺一不可。

——曾国藩

职场就好比自己在搭建的舞台，心有多大、梦有多远，舞台就有多大。如果你总是否定自己，觉得自己只能做小池塘中的虾，你就永远没法体会大海的广博。人在职场拼搏，就应该给自己一个宏大的目标。

曾国藩的家书中有这样一段描述："六弟自怨数奇，余亦深以为然；然屈于小试，辄发牢骚，吾窃笑其志之小而所忧之不大也。君子之立志也，有民胞物与之量，有内圣外王之业，而后不忝于父母之所生，不愧为天地之完人。"曾国藩的六弟跟他抱怨说自己的命运实在是不好啊，老是遇到挫折，然后郁郁不得志。曾国藩宽慰他的弟弟说，虽然他也认为六弟的命运不佳，但是只是小受挫折就发牢骚,显得他的志向太小而心中忧虑又太多。君子的立志,有为民众请命的器量,有内修圣人的德行,外建王者称霸天下的雄功,然后才不负父母生育自己,不愧为天地间的一个完全的人。曾国藩认为,既然你立下了这样那样的志向,再提出各种各样的借口,就应该扪心自问当初的志向是不是真实了。

并不是每个人都希望成为忧国忧民的君子,但没有人拒绝自己拥有一个比现在更美好的人生。那么就请你开始重新规划你的人生,给现在原本平淡无奇的生活点染几抹亮色。不要连做梦的权利都失去了。

曾国藩从小就有一个梦想:"少不自立,荏苒遂洎今兹,盖古人学成之年,而吾尚如斯也,不其戚矣!继是以往,人事日纷,德慧日损,下流之赴,抑又可知,夫疾所以益智,逸豫所以亡身,仆以中材而履安顺,将欲刻苦而自振拔,谅委其难之!"

成年之后,曾国藩又做起了另一个梦:"有民胞物与之量,有内圣外王之业,而后不忝于父母之所生,不愧为天地之完人。""古人患难忧虞之际,正是德业长进之时,其功在于胸怀坦夷,其效在于身体康健。圣贤之所以为圣贤,佛家之所以成佛,所争皆在大难磨折之日,将此心放得实,养得灵,有活泼之胸襟,有坦荡之意境,则身体虽有外感,必不至于内伤。"在参加科举考试的过程中,他意识到,自己眼下的素质同内圣外王的心灵终极目标尚有很大距离,所以他一到北京,就将"不为圣贤,便为禽兽;莫问收获,但问耕耘"当作座右铭,时时以"君子当以不如尧、舜、周公为忧,当以德不修、学不讲为忧"来鞭策自己。为此,他特意写就《立志箴》以自励:"煌煌先哲,彼不犹人?藐焉小子,亦父母之身。聪明福禄,予我者厚哉!弃天而佚,是及凶灾。积悔累千,其终也已;往者不可追,请从今始!荷道以躬,与之以言;一尚息活,永矢弗谖。"

有了这样的梦,在清朝内忧外患之际,曾国藩便可放开手脚地办起团练,带领湘军获得了与太平天国战斗的最终胜利。身为朝政一品大员之时,又办洋务,倡海禁,励精图治,直至成为晚清四大"中兴名臣"之首。

无论在古代还是在现代,一个人要想成功必须要有高瞻远瞩的目光,敢于做梦。用曾国藩的话说就是:"古之成大事者,规模远大与综观密微,二者缺一不可。"虽然这些梦想无法折算,但他们依然是无价之宝。有了这些梦想,你才有敢于追逐的勇气。哪怕你从今天开始做梦开始为你的梦想奋斗,你的明天就会与众不同。

平素要培养远见意识

不深思则不能造于道。

——曾国藩

只有走在前头的人才会成功。许多人以为成功只要不懈努力就够了,但是倘若不能发现事物的规律,有先见之明,又怎能为即将到来的挑战做好准备,又怎能抓住和把握机遇。

历史往往有许多人们以为的巧合,都是因为人为创造的。创造这样传奇的人往往能够高瞻远瞩,有从细微变化推断事件变化的能力。人家都说乱世出英雄,曾国藩就是这样一个乱世出现的英雄。

太平天国运动时,从未经历战乱的曾国藩,对于太平军排除异教、捣毁孔教、焚毁书籍的行为十分厌恶。他觉得作为一介书生,一个科举制度的受益者,剿灭太平天国运动是他的职责也是他的义务。还黎民百姓一个和平安详的生活更是他的志向。于是他奉旨帮办湖南团练。分析了形势和双方的优劣之后,他迅速开始组建陆师,这还不够。他的远见之处在于在初创陆师之后,就大力的筹办水师,以跟太平天国抗衡。清廷固然是有水师的,但是水师也同长久未训练的绿营士兵一样,久已废弛,根本无抵抗之力。在一无资金、二无技术、三无人才的条件之下,创建一个可与控制千里长江、水战经历丰富太平水师抗衡的队伍是何等的困难。但是曾国藩并不觉得这一切只是自欺欺人的空话。他一步步开始实施他的计划。从购买民船、改船到自造战舰、购置洋炮,这一路他不知走得多艰辛。但是最后他成功了,创造了"赤地立军"的奇迹。清廷自此拥有一支大小战舰361艘、大小火炮470门,无论技术还是装备都大大超过太平军的内河水师。

也正是这支水师,为日后战胜太平军奠定了基础。曾国藩凭借自己的先见之明,扭转了局势,取得胜利。

无论做什么事,都不能只注重眼前的利益,不能只把目光局限于当前,要放眼于未来,要学会高瞻远瞩,有远见才能成大事。

在事情开始之前就能预测其发生、在事情开始后就预见其结果,能够从一成不变的事情中推测事情的变化,就叫作远见。能够懂得并做得的人,就叫作智者。因此,要培养自己的远见卓识,首先要增加自己对社会的了解,开阔视野,仔细观察身边的环境、人、事,学会将各种事情联系起来思考,增强逻辑思维,这样就能经常抢在他人之前发现机缘,给自己一个成功的机会。

自立自强,上进则可成事

闻刘觉香先生言渠作外官景况之苦,愈知我辈舍节俭,别无以自立。若冀幸得一外官,以弥缝罅漏,缺瘠则无以自存,缺肥则不堪问矣,可不惧哉!

——曾国藩

中国自古就有勤俭节约的传统,这是我国民族文化的重要组成部分。无论什么民族,无论贫富,节俭的人总是受人敬重。对于一个官员而言,能够轻而易举地获得大量金钱,这样的敛财剥削百姓之徒,让我们嗤之以鼻。反之,清官总被人们颂扬。做官难,做清官更难。清官也是人,也有各种各样的需求,也需要钱来维持他们的生活。

人活着就要面对各种金钱的考验,经受金钱的诱惑也好,遭遇没钱的窘境也罢,都要坚定自己不被钱所扰。自立自强勤俭节约,就不被金钱左右。

曾国藩在刚刚考中进士,被选为翰林院吉士之时,过着清贫的生活。当时清朝官吏的俸禄很低,连一个官员最起码的生活都无法很好地维持。曾国藩身为家中长男理应孝敬父母。身为长兄更要救济自己的子弟。但面对微薄的薪资，他有时候也只能无奈地摇摇头，藏下心中深深的愧疚。为了维持生计，他也试过向别人借钱，但是借钱的辛酸让他懂得受制于人的感觉，从而更坚定了他自立自强的决心。毕竟没有人可以帮助你一辈子。真正的大丈夫就应该"贫贱不能移"。他意识到了唯有节俭才能自强。自此尽量减少不必要的花销。凡事躬亲，很少雇人，减少不必要的应酬。曾国藩节俭的态度让他失去了许多朋友，也助他结交了不少肝胆相照的知己。不同于那些吝啬的富人，曾国藩的节俭不是为了敛财，为了使自己成为富甲一方的有钱人，而是为了自强自立。他不是爱钱之人，并不会分厘都斤斤计较。曾国藩的所作所为无非是希望能够改变自己的经济状况，承担起应担起的责任。于是他每每受人帮助，都会滴水之恩以涌泉相报。

曾国藩这样的性格与其父的言传身教分不开。其父曾麟书只是个穷教书匠，一生从未向权贵低头，一直自立自强。曾国藩在他父亲的言传身教下，更加懂得求人不如求己，节俭者不求人的道理。后来他继承了这种思想，并将其在曾氏子孙中发扬光大。

今时今日，许多人一旦遭遇挫折，遇到困难，都喜欢寻求他人的帮助，依赖于父母的庇佑，甚至更有人求神拜佛，将事情交给天上的神仙。却不知我们祈求帮助的观音佛者在教导普天众人求人不知求己的道理。

曾经佛印禅师与苏东坡一起在郊外散步。正走着，看到一座观音石像，佛印立即合掌礼拜观音。苏东坡突然不解地问佛印禅师："观音本来是我们要礼拜、要祈求的对象，为何他的手上与我们同样挂着念珠而合掌念佛，观音到底是在祈求谁呢？"

佛印禅师意味深长地说道："这要问你自己。"

苏东坡说："我怎么能知道观音手持念珠祈求谁？"

佛印开示道："求人不如求己。"

许多人自怨自艾，把自己的贫穷归于社会的不平等，归于父母。其实究其根本他们的贫穷是自己种下的孽果。没有人不允许你发财,只是你不肯努力。倘若你勤俭持家,也可以自立自强,总有一天能够成功。

凡事着眼大局

论事,宜从大处分清界限,不宜从小处剖析微茫。

——曾国藩

在事业发展的过程中,虽然事情的细节也足以影响事情的发展,但是远远不及大的形势来得重要。想要成大事,一定要留心大局,从大处着眼,然后借势生风。否则,就算有千条妙计,也难有作为。

曾国藩在开始创立湘军的时候,是一没有实权,二没有军饷,兵力发展得十分缓慢。为此,曾国藩很是着急。为了得到朝廷的封官,他几乎想尽了一切办法,但是始终不能如愿。

转眼间,曾国藩建湘军,剿杀太平军已经有七八个年头了,尽管也曾立下了各种各样的战功,但是还是一次又一次的与官职擦肩而过。甚至在为父亲守丧期间,曾国藩曾伸手向清政府要督抚的位置,但是也遭到了拒绝。

1860年是个不平静的年头。这一年,太平军斗志激昂,越战越勇,到处都充斥着清军兵败的消息。清军的兵败给曾国藩提供了一个很好的机会。他跟胡林翼研究说,此时大清需要曾国藩,一定会跟湘军一个妥善的安置。

果然,几天以后,清廷下旨,受命曾国藩为两江总督,曾国藩从此才可以名副其实地大干一场了。

得到了朝廷的认可,曾国藩也时刻不敢大意。转战沙场的途中,曾国藩常常打听朝中的消息,对于朝中的一举一动都表现得十分敏感,因为一丝一毫的变化都可能影响到湘军的利益和未来。

胡林翼和曾国藩是在攻占了安庆一个星期以后才知道咸丰帝驾崩的消息的。专制统治的时代里,消息本来就很封闭,再加上交通不发达,所以在慈禧太后发动政变的一个月之后,曾国藩还全然不知。

直到朝廷下旨,重新任命曾国藩的职位,他才在诏书上看到八位顾命大臣遇难的消息。得到消息的曾国藩更是一点也不敢大意,他马上分析了朝廷内的形势,找到了行动的重点和方向。再给慈禧太后回复,让她对湘军放心。

胡林翼

曾国藩的举动,赢得了慈禧太后的信任,从此湘军成了围剿太平天国运动的主力。

一个做大事的人,必须要深谋远虑。只有看得深远,才能在别人看不到机会的时候寻找到发展的机会,在别人不能谋取到利益的地方赚取到利益。只有在大局上赢得了主动权,才能在应对措施上做到万无一失。

负荆请罪、将相和的故事我们都听过,可在现实生活中,却往往只见廉颇不见蔺相如,大家只从自身的角度出发,什么事情都只想到自己,而不为大局着想。很多时候只有兼顾大局的利益,个人的价值才能得到更好的发挥。

现在的很多年轻人喜欢沉浸在自己的世界里,对周围的事情不管不问,其实只有看清了社会的发展方向,我们才能更好地找到自己的发展方向。可是,如果我们一直很闭塞消息,不愿意跟别人沟通,那么到最后,我们也只能守着自己的一小块领域,而不能有更大的作为。

第二章　坚忍为官,打掉牙齿和血吞

人生在世,不如意者十八九。面对这些或挫折、或受辱、或不理解,当如何抉择? 是忍气吞声、就此消极沉沦,还是据理力争、来个鱼死网破? 两者都不是最好的选择。『好汉打掉牙和血吞』,曾国藩以这样一句话点出了为官者应具备的隐忍之功。形势于己不利时,暂且忍下一颗好强争胜心,明哲保身,留下青山,待得时机成熟时,再乘雷化龙。

好汉打掉牙齿和血吞

平日战战兢兢,恐蹈古来权臣刚愎之咎,但思委曲求全,不敢气凌同列也。

——曾国藩

吃得苦中苦,方为人上人。果实的甜美是因为它们经受了风雨的洗礼,而一位成功者最终能够卓然独立傲视群雄,也因为他已经饱经了沧桑。在从风云变幻中磨炼出来的人,才能不为以后的磨难所吓倒。曾国藩的一生,就是在挫折中越挫越强的一生,他鼓励自己:"好汉打掉牙齿和血吞。"只要能够挺过去,就是一条好汉。

从湘军与太平天国的作战中,曾国藩从衡阳出师到打下武汉,七八个月里经历过兵败投水自杀、湘军溃逃四散、湖南军政两界的讥讽、长沙城闭门不纳等羞辱,直到打下武汉,才一雪前耻。经过短暂的胜利,曾国藩来到江西后,很快又陷于战事低迷的状态。从咸丰五年到咸丰十年的五六年里,曾国藩又遭遇到江西官场的排斥、湖南官场的指责、朝廷的不信任、友军的不配合,他再一次投水自杀未遂,还被朝廷冷落了一年多。"胜负兵家不可期,包羞忍辱是男儿"。忍无可忍,从头再忍,如果没有这种精神,也就不会有日后立德立功立言三者皆备的曾国藩了。

曾国藩在后来说:"好汉打掉牙和血吞,这句话是我生平咬牙立志的秘诀。我在庚戌、辛亥年间被京城的权贵们所唾骂,癸丑、甲寅年间被长沙的权贵所唾骂,乙卯、丙辰年间又被江西人所唾骂,以后又有岳州、靖江、湖口三次大败仗,都是打掉牙的时候,没有一次不是和着鲜血往肚里咽。"

困境不能改变,就只能改变自己的态度,等待时机重新振作起来。曾国藩经常举自己平生四次受人讥笑之事为例,来说明成功皆从挫折中来:"我平生吃了几次大亏：第一次是我做秀才的时候，学台公开指责我写的文章文理不通；第二次是我做翰林的时候，在给皇上讲课的时候，画了一个十分丑陋的图，王公大臣们没有一个人不笑话我的；第三次是我初次带兵时，在岳州、靖港战败后，全省官绅没有一个看得起我的；第四次是九江战败，我厚着脸皮走入江西，又弹劾了江西的巡抚、按察使，结果当我被围困在南昌，全省的官绅人人都喜笑颜开。"

面对他们的责难，曾国藩总是一笑置之，不仅自己如此，还时常劝慰自己的家人。

曾国藩曾对儿子曾纪泽说："吾服官多年，亦常在'耐劳忍气'四字上做工夫。"以此告诫初入官场、历练不够的曾纪泽要在"耐劳忍气"上多下功夫，要对这四个字进行深刻的理解。曾国藩也对弟弟说："兄在外年余，唯有'忍气'二字日日长进。"希望这样可以鼓励弟弟，教育后辈。

有一次，他的弟弟曾国荃曾因弹劾官文而陷入极大的困境中。事已至此，曾国藩写信开导弟弟说："俗话说'吃一堑，长一智'，我平生的进步全是在受挫受辱的时候。你一定要咬牙立志，积蓄自己的斗志，增长自己的智慧，千万不要因此气馁，大丈夫应当把挫折看成长进的机会。"

曾国藩认为，忍不是懦弱无为，而是在暗中做好屡败屡战的准备。战斗的方法不可能一成不变，而自己在失败中就汲取了教训，这就是挫折给人的馈赠。

人生就是忍人所不能忍

欲立不世之功，得成勋世伟业，非坚忍所不能也。

——曾国藩

在清朝朝廷中，一个汉人要坐到高位，不仅需要一流的才智，更要具备勇毅果敢的品质，因为这一路的艰难险阻是旁人难以想象的。这种勇毅，就是坚忍；不是鲁莽的死扛到底或逞强斗狠，而是带有韧性的自立自强。

每个人在通往成功的道路上都不可能是一帆风顺的，很多人或者被艰难险阻所吓倒,或者咽不下一时之气而做无谓的牺牲,最后都无法实现自己的理想。唯有坚忍之人才能够走得更远。曾国藩自拟谥号为"文韧公",不难看出其中对自己处事诀窍的自得。

曾国藩在与属下官员闲谈时,曾语重心长地对他们说道:"我年轻时喜欢与人挺着干,现在老了,不挺了,也就没有什么功绩了,看来还得挺,所以你们要记住,世上的事能不能胜,就看你挺不挺得住。"

曾国藩的所谓的"挺",就是指在危急时刻,要坚持住,他把其延伸为"坚忍"。而在曾国藩身上,"挺"主要表现在这样三个方面:

一是对生理上的痛苦的承受。曾国藩生下来就患有顽固性的皮肤病,俗称牛皮癣,发作时痛痒难忍,曾国藩几乎每天都要忍受这种折磨。然而,就在疾病的煎熬中,他仍然南征北战,丝毫不影响治军作战。他惊人的承受能力令人敬佩。对此他谈笑自若,如咸丰十一年(1861),他给李续宜的信中说:"敝疮亦小愈,然手不停搔,颇以为苦。郑板桥有言:'隔靴搔痒,赞亦可厌;入木三分,骂亦可感。'阁下既吝此'隔靴'之赞,鄙人当自为'入木'之爬。何如,何如?"其言诙谐幽默,而所受之苦,绝非别人可想象。由此更显示出他的"挺"字功夫。

二是对于各种政治上的挫折和官场上的失意,他都能挺住。曾国藩在仕途上也非一帆风顺,如咸丰七年(1857)被迫家居,同治六年(1867)因剿捻不力而被撤职回任,对他都是很大的打击。但他并不气馁,仍以"挺"字坚持,静待时机。

三是军事上的挫败,他对付失败的办法也是"挺",即坚忍。四次惨败,他都靠顽强的意志挺了过来,重新振作,转败为胜。

由于经历了无数困难,使曾国藩得出了这样一个认识:无论何人,只要想做成一番事业,就得经受磨难。他在日记中写下了自己的体会:"天下事未有不自艰苦得来而可久可大者","天下断无易处之境遇"。而能成就事业的人物,必须具备与困难做斗争的意志。

湘军之中,不独曾国藩如此,其他的湘军领袖也能领悟到忍之重要。胡林翼就是其中之一。

胡林翼在担任湖北巡抚时,意识到如果与湖广总督官文的关系处理不好,不仅难以赢得朝廷信任,也无法全力对付太平天国,官文是满人,其实就是朝廷的化身。所以他必须亲自前去拜见,并且推诚结交。

官文有一宠妾,官文想为她的三十岁生日做寿,却以正房夫人的名义散帖。当时小妾即便得宠,但是也是难以登大雅之堂的。湖北官场听说官文实际上是在为一个小妾做寿后,都不齿前往。正当此时胡林翼领着老母、带着家眷亲自来给官文宠妾拜寿。消息传开后,湖北众官员听说巡抚大人都去了,就也都纷纷带着家眷、拿着贺礼去给官文宠妾拜寿,原本冷清的生日场上一下子热闹起来。官文宠妾也破涕而笑,官文也因此从心里很感激胡林翼。宠妾自幼丧母,拜胡太夫人为义母。这一举动为湘军的成功铺陈了后路。

忍人之不能忍,方能成人之不能成。韩信曾受胯下之辱,他并不是不敢动刀去面对在街头侮辱他的人,他只是知道自己的才智、自己的生命不是用在这些人身上的。对于胸怀大志的人来说,这种忍的行为比一时逞强暴力更为勇敢。胡林翼就是为了大局而屈身逢迎,虽然湘军中有很多人不齿于这种行为,但是曾国藩懂得这其中的奥妙与玄机。

曾国藩说:"大抵任事之人,断不能有毁而无誉,有恩而无怨。自修者但求大闲不逾,不可因讥议而馁沉毅之气。"一个人要做成大事,不可能做到人人满意无人非议,但是在面对非议的时候一定要坚守住自己的信念。孔子曾说:"不患人之不己知,患不知人也。"不要担心别人是否误会了自己,别人以为自己软弱,但自己懂得现在的付出是为了什么从而义无反顾,这就够了。

不居胜,不惧败

好胜人者,必无胜人处,能胜人,自不居胜。

——曾国藩

世间没有永久的胜利,也没有永久的失败。无论你现在光芒万丈还是身处阴霾,总有一天你会到达另一端,体验另一种人生。物极必反的道理,想必无需多言。

"好胜人者,必无胜人处,能胜人,自不居胜。"这就是曾国藩的答案。其实很简单,凡是争强好胜的人,一定有无法胜过别人的地方;而胜利的人通常不会自己称自己成功了。能成功的人应该是谦逊的。那些成就大业的人一定不会满足于自己过去的一点小成就,就好比爬一座山的时候,先爬到半山腰就开始嘲笑山脚下的人。他们不会恃强凌弱,仗势欺人。他们只会谦卑无言地继续努力,渴望更大的天空。曾国藩就是这样的一个人,他无论顺逆,都能广纳众言,沉着冷静地总结经验、吸取教训。他深知骄兵必败的道理,时刻警醒着自己及家人。

人就要学会谦逊,要懂得没有永久的成功,也没有永久的失败。要永不言败永不放弃,而不是遵循人的天性,好炫耀,贪慕虚荣。凡是有大智慧,铸大成就的人,都是谦逊可亲的。他们不会给人一种高不可攀的感觉,而是和蔼可亲。他们说出的话语不是经历了修饰内无实物的锆石,而是简单朴实、有里有面的钻石。这世上,有人靠自己的智慧和能力,率先获得了成功,也有人因种种失误经受着失败的痛苦。

表面上,曾国藩一生风光无限,仕途平坦,一路平步青云。但鲜为人知的是,他在与太平军作战的前期中,曾处处受挫。甚至有过五次险些因失败而自杀的经历。

前三次都是发生在咸丰四年四月,其中第一次和第二次是在靖港兵败之后,投水自杀,被其幕僚发现救起;第三次是回到长沙妙高峰之后,写下遗嘱,吩咐后事,准备次日自杀,后来得知攻打湘潭的水陆两军大获全胜之后遂打消自杀的念头。后两次发生在咸丰四年十二月。第四次是在湘军水师被太平军袭击,曾国藩座船被太平军掠去,文卷册牍俱失之后,曾国藩又要投水自杀,被左右救起;第五次是在逃到罗泽南陆军营后,曾国藩又草遗疏千余言准备策马赴敌以死。幸被罗泽南、刘蓉等阻止才免一死。

其中的两次在曾国藩一个幕僚王定安所撰的《求阙斋弟子记》中有明确记载。在王定安写到咸丰四年四月初二日靖港之败时提道："师溃，自投于水，左右救之，获免，乃回长沙重整水陆各军"。记载十二月二十五日九江之役时提道："贼以小艇夜袭我营，公座船陷于贼，文卷皆失。公自投于水，左右救之，急掉小舟驰入罗泽南营以免。公欲以身殉国，草遗疏千余言，罗泽南力谏，乃止。"

正是由于这五次不堪回首的经历，曾国藩才得出了"不惧败"的为官哲学。同时也感悟到，一个人是成功还是失败，其实只有死后才可能盖棺定论。只要活着就会有反复，会有转化。常胜将军要是因常胜而自大，照样成为别人的手下败将。反观之，成功的人总是谦逊的听取他人的意见，不以为自己成功。

曾国藩成功的原因，就在于他能够做到"能胜人，自不居胜"。越是成功越是有学识的人，越精益求精，越不觉得自己有什么过人之处。倒是那些四处和别人攀比的人，徒有其表。做人踏实，不要自己占着名号洋洋自得，也不要面对失败垂头丧气。做好自己，谦逊不张扬的人，才是有大成者。

吃苦其实是吃补

兄在外年余，唯有"忍气"二字日日长进。

——曾国藩

人人皆都赞慕成功人的光辉，却未曾留意他们背后的忍耐。我们常说真正的强者可以忍人所不能忍。只有你学会了忍耐，把吃苦当作对人生的一种补偿，才有机会走向成功。

曾国藩身为一个被八旗子弟瞧不起的汉人，却能在朝中为官并身居要职，这是为什么？其实就是他深知"忍"功的重要。我们都知道身为帝王最畏惧的就是武将功高盖主，他们手握重兵掌握着篡位的实力。

在朝为官之时，曾国藩能够抑制自己的情绪，在皇上怀疑之时，交出兵权。

他更时刻教导他的家人，无论兄弟还是子侄，他最常说的就是"第一贵忍辱耐烦，次则贵得人和"。咸丰十一年，李秀成攻打江西，当时江西巡抚沈葆桢眼见战事危急，调配数支队伍保卫江西。为了保证军饷稳定军心，他居然不记挂当年曾国藩保举的恩情，转而向曾国藩弟弟率领的湘军发难，停止湘军的粮饷。此时曾国荃部相聚驻扎在情势更为危急的雨花台，倘若没有足够的军饷支撑后果不堪设想。曾国藩先是愤怒异常，之后几经思量，仔细分析战事。以个人名义向九江官道借了税银以解燃眉之急。谁料，此事被沈葆桢知道后再次作罢。曾国藩并没有一时意气上奏，而是委婉引退。沈葆桢亦上表欲回家赡养高堂。最后清廷下旨对半分配江西厘金，又从额外方面调度为湘军筹集资金，此事才作罢。

换了你我，谁又能有这番度量，忍受自己提携的人反向而对。曾国藩的忍让不仅化解了危急，更圆滑的没给眼红他的人留下把柄。官场浮沉之中，多少人因得意忘形而最终走向失败，又有多少因忍一时而成就一世霸业。"忍"便是曾国藩从历史人物中学来的。

霸王别姬，我们哀悯项羽的豪气，虞姬的深情。但倘若项羽能忍一时的失败，不将面子看的比生命重要，假以时日，凭他的本领也必有所成。名臣文种，倘若能如范蠡一样能放弃风光荣华，忍一时，也未必会身陷囹圄，以死作为结局。

达尔文曾说："能够生存下来的并不是那些最强壮的，也不是那些最聪明的，而是那些对变化做出快速反应的。"决定一个人的生活境况的因素，始终脱离不了适者生存，不适者淘汰的原则。只是有时候倘若我们忍得一时，就可以获得更广阔的空间。

"物竞天择，适者生存"。而大多数人却不断抱怨世界变化太快，不能适应云云。他们从来没从自己的身上寻找原因。他们无法忍受为了成功失去的东西，无法忍受获得成功必须经历的孤独，无法忍受别人的嘲笑和白眼。只是一味责怪，一味抱怨。这样的人最终必定被社会淘汰，即使不被饿死，也会变成社会的拖后腿者,成为蠹虫。

也许你不比别人聪明,也许你有某种缺陷,但你却不一定不如别人成功,只要你多一份坚持,多一份忍耐。就能够成功度过困境,成就他人之所不能。山洞的开凿、桥梁的建筑、铁道的铺设,没有一个不是靠着人性的坚忍而建成。

通往成功之路通常都是艰巨的,绝不可能唾手可得。生活中的苦涩,曾使人失望流泪;漫漫岁月的辛苦挣扎,曾催人衰老。我们的一生最后总要落下帷幕。只要你能懂得忍耐,去享受吃苦之后带来的效果,就一定会有所获得,收获一个不一样的人生。

耐得千事烦,收得一心净

居官以耐烦为第一要义。

——曾国藩

忍耐不是两个字,而是一种遇事的态度。人最厌烦的就是遇到麻烦,那种剪不断理还乱的复杂,让人望而却步。倘若你可以平心静气,再复杂的事情也能够做到抽丝剥茧般清晰。然而,有时候难就难在忍耐烦扰之事。

中国有句话是高处不胜寒,居高位者必然有别人无法体会的烦忧。曾国藩总结的"居官以耐烦为第一要义"不无道理。为官者一定要懂得让自己处世不烦,对所有的事都要耐烦,这样才能在遇到任何天大的难事时都能保持清醒,做出冷静、正确的判断。当官的人所遇的烦心之事,是无法推脱,无法躲藏的。官场中的钩心斗角无须多言,因争权夺势而起的波澜,亦无须多言。世事本是这样,倘若为官就该知道自己要有怎样的一颗玲珑心。

不仅为官,在为人和学习方面也都要有一颗能耐得住烦躁琐碎事务的心。人生有万千事宜,离不了大把的烦事,遇到这样那样的麻烦,要学会耐烦,做到耐烦。

一个成功的人既要接受别人的监督,也要自我监督。别人的监督可以发现自己发现不了的事情,而自我监督就可以防止给对手攻击的空隙。自制最重要的一点就是要"耐烦",不要被外界的事情扰乱心智,最后自乱阵脚。

一个人的短处在平时是不易为人察觉的,只有在遇见挑战的时候才能显示出来。在挑战面前,有人慌乱、愤怒,有人则镇定自若。耐烦就是指人善于控制住自己的情绪,保持清醒冷静的头脑,不随外界的变化而动摇心智。

众口铄金,才华过人者面对无中生有的诽谤之言,心中不免怒火冲天,与那些捕风捉影者一一对质,结果流言蜚语会因此更加流行。品德出众者对这种言论心存畏戒,控制自己的情绪,更加注意自己的言行举止,结果流言就会偃旗息鼓,自行消亡。曾国藩努力使自己成为后者,也不忘记教育他的后辈,希望他们能够分辨两者的优劣。成为一个能够平息流言的人。

于是他对弟弟说:"名望所在,赏罚随之。众口悠悠,初不知其所自起,亦不知其所由止。有才者忿疑谤之无因,而悍然不顾,则谤且日腾;有德者畏疑谤之无因,而抑然自修,则谤亦日熄。吾愿弟等之抑然,不愿弟等之悍然。"意思是名望总是伴随赏赐和处罚。众人的议论,不知道从哪里传出,也知道什么时候终至。光有才能的人,会因为这些没有因由的流言心中不平,出言捍卫自己,最后流言的声音就越来越大。有才能又品德出众的人,敬畏这些没有因由的蜚语,以此作为警示,更加严格要求自己,最后流言渐渐消散,不攻自破。我希望我的弟弟们遇到这样的事情能够严格要求自己,而不是出言否认。曾国藩这样说的原因,是他懂得愤怒会让人失去理智。不耐烦更是失败的源头。

清人傅山也说过,愤怒达到沸腾时,就很难克制住,除非"天下大勇者",否则便不能做到。中国古语云:"小不忍则乱大谋。"如果你想和对方一样发怒,你就应想想这种爆发会发生什么后果。如果发怒必定会损害你的利益,那么你就应该约束自己、控制自己,无论这种自制是如何困难。一个成功者,往往也是能够成功地控制自己情绪的人,一个懂得自制的人。

人的好胜心,求功心,逐利心使得人们老是有一种浮躁的心理,老是希望能够抄捷径达成目的。"必须打好基础,才能建造房子"这样的道理其实我们都懂,但是好高骛远,贪抄捷径的心理,却常常妨碍人们去认识这最普通的道理。人一浮躁起来心里就像长了草,而且是没有根基的草,被急功近利的风一吹,就跑掉了,结局只能是无果而终。

所以在这个容易让人心猿意马的时代,每一个人在做人的时候都要切忌浮躁、虚荣、好高骛远。而要沉下心来,守住内心的宁静,淡泊地对待名利,踏实地做事、求学。只有今天面对三五件事的烦恼你轻松面对,未来的七件八件烦心事你也能轻松处理,你的人生才会朝着你预想的方向大步前进。

世上没有忍不过的槛

百战百胜,不如一忍。

——曾国藩

人生无外乎顺逆,无论何时,你成功或失败都取决于你的心态。心态是一把双刃剑,是人人都有的精神世界。心态会产生两种惊人的力量:它既能让你获得财富、拥有幸福、健康长寿;也能让这些东西远离于你,剥夺一切使你的生活富有意义的东西。几乎每个人都希望自己的心态更健康,更积极豁达,但是怎样才能做到呢?曾国藩给了我们答案。

那就是铸就坚强的心。成功的人有许多,成功的定义有许多,就连成功的原因也千奇百怪。但是无论什么样的成功都离不开坚强。何为坚强,就是使你的心强固有力,不被任何事物动摇,不被任何环境毁灭。坚定你的心,无论怎样的曲折都能安然度过。

如何才能令人敬仰,如何才能成就霸业?曾国藩给出的答案很简单,但是做起来很难。他之所以建立起后人敬仰的霸业,就凭借一种信念——没有忍不过去的事情。因为有这种信念,他无论遇到怎样的侮辱蔑视都能够忍受得住。过五关、斩六将才取得成功。被满人官员嘲笑,刻意阻挠,曾国藩可以为了自己的志向,忍受耻辱。曾国藩从来不觉得自己低人一等,但是面对责难他选择忍耐,所以此后得到了朝廷的信任和重视,才能够成功地打造出一只铁的队伍。

曾国藩在忍耐的时候,他不会想自己受了多少委屈,自己多做了多少无谓的事情。而是想着,忍过了这个坎,自己能够得到什么,自己会取得怎样的进步。正是这种心态帮助他成功。

今人因陷入物欲横流的环境,常变得消极,往往只懂得随波逐流、怨天尤人,失去心中的梦想,人们好像越来越习惯把事情归结到别人的头上,却忘记了自己的重要。经济危机的爆发,全球的就业率都在下降,失业成为人人都担心的问题。但是即便失业了,你只要再多一点点坚韧,一样可以渡过难关。

在未来的日子里,如果遇到问题了,没有什么了不起,只要相信问题必然会解决的,人就有足够的信心和能力找到症结并解决它。即便遇到不幸,没什么了不起,对于一个坚韧的人来说,每一次不幸都蕴含有等量或更多幸运的种子。就算遇到困难了,也没什么了不起,命运带给人一个困难的同时,也给了人应付这些困难的能力。只要能再坚持一下,忍耐一下,就没有过不去的坎,而成功真的就在眼前。

第三章　稳妥求成,步步为营始成功

世上没有一步登天的好事存在。若想取得成功,必须要做脚踏实地的准备。一步一个脚印,一步一个台阶,走稳每一步。冒险精神虽然可贵,但其前提是一定要有充足的准备。一稳一慎,是无论在做什么事情的时候都应该掌握的必备素质。只有这样,才能够对成功有所期望。

居高需慎,羽翼丰时低飞行

功名之地,古人所畏,余亦常存临深履薄之念。

——曾国藩

唐朝魏征的《谏太宗十思疏》中有"忧懈怠则思慎始而敬终"，意思是如果害怕自己懈怠就应该慎始慎终。这句话中，"慎"字才是根本。无论是君王官员或者是普通百姓都应该了解"慎"的重要。

曾国藩更是格外注重这个"慎"字。在他的《书赠仲弟六则》中，慎字专为一则。古人曰钦、曰敬、曰谨、曰虔恭、曰祗惧，皆"慎"字之义也。慎者，有所畏惮之谓也。居心不循天理，则畏天怒；做事不顺人情，则畏人言。少贱则畏父师，畏官长。老年则畏后生之窃议。高位则畏僚属之指谪。凡人方寸有所畏惮，则过必不大，鬼神必从而远之。

在这里，曾国藩将慎字的内涵外延都剖析得十分透彻。所谓"慎"就是要有所畏惧、居安思危。要想做到"慎"，就应该做事一丝不苟，深思熟虑之后才能做出抉择。更要胜不骄、败不馁。无论是独身一人还是万众瞩目之下，都要小心行事，懂得自省。曾国藩不仅了解慎的益处，更是在带兵、为官、处世中都处处体现慎的身影。

行军打仗之时，曾国藩拒绝单兵冒进。这并不表示他畏敌。而是经历过一次次的失败，他总结单兵轻进才是轻敌直白之兆。单兵轻骑虽然灵活易调动，但是攻击力大不如前。这就是他在用兵之时多主张谨慎的采用合兵战术的原因。以最优力量歼灭大部分敌人，如此这般以多胜少。尤其在兵力不足之时，他宁可集中兵力坚守要塞，放弃次要的地方，也不分散兵力。这种稳扎稳打、小心思量的打法正是湘军取胜的法宝。

恭亲王

为人处世之中，曾国藩更是处处小心。他从没因为自己一时的成就而停滞不前、自傲自满。更多的是时刻保持一种危机意识，从外部环境的变化哪怕是一个细微之处，都能找出事情发展的脉络。辛酉政变之后，恭亲王奕䜣在慈禧的授意下操持大局，发起了"师夷长技以制夷"的洋务运动。在地方上，以曾国藩、左宗棠和李鸿章相互支持。但是慈禧为了进一步掌权，趁机削弱奕䜣的势力将其逼出政治舞台。这一事件令曾国藩十分惶恐。恭亲王何许人也，他乃是同治帝的亲叔叔、咸丰帝的弟弟，尚有完败之日。曾国藩乃是清廷中少有的汉人，又凭借什么手握重兵、官居要职？面对这样的情况，曾国藩提前采取了准备，和幕僚几经商讨，太平军一灭他就削湘军保淮军，行"曾僵李代"之计，最后得以善终。

在当代，很多人都只是平民百姓，活在自己的圈子中，没有人关注。但在默默无闻的同时，更应该尊崇"慎"的思想。学会慎独和自省，才能有机会站在高处，体验另一番风景。

一个"稳"字，仕途通达

吾于尔有不放心者二事：一则举止不甚重厚，二则文气不甚圆适。以后举止留心一"重"字，行文留心一"圆"字。

——曾国藩

轻浮之人说话总是缺斤少两，旁人听见也当作耳旁风，不会太在意；而稳重之人所说的话总是钉是钉铆是铆，不由地让人往心里去。这种掷地有声的原因就来自于他自身的稳重。一个稳重的人总是具备稳如泰山、坚如岩石的品质，并能在风雨之中屹立不倒。一个人的稳健不仅能从处事为人中看出，就连外表也能体现。俗话说得好，相由心生。曾国藩是一个不论内在或者外在看起来都很平稳的人。

民国时，易宗夔曾如此描述曾国藩的仪容：曾涤生年逾六十，精神奕奕。身长约五尺，躯格雄伟，肢体大小咸相称；方肩阔胸，首大而正，额阔且高，眼三角有棱，光极锐利；两颊平直，髭髯甚多，鬓鬓直连颊下，披覆于宽博之胸，盖增威严。

曾国藩的门人曾经描述过他的形象时也说:行步极厚重,言语迟缓。

从这些记载中,可以想见曾国藩在举手投足之间有着怎样的威仪。

曾国藩对自己也有着重稳的要求,在他的日记、书信中,曾多次谈及"稳"字。无论是在为官之道、军事战略还是取才标准上,他都极看重一个"稳"字。

他曾对曾国荃说:我前年在作战上之所以松散没有成效,也是太过焦躁的缘故。应该心平气和,心态平稳地去办事情。

湘军在拔营的时候有两个特点,一是队伍整齐,哨探严明;二是不追求速度之快,但一定要稳妥。对此,李鸿章说:军营规定,无论要把军队调到何处,去支援何处,无论事态紧急与否,都要遵守原来的方法,每天行军三四十里,每天半日用来赶路,另外半日用来筑营。粮食和药物随军携带,这样就处处可以立脚。

从这里也可以看出在曾国藩的带领下,求稳已经成为湘军集体的共识。与推崇"重"相对,曾国藩认为人不应当轻薄,他说:"大抵激之而变薄者,吾辈之通病。此后请默自试验,若激之而不薄,则进境也。"大概收到别人的讥讽就变得不稳重是大家的通病。以后,应该做到暗自默默地承受,如果受到刺激也能够保持稳重,一定能够有所改进。

一个人在遭遇挫折或者失败之后,往往会愤世嫉俗,言辞激烈,因此他再三告诫说,人不要因为世事变化而远离了稳重。他在家书中对儿子曾纪泽说:泽儿你在读书方面天赋很高,但是文笔不够劲挺有力,说话举止上都太过轻浮。

一个处事稳重的人,总是能够做到"泰山崩于前而不色变"。曾国藩一生在与太平天国的对抗中虽然有过失利,但他及时地吸取了教训,求稳不求快;在官场上,他更因一"稳"字,所以仕途通达,有小波折而无大波澜。

自然精进,恒必有成

吾辈读书唯"敬"字"恒"字二端,是彻始彻终工夫。于进德则持之以"敬",

于修业则贞之以"恒"。即时文一事,亦不可少有间断,久之自然精进,犹长日加益而人不觉也。

——曾国藩

在晚清的众位名臣之中,左宗棠、胡林翼、李鸿章等无一不是人中之龙凤,聪明绝顶,唯有曾国藩是个例外。他既非天纵英才,也无权势人家的庇佑。他之所以能够从一个农家子弟成长为一位"中兴第一名臣",对后世的很多领域都产生了深远影响的人物,与他持之以恒的处事方法是分不开的。

曾国藩七八岁的时候,父亲竹亭带着他和年仅四岁的妹妹曾国蕙一起出门访友。当时正值三月,微风拂面春草绿,蝴蝶也在周围翩翩起舞,父子三人都为沿途的美景所折服,心情自然大好。竹亭先生一生向学,但是只中得个秀才,并无其他功名。虽然自己没有实现当官的理想,但是他将厚望寄托在子女的身上,所以很重视对他们的教育,随时随地都可能传授知识。

在此之前,竹亭先生刚刚教过孩子们对对子,所以此时,他就想考考他们,看他们兄妹二人是否已经心领神会。他见路边的狗尾草,信口说出了一句上联:"狗尾草。"

没等曾国藩反应过来,妹妹曾国蕙已经脱口而出:"凤冠花。"

竹亭先生对于曾国蕙的表现非常满意,但见曾国藩眉头紧皱,似乎还在苦苦的思索,也没有说什么。

这时,他们走上了一座石拱桥,竹亭先生心头一动,又出了上联:"观风桥。"

这下不仅把曾国藩难住了,连一向聪明伶俐的曾国蕙也不知道该怎么回答了。

转眼到了朋友的家里,对对子的事情也就不了了之了。过了几天,曾国藩突然跑到父亲跟前说:"我想起来了。"

父亲诧异:"你想起来什么了?"

曾国藩:"前几天父亲给我和妹妹出的对子,当时我们都没有想出来。这几天我一直在看书,想要找出答案来,今天终于想起来了。我用'听月楼'来对父亲的'观风桥',如何?"

父亲听了,不禁连连叫好:"想不到我儿能有如此恒心,对上如此绝妙的好对啊!"

其实,曾国藩自知愚笨,就常常鼓励自己用一颗恒心来追赶上别人的脚步。他认为,恒心是一切成功的保证,是一个人的第一美德。年龄不分老少,事情不分难易,只要持之以恒,自然就像种植树木和饲养牲畜,不知不觉就看到它们成熟、长大了。这其中包含着两层意思:一是坚持才能成功;二是不必急于求成,每天只要进步一点点。

这是易事,又是难事。说易,是因为每天只要进步一点点,人人可以做到;说难,是因为坚持几天可以,坚持几个月就难了,坚持几年、十几年,一辈子就更难了。但是,就因为艰难,所以当我们做到了的时候,就会实现很大的超越。

曾国藩无疑给处于困境中的人们提供了一个很好的榜样。年轻人往往承受不了过多的挫折。生活的安逸磨灭了战胜困境的顽强意志,有了挫折,就想到放弃;有了危险,就想到逃避。一些人做事没恒心,觉得很多事情都太枯燥了,每天重复同样的事情,久而久之就没耐心了。面对这样的情况,就要学会把大的目标分成一个个容易执行的小任务,这样才能避免因难以执行而挫伤积极性,一点一点鼓励自己坚持到底,最终取得成功。

投机取巧不如脚踏实地

贤弟此刻在外,亦急需将笃实复还,万不可走入机巧一路,日趋日下也。

——曾国藩

官场中,尔虞我诈、翻云覆雨的事情屡见不鲜,曾国藩对此深恶痛绝。在给弟弟的信中,他教导说不要陷入投机取巧的道路。人一旦计算这些得失,就会越陷越深。因为在这些人的眼里,自己在计算着过日子,就会认为自己也在被别人计算着，相互揣测、猜忌，这样人与人之间就立起了一堵墙，既把咫尺之遥隔成了天涯之远，也把自己孤立了起来。

他针对带兵行军时文武官员在相处时的摩擦而感慨地说："文员之心多曲，多歪，多不坦白，往往与武员不相水乳。必尽去歪曲私衷，事事推心置腹，使武人粗人坦然无疑，此接物之诚也。以诚为之本，以勤字、慎字为之用，庶几免于大戾，免于大败。"文人读多了书中的道理，反而不如武将坦诚，做事情想得太多，总会走上歪路。不如坦诚行事，承认自己的不足，踏实地去改正，走正途，求正果。

在曾国藩看来，人应当是正直的。文官心思复杂，不够坦白，所以与武官不能很好地相处。一定要把自己的私心去掉，推心置腹地与武官交谈，武官这些粗人才能坦诚待之，没有疑虑，这就是待人接物的"诚"。如此开诚布公地坦然相对，既能赢得他人的信任，也能得到他人的尊重。这样彼此之间才能相互学习到更多的东西，交往也才能久长。

1843年，曾国藩的好朋友邵蕙西当着曾国藩的面说了他身上的一些缺点：一是怠慢，说他对朋友不恭敬，因此他结交朋友总是不能长久；二是自以为是，说他看诗文多固执己见，别人的意见难以听入耳中；三是虚伪，说他有几副面孔，不够真诚。

邵蕙西的话虽然不多，却直截了当，直中要害。曾国藩并没有因此而生气，反而感慨自己得此良友。他在日记中写道："我的朋友真是直率啊！我每天沉溺在大恶之中而不能自知！"他为自己得交这个朋友而庆幸。

君子坦荡荡，小人长戚戚。心中一片光明，毫无见不得人之事的君子才能够与别人做到坦诚相对，也才能够赢得信任。

曾国藩懂得以诚赢人的道理，所以他应对奸猾之人的对策是：纵人以机巧来，我仍以含混应之，以诚愚应之。久之，则人之意自消。若钩心斗角，相迎相距，则报复无已时耳。意思就是，别人即使在找他时心中另有想法，他也只是以一片诚心待他，如此投桃报李，日久年深，别人也会被他所感化，不再心怀忌惮，而是主动地把"墙"给拆了。曾国藩这种以不变应万变的方法的确有效。可见,那些没有心机之人,往往更能得到他人的信任。

细微之处见真功

凯章办事,皆从浅处、实处着力,于勇情体贴入微。阁下与之共事,望亦从浅处、实处下手。

——曾国藩

在《劝学》中有这样一段话:"不积跬步,无以至千里;不积小流,无以成江海。"没有从小到大不断积累的过程,成功的高楼怎么能够搭起。总有些人有远大的志向却瞧不起身边的小事,最后一无所成。

古今中外,虚怀若谷、胸有大志的人非常众多,但是能够真正建功立业、流传千古屈指可数。虽然一个人的成功与天赋、时势、机会相关,但是也同他们如何实现志向分不开。中国的传统儒家学说提出:不扫一屋,难扫天下。这话的确中肯。一个想成功的人其实如果按照修身、齐家、治国和平天下的道路踏踏实实地走下去,通常就能够实现自己的目标。

曾国藩就是按照这样从小到大,不断完善自己的方法而取得成功的。他自幼接受其祖父和父亲的教导,之后又师从唐鉴,开始专宗程朱理学。从这位理学大师身上,他打下了坚实的基础。唐鉴教导他,学习的过程应该说从识字明义开始,一字一句,积少成多,逐渐长进,最后就是可以明白一篇,一经。一经通则其他诸经可以旁及。除了唐鉴,他还师从倭仁。倭仁也是当时的理学大家。从这位老师的身上,曾国藩学到的是检身功夫。这两位老师的教导也是曾国藩后来提出的很多思想的源头。其中影响最大的要数倭仁,这位理学宗师也是从小处开始,每天从早起到入睡,一举一动,坐卧饮食,都严格要求,并且记下札记,以备反省。从道光二十二年(1842)十一月三日起,曾国藩开始记录自己每天做的事情,以求自省。

后来曾国藩给他人写的信中也多次提到,要想成功就要从小事易事做起。就像陆九渊说的一样,树立大志向的人如果没有朱熹那样锱铢累积的功夫,什么也做不到。曾国藩说自己治军打仗,没有什么高人一等的,更没有什么神奇的法术,只不过是因为自己能够专门从细小浅显的事情做起,并拥有恒久的坚持。

在之后的人生中,曾国藩无论是读书、用兵还是治军、打仗,都十分注重小事的积累。正是这种务实的精神,才使得曾国藩成为一个成功人士。在这世上,或许今天你做出的努力没有回报,并不代表它没有效果。只要你肯努力坚持一步步做下去,就一定能够成功。如果想改变自己的生活,实现梦想,再没有什么比行动更合适的。倘若不为自己的梦想做点实际行动,那么再好的想法也会付诸东流,那些曾经美妙的思考最后将会在光阴的年轮中被搁浅。

一个人的行为影响他的态度,行动能带来回馈和成就感,也能带来喜悦。通过潜心工作得到自我满足和快乐,这是其他方法不可取代的。这么说来,如果你想寻找快乐,如果你想发挥潜能,如果你想获得成功,就必须积极行动,全力以赴。要知道,成功不在难易,而在于"谁真正去做了"。要想实现自己的梦想,一味地等待只会一事无成,唯有从现在开始着手,抓紧时间才能实现自己的梦想。

切记闲适,珍惜时间

天下断无易处之境遇,人间哪有空闲的光阴。

——曾国藩

所有人一生都在行走,路的尽头无外乎死亡。那有形状的时间就像是一条鞭子,催促着众人朝着那个方向快速地奔跑。尽头虽然一样,但途中却各有风景,所以时间对每个人也便有了不同的意义。对于活着的人来说,时间是生命;对于忙碌事业的人来说,时间是金钱;对于做学问的人来说,时间是资本;对于学生来说,时间是财富;而对于无聊的人来说,时间便是债主。时间能给你提供无限机遇和财富,但如果你浪费它,便是浪费世间最宝贵的事物,那么你就成了天底下最奢侈者。因此面对惶惶终日的人,时间会无情地向其讨债,如若无力偿还,便只有以生命为抵偿。

曾国藩是一个懂得如何利用时间,科学规划自己时间的人。他了解自己的时间究竟对自己的人生有多大的影响力。曾国藩在家书中多次劝慰他的兄弟子侄,一定要早起,珍惜他们学习的时间。而在他的家书之中,他更是多次懊恼,自己将时间花费在交际和同他人斡旋之上,导致自己学习的时间减少了许多。于是他在懊恼中,让自己挤出时间,继续他所钟爱的读书事业。

是的,所有珍惜时间的人,都是会挤时间的。宋代文学家欧阳修,写得一手很好的文章,也很会挤时间写文章。他说:"余(我)平生所作文章,多在三上,乃马上、枕上、厕上也。"文学家鲁迅先生几十年如一日挤时间,拼命地工作。一生写了杂文135万字,小说散文35万字,古典文学研究80万字,翻译310万字,书信90万字,日记80万字,散失的文章还不算,鲁迅先生给我们留下了700多万字的宝贵的文化财富。有人说鲁迅先生是天才,鲁迅先生讲:哪里有天才,我是把别人喝咖啡的工夫都用在工作上的。他还说:"时间就像海绵中的水一样,要是你愿挤,总是有的。"是的,鲁迅先生从来没有浪费过时间。他晚年身体有病,可还在翻译《死魂灵》一书。病逝前三天,他还在翻译苏联小说,生命垂危时还坚持写日记。

所以,当你每天被闹钟吵醒的时候,都要记得:活着,就要珍惜时间,并不是因为时间常被喻为金钱,还因为它就是生命。

以实才说话,勿贪慕虚荣

实者,不说大话,不好虚名,不行架空之事,不谈过高之理,如此可以稍正天下浮伪之习。

——曾国藩

名声是什么？名声指的是一个人的名誉和声望。无论是古代圣贤还是当代人都有一个共同的看法。那就是一个人的名声应该同他们的实际才能、贡献或者功劳相等。就是基于这样的观点，我们形成了共同的判断，一个力逐虚名、华而不实的人是可耻的。用孟子的话来说就是"声闻过情，君子耻之。"

那么我们究竟应该怎样对待自己的名声，怎样看待自己名声和能力之间的关联，做一个名副其实的人呢？答案就是两个字——务实。

唯有务实之人，可以成就大业。唯有务实之人不会追逐虚名浮梦，也唯有务实之人不会被别人的赞扬冲昏头脑。但是能做到务实的人太少了。这世上，有些人为了获得他人的关注，赢得他人的赞扬，剽窃别人的文章；也有些人为了取得荣誉，弄虚作假，贿赂考官；更有些人，靠着欺诈的手段骗取钱财借此发家。越来越多这样的事情，越来越多人为了虚名，做出这样那样的错事，最终轻者被众人声讨，重者遭牢狱之灾。

好名之心好比好美之心，每个人都有。但是要让人做到重实轻名并不是一件容易的事情。曾国藩是一个好名之人，他不像其他智者圣贤轻视名声，他对名声的重视程度，用他自己的话讲，就是"名者，大器也"，"造物所珍重爱惜"。但是要知道千金易得，一名难求。

曾国藩是一个用实际行动来博取名声的人，他在日记中写下警句"盗名者必有不测之祸"，提醒自己要多做实事，少说空话。他更时常对自家兄弟说："我们兄弟报国，总求名实相符，劳赏相当，才足任事，从此三点切实做去，或可免于大祸。"足以看出他对偏好虚名的坏处有深刻的认识。倘若一个人，通过自己的努力成就事业，名声也自然就随之而来了。正所谓桃李不言，下自成蹊，已有其实，何患无名。

在剿灭太平军过程中，曾国藩较早使用西洋新武器，从而认识到引进和学习西方科学技术的重要性，他认为这既能"平内患"，又能"勤远略"以抵御外侮。在曾国藩的主持下，安庆军械所只用了一年时间，便制造出中国第一台轮机。曾国藩在日记中记载了观看轮机试演的情况："其法，以火蒸水气，窍入筒。筒中四窍,闭前二窍,则气从前窍,其机自退,而轮行上弦,……窃喜洋人之智巧,我中国人亦能为之,彼不能傲我其不知也。"在此基础上,于1863年元月初,在安庆造出我国第一条木壳小火轮。该船"长二丈八九尺,一时辰可行二十五六里"。曾国藩"登船试行江面",批示"试造此船,将此放大,续造多矣"。

曾国藩、李鸿章还创办了江南制局,即今江南造船厂的前身。此局是当时规模最大的军事工业基地,具有机器、木工、轮船、锅炉、枪炮等厂(工场)以及船坞和码头,1869年有工人一千三百余名。该局曾制造"怡吉""操江""测海""威靖"等多艘轮船,由此成为中国近代造船工业的开端。

曾国藩务实的精神,使他摆脱了夷夏大防的心理,掀起了轰轰烈烈的洋务运动。他说:"学于古,则多看书籍;学于今,则多觅榜样;问于当局,则知其甘苦;问于旁观,则知其效验。"正是这种"多觅榜样""知其效验"的态度,使他成就了一番事业。

强烈的虚荣心、好胜心只会侵蚀我们的理智,并会让我们为此而付出惨重的代价,而虚荣却什么也带不来。我们不要因为虚名而不惜牺牲自己,要保持自己的格调和高傲,不要因为一时的意气之争而使自己变得浅薄。

聪明人只偶尔崭露头角

潜龙在渊,要时刻隐藏自己,只偶尔崭露头角。

——曾国藩

在曾国藩的字典里,一直深藏一个"浑"字,虽然这个字不是他为人处世的最重要的准则,但是对于他的成功也是起着极其重要的作用的。但是,曾国藩并不是一开始就懂得这个字的妙处,而是在经历了一番挫折之后才知晓其中深藏不露的珍贵含义。

由于家风的影响,曾国藩的性情刚烈,这是性格上的一种优势,但有时也会带来消极的后果。刚开始进入官场的时候,曾国藩常常不能忍受其他官员的作为,总觉得他们的做法有辱官场的名声,所以一直在很努力地维护秩序。偶尔遇到看不顺眼的事情,就会马上奏请皇上,希望皇上能够给予根除。但是皇上并不将重心放在官员的管制上,这让曾国藩十分寒心。

道光帝去世,咸丰皇帝登基。曾国藩以为看到了新的希望,求治心切,就马上向皇上奏请,希望能够整顿官风。可是,皇上一直忙于处理别的事情,并没有留心曾国藩的奏请。曾国藩见皇上没有把自己说的事情当成一回事,心里非常着急,一连四次上奏,希望引起皇上的重视。

可是,曾国藩的做法不但没有对皇上起到督促的作用,还招来皇上的反感:官场里的事情,皇上怎么会不清楚,只是他不愿意操心罢了,犯得着一遍又一遍重复吗?这样一而再再而三的触碰其他官员的死穴,自然也不会受到其他官员的欢迎。所以,他们总是在皇上面前说曾国藩的坏话。

起初,曾国藩是不在乎别人说什么的,他觉得自己是在为朝廷着想,是在尽自己为官的本分,相信身正不怕影子歪。直到后来,皇上真的下旨,取缔了曾国藩在官场上的职位,他才略有醒悟。

被夺权以后,曾国藩的心理还是不服气,他曾几次向朝廷要官职,甚至在太平天国运动十分艰难的时候,以为父亲守丧为由,拒绝朝廷的调派,就是希望朝廷能够给他安排好官缺,赋予实权。可是,咸丰帝就是不如他所愿。咸丰帝说:"曾国藩以为我不知道他的想法吗?他的做法也太明显了。"这样的话传给了曾国藩,他才明白,是自己太爱出头了,才让皇上对他产生了猜忌。

在了解了皇上的想法以后,曾国藩渐渐的收敛了自己。坚持了一段时间以后,皇上亲自下旨请他出山,在围剿太平天国运动中被委以了重任。

有时候,强出头并不能给自己带来好处。总是强调自己的人,往往会招来别人的反感。所以,在平常处理事情的时候,要尽量保持低调,做到深藏不露。等到机会成熟了,再来表现自己,就会取得很好的成效。

要记住纵有十二分的才华,也要负一分的表现。太过火的表现极有可能给自己招来祸端。

在生活中,有些人很怕别人注意不到自己,特别是在这样讲究个性的年代里,如果不能让别人注意到自己,可能会失去很多机会。但是,吸引别人的注意不是单单靠露出自己的头角就能实现的,更多的时候需要人自己具备足够的实力,才能成功抓住别人的目光。

有势不可使尽,适时糊涂

> 思念天道,三恶之外,又觉好露而不能浑,亦天之所恶也。
>
> ——曾国藩

一个人锋芒太盛了难免灼伤他人。想想看,当你将所有的目光和风头都抢尽了,却将挫败和压力留给别人,别人在你的光芒压迫之下,还能够过得自在、舒坦吗?因此做人就应该懂得,凡事切忌太过张扬,以免过犹不及,让自己成为众矢之的。

在曾国藩看来,人要想成功,就要做好"浑"字。虽然"浑"不是成功的主要条件,却不能缺少。在曾国藩的文集中见到这样一段论述:"余近年默省之勤、俭、刚、明、忠、恕、谦、浑八德……其中能体会一二字,便有日进。"意思是我这些年来默默地自我反省检查勤、俭、刚、明、忠、恕、谦、浑,这八项品德,只要能够从中体悟到一两个字,就能够有多收获。可见这个"浑"字虽为八德之末,若善加利用,必定能助人成就一番事业。

所谓的"浑",指的就是糊涂。这里的糊涂并不是真的糊涂,而是装糊涂。还偏偏要装得浑然天成,自然地如风拂袖。这就体现了出"浑"的难。虽然曾国藩深知浑的重要,却也很难做出表率。

曾国藩在湘军刚开始创办的时候,同罗泽南的弟子王鑫矛盾颇深。王鑫部下三千余人,是众队伍中人数最多的,加上性情刚烈善于用兵。于是不将曾国藩放在眼中。曾国藩身为湘军统领,自然不肯迁就,一来二往两人互看不顺眼。之后曾国藩弟弟曾国潢缺乏自制力,惹了许多麻烦,火上浇油。令曾国藩十分恼火。后来，王鑫真应了那句骄兵必败，但是为了挽回名声，他招募了几百人，在石潭杀害30名太平军残兵，谎称打了胜仗，邀功请赏。令曾国藩深为厌恶。可一波未平，左宗棠在起草奏折之时，以假充真，将此事写到奏折之中。此时的曾国藩并不懂得如何装糊涂，自己的愤怒使得弟弟们愤愤不平，四处争辩。事情都是愈求分明，愈至混淆。直到非议四起曾国藩才醒悟，告诫弟弟们，此事就此作罢。风波才得以平息。倘使当初曾国藩懂得得过且过，揣着明白装糊涂，事情也不会越闹越大。因此在名利场中，人要偶尔装傻，才能顺遂。

当你把别人比下去，就给了别人嫉妒你的理由，间接地给自己制造了敌人。所以，在与人前逞强之前请先三思，看看显摆自己是否合时机。

当然，如果一个人确实有真才实学，又有很大的抱负和理想，不甘于停留在一般和平庸的阶层，那么，他可以放开手脚大干一场。但有一点，就是他必须注意时刻提防周遭的嫉妒。要想使自己免遭嫉妒者的伤害，需要注意自己的言行，尽量不要刺激对方的嫉妒心理。对于周围的"嫉妒"者，可回避而不宜刺激。同事的嫉妒之心就像马蜂窝一样，一旦捅它一下，就会招致不必要的麻烦。既然嫉妒是一种不可理喻的低层次情绪，就没必要去计较你长我短、你是我非，更不必针锋相对，非弄个"水落石出""青红皂白"不可。须知，这不是学术讨论，更不是法庭对峙，对手不会用"逻辑""情理"或"法律依据"与你争锋的。嫉妒之人本来就不是与你处在同一档次上，因而任何"据理力争"都只会使自己吃亏，不仅降低档次，还浪费时间，虚掷精力。最佳应对方式是胸怀坦荡、从容大度，装作对出于嫉妒的种种"雕虫小技"视若不见、充耳不闻，以更为出色的成绩来证实所受的认可是完全公正的。

第四章　官场如大海，深浅之中暗藏博弈

古人云：伴君如伴虎。其实何止是在皇上身边做事需要战战兢兢，就是一个地方官员，在官场的潜规则面前也要如履薄冰。官场水深，上级、同僚、下属，

每个人都可能是埋在身边的地雷。职场也是如此，雷区亦存在于每个职场人士的身边。如何避开这些危险的炸弹？这就要做到识透读懂其中的博弈术。

觉仕途其实是险途

官途原如大海，由京曹而莅外任，则如从内港而放外洋，乍见风涛奇险，目眩神骇，回顾无涯，觉独泛孤舟之可危，思舣近岛屿以求安，而不知三神山亦自无有定所。唯冀稳慎掉舵，以忠信涉波，或有如履平地，终登彼岸之一日，幸无过于焦灼也。

——曾国藩

伴君如伴虎，志为人臣者其实选择了最危险艰难的一条道路。为官者，立于上位，注定要天天担惊受怕。一则他们在时刻提防着自己会被别人颠覆，自己的地位会被别人取代；二则要关心皇帝的喜恶，生怕一个不留神、一个不小心丢了项上人头。即便终日提心吊胆，仍然有许多人选择了仕途，义无反顾。

如何在官场宦海之中，做一根不沉的浮木是很有学问的一件事。曾国藩认为为官者必要小心做事，以求心安。曾国藩自从深入官场就将小心二字刻在心中。用他自己的话说就是："国藩败挫多年，慎极生葸，常恐一处失利，全局瓦解，心所谓危，不敢不告也"。这段话说明曾国藩的小心谨慎是从无数次失败的经验之中获得的。曾国藩亦同常人，是经由一步步的失败才攀爬到成功的巅峰。据他自己总结他这一生只有四次关乎全局身家的大错误。这四次错误分别是湘军第一次出兵、湖口之败、三河镇兵败和祁门之围。几乎每一次，曾国藩都是死里逃生。这几次兵败，他损失了麾下猛将，丢了湘军精锐，教训是惨痛的。倘使这样惨痛的经历也无法令他幡然醒悟，他断然不会成功。军事上的谨慎小心不够的，在官场之中更应如是。曾国藩自己都笑谈，打败仗不可怕，可怕的是官场风云。这世上人心最不可测，战场之上，还有迹可循，而官场不是战场却胜于战场。

国学经典文库

冰鉴

曾国藩为官哲学

图文珍藏版

同治继位，慈禧垂帘听政，掌握着清王朝的生杀大权。"女人心海底针"这话并非玩笑。慈禧刚一掌权就伙同恭亲王奕䜣，囚禁处死顾命大臣肃顺、端华等八人。肃顺等对曾国藩曾有着知遇之恩，这消息不由得让他为之震惊。自此，曾国藩更是提心吊胆，不敢犯丝毫错误。但风波总是要波及曾国藩处，正所谓君要臣亡，臣不得不亡。曾国藩在慈禧眼里毕竟如眼中钉一般的存在。在太平天国灭亡之时，对

慈禧太后

于曾国藩而言也到了兔死狗烹之际。为了保全自己，曾国藩选择了以退为进，自断羽翼，才得以保全。

鸟尽弓藏。对于一些掌权者来说，有能力的人是他们的工具，用完了不希望他们与自己来分享胜利果实，只可共患难不可共富贵。争天下时，务求得人，礼爵有加；一旦政权在握，转而大肆屠戮功臣，诛灭异己。在中国的历史舞台上，统治者与开国功臣之间常常玩起"兔死狗烹"的游戏。在现代生活当中，也常常会见到这类的情景，特别是在职场里，当共同取得事业的成功之时，也是合作者反目成仇之际。

但是，"兔死狗烹"之事有违人之正道，乃小人之辈的卑鄙行径，长此以往，必然有失人心，众叛亲离，社会终究还是不能容纳这种忘恩负义之徒。在生活中，要尽量看清身边每一个接近自己的人，千万不要错信了小人，令自己陷入被人陷害的境地。

与皇帝为伴，如与虎同笼

吾辈久居高位，一有不慎，名声即损。

——曾国藩

中国古代讲究的是以文治国，科举制度考的就是一个人的文章写得如何，而大臣们给皇上呈递的治国奏章，不过就是一篇文章，地方官更不用说了，百里传信给中央汇报工作，其内容也都是书信体的文章。所以，对于古代人来说，文章的好坏及其中的言辞，直接关系到一个人的前途，说对一句，官升三阶，说错一句，万劫不复。

曾国藩就是写文章的高手，因为曾经学过程朱理学，所以他的文章风格总是很沉稳，很有层次感。对于曾国藩来说，写文章光有文采是不够的，还要掌握皇上的阅读习惯和阅读喜好，如果有哪一些方面是皇上不喜欢的，就应该努力地避开。只有这样，才能让皇上有耐性读完你的文章，才能让自己的建议能够引起皇上的重视。所以，每一篇奏折，曾国藩都是要下很大的功夫的。

当时，咸丰皇帝有一个习惯，就是每次拿起奏折，首先会看这个人的字写得好坏，如果写得好的，就能仔细读下去，如果字写得不好，就会直接扔到一边，再也不去看它。熟悉了皇上的习惯以后，曾国藩每次写好奏折以后，都要找个文字写得很好的人再誊一遍。如此小心处理，坚持了很多年，难免发生纰漏。

那是在太平天国运动的时候，曾国藩要向朝廷报告前方的战事，写好奏折以后，赶紧找来了写字好的人来誊写一遍。可是，就在这人誊写奏折的时候，曾国荃却闯了进来，不小心把墨洒在了奏折之上。曾国荃是个粗枝大叶的人，他想就那么几个墨点，应该不碍事的，也就没有让人重新誊写，直接送给了皇上。

皇上看到了带着墨点的奏折，龙颜大怒，大骂曾国藩不懂得尊重人，还扬言要将削去他的军权。幸好有人在旁边劝阻，说要以大局为重，皇上才忍了下来。

这件事情很快传进了曾国藩的耳朵，明白事情缘由的曾国藩跟曾国荃说：

"皇上对字迹不好的奏折是很避讳的,你怎么能这么不注意,专门捡皇上不喜欢的做?这次没有事真的是万幸了。我们久居高位,稍微有一点不慎,就可能给自己招来祸端,所以以后一定要小心了。"曾国荃听了他的话,也不敢再大意了。

因为犯了皇帝的忌讳险些丢失官职事小,丢命事大。皇帝的喜好憎恶,身为臣子如果不明晓,就会轻者丢官重者招来牢狱之灾,即使是头颅不保,九族尽灭,在历史上也不是什么稀罕事。

所以在官场中,一定要留心上面人的避讳,只有躲开"雷区",才能在官场中保住自己的一席之地。同样,在我们的生活中,如果不懂得避嫌,也很可能给自己惹下祸端。每个人的心中都有自己的痛处,也有自己执拗的喜好,如果不小心跨进了别人的"雷池",那么就可能遭到别人的记恨,甚至招来对方的报复。尽管你有时候是无心的,但是在别人看来,就是你在故意找他麻烦。所以,做事情的时候,一定要小心谨慎,在与人交往的过程中,更不能口无遮拦,什么话都说。

放虎归山,妇人之仁

小仁者,大仁之贼。多赦不可以治民。

——曾国藩

成大事者不拘小节。在关乎天下的大事业中,如果在某个不经意的地方放水过去,或者因一时之仁而不敢作为,可能就会因此错失成事的良机。

曾国藩在给弟弟曾国荃的信中写道:"长了疖子得让它把脓发出来,蒸烂肉不可屡揭锅盖。而人不可以因为一时的假仁慈而误了大事。"这番话说的虽然颇为厚黑,但道理却是非常实在的。自古常有妇人之仁者,所犯之错致使更大的不仁之事出现,那么不如之前心狠手辣一些,也就不至于在之后祸及更多的人。

在剿灭太平天国的过程中,曾国藩的手段可以用狠辣来形容,但在他看来,如果自己不残酷,恐怕会惹来更大的祸患。他在进入南京后,所见之太平军,一律击杀,剿灭人数超过十余万,据历史记载,当时的秦淮河尸首如麻,河水两岸三个日夜火光不息,到处都是一片废墟。据说死伤者包括三四岁的孩童在内,更不用说妇人和老人。

在南京城中,曾国藩的大肆屠杀政策其实与他的政治立场有关。当他听说老百姓以粮食等物救济太平军时,曾说:"我不能就这么纵容太平军在南京待下去。"因此他抓来百姓,杀一儆百,使得老百姓即便有心反清也不敢轻举妄动,通过这种方法来孤立太平军。

现在看来曾国藩似乎过于残暴,然而站在他的立场上,太平天国和清政府呈水火不容之势,而曾国藩又是对朝廷忠心耿耿的,这种极端的行为也是可以理解的。回顾历史,要真正成就一番事业的人,很多时候就得舍弃仁慈,因为仁慈不能解决他们面对的问题。

三国时期,曹操完成了北方的统一后,想要继续消灭南方的孙权和刘备两大势力,但是孙刘集团不仅联合抗曹,还攻击他"托名汉相,实为汉贼"。在声名将被败坏的情况之下,曹操并没有急流勇退,而是上书皇帝澄明心志,这就是著名的《让县自明本志令》。他说:"要我就此放弃所统率的军队,把军权交还朝廷,回到武平侯的封地去,这实在是不行的啊。为什么呢?实在是怕放弃了兵权会遭到别人的谋害。这既是为子孙打算,也是考虑到自己垮台,国家将有颠覆的危险。因此不能贪图虚名而使自己遭受实际的祸害。这是不能干的啊。先前,朝廷恩封我的三个儿子为侯,我坚决推辞不接受,现在我改变主意打算接受它。这不是想再以此为荣,而是想以他们作为外援,从确保朝廷和自己的绝对安全着想。"

天下统一才是大势所趋,曹操大胆坦白自己不愿"慕虚名而得实祸",这个实祸不仅是对于曹操个人而言,也是从天下出发去考虑的。国家的分崩离析,最终带来的还是社会的动荡。作为一个成熟的政治家,这种取舍方显风范。

再把历史往前推移,其中的教训不胜枚举。楚汉相争之时,项羽在鸿门宴上就因为心一软而放过了刘邦,这真正是放虎归山。韩信对他的评价非常准确,那就是他有的只不过是妇人之仁。

妇人之仁,是历来欲成大事者颇为忌讳的,曾国藩就是一员,他并非生性狠毒,他所做的是在权衡利益之后的最佳选择。那就是为了避免自己的失败,做出对自己最为有利的决断,去争取最大的胜利。曾国藩杀降兵也是出于同样的原因:这些人多是失业流民,会给社会治安带来危害;若是放了他们,又可能重回太平军,卷土重来。这些无疑都是不利于清政府的统治的。

用兵如对弈,谋势不谋子。无论是用兵、为官还是作为生活中的领导者,都需要有这种高瞻远瞩、壮士断臂的魄力方能成大事。

关键时刻要挺得住

至于倔强二字,却不可少。功业文章,皆须有此二字贯注其中,否则柔糜不能成一事。孟子所谓至刚,孔子所谓贞固,皆从倔强二字做出。

——曾国藩

什么叫作倔强?有的人以为倔强就是俗话说的驴脾气。一条道走到黑。其实不然,倔强虽然离不开对志向的忠贞,离不开遇到什么难题都一"挺"而过,但更需要的是付出,是努力。曾国藩对于"倔强"两字的认识十分深刻。他觉得不管拼搏事业还是做学问,都需要从始至终坚持"倔强"这两个字,不然是没有办法成功的。

志当存高远,有了高远的志向,在人生的起跑线上就已经胜出了一筹。但是树立志向是一件事情,能否把它实现就是另一回事了。志向不是幻想,让人一直仰望着它,而是期待着人们去能触摸到它,能够借它提升自己。

有些人一开始的时候也是心怀壮志,但是在前进的旅途中,发现好不容易克服了一重困难,接着又是另一重,似乎理想离自己越来越遥远,渐渐就放缓了脚步,最后就停下了,以为此路不通,转而走向了另一条路,原来的理想就变成了空想。就像曾国藩说的,将"倔强"两字刻在心上,多坚持一下,多挺住一会儿,才能成功。为了将自己的这一理念很好的传达给下属,曾国藩曾经对他的幕僚讲过这样一个故事。

曾经有一个老翁请了贵客在家里吃午饭,一大早就让儿子去集市上买一些肴蔬果品。但是中午都快过了,却还没有看到儿子回来。这老翁就心慌意急,到村口去观望。只见离家不远处,儿子挑着菜担在田埂与一个挑着京货担子的人面对面站着,一动也不动。

这老翁见此情景连忙走上前去婉言说:"老哥,我家中有客,等着做这些饭餐。请你往水田里稍避一步,待他过来,你老哥也可过去,这样不是大家都方便吗?"

那个人不满意地说:"你为什么叫我下水,却不让他下呢?"

老翁说:"他身子矮小,水田里的水会把担子浸湿,坏了食物;你老哥身子高长些,可以不至于沾水。所以就请你避让的。"

那个人说:"你这担子里面装的只不过是些菜蔬果品,就是浸湿也可以将就着用;而我担中装的都是京广贵货,如果被水弄湿的话那就一文不值了。我的担子比你儿子的担子贵重多了,怎么反而让我先避开呢?"

老翁见说服不了他,乃挺身过去说:"来来来,既然你非要那么做,那就我到水田里去,你老哥将货担交给我,我顶在头上,请你空身从我儿旁边闪过去,我再把担子还给你,怎么样?"

老翁说着马上就俯身开始解袜脱履准备下田。

那个人见老翁如此,过意不去,就说:"既老丈如此费事,我就下了水田,让你的担子过去。"

说着他立马就下田避让。老翁就只挺了一挺,就把这个对峙化解了。

讲完这个故事之后,许多人都表示不解。曾国藩又接着说道,这个老翁就好比遇到困难的自己,而不肯让路的行人就是你眼前的困难。有些时候只要你多坚持一下,挺住了。困难就会迎刃而解。

那位老翁所做的就是比对方多坚持了一步,就把纠纷化解了,达到了自己的目的。这不正是曾国藩说的倔强之道,即"不抛弃、不放弃"的精神和力量。有着这样的精神和理想的人才懂得珍惜自己的理想,不管遇到多少困难都靠着必胜的信念咬着牙坚持了下来。

作为汉人,曾国藩在晚清的政坛上最终位极人臣,一路上不知道要经过多少的挫折和磨难,如果不能一路挺过来,咬着牙告诉自己理想终能实现,最后又怎么能登上朝堂的最高位?正如曾国藩本人所言,一个人无论是想要写文章还是建功业,想要有所成就,都必须在心中存有信念方能成功。

以挺为计,也可取胜

> 臣自知才智浅薄,唯有愚诚不敢避死而已。
>
> ——曾国藩

很多人以为,面对困境,倘若不变,就是逆水行舟不进则退。事实上,有些时候我们的不变恰巧迎合外部环境的变迁,静待之中又现生机。曾国藩在处于两难的境地之时,曾经上表说过,自己深知学识浅薄,但是自己有一颗忠诚到宁可战死也不投降的决心。这就是一种"挺"。这个奏折,使得当时不受重视的曾国藩重新赢得了皇帝的信任,改变了当时的局势。曾国藩为官之路上也因为他能够懂得坚持挺住,多次受到赏识。

1851 年,咸丰帝登基,太平天国起义爆发。为了平复混乱的战局,年少的咸丰帝凭借着自己的才能采纳了"以汉制汉"的建议,提拔了大批汉人能士入朝为官。名声在外的曾国藩,自然也在提携的范畴之中。但当时曾国藩的母亲刚刚过世,中国百善孝为先。身为孝子的他于情于理都应在家守丧。他上表婉拒了皇旨,连好友的游说亦没有动摇他的心。当好友搬出父亲曾麟书,才勉为其难地领旨赴职。作为一个文人,头次带兵的他面对重重难题并没有退缩,而是寻求各种解决方法,最后建立了一支劲旅——湘军。湘军未成气候之时,太平军势如猛虎,咸丰帝见情形危急,道道圣旨催促其率兵去外省支援。面对两难的境地,曾国藩并没有屈服于权势,而是坚持己见。多次上表阐述自己的立场和难处,望咸丰帝体谅。咸丰帝因此恼怒,觉得曾国藩只不过是一介儒生,好高骛远,实无带兵之能力,只是畏惧死亡。面对咸丰帝的盛怒,曾国藩依然不卑不惧,上表以明心志。或许正是曾国藩的坚持感动了咸丰。这位年轻的帝王,不仅没有责怪曾国藩数次抗旨,转而对他更为礼遇,安抚他和他的湘军,"成败利钝故不可逆睹,然汝之心可质天日,非独朕知"。

咸丰帝

　　皇帝的话证明了曾国藩"挺"之有理。正如古人所云:"自古雄才多磨难,从来纨绔无伟男。"人生道路坎坷,曲曲折折,充满艰辛与挑战。一个人要取得成功,成就一番事业,必须经历千辛万苦,战胜艰难困苦,不断地摔打和磨炼自己的坚强意志和顽强毅力,既不因为一时挫折而心灰意冷,也不因为暂时困难而畏难退缩。须把挫折看成奋起的契机,将困难化作磨炼意志的动力,最后才能够取得成功。

　　要知道,多一秒的坚持,多一分钟的努力,或许就可以改变一个人的一生。就说美丽的白衣天使南丁格尔,也是因为多了一刻的坚持,才走上战场救死扶伤,成为人人敬重的偶像。

　　第二次世界大战期间,南丁格尔在庆祝战争结束的那一天收到了一份电

曾国藩为官哲学

图文珍藏版

报,她的侄儿,她最爱的一个人死在战场上了。她无法接受这个事实,她决定放弃工作,远离家乡,把自己永远藏在孤独和眼泪之中。

正当她清理东西,准备辞职的时候,忽然发现了一封早年的信,那是她侄儿在她母亲去世时写给她的。信上这样写道:我知道你会撑过去。我永远不会忘记你曾教导我的,不论在哪里,都要勇敢地面对生活。我永远记着你的微笑,像男子汉那样能够承受一切的微笑。

南丁格尔把这封信读了一遍又一遍,似乎他就在她身边,一双炽热的眼睛望着她:你为什么不照你教导我的去做?

南丁格尔打消了辞职的念头,一再对自己说:我应该把悲痛藏在微笑下面,继续生活,因为事情已经是这样了,我没有能力改变它,但我有能力继续生活下去。藏在痛苦泥潭里不能自拔,只会与快乐无缘。告别痛苦的手得由你自己来挥动,享受今天盛开的玫瑰的捷径只有一条:坚决与过去分手。

生活中时常会看到这样一种情况,有的人即使受到沉重打击,也能笑对生活,勇敢地生活下去,最终成就一番事业。而有的人一遇挫折和困难就灰心丧气、怨天尤人,陷入痛苦的泥潭而不能自拔,甚至自暴自弃。没有人希望自己是那个怨天尤人的人,都希望能够在夹缝之中,依然坚强地活下去,自立自强。唯有学会坚持,学会坚挺,学会承担压力,更学会不被压力击败。多一点点的坚持,抗住压力,或许才能看见彼岸胜利的曙光。

多一事不如少一事

困心恒虑,正是磨炼英雄,玉汝于成。李申夫尝谓余叹气从不说出,一味忍耐,徐图自强。

——曾国藩

世事变化从来总是风云莫测,大家都懂得趋利避害,却很少有人知道被卷入无法避免的纷争应该怎样做。面对纷争,有多少人能够抱着息事宁人的态度,让事情大而化之呢? 曾国藩认为息事宁人才是一些事情的最佳解决方案。既为英雄又何必计较一时的长短。

作为一个官员,曾国藩有很多时候都很无奈。从政局到战术,当你站在那个位置上所作所为要考虑的不仅仅是你一个人,而是几千几万甚至一个国家的生灵。你的选择绝对要顾全大局。所以有些时候无奈地牺牲自己,也是无法避免的。

1858年夏,曾国藩再次被委以重任,率领湘军在江西作战。虽然湘军有守城却敌的功劳,却无法融入各地乡团,时常被团丁伏击截杀。祸不单行的是当时疫症流传,营中将士因感染而病倒。此番行军,问题棘手,在危急的时候又传来了湘军精锐在安徽兵败的消息,景德镇一带的湘军也连连失利。一系列噩耗在曾国藩的心上洒了一把盐。曾国藩忍受着丧弟丧友之痛,竭力挽救,才得以稳定大局。一波未平,一波又起。朝廷忽而传令要他援浙,忽而又命其赴皖。听闻石达开有由湘入蜀之势,他又得马不停蹄听令去四川夔州扼守。朝令夕改,毫无章法。曾国藩无所适从,精神苦恼,承受了许多非议和压力。也只得委曲求全,任凭朝廷调令。

但是曾国藩依然秉持息事宁人、委曲求全的处世观,发出"困心恒虑,正是磨炼英雄,玉汝于成。李申夫尝谓余叹气从不说出,一味忍耐,徐图自强"的感慨。当你身处困境之中,担忧烦恼的时候也就是磨炼你,帮助你成为英雄的时候,只有一再的忍让才能够谋求自强,这是做人应有的体悟。曾国藩面对困境的委曲求全和低调行事使得他度过了危机,取得了成功。换个角度来看,就算集万千宠爱于一身,也不应该仗势欺人,招惹是非,为人是该低调些。

我们都知道朱元璋是个小气的皇帝,许多当年追随他替他打江山的人,都因为提及过往或者做错事丧了命。但是有一位名臣徐达,非但保全了性命,在其辞世之后更是令朱元璋哀恸不已追封为中山王。他能取得这等荣耀同他息事宁人的态度是分不开的。

"指挥皆上将,谈笑半儒生"的徐达,儿时曾与朱元璋一起放过牛。在其戎马一生中,有勇有谋,用兵持重,为明朝的创建和中国的统一立下赫赫战功。徐达手握重兵,又在将士中有着崇高的威望,他如果有自己当皇帝的野心,朱元璋就只有让贤的份了。

所以朱元璋当时也是两难。不重用徐达无法平定天下,重用徐达也等于太阿倒持,把帝位和自己及家人的生命交到徐达手中,只看他取不取了。

朱元璋想了很久,终于想出一个试探徐达真心的办法来。

一次徐达出征回来,朱元璋照例下殿迎接,口称大哥,亲热无比。徐达汇报完战事后,朱元璋便留他在宫中闲谈,故意装作漫不经心的样子说:"大哥功劳盖世,却没有一座像样儿的房子,我以前当吴王时住的府邸现今空着没用,就送给大哥将就住吧。"

徐达一听,心都提到嗓子眼儿,知道自己已到了鬼门关口,忙俯身下拜,苦苦推辞,朱元璋见他态度诚恳,也就不再提了,徐达却是汗透重衣。

过了几天,朱元璋在吴王府邸中设宴,款待自己昔日的布衣兄弟,徐达自然也被请去。酒宴上朱元璋连连劝酒,徐达不敢违命,只好拼命喝,结果不胜酒力,宴席没结束便已醉倒了。

朱元璋便命人把徐达抬到自己以前住过的床上,对众人说:"我已经把这所房子送给徐大哥了,今天不过是代他请大家喝酒,主人已醉,咱们也散了吧。"便率众人离开。

徐达酒醒后才发现自己是在吴王府邸中,而且睡在皇上先前用过的床上,顿时吓得魂飞九天,忙一跃而起,冲出府门。府中的奴仆们不知何故,都出来劝他回去,说皇上已经把府邸赐给大将军了。

徐达哪敢再踏入府门,又不敢说擅自回家,怕朱元璋心中生疑,索性和衣睡在街道上。仆人们都苦苦劝他,数九寒冬的,睡在街道上非冻死不可,徐达置之不理,夹杂在仆人中的锦衣卫密探忙入宫禀报朱元璋,朱元璋不觉露出笑容,命他继续监视。

徐达宿醉未醒,又自知逃过了生死一劫,虽住街道上,心里却很平静,居然在凛冽寒风中睡着了。

朱元璋得知这一情况喜笑出声，对徐达放下心来，认定他没有自立为帝的野心。

徐达天一亮便入宫求见，见到朱元璋后口称死罪，连连叩头谢罪，请求惩罚。朱元璋却哈哈大笑，便下令在吴王府邸的对面为徐达造一座府邸，赐名为"大坊"。

倘若徐达之后没有妥善应对

徐达

朱元璋的试探，恐怕早已身首异处。正是他的息事宁人委曲求全，安抚了朱元璋的疑心，最后才能获得成就。

中国有句俗话，多一事不如少一事。我们遇到纷争倘若都能大事化小、小事化了，也许未来的道路就真的畅通无阻了。曾国藩就是因为有大局意识和忍让精神，遇到麻烦、挑衅并不想着回击，而是寻找化解的办法，圆滑做人，才能够取得那么高的成就。人总有怒火满心，想和别人一争高下的时候，倘若能够想起曾国藩的作为及其大事化小、小事化了的变通之法，这个坎儿也就很容易过去。

结交贵人得拔擢

人生在世，个人不可成事也。欲成大事，需营运关系，借助他人之力以成自己之事。

——曾国藩

"吾尝跂而望矣，不如登高之博见也。登高而招，臂非加长也，而见者远；顺风而呼，声非加疾也，而闻者彰。假舆马者，非利足也，而致千里；假舟楫者，非能水也,而绝江河。君子生非异也,善假于物也。"

这是荀子《劝学》中的一段话,能到达千里之外的,并非是因为脚力好,而是懂得驾马而行;能渡过江河湖海的,并非因为他擅长游泳,而是懂得乘坐船只。一个成功者未必是能够亲自摘下枝头硕果的人,但他必定能得到硕果——那就是他善于借助他人他物的能力。曾国藩无疑是深谙此道的,他懂得朝中有人好做官的道理。

当时读书人十年寒窗,无不希望"朝为田舍郎,暮登天子堂",仕途竞争非常激烈。而出身寒门的曾国藩却在十年之内七次升迁,令人咋舌。自然有真才实学无疑是最基本的条件,但是就科举成绩来说,曾国藩的成绩并不是最为显著的,他被点中庶吉士后,成绩列为二等第十九名。而在三十七岁时他就升到了二品,当时的朝堂上也仅有他一人而已。

他的秘诀就在于构建自己的人脉关系。他不仅结交了很多志同道合的朋友,也懂得如何依仗他人的力量来获取成功。其中对他帮助最大的莫过于穆彰阿了。

1838 年时穆彰阿已经是文华阁大学士了。1843 年曾国藩参加大考,穆彰阿为总考官。交卷之后,穆彰阿便向曾国藩索要应试诗赋。曾国藩随即回住处将诗赋誊清,亲自送往穆府。这一次拜访似乎成为曾国藩迅速升迁的契机。在此之前,曾国藩的官品一直滞留未动,从此之后,则几乎是年年升迁,岁岁加衔,五年之内从七品跃升为二品,前后变化十分明显。

一天,曾国藩忽然接到次日召见的谕旨,遂连夜到穆彰阿家暂歇。第二天被带到皇宫某处,环顾四周,发现并非平日等候召见的地方,无奈白白地等半天,只好又回到穆府,准备次日再去。晚上,穆彰阿问曾国藩:"你见到了白天被带去的地方所悬荐举吗?"曾国藩答不上来,穆怅然曰:"机缘可惜。"踌躇良久,召来自己的仆从说:"你立即用银四百两交给某内监,嘱他将某处壁间荐举秉烛代录,此金为酬也。"当天夜里,仆从将太监抄录的壁间荐举送给穆彰阿,穆彰阿令曾国藩熟记于胸。次日入觐,皇帝所问皆壁间所悬历朝圣训,因为奏对称旨,曾国藩大受赏识，道光帝还谕穆曰："汝言曾某遇事留心，诚然。"从此以后，曾国藩便恩宠有加，平步青云。

朝中有人好做官，古代的仕子很多都明白这个道理。孟浩然那首著名的《临洞庭上张丞相》，其中写到"欲济无舟楫，端居耻圣明。坐观垂钓者，徒有羡鱼情。"就是希望当时的宰相能够对他引荐一番。这种借势而为者才能成大业。如刘邦虽然带兵不如韩信，他却能够带将，他的天下有很大一部分就是韩信给他打出来的。

平步直上九重天的人，需有青云为依靠。曾国藩正是善于利用各种有利的关系才能够借梯而上，才能有一个更大的舞台去展示他自己。

多言好辩惹祸端

古来言凶德致败者约有二端：日长傲，日多言。丹朱之不肖，日傲日嚣讼，即多言也。历观名公巨卿，多以此二端败家丧生。

——曾国藩

咸丰八年三月，曾国藩在家为父守丧，这段时期可以说是他人生的一个低谷。虽然他对朝廷忠心耿耿，忍辱负重，"打掉牙齿和血吞"，在战场上拼死拼活的，也取得了一些胜利，可是他的仕途却屡屡碰壁，百官排挤，连皇上也开始不信任他。

曾国藩的心里是十分委屈的，他觉得自己为了朝廷付出了那么多，可是到头来却得不到上面的认可，到最后身边连一个可以诉衷肠的人都没有。这样的结果，一定是因为自己在平时做事情的时候不注意，才会变得越来越没有办法挽回。所以，他对自己的行为进行了反思，得出了这样两个结论：一是太傲，太执拗，跟别人的观点不同的时候，总是固执地认为自己的是对的，而听不进去别人的意见。在做事情的时候，尽管可能是别人错了，可是自己却不能给别人台阶下，常常因为自以为是而让别人丢了面子，伤害了别人的自尊心；二是笔下太过随便,爱与人争辩,没有细细地听闻别人的言论。有些时候明明不应该发表自己的言论,可是总是忍不住。有些应该点到为止的话,总是说过了头。自己总是在不自觉中把人给得罪了。

经过反省,他给自己提出了几条规定,希望自己能在以后的与人交往中多听听别人怎么说,少发表自己的言论,少说一些伤害别人的话。他把自己的心得跟弟弟们分享,因为他发现家中弟弟们也有这些毛病,于是就写信劝诫。

他说,古人总结由于不好的德行而导致失败的情况,大约有两种:一是高傲,二是多言。帝尧的儿子丹朱不肖,一是傲;二是奸诈而好争辩,也就是多言。历代名公巨卿,大都是因为这两点而败家丧生的。有这两种缺点的人大部分是因为心里有所倚仗,心里有了倚仗,就会表现在脸上。从门第来说,我现在众望大减,还担心连累子侄兄弟;从才识来说,最近军队里锻炼出来的人才很多,弟弟们也没有超过别人的地方,都没有什么可倚仗的。只能是放低姿态,一味地求讲话忠信,行事踏实恭敬,也许可以弥补旧的过失,整顿出些新的风气来,不然,别人都会讨厌、看轻你的。

曾国藩这些话可谓是走进了人性深处。多言的人,言多必有失,往往说者无心,听者有意,于不知不觉中得罪一些人。再者,多言的人也容易给人留下不踏实、爱吹牛甚至不诚实的印象,经常说"聪明的人要有长的耳朵和短的嘴巴",就是要大家多听听别人说什么,而自己少发表意见,少表现出自己的观点。平日里应该多听听别人的言论,才能了解更多真实情况,不至于在糊涂中把事情弄糟。

其实,很多年轻人因为刚到一个环境,对于里面的很多规定都不熟悉,如果人云亦云,或者随便发表自己的意见,很有可能在不知不觉中就把别人得罪了。要记得言多必失的古语,只有多听别人说什么,熟悉了情况,才有利于我们的发展。倘若贸然行事,自然不会发展顺利。

集思广益，兼听则明

天下无穷进境，多从"不自足"出。盖天下理，满则招损，亢则有悔，日中则昃，月盈则亏，至当不易之理也。

——曾国藩

但凡拥有权位的人，时刻要与官场上阿谀奉承的溢美之词打交道，在众口一词的赞美声中，人很容易就自我膨胀，变得飘飘然。心要是渐渐满了，自以为饱和了，也就是人走下坡路的时候。

曾国藩对这种官场游戏心知肚明，也时刻警惕着，就怕自己被污染，所以他一再告诫自己和亲友："君子大过人处，只在虚心而已。不特吾之言当细心寻绎，凡外间有逆耳之言，皆当平心考究一番。"意思是说君子比别人强的地方，就在于虚心罢了。不符合自己言语的要仔细的寻找思忖，只要外面有不中听的话语，都应该抱着一颗平常心考虑自己的过失。

君子寻求到达之境。空穴方能来风，已经装满的水，要是再加进去就溢出来了；想要学习新的东西，唯有虚心二字。他在给弟弟的信中写道：

余平生科名极为顺遂，惟小考七次始隽。然每次不进，未尝敢出一怨言，但深愧自己试场之诗文太丑而已。至今思之，如芒在背。当时之不敢怨言。盖场屋之中，只有文丑而侥幸者，断无文佳而埋没者，此一定之理也。

弟累年小试不隽，恐因愤激之久，致生骄惰之气，故特作书戒之。

他说科考之中有文章不好而侥幸胜出的，却没有文章好而被埋没的。他自谦说自己文章做得不过尔尔，并以此激励弟弟认真虚心地去学习，不要因几次考试成绩不佳而激愤乃至骄傲怠懒。孔子都说"三人行，必有我师"，何况吾辈？

学习上如此，曾国藩在治国方略上同样也能取长补短，借鉴他人的经验。

洋务运动是中国近代走向世界的重要一步，目的就是师夷长技以自强，曾国藩是这一运动中的重要领袖人物。如果不是意识到清政府在军事等各处的弱点所在,并怀着学习的眼光重新看待世界,又怎么能够真的去学到他人的长处呢?

曾国藩最初的几次造船试验都没能成功,他从中更为清楚地看到了建造轮船、制造军火的重要性和向西方看齐的必要性。于是他采取了容闳的建议:在轮船制造局下设立翻译学官,专门翻译有关制造机械船炮的西方图书,还设立兵工学堂,学习西方先进的机械工程理论与实践,培养青年人才。

他作为"天朝上国"之臣,却能在西方先进的科技面前放低姿态,在当时有几人能有如此的魄力?虽然这次运动并没有使得中国脱胎换骨与西方各国并驾齐驱,但是至少是一次进步,是中国社会向前迈的一大步。这样的进步,也是曾国藩之类的有识之士懂得广泛吸取别人意见,多听多做的功劳。

曾国藩推崇"谦虚"之道,看不惯那些骄矜之徒。他说:"盖达官之子弟,听惯高议论,见惯大排场,往往轻慢师长,讥弹人短,所谓骄也。由骄字而奢、而淫、而佚,以至于无恶不作,皆从骄字生出之弊。"高官子弟听惯了别人的赞扬,见惯了大的排场,然后怠慢自己的师长,讥笑谈论别人的短处,这就是骄。由骄便产生奢、淫等,可以说世间无恶不作的那些人都是从骄傲开始的。

为了能够听到更多意见和建议。曾国藩在1866年调任两江总督时,题楹联悬挂于总督府衙:"虽豪杰难免过差,愿诸君谠论忠言,常攻吾短;凡堂属略同师弟,使僚友行修名立,方尽我心。"

上联是希望各位同僚多讲真话,多进忠言,揭自己的短处;下联则是说所有部属都与我如同师兄师弟,能使大家有好的德行和名声,方算尽了我这个为师兄的心意。忠言逆耳利于行,曾国藩虚怀若谷,才能听得进忠言,然后提升自己。

只有井底之蛙才会自以为天空只有自己的眼界那么大。站得高,看得远的人,总觉得自己还要走很多路,还需要学习很多东西。曾国藩无论是读书还是实战,都能怀着谦和的态度去对待,才能在点滴的学习中每日更进一步,这对于你我而言,不能不称之为启迪。

清明在心,糊涂在形

浑则无往不宜。

——曾国藩

屈原曾说"众人皆醉我独醒",一定要保持自己清醒的姿态以示不同流合污。但在曾国藩看来,心中明白即可,在行为上不妨装装糊涂,糊涂就是浑的主要内涵。这不是教人愚笨,而是难得糊涂之糊涂。聪明的人总是彰显在外,自以为是;而糊涂之人看似浑浑噩噩,实则心中清明,是一种大巧若拙的智慧,这就是曾国藩的"浑"字诀。

丁日昌是新派人物,对外国东西较为熟悉,也积极主张办洋务,兴新法,见识自然比清廷中那些埋头故纸堆的守旧派官僚要高远,但是也因为他的不注意收敛,所以招致了一些官员的嫉恨,得了一个难听的诨号"丁鬼奴",称他是洋鬼子的奴才。

曾国藩写信给他,希望他能够注意收敛,在众人没有意识到洋务有益国家发展之时,能够耐心地等待,慢慢地渗透这种思维。做到揣着明白装糊涂。这样做大家不会反感,对于自己也多有裨益。

当时清廷中很多官员都反对洋务运动,认为是崇洋媚外、劳民伤财之举。但如果一一与他们去争辩对质,反而是劳心劳力自讨苦吃。因此曾国藩劝他,不妨也以"浑"字对之,即不去计较,听而不闻,视而不见,既不为他人的意见所动摇,也不强求他们能接受自己的做法,唯有这样才能气定神闲,专心致志地去做自己该做的事情。曾国藩给丁日昌的提议,其实与他常言的"忠恕"之道有异曲同工之妙,不过把"浑"字引申一层意思,即把自己藏起来不受他人干扰。

曾国藩不仅给他人常做提醒,对自己的弟子李鸿章更是严格要求。李鸿章是曾国藩的得意门生,曾国藩对他进行了一番磨砺也是因为李鸿章的身上棱角太分明。过于棱角分明的人,处事中最吃亏的还是自己。初入仕途的青年才俊都会有这种问题,曾国藩经常教育李鸿章,凡事不能过激,也不能过缓。真正的"浑"是心中泾渭分明的,只是不会把聪明皆露于外。

李鸿章办理洋务时,曾国藩还写信特意告诫他说:"与洋人交际,风采不宜过俊,宜带浑含气象。拒之欺侮诡谲,蔑视一切,吾若知之,若不知之,似有几分痴气者,亦善处之道也。"

在和洋人打交道的时候,洋人总是会仗势欺人,你虽然不能与他争执,但是也不能甘心受辱,所以最好的办法是"若知之,若不知之"。"若知之"是提醒洋人别以为我们愚笨,其实你的那些小聪明我都知道;"若不知之"则是装糊涂,这样双方不至于陷入僵局,也显示了清廷的宽容大度。如此或实或虚的做法,像个迷魂阵一样把自己保护了起来,让别人看不清,在外交中这样的做法才是高明之极。

曾国藩说自己做文章是"欲落不落,欲行不行",这种技巧就是浑之奥妙所在。不是完全的藏而不露,而是当露则露,当隐则隐。其前提就是心中要对事态有十分准确的判断,然后再去选择自己的行为。

心正不存邪

人以气为主,于内为精神,于外为气色。

——曾国藩

人生天地间,不过呼气吸气而已。吸气即是争气,呼气就是出气。有的人追名逐利,有的人趋炎附势,而曾国藩推崇的则是浩然之气。他说:人以气为主,于内为精神,于外为气色。也是就一个人活着重要的就是一股气,对内表现为一种精神,对外表现为自己的气色。

这种精神就是因自己站在正义的一方而表现出来的勇气与毅力。很多人才看来很弱小,但是这种浩然之气却能够令他的生命散发出耀眼的光芒。这种精神的力量不能用一时的成败去衡量,正像文天祥所说的那样:"人生自古谁无死,留取丹心照汗青。"历史总会给予公正的评价。

曾国藩就非常注重培养自己的浩然之气。他曾经说,自己人生有三乐,第一乐就是读书,读书出金石声。他的读书并不是因为想从中得取黄金屋作为进阶的敲门砖,也不是为了找寻颜如玉的美人相伴,他的目的是"读书养我浩然之气"。他说的读书可以改变气质也是同一个道理。

唯有读圣贤书,方能成为贤人。圣贤之所以为后世所敬仰,学识卓越固然是一个重要的原因,但还有更为重要的一点就是他们总是正气长存,他们是在以代天地立言的,因此笔下之言能够流传千古而不磨灭,让后辈承仰恩泽。

曾国藩说:"自古圣贤豪杰,文人才士,其治事不同,而其豁达光明之胸,大略相同。吾辈既办军务,系处功利场中,宜刻刻勤劳,如农之力穑,如贾之趋利,如篙工之上滩,早做夜思,以求有济,而治事之外,却须有冲融气象,二者并进,则勤劳而以恬淡出之,最有意味,写字可以验精力之注否,以后即以此养心。万事付之空寂,此心转觉安定,可知往时只在得失场中过日子,何尝能稍自立志哉。"

上面这番话的大体意思就是,无论是武将还是文官,无论是农民还是商人,每个人都在勤勉用功地奋斗着,但是要达到更高的境界,成就更大的事业,就应该拥有另一样东西,那就是浩然之气。拥有浩然之气者,做万事能心安理得,行事有时有度,自然显现强者风范。对于培养浩然之气这方面,曾国藩常以写字来修养这种气度。每每提笔之时,他心中繁杂之事都空空如也,精力集中,心气平和,唯有一片安宁。这个时候他再反过头去看待自己在官场中的忙忙碌碌,就能从患得患失的境地跳脱出来。

患得患失者,总是认为自己的付出要得到回报,不然就会觉得心中不安,怨天尤人。而真正的大丈夫行事处世只求无愧于心,根本不去计较得失。南宋的文天祥就曾写下这样的诗篇:"孔曰成仁,孟曰取义,唯其义尽,所以仁至。读圣贤书,所学何事?而今而后,庶几无愧。"无论是仁,还是义,都是文天祥愿意以

曾国藩为官哲学

图文珍藏版

曾国藩也是一样,读书明理,只求行事之无愧,从不患得患失。不仅如此,曾国藩还认为,"浩然之气"虽然出自孟子之口,但其实和道家的"无为"是一致的。

曾国藩曾写信给胡林翼,谈到了《庄子》,他在心中主张的大概意思是,做人要养浩然之气,做一个心胸豁达的大丈夫,这既是修身的一个重要步骤,也是成大事的必备条件之一。曾国藩说自己在年老之时方能领悟到古人这种浩然之气之妙,而悔恨年少时的不努力,正是一种历经沧桑后的智者之言,其实如果不是在岁月的洗涤中一步步磨炼过来,又怎会有晚年时彻悟的曾国藩?

戒骄戒傲,得意不忘形

久居高位,一有不慎,名声即损,惟小心谨慎,时时若有怨尤在身,则自然无过矣。

——曾国藩

"夫物盛而衰,乐极则悲。"天下的道理讲究的就是两极互化。为官做人,最关键的是掌握好一个度。自己三思而后行,不要因一时的骄矜,失去了奋斗辛苦而来的一切。

何为骄矜?骄矜就是指一个人骄傲专横,傲慢无礼,自尊自大,好自夸,自以为是。具有骄矜之气的人,大多自以为能力很强,很了不起,做事比别人强,看不起他人。由于骄傲,往往听不进去别人的意见;由于自大,则做事专横,轻视有才能的人,看不到别人的长处。对于骄矜的害处,古人研究得十分透彻。

《管子·法法》中说:"凡论人有要:矜物之人,无大士焉。彼矜者,满也。满者,虚心。满虚之物,在物为制也。矜者,细之属也。"这段话告诉我们,评价一个人,是有一定的标准的,凡是能够做出一番伟大事业的人,没有一个是具有骄矜之气的人。骄矜,是自满的表现,是空虚的表现,这不是什么好事。

《尚书·革命》中这样阐述道：骄傲、荒淫、矜持、自夸，必将以坏结果而结束。同样的看法在《说苑·丛谈篇》中也有："富贵不与骄傲相约，但骄傲自然而然地随富贵出现了；骄傲和死亡并没有联系，但死亡也会随骄傲而来临。"曾国藩对于这点的看法亦与先贤相同。否则他不会在权力在握之时，功成身退。就连临终前也不忘叮咛后辈，"官途险，在官一日，即一日在风波之中，能妥帖登岸者实属不易。如帅之和厚中正，以为可免于限难，不谓人言籍籍，莫测所由，遽至于此。"在临死之前，曾国藩还再三强调，仕途危险，当官一天就在风波之中飘荡一天，能够稳妥的着岸实在是难上加难，做人要谨言慎行，保全名声，才能保全已创下的家业。

许多人都没有曾国藩这样的气魄和先见之明，因一时的得意忘形而深受骄矜之害。年羹尧就因为自己不知轻重，得意忘形，最后走下坡路，命丧黄泉。

清朝的年羹尧早期仕途一路顺畅，1700年考中进士，入朝做官，升迁很快，不到十年已成为重要的地方大员——四川省长官。这个时期是清朝西北边疆多战事的时期。当时康熙重用年羹尧，就是希望他能平定与四川接近的西藏、青海等地叛乱。年羹尧也没有让康熙失望。

在1718年参与平定西藏叛乱的过程中，年羹尧表现出了非

年羹尧

凡才干。他当时负责清军的后勤保障工作，虽然运送粮饷的道路十分艰险，但是在年羹尧的努力下，清朝大军的粮饷供应始终是充足的，从而为取胜创造了条件。因此，第二年年羹尧就被康熙皇帝晋升为四川、陕西两省的长官，成为清朝在西北最重要的官员。

但是，随着权力的日益扩大，年羹尧以功臣自居，变得骄矜自大起来。一次他回北京，京城的王公大臣都到郊外去迎接他，他对这些人看都不看，显得很无礼。他对雍正有时也不恭敬。一次，在军中接到雍正的诏令，按理应摆上香案跪下接令，但他就随便一接了事，令雍正很气愤。此外，他还大肆收受贿赂，随便任用官员，扰乱了国家秩序。

年羹尧对此不但不知收敛，却更加得意忘形，更加骄横，还霸占了蒙古贝勒七信之女，斩杀提督、参将多人，甚至蒙古王公见到他都要先跪下，因此他遭到了群臣的愤怒和非议，弹劾他的奏章多似雪片。

于是部议尽革他的官职。雍正三年十月，雍正帝命逮年羹尧来京审讯。十二月，案成。此距发端仅有九个多月。议政王大臣等定年羹尧的罪行：计有大逆之罪五、欺罔之罪九、僭越之罪十六、狂悖之罪十三、专擅之罪十五、忌刻之罪六、残忍之罪四，共九十二款。

雍正三年十二月，雍正令年羹尧自尽。年羹尧接旨后即自杀身亡。此案涉及年家亲属及友人，其父年遐龄、兄年希尧罢官，其子年富立斩，诸子年十五以上者遣戍极边，子孙未满十五者待至时照例发遣，族中文武官员俱革职。

这样一代名将，因骄矜落得自缢身亡的下场，并且祸及后世子孙不得安然度日。足以可见谨慎小心对于一个人的重要性。一个自大自夸的人，就算是有一些美德，有一些功劳和成绩，也会因此丧失掉。

骄矜的危害很大。作为统治者骄傲自大，不能以平等的态度待人，则会失去人才，失去人心，最后也必然要失去江山。作为统帅如果产生骄傲情绪，则骄兵必败。即使普通人，自以为是也会众叛亲离，难以成事。

因此只有放低心态，戒骄戒傲，虚心处世，谦和待人，才能无往而不胜。

做当下事，谋身后事

大约凡做大官，处安荣之境，即时时有可危可辱之道，古人所谓富贵常蹈危机也。

——曾国藩

在风波不断的官场，位高权重的人更容易遭到别人的算计和攻击。如果自己的行为不谨慎，那么将到处都给人留下话柄。在这一点上，曾国藩是非常明白的，所以他做什么事情都特别谨慎。他认为做官这件事情尤其是做大官，看起来是待在安逸享受荣华，实际上却是随时都有危险，随时都会受别人侮辱。他更相信富贵总是伴随着危机。

在攻陷了天京以后，有很多人都劝曾国藩拥兵自立，趁着国家混乱之际在江南称帝。凭借曾国藩当时的实力，他完全有能力保住在江南的江山，与清廷划区自治。可是，曾国藩深知如果自己那样做，国家将再一次居于水深火热之中。连年征战使得百姓将苦不堪言，自己也将成为历史上的罪人，于是他断然拒绝了称帝的建议。

自从曾国藩位极高臣，手握重兵，他就没有忘记警醒自己和家人，要记得居安思危。在他给弟弟的信中说道，很多人在居高位的时候就忘乎所以了，觉得非自己不行，可是我们在做事情的时候，也要想一想以前，想一想百姓。以前连年征战，眼见百姓的苦，如今自己怎么能再重蹈覆辙呢？曾国藩常常告诫自己的家人，虽然现在曾家深受朝廷的赏识，可是不能因为现在的安逸，就忘记了以前的困苦，不能因为一时的得意，就忘记了以前的失意。做人要时常居安思危，回想原来的不足和缺憾，才能不断地进步。反之，就只能在原地踏步，不会有更进一步的发展。

对待自己的部将，曾国藩更是教导他们，要常常以"花未开时月未圆"的心态来面对当前的处境。在这一点上，鲍超是最为受益的。

在刚刚加入湘军的时候，鲍超总是很傲气，他觉得自己在军中能够立下战功，就是很了不起的。曾国藩说："你能有今天的成绩，是一点一点干出来的，如果有一天战事不利，突然失败了，你该怎么办？"鲍超一时之间不知道该怎么回答，曾国藩就说："成功的人都很怕再失败，可是为了避免失败，就应该常常居安思危,而不能因为现在的成绩就自满,就故步自封了。"鲍超听了以后,觉得主帅说得很有道理,就收敛了许多。以后的征战中,他再也不以功劳自居了,而是常常思考自己的不足,不断地改进自己,最终在讨伐太平天国运动中立下了汗马功劳。

任何事情在到了顶点之后都会走下坡路,也许现在大家为了自己取得的成绩所自豪,或者也开始骄傲,但总有一天会忽然从顶峰走下来了。因此对于一个人,无论顺逆,都要有危机意识,不可轻敌。

身居高处的人,往往最容易忘记当初所承受的痛苦,以为现在的成绩就可以标榜一生,可是很多人正是因为这样的想法而遭遇惨败。所以,在高处的时候,更应该常想在低处时的痛苦,引以为戒。只有收敛自己的洋洋自得,谨慎地做事,才能安居高处,而没有跌落的危险。

人处逆境之中,可以明智;处顺境之中,刀光剑影立于前犹不自知。人往往身处逆境,人格、本领才会得到提高,此时的磨难反而不是一种苦果,而成了锤炼人心的工具。一切的磨难、忧苦与悲哀,都是铸就优秀品质的资本。正像曾国藩处无论顺逆都不松懈,才能够成功。在面对苦难与忧患的时候,如果能保持一颗平常心,对任何事情都清楚明了,居安思危,那么就没有什么事情是做不成的。

涉危蹈险,如履薄冰

情愿旷日持久而不战,不可出境一战而不胜。

——曾国藩

刚进入仕途时,曾国藩也会跟其他年轻人一样,犯下"初生牛犊不怕虎"的毛病。曾国藩曾以"敢"与"不敢"来衡量一个人是否有作为,他认为只有有勇气的人才能够成为能者,只有敢做的人才能够成就大事。为此他常常以"强"自励,希望自己能够成为一个有勇气有魄力的人。随着官场阅历的逐步加深,他渐渐感觉到这个世界不是你想做什么就能做什么的,仕途的险恶不经历的人永远都体会不到。

咸丰十一年,不甘寂寞的慈禧太后勾结恭亲王奕䜣,发动了宫廷政变,囚禁了包括肃顺、端华等在内的八位顾命大臣。不久,肃顺等人被处死。这件事给曾国藩带来很大的震撼,他在日记中写道:"骇悉赞襄政务怡亲王等俱已正法,不知是何日事,又不知犯何罪戾,罹此大戮也!"整天在为着脑袋提心吊胆,其中的恐惧可想而知。

肃顺等人是大清王朝资历很老的大臣,也是比较开明的大臣,就是他力荐曾国藩,在其发展不是很顺利的情况下给予了一臂之力的。肃顺手下的很多幕僚,都和曾国藩脱不了干系。他料到,慈禧太后在处斩了肃顺等人以后,定会想尽办法清除其党羽,彻底消灭对方残余势力。为此,自己的处境很是令人担忧。慈禧太后也绝不是善男信女之辈,她虽然知道曾国藩与顾命大臣之间的关系,却碍于他军权在握。生怕贸然行事,激起事变,让湘军与清廷两败俱伤。所以,她按捺住自己的杀心,对曾国藩采取了柔和政策。

曾国藩虽然保住了性命,但是他早看出了慈禧太后的心狠手辣、诡计多端。当接到清廷的任命封赏谕旨的时候,他的心里没有高兴,反而变得忧愁。因为面对此时的官海,他更加忧虑万分,总觉得稍微不注意,就有可能让自己的脑袋搬家。从此之后,曾国藩脱去了原来的鲁莽,变得沉稳,变得谨慎。

谨慎并不是生活中我们提倡的种种美德中的一种,可是它却是成大事必备的素质。真正的英雄,都是从心惊胆战中走出来的,所以他们做事情懂得深思熟虑,每遇到一件事情,都会进行详细的调查,充分掌握情况后,反复思考,再找出解决的办法。

很多年轻人欣赏"有什么话就说,有什么事情就干脆去做"这种行事风格,绝不瞻前顾后。但是,这样做常常会事与愿违,经常遭受失望与被误解的洗礼,回过头来才知道自己原来在鲁莽行事。须知,成大事者,往往一言一行都相当谨慎,一喜一怒,一言一动,都不会随意妄为,而是会顾及周围的情况,考虑他人的感受,从不因自己的一时兴起而伤及他人,也不因一时的冲动而惹祸上身,步步战战兢兢、如履薄冰,也就很少犯错。这才是聪明人的稳慎做法。

身在宦海,时时做上岸的准备

宦海是很险恶的,在官一日,即一日是在风波之中。能够平平安安地上岸的,实在不容易。

——曾国藩

人说官场就如同一片海,越往深处走,就越危险。所以,曾国藩认为,在官场之中,要时刻保持危机意识,给自己留好退路,虽在宦海之中,却时时做上岸的打算。

曾国藩在第一次率湘军出征太平天国获得武昌大捷后不久,其疾恶如仇的性格和特立独行的行事风格使他屡遭排挤。在被贬回乡后,他的情绪低落到极点,心理的忧愤也摧垮了他的身体,失眠和眼疾的折磨使他日益虚弱。他一直推崇的孔孟之道解释不了他所经历的一切,他陷入迷茫。这个时候,身边的人给他讲了明朝李春芳的故事,才逐渐平息了他心中的悲叹和迷茫。

李春芳是明朝的进士,由于写得一手好文章而受到了当朝皇上的青睐,因此被皇上不断地迁升,成为红极一时的大臣。

但是李春芳深知当朝皇上的性格喜怒无常,陪伴在他身边,迟早有一天会惹祸上身。所以他打定主意,在朝廷议政的时候,既不过激,也不落伍,而是保持中庸的态度。虽然在宦海之中享受着荣华富贵,可是也要时刻给自己留下后路,随时准备抽身离开官场这块是非之地。

后来,朝廷之中的争权夺利越来越严重了,趁着别人的排挤,李春芳提出了告老还乡,得到了皇上的批准。就在李春芳回乡的一年之后,朝廷之中因为政治斗争而发生了重大变故,当年一起做官的人,死的死,逃的逃,只有李春芳在家中颐养天年,与父母妻小纵享天伦之乐。

当有人问李春芳为何甘愿隐退的时候，他说："官场之中，那么多人都是提着脑袋做事，我又能好到哪里呢？"言外之意，只有急流勇退、居安思危才是最好的选择和出路。

听了李春芳的事迹，曾国藩心中大受启发，心想：自己一心为朝廷效力，却过于坚持，不懂得急流勇退，才会落得这般田地的。后来，曾国藩虽然重新被皇上启用了，可是他再也不如从前那般鲁莽了，而是时刻小心谨慎，给自己准备好了退路。

做事要时刻给自己留有退路，别等到前方没有了去路，才后悔莫及。在生活中，人们也应该效仿曾国藩的做法，在做事前先给自己留条后路。有时候，看好的事情并不一定会按照自己的想法去发展，如果先就把后路堵死了，等到前方无路可走的时候，就可能将自己逼到万难之地。所以，先给自己留好了退路，就等于在危难之时，多一条生路。

功成身退，免遭拖累

勇退是吾兄弟一定之理，将来遇有机缘，即抽身引退，庶几善始善终，免蹈大庆乎？

——曾国藩

谁都想百尺竿头更进一步，更上一层楼。为学如此，修身亦如此。但是很多东西进一步也许就会跌入万丈深渊。《红楼梦》中有这么一句话："眼前有路忘缩手，身后无路想回头。"

很多人只是看到眼前依然有路可走，于是便不假思索地选择前行而忘了收足，直到发现前方竟然是绝路想要回头时，才发觉早已来不及了。那些眼前看似有路，但是能够克制自己选择功成身退者，才是有大智慧的人，曾国藩无疑就是。

攻下南京之后，曾氏兄弟的声望，可说是如日中天，达于极盛，曾国藩被封为一等侯爵,世袭罔替;曾国荃一等伯爵。所有湘军大小将领及有功人员,莫不论功封赏。当时湘军人物官居督抚位子的便有十人,长江流域的水师,全在湘军将领控制之下,曾国藩所保奏的人物,无不如奏所授。

当时湘乡人里流传着这么一句话:"两江总督太细哩,要到南京做皇帝。"

据说此时湘军里很多人都希望拥立曾国藩起兵,对此曾国藩当众挥笔写了一副对联:"依天照梅花无数,流水高山心自知!"以明心智。

另有一次,彭玉麟曾派人给曾国藩送了一张纸条:"东南半壁无主,老师岂有意乎?"曾国藩看了之后脸色立变,急道:"不成话,不成话! 雪琴他还如此试我。可恶,可恶!"然后他就把信纸咽到了嘴里。

曾国藩和湘军的影响力如此之大,朝廷的猜忌与朝臣的妒忌随之而来。曾国藩自己也说:"长江三千里,几无一船不张鄙人之旗帜,外间疑敝处兵权过重,权力过大,盖谓四省厘金,络绎输送,各处兵将,一呼百诺,其相疑者良非无因。"

曾国藩心中已经打定主意,要在朝廷还没有向他动手之前,自己主动解决与朝廷的矛盾。在给曾国荃的信中说:"勇退是吾兄弟一定之理,而退之中次序不可凌乱,痕迹不可大露。"

在攻克天京后,曾国藩采取了三条措施:自削兵权、吏权、稍杀羽翼,以释朝廷之疑。一是奏请停解部分厘金;二是裁撤部分湘勇;三是奏请曾国荃因病开缺,回籍调养。

这是一次非常成功的政治退却,曾国藩既缓和了自己与湘军将领还有朝廷之间的关系,又确保了湘军的实力。

老子说:"持而盈之,不如其已;揣而锐之,不可常保;金玉满堂,莫之能守;富贵而骄,自遗其咎。功成名遂身退,天之道。"它的意思是:始终保持丰盈的状态,不若停止它;不停地磨砺锋芒,欲使之光锐,却难保其锋永久锐利;满屋的金银珠宝,很难永恒地守护住它;人富贵了就会产生骄奢淫逸的心理,反而容易犯错误。功成名遂则应隐退,此乃天理。它提醒人们功成名就、官显位赫后,人事会停滞,人心会倦怠,业绩也不会进展。应立即辞去高位,退而赋闲。否则,说不定会因芝麻小事而被问罪,遭到晚节不保的厄运。

飞鸟尽,良弓藏;狡兔死,走狗烹;敌国破,谋臣亡。既能功成名就,又能远灾避祸是修身处世的秘诀。世间一切事物都在不断变化,时世的盛衰和人生的沉浮也是如此,必须待时而动,顺其自然。这就意味着,为人处世要精通时务,懂得“激流勇进”和“急流勇退”的道理。历史上多的是韩信、文种这类因功高震主而身死魂灭的人,少的是鲁仲连、范蠡这种功成身退者。

鲁仲连本就是一个世外高人,暂且不论。而范蠡和曾国藩都是为人臣子,能够在权力面前保持着冷静和克制,才是现实生活中真正难得的。

惜福福长在

有福不能享尽,有势不可使尽。

——曾国藩

据说朱元璋在上朝前令文武百官齐声呐喊:得天下难,失天下易。回顾历史,可以发现后世对历代开国帝王的评价总是相对偏高,因为他们知道天下得来之不易所以才勤勉朝政,恪尽职守,为开创一个朝代的太平盛世奠定了基础。而他们的子孙中总有人不珍惜这份基业,最后将江山葬送。

不仅是江山如此,一个家族同样也是,曾国藩就对子弟说:家门太盛,有福不能享尽,有势不可使尽,人人须记此二语也。

曾经有一个穷困的读书人在曾国藩帐下谋得一份差事。那个人在吃上饱饭后就开始挑剔。在吃饭前他必定要先仔细地将饭中的谷粒挑出来,丢在地上,然后才吃饭。曾国藩见后立刻通知账房要此人结账走人。

旁人不明白,向他请教。

曾国藩回答说:“这个人先前受苦吃不饱,吃饱没几天就忘了根本,变得如此挑剔,将来一旦位高权重,那还得了？他根本不会考虑黎民百姓的利益。”

一个不懂得珍惜所得之物的人,怎么能长久地拥有它呢？曾国藩认为这样

国学经典文库

冰鉴

曾国藩为官哲学

图文珍藏版

的人没有得到重用的资格。

曾国藩兼任刑部左侍郎不久,就有个在某地任知府的湖南籍老乡带着一箱金子前来拜见。

原来那个知府的侄子因跟别人争一个歌妓,把人打死了。死者家属告到府衙,虽然被他暂时压下,但是对方不服,还要上告,不久巡抚衙门就会插手这件案子,那时他的侄子就性命难保。他和兄长虽然都三妻四妾,但只有这一个男孩子,因此希望曾国藩能救救他。曾国藩动了恻隐之心,答应先去打探一下消息再说,但是坚决不肯收下金子。

曾国藩派人打探后才知道这个阔少爷仗着自己的叔叔是知府,平时就横行乡里无恶不作。曾国藩很生气,说:"我和那知府虽然是同乡,但在这件事上也不能帮他说情。我不仅不能偏袒他这个同乡,更要严惩他那个恶霸侄子!同时,我还要弹劾这个纵容子侄横行乡里的知府!"

在曾国藩的弹劾下,不仅那个知府的侄子受到了严惩,就连那个知府本人也受到了丢官罢职的处分。在这件事情上,曾国藩联想到自己那些在家乡的兄弟子侄,唯恐他们也一样倚权仗势,在乡里作威作福,因此特意写了一封信告诫家中子弟。

一般情况下,官宦人家的孩子生活都相对奢侈,然而父辈的繁荣一般最多只能延续两代。那些官宦家的少爷小姐们依仗父母的权势,为所欲为,不知道个人修身养性。可是,他们没有想到,他们的父亲只有几十年甚至几年的官可做,不可能这辈子做官下辈子还做官。假使有一天这些富家子弟失去权势依靠,他们手无缚鸡之力,不懂农耕,不会读书,如何生活?做生意的富贵之家,如果懂得勤勉过日子的,孩子们从小学会勤俭,也许荣华富贵能够延续三四代人;而农家子弟,勤劳节俭,生活朴素,福祉会延续后代五六辈人。如果品德高尚,懂得孝义廉耻,为人忠厚诚信,那么子孙继承这种家风才能走得长远。

惜福福才能长在,很多人身在福中不知福,以为现在拥有的一切是天经地义的,能长久拥有的,却不知坐吃山空的道理,多少纨绔子弟由此败家。身处高位或者被财富所围绕的人,应该小心谨慎,不要被那些光芒耀花了眼睛,一不小心就从高位跌下去了。

第五章　柔胜绝学,万事"活"为一杆秤

刚直,自然是值得称道的做人品质。但至刚易折,在狂风之下,最先倒下的是参天之树,笑到最后的,却往往是看似柔弱的小草。在深浅莫测的官场上,过于刚直只会让自己无路可走。而以柔的面貌示人,以软的性格为事,则会让仕途之路变得畅通一些。

巧妙把握刚与柔的火候

立身之道,内刚外柔。

——曾国藩

中国自古有句话叫作"百炼钢敌不过绕指柔",若想成功的达成什么目标,一定要学会刚柔并济。就好比拳术中所说的"刚能胜柔,如刀断肉,筋骨齐开;柔能胜刚,小可制大"。所以我们无论面对什么阻碍,都要仔细分析区别对待,遇柔刚治,遇刚柔克,这样才能立身。

曾国藩曾经说,清则易柔,惟志趣高坚,则可变柔为刚;清则易刻,惟襟怀闲远,则可化刻为厚。这段话的意思是,一个人简单到一目了然,就显得柔弱。只有志向高远坚定才能够,使自己变得刚强。唯有学会容忍才能够发展。总的来讲就是一个人要做到内方外圆,刚柔并济才能够更好地生存。

刚柔并济是曾国藩的人生哲学之中重要的一点,这一点也是曾国藩一生总结的心得。早年曾国藩只是个倔强的懵懂少年,一味以为人生如果不懂得刚,就无法自立。于是他为官之时,常与盛名权贵一争高下,虽从不畏惧敌人,但也因此站在了舆论风暴的中心,处处遭排挤。几经挫折,在官场之中摸爬滚打数

年的曾国藩终于意识到了柔的重要性,一味的求刚,虽然自立却无法自强。最后终于成为官场之中楷模的他,才得出了"立身之道,内刚外柔"的论断。"内刚"你有一个坚定的信念,一个无论什么状况都支撑自己的力量。"外柔"减少遇到的阻力,不露锋芒,自然也不会引来别人妒忌,省却了很多烦恼。无论为官或是为人,我们常见弱者好逞强施威,而强者反倒装龟扮弱。其实低调做人,"扮猪吃老虎"才是强者采用之计,用之于谋求生存和伺机攻击。

除了曾国藩,中国历史上深谙刚柔并济,以柔克刚、以刚制柔道理的大有人在。三国时期的郭淮就是利用以柔克刚的方法,不仅减免自己的罪,还因此升了官发了财。

三国时,魏文帝登基,群臣前来祝贺,独郭淮迟到了。文帝板着面孔问他:"大禹招集诸侯于涂山,防风氏晚去被处死刑。今天大喜大庆,你到现在才来,是何居心!"

大殿里气氛顿时紧张起来。明摆着的,文帝要杀人了。郭淮知道自己的每一句话都生死攸关,便字斟句酌地说:"大家也都知道,五帝将教化放在首位,以道德教导人民,夏朝以后政治衰败,所以才用以刑罚,我和各位大臣都处盛世,所以我知道我不会像防风氏那样遭到不测。"听了这番话,文帝不禁转怒为喜,提升其为雍州刺史,迁征西将军。

郭淮的话语不单为自己找到了逃生之路,更是在为文帝歌功颂德。虽然作为一位臣子,他的话语比起盛怒之下的皇帝,是柔弱的。但是正是这几句话化解了文帝的怒气,使文帝听得心里舒服。

生而为人,固然需要刚强,如若一味刚直不屈,猛攻猛打,就有可能碰钉子,甚至会遭不测。人的工作环境,有时候是无法选择的,在危险或尴尬的环境中工作,头脑一定要灵活,遇事该方则方,不该方时就要圆熟一些,尤其在遇到将要对己不利的形势时,应将刚直不阿和委曲求全结合起来,先将自己置于有利地位,再伺机反击。也只有站在柔与刚的边缘,俯首拾起,以心糅合,才能铸就了一个刚柔并济的精彩人生。

以静制动，伺机出手

战阵之事，须半动半静。动者如水，静者如山。又思兵不得已而用之，常存不敢为先之心，须人打第一下，我打第二下也。

——曾国藩

天地之间，万物万事都离不开一个道字。老子认为"道"包含着静和动这两个对立的方面，静是本，动是流，静是动的基础，因此无论治国处世，都要以静为本。

曾国藩更是奉"静"字为守身秘诀。尤其在行军打仗之时，湘军一直以守"静"取胜。曾国藩曾对旗下大将鲍超说："行军以'稳静'二字为主"，因为"军行太速，气太锐，其中必有不整不齐之处，唯一'静'字可以胜之。"

兵法上认为，焦躁是败军之兆，"静"则可令军队保持最佳状态。曾国藩所总结的以静制动的战术，最初来源于老子的"静胜躁，寒胜热，清静为天下正"，之后又被孙武进行了进一步的演化——"静如处子，动如脱兔"。曾国藩认为行军打仗应以稳为要，首先要稳住自己的阵脚，才能够进一步观察形势的变化，寻找可胜之机。在与太平军对阵的多次战役中，湘军都用这种方式取胜。

湘军情况危急之际，为了稳住军心，他在咸丰十年八月给两位部下的信中说：

"贼氛正恶，日内当扑绩溪丛山关等处。阁下切不可慌乱，亦不可派队远出迎剿，总以静镇为主。二十三、四日礼字等营至绩溪。次青营垒坚固，东路必稳。宋副将在太平，西路本稳，阁下在前敌，万一东路饷道或断，西路饷道必可常通也。李希庵带两千人月秒可到祁门，稳住十日，则此后可进剿矣。"

咸丰八年（1858）十二月，他在给王文瑞的一封信中说："崖角岭一冲太长，进冲甚易，退回甚难。此行兵者所忌也。此时审机度势，但宜稳扎，不宜轻进。"

信中所言无外乎要部下审时度势，以静制动，安稳军心。可是正是这两封信和听从信中所言的部下，使得湘军转败为胜。

历史上以静制动赢取胜利的战役不胜枚举，三国时期夷陵之战便是非常典型的一个例子。

关羽死后，刘备兴军伐吴。刚开始时，蜀军节节胜利，东吴连损大将，危在旦夕。

在此危急时刻孙权拜年轻的书生陆逊为大都督，总督江东兵马与刘备决战。东吴的功臣宿将或公室贵族，他们自恃功高，对陆逊这位年轻统帅既不服气，又不尊重。对于陆逊坚守不战更是不理解，认为陆逊怯懦无能。陆逊说："我虽一介书生，蒙主上委以重任，认为我有长处，就是能忍辱负重。各位将军要各守隘口，牢守险要，不许妄动。违令者斩！"

这时，天气炎热，士兵取水困难，刘备便命令将营扎在山林茂盛、靠近泉水的地方。蜀军从巫峡建平起到彝陵七百里间，接连设营，从正月到五月，与东吴相持不下。

刘备要求决战，无奈对方就是不理，派吴班领数千弱兵在平地立营，引吴军出来，自带精兵埋伏于山谷之中，准备切断吴兵退路。但吴兵就是不出战。

见吴兵不出，刘备只好把埋伏的兵撤出来。两军又相持了一个来月，陆逊观察形势，见蜀兵没了开始时的锐气，准备反守为攻。可将领则认为进攻应在早些时候开始，现在不太可能有利。可陆逊胸有成竹，先派兵试探了一下，没有成功，马上改变战术，命令士兵每人拿一把草，用火攻的方法，袭击蜀军，全体吴军一齐出战。这一仗火烧连营七百里，烧得蜀军狼狈逃窜，并斩了好几名蜀将。

此战破了蜀军四十座大营，迫使蜀军几名战将投降，刘备逃到了白帝城。

这个事例足以证明，兵家的胜败就在于是否能够沉得住气，能够以静制动。

以静制动，"动"有力争的意思，而"静"有不争的意思。以静制动，就要做到我不动而敌动，我后动而敌先动，从而让先动者的力量消耗殆尽，这时才乘机反攻。在面对恶劣的处境，首先是不要慌乱，一旦心浮气躁，就很难静下心来面对变故。因此，沉着冷静，伺机而动，常可无往不利。

跳得了龙门，也要钻得了狗洞

谚云"吃一堑，长一智"，吾生平长进全在受挫受辱之时，务须明励志，蓄其气而长其智，切不可戚戚然自馁也。

——曾国藩

上善若水，为人要有水的柔和刚。曾国藩回顾自己的一生，时常说，他的长进就在于受挫和受辱之中，可上可下，能屈能伸，才能蓄气长智，能够长久。

咸丰二年，咸丰帝钦点曾国藩为湖南帮办团练大臣，让其火速到任。当时，曾国藩正在为母亲守孝，接到圣旨，也不敢怠慢，赶紧收拾了行李，去了长沙。

在长沙城里，驻扎的不仅有湘军，还有清廷的正规军，被称为绿营兵。自从清军入关，到咸丰时期已经有 200 多年的历史了，绿营兵早已没有了当年的英勇，战斗力极差。可是，清廷一向娇惯绿营兵，平日里他们不是喝酒就是吸大烟，根本就不参加正规的训练。这让曾国藩颇感为难。

他努力将绿营兵和湘军放在一起训练，可是平日里被娇宠坏了的绿营兵，让他们在烈日里训练，简直像要了他们的命一样。为此，曾国藩特意让湘军中十分出色的将领塔齐布来做总指挥，负责两支军队的训练。这样的安排引发了绿营兵将领的不满，在他们的教唆之下，绿营兵更加愤恨曾国藩和塔齐布。

平日里，因为湘军的军饷比绿营兵的高出三倍，所以绿营兵总是喜欢找湘军的麻烦，军营里也常常发生两军的械斗事件。本着息事宁人的态度，每一次曾国藩都会对参加械斗的湘军进行严惩，但是绿营兵的将领却对其部将犯下的错误不闻不问。这样，绿营兵更加有恃无恐地对湘军进行挑衅。

一天，塔齐布带着几个关系比较好的湘军去吃饭，恰好遇上了几个绿营兵在街上酒后闹事。他们几个人看到了塔齐布，就冲上来一顿拳打脚踢。血气方刚的湘军看不下去自己的将领被打，冲上去教训了那几个绿营兵。平日里绿营兵的战斗力就不强，再加上人少，只有挨打的份，他们很快就招架不住逃跑了。

待塔齐布等人吃过饭后回到营地,突然从四面冲出100多名绿营兵,将他们团团围住。塔齐布一看大事不妙,掉头就跑。绿营兵在后面一路追到了他落脚的参将府,依然没有找到塔齐布的影子,愤怒之下,一把火烧了参将府。

绿营兵的将领眼见众怒难平,就煽风点火,说了很多曾国藩的不是,结果愤怒的士兵又冲向了曾国藩的府邸,想要杀了他。曾国藩听闻消息后,躲进了巡抚衙门,才逃过这一劫。

经过这么一闹,曾国藩心里明白,在长沙自己算是待不下去了。有人劝他上奏圣上,说绿营兵的将领不听从指挥,可是曾国藩没有那么做,他忍下了这口气,率领湘军移师衡州。在以后的几个月时间里,很快训练出了一支颇具实力的军队。

被朝廷委以重任的帮办大臣,却屡屡受到排挤,甚至险些丢掉性命,换成一般人也许无论如何也是咽不下这口气的。但是曾国藩忍了下来,他把与别人争风吃醋、钩心斗角的精力都用在了团练上,终于以一支相对强大的正规军证明了自己的实力。

曾国藩总是提倡,为人,不仅要"跳得了龙门",享受生命的辉煌,也要能够"钻得了狗洞",忍受生活中所遇到的委屈。其实不仅是曾国藩,凡是有大志向的人,都很能忍受命运的不公和别人给予的屈辱,都不会一味地跟别人逞强斗狠,而是从大局出发,从大处着眼。为了实现更大的目标,他们会忍辱负重,以曲求伸,等待时机,再寻找获胜的机会。其实,暂时的忍耐是为了长久的不忍耐,现在的低头只是为了以后把头抬得更高。只有把拳头缩回来,再打出去,才会是更加强劲有力的。

人们总是羡慕那些成功人士的高人一等、风光十足,却忽视了他们曾经"低微"的经历。所以,处于人生低潮的我们,不要因为现在的生活就放弃了自己,只要自己肯努力,也会有一个美好的明天。

适时采取拖延战术

累年相承旧债，列入亏空项下，以一"展"字了之，此官场中之秘诀也。

——曾国藩

遇到棘手的事情，快刀斩乱麻并不是唯一的选择。有些事情，仔细思量之后或许不了了之才是最佳的方法。

身为朝廷重臣，曾国藩手握重兵。但是这些兵也是要吃饭的。曾国藩时常为了军饷一事愁眉不展。倘若地方要员能够倾力配合，曾国藩定不会如此头痛，难就难在，个人自有个人考虑，他时常被各种各样的理由婉拒。为了不与之发生纠纷，又保证湘军的粮饷，曾国藩在同这些官员打交道的时候多采用"展"字诀。"展"并不是伸展开来细细处理各种各样的事情，而是延缓拖延。通过拖延既不得罪别人，又可以解决问题，让事情有很大的进展。

不但如此，曾国藩还避免了正面的冲突，又为日后做了铺垫。这个拖延之法，自古就有之。并非曾国藩独创，他能够善于学习，灵活应用，才会成功。他在史书中所借鉴的一个通过拖延战术，解决事端的人，就是明太祖朱元璋。

明末农民战争风起云涌，在几路起义军和较大的诸侯割据势力中，除四川明玉珍、浙东方国珍外，其余的领袖皆已称王、称帝。最早的徐寿辉，在彭莹玉等人的拥立下，于元至正十一年（1351）称帝，国号天完。张士诚于元至正十三年（1353）自称诚王，国号大周。刘福通因韩山童被害，韩林儿下落不明之故，起兵数年未立"天子"，至元至正二十年（1360）徐寿辉被部下陈友谅所杀，陈友谅自立为帝，国号大汉。四川明玉珍闻讯，也自立为陇蜀王，一时间，九州大地，"王""帝"俯拾皆是。

此时只有朱元璋依然十分冷静，他明白"谁笑到最后，谁才是真正的胜利者"这个道理。所以，他坚定地采纳了"缓称王"的建议。朱元璋成为一路起义军的领袖，始终不为"王""帝"所动，直到元至正二十四年（1364）朱元璋才称为吴王。至于称帝,那已是元至正二十八年(1368)的事情了。此时,天下局势已明朗,也就是说,朱元璋即便不称帝,也快是事实上的"帝"了。

与其他各路起义军迫不及待地称王的做法相比较,朱元璋的"缓称王"战略不可谓不高明。"缓称王"的根本目的,在于最大限度地减少己方独立反元的政治色彩,从而最大限度地降低元朝对自己的关注程度,避免或大大减少了过早与元军主力和强劲诸侯军队决战的可能。这样一来,朱元璋就更有利于保存实力、积蓄力量,从而求得稳步发展了。

曾国藩虽然最后没有称王称帝,但是他的拖延之法用起来比朱元璋更加高明。他凭借自己的拖延之术,解决了军中将士的生计问题,安抚了军心,使得湘军走得长远,走得威武。拖延的方法,只要巧加运用就会改变事情的形态。

做人要使自己立于不败之地,就要根据外界形势的变化,灵活地保存实力,等到敌手露出弱势,便可再出手以赢得胜利。千万不能鲁莽行事,以免伤害自己的势力,有时候等待比出击更具有智慧性。

先自治,后制敌

行有不得,反求诸己。处处严于治己,而薄于责人,则唇舌自省矣。

——曾国藩

忠恕之道要求宽以待人,与之相应的就是要严于律己。两者相得益彰,才能够成为大君子,大丈夫。孟子说"行有不得,反求诸己","以仁存心,以礼存心","有终身之忧,无一朝之患"。这些都是要求人学会躬身自省,只有先把自己打磨好,才有资格去要求别人。

曾国藩曾经向理学大师倭仁请教修身之道,倭仁说"严己工夫最要紧",要曾国藩从小事做起,每天都将自己做的事情记录下来,躬身自省,以达到严于律己的目的。认真严肃地对待自己就是在思索自己的人生遭遇时先从自己身上找原因。曾国藩不仅听从了老师的建议,而且日复一日地天天实践。这才留下了包含无数宝藏的手稿,供后人学习。笔耕是一方面,贵在他可以将这样的思想言传身教自己后辈同侪,形成一种传统。

曾国藩在给儿子解释孟子说的"恕"时说:"凡是行为达不到预期的效果,都应该反过来检查自己,自身行为端正了,别人自然就会归服。"这就是"行有不得,反求诸己"。在领兵之中,他也是一直这么做的。

湘军在作战之时,很多将领或者士兵都会乘机大肆抢掠,中饱私囊。对此曾国藩说:"盖凡带勇之人皆不免稍肥私囊。余不能禁人之不苟取,但求我身不苟取,以此风示僚属。"大凡带兵之人都免不了中饱私囊,我不能够禁止别人不取分毫,只能要求自己,做到不取一文。用自己的力量影响同僚、下属。

他可以谅解那些整日在沙场上拼命地湘勇之求财,但是这种行为与他以严治军的理念相违背。为了服众,曾国藩以身示范,自己不从中拿哪怕一丝一毫,那么自己的属下也会有所敬畏。

在搜罗人才的事情上也是如此。曾国藩一心想为自己招募四海之内有才有识之士,为了避免因为自己的一时言行不慎或处事不当而错失有用之才,曾国藩说自己"不敢恶规谏之言,不敢怀偷安之念。不敢妒忌贤能,不敢排斥异己,庶几借此微诚,少补于拙"。如果发现自己误用他人,被人欺瞒,曾国藩也从不动辄惩罚对方,而是仔细反思,从自己的身上寻找不足。仔细思量自己究竟做错什么。

一次,有个人来投奔曾国藩,这个人能言善辩,巧舌如簧,对曾国藩说:"受欺不受欺,全在于自己是什么样的人。有人他人不敢欺,有人则是不忍欺。我混迹江湖之中,多少有些浅薄之见。像中堂大人那样至诚至善,别人不忍欺骗;像左公(左宗棠)那样严气正性,别人则是不敢欺骗。还有就是两种人:别人没欺骗他却仍有疑心;或已经被骗而不自知。"

曾国藩听了之后觉得新奇,有心验证一番,就让他去军营中转了一圈。第二天,这个人郑重地说:"这里不少豪杰俊雄,而其中有两位君子。"

曾国藩急切地问:"是哪两位?"

那人答道："涂宗瀛、郭远堂。"

曾国藩深以为然，以为自己又得一大才，大喜过望，待他为上宾，还任用他监督制造船炮。不久之后有士兵前来报告说此人挟财潜逃，请发兵追之。

曾国藩沉默良久说："不要追。"然后又苦笑道："人不忍欺，人不忍欺。"

后来有人问为什么不追捕此人，曾国藩说：一是这个人不过是骗骗钱财，现在太平军活动猖獗，如果逼急了，他会到敌营中，那样危害就更大了；二是这也是自己贪恋他人谄媚的缘故，也是咎由自取。明明是别人欺骗了自己，但是责怪他人又有何用？不如先从自己身上找原因，这样也可以避免下次再犯同样的错。

《孟子·公孙丑》中说："仁者如射。射者正己而后发，发而不中，不怨胜己者，反求诸己而已。"意思是说，追求仁德的人内心好比射箭，先要端正自己的位置再射箭。如果射出的箭没有中靶，仁人不会去责怪那些射中了目标、胜过自己的人，只会反省自己的不足。对待万事也都应该如此，为人处世、待人接物都要先学会自己承担失误的责任。曾国藩把自己之所以被人欺骗的原因归结为自身的品质修养之不足，其胸襟和对自己的严格要求可见一斑。不仅旁人肃然起敬，而且以此御军，军队纪律自然严明。

不拘泥于规则和方法

臣思整复旧规，为因时变通之法。

——曾国藩

谋大计的人不会被一条路堵死。即使前方已经没有路可走了，他们也懂得绕过暗礁，寻找到新的出路。

咸丰四年，正在训练湘勇的曾国藩突然接到皇上的指令，命他亲率大军出征太平军。在此之前，皇上曾经几次下诏命令曾国藩出兵，他都用各种理由搪塞过去了。可是，此次不同于以往，出兵恐怕是势在必行了。

率兵出征,说起来也不是一件容易的事情。此时的湘军刚刚备齐了船炮,这支近两万人的大军一旦出动,就会需要大批的军饷,曾国藩一时之间哪里弄得来这么多钱呢?眼见出兵的日子越来越近了,曾国藩不由得担心起来。

这天,曾国藩正在向朝廷起草关于粮草问题的奏折,突然有部将进来说:"大帅,军饷的事情有着落了。"曾国藩一听,马上兴奋起来。

部将喜滋滋地说:"杨建的后人,是衡州城里的首富,愿意带头捐出银两。可是他希望大帅能够帮他奏请皇上,准他在家乡为先人杨建建造一座祠堂。"曾国藩一想,杨建以前在湖北任巡抚的时候,因为贪污受贿而遭到贬职,以前欧阳光曾奏请过皇上,希望准他建一座祠堂,可是皇上因为知道杨建的底细而痛骂了欧阳光。现在这件事情轮到了自己的头上,恐怕也是很棘手的。

部将说:"大帅,杨建的事情是在道光皇帝的时候发生的,现在龙椅上坐的是咸丰皇帝,可能会跟以前不一样。再说,现在情况危急,如果杨家不捐钱,那么衡州的富豪就都不会响应,那我们的大军怎么出征呢?皇上也会体谅大帅的苦心的。大帅不过是一纸呈上,能不能通过,是皇上的事情了,跟大帅没有什么关系的。如果实在通不过,也无非像欧阳光那样,顶多挨皇上的一顿痛骂而已。"

曾国藩一听,觉得有理,就照做了。结果,杨家果然带头捐饷,其他的富豪纷纷响应,军饷很快就凑齐了。

由此可见,解决问题的路并不只有一条,解决问题的方法也不止一个,一条行不通,可以换一条,不要拘泥于细枝末节,思想僵化,墨守成规。特别是在今天,环境多变的时代里,更要勤换思路。有时候,同样的事情,换个角度去想,也许事情就会有不一样的效果。

公元前354年,赵国进攻卫国,迫使卫国屈服于它。卫国原来是入朝魏国的,现在改向亲附赵国,魏惠王不由十分恼火,于是决定派庞涓讨伐赵国。不到一年时间,庞涓便攻到了赵国的国都邯郸。邯郸危在旦夕。赵国国君赵成侯一面竭力固守,一面派人火速奔往齐国求救(此时,赵国与齐国结盟)。齐威王任命田忌为主将,以孙膑为军师,率军救赵。孙膑出计,要军中最不会打仗的齐城、高唐佯攻魏国的军事要地——襄陵,以麻痹魏军。而大军却绕道直插大梁。庞涓得到魏惠王的命令只得火速返国救援。魏军为疲惫之师,怎能打过齐国以逸待劳的精锐之师。所以大败。

俗话说:"变则通,通则久!"人总喜欢执着于某一件事情,即使前方是死路,也要坚持到底,这种精神是可贵的。但是,如果明知道不可行,还固执地坚持,就太浪费时间和精力了。历史上很多著名的人物都给今人做了曲径通幽的榜样,绝非曾国藩一人而已。所以,如果我们在人生当中不得不面对一些无法直接解决的事情,不妨换一个角度,找到其他的突破点,说不定就能发现新的出路。

柔必强,手腕须软亦须硬

担当大事,全在明、强二字。《中庸》学、问、思、辩、行五者,其要归于愚必明,柔必强。

——曾国藩

曾国藩的九弟曾国荃疾恶如仇,行事鲁莽。曾国荃出任湖北巡抚到任不久就向朝廷写了一封指责湖广总督官文的信,在其中罗列一大堆官文的罪状。曾国藩知道这件事情之后,深为九弟的莽撞而痛心,但出于保护弟弟的自尊心,他又不好过多指责。他认为官文虽有过错,但也不像他所说的那么严重,何况官文身为满人,是朝廷亲信,如此一参,也会让朝廷难堪。

事已至此,没有什么挽回的余地,只能从自家人的工作做起。于是,曾国藩反复给九弟讲"明"与"强"的道理:强字须从明字做出,然后始终不可屈挠。若全不明白,一味横蛮,待他人折之以至理,证之以后效,又复俯首服输,则前强而后弱,京师所谓"瞎闹"者也。

担当大事,全在"明"与"强"两个字上,"强"字固然重要,但必须以"明智"

为前提。一个有智慧的人是不会逞一时的匹夫之勇的,结合"智"的强才是真的强,否则就是瞎闹,不仅难以达到目的,还很容易把自己绊倒。

曾国藩说到"柔必强",也是在告诫弟弟不要一味蛮干逞强,而是要学"以柔克刚"的智慧,以四两来拨千斤,事半功倍。身教胜于言传,曾国藩不仅这样说,他也一直这样做。他将以柔克刚的手法一直运用在用兵打仗之中,融汇于待人接物之时。

最开始时湘军没有摸透安营扎寨的要领,被太平军一再打败。后来曾国藩吸取了古代兵法的教训:攻城最忌蛮攻。兵法曰:"将不胜其忿而蚁附之,杀士卒三分之一而城不拔者,此攻之灾也,故仆屡次寄书,以蛮攻为戒。"然后他毅然改变了作战方案,此后不再进行蛮攻,而是安营扎寨,坚守要地。既然是太平军必然要争夺的地方,他们就一定会来进攻,那时我还是坚守原地不和他们作战,等到他们筋疲力尽了再一举出动,这样打赢的把握就很大了。

古人的智慧不可小觑,曾国藩留下的许多智慧宝典都是在古人的基础之上进一步深入。他的成功同懂得以柔克刚之法分不开。

其实,人们常说的"智勇双全"中,"智"就接近于"明","勇"则接近于"强",两个方面缺一不可。著名的楚汉之争中,项羽就是因为缺乏"明智"的头脑,最终败给了刘邦。司马迁认为项羽失败的原因有三点:其一是背关怀楚,就是说放弃了关中这一战略要地;其二是放逐并杀害义帝,因而在政治上陷于被动;其三是动辄以武力相向,而不学古代圣君以德服人。正是由于项羽尚力不尚德,欠缺明智的思考,失败也就成为必然。

但"明"并非是人人可以做到的,曾国藩说:"'明'字甚不易学,必凡事精细考究,多看、多做、多问、多想,然后渐做成一个'明'字。故'明'之诀,仍不外从'勤'字下功夫。"

只要细心地从自己生活的点点滴滴去学习领会,做个生活的有心人,渐渐地就会明白何为"明"了。做事情,也要铭记曾国藩的"明""强"二字,在做任何事情之前懂得理性的思考,不以力量上的强大来赢得尊重,尽量用柔的一面去对待别人的咄咄逼人,这样的人才能在将来胜任大事。

用"缓"字诀对急难事

此时竟希公祠宇业将告竣,成事不说,其星冈公祠及温甫、事恒两弟之祠皆可不修,且待过十年后再看。好从慢处来。

——曾国藩

李鸿章曾经当面指出,曾国藩做事太缓慢,这是曾氏性格中的一大不足。殊不知,曾国藩的"缓",正是他的过人之处,又恰恰是李鸿章所欠缺的。其实,曾国藩在开始的时候做事情也特别的急躁,可是后来他渐渐意识到了急躁的害处,有意改变了自己的缺陷。

曾国藩考取进士的时候,曾经拜在唐鉴的门下,跟他学习程朱理学。程朱理学讲究积累,逐步深入。可是与之相对的心学,却讲究速成。当时对于心学很有研究的王阳,凭借悟性来研究竹子,可是他在竹林里坐了七天七夜也没有任何的参悟,还差点将自己逼疯。通过这件事,曾国藩更加深信积寸得尺的道理。在唐鉴先生的教导之下,他每天都会读几十页书,写几个钟头的字,日积月累,从点滴中获得了很大的进步。这种治学的方法对他以后的性格也有很深的影响,使他越来越稳重了。

在官场中,曾国藩曾因为过于急躁而吃过大亏。那还是湘军刚刚出征的时候,因为急于求成,他常常在不了解敌人情况之下,就贸然领兵出战,使得湘军损失惨重。曾国藩的这套领兵方式,也引来了其他官员的不满。有时候,明明是别的军队在作战,可是曾国藩一心想要快些结束战争,就率自己的军队去帮忙。结果严重扰乱了别人的作战部署,在领功上也深深地招致别人的忌恨。

面对越来越艰难的处境,湘军的战斗情形也不容乐观,曾国藩开始感觉到了压力。他反思自己,觉得领兵作战不比平常,急躁不得。所以他对自己进行了调整,逐步完善自己的作战计划,湘军也就越战越强,最终取代了绿营兵,成为晚清统治下的军事支柱。

可以说,曾国藩在处事中的"缓",正是他成功的秘诀。他不忘记将自己的成功之处与家人分享。在给弟弟的信中他写到,做事情不能操之过急,只有稳重才能求得事成。并一再叮嘱弟弟"好从慢处来",切不可过于急躁。儒学《论语·子路》中有一句话:"欲速则不达。"意思是说一味主观地求急图快,违背了客观规律,造成的后果只能是欲速则不达。一个人只有摆脱了速成心理,一步步地积极努力,步步为营,才能达成自己的目的。

曾国藩一向推崇宋朝时的大儒朱熹。朱夫子是个绝顶聪明之人,他十五六岁就开始研究禅学。而到了中年之时,才感觉到,速成不是创作良方。于是,他坚信"欲速则不达"这句话,之后下苦功,方取得了一定的成就。他有一句16字真言:"宁详毋略,宁近毋远,宁下毋高,宁拙毋巧。"这四句真言,讲的就是塌下心来,以缓求成的道理。

正如曾国藩所言,为事以缓,就可以纠正急躁之症,办事能够给自己留下余地,不至于在开始行动的时候就将自己逼上了绝路。做事而缓,能够考虑周全,使得计划更加严密,减少失误。另外,要想把事情做好,也不能心急,应该脚踏实地地做。只有逐步完善,一点一滴的积累,才能把事情做到最好最足。

滑可解危机

萧、韦军之调法,侍专学"滑字诀",盖无好主意,滑乎其不得不滑也。

——曾国藩

似乎一提到做官的人,我们不由自主地想到狡猾的狐狸。但是为官者并不是生性狡猾的,而是被这个大环境逼迫得不得不学会圆滑。

官场之上最怕的就是较真,人难得糊涂。倘若求真,就必然沉沦在假象之中,无法自拔。有时候一个假象的真相还是一个假象,一个谎言的背后还是一个谎言。所以,当不宜纠结某些事情的真相时,能够打个哈哈就过去的事情,就不妨睁一只眼闭一只眼，"狡猾"地应付过去。

最早曾国藩是不太相信"滑"这种做法的，年轻时的他信奉程朱理学，他对"滑"字特别反感，自诩为拙实诚信之人。但后来他的为人处世做法，也不可避免地用到了"滑"字。最后也只好承认了"滑"字有理。

其实"滑"字并没有什么褒义或者贬义，只是个中性词。人们老是拿着有色眼镜来看待这个字，从而失去了公正。在曾国藩的传世文献中，多次提到过"滑"的重要，不过他总喜欢不留痕迹地以"浑""谦"等字掩盖了"滑"，最后把"滑"上升到另一个境界。就以同治六年（1867）的事情来说，曾国荃因参劾湖广总督官文而招来满城风雨，寝食难安。偏偏此时，曾国荃的湖北巡抚衙门失了火，曾国荃恼羞成怒，急出一身病来。曾国藩劝说道："失火之事，只可说成是打杂人不慎造成，不可张扬是会党或仇家所为。若大惊小怪，胡思乱猜，生出多少枝叶，仇家转得传播以为快。唯处处泰然，行所无事。"在曾国藩劝说下，曾国荃才稳定心神，未大肆宣扬，此事也就过去了。这其实也是一种圆滑的处事方法。

在社会中，"滑"并非一无是处，在特定的环境下，它能发挥更加积极的作用，取得更好的效果。

曹魏景初三年，魏明帝死，幼子齐王曹芳即位，根据明帝遗诏，大将军曹爽、太尉司马懿共同辅政。起初，由于曹爽资历、声望、经验、才干均不如司马懿，所以他不得不倚重司马懿，对司马懿以长辈相待，每事必问，不敢独断专行，二人关系还算和睦。但后来曹爽认识到司马懿的威胁性，遂于景初三年二月，迫魏帝下诏，将司马懿从太尉升为太傅，明升暗降，夺司马懿兵权。此后曹爽独揽大权，朝中要职全为曹爽之党控制，一时曹爽权倾朝野。对于曹爽及其党羽的夺权之举，司马懿早已看破其用心，但他并未一怒而起。他洞察形势，认为自己目前处于不利地位，曹爽身为宗室，是功臣曹真之后；而自己却为外姓，是曹氏政权猜忌防范的对象，不可马上采取过激的对抗行动。

于是面对曹爽的咄咄逼人，司马懿以退为守，把政权拱手让给曹爽，并以年老病弱为由不问政事。这使得曹爽的政治警惕逐渐放松。但曹爽一直对司马懿的病有些怀疑，想一探究竟，正巧此时曹爽的亲信李胜将出任荆州刺史，曹爽命他向司马懿辞别，乘机伺察司马懿生病的真相。

司马懿当然知道李胜此次辞行的真正目的，便故意表现出一副重病之态，还假装耳聋，表示自己已经老了，国家全要倚仗曹爽。李胜信以为真，回去报告曹爽，后者听了李胜的汇报，便彻底放弃了对司马懿的戒备之心，自以为可以高枕无忧。

嘉平元年正月，魏帝按惯例率宗室及朝中文武大臣，到城外祭扫魏明帝的陵墓。丧失警惕的曹爽兄弟及其亲信都前呼后拥地跟着小皇帝曹芳去了。久已装病卧床不起的司马懿认为时机已到，将经长期周密策划、精心准备的力量积聚起来，发动了政变。以迅雷不及掩耳之势，占领了城门、兵库等战略要地和重要场所，并上奏永宁太后，废除曹爽大将军的职务，剥夺了他的兵权。不久之后，司马懿又以谋反罪名，将曹爽一党投入监狱，全部处死。司马懿被封为丞相，自此威震朝野，实际掌握了曹氏政权的军政实权。没过几年，曹魏终成司马天下。

古代如是，在现代社会，"滑"字更是十分必要。越是表面看起来毫无圭角、愚蠢至极，仿如庸才，实则他们的才志绝非普通人可比；好像都是胸无大志，其实颇有雄才大略，不愿久居人下者。但他们之所以不露声色，是因为他们知道对手强大、猎物不易取，而自己所处的境地并不利，且时机还不成熟，所以采用"滑字诀"扰乱对方的视听，掩盖自己的真实意图，以求在斗争中一举制敌。

在如今的生存环境，人们总会为了生存下来而面临一些难以抵挡的对手。只有懂得掩盖自身实力，等待时机，才能在最后的搏击中，攻对手之不备，获得胜利，不忘成功的胜境。

不争一时之短，须争一世之长

和以处众，宽以接下，恕以待人，君子人也。

——曾国藩

生活中,我们常常能见到这样一批人:他们无论到哪都显得那样的强势,并不失时机地彰显自己"鹤立鸡群"的"强者风范",仿佛自己是"天之骄子""一代枭雄"。他们无论干什么事情都是风风火火、"慷慨激昂"的。可是却每每做事都虎头蛇尾,早早地销声匿迹。一时之长说明不了问题,一世之长才是值得重视的。

对于曾国藩而言,不争一时的长短是无数次艰难困境的磨炼中学会的。自从咸丰二年(1852)开始,曾国藩步入了他的官场成长期。这段长达十五年的时光中,他一直胜胜败败,升升落落。宛若杯中香茗,起伏跌宕。他曾多次因不堪重负自杀,被权贵耻笑,被当权者打压,似乎在曾国藩的一生中不可能再经历比这更困苦艰难的境地了。这样的日子中,曾国藩以文人瘦弱的身躯擎起了对抗太平军的重担,打败了兵力多出自己数倍的太平军,重新被当权者重用。他之所以能成功依靠的就是他的忍耐,他的坚持。他为了达成自己的目的,能够做到求同存异,宽恕接纳别人的意见。这样才会取得成功。一个人要想在社会上有所成就,必须学会"先潜下心来",其后,他才能"伸出手去"。

三国时期,庞统是与诸葛亮齐名的能人。但庞统天生怪异、相貌丑陋,因此不太受人喜欢。他先投奔吴国,孙权嫌他相貌丑陋没有留用他。

于是,庞统便投奔了蜀国的刘备。临行前,孔明交给庞统一封推荐信,表示一旦刘备见此推荐信定当重用他。

可是庞统见到刘备时并没有将推荐信呈上,而是以一个平常谋职者的身份求见,因此,刘备只让他去治理一个不起眼的小县。

虽然如此,身怀治国安邦之才的庞统,并没有为此而耿耿于怀,他深知靠人推荐难掩悠悠众口,他要在该露脸的时候才露脸。

于是,庞统当着刘备的心腹、爱弟张飞的面,将一百多天积累的公案,用不到半日就处理得干净利索、曲直分明,令众人心服口服。

庞统这种该藏则藏、该露则露,既会隐忍、又能奋发的做人方式,使得他步步高升,不久便被刘备提升为副军师中郎将。

潜下心来只是为了更好地释放。一时的软弱预示着他们正在寻求有利的释放时机，一旦时机成熟再充分地表现自己，使自己脱颖而出，成为众人的焦点。庞统的一生正说明了这个道理。

其实，无论行军打仗，还是处世为人，都非世上难事。难就难在应有能够坚定自己的心，一步一步地朝着自己的目标迈进。世事之所以难，就难于从躁动的情绪和欲望中稳定心态。面对别人不断取得成功的时候，我们总是希望能一较高下，反而渐渐致使自己偏离本来的轨道，离目标越来越远。想成功就要耐得寂寞，忍受别人的聒噪和嘲讽。当我们急于出头，急于求成、急于同他人一争高下时，不妨把心潜下来，踏踏实实地走稳脚下的路，功夫既到，事情自然而然也就"成"了。

欲速不达，该稳得稳

恒言平稳二字极可玩，盖天下之事，惟平则稳。行险亦有得的，终是不稳，故君子居易。

——曾国藩

人们都说这世上只有两种动物能爬上金字塔尖，一个是雄鹰，一个是蜗牛。前者依靠的是天赋，后者则是一步一步地累积。虽然蜗牛爬得慢，但是它比起投机取巧之徒更容易取得成功。因为投机取巧之人始终走的不是正途。

欲速则不达。曾国藩觉得人无法顾全环境中的变化因素，所以需要踏实的走出每一步。成功的人分为两种，一些身负异禀很早就崭露头角，另一些人则大器晚成。两者的区别为前者"小时尔耳、大时未必佳"，后者则是"梅花香自苦寒来"。曾国藩从不信先天的优劣能够决定一切。他更看重的是一个人后天的努力，人做事就应该稳中求胜，这才是正道。无论兴兵打仗还是仕途求官，曾国藩都坚持着这样的正道。

天京一役，曾国荃的湘军围困天京一年之久，却不见取胜。试过了各种方法,无论火攻还是挖地道都没办法攻入城内。朝廷和舆论的压力随之而至,可是就在这样的情况下,曾国藩依然没有冒进。他写信规劝曾国荃"望弟无贪功之速成,但求事之稳适",又言我辈办事,成败听之于天,毁誉听之于人,唯在己之规模气象,则我有可以自主者,亦曰"不随众人之喜惧为喜惧耳"。就这样僵持了两个月,他们取得了此次战役的胜利,天京终于沦陷。

曾国藩稳扎稳打的方法我们要学习,当机会来临的时候,我们也要牢牢地将它抓住。积累足够的实力,凭着经验做出最正确的判断,绝对不能冒进。成功者、聪明者懂得计算认输所损失的比率,知道如何做才能增加成功率,在有绝对把握的时候,他们能够忍受别人无法想象的苦难,甘愿委屈自己。

范雎是战国时期魏国人。他才华横溢,却由于出身寒微,只能在魏国中大夫须贾的府中任事。一次,须贾奉魏王之命出使齐国,范雎作为随从一同前往。齐襄王早知道范雎有雄辩之才,等他一到,齐襄王便差人携金十斤及美酒赠予,以表示他对智士的敬意。范雎对此深表谢意,却未敢接受赠礼。他受赏这件事招来了须贾的猜忌。须贾执意认为他出卖了魏国。

须贾回国之后,将"范雎受金"的事告诉魏相魏齐。魏齐不辨真假,对范雎用了大刑。范雎肋骨被打断,牙齿脱落。蒙冤受屈,申辩不得,范雎只好装死以求免祸。他假死后,魏齐让人用一张破席卷起他的"尸体",放在厕所之中。范雎买通厕所守卫,侥幸逃脱,在一个叫郑安平的朋友帮助下隐匿起来,改名为张禄。

此时秦国一个叫王稽的使节来到魏国。郑安平得知此事,便扮成吏卒去侍奉王稽,寻找机会向他推荐范雎。一天,王稽在下榻的馆舍向郑安平打听魏国有没有愿意与他一块西去秦国的贤才智士,郑安平立刻向王稽陈说范雎的才干。王稽立刻接见了范雎,被他的谈吐折服,带着范雎归秦。

他们一路紧赶,来到秦国境内的京兆湖县,不巧遇上了秦国穰侯魏冉。此人厌恶招纳别国的客卿,又是权臣,得罪不起,范雎主动要求藏匿,躲过了魏冉两次的搜索。与王稽顺利回到秦都咸阳。入秦后,他充分施展辩才游说秦昭王,取得信任。秦昭王采用范雎的谋略,对内加强了秦国的中央集权,并采用远交近攻之法完成霸业。数年之后,范雎被秦昭王任命为秦相,成就了自己的一生。

范雎两次避难,都采取委屈自己的方法,成功地避过了各种祸端。他没有因为灾难重重而气馁,相信自己终会被用,并且一步步走向成功。两位智者都能够稳健踏实地走人生路上的每一步,就算是有困境,也不会放弃。他们总是能够运用自己的才智转危为安,最后取得成功。对于整个人生而言,没有人会一辈子一败涂地,除非毫不争取,成功的概率是巨大的,关键是看你如何用"不成功"来促使"成功"的产生,学会从"败"中取胜,"稳"中求赢。

范雎

富贵权势,纵然令人垂涎,但也应讲究方法。人应该懂得不在无准备的时候冒险。不是每个人都是爱因斯坦拥有高人一等的智商,作为普通人,更应该遵从曾国藩的教导,像蜗牛一样,坚定不移,一步一个脚印地向成功进发。

大智若愚,不可太精

惟忘机可以消众机,惟懵懂可以被不祥。

——曾国藩

"聪明反被聪明误",聪明也好,糊涂也罢,难得的是自己如何看待。以为自己的精明帮助自己占了便宜,殊不知贪小便宜吃大亏。人这一辈子,不应该总是考虑思索自己一定要获得什么,更应该考虑自己为什么这样做。

那些看着精明的人让人误以为更容易成功,更容易触碰金字塔的顶端。其实越是看似精明的人,越是远离成功。

曾国藩是一个精明的人,最初他因为他的精明和锋芒毕露吃过不少闷亏。对于读书人,他总是本着"人以伪来,我以诚往,久之则伪者亦共趋于诚矣"的态度,但是对于官场的奉承谄媚之人,他却不懂得应付,即便他也精于世故人情。相比而言曾国藩的一个朋友迪安,全然不懂人情世故,却也依然怡然自得,安然无恙。开始,曾国藩也很困惑,后来他终于领悟了,说出了"惟忘机可以消众机,惟懵懂可以被(消除)不祥"的感悟。

当你放弃那些动机和心思的时候,你往往可以看得更通透,省却了许多不必要的麻烦。将自己的精明巧妙地藏起来,就能避免很多麻烦。这样以前用于应付解释的精力可以放在其他对自己有益的事情上。更容易取得成功。

这一点,老子也曾教育孔子。老子说:"君子盛德,容貌若愚。"这里的盛德是指"卓越的才能"。整句话的意思是,那些才华横溢的人,外表上看与愚鲁笨拙的普通人毫无差别。无论是谦虚还是谨慎,可能都会让有些人觉得是消极被动的生活态度。实际上,倘若一个人能够谦虚诚恳地待人,便会赢得别人的好感;若能谨言慎行,更会赢得人们的尊重。因此,必要时要藏其锋芒,收其锐气,不可不分青红皂白地将自己的才能让人一览无余。如果你的长处短处都被同事看透,就如同被他人看到你手中的牌一样,很容易被他们操纵。

一个人锋芒毕露,必定会遭到别人的嫉恨和非议,甚至引来祸端。因此真正聪明之人懂得"匿才显缺,大智若愚"。尤其是在官场职场之中,越是看似精明的人,越容易被别人当作对手,越容易惹来非议。

古时,有个叫作杜祁公的人,他的一个学生要做县官,祁公告诫这个学生说:"你的才华和学问,当一个县官是不够你施展作为的。但你一定要积存隐蔽,不能露出锋芒,要以中庸之道治理县政,求得和谐安定,不这样的话,对做事没有好处,只会招惹祸端。"

他的学生说:"你一生因为正直忠信被天下尊重,现在却教我这些是什么原因呢?"杜祁公说:"我为官多年,做了许多职位。对上被皇帝知道,对下又被朝廷的官员相信,所以能抒发志向,现在你当县令,什么事情都会发生,牵涉到上下官吏,那县令可不是好当的,如果你不被别人了解,你怎么能施展你的抱负呢? 只会惹来灾祸罢了。这就是我要告诉你不方不圆,在中庸之道中求得和谐的这些话的原因啊!"

事实就是如此。有些人精明张扬,要么容易遭到别人的嫉妒,别人想尽办法处处落井下石,要么被人期望甚高,造成自己处处受到刁难。人想要活下去看似容易,其实很难,举步维艰是常有之事,如果想好好的生存奋斗,曾国藩的精神不可或缺——要做一个真正聪明的人,懂得大智若愚,前路才不那么艰难。

困难来了当"顺受"

然事已如此,亦只有逆来顺受之法,仍不外悔字诀、硬字诀而已。

——曾国藩

人生好比江河,一波未平一波又起,总在波涛之间汩汩流动,日夜不息。曾国藩的一生也不例外。经历了无数次的挫折和苦难,才修成正果。他总结道,事情发展到一定的程度就应该逆来顺受。

在曾国藩二次出山的时候,曾经与太平军以安庆为主战场进行了数次交锋。当时,太平军士气高涨,人数众多,没过几个回合,就把湘军包围了。

为了摆脱这种困境,曾国藩提出了把大营设在祁门镇的建议,遭到了李鸿章的反对。祁门镇三面环山,是一个狭长的盆地形状。里面的人想出来,外面的人想进去,都要经过这里,是众家军队争夺的目标。李鸿章说:"将大营设在这里,恐怕要将湘军陷入万难之地。"可是曾国藩一直认为只有祁门镇才是湘军驻扎的最好地点,他坚持自己的主张,将大营设在了那里。

半月之后,太平军攻克了徽州府,与湘军阵营只有 60 公里之隔。徽州府失守的消息传来以后,曾国藩十分焦灼,湘军的兵力只有区区三千人,怎么能与来势凶猛的太平军对抗呢？如果太平军乘胜追击，那么等待曾国藩的也只有死路一条。

屋漏偏逢连夜雨，就在大敌当前的情况下，曾国藩又听探子来报，说等待救援的粮草也被太平军缴获了，恰在这时，他收到咸丰皇帝的加急手谕，说英法联军攻占了北京城，皇上已经带着妃嫔躲到避暑山庄避难去了，让曾国藩火速赶去热河救驾。

此刻的曾国藩是左右为难，一时之间不知如何是好，赶紧招来幕僚商议。很多幕僚都主张派兵救主，唯独李鸿章反对，他说："英法联军侵占北京，无非是为了钱财，并不是为了推翻大清王朝，所以不会加害于皇上。只要他们获得钱财的目的达成了，自然会退出北京城。我们如果此时动兵，无疑会陷入万劫不复的境地，莫不如按兵不动，等皇上下旨。"

曾国藩一听，茅塞顿开。他立刻上奏，安抚皇上。不久之后，英法联军果然撤出了北京城。

另一方面，洪秀全虽与湘军只有一百二十里的距离，却硬是没有发现湘军的动向。在占领徽州以后，太平军举兵南下，离开了祁门附近的战场。曾国藩终于转危为安。

但是这次安庆脱险，给了曾国藩很多启示。他在给九弟的信中说："然事已如此，亦只有逆来顺受之法，仍不外悔字诀、硬字诀而已。"

曾国藩在这里所说的逆来顺受，其实别有意味。这个"顺受"，就是要在困难发生的时候，咬牙坚持，绝不放弃，用尽自己的智慧，想出对策。同时也要把锋芒暂时藏起来，避免再生事端，积蓄力量，以熬过艰苦的逆境。也就是说，困境来临时，要接受它，不回避，不放弃，不用急躁硬拼，要积蓄力量，等待时机。如果困境的产生是因为自己的错误，那么就要想办法找出失败原因，从哪里跌倒就从哪里爬起来。困境出现时，要认真反思自己的过错，及时更正，以扭转战局。

自谦则道路宽阔

君子过人之处，只在虚心而已。

——曾国藩

人因自谦而成长，因自满而堕落。成功固然值得自豪，然而不要自傲自满。自傲就是自暴，自满就是自弃。老子在《道德经》中说："生而不有，为而不恃，功成而不居。"又说："功成名遂，身退，天之道。"如果成功之后，只知自我陶醉，而迷失于成果之中停滞不前，那就是为自己的成就画下句号。

官宦王侯之家，多有权有势。所以为人少了几分顾忌多了几分优越，言谈举止都有一种不可一世的感觉，似乎把常人踩在脚下。然而常因过于骄傲而不得善终。

而崛起于乱世之中的曾国藩，从一个默默无闻的守节闲官，逐步跃升名高位重的封疆大吏。其发迹的原因，究其根源，可以用他自己说过的一句话来概括："谦以自持，严以驭下，则名位悠久矣。"以谦律己，自然能够熟知进退，长久自安。

曾国藩身居高位之后，阿谀奉承之人多了，久了他也有些飘飘然。就在这时，其弟曾国荃写了一封劝诫的家书。看过之后，曾国藩既高兴又惭愧。乐在自己有积极相助的兄弟，愧在自己有些得意忘形，似乎听的奉承赞扬的话太多，有些自以为是。

不过，多年以后，让曾国藩非常焦急的是，弟弟曾国荃仕途亨通腾达之时常骄傲自满，不听他的劝告。他曾多次写家书告诉弟弟，一定不能自满自足。"君子过人之处，只在虚心而已"。

为了避免自己的儿子滋长出骄纵的情绪，变成飞扬跋扈的纨绔子弟，曾国藩在家中不置办田产，也不主张将钱财留给后世。自己更是以身作则，勤俭持家，清廉为官。曾国藩可谓是煞费苦心。他深知，成功常在辛苦日，败事多因得意时。一个人的成绩都是在他谦虚好学、俯下身子扎实肯干的时候取得的,一旦骄气上升,自满自足了,那么他必然会停止前进的脚步。

傲慢是一把利剑,有多少人因为自己的傲慢一意孤行,而最终败走麦城。面对自己所取得的成绩应该自豪,再接再厉,但不能被这些成绩冲昏头脑,以致最后一败涂地。所以我们要时刻保持谦虚的头脑,颗粒饱满的稻穗总是低着头,只有空瘪的稻穗才昂着头。

一个人有一点能力,取得一些成绩和进步,产生一种满意和喜悦感,这是无可厚非的。但如果这种"满意"发展为"满足","喜悦"变为"狂妄",那就成问题了。这样,已经取得的成绩和进步,将不再是通向新胜利的阶梯和起点,而成为继续前进的包袱和绊脚石,那就会酿成悲剧。

在这个世界上,谁都在为自己的成功拼搏,都想站在成功的巅峰上风光一下。但是成功的路只有一条,那就是放低心态,不断学习。在通往成功的路上,人们都行色匆匆,有许多人就是在稍一回首,品味成就的时候被别人超越的。因此,有位成功人士的话很值得借鉴:"成功的路上没有止境,但永远存在险境;没有满足,却永远存在不足;在成功路上立足的最基本的要点就是'学习,学习,再学习'。"

君子有成人之美

让美归功,此君子事。

——曾国藩

满招损,谦受益。越是自满的人,越容易成为别人的靶子。位高权重者更是如此,倘若你因为掌权就肆无忌惮,不懂得推功避嫌,恐怕只会气数尽散,风光不再现。毕竟没有人能够长久的位居权力中心,居高不下。

身为官员就要知道权力是把双刃剑,永远都是一方对着别人,一方向着自己。倘若不小心行事,总有一天会伤及自己。但总是有人走不出欲望的圈子,被权势套住，没有急流勇退的勇气。曾国藩是个聪明的人，才能全身而退。朝廷之中，关键在于军权。手握军权的人，也是帝王最顾忌的人。曾国藩为了应对潜在的危机，一直采取放权、但是不全放的方法，小心行事。他必须处理清廷和自己的关系，唯有如此才能既保全自己又为国尽忠。可是能做到这一点的古往今来又有几人，每当感到危机来临，或是看到前人因不及时功成身退而遭殃的前车之鉴，曾国藩每每思及此处就萌生退隐之心。这样的想法也时常在他的日记中显现。

同治三年（1864）三月二十五日。日内因户部奏折似有意与此间为难，寸心抑郁不自得。用事太久，恐人疑我兵权太重、吏权太大。意欲解去兵权，引退数年，以息疑谤，故本日具折请痛，以明不敢久握重兵之义。

同治六年（1867）正月初七。是日，接奉廷寄，因十二月十八日秦兵之败，霞仙革职。业经告病开缺之员，留办军务，致有此厄，宦途风波，真难测矣！然得回籍安处，脱然无累，尤为乱世居住者不幸中之幸。

从同治三年到同治六年，这期间曾国藩的退心从来没有消失过。为了平复他人的怀疑和诽谤，他多次希望能够解甲归田，放下兵权，安心踏实地活着。他早就意识到要想在乱世之中居住，宦海之中长存，就要懂得放下，要懂得成全。

他能有这种想法是因为他是个懂得知足的人。世上的人最怕就是强求和贪婪。此二者是人之常情但是稍加注意就能改变。懂得知足常乐，是自己的就是自己的，不是自己的就莫要强求。金银财宝，也要有命享受才有意义。功名荣耀更是身外之物，又何必居功夺名。

280年，西晋名将王浚巧用火烧铁索之计，灭掉了东吴，结束了三国鼎立的分裂局面，国家又重新统一于西晋。谁知王浚克敌制胜的功劳刚报告给司马炎，就有人诬陷王浚攻入建康之后，把吴宫的大量珍宝据为己有。

飞来横祸让王浚措手不及，他想到当年消灭蜀国、收降后主刘禅的大功臣邓艾，就是在获胜之日被谗言诬陷而死，他非常害怕自己重蹈邓艾的覆辙，便一再上书解释战场的实际状况，辩白自己根本没做抢夺珍宝的事情。晋武帝司马炎力排众议,对他论功行赏,王浚逃过一劫。

自己立了大功,反而被豪强大臣所压制,又一再被弹劾,一想到这些王浚便愤愤不平。于是他每次晋见皇帝时,都一再陈述自己伐吴之战中的种种辛苦以及被人冤枉的悲愤,有时情绪激动,也不向皇帝辞别,便愤愤离开朝廷。他的一个亲戚范通对他说:"将军的功劳之大谁也无法否认,但如此下去,祸害还是躲不开啊!"

王浚问:"这话什么意思?"

范通说:"你凯旋的时候,就应当退居家中,再也不要提伐吴之事,如果有人问起来,你就说:'是皇上的圣明,诸位将帅的努力,我有什么功劳可夸的!'这样,诬陷你的人就没话说了,皇帝自然也会高兴。像现在这样每天宣扬自己的功劳想避开小人都难啊。"王浚按照他的话去做了,果然谗言没了,皇帝对他也更加信任了。

分清利益的轻重,是自己的终归是自己的,没必要给自己所有的功劳都立个牌子。战场上杀敌保命最重要,胜利后保命依然重要。把功劳让给需要的人,得到功劳的人必然会对你有所回报。将名誉送给上司,在上司面前,自己既有让名之功,又得让名之赏赐,更能避开邀功自傲之嫌疑,何乐而不为。自表其功,容易抢上司的风头,会让上司没面子,从而使自己处于危险的境地,这又何必呢?

第六章　造势养才,用人不拘一格

身在官场、职场,是领导干部也好,还是企业管理者也罢。都逃避不了管人用人的问题。领导者的专业能力可以不如下属,但之所以为领导,就在于其拥有高于常人的管理能力。在选人管人用人之时,领导者当具有伯乐的眼光,饲养千里马的能力,并且还要拥有让人才尽情发挥的魄力。这样,才能称之为一位合格的领导者。

广布人脉为我用

观古今成大事之人，无不有人相助相抚，力单者无以成大业。

——曾国藩

人的命运其实就是人与人的各种社会关系，如果能把这些关系打理好，那么这个人的生活就已经可以说是成功了一大半。俗话说："万丈红尘三杯酒，千秋大业一杯茶。"一个人的办事能力跟这个人的人际关系有着直接关系。人们都知道"众人拾柴火焰高"的道理，一个人是否有人脉，是否有宽广的人际关系网，是衡量他能否找对人办对事的标准。

人际关系是很微妙的东西。人在世间上的一举一动，所接触的大人物或小人物都很可能变成日后成败的因素。这个世界上的关系网密密麻麻地结在一起，每个人都生活在这张巨大的关系网之中，攀沿着网丝就可以和许多人拉上关系。假如能和这么多人建立良好的人际关系，使他们成为在事业上帮助你的朋友，在生意上照顾你的顾客，事业的成功也就是自然而然的事情了。

曾国藩深知关系的重要性，他曾说：观古今成大事之人，无不有人鼎力相助，无不有人尽力相扶，力单势薄者无以成就大的事业。

他的成功也得力于他人际关系的成功。他在地方历任两江总督、直隶总督等要职，又在中央十多个部门任职，他的人脉自然也就很复杂了，而他能够把这些关系处理得井井有条，那些在不同岗位上的人就能够为他所用了。

曾国藩在京城的第一个春节是这么度过的：在参加完例行的朝贺大典后，他到家中拜见了父亲，而接下来的四天他都风尘仆仆地奔走在各位同仁好友之间。

首先拜见的是老师。他们一般都在朝廷中为官已久，是位高权重的大官，也是他入仕途的领路人，因此他在初一的时候就率先拜访了他们。对老师，他总是恭敬有礼，每逢过年过节，他总是会拜见他的老师吴文镕。当吴文镕升任江西巡抚赴任时，曾国藩早早起来相送。他知道另一位师长辈的大臣祁隽藻喜爱字画，就亲自到琉璃厂去买了最上等的宣纸，一个一百六十个一寸大的"大"字送上，使得他开心不已。

接着就去各处拜见湖广的老乡们。当时的湖南虽然已经是一个独立的省份，但当时还是归湖广省管辖。因此曾国藩拜访的不仅有湖南籍的官员，也有湖北籍的。他与这些同僚的交往总是保持在一定距离，只是做好本分的工作，不会过分亲近，但是很周到。

第三部分就是他的同学了，这些人是他在社会上立身处世的基础。他认为这种情感是在亲情之外所有的情感里面最亲的，这种情感虽然是后天培养的，但是一同进学的缘故使得他们之间有了一种特别的关系。

把这三层关系处理好了，曾国藩在朝堂上的人脉就已经打理疏通了。他的一位至交兼亲家郭嵩焘虽然与他志趣性格都不太相同，但是两人一直保持着良好的关系。曾国藩出山后，为湘军的经费问题苦恼不已，正是郭嵩焘提出立厘捐之议，规盐厘之法这才解决了湘军的第一大困难。

像曾国藩那样处理好自己身边日常的关系，在今天并不是什么难事。而这也正是人们生活内容的重要一部分。背靠大树好乘凉，曾国藩的成功，人脉是一座坚实有力的靠山。

待人交友要有弹性

择友乃人生第一要义。一生之成败，皆关乎朋友贤否，不可不慎也。

——曾国藩

人之所以成功，自有他的气度，优良的品质。看人的气度是好是坏，如同鉴定东西的品质是好是坏，从外形上可看出一样，从人的言谈举止之间就可看出，只是需要一双慧眼和一点心思，就能认清别人。

曾国藩指派李鸿章训练淮军时，李鸿章举荐了三个人，希望曾国藩能授以官职。当李鸿章带着三人来见曾国藩的时候，他刚好饭后出外散步，李鸿章命三人在室外等候，自己则进入室内。

曾国藩散步回来,李鸿章请曾国藩传见三人。曾国藩摆摆头,说不用再召见了,并对李说:"站在右边的是个忠厚可靠的人,可委派后勤补给工作;站在中间的是个阳奉阴违之人,只能给他无足轻重的工作;站在左边的人是个上上之才,应予重用。"

李鸿章惊问道:"您是如何看出来的?"

曾国藩笑答:"刚才我散步回来,走过三人身旁时,右边那人垂首不敢仰视,可见他恭谨厚重,故可委派补给工作;中间那人表面上毕恭毕敬,但我一走过,他立刻左顾右盼,可见他不够本分,故不可用;左边那人始终挺直站立,双目正视,不亢不卑,乃大将之才。"

而曾国藩说的这位"大将之才"就是后来担任台湾巡抚的刘铭传。

曾国藩这种经由观察一个人的行为举止,以鉴识其品德与才能的方法就是识人。"听其言而观其行",这是识人的简易有效的方法,但也不是万无一失的。有时候,当一个人带着目的接近你的时候,就会把原来的面目隐藏,让你一时之间无法看穿他的真实想法。

那还是曾国藩带领湘军平定太平天国运动的时候,有一天,一个打扮成书生模样的人来到了曾国藩的阵营,大谈行军打仗的策略,说得头头是道。曾国藩觉得他是一个人才,就把他安置在营中,派了一个官职,希望他能够为湘军效力。可是,在一个月以后,有部将上报,说那个人卷了一千两军饷逃跑了。曾国藩这才明白过来。原来,那个人是伪装成幕僚的模样来军营里骗钱的。

识人不同于相人。识人是经由观察一个人的行为与言论以鉴识其品德与才能,而相人则是观察一个人的相貌与体征以判定其一生的吉凶祸福。所以,跟人交往时,一定要有耐心,细细地观察,经过一番考验之后,才能定夺这个人是不是值得跟他做朋友,能不能把重要的事情托付于他。

世上难得有知己,交友得交心

事上以诚意感之,实心待之,乃真事上之道。若阿附随声,非敬也。

——曾国藩

　　曾国藩一生信奉一个"诚"字,对于那些能够诚实质朴,以真诚的心对待别人的人,他都是非常欣赏的。反之,对那些阿谀逢迎、当面一套背后一套之徒,他十分鄙视和厌恶。

　　在他任两江总督的时候,总督府前面有一个很高的亭子,他常常喜欢到那里散步。有一天,他正好在那里散步,就看见亭子附近有一个官员模样的人,正在跟侍从说着什么,那个官员面带苦色,没说上几句话,那个官员很失落地离开了。

　　第二天,曾国藩也在相同的时间里看到了相同的场景,他很想上前去问明情况,可是还没等他走近,那个官员又很失落地离开了。

　　第三天,曾国藩远远地看见那个官员给侍从一包东西,之后侍从眉开眼笑地回到了府里。片刻之后,曾国藩回到了府里,侍从跟他说有一个官员求见,来的人正是他在亭子里看到的那个人。他问:"你来了几天了?"那官员回答:"来了三天了。""来了三天为什么现在才来见我?"那官员不知该如何回答,偷偷瞥了侍从一眼。曾国藩一下就都明白了。他问那官员:"你府上可缺人手?"

　　官员说:"现在是人满为患,可是如果总督大人推荐,我也可以再多加个人手。"曾国藩就把那个侍从推荐给了他,并且说:"不用给他重要的差事,只要给一口饭吃就行了。"原本,那官员听说曾国藩要把那个唯利是图的侍从给他时,心里还很不高兴,可是听曾国藩这一说,就明白过来了,很高兴地离开了。那侍从顿时傻了眼。

　　事后,有下人问曾国藩:"那个侍从对你一直忠心耿耿,大人怎么就把他给别人了呢?"曾国藩说:"他对我的顺从都是装出来的,一点诚意也没有,他不过是打着我的名号到外面去骗钱。对于不是诚心对我的人,我是无论如何也不能接受的。"

　　因为不诚实,不真诚,那个侍从得到了应有的惩罚。其实在生活中也是一样的。不能真诚地对待别人的人,往往交不到真正的朋友,也得不到他人的尊敬。

　　朋友是两个人共同维系的,如果不能拿出诚心,就不能称之为朋友。如果自己不想付出,而只想从对方处获得,那么永远都不会交到真心的朋友。

而现在,随着社会阅历的丰富,一些人变得越来越世俗,见什么人说什么话,表面上对人无比的热情,可是暗地里却从来不拿出真心。这些人以为自己伪装得很好,可是明眼人又怎么会看不穿他们的伎俩?路遥知马力,日久见人心,一个人的内在与外在是否统一,时间是验证人,唯有真诚才会在时间的洗礼下,变得越来越光彩耀人。

选才首选操守,用人当用清廉

观人者恒在出处进退之际,选将者最忌浮华取巧之流。人才要以朴实廉洁为质。

——曾国藩

曾国藩用人不拘一格,他主张去看到每个人身上的优点,因此他的幕府中各路豪杰都能各展其才,但并不是说任何人都能收入麾下得到他的赏识栽培。他在取舍之中一个最重要的标准就是"质朴":"搜求人才博收杂进,则深识之士采纳众议,鄙人亦颇留心。唯于广为延揽之中,略存崇实黜华之意,若不分真伪博收杂进,则深识之士不愿牛、骥同巢、阳蜻得意,而贤者反掉头去矣。"

曾国藩这段话中所说的"崇实黜华",就体现了他的用人态度:如果此人忠厚老实,那么即便悟性较差,也可以委以重任;反之,如果为人浮华颇有心机,即便才华出众,也不予录用。用人虽然讲求兼收并蓄,但是如果浮华之人和实诚之人处于同一军中,那么实诚者必然会遭到浮华者的排挤,这就违背了用人的初衷,也不利于整个军队作战力的提升。

曾国藩曾言:"将领之浮滑者,一遇危险之际,其神情之飞越,足以摇惑军心;其言语之圆滑,足以淆乱是非。故楚军历不喜用善说话之将。"在曾国藩看来,言辞圆滑的将领是不可靠的,只有那些踏实肯干的人,才能够稳定军心,适合打仗。

由于曾国藩的偏爱,湘军将领中口讷不能言的比比皆是,很多人因朴实而受到曾国藩的赞扬。他认为邹伯韩"任事当朴实可倚",就向郭嵩焘做了推荐。同样,尽管有才但还是因浮滑而被曾国藩撤换的人也不在少数。

主簿吴国佐胸怀大志,认为自己充任义字营管带是大材小用,一直不甘心从小处、实处做起。曾国藩命他与张运兰协同作战,但他刚愎自用,与张运兰的关系非常紧张。开始时曾国藩也赞赏他的过人见识,他在给胡林翼的信中也说:"此君志气高迈,而办事不甚平实。"

为此,曾国藩多次劝导,希望他能改变浮滑习气。一次还亲自与他面谈,劝他"以脚踏实地,事事就平实上用功",说见识高明的人,高明要像天那样宽广无私,明辨道理,平实要像大地一样,坚固扎实。后来又在信中劝导说:

凡高明者欲降心抑志以遽趋于平实,颇不易矣。若能事事求精,轻重长短一丝不差,则渐实矣。能实,则渐平矣。

但是曾国藩的一再规劝并没有使得吴国佐浮华的毛病得以改正。

不久之后吴国佐在战斗中惨败,溃不成军,损失惨重。曾国藩对他也已彻底失望,下令撤去吴国佐职务,令其回籍。而与他共事的张运兰,因为朴实,备受重用,官至福建按察使。

曾国藩在批文中说:该主簿屡称此贼不足平,告请剿办英夷以自效。本部堂常以"平实"二字诫之,意此次必能虚心求益,谋定后战,不谓其仍草草也。官职有尊卑,阅历有深浅,该主簿概置不问,生手而自居于熟手,无学而自诩为有学,志亢而行不能践,气浮而几不能审,施之他事尚不可,况兵凶战危乎!

后来吴国佐又曾出来帮助左宗棠练湘军,左宗棠也发现了他的这个毛病,说:"此君读书太少,自信太过,颇有'亡而为有,虚而为盈'之病。"后来也把他打发回去了。

浮华之人总是言过其实,自以为聪明,他人皆不在自己眼中。既轻敌,也不愿意认同与自己共事者的能力。他们野心勃勃,却无自知之明,既不甘居于人下,又缺少领导他人的见识与品质,这样的人与其留在身边为自己增添麻烦,不如不用。

勘察人心，用人慎之又慎

吾辈所慎之又慎者，只在"用人"二字上，此外竟无可着力之处。

——曾国藩

21世纪，人才是国与国、企业与企业竞争的要点。怎样发掘人才，选拔人才，如何做到人尽其才都是值得人们研究的重点。最怕的就是用人不慎、遇人不淑。曾国藩识人用人的本领有口皆碑。他对于人才的重视度，更是值得我们学习。

关于曾国藩的相人、用人之能，令后世之人无比钦佩。李鸿章曾评价说："（曾国藩）甄别知人之鉴，并世无伦。"曾国藩的死对头、太平天国的翼王石达开，也对这个"冤家"褒赏有加："公（曾国藩）虽不以善战名，而能识拔贤将，规划精严，无间可寻，大帅如此，实起事以来所未见也。"

曾国藩曾经说过"国家兴衰，首在人才，得人则兴，失人则亡"。这句话就是他重视人才的依据。他识人的本领早在太平天国起义之初就有所体现。面临起事，清廷无以应对，正式用人之际。曾国藩向朝廷推荐了李棠阶、吴廷栋、王庆云、严正基、江忠源五人。这五人在日后分别取得了不小的成就。

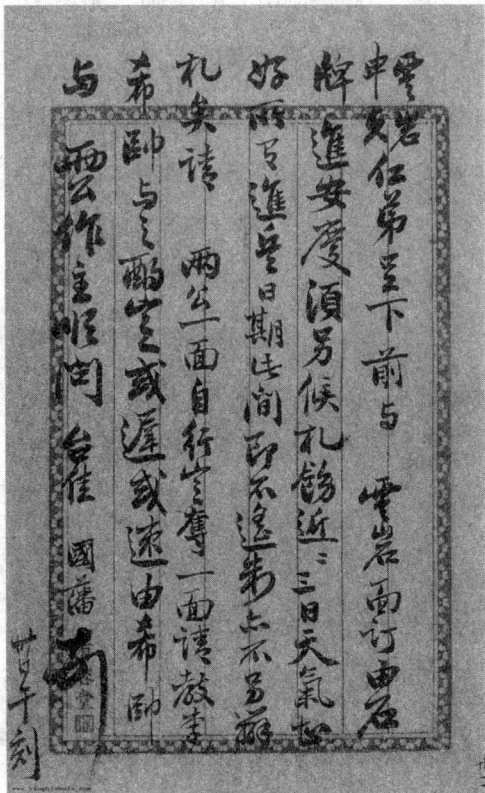

曾国藩手札

李棠阶位居军机大臣,善于办事。吴廷栋著述颇多,曾任刑部右侍郎,在理学方面的造诣深厚。王庆云著有《石渠馀记》,精于理财,官职工部尚书。严正基和江忠源则跻身行伍,前者官至通政使,后者更是湘军的创办人之一,湘军的旗号就是由他而起。倘若不是早逝,恐怕其功可能会高于曾国藩。

单这五人就能看出曾国藩确实具有一双慧眼。他选才举贤不问出身,而是有自己的标准。可用之才必定具备朴实、诚恳、忠贞、公正、严谨、廉洁等条件。唯有先学会做人才能做事。对于用人,他更是谨慎,讲究知人善用。首先你要了解人才,才能重用人才。"办事不外用人,用人必先知人";"收之欲其广,用之欲其慎"。就是他用人的原则。无论怎样选拔出的人才,他都一定要亲自接触观察,合则取之,不合则去。

我们在用人之时要像曾国藩一样洞察人心,慎之又慎。在当代社会,更应该注意人才的任用和管理。即便一个平凡人,哪怕是结交朋友上也要谨慎,千万别因为一时迷惑,结交了些狐朋狗友。初识未见其害,最后只能遗憾终生。

信忠胜于能,唯心诚者可用

唯心诚者,交之。

——曾国藩

一个效忠于自己的人,远胜过一个才华横溢的人。纵使他再有才华不能为之所用,也毫无意义。

曾国藩认为,唯心诚之人才能交之。藏有私心的人是无法信任的。人之所以会背叛自己之前效忠的对象,就是因为他藏有私心,私心即为祸心。唯有心中无私之人才能够对抗诱惑不为之所动。所以曾国藩特别讨厌有私心、狡诈之徒。

在他任两江总督之时,一天,他在亭子中徘徊,看见有一个头顶戴着耀眼花翎的人,拿着手板,向仆人做着苦苦请求的样子。仆人摆手拒绝他,举止非常傲慢,那个人无奈地离去了。第二天登亭,曾国藩又看见那个人,情景和昨天一样。第三天,他看见那个人摸索袖中,拿出一包裹着的东西,弯着腰献给仆从,仆从马上变了脸色,曾国藩看到这里,心中有点儿疑虑。

过了一段时间,曾国藩在签押房,看到仆从拿着手板进来,通报说有新补的某位监司求见。曾国藩立即让仆人将此人请进来,原来就是自己连日来在亭子上所看到的向仆从苦苦哀求的那个人。曾国藩问监司何日来这里的,监司答说已来三日。曾国藩又问为什么不来进见,监司则支支吾吾不能对答。于是,曾国藩对监司说:"阁下新近就任,难道不缺什么办事的人吗?"监司回答说:"衙署中虽是人满为患,如果您要是有推荐的人,在下也不敢不从命。"曾国藩便对他说:"那好。我给你推荐的这个仆从实在是太狡诈,万万不可以派以重要的差事,只让他得一口饭吃就足够了。"监司点头称是。

于是,曾国藩召那位仆从进来,严肃地对他说:"这里已经没有用你的地方了,现特推荐你到某大人处,希望你好好侍从新的主人,不要怠慢。"仆从不得已,弯一条腿以示谢意。等到退出去以后,大为气愤,携带行李去了别的地方。

倘若曾国藩没看到仆人索贿这一幕,后果将不可设想,他的一世英名将毁于一旦。虽然自古以来,为上者总强调用人不疑,疑人不用,但是这里要用的是忠信之徒绝非奸佞之辈。曾国藩这种待人的态度,使他的身边聚集了许多忠信廉政之士。

但是很少有人能在用人方面有曾国藩这般谨慎。因此许多人受人中伤的原因,都是自己最亲近的人的背叛。

1898 年,以康有为、梁启超为首的维新派,在中国掀起轰轰烈烈的维新变法运动。他们的活动得到光绪帝的支持,可是当时慈禧太后控制着朝政,光绪帝很想借助变法来巩固自己的统治地位。慈禧太后早有所觉,必然竭力阻止维新变法。这场变法运动实质其实是皇家的权力之争。在这场争斗中,光绪帝深感自身处境危险,于是写信给维新派人士杨锐:我的皇位可能保不住。你们要想办法搭救。

正在这时,慈禧太后的亲信荣禄手下新建陆军首领袁世凯来到北京。袁世凯在康有为、梁启超宣传维新变法的活动中,明确表态支持维新变法活动。所以康有为曾经向光绪帝推荐过袁世凯，说他是个了解洋务又主张变法的新派军人，如果能把他拉过来，慈禧太后的力量就小多了。光绪帝认为变法要成功，非有军人的支持不可，于是在北京召见了袁世凯，封给他侍郎的官衔，让他为自己效力。

当时康有为等人也认为，要使变法成功，要解救皇帝，只有杀掉荣禄。而能够完成此事的人只有袁世凯。所以谭嗣同后来又深夜密访袁世凯。

谭嗣同说：现在荣禄他们想废掉皇帝，你应该用你的兵力，杀掉荣禄，再发兵包围颐和园。事成之后，皇上掌握大权，清除那些老朽守旧的臣子，那时你就是一等功臣。袁世凯慷慨激昂地说："只要皇上下命令，我一定拼命去干。"袁世凯是个心计多端、善于见风使舵的人，他虽然表示忠于光绪皇帝，但是他心里明白掌握实权的还是太后和她的心腹，于是便向荣禄告密。荣禄一听，当天就到北京颐和园面见慈禧，报告光绪帝打算抢先下手的事。

第二天天刚亮，慈禧便将光绪帝带到瀛台幽禁起来，接着下令废除变法法令，又命令逮捕维新变法人士和官员。变法经过 103 天最后失败。谭嗣同、林旭、刘光第、杨锐、康广仁、杨深秀在北京菜市口被砍下了脑袋。

康有为、梁启超因为错信袁世凯这个卑鄙小人，从而招致杀身之祸，是因为他们没能勘察人心，没有在用人的时候小心谨慎，用错了人的结果可大可小，有时可能只是损失一些身外之物，但有时却是丢失了宝贵的性命！所以在用人之时要像曾国藩一样洞察人心，把所要交的人、所要用的人看懂看透，这样才能获得交人所应期望的效果，而不至于得到"挥泪斩马谡"的抱憾终生。

大凡成功的管理者任用的是诚信的人。在信与不信之间，都要掌握好自己的度。知人知面不知心，所以用人之时，千万要仔细思量，不可莽撞。

人才无求于天下，天下当自求人才

国家之强，以得人为强。所谓无就唯人也。若不得其人，则羽毛未丰，亦似难以高飞。君子之道，莫大乎以忠诚为天下倡。

——曾国藩

如果没有贤才，国家如何治理？曾国藩说过："人才无求于天下，天下当自求人才"。曾国藩知道其实人才也需要一个能施展自己才华的舞台，但是人才有其自己的骄傲和自尊，所以求贤之人要在求贤时表达出对人才的尊重和求贤若渴之意。所以曾国藩才会说人才不会主动提出来帮助治理国家的，言下之意就是自己应当像刘备三顾茅庐那样恭敬有礼地去请贤才出山。

曾国藩也确实是这么做的。他曾说求才就应当"如白圭之治生，如鹰隼之击物，不得不休。"白圭是战国时著名的商人，善于迅速捕捉赚钱的机会；猛禽猎取食物同样也是敏捷准确，因此曾国藩认为，求才也要一样准确迅速、不达目的决不罢休，只有这样才能得到人才。

他在给胡林翼的信中说："台端如高山大泽，鱼龙宝藏荟萃其中，不觉令人生妒也。"又说："庄子云：'以天下为之笼，则雀无所逃。'阁下以一省为笼，又网罗邻封贤俊，尚有乏才之叹。鄙人仅以营盘为笼，则雀且远引高翔矣。"意思就是你在一省之内选材，还有邻省的贤才前去投奔，依然觉得人才不足，更何况我在营盘里搜罗人才呢？

很多才华过人者都有自己的脾气，他们有自己的人生和追求，并非都会为了一个职位而喜不自禁，因此曾国藩所言的人才无求于天下也有一半是实情。

郭良焘是清政府驻外使节郭嵩焘的三弟，曾国藩也非常赏识他的才华，认为论学问则嵩焘第一，论才华则良焘第一，二弟仓焘则皆居其中。但郭良焘极爱他的妻子，不愿意为此而两人分离，所以总是婉拒不就。曾国藩能够得到这位贤才，特意写了一份信说："知公麋鹿之性，不堪束缚，请屈尊暂临，奉商一切。并偕仙眷同行，当饬人扫榻以俟。"言辞谦和，满纸诚意，终于打动了郭良焘。他接到信后不仅来到了湘军幕中，而且为表示敬意，他也没有携带妻子同行。

很快曾国藩又写信说："燕雁有待飞之候，鸳鸯无独宿之时，此亦事之可行者也。"

曾国藩体谅他与妻子的恩爱之情，让他回去与妻子相聚。郭良焘于是接受了曾国藩的邀请，决心出来供职，并很快成了曾国藩的得力助手。但是曾国藩依然对他关怀有加，或准他的假，让他多回家，或者是命他将妻子接来，尽量不因为供职之事而影响他们夫妻的关系。郭良焘自然对曾国藩更为忠心，做事也更加尽职尽责。

一个人总是与自己水平相当者交往，人才的朋友自然也不是可以小觑之辈，因此曾国藩不仅亲自选才，还通过其他人才的推荐来网罗更多的人才。曾国藩幕中经人推荐入幕的人很多，郭嵩焘推荐李善兰，李善兰又荐张文虎入幕，容闳则是李善兰、张斯桂、赵烈文三人推荐的。这就是曾国藩所说的"以类相求，以气相引，庶几得一而可得其余。"

清代外交家薛福成曾评论曾国藩的求才之事说："曾国藩知人之鉴，超轶古今。在风尘之中，只要遇到人才，立刻纳为己用，而且经常对这些人大力提拔，恩赐奖赏，不得不说曾国藩相当了得。"薛福成不仅肯定了曾国藩在识别人才上的才能，还赞扬了曾国藩不遗余力搜罗培养人才的精神。

正是由于曾国藩如此不遗余力地广罗人才，推诚置信，才使得各路人才慕名前来，一时幕府之中人才济济，湘军也成为当时唯一能和太平天国对抗的军事力量。

同敬不同近，疏亲自己定

至于与人交际之道，则以"敬"字为主。切不可仍留军官脱略模样。此虽末节，亦易惹人笑语。

——曾国藩

泱泱中华，礼仪之邦。礼在中国的传统文化是一个极其重要的组成部分。且不说三纲五常，三从四德。就拿对待他人这一点，我国就有许多不同的礼数。

对待不同的人，要用不同的礼数。首先敬兄敬长，在推广到待人接物。最基本的一点就是要尊敬别人。在人际交往中，人与人必须要互相尊重。如果不是这样的话，交往就不对等了。不对等的交往是无法长久的。

人们为什么要相互尊敬，道理其实很简单。任何人都是有自己特有的性格和特质。互相敬重可以使大家殊途同归。追求和而不同的境界，相互弥补不足,共同进步。

当然同样是敬重,也有差异在。对待仁爱圣贤的人,敬重是发自内心的一种亲近。但是对于位高权重者,敬重中就多了些许的恐惧,是出自对权势的畏惧。

曾国藩在饱读圣贤书之后吸收理解了前人的思想,有了自己的感悟。无论对方的年龄大小,人数多少,都不能够轻慢,要做到礼遇有加。这样做不仅别人觉得舒服,还体现了个人的修养。

而且他特别强调了待人接物的态度,一定要严肃认真。他时常在日记中提醒自己不可以随便发表意见,不尊重别人,乱开玩笑。关于如何做,曾国藩更是曾经立下誓言:"矫激近名,扬人之恶;有始无终,怠慢简脱。平易近人,乐道人善;慎终如始,修饰庄敬。威仪有定,字整有定,文气有定。"意思就是说,绝不矫情做作,突出自己,扬人之恶扬己之善,为人处世有始无终,虎头蛇尾,懒散放荡,不修边幅,这是无礼行为,切不可放任。

平易近人,平等互尊,乐意称道别人的好处,修饰自己的不足,为人处世善始善终,庄敬自重,这是用礼之常,当随时自箴。

相传孔子在游历的时候,在荆山下碰到了三个小孩。其中两个在一起玩耍,另一个小孩站得远远的。孔子觉得奇怪,就问站着的小孩为什么不和大家一起玩。那个小孩回答说,激烈的打闹能害人的性命,拉拉扯扯的玩耍也会伤人的身体;退一步说,即使不伤害身体,有时也可能撕破衣服,总之没有任何好处。过了一会,又有一个小孩用泥土堆积成一座城,他自己坐在里面,眼看孔子的车子要过来,也不给准备动身的孔子让路。孔子忍不住又问:"你坐在里面,为什么不避让车子?"他说:"我只听说车子要绕城走,没有听说过城堡还要避车子的!"孔子只得让自己的车子绕过这座"土城"。后来,孔子觉得小孩的话很有意思,于是又返回来询问小孩的姓名,赞叹他说:"你这么小的年纪,懂得的事理真不少呀。"小孩子有些不高兴,就反问孔子道:"我听说鱼生下三天,就能在江海中潜游;兔子生下来三天,就能在三亩地的范围内活动;马生下三天,就能跟在母马后面行走;人生下三个月就能认识父母。这些都是天地间的自然现象,有什么大惊小怪的呢?"孔子不由得感叹:"好啊,我现在才知道少年人实在了不起呀!"

就连对待小孩子,孔子也彬彬有礼,尊重他们。长江后浪推前浪,后辈不一定就不如前辈。作为尊长,在后生晚辈面前切不可一味以尊长自居,相反,更应严格要求自己,谦逊待人,这样才能真正在学生晚辈心中树立起自己的威信。

尊重是相互的,在现实生活中很少有人能够达到孔子的高度,但这种精神无疑是值得学习的。无论对象是谁,人和人之间的尊重都十分重要。

贤者敬而贵之,不肖者敬而远之。待人接物时,对待小孩如此,朋友间亦如此。"亲贤人,远小人",这是我国从古至今的交往方式,得到了广泛的应用,也备受好评。因为在人际交往时,只有做到亲贤远佞才能认识到自己的不足,才能改正进而提高。

量才施用,各显其才

自修之方,观人之术,皆以此为衡可矣。

——曾国藩

人家都说"世有伯乐,然后有千里马,千里马常有,而伯乐不常有"。这就是为什么那么多人才没有被发现的原因。也正是因为人才的长处得不到发挥和运用,才造成了人才的浪费。曾国藩在总结清王朝朝纲紊乱,农民起义的原因,将其归结为吏治的腐败,也就是因为没有重用适当的人才。曾国藩认为"国家之强,以得人为强",一个国家要想繁荣昌盛,首先要培养人才。于是在他的力及范围内,他一直致力于人才的选拔、培养和任用。

他选材的目的十分明确,就是为了让人尽其能,辅佐自己,审视自己。正因为这样,他的幕僚中人才济济。家室财富从来都不是他选才的标准,他更注重品德优秀并且确有实才的人。他时常破格录用一些人才,如在建立湘军水师之时,急需人才,他从行伍和廪生中提拔上来了杨载福、彭玉麟两人。他们二人都符合曾国藩对品德方面的要求,有军事才能。一个智胆超群,一个是励志清苦,都很符合曾国藩对"人才"的要求,所以曾国藩把他们从无名之辈提拔到统领水师的高位上。

曾国藩被提拔为两江总督之时,他愈来愈感觉人才的重要。他虚心听取别人的意见,广泛网络人才。并且他还像其他人推荐可用之才。一旦发现可塑之才,一定历尽千辛万苦都要调到自己的身边。

在渴才的同时,他更注重分辨良莠。从他劝说曾国荃用人中就可以看出善于预见国运的人,一看国家在位的都是贤良臣子就知道国运会兴盛,相反若当官的都是一些办事拖拉的人,就说明朝廷有危机,可能即将改朝换代了。既广求人才又要加以辨别和筛选,这才是选择人才的正确方式。

曾国藩将人才分为两大类,他说:"官气多者好讲资格,好问样子,但凡遇事,但凭书办家人之口说出,不能身到、心到、口到、眼到,尤不能苦下身段去事上体察一番。乡气多者好逞才能,好出新样,行事则知己不如人,语言则顾前不顾后。其失也一事未成,物议先腾。"

第一种是"官气多者",即以当官者自居的人,喜欢谈资格,遇到事情不能够亲自体察,躬亲实践。另一种人则是"乡气多者",喜欢逞强显能,顾前不顾后。只顾自己不考虑别人。这两者虽然都有各自的缺点,但是曾国藩认为,如果不能做到躬亲实践,仅仅纸上谈兵是毫无意义的。

就像今天,越来越多的用人单位将学历、文凭、证书当作选用人才的唯一标准。这些东西确实可以在一定的层面上反映了一个人的能力,但是却不能因此认为这个人是个值得重用的人才。

所以作为一个管理者,你应该选取那些更具有实力的人,当然一个人的品德也是选材的标准之一。比如索尼公司的创始人之一盛田昭夫,就是一个同曾国藩一样敢想敢用人才的人。他的远房亲戚户泽圭三郎在他从事的领域是个门外汉,但他是一个极具研究精神好胜心强的人。在两人的一次交谈中,盛田意识到他对自己即将开放的录音机磁带计划感兴趣的时候,他吸收了这个人才,并且重用了他。

挑选人用人才的目的,是做大事业,如果被观念上的条条框框局限住,又怎

国学经典文库

冰鉴

曾国藩为官哲学

图文珍藏版

能成功呢?

知音难觅，英雄当惜英雄

左季高待弟极关切，弟即宜以真心相向，不可常怀智术以相迎距。

——曾国藩

与领导自己下属的人相比，与才干不低于自己的能人打交道要更具挑战性。在清代中兴时期，才智、地位、能力堪与曾国藩比肩者寥寥无几，左宗棠就是唯一与他在作战中成就相当的人物。他们同出生于湖南，同样都是手掌大权，不同的是曾国藩为人拙朴，左宗棠恃才傲物，脾气并不相合。

据说有一次曾国藩看见左宗棠为如夫人洗脚，笑着说:"替如夫人洗脚。"左宗棠毫不示弱，反击道:"赐同进士出身。"曾国藩在科举上只是一个同进士，这一直是他的一块心病，但是曾国藩也只是一笑了之。另有一次，曾国藩开玩笑道:"季子才高，与吾意见常相左。"把"左季高"三字巧妙地嵌了进去。左宗棠随即讽刺道:"藩候当国，问他经济又何曾!"

这些传言不足为信，但是也可看出两人的关系之紧张。但是曾国藩始终对左宗棠尊敬爱护有加，最终把他收入了麾下。

咸丰六年，左宗棠被任命为兵部侍郎，不久被总兵樊燮向湖广总督官文诬告，而官文竟将这案子报到朝廷。传左宗棠到武昌对质。咸丰帝甚至密令官文:如左宗棠有不法情事，可就地正法。因胡林翼等人的辩诬求情，咸丰帝才下旨"弃瑕录用"。不久，曾国藩上奏朝廷说:"左宗棠刚明耐苦，晓畅兵机。当此需才孔亟之际，或饬令办理湖南团防，或简用藩臬等官，予以地方，俾得安心任事，必能感激图报，有裨时局。"

左宗棠正式成为曾国藩的幕僚后，曾国藩一再为他上报军功，上奏保举。同治二年，左宗棠被授为闽浙总督，同时仍然是浙江巡抚，已经与曾国藩可平起平坐了。三年之中，从一个走投无路的落魄之人升为封疆大吏，虽然左宗棠个人的才干不容小觑，但是若没有曾国藩的赏识，他是不可能做到的，对此左宗棠必然是心中有数。

而咸丰四年，曾国藩兵败欲投水自尽之时，是左宗棠一番话将他骂了回来，重振湘军。湘军攻下天京后，曾国藩向朝廷上折子说洪秀全之子已经自焚而死了，但是左宗棠上折说他已经率领剩下的人员逃往湖州，以"幼天王"之名继续反清。清廷对曾国藩大为不满，下令追查。曾国藩和左宗棠由此断交。但是后世史学家认为此举可能是曾国藩与左宗棠两个人的合谋，一次转移并打消清廷对曾国藩"功高震主"的猜疑。如果结合他们此前彼此间的情谊，这也是极有可能的。

后来左宗棠西征时，曾国藩与他人谈起他时，说："放眼看天下，这个重任恐怕也只有左宗棠一个人能担任吧！"可见曾国藩对他的欣赏。而曾国藩死后，左宗棠评价曾国藩说："谋国之忠，知人之明，自愧不如也；同心若金，攻错若石，相期无负平生。"

左宗棠虽然脾气暴躁、目中无人，与曾国藩也时有交恶，但他也为曾国藩的一片赤诚所打动，英雄相惜。此后他还极力照顾曾家，与曾国荃共同成为湘军集团的中流砥柱。

人生难得是知己。曾国藩与左宗棠两个人虽然脾性不和，却都是当世的英雄，对彼此都在心中敬重有加，这不得不归功于曾国藩此前对他的一再爱护。

左宗棠

想当强者，就要善与强者共舞

昌黎曰："善不吾与，吾强与之附；不善不吾恶，吾强与之拒。"一生之成败，皆关乎朋友之贤否，不可不慎也。

——曾国藩

位高权重的曾国藩有很多朋友，也有很多政敌。因而在他的周围，虽然人来人往，但敌友难辨，只能以品行和志向论友情。他曾经对别人说，现在有很多朋友，讲求躬行心得的，有镜海先生、艮峰前辈、吴竹如、窦兰泉、冯树堂；穷经悟道的，有吴子序、邵慧西；讲诗文而艺通于道的，有何子贞；才气奔放的，有汤海秋；英气逼人、志大神静的，有王少鹤、朱廉甫、吴莘畲、庞作人等，这四位，对我有所耳闻，就主动来拜访我，虽说他们的学问有深浅，却都是有志之士，不甘居于庸碌辈的人物。

一个想做大事的人，身边就不能有庸俗之辈，不然就会对自己的精神产生很消极的影响。从曾国藩列出的朋友"清单"中，我们不难看出，在曾国藩的周围有一群才华横溢的青年。但是最后提到的四位，他还专门向别人讲了一下籍贯和雅称，说他们"学问有深浅"，可见曾国藩在选择朋友的时候，对于他们的品行和道德操守是极为重视的。

不仅是对待自己的交友原则要十分谨慎，连弟弟们身边的人，曾国藩也一再留意，希望能够有产生积极影响的人陪伴在他们身边。

道光二十三年，正是曾国藩的弟弟们四处求学的日子，在这人生道路至关重要的十字路口，作为哥哥的曾国藩通过向朋友们反复打听，终于帮弟弟们在省城长沙挑选了一位名声很好的教书先生。曾国藩不仅看重选好老师，也告诫弟弟们要慎重地结交朋友。朋友同样重要，所以，曾国藩在信中特意叮嘱弟弟们说："贤人不和我交往，我也要鼓足勇气主动和他交往；不贤的人即便是接近我，我也要坚决地拒绝他。"

生活中的曾国藩对朋友的选择十分慎重，亲贤人，远小人，正可以概括他的交友原则。也正是这些身边的朋友，为他以后成就大事业起了决定性作用。

一个人一生的道德与事业，都不可避免地受到身边人的影响。如果身边的人是懒惰的，那么他的思想也会传达给我们，使我们也会产生懒惰的思想；如果身边的人是心怀雄韬大略的人，那么即使我们是平庸的，也会深受影响，觉得应该做出一番事业。在我们身边的人，往往对我们的影响最大，所以一定要慎重地选择自己的朋友，不能因为他们的劣性而毁坏了自己的一生。

如今在职场上拼搏的大多数都是年轻人，而年轻人的自制力通常都是薄弱的，很容易跟别人打成一片，也很容易受到别人的影响，所以如果心中已经有了对于未来的构想，希望自己能够干出一番事业，那么就应该多结交一些有志之士，让自己在他们的熏陶中不断地进步。

诚心待人，则共进退

凡人以伪来，我以诚往，久之则伪者亦共趋于诚矣。

——曾国藩

精诚所至，金石为开。名利只能引诱追名逐利者，要真正让下属对自己忠心耿耿，情感是最好的纽带。曾国藩便以诚恳的心待下属，与将士共享名利，终得到下属的忠心耿耿，在军队里建立了上下级、同级彼此信任的关系。

纵观历代杰出的兵家，都如曾国藩这般，重视以诚待下。"将不诚信，则卒不勇"，"上好信以任诚，则下用情而无疑"，关羽不受曹操之情，坚辞美女和金银，就在于他与刘备的兄弟之情。

在战场上，生死系于一线，将以命托兵，兵才会以命事将。曾国藩认为精神的号召力是极为重要的。为官为将，必须要能够"待人以诚"，以诚换诚，才可常保不败。如果待人以权术，只以财或权为诱饵，也可能得势于一时，但最终会遭到唾弃。而情感才是一个人真正的财富，只要你不离开它，它就不会离你而去，你用它来交换到的，同样也是别人的感情，别人的真诚。

就像战国四君子的孟尝君，在其失势之后，门客纷纷离开了他，但冯谖依然守在他身边，他封地上那些受过他恩惠的百姓也夹道来应，这就是孟尝君真诚情感带来的一项。曾国藩一世都秉持着这个信念，因此得到将士们的拥戴。

曾国藩麾下有个叫塔奇布的将领。塔奇布本人并不善于打仗，曾国藩说："塔公实无方略。"每次传令军队，并不言某营宜从某路进，某营和某营接应，某营宜埋伏。接令者茫然不知所措,众至大帐请示,亦茫然无以应对,但言各营出队几成,向前杀敌而已。

但是从中也可看成塔奇布是个实诚之人,朴实而有士气,符合曾国藩选人之标准。

曾国藩给咸丰皇帝上折子保举塔奇布,说他忠勇果敢,发奋努力,深得士卒敬佩,想要对他破格提拔,还表明如果此人有临阵脱逃之举,甘愿与之一同受罚。

曾国藩这样做,一方面是为了让朝廷对他放心,因为清廷对汉人力量的强大依然心有疑惧,而塔奇布正是满人,咸丰帝见他保举满人,当然十分乐意;另一方面,塔奇布见曾国藩如此看重自己,自然心怀感恩,对他感激不已,在日后的作战中更加努力。

塔奇布在此后的作战中,打了不少胜仗,屡次救了曾国藩的性命。九江之战中,塔奇布英勇善战,城却屡攻不破,而部下的伤亡日渐增多。曾国藩与他相见后两人都哽咽难言,塔奇布发誓说,定要攻下九江雪耻! 只可惜下令攻城后,他咯血死于军营之中,年仅三十九岁。塔奇布忠勇至此,一是出于建功立业之抱负,二是有感于曾国藩的信任和重用。

听闻噩耗后,曾国藩悲痛欲绝,亲自赶到他的军营中为他治丧,并且写了一副挽联:"大勇却慈祥,论古略同曹武惠;至诚相许与,有章曾荐郭汾阳。"

对于其他将领,曾国藩也是推心置腹。李续宜生病时,曾国藩每晚都去看他,看到他睡得很好,就写信给自己的弟弟一同分享这个好消息;李续宜因病去世后,曾国藩伤心至极,从自己的积蓄中拿出一万两白银给李续宜的家属,以告慰其在天之灵。

曾国藩曾说,在湘军中,将领和士兵之间要情同父子。这样彼此之间能够推心置腹、相互信任,不仅减少了很多内部摩擦,也使得领导更有效果,军队的作战力自然大为增强。

在实际的生活中,以诚待人也是极为重要,如果总是与人虚与委蛇,将很难交到知心朋友,更勿论得到生死之交。只有"诚"才能动人,同时也能得到他人富有诚意的回馈。

敢于放权，鼓励下属

称许不绝于口，揄扬不停于笔，人谁不欣欣向荣！

——曾国藩

希望别人认可自己，首先要学会认可别人。希望下属能创造更大的利润，最好的办法是让他觉得他也是一个主人。要想获得成功，就要懂得如何把别人的力量当作是自己的力量，让他们为自己服务。

在权术上来讲，如何放权，给予你的下属什么样的权力是很值得仔细考虑的一件事情。在这个问题上，曾国藩是这样做的，自己掌握的权势小的时候，一定要坚决维护队伍中成员的统一，对那些另起门户的人给予坚决的打击。因为在这时，如果有人这样做了，那无异于瓦解自己。但是当自己无法一个人掌控大局，照顾好各个方面的时候，就应该让手下另谋发展。就算他们发达之后，他们依然是自己的心腹；即便相互独立，也可以互相照顾。

对于怎样来鼓励那些曾经是自己部下的人如何谋求发展，曾国藩以为"人才何常，褒之则若甘雨之兴苗，贬之则若严霜之凋物。"也就是说，在对他们严格的同时，要给予他们肯定和表扬，在批评之时要注意场合照顾他们的自尊。

曾国藩曾写信给弟子李鸿章，告诫他多找一些好方法领导下属，善待他们，多培养出一些青出于蓝而胜于蓝的部下。

曾国藩常会鼓励曾居于自己旗下的人超越自己，不仅是言语上的支持，更是真正见诸行动。而他也确实因为这样的行为赢得了做人处世的成功。

孔子有个学生叫宓子贱，曾做过单父（古代地名，在今山东单县南）宰，现在应该称作单父行政长官。平日里，大家常常见他于堂上闲坐抚琴，悠闲自得，却把单父这片地界治理得百姓生活富足，人心安定。有人向他讨教其中的诀窍，宓子贱笑道："我哪里有什么窍门，只不过我是调动大家做事，凭借和依靠众人的力量，当然自己就安逸得多了。"如此看来宓子贱"安逸"的秘诀在放权。

国学经典文库

冰鉴

曾国藩为官哲学

图文珍藏版

其实,人才对于任何一个领导者而言都是非常重要的。这就像大海和水滴的关系一样,没有水滴的支持和汇聚,如何有大海的由来。所以说,在做一项事业的时候,敢于用人,鼓励用人,非常有利于事业的做强做大。

人只有相互合作,产生积极的效果才会更明显。你必须要有一种开放的心态,只要你能包容他人,你才有可能在与他人的协作中实现仅凭自己的力量无法实现的理想。正是因为懂得这样的道理,曾国藩才能在官场之上位于上层,不仅深受皇帝倚重,还深受下属爱戴。像曾国藩这样的为官者,正是因为懂得放权和授权的艺术,能将其灵活运用,才取得成就。

第七章　我为人,人为事

欲做事,先做人。做人无成,成事又岂可奢望?做人又当先要立志。曾国藩在其著作中曾一再强调,成大事者,立志是走向成功的第一步。当宏伟的志向确立之后,无论从事什么样的行业,也无论做什么样的事,其下一步便是要兢兢业业地尽责到底。这样,才有可能去期望最终的成功。

心诚志专,成功就在不远处

精诚所至,金石亦开,鬼神亦避。

——曾国藩

人大多从一出生开始就被教导一定要做个诚实的人,然而随着年龄的增长,人们变得世俗、市侩,开始谎言连篇,毫无顾忌。然而,"信"却是整个社会能正常维系的一个非常重要的因素,如果失去了诚信,这个世界将变得不可想象。

诚信对于一个人而言是一件既简单又复杂的事情。每个人都可以轻松地将这两个字说出口,但是却没有多少人能够完美地做到这一点。曾国藩是一个信守承诺的人,他很看重诚信。他觉得诚实是一个人应具备的最基本的品格。

所谓诚信就是不欺骗，心中无私。所谓诚就是信守诺言，说到做到。曾国藩觉得一个人如果希望得到别人的认可，就一定要以诚待人。只有真诚而心胸坦荡的人才能够获得人心，才能够成就大事。诚是天地万物存在的依据。

在咸丰三年的时候，曾国藩出办团练后，曾写下这样的字眼："自度才能浅薄，不足谋事，唯有'不要钱，不怕死'六字时时自矢，以质鬼神，以对父君。"在他面对靖港失败之后，他在朝廷请罪折中如实写到"竭尽血诚"。曾国藩的一生，无论是执笔之时，还是戎马之际，血诚这两个字始终贯穿其中。这里的血指的是一个人要活的有血性。血性并不等于冲动，莽撞。而是你要懂得什么是你所坚持的。血诚二字不仅是一个带兵打仗的人必须具备的，同时也是文臣必须拥有的。修身、求才、治军、执政的原则中，必定有这样一条。唯有"诚信立则下无二心"，名臣魏征说出的这句话不无道理。

千金难换一颗诚心，无论是在日常生活中，还是职场、商场，有诚有义者必有所获。

北宋时期著名的文学家和政治家晏殊就是因为诚信才赢得皇帝的赏识，最后成为宰相的。

十四岁作为"神童"的晏殊被地方官推荐给朝廷。他本来可以不参加科举考试便能得到官职，但他没有这样做，而是毅然参加了考试。当考题发下后，他发现自己已经做过了，便向考官说明，并要求换一道题，皇帝知道后对他的诚实赞不绝口。

晏殊当官后，每日办完公事，总是回到家里闭门读书。后来皇帝了解到这个情况，十分高兴，就点名让他做了太子手下的官员。当晏殊去向皇帝谢恩时，皇帝又称赞他能够闭门苦读。晏殊却说："我不是不想去宴饮游乐，只是因为家贫无钱，才不去参加。我是有愧于皇上的夸奖的。"皇帝又称赞他既有真实才学，又质朴诚实，是个难得的人才，过了几年便把他提拔上来，让他当了宰相。

有些人或许觉得晏殊这个人的所作所为非常的可笑，但是却正是他的诚信使得他得到了皇帝的信任。

诚实在很多人的眼中是愚蠢的表现，因为他们认为，诚实会使自己吃亏。

而正确的答案是,老实人吃的是小亏,赚的是大便宜。人生就应该实实在在,脚踏实地地前行,一步一步走向成功。

拙诚可胜巧诈

用兵最忌浪战,守可数月不开一仗,不可开仗而毫无安排算计。

——曾国藩

大多数人面对困难,都喜欢走近路抄捷径,却忽视了最简单的一步一步踏实地走向成功,这才是最稳妥、最诚实的方法、最宽广的道路。

晏殊

世界上最简单最快捷的到达成功彼岸的方法就是最笨最累的方法。谁也没有说聪明不好,但是聪明的人总是被自己的聪明绊住,找不到最适合自己的,也想不到最好的方案。

老子讲究"无为而治",被很多人曲解了。不少人以为这句话告诉大家无所作为就能够取得成功,我们可以守株待兔,可以等着天上掉馅饼。其实这句话是要告诉我们不用巧。你只要不费尽心思刻意要求成功,按照现在做的顺利地做下去,成功就自然属于你。曾国藩将老子的思想融会贯通。教育自己的兄弟子女,无论为人处世还是功业文章都要踏踏实实,绝对不可以自以为是、浮华取巧。他是个自认愚钝的人,但是他一生无论建立的功业还是学识都备受后人称道。原因是什么,就是他懂得拙诚胜过巧诈的道理。

其实就连在选人这方面,曾国藩也把一个人是否诚实肯干作为对人考察的最基本条件。他一生最嫉恨依赖欺瞒获取别人信任,换取富贵荣华的人。心不诚的人是无法立足的,以为只要你撒了一个谎,你就需要用更多的谎言来弥补他。到最后你自己也分不清自己在讲的是真话还是假话。自己连自己究竟能

够做些什么都分辨不清,你又怎么能够要求别人信任你,委以重任呢?

现在我们所处的这个社会,充斥着一些欺诈。一些人甚至专门以欺诈作为职业获取钱财的人,最后他们的下场只能是冰冷的手铐,无期的牢狱。也有人因为一失足成千古恨。小看了诚信,结果最后只能埋怨自己。正所谓"大车无輗,小车无軏",輗和軏都是车子的关键所在,如果大车没有横杆,小车没有挂钩,那车子是走不动的。对于人来说也是一样,不管做人、处世、为政,"信"都是关键所在。一个人失去了信用,就失去了做人的基础,长此以往,别人对其只会敬而远之。

诚信是一个人的立身之本。一个人没有信用,就没有人相信,不被人相信的人,就不能在社会上立足,干不出什么大事。

唐朝元和年间,东都留守名叫吕元应。他酷爱下棋,养有一批下棋的食客。吕元应与食客下棋,谁如果赢了他一盘,出入可配备车马;如果赢两盘,可携儿带女来门下投宿就食。

有一日,吕元应在庭院的石桌旁与食客下棋。激战犹酣之际,卫士送来一叠公文,要吕留守立即处理。吕元应便拿起笔准备批复。下棋的食客见他低头批文,认为不会注意棋局,迅速地偷换了一子。哪知,食客的这个小动作,吕元应看得一清二楚。他批复完文件后,不动声色地继续与食客下棋,食客最后胜了这盘棋。食客回到住房后,心里一阵欢喜,企望着吕留守提高自己的待遇。

第二天,吕元应携来许多礼品,请这位食客另投门第。其他食客不明其中缘由,很是诧异。十几年之后,吕留守处于弥留之际,他把儿子、侄子叫到身边,谈起那次下棋的事,说:"他偷换了一个棋子,我倒不介意,但由此可见他心迹卑下,不可深交。你们一定要记住这些,交朋友要慎重。"

韩非子说:"巧诈不如拙诚。"巧诈的行为虽然可能图得暂时的利益,可是一旦被人识破,换来的就是别人怀疑的眼光。应该学习曾国藩以近乎愚笨的拙诚来待人处世,这样一时间或许他人无法感受到你的诚意,但经过长久的相处,必能获得他人的信赖。曾国藩的行为更是证明诚信乃是立身之本,愚诚胜过巧诈。不要因为一时得不到别人的信赖,就不去这样做。坚持下去,日久见人心,自然能够像曾国藩一般,谋求到更好的发展。

三省吾身,方获德馨

君子但知有悔耳。悔者,所以守其缺,而不敢求全也。

——曾国藩

有责任感的人都能够承担自己的责任,时时自省,发现自己存在的缺点,并及时改正,最大限度地降低错误的发生概率。自省是一种自我检查行为,是指对某人自身思想、情绪、动机和行为的检查。当然,仅仅心生悔意是不够的,人要懂得知错就改,这才是自省的最终目的。

曾国藩的一生都是遵循着荀子的话做的。荀子言"君子博学而日参省乎己,则知明而行无过矣。"曾国藩虽然博学众家所长堪称一位智者,但他依然遵循先贤的教导,每天反省自己,检查自己是否有做错的地方。

这一点单单从他的字与号就可以看出了。在他就学于湘乡涟滨书院时,自号"涤生"。意思就是"见善则迁,有过则改"。试图通过自省来清除心中的污垢,实现人生的更新。而后曾国藩师承理学名家唐鉴、倭仁,几乎每天都遵循着先生教导的"克己省复"。他曾将自己的日记命名为《过隙影》,当作是自己人生的错题簿。而自从他开始写日记以来,更是不曾间断,一直到他过世。

曾国藩的一生都在自我反省中度过,他对自我剖析之深刻,恐怕世间没有太多人能敌。在国外,智者也很看重自省。伟大的哲学家苏格拉底将生命中的大部分时间用于自我检查,并鼓励他的朋友也这样做。他甚至对自己做出了这样的要求:"未经自省的生命不值得存在。"

当代社会,自省是一种认真负责的工作态度。无论发生什么都应该学会对自己的行为负责,就算错我已经酿成,但是你可以做出更改,可以从中吸取教训。自省对于每一个人都十分重要。

春秋时期,孔子的学生曾参勤奋好学,深得孔子的喜爱,同学问他为什么进步那么快。曾参说:"我每天都要多次问自己:替别人办事是否尽力?与朋友交往有没有不诚实的地方？先生教的学生是否学好？如果发现做得不妥就立即改正。"

自我反省，审视，总结。这三步帮助那些成功人士，正视曾经犯下的错误，改正自己的过错，弥补自己的缺陷，从而得到更好的发展。

事实上，自省的行为一点儿都不难，但是贵在坚持，贵在彻底。所谓"反省"，就是经常给自己照照镜子，反过身来察看自己，检讨自己的言行，看看自己还有哪些不足，犯了哪些错误。在工作和生活中，你是否也能像曾国藩那样，经常给自己照一照镜子呢？日复一日地坚持审视自己。如果没有，那就从今天开始，对你的人生负责。

在其位谋其政，不能有失身份

务宜敬以持躬，恕以待人。敬则小心翼翼，事无巨细皆不敢忽。

——曾国藩

在其位谋其政，每一个人在社会上都有自己的位置，一个成功者不可能是整日浑浑噩噩的人，官员更是如此，一个在自己岗位上得过且过之人怎么可能有升迁之望？作为臣子，既要对天子负责，更要为百姓着想，如果尸位素餐，还不如干脆把职位撤掉更好。认真负责的人心中时时有"敬"，把自己的职责时刻放在心中，全力以赴做到最好。曾国藩就是在自己的岗位上凭着敬业的精神做到了最出色。

曾国藩由学入仕，始终为国家大事而兢兢业业地工作着。他一生都恪守职责，在自己的工作岗位上鞠躬尽瘁。他每日早起晚睡，既要处理军政要事，又要读书、应酬，几乎无一时之闲暇。其中最耗费心神的，是每天都要处理大量的公文。曾国藩早年"遇陈奏紧要之件，每好亲为草稿，或大加削改"。后来随着年纪渐长，"精力日减，目光愈退"，但仍"沿此旧习"。由直隶回任两江总督后，他的右眼已经失明，左眼的视力也不好，看文写字深以为苦，一般公文只好令人代拟，但"其最要者，犹不假人"。

同治十一年正月二十九日，也就是他去世之前的第五天，他的日记这样记载了他一天的活动如下：

起床后诊脉，开药方；早饭后清理文件；见客五次；然后阅《二程遗书》；见客人一次；中饭后阅本日文件，见客一次；核科房批稿簿；至上房一谈；傍晚小睡一次；夜核改信稿五件，约共改五百字。二更五点睡。

就在二月初二，曾国藩去世前的第三天，他仍然如往常一样工作，但是觉得特别疲倦，"若不堪治一事者"。下午右手发颤，不能握笔，口不能说话，只好停办公事。曾国藩之所以带病还在工作，是因为他深深地明白"在其位，谋其政"这一道理，只要他还在这个位子上一天，他就要努力地工作，不能有失他的身份。毕竟在这个世界上有意栽花花不发，无心插柳柳成荫的事情不多，在通常情况下，都是只有真心地去呵护花，花才能开得更艳。如果都是无心而成，又怎会去珍惜，又怎么会懂得它的价值之宝贵呢？

对自己的工作永远保持着审视的眼光，这就是敬业。曾国藩不辞辛劳地在自己的工作上奔波，却还是认为自己没能完全做到尽忠职守，因而心存愧疚。

他在日记中说："不能振作精神，稍治应尽之职责，苟活人间，惭悚何极！"曾国藩觉得，自己不能够尽职尽守，思维散漫，一无所成，并且因为这样的想法而时常觉得羞愧后悔。于是多次在自己的日记中反思，警醒自己再继续努力完善自己，多做符合自己身份的事。

世上之人，很少能够做到曾国藩的程度，却常常自满自义，觉得尽忠职守。这样的情况看来着实可笑。身担大任者，总是会执着于自己的事业，力求做到尽善尽美，自己的价值又在何处？否则自己的追求又有什么意义？成功者的眼光更挑剔，因此他们的工作也总是更为出色。

鞠躬尽瘁，血诚护国

不如兄弟尽力王事，各怀鞠躬尽瘁、死而后已之志，终不失为上策。

——曾国藩

忠诚是人类最重要、价值最高的美德之一。无论你是一名风云人物，还是一个无名小卒，如果你渴望在工作中获得成功，渴望被委以重任、获得梦寐以求的广阔舞台，就应当抛弃自己的"外骛之心"，投入自己的忠诚。

曾国藩正是这样一个恪尽职责，忠君体国的人。

道光三十年(1850)正月二十六日，咸丰皇帝即位。时局动荡，随时威胁着清王朝的统治。咸丰帝为渡难关，颁诏求言，封章密奏。许多有志之士都应诏陈言，直谏流弊，曾国藩也是这中的一名。当时的他掌理全国庶政的六部中除了户部之外五部的侍郎。没有人比他更熟悉清王朝的政情利弊、官场风习、民生疾苦与军事外交。曾国藩目睹紧张的局势，上书多篇，从不同的方面切入问题，每一个问题他都能够详细指出病因所在和解决方法。他认为国家的忧患大致在两个方面：一个是国家的财政不足；一个是军队的涣散。然而这两方面并不是彼此孤立的。曾国藩认为解决这一困境的方案很简单，就是先节饷，再对军队进行强化训练，对士兵进行筛选。为了说服皇上，他列出了各地军队的种种腐败状况，更是有见识的提出"兵贵精而不贵多"的道理。

除了奏折之外，曾国藩的衷心在他的家书日记中每每展现，如"兄弟尽力王事，各怀鞠躬尽瘁、死而后已之志"这类的话，数不胜数。他一心关心国家，为苍生免除战乱之苦不惜死而后已，其忠诚爱国昭然可见。

曾国藩一生忠诚体国，充满了"天下兴亡，匹夫有责"的责任感，正是这种使命感，使得曾国藩在仕途之路走得长远。

曾国藩因为这种责任感毫不犹豫地在仕途之路上走了下去，因为他知道"天下兴亡，匹夫有责"，这就是一种作为臣子的责任。

建安十二年(207)，诸葛亮二十七岁时，刘备"三顾茅庐"，会见诸葛亮，问以统一天下大计，诸葛亮精辟地分析了当时的形势，提出了首先夺取荆、益作为根据地，对内改革政治，对外联合孙权，南抚夷越，西和诸戎，等待时机，两路出兵北伐，从而统一全国的战略思想，这次谈话即是著名的《隆中对》。

听了诸葛亮这一番精辟透彻的分析，刘备思想豁然开朗。他觉得诸葛亮人才这个难得，于是恳切地请诸葛亮出山，帮助他完成兴复汉室的大业。诸葛亮遂出山辅佐刘备,形成三国鼎立之势。诸葛亮于危难之际出而辅佐刘备,联孙抗曹。大败曹军于赤壁,夺占荆州。建安十六年,攻取益州。继又击败曹军,夺得汉中。二十六年,刘备在成都建立蜀汉政权,诸葛亮被任命为丞相,主持朝政。三年(223),刘备病危,以后事相托。

刘禅继位,诸葛亮领益州牧,勤勉谨慎,大小政事必亲自处理,赏罚严明,与东吴联盟,改善和西南各族的关系,实行屯田,加强战备。建兴五年(227),上疏于刘禅,率军出驻汉中,前后六次北伐中原,多以粮尽无功。十二年,终因积劳成疾,病逝于五丈原军中,将后事托付姜维。

"鞠躬尽瘁,死而后已"这句成语便出自诸葛亮的《后出师表》中。诸葛亮自二十七岁初出茅庐,一直到五十七岁病逝五丈原,整整三十年间,为两代蜀国帝王耗干心血,把中兴刘汉的重担背负在自己的肩上。所以才成就了他流芳百世的声名。

责任感的话题在任何一个时代都不显落后。当代社会更是一个讲究责任胜于能力的时代。例如在职场当中,很多公司遇到困难最需要员工的时候,员工却一走了之,这实在不是一位优秀员工做出的事。忠诚并不是要求我们从一而终,而是讲一种职业的责任感。不是对某个公司或者某个人的忠诚,而是一种对职业的忠诚和敬畏。一个有责任感的人,远远要胜于一个徒有能力却毫无责任心的人。

嫉妒别人不如提升自己

嫉妒别人,不如提升自己。

——曾国藩

"德莫凶于妒",在社会中,在同一战场上的竞争者必然都各有优势,能够从中脱颖而出的佼佼者,定然有着压过他人的长处。面对这样的对手,努力从他身上学习自己所没有的品质,努力向他看齐才是正确的道路。然而不是所有人都能够做到这一步,事实上,很多人对超越自己的人容易心生嫉妒。嫉妒是一种可怕的力量,它会吞噬人的理智,迫使你去做出一些损人不利己的行为,而最终损害的必然还是你自己,因此明智的人会把比自己优秀的人当作是自己超越的目标,而不是打击的对象。

曾国藩就懂得在前进的道路上,嫉妒对自己毫无用处,反而会招致祸端。

清同治九年(1870),时任直隶总督的曾国藩前往天津查办天津教案时,因案子十分棘手,他觉得自己可能因此丧命,所以曾写下一份遗嘱,这就是写给他长子曾纪泽的信。他在信中说:余生平略涉儒先之书,见圣贤教人修身,千言万语,而要以不忮(嫉妒)不求为重。

善妒者,心胸往往不会宽大,容易因他人的成功和快乐而心生痛苦与愤怒,这种情绪会如同噩梦般地扰乱他的生活,而他总是会把自身的痛苦嫁祸于他人。找错了原因,他的解决之道也自然会走上岔路。

庞涓和孙膑都是鬼谷子的学生,他们师徒三人隐居在深山之中研习兵法,彼此之间结下了深厚的友情。后来,庞涓先下山到魏国做了三军统帅,而孙膑则留在山中继续向老师学习,并且研读了《孙子兵法》。学有所成之后,孙膑也经人介绍来到了魏国。

在魏国,孙膑与庞涓朝夕相处,因为孙膑的军事才华已经远远超过了庞涓,庞涓感到自己的地位不保,对孙膑暗起嫉妒之心。为了

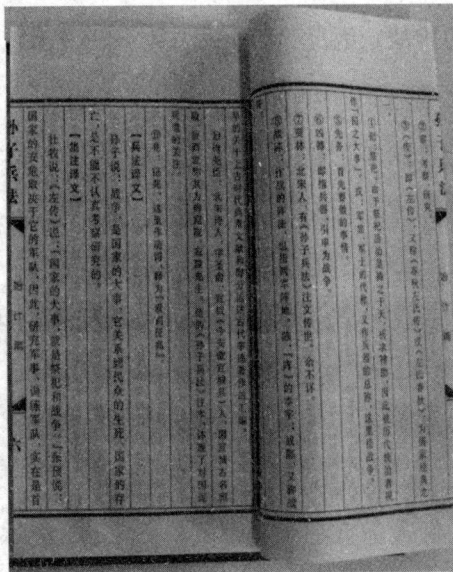

《孙子兵法》书影

除掉孙膑,保住自己在魏国的将军地位,庞涓不顾兄弟情义,设计污蔑孙膑谋反,让魏王把孙膑的膝盖给削了,孙膑因此成了一个废人。当孙膑知道自己是因为庞涓的陷害才沦落至此之后,孙膑开始装疯卖傻,后来逃到了齐国,成为齐国的一员大将。

若干年后,魏国进攻韩国,孙膑协助齐国出兵救韩。他采用添兵减灶的诱敌之计,骗得庞涓轻进,最后用伏兵把庞涓率领的魏军团团围住,庞涓兵败自杀。

庞涓在临死前还叹道:时无英雄,使竖子成名! 正是可怜又可叹。在生命的最后,他还是不愿意承认孙膑的才智在他之上。他们就像两棵树,庞涓认为是孙膑太高而遮住了他的阳光,而不把着眼点放在自己太矮上,因此他的解决方法就是:把孙膑砍倒,而不是自己去奋力长高。孙膑未必会如他所愿那样倒下,而他自己却把自己的精力白白地浪费在算计他人身上,最后竹篮打水一场空。结果,在中国历史上闻名的还是孙膑,庞涓这个名字在他面前暗淡无光。

嫉妒使人不择手段,虽然一时把对方压倒,但是只能够得逞一时,因为一个人面对的对手不可能只有一个人,长江后浪推前浪,总会不断地有人出来构成新的挑战。因此,这种做法其实是最为愚蠢的,要想超越他人,提升自己才是正确之道。

曾国藩正是懂得其中的利害所在,才以此教导后辈,告诫他们不要被嫉妒心糊弄住心智而走上岔路。

大公无私,尽职尽责

吾辈当为餐冰茹蘗之劳臣,不为脑满肠肥之达官也。

——曾国藩

做人为官都讲究个大公无私,在集体利益和个人利益的取舍中,很多人都倾向后者,尽管我们都知道,选择前者才是正确的。所以那些真正能够做到抛除私欲大局为重的人,都是值得敬佩的。

曾国藩身为清王朝的一名汉族官员,真的做到忠于朝廷,大公无私。这世上贪官污吏为数虽多,但值得庆幸的是,能"先天下之忧而忧,后天下之乐而乐"的清正廉洁、为民请命的官员也不少。

曾国藩荣膺礼部侍郎之后,全家欢喜,尤其是他的父亲曾麟书。但是了解自己儿子脾气秉性的他，也不禁为儿子担忧。他立刻修书一封叮嘱自己的儿子，教导他不能因为官阶高人一等，就自视清高，为人仍要谦虚谨慎。对待老师，不可失师生之理；对待优秀的后生，要努力提拔；对待前辈，更要恭敬，从他们身上多学些东西。不可以因为做了高官就收受贿赂，要为公忘私，尽职尽责。

由此可见，曾国藩父亲的教导，对曾国藩的影响是深远的。他不仅自己身系国家，还鼓舞有能力的兄弟子侄都为天下苍生奔波。他的弟弟，曾国华、曾国葆等人要么战死军中，要么为国操劳至死，曾国藩在悲痛之余，发出了"举室效愚忠"的慨叹。急国家之难为大公，面对国家危难，又岂能坐视不理。

千古名相诸葛亮把一生都奉献给了刘备父子的蜀汉政权，但他却从未从中为自己谋求一丁点私利。他在遗表中写道：

伏闻生死常有，难逃定数；死之将至，愿尽愚忠：臣亮赋性愚拙，遭时艰难，分符拥节，专掌均衡，兴师北伐，未获成功；何期病入膏肓，命垂旦夕；不及终事陛下，饮恨无穷！伏愿陛下清心寡欲，约己爱民，达孝道于先皇，布仁恩于宇下。提拔幽隐，以进贤良；屏斥奸邪，以厚风俗。臣家有桑八百株，田十五顷，子弟衣食，自有余饶。至于臣有外任，随身所需，悉仰于官，不别治生产。臣死之日，不使内有余帛，外有余财，以负陛下也！

即使在临终之时，诸葛亮仍然将国家大事记在心上，谆谆叮嘱，字字刻骨。更为难能可贵的是，不给子孙留下任何余荫，"不使内有余帛，外有余财"，让子孙仅凭借"桑八百株，田十五顷"的遗产度日，这又是何等的高风亮节？

或许，今天大多数人无法做到曾国藩、诸葛亮的境界，但是大是大非面前，每个人都应该坚定自己的信念。

忠心耿耿，敢言必能负重

凡办公事，须视如己事。将来为国为民，亦宜处处视如一家一身之图，方能亲切。

——曾国藩

没有一个领导者喜欢不忠之人,不管是士兵之于将帅,还是群臣之于皇帝,不忠是最不能饶恕的品质缺陷。曾国藩是汉人,虽然朝廷在他位高权重之时一直保持警惕,对他怀有疑心,但是他以自己的忠诚赢得了信任,也就获得了平安。

曾国藩踏入仕途时,整个官场已经是暮气沉沉了。咸丰皇帝登基后,下诏求言,对很多官员来说这不过是个过场戏,但是年轻气盛、一心以天下为己任的曾国藩认为这是革除官场积弊的大好时机,于是接连上了几个奏折,但是并无实际成效。曾国藩认为自己的一番肺腑之言没有引起皇帝的重视,更是愤懑,于是又上奏折,这次批评的对象直接指向了皇帝本人。

第一条是"敬慎",皇帝只注意细枝末节而不顾国家大事,没有全局远大的目光,如此一来臣下也就随之着眼于琐碎之处;第二条是"好古",皇帝钟情典籍读书习字本是好事,当也会流于附庸风雅,而且不重视别人的新见解;第三条是"广大",皇帝知识渊博,见识超远,但是若不学习就会容易刚愎自用,不听旁人之言。

这份奏折措辞激烈,曾国藩自己也已经做好了最坏的打算,在给家人的信中写道:"折子初上时,余犹恐犯不测之威,业将得失祸福置之度外。"他认为自己忠心日月可鉴,生死早已置之度外。

咸丰皇帝看了之后果然大怒,立刻召来军机大臣,要将曾国藩严惩不贷,曾国藩会试时的房师季芝昌恰好正在旁边,为他求情说:"这是臣的门生,向来愚戆,请皇上宽恕。"尚书祁隽藻也一同叩头求情。咸丰皇帝毕竟不是一个昏君,再次阅读之后也看出了曾国藩的一片忠心,不仅对他"优诏褒答",还说"敢言必能负重"。

明白事理、懂得利害的领导者,知道唯有像曾国藩那样忠心耿耿的大臣才是真正在为自己的利害打算的,因此能够信任地把关系重大的事情交给他去负责;而那些以谄媚之道事主的,只能够得一时之欢心,而且聪明的领导者就算情感上喜欢,但也未必会把重要之事交由他们处理。

曾国藩给皇帝的第一印象就是忠心,如果皇帝能够放心,那么他就可以去做事了，一展宏图也是指日可待。试想，一个人纵然才华盖世，但是不为朝廷信任的话，又怎能得到重用呢？而且恐怕才气越高，猜忌越盛。曾国藩的这一步，为他日后的成功做了良好的铺垫。

曾国藩以对家国负责为衷，所以才敢一再上疏。在此后的仕途中，曾国藩也是以自己的忠心一次次化解清廷的怀疑，尽忠报国，最后达到了事业的高峰。

有识之士可成大事

凡办大事，以识为主，以才为辅。

——曾国藩

什么是成功的基石？一千个人给你一千个答案，但是这些答案中一定有一些是重叠的。我们总是看那些成功人士，在讲述自己的故事，例如他们怎样由一贫如洗变成百万富翁。怎么由一文不值变成世人崇拜。但是不知道你有没有意识到这一点，无论他们谈论的内容是什么，他们都在无形中突出了自己是因有先见之明，才取得成功。

见识，其实是一个人成功所必需的事项之一。何为见识，就是你要做到明晓大体，能够窥一斑而知全豹。这无疑是很难做到。有人也许会说，上天肯定在造人的时候不公平，我之所以失败，是因为上天忘记将这一点放进我的脑袋里。其实要做一个有识之士并非难事。每个人在出生起就被赋予了发现的双眼，只要你善加利用，你一定能够做到。

曾国藩认为要做一个有识之士，你就要达到一个字"明"。这个字即是光明的明，也是明白的明。翻开词典，找到这个字，你会看到很多解释。但是有些时候，字并非字面看上去那么简单。就拿这个"明"字，曾国藩在不同的方面赋予它许多不同的含义。作为一个官员，治国就必须要为你的百姓负责，你要做到明，也就是明达公正；在处理复杂的人际关系，你更要明。聪明机敏，明哲保身；你要为你的国家尽忠，所以在鉴别选优人才上，你要有识人之明。最后也是最重要的一点，对于你自己，在修身养性上，你要有自知之明，要懂得知晓天命。

简单地说,要想做个有见识的人,首先要学会认识你自己。

　　一个连自己都看不清的人,怎么能够指望他能够参透人性,豁达于世。怎么能期待他能从细微之处推断未来的发展。其次在认识自己之后,你能够具体问题具体分析,试着运用最适宜的方法来解决不同的问题。等你做到了前两点,自然而然你就能够做到远见有识,更能够顺势而为,取得成功。

　　例如秦朝的叔孙通,他是个非常有远见的人,四朝为臣,每一朝都能够美名扬世,不是一般人可以做到的。

　　叔孙通起初在秦朝当官,知道秦二世的寿数已经到头了,赶紧溜回了老家山东。这时,山东已被楚占领,叔孙通投归项梁。项梁败死后,又跟从楚怀王。项羽杀楚怀王后,叔孙通留就顺便事奉了项羽。汉二年(公元前205年),刘邦率诸侯攻占彭城,叔孙通见势归顺了刘邦。

　　第一次拜见刘邦,叔孙通峨冠博带,十足的儒生打扮。刘邦

叔孙通

见叔孙通这般穿戴,心里就有点厌恶。精明的叔孙通立即明白了,再见刘邦时就换成短装,一副刘邦家乡人打扮的模样。刘邦看得顺眼,心中就有了几分好感。刘邦见他很聪明,就拜他为博士。

　　叔孙通投降刘邦时,有一百多个儒生弟子跟随他,但他做官后却一个也没推荐,反而专门推荐些能打仗动武的人。弟子们对此不满,叔孙通知道后,对弟子们说:"汉王现在正在打仗争天下,你们能打仗吗?所以现在只能推荐那些能扛旗拿刀的人啊。你们不要着急,我不会忘记你们的。"

　　汉五年,刘邦已经平定天下,诸侯共尊汉王为皇帝于定陶,叔孙通就其仪号。刘邦废除秦朝的严刑苛法,制度简单易行。但是昔日的功臣们常常在朝廷

上饮酒争功,喝醉了就大嚷大叫,甚至拔剑击柱,刘邦很不高兴。叔孙通看到这种情况,就对刘邦说:"儒生难与进取,却可与守成。臣请皇帝征召鲁地诸生,与臣的弟子共同制定朝仪。"刘邦说:"很难吗?"叔孙通说:"我参照古代和秦朝礼法就可以了。"刘邦答应了他。

经过一番讨论、修订、演习,叔孙通的礼仪制度终于定好了,一改群臣在宫殿上的粗野行径,使刘邦真正体验到做天子的威风——"吾乃今日知为皇帝之贵也",于是封叔孙通为太常。叔孙通看到刘邦尝到了兴文建制的好处,开始对文人感兴趣,便不失时机地向他推荐追随自己多年的那些弟子,被弟子们誉为"诚圣人也,知当世之要务"。

作为一个有识之士,首先要看得清自己,其次才能够推及他人,甚至人生。一个人要懂得因时而异,因事而异,让自己适应情况的变化,在变通中实现自己的志向。这样才能够达成大事。曾国藩的一生,能够做到自省自知、遇到事情懂得由此及彼、具体分析才能够成就大业。如果遇到困难,暂时不能达成愿望,他也没有选择硬碰,而是保存实力等待时机。一个人的能力有限,因为目标并不是光凭实力就可以实现的,认识自己之后,遇到问题要能做到尽量顺水推舟,等天时、地利、人和三者聚齐,目标自然就实现了。

躬亲入局能成事

天下事,在局外呐喊议论总是无益,必须躬身入局,挺膺负责,乃有成事之可冀。

——曾国藩

有一句话叫作"不入虎穴焉得虎子"。如果没有挺身入局的勇气,就不会达成想要的目标,实现自己的志向。成功的标准每个人都不同,相同的是每个人都要真正为自己想取得的成功拼搏,这一点,是无法改变的。

曾国藩以为,身为天下苍生之一,无论是满人还是汉人,在国家危难之际都应该救国救民。把为天下苍生谋福祉当成自己的志向,而实现这一志愿就一定要出仕为官。唯有掌权者才有能力来改变世界,才能运用手中的资源让世界变得更加美好。

曾国藩先是寒窗苦读,历尽艰辛金榜题名。而后又弃笔从戎,铁甲战马之上厮杀打斗为清朝平定战乱。洋人入侵之时,面对强大的敌人,能够仔细分析现状后,一人承受天下的唾骂委曲求全保留实力。他的一生就是这样实现自身志向的。宋代理学家张载所说"为天地立心,为生民立命,为往圣继绝学,为万世开太平"的远大志向,这似乎就是曾国藩的平生缩影。曾国藩用自己的行为告诉我们:一个人如果想获得成功,就要勇于走上你人生的舞台,无论有没有观众,无论这出戏是否精彩,都要把这出戏演好,把人生过好。人生这出戏,每个人都是自己那部的主角。总有些人不敢承认自己的主角身份,畏畏缩缩,这样的人一开始就否认了成功的可能。另一些人无论别人是否轻视他,都勇于推销自己,敢于展示自己,所以最后成为名副其实的主角。

曾国藩是这样的人,那么我们所熟悉的"毛遂自荐"这一成语中的毛遂更是这样的人。战国四君子平原君有一位名扬古今的谋士叫作毛遂,他的成名跟他的胆识分不开,但是更离不开他敢于入局的精神。一次秦国攻打赵国,把赵国的都城邯郸围困起来。在这危急关头,赵王决定派自己的弟弟平原君赵胜,代替自己到楚国去,请求楚国出兵抗秦,并和楚国签订联合抗秦的盟约。

到了楚国,平原君献上礼物,和楚王商谈出兵抗秦的事。可是谈了一天,楚王还是犹豫不决,没有答应。这时,站在台下的毛遂手按剑柄,快步登上会谈的大殿。毛遂对平原君说:"两国联合抗秦的事,道理是十分清楚的。为什么从日出谈到日落,还没有个结果呢?"

楚王听了毛遂的话很不高兴,就斥责他退下去。毛遂不但不害怕,反而威严地走近楚王,大声地说:"你们楚国是个大国,理应称霸天下,可是在秦军面前,你们竟胆小如鼠。想从前,秦军的兵马曾攻占你们的都城,并且烧掉了你们的祖坟。这奇耻大辱,连我们赵国人都感到差耻,难道大王您忘了吗?再说,楚国和赵国联合抗秦,也不只是为了赵国。我们赵国灭亡了,楚国还能长久吗?"

毛遂这一番话义正词严,使楚王点头称是,于是就签订了联合抗秦的盟约,并出兵解救了赵国。平原君回到赵国后,把毛遂尊为宾客,并且很重用他。

在这个社会中,人们必须坚守责任,这是坚守我们自己最根本的人生义务。责任是对人生义务的勇敢担当,也是对生活的积极接受,更是对自己所负使命的忠诚和信守。一个充满责任感、勇于承担责任的人,会因为这份承担而让生命更有分量。

一个人承担的责任越多越大,证明他的价值越大,所以,应该为你所承担的一切感到自豪。想证明自己最好的方式就是去亲身入局来把事情做好。而亲身入局的第一步就是开始积极参与谋划自己的人生,证明自己存在的价值,这样才能为成就大事打下最稳妥的基础。

毛遂

居安思危,成就霸业

战战兢兢,即生时不忘地狱。

——曾国藩

曾国藩认为做人应当坦坦荡荡,有了这份浩然之气,虽在逆境中依然可以从容处世;但是即便身处高位也别忘小心谨慎。所以他才能够发出"生时不忘地狱"的感慨。理学大家朱熹在给陈亮的信中曾说:真正大英雄,都是从战战兢兢、如临深渊中走出来的。洪应明在《菜根谭》中也说,思立掀天揭地的事功,须向薄冰上履过。这就是说,要成就大事业,必须能够像在冰上走路那样小心谨慎才行。小心谨慎才能使自己错得最少,成功的可能和拥有成功的可能性自然就更大。

曾国藩立志要做大事业,对此自然深有体会。他说:越走向高位,失败的可能性越大,而惨败的结局就越多。因为登高必然跌重,因此每升迁一次,就要以十倍于以前的谨慎心理来处理各种事务。烈马驾车,绳索已朽,随时有翻车的可能,做官何尝又不是如此?

他说自己"军事非权不威,非势不行,弟处无权无势之位,常冒争权争势之嫌",曾国藩以为,自己处在无权无势之位,军事上离不开权和势的辅佐,才能够让别人听从自己的命令。曾国藩还总结了官场三条秘诀:一是不参与,不管己事不过问;二是时刻小心,没有终止之日;三是时刻谦让,唯恐不能胜任。只有这样,才能久居高位。

曾国藩在其一生中,始终没有被哪位权臣所收拢。虽然穆彰阿对他有着提携之恩,在曾国藩的升迁之路上起着关键的作用。但是曾国藩并没有投靠在穆彰阿的门下,他们的政见也有所不同。1850年,道光皇帝驾崩后,新即位的咸丰皇帝就立即罢免了穆彰阿,并且下诏历数他的罪行,所以曾国藩并没有为此受牵连。

对于另一个权臣肃顺,曾国藩也是如此。在咸丰朝的后期,肃顺与怡亲王、郑亲王结成了一个小集团,不仅军机大臣拱手听命,而且咸丰皇帝也对他几乎言听计从。他在打击政敌的同时还注重招揽人才,特别是汉人,对曾国藩自然也是大加青睐。湘军集团中的尹耕耘,王闿运等人都与肃党结交密切,但是曾国藩只是通过郭嵩焘等人与肃顺保持着若近若远的联系。因此后来辛酉政变肃顺倒台,慈禧太后彻查肃党时,发现朝野很多大臣都与肃顺有书信往来,唯独没有发现曾国藩的只言片语。

正是这种战战兢兢、时刻处于危机之中的心态,造就了曾国藩一刻也不放松的性格,成就了他的显赫功业。于是,在慈禧太后提出由曾国藩管辖四省的时候。曾国藩深有体会地说:陆游说能长寿就像得到富贵一样,在我还不知道他的意思时,就挤进老年人的行列中了。近来混了个虚浮的名誉,也不清楚是什么原因就得到了这个美好的声名。古代的人获得大的名声的时候通常都在艰苦卓绝的时候,也因此不能顺利地度过晚年,想到这些不禁害怕,想要准备写奏折把这些权利辞掉,不要再管辖这四省吧,害怕背上不胜其任,以小人居君子的罪名。

曾国藩在给弟弟曾国荃的信中说:"至阿兄忝窃高位,又窃虚名,时时有颠坠之虞。吾通阅古今人物,似此名位权势,能保全善终者极少。"曾国藩每当获得高位都不忘告诫自己家中之人,名位权势虽然是好事,但是能够保全善终的人太少了。一定要事事小心,处处小心,才不会从云端跌至地狱。

多一份谨慎,就多一条退路胜算。正因为在处事上如此小心谨慎地对待,曾国藩才避免了很多不必要的麻烦,在成功的道路上走得顺畅。

守诚更需守恒

困心恒虑,正是磨炼英雄,玉汝于成。

——曾国藩

老子曾言:"人之生也柔弱,其死也坚强。草木之生也柔脆,其死也枯槁。故坚强者死之徒,柔弱者生之徒。是以兵强则灭,木强则折,坚强居下,柔弱居上。"人活着的时候身体很柔软的,但死后就会变得僵硬。草木活着的时候枝叶是柔脆的,但死后枝叶就会变得枯槁了。所以说,曲径通向的并非死路,同样是生的彼岸、成功的终点。

为了取得成功,仅仅守诚是不够的,更需要守恒。你要有一颗恒久之心,未来的道路无论荆棘、泥沼,无论高山、深渊,你都有勇气一直走下去,一步步地走下去。要以成熟的心态来面对所有挑战,要保证你的目标方向不偏移,就能够到达想要去的地方。

曾国藩为了实现自己的志向,一路艰辛忍辱负重,不但守城,恒心和韧性更是从来没有离开他的心。

在安庆之战的紧要阶段,曾国藩分兵三路,直指江浙地区。但是这三路部队却并不太平,胡林翼之死,使曾国藩失去一个最有力的伙伴。后二路东向的大军,李鸿章与左宗棠两路,都时时表现不合作的态度,曾国藩也只得息事宁人,按捺住自己的性情。听命于他的曾国荃的军队虽然不存在不合作的问题,但是军饷不济。湘军的军纪败坏随时都有叛变的威胁。此时的曾国藩面对诸多问题一并爆发的危险,再加上旧疾新病齐发,导致他几乎无法工作。然而,一直到最后,曾国藩都坚持没有放弃。后来他也忍不住感叹当时自己有些太逞强,以至于心身疲惫。这其实也说出了他的心里话,更证明曾国藩取得成功的艰辛。

西汉时候,有个农民的孩子叫匡衡。他小时候很想读书,可是因为家里穷,没钱上学。后来,他跟一个亲戚学认字,才有了看书的能力。

匡衡买不起书,只好借书来读。那个时候,书是非常贵重的,有书的人不肯轻易借给别人。附近有个大户人家,有很多藏书。一天,匡衡卷着铺盖出现在大户人家门前。他对主人说:"请您收留我,我给您家里白干活不要报酬。只是让我阅读您家的全部书籍就可以了。"主人被他的精神所感动,答应了他借书的要求。

匡衡

过了几年,匡衡长大了,成了家里的主要劳动力。他一天到晚在地里干活,只有中午歇晌的时候,才有工夫看一点书,所以一卷书常常要十天半月才能够读完。匡衡很着急,心里想:白天种庄稼,没有时间看书,我可以多利用一些晚上的时间来看书。可是匡衡家里很穷,买不起点灯的油,怎么办呢?

有一天晚上,匡衡躺在床上背白天读过的书。背着背着,突然看到东边的墙壁上透过来一线亮光。他站起来,走到墙壁边一看,原来从壁缝里透过来的是邻居的灯光。于是,匡衡想了一个办法:他拿了一把小刀,把墙缝挖大了一些。这样,透过来的光亮也大了,他就凑着透进来的灯光,读起书来。

匡衡就是这样勤奋学习的,后来他做了汉元帝的丞相,成为西汉时期有名的学者。

身为一个农民的孩子,匡衡能够下定决心,克服艰苦的条件,勤奋地读书,成就自己的梦想。这份坚持,是他成功的原因。为了获得学习的机会,匡衡甘愿给有书的人家打工,而他"偷"光的行为,更是令人感叹。不只是匡衡,历史上一切有成就有作为的人,无不具有刻苦的精神,而一个人只要下定决心,不言放弃,就总会找到办法,获得成功。

曾国藩和匡衡的坚持和成功,说明了要想成功就离不开一颗恒心。学习需要持之以恒的精神,成就大业更需要坚持不懈的努力。这世上没有一件事情是可以一蹴而就的。为了成功就应该磨炼自己的意志,不懈地努力。只有锲而不舍的人才会成功,半途而废的人终究会一事无成。

得民心者得天下

凡人之生,皆得天地之理以成性,得天地之气以成形,我与民物,其大本乃同出一源。若但知私己而不知仁民爱物,是于大本一源之道已悖而失之矣。至于尊官厚禄,高居人上,则有拯民溺救民饥之责。读书学古,粗知大义,即有觉后知觉后觉之责。孔门教人,莫大于求仁,而其最初者,莫要于欲立立人、欲达达人数语。立人达人之人,人有不悦而归之者乎?

——曾国藩

得民心者得天下,百姓是历史的代言人,真正能在政治舞台上成就事业的人都要经过百姓的许可,而唯有仁爱才能得百姓。曾国藩是儒门子弟,笃信儒家的仁爱之道,同时受宋明理学思想的影响也比较大。他说:"我与民物,其大本乃同出一源。"其实这句话是对朱熹理学思想的一个传承,曾国藩认为要把对他人的仁爱当作是自己修行的一部分。他将自己和其他人视作平等,大有推己及人、仁者爱人的意思。

　　曾国藩在带领湘军对抗太平天国时同样以仁爱治军。他在剿灭太平天国的时候被人称作是"曾剃头"，以示其残暴，其实他是不得已而为之。曾国藩也不想妄造杀业，只是当时的情况只能选择杀鸡骇猴，警告那些黎民百姓不要私通太平军。虽然自己一再禁止扰民之举，有时也力不从心，只好动了杀念，但曾国藩一直为此事懊悔不已。

　　对待好友，曾国藩也竭尽仁义之情。

　　有一次，好友邵惠西的夫人携带孩子来上海逃避战乱，曾国藩得知此事后秘密地派轮船把她的两个儿子和一个已出嫁的女儿都接了过来，还每月出银子为他们一家人租了房子，把他们都安置妥当。几年后，邵惠西的夫人和长子相继病故，她的次子和女婿送灵柩回故土，留下小女儿一人在家。曾国藩见她孤苦伶仃，无依无靠，就让夫人收她为义女，这样她就能受到曾家周全的照顾了。

　　曾国藩还对士兵关怀有加，说："吾辈带兵，如父兄之带子弟一般。无银钱、无保举，尚是小事，切不可使之扰民而坏品行，因嫖赌洋烟而坏身体。个个学好，人人成才，则兵勇感恩，兵勇之父母亦感恩矣。我待将官如兄弟，我待兵勇如子侄。"曾国藩将手下将领士兵视作自家子弟。自己没有钱、没有功名都是小事，不能让将士因为骚扰黎民百姓而败坏品行，不能让他们因为没人制止抽烟喝酒吃喝嫖赌之类的行为而毁坏了身体。曾国藩立志教育他们，让他们个个成才。不仅那些士兵感激曾国藩，就连士兵的父母也会觉得欣慰。由此可见，曾国藩对于兵卒究竟有多么爱惜。

　　在看到百姓饱受战乱之苦时，曾国藩几次唏嘘不已："最近两年行军打仗，四处驻扎，看过不少城乡小镇，经常有被损毁的屋子，树木被伐，人民贫困。这些地方大多被盗贼荼毒，还有被兵士所毁。每当我看到这些，心中都会暗自感叹，行军打仗真是有害于百姓。我现在必须告诫各地官员和兵将，禁止骚扰百姓，这才是眼下急需要做的事情。"

　　他自己爱护百姓，也告诫弟弟要心存爱民之心，希望弟弟无论行军打仗还是招兵买马，都能够不忘"爱民"这两个字。乱世之中，带兵之人，战场上的厮杀无法避免已经罪孽深重了。不要再多造孽,做些攻城掠阵之事,能够饶人性命,积下福德,就尽量去做。不能被杀意蒙蔽双眼。

自己要有所成就,就先要帮助部属有所成就,自己要有前途,就先要帮助部属有前途。对待部属,要像对待自己的子弟一样亲,一心希望他们成才,希望他们有所成就,这样他们就会誓死以报。这就是孔子所言的"己欲立而立人,己欲达而达人"。

老子说:"天地所以能长且久者,以其不自生,故能长生。"只有不是为自己而忙碌的人,才能够获得更为永恒的生命。曾国藩求仁得仁,他能够做到修身、齐家、治国、平天下,这些历程里无处不曾留有他一片仁民爱物之心。

第八章　有规矩才能成方圆

"离娄之明,公输子之巧;不以规矩,不成方圆。"这是《孟子·离娄上》中的一句话。康德也曾说过:"绝对的光明等于绝对的黑暗。"无论在什么时代或环境下,规矩是保证事有所成的一个基础。古代如此,如今的法制社会更是如此。只有遵守规则,遵守秩序,才能在成功的天空下拥有一方寸土。

轻名利,清名利

心以收敛而细,气以收敛而静。

——曾国藩

追名逐利是官场上的人进取的动力所在,但是如果人生仅仅以此为目标,就会为蝇头微利、蜗角虚名所左右,难以达到更为高远的境界。与外在的积极相对,一个人要做到内在的"静"才能够干成大事业。

曾国藩说:"'静'字功夫要紧,大程夫子成为三代后的圣人,亦是'静'字功失足。王阳明亦是'静'有功夫,所以他能不动心。若不静,省身也不密,见理也不明,都是浮的。"他认为,除私欲,戒妄念,静以养心,是一个人修身成为圣贤的一大要素。

曾国藩一生涉足官场，为政务、军务所缠身，不可能对功名利禄不动心。其好友刘蓉评价初次进京赶考的曾国藩时，说他"锐意功名，意气自豪"。当时的曾国藩也的确有那种意气风发、渴求名利的感觉。他在考中进士时，名列三甲，按照惯例，三甲进士多不能入翰林，曾国藩既羞愧又失望，差一点就回家。后来由于几个好友的尽力规劝，年轻气盛的曾国藩才留下来，按时参加朝考。

人在年少的时候需要名利作为前行的动力，但是随着人生阅历的丰富，还是一味地沉浸在其中的话，就把自己的人生局限了起来。

在科考以后，曾国藩自己也意识到了自己的名利之心太重，因此在道光二十二年（1842）十二月初九的日记中做了反省："见好物与人争，若争名争利，如此则为无所不至之小人矣，倘所谓喻利者乎？"言下之意就是说，与人争名争利，则流于小人之列，这是正人君子所不齿的，自己万万不能成了小人，而要做君子。

一次，曾国藩读苏轼的诗，其中有云："治生不求富，读书不求官。"曾国藩看后沉思良久，又添上了两句自己的话："修德不求报，能文不求名。"他的意思是：人的一生不应该只追求富贵、功名、回报，读书应该抛弃功名利禄之心，修心修德也应该单纯，人活着不单是为了糊口饭，品德修行也是非常重要的。

曾国藩很欣赏古人淡泊名利的情怀，曾在日记中大赞杜甫、苏东坡、陆游等人的旷达胸怀，将他们的潇洒旷达引为自己学习的榜样。只有心中不计较，才显出胸怀广阔和从容潇洒。不仅如此，曾国藩还对自己做了批评，他觉得自己太过重视名誉，总想要压倒别人。听到别人夸奖自己，感到高兴之际，听到别人毁誉自己，就感到忧心。这样患得患失，实在不利于生存，这也是为什么他患心病的原因。曾国藩时时告诫自己，要戒除名心，不与人争名逐利。

要知道，不争，故天下莫能与之争，这才是大家的风范。曾国藩看透了这一点，于是做《主静箴》："斋宿日观，天鸡一鸣。万籁俱息，但闻钟声。后有毒蛇，前有猛虎。神定不慑，谁敢予辱！"他用这八句箴言警醒自己，做到淡泊名利，就能够宠辱不惊，专注地去做自己想做的事情，心无他物，通往至圣的正途。

规矩之中，谋求出路

弟所谓自强者，每胜一筹，则余不甚深信。一身之强，当效曾、孟修身之法与孔子告仲由之强，可久可常。此外斗智斗力之强，则有强而大兴，亦有因强而大败。吾辈在自修处求强则可，在胜人处求强则不可。

——曾国藩

古语有云，"木秀于林，风必摧之。"身居高位者既要忍受高处不胜寒的孤寂，同时更要如履薄冰地应对来自上下层的压力与猜忌，这在官场之中更是敏感，因为自己若是权倾朝野，很可能因此而引起皇帝的不安，也会因得皇帝的宠幸而招致下臣的非议。所以面对曾国荃任性逞强的态度，曾国藩写信循循规劝说，告诉弟弟在自修之时逞强好胜是可以的，但是不可以为了与别人一争高下而逞强好胜。无论做人、为官还是劝解亲人，曾国藩都力求在规矩之中谋求出路，不高调做事，只求在低调中安稳地生存。

曾国藩奉行儒家的中庸之道，对朝堂上权力之争、尔虞我诈心中了如明镜，因此在官场几十年间，特别是在权位变动的时候，他都是规规矩矩小心谨慎处事的。

道光二十五年，曾国藩连升两级，晋升为翰林院侍讲学士，官至从四品。但是他在给弟弟的家书中如是写道：这次升官，实在是出乎我的意料。我日夜诚惶诚恐，自我反省，实在是无德足以承受。你们远隔数千里之外，一定匡正我的过失，时时寄信来指出我的不足，务必使累世积累下的阴德不要自我这里堕落。这样才可以持盈保泰，不会马上颠覆。你们如果能常常指出我的缺点，就是我的良师益友了。弟弟们也应当常存敬畏之心，不要以为家里有人做官，于是就敢欺负别人；不要以为自己有点学问，于是就敢于恃才傲物。常存敬畏之心，才是惜福之道。因为不合规矩的升迁都能够引来曾国藩这么多的思考，可见他是有多么注重规矩的重要。要寻找出路可以，但是一定要有理有据，符合规矩。否则就需要小心谨慎，判断是不是陷阱。

国学经典文库

冰鉴

曾国藩为官哲学

图文珍藏版

常存敬畏之心,就是曾国藩在官场上能够有惊无险度过一次次难关的秘诀所在。

辛酉政变后,慈禧太后掌握了最高权力,她在执政一个月后就下谕旨把浙、苏、皖、赣这半壁江山由曾国藩来统辖。对于这份倚重和权位的诱惑,曾国藩保持了极大的冷静,他几次上书辞谢,最后在朝廷一再的要求之下才就职,但同时又奏明:在没有攻克天京前,请朝廷不要再给他或者他的兄弟任何恩赏。

这种低调的做法一方面赢得了朝廷的信任,也使得心怀嫉

鳌拜

恨者难以找到寻衅的由头。按照清朝的官制,四品以下的官员准乘四人台的蓝呢轿子,就是通常所说的四人抬大轿;三品以上的官员则可以乘坐八人抬的绿呢大轿,就是八抬大轿。曾国藩在当了三品官后,一直没有换乘绿呢轿子,即便在升为二品官后依然坐蓝呢轿子。一方面固然是由于他收入有限,更是因为他不想通过这些东西来显摆自己。

清初的权臣鳌拜不仅利欲熏心还飞扬跋扈,最终沦为了阶下死囚。他在辅佐康熙时,独揽大权,同时结党营私,骄横跋扈不可一世,最后竟发展到不顾康熙的意旨,先后杀死户部尚书苏纳海、直隶总督朱昌祚、巡抚王登临与辅政大臣苏克萨哈等政敌,引起朝野惊恐,康熙震怒,最终被康熙设计除去。

鳌拜在位极人臣之际不仅不知收敛,反而大肆招摇,得此杀身之祸是在意料之中。与他的盛极而败相对,三国时的刘备就懂得通过韬光养晦来掩人耳目,使得自己的实力得以保存,这才有了曹操煮酒论英雄这段佳话。同样,春秋战国之际,勾践的卧薪尝胆也正是通过行事的低调来消除了夫差的猜忌。

飞扬跋扈者能逞一时之强,却未必能够得善终,历史上的教训实在不少。熟读经史的曾国藩自然懂得这其中的道理,所以当朝廷给予他权势与名望的时候,他不能不感到惶恐。因此在给曾国荃中的信中写道:我现在身居高位,所拥有的不过是虚名而已,对于未来我实在担心得很……你要广博地学习知识,行为操守方面则应当小心严谨一些。

贵在顺时而动

适时则贵,失时则损。

——曾国藩

世界千变万化,人心难测。每个人都有自己的处事原则,但是原则并不意味着一成不变。而是要追求外圆内方的智慧。曾国藩身处复杂的官场环境,要与不同的人、各方的利益打交道,只有通权达变,处事圆通,在不违背自己原则的同时协调好各类关系才能够稳居高位。

曾国藩在给弟弟的信中说:这些年来,我的人生和四十岁之前完全不一样。自己渐渐能够自立自强,对待别人也不怨天尤人。所说的能自立的人,就是懂得发奋图强,能够在官场之中站得稳。办事也越来越圆滑的当,能够在官场之上,将事情做成。比起以前进步很多。

可见,曾国藩并不是一开始就懂得变通之道的,他给家人或者子弟的每一个教诲都是通过自己的亲身历练得出来的。

1853 年初,曾国藩奉命前往长沙兴办团练时,尚未领悟到变通的重要。

当时正是太平天国运动搞得风起云涌之时,湖南各地的会党活动频繁,而一般的地主不敢与之对抗,更不敢帮他筹办团练。为此,曾国藩采取了两项铁血政策:一是坚决剿灭各地会党起义;二是采用就地正法的屠杀政策,他还以团练大臣的身份直接插手当地的司法事务。他的这种越权行为导致了地方官的不满和嫉恨,他们对他处处设防刁难。曾国藩被孤立了起来,举步维艰。永顺兵事件后,他意识到如果要战胜太平军,那么不仅要在战场上与之厮杀,还要在官场上做好工作。

经此一役，曾国藩的好友欧阳兆熊于是建议他去学习黄老之术，委婉地说明了对他过去为官之道的担心。曾国藩在读了《老子》等文章后，才真正地懂得了自己过去处事的缺陷。一年之后，他再次出山，剿灭太平军的志向仍在，然而他已经明白了仅凭自己一人之力是无法实现的，这时，他才懂得了变通的重要性。

李鸿章攻陷苏州、常州后，不知道应不应该去增援迟迟没有攻下天京的曾国荃，于是就写信给曾国藩进行试探。曾国藩赞成这个意见，但是在前线的曾国荃一心想要由自己来攻打天京，独揽大功。一方是自己的得意门生，一方是亲兄弟，如果处理不妥当不仅有伤和气，还会影响到战况，因此曾国藩左右为难。

最后他在给李鸿章的信中如是说："我和弟弟都盼望着你能来增援，但是有两点担心。一是你们的军资比我们的富足，两相比较，恐怕我们这边的士气会受挫；二是两军合兵后可能会有些不必要的麻烦发生。因此，如果你们来的话，湘淮两军的军饷必须平均发放。"

这些处世的技巧也是曾国藩经过多年的磨炼才日渐得心应手的。在世情的历练下，他已经懂得如何通达圆和地去处事了。这样的措辞不是一个年少轻狂之人所能想出来的，而李鸿章同样也精通这种官场的路数，一看就明了了曾国藩的话中之意。

由曾、李二人的言行举止可以看出方圆之道的妙处。其实，方圆并非狡猾，而是通过外圆内方的行事作风，既守住了自己的原则，表达了自己的见解，不屈从他人意见，又没有直接地回绝别人，为以后的交往留了后路。一个人如果能习得这种处事艺术，便可在待人接物上更加滴水不漏，应对自如。

圆滑处事，善于斡旋

自是以后，余益当尽忠报国，不得复顾身家之私矣，然此后折奏虽多，亦断无有似此折之激直者。此折尚蒙优容，则以后奏折，必不致或触圣怒可知矣，诸弟可将吾意，细告堂上大人，无以余奏折不慎，或以戆直干天威为虑也。

——曾国藩

自古以来，多少忠臣因直谏而招致杀身之祸。这也造成历来为官者大都唯唯诺诺、阿谀奉承。曾国藩痛心于这种萎靡不振的官场风气，于是在咸丰皇帝即位之时，决定不顾安危直言进谏，痛陈时弊。一来去除皇帝的骄气，免得日后养成厌恶正直而喜欢阿谀奉承的习惯；二来想通过这个折子稍微改变一下风气，使大臣们在朝廷里敢于说话，遇事不退缩。

一次，曾国藩递上一本痛批时弊的折子，咸丰皇帝看完后，批示"颇有是处"，并于宫中召见他。曾国藩提出详细对策，颇得咸丰嘉许。曾国藩大为振奋，他在给诸弟的家信中说："自此以后，我更要尽忠报国，不再去顾虑身家性命这些私事，不过以后奏折虽多，也绝没有像这么激烈直言的了。弟弟们可以把这个意思，详细告知堂上大人，不要担忧我上奏章时不小心，或因戆直而冒犯天威。"

曾国藩耿直，与他后来取得的成就是分不开。因为他正直，所以取得了皇帝和同僚的信任。不过，曾国藩也不是蠢人，经过官场上的多年摸爬滚打，他虽然保留耿直之心，但也学会了圆滑处事，所以团结了一大批英雄豪杰与他并肩作战，得以成就大业。下面有两个关于曾国藩的小故事，说明了曾国藩内方外圆的处世技巧。

曾国藩与左宗棠曾闹过很深的矛盾，咸丰八年（1858），咸丰帝看到形势又紧张起来，于是下令曾国藩率兵支援浙江。曾国藩决定与左宗棠和好如初，这样力量才会强大一些。于是在路经长沙的时候，专门登门拜访了左宗棠。曾国藩在离左家较远的地方就下了轿，既不穿官服，也没带随从，徒步走向左家，左宗棠见状，十分感动，忙以礼相待。曾国藩以无比真挚的态度与左宗棠交谈，毫无掩饰之情，使左宗棠非常感动，消解了心里的疑团，又和曾国藩和好如初了。

胡林翼是曾国藩在军事上很重要的合作伙伴，但有一段时间，曾国藩很看不惯他，因为贵为湖北巡抚的他竟然会讨好官文的姨太太，以求得与官文的合作。曾国藩觉得胡林翼太软弱了，一点也没有大丈夫气节。但曾国藩后来经过认真反思，就看到了胡林翼的高明之处，若想成大事，必须得有左右逢源的手段，争取到一切可以争取的力量，而一味清高，只会使自己陷于孤立无援的境地。

从上面两个例子可以看出，一个人若想在社会上立足，既要有真才实学，能坚守正义，又得讲究一些做事的策略，懂得人情世故的重要性。如果曾国藩一味以道义压人，不对左宗棠动之以情，势必会使两人关系更糟；如果曾国藩看不惯胡林翼而与之产生隔阂，那他就会失去一个重要的军事伙伴，与社会格格不入，不要说取得最后的胜利，就连立足自保恐怕也做不到。

人如果过分方方正正、有棱有角，必将碰得头破血流，陷于孤立无援的境地；但是一个人如果八面玲珑、圆滑透顶，也会逐渐失去别人对自己的信任，最后众叛亲离。因此，做人必须方圆有度，既要做一个正正派派的人，又要懂得变换角度，多替别人着想，换一下自己的表达方式，讲究做事的方法和策略。

趋炎附势，自招祸事

严丽生取九弟置前列，男理应写信谢他；因其平日官声不甚好，故不愿谢。不审大人意见何如？我家既为乡绅，万不可与人篱讼，令官长疑为倚势凌人，伏乞慈鉴。

——曾国藩

在清代官场上，相互攀附、结党营私是常有的事情，历来党朋之争，误国误民，曾国藩深有感触。所以在受人恩惠之后，他总是左右思量，判断应该如何处理。

其弟曾国荃靠着严丽声的提拔，位居前列之后。曾国藩好不为难。于是他提笔写信询问父亲："严丽生取九弟置于前列，照理应该写信谢他，但因他平日官声不太好，所以不愿谢，不知大人意见如何？"并且不忘记在信中嘱咐家人，不要过多参与官场之事，遇到事情宁可多吃亏也不能够仗势欺人。"我家既然是乡里绅士，万万不可以去衙署说公事，以致被官长所鄙视。就算本家有事，情愿吃亏，万不可与人诉讼，叫人误认为是仗势欺人，伏乞父母亲大人明鉴。"

曾国藩能够有以后的成就，很重要的一个原因就在于他不喜欢攀附权贵。很多人都以为"走后门"是一条成功的捷径，但是曾国藩知道，花无常开，人无常好，攀附别人，就是将自己的成败交给别人来掌管，其实是非常危险的。

早年，曾国藩带领湘军围剿太平军之时，因得不到清廷的信任，所以急需朝中重臣为自己撑腰说话。

一日，曾国藩在军中得到肃顺的密函，得知这位顾命大臣在西太后面前推荐自己出任两江总督，曾国藩大喜过望。当时咸丰帝刚去世，太子年幼，实际上是肃顺独揽权柄，有他为自己说话，真是再好不过了。

于是，曾国藩提笔想给肃顺写封信表示感谢。但写了几句，他就停了下来。

曾国藩想到，肃顺为人刚愎自用，目空一切。他又想起西太后，虽然暂时没有什么动静，但绝非常人，以他多年的阅人经验来看，西太后极富心机，将来一定会自己独揽朝政。像肃顺这种专权的做法能持续多久呢？西太后会同肃顺合得来吗？

思前想后，曾国藩最终没有写这封信。时隔不久，肃顺果然被西太后抄家问斩，在众多官员讨好肃顺的信件中，独无曾国藩的只言片语，曾国藩也就因此逃过了一劫。

曾国藩能躲避一场灾祸，有日后的成功，不得不归功于他谨慎地处理自己与权贵们之间的关系。正是看到了肃顺的为人特点和西太后的性格，曾国藩没有轻率地写信讨好肃顺。

很多人常常在想，为什么别人能够有这么好的机遇，能够在顷刻间飞黄腾达？原因不在于成功者的运气好，而就在于他们深知自己需要什么、别人有什么，并且懂得用最好的方式来获取自己想要的东西，又不会碰到危险。社会是生存的大环境，小到购物，大到实现理想，都需要与人合作交换。因此，根据对方的特点来调整自己的计划，是处理问题的好方式。

远离派系纷争,方能长存

官场之人,多死于派系之中啊。

——曾国藩

曾国藩在官场中饱经派系纷争,以至于他后来对此习以为常,成了玩派系斗争的好手。可是善泳者溺,再擅长玩弄派系斗争的人,也不能免于吃派系斗争的苦。正因为这样,曾国藩才发出了"官场之人,多死于派系之中"的感慨。

曾国藩身为一个汉人,却在满族八旗子弟当权的朝廷内做官,免不了要受到八旗子弟的排挤。面对这种情况,曾国藩自有他的对抗战术:他也拉拢了一批人,构建了自己的势力范围,在朝廷中形成了可以和八旗子弟抗争的另一派系,就这样,曾国藩利用派系之间的斗争,确立了自己在朝廷中不可撼动的地位。

捻军冲破了曾国藩设计的贾鲁河防线,长驱直入闯进山东。调入京师的官文知道这件事情,并且把这件事当作曾国藩的把柄,不仅大肆煽动,还暗中射箭弹劾曾国藩。官文显示利用自己位高权重的地位,煽动与自己结交的满洲贵族。让他们上奏规劝皇帝不要重用汉人。可是太后并没有理会。一计不成,又生一计的官文,再次拉拢地方的权贵,收买言官,一起掀起了反对曾国藩的浪潮。

见此情形,本来不打算追究的慈禧太后放弃了和解满汉矛盾的想法。改变了态度,对湘军以及曾国藩采取了大刀阔斧的裁制。

但当时曾国藩由于手握重兵,对于形势认识不够,以为皇上和太后不过是吓唬吓唬他,等到太平军真正的泛滥,他一定会被重新启用的,没有理会制裁。可是,他想错了,在这场纷争结束的一个月以后,他仍然没有等到朝廷让他复命的消息。曾国藩这个时候才认识到了事情的严重性。

后来,两江总督遇刺,朝廷之中再现危机,这个时候曾国藩接到了皇上的圣旨——不是恢复他原来的直隶总督的位置,而是贬为两江总督,前去赴职。曾国藩接旨后心里很是气恼,他给曾国荃写信说:"昨奉十四日严旨诘责,愈毋庸徘徊。大约一连数疏,辞婉而意坚,得请乃已,获祸亦所不顾。"可见他心中的苦恼。

曾国藩曾以为,只有利用派系的关系才能维护自己的地位,却忘记了派系的斗争往往也是最复杂的,是最不容易掌握的。每一个陷于派系斗争里的人,面对的都不是单一的敌人,而是要应对多方刁难,还要谨防自己内部的分化。所以,要想事态安宁,在稳定中求得发展,就应该远离派系斗争。

不仅仅是官场,在职场、生活中也是如此。很多人以为自己投靠了一个派系的关系网,就能够得到保护,其实这样的想法是错误的。一旦陷入派系党羽之争中,不仅要面对更多的难题,万一派系斗争失败了,自身就很难保。所以,一定要远离派系斗争,跟谁都不拉帮结伙,只虚心地做自己的工作,过好自己的生活,努力提升自己,这样才能获得更好的发展。

苛求他人,等于孤立自己

概天下无无暇之才,无隙之交。大过改之,微暇涵之,则可。

——曾国藩

每个人都有可取的一面,也有不足的地方。与人相处,如果总是苛求对方十全十美,那么可能永远也交不到一个真心的朋友。在这一点上,曾国藩早就有了属于他自己的见解,他曾经说过:"概天下无无暇之才,无隙之交。大过改之,微暇涵之,则可。"意思是说,天下的人没有一点缺点也没有的人才,没有一点缝隙也没有的朋友。有了大的错误,要能够改正,剩下小的缺陷,人们给予一点包含,就可以了。为此,他总是能够宽容别人,原谅别人的短处。

当年,曾国藩在长沙读书,有一位同学性情暴躁,对人十分不友善。曾国藩说想把自己的桌子靠近窗户时,那人说:"教室里的光线都是从窗户射进来的,你的桌子放在了窗前,就把光线挡住了,这还让我们怎么读书?"命令曾国藩把桌子搬开。曾国藩也不与他争辩,搬着书桌就去了角落里。

曾国藩喜欢夜读，每每到了深夜，还在用功。那位同学又看不惯了："这么晚了还不睡觉，打扰别人的休息，别人第二天怎么上课啊？"曾国藩听了，不敢大声朗诵了，只在心里默读。一段时间之后，曾国藩中了举人，那人听了，就说："他把桌子搬到了角落，也把原本属于我的风水带去了角落，他是沾了我的光才考中举人的。"别人听他这么一说，都为曾国藩鸣不平，觉得那个同学欺人太甚。可是曾国藩和颜悦色，毫不在意，还安慰别人说："他就是那样了的人，就让他说吧，我们不要与他计较。"由此可见，曾国藩的容人之处，绝对不是一般人能够相比较的。

凡是预谋大事者，都有广阔的胸怀。中国自古有一句名言，"宰相肚里能撑船"，讲的是三国时期蜀国宰相蒋琬的故事。

蒋琬有个性格孤僻、讷于言语的属下名叫杨戏，每次蒋琬同他说话，杨戏都只应不答，别人都觉得杨戏为人傲慢，对待蒋琬更是怠慢。但蒋琬替他开脱，觉得人都有自己的脾气秉性，杨戏不当面赞扬自己是因为他本性是这样，不当面指责自己的错处更是为了给自己留面子。蒋琬不但不曾责备杨戏，对他更是以礼相待。

位居要职或者成就大事的人，他们在与别人相处的时候，不会计较别人的短处，而是以一颗平稳的心去看待别人的长处，从中看到别人的优点，弥补自己的不足。如果眼睛只能看到别人的短处，那么这个人的视界里就只有不好和缺陷，而看不到别人美好的一面。在现实生活中，每个人都可能跟别人发生矛盾。看到别人欺负自己，心里会不舒服是正常的。但是却没必要什么事情都跟别人争论，有时候，当你据理力争的时候，反而会遭到别人的强硬否决，但如果大度为怀，对对方表现得宽容，对方反而会觉得不好意思了。再者，一味去跟别人计较小事，就可能浪费自己很多精力。与其把自己的时间浪费在一些鸡毛蒜皮的事上，不如放大胸怀，给别人一次机会，也可以让自己有更多的精力去做更多有意义的事情。

第九章　知能容愚，博能容浅

一粒石子丢入盛满水的水杯中，自然会水花四溅，甚至有将玻璃杯打破的可能；而如果将之投向大海，那么所激起的水花便完全可以忽略不计。杯子水少，难容一粒石子；海洋水多，小小的石子无法激起风浪。做人亦是如此。如果自己拥有了丰富的知识，对愚者的言谈只会一笑而过；拥有了广阔的胸襟，对浅薄的冒犯也只会淡淡一笑。

谦亦有度，适时自荐

凡过谦则近于伪，不可不虑。

——曾国藩

谦虚不仅是一种美德，也是助你登上新境界的云梯，因为只有虚怀若谷才能不断地去学习新的东西从而提升自己。但是凡事都有一个度的问题，超出了这个限度就会走向反面。曾国藩曾写信给刘长佑说：来示称谓过谦，万不敢当。顾亭林先生云："弥谦弥伪。"阁下但只谦之为美德，独不畏人之疑其伪乎？

由此可见，本意即便是谦虚的，但是在他人看来可能成了虚伪。试想如果一个卓有成就的人总是推辞说自己一无是处，别人难免会起疑：那么你真的是侥幸成功的吗？还是不愿意告诉我们你的经验呢？这样就给人留下了虚伪的不好印象。

谦虚本是客套之言，如果他人误以为是事实，就会造成不好的后果。中国古代有个"黄公好谦卑"的故事，说的就是这个道理。

齐国有位黄公，喜欢谦虚。他的两个女儿天生丽质，都是全国少有的美女。由于她们很美，总是有人在提及的时候会夸耀一番，黄公就常用谦辞贬低她们，说是他们其实丑陋不堪，妄担了美名。他屡次如此说，使得他女儿丑陋的名声传得很远，以致她们到了适宜的婚龄依然无人来娶。

　　黄公没有办法,就冒冒失失地把大女儿嫁给了一个鳏夫。众人一看,他女儿原来真的是个绝色佳人,恍然大悟:"黄公喜欢谦虚,所以才有意贬低女儿,故意说她们长得不美。"

　　于是人们争着去黄公那里送礼求婚,把另一个女儿娶去,同样是个容貌超群的美人。

　　黄公的女儿事实上国色天香,但是因为黄公过于谦虚,他人就以为真是丑陋不堪了,这个名声与事实不符,自然就是伪了。试想如果在刘备三顾茅庐的时候,诸葛亮没有那番《隆中对》来展示自己的卓然见识,而是一味谦让,能否有后来的天下三分? 如果一味讲求谦让,中国历史上会少了多少毛遂自荐的佳话?

　　鲁迅先生在评价《三国演义》时说:"欲显刘备之长厚而似伪。"《三国演义》原本想把刘备写成一个温厚仁爱的帝王,但是书中,刘备明明要成就伟业,却屡次在言辞之中推辞谦让,因而读来觉得这个人有些虚伪。

　　可见在做事的时候不能"过谦",那么怎么才能避免呢? 曾国藩提出了"诚"和"实"的两字决,也就是在听了对方的言辞之后,还要去考核实际情况。

　　胡林翼为了湘军集团的整体利益,必须和湖广总督官文打好交道,因此在结交的时候,应酬言谈之中不免有过谦之嫌,李续宜认为他太虚伪而不可信任,并且向曾国藩抱怨。曾国藩知道胡林翼是为了大局着想,就让人对李续宜澄清说:润帅非全无权术者,而待迪、希兄弟一片至诚,实无丝毫权术。

　　胡林翼应权术之变,有时不得不与官文虚与委蛇,放低自己,但是在不明就里的人看来,他这样的做法多少有些奴颜婢膝,认为这样的人不可靠。曾国藩也知道胡林翼的做法已经超过了谦虚该有的限度,但是他也懂得胡林翼这样做是权宜之计,其实胡氏本人并非如此,依然是一个诚实笃信可靠的人。不过,从这个故事中也可以看出,谦虚的度是非常难以把握的,一不小心就会引起他人的误解。

　　不仅爱出风头的人容易招来不必要的麻烦,而过于谦虚会让人使得自己的真正实力不为人所知,错失可结交之友,错过对手,错过良机。曾国藩经历了官场之间人与人之间的交往,虚虚实实,自己也不能完全超然其外,对于谦虚所该把握的度他也是亲身体会得出的肺腑之言,值得后人借鉴。

常留余地,少争强斗狠

今日我处顺境,预想他日也有处逆境之时;今日我以盛气凌人,预想他日人亦以盛气凌我之身,或凌我之子孙。常以"恕"字自惕,常留余地处人,则荆棘少矣。

——曾国藩

忙忙碌碌一辈子的世人,都希望自己能够于人流之中脱颖而出,与众不同。当然,有这样的欲望是正常的,然而,将出人头地的欲望用于正途,可以产生强大的动力,推动人不断地超越自己;但是谬用了这种欲望,为了同旁人争强斗胜,只会自食恶果。

纵观历史,官场中的权势之争尤为严峻。谁都想一人之下万人之上,翻手为云覆手为雨。可是谁又能在权力的中心站得持久,连皇帝都免不了有皇位之争。自古杀父弑兄只为了登上皇位的人并不少见。身为上位者如此,更何况官员。官员们互相打压,稍有失势的人,就成了众矢之的。难得的是能够无私地举荐人才,向失宠之人伸出援手。曾国藩位于权力风暴的中心,仍然能够坚持自我。在平日接待人物,曾国藩最看重的是"敬"和"恕"。他认为圣贤在为人方面的教诲归结起来就是这两个字。懂得敬重别人的人就不会狂妄得不知所谓。知道宽恕的人,就不会被自己想法所蒙蔽,看待问题能够换位思考,才能走得更远。曾国藩更是认为"己欲立而立人,己欲达而达人",人要懂得站在别人的立场思考,才能立于不败之地。其实简单地说,无论敬还是恕都是要给人留有余地,不断他人后路。

饱受儒家、道家思想影响的曾国藩,无论对待下属或者同僚都注重"仁"和"恕"。他不会因为你不讨好他而打压你,更不会因为你的一时犯错而将你立于危冰之上。湘军重帅之一的左宗棠,遍读诗书,熟知兵法,是个良将亦是良才。但是他为人恃才傲物,时常言辞刻薄,觉得自己不可一世。与曾国藩时有争执,对曾国藩很是不敬。曾国藩并未因此疏远他,打压他,而是仔细的思考,取其可取之处。曾国藩还多次向朝廷举荐他担任要职。在左宗棠贫困潦倒之际,更是伸出了可贵的援助之手,助其成功。这是何等之胸襟。对别人落井下石不难,对与自己有恩的人,涌泉相报也不难。难的是以德报怨,用广阔的胸襟容人,以坦荡的心胸待人。

在曾国藩写给其弟弟的信中更能看出,他是如何对待别人的成绩的。"我要步步站得稳,须知他人也要站得稳,我要处处行得通,须知他人也要行得通"。你行,别人也行。就算别人现在不行也不代表以后不能成功。如今受欺凌嘲讽的是别人,也许有一天会是你。所以无论对谁都要学会留有余地,对于自身,更要切忌锋芒毕露,惹他人非议。简单地说,就是只要与人方便,就等于与己方便,做起事来就能顺水推舟,一路走向成功彼岸。

在日常生活中,一个人过于夸耀自己的才华,一般都不会有好的结果。春秋时期的颍考叔最能说明这一点。

郑庄公准备伐许。在战前,他先在国都组织比赛,挑选先行官。众将一听加官晋爵的机会来了,都跃跃欲试,准备一显身手。

第一项是击剑格斗。众将都使出浑身解数,只见短剑飞舞,盾牌晃动,场面壮观不已。经过轮番比试,选出了6个人来,参加下一轮比赛。

第二项是比箭,取胜的6名将领各射3箭,以射中靶心者为胜。第5位上来射箭的是公孙子都。他武艺高强,年轻气盛,向来不把别人放在眼里。只见他搭弓上箭,3箭连中靶心。他像一只斗胜的公鸡,昂着头,轻蔑地瞟了最后那位射手一眼,退下去了。

最后那位射手是个老人,胡子有点花白,他叫颍考叔,曾劝庄公与母亲和解,郑庄公很看重他。颍考叔上前,不慌不忙,"嗖嗖嗖"三箭射击,也连中靶心,与公孙子都射了个平手,赢得众人一片喝彩。

这一局只剩下两个人了,庄公派人拉出一辆战车来,说:"你们二人站在百步开外,同时来抢这部战车。谁抢到手,谁就是先行官。"公孙子都轻蔑地看了一眼自己的对手,拼命地向前奔跑而去。

哪知跑了一半时,公孙子都却脚下一滑,跌了个跟头。等爬起来时,颖考叔已抢车在手。公孙子都哪里服气,提了长剑就来夺车。庄公忙派人阻止,宣布颖考叔为先行官。公孙子都为此怀恨在心。

此后,在进攻许国都城时,颖考叔果然不负众望,手举大旗率先从云梯上冲上许都城头。眼见颖考叔大功告成,公孙子都嫉妒得心里发疼,竟抽出箭来,搭弓瞄准城头上的颖考叔射去,一下子把颖考叔射了个"透心凉",从城头栽下来。另一位大将假叔盈以为颖考叔被许兵射中阵亡了,忙拿起战旗,又指挥士卒冲城,终于拿下了许都。但处世锋芒太露的颖考叔却落了个被人陷害的下场。

偷鸡不成蚀把米,争强好胜只会让自己离成功越来越远。因此,为人处世一定要把握一个度,无论有多么傲人的资本,多么出众的才智,都不要把自己看得太了不起,不要认为自己是救国济民,一呼百应的圣贤君子,更不要到处争强好胜,非把人逼到"无脸见人"的边缘才善罢甘休。而是应收敛自己的锋芒,平和心态,淡然地处世,懂得给别人留有后路,这样才能在人生路上一路走好。只有正视别人一时的失败、自己一时的成功,才能取得更大的成就。

与人格斗不如于己修行

吾辈在自修处求强则可,在胜人处求强则不可。若志在胜人处求强,其能强到底与否尚未可知,即使终身强横安稳,亦君子所不屑道也。

——曾国藩

曾国藩身为湘军的统帅,平日不苟言笑,但是在饭桌之上,他会卸去严肃的面孔,同众人谈天说地。

在带领湘军的若干年中,虽然走南闯北,可能吃饭并不应时,但是曾国藩的每一顿饭都是跟幕僚们一起吃的。吃饭的时候,他们不会谈论军事和时事,而是相互之间交流学问,说一说听来的奇闻和生活中的偶遇。

这一天，大家又坐在一起吃饭。席中，曾国藩的一个得意门生问曾国藩："这些年，恩师的官路也算是亨达，但是这其中是不是也要经历一番挫折呢？官场不比平常，总会有比自己强的人出现，恩师是怎样在强者之中一直立于不败之地的呢？"曾国藩听了，笑笑说："原来你是想跟我取经啊，那我告诉你了，你可不要告诉别人啊。"之后，还故作神秘状，引得众人哈哈大笑。

曾国藩说："看到比自己强的，心里不服气，想向他挑衅，证明自己才是最强的，是人之常情。可是，一味逞强斗狠，就等于把自己强大的希望寄托在别人身上，把别人的失败作为自己进步的台阶，那么这种强就毫无道义可言，是肯定不会长久的。

大家都知道，李斯和韩非本是同学，但他知道韩非的本事比自己大，害怕秦王重用他，对自己的前途不利，就在秦王面前讲韩非的坏话，害死了韩非。可是他后来不也是因为被陷害而招来了杀身之祸？

真正的强者，不是通过不择手段地去战胜别人而获得胜利的，而是要从别人的身上看到长处，之后完善自身。自身完善了，自然无可战胜。"

曾国藩的一席话，引来了众人的掌声。他的门生更是受益匪浅地点点头。

是啊，不管是官场，还是生活中，总是避免不了竞争。如果只把目光投放在别人身上，用别人的强弱来衡量自己，那么到头来自己还蠢立在原地，没有丝毫的进步。可是，如果以对方为榜样，看到自身的不足，之后不断完善自己，那么一定会实现对于自己的超越，也会逐渐让自己变得强大。

一个人的魅力大小，并不完全取决于他的能力的大小，而在于他的涵养是否到了更高的境界。自处的时候可能还知道应该努力学习，不断丰富自己。可是一旦与别人在一起的时候，自然而然地就会产生比较，好胜心就这样凸显出来了。有时候为了赢，会想尽一切办法，甚至弄虚作假、不择手段。可是这样的结果，即使赢了，也与最初提升自己的目的相去甚远了。

争强好胜是一个人自强不息的表现，但自强的出发点很重要。如果是出于自我修养的考虑，就会有很多意外的收获。凡事从自身出发，通过战胜自己而求强，这才是图强的长久之道。

怒是双刃剑，伤人也伤己

大抵胸中抑郁，怨天尤人，不特不可以涉世，亦非所以养德，亦非所以保身。

——曾国藩

愤怒是一种力量，人处于盛怒之中往往口不择言。然而，说出去的话犹如泼出去的水，无法收回，造成的伤害也无法弥补。是以，我们都应该好好学习如何克己制怒，避免伤害我们身边的人。

曾国藩年少之时也是个易怒的人，而且更是个在怒火之中无法控制自己的人。他常常说自己"余天性偏激，痛自刻惩有年，而一触即发，仍不可遏"。连他自己都觉得他天生就偏激，虽然深刻反省很多年，但是依然一触即发，到了气头不可收拾。可贵的是，自从他意识到一个人如果不能自我控制，是无法成就大事，无法担当天下重任之时。他能够自省并做出改变。他更是时常以自己曾经的错误来告诫自己，告诫后世子孙不宜妄生意气。想当年，他同左宗棠、沈葆桢的不愉快已经没有回转的余地，但是他仍然是否懊恼当初自己的作为。后来，他自我总结为官之人待人接物最重要的是能够克己——就是能够控制自己，让自己保持在冷静平和的状态之中，不意气用事。他还曾因自己一时情绪失控，愧对自己的恩人李元度。

李元度曾是曾国藩麾下大将，因急于获得实缺，被与曾国藩对立的何桂清集团拉拢。他与曾国藩之间的梁子也就此结下。之后曾国藩升任两江总督，调回李元度去徽州驻守。由于指挥不当，曾国藩被困于祁门，而李元度战败后却迟迟不归。朝廷对二人的处理却是一贬一褒，结果惹得曾国藩对李元度心生不快。于是，曾国藩上折参奏。李元度见曾国藩参了自己一本，便离开了曾国藩，如鱼得水地在别人麾下当官。曾国藩见状，再次上表朝廷，最后朝廷几经思量，惩处了李元度，李元度自此一蹶不振。

曾国藩终于如愿以偿惩处了李元度，然而后来突然幡然醒悟，意识到自己因嫉妒和意气用事，一手将真诚对待自己的李元度从自己的身边推开。所以在日后,曾国藩又为李元度平反,并与李氏联姻。

其实,如果曾国藩当时不因一时冲动,非要与李元度一争高下,后来又岂会如此大费周折呢。

足见,控制个人脾气对一个人的成长是多么的重要。当怒火中烧时,应该立即放松自己,命令自己把激怒的情境"看淡看轻",避免正面冲突。当怒气稍降时,对刚才的激怒情境进行客观评价,看看自己到底有没有责任,恼怒有没有必要。

怒气似乎是一种能量,如果不加控制,它会泛滥成灾;如果稍加控制,它的破坏性就会大减;如果合理控制,就有可能减少愤怒。有些错误我们无法避免,纵使懊恼终身也只是惘然。但是有些错误,我们稍加注意就不会再犯。那些气头上的话,虽然转瞬即逝,但是仍然像钉子钉在木板一样,拔出来也留下深深的印记。让我们学会控制自己的情绪,不再用言语伤害他人。

有容乃大,凡事何需太计较

留一分余地,可回转自如,不留余地,则易失之于刚,错而无救。

——曾国藩

曾国藩一生朋友良多,多得益于他的宽容大度。他做事肯为他人着想,经常给人留有余地。

在晚清四大名臣之中,曾国藩和左宗棠是同乡,左宗棠虽然比曾国藩只小一岁,可是他接连参加了若干次科举考试,却只中得个举人,仕途之路颇不顺畅。

咸丰二年,太平天国运动风起云涌,左宗棠趁乱出山,在湖南巡抚张亮基处做幕僚,后来转投骆秉章。骆秉章对左宗棠是言听计从,所以前来拜访的文武百官都对左宗棠格外敬重。

有一天,永州总兵樊燮前来拜访,此人是一个烈性的武将,见到左宗棠,只拱了一下手,也没行大礼。这让左宗棠十分不满,就说:"别的官员来了,就给我行大礼,你为什么只拱手不行礼?"樊懿不屑地说:"我堂堂朝廷二品官员,凭什么向一个举人行大礼?"

左宗棠考了若干次却只得举人的头衔,一直是他的耻辱,如今被人这样取笑,自然心中怒火焚烧:"滚出去!"一脚就把樊懿踹了出去。

樊懿哪里受得了这样的委屈,回去就向皇上奏了左宗棠一本,说他暗自操纵湖南巡抚做事,不将朝廷命官放在眼里。咸丰帝知道了此事后大怒,当即放话说要将左宗棠就地正法。左宗棠再怎么清高,也不过是个凡人,听说皇上要将他就地正法,顿时吓得离开了湖南,来到了安徽,躲进了曾国藩的军营里。

曾国藩一直很欣赏左宗棠的才华,此次他落难,曾国藩一直想办法帮他,几次向皇上奏请宽恕左宗棠,并说他晓畅军事,刚明耐苦,不但不能杀,反而应该给予重用。在曾国藩的保举之下,皇上宽恕了左宗棠的罪过,并给了他四品官职。

对于曾国藩的如此帮忙,按理说左宗棠应该对他感恩图报。但是,左宗棠并没有与曾国藩成为朋友。随着官位的不断升迁,左宗棠不仅不听曾国藩的,还几次三番跟他过不去,甚至在背地里说曾国藩是一个"极尽虚伪"之人。

曾国藩这个人很有雅量,虽然知道左宗棠对他相当无礼,但是并不与他计较,还极力向朝廷推举他,让他做了浙江巡抚。在左宗棠奉命去西北作战之时,曾国藩把自己的一支精锐部队划给了他,并且在他征战的途中,不停地供应粮草。终于,曾国藩凭借自己的雅量感动了左宗棠。在曾国藩去世之后,左宗棠亲自写了挽联,并且让自己的儿子代替自己去曾国藩的坟前祭拜。

曾国藩因为自己的宽容和雅量,赢得了左宗棠的尊敬。其实,自古以来,凡成大事的人,都有宽大的胸襟,广博的胸怀。"海纳百川,有容乃大",只有能够容得了别人的短处的人,才能被别人接受,并且在自己面临危难或有所需要的时候得到别人的帮助。成大事者,浩然宽大的胸怀是必须具备的。

人生的快乐不在于获得的多,而在于计较的少。生活中我们要处理很多的关系,要面对很多的人,如果事事都要与人计较,自然不会受人欢迎。但是如果能够在做事情时给对方留有余地,表现出宽容和忍让,那么我们就会有越来多的朋友。

再者,事事难测,每个人都有考虑不周的时候,如果不懂得宽容和谅解的话,也可能因此误会了别人,曲解了事件的本身,犯下不可饶恕的错误,那么到头来吃亏的还是自己。所以,凡事多怀包容之心,不把话说死,不把事做绝,这样就会永远胜券在握,进退自如。

越妄自尊大,越显得小气

越自尊大,越见器小。

——曾国藩

法国大作家雨果说:"世界上最广阔的是海洋,比海洋更广阔的是天空,比天空更广阔的是人的胸怀。"器量和胸怀决定一个人的人生和人格高度,一个人处世立身,器量和胸怀最重要。古人立身修德,求"海纳百川,有容乃大;壁立千仞,无欲则刚"之境界。目光短浅、骄傲自大之辈绝不会成就大事。

曾国藩更是认为:"古之成大事者,规模远大与综理密微,二者缺一不可。"能够成就大事的人一定有一个广阔的胸襟,也有一颗善于理清脉络注意细微之处的心。他更是认为"越自尊大,越见器小"。有自尊心并不是一件坏事,而越是妄自尊大,越显得自己没有气量。这样的人是一定不会成功的。

曾国藩喜读史,秦末农民起义的一幕,让他对一个人胸襟的大小决定其能成多大的事而深有感悟。这便是司马迁在《史记·陈涉世家》记载的一则故事:

陈胜称王以后,从前和他一起当雇工的一个穷朋友听说了,便来找他。这个人敲着宫门嚷道:"我要见陈胜!"守宫门的卫士要绑他,他一再解释,才没被绑,但卫士始终不肯给他通报。后来陈胜出来了,这位穷朋友挡着路直呼陈胜的名字。陈胜无奈让他上车一同回宫。从此以后,这人时常随便出入宫殿,还情不自禁地说了他过去和陈胜在一起时的旧情。于是有人对陈胜说:"这个人愚昧无知,专说些不得体的话,有损您的尊严。"陈胜听后,没有经过再三思虑,就把这人杀了。此后陈胜的老朋友都自动离去，没有人敢再接近他了。

陈胜是杰出的农民领袖，这是大家都承认的，他的失败有多种原因，但他自身的原因却不容忽视，这等器量怎能让人与之为伍，为他打天下？他又怎能令天下百姓心向往之，甘心为其子民呢？历史的确意味深长：器量小，不容人，熟人和故交也离你而去，孤家寡人难成大业；器量大，能容人，可化敌为友，纳天下英才而用之，事业岂有不兴旺的道理！足以见得，器量大小对一个人的成功是多么重要。

大胸怀是大海，纳百川，载千舸，容万物，育众生。大胸怀是高山，不厌细尘，不嫌怪石，披风雪，湍瀑布，生草木，活鸟兽。大胸怀是大地，默默承载，无怨无悔。无论是刀枪剑戟，车轮滚滚，炸弹核武，还是巨峰的重压，江河的撕扯，铁蹄的践踏……都能够平静地忍受。大胸怀是天空，默默包容，从不逃避。不管是阴云风雨，万钧雷霆，抑或朗朗晴空，朝霞彩虹，或是沙暴埃砾，日月晨星，它都能以寥廓之胸怀容之。

大家都了解"物以类聚、人以群分"的道理，但是倘若你接触不同性格，不同爱好的人，并与之和平相处。工作起来就能更加协调，未来的道路也会更加宽广。

戒骄戒躁，方能成功

凡好讥评人短者，骄傲者也。

以不轻非笑人为第一义。

天下古今之才人，皆以一"傲"字致败。

——曾国藩

人当有傲骨，但不可有傲气。傲气是浮在外面去笼盖他人的，而傲骨则是守在心中只有自己知道。傲气往往表现为自以为是，与他人一言不合便剑拔弩张。在少年人的身上，最容易犯这种错。

曾国藩年少时就是这样锋芒毕露，与他人在交谈时总会有一股傲气四溢，不可一世。

有一次,一个名叫窦兰泉的朋友前来拜访,与曾国藩探讨学问。两人都喜欢理学,就此展开了讨论。窦兰泉平日为人谦和,在发表自己见解同时,会为他人留下余地,曾国藩却好几次在没有明白对方意思的情况下打断了他的话,口若悬河地发表己见,窦兰泉几乎成了听众。事后曾国藩很是后悔,在日记中检讨说:"彼此持论不合,反复辩诘,余内有矜气,自是特甚,反疑别人不虚心,何以明于责人而暗于责己也?"

曾国藩反省说:两个人意见不同,自己在辩论中有些盲目自大,从那之后更是变本加厉,却反而怀疑别人不够谦虚。为什么在对别人提出意见的时候心里很明白,但是却很难看到自身问题之所在呢?

自我批评原本就比批评他人要困难,因为人的眼睛总是看他人的时候远多于看自己的时候。所以在争论的时候就不会考虑别人意见的合理性,而想把自己的想法强加在别人身上,别人如果不买账,就有了争论。这样的人总是沾沾自喜,有人提出异议,便以为无关紧要,甚至认为对方见识浅薄。

曾国藩就认识到了自己犯下的正是这种孤傲的错误。他深知,傲气的锋芒不仅会刺伤他人的眼睛,最后妨碍的还是自己的进步,因此在心中几次反省后,提出了要"戒傲"。他时常写信给弟弟,彼此共勉。在京城里有不少自大的人。

人会在年少时暴露傲气的毛病,是因为这时的阅历不够丰富,也很自然地凭着自己的意见顽固地去行事了,历史上不乏像曾国藩这样在年少时犯了轻狂症的人物。

苏轼刚刚进入官场,仕途一路通畅的时候,对自己的才学颇为自负。有一天,他到王安石那里拜会,恰好他不在,苏轼在安石的书桌上看到了安石一首还未完成的诗:"西风昨夜过园林,吹落黄花满地金。"苏轼就想,菊花开在秋里,其性属火,敢傲秋霜,最能耐久,就是干枯,也不会落瓣,于是,就在后写道:"秋花不比春花落,说与诗人仔细听。"

王安石回来看到诗后,问下人有谁来过,知道是苏东坡之后也就一笑了之。后来苏东坡被贬到黄州,待到菊花开的时候,去花园看菊,一阵秋风吹过,菊花落了一地,苏轼方明白诗中的道理。

这个民间流传的故事未必可信,但是却说明了一个道理:骄矜之气伤人终伤己。作为后生晚辈,东坡即便心有疑惑也应该当面先虚心询问请教,怎能擅自去动用前辈的笔墨呢?而且一味地陶醉在自认为高明的意识中,也就失去了学习的机会。

玉不琢,不成器。人也是需要经过一番雕琢才能成为人才。曾国藩一生谦和谨慎,正是因为他懂得骄傲的害处,所以曾国藩才能够在自己的生活中不断地去雕琢自己,最后终成大器。

心中藏恕,放大胸怀

> 有负我者,我又加厚焉;有疑我者,我又加信焉。
>
> ——曾国藩

生活中,宽恕他人是一种美德。人人都敬佩拥有博大胸襟宽恕他人的人。却不知道能从宽恕中受益最多的恰恰是我们自己。曾国藩就说,如果把公事或者私事上的事情都放在怀里,夜里就会辗转难眠,因此一定要放大胸怀,庄子所说的"观化",程子所说的"观天地"都是这个道理,通过这种方式才能把心中那些抑郁烦闷清空出去。

释迦牟尼布法时曾言:"以恨对恨,恨永远存在;以爱对恨,恨自然消失。"不管是爱还是恨,都是自己的情绪,未必能影响到别人,但是一定会影响到自己。如果对某个人或者某件事一直耿耿于怀,为此苦恼不已,就会伤及身体,得不偿失。

懂得宽恕的人,能够心平气和地与他人交往,把生活安排得井井有条,不会为了别人对自己的辜负或者是怀疑而惊疑不定,因此曾国藩说:"有负我者,我又加厚焉;有疑我者,我又加信焉。"不管别人怎么看待自己,都把解决之道放在自身,那就是加倍地修身养性。因此曾国藩既把恕当作是立德之基,又当作是养身之要。

"恕"的关键在于把自己的气量放大,世间本无不可理解不可接受之事,既然发生了,自然有它的道理。如果认为不合理那么就努力去改变,既然改变不了,就接受。

唐代娄师德,气量超人,当遇到无知的人指名辱骂时,就装着没有听到。

有人转告他,他却说:"恐怕是骂别人吧!"

那人又说:"他明明喊你的名字骂!"

他说:"天下难道没有同姓同名的人。"

有人还是不平,仍然坚持,他就回答说:"他们骂我而你叙述,等于重骂我,我真不想劳驾你来告诉我。"

有一天入朝时,娄师德因身体肥胖行动缓慢,同行的人说他:"好似老农田舍翁!"

娄师德笑着说:"我不当田舍翁,谁当呢?"

宋朝的宰相富弼也有此雅量。

他处理事务时,无论大事小事,都要反复思考,因为太过小心谨慎,因此就有人批评他、攻击他。有一天,就在他马上要上朝的时候,有人让一个丫鬟捧着一碗热腾腾的莲子羹送给他,并故意装作不慎打翻在他的朝服上。富弼对丫鬟说:"有没有烫着你的手?"然后从容换了朝服。

富弼

"恕"讲求的不仅是在与人交往上要以宽容为标准,也要求对待功名利禄人间浮华也保持同样的"恕"心。曾国藩说:"古今亿万年无有穷期,而人生才力之能办者不过太仓之一粒。"自己的经历与天地之永恒相比实在太短暂,因此遇到忧患应该平静地对待;与地势的广阔相比,我成功的业绩又实在太微弱,因此在遇到争名夺利的事情时要谦逊退让。

与天地相比，自己所追求的东西实在是微不足道，人间的纷纷扰扰有多少是蜗角虚名蝇头微利？如果能把气量放到如此之大，自己饶恕自己，不要让自己在功名利禄的尘网里纠缠。那么，在人生的路上就能够做到得之坦然，失之淡然。

坦坦荡荡，有所为有所不为

坦坦荡荡，虽逆境亦畅天怀。

——曾国藩

世上之事，有所为，有所不为。对于应该做到的事情，尽力去完成，那是一种自我抗争，自我能力的证实；对于不该做的事情，就应该让这件事这么过去，这就叫顺应天命。很多时候，对于何事可为、何事不可为没有自己的判断，就会陷入进退两难、无所适从的境地。因此，懂得做事的分寸至关重要。然而，判断做一件事为还是不为，这并不是人生来就会的，是否能够趋利避害也不是一时能判断出来的，这些都是要靠经验积累才能够做到。

曾国藩的智慧之处就在于他能够发现自我，总结自我。他熟读圣贤，对《易经》更是有所偏爱。他对《易经》之中的"日中则仄，月盈则食"更是有所体悟。时常用这句话告诫家人。在咸丰年间，曾国藩曾做一联，"养活一团春意思，撑起两根穷骨头。"将进退有礼，主静藏锋的思想表达得淋漓尽致。人生在世就应该尽性知命，明白人与神之间的差异，进而了解自己的责任和该有的态度。就能做到知进退，明所为了。

当然对于可不可为的困惑，还能引发出可不可求的疑虑。子曰："富而可求也，虽执鞭之士，吾亦为之；如不可求，从吾所好。"孔子所谓的求，不是"努力去做"的意思，而是"想办法"。如果是违反原则去求来的，是不可以的，所以他的话中便有"可求"和"不可求"正反两个的道理，"可"与"不可"是指人生道德价值而言的。如果富可以不择手段去求得，这个富就不符合正统的道理，所以孔子说"不可抗"。他认为一个人做什么并不重要，关键在于他能否坚持自己内心的良知，内心是否有一个"可"与"不可"的原则。所以无论怎样都在于自己心中那一杆秤，那一把尺。

君子身处世间，心中都应该有一个行事的准则，天下事有的应该做，有的则不应该做，一旦遇到违背自己的良心与正义的事情，就算可以给自己带来巨大的财富和利益，仍然要坚决拒绝。

因此，为人需当行则行，当止则止，有所为，有所不为，不可恣意妄为，这样才能仰不愧天，俯不怍地，堂堂正正、光明磊落、了无遗憾地走一生。

没有原则性的人，常常会做出一些越位的事情，触犯到他人的禁忌，给自己带来不必要的麻烦。所以，在关键的时刻是否能够坚持原则，常常是判断一个人情商的重要依据。更是一个人能否成功的标准。

贤德智愚，唯心定之

凡人才高下，视其志趣。卑者安流俗庸陋之视，而日趋污下；高者慕往哲隆盛之规，而日高即明。贤否智愚，所由区也。

——曾国藩

曾国藩的名字本不是"国藩"二字，而是"子城"。为什么开始的名字不叫，改成了后来这个名字呢？这其中还有一段令人称绝的故事。

想当年曾国藩在市场上卖竹篮，一来二去就跟市场上的人认识了，大家都知道他是曾竹亭的大儿子，喜好读书，从小就志向远大。

这天，父亲把曾国藩叫到跟前说："今天是你弟弟的生日，你卖完了竹篮，到蒋屠户那里称一些肉来，一是给你弟弟过生日，一是给家里人打打牙祭解解馋。"曾国藩点了点头。他的运气不错，一会就把所有的竹篮都卖完了。想起了父亲的嘱托，他赶紧往肉摊那跑去。

卖肉的蒋屠户，看来的是曾国藩，就想考一考他。他对曾国藩说："我这肉有要钱的和不要钱的，你想要哪一种？"曾国藩一想，卖肉的怎么还有不要钱的呢？于是，他上前问道："要钱的怎么说，不要钱的又是怎么说？"

蒋屠户："要钱的就是你拿钱我卖肉，不要钱的就是我来考考你，你若答对了，我就把肉免费送给你。"曾国藩一听，顿时来了兴致，心想：你小看我。读书的事，可是难不倒我的。我倒是不贪你这点肉，但是若我不答应，就显得我太没有胆量了。于是，他爽快地答应了蒋屠户说："好，你这里既然有不要钱的肉，那就先给我称一些来。"

蒋屠户一刀下去，割下了一块猪肉，有肥有瘦的，放在案子上也不称。"我来给你出个对联，我说上联，你答下联。你若答对了就把这肉直接拿走。我的上联是：杀牲命养人命，以命养命。"

曾国藩一听，这个蒋屠户果然不简单，出的上联很有水平。情急之下，他竟然一时想不到合适的下联。这时，旁边的卖香烛纸钱的店铺前，一个孩子燃放的爆竹吸引了曾国藩的注意，他猛地想出了对策，脱口而出："拿金钱换纸钱，用钱买钱。"

曾国藩的下联一出，围观的众人就喝彩起来，蒋屠户也不禁伸出了大拇指。他把案子上的肉拿到曾国藩的手上说："既然你答上了我的对子，这个肉就免费送给你。孩子，我早听说你非常喜欢读书，并且有很高的志向，相信你以后一定会有一番作为。但是，你要记住你今天的话，千万不能'以命养命'、'用钱换钱'啊。"这时，曾国藩才明白蒋屠户的真正意图，并深深地将这番叮咛记在了心上。

在中了进士以后，曾国藩将自己原来的名字改成了"国藩"，意为"要做国家的藩篱"，同时以"不为圣贤，便为禽兽；不问收获，只问耕耘"自勉。

后来，尽管曾国藩经历了更多，可是他从来没有忘记长辈的叮咛；取得成绩的时候，也没有忘记人生最初的方向。

当一个人还是普通人时，周遭没有过多的诱惑，所以能够保持住善良、不贪婪的秉性并不难。可是，当位高权重，生活的圈子也发生了变化时，能够不受周围人的影响，还能保持住原来的性情的人，就非常难得了。

所以曾国藩说："凡人才高下，视其志趣。卑者安流俗庸陋之视，而日趋污下;高者慕往哲隆盛之规,而日高即明。贤否智愚,所由区也。"判断一个人是高尚还是低下,要从他的志向兴趣开始。卑鄙的人安于世俗之流庸俗鄙陋的眼光,就会越来越污秽不堪。高尚的人仰慕向往哲人的思想遵循贤者制定的规矩,从而越来越高尚明理。是贤者还是迂腐之人,都看一个人的志向。

志趣对人生的影响往往要大于志气的。当一个人能力越大时,他的人生方向就越为重要。因为当他拥有"翻手为云覆手为雨"的能力之后,如果心中没有善良,而是充满着邪恶,那么他就有可能将整个世界变成一片黑暗。相反的,如果他的心中是为了他人的善意,那么他所能够控制的范围,也必将充满阳光。

一心向圣贤,唯想促之

富贵功名,皆人世浮荣,惟胸次浩大是真正受用。

作人之道,圣贤千言万语,大抵不外敬恕二字。

敬则无骄气,无怠惰之气;恕则不肯损人利己,存心渐趋于厚。

——曾国藩

曾国藩熟读经史,对圣贤之道一直心向往之,并且努力实践。他认为古代的贤人在为人处世上虽然各有姿态,但是总不离"敬"和"恕"二字。

曾国藩所说的"敬",就是要以恭敬的态度对待万事万物,这是一个人提升自己涵养的最佳途径,敬人者,人恒敬之;而"恕"就是由己推人,能够设身处地地为他人着想,因此往往能够宽恕、原谅别人的过失。如果说"敬"是对自己的一种态度,那么"恕"就是对别人的一种态度。要在你死我活的复杂官场上学会宽恕,原谅他人,是非常困难的事情,也正因为如此,一个懂得原谅别人的人,更能赢得别人的尊敬。

曾国藩初办团练时,他的湘军与绿营之兵难免发生摩擦。一天黑夜,两方的人闯入曾国藩行台。曾国藩把事情的经过告知巡抚,巡抚不理,曾国藩只好第二天将兵营迁之城外,以避绿营乱兵。有人问为什么不和绿营的兵一较高下,曾国藩叹息一声说:"大难未已,吾人敢以私愤渎君父乎?"意思是说,大敌当前我怎能为个人利益而泄私愤呢？

　　一个人如果胸怀浩大，那么再多的渣宰也会轻若微尘。如果不能张开心胸，又怎么把握得住大局？如果能像曹操那样包容宇宙，日月之行，若出其中；星汉灿烂，若出其里，再大的事情也会变得微不足道。曾国藩就没有把与绿营的争斗放在心上，别人见他宽大为怀，也会知趣而退，生出几分敬畏。

　　曾国藩能推己及人，既坚持自己的原则，又不苟求别人与自己一样。因为他知道每个人都有自己行为处事的道理，自己应该站在更高的位置上看待其他人的举动，心平气和地去接受不同的其他人不同的选择。正是做到了这一点，他才能够成为一代名臣。

　　其实，中国历史上也不乏这类人，他们都因懂得这样的道理，流传于人世间。

　　春秋时鲍叔牙和管仲是好朋友，二人相知很深。他们俩曾经合伙做生意，一样的出资出力，分利的时候，管仲总要多拿一些。别人都为鲍叔牙鸣不平，鲍叔牙却说，管仲不是贪财，只是他家里穷。

　　管仲几次帮鲍叔牙办事都没办好，三次做官都被撤职，别人都说管仲没有才干，鲍叔牙又出来替管仲说话："这绝不是管仲没有才干，只是他没有碰上施

鲍叔牙

展才能的机会而已。"更有甚者，管仲曾三次被拉去当兵参加战争而三次逃跑，人们讥笑他贪生怕死。鲍叔牙再次直言："管仲不是贪生怕死之辈，他家里有老母亲需要奉养啊！"

　　后来鲍叔牙帮助小白夺取王位后，又力荐管仲为相。

鲍叔牙和管仲不管有无利益分歧,鲍叔牙都始终能够谅解而不怪罪他,反而为他说好话,这种胸怀,也常常让管仲佩服不已。如果没有鲍叔牙的体谅与包容,恐怕也就没有后来齐国的称霸天下了。

给别人多一个机会,也就多给了自己一份希望。世上还是礼尚往来、投桃报李之人多,而恩将仇报者少。曾国藩能够以包容的心去对待他人,自然也能够赢得他人的尊重与敬爱,能在险恶的官场中给自己多留一份平安之地。

特别提示:

本书在编写过程中,借鉴和参考了大量文献和作品,谨向诸位专家、学者致以崇高的敬意。但由于部分作者的地址或姓名不详等原因,截至发稿之前,仍有部分作者没有联系上,但出版时间在即,只好贸然使用,不到之处,敬祈谅解,在此也敬启作者,见书后,将您的信息反馈与我,我们将按国家规定,第一时间对相关事宜做出妥善处理。

联系电话:010-80776121　　　　联系人:马老师